1 kilo
DE CULTURE
GÉNÉRALE

Florence Braunstein
et Jean-François Pépin

1 kilo
DE CULTURE GÉNÉRALE

puf

Édition à tirage limité.
L'édition courante de *Un kilo de culture générale*
demeure disponible pour les lecteurs.

ISBN 978-2-13-073088-0
Dépôt légal — 1ʳᵉ édition : 2015, octobre
© Presses Universitaires de France, 2014
6, avenue Reille, 75014 Paris

À mon père Aurel Braunstein *in memoriam*

Au lecteur

Ce *Kilo de culture générale* donne un accès immédiat à la connaissance, depuis la formation de la Terre jusqu'à l'élection du pape François. Nous l'avons voulu construit sur une chronologie classique, au fil de six séquences : Préhistoire, Antiquité, Moyen Âge, Renaissance, Époque moderne, Époque contemporaine. C'est ensuite un livre à choix multiples : pour chaque période sont présentés les grands empires, puis les États quand ils apparaissent, et pour chacun d'eux l'histoire, les arts, la littérature, la religion, la philosophie, la musique, les sciences et techniques correspondant à un moment précis de leur histoire. Les mondes couverts ne se limitent pas à l'Europe, la culture générale se puise ici aussi en Asie, Afrique, Amérique.

Nous avons voulu toutes les formes de lecture possibles. L'encyclopédiste lira tout de la première à la dernière page, le géographe choisira la France, de la Préhistoire au XXIe siècle naissant, l'amateur de thématique privilégiera l'évolution de la littérature chinoise des origines à nos jours, le flâneur passera du *Code de Hammourabi* à la peinture de Giotto, avant de s'intéresser à l'histoire espagnole au XIXe siècle, ou à la philosophie depuis 1945.

Un ouvrage aussi ambitieux repose enfin sur une ardente obligation, chaque domaine abordé se doit d'être compris immédiatement par tous et nous nous sommes attachés à rendre facilement accessibles tous les univers qui forment la culture générale.

Un regret ? N'avoir pas pu tout dire sur tout. Mais qui sait, la vie nous en laissera peut-être l'occasion…

Introduction :
Sapere aude, « ose savoir[1] »

> *Sans négliger ce que la culture peut apporter de connaissances, de divertissements, mais aussi de prise de conscience morale et politique, elle est d'abord cette tension de l'être... Ce sentiment d'être porté au-dessus de soi-même, d'accéder à des trésors et de les incorporer, par une alchimie personnelle, à notre mémoire vivante [...], cette humanisation par la ferveur qu'il s'agit de mettre à la portée de tous*[2].

À un moment où l'Europe[3], désireuse de comprendre les mécanismes de son évolution, de son identité, de sa culture, de sa place au sein du monde, tente de trouver des réponses pour s'agrandir dans un esprit de paix, d'intégration et d'acculturation, il est bon de rappeler combien il est difficile d'en donner une seule définition au-delà des simples concepts historiques, économiques et politiques. L'homme, son histoire, sa culture ne se réduisent pas aux seules réalités mathématiques, statistiques, à des chiffres ou à l'énoncé de quelques décrets. Un son ne

---

1. Locution latine d'Horace, *Épîtres*, I, 2, 40, reprise par Emmanuel Kant qui a exprimé de manière exemplaire toute la rigueur du mot d'ordre des Lumières : *sapere aude*, « aie le courage de te servir de ton propre entendement ».
2. Jacques Rigaud, *La Culture pour vivre*, Paris, Gallimard, 1975, p. 27.
3. Rappelons à ce sujet que d'après l'*Iliade* (XIV, 321-323), Europe est la fille de Phénix et la mère de Minos, Rhadamanthe et Sarpédon, dont le père est Zeus. Ce dernier, changé en taureau blanc, enlève Europe qu'il transporte sur son dos, de Phénicie en Crète, en traversant la mer.

se réduit pas à une vibration, une émotion à quelques hydrates de carbone. Séduits par le progrès des sciences, poussés par notre volonté de maîtriser la nature et la matière, la culture et la culture générale trouvent encore une petite place quand les technologies nouvelles et le grand public, pour des besoins identitaires, recourent à un passé commun, voire un patrimoine. La culture est devenue par le jeu des réseaux plurielle et la culture générale bien singulière dans un monde où l'affectif et l'imaginaire conduisent le bal. De la culture générale nous sommes passés à l'inculture pour tous. Serge Chaumier dénonce les paradoxes de ce que **de Gaulle**, dans *Le Fil de l'épée*, nommait « la reine des sciences » : « Comment la culture peut-elle être à tous les étages et en même temps les inégalités demeurer réelles et persistantes ? Comment peut-on comprendre que l'on déplore à la fois les inégalités persistantes à chaque publication d'une nouvelle enquête sur les pratiques culturelles des Français, et que l'on se réjouisse avec raison que les institutions culturelles soient présentes sur tout le territoire jusque dans les zones rurales, que l'on s'esbaudisse avec les sociologues d'un rapport à la culture décontracté et partagé, où le cadre sup aime à pratiquer le karaoké, et la ménagère podcaster les dernières ritournelles à la mode[1] ? »

Une paire de bottes vaut mieux que Shakespeare

Soit on lui attribue tout et n'importe quoi, le tout-venant faisant partie de la culture générale, soit nous sommes tentés de la jeter aux oubliettes, parce qu'on ne sait plus vraiment quoi lui attribuer. La culture et à sa suite la culture générale sont devenues des terres en jachère, laissées en repos face à ce qu'elles demandent de travail, de concentration, d'abnégation, et où tout est mis en pratique avec ardeur pour en faire un loisir comme n'importe quel autre, né de la spontanéité, de l'immédiateté, acquis sans effort, quelque chose qui reste léger comme l'air du temps. Tout appartient au culturel et prend place dans une société dans laquelle il faut rester toujours jeune, mince et mourir bronzé.

---

1. Serge Chaumier, *L'Inculture pour tous. La nouvelle utopie des politiques culturelles*, Paris, L'Harmattan, « Des hauts et débats », 2010, p. 13.

La culture générale est en effet devenue un vaste fourre-tout où quiz, *Trivial Pursuit* et culture d'entreprise revendiquent leur place. Tout y est mis à plat, au même niveau, toutes les œuvres, tous les moyens d'expression sont mis sur un pied d'égalité, et nous arrivons à une espèce de « cafétéria culturelle[1] », dénoncée par **Claude Lévi-Strauss** dans *Regarder, écouter, lire*[2], et soulignée par **Alain-J. Trouvé** : « On pourra s'amuser ou s'agacer, dans le même ordre d'idée, de voir considérées comme éléments de culture générale, des connaissances aussi disparates que celles de la taille de Louis XIV, des rimes d'une chanson de Johnny Hallyday ou de l'identité du vainqueur de la médaille d'or en boxe, catégorie mi-mouche, lors des Jeux olympiques de Sydney... Nous n'inventons pas ces exemples, prélevés au hasard dans l'un de ces étranges "cahiers de culture générale", dont le succès semble moins témoigner, chez leurs acquéreurs, d'un appétit de culture que d'un anxieux besoin d'en mesurer ou d'en accroître le supposé *niveau*, sur fond d'émulation compétitive[3]. » Pourtant, si la culture générale semble, comme le bon sens pour Descartes dans le *Discours de la méthode*, « la chose du monde la mieux partagée », elle n'occupe plus la place de lumière au sein de notre société qui lui était allouée jusqu'alors, comme fondement et fondation de notre patrimoine.

Tous revendiquent le droit à leur héritage, mais montrent du doigt ceux qu'ils tiennent pour en être les héritiers (selon le terme de Bourdieu), ainsi que leurs conflits d'initiés, les lettrés parlent aux lettrés, aux yeux des déclinologues les plus radicaux. Alors il a fallu trouver des arguments « préfabriqués » pour constituer son dossier et lui faire un procès en sorcellerie, faire croire que la France progressera avec des bacheliers, des fonctionnaires, des administratifs sans culture. Traités d'élitistes, taxés de discrimination sociale, nous sommes revenus au plaidoyer de la « raison instrumentale », forgée par l'École de Francfort[4]

---

1. Selon l'expression de Claude Javeau dans « La controverse sur l'élitisme dans la culture occidentale contemporaine », *in* Simon Langlois, Yves Martin (dir.), *L'Horizon de la culture. Hommage à Fernand Dumont*, Sainte-Foy, Presses de l'université de Laval, 1995.
2. Claude Lévi-Strauss, *Regarder, écouter, lire*, Paris, Plon, 1993.
3. Alain-J. Trouvé, « Défense et illustration de la culture générale », in *Atala*, n° 14, Avant-propos, 2011.
4. « École de Francfort » : nom donné à des intellectuels allemands analysant la société dans une perspective néomarxiste.

dans les années 1960. Elle était qualifiée d'inutile, de sectaire, de stérile, d'outil privilégié, d'un moyen de sélection sociale. Bourdieu insista sur le fait que ce sont toujours les mêmes *Héritiers*[1] qui recevaient les postes clefs, les réservant ainsi à une seule catégorie sociale. Les mathématiques et les sciences furent donc glorifiées parce que « neutres ». Pierre **Bourdieu** dénonce aussi ces faits dans les années 1960[2] et sa solution sera de privilégier les sciences au détriment des humanités classiques, restées trop longtemps l'apanage de la bourgeoisie. Mais aujourd'hui la question est autre. Les nouvelles voies de l'excellence – des séries scientifiques et économiques au baccalauréat – ne sont plus l'apanage des élites bourgeoises, pas davantage que la culture générale. Le système éducatif fait tout son possible pour que chacun puisse devenir ce qu'il souhaite. On oublie trop souvent de mentionner les efforts politiques des grands lycées pour intégrer des élèves défavorisés financièrement, afin de les faire accéder aux classes préparatoires ouvertes également à Nanterre ou à Sarcelles.

Noyée par la démocratie et dans une logique égalitaire poussée jusqu'à l'absurde, un utilitarisme à tout crin – « à quoi ça sert la culture ? » –, une culture de masse, culture réduite à une peau de chagrin, la culture générale a été contrainte, à défaut d'offrir une vision simple de ce qu'elle a toujours été, de devenir le terrain fertile d'enjeux égalitaristes autant qu'utilitaristes. Par ailleurs elle subit les tendances de notre siècle en une croyance sans faille dans le monde que les sciences nous révèlent. Ainsi, la culture générale n'a pas, comme celles-ci, prétention à dire le vrai, l'exact. Elle est donc considérée comme un luxe frivole, donnant l'impression de devoir toujours courir derrière comme dans le paradoxe de la flèche de Zénon d'Élée, laquelle semble ne jamais pouvoir être atteinte. La science, les sciences rassurent, parce qu'elles donnent le sentiment de pouvoir accéder à une exactitude, voire, parfois, à une vérité par des réponses rapides.

---

1. Pierre Bourdieu et Jean-Claude Passeron, *Les Héritiers. Les étudiants et la culture*, Paris, Minuit, 1964.
2. *Ibid.*

La voie de la facilité,
une voie rapide

Telle est l'image répandue dans l'opinion, même si dans les faits, ce n'est pas toujours le cas. Au contraire, la culture générale demande du temps, beaucoup de temps et notre époque ne l'a plus – elle veut du certifié, de l'authentifié exact en un temps record. On labellise, on clone, on démultiplie les logos, les images, les expressions, les modes de vie. Tout s'autoproclame, s'autojustifie, s'autosignifie en boucle ou en figure d'Ouroboros, le serpent qui se mord la queue. Or, loin de ce survol conformiste – toujours plus vite, toujours plus fort –, mais aussi loin des salons mondains et des précieux ridicules, la culture générale au cours des siècles s'est forgé une place médiane. Elle révèle, un peu comme dans la bibliothèque de **Jorge Luis Borges**, que chaque détour, chaque carrefour, débouche sur d'autres détours, d'autres carrefours, menant à d'autres intersections, alors qu'on pensait être arrivé au bout du chemin. Une pensée déroutante en découle, révélant la complexité de ce qui nous entoure et nous invitant à nous y investir. Ne voir dans un cercle que le symbole d'une figure géométrique est plus rapide, mais moins satisfaisant que de pouvoir aller au-delà de la simple évidence et se rendre capable d'y reconnaître en Inde la représentation du cycle du **karma**, en Chine le complément dynamique, dans *La Monade hiéroglyphique* (1584) de **John Dee** le paradoxe du cercle, dans le *thateron* platonicien l'intermédiaire nécessaire entre le même et l'autre, ou la matérialisation des circumambulations dans les temples, autour d'un stupa, dans les cathédrales, et « que sais-je » encore comme le disait Montaigne.

Suivre l'opinion commune nécessite moins d'efforts et de connaissances, mais nous fait voir aussi le monde à travers une lucarne. La culture générale a toujours eu cette volonté d'ouverture sur l'extérieur, sur les autres et sur soi. Elle refuse l'isolement, le fixisme et privilégie la remise en cause, le questionnement, même si notre époque croit valoriser ceux qui aiment les réponses toutes prêtes, les contenus sans forme, le préfabriqué dans la construction de l'individu où le paraître a détrôné depuis longtemps l'être. Elle constitue le meilleur rempart contre les idéologies totalitaristes, amies des idées uniques et simplificatrices tenues pour un *ersatz* de culture générale à ceux qui en sont justement dépourvus. Les totalitarismes brisent la pensée, l'arrêtent dans son élan, refusent d'accepter les différences des autres et, en ce sens, castrent l'identité de ces richesses. Ce sont des « misologies » au sens où Kant l'entendait, une ruse de la raison contre l'entendement, un discours contre la raison. L'inculture devient leur fonds de commerce, elles l'entretiennent, le soignent, car elles ne seront ainsi jamais remises en cause. Alors, comment doit-on comprendre son rejet ? Certes, elle a le même effet que le sfumato dans l'art : trop de lumière fait ressortir l'ombre, trop de jugement la médiocrité. Sa mort est constamment annoncée, et avec elle celle de la culture française[1], devenue cadavre exquis, entraînant dans son sillage toute la disparition du culturel. Avant d'essayer de saisir les enjeux de la disparition de tout un pan de la façade culturelle et de la culture générale elle-même, tournons-nous d'abord vers la définition des termes « culture » et « culture générale », puisqu'ils sont souvent confondus.

De la culture des peuples à la culture du cultivé : les trois sens du mot culture

Nous pourrions dire de la culture ce que Valéry disait de la liberté : « C'est un de ces détestables mots qui ont plus de valeur que de sens, qui chantent plus qu'ils ne parlent[2]. »

LE SENS ANTHROPOLOGIQUE DE CULTURE

Issu du latin *cultura*, le terme « culture » apparaît au XIIIe siècle. À cette époque, il désigne l'action de cultiver la terre, mais aussi celle de

---

1. Voir notamment Donald Morrison, « The Death of French Culture », *Time Magazine*, 21 novembre 2007, ainsi que *Que reste-t-il de la culture française ?*, suivi de Antoine Compagnon, *Le Souci de la grandeur*, Paris, Denoël, 2008.
2. Paul Valéry, *Regards sur le monde actuel*, Paris, Gallimard, « Folio essais », 1988.

rendre un culte au dieu. Il y a donc dès le début l'idée d'exploiter ce qui est en friche en terre, et d'en retirer ce qui est utile pour l'homme. Au XVIe siècle, le terme « cultivé » fait son apparition et s'applique aux terres qui ont été travaillées. Le mot « culture » commence à être employé dans un sens figuré et se voit appliqué à d'autres domaines, tendance qui se développe sous la plume des philosophes des Lumières. On passe de la signification de « cultiver la terre » à celle de « cultiver l'esprit ». Condorcet mentionne la culture de l'esprit, Turgot celle des arts, Rousseau celle des sciences, d'Alembert celle des lettres. Ce qui se dégage, c'est la volonté de soumettre à la raison toutes les disciplines intellectuelles. Les philosophes des Lumières ont voulu insister sur la puissance de l'éducation à transformer l'individu en « animal rationnel ». Mais l'emploi du terme « culture » au sens figuré demeure limité : la « culture » appelle toujours pour cette période un complément de nom que ce soit pour les arts, les lettres, les sciences ou le progrès intellectuel d'un individu. Mais si son sens est restreint, c'est aussi que le XVIIIe siècle systématise les valeurs, les comportements, les références qui ont caractérisé la Renaissance par son désir de retourner au concret. L'observation des faits et la notion d'expérimentation si forte dans la philosophie anglaise du début du XVIIIe siècle ont eu pour conséquence un intérêt plus grand de la part des penseurs pour la méthode plutôt que pour les résultats eux-mêmes. Par ailleurs, la méthode de travail émerge, source de dignité de l'homme chez Locke, source de richesse des nations chez Adam Smith. Cette nouvelle valeur s'impose comme l'un des éléments indispensables au bonheur. Il est donc normal que l'action de cultiver ait été davantage privilégiée à cette époque que les résultats qui en découlaient. L'homme commence à affirmer sa présence au monde et peut la justifier par ses actions. Mais le plus grand pas fait par les hommes des Lumières n'a pas été seulement « d'ouvrir les autres à la raison[1] » mais de « s'ouvrir soi-même à la raison des autres[2] ». De son sens le plus ancien, « *cultus* », l'art d'honorer les dieux, nous sommes passés à celui de s'honorer soi-même par les fruits de son action. L'éducation sera le trait d'union entre l'un et l'autre. L'homme avec ses connaissances devient maître et possesseur de lui-même comme il l'a

---

1. Alain Finkielkraut, *La Défaite de la pensée*, Paris, Gallimard, « Folio essais », 1989, p. 81.
2. *Ibid.*

été de la nature. La découverte d'autres systèmes, modes de vie, pensées, lui donne un nouveau sens qui le rend proche de celui de civilisation. Enfin, le développement modeste du sens figuré de culture au XVIIIe siècle tient aussi au fait du succès que va rencontrer, dès sa naissance, celui de *civilisation*. L'édition de 1771 du **Dictionnaire de Trévoux** enregistre pour la première fois le néologisme apparu dans *L'Ami des hommes* (1756) du marquis de Mirabeau, père, et le définit en ces termes : « Civilisation, terme de jurisprudence. C'est un acte de justice, un jugement qui rend civil un procès criminel. La civilisation se fait en convertissant les informations en enquêtes ou autrement. » Depuis, l'évolution du sens conduit à celui proposé par l'Unesco en 1982 : « L'ensemble des traits distinctifs, spirituels, matériels, intellectuels, affectifs qui caractérisent une société, un groupe social. Elle englobe outre les arts et les lettres, les modes de vie, les droits fondamentaux de l'être humain, les systèmes de valeur, les traditions, les croyances. »

LE SENS ONTOLOGIQUE DE CULTURE

Si le premier sens du mot « culture » est anthropologique, **le second sens** est en rapport avec l'être, la nature humaine, son ontologie. Elle est activité par rapport à la nature, il met à distance de celle-ci pour s'en différencier, activité de la pensée, il lutte contre sa propre nature. C'est sa façon humaine d'être au monde, de faire et de défaire celui-ci, son aptitude exceptionnelle et universelle de constituer son patrimoine en s'octroyant ce que la nature lui refuse. L'homme projette sur le monde qu'il crée des symboles, des représentations et se libère de son instinct par la raison. L'Antiquité en fera un héros et un mythe, Prométhée, « le prévoyant », plus savant que les dieux eux-mêmes, la philosophie d'après guerre en fera un homme existentiel, libre ou salaud à son gré, c'est sa grandeur au sens pascalien, résultat de son propre combat entre la nature et lui-même. À la différence de l'érudition qui se résume à une accumulation de savoirs, la culture, dans ce sens, nécessite l'effort de comprendre, de juger, de saisir les liens entre les choses. Si l'esprit ne fait pas ce cheminement, il végète, il a besoin constamment d'être actif et réactivé. Nous ne représentons jamais ce qui nous entoure comme un transcripteur fidèle, nous y participons aussi par les mots, la construction qu'on en fait, les symboles que l'on crée. N'oublions pas la leçon du peintre Marcel Duchamp : « Le regardeur fait le tableau. » La création d'une culture passe par l'affirmation de valeurs, de croyances, de passions indispensables à la mise en place de règles, de finalités, de normes. L'image unifiée construite par l'homme s'évanouit au cours de ses propres interrogations philosophiques en une poussière de doctrines et de réponses contradictoires. L'homme a dû se découvrir pour s'inventer, pour accéder à l'humain, il a dû apprendre à s'exprimer à travers des systèmes, des procédés, des techniques. Auteur du monde comme de lui-même, sa culture a été sa façon d'être à la fois du monde et au monde, et s'il a cherché dans son tête-à-tête avec la nature et le cosmos à laisser son empreinte, c'est pour « se connaître lui-même dans la forme des choses, changer le monde extérieur et composer un monde nouveau, un monde humain [1] ».

LE SENS HUMANISTE DE CULTURE

Le troisième sens attribué à la culture est un sens humaniste : il renvoie à la culture de soi, que les Allemands appellent *Bildung* (qui signifie « construction »), et qui tire son sens des *humanitatis* de la Renaissance. Les changements nés d'œuvres individuelles ou collectives eurent pour conséquences soit de véhiculer des idées créatrices d'une culture à une autre, aboutissant à de linéaires synthèses, soit de créer d'irrémédiables coupures avec leur héritage. Leur brassage crée l'identité des cultures aboutissant à leur intégration ou à une sorte de juxtaposition grossière de ses éléments ou encore à leur rejet définitif. Mais la culture a besoin d'altérité pour s'épanouir, elle ne peut être isolée telle la République des savants sur l'île de Laputa dans le *Gulliver* de Swift. Loin de flotter à des lieues de la surface du sol, cette culture du cultivé est ce qui rattache l'humain à l'humain ou tout du moins permet d'accéder à ce concept. L'homme cultivé a su tirer de la nature ce qu'il a estimé être bon pour lui et saura le transmettre à autrui. Mais c'est avant tout un esprit capable de porter un jugement

---

1. G.W.F. Hegel, *L'Esthétique*, trad. Flammarion *in* Georges Bataille, *L'Érotisme*, Paris, Éditions 10/18, 1965, p. 237.

sur les choses dans leur ensemble, et d'en avoir un recul critique, à la différence du spécialiste qui ne peut le faire que sur un objet restreint dans un domaine bien précis. Un homme cultivé est donc un homme qui a un savoir mais qui sait aussi comment l'accroître. La culture générale s'adresse ainsi à ceux qui débutent dans cette démarche en leur offrant des connaissances qu'il faudra savoir trier avec discernement et avec jugement pour comprendre ce qui les relie ensemble. C'est pour cela aussi que l'on dit du polytechnicien qu'il sait tout et rien d'autre...

L'histoire de la culture générale comme culture du débutant a une longue histoire. Il faut rechercher son origine en Grèce, qui a assigné dès le VIe siècle avant notre ère un idéal éducatif : celui d'éduquer l'homme à la raison comme modèle universel lui permettant d'accéder à l'humanité, à son humanité. Sous l'éclairage de la raison, la question de la justice, du bonheur, du vivre en commun, de l'éducation sera abordée, reléguant au plus loin le poids de la tradition et de la force de persuasion des mythes. Ceux que **Hegel** qualifie de « maîtres de la Grèce », les premiers sophistes, utilisent le pouvoir des mots, la force de persuasion du langage sous toutes ses formes, rhétorique, linguistique, syntaxique. **Hippias d'Élis** fit un peu office de chef de file, puisant dans ses connaissances pour acquérir gloire et argent, tandis que les états généraux de la sophistique étaient formés par **Protagoras, Proclus** et leurs adeptes. Le comble de l'art était de parvenir à gérer leurs adversaires par des subtilités et des faux raisonnements. Bien loin de réunir les hommes, de les rapprocher, la sophistique s'impose comme une culture de l'affrontement. Socrate et Platon vengeront la raison en traquant inlassablement la vérité. Le rhéteur Isocrate (436-338 av. J.-C.) est « parmi les premiers à tracer son programme d'ensemble où se rejoignent des préoccupations morales, sociales, intellectuelles[1] » et il faut voir en la *paideia* isocratique une certaine notion d'humanité. **Isocrate** prétend former l'homme tout entier par la culture de l'éloquence, la pratique de celle-ci nécessitant une culture intellectuelle presque complète. Apprendre à bien parler était aussi apprendre à bien penser et à bien vivre. Son influence sur l'éducation allait être plus grande que celle de Platon et, comme le remarque le grand historien

---

1. Alain-J. Trouvé, « Défense et illustration de la culture générale », art. cit.

Moses I. Finley, « après lui, la rhétorique eut la place d'honneur dans les études supérieures, dans un système qui reçut bientôt sa forme canonique avec ce que les Romains appellent "les sept arts libéraux". Ce modèle canonique passa ensuite des Grecs aux Byzantins et des Romains à l'Occident latin[1] ».

L'Europe ne peut plus être limitée culturellement et identitairement à son grand héritage antique, même si nous sommes redevables aux Grecs d'avoir inventé la cité, le questionnement, le théâtre, aux Romains l'État et les institutions, la loi, les bases de notre citoyenneté, le latin qui fut la langue européenne pendant de nombreux siècles. Si on les compare aux Perses ou aux Barbares, les Grecs auront su se détacher du despote ou du tyran, les lois de **Solon**, celles de **Périclès** qui ouvrent la participation à la vie de la cité aux citoyens qui en étaient exclus, assurent les fondements de la démocratie. Et ce que les Grecs ont su accorder à leurs cités-États, Rome le fait pour son empire avec l'édit de Caracalla de 212 qui donne la citoyenneté à tous les hommes libres. C'est donc grâce aux Romains que nous connaîtrons le droit, la rhétorique, les notions d'*humanitas* et de *virtus*, mais aussi la valorisation du souci de soi, de l'expérience personnelle d'où émergera la notion de personne, de sujet. Florence Dupont remet en cause la notion d'identité nationale romaine dans son livre *Rome, la ville sans origine*, car, écrit-elle, « être citoyen romain, c'était comme Énée, nécessairement être venu d'ailleurs », rappelant que les chercheurs européens « se projettent dans les Anciens qui ainsi modernisés leur servent d'origine » et de conclure : « Nous n'avons peut-être pas besoin d'identité nationale[2]. » La notion *origo*, cette fiction juridique qu'elle met en avant, « postule un début absolu chaque fois qu'est conférée la *civitas*[3] » et permettrait ainsi de refuser l'idée d'un « temps long qui permet à Braudel de faire de l'identité d'un peuple la fin dernière de son histoire[4] ». Pendant longtemps l'héritage du monde juif, arabe, andalou fut laissé dans l'ombre au profit de celui des Romains. Or **Jérusalem**, lieu symbolique de l'héritage biblique, nous a apporté les

---

1. M.I. Finley, « L'héritage d'Isocrate », in *Mythe, mémoire, histoire*, Paris, Flammarion, 1981, p. 175-208.
2. Florence Dupont, *Rome, la ville sans origine*, Paris, Le Promeneur, 2011, p. 10.
3. *Ibid.*, p. 174.
4. *Ibid.*, p. 175.

lois morales, même si la loi chrétienne s'impose pendant des siècles comme norme commune. Avec **Origène** d'Alexandrie (185-v. 253), théologien, un des Pères de l'Église, ainsi que le dit **Jean Sirinelli**, « on ne peut pas parler d'emprunts, c'est réellement une synthèse ou un syncrétisme qui se produit entre les exigences de la réflexion chrétienne et les systèmes philosophiques ambiants[1] ».

Au milieu du Ve siècle après J.-C., l'Empire romain d'Occident s'effrite, le paysage politique, culturel, intellectuel est bouleversé par les changements qui se produisent. Avec l'empire de Charlemagne, une nouvelle unité culturelle se forme – le latin, le christianisme, l'autorité des deux glaives, le spirituel et le temporel, dominent tout le Moyen Âge. La culture, l'éducation se mettent alors au service de la foi et de l'Église. L'homme, devenu centre du monde, cherche sa place entre un monde invisible où préside un Dieu tout-puissant et un monde visible qu'il découvre peu à peu et dont il repousse progressivement les frontières géographiques. Le christianisme ne se limite pas à véhiculer la culture antique, il donne naissance à des valeurs nouvelles et ouvre la voie du paradis à tous ceux qui ont la foi, sans distinction de classes sociales ou d'ethnies. En outre, il s'enrichit d'influences diverses. Ainsi, nous devons au monde arabe son art, la redécouverte des sciences, des textes grecs, des mathématiques, le développement de l'alchimie. Une langue commune, un droit commun, le droit romain s'imposant jusqu'au XVIe siècle lorsqu'émerge l'idée de droit national, un même Dieu sont les bases sur lesquelles se développe l'Europe médiévale. L'art carolingien tire son originalité des influences byzantines, barbares, mozarabes. Charlemagne s'entoure à sa cour non seulement des meilleurs représentants de la hiérarchie ecclésiastique mais de missionnaires anglo-saxons, irlandais, détenteurs de la culture grecque et des textes sacrés. Ainsi Alcuin, de l'école d'York, Théodulf, le Wisigoth, Angilbert, le Germain, construisent le centre d'une société cosmopolite. Les miniatures mozarabes, qui décorent et illustrent les livres, constituent entre le IXe et le Xe siècle l'une des manifestations les plus originales de l'art espagnol de cette période dont les thèmes et

---

1. Jean Sirinelli, *Les Enfants d'Alexandre. La littérature et la pensée grecques, 334 av. J.-C. – 529 apr. J.-C.*, Paris, Fayard, 1993, p. 27.

les types iconographiques sont une source d'inspiration pour les peintres romans qui les reprennent.

La **période médiévale**, loin d'avoir été une période d'unité religieuse, est celle qui connaît la séparation de l'empire en deux, empire d'Occident et empire d'Orient, en 395, donnant naissance à deux Europes gréco-romaines, bien différentes dans leur art et leur pensée. La difficulté, ainsi que l'annonce **Edgar Morin** dans son prologue à *Penser l'Europe*, « c'est de penser l'un dans le multiple, le multiple dans l'un [1] ». La culture n'a jamais limité à une ère géographique les échanges qui la façonnent. Ainsi **Marc Ferro** [2], au cours d'une interview, rapporte que, au temps de l'Empire romain, un voyageur pouvait aller de Lyon à Damas en restant chez lui, de même s'il se rend à Constantine ou à Byzance. Mais s'il traverse le Danube, il ne l'est pas davantage qu'en franchissant le Rhin. Au IXe siècle, il l'aurait été, mais plus du tout en retournant à Byzance, Constantine ou Ravenne. Ainsi, si nous voulons parler d'une identité culturelle européenne, il convient de constater que celle-ci s'est formée, lors de ses multiples métamorphoses et par celles-ci, bien au-delà de ses limites géographiques fixes.

La **Renaissance** rend aux humanités leurs privilèges. Budé, Rabelais, Léonard de Vinci, Michel-Ange, Pic de la Mirandole élaborent à travers l'esthétique, la morale, les lettres, un mode de perfection dont l'homme est l'aboutissement. Une culture de l'esprit et de l'échange pleine de diversité se met en place, fondée sur l'enseignement des connaissances et des savoirs nouveaux. C'est cette même culture, issue de la mémoire, de l'expérience de l'humain, du legs des penseurs, des artistes, des lettres grecques et romaines, qui est parvenue jusqu'à nous depuis le XVIe siècle. Nous nous devons de la préserver à notre tour. Et c'est aussi parce que le XVIIIe siècle – celui de **Montesquieu**, **Helvétius** et **Voltaire**, celui des dictionnaires, mais aussi celui de **Newton** et de **Locke** – voudra triompher de l'ignorance en propageant sa foi en la raison dans toutes les sphères de l'activité humaine que cet inestimable héritage est encore le nôtre. Dans une Europe devenue cosmopolite, la

---

1. Edgar Morin, *Penser l'Europe*, Paris, Gallimard, « Folio actuel », 1990, p. 22.
2. Au cours des Journées de l'Europe du 9 mai 2005.

notion de progrès reste toujours le thème dominant. **Condorcet** aura d'ailleurs établi dès 1793 que le progrès fait bien partie de l'histoire, dans l'*Esquisse d'un tableau historique des progrès de l'esprit humain*.

Le siècle des Lumières, la Révolution française, l'Empire constituent de nouvelles périodes d'échange et de transmission d'idées et de savoirs par le biais des grandes capitales : Amsterdam, Berlin, Londres, Paris, Vienne. La dynamique du siècle passe par l'analyse, la philosophie. La notion de méthode, le désir de se plier aux exigences de la raison en est le leitmotiv. L'affirmation de la primauté de l'homme nécessite de la part des encyclopédistes un combat acharné contre les préjugés. L'homme est désormais conçu comme une partie intégrante d'un tout universel annonçant ainsi les théories évolutionnistes du siècle suivant. Le grand travail des Lumières a été de restaurer l'humanisme. Guidés par la raison, ils fondent l'essentiel de leur morale sur l'homme. Tout est attaqué : la justice, les sciences, l'éducation, le commerce, l'industrie et, plus que les institutions, le principe même de celles-ci. Aucune génération ne fut autant éprise de philanthropie et de bienfaisance. Aucune ne ressentit plus vivement les inégalités sociales, la barbarie des lois anciennes, l'absurdité des guerres. Aucune ne fit plus sincèrement des rêves d'une paix perpétuelle et d'un bonheur universel. La *Déclaration des droits de l'homme* a constitué l'un des puissants facteurs d'unité nationale en proclamant l'égalité des droits de l'homme et de la nation. L'idée même de nation surgit. Leur point commun est d'accorder à la personne humaine une dignité, une valeur, une reconnaissance qui trouve son application dans celle que nous accordons à la liberté, au libre arbitre et à la justice. Aucun peuple n'ira aussi loin dans la définition de telles valeurs prônées comme des droits que la société s'octroie. L'unité de la pensée européenne sera le résultat de son aptitude à gérer les identités culturelles, religieuses, nationales qui la forment sans les exclure et en sachant tirer parti de leur diversité. La leçon du XVIIIe siècle sera l'exigence de l'universalité, de l'esprit de tolérance, du droit au bonheur, non plus un salut dans l'au-delà, mais un droit immédiat à l'éducation, à la protection de l'individu et des peuples.

Au XIXe siècle, les premiers effets de remise en cause de l'universalisme et de la raison de la construction du sujet apparaissent et les philosophes des Lumières découvrent leurs détracteurs. La notion de sujet est fortement ébranlée par Marx, tous les phénomènes étant déterminés par le mode de production des moyens d'existence. Nietzsche révèle que la raison n'est ni la source ni la finalité de l'histoire. Freud et Charcot, par leurs travaux, portent un coup fatal au sujet avec la découverte de l'inconscient. Le sujet ne règne plus en maître chez lui et il n'est plus systématiquement en adéquation avec lui-même : « Ainsi dans la genèse des sciences sociales, le freudisme inaugure un stade nouveau, d'abord par ses découvertes ensuite par sa méthode : les causalités, les régularités, les lois que prétend établir la sociologie positiviste sont mises en cause par le doute jeté sur le discours et, plus profondément sur la nature de l'homme raisonnable tel que Descartes l'avait défini. Le moi n'est plus ce qu'il était, il se divise en un sur-moi et, si l'on peut dire, un "sous-moi"[1]. » Sous l'effet du romantisme allemand, notamment de **Schlegel**, qui considère que l'universel abstrait est vide et qu'il n'acquiert un contenu qu'en le particularisant, l'homme est le résultat de l'union entre l'universel et le particulier. **Hölderlin** et **Novalis** partagent avec **Schiller** et **Herder** l'idée d'une Allemagne comme *Kulturnation*, définie davantage par ses productions individuelles, artistiques, littéraires, poétiques, culturelles que par sa puissance politique ou son État.

Le début du XXe siècle, à la fois héritier et novateur, ne cesse de promouvoir ses avant-gardes propres. Les frontières de l'Europe et du monde ont éclaté, la femme prend une place croissante au sein de la société et le progrès technique ne cesse de s'accroître. La **Chine** met à l'honneur le matérialisme historique : en 1911 se produit l'effondrement de la dynastie mandchoue, alors que ses premières tentatives de modernité passent par la mobilisation conjointe des idées occidentales et des pensées traditionnelles. Le **Japon**, depuis le milieu du siècle précédent, est devenu une source d'inspiration pour l'Occident et contribue à une recherche de la modernité dans l'art en présentant dans ses œuvres des plans successifs. Les deux guerres mondiales ébranlent la confiance dans la culture et dans l'homme. L'élaboration

---

[1]. Jean-Marie Domenach, *Approches de la modernité*, Paris, Ellipses, « Cours École polytechnique », 1987, p. 107.

d'instruments de destruction massive, l'organisation de camps d'extermination conduiront à douter de la raison, de la culture et de la science comme bienfaitrices de l'humanité. Depuis **Nietzsche** jusqu'aux années 1960, la déconstruction est à l'ordre du jour, déconstruction dans la philosophie contemporaine de l'idéalisme allemand, de la philosophie de la subjectivité, des illusions métaphysiques. L'art contemporain détruit sciemment l'œuvre d'art et fait aussi de la déconstruction son propre objectif en abolissant la frontière entre esthétique industrielle et esthétique artistique : une chaise, une pipe, une voiture deviennent de l'art. La philosophie de la déconstruction sera principalement représentée par **Jacques Derrida** et **Gilles Deleuze**. Après la mort de Dieu annoncée par Nietzsche, vient celle de la modernité (**Gianni Vattimo**), du politique (**Pierre Birnbaum**), du social (**Jean Baudrillard**), de la culture (**Michel Henry**), du socialisme (**Alain Touraine**), des idéologies (**Raymond Aron**), de la religion (**Marcel Gauchet**), des grands récits (**Jean-François Lyotard**).

La postmodernité exprime la crise de modernité qui frappe les pays les plus industrialisés de la planète. Le terme de postmodernisme a d'abord été utilisé en architecture dans les années 1960-1970, puis sa notion s'est répandue dans tous les domaines artistiques et philosophiques. Marquée par la crise de la nationalité, la postmodernité représente aussi une rupture avec les Lumières et un effondrement des grandes idéologies. Le trait fondamental de cette seconde partie du XXe siècle est l'importance que les cultures étrangères prendront dans l'art, la littérature et la musique européennes. L'estampe japonaise, la sculpture africaine, la musique folklorique sont non seulement des sources d'inspiration mais elles permettent aussi de créer une distance entre culture élitiste et culture identitaire de chacun. Les connaissances des peuples colonisés révéleront des richesses qui feront de la culture occidentale une culture collective parmi d'autres. Pendant longtemps la civilisation par excellence, celle que les autres étaient conviés à imiter, était celle de l'Europe occidentale, liée dès l'origine à la notion de progrès. Cela se modifiera au contact de l'Extrême-Orient et de l'Inde, au XIXe siècle, qui fascinent par les manifestations de leur art, de leur pensée. L'ethnologie, la sociologie amènent à considérer des civilisations et non plus un modèle unique. Ainsi l'Europe, au cours de son histoire, a présenté un univers de petites cultures tissées à partir de critères communs, ce qui lui a donné son aspect d'uniformisation dans la diversité, comme un manteau d'Arlequin. Mais sans doute un Non-Européen ne verrait-il que l'aspect d'uniformité de celle-ci sans pour autant déceler l'étonnante variété des cultures nationales et régionales qui la fondent, sans déceler celles de ses contraires. L'apport des civilisations étrangères à notre culture a rendu moins nets les contours et les assises qui la définissaient, relativisant les notions de norme, de valeur, de savoirs.

Plaidoirie pour une culture générale

L'expression peut faire débat : puisqu'il semble *a priori* paradoxal qu'une culture puisse être générale, car si elle l'est, elle cesse d'être une culture, et si elle ne l'est pas, elle devient sans fondement. La culture générale aurait en fait vocation, dès son origine, à être étendue sans spécificité profonde, sans être particulière pour autant. La connaissance à la **Bouvard et Pécuchet**, une longue errance dans un océan de savoirs, vaste bric-à-brac de notions et de connaissances mal digérées, ne mènera jamais les héros de Flaubert à la réflexion ou au jugement véritable par manque de méthode.

Notre époque est éprise de boulimie de savoirs ingérés sans réel discernement : entre ce qui est important et ce qui ne l'est pas. Le refus de hiérarchiser les choses, le fait de mettre tout à plat et au même niveau – le génie de Pascal et la culture de masse. Démocratiser la culture est un bienfait sans conteste, mais la populariser, c'est la tuer. On doit à **Serge Chaumier** l'évocation de cette belle plaidoirie de Lamartine adressée au député Chapuys-Montlaville, en 1843 : « Et où est la nourriture intellectuelle de toute cette foule ? Où est ce pain moral et quotidien des masses ? Nulle part. Un catéchisme ou des chansons, voilà leur régime. Quelques crimes sinistres, racontés en vers atroces, représentés en traits hideux et affichés avec un clou sur les murs de la chaumière ou de la mansarde, voilà leur bibliothèque, leur art, leur musée à eux ! Et pour les éclairés quelques journaux exclusivement politiques qui se glissent de temps en temps dans l'atelier ou dans le cabaret du village, et qui leur portent le contrecoup de nos débats parlementaires, quelques noms d'hommes à haïr et quelques popularités à dépecer comme on jette aux chiens des lambeaux à déchirer, voilà leur éducation civique ! Quel peuple voulez-vous qu'il sorte de là[1] ? »

La démocratisation de la culture a conduit à sa diffusion, puis à son exploitation commerciale sous toutes les formes (Quiz et QCM en console), menant davantage à une décérébralisation de l'individu qu'à sa formation. La culture dilapidée par le jeu commercial en a fait au mieux des kits de survie, des Smics intellectuels. Mais la culture générale, si elle a souffert d'une commercialisation excessive, sous les formes les plus tronquées, doit aussi sa déconsidération au fait d'avoir subi beaucoup d'imprécisions dans ses définitions. Le *Dictionnaire de l'Académie française* en 1932 la caractérise comme un « ensemble de connaissances générales sur la littérature, l'histoire, la philosophie, les sciences et les arts que doivent posséder au sortir de l'adolescence, tous ceux qui forment l'élite de la nation[2] ». Sa naissance officielle pourrait se situer dans le cadre de la réforme de 1902, **menée par Georges Leygues** (1857-1933), qui donne à l'enseignement secondaire la forme qu'il conservera jusque dans les années 1950. L'enseignement secondaire s'adapte au monde moderne et une fusion s'opère entre les enseignements classiques et modernes, destinée à rendre les humanités scientifiques aussi formatrices de l'esprit que celles des humanités littéraires. L'idée était d'apprendre à penser par fragments mais à faire comprendre que tout fragment justement est partie d'un tout. La culture générale établissait ainsi une synthèse entre les différents savoirs. Et la philosophie y tenait un rôle déterminant, celui de savoir réfléchir sur sa culture. Aujourd'hui, lorsque nous évoquons la « culture générale », nous sommes loin, pour la majorité d'entre nous, d'y voir une référence à une culture assimilée au pouvoir des sophistes, ou à celle d'un **Montaigne**, isolé dans sa tour constatant « notre jardin imparfait », ou à celle des encyclopédistes, empilant notre science dans des dizaines de tomes. L'idée d'amélioration de soi prédomine, l'idée d'un instrument qui nous apprend à relativiser, un moyen pour

---

1. Serge Chaumier, *L'Inculture pour tous, op. cit.*, p. 26.
2. *Dictionnaire de l'Académie française*, 8ᵉ édition, 1932-1935.

l'introspection, un regard ouvert sur le monde, l'idée d'aller toujours plus loin, que l'on trouve dans la *paideia* grecque, éducation au niveau cosmique, volonté qui doit nous pousser jusqu'au meilleur de nous-mêmes et nous donner le goût de l'excellence. Les valeurs pour les Anciens trouvaient leur fondement dans l'être. L'homme de notre époque est souvent amnésique et il est bon de lui rappeler ce qui en a fait la grandeur et la valeur. Choisir une œuvre au hasard et proclamer son inutilité, parce que désuète dans notre société – « une paire de bottes vaut mieux que Shakespeare » – et parce qu'inadaptée, ne fait pas preuve de bon sens, mais de malhonnêteté intellectuelle. De même décréter la culture générale peu adaptée à certains concours relève du même principe, car elle ne constitue pas que des savoirs assemblés, mais le moyen de se diriger dans ces mêmes savoirs, de ne pas rester passif devant les choses de notre monde.

Même si la définition de la culture générale est devenue polysémique[1], un peu comme une auberge espagnole, même si elle a été fragilisée par des attaques aux arguments idéologiques ou utilitaristes, souvenons-nous de la phrase de **Primo Levi**, alors qu'il se questionne sur les raisons de la survie après Auschwitz dans *Les Naufragés et les rescapés*[2] : « Quant à moi, la culture m'a été utile : pas toujours, parfois, peut-être par des voies souterraines et imprévues, mais elle m'a servi et m'a peut-être sauvé. »

---

1. Voir l'article remarquable de Michèle Rosellini, « La culture générale, condition de survie ? », *Atala*, n° 14, 2011.
2. Primo Levi, *Les Naufragés et les rescapés. Quarante ans après Auschwitz*, Paris, Gallimard, « Arcades », 1989.

PREMIÈRE PARTIE
LA PRÉHISTOIRE

CHAPITRE PREMIER
Expliquer l'univers

L'existence d'un univers qu'ils peinent à appréhender au-delà des justifications cosmogoniques fournies par les pensées religieuses conduit les hommes à en rechercher une explication rationnelle, fondée sur les déductions tirées des observations effectuées. Les premiers modèles explicatifs sont livrés par les géographes, mathématiciens et philosophes grecs à un moment où le bouillonnement de la pensée intime à l'homme de comprendre à la fois ce qu'il est et le monde qui l'entoure. Toutefois, il faut attendre les travaux de **Nicolas Copernic** (1473-1543) pour que se mette en place la première conception moderne de notre univers. La connaissance de ses composantes principales ouvre la voie au questionnement sur son origine. Cette tâche revient à deux scientifiques, le physicien et mathématicien russe **Alexandre Friedmann** (1888-1925) et le chanoine belge **Georges Lemaître** (1894-1966), astronome et physicien, tous deux à l'origine de ce que leur confrère britannique **Fred Hoyle** (1915-2001) dénomme avec ironie la théorie du *Big Bang* lors d'une émission radiophonique de la BBC, *The Nature of Things* (« La nature des choses »). Le Big Bang connaît un important succès avant d'être remis en cause, depuis le tournant des années 1990, par la *théorie des cordes* qui se propose de mettre fin à l'incompatibilité entre les deux grands systèmes de la physique, celui de la relativité d'**Albert Einstein** (1879-1955) et celui de la *physique quantique*. Le premier, ou physique classique, ayant échoué dans la description de l'infiniment petit, la théorie des cordes entend réconcilier la relativité générale, la gravitation relativiste et la *mécanique quantique* de l'étude des petites échelles de la physique. Un tel projet fournirait une nouvelle explication de la naissance de l'univers.

1. Les Grecs et les premières explications rationnelles

C'est **Thalès de Milet** (v. 625-v. 547 av. J.-C.) qui, le premier, se fonde sur ses observations pour donner une explication non religieuse à la formation de l'univers. Philosophe, mathématicien célèbre pour le théorème qui porte son nom, il fait de l'eau le principe premier de l'univers. La Terre est semblable à un disque de bois flottant sur l'eau, une masse liquide formant la matière primordiale. L'univers est eau à l'origine et le demeure lors de ses transformations : ainsi la terre est de l'eau condensée, l'air de l'eau raréfiée. Au-dessus de la Terre qui flotte sur l'eau, un ciel concave en forme d'hémisphère est constitué d'air. Si Thalès ne laisse pas d'ouvrage, tel n'est pas le cas de son successeur en qualité de maître de l'école milésienne, **Anaximandre** (v. 610-v. 546 av. J.-C.), qui consigne, le premier, ses travaux par écrit : *Sur la nature*, *Le Tour de la Terre*, *Sur les corps fixes*, *La Sphère*, d'après la *Souda*, encyclopédie grecque de la fin du IXe siècle. Là où Thalès place l'eau comme origine de l'univers, Anaximandre lui substitue l'*apeiron*, l'infini, l'illimité, l'inengendré. Il s'agit d'un principe, non d'une matière, à la fois source éternelle de la vie, principe de sa régénération, cause de toute destruction. Ainsi, toute matière naît de l'*apeiron*, se développe grâce à lui et y retourne en fin de cycle. La matière primordiale s'organise par la séparation des contraires, le chaud du froid, le sec de l'humide. Au centre de l'univers flotte la Terre, de forme cylindrique, immobile dans l'infini, l'*apeiron*. Au commencement, chaud et froid se séparent. Ce phénomène provoque la formation d'une boule de feu qui entoure la Terre. En se déchirant, cette boule donne naissance à l'univers, sous la forme de roues creuses concentriques emplies de feu. Chaque roue est percée d'un trou. Nous trouvons ainsi : au centre de l'univers, la Terre immobile, puis la roue des étoiles, celle de la Lune, celle du Soleil, chacune tournant sur elle-même. Plus la roue est éloignée de la Terre, plus sa circonférence croît, plus le feu interne qui la consume est intense. Tout comme les éléments nés de l'*apeiron* finissent par y retourner, Anaximandre pose les mondes comme ayant une naissance, une existence et une fin. Leur existence et leurs diverses phases d'activité les amènent à se succéder, certains naissent quand d'autres meurent, puis l'inverse se produit. La modernité de ces hypothèses se retrouve dans l'origine de la vie, selon Anaximandre issue de la mer sous forme d'animaux à carapace épineuse qui au fil du temps disparurent, d'hommes recouverts d'écailles tombées à la suite d'évolutions climatiques. **Parménide d'Élée** (fin VIe s. – milieu du Ve s. av. J.-C.) fait de la Terre une sphère, placée au centre d'un univers dont les composants fondamentaux sont la terre et le feu. C'est un philosophe, **Aristote** (384-322 av. J.-C.), qui fournit, repris par ses continuateurs jusqu'à la remise en cause de Copernic, le modèle physique d'organisation de l'univers. La Terre, immobile, en est le centre. Autour d'elle tournent tous les autres astres. Toutefois, l'univers présente une double nature, celle du monde sensible, regroupant tous les objets entre Terre et Lune, faits à partir des quatre éléments, terre, eau, air, feu, et le monde céleste, au-delà de la Lune, dont les corps sont immuables, baignés en permanence dans l'éther, un fluide subtil qui emplit l'espace. Il faut toutefois attendre le début de notre ère pour voir paraître l'ouvrage qui va dominer l'étude de l'astronomie jusqu'à la révolution copernicienne : l'*Almageste* de **Claude Ptolémée** (v. 90-v. 168), plus couramment appelé Ptolémée. L'*Almageste*, titre qui signifie le « très grand » ou le « plus grand livre », est le premier ouvrage intégral d'astronomie et de mathématique qui nous soit parvenu.

Cependant, le système mis à l'honneur par Ptolémée pose un double problème : d'une part, il situe en Dieu l'origine de l'univers, par acte de création démiurgique, et c'est un retour en arrière par rapport aux recherches d'explications rationnelles ; d'autre part, rencontrant de ce fait la pleine adhésion de l'Église catholique, il va s'avérer hégémonique jusqu'à la Renaissance. Remettre en cause les structures de l'univers selon Ptolémée revient à mettre en doute la *pagina sacra*, l'Écriture sainte.

PRÉHISTOIRE

L'Almageste

L'Almageste, le « Très grand livre », est le titre passé dans l'histoire, sous sa forme arabisée, al-Mijisti (La Très Grande), de l'ouvrage originellement intitulé Mathématiké syntaxis, ou La Grande Composition. Son auteur, **Ptolémée**, est un géographe, mathématicien et astronome grec d'Alexandrie en Égypte. Le fond de l'œuvre s'appuie sur les travaux antécédents d'**Hipparque** (v. 190-v. 120 av. J.-C.), auquel Ptolémée rend un hommage appuyé. Il lui attribue ainsi en mathématique la création des tables trigonométriques. Ces dernières permettent à Hipparque, dont les écrits sont perdus, hormis la dette assumée de Ptolémée qui déclare le reprendre, de prédire les éclipses lunaires et solaires, de réaliser un catalogue d'étoiles. Reprenant là encore Hipparque, Ptolémée présente un univers géocentrique, une terre immobile occupe la place centrale. Les planètes tournent sur des roues, nommées *épicycles*. Chaque épicycle tourne à son tour sur un *déférent*, c'est-à-dire une autre roue dont le centre est la terre. Les astres nagent dans un fluide qui ne leur oppose pas de résistance. Outre Hipparque, Ptolémée reprend la cosmologie d'Aristote (384-322 av. J.-C.) : autour de la Terre immobile la Lune tourne en un mois ; Mercure, Vénus et le Soleil en un an ; Mars en deux ans ; Jupiter en douze ans ; Saturne en trente ans. Cependant, il la corrige, ne reprenant pas l'idée selon laquelle les planètes et le Soleil sont fixés sur des sphères de cristal immobiles, jusqu'au nombre de cinquante, entourant la Terre ; derrière la plus grande des sphères, la plus extérieure, brûlerait le feu divin. Pour Ptolémée, les sphères se meuvent, depuis la plus éloignée contenant les étoiles, jusqu'à la plus proche, contenant la Terre en son centre. L'Almageste est composé de treize livres. **Le premier et le second** sont consacrés à une conception mathématique de l'univers, à la reprise des tables trigonométriques d'Hipparque. **Le troisième** montre le mouvement excentrique du Soleil, le centre de sa trajectoire diffère de celui de la Terre. Puis les quatre livres suivants analysent la Lune, son mouvement, ses éclipses. Les livres 8 et 9 dressent le catalogue des étoiles, réparties en 1 022 corps célestes dépandant des 48 constellations de la Voie lactée. **Les quatre derniers livres** étudient les planètes et notamment l'observation des levers et couchers avant ou après ceux du Soleil, phénomènes dits *levers ou couchers héliaques*. L'ensemble est dominé par l'idée que la création de l'univers est d'essence divine, donc parfaite. C'est pourquoi les mouvements des épicycles et du déférent ne peuvent se faire que par des cercles, figure parfaite.

Ptolémée introduit deux nouveautés fondamentales :
– la notion de *point équant* : point excentré duquel on voit la planète décrire une trajectoire avec une vitesse de rotation constante ;
– l'*excentrique*, un épicycle inversé sur lequel tourne le centre du déférent.

2. Pour sortir de Ptolémée : de Copernic à Einstein

C'est le foisonnement intellectuel de la Renaissance qui, en dépit des réticences affirmées de l'Église et des corps constitués conservateurs, autorise la révolution copernicienne, **le géocentrisme** cède la place à **l'héliocentrisme**. La Terre n'est plus au centre de l'univers et tourne autour du Soleil, *helios* en grec, promu à sa place figure centrale.

♦ **Nicolas Copernic** (1473-1543) est un chanoine polonais. Digne fils de la Renaissance, il accumule les savoirs dans des domaines différents, allie médecine, physique, mécanique, mathématique et astronomie. Après une formation en droit canon, droit de l'Église, auprès d'universités italiennes, Copernic revient en Pologne. Son oncle, évêque, lui a conféré un bénéfice canonial à Frombork, une ville de Pologne septentrionale. Entre 1510 et 1514 il se consacre à un *Commentaire* de l'*Almageste* de Ptolémée, occasion d'émettre l'hypothèse de l'héliocentrisme. À partir de ce point de départ, Copernic travaille seize années, accumule observations, notes et matériaux de réflexion. L'ensemble constitue, en 1530, la matière du *De revolutionibus orbium coelestium, Des révolutions des sphères célestes*. L'ouvrage est publié à titre posthume, en 1543 à Nuremberg, par suite des efforts de Georg Joachim von Lauchen dit **Rheticus** (1514-1574), jeune mathématicien autrichien enthousiasmé par les travaux de Copernic, que ce dernier, semble-t-il, n'envisageait pas de publier. Bouleversant la thèse d'Aristote et de Ptolémée d'une Terre placée immobile au centre de l'univers, Copernic propose une hypothèse radicale, d'où le nom de *révolution copernicienne* qui lui est accolé. La Terre tourne sur elle-même en un jour et cette *rotation* s'accompagne d'une *révolution*, accomplie elle en une année au cours de laquelle la Terre tourne autour du Soleil. Non seulement la Terre se meut sur elle-même et autour du Soleil, mais, dans ce dernier cas, les autres planètes en font toutes autant. Une Terre mobile, un univers héliocentré sont une offense à la création divine enseignée par l'Église. Si Copernic, mort peu avant la publication de son ouvrage, n'en subit pas les foudres, tel n'est pas le cas de son admirateur et continuateur, Galileo Galilei dit **Galilée** (1564-1642), physicien et astronome italien.

◆ **Galilée**, dans son *Dialogue sur les deux grands systèmes du monde* (1632), use d'un des trois personnages mis en scène pour défendre avec ardeur le système copernicien, face à un bien piètre avocat de celui d'Aristote, donc de Ptolémée, au nom prédestiné de Simplicio, le Simple, voire le Simplet. Or, depuis 1616, l'Église catholique condamne officiellement la thèse de Copernic. Plusieurs mois de procès devant le redoutable tribunal du Saint-Office, à Rome, amènent Galilée à abjurer l'hérésie qui consiste à placer le Soleil au centre de l'univers. Le *Dialogue* est interdit, son auteur condamné à la prison à vie, peine commuée en assignation à résidence à Florence. En 1757, le *Dialogue* est retiré de la liste des ouvrages interdits par la congrégation de l'Index. Un hommage appuyé à Galilée est rendu sous le pontificat de **Jean-Paul II** (pape de 1978 à 2005) sans qu'il s'agisse d'une réhabilitation formelle, toujours inexistante à ce jour en dépit d'une messe célébrée en son honneur en février 2009 par le président du Conseil pontifical pour la culture, l'archevêque **Gianfranco Ravasi** (né en 1942).

◆ **Tyge Ottesen Brahe** ou **Tycho Brahe** (1546-1601), astronome danois, bénéficie une grande partie de son existence de conditions exceptionnelles pour réaliser ses observations. Issu d'une famille noble et fortunée, il est destiné, après des études de droit et de philosophie à l'université de Copenhague, à une carrière diplomatique. Mais le jeune homme se découvre une passion pour l'astronomie. Entré en possession de son héritage à la mort de son père, il peut s'y livrer sans entraves. En novembre 1572 il observe le passage d'une étoile dans la constellation de Cassiopée, en réalité une *supernova*, une étoile qui disparaît dans une fantastique intensité lumineuse. Le fait qu'elle se déplace contredit la théorie des astres fixes. Tycho Brahe publie son observation avec *De Stella Nova* (*De la nouvelle étoile*) en 1573. L'année suivante, le roi **Frédéric II de Danemark** (1534-1588) lui offre l'île de Ven, proche de Copenhague, pour y installer un observatoire astronomique. Il le baptise *Uraniborg*, ou « Palais d'Uranie », la muse des astronomes. Il développe un modèle d'univers géohéliocentrique qui concilie le géocentrisme de Ptolémée et l'héliocentrisme de Copernic. Si la Terre demeure immobile et centre de l'univers, le Soleil et la Lune tournent autour d'elle, cependant que Mercure, Vénus, Mars, Jupiter et Saturne tournent autour du Soleil. Les étoiles sont placées en périphérie de l'ensemble. Ce système, s'il modifie l'organisation de l'univers, ne remet pas en cause son origine divine, il reste le fruit de la volonté d'un démiurge.

◆ Dans l'histoire de la recherche d'explication des structures de l'univers, le successeur de Tycho Brahe est l'Allemand **Johannes Kepler** (1571-1630), qui fut un temps son assistant à l'extrême fin de sa vie, pour une collaboration houleuse tant leurs points de vue divergeaient. Protestant, se pensant destiné à devenir pasteur, Johannes Kepler étudie l'astronomie en même temps que la théologie à l'université de Tübingen, découvre le système héliocentrique de Copernic. Cette double formation permet de saisir la nature du projet présenté avec la publication du *Mysterium Cosmographicum*, le *Mystère cosmographique* (1596) qu'il entend révéler : l'univers, conçu par Dieu, répond à des rapports quantitatifs qui attestent de la perfection de sa création. Chacune des cinq planètes connues à l'époque en plus de la Terre s'inscrit dans une sphère, incluse dans un polyèdre régulier à son tour compris dans une autre sphère elle-même incluse dans un autre polyèdre régulier et ainsi de suite jusqu'à complète utilisation des cinq polyèdres réguliers connus de Platon, dénommés *solides de Platon*. Que le lecteur veuille bien ici s'imaginer un emboîtement bien connu de poupées russes, la *babouchka* de plus en plus grande remplacée alternativement par une sphère puis un polyèdre. Jupiter est associé au tétraèdre régulier (pyramide), Saturne à l'hexaèdre régulier (cube), Mercure à l'octaèdre (figure à huit faces régulières), Mars au dodécaèdre (figure à douze faces régulières), Vénus à l'icosaèdre (figure à vingt faces régulières). Ses observations conduisent Kepler à revoir un aspect de la théorie copernicienne, le mouvement des planètes autour du Soleil décrit une ellipse et non un cercle. Les propriétés du mouvement des planètes autour du Soleil sont définies par les **lois de Kepler**, énoncées dans son *Astronomia Nova*, ou *Astronomie nouvelle* (1609). Il s'agit de :

– **la loi des orbites**, les planètes décrivent des trajectoires elliptiques autour du Soleil ;
– **la loi des aires**, plus une planète est proche du Soleil plus sa vitesse de déplacement est grande. Le Soleil exerce donc une attraction sur les planètes qui diminue à proportion de leur éloignement ;
– **la loi des périodes, ou loi harmonique de Kepler**, le mouvement de toutes les planètes est unifié en une loi universelle, la force exercée par l'attraction est proportionnelle à la masse de chaque planète. C'est en partant de cette troisième loi que le mathématicien et physicien anglais Isaac Newton (1643-1727) élabore sa théorie de la gravitation universelle. Toutefois, comme les autres scientifiques de son époque, Kepler ne distingue pas l'astronomie de l'astrologie, les considère toutes deux comme des sciences, acquiert une renommée tout aussi grande par ses œuvres fondées sur les mathématiques que par le calcul des horoscopes. Tout comme les pythagoriciens, défenseurs de l'*harmonie des sphères*, un univers où les planètes sont réparties suivant des proportions musicales, l'espace qui les sépare correspondant à des intervalles musicaux, Kepler attribue à chaque planète un thème musical, sa vitesse plus ou moins grande exprimée par des notes de musique différentes. C'est l'objet de son *Harmonices Mundi* ou *L'Harmonie du monde* publié en 1619.

◆ **Isaac Newton** (1643-1727) fait franchir à l'astronomie un pas décisif. Mathématicien, physicien, astronome mais aussi philosophe et alchimiste, il définit les principes de la *gravitation universelle* en 1687 dans ses *Philosophiae Naturalis Principia Mathematica* ou *Principes mathématiques de la philosophie naturelle*. Pour définir le mouvement d'un corps pris par l'attraction, Newton utilise le terme latin de *gravitas*, le poids, qui à son tour devient la gravité. Une légende veut que l'idée lui en soit venue en recevant une pomme sur la tête, alors qu'il se reposait sous un pommier. Il n'est pas exclu, à défaut de la recevoir sur la tête, que la chute des pommes mûres ait pu inspirer la réflexion du scientifique. La gravitation est le fruit d'une interaction, ici l'attraction entre des corps entre eux, en raison de leur masse. Ainsi deux corps ponctuels, une pomme et la Terre, exercent une force gravitationnelle l'un sur l'autre. La différence de masse fait que la pomme ne peut résister à la force de l'attraction terrestre, elle tombe. La gravité rend compte de l'attraction terrestre, qui nous évite de nous envoler, mais aussi du mouvement des marées, des phases de la Lune, de l'orbite des planètes autour du Soleil, régis par la force gravitationnelle. En l'affirmant, Isaac Newton ouvre une brèche dans la théorie d'un univers où les espaces entre planètes sont occupés par un fluide. Il ne saurait y avoir de vide, un espace vide reviendrait à considérer la création de Dieu comme imparfaite. Newton en est si fort gêné qu'il réintroduit l'éther, mais sous la forme d'un « esprit très subtil », un éther mécanique, médiateur de la force gravitationnelle sans lui être soumis. Simple hypothèse, jamais exprimé dans ses calculs, cet éther peut sans dommage faire partie d'un espace présenté comme *sensorium Dei*, organe des sens de Dieu. D'autre part, Newton explique le mouvement des planètes, toujours considérées par l'Église comme immobiles depuis leur création. Profondément croyant, Newton concilie les exigences de sa science et celles de sa foi en disant que si la gravité explique le mouvement des planètes, elle ne peut en revanche expliquer ce qui les mit en mouvement, rendant à Dieu son omnipotence.

Il faut attendre le début du XXe siècle pour que soit faite la démonstration de l'inexistence de l'éther, étape indispensable pour ouvrir la voie à la théorie de la *relativité restreinte* formulée en 1905 par **Albert Einstein** (1879-1955). Dans un article intitulé « De l'électrodynamique des corps en mouvement »[1], il développe trois points fondamentaux : l'éther est une notion purement arbitraire ; la vitesse de déplacement de la lumière par rapport aux observateurs ne dépend pas de leur vitesse propre, elle reste de 299 792 km/s. ; les lois de la physique respectent **le principe de relativité**. Selon ce dernier, les lois de la physique ne dépendent pas des observateurs, les mesures effectuées vérifient les mêmes équations, des lois identiques donnent des mesures identiques, même si le référentiel est distinct, pour tous les observateurs en mouvement à vitesse constante. La relativité restreinte ne concerne que les objets en mouvement, part de la constance de la vitesse de la lumière, quelle que soit celle de l'observateur. Si la vitesse de la lumière est constante, c'est le temps qui varie, passe plus lentement à un endroit

---

1. Albert Einstein, « Zur Elektrodynamik bewegte Körper », dans *Annalen der Physik*, vol. 17, 30 juin 1905, p. 891-921.

qu'à un autre, se contracte ou se dilate. Tous les objets de l'univers se déplacent eux à la même vitesse dans l'espace-temps, celle de la lumière. Le mouvement provoque un ralentissement du temps : une horloge atomique embarquée dans un avion est plus lente que la même restée sur terre. Cette différence est due à la vitesse de l'avion. L'espace et le temps sont donc relatifs : son premier observateur placé sur un quai de gare voit passer un train et a conscience de sa vitesse de déplacement. Un second observateur, placé lui dans un train se déplaçant parallèlement au premier train en ligne droite, à la même vitesse, aurait l'impression qu'il n'avance pas, qu'il est immobile. Einstein en vient à conclure que la masse est de l'énergie sous une forme particulière. Mise en mouvement, une masse augmente d'autant que sa vitesse est grande. Ainsi l'énergie est donnée par la multiplication de la masse par le carré de la vitesse, c'est la **célèbre formule** $E = mc^2$. Les découvertes d'Einstein révolutionnent la physique, mais aussi l'astronomie. Il devient possible de fournir une explication scientifique à la naissance de l'univers.

3. Le Big Bang

Paradoxalement, afin de satisfaire aux exigences de sa théorie de la relativité générale, énoncée en 1916, Einstein n'adopte pas le modèle de l'univers en expansion qu'il a pourtant pressenti mais celui de l'univers stationnaire. C'est en janvier 1933, alors qu'il participe en Californie à une série de séminaires avec Georges Lemaître, qu'Albert Einstein a l'occasion de l'entendre présenter sa théorie du Big Bang. Enthousiasmé, Einstein se serait levé à la fin de la présentation pour applaudir, disant : « C'est la plus belle et satisfaisante explication de la création que j'aie jamais entendue ». Ce modèle cosmologique est défendu par l'astrophysicien britannique **Fred Hoyle** (1915-2001), les physiciens autrichien **Thomas Gold** (1920-2004) et austro-britannique **Hermann Bondi** (1919-2005). L'univers y est présenté comme immuable, infini et éternel. Identique à lui-même en tout point de l'espace à une époque donnée, il connaît de possibles modifications dues à un phénomène de *création continue* de matière produite par le champ C, C pour « création », mais c'est uniquement pour compenser son actuelle expansion, qui diminue sa densité de matière. Une telle immutabilité exclut la possibilité d'un réchauffement, d'une densité accrue et de l'explosion initiale du Big Bang. Cette théorie, dominante jusque dans les années 1950, est aujourd'hui battue en brèche par les observations. L'univers n'est pas stationnaire, il est né d'une gigantesque explosion il y a 13,7 milliards d'années environ. Il n'est pas éternel, ne crée pas continuellement de la matière et disparaîtra dans 100 milliards d'années selon la théorie du *Big Crunch*. Fred Hoyle conteste le décalage spectral des galaxies vers le rouge, qui indique qu'elles s'éloignent de plus en plus. Or, c'est l'élément fondamental de toute théorie d'un univers en expansion. En 1929, l'astrophysicien américain **Edwin Powell Hubble** (1889-1953), après une série d'observations faites à l'aide d'un télescope géant, relève le rougissement du spectre des galaxies. Si elles se rapprochaient, le spectre serait de plus en plus violet. Le rougissement, en revanche, atteste d'un éloignement continu. Il formule alors la loi qui porte son nom, selon laquelle les galaxies s'éloignent les unes des autres à une vitesse proportionnelle à leur distance. Puisque les galaxies s'éloignent, l'univers ne peut être stationnaire, il doit être en expansion continue et ne connaître aucune limite. C'est le chanoine belge **Georges Lemaître** (1894-1966), professeur de physique et astronome à l'Université catholique de Louvain, qui élabore le premier modèle d'univers en expansion, à partir de ce qu'il nomme « l'hypothèse de l'atome originel ». Contrairement à Einstein qui pense qu'une « constante cosmologique » maintient l'univers stable, Lemaître, à partir de ses calculs et, avant Hubble, de l'observation du rougissement du spectre des étoiles, dit que les galaxies s'éloignent de nous et que l'univers est en expansion, dans un article des *Annales de la Société scientifique de Bruxelles* en 1927[1]. Son travail passe inaperçu, **Einstein** estime ses calculs corrects, mais sa conception de la physique abominable. Tout change quand Hubble confirme le contenu de l'article par sa loi de 1929. La société royale d'astronomie en publie à son tour une traduction dans ses « Monthly Notices » en mars 1931. Selon Lemaître, l'univers est né d'un unique atome, « le jour d'avant-hier », qui a en explosant, il y a 13,7 milliards d'années environ, libéré une température

---

1. Georges Lemaître, « Un univers homogène de masse constante et de rayon croissant rendant compte de la vitesse radiale des nébuleuses extragalactiques », *Annales de la Société scientifique de Bruxelles*, vol. 47, p. 49, avril 1927.

de plusieurs milliards de degrés. L'expression « le jour d'avant-hier » révèle qu'avant le Big Bang, l'explosion créatrice, le temps n'existe pas et les quatre forces fondamentales (gravitationnelle, électromagnétique, nucléaire faible, nucléaire forte) sont encore indistinctes, c'est le *temps de Planck*, du nom du physicien allemand **Max Planck** (1858-1947), auteur de cette théorie de l'avant Big Bang. La théorie du Big Bang permet de dater l'apparition d'un temps, en fonction de ses phases. En effet, le Big Bang lui-même se produit à 10^{-43} s., puis est suivi de plusieurs étapes : à 10^{-35} s. apparaît la matière ; à 10^{-33} s. la température s'abaisse ; à 10^{-4} s. les protons et les neutrons se forment. Puis, le temps s'accélère, à + 3 minutes un quart des protons et des neutrons se combinent en noyaux d'hélium ; à + 2 milliards d'années, les galaxies se forment. L'expression Big Bang est due à un opposant acharné à sa conception, **Fred Hoyle**. Chroniqueur scientifique à la BBC, en 1950, dans un exposé intitulé *The Nature of Things* (« La nature des choses »), il raille la théorie de Lemaître en l'affublant de l'expression **Big Bang**, le « Grand Bang », l'onomatopée soulignant le peu de crédit à lui accorder. Rapidement populaire, c'est pourtant ce surnom ironique qui sert toujours à désigner familièrement la thèse d'un univers en expansion. Depuis le début du XXIe siècle, elle permet l'accord de la communauté scientifique sur un *modèle standard de la cosmologie*. Inspiré du modèle standard de la physique des particules, il permet de décrire en détails l'univers, sans pour autant pouvoir répondre à l'énigme de ses composantes principales.

En 1988 le professeur britannique **Stephen Hawking** (né en 1942) publie aux États-Unis *A Brief History of Time. From the Big Bang to Black Holes*, ou *Une brève histoire du temps. Du Big Bang aux trous noirs*, où il explique le Big Bang à la lumière de ses apports personnels de chercheur et le prolonge par l'analyse de la *théorie des cordes*. Mathématicien, physicien, enseignant à l'université de Cambridge, Stephen Hawking affine le champ d'études de la cosmologie. Il présente un univers issu du Big Bang, donnant naissance à l'espace et au temps, destiné à finir dans des *trous noirs*. Les trous noirs sont des objets massifs dont le champ gravitationnel est intense au point d'empêcher toute forme de matière de s'en échapper. Hawking démontre, contrairement à la doctrine courante, qu'ils émettent un rayonnement, baptisé *rayonnement Hawking*, qui s'achève par la

EXPLIQUER L'UNIVERS

> ### De quoi l'univers est-il fait ?
>
> • **5 % environ de *matière baryonique*,** ou matière ordinaire, protons, neutrons, ainsi nommée à partir du grec *barys*, « lourd », les baryons sont plus lourds en général que les autres types de particules. Ils forment les atomes et les molécules, tout ce qui est observable dans l'univers, étoiles, galaxies.
>
> • **Le *fond diffus cosmologique*,** rayonnement électromagnétique fossile qui date du Big Bang, époque d'intense chaleur, et qui se refroidit depuis. La longueur d'onde de ce rayonnement est celui des micro-ondes ;
>
> • **Le *fond cosmologique de neutrinos*,** une particule élémentaire, le fond regroupant l'ensemble des neutrinos produits lors du Big Bang. Leur existence est certaine, mais ils demeurent indétectables faute d'instrument propre à mesurer leur énergie individuelle, infime ;
>
> • **25 % de *matière noire*,** ou *matière sombre*, matière apparemment indétectable, non baryonique ;
>
> • **70 % d'*énergie noire*,** ou *énergie sombre*, dont la nature est aujourd'hui encore inconnue en laboratoire mais dotée d'une pression négative qui la fait se comporter en force gravitationnelle répulsive. Présentée parfois comme faite de particules inconnues, elle est plus souvent assimilée à l'énergie du vide quantique. Une énergie sombre, uniforme, constante dans tout l'univers, invariable en fonction du temps rejoint l'hypothèse d'Albert Einstein d'une constante cosmologique.

désintégration dans un éclair d'énergie pure. Il émet l'hypothèse que le Big Bang se serait accompagné de la dispersion dans l'espace de trous noirs dont la taille varie d'un proton à plusieurs millions de fois la masse du Soleil. L'univers, sans frontière, naît dans un *temps imaginaire*, proposition qui réconcilie la relativité générale et la physique quantique, puisque l'univers n'a ni début ni fin, ni aucune limite.

Cette audacieuse hypothèse du temps imaginaire permet de nouvelles recherches concernant la fin de l'univers. Traditionnellement, deux visions s'opposent. Dans le premier cas, celui d'un univers fermé, limité, il atteindra son expansion maximale dans environ 50 milliards d'années, puis ses limites propres conduiront à l'inversion du mouvement. L'univers se contractera, les galaxies se rapprochant virent du rouge au bleu. Le dégagement de chaleur produit sera si extrême que la masse entière de l'univers fusionnera, s'effondrera sur elle-même. C'est la théorie du *Big Crunch*. Si la théorie du Big Crunch est fondée sur la contraction de l'espace, une autre hypothèse à l'inverse envisage un étirement de l'univers tel qu'il créera une brèche provoquée par l'augmentation de densité de la matière, une dilatation de l'espace déchirant la matière, son effondrement sur elle-même, l'engloutissement de l'univers, c'est le *Big Rip*. Dans l'un et l'autre cas, rien n'interdit d'envisager une nouvelle naissance de l'univers, sous une forme encore en revanche inconnue. Dans le second cas de figure, l'univers est ouvert, composé de galaxies formées d'étoiles et de gaz. Dans 1 000 milliards d'années, ce gaz totalement consommé par les étoiles, elles disparaîtront avec les planètes, absorbées par un gigantesque trou noir qui à son tour explosera.

4. La théorie des cordes

La théorie des cordes pose le problème du nombre de dimensions dans l'univers. En 1919, **Theodor Kaluza** (1885-1954), mathématicien polonais, veut concilier les deux grandes découvertes portant sur l'interaction des corps en physique, l'électromagnétisme de **James Clerk Maxwell** (1831-1879) et la relativité d'**Albert Einstein** (1879-1955), en supposant une cinquième dimension. Le physicien suédois **Oskar Klein** (1894-1977) explique pourquoi cette dimension échappe à notre perception en 1926 : elle est enroulée sur elle-même comme une feuille de papier en forme de cylindre. Mais le rayon du cylindre est trop petit pour nous permettre de mesurer son diamètre. Comme un fil tendu, nous percevons sa longueur seulement. Dans les années 1930, **Erwin Schrödinger** (1887-1961), physicien autrichien, lauréat du prix Nobel en 1933, et **Werner Heisenberg** (1901-1976), physicien allemand, lauréat du prix Nobel en 1932, fondent la *mécanique quantique*. Cette théorie met en lumière l'existence, à l'échelle de l'infiniment petit, d'une interaction entre particules de matière par échange de petits paquets d'énergie appelés *quanta*. Puis, en 1968, le physicien italien **Gabriele Veneziano** (né en 1942) développe la *théorie des cordes* : l'univers n'est pas un ensemble de particules semblables à des points, il est constitué de cordes, fils infiniment petits à une seule dimension. Cette hypothèse réconcilie la relativité générale d'Einstein et ses quatre forces fondamentales (gravitation, électromagnétisme, interaction faible, interaction forte) et l'infiniment petit de la mécanique quantique. Cependant la théorie des cordes, en dépit de travaux de scientifiques de divers pays, est laissée de côté jusqu'aux publications de l'Américain **Edward Witten** (né en 1951), mathématicien et physicien, portant sur les *supercordes*, minuscules cordes symétriques dont toutes les particules et forces fondamentales sont les vibrations. Le fruit de ses recherches, appelé *Théorie M*, unifie toutes les théories précédentes sur les *supercordes*. Selon **Witten**, l'univers comprend onze dimensions ou dix dimensions plus le temps. À la dimension temporelle (avant/après) s'ajoutent trois dimensions spatiales (verticale, horizontale, profondeur), les sept manquantes ne nous sont pas perceptibles, tant elles sont enroulées sur elles-mêmes, recourbées sur une distance si petite qu'elles sont inobservables.

CHAPITRE II

Histoire de la Terre, formation et évolution

La formation de la Terre remonte à 4,5 milliards d'années environ. À l'origine, un nuage de molécules de gaz et de grains de poussière cosmique en rotation forme le Soleil et, dans des tourbillons, planètes et Lune. Le mouvement provoque une incessante montée de la température, pendant des millions d'années la Terre arrache de nouveaux matériaux au nuage originel. Additionné des météorites tombées dans cette boule en ignition qu'est la Terre, sa masse s'accroît. Puis, le point culminant de l'échauffement atteint, les éléments composant la Terre prennent leur place dans la masse liquide en fusion, les plus lourds au centre, les moins lourds à la surface. Les plus légers, vapeur d'eau et oxyde de carbone, flottent au-dessus de cette dernière, donnant naissance à une enveloppe gazeuse, l'atmosphère. Durant le milliard d'années suivant environ, la Terre se refroidit, la matière de l'écorce terrestre forme les continents. La température s'abaisse sous les 100 °C, point d'ébullition de l'eau, qui peut désormais se condenser et former une enveloppe d'eau, l'hydrosphère. Toutefois, le passage de l'eau de l'état gazeux à l'état condensé, s'il s'accompagne de pluie, ne permet pas encore la création des océans. Il faut d'abord que la température du sol s'abaisse encore, sinon la pluie à peine tombée se vaporise, se condense, retombe et recommence, ce pendant des milliers d'années. **Vers 3 milliards d'années** avant notre ère, la surface est assez froide, des mares, puis des lacs, enfin des océans se forment.

La structure de la Terre

La structure de la Terre est composée d'une succession de couches concentriques : la croûte continentale, la croûte océanique, le manteau et le noyau, ces deux derniers étant eux-mêmes subdivisés :
- La **croûte continentale**, partie la plus « ancienne » de l'écorce terrestre, aussi appelée lithosphère. Son épaisseur varie entre 50 et 100 km, sa température est inférieure à 500 °C et sa densité est de 2,8. De consistance solide, elle représente 2 % du volume terrestre.
- La **croûte océanique**, partie la plus « jeune » de l'écorce terrestre, aussi appelée asthénosphère. Elle est constituée de roches plus denses où dominent silicium et magnésium. Elle est d'une densité de 3,3 ; sa température varie de 500 à plus de 1 000 °C, et son épaisseur est de 200 km.
- Le **manteau**, couche intermédiaire entre l'asthénosphère et le noyau, est, à cause de propriétés physiques différentes, lui-même subdivisé en manteau supérieur et manteau inférieur. Le premier a une épaisseur de 700 km, une consistance pâteuse, et une densité de 4,3 ; température de 1 400 °C. Le second a une épaisseur de 2 200 km, une consistance solide, et une densité de 5,5 ; il y règne une température de 1 700 °C.
- Le **noyau**, également décomposé en noyau externe et en noyau interne. Le premier, de consistance liquide, a une densité de 10, une épaisseur de 2 250 km ; il y règne une température de 5 000 °C. Le second, de consistance solide, a une densité de 13,6, une épaisseur de 1 300 km. Il y règne une température de 5 100 °C.

L'atmosphère terrestre

Elle enveloppe la Terre sur environ un millier de kilomètres d'épaisseur. Plus l'altitude s'élève, moins l'atmosphère contient de gaz. Au niveau de la Terre, elle est composée de 78 % d'azote, 21 % d'oxygène et 1 % de gaz rares. L'atmosphère s'est formée il y a environ 3 milliards d'années, après que des pluies torrentielles se sont abattues sur la Terre. Au fil du temps, elle s'est enrichie en oxygène et a développé, à 25 km d'altitude, une couche d'ozone (gaz bleu toxique à forte odeur), véritable écran qui filtre les rayonnements mortels, les rayons ultraviolets émis par le Soleil, et laisse passer ceux dont nous avons besoin pour le maintien de la vie. Chaque jour, 12 à 15 m^3 d'air nous sont nécessaires pour respirer. Voici comme se décompose l'atmosphère :
- La **troposphère**, partie de l'atmosphère située à 15 km d'altitude en moyenne (7 km au-dessus des pôles, 18 km au-dessus de l'équateur). C'est là que se forment les nuages car elle concentre 90 % de la masse d'air et de la vapeur d'eau. La température y est de – 56 °C dans la zone qui la sépare de la stratosphère. Avec l'altitude, elle diminue de 10 °C environ tous les 100 mètres. Les phénomènes météorologiques s'y produisent et s'y développent (tonnerre, éclairs, foudre, anticyclones, dépressions, orages, tornades, typhons, ouragans, pluie, neige).

- La **stratosphère**, située entre 15 km et 50 km d'altitude environ. La température s'y élève, pour atteindre presque 0 °C à 50 km alors qu'elle est de − 80 °C à la limite d'avec la troposphère. C'est là que se trouve la couche d'ozone, qui absorbe les dangereux rayons solaires ultraviolets. D'une grande stabilité de ses diverses couches, maintenue d'ailleurs par la hausse régulière de leur température interne. Bougeant peu, les différentes couches ressemblent à des couches de terre empilées, ou strates, d'où son appellation.
- La **mésosphère**, littéralement « sphère moyenne », située entre 50 et 80 km d'altitude environ. Troisième couche d'atmosphère la plus élevée, elle constitue la séparation véritable entre le domaine terrestre et celui de l'espace intersidéral. La température recommence à décroître et atteint − 80 °C à 85 km. En la traversant, les météores et les poussières s'enflamment, donnant naissance aux étoiles filantes.
- La **thermosphère**, « qui chauffe la sphère », est la couche externe de l'atmosphère. Elle s'étend au-delà de 85 km d'altitude. La température s'élève encore en fonction de l'altitude, pour atteindre 500 °C vers 250 km, 1 600 °C vers 500 km. D'une très faible densité et ne comportant pas d'air, elle ne brûle pas les objets qui la traversent. Au-delà de 10 000 km, la thermosphère devient l'**exosphère**, ou atmosphère externe. Il s'agit d'une partie complexe, car elle tend à se mélanger à l'espace dont il est difficile de la séparer nettement.

1. Le Précambrien

Le **Précambrien** est la période qui recouvre les trois premiers *éons*, longue période de temps de durée arbitraire, que sont l'**Hadéen**, l'**Archéen**, le **Protérozoïque**, « avant l'animal » en grec, soit des environs de 4,5 milliards d'années à 542 millions d'années avant notre ère. Depuis 542 millions d'années, l'époque porte le nom de *Phanérozoïque* (« animal visible » en grec) et correspond à l'apparition de petits animaux à coquille. L'essentiel de l'histoire de la Terre, environ 87 %, relève donc du Précambrien. Ce nom provient de celui de *Cambrien*, utilisé pour désigner la période suivante, des environs de − 542 à − 488 millions d'années, identifiable notamment par des types de terrains affleurant au pays de Galles, dont le nom latin est *Cambria*.

♦ L'**Hadéen** est la période la plus ancienne du Précambrien, des environs de 4,5 à 3,8 milliards d'années avant notre ère. Il est suivi de l'**Archéen**, environ de 3,8 à 2,5 milliards d'années avant notre ère. Il commence avec l'apparition de la vie sur Terre, probablement sous la forme d'êtres unicellulaires sans noyau, bactéries simples, algues bleues ou vertes, thermophiles. Ils vivent de bioxyde de carbone à l'origine, leur système de reproduction est celui de la division cellulaire, leur taille inférieure à 0,001 mm de diamètre. Ces premiers êtres vivants sont regroupés sous le nom d'*Archées*.

Le *Protérozoïque* est le dernier âge du Précambrien, le plus récent, il s'étend approximativement de 2,5 milliards d'années à 542 millions d'années avant notre ère. Il connaît un grand nombre de bouleversements majeurs, qui sont identifiés à l'aide de **trois subdivisions**, le *Paléoprotérozoïque* (2,5 à 1,6 milliard d'années avant notre ère), le *Mésoprotérozoïque* (1,6 à 1 milliard d'années avant notre ère) et le *Néoprotérozoïque* (1 milliard d'années à 542 millions d'années avant notre ère).

◆ Le **Paléoprotérozoïque**, ou Protérozoïque Ancien, est caractérisé par la prolifération des cyanobactéries, ou algues bleues, qui sont capables de réaliser la photosynthèse oxygénique : elles fixent le dioxyde de carbone (CO_2) et libèrent, en transformant l'énergie lumineuse en énergie chimique, du dioxygène (O_2). Leur action augmente la quantité d'oxygène produite sur Terre et permet l'apparition de nouvelles formes de vie. Dans les océans, regroupées en colonies fixées, elles contribuent à leur désacidification. Pourtant, cette mutation s'accompagne de la destruction d'un grand nombre d'espèces primitives, celles qui ne résistent pas aux effets oxydants de l'oxygène, d'où le nom de *Grande Oxydation* ou « catastrophe de l'oxygène » donné à ce phénomène qui s'est produit il y a environ 2,4 milliards d'années avant notre ère.

◆ Le **Mésoprotérozoïque**, ou **Protérozoïque Moyen**, est marqué par la puissance des plissements de l'écorce terrestre, qui se déchire sous l'effet de la gigantesque pression interne, provoquant le surgissement de chaînes de montagnes géantes, l'apparition des fosses océaniques, le tout au prix de tremblements de terre généralisés, d'éruptions volcaniques. Le premier *supercontinent*, c'est-à-dire regroupant tous les continents actuels, la *Rodinia*, du russe signifiant « Terre Mère », se forme il y a environ 1,100 milliard d'années, avant de se fragmenter aux environs de 750 millions d'années en huit continents, lesquels en dérivant formeront le second supercontinent, la *Pangée*. Les premières plantes, les premiers animaux à reproduction sexuée apparaissent. Dans les océans, les *acritarches* (« à l'origine incertaine » en grec), des microfossiles, font partie du phytoplancton, ou plancton végétal, sont pour certaines des algues vertes. C'est également le moment de la naissance des premiers *eucaryotes* (ou *eukaryota*, « au bon noyau » en grec), caractérisés par des cellules possédant un noyau. Ces organismes couvrent l'origine des animaux, des champignons, des plantes et des *protistes*, groupe d'unicellulaires qui ne sont ni animaux ni végétaux, comme les *protozoaires*.

♦ Le **Néoprotérozoïque** ou **Protérozoïque Nouveau**, troisième et dernière ère du Protérozoïque, marque l'apparition des minerais de cuivre, de fer, de nickel et d'or. Des êtres multicellulaires se développent, se complexifient, avec un appareil digestif et l'embryon d'un système nerveux. Toutefois, les fossiles retrouvés sont extrêmement difficiles à identifier et à dater, la plus grande partie des êtres vivants, à corps mou, n'ayant pas laissé de traces, peut-être à l'image des premières formes des méduses futures. La faune de la dernière période géologique du Néoprotérozoïque est appelée *faune de l'Édiacarien*, du nom du groupe de collines Ediacara, au nord d'Adélaïde, en Australie, lieu de découverte des premiers fossiles d'organismes marins complexes. Le plus ancien de tous serait le fossile d'une forme animale, peut-être un ver, *Cloudina*. Long de 0,8 à 15 cm pour un diamètre qui varie de 0,3 à 6,5 mm, Cloudina nous a laissé son exosquelette, ou squelette externe, fait de calcite, un carbonate de calcium, sous la forme d'une « carapace » ou coquille formée de plusieurs segments en cônes emboîtés.

2. Le Phanérozoïque

Le **Phanérozoïque**, temps de l'« animal visible » en grec, correspond à la période qui s'est ouverte, il y a 542 millions d'années environ. Il est difficile à ses débuts de le séparer de la fin de l'éon précédent, dans la mesure où l'un des critères de datation des époques leur est commun, l'apparition de petits animaux à coquille. Le Phanérozoïque se divise à son tour **en trois ères**, le *Paléozoïque*, ère de l'« animal ancien » en grec, de 542 à 250 millions d'années avant notre ère ; le *Mésozoïque*, ère de l'« animal moyen » en grec, entre 250 et 65,5 millions d'années avant notre ère ; le *Cénozoïque*, notre ère actuelle depuis 65,5 millions d'années, celle de la « vie nouvelle » en grec.

LE PALÉOZOÏQUE

Le **Paléozoïque** commence au moment où le supercontinent Rodinia se fragmente en huit. Il est conventionnellement découpé en six périodes : Cambrien (542-488 Ma[1]), Ordovicien (488-435 Ma), Silurien (435-408 Ma), Dévonien (408-355 Ma), Carbonifère (355-295 Ma), Permien (295-250 Ma).

♦ Le **Cambrien** (542-488 Ma) doit son nom à celui du pays de Galles en latin, *Cambria*. Comme les cinq autres périodes, il doit son nom à une couche géologique, dont les affleurements sont notables au pays de Galles. Le climat, subtropical au début, influe peu à peu vers une variante chaude et sèche. Les mers débordent, l'Europe occidentale est sous une mer peu profonde. Les espèces animales marines abondent, dont de nouveaux groupes nantis de pattes dures, c'est l'*explosion cambrienne*. On y retrouve en nombre les *trilobites*, des arthropodes (« au pied articulé » en grec) aux membres phalangés qui facilitent leur déplacement ; des *brachiopodes* (« dont le bras est le pied » en grec), coquillages pédonculés ; des *échinodermes* (« à peau épineuse » en grec), comme les oursins ; des espèces multiples de vers articulés, des méduses. La notion d'explosion cambrienne prend tout son sens au regard de la centaine de *phyla* (singulier : phylum) ou lignées génétiques complexes d'espèces vivantes apparues au cours du Cambrien.

♦ L'**Ordovicien** (488-435 Ma) doit également son nom à une couche géologique représentée au pays de Galles, où s'étaient installés les Ordovices, un peuple celte brittonique[2]. Le climat est subtropical, la température augmente peu à peu au début de la période, puis un

---

1. Ma : millions d'années avant notre ère.
2. Brittonique : langues celtiques regroupant le celte, le cornique, le gallois, le cambrien (éteint).

refroidissement intervient vers 460 Ma dans les mers qui semble avoir favorisé une plus grande biodiversité. Les trilobites, brachiopodes de l'époque précédente laissent la place à de nouvelles espèces, les *céphalopodes* (« dont le pied surmonte la tête » en grec), comme les pieuvres, calmars, seiches, les *crinoïdes*, échinodermes fixés ressemblant à une plante à fleur accrochée au fond marin, d'où leur nom « en forme de lys » en grec. Les *euryptérides*, arthropodes tenant à la fois de la langouste et du scorpion, atteignent jusqu'à deux mètres de long, avec des pinces géantes. Ils possèdent deux paires de branchies, l'une pour respirer sous l'eau, l'autre sur terre, ce qui leur permet de ramper hors des mers. Ils sont les premiers conquérants de la terre ferme. Les mollusques, les coraux apparaissent également.

◆ Le **Silurien** (435-408 Ma), correspondant aux couches géologiques découvertes en Galles du Sud, doit son nom à une autre tribu celtique, les Silures. C'est pendant le Silurien que la Terre est dominée par deux supercontinents : le *Gondwana* au sud qui regroupe les terres futures de l'Afrique, de l'Amérique du Sud, de l'Arabie, de l'Inde, de Madagascar, de l'Australie et de la Nouvelle-Zélande ; la *Laurasie* au nord, composée des futures Amérique du Nord, Europe et Asie. En parallèle se déroule la formation des océans. Le plus ancien, le *Iapetus*, sépare les continents de l'hémisphère nord, se referme avec leur accrétion lors de la formation de la Pangée. Quand cette dernière se scinde entre le Gondwana et la Laurasie, un nouvel océan naît, *Thétys*. Il se referme il y a environ 80 Ma pour être remplacé par les actuels océans Atlantique Sud et Indien. Ensuite se forment le Pacifique et l'Atlantique Nord. Les *graptolithes* ou graptolites (« écrit sur la pierre » en grec) sont les animaux les plus répandus. Il s'agit d'animaux vivant en colonies formées à partir d'un individu, qui se développent ensuite en forme d'axes ou de branches, de dendrites. C'est à la fin du Silurien que des plantes multicellulaires prennent possession de la terre ferme. Ce sont des plantes vasculaires, c'est-à-dire à l'intérieur desquelles circule l'eau et les nutriments dilués, comme les *lycophytes*.

◆ Le **Dévonien** (408-355 Ma) doit son nom au comté anglais du Devonshire où ce système géologique est identifié pour la première fois. Le niveau de la mer, l'océan *Panthalassa* qui entoure la Laurasie

PRÉHISTOIRE

et le Gondwana, est élevé, mais les continents sont envahis par les plantes terrestres. Sans qu'il soit possible d'en déterminer avec exactitude les causes, météorite frappant la terre, période de réchauffement suivie d'un brusque refroidissement, plus de 70 % des espèces, principalement marines, disparaissent entre 380 et 360 Ma environ, c'est l'épisode connu sous le nom d'*extinction du Dévonien*. Elles laissent la place à une nouvelle faune, d'arthropodes, scorpions, myriapodes, araignées, sur terre côtoient les premiers poissons osseux, dont la vessie natatoire évolue vers les poumons futurs, à l'origine simple sac pulmonaire, certains d'entre eux avec un squelette interne articulé qui les autorise à ramper hors de l'eau sur leurs nageoires, amphibiens comme les *tétrapodes*, ou leur proche parent *Tiktaalik roseae* (*tiktaalik* : « grand poisson des basses eaux » en langue inuit), un poisson osseux avec une tête d'alligator. Les premiers requins apparaissent. À la fin de la période, au Dévonien supérieur, naissent les amphibies, comme les batraciens. Les larves respirent en utilisant des branchies, les animaux adultes utilisent des poumons. Mais c'est surtout la flore qui s'épanouit au Dévonien. De véritables forêts de fougères géantes, qui peuvent dépasser 15 mètres de haut, s'installent. La reproduction sexuée se met en place, séparant plantes mâles et femelles, donnant lieu à la production de graines. C'est cette étape fondamentale qui explique au même moment le développement des insectes, qui évoluent en interdépendance avec les plantes. Outre les fougères, les *progymnospermes*, « qui sèment leurs graines au vent », apparaissent les champignons, les *sténophytes* comme les prêles.

◆ Le **Carbonifère** (355-295 Ma) doit son nom à la pétrification des végétaux du Dévonien dans les marécages, produisant les plus anciennes couches de charbon. Après une période de baisse du niveau de la mer à la fin du Dévonien, il remonte, le climat est chaud et humide, sauf au sud de l'hémisphère austral, la partie la plus au sud du Gondwana est sous les glaces. La *Pangée*, qui regroupe Gondwana et Laurasie, est en cours de constitution. Elle rassemble toutes les terres émergées en un unique supercontinent, d'où son nom grec qui signifie « toutes les terres ». Sur ces terres, outre les marécages, les espèces végétales du Dévonien atteignent des tailles de plus en plus gigantesques, certaines dépassant les 35 m. Les graminées fourragères et les premiers arbres à écorce ligneuse, contenant de la *lignine* qui se décompose mal, ce qui aide à l'accumulation de couches de charbon, notamment de *lignite*, roche sédimentaire entre tourbe et houille. Le taux d'oxygène dans l'air est élevé et serait responsable du gigantisme des premiers insectes, libellules de 75 cm d'envergure par exemple. Les batraciens se multiplient, croissent en taille aussi, certains groupes connaissent les débuts d'une évolution qui produira les reptiles.

◆ Le **Permien** (295-250 Ma) est le dernier âge du Paléozoïque. Son nom vient de la ville russe de Perm, où l'on trouve des traces de cette formation géologique. Le niveau moyen des mers est assez bas pendant toute la période. La Pangée est complètement formée, entourée d'un océan géant, le *Panthalassa*, « toutes les mers » en grec. Alors que disparaissent les trilobites, brachiopodes, apparaissent les premiers poissons cuirassés, certains reptiles se dotent de membranes qui leur permettent de planer, mais interdisent le vol battu, celui des oiseaux qui peuvent battre des ailes, grands amphibiens et grands reptiles préparent la voie aux dinosaures. La flore, dominée par les gymnospermes, se diversifie avec les premiers conifères et arbres gingko. Vers 250 Ma se conjuguent probablement plusieurs éléments néfastes, une *anoxie* ou asphyxie des océans due à la diminution du plateau continental en raison de la mise en place de la seule Pangée, un volcanisme accru, l'impact d'une ou plusieurs météorites. Toujours est-il que 95 % des espèces marines et 70 % des espèces terrestres sont éradiquées, c'est la massive *extinction du Permien*.

LE MÉSOZOÏQUE (250-65,5 MA)

Au **Paléozoïque** succède le **Mésozoïque** (250-65,5 Ma), subdivisé **en trois périodes**, une fois encore identifiées à partir d'un système géologique précis : le Trias (250-199 Ma), le Jurassique (199-145 Ma) et le Crétacé (145-65,5 Ma).

◆ Le **Trias** (250-199 Ma) doit son nom aux trois couches stratigraphiques qui le composent, le *Buntsandstein* ou grès bigarré, le *Muschelkalk* ou calcaire coquiller, et le *Keuper* ou marnes irisées. Le climat d'ensemble est chaud, avec des variations locales sur le continent dues à l'immensité de la Pangée. Après l'extinction du Permien, les espèces survivantes se remettent lentement, pendant que d'autres apparaissent pour une durée brève, que des ordres nouveaux se préparent à dominer le Mésozoïque. Les tortues sont déjà proches de leur actuel stade de développement, les reptiles à dents, sauriens font leur apparition, avec les crocodiles et les dinosaures, ou *ptérosaures*, les reptiles volants. Le groupe des *cynodontes* ou « reptiles mammaliens », ancêtres des mammifères, pondent des œufs, mais la femelle, nantie de mamelles, allaite les petits après leur éclosion. Dans les mers commencent à abonder les grands reptiles marins, les *ichthyosaures*, dont l'aspect rappelle celui des dauphins. Tout comme il a débuté sur une extinction massive, le Trias s'achève avec une autre, l'*extinction du Trias-Jurassique*, qui emporte la moitié de la diversité biologique. La cause en est peut-être la fracture de la Pangée qui se sépare entre Laurasie et Gondwana. La flore est marquée par le développement continu des conifères dans l'hémisphère nord, ailleurs domine le gingko et les *cycadées* qui ressemblent à des palmiers en éventail.

◆ Le **Jurassique** (199-145 Ma) s'ouvre sur la fragmentation de la Pangée. Il doit son nom à des calcaires du Jura. La Laurasie, au nord, regroupe, avant qu'elles ne s'individualisent à la fin de la période et au Crétacé, l'Amérique du Nord et l'Eurasie. Le Gondwana, au sud, en fait autant avec l'Afrique, l'Amérique du Sud, l'Antarctique, l'Arabie, l'Inde, Madagascar, la Nouvelle-Zélande, l'Australie. L'océan Téthys se ferme. Le climat se diversifie dans différentes zones du globe. Il demeure chaud dans l'ensemble, comme au Trias. La faune terrestre est celle de l'apogée des dinosaures, avec des géants comme l'*apatosaure* (autrefois appelé brontosaure), long de 22 m, haut de 8 m, d'un poids de 30 tonnes environ, qui se déplace en troupeau pour brouter la cime des arbres. Les autres genres de dinosaures du Jurassique sont les diplodocus, des camarasaures, eux aussi herbivores. Se déplaçant sur quatre pattes, ils sont lents alors que les reptiles sauriens carnassiers, ou dinosaures carnivores de l'ordre des *saurischiens*, bipèdes, se déplacent plus vite. Ces prédateurs sont redoutables, à l'image du plus connu d'entre eux, le *Tyrannosaurus rex*. Les sauriens conquièrent aussi le ciel, comme les *ptérodactyles*, « doigt volant », terme dû à **Georges Cuvier**

(1769-1832), où ils concurrencent les premiers oiseaux, du genre *archéophéryx*, apparus à la fin du Jurassique, il y a 150 Ma environ. Les mers sont le domaine, outre du plancton qui apparaît, des *ammonites*, mollusque à coquille univalve enroulée, en grand nombre, d'espèces évoluées de poissons et de reptiles, *plésiosaures*, crocodiles marins. Le climat, chaud et humide, favorise la conquête des terres par des forêts luxuriantes, de conifères ou de ginkgos selon les latitudes.

◆ Le **Crétacé** (145-65,5 Ma) doit son nom aux dépôts crayeux (du latin *creta*, la craie), très présents durant cette période, retrouvés en Europe, en Angleterre et en France notamment. Elle s'achève par une nouvelle extinction massive, celle des dinosaures et reptiles de grande taille, dans un contexte de volcanisme actif, aggravé par la chute d'une météorite. La Pangée achève son fractionnement, les continents actuels se mettent en place. L'océan Indien et l'Atlantique Sud naissent, la montée des eaux immerge environ 30 % des terres. Après une période de tendance au refroidissement en début d'ère, le climat au Crétacé est chaud dans l'ensemble. Les mammifères présents sont de petite taille, passent inaperçus dans un monde où règnent les reptiles, certains évoluant vers les oiseaux actuels avec des ailes, un puissant sternum, une queue raccourcie. En milieu marin, raies, requins, poissons osseux sont communs. **Les premières plantes à fleurs** se développent, en même temps que les insectes, abeilles, termites, fourmis et les papillons. Conifères et palmiers continuent à se disséminer sur les terres, avec les fougères, prêles, des arbres à feuilles comme les magnolias, les figuiers. Le Crétacé s'achève avec l'*extinction du Crétacé* ou *extinction KT*, de l'allemand *Kreide-Tertiär-Grenze*, connue surtout pour la disparition des dinosaures, sauf les oiseaux qui en descendent. Attribuée à une météorite qui frappe le Yucatán, dont l'impact provoque une suspension de particules qui fait écran aux rayons solaires, l'extinction concerne en fait de multiples espèces, aussi bien terrestres qui disparaissent faute de nourriture, herbivores puis leurs prédateurs, que marines, par manque de *phytoplancton*, ou plancton végétal. Survivent les mieux adaptés, omnivores, charognards sur terre et dans les mares, espèces des grands fonds marins se nourrissant de déchets.

PRÉHISTOIRE

LE CÉNOZOÏQUE

L'ère géologique suivant le Crétacé, le **Cénozoïque**, débute il y a environ 65,5 Ma et se poursuit de nos jours. Le Cénozoïque (ou période de la « nouvelle vie » en grec) se subdivise **en deux parties**, le *Paléogène*, la plus ancienne, et le *Néogène*, la plus récente.

Le Paléogène

Le **Paléogène** est la période géologique qui s'étend de 65,5 à 23,5 Ma environ. Il est conventionnellement à son tour divisé entre Paléocène (65,5- 56 Ma), Éocène (56-34 Ma) et Oligocène (34-23,5 Ma).

♦ Le **Paléocène** (65,5-56 Ma) s'ouvre avec la gigantesque extinction du Crétacé, fatale aux espèces spécialisées de grande taille. Les autres, notamment les reptiles, demeurent, mais en moins grand nombre, tout en poursuivant leur évolution. Les mammifères sont les grands bénéficiaires de la disparition des géants du Crétacé. Il s'agit de petits mammifères, ongulés, carnivores, à la spectaculaire multiplication d'espèces, multiplication par 10 des *condylarthres* comme le *Phenacodus*. Les oiseaux atteignent des tailles gigantesques, comme le *Gastornis*, sorte d'autruche pour la silhouette, aux fortes pattes, bec terrible capable de briser les os, un carnivore de près de 2 m de haut et d'un quintal de poids. La flore évolue avec les *Angiospermes* de la fin du Crétacé, ou plantes à fleurs, les arbres à feuilles caduques qui se répandent. Le climat du Paléocène est marqué par un net réchauffement, il devient subtropical, favorisant les forêts denses.

♦ L'**Éocène** (56-34 Ma), dont le nom signifie en grec « aube nouvelle » en référence à l'arrivée des mammifères modernes, s'ouvre sur la plus forte augmentation moyenne de température, environ 11 °C. Certaines espèces n'y survivent pas, mais ces conditions sont favorables à des animaux de petite taille, rongeurs, primates, chauves-souris. Les ongulés se développent avec *Eohippus* (« cheval de l'aube » en grec), un petit ancêtre du cheval de la taille d'un chien. Dans les mers chaudes apparaissent les premières baleines.

◆ L'**Oligocène** (34-23,5 Ma) commence par l'impact d'une ou de deux météorites dans la baie de Chesapeake, sur la côte est des États-Unis, et en Russie, provoquant une fois encore une extinction massive. Le climat général s'est refroidi depuis la fin de l'Éocène, refroidissement qui se poursuit pendant toute la période. Peu de nouveaux mammifères modernes apparaissent en comparaison de leur multiplication au cours de l'Éocène, mais déjà 1/5 des espèces actuelles environ sont présentes. Si les mammifères primitifs disparaissent, ils sont remplacés par des rongeurs, castors, rats, souris ; par de nouveaux ongulés, zèbres, chevaux, ânes, rhinocéros, hippopotames. Apparaissent également porcs, chameaux, antilopes et premiers singes.

Le Néogène

Au Paléogène succède le **Néogène**, divisé entre le Miocène (23,5-5,5 Ma) et le Pliocène (5,5-1,8 Ma).

◆ Le **Miocène** (23,5-5,5 Ma), dont le nom en grec signifie « moins nouveau », est marqué par un refroidissement continu. Les forêts tropicales régressent au profit des savanes, des steppes, favorables à l'extension des ongulés qui les paissent, comme les chevaux, de la taille d'un poney. Les prédateurs loups, chats sauvages vivent à cette époque. Dans les mers, cachalots et baleines sont rejoints par les dauphins, marsouins, requins modernes et le super-prédateur marin, le *mégalodon*, « aux grandes dents », pouvant mesurer jusqu'à 22 cm pour les plus grands spécimens, pour une taille proche des 20 m de long. C'est au cours du Miocène que **les *hominidés* se multiplient**. Cette famille de primates regroupe les grands singes, bonobo, chimpanzé, orang-outan, gorille, homme. Toutefois, lignée humaine et lignées de grands singes se séparent. **Toumaï**, présenté comme le possible plus vieux fossile de la lignée humaine, vivait sur le territoire de l'actuel Tchad il y a 7 Ma environ.

◆ **Le Pliocène** (5,5-1,8 Ma), en grec « plus récent », en référence aux mammifères moderne, est l'époque qui conduit aux grandes glaciations. C'est durant cette période que les continents prennent leur actuelle position. Si les ongulés déclinent, les *mastodontes*, ou « dents mamelonnées », se répandent en Amérique du Nord. Ils sont proches, par leur taille et leur forme, des mammouths. Les rongeurs prospèrent en Afrique, les marsupiaux en Australie. Le refroidissement du climat modifie la flore. Les forêts tropicales se réduisent à l'Équateur, remplacées par les forêts tempérées d'arbres à feuilles caduques. Plus au nord s'étendent les steppes et toundras.

3. Les grandes glaciations

Les grandes glaciations se produisent au cours du **Pléistocène** (1,8 Ma-11500 av. J.-C.). Elles se produisent par cycle, recouvrant à leur maximum 30 % des terres émergées. Il est ainsi possible d'identifier quatre glaciations (Günz, Mindel, Riss, Würm) entrecoupées de trois périodes interglaciaires (Günz-Mindel, Mindel-Riss, Riss-Würm).

– **Günz** (1,2-0,7 Ma) doit son nom à un affluent du Danube.
– **Mindel** (650 000-350 000 av. J.-C.) doit son nom à une rivière de l'Allgau en Bavière.
– **Riss** (300 000-120 000 av. J.-C.) est éponyme de la Riss, un affluent du Danube.
– **Würm** (115 000-10 000 av. J.-C.) est nommée d'après une rivière bavaroise.

Au cours des glaciations, les glaciers se rejoignent, formant ainsi des masses géantes, comme l'*inlandsis* qui s'étend de la Scandinavie à l'Angleterre. L'épaisseur des glaciers continentaux peut atteindre 3 000 m. Le *permafrost*, sous-sol gelé en permanence, s'étend à plusieurs centaines de kilomètres en avant des glaciers. Pendant les périodes interglaciaires, le relatif réchauffement provoque la remontée des eaux, formant des lacs immenses, couvrant plusieurs centaines de milliers de kilomètres carrés. Une nouvelle extinction se produit : mammouths, mastodontes, tigres à dents de sabre. Les représentants du genre *Homo*, les humains et les espèces proches, se diversifient puis disparaissent, sauf l'*Homo sapiens*, « l'homme sage », notre ancêtre direct.

Pourquoi les glaciations ont-elles eu lieu ?

Différentes hypothèses ont été émises depuis le XIXe siècle, mais en général c'est celle due à la position des continents sur le globe terrestre, dite *théorie de Milankovitch*, qui est retenue. Pendant les phases froides, les glaciers recouvrent la quasi-totalité de l'Europe du Nord et les Alpes, le Massif central, les Pyrénées ; quant au niveau de la mer, il varie en fonction du stockage de glace sur les continents, de l'ordre de 120 m d'épaisseur pour la dernière période glaciaire. Les deux derniers *inlandsis* (nappe de glace très étendue connue aussi sous le nom de calotte polaire) sont aujourd'hui l'inlandsis du Groenland et celui de l'Antarctique. La présence des moraines glaciaires et des traces d'érosion glaciaire permettent de déduire le paysage que ces phénomènes ont laissé. La température moyenne était plus basse que celle d'aujourd'hui de 8 à 12 °C. Des pluies abondantes prennent alors place en Afrique du Nord, de l'Est, du Sud. Les grands déserts, celui du Sahara ou du Kalahari, sont habitables. Lorsque le niveau de la mer baisse, le pont terrestre entre l'Asie et l'Amérique se trouve de nouveau asséché, tout comme l'isthme de Panama, rétablissant un accès possible entre ces trois continents.

4. L'Holocène

L'**Holocène** qui le suit est la période géologique la plus récente, qui a commencé 10 000 ans avant notre ère environ. C'est une période interglaciaire, marquée par la montée des océans provoquée par la fonte des glaciers. La température s'élève, la forêt tropicale remonte vers le Nord, les savanes remplacent les déserts. La **mégafaune**, les animaux de grande taille, **disparaît** d'Amérique du Nord. D'autres espèces sont victimes de l'homme et disparaissent à leur tour. Ce dernier utilise le feu, taille la pierre, déploie de nouvelles stratégies de chasse à l'arc ou à l'aide d'un propulseur à sagaie.

PRÉHISTOIRE

CHAPITRE III

La Préhistoire, de 7 millions d'années à l'apparition de la métallurgie (2500 av. J.-C.)

LA PRÉHISTOIRE A UNE HISTOIRE

Tout commence avec **Jacques Boucher de Perthes** (1788-1868) qui pose, dès 1842, la question d'un homme antédiluvien. Les conclusions qu'il publie dans le premier tome des *Antiquités celtiques et antédiluviennes* n'ont pas, en 1849, le succès qu'il escomptait. Une décennie durant, les découvertes se multiplient mais les détracteurs les réfutent, notamment le géologue **Élie de Beaumont** (1798-1874), disciple de Cuvier. Si la célèbre calotte crânienne de Néandertal est mise au jour en Prusse dès 1858, il faudra attendre 1859 pour voir naître la préhistoire comme discipline scientifique. La visite à cette date à Abbeville d'un paléontologue anglais, **Hugh Falconer** (1808-1865), destinée à comparer ses découvertes avec celles de Boucher de Perthes[1], fait non seulement admettre la contemporanéité de l'homme et des espèces disparues, mais rallie une partie du monde savant à la préhistoire de l'homme. Si l'adhésion n'est pas encore totale, elle sera élargie lors de la découverte par Boucher de Perthes à Moulin-Quignon, en 1863, d'une mâchoire humaine dans une couche géologique contenant des silex taillés et des vestiges d'espèces animales disparues ; cette découverte se révélera plus tard être un

---

1. Boucher de Perthes serait plutôt l'avocat de la Préhistoire, s'étant chargé de faire admettre après une lutte méritoire des idées qu'il n'avait pas forgées lui-même. C'est à **Casimir Picard** que revient, en 1835, le mérite d'avoir mis en lumière la contemporanéité des haches taillées et de la faune disparue.

faux[1]. L'idée va alors s'imposer d'une croissance progressive et infinie des êtres humains, d'une continuité essentielle des formes vivantes, fondée sur la stratigraphie, rendant possible une histoire des êtres vivants et de l'homme. Nous devons à un naturaliste britannique, **John Lubbock** (1834-1913), la subdivision, en 1865, de la Préhistoire en deux périodes : le Paléolithique, âge de la pierre ancienne, et le Néolithique, âge de la pierre récente.

Aujourd'hui, les chercheurs considèrent que la Préhistoire s'arrête au moment où apparaissent les premiers témoignages de l'écriture, vers le quatrième millénaire au Proche-Orient. Pourtant cette démarcation reste très floue. L'apport de données ethnologiques montre en effet que de nombreuses cultures ont continué de vivre comme des sociétés paléolithiques ou mésolithiques. Quant à donner une date précise d'apparition de l'homme, cela pose aussi des problèmes. Tout dépend de ce que l'on entend par « homme ». Comment saisir la frontière qui le sépare de l'animal ? À quel moment devient-il véritablement un homme ? La réponse tourne autour de l'acquisition de certains **traits anatomiques** – développement du cerveau, acquisition de la bipédie – mais aussi **culturels** – fabrication d'outils, maîtrise de certaines techniques : feu, peinture, réalisation de statuettes, construction d'habitats de plus en plus élaborés. **André Leroi-Gourhan** (1911-1986) établit, en 1965, une synthèse anthropologique en reliant émergence du geste, développement du cerveau ainsi que morphologie et culture[2].

---

1. La mâchoire de Moulin-Quignon, observée à la lumière des comparaisons anatomiques avec les fossiles humains connus aujourd'hui, présente de grands airs de modernité. L'intérêt de cette supercherie fut à l'époque d'avoir créé une commission de savants, géologues, paléontologues, archéologues sous la direction d'**Henri Milne-Edwards**, réunis pour venir inspecter le site de Moulin-Quignon. Les minutes du débat ont été consignées dans les *Mémoires de la société d'anthropologie de Paris* (1863).
2. André Leroi-Gourhan, *Le Geste et la Parole*, 1 : *Technique et Langage*, 2 : *La Mémoire et les Rythmes*, Paris, Albin Michel, 1964-1965.

1. Les Paléolithiques

> **Les différents âges du Paléolithique**
> **(– 7 Ma à – 10 000 ans)**
>
> - **Paléolithique archaïque** : – 7 Ma à – 1,7 Ma. Australopithèques - *Homo habilis* - Galets aménagés.
> - **Paléolithique inférieur :** – 1,7 Ma à – 500 000 ans. Biface - *Homo erectus* - Abbevillien - Acheuléen - Micoquien.
> - **Paléolithique moyen :** – 500 000 ans à – 40 000 ans. Néandertalien - Moustérien - Levalloisien - Sépulture - *Homo sapiens* au Proche-Orient.
> - **Paléolithique supérieur :** – 40 000 à – 10 000 ans. Débitage d'éclats grattoirs - Aurignacien - Gravettien - Solutréen - Magdalénien - Épipaléolithique - Art pariétal.

LA PRÉHISTOIRE : QUEL CLIMAT DANS QUEL ENVIRONNEMENT ?

Le cadre dans lequel se déroulent les premières grandes étapes de l'histoire humaine est celui de l'ère géologique et paléoclimatique quaternaire [1], la plus récente de l'histoire de la terre et qui succède aux ères primaire, secondaire, tertiaire. Mais le Quaternaire se différencie des ères précédentes par deux faits qui le caractérisent : les importantes fluctuations climatiques qui marquent son déroulement et la présence de l'homme. La recherche principale porte donc sur l'homme et son environnement. D'importantes phases glaciaires séparées par des périodes interglaciaires plus chaudes le marquent également. Déjà, à la fin du Tertiaire, la glaciation de Donau (– 2,1 à – 1,8 Ma environ) est contemporaine des premiers hominidés d'Afrique. Au Quaternaire lui succède celle de Günz (– 1,2 à – 0,7 Ma). Puis la période interglaciaire de Günz-Mindel, marquée par un réchauffement climatique, apparaît vers 730 000 av. J.-C. Entre la fin du Pléistocène inférieur et le début du Pléistocène moyen se produit la glaciation de Mindel

---

1. Le terme « quaternaire » a été inventé, en 1829, par le géologue **Jules Desnoyers**. L'ère quaternaire se divise en deux : le Pléistocène de – 2,7 Ma à – 780 000 ans (terme établi, en 1839, par le géologue britannique **Charles Lyell**) et l'Holocène vers – 10 000 ans (terme créé par le Français **Paul Gervais**, en 1867, pour désigner les dépôts récents).

(650 000-350 000 av. J.-C.) et la période interglaciaire Mindel-Riss. Nous sommes encore au Paléolithique moyen quand commence une nouvelle période de refroidissement, la glaciation de Riss (300 000-120 000 av. J.-C.). Puis une période de réchauffement, il y a cent vingt mille ans, celle de Riss-Würm, à laquelle succède la dernière grande glaciation dite de Würm (120 000-10 000 av. J.-C.).

Les grandes glaciations de l'ère quaternaire

- – 1 million d'années à – 700 000 ans : glaciation de Günz
- – 700 000 à – 650 000 ans : première période interglaciaire, dite de Günz-Mindel
- – 650 000 à – 350 000 ans : glaciation de Mindel
- – 350 000 à – 300 000 ans : seconde période interglaciaire, dite de Mindel-Riss
- – 300 000 à – 120 000 ans : glaciation de Riss
- – 120 000 à – 75 000 ans : troisième période interglaciaire, dite de Riss-Würm
- – 75 000 à – 10 000 ans : glaciation de Würm

Depuis – 10 000 ans, la Terre connaît une nouvelle période interglaciaire. Chaude, humide, elle pourrait se terminer dans un millénaire environ.

Au Quaternaire, le développement des mammifères connaît un essor prépondérant et voit apparaître des espèces gigantesques : le *Dinotherium*, dans la vallée de l'Omo, le tigre à dents de sabre qui peut ouvrir une gueule à 180 degrés. Pendant le climat chaud du début du Quaternaire, d'autres espèces apparaissent : l'*Elephas africanus*, le genre *Equus* et le genre *Bos*. Dans les toundras qui s'étendent à la suite du recul des forêts jusqu'à la frontière méridionale des Alpes, apparaissent des mammouths, des rennes, des ours des cavernes. La flore qui se développe pendant les périodes interglaciaires jusqu'au début de l'Holocène ne se différencie guère des arbres à feuilles et des plantes à fleurs que nous connaissons. Lors des périodes glaciaires, les forêts se retirent vers le Sud et lors des périodes chaudes vers le Nord. La fin de la période glaciaire, vers 10 000 ans, provoque une véritable hécatombe parmi la faune : disparaissent du paysage les mammifères géants, mégacéros (cerf géant), mammouths, rhinocéros laineux, les seuls survivants seront les éléphants, les rhinocéros, les bisons en Amérique et les girafes en Afrique et en Asie.

LES GRANDES ÉTAPES DE LA PRÉHISTOIRE

Le Paléolithique, la période la plus longue de la Préhistoire, commence il y a sept millions d'années en Afrique pour prendre fin avec les débuts du Néolithique au Proche-Orient, il y a environ dix mille ans, lequel s'achève au IIe millénaire en Europe. La protohistoire entre alors en scène avec l'utilisation du métal : le cuivre entre 2500 et 1800 avant J.-C., le bronze entre 1800 et 700 avant J.-C., et le fer à partir du VIIe siècle avant J.-C.

Le vieux Paléolithique en Afrique

Paléolithique archaïque : – 7 Ma à – 1,7 Ma. Australopithèques - Pharanthropes - Genre *Homo* - Galets aménagés

Six grandes zones délimitées en Afrique orientale livrent les principales découvertes d'Australopithèques (de *pithèque*, singe, et *austral*, du sud) : dans la Rift Valley, l'aire de l'Aouach, de Melka Kunturé, de l'Omo, lacs Turkana (anciennement nommés lac Rodolphe, Baringo, Eyasi) et l'ancien lac Victoria au nord du Kenya. Le Tchad et l'Afrique du Sud sont également des zones riches en vestiges. Les sédiments qui en proviennent sont d'origine fluviatile, lacustre ou deltaïque. Les conditions d'aridité du Rift ont préservé une importante documentation sur les fossiles, mieux conservés que dans les zones forestières.

La saga des Australopithèques

Les différentes espèces d'Australopithèques ont vécu au cours du Pliocène, entre – 5,3 et – 2,6 millions d'années, et du Pléistocène, entre – 2,6 et – 1,7 million d'années. Ils offraient une combinaison de traits humains et simiesques. Comme les humains, ils étaient bipèdes, mais, comme les singes, ils avaient un cerveau de petite taille, environ 400 cm³. Le spécimen le plus célèbre des Australopithèques est sûrement Lucy[1], un

---

[1]. Découverte effectuée par une équipe internationale dirigée par Yves Coppens, Donald C. Johanson et Maurice Taieb.

squelette fossilisé remarquablement préservé de l'Éthiopie, en Afar, qui a été daté à 3,2 millions d'années. Sa découverte, en 1974, fut exceptionnelle. Avec ses cinquante-deux ossements, presque la moitié de son squelette était intact. Cette femelle australopithèque d'une vingtaine d'années mesurait 1,10 m et sa capacité crânienne était d'environ 400 cm^3, alors que la nôtre est de 1 200 cm^3. Lucy, à en croire l'inclinaison de sa colonne vertébrale et la forme large de son bassin, était apte à la bipédie, mais connaissait aussi en alternance une vie arboricole, ses membres supérieurs plus longs que ses membres inférieurs l'attestent. L'hypothèse d'une adaptation à un environnement climatique de plus en plus sec a été émise, bien qu'elle ne convienne pas à tous les anthropologues pour expliquer ces débuts de bipédie. Depuis, Lucy a été rejointe par la découverte d'autres Australopithèques beaucoup plus anciens, comme celle faite par le paléontologue Michel Brunet, en 1996, d'*Australopithecus bahrelghazali*, rebaptisé « Abel ».

Une grande famille

Il y a quatre millions d'années apparaissent les premiers hominidés connus, les Australopithèques. On en dénombre à ce jour cinq espèces différentes : *anamensis, afarensis, africanus, bahrelghazali, garhi*. Ils se développent pendant un million d'années, nous ignorons lequel est l'ancêtre de l'*Homo habilis*. Lucy ne peut prétendre au titre d'ancêtre, sa bipédie étant plus archaïque que celle de certains Australopithèques. La forme de leur mâchoire et de leur crâne est très archaïque. Un nouveau changement climatique se produit entre − 3 et − 2 millions d'années, en raison d'une grande sécheresse en Afrique. Apparaissent alors les paranthropes, l'*Homo habilis* et l'*Homo rudolfensis*.

• **Les paranthropes**, appelés aussi *Australopithecus robustus*, ont des formes robustes d'Australopithèques. Leurs mâchoires sont puissantes, leur cerveau a une capacité crânienne comprise entre 450 et 600 cm^3. Ils présentent une crête sagitale sur le crâne, comme les gorilles. Leur alimentation, démontrée par l'analyse faite à partir de leurs dents, est exclusivement carnée. Ils vivaient entre − 2,7 et − 1,2 million d'années.

- L'*Homo habilis* pèse 50 kg environ et possède entre 650 et 800 cm³ de capacité crânienne. Sa bipédie est constante. On le rencontre en Afrique de l'Est et du Sud entre 2,5 et 1,8 million d'années. Il taille des outils et se protège dans des abris sommaires (coupe-vent d'Olduvai).

- L'*Homo rudolfensis* doit son nom au lac Rudolph (Afrique orientale) où il fut découvert, plus robuste et corpulent que ses prédécesseurs. Sa capacité crânienne est d'environ 700 cm³. Les spécimens sont omnivores et de petite taille, 1,30 m en moyenne. Il vit en même temps qu'*Homo habilis*.

De l'époque de ces hommes les plus anciens datent les « galets aménagés », outils appelés *choppers* quand ils ont une seule face taillée et *chopping tools* quand ils sont taillés sur les deux, ainsi que des rudiments d'habitats, à Olduvai (nord de la Tanzanie, Afrique de l'Est). Vers – 1,9 million d'années, une nouvelle modification du climat est marquée par un refroidissement. Un nouvel *Homo* apparaît, l'*Homo ergaster*, qui rompt avec la tradition arboricole. Certains chercheurs le considèrent comme une variété de l'*Homo erectus* et son ancêtre. Son cerveau atteint une capacité crânienne de 850 cm³. Sa taille varie entre 1,50 m et 1,70 m. Il taille des bifaces et sera le premier représentant du genre *Homo* à migrer, à conquérir de nouveaux habitats. On suit ses traces en Asie à Loggupo, dans le sud de la Chine, mais aussi au nord de l'Espagne dans les monts Atapuerca. Les plus anciens vestiges humains retrouvés en Europe présentent les mêmes caractéristiques.

Comment situer les Australopithèques dans l'évolution ?

Les hypothèses sur la place des Australopithèques dans l'évolution humaine ont évolué à chaque découverte. Tout commence avec celle de Raymond Dart en 1924, à Taung en Afrique. L'Australopithèque fut baptisé *Australopithecus africanus*. À l'époque, on suppose qu'il s'agit du chaînon manquant de Dubois. Robert Broom met au jour, en 1936, le premier Australopithèque adulte, qu'il nomme *Plesianthropus transvaalensis*. Dans les années 1970, l'accumulation de nouveaux fossiles, surtout en Afrique, par la famille Leakey, et l'évolution des méthodes de datation permettent aux Australopithèques d'entrer dans notre arbre généalogique. Chaque nouveau fossile reçoit une nouvelle appellation, ils sont alors comparés et regroupés. Pithécanthrope de Java et homme de Pékin, le Sinanthrope, l'*Homo heidelbergensis* sont regroupés sous la dénomination d'*Homo erectus*. Dans les années 1960, Olduvai, en Tanzanie, livre des hominidés à la capacité crânienne de 500 à 675 cm^3 et, en 1964, ceux-ci sont regroupés dans une nouvelle espèce, *Homo habilis*. Celle-ci ne fut acceptée comme telle qu'en 1968, après la découverte de Twiggy (1,8 million d'années). L'hypothèse d'une évolution purement linéaire s'impose.

Australopithecus (*afarensis* ou *africanus*) ⇒ *Homo habilis* ⇒ *Homo erectus* ⇒ *Homo sapiens*.

La place de l'homme de Néandertal n'est pas encore bien déterminée, intercalée entre *erectus* et *sapiens*. Aujourd'hui, le nombre imposant des fossiles arrachés du sol depuis ces vingt-cinq dernières années a conduit à la création de nouvelles espèces d'*Australopithecus* et d'*Homo*. Dans les années 1980, on ne connaît que deux espèces d'Australopithèques, *africanus* et *afarensis*, Lucy et les fossiles du site d'Hadar (Éthiopie). Quatorze ans plus tard, *Australopithecus ramidus*, rebaptisé *Ardipethicus ramidus*, bien plus ancien que Lucy, affiche une ancienneté de 4,5 millions d'années. Puis, en 1995, sont rattachés *Australopithecus anamensis*[1] avec ses 4 millions d'années et *Australopithecus bahrelghazali*[2], 3,5 millions d'années. Le premier, surnommé Abel, est le premier Australopithèque de l'ouest de la Rift Valley et comme *anamensis* a vécu dans un environnement boisé. *Australopithecus garhi* est découvert, en 1999, près d'industries lithiques. L'an 2000 verra l'apparition de *Orrorin tugenensis*[3], découverte de Martin Pickford et Brigitte Senut, le plus vieux des Australopithèques, 6 millions d'années. Il confirme l'hypothèse d'une bipédie très ancienne. Un an

---

1. Découverts au Kenya, ces vingt et un fossiles comprennent des mâchoires supérieures et inférieures, des fragments de crânes et une partie de tibia.
2. Retrouvé au Tchad près du fleuve Bahr el Ghazal, « fleuve des gazelles », il est le premier Australopithèque à avoir été découvert à l'ouest de la vallée du Rift.
3. Appelé aussi l'Homme du millénaire, il fut découvert dans la formation de Lukerno, au Kenya. D'après les ossements, il pouvait mesurer 1,40 m, et peser 50 kg. Il était bipède.

plus tard Mary Leakey met au jour *Kenyanthropus platyops*[1] et *Sahelanthropus tchadensis*. 2002 verra sortir de Dmanissi, en Géorgie, le plus vieil Européen connu, *Homo georgicus*[2], daté de 1,8 million d'années.

Qui serait l'ancêtre de l'homme ?

Seul l'*Homo habilis* peut prétendre à ce jour au titre d'ancêtre de l'homme, car son pied présente toutes les caractéristiques d'une bipédie de type humain, et il taille des outils. Les Australopithèques ont cette particularité d'avoir des caractéristiques qui leur sont propres, qui n'en font ni des hommes ni des singes. Ainsi ils ont à la fois des particularités humaines, la robustesse du calcaneum, os du talon qui permet la station debout, et d'autres simiesques, l'écartement du gros orteil qui favorisait la prise des branches. Il fallait donc que l'ancêtre de l'homme puisse ne pas avoir un pied spécialisé, mais au contraire qu'il ait la possibilité d'évoluer. Il a peuplé les parties habitées de l'Afrique subsaharienne, peut-être entre 2 millions et 1 million d'années. En 1959 et 1960, les premiers fossiles ont été découverts dans les gorges d'Olduvai, en Tanzanie du Nord. Cette découverte a marqué un tournant dans la science de la paléoanthropologie, car les plus anciens fossiles humains déjà connus étaient des spécimens d'*Homo erectus* asiatiques. Comme d'autres spécimens ont été mis au jour à des endroits tels que Koobi Fora dans le nord du Kenya, des chercheurs ont commencé à se rendre compte que ces hominidés étaient anatomiquement différents de l'Australopithèque. Ces découvertes ont conduit, en 1964, les anthropologues Louis Leakey et Phillip Tobias à justifier l'acceptation d'*Homo habilis*, en insistant sur l'augmentation de la capacité crânienne (800 cm^3), en comparant molaires et prémolaires des fossiles, en remarquant que les os de la main suggéraient une capacité à manipuler des objets avec précision.

Plusieurs autres caractéristiques de l'*Homo habilis* semblent être intermédiaires, en termes de développement, entre les Australo-

---

1. Son nom signifie « homme à face plate du Kenya ».
2. Il présente des caractères intermédiaires entre *Homo habilis* et *Homo erectus*, avec **700 cm^3** de capacité crânienne pour le plus grand, et 600 cm^3 pour le plus petit.

pithèques, espèces relativement primitives, et l'*Homo habilis*, plus avancé. Le pied humain ne repose pas à plat comme celui des autres primates sur le sol. Sa voûte plantaire supporte la totalité du corps et maintient son équilibre. Des outils de pierre simples, *chopping tools* et *choppers*, avaient été trouvés avec les fossiles. Toutes ces caractéristiques préfigurent l'anatomie et le comportement de l'*Homo erectus* et du *sapiens*, de l'homme plus tard, ce qui rend *Homo habilis* extrêmement important, même s'il n'y a que quelques restes de celui-ci. Les généticiens supposent que l'ancêtre commun à l'homme et aux grands singes serait apparu il y a quinze millions d'années environ et serait à l'origine des Australopithèques. Selon les connaissances actuelles, le premier hominidé à avoir acquis la bipédie serait Toumaï, *Sahelanthropus tchadensis*, vieux de sept millions d'années environ.

Traces de pas et bipédie

Les traces de pas conservées en milieu naturel restent exceptionnelles. Néanmoins quelques-unes nous sont parvenues, étalées chronologiquement sur plusieurs millions d'années à – 350 000 ans pour les plus récentes. Tous les primates se tiennent debout sur leurs pattes arrière pendant une période plus ou moins longue. Cette bipédie ne peut pas se comparer avec la façon de marcher des hommes modernes. En ce qui concerne celle de l'homme, il s'agit d'une activité complexe impliquant les articulations et les muscles de tout le corps, et il est probable que l'évolution de la démarche humaine se soit faite progressivement sur une période de dix millions d'années. Chez l'homme le talon est très robuste, et le gros orteil est en permanence aligné avec les quatre minuscules orteils latéraux. Contrairement à d'autres pieds de primates, le pied humain possède un arc stable pour le renforcer. En conséquence, l'empreinte de l'homme est unique et facile à distinguer de celles des autres animaux. Il semble que vers – 3,5 millions d'années, une espèce d'hominidés appartenant à celle d'*Australopithecus afarensis* était adepte de la bipédie. Les traces retrouvées à Laetoli (en Tanzanie du Nord), datées de – 3,5 millions d'années, montrent celles de trois individus marchant côte à côte sur les cendres humides du volcan. Mais il n'est pas encore question de bipédie moderne. L'équipe de l'Anglais Matthew Bennett a mis au jour, entre 2005 et 2008, des traces laissées au Kenya, près d'Ileret, il y a 1,5 million d'années, sous la forme d'une vingtaine d'empreintes d'hominidés, de quatre pistes et plusieurs autres traces, qui révéleraient l'acquisition d'une bipédie moderne. Bien plus anciennes que les traces de pas étalées de Roccamonfina (Italie), datées d'il y a 345 000 ans, ces cinquante-six marques laissées sur les cendres d'un volcan appartiendraient à des hominidés mesurant 1,35 m, peut-être de l'espèce *Homo heidelbergensis*.

Le vieux Paléolithique en Europe

En France

Le site de Chilhac (Haute-Loire), à la fin du Pliocène, a préservé les ossements d'une faune exceptionnelle, datée de 2 millions d'années, exactement de 1,9 million d'années, grâce à des galets aménagés. Un cours d'eau bordé de marécages à l'époque avait attiré des grands mammifères tels le mammouth méridional, *Mammuthus meridionalis*, un mastodonte, *Anancus arvenensis*, des cervidés, *Eucladoceros senezensis*, un cheval, *equus slenonis*, un type de gazelle, *Gazellospira torticornis*, et des ours, des hyènes, un félin à dents de sabre. **La grotte du Vallonnet** a été occupée par l'homme entre − 1 million d'années et − 900 000 ans. La grotte découverte en 1958 fut longuement fouillée par Marie-Antoinette et Henry de Lumley. C'est le plus vieil habitat, sous forme de grotte, connu en Europe. Elle s'ouvre à 110 m d'altitude dans le vallon du même nom, près de Roquebrune-Cap-Martin. À l'intérieur de celle-ci, les industries lithiques rudimentaires sont associées à une faune variée : hyène, jaguar européen, ours, bison, cervidés. À peu près à la même date, le site de **Soleihac** dans le Velay, dans la commune de Blanzac, en Haute-Loire, représente tous les niveaux du Villafranchien, depuis le plus ancien qui fait partie des premiers campements de plein air. Il a été daté de 800 000 ans, il s'agit vraisemblablement d'un campement de chasseurs d'éléphants, d'hippopotames et de rhinocéros. Les traces d'habitat y sont indiscutables et des blocs de basalte et de granit délimitaient une surface d'occupation sur les rives d'un ancien lac de volcan. Le matériel lithique y est très varié : choppers, éclats, racloirs épais.

En Espagne

En Espagne, le plus vieil Européen a été trouvé à Atapuerca et est daté de − 1,2 million d'années. Il appartient à la même espèce qu'*Homo antecessor*. Ce fragment de mandibule associé à des pierres taillées repousse de quatre cent mille ans l'ancienneté de l'homme en Europe. Les recherches à Atapuerca ont commencé en 1976, trois gisements ont été mis au jour, dont ceux de la **Sima del Elefante** et de **Gran**

Dolina, qui a livré aussi des restes de l'espèce *antecessor* ainsi que des outils et des ossements fossiles d'animaux. Jusque dans les années 1990, des sites en Espagne avaient fourni des datations de − 1,2 million d'années parce que très riches en faune, comme **Fuente Nueva 3** et **Barranco León**, mais aucun n'avait fourni de restes humains.

En Italie

À peu de distance du mont Poggiolo, en Romagne, dans une localité appelée Casa Belvédère, à partir de 1983, des milliers de pièces lithiques d'une importance capitale pour le Paléolithique inférieur ont été trouvées et datées de − 800 000 ans.

En Géorgie

Sur le site en plein air de Dmanissi, quatre crânes, trois mandibules, une quinzaine de restes postcrâniens et une douzaine de dents isolées ont été excavés. L'ensemble appartient à un minimum de quatre individus, deux adolescents et deux adultes. Les diverses datations effectuées ont donné 1,8 million d'années d'ancienneté. Pour la première fois, à une époque aussi reculée, l'homme est présent en Europe, en Transcaucasie. L'installation de ce groupe humain a pu être motivée par un environnement plus humide qui succédait à une aridification de l'Est. La nouvelle espèce a été appelée *Homo georgicus*, sa capacité crânienne était de 600 à 700 cm^3.

Le Paléolithique inférieur

> **Paléolithique inférieur :** − 1,7 Ma à − 500 000 ans. Biface - *Homo erectus* - Abbevillien - Acheuléen - Micoquien

La subdivision du Paléolithique inférieur en « Abbevillien [1] » et « Acheuléen » provient des sites éponymes où l'outillage lithique [2] s'y

---

1. Jusqu'à la découverte de la grotte du Vallonnet (Alpes-Maritimes), l'Abbevillien représentait la plus ancienne industrie connue, à Chelles (Seine-et-Marne) et sur les terrasses de la Garonne.
2. Les bifaces acheuléens sont le plus souvent taillés sur les deux faces ; la taille au percuteur

rapportant a été découvert. Les bifaces les plus anciens sont des rognons de pierres dures, frappés sur les deux côtés de façon à dégager des éclats. Le passage de l'Abbevillien à l'Acheuléen est mal connu. La culture acheuléenne[1], représentée dans la région d'Amiens, sur le site de Saint-Acheul, perdure jusqu'à environ − 80 000 ans et jusqu'à − 55 000 ans en Afrique, à Kalambo Falls (Zambie).

Le héros : Homo erectus

Le héros de cette histoire de près de sept cent mille ans est l'*Homo erectus*, dont les premiers représentants africains sont séparés de la lignée de l'*Homo ergaster*, attribuée à une autre espèce. L'*Homo erectus* est le premier représentant de l'espèce humaine à quitter l'Afrique pour l'Asie, l'Afrique du Nord et la vallée du Jourdain, à découvrir la domestication du feu, et à tailler des bifaces. Ses caractéristiques morphologiques sont celles d'un homme grand, environ 1,75 m^2, à la capacité crânienne de 850 cm^3. Le nom d'**Eugène Dubois** (1858-1940) est lié à la découverte de ce que l'on pensait être alors le chaînon manquant. Dans la publication et la description des fossiles mis au jour le long de la rivière Solo à Java (Indonésie), le savant utilise la désignation *Pithecanthropus erectus*, faisant ainsi allusion à sa position érigée. Ce n'est qu'après la Seconde Guerre mondiale que la nature humaine du pithécanthrope de Java est reconnue – il sera alors rebaptisé *Homo erectus*.

---

cylindrique s'ajoute aux procédés connus. D'abord assez épais, les bifaces deviennent plus minces, les arêtes plus rectilignes. Les formes sont plus symétriques et comprennent des ovoïdes aplatis appelés « limandes ». L'évolution de l'Acheuléen culmine dans des formes longues, lancéolées, comme les bifaces micoquiens, à base large et pointe étroite. La technique « Levallois », préformage du nucleus pour déterminer les éclats, se fait plus présente à l'Acheuléen moyen. Au cours de l'Acheuléen, d'autres industries comme le Clactonien, en Angleterre, sont supposées avoir évolué indépendamment.

1. Représentée également sur les sites du Caune de l'Arago, du Lazaret, de la Micoque, de Terra Amata, d'Olduvai (Tanzanie).

2. Des empreintes de pieds retrouvées dans le nord du Kenya révèlent qu'il y a un million d'années l'*Homo erectus* marchait de la même façon que nous. Le gros orteil est semblable aux autres, différence notable avec les grands singes qui les ont séparés afin d'assurer la prise des branches. La voûte plantaire est prononcée. L'*Homo erectus* est le premier hominidé à présenter les mêmes proportions corporelles que l'*Homo sapiens* : bras plus courts, jambes plus longues.

Le Paléolithique inférieur en France : les sites

Les premiers campements en plein air ou en grottes intègrent pour certains la domestication du feu. Jusqu'alors, seuls des indices épars avaient été trouvés en Afrique – à Chesowanja (Kenya), à Gadeb (Éthiopie), à Sterkfontein (Afrique du Sud) – mais rien n'était jamais venu prouver une maîtrise de celui-ci. L'intégration du feu dans l'univers domestique a été constatée dès – 500 000 ans en France (Terra Amata, Menez Dregan), en Allemagne (Bilzingsleben), en Hongrie (Vertessolos). Sa découverte a des conséquences psychologiques importantes sur le mode de vie des hommes de cette époque : on ne vit plus au rythme de la lumière solaire, on peut cuire son alimentation, on peut transporter cette source de lumière, on peut se chauffer mais aussi chauffer les silex pour en améliorer la qualité.

- **La grotte du Caune de l'Arago**, gigantesque cavité karstique, domine d'une centaine de mètres la vallée de Tautavel. Elle présente un double avantage : c'est à la fois un point stratégique pour surveiller au loin et, située près d'un point d'eau, un endroit où les animaux allaient s'abreuver. Un passage se trouve à proximité permettant d'accéder à un autre territoire de chasse : le plateau. Des groupes de nomades venaient régulièrement y établir leur campement, il y a 550 000 ans, et dépecer des carcasses de rennes et de cerfs ; leurs outils en silex provenaient d'affleurements situés à une trentaine de kilomètres plus au nord. La durée de leur halte est estimée entre six et quinze jours. Plus de vingt sols d'habitats datés d'entre – 700 000 et – 100 000 ans ont montré une occupation par des groupes d'*Homo erectus*. Le plus intéressant est le crâne Arago XXI, découvert en juillet 1971, qui gisait sur un sol d'habitat préhistorique daté de – 450 000 ans. **L'homme de Tautavel** avait une capacité crânienne de 1 160 cm^3 et devait mesurer 1,65 m. Les différentes campagnes de fouilles ont dégagé soixante-dix restes humains, souvent mélangés à des ossements d'animaux. Les fouilles ont été dirigées, dès 1970, par le **professeur Henry de Lumley** (né en 1934) et sa femme.

- Le site de **Terra Amata** est situé à Nice sur les pentes occidentales du mont Boron. Une petite crique à l'embouchure du Paillon, baignée par la mer, une petite source ont fait de cet endroit un lieu privilégié pour les chasseurs d'il y a 380 000 ans. Plusieurs niveaux d'habitats ont été mis au jour sous le dernier cordon littoral. Depuis 1966, les fouilles entreprises par **Henry de Lumley** sur le site de **Terra Amata** ont montré qu'il n'y avait pas eu à Terra Amata de campements de longue durée, du moins dans les dunes. Les hommes y avaient néanmoins construit des huttes temporaires soutenues par des piquets, dont l'empreinte a été révélée par les fouilles. De forme ovale, ces huttes devaient mesurer entre 7 et 15 m de long sur 4 ou 6 m de large. Les foyers, placés au centre de la hutte, sont protégés par un muret de pierre.

• **La grotte du Lazaret**, datée de 130 000 ans, également située sur les pentes occidentales du mont Boron, est une vaste cavité de 40 m de long sur 20 m de large qui aurait abrité des chasseurs acheuléens à la fin du Pléistocène moyen supérieur. Les répartitions des vestiges à l'intérieur ont mis en évidence une cabane de 11 m de long sur 3,5 m de large. Des cercles de pierres semblent avoir servi au blocage de poteaux qui, maintenus par des traverses horizontales, prenaient appui sur la paroi rocheuse.

Le Paléolithique moyen

Paléolithique moyen : − 300 000 à − 30 000 ans. Néandertalien - Moustérien - Levalloisien - Sépulture - *Homo sapiens* au Proche-Orient

Ce « moyen âge de la Préhistoire » commence aux alentours de − 300 000 ans pour se terminer vers − 30 000 ans. De nouveaux traits culturels apparaissent : généralisation du débitage Levallois, préparation particulière du nucléus, inhumation des morts, connaissance des pigments, peut-être acquisition du langage dont le principal artisan est l'homme de Néandertal.

Le site du Moustier se trouve sur la commune de Peyzac-le-Moustier (Dordogne), et a livré deux abris mondialement connus : un abri supérieur qui permet à Henry Christy et Eduard Lartet d'en sortir les restes de faune et les outillages lithiques et, en 1869, à Gabriel de Mortillet d'y définir la culture moustérienne ; un abri inférieur qui livre, avec les fouilles de Denis Peyrony, en 1910, un squelette de Néandertalien, daté plus tard de – 40 300 ans. Le climat se refroidit considérablement en Europe et pousse les hominidés à se réfugier dans des grottes.

Néandertal, un presque sapiens

D'autres sites moustériens seront fouillés en ce début de XXe siècle, La Micoque, La Quina, La Chapelle-aux-Saints, La Ferrassie, Krapina. Aujourd'hui, les chercheurs pensent que les Néandertaliens auraient vécu entre – 100 000 et – 30 000 ans environ. L'homme de Néandertal est le premier fossile a avoir été trouvé dans une grotte de la vallée (*Tal* en allemand) de Néander, près de Düsseldorf, en 1856. D'où le nom d'*Homo neanderthalensis* proposé pour la première fois, en 1863, par William King. Parmi les découvertes qui suivent, celle de **La Chapelle-aux-Saints** (en Corrèze), en 1920, tout à fait remarquable, puisqu'elle livre un squelette complet dans une sépulture, amène l'idée que les Néandertaliens ont occupé tout l'Ancien Monde, et les résultats apportés entre 1929 et 1936, avec la découverte d'hommes fossiles en Palestine, lui permettent de devenir *Homo sapiens neanderthalensis*, le rattachant à une sous-espèce des *sapiens*. Il a dû se défendre contre le froid, contrairement à son prédécesseur. La majorité des Européens ont un crâne relativement volumineux, d'une capacité crânienne de 1 520 cm^3, la nôtre est de 1 320 cm^3. L'arrière du crâne se prolonge pour former un chignon occipital. Les dents sont fortement projetées en avant, la mandibule vigoureuse. L'Afrique n'est plus le lieu unique du déroulement culturel et biologique humain et on assiste à une immigration vers le Nord, au Sud du Sahara[1], en Asie Mineure, en Turquie, Syrie. Mais s'il a été très souvent identifié en France du Sud-Ouest, c'est parce que les premières fouilles du XIXe siècle ont d'abord eu lieu là.

---

1. L'Afrique du Nord connaît une forme sans doute dérivée des *erectus* africains (découverte à Djebel Irhoud au Maroc). Le Proche-Orient au contraire connaît des formes très évoluées dès – 90 000 ans.

Des roses trémières et autres fleurs dans les sépultures

L'angoisse de la mort, les gestes pour la tuer prennent leur origine chez les Néandertaliens, il y a cent mille ans. Des tombes rudimentaires aussi anciennes au Proche-Orient ont été découvertes, attestant par des offrandes de colliers, de fleurs, des premiers rites funéraires, d'une fonction rituelle pour accompagner le défunt dans l'au-delà. Les découvertes de formes modernes de Néandertaliens dans les gisements de Skull et de Qafzeh en Israël s'accordent pour donner des dates autour de – 90 000 ans. Les squelettes ont été retrouvés sur la terrasse devant la grotte, alors que les sépultures l'ont été à l'intérieur de la grotte. À Harfa, en Israël toujours, cinq hommes, deux femmes et trois enfants avaient été déposés dans des fosses. Un homme de quarante-cinq ans tenait dans ses bras les mâchoires d'un sanglier de grande taille. Mais plus étonnant, dans celle de Qafzeh, un enfant, les mains relevées, tient un grand massacre de cerf avec des parties du crâne encore attachées. À Shanidar, en Irak, l'analyse des sols met en évidence les mêmes pollens dans tous les échantillons relevés. Cependant, deux échantillons présentent des taux plus élevés de pollen de roses trémières et de nombreuses graines d'autres fleurs. Leur identification a permis de déterminer que l'homme de Néandertal qui repose à l'intérieur d'une enceinte de pierre a été inhumé entre fin mai et début juillet, il y a soixante mille ans, sur un lit de rameaux d'éphédra, petits arbustes ornés de fleurs souvent aux couleurs vives et dont la plupart ont des vertus médicinales ou psychoactives.

L'homme de Néandertal savait-il parler ?

Aucune preuve formelle n'existe à ce jour et le débat sur ce sujet est toujours en cours, bien que, depuis les années 1980, les données issues de la préhistoire, de la linguistique, des neurosciences, de la communication animale, conjointes, font évoluer le problème. La plupart des chercheurs aujourd'hui supposent que l'acquisition d'un système de communication se fait en deux étapes. D'abord un protolangage, celui d'*Homo erectus*, caractérisé par un lexique, quelques mots juxtaposés mais pas de syntaxe. Derek Bickerton, linguiste, a proposé cette hypothèse en 1990, fondée sur le fait qu'il n'y aurait pas eu de grammaire mais un vocabulaire très limité. Les recherches actuelles ont mis en évidence le lien entre langage et technique. Dans les années 1940 à 1960 domine la notion d'*Homo faber*, qui fait de la fabrication d'outils la conséquence directe de l'essor du langage. Aujourd'hui on ne pense plus l'outil comme la condition *sine qua non* mais plutôt comme une interrelation entre les deux, car les deux fonctions impliquent le lobe frontal, les régions pariéto-temporo-frontales. L'hémisphère gauche du cerveau, la zone de Broca, responsable du langage, agit sur la partie droite du corps montrant ainsi l'imbrication de la pensée et du langage.

Néandertal, cannibale ?

Pendant longtemps les préhistoriens se sont affrontés à propos de cette hypothèse. De nouvelles découvertes remettent le débat au goût du jour. Les premières traces en France remonteraient au Paléolithique moyen, entre – 80 000 et – 120 000 ans, et auraient été retrouvées en Ardèche dans les niveaux de la Baume Moula-Guercy, où des restes humains figurant parmi les déchets alimentaires présentent des traces de découpage. À la Gran Dolina d'Atapuerca en Espagne, il y a huit cent mille ans, des stries de boucherie ont été relevées sur 50 % des restes. La plus célèbre des controverses sur le sujet a eu lieu à propos du site néandertalien de Krapina en Croatie. Sur plus de six cents ossements humains, des stries ont été mises en évidence, mais pour certains chercheurs elles seraient le fait non de pratiques cannibales mais d'un rituel funéraire, ou même au choix d'enlever des os les parties molles afin d'éviter une putréfaction. L'action d'animaux rongeurs n'est pas à écarter non plus. Plus difficile à expliquer, le cas des crânes au trou occipital élargi à Chou Kou Tien, en Chine, à la grotte Guattari du mont Circé, en Italie, à Steinheim en Allemagne. Certains os crâniens sur le site des Pradelles à Marillac-le-Franc, en Charente, présentent des traces de prélèvement du cuir chevelu par scalpation.

Le Paléolithique supérieur

Paléolithique supérieur : – 40 000 à – 9 000 ans. Débitage d'éclats grattoirs - Aurignacien - Gravettien - Solutréen - Magdalénien - Épipaléolithique - Art pariétal

La disparition des Néandertaliens pour laisser place aux *Homo sapiens* vers – 35 000 ans, lors du Paléolithique supérieur, n'a toujours pas trouvé d'explication. Elle semble s'être produite de façon progressive et la cohabitation entre les deux espèces a dû durer plusieurs millénaires. Les innovations techniques sont nombreuses. La technique Levallois est abandonnée au profit d'un débitage systématique des lames, modifiées par des séries de retouches en fonction des outils désirés. La taille se fait aussi bien à l'aide de percuteurs durs que tendres. La technologie osseuse adopte des procédés de fabrication complexes en vue de l'outil à réaliser (rainurage, suage, grattage), comme les aiguilles à chas. La matière animale est utilisée pour les harpons, les sagaies, les hameçons. La parure fait son apparition dans une grande diversité de formes.

Les grandes périodes du Paléolithique supérieur

Plusieurs cultures se succèdent pendant cette période :

• **La période aurignaco-périgordienne** est celle qui rassemble les restes les plus prestigieux en France jusqu'à – 18 000 ans environ (Combe-Capelle, Grimaldi, Cro-Magnon). Elle a été définie en 1908 par Breuil dans la grotte d'Aurignac (Haute-Garonne). Elle est représentée dans toute l'Europe entre – 38 000 et – 29 000. Les principaux sites aurignaciens sont ceux de La Ferrassie (Dordogne), d'Isturitz (Pyrénées-Atlantiques), l'abri de Cro-Magnon (Dordogne), Chauvet (Ardèche), Arcy-sur-Cure (Yonne). Des statuettes animales comme le cheval, le lion, le mammouth de Vogelherd (Jura souabe), des sexes féminins en Allemagne et des animaux sommairement figurés font leur apparition. Des sagaies à base fendue, d'ivoire ou d'os, apparaissent en même temps que des lames retouchées épaisses, ou des lames Dufour qui sont au contraire finement travaillées sur une ou deux faces. Les Néandertaliens qui appartiennent au Châtelperronien, faciès de transition avec le début du Paléolithique inférieur, sont contemporains de cette période (du site éponyme de Châtelperron, la Grotte aux Fées dans l'Allier).

• **Le Gravettien** (29 000-22 000) est marqué par la présence de statuettes féminines, les Vénus, à Lespugue (Haute-Garonne), à Willendorf (Autriche), à Dolni Vestonice (République tchèque). Elles sont faites d'ivoire, de pierre et d'argile. Le Protomagdalénien lui succède entre – 22 000 et – 2000, mis au jour par Denis et Elie Peyrony aux Eyzies-de-Tayac (Dordogne), puis ensuite dans le Massif central, et en Haute-Loire, à Cerzat. Une abondance de burins et l'emploi d'une retouche composite le caractérisent (grandes lames épointées). Les principaux sites sont ceux de Cougnac, Pech Merle (Lot), Gargas (Hautes-Pyrénées), Cosquer (Bouches-du-Rhône).

- **Le Solutréen** se situe entre – 22 000 et – 17 000 pendant une période de grand froid. Son nom vient du site éponyme de Solutré créé par Gabriel de Mortillet, au pied de la Roche de Solutré, près de Mâcon. Pour des raisons climatiques, la grande majorité de ces sites se trouvent dans le Sud-Ouest de la France (Laugerie-Haute, Combe-Capelle) mais aussi dans les Pyrénées-Atlantiques (Isturitz, Brassempouy), dans le Gard (grotte de la Salpêtrière), en Espagne (Parpallo, Cueva de Ambrosio). La taille du silex est alors à son apogée, pointes à cran, grandes pointes bifaces foliacées. Les Solutréens vont exceller dans l'art de la retouche. Au sommet de cette technologie, « la feuille de laurier » et le propulseur. L'aiguille à chas perforé consiste à détacher du fût d'un os long une esquille osseuse que l'on épointera pour achever le travail. L'art solutréen nous a laissé le Roc de Sers, en Charente, et le Fourneau-du-Diable, en Dordogne. L'art connaît une grande diversité. Les représentations animalières ont d'abord été peintes dans l'entrée des grottes telles les peintures de la grotte Cosquer (Marseille), ou la grotte de Cussac (Dordogne). Puis, entre – 17 000 et – 14 000 environ, on trouve les peintures de Lascaux (Dordogne), de Pech Merle (Lot), les frises sculptées de Roc de Sers (Charente). L'art rupestre de la vallée de Côa au Portugal date de la même période.

Pégase à Solutré ?

Solutré est surplombé par un haut rocher. Ce fut un lieu de chasse intense du cheval, d'énormes amas d'ossements ont été retrouvés sur le site. Le lieu de la découverte a même été appelé « Cros de Charnier ». En 1866, Adrien Arcelin (1838-1904) étudie le site qu'il vient de découvrir. Les restes innombrables de chevaux vont donner naissance à une légende selon laquelle les chasseurs paléolithiques auraient dévié de leurs itinéraires les chevaux passant par la vallée, les dirigeant vers le haut de la montagne, les acculant au bord du rocher qui surplombe le site et les poussant à se précipiter dans le vide. En fait aucune fracture n'a été observée sur les ossements de ces chevaux et la légende est née d'un roman qu'Arcelin publia en 1872 : *Solutré ou les chasseurs de rennes de la France centrale*. La réalité a montré qu'il ne s'agissait que d'embuscades pour surprendre ces animaux et les tuer.

• **Le Magdalénien** (17 000-10 000) doit son nom aux fouilles de l'abri de la Madeleine près de Tursac en Dordogne, terme proposé par Gabriel de Mortillet. Il représente la culture la plus avancée de cette époque. En effet, les propulseurs, la sagaie, les harpons, se perfectionnent. On voit apparaître de petits hameçons à double ou triple fourchette. Avec cet armement perfectionné, le chasseur magdalénien peut atteindre presque tous les animaux de cette époque. La chasse aux oiseaux devient possible et leurs os délicats permettent la création de toutes sortes d'outils : étuis à aiguilles, broyeurs de couleurs, etc. La civilisation magdalénienne évolue au cours de la dernière phase de la glaciation de Würm. À cette époque, il y a une formidable exubérance animale et végétale, abondance de rennes, d'aurochs, de chevaux, de bisons, de mammouths, de rhinocéros laineux. La pêche tient aussi une part dans l'alimentation. Les installations se font en plein air, dans les grottes, sous des abris sous roche. Des peintures et des gravures sont exécutées sur les parois des grottes. De nombreuses gravures et sculptures en ossement sont montées sur des objets d'usage courant. C'est ainsi que des javelots en bois de renne portent souvent sur le manche un animal sculpté, comme celui du Mas-d'Azil. De même les bâtons de commandement sont ornés de gravures géométriques ou de silhouettes gravées d'animaux. Dans ce type de représentation l'homme n'a pas sa place, seul le gibier figure. À la fin du Magdalénien apparaît une certaine stylisation. Le Magdalénien est présent sur une large partie du continent européen, de l'océan Atlantique à la Pologne, mais il ne franchit jamais le sud des Alpes. Ses centres les plus importants sont localisés essentiellement dans le Sud-Ouest. Voici les principaux sites : Dordogne : Laugene-Haute, la Madeleine ; le Bassin parisien : Pincevent, Étiolles, Verberie, la Ferme de la Haye ; Landes : Duruthy ; en Vienne : le Roc-aux-Sorciers ; Ariège : la grotte de la Vache ; Charente : la grotte du Placard.

Quand la femme paraît en sculpture

Les sculptures féminines retrouvées au Paléolithique supérieur portent le nom de Vénus, nom donné par les préhistoriens du début du XIXe siècle qui voyaient en elles le prototype de l'idéal de beauté préhistorique. Leur taille et leur support varient, de 5 à 24 cm sur des supports en os ou en ivoire, en pierre. La plus ancienne, la Vénus de Galgenberg, stéatite verte de 7 cm de haut, est à rattacher à l'Aurignacien par une datation au carbone 14 qui la situe à − 30 000 ans, les autres appartiennent au Gravettien. Celle de Schelklingen, retrouvée dans une grotte en Allemagne, appartient aussi à cette époque avec une datation de − 35 000 à − 40 000 ans. Parmi les plus connues, citons d'abord la plus ancienne découverte en 1864, la Vénus de Laugerie-Basse, celle du Mas-d'Azil, la Vénus de Willendorf, celle de Brassempouy. Toutes ont les mêmes caractéristiques soulignées par André Leroi-Gourhan : un losange marque le sexe et un élargissement correspond au ventre. Plus de deux cent cinquante de ces statuettes ont été trouvées, réparties dans la zone pyrénéo-aquitaine, la Méditerranée, la région rhéno-danubienne, la Russie et la Sibérie.

Cro-Magnon, le deux fois sage, Homo sapiens sapiens

Deux hypothèses sur l'origine de *sapiens* ont été avancées : la première suppose qu'à partir de l'Afrique subsaharienne, il se serait ensuite propagé dans tout l'Ancien Monde. Cette hypothèse s'appuie sur des données génétiques et l'analyse de fossiles retrouvés en Afrique subsaharienne. La seconde envisage des évolutions indépendantes à partir des populations locales en Afrique et en Asie. Elle se fonde sur des traits morphologiques constants présents dans différentes régions, la continuité entre ces populations archaïques et les populations modernes. Les deux hypothèses combinées ne sont pas non plus rejetées. Le représentant des *Homo sapiens sapiens* est appelé « homme de Cro-Magnon » : aux Eyzies-de-Tayac, au lieu dit Cro-Magnon, un abri assez profond est découvert. La capacité crânienne de Cro-Magnon est de 1 600 cm^3, sa face large et basse contraste avec le crâne long et étroit des Néandertaliens. Sa taille est de 1,86 m. Les caractéristiques morphologiques d'*Homo sapiens* varient par rapport à celles de son prédécesseur, mais il en est différent aussi par son psychisme, puisqu'il nous a laissé un grand nombre de gravures, de peintures, d'innovations culturelles et sociales.

Home sweet home : *les habitats*

Les habitats les mieux connus sont ceux de plein air avec leurs unités d'habitation souvent allongées ou circulaires, parfois quadrangulaires. Certains de ces habitats montrent un meilleur aménagement intérieur et une parfaite adaptation à leur milieu environnemental.

• **Pincevent**, près de Montereau au bord de la Seine, tire sa réputation non de la profusion de ses œuvres d'art, ni de la qualité exceptionnelle de son outillage lithique ou osseux, mais du fait que ses structures d'habitat y ont été conservées de manière exemplaire. Découverts fortuitement en 1964, les restes d'une habitation mis au jour par André Leroi-Gourhan montrent qu'il s'agissait d'une demeure d'été et d'automne. Grâce à la densité des trouvailles, son plan se détache nettement sur le sol. Trois unités d'habitation se dégagent. Chacune possédant un foyer rempli de cendres et de pierres éclatées à la chaleur, un espace en forme d'arc riche en objets, os et pierre, une place d'atelier et une entrée. Devant deux des foyers se trouvaient de grandes pierres utilisées comme sièges. L'étude de tous ces objets a démontré l'existence de trois tentes juxtaposées. On y a trouvé des os d'aurochs, de cerfs, de loups, mais les ossements de rennes sont majoritaires. Le campement couvrait plus d'un hectare pendant quelques semaines. D'autres sites sont contemporains comme Verberie (Oise) ou Étiolles (Essonne).

• **Le site de Mezhirich**, en Ukraine, a livré encore une documentation plus intéressante, celle d'une construction circulaire d'un diamètre de 5 m et d'une surface approximative de 40 m^2, conservée parfaitement grâce au lœss qui la recouvrait. Les fondations de la construction étaient constituées par des mandibules de mammouths. La voûte était formée par les défenses de ces animaux. Toujours en Ukraine, sur le site de plein air de Gontsy, des habitats en os de mammouths ont été découverts à Mézine : cinq cabanes de mammouths et quelques centaines de milliers de pièces d'outillage lithique.

L'art du Paléolithique, l'art des colorants

Jusqu'aux années 1970, l'Europe est tenue pour lieu presque unique de l'art magdalénien. En fait, ce phénomène est universel. Des travaux récents permettent de montrer que l'Australie, l'Amérique du Sud, le Chili, le Brésil, mais aussi l'Asie, l'Inde offrent des sites comparables. Les premières manifestations artistiques, fussent-elles très sommaires, ne remontent pas avant la fin du Paléolithique moyen. Les plus grandes découvertes des peintures et gravures rupestres se font dans les monts Cantabriques (en Espagne du Nord), dans les Pyrénées et en Dordogne. Les thèmes les plus représentés dans l'art rupestre occidental sont les humains, les animaux, les signes. Les grands herbivores sont majoritaires. Les peintures les plus anciennes vont de − 31 000 pour la grotte de Chauvet, à − 10 000 pour les plus récentes du Magdalénien : Altamira, Font-de-Gaume, Rouffignac, Lascaux. Les représentations humaines sont soit anthropomorphes soit figurent seulement les mains. Les premières sont rares, une vingtaine, souvent schématisées, parfois composites mi-homme mi-cheval. Certaines parties du corps sont en revanche privilégiées, vulve féminine, phallus, mains. Ces dernières sont dites positives, quand elles sont recouvertes de peintures et appliquées sur la paroi, négatives utilisées en pochoir. La grotte de Chauvet est la découverte majeure de ces dernières années. Sous la direction de **Jean Clottes**, près de quatre cent quarante animaux sont répertoriés, des espèces rarement figurées le sont : la panthère, le hibou, le bœuf musqué, datés entre − 24 000 et − 32 000.

La grotte Cosquer : phoques, grands pingouins et vertus médicinales

La grotte Cosquer appartient aussi aux découvertes récentes, en 1991. L'entrée s'ouvre sous la mer à 37 m, près de Marseille. À une centaine de mètres de celle-ci se trouvent les peintures préservées. Il y a vingt mille ans, la mer était 110 m plus bas et le rivage à plusieurs kilomètres. Il semble que la grotte n'ait jamais servi d'habitat. Les datations obtenues **de − 28 500 ans à − 19 200 ans** montrent qu'elle a accueilli des hommes lors de deux phases, espacées de huit mille ans. La première est caractérisée par des **mains négatives**, incomplètes parfois comme à Gargas dans les Hautes-Pyrénées. Les gravures animales et les peintures correspondent à la seconde phase. Les représentations de chevaux dominent, formant plus d'un tiers du total. Mais il y a aussi celles des bouquetins, cervidés, chamois. Neuf phoques et trois grands pingouins ont été reconnus également dans cet ensemble, que le milieu marin a fortement influencé semble-t-il. Mais **le plus extraordinaire de cette grotte** tient à l'utilisation de la pâte blanche crayeuse que les hommes de la Préhistoire ont prélevée. Cette pâte est du carbonate naturel de calcium. Les traces de doigt entament la couche à 2 ou 3 cm de profondeur. On suppose que cette poudre blanche pouvait être utilisée à des fins médicinales mais aussi comme peintures rituelles pour se décorer le corps.

Lascaux, le sanctuaire de la Préhistoire

Lascaux, dans la vallée de la Vézère, offrait les peintures les mieux conservées lors de sa découverte en 1940 de façon fortuite. En 1948, la grotte est ouverte au public et dix ans plus tard est installée une machinerie pour renouveler l'air vicié. L'abbé **Henri Breuil** (1877-1961) et le père **André Glory** (1906-1966) en font l'analyse et les relevés. L'entrée franchie, on se retrouve dans une grande salle peinte à fresque de 30 sur 10 m qui se prolonge par une galerie étroite, elle aussi ornée de fresques, c'est la salle des Taureaux. Cette dernière présente la plus spectaculaire composition de Lascaux, où se croisent aurochs, bouquetins, chevaux menés par une sorte de licorne. Dans les différentes salles, d'abord le Passage, puis la Nef, le Diverticule axial où dominent les félins, ce sont plus de mille figures dessinées, alignées ou superposées. Les figures du Diverticule axial sont trop en hauteur pour avoir été peintes sans l'aide d'un échafaudage. La grotte de Lascaux est considérée par André **Leroi-Gourhan** comme un sanctuaire, l'un des premiers monuments religieux. Victime de son succès, Lascaux est fermé le 20 avril 1963 par André Malraux. L'équilibre biologique de la grotte dépend de trop de paramètres (température, taux de gaz carbonique). En 2001, la cavité fait une « rechute » foudroyante, auquel répond d'avril à juin de la même année dans la salle des Taureaux un traitement des lichens repérés. Mais les moisissures blanches, *fusarium solani*, continuent leur avancée menaçant l'intégrité des parois. Le constat alarmant amène à un relevé de la grotte en trois dimensions tout en continuant de traiter au mieux le mal qui la ronge. En 1983, un fac-similé, Lascaux 2, est ouvert au public mais, dès 2008, si endommagé qu'il n'ouvre que quelques mois par an. Lascaux 3 est le nom d'une exposition, *Lascaux révélé* (2008). Depuis 2012, le projet Lascaux 4 d'une reproduction intégrale de la grotte est en cours.

Les questions qui fâchent : un calendrier sur os ?

En examinant un jour, en 1965, au microscope un fragment d'os de renne vieux de plus de trente mille ans, un archéologue américain, Alexander Marshack, a supposé que des traces en zigzag étaient de nature astronomique. Un homme de Cro-Magnon aurait consigné le passage des saisons en relevant les phases de la lune. Cette théorie du calendrier a été très controversée. Elle s'est faite sur la découverte d'un os à l'abri Blanchard en Dordogne, non loin des grottes de Lascaux. L'observation à l'œil nu révèle un certain nombre de marques creusées en sorte de spirales. Celles-ci correspondent, selon Marshack, à une période lunaire de deux mois et demi. L'os fait apparaître soixante-trois marques sur la tranche et quarante sur le verso. L'ensemble des traces sur l'os couvrait ainsi une période de six mois. Sur la capacité à compter des chasseurs paléolithiques, les indices sont vraiment infimes. Pourtant une base de numérotation pourrait être évoquée au Magdalénien, sur un os gravé dont le décor offre une systématisation numérique. Il y a cinq groupes de traits verticaux et cinq horizontaux, au total dix groupes qui ont été gravés. Mais c'est davantage un souci esthétique qui l'emporte plutôt qu'une numérotation. Très semblable, le cas des Miaos du Haut-Tonkin qui font des bâtons de bois cochés mais uniquement comme simple aide-mémoire à caractère individuel, décodables par eux seuls. Dans les années 1950, un autre archéologue, Jean de Heinzelin, avait retrouvé dans les environs d'Ishango, au Congo, un os marqué d'encoches. Il daterait d'environ 20 000 ans. Il présente un quartz à l'une de ses extrémités et trois colonnes d'entailles. Jean de Heinzelin y voit « une calculette préhistorique » et Marshack un calendrier lunaire.

Histoire d'une découverte : Altamira

Le nom d'Altamira reste attaché à celui de **Marcelino Sanz de Sautuola** (1831-1888), qui découvre en 1879 le décor du grand plafond. Pendant longtemps, l'authenticité des peintures pariétales est rejetée, même après des découvertes de **Léopold Chiron** dans la grotte Chabot (Gard) et, en 1895, celle de la grotte de la Mouthe par

Émile Rivière (1835-1922), et de Pair-non-Pair en Gironde la même année. En 1901, Breuil et Capitan sont eux-mêmes critiqués après leur publication concernant les peintures paléolithiques de Font-de-Gaume (Dordogne) et les gravures de Combarelles (Dordogne). Les années suivantes, les grottes espagnoles d'El Castillo et de la Pasiega, et françaises de Teyjat, la Grèze, Niaux, Gargas, Tuc d'Audoubert, des Trois-Frères viennent grossir le nombre des découvertes. Altamira se trouve dans la province de Santander. Longue de 270 m environ, elle comprend plusieurs galeries. La grande salle au plafond se trouve à une trentaine de mètres de l'entrée. Sur une surface de 172 m² est peint le plus bel ensemble animalier. Les bisons figurent à côté des chevaux sauvages, des biches, des bouquetins. Les animaux sont polychromes avec une prédominance d'ocre rouge. Ces peintures sont cernées au trait noir et certaines parties, comme les yeux, les cornes, les sabots, sont soulignées et gravées au moyen d'un poinçon. L'artiste se sert des inégalités du plafond pour les inscrire dans son tableau et pour donner à l'animal une présence imposante. Les peintures sont datées de − 13 500 à partir d'un niveau de remplissage de la grotte.

2. L'Épipaléolithique et le Mésolithique

L'**Épipaléolithique** (11 800 environ) - armatures pointues de petites dimensions, pirogues - et le **Mésolithique** (10 200-6500) - arcs et flèches

À la fin du XIXᵉ siècle, il existe un hiatus important, si l'on se fonde sur le fait que l'on ne distingue pour la Préhistoire que deux périodes, celle du Paléolithique et celle du Néolithique, termes créés par **John Lubbock** (1834-1913) en 1865. Mais pour **Gabriel de Mortillet**, il ne s'agit que d'une simple lacune de nos connaissances, les restes de l'époque de transition ou de passage n'ont pas été encore trouvés ou reconnus. Pendant quarante ans, la querelle du hiatus dure mais se termine par la découverte de l'Azilien, du nom du site du Mas-d'Azil en Ariège, par **Édouard Piette** (1827-1906). Suivent le Campignien, le Tourassien, le Tardenoisien, connu surtout dans le nord du Bassin parisien. En Europe, les principaux groupes épipaléolithiques sont l'Azilien[1], le Valorguien[2], le Montadien[3]. Ils succèdent à la culture magdalénienne, mais se caractérisent comme des cultures moins localisées que les précédentes et plus changeantes. Dans les pays du Maghreb, à l'Atérien, succèdent aussi le Capsien et l'Ibéromaurusien. Ces deux cultures correspondent aux cultures mésolithiques européennes. L'Afrique de l'Est dispose d'une série de faciès culturels locaux à l'apparition plus tardive qu'en Europe : Sangoen et Lupembien, régions du Congo et de l'Angola.

CARACTÉRISTIQUES DES CULTURES ÉPIPALÉOLITHIQUES EN EUROPE

Les cultures épipaléolithiques, entre − 11 000 et − 9000, marquent la transition entre le Paléolithique supérieur final et le Mésolithique ancien. Au cours de cette période, les glaciers se sont retirés, la mer a transgressé jusqu'au niveau actuel, la forêt a envahi progressivement les espaces découverts. Le climat s'est peu à peu adouci. La mégafaune disparaît, ce qui implique des changements importants dans l'alimentation. La première culture épipaléolithique est l'**Azilien**. Une des caractéristiques des industries épipaléolithiques et mésolithiques est la présence d'armatures pointues de petites dimensions dites microlithiques, moins de 1 cm, de formes géométriques, triangles, trapèzes, segments de cercle, qui étaient fixées sur des hampes. Arcs et flèches font leur apparition, au Mésolithique, les plus anciens sont datés de 8000 environ. Les haches et les herminettes sont également présentes, surtout sur les bords de la Baltique. Fait notable, le bateau est utilisé, lequel permet le peuplement de la Corse et de la Crète avant le VIIe millénaire. Plusieurs pirogues découvertes ainsi que des pagaies à Star Carr en Angleterre, ou aux Pays-Bas, sont datées de 6500 mais

---

1. L'**Azilien**, daté de 12 000-9000 av. J.-C. environ, a pour caractéristique des galets peints ou gravés dans des endroits comme les Pyrénées, l'Espagne cantabrique, la Suisse. Au Maghreb, on parle du **Capsien** et de l'**Ibéromaurusien**.
2. Appelé anciennement **Romanellien**, il a été défini par **Max Escalon de Fonton** à partir de l'industrie de Valorgues. Il est réparti sur le littoral du Languedoc oriental ; contemporain de l'Azilien, il s'en distingue par son absence de harpon.
3. Il succède au **Valorguien** et se situe géographiquement dans les Bouches-du-Rhône et chronologiquement au VIIIe **millénaire**.

aussi en France à Noyon-sur-Seine, **7000 ans environ**. La technique de la pêche à la ligne se développe, déjà présente au Magdalénien avec les hameçons en os. Le gisement russe de Vis I a livré des restes de filet. Le poisson, de rivière ou de mer, truites, brochets, ombles, lottes, assure une part non négligeable des ressources alimentaires, ainsi que le ramassage de mollusques. La cueillette de fruits, de baies, de graines est assez fréquente. Les sépultures retrouvées se différencient peu de celles du Paléolithique supérieur.

LE PROCHE-ORIENT VERS LA NÉOLITHISATION (12 000-8300 AV. J.-C.)

La culture natoufienne [1] constitue l'un des rouages vers le processus de néolithisation des populations épipaléolithiques du Proche-Orient. La sédentarité est bien l'un des points dont ces populations attestent, jusqu'alors assez mobiles. **Entre 14 000 et 11 000 avant notre ère**, la steppe froide est remplacée progressivement par la savane à chênes et à pistachiers, indice d'une chaleur et d'une humidité accrue.

Les villages préagricoles (12 000-10 000 av. J.-C.)

Les premières habitations natoufiennes se trouvent à Mallaha, Hayonim dans le Neguev, Abu Hureyra au bord de l'Euphrate, et sont datées de – 12 000. Il s'agit de cabanes à demi enterrées dans des fosses, l'exemple le plus révélateur est celui de Mallaha. Le mode de vie, l'organisation sociale sont radicalement changés par rapport au Kebarien dont les groupes étaient nomades et l'économie reposait sur la chasse et la cueillette. Des bouleversements importants se produisent. L'agriculture fait son apparition, même si les formes sauvages de céréales demeurent, ainsi que l'élevage de moutons. Les Natoufiens domestiquent le chien, quelques sépultures ont livré ses restes. Ils ne sont pas les seuls, des exemples ont été découverts en différents points de l'Eurasie entre le Magdalénien moyen et le Mésolithique. Leurs villages sont implantés à

---

1. Son nom vient du site de Wadi en-Natouf en Cisjordanie, ses dates s'étalent entre – 12 000 et – 10 000.

la charnière de plusieurs zones écologiques : cours d'eau, lacs. Les plus anciennes maisons sont à moitié enterrées, de forme circulaire. Elles ont plusieurs compartiments, destinés à différentes fonctions (comme les silos), lorsque les villages s'organisent. L'apparition de murs rectilignes dans les maisons succède aux formes arrondies des habitations, à Hassuna en Irak, ou à Nahal Oren en Palestine (10 200-8000 av. J.-C.), ou encore Jerf el-Ahmar en Syrie (9200-8500 av. J.-C.).

3. Le Néolithique

Le Néolithique vers – 10 000 ans : sédentarisation, poterie, domestication, premières maisons, premiers villages

La révolution néolithique[1] mettra deux mille ans à s'accomplir au Proche-Orient, pour que, des premières manifestations d'élevage et de domestication, nous passions à leur plein développement et à des sociétés matériellement devenues plus complexes. De nouvelles relations sociales s'ensuivent comme conséquence directe, avec des travaux collectifs, des bâtiments communautaires. La chronologie du Néolithique est difficile à définir. En effet, la séparation entre un âge de la pierre taillée et un âge de la pierre polie n'est pas toujours aussi évidente et le critère de la céramique pas toujours le meilleur pour les distinguer. Les chasseurs-cueilleurs du Pacifique polissent la pierre depuis – 25 000/ – 20 000 ans et la pierre continue d'être taillée au Néolithique et à l'âge du bronze. Le plus ancien foyer se situe dans le croissant fertile, au Moyen-Orient, qui connaît vers le VIIe millénaire l'adoption de la poterie. Ces nouvelles découvertes vont peu à peu gagner l'Europe de l'Ouest et le pourtour de la Méditerranée vers le milieu du septième millénaire. Le problème reste similaire pour évaluer sa fin et le début de l'apparition du Chalcolithique vers 2500 ans en Europe, mais bien avant au Proche-Orient et en Égypte[2]. L'hypothèse d'un changement rapide s'oppose à celle de modifications progressives, la révolution

---

1. « Révolution néolithique » : expression utilisée par **Vere Gordon Childe** (1892-1957), dans les années 1920, pour décrire les révolutions agricoles qui eurent lieu au Proche-Orient et qui se manifestèrent par un passage radical de l'économie de prédation à celle de production.
2. Le site prédynastique de Nagada, en Égypte, a livré des petites perles de cuivre.

n'aurait pas eu lieu au Néolithique mais avant au Mésolithique. Dans son modèle classique, la domestication des animaux et des plantes est apparue et s'est diffusée parmi les cueilleurs-chasseurs nomades, et les a amenés à se sédentariser. L'abondance de la nourriture aurait eu des conséquences sur la démographie devenue plus importante. Dans un autre modèle évolutionniste, c'est l'invention et la diffusion du stockage qui aurait permis la sédentarisation et un accroissement de la population. L'agriculture ne serait apparue qu'ensuite. On ne peut parler véritablement de néolithisation que lorsque des productions de subsistance placent dans la dépendance de l'homme des espèces animales ou végétales.

CARACTÉRISTIQUES DU NÉOLITHIQUE AU PROCHE-ORIENT

Les premiers villages y font leur apparition. Le gigantesque village de Çatal Hüyük en Anatolie s'étend sur quelque 12 ha. Son occupation dure pendant toute la moitié du VIe millénaire. Le plan est celui que l'on trouve généralement en Anatolie avec des maisons rectangulaires accolées les unes aux autres, d'une ou deux pièces, avec un accès au toit. Les murs sont en briques crues, étayés de bois et enduits d'argile ou de chaux et de plâtre. La communication intérieure se fait par de petites ouvertures en forme de hublots.

La tête dans le plâtre

Vers – 7500 sur le site de Jéricho, sur l'Euphrate, en Mésopotamie, apparaissent de nouvelles innovations apportées par « la révolution néolithique ». Notamment en ce qui concerne les rites funéraires. Ces communautés ensevelissaient leurs morts déjà depuis un millénaire. À partir de – 8000, elles accordent aux crânes un soin particulier en les ornant de coquillages et en les remodelant avec du plâtre. Ils se trouvent à des endroits distincts du reste du corps dans le sous-sol des maisons. L'intérieur des crânes était rempli d'argile, les orbites également, servant de support aux coquillages qui figuraient les yeux. Chaque tête possédait un caractère individuel fortement marqué. Dès cette période de nouveaux rapports s'instaurent entre l'homme et la nature. Il ne s'agit pas seulement d'améliorations techniques mais aussi de nouveaux gestes, magiques, qui font surgir d'un milieu étranger des êtres invisibles.

L'EXTENSION DU NÉOLITHIQUE EN EUROPE

La diffusion à partir de l'Ouest a été sans conteste favorisée par une navigation importante en Méditerranée, dès le VIIIe millénaire avant notre ère, bien avant la fabrication de la poterie. En Égée, l'obsidienne de Mélos fait déjà l'objet d'importation. On trouve des traces d'occupation dès l'Épipaléolithique en Corse, abri de Curacchiaghiu et abri d'Araguina-Sennola, au VIIe millénaire, et un millénaire plus tard pour les Baléares. La diffusion des premières cultures à céramique le long des côtes de la Méditerranée occidentale est aussi l'une de ses conséquences. On les retrouve en Toscane, en Provence, au Languedoc, en Catalogne, au Portugal, en Oranais, au nord du Maroc. La néolithisation s'impose d'abord comme un phénomène côtier. À partir de la façade provençale et languedocienne, elle va s'étendre progressivement à la moitié sud de la France. Le **Néolithique ancien** prend place dans une période allant du VIe millénaire jusqu'à la charnière du Ve millénaire avant notre ère, **6000-5500 avant J.-C. environ**. C'est l'époque de la **culture cardiale**, décors sur la poterie faits par impressions de coquillages ou de poinçons, que l'on découvre sur la côte adriatique des Balkans, en Italie, en France, au Portugal, en Afrique du Nord. Les habitats sont nombreux et se font soit en grotte, soit en plein air, mais aucun n'évoque des communautés importantes. Dans la moitié nord de la France, la néolithisation tient ses origines des groupes agricoles venus des vallées de l'Europe centrale. La **civilisation danubienne** n'atteindra le Bassin parisien et le bassin de la Loire qu'à la transition du Ve-IVe millénaire avant notre ère. Parallèlement, un autre ensemble se met en place, le long de l'axe principal du Danube et de ses affluents, avec la **culture rubanée**, qui tire son nom de la décoration incisée, en méandres ou en volutes, qui orne ses poteries. L'est de la France et l'axe du Rhin seront imprégnés de cette culture, **culture de Michelsberg**, tandis que la moitié orientale du Bassin parisien développe une culture de communautés de paysans, sur le site des Fontinettes, à Cuiry-lès-Chaudardes, dans la vallée de l'Aisne, avec des maisons de grandes dimensions (10 × 4 m), datées de 4600 avant J.-C., au Néolithique moyen. La première moitié du IVe millénaire avant notre ère y est illustrée par un nombre très important de sites d'habitat, avec le

> **Évolution du Néolithique en Europe**
>
> - **Néolithique ancien, 6000-5500 av. J.-C.** → 3800 av. J.-C.
> En Méditerranée, il évolue du VIIe au VIe millénaire avant notre ère, plus tardivement en Aquitaine et sur la côte atlantique. Au – V^e millénaire, la moitié nord de la France connaît un phénomène de colonisation à partir de la zone danubienne. Les colons de la **civilisation rubanée** ne franchissent le Rhin que dans la seconde moitié du Ve millénaire avant notre ère. Leur extension dans le Bassin parisien et la Loire ne remonte pas au-delà du IVe millénaire avant notre ère. Dans l'Est, le **Roessen** se substitue au rubané au début du IVe millénaire avant notre ère.
> - **Néolithique moyen, IVe millénaire av. J.-C.** → 2800-2700 av. J.-C.
> Extension dans la majeure partie de l'Europe occidentale de groupes à poteries monochromes et lisses. Plus anciennes manifestations de dolmens sur l'Atlantique. Groupe de **Michelsberg**, fin du IVe millénaire dans l'est de la France. **Le Chasséen** s'étend à la majeure partie du territoire français (3700-2600).
> - **Néolithique récent, 2700 av. J.-C.** → 2100 av. J.-C.
> Dans le nord de la France, civilisation **Seine-Oise-Marne** (2500-1700 avant J.-C.). **Phénomène mégalithique** à allée dans le Bassin parisien et en Armorique, puis dans le Midi. **Culture des gobelets campaniformes** (2300-2200 avant J.-C.).

groupe de Cerny. Les maisons y sont de tradition danubienne, comme à Marolles-sur-Seine, trapézoïdales. Les tombes sont présentes à Passy (Yonne). C'est à cette époque que le phénomène mégalithique s'affirme sur la façade atlantique, dolmens à couloirs et grands tumulus. Le **Chasséen** s'impose et assimile les traditions locales de la plus grande partie du territoire tout en se métissant au contact de divers groupes, lors de son extension vers **3700-2600 avant J.-C.**, dans la zone méridionale, et vers 3500-2400 avant J.-C. dans la zone septentrionale. De toutes les cultures néolithiques en France, c'est celle qui a la plus longue durée, un millénaire, et la plus grande extension. L'habitat de plein air y est représenté en grand nombre avec une superficie plus importante que lors du Néolithique ancien. L'existence de fossés ou de systèmes composés de fossés et de palissades, entourant les villages, semble être la règle dans le Bassin parisien. C'est aux alentours du milieu du IVe millénaire avant J.-C. que de profondes modifications sont observables dans l'économie. Les communautés sont plus nombreuses et pleinement sédentarisées. La métallurgie apparaît dans les Balkans et en Europe centrale, puis en France un millénaire plus tard. **Dès 2500 avant J.-C.**, le Néolithique final est marqué par la continuité de certains groupes méridionaux qui gardent pendant un temps les techniques néolithiques alors que d'autres s'initient aux rudiments de la métallurgie de l'or et du cuivre. La moitié nord de la France est dominée par la **culture Seine-Oise-Marne** de 2500 à 1700 avant J.-C. C'est une période de développement aussi pour les hypogées, les sépultures collectives et les fosses. **La connaissance de la métallurgie** contribue au développement de la culture des **gobelets campaniformes**, vers 2300-2200 avant J.-C.

Chypre : la transition

Ce sera la première île touchée par les populations migrantes d'agropasteurs, rien ne lui permettait sur place de développer une quelconque domestication. Dès le IXe millénaire avant notre ère, les premiers indices de fréquentation se manifestent, enclos en bois ou habitation. Un millénaire plus tard, l'usage de l'argile et de la pierre se généralise pour construire les habitations. Les premières populations implantées creusent des puits de 4,5 m à 6 m de profondeur comme à Shillourokambos. Des graines d'amidonnier retrouvées dans le puits 116 de Mylouthkia sont les plus anciens témoignages de végétaux morphologiquement domestiques du Proche-Orient. Mais ce n'est que **vers – 7500** que la culture chypriote commence à se transformer en se débarrassant de ses caractères continentaux et à développer des éléments plus insulaires : remparts entourant les agglomérations, maisons à murs très épais, sépultures sous le sol des habitations (Khirokitia, Tenta). À la culture d'Ais Yorkis, à l'Ouest, succède la culture de Sotira, néolithique comportant de la céramique.

Les maisons de Cuiry-lès-Chaudardes

Situé dans la région de la Picardie, dans l'Aisne, le site de Cuiry-lès-Chaudardes appartient à la civilisation rubanée. Pendant l'été 1977, une maison a été reconstituée reprenant le plan initial afin de tester l'ensemble des procédés de construction. La construction a demandé cent cinquante journées de travail, huit heures par jour, pour six personnes pendant deux mois. De forme trapézoïdale et mesurant 39 à

40 m de long sur 7,25 à 8,50 m de large, ce bâtiment est constitué de cinq rangées longitudinales de poteaux de bois, dont trois rangées de poteaux intérieurs. Ces derniers supportent des poutres horizontales sur lesquelles viennent se poser des chevrons, reliés entre eux par un système de volige, baguettes souples en saule ou en noisetiers, entrelacées, sur lesquelles sont « cousues » des bottes de chaume à l'aide de cordelettes. Le chaume au sommet du toit est replié de chaque côté et recouvert de torchis. La hauteur des poteaux internes a été prévue de façon à obtenir une pente de toit de 35 degrés environ afin d'assurer l'écoulement des eaux de pluie.

4. L'art rupestre du Néolithique et de l'âge du fer

Le terme d'art rupestre qualifie les manifestations artistiques sur un support rocheux. C'est la seule manifestation culturelle qui se soit déroulée pendant près de trente millénaires, jusqu'à nos jours. De façon universelle, *Homo sapiens sapiens* a laissé sur tous les continents, de l'Espagne à l'Afrique, en passant par le Portugal, la Sibérie, l'Asie, et l'Australie, les manifestations de cet art.

LES RUPESTRES DU SAHARA : BOVINS ADORÉS ET DÉCORÉS

Dès la seconde moitié du XIXe siècle, on connaissait l'existence de figurations sur les rochers du Sahara. Dans tout le Sahara, du Hoggar, du Tassili, du Tibesti, du Fezzan, de la Libye, gravures et peintures rupestres abondent. Au Néolithique, il n'était pas un désert, les lacs étaient alimentés par des fleuves. Les analyses polliniques permettent de reconnaître la présence de pins d'Alep, de chênes verts, de noyers dans les massifs centraux sahariens. Progressivement **la désertification s'est imposée** et au Néolithique disparaissent peu à peu les conditions nécessaires à la vie. Les principaux thèmes représentés sont des animaux sauvages (girafes, bubales), des animaux domestiques (moutons, bœufs avec parfois une sphère entre les cornes), des hommes avec des cornes, des plumes. Dès les premières découvertes, on remarque plusieurs époques, certaines peintures ou gravures mettant en scène des dromadaires, animal d'introduction récente au Sahara, ou au contraire des espèces disparues, tel le buffle antique. Les plus récentes sont appelées « camelines » ou « cabelines », les autres « bovidiennes » pour celles qui représentaient les bœufs, ou « bubaliennes » pour les grands bubales. Les plus anciennes auraient été réalisées entre le VIIIe et le VIe millénaire avant notre ère, les autres vers le Ve millénaire. Différentes datations selon le style ont été proposées par **Henri Lhote** (1903-1991).

LES PEINTURES DU LEVANT ESPAGNOL

La péninsule Ibérique garda vivace pendant plusieurs millénaires une tradition d'art pariétal en plein air dans le Levant. **Plus de deux cents sites** ont été répertoriés, la plupart de ces abris sont situés à 800 m et 1 000 m d'altitude, à moins d'une cinquantaine de kilomètres du littoral méditerranéen. Ils sont abondants dans les provinces de Lérida, Tarragone, Castellón, Murcia. Il s'agit en général d'abris sous roche peu profonds, à peine quelques mètres. Il n'existe quasiment pas de gravures. Les figures sont de petites dimensions, moins de 75 cm, et il en existe plusieurs milliers peintes ou dessinées en rouge brun. La représentation humaine domine largement, celle des animaux ne représente environ que 10 % de l'ensemble. Elles sont schématisées à l'extrême et mettent en scène des archers, chasseurs ou guerriers. Elles fournissent des indications précieuses sur l'habillement, les bijoux, l'armement. En dehors de l'arc, on ne remarque pas d'armes. Les hommes y apparaissent le plus souvent nus avec parfois l'indication d'une petite ceinture. Les femmes sont simplement habillées d'une jupe évasée. Les hommes portent le plus souvent des coiffures en plumes, mais les bonnets de formes diverses ne sont pas rares. Ces créations artistiques comportent parfois des surcharges, ce qui indique que celles-ci n'ont pas été spontanées. Le trait va en s'améliorant mais elles tendent vers une schématisation de plus en plus poussée.

> **Un calendrier avec des poignards en guise d'aiguilles pour le mont Bégo**
>
> C'est vers 2000 avant J.-C. que ces gravures ont été faites au mont Bégo. L'appellation « musée des sorciers » pour qualifier la vallée des Merveilles dans les Alpes-Maritimes est exagérée. On peut davantage parler d'un gigantesque sanctuaire à ciel ouvert. Des pèlerinages s'y déroulaient en l'honneur du dieu Orage et de la déesse Terre pour qu'ils fécondent la terre et que les champs puissent être cultivés. Selon le professeur Henry de Lumley, éminent préhistorien, la permanence des techniques et le petit nombre des thèmes iconographiques confirment le fait qu'il s'agit bien d'un enseignement transmis, lié à des rites. Sur près de trente-cinq mille pétroglyphes, bien peu de thèmes. Près de la moitié représentent des bovidés. Chaque été les populations de l'âge du bronze ont répété les mêmes figures. Certaines roches étant orientées elles aussi vers le soleil, **l'hypothèse d'un calendrier solaire** a été avancée. Il s'avère, en effet, que quatre roches sont des instruments de mesure du temps solaire. Deux roches ont fait véritablement office de cadrans solaires saisonniers. Des visées du soleil étaient pratiquées afin de repérer le lieu où l'astre repassait un an plus tard. L'utilisation de gnomons, bâtons plantés dans le sol dans la direction de l'ombre, indiquait des dates annuelles. Ainsi les gravures de la dalle dite de la « danseuse » sont dirigées vers le soleil couchant du 8 septembre. Les graveurs y ont représenté de gigantesques poignards dont la fonction était que l'ombre d'un vrai poignard déposé à l'extrémité de la gravure parvienne uniquement ce jour-là au niveau du manche gravé. Il n'y a eu qu'à choisir une dalle orientée vers l'horizon et viser le soleil couchant à l'aide d'un poignard posé sur la roche. Afin de fixer la direction indiquée par le vrai poignard, son contour et son ombre ont été tracés à l'aide d'un silex. Ces dates ont pu servir à indiquer les moments pour certaines activités, quelques-unes étant liturgiques puisque des personnages liés au culte solaire ont été identifiés. Les hommes de l'âge du bronze ont donc su exploiter et discerner les lois cosmiques qui dirigent le rythme des astres et de l'univers.

5. Mégalithisme et art mégalithique

On appelle « mégalithique » tout monument funéraire en gros appareillage. Le mégalithisme est un phénomène largement répandu dans le monde, avec des particularités régionales qui n'autorisent aucune filiation entre les monuments. On parle des torres corses, des talayots aux Baléares, des cromlechs gallois, des chen-pin coréens, des moaïs pascuans, des dolmens, des menhirs, des alignements atlantiques, africains ou nordiques. L'Europe entière a bâti des mégalithes, du sud de la Scandinavie à la pointe de l'Espagne. Quatre zones recèlent toutefois davantage de mégalithes : l'Europe septentrionale, les îles Britanniques, la partie atlantique de la France, de la Normandie jusqu'au Poitou, et la péninsule Ibérique. Le terme de mégalithisme désigne aussi la période à laquelle les dolmens, menhirs, allées couvertes, cairns, tholos sont édifiés. Ils appartiennent à la période des **V^e et IVe millénaires** avant notre ère pendant laquelle les éleveurs et agriculteurs ont vécu. Le mégalithisme donne sa spécificité au Néolithique moyen de l'Armorique au Portugal, se distinguant du Néolithique balkano-danubien, comme de celui de la Méditerranée par ses rites funéraires, son architecture et son art. La vie religieuse y est centrée sur le culte des ancêtres, alors que dans les traditions des Balkans et de l'Europe centrale, le culte est davantage destiné à des divinités.

LES DOLMENS

Le terme de dolmen semblerait venir du breton, *t(d)aol*, « table », et *men*, « pierre ». Leur répartition est localisée dans le Centre-Ouest, l'Armorique, les îles anglo-normandes, et la Basse-Normandie. Cette distribution assez large est celle du type le plus simple, à chambre unique subcirculaire ou polygonale. Ce type de monuments est attesté dans ces régions aux alentours du Ve millénaire avant notre ère. Ces dolmens, formés d'une ou de plusieurs dalles horizontales sur des pierres dressées, peuvent constituer une allée couverte. Ils sont nombreux en Bretagne, comme la Table des Marchands, à Locmariaquer, dans le Gard, la Lozère, l'Ardèche. La Roche-aux-Fées, à Essé, en Ille-et-Vilaine, est une allée couverte de près de 20 m de long. **Près de cinquante mille dolmens** ont été répertoriés à travers le monde dont vingt mille en Europe, quatre mille cinq cents en France. Certains ont fait l'objet d'une décoration de signes inexpliqués, telle la salle du tumulus de l'île de Gavrinis (Morbihan).

LES MENHIRS

Les menhirs sont des pierres dressées. Leur distribution est bien plus large que celle des dolmens, il n'y a pas un département en France qui n'en possède au moins un, mais leur densité est surtout grande dans les régions armorique et avoisinantes, dans le Bassin parisien, jusqu'en Bourgogne. Leur forme varie beaucoup en fonction de la roche utilisée. Le plus souvent, ils sont allongés verticalement. En général, on a tiré parti des blocs, isolés par l'érosion, parfois après les avoir dégrossis. Ils peuvent aussi présenter, en surface, des restes d'ornementations, similaires à celles des sépultures néolithiques, soit par incision, soit en relief, à l'exemple du menhir du Manio, à Carnac, et de celui de Kermarquer dans le Morbihan. Notons la démesure de certains, 350 tonnes pour celui brisé de **Locmariaquer** qui devait faire 20 m de haut, partie enterrée comprise.

LES STATUES-MENHIRS

Une statue-menhir est une sculpture, fichée en terre, à bord parallèle et avec une partie supérieure arrondie, dont la forme générale évoque celle du dolmen. Mais la surface est sculptée en bas-relief ou gravée. Elles figurent des personnages féminins ou masculins, parfois au sexe indéterminé, portant des ornements ou des attributs énigmatiques. Le visage est inscrit dans l'ogive supérieure de la dalle, le corps est symbolisé par saillants, se détachant sur champlevé, les bords ne sont pas creusés. Les mains et les pieds sont stylisés. Seuls les yeux et le nez sont tracés. On trouve les statues-menhirs dans le sud de la France, dans les départements de l'Aveyron, du Tarn, de l'Hérault, groupe dit du rouergat. Les statues-menhirs rodéziennes sont les plus nombreuses, souvent sculptées, elles donnent des indications précises sur les costumes, l'équipement et les armes.

LES ALIGNEMENTS MÉGALITHIQUES ET LES CROMLECHS

Les alignements de menhirs furent réalisés **à la fin du Néolithique**. On les retrouve dans les îles Britanniques, en Scandinavie. Ils peuvent former des cercles et sont appelés *cromlechs*. En France, le plus complexe reste celui de Carnac. Situé dans le département du Morbihan, sur plus de 4 km, les alignements de Carnac, sans doute construits **vers 3000 avant J.-C.**, comprennent près de quatre mille pierres dressées. Les cercles de pierres mégalithiques de Stonehenge, dans le Wiltshire, en Angleterre, sont également orientés. Ils appartiennent au IIe millénaire. Le monument de Stonehenge est entouré d'un mur de pierres et d'un fossé, son diamètre est de 50 m. Trois cercles de pierres se succèdent. Dans chacun d'entre eux les blocs sont reliés les uns aux autres par de grandes plaques de pierre. Le centre du dispositif est une pierre solitaire, entourée de blocs plus petits disposés en fer à cheval. Une voie d'accès très large conduit au monument. Le cromlech d'Avebury, au sud de l'Angleterre, présente encore des dimensions plus vastes. Le cercle extérieur se compose de blocs de 4 à 5 m de haut et son diamètre est de 400 m.

LE MÉGALITHISME EXPÉRIMENTAL

Des expérimentations de déplacement de blocs mégalithiques avaient été mises en pratique par des Anglais, dès les années 1960, mais des blocs ont été transportés déjà à la fin du XIXe siècle pour les reconstituer ailleurs. Une expérience a été tentée, **en 1979, à Bougon**, dans les Deux-Sèvres, par **Jean-Pierre Mohen**, en charge du site à fouiller. Une dalle de béton fourrée de polystyrène, reproduisant en masse le volume et la morphologie de la couverture de 32 tonnes de l'un des dolmens, a été tirée en reproduisant les techniques possibles de l'époque du Néolithique. Tiré à l'aide de cordes en lin sur un train de rondins, placés eux-mêmes sur des rails de bois, par cent soixante-dix tireurs, le bloc peut être déplacé de 40 m environ, aidé de vingt pousseurs. Au moyen de trois leviers, il fut élevé de 1 m.

6. Les pieds dans l'eau : les cités lacustres

Les habitations en bord de lac, les villages des tourbières ont livré dans le sud de l'Allemagne, la Suisse, l'Italie du Nord, l'est de la France, une documentation très importante sur ce type d'habitat, répandu **du Néolithique à l'âge du bronze**. À la suite d'une sécheresse prononcée, le niveau du lac de Zurich a baissé considérablement, laissant apparaître une partie de la plate-forme littorale. Des pieux sont mis au jour, ainsi que des haches polies. Ainsi on a pu démontrer que des maisons avaient été construites sur pilotis au bord des lacs à Yverdon (Canton de Vaud), Feldmelen (Canton de Zurich), Clairvaux-les-Lacs (Jura), Fiavè (Italie), Hornstaad (lac de Constance). À Clairvaux et à Portalban (canton de Fribourg), il s'agit de maisons construites à même le sol au bord des lacs. Le village de Charavines, en Isère, découvert en 1921, a fait l'objet de vastes opérations de sauvetage depuis 1972. Les premiers occupants y sont venus aux alentours de 2300 avant J.-C., puis le hameau a été délaissé, trente ans plus tard, le lac ayant repris ses droits. Il est reconstruit quarante ans après le départ des premiers occupants, puis de nouveau délaissé. **Charavines** est devenu célèbre également pour ses objets en bois et en fibres végétales : poignards emmanchés, paniers d'osier, arcs, cuillères en if, peignes à cheveux, épingles ont été découverts dans un état de conservation parfaite.

CHAPITRE IV
Les civilisations de la métallurgie (2500-25 av. J.-C.)

Les principales civilisations urbaines font leur apparition, le plus souvent à proximité des grands fleuves : sur le Nil pour l'Égypte, sur le Tigre et l'Euphrate pour la Mésopotamie, sur l'Indus pour l'Inde, et sur le Houang-Ho pour la Chine. L'élément décisif en est le dessèchement climatique d'immenses régions. Le regroupement autour des points d'eau devient décisif, obligeant ainsi à un mode de vie différent, et à la résolution des problèmes de survie d'une façon collective. Différents métiers voient le jour, ainsi que l'obligation de répartir les tâches par division du travail. La ville devient donc un centre de productions, d'échanges, de trafics. La société se hiérarchise, du prêtre au plus simple artisan, commerçant, paysan. On résout les problèmes d'inondation, d'irrigation par la construction de digues, de canaux. Bon nombre de techniques sont communes à toutes ces civilisations. **Le travail des métaux** en devient une nouvelle ainsi que **la naissance de l'écriture**. Ce n'est pas la découverte du métal qui va bouleverser ces nouveaux cadres sociaux – il est connu depuis longtemps –, mais l'art de traiter les minerais, de les fondre, de créer des alliages. **Plus tard, vers 700 avant J.-C., l'utilisation du fer** constitue une nouvelle étape déterminante dans les arts de vivre. Parfois l'âge du cuivre est rattaché à la protohistoire, période de transition entre la fin de la préhistoire et l'histoire, moment marqué conventionnellement par l'apparition de l'écriture et qui comprend l'âge du bronze et du fer.

1. L'âge du cuivre de 2500 à 1800 av. J.-C.

Le cuivre a déjà fait son apparition en Égypte, dans le prédynastique à Nagada, au IVe millénaire, dans la vallée de l'Indus, à Harappa et à Mohenjo-Daro, au IIIe millénaire, à Chypre. En Serbie, vers 4500 avant J.-C., le site de Rudna Glava est de toute première importance, puisqu'y ont été retrouvés les outils d'une exploitation minière ainsi qu'une céramique appartenant à la culture de Vinča. Au Portugal et en Espagne, apparaissent aussi les premiers témoignages d'une civilisation urbaine, à Los Millares, dans le Sud-Est.

L'artisanat du cuivre cohabite longtemps avec la production d'outillage lithique. Les produits que cette période livre sont des perles, des épingles, au mieux des poignards à soie (crantés) et alènes (un peu carrés), des haches imitant celles de pierre polie. Le cuivre était exporté sous forme de lingots bruts ou de torques à enroulement, de barres.

Les études spectrographiques montrent la variété des premiers cuivres, ceux en provenance de l'Irlande comportent de fortes traces d'antimoine, d'argent, d'arsenic, ceux de la péninsule Ibérique sont alliés avec de l'arsenic, les haches de combat en provenance de Hongrie ne comportent pas d'impuretés décelables.

2. L'âge du bronze de 1800 à 700 av. J.-C.

Le bronze ancien
  I   de 1800 à 1700 av. J.-C.
  II de 1700 à 1600 av. J.-C.
  III de 1600 à 1500 av. J.-C.

Le bronze moyen
  I   de 1500 à 1400 av. J.-C.
  II de 1400 à 1300 av. J.-C.
  III de 1300 à 1100 av. J.-C.

Le bronze final
  I   de 1100 à 1000 av. J.-C.
  II de 1000 à 850 av. J.-C.
  III de 850 à 700 av. J.-C.

À l'**âge du bronze (1800-700 av. J.-C.)**, la Crète devient un centre important de rayonnement ainsi que l'archipel égéen pour l'Europe occidentale, ayant assimilé les progrès réalisés dans ce domaine au Proche-Orient. Armes, bijoux, ustensiles prennent des formes nouvelles. Les épées, les boucliers, les casques, les agrafes, les anneaux, les bijoux de toute sorte sont les grands témoins de cette période. Le procédé technique qui permet la production de tous ces objets est celui de la fonte moulée, les moules sont faits de bois ou d'argile. L'ornementation est réalisée en partie lors de la fonte, mais la gravure en creux, le poinçonnage, le bosselage peuvent être exécutés postérieurement. Le travail de l'or est encore très présent, pendant cette période, dans la région de la mer Égée, employé en fil, granulé, en plaque. La céramique est faite à la main, le tour de potier n'étant connu qu'en Crète. L'introduction du bronze a des conséquences multiples sur les modifications sociales en Europe. En plus des villages, existent en Europe du Sud des établissements de dimension urbaine, fortifiés, aux grandes maisons[1], dans le Nord ces fortifications sont en bois. Les *tumuli*, tombes surmontées d'un dôme de terre, souvent gigantesques, remarquables par la richesse du mobilier, montrent que la société s'est hiérarchisée. Forgerons et bijoutiers sont apparus, détenteurs des techniques de préparation, ainsi que les commerçants. Les métaux précieux sont exportés dans les pays qui en sont dépourvus – le cuivre, le zinc et l'or ne se trouvant que dans certains gisements. Des voies commerciales conduisent du Danube à la Saale, au Main et à l'Elbe et à l'Oder, à la Baltique. L'inhumation, majoritaire au début de la période, laisse la place à l'incinération pendant le bronze moyen, les cendres sont placées dans des urnes. **Pour la religion**, le culte du soleil tient une place importante, notamment en Europe du Nord, comme l'atteste le char solaire de Trundholm, découvert, en 1902, au Danemark.

---

1. **L'art du nuraghe**, dont le nom provient des tours forteresses de pierre qui caractérisent la période du bronze, repose sur quelque quatre cents statuettes et figurines de bronze. Datées d'entre le VIIIe et le VIe siècle d'avant notre ère, celles-ci représentent des divinités et des déesses. Ce sont souvent des guerriers armés, coiffés de casques, parfois des déesses tenant un enfant dans leurs bras ou des animaux figurés en ronde-bosse, taureau, bélier, cerf, mouton. Des barques funéraires ou nefs de bronze comptent aussi parmi les témoins artistiques de cette plastique paléosarde.

PRÉHISTOIRE

3. L'âge du fer
(VIIIᵉ siècle-25 av. J.-C.)

Le VIIIᵉ siècle avant J.-C. fut une période de grands mouvements de population. À l'âge du bronze, deux peuples de cavaliers indo-européens sortent des steppes orientales et progressent vers l'Ouest et le Sud. Les Cimmériens, qui viennent de Crimée, franchissent, vers – 750, le Caucase et menacent l'Asie Mineure et l'Assyrie. Les **Scythes** du Turkestan, qui chasseront les précédents, finiront par pénétrer dans les Balkans, et parviendront sur le cours moyen du Danube dans les plaines de Pannonie ainsi que dans le sud des Carpates. Cette progression vers le sud mène Scythes et Cimmériens en Allemagne de l'Est (Bavière) et, avec les Thraces, en Italie du Nord. Les premiers sont les intermédiaires du Proche-Orient, les seconds influencent les civilisations de Hallstatt, le premier âge du fer, et de La Tène, le deuxième âge du fer.

Les périodes de l'âge du fer

- **Hallstatt ancien** (725-625 av. J.-C) : mise en place des Thraco-cimmériens en Europe centrale. Constitution d'une aristocratie de cavaliers qui sera caractéristique des fondements de la société gauloise.
- **Hallstatt moyen** (625-540 av. J.-C.) : présence d'épées de fer à antennes, de rasoirs semi-circulaires, de bouteilles, de bracelets à boules qui serviront de « fossiles directeurs ».
- **Hallstatt final** (540-450 av. J.-C.) : civilisation de Vix et des Joganes, est et nord de la France. Plus grandes diffusions des productions méditerranéennes par l'axe Rhône-Saône. Sépultures en Bourgogne (Chars), en Alsace et dans le Jura.

LE PREMIER ÂGE DU FER

Le premier âge du fer, dit de **Hallstatt**, commence en Europe centrale, en France, en Italie et dans la péninsule Ibérique aux alentours de 750 avant J.-C. La Grande-Bretagne, la Scandinavie ne le découvriront qu'au Vᵉ siècle avant J.-C., en même temps que l'Inde et la Chine. L'Égypte importe au IIᵉ siècle avant J.-C. le fer du Soudan pour le diffuser en Afrique centrale et orientale. Il faut noter que dès

1500-1000 avant J.-C. le fer est connu entre l'Anatolie et l'Iran, pour passer, par la suite, au XIe siècle avant J.-C., des Philistins aux Phéniciens, et être adopté par les Grecs au IXe siècle avant notre ère. Plus difficile à travailler que le cuivre, le fer doit sa diffusion grâce à sa large utilisation dans la vie quotidienne (socles de charrue, clous, outils) et aussi au fait que cette technique permet de forger des armes d'une incomparable et redoutable efficacité. Le travail du fer atteint le Danube vers le IXe siècle avant J.-C., puis la Gaule au Ve siècle avant J.-C. **Le site de Hallstatt**, près de Salzbourg, fouillé en 1876 par **Johann Georg Ramsauer**, révèle un cimetière du Ier millénaire contenant des objets en bronze et en fer. De grandes épées ainsi que des urnes y ont été découvertes. **Vers le VIe siècle avant J.-C.**, la société s'est hiérarchisée autour des places fortes. Des dignitaires y sont enterrés sous des *tumuli*. Les plus célèbres livrent des chars, des épées, des éléments de harnachement, des bijoux, notamment à Vix (Côte-d'Or) et dans la haute vallée de la Saône. **Vers 600 avant J.-C., la fondation de Marseille** contribue à renforcer le développement de la culture hellène, illustrée par une abondante céramique.

LE DEUXIÈME ÂGE DU FER, OU ÂGE DE LA TÈNE

La Tène I : de 500 à 300 av. J.-C.
La Tène II : de 300 à 100 av. J.-C.
La Tène III : de 100 jusqu'au début de l'ère chrétienne

Il est nommé ainsi d'après le site découvert en 1857 dans le canton de Neuchâtel en Suisse. Plusieurs systèmes de datation ont été proposés par les Français **Joseph Déchelette** (1862-1914) et **Paul-Marie Duval** (1912-1997), par l'Allemand **Paul Reinecke** (1872-1958). La plupart de ces chronologies sont fondées sur les découvertes archéologiques et mettent en évidence, dès le Ve siècle avant J.-C., l'installation d'une culture nouvelle dans la zone continentale, désormais assimilée à la culture gauloise, celle des Celtes. **La monnaie** fait son apparition vers le IIIe siècle avant J.-C. dans le Midi et le Centre de la France. Au IIe siècle avant J.-C., la Gaule méditerranéenne est sous domination romaine. Les guerres de Jules César et leurs suites imposent sous Auguste l'empreinte d'une civilisation romaine provinciale. Ce que nous savons des Celtes proviennent non seulement de l'archéologie mais aussi d'auteurs grecs comme **Polybe** (v. 202-v. 126 av. J.-C.) et **Strabon** (v. 63 av. J.-C.-v. 25 apr. J.-C.), et latins : surtout **César** (100-44 av. J.-C.) mais aussi **Pline l'Ancien** (23-79) qui nous les présentent comme des peuples barbares, disséminés, vivant au nord de l'Europe. **Hécatée de Milet** (v. 550-v. 480 av. J.-C.) et Hérodote les appelaient *Kelta*. Leur nom varie dans la littérature, ce sont tantôt les Celtes, tantôt les Gaulois (*Galli* en latin), tantôt les Galates. L'archéologie a permis de mieux préciser leur zone d'influence. Leur zone de diffusion comprend l'Europe centrale jusqu'en Silésie et en Hongrie, le nord des Balkans, l'Italie septentrionale, la France méridionale, la péninsule Ibérique, la Grande-Bretagne et l'Irlande à partir de 300 avant J.-C. Seule cette dernière maintiendra encore pendant cinq siècles sa culture intellectuelle et religieuse, jusqu'à sa conversion au christianisme.

4. Des peuples venus d'ailleurs : Scythes et nomades des steppes

Le nomadisme ne doit pas être envisagé comme une forme d'inadaptation aux civilisations de quelques tribus restées en marge de l'histoire, mais bien comme une spécialisation économique particulière, qui a su parfaitement exploiter un biotope tout aussi particulier. Dès l'âge du bronze et pendant l'âge du fer, les steppes méridionales, Sibérie, Asie centrale et les zones limitrophes voient se développer la genèse des premières puissances nomades avec les cultures des Cimmériens, des Scythes, et des Sarmates en Asie centrale. Ces derniers sont connus pour avoir créé un style particulier, à partir d'influences indiennes et persanes et également des motifs scythes et grecs. C'est surtout le style animalier scythe qui les imprègne. **L'art sarmate** se caractérise par des ouvrages faits d'une feuille d'or estampée et décorée avec des incrustations d'émaux, de pierres semi-précieuses et de perles de verre. Mêlé à des motifs hellénistiques, à l'ère chrétienne, l'art sarmate devient le style de la dernière période pontique. Puis, adopté par les Goths, lorsque vers 200 apr. J.-C., ils pénètrent en Russie, ce style se répand dans tout le monde germanique. **L'accroissement de l'élevage** entraîne la transhumance et le semi-nomadisme, puis le nomadisme complet autour du premier millénaire. Deux peuples de cavaliers vont sortir des steppes orientales et progresser vers le Sud : les Cimmériens et les Scythes. À l'âge du bronze, en Asie centrale, s'est développée la culture d'Andronovo succédant à celle d'Afanasievo. Son aire est plus vaste et couvre un territoire limité par l'Oural et le bassin de Minoussinsk. **La métallurgie** y est très réduite, l'élevage d'ovins et de bovins présent. Dans les steppes méridionales s'impose la culture des tombes à charpentes (1600-800 av. J.-C.), caractérisée par des haches à douille, des poignards filiformes et une activité agricole. Ce sera celle des Cimmériens, mentionnés par les textes assyriens du VIIIe siècle av. J.-C. Ils anéantissent le royaume d'Ourartou, après avoir franchi le Caucase et être devenus une menace pour l'Asie Mineure et l'Assyrie. Ils sont repoussés vers l'Ouest, en Asie Mineure. **Au VIIIe siècle av. J.-C.**, les Scythes les remplacent, s'allient aux Assyriens et aux Mèdes avant de revenir, après trois décennies de terreur dans les steppes européennes, et d'imposer leur puissance en Ukraine. Ils seront vaincus par le roi mède **Cyaxare** (625-585 av. J.-C.), en 628 av. J.-C., puis lors des campagnes de **Cyrus II** (v. 559-v. 530 av. J.-C.) et de **Darius** (514-512 av. J.-C.), qui franchit l'Hellespont puis le Danube. Les Perses les qualifient de « Çaka », cerf, animal qui apparaît de nombreuses fois dans la décoration de leurs objets. En fait la culture scythe regroupe quatre tribus distinctes.

- **La culture des Scythes** à proprement parler, celle des nomades et agriculteurs, du Bas Dniepr, du Bug inférieur, de la mer d'Azov. Ils sont à rattacher aux Iraniens du Nord, avec les nécropoles de Crimée.
- **Les cultures de ceux de Moldavie et d'Ukraine**, à rattacher aux tribus lituaniennes, au groupe slave.
- **La culture des sindo-méotique du Kuban** (sud de la Russie).
- **La culture des tribus sarmates** du bassin de la Volga et des steppes de l'Oural.

Les points communs de ces groupes sont l'art animalier en rapport avec celui, oriental, de l'Asie centrale, les armes. Hérodote définit les Scythes comme des « porte-maisons et des archers à cheval », allusion à leur nomadisme et aux guerriers qu'ils étaient. Ces cavaliers ont un armement léger, arc en corne à double courbure avec tendon et flèches à pointes triangulaires, mais ils manient aussi l'épée, le javelot, la lance. C'est sur la stratégie et la technique guerrière que leur supériorité repose, ainsi que sur le rempart mobile formé de chariots. La découverte d'armes dans des tombes féminines suggère qu'elles avaient pu prendre part au combat, mais ce sera là plutôt le fait des Sarmates que des Scythes. Le grand historien fait aussi allusion à des « Scythes royaux » : « Au-delà du Gerrhos se trouvent les régions dites "royales" et les Scythes les plus vaillants et les plus nombreux qui regardent les autres Scythes comme leurs esclaves » (*Enquête*, IV, 20), une tribu dominante d'autres ethnies reposant sur un système social très hiérarchisé. Vers le milieu du VIe siècle, d'importantes relations commerciales se forment, les colons grecs ont fondé plusieurs comptoirs dont celui d'Olbia, et les produits locaux, blé notamment, y sont échangés ainsi que le miel, les poissons salés, tandis que les Grecs donnaient l'huile et de multiples produits de l'art et de l'industrie.

Marché florissant car la Scythie, grenier de la Grèce, devint le lieu stratégique à affaiblir pour Darius afin de dominer la Grèce. Les Scythes se sédentarisent vers le IVe siècle av. J.-C. et fondent au cours des deux siècles suivants villes et comptoirs. Les Scythes royaux se maintinrent encore longtemps avant que les hordes hunniques ne finissent par les dissoudre. La ville de Néopolis, sur la côte ouest de la Crimée, est la capitale où réside le roi Skiluros, ville peuplée de Scythes, d'Alains, de Sarmates sur une superficie de 16 hectares. Un mausolée construit au IIe siècle av. J.-C. comporte 70 tombeaux de chefs.

De leurs pratiques funéraires, nous sont parvenus les tumulus faits de pierres et de terre, ceux des Kourganes qui croissent au nord de la mer Noire dès le VIe siècle av. J.-C. À l'intérieur, les plus riches nous ont livré « l'or des Scythes », qui porte à son apogée l'art animalier des steppes. Les œuvres se distinguent des autres productions voisines d'Asie centrale, celles des Sarmates, Paziricks, Tagars, en combinant avec les leurs les thèmes hellénisants, en conjuguant leurs traditions artistiques avec celles de l'Iran. L'originalité de la rencontre avec la Grèce se mesure dans l'orfèvrerie du tumulus de Babyna (350-300 av. J.-C.) où les travaux d'Hercule ont été illustrés sur douze appliques. **Que savons-nous de leur religion ?** Leur grande déesse est Tabiti (l'Hestia grecque), seule divinité dont on retrouve des représentations dans l'art. Ils adorent également Papeus (Jupiter), dieu du ciel, Apia, déesse de la terre, Octosyrus, dieu du soleil, et Artimpaasa, déesse de la lune. Les devins pratiquaient la divination à partir de faisceaux de baguettes. Il n'existe ni temple ni autel.

Le site de Pazyryk et le kourgane de Koul-Oba (Russie)

Plusieurs découvertes archéologiques exceptionnelles ont permis de connaître l'étonnante richesse et la variété de l'art des peuples des steppes. Le site archéologique de Pazyryk, en Sibérie méridionale, regroupe 40 *tumuli* de tailles variées, **soit 1 929 tombes datées d'entre le Ve et le IIIe siècle av. J.-C.** Parmi ces *tumuli*, cinq plus importants ont été attribués à cinq souverains successifs. Le plus grand mesure plus de 50 m de diamètre. Le corps des défunts est momifié, ils ont été retrouvés dans des cercueils creusés dans des troncs de mélèze. Fait curieux, les corps de deux hommes comportent de nombreux tatouages complexes dont certains évoquent des animaux fabuleux. Les conditions climatiques ont permis de faire des découvertes extraordinaires, vêtements, tapis, objets de cuir, char en bois, étalons (alezans) dont deux recouverts de masques de cuir décorés de scènes animalières. Les restes de tissus, dont l'un couvre 30 m^2, figurent parmi les plus anciens connus à ce jour. Une grande partie de ces objets est aujourd'hui exposée au musée de l'Ermitage en Russie.

Les Scythes étaient-ils vraiment nomades ?

Deux corps découverts sous le tumulus de Berel, sur le plateau de l'Altaï, au Kazakhstan, ont permis de confirmer les textes grecs. Bien préservés, à 1 300 m d'altitude, ils ont fait l'objet de prélèvements au niveau de l'appareil digestif qui ont révélé **la présence d'œufs d'ankylostomes**, de petits vers, présents à 1 200 km du lieu d'inhumation, près de la mer d'Aral, la Caspienne, l'Iran. Les objets d'influence iranienne mis au jour dans la tombe invalident le fait que ces personnes puissent être des locaux. Le texte d'Hérodote selon lequel les Scythes étaient de grands nomades, pouvant parcourir d'immenses distances, trouve bien là sa confirmation, dans les résultats apportés par l'équipe d'anthropobiologie de Toulouse en 1999.

5. Les Celtes : les grandes invasions

Dès le début du Ve siècle av. J.-C., l'organisation en petites principautés dans le domaine nord-alpin disparaît, mais les échanges commerciaux de ces sociétés hallstattiennes avec les cultures étrusques et grecques d'Italie se maintiennent. Des inscriptions en caractères empruntés à l'alphabet étrusque prouvent qu'il s'agit bien de groupes celtiques et qu'ils sont les premiers à utiliser l'écriture. C'est durant cette **période d'expansion (v. 500-v. 300 av. J.-C.)** que d'autres groupes apparaissent, sans doute installés plus anciennement, dans la péninsule Ibérique où ils prennent le nom de Celtibères. Brennos, au nom latinisé en **Brennus**, assiège en 389 av. J.-C. la ville de Clusium et marche sur Rome en 388 pour infliger une terrible défaite aux troupes romaines sur les rives de l'Allia, un affluent du Tibre. Selon la légende, les oies du Capitole auraient donné l'alerte lors d'une tentative d'assaut, sauvant la ville de l'invasion. En effet, Brennus négocie avec les Romains ; afin qu'il consente à retirer ses troupes, une rançon importante est versée sous forme d'objets d'or pesés pour former le montant convenu. Accusé par les Romains de tricher sur le poids de la balance, la légende veut qu'il ait jeté son épée sur les poids en hurlant une phrase devenue célèbre : *Vae Victis*, Malheur aux vaincus ! Les Celtes envahissent la Thrace et la Macédoine. **Ptolémée Keraunos**, roi de Macédoine en 281-279 av. J.-C., trouve la mort en les affrontant. Ils désolent sous la conduite de leur chef, Brennus, la Macédoine et la Thessalie, pénètrent jusqu'en Grèce centrale et approchent Delphes en 279 av. J.-C., mais sont repoussés. Les peuplades du centre de la Grèce : les Étoliens, les Phocéens, les Béotiens s'allient contre eux et défendent les Thermopyles. Les Celtes franchissent l'Hellespont et le Bosphore en Asie Mineure sous la direction de leur chef Lutérios. Ils s'y établissent vers 278 av. J.-C., après avoir aidé le roi **Nicomède Ier** (règne : v. 278-v. 250 av. J.-C.) de Bithynie, dont ils reçoivent en récompense la province de Galatie, d'où leur nom local de Galates. Ils sont confinés en Galatie, sur les hauts plateaux de l'actuelle Turquie, par le roi séleucide **Antiochos Ier** (règne : 280-261 av. J.-C.), de Syrie, qui les bat en 275 av. J.-C. La conquête du Pô, vers 200 av. J.-C., permet d'assujettir à Rome les tribus celtiques cisalpines. Celles-ci sont alors regroupées dans une province unique appelée *Gallia togata* ou « Gaule en toge ». **L'an 118 av. J.-C.** inaugure la nouvelle domination des rivages méditerranéens par les Romains. La région annexée s'appelle alors *Provincia*. Elle devient plus tard la Narbonnaise. On la qualifie de *Gallia braccata*, « Gaule en braies, le pantalon gaulois », pour l'opposer à la *togata* et à la *comata*, la « Gaule chevelue », qui désignent le reste de la France et la Belgique. En 27 av. J.-C., **Auguste** (63 av. J.-C.-14 apr. J.-C.) distingue désormais trois Gaules : Belgique, Lyonnaise, Aquitaine. Ces différentes Gaules changent encore d'appellation au milieu du Ier siècle de notre ère et tendent à être davantage morcelées. **Du IIe au Ier siècle**, les Celtes sont pressés sur le continent à l'Est par les Germains et au Sud par les Romains. La pression démographique des Germains et leurs invasions en bandes armées contraignent les Celtes à se replier vers l'Ouest, comme les Helvètes sous le roi **Orgétorix** qui tentent de s'installer en Gaule et sont repoussés par les Romains. La guerre des Gaules marque la fin de l'indépendance celtique en Gaule. Après la défaite d'Alésia (52 av. J.-C.), la Gaule est complètement occupée. En langue celte, **Vercingétorix** (v. 72-46 av. J.-C.) signifie « grand roi des braves ». Il est considéré comme le premier chef à avoir réussi à fédérer le peuple gaulois contre l'oppresseur romain. Fils de Celtill, prince des Arvernes, sa vie nous est connue surtout par les *Commentaires sur la Guerre des Gaules* ou *Guerre des Gaules* de Jules César. Il obtient des victoires grâce à une politique de la terre brûlée contre César, mais c'est celle de Gergovie en 52 av. J.-C. qui lui donne son statut de chef des Arvernes. Pourtant Vercingétorix doit se rendre à César à Alésia, en août 52, face à un siège impitoyable de ses ennemis. César le ramène à Rome pour le faire participer comme captif à son triomphe, puis le fait jeter dans un cachot, où il finit par être étranglé en 46 av. J.-C. Après la défaite d'Alésia (52 av. J.-C.), la Gaule est complètement occupée. La Bretagne (l'Angleterre actuelle) est envahie en 43 av. J.-C. à la suite d'une politique agressive menée par les fils du roi Cunobelinus contre Rome. La conquête s'achève avec **Agricola** (40-93) entre 78 et 83 de notre ère. Elle fixe la frontière sur la ligne des Highlands, mais celle-ci

PRÉHISTOIRE

s'avère impossible à défendre. Les Celtes d'Irlande ne connaîtront pas les invasions romaines. La civilisation celte survit en Helvétie, où elle se fond peu à peu avec les apports germaniques, dans le nord de l'Écosse, en Irlande, où elle se christianise entre le Ve et le VIe siècle. L'Irlande est divisée en quatre royaumes : l'Ulster, le Leinster, le Munster, le Connacht. Au Ve siècle, le « Grand roi » de Tara, capitale de l'actuel comté de Meath, étend son autorité à l'île entière. **Saint Patrick** (v. 385-461) évangélise l'Irlande, phénomène qui met fin à la civilisation celtique. **Au VIIIe siècle**, l'Irlande doit faire face aux invasions vikings.

L'EXPANSION CELTIQUE. LES CELTES ET LA GAULE

Au Ve siècle av. J.-C., les Celtes se sont installés au nord et au centre de la Gaule, délaissant davantage les régions côtières et le sud. La côte méditerranéenne jusqu'au premier siècle demeure une région sans occupation gauloise. Le lieu typique d'installation gauloise est la vallée d'un fleuve, où des petits groupes tribaux entretiennent des alliances et créent des entités politiques et sociales plus larges. Leur avancée territoriale, **dès le IIIe siècle av. J.-C.**, se fait par conquête, mais aussi par les mariages, la signature de traités. Les *Éduens* occupent les vallées de la Saône et de la Loire, les *Séquanes* celles du Doubs et une partie de la Saône, les *Parisii*, celle de la Seine, les *Lémovices*, les terres longeant la Garonne. La Gaule est en fait une juxtaposition de petites unités politiques, ce qui permit aux Romains de s'implanter plus facilement. Lors de la période de La Tène, la Gaule compte environ seize régions tribales. Vers le IVe siècle av. J.-C., les *Ligures* des Alpes font alliance avec les tribus gauloises voisines formant ainsi une vaste confédération celto-ligure, ce qui oblige les Romains à protéger les frontières nord de l'Italie et la Provence afin de sauvegarder Massalia (Marseille). De nombreux comptoirs seront fondés par les Massiliotes : Antipolis (Antibes), Nikaïa (Nice), Monoïkois (Monaco), Olbia (Hyères). La cité grecque de Phocée essaime des colonies dans la partie occidentale du bassin méditerranéen, entre le VIIe et le VIe siècle av. J.-C. Les cités en contact avec le monde celte sont Emporion, Ampurias en Catalogne et Massalia, Marseille. La côte méditerranéenne est annexée par les Romains, devient province romaine vers 125 av. J.-C., servant de tremplin à la conquête du reste de la Gaule. Au Nord, les Belges s'installent entre le IVe et le IIIe siècle av. J.-C., poussés à la fuite par le danger venu des tribus germaniques. De nombreux historiens romains mentionnent ces tribus gauloises en leur donnant le nom de *nationes* ou de *civitates*. Elles étaient divisées en *pagus*, « pays », une unité territoriale subdivision de la cité. Les Éduens sont divisés en six *pagi*, dont le plus important est celui de leur capitale Bibracte sur le mont Beuvray. Des gouverneurs tribaux les dirigent après avoir prêté allégeance au chef. Grâce à César, nous avons une indication sur la nature des régimes politiques des grandes royautés au Ier siècle av. J.-C., notamment chez les Arvernes, ainsi que des régimes oligarchiques dans lesquels le magistrat suprême peut être désigné par élection pendant un an, comme chez les Éduens. Les grands groupes établissent leur capitale dans le *pagus* de la région. Certaines auront le destin de grandes villes, Paris, capitale des *Parisii*, ou Titelberg, au Luxembourg actuel, capitale des Trévires, Chartres, celle des Carnutes. Elles sont aussi le lieu de résidence des rois : Ambigatos, roi légendaire des Bituriges, aurait élu pour ce faire Avaricon (Bourges). En 59 av. J.-C., les Éduens, les Séquanes, les Arvernes entrent en conflit pour conquérir la suprématie sur la Gaule et César tire profit de cette situation.

L'ARCHÉOLOGIE CELTIQUE

Rien de monumental dans ce que nous a laissé découvrir l'archéologie, des restes de remparts, de sanctuaires en bois. Certaines villes, pourtant, sont à l'origine un simple *oppidum* celtique comme Budapest en Hongrie ou Brenodunum (Berne) en Suisse. Les *oppida* laténiens se développent au cours du second siècle sous forme d'agglomérations entourées de fortifications sur plusieurs dizaines d'hectares. Certains sont en plaine comme celui de Manching en Bavière, ou sur des reliefs plus accidentés, Bibracte en Bourgogne, celui d'Ensérune, entre Béziers et Narbonne, domine une colline de 118 m. Leur organisation interne n'est pas toujours bien connue. Les fouilles menées sur celui d'Entremont, édifié en 173 av. J.-C., à proximité d'Aix-en-Provence, révèle ce que pouvait être ce site fortifié, capitale du peuple salyen en lutte contre Massalia. Il s'est constitué en deux temps, lors du second la ville atteint trois hectares et demi, vers 150 av. J.-C. Le deuxième rempart [1] est impressionnant par sa taille, son mur de 3,25 m de large haut de 5 à 6 m. Tous les 18 mètres, s'élève une tour large de 9,15 m, haute de 8 à 9 m. Les maisons sont plus grandes que les premières construites, larges de 4 à 5 m. Le plan des habitats est en damier à l'image de celui des villes grecques. Les ateliers d'artisans, boulangers, bijoutiers, ou pressoirs n'ont été retrouvés que dans la vieille ville. L'*oppidum* verra sa fin avec celle des Salyens, lorsque Rome envoie le consul Galus Sextius Galvinus prendre la ville.

Quelques oppida

– **Argenton-sur-Creuse** (Argentomagus), dans l'Indre. De type éperon barré, son rempart, ou *murus gallicus*, délimite une surface de 27 hectares. Les découvertes archéologiques de 3 000 amphores, de 2 000 monnaies attestent de son rôle commercial et artisanal. Il appartient aux *Biturigues Cubi*, peuple connu pour avoir demandé à Vercingétorix de les épargner. Son nom proviendrait d'*Arganton* dont l'étymologie signifierait « argent ».

– **L'autre oppidum des Bituriges** était celui de Bourges, assiégé par César en 52 av. J.-C., Avaricum.

– **Bibracte**, sur le mont Beuvray, est celui des Éduens. La bataille qui eut lieu à proximité en 58 av. J.-C. entre les Romains et les Helvètes serait à l'origine de la guerre des Gaules. C'est là aussi que Vercingétorix se fit nommer chef des Gaulois.

– **Alésia**, Alice-Sainte-Reine, en Côte d'Or, est resté célèbre dans l'histoire car en 52 av. J.-C., César et son armée en mènent le siège contre Vercingétorix, fameux passage de la *Guerre des Gaules* (VII, 68-69). Napoléon III localise le site sur le mont Auxois, à 70 km de Dijon.

---

1. Le *murus gallicus*, décrit par César dans *La Guerre des Gaules* (VII, 23), est le type de rempart le plus courant. Composé d'un poutrage horizontal, les rangs perpendiculaires et parallèles au parement s'alternent successivement. Le parement est formé de grosses pierres, encastrées dans ces intervalles. Au-dessus s'élève un second rang semblable avec un intervalle de deux pieds entre les poutres, afin qu'elles ne touchent pas celles du rang inférieur. La pierre permet de lutter contre le feu, les poutres contre les heurts des béliers.

LA RELIGION DES CELTES

Pour étudier la religion des Celtes, les vestiges archéologiques, les sources contemporaines grecques ou non, l'épigraphie, l'iconographie fournissent une indication de premier choix. Les sanctuaires à l'intérieur des villages celtiques sont souvent monumentaux et renseignent sur les pratiques religieuses. Celui de **Gournay-sur-Aronde**, à quelques kilomètres de Compiègne, près d'un lieu marécageux, est choisi par les **Bellovaques**, puissante et nombreuse population du nord de la Gaule. À proximité a été retrouvée une enceinte fortifiée de 3 hectares, abandonnée au IIIe siècle av. J.-C. L'ensemble des travaux du sanctuaire relève aussi du IIIe siècle av. J.-C. Il s'étend sur une surface de 1 500 m^2, sous la forme d'un rectangle, entouré d'un fossé de 2,50 m de long et de 2 m de profondeur, ceint d'une palissade de bois. Au centre, une grande fosse de 3 m sur 4 m, de 2 m de profondeur, ainsi que neuf autres plus petites avaient été creusées. Un espace de 1,50 m permettait la déambulation autour de la fosse principale. Dans la grande fosse se trouvent les restes de carcasses de bœufs, environ 45, d'une centaine d'agneaux, d'une quarantaine de porcelets. Dans le courant du IIe siècle av. J.-C., le sanctuaire fait l'objet de réaménagements : reconstruction de la palissade et du porche d'entrée, un de ses éléments essentiels qui se présente comme une porte d'oppidum où étaient fixés les crânes des ennemis et des os humains. Les armes mises au jour portent des traces de combat, sans doute des prises de guerre. D'autres sanctuaires présentent l'élévation de trophées avec les dépouilles de vaincus, à **Ribemont-sur-Ancre**, près d'Amiens, ou à celui de **Roquepertuse**, dans les Bouches-du-Rhône, construit dans la ville haute avec son bâtiment aux crânes qui pourrait donner raison à la littérature gréco-latine selon laquelle les cavaliers celtes décapitaient leurs ennemis pour accrocher leurs têtes à leurs chevaux. Celui de Ribemont-sur-Ancre est sans doute l'un des plus vastes sanctuaires de Gaule avec ses 800 m de long et son plan complexe. Les fouilles archéologiques, menées depuis 1982, ont révélé un trophée guerrier, érigé à l'endroit où fut menée une importante bataille entre une armée belge et une armée armoricaine ayant fait probablement un millier de morts. **La bataille se serait déroulée vers 260 av. J.-C. et terminée par** la victoire des Belges. Le trophée, monument cubique de 1,60 m de côté, était tourné vers l'Ouest et séparé par un fossé. L'enclos de forme polygonale était entouré d'un mur de 6 m de haut. Des milliers d'os humains mélangés à deux cents pièces d'armement, épées, boucliers y ont été retrouvés, en général des hommes âgés d'entre 15 et 40 ans ayant reçu des blessures mortelles. Leurs dépouilles décapitées avaient été installées dans trois bâtiments en bois, suspendues à des portiques, les unes contre les autres. Dans l'enclos polygonal, une découverte encore plus étonnante : un empilement de membres humains et d'os de chevaux, environ deux mille, est agencé en une sorte d'autel cimenté par du torchis et de la terre. Les os humains avaient été broyés et brûlés. Les sacrifices offerts sont, dans les sanctuaires et les temples, de toute sorte : représentation de la divinité en offrandes, mais aussi parties d'animaux. Les sources latines font allusion à d'horribles sacrifices humains et cette vision des Celtes barbares et sanguinaires continue de subsister au cours du temps. **Lucain** (39-65) évoque ainsi « ceux qui apaisent par un sang affreux le cruel Teutatès et l'horrible Esus ». Un commentateur de ce poète précise même la nature des sacrifices humains, ceux destinés à Taranis sont immolés par le feu, pour Teutatès, noyés dans une cuve, consacrés à Esus, suspendus à un arbre et écorchés. Les fouilles archéologiques permettent de relativiser considérablement ce point de vue, les sacrifices constitués d'offrandes d'objets, armes, torques étant les plus attestés, même si pour certains sanctuaires et oppida, les fouilles révèlent des squelettes entiers d'animaux ou d'êtres humains.

Le chaudron de Gundestrup, Ier siècle av. J.-C., trouvé en 1880 dans une tourbière du Jutland au Danemark, se rattache par son répertoire figuratif à l'essentiel des thèmes celtiques de la mythologie. Des 15 plaques qui le composaient, seules 13 nous sont parvenues. La pièce pèse plus de 90 kilos pour un diamètre de 68 cm sur 40 cm de haut. Il fait partie d'une série de grands récipients liturgiques retrouvés en Scandinavie, chaudron de Brâ, de Rynkeby, probablement destinés à des libations rituelles en l'honneur de divinités. Celui de Gundestrup, à partir des représentations d'armement, trompettes à embouchures en gueule de dragon, grands boucliers oblongs, casque de La Tène III, a été rattaché au milieu du Ier siècle av. J.-C. Sur les monuments ou objets, les divinités sont souvent accompagnées d'animaux dont les traits distinctifs sont reconnaissables. Leur choix est symbolique, par exemple d'une fonction sociale. Allant de l'infiniment petit, l'abeille qui évoque l'immortalité de l'âme, jusqu'au plus gros, le taureau, animal représenté en sacrifice sur le chaudron de Gundestrup, symbole de la reine, le cheval étant réservé au roi.

Les principaux animaux

♦ **Le cerf** a un culte dont l'importance s'évalue au nombre de ses mentions et représentations. Le dieu Cernunnos, le dieu cornu, figure aussi sur le fameux chaudron de Gundestrup entouré d'autres animaux. Il est difficile de dire quel en est le symbolisme exact, mais la littérature irlandaise nous montre que le cerf joue un rôle important. Dans le *Cycle de Finn*, héros de Leinster, son fils s'appelle Oisin (« faon »). Faute de preuves certaines, on reste dans le domaine des conjectures quant au sens à donner au cerf. Parfois néanmoins, il s'affirme comme une divinité solaire, ou le messager entre dieux et hommes.

♦ **Le sanglier** a été suffisamment important chez les Celtes pour servir d'élément aux décorations du mobilier funéraire. Il figure souvent sur des enseignes militaires servant à louer la combativité de l'animal. Nombre de représentations les montrent avec les brosses dorsales hérissées. Il évoque aussi les druides, la classe sacerdotale, de par sa sagesse.

♦ **Le cheval** est un symbole très fréquent, surtout sur les monnaies celtes et gauloises. Le culte de la déesse Epona, protectrice des chevaux et cavaliers, nous prouve qu'il était adoré. Les chevaux de mort hantent les légendes celtiques, autant que ceux de guerre, si l'on se remémore le petit cheval de bronze trouvé à Neuvy-en-Sullias qui porte une inscription au dieu Rudiobus, « le rouge », assimilé à Mars dont le cheval est la monture. La valorisation négative du symbole chtonien en a fait une manifestation analogue à notre faucheuse.

♦ **L'ours**, dont le nom celte est *art*, s'oppose souvent au sanglier. Il est peut-être le symbole de la classe guerrière, comme en atteste le patronyme *Arthur*, de *arth*, l'ours, en britton.

Les principaux dieux

Leurs dieux sont mentionnés par **César** dans un court passage de sa *Guerre des Gaules* (VI, 17), mais aussi par Lucain dans la *Pharsale*. Bien intégrés, les Celtes continuent d'adorer leurs dieux jusqu'à l'adoption du christianisme par Rome. Leur religion commence dès lors à décliner, sauf dans certaines régions, comme en Irlande où l'on continue de la maintenir oralement. En effet, dès le Ve siècle, les moines recopient ces légendes. En dehors du pays de Galles, ces récits ne sont pas consignés par écrit. Les sources continentales, épigraphiques et gallo-romaines sont séparées chronologiquement des sources insulaires par une bonne dizaine de siècles. Les secondes ont tenté une insertion d'histoire nationale et de les concilier avec les écrits bibliques, par exemple dans le cycle de la quête arthurienne du Graal. **Cette littérature**, consignée par les clercs du Moyen Âge à partir des traditions orales, s'étend du VIIIe siècle au XVe siècle. La mythologie des Celtes d'Irlande nous est connue par le cycle mythologique de la bataille de *Mag tured* dont le texte principal est le *Cath Maighe Tuireadh*, le cycle historique composé d'annales légendaires, le *Lebor Gabála*, le *Cycle Fenian* (ou *Cycle de Finn*), consacré aux aventures de Finn Mac Cumaill, le *Cycle d'Uster* (ou *Cycle de la branche rouge*) qui décrit l'intervention des dieux et les rois de l'Irlande protohistorique. L'ensemble de ces textes reste le moyen d'approcher la civilisation de l'âge du fer sous le prisme déformant des moines chrétiens. Le culte rendu sous la forme de l'adoration de la nature chez les Celtes est sans doute le plus connu. Grands cours d'eau, lacs, montagnes sont adorés comme des personnes divines. Presque tous les fleuves et les montagnes sont ainsi divinisés, tel Renus, le Rhin. Les menhirs sont remis au goût du jour par la nouvelle religion. Mais il est faux de dire que les dolmens aient pu servir d'autels aux druides. Il est également difficile de discerner le faux du vrai en ce qui concerne les arbres, qui font l'objet pour certains d'entre eux d'une véritable vénération, ainsi que de nombreuses inscriptions l'attestent. Le chêne semble devoir exciter tout particulièrement les imaginations. On a souvent cru que les druides lui sont liés par l'étymologie de leur nom qui proviendrait de *drus*, le chêne en grec, hypothèse aujourd'hui abandonnée au profit de *dru-wid-es*, « très savants ». Les lieux de culte sont soit des sanctuaires en forme d'enclos quadrangulaire, délimités par un fossé et une palissade, soit à l'image des monuments romains, un temple de forme carrée ou circulaire.

◆ **Lug** selon César est le plus grand des dieux gaulois, le plus vénéré. Aussi le compare-t-il à Mercure, dont l'importance en Gaule se vérifie par le toponyme Lugdunum (Lyon), la ville de Lug : « Le dieu qu'ils honorent particulièrement est Mercure : ses statues sont fort nombreuses ; ils lui attribuent l'invention de tous les arts ; ils en font le dieu qui indique au voyageur la route à suivre et qui le protège, celui aussi qui peut le plus leur faire gagner de l'argent et protéger le commerce » (*Commentaires sur la Guerre des Gaules*, VI, 17). Mercure est le dieu du commerce et des marchands. On l'a souvent assimilé au dieu gaulois Toutatis, pris lui-même pour Mars. Lug est le dieu celtique du soleil, représenté souvent comme un beau et jeune guerrier. Son correspondant irlandais est Lug Samidalnach qui est le principal acteur dans le récit du *Cath Maighe Tuireadh*, équivalent de la lutte des dieux grecs contre les Titans. Le texte mythologique relatant ses aventures trouve sa version la plus ancienne dans un manuscrit du XVe siècle.

◆ **Taranis**, le Jupiter gaulois, a pour correspondant irlandais Dagda, le dieu bon. C'est dans la mythologie celtique irlandaise le second dieu après Lug. Les représentations du premier sont l'éclair, le sceptre, l'aigle, et il est souvent figuré par une roue. Le second a pour attribut une massue si grande, si lourde qu'il faut la déplacer sur des roues. Le chaudron, élément important dans la mythologie celtique, matérialisé par le chaudron de Gundestrup en archéologie, lui permet d'assouvir la faim de chacun grâce à son contenu inépuisable. Il est aussi le dieu tutélaire des musiciens, puisqu'outre la roue et le chaudron il possède une harpe magique. Mentionnons aussi au sujet du Jupiter celtique qu'un de ses aspects originaux est celui de Cernunnos, le dieu à ramure de cerf, portant le torque au cou accompagné d'animaux qu'il semble dominer.

♦ **Ogmios** gaulois est assimilé par Jules César à Mars, le conducteur des âmes. Lucien de Samosate (120-180) le rapproche d'Héraklès, mais un Héraklès bien différent de celui des Grecs : « c'est un vieillard très avancé, dont le devant de la tête est chauve ; les cheveux qui lui restent sont tout à fait blancs ; la peau est rugueuse, brûlée jusqu'à être tannée comme celle des vieux marins, on pourrait le prendre pour un Charon ou Japhet des demeures souterraines du Tartare pour tout enfin plutôt qu'Hercule »[1]. Il porte pourtant peau de lion, masse, arc carquois. Des chaînes d'or fixées à ses oreilles retiennent une multitude d'hommes. Il est rapproché d'Ogma, dieu irlandais de l'éloquence et inventeur de l'*ogham*, premier système d'écriture utilisé en Irlande. L'écriture oghamique est composée de vingt lettres, elle est en usage dans les îles Britanniques et serait apparue aux alentours du IIIe siècle apr. J.-C., composée à partir de l'alphabet latin. Ses traces ont été recueillies sur des vestiges d'os, de bois, mais aussi sur des pierres levées. Son utilisation est réservée aux druides qui privilégient néanmoins la tradition orale. Les vingt signes qui composent l'alphabet sont formés de un à cinq traits qui peuvent être droits ou obliques, disposés de part et d'autre d'une ligne médiane. Ils se lisent de bas en haut. En fait les Celtes adaptent l'alphabet en usage lors de leur migration : le *celtibère* en Espagne, le *lépontien* ou alphabet de Lugano, dans le nord de l'Italie. En Gaule, ils utilisent l'alphabet grec jusqu'à ce que les Romains, lors de leur conquête, imposent le leur. Ogma est l'un des fils de Dagda décrit comme « le seigneur du savoir ». Il est chargé aussi de convoyer les âmes vers un autre monde.

♦ **Belenos**, à l'origine, ne faisait pas partie du panthéon celte, il lui est transmis par l'intermédiaire des Étrusques. Sous le règne de l'empereur Auguste, il devient un véritable dieu du soleil. Les inscriptions le rattachent à Apollon, dieu qui lui est comparable. Son nom signifie « lumineux, resplendissant ». Ses fonctions concernent la médecine et

---

1. Ch.-J. Guyonvarc'h, *Magie, médecine et divination chez les Celtes*, Paris, Payot, 1997, p. 149.

les arts. Il est honoré lors de la fête de Beltaine ou « feu de Bel ». Celle-ci marque, le 1er mai, la fin des mois de grisaille auxquels succèdent ceux pleins de lumière. Belenos, compte tenu des inscriptions retrouvées en un grand nombre de lieux divers, reçoit un culte dans l'ensemble du monde celtique. En Irlande, ses fonctions sont remplies par Dianceht qui rend la vie aux *Tuatha De Danann*, morts au combat, en les plongeant dans la Fontaine de Santé, récit relaté par le *Cath Maighe Tuireadh*.

◆ **Brigit, ou Brigantia**, est mentionnée par César dans les *Commentaires sur la Guerre des Gaules* comme la déesse de l'artisanat et des métiers. Minerve lui est souvent comparée, car elles présentent des attributs communs, toutes deux protègent poètes et médecins, président au travail de la forge. Dans l'Irlande celtique, elle est la fille de Dagda, déesse de la fertilité, elle assiste les femmes en couches. Sa fête, l'*Imbolc*, est célébrée le 1er février, moment où les brebis allaitent. Elle n'apparaît guère dans les textes mythologiques, car elle est assimilée à sainte Brigitte patronne de l'Irlande.

Les druides

Une fois encore nos connaissances, en matière de druides, proviennent des écrits de César. Il acquiert la certitude qu'ils jouent un rôle fondamental dans la vie politique et sociale. Ils assurent déjà celui d'éducateurs et enseignent l'immortalité de l'âme. Les études consistent alors à apprendre par cœur des milliers de vers, une tradition ainsi transmise vit pour chaque génération. L'organisation druidique est puissante et logique. Tous les druides dépendent d'un chef suprême et doivent se soumettre à son jugement. Son rôle est politique, juridique mais aussi religieux. Les druides sont chargés d'organiser les grands sacrifices et chaque année se réunissent dans le pays des *Carnutes*, dans la région de *Carnatum*, Chartres, qui passe pour avoir été le centre spirituel de la Gaule. Selon Strabon (v. 63 av. J.-C.-v. 25 apr. J.-C.), ils se divisent en trois catégories : les druides, les bardes (poètes), les vates chargés de la divination proprement dite.

CHAPITRE V
La Préhistoire chez quelques-uns de nos voisins

1. La Chine

Les preuves de l'existence d'un homme très ancien se sont limitées pendant longtemps à quelques pays et continents. Les découvertes, parfois fortuites, la volonté de mieux connaître son histoire, ses origines ont permis de démontrer sa présence aujourd'hui un peu partout dans le monde. Ainsi **la Chine** fut longtemps limitée au célèbre *Sinanthropus*, « **l'homme de Pékin** », découvert en 1929 à Zhoukoudian, et à ses mythes qui situent l'origine de l'homme avec P'an-kou, l'homme primordial. **Depuis 1998**, l'Académie des sciences chinoise a lancé un programme de recherches pour les périodes les plus anciennes de la Préhistoire et a pu ainsi reposer la question des plus anciens hominidés. Le ramapithèque de Shihuba, près de Kunming dans le Yunnan, avec ses huit millions d'années, reste l'un des premiers maillons de cette chaîne. L'homme de Yuanmou et celui de Lantian, dans le Shaanxi, semblent plus anciens que l'homme de Pékin. Le premier aurait 1,7 million d'années, le second serait vieux de six cent mille ans. **Les cultures néolithiques**, celles de Yangshao dans la région du Huang He, en Chine du Nord, et de Cishan, découverte en 1976, ont fourni respectivement les datations de − 5150 à − 2690 pour la première, − 6000 pour la seconde, faisant de leurs céramiques parmi les plus anciennes au monde. La culture d'Erlitou, dans le Henan, qui se situe entre la fin du Néolithique et **les débuts de l'âge du bronze**, vers 2100-1600 avant J.-C., révèle l'existence de bâtiments, de constructions importantes avec des caractéristiques qui perdurent dans les siècles suivants : forme rectangulaire, orientation selon les points cardinaux, quadrillage orthogonal des voies. En 1988, Erlitou est déclaré patrimoine culturel de première importance.

2. Le Japon et la Corée

Le Japon est rentré dans la Préhistoire lorsqu'en 1949 on découvre à Iwajuku, département de Gumma, un outillage lithique dans une couche de lœss, datée d'entre – 50 000 et – 40 000 ans, ce qui démontre bien l'existence d'un Paléolithique. En effet, il y a un million d'années, les îles actuelles de Sakhaline (russe aujourd'hui), Hokkaidō, Honshū et Kyūshū forment un arc continental et sont rattachées les unes aux autres. Les Ryūkyū au sud, les Kouriles au nord sont reliées au continent d'un seul tenant, tandis que mer de Chine orientale, mer du Japon et mer d'Okhotsk forment des lacs intérieurs. La configuration actuelle de l'archipel est un phénomène très récent, daté d'environ – 20 000 ans[1]. Plus de trois mille sites ont été fouillés mais seulement une trentaine apportent la preuve d'un peuplement **au-delà de 30 000 ans avant notre ère. Le Néolithique japonais** est original à plus d'un titre. On n'assiste pas à une révolution agricole qui irait de pair avec la sédentarisation, phénomène semblable à ce qui se produit un peu partout dans le monde. Chasse, cueillette, pêche semblent avoir été suffisantes pour nourrir ces populations. Cette économie semi-sédentaire connaît, **dès – 8000, la céramique.** Jōmon est la traduction littérale des mots anglais de *cord mark* : on note pour la première fois dans un rapport, en 1877, la particularité d'une céramique imprimée au moyen de cordelettes torsadées, la période Jōmon s'étend du IXe millénaire au IIIe siècle avant J.-C.

En Corée, la vision traditionnelle du Néolithique, contrairement au Paléolithique très ancien, est revue au regard de découvertes récentes. La présence des premiers hommes y est certes attestée depuis un demi-million d'années environ, sur le site de Tokch'on et à proximité de

---

1. Jean-Paul Demoule et Pierre-François Souyri (dir.), *Archéologie et patrimoine au Japon*, Paris, Maison des sciences de l'homme, 2008.

Pyongyang, mais les industries du Paléolithique ancien et moyen y sont mal définies. Vers – 30 000 ans, les indications se font moins rares, plus précises : on détecte une utilisation abondante de l'obsidienne, de grattoirs, burins, et la présence d'habitats en grotte ou de plein air. Paradoxalement la période de 10 000 à 6 000 ans avant J.-C. est la moins connue, bien que l'existence de sites montre que les hommes n'avaient pas complètement quitté la péninsule. **La plus ancienne poterie** est apparue entre les **IXe et VIIIe millénaires**, sur le site de Gosan-ri, sur l'île de Jeju. Mais, là encore, il s'agit d'un outillage proche de celui du Mésolithique et on ne trouve aucune preuve de domestication animale ou végétale. La question de l'origine de ces populations, autrefois considérées comme venues de Chine, est remise en cause. Pendant longtemps, pour toute réponse à cette question, il fallait se tourner vers le mythe. En 2333 avant notre ère, Hwanung, le fils du dieu du ciel, descendit sur les monts Taebaek (aujourd'hui Baekdu). Il fit la rencontre d'une ourse et d'une tigresse qui lui demandèrent de leur donner une forme humaine. À l'issue d'une épreuve de cent jours, la tigresse ayant rompu le jeûn imposé, l'ourse transformée en femme donna naissance, après avoir épousé Hwanung, au premier Coréen, Tangun. Paradoxalement, la présence de l'ourse, dans ce mythe, rappelle les origines sibériennes de ces premières populations et confirme les résultats archéologiques de poteries similaires à celles de Sibérie, retrouvées dans les tombes.

3. L'Inde

L'Inde a été peuplée dès les premiers temps. Les vestiges paléolithiques dans tout le sous-continent indien sont là pour l'attester, mais le manque de données contextuelles rend souvent difficiles la compréhension et la reconstitution des faits préhistoriques. **Le Paléolithique ancien** est reconnu dans le nord-ouest du pays dans la vallée de Soan (Pakistan actuel). Les découvertes faites en 2001 dans le golfe de Khambhat, au large des côtes de la province du Gujarat, au nord-ouest de l'Inde, ont révélé deux vastes cités englouties, submergées il y a entre huit mille et sept mille ans au moment de l'élévation des niveaux marins, à la fin de l'ère glaciaire. Deux mille objets ont été remontés et datés aux alentours du VIIIe et du VIIe millénaire avant notre ère. On y a retrouvé les restes d'une digue de plus de 600 m de long, traversant le cours de l'un des fleuves existant alors. La ville submergée est au moins cent cinquante fois plus vaste que les grandes colonies proche-orientales, tel le village de **Çatal Hüyük** pour la même date. Ces villes appartiendraient à la civilisation d'Harappa, connue pour s'être développée entre **3000 et 5000 ans avant J.-C.** Mais plus extraordinaire encore est la découverte de traces d'écriture gravée en mode circulaire et inconnue. **Vers la seconde moitié du IIIe millénaire**, une civilisation urbaine comparable à celle de la Mésopotamie[1] et de l'Égypte se développe. L'urbanisme y est remarquablement coordonné, une écriture non déchiffrée présente quelque quatre cents pictogrammes sur des sceaux[2], des amulettes.

4. Le continent américain

Pour expliquer le peuplement du **continent américain**, on se fie davantage aux données climatologiques qu'à celles fournies par l'anthropologie, moins présentes. Le débat est encore en cours pour savoir par quels chemins, par quels moyens, les premiers hommes parvinrent sur le continent. Les études apportées par la génétique devraient permettre de se faire une idée plus exacte de ces premières colonisations et des premiers colonisateurs. Plusieurs scénarios sont aujourd'hui avancés sur ce peuplement. L'hypothèse classique concerne une possible **immigration venue d'Asie,** *via* le détroit de Béring entre – 13 000 et – 11 000 ans. Toutefois, les restes de l'homme de Kennewick, retrouvés près du fleuve Columbia, montrent des caractéristiques caucasoïdes, soit européennes. Pendant longtemps le site de Clovis aux États-Unis sert de modèle, car des outils, datant de – 13 500 à – 11 000 ans, y sont mis au jour en 1932, lors de campagnes de fouilles. Mais la découverte du site de Lewisville au Texas avec des

---

1. Aujourd'hui plus de mille sites ont été découverts dont cent quarante se trouvent sur les rives du cours d'eau saisonnier Ghaggar-Hakra, qui arrosait alors la principale zone de production de la civilisation de l'Indus.
2. Les premiers sceaux d'Harappa apparaissent dans une publication faite en 1875, sous la forme de dessins, par **Alexander Cunningham** (1814-1893).

foyers associés à des charbons de bois et des os brûlés d'espèces disparues, daté de – 38 000 ans jusqu'à – 12 000 ans, remet en cause cette primauté. Les sites dits « préclovis » abondent aussi en Amérique du Sud : celui de Pikimachay dans les Andes péruviennes (– 22 000 ans), la caverne de Pendejo (– 55 000 à – 33 000 ans) et la grotte de Sandia (30 000-25 000 av. J.-C.) au Nouveau-Mexique. L'Amérique du Sud, dont le peuplement semblait plus tardif, apporte des preuves de cultures très anciennes. Les premiers résultats d'analyse ADN montrent que les marqueurs génétiques des Indiens actuels sont comparables, non à ceux des habitants de Sibérie arctique, mais d'Europe et d'Asie centrale. Il semblerait donc qu'il faille situer le berceau des peuples indiens d'Amérique vers les régions du lac Baïkal. Plutôt que de parler d'une seule migration, il faut en envisager plusieurs, peut-être même par voie maritime.

DEUXIÈME PARTIE
L'ANTIQUITÉ

A. Les premières grandes civilisations antiques du Proche et du Moyen-Orient

L'histoire commence sur le pays d'entre les deux fleuves, la **Mésopotamie**, marquée par ses premiers textes écrits, premières grandes bibliothèques, premières villes, ses ziggourats étagées qui ne sont pas sans rappeler la tour de Babel, terrifiant défi à Dieu. Les églises romanes retrouvent parfois dans leurs chapiteaux de vieux thèmes animaliers mésopotamiens, transmis par les croisades. La Bible donne la vision maudite de Babylone, de Ninive, laquelle est reprise dans l'histoire de la peinture. Sémiramis, reine légendaire de Babylone, inspire Voltaire, Mozart ou Rossini. La Mésopotamie, c'est l'histoire des Sumériens, des Akkadiens, des Chaldéens, des Kassites, celle d'une terre où ne cessent de se rencontrer des peuples jusqu'au milieu du Ier millénaire avant J.-C. L'Assyrie ensuite domine, puis la Perse jusqu'à Alexandre.

L'**Égypte** fascine par la longévité et l'unicité de sa culture, les Grecs et les Romains la découvrent alors qu'elle a déjà plus de deux mille ans, par son art, la diversité de son écriture et l'imposante majesté de ses monuments.

Le monde hébraïque se mêle à celui de l'Égypte, de l'Assyrie, de la Babylonie, de la Perse, de la Grèce hellénistique et de Rome, avant, par le prolongement du christianisme, de façonner l'Occident médiéval. Comment une petite tribu, partie d'un coin du désert, sans patrie, a-t-elle pu survivre pendant trois mille ans aux lois du monde, tout en finissant par lui donner ses propres lois? Sa force a été de trouver pendant des millénaires un équilibre entre une ouverture sur le monde extérieur et le respect de la Loi.

L'histoire arrachée des sables

Il faut attendre le début du XIXe siècle pour que le Proche et le Moyen-Orient commencent à s'ouvrir à l'Europe. Les recherches de **Heinrich Schliemann** (1822-1890), à Hissarlik (Troie) puis dans le Péloponnèse, des vestiges du monde égéen, ont pour conséquence la découverte progressive en Égypte, en Palestine et dans le Proche-Orient de l'ancienneté historique de leurs civilisations. Le préhistorien **Robert John Braidwood** (1907-2003) met au jour le site de Qalaat Jarmo, au nord de l'Irak, daté de la fin du Néolithique, et donne naissance à une nouvelle spécialité : l'archéologie protohistorique. La philologie permet de soulever le premier voile des mystères de ces civilisations par l'établissement d'un premier alphabet cunéiforme en 1802. L'étape suivante est la découverte des grands sites : Khorsabad par **Paul-Émile Botta** (1802-1870) avec le palais de **Sargon II** (721-705 av. J.-C.), **Austen Henry Layard** (1817-1894) et la bibliothèque d'Assurbanipal (669-627 av. J.-C.) avec ses milliers de tablettes d'argile. Les premières fouilles de Mésopotamie livrent les sites de Suse, d'Uruk et d'Ur. Nippur et Suse révèlent l'existence des Sumériens grâce à la richesse de leur mobilier funéraire. **Jacques de Morgan** (1857-1924) restitue une œuvre formidable de l'histoire mésopotamienne : le *Code de Hammourabi*, premier code complet de lois babylonniennes, vers 1750 av. J.-C. Le premier quart du XXe siècle voit se développer de nouvelles fouilles et surtout l'apport essentiel à l'archéologie de tablettes cunéiformes retrouvées à Tell el-Amarna, correspondance diplomatique des pharaons Aménophis III et Aménophis IV, rédigée en akkadien. Le nom d'**André Parrot** (1901-1980) reste associé aux fouilles de Mari, et avec celui de **Samuel Noah Kramer**

(1897-1990) l'habitude est prise de dire que *L'Histoire commence à Sumer*[1], titre de son ouvrage daté de 1956, en raison de l'apparition du système comptable et des débuts de l'écriture au milieu du IVe millénaire.

---

1. Samuel Noah Kramer, *L'Histoire commence à Sumer*, Paris ; Flammarion, « Champs histoire », 2009.

CHAPITRE PREMIER
La Mésopotamie

1. Préludes aux premières civilisations

Entre les premiers villages, Mallaha, 12 000 et 10 000 avant J.-C., la première ville fortifiée, Jéricho, ceinte d'un rempart de pierres de 5 m de haut, les débuts de l'usage du cuivre, dès – 8000 ans, et **la civilisation d'El-Obeid** (5000-3750 av. J.-C.), des millénaires s'écoulent pour que l'architecture se développe sur de hautes terrasses. Eridu est le site le plus important, le plus ancien de peuplement, résidence terrestre du dieu Enki, seigneur des eaux et des techniques. Situé en Mésopotamie méridionale, près du golfe Persique, il prend plus tard le nom de Sumer. Une architecture gigantesque apparaît aussi à Uruk, civilisation qui donne pleinement naissance à celle de Sumer. Les murs à redans font leur apparition. Les morts sont placés dans des coffres. Pour la première fois, l'homme occupe la Mésopotamie du Sud. **La civilisation d'Uruk** (v. 3700-v. 3000 av. J.-C.) doit son nom au site éponyme, aujourd'hui Warka, au sud de l'Irak. C'est un centre politique et religieux dont le prestige est renforcé par le mythe de Gilgamesh, son roi. À proximité, d'autres cités de basse Mésopotamie deviennent également des centres urbains majeurs : Eridu, Ur, Djemdet-Nasr. Ce dernier site donne son nom à l'époque charnière qui termine celle d'Uruk, connue sous le nom de **civilisation de Djemdet Nasr** (v. 3100-v. 2900 av. J.-C.) – nom du site proche de Babylone –, qui est souvent considérée comme la première étape d'une civilisation mésopotamienne véritablement brillante. En se développant, le plan simple du temple donne naissance au temple à terrasses, la ziggourat. Malheureusement, aucune ziggourat n'a été retrouvée dans son intégralité. Une trentaine de sites à ce jour ont été recensés. Le principal matériau de construction est la brique. Le premier à avoir élevé ce type de monument est **Ur-Nammu** (2112-2094 av. J.-C.) à la IIIe dynastie d'Ur (2112-2006 av. J.-C.). En Mésopotamie, il existe d'autres bâtiments construits en hauteur, il s'agit de « temples terrasses » qui ressemblent aux ziggourats. Tout comme elles, ce sont des constructions cultuelles érigées sur des terrasses. La plus ancienne remonterait à la civilisation d'El-Obeid (V^e-IVe millénaire av. J.-C.), la plus récente à l'époque kassite (1595-1155 av. J.-C.). Les deux types de construction ont cohabité pendant des centaines d'années.

ON COMPTE, ON ÉCRIT, ON ROULE

L'invention de l'écriture à Sumer fait entrer de plein pied les hommes dans l'histoire. Les plus anciennes formes d'écriture se composent d'idéogrammes : l'écriture représente de manière figurative exclusivement objets ou êtres vivants. Les premiers scribes gravent ces représentations dans l'argile molle à l'aide de poinçons. Lorsque le premier trait du dessin est ébauché, le poinçon forme dans l'argile meuble un petit coin d'où le nom futur d'« écriture cunéiforme », écriture en forme de coins. Les premiers documents écrits naissent aux alentours de **3400-3300 avant J.-C.** Il s'agit de documents administratifs, souvent comptables, établissant des listes. Les progrès de l'écriture aidant, les annales royales et d'autres types de texte se développent, les tablettes augmentent de taille et adoptent une forme rectangulaire. Le texte achevé, la tablette est cuite, ce qui permet sa conservation et explique le grand nombre d'archives trouvées sur les sites d'Uruk, Suse, Kish, Ur, soit plus de cinq mille cinq cents tablettes. **La période d'Uruk**, outre l'écriture, développe **un système numérique**, qui lui est peut-être même antécédent. Les traces en sont attestées sous la forme de *calculi* (*calculus* au singulier, « caillou » en latin). Ce sont des billes, sphères, bâtonnets, cônes perforés, dont la taille détermine la valeur. Les Sumériens utilisent la numérotation de base 60, ou sexagésimale. Dans ce système, le petit cône vaut 1, la bille 10, le grand cône 60, le grand cône perforé 3 600 et la sphère perforée 36 000. Les sceaux-cylindres naissent avec l'écriture. Ce sont de **petits cylindres**, parfois montés en bague, gravés de représentations, de divinités et de signes cunéiformes. On les roule sur l'argile fraîche pour signer un document, marquer une amphore en indiquant son contenu, l'exactitude des comptes d'un temple, etc. Ils jouent donc le rôle d'une marque authentifiant des transactions économiques, des documents officiels, des actes privés de donation, de partage, de succession. Ils apparaissent à Uruk, vers – 3200, et se répandent rapidement. Les motifs gravés sont variés, du moins au début (scènes religieuses, vie quotidienne), puis le style évolue vers une forme plus épurée, une frise géométrique qui peut être reproduite à l'infini.

RELIGION : LES FONDEMENTS DU SYSTÈME SUMÉRIEN

Toute la vie de la cité est organisée autour du temple qui devient plus complexe. Le bâtiment des origines forme désormais un véritable quartier : le temple proprement dit, puis les entrepôts, les bâtiments à usage administratif, les logements destinés aux prêtres. Il en est ainsi à Uruk du temple consacré à Inanna, déesse de l'amour, plus tard nommée Ishtar par les Assyriens et les Babyloniens. Son temple, l'Eanna ou « Maison du ciel », se compose d'une cour centrale rectangulaire, entourée de bâtiments de briques, aux murs ornés d'un décor fait de clous d'argile cuite, en couleur, qui forment une mosaïque. Le bâtiment, de grande dimension, fait 80 m de long sur 40 m de large. Les murs extérieurs forment un redan, car ils sont régulièrement dépassés par des tours en saillie. Inanna est à l'origine de deux mythes sumériens fondamentaux, celui des mort et renaissance de son époux Dumuzi et celui de sa descente aux Enfers.

LA NAISSANCE DE LA ROYAUTÉ

Pour les historiens, la naissance de la royauté définit l'époque des dynasties archaïques (v. 2900-v. 2600 av. J.-C.) et présargoniques (v. 2900-v. 2375 av. J.-C.). Le processus d'urbanisation se développe et les villes surgissent aussi bien dans le pays de Sumer, que dans les

> **Ça vous rappelle quelque chose, l'éternel retour ?**
>
> Inanna prend pour époux le dieu berger Dumuzi, son nom sumérien, devenu Tammuz pour les Babyloniens. Selon une version du mythe, Dumuzi, encore mortel, ne survit pas à son union avec une déesse. Il meurt, séjourne aux Enfers une partie de l'année, puis renaît au printemps, remplacé dans le monde souterrain par sa sœur Geshtinanna. Dans une autre version, c'est Inanna elle-même qui descend aux Enfers pour y défier sa sœur aînée, Ereshkigal, et la supplanter sur le trône. **Les premières versions sumériennes** du mythe de la descente d'Inanna-Ishtar aux Enfers datent d'environ 2300 avant J.-C., un texte plus complet est dû à une version akkadienne au Ier millénaire avant J.-C. C'est le récit du séjour de la déesse. Elle se risque aux Enfers afin d'y trouver comment accroître son pouvoir selon une version, ou y reprendre son époux selon une autre. Mais elle doit séduire le portier des Enfers et à chacune des sept portes franchies abandonne un vêtement. Depuis son départ, les couples ne se fréquentent plus, aucun enfant ne naît. En l'absence de l'amour plus rien ne pousse non plus sur terre. Le roi des dieux, Ea, décide de réagir : Ishtar peut quitter « le pays sans retour », franchir les portes en sens inverse et reprendre chaque fois un vêtement, mais doit laisser à son sort Dumuzi. Le mythe s'inscrit dans la pratique de la royauté sacrée, tous les souverains sumériens s'identifient à Dumuzi. Chaque année, au cours des fêtes du nouvel an, le roi s'unit symboliquement à une prêtresse d'Inanna. Leur hiérogamie, ou mariage sacré, assure pour l'année à venir la fertilité des terres et la fécondité des femmes. La cérémonie se déroule dans une ambiance festive, entourée de la liesse populaire, dans l'Eanna, le temple d'Inanna à Uruk.

vallées du Tigre et de l'Euphrate, ainsi qu'en Syrie avec Ebla. Deux peuples se trouvent alors en basse Mésopotamie : **les Sumériens** aux alentours du golfe Persique, au Sud, et **les Akkadiens**, peuples sémites, au Nord. À l'origine, leurs civilisations se ressemblent : elles développent l'irrigation et l'écriture qui devient, de linéaire, cunéiforme. Réparties en cités-États, elles sont sans doute entrées assez vite en lutte les unes contre les autres. À leur tête se trouvent un roi et une divinité protectrice de la cité. La prépondérance appartient d'abord aux Sumériens. Certaines de leurs cités, Uruk, puis Ur, exercent une véritable hégémonie. Mais l'ensemble est marqué par l'importance des divisions politiques. Chaque cité-État domine un pays plus ou moins vaste ainsi que des cités-satellites. Vers le IIIe millénaire avant notre ère, sur l'Euphrate, dans un territoire grand comme la Suisse, le long des trois chenaux de l'Euphrate et du Tigre, existent environ une quinzaine d'États exploitant chacun une partie du réseau. Il s'agit en fait de micro-

États avec plusieurs centres urbains. Ainsi un État comme celui de Lagash au milieu du IIe millénaire s'étend sur 65 km le long de plusieurs chenaux du Tigre. Il exploite environ 2 000 km² de terres irriguées, présente vingt-cinq bourgs, quarante villages et pas moins de trois villes importantes : une capitale religieuse, Girsu, une capitale politique, Lagash, et un port situé sur le Tigre. À la tête de chaque cité-État, on trouve un roi, nommé *En*, « seigneur », à Uruk ; un roi prêtre *Ensi*, « vicaire », à Lagash, où il serait davantage le représentant du dieu, qui seul règne véritablement sur la cité ; un *Lugal*, « grand homme », à Kish, ce qui pourrait indiquer une fonction royale déjà plus politique. Les documents d'époque, notamment la *Liste royale sumérienne*, qui retrace l'histoire de la Mésopotamie depuis les origines, abondent en fins brutales de dynasties à la suite d'une défaite militaire. Il semble bien que, jusqu'à la domination imposée par **Sargon d'Akkad** (v. 2334-v. 2279 av. J.-C.), toutes les cités sumériennes sont en conflit latent entre elles. Les connaissances à ce propos sont dues aux archives de la bibliothèque d'Ebla, site archéologique du sud d'Alep, en actuelle Syrie. Riche de plus de dix-sept mille tablettes, cette documentation permet de mieux connaître les relations diplomatiques entre États sumériens.

PALAIS, BIBLIOTHÈQUES ET TOMBES DES DYNASTIES ARCHAÏQUES (V. 2900-V. 2600 AV. J.-C.)

Outre le palais royal de Kish, celui de Mari, connu sous le nom de palais de Zimri-Lim, s'impose par ses dimensions. D'une superficie supérieure à 2,5 ha, long de 200 m, large de 120, il compte presque trois cents pièces. Certaines sont parfaitement identifiées, comme la salle du trône, longue de 25 m, large de 11,5 m et haute de 12 m, ou encore les écuries, la Maison du roi, la Maison des femmes, les réserves. **Les archives de Mari** ont en outre fourni **près de vingt mille tablettes en akkadien**, renseignant autant sur les événements politiques que sur la vie quotidienne au palais. De nombreuses statues ont été découvertes à Mari, dont celle d'Iddin-El, prince gouverneur de Mari, conservée au musée du Louvre, ou celle de la *Grande Chanteuse Ur-Nanshé* ou *Ur-Nina*, présentée au musée de Damas. Pour les temples, le modèle le plus remarquable est celui du « temple ovale », nommé ainsi car une enceinte de cette forme délimite son périmètre dans la ville. Le temple lui-même, construit au centre, repose sur une terrasse. **Les tombes royales d'Ur** sont découvertes par **Charles Leonard Woolley** (1880-1960) en 1927, sur le site de l'antique cité-État, qu'il fouille entre 1919 et 1934. Plus de mille huit cents tombes sont mises au jour, plus ou moins riches selon le rang du défunt. D'extraordinaires tombes royales, seize au total, sont fouillées, les plus remarquables étant celles des rois Meskalamdug et Akalamdug, et de la reine Pû-abi. Énumérer l'ensemble de ce qui a été retrouvé à l'intérieur de ces fosses mortuaires permet de prendre conscience de la richesse et de la variété de leur contenu : lits, instruments de musique, armes, coffres, vaisselle, bijoux et parures somptueuses. Les corps des grands personnages sont entourés de chars avec ânes, bœufs. On a également découvert, dans ces tombes royales, un panneau de bois représentant la Guerre et la Paix sur chacune des faces. Il s'agit d'un diptyque composé de panneaux séparés, l'un nommé « Guerre » et l'autre « Paix ». Le décor est fait de coquillages, nacres, découpes de calcaire rouge et lapis-lazuli. Un roi et des soldats conduisant des chariots figurent, sur le panneau « Guerre », une scène d'armée en campagne. Faute de mieux, on lui a donné le nom d'*Étendard d'Ur*, ce qui suppose sa fonction militaire.

L'art du relief des dynasties archaïques

Les sculptures en ronde-bosse de la période sont remarquables par un type particulier, l'orant, vêtu du pagne à longues mèches, imitant les poils de chèvre, le *kaunakès*, assis ou debout. La statue est proche d'une statue-cube, le corps stylisé à l'extrême se limite au torse, bras repliés sur la poitrine, et à un visage stéréotypé, mais où éclatent les immenses yeux incrustés, écarquillés au maximum pour rendre l'état d'extase de celui qui s'abîme dans la contemplation du divin, à l'image de la statue en albâtre de l'intendant Ebih-Il, de Mari, conservée au musée du Louvre. Le bas-relief s'illustre sur les nombreuses tablettes votives, percées en leur centre d'un trou pour y passer les bâtons de sacrifices. Le chef-d'œuvre de l'époque demeure la *Stèle des vautours*, un document daté d'environ 2450 avant J.-C., découvert sur le site de Tello, l'antique Girsu, près du Tigre. Sur une face, Eannatum, roi de

Lagash, conduit ses troupes en rangs serrés, foulant aux pieds les vaincus de la cité rivale, Umma. Au registre inférieur, le même prince précède ses soldats mais sur un char. Cette face politique, qui exalte la puissance royale, se double d'une face théologique, au revers, où Ningirsu, dieu principal de Lagash, prend possession des ennemis, les saisit dans son filet, en présence du roi vainqueur Eannatum.

Noms de dieux

La mise en place du panthéon sumérien, même si elle se précise au cours des périodes ultérieures, s'effectue pendant la période des dynasties archaïques. Lagash, par sa puissance militaire, répand son dieu national, Ningirsu, tout comme rayonnent Enki-Ea à Eridu, Utu-Shamash à Sippar et Larsa, Nanna à Ur, Enlil à Nippur, Inanna à Uruk. Les dieux vivent, aiment, se battent comme les hommes mais ils restent immortels. Chacun contribue au fonctionnement du monde : Shamash, dieu du Soleil, Nanna-Sin, le croissant de Lune, Enlil, le seigneur du souffle. Parmi les dieux, on distingue ceux qui correspondent aux différentes parties du monde : ciel, terre, enfer ; les divinités astrales : Soleil, Lune, étoiles ; les forces du monde : foudre, tempête et les dieux de la fécondité. Les quatre dieux créateurs sont An, Enki, Enlil, Ninhursag, déesse de la Terre.

An : *An*, en sumérien, *Anu* en akkadien, est considéré comme le dieu-ciel. Il occupe le sommet du panthéon babylonien. Près de quatre-vingts divinités composent sa famille. Le nombre symbolique qui le représente est le 60, considéré comme parfait dans le système sexagésimal.

Enki : dieu des sources et des fleuves, il est mentionné dans les textes sumériens les plus anciens. Son temple principal se trouve à Eridu et porte le nom de « temple de l'Abysse ».

Enlil : seigneur de l'air ou seigneur du souffle, il est le second dans la hiérarchie divine, mais ses attributs dépassent largement ceux d'un maître des vents et des airs. Il est mentionné dès l'époque de Djemdet Nasr. Son nombre est 50, et son symbole une tiare à cornes. Il règne avec sa parèdre (épouse divine) Nin-lin (la Dame-souffle) sur tout Sumer.

Ninhursag : déesse Mère, elle représente la fertilité, son symbole est l'oméga. D'autres divinités s'imposent peu à peu.

Ishtar : déesse de l'amour physique et de la guerre, elle est l'une des grandes figures du panthéon assyro-babylonien. Il se peut qu'elle soit le contretype de la déesse sémitique Inanna des Sumériens. Reine des cieux dans les textes sumériens, fille du dieu-Lune Nanna, elle a pour symbole l'étoile inscrite dans un cercle et le nombre 15. Son sanctuaire à Uruk s'appelle l'Eanna.

Marduk : dieu tutélaire de Babylone, il est à l'origine un simple dieu agraire. Il ne devient une divinité nationale que sous **Nabuchodonosor Ier** (v. 1126-v. 1105 avant J.-C.). Il finit par supplanter Enlil comme dieu suprême du panthéon et reprend son nombre 50. Le dragon est son animal emblématique, sa planète est Jupiter.

> **Nergal** : le culte de Nergal est très ancien puisque le roi **Shulgi** (v. 2094-v. 2027 av. J.-C.) l'adore déjà en son temps. Ce dieu mésopotamien des Enfers est aussi appelé « le Maître de la grande ville », c'est-à-dire des lieux souterrains.
> **Shamash** : fils du dieu-Lune Sin et de Ningal sa parèdre, dieu assyro-babylonien du Soleil, il correspond au dieu sumérien Utu. Il est le dieu de la justice invoqué par les oracles, les devins. Il orne le *Code de Hammourabi*, puisque c'est lui qui préside à la justice et au droit.
> **Tiamat** : mer primordiale, bien que parfois androgyne, elle symbolise dans le poème de la création babylonien, l'Enuma Elish, les eaux salées, la masse aqueuse indistincte des origines. Son animal symbolique est le dragon. Perçue comme un monstre, elle finit vaincue par Marduk qui fait de son corps le ciel et la terre.

DU HAUT DU CIEL AUX ENFERS : LES TEXTES MYTHIQUES

◆ **Enuma Elish** : poème babylonien de la création, dont les premiers mots servent de titre : « Lorsqu'en haut… ». La date probable de rédaction est le XIIe siècle avant J.-C. Dans cette version, le dieu principal est Marduk qui défait Tiamat. La première phrase complète de la geste cosmogonique est : « Lorsqu'en haut le ciel n'était pas nommé et qu'ici-bas la terre n'avait pas été appelée d'un nom, l'Apsu primordial, leur géniteur, et Moummou Tiamat, leur génitrice à tous, confondaient en un toutes leurs eaux… »[1].

◆ **Épopée de Gilgamesh** : elle relate les exploits héroïques du cinquième roi de la Ire dynastie d'Uruk, régnant vers 2500 avant J.-C. De tradition orale, elle commence à former un texte complet sous la Ire dynastie de Babylone, vers 2000 avant J.-C. La version la plus achevée, composée de douze tablettes de plus de trois mille quatre cents vers, est celle de la bibliothèque d'Assurbanipal (668-627 av. J.-C.) à Ninive. Gilgamesh règne sur le peuple d'Uruk et le tyrannise. Devant les lamentations des hommes, Anu, dieu principal d'Uruk, lui envoie un rival, un homme sauvage, Enkidu. Gilgamesh pour le civiliser lui offre une courtisane. Il succombe à ses charmes pendant six jours et sept nuits et cesse de ce fait d'être un homme sauvage. Il gagne Uruk, provoque Gilgamesh qui le vainc, épisode qui scelle leur

---

1. Vladimir Grigorieff, *Les Mythologies du monde entier*, Alleur, Marabout, 1987, p. 48.

amitié. Ensemble, ils courent le monde, défient la déesse Ishtar et tuent le taureau du ciel. L'affront fait à Ishtar n'est pas toléré par les dieux et Enlil condamne Enkidu au trépas. C'est après la mort de son ami que Gilgamesh entreprend réellement son épopée et part alors à la conquête de l'immortalité. Il rencontre Um-Napishtim, le Noé mésopotamien qui survit au Déluge, y gagne l'immortalité. Après un premier refus de lui révéler le moyen de la conquérir, il finit par le payer de ses peines :

> *Gilgamesh, je vais te dévoiler*
> *une chose cachée*
> *oui je vais te dévoiler*
> *un secret des dieux :*
> *il existe une plante comme l'épine*
> *elle pousse au fond des eaux*
> *son épine te piquera les mains*
> *comme fait la rose*
> *si tes mains arrachent cette plante*
> *tu trouveras la vie nouvelle*[1].

« Gilgamesh parvient à s'emparer de la plante magique, mais ne peut profiter de son pouvoir. Sur la route du retour vers Uruk, le rusé serpent l'avale. Le récit s'achève sur le constat amer du héros d'une vie de douleurs perdue à tenter de conquérir l'impossible[2]. »

◆ **Descente d'Ishtar aux Enfers** : récit du séjour de la déesse Ishtar (ou Inanna) au royaume de sa sœur, Ereshkigal, de sa mort et de sa renaissance, grâce à l'intervention d'Ea. Les premières versions sumériennes du mythe datent d'environ 2300 avant J.-C., un texte plus complet est dû à une version akkadienne au Ier millénaire avant J.-C.

---

1. Abed Azrié, *L'Épopée de Gilgamesh*, Paris, Berg international, 1991, p. 176.
2. Florence Braunstein, « L'Épopée de Gilgamesh », in *Encyclopædia Universalis*.

ANTIQUITÉ

2. La période d'Agadé (v. 2375-v. 2180 av. J.-C.), un empire puissant

La période d'Agadé (v. 2375-v. 2180 av. J.-C.), également connue sous les dénominations d'empire d'Agadé ou d'empire d'Akkad, est marquée par la constitution d'un puissant empire, capable de dominer le monde mésopotamien, sous l'impulsion de deux souverains hors du commun, Sargon d'Akkad ou d'Agadé (v. 2334-v. 2279 av. J.-C.) et son petit-fils Naram-Sin (v. 2255-v. 2219 av. J.-C.). La gloire de l'empire d'Agadé est maintenue vivante par diverses sources. Les documents écrits, des milliers de tablettes retrouvées sur les sites de Girsu, Umma, Nippur, jusqu'à Suse, renseignent sur le fonctionnement politique et administratif. Les œuvres d'art, stèles commémoratives glorifiant les exploits militaires d'un souverain, complètent la documentation, comme la plus célèbre d'entre elles, la *Stèle de victoire de Naram-Sin*, conservée au musée du Louvre.

Sargon d'Agadé, entre mythe et histoire

L'empire d'Agadé, ou d'Akkad, se constitue par la volonté d'un homme né loin du trône, Sargon d'Agadé (v. 2334-v. 2279 av. J.-C.). L'histoire commence à Kish. Après la mort de la régente Kubaba, son petit-fils, **Ur-Zababa**, lui succède. Il emploie, parmi une myriade de serviteurs, un jeune homme comme échanson, fonction importante, puisqu'elle comprend le soin de veiller aux offrandes en boissons diverses présentées aux dieux. Dans des conditions obscures, cet échanson chasse le roi et le remplace sur le trône. C'est alors, pour affirmer son droit à régner, qu'il prend le nom dynastique de Sharru-Kin, « le roi est stable » ou « le roi est légitime », qui devient Sargon en français. Maître de Kish, Sargon entre en guerre contre le plus puissant prince de Mésopotamie, **Lugal-Zagesi** d'Umma. Il le vainc, s'empare d'Uruk, sa capitale, poursuit son irrésistible ascension en soumettant Ur, puis toute la basse Mésopotamie jusqu'au golfe Persique. Une fois les Sumériens soumis, Sargon étend son empire à Mari, Ebla en Syrie, l'Élam et les régions voisines du Zagros. Le roi s'installe à Agadé (ou Akkad), dont nous ignorons toujours l'emplacement. C'est le petit-fils de Sargon, **Naram-Sin** (règne : v. 2255-v. 2219 av. J.-C.), qui conduit Agadé à son apogée.

La stèle de Naram-Sin

Il reste peu de traces des édifices construits pendant la période de l'empire d'Agadé. En revanche, l'art des sceaux-cylindres inaugure des thèmes nouveaux, épisodes de la geste de Gilgamesh, héros d'autres épopées, comme le roi-pasteur Etana qui tente d'atteindre le ciel pour avoir un fils, ou le combat des dieux et des démons. La sculpture s'illustre avec la *Stèle de victoire de Naram-Sin*, conservée au musée du Louvre. Il s'agit d'une plaque de grès, d'environ 2 m de haut sur 1,50 m de large, découverte à Suse mais provenant de Babylone. Le roi, en taille héroïque, domine les Lullubi du Zagros vaincus, morts et mourants à ses pieds, cependant que, lui faisant face, mais à taille humaine, leur roi, Satuni, lui adresse des gestes de soumission. Ses soldats l'entourent pendant que les vaincus tombent dans les ravins. Cette stèle, trouvée à Suse, où elle avait été transportée après un raid réussi du roi de cette ville contre Sippar, au XIIe siècle avant J.-C., datant des environs de 2250 avant notre ère, reste une œuvre exceptionnelle de l'art akkadien.

3. La période néosumérienne (v. 2200-v. 2000 av. J.-C.)

Le fils de Naram-Sin, **Shar-Kali-Sharri** (v. 2218-v. 2193 av. J.-C.), traverse un règne difficile, il doit affronter les redoutables montagnards Gutis, venus du Zagros, chaîne qui court de l'Irak à l'Iran. À sa mort, l'empire éclate. Peu après les Gutis prennent Agadé. Après l'empire d'Agadé, ils contrôlent la basse Mésopotamie, pendant un siècle environ, avant d'être à leur tour balayés par les rois d'Ur. **La période néosumérienne** (v. 2200-v. 2000) s'ouvre. Elle est marquée par la II[nde] dynastie des princes de Lagash, dont le très célèbre Gudea, et par les souverains de la IIIe dynastie d'Ur.

4. La IIIe dynastie d'Ur (v. 2112-v. 2004 av. J.-C.), Sumer à nouveau

En 2113 avant J.-C., **Ur-Nammu** (v. 2113-v. 2095 av. J.-C.) d'Ur prend le pouvoir et se nomme « le puissant roi de Sumer et d'Akkad », formant la IIIe dynastie d'Ur (v. 2112-v. 2004 av. J.-C.). Il contrôle Sumer, Akkad, une partie de la Mésopotamie du Nord et l'Élam. C'est le retour de la prééminence de Sumer, le sumérien est langue d'État, les anciens souverains deviennent fonctionnaires, pouvant être destitués ou remplacés. L'organisation de l'État progresse par la réalisation du cadastre d'Ur-Nammu et du *Code d'Ur-Nammu*, le plus ancien recueil de lois mésopotamien connu, bien avant celui du roi **Hammourabi** (v. 1792-v. 1750 av. J.-C.) de Babylone. La fin de l'empire d'Agadé permet à la cité-État de Lagash de recouvrer son indépendance, avec l'établissement de la II^{nde} dynastie de Lagash, connue surtout par le règne du prince gouverneur **Gudea**, « l'Appelé », aux environs de 2141 à 2122 avant J.-C. Très vite, Lagash passe sous le contrôle de la IIIe dynastie d'Ur, mais laisse un héritage artistique important.

Un prince pieux : Gudea de Lagash (v. 2141-v. 2122 av. J.-C.)

Gudea exerce le pouvoir à Lagash au moment où disparaît le royaume d'Agadé. Un nombre considérable d'inscriptions nous le font connaître, notamment celles relatant la construction d'un temple, l'Eninnu, dédié au dieu tutélaire de la ville de Girsu, Ningirsu. Son activité religieuse rend sa cité extrêmement prospère, si nous en croyons le nombre important de temples, de sanctuaires qu'il y fait bâtir ainsi qu'à Ur, Nippur, Uruk. La piété de Gudea s'illustre également dans les nombreuses statues à son effigie, la plupart en diorite, pierre dure. La représentation suit des règles identiques. Assis ou debout, bras repliés, il croise les mains, la main gauche tenant la droite par-dessous. Coiffé d'un bonnet royal en fourrure, il est vêtu d'une robe drapée qui laisse libre l'épaule droite. L'une de ses plus saisissantes représentations déroge un peu au modèle commun, c'est celle dite de *Gudea au vase jaillissant*, provenant de Girsu. Si la coiffure et le drapé sont habituels, le prince tient entre ses mains un vase d'où jaillissent des eaux qui se déversent de part et d'autre du corps. Par ses eaux, la terre est fertilisée, reliée à la masse aqueuse primordiale. La statue était faite pour être déposée au temple de la déesse Geshtinanna, épouse de Ningishzida, dieu personnel de Gudea.

SOCIÉTÉ : DES FEMMES PROTÉGÉES PAR LES LOIS

C'est le souverain qui octroie les différents pouvoirs. Son palais, sa résidence symbolisent le centre administratif suprême. Il détient le pouvoir en vertu d'attributs personnels et d'un mandat reçu des dieux. Sa fonction est de constituer un lien entre le divin et l'humain. Le roi mésopotamien est le représentant de la divinité, et son pouvoir s'étend donc à tous les domaines de la vie collective. L'appareil administratif se compose de dignitaires, de notables locaux et d'un immense personnel. Son recrutement se fait dans l'ensemble des couches sociales de la population. Les esclaves ne jouent pas un rôle important dans ce type de système économique, en général captifs de guerre, ils n'apparaissent que rarement dans les listes du personnel. On doit les distinguer des serviteurs dont la vie est liée à celle de leur maître. Les droits de la femme sont protégés juridiquement. Elle dispose de ses biens propres, qu'elle administre librement, occupe de nombreuses professions et parfois même assume d'importantes responsabilités. Dans le mariage, elle est subordonnée à l'autorité de son mari. Après la mort de celui-ci, elle peut gérer et défendre les intérêts de ses héritiers. Le code fixe les détails de succession, mais aussi le cas où la femme serait répudiée injustement.

L'ART DES PREMIÈRES GRANDES ZIGGOURATS

C'est par l'architecture que cette période est marquante. Les premières grandes ziggourats, temples à degrés, sont édifiées à Ur par Ur-Nammu et Shulgi. Elles gagnent ensuite les principaux centres religieux : Nippur, Eridu, Uruk. Le principe consiste à édifier des degrés les uns sur les autres à partir de briques cuites posées sur un mortier d'asphalte. La solidité assurée à l'ensemble explique la survie non seulement des fondations, mais aussi des parties de la superstructure. La ziggourat d'Ur est un temple à trois degrés, trois cubes massifs se superposant, pour une hauteur dépassant les 21 m et une base de 62 m sur 43 m. Elle fut restaurée par Nabonide, dernier souverain de l'Empire néobabylonien aux environs de 560 avant notre ère.

ANTIQUITÉ

5. La période amorrite (v. 2004-1595 av. J.-C.)

À la fin de la période, Babylone reconstitue à son profit un empire, avec le règne énergique du grand souverain **Hammourabi** (v. 1792-v. 1750 av. J.-C.). Il débute son règne probablement en qualité de vassal de l'un de ses puissants voisins, de Larsa ou d'Assur. Usant à la fois de la diplomatie et de la guerre au gré des circonstances, il subjugue Larsa, l'Élam, Mari, Yamutbal à l'est du Tigre, puis l'Assyrie, au moins un temps. Maître de Sumer et d'Agadé, il est un moment à la tête de toute la Mésopotamie. Hammourabi n'est pas seulement un conquérant et un habile diplomate, il entend surtout faire perdurer sa puissance. Pour ce faire, il unifie, harmonise. La religion est dominée par le culte de Marduk, dieu de la dynastie, et celui de Shamash, dieu du Soleil et de la Justice. L'akkadien est promu une fois encore langue nationale. La société est organisée en fonction du statut de chacun. Celle-ci s'effondre vers 1595 avant J.-C. à l'issue d'un raid hittite, composé d'une population guerrière venue d'Anatolie.

LE *CODE DE HAMMOURABI* GRAVÉ SUR BASALTE

Le *Code de Hammourabi* est le plus ancien document de cette nature qui nous soit parvenu. Son prédécesseur, le *Code d'Ur-Nammu*, ne nous est connu que par des fragments. Plus qu'un ensemble de mesures proprement juridiques, le texte, au fil de ses deux cent quatre-vingt-un articles, énumère ce qui est autorisé, légal, ou ne l'est pas. L'ensemble forme un corpus du légal, non une théorie juridique ou une doctrine, sa valeur dépend de son utilité, voulue spontanément pratique. Il est connu par la stèle éponyme, de basalte noir, haute de 2,50 m, conservée au musée du Louvre. À l'origine, placée à Sippar, dans le temple, elle est transportée par les Élamites dans leur capitale, Suse (dans l'actuel Iran), vers 1150 avant J.-C. Le sommet de la stèle est consacré à une représentation en relief du roi Hammourabi, debout devant le dieu de la Justice et du Soleil, Shamash, assis sur son trône, qui lui remet le bâton (sceptre) et l'anneau symboliques du pouvoir.

Les divers articles du Code régissent la stratification sociale, séparant l'homme libre du palais (c'est-à-dire de la cour ou *ekal*), puis l'*awilum*, libre de rang supérieur, de l'homme libre de moindre rang, le *muskenum*, et de l'esclave ou *wardum*. Puis viennent prix et salaires, le fonctionnement de l'appareil judiciaire, les attributions des tribunaux, enfin le catalogue des peines encourues. Ces mesures comprennent la pratique de la loi du talion, véritable fondement du système de châtiment, mais régi par le statut personnel : si un homme libre en assassine un autre il sera tué à son tour, mais s'il tue un esclave, il suffit de le remplacer par un autre auprès de son propriétaire.

L'argent au temps d'Hammourabi

Même si les monnaies sont encore inconnues, l'argent circule beaucoup dans l'Empire babylonien au temps d'Hammourabi. Si l'or est rare, l'argent est utilisé sous forme de plaques découpées, de baguettes, d'anneaux ou de petits lingots. Leur valeur est strictement définie, l'anneau d'argent, le plus courant, pèse environ un tiers de sicle, le sicle pesant environ 6 grammes. Les principales unités sont :
– le *biltu*, ou talent, de 60 mines ou livres ;
– la *mine* de 60 sicles soit environ 500 grammes ;
– le *sicle* d'environ 6 grammes.
Toutefois, les emprunts, dettes, prêts se font aussi en nature, d'autant plus que l'essentiel des mouvements financiers s'effectue entre les grands temples du pays.

LA LITTÉRATURE BABYLONIENNE

C'est aux premiers temps de la dynastie amorrite que sont composées les *Lamentations sur la destruction d'Ur*, poème déplorant la fin tragique de la resplendissante cité, vers 2004 avant J.-C. C'est en des termes poignants que cette dernière est relatée :

Ô, père Nanna, cette ville s'est changée en ruines…
Ses habitants, au lieu de tessons, ont rempli ses flancs ;
Ses murs ont été rompus, le peuple gémit.
Sous ses portes majestueuses où l'on se promenait d'ordinaire, gisaient les
  cadavres ;

Dans ses avenues où avaient lieu les fêtes du pays, gisaient des monceaux de corps.
Ur – ses forts et ses faibles sont morts de faim :
Les pères et les mères restés dans leur demeure ont été vaincus par les flammes ;
Les enfants couchés sur les genoux de leur mère, comme des poissons, les eaux les ont emportés.
Dans la cité, l'épouse était abandonnée, l'enfant était abandonné, les biens étaient dispersés.
Ô, Nanna, Ur a été détruite, ses habitants ont été éparpillés[1] *!*

C'est également durant la Ire dynastie de Babylone que commencent à s'élaborer deux récits fondamentaux de la mythologie mésopotamienne : celui de la création du monde, la geste cosmogonique de l'Enuma Elish (« Lorsqu'en haut »), et le tout premier récit du Déluge, plus tard repris dans l'Ancien Testament, la vie mouvementée d'Um-Napishtim, le « Très Sage ».

6. La période kassite (v. 1595-v. 1080 av. J.-C.)

Les Hittites sont remplacés par de nouveaux conquérants, les Kassites, qui fondent à Babylone une dynastie qui s'impose pendant plusieurs siècles. Cette période, **la période kassite** (v. 1595-v. 1080 av. J.-C.), est extrêmement troublée par les migrations de peuples. Les Hyksos envahissent l'Égypte, les Indo-Européens, l'Asie Mineure, les Élamites pillent Babylone et détrônent la dynastie kassite à leur tour. Grâce à **Nabuchodonosor Ier** (v. 1124-v. 1103 av. J.-C.), la ville retrouve son rôle de centre politique et le dieu Marduk reprend sa place de dieu tutélaire, dans son sanctuaire, l'Esagil. Les relations diplomatiques qui se déroulent au XIVe siècle avant J.-C. sont sans précédent autant par leur intensité que par leur ampleur géographique. Les archives de Tell el-Amarna, rédigées en langue akkadienne, donnent une idée de la correspondance échangée entre les pharaons

---

[1]. Samuel Noah Kramer, « Lamentation over the Destruction of Ur », in *Assyriological Studies*, n° 12, Chicago, 1940, p. 39.

Aménophis III (1391-v. 1353 av. J.-C.), son fils **Aménophis IV** (v. 1353-v. 1335 av. J.-C.) et de nombreux rois et vassaux de Palestine et de Syrie. Les Kassites sont mal connus, en dépit de quatre siècles de domination. Ils dominent Babylone et tout le sud de la Mésopotamie, mais sont vaincus à la fois par les Assyriens du Nord et les Élamites de l'Est. Cette lutte incessante finit par les user, ils passent sous la domination de l'Assyrie, quand monte sur le trône **Adad-Nirāri II** (v. 911-v. 891 av. J.-C.), fondateur du royaume néo-assyrien.

**Architecture monumentale :
la ziggourat de Tchogha-Zanbil**

C'est en pays d'Élam, sur le territoire actuel de l'Iran, qu'il faut rechercher le plus impressionnant témoignage architectural de la période, la ziggourat de Tchogha-Zanbil, édifiée par le roi Untash-Gal (XIIIe siècle av. J.-C.). Le complexe comprend un temple dédié au dieu sumérien Inshushinak, placé au sommet des cinq étages de la ziggourat, chaque étage prenant naissance directement sur le sol, contrairement aux autres édifices de ce type, où les étages prennent assise les uns sur les autres. Les dimensions révèlent l'ampleur du projet : le complexe est délimité par une enceinte de 210 m sur 175 m, la ziggourat originelle culminait à plus de 60 m, pour une surface de 105 m sur 105 m. Contrairement, là encore, aux autres ziggourats, l'accès se fait par un escalier intérieur et non par des degrés extérieurs permettant de gagner les terrasses. Une seconde enceinte, de 470 m sur 380 m, renferme des édifices cultuels secondaires. Une troisième enceinte, enfin, de 1 250 m sur 850 m, devait abriter une ville jamais construite, Dur Untash. Ne s'y trouvent que les vestiges de trois palais et d'un autre temple.

---

7. Babylone, des alentours de 1000 à environ 600 av. J.-C.

Si la II^{nde} dynastie d'Isin (v. 1154-v. 1027 av. J.-C.) connaît rapidement le succès avec la victoire de Nabuchodonosor Ier (v. 1126-v. 1105 av. J.-C.) sur les Élamites, mettant fin à la dynastie kassite et rendant à la Babylonie son indépendance, les alentours de l'an 1000 avant J.-C. voient son effondrement, sous les coups des Araméens, en 1027 avant J.-C. Les Chaldéens profitent de l'occasion pour leur en disputer le contrôle. Tout le IXe siècle et une grande partie du VIIIe siècle avant J.-C. sont l'écho des luttes entre Araméens et

Chaldéens, puis Chaldéens et Assyriens pour assujettir Babylone. **Nabuchodonosor II** (605-562 av. J.-C.) la porte à son apogée. Lors de son accession au trône, ce dernier jouit d'une situation de politique extérieure privilégiée, car son père a battu peu auparavant les Assyriens et les Égyptiens. Il met en place un protectorat sur Jérusalem, mais la révolte des rois de Juda le contraint à prendre la ville, en 597 et en 586 avant J.-C. Il en déporte en partie la population. Il embellit sa capitale, reconstruit les murailles, édifie les portes, dont celle d'Ishtar, sépare la cité par une longue voie processionnelle orientée nord-sud, qui relie le palais royal à un large bastion. Le temple de Marduk est agrandi et embelli. Le dernier souverain indépendant de Babylone est **Nabonide** (v. 556-v. 539 av. J.-C.), qui est déposé par **Cyrus II le Grand** (v. 559-v. 530 av. J.-C.).

L'ARCHITECTURE : LA BABYLONE DE NABUCHODONOSOR II

Les fouilles ont révélé la Babylone de **Nabuchodonosor II** (605-562 av. J.-C.). La ville est entourée d'une double muraille, les murs ont entre 6,50 m et 3,75 m d'épaisseur. Les deux parties de la cité, la ville neuve à l'ouest, la vieille ville à l'est, sont séparées par un pont de 115 m qui permet de relier les deux rives du fleuve. Des tours tous les 15 ou 20 m placées le long de la muraille renforcent la sécurité. Au cœur de la cité s'élève le temple dédié au dieu Marduk, ainsi que sa ziggourat haute de 91 m. Réputés pour leur luxuriance, les jardins suspendus de Babylone se trouvaient près du palais de Nabuchodonosor. Le roi amoureux les aurait fait construire pour satisfaire les caprices d'une femme, Amytis, fille du roi de Médie. Ils sont associés aussi à la reine Sémiramis par les auteurs grecs, et comptent parmi les Sept Merveilles du monde. Ce sont en réalité les jardins en terrasses du palais de Nabuchodonosor II, s'élevant graduellement de 23 à 91 m. Selon **Strabon** (*Géographie*, XVI, 1-5), ils sont posés les uns sur les autres à l'aide de voûtes empilées comme des cubes. Pour **Diodore de Sicile** (*Bibliothèque historique*, II, 10-1), il s'agit de plates-formes soutenues par des colonnes. La tour de Babel, ou Étemenanki (maison du fondement du ciel et de la terre), est surtout connue par un épisode du premier livre de la Bible relatant la colère de Dieu contre les hommes qui ont eu l'arrogance de vouloir construire un édifice s'élevant jusqu'à lui. Haute de 90 m, elle se trouve à côté de la voie processionnelle et du temple du dieu Marduk. Découverte en juin 1913, il n'en reste quasiment rien. Ses dimensions sont connues d'après un texte gravé sur une tablette d'argile conservée au musée du Louvre, la *Tablette de l'Esagil*.

LE TEXTE *TINTIR*, LA DESCRIPTION UNIQUE DE BABYLONE

C'est grâce au texte *Tintir*, **une topographie décrivant temples, quartiers, palais**, en fournissant leur emplacement, à l'époque de la II^{nde} dynastie d'Isin, que nous connaissons Babylone transformé par Nabuchodonosor II, qui s'étend sur près de 1 000 ha. La ville est ceinte par une succession de trois murailles, séparées par des fossés remplis d'eau. Elle forme un triangle, sur la rive orientale de l'Euphrate. Une seconde ligne de fortification est établie avec la muraille intérieure, elle-même composée de deux murs, Imgur-Enlil (« Enlil a montré sa faveur ») et Nimit-Enlil (« Le Rempart d'Enlil »). Tout comme pour la muraille extérieure, l'ensemble est percé de portes, défendu par des fortins incorporés aux murs. Le *Tintir* livre le nom des huit portes : de Shamash, d'Adad, du Roi, d'Enlil, d'Ishtar, de Marduk, de Zabada, d'Urash. La plus connue est celle consacrée à la déesse Ishtar, la porte d'Ishtar, aboutissement de la voie processionnelle au nord de la cité. Les murs sont ornés de bas-reliefs en brique émaillée, représentant sur un fond bleu taureaux et dragons. Elle est conservée au musée de Pergame de Berlin. La muraille intérieure délimite le cœur de la ville, vaste d'environ 500 ha, divisé en dix quartiers. Dans celui consacré au dieu Eridu, se concentrent les temples, l'Esagil, temple de Marduk, l'Étemenanki, la ziggourat assimilée à la tour de Babel. Au nord d'Eridu, le quartier des palais de Nabuchodonosor II. Les deux rives du fleuve sont reliées par un pont fait de briques cuites et de bois. En amont, Nabuchodonosor II fait édifier un écueil de briques afin de diviser le courant et d'en diminuer d'autant la puissance. Trois palais royaux se trouvent à Babylone : **le Palais Sud** encastré dans la muraille Imgur-Enlil, organisé autour de cinq grandes cours orientées d'est en ouest, où réside Nabuchodonosor II qui y donne audience dans une

ANTIQUITÉ

vaste salle du trône aux murs décorés de briques de couleurs vernissées ; **le Palais Nord**, ou « Grand Palais », sis à cheval sur les remparts, au nord du Palais Sud, organisé autour de deux vastes cours ; **le Palais d'Été**, près de l'enceinte extérieure, à 2 km environ au nord des deux précédents, c'est une construction datée de la fin du règne.

BABYLONE : LA FIN DE L'INDÉPENDANCE

Le dernier souverain indépendant de Babylone est **Nabonide** (556-539 av. J.-C.). À l'origine gouverneur de Babylone, il commet l'erreur politique de solliciter l'aide des Perses, qui finissent par prendre Babylone en 539 avant J.-C. Leur souverain, **Cyrus II** (v. 559-v. 530 av. J.-C.), le jette en prison, confie Babylone à son fils **Cambyse II** (530-522 av. J.-C.). Les Achéménides dominent désormais la Babylonie, sans toutefois en faire une province. Derrière une indépendance de façade, le pays est soumis. En 331 avant J.-C., **Alexandre le Grand** (356-323 av. J.-C.) prend Babylone. Il en fait sa résidence favorite, restaure les palais, l'Esagil, crée un atelier monétaire. Il y meurt subitement le 10 juin 323 avant J.-C. Après une période troublée où les diadoques, les « successeurs », généraux d'Alexandre, se disputent le pouvoir, Séleucos Ier (v. 358-280 av. J.-C.) devient satrape, gouverneur, de Babylonie en 312 avant J.-C. Il se proclame en 305 avant J.-C. roi de Syrie et fonde **la dynastie des Séleucides** (305-64 av. J.-C.). Il confine Babylone au rang de capitale provinciale, lui préférant sa nouvelle cité, Séleucie du Tigre. Babylone entame alors une lente et irrémédiable décadence, passe sous le contrôle des Parthes arsacides entre 141 et 122 avant J.-C. C'est apparemment au IIe siècle que la population quitte définitivement la ville, qui tombe peu à peu en ruines. L'histoire de la fin de Babylone est connue par une œuvre originale, due au prêtre du Bélos grec, **Bérose** (IIIe siècle av. J.-C.), qui rédige une *Babyloniaka*, ou « Histoire de Babylone », pour le roi **Antiochos Ier** (324-261 av. J.-C.).

CHAPITRE II
L'Anatolie

L'Anatolie, l'Orient des Grecs, également nommée Asie Mineure, est une péninsule formant l'essentiel de l'actuelle Turquie d'Asie, à l'est. Elle est délimitée par la mer Noire au nord, la mer Méditerranée au sud, la mer Égée à l'ouest, l'Euphrate et la chaîne du Taurus à l'est. C'est dans ce cadre géographique que se succèdent deux grandes civilisations, celle des Hattis (apogée : v. 2400-v. 1900 av. J.-C.), fusionnant avec de nouveaux venus, les Hittites, qui fondent un vaste empire au Proche-Orient avant de succomber aux attaques des Peuples de la mer aux alentours de – 1900 et – 1200. Plus au sud, toujours en Asie Mineure, s'établissent les Phéniciens, vers 2000 avant notre ère.

1. Qui sont les Hittites ?

L'origine des Hittites est débattue. Ils sont le plus souvent présentés comme des Indo-Européens venus d'Europe, de la région des Balkans, poussés par les migrations d'autres groupes humains, notamment les Kourganes originaires d'entre Dniepr et Volga. Toutefois, certains archéologues les pensent anatoliens, tout comme les Hattis qu'ils ont absorbés. **Ils disparaissent au XIIIe siècle avant J.-C.**, favorisant l'unification partielle de l'Anatolie par les princes hittites de Kussar qui choisissent Kanesh/Nesa pour capitale. Il semble que les Hittites se soient installés par migrations successives à partir des alentours de 2000 avant J.-C., dans le pays délimité par la courbe du

ANTIQUITÉ

fleuve Halys, entre la mer Noire et la mer Caspienne. Ils s'installent parmi les Hattis déjà présents. Une large tolérance permet aux deux groupes de fusionner. La langue vernaculaire est le hittite, le hatti la langue liturgique, rédigée par les Hittites en alphabet cunéiforme. Alors que les Assyriens, présents par leurs comptoirs entre − 200 et − 300 ans, ne se mêlent pas aux Hattis, les Hittites forment avec eux un nouveau peuple, au confluent des deux héritages civilisationnels. Il faut attendre le règne de **Labarna Ier** (règne : v. 1680-v. 1650) pour que la puissance hittite se constitue. Il est considéré comme le fondateur véritable d'un royaume appelé à devenir un empire. Il établit sa capitale à Kussar, porte le titre de Grand Roi. Son existence est peut-être légendaire, mais son héritage se révèle si important que ses successeurs font de son nom un titre royal, ils sont tous des « Labarna » dans leur titulature, tout comme ils sont « Grand Roi ». Le dernier roi hittite est **Suppiluliuma II** (règne : v. 1200-v. 1190 av. J.-C.). Quelques petites principautés néo-hittites, à Alep, Karkemish, se maintiennent avant de disparaître sous les coups assyriens entre − 750 et − 717.

UN TEMPLE AVEC BALUSTRADE AUX FENÊTRES

L'art hittite est le fruit de la rencontre entre celui des Hattis et les apports indo-européens de l'âge du bronze. **Plus de trente mille tablettes**, rédigées en cunéiforme, dans ses langues diverses (hittite, akkadien, hourrite), nous renseignent sur la diplomatie, la religion, le droit. À défaut de statuaire monumentale, on trouve de nombreuses effigies humaines ou animales, idoles, en plomb, argent, ivoire, des sceaux en or. Le premier Empire hittite ne modifie pas ces fondements. Tout change avec l'apogée de l'Empire hittite, la naissance de l'architecture monumentale. Ainsi, à Hattusa, le Grand Temple occupe une superficie de 160 m de long sur 135 m de large. Il est voué à Tarhunt, ou Teshub, le dieu de l'Orage. À l'intérieur de cette vaste enceinte, le temple a la forme d'un rectangle, avec une cour intérieure. Après une salle hypostyle, le cœur du sanctuaire est composé de neuf chapelles. La plus grande, consacrée à Tarhunt, abrite sa statue. L'une des particularités de ce temple est l'existence de fenêtres à balustrade sur le mur extérieur du temple, rompant avec le système de construction mésopotamien de murs aveugles. Ne connaissant pas les colonnes, les Hittites assurent le support des toits par des piliers carrés. À environ 2 km au nord-est d'Hattusa se trouve le site de Yazilikaya, un centre cultuel rupestre à ciel ouvert, où abondent les représentations en bas-relief. La fonction exacte du sanctuaire est encore débattue, entre lieu de culte funéraire, mémorial associé au grand temple d'Hattusa, ou volonté du roi d'ordonner le panthéon hittite en le rapprochant de celui des Hourrites, prolongement dans la pierre de sa réforme liturgique.

LA RELIGION HITTITE, DE GROS EMPRUNTS

La religion hittite reflète la capacité des Hittites à conserver les cultes qu'ils empruntent à tous les peuples auxquels ils s'agrègent. Cela explique l'existence d'un panthéon surnuméraire que les Hittites eux-mêmes, bien en peine de le connaître en totalité, dénomment les « mille dieux du Hatti ». Outre l'influence du Hatti, celle des divinités hourrites s'inscrit dans la religion hittite, notamment sous l'influence de la forte personnalité de la reine hourrite **Puduhepa**, épouse de **Hattusil III** (v. 1265-v. 1238 av. J.-C.). Originaire du royaume de Kizzuwatna, elle est prêtresse de l'une des formes de la déesse Ishtar. Cosignant les actes royaux avec son époux, elle joue un rôle fondamental en matière politique mais aussi religieuse, favorisant le syncrétisme entre la Déesse-soleil d'Arinna, déjà la Wurushemu hattie et la déesse hourrite Hebat. La plupart des divinités sont les incarnations des forces naturelles. Leur place dans le panthéon n'est pas fixe, leurs relations sont évolutives. Les mythes de Sumer et d'Agadé (Akkad), l'épopée de Gilgamesh ou la hiérogamie dont naît Sargon sont adoptés par les Hittites.

Les principales divinités hittites sont le dieu de l'Orage, Tarhunt en hittite, Teshub en hourrite, muni de l'éclair, symbolisé par le taureau, adoré à Hattusa ; son épouse, la Déesse-soleil d'Arinna ; Wurunkatte, dieu de la guerre ; Telibinu, dieu de la végétation et de la fertilité ; Khalmasuit, la « déesse-trône ». Le dieu de l'Orage est assimilé au dieu hourrite Teshub, tout comme lui maître des éléments en action dans l'atmosphère, pluie, vent, foudre, et la Déesse-soleil l'est à sa parèdre, Hebat.

ANTIQUITÉ

LA FIN DE LA CIVILISATION HITTITE : UN NŒUD GORDIEN

La fin de la civilisation hittite survient en plusieurs épisodes. Vers 1200 avant J.-C., un peuple indo-européen, les Phrygiens, conquiert l'Anatolie centrale et provoque l'effondrement de l'Empire hittite. Ils développent, autour de leur capitale, Gordion, à environ 80 km au sud-ouest de l'actuel Ankara, une civilisation qui prend fin avec la conquête lydienne en 696 avant J.-C., avant d'être incorporée à l'Empire perse après 546 avant J.-C. C'est à Gordion, en 333 avant J.-C., qu'Alexandre le Grand tranche le célèbre *nœud gordien*. Gordion était une cité considérée comme la clef de l'Asie. En – 333, l'armée d'Alexandre y passe l'hiver, avant de reprendre les combats au printemps. Curieux de tout, Alexandre y visite le temple local de Jupiter. Les prêtres lui montrent le char du père du roi Midas, Gordios. Sa particularité est que le joug en est formé d'une série de nœuds, très serrés, très enchevêtrés. La légende prédisait que celui qui parviendrait à les dénouer serait maître de l'Asie. Après un examen attentif, Alexandre sort son épée et tranche le joug. Deux ans lui suffiront à réaliser la prophétie. La Phrygie est aussi connue pour son second roi, Midas, auquel Dionysos, pour le récompenser d'avoir recueilli Silène ivre, le satyre qui lui sert de père adoptif, donne le pouvoir de transformer tout ce qu'il touche en or. Condamné à mourir de faim et de soif, Midas obtient du dieu l'annulation du vœu en se trempant les mains dans les eaux du fleuve Pactole dont le sable devient poudre d'or. L'Empire hittite défunt, les Hittites vont donner naissance à de petits royaumes, connus sous l'appellation de royaumes néo-hittites : confédération du Tabal en Cappadoce ; Milid le long de l'Euphrate ; Cilicie, Karkemish, Arpad ou Alep au sud. Tous succombent aux assauts assyriens entre 750 et 717 environ av. J.-C.

2. Les Hourrites, origine inconnue

L'origine exacte des Hourrites demeure mal connue, tout comme leur groupe ethnique précis. Vers 2500 avant J.-C. ils sont installés à l'est du cours supérieur du Tigre, entre ce fleuve et le lac de Van. Au cours des siècles suivants, ils se dirigent vers le Moyen-Euphrate et entrent en contact avec les Mésopotamiens du Nord, les Akkadiens qui les soumettent. Mais la chute de Babylone leur permet de recouvrer leur indépendance. Aux petits royaumes d'origine, situés dans le Kurdistan et au pied du Zagros, s'ajoutent ceux de Syrie du Nord. Au XVIe siècle avant J.-C., de puissantes entités politiques hourrites se constituent, comme le royaume de Kizzuwatna puis l'empire du Mitanni, qui, aux XVe et XIVe siècles avant J.-C., s'étend du lac de Van jusqu'à Assur et du Zagros à la mer Méditerranée. La puissance hourrite est telle alors qu'elle contient l'expansion du rival hittite, s'impose à l'Assyrie, affronte l'Égypte. Après la chute du Mitanni, vaincu à son tour par l'Assyrie, les Hourrites se retrouvent en Syrie pour environ un siècle encore. Ils forment, aux alentours du Ier millénaire avant notre ère, le royaume d'Urartu sur le plateau arménien.

L'EMPIRE DU MITANNI (V. 1600-V. 1270 AV. J.-C.)

L'empire du Mitanni naît, vers - 1600, du regroupement des petits royaumes hourrites déjà existants. Cette nouvelle puissance politique est nommée *Nhr*, Naharin, par les archives diplomatiques égyptiennes de Tell el-Amarna, *Hurri* par les documents hittites, *Mitanni* enfin par les scribes assyriens. C'est ce dernier terme qui est entré dans l'histoire pour désigner l'apogée des Hourrites, le royaume ou empire du Mitanni. Les souverains du Mitanni se partagent entre deux capitales, Taidu, dans la région de Tell Brak, au nord de l'actuel Hassake, et Wassugani, un site encore non identifié. Le premier roi du Mitanni étend sa puissance grâce à sa charrerie, composée d'équipages de deux hommes montés sur un char rapide à deux roues. Shaushtatar Ier (v. 1440-v. 1410 av. J.-C.) submerge l'Assyrie, pille Assur sa capitale, puis agrège à son empire Alep, Karkemish, le Kizzuwatna, le Hana, l'Ougarit. Contrôlant la Syrie du Nord, il se heurte à la suprématie égyptienne dans la région. Plusieurs campagnes victorieuses du pharaon **Thoutmôsis III** (v. 1478-v. 1425 av. J.-C.) affaiblissent le Mitanni : à la bataille de Megiddo, en 1458 avant J.-C., il défait une coalition de princes syriens réunis par celui de Kadesh ; une série de campagnes lui livre toute la Phénicie et toute la Syrie, le menant jusqu'à Karkemish. Son action est poursuivie par son successeur, **Aménophis II** (v. 1450-v. 1425 av. J.-C.), puis Mitanni et Égypte vont remplacer la guerre par une diplomatie de mariages entre les filles du roi mitannien et les pharaons. Mais les coups portés par l'Égypte sont annonciateurs du déclin du Mitanni, incapable de résister à ses deux adversaires, l'Empire hittite en pleine expansion et l'Assyrie. Enfin **Salmanasar Ier** d'Assyrie (v. 1274-v. 1245) met fin à la fiction d'un Mitanni indépendant, ravage le pays, le transforme en la province du Hanigalbat.

L'ART HOURRITE

L'art hourrite se révèle particulièrement difficile à identifier en tant que tel, tant il est complexe de le différencier des autres formes d'expression artistique contemporaines, hittites principalement. C'est dans ce contexte délicat que doit être présentée la citadelle d'Alalakh et son palais royal, situés sur le site du même nom, au nord du coude de l'Oronte, en actuelle Turquie, correspondant aujourd'hui à Tell Açana. La cité, sous le nom d'Alakhtum, est déjà connue des textes amorrites, au XVIIIe siècle avant J.-C. Passée sous le contrôle d'Alep, intégrée au royaume alépin du Yamkhad, elle devient Alalakh vers le milieu du XVIIIe siècle avant J.-C. C'est vers cette époque que le roi **Yarim-Lim** (qui règne de - 1781 à - 1765) fait édifier son palais. Il est composé de deux parties, le palais résidence royale proprement dit, et ses dépendances administratives. Les deux sont réunies par une vaste cour entourée de murs. Chaque partie est formée de deux étages. Les fondations, de pierre, sont surmontées de murs de briques.

LA RELIGION HOURRITE, UN FONDS ANATOLIEN

La religion hourrite repose sur le fonds anatolien. Les dieux principaux sont Teshub, dieu de l'Orage, sa parèdre Hebat et leur fils Sharruma. S'y ajoutent Shaushka, déesse de l'Amour, apparentée à Ishtar ; Shimegi, dieu du Soleil ; Ishara, dieu de l'Écriture ; Kushukh, le dieu Lune ; Hepit, dieu Ciel ; Kumarbi, dieu Nature. Le principal mythe hourrite qui nous soit en partie parvenu est le *Cycle de Kumarbi*, ou

Chant de la Royauté du Ciel, du nom du premier chant. Il est composé de cinq chants. Seuls les fragments des deux premiers permettent de retracer un mythe que l'on retrouve, adapté au monde grec, dans la *Théogonie* d'Hésiode. Le plus ancien texte religieux retrouvé en langue hourrite est le dépôt de fondation connu sous le nom de *Lion d'Urkish*, conservé au musée du Louvre. La pièce, datée du XXIe siècle avant J.-C., provient probablement de Syrie du Nord-Est, se compose de deux parties : un lion rugissant, en cuivre, tient, sous ses pattes avant, une tablette également en cuivre, sa queue en forme de clou maintient sous la tablette de cuivre une seconde tablette de pierre blanche. Toutes deux portent un même texte de malédiction, où Tishatal, souverain d'Urkish, menace de la colère des dieux quiconque détruirait le temple qu'il édifie pour le dieu Nergal.

CHAPITRE III

Les Phéniciens

Les Phéniciens, les « Rouges » selon les Grecs qui les nomment ainsi en raison des tissus teints de pourpre qu'ils exportent, **occupent, au IV**[e] **millénaire avant notre ère**, l'actuel Liban, pour l'essentiel, auquel il faut adjoindre des territoires aujourd'hui en Syrie, en Palestine et en Israël. Leur langue, une forme de cananéen, s'apparente à l'hébreu, il n'existe pas de véritable État phénicien unifié sous la direction d'un souverain, mais plutôt un groupe de cités, le plus souvent sur la côte, et leur arrière-pays peu étendu. Chaque cité est gouvernée par un prince assisté d'un conseil de notables. Selon les époques considérées, l'une ou l'autre exerce une certaine prééminence. Les principales sont : Tyr, Sidon, Byblos, Bérytos au Liban ; Arvad, Ougarit, en Syrie. À l'étroit entre les chaînes de montagnes et la mer, les Phéniciens, excellents navigateurs, vont fonder, à partir de Tyr, un empire maritime véritable. Flotte de guerre et flotte de commerce évoluent entre la métropole et les colonies de Méditerranée occidentale : Malte, Sicile, Sardaigne, fondations en péninsule Ibérique (les futures Lisbonne, Cadix, Carthagène, Malaga) ou sur les côtes d'Afrique du Nord (les futures Tripoli, Carthage, Tunis, Alger, Mogador). C'est par les cités phéniciennes ou les comptoirs que transitent non seulement les denrées alimentaires (huile, vin, blé), mais aussi les métaux et pierres rares, les parfums, le bois de cèdre. Les capacités exceptionnelles de marins des Phéniciens, vantées déjà dans l'Antiquité, sont attestées également par les périples, navigations lointaines de découverte. Les principaux sont entrepris par les descendants des Phéniciens, les Carthaginois, aux alentours de 450-400 avant J.-C. par Hannon ou Himilcon.

1. L'alphabet phénicien

L'alphabet phénicien est un alphabet qui ne note que les consonnes, appelé alphabet consonantique ou *abjad*. C'est le cas de l'arabe ou de l'hébreu. Les premières traces de cette écriture alphabétique se trouvent sur le sarcophage du roi Ahiram de Byblos, daté du XIIe siècle avant J.-C., œuvre classée sur la liste « Mémoire du monde » de l'Unesco en 2005. L'alphabet phénicien, probablement issu d'un alphabet linéaire, ou protocananéen, de vingt-trois signes dérivés des hiéroglyphes égyptiens, **donne naissance à l'alphabet grec**, qui ajoute les voyelles, et à l'araméen. Nombre d'alphabets lui doivent par la suite leur existence, arabe et hébreu à partir de l'araméen, romain par transmission du modèle étrusque.

2. L'art phénicien, une influence venue d'Égypte

L'art phénicien témoigne des influences, particulièrement égyptienne et hourrite, qui le traversent, mais aussi mésopotamienne et assyrienne, reflétant les diverses dominations successives. Les artistes phéniciens, en revanche, sont plus originaux dans le travail des métaux, des statuettes de bronze doré, des patères (ou vases à libations en or ou argent), des petits objets d'ivoire, de joaillerie. La sculpture est très directement influencée par l'Égypte, tout comme l'architecture des temples, à la fois décorés d'*uræus*, de serpents couronnés, de sphynx, et composés du lieu cultuel entouré de portiques et de magasins. Outre le temple, les architectes phéniciens édifient, dans les colonies, mais pas en Phénicie même, des tophets, lieu central du culte où se pratique le sacrifice des enfants, le plus connu d'entre eux ayant été retrouvé à Carthage.

3. La religion phénicienne : fécondité et prostitution

La religion phénicienne est connue essentiellement par les textes grecs et romains qui en donnent souvent une image peu flatteuse. C'est un polythéisme qui mêle grands dieux nationaux et divinités locales, fondé sur le culte de la fécondité, associé à la prostitution sacrée des prêtres et prêtresses et à la pratique des sacrifices humains. Les principaux dieux sont Baal, « Le Seigneur », ou plutôt les Baals, puisque ce titre est accolé à un aspect particulier de la divinité, ainsi Baal Bek est « Seigneur Soleil ». En tant que dieu national de l'Orage et de la Végétation, Baal est adoré sous le nom de Hadad. Sous sa forme de Baal Shamîn, « Seigneur des Cieux », il est maître de l'univers. Selon les auteurs romains, c'est à lui que l'on sacrifiait des enfants. Son grand temple, le beth Habaal, la « Maison du Seigneur », est à Tyr. Les Grecs l'assimilent à Cronos, pour les juifs il est Baal Zebub, le « Seigneur de la Maison », notre Belzébuth, prince des démons. À Berytus (Beyrouth) sa parèdre est Baaltis, née de la mer, assimilée par les Grecs à Aphrodite. Le plus grand des dieux est El, dont le nom signifie « Le Dieu », adoré à Ougarit avec sa parèdre, la déesse Ashera, en rivalité avec Hadad, peut-être son fils. Astarté est la déesse de la Fécondité, Anath celle de la Guerre. À Tyr est particulièrement honoré Melqart, le « Roi de la cité », fondateur et protecteur des colonies. C'est lui qui apporte la richesse aux marchands, les moissons aux paysans, car il préside au retour des saisons, symbolise le soleil jeune et plein de vigueur. Selon **Pline l'Ancien** (23-79), on lui offre à Carthage des sacrifices humains[1], à Sidon, le culte principal va à Eschmoun, dieu guérisseur. La représentation des dieux phéniciens est largement influencée par l'Égypte, à la fois en raison de la suzeraineté égyptienne pendant l'Ancien Empire égyptien et par le commerce de bois de cèdre entre Byblos et le pays de pharaon. Aux divinités principales des Phéniciens, il faut ajouter les Kabirim, les « Puissants », vénérés partout, au nombre de huit. Ils sont fils et filles de la Justice, Zadyk. Les Grecs les connaissent sous le nom de Cabires.

---

1. Pline l'Ancien, *Histoire naturelle*, XXXVI, 5.

CHAPITRE IV
L'Assyrie

L'Assyrie, au sens premier du terme, signifie le « pays d'Assur », qui désigne à la fois une ville, son plat pays, le principal dieu vénéré. Le « pays d'Assur » devient l'Assyrie au fur et à mesure de son expansion. Elle est située en haute Mésopotamie, au nord, dans la région du cours supérieur du Tigre. L'origine précise des Assyriens demeure à déterminer, ils s'installent dans le pays au cours du IIIe millénaire avant J.-C. Ils sont dominés successivement par les Akkadiens, les Gutis et soumis à la IIIe dynastie d'Ur. L'effondrement de cette dernière permet à Assur une relative indépendance aux environs de 2010 avant J.-C. Par la suite, Assur est connu surtout comme le centre d'une organisation marchande qui s'étend jusqu'en Anatolie. Les marchands assyriens se regroupent par quartiers, notamment à Kanesh. Vers 1850 avant J.-C., **Ilusuma** gouverne le royaume indépendant d'Assur, l'étend au sud et à l'est, mais se heurte à l'ouest au roi Sumuabu de Babylone. Faute de sources, les siècles suivants de l'histoire d'Assur sont obscurs, concernant l'époque amorrite ou le moment où le pays passe sous domination du Mitanni. C'est l'affaiblissement du Mitanni qui permet à Assur de recouvrer, non seulement son indépendance, mais aussi de paraître comme une puissance politique, sans qu'il soit possible de retracer les étapes de cette élévation. Le dernier monarque remarquable est **Teglath-Phalasar Ier** (v. 1116-v. 1077 av. J.-C.). Il assure le contrôle du haut Euphrate en dominant les Mushkis, une tribu géorgienne, puis lance des expéditions victorieuses en Urartu, s'empare du royaume du Kizzuwatna (Cilicie), domine les Araméens

ANTIQUITÉ

du nord de la Syrie, prend Byblos, Saïda, exige tribut des cités phéniciennes et du prince de Karkemish. Mais la fin du règne est assombrie par le retour en force des Araméens, qui, après sa mort, prennent la haute Mésopotamie, réduisant l'Assyrie au royaume d'Assur des origines, entre Assur et Ninive. La chance de l'Assyrie est l'état piteux de ses rivaux, la puissance hittite s'effondre, Babylone se révèle incapable de se doter d'une dynastie stable. Le retour éclatant de l'Assyrie se produit avec l'arrivée sur le trône du roi **Adad-Nirāri II** (v. 911-v. 891 av. J.-C.), fondateur de l'Empire néo-assyrien.

1. L'art paléo-assyrien à la gloire d'Assur

L'art assyrien de la période paléo-assyrienne (IIe millénaire av. J.-C.) est largement éclipsé par celui de la période néo-assyrienne, entre 911 et 609 av. J.-C. Héritier de son devancier mésopotamien, il est toutefois loisible d'en dégager quelques traits généraux, qui perdurent durant toute l'histoire de l'Assyrie. C'est un art officiel, destiné à glorifier le dieu Assur et donc son vicaire sur terre, le roi. Palais et temples ont pour fonction de montrer aux sujets du royaume tout comme aux étrangers la puissance divine et royale. La forme choisie est le bas-relief, représenté sur des orthostates, plaques d'albâtre ou de calcaire travaillées en bas-relief, d'environ 1 m de long sur 2 à 2,50 m de large. Les sujets illustrent la gloire du roi, bâtisseur ou général vainqueur.

L'architecture assyrienne

L'architecture voit l'édification de palais et de temples fortifiés. La muraille d'enceinte, sans fenêtre, le plus souvent à porte unique et ornée de tours, décorées de taureaux androcéphales et de lions gigantesques, renferme un espace palatial qui se répartit entre plusieurs cours, chacune pourvue de bâtiments au décor d'orthostates ou de briques vernissées. Un vestibule à colonnes soutient un toit plat. Certains murs de palais étaient peints, mais les traces sont peu nombreuses. Les temples suivent un plan identique, mais à cour intérieure unique. Face à l'entrée, la *cella*, partie close du temple, qui abrite la statue du dieu. Autour de la cour, différentes pièces aux usages variés.

L'influence sumérienne se marque par la ziggourat, dans le temple même ou à proximité.

2. La religion assyrienne

La religion assyrienne ne présente pas de grande originalité, puisqu'elle s'inspire du modèle mésopotamien, les dieux de Babylone sont les siens. Deux grands dieux dominent le panthéon, Adad, dieu de l'Orage, le Teshub des Hourrites, ou le Hadad des Araméens, et surtout le dieu national et roi des dieux, Assur. Il est le véritable maître de la ville et du royaume éponyme, en assurant son triomphe et sa prospérité. Pour gouverner, il délègue ses fonctions au roi, son représentant, mais ce dernier n'agit pas de son propre chef, il exécute les ordres du dieu suprême, se fait l'interprète de ses volontés. Le culte d'Assur prend place dans son grand temple de la capitale, l'Esharra, la « Maison du tout ». Il est édifié au nord-est, sur un éperon rocheux au-dessus du cours du Tigre. Il se compose d'une cour en forme de trapèze, ceinte d'un mur, qui donne accès à la chapelle du dieu. Son extension est de 110 m de long sur 60 m de large. S'y ajoute une ziggourat, puis au VIIe siècle avant J.-C., une seconde cour et une rampe processionnelle bâties par le roi **Sennachérib** (704-681 av. J.-C.). Assur est le « Dieu du tout », créateur du monde, des Enfers, de l'humanité. Sa parèdre est la déesse Ishtar. Il est représenté armé d'un arc en position de tir, dans un disque ailé. Le nouveau roi est couronné dans son temple et c'est à lui qu'il fait le rapport de ses campagnes victorieuses.

3. Une énigme : les Peuples de la mer ?

Les Peuples de la mer sont encore une énigme pour les historiens. Leur existence est attestée par les textes égyptiens, datant du règne de **Mérenptah** (ou Mineptah, v. 1213-v. 1204 av. J.-C.), pharaon de la XIXe dynastie, et celui de **Ramsès III** (v. 1184-v. 1153 av. J.-C.), souverain de la XXe dynastie. Les deux monarques se glorifient d'avoir repoussé une attaque des Peuples de la mer, ou Peuples du Nord, ou des Peuples des îles. Lors de la première confrontation, la coalition des

Peuples de la mer comprend les *Eqwesh*, les *Luka*, les *Shekelesh*, *Sherden* et *Teresh*. Célébrant leur défaite sur les murs de son temple funéraire de Médinet-Habou, Ramsès III y mentionne les *Peleset*, les *Thekker*, les *Shekelesh*, les *Denyen* et les *Wesheh*. Les indentifications suivantes ont été avancées : Eqwesh (Achéens), Luka (Lyciens), Shekelesh (Sicules, donnant son nom à la Sicile), Sherden (Sardanes, donnant son nom à la Sardaigne), Teresh (Tyrrhéniens, présentés parfois comme les ancêtres des Étrusques), Peleset (Philistins, donnant son nom à la Palestine), Denyen (Dananéens, de *Danaoï*, « ceux des îles »). Les Peuples de la mer apparaissent aussi dans la correspondance diplomatique du roi hittite **Suppiluliuma II** adressée à **Hammourabi** (v. 1191-v. 1182 av. J.-C.) d'Ougarit. Vers – 1200, ces groupes – dont l'identité demeure à prouver – multiplient les expéditions en Méditerranée orientale. C'est le moment où Chypre est pillée, où la puissance hittite s'effondre, où Ougarit est détruit. Est-ce là le résultat de l'arrivée des conquérants ? Certains historiens en sont persuadés, d'autres privilégient des coups de main, attaques sporadiques qui ont contribué à la perte de puissances affaiblies, sans en être la cause directe. Tout aussi mystérieusement qu'ils sont apparus, les Peuples de la mer disparaissent des textes aux alentours de 1000 avant J.-C. La fin de la période consacre la naissance du premier grand empire universel, avec la Perse.

4. L'Empire mède (VIIe s.-550 av. J.-C.), des tribus iraniennes

Les Mèdes sont un peuple formé de tribus de l'ancien Iran, au nord-ouest du pays actuel, à différencier de leurs voisins les Perses, installés à l'est et au sud-est du lac d'Orumieh, avec lesquels ils sont confondus déjà pendant l'Antiquité, par exemple dans l'expression « guerres médiques ». Les chefs de tribus mèdes sont particulièrement belliqueux. Ils vivent de l'agriculture et de l'élevage des chevaux. Ils apparaissent dans les annales des expéditions conduites contre eux par le roi assyrien **Salmanasar III** (v. 859-v. 824 av. J.-C.) en 835 av. J.-C. Traditionnellement, l'histoire du royaume mède commence avec **Déjocès** (v. 701-v. 665 av. J.-C.), qui parvient à unir les tribus mèdes qui le proclament roi, si l'on suit le récit d'**Hérodote** (v. 484-v. 425 av. J.-C.) dans *Histoires* ou *Enquête*, au livre I. Ils sont incorporés à l'Empire perse à partir du règne de **Cyrus II le Grand** (v. 559-v. 530 av. J.-C.).

5. La civilisation mède, une question en suspens

La civilisation mède pose un problème pour son identification, car, si l'on exclut Ectabane, il n'est jamais possible de certifier que les Mèdes ont occupé le site. À Ectabane même, les niveaux d'occupation mède n'ont pas été mis au jour. Par ailleurs, il est très difficile d'isoler la culture mède de celle des autres peuples du nord-ouest de l'Iran, principalement de leurs puissants voisins perses qui vont les dominer et recouvrir le fonds mède par la culture matérielle et spirituelle de la perse achéménide. Certains sites sont plus volontiers attribués aux Mèdes, comme Godin Tepe, près d'Ectabane. La ville est dotée d'une citadelle en partie protégée d'un rempart, d'un arsenal, d'un palais avec salle hypostyle et d'un temple du feu. C'est le site de Nush-i Jân qui fournit l'édifice le mieux conservé, sous forme d'une tour cruciforme. Une première chambre donne sur une salle voûtée abritant un autel et un bassin. Puis un escalier permet d'accéder à l'étage, où se trouve l'autel du feu.

L'art mède : le trésor de Ziwiyé

Le trésor de Ziwiyé a été découvert, en 1947, dans une région isolée de l'actuel Kurdistan iranien. Il se compose de trois cent quarante et un objets d'or, d'argent, d'ivoire comprenant diadèmes, torques, fourreaux de poignard, bracelets, ceintures, des têtes de lion et d'oiseau en ronde-bosse, un vase en or, trouvés dans une cuve en bronze. Les styles d'orfèvrerie y sont divers, mêlant les influences assyrienne, syrienne et scythe. La pièce la plus importante en est un pectoral d'or, en forme de demi-lune, décoré de scènes mythologiques. Un arbre sacré, au centre, est flanqué de deux bouquetins et de deux taureaux ailés. De part et d'autre, des bandeaux sont ornés de griffons,

ANTIQUITÉ

hommes-taureaux ailés, sphinx. La date proposée pour l'ensemble se fonde sur la cuve de bronze, un cercueil dont la décoration montre un tribut apporté à un souverain scythe, soit aux environs de 645 à 615 avant notre ère[1].

---

1. Tadeusz Sulimirski, «The Background of the Ziwiye Find and Its Significance in the Development of Scythian Art», *Bulletin of the Institute of Archaeology* (London), n° 15, 1978, p. 7-33.

CHAPITRE V
La Perse

À l'origine du futur Empire perse, des montagnards, Élamites, Kassites et Goutéens, s'opposent à la Mésopotamie entre le IIIe et le IIe millénaire avant notre ère. Ils sont à cette date rejoints par des Indo-Européens, notamment les Aryens.

1. Cyrus II, père des droits de l'homme

Pour **Cyrus II le Grand** (v. 559-v. 530 av. J.-C.), fondateur de l'Empire perse, comme pour Sargon d'Agadé, l'histoire rejoint le mythe au début de son existence. Selon Hérodote[1], Cyrus est le fils de **Cambyse Ier** et de la fille du roi Astyage des Mèdes, nommée Mandane. À la suite d'une prédiction selon laquelle son petit-fils lui ravirait le trône, Astyage ordonne que celui-ci soit offert aux bêtes fauves. Une substitution sauve le bébé, remplacé par un enfant mort-né. Vers – 553 la guerre éclate entre Cyrus et Astyage. Après trois ans de batailles incertaines, allié au Babylonien Nabonide, Cyrus prend Ectabane, capitale des Mèdes. Il traite avec respect le vaincu, Astyage, qui conserve une maisonnée princière. L'étape suivante est celle de la prise de Babylone. Babylone tombe presque sans combat, Cyrus y entre quelques jours plus tard. Nabonide est assigné à résidence. Les juifs captifs à Babylone sont libérés, Cyrus les autorise à reconstruire

---
1. Hérodote, *Histoires*, I, 107-130.

le temple de Jérusalem. Provinces et États vassaux de Babylone passent sous contrôle perse. Après la prise de Babylone, Cyrus édicte les règles de vie applicables à la totalité de l'Empire perse par un document connu comme le *Cylindre de Cyrus*. Fait d'argile, il est gravé d'une proclamation de Cyrus en cunéiforme, écriture akkadienne en forme de clous, ou de coins. Trouvé lors de fouilles en 1879, il est exposé au British Museum de Londres. En 1971, l'ONU lui reconnaît une valeur universelle en le faisant traduire dans ses six langues officielles (français, anglais, espagnol, russe, arabe, chinois). Car le décret, après un rappel de la conquête de Babylone, indique les mesures prises par le roi, considérées comme le modèle le plus ancien de charte des droits de l'homme. Cyrus II meurt vers 530 av. J.-C. au cours de combats sans que les circonstances exactes de sa mort soient connues. Il est inhumé dans le monument qu'il s'était fait préparer à Pasargades.

2. Darius Ier (522-486 av. J.-C.) et le début des guerres médiques

L'accession au trône de Darius Ier s'accompagne d'une révolte de quasiment tout l'empire. Il le réorganise pour mieux le contrôler, reprend le système des satrapies de Cyrus, provinces ayant à leur tête un gouverneur. Autrefois véritables dynastes, ils sont désormais nommés et révoqués par le roi, entourés de conseillers dévoués à Darius, placés là pour les espionner. Les vingt, puis trente satrapies sont des circonscriptions à la fois civiles, militaires et fiscales, assujetties comme telles au tribut, sauf celle de Perse. Darius, sagement, laisse le plus souvent l'administration locale en place, mais étroitement contrôlée par le pouvoir central. Il utilise l'araméen comme langue officielle, mais chaque satrapie conserve la sienne propre. L'empire maté, réorganisé, Darius Ier reprend les conquêtes.

3. La première guerre médique et Marathon (490 av. J.-C.)

Dès 492 avant J.-C., Darius prépare l'invasion de la Grèce continentale, coupable à ses yeux d'avoir apporté son soutien aux cités ioniennes d'Asie Mineure révoltées. Après des succès initiaux, l'armée perse débarque non loin de Marathon en septembre 490 avant J.-C., à environ 40 km d'Athènes. Les hoplites, guerriers lourdement armés, protégés de bronze, conduits par le stratège athénien **Miltiade** (540-489 av. J.-C.), chargent les troupes perses, armées légèrement, et leur infligent une sévère défaite. Cet exploit rejoint celui de **Philippidès** qui aurait couru de Marathon à Athènes pour annoncer la victoire, mourant d'épuisement après avoir délivré son message. Cette course devient l'épreuve du marathon aux Jeux olympiques. Darius prépare sa revanche mais doit s'occuper d'une révolte en Égypte. Il meurt en 486 avant J.-C. sans avoir pu reprendre la guerre. Son fils Xerxès Ier (486-465 av. J.-C.) lui succède.

4. Les guerres médiques : la seconde guerre médique, des Thermopyles à Salamine (480 av. J.-C.)

Xerxès Ier prépare avec grand soin sa revanche, s'allie avec les Carthaginois, certaines cités grecques dont Thèbes, fait percer d'un canal l'isthme de l'Acté, réaliser un double pont de bateaux sur l'Hellespont. Une célèbre bataille oppose aux Thermopyles, défilé qui commande l'accès de l'Attique, le long de la mer Égée, les armées de Xerxès Ier aux trois cents Spartiates du roi **Léonidas Ier** (mort en 480 av. J.-C.), aidé de sept cents Thespiens et Thébains. Ils sont trahis par **Éphialtès** de Malia, qui indique aux Perses un sentier pour contourner l'armée grecque, et massacrés. Au sommet du mont Kolonos, lieu des derniers combats, un vers du poète **Simonide de Céos** (556-467 av. J.-C.) leur rend hommage : « Passant, va dire à Sparte que nous sommes morts ici pour obéir à ses lois. » Cette défaite est alourdie par la perte d'une partie de la flotte perse, dispersée par une tempête à l'Artémision, mise à profit pour une attaque victorieuse des Grecs. Xerxès s'empare cependant d'Athènes, mais sa flotte est défaite à la bataille navale de Salamine. Il rentre en Perse, laissant à la tête des forces perses son cousin **Mardonios**. Ce dernier est vaincu et tué lors de la bataille de Platées, en 479 avant J.-C. Ce qui reste de la flotte perse est peu après incendié au cap Mycale. Les guerres médiques sont finies, la Grèce triomphe.

5. Le dernier des Achéménides

Les successeurs de Xerxès Ier peinent, à de rares exceptions près, à maintenir l'intégrité de l'empire, jusqu'à son effondrement final sous les coups d'Alexandre le Grand. **Darius III Codoman** (336-330 av. J.-C.), dernier roi de la dynastie des Achéménides, consacre son court règne à lutter contre Alexandre de Macédoine. Ce dernier remporte une première victoire à la bataille du Granique, en mai 334 avant J.-C. Une seconde défaite perse a lieu à Issos en novembre 333 avant J.-C. Peu après, Darius est définitivement vaincu à la bataille de Gaugamèles, le 1er octobre 331 avant J.-C. Il prend la fuite, mais il est rattrapé et assassiné par ses satrapes. Alexandre lui rend les honneurs de funérailles royales à Persépolis, se proclame son successeur et épouse en 324 avant J.-C. sa fille Stateira. L'Empire perse achéménide est alors incorporé à celui d'Alexandre le Grand.

La Perse, province séleucide (330-150 av. J.-C.)

Séleucos Ier Nicator (v. 358-280 av. J.-C.), « le Vainqueur », est l'un des Diadoques, ou successeurs d'Alexandre le Grand. Satrape de Babylonie, il se proclame roi de Syrie (305 av. J.-C.) et fonde la dynastie des Séleucides. Il bâtit un empire comprenant la Mésopotamie, la Syrie et la Perse. Mais, au cours du IIe siècle avant J.-C., les satrapies orientales, dont la Perse, passent sous le contrôle des Parthes, avec tous les territoires à l'est de la Syrie.

La Perse parthe (150-115 av. J.-C.)

Les Parthes occupent le nord-est du plateau iranien. La Parthie est l'une des satrapies de l'Empire achéménide. Après son effondrement, les Parthes entrent en lutte contre les Séleucides et finissent par s'emparer de toute la partie orientale de leur empire, dont la Perse. En 115 avant J.-C. ils dominent la Bactriane, au nord de l'actuel Afghanistan, la Mésopotamie et la Perse. Il faut attendre 224 de notre ère pour que le Sassanide **Ardachêr Ier** (224-221) renverse le dernier roi parthe, **Artaban V** (216-224), et fonde une nouvelle dynastie perse, celle des Sassanides (224-651).

6. L'art monumental achéménide

L'art achéménide présente deux caractéristiques majeures. D'une part, faute d'origine ancienne en raison du nomadisme des tribus perses avant l'empire, il emprunte à tous les peuples conquis : son influence est largement composite. D'autre part, il prend un caractère de propagande impériale, particulièrement pour l'architecture monumentale. Palais et capitales royales, Pasargades, Suse, Persépolis, servent certes de résidence à la cour, mais mettent en scène en permanence la puissance du « Grand Roi » et les bienfaits de son règne sur un vaste empire reconnaissant, sous l'œil bienveillant des dieux.

L'architecture : villes et palais

Cyrus établit ses premières capitales à Ectabane, ancienne capitale des rois mèdes, et à Pasargades. Le vestige le plus important est le tombeau de Cyrus, élevé sur un soubassement à degrés, portant la chambre funéraire recouverte d'un toit, plat à l'intérieur, à deux pentes à l'extérieur. Darius Ier choisit une nouvelle capitale, Persépolis. Pasargades conserve son rôle de centre religieux et de lieu de couronnement des souverains achéménides.

ANTIQUITÉ

La terrasse de Persépolis

La terrasse de Persépolis et ses ruines attirent maints voyageurs déjà à l'époque médiévale, mais il faudra attendre le XIXe siècle pour leur étude scientifique, avec le peintre français **Eugène Flandin** (1809-1876) et l'architecte **Pascal Coste** (1787-1879), qui sont envoyés par l'Institut. La terrasse sur laquelle sont édifiés des palais de Persépolis est un immense soubassement au pied d'une falaise rocheuse. On y accède par un escalier à double rampe, orné de reliefs. Non loin de là, sur le terre-plein, s'élèvent des propylées, ou entrées monumentales, flanqués de deux taureaux ailés. Ils se trouvent dans l'axe de l'escalier, formant un portique à quatre colonnes, ouvert de chaque côté, comme un vestibule, formant la porte des Nations. Celle-ci est édifiée par Xerxès Ier. C'est une salle carrée pourvue de trois ouvertures monumentales. Les portes Est et Ouest s'ouvrent par des taureaux et taureaux ailés à tête humaine, portant la longue barbe frisée et la tiare ornée de cornes, symbole de royauté à deux rangs de cornes superposés, de divinité à trois rangs. Le premier monument, sur la droite après la porte, est la grande salle hypostyle ou Apadana. L'Apadana de Persépolis, commencée par Darius, est achevée par son successeur Xerxès. Vaste salle carrée de 75 m de côté, son plafond est supporté par trente-six colonnes de 20 m de haut, terminées par un chapiteau en forme d'animaux dos à dos, taureaux, lions ou griffons. On y parvient par deux escaliers monumentaux, à l'est et au nord. **La salle du trône**, encore appelée salle des Cent Colonnes, est une salle hypostyle à portique. Délimitant une surface d'environ 4 000 m^2, elle était utilisée probablement pour que le roi y siège en majesté et reçoive les tributs accumulés de ses sujets, déposés au pied du trône, notamment lors de la fête du nouvel an, le *Now Rouz*. **Sur la terrasse** de Persépolis se trouvent encore les vestiges des palais royaux, chaque « Grand Roi » ayant à cœur d'en édifier un : ceux de Darius et Xerxès sont les plus imposants.

La Suse achéménide

L'Élam est un royaume à l'origine né dans l'actuelle région du Fars, située au sud-ouest de l'Iran, et qui s'est étendu au point d'être considéré comme le lien entre la civilisation mésopotamienne et l'Empire perse. Suse, *Susan* en langue élamite, est fondée vers 4000 ans avant J.-C. La Bible en parle sous le nom de Sushan, à une époque où elle est depuis longtemps une cité prospère. Elle nous intéresse surtout ici pour sa période achéménide. C'est le roi de Perse Darius qui décide de faire de Suse sa capitale d'hiver. Il y fait édifier un palais, sur le modèle de l'Apadana de Persépolis. À son tour, **Artaxerxès II** l'embellit d'un second palais. Le site de Suse n'est jamais tombé dans l'oubli, même si les fouilles véritables prennent seulement place au XIXe siècle. Elles ne concernent qu'une partie du site lors de la campagne de **Marcel Dieulafoy** (1844-1920) et de son épouse **Jeanne Dieulafoy** (1851-1916) entre 1884 et 1886, puis prennent de l'ampleur avec les travaux de **Jacques de Morgan** (1857-1924) en 1897 qui exhume le *Code de Hammourabi*, la *Stèle de victoire de Naram-Sin*, en dépit de méthodes contestées, privilégiant la recherche d'œuvres d'art sur l'étude et la conservation des bâtiments. Le palais de Darius est un monument célèbre pour la qualité de ses frises de mosaïque, notamment celles des archers, des lions, du taureau ailé, du griffon. Ses portes monumentales ouvrent sur un complexe étagé de 13 ha. Pour accéder à la première terrasse, il faut passer une porte monumentale de 40 m de long sur 28 m de large, gardée par deux statues colossales du roi. Une rampe conduit à la Maison du Roi, qui regroupe les appartements de Darius, de ses proches, mais aussi des magasins où étaient entreposés tous les biens nécessaires à une vie de cour luxueuse. Cependant la pièce maîtresse du palais est l'Apadana, la salle d'audience, présente aussi au palais de Persépolis. À Suse, l'Apadana couvre plus de 12 000 m^2, peut accueillir dix mille courtisans venus des quatre coins de l'empire.

La nécropole de Naqsh-e Rostam

À l'exception de **Cyrus**, dont le tombeau se trouve à Pasargades, les souverains achéménides sont inhumés à Naqsh-e Rostam, la nécropole royale située à environ 4 km au nord-ouest de Persépolis. Le site, montagneux, présente une gorge en demi-cercle aux parois verticales où sont creusés les hypogées. La paroi de roche est aplanie afin de permettre de sculpter de gigantesques scènes en relief. Outre Darius Ier, les trois autres tombes sont celles attribuées à **Xerxès I**[er] (règne : 486-465 av. J.-C.), **Artaxerxès I**[er] (règne : 465-424 av. J.-C.) et **Darius II** (règne : 423-404 av. J.-C.). Sur le même site sont sculptés huit gigantesques reliefs, datant de l'époque des rois perses sassanides (224-651 de notre ère). La façade de la tombe de Darius, située à 15 m au-dessus du sol, est haute d'environ 23 m. La forme générale est toujours identique, à la suite de la réalisation de la tombe de Darius : un hommage à Ahura Mazda, dieu tutélaire de la dynastie, garant de sa domination sur tous les peuples, orne l'accès au tombeau, puis ce dernier se compose d'une simple chambre funéraire, pour le souverain et ses proches.

Sculpture : les bas-reliefs achéménides

Si la sculpture achéménide n'ignore pas la ronde-bosse, elle nous a transmis peu d'exemples marquants, une statue égyptianisante de Darius trouvée à Suse ; les taureaux, griffons, lions des chapiteaux de colonne, les taureaux gardiens des portes sont à mi-chemin du haut-relief et de la ronde-bosse. L'art le plus attesté, d'une parfaite maîtrise, est en revanche celui des céramiques polychromes, vastes panneaux décoratifs constitués de brique émaillée. Ils ornent les murs des palais de Suse, là où à Persépolis le décor est fait de bas-reliefs taillés dans la pierre. Les représentations traditionnelles figurent les frises d'archers, peut-être les *Mélophores* ou « Immortels », les dix mille guerriers d'élite qui veillent sur la sécurité du roi et forment le meilleur de son armée. Sont également représentés sphinx, griffons, taureaux, lions, repris de l'imaginaire mésopotamien.

7. La religion : mazdéisme, mithriacisme et zoroastrisme

Le **mazdéisme** est la religion qui naît vers le IIe millénaire avant notre ère en Iran, à partir d'un substrat indo-européen plus ancien. Le dieu Ahura Mazda, dieu de la lumière, en est la divinité principale, entourée par les Amesha Spenta, divinités primordiales. Ils luttent contre Ahriman, symbolisé par le serpent, divinité mauvaise qui préside aux maladies et aux calamités naturelles. Le culte est une reproduction de l'acte démiurgique d'Ahura Mazda. Le sacrifice de bœufs, strictement ritualisé, donne de la force aux dieux qui, en retour, accordent la vie aux hommes. La célébration comprend aussi l'entretien du feu et la consommation du *haoma*, une boisson destinée à engendrer des visions. Le **mithriacisme** : *Mithra* (l'ami) est dans le mazdéisme un aspect d'Ahura Mazda, à la fois soleil, lune, étoiles, fontaine de vie. Il est représenté en jeune homme coiffé du bonnet phrygien. Sa fête est célébrée en Perse lors du mois qui lui est consacré, le 7ᵉ mois, de mi-septembre à mi-octobre, le 16ᵉ jour, lequel lui est également consacré, sous le nom de Mithrakana. Des hymnes religieux sont alors récités en son honneur. Son culte connaît une fortune certaine dans le monde grec, puis romain, surtout auprès des légionnaires qui le ramènent à Rome, car Mithra est également un dieu guerrier. Culte à mystères, il est réservé aux initiés, suivant sept grades, mais seuls ceux du quatrième grade au moins peuvent prétendre participer aux cérémonies, qui se déroulent à l'origine dans des grottes, plus tard dans des salles souterraines. Ces cryptes sont scindées en trois parties, une salle commune, puis une galerie flanquée de banquettes de part et d'autre, enfin la salle sacrificielle, dont le mur du fond représente le sacrifice du taureau, ou Taurobole, point culminant de la cérémonie. Les chrétiens verront dans le mithriacisme, ou culte de Mithra, une préfiguration de leurs rites : baptême, communion, sacrifice, mais cette fois de l'« agneau de Dieu », et feront du jour du culte du Soleil, *Sol Invictus* (le Soleil Invaincu), le 25 décembre, celui de la naissance du Christ, *Natalis dies* (le jour de la naissance, devenu Noël).

Ce mazdéisme ancien, polythéiste, est profondément réformé, **entre l'an 1000 et 500 avant J.-C.**, par **Zoroastre ou Zarathoustra** (660-583 av. J.-C.), qui en fait un monothéisme dualiste, dans lequel Ahura Mazda, dieu unique, est entouré de formes divines qui ne sont que ses aspects et s'oppose au principe du mal, Ahra Manyu ou Ahriman, aidé des *péris*, les sorciers.

L'Avesta, *texte saint*

L'*Avesta* (Éloge) est une collection d'hymnes, ou *gāthā*, réunis pendant plusieurs siècles, **entre le IIIᵉ et le VIIᵉ siècle après J.-C.**, formant ainsi le livre saint du mazdéisme ou zoroastrisme. Il comprend plusieurs parties : le *Yasna* (les sacrifices), dans lequel les *gāthā* forment la partie la plus sainte de l'ensemble, car ces hymnes sont attribués à Zoroastre lui-même ; le *Visperad* (hommage aux maîtres spirituels), prolongement du *Yasna*, avec lequel il est toujours récité ; le *Vendidad* (la loi), moyens donnés aux fidèles pour obliger les démons à se démasquer. Il s'agit d'un dialogue entre Zoroastre et le dieu suprême Ahura Mazda. On y trouve à la fois les interdits, les prières pour éloigner les maladies, mais aussi la création d'un monde dualiste, dû à un créateur bon et à un autre mauvais, ou le Déluge. Les *Yasht* sont un ensemble de vingt et un hymnes consacrés aux divinités, anges, idées divinisées. Un *Yasht* est un bienheureux, honoré par la prière. Le *Siroza* (Trente jours) énumère et invoque les trente divinités qui président chacune à un jour du mois. Le *Khodeh Avesta* (Petit Avesta) regroupe des textes moins importants, une version plus populaire du texte sacré, quand *Yasna*, *Visperad* et *Vendidad* renferment davantage des pièces liturgiques plus appropriées aux besoins du clergé zoroastrien. L'*Avesta* a fait l'objet de commentaires en perse moyen ou *Pahlavi*, regroupés dans les écrits *Zend* (interprétation), réalisés entre le IIIe et le Xe siècle de notre ère. De nos jours, l'*Avesta* demeure le livre saint des communautés parsies en Inde, guèbres en Iran, qui perpétuent le culte zoroastrien. Ahura Mazda crée le monde et les hommes pour qu'ils le soutiennent dans sa lutte contre le Mal, mais en les laissant libres de choisir leur camp. La création se fait en six étapes : Ciel, Eau, Terre, Taureau, Plantes, premier Homme. Notre monde durera douze mille ans, suivant quatre périodes de trois mille ans. Les trois premiers mondes finissent par une catastrophe majeure, dont le Déluge. Le dernier s'achève par une parousie, le retour d'Ahura Mazda pour un règne éternel.

CHAPITRE VI
L'Égypte

L'Égypte fascine dès l'Antiquité et prend place dans les ouvrages d'Hérodote, ou les fragments de l'*Histoire de l'Égypte* de Manéthon, mais il faudra attendre la contribution des savants qui accompagnent l'expédition de Bonaparte à la fin du XVIIIe siècle pour en avoir une présentation exhaustive, et surtout le génie précoce de Jean-François Champollion, avec la publication en 1822 de sa *Lettre à M. Dacier*, expliquant son système de déchiffrement des hiéroglyphes. Long ruban fertile de 1 200 km, la vallée du Nil ne représente qu'une petite bande cultivable, de 1 ou 2 km de large. C'est sur cet espace réduit que la presque totalité de l'histoire égyptienne se déroule. Il faut nuancer ce schéma, quelque peu réducteur, pour la période des premiers villages. Soumises à d'incessants changements climatiques, la vallée du Nil et ses bordures désertiques n'ont offert bien souvent que la possibilité d'habitats temporaires. C'est fréquemment le cas des premiers villages dont le point commun est de ne nous avoir jamais préservé, ou peu s'en faut, de structures d'habitats : sites de Nabta Playa daté du VIIIe millénaire, du Fayoum du VIe millénaire ou de Mérimdé du IVe millénaire. Les périodes dites prédynastiques débutent avec le IVe millénaire avant J.-C. et multiplient les communautés urbaines : Nagada, El-Amrah. En Basse-Égypte (au Nord), à la différence de ce qui est constaté en Haute-Égypte (au Sud), le monde funéraire est moins représenté, à en croire le peu d'offrandes retrouvées ou la simplicité des tombes. La dernière période de Nagada, vers 3200 avant J.-C., connaît les premières ébauches d'écriture et la mise en place des premiers royaumes.

ANTIQUITÉ

1. Les premières dynasties ou l'unification de l'Égypte

Avant le règne de Narmer, unificateur de la Haute et de la Basse-Égypte (fin du IVe millénaire av. J.-C.), les égyptologues usent d'une dynastie 0 pour regrouper les princes ou rois. La Haute-Égypte est elle-même divisée en trois villes rivales, **Thinis** (Abydos), **Noubt** (Nagada) et **Nekhen** (Hiérakonpolis), qui les vainc et unifie le Sud avant de conquérir le Nord. **Dès la première dynastie** (v. 3100-v. 2670 av. J.-C.), l'Égypte se heurte à la Nubie, le sud du pays. Les pharaons des deux premières dynasties sont dits thinites, car ils font de Thinis leur capitale. Horus, le dieu-faucon, est à la tête des divinités du pays. Leur grande réalisation consiste à maintenir l'ordre à leurs frontières. C'est alors que plusieurs événements fondateurs de la civilisation égyptienne se produisent. L'État s'organise, par le passage des cours des divers gouverneurs à un appareil d'État centralisé, au service d'un pharaon unique, sous Khasekhemouy (v. 2674-v. 2647 av. J.-C.), dernier souverain de la IIe dynastie. L'ancien Empire égyptien naît doté de structures définies, langue et religion apparaissent alors déjà structurées.

L'art thinite : avec fard et palettes

L'art thinite est connu pour ses stèles, ses éléments de mobilier funéraire plus que pour ses villes, palais et temples, dont il ne reste pratiquement rien, car les bâtisseurs usent encore de briques de terre crue et d'éléments végétaux. La pierre, réservée aux dieux et aux rois, ne commence à être vraiment utilisée qu'à l'extrême fin de la IIe dynastie. Toutefois, les pièces retrouvées témoignent d'une exceptionnelle qualité, comme la *Palette de Narmer*, la tête de massue du roi, la *Stèle du roi Serpent* (ou du roi Djet), les statues de pierre du roi Khasekhemouy. La *Palette de Narmer*, une palette à fard votive, mise au jour en 1898 dans le temple d'Horus à Hiérakonpolis, à environ 100 km au nord d'Assouan, est le plus ancien document où figurent les preuves des luttes qui ont présidé à l'union des deux parties de l'Égypte, la Haute et la Basse. Elle atteste de l'existence du premier roi à régner sur un ensemble unifié, Narmer. Celui-ci est représenté sur un côté avec la couronne blanche de Haute-Égypte, en forme de mitre, sur l'autre, la rouge de Basse-Égypte, à la forme d'un mortier. Assemblées, la blanche dans la rouge, elles forment la coiffure royale par excellence, *Pa-sekhemty*, « Les deux puissantes », dont le nom déformé devient *pschent*. C'est le regroupement du « Pays des roseaux » : *Ta-shema*, la Haute-Égypte, les régions du centre et du sud, et *Ta-mehu*, « Pays du papyrus », la Basse-Égypte, le delta du Nil. Nekhbet, la déesse vautour, protège la première, la déesse cobra Ouadjet, la seconde.

2. L'Ancien Empire (v. 2700-v. 2200 av. J.-C.), une période prospère

L'Ancien Empire (v. 2700-v. 2200 av. J.-C.) marque la période d'édification de l'Égypte, selon des principes destinés à perdurer jusqu'à l'époque ptolémaïque et romaine. Le pouvoir centralisateur de pharaon s'affirme, depuis sa capitale, Memphis, la ville du « Mur blanc », muraille de protection édifiée au sud du Fayoum. Le corps des fonctionnaires se hiérarchise, se spécialise. La littérature atteint déjà des formes accomplies, présente des thèmes destinés à devenir des classiques égyptiens. Architecture et art s'épanouissent, depuis les premières pyramides jusqu'aux somptueux objets et ornements destinés à l'aristocratie. Le corpus des textes religieux s'étoffe et fixe son canon, dans une théologie dominée par les dieux Ptah, Rê et Osiris. Conventionnellement, l'Ancien Empire est divisé en quatre dynasties. L'un des marqueurs de la différence serait la création des pyramides véritables et non à degrés ou rhomboïdale, qui n'intervient qu'à la IVe dynastie. Ces dynasties sont :

- la IIIe **dynastie** (v. 2700-v. 2620 av. J.-C.) ;
- la IVe **dynastie** (v. 2620-v. 2508 av. J.-C.) ;
- la Ve **dynastie** (v. 2508-v. 2350 av. J.-C.) ;
- la VIe **dynastie** (v. 2350-v. 2200 av. J.-C.).

La VIe **dynastie** est la dernière de l'Ancien Empire. Elle correspond à la fois à un âge d'or de l'Égypte, qui exerce sa tutelle sur la

Nubie au Sud, entretient un riche commerce avec les cités de la côte de l'actuel Liban, sécurise les routes caravanières qui mènent vers les oasis, la mer Rouge et le Sinaï et à un lent mais certain affaiblissement du pouvoir central. Les égyptologues pensent souvent que cette perte d'influence de pharaon culmine avec le règne de **Pépi II** (v. 2254?-v. 2164? av. J.-C.), auquel la tradition accorde un règne de quatre-vingt-quatorze ans. Enfant roi à six ans, il aurait contribué à affaiblir la fonction royale avec la régence exercée par sa mère, **Ankhesenmeriré II**, puis par l'altération de ses facultés au fil d'un âge de plus en plus avancé. Son règne, d'après la trace archéologique, dure effectivement entre soixante-deux et soixante ans. Après lui, deux souverains, son fils **Merenrê II**, puis l'épouse de ce dernier, **Nitôkris**, occupent chacun le trône peu de mois. **La première période intermédiaire** (v. 2200-v. 2000 av. J.-C.), période de troubles, va de la chute de la VIe dynastie (v. 2323-v. 2150 av. J.-C.) au début de la XIe dynastie en 2022 avant J.-C., qui ouvre le **Moyen-Empire** (v. 2022-v. 1784 av. J.-C.). Elle se caractérise par la montée politique des *nomarques*, chefs des *nômes*, ou provinces égyptiennes qui se les transmettent de façon héréditaire. C'est le pharaon thébain **Montouhotep II** qui, peu à peu, réunifie l'Égypte à son profit, tâche achevée aux alentours de 2022 ou 2021 avant notre ère.

UN TOMBEAU POUR LA VIE

L'art égyptien de l'Ancien Empire est celui d'une **architecture funéraire monumentale**: des complexes royaux mis en place autour des pyramides. La statuaire, également monumentale, est complétée par un art parfaitement maîtrisé du relief, un grand raffinement des objets composant le mobilier funéraire. **Djéser, ou Djoser** (v. 2665-v. 2645 av. J.-C.), est surtout connu pour son complexe funéraire, comprenant la pyramide à degrés de Saqqara, édifiée sur les plans de l'architecte **Imhotep**. Jusqu'à la IIIe dynastie, la forme la plus courante du tombeau est le *mastaba*, « banc » ou « banquette » en arabe, en briques, édifié au-dessus d'un puits comblé de gravats qui donne accès, après un couloir à angle droit, à la chambre funéraire. Djéser rompt avec cette tradition. Sa pyramide est plutôt une superposition de mastabas, mais en pierre, de plus en plus petits, posés les uns sur les autres. Autour de la sépulture royale, une enceinte à redans, de 550 m de long sur 300 de large, haute de 10 m, abrite les bâtiments, véritables ou factices, nécessaires à l'éternité de pharaon : le temple funéraire et son serdab, pièce aveugle renfermant la statue de Djéser, de multiples chapelles. L'architecture végétale est transposée dans la pierre, ce qui explique l'importance des reprises sculptées, nattes roulées, colonnes papyriformes.

La IVe dynastie, les constructeurs de pyramides

La IVe dynastie ouvre la voie à l'apogée des constructeurs de pyramides. Celle de Meïdoum fait le lien entre la IIIe et la IVe dynastie. Probablement réalisée pour Houni, dernier pharaon de la IIIe dynastie, elle comportait sept degrés, mais les quatre plus élevés se sont effondrés, ou n'ont jamais été construits. Le fils de **Houni**, **Snéfrou** (v. 2614?-v. 2579? av. J.-C.), premier roi de la IVe dynastie, la transforme en pyramide lisse par un parement de calcaire disparu aujourd'hui. C'est ce même Snéfrou qui ordonne la réalisation de plusieurs autres, la pyramide rouge à faces lisses de Dahshour, la pyramide rhombaïdale, ou à double pente, à Dahshour également, la pyramide de Seïlah à proximité du Fayoum, à degrés. La forme parfaite de la pyramide est fournie par celle de Khéops, sur le plateau de Gizeh. Haute aujourd'hui de 137 m pour 147 à l'origine, elle est la plus ancienne des Sept Merveilles du monde, peut-être due au vizir **Hémiounou**. Les deux autres grandes pyramides de Gizeh, plus petites, sont celles de Khéphren et de Mykérinos. L'art des pyramides se poursuit aux Ve et VIe dynasties à Saqqara et sur le site d'Abousir, mais la moindre qualité des matériaux employés explique un plus mauvais état de conservation, signe possible d'un affaiblissement de l'image divine de pharaon. **Les complexes funéraires** de la Ve dynastie répondent à deux types. L'un, traditionnel, reprend l'association entre une pyramide, un temple haut et un temple bas reliés par une chaussée processionnelle. L'autre, nouveau, est **le temple solaire**, tel celui d'Abou Gorab, non loin d'Abousir, qui présente un obélisque gigantesque sur une terrasse surélevée entourée d'un mur. Le plus connu des souverains de la Ve dynastie est le dernier, **Ounas** (v. 2342-

v. 2322 av. J.-C.), en raison de son complexe funéraire de Saqqara. Les parois des corridors d'accès à la chambre abritent le sarcophage royal, les murs de celle-ci sont ornés d'un ensemble de formules connues sous le nom de *Textes des Pyramides*, destinées à assurer la survie d'Ounas pour l'éternité. Ce corpus, qui apparaît déjà très complet, rassemble des conceptions religieuses plus anciennes, formulées bien avant d'être gravées sur la pierre, ce qui en fait le texte religieux achevé le plus ancien de l'humanité.

UNE IMAGE POUR LA VIE

La statuaire, massive, aux membres lourds collés le long du corps, jusqu'à la Ve dynastie, se différencie selon les époques par la taille. Modeste à l'origine, la statue du roi Khasekhemouy mesure 70 cm. Celle de Djéser, retrouvée dans son serdab, atteint 1,42 m. Pharaon est également représenté debout, comme pour **la triade de Mykérinos**, ou en sphinx, comme celui de Gizeh, attribué couramment à Khéphren mais qui pourrait représenter Khéops. **Le sphinx** incarne pharaon en Horus solaire. Les statues de particuliers atteignent elles aussi une grandeur nature, avec le bel exemple du couple formé par Dame Nesa et son époux Sepa, en calcaire peint. Puis les artistes affinent les statues, produisent le scribe connu sous le nom de *Scribe accroupi*, en tailleur, vêtu d'un pagne, dos droit, attentif et prêt à rédiger sous la dictée. L'œuvre, conservée au musée du Louvre, est remarquable par les yeux incrustés, imités du réel au point de paraître vrais et semblant suivre le spectateur du regard. Faite de calcaire peint, la statue qui provient de Saqqara conserve une étonnante fraîcheur de couleurs. Elle est attribuée, sans certitude, à la IVe dynastie. Le musée égyptien du Caire conserve pour sa part une très rare statue en bois de sycomore, haute de plus de 1 m, représentant le prêtre-lecteur en chef Kaaper, plus connu sous le nom de Cheikh el-Beled, ou « le maire du village ». L'art du relief, haut ou bas, se développe par la décoration des tombeaux, à l'exemple du mastaba de Niankhkhnoum et Khnoumhotep au nord de Saqqara, connu sous le nom de *Mastaba des deux frères*, daté de la Ve dynastie.

UN NOM AVANT TOUT

Vers la fin du Ier millénaire, le mot « pharaon » apparaît dans le vocabulaire égyptien. Il vient de *per aha*, « la grande maison », nom qui se perpétue dans l'Empire ottoman avec le terme de « la Sublime Porte ». **La légitimité royale se transmet par les femmes.** La divinité de pharaon se manifeste tout d'abord par sa titulature. Comportant cinq noms, elle manifeste l'écart infini qui sépare pharaon du commun des mortels et définit son rôle de souverain :

– **le nom d'Horus**, précédé du hiéroglyphe d'Horus, représente le roi en tant que l'incarnation terrestre du dieu Horus, ancêtre de tout roi d'Égypte, et comme tel identifié avec le dieu Rê ;
– **le nom de Nebty** symbolise la Haute et la Basse-Égypte par l'union de la déesse vautour et de la déesse cobra. Elles sont *nebty*, soit « les Deux Maîtresses » ;
– **le nom d'Horus d'or**, représenté par un faucon posé sur le hiéroglyphe, désigne l'or. L'or est la chair des dieux, donc de pharaon, et le symbole solaire par excellence ;
– **le prénom, ou plus exactement le nom de Nesout-bit**, « celui qui appartient au roseau et à l'abeille », symboles de la Haute et de la Basse-Égypte. Ce terme est le plus souvent traduit par « roi de la Haute et la Basse-Égypte ». Il est suivi par un premier cartouche, contenant le nom d'accession au trône du pharaon, choisi pour le couronnement ;
– **le nom de fils de Rê**, suivi du nom personnel de pharaon, inscrit dans un second cartouche.

C'est au cours de l'Ancien Empire que se forment les cadres politiques, économiques, sociaux et religieux qui vont perdurer jusqu'à la conquête romaine, chaque nouvelle dynastie s'enracinant dans la terre noire d'Égypte en se réclamant avec force de ses illustres devanciers. Pour l'essentiel, les traits qui sont ici brossés de la civilisation égyptienne sont destinés à demeurer jusqu'à sa disparition.

ANTIQUITÉ

LA LITTÉRATURE DE L'ANCIEN EMPIRE SE DONNE UN GENRE : LES ENSEIGNEMENTS

C'est au cours de l'Ancien Empire que naît un genre promu à un grand avenir dans la littérature égyptienne, les Sagesses ou Enseignements. Pour leur donner plus de portée, ils sont attribués à des souverains ou de grands personnages qui n'en sont pas forcément les auteurs. Leur survie se fait par les exercices imposés aux jeunes scribes, qui doivent souvent les recopier, apprenant ainsi non seulement l'écriture, mais plus encore comment il faut se comporter, dans toutes les situations de l'existence, afin de ne jamais enfreindre l'ordre indispensable au maintien de *Maât*, la Vérité-Justice. Imhotep en aurait rédigé un, qui n'a jamais été retrouvé. Les plus anciens sont l'*Enseignement de Djedefhor*, prince de la IVe dynastie, qui détaille les obligations du culte funéraire d'un fils envers son père, et l'*Enseignement de Ptahhotep*, haut fonctionnaire de la Ve dynastie, qui transmet à son élève le comportement adéquat à chaque âge de la vie. La première période intermédiaire laisse l'un des enseignements les plus célèbres, l'*Enseignement pour Mérikarê*, roi de la IXe dynastie. Il s'agit des conseils sur l'art de gouverner prodigués par le pharaon Khéty à son fils et successeur Mérikarê.

LA RELIGION ÉGYPTIENNE, SURVIVRE DANS L'AU-DELÀ

La religion égyptienne est dominée par la préoccupation de l'au-delà. Les textes sacrés, *Textes des Pyramides* (Ancien Empire : v. 2670-v. 2195 av. J.-C.), *Textes des Sarcophages* (Moyen Empire : v. 2065-v. 1781 av. J.-C.), *Livre des Morts* (Nouvel Empire : v. 1550-v. 1069 av. J.-C.), ont pour but de procurer, à Pharaon d'abord, puis peu à peu à tous les hommes, les moyens adéquats de survie dans l'au-delà. Plus que de théologie, il s'agit de formules prophylactiques, de véritables recettes estimées infaillibles contre les pièges de l'au-delà. À partir de là, se développe une multitude de dieux, au culte très similaire, soumis régulièrement à un dieu suprême, Rê, puis Amon, Amon-Rê, le Soleil. Les mythes explorent, outre la création, avec Osiris, la première certitude du devenir *post mortem* et l'origine divine des dynasties, avec la colère de Rê la destruction de l'humanité, avec la hiérogamie la passation du sang divin dans les veines de pharaon. Certains dieux, toutefois, ont acquis une stature nationale et sont vénérés sur tout le territoire de Kemet, l'Égypte, la « Terre noire », nourricière pour les Égyptiens. Parmi eux, un dieu émerge, le Soleil, sous le nom de Rê dès l'**Ancien Empire** (v. 2670-v. 2195 av. J.-C.), assimilé plus tard à Amon, devenant Amon-Rê, quand s'impose la XVIIIe dynastie au **Nouvel Empire** (v. 1550-v. 1069 av. J.-C.), originaire de Thèbes, où Amon était honoré.

♦ **Les textes funéraires**

Les textes funéraires, composés de formules magiques, étaient gravés dans les tombeaux, peints sur les sarcophages ou encore transcrits sous la forme de rouleaux, tous destinés à protéger le mort dans l'au-delà. Parmi les plus connus, on trouve les *Textes des Sarcophages*, les *Textes des Pyramides*, le *Livre des Morts*.

Les grands textes funéraires égyptiens

- *Textes des Pyramides* : Ancien Empire (IVe-VIe dynastie)
- *Textes des Sarcophages* : Moyen Empire (IXe-X^e dynasties)
- *Livre des Morts* : Nouvel Empire (XVIIIe dynastie)
- *Livre des Portes* : Nouvel Empire (XVIIIe dynastie)
- *Livre de l'Am-Douat* : Nouvel Empire (XVIIIe dynastie)
- *Livre des Cavernes* : Nouvel Empire (XVIIIe dynastie)

– Les *Textes des Pyramides* (Ancien Empire) étaient destinés au seul roi, devant lui permettre de triompher des ennemis qui cherchaient à détruire sa momie, puis à devenir dieu en se fondant avec le Soleil.

– Les *Textes des Sarcophages* (Moyen Empire) sont peints sur les parois de ceux-ci. C'est une démocratisation du parcours du combattant qui attend les nobles et les personnages importants dans l'au-delà. Les parois peintes des sarcophages en bois, à l'intérieur et à l'extérieur, balisent les étapes dangereuses à franchir pour parvenir enfin devant le tribunal d'Osiris, roi des morts.

ANTIQUITÉ

– Le *Livre des Morts* (Nouvel Empire et périodes postérieures) : il s'agit de rouleaux de papyrus déposés près des momies, ou sous leur tête. Ils constituent le plus classique des aide-mémoire dans l'autre monde. Au long de son voyage dans l'au-delà, le mort accompagne la barque solaire dans son périple nocturne. Il faut sans arrêt passer des portes redoutables ou répondre à des génies malfaisants. Toute erreur entraîne la destruction. Heureusement, un coup d'œil au livre, et le mort est sauvé ! Pour les plus fortunés, d'amples passages du Livre sont inhumés avec le défunt, posés sous sa tête ou sur sa poitrine. Les plus pauvres tentent au moins d'avoir une copie de la *Confession négative* pour éviter de fâcheux trous de mémoire devant le tribunal osirien :

> *Je n'ai pas commis d'injustice. Je n'ai pas tué de bétail sacré.*
> *Je n'ai pas dérobé. Je n'ai pas espionné.*
> *Je n'ai tué personne. Je n'ai pas été vantard.*
> *Je n'ai pas été insolent. Je n'ai pas forniqué.*
> *Je n'ai pas désobéi. Je n'ai été ni sodomite ni pédéraste*[1].

3. Au Moyen Empire (v. 2022-v. 1786 av. J.-C.), un épanouissement

Le Moyen Empire consacre la réunification de l'Égypte, l'affirmation de sa puissance politique, l'épanouissement de sa littérature, des arts et notamment de l'architecture monumentale. Il se compose de deux dynasties, **la XIe dynastie** (v. 2106-v. 1991 av. J.-C.), encore largement rattachée à la première période intermédiaire, et **la XIIe dynastie** (v. 1991-v. 1786 av. J.-C.). **Montouhotep II** (v. 2061-v. 2010 av. J.-C.), cinquième roi de la XIe dynastie, réunifie l'Égypte et son règne marque le début officiel du Moyen Empire. Il fixe sa capitale à Thèbes, s'assure la soumission des nomarques de Moyenne-Égypte, rétablit une administration royale confiée à un vizir. Il

---

1. Trad. É. Drioton, cité dans *L'Égypte*, de Arpag Mekhitarian, Paris, Bloud & Gay, 1964, p. 39.

conforte la puissance politique de l'Égypte par l'envoi d'expéditions contre les Nubiens et les Libyens. Roi bâtisseur, il restaure les temples et fait édifier dans le cirque rocheux de Deir el-Bahari son temple funéraire. Le vizir **Amenemhat I**[er] (v. 2000-v. 1970 av. J.-C.) prend le pouvoir et devient ainsi le premier souverain de la XIIe dynastie. La fin de sa vie est assombrie par un complot du harem destiné à l'assassiner, relaté à la fois par le *Conte de Sinouhé* et l'*Enseignement d'Amenemhat*. Il meurt peu après, son fils **Sésostris I**[er] (v. 1970-v. 1928 av. J.-C.) lui succède. Reprenant là encore la tradition de l'Ancien Empire, Amenemhat fait ériger son complexe funéraire, comprenant une pyramide à faces lisses, à Licht. Prince bâtisseur, **Sésostris I**[er] refonde le temple de Rê à Héliopolis, y édifie deux obélisques auxquels il fait donner leur forme définitive : surface de base carrée, forme pyramidale s'effilant vers le haut, sommet en pyramide cubique, le tout recouvert d'inscriptions verticales. À Thèbes, il ajoute au temple de Karnak la Chapelle blanche, un kiosque reposoir de calcaire destiné à recevoir la barque d'Amon lors des processions et à le célébrer avec son père divin, Amon-Min ithyphallique. Si l'acmé de la XIIe dynastie est atteint avec Sésostris III et son fils, la décadence est ensuite rapide, leurs successeurs règnent peu de temps et laissent place à la XIIIe dynastie qui ouvre **la deuxième période intermédiaire** (v. 1786-v. 1554 av. J.-C.), marquant un déclin de la civilisation égyptienne. Plusieurs dynasties règnent en même temps.

L'ART DU MOYEN EMPIRE ÉGYPTIEN : FUNÉRAIRE AVANT TOUT

L'art du Moyen Empire est en partie, comme c'est le cas depuis les débuts de la religion en Égypte, un art funéraire. Si les premiers princes de la XIe dynastie se contentent de modestes hypogées à Thèbes, Montouhotep II fait réaliser à Deir el-Bahari un complexe grandiose. Un temple de la vallée, ou d'accueil, donne accès à une vaste cour. En son centre, une première plate-forme repose sur des colonnes carrées, à laquelle on accède par une rampe en pente. Sur ce premier niveau, on trouve un second édifice lui aussi à colonnes, sommé d'une pyramide. Le tombeau royal est creusé dans la falaise.

La **XIIᵉ dynastie** revient à la pyramide, celle de Sésostris Iᵉʳ à Licht, de Sésostris II à Illahoun, de Sésostris III à Dachour ou d'Amenemhat III à Hawara. Les nomarques ne sont pas en reste. Ils font creuser des tombes dans la falaise, à Béni Hassan, à Assouan, richement décorées de peintures et bas-reliefs. À Béni Hassan, plusieurs registres montrent des scènes de luttes, illustrant les diverses prises utilisées par les deux compétiteurs. Des stèles cintrées montrent le défunt devant une table d'offrandes. **L'art du bas-relief** connaît plusieurs styles, depuis les grandes tailles et les traits ronds du sarcophage de la reine **Kaouit**, épouse de Montouhotep II, qui la montre à sa toilette, coiffée par une servante, dégustant une coupe de vin offerte par son échanson, jusqu'au sarcophage extérieur de bois peint d'élégants hiéroglyphes du chancelier Nakhti sous la XIIᵉ dynastie. **La statuaire** évolue considérablement au cours de cette période. La XIIᵉ dynastie connaît **deux types de sculptures, reprise de l'art traditionnel ou un courant réaliste** : pour l'essentiel, les formes sont délivrées de la lourdeur massive, il y a une évidente volonté de réaliser des portraits véritables au lieu de visages stéréotypés du roi, avec une recherche de l'équilibre des formes et de la grâce. En témoignent les statues d'Amenemhat II ou de Sésostris Iᵉʳ. En revanche, le règne de **Sésostris III** marque une rupture. Pharaon est d'abord portraituré, sculpté, jeune et vigoureux, comme le veut la tradition. Mais les œuvres suivent ensuite les étapes du vieillissement du monarque, livrant sans concession des traits ravagés, orbites enfoncées, paupières tombantes, rides sillonnant le visage, tant pour les portraits en pied, les bustes ou les seules têtes royales. Le Moyen Empire inaugure également le modèle de la **statue cube**, représentant un personnage assis dans un vêtement tiré autour du corps qui présente quatre faces lisses couvertes de hiéroglyphes. N'émergent que la tête et les orteils. Elle permet de mettre en valeur la titulature et les actions destinées à la postérité.

LA LITTÉRATURE DU MOYEN EMPIRE, MODÈLE DU CLASSICISME

La littérature du Moyen Empire peut être considérée à juste titre comme un modèle de classicisme, destiné à inspirer les époques suivantes. L'imaginaire s'enrichit de contes, tels le *Conte de Sinouhé* et le *Conte du naufragé*. Le *Conte de Sinouhé* relate les aventures de Sinouhé, peu après la mort d'Amenemhat Ier, victime d'un complot de harem. Le *Conte du naufragé* semble remonter au début de la XIIe dynastie également. Le *Papyrus Westcar* ou *Contes des magiciens à la cour de Khéops* daterait de la fin de la période Hyksos, mais serait le fruit de textes collationnés pendant la XIIe dynastie.

4. Le Nouvel Empire égyptien (v. 1539-v. 1069 av. J.-C.)

Le Nouvel Empire (v. 1539-v. 1069 av. J.-C.) couvre **trois dynasties** : la **XVIIIe** (v. 1539-v. 1292 av. J.-C.), qui s'ouvre sur les exploits militaires d'**Ahmôsis Ier** (v. 1539-v. 1514 av. J.-C.), la **XIXe** (v. 1292-v. 1186 av. J.-C.) fondée par **Ramsès Ier** (v. 1295-v. 1294 av. J.-C.) dont le règne est éclipsé par celui du fils de Séthi Ier, **Ramsès II** (v. 1279-v. 1213 av. J.-C.), et la **XXe** (v. 1186-v. 1069 av. J.-C.), dont **Sethnakht** (v. 1186 av. J.-C.) est le fondateur. Par l'extension de sa puissance politique, l'expression raffinée de son art, la révolution religieuse, fût-elle brève, d'un dieu unique, la splendeur de ses constructions, le renom de ses souverains, dont la femme pharaon Hatchepsout, le Nouvel Empire est une période d'exception, même dans une histoire aussi riche et fascinante que celle de l'antique Égypte. À la XXe dynastie, les successeurs de Ramsès III, eux aussi nommés Ramsès, se suivent sans gloire sur le trône, dans un affaiblissement continu du pouvoir royal, au profit notamment de dynasties de grands prêtres d'Amon, jusqu'à **Ramsès IX** (v. 1099-v. 1069 av. J.-C.), dont le règne clôt le Nouvel Empire.

L'ART DU NOUVEL EMPIRE, L'ÂGE D'OR

L'art du Nouvel Empire est remarquable de par ses constructions monumentales, temples, hypogées, obélisques, concentrés dans la région thébaine d'où est issue la XVIIIe dynastie. Les sites principaux en sont les temples de Karnak, de Louxor, la Vallée des Rois et celle des Reines.

ANTIQUITÉ

♦ **Karnak** se situe sur la rive droite du Nil, à proximité de Louxor. Consacré à un dieu connu dès l'Ancien Empire, mais dont l'apogée coïncide avec celle des dynasties du Nouvel Empire, Amon, dont le nom signifie « le caché », l'ensemble cultuel de Karnak ne cesse d'être agrandi, embelli, depuis le début de la XVIIe dynastie jusqu'à la XXXe dynastie marquant la fin de l'indépendance des pharaons de l'antique Égypte. Outre Amon, y sont honorés sa parèdre, Mout, la déesse-mère, et le dieu de la guerre, Montou. Les ruines couvrent une superficie considérable, mais il ne reste rien des maisons, des palais et des jardins qui doivent avoir entouré l'enceinte du temple dans les temps anciens. Le temple le plus au nord est le temple du Mont, le dieu de la guerre, dont il ne reste que les fondations. Le temple du sud, qui dispose d'un lac en forme de fer à cheval sacré, a été consacré à la déesse Mout. Les deux temples ont été construits sous le règne d'Aménophis III (v. 1391-v. 1353 av. J.-C.). Entre ces deux enceintes se situe le plus grand complexe de temple en Égypte, le grand temple du dieu métropolitain d'État, Amon-Rê. Le complexe a été modifié à de nombreuses périodes et, en conséquence, ne dispose pas de plan systématique. La caractéristique la plus frappante du temple de Karnak est la grande salle hypostyle, qui occupe l'espace entre les troisième et deuxième pylônes. La superficie de ce vaste hall d'entrée, une des merveilles de l'Antiquité, est d'environ 5 000 m². Il a été décoré par Séthi Ier (qui régna de 1290 à 1279) et Ramsès II (qui régna de 1279 à 1213). Douze colonnes énormes, près de 24 m de haut, ont appuyé les dalles de toiture de la nef centrale au-dessus du niveau de l'ensemble, de sorte que la lumière et l'air puissent pénétrer par une claire-voie. Sept nefs latérales de chaque côté ont porté le nombre de piliers à 134. Les bas-reliefs sur les murs extérieurs montrent les victoires de Séthi en Palestine et Ramsès II contre les Hittites à la bataille de Kadesh.

♦ **Louxor** ou **Luqsor**, nommé *Opet Reset* (Opet du Sud), se trouve à quelque 700 km du Caire. Il s'agit aussi de l'antique ville de Thèbes où se trouve le grand temple dont les premières mentions remontent à **Aménophis III** (v. 1391-v. 1353 av. J.-C.). Le second grand bâtisseur y est **Ramsès II** (v. 1279-v. 1213 av. J.-C.). C'est l'un de ses deux obélisques qui se trouve sur la place de la Concorde. Le temple est relié à celui de Karnak par une allée bordée de sphinx, le *dromos*. Le dieu Amon en suivant ce chemin pouvait se rendre en procession d'un temple à l'autre pendant la Belle fête d'Opet, fête du nouvel an. C'est au cours du second mois de la saison *akhet* (celle de l'inondation), que prend place à Thèbes la Belle fête d'Opet. Les statues de trois dieux quittent leur temple, pour rendre visite à une autre forme du dieu : Amon-Rê de Karnak, sa parèdre (épouse divine) Mout et leur fils Khonsou, divinité lunaire, se rendent de Karnak à Louxor, au temple de l'Amon-Min. Il s'agit d'une courte navigation, depuis les quais de Karnak, jusqu'à ceux de Louxor, sur la barque sacrée du dieu, l'*Ouserhet*, un somptueux navire plaqué d'or et luxueusement décoré pour le transport des dieux.

◆ **Thèbes**, appelé **Ouaset**, ville surnommée « la puissante », située sur le site de Louxor, qui était déjà la résidence des gouverneurs locaux dès l'Ancien Empire, prend une importance véritable à partir de la XIIe dynastie et acquiert une dimension nationale par l'extension du culte d'Amon, son dieu poliade, qui devient protecteur de la dynastie régnante. Son rayonnement est inégalable, d'autant plus que Thèbes devient le siège du pouvoir royal. Amon, à l'origine simple dieu local, est assimilé à Rê, le grand dieu solaire d'Héliopolis. Avec sa parèdre Mout et son fils Khonsou, ils forment la Triade thébaine. Les derniers souverains égyptiens indépendants, **Nectanébo Ier** (380-362 av. J.-C.) et **Nectanébo II** (360-342 av. J.-C.), **à la XXXe dynastie** (v. 380-v. 342 av. J.-C.), la dotent encore d'une magnifique enceinte. **En 84 avant J.-C.**, la ville est presque totalement détruite par les Ptolémée qui préfèrent favoriser Alexandrie comme seule capitale. La rive droite, la rive Ouest de Thèbes, est vouée à la vie spirituelle, au monde des morts ; c'est là que se trouvent les tombes royales, celles des nobles, ainsi que des temples funéraires, Ramesseum, Médinet-Habou, les colosses de Memnon et le village des artisans de Deir el-Medineh. Les **deux colosses de Memnon** sont une représentation du pharaon **Aménophis III** (v. 1391-v. 1353 av. J.-C.) assis. Ils sont constitués par deux blocs monolithiques de grès qui mesuraient près de 20 m de haut à l'origine, moins depuis que leurs couronnes ont disparu. Ils se trouvent sur le parvis du temple funéraire ou « temple des millions

ANTIQUITÉ

d'années » d'Aménophis III dont il ne reste rien, sur la rive Ouest de Thèbes. La légende du chant des colosses est survenue à la suite d'un tremblement de terre en l'an 27. La pierre fissurée et chauffée par le soleil du matin émettait alors le chant attribué à Memnon qui ressuscitait à chaque apparition de sa mère Aurore. Ce phénomène a pris fin avec la restauration du colosse faite par **Septime Sévère** (146-211). C'est sur la rive gauche, la rive Est, celle des vivants, que se trouvent les temples de Karnak et de Louxor.

♦ La **Vallée des Rois**, formée dans une partie de la chaîne Libyque à côté de Thèbes, abrite les tombes des rois du **Nouvel Empire** (v. 1539-v. 1069 av. J.-C.). La plus ancienne est celle de **Thoutmôsis Ier** (v. 1504-v. 1492 av. J.-C.), la plus récente celle de **Ramsès XI** (v. 1098-v. 1069 av. J.-C.). Parmi ces soixante-trois tombeaux, vingt-cinq ont été identifiés comme des sépultures royales. Les autres sont en partie celles de dignitaires royaux, tous n'ayant pas été encore identifiés. **Le Nouvel Empire porte à la perfection les peintures murales** et les bas-reliefs, des tombes ou des temples. Les scènes peintes des tombeaux adoptent un ordre précis : à l'entrée, le défunt, souvent en prière, puis des scènes de sa vie quotidienne dans les salles suivantes, un banquet, des musiciens. Puis viennent les épisodes glorieux de sa vie personnelle, précédant le passage dans le monde souterrain. Pour les princes et hauts dignitaires, la conduite d'un char attelé de chevaux devient un thème récurrent. Dans son temple à terrasses de Deir el-Bahari, la reine Hatchepsout met en scène sur les bas-reliefs son origine divine, sa mère l'a conçue avec le dieu Amon prenant les traits de son père, c'est la hiérogamie dont elle est le fruit. Elle poursuit sa propagande royale par l'érection d'un grand obélisque à Karnak, ou les reliefs gravés relatant l'expédition au pays de Pount, peut-être le Yémen, dans son temple funéraire de Deir el-Bahari. **La sculpture**, largement héritée des formes classiques du Moyen Empire, s'en dégage toutefois par une recherche de stylisation du corps, idéalisé, l'œil souligné davantage par le fard, donnant une expression plus intense au regard.

♦ Dans la **Vallée des Reines**, non loin de celle des Rois, près de cent tombeaux servent de dernière demeure aux grandes épouses royales et à certains princes entre la XIXe (v. 1295-v. 1186 av. J.-C.) et la XXe dynastie (v. 1186-v. 1069 av. J.-C.), dont celle de la grande épouse royale de Ramsès II, la reine Néfertari, de la reine Titi, des princes Khâemouaset et Amonherkopsef. La Vallée des Reines se trouve dans les collines le long de la rive Ouest du Nil en Haute-Égypte. La nécropole des reines est située à environ 2,4 km à l'ouest du temple funéraire de Ramsès III (1187-1156 av. J.-C.) à Médinet-Habou. Il y a plus de quatre-vingt-dix tombes connues, généralement constituées d'une entrée, de quelques salles et d'une chambre pour le sarcophage. La plus ancienne est celle de l'épouse de Ramsès Ier. Les plus notoires sont celles de Néfertari, la reine préférée de Ramsès II ; et d'une reine ramesside appelée Titi. En 1979, l'Unesco a ajouté la Vallée des Reines, la Vallée des Rois, Karnak, Louxor et d'autres sites de Thèbes à la Liste du patrimoine mondial.

◆ Les tombes des nobles

Parmi les tombes des nobles du Nouvel Empire, deux sont particulièrement dignes d'admiration, celle de Nakht et celle de Ramosé. La tombe de Nakht est située à Cheikh Abd el-Gournah, elle est en forme de T selon le modèle le plus couramment suivi. Les fresques qui ornent les murs sont d'une grande fraîcheur de couleurs, avec des scènes d'un grand charme : un groupe de trois musiciennes, Nakht pêchant et chassant dans les marais du delta, des moments des travaux agricoles. Toujours à Gournah, la tombe de Ramosé, vizir et gouverneur de Thèbes, offre les plus délicats bas-reliefs de l'histoire égyptienne, d'autant que la sépulture est inachevée. Citons également la tombe de Nébamon, à la XVIIIe dynastie, où une scène de banquet permet de voir une représentation de face d'une flûtiste ; la tombe de Sennefer, maire de Thèbes, toujours sous la XVIIIe dynastie, dite « Tombe aux vignes ».

◆ L'art amarnien

L'art amarnien est propre au règne d'Aménophis IV ou Akhenaton (v. 1355-v. 1338 av. J.-C.) et de son épouse Néfertiti, qui signifie « la belle est venue ». Monumental, il reprend la tradition lorsqu'il s'agit des palais. Ceux de Tell el-Amarna, sa nouvelle capitale de Moyenne-Égypte, reprennent les vastes salles hypostyles décorées de bas-reliefs et de fresques. Les grands jardins sont entrecoupés d'étangs artificiels et de bassins de plaisance. En revanche, les tombes rupestres attestent d'un net changement, un simple couloir creusé dans la roche permet d'accéder directement à la chambre funéraire. La rupture la plus complète est exprimée par la sculpture, surtout royale. Les corps idéalisés des époques précédentes sont remplacés, dans la famille royale, par des physiques proches de la difformité : cuisses grasses, bassin large, ventre proéminent tombant, seins pendants, épaules grêles, cou mince, tête aux lèvres soulignées, épaisses, joues creuses, crâne allongé. Seuls les yeux immenses rachètent un peu ce portrait d'Akhenaton, alourdi encore par un menton en galoche. Cependant les têtes sculptées des princesses royales démontrent un modelé d'une grande délicatesse, tout comme le buste en couleurs de **Néfertiti**, en calcaire peint, conservé au musée de Berlin. Inachevé, il peut s'agir d'un modèle utilisé par les artistes pour éviter à la reine de longues séances de pose.

◆ **L'art ramesside monumental**

L'art ramesside, qui s'étend sur les XIXe et XXe dynasties, marque le retour à un classicisme monumental, qui renoue avec les formes à l'honneur sous **Aménophis III**, mais le goût pour le colossal s'accompagne parfois d'un aspect un peu figé, loin de la grâce des représentations de la dynastie précédente. Séthi Ier met à l'honneur le relief en creux, comme celui utilisé sur le mur extérieur nord de la salle hypostyle de Karnak. À Abydos, le roi fait édifier un temple composé de deux cours en enfilade qui donnent accès à deux salles hypostyles, puis à sept chapelles, chacune consacrée à un dieu. La tendance à représenter des corps allongés se confirme et s'adapte, fût-ce au prix de la lourdeur, aux complexes colossaux. Les lèvres se font plus charnues, le nez nettement busqué. **Le relief en creux** prédomine. C'est la salle hypostyle de Louxor qui reçoit les grands reliefs de la *Bataille de Qadesh*, célèbre victoire de Ramsès II, dont certaines scènes sont également représentées à Karnak, Abou Simbel ou Abydos. Le temple rupestre de ce roi, à Abou Simbel, illustre la tendance aux constructions gigantesques : l'entrée est marquée par quatre statues du roi assis, hautes de plus de 20 m, suit une salle hypostyle ornée de statues du roi en Osiris, tenant crosse et fouet, hautes de 10 m. Plusieurs centaines de statues colossales, originales ou usurpées, jalonnent le règne. Après Ramsès II, seul **Ramsès III** se montre grand bâtisseur, notamment avec son temple funéraire de Médinet-Habou, qui reprend largement le plan du Ramesseum, temple funéraire de Ramsès II. Les bas-reliefs de Médinet-Habou montrent la victoire de Ramsès III contre les Peuples de la mer, la chasse aux taureaux sauvages dans les marais. Les derniers Ramessides entretiennent les édifices existants, entreprennent des ajouts, mais ne se révèlent pas par l'ambition des constructions entreprises. La sculpture, la peinture copient les modèles de la XIXe dynastie, mais avec plus de lourdeur, moins de fermeté dans le modelé.

LA LITTÉRATURE DU NOUVEL EMPIRE : DU NOUVEAU CHEZ LES DIEUX ET LES HOMMES

La littérature du Nouvel Empire est riche de nouveaux textes religieux, outre l'*Hymne à Aton*. *Le Livre de la vache du ciel*, illustré dans plusieurs tombes de pharaons de Toutankhamon à Ramsès VI, évoque le déplaisir de Rê envers les hommes et sa décision de quitter le monde, ainsi que le Déluge. Le *Livre des Portes*, gravé dans la tombe d'Horemheb, relate le trajet nocturne de Rê dans le monde souterrain hostile, les épreuves que partage le défunt au passage des portes gardées par des divinités redoutables. En cas d'échec, le principe éternel du mort est voué à la destruction. Le plus célèbre écrit demeure le *Livre des Morts*, ou plus exactement le *Livre du sortir au jour*, recueil de formules prophylactiques destinées à assurer la survie de la momie. Il lui permet notamment de franchir la redoutée « pesée des âmes » ou psychostasie devant le tribunal d'Osiris. Placé sur un plateau de balance, le cœur du mort doit être aussi léger que la plume de la déesse Maât, la Vérité-Justice. L'*Hymne à Hâpy*, le dieu Nil, ou plus exactement *Adorer Hâpy* est un morceau d'anthologie des écoles de scribes du Nouvel Empire. Dans le domaine de la littérature profane, deux écrits du Nouvel Empire retiennent l'attention. L'*Enseignement d'Aménémopé*, sous la XXe dynastie, prêche la modestie, la maîtrise de soi, l'application dans l'accomplissement de ses devoirs par le fonctionnaire, thèmes repris dans les proverbes bibliques de Salomon. Plus rare et plus original est sans conteste le *Dialogue du désespéré avec son ba* – le *ba*, traduit par commodité par « âme », étant le principe vital, éternel. Les thèmes du temps qui passe inexorablement, de la décadence d'une époque troublée, de l'angoisse devant l'inconnu de l'au-delà ne sont pas toutefois propres à un seul dialogue, ils sont déjà exprimés au Moyen Empire, avec le *Chant du harpiste aveugle* ou plus exactement les diverses versions, les « Chants du harpiste », qui, bien longtemps avant le *carpe diem*, conseillent aux vivants de profiter de leur condition par l'exhortation répétée : « Fais un jour heureux. »

LA RELIGION ÉGYPTIENNE : LA RÉFORME AMARNIENNE

La religion égyptienne, fixée dès l'Ancien Empire, évolue peu jusqu'à la période ptolémaïque et romaine. Une brève époque rompt cette stabilité qui ne doit pas être assimilée à l'immobilité, mais à une évolution sur le long terme. Pendant presque vingt ans, Aménophis IV (ou Akhenaton) impose le culte du disque solaire Aton. Cette solarisation existe déjà à l'Ancien Empire, avec le culte de l'astre sous ses formes de Khépri-Rê-Atoum, soleil levant, zénith, couchant. Aton lui-même est présent dans les *Textes des Pyramides*. La particularité de la réforme amarnienne – du nom arabe de Tell el-Amarna, le site de la ville d'Akhetaton, « horizon d'Aton », promue capitale à partir de l'an 5 du règne – est de rejeter dans l'ombre les autres dieux, de réduire leur culte à néant, au profit du seul Aton. Akhenaton, « Rayonnement d'Aton » ou « Utile à Aton », est l'intermédiaire suprême entre son père Aton et les hommes. Présenté comme un hénothéisme au profit d'Aton, le culte égyptien contient tous les autres principes divins. La **réforme religieuse d'Aménophis IV** est également pensée comme le tout premier monothéisme. C'est à Aménophis IV lui-même qu'est attribué l'*Hymne à Aton*, magnifique poème retrouvé sous deux formes, le *Grand hymne à Aton* gravé sur les parois de la tombe prévue pour Ay à Amarna, ou le *Petit hymne à Aton* dans les tombes d'autres dignitaires. La ferveur manifestée pour l'Aton, visible de tous, dispensateur de bienfaits universels, inspire par la suite les Psaumes de David, le livre des Proverbes de Salomon et l'Ecclésiaste.

5. L'Égypte de 1069 à 664 av. J.-C. : la troisième période intermédiaire

Le dernier Ramsès, **Ramsès XI**, n'est pharaon qu'en titre, le contrôle de l'Égypte lui échappe. Sa mort, vers 1078 avant J.-C., officialise la partition du pays. Non seulement l'Empire égyptien n'est plus et la politique extérieure de l'Égypte est ramenée au strict minimum des échanges diplomatiques, sans puissance ni influence, mais en plus le Double Pays lui-même est morcelé entre plusieurs souverainetés. Au Nord, **Smendès Ier** (v. 1069-v. 1043 av. J.-C.) fonde la XXIe dynastie avec pour capitale Tanis ; au Sud, le grand prêtre d'Amon, **Hérihor** (v. 1080-v. 1074 av. J.-C.), inaugure la dynastie parallèle des rois prêtres, ne reconnaissant que nominalement l'autorité des pharaons de Tanis. Dans le delta, des princes libyens s'installent à l'Ouest, régnant à Bubastis. Le premier d'entre eux, **Sheshonq Ier** (v. 945-v. 924 av. J.-C.), fonde la XXIIe dynastie, réunifie l'Égypte à son profit, même si une partie du delta passe sous le contrôle des berbères Machaouach qui règnent à Léontopolis, sous la XXIIIe dynastie libyenne, qui tente en vain de rivaliser avec les grands prêtres d'Amon en développant une succession de divines adoratrices d'Amon, sœurs et filles des pharaons libyens. L'effondrement du pouvoir central profite à la Nubie. Une famille royale règne à Napata, près de la quatrième cataracte et du mont Barkal. En 715 avant J.-C., elle réunifie l'Égypte sous l'autorité du pharaon koushite, **Piankhy** (v. 747-v. 716 av. J.-C.), et de son successeur **Shabaka** (v. 716-v. 702 av. J.-C.). À la même période une éphémère XXIVe dynastie domine la région de Saïs dans le delta. Cette époque troublée, aux souverains multiples gouvernant à la même période, est connue comme **la troisième période intermédiaire**. La fin de la XXVe dynastie, en 664 avant J.-C., ouvre la dernière période de l'histoire proprement égyptienne, la **Basse Époque** (v. 664-332 av. J.-C.).

L'ART DE TANIS

Tanis, situé sur une branche orientale du delta du Nil, est la capitale des rois des XXIe et XXIIe dynasties, même si ces derniers conservent à Memphis un centre administratif et se limitent peut-être à en faire un lieu d'inhumation. La ville s'enorgueillit d'un temple d'Amon aussi vaste que celui de Louxor, un autre pour Mout et des tombes de la nécropole royale. Les conditions climatiques et les bouleversements politiques n'ont pas permis de conserver ces monuments, contrairement à la rivale du Sud, Thèbes. Toutefois, les campagnes de fouilles permettent d'en rendre l'architecture d'ensemble. Commencé sous la XXIe dynastie, le temple d'Amon, long de 400 m et large de 100 m, s'ouvre à l'ouest par une porte monumentale de granit, due à **Sheshonq III** (823-772 av. J.-C.), encadrée de statues colossales. Suit une avant-cour aux colonnes palmiformes donnant accès au premier pylône d'**Osorkon II** (870-847 av. J.-C.), qui ouvre sur une cour ornée de colosses et de deux obélisques. Un second pylône est attribué à **Siamon** (978-959 av. J.-C.), le troisième comporte quatre obélisques. Comme à Karnak, dont il s'inspire, le temple d'Amon inclut un lac sacré. Il était relié par une allée processionnelle aux temples de Mout – reconstruit à la Basse Époque par **Ptolémée IV** (238-205 av. J.-C.) –, la parèdre d'Amon, et à celui de Khonsou, leur fils divin. La fouille, notamment des cours, permet d'exhumer nombre de statues, pharaons, sphynx et au sud de l'avant-cour, la nécropole royale. C'est là que la tombe, intacte, du pharaon **Psousennès Ier** (1032-991 av. J.-C.) révèle le plus riche mobilier funéraire après celui de la tombe

---

Les Mésaventures d'Ounamon

Les Mésaventures d'Ounamon est le seul texte d'intérêt daté des débuts de la troisième période intermédiaire. Il est connu par le *Papyrus Pouchkine* conservé à Moscou. L'histoire d'Ounamon prend place soit à la fin du règne de **Ramsès XI** (v. 1098-v. 1069 av. J.-C.), dernier souverain de la XXe dynastie, soit au début de celui de **Smendès** (v. 1069-v. 1043 av. J.-C.), premier pharaon de la XXIe dynastie. Ounamon est chargé par le grand prêtre d'Amon de Karnak, Hérihor, d'aller acquérir au Liban des troncs de cèdre, seuls dignes d'être utilisés pour la barque d'apparat du dieu, nommée *Ouserhat*. C'est sur cette dernière qu'Amon voyage de Karnak à Louxor lors de la grande fête d'Opet. Ounamon va vivre une expérience mouvementée : dépouillé, retenu à Byblos où nul ne lui accorde un quelconque crédit, il échoue au retour sur l'île de Chypre et échappe de peu à la mise à mort et au pillage de son navire. Le récit s'interrompt après cet épisode, nous laissant à jamais dans l'incertitude quant à l'issue de sa mission.

de Toutankhamon : masque en or, grand collier en or, bijoux, amulettes, vaisselle d'or et d'argent et un sarcophage en argent. La découverte, en 1940, est due à l'égyptologue français **Pierre Montet** (1885-1966). Outre à Tanis, les souverains, comme Osorkon II de la XXIIe dynastie, construisent à Bubastis, ville du delta située sur la branche canopique du Nil. Celui-ci y agrandit le temple de la déesse chat Bastet et fait édifier dans sa seconde cour son grand hall jubilaire, aux colonnes à chapiteaux hathoriques.

6. L'Égypte de la Basse Époque

L'Égypte de la fin de la Basse Époque, après 525 avant J.-C., voit se succéder des dynasties étrangères, entrecoupées de brefs moments de pouvoir détenu par des pharaons égyptiens, tout au moins jusqu'à **Nectanébo II** (v. 360-v. 342 av. J.-C.), dernier souverain autochtone. La Basse Époque met en avant la tradition égyptienne. Les souverains étrangers prennent la titulature pharaonique : l'art, la littérature s'inspirent des modèles de l'Ancien Empire. Dans le domaine religieux, l'influence du clergé d'Amon décline, après un moment de partage du pouvoir royal. De nouvelles divinités apparaissent, nées à partir d'une évolution de leur forme précédente – la déesse chat Bastet prend un corps d'oiseau –, ou fruit d'un syncrétisme en œuvre entre dieux grecs et égyptiens, comme Sérapis, composé d'Hadès, d'Apis et d'Osiris, dont le culte se répand à l'époque ptolémaïque.

L'ARCHITECTURE DE LA BASSE ÉPOQUE

L'art égyptien des périodes d'occupation perse reprend les archétypes traditionnels. Certains souverains perses bâtissent en Égypte. Darius Ier fait édifier un temple dans l'oasis de Kharga, reconstruire celui de la déesse Nekhbet à Nekheb. Artaxerxès III se signale, lors de son séjour en Égypte, par une abondante production numismatique. Ses ateliers frappent des pièces d'argent à l'imitation de celles d'Athènes. **Sous la XXIXe dynastie**, Achoris (390-378 av. J.-C.) entreprend une politique de grands travaux dans les plus prestigieux sanctuaires, Louxor, Karnak, Memphis, mais aussi à Médinet-Habou,

El Kab ou Éléphantine. À la dynastie suivante, Nectanébo Ier (380-362 av. J.-C.) réalise de grandes constructions. Il inaugure à Karnak l'édification du premier pylône, entoure le complexe cultuel d'une enceinte de briques crues. À Louxor, il crée une allée monumentale d'accès au temple d'Amon, le *dromos*, bordée de sphinx des deux côtés. Il lance les travaux du temple d'Isis à Philae et y fait édifier un kiosque. Cet évergétisme monumental se retrouve dans le temple d'Amon construit à son initiative à Kharga, celui d'Abydos, le premier *mammisi*, ou chapelle vouée à retracer la naissance divine du souverain, à Dendérah, modèle de ceux des époques ptolémaïque et romaine. Son petit-fils, **Nectanébo II**, est le digne continuateur de son œuvre architecturale. Il construit un pylône à Philae, le *naos*, chapelle cœur du temple qui abrite la statue du dieu, à Edfou, continue à Karnak les travaux du premier pylône, édifie un temple d'Isis à Saqqara, un autre pour Osiris-Apis, des galeries pour entreposer les momies des animaux sacrés, chats de la déesse Bastet, ibis du dieu Thot, faucons d'Horus. Si les souverains perses construisent peu, après les derniers feux de l'architecture égyptienne autochtone sous les deux Nectanébo, la conquête d'Alexandre inaugure une riche période où l'art grec s'égyptianise.

7. L'Égypte ptolémaïque (332-30 av. J.-C.)

Après le bref règne d'Alexandre sur un vaste empire, comprenant l'Égypte, ses successeurs s'emparent des provinces à leur portée. L'Égypte échoit ainsi au général macédonien Ptolémée, fils de Lagos. Il se proclame pharaon en 305 avant J.-C., inaugurant la dynastie des Lagides, les descendants de Lagos. Ils installent leur capitale à Alexandrie, symbole même de l'ambiguïté d'une dynastie grecque, fût-elle égyptianisée et favorable à la coexistence des deux cultures, sur le trône des pharaons. Les révoltes indigènes, les guerres contre les autres successeurs d'Alexandre, notamment la Coelè-Syrie des Séleucides, conduisent les derniers Lagides à faire appel à Rome, qui finit par incorporer l'Égypte à l'Empire en tant que province, en 30 av. J.-C. Deux grands souverains marquent l'un le début et l'autre la fin de la dynastie : Ptolémée Ier et Cléopâtre VII.

◆ **Ptolémée Ier Sôter** (367-283 av. J.-C.), « le Sauveur », doit cette épithète aux Rhodiens qu'il secourt en 305 avant J.-C. alors qu'ils sont assiégés par le roi de Macédoine. Il est non seulement le fondateur de sa dynastie, mais aussi le créateur d'une Égypte où se mêlent l'apport grec et les traditions autochtones. Il fait d'Alexandrie la capitale, la dote d'un phare qui est l'une des merveilles du monde antique, d'un *Museion* ou Temple des Muses dont la fameuse grande bibliothèque d'Alexandrie où œuvrent savants, scientifiques, artistes travaillant à l'Académie patronnée par le souverain. Tous les équipages des navires qui accostent à Alexandrie sont conviés à apporter une de leurs grandes œuvres nationales, afin qu'elle y soit traduite en grec. Le fonds est prodigieux, estimé à quatre cent mille manuscrits. Le nouveau pharaon confie également au prêtre grec **Manéthon** la rédaction d'une *Histoire de l'Égypte* depuis les origines. Contrairement aux exactions perses, Ptolémée Ier inaugure une politique de tolérance et d'ouverture, restaure les temples, favorise la reconstitution de leur clergé, fait rechercher et collationner tous les ouvrages témoins des connaissances, quel que soit le domaine considéré, des anciens Égyptiens. Il fait édifier à Alexandrie un tombeau pour Alexandre le Grand.

◆ **Cléopâtre VII** (69-30 av. J.-C.) est la dernière et grande reine d'Égypte. Après s'être débarrassée de ses deux frères et époux successifs, elle se place sous la protection de César. Celle-ci semble ambiguë, car son séjour de deux ans à Rome, entre 46 et 44 avant J.-C., ressemble fort à la mise en cage dorée d'une otage, pendant que l'Égypte est administrée par l'état-major de César sur place. L'assassinat de celui-ci, en 44 avant J.-C., lui rend sa liberté, et elle parvient à demeurer indépendante dans la guerre civile qui se déroule jusqu'en 41 avant J.-C. L'Orient échoit alors au général **Marc Antoine** (83-30 av. J.-C.). Cléopâtre, convoquée par lui à Tarse, en Cilicie, y arrive en grand arroi et le séduit. Les relations avec **Octave** (63 av. J.-C.-14 apr. J.-C.), petit-neveu adopté par César et son héritier, se dégradent. Dès 35 avant J.-C. les deux camps fourbissent leurs armes. Moins bien préparé à l'origine, Octave s'organise, use de propagande contre Marc Antoine et Cléopâtre, accusés de vouloir établir une monarchie à Rome à leur profit, s'y préparant à régner en tyrans orientaux. En septembre 31 avant J.-C., la bataille navale d'Actium tourne en faveur d'Octave. En août 30 avant J.-C., Marc Antoine, croyant que Cléopâtre s'est donné la mort, se suicide en se jetant sur son épée. Mourant, il est transporté auprès de la reine. Après une entrevue avec Octave, Cléopâtre rejoint le corps de Marc Antoine exposé dans son propre tombeau et met fin à ses jours, selon Plutarque, en plongeant les mains dans un panier de figues où se dissimulent des aspics ou cobras, venimeux[1]. Octave fait exécuter Césarion, fils de César et de Cléopâtre, et transforme l'Égypte en province romaine.

LA FONDATION D'ALEXANDRIE

En 331 avant J.-C., Alexandre le Grand fonde Alexandrie sur le site égyptien de Rhacotis. L'architecte Dinocratès de Rhodes en fait le plan, inspiré de la chlamyde, le manteau macédonien : un rectangle étroit aux rues parallèles qui se coupent à angles droits. Deux portes monumentales donnent accès à la voie principale, la *Platéia*, ou « grande rue », la Porte du Soleil et la Porte de la Lune. Le site de la ville occupe l'espace compris entre la mer et le lac Mariout (ou Maréotis), entouré d'une muraille. Le palais d'Alexandre en occupe environ le tiers, regroupant les casernes, un musée, une bibliothèque, le théâtre de Dionysos et des jardins. Au large, l'île de Pharos, sur laquelle est élevé le phare d'Alexandrie, l'une des Sept Merveilles du monde, est reliée à la cité par une jetée de pierre couverte d'une chaussée, longue de sept stades, soit environ 1 300 m, d'où son nom d'Heptastadion. Elle coupe le port en deux parties, le Grand Port à l'Est, celui d'Eunostos, et le Bon retour à l'Ouest. La ville se divise en deux quartiers principaux, le Bruchion, celui du palais, à l'Est, renfermant les principaux édifices, et Rhacotis, à l'Ouest, comprenant le temple de Sérapis.

LES MONUMENTS D'ALEXANDRIE

Riche port, capitale des Ptolémée, Alexandrie s'enorgueillit au fil du temps de monuments qui augmentent sa notoriété dans tout le monde antique et demeurent des modèles à égaler.

---

1. Plutarque, *Vie d'Antoine*, LXXVII-LXXXV.

◆ **Le phare d'Alexandrie** était considéré par les Anciens comme l'une des Sept Merveilles du monde. Construit par Sostrate de Cnide, peut-être pour Ptolémée Ier Sôter, il fut achevé sous le règne de Ptolémée II, son fils, en 280 avant J.-C. environ. Le phare se trouve sur l'île de Pharos dans le port d'Alexandrie. Sa hauteur de 110 m le rend plus haut que les pyramides de Gizeh. Une grande partie de ce qui est connu provient des travaux de Hermann Thiersch. Selon les sources antiques, le phare a été construit en trois étages, tous légèrement inclinés vers l'intérieur : et le plus bas était de forme carrée, le suivant octogonal et le dernier cylindrique. Une rampe en spirale large mène au sommet, où se trouvait peut-être une statue du roi soleil Hélios. En 1994, l'archéologue Jean-Yves Empereur, fondateur du Centre d'études alexandrines, a fait une passionnante découverte dans les eaux au large de l'île de Pharos. Dus au tremblement de terre en 1300 qui détruisit le phare, des centaines d'énormes blocs de maçonnerie, ainsi qu'une statue colossale représentant Ptolémée ont été mis au jour. Des campagnes de fouilles sous-marines ont permis d'en retrouver les débris.

◆ **Le musée d'Alexandrie** est le lieu dédié aux Muses. Il doit tout aux deux premiers Ptolémée qui offrent aux savants et érudits la possibilité de se consacrer à leurs recherches et à l'enseignement. La Bibliothèque complète cette approche très moderne de l'érudition. Les mathématiques y sont à l'honneur avec **Euclide**, **Diophante**, la médecine avec **Érasistrate**, la poésie avec **Théocrite**, **Apollonius**, **Callimaque**, mais la matière reine y est la philosophie, avec **Ammonios Saccas**, le conciliateur de Platon et d'Aristote, fondateur de l'éclectisme néoplatonicien, cherchant la vérité dans tous les systèmes. Sont également étudiées et enseignées l'histoire, la géographie, la linguistique, la zoologie, l'astronomie, la botanique.

◆ **Le musée** renferme la **Bibliothèque alexandrine**, en réalité deux bibliothèques. La plus grande est reliée au musée et contient jusqu'à sept cent mille rouleaux. Des catalogues tenus par les bibliothécaires permettent aux lecteurs de retrouver thèmes et titres. La plus grande brûle en 47 avant J.-C. dans l'incendie provoqué par la guerre

ANTIQUITÉ

d'Alexandrie, qui oppose Jules César et les Alexandrins, la plus petite disparaît en 391 de notre ère.

♦ **Le Serapeum** est à la fois le grand temple consacré au dieu Sérapis et une vaste bibliothèque renfermant plus de cent mille rouleaux. Il est détruit, tout comme la petite bibliothèque, en 391 de notre ère, sur l'ordre de l'évêque **Théophile**, patriarche d'Alexandrie de 385 à 412, en application de l'édit de Théodose Ier interdisant tous les cultes et rites païens. Les autres grands temples sont le Poséideion, voué à Poséidon, bordant le Grand Port, le Cesareum ou temple de César, détruit en 362, reconstruit, et définitivement rasé en 912. Il ne reste rien non plus du palais des Ptolémée, situé sur le cap Lochias. La ville disposait encore d'un hippodrome, d'un stade olympique, d'un gymnase. C'est là qu'est inhumé Alexandre le Grand, dans un mausolée, le Sôma, le « corps », sous Ptolémée IV Philopator, à un emplacement toujours discuté aujourd'hui. Une vaste nécropole s'étend à l'ouest du Petit Port, le long de la mer.

LES SAVANTS D'ALEXANDRIE

Les savants d'Alexandrie fondent, **à partir du IVe siècle avant J.-C.**, un ensemble d'écoles qui dominent le monde intellectuel pendant plusieurs siècles. Les plus fameuses sont celles de médecine, de mathématiques et de philosophie. L'école de médecine d'Alexandrie est fondée par **Hérophile** (v. 335-280 av. J.-C.) sous Ptolémée II. Il pratique la dissection des cadavres, enseigne l'anatomie, la physiologie, la diététique. Pour lui, quatre humeurs, soit quatre organes, régissent la vie : nutritive (le foie), calorique (le cœur), pensante (le cerveau) et sensitive (les nerfs). Leur déséquilibre provoque la maladie, la paralysie du cœur et la mort. Son contemporain et collègue, **Érasistrate** (IIIe s. av. J.-C.), dissèque également et se consacre à la circulation sanguine. **Philinus** (IIIe s. av. J.-C.) et son successeur **Sérapion** (v. 200 av. J.-C.) fondent la secte des empiriques. Leur propos est de rejeter toute doctrine médicale préconçue en la remplaçant par la seule observation directe du patient. La description des symptômes devient source de connaissance. **L'école des mathématiques** d'Alexandrie aurait commencé sa brillante carrière avec le géomètre Euclide, qui y enseigne vers 320 avant J.-C. Il rédige ses *Éléments*, vaste traité en treize livres, qui est la somme des connaissances mathématiques de l'époque. **Au IIIe siècle avant J.-C.**, il est suivi de **Conon**, géomètre et astronome, qui rédige un *De Astrologia*, établit un *parapegme*, ou calendrier des levers et couchers des étoiles fixes. Les principaux savants mathématiciens nous sont connus par les fragments d'un ouvrage intitulé *Collections mathématiques*, dû à l'un d'entre eux, Pappus, **à la fin du IVe siècle avant J.-C.** Au nombre des continuateurs célèbres émerge le grand nom d'**Hipparque** (v. 190-v. 120 av. J.-C.), qui vécut à Rhodes, mais séjourna peut-être à Alexandrie. Il serait le premier rédacteur de tables trigonométriques, le plus grand astronome d'observation de l'Antiquité. Il met au point l'astrolabe, un catalogue d'étoiles, explique la précession des équinoxes ou lent changement de direction de l'axe de rotation de la terre, le mouvement des planètes par la théorie des épicycles. Selon cette dernière, les planètes tournent sur un épicycle, un cercle dont le centre décrit un autre cercle appelé déférent, lequel est centré à l'origine sur la terre. Pourtant, le plus célèbre des savants des écoles d'Alexandrie demeure **Claude Ptolémée** (v. 90-v. 168), mathématicien, astronome, géographe, musicien, opticien. Si sa vie est peu connue, ses œuvres font le lien entre le savoir antique et sa transmission, par les penseurs byzantins et arabes, aux érudits de l'Occident médiéval et de la Renaissance. Il s'agit du traité d'astronomie au titre original de *Syntaxe mathématique*, ou *La Grande Composition*, parvenu jusqu'à nous sous celui d'*Almageste*, de l'arabe **al-Mijisti**, *La Très Grande*. Il fonde un univers géocentrique, qui n'est contesté qu'au XVIe siècle par les avancées scientifiques dues à **Nicolas Copernic** (1473-1543). L'autre ouvrage fondamental de Ptolémée est son *Guide géographique*, compilation du monde connu arrêtée à peu près au règne de l'empereur **Hadrien** (76-138). Ces deux œuvres donnent les cadres de vie des hommes jusqu'à la fin du Moyen Âge. Il convient de citer également la *Tétrabible*, les « Quatre Livres » d'astrologie, les *Harmoniques* sur l'application des mathématiques aux rythmes en musique, l'*Optique* consacré aux propriétés de la lumière.

CHAPITRE VII
Les Hébreux
(v. 1800-v. 1000 av. J.-C.)

1. Les Hébreux

Les Hébreux, les « nomades » de la Bible, appartiennent au groupe de peuples sémitiques du Proche-Orient. **Vers – 1760**, le patriarche **Abraham** les conduit de Mésopotamie en Palestine, le pays de Canaan, entre Méditerranée et Jourdain et, en échange de l'alliance avec un dieu unique, Yahvé, marquée par la circoncision, les Hébreux se voient promettre la domination sur « le pays des Qénites, des Qénizites, des Qadmonites, des Hittites, des Phéréziens, des Rephaïms, des Amorrites, des Cananéens, des Girgashites et des Jébuséens » (Genèse XV, 19-21). C'est par les documents égyptiens que les Hébreux sont un peu mieux connus. Ils y sont agrégés aux groupes de pillards nomades désignés par le terme générique d'Apirou. **La *Stèle de Mérenptah*** (v. 1210 av. J.-C.) désigne pour la première fois **Israël** : « Israël est détruit, sa semence même n'est plus[1]. » Vers – 1250, **Moïse** reçoit la révélation par Yahvé de la législation connue sous le nom des Dix commandements. Il conduit les « enfants d'Israël » hors d'Égypte où ils étaient réduits en servitude. Après quarante ans d'errance, ils parviennent au pays de Canaan. Ils s'installent en Palestine, à l'ouest du Jourdain. Cependant ils doivent, par l'alliance ou la force militaire, s'insérer dans un espace déjà peuplé, où riches terres, pâturages, oasis sont l'objet de rivalités. Les tribus d'Israël s'unissent ainsi aux habitants

---

1. Claire Lalouette, *L'Empire des Ramsès*, Paris, Flammarion, 1999, p. 276.

ANTIQUITÉ

de Gabaon, pour repousser les attaques des rois amorrites de Jérusalem, Hébron, Tel Yarmouth, Lakish, Églon. **Josué, successeur de Moïse**, les conduit à une première série de conquêtes : la ville de Jéricho est prise et rasée, les villes de Lakish, Hébron, Églon, Débir sont dominées. Toutefois, les tribus ne peuvent s'installer dans toute la Palestine, faute de contrôler les plaines littorales, les villes les plus importantes et les grands axes commerciaux. C'est la période dite des « Juges », chefs choisis pour combattre les souverains voisins. Pourtant, Cananéens et tribus d'Israël se regroupent pour repousser un ennemi commun, les Peuples de la mer, ici les Philistins. Sans être vaincus et chassés, ces derniers sont cantonnés au nord de la Palestine. C'est **vers – 1010** que le juge **Samuel** répond à la demande de douze tribus de se doter d'un roi, **Saül**, de la tribu de Benjamin. Ce dernier doit à la fois combattre les Philistins à l'Ouest et les Amorrites à l'Est. Après une série de victoires contre les Philistins, Saül perd la vie lors d'une bataille qui l'oppose au mont Gelboé. L'histoire de Saül est racontée dans le Premier Livre de Samuel, sans que son existence historique soit attestée. Il faut attendre son successeur, **David**, pour que le récit biblique et l'histoire commencent à se recouper.

LE JUDAÏSME

L'histoire et la religion d'Israël sont inséparables. Le berceau de cette civilisation est le Croissant fertile, c'est-à-dire ces terres qui s'étendent de la vallée du Nil à l'ouest, à celles du Tigre et de l'Euphrate à l'est. La première forme de judaïsme naît sur les rives du Tigre et de l'Euphrate, dans cette région qui porte le nom grec de Mésopotamie, c'est-à-dire « le pays situé entre les deux fleuves ».

L'époque des patriarches (v. 1800-v. 1200 av. J.-C.)

L'histoire des patriarches est à la fois celle des origines, de la fin des ancêtres de Terah, père d'Abraham, et aussi la sienne et celle d'Isaac, de Jacob, de Joseph et de ses frères. Abraham, dont le nom signifie « père d'une foule » (de futures nations), fut le premier des patriarches du peuple d'Israël. Les récits patriarcaux fonctionnent comme un prologue à la future grande épopée de l'Exode avec Moïse. Ce sont surtout des listes de généalogies, qui mettent différentes générations successives en rapport avec d'autres groupes, d'autres ethnies. Le clan d'Abraham se forme pendant la période dite des patriarches qui va durer près de six siècles.

◆ **Le clan d'Abraham**
Terah, père d'Abraham, s'installe à Ur, en Mésopotamie, puis à Haran. C'est un homme de son temps, polythéiste comme il se doit, adorant sans doute Sin, le dieu lunaire d'Ur et de Haran. Ur, à cette époque, est une ville prospère et confortable. Mais cette prospérité ne dure pas longtemps puisque les Élamites, originaires des montagnes du golfe Persique, attaquent et anéantissent cette ville. Terah, qui réussit à s'enfuir, gagne Haran où, malheureusement, il meurt. Il semble que son intention ait été de se réfugier dans les collines du pays de Canaan. Son fils aîné, Abram (Abraham), accomplira ce que son père avait prévu, suivant ainsi l'ordre de Dieu. Arrivée en Canaan, après un passage en Égypte, sa tribu reçoit le nom d'Hébreux, provenant sans doute du cunéiforme *habiru* qui signifie «émigrants, nomades». **Vers – 1760**, Abraham conduit la grande tribu nomade des Hébreux à partir du territoire au sud du Caucase jusqu'en Palestine. D'après l'Ancien Testament, Dieu, Yahvé, conclut la première alliance avec lui. Il exige une croyance totale en lui en contrepartie de quoi, il offre à sa descendance la domination sur la région qui s'étend «depuis le fleuve d'Égypte jusqu'au grand fleuve, le fleuve Euphrate, le pays des Qénites, des Qénizites, des Qadmonites, des Hittites, des Phéréziens, des Rephaïms, des Amorrites, des Cananéens, des Girgashites et des Jébuséens» (Genèse XV, 18-21). À la mort de son père, Isaac devint le chef de la tribu. Sa personnalité est moins marquante que celle d'Abraham, dont il continua l'œuvre. Dieu renouvelle avec lui son alliance par la circoncision, signe rituel de consécration, devenu signe de l'appartenance à la nation abrahamique. Après Isaac, Jacob, son fils, hérite de la promesse faite à Abraham.

◆ **Le sacrifice d'Isaac**
La servante et esclave Agar a donné un fils à Abraham, **Ismaël**, qui serait l'ancêtre mythique des Arabes. Abraham avait déjà quatre-vingt-

dix-neuf ans. La promesse de Dieu d'avoir un fils de Sarah, sa femme, jusqu'alors stérile, est assortie de la condition que tous les descendants d'Abraham soient circoncis, en témoignage de l'Alliance. Le patriarche en reçoit l'annonce par trois visiteurs, des anges. Ils lui dirent que sa femme Sarah enfanterait un fils, **Isaac** (« Joie »). Plus tard, pour éprouver Abraham, Yahvé lui demande d'immoler le jeune Isaac, mais au moment où il allait le faire, un ange l'en empêche, Dieu se contentant de cet acte d'obéissance et de foi. Après ces événements, Abraham s'en retourne à Hébron où Sarah devait mourir quelque temps plus tard. Abraham lui-même mourut à l'âge avancé de cent soixante-quinze ans, non sans s'être remarié et avoir eu d'autres enfants.

Exode et Terre promise (v. 1250 av. J.-C.)

Vers − 1250, sous la direction de Moïse, les Hébreux quittent l'Égypte pour s'installer en Palestine, où vivent déjà des tribus qui leur sont apparentées, c'est l'épisode de l'Exode. L'Exode offre autant d'intérêt que la Genèse, par le charme des récits et les grandes scènes qui y sont décrites. Moïse en est à la fois le héros et l'historien. Le moment où il prend place se situe aux alentours de 1250 av. J.-C., époque à laquelle règne **Ramsès II** (règne : 1279-1213 av. J.-C.), pharaon d'Égypte. Après avoir réclamé en vain à Pharaon la libération des Hébreux, Moïse annonce **les dix plaies** qui s'abattent sur l'Égypte. L'eau fut d'abord changée en sang. C'est Aaron, le frère de Moïse, qui, en étendant la main sur l'eau, réalise cette transformation. Les grenouilles montent à l'assaut de l'Égypte, image destinée à montrer les conséquences de l'aveuglement de Pharaon sur l'ensemble de son peuple. La grêle, si violente qu'il n'y en avait jamais eu semblable dans tout le pays, montre qu'il existe une force plus puissante que celle du pharaon. Puis vinrent les moustiques, les mouches venimeuses, la peste du bétail, les ulcères, les sauterelles. Les ténèbres font sans doute allusion au pouvoir du dieu Rê, dieu solaire, qui serait anéanti. Quant à la dixième plaie, la mort des premiers nés, elle permet aux Hébreux de fuir hors d'Égypte. Il est difficile de dire avec exactitude quel chemin ils suivirent pour rejoindre Canaan à partir de l'Égypte, tout autant que leur nombre exact. Lors de leur entrée en Palestine, les tribus israélites sont conduites par **Josué**, fils de **Noun**, désigné comme le serviteur de Moïse, car ce dernier meurt avant d'entrer en Terre promise. Il ne parvient pas à soumettre toute la Palestine, car les Cananéens (habitants de Phénicie et de Palestine) se maintiennent dans les villes commerciales les plus importantes et contrôlent ainsi les routes des échanges. Ne pouvant, non plus, pénétrer dans les plaines fertiles de la côte, les Israélites s'établissent seulement dans les territoires qui bordent les montagnes. À l'ouest du Jourdain, le pays est réparti entre l'ensemble des tribus qui ont pris part à la conquête. Après elle, en effet, se met en place une première partie de l'histoire propre des Hébreux, dirigés par des juges dont le rôle est à la fois celui d'un chef politique et d'un prophète et théologien.

La période des juges (v. 1200-v. 1000 av. J.-C.)

Vers – 1200, le juge Samuel, à une époque où la pression des Philistins, les habitants de la Palestine, à laquelle ils donnent son nom, est particulièrement forte, maintient pourtant la cohésion et l'unité des tribus. Les Hébreux forment alors douze tribus au nom des douze fils de Jacob : Ruben, Siméon, Lévi, Juda, Issacar, Zabulon, Joseph, Benjamin, Dan, Nephtali, Gad, Asher. Les Cananéens et les Israélites s'allient contre les Philistins et il règne une paix provisoire. Puis les tribus demandent à Samuel de nommer un roi. Ce sera, en – 1010, Saül de la tribu de Benjamin. Il s'empale sur sa propre épée après une défaite contre les Philistins alliés cette fois aux Cananéens. C'est la plus ancienne des religions dites monothéistes. Le judaïsme est marqué par l'alliance entre Dieu, nommé Yahvé, et le peuple élu. Après la destruction du Temple de Salomon par Titus, en 70 de notre ère, le judaïsme se répand sur le pourtour du bassin méditerranéen dans le cadre de la diaspora. Il se caractérise par l'affirmation d'un dieu unique et transcendant. L'histoire du judaïsme est étroitement liée à celle du peuple juif sur une terre, celle de Judée.

LA BIBLE HÉBRAÏQUE

La Bible hébraïque est le Tanakh, acrostiche, mot formé à partir des initiales de ses trois livres, Torah, Nebhî'îm, Kethûbhîm. Le canon juif, c'est-à-dire la liste officielle des livres retenus, est fixé lors du synode de Jamnia, vers 90 de notre ère. Les rabbins présents n'ont conservé que les livres écrits en hébreu, et les ont répartis en trois ensembles intitulés **La Loi (Torah), Les Prophètes (Nebhî'îm)** et **Les Écrits (Kethûbhîm)**, dénommés aussi «Autres Écrits», soit au total trente-neuf livres. Les autres livres écrits en grec, en araméen, ont été rejetés. L'origine du **Tanakh** remonterait au XIIIe siècle avant J.-C. Transmise au début oralement, la Bible hébraïque aurait été rédigée progressivement entre le XIe et le VIe siècle avant J.-C., à partir de versions multiples, pour prendre sa forme définitive au Ier siècle avant J.-C. Sous le nom d'Ancien Testament, elle fait aussi partie des Écritures saintes du christianisme. Il existe toutefois quelques différences dans la liste des livres considérés comme sacrés, appartenant au canon, par le judaïsme, le catholicisme ou le protestantisme. Les livres écartés sont les apocryphes, considérés comme non authentiques, ou d'origine douteuse.

Les livres de la Bible hébraïque

◆ **La Torah**

La première partie de la Bible hébraïque est la **Loi** (ou Torah), formée du Pentateuque, les cinq livres en grec. Le Pentateuque comprend en effet la Genèse, l'Exode, les Nombres, le Lévitique, le Deutéronome. Ces livres réunissent toute la tradition mosaïque, relative à l'histoire du monde, depuis l'histoire des ancêtres, l'organisation et la formation du peuple jusqu'à sa délivrance et la fuite hors Égypte (vers 1250 av. J.-C.), et l'entrée en Terre promise. La Torah enseigne la tradition, dirige les aspects pratiques de la vie quotidienne : le culte, les règles de conduite morale, les exemples à suivre ou à proscrire. Longtemps, la tradition juive lui donne Moïse pour auteur. Toutefois, les cinq rouleaux ne forment pas une unité absolue : les récits présentés sont variés et leur rassemblement en une collection unifiée ne s'est fait qu'après le retour de l'exil à Babylone (568-538).

– **La Genèse** relate le tout début de l'humanité. Les principaux épisodes en sont la création du monde, Adam et Ève au jardin d'Éden, la Chute, le Déluge, la descendance de Noé, la tour de Babel, puis l'histoire des patriarches, Abraham, Isaac, Jacob et ses douze fils.

– **L'Exode** raconte la sortie du peuple de la terre d'Égypte, sous la conduite de Moïse, puis l'alliance de Dieu avec son peuple sur le mont Sinaï.

– **Les Nombres** mettent en place le dénombrement du peuple juif durant son séjour au désert.

– **Le Lévitique**, ou livre des Lévites, contient un grand nombre de prescriptions rituelles et morales.

– **Le Deutéronome**, ou deuxième loi, est le discours de Moïse aux tribus d'Israël, avant l'entrée en Terre promise, dans le pays de Canaan. Moïse y rappelle les principales prescriptions fixées pour vivre dans le respect de l'alliance conclue avec Dieu.

♦ **Les livres prophétiques**
Les livres prophétiques, ou **Nebhî'îm**, « hommes de la parole de Dieu », constituent le deuxième groupe, la deuxième partie du canon juif. Ils comportent deux sections : les « premiers prophètes » et les « derniers prophètes ». La première section constitue un ensemble historique, qui s'ouvre après la mort de Moïse, et qui se termine avec la chute de Jérusalem en 586. La seconde section comprend les textes ou discours prophétiques proprement dits. Un classement en a été fait en fonction de leur longueur entre les « premiers prophètes » – le Livre de Josué, le Livre des Juges, le Premier Livre de Samuel, le Second Livre de Samuel, le Premier Livre des Rois, le Second Livre des Rois – et les « derniers prophètes » – Isaïe, Jérémie, Ézéchiel, Osée, Joël, Amos, Abdias, Jonas, Michée, Nahum, Habacuc, Sophonie, Aggée, Zacharie, Malachie.

Les Écrits

Après la Loi, et les Livres prophétiques, la Bible hébraïque présente une troisième collection de livres assez hétéroclite. Aucun titre caractéristique ne lui est attribué, on l'appelle simplement Kethûbhîm, ou les Écrits, livres inclassables dans les deux précédentes catégories, ce sont des livres historiques, des livres de sagesse, des écrits narratifs, l'expression du lyrisme liturgique. Il s'agit des Psaumes, du Livre de Job, des Proverbes, du Livre de Ruth, du Cantique des Cantiques, du Qohélet (ou l'Ecclésiaste), des Lamentations, du Livre d'Esther, du Livre de Daniel, du Livre d'Esdras, du Livre de Néhémie, des premier et second livres des Chroniques.

◆ **Le Talmud**

Le nom « *talmud* » vient d'une racine hébraïque qui signifie : étudier. La rédaction du Talmud est reconnue comme celle d'un commentaire autorisé de la Torah par toutes les communautés juives. Il est fondé sur l'autorité de la parole de Dieu, et est la forme écrite de la Loi orale, reçue selon la tradition par Moïse en même temps que la Loi écrite du Pentateuque. Il en existe deux versions différentes : l'une est originaire des milieux palestiniens, le Talmud de Jérusalem, l'autre originaire de Babylonie, le Talmud de Babylone. Le Talmud est devenu la base de la jurisprudence à partir de laquelle ont été composés les codes de lois juives. Sa rédaction se poursuivit sur plusieurs siècles. Il est constitué de la Mishnah hébraïque et la Gémara araméenne, ou « complément », qui en est une compilation.

◆ **La Mishnah**

La Mishnah rassemble les lois, les enseignements, les commentaires de toute la tradition orale, de façon que la Torah ne se perde pas. C'est en ce sens que cette compilation de l'ensemble des codes du peuple juif reçut le nom de Mishnah, ou « répétition » de la Loi. La finalité était de permettre l'unification des juifs du monde entier. Les rabbins et les docteurs, craignant la disparition de la Loi orale, commencèrent à mettre un peu d'ordre dans les traditions reçues après la destruction du temple de Jérusalem, en 70 après J.-C. La Mishnah a été rédigée en hébreu. Elle est divisée en six sections comprenant chacune un certain nombre de traités, soixante-trois au total, eux-mêmes subdivisés en chapitres et en paragraphes.

LA DOCTRINE

Le judaïsme est la première des religions abrahamiques avant le christianisme et l'islam. Israël honore YHWH (Yahvé), Élohim (Seigneur) au Nom ineffable. Alors que toutes les religions cherchent à trouver une réponse aux grandes interrogations qui traversent l'humanité, le peuple juif, au contraire, a reçu de Dieu lui-même la réponse, au cours de sa longue histoire. Le nom de Dieu a été révélé par Moïse mais il n'est jamais dit dans les textes de façon évidente ou distinctement. Ainsi : « Moïse dit à Dieu : Voici je vais aller vers les fils d'Israël et leur dire : Le Dieu de vos pères m'a envoyé vers vous. S'ils me disent : Quel est son nom ? Que leur dirai-je ? Dieu dit à Moïse : "Je suis celui qui est." Et il ajouta : c'est ainsi que tu répondras aux enfants d'Israël : Celui qui s'appelle "je suis" m'a envoyé vers vous » (Exode III, 13-14). Cela explique le recours au tétragramme (les quatre lettres) YHWH, prononcé Jéhovah ou encore Yahvé. Sont employés concurremment la racine sémitique *El* que l'on retrouve dans le patronyme de nombreux personnages de la Bible (Daniel, Emmanuel, Élie) ou sa forme plurielle, *Élohim*. En ce cas, c'est un pluriel de majesté évoquant la toute-puissance de Dieu. Ce dernier est encore *Isevoat*, « dieu des armées », ou *Shaddaï*, le « Maître » ou le « Tout-puissant ».

Les prophètes

Le prophète peut être entrevu comme le sage qui va proférer une parole divine sortie du néant grâce à lui. Il se caractérise par cette qualité de posséder « un cœur capable de discerner le bien du mal » (I Rois III, 9). En fait, il est l'interprète de Dieu, envoyé par lui pour révéler une vérité ou mettre en garde. Les prophètes hébreux parlent au nom de leur dieu Yahvé. Selon la Bible, les premiers prophètes furent Abraham et Moïse. À l'origine de l'histoire religieuse se trouve la migration d'une tribu sumérienne conduite par un chef patriarche du nom d'Abraham.

◆ Abraham, une figure pour trois religions

Abraham est une figure pour les trois religions monothéistes et chacune interprète cet épisode différemment. Pour les chrétiens, le

> **La nature de Dieu**
>
> **Dieu est unique**, différent de la nature qu'il a créée entièrement. C'est un être agissant continuellement dans l'histoire humaine. Au départ, le Dieu d'Israël n'est pas un dieu limité à Israël. Il est le Dieu de tout l'univers et de tous les humains. Sa relation historique avec Israël ne l'empêche pas d'être le Dieu de tous, au contraire. Il dépasse toutes choses. L'univers entier lui est soumis et il est en droit d'être le seul à recevoir honneur et gloire. En ce sens, c'est un dieu transcendant.
>
> **Dieu a créé l'être humain à son image**. Doté du libre arbitre, l'être humain a fait entrer le mal dans le monde. Il doit lutter contre une tendance à faire le mal qui coexiste en lui avec la tendance à faire le bien. Il peut toutefois choisir le bien par ses propres forces.
>
> **Dieu a fait alliance avec l'homme** afin qu'il ne se perde pas. Il lui a donné la Torah afin qu'il se perfectionne. L'ensemble des préceptes viennent de Dieu et ont été révélés à Moïse au mont Sinaï. Seul le peuple d'Israël a entendu la voix de Dieu et désormais Israël a une mission dans le monde : celle de témoigner de Dieu par la mise en pratique de la Torah qui est universelle.
>
> **Le peuple d'Israël, bien que dispersé, se verra un jour rassemblé en Terre sainte**, animé également d'une espérance fondamentale : l'avènement du règne messianique. Le messianisme a été développé dès le VIe siècle avant J.-C. par les prophètes et s'est affiné durant toute l'histoire juive. Il consiste en la croyance en un personnage providentiel, le Messie, envoyé par Dieu pour instaurer son royaume sur la terre. Cette attente n'est pas partagée ni acceptée par tous les courants du judaïsme.

sacrifice d'Isaac, fils d'Abraham que Dieu lui demande pour le mettre à l'épreuve, le remplaçant au dernier instant par un agneau, annonce celui de Jésus qui meurt crucifié pour sauver l'humanité. Pour les musulmans, la victime est Ismaël, considéré comme l'ancêtre du peuple arabe. Pour les juifs, c'est une épreuve divine qui se produit sur le Mont Moriah, lequel se trouverait, selon la tradition, à Jérusalem où sera bâti le temple de Dieu. Abraham enfin est le modèle pour tout musulman, car il se soumet avant tout à la volonté de Dieu. Il existe d'ailleurs dans le Coran une sourate qui porte son nom, Ibrahim.

◆ Moïse, le libérateur

Au XIIIe siècle av. J.-C., **Moïse** naît à Goshen dans l'Égypte ancienne. Il a pour frère Aaron, qui sera le premier grand prêtre juif, et pour sœur Myriam. Il fait partie de la tribu de Lévi, l'une des douze tribus hébraïques à émigrer au XVIIe siècle avant J.-C. en Égypte. Ce sont les livres du Pentateuque, de l'Exode au Deutéronome, qui parlent le plus de lui. Moïse échappe de peu à l'ordre de Pharaon de tuer tous les nouveau-nés de sexe masculin. Placé dans une corbeille d'osier et confié aux eaux du fleuve, il est recueilli par la fille de Pharaon qui l'élève comme un fils. Elle lui donne le nom de Moïse : « tiré des eaux ». Il reçoit à la cour de Pharaon, où il est élevé, l'éducation d'un véritable prince d'Égypte. Après avoir pris le parti d'un esclave et avoir tué un chef de corvée égyptien, il s'enfuit dans le désert. Devenu berger dans le Sinaï, Dieu lui apparaît pour la première fois et lui ordonne de libérer son peuple. Pharaon ne voulant pas laisser partir son peuple, l'épisode des dix plaies sur l'Égypte se réalise. Le personnage de Moïse est commun aux trois monothéismes. Il est appelé **Mosheh** dans le judaïsme, **Mussa** dans l'islam et **Moïse** dans le christianisme. Dans l'Ancien Testament, il est présenté comme le chef qui a conduit les Israélites hors d'Égypte.

2. Les royaumes hébreux des environs de l'an 1000 aux alentours de 600 av. J.-C.

LE RÈGNE DE DAVID (V. 1004-V. 966 AV. J.-C.)

Après la mort de Saül, **David** (v. 1004-v. 966 av. J.-C.) devient roi d'Israël. Sa vie est connue d'après les Premier et Second Livres de Samuel et le Premier Livre des Rois. Il est élu par la tribu de Juda et les tribus du Sud, fixe sa première capitale à Hébron. Il est célèbre pour avoir, alors qu'il n'est encore qu'un jeune berger, abattu d'un coup de fronde le champion des Philistins, le géant Goliath, dans la vallée d'Elah. Il épouse **Mikhal**, fille du roi Saül, se lie d'amitié avec son fils, Jonathan. Pourtant la jalousie de Saül à l'égard de David ne cesse de croître. Il doit fuir pour éviter de finir assassiné, erre dans les zones désertiques, entre au service des Philistins. La mort de Saül et de ses fils à la bataille de Gelboé le fait roi. **David** chasse les Jébusiens de leur cité, Jébus, ancien nom de Jérusalem, dont il fait sa nouvelle capitale. C'est un choix habile, à une époque où l'autorité royale doit se faire accepter, car encore toute récente, par les tribus d'Israël et de Juda, Jérusalem n'appartenant ni aux unes ni aux autres. L'arche d'alliance y est transférée, installée plus tard dans le temple de son fils Salomon. L'arche d'alliance est à l'origine un coffre en bois, plus tard recouvert d'or pur et surmonté de deux chérubins faits eux aussi d'or, contenant les Tables de la Loi, données par **Moïse**. Elle suit partout les douze tribus hébraïques avant son installation par David à Jérusalem. Comme les Hébreux sont marqués par le nomadisme, avant cet épisode, l'arche est entreposée lors de leurs étapes dans la « Tente du rendez-vous », comprenez le rendez-vous donné par Yahvé à son peuple, où elle est adorée. Salomon édifie en son honneur le Premier Temple. L'arche personnifie l'alliance avec Yahvé. C'est ainsi qu'elle conduit les Hébreux à la victoire, et que si les ennemis s'en emparent, ils connaîtront la défaite et la mort. Elle disparaît avec la destruction du Temple, en – 587, mais une tradition apparue au IIe siècle de notre ère veut que le prophète Jérémie l'ait cachée dans une grotte du mont Nébo, selon un récit du Livre II des Maccabées. Les membres des familles influentes forment la cour à Jérusalem, sous le titre de « serviteurs du roi ». L'armée, réorganisée, est confiée à Joab, le neveu de David. C'est à Joab qu'échoit la mission de faire tuer, en le plaçant seul en première ligne, **Urie le Hittite**, guerrier dont David a séduit la femme, Bethsabée, enceinte de ses œuvres. Admonesté par le prophète **Nathan**, David se repent, mais le fils de Bethsabée meurt, c'est le châtiment divin infligé au roi. Les drames personnels se poursuivent avec le viol de sa fille Thamar par son demi-frère Amnon. Ce dernier est tué par le frère de Thamar, Absalon, qui se révolte contre David, se fait proclamer roi à Hébron. Joab, à la tête de l'armée, le vainc et le tue alors qu'il s'est accroché à un arbre par les cheveux dans sa fuite. Au prix de plusieurs campagnes, David reprend aux Philistins presque toute la côte de Palestine. Il bat les Ammonites, leurs alliés araméens, Hadadézer, roi de Zoba, et occupe une grande partie de son royaume dont Damas. Il s'allie avec les rois de Sidon.

◆ David et la musique

C'est déjà par le charme de son jeu à la harpe que David parvenait à apaiser la fureur de Saül. Roi musicien, il est crédité de nombreux psaumes. C'est un genre nouveau dont il est le créateur. Le *psaume* est un récitatif qui accompagne le chant. Le contenu des Psaumes de David est variable, depuis l'exhortation des troupes à la victoire jusqu'à l'exaltation de la grandeur divine ou les règles à suivre pour psalmodier. C'est à sa cour, à Jérusalem, que David crée une école de musique où se perfectionnent les « récitants du roi ». On y étudie le chant, la musique instrumentale, avec notamment la harpe ou le gittith, une cithare, le luth, les flûtes, les tambourins. Une chorale regroupe près de trois cents chanteurs. Le Psaume 51, attribué à David, est une imploration du roi à Dieu, pour lui pardonner d'avoir envoyé Urie le Hittite à la mort. Il est connu aussi par son invocation, *miserere*, « pitié pour moi », l'un des Psaumes de David.

Quand Natân le prophète vint à lui parce qu'il était allé vers Bethsabée.
Pitié pour moi, Dieu, en ta bonté, en ta grande tendresse efface mon péché,
Lave-moi tout entier de mon mal et de ma faute purifie-moi[1]...

La tradition attribue au roi David la rédaction du Livre des Psaumes, le *Sefer Tehillim* hébreu (Livre des Louanges), premier livre des Kethûbhîm, les Écrits hagiographes. Au nombre de 150, les psaumes chantent la gloire de Dieu. Chaque psaume est un véritable poème, formé d'un nombre variable de vers. Toutefois, les historiens tendent aujourd'hui à considérer que le Livre des Psaumes est une œuvre collective anonyme, même si certains d'entre eux ont pu être l'œuvre de David. Pour les juifs, certains psaumes sont à réciter quotidiennement, pour former une lecture complète au bout de trente jours. Pour les chrétiens, particulièrement les protestants, ils forment un ornement musical à la célébration religieuse. Ils ont ainsi été traduits par le poète **Clément Marot** (1497-1544), publiés en 1551, et mis en musique par **Claude Goudimel** (1514-1572) en 1563. Leur célébrité à travers les siècles s'explique par la qualité poétique de l'écriture et l'abandon confiant en la foi en Dieu, tel le Psaume 119 :

Je suis un étranger sur la terre
Mon âme est attachée à la poussière et quand
J'y retournerai, rends-moi la vie selon ta parole
Tes mains m'ont créé, elles m'ont formé
Éternel que ta miséricorde vienne sur moi[2].

---

1. *La Bible de Jérusalem*, Paris, Éditions du Cerf, 1997, p. 79.
2. *Ibid.*, p. 95.

ANTIQUITÉ

LE RÈGNE DE SALOMON (V. 966-V. 926 AV. J.-C.)

Salomon est fils de David et de Bethsabée. Son règne est relaté dans le Premier Livre des Rois. Son autorité s'exerce pendant quarante ans sur les douze tribus de Juda et d'Israël. C'est une époque d'apogée, fondée sur une prospérité maintenue. Elle est issue de l'organisation administrative du royaume en douze districts, chacun dirigé par un préfet, le *nesîb*, nommé et révoqué par le roi. Chacun doit fournir, à son tour, un mois de subsistance en nature à la cour royale. La prospérité provient aussi du commerce et de la sécurité que Salomon assure aux routes caravanières entre Damas, l'Égypte, la Mésopotamie, l'Arabie. Les marchands versent une redevance, notamment en produits de haute valeur, encens ou aromates. Un corps de fonctionnaires d'État, les lévites, est créé. L'afflux de richesses vers Jérusalem permet à Salomon de tenir la promesse faite à son père David et d'édifier le Temple destiné à abriter l'arche d'alliance. Toutefois, les impôts sont lourds, les inégalités sociales se creusent et la révolte gronde, attisée par les prophètes qui accusent Salomon d'adorer des idoles païennes. Il s'agit, plus probablement, de sa tolérance à l'égard des divers cultes pratiqués par les marchands et commerçants traversant ou établis dans le royaume. À sa mort, ce dernier subit une partition. Réputé pour sa sagesse, le roi est connu pour le fameux jugement de Salomon : deux femmes se prétendent mère d'un enfant et en réclament la garde. Salomon ordonne de le couper en deux. La mère véritable préfère renoncer et que son enfant demeure en vie, ce qui permet au souverain de la reconnaître et de lui restituer l'enfant.

◆ **Le temple de Jérusalem**

L'expression « temple de Jérusalem » recouvre en réalité deux bâtiments distincts : le Premier Temple, ou Temple de Salomon, édifié durant son règne (vers 966-926 av. J.-C.), détruit par Nabuchodonosor II en – 587, et le Second Temple, construit entre – 536 et – 515, après la fin de la captivité à Babylone. Il faut adjoindre à ce Second Temple le temple d'Hérode, roi de Judée de – 37 à – 4, ensemble de bâtiments ajoutés pendant son règne. Le Temple de Salomon est l'unique lieu reconnu comme sanctuaire par le judaïsme. Selon la

Bible, son édification a duré sept ans et nécessité cent soixante-dix mille ouvriers. Il s'agit d'une forteresse, destinée à protéger l'arche d'alliance, conservée dans le saint des saints, accessible au seul grand prêtre. L'ensemble, massif, est composé de terrasses, d'épais murs, de places publiques, portiques, bassins d'ablutions rituelles, d'autels à sacrifice. L'intérieur, somptueux, en était orné du précieux et odorant bois de cèdre, fourni par le roi phénicien de Tyr, Hiram. C'est également ce monarque qui aurait dépêché auprès de Salomon son propre architecte, Houram-Abi. Le mur des Lamentations est l'unique vestige du temple édifié par le roi de Judée, **Hérode Ier le Grand**, sur le Mont Moriah. Ce nom lui est donné par les chrétiens qui y voient les juifs pieux venir déplorer la destruction du Temple de Salomon par Titus en 70 de notre ère, et la dispersion, ou Diaspora, du peuple juif. Pour les juifs, il est le Hakotel Hama'aravi (le Mur occidental), nom le plus souvent abrégé en Kotel. La coutume veut que celui qui va y prier dépose dans les interstices entre les pierres un petit papier plié où sont inscrits ses souhaits.

♦ L'arche d'alliance

L'arche d'alliance est une sorte de coffre en bois d'acacia de 1,20 m de long sur 0,70 m de large et de haut. Selon la légende, elle aurait été rehaussée d'un placage d'or et conservé, outre les Tables de la Loi, la manne et la verge d'Aaron : « Yahvé parla à Moïse et lui dit : Tu feras en bois d'acacia une arche longue de deux coudées et demie, large d'une coudée et demie et haute d'une coudée et demie. Tu la plaqueras d'or pur, au-dedans et au-dehors, tu feras sur elle une moulure d'or tout autour. Tu fondras pour elle quatre anneaux d'or et tu les mettras à ses quatre pieds : deux anneaux d'un côté et deux anneaux de l'autre. Tu feras aussi des barres en bois d'acacia, tu les plaqueras d'or et tu engageras dans les anneaux fixés sur les côtés de l'arche les barres qui serviront à la porter » (Exode XXV, 10). L'arche d'alliance et son contenu sont reproduits sur le portail nord de la cathédrale de Chartres. Plusieurs explications ont été avancées : l'arche d'alliance aurait été enterrée sous la cathédrale, après avoir été prise à Jérusalem, en 1118, au moment de la mort du roi Baudouin, par des chevaliers français. D'autres auraient supposé le retour de l'arche en France par le biais des Templiers. Aucune de ces deux hypothèses n'a été vérifiée.

LES DEUX ROYAUMES (926-587 AV. J.-C.)

La mort de Salomon sonne le glas de l'unité du royaume. Son fils **Roboam** (v. 931-v. 914 av. J.-C.), insensible à la misère populaire, refuse d'alléger impôts et charges. Les dix tribus du Nord refusent de lui prêter allégeance et élisent pour roi **Jéroboam Ier** (v. 931-v. 909 av. J.-C.), de la tribu d'Éphraïm, formant le royaume d'Israël, dont la capitale est tour à tour Sichem, Thirsa puis Samarie. Roboam ne règne plus que sur deux tribus, celles de Benjamin et de Juda. Avec pour capitale Jérusalem, elles forment le royaume de Juda. Jérusalem, en l'an 5 de Jéroboam, est pillé par le pharaon **Sheshonq Ier** (v. 945-v. 924 av. J.-C.). Par la suite, les deux royaumes sont confrontés à la menace commune des Araméens de Damas, et pour Israël de celle des Philistins. Lors d'une campagne contre eux, le général **Omri** (v. 881-v. 874 av. J.-C.) se proclame roi et fonde la dynastie israélite des Omrides. Il transfère la capitale à Thirsa puis à Samarie. Il marie son fils **Achab** (v. 874-v. 853 av. J.-C.) à **Jézabel**, fille du roi de Tyr Ithobaal Ier. Cette dernière le pousse à adorer le Baal et le détourne du vrai Dieu. Après la mort d'Achab, elle règne avec ses fils avant d'être tuée, son corps livré aux chiens, comme le lui avait prédit le prophète Élie. Omri marie également sa fille (ou petite-fille) Athalie à Joram, fils du roi de Juda. Avec l'aide du prophète Élisée, **Jéhu** (v. 841-v. 814 av. J.-C.), fils du roi de Juda, **Jehoshaphat** (v. 873-v. 849 av. J.-C.), prend le pouvoir en Israël et rétablit le culte de Yahvé. Dans le royaume de Juda, **Athalie** (v. 845-v. 837 av. J.-C.) fait massacrer les descendants de David, impose le culte de Baal. Le grand prêtre **Joad** parvient à dissimuler **Joas** (v. 837-v. 800 av. J.-C.), âgé de sept ans. Il le fait proclamer roi et ordonne la mise à mort d'Athalie. Joas, devenu roi de Juda, fait détruire le temple de Baal et exécuter ses prêtres, tout comme Jéhu en Israël, où le temple de Baal à Samarie est rasé. En dépit de la grandissante menace assyrienne, l'époque qui s'ouvre est celle de la prospérité pour les deux royaumes. **Jéroboam II** (v. 788-v. 747 av. J.-C.) règne sur Israël, reprend à Damas les provinces d'Ammon et de Moab. **Ozias** ou **Azarias** (v. 783-v. 740 av. J.-C.) gouverne Juda, défait les Ammonites. Cependant les prophètes **Amos** et **Osée** mettent en garde le royaume d'Israël contre son déclin prochain, Ozias se détourne des sages enseignements de **Zacharie** et meurt atteint de la lèpre. La mort de Jéroboam II ouvre une période de troubles, au cours de laquelle prétendants au trône et monarques éphémères se succèdent au gré des assassinats. Israël et Juda sont contraints de payer tribut aux Assyriens. Le roi **Ézéchias** (v. 716-v. 687 av. J.-C.) de Juda tente vainement de secouer le joug assyrien en s'alliant avec l'Égypte et les Philistins. En – 701, **Sennachérib** (v. 704-v. 681 av. J.-C.), roi d'Assyrie, défait Égyptiens et Philistins. **Ézéchias** doit se soumettre et continuer à payer le tribut. Le royaume d'Israël, dont la capitale est Sichem, puis Samarie, disparaît en – 722 sous les coups des Assyriens. Le royaume de Juda garde son indépendance, jusqu'en – 605, date à laquelle il devient vassal de **Nabuchodonosor II** (630-561 av. J.-C.). Toutefois, dans le cadre d'un protectorat, les rois de Juda continuent à régner. C'est en ignorant les avertissements du prophète Jérémie que le roi **Sédécias** (597-587 av. J.-C.) provoque la catastrophe. Il se révolte contre Nabuchodonosor II, qui l'écrase, prend Jérusalem et déporte la population du royaume à Babylone, la réduisant en esclavage, en – 587. Le Premier Temple, celui de Salomon, est incendié.

LA LITTÉRATURE PROPHÉTIQUE

Le Livre d'Isaïe fait état de quatre grands prophètes, **Isaïe**, **Jérémie**, **Ézéchiel**, **Daniel** et de **douze petits** : Osée, Joël, Amos, Abdias, Jonas, Michée, Nahum, Habacuc, Sophonie, Aggée, Zacharie et Malachie. Les prophètes sont les envoyés de Yahvé, venus maintenir l'alliance conclue entre les Hébreux et Dieu par Abraham. Ils surviennent en temps de crise, d'idolâtrie, pour exiger le retour au strict monothéisme et menacer les rois du châtiment divin s'ils ne s'amendent pas et ne renoncent pas aux idoles ou à leurs mœurs dissolues. Chaque refus du souverain ou du peuple de les écouter les voit annoncer le châtiment divin, prédire la destruction de Jérusalem et la captivité pour ceux qui se sont détournés du seul vrai Dieu ou révoltés contre lui.

Les grands prophètes

◆ **Isaïe** (ou Ésaïe pour les protestants), en hébreu **Yeshayahou** (Yahvé est salut), est l'un des plus grands prophètes de la Bible hébraïque. Il nous est connu par les *Manuscrits de Qumrân*, ou *Manuscrits de la mer Morte*, car, parmi les rouleaux trouvés dans une grotte de la région en 1947, figurait un exemplaire du Livre d'Isaïe datant du IIe siècle avant J.-C. L'existence historique d'Isaïe se situe entre − 765 et − 700 environ. Après cette date, on perd sa trace. C'est en − 740 qu'il aurait reçu le don de prophétie, afin d'annoncer aux royaumes d'Israël et de Juda leur fin prochaine. Isaïe ne cesse de mettre en garde les juifs contre la détérioration des mœurs, le relâchement du culte dû à Yahvé. Il condamne aussi la politique des rois de Juda, à la recherche d'alliés contre l'Assyrie, là où, selon Isaïe, il conviendrait de s'en remettre à la seule volonté de Yahvé. Le Livre d'Isaïe se présente sous forme d'une succession de soixante-six chapitres, qui correspondent à trois périodes nettement différentes, et renvoient à des contextes eux aussi divers.

– **La première époque**, des chapitres 1 à 39, relate la montée en puissance de l'Assyrie, jusqu'à l'échec du roi assyrien Sennachérib contre Jérusalem, en − 701.

– **La seconde** regroupe les chapitres 40 à 55, et retrace l'ascension de la Perse de Cyrus, qui abattra l'Empire assyrien et rendra la liberté aux Hébreux exilés, soit la période comprise entre − 550 et − 539.

– **La troisième**, des chapitres 56 à 66, dresse la situation, après le retour d'exil, à Jérusalem, après − 538. Cette dernière section regroupe probablement les dires de plusieurs prophètes, et non du seul Isaïe. Selon la tradition juive, dans le livre apocryphe intitulé l'Ascension d'Isaïe, le prophète, fuyant la persécution du roi Manassé, se serait réfugié dans un tronc d'arbre, mais le souverain aurait ordonné de le scier en deux.

◆ Le prophète **Jérémie** est célèbre pour le Livre de Jérémie, le Livre des Lamentations, et le substantif accolé aux plaintes incessantes, les « jérémiades ». Son nom hébreu signifie « celui que Dieu a établi » ou « l'Éternel est élevé ». Il a vécu au VIIe siècle avant J.-C., probablement entre − 648 et − 578. Sa carrière de prophète commence sous le règne de **Josias** (règne : 640-609 av. J.-C.), vers − 628. Il annonce la décadence du royaume de Juda, la destruction de Jérusalem et la captivité à Babylone, autant d'épreuves voulues par Dieu, que le peuple doit accepter. Déporté en Égypte, Jérémie y meurt, probablement à l'âge de soixante-dix ans. Le Livre des Lamentations mérite une attention particulière. Œuvre poétique formée de cinq chants, dont quatre composés sur le rythme de la *qîna*, cantique ou chant à l'occasion d'une tragédie, d'une destruction, d'un deuil, mode récitatif funèbre par excellence, elle est également acrostiche, toujours pour les quatre premiers poèmes, c'est-à-dire que chaque vers commence successivement par l'une des vingt-deux lettres de l'alphabet hébreu. Chaque élégie est composée de vingt-deux strophes. Les Hébreux nomment ce livre *Eykab* ou *Eikha*, de *eikh* (comment), car c'est par ce mot que s'ouvre le premier chant. Les principaux thèmes abordés sont le siège de Jérusalem, la prise de la ville, la déportation à Babylone, le poids du péché de Juda, enfin l'espoir du retour en Canaan, du pardon de Yahvé.

♦ **Ézéchiel** (v. 627-v. 570 av. J.-C.) vit au moment de la prise de Jérusalem par les Assyriens et de la déportation du peuple en Babylonie, où il est lui-même exilé vers − 597. C'est là qu'il exhorte, selon le Livre d'Ézéchiel, les Israélites à revenir à l'alliance avec Dieu, dont l'oubli a entraîné la déportation et la destruction de Jérusalem. Son livre de prophéties comprend trois parties : les chapitres 1 à 24 dénoncent les péchés du peuple élu, jusqu'à la prise de Jérusalem ; les chapitres 25 à 32 annoncent la ruine des peuples idolâtres ; enfin la dernière partie, les chapitres 33 à 48, voit Yahvé confier à Ézéchiel la tâche de détourner les Israélites du péché, de raffermir leur cœur en annonçant une nouvelle Jérusalem et la construction du Second Temple, le Premier Temple étant celui de Salomon, détruit par les Assyriens. Ézéchiel prophétise aussi la venue du descendant de David, Jésus, et a une vision du tétramorphe, c'est-à-dire de l'animal ou « être vivant » lié à chacun des futurs évangélistes, l'homme à Matthieu, le lion à Marc, le bœuf à Luc et l'aigle à Jean.

◆ **Daniel** vit à l'époque du roi de Babylone, **Nabuchodonosor II** (v. 605-v. 562 av. J.-C.). Le Livre de Daniel décrit en effet la captivité du peuple juif à Babylone à cette période. Il se termine cependant avec des événements qui se sont produits sous **Antiochos IV** (175-163 av. J.-C.), roi séleucide, qui tente l'hellénisation forcée de la Judée, installe un autel de Baal dans le temple de Jérusalem, ordonne d'offrir des porcs en holocauste, interdit la circoncision. Autant de décisions qui provoquent la révolte des juifs sous la conduite de la famille des Maccabées. Le Livre de Daniel est écrit en hébreu, en araméen et en grec, dans un style apocalyptique. Il a probablement été achevé sous Antiochos IV. Il se compose de trois parties : les chapitres 1 à 6 décrivent la captivité de Babylone, les chapitres 7 à 12 les visions de Daniel, enfin les chapitres 13 et 14, plus tardifs, rédigés en grec, comportent notamment l'histoire de Suzanne et des vieillards – surprise au bain, elle se refuse à eux qui l'accusent d'adultère pour se venger et ne doit son salut qu'à l'intervention du prophète Daniel – et celle de Bel et du serpent ou dragon – Daniel parvient à provoquer l'étouffement du dragon adoré par les prêtres de Bel. Le roi le jette aux lions qui l'épargnent. Il recouvre sa liberté.

Les petits prophètes

Ils ont reçu cette épithète, non que leurs écrits soient moins méritants, mais ils sont considérés comme moins importants, et pourtant c'est le même Dieu qui parle par leur bouche. Ils annoncent les malheurs aux nations. Durant les trois siècles qui s'écoulent depuis le schisme des dix tribus jusqu'au retour de captivité (800-500 av. J.-C.), les prophéties des hommes de Dieu retentissent dans toute la Judée. On les voit tour à tour apparaître dans les cours, sur les places publiques, dans les assemblées du peuple... Ils rapportent fréquemment la parole des grands prophètes – Isaïe, Jérémie, Ézéchiel et Daniel –, celle des livres de la Bible qui leur sont consacrés. **Amos**, « porteur de fardeau », le plus ancien des petits prophètes, vit au VIIIe siècle avant J.-C. Il dénonce les excès des plus riches et annonce la fin d'Israël. **Osée**, dont le nom signifie « salut, délivrance », combat ceux qui ont découvert les divinités païennes tels Baal ou Astarté. Il chante l'amour divin vers – 700. **Joël**, dont le nom veut dire « l'Éternel est Dieu », prophétise vers – 800. Il annonce une armée de sauterelles. **Nahum**, ou « Consolation », décrit la destruction de Ninive. **Sophonie**, « l'Éternel a protégé », blâme l'ensemble des dirigeants et leur enjoint d'éviter l'anéantissement de Jérusalem. **Michée**, « Qui est comme Dieu », paysan venu de la région située à l'ouest d'Hébron, annonce la ruine de Jérusalem et la destruction du Temple. **Habacuc**, « Amour », prophétisait une prochaine invasion des Chaldéens. Il fait aussi des reproches et adresse des plaintes à Dieu au sujet de la corruption du peuple. **Abdias**, dont le nom signifie « serviteur de l'Éternel », est l'auteur du livre le plus court de la Bible. Il est probable qu'il prophétisa peu de temps après la destruction de Jérusalem. **Aggée**, « en fête », le fait à son tour mais à Jérusalem vers – 530. Il encouragea les juifs à rebâtir le Temple. **Zacharie**, « l'Éternel se souvient », est l'auteur du Livre de Zacharie classé parmi les Nebhî'îm dans la tradition israélite. Rédacteur d'un des livres de la Bible hébraïque qui contient la déclaration de Dieu, adressée à Israël, il dénonce notamment les négligences apportées au culte de Dieu. **Jonas**, ou « Colombe », est le personnage principal du livre du même nom. Il est célèbre pour son séjour dans le ventre d'une baleine. Il prédit la destruction de Ninive, mais Dieu change d'avis.

L'ARCHITECTURE AU TEMPS D'HÉRODE

◆ Le Second Temple de Jérusalem

Le Second Temple de Jérusalem est celui mis en chantier par Hérode le Grand, vers 20 avant J.-C. Les travaux sont gigantesques, l'édifice couvre environ 15 % de la superficie de la ville. Le Second Temple s'élève sur une esplanade monumentale, construite en dix ans par dix mille hommes, dont reste le Mur occidental, le mur des Lamentations. Le Temple lui-même nécessite sept ans de travaux et cent mille hommes. Il est à peine achevé, en 63 de notre ère, que Titus le détruit en 70, à la suite de la révolte de la Judée contre son père, l'empereur Vespasien. Le Temple est entouré d'une muraille longue de près de 300 m au nord et au sud, de plus de 400 m à l'est et à l'ouest. Ses colonnes de marbre sont ornées de chapiteaux plaqués d'or ou de bronze. Il est réparti en plusieurs édifices : le saint des saints, cube sans lumière, fermé par un double voile, abrite l'arche d'alliance. Seul le grand prêtre, une fois par an, peut y pénétrer pour y faire brûler de l'encens. La cour des prêtres le précède. C'est là que les animaux offerts par les fidèles sont sacrifiés. La cour des femmes accueille femmes et enfants mâles de moins de treize ans, âge d'accession pour l'adolescent à la vie adulte, après célébration du rite de la *Bar Mitsvah*. Diverses autres chambres abritent bois, vin, huile, encens nécessaire aux cérémonies. Deux bâtiments sont réservés : l'un aux ascètes, la Chambre des nazirs, l'autre aux malades venus chercher la guérison, la Chambre des lépreux. À proximité du Temple, interdit aux non-juifs, se trouve le Parvis des gentils, où tous peuvent venir commercer.

CHAPITRE VIII
Nos voisins d'Asie

1. L'Inde du deuxième millénaire au VIe siècle de notre ère

TOUT COMMENÇA DANS LA VALLÉE DE L'INDUS (XXVIe-XVIIe SIÈCLE AV. J.-C.)

C'est vers le Ve millénaire que la vallée de l'Indus connaît les débuts d'une urbanisation importante. Près de quatre cents sites s'alignent le long de ses rives d'où le nom de civilisation de l'Indus (v. 2500-v. 1500 av. J.-C.). L'apogée de cette culture se situerait vers le milieu du IIIe millénaire. L'écriture retrouvée sur les sceaux n'a pas encore été déchiffrée, elle ne ressemble à aucune forme connue. Près de trois cent cinquante pictogrammes ont pourtant été identifiés, inscrits de droite à gauche. Deux sites dominent alors tous les autres, celui de **Mohenjo-Daro**, dont le nom signifie « le tumulus des morts », et celui d'**Harappa**. Chacun a un périmètre de 5 km et couvre quelque 60 ha.

LES DÉBUTS DE LA PÉRIODE VÉDIQUE (IIe MILLÉNAIRE-Ier MILLÉNAIRE AV. J.-C.)

◆ **Le savoir des *Veda***

La rédaction des *Veda* s'est faite pendant près d'un millénaire entre le XVIIIe et le VIIIe siècle avant J.-C. L'impossibilité de fournir une date

ANTIQUITÉ

exacte tient au fait que ces textes ne mentionnent aucun fait historique connu auquel les rattacher, la date limite de leur rédaction étant difficile à cerner avec exactitude. Ces paroles sacrées des brahmanes font l'objet d'un classement qui dura mille ans et incarne une école de pensée religieuse ou philosophique particulière. Les *Veda* constituent une connaissance révélée, un savoir transmis oralement de brahmane à brahmane. Le védisme est une liturgie, c'est-à-dire, au sens fort du terme, une action sacrée. Les rites y tiennent une place essentielle et c'est à partir de lui, dans une explication symbolique des gestes et des formules rituelles, que la spéculation prendra son essor. Ils sont structurés en plusieurs étapes et se divisent en quatre parties : **Rigveda** (*Livre des hymnes*), **Sāmaveda** (*Veda des modes de cantillation*), **Yajurveda**[1], **Atharvaveda**. Les trois premiers sont regroupés sous l'appellation de « triple science » : les hommes s'adressent aux dieux et les célèbrent. Le *Rigveda* comprend mille dix-sept hymnes, soit dix mille six cents strophes consacrées aux dieux individuels. Parmi eux on remarque Indra, le dieu des puissantes actions guerrières, Agni, dieu du feu, Varuna, protecteur de l'ordre du monde. Le cent vingt-neuvième hymne contient l'histoire de la création avec la description du néant originel. Les *Sāmaveda* sont une collection de chants rituels et le *Yajurveda* des formules sacrificielles. Le nom d'*Atharvaveda* vient d'Atharan, celui qui les a composés.

◆ Le brahmanisme, plus populaire

Le brahmanisme succède au védisme, **vers 1500 av. J.-C., pour s'éteindre vers 900 av. J.-C.** Le brahmanisme se revendique comme une continuité du védisme en une religion plus philosophique et aussi plus populaire. Les *Explications* (*Brāhmaṇa*), ou « interprétations du brahmane » (commentaires en prose des *Veda*), les *Aranyaka*, ou « traités forestiers », livres de magie, destinés aux prêtres, et les *Upanishads*, groupes de textes qui prêchent la délivrance des renaissances et montrent la voie vers l'absolu, forment le dernier groupe scripturaire de la révélation védique. Les *Upanishads*, assez courts, au nombre de

---

[1]. Il existe deux versions du *Yajurveda* : le *Yajurveda* blanc qui contient seulement des formules, et le *Yajurveda* noir où les formules sont accompagnées d'un commentaire traditionnel qui en explique le sens mystique.

deux cent cinquante environ, se veulent métaphysiques et précisent les voies pour atteindre l'absolu, l'identification nécessaire d'*Ātman* (souffle vital, composé de *prāṇa* et *vāyu*) et de *Brahman* (l'Absolu, origine et terme de toute chose). Leur but est d'apporter un apaisement à l'esprit humain. La théorie de la transmigration des âmes donne à l'homme la possibilité de se libérer lui-même. Si les *Veda* apparaissent bien avant l'an 1000 pour certains, les *Upanishads* naissent vers le VIIIe siècle, placés à la fin des *Veda*.

L'HINDOUISME, RELIGION SANS FONDATEUR

L'hindouisme, religion polythéiste, pratiqué par la majorité des habitants du monde indien et fondé sur les *Veda*, est l'héritier du védisme et du brahmanisme. Le terme d'hindous s'applique à tous ceux qui reconnaissent en tant qu'autorité suprême les *Veda*, et tous les textes sacrés qui les composent, *Upanishads*, *Chant du Bienheureux* (*Bhagavad-Gītā*)... Le secret de la connaissance y est capital, et les textes sont des révélations. Les sages, les *rishis*, auraient été inspirés directement par les divinités. L'hindouisme, terme récent, date du XIXe siècle, et désigne l'ensemble des religions de l'Inde. Les populations qui se rattachent aux religions animistes, au parsisme (culte du feu des descendants d'émigrés perses zoroastriens), au judaïsme, au christianisme ou à l'islam sont exclues de cette appellation. De même en sont exclus les sikhs, leur religion étant fondée sur un syncrétisme de l'hindouisme et de l'islam. L'hindouisme est issu d'une tradition millénaire qui n'a pas de fondateur. En Inde, tout est divin : le *Rta* domine à côté des dieux, s'affirme en tant que loi cosmique, vérité vivante, elle émane de Dieu et est en même temps son instrument.

◆ Karma, bon ou mauvais

L'élément permanent, à travers les divergences théoriques entre les diverses écoles, est l'*Ātman*, que nous appellerons âme ou principe qui organise tout être vivant. Pour la plupart des hindous, l'état dans lequel nous nous trouvons n'est en aucun cas celui où nous avons la vision la plus haute de la réalité ultime. La conscience de cette dualité se termine le jour où nous perdons cette même conscience. C'est pendant cette époque de dualité que s'applique le plus clairement la notion de karma. Dans ce même monde de dualité, nous subissons la conséquence des actions que nous avons faites. Les bonnes actions sont créatrices d'un bon karma, les mauvaises d'un mauvais karma. Tant que nous avons « du karma à épuiser », nous sommes obligés de renaître sur terre à des intervalles variables. Nous entrons dans une ronde sans fin des morts et des naissances (le *saṃsāra*). L'on renaît automatiquement tant que le karma n'est pas encore épuisé. Comment se crée et se détruit un karma ? Nos pensées, nos actions nouent entre nous et l'objet de ces rapports un lien que les hindous appellent « lien karmique ». Selon l'auteur des actes, ce lien est une dette à payer ou une créance à recouvrer. Ainsi, on peut accumuler du karma, ou en détruire.

◆ Libération, réincarnation

La libération, qui constitue pour les hindous le but essentiel de la vie et plus généralement celui de toute évolution, est donc consécutive à l'émergence hors de cette ronde des morts et des naissances : c'est le *nirvāṇa*. La différence fondamentale entre nos conceptions chrétiennes et celles des hindous est que, lorsque nous pensons à l'immortalité, nous la vivons comme une victoire sur la mort. Pour les hindous, la mort n'est pas autre chose que le terme obligé de toute vie qui débute par une naissance. Ce qui naît est donc condamné à mourir. L'âme peut, dans certaines circonstances, fabriquer d'autres corps humains et en utiliser pour se débarrasser de son karma. C'est tout du moins ce qu'enseignent les textes les plus classiques. De la même façon, l'âme peut habiter des vies animales et même redescendre dans le règne végétal, devenir brin d'herbe, liane, ronce. C'est pour cette raison que tuer un animal, pour un hindou, est un crime. Les dieux eux-mêmes n'ont pas dédaigné se réincarner dans un animal : Vishnou en poisson, en sanglier ; Yama en chien ; Indra en porc... L'âme peut tout aussi bien réintégrer des corps divins.

Toutes nos activités peuvent se diviser en trois catégories : création/conservation/destruction, à chacune d'elles correspond un dieu : Brahmā/Vishnou/Shiva.

Ces termes de création, conservation et destruction n'ont pas ici leur sens courant. Il serait plus exact de dire : « venu à la conscience de la multiplicité et destruction de cet état par retour à la conscience de la non-dualité ». Ainsi, Brahmā doit être vu comme le dieu qui plonge l'homme dans les dualités, Shiva celui qui peut nous arracher à cette conception des dualités, et Vishnou celui qui nous protège et nous guide.

DIEUX ET DÉESSES, HÉROS ET MANTRA

Si les dieux de l'Inde sont si nombreux, c'est que le panthéon indien n'est jamais demeuré immuable. Depuis la première composition du premier hymne védique vers 1800 avant J.-C. jusqu'aux dernières compilations des *Textes des Temps Anciens* (*Purāṇa*), recueils mythologiques d'un accès plus simple que les *Brāhmaṇa*, vers les IIIe et IVe siècles de notre ère, les divinités n'ont cessé de se modifier, comme leurs mythes d'ailleurs. Les trois principales vénérées restent Brahmā, Vishnou, Shiva qui forment la Trimūrti, la trinité hindoue. Les dieux sont associés à des formes divines d'essence féminine dont la plus importante reste Shakti, la déesse-mère. En dépit de cet aspect polythéiste, tous et toutes émanent d'une seule et même force cosmique créatrice, le Brahman.

◆ **Agni**, dieu du feu dans l'hindouisme, est celui qui chauffe, qui éclaire, qui purifie. Les Indiens védiques en font un dieu à part entière. Mythologiquement, il est l'intermédiaire entre les dieux et les hommes.

◆ **Arjuna**, le héros guerrier, est dans la *Bhagavad-Gītā* le troisième des cinq fils de Pandu, les Pandava, en réalité celui du dieu Indra et de Kunti, la femme de Pandu. Kunti le conçoit parfois avec plusieurs dieux. Il apprend l'art du combat auprès du brahmane Drona, en particulier l'archerie. Avant la grande bataille de Kurukshetra, Krishna, le huitième avatar du dieu Vishnou, prend l'apparence du conducteur de son char et lui offre alors son enseignement spirituel, lui recommandant de faire son devoir de membre de la *Kshatriya*, la caste des guerriers, de combattre en surmontant ses doutes. La *Bhagavad-Gītā*, ou « Chant du Bienheureux », relate cet entretien devenu célèbre.

ANTIQUITÉ

♦ **Brahmā** est le premier membre de la Trimūrti, la trinité de dieux, formée avec Shiva et Vishnou. Dieu tout-puissant, principe de tout, il est représenté par un cercle dans un triangle sur les monuments, possède quatre têtes, tient dans ses quatre mains la chaîne qui soutient les mondes, le livre de la Loi, le poinçon à écrire, le feu du sacrifice. Ses têtes sont ornées de lotus. Sarasvatī, déesse de l'érudition, de la parole, à qui l'on prête l'invention du sanscrit, est sa parèdre, son épouse divine, son énergie féminine ou Shakti.

♦ **Durgā**, la guerrière, est une des formes de Shakti, la déesse-mère, revêtue pour combattre le buffle démon Mahisha. Elle porte le sari rouge et chevauche un lion.

♦ **Ganesh**, fils de Shiva et de **Pārvatī** son épouse, aussi appelé **Ganapati**, est le dieu de l'intelligence, du savoir, protecteur des lettrés. Sa qualité de *Vighneshvara*, « Seigneur des obstacles », lui permet de les écarter, ce qui en fait l'un des dieux les plus vénérés en Inde. Il est traditionnellement représenté avec un corps d'homme, surmonté d'une tête d'éléphant à une seule défense, l'autre s'étant brisée au combat. Il est nanti de quatre bras et chevauche pour monture un rat. Il peut aussi être figuré assis sur un trône de lotus.

♦ **Kālī la Noire**, déesse destructrice et créatrice, revêt l'apparence d'une femme noire. Entièrement nue, elle semble danser sur un cadavre humain qu'elle écrase de ses pieds, le corps soumis de Shiva. Elle incarne la puissance de la destruction et de la création, l'aspect féroce de la *Devī*, la déesse suprême. L'épée qu'elle brandit d'une main dans ses représentations évoque son rôle destructeur, ainsi que son long collier de crânes humains, la tête coupée tenue par les cheveux d'une autre main. Elle possède plusieurs bras, car les dieux lui ont donné chacun une arme pour combattre : Shiva son trident, Vishnou son disque et un nœud coulant, l'arc et la flèche de Surya, dieu du soleil, la hache de Chandra, dieu de la lune, la lance de Kumara la conscience du monde, une masse de Yama, le seigneur de la mort.

♦ **Krishna**, le berger amoureux, incarne le huitième avatar de Vishnou. Ce dieu apparaît dans l'hindouisme sous de nombreux et multiples aspects : Krishna berger, Krishna enfant, Krishna l'amoureux joueur de flûte, gardien des troupeaux. Pour les sages, il est celui qui enseigne le chemin de la libération et de la dévotion, le grand vainqueur du mal. C'est lui qui enseigne le Dharma, la loi, à Arjuna dans un épisode fameux de la *Bhagavad-Gītā*. Il est le héros des deux plus célèbres poèmes hindous : le *Gītā-Govinda*, « Chant d'amour de Krishna », et la *Bhagavad-Gītā*, « Chant du Bienheureux ». Lorsqu'il descend sur terre, c'est pour délivrer les hommes des méfaits du roi Kamsa, assassin des fils de Devaki, sa propre cousine.

♦ **Shiva**, le destructeur et le générateur, est sans doute l'un des dieux les plus anciens de l'Inde. Il est le dieu de toutes les manifestations vitales. En lui se résument toutes les forces tumultueuses qui animent le monde. Sa forme épouvantable est vénérée du nord au sud de l'Inde. Shiva est aussi le maître des yogis lorsqu'on le tient pour le grand ascète. Son épouse, que l'on nomme du terme général de *Devī*, « la Déesse », a une personnalité tout aussi complexe que la sienne. Elle est adorée sous un grand nombre d'aspects divers et de noms. Elle peut être aussi Kālī la Noire. La demeure de Shiva est le mont Kailash, chaîne de montagnes du plateau tibétain. Ses principaux attributs sont le chignon, siège de son pouvoir d'ascète, le cobra Kuṇḍalinī, qui représente l'énergie sexuelle, une peau de tigre, manifestation de sa puissance sur la nature, le troisième œil fermé, car son regard détruit, le croissant de lune posé sur ses cheveux. Le Linga, le phallus, symbolise sa capacité créatrice. Sa monture est le taureau Nandī. Les différents aspects de Shiva traduisent la variété des légendes :
– représenté en tant que **Dieu générateur**, il a la forme du Linga (emblème phallique) ;
– **dieu de la danse** qui crée ou détruit le monde, il peut prendre l'aspect plus réfléchi du maître de la science et des arts.

♦ **Vishnou**, le conservateur du monde, est considéré comme le second dieu de la Trimūrti. Sa fonction est de conserver le monde, de porter secours aux êtres. Lorsqu'il est représenté, c'est sous la forme d'un jeune homme à la peau bleue. Sa puissance universelle est exprimée par ses quatre bras portant les éléments fondamentaux. Son épouse est Lakṣmī, déesse de la Fortune aux deux sens du terme, bonne

ANTIQUITÉ

fortune et richesse. Sa monture est l'aigle géant Garuda. Périodiquement, lorsque la discorde et le désordre viennent sur terre, il descend ici-bas et restaure la justice et la paix. Il apparaît, alors, sous la forme d'avatars, ou incarnations transitoires, en principe une dizaine, qui ont inspiré les sculpteurs d'Angkor Vat (Cambodge) ou d'Ellora (ensemble de grottes hindoues, bouddhiques, jaïns, situées dans le Dekkan, au nord-est de Bombay) : avatar du poisson qui fait partie des traditions liées au Déluge ou avatar de la tortue, du sanglier, du lion, etc. Son rôle au cours des siècles a évolué. À l'origine, c'est un dieu solaire. Il peut aussi être le conservateur du cosmos, ou même le sauveur de l'humanité.

◆ Le mantra, formule sacrée

À l'origine, un mantra est un vers poétique, récité ou chanté. Par la suite les mantras sont devenus des formules sacrées. Le mot « mantra » est formé sur la racine sanscrite *man* (« penser ») avec le suffixe *tra* servant à former les mots qui désignent des instruments ou des objets. Le plus célèbre d'entre eux est le mantra *OM* (ou *AUM*). Il exprime la personnalité du seigneur de l'univers auquel l'âme humaine peut s'identifier. Par sa répétition, ce mantra, concentration phonétique de trois lettres (A, U, M), symbolise les trois divinités Brahmā, Vishnou, Shiva. Les *Mantras*, dits, les *Veda*, chantés, sont l'expression de Dieu en tant que masse énergique phonique. Si les hymnes, les prières ont une structure rythmique et sont versifiés, les *Brāhmaṇa*, les commentaires, sont en prose. La magie vocale est déterminante en tout. Les rites, les gestes, toutes opérations sacrificielles ne peuvent se réaliser correctement que dans la puissance et la justesse du son. La syllabe *AUM*[1] est aussi symbolique dans la forme, en tant que manifestation de l'absolu par le son. La parole doit permettre à la pensée de se matérialiser : *VAK*, la parole, est aussi créatrice de l'univers. La puissance du son doit agir sur les forces inconscientes de l'univers et peut être le moyen d'agir sur les forces latentes de la matière.

---

1. Elle symbolise les états de conscience : éveil, rêve, sommeil et la conscience suprême.

RELIGION : LES THÈMES COSMOGONIQUES

Dans les textes les plus anciens, c'est le *Rigveda* qui fournit les premiers hymnes cosmogoniques. Le démiurge y prend la forme d'un élément ou d'un principe, Agni (le feu), Savitar (le soleil), Tapas (l'ardeur créatrice), ou Varuna (le dieu des eaux). Ils sont en concurrence avec un certain nombre de déesses primordiales, Aditi, « la sans-limite », Vak, « la parole ». C'est au Xe livre du *Rigveda* qu'apparaît l'Homme Primordial, dont le corps est le cosmos même, le Purusha. Dépecé, il joue à la fois le rôle de victime rituelle, de sacrificateur, et introduit dans les *Veda* le thème fondamental du sacrifice originel, par la suite reproduit par les hommes. Ainsi le démembrement du Purusha donne naissance aux espèces animales, mais aussi à la liturgie, aux formules mnémotechniques sacrées. Non seulement l'espèce humaine est elle aussi issue du Purusha, mais elle vient à l'existence répartie selon le système des castes brahmaniques [1].

♦ Les *Brāhmaṇa*, textes concernant le brahmane

Les *Brāhmaṇa*, composés entre 1000 et 600 avant notre ère, se consacrent pour l'essentiel aux diverses prescriptions rituelles, mais introduisent une dimension cosmogonique avec Prajāpati, « le Maître des Créatures ». Être primordial, il réalise la création par la parole, ordonne le monde en le nommant. Puis vient le tour des principaux dieux. Enfin, tout comme le Purusha, Prajāpati instaure le sacrifice. C'est en effet la condition essentielle à l'équilibre de l'univers. Par le don de lui-même, son démembrement, Purusha permet la Création. En donnant aux dieux, puis aux hommes, le sacrifice, Prajāpati leur indique comment maintenir le Dharma, l'ordre cosmique. La particularité certaine du *Rigveda*, commune avec le recueil juridique des *Lois de Manu* (vers 200 av. J.-C.), est de fonder un système social par une cosmogonie. La création du monde, de l'humanité, s'accompagne de la répartition des hommes en classes fonctionnelles : sacerdotale, combattante, productrice, servante. La société est divisée de ce fait en quatre castes : les Brāhmaṇa (prêtres), les Kshatrya (guerriers), les

---

1. À ce sujet, voir Florence Braunstein, *Histoire de civilisations*, Paris, Ellipses, 1998, p. 88.

ANTIQUITÉ

Vaishya (producteurs), les Shûdra (serviteurs). Il faut y ajouter les « Sans-caste », ceux qui ne peuvent accomplir de sacrifice en raison de l'impureté attachée à leur statut social ou à leur profession, par exemple éboueurs, bouchers, équarisseurs, tanneurs, etc., et les « Hors-caste », non-hindouistes. Dans toute cosmogonie védique, l'acte de création par le sacrifice est une « première fois », destiné à être reproduit indéfiniment par les brahmanes essentiellement.

LE TOURNANT DU VIe SIÈCLE AVANT J.-C.

Le VIe siècle avant J.-C. se caractérise par un grand mouvement religieux. Deux religions nouvelles apparaissent, le bouddhisme et le jaïnisme, sous l'action de deux grands réformateurs et fondateurs, **Bouddha Śakyamuni** (560-480 av. J.-C.) et le **Mahāvīra** (599-527 av. J.-C.). Le brahmanisme intègre désormais dans son panthéon des éléments religieux indigènes, comme Vishnou et Shiva. À l'époque de leur apparition, les formations politiques sont de type tribal. Des royaumes divers, confédérations de nombreux clans, exercent tour à tour leur hégémonie. C'est le cas du Magadha, le Bihar occidental, qui domine et conquiert le Gange et une grande partie de l'Inde indogangétique. Nous avons peu de connaissances à son propos, nombre d'épisodes de la vie de Bouddha s'y sont pourtant déroulés. L'histoire de l'Inde occidentale diffère en raison des bouleversements qu'elle connaît : Cyrus conquiert la région du Kapiça dans l'actuelle vallée de Kaboul, tandis que **Darius** (522-486 av. J.-C.) met la main sur le Gandhara, le nord-ouest du Panjab, puis sur le royaume entier.

LA DYNASTIE MAURYA (322-187 AV. J.-C.), L'ÂGE D'OR

Chandragupta Ier Maurya (v. 320-v. 300 av. J.-C.) usurpe le trône des Nanda. Ses victoires sur les satrapes d'Alexandre lui permettent de reprendre les provinces indiennes conquises par les Macédoniens et de réunir sous son autorité toute l'Inde du Nord. **Ashoka** (304-232 av. J.-C.), son petit-fils, fait tuer dans sa capitale de Pāṭaliputra ses frères et prend le pouvoir. La période qui commence est considérée comme un âge d'or de l'histoire indienne. Lorsqu'Ashoka monte sur le trône, il hérite d'un empire considérable reliant au nord le Cachemire à l'actuel Karnataka au sud, et le delta du Gange à l'Afghanistan au nord-ouest. Il contrôle la région de Kaboul et celle de Kandahar. Il favorise le bouddhisme. **Au IIIe concile de Pātaliputra** vers 249 avant J.-C., les theravādin, adeptes du *Theravāda* (Voie des Anciens), également nommé **bouddhisme *Hīnayāna*** (du petit véhicule), pensent que chacun peut parvenir à la libération, au *Nirvāṇa*. Ils fixent leur foi et en affirment la supériorité sur toutes les autres écoles bouddhiques. Pendant son règne, Ashoka tolère avec une grande ouverture d'esprit la pratique des autres religions. À sa mort, l'unité du royaume s'effondre, et ses fils se partagent ses différentes régions. Les inscriptions laissées par ce roi sont non seulement les plus anciennes connues en Inde, mais ont en plus révélé l'usage de l'écriture *brahmi* qu'on lit de gauche à droite. Parmi les témoignages artistiques qui ont subsisté jusqu'à nos jours, le Pilier de Sarnath est particulièrement célèbre. Il est couronné d'un chapiteau, représentant quatre lions sur une « Roue de la loi », le **Dharmacakra**, roue de chariot symbolisant le Dharma, l'enseignement du Bouddha. Les Maurya disparaîtront en 187 au profit de la dynastie Shunga.

LA PÉRIODE GUPTA (320-510), L'ÂGE CLASSIQUE

La période Gupta, considérée comme l'âge classique de l'Inde sur le plan culturel et philosophique, commence au IVe siècle de notre ère pour s'achever en 510, affaiblie par les invasions hunniques. **Chandragupta Ier** (règne : 319-335) inaugure en 320 l'ère Gupta. Par son mariage, il étend son royaume au Bihar puis au Bengale et à la plaine du Gange. Son successeur, **Samudragupta** (règne : 335-375), dont le panégyrique est gravé sur un pilier d'Allahabad, rend compte de l'affermissement des Gupta dans le Nord, de leurs campagnes dans le Sud et des deux campagnes victorieuses menées contre neuf rois. La grande époque Gupta continue sous **Kumarāgupta Ier** (règne : 414-455) mais, dans les dernières années de son règne, vers 445, la menace des Huns se précise, ils parviennent à pénétrer profondément en Inde, ainsi que le relate dans ses inscriptions son fils **Skandagupta** (règne : 455-467), dernier souverain véritable.

L'ART, UN CAS D'ÉCOLE

◆ Des stupas en veux-tu en voilà

À l'époque Maurya appartiennent les premiers monuments de l'art hindou, vihara, grottes autour d'un sanctuaire, et stupa, construction semi-sphérique, destinée à contenir des reliques, peut-être dérivée des anciens *tumuli* funéraires. Les plus complets qui nous soient parvenus sont ceux de Sanchi, dont le plus grand mesure 32 m de diamètre et 36 m de haut et remonte à l'époque d'Ashoka, au IIIe siècle avant J.-C. Ils sont entourés de balustrades de pierres et leurs portes monumentales, les Toranas, qui marquent le passage du monde matériel extérieur au monde spirituel, sont décorées de reliefs et de sculptures magnifiques. Elles sont ouvertes sur les quatre points cardinaux. C'est dans la seconde moitié du Ier siècle de notre ère que les souverains Shātavāhana terminent les stupas de Sanchi. Le stupa de Bharhut, dans l'État du Madhya Pradesh, pourrait lui aussi être dû à Ashoka. Le Bouddha y est représenté symboliquement, de longues et inhabituelles narrations y racontent l'histoire des éléphants aux six défenses et d'autres légendes semblables. **L'architecture de cette période** nous laisse une ville, Pātaliputra, de 15 km de long et de 3 km de large. Elle est puissamment fortifiée par une muraille de bois à meurtrières aux cinq cent soixante tours, aux soixante portes qui protègent la ville. Un certain nombre de principes permanents de la construction au cours des siècles demeurent. La construction en bois est toujours utilisée, même si la brique crue puis cuite apparaît dès la civilisation de l'Indus. Le plus ancien chaitya, chapelle à stupa, se trouve à Bhaja dans l'État du Maharashtra. À Kanheri, à l'ouest de Mumbai (Bombay), il existe un ensemble de cent neuf cavernes, et surtout à Kaili, où se trouve le chef-d'œuvre des chaitya, sculpté entre 100 et 125 de notre ère. On peut citer aussi celles de la vallée d'Ajanta (Maharashtra), dans lesquelles les moines bouddhistes venaient s'isoler, ainsi que celles d'Ellora. Les empereurs Gupta, en protégeant le néobrahmanisme, précipitent la fin du bouddhisme en Inde puis sa disparition. Le culte du néobrahmanisme exige un temple où le brahmane est séparé de la masse des fidèles. Pendant la période de transition entre le IIe et le IVe siècle, trois écoles bouddhiques vont s'imposer – au nord-ouest, l'art gréco-bouddhique, **l'art du Gandhāra**, au sud-est, **celle d'Amārāvatī**, au nord, **l'école de Mathurā**. La première évolue entre le Ier et le VIIIe siècle environ, la seconde entre le IIe et le IVe siècle montrant des compositions recherchées, la troisième se caractérisant par l'harmonie des masses, l'assouplissement des postures. L'art du Ghandāra, au nord-ouest, « art gréco-bouddhique », constitue l'étape suivante. Le terme provient de Kandahar, en Afghanistan. Sous la dynastie Kouchane – au cours du Ier siècle de notre ère –, cette région devient un centre artistique important, le foyer le plus oriental d'Asie gréco-romain. Le Bouddha, au IIe siècle, y apparaît en général sous la forme d'un moine vêtu d'une robe laissant dépasser l'épaule droite découverte, la paume de la main droite dans la position « de l'absence de crainte ». Également caractéristique, le Bouddha arbore un sourire dû à une accentuation de la commissure des lèvres. Les reliefs se caractérisent par une horreur du vide. La pénétration de l'esthétique grecque est une des conséquences du démembrement de l'Empire Maurya. L'un de ses rois indo-grecs, **Ménandre Ier ou Milinda**, se convertit au milieu de la moitié du IIe siècle avant J.-C. au bouddhisme, donnant un nouvel essor à son art. Son expression la plus importante est la sculpture, la ronde-bosse et les bas-reliefs liés à la construction des monuments commémoratifs. Le Bouddha y est représenté pour la première fois sous forme humaine, alors que l'Empire Maurya l'évoquait sous des formes purement symboliques, telle la roue de la Loi. En effet, les sculpteurs, entre le Ier et le IIe siècle de notre ère, le montrent debout ou assis en tailleur en position de lotus, en position de méditation ou d'enseignement, les mains placées pour faire tourner la roue de la Loi.

◆ **L'art Gupta, un sommet de l'art**

Avec la période Gupta (320-510), l'art et la civilisation atteignent les plus hauts sommets, lors d'une période d'innovation et de fixation d'une iconographie qui influence rapidement toutes les civilisations d'Asie. Temples et monastères avec leurs peintures et leurs sculptures touchent à la perfection. Raffinement du décor, pureté des formes, maîtrise technique caractérisent cette période. Les œuvres du style post-Gupta, réalisées par les écoles du nord et du centre, montrent au VIIe siècle préciosité et surcharge. L'emploi de la pierre pour les temples est quasiment une innovation Gupta, l'utilisation de la brique disparaît peu à peu. Cet art met en valeur le caractère salvateur et cosmique du Bouddha en le représentant lui ou ses avatars. Les plus anciennes cavernes d'Udayagiri, à l'ouest du Madhya Pradesh, lui sont consacrées. La sculpture bouddhique Gupta provient principalement de l'école de Sarnath, qui a livré une production d'un grès en beige clair, et de celle de Mathurā qui emploie le grès rose rouge. Le plus souvent le Bouddha est figuré en haut-relief, debout, silhouette drapée, tête nimbée d'une grande auréole circulaire. Le site d'**Ajanta** est représentatif de l'architecture de cette période. Son apogée prend place lors du dernier quart du Ve siècle et s'étend sur une partie du VIe siècle. L'art bouddhique en Afghanistan laisse, à Bāmyān, les Bouddhas, représentations humaines prohibées par l'arrivée de l'islam au VIIe siècle. Les Bouddhas de 35 m et 53 m de haut qui y furent érigés étaient polychromes et revêtus d'or. Les statues aujourd'hui ont disparu, détruites en 2001 par les talibans.

ÉCRITURE ET BELLES LETTRES, L'HÉRITAGE SANSCRIT

Les belles lettres sont d'origine presque exclusivement sanscrite, mais dès les premiers siècles de l'ère chrétienne d'autres langues s'imposent, comme **le tamoul**. **Le brahmi** remonte aux environs du IVe siècle avant J.-C., **le prakrit**, le plus anciennement connu, celui des inscriptions d'Ashoka, au IIIe siècle avant J.-C. Plusieurs écritures ont été utilisées pour les édits d'Ashoka, le grec et l'araméen en Afghanistan, système Kharoshtī à Mansehra, au nord de l'Indus, et brahmi pour le reste des autres régions, forme qui survit à toutes les autres. De même d'autres dialectes du sanscrit sont dérivés, tel le pali dans lequel sont rédigés les canons du bouddhisme. Le système ne cesse d'évoluer au cours du temps pour aboutir au développement d'écritures très nettement individualisées. La littérature sanscrite touche essentiellement le domaine religieux, avec des épopées : *Bhagavad-Gītā*, *Mahābhārata* (*La Grande (guerre) des Bhārata*), *Rāmāyana* (*Geste de Rama*) et les *Purāṇa*, un recueil de mythes, ou le *Tantra*, manuel de pratique religieuse. L'épopée a permis de familiariser l'Inde avec ses nouveaux dieux Vishnou et Shiva. Les *sūtas*, poètes de cour et bardes itinérants, contribuent à son développement. Un autre genre littéraire fort cultivé en Inde est le sutra, qui édicte les règles du rituel et s'adapte aux grands mouvements hétérodoxes bouddhique et jaïn qui se développent entre 400 et 300 avant J.-C. Ces *sutra*, ou aphorismes, genre littéraire fort apprécié, sont de véritables « aide-mémoire », dont le nom signifie « fil ». Ils traitent de questions diverses, droit pénal, sacrifice, de plusieurs sciences rattachées aux *Veda*.

La première grammaire

À côté de cet héritage sanscrit important, il existe une littérature en langue vulgaire, soit dravidienne, tamoul, malayam, kannara, soit indo-aryenne, bengali, hindi, marathi. La première grammaire, en tant qu'ouvrage constitué, est une description du sanscrit par Pāṇini qui appartiendrait au IVe siècle avant J.-C. Il n'a pas été le premier à s'intéresser à la grammaire indienne puisqu'il cite certains de ses prédécesseurs, mais leurs œuvres sont perdues. Son traité montre un tel effort de formalisation dans la description de la langue sanscrite que l'on peut parler d'une véritable métalangue organisée sur un matériel de données techniques, d'abréviations, de symboles, de conventions. Sa grammaire appelée *Astadhyayi*, « huit leçons », constitue un ensemble de près de quatre mille formules, les *sutra*, divisées en huit chapitres eux-mêmes subdivisés en quatre parties. Ce texte est accompagné d'appendices dont l'authenticité est plus ou moins discutée. La langue sanscrite s'étant considérablement modifiée entre l'époque védique et celle dite classique, il décrit la langue qu'il parle et qui se situe entre ces deux époques. **Patañjali** fut l'un des commentateurs de sa grammaire et on lui attribue le *Mahabhashya*, *Grand commentaire*. Certains genres littéraires, comme l'histoire, ne sont pas représentés en Inde bien qu'il ait néanmoins existé quelques éléments d'historiographie. Il en va de même du Journal intime ou Mémoires, d'introduction plus récente.

Les épopées : le *Mahābhārata*, le *Rāmāyana*

◆ **Le *Mahābhārata***

Le *Mahābhārata* ou « La Grande Guerre des Bhārata » constitue avec ses dix-neuf livres, ne contenant pas moins de cent vingt mille versets, la plus vaste œuvre connue de la littérature hindoue. Elle aurait commencé à prendre forme aux alentours **du IVᵉ siècle avant J.-C.** pour s'élaborer jusqu'au IVᵉ siècle de notre ère. Compilation de récits oraux à l'origine, cette œuvre collective est néanmoins traditionnellement attribuée au mythique sage Vyāsa. Le thème principal de ce qui constitue la plus grande épopée de la littérature mondiale est l'opposition entre les Pandava et les Kaurava, de la famille royale des Bhārata, originaire de la vallée de l'Indus. Ces deux branches familiales s'opposent, et les premiers livres sont consacrés aux sources du conflit et expliquent comment les cinq Pandava, après la mort de leur père Pandu, sont élevés avec leurs cousins, les Kaurava, qui, jaloux, souhaitent se débarrasser d'eux. Consacrée à Vishnou, cette épopée gigantesque insiste continuellement sur le rôle déterminant du karma, le cycle des actions, dans notre vie quotidienne. Le metteur en scène **Peter Brook** (né en 1925) en fit une adaptation éblouissante au théâtre en 1986, puis une série télévisée et un film en 1989.

♦ Le *Rāmāyana*

Le *Rāmāyana* retrace la vie et l'offensive guerrière, la marche, ou *ayana*, de **Rāma**, prince d'Ayodhyā, et de son épouse **Sītā**, fille du roi **Janaka**. Rédigée en sanscrit, divisée en sept livres ou sections de longueur inégale mais d'environ vingt-quatre mille quatrains, soit près de cent mille vers, cette gigantesque épopée aurait été constituée entre le IVᵉ siècle et le Vᵉ siècle de notre ère et est attribuée au poète Vālmīki. Plus que toute autre œuvre indienne, le *Rāmāyana* a été adapté et commenté dans toutes les langues de l'Inde. Il est difficile de ne pas rapprocher cette épopée de celle du *Mahābhārata*. Le *Rāmāyana* a une influence considérable sur la littérature bouddhique et jaïn, et est connu de l'Occident à partir du XIXᵉ siècle, lorsque l'Asie s'ouvre à l'Europe, notamment par le développement des études sur l'Inde. Ce poème exalte depuis deux mille ans la mémoire de Rāma, le guerrier idéal, et de son épouse, Sītā, modèle de fidélité. Le sujet du *Rāmāyana* est l'ordre (*Dharma*) menacé, sa restauration et le salut : le héros, Rāma, est un roi en lutte pour retrouver sa légitimité. Lui seul est l'avatar complet de Vishnou, ses trois frères n'étant que des incarnations partielles de la divinité. La structure du *Rāmāyana* s'organise autour de dieux et de héros qui réalisent des exploits et surmontent des épreuves après avoir contourné maintes difficultés. Les textes précédant ces grandes épopées forment la *Smriti*, « mémoire ». Ils appartiennent à la tradition mais leur autorité est moins puissante que celle des textes révélés, *Sruti*. Tous ces textes sont inspirés par les *Veda*.

Autres textes

♦ **Les *Lois de Manu*** sont un manuel de savoir-vivre, une somme de règles civiles et religieuses à l'usage des brahmanes et du roi. Leur compilation s'effectue entre − 200 et 200 de notre ère environ.

♦ **Le *Kāma Sūtra*** est un traité d'éthique sexuelle qui a sans doute été rédigé entre le IVe et le VIIe siècle. Le brahmane **Vātsyāyana** serait l'auteur de ce guide de l'amour. Il a composé son ouvrage selon les règles traditionnelles en collationnant des textes d'auteurs vivant mille ou deux mille ans plus tôt. Ces derniers s'adressent aux trois castes supérieures, traitent de l'homme social, conduisent à n'entretenir aucune illusion sur la nature humaine.

♦ **Les *Purāṇa***, « Textes des Temps Anciens », sont **des œuvres composites** où l'on trouve à la fois des récits mythologiques, des généalogies royales, des récits pseudohistoriques comme la biographie de Krishna. Leur composition s'étale **du IVe au XIe siècle**, ils sont destinés à tout le monde, même à ceux qui n'avaient pas accès aux *Veda*. Utilisé seul, le terme de *Purāṇa* désigne les premiers des *Purāṇa* qui en comprennent dix-huit majeurs et dix-huit inférieurs. Le plus populaire des *Purāṇa* est l'*Histoire poétique de Krishna* (*Bhāgavata Purāṇa*), dédié à Krishna.

UNE PHILOSOPHIE MYSTIQUE

Nous n'avons aucune preuve de la rencontre entre un philosophe hindou et un autre grec mais nous pouvons dire que des philosophes grecs ont eu des contacts avec des philosophes hindous. Les échanges diplomatiques, militaires, commerciaux instaurés à l'époque des Empires macédonien et romain permettent également aux idées de voyager. **Pierre Hadot**[1] souligne que l'Inde réussit à imposer ce que toutes les écoles philosophiques grecques ont recherché, à savoir un modèle de sagesse et d'impassibilité. La pensée indienne donne la connaissance de la chose recherchée, mais non la chose en elle-même, car la réalité absolue transcende toutes les paires d'opposés ou *dvandvas*. Aussi appelle-t-on *darshanas*, de la racine *drs*, « voir », ces points de vue intellectuels, mélange de pénétration intuitive et d'argumentation logique, acquis par l'expérience intuitive et la démonstration rationnelle, qui mènent à une vision moniste du monde. Alors que les philosophies grecques ont toujours eu pour finalité d'informer, de faire comprendre, celles de l'Inde sont des transformations continues obtenues par une introspection mystique.

◆ **Les *darshana*s**

Le fait majeur reste la cristallisation, aux alentours de l'ère chrétienne, entre 200 et 400 environ, de six points de vue dominants, ou *darshanas*, qui deviendront les six écoles classiques de la philosophie brahmanique. Le texte initial se présente comme un recueil d'une dizaine, voire d'une centaine de strophes ou d'aphorismes (sutras), dont l'extrême concision demande souvent un développement pour les rendre intelligibles. La tradition reconnaît six *darshanas*, six écoles de pensée, étudiées dans les écoles brahmaniques. Si les *Veda* représentent la vérité fondamentale, les quatre principaux *darshanas* s'imposent comme les différents points de vue selon lesquels un hindou orthodoxe peut rassembler les croyances traditionnelles. Ces six grands systèmes sont groupés par couples : le Vaisheshika et le Nyāya, le Sāṃkhya et le Yoga, le Mīmāṃsā et le Vedānta.

RELIGION : BOUDDHISME ET JAÏNISME

Le bouddhisme est un ensemble de croyances religieuses et philosophiques fondées sur l'enseignement du Bouddha. Grâce à la conversion, au milieu du IIIe siècle avant J.-C., et au prosélytisme de

---

1. Pierre Hadot, *Qu'est-ce que la philosophie antique ?*, Paris, Gallimard, « Folio essais », 1995, p. 151-152.

> ## Le Yoga
>
> **Le Yoga** : le mot est utilisé à partir des *Upanishads* mais il faut attendre longtemps avant qu'un système et une doctrine soient clairement définis. Les *Yoga-Sūtra*, compilés par **Patañjali** (IVe siècle environ), présentent, sous ce mot (qui signifie « atteler », « joug »), des pratiques proposant de détacher l'âme de sa condition charnelle. Comme le *Sāṃkhya*, le yoga repose sur une conception dualiste, la *prakṛti*, nature primordiale, et le *purusha*, esprit universel. Sa finalité est de libérer l'âme, en la délivrant de ses liens avec la nature. L'ascèse du yoga comprend huit étages, « les huit membres du yoga ». Lorsque le corps est éveillé par la Kuṇḍalinī, celle-ci, guidée par la pensée lors des exercices de méditation, va de chakra en chakra, centres d'énergie du corps humain, jusqu'au sommet du corps subtil où elle s'unit à l'âme. On nomme Kuṇḍalinī le serpent qui, dans l'anatomie mystique enseignée par les Tantras, représente l'énergie vitale de l'individu. **Mircea Eliade** a bien montré dans le *Haṭha-yoga* tantrique les convergences avec l'alchimie dont la finalité pour les deux est de purifier des substances impures par un processus de transmutation. En 1932, **Carl Gustav Jung** (1875-1961), au club psychologique de Zurich, introduit la notion de Kuṇḍalinī, alors que le yoga est encore inconnu en Occident. Il existe plusieurs voies du *yoga* : *Jñana-yoga*, yoga de la connaissance absolue, *Bhakti-yoga*, yoga de la dévotion, *Karma-yoga*, yoga de l'action, *Haṭha-yoga*, yoga de la force, *Rāja-yoga*, yoga royal ou *yoga de Patañjali*, *Mantra-yoga*, yoga des formules.

l'empereur Ashoka (304-232 av. J.-C.), le bouddhisme se répand dans le sous-continent indien et à Ceylan. Plus tard, il gagne le Sud-Est asiatique, puis l'Asie centrale, la Chine, la Corée, le Japon et le Tibet. Mais en Inde, son berceau pourtant, il est concurrencé par le christianisme, le développement du renouveau de l'hindouisme, les invasions musulmanes au IXe siècle, et finit par y disparaître au XIIIe siècle. Le terme même de « Bouddha » est un titre, qui signifie « l'Éveillé », porté par le Bouddha historique, le prince Siddhārta Gautama, qui vécut au VIe siècle avant J.-C. Il a pour père le roi Shuddhodana et naît à Kapilavastu, près de la frontière actuelle entre l'Inde et le Népal, dans le clan des Śākyas, des guerriers. Il reçoit à sa naissance le nom de Siddhārta, « celui qui a atteint son but » en sanscrit. Tant qu'il n'a pas connu l'illumination, il est appelé bodhisattva, « celui qui est destiné à l'éveil spirituel ». Durant sept ans, après avoir renoncé à son mode de vie et quitté son palais, il suit l'enseignement des brahmanes. C'est un des thèmes favoris de l'art bouddhique que celui du bodhisattva abandonnant pendant la nuit son épouse endormie. En suivant l'exemple des autres ascètes, il impose à son corps jeûnes et macérations pour atteindre l'illumination. En dépit de tous ses efforts, il ne parvient pas au salut et se retire pour méditer. Son enseignement est tourné vers la libération de l'être humain. Il a la révélation de la connaissance libératrice près du village de Bodh Gaya. Cette illumination est celle de la connaissance du *saṃsāra*, transmigration, et lors de son éveil, il découvre quatre vérités saintes, ou *Quatre nobles vérités* :

– **toute existence** est par nature difficile voire décevante, même celle des dieux ;
– **la soif d'exister** qui conduit à renaître est à l'origine de ce malheur ;
– **la délivrance du cycle des renaissances**, donc des malheurs et des souffrances, est inhérente à l'existence ;
– **la délivrance peut être obtenue** en suivant la sainte voie, mārga, aux huit membres : en corrigeant parfaitement ses idées, ses intentions, ses paroles, ses actes, ses moyens d'existence, ses efforts, son attention, sa concentration mentale.

Le terme de cette voie est appelé « extinction », *nirvāṇa*, des passions, des erreurs, des autres facteurs de renaissance. Elle dure jusqu'à la mort du saint et constitue un véritable état de sérénité après lequel il ne renaît plus nulle part. En outre, la doctrine enseigne que tout être et toute chose sont transitoires, changeants, composés d'éléments eux-mêmes en perpétuelle transformation, soumis à un rigoureux enchaînement de causes et d'effets. Il n'y a que des séries de phénomènes se propageant plus ou moins rapidement, tout ayant un commencement et une fin, il n'existe donc ni âme immortelle, ni dieu éternel.

◆ **Quand le bouddhisme devient-il une religion ?**
Que se passe-t-il à la mort de Bouddha ? Il laisse derrière lui un vaste enseignement fondé sur la parole et de ce fait susceptible d'être modifié au cours du temps, lorsqu'il serait transmis, ainsi qu'une communauté monastique malheureusement sans autorité reconnue pour la diriger et la conduire. Très peu de temps après son décès, des moines s'organisent et, lors d'un premier concile tenu à Rajagrha, au Ve siècle avant J.-C., **Ānanda**, le disciple préféré, rassemble les sermons du

Bouddha, le *Sutta Pitaka*, Upali le plus vieux, précise la règle de la *sangha*, la communauté dans le *Vinaya Pitaka*. Mais un deuxième concile devient nécessaire, les querelles s'intensifiant au sujet des pratiques, qui a lieu à Vaiśālī, un siècle plus tard. C'est soit lors de ce deuxième concile, soit lors du troisième, celui de *Pātaliputra*, vers 250 avant J.-C., que se produit la séparation entre les modernistes du *Mahāsānghika* qui veulent réformer, et les traditionalistes, les *Sthavira* favorables au *Theravāda*. Trois grandes écoles vont voir le jour, trois véhicules, *yānas*, chaque école comparant son message à un vaisseau qui transporte ses disciples jusqu'au *nirvāṇa* final.

♦ **Un petit véhicule, et un grand véhicule pour progresser**

Le bouddhisme du « **petit véhicule** » ou *Hīnayāna* est le bouddhisme du *Theravāda* et des écoles anciennes. Dans cette voie, individuelle, chacun doit tenter de parvenir à sa propre libération, d'atteindre le *nirvāṇa*. C'est le plus ancien groupe, le plus fidèle aussi aux enseignements de Bouddha. Il a compté une vingtaine de sectes, nées pour la plupart avant notre ère et dont subsiste aujourd'hui le seul *Theravāda* ou « enseignement des anciens », qui ne reconnaît que les textes prononcés du vivant de Bouddha, regroupés dans un corpus nommé *Tipikata*, ou *Triple corbeille*. La littérature est rédigée en pali (langue sœur du sanscrit) et concerne surtout les moines auxquels elle enseigne la méthode à suivre pour devenir des *arhats*, ou « hommes méritants », autrement dit des saints ayant atteint le *nirvāṇa*. Car le salut vient en adoptant la vie monastique, le *Theravāda* ne reconnaît aucun pouvoir d'intercession aux bodhisattvas. Au contraire, le « **grand véhicule** », ou *Mahāyāna*, privilégie la libération universelle de tous les êtres. Il apparaît au début de l'ère chrétienne et se répand sur une zone géographique plus grande que celle du petit véhicule, dans le nord de l'Inde, dans l'Empire kouchan en Afghanistan et Ouzbékistan actuels, en Chine et dans le reste de l'Extrême-Orient. Cette école refuse le seul salut individuel et l'élargit à l'humanité tout entière. Des dix-huit écoles qui existent au temps d'Ashoka (v. 304-232 av. J.-C.), empereur indien de la dynastie Maurya, seules deux vont continuer d'exister : le ***Theravāda*** et le ***Mahāyāna***.

◆ **Le *vajrayāna*, la voie du diamant, et le tantrisme**
Le *vajrayāna* est la voie bouddhique du diamant, en sanscrit *vajra*, terme qui signifie à la fois le caractère adamantin, la dureté et la pureté du diamant et la foudre, qui anéantit l'ignorance et hâte les étapes de la voie par son caractère fulgurant. Cette forme de bouddhisme est qualifiée de tantrique. Le tantrisme dérivé du bouddhisme du grand véhicule et de l'hindouisme met l'accent sur le rituel et la magie. Diffusé dans la région himalayenne et au Tibet, il y constitue le lamaïsme. L'étymologie du mot « tantrisme » provient du sanscrit *tantra*, signifiant « trame », puis par extension « doctrine ». Phénomène hindou au début, le tantrisme se répand ensuite en Asie avec d'autres religions. Il est impossible de séparer le tantrisme du bouddhisme ou de l'hindouisme, puisque ce phénomène religieux n'en est que le prolongement sous une forme plus particulière. Révélées par les savants orientalistes du XIXe siècle, les doctrines tantriques sont présentes dans toutes les religions de l'Inde **entre le Ve et le VIIIe siècle apr. J.-C.** Le tantrisme peut être défini comme un ensemble de rites et de pratiques permettant au pratiquant de tendre vers l'acquisition de pouvoirs surnaturels, et vers une délivrance du monde, par une suite de techniques mentales, corporelles et spirituelles. Le but ultime est l'union avec l'énergie sexuelle féminine de la divinité, comme source de puissance cosmique et libératrice. Associés à des méditations, les mantras doivent être répétés indéfiniment. La pratique du yoga vient en aide. Les textes tantriques donnent le nom de mandala, cercle, aux figures les plus élaborées et celui de yantra, instrument de maîtrise, à celles de formes plus géométriques. Le mandala désigne le territoire sacré d'une déité, domaine situé en dehors du monde phénoménal. Il peut servir de support méditatif, mais aussi de cadre à un rituel initiatique. Il rassemble par ordre hiérarchique autour d'une divinité centrale d'autres divinités. Il peut rappeler aussi par sa structure certains temples comme celui de Borobudur, édifié au IXe siècle sur l'île de Java par la dynastie Śailendra, présentant un plan sur le principe des mandalas.

◆ **Le jaïnisme, pratique ascétique**
Le jaïnisme présente de nombreux traits communs avec l'hindouisme et le bouddhisme. Il se réclame de l'enseignement de l'un de ses *Jina*, ou prophètes, ayant atteint l'illumination, **Mahāvīra** (599-

527 av. J.-C.), le fondateur. Le but suprême du jaïnisme est de libérer les hommes du karma qui revêt dans son contexte particulier un sens presque matérialiste de résidu qui entache l'âme, la souille. La sévérité de sa pratique ascétique le distingue des deux autres religions tout autant que, par souci du respect de la non-violence, ses interdits alimentaires qui vont bien au-delà du strict végétarisme. La volonté est d'aboutir à l'« âme parfaite » ou *tirthānkara* incarnée, titre porté par Mahāvīra et ses vingt-trois prédécesseurs. Soulignons que la philosophie jaïne est dualiste. L'univers s'explique par deux notions fondamentales indépendantes l'une de l'autre : l'animé, *jiva*, et l'inanimé, *ajiva*. La matière est composée d'atomes qui s'unissent en agrégats. Si dans le *sāṃkhya*, école philosophique classique, il n'existe pas de lien entre les deux principes, le jaïnisme enseigne que les âmes sont soumises à la loi karmique et aux réincarnations. Elles sont aussi pourvues de toute éternité d'un substrat matériel.

Le *svastika*

Que signifie le *svastika*, la croix gammée, pour un jaïn ? Le *svastika* est l'emblème de la roue cosmique montrant l'évolution perpétuelle autour du centre immobile. L'étymologie du terme vient du sanscrit *su*, « bien », et *asti*, « il est », signifiant « qui conduit au bien-être ». La croix est faite de bras égaux s'infléchissant selon un angle droit tourné dans le même sens et dans celui des aiguilles d'une montre. Utilisés aussi fréquemment dans l'hindouisme et le bouddhisme, que dans le jaïnisme, les quatre bras symbolisent les quatre états d'existence dans lesquels la réincarnation est possible, le monde divin en haut, le monde infernal en bas, le monde humain à gauche, le monde animal à droite. Le cercle formé par les bras de la croix gammée représente la fatalité du karma. Pourquoi lui a-t-on donné le nom de croix gammée ? Tout simplement parce que chacun de ses bras montre une certaine ressemblance avec la lettre grecque *gamma*. Dans plusieurs pays, elle est aussi représentée, avec une symbolique proche, dans des cadres aussi différents qu'en Mésopotamie, en Amérique du Sud, ou en Amérique centrale chez les Mayas. Ce symbole est perverti quand il devient, en 1920, celui du NSDAP, le parti nazi, qui en inverse le sens de rotation.

MATHÉMATIQUES ET SCIENCES MÉDICALES

Pour les Indiens, toute connaissance est scientifique, quel qu'en soit le domaine (médecine, psychologie, grammaire ou philosophie).

Chaque école de pensée a sa théorie sur la connaissance. Certaines disciplines comme la physique ne sont abordées que sous une forme spéculative. L'apport de l'Inde concerne trois domaines : sciences médicales, astronomie, mathématiques. Le premier zéro attesté figure dans un traité de cosmologie, le *Lokavibhāga*, qui daterait de 458. Son adoption s'est faite lentement mais, **dès le VIe siècle**, il est d'usage courant : il avait rendu les colonnes de l'abaque inutiles et la première numérotation de position était née. Dans ce traité de cosmologie, pour la première fois, le mot *śūnya* est employé, transcrit par « vide », terme qui y représente le zéro. L'introduction du système d'écriture (*brahmi*) a été un outil fondamental dans la suite du développement des sciences en Inde. C'est donc entre le IIe et le IVe siècle que l'introduction des opérations mathématiques est apparue (racines carrées, algèbre, le zéro), grâce au manuscrit *Bakhshali*. Lors de la période suivante, les auteurs de traités mathématiques sont **Āryabhaṭṭa, Varāhamihira, Bhāsvkara, Brahmagupta**. Vers le Ve siècle, ces ouvrages sont inclus dans les traités d'astronomie. **Varāhamihira** écrit, au VIe siècle, *Les Cinq Canons astronomiques* (*Panca siddhantika*), qui contient un résumé de la trigonométrie hindoue. Le traité d'astronomie *Bṛhatsaṃhitā* (*La Grande Compilation*, V^e-VIe s.) comporte une description des éclipses. **Brahmagupta** est l'un des plus célèbres astronomes mathématiciens. Son œuvre, la *Doctrine correctement établie de Brahma* (*Brāhmasphuṭasiddhānta*), datée de 628, contient deux chapitres de mathématiques dans lesquels, pour la première fois, sont énoncées des règles de calcul avec le zéro. Les dix siècles qui s'écoulent entre 500 avant J.-C. et 500 apr. J.-C. sont les plus fastes pour la pensée indienne. **Jusqu'aux Xe et XIIe siècles**, ces traités sont périodiquement commentés et expliqués pour les remettre au goût du jour.

◆ L'*āyurveda*, science de la vie

La médecine indienne est dominée, depuis l'époque des *Veda*, par le constat de souffles organiques présents dans le corps humain. Le *Rigveda* comme l'*Atharvaveda* mentionnent en effet l'existence de cinq souffles distincts. Toute maladie y est conçue comme la conséquence d'une infraction au *rta*, à la morale, ou la punition donnée par quelque divinité offensée. L'*āyurveda*, science de la vie, est divisé en huit branches : chirurgie générale (*śalya*), obstétrique et puériculture (*kau-*

mārabhṛtya), toxicologie (*agadatantra*), médecine des possessions démoniaques (*bhūtavidyā*), médecine tonifiante (*rasāyana*), thérapeutique générale (*kāyacikitsā*), ophtalmologie (*śālākya*), médecine des aphrodisiaques (*vājīkaraṇa*). Ce n'est qu'après la période védique que la médecine commence véritablement à se rationaliser. Les deux traités les plus importants de l'*āyurveda* sont la *Collection médicale* (*Carakasaṃhitā*), texte attribué à **Charaka** (Ier siècle), et la *Suśrutasaṃhitā*, collection due à **Suśruta** (vers 800 av. J.-C.). Le premier serait l'enseignement du sage **Ātreya Punarvasu**, rédigé par Charaka qui aurait exercé à la cour du roi **Kaniṣka** (78-110). Le second rapporte l'enseignement du dieu Dhanvatari, un avatar de Vishnou, par l'intermédiaire du médecin Suśruta. Celui-ci aurait été complété par **Nāgārjuna** (IIe-IIIe siècle), sans doute le philosophe bouddhiste du même nom. À l'opposé des médecines religieuses et magiques, l'*āyurveda* se veut rationnel, se fondant essentiellement sur l'observation en vue de fonder un diagnostic. Selon ses principes, le corps humain comprend les cinq éléments qui composent l'univers :

– **la terre**, représentée par les os et les chairs, *prthivi* ;
– **l'eau**, *ap*, représentée par la pituite (ou phlegme) ;
– **le feu**, *tepas*, sous la forme de la bile ;
– **le vent**, *vayu*, représenté par le souffle respiratoire ;
– **le vide** des organes creux.

Les fonctions vitales dépendent de la combinaison et de l'équilibre des trois éléments principaux, ou *Tridosha* : le souffle, *prāṇa*, la bile, *pitta*, et la pituite, *kapha*. Le rejet de la dissection, bien que celle-ci ait été néanmoins connue, par la morale brahmanique fait que les connaissances de l'*āyurveda* ont été rudimentaires. L'*āyurveda* distingue également trois sortes de tempéraments : le venteux, le bilieux, le phlegmatique. Les méthodes thérapeutiques préconisent, selon les maladies, cinq mesures qui visent à rétablir l'équilibre des *doṣa* (les natures) : la vomification, la purgation, les lavements, les médications par le nez, les saignées. La diffusion de l'*āyurveda* s'est faite dans toute l'Asie orientale et nombre de ses traités ont été traduits en tibétain et en mongol. On retrouve aussi une concordance avec la collection hippocratique, et le *Timée* de Platon décrit une théorie semblable à celle du *Tridosha*.

2. La Chine

LA CHINE DES DYNASTIES MYTHIQUES AU VIIe SIÈCLE DE NOTRE ÈRE

Depuis les débuts de son histoire, Zhonguo, « Pays du Milieu », nom donné par les Chinois à leur pays, fascine par la constance de sa tradition. Le céleste empire, autre nom de la Chine, gouverné par un empereur « Fils du Ciel », obéit à des lois immuables établies entre les hommes et les forces de la nature. Il faut alors faire sienne les arcanes de sa pensée pour saisir les subtiles intentions de l'architecte, du sculpteur, du poète, du penseur. Son histoire est celle d'un vaste empire, sans cesse entre éclatement et unité, dans lequel Laozi (Lao Tseu), Kung Fuzi (Confucius) jettent les fondements de la philosophie et de la morale politique. La religion y est dominée par deux écoles, taoïsme indigène et bouddhisme importé. Radicalement différente de toute sagesse philosophique et religieuse de l'Occident, la pensée chinoise s'est enrichie sur place, dans l'immense étendue de son territoire.

MYTHE DE DYNASTIES ET PREMIÈRE CIVILISATION CHINOISE

Les derniers niveaux de la culture d'Erlitou correspondraient peut-être à la mythique **dynastie Xia** (2205-1767 av. J.-C.), mais sans confirmation à ce jour. Le fondateur de celle-ci aurait été Yu le Grand, de son nom personnel Si Wemming en 2205 avant J.-C. Les données que nous avons sont entièrement légendaires, ne sont confirmées par aucune découverte archéologique. Avant cette dynastie auraient régné les Trois Augustes et les Cinq Empereurs, sages mettant leur compétence au service des hommes. **Les Trois Augustes** sont Fuxi, Nuwa et Shennong. Fuxi et Nuwa sont le couple primordial, et leur rôle civilisateur s'est manifesté lors du Déluge. Il faut attendre **la dynastie Chang** (v. 1765-v. 1066 av. J.-C.) pour voir naître **la première grande** civilisation en Chine, caractérisée à la fois par **l'existence de l'écriture, du monde urbain et le travail du bronze**. Les caractères écrits sont en grande partie les ancêtres de ceux employés plus tard. Ces premiers signes sont gravés avec un stylet sur des carapaces de tortue. Au milieu de la dynastie, le territoire contrôlé par les Chang semble avoir atteint son maximum. Les chars de combat apparaissent ainsi que l'élevage du cheval. L'art est aussi extrêmement développé avec des récipients en bronze, ornés de figures, dont les plus beaux exemples sont les vases *yeou*, à forme animale à trois pieds, avec un couvercle et une anse mobiles.

Les Zhou, ou Tcheou, au cours du XIe siècle avant J.-C., arrachent le pouvoir aux Chang au terme d'une guerre civile. Leur char et leur infanterie triomphent dans la bataille de Mou-ye. Cette **troisième dynastie** fondée par Wen (Wu Wang) est l'une des plus longues de l'histoire chinoise, puisqu'elle commence au XIIe siècle avant notre ère, à l'âge du bronze, et s'achève en 221 avant J.-C., supplantée par la dynastie Qin. En fonction de la capitale choisie, on distingue deux époques des Zhou : les **Zhou occidentaux** à Hao (v. 1030-771 av. J.-C.) et les **Zhou orientaux**, à Luoyang (771-221 av. J.-C.). Ils apportent la conception théocratique de la monarchie chinoise et l'organisation bureaucratique, le roi (Fils du Ciel) est l'intermédiaire entre hommes et dieux. Les derniers monarques Zhou ont une autorité toute nominale. La Chine est divisée entre princes rivaux, c'est la période dite des « Printemps et des Automnes », du nom de la *Chronique des Printemps et des Automnes*, tenue dans le fief des Lu entre 722 et 481 avant J.-C. Sept États puissants apparaissent, le Jin dans le Shanxi actuel, le Qin au Nord-Ouest, le Tchao, Han et Wei sur les provinces actuelles du Shanxi, Yan dans la région de Pékin, Qi et Lu au Shandong, Chu au Hubei, Wu vers l'embouchure du Yang-Tsé. L'usage du fer modifie les conflits. **Dès la fin du VIIIe siècle avant J.-C.**, les petites cités perdent leur autonomie, jusqu'à leur disparition. **Le VIe siècle** se caractérise par la création d'un grand nombre d'institutions, comme les impôts en grain remplaçant les anciennes corvées. Les règles coutumières disparaissent, remplacées par un droit court et public, extension des circonscriptions administratives d'origine militaire.

ANTIQUITÉ

L'ÉCLOSION DES ÉCOLES PHILOSOPHIQUES : CONFUCIANISME, TAOÏSME, LÉGISME, MOHISME

C'est pendant l'époque, pourtant troublée par d'incessants conflits, des « Printemps et des Automnes » que se développent les grands courants philosophiques de la pensée chinoise. Ils deviennent les classiques de la Chine impériale. Leur connaissance, par exemple, est le fondement des examens impériaux de recrutement de fonctionnaires.

♦ **Le confucianisme** : doctrine philosophique et éthique de **Kung Fuzi**, dont le nom latinisé devient Confucius (v. 551-v. 479). Ses disciples à sa mort exposent son système philosophique : l'homme doit s'en tenir aux conditions sociales qui ont présidé à sa naissance. Fondée sur les devoirs, sa doctrine montre que l'homme en les accomplissant trouve sa pleine signification.

♦ **Le taoïsme** : à la fois philosophie et religion, ses principes sont fixés par **Laozi**, dont le nom francisé devient Lao Tseu (v. 570-v. 490 av. J.-C.). Le recueil d'aphorismes composé par Lao Tseu porte le titre de *Tao-tö-king* (livre du *Tao* [voie] et de la vie humaine). Pour lui, l'homme par l'extase doit s'identifier au reste de l'univers et aboutir au *Tao*. Il peut y parvenir par des pratiques physiques. Le taoïsme est une morale individualiste qui enseigne le détachement de toutes choses.

♦ **Le légisme** (la loi, rien que la loi) : courant de pensée fondé par un groupe de légistes, vivant au IVe siècle avant J.-C. Il s'agit d'accepter l'homme et le monde tels qu'ils sont, et de se conduire en fonction de trois idées fondamentales : la loi, la position de force, le contrôle social.

♦ **Le mohisme** : du nom de son fondateur **Mozi** (468-381 av. J.-C.), auteur du *Livre de Mozi*. Il y prône l'égalité, la paix et l'amour universel. Ce courant de pensée est largement mis de côté avec l'avènement du premier empereur de Chine, Qin Shi Huangdi, vers 220 avant notre ère.

LA PREMIÈRE LITTÉRATURE CHINOISE

Durant ce Ier millénaire, nous n'avons que peu de textes littéraires, bien que l'écriture à cette date soit complètement formée. La plus ancienne connue s'appelle *Kou wen* et celle qui suit *Ta-Ta-chouan*, grande écriture des sceaux.

Les principaux livres

◆ Le *Yi-king* ou *Classique des mutations* ou encore *Yijing*, *Livre des changements*, est un ouvrage de divination contenant des oracles fondés sur soixante-quatre figures abstraites, chacune d'elles étant composée de six traits. Ces traits sont de deux sortes, traits divisés ou négatifs et non divisés ou positifs. C'est le plus ancien témoignage de la philosophie chinoise. Il est difficile de préciser la date exacte de sa rédaction. La tradition l'attribue au légendaire Fuxi, vers le milieu du IVe millénaire, mais on peut en faire remonter l'élaboration à la dynastie des Zhou.

◆ Le *Shu Jing* (ou **Chou King**), *Livre des actes*, date du VIIIe siècle avant J.-C. Il comprend des textes de différents auteurs sur l'histoire la plus ancienne de la Chine. De la même époque date le *Shi Jing* (ou **Che King**), *Livre des odes*, la plus vieille collection de poésie lyrique chinoise, dont les auteurs nous sont inconnus. Il s'agit plus exactement de trois cent six poésies choisies par Confucius à partir d'un fonds initial de trois mille pièces environ. Ce recueil comprend aussi bien des chansons populaires d'amour, de travail, que des chants pour les festivités et les hymnes religieux.

◆ Les *Annales*, appelées *Les Printemps et les Automnes*, constituent le document historique le plus ancien. Il se présente comme une simple chronique, allant de – 722 à – 481, d'où l'on peut tirer un enseignement moral ou politique.

Les quatre classiques du confucianisme

◆ *Les Entretiens* ou *Louen yu* ou encore *Analectes*, le plus ancien de ces livres, est une compilation de sentences, d'aphorismes. Seul le bien-être terrestre est digne de retenir l'attention. L'ouvrage souhaite former des hommes nobles, « des honnêtes hommes », rétablir les rites anciens. Pour ce faire il faut trouver dans la Nature « son juste milieu » et l'accepter.

◆ *L'Invariable Milieu* ou *Zhong yong*, attribué à un disciple proche de Confucius, aurait pourtant été rédigé par un auteur anonyme, sans doute au milieu du IIIe siècle avant J.-C. L'essentiel de la doctrine confucéenne s'y trouve résumé.

◆ Le *Ta Hio*, ou *La Grande Étude*, fut complété par les disciples de Confucius, après la mort du maître. Il est daté approximativement du IVe siècle avant J.-C.

◆ Le *Mong-tseu* est rédigé comme son nom l'indique par **Mong-Tzeu** ou **Mencius** (v. 370-v. 290 av. J.-C.), disciple de Confucius, entre le IVe et le IIIe siècle avant notre ère, et expose de façon systématique l'ensemble des théories confucéennes.

La littérature taoïste

Le taoïsme a sans doute donné à la Chine ses plus belles œuvres littéraires. Le *Tao-tö-king* est attribué à Laozi (Lao Tseu) qui ne l'a sans doute pas écrit. Le livre est composé de cinq mille caractères et de quatre-vingt-un chapitres. La philologie laisse supposer que le texte a été rédigé au début du IIIe siècle avant J.-C. Le *tao*, « la voie », constitue le principe essentiel du cosmos. Sans forme, sans nom, il peut constamment se modifier. La philosophie traditionnelle chinoise fait remonter le taoïsme à une date plus ancienne que cet ouvrage, en s'appuyant sur le *Yi-king*. L'autre grand texte du taoïsme, le *Zhuangzi* écrit, vers le IVe siècle avant J.-C., relate tout ce que doit être la vie de l'adepte et ses pratiques rituelles. La voie y est conçue comme un principe d'explication rationnelle. Le corps humain est envisagé comme la représentation de l'univers.

LA CHINE DU PREMIER EMPEREUR ET DES HAN

◆ **La dynastie Qin (221-207 av. J.-C.)**

Le prince Zheng, souverain des Tsin, conquiert les autres royaumes et se proclame empereur sous le nom de règne de **Qin Shi Huangdi** (221-210 av. J.-C.), « Premier Auguste Seigneur ». Son nom, Qin, se prononce « Tchin » et devient celui du pays, la Chine. Inspiré par la pensée des légistes, il accomplit, en seulement onze ans de règne, une œuvre monumentale. Du point de vue administratif, il brise les princes féodaux, divise l'empire en préfectures aux ordres d'un fonctionnaire nommé, réglemente les mesures de longueur et de poids. Sur le plan législatif, il unifie les lois et règlements. Par ailleurs, il impose un système d'écriture unique à tout l'empire, grâce auquel, en dépit de prononciations trop différentes pour se comprendre à l'oral, tous les Chinois se comprennent encore sans problème à l'écrit. Enfin, pour défendre la Chine contre les attaques des nomades, il entreprend de faire construire la Grande Muraille de Chine. Son fils perd le pouvoir en 207 avant J.-C.

Une armée en terre cuite

En mars 1974, à la suite du forage d'un puits, une chambre souterraine fut découverte. Elle contenait une armée de quelque huit mille soldats grandeur nature en terre cuite ainsi que leurs chevaux, et des chars richement ornés de bois et de bronze. Les figurines d'argile, une fois peintes de couleurs vives, ont été regroupées comme pour une opération militaire spécifique, avant-garde d'archers et d'arbalétriers, de fantassins et de conducteurs de chars. Dans les fosses à proximité ont été trouvés les restes de sept hommes, peut-être les enfants de l'empereur, une écurie souterraine remplie de squelettes de chevaux, un assemblage de chariots de bronze, soixante-dix sépultures individuelles, un zoo pour les animaux exotiques. Le tombeau lui-même reste encore inexploré. Il se trouve dans une paroi intérieure et sous un monticule de pyramide à quatre faces qui a été initialement aménagé pour apparaître comme une petite montagne boisée. Cette armée se situe non loin de Xi'an et est classée au patrimoine mondial de l'Unesco.

ANTIQUITÉ

LA CHINE DES HAN (206 AV. J.-C.-220 APR. J.-C.) ET DES TROIS ROYAUMES (220-265)

Les Han illustrent un âge d'or de l'histoire chinoise. La dynastie est fondée par **Liu Bang**, un paysan révolté contre les Qin, devenu empereur sous le nom dynastique de **Gaozu** (202-195 av. J.-C.). La dynastie des Han se scinde en deux branches, les **Han occidentaux** ou **Han antérieurs** (206 av. J.-C.-9 apr. J.-C.) et les **Han orientaux** ou **Han postérieurs** (25-220). C'est au début du règne des Han occidentaux que le bouddhisme est introduit en Chine, même si l'adoption du confucianisme comme idéologie d'État donne au pays sa cohésion. L'empereur **Wudi** (156-87 av. J.-C.) crée un corps de fonctionnaires d'État dévoués et efficaces, recrutés par un système d'examens impériaux, et qui porte obligatoirement sur au moins l'un des classiques de Confucius. **Sseu-ma Ts'ien** (v. 135-v. 93 av. J.-C.) est alors le fondateur de l'histoire chinoise, au-delà des traditionnelles annales. Il est surtout connu pour les *Shiji*, ou *Mémoires historiques* dans lesquels il donne une biographie de **Laozi**. Considéré comme l'Hérodote chinois, il appuie ses écrits sur des enquêtes, des voyages. **La dynastie des Han occidentaux** s'achève par une succession d'empereurs enfants, morts en bas âge, et les intrigues d'une impératrice. **Wang Mang** (8-23) fonde la **dynastie Xin**, du « renouveau », dont il est l'unique empereur. Son règne est marqué par des réformes radicales : réforme agraire afin de distribuer les terres aux paysans payant l'impôt, prix et production des biens contrôlés par l'État, contrôle de ce dernier par les fonctionnaires confucéens. **Han Guang Wudi** (25-57) devient le premier empereur des Han orientaux et transfère la capitale à Luoyang. Après lui, les empereurs sont incapables de réformer une fiscalité pesant en totalité sur les paysans libres, alors que les dépenses militaires croissent, que les fonctionnaires recrutés le sont plus par népotisme qu'en raison de leur succès réel aux concours. **De 185 à 205**, la révolte des Turbans Jaunes affaiblit la dynastie, livrée au bon vouloir des généraux qui la défendent encore. Les principautés périphériques recouvrent leur indépendance. **L'époque suivante**, connue sous le nom des **Trois Royaumes** (220-265), marque la désunion de la Chine, les royaumes de Shu au Sud-Ouest, de Wei au Nord, et de

Wu au Sud-Est s'opposent, tentent de recréer l'unité impériale à leur profit exclusif. **Sima Yan** (265-290) du royaume Wei fonde la **dynastie Jin** (265-420) qui met fin aux Trois Royaumes en prenant le royaume de Shu en 265, celui de Wu en 280.

♦ **L'art sous les Han**
De l'architecture des Han, il ne nous est rien parvenu hormis la disposition caractéristique de la tombe monumentale. S'il ne nous reste rien des monuments de cette époque, cela tient au fait que les constructions étaient en bois et peu entretenues. Les sépultures, véritables modèles réduits des habitats, nous permettent de nous faire une idée des plans des maisons, comportant de vastes ouvertures, des murs s'évasant dès la base. Les toits en tuile à larges avancées se terminent par des figures d'animaux décoratifs. Les tombeaux de Luoyang se composent de chambres funéraires construites principalement en bois et en briques. La fabrication de la soie s'intensifie et devient un article d'exportation, destiné aux Parthes, aux Romains et autres peuples de la Méditerranée, grâce à la célèbre route de la soie. Sa fabrication, en revanche, reste pendant longtemps un secret.

LA DYNASTIE JIN (265-420) ET LES SEIZE ROYAUMES (304-439)

La dynastie Jin se divise en **Jin occidentaux** (265-316) et **Jin orientaux** (316-420), et choisit trois capitales : Luoyang, Jiankang (actuel Nankin), Changan. À la même époque, le nord de la Chine est divisé en **Seize Royaumes**, États éphémères livrés à des seigneurs de la guerre en lutte continuelle. La période s'achève avec la mise en place des **Dynasties du Nord et du Sud** en 420. La dynastie des Jin occidentaux est dominée par la forte personnalité de son fondateur, l'empereur **Wudi** (Sima Yan) (265-290), mais ses successeurs font pâle figure, entre intrigues de palais, soulèvements populaires et surtout prise de contrôle du Nord par des populations non Han. En 316, le gouverneur de Jiankang prend la réalité du pouvoir, se proclame empereur **Yuandi** (316-322) et fonde la dynastie des Jin orientaux. Ses souverains doivent faire face aux chefs des clans locaux du Sud, tout en défendant la frontière avec le Nord. Cette nécessité les contraint à accorder un pouvoir de plus en plus grand aux généraux. L'un d'entre eux, **Liu Yu**, met à mort **Gongdi** (418-420), ultime empereur de la dynastie Jin, et se proclame souverain sous le nom de **Song Wudi** (420-422), fondateur de **la dynastie des Song du Sud** (420-479).

DE L'EMPIRE ÉCLATÉ À LA RÉUNIFICATION PAR LES TANG (420-618)

Après l'effondrement des Jin, la Chine se divise entre **Dynasties du Nord** et **Dynasties du Sud**, entre 420 et 589. Rapidement, le morcellement se poursuit, au sein même des dynasties. Les Dynasties du Sud sont : les **Song du Sud** (420-479), les **Qi du Sud** (479-502), **les Liang** (502-557), **les Chen** (557-589). Les Dynasties du Nord sont : les **Wei du Nord** (386-534), les **Wei de l'Est** (534-550), les **Wei de l'Ouest** (534-557), les **Qi du Nord** (551-577), les **Zhou du Nord** (557-581). Alors que leur brièveté même témoigne de la dilution du pouvoir politique, celle de **la dynastie Sui** (581-618) n'exclut pas une réorganisation fondamentale, dans le cadre d'une Chine réunifiée, indispensable à l'épanouissement futur des Tang. Une fois encore, un puissant général des Zhou du Nord, du nom de **Yang Jian**, profite de la décomposition de la dynastie et d'une minorité du souverain pour prendre le pouvoir. Il se proclame empereur **Wendi** (581-604) des Sui. Non content de réunifier la Chine après avoir écrasé les Chen du Sud en 589, il prolonge la Grande Muraille. Une réforme agraire concède aux paysans de plus grandes exploitations, autorisant une augmentation de la production agricole. L'administration est réformée, centralisée. Dans le domaine religieux, le bouddhisme s'étend, avec les encouragements du pouvoir qui y voit un élément d'unité nationale. Son fils **Sui Yangdi** (604-618) lui succède, il relance le Grand Canal traversant la Chine, du nord au sud, qui relie de nos jours Pékin à Hangzhou. Il restaure **la Grande Muraille** au prix de plusieurs millions de vies. Cette saignée se prolonge dans les campagnes militaires désastreuses contre le Viêtnam et la Corée. Le pays tout entier se révolte. **Sui Yangdi**, contraint de fuir sa capitale, est assassiné en 618. La brillante dynastie Tang s'installe jusqu'en 907.

LITTÉRATURE : LES SEPT SAGES DE LA FORÊT DE BAMBOUS

La fondation de **l'École supérieure de Changan**, une des plus anciennes universités du monde, date du début de la période Han. La période qui suit l'écroulement de la dynastie des Han est assez obscure. Néanmoins, à la suite du morcellement du pouvoir, des centres d'art et de civilisation surgissent un peu partout. Cette période, **entre le IIIe et le VIe siècle après J.-C.**, assez féconde, est appelée **Époque des six dynasties** et Nankin en devient la capitale. Le poète **Xi Kang** (223-262) est l'un des plus connus du groupe des **Sept Sages de la forêt de Bambous**, réunion de poètes qui, pendant cette époque troublée, se livrent, à l'écart de la vie publique, à l'ivresse du vin et de la poésie d'inspiration taoïste.

Les principaux noms à retenir sont **Tao Qian** (365-427), **Xie Lingyun** (385-443), **Xie Tao** (464-499), **Xu Ling** (507-583).

3. Le Japon

Le Japon se désigne à l'origine par le nom de *yamato*, plaine centrale et fertile de l'île principale de Honshū. Celui de *Nihon* ou de *Nippon*, déformé en Japon, n'apparaît qu'à partir du VIIe siècle, lorsque les premiers États commencent à se former. Il signifie « origine du soleil », ce que nous avons traduit par « Pays du soleil levant ». Le premier est utilisé dans le vocabulaire quotidien, alors que le second est réservé aux documents officiels, administratifs. Plus tard, Marco Polo emploie le nom de *Cipangu*, selon lui issu du mandarin, pour désigner le Japon. Ce dernier connaît un long succès, notamment auprès des poètes. En 1893, dans « Les Conquérants », poème issu du recueil *Les Trophées*, José Maria de Heredia (1842-1905) évoque encore l'or, le « fabuleux métal » que « Cipango mûrit dans ses mines lointaines ».

> **Un mythe fondateur**
>
> C'est vers le VIIe siècle avant J.-C. que le mythe fondateur situe le règne de l'empereur mythique **Jimmu Tenno**, descendant direct de la déesse *shintō* Amaterasu. Le ***Kojiki***, récits des faits anciens, évoque les origines du Japon selon les récits du conteur Hiyeda no Are sur l'ordre de l'impératrice Gemmei. Considéré comme le plus ancien recueil écrit en japonais, il relate la création du monde et décrit les principales divinités. Si l'on suit la chronologie du ***Nihon-shoki***, *Chroniques du Japon*, ouvrage achevé en 720, l'avènement de Jimmu Tenno aurait eu lieu en **660 avant notre ère**. Le but essentiel du *Kojiki* est l'affirmation de la légitimité de droit divin des dynasties du Yamato, une présentation en filiation directe avec les dieux. Selon une autre légende, les envahisseurs venus pour conquérir le Japon à cette époque auraient trouvé sur l'île un peuple qui savait fort bien se battre et auquel ils se seraient soumis. Le *Tenno*, l'« empereur céleste », a incarné pendant des siècles une force spirituelle. Gouverner devenant un acte éminemment religieux, d'où le titre d'*Aki-Tsu-Mi-Kami*, « Auguste divinité sous forme humaine », ou celui de *Mikado*, « Auguste porte ».

LE JAPON DE LA PÉRIODE YAMATO (250-710) : LA NAISSANCE DE L'ÉTAT

La période Yamato (250-710) est divisée en deux époques, **Kofun** (250-538) et **Asuka** (538-710). L'État du Yamato naît autour de Nara vers 250, avant de s'étendre au Japon tout entier à l'exception de l'île d'Hokkaidō, au Nord, où vivent les habitants originels du pays, les Aïnous. Le pouvoir est aux mains de chefs de clans, qui tour à tour accaparent la fonction d'empereur. C'est à cette époque que l'écriture et le bouddhisme, venus de Chine, se répandent au Japon.

◆ L'architecture du Yamato

C'est le début d'une brillante période. Le prince **Shotoku** (574-622), véritable fondateur du bouddhisme nippon, fait édifier quarante-huit monuments bouddhiques dont le temple de Shitennō-ji, à Ōsaka, accorde sa protection au Hōryū-ji, Temple de la loi florissante, à Ikaruga. Ce dernier renferme la statue du Bouddha Śākyamuni, celle de la **Triade de Shaka**, Bouddha et deux serviteurs, et d'autres objets de grande valeur. Le *Kondo*, ou « salle d'or » du Hōryū-ji, est une structure à deux étages construite selon l'ordonnancement des temples chinois. **À la fin du VIIe siècle**, les ambassades revenant de Chine, accompagnées de moines et d'étudiants, introduisent au Japon l'art des Tang.

CHAPITRE IX
Nos voisins de Mésoamérique : les Olmèques

1. Les Olmèques, pays des gens du caoutchouc

La civilisation olmèque[1] est l'une des plus anciennes en Mésoamérique, puisqu'elle se développe dès 1500 avant J.-C. pour s'éteindre vers 500 avant J.-C., sur un immense territoire allant du Mexique au Costa Rica, en passant par le Belize, le Guatemala, le Salvador, le Honduras, le Nicaragua. Elle est marquée par la domination successive de centres urbains, dont les principaux sont La Venta dans le Tabasco et San Lorenzo dans le Veracruz. Olmèque signifie « les pays des gens du caoutchouc », vocable issu d'un terme nahuatl, langue indigène la plus parlée au Mexique. Longtemps restée inconnue, la découverte fortuite, au milieu du XIXe siècle, d'une tête colossale à Hueyapan, dans le sud de l'État du Veracruz, la sort de l'ombre. Il faut toutefois attendre pour son étude les années 1920 et la découverte d'autres œuvres d'art. En 1942, lorsque des spécialistes en définissent les traits culturels et en parlent comme d'une civilisation mère de la Mésoamérique, à la suite surtout de l'exploration de sites clefs de la côte du golfe, San Lorenzo[2], La Venta, Cuicuilco[3].

1. Les Olmèques ont été rattachés par certains à la famille linguistique maya, mixe-zoque, pour d'autres, ou à un ensemble multiethnique.
2. Le site occupe 500 ha, dix têtes colossales et plusieurs trônes formaient des alignements rituels. On trouve une résidence royale, ainsi qu'un système de canaux souterrains.
3. Située dans le sud de Mexico, c'est la première cité à s'installer sur les rives du lac Texcoco, pendant le Ier millénaire avant J.-C. Elle constitue la plus importante ville de la vallée de Mexico.

ANTIQUITÉ

2. Jaguar et tête de 20 tonnes

Aujourd'hui la culture olmèque apparaît comme un ensemble multiculturel. La société olmèque est encore mal connue, mais on admet des changements importants dans celle-ci, aux alentours de 1000 à 900 avant J.-C., dus en partie à de nouvelles techniques agricoles, une urbanisation plus importante, ainsi qu'une forte stratification sociale, l'intensification d'échanges commerciaux et une religion institutionnalisée. Du point de vue architectural, la pyramide constitue déjà le monument le plus important du centre religieux, les premiers terrains de jeu de balles, à Abaj Takalik, au Guatemala sont mis en place. L'écriture est en vigueur dès 1200 avant J.-C., sous forme idéopictographique, on la trouve en premier sur des poteries. Au Mexique, la *Stèle de Cascajal* montre soixante-deux signes gravés, vraisemblablement olmèques. Il pourrait s'agir des traces de la plus ancienne écriture connue des civilisations précolombiennes. Le bloc de pierre, haut de 36 cm, daterait de 900 avant J.-C. Néanmoins sa datation et son identité sont contestées par les archéologues, car cette stèle n'aurait pas été datée d'après sa position stratigraphique mais d'après des figurines et des poteries retrouvées à ses côtés. La civilisation olmèque est surtout connue par ses têtes de pierre sculptée, géantes, de parfois 20 tonnes. Toutefois, l'art olmèque ne concerne pas que le gigantisme, de petites figurines, masques, bijoux, ont également été retrouvés. Si le thème de la figure humaine domine, celui du jaguar est aussi omniprésent. Les Aztèques, eux aussi, plus tard, vénéreront un dieu jaguar du nom de Tepeyollotl, « cœur de montagne ».

Principales cultures précolombiennes

Culture de Chavín : – 1200 à – 400
Culture Vicús : – 400 à 500
Culture de Paracas : – 700 à 200
Culture de Mochica : – 100 à 600
Culture de Nazca : – 100 à 600
Culture de Tiahuanaco : 200 à 1100

3. Chavín de Huantar, un centre cérémoniel

Cette culture s'étend, surtout à partir du IXe siècle avant J.-C., sur la majeure partie de la côte péruvienne, des vallées du Lambayeque, au Nord, à celle de Chilca, au Sud, mettant en scène le culte du félin et son style si reconnaissable. Elle a fourni aussi quelques-uns des plus beaux objets d'or du Pérou, à Chongoyape, dans la vallée du Lambayeque. Les tombes ont livré couronnes, masques, colliers, ornements de nez. Lorsqu'elle disparaît **vers le IIIe siècle**, les régions développent leurs caractéristiques locales, oubliant définitivement le culte du félin. Depuis 1995, de nouvelles fouilles y sont faites. Le site fait partie du patrimoine mondial de l'Unesco. La zone archéologique de Chavín est formée par un ensemble de bâtiments, terrasses, plates-formes, places, tunnels dont les premiers travaux remonteraient aux alentours de – 1200 et l'achèvement vers – 400. Mais le site est avant tout un centre cérémoniel, bien que, selon certains archéologues, il devait exister un centre important d'habitations à 1 km au nord des temples. Le complexe architectural est constitué de grandes pyramides tronquées parmi lesquelles celle connue sous le nom de El Castillo, le plus imposant édifice, structure pyramidale rectiligne composée de trois plates-formes superposées. La *Stèle Raimondi* fait encore partie de ces pièces lithiques en place qui ont échappé au vandalisme et aux dévastations dues aux glissements de terrain. Elle représente une divinité, figure aussi appelée « dieu aux bâtons », car, dans chaque main, elle tient un bâton. L'art de Chavín s'exprime surtout dans la sculpture et la céramique à travers un réseau de courbes enchevêtrées, de volutes serpentiformes qui combinent croix et griffes de félin à des traits humains. C'est le cas du monolithe El Lanzon, bas-relief haut de 4,50 m, qui représente un personnage debout, seule sculpture trouvée dans les galeries intérieures du plus ancien temple. Il porte des ornements d'oreilles, éléments réservés aux élites dans les cultures de l'Ancien Pérou.

4. La culture Vicús

Localisée entre le Pérou et l'Équateur, la culture Vicús, **entre le Ve siècle av. J.-C. et le VIe siècle apr. J.-C.**, prend place parmi celles du Pérou préhispanique. Sa découverte remonte aux années 1960. Son aire d'expansion est difficile à cerner, même si les centaines de sépultures découvertes dans la vallée de Piura ont permis d'y situer son foyer. La diversité de sa céramique laisse supposer deux origines distinctes, l'une venue de l'Équateur, l'autre purement locale, qui ont donné lieu à deux traditions stylistiques plus ou moins contemporaines bien que différentes. **La première, Vicús-Vicús**, comporte une céramique fruste, aux formes simples. **La seconde, dite de Vicús-Moche**, montre un style directement issu du style Mochica ou Moche.

5. Moche ou Mochica, société guerrière

La culture Moche ou Mochica fait partie dans le Nord péruvien, avec celles des Salinars et des Virú, des héritières de celle de Chavín. Le nom de Mochica vient de la langue encore parlée dans cette région avant l'arrivée des Espagnols, le muchik. Cette culture s'est développée **entre – 100 et 600 environ**. Pour la première fois dans l'histoire du Pérou, on peut parler d'une société guerrière. Ce sont aussi des bâtisseurs de routes, de grands complexes cérémoniaux. On y trouve les ensembles les plus importants de la région côtière. La huaca del Sol et la huaca de la Luna – ainsi nommées par les colonisateurs, temples du soleil et de la lune, même si aucun de ces deux astres n'y était adoré – sont des pyramides inachevées. La première s'élève par degrés jusqu'à une terrasse, allongée également par degré, de 230 m de long. La hauteur totale de l'édifice est d'environ 40 m. Des restes importants de nourriture retrouvés suggèrent la pratique régulière de banquets. La huaca de la Luna qui lui fait face était une enceinte sacrée, construite avec des briques d'adobe. La huaca Rajada est un important complexe funéraire, trouvé dans la région de Lambayeque, près de Sipán. Des archéologues italiens, il y a quelques années, y mettent au jour trois tombes dont la plus importante est celle du seigneur de Sipán. Il fut inhumé entouré de ses concubines, de ses guerriers et serviteurs. Le travail des métaux donne une indication sur le haut degré d'évolution que les hommes de Moche ont atteint. Ils savent combiner des alliages multiples et leur faire rendre habilement des effets de couleurs, savent recouvrir les objets de métal précieux, connaissent la technique du métal repoussé, celles de la fonte et de la soudure. Un autre apport important de cette civilisation réside dans la céramique. Une poterie nouvelle apparaît, avec des vases en forme de tête humaine, possédant des caractéristiques déterminées, montrant que les artistes sont aptes à en rendre non seulement les particularités physiques mais aussi en exprimer les émotions. De nombreux récipients servent de supports à toutes les activités humaines possibles, y compris les représentations de l'acte sexuel. La peinture murale s'y épanouit, celle retrouvée dans le site de Pañamarca montre un thème souvent évoqué, celui de la présentation du sang sacrificiel à des prêtres.

6. La culture de Nazca : systèmes d'irrigation et géoglyphes

Le Pérou, avant les Incas, a vu se développer des civilisations prestigieuses comme celle de Chavín de Huantar vers – 1000, à laquelle succèdent celles de Nazca et de Mochica. La culture nazca, surtout connue pour ses pétroglyphes et sa poterie à décor polychrome, se développe au sud du Pérou entre – 100 et 600. Développée à partir de la culture de Paracas, elle connaît une expansion parallèle à celle de Mochica, située au nord du Pérou. La culture nazca utilise les systèmes d'irrigation. Des huttes de clayonnage à couverture de chaume, situées dans des bourgs en dehors de la zone d'irrigation, constituent le cadre de vie quotidien de ses habitants. La plus grande agglomération de la région est celle de Cahuachi, construite à 6 km de l'actuelle cité de Nazca ; centre exclusivement cérémoniel mais construit près de sources souterraines, seul point d'eau de toute la contrée. Sa grande pyramide, élevée sur une base de 110 m sur 90 m, est composée de six terrasses de 20 m de haut. Sa poterie révèle de nouvelles techniques de cuisson et de décoration. Les motifs représentent des formes animales et végétales, thèmes religieux ou mythologiques liés à la mer. L'un des plus répandus est celui des têtes trophées, brandies par des personnages anthropomorphes. Les Nazcas sont aussi connus pour leurs tissus qui ont pu être très bien conservés grâce à l'aridité du climat, mais aussi pour leurs **géoglyphes** qui dessinent des formes géométriques et animales sur un ensemble de plus de 500 km^2, présentant certaines ressemblances avec ceux des poteries.

7. La civilisation de Tiahuanaco : la porte du soleil

La civilisation de Tiahuanaco est nommée ainsi d'après le site des fouilles, localisé sur un haut plateau andin à 4 000 m d'altitude, près du lac Titicaca, qui s'étend sur 420 ha dont 30 sont consacrés au noyau cérémoniel. Elle s'est diffusée jusque sur le sud du Pérou qui est touché par des bouleversements politiques et climatiques **aux VIe et VIIe siècles**. Les faubourgs sont délimités du centre cérémoniel par un fossé, une enceinte sacrée, celle du temple, le Kalasasaya. Les deux monuments les plus importants sont la porte du soleil et la pyramide à sept degrés d'Akapana, consolidée par un mur comportant à chaque angle des monolithes selon les principes mêmes du Kalasasaya. Au pied de l'Akapana est enfoui un temple semi-souterrain aux têtes anthropomorphes, insérées dans le mur, aux yeux quadrangulaires. Un système de canalisation passant à l'intérieur de la pyramide permettait à l'eau de se propager d'une terrasse à l'autre. Mais le monument le plus impressionnant est la porte du soleil, taillée dans un unique bloc de pierre, surmontée d'un linteau dont la figure principale est un personnage debout tenant un sceptre dans chaque main, le visage figé, entouré de rayons se terminant en têtes d'animaux, un serpent bicéphale pour le sceptre droit. Il s'agirait de Tunapa, la divinité cosmique des Aymaras, souvent confondue avec Viracocha. La céramique et les tissus y sont bien représentés, ces derniers se distinguant par leurs riches couleurs.

CHAPITRE X
Nos voisins d'Afrique

1. Les pharaons noirs de Kouch et de Méroé

Kouch est l'un des noms que les Égyptiens donnèrent à la Moyenne et à la Haute-Égypte. Ce toponyme n'apparaît qu'à la XIIe dynastie sous le règne de **Sésostris Ier** (vers 1962 av. J.-C.). Son territoire, dont l'extension varie selon l'histoire, se trouve en amont de la deuxième cataracte du Nil. Ce royaume, de ses débuts au IIIe millénaire avant J.-C. jusqu'aux conquêtes chrétiennes du IVe siècle apr. J.-C., demeure une culture indépendante, une originale synthèse culturelle mélangée à ses différents voisins. C'est aux alentours de 900 avant notre ère, au nord de l'actuel Soudan, que des dynastes locaux profitent de l'affaiblissement de l'Égypte pour s'émanciper. Il faut toutefois attendre 730 avant J.-C. pour que l'un d'entre eux, **Piankhy** (747-716 av. J.-C.), établisse son autorité non seulement sur la Haute-Nubie, mais réalise aussi des incursions jusque dans le delta, réunifiant à de trop brefs moments l'Égypte au profit du royaume de Kouch. Ses successeurs constituent la XXVe dynastie, dite « éthiopienne », avec les souverains kouchites : **Chabaka** (713-698 av. J.-C.), **Chabataka** (698-690 av. J.-C.) et **Taharqa** (690-664 av. J.-C.). Ils reprennent à leur compte la grandeur de l'Égypte des XVIIIe et XIXe dynasties, multiplient les monuments, jusqu'au moment où, en – 664, chassés par les armées assyriennes, les Kouchites quittent Thèbes pour se replier en

ANTIQUITÉ

Haute-Nubie. Leur capitale y est Napata, au pied du Gebel Barkal, mais, en − 591, attaqués par les Égyptiens, ils se réfugient à Méroé, dans les steppes du Butana, sur la rive droite du Nil. Méroé devient la capitale du royaume kouchite jusqu'à sa disparition, au début du IVe siècle de notre ère, sous les assauts des Nouba de Kau, semble-t-il.

L'ARCHITECTURE KOUCHITE

Elle constitue le vestige le plus notable de l'art du royaume de Kouch. Les réalisations les plus importantes datent du règne de **Taharqa**. Il achève au pied du Gebel Barkal un complexe sacerdotal inauguré par Piankhy, fait édifier le temple de Kawa dans le bassin du Dongola, au nord du Soudan actuel. Il consacre même une colonnade gigantesque à Amon, dont il ne reste malheureusement qu'une unique pièce. Les souverains se font inhumer sous des pyramides de grès, au pied du Gebel Barkal, la montagne sacrée, puis la nécropole royale se déplace à Méroé. Tout comme pour les complexes funéraires égyptiens les monarques kouchites associent à la pyramide une ou plusieurs chapelles, telle celle du roi **Natakamani** (début de notre ère) ou de la reine **Amanishakheto** (vers 20 av. J.-C.). Les temples consacrés au lion sont connus de par leurs édifices particulièrement spectaculaires, celui de Musawwa es-Sufra et celui de Naga à environ 150 km au nord-ouest de Khartoum. Le temple est dédié à Apademak, dieu lion méroïtique, associé à l'éléphant.

LA RELIGION MÉROÏTIQUE

Amon reste l'une des principales divinités du panthéon royal. D'anciennes divinités locales, comme Apademak, à tête de lion, créateur et guerrier, s'imposent. Amesemi, sa parèdre, est représentée en femme dont la tête est surmontée d'un ou de plusieurs faucons. Shebo, dieu à l'apparence humaine, est coiffé de la double couronne pharaonique. On trouve également Masha, dieu soleil, dont il n'existe aucune représentation mais dont le clergé est cité dans les textes.

L'ÉCRITURE MÉROÏTIQUE

Elle se présente sous deux aspects : une écriture monumentale, empruntée au répertoire des hiéroglyphes égyptiens, et une cursive. Il y a une totale correspondance entre les deux, en ce sens qu'à chacun des vingt-trois signes monumentaux correspond un signe cursif et un seul. Les caractères cursifs dérivent du démotique, l'écriture stylisée de l'Égypte tardive. Dans la plupart des cas la forme a été conservée fidèlement et la valeur phonétique du signe méroïtique est souvent identique à celle du signe égyptien, ou très voisine. Alors que l'écriture égyptienne a recours à des idéogrammes et à des signes, représentant chacun soit une consonne simple, soit un groupe de consonnes, l'écriture méroïtique n'emploie que des caractères notant une seule lettre, consonne ou voyelle. C'est en 1826 que le Français **Frédéric Cailliaud** (1787-1869) publie les premières copies de texte méroïtique et, en 1911, que l'égyptologue anglais **Francis Llewellyn Griffith** (1862-1934) réussit à déchiffrer les signes des deux alphabets. Les hiéroglyphes sont réservés aux textes religieux, alors que les caractères cursifs ont un emploi plus large, du profane jusqu'au secret.

2. Les royaumes de D'mt et d'Axoum en Éthiopie

Le **royaume de D'mt** (VIIIe-Ve siècle av. J.-C.) s'étend au nord de l'Éthiopie, en actuelle Érythrée, autour de sa capitale, Yeha. Ses liens sont étroits avec le royaume sabéen du Yémen, au point de se demander s'il ne s'agit pas d'une unique entité, séparée géographiquement par la mer Rouge. Les restes de construction sont peu nombreux, et ne permettent pas de connaître ce royaume et les raisons de sa disparition au Ve siècle avant J.-C. Notre connaissance du **royaume d'Axoum** (v. Ier-XIIe siècle) est en revanche bien plus étendue. Le royaume d'Axoum, du nom de sa capitale, située dans la province du Tigré, en Éthiopie, semble s'être constitué au cours du IIe siècle de notre ère, après une naissance possible aux environs de 50 ans avant J.-C. C'est aux alentours de 330 de notre ère que le royaume d'Axoum, devenu un véritable empire qui met fin à Méroé, est converti au christianisme, ainsi que l'atteste le monnayage du roi **Ezana** (v. 333-356), qui remplace les symboles païens du croissant et du disque lunaire par la croix. Il est baptisé par l'évêque **Frumentius**. La tradition le crédite d'une traduction du Nouveau Testament en langue guèze, ou éthiopien classique. Après le VIIIe siècle, Axoum perd peu à peu sa prépondérance, et doit finalement s'incliner, au XIIe siècle, devant la suprématie de la dynastie des Zagwé (1135-1268), originaire du Lasta, la province située au sud du Tigré.

◆ La littérature axoumite

La littérature du royaume d'Axoum est liée à la langue savante, le guèze. Langue du royaume, le guèze s'impose entre le IIIe et le Xe siècle de notre ère. À partir de cette date, il est victime du déclin d'Axoum, et cesse d'être une langue couramment parlée, pour n'être plus employé que par les élites intellectuelles. Il survit ainsi jusqu'au cours du XIXe siècle. De nos jours, le guèze n'est plus guère employé que dans la liturgie de l'Église copte d'Éthiopie. Les premiers écrits en langue guèze datent du IVe siècle, et sont nés d'un souci royal de laisser une trace à la prospérité, par la rédaction d'*Annales* du règne d'Ezana. Le reste de la littérature axoumite est directement inspiré par des textes grecs, traduits en guèze. Il s'agit principalement d'ouvrages et traités religieux, tel le *Cyrille* ou *Qerillos*, dans lequel les Pères de l'Église évoquent les problèmes liés à la nature du Christ. La littérature axoumite relate une dernière fois la mise à sac du royaume par une reine païenne, avant de céder la place aux *Livres des miracles* et *Chants royaux*, ces derniers en langue amharique, langue officielle de l'Empire éthiopien.

3. La culture de Nok (Nigeria septentrional)

Le nom de Nok est celui d'un simple hameau, au confluent du Niger et de la Bénoué. Il a été choisi comme éponyme de la culture entière par le découvreur du site, Bernard Fagg, en 1943. Elle s'étend, au nord du Nigeria, sur le plateau Baouchi, et se caractérise par l'importance de sa production de statuettes de terre cuite. Aux alentours de l'an 100 avant notre ère, la culture de Nok, apparue probablement vers − 500, s'enrichit de la métallurgie du cuivre et du fer, qui va donner naissance à de nouveaux motifs décoratifs sur les poteries incisées.

◆ **La statuaire en terre cuite**

L'ancienne culture a produit de fines figurines en terre cuite, accidentellement découvertes par des mineurs d'étain sur le plateau de Jos (Nigeria), dans les années 1930. L'art Nok se caractérise par le naturalisme, le traitement stylisé de la bouche et des yeux, les proportions relatives de la tête humaine, le corps et les pieds, les distorsions des traits humains du visage, et le traitement des formes animales. La propagation de type Nok, dans une zone située au sud du plateau de Jos, suggère une culture bien établie qui a laissé des traces dans la vie des peuples de la région encore identifiables aujourd'hui. Un grand nombre des traits distinctifs de l'art Nok peut également être tracé dans les développements ultérieurs de l'art nigérian produits dans des endroits comme Igbo-Ukwu, Ife, Esie et Benin City.

B. Les civilisations du monde classique

CHAPITRE XI
La Grèce antique

1. Histoire de la Grèce antique

L'histoire de la Grèce antique s'étend sur un millénaire, depuis les « siècles obscurs » (XIIe-IXe siècle av. J.-C.) jusqu'à la défaite de l'Égypte ptolémaïque, ultime partie indépendante du monde hellénistique, à Actium en 31 avant J.-C. Conventionnellement, l'histoire grecque est divisée en plusieurs périodes. Aux « siècles obscurs » succèdent **l'époque archaïque** (VIIIe-VIe siècle av. J.-C.), puis **l'époque classique** (500-323 av. J.-C.), enfin **l'époque hellénistique** (323-31 av. J.-C.).

CES SIÈCLES QUE L'ON DIT OBSCURS[1].
L'HÉRITAGE MYCÉNIEN

Quel est l'héritage qu'ont pu transmettre la Crète, les Cyclades aux *poleis*, les cités grecques ? La cité-État fonctionne grâce à l'existence de fonctionnaires dès le Minoen ancien puis au Mycénien. Le commerce se forme à partir de l'activité des navigateurs cycladiques, à laquelle

---

[1]. L'expression « siècles obscurs » est la traduction du concept anglo-saxon de *« dark age »*, littéralement « époque sombre », mis en avant par Anthony Snodgrass dans *The Dark Age of Greece* (1971), Edimburg, University Press, 1971, et par Vincent Robin d'Arba Desborough avec *The Greek Dark Ages* (1972), Benn, 1972. Elle couvre la période du XIIe siècle avant J.-C. marquée par la décadence et la fin du monde mycénien jusqu'au renouveau grec du VIIIe siècle avant J.-C.

ANTIQUITÉ

s'ajoutent les expériences phéniciennes et chypriotes. Référence pour les classes dominantes, mis en scène dans l'*épos*, le discours épique, le prince guerrier mycénien, présenté comme un héros dans le Pélopéion, monument à la gloire de Pélops, ancêtre des Atrides à Mycènes, subsiste jusqu'à la fin des tyrannies. Dans le domaine de l'art, les multiples céramiques donnent naissance à celles qui ont su magnifier l'art athénien. Quant aux écritures du monde préhomérique, elles sont ignorées par l'archéologie et l'historiographie du XIXe siècle. Il faut l'acharnement du savant anglais **Arthur Evans** (1851-1941) pour fournir les preuves de l'existence de plusieurs écritures « préphéniciennes », avant de distinguer finalement trois systèmes graphiques : l'écriture hiéroglyphique, appelée ainsi pour sa pictographie, le linéaire A, puis le linéaire B, postérieur. Les premiers documents en **linéaire A**, administratifs, sont consignés uniquement pendant le Minoen moyen (1800-1700 av. J.-C.), pour ensuite se généraliser à toute la Grèce et aux îles de la mer Égée. **Le linéaire B** est représenté surtout dans les riches archives de Cnossos, Pylos, Tirynthe, Mycènes et disparaît vers 1200 avant J.-C., lors de la chute des citadelles helladiques, à l'exception de Chypre où le lien avec le centre du pouvoir était moins fort. L'héritage de l'écriture mycénienne, sa continuité dans le monde grec sont inexistants. De ce point de vue, il y a une rupture entre les deux civilisations. Le nouveau système, issu du système phénicien, ne doit rien aux syllabaires égéens.

LA GRÈCE ARCHAÏQUE (VIIIe-VIe siècle av. J.-C.)

En plus des sources archéologiques, la période est connue en partie par les œuvres d'historiens de l'époque classique comme Hérodote et Thucydide. C'est l'époque de création de la cité, née des nécessités militaires, commerciales et de l'accroissement de la population. Les principales cités sont Chalcis en Eubée, Thèbes en Béotie, Athènes en Attique, Sparte et Argos dans le Péloponnèse. La colonisation se poursuit et prend fin au VIIe siècle avant notre ère : Massalia, actuelle ville de Marseille, Nikaia, Nice, Cyrène en Cyrénaïque, Naucratis en Égypte, Byzance en Thrace. L'alphabet grec se met en place, transposant les vingt-deux lettres de l'alphabet phénicien et en y ajoutant cinq semi-

> ## La fin de Mycènes
>
> Pendant l'Helladique récent (1600-1400 av. J.-C.), le cœur de la civilisation reste **Mycènes**, centre commercial riche et prospère où l'or s'accumule. La Grèce s'enrichit. Aux anciennes tombes bâties sous la terre, les princes substituent d'énormes structures à coupoles, telle celle du Trésor d'Atrée, de 14 m de diamètre et de 13 m de hauteur près de Mycènes, autrefois dénommée «Tombe d'Agamemnon». L'architrave, placée au-dessus de la porte d'entrée et destinée à soutenir la voûte, pèse 100 tonnes. Les six tombes du premier cercle, découvertes par **Heinrich Schliemann** (1822-1890), sont de loin les plus riches. Elles contenaient matériaux précieux, armes, céramiques, masques en or, caractéristiques de cette période, tel le *Masque d'Agamemnon*. La céramique voit naître le style protogéométrique, décoration de lignes, de losanges, limitée à la partie supérieure du vase. Sa diffusion se fait d'Athènes jusqu'en Thessalie et au sud du Péloponnèse. **Les fresques** apparaissent à partir de 1400 avant J.-C. à l'intérieur des palais mycéniens, sous forme de scènes de chasse, de guerre. La métallurgie du bronze n'est plus en usage, celle du fer s'installe. Des marchés se créent. Les villes s'entourent d'enceintes. Mycènes possède, vers la fin du XIIIe siècle avant J.-C., plus de 900 m de murs, percés de trois portes, entourant une aire de 30 000 m². L'épaisseur moyenne des murs est de 5 à 6 m et leur hauteur de 8 m. À cette époque, la Grèce forme une féodalité morcelée en quantité de petites principautés, le Péloponnèse étant le cœur du royaume. Le grec est la langue de l'administration ainsi que l'attestent les nombreuses tablettes en linéaire B qui laissent supposer un système de comptabilité et d'archivage à l'image des grandes cités mésopotamiennes. **Vers le XIIe siècle avant J.-C.**, la dernière phase de la civilisation est caractérisée par l'affirmation d'un nouvel ordre. Les citadelles de Mycènes et de Tirynthe sont détruites, le palais de Pylos est incendié, peut-être par les Peuples de la mer. Aujourd'hui, la rupture paraît beaucoup plus progressive même si l'hypothèse d'une grande invasion dorienne fait encore débat.

consonnes (nos voyelles). Au milieu du VIIe siècle avant J.-C., une grave crise sociale se produit. Les paysans s'endettent et se retrouvent asservis par les grands propriétaires. C'est l'époque des tyrans, aristocrates qui s'appuient sur le mécontentement populaire pour s'arroger le pouvoir et favoriser la bourgeoisie urbaine. Les tyrans affaiblissent les autres aristocrates, confisquent leurs terres, les déportent.

L'ère des législateurs

À défaut de réforme agraire, des législateurs vont réorganiser la société grecque. Tout d'abord à Athènes, avec **Dracon** (– VIIe siècle).

Vers 621 avant J.-C., il promulgue un premier code de lois que tous peuvent connaître, car elles sont affichées sur des panneaux de bois, les axones. Très sévères, d'où notre qualificatif « draconien », elles recourent fréquemment à la peine de mort. **Solon** (v. 640-v. 558 av. J.-C.) réforme les lois avec plus de douceur. Il les fonde sur la responsabilité individuelle, permet aux paysans de reprendre leurs terres. Tous les citoyens doivent pouvoir participer à la vie de la cité, répartis en quatre classes censitaires en fonction de la richesse. Seuls les premiers, les plus riches, peuvent prétendre devenir archontes, magistrats en charge de la cité. Un conseil ou *boulê*, de quatre cents membres, cent par tribus, zone de résidence, est créé. Après les réformes de Solon, Athènes connaît la tyrannie, entre 546 et 510 avant J.-C., de **Pisistrate** (v. 600-527 av. J.-C.) et de ses fils. Le réformateur **Clisthène** donne alors à Athènes une nouvelle organisation politique. Démocratique, elle donne des droits identiques à tous les citoyens. On parle d'*isonomie* : elle permet même à des métèques, étrangers résidant à Athènes, de devenir citoyens.

À Sparte, **Lycurgue** (– VIIIe siècle) donne à la cité sa première constitution, la Grande Rhêtra, ou Loi fondamentale. Il établit la Gérousie, ou Conseil des Anciens, redistribue les terres en lots (*kléroi*), neuf mille pour Sparte, trente mille pour la Laconie, le pays alentour. Il organise l'éducation spartiate, en obligeant les guerriers à prendre leur repas en commun (*syssities*). Pour promouvoir un idéal de frugalité, il bannit les objets de luxe, l'or et l'argent sont remplacés par des lingots de fer. Au cours du VIIe siècle avant notre ère, les Spartiates agrandissent considérablement leur territoire. Les villes côtières situées sur les péninsules montagneuses perdent leurs droits politiques et les habitants deviennent des périèques, citoyens provinciaux libres sans droits civiques. Ils forment une symmachie, une alliance militaire avec les Spartiates. C'est ainsi que naît l'État lacédémonien dont le noyau est Sparte, seul décisionnaire de la guerre ou de la paix. La première date attribuée pour la conquête de la Messénie, au sud-ouest du Péloponnèse, est celle de – 730. Les Messéniens se retrouvent Hilotes, serfs des Spartiates, nouveaux propriétaires des terres. Sparte atteint son plus haut degré de prospérité.

Les premiers Jeux olympiques

L'année 776 avant J.-C. marque la date des premiers Jeux olympiques grecs, concours sportif pentétérique (qui a lieu tous les quatre ans) à Olympie. L'invention de ces jeux est attribuée à plusieurs personnages, dont Héraclès et Pélops, un Phrygien dont les descendants dominent le Mycènes des Achéens. Donnés en l'honneur de Zeus Olympien, ils vont perdurer pendant presque mille ans, jusqu'en 393 apr. J.-C., lorsque l'édit de Théodose ordonne l'abandon des lieux de culte païens. La récompense des vainqueurs consiste en la remise d'une seule branche d'olivier. Leur nom figurera sur la liste officielle, leur statue sera érigée dans le bois sacré d'Olympie. Cette liste des vainqueurs fournit des indications précieuses pour la date exacte d'un événement. Une fois chez lui, le vainqueur est libre de tout impôt. Seuls y sont admis les Grecs libres et de bon renom. Ils nous sont connus par la *Description de la Grèce* de Pausanias (115-180), les peintures sur vases et le site archéologique d'Olympie.

LA GRÈCE CLASSIQUE (500-323 AV. J.-C.)

En 500 avant J.-C., l'Ionie, actuelle région autour d'Izmir, et ses riches cités grecques (Milet, Éphèse) se révoltent contre la domination perse. En dépit de l'aide athénienne, la bataille de Ladé (494 av. J.-C.) est perdue. Quatre ans plus tard, une invasion perse est arrêtée à Marathon en 490 avant J.-C. par les Athéniens et les Platéens, habitants de la Grèce centrale. En 480 avant J.-C. une seconde tentative échoue devant le sacrifice des Spartiates de Léonidas à la bataille des Thermopyles et la défaite navale de Salamine[1]. La découverte des mines d'argent du Laurion permet à Athènes d'exercer une emprise économique sur le monde grec. Vers 470 avant J.-C. Athènes ouvre l'ère de son empire en prenant le contrôle de la Ligue de Délos. Il s'agit à l'origine d'une alliance militaire de circonstance destinée à conjurer le péril perse. Athènes profite de l'argent du Laurion et de sa

---

1. Ces événements, connus sous le nom de guerres médiques, sont développés dans le chapitre consacré à l'histoire perse.

puissance navale, ou thalassocratie, pour s'imposer aux autres cités qui deviennent ses vassales. **Délos** devient le siège de la confédération et abrite son trésor, jusqu'à son transfert à Athènes en 454 avant J.-C. **Périclès** (v. 495-429 av. J.-C.), un petit-neveu de Clisthène, est choisi pour gouverner Athènes. Il le fait avec un éclat tel que la période de son action est connue sous le nom de « **siècle de Périclès** ». Désireux d'établir l'Empire athénien sur des bases démocratiques, il institue une indemnité, le *misthos*, pour les citoyens pauvres susceptibles d'exercer une magistrature. En 458 avant J.-C., il fait construire les Longs Murs entre Athènes, Le Pirée et Phalère. Il fortifie ses ports, afin de protéger ce territoire en cas de guerre, de plus en plus probable, avec Sparte. Les mines du Laurion, le trésor de Délos qui se fond avec les caisses athéniennes, permettent l'édification du Parthénon. Après 450 avant J.-C. et la victoire de Salamine de Chypre, les Grecs et les Perses cessent de s'affronter, chacun se concentrant sur son propre territoire. De ce fait, la Ligue de Délos est devenue sans objet, mais Athènes la maintient de force. Elle évolue alors en confédération athénienne, les contributions deviennent des tributs dus à Athènes, les confédérés des sujets athéniens. L'expansion d'Athènes inquiète Sparte, qui mobilise ses alliés de la Ligue du Péloponnèse. La guerre dite du Péloponnèse éclate et dure de 431 à 404 avant J.-C. Elle entraîne la défaite et l'abaissement d'Athènes. L'effondrement d'Athènes semble devoir octroyer à Sparte la première place en Grèce. Mais ni l'Empire spartiate, ni un retour du pouvoir athénien ne sauront perdurer. Thèbes, à son tour, exerce son hégémonie sur les autres cités. Chacune de ces courtes dominations les épuise dans une lutte fratricide permanente. Alors qu'elles n'ont pas clairement perçu le déclin irrémédiable dont elles sont elles-mêmes la cause, les principales cités grecques laissent croître la puissance nationale des rois de Macédoine, qui vont mettre fin à leurs querelles en les soumettant toutes.

L'ESSOR DE LA DYNASTIE MACÉDONIENNE : PHILIPPE II (359-336 AV. J.-C.)

Philippe II de Macédoine est le benjamin d'Amyntas III. Il exerce, après la mort de son frère aîné, la régence pour son neveu mineur. Il s'impose par la force, la ruse ou l'or des mines de Macédoine et du Pangée, à la Thessalie, puis la Thrace. Il épouse en 357 avant J.-C. la fille du roi des Molosses, **Olympias** (v. 375-316 av. J.-C.), qui donne, l'année suivante, naissance au futur **Alexandre le Grand** (356-323 av. J.-C.). L'or macédonien sert à entretenir dans les grandes cités grecques un parti pro-macédonien. À Athènes, l'homme d'État et orateur **Démosthène** (384-322 av. J.-C.) s'en prend violemment à Philippe II dans une série de discours connus sous le nom de *Philippiques*. En 329 avant J.-C., Athènes et Thèbes s'allient contre Philippe, mais sont vaincues à la bataille de Chéronée (338 av. J.-C.), sur les bords du Céphise. Toute la Grèce passe sous domination macédonienne. Certes, les cités demeurent, mais sans véritable pouvoir, leurs institutions se survivent à elles-mêmes. Philippe les réunit dans la Ligue de Corinthe (excepté Sparte) et annonce sa volonté d'attaquer la Perse afin d'y libérer les cités grecques. Il meurt assassiné avant de mener son projet à bien (336 av. J.-C.). La tâche en revient à son fils et successeur, Alexandre le Grand.

LA GRÈCE HELLÉNISTIQUE (323-146 AV. J.-C.)

En Grèce, le poids de la Macédoine croît après l'éviction définitive d'Athènes qui perd la guerre de Chrémonidès (268-262 av. J.-C.), mais il est limité par la Ligue étolienne et la Ligue achéenne. Ce regroupement de cités doit toutefois compter sur Sparte, toujours dangereuse. La Macédoine parvient à vaincre les ligues et s'impose à partir de 217 avant J.-C. à l'issue de la Guerre des ligues (220-217 av. J.-C.). Elle offre alors à Rome l'occasion d'intervenir en Méditerranée orientale, et de se mêler des affaires de la Grèce avant de la soumettre, au prix des quatre guerres de Macédoine qui s'achèvent en 148 avant J.-C.

La fin des cités et la domination romaine

La Ligue achéenne déclare la guerre à Sparte sans l'avis de Rome. Elle est vaincue par Rome, Corinthe pillée et détruite (146 av. J.-C.). Toutes les villes grecques conquises sont annexées à la province de Macédoine. Athènes se révolte en vain en 88 avant J.-C. Protectorat romain depuis - 146, la Grèce devient par la volonté d'Auguste province d'Achaïe en - 27.

La civilisation du monde grec hellénistique

La période hellénistique est celle que les historiens situent depuis la mort d'Alexandre le Grand en 323 avant J.-C. jusqu'à Actium en 31 avant J.-C. Le siège principal des lettres et des sciences est Alexandrie en Égypte. Les traits caractéristiques de cette période sont l'érudition, l'art critique et l'étude des sciences, l'adoption d'une langue commune qui survit jusqu'à la fin de l'époque byzantine, la koiné.

2. La vie politique en Grèce

La vie politique dans cette fin du VIe siècle avant J.-C. est caractérisée par la mise en place par **Clisthène** d'une réforme en enlevant au *genos*, familles ayant un ancêtre commun, les grandes familles et les grands propriétaires, toute leur importance politique. À en croire Hérodote, il serait le fondateur du système démocratique, bien que le terme de « *demokratia* » ne soit pas employé dans ce cadre. Ce grand réformateur n'est connu que par bien peu de sources : celles des opposants qui le citent, **Hérodote** dans l'*Enquête* et Aristote qui l'évoque dans sa *Constitution d'Athènes*. Ce texte, connu à partir d'un papyrus trouvé en 1879, en Égypte, à Hermopolis, décrit cent cinquante-huit constitutions de cités grecques. La première partie décrit les différentes étapes de la démocratie, la seconde détermine le rôle des pouvoirs législatif et exécutif, classe les citoyens, fixe les droits et devoirs. La garde de la constitution à Athènes est confiée à des nomothètes, législateurs nommés pour un an. Afin d'assurer le triomphe de la cité sur le *genos*, la répartition tribale de la famille est remplacée par un découpage territorial de l'Attique et d'Athènes. La ville, l'intérieur du pays et la région côtière sont divisés en une centaine de petites circonscriptions, les dèmes, eux-mêmes divisés en dix groupes, les trittyes. Le citoyen athénien se définit par le nom du dème où il réside. La conséquence de cette mesure est de disséminer les grandes familles puisque leurs membres peuvent appartenir à des dèmes différents.

L'idée d'isonomie[1], d'égalité entre les citoyens, est fondamentale et décisive pour la démocratie. Le Conseil des Quatre-Cents, institué par Solon, est remplacé par un Conseil des Cinq-Cents, correspondant à cinquante fois dix délégués tribaux. Sous le commandement d'un stratège élu, les dix tribus fournissent un régiment de fantassins, un régiment de phalangistes, lanciers en armure, et un escadron de cavalerie. En 493 avant J.-C., **Thémistocle** (525-460 av. J.-C.) est nommé archonte. Dans l'histoire d'Athènes, il est perçu comme celui qui « amena la cité à se tourner et à descendre vers la mer » pour reprendre l'expression de **Plutarque** (*Vies parallèles*, IV)[2]. Il dote Athènes d'une flotte puissante, de fortification et d'un port, Le Pirée, qui sera achevé en 479 avant J.-C., devant la menace de Sparte et de ses alliés. La force de la cité repose sur ses rameurs, les thètes, citoyens pauvres, et non plus sur ses hoplites, fantassins lourdement armés, issus de la classe des propriétaires fonciers. La bataille de Salamine est celle des thètes et Marathon celle des hoplites.

Le fonctionnement des institutions

Le fonctionnement des institutions s'organise autour d'un pouvoir législatif et d'un pouvoir exécutif. Le premier est partagé entre une ou plusieurs assemblées ou conseils, et une assemblée de citoyens. À Sparte, le Conseil des Anciens, la gérousie, est un sénat formé de vingt-huit membres, âgés d'au moins soixante ans, élus à vie par acclamation de l'assemblée du peuple, l'apella. La gérousie détient la réalité du pouvoir, contrôle les éphores, ou magistrats ainsi que les deux rois, qui en sont membres de droit. À Athènes, l'Aréopage fait à l'origine office de conseil, puis se limite par la suite à une juridiction en matière criminelle. Ses membres sont nommés à vie parmi les magistrats, ou archontes, à l'origine issus des grandes familles, les eupatrides, puis dans toutes les couches sociales au fur et à mesure des progrès de la démocratie. Gérousie et Aréopage sont d'essence oligarchique, réservés à un nombre restreint de citoyens choisis. Athènes

---

1. La démocratie attache beaucoup d'importance à l'égalité des droits et à l'égalité matérielle alors que l'isonomie, pour les Athéniens, s'intéresse plus à l'égalité politique.
2. Plutarque, *Vies parallèles*, trad. B. Latzarus, Paris, Garnier, 1950.

leur adjoint une assemblée plus démocratique dans son recrutement, la *boulê* ou Conseil des Cinq-Cents, à raison de cinquante bouleutes par tribu, tirés au sort parmi les candidats présentés par les dix tribus. Le bouleute est en fonction pour un an, doit être âgé de trente ans, être un citoyen jouissant de tous ses droits. La *boulê* prépare les décrets soumis à l'*ekklésia*, assemblée de citoyens. Elle siège sur l'Agora, dans un bâtiment spécial, le bouleutérion, et est divisée en dix commissions ou prytanies, comprenant les cinquante membres d'une même tribu, au pouvoir pendant un dixième d'année, trente-cinq ou trente-six jours. La prytanie prépare et dirige les discussions de la *boulê* et de l'*ekklésia*. Les sénats, *boulê* athénienne ou synédrion, conseil d'une communauté de cités, préparent les travaux de l'assemblée des citoyens. Dans les régimes oligarchiques, d'anciennes aristocraties, de monarchies, cette assemblée dispose de peu de pouvoirs, à l'exemple de l'*apella* spartiate, où la prise de parole n'est pas libre, la réalité du pouvoir appartenant à la gérousie. Dans un régime démocratique, l'*ekklésia* exerce un pouvoir souverain sur les affaires de l'État. Une indemnité de trois oboles, le *misthos ecclesiastikos*, permet aux plus pauvres de satisfaire à leur obligation de siéger. Le héraut lit les propositions de la *boulê*, les orateurs se manifestent. En principe, tous ont droit à la parole, mais les citoyens les plus influents sont les seuls à en user très régulièrement. Classés par âge, ils montent à la tribune, couronnés de myrte, pour marquer leur caractère sacré pendant leur intervention. Puis l'on procède au vote, à main levée pour les cas courants, en secret pour les élections ou l'ostracisme (bannissement d'un citoyen). L'*ekklésia* dispose de tous les pouvoirs, législatif, délibératif, judiciaire, nomme les magistrats, approuve ou rejette les traités, décide de la paix ou de la guerre.

3. L'art grec

L'ARCHITECTURE GRECQUE

Les temples **au début du VIIe siècle** sont encore bâtis sur le plan d'une simple *cella*, pièce sanctuaire abritant la statue du dieu, avec parfois une colonne axiale. La transition du bois à la pierre dans la construction des temples se fait peu à peu, même s'il s'agit d'abord des fondations qui supportent les colonnes. L'emploi des tuiles en argile pour couvrir le toit rend nécessaire une plus grande solidité dans le soutènement, ce qui aboutit à remplacer le bois par des colonnes de pierre. Dans les temples les plus anciens, une rangée de colonnes est indispensable au point de vue architectural, dans l'axe longitudinal de la *cella*. Après le remplacement du bois par la pierre, les techniques de construction ne changent pas, et les parties du bâtiment, jadis en bois, restent les mêmes. À l'Héraion d'Olympie, toutes les colonnes ont été remplacées les unes après les autres et Pausanias raconte qu'il possédait la dernière des quarante colonnes en bois. Du point de vue décoratif, les métopes, panneaux rectangulaires ornés de reliefs, les plus anciennes se résument à des plaques d'argile peintes comme celles du temple d'Apollon à Thermos. Dans le dernier tiers du VIIe siècle avant notre ère, les ordres ionique et dorique font leur apparition. L'ordre corinthien n'apparaît qu'à l'époque romaine. La construction la plus représentative, vers 590 avant J.-C., reste le temple d'Artémis à Corfou. Les tyrans embellissent les villes, Pisistrate et ses fils laissent à Athènes, sur l'Acropole, le vieux temple d'Athéna, l'Hécatompédon. La riche famille eupatride (noble) des Alcméonides fait exécuter en marbre et en pierres le temple d'Apollon à Delphes, s'assurant ainsi la bienveillance de l'oracle. Dans les cités, au – VIe siècle, il n'existe pas encore d'architecture privée, mais les travaux éditilaires se multiplient : aménagements de ville comme à Syracuse, fontaines d'Athènes, aqueducs de Mégare et de Samos. Les grands sanctuaires s'organisent, de l'Ionie à la Sicile, édifiant des trésors, petits édifices votifs. Ainsi le Trésor de Sicyone, à Delphes, dont les métopes représentent la légende des Argonautes, ou celui de Siphnos illustrant la guerre de Troie, le tholos circulaire de Marmaria. Les temples atteignent des dimensions exceptionnelles comme celui d'Apollon, à Sélinonte, en Grande Grèce, avec ses 110 m de long et ses 11 m de large. Une conception aussi grandiose de l'architecture et de l'urbanisme se retrouve dans d'autres colonies de Grande Grèce, à Métaponte, à Paestum.

Les trois ordres en colonnes

– **La colonne dorique**, dont les plus anciens témoignages remontent à 625 avant J.-C., possède un fût cannelé, qui repose directement sur le sol et supporte un chapiteau très simple, sans décor. Elle décroît en allant vers le haut, car sa base doit supporter son poids, plus celui de l'entablement. Elle est formée de tambours et cannelée afin de mieux recevoir la lumière. Les triglyphes et les métopes sont caractéristiques de la frise dorique.

– **La colonne ionique** repose sur un socle formé de deux parties : le stylobate et la plinthe. Le chapiteau a pour caractéristique deux volutes enroulées qui forment une sorte de coussin. L'ordre ionique présente une frise horizontale continue dont la seule utilité est d'être décorative.

– **La colonne corinthienne** apparaît à Rome sous le règne d'Auguste. Son chapiteau est décoré de feuilles d'acanthe.

Le théâtre d'Épidaure

Le théâtre d'Épidaure, construit au milieu du IVe siècle avant J.-C., à 500 m du sanctuaire d'Asclépios, est l'un des théâtres les mieux conservés de Grèce. Son architecte est Polyclète le Jeune. À cette époque, l'architecture théâtrale conserve encore sa forme classique et se divise en trois parties conformément à la représentation scénique : un *orchestra* rond ou en forme de demi-lune, avec l'autel. L'édifice de la scène, *skené*, est placé plus loin, et l'espace réservé au public, le *théatron*, situé en gradins à flanc de coteau, en hémicycle. À l'origine, il pouvait accueillir environ six mille deux cents spectateurs, le double au IIe siècle, lorsque le niveau supérieur sera ajouté.

L'ARCHITECTURE HELLÉNISTIQUE

L'architecture s'attache à la construction d'édifices grandioses et très décorés, autel de Zeus à Pergame, grand temple de Zeus Olympien à Athènes. L'ordre dorique est presque complètement délaissé au

L'Acropole et le Parthénon

L'Acropole, c'est le nom de la colline qui surplombe Athènes à 156 m de hauteur. Le nom d'Acropole, «*Acropolis*» en grec, signifie «ville haute». On en trouve dans de nombreuses cités grecques, à Corinthe, par exemple. L'Acropole et ses temples, ses monuments glorieux voués aux dieux, sont opposés à la «ville basse», où se traitent les affaires des hommes. Celle d'Athènes offre quatre chefs-d'œuvre de l'architecture classique : les Propylées, l'Érechthéion, le temple d'Athéna Niké et le Parthénon.

Les Propylées, véritables «portes d'entrée» du complexe de temples, ont été édifiés entre 437 et 432 avant J.-C. Ils présentent une façade à six colonnes.

L'Érechthéion est le temple dédié à Érechthée, l'ancêtre fabuleux des Athéniens. Construit entre 420 et 407 avant J.-C., il aurait abrité la plus ancienne statue de culte de la déesse Athéna.

Le temple d'Athéna Niké (Niké : la Victorieuse) célèbre la victoire des Grecs sur les Perses à la suite des guerres médiques (490 av. J.-C. et 480 av. J.-C.). Il met en scène le rôle protecteur traditionnel de la déesse, qui doit toujours mener les Athéniens à la victoire.

Le Parthénon est le temple majeur d'Athéna. Il est édifié entre 447 et 438 avant J.-C., pendant que le stratège Périclès dirige la ville. Sa construction est confiée au plus grand architecte et sculpteur classique, Phidias (490-430 av. J.-C.). Fait de marbre blanc, il compte huit colonnes en façade, et dix-sept sur les côtés. La grande salle abrite la statue de la déesse debout, sculptée par Phidias. Elle mesure 15 m et est qualifiée de chryséléphantine, c'est-à-dire faite d'or et d'ivoire. Tout autour du temple, sur les métopes, l'espace entre les architraves, au-dessus des chapiteaux de colonnes et le fronton, court la frise des Panathénées. C'est la représentation de la procession annuelle des jeunes filles et femmes en l'honneur de la déesse.

IIIe siècle avant J.-C. L'Asie Mineure l'emploie encore mais apporte de profondes modifications quant au traitement du plan, des colonnes, des proportions, à l'exemple du temple d'Athéna à Pergame. L'architecte **Hermogénès de Priène** codifie les règles de l'ordre ionique, apportant dans les proportions et les décorations d'importantes transformations, comme à l'Artémision, temple d'Artémis, de Magnésie du Méandre. **Pythéos**, sur un ordre d'Alexandre, reconstruit le temple d'Athéna Polias qui devient la référence de l'ordre ionique à Priène. Le gigantisme marque le sanctuaire d'Apollon à Didymes dont la *cella* est entourée de cent huit colonnes ioniques d'une vingtaine de mètres de haut. La particularité de l'époque tient à la construction ou reconstruction des villes. Les rues qui se croisent à angles droits à Priène, Antioche, Apamée, sont de plus en plus bordées de colonnades et les portiques se multiplient. La demeure hellénistique devient plus modeste, mais la décoration, en revanche, se fait plus luxueuse : au centre se trouve le *mégaron*, pièce principale équipée du foyer, donnant sur une grande cour à péristyle dorique avec un bassin central, décorée de stucs et de mosaïques.

LA SCULPTURE GRECQUE

La sculpture archaïque

Dans le domaine de la sculpture, les premiers témoignages sont faits essentiellement de petits *ex-voto* en bronze et en ivoire, de statuettes d'hommes et d'animaux, ou de terre cuite, idoles-cloches de Béotie à la tête percée d'un trou pour être accrochées. La statuaire du milieu du VIIIe siècle avant notre ère commence à détacher les membres du corps. La tête est dépourvue de visage, les articulations sont marquées. Le plus grec des arts, la sculpture archaïque, utilise le bois pour ses premières figures, les *xoana*, statues dédiées au culte. Mais peu nous sont parvenues. La plus ancienne statuette est celle d'une femme datée de 675 avant J.-C. Une inscription permet de déterminer qu'il s'agit d'une offrande de **Nicandre de Naxos**. Des centres d'art commencent à se répandre : la Crète avec la Dame d'Auxerre, la Grande Grèce et la Grèce du Nord, l'art de Corinthe, sculptures provenant de Sicyone à Delphes, à Mycènes, métopes du temple d'Athéna, fronton du trésor de Mégare. De la Grèce du Nord viennent les *kouroi*, statues nues de jeunes gens du temple d'Apollon. Contrairement aux premières de ces œuvres, datées aux alentours de 650 avant J.-C., les *korê*, figurines féminines, sont toujours habillées. Au début les formes sont simplement indiquées. L'ensemble paraît massif du fait que les bras demeurent collés au buste.

La sculpture grecque du VIe siècle avant J.-C.

Vers 580 avant J.-C., l'œuvre la plus célèbre reste celle de **Polymédès d'Argos**, en ronde-bosse, représentant les deux frères d'Argos, **Cléobis et Biton**. En comparaison du géométrisme schématique qui prévalait jusque-là, les deux statues sont plus finement modelées, les traits physiques davantage accentués, notamment les genoux. Leur pose est celle des *kouroi* de l'époque. La tête reste encore massive. **Vers 560 avant J.-C.**, la représentation de la figure humaine se libère des contraintes du géométrisme. Les deux statues les plus représentatives sont l'Apollon de Ténéa en Corinthie et le Kouros du Ptoion IV, en Béotie, statues qui n'ont plus rien de colossal puisqu'elles mesurent 1,50 m environ. Les reliefs du corps apparaissent plus nettement et le fameux « sourire archaïque » fait son apparition. Mais il faut attendre encore trente ans pour que le corps humain soit représenté avec des structures internes apparentes, les muscles reflétant l'action en cours. La musculature abdominale prend cette forme de cuirasse qui deviendra l'une des règles canoniques. Apparaît également la découpe antique du bassin suivant une ligne d'inclinaison de celui-ci.

La sculpture de la Grèce classique

La période préclassique de la sculpture, vers 480 avant J.-C., trouve avec l'*Éphèbe* de **Critios**, sculpteur athénien, les nouveaux signes de la représentation du corps humain. La rigidité archaïque s'est effacée au profit d'une répartition plus naturelle et souple du poids et des tensions musculaires. Le sourire caractéristique de la période archaïque disparaît, remplacé par une expression plus profonde. La coiffure est particulière avec un bourrelet circulaire, semblable à celle de l'*Éphèbe blond*. Ces statues sont considérées comme la transition entre le style archaïque et le premier classicisme (500-450 av. J.-C.). Les trois sculpteurs les plus fameux de cette période sont **Myron**, **Polyclète**, **Phidias**. **Myron** est l'auteur du *Discobole* : il sait fixer dans le bronze le moment où le lanceur de disque, par une rotation du corps, laisse place à l'intervalle du geste entre sa préparation et son exécution. Le

Doryphore et le *Diadumène*, de **Polyclète**, montrent deux athlètes, la jambe gauche plus vers l'arrière, le poids du corps reposant sur la jambe droite et produisant une légère asymétrie du bassin par rapport aux épaules. La distinction entre la jambe gauche et la jambe droite est une des caractéristiques de ce grand sculpteur. Cette pose en inclinaison sera appelée par les Italiens de la Renaissance *contraposto*. Le meilleur exemple en est le David de Donatello. Mais il s'est intéressé aussi, souligne Hervé Loilier[1], au problème du torse, où la musculature ne correspond pas à une réalité mais à une esthétique : « L'abdomen est surmodelé selon une parure caractéristique en violon, les muscles obliques sont hypertrophiés pour répondre par un contrepoint subtil à la masse du thorax. Cette idée devint procédé sous le nom de cuirasse esthétique. » Polyclète et Donatello peuvent être entrevus comme l'aboutissement de ce que tentèrent leurs prédécesseurs. Polyclète trouve une règle dans le corps masculin[2]. Mais c'est **Phidias** (490-430 av. J.-C.) qui le premier fait concourir la forme et le mouvement à l'expression de la pensée. Né à Athènes, il exécute à Olympie la statue chryséléphantine de Zeus, représenté assis sur un trône. L'ensemble atteignait 10 m de haut. Il réalise également dans les mêmes matériaux la statue d'Athéna Parthénos, destinée à orner l'intérieur du Parthénon, car Périclès l'en avait chargé. Des métopes illustrent un thème sur chacun des côtés du bâtiment. Trois centres d'art dominent pendant cette période : le Péloponnèse avec les frontons de Zeus à Olympie, la Grande Grèce et la Sicile, avec l'Aurige de Delphes, et Athènes avec les métopes du trésor des Athéniens, à Delphes.

L'époque suivante, ou second classicisme, de 450 à 400 avant J.-C., contraste avec l'unité de la précédente. Le sculpteur **Callimaque** (actif v. 430-408 av. J.-C.) introduit des effets de draperies mouillées mettant en valeur le corps féminin. Il en est ainsi des Victoires qui décoraient le parapet du temple d'Athéna Niké sur l'Acropole. Au – IVe siècle, la statuaire trouve en **Scopas** (v. 420-330 av. J.-C.), **Praxi-**

---

1. Hervé Loilier, *Histoire de l'art*, Paris, Ellipses, 1995, p. 114.
2. Galien, *De temperatura*, I, 9. Polyclète, dans son *Canon*, écrit : « La beauté réside dans les rapports non entre les éléments mais entre les parties… »

tèle (v. 400-v. 326 av. J.-C.) et **Lysippe** (390-310 av. J.-C.) trois incomparables maîtres. Un nouveau classicisme apparaît vers 370. **Scopas** excelle dans l'expression du pathétique, des sentiments violents. **Praxitèle** se caractérise par une exigence de grâce, de sensualité : jeunes femmes et éphèbes sont représentés dans des poses alanguies, l'Aphrodite de Cnide montre la déesse nue sur le point de descendre au bain. C'est la première sculpture grecque d'une femme nue. Cela fit scandale, d'autant plus que le modèle en serait la célèbre hétaïre Phryné, sa maîtresse. Sa beauté, lors d'un procès, la sauve quand, à bout d'arguments, son avocat dénude sa poitrine, ce qui lui vaut l'acquittement immédiat. L'on ne peut que s'interroger sur le sens de l'humour grec de l'époque, Phryné signifiant « crapaud ». Avec **Lysippe**, la tradition de la sculpture athlétique réapparaît, mais il se distingue par l'art de saisir le mouvement dans l'instant, et par le souci du réalisme avec son Apoxyomène ou l'Étrilleur, connue par une copie romaine. Le motif en est banal – un athlète enlève au moyen du strigile, un racloir, la poussière de l'arène durcie par la transpiration et les huiles qui imprègnent son épiderme –, mais la réalisation pleine de vie. Depuis le milieu du Ve siècle avant J.-C. et jusqu'à l'époque d'Alexandre, tous les sculpteurs conservent à leurs statues les proportions conformes au type du *Doryphore*. Le corps a sept ou huit fois la longueur de la tête. Lysippe propose, vers 350 avant J.-C., de nouveaux canons de proportions dans lesquels la tête ne représente plus qu'un huitième de la hauteur du corps.

LA SCULPTURE HELLÉNISTIQUE

La sculpture, au IIIe siècle avant J.-C., est soumise elle aussi aux influences de l'Orient. À Athènes, les maîtres de cette nouvelle tradition classique sont les fils de **Praxitèle**, **Timarchos** et **Céphisodote**, auteurs d'un portrait du poète *Ménandre*. Des Éros adolescents, des satyres, le *Faune Barberini*, satyre endormi dont Edmé Bouchardon fait une copie en 1726, témoignent de la vogue persistante de Praxitèle. Alors que l'influence de Scopas est sensible dans les têtes pathétiques, les portraits d'hommes d'État et de philosophes, les statues d'athlètes s'inspirent plutôt de la tradition de Lysippe. La tradition classique d'Asie se manifeste aussi dans ses écoles, avec des copies d'artistes. À Pergame, le premier manifeste de l'école est l'*ex-voto* d'Attale Ier, élevé en souvenir de sa victoire sur les Galates, dont l'auteur serait Épigonos. Le second est le grand autel de Zeus dont la frise représentait, sur 120 m de long, la Gigantaumachie, combat des dieux et des géants. Le maître du gladiateur Borghèse est un Éphésien, Agasias, comme celui des Gaulois de l'Agora des Italiens de Délos. Au IIe siècle avant J.-C., Délos accueille toutes les influences. Beaucoup de copies sont faites. Dans le Péloponnèse, **Damophon de Messène** exécute l'Aphrodite ou *Vénus de Milo*. Au Ier siècle avant J.-C., Athènes est le centre d'une renaissance néo-attique avec **Apollonios**, fils de Nestor, qui signe le *Torse du Belvédère*, **Glycon d'Athènes** l'*Héraklès Farnèse*, copie d'un original de Lysippe. Mentionnons aussi, parmi les œuvres du Ier siècle avant J.-C., l'*Apollon de Piombino*, œuvre réalisée en bronze selon la technique de la fonte à la cire perdue. Cette période tend vers le réalisme ainsi que le montre le *Groupe du Laocoon*, où le prêtre troyen Laocoon et ses deux fils sont tordus dans l'horreur d'être attaqués par les serpents, œuvre attribuée aux Rhodiens Agésandros, Athanadore et Polydore, vers 40 avant J.-C.

L'ART CÉRAMIQUE

La céramique connaît aussi des changements et son style s'oppose à celui des basses époques mycéniennes et minoennes. Les ornementations délaissent les formes animales et végétales, les dessins géométriques les remplacent. Le recours à la ligne droite, l'angle aigu, le cercle, l'absence de méandre sont caractéristiques de cette époque. Le style protogéométrique des premières périodes est remplacé par le style géométrique qui libère le vase : on voit clairement le pied, le corps, l'épaulement, le col. Ces différentes parties sont soulignées par une décoration appropriée. La panse et le col sont richement décorés. Au cours du IXe siècle, la qualité s'accroît. Lors de la transition du IXe au VIIe siècle se produit un changement qui consiste en la représentation de personnages stylisés géométriquement. Un triangle constitue la partie supérieure du corps, sur laquelle on aperçoit la tête en forme de point. Ces représentations sont traitées de façon théâtrale : sur les grands vases funéraires, c'est une lamentation sur les morts, et sur les vases plus petits, les combats de héros apparaissent déjà. Le centre de ce nouveau style est l'Attique, la région athénienne. Le Péloponnèse rivalise avec Athènes, Sparte, les Ioniens sont moins concernés par ce nouvel esthétisme. En ce qui concerne l'évolution spirituelle de cette époque, les documents font défaut, néanmoins on a retrouvé à Samos un autel archaïque, consacré à la déesse Héra.

La céramique à figures noires et rouges

L'influence orientale, entre 725 et 625 avant J.-C., se révèle sur les peintures sur vases. Le développement commercial inspire de nouvelles formes et de nouveaux décors : Rhodes, Samos, Milo, Corinthe produisent des vases à décor orientalisant de fleurs et de palmettes qui se répand sur tout le pourtour du vase. Les motifs géométriques se raréfient de plus en plus dans la première moitié du VIIe siècle avant notre ère pour laisser la place à des scènes souvent mythologiques. Les écoles dans diverses régions de la Grèce apparaissent. De nombreux ateliers voient le jour à Naxos, à Mélos, à Délos, à Paros. Mais le plus célèbre reste celui de Rhodes pour ses pots en céramique et ses assiettes. À la fin du VIe siècle avant J.-C., – 575 marque le triomphe en Attique de la céramique à figures noires avec Athènes comme centre de production, très influencé par Corinthe. **Sophilos**, **Lydes**, **Amasis** sont parmi les plus célèbres peintres de vases qui nous soient parvenus. **Nicosthènes**, à fin du VIe siècle avant notre ère, est sans doute l'inventeur de la technique à figures rouges sur fond noir.

4. La littérature grecque

LA LITTÉRATURE AU TEMPS D'HOMÈRE

La question homérique, entre ceux qui défendent la thèse d'un auteur unique et ceux qui optent pour plusieurs voix, interroge à la fois l'identité de l'auteur et la composition de l'*Iliade* et de l'*Odyssée*. Homère vit parce que ses œuvres l'*Iliade* et l'*Odyssée* existent à travers les siècles. Introduits en Grèce par Lycurgue selon la tradition, chantés par des rhapsodes, les poèmes d'Homère[1] constituent à l'origine des morceaux détachés, chacun intitulé différemment. L'*Iliade* présente les traits caractéristiques de ce qu'il est convenu de nommer l'art homérique. Monument de la littérature, cette épopée se compose de près de seize mille vers répartis en vingt-quatre chants. Les épisodes essentiels en sont la querelle d'Achille et d'Agamemnon (chant I), la mort de Patrocle (chants XV à XIX) et celle d'Hector (chants XX à XXIV), qui marque la réconciliation entre le roi et le héros. Les descriptions sont simples, précises, montrant tour à tour les héros comme des demi-dieux et comme des êtres de chair et de sang : ainsi, Achille n'hésite pas à solliciter le concours de sa mère, la nymphe Thétis, mais pleure à chaudes larmes la mort de Patrocle. Fréquentes, les répétitions de vers ou de groupes de vers, rythmant le texte, étaient nécessaires pour l'aède qui déclamait l'œuvre en musique, et appréciées d'un public qui pouvait connaître par cœur ces courts passages.

À la différence de l'*Iliade*, épopée guerrière, l'*Odyssée* est une épopée à la fois familière et domestique. La vie quotidienne y est évoquée dans de nombreuses scènes : la plus fameuse est celle où Nausicaa, fille du roi Alcinoos, se rend au fleuve pour laver du linge : « On lava, on rinça tout ce linge sali ; on l'étendit en ligne aux endroits de la grève où le flot quelquefois venait battre le bord et lavait le gravier » (chant VI). De même, Ulysse est un héros plus humain que les valeureux guerriers de l'*Iliade* : proche de la nature, il est guidé par l'amour de la patrie et du foyer. Assez fort pour résister à la séductrice Calypso ou pour combattre le cyclope Polyphème, Ulysse pleure au récit de la guerre de Troie fait par l'aède Démodocos, dans le palais d'Alcinoos ; « humain, trop humain », il lui arrive aussi de mentir, de tricher : « Devant les Phéaciens, il eût rougi des pleurs qui gonflaient ses paupières ; mais, à chaque repos de l'aède divin, il essuyait ses pleurs » (chant VIII).

---

1. Plusieurs villes se disputaient l'origine d'Homère : Chios, Smyrne, Cymé, Colophon.

La musique, accompagnement indispensable du chant poétique

Les Grecs considèrent la musique comme un art majeur, au même titre que la poésie ou la danse. L'époque archaïque, des origines au VIe siècle avant notre ère, voit le triomphe des aèdes, chanteurs d'épopée de leurs propres œuvres, s'accompagnant de la phorminx, ancêtre de la cithare, et des rhapsodes qui eux chantent les œuvres des autres. L'art du chant se transmet oralement. Puis, à l'époque classique, **du VIe au IVe siècle avant J.-C.**, la musique s'intègre au système éducatif, liée à l'étude des mathématiques. Elle évolue ensuite de manière autonome. La musique exerce son pouvoir sur les âmes, proche en cela des pratiques magiques illustrées par les accents de la lyre d'Orphée, capable même d'enchanter les animaux et de charmer les divinités présidant aux Enfers, Hadès et son épouse Perséphone, afin que lui soit rendue sa compagne défunte, Eurydice. Il y a donc lieu de séparer les musiques amollissantes, qui dépouillent l'âme de sa fermeté, des musiques épanouissant le courage, la vigueur, l'ardeur guerrière. Les principaux instruments utilisés sont la lyre, la cithare, l'aulos, flûte à anche double, la syringe ou flûte de Pan. La musique accompagne les cérémonies religieuses, les concours et jeux, la préparation au combat. Les parties pour chœur des tragédies grecques sont chantées. La gamme la plus connue de l'Antiquité grecque est la gamme dorienne : *ré mi fa sol la si do ré*, essentiellement descendante. Un système de gammes élaboré, ou mode, structure une mélodie. Le mode dorien est réputé austère, l'ionien voluptueux, etc. En revanche, les Grecs ne connaissent pas l'harmonie. Nous ne possédons que quelques fragments, sur papyrus d'époque gréco-romaine, d'œuvres musicales, mais des artistes fameux ont traversé le temps. Ainsi **Timothée de Milet** (v. 446-357 av. J.-C.) ajoute quatre cordes à la lyre, accompagne ses chants lui-même à la cithare. Il parvient à une grande expressivité. Un chant en l'honneur de la bataille de Salamine permettait ainsi d'entendre jusqu'aux plaintes des naufragés.

La poésie

La poésie tient dans la littérature grecque une place particulière. En effet, elle prend place à la fois dans la vie quotidienne pour célébrer jeux et victoires et dans la vie religieuse pour s'adresser aux dieux ou présider aux cérémonies ésotériques. Le poète est un homme inspiré par le divin tel que le suggéra plus tard **Platon**[1] dans *Phèdre*. L'aide reçue est souvent due à une muse. Homère en adjure une au début de chacune de ses épopées de raconter un récit, **Hésiode**, dans la *Théogonie*[2], raconte comment, grâce à elle, il sait ce qu'il doit chanter après avoir entendu sur l'hélicon un instrument de musique à vent. L'étymologie du terme poésie, « *poïesis* » en grec, souligne l'importance et la diversité du rôle qu'elle joue dans la vie des anciens Grecs. Il signifie « savoir faire », dans le sens de compétence, réduisant cet art à une technique, mais aussi « créer », au sens de l'action qui transforme le monde, lui donnant une élévation spirituelle autant qu'intellectuelle. Ainsi le poète a une double fonction : transmettre l'inspiration divine qu'il reçoit, avec le meilleur savoir-faire possible.

♦ **La poésie lyrique**, ou ode, célèbre l'amour, la nature, la mort. À l'origine, il s'agit de poèmes chantés accompagnés à la lyre, la musique est presque inséparable de la poésie. Il en est ainsi pour les compositions lyriques d'**Alcée de Mytilène** (VIIe s. av. J.-C.) et d'**Anacréon de Téos** (v. 550-v. 464 av. J.-C.). La poésie élégiaque, qui chante la mélancolie, et iambique fait son apparition. À l'hexamètre épique, vers de six pieds, succède le dimètre élégiaque, de quatre pieds, illustré par **Tyrtée**. Enfin lui succède l'iambe, syllabe brève suivie d'une longue, au rythme proche de celui de la langue, utilisé par **Archiloque**. Sappho (VIIe s. av. J.-C.) et Anacréon de Téos, dont ne subsistent que des élégies, rédigent des épigrammes où ils chantent l'amour et la jeunesse. Les principaux auteurs sont **Archiloque** (712-664 av. J.-C.), **Tyrtée** (VIIe av. J.-C.) et **Solon** (v. 640-558 av. J.-C.).

---

1. Platon, *Phèdre*, 244a, 245e. ; *Ion*, 532b, 542b.
2. Hésiode, *Théogonie*, 30 *sq.*

♦ **Le style épique**, des grands récits historiques, employé par Homère, apparaît aussi chez **Hésiode**. Des nombreux ouvrages qu'on lui attribue, trois seulement nous sont parvenus : *Les Travaux et les Jours*, la *Théogonie*, *Le Bouclier d'Hercule*. Il aime les maximes brèves, marquées par le bon sens. Par là, il se fait comprendre et apprécier des classes populaires qui trouvent dans ses préceptes de morale un fond d'enseignement à leur portée. Entre le VIIIe et VIIe siècle avant J.-C., il compose le long poème de la *Théogonie*, dans lequel il présente la multitude des dieux célébrés par les mythes grecs. Trois générations divines s'y succèdent : celle d'Ouranos, celle de Chronos et celle de Zeus. À cette généalogie divine s'ajoute une cosmogonie qui retrace la création du monde. Les thèmes chers à Hésiode d'un âge d'or révolu et d'une humanité vouée au malheur se retrouvent dans presque tous les grands mythes, textes fondateurs et philosophiques, de la Bible aux *Confessions* de Jean-Jacques Rousseau. **Pisandre de Rhodes** (v. 645-v. 590 av. J.-C.) crée la première épopée consacrée à Héraclès, l'*Héracléide*.

LA LITTÉRATURE DE LA GRÈCE CLASSIQUE

Dans le domaine de la **littérature**, le poète **Simonide de Céos** (556-467 av. J.-C.) chante les guerres de libération contre la Perse, ainsi que les victoires grecques. À la cour de **Hiéron de Syracuse**, il rivalise avec **Pindare** (v. 518-v. 446 av. J.-C.), auteur des *Métamorphoses*. Sa spécialité est le dithyrambe, chant avec accompagnement de l'*aulos*, un hautbois double. Il est célèbre aussi pour son poème sur les Thermopyles. **Épicharme** (525-450 av. J.-C.) est connu comme le premier auteur comique de renom. Il fréquente lui aussi la cour de Hiéron de Syracuse. Trente-cinq de ses titres et des fragments nous sont parvenus sur papyrus. À **Ésope** (620-560 av. J.-C.) revient l'honneur d'avoir utilisé la fable pour représenter de manière critique les aspects de l'activité humaine. **Démétrios de Phalère** (350-283 av. J.-C.) établit le recueil des fables d'Ésope.

La naissance de la tragédie

« Avoir inventé la tragédie est un beau titre de gloire ; et ce titre de gloire appartient aux Grecs », écrit **Jacqueline de Romilly**[1]. En effet, la tragédie connaît ses premiers essais, vers 530 avant J.-C., à l'occasion de la 61e olympiade[2]. Les fêtes de Bacchus, célébrées à l'époque des vendanges, sont accompagnées de danses et de chants spéciaux, le dithyrambe, en l'honneur de ce dieu. Un bouc est immolé pour l'occasion, ce que rappelle l'étymologie du mot tragédie : *tragos* (bouc) et *oidê* (chant), le « chant du bouc ». **Thespis** (580-?), en 535 avant J.-C., imagine de faire donner la réplique au chœur par son chef, le coryphée. Le chœur, partie essentielle, est composé de personnages intermédiaires entre les hommes et les dieux. Leur rôle est de calmer les passions. Ils ne quittent jamais la scène. À la différence de nos pièces, celles des Grecs ne sont jamais coupées par des actes. La pièce commence par une scène d'exposition, le prologue, puis le chœur entre en chantant dans l'orchestre, le *parados*. Ensuite, les scènes jouées se succèdent. **La scène**, disposée en demi-cercle, est séparée du public par un *orchestra*, cercle de terre battue, notre parterre.

Trois grands tragiques

Par rapport à Thespis, **Eschyle** (525-456 av. J.-C.) réduit considérablement le rôle du chœur, tout en introduisant dans le drame un deuxième, puis après Sophocle, un troisième protagoniste amenant ainsi à un véritable dialogue. Seules sept de ses quatre-vingts tragédies ont survécu. Les deux thèmes qui dominent sont l'idée de fatalité et la jalousie des dieux acharnés contre leurs victimes.

Les passions n'y ont pas leur place, mais l'amour y est chanté. Les héros sont coupables et subissent un châtiment divin. Non seulement Eschyle trouve le moyen d'émouvoir, mais il crée aussi le support matériel de la tragédie : décors, costumes. Le port du costume rehausse

---

1. Jacqueline de Romilly, *La Tragédie grecque*, Paris, Puf, « Quadrige », 2006, p. 5.
2. À l'occasion de la 61e olympiade, une première représentation de comédie a lieu, car, à cette époque, 536 av. J.-C., les concours de poésie font partie des Jeux olympiques.

le talent des acteurs : les masques dissimulent les traits et renforcent les voix, le cothurne, chaussure à semelle compensée, élève la taille.

Sophocle (496-406 av. J.-C.) est l'auteur de cent vingt-trois pièces dont sept sont connues – *Ajax furieux, Philoctète, Électre, Les Trachiniennes, Œdipe roi, Œdipe à Colone, Antigone* – et de diverses odes. Membre de la haute société athénienne, il est stratège aux côtés de Périclès, introduit à Athènes le culte d'Asclépios dont il devient grand prêtre. La modernité de Sophocle en fait un précurseur difficilement égalé. Il achève en quelque sorte ce qu'Eschyle avait ébauché. Les caractères de ses personnages s'en distinguent par le côté plus humain. Il élargit le chœur, quinze choristes au lieu de douze, et le charge du commentaire de l'action scénique. Sa spécificité est d'avoir « délaissé la trilogie et de faire retour au monodrame. Il a su combiner une philosophie si sombre avec une foi si vivace en l'homme et en la vie qui distingue à jamais le théâtre de Sophocle de toutes les œuvres modernes qui s'en sont inspirées et qui pour cette raison n'atteignent jamais au même éclat »[1].

Avant **Euripide** (480-406 av. J.-C.), l'amour en tant que sujet dramatique est inconnu. Il se distingue des autres auteurs par la diversité de ses sujets (religieux, philosophiques) et les formes d'expression nouvelles (rhétorique, musique). Les femmes de ses tragédies décrivent la passion physique et morale. Nous ne connaissons que soixante-quinze titres des quatre-vingt-douze qu'il a écrits, dix-neuf seulement ont été conservés[2]. Il possédait la première grande bibliothèque personnelle dont nous ayons connaissance. Si Eschyle a peint les hommes tels qu'ils ne pouvaient être, Sophocle les a peints tels qu'ils devaient être et Euripide tels qu'ils étaient.

---

1. Jacqueline de Romilly, *La Tragédie grecque, op. cit.*, p. 113.
2. *Alceste, Médée, Les Héraclides, Les Troyennes, Électre, Hélène, Iphigénie en Tauride, Ion, Oreste, Les Phéniciennes, Iphigénie à Aulis*, etc. Bon nombre d'auteurs se sont inspirés du thème de ses pièces. Corneille, *Médée* (1635) ; Racine, *Iphigénie* (1674), *Phèdre* (1677) ; Goethe, *Iphigénie en Tauride* (1786) ; Claudel, *Protée* (1937) ; Sartre, *Les Troyennes* (1965).

La part de l'éloquence

L'éloquence ne se développe vraiment qu'au moment où se constituent les diverses républiques, celles d'Athènes en particulier. Plus qu'aucune autre cité, elle offre un vaste champ à l'orateur. Toutes les causes judiciaires sont débattues à l'Aréopage ou dans les dix tribunaux de cette ville. Dès le VIe siècle avant J.-C., rhéteurs et sophistes cherchent à éblouir par la parole. Plutarque a conservé le nom des dix plus grands orateurs : **Antiphon, Andocide, Lysias, Isocrate, Isée, Lycurgue, Hypéride, Dinarque, Eschine, Démosthène**... Le lyrisme choral grec atteint son sommet avec **Bacchylide** (début du Ve siècle av. J.-C.) et **Pindare** (v. 518-v. 446 av. J.-C.). Ses *Épinicies*, odes triomphales en l'honneur des vainqueurs des quatre épreuves des Jeux olympiques, des fragments de péans, chants en l'honneur d'un dieu guérisseur, de dithyrambes, poèmes à Bacchus, nous sont parvenus. La plupart de ses odes sont composées sous forme de triades, une strophe, une antistrophe, une épode. Celles-ci perpétuent la théogonie classique, le mythe y tient une grande place. Il loue la sérénité de l'homme, soumis aux lois divines.

LA COMÉDIE

La comédie, comme la tragédie à laquelle elle succède, se rattache aux courses du cortège de Bacchus. Tout au début, elle s'illustre comme une satire en dialogue. Son fondateur est **Aristophane** (450-386 av. J.-C.), dont les comédies sont connues[1], certaines seulement par fragments. La plupart ont été publiées pendant la guerre du Péloponnèse (431-404 av. J.-C.) et sont impliquées dans l'actualité politique, mettant en scène les personnages les plus en vue et ne les épargnant pas : dans *Les Nuées* il raille Socrate, les tribunaux athéniens et les juges dans *Les Guêpes*, avec *Les Oiseaux* les sectes orphiques.

---

1. Il a écrit quarante-quatre pièces dont onze nous sont connues.

L'ÉVOLUTION DE LA LITTÉRATURE

En poésie, les seuls genres originaux sont ceux des bucoliques ou idylles, consacrées aux amours des bergers. Les principaux poètes sont **Bion de Smyrne** (v. 300 av. J.-C.), qui se distingue plutôt dans la poésie lyrique, **Callimaque** (v. 305-v. 240), **Théocrite** (v. 315-v. 250). Ce dernier donne un véritable essor à la poésie pastorale présentant des scènes vivantes encadrées dans de riants paysages éclairés par le soleil de Sicile. **Apollonius de Rhodes** (v. 295-215 av. J.-C.) se distingue dans la poésie épique avec *Les Argoniques*, qui relatent l'expédition des Argonautes. **Aratos de Soles** (v. 315-v. 245 av. J.-C.) est connu pour sa poésie didactique, dont le but est de former les esprits. Les Ptolémée tentent vainement de remettre au goût du jour, à Alexandrie, les concours dramatiques. C'est à Athènes qu'il faut chercher à cette époque le véritable créateur de la comédie : **Ménandre** (342-292 av. J.-C.). S'abstenant de toute satire personnelle, la comédie crée des personnages véritables, évoluant au sein d'une intrigue fort simple.

5. L'histoire de l'histoire

LES PREMIERS HISTORIENS

Les premiers historiens, sûrement involontaires, pourraient être les aèdes, ces poètes épiques de l'époque archaïque qui, dans leurs poèmes, redonnent vie aux traditions des âges précédents. Ce besoin de consigner les premiers événements est celui des logographes, les chroniqueurs jusqu'à Hérodote, ainsi nommés par Thucydide. En fait, ils travaillent pour les historiens au sens moderne du terme en collectant les matériaux de réflexion, « des événements vrais qui ont l'homme pour acteur[1] ». L'esprit de recherche appliqué à l'étude de l'homme en tant qu'être social s'impose comme la conséquence logique des réflexions philosophiques qui précèdent. Le travail de conceptualisation de Platon et d'Aristote, tel

---

1. Paul Veyne, *Comment on écrit l'histoire*, Paris, Le Seuil, 1971, p. 47.

que le souligne **François Châtelet**[1] (1925-1985), a été indispensable à l'émergence de l'histoire. L'*Historia*, ou « Enquête », constitue les débuts de l'histoire telle qu'elle sera définie aux XVIIe et XVIIIe siècles, comme le rappelle **Henri-Irénée Marrou** (1904-1977) : « Le savoir par l'intermédiaire du mot *histôr* "celui qui sait", l'expert, le témoin[2] ». Au début, l'historien relate faits et savoirs. Puis il se détache de la chronique pour devenir analyste et dégager une compréhension des faits.

- ♦ **Hécatée de Milet** (v. 550-v. 480 av. J.-C.) est considéré comme l'un des premiers logographes, car après avoir visité tous les pays de son temps il consigne ses connaissances dans un ouvrage intitulé *Périégèse*. Il aurait dessiné l'une des toutes premières cartes du monde, la Méditerranée au centre, entourée de l'eau d'un fleuve qu'il nomme « océan ». Les *Généalogies*, son second ouvrage, traitent des légendes ioniennes et doriennes.

- ♦ **Hérodote d'Halicarnasse** (v. 484-v. 425 av. J.-C.) voyage beaucoup en Asie, à Babylone, en Égypte. Il est à la fois considéré comme le père de l'ethnologie et de l'histoire. En effet, l'histoire des Scythes n'a été connue pendant longtemps qu'à travers ses récits. La force d'Hérodote est de raconter ce qu'il voit. Les mythes ne sont plus son propos. Il tente d'expliquer les événements auxquels il assiste. *Histoires*, ou *Enquête*, est le titre donné à son propre ouvrage, à prendre au sens de recherche. Son œuvre comprend neuf livres, chacun d'entre eux portant le nom d'une muse, dont l'objet principal est la grande lutte des Perses contre les Grecs, c'est-à-dire les guerres médiques dont la durée fut de cent vingt ans.

- ♦ **Thucydide** (460-395 av. J.-C.), l'Athénien, fait un pas de plus dans la conception moderne de notre histoire. Il pose les premiers principes de la méthode historique. L'histoire devient politique et savante. Il ne s'agit plus de dramatiser les événements. L'*Histoire de la guerre du Péloponnèse* centre son intérêt sur la politique : quelles sont

---

1. François Châtelet, *La Naissance de l'histoire : la formation de la pensée historienne en Grèce*, Paris, Minuit, 1961.
2. Henri-Irénée Marrou, « Qu'est-ce que l'histoire ? », in *L'Histoire et ses méthodes*, Paris, Gallimard, « Encyclopédie de la Pléiade », 1961, p. 4.

les raisons de l'affaiblissement d'Athènes ? Quelle est l'origine de ses maux ? Il reste d'une impartialité absolue. Comme Hérodote, Thucydide a recours à la notion d'ironie, érigée par Socrate au rang de méthode. Elle consiste à s'interroger ou à interroger un raisonnement ou la connaissance pour en dévoiler les lacunes.

◆ **Xénophon** (426-354 av. J.-C.) est le premier biographe de l'Antiquité. Le quatrième de ces premiers historiens a laissé des ouvrages historiques, politiques, philosophiques et didactiques. Les premiers comportent des récits, comme l'*Anabase*, relatant la retraite des Dix Mille, dans lequel il est, un peu à la façon de César, l'historien de ses propres exploits. On y trouve de précieux documents historiques, mais aussi géographiques et stratégiques. En sept livres, ses *Helléniques* continuent l'œuvre de Thucydide, mais c'est surtout l'*Apologie de Socrate* qui le rend célèbre, car il y décrit l'attitude de celui-ci lors de son procès.

L'HISTOIRE PENDANT LA PÉRIODE HELLÉNISTIQUE

Deux grands noms marquent cette période : **Polybe**, témoin de la conquête du Bassin méditerranéen par Rome, et **Diodore de Sicile** qui consacra sa vie à la composition d'une histoire universelle en quarante livres.

◆ **Polybe** (v. 202-126 av. J.-C.) est probablement l'historien grec qui connaît le mieux le monde romain. Il est le fils de Lycortas, un homme d'État achéen, et il reçoit l'éducation appropriée à un fils de riches propriétaires terriens. Sa biographie de jeunesse montre qu'il fait ses premières armes dans l'entourage de **Philopœmen** (253-183 av. J.-C.), stratège, général de la ligue achéenne. Bien qu'il déclare son soutien à Rome, il est envoyé comme émissaire au consul Marcius Philippus, l'aide achéenne a été rejetée. Après la défaite de Persée à Pydna en 168, Polybe était un des mille Achéens éminents qui furent déportés à Rome et placés en détention en Italie sans procès. À Rome, Polybe eut la chance d'attirer l'amitié du grand général romain **Scipion Émilien** (185-129 av. J.-C.), dont il devient le mentor, et par l'influence de sa famille est autorisé à rester à Rome. Peu de temps après, lorsque sa détention politique a pris fin, Polybe rejoint Scipion à Carthage et est présent lors de son siège et sa destruction en 146. Dans sa rédaction des *Historiai*, les *Histoires* ou *Histoire universelle*, son but est de comprendre comment la civilisation grecque, à ses yeux supérieure à toute autre, a pu être dominée par les Romains. Tout part d'un bien amer constat : en 168 avant J.-C., la défaite de Pydna consacre l'effacement de la Grèce au profit de Rome. C'est dans l'étude des institutions[1] romaines et de leur fonctionnement que Polybe puise la réponse. L'aspiration à l'empire universel se révèle supérieure au monde des cités rivales. Sa méthode historique est nouvelle. Refusant les mythes et légendes, il ne fonde ses écrits que sur les faits avérés.

Le carré de Polybe

Il est aussi à l'origine du premier procédé de chiffrement par substitution. Fondé sur un carré de vingt-cinq cases, on peut l'agrandir à trente-six cases. Il s'agit d'un système de transmission et de transcription de signaux par le moyen de torches qui pouvaient être vues au loin. L'alphabet est divisé en cinq parties, comprenant chacune cinq lettres, seule la dernière n'en comptait que quatre. Les deux groupes d'opérateurs devant échanger des signaux disposent chacun de cinq tablettes, sur lesquelles ils transcrivent à la suite les lettres d'une des cinq parties de l'alphabet. Puis ils se mettent d'accord sur le fait que le premier qui aura un message à transmettre brandira deux torches et attendra que l'autre réponde de façon identique. Une fois les feux dissimulés, le poste émetteur brandira des torches sur sa gauche pour indiquer au récepteur la tablette à laquelle il devra se reporter, un feu pour la première, deux pour la seconde et ainsi de suite. Ensuite, il brandira sur sa droite d'autres torches, afin de faire savoir quelle lettre de la tablette doit être notée.

	1	2	3	4	5
1	a	b	c	d	e
2	f	g	h	ij	k
3	l	m	n	o	p
4	q	r	s	t	u
5	v	w	x	y	z

Ainsi, pour la lettre e, on aura une torche brandie à gauche et cinq à droite.

---

1. Il met en place l'anacyclose, théorie s'appuyant sur les six régimes existants, royauté, autocratie ou despotisme, aristocratie, oligarchie, démocratie, ochlocratie (gouvernement de la masse). Il décrit en six phases ce qui fait basculer la monarchie dans la tyrannie, à laquelle fait suite l'aristocratie qui se dégrade en oligarchie mais sombre dans l'ochlocratie, le pire de tous les régimes.

◆ **Diodore de Sicile** (Iᵉʳ siècle av. J.-C.) publie une *Bibliothèque historique*, long ouvrage divisé en quarante livres sur l'histoire, depuis les temps les plus anciens, jusqu'à l'an 60 avant J.-C. Il donne de remarquables conseils sur la façon d'écrire l'histoire. Son œuvre est aussi une mine de renseignements en ce qui concerne la géographie (la Gaule, l'Ibérie, l'Égypte, l'Éthiopie, l'Arabie, l'Inde mais aussi la Grèce et la Sicile), l'archéologie, l'ethnographie, les sciences physiques et naturelles.

6. La philosophie

Au VIᵉ siècle avant J.-C., à l'opposé de la mentalité positive imposée par les Ioniens de l'école de Milet (Thalès, Anaximandre, Anaximène), les religions à mystères, l'orphisme, le culte dionysiaque, le pythagorisme développent en Grande Grèce un puissant courant mystique. **Au milieu du Vᵉ siècle**, sous l'impulsion de l'école atomiste d'Abdère, les spéculations physiques, bien qu'arrêtées un moment par l'idéalisme des éléates, reprennent. Les philosophes, à la suite des guerres médiques, s'installent à Athènes, devenu un centre intellectuel et artistique. Par la suite, ils exploitent l'instrument logique apporté par les sophistes, remplaçant le *logos*, discours rationnel, par la dialectique, tel Socrate, et mettent à profit l'héritage de l'Ionie et de la Grande Grèce, tel Platon. Aristote montre ensuite que sa philosophie première ne peut être réduite à une simple physique. L'école cynique garde de Socrate le goût de l'anticonformisme religieux et social. À la mort d'Alexandre, sceptiques, épicuriens et stoïciens ont en commun la préoccupation de l'individu et celle de l'instant immédiat. Leur démarche pour échapper à la succession des crises politiques qui surviennent est de chercher les moyens d'éviter le malheur.

LES IONIENS, PREMIERS INTELLECTUELS

La philosophie grecque naît des questions posées sur la nature. L'école ionienne est la plus ancienne école de philosophie. Elle fleurit dans les grandes cités côtières d'Asie Mineure, plus particulièrement dans la ville de Milet, et remonte au VIIᵉ siècle avant J.-C. Ces premiers sages qui se nomment eux-mêmes des curieux de la nature – des « physiciens » ou des « physiologues » – cherchent les principes et les causes de tout, l'explication des phénomènes physiques sans avoir recours à celle d'une intervention divine en mettant en avant un premier principe matériel. Plusieurs noms sont à retenir.

- ◆ **Thalès de Milet** (v. 625-v. 546 av. J.-C.) est considéré comme le père de l'astronomie. Il rapporte d'Égypte des faits mathématiques. Aucun écrit de Thalès ne nous est parvenu, et il n'existe aucune source contemporaine. Son nom figure parmi les Sept Sages. De nombreuses sentences lui furent attribuées, comme « Connais-toi toi » et « Rien de trop ». On suppose aussi qu'il a utilisé ses connaissances de la géométrie pour mesurer les pyramides d'Égypte et calculer la distance de la côte des navires en mer. Le poète philosophe Xénophane (v. 570-v. 475 av. J.-C.) a affirmé que Thalès avait prédit l'éclipse solaire qui a arrêté la bataille entre le roi de Lydie Alyatte (610-560 av. J.-C.) et Cyaxare, roi des Mèdes (625-585 av. J.-C.), en 585. On lui attribue aussi la découverte de cinq théorèmes géométriques[1]. L'affirmation selon laquelle Thalès a été le fondateur de la philosophie européenne repose essentiellement sur Aristote (384-322 av. J.-C.), qui écrit que Thalès a été le premier à suggérer un substrat matériel unique pour l'univers, à savoir, l'eau. Sa cosmogonie fait de l'eau toute chose et toute vie. Il emploie le terme d'*archè*, pour faire allusion à ce principe premier. Il pense que la matière, celle qui compose toute chose et tout être, est en perpétuelle transformation et que celle-ci est produite par les dieux.

- ◆ **Anaximandre** (610-v. 546 av. J.-C.) est le premier savant à avoir dressé une carte des limites de la terre et de la mer. La théorie de Thalès est bientôt remplacée par celle d'**Anaximandre**, son disciple, qui délaisse l'eau comme élément fondamental et la remplace par l'*apeiron*, espace illimité, l'infini. Seul un fragment du travail de ce philosophe

---

1. Premier théorème : le cercle est divisé en deux par son diamètre. Deuxième théorème : les angles d'un triangle en face de deux côtés de même longueur sont égaux. Troisième théorème : les angles opposés formés par l'intersection de deux droites sont égaux. Quatrième théorème : l'angle inscrit dans un demi-cercle est un angle droit. Et cinquième théorème : découverte d'un triangle qui est déterminé si sa base et les deux angles à la base sont donnés.

nous est parvenu. Il est le premier à penser que le monde visible n'est pas le seul monde existant, d'autres univers meurent et naissent dans un espace infini. Il aurait également mis en place un gnomon, bâton projetant une ombre, à Sparte, et l'aurait utilisé pour démontrer les équinoxes et les solstices et peut-être même les heures de la journée. Pour lui, la terre est plate : il la représente comme une sorte de cylindre flottant entre le soleil et la lune, anneaux creux remplis par le feu. Comme Thalès, il énonce une hypothèse sur les origines de la vie. Il a également supposé que les premières créatures provenaient de la mer, êtres recouverts d'écailles. Les hommes constitueraient la dernière étape de l'évolution. Anaximandre a aussi examiné les causes des phénomènes météorologiques tels que le vent, la pluie et la foudre. Alors que Thalès avait déjà renoncé à des explications divines du monde autour de lui, Anaximandre est allé beaucoup plus loin en essayant de donner un compte unifié de toute la nature.

♦ **Anaximène** (v. 585-v. 525 av. J.-C.) fournit une explication de la rotation des astres en les comparant à des disques plats. Il reprend le concept d'air. Son œuvre est peu connue, à la différence de celle d'**Anaxagore** (500-428 av. J.-C.), qui est considéré par **Sextus Empiricus** (v. 126-210) comme « le physicien par excellence[1] ». Ses écrits n'existent plus que dans le passage de ceux d'auteurs plus tardifs. Comme pour les théories précédentes, il s'agit encore d'expliquer le passage du non-être à l'être. Tout d'abord, le principe absolu est le monde concret, l'être empirique posé comme absolu. Ensuite, celui-ci se voit défini comme l'être pur, détaché du concret, non plus empirique et réel, mais logique et abstrait. Plus tard, il devient un mouvement, un processus de polarité. Selon Anaxagore, tout est issu d'un je-ne-sais-quoi indéterminé et confus. Ce qui fait sortir les choses de cet état, c'est l'intelligibilité organisatrice, le *noûs*. Cette découverte de l'intellect comme cause du mouvement est fondamentale dans l'histoire de la pensée grecque.

♦ **Anaxagore de Clazomènes** (500-428 av. J.-C.) croit à la pensée organisatrice, le *noûs*. Comme Empédocle, il reconnaît que notre

---

1. Sextus Empiricus, *Adversus mathematicos*, 1, 90.

pensée est dépendante des sens et il s'appuie sur la force de la raison appuyée par l'expérience. Celle-ci le conduit à la doctrine des homoeméries, appelée ainsi depuis Aristote et qui signifie « parties semblables ». Tout être est un mélange de tous les « objets », qu'il s'agisse de n'importe quel être particulier ou de l'état initial de l'univers. Il n'y a plus d'éléments au sens d'Empédocle, c'est-à-dire de réalités qui se perdent dans un composé en se mélangeant, il n'existe que des objets qui ne se perdent jamais et se conservent partout, car en se mélangeant, ils se juxtaposent mécaniquement. Il en vient à élaborer une théorie où chair et os pouvaient se constituer à partir d'éléments végétaux.

♦ Pour **Héraclite d'Éphèse** (v. 550-480 av. J.-C.), tout est en perpétuel devenir. Le feu est en même temps matière et raison, *logos*. Héraclite, le dernier des Ioniens, est le premier à avoir esquissé une théorie de la connaissance, la doctrine du *logos*. Il développe en effet l'opposition des contraires et l'harmonie capable de les unir momentanément. Tout selon lui dans l'univers est réglé par la loi universelle de l'être. Héraclite fait du feu l'élément principal, sa source de vie et sa source de destruction en alternance. Il y a continuellement lutte. L'existence est la conséquence de l'accord fugitif de ces deux moments opposés. S'il saisit la double face des choses, il ne prétend pas pour autant que chaque contraire passe dans son contraire et qu'ainsi la thèse et l'antithèse se dépassent dans une synthèse. Il est le premier à qualifier les pythagoriciens de « philosophes ».

LES ÉLÉATES : LE PERFECTIONNEMENT DE LA LOGIQUE

La première véritable école de philosophie est fondée au milieu du Ve siècle avant notre ère, à Élée, en Italie méridionale. En font partie **Xénophane** (v. 570-v. 475 av. J.-C.), **Parménide** (fin VIe-milieu du Ve s. av. J.-C.), son disciple, et **Zénon** (v. 480-v. 420 av. J.-C.). Le premier, originaire d'Asie Mineure, fondateur de l'école d'Élée dont les écrits sont perdus, mais les idées transmises par Aristote, Diogène Laërce ou Clément d'Alexandrie, refuse tout crédit aux doctrines révélées, aux spectacles mystiques, aux religiosités. C'est par la déduction logique qu'il s'oblige à cerner l'essence de la divinité.

◆ La métaphysique de **Parménide** (544-450 av. J.-C.) va profondément marquer par la suite la philosophie grecque. Il fut sans doute l'élève d'Anaximandre. Son poème sur la nature est en partie perdu. Ce qu'il en reste vient de Sextus Empiricus. Le prologue, constitué de trente-deux vers, décrit un voyage initiatique. Le héros qui se rend vers le royaume d'une déesse apprend qu'il existe deux routes, deux voies pour le discours : celle de l'Être et du non-Être, celle de la vérité et de l'opinion. La recherche de l'être prévaut sur celle de l'explication du monde par les éléments (eau, feu, terre). L'être est ce qui est pensé, et s'oppose au non-être. Il pose le problème auquel se heurteront tous les autres philosophes du Ve siècle avant J.-C. : puisque l'être est un et immobile, comment se fait-il qu'il nous apparaisse multiple et changeant ? Les soixante et un vers qui font suite à ce prologue constituent un discours rédigé par Simplicius sur la physique d'Aristote.

◆ Disciple de Parménide, **Zénon d'Élée** (v. 480-420 av. J.-C.), pour défendre la théorie de son maître, l'être est indivisible et immobile, met au point quatre arguments, appelés les sophismes de Zénon. Ses paradoxes, qui mènent à une impasse (*a-poria*), sont qualifiés d'apories de Zénon. Le plus célèbre est celui d'Achille et de la tortue. Les Éléates fournissent un modèle de raisonnement d'une impeccable logique. Ils ont réussi, à l'encontre des pythagoriciens, à prouver que les choses ne peuvent pas consister en points accolés. Il faut revenir à l'idée ionienne d'une matière unique emplissant l'univers.

LES PYTHAGORICIENS, LE NOMBRE AVANT TOUTE CHOSE

Le pythagorisme apparaît à peu près à la même époque, vers le milieu du VIe siècle avant notre ère, en Italie méridionale. Les pythagoriciens[1] sont les premiers à formuler la doctrine de l'immortalité de l'âme, la métempsychose ou, comme disaient les Grecs, la palingénésie. L'âme aurait la possibilité de passer d'un corps à l'autre et

---

1. À ce sujet, voir Jean-François Mattéi, *Pythagore et les pythagoriciens*, Paris, Puf, « Que sais-je ? », 2013.

ANTIQUITÉ

d'échapper à la mort. Influencée par Athènes et Rome, cette doctrine se propage rapidement dans tout le monde antique. Elle s'épanouit dans l'hermétisme de l'Égypte alexandrine, résiste jusqu'au VIe siècle de notre ère à la montée du christianisme et perdure pendant mille ans. L'âme sort du corps du mourant et réintègre celui du nouveau-né. La doctrine comprend un certain nombre d'interdits dont le but est la purification, afin d'accéder à l'immortalité. Les pythagoriciens sont tout de blanc vêtus, refusent de rentrer dans la maison d'un mort, de manger une fève ou un œuf. **Pythagore** (v. 580-v. 495 av. J.-C.) veut atteindre les racines profondes de l'être, jugeant que la connaissance dialectique ne suffit pas. Avec ses disciples, il entend délivrer des illusions provenant de la matière, et pense y arriver par la contemplation et la méditation. Du nombre, il fait l'explication de toute chose, et son *Tétraktys* ou *Quaternaire* résume l'harmonie universelle. C'est à partir des *Vers d'or*, règle de la confrérie, que l'on peut reconstituer la doctrine et la méthode de Pythagore. En 1509, le moine italien **Luca di Borgo** (v. 1445-1517) l'appelle la « divine proportion » ou la « section dorée » et la rend célèbre dans *La Divine Proportion* (*De divina proportione*) que **Léonard de Vinci** illustre par les dessins du dodécaèdre, forme géométrique à douze faces. Sa méthode consiste à joindre à une mystique une pratique rationnelle et spéculative. Sa théorie sur l'âme fait de la philosophie une purification qui permet de détacher l'âme du corps, comme le conçoit Platon dans le *Phédon*, et qui doit la délivrer du corps, son tombeau. Le domaine des pythagoriciens recouvre aussi celui de la science, plus exactement celui des nombres et de la méditation. Pythagore est le premier à considérer les nombres dans la pureté de leur essence en les séparant des choses concrètes. Il aurait dans le monde visible découvert leur perfection et leur implication. Les pythagoriciens, tout comme les Ioniens, ont pour souci d'expliquer l'univers. Tout leur travail est de formuler les propriétés élémentaires des nombres, d'énoncer les propositions primitives. Sans cela, ni l'arithmétique ni la géométrie n'auraient pu se développer. On apprend à distinguer les nombres pairs et impairs, les carrés et les cubes. L'abaque, la tablette à calculer, est empruntée aux Égyptiens. On voit naître la table de multiplication. Puis, ne pouvant concevoir la science en dehors de la métaphysique, les pythagoriciens supposèrent que les choses étaient formées de points matériels juxtaposés. Par conséquent tout l'univers peut être représenté par des nombres entiers ou des fractions, et il s'ensuit « qu'ils disent que les choses mêmes sont nombre [1] ».

Les Vers d'or *de Pythagore*

Les Anciens sous-entendaient par *Vers d'or* les vers où la doctrine la plus pure est enfermée. Ils en attribuent à Pythagore la rédaction, non qu'ils tenaient celui-ci pour son auteur exact, mais parce qu'ils pensaient que cette poésie contenait l'essentiel de la doctrine qu'il avait exposée. Vers la fin de sa vie, **Pythagore** s'enfuit pour Métaponte, à la suite du complot fomenté en son absence contre tous les pythagoriciens. Il y serait mort à l'âge de quatre-vingt-dix ans. C'est à partir des *Vers d'or*, règle de la confrérie, que l'on peut reconstituer la doctrine et la méthode de Pythagore. Pour la première fois, dans l'histoire occidentale, un maître instaure un système méthodologique qu'il tente de faire appliquer sur plusieurs années.

LES ATOMISTES : UNE PHYSIQUE SANS *PHYSIS*

L'originalité du fondateur de l'école d'Abdère, **Leucippe** (v. 460-370 av. J.-C.), est d'admettre l'existence du non-être, du vide : « Leucippe et son associé Démocrite, nous apprend Aristote, prennent pour éléments le plein et le vide qu'ils appellent respectivement l'Être et le Non-Être [2]. » Plein et vide constituent une nécessaire mécanique pour que tout mouvement se réalise, mais existent également s'ils se mêlent, l'être ou le plein sera divisé en particules infimes. Ces atomes ne peuvent naître du non-être, rien ne peut non plus s'y détruire. Le hasard n'a aucune place, seule la nécessité s'impose, et « Démocrite ramène à la nécessité toutes les choses qu'utilise la nature, en omettant d'assigner la fin [3] ». Il n'y a pas encore chez lui de théorie de la pesanteur, pour laquelle il faudra attendre Platon.

---

1. Aristote, *Métaphysique*, A, 6, 987 b28.
2. *Ibid.*, A, 5, 985 b4.
3. Aristote, *De generatione animalium*, V, 8, 789 b2.

Les atomes

Les atomistes pensent que les atomes ont un mouvement continu et éternel faisant partie de leur essence même. Les univers font naître des atomes et du vide. Chacun d'eux provient d'un tourbillon « de toutes sortes d'aspects » (*ideôn*). À l'origine, il n'a pas de mouvement parfaitement défini, mais il se régularise avec, au centre, les atomes les plus réfractaires. Le mécanisme réduit l'âme comme le reste à n'être qu'un agrégat d'atomes. Seule la nécessité réalise la continuité de ce mouvement, son mécanisme. Mais il s'agit d'une physique sans *physis*. Lorsque ce terme est employé, il prend le sens de « formes », de « figures » ou d'idées (*idea*), terme qui prendra toute sa signification chez Platon.

DEUX INSÉPARABLES : SOCRATE ET PLATON

◆ **Socrate** (470-399 av. J.-C.) est connu pour ne pas avoir consigné par écrit sa doctrine et, si nous le connaissons, c'est de manière modeste par Platon et Xénophon. Fils du sculpteur Sophronisque et d'une sage femme, il naît à la fin des guerres médiques, à Athènes. Socrate est le philosophe moral qui a voulu éveiller ses concitoyens à travers sa vie et son exemple, par la réflexion rationnelle menée dans ses entretiens dialogués. Il les pousse à un véritable examen de soi par la relation dialoguée et son jeu « dialectique », qui consiste à montrer par une série de questions enchaînées que l'on peut réfuter son adversaire en le mettant en contradiction avec lui-même, méthode pratiquée dans les milieux sophistiques. Ce qui se dégage de cette réfutation n'est pas une vérité, mais la fausseté de l'opinion de celui à qui l'on s'adresse. La dialectique socratique nécessite l'adhésion de soi-même à ses propres paroles. Socrate s'est illustré par trois faits qui dominent sa biographie : dans l'affaire des généraux de la bataille des Arginuses, accusés de trahison, il est le seul à refuser de les juger collectivement ; sous le gouvernement tyrannique des Trente, il refuse, au péril de sa vie, de prendre part à une arrestation comme on le lui a ordonné ; lors de son procès, son intransigeance le mène à la mort. Socrate, nous dit

Aristote[1], recherche en toute chose le général et applique d'abord la pensée aux définitions. C'est là toute sa méthode dialectique : « La méthode dialectique est la seule qui tente de parvenir méthodiquement à l'essence de chaque chose[2]. » Socrate pratique aussi la maïeutique ou accouchement des esprits. Il recherche ou fait rechercher à son interlocuteur la définition générale qui est la loi même de la chose en question.

Les sophistes ont la parole

Le premier travail des sophistes concerne d'abord celui des mots. Parler, c'est convaincre, et le besoin de mettre au point une méthode imparable se fait sentir. La grammaire figure donc comme leur œuvre. Ils étudient l'origine des mots, l'étymologie, la structure des propositions, la signification des temps et des modes. Protagoras distingue les trois genres des substantifs, les temps des verbes. Prodicos dispense un cours sur les synonymes. Hippias d'Élis se vante de connaître la puissance des lettres et des syllabes. Il faut ajouter que les sophistes sont liés à une théorie de la connaissance. Selon **Protagoras**, il n'existe pas de vérité absolue, nous ne pouvons jamais dire d'une chose qu'elle est, mais seulement qu'elle est en devenir. Sur toute chose, il existe deux *logoi*, discours rationnels, qui s'opposent l'un à l'autre. De là, sa proposition célèbre : « De tous les objets, la mesure est l'homme ; de ceux qui existent, en tant qu'ils existent ; de ceux qui n'existent pas, en tant qu'ils n'existent pas. » Ce qui signifie qu'à partir de tout objet peuvent être mises au point des séries de propositions, montrant comment des valeurs contradictoires, le beau, le laid, le juste, l'injuste, sont au cœur du réel.

◆ **Platon** (v. 428-v. 347 av. J.-C.) est à l'origine du fondement de la pensée méthodique. Il réalise une synthèse de toutes les spéculations antérieures et contemporaines, mais n'élabore aucun véritable système. Il s'impose comme le père de la philosophie idéaliste en critiquant le monde sensible, social et politique. Aux idées éternelles, simples et absolues, il oppose les choses du monde sensible, éphémères,

---

1. Aristote, *Métaphysique*, A, 6, 987 b.
2. Platon, *République*, VII, 532a-535a.

composées et relatives. À la fois théorie de la connaissance et théorie du salut qui rappelle ses liens étroits avec le pythagorisme, sa philosophie se développe par la suite en un double axe : spiritualiste, auquel se rattachent **Plotin, saint Augustin, Malebranche**, et rationaliste, dont se réclament Leibniz et Husserl (idéalisme objectif). Bien que désillusionné par la tyrannie des Trente, Platon est certain qu'Athènes a besoin d'une politique fondée sur une philosophie. Pourtant sa grande œuvre reste la création de l'Académie où sont enseignées la philosophie, les mathématiques, la politique et la médecine. L'Académie est à l'origine le nom d'une promenade d'Athènes, endroit légué par un contemporain de Thésée, Akadêmos. L'ensemble des thèses platoniciennes[1] est fait pour repousser celles des sophistes. D'après l'allégorie de la caverne, des hommes enchaînés dans une caverne tournent le dos à l'entrée et ne voient que leurs ombres qu'ils prennent pour la réalité, au livre VII de la *République*, il existe deux mondes distincts – mais néanmoins en liaison – dans la connaissance :

– **le monde sensible**. Dans ce monde, nous ne pouvons avoir que la sensation, l'opinion, la *doxa* ;
– **le monde intelligible**, éclairé par le Bien. Il nous donne la connaissance mathématique, la connaissance véritable, l'épistémê, et enfin la raison de la connaissance, le Bien.

Dans ses dialogues, on peut deviner une évolution au fil de sa vie.

• **Ses dialogues de jeunesse** – l'*Apologie de Socrate*, le *Criton* (sur le devoir), *Euthyphron* (sur la piété), le *Lachès* (sur le courage), *Charmidès* (sur la sagesse morale), *Lysis* (sur l'amitié) – abordent essentiellement les problèmes moraux et sociaux tels que Socrate les avait envisagés.

• **Dans les dialogues de la maturité** – *Gorgias* (sur la rhétorique), le *Ménon* (sur le devoir) –, Platon reprend les thèmes socratiques. Dans le *Cratyle* (sur le langage), il amorce une théorie de la parole, et dans

---

1. À ce sujet, voir Alexandre Koyré, *Introduction à la lecture de Platon*, Paris, Gallimard, 1991, et Vincent Descombes, *Le Platonisme*, Paris, Puf, 2007.

Le Banquet une théorie de la connaissance des essences. Toute connaissance est une réminiscence, ainsi qu'il l'expose dans le *Ménon* ou dans le *Phédon*. La théorie de l'âme qu'ils contiennent suppose que celle-ci aurait péché dans une vie antérieure et pour cette raison aurait été précipitée dans le corps auquel elle peut survivre, car elle est éternelle. « Et n'est-il pas une égale nécessité que si ces choses existent, nos âmes existent aussi avant notre naissance et que si elles n'existent pas nos âmes non plus[1] ? »

- **Dans les dialogues de la vieillesse**, l'attention du philosophe se concentre davantage vers les choses d'ici-bas. Il refuse le nom de science à la connaissance, qui ne pourra plus être l'instrument préconisé à la fin du livre VI de la *République*. Dans le *Théétète*, il la définit comme « le jugement vrai, l'expression vraie de ce qui semble ». La connaissance de Dieu et des idées, objet sublime de la raison, le *noûs*, est placée au premier rang et on y accède par la méthode dialectique. Il place au second rang la connaissance des mathématiques, objet de la science intermédiaire entre la raison et l'opinion. Enfin, au troisième et dernier rang, il place l'opinion, la *doxa* ou la connaissance des choses physiques et contingentes dont l'objet est ce qui naît et ce qui meurt. Nous devons aussi à Platon de poser le problème de l'un et du multiple, et de tenter de le résoudre dans le *Parménide*. La dialectique va devenir l'établissement d'une hiérarchie des êtres depuis les individus jusqu'aux genres suprêmes. La science ne pourra plus être considérée comme l'instrument de compréhension de la philosophie de l'être.

ARISTOTE, L'ENCYCLOPÉDISTE

En faisant avant tout de sa philosophie une philosophie de la connaissance, **Aristote** (384-322 av. J.-C.) distingue les premières assises de tout le système scientifique occidental, organisées autour d'un outil de la pensée, l'*Organon*, « outil », « instrument », sous-entendu « de la science » en grec, ensemble de ses traités de logique. Il est l'inventeur de nouveaux concepts, les catégories, dont la philosophie ne cesse

---

1. Platon, *Phédon*, 72e-77a.

après lui de se servir. À la différence de **Platon** pour qui la dualité réside entre monde sensible et idées, celle d'Aristote repose sur le singulier et l'universel, le concret et le général. Né à Stagire en Thrace, il vient faire ses études à Athènes, où il suit pendant vingt ans les leçons de Platon. Il fonde sa propre école philosophique à laquelle il donne le nom de Lycée en raison de la proximité du temple d'Apollon Lycien (tueur de loups), et la qualifie de péripatéticienne (de *peripatein* : se promener) puisqu'il enseigne en marchant. Au Moyen Âge, Aristote reste la référence obligée de la culture antique, son œuvre faisant le lien entre les grands systèmes philosophiques arabes et chrétiens. Les traductions de ses textes ont eu lieu entre 1120 et 1190, à Tolède, Palerme, Rome, Pise. Albert le Grand les traduit en latin. Thomas d'Aquin, au XIIIe siècle, fait de la philosophie aristotélicienne le centre de toute réflexion sérieuse et effectue une réconciliation entre celle-ci et le christianisme. Le nominalisme de Guillaume d'Ockham la prépare à la Renaissance. Mais celle-ci lui préfère souvent **Platon** – **Nicolas de Cuse** s'oppose à l'aristotélisme dans *De la docte ignorance* (*De docta ignorantia*). Le XVIIe siècle voit en lui tout le conservatisme d'une pensée sur la physique dépassée par les travaux de **Galilée** et de **Copernic**. La philosophie cartésienne puis le XVIIIe siècle font oublier sa philosophie mais le XIXe siècle se la réappropriera par un retour vers sa métaphysique avec **Félix Ravaisson-Mollien** (1813-1900) et **Franz Brentano** (1838-1917), et les questions qu'elle suscite.

L'Organon, *le livre et la méthode*

Aristote est le créateur de l'art du raisonnement, la dialectique. Il ne s'agit cependant plus de celle de son maître Platon, mais d'une conception nouvelle qui rejette l'opposition existante entre opinion et vérité. Sa méthode consiste en un filtrage étroit des opinions jusqu'au jaillissement de la vérité dans ses ouvrages de logique (*Analytiques*, *Topiques*), auxquels on a donné le nom d'*Organon*. Son premier ouvrage traite d'abord des catégories, le deuxième des propositions, le troisième des syllogismes. Il explique les principes et les règles, les diverses formes de l'argument syllogistique. La réflexion sur la logique l'amène à formuler aussi la théorie des noms.

La force du syllogisme

Aristote définit le syllogisme comme « un discours dans lequel certaines choses sont admises, quelque chose d'autre que ces choses d'abord posées en résulte nécessairement, par le seul fait que celles-là existent [1] ». La force du syllogisme réside dans ce qu'il est une structure formelle contraignant l'esprit à passer de deux vérités admises à une troisième [2]. Chaque Grec est humain, chaque être humain est mortel, donc chaque Grec est mortel. C'est donc une méthode qui permet dans un discours ou une discussion de déterminer quels sont les raisonnements valables. Le syllogisme, ou déduction, est la première condition permettant d'aboutir à des propositions vraies. La seconde est l'induction, opération qui consiste à s'élever des phénomènes aux lois – *épagôgé* signifie cheminement à partir des choses.

La métaphysique, science suprême

Si la physique s'occupe d'essences muables et matérielles, la métaphysique, science suprême méritant le nom de sagesse, s'occupe d'objets immuables et immatériels. Aristote reconstitue la genèse historique des sciences dont l'aboutissement est cette science supérieure qui recherche les principes et les causes des êtres considérés comme tels. Les principes ou les raisons d'être sont au nombre de cinq, d'après Platon : l'idée (cause exemplaire), la fin (cause finale), la cause qui agit (cause efficiente), la matière (cause matérielle) et la forme (cause formelle). Aristote met de côté l'idée et retient les quatre autres. Il existe une science qui étudie l'être en tant qu'être avec ses attributs : la métaphysique.

Les catégories, on n'y coupe pas

La doctrine des catégories consiste à reconnaître, quel que soit le sujet dont on parle, que le réel peut se ranger dans toutes ses attributions : la substance, la qualité, la quantité, la relation, le lieu, le temps,

---

1. Aristote, *Analytiques premiers*, I, 1, 24 b, 18.
2. Le terme avait été déjà employé par Platon dans le *Théétète* dans le sens où l'on joint plusieurs discours (A appartient à B, C appartient à A donc C appartient à B).

la situation, l'avenir, l'agir ou le pâtir. Aristote distingue deux modes de l'être : l'acte et la puissance. L'être en acte a une forme et une perfection déterminée, l'être en substance est susceptible de modification, de perfectionnement. Il se demande comment on peut respecter l'unité de l'être en utilisant pour le définir une multiplicité de termes. Il en vient à dire que chaque substance peut exister en puissance et en acte. Si nous partons de cette idée de mouvement, nous parvenons à nous faire une idée de l'être assez exacte : ainsi la statue existe en puissance bien avant que le sculpteur ne la réalise, elle existe en acte lorsqu'il achève son travail. La puissance constitue l'intermédiaire entre l'être et le non-être. Elle n'a pas d'existence propre et ne se conçoit que par rapport à l'être qui l'achève, c'est-à-dire par rapport à l'acte.

La place des choses

Tels sont les deux principes essentiels qui, selon Aristote, expliquent l'univers. Les choses se meuvent et passent ainsi de la puissance à l'acte. Nous avons vu qu'il fallait quatre causes pour qu'elles se réalisent. La place des êtres dans la nature dépend de leur hiérarchie. Aux échelons supérieurs, se trouve l'homme dont l'âme est spirituelle et les animaux dont l'âme est sensitive. Dans les plantes, la forme devient végétative. À la différence de Platon, l'âme n'est plus prisonnière du corps, c'est l'entéléchie d'un corps organisé ayant la vie en puissance. Il veut signifier que l'âme est le premier principe de l'organisation et de la vie du corps. Celui-ci est en puissance de vivre : il a la vie en acte par la vertu de l'âme à laquelle il est uni. L'âme possède aussi la faculté de raisonner et de sentir.

L'unité du monde vivant

Aristote distingue un sens intérieur, le sens commun que réunissent en lui les opérations des cinq sens. L'âme peut ainsi comparer et associer les sensations, les perceptions. Il envisage dans la nature une surprenante unité qui fait que partout dans le monde vivant se retrouvent les mêmes particularités. Aristote appliquera le principe d'analogie pour ses raisonnements. Pour lui, il existe un moteur premier possédant toutes les qualités, acte pur, immuable, Dieu. Cette intelligence divine se pense elle-même et agit davantage par émotion que par motion, « et puisque ce qui est à la fois mû et mouvant est un moyen terme, il doit y avoir quelque chose qui meut sans être mû, un être éternel, substance et acte pur[1] ». Il existe aussi d'autres moteurs différents du principe premier, Aristote se réfère alors aux mathématiciens. Il estime entre 47 et 55 le nombre de sphères célestes et montre que chaque substance doit son unité d'ordre à un seul chef : Dieu qui meut le monde. S'il bâtit la thèse de l'incommutabilité des genres, selon laquelle les trois types d'activité du savoir sont cloisonnés, la production (*poiêsis*), l'action (*praxis*) et la théorie (*theoria*) sont essentielles, elles le sont tout autant pour la métaphysique qui tente de surmonter cette multiplicité de possibilités, à la seule fin d'établir une science universelle. D'où sa thèse : « Il n'y a de science que d'un seul genre[2]. »

Aux origines d'une biologie vers une philosophie de la morale

En distinguant disciplines et sciences particulières, Aristote pose les premières assises de tout le système scientifique occidental. Il étudie aussi bien le règne inanimé du minéral que celui de l'animé, de l'animal à l'homme. Il émet l'hypothèse d'une vie pouvant survenir *ex nihilo*, spontanément, sous certaines conditions énergétiques et matérielles. Dans le premier livre de l'*Histoire des animaux*, il fait l'éloge de cette hypothèse. Le bonheur ne constitue pas un état, et ce n'est ni celui des animaux ni celui des dieux. Il est le résultat d'un choix, d'une fin, définie par l'homme moral. Le « bien vivre » doit être l'ultime but. Dans l'*Éthique à Nicomaque*, la conception aristotélicienne du bonheur est essentiellement eudémoniste (le bonheur est la finalité de la vie), puisqu'elle fait de celui-ci le souverain Bien de toute chose. Celui-ci repose sur une condition : la vertu, « disposition volontaire consistant dans le milieu par rapport à nous, définie par la raison et conformément à la conduite de l'homme sage[3] ». La société et l'éducation permettent à l'homme de mieux diriger ses actes, car la vertu n'est pas innée et ne provient pas de la nature.

---

1. Aristote, *Métaphysique*, Λ, 7, 1072 a25.
2. *Ibid.*, K, 1.
3. Aristote, *Éthique à Nicomaque*, II, 7, 1106 b36.

LES GRANDES DOCTRINES MORALES

Le caractère commun de toutes les écoles, après Aristote, après l'élan métaphysique donné aussi par Platon, est que les philosophes se penchent davantage sur les grands problèmes moraux qui les touchent de plus près. Ces écoles n'ont pas de métaphysique mais une physique, elles ne supposent rien par-delà la nature. Elles recherchent le souverain Bien, et prônent l'ataraxie, paix de l'âme par absence de troubles, ou l'apathie, état de l'âme que n'émeut aucune passion, pour y parvenir.

Le cynisme

Cette doctrine matérialiste propose le détachement à l'égard des coutumes, des préjugés et le retour à l'état de nature. Le cynisme a pour fondateur **Antisthène** (444-365), élève de **Gorgias**, puis de **Socrate**. Le sera Diogène de Sinope auquel succéderont Métroclès de Maronée (IVe s. av. J.-C.), Cratès de Thèbes (365-285 av. J.-C.) et sa femme **Hipparchia**. Le terme de cynique tire son nom du mot grec *kuon*, le chien, qui se rapporte au mode de vie extrêmement frugal qu'adoptent ces philosophes. Ils professent que le bonheur est la possession de tous les biens et que la seule façon de posséder tous les biens est de savoir s'en passer. Les cyniques se font remarquer par un anticonformisme religieux et social. Mais s'ils conservent de Socrate cette attitude, ils rejettent dans la morale son intellectualisme, sa théorie de la vertu, où elle est action puisqu'elle peut se libérer de ses besoins. En ce sens la liberté est le seul souverain Bien. Le plus illustre de cette école fut **Diogène** : il roulait sur les remparts de Corinthe un tonneau lui servant de maison et allumait sa lanterne en plein jour sous prétexte de chercher un homme qui se disait citoyen du monde.

Le scepticisme

Le premier représentant de l'école sceptique serait **Pyrrhon d'Élis** (360-270 av. J.-C.). Selon lui, l'obstacle au bonheur réside dans le fait que l'homme a des opinions et qu'il les défend. La suspension de tout jugement s'appelle l'ataraxie. Le bonheur ne peut se trouver que grâce au renoncement de toutes les passions. À sa mort, son école subit une transformation. Nous en retrouvons les grandes idées dans une autre école : la Nouvelle Académie. Celle-ci prétend se rattacher à Socrate, affirmant que la seule chose dont elle soit sûre est qu'elle ne sait rien. Les deux principaux représentants sont **Arcésilas** (315-241 av. J.-C.) et **Carnéade** (215-129 av. J.-C.). Il est représenté plus tard par **Énésidème** (80 av. J.-C.-10 apr. J.-C.) et **Sextus Empiricus** (fin du IIe siècle apr. J.-C.). Ils développent des arguments sceptiques dont le plus fort est le diallèle, ou cercle vicieux, car pour juger de la valeur d'une démonstration il faut une démonstration.

Les arguments, tropes et diallèles

Arcésilas et Carnéade s'attaquent à la « représentation compréhensive », critère stoïcien. La vérité, la raison ne constituent pas des critères absolus, puisqu'ils finissent par nous tromper. La représentation vraie ne peut être discernée de la fausse. Les tropes, appelés aussi arguments d'Énésidème, montrent la nécessité de développer tous les jugements, car il est impossible de savoir si les choses sont bien telles qu'elles nous apparaissent. Nous ne pouvons saisir entre les phénomènes que leur rapport de succession ou de simultanéité. C'est du positivisme avant l'heure. Un autre argument en faveur des sceptiques est le diallèle (l'un par l'autre). La certitude est légitime si l'aptitude de l'esprit à connaître la vérité est prouvée. Or cette preuve est impossible sans cercle vicieux et sans aller à l'infini. En effet, on ne peut prouver la capacité d'un esprit à juger sinon par sa capacité de connaître. **Montaigne** n'écrivait-il pas dans ses *Essais* : « Pour juger des objets, il faudrait un instrument judicatoire : pour vérifier cet instrument, il nous faudrait de la démonstration ; pour vérifier la démonstration, un instrument, nous voici au rouet[1]. » Dans son livre des *Esquisses pyrrhoniennes*, Sextus Empiricus explique la suspension de jugement, vraie caractéristique de la philosophie. Le vrai sage doit chercher la vérité mais en doutant, en réfléchissant. C'est la raison pour laquelle on le qualifie de sceptique ou de chercheur. Le scepticisme consiste à

---

1. Montaigne, *Essais*, livre II, chap. 12.

opposer les choses intelligibles aux choses sensibles, « de toutes les manières possibles les phénomènes et les noumènes. De là, nous arrivons à cause de la force égale des choses et des raisons opposées, d'abord à la suspension de jugement puis à l'indifférence (ataraxie)[1] ». Sextus Empiricus énumère les motifs du doute que sont : les illusions de l'imagination, les erreurs des sens, la relativité des choses sensibles, le diallèle, les contradictions de nos jugements, etc. Les philosophes sceptiques admettent les faits de conscience et les apparences ou phénomènes ; sur l'existence des noumènes ou des réalités, ils suspendent leur jugement. Cette dernière attitude préserverait de la contradiction et donnerait à l'âme paix et sérénité. Le scepticisme, ainsi interprété, diffère à peine de l'idéalisme.

L'épicurisme, la philosophie est dans le jardin

La philosophie d'Épicure (v. 341-270 av. J.-C.), le fondateur, est avant tout une morale dont le but essentiel est l'accès à l'âme par la sérénité. Épicure naît vers 341 avant J.-C. sur l'île de Samos où ses parents colons se sont installés. Il fonde sa première école à Mytilène et y professe jusqu'à sa mort en – 270. Il reprend la philosophie atomiste de ses prédécesseurs Leucippe et Démocrite. Celle-ci se heurte à deux obstacles : la croyance aux dieux et à l'immortalité de l'âme, la croyance à une nécessité inéluctable. Pour se débarrasser de ses craintes, une physique précède la morale, exigeant la connaissance de certaines règles pour distinguer le bien du mal. Ce sera le but de la canonique (logique). La canonique, selon les épicuriens, est la science du critère et constitue une véritable épistémologie. L'épicurisme croit que le devoir de l'homme est de rechercher le bonheur que l'on peut trouver dans la sagesse. L'ensemble de sa doctrine aura pour plus illustre représentant Lucrèce qui fera du système un magnifique poème : le *De rerum natura* (*De la nature des choses*). Le grand poète Horace se portraiture en « pourceau du jardin d'Épicure », Épicure enseignait en effet dans un jardin. La doctrine d'Épicure se définit par sa morale qui insiste sur le but à atteindre, le souverain plaisir, et

---

1. Sextus Empiricus, *Esquisses pyrrhoniennes*, I, 4.

l'absence de douleur. Pour cela il conseille au sage de vivre près de la nature et de se garder de ses passions. Il distingue trois causes engendrant la crainte : la mort, la fatalité, les dieux. Il faut partir des choses visibles pour connaître celles qui sont invisibles. C'est par le biais du langage qu'elles s'expriment. Puis c'est en les confrontant avec les sensations et avec l'intuition que l'on peut les observer. Sa doctrine se fonde sur l'empirisme et ce qui concerne le problème de la perception sur le matérialisme. La conception de l'homme est matérialiste pour Démocrite comme pour Épicure : « L'âme, cette substance si mobile doit être formée des atomes les plus petits, les plus lisses, les plus arrondis. » Lorsque ces atomes sont mis en mouvement par des éléments extérieurs, qu'il y a contact, naissent les sensations. Véritables émanations issues des objets vers les sens, les simulacres permettent par leur structure de frapper directement les sens. L'âme dans la conception d'un tel système est mortelle. Divisés en deux parties distinctes, soit les atomes se concentrent dans la poitrine, et sont appelés « intellect », soit ils se diffusent dans tout le corps et sont appelés « âme ». Les mouvements de l'âme sont donc les mouvements des atomes. Ces derniers se meuvent en ligne droite de haut en bas, en vertu de leur seule pesanteur. Pourtant en déviant de leur simple trajectoire ils peuvent se heurter et se combiner avec d'autres atomes, c'est le *clinamen* de Lucrèce, autrement dit la déclinaison. Épicure s'est élevé contre la religion mais essentiellement contre la superstition. Il ne nie pas l'existence des dieux mais veut montrer que les divinités, au contraire, ont un très grand rôle à jouer dans l'acquisition du bonheur et de la sagesse.

Le stoïcisme : « Abstiens-toi et supporte »

La morale stoïcienne, dans ses principes, est le contrepied de la morale du plaisir. Elle tire son nom de l'endroit où le premier philosophe, **Zénon de Citium** (333-261 av. J.-C.), enseigne cette doctrine à Athènes : le portique (*stoa*). Ébauchée par lui, mieux formulée par **Chrysippe** (v. 281-v. 205 av. J.-C.) et **Cléanthe** (330-250 av. J.-C.), puis par **Panétius de Rhodes** (180-110 av. J.-C.) et **Posidonius d'Apamée** (135-51 av. J.-C.), mise à l'honneur par les grands hommes de la

République, **Sénèque**, **Épictète**, **Marc Aurèle**, chantée par **Horace**, la morale stoïcienne exerce une influence considérable chez **Montaigne**, **Vigny** et bien d'autres. Cicéron, après avoir réfuté la morale épicurienne, consacre le troisième et le quatrième livre de son ouvrage *Des termes extrêmes des Biens et des Maux* (*De finibus bonorum et malorum*) à la morale stoïcienne. C'est Caton, le type même du stoïcien, qui est choisi pour en expliquer la doctrine. Plusieurs époques marquent l'évolution de l'école.

- **Le stoïcisme ancien** entre la fin du IVe et le IIe siècle avant J.-C.

Principaux représentants : **Cléanthe** et **Chrysippe**

- **Le stoïcisme moyen** entre le IIe avant J.-C. et le Ier siècle après J.-C.

Principaux représentants : **Panétius** et **Posidonius**

- **Le stoïcisme nouveau** aux Ier et IIe siècles après J.-C.

Principaux représentants : **Sénèque, Épictète, Marc Aurèle**

La philosophie stoïcienne se divise en trois parties : la physique, l'éthique et la logique, comme les vertus qui sont au nombre de trois, la naturelle, la morale et la rationnelle. La maxime la plus souvent répétée est : « Abstiens-toi et supporte. » « La philosophie est le moyen de rechercher la vertu par la vertu elle-même », nous apprend Sénèque, dans ses *Lettres* (89). D'où ses maximes célèbres *sequere naturam*, « suivez la nature », *sequere rationem*, « suivez la raison ». Par la vertu, elle exclut toute forme de passion. La nouveauté de la philosophie stoïcienne consiste à la fois à concevoir pour la première fois la logique comme une science et non comme un instrument, pour Aristote un instrument de la connaissance. Selon le matérialisme, il n'existe que des corps, c'est-à-dire tout ce qui est réel et distinct. Les philosophes en tirent une conséquence : n'est connaissable en tant que réalité que l'action des individus agissant sur d'autres individus. Il n'existe que des objets distincts déterminés par des faits, des événements et non des concepts que l'on peut mettre en rapport. La logique stoïcienne a mis au point une théorie de la signification fondée sur le signe, qui établit un lien entre le signifiant et le signifié. Le langage y est conçu comme un tout, la logique comme une science du discours. Il n'y a plus de séparation entre langage technique et langage parlé ; grâce à la théorie

« de l'appréhension conforme à la chose », la vérité peut être approchée. Or il y a plusieurs degrés dans la façon de saisir la connaissance. Elle correspond à la vision du réel de deux façons : compréhension ou représentation. « Ce contenu de signification – qui correspond à ce que Frege a appelé des siècles plus tard "sens" – est envisagé par les stoïciens comme un incorporel, car il se situe entre des corps (son et individu) sans être un corps [1]. » La physique stoïcienne contient aussi, dans sa théorie du monde, une théorie de l'homme et de Dieu.

Le matérialisme des stoïciens

La physique stoïcienne contient aussi dans sa théorie du monde une théorie de l'homme et de Dieu. Avec l'épicurisme, pour la première fois, le matérialisme trouve ses formules essentielles : « le réel est rationnel, le rationnel est réel ». Seul est réel l'individuel, l'universel est pensé et irréel. Le microcosme humain est à l'image du macrocosme universel, « notre association, écrit Sénèque, est toute semblable à une voûte de pierres : elle va tomber si les pierres ne s'opposent plus les unes aux autres, c'est cela même qui la soutient ». Ainsi que dans l'explication aristotélicienne, nous sommes amenés à distinguer pour chaque individu deux corps différents, comme l'étaient la matière et la forme. Dans l'histoire de la pensée grecque, épicurisme et stoïcisme constituent une étape importante en mettant en lumière la notion d'individualité. La notion du sage évolue avec la doctrine et celui-ci est intégré dans tout un système dont il est l'un des rouages. Il fait partie de l'ordre universel, mais en tant que citoyen, père de famille, ou maître d'esclaves.

7. La religion grecque

LA RELIGION GRECQUE ARCHAÏQUE

La religion grecque archaïque puise son héritage dans le syncrétisme produit pendant la période mycénienne, entre influences à la fois

---

1. Lambros Couloubaritsi, *Aux origines de la philosophie européenne. De la pensée archaïque au néoplatonisme*, Bruxelles, De Boeck, 2003, p. 547.

anatolienne et grecque, religion chtonienne et ouranienne. Les tablettes rédigées, en linéaire B, mentionnent les grands dieux que la Grèce ultérieure connaîtra : Zeus, Poséidon, Hermès, Arès, Dionysos, Athéna, Héra, Artémis. Déméter et Coré sont déjà associées sur une tablette, Zeus et Héra accouplés. Les grands mythes remontent à l'époque mycénienne aussi, puisque certains sont déjà liés à des sites bien précis : Œdipe à Thèbes, Thésée à Athènes, Hélène à Lacédémone. Pendant la période archaïque, se met en place ce fonds religieux commun à l'ensemble de la Grèce. Selon Hérodote, Homère et Hésiode auraient fourni la généalogie des dieux, Homère les montrant dans leur cadre traditionnel, Hésiode dans la *Théogonie*, celle de l'univers, des dieux et des hommes. De nouveaux dieux provenant d'Orient apparaissent : Apollon est un Lycien qui s'implante à Délos avec sa sœur Artémis et sa mère Léto. Ils prennent possession de Delphes **autour du VIIIe siècle avant notre ère**. La naissance de la *polis*, *cité*, donne à la religion un nouvel essor par la construction des sanctuaires et des temples : temple d'Apollon à Delphes, (– VIIIe s.), Héraion de Perachora, – 750, près de Corinthe. Chaque ville honore ses dieux et ses héros locaux, ce qui explique le soin avec lequel se déroule l'accomplissement des cérémonies puisqu'elle en tire profit et soutien, quand les divinités sont bien disposées. Chaque État, chaque cité, a ses propres dieux, ses propres cérémonies cultuelles, ainsi que son propre clergé. Seul le culte d'Héraclès est répandu dans toute la Grèce.

LA RELIGION GRECQUE CLASSIQUE

La Grèce vit par ses dieux. Ils sont la source des institutions, de la vie civique, artistique, et la source d'inspiration des poètes. Il est possible de distinguer une triple origine aux dieux grecs : personnification de forces naturelles, culte des ancêtres défunts, dieux importés d'Orient. La religion grecque est une affaire locale, de la cité, de la tribu, de la famille, de chaque individu même. Certes, les grandes divinités panhelléniques sont reconnues et vénérées partout, mais, jalousement, chaque cité leur décerne un qualificatif local pour mieux se les approprier. C'est ainsi qu'à Athènes, la ville dont elle est éponyme, la seule Athéna est vénérée sous les formes suivantes :

- Athéna Promachos (protectrice) ;
- Athéna Niké (la victorieuse) ;
- Athéna Hippia (dompteuse de chevaux) ;
- Athéna Polias (protectrice de la ville) ;
- Pallas Athéna (jeune femme).

Pourtant, la participation à un même culte cimente le sentiment d'appartenance à la nation hellène. Le polythéisme grec établit une étroite relation entre culte et habitants d'une même cité, et au-delà d'une même contrée. Le panthéon grec est hiérarchisé, même si cette hiérarchie peut varier en fonction des cités considérées, depuis les héros fondateurs, éponymes d'une tribu, protecteurs d'une activité humaine, les divinités de second rang, nymphes, satyres, victoires, jusqu'aux grands dieux nationaux. C'est au sein de cette construction vivante, mouvante, que les divinités orientales se font une place. C'est à l'image de la société humaine que les dieux sont groupés. Individualisés par leur personnalité, nantis d'une généalogie, d'une histoire, ils sont prêts à nourrir l'inspiration des poètes jusqu'à nos jours, **Jean Giraudoux** s'est abondamment inspiré du panthéon grec. Pour le commun des mortels, la religion est un contrat permanent entre les dieux et les hommes. Satisfaire un dieu revient à pratiquer avec exactitude les rites appropriés, les purifications nécessaires. L'importance du lien repose davantage sur le respect des termes du contrat – les dieux sont témoins des traités entre cités aussi bien que des promesses entre particuliers – que sur la foi. Le Grec doit satisfaire aux obligations du culte. S'y refuser serait attirer sur la collectivité la colère des dieux.

Cette proximité, l'attente de faveurs en échange d'une pratique irréprochable, s'accompagne du désir de les consulter avant de prendre une décision. La divination, ou mantique, est pratiquée de deux manières : inductive, elle est le fait de la science du devin consulté ; inspirée, elle est due à la possession (en grec *enthousiasmos*) d'un individu par l'esprit d'un dieu. Cette dernière, qui s'exprime par la voix des grands oracles, la Pythie de Delphes pour Apollon, tout comme sa rivale de Didymes, près de Milet. Le pèlerin pose une ou plusieurs questions, parfois écrites sur des lamelles de plomb, et reçoit une réponse orale. À Dodone, en Épire, les « péliades », ou prophétesses, se plaçaient sous les chênes sacrés de Zeus pour entendre la voix du dieu par le bruissement des feuilles des arbres. Le recours aux mantiques s'effectuait pour des motifs de haute politique (fallait-il ou non s'allier à telle cité, entrer ou non en guerre?) aussi bien que pour les menus tracas de la vie quotidienne (retrouver objets ou animaux perdus par exemple). Les dieux sont partout présents en Grèce. À l'origine, le lieu consacré est souvent marqué par un simple tertre de terre ou de pierres. Si le sacrifice est une mise à mort, la *thysia*, les animaux offerts sont parés, menés en procession à l'autel, consacrés, puis assommés et égorgés. Les os recouverts de graisse sont brûlés en offrande aux dieux, la peau est donnée au sacrificateur ou vendue, les chairs bouillies, réparties entre les membres de l'assistance.

LA RELIGION DE LA CITÉ

Les familles se regroupent, plusieurs *génos* forment une phratrie chez les Grecs ioniens et doriens. À leur tour, les phratries forment la subdivision d'une tribu ou *phylê*. La phratrie est une association religieuse et civile. Religieuse, car chaque phratrie honore son dieu propre, en plus de Zeus Phratrios et d'Athéna Phratria. L'athéisme, ou la simple accusation de s'en réclamer, de le prôner, revient aux yeux des magistrats à s'exclure de la vie civique dans ses fondements mêmes. C'est l'un des chefs d'accusation portés contre Socrate, le plus grave. C'est à la cité que revient d'édifier et d'entretenir les sanctuaires. Pour les principaux dieux, le *téménos* est vaste. Le temple est entouré de bois, jardins, herbages, où peuvent s'ébattre les animaux favoris de la divinité : bœufs pour Hélios, chevaux ou paons pour Héra, etc. Religion de la cité, la religion grecque laisse l'homme seul face à son destin, il doit trouver une réponse à la nature de ses rapports avec les dieux, avec les autres hommes, se forger une morale. Les dieux immortels, et non éternels, s'opposent de ce fait aux hommes mortels. Ces derniers doivent s'attacher à une conduite respectueuse, à ne pas vouloir dépasser leur condition, à ne pas se laisser gagner par l'*hybris*, la démesure. Il faut suivre la *dikê*, la loi commune, la coutume. Chacun a sa place et doit s'y tenir. Pourtant, dieux et hommes sont soumis au destin, la morale des hommes est valable pour les dieux.

LES MYTHES GRECS ET LEURS HÉROS

Dans la littérature, plus particulièrement dans la tragédie, le mythe met en scène les exploits fabuleux des dieux et des héros. Il se veut révélateur et est utilisé comme support. La mythologie grecque a surtout nourri « un genre littéraire très populaire, un vaste pan de littérature[1] ». Les structures du récit, les correspondances d'idées lui sont propres. C'est donc une fonction sociale, politique, éthique, « un précédent et un exemple, non seulement par rapport aux actions sacrées ou profanes de l'homme, mais encore par rapport à sa condition, mieux un précédent pour les modes du réel en général[2] ». Sa lecture est d'autant plus difficile qu'il concerne à la fois la littérature, l'histoire, la religion et l'art : « La science, la technique nous offrent, selon Cassirer, une unité de la pensée, l'art, la littérature, une unité de l'intuition, la religion, le mythe se fondent sur la conscience de l'universalité et de l'identité fondamentale de la vie[3]. » Autant que légitimer un ordre social donné, le mythe a aussi pour fonction de réitérer l'ordre du monde. L'action se révèle nécessaire chaque fois que l'unité de la vie est menacée, et en ce sens il n'y a pas de frontière entre la théorie et la pratique, car le symbole dont se sert le mythe n'a pas le pouvoir d'abstraction du symbole poétique, mathématique, ou scientifique.

Les mythes grecs n'ont pour centre d'intérêt que l'homme. En effet, ainsi que le souligne Marcel Detienne, « la mythologie de l'hellène est dominée par l'anthropomorphisme[4] ». Les héros, mot grec, dans les poèmes homériques, sont des hommes supérieurs en force, en courage. Ils sont mortels et goûtent dans les Enfers, ou les Champs-Élysées, un bonheur relatif. **Achille** les domine tous, et sa progression fait que, si au début de son périple il est trop divin, il devient à la fin de celui-ci humain. Hésiode les considère comme des demi-dieux qui forment une classe à part. Après leur mort, loin des hommes et des

---

1. Paul Veyne, *Les Grecs ont-ils cru à leurs mythes ?*, Paris, Le Seuil, « Points Essais », 1992, p. 28.
2. Mircea Eliade, *Traité d'histoire des religions*, Paris, Payot, « Bibliothèque historique », 2004, p. 349.
3. Ernst Cassirer, *La Philosophie des formes symboliques*, tome 1, Paris, Minuit, 1972, p. 59.
4. Marcel Detienne, *Dionysos mis à mort*, Paris, Gallimard, 1977, p. 46.

dieux, ils mènent sur l'île des Bienheureux une existence pleine de délices. Les héros sont ceux qui ont combattu à la guerre de Troie ou devant Thèbes. Seul Héraclès conquiert l'immortalité divine. Les principaux héros se situent en Attique. Thésée, dont les nombreuses aventures, comme celles d'Héraclès, rappellent les diverses phases du cours du soleil. À Thèbes, **Œdipe**, le malheureux héros, criminel malgré lui, tue son père, épouse sa mère Jocaste, sans se douter des liens qui les unissent et, désespéré en l'apprenant, se crève les yeux. Sa fille fidèle, Antigone, guide ses pas. En Thrace, **Orphée**, aède illustre, dont la voix accompagnée de la lyre attire et calme les bêtes féroces, finit ses jours désespéré par la mort de sa femme Eurydice.

À Argos, **Persée** est vainqueur de la monstrueuse Méduse. La famille tragique des Atrides commence avec Pélops, se continue par Atrée, Thyeste, Agamemnon et se termine par Oreste. En Crète, **Minos**, le souverain intègre, en récompense de son équité devient un des juges des Enfers ainsi que son frère **Rhadamanthe**. Le philosophe grec **Évhémère** (né v. 340 av. J.-C.) dit de tous ces dieux, de tous ces héros, qu'ils sont en fait des hommes illustres, divinisés par la piété populaire. Cette théorie est accueillie favorablement par les stoïciens et les épicuriens. L'évhémérisme se traduit dans la théorie moniste de **Spencer**. Les écrivains réadaptent les vieux mythes à leur époque, et ainsi les enrichissent de nouveaux thèmes de réflexion : « Le Satyre » de Victor Hugo, *L'Après-midi d'un faune* pour Mallarmé, *La Jeune Parque* pour Valéry. Selon Roger Caillois (1913-1978), le mythe se pare d'une autre fonction, il sert à « exprimer des conflits psychologiques de structure individuelle ou sociale et leur donne une solution idéale[1] ». C'est le cas du mythe d'Œdipe, repris en littérature, et retenu par Freud en psychanalyse. Mircea Eliade, dans ses nombreuses études, l'a envisagé comme le point de départ de la rénovation spirituelle de l'homme moderne qui se nourrit « de mythes déchus et d'images dégradées[2] », car « tout un déchet mythologique survit dans des zones mal contrôlées[3] ».

---

1. Roger Caillois, *Le Mythe et l'homme*, Paris, Gallimard, 1981, p. 20.
2. Mircea Eliade, *Les Cahiers de l'Herne*, Plon (1978), dans J. Masui, *Mythes et symboles*, Paris, Dervy, 1984, p. 298.
3. *Ibid.*, p. 20.

> **Le mythe d'Orphée**
>
> Orphée occupe dans le monde grec une place importante, due notamment à sa double existence : personnage mythique, il est **fils d'Apollon et de la muse Calliope**, personnage historique, s'il a jamais existé, il est le fondateur des cultes orphiques. Jeune homme, Orphée se laisse tenter par l'aventureux Jason et embarque sur le navire Argo, qui donne son nom à l'expédition des Argonautes. Doué par son père Apollon, maître de la lyre, du pouvoir de charmer par son instrument, il tient de sa mère Calliope, « à la voix harmonieuse », muse de la Poésie épique, l'art du chant. Ces qualités lui permettent, au cours de la quête de la Toison d'or, d'apaiser la mer déchaînée, de couvrir la voix des sirènes, d'endormir le serpent gardien de l'arbre auquel est suspendue la Toison en Colchide. De retour, il s'éprend de la naïade Eurydice et l'épouse. Hélas, elle meurt à la suite d'une morsure de serpent. Inconsolable, Orphée erre de par le monde, cesse de chanter et de jouer de la lyre. Parvenu en Laconie, il y trouve le passage reliant le monde des morts à celui des vivants, et entreprend d'aller rechercher son épouse. Le fleuve des Enfers, le Styx, lui barre le passage, et il doit affronter le terrible Cerbère, chargé justement de dévorer tout défunt qui tenterait de quitter le monde des morts. Pour traverser le Styx, Orphée doit emprunter la barque du nautonier Charon. Ce dernier commence par refuser, seuls les trépassés peuvent devenir ses passagers, puis, charmé par les sons divins de la lyre du poète, accepte. Ce sont les mêmes accents qui adoucissent Cerbère, monstrueux chien à trois têtes. Orphée parvient ainsi devant les maîtres du lieu, Hadès et son épouse Perséphone, qu'il parvient à subjuguer à leur tour. Sa requête est acceptée, Eurydice lui sera rendue pourvu qu'il la précède sur le chemin, sans jamais se retourner avant d'être dans le monde des vivants. Parvenu à proximité de l'entrée des Enfers, alors qu'il distingue déjà la clarté du jour, Orphée ne peut résister à la tentation et se retourne. Aussitôt Eurydice disparaît et retourne aux Enfers. Orphée tente en vain de recommencer son exploit, les chants les plus sublimes ne lui ouvrent pas les portes du royaume d'Hadès. La fin d'Orphée est tragique : de retour en Thrace, il mène une vie solitaire, et ses anciennes compagnes, les Ménades, furieuses, le mettent en pièces. Sa tête, détachée du tronc, ne cesse d'appeler la bien-aimée, de crier « Eurydice ».

Le héros civilisateur

Prométhée enchaîné par amour des hommes

Prométhée, avec l'aide d'Athéna, a donné naissance à l'humanité, mais il redoute la destruction de sa créature par Zeus. Ce dernier a décidé non seulement de les priver du feu, mais également de leur retirer la nourriture. Pour ce faire, le dieu exige que lui soit offerte en sacrifice la meilleure part des animaux abattus, soit la viande, laissant aux hommes les entrailles et la peau. Pour déjouer ce plan, Prométhée a recours à la ruse. Les hommes convient Zeus à venir lui-même choisir ce qui doit lui revenir du sacrifice. Deux offrandes sont présentées : la première est recouverte, selon le rite, d'une riche et épaisse graisse, la seconde enveloppée dans la peau du bœuf abattu. Zeus choisit le premier paquet, et n'y trouve que les os, l'habile Prométhée avait dissimulé les chairs sous la peau. Désormais, les dieux devront se contenter, lors des sacrifices, du fumet des graisses et des entrailles brûlées, la viande rôtie reviendra aux hommes. Fou de colère, Zeus regagne l'Olympe et reprend le feu aux hommes. Prométhée le lui dérobe en volant une étincelle à la forge d'Héphaïstos, et le ramène sur terre. Son châtiment est à la mesure de l'offense : enchaîné sur une haute montagne, le Caucase, l'aigle de Zeus déchiquète chaque jour son foie qui repousse toutes les nuits. Le Titan est finalement délivré par un héros, Héraclès, fils de Zeus et d'Alcmène. Héraclès abat l'aigle d'une flèche, et son intervention est récompensée par les conseils de Prométhée pour réaliser l'un de ses travaux, s'emparer des pommes d'or du jardin des Hespérides.

La création du monde

À l'origine du monde, se trouve Chaos, étendue non identifiée, proche du vide, d'où vont naître successivement **Gaïa** (la Terre), le **Tartare** (les Enfers), **Érèbe** (les Ténèbres) et **Nyx** (la Nuit). Cette version de l'origine ultime, la plus fréquente, diffère dans les chants homériques, où **Océanos**, l'Océan, est père de tous les dieux. Nous suivons ici la *Théogonie* d'Hésiode. Venue à l'existence la première, Gaïa enfante seule Ouranos, le Ciel, puis s'accouple avec lui. De leur union naissent les Titans, les Titanides : Cronos, Rhéa, Océan. Ouranos a un frère, conçu lui aussi par la seule Gaïa, Pontos (le Flot), et leurs sœurs sont les montagnes élevées. Par la suite, Ouranos et Gaïa augmentent leur descendance des trois premiers Cyclopes (**Brontès, Stéropès, Argès**) et des Géants aux Cent Bras, les Hécatonchires. Gaïa n'est pas la seule à réaliser les débuts de la cosmogonie, Érèbe et Nyx s'unissent et ont pour descendance Héméré (le Jour) et Aether (le Ciel supérieur). Ouranos impose à Gaïa un rite cruel, elle doit avaler les enfants qu'elle met au monde. Son fils Cronos y met un terme en émasculant son père, prenant sa place de roi des dieux. Du sang divin d'Ouranos naissent les Géants, les Furies, les Érinyes, déesses de la vengeance, et mêlé à l'écume il enfante Aphrodite. Cronos se révèle vite aussi impitoyable, dévore les enfants que lui donne son épouse Rhéa, car une prophétie prévoit que l'un d'entre eux prendra sa place sur le trône. Rhéa recourt alors à une ruse : au lieu de son dernier né, Zeus, elle présente à son époux une pierre emmaillotée de langes, qu'il engloutit sans broncher. L'enfant dieu grandit à l'abri en Crète, nourri du lait de la chèvre Amalthée. Devenu adulte, Zeus donne un émétique à boire à Cronos, contraint de régurgiter les enfants qu'il avait avalés : Poséidon, Hadès, Déméter, Héra, Hestia. À l'âge d'homme, Zeus entreprend une longue guerre au cours de laquelle, aidé de ses frères, il s'oppose à Cronos et aux autres Titans. Vainqueur, il met en place un nouvel ordre divin et procède à la création du monde des hommes.

La création de l'homme

La création de l'homme, telle qu'elle est relatée par Hésiode dans la *Théogonie* et par Eschyle dans le *Prométhée enchaîné*, n'est pas due aux dieux seuls. Leur auteur en est le Titan Prométhée, dont le nom signifie en Grec « le prévoyant ». Il démontre cette qualité en conseillant à ses frères Titans de ne pas affronter Zeus directement, mais d'employer la ruse, préférable à la force face au maître des dieux. Ne recevant aucun soutien, Prométhée rallie le camp de Zeus, et évite de ce fait d'être précipité au Tartare. Selon la *Théogonie*, c'est lui qui façonne les hommes à partir d'une argile de Béotie. Immortel, Prométhée n'est toutefois pas un démiurge. Sans le souffle, ses figurines de terre ne peuvent s'animer. Il reçoit alors l'aide de la déesse Athéna, fille de Zeus, qui vient leur insuffler la vie. Par la suite, Prométhée doit continuer à protéger l'humanité ainsi créée de la colère de Zeus, qui entend les priver du feu pour les anéantir. Avant la venue de l'homme actuel sur la terre, d'autres grandes races l'y ont précédé, suivant *Les Travaux et les Jours* d'Hésiode : les hommes de l'âge d'or, ceux de l'âge d'argent, de l'âge de bronze, enfin les héros et demi-dieux. L'humanité n'est en conséquence que la race de fer, la plus tardivement apparue, vouée, contrairement à celles plus tôt venues à l'existence, à connaître les affres des misères proprement humaines.

– **Le premier âge** est celui de Cronos, des hommes d'or voués à la permanence de la félicité, dont Zeus fait plus tard de bienfaisantes divinités.

– Vient ensuite une **race d'argent**, déjà bien inférieure à la précédente. Après une enfance de cent ans auprès de sa mère, l'homme de l'âge d'argent perd vite toute raison, et mécontente les dieux de l'Olympe en ne leur rendant pas le culte attendu. Zeus se décide à les exterminer, ils sont ensevelis par la terre et deviennent divinités du monde chtonien.

– À la race d'argent succède la **race de bronze**. Sa caractéristique principale est une force colossale, accompagnée d'un instinct guerrier qui les pousse à se combattre jusqu'à leur propre extinction.

– **Les héros et les demi-dieux**, derniers venus avant l'humanité actuelle, sont, tout comme les hommes de bronze, créés par Zeus. Ils fondent des mythes plus proches, entretiennent encore un contact direct et régulier avec les dieux, forment l'essentiel des héros de la guerre de Troie. Les hommes qui peuplent cette terre sont les derniers représentants des volontés divines de création. Faibles, menacés, ils n'ont plus aucune des qualités de leurs divers prédécesseurs, ne bénéficient pas de la vie facile de l'âge d'or ou de la force hors du commun des hommes de bronze.

8. Les sciences grecques

La médecine

Le dieu de la médecine, **Asclépios**, s'illustre déjà dans l'*Iliade* par deux de ses fils, Machaon et Podalire, à la tête de Thessaliens et cités comme médecins. Même si elle existe déjà à cette époque, la médecine ne sera pleinement reconnue qu'au Vᵉ siècle avant J.-C. avec **Hippocrate**. Sans doute héritée des civilisations proche-orientales, la médecine grecque tire ses moyens de soigner des plantes, des rituels et des dieux. Il n'est pas étonnant que, malades, les Grecs se tournent d'abord vers leurs dieux. C'est à Apollon que l'on attribue le pouvoir de guérison. L'imagination populaire enrichit ce thème, en fait le centaure Chiron détenteur, qui lui-même fait d'Asclépios l'héritier de sa science. Ce dernier devint si habile dans l'art de guérir qu'Hadès finit par se plaindre à Zeus du trop grand dépeuplement des Enfers. Des temples lui sont édifiés à Épidaure, Cos, Cnide, Cyrène, Rhodes. Les asclépiades, des religieux, prodiguent alors les médicaments et effectuent les cérémonies requises. Jusqu'alors les Grecs n'ont connu que le médecin ambulant, le *demiourgos*, qui se déplace avec ses instruments. Les écoles vouées à Asclépios acquièrent une certaine renommée, comme celle de Crotone où exerce **Alcméon** (actif vers 500 av. J.-C.). Il dissèque d'abord des cadavres d'animaux afin de comprendre comment ceux-ci sont constitués, leur fonctionnement de l'intérieur. Il décrit le nerf optique et le canal qui permet de faire communiquer l'oreille interne et le tympan, appelé aussi trompe d'Eustache du nom de son découvreur, deux mille ans plus tard, Bartolomeo Eustachi. L'école de Cnide et celle de Cos portent davantage leur attention sur les maladies et les soins à donner. **Hippocrate** (v. 460-v. 377 av. J.-C.) joue pour elles un rôle décisif, puisqu'il fait la synthèse de leurs buts. À son époque, le corps est supposé être constitué des quatre éléments (terre, eau, air, feu), caractérisés par les quatre types d'humeur correspondant à quatre types humains : le sang, la lymphe, l'influx nerveux, la bile. Ses traités liés à la pathologie, à l'hygiène, à l'anatomie, à la thérapeutique nous sont parvenus en assez grand nombre. Le serment portant son nom, extrait des *Aphorismes*, est encore là aujourd'hui pour rappeler la déontologie. Avec Hippocrate, une médecine rationnelle se constitue : la relation immédiate médecin/patient devient centrale. Sa classification des tempéraments est reprise par **Galien**, le médecin grec au IIᵉ siècle après J.-C., mais aussi par Lavater au XVIIIᵉ siècle et même jusqu'au XXᵉ siècle par Pavlov qui s'appuya sur sa théorie et la défendit. C'est à Alexandrie qu'est encouragé, par l'intermédiaire des Ptolémée, le développement de la médecine. Le plus célèbre des médecins de cette époque est **Érasistrate** (v. 310-v. 250

ANTIQUITÉ

av. J.-C.), dont le nom reste attaché à la naissance de la physiologie. D'autres branches de la médecine voient le jour : la gynécologie avec **Démétrius d'Apamée**, l'oculistique avec **Andreas de Caryste**.

Les mathématiques

Les mathématiques, comme les autres sciences, vont bénéficier du développement de la pensée rationnelle, des spéculations, des réflexions sur la théorie des connaissances, du fondement assuré par les philosophes. « Que nul n'entre ici s'il n'est géomètre », aurait inscrit Platon sur la porte de son Académie. Pour un Grec, la géométrie permet d'appréhender le monde comme un tout rationnel. **Thalès de Milet** (début du VIe siècle av. J.-C.) est le premier géomètre. Il est l'auteur de plusieurs théorèmes dont celui de l'hypoténuse égale à la somme des carrés des deux autres côtés. Il est loué par ses successeurs pour avoir rendu la science intelligible. Deux noms dominent pendant la période alexandrine, ceux d'**Euclide** et d'**Archimède**.

– **Euclide** (325-265 av. J.-C.) se sert du travail de ses prédécesseurs et donne trente-cinq définitions, six postulats, dix axiomes. Parmi ceux-ci il y a Hippocrate de Chios (460 avant J.-C.) et Theudius, dont le manuel a été utilisé dans l'Académie et est probablement celui utilisé par Aristote (384-322 avant J.-C.). Les treize livres des *Éléments* nous sont seuls parvenus avec les *Données*. Les quatre premiers livres des *Éléments* exposent les procédés géométriques les plus anciens[1]. La manière de procéder est intéressante car elle s'appuie sur la déduction, et à partir de postulats et de définitions, d'axiomes, d'exposer des résultats.

– **Archimède** (v. 292-212 av. J.-C.). À son propos, Alexandre Koyré (1892-1964) écrit : « On pourrait résumer le travail scientifique du XVIe siècle dans la réception et la compréhension graduelle de l'œuvre d'Archimède[2] ». Selon la légende, c'est dans son bain qu'il

---

[1]. Il ne fut pas le premier à condenser en livres les notions géométriques. C'est ce que firent, après Hippocrate de Chios, Eudoxe et son contemporain Léon.
[2]. Alexandre Koyré, *Études galiléennes, à l'aube de la science classique*, Paris, Hermann, 1939, p. 9.

aurait trouvé le « principe de la pesanteur des corps » et aurait crié le fameux *Eurêka*, « j'ai trouvé ». Il utilise toutes les connaissances fournies par les mathématiques, la mécanique, l'astronomie. Il invente des machines de toutes sortes, appareil de levage, dispositif pour le lancement des bateaux, miroirs ardents, allant jusqu'à reproduire en miniature le système planétaire avec le mouvement des planètes et des étoiles. Léonard de Vinci lui attribue même l'invention de l'architonnerre, canon à vapeur, constitué d'un tube dont le tiers de la longueur était chauffé. L'eau qui s'y écoulait se transformait en vapeur. Sa réputation tient au fait qu'il est le père direct de la pensée de Descartes, de Newton et de Leibniz. Il anticipe de vingt siècles, par une ingénieuse méthode, l'invention du calcul intégral. Il suppose que le cercle est composé d'une multitude de rectangles et peut ainsi en calculer l'aire. Il trouve une valeur approximative du nombre Π (Pi : 3,14116). Il écrit le premier traité de statique et d'hydrostatique d'où est issu le fameux principe d'Archimède énoncé plus haut.

ANTIQUITÉ

CHAPITRE XII
Les Étrusques

1. Histoire : de l'apogée au déclin

L'origine des Étrusques a été un sujet débattu depuis l'Antiquité. Hérodote, par exemple, suppose que les Étrusques descendent d'un peuple qui a envahi l'Étrurie de l'Anatolie avant - 800 et que leur installation dans la région date de l'âge du fer. Denys d'Halicarnasse croit que les Étrusques seraient d'origine italienne locale. La présence du peuple étrusque en Étrurie est attestée par leurs propres inscriptions, datée d'environ 700 avant J.-C. Il est largement admis aujourd'hui que les Étrusques étaient présents en Italie avant cette date et que la culture préhistorique de l'âge du fer appelé « villanovienne » (IXe-VIIIe s. av. J.-C.) est en fait une phase précoce de la civilisation étrusque. Dans la mesure où aucune des œuvres littéraires étrusques n'a survécu, la chronologie de l'histoire de la civilisation étrusque a été construite sur la base d'éléments de preuve, à la fois archéologique et littéraire, depuis les civilisations les plus connues de la Grèce et de Rome, jusqu'à celles de l'Égypte et du Proche-Orient. Le monde étrusque s'étend chronologiquement du VIIIe siècle avant J.-C., date de l'apparition des cités de Tarquinia et de Vetulonia, à 40 avant J.-C., quand l'Étrurie reçoit le statut juridique de province romaine. Hérodote (v. 484-v. 425 av. J.-C.) et Tite-Live (59 av. J.-C.-17 apr. J.-C.) les font venir de Lydie, province de l'actuelle Turquie. Ils s'installent pour l'essentiel sur le territoire de l'actuelle Toscane. C'est un monde de cités-États, chacune dominée par un roi aux fonctions religieuses, le pouvoir véritable y est entre les mains de

ANTIQUITÉ

magistrats, électeurs annuels de leurs princes dirigeants, les lucumons. Les alliances, mouvantes, sont surtout d'ordre militaire, si l'on excepte un regoupement religieux comparable au système des symmachies grecques, comme la Dodécapole, qui réunit les douze principales cités étrusques au VIe siècle avant J.-C. Le déclin des Étrusques est dû à la combinaison de plusieurs facteurs : l'agitation de la plèbe contre les aristocrates, les guerres perdues contre le voisin syracusain et surtout la montée en puissance de Rome. Cette dernière leur impose sa citoyenneté au Ier siècle avant J.-C., puis le statut de déditices, vaincus soumis, à l'issue d'une ultime révolte avortée. Les Étrusques vont alors disparaître dans l'ensemble romain, fasciner le lettré empereur Claude (règne de 41 à 54) qui leur consacre un ouvrage hélas perdu, les *Tyrrhenika*, d'après leur nom grec de *Tyrrhenoï*, les Tyrrhéniens.

2. L'art étrusque

L'art étrusque est un art essentiellement funéraire. Les morts étaient enterrés non loin des villes. Les *tumuli*, de *tumulus*, ou tertre, rivalisent d'ampleur et atteignent jusqu'à 50 m de diamètre. Depuis 1958, à Cerveteri et à Tarquinia, le nombre de tombes explorées se compte par milliers. Le contenu mis au jour reproduit la vie quotidienne des défunts. Les vases sont entassés sur les banquettes qui longent les murs. Les tombes les plus riches s'ornent de fresques comme celles des sites de Monterozzi et Cerveteri. Selon une règle fréquente, les morts reposent dans des cercueils, parfois représentés en relief, couchés de côté et appuyés sur un oreiller.

Les nécropoles

Concernant l'architecture funéraire, deux nécropoles méritent d'être mentionnées : celle de Cerveteri et celle de Tarquinia.

– La nécropole de Cerveteri

Les nécropoles étrusques reproduisent les cités, avec leurs rues et leurs places. Celle de Cerveteri, non loin de Rome, porte le nom de nécropole de Banditaccia. Comme dans la vie passée, les riches y sont plaisamment installés dans de vastes tombeaux formés de plusieurs pièces, avec banquettes, ustensiles de cuisine en pierre, bref toutes les commodités de la vie, agrémentées de somptueuses gravures, telles les tombes des Reliefs, des Chapiteaux. Tout est prêt pour la célébration d'un banquet auquel, rareté dans un univers inspiré de la Grèce, les femmes participent. Un tumulus recouvre l'ensemble. Les pauvres, les femmes, se contentent d'un cippe, simple colonne ou petite reproduction d'une demeure.

– **La nécropole de Tarquinia**

Les premiers vestiges archéologiques sur le site d'origine de Tarquinia sont datés du IXe siècle avant J.-C. et appartiennent au villanovien (âge du fer). Les fouilles, menées de 1934 à 1938, ont mis au jour les restes d'un cercle imposant de murs, qui sont les fondations d'un grand temple étrusque connu sous le nom de Ara della Regina. Sa décoration comprend un groupe en terre cuite de chevaux ailés dans le style hellénistique, considéré comme un chef-d'œuvre de l'art étrusque. La célèbre nécropole étrusque de Tarquinia, située sur une crête sud-ouest de l'ancienne ville, abrite les tombeaux peints les plus importants de l'Étrurie. La plupart des tombes à chambre, taillées dans la roche, datent du VIe au IVe siècle avant J.-C. La plus célèbre est la tombe de la Chasse et de la Pêche avec ses fresques polychromes peintes vers 520 avant J.-C. Les tombes des Lionnes, des Augures et des Bacchantes, toutes du VIe siècle av. J.-C., révèlent des spectacles de danse et des scènes de banquet. La tombe du Bouclier est un chef-d'œuvre de la peinture du IVe siècle avant notre ère. Les plus célèbres sont : la tombe des Jongleurs, la tombe des Léopards, la tombe des Augures, la tombe des Lionnes, la tombe des Taureaux et la tombe des Olympiades.

3. L'écriture étrusque

À peu près onze mille inscriptions étrusques ont aujourd'hui été retrouvées. Rien en ce qui concerne leur littérature qui devait pourtant être assez importante. L'empereur Claude (41-54)[1] évoque de nombreuses tragédies et surtout des épopées historiques. L'alphabet

---

1. D'après son discours au Sénat conservé dans le bronze de la Table claudienne de Lyon.

étrusque est à présent bien connu. Il est formé d'un alphabet grec de vingt-six lettres soit vingt et une consonnes et cinq voyelles. Utilisé vers 700 avant J.-C., il est au fil du temps adapté aux exigences de la langue étrusque, notamment pour la prononciation. Elle s'écrit de gauche à droite ou de droite à gauche. Mais là où le bât blesse, c'est dans la compréhension de la langue. Si les courtes inscriptions funéraires ou celles indiquant le propriétaire d'un objet sont assez aisées à déchiffrer, il n'en va pas de même des textes plus longs, dont le sens exact reste largement ignoré, faute de trouver l'équivalent d'une pierre de Rosette, un document bilingue ou trilingue.

4. La religion étrusque

Grâce à ses héritières grecque et romaine qui en ont maintenu certains traits, la religion étrusque a livré quelques-unes de ses particularités. Ainsi **Turan**, en qui on reconnaît Aphrodite, **Laran** qui adopte les traits d'Arès, **Tinia**, Jupiter qui a une épouse du nom de **Uni**, Juno. L'Apollon grec se nomme **Aplu**. Les Étrusques sont connus aussi pour leur pratique de l'haruspicine, lecture de l'avenir dans les entrailles des animaux, et surtout de l'hépatoscopie, c'est-à-dire l'examen du foie des victimes sacrifiées. *Le Foie de Plaisance*, modèle en bronze retrouvé en 1878, est une sorte de *memento*, « souviens-toi » en latin, destiné à l'interprétation du foie d'un animal. Mais d'autres pratiques divinatoires existent, telles que l'interprétation du vol des oiseaux, des éclairs. *La Divination chez les Étrusques* (*Etrusca Disciplina*) est un ensemble de textes où sont consignés les rites et les cérémonies. Ces textes décrivent les rapports que l'on devait avoir avec les dieux. Mais les Étrusques ont également leurs propres divinités formant un riche panthéon : **Carmenta**, déesse des Enchantements ; **Funa**, déesse de la Terre, des Forêts, de la Fertilité ; **Februns**, dieu de la Mort, de la Purification ; **Lucifer**, dieu de la Lumière ; **Manthus**, dieu des Morts ; **Meane**, déesse de la Mer, etc. Les prêtres se réunissent une fois par an pour la cérémonie d'hommage aux dieux, le *Fanum voltumnae*, dans le sanctuaire consacré à **Tinia-Jupiter**. Les dieux étrusques, auprès desquels intercédaient les prêtres, se rangent en trois catégories. D'abord les formes supérieures, inconnaissables pour les hommes, jamais figurées, qui président au destin, celui des humains comme celui des dieux. Ce sont les *dii involuti*, les « dieux cachés ». Puis vient un groupe de douze dieux et déesses, proches du panthéon grec, repris par les Romains. Enfin, les esprits, génies que sont les Pénates, gardiens du foyer, les Lares, esprits des ancêtres familiaux, les Mânes, les esprits favorables. Ce sont d'ailleurs des génies, la nymphe de la fertilité **Bégoé** et le génie **Tagès**, enfant chauve chtonien, né d'un sillon de la terre, qui révèlent aux hommes l'existence des dieux et les rites appropriés pour les satisfaire, ainsi que l'art de la divination.

CHAPITRE XIII
La Rome antique

1. Histoire de la Rome antique

L'Italie avant Rome a connu plusieurs civilisations qui l'ont peuplée, celle de **Villanova**, nommée ainsi d'après ses champs d'urnes, qui perdurent jusqu'au – VIIIe siècle, celles de tribus illyriennes provenant du Danube. À celles-ci vont se mêler, à partir du – IXe siècle, les Étrusques, qui vont conquérir le territoire entre le Tibre et l'Arno. Dans le courant du – VIIIe siècle, la péninsule Italique est marquée par de grands changements en partie suscités par la colonisation grecque. L'archéologie a permis de mettre au jour une muraille datée du VIIIe siècle avant J.-C. sur le mont Palatin, montrant ainsi le regroupement des populations installées sur les collines autour du lieu. À cette époque Rome devait sans doute non seulement posséder une structure organisée, mais aussi déjà son nom, *Ruma*. Celui des fondateurs Romulus et Remus est dérivé de ce patronyme étrusque. Quant aux tessons de céramique retrouvés, ils datent eux aussi de la seconde moitié du VIIIe siècle avant J.-C., venant confirmer la date avancée, d'après la légende qui fixe la fondation de Rome au 21 avril 753 avant J.-C.

LA ROYAUTÉ (753-509 AV. J.-C.)

L'histoire de Rome est conventionnellement divisée en trois étapes : la royauté (753-509 av. J.-C.), la République (509-27 av. J.-C.) et l'Empire (27 av. J.-C.-476 apr. J.-C.). La date du 21 avril 753 avant J.-C., événement mentionné par **Virgile** (70-19 av. J.-C.) dans son *Énéide*, est reprise par l'historien **Tite-Live** (64 av. J.-C.-17 apr. J.-C.) qui écrit *Histoire de Rome depuis sa fondation* (*Ab Urbe condita libri*). Ce long poème chante la gloire d'Énée, l'un des rares hommes de Troie à avoir pu s'échapper de la ville après sa chute. Réfugié dans la région du futur Rome, descendant lui-même de Vénus, il serait l'ancêtre glorieux du peuple romain, de Romulus et Remus. Frères jumeaux, ils sont abandonnés dans les bois pour y mourir de faim ou y être dévorés. Une louve vient à passer et elle les adopte, les nourrit comme ses propres louveteaux. Adultes, c'est sur le lieu même où elle les a trouvés qu'ils veulent fonder une ville. Pour savoir lequel, chacun se perche sur une colline : l'Aventin pour Remus, le Palatin pour Romulus, et ils attendent un signe des dieux. Remus aperçoit six vautours, mais Romulus douze : il créera la ville. Pour la délimiter, il trace avec une charrue un sillon qui en détermine le périmètre, limite sacrée et inviolable. Par provocation, Remus saute par-dessus le sillon. Son frère Romulus le tue aussitôt. Cette limite est le futur *pomoerium*, que nul ne peut franchir en conservant ses armes. La ville naît de la décision de deux groupes : les Latins installés sur le Palatin et les Sabins sur l'Esquilin, le Viminal et le Quirinal. Sous son règne se situe l'enlèvement des Sabines : lors des débuts de Rome, les Romains manquent de femmes et enlèvent celles de leurs voisins les Sabins, selon une légende relatée par Tite-Live. Il donne à Rome ses premières lois, puis disparaît mystérieusement dans un épais nuage lors d'un rassemblement sur le champ de Mars. Durant cette période (753-509 av. J.-C.), les rois qui se succèdent, au nombre de sept, ont une existence reposant sur le mythe autant que sur l'histoire. Le roi, *rex*, concentre les pouvoirs : l'*imperium*, commandement suprême, surtout militaire, l'*auspicium*, fonction du grand prêtre qui par les auspices, les présages, connaît la volonté des dieux. Plusieurs conseils lui viennent en aide : le Conseil des Anciens, ou *Senatus*, de *senes* (ancien), où siègent les chefs des grandes familles, l'Assemblée du peuple, ou *Comitia curiata*, de comices, l'assemblée, et de *curia*, la communauté des hommes. Le dernier roi est chassé en 509 avant J.-C.

LA RÉPUBLIQUE ROMAINE (509-27 AV. J.-C.)

La République romaine est divisée en trois époques : jusqu'en 272, la petite cité doit éviter de disparaître face à ses voisins, s'assurer un territoire en Italie centrale ; puis, jusqu'en − 82, Rome conquiert le monde connu avant de se déchirer dans des luttes fratricides qui conduisent en 27 avant J.-C. à l'établissement du principat, terme qui camoufle en réalité le passage à l'Empire. Pour être citoyen romain, c'est-à-dire jouir des droits politiques, il faut être né libre (esclaves et affranchis en sont exclus) et né d'un père citoyen sur le territoire romain proprement dit. D'après la tradition, la base de l'organisation de la société s'appuie sur la division et la répartition des citoyens en classes sociales. Au sommet de la hiérarchie se trouve l'aristocratie qui est divisée entre les patriciens dont les membres siègent au Sénat (les descendants des cent familles ayant eu des *patres*, ancêtres, dans le premier Sénat créé par Romulus), les grands propriétaires terriens, les chevaliers qui participent le plus directement à l'essor des échanges et de l'économie monétaire. Ils bénéficient de certains privilèges : pour les sénateurs et les chevaliers un anneau en or et une large bande de pourpre (sénateur) ou étroite (chevalier) sur leur tunique et des sandales en cuir brut. Pendant l'Empire, l'ordre équestre devient une caste de fonctionnaires nobles. La plèbe comprend l'ensemble de tous les citoyens, qui se divise en deux classes, celle dont les membres forment l'infanterie lourde, et les *infra classem*, classes inférieures qui servent comme fantassins. Constituant la majeure partie des légions et de la population, cette classe sociale sera la plus durement touchée par les guerres. L'égalité entre gens du peuple, plébéiens, et patriciens ayant une noble ascendance fut un long combat. En 494 avant J.-C., on assiste à ce que l'on a appelé le retrait sur l'Aventin : les plébéiens quittent Rome, s'installent sur la colline de l'Aventin et décident de ne plus revenir. Les patriciens les traitent trop mal, ne leur reconnaissant que des devoirs, aucun droit. Rome, ville ouverte et déserte : les patriciens constatent vite qu'ils ne peuvent assurer leur noble mode de vie sans les plébéiens. Ils leur accordent donc des magistrats, les tribuns de la plèbe. Tout rentre dans l'ordre. Une nouvelle menace de révolte suffit. Entre 451 et 449 avant J.-C., dix anciens consuls, les décemvirs, rédigent la « loi des douze tables ». Désormais, l'égalité devant la loi entre plébéiens et patriciens est la règle. Toutefois, le consulat est réservé aux seuls patriciens jusqu'en 336 avant J.-C. et les mariages entre les deux groupes sont longtemps interdits. *Senatus Populusque Romanus* (SPQR), le Sénat et le peuple romain : c'est par ces mots que commencent tous les édits du Sénat, tous les documents officiels qui engagent Rome. Car les Romains sont très légalistes, et l'esprit de la loi leur importe autant que ses termes. Toute leur vie est conditionnée par la bonne marche des institutions.

Des Gaulois établis dans la plaine du Pô, en – 387, et leur chef **Brennus** prennent une partie de Rome, font le siège du Capitole, sauvé par ses oies, qui manifestent bruyamment en entendant les assaillants arriver ce qui donne l'alerte aux Romains, et ne consentent à partir que contre un riche butin. En – 272 Rome contrôle la péninsule. Les peuples soumis sont intégrés à l'ensemble romain selon le droit, les plus favorisés sont alliés de droit latin, les moins le deviennent de droit italique. La différence principale entre les deux est que les Latins obtiennent plus facilement le droit de cité, la citoyenneté romaine, que les Italiens. La période de 272 à 82 avant J.-C. s'ouvre sur les spectaculaires réalisations de l'impérialisme romain, l'établissement d'une *pax romana*, une paix romaine étendue à tout le monde connu, avant que les prémices de la guerre civile ne mènent la République à sa ruine, ouvrant une voie royale à l'Empire. Rome, maîtresse de la péninsule italienne, se tourne vers la Sicile, où elle se heurte à Carthage. À l'issue de trois guerres puniques, en 146 avant J.-C., Carthage est détruite. Puis Rome se déchire lors des guerres civiles jusqu'en 86 avant J.-C. La fin de la République s'annonce, César l'accélère.

Jules César (100-44 av. J.-C.) se veut descendant d'Énée, et par lui de la déesse Vénus. Devenu préteur urbain en – 62, il exerce un pouvoir judiciaire et militaire. Après son année de fonction, il exerce, en – 60, une propréture en Espagne, qu'il pacifie, ouvrant la voie à un triomphe et au consulat, magistrature la plus élevée. Élu consul en 59 avant J.-C., César forme un premier *triumvirat* avec Pompée et Crassus. Il s'appuie sur les *populares*, le petit peuple de Rome. Son année de consulat achevée, il se fait attribuer, comme proconsul, non pas une, mais deux provinces à gouverner, la Gaule cisalpine et transalpine et l'Illyrie, une partie de la côte dalmate, ainsi que quatre légions. Au bout de cinq ans, il obtient une prolongation exceptionnelle de cinq autres années. Il en profite pour soumettre la Gaule, après la défaite décisive de **Vercingétorix** (v. 72-46 av. J.-C.) à Alésia, en – 52. Il se prépare pour un second consulat, mais se heurte à l'opposition sans merci de **Cicéron** (106-43 av. J.-C.) et de **Caton** (93-46 av. J.-C.). En – 49, il franchit, à la tête de ses légions, le Rubicon et pénètre en Italie, parvenant à Rome. Vaincu à Dyrrachium par Pompée, César l'écrase à Pharsale quelques mois plus tard, en – 48. Les derniers Pompéiens survivants sont anéantis à la bataille de Zéla, près de la mer Noire. Une ultime victoire à Thapsus, en – 46, contre les forces envoyées par les républicains et le roi Juba Ier de Numidie (v. 85-46 av. J.-C.), lui assure la maîtrise de tout le monde romain. César rentre alors à Rome où il organise son triomphe. Le fils de Pompée fomente une révolte en Espagne. Il est vaincu à Munda, en – 45. Revenu à Rome, César est nommé dictateur pour dix ans, puis à perpétuité. Aux ides de mars – 44, soit le 15 mars 44 avant J.-C., il est assassiné en pénétrant au Sénat. Homme d'État, César est connu également pour ses *Commentaires sur la Guerre des Gaules* (*Commentarii de bello gallico*) et *De la guerre civile* (*De bello civili*), mais aussi pour un traité de grammaire et divers essais. Il réforme les institutions en profondeur, embellit Rome d'un nouveau forum, et promulgue le calendrier julien. Sa vie de séducteur prodigue de ses charmes est brocardée par ses soldats, l'accusant d'être le « mari de toutes les femmes, la femme de tous les maris ». Un second *triumvirat* réunit en 43 avant J.-C. **Lépide** (89-13 av. J.-C.), **Marc Antoine** (83-30 av. J.-C.) et **Octave** (63 av. J.-C.- 14 apr. J.-C.). Lépide rapidement éliminé, après sa destitution par Octave, Marc Antoine se suicidant, après la défaite navale d'Actium, en 31 avant J.-C., Octave reste le seul maître. Après avoir reçu en 29 avant J.-C. le titre d'*imperator*, c'est-à-dire chef suprême des armées, Octave se voit décerner par le Sénat, en 27 avant J.-C., le titre d'**Auguste**, devenu son nom d'empereur. C'est la fin de la République. Certes, en principe Auguste est le *princeps*, le premier à la tête de l'État, d'où le nom de principat accolé aux débuts de l'Empire. En réalité, il inaugure bel et bien une longue liste d'empereurs, même si la fiction de la forme républicaine se maintient jusqu'à **Dioclétien** (245-313).

Auguste fonde une nouvelle Rome et, pour ce faire, réforme à tour de bras, moyen commode d'assurer sa mainmise tout en promouvant une efficacité plus grande. Dans l'administration, il double, à tous les sens du terme, les fonctionnaires traditionnels par des préfets, procurateurs, nommés et payés par lui. Il remplace les impôts affermés par un système direct, court-circuitant les riches *publicains* qui percevaient l'impôt pour l'État en s'enrichissant considérablement au passage. La justice est désormais du seul ressort de l'empereur, qui la délègue à ses fonctionnaires, mais demeure juge en dernier appel. L'armée est réorganisée et devient une armée de métier. La ville de Rome, capitale de l'Empire, est divisée en quatorze districts, augmentée du forum d'Auguste, de nouveaux temples, basiliques, même si l'empereur affecte une vie modeste dans une simple demeure sur le Palatin. Dans le domaine artistique, le règne d'Auguste est qualifié de « siècle d'or », marqué par les poètes **Horace** (65-8 av. J.-C.), **Virgile** (70-19 av. J.-C.), **Ovide** (43 av. J.-C.-17 apr. J.-C.) et l'historien **Tite-Live** (59 av. J.-C.-17 apr. J.-C.).

L'EMPIRE ROMAIN (27 AV. J.-C.-476 APR. J.-C.)

Le principat dure de **27 avant J.-C.** jusqu'en 284 de notre ère, le dominat lui succède jusqu'en 476, date convenue de la fin de Rome. Il s'agit en réalité de l'Empire romain d'Occident, séparé depuis 395 de l'Empire romain d'Orient, qui lui survit jusqu'en 1453 où il tombe sous les coups des Turcs ottomans.

Le principat (27 av. J.-C.-284 apr. J.-C.)

Durant cette période, la dynastie **julio-claudienne**[1] (27 av. J.-C.-68 apr. J.-C.) agrandit l'Empire. L'Espagne septentrionale, la Gaule occidentale, la Bretagne (Angleterre), la Rhétie, l'actuelle Autriche du Danube à l'Inn, le Norique, régions actuelles du sud de l'Autriche et

---

1. Les Julio-Claudiens appartiennent tous à deux familles patriciennes, la *gens* Julia et la *gens* Claudia. Les empereurs Auguste, Tibère et Caligula sont issus de la première, Claude et Néron, de la seconde. Quant aux Flaviens, issus de la *gens* Flavii, 69 à 96 après J.-C., on y retrouve les empereurs Vespasien, Titus, Domitien.

de la Bavière, provinces de Vienne et de Salzbourg, la Pannonie (actuelle Hongrie), la Cappadoce (Turquie orientale), Mésie (nord de la Bulgarie), Serbie, la Commagène (centre sud de l'actuelle Turquie) sont soumis à Rome. Mais la dynastie s'achève dans la confusion avec le règne de **Néron** (54-68), archétype du tyran sanguinaire, matricide, pour les auteurs chrétiens. Après l'**Année des quatre empereurs**, au cours de laquelle quatre souverains se succèdent rapidement : Galba, Vitellius, Othon, Vespasien, de 68 à 69, **Vespasien** (69-79) fonde la dynastie des Flaviens. Les règnes de **Titus** (79-81) et **Domitien** (81-96), outre Jérusalem déjà pris en 70, voient la fin de la conquête de la Bretagne, mais aussi la catastrophique éruption du Vésuve, en 79, qui engloutit Pompéi, Stabies et Herculanum. Aux Flaviens succèdent les **Antonins** (96-192), après l'assassinat de Domitien. La Mésopotamie, l'Arménie, une partie de l'Arabie, la Dacie, qui est en partie l'actuelle Roumanie, sont soumises à Rome. C'est l'époque des empereurs fameux guerriers ou philosophes : **Trajan** (98-117), **Hadrien** (117-138), **Antonin le Pieux** (138-161), **Marc Aurèle** (161-180) et le règne désastreux de **Commode** (180-192) qui signe la fin des Antonins. Hadrien succède à Trajan en 117. Il entreprend aussitôt une tournée d'inspection de l'Empire pour s'assurer de la fiabilité des troupes aux frontières, mater une révolte en Maurétanie, mesurer le risque parthe à l'Est. Il décide alors de protéger les zones frontalières les plus exposées par un mur qui porte son nom, régulièrement entretenu sous son règne par les garnisons. Grand voyageur, esprit curieux, il s'éprend du Bythinien Antinoüs, qui devient son compagnon, jusqu'à sa tragique noyade dans le Nil en 130 lors du séjour de l'empereur en Égypte. Désireux de s'inscrire dans la lignée du fondateur de l'Empire, Auguste, dont il adopte le prénom, devenant Hadrianus Augustus, il simplifie l'accès aux lois romaines en les réunissant dans un Code. Bâtisseur, il fait restaurer le Panthéon, incendié sous le règne de son prédécesseur, édifier une villa à Tivoli et son tombeau, devenu le château Saint-Ange. Il meurt en 138, non sans avoir choisi pour prendre sa suite un jeune homme de dix-huit ans, le futur Marc Aurèle. Cependant, ce dernier devra attendre la mort de l'autre personne adoptée par Hadrien, Antonin (138-161), pour monter sur le trône. Préparée depuis longtemps, le règne d'Antonin devant être à l'origine un simple intermède, une succession facile permet à Marc

Aurèle (161-180) d'accéder à l'empire sans troubles. Cultivé, maniant le grec encore mieux que le latin, le nouveau souverain s'attache à la législation romaine, qu'il humanise, rend plus accessible, tout en lui donnant une plus grande homogénéité. Homme de cabinet, c'est aussi un guerrier, qui doit à plusieurs reprises intervenir contre les Parthes, en Mésopotamie, sur le Danube, pour refouler les tribus germaniques. Sa politique à l'égard des chrétiens reflète une ambiguïté : officiellement, les chrétiens peuvent être dénoncés, poursuivis par les gouverneurs et les autres magistrats romains, mais sans que cela ne soit encouragé, sans persécutions. Marc Aurèle est également connu pour ses *Pensées*, un recueil inspiré du stoïcisme. Il meurt atteint de la peste en 180. En 193, l'empire éclate de nouveau et l'Année des quatre empereurs se reproduit : **Didius Julianus** à Rome, **Pescennius Niger** en Syrie, **Clodius Albinus** en Bretagne, **Septime Sévère** en Pannonie. **Septime Sévère** (193-211) fonde la dynastie des Sévères (193-235). Celle-ci sera éphémère, car l'empire doit affronter à l'extérieur les Francs, les Alamans, les Burgondes, mener une guerre en Bretagne et à l'intérieur. De plus, les règnes de **Caracalla** (211-217) et d'**Élagabal** ou **Héliogabale** (218-222) seront chaotiques. Le IIIe siècle annonce à la fois les empereurs soldats et l'éclatement de l'empire, aux prises avec les Perses sassanides, les Arabes, les Goths et une division plus profonde encore, opposant le monde païen traditionnel à l'avancée du christianisme, au sein des élites dirigeantes, puis dans le peuple. **De 235 à 268, Rome est au bord de l'éclatement.** Des usurpateurs, les Trente Tyrans, une série d'usurpateurs qui se succèdent à la tête d'un royaume gaulois, perdurent de 260 à 274. **Aurélien** (270-275), seul, parvient à reconstituer brièvement l'unité territoriale et politique sous la dynastie des **Illyriens** (268-284).

Le dominat (284-476)

Dioclétien (règne : 284-305) repousse les Perses et réorganise l'empire. Désormais, deux Augustes, empereurs en titre, règnent avec leurs successeurs désignés, les deux Césars, chacun ayant autorité directe sur une partie de l'empire. Dioclétien met fin au principat et à la fiction d'une République en instaurant le dominat : l'empereur gouverne dans sa splendeur, en tenue d'apparat, assisté d'un conseil de la couronne. Il est désormais *Dominus et Deus*, « Seigneur et Dieu ». Les citoyens deviennent des sujets. Au bout de vingt ans de règne, les Augustes doivent abdiquer au profit des Césars. En 305, Dioclétien et son coempereur **Maximien** (règne : 286-305) abdiquent. Ce système, à quatre dirigeants, se nomme la tétrarchie. Elle échoue dès 306, les fils des Augustes refusant d'être écartés du trône au profit des Césars, les successeurs désignés. **Constantin Ier le Grand** (306-337), après avoir éliminé militairement ses concurrents au trône, d'abord **Maximien**, son beau-père, qu'il contraint au suicide, puis **Maxence** (règne : 306-312), défait à la bataille du pont Milvius, près de Rome, noyé dans le Tibre, puis **Maximin Daïa** (règne : 309-313) exécuté par l'allié de Constantin, **Licinius** (règne : 303-324), enfin ce dernier est lui-même étranglé en 324. À cette date, enfin, Constantin réunifie l'empire à son profit et sera le seul empereur en 312. La veille de sa victoire sur Maxence au pont Milvius, du 28 octobre 312, Constantin aurait eu la révélation de l'existence du Christ. Sur fond de ciel noir d'orage, il voit se détacher les lettres éclatantes d'or du chrisme, les lettres grecques *khi* (X) et *rho* (P) entremêlées, formant le début du nom Christ. Peu avare de dons linguistiques, le symbole est accompagné d'une formule latine : *In hoc signo vinces*, « Par ce signe, tu vaincras ». Constantin, hâtivement, fait représenter le chrisme sur les étendards de son armée, laquelle, précédée de ce fait de l'assurance divine du succès, vainc en effet l'ennemi. En 313, par l'édit de Milan, il accorde la liberté religieuse aux chrétiens, jusqu'alors plus ou moins tolérés ou persécutés selon les empereurs. En 324, il se débarrasse de l'empereur d'Orient, Licinius, et règne désormais sur les Empires romains d'Occident et d'Orient. Il lui reste treize ans de règne pour mener à bien une œuvre colossale : fonder Constantinople en 330, créer une administration puissante et efficace, fixer les colons à leur terre en 332, ordonner la frappe d'une monnaie forte, le *solidus* ou sou d'or, à la place de l'*aureus* dévalué, réorganiser l'armée pour mieux contrôler les frontières. En 330, il change de capitale et fonde Constantinople, la ville de Constantin, mieux placée au cœur de son immense empire. En 325, il organise et préside le concile de Nicée, réunion générale de l'Église, où est condamnée la doctrine d'Arius, l'arianisme, qui faisait de Jésus un homme et non Dieu. Puis il meurt en 337, après avoir reçu le baptême des mains de l'évêque **Eusèbe de Nicomédie** (280-341), devenant, mais un peu tard, un empereur chrétien. À sa mort, l'empire est partagé entre ses fils. En 364, ses descendants, les Constantiniens, cèdent la place aux **Valentiniens** (364-392). La division de l'empire se poursuit : Goths et Wisigoths bousculent la frontière, le limes, et s'installent. Les empereurs, devenus chrétiens, sont au centre des querelles théologiques entre arianisme et catholicisme. Pendant que les Valentiniens s'épuisent en Occident, les **Théodosiens** (378-455) s'imposent en Orient, deviennent les seuls maîtres avec le règne de **Théodose Ier le Grand** (379-395), empereur romain d'Orient (379-392), puis seul empereur d'Orient et d'Occident (392-395), qui, dans la répression vigoureuse du paganisme et de l'arianisme, a établi le Credo du concile de Nicée (325) en tant que norme universelle pour l'orthodoxie chrétienne et dirigé la convocation du deuxième conseil général à Constantinople (381). À sa mort, en 395, il laisse un empire définitivement partagé entre ses deux fils, **Honorius** (395-423) en Occident, **Arcadius** (395-408) en Orient. L'Empire romain d'Occident, divisé, affaibli, est aussitôt la proie des incursions barbares : Goths, Burgondes, Vandales. Il s'effondre, en 476, sous les coups d'**Odoacre** (règne : 476-493), chef des Hérules, qui se proclame roi d'Italie après avoir déposé l'ultime empereur romain d'Occident, **Romulus Augustule** (475-476), le « Petit Auguste ». Son nom originel était Auguste, mais il a été changé pour le diminutif d'Augustule, parce qu'il était encore un enfant quand son père l'éleva au trône le 31 octobre 475. Le chef barbare **Odoacre** dépose l'enfant, qu'il assassine probablement. Selon une autre version, Romulus a été épargné grâce à sa jeunesse ; Odoacre lui donna une pension et l'envoya vivre avec ses parents en Campanie, région au sud de l'Italie. Un commentaire par Cassiodore suggère qu'il aurait survécu jusqu'à ce que régne Théodoric (493-526).

2. L'art romain

L'art romain, un second rôle ?

La question d'un art proprement romain n'est pas nouvelle. La culture grecque s'est imposée à Rome très vite, lui réservant souvent un second rôle dans la création artistique. Cette acculturation se produit fort tôt puisque les premières importations de céramique remontent au VIIIe siècle avant J.-C. Si cette acculturation a pu avoir lieu, c'est d'une part grâce à l'introduction de l'alphabet grec chalcidien dans le Latium et de la fondation de sa plus ancienne colonie, Cumes. Au milieu du IVe siècle avant J.-C., le processus d'hellénisation est déjà fortement ancré. En réaction à celui-ci, dès le IIe siècle avant J.-C., un mouvement de rejet se fait sentir[1], Caton l'Ancien en sera l'un des plus éminents représentants. Dès lors, une production plus romaine verra le jour, tant par les sujets, la destinée de la Rome impériale, que par l'art des portraits, la sculpture ornementale, résultant de la fusion de l'Orient et de l'Occident. À la différence de l'architecture grecque, l'architecture romaine s'épanouit autant dans le domaine privé que public.

L'ARCHITECTURE ROMAINE

C'est par l'**architecture** que s'exprime le grand art romain. Le seul traité d'architecture qui nous soit parvenu est celui de **Vitruve** (Ier s. av. J.-C.). Après avoir été les élèves des Étrusques puis des Grecs, les Romains innovent dans divers genres de monuments, inconnus jusqu'alors, les aqueducs, les amphithéâtres, les arcs de triomphe. Leur architecture est surtout connue par les monuments de l'époque impériale. Dans l'imitation des ordres grecs, ils s'attachent peu au dorique ou à l'ionique mais utilisent le corinthien auquel ils savent attribuer des formes nouvelles. Contrairement aux Grecs pour lesquels le temple représente la construction essentielle, les Romains sont davantage dominés par des nécessités pratiques telles que l'approvisionnement de l'eau par des aqueducs ou évacuation de celle-ci par le grand égout, ou *Cloaca Maxima*, bâti par Tarquin l'Ancien. **Au IIIe siècle avant J.-C.**, à la suite des conquêtes romaines et de la colonisation systématique, un réseau de routes conformes à un plan d'ensemble est entrepris. La Table théodosienne est une carte romaine du IIIe et du IVe siècle où figurent de nombreux renseignements quant à

---

1. Dès 240 avant J.-C., Livius Andronicus fait représenter aux jeux romains la première tragédie traduite d'un modèle attique, la résistance nationale reste vive.

l'organisation de la circulation dans l'empire. Nous la connaissons par sa copie du XIIIᵉ siècle, la Table de Peutinger. L'architecture romaine est née des besoins de la cité. Deux choses distinguent **les divers systèmes d'architecture** : d'abord la construction des supports verticaux, murs, piliers, ensuite la méthode employée pour couvrir ou couronner un édifice. La plupart des architectures antiques ont fait usage du même mode de couverture. Sur des points d'appui verticaux, elles ont posé de grandes pièces. Mais l'élément de construction reste toujours la plate-bande et l'angle droit. L'architecte romain résout le problème autrement. Il substitue aux poutres horizontales une couverture de bois ou de pierres. Les Romains lui donnent à leur tour une place importante dans leur construction mais se limitent aux types suivants : la voûte en berceau pour les allées et les couloirs, la voûte d'arête qui est faite de deux voûtes en berceau se coupant à angles droits et la voûte hémisphérique pour les salles rondes. Lorsque Brunelleschi se voit confier, vers 1420, l'achèvement de la cathédrale de Florence par la construction d'une coupole qui doit surmonter le transept, il reprend le système dynamique et statique de l'Antiquité.

L'architecture privée

Pendant plusieurs siècles, la maison romaine n'est qu'une reproduction de la maison étrusque. À l'origine, le plan est extrêmement simple, une pièce unique. On s'agrandit autour de la pièce centrale, l'atrium, et de petites chambres sont construites. Après les guerres puniques, les maisons sont plus luxueuses. Dans les demeures les plus riches, il est courant de trouver salle de bains et latrines. Le *triclinium* est la pièce destinée à la salle à manger, meublée de quelques divans. L'architecture privée la plus ancienne se manifeste tout d'abord en Italie du Sud, en Campanie. Au début du Iᵉʳ siècle avant J.-C., l'inspiration hellénistique pour la décoration intérieure, le goût des mosaïques et des peintures notamment, se manifeste dans les villas. Jusqu'au IIᵉ siècle avant J.-C., les Romains décorent leurs murs de stuc moulé et peint imitant les murs en appareil isodome, de hauteur égale. Nous devons faire une place particulière à la mosaïque dont la technique a été empruntée aux Grecs. Elle traite des mêmes thèmes que la peinture. De nombreuses écoles de mosaïque ont existé en Italie, reproduisant scènes marines dans les thermes, scènes de chasse ou scènes mythologiques. Si elle connaît sa maturité à Rome, elle atteint son apogée à Byzance. Dans les dernières années du Ier siècle avant notre ère naissent des écoles provinciales, dont l'une des plus représentatives est celle d'Afrique.

LA SCULPTURE ROMAINE

Sous la République, l'influence étrusque joue un rôle prépondérant, les matériaux employés sont la terre cuite et le bronze. Les premières sculptures à l'image des fonctionnaires romains qui obtiennent le droit d'en faire réaliser sont des bustes exécutés en cire. On les garde dans une armoire spéciale appelée *tablinum*, sorte de reliquaire placé dans l'atrium. Les images en cire des illustres ancêtres étaient alors portées en grande pompe à travers la ville par les survivants des familles aristocratiques romaines dans les grandes occasions. Il faut attendre le IIIe siècle avant J.-C. pour que les patriciens romains ayant voyagé en Grèce et en Orient commencent pour leurs collections personnelles à importer des statues. Bientôt la nécessité d'avoir des statues devant satisfaire à des besoins purement romains se fait sentir. Les artistes adoptent le portrait, délaissé par les Grecs. Le plus célèbre de ces portraits est celui d'**Antinoüs**, amant de l'empereur Hadrien, mort tragiquement noyé à vingt ans, loué pour sa beauté, que les sculpteurs représentent en Hercule, en Bacchus ou en Apollon. Au dernier siècle du Bas-Empire, le Rome des Césars produit un art à la fois plus populaire et plus provincial où le culte du portrait, surtout à partir de l'époque d'**Auguste** (63 av. J.-C.-14 apr. J.-C.), prend une place considérable. Le corps perd l'importance qu'il avait pour les Grecs et les bustes idéalisés font leur apparition. L'attitude classique est recherchée, prisée, les sculpteurs cherchent à rendre la dignité de l'âge et non plus sa déchéance. La caractéristique des portraits du temps d'Auguste est l'abandon du réalisme brutal du passé, les traits s'adoucissent. Les statues équestres sont aussi fort prisées, ainsi celle de Marc Aurèle, sur le Capitole. Le *Gran cavallo*, l'œuvre équestre pour Francesco Sforza par Léonard de Vinci (1452-1519), est inspirée du célèbre précédent de Lysippe pour Alexandre le Grand qui aboutit à la forme classique de la statue de Marc Aurèle, à Rome. Puis cet art évolue vers le relief historique, la colonne Trajane. Après le transfert de la capitale de l'Empire romain à Constantinople, un art du portrait romain oriental, d'une nature particulière, s'établit au IVe siècle après J.-C. On sculpte des statues à toge, ornées de riches vêtements. Elles ne sont travaillées que de face, le dos est à peine ébauché.

LE SIÈCLE D'AUGUSTE, UN SIÈCLE EN OR

À la fin de l'époque hellénistique après l'assassinat de César en 44 avant J.-C., Rome devient le point de convergence des œuvres d'art et des artistes. César avait commencé à mener une politique d'urbanisation importante à Rome. Son fils adoptif, Octave-Auguste, assure le pouvoir jusqu'à sa mort en 14 apr. J.-C., période de stabilité politique de quarante-cinq ans appelée « siècle d'Auguste ». Afin d'affirmer et de consolider son pouvoir, l'art devient le moyen de s'imposer en tant qu'héritier de César et des valeurs chères aux Romains, puis après qu'il aura reçu le titre d'Auguste, l'art deviendra un outil politique de première importance. L'art est marqué par un retour à la tradition, les exagérations baroques sont supprimées, on parle de « classicisme d'Auguste ».

L'architecture se distingue par la clarté et la rigueur de la composition, les lignes verticales et horizontales sont accusées alors que les arcs, les voûtes en plein cintre et les coupoles demeurent presque invisibles de l'extérieur. C'est sous son règne que l'architecture romaine se développe en province : Saint-Rémy-de-Provence avec ses temples, son arc de triomphe, Nîmes avec sa Maison Carrée et son sanctuaire, Arles et son théâtre, mais aussi en Afrique du Nord, et en Libye à Leptis Magna. Mais la recherche de nouveautés dans le domaine architectural porte ses fruits et le temple de Mars Ultor, autour duquel s'organise le forum d'Auguste, révèle richesse des formes et du sens. Le réaménagement du forum met en évidence l'entreprise d'un urbanisme monumental avec l'achèvement de la Curie, la construction du temple de Divus Julius en l'honneur de César. Les bâtiments de spectacle ne sont pas oubliés avec le théâtre de Marcellus et le bassin artificiel destiné aux combats navals. En 27 avant J.-C., on construit à Rimini l'énorme arc d'Auguste, de presque 10 m de haut et d'une largeur intérieure de 8,50 m.

L'ÉVOLUTION ARTISTIQUE SOUS L'EMPIRE

La dynastie julio-claudienne et des Flaviens, un art patricien

En 27 avant J.-C., Tibère quitte Rome pour s'installer à Capri et fuir les intrigues de son entourage. Au sommet de l'île il se fait construire sa villa. De cette époque peu de monuments nous sont connus mais date le *Grand Camée de France* vers 20 après J.-C., de 31 cm de haut et 26 de large. Sur l'un des trois registres, Auguste apparaît en compagnie de Drusus II et de Germanicus s'envolant, monté sur Pégase. Le trésor découvert à Boscoreale, cent neuf pièces de vaisselle, objets de toilette et bijoux dans une villa romaine située sur les pentes du volcan, enfoui par le propriétaire avant le drame, aurait peut-être appartenu à un membre d'une des familles impériales. Il faut attendre le règne de Néron pour qu'une nouvelle esthétique s'affiche, combinant un goût pour l'ornementation et l'illusionnisme. **Sous les Flaviens**, l'art connaît une diversité des monuments et une grande variété dans les tendances. La célèbre colonne de Trajan élevée à partir de 110 glorifie les actes de l'homme de guerre qui vainquit les Parthes et les Daces. L'ensemble du monument mesure 42,20 m de hauteur. La colonne elle-même est faite de dix-huit tambours de 2,50 m de diamètre et les deux mille reliefs, s'ils étaient déroulés, formeraient une bande de 200 m de long. Vespasien, premier empereur à ne pas être issu d'une famille aristocratique, inaugure une période heureuse de cent ans. Le Colisée à Rome est construit sous son règne.

La première moitié du IIe siècle est pour l'art romain une période particulièrement faste, marquée par l'inauguration du forum de Trajan, construit par l'architecte **Apollodore de Damas** (v. 60-v. 129) sur la demande de l'empereur. La colonne Trajane contiendra ses cendres, recueillies dans une urne d'or et placées en son socle. **Hadrien** (117-138), son successeur, se plaît non seulement à admirer les monuments des lointaines provinces d'Orient, mais il tente en plus de les imiter dans la capitale impériale. Il construit une villa à Tivoli, dont la construction dure vingt ans, nombre d'années de son règne, d'une

> **Le Colisée**
>
> Le Colisée ou amphithéâtre Flavien est une affaire de famille. Il a été entrepris sous Vespasien (69-79) pour être achevé du temps de son fils Titus (79-81) et légèrement modifié par son frère Domitien (81-96). C'est un amphithéâtre de pierre, capable de contenir entre cinquante mille et soixante-dix mille spectateurs assis. En son centre, une arène en forme d'ellipse longue de 86 m et large de 54 m. Sous cette dernière, des couloirs, des systèmes de machinerie permettent de garder les fauves, puis de les hisser dans l'arène au moment du spectacle. Il accueille les combats d'animaux, de gladiateurs, des reconstitutions de batailles navales, sur une superficie de plus de 2 ha. Les spectateurs s'installent sur des gradins de pierre, sous lesquels passent encore des couloirs voûtés. Les gradins ne sont plus bâtis aux flancs des collines mais sur des constructions voûtées qui fournissent sous les arcades une multitude d'issues vers l'extérieur. Le Colisée est formé de trois étages circulaires comportant chacun quatre-vingts arcades séparées entre elles par des demi-colonnes en saillie. Puis une architrave, poutre d'entablement posée sur les colonnes, domine l'arc de la voûte. Au-dessus de l'architrave, une voile en toile naturelle peut être tendue sur deux cent quarante-quatre mâts de console pour abriter les spectateurs du soleil : le *velarium*. Lors de son inauguration officielle sous Titus, en 80, un célèbre combat oppose deux grands gladiateurs esclaves, Priscus et Verus. De force égale, aucun ne vainc l'autre, mais leur ardeur émeut la foule et l'empereur, qui leur accorde à chacun le glaive doré de la liberté. Fait unique, les épisodes de leur affrontement épique sont relatés dans un poème de Martial (40-104).

superficie d'environ 1,5 km². Au bord du Tibre, il fait élever son mausolée. De l'extérieur, il rappelle celui d'Auguste. On lui doit encore la réédification du Panthéon de Rome qui exprime le mieux l'architecture romaine. Sa coupole est considérée comme la plus parfaite de l'Antiquité, produisant un effet de perspective particulier grâce aux caissons qui la décorent et dont les dimensions vont en s'amenuisant vers le haut. Par une ouverture centrale circulaire de 9 m de diamètre, l'*oculus*, la lumière filtre et éclaire ainsi les dalles de marbre du sol. Les vestiges de ce sanctuaire montrent que les reliefs du portique devaient être polychromes et son antique porte en bronze. Le modèle inspire les architectes de la Renaissance dont Brunelleschi pour le dôme de Santa Maria del Fiore, à Florence, en 1436. Vers le milieu du IIe siècle, l'art renoue avec des traditions préchrétiennes, grecques ou étrusques, qui suscitent aussi le passage de l'incinération à l'inhumation. Dès cette époque, l'art des sarcophages se développe et remplace les urnes funéraires. Les Romains appartenant à de grandes familles sont inhumés dans des sarcophages en marbre, ceux des empereurs sont en porphyre. Les représentations des bas-reliefs figurent des scènes de mythologie ou de la vie quotidienne. Avec l'époque des Antonins (138-192), des mutations dans le domaine de l'art se produisent. La représentation est plus abstraite et on renonce complètement à l'anecdote comme dans la Colonne de Marc-Aurèle qui relate les hauts faits de l'empereur. L'action se concentre sur l'homme tenu pour essentiel. L'évolution intervenue dans la sculpture montre un traitement du corps et des visages plus brutal aussi. La tension dramatique est marquée par la mise en scène d'un grand nombre d'épisodes sanglants. L'empreinte hellénisante s'efface et est remplacée par une angoisse, un désarroi faisant place aux forces surnaturelles. Les œuvres se distinguent par une profusion d'éléments décoratifs, une technique sculpturale produisant des reliefs qui se découpent en ombres et lumières très marquées. La seule statue équestre conservée est celle de Marc Aurèle que Michel-Ange place devant le Capitole. Elle deviendra pour celles du Moyen Âge et de la Renaissance un modèle.

L'art sous la dynastie des Sévères (193-235)

Au IIIe siècle, l'une des dernières périodes de l'art romain s'amorce. Dans les provinces romaines, le naturalisme de l'art impérial est remplacé peu à peu par les traditions locales, qui dans le domaine religieux voient naître des temples romano-africains, romano-celtiques, romano-syriens. Un style nouveau, anticlassique, lié à la décadence se fait jour. L'art a évolué au contact des tendances philosophiques du IIe siècle. À l'épicurisme des Césars s'est substitué le stoïcisme moralisateur des Antonins. L'effet pratique, la plastique ont plus d'importance que la réalité. C'est pour cette raison qu'on insiste davantage sur l'impression laissée par l'ombre et la lumière que sur la silhouette ou le contour de l'image. La morale stoïcienne peut se retrouver dans le choix de certains sujets. Au cours du IIIe siècle, ce sont surtout les influences orientales qui s'affirment de plus en plus dans le monde romain. Elles concernent non seulement la littérature, mais aussi la religion et l'art dans les provinces les plus lointaines comme dans la capitale. Avec Caracalla (règne : 211-217), les thermes impériaux les plus grands sont bâtis.

> **Les thermes de Caracalla**
>
> L'empereur **Caracalla** (211-217) rejoint Néron au panthéon des princes sanguinaires, mais il veille pourtant de près au bien-être de ses sujets. Rome est depuis toujours confronté à un grave problème d'hygiène publique, les bains manquent pour satisfaire les besoins de l'ensemble de la population. Les bains publics seront commencés par l'empereur Septime Sévère en l'an 206 et achevés par son fils l'empereur Caracalla en 216. Parmi les bains les plus beaux et luxueux de Rome, conçus pour accueillir environ mille six cents baigneurs, les thermes de Caracalla seront utilisés jusqu'au VIe siècle. Ce sont les plus importants de tous les établissements de bain romains qui nous soient parvenus. Ils se composent au centre de grandes chambres voûtées couvrant une superficie de 230 m par 115, avec les tribunaux et les salles auxiliaires, entourés par un jardin avec un espace utilisé pour l'exercice et les jeux. Il y avait trois chambres destinées au bain : le *frigidarium*, ou chambre froide ; le *caldarium* ou salle chaude, et le *tepidarium*, ou chambre tiède. Entre le frigidarium et le tepidarium se trouvait la grande salle, couverte par une voûte avec des fenêtres hautes. Il y avait aussi de grandes piscines en plein air. Le marbre a été utilisé abondamment, la décoration à l'intérieur était riche en sculptures, mosaïques, fresques.

L'ART ROMAIN TARDIF, LA FIN DU MONDE ANTIQUE

L'art du IVe siècle est marqué par plusieurs faits déterminants pour son évolution tels la disparition du régime tétrarchique, la prise du pouvoir par Constantin, le choix de Constantinople, le « nouveau Rome », le développement du christianisme rendu possible par Constantin. De nouveaux monuments adaptés à la nouvelle liturgie se bâtissent avec des thèmes au répertoire neuf, les autres s'inspirent de la tradition romaine. L'Arc de Constantin est souvent considéré comme le plus représentatif de cette période. Érigé pour commémorer sa victoire sur Maxence en 312, il reprend l'architecture de l'arc de triomphe à trois portes déjà connu. Il est constitué d'éléments de périodes très diverses : c'est sous le règne d'**Hadrien** que les médaillons sont exécutés, les bas-reliefs de l'attique sous celui de **Marc Aurèle**. Il s'agit avant tout de décrire plus que de susciter une émotion esthétique. Cet art ne s'intéresse plus à la diversité des formes que produit la nature mais s'enferme dans des types conventionnels de représentation, les personnages sont montrés de face avec une taille correspondant à leur place dans la hiérarchie militaire ou politique. Le corps humain représenté sert à exprimer des idées telles que l'autorité, la douleur ou la tension spirituelle. L'image de l'empereur s'impose sous toutes ses formes. Les camées connaissent un exceptionnel renouveau. En sculpture, le traitement de la tête, telle la tête gigantesque de Constantin provenant de la basilique du forum, reprend à la Grèce l'arrondi des formes, mais les yeux énormes et impérieux s'adressent aux spectateurs pour leur imposer l'essence surhumaine du nouveau *dominus*. Constantin fonde aussi à Rome les premières églises chrétiennes monumentales. La plus célèbre est celle qui se trouvait recouvrir un modeste monument que les chrétiens avaient bâti sur le Vatican au temps de Marc Aurèle où ils pensaient avoir enterré le corps de l'apôtre Pierre. La mosaïque constitue alors le principal élément décoratif non seulement des sols, mais aussi des voûtes des murs. Celles retrouvées à Tunis, le Triomphe de Bacchus, ou à Constantine, le Triomphe de Neptune et d'Amphitrite, sont caractéristiques de cette période. L'héritage artistique sera au début du Ve siècle exploité pendant des siècles, faisant de l'art carolingien un de ses dignes prolongements.

3. La philosophie à Rome

La philosophie à Rome n'aura jamais la même place que celle qu'elle avait occupée en Grèce. Pourtant Rome en hérite, la transmet, la modèle à son image. Pendant longtemps les Romains l'ignorèrent, ils mirent à l'honneur la *virtus*, le courage, privilégièrent le génie militaire et politique. Elle sera étudiée comme un moyen pratique, un instrument permettant de se perfectionner dans l'art de la politique et dans l'art oratoire. La philosophie nouvellement introduite rencontre aussi de fervents défenseurs dont fait partie Cicéron, même si elle reste suspecte pour les milieux les plus traditionnels. À l'époque de Néron, elle est persécutée et un sage comme **Sénèque** (4 av. J.-C.-65 apr. J.-C.) devient insupportable au régime parce qu'il dit ce qu'il pense. Les Antonins, à partir d'Hadrien, la soutiennent. L'État depuis Marc Aurèle subventionne les quatre écoles (stoïcienne, péripatéticienne, épicurienne, académicienne), protection qui dure jusqu'au moment où Justinien ferme les écoles d'Athènes, en 529.

LE SUCCESSEUR LATIN DE L'ÉPICURISME :
LUCRÈCE (TITUS LUCRETIUS CARUS)

Lucrèce (v. 98-53 av. J.-C.) assiste à la proscription de Marius (– 87), de Sylla (– 82), à la rébellion de Spartacus (73-71 av. J.-C.), au consulat de Cicéron (– 63), à la mort de Catilina (– 62), au premier *triumvirat* et à l'extension de l'Empire romain au Proche-Orient. Disciple fidèle à l'enseignement d'Épicure, dans le *De rerum natura*, ou *De la nature des choses*, il retraduit les rapports étroits des faits historiques, sociaux et spirituels des dernières années de la République romaine. Vaste poème didactique de plus de sept mille quatre cents vers, organisé en six livres, il part dans le premier de la physique atomiste et de ses principes puis introduit la notion de *clinamen*, mouvement spontané par lequel les atomes dévient de la ligne de chute, de la trajectoire verticale, pour arriver, dans le second, à une libération de la mort dont nous n'avons rien à redouter, thème évoqué dans le troisième, le quatrième s'attaquant au finalisme, aux simulacres[1], aux illusions de l'amour, des passions. Le cinquième livre expose l'histoire et la genèse du monde, le sixième l'explication des faits naturels et s'achève avec la description de la peste d'Athènes. La physique tient un rôle considérable puisqu'elle permet d'accéder au bonheur. Il présente un monde où l'intervention divine ne joue aucun rôle. La nature, libérée de la providence, se trouve soumise au jeu du hasard et de la nécessité. L'homme trouve, dans un monde formé de corps et de vide par la déclinaison des atomes, autonomie et liberté.

LA NOUVELLE ACADÉMIE PLATONICIENNE

Carnéade (v. 215-v. 129 av. J.-C.), à la suite de son prédécesseur **Arcésilas de Pitane** (315-241), avait scandalisé les Romains, dont Caton, car, lors de l'ambassade des philosophes en 156 avant J.-C., il

---

1. La théorie des simulacres permet d'expliquer non seulement la perception des sens mais aussi des rêves et du travail de la pensée. Les simulacres se détacheraient de tous les corps, sortes de membranes légères, chacune d'elles présentant en miniature la forme et l'aspect de l'objet dont elle émane. Elles pénétreraient dans les organes des sens, en voltigeant dans les airs.

fit des discours à deux jours d'intervalle sur le thème de la justice d'un point de vue opposé. L'idée était de montrer par cet exercice qu'il est possible d'émettre pour ou contre des idées sur un point de vue, bien qu'en considérant que tous les points de vue se valent. Il s'oppose à **Chrysippe** comme **Arcésilas** s'était opposé à **Zénon de Citium**. Il recherche dans les choses la probabilité et non une certitude. Le scepticisme radical sera représenté par Énésidème au Ier siècle après J.-C. et **Sextus Empiricus** au IIIe siècle. Ils développent les arguments sceptiques dont le plus fort est le diallèle ou cercle vicieux, car pour juger de la valeur d'une démonstration il faut une démonstration. Sur Énésidème, nous avons peu de renseignements. Il classa sous le nom de « tropes » les dix principaux arguments en faveur du scepticisme et montra par eux l'impossibilité de savoir si les choses sont bien telles qu'elles nous apparaissent. Le dernier épisode notable de cette école se rattache au nom de Sextus Empiricus dont les principaux arguments sont résumés dans les *Esquisses pyrrhoniennes* et qui tentent de prouver que toutes les sciences reposent sur des conventions et des commodités intellectuelles.

LE STOÏCISME NOUVEAU EST ARRIVÉ, Ier-IIe siècles

Panétius de Rhodes (v. 180-110 av. J.-C.) est le disciple de Diogène de Babylone et d'Antipater de Tarse, puis le maître de Posidonius. Ils forment ce qu'on appelle le stoïcisme moyen. C'est par **Sénèque** (4 av. J.-C.-65 apr. J.-C.), **Épictète** (50-130), **Marc Aurèle** (121-180) que Guillaume Du Vair, Montaigne, Vigny et bien d'autres connaîtront la sagesse stoïcienne. C'est surtout à l'époque impériale qu'elle se développe et connaît son apogée. Le stoïcisme à Rome met l'accent sur la morale appliquée, ainsi Panétius fournira à Cicéron le modèle de son *Traité des devoirs*. Après la mort de Marc Aurèle, le stoïcisme se mêle au néoplatonisme, façonnant ainsi le milieu intellectuel de la pensée juridique, religieuse et morale du monde romain. Il s'impose comme la morale la mieux appropriée à une perfection et à une béatitude naturelle. Sénèque se voit confier l'éducation de Néron pour devenir son conseiller, une fois celui-ci nommé empereur. C'est sur l'ordre de Néron qu'après la conjuration de Pison, il se donne la mort. Il s'impose dans son œuvre de retrouver les remèdes découverts par les Anciens, de les appliquer à son âme et à celle des autres, prônant l'importance d'un retour à soi. Pourtant, s'il est considéré comme l'un des meilleurs représentants de la doctrine stoïcienne, il s'en dégage, imposant sa propre réflexion. Ses œuvres en prose sont surtout connues, même si ses tragédies évoquent les conséquences du vice et de la folie humaine : *Hercule furieux, Les Troades, Les Phéniciennes, Médée, Phèdre, Œdipe, Agamemnon, Thyeste, Hercule sur l'Oeta, Octavie*. Les *Lettres* à son ami Lucilius constituent l'autre grande œuvre de Sénèque, mais rien ne nous dit qu'il s'agit du même Lucilius à qui il adresse le traité *De la providence*, ouvrage destiné à élever l'âme en contemplant la nature, à lui apporter paix et tranquillité. Le but est que l'homme retrouve son harmonie intérieure, la *concordia*, qui ne peut être retrouvée qu'en accord avec l'harmonie universelle. Il s'agit de s'élever d'un moi individuel à un moi universel qui n'est autre que la raison elle-même. La tâche du philosophe est de libérer l'homme de la *fortuna*, du sort, de la *tempora*, des circonstances, pour qu'il prenne conscience de ce qui dépend de lui ou non.

◆ **Épictète** (50-130), esclave philosophe, a eu une destinée étonnante. Esclave affranchi, il se voue tout entier à la philosophie. C'est à son disciple **Flavius Arrien** (v. 85-v. 165) que nous devons de pouvoir lire les *Entretiens* et le *Manuel*, car Épictète n'a rien écrit, son enseignement se faisait par oral. Nulle part n'apparaît d'exposé de la doctrine stoïcienne dans son ensemble. Les *Entretiens*, dans les quatre livres qui nous sont parvenus, se rattachent à des discussions, à des thèmes fondamentaux de la doctrine, même si souvent ils sont anecdotiques. La grande affaire à ses yeux est de savoir comment nous comporter en toute circonstance. Mais ses concepts fondamentaux portent sur la *prohairesis*, le choix réfléchi, désir délibéré des choses qui dépendent de nous, et de celles qui ne dépendent pas de nous, les choses extérieures[1]. Il y a un travail à effectuer sur les représentations mentales, éliminer celles qui n'ont aucun fondement dans la réalité, celles qui sont à l'origine de nos passions, ne juger que de celles qui sont justes et adéquates. Libérons-nous par l'opinion droite et le fait

---

1. Épictète, *Entretiens* III, 2, 1-2, trad. Joseph Souilhé, Paris, Les Belles Lettres, 1963.

de vouloir ce que Dieu veut, car le bonheur se trouve dans la domination des désirs.

◆ **Marc Aurèle** (121-180) est né à Rome. L'excellence de son éducation le fait remarquer par Hadrien. Adopté par Antonin le Pieux et investi du titre de César, Marc Aurèle accède au pouvoir en 161 à quarante ans et connaît un règne rendu difficile par les constantes attaques des Barbares sur tous les fronts. Il semble qu'il ait rédigé les *Pensées* à la fin de sa vie, recueil de maximes tournées davantage vers l'éthique que vers la physique ou la logique. Il s'agit d'une suite d'aphorismes dans lesquels l'empereur veut retrouver les dogmes du stoïcisme afin de les pratiquer correctement. L'ouvrage est rédigé en grec et comporte douze livres. On ne peut discerner un ordre agencé parmi eux mais, en revanche, la progression du sage dont la finalité est, par son autonomie, une adéquation à l'ordre naturel des choses, à une vision du tout, à laquelle il se doit de s'intégrer.

LES SUCCESSEURS DE PLOTIN

Après la mort de **Plotin**, en 270, l'histoire du néoplatonisme devient complexe soit par les interprétations que l'on en a données, soit en raison du caractère religieux et politique qu'on lui prête. Au christianisme qui menaçait de tout emporter par un triomphe sans cesse grandissant, il fallait opposer une religion traditionnelle qui puisse tout intégrer, les cultes orientaux autant que ceux des Grecs et des Latins. En admettant l'éternité du monde, la divinité des astres et de l'âme, les Alexandrins avaient ouvert une voie pour une croyance nouvelle combinant hellénisme et mithriacisme. Certains réduisaient le nouvel hellénisme à la théurgie, aux pratiques rituelles et se référaient à des traités spéciaux comme celui de Jamblique, *Traité des mystères*. Les autres spéculaient sur la réalité véritable de chaque chose. Trois noms s'inscrivent parmi ses successeurs, **Porphyre de Tyr** (234-305), **Jamblique** (v. 245-v. 320), **Proclus** (412-485). Proclus annonce les dernières lueurs de la philosophie néoplatonicienne en renforçant les tendances de Jamblique.

4. La musique à Rome

Si les Grecs font de la musique un *éthos*, une disposition spirituelle, il n'en va pas de même des Romains. Elle est un agrément de la vie dont elle accompagne de nombreux aspects : cérémonies religieuses, concours, banquets ou réunions privées, troupes en marche ou au combat, jeux et concours. Les instruments sont nombreux et variés : la flûte, ou *tibia*, simple ou double, de Pan, le buccin ou *cornu*, *ascaules*, la cornemuse, la lyre, la cithare, un ancêtre du luth à trois cordes, les sistres, les tambours, les cymbales. Mais le plus remarquable à nos yeux est probablement l'orgue romain, intermédiaire entre la cornemuse et notre orgue moderne, qui utilise des tuyaux dont taille et volume permettent de varier les tonalités. L'*hydraule* est un orgue à eau, une invention de **Ctésibios d'Alexandrie** (IIIe s. av. J.-C.), qui crée à cette occasion le piston. Les gammes et les modes employés par les Romains sont sans doute ceux des Grecs, avec des influences provenant des Étrusques et des peuples italiques.

Boèce et *L'Institution musicale* (*De institutione musica*)

Boèce (480-524) est un philosophe latin, mis à mort en 524 à Pavie par **Théodoric le Grand** (v. 454-526). C'est en mettant au point le *quadrivium*, les quatre arts majeurs qui sont le fondement des enseignements à l'université médiévale, que Boèce produit un traité sur la musique, *De institutione musica*, vers 505. Ce traité de la musique sépare les instruments à corde, qui procèdent « par la tension », des instruments à vent, qui procèdent « par le souffle » et des instruments à percussion, qui procèdent « par une percussion ». Puis il se livre à l'analyse du son en général et des moyens mis en œuvre pour le produire. Il transmet les théories et conceptions musicales de la Grèce ancienne adoptées par les Romains. En matière musicale, cette œuvre demeure la référence jusqu'à la Renaissance. Philosophe néoplatonicien, Boèce confère à la musique un rôle fondamental dans la création divine. Toute chose est créée sur le principe du nombre, la musique est donc la science qui le régit, pour définir une harmonie universelle en trois branches. La *musica mundana*, « musique du monde », est produite par le déplacement des sphères et astres ; la *musica humana*, « musique de l'homme », relie le corps à l'esprit ; la *musica instrumentalis*, « musique instrumentale », est l'art des sons imitant la nature.

5. La littérature à Rome

LA LITTÉRATURE ROMAINE, FORMES ET CARACTÉRISTIQUES

Le caractère d'universalité est sans doute ce qui définit le mieux la littérature latine. L'expansion romaine a fait que les écrivains latins sont non seulement des Italiens, mais aussi des Gaulois, des Espagnols, des Africains. L'idéal qui y est représenté est bien romain, même si la littérature emprunte genres et sujets à la Grèce. Ce qui va caractériser la littérature romaine est son extraordinaire variété. En poésie, les différents genres sont exploités : lyrique et élégiaque (Virgile, Ovide, Tibulle), satyrique (Juvénal, Martial), intimiste et érotique (Horace, Ovide), historique (Virgile) ; le goût pour l'épistolaire est développé par Cicéron et Sénèque. L'histoire se décline dans tous les genres : biographie (Plutarque, Suétone), histoire de Rome (Denys d'Halicarnasse, Dion Cassius), annales (Tacite). Inconnus en Grèce, la lettre et le roman connaîtront un essor formidable avec Apulée et Pétrone. D'innombrables discours ont ponctué la vie romaine, mettant en avant l'art de l'éloquence. Cicéron, Quintilien en seront les nouveaux théoriciens. Les documents littéraires les plus anciens sont des chants religieux ou des pièces politiques. Les *Chants des Saliens* sont des cantiques ou des invocations (*axamanta*). Les *Annales maximi*, les *Grandes annales*, considérées par Quintilien comme le début de la prose latine, les registres des familles, les livres des oracles, et les calendriers albins et romains sont aussi d'une grande antiquité. La *Loi des douze tables* date environ de 450 avant J.-C. et la tradition la fait dériver du code que Solon avait donné à Athènes. Ces premiers documents fourniront de précieux matériaux plus tard aux historiens et aux jurisconsultes. La période archaïque ne connaîtra pas d'autres vers que le vers saturnien. Il se compose de deux éléments, chacun ayant en principe trois temps forts et quatre faibles. Lorsque ces deux éléments sont soudés, le second perd alors le premier temps faible.

LA LITTÉRATURE D'INFLUENCE HELLÉNISTIQUE

Nous retrouvons dans la littérature romaine, durant toute son histoire, l'emprunt des genres et des sujets à la Grèce. Pendant cinq siècles, Rome, occupé à conquérir l'Italie, n'a pas eu beaucoup l'occasion de se livrer à la culture des lettres. La conquête de la Grèce (146 av. J.-C.) lui permet de parfaire l'imitation de la reine des Lettres et des Arts. Athènes devient le rendez-vous des jeunes intellectuels lettrés pendant que les rhéteurs grecs tiennent école à Rome. Avant la troisième guerre punique (150-146 av. J.-C.), les Romains montrent peu d'enthousiasme réel pour l'imagination ou la sensibilité dans le domaine artistique. L'éloquence, le droit sont beaucoup plus adaptés à leur esprit. À leur tour, ils savent tirer parti de ces genres plus conformes à leur caractère, les élever à la perfection et nous laisser, ainsi qu'aux siècles futurs, d'admirables modèles. Les grandes conquêtes entreprises par Rome mettent l'Italie en contact avec différents pays, Afrique, Gaule, mais surtout avec la Grèce dont les colonies sont partout. Son influence se fait sentir autant dans le domaine de la poésie que dans la prose. La comédie seule, avec **Plaute** et **Térence**, connaît un véritable éclat. Rome, défavorisé par rapport à la Grèce, ne possède ni véritable passé national ni véritable religion rattachée à ce genre littéraire. Les goûts mêmes des Romains les portent davantage vers les jeux du cirque, les combats de gladiateurs.

◆ **Plaute** (Titus Maccius Lautus, 254-184 av. J.-C.) est connu comme l'auteur classique de la comédie latine. Vingt et une de ses pièces nous sont parvenues sur les cent trente qu'on lui attribue. Les plus célèbres sont *Amphitryon* qui inspira Molière, *La Marmite* (*Aulularia*), *Poenulus*. Il se sert de sujets grecs qu'il adapte en latin et transforme très librement. Toutes sont des comédies amoureuses bâties sur des intrigues de confusion de personnes et de reconnaissance finale. L'*Aulularia* est une comédie de mœurs. Euclion, digne précurseur de l'Harpagon de Molière, a trouvé une marmite pleine d'or qu'il cache au prix de mille sollicitations. Dans le prologue, Plaute nous apprend par l'intermédiaire d'une divinité protectrice du foyer le double problème de l'intrigue : les inquiétudes d'Euclion devenu riche, et le désir du dieu lare de marier la fille d'Euclion, Phaedra.

- ◆ **Térence** (Publius Terentius Afer, 190-159 av. J.-C.) a composé six comédies : *L'Andrienne*, *L'Eunuque*, *Phormion*, *L'Hécyre*, *Le Bourreau de soi-même* (*Héautontimorouménos*) et *Les Adelphes*. À l'instar de Plaute, il a puisé dans le théâtre grec et se fait une gloire d'imiter ses pièces, mais c'est surtout de Ménandre qu'il s'inspire. Il s'efforce de donner unité et conséquence à l'action de ses pièces et de dessiner avec précision le caractère de ses personnages. La force comique des anciennes comédies, leur bouffonnerie reculent. Il privilégie l'élégance des jeux de mots qui s'adressent à un public raffiné.

LA SATIRE, UN GENRE TYPIQUEMENT ROMAIN

L'originalité romaine se développe grâce à la satire, et n'a plus de point commun avec les drames satiriques grecs. Il s'agit d'un poème destiné non à la représentation, mais à la lecture. Ce genre typiquement romain apparaît vers le IIe siècle avant J.-C. Le créateur en est **Lucilius** (v. 148-v. 103 av. J.-C.). Nous ne possédons que des fragments de ses trente livres. **Varron** (Marcus Terentius Varro, 116-27 av. J.-C.) livre également des satires très proches de celles du Grec Ménippe, d'où leur nom de *Satires Ménippées*. Varron au cours de son existence rédige soixante-quatorze ouvrages, soit six cent vingt livres environ sur des sujets d'une grande diversité. Il est le premier représentant ancien de l'universalisme encyclopédique. C'est lui qui est à l'origine du premier livre romain illustré mais perdu, les *Hebdomades vel de imaginibus*, qui contenaient le portrait de sept cents hommes célèbres. Il adopte le vers hexamètre, mesure qui reste la forme obligée de ce genre. Phèdre et Martial sont aussi des satiristes notoires.

L'ÉLOQUENCE, CODIFIÉE PAR CICÉRON

La littérature au siècle de **Cicéron** (106-43 av. J.-C.) devient une force sociale et l'éloquence y tient une place prépondérante. Celle-ci est d'abord une puissance avant d'être un art. Le besoin de convaincre, de haranguer au Sénat, au forum, fait du don de la parole la condition nécessaire du succès. Caton l'Ancien (234-149 av. J.-C.), Tiberius Sempronius Gracchus et Caius Sempronius Gracchus, de la famille des Gracques, s'illustrent comme les plus fameux tribuns du peuple. Mais, au milieu des diverses agitations politiques qui conduisent à la chute de la République, l'éloquence s'élève surtout avec Cicéron au plus haut point de la perfection. Nous ne possédons qu'une partie de son œuvre, certains de ses discours sont judiciaires et politiques, les *Verrines*, *Pro Milone* (*Discours pour Milon*), les *Catilinaires*; certains portent sur la rhétorique, *De oratore* (*Le livre de l'orateur*); d'autres sont philosophiques, les *Tusculanes*, le *De republica* (*Traité de la République*).

LES LETTRÉS ET PENSEURS DU RÈGNE D'AUGUSTE

Parmi les lettrés et penseurs latins, une effervescence particulière naît en même temps que la Rome impériale. Le « siècle d'or » du règne d'Auguste s'accompagne d'une floraison de la production de l'esprit. Pour son rôle politique, la pureté de sa langue, son élévation philosophique, **Cicéron** (106-43 av. J.-C.) lègue la figure classique d'un Romain enté sur le droit et son expression rhétorique. Par la grâce, la délicatesse de ses vers et sa profonde connaissance du cœur, hors du temps et du lieu, **Ovide** (43 av. J.-C.-17 apr. J.-C.) nous est proche, l'homme comme le poète. Donnant à l'école stoïcienne latine ses lettres de noblesse au prix de sa vie, **Sénèque** (4 av. J.-C.-65 apr. J.-C.) exalte les valeurs morales universelles, souhaite, mais en vain, les faire partager du prince au plus humble citoyen. En même temps **Catulle** (Caius Valerius Catullus, 87-54 av. J.-C.) et les nouveaux poètes introduisent à Rome une poésie érudite et précieuse, rejetant l'inspiration nationale de leurs prédécesseurs. La poésie élégiaque, dont les représentants seront Catulle et les continuateurs Gallus, Tibulle, Properce et Ovide, ne durera que le temps de la période augustinienne. Le genre de l'élégie, fondé sur une métrique particulière, celle du distique, ensemble de deux vers, héxamètre (six pieds)-pentamètre (cinq pieds), était resté en Grèce un genre mineur. Les Latins y ajoutent le sentiment amoureux, l'amour passionné porté à une femme. L'œuvre de Catulle n'est pas réductible à un seul genre, il explore toutes les ressources de la poésie. Son recueil compte cent seize poèmes hexamètres et une série de pièces variées en distiques. Callimaque est sa source d'inspiration, il fut le protecteur de Lucrèce.

Quatre grands poètes du « siècle d'or » d'Auguste : Virgile, Horace, Tibulle, Ovide

Virgile (Publius Vergilius Maro, 70-19 av. J.-C.) se distingue dans la poésie épique. Ses œuvres, l'*Énéide* et les *Géorgiques*, exaltent les passions humaines. Dante, en écrivant *La Divine Comédie*, rend hommage à son génie en le prenant pour guide pour le conduire à travers les lieux expiatoires. Il fait un éloge de la campagne et du travail des champs et tente de magnifier l'histoire romaine dans la tradition des légendes de l'Antiquité. Les *Bucoliques*, écrites de 49 à 39 avant J.-C., sont une transposition de la campagne italienne dont il loue les traditions. La partie annonçant la venue d'un enfant extraordinaire qui apportera le salut aux hommes sera perçue par les chrétiens comme l'annonce de la venue du Christ. Son autre grande œuvre, les *Géorgiques*, divisée en quatre livres, traite de la culture des champs, de l'arboriculture, de l'élevage et de l'apiculture. Mais son legs le plus important reste l'*Énéide*, rédigée sur la demande d'Auguste afin d'exalter la grandeur de Rome, il souhaite y rivaliser en prestige avec l'*Odyssée*.

Horace (Quintus Horatius Flaccus, 65-8 av. J.-C.) illustre son génie dans les *Satires*, les *Odes*, les *Épîtres* dont une des dernières, intitulée l'*Art poétique*, livre les principaux préceptes à respecter en matière de poésie. Cette idée sera reprise plus tard par trois poètes : **Vida**, poète du XVIe siècle, **Boileau** au XVIIe siècle et **Verlaine** au XIXe siècle. Il fait ses études à Athènes, grandit à Rome et devient l'ami de Brutus, l'assassin de César. Après avoir trouvé un mécène, il devient l'un des poètes les plus importants de Rome et surtout le fondateur des satires classiques. Le genre traité est celui de la vie quotidienne des Romains. L'homme y tient une place prépondérante.

Tibulle (Albius Tibullus, 50-19 av. J.-C.) est le plus grand poète élégiaque romain avec Properce. L'amour, le désir, la souffrance sont ses thèmes de prédilection qu'il exprime pour Délia, son premier amour, Némésis qui lui succède et Marathus, un jeune garçon. Le recueil des *Élégies, Eligiarum libri*, comprend poèmes et pièces amoureuses qui ont fait considérer sa poésie lyrique amoureuse comme une métaphysique de l'amour. Les *Élégies de Lygdamus* se placent tout à fait dans la tradition de Tibulle.

Les œuvres d'**Ovide** (Publius Ovidius Naso, 43 av. J.-C.-17 apr. J.-C.) comprennent des élégies de différentes sortes : *Les Tristes, Les Pontiques*, des poèmes mythologiques, *Les Fastes* et *Les Métamorphoses*. Il décrit aussi facilement les combats que les moments de volupté, les héros que les bergers et il plaît jusque dans ses défauts. Il ne croit plus, comme Virgile, à une fatalité à laquelle les hommes doivent se plier. L'amour, la volonté dirigent les hommes et se dressent contre les pouvoirs impersonnels que les lois, les mœurs peuvent leur imposer. Ses œuvres concernent les élégies amoureuses, *Les Remèdes d'amours, Les Héroïdes, L'Art d'aimer, Les Tristes*.

LA LITTÉRATURE SOUS L'EMPIRE

Le despotisme brutal commence avec Tibère (règne : 14-37) et perdure jusqu'à Domitien (règne : 91-96). C'est la poésie qui en souffre le plus. Sous Tibère, les fables font leur entrée à Rome avec **Phèdre** (Caius Lulius Phaedrus, 15 av. J.-C.-50 apr. J.-C.), qui en écrit cent trente-deux largement inspirées d'Ésope. Les animaux font partie aussi de ses sujets privilégiés. Il inspire **La Fontaine**, **Lessing** et beaucoup d'autres. La rhétorique s'effondre aussi. Pendant les règnes de Caligula (37-41), de Claude (41-54), de Néron (54-68), le principal auteur est **Sénèque** (4 av. J.-C.-65 apr. J.-C.). Ses écrits philosophiques charment par l'abondance des connaissances et par l'élévation de la pensée. **Lucain** (39-65) est aussi fertile en prose qu'en vers, auteur de la *Pharsale*, poème épique inachevé sur la guerre civile entre Pompée et César. L'histoire est représentée par **Tacite** (Publius Cornelius Tacitus, 55-120) à qui on attribue le *Dialogue des orateurs*, les *Histoires*, la *Germanie*, les *Annales*. Son jugement est impartial et fait de lui un des grands peintres de l'Antiquité. **Suétone** (Caius Suetonius Tranquillus, v. 70-v. 140) vécut à la même époque et fut l'historien des Césars, dans les *Vies des douze Césars*. Il s'attache moins aux affaires de l'État qu'à la personne des empereurs. Jusqu'à la mort de **Néron**, en 68, la littérature évolue en fonction des modifications sociales et politiques du pays. De nouvelles valeurs, venues le plus souvent d'Orient, s'implantent. Le roman apparaît lui aussi grâce à **Pétrone** (Caius Petronius Arbiter, 12-66). Seule une partie de son œuvre, le *Satiricon*, nous est parvenue. Le texte que nous possédons comporte trois parties, la première et la dernière racontent les aventures d'Encolpe, jeune homosexuel frappé d'impuissance, et de ses amis, la seconde décrit un banquet donné par l'affranchi Trimalcion. Entre 98 et 117, sous Trajan, la littérature, bien qu'elle connaisse un déclin important, présente un grand nombre d'écrivains dans tous les genres.

Trois grands auteurs de l'époque impériale : Pline l'Ancien, Lucain, Apulée

Pline l'Ancien (Caius Plinius Secundus, 23-79) ne doit pas être confondu avec son neveu adoptif Pline le Jeune. Pline l'Ancien est fonctionnaire administratif et commandant d'une flotte. Dans son œuvre gigantesque *Histoire naturelle*, dédiée à l'empereur Titus, où il traite de tous les sujets concernant le monde (terre, soleil, planètes, animaux terrestres, botanique), la nature est conçue comme « une souveraine et ouvrière de la création[1] ». Le livre XXXV constitue une véritable histoire de l'art, nous fait connaître les œuvres autant que les artistes de l'Antiquité, permet à la Renaissance de puiser dans ce vaste répertoire artistique. Pline assure qu'il avait consulté deux mille volumes pour mener à bien sa gigantesque enquête. Il a également rédigé des œuvres de grammaire, de rhétorique, de stratégie. C'est en s'approchant trop près du Vésuve pour porter secours aux habitants et étudier son éruption qu'il trouve la mort.

Lucain (Marcus Annaeus Lucanus, 39-65) nous laisse la seule *Pharsale*, œuvre épique en dix chants, sur la guerre menée entre César

---

1. Pline l'Ancien, *Histoire naturelle*, XXII, 117.

et Pompée. Il s'attache à retracer les événements historiques datant de moins d'un siècle.

L'Africain **Apulée** (125-170), philosophe rattaché à l'école de Platon et d'Aristote, nous livre *Les Métamorphoses* (parfois appelées *L'Âne d'or*). Longtemps considérée comme une œuvre scabreuse, un roman divertissant, elle est aujourd'hui perçue comme ayant davantage une portée religieuse et mystique. Comme Marcus Cornelius Fronto (v. 100-v. 170), il fait une large part à l'irrationnel. Par pure curiosité le héros se fait transformer en âne par une sorcière et oublie l'antidote. Ce n'est qu'après de nombreuses aventures qu'il parvient à retrouver sa forme première, grâce à la déesse Isis au culte de laquelle il se fera initier. Dans ce récit, raconté à la première personne, un certain Lucius fournit un remarquable tableau de la vie quotidienne au IIe siècle de l'empire. À cette histoire principale sont rattachés d'autres récits de longueur variable. Le plus long est le *Conte d'Amour et de Psyché*, dans lequel une vieille servante dans une caverne de brigands raconte à une jeune fille, venant d'être enlevée par ceux-ci, l'histoire de Lucius.

6. L'histoire et les historiens à Rome

« *Historia est magistra vitae* », l'histoire nous enseigne la vie. Cette formule cicéronienne met d'emblée l'homme, la morale au centre de toutes considérations historiques. Il faut pourtant attendre près de cinq siècles après le récit de la venue à l'existence fabuleuse de Rome pour que les premières tentatives d'une histoire romaine s'amorcent. Ce qui pourrait être interprété comme un manque de curiosité au premier abord s'explique en fait par plusieurs raisons. En premier lieu, la langue latine apparaît tardivement, les premiers historiens étant des Grecs, et les Latins écrivant dans la langue de Thucydide. Par ailleurs, les archives officielles de la ville, les *Annales des pontifes*[1], par leur

---

1. Elles consistent en un recueil publié année par année regroupant les procès-verbaux des délibérations des pontifes. La plupart de ces archives disparurent avec le grand incendie de Rome, provoqué par les Gaulois. Selon Cicéron, le grand pontife inscrivait sur un tableau blanchi la *tabula dealbata*, les noms des consuls, magistrats puis, par ordre chronologique, les événements qui avaient eu lieu.

caractère religieux et secret, s'imposèrent comme tradition historique pendant longtemps, tout comme celle de la *gens*, personne d'un même clan qui transmettait oralement leurs archives privées et les *imagines*, ou portraits, de leurs ancêtres. Les premiers artistes à Rome furent grecs, il en est de même dans le domaine de l'histoire.

CINQ GRANDS HISTORIENS DE LA RÉPUBLIQUE : CATON, SALLUSTE, STRABON, TITE-LIVE, CÉSAR

◆ **Caton l'Ancien** (Marcus Porcius Cato, 234-149 av. J.-C.) est le premier historien dans la littérature historique romaine à écrire en latin. Il compose, la cinquantaine passée, les *Origines*, en prose. Cet ouvrage relate, en sept livres, l'histoire de Rome depuis sa fondation dans une conception qui refuse l'idée d'une prédestination de Rome d'essence divine. Son autre œuvre, *De agri cultura* (*De l'agriculture*), est la seule qui nous soit parvenue dans son intégralité. C'est lui rendre justice que de voir en lui le fondateur du discours latin tant politique qu'artistique. Son conservatisme et ses principes rigides lui valurent le surnom de Caton le Censeur.

◆ Parmi plusieurs œuvres de **Salluste** (Caius Sallustius Crispus, 87-35 av. J.-C.), trois nous sont connues intégralement : *La Conjuration de Catilina*, *La Guerre de Jugurtha* et son chef-d'œuvre, les *Histoires*. Cet ouvrage, dont on ne possède que des extraits, décrit les événements qui ont eu lieu après la défaite des Gracques. Salluste s'impose comme le peintre des groupes politiques. *La Conjuration de Catilina* analyse les raisons qui ont contribué à la décadence de l'esprit romain. Pour lui, la force qui domine les faits n'est pas celle des événements, de la *fortuna*, destin, mais bien celle de l'action responsable des hommes. Salluste prête à César un long discours au moment où la conjuration est démasquée, sachant qu'il deviendrait le maître du monde. Salluste rédige *La Guerre de Jugurtha* après *La Conjuration de Catilina*. Il y relate la guerre menée contre le roi de Numidie, Jugurtha, entre 110 et 104. L'impartialité s'impose comme une nécessité en histoire, alors qu'un genre nouveau apparaît : les monographies.

◆ **Strabon** (63 av. J.-C.-25 apr. J.-C.), géographe grec, continue l'œuvre de Polybe dans ses *Mémoires historiques*. Il traite, en quarante-sept volumes, la période allant de 146 à 31 avant J.-C. Mais cet ouvrage est entièrement perdu. En revanche, les dix-sept livres de sa *Géographie*, qui nous livre les idées que le peuple romain se faisait de lui-même, de l'Europe (livres III à X), de la Grèce, de l'Asie Mineure (livres XI et XIV), de l'Orient (livres XV à XVI), de l'Égypte (livre XVII) sont conservés. Il ne sort de l'ombre qu'au Ve siècle et est retraduit au XVe siècle par l'érudit italien Guarino Veronese (1370-1460).

◆ L'œuvre de **Tite-Live** (Titus Livius, 59 av. J.-C.-17 apr. J.-C.), *Histoire de Rome depuis sa fondation* (*Ab Urbe condita libri*), apparaît dans le siècle rayonnant d'Auguste. Nourrie des leçons du passé, cette œuvre monumentale, en cent quarante-deux livres, veut, en retraçant l'histoire de Rome depuis sa fondation jusqu'à la mort de **Drusus** (9 apr. J.-C.), en tirer des leçons pour l'avenir. Seuls trente-cinq livres sont conservés. L'exactitude des faits lui importe peu, il se contente des dires de ses prédécesseurs. Son récit est entrecoupé de portraits, Hannibal, Scipion l'Africain, à la psychologie aiguë.

◆ Les *Commentaires* de **Jules César** (Caius Julius Caesar, 100-44 av. J.-C.) prennent place parmi les Mémoires qui se multiplient au Ier siècle avant J.-C. Il reçoit une bonne formation littéraire de son maître, le rhéteur et grammairien **Marcus Antonius Gnipho**, puis d'**Apollonius Molon**, sans être pour autant considéré comme un homme de lettres. Les sept livres des *Commentaires sur la Guerre des Gaules* (*Commentarii de bello gallico*) sont des aide-mémoire, des dossiers sur les campagnes qu'il a menées en Gaule de 58 à 52 avant J.-C. et retracent ses avancées jusqu'au Rhin et en Grande-Bretagne. La fin est dominée par la défaite du chef arverne Vercingétorix à Alésia. César a également rédigé un traité de grammaire, *De analogia*, un pamphlet politique, l'*Anticato*, des poèmes et une tragédie, *Œdipe*.

TROIS GRANDS HISTORIENS DE L'EMPIRE : TACITE, SUÉTONE, DION CASSIUS

◆ **Tacite** (Publius Cornelius Tacitus, 55-120) est considéré comme l'un des plus grands historiens romains. Après lui, on assiste à un émiettement de l'histoire en sous-genres limités dans leur portée et leur contenu. Les annales disparaîtront et seront remplacées par des mémoires et des biographies. Tacite reçoit une éducation d'orateur et devient consul en 97, puis proconsul de la province d'Asie l'année suivante. Il commence à publier ses travaux après la mort de l'empereur Domitien dont il dénonce la tyrannie dans la *Vie d'Agricola*, hommage à son beau-père tant apprécié. Tacite commence véritablement son œuvre avec le *Dialogue des orateurs*, sorte de prolongement du *De oratore* cicéronien. Il y fait le constat de la dégradation des mœurs et de l'éloquence, établissant un rapport entre la réflexion politique et la nostalgie de la poésie. Après un second essai, *La Germanie* (*De situ ac populis Germaniae*), au caractère ethnographique puisqu'il y décrit les mœurs des tribus vivant au nord du Rhin et du Danube, il aborde le genre historique avec ses *Histoires*, retraçant l'histoire romaine de la mort de Néron jusqu'à l'assassinat de Domitien, et ses *Annales*, allant de la mort d'Auguste à celle de Néron. Le titre « *Annales* » provient sans doute du fait qu'il décrit les événements année par année, le titre le plus exact est *Après la mort du divin empereur Auguste, Ab excessu divi Augusti*. La conception de l'histoire n'est plus celle qui domine sous l'ancienne République, elle devient celle de la toute-puissance d'un seul homme. Tacite préfère s'en tenir à une vérité connue comme telle par la tradition historique. Tout en dénonçant les vices et en encensant les vertus, l'historien est dispensateur de gloire.

◆ **Suétone** (Caius Suetonuis Tranquillus, v. 70-v. 140), érudit, homme de bibliothèque, est avant tout un biographe. Sa nomination au poste de secrétaire *ab epistulis latinis*, directeur de la correspondance diplomatique d'Hadrien, lui permet d'avoir accès aux archives impériales. Les *Vies des douze Césars* présentent les biographies de César à Domitien. Suétone inaugure cette nouvelle forme de l'histoire constituée par le règne des empereurs successifs. L'accessoire est aussi

ANTIQUITÉ

important que l'essentiel, il note leurs faits et gestes, les moindres détails, car ce sont eux qui dévoilent bien une personnalité. C'est l'homme privé et intime qui l'intéresse bien davantage que l'homme public : « Les caractères originaux de cette histoire "biographique" la rapprochent des *laudationes* que l'on prononçait aux funérailles. On sait que ces éloges portaient non seulement sur l'action militaire ou politique du défunt mais aussi exaltaient ses qualités morales, et celles dont il avait donné l'exemple dans sa vie privée. Ces éloges funèbres procédaient, eux aussi, *per species* et non par récit suivi. On peut penser que leur influence s'exerça sur Suétone, que nous savons avoir été intéressé par toutes les traditions nationales de Rome, depuis les spectacles jusqu'au costume et à la vie des soldats[1]. »

◆ **Dion Cassius** (Cassius Dio Correianus, 155-235), avant d'être consul, en 229, était connu pour son *Histoire romaine*, gigantesque travail de quatre-vingts livres qui relate l'histoire de Rome de sa fondation à Septime Sévère. Il exprime son opposition formelle à la prédominance de l'Italie et du Sénat dans le gouvernement de l'Empire. Déçu par Septime Sévère, il se montre à l'égard de sa politique d'une grande hostilité.

7. Religion, mythes et légendes du monde romain

La religion romaine était fondée non pas sur la grâce divine, mais plutôt sur la confiance mutuelle (*fides*) entre les dieux et les hommes. L'objet de la religion romaine était d'assurer la coopération, la bienveillance et la « paix » des dieux (*pax deorum*). Les Romains croyaient que cette aide divine leur donnerait la possibilité de maîtriser les forces inconnues et, ainsi, de vivre avec succès. Par conséquent, il y eut un corps de règles, le *jus divinum* (loi divine), ordonnant ce qu'il fallait faire ou éviter. Ces préceptes, pendant de nombreux siècles, consistaient en des indications pour la bonne exécution du rituel. La religion romaine a mis l'accent presque exclusivement sur les actes du culte, les

---

1. Pierre Grimal, *La Littérature latine*, Paris, Fayard, 1994, p. 478.

dotant de toute la sainteté de la tradition patriotique. La religion romaine, la mythologie et une partie des légendes sont issues d'un héritage étrusque et grec. Toutefois, la religion évolue au fil des siècles, de la croyance aux *numina*, les forces essentielles aux cultes orientaux à mystères, jusqu'à l'adoption du christianisme et, avec lui, d'un au-delà. Les mythes romains sont fondateurs de la cité par excellence (appel à Énée le Troyen, combat fratricide de Romulus et Remus, divinisé en *Quirinus*). Sinon, ils sont empruntés à l'Orient, comme celui de la déesse phrygienne Cybèle, grande déesse Mère. Les légendes exaltent elles aussi le sens civique poussé à l'héroïsme (combat des frères Horaces romains contre les frères Curiaces, champions d'Albe ; action du seul Horatius Coclès contre l'armée étrusque ; la tentative désespérée de Mucius Scaevola contre les Étrusques et l'inflexible courage de Clélie, qui traverse le Tibre à la nage pour s'échapper). La République voit la naissance et la multiplication des cultes étrangers à Rome. Les cultes à mystères se répandent en même temps que les divinités orientales, offrant une approche mystique inconnue de la religion romaine traditionnelle. Dès la fondation de l'Empire, le culte rendu aux empereurs défunts, devenus dieux après leur apothéose, entend inscrire de nouveau la religion dans un cadre civique. Les principales divinités sont reprises du panthéon grec. Citons toutefois : Jupiter, dieu du Ciel ; Mars, dieu de la Guerre ; Vulcain, dieu du Feu ; Neptune, dieu de l'Eau ; Saturne, dieu des Semailles ; Junon, épouse de Jupiter, déesse de la Fécondité ; Minerve, déesse de la Sagesse ; Vesta, déesse du Foyer ; Flore, déesse des Fleurs et des Jardins ; Larentia, maîtresse du monde inférieur. Il convient d'ajouter les divinités secondaires, les Pénates, protectrices de la maison, les Lares, qui veillent sur les champs. Le culte, outre celui des ancêtres, propre à chaque famille, est contrôlé par l'État, organisateur des cérémonies, gardien des sanctuaires. Le service des dieux comporte vœux et sacrifices, offrandes de nourritures, de boissons, d'animaux. Chaque divinité bénéficie d'un collège de prêtres qui lui est propre, au nombre de places réduit. Le sacerdoce est une charge exercée à vie. Dans les dernières époques de l'Empire, des concepts comme la Foi, la Concorde, l'Espérance, sont divinisés. Les Romains ont à l'égard des dieux une attitude fondée sur le respect d'un contrat, le droit et ses formes priment sur toute mystique. Offrandes, sacrifices, vœux réalisés selon la forme prévue doivent déboucher sur la faveur attendue en retour. Il n'y a aucune récompense à attendre des bonnes actions, aucune sanction pour les mauvaises. Les morts passent leur éternité dans un monde souterrain sans espoir, à regretter de n'être plus de ce monde. Tout comme pour les dieux, un contrat est passé afin de les dissuader de revenir hanter les vivants : une cérémonie d'offrandes, neuf jours après le décès, un culte aux ancêtres. En échange, ils sont priés de demeurer là où ils se trouvent, sans troubler leurs descendants. C'est la philosophie grecque, les cultes orientaux fondés sur la mort du dieu et sa renaissance, puis le christianisme qui imposent peu à peu l'idée d'une foi dans l'au-delà.

8. Les sciences à Rome

Les connaissances scientifiques héritées de Rome sont diverses : géométrie et arithmétique sont proches des nôtres, mais les Romains ignorent l'algèbre. Ils connaissent peu la physique et la chimie, maîtrisant mieux l'astronomie et la médecine. Ce sont d'ailleurs ces deux dernières disciplines, transmises, qui fondent les savoirs de l'époque médiévale.

Temps et calendrier

Nous sommes redevables à Rome de notre façon de diviser le temps, d'établir une chronologie. À Rome, le jour est divisé en heures, comptées de minuit à minuit. Une heure ne vaut pas encore soixante minutes, mais évolue, selon la saison, entre quarante-cinq et cinquante-cinq minutes, la différence étant rattrapée pendant les heures nocturnes. Le premier cadran solaire exact est installé à Rome, en 164, par **Quintus Marcius Philippus**. Les horloges à eau (clepsydres) se répandent peu après. Si les Grecs s'intéressent peu au moment exact de la journée, les Romains le fixent avec davantage de soin, pour des raisons pratiques : distribution de blé, d'eau à la plèbe, etc. Le vocabulaire du jour demeure vague, *mane* désigne toute la matinée, mais peut être remplacé par *ante meridiem*, avant midi. L'après-midi dans sa totalité est le *post meridiem*. Le mois romain est lunaire, durée de la révolution de la lune autour de la terre. Les calendes, *kalendae*, marquent la nouvelle lune, les nones, *nonae*, le premier quartier, les ides, *idae*, la pleine lune. En 44 avant J.-C., le mois *quintilis* est débaptisé au profit de *julius*, en l'honneur de Jules César ; en 8 avant J.-C., le *sextilis* devient à son tour *augustus*, en l'honneur d'Auguste. Avant Jules César, l'année était divisée en douze mois lunaires, et comptait trois cent cinquante-cinq jours. Tous les deux ans, un mois intercalaire, *mes intercalaris*, est ajouté. C'est le mathématicien alexandrin **Sosigène** qui, en 46 avant J.-C., fournit à César le calendrier julien : une année de trois cent soixante-cinq jours, avec un jour supplémentaire tous les quatre ans, intercalé entre le 24 et le 25 février. Le pape Grégoire XIII le modifie au XIVe siècle et il devient le calendrier grégorien, le nôtre. Les Romains utilisent, ordinairement, les noms des consuls pour dater les années. À défaut, ou par préférence, ils se réfèrent à un événement marquant.

Les mathématiques

Les Romains, à l'origine, se servent de petites pierres, de cailloux (*calculi, calculorum*), pour les opérations arithmétiques, ou comptent sur leurs doigts. Les nombres s'écrivent en utilisant le système décimal que nous avons conservé : I, II, V, X, etc. Les manières de calculer sont celles des Grecs, avec, pour les fractions, un système duodécimal complexe, à partir de l'*as*, « unité » en mathématiques. L'as est divisé en douze onces, le tiers de l'as est le *triens*, la moitié de l'as, le *semi*. La géométrie n'intéresse les Romains que pour son application à des cas concrets, mesurer un champ, par exemple. La géométrie sera enseignée à partir des *Éléments* d'Euclide.

L'astronomie

Outre son intérêt pour les poètes et les récits mythiques, l'astronomie, souvent confondue avec l'astrologie, passionne les Romains. Ils connaissent les constellations, la Grande Ourse notamment, mais il s'agit surtout d'un savoir populaire. Le plus célèbre astronome est **Claude Ptolémée**. Ses observations astronomiques s'échelonnent entre les années 127 et 151. Il vit et meurt à Alexandrie, probablement vers 168. Auteur d'une *Syntaxe mathématique* (l'*Almageste*), il y expose son système, selon lequel la terre serait fixe au centre de l'univers, alors que le Soleil, la Lune, les étoiles tournent autour d'elle. Il établit un catalogue des étoiles de mille vingt-deux astres, calcule la distance de la Terre à la Lune, le diamètre de cette dernière. Son œuvre demeure incontestée du IIe siècle au XVIe siècle, en dépit d'Aristarque de Samos, qui au IIIe-IIe siècle avant notre ère avait déjà placé le Soleil au centre de notre système planétaire.

La médecine

En 293 avant J.-C., le culte d'Esculape est introduit à Rome, et avec lui la médecine grecque, qui conquiert rapidement tous les suffrages. La médecine romaine est connue de par une partie de l'encyclopédie de **Celse** (Ier siècle apr. J.-C.). Le vocabulaire médical y est grec, les auteurs cités également. Celse indique comment traiter les blessures par projectiles, l'extraction et les soins postérieurs, celles par armes empoisonnées. Il prodigue des conseils d'hygiène, trace le portrait du chirurgien : « Le chirurgien doit être jeune, ou, du moins, encore près de la jeunesse ; il doit avoir la main ferme et sûre, jamais tremblante, doit être aussi adroit d'une main que de l'autre, avoir la vue claire et perçante, le cœur intrépide. Déterminé à guérir celui qui se confie à ses soins, il ne doit pas se hâter plus que le cas ne l'exige, ni couper moins qu'il n'est nécessaire : il doit tout faire comme si aucune plainte du patient ne l'affectait[1] ». L'*Histoire naturelle* de Pline l'Ancien fournit les recettes des remèdes venus de la médecine grecque.

Galien (130-v. 201), médecin de Commode, héritier de Marc Aurèle, consacre de nombreux volumes à la médecine. Son œuvre sert de référence à toute l'époque médiévale, avant les efforts de Vésale, Servet. Galien, profondément imprégné du finalisme aristotélicien, conçoit l'individu comme un système d'organes au service d'une âme. Il dissèque cochon, mouton, bœuf, reconnaît l'analogie anatomique de l'homme et des grands singes, décrit le rôle des nerfs, des os, des articulations, montre que le sang est contenu dans les artères, distingue sang artériel et sang veineux.

---

1. Aurelius Cornelius, *Celse. Traité de médecine*, traduction nouvelle, livre VII, Paris, Masson, 1876.

CHAPITRE XIV
Le christianisme

1. Les débuts du christianisme

Apparu au Ier siècle de notre ère, le christianisme, à travers la vie de Jésus-Christ relatée dans les Évangiles, devient la religion officielle de l'Empire romain avant de structurer la société médiévale, et de dominer la pensée européenne. « L'originalité de la religion qu'il révèle est de s'adresser non seulement à un public choisi, docteurs de la loi mosaïque, personnes influentes de la société, mais à l'ensemble de la population, peuple y compris. Véritable révolution, le christianisme ouvre les portes du paradis à tous ceux qui ont la foi, sans distinction de classes sociales, ou d'ethnies. Refusant le culte de l'empereur divinisé, il prône le triomphe de la piété et se réduit à deux points essentiels, l'amour de Dieu et l'amour de son prochain. La pratique chrétienne rend possible une nouvelle logique religieuse par laquelle il convient de se consacrer aux tâches du salut, en s'investissant aussi dans la réalisation du monde[1]. » La caractéristique du christianisme des premiers siècles est un extraordinaire foisonnement intellectuel dont l'essentiel porte sur le questionnement de la nature de Dieu.

À la fin du Ier siècle, le christianisme s'est principalement implanté à l'est de l'Empire romain, exception faite des communautés chrétiennes de Rome, de Puteoli en Campanie et de la baie de Naples. Vers le

---

1. Florence Braunstein, *À quoi servent les religions?*, Paris, L'Harmattan, 2002, p. 274.

ANTIQUITÉ

milieu du IIe siècle, de nombreuses communautés se forment en Gaule. Vers la fin du siècle, il en existe même sur la rive gauche du Rhin. C'est vers 230 qu'à Rome le latin remplace le grec dans la célébration du culte. Lorsque naît le IIIe siècle, l'implantation du christianisme se présente d'une façon différente. Les révoltes juives ont pour conséquence la séparation du christianisme et du judaïsme. Le centre du christianisme se déplace de Jérusalem à Rome, et on note une expansion de l'Église vers l'Ouest jusque dans la Bretagne romaine (Angleterre). Le IIIe siècle est le siècle des martyrs, les « témoins » ; les persécutions atteignent leur paroxysme sous l'empereur Dèce vers 250, un édit rend obligatoire le culte impérial que les chrétiens refusent. La religion chrétienne ne deviendra religion d'Empire qu'avec la conversion de Constantin en 312. L'Église vit son âge d'or entre le IVe et le Ve siècle, période pendant laquelle elle définit sa doctrine. En 325, lors du concile de Nicée, les dirigeants chrétiens, à la suite d'âpres discussions théologiques sur la nature du Père, du Fils et du Saint-Esprit, proposent un *Credo*, connu sous le nom de « Symbole des Apôtres ». L'exclusion d'**Arius** (256-336), qui prône un Père supérieur en nature au Fils, est prononcée. De nombreuses tendances hérétiques voient le jour et nécessitent la réunion de conciles. Celui de Chalcédoine, en 451, formule la définition classique de la nature à la fois divine et humaine de la personne du Christ. La controverse arienne, qui nie la divinité du Christ, s'achève avec **Basile le Grand** (Basile de Césarée, 329-379), dont la règle demeure le fondement de la vie monastique d'Orient.

DES DÉBUTS MOUVEMENTÉS

Un grand nombre de juifs ont été contraints de s'exiler, de vivre en diaspora loin de leur patrie, délaissant peu à peu la pratique de l'hébreu mais conservant la foi d'Israël. Fuyant l'hellénisme, ils n'acceptent pas le paganisme. Si les Romains sont maîtres de la Palestine, l'hostilité des juifs les oblige à ne pas l'administrer directement. Ce sont soit des familles proches d'Hérode le Grand, soit des procurateurs romains, comme **Ponce Pilate**, qui s'occupent de cette délicate tâche. Les impôts sont lourds et la déstabilisation sociale et politique s'accompagne d'une agitation religieuse. Le judaïsme en Palestine se distingue par son statut particulier dans l'Empire en raison de sa foi en un dieu unique. Il est divisé en plusieurs courants (pharisiens, sadducéens, zélotes), qui adoptent chacun une attitude différente envers les Romains.

Les principales sectes juives à l'époque d'Hérode

Les grandes sectes juives – secte étant ici à entendre au sens originel de « groupe » sans aucune valeur dépréciative – aux environs du IIe siècle avant J.-C., établies sur les rives de la mer Morte, sont les suivantes :

- **Les pharisiens**, de l'hébreu *peroûshim*, « les Séparés », émergent comme un groupe distinct peu de temps après la révolte maccabéenne, autour de 165-160 avant J.-C. Les pharisiens n'étaient pas un parti politique, mais une société de savants et de piétistes. Ils ont bénéficié d'une large audience populaire. Dans le Nouveau Testament, ils apparaissent comme porte-parole de la majorité de la population. Autour de – 100, une longue lutte s'ensuit. Les pharisiens tentent de démocratiser la religion juive et de la retirer de la maîtrise des prêtres du Temple. Ils affirment que Dieu peut et doit être adoré même loin du Temple et en dehors de Jérusalem. Pour les pharisiens, le culte ne consistait pas en sacrifices sanglants, mais dans la prière et dans l'étude de la loi de Dieu. Par conséquent, ils ont favorisé la synagogue en tant qu'institution de culte.

- **Les zélotes**, de l'hébreu *qiniim*, « les Zélés », violemment opposés aux Romains, se réfugient dans les collines. C'est sans doute parmi eux que se forme la communauté des pharisiens. Selon l'historien juif **Flavius Josèphe** (v. 37-v. 100), ils auraient été, à l'époque d'Hérode, quelque six mille. Ils réclament l'observance rigoureuse des prescriptions, s'appuyant sur la tradition orale autant que sur l'Écriture. Ils observent ponctuellement les prescriptions de la Torah concernant la pureté lévitique et celles relatives aux redevances dues aux prêtres. Ils évitent la masse impure des hommes, devenus pour eux des intouchables. Eux seuls se considèrent comme les membres de la communauté juive. Ils se différencient du *am Haaretz*, « le peuple de la terre », le bas peuple juif. Ils étudient le texte saint et leurs gloses sont répertoriées dans le Talmud. Après la destruction de Jérusalem par les Romains, en l'an 70, ils donneront une nouvelle vie au judaïsme.

- **Les esséniens** ne devaient pas être plus de quatre mille au temps d'Hérode. Ils vivaient en dehors de Jérusalem, près de la mer Morte. Ils se nommaient *Khassaya*, en grec, *Essenoi*, « les Pieux ». Ils apparaissent dans l'histoire en – 152 lorsqu'ils s'opposent à Jonathan Maccabée qui voulait ceindre la tiare de grand prêtre. Leur vie de contestation les amène à vivre dans le désert et à construire à Qumrân un monastère. Leur communauté était dirigée par un « maître de justice » et comportait quatre grades. On ne pouvait entrer dans cette communauté avant l'âge de vingt ans. Tous les biens possédés devaient être abandonnés, le savoir y compris, les facilités de l'existence rejetées. Leur

ANTIQUITÉ

enseignement portait sur la constatation que l'homme était par nature fondamentalement mauvais. Il était en état de péché toute sa vie. Les esséniens attendaient la venue du Messie et du royaume de Dieu dans l'ascèse. Jusqu'à la destruction du monastère en 68 de notre ère, par les légions romaines, l'essénisme se poursuivra sans défaillance.

- **Les sadducéens** forment le parti des prêtres de Jérusalem. Le terme « sadducéen » est dérivé de *Sadô*, nom du prêtre de David qui prit parti pour Salomon, lors de la succession royale, mais rien ne prouve que les prêtres de Jérusalem soient réellement les descendants du groupe sacerdotal formé alors. Leur politique les amène souvent à s'entendre avec les Romains pour maintenir et sauver leurs privilèges. Ils suivent à la lettre la Torah, rejettent les traditions orales admises par les pharisiens, et forment une caste héréditaire de prêtres dans le temple de Jérusalem. Ils rejettent les prophètes, qui dénoncent à leur tour leur cupidité. Ils nient l'immortalité de l'âme ainsi que les châtiments et les récompenses dans l'au-delà. Ils soutiennent aussi que l'âme meurt avec le corps. Le bonheur, ils le trouvent dans ce monde.

En dépit de la visée assimilatrice de l'hellénisme, les compromissions avec le pouvoir dominant provoquent des mouvements de révolte à l'intérieur du judaïsme, qui attend fébrilement la venue d'un messie envoyé par Dieu. La communauté des chrétiens est acceptée jusqu'aux environs de 65 au sein du judaïsme, puis se produit la rupture entre les deux. Elle était jusqu'alors déjà contestée par les pharisiens et rejetée par les sadducéens. Vers 61, les chrétiens sont à Rome et se répandent dans le monde païen. Au même moment le syncrétisme est favorisé ainsi qu'un culte de l'empereur à des fins politiques et idéologiques. Le refus des chrétiens de s'y soumettre est l'une des causes des persécutions. Parmi les responsables des premières persécutions, un érudit pharisien, **Saül**, né à Tarse en Cilicie. Fils de parents juifs mais citoyen romain, il persécute les chrétiens en Syrie. C'est devant Damas qu'il entend l'appel du seigneur. Après trois ans d'études, il se rend à Jérusalem auprès de Pierre. Il devient, après sa conversion, le premier théologien de la nouvelle religion, connu sous le nom de **Paul**, et jette les bases de toute la doctrine chrétienne. Il se rend à Chypre, à Jérusalem et en Europe, à Athènes et Corinthe pour la propager. Vers 61, il est envoyé en prison. Une plainte des juifs est à l'origine de son arrestation : il est soupçonné d'avoir introduit dans le Temple un non-juif. Pendant deux ans, il reste sous surveillance à Césarée puis est transféré à Rome pour comparaître devant un tribunal impérial. Or Néron, en 64, prenant comme prétexte que les chrétiens auraient mis le feu à Rome, se livre à un véritable massacre de cette communauté. Pierre, premier évêque, est mis à mort dans le cirque près de l'actuel Vatican. Paul est décapité sur la *Via Ostia*. Avant même la destruction de Jérusalem, les judéo-chrétiens qui y résident s'enfuient vers Pella en Jordanie orientale. Au cours des trente années suivantes, les quatre Évangiles sont publiés, ainsi que l'Apocalypse de saint Jean.

QUERELLES DOGMATIQUES ET HÉRÉSIES

Vers le IIe siècle, les querelles dogmatiques commencent. Pendant longtemps et ce jusqu'à un moment avancé du IIe siècle, la théologie chrétienne est presque exclusivement une christologie. Cette réflexion sur le Christ se présente sous des formes variées, allant des judaïsants, qui minimisent son rôle, à **Marcion** (v. 85-v. 160), qui l'exalte. Les grandes Églises, Antioche, Rome, Alexandrie, lors de la formation du canon du Nouveau Testament se retrouvent au premier plan. Les évêques ont pour rôle de garantir la transmission, héritée des apôtres, de l'authenticité du message. **Irénée**, évêque de Lyon dans le dernier quart du IIe siècle, réfléchit sur l'unité de Dieu, l'unité du Christ et l'unité de ces deux éléments, reflet de l'unité de l'Église et de la loi. Alexandrie, haut lieu intellectuel, est également un évêché depuis la destruction de Jérusalem. Les patriarches le tiennent pour aussi important que celui de Rome. La première faculté théologique y est fondée, école de catéchumènes, composée de célèbres professeurs : **Clément d'Alexandrie** (v. 150-v. 220), **Origène** (185-v. 253), **Pantainos** (mort vers 200). Origène commente presque toutes les écritures saintes, travaillant toute sa vie à restituer le texte de l'Ancien Testament. À la même époque, **Jules l'Africain** (v. 170-v. 240) compose la première histoire du christianisme, la *Chronographiai*. L'Église, entre le IIe et le IIIe siècle, expose les vérités auxquelles tout chrétien se doit de croire et déclare hérétique toute autre vérité.

Les grandes hérésies de cette époque sont :
– le **monarchianisme**, qui se fonde sur le monothéisme judaïque et tient Dieu le père pour supérieur au Fils et au Saint-Esprit ;

ANTIQUITÉ

– le **modalisme**, qui institue le Fils comme une modalité de la divinité du Père ;
– les **patripassiens** (*pater* : père, *passus* : souffrir) soutiennent que c'est le Père qui a souffert dans le Fils ;
– l'**arianisme**, doctrine fondée par Arius, qui estime le Fils inférieur au Père.

Les premiers rites chrétiens montrent que l'admission au sein de sa communauté est précédée d'une période de préparation, ou catéchuménat, sauf aux époques de persécutions où la conversion scellée par le martyre remplace le sacrement du baptême.

LES SOURCES DOCUMENTAIRES

L'historicité de Jésus n'est pas un problème historique, car nous ne disposons d'aucune donnée pour la poser. Chercher les traces de Jésus relève davantage d'un acte de foi. Les écrits les plus anciens sont : des lettres, ou épîtres, envoyées par l'apôtre Paul aux différentes communautés. Elles sont postérieures d'environ vingt ans à la mort de Jésus et précèdent de vingt ou trente ans la rédaction des Évangiles, en 70 environ pour Marc, en 80 ou en 90 pour Jean. Les Actes des Apôtres, livre dans lequel Luc esquisse une histoire de l'Église, est de cinquante ans postérieur aux premiers événements qu'il mentionne. Il constitue le cinquième livre du Nouveau Testament, commence avec l'Ascension, puis la Pentecôte et relate les débuts de l'Église primitive qui se forme autour des apôtres à Jérusalem pour se répandre ensuite en Judée, à Samarie et dans les communautés juives de la diaspora. Il existe également des témoignages d'historiens latins, mais très brefs. **Tacite** (55-120) mentionne quelqu'un nommé « Christ », **Pline le Jeune** (61-114) indique la diffusion de l'Église en Bithynie, au nord-ouest de l'Asie Mineure, **Suétone** (v. 70-v. 140) évoque également le christianisme. **Flavius Josèphe** (v. 37-v. 100), dans ses *Antiquités juives*, donne le récit de la mise à mort de Jacques « Frère de Jésus » exécuté en 62 par un grand prêtre sadducéen. Il évoque brièvement Jésus dans le *Testimonium flavianum* (*Témoignage de Flavius*) aux paragraphes 63 et 64 du Livre 18 : « À cette époque vécut Jésus, un homme habile, car il accomplissait des choses prodigieuses. Maître de gens qui étaient tous disposés à faire bon accueil aux choses anormales, il se gagna beaucoup de monde parmi les juifs et jusque parmi les Hellènes. »

Le Nouveau Testament

Comme l'Ancien Testament, le Nouveau Testament contient une variété de types d'écriture. Les chrétiens y voient l'accomplissement de la promesse de l'Ancien Testament. Il rapporte et interprète la nouvelle alliance, représentée dans la vie et la mort de Jésus, entre Dieu et les disciples du Christ. Vingt-sept manuscrits, dont le plus ancien date du IVe siècle, écrits en grec, forment le Nouveau Testament. Il s'agit des souvenirs de la vie de Jésus ainsi que ses actes et paroles dans les quatre Évangiles. Les Actes des Apôtres relate le récit historique des premières années de l'Église chrétienne, les épîtres et le livre de l'Apocalypse donnent une description apocalyptique de l'intervention de Dieu dans l'histoire. Au IVe siècle, **saint Jérôme** traduit la Bible en latin. Cette traduction appelée *Vulgate* fut longtemps la seule traduction reconnue par l'Église. Le Nouveau Testament renferme les quatre Évangiles rédigés par Matthieu, Marc, Luc et Jean. Le premier des Évangiles à avoir été rédigé semble être celui de Marc. Les Évangiles selon Marc, Matthieu et Luc sont de composition similaire, rapportant les mêmes faits et anecdotes sur Jésus, suivant la même trame narrative. Ils sont dits synoptiques, c'est-à-dire épousant le même point de vue. Celui de Jean diffère à la fois dans sa composition et ses sources.

Les Actes des Apôtres et les Épîtres de Paul

Attribués à Luc, les Actes des Apôtres sont des sources fondamentales. Les voyages missionnaires effectués par Pierre et par Paul de façon séparée y sont racontés en détails. Le récit débute avec l'Ascension de Jésus suivie de la Pentecôte et relate les débuts de l'Église primitive.

Les Épîtres de Paul, adressées à une communauté particulière ou à un destinataire précis, sont complétées par sept épîtres catholiques, c'est-à-dire adressées à toute l'Église, probablement datées des années 60.

L'Apocalypse

Enfin il y a l'Apocalypse, du grec *apokalupsis*, « mise à nu », révélation que Dieu fit à saint Jean sur l'île de Patmos, qui annonce la fin des temps. L'Apocalypse de Jean semble être une collection d'unités distinctes composées par des auteurs inconnus qui ont vécu durant le dernier quart du Ier siècle, mais il est censé avoir été écrit par un individu nommé Jean à Patmos. Le texte ne permet pas de savoir si Jean de Patmos et Jean l'apôtre sont la même personne. Le livre comprend deux parties principales. La première (chapitres 1-11) contient des exhortations morales – mais pas de visions symboliques – dans des lettres individuelles adressées aux sept Églises chrétiennes d'Asie Mineure. Dans la seconde partie (chapitres 12-22), des visions, des allégories et des symboles restent en grande partie inexpliqués. Loin de supposer que l'Apocalypse est une allégorie abstraite ou une prophétie sur la fin du monde, beaucoup de chercheurs s'accordent à dire que le sujet traite d'une crise contemporaine de la foi, sans doute provoquée par les persécutions romaines. Les chrétiens sont donc exhortés à rester fermes dans leur foi et à tenir fermement l'espérance que Dieu sera finalement victorieux de leurs ennemis. Le style « apocalyptique » est une forme symbolique du langage que l'on retrouve chez les Hébreux contemporains de la rédaction de l'ouvrage, mais aussi dans certaines parties de l'Ancien Testament.

La source des Logia *et les sources archéologiques*

Ce terme désigne une collection de paroles, de maximes, de courtes histoires prêtées à Jésus et que les évangiles de Matthieu et de Luc auraient connues indépendamment et utilisées pour leur travail de rédaction. Les *agrapha*, « choses non écrites », sont les paroles dites par Jésus mais ne figurant pas dans les textes canoniques. Elles proviennent des textes apocryphes du Nouveau Testament, de l'Évangile selon saint Thomas, des citations des Pères de l'Église. Les autres sources qui permettent de retracer l'histoire du christianisme primitif sont archéologiques. Les fouilles exécutées à Nazareth, à Capharnaüm, celles du *Cardo Maximus* et de l'*Aelia Capitolina* du quartier hérodéen de Jérusalem, de Césarée maritime, de Sepphoris, même le Golan ont fourni des renseignements sur les premières sociétés chrétiennes. Les manuscrits de Qumrân, en Judée, près de la mer Morte, découverts en 1947, apportent aussi de nombreux éléments pour ceux qui s'intéressent aux origines du christianisme. Leur découverte, ainsi que celle d'autres témoignages dans des grottes de cette région, a fait couler beaucoup d'encre. C'est une véritable bibliothèque qui y fut retrouvée, puisqu'elle comportait plus de huit cents manuscrits. Ces textes sont des copies en hébreu d'une grande partie des livres qui composent l'Ancien Testament, mais aussi des copies (en hébreu et en araméen) de textes connus sous le nom de Deutérocanoniques, inclus dans l'Ancien Testament par l'Église catholique. On trouve également des commentaires d'Habacuc de l'Ancien Testament et d'autres textes bibliques inconnus tels que l'Apocryphe de la Genèse, la Règle de la communauté essénienne.

◆ Les *Textes de Nag Hammadi*, retrouvés en 1945 près de Louxor en Égypte, sont composés de treize codex gnostiques, hermétiques, dont l'Évangile selon Thomas. Une grande partie d'entre eux est contemporaine des écrits canoniques juifs et chrétiens et se présente comme une réécriture et un prolongement de ceux-ci : Genèse réécrite, apocalypses, paroles du sauveur, dialogues avec ses disciples, lettres des apôtres forment la majeure partie de ce corpus. Ces codex contiennent une cinquantaine de traités en copte, traduction de textes rédigés à l'origine en grec et qui dateraient du IIe au IIIe siècle. Ils sont réunis au musée copte du Caire. De nombreux monastères sont implantés dans cette région depuis le début du cénobitisme égyptien au IVe siècle, et il y a tout lieu de croire que les chrétiens de cette région réunirent cette collection.

2. L'évolution du christianisme

LA DOCTRINE GNOSTIQUE

Par « gnosticisme », on entend « un mouvement religieux particulier de l'ensemble des sectes et des écoles des premiers siècles du christianisme, qui ont en commun une certaine conception de la gnose rejetée par l'Église chrétienne orthodoxe[1] ». Si le terme de gnosticisme a une connotation historique précise, celui de gnose n'en a pas, ce dernier désignant les tendances universelles de la pensée qui trouvent leur dénominateur commun autour de la notion de connaissance. Les principaux ouvrages de réfutation des gnostiques s'échelonnent sur trois siècles et nous les devons à Irénée, évêque de Lyon au IIe siècle, à **Hippolyte** qui vivait à Rome au IIIe siècle et à Épiphane, évêque de Salamine, au IVe siècle. Parmi les textes écrits par les gnostiques eux-mêmes, composés à l'origine en grec mais conservés en copte, il faut mentionner quelques manuscrits retrouvés au XVIIIe et au XIXe siècle et la collection mise au jour à Nag Hammadi. Les premiers indices indiquant l'existence de ce courant d'idées se trouvent dans la première épître aux Corinthiens (VIII, 1) et dans celle à Timothée (VI, 20). Les conceptions religieuses de la gnose, qui construit de véritables cosmologies, ne sont pas sans rappeler quelques points communs avec les religions païennes et les philosophies de la même époque. Si ces formes ne se sont pas imposées, c'est sans doute leur incapacité à se raccrocher au pouvoir qui en est responsable mais aussi le morcellement de la gnose en une multitude de sectes aux constructions intellectuelles complexes. Le marcionisme, doctrine de Marcion (v. 85-v. 160) qui pose un Dieu Père différent, colporte une morale austère peu à même d'être acceptée par la société d'alors. Le gnosticisme n'est pas une doctrine homogène, car il se caractérise par une certaine conception de la connaissance à laquelle il accorde une place essentielle. Elle constitue le moyen d'atteindre le salut, de révéler au gnostique sa vraie nature. Elle lui apprend qu'il n'est pas du monde, qu'il

---

1. Définition du « gnosticisme », in *Encyclopædia Universalis*.

n'appartient pas au monde mais que « son être essentiel » a une origine divine et céleste. Elle lui enseigne aussi qu'il est issu de Dieu, et qu'en tant que tel il est destiné à le rejoindre après sa mort. Le IIIe siècle marque l'extension du mouvement gnostique, mais il est vite relégué au IVe siècle par l'Empire chrétien.

L'Évangile de Judas

Parmi les nombreux évangiles du IIe siècle, celui de Judas, découvert dans les années 1970 en Moyenne-Égypte, est classé comme gnostique. C'est un manuscrit en papyrus, composé de vingt-six pages, faisant partie d'un codex d'une soixantaine de pages, appelé codex Tchacos, contenant également deux autres textes apocryphes, l'Épître de Pierre à Philippe et la Première Apocalypse de Jacques. Il tente de définir qui est le Christ et comment le caractériser. Traduit en 2006 et publié par la National Geographic Society, ce texte donne un éclairage sur les origines du christianisme au Ier siècle. Irénée de Lyon mentionne son existence dans un groupe gnostique caïnite. Son auteur est anonyme mais a pris le nom de Judas afin de placer le texte sous une haute autorité. Le déchiffrement du papyrus contredit les enseignements du Nouveau Testament. La traduction montre un texte non sectaire où Judas est celui que Jésus choisit pour le livrer : « Tu les surpasseras tous, car tu sacrifieras l'homme qui me sert d'enveloppe charnelle [1]. » Cette vision, Judas traître et héros, diffère de celle des Évangiles canoniques, aujourd'hui remise en question par la communauté scientifique, lors d'un congrès en mars 2008, à l'université Rice de Houston. Judas y est montré comme un être sous l'emprise de son destin et de celui dicté par les astres, qualifié de treizième *daimon*, il est celui qui gouvernera sur ceux qui le maudissent. Par l'entremise de son étoile, il devra « sacrifier l'enveloppe charnelle de son maître et l'offrir au dieu Saklas [2] ». C'est au IVe siècle que Judas devient important et, au Ve siècle, selon **saint Augustin**, « Judas est la figure du peuple juif [3] ». Il y a un parallélisme entre le regard porté sur Judas et celui que les chrétiens posent sur le judaïsme comme déicide : Judas devient alors le symbole de la culpabilité du peuple juif. Au Moyen Âge, on justifie les impôts spécifiques qu'on fait payer aux juifs en disant qu'ils sont une compensation aux trente deniers perçus par Judas. Le regard porté sur lui commence à s'humaniser au XVIIIe siècle.

---

1. *L'Évangile de Judas. Du Codex Tchacos*, traduction et commentaires de R. Kasser, M. Meyer et G. Wurst, traduit de l'anglais par D. Bismuth, Paris, Flammarion, « Champs classiques », 2008, p. 33.
2. André Gagné, « *A Critical Note on the Meaning of Apophasis in Gospel of Judas 33 : 1* », in *Laval théologique et philosophique 63*, Laval, Éd. Faculté de philosophie, 2007, p. 337-383.
3. Fadiedy Lovesky, *Antisémitisme et mystère d'Israël*, Paris, Albin Michel, 1955, p. 139.

LE CHRISTIANISME CONSTANTINIEN

À la fin du IIIe siècle, **Aurélien** (empereur de 270 à 275) fonde une nouvelle religion monothéiste d'État, celle du *Sol invictus*, le dieu soleil invaincu dont il fait reproduire le symbole sur les enseignes militaires. Il espère par le caractère exclusif de cette religion endiguer la montée du christianisme. Les chrétiens et tous ceux qui refusent de la suivre seront persécutés. **Constantin** (Flavius Valerius Aurelius Claudius Constantinus, v. 285-337), comme son père **Constance Chlore**, suit d'abord cette religion solaire. Puis constatant l'avancée du christianisme et renonçant à la politique de persécution de ses prédécesseurs, il prend le parti de s'appuyer finalement sur le christianisme pour consolider l'unité de son empire. Par l'édit de tolérance du 30 avril 311, Constantin et son coempereur **Licinius** mettent fin à la persécution des chrétiens. Après la mort de Galère à Sardique, **Maximin II Daïa** obtient l'Asie et sous son règne de nouvelles persécutions antichrétiennes ont lieu. Constantin s'allie à **Licinius** contre ce dernier et **Maxence**. La bataille décisive a lieu devant Rome en 312 au pont Milvius. Maxence y trouve la mort. La légende veut qu'avant cette bataille Constantin ait vu dans le ciel une croix entourée d'une banderole et, convaincu de la puissance du dieu des chrétiens, ait voulu se convertir. **Constantin** reste seul empereur d'Occident, pendant que Licinius, vainqueur de Maximin II Daïa, règne sur le monde oriental. Après sa victoire, **Constantin** fait ériger sur le Forum Romanum sa statue en pied avec la croix en guise d'insigne de son triomphe. C'est la première représentation de l'empereur chrétien. Mais plus encore, le ralliement de Constantin au christianisme est le couronnement de l'évolution de cette religion[1] même si, encore au IVe siècle, subsistent bon nombre de religions orientales, culte d'Isis ou de Mithra. Les chrétiens ne sont encore en 312 qu'une minorité dans l'Empire.

♦ L'édit de Milan, de 313 après J.-C., rétablit dans l'Empire romain la paix en accordant la liberté de culte à tous les habitants de

---

1. À ce sujet, voir Yves Modéran, *L'Empire romain tardif : 235-395 apr. J.-C.*, Paris, Ellipses, 2006.

l'Empire. Les évêques se voient accorder les mêmes droits et les mêmes honneurs que les sénateurs. L'Église reste étroitement liée à l'État même si elle est habilitée à recevoir des legs. Pour la première fois dans la Rome antique, un empereur est aussi chef de l'Église. La vie publique, à la suite de l'édit, est considérablement modifiée, le culte païen est refoulé, les sacrifices païens officiellement interdits en 319. Les chrétiens occupent les plus hauts postes administratifs. En 321, le dimanche, jour de la résurrection du Christ, est déclaré jour de repos légal. En 325, les jeux de gladiateurs sont supprimés. Les pièces de monnaie comportant des emblèmes païens sont peu à peu retirées. Enfin une de ses conséquences concerne l'art, lui permettant de se développer librement. De nombreuses églises seront construites sous le pape **Sylvestre Ier** (314-335) et ses successeurs.

◆ Le concile de Nicée, en 325, premier concile œcuménique, est réuni par l'empereur pour résoudre le problème soulevé par Arius concernant la Trinité, qui divise les Églises d'Orient. Rattaché à l'Église d'Antioche, **Arius**, élève de **Lucien**, soutient que le fils, Jésus, n'est pas identique à Dieu mais à un autre revêtu par lui de pouvoirs divins. Deux théologiens, **Eusèbe**, évêque de Césarée, et **Eusèbe**, évêque de Nicomédie, contribuent à la diffusion de cette doctrine, source possible de la division de l'Église, menace pour la politique intérieure. Constantin, conscient du danger, appuyé par le pape **Sylvestre**, lance un appel aux évêques. Le concile, dont le siège se trouve au palais d'été de l'empereur, réunit environ deux cent cinquante évêques dont seulement trois d'Occident. Athanase[1] est à la tête des adversaires d'Arius. Le concile fait l'unité et formule ce qu'on appellera le « Credo de Nicée ». **Arius** sera banni ainsi qu'**Eusèbe de Nicomédie**. Pourtant **Constantin** le fait revenir et le problème de l'arianisme reste en suspens. Il bannit, en revanche, Athanase comme fauteur de troubles. Toute la chrétienté d'Orient va devenir arienne, tandis que celle d'Occident s'en tient au Credo de Nicée. Un an auparavant, **Constantinople** est fondé, remplaçant Byzance pour des raisons

---

1. Lorsque, exilé d'Alexandrie, Athanase vient à Rome et à Trèves, il prêche en Occident l'idéal de renoncement au monde et la vie monastique. Il est l'auteur d'une description d'une vie de saint Antoine qui aura une grande importance sur le monachisme occidental.

stratégiques – il s'agit d'un point de contact entre l'Orient en plein essor et l'Occident. Constantin entreprend officiellement, en 326, la transformation de Byzance en une nouvelle Rome chrétienne. Constantinople devient alors une copie de Rome avec sa division en quatorze districts et ses sept collines. L'hippodrome est semblable au Grand Cirque romain. Mais, contrairement à Rome, il n'y a ni lieu ni culte païens. L'Église romaine devient politiquement plus indépendante et la puissance du pape s'accroît du fait de son éloignement de la cour impériale. La langue cléricale y devient le latin. Le dimanche 22 mai 337, jour de la Pentecôte, Constantin meurt à Nicomédie. Son mausolée n'étant pas encore construit, sa dépouille est conduite à l'Église des Saints-Apôtres. Ses trois fils seront proclamés Auguste. **Constantin II** reçoit l'Occident, **Constance II** l'Orient et **Constant**, âgé de quatorze ans, sous la tutelle de son frère aîné, reçoit un empire du centre. Le fils fut déclaré de même « substance » que le père. Le concile reconnaît aussi la prééminence du siège d'Alexandrie sur toutes les églises d'Égypte, fixe la date de Pâques. Ce texte est prolongé en 451 par le concile de Chalcédoine qui évoque les deux natures du Christ, humaine et divine, réunies en une seule personne. Au VIIIe siècle, les Occidentaux introduisent dans le Credo l'expression *filioque*, « il procède du père et du fils ».

LE CHRISTIANISME APRÈS CONSTANTIN

À la fin du IVe siècle, le christianisme se présente ainsi : politiquement, il semble ne plus avoir d'adversaires et son expansion dépasse les frontières de l'Empire. Intellectuellement, les Pères de l'Église lui ont assuré, par leurs sermons, leurs traités théologiques, leurs commentaires, un éclat sans précédent. Culturellement, l'art chrétien se développe et prend forme. Économiquement, les églises se sont dotées de territoires et de ressources très importantes. Socialement, le christianisme a atteint toutes les couches sociales, du paysan à l'aristocrate. Le Ve siècle va ternir ce tableau idyllique, car une nouvelle ère s'ouvre sur les invasions barbares. L'Occident latin s'est fragmenté en une multitude de royaumes barbares : les royaumes wisigoth, ostrogoth, burgonde, vandale, etc. En outre, ce même Occident est aux mains de différents rois, alors qu'en Orient le règne impérial se poursuit. L'Occident lutte contre le pélagianisme, doctrine du breton **Pélage** (350-420) qui place les rapports de l'homme à Dieu sous le signe de la liberté, tandis qu'en Orient différents mouvements, au sujet de la nature du Christ, se battent à coups de conciles. Le fossé se creuse entre Occident et Orient, déjà géographiquement, car l'Illyrie (l'ouest de la Croatie actuelle), dernier pont entre les deux, a été envahie par les Barbares. Deux centres religieux s'affirment, d'un côté Rome, dont la suprématie religieuse a été admise par toutes les Églises jusqu'à la fin du IVe siècle, et de l'autre Constantinople, capitale de l'Empire depuis 330, qui revendique les mêmes privilèges. En 381, le concile de Constantinople lui consacre la primauté d'honneur bien que toujours seconde après Rome. L'évêque **Damase** (304-384) est le premier pape à distinguer Rome comme étant le siège apostolique, établi par l'apôtre Pierre, fondateur de l'Église catholique romaine. Lors du concile de Rome qu'il réunit, en 381, la primauté épiscopale de Rome est prononcée. À la même date, Théodose réunit un deuxième concile œcuménique à Constantinople, sous la présidence de **Grégoire de Naziance** (329-390). Le Credo de Nicée est accepté à l'unanimité. Constantinople devient ainsi le premier évêché oriental. En 431 a lieu le troisième concile œcuménique à Éphèse qui condamne le nestorianisme, hérésie qui rentre dans l'histoire grâce à **Nestorius d'Antioche** (381-451), patriarche de Constantinople. Pour concevoir les rapports entre les trois principes divins, les nestoriens nient l'humanité du Christ et tiennent son corps pour une apparence. Nestorius ne voit en Marie que la mère de Dieu. Il sera exclu de l'Église et banni, il mourra en 451 dans le désert. Avec l'accession du pape **Léon Ier le Grand**, en 440, la papauté atteint pour la première fois à une haute puissance. Un édit de **Valentinien III**, en 445, confirme la primauté du siège de Pierre sur l'Occident. Le quatrième concile de Chalcédoine, en 451, est une condamnation du monophysisme. Après avoir renouvelé la condamnation du nestorianisme, portée par le concile d'Éphèse en 431, Chalcédoine exclut l'erreur inverse du monophysisme d'**Eutychès** (?-v. 454), une seule nature dans le Christ, la nature humaine absorbant la nature divine. Cette hérésie va devenir l'hérésie la plus puissante et la plus populaire de l'Antiquité chrétienne. La conséquence en est le premier schisme, en 484, entre les

Églises d'Orient et d'Occident. Ce n'est qu'en 519 que Justinien, provisoirement, réussit à rétablir l'unité de l'Église en confirmant le jugement de Chalcédoine mais sans parvenir à anéantir l'hérésie. Les évêques grecs reconnaissent le primat du pape. Puis en 492, le pape **Gélase I**[er] (492-496) pose les fondements de la doctrine médiévale « des deux puissances ». Dans une lettre à Anastase, il insiste sur l'autorité des évêques qui doit valoir celle des souverains temporels et affirme que les deux puissances doivent régir le monde ensemble. Pour la première fois, sous le règne du pape **Symmaque** (498-514), est mise en place une règle de succession au trône de saint Pierre : un vote majoritaire du clergé désignera le successeur d'un pape mort qui ne l'aurait pas fait.

LES DOCTEURS ET PÈRES DE L'ÉGLISE AU IVe SIÈCLE

L'ancienneté, l'orthodoxie, tout comme le fait d'être évêque et d'avoir défendu par des écrits ou des actes la doctrine catholique, sont requis. La connaissance des Pères de l'Église est nommée patristique et draine une partie de la théologie chrétienne. La patrologie est l'étude des textes littéraires et œuvres de ces mêmes Pères. Le milieu du IVe siècle voit en Cappadoce vivre les plus célèbres docteurs d'Orient après **Athanase d'Alexandrie** (295-373) : **saint Basile le Grand** (329-379), évêque de Césarée, **saint Grégoire**, évêque de Nysse, **saint Grégoire de Naziance**, évêque de Constantinople (329-390), et **Jean Chrysotome** (345-407), archevêque de Constantinople. Avant de devenir évêques en exercice, ils étudient les ouvrages des apologistes, tout particulièrement ceux d'**Origène** (185-v. 253). En tant que docteurs de l'Église, ils s'appuient sur le Credo de Nicée et combattent l'arianisme. Au IVe siècle, la controverse porte sur la notion de fils de Dieu – le Dieu du christianisme, père de Jésus-Christ, est un dieu en trois hypostases ou personnes distinctes, le Père, le Fils et le Saint-Esprit – et en particulier sur la nature humaine ou divine du Christ.

◆ **Saint Augustin** (Aurelius Augustinus, 354-430) sera le seul Père de l'Église dont l'œuvre et la doctrine auront abouti à un système de pensée. Il est non seulement l'un des plus grands Pères de l'Église mais aussi l'un de ses plus grands philosophes. Marqué par le double héritage du platonisme et du christianisme, il suppose que Dieu est saisi par un acte intérieur. L'homme peut le comprendre mais mettre aussi à sa portée les vérités éternelles. Né à Thagaste en Numidie, d'une mère chrétienne, Monique, ses études se font à Madaure puis à Carthage, grâce à ses dons exceptionnels. Sa pensée, influencée par le platonisme, se perpétue et plusieurs thèses soulevées sont à nouveau étudiées : celles de la prédestination, de la politique, de la vision du monde. Avec ses *Confessions*, il rédige la première confession intérieure, en ouvrant sa conscience et en partageant ses émotions, que l'on avait jusqu'alors coutume de taire. Ce qui fait son unité et donne la forme d'un dialogue avec Dieu, c'est l'intensité dramatique du souvenir. C'est une expérience intérieure qui est racontée mais aussi qui tourne autour de l'expérience du temps. *La Cité de Dieu* est écrite en réaction au sac de Rome par les Barbares d'**Alaric**. Il oppose la cité terrestre à la cité céleste, la cité de Dieu qui donne sens au devenir du monde. Ces deux cités sont mêlées jusqu'au Jugement dernier où, définitivement, elles seront séparées. Ce sera le fondement de la philosophie historique chrétienne médiévale et le postulat de la Providence, du libre arbitre, de l'éternité et de l'impénétrabilité de la volonté divine.

LES DÉBUTS DU MONACHISME

Dès l'origine, **le monachisme chrétien** se manifeste en divers lieux. Le mot « monachisme » s'applique à tous les ermites, anachorètes, cénobites, ces hommes qui ont choisi de vivre séparés de la société pour s'adonner à la prière et au service de Dieu. Le monachisme occidental se développe en Gaule, le premier monastère est celui de l'île Barbe, *Insula Barbara*, sur la Saône. Les persécutions en 202 de Septime Sévère poussent une communauté de chrétiens à s'y regrouper. Le monachisme se développe un siècle après à Rome. Les plus illustres évêques, **saint Eusèbe**, à Verceil, saint Ambroise, à Milan, saint Augustin, à Hippone, organisent une vie commune pour leurs clercs. Mais c'est surtout sous l'influence de saint Athanase que le monachisme se propage en Occident. Certains groupes érémitiques s'installent sur les bords de la Moselle. Mais son artisan le plus important est **saint Benoît** de **Nursie** qui, après le Vᵉ siècle, déplace sa communauté au mont Cassin et y rédige sa règle. Le terme de *regula* n'implique pas nécessairement une règle écrite et peut désigner aussi l'autorité d'un abbé. Cependant, aux Vᵉ et VIᵉ siècles, une quinzaine de règles latines ont été rédigées afin de codifier par écrit la vie monastique.

En Occident

Saint Benoît de Nursie (480-547) est le fondateur du monastère du Mont-Cassin, de l'**ordre des Bénédictins**, première organisation caractérisée du monachisme occidental. C'est là qu'il rédige la Règle que la tradition nous a transmise sous son nom. Il n'est pas le premier rédacteur de règle monastique, ayant eu accès aux règles qui sont nées en Égypte autour de saint Pacôme de Tabennèse, en Afrique du Nord avec saint Augustin, et en Gaule méridionale dans le foyer monastique des îles de Lérins. Mais il a surtout recueilli cette synthèse pratique que l'on désigne sous le nom de Règle du Maître, faute d'en connaître l'auteur exact. Pour la première fois, grâce à la fondation d'un couvent central, un ordre devient sédentaire et peut subvenir à ses besoins sans avoir recours à des dons charitables, recueillis par des moines mendiants. La science et l'agriculture y sont pratiquées avec la même assiduité, tout en restant subordonnées au service du divin. Les abbayes bénédictines principales sont celles de : Landévennec, fondée en 485 par saint Guénolé, Saint-Germain-des-Prés en 540 par **Childebert Iᵉʳ**, Brantôme par Charlemagne en 769 et Cluny par **Guillaume Iᵉʳ d'Aquitaine** en 910. Durant tout le haut Moyen Âge, après la conversion de l'Angleterre et l'évangélisation des pays germaniques au VIIIᵉ siècle, les monastères ne cessent de se multiplier.

En Orient

En Orient, le premier ermite chrétien est **saint Antoine** (v. 251-v. 356), qui s'était retiré dans le désert. Son exemple fait école mais pose des problèmes à la vie chrétienne, car un autre ermite, **saint Pacôme** (292-348), découvre dans la vie érémitique sans règle des dangers qu'il s'efforce de pallier en fondant une communauté assujettie à un régime commun de prière et de travail sous l'autorité d'un supérieur. Après avoir été attesté en Égypte, le monachisme l'est aussi en Palestine, avec Hilarion et son âge d'or, sous **Euthyme le Grand** (377-473) et **saint Sabas** (439-532). La *laure*, village de moines, se généralise dans le désert de Jérusalem.

Les termes de l'érémitisme

- **Anachorétisme : la solitude complète** est un élément essentiel de l'ascèse de l'ermite.

- **Semi-anachorétisme : regroupement des anachorètes** autour d'un même lieu pour recevoir d'un ancien l'enseignement. Il n'implique nullement la recherche d'une vie communautaire.

- **Le cénobitisme : communauté monastique** constituée pour mener une vie communautaire. Il reste une forme du monachisme du désert puisqu'il reprend le semi-anachorétisme mais y adjoint une vie communautaire sur le modèle de l'Église primitive de Jérusalem. Les biens sont mis en commun. La soumission et le respect des règles communes le définissent. Il emprunte au monachisme urbain un caractère ecclésial et liturgique nettement plus marqué que dans le semi-anachorétisme.

LA CHRISTIANISATION DE L'EUROPE

Entre 375, invasion des Huns, et 568, migration des Lombards, en Europe, des migrations vont avoir lieu. La puissante et constante intrusion de ces peuples en Europe va en modifier le statut politique et la civilisation. La plupart des peuples barbares[1], la France exceptée, sont déjà christianisés au moment où ils envahissent l'Occident, christianisés mais de confession arienne, hérésie condamnée en 325 par le concile de Nicée. Les invasions vont créer un désarroi immense chez les Romains. Le sac de Rome par **Alaric** en 410 connaît un retentissement considérable. Les tribus germaniques pillent les provinces romaines. Incapables de faire face sur tous les fronts, les autorités impériales s'efforcent de disperser les Barbares, de les éloigner des zones les plus riches et les plus urbanisées. L'arrivée des Huns a des répercussions tout le long du limes jusqu'en Germanie occidentale. En

---

1. À ce sujet, voir Roger-Pol Droit, *Généalogie des Barbares*, Paris, Odile Jacob, 2007.

406, Vandales, Suèves et Alains franchissent, à la hauteur de Mayence, le Rhin. Ils se répandent en Gaule et dévastent tout. D'autres peuples barbares s'engouffrent à leur suite et progressent à l'ouest du Rhin : Burgondes, Alamans, Francs. En 409, Vandales, Suèves et Alains se répandent en Espagne, poursuivant leur pillage. L'empereur **Honorius**, en 413, installe les Wisigoths en Narbonnaise, sous la direction du roi Athaulf, et, en 415, il leur demande de combattre les Vandales pour les rappeler définitivement trois ans plus tard et les installer en Aquitaine. Le royaume de Toulouse est le premier royaume barbare établi à l'intérieur du royaume. Les Alamans s'étendent sur la rive gauche du Rhin, tandis que les Francs profitent de la désorganisation de l'Empire pour s'avancer à l'ouest du Rhin. Des peuples entiers sont désormais installés dans l'Empire. Sous l'autorité d'un roi national, ils jouissent d'une autonomie totale mais sont considérés comme des troupes régulières au service de Rome et leur roi occupe une place dans la hiérarchie militaire. Avec la désorganisation de l'Empire, ce sont les évêques qui vont jouer un rôle important entre les Romains et les Barbares. Léon le Grand, pape au Ve siècle, va au-devant d'**Attila** pour négocier. Un tableau de **Raphaël**, au Vatican, montre cette rencontre avec le Hun. Ce dernier accepte de ne pas marcher sur Rome et de se retirer. Mais il y a aussi des moniales comme sainte Geneviève qui remonte le moral des Parisiens, lorsque ce même Attila se présente aux portes de Paris. Accueillis comme hôtes, les envahisseurs sont fixés au sol sur la base d'un traité, *foedus*, d'où le nom de fédérés qui leur est définitivement donné. Le véritable artisan de cette politique de collaboration, laissant supposer qu'entre 423 et 450 la crise des invasions a été surmontée, est **Aetius** (v. 395-454). Généralissime des légions romaines, avec l'aide des Huns, il défait les Burgondes du Rhin inférieur, dont le roi Gunther a violé ses engagements envers Rome. Aetius installe le reste du peuple burgonde à titre de fédérés sur le Rhône supérieur et la Saône avec pour centre Genève, leur donnant pour mission de garder les frontières devant les Alamans. Pourtant, il ne peut empêcher **Genséric**, roi des Vandales, quittant l'Espagne, de prendre Carthage. Il acquiert ainsi une base importante de la Méditerranée, lui fournissant une puissance navale. Aetius doit accepter la paix que Genséric lui propose. Les plus riches régions autour de Carthage lui sont concédées non en qualité de fédéré, selon le droit colonial romain, mais en tant que conquérant. Les biens des propriétaires romains et des clercs catholiques sont confisqués. En contrepartie, Genséric s'engage à faire des livraisons de céréales à Rome. Les conséquences quant à l'installation de ces peuples fédérés sont décisives, la situation variant néanmoins en fonction des régions. On assiste à un recul du christianisme, là où s'installent les Francs dans le nord de la Gaule et là où se trouvent les ariens qui font de leur foi un facteur d'identité nationale. Une autre conséquence, après 476, permet à l'aristocratie sénatoriale d'investir des charges épiscopales. Leur légitimité est assez vite acceptée par l'Église. Les souverains païens acceptent aussi cette collaboration avec l'Église, les évêques assurant la survie des institutions romaines. Ils sont les premiers à se convertir et demander le baptême, comme Clovis.

La christianisation chez les Germains orientaux débute au IVe siècle avec **Wulfila** (v. 311-383). Elle demande plus de huit siècles pour l'ensemble des Germains. La mission de christianisation dépend du pouvoir de persuasion du missionnaire pour montrer l'inefficacité des dieux païens face au dieu des chrétiens. Lorsqu'il parvient à convaincre, la foi est débattue en assemblée. Mais le fait le plus important de l'histoire de la chrétienté en Occident reste la propagation du christianisme dans les îles Britanniques, en Angleterre méridionale, en Écosse et en Irlande. Le christianisme se répand en premier dans la province de Bretagne, conquise par les Romains sur les Celtes. Vers le IVe siècle, l'Église britannique, sous les attaques des Pictes au Nord, des Gaels irlandais à l'Ouest, des Angles et des Saxons venus de l'Est, succombe en même temps que la souveraineté romaine. Les chrétiens restés dans l'île se réfugient dans les montagnes à l'Ouest. En 429, afin de lutter contre le pélagianisme, **saint Germain**, évêque d'Auxerre, s'y rend. Le résultat en est le rétablissement d'un ordre chrétien sur des bases nouvelles. Un mouvement missionnaire se développe vers l'Écosse et l'Irlande. Sur l'ordre du pape, l'évêque **Palladius** évangélise l'Irlande. Mais la christianisation complète de l'île sera le travail mené par **saint Patrick** (v. 385-461) en 431. Son organisation diffère de celle de la chrétienté du continent et même de Rome. Les couvents y constituent la base de l'administration ecclésiastique. Le diocèse d'un couvent recouvre le territoire temporel d'une tribu dont le chef est le fondateur

ANTIQUITÉ

et le propriétaire. Dès 602-603 on s'efforcera de faire disparaître par des « conciles d'union » les oppositions : calcul de la fête de Pâques, rite du baptême, coutumes liturgiques se sont réunifiés. Les principaux missionnaires irlandais en Bretagne et sur le continent sont **Colomban l'Ancien** (ou Colomban d'Iona, 521-597), apôtre des Pictes, des Angles et des Saxons, et **Colomban le Jeune** (ou Colomban de Luxeuil, 540-615), fondateur de plusieurs couvents en Gaule. Au nombre de ses disciples figure Gall de Suisse, fondateur d'un ermitage qui deviendra le monastère de Saint-Gall.

LE CHRISTIANISME ORIENTAL

Tandis que l'Occident chrétien des royaumes barbares s'enfonce dans une nuit culturelle et intellectuelle des premiers siècles du Moyen Âge, l'Orient se déchire religieusement, construit des monastères et des églises, ébauche sa liturgie, envoie ses missionnaires évangéliser l'Arménie, la Géorgie, la Perse. Deux monuments d'Orient sont encore à la gloire de son Empire chrétien, la cathédrale Sainte-Sophie et le *Code Justinien*, recueil de toutes les lois de l'Empire. Néanmoins, il manque à l'Orient un centre apostolique semblable à Rome pour l'Occident. Les communautés ecclésiastiques se développent considérablement et des divisions religieuses internes voient le jour. L'empereur byzantin, ou le patriarche de Constantinople, le plus puissant prélat, n'est pas pour autant le chef de l'église d'Orient. Le pape reste le successeur apostolique de saint Pierre, le prince des apôtres. Les doctrines théologiques d'Orient sont conçues comme des sources permanentes d'attaques envers l'autorité doctrinale de l'évêque de Rome. Les réformes de Justinien provoquent aussi des désagréments pour l'administration ecclésiastique et le clergé. La liaison étroite avec l'État entraîne la sécularisation de l'Église. Ainsi voit-on d'anciens fonctionnaires, des hommes sans formation, devenir évêques. C'est à prix d'or que les nouveaux prêtres doivent acheter leur entrée dans le clergé. La liturgie se transforme au VIe siècle, se détachant de plus en plus de celle pratiquée en Occident. Le faste et le solennel des cérémonies, la préciosité des habits sacerdotaux font que celle-ci se démarque plus en Orient. L'emploi du grec permet au peuple de participer aux cérémonies. Mais le fossé se creuse encore plus avec l'innovation du mystère de l'Eucharistie, qui, au lieu de se dérouler sous les yeux des fidèles, s'enferme dans le secret du Saint des Saints où seuls les prêtres y assistent. Un rideau, ou un mur, l'iconostase, dérobe, en effet, l'incarnation du Christ aux regards de la communauté. Les prêtres avant et après la consécration effectuent une procession afin de montrer le mystère au peuple. La fin du VIe siècle est marquée par l'ascension à la papauté de **Grégoire Ier le Grand**, premier moine à monter sur le trône de Saint-Pierre. Il se révèle un éminent chef de l'Église par l'élaboration d'un ordre nouveau dans l'administration ecclésiastique de l'Italie et des pays nouvellement acquis au christianisme et de par son action missionnaire : quarante bénédictins évangélisent les Angles et les Saxons. Sa politique avisée permet, par la suite, la préparation d'une étroite liaison entre l'Église et les souverains germains, d'autant plus essentielle que reposera dessus toute la politique occidentale à venir. Son activité pastorale est effective par huit cent cinquante lettres et missives, une documentation essentielle sur la théologie au Moyen Âge.

3. Le premier art chrétien

L'ART PALÉOCHRÉTIEN

C'est seulement à partir du IIIe siècle que certains bâtiments sont voués à la célébration du culte. Lors des persécutions, ces édifices sont détruits, les communautés se réunissent alors dans les catacombes, voire dans les maisons de particuliers transformées en églises. Les cimetières chrétiens, qui ne diffèrent pas des catacombes païennes et juives, existent dès le IIe siècle dans tout l'Empire, à Rome, à Naples, à Alexandrie, à Syracuse, à Malte, en Afrique du Nord, en Asie Mineure. Les maisons des particuliers ne sont que de simples constructions, parfois de riches villas comme celles de certains sénateurs ou de matrones. Des églises sont toutefois utilisées, car en 260 une ordonnance de **Gallien** (empereur de 253 à 268) en restitue certaines à Rome. Les thèmes picturaux qui décorent les catacombes avant d'emprunter ceux des païens utilisent de nombreux symboles comme mode de reconnaissance : croix, poisson, colombes, ancres. Le mot grec *ichtyos* (poisson) sert d'anagramme pour Jésus-Christ, fils de Dieu et sauveur. L'art chrétien n'est pas une création originale. On le trouve aussi bien à Rome qu'au Proche-Orient. On peut dire que l'art antique se christianise. Les motifs sont en partie des transpositions d'images païennes. Ainsi le motif des Amours et des Psychés, au cimetière de Domitille (IIIe siècle), sert à évoquer les destinés de l'âme, l'antique porteur de veau ou de bélier donne son attitude au bon pasteur, tout comme le mythe d'Orphée, aux catacombes de Priscille. Mais des thèmes purement chrétiens apparaissent également, des scènes de l'Ancien Testament (le Sacrifice d'Abraham, Jonas et la Baleine) ou du Nouveau Testament (la résurrection de Lazare). Dès le IIe siècle, des figures du Christ, au cimetière de Prétextat, et de la Vierge, aux catacombes de Priscille, font leur apparition. Mentionnons les fresques de la synagogue de Doura Europos qui succombe aux attaques perses vers le milieu du IIIe siècle : elles constituent encore aujourd'hui l'un des plus monumentaux ensembles de peintures de l'Orient romain. Elles prouvent que malgré l'interdiction judaïque des images, il existait chez les juifs une peinture religieuse figurative.

L'ARCHITECTURE CHRÉTIENNE

L'édifice religieux le plus représentatif de la période de Constantin, et aussi le plus ancien du genre, est la basilique primitive de Saint-Pierre. Consacrée en 326, elle sera démolie en 1506 pour faire place au Saint-Pierre actuel. La basilique présente une nef rectangulaire principale, flanquée d'autres plus basses sur les côtés. Nefs centrales et latérales sont séparées par des colonnades. Les salles sont couvertes soit d'une simple charpente, soit d'un plafond en bois. Une nef transversale s'ajoute à l'est de la salle réservée à la communauté. L'abside lui est directement rattachée. Au centre de celle-ci se trouve le trône du pape et en face les bancs du clergé. Les quatre basiliques majeures de cette période sont Saint-Pierre, Saint-Paul-hors-les-Murs, Saint-Jean-de-Latran, Sainte-Marie-Majeure. Mais il y a aussi Sainte-Sabine. En Orient, les créations principales de Constantin prennent place en Syrie et en Palestine. À Antioche, alors troisième ville du monde, il commence la construction de la « cathédrale au ciel d'Or », parce qu'elle était recouverte de mosaïques dont le fond était en or. Elle présentait une coupole en son centre. Commencée en 327, elle sera terminée en 341. Cet édifice grandiose servira de modèle à d'autres églises de la chrétienté, aussi bien byzantines que latines. C'est dans l'Orient romain que sont élaborées les formes caractéristiques d'un art spécifiquement chrétien. Les *martyria*, édifices commémoratifs de martyrs où on leur rend un culte, en Terre sainte, correspondent à tous les lieux marqués par le passage du Seigneur. Ainsi au sommet du mont des Oliviers, sainte Hélène fait construire l'Éléona. L'Anastasis, ou église de la Résurrection, au plan centré mais polygonal, est édifiée par Constantin au-dessus du tombeau du Christ à Jérusalem. À Bethléem, il fait édifier l'église de la Nativité. Constantin donne toute liberté aux architectes des différents lieux de l'Empire pour réaliser leurs œuvres.

LA SCULPTURE CHRÉTIENNE

La sculpture se manifeste essentiellement dans les bas-reliefs de sarcophages qui reprennent la tradition des derniers temps de l'Antiquité et réadaptent des thèmes païens aux convictions chrétiennes. Le Christ est ainsi mis en scène au milieu de ses disciples comme un philosophe antique. À partir de Constantin, les représentations se structurent en une frise ininterrompue faisant appel aux scènes du Nouveau Testament. Parfois aussi le portrait du défunt est reproduit au centre dans un médaillon ou une coquille. Les principaux centres de production seront Arles, Rome, l'Asie Mineure. Les ivoires sont les plus beaux produits de l'art du IVe siècle. Les centres impériaux (Rome, Milan, Ravenne) travaillent en même temps que les centres orientaux de Syrie, de Constantinople. Parmi les réalisations les plus connues, citons la chaire épiscopale de Maximien, à Ravenne, exécutée lors du règne de Justinien.

L'ART COPTE

L'art copte est l'art des chrétiens d'Égypte qui perdure de l'édit de Milan en 313, où l'on reconnaît l'existence de la communauté chrétienne, jusqu'après 640, moment où les Arabes conquièrent le pays.

Ses origines sont à chercher dans l'art romain qui, après l'art hellénistique, s'est développé dans tout l'Empire. Les coptes sont des chrétiens monophysites dont la langue liturgique est restée le copte, dernière forme du langage pharaonique, qui disparaît de l'usage courant pendant le XVIIe siècle. Le mot « copte » dérive de l'arabe *qubti*, corruption du grec *aiguptios* transformé en *(ai)gubti(os)* puis *qubti*. L'Égypte reste fidèle à ses anciennes conceptions religieuses jusqu'au IIIe siècle C'est également en Égypte que la vie monastique se développe avant de se propager en Orient et en Occident latin. De l'architecture copte, **les monuments typiques** seront d'ailleurs les monastères et les églises, leurs constructeurs, les évêques. Parmi les plus célèbres de ces créations : le couvent Blanc, Deir el-Abiad, et le couvent Rouge, Deir el-Ahmar. De même les chapelles du monastère de Baouit, fondé au IVe siècle, sont bâties sur le plan basilical des églises constantiniennes, avec le dôme abside tréflé et la couverture de la nef en poutres. L'architecture médiévale est influencée par ce type de plan. Le monastère prospère jusqu'au VIIIe siècle puis décline avec l'islamisation du pays.

La peinture et les tissus coptes

La peinture chrétienne connaît ses premières manifestations en Égypte dans les catacombes d'Alexandrie. Des fresques reprennent les thèmes syriens et mésopotamiens, comme celles des catacombes romaines. Plus tard, les moines coptes réalisent dans leurs églises des peintures nouvelles, copient des manuscrits révélant une grande originalité, tels ceux provenant du Fayoum. Dans cette région de Haute-Égypte, à l'époque des Ptolémée, le culte funéraire égyptien subit l'influence romaine et se transforme. Au lieu de donner la forme d'un visage humain à la partie du sarcophage où la tête du mort reposait, selon l'ancienne coutume, on peint un portrait ressemblant du défunt sur une planchette de bois et on l'insère au-dessus du visage dans les bandelettes de la momie comme s'il s'agissait du véritable visage du mort. On utilisait pour cet art du portrait la technique à l'encaustique déjà connue au Ve siècle avant J.-C. Les couleurs sont diluées dans la cire et celle-ci, ainsi teintée, est appliquée, après avoir été chauffée, avec un pinceau sur la surface à peindre. Cette technique a l'avantage de fournir une grande richesse de nuances. Ces portraits de momies ont été exécutés entre le Ier et le IVe siècle. La peinture copte présente un processus de schématisation analogue à celui de la peinture byzantine. Les principales couleurs utilisées sont le jaune, le rouge, le bleu. Parfois l'artiste se limite presque exclusivement à celles-ci. Les centres les plus importants sont ceux de Baouit, de Deir Abou Hennis, près d'Antinoé, du couvent Blanc et du couvent Rouge. Mais l'art copte est surtout connu grâce à ses tissus qui nous sont parvenus intacts en raison de la sécheresse du climat. Ils témoignent d'une stylisation géométrique des figures plus audacieuses que les peintures. Trois périodes ont pu être déterminées dans leur évolution : une période post-hellénistique (IVe-Ve siècles), où dominent les motifs gréco-romains ; une période chrétienne (V^e-VIe siècles), où l'on voit apparaître des motifs tels que la croix ou des scènes bibliques ; une époque copte (VIe-VIIe siècles), qui utilisera les motifs byzantins ou sassanides.

TROISIÈME PARTIE
LE MOYEN ÂGE

CHAPITRE PREMIER
Le temps des invasions

Le passage de l'Antiquité au Moyen Âge débute par les grandes invasions, ou les migrations des peuples chères aux humanistes allemands, depuis les Huns, aux environs de 375, jusqu'aux Lombards en 568. Après le pillage des provinces romaines, les tribus germaniques s'installent entre le Rhin et l'Escaut, en Gaule, en péninsule Ibérique. Les Vandales traversent le futur détroit de Gibraltar, s'emparent de l'Afrique du Nord, ne tardent pas à contrôler ses riches terres à blé et la Méditerranée. Le VIe siècle voit naître le royaume lombard en Italie, nouveau venu aux côtés des royaumes wisigoth en Espagne, franc en Gaule. Grèce et Proche-Orient subissent les assauts des Slaves, qui menacent l'Empire byzantin. De l'ancien Empire romain d'Occident subsiste difficilement un étroit territoire autour de Ravenne, sous la souveraineté du *basileus* de Byzance, au moins sous Justinien. Alors que s'efface la civilisation urbaine créée autrefois par Rome, un nouveau ferment d'unité européenne avance progressivement, le christianisme. L'Église multiplie les envois de missionnaires, évêques et abbés font de leur siège le centre d'une activité religieuse, politique, économique, relié par les couvents et les églises à Rome. Un face-à-face s'instaure, peuples germains d'un côté, Église de l'autre. Quand **Clovis**, roi des Francs Saliens, se convertit, il rapproche les deux entités pour donner naissance au Moyen Âge occidental. À la même époque, Byzance connaît une mutation après **Maurice**, entre dans une ère de repli politique et de flamboiement culturel, confrontée à l'islam naissant, vite conquérant.

1. Les premières invasions : Germains et Huns

HISTOIRE ET ORGANISATION POLITIQUE DE LA SOCIÉTÉ GERMANIQUE

C'est à partir du IVe siècle que les Barbares germaniques commencent leurs migrations vers l'ouest et le sud de l'Europe, plus connues sous le nom de grandes invasions. Il est possible de leur assigner une période historique située entre la révolte des Wisigoths en Thrace en 378 et la victoire remportée par Clovis à Soissons en 486. Entre ces deux dates, l'Empire romain, puis l'Empire romain d'Occident, oscille entre deux politiques à leur égard. Dans l'urgence, quand le limes, la frontière de l'Empire, est enfoncé, il convient de préserver l'unité politique et de secourir les populations frontalières par l'envoi de l'armée. Une fois les opérations militaires achevées, les Barbares vaincus sont installés aux frontières, dont ils assurent la garde au sein de corps auxiliaires, un choix porteur de lourdes menaces pour l'avenir de Rome. Si, entre le Ier et le IIe siècle, les Germains sont répartis en une multitude de tribus, dotées d'une aristocratie qui cumule des fonctions politiques, sociales et militaires, à partir du IIe siècle, ces tribus commencent à se regrouper en fédérations. Désormais, les peuplades germaniques vivent en tant qu'alliés sur le territoire romain sous le gouvernement de leurs propres princes. Ils sont pourtant exclus du *connubium*, droit de mariage avec les Romains. Les textes écrits mentionnent, à cette époque de leur expansion, des Goths, des Vandales, des Hérules. Ainsi ces derniers sont chassés du sud de la Suède par des Germains septentrionaux. Ils se divisent en un groupe occidental sur la mer du Nord et un groupe oriental sur la côte sud de la Baltique. Les Gépides, installés dans cette région, en sont chassés et refoulent à leur tour les Burgondes implantés dans les territoires du coude de la Vistule. Vers le milieu du IIIe siècle, une grande partie des Burgondes se déplace vers l'Ouest et s'établit sur le Main supérieur et moyen. Des groupes épars de Vandales se joignent à eux et occupent ainsi le territoire des Alamans. À la même époque, les tribus de l'ouest du Holstein, celles de l'embouchure de l'Elbe et d'autres peuples de la côte de la mer du Nord se regroupent pour former le peuple saxon. Le peuple franc suit le même mouvement dans la seconde moitié du même siècle et se rassemble après avoir conquis son indépendance vers 250 de notre ère. Dans les années 267-268, les Goths associés aux Hérules entreprennent des expéditions maritimes en mer Égée. Thessalonique est prise d'assaut, pendant qu'Athènes, Corinthe, Argos, Sparte et Olympie subissent leur pillage. Poussés par la famine, les Wisigoths, établis dans les montagnes stériles de la Thrace, se rebellent en 378. Les Ostrogoths, poussés par les Huns, profitent de ce soulèvement pour pénétrer dans l'Empire par la frontière du Danube, alors ouverte. Ils la franchissent en 405 sous la conduite du roi **Radagais**, et passent les Alpes en direction de l'Italie. Ils sont anéantis près de Florence. Pendant ce temps, sous la poussée des Huns, les Alamans, la tribu suève des Quades, les Burgondes et la tribu sarmate des Alains passent le Rhin et entrent dans l'Empire romain, atteignant l'Espagne en 409. En 429, les Vandales passent en Afrique commandés par **Genséric** (427-477) et y fondent leur royaume, après la prise de Carthage en 439. Épris de conquêtes, il met à sac Rome en 455, s'empare également de la Corse, de la Sardaigne et d'une partie de la Sicile. En 476, il est reconnu maître de toutes ses conquêtes par **Odoacre** (v. 435-493), chef des Hérules, ministre d'Attila et nouveau maître de l'Occident. En 451 a lieu une très forte poussée des Huns, auxquels se sont joints des princes ostrogoths. Ils rencontrent les armées romaines d'**Aetius** (v. 395-454) et leurs alliés les Wisigoths devenus indépendants ainsi que les fédérés germains de Gaule. La bataille des champs Catalauniques, entre Troyes et Châlons-sur-Marne, est décisive pour Attila qui se retire, après cette défaite, au-delà du Rhin. Les Francs, sous la direction du roi **Clodion dit « le Chevelu »** (v. 390-v. 450), se mettent en mouvement en direction du Sud-Ouest. Clovis (466-511), fils de **Childéric** (v. 440-481), termine son épopée par la victoire de Soissons sur Syagrius, en 486, et s'empare des territoires entre la Somme et la Loire, mettant fin à la souveraineté romaine en Gaule et devenant ainsi le fondateur du royaume des Francs. Premier roi chrétien des Francs, Clovis est connu grâce à l'évêque **Grégoire de Tours** (v. 538-594), historien de l'Église et auteur d'une *Histoire des Francs*. Clovis se fait baptiser par **Remi**, évêque de Reims. Contrairement aux autres rois, il n'embrasse pas la foi arienne mais chrétienne. Sa conversion renforce son autorité. En 507, la bataille de Vouillé, près de Poitiers, lui permet de rajouter à son territoire l'Aquitaine. Paris, deux ans plus tard, devient sa résidence principale en même temps qu'il reçoit de l'empereur **Anastase I**^{er} (v. 430-518) le titre de consul. En juillet 511, le concile des Gaules à Orléans montre aussi qu'il est considéré comme un « roi très glorieux, fils de la Sainte Église ». Il espère ainsi résorber l'hérésie arienne, mais, le 27 novembre 511, Clovis meurt. Il est enterré dans la basilique des Saints-Apôtres-Pierre-et-Paul, qui, plus tard, prendra le nom d'église Sainte-Geneviève. Au milieu du VIe siècle, les royaumes des Ostrogoths et des Vandales sont conquis par les Byzantins. Ils disparaissent complètement au cours du VIIe siècle.

LE ROYAUME LOMBARD (568-774)

Les Lombards sont un peuple germanique qui envahit l'Italie au VIe siècle. Ils donnent son nom, la Lombardie, à la partie septentrionale de la péninsule, mais leur contrôle s'exerce, selon les époques, sur une grande partie de l'Italie, sans toutefois qu'ils parviennent à l'unifier. Ils font de Pavie la capitale d'un royaume s'étendant de la plaine du Pô, l'Ombrie, le nord de la Toscane jusqu'aux duchés de Spolète et de Bénévent au sud. Le royaume est organisé à partir d'un domaine royal d'un seul tenant entouré de duchés. Les propriétés royales sont administrées par des nobles, les hommes libres peuvent s'y établir en échange du service militaire. Les Romains sont sujets, relativement libres, mais soumis aux codes lombards jusqu'en 680. **Agilulf** (591-616) est proclamé roi à Milan en 591. Il renonce à l'arianisme pour le christianisme, parvient à une trêve avec Byzance et la papauté. Une réaction arienne se fait jour dans la population et porte sur le trône **Rothari** (636-652), qui codifie, en 643, le droit lombard par l'*Edictus Rothari*, l'édit de Rothari, mais ne parvient pas à empêcher les duchés de devenir de plus en plus indépendants. La monarchie retrouve son éclat avec **Grimoald** (662-671), duc de Bénévent, devenu roi en 662. Il mène plusieurs campagnes victorieuses contre les Byzantins, les Francs, les Avars. Il installe des mercenaires bulgares dans le duché de Bénévent. À sa mort, en 671, la noblesse exerce la réalité du pouvoir sous des rois affaiblis. Il faut attendre le règne de **Liutprand** (712-744), le plus grand des souverains lombards, pour que la monarchie connaisse son apogée. En 738, ce dernier appuie **Charles Martel** dans la bataille de l'étang de Berre contre les Arabes. Il entreprend de conquérir les territoires byzantins, menace le duché de Rome, mais doit finalement se retirer. Il conclut en 742 une paix de vingt ans avec le pape Zacharie. C'est le duc de Frioul, **Réchis ou Ratchis** (744-749), qui lui succède, mais il sera contraint d'abdiquer au terme de quatre ans de règne en raison de son impopularité. Son frère **Aistolf** (749-756) devient alors roi. En 751 il s'empare de l'exarchat de Ravenne, dernière possession byzantine en Italie. Mais il menace Rome et, en 755, est assiégé et vaincu à Pavie par Pépin le Bref. Il se soumet au roi franc et au pape, mais, l'année suivante, assiège Rome. **Pépin** revient, le bat, l'oblige à céder au pape Étienne II les anciennes terres byzantines, à reconnaître la souveraineté franque. **Didier** (757-774), dernier roi des Lombards, force le frère d'Aistolf à lui céder ses droits au trône. Il met en place une stratégie d'alliances en mariant une de ses filles, Liutpéra, au duc de Bavière, Tassilon III, et l'autre, Désirée, à Charles, roi des Francs. Ce dernier la répudie en 771 afin d'être libre de contracter une alliance plus prestigieuse encore. Appelé par le pape **Adrien Ier** (772-795), menacé par les Lombards, **Charles** (Charlemagne) envahit ses États, assiège et prend Pavie en 774. Didier est alors enfermé dans un monastère jusqu'à la fin de ses jours. **De 774 à 781** c'est **Charlemagne** qui porte la « couronne de fer » des rois lombards. Puis il fait sacrer son fils, Carloman, âgé de quatre ans, qui prend le nom de Pépin, roi des Lombards. **Pépin d'Italie** (781-810) échoue pourtant à soumettre les trois duchés lombards de Bénévent, Salerne et Capoue qui se maintiennent encore pendant trois siècles.

L'ART DES LOMBARDS

La question est de savoir ce qu'ils gardèrent de leurs origines germaniques et comment se fit le syncrétisme dans le domaine artistique. L'art lombard des phases prépanoniennes et panoniennes lors de leur installation en Basse-Autriche nous est surtout connu par les sépultures riches en mobilier. **Jusqu'en 530**, c'est un art qui offre peu de caractères originaux, fortement influencé par les cultures au contact desquelles il se trouve : fibules empruntées aux Ostrogoths ; garnitures de ceinture en argent, fibules cloisonnées, verrerie, aux Mérovingiens. **Au VIe siècle**, parfaitement maîtres de leurs arts, ils s'affranchiront de ces influences. **L'architecture** connaît sous l'impulsion de **Théodelinde** (v. 573-627), femme d'**Authari** (584-590), un certain regain. De nombreux monastères et églises sont construits à Milan, Pavie, Monza. Dans cette dernière ville, le palais de Théodoric est transformé et décoré de fresques. Lors du premier siècle de leur domination, les Lombards reprennent ce que les architectes italo-byzantins firent, tout en y apportant quelque originalité. Les églises sont en général de plan basical, mais ont la particularité d'avoir des absides tréflées comme celle du Saint-Sauveur à Brescia ou encore des rotondes étoilées, chapelles palatines de Bénévent et de Pavie. Le monument lombard le plus célèbre reste le petit temple lombard bâti à Cividale del Friuli, vers la seconde moitié du VIIe siècle, lequel par la suite prit le nom d'Oratoire de Santa Maria en Valle. **La sculpture** elle aussi est influencée par l'art de Byzance. À la différence de l'art méditerranéen, l'absence totale d'images figuratives s'impose. Elle présente souvent une ornementation d'entrelacs caractérisée par une grande importance et variété. Elle remplace l'image alors que dans l'art carolingien et roman, elle n'aura plus qu'un caractère d'ornementation.

L'ART GERMANIQUE

L'art produit par l'époque des grandes invasions barbares s'apparente encore largement à celui de l'âge du fer et se limite à un géométrisme abstrait uniquement ornemental. Au IVe siècle apparaît un style d'ornementation nouveau, empruntant à l'art iranien et à celui des Scythes ses motifs et principes que les Goths de la mer Noire introduisent en Europe. L'utilisation des pierres semi-précieuses de toutes les couleurs, appliquées sur des feuilles d'or battu, la technique de l'ornementation cloisonnée, s'allie au décor géométrique pour constituer l'essentiel de cet art d'orfèvrerie. Le style géométrique des peuples germaniques continue à se perpétuer dans les miniatures des moines irlandais. L'origine des Germains, envisagés comme ethnie, se situe aux alentours du Ve siècle avant J.-C., début de la période de l'âge du fer. À l'époque du paganisme, les Germains incinèrent leurs morts. Pourtant, dès le Ier siècle, l'archéologie nous révèle des cadavres ensevelis. Les tombeaux découverts se composent de grandes chambres funéraires souterraines, le plus souvent recouvertes d'un tumulus de pierrailles. De tels tombeaux ont été mis au jour en Poméranie, à Lübsow, en Brandebourg, en Bohème, en Pologne et au Danemark. Mais dans la région située entre le Rhin et l'Elbe, ce sont les cimetières mixtes qui prédominent et non les sépultures princières.

Installés au IVe siècle aux limites de l'Empire, afin de défendre les frontières, les Barbares vont développer une forme artistique bien éloignée des formes du classicisme. L'intérêt de la présentation humaine qui devait persister jusqu'au moment de la crise iconoclaste du VIIIe siècle commence à disparaître peu à peu en Occident au Ve siècle et elle sera complètement absente dans les arts barbares.

Les arts du métal nous sont connus grâce au rituel de l'inhumation habillée, coutume reprise aux Ostrogoths présents dans la péninsule entre 472 et 474. Les techniques du cloisonné et du montage des pierres en bâte sont transmises par les Germains orientaux installés entre le Ve et le VIe siècle en Occident. Leur décoration est géométrique et le décor habituel est le cloisonné. En général, il s'agit de fibules qui reproduisent un même type d'oiseau. Ces objets témoignent d'une prédilection pour les matériaux nobles, or, incrustation de grenats pour les plus luxueux. Le Trésor de Guarrazar, découvert en 1858, est le cadeau des rois wisigoths, fait de vingt-six couronnes votives et d'une croix en or, à l'Église catholique en témoignage de leur foi. Les œuvres sont marquées par l'influence byzantine et dénotent une grande maîtrise technique.

La tombe de Childéric Ier

La tombe de Childéric Ier, père de Clovis, est découverte par l'effet d'un pur hasard à Tournai en Belgique, en 1653, par un maçon. Un anneau sigillaire, c'est-à-dire utilisé comme sceau au nom du roi avec son portrait, figurant dans le mobilier, permet de savoir à qui appartient cette sépulture, constituant un tumulus de 20 à 40 m de diamètre. Childéric y fut inhumé et, à proximité, se trouvent trois fosses comportant respectivement les squelettes de 7, 4 et 10 chevaux. La chambre funéraire révèle des parures, une fibule cruciforme en or, sorte d'épingle permettant de fixer un vêtement, un bracelet en or également et l'anneau sigillaire royal. Il faut ajouter à cette liste une longue épée à poignée en or et un court scramasaxe, petit sabre d'origine orientale.

LA LITTÉRATURE GERMANIQUE

Vers 200 commence l'époque préclassique germanique qui dure jusqu'à 450 environ. Différents dialectes se développent, le gotique se sépare du premier germanique commun. **Wulfila** (v. 311-383) traduit la Bible mais il existe aussi beaucoup de chants épiques, dont le plus célèbre est celui de la *Légende de Hilde*, dont les dernières versions contiennent l'*Épopée de Gudrun* et des récits en prose de l'époque islandaise tardive. Mais il ne nous reste rien de la forme originale de ses épopées, les versions que nous en avons sont d'époque plus tardive. Au IIIe siècle apparaît aussi le poème courtois qui suppose une vie de cour raffinée. Nous avons également de cette époque des chants à danser et des chœurs.

LA RELIGION DES GERMAINS

La christianisation des Germains demande huit siècles, car le procédé fut à la fois spirituel et politique. Mais que connaît-on réellement de la religion, des mythes des Germains d'avant ? À part les éléments déduits de l'agencement de leurs sépultures, nous savons bien peu de choses. Nous devons nous tourner vers des auteurs romains, comme Tacite, qui parlent de leurs dieux : derrière Mars, Isis, Mercure se cacheraient Thor, Frîja, assimilée à Vénus, et Wodan, le dieu suprême. Tacite mentionne également Mannus, fils du dieu Tuisto, ancêtre commun à tous les peuples germaniques. Vers l'an 200 environ, les dialectes se développent, le gothique se sépare le premier du germanique commun et Wulfila traduit la Bible. De nombreux chants épiques appartiennent à cette période, les runes se développant parallèlement. En dépit des grandes diversités, on peut néanmoins retrouver quelques grands traits caractéristiques. De l'exposé de Tacite aux poèmes islandais de l'*Edda*, au XIIIe siècle, trente générations sont passées.

Les runes, écriture de la magie divinatoire ?

L'alphabet runique, composé de vingt-quatre signes, répartis en trois groupes de huit, est appelé *futharle*, du nom des six premiers sons qui le composent : f, u, th, a, r, l. Son origine, très certainement méditerranéenne, est incertaine, depuis la langue étrusque, jusqu'au grec et au latin. Il est employé depuis le IIe siècle jusqu'au XIVe siècle par les peuples germaniques du nord de l'Europe, en Scandinavie, jusqu'en Islande. C'est la langue du secret (*runar*, en vieil islandais), utilisée à la fois pour les enseignements ésotériques et la pratique de la divination.

Les Goths l'ont peut-être développé à partir de l'alphabet étrusque du nord de l'Italie. Plus de quatre mille inscriptions runiques et plusieurs manuscrits runiques ont été mis au jour. Environ deux mille cinq cents viennent de Suède, le reste de la Norvège, du Danemark, de la Grande-Bretagne, de l'Islande et des différentes îles au large de la côte de la Grande-Bretagne et en Scandinavie, ainsi que la France, l'Allemagne, l'Ukraine et la Russie.

LES HUNS

L'histoire des Huns se présente en trois principales étapes : la lente progression des clans depuis la Chine jusqu'au limes, frontière de l'Empire romain, entre le IIIe siècle avant J.-C. et 408 ; l'apogée brève et foudroyante centrée sur le règne d'Attila, de 441 à 453, et la constitution d'un Empire hun des Carpates à l'Oural ; l'effondrement, tout aussi rapide, et la dissolution entre nord de l'Inde et Caucase aux VIe et VIIe siècles.

◆ **Les Huns d'Asie, ou Xiongnu**, nous sont connus par les textes chinois des IIIe et IIe siècles avant J.-C. À partir de 374, ils repoussent les Alains, Ostrogoths, Wisigoths aux marges, puis à l'intérieur de l'Empire romain. Vers 400, leur domination s'étend des Carpates à l'Oural, les Germains combattent dans leur armée. En 408, ils franchissent le limes, la frontière de l'Empire romain, multiplient les attaques éclairs, sèment la terreur. **Ruga (ou Roas) le Grand** (395-434) est le premier roi des Huns unifiés en 432. Il monte sur le trône en 408 et instaure une politique que ses neveux Bleda et Attila suivront, faite d'une alternance d'attaques et de moments de répit pour les Empires romains d'Occident et d'Orient. Pour devenir seul roi, il fait assassiner ses deux frères et son oncle. Dans la tradition hunnique, il est à son tour empoisonné par ses neveux. Désigné comme successeur par son oncle Ruga, **Bleda** (v. 390-445) partage le trône avec son frère cadet Attila, entre 434 et 445. Il reprend la politique hostile à l'Empire byzantin, inflige en Thrace une défaite à **Théodose II**, en 434. Les Huns, incorporés à l'armée romaine, défont en 436 les Burgondes, à Worms. En 440, Bleda franchit le Danube. En 441, il envahit les Balkans, se dirige vers Constantinople. Théodose II, qui a complété les murailles de la ville et rappelé ses troupes de province, rompt le traité l'unissant aux Huns. En 443, les Huns envahissent l'Empire byzantin, prennent Serdica (Sofia), Philippopolis (Plovdiv) et Arcadiopolis (Luleburgaz) avant d'écraser l'armée de Théodose sous les murailles de Constantinople. Seule l'inaptitude des Huns à mener un siège en règle, par manque de pratique poliorcétique autant que d'engins de siège, sauve la ville. Les circonstances exactes de la mort de Bleda sont inconnues. La tradition veut que son frère **Attila** (406-453) l'ait assassiné lors d'une partie de chasse, vers 445. Roi des Huns, il porte probablement le titre turc de *yabgu*, ou de *basileus* en grec. Son empire s'étend du Rhin à l'Oural, et du Danube à la mer Baltique. Heureusement pour Rome, son attention est détournée par la complexe succession du roi des Francs Saliens. Attila, pour venir en aide au prince de son choix, s'engage en Gaule. Il est arrêté à la bataille des champs Catalauniques en 451. Elle oppose le patrice romain Aetius et ses alliés wisigoths, francs, alains, burgondes aux troupes d'Attila, renforcées par les Ostrogoths, les Gépides et les Hérules. Les forces en présence auraient représenté entre trente mille et cinquante mille hommes. Rentré sur les rives du Danube, Attila meurt au début de l'année 453, empoisonné par sa dernière et toute jeune épousée,

Ildico, ou d'une hémorragie interne à la suite d'une beuverie. Son empire ne lui survit que peu d'années.

◆ **Les Huns Blancs**, ou Huns Hephtalites, Indo-Européens appartenant au groupe Hephtalite, originaire d'Afghanistan, font parler d'eux en Inde du Nord. En 455, ils tentent d'envahir les plaines septentrionales de l'Inde, mais sont arrêtés par les forces du dernier grand empereur de la dynastie des Gupta, **Skandagupta** (empereur de 455 à 467). Toutefois, lors d'une seconde tentative, en 465, ils s'emparent de la plaine du Gandhara. Cette base leur permet de multiplier les attaques contre l'Empire Gupta, qui s'effondre sous leurs coups en 475. La puissance hunnique s'étend peu après, en 484, à la Perse. Mais, en 565, Perses et Turcs d'Asie centrale s'unissent, battent les Huns Hephtalites, dont la puissance militaire disparaît. Les groupes Huns sont toutefois encore attestés par des survivances dans le Caucase, jusqu'au début du VIIIe siècle.

2. Les secondes invasions : les Vikings

HISTOIRE DES VIKINGS

Si l'histoire des Vikings est relativement courte, entre la fin du VIIIe siècle et 1066, date de la conquête de l'Angleterre par Guillaume le Conquérant, elle est riche en fait d'armes et combats. Une étymologie possible dérive d'ailleurs du radical *vig*, « le combat » en scandinave. Mais le nom de « viking » pourrait provenir également du mot « *vik* », « baie », le Viking est celui qui apparaît dans la baie. Ils sont appelés *Nord-manni*, hommes du Nord, par les Francs, *Dani*, « Danois », par les Anglo-Saxons ou *Rus*, « Rameurs », en Russie. Leur histoire peut se scinder en deux périodes : les conquêtes de 793 à 911 et l'installation de 911 à 1066. Après cette date, ils se fondent dans les populations locales. Régis Boyer[1], pour sa part, distingue quatre phases. La première, entre 800 et 850, permet de découvrir la vulnérabilité occidentale. La deuxième, entre 850 et 900, est marquée par de nombreux

---

1. Régis Boyer, *Les Vikings : histoire, mythes, dictionnaire*, Paris, Robert Laffont, 2008.

raids. Puis, pendant presque un siècle, de 900 à 980, les Vikings se mêlent aux populations anglaise, normande, irlandaise, à celles des îles nord-atlantiques, d'Écosse du Nord-Ouest, de Russie. La dernière phase, de 980 à 1066, est caractérisée par des opérations militaires, des raids massifs par voie de terre ou de mer. En revanche, dans le domaine artistique, on ne distingue qu'une seule phase, entre le début du VIIIe et le milieu du XIIe siècle, coïncidant pour le monde scandinave à une période particulièrement brillante et une expansion, en direction des îles Britanniques, de styles venus de l'Europe du Nord.

L'ART DES VIKINGS

Les sources écrites ne sont pas plus anciennes que le XIIe siècle. Seule l'archéologie fournit des informations pour reconstituer les grandes étapes de l'histoire des Vikings. On trouve des traces de leur passage en Norvège, au Danemark, en Suède, en Finlande, au nord de la France et tout particulièrement dans les îles Britanniques.

L'architecture des églises sur pieux

De l'architecture, il ne reste rien, parce que les constructions étaient en bois. Entre 903 et 1030, ils ont néanmoins bâti des ensembles fortifiés pour assurer leur sécurité. Il faudra attendre la conversion au christianisme pour voir se développer un type architectural d'une grande originalité, les *stavkirkes*, les églises en bois. Les *stavkirkes* sont des églises médiévales faites de bois, il en subsiste moins d'une trentaine en Norvège. Leur nom vient de *stav*, le pieu, et de *kirke*, l'église, car l'édifice est supporté par de longs pieux enfoncés dans le sol. Elles n'appartiennent pas au seul art viking. Elles lui sont légèrement postérieures. La plus ancienne, celle d'Urnes, est datée des environs de 1130. Mais ces églises sont abondamment ornées de l'art viking, pour la décoration des façades et des intérieurs, animaux fabuleux, entrelacs végétaux, scènes de la mythologie, le tout voisinant harmonieusement avec les symboles chrétiens. Appelées en français « églises en bois debout », les *stavkirkes* les plus célèbres sont celles d'Urnes, de Heddal, de Borgund, de Hopperstad.

Les styles vikings

L'art viking, avant le milieu du IXe siècle, nous est parvenu surtout par des pièces d'orfèvrerie, des stèles sculptées, les roues de char et têtes de dragons de la tombe d'Oseberg et du style du même nom. Après cette date, en raison du lien politique et économique établi entre les établissements vikings de part et d'autre de la mer du Nord, se développent des styles décoratifs anglo-scandinaves : de Borre, de Jelling, de Mammen, de Ringerike, d'Urnes.

RELIGION, MYTHES ET LÉGENDES GERMANO-NORDIQUES

La religion viking, tout comme les mythes et légendes se poursuivent dans leur équivalent nordique et germanique. Le *Ragnarök*, la « Fin des dieux », devient le « Crépuscule des dieux » chez Richard Wagner, qui puise largement son inspiration dans la mythologie. La cosmogonie donne les clefs de la naissance, mais aussi de la fin du monde, de l'apparition des dieux et des géants, des hommes enfin. Les mythes mettent en scène Tyr et le loup Fenrir, la traîtrise de Loki, dans un monde structuré par l'Yggdrasil, l'arbre cosmique, la fontaine Mîmir, source de sagesse. Les légendes exaltent les héros Sigurd ou Siegfried et Sigmund, les Valkyries. La religion des Vikings est connue essentiellement par l'*Edda en prose* de Snorri Sturluson (1179-1241), récit reprenant et étoffant des poèmes plus anciens et difficiles à interpréter, regroupés dans l'*Edda poétique* ou *Edda ancienne*, datés parfois du VIIe siècle.

Les dieux de la force et les dieux de la fertilité

Le panthéon du monde germano-nordique évolue entre deux groupes de divinités, les dieux de la force, ou **Ases**, et ceux de la fertilité, ou **Vanes**.

MOYEN ÂGE

Les Ases

– Odin

Principal dieu du panthéon germanique. Fourbe, cruel, il est borgne depuis qu'il a voulu accéder à la connaissance : le géant Mimir garde en échange son œil. Fils du géant Burr et de Bestla, il est frère de Vili et de Vé. C'est avec ces derniers qu'il tue le géant Ymir et le dépèce pour former les diverses parties du monde. Son épouse est Frigg, son fils Baldr. Il habite la Valhöll (le Walhalla), paradis des guerriers morts au combat. C'est là que, trônant sur Hlidskjálf, il contemple l'univers.

- Ses attributs :
– l'**épieu Gungnir**, qu'il jette dans un camp pour lui donner la victoire ;
– l'**anneau Draupnir**, qui par magie se multiplie par 8 toutes les 9 nuits ;
– **le cheval Sleipnir**, doté de 8 pattes.

- Ses fonctions :
– **dieu psychopompe**, il accueille les âmes des guerriers élus au Walhalla ;
– **dieu du savoir**, il connaît les runes (caractères écrits) et maîtrise la magie ;
– **dieu de la guerre**.

– Frigg

Épouse d'Odin. Mère de Baldr, elle peut se changer en faucon. Pour protéger son fils Baldr, elle exige des animaux, végétaux, minéraux, l'engagement de ne jamais lui nuire, en oubliant le gui.

– Thor

Dieu du tonnerre, il est fils d'Odin et de Jörd. Son épouse, Sif, lui donne deux fils, Magni (Force) et Modi (Courage). Son palais est le Bilskirnir, aux 540 portes. Thor voyage sur un char tiré par deux boucs, Grince-Dents et Dents-Luisantes. Prompt à la colère, Thor est le protecteur de l'humanité, le destructeur de Géants.

- **Ses attributs :**
- **le marteau Mjöllnir**, qui est utilisé contre les Géants ;
- **les gants de fer**, sans lesquels Mjöllnir ne peut être saisi ;
- **la ceinture magique** qui double sa force.

– Tyr
Fils d'Odin, ou parfois du géant Hymir. Dieu de la justice, protecteur de l'ordre, il est Odin de la guerre, quand le combat est celui du juste contre l'injuste, de l'ordre contre le chaos. C'est ce qui l'amène à perdre une main dans la gueule du loup Fenrir, pour éviter que le chaos ne croisse.

– Baldr
Fils d'Odin et de Frigg, son nom signifie « Seigneur » (en vieil islandais). Son surnom, « Le Bon », indique ses qualités, reconnues par tous les Ases. De son épouse Nanna il a un fils, Forseti. Doué du pouvoir de divination, Baldr prévient les Ases des catastrophes qui les menacent, mais il s'attire la jalousie de certains. Le serment obtenu par sa mère Frigg ne le met pas à l'abri de tous les végétaux, il meurt transpercé par une jeune pousse de gui. Prototype du chef secourable, il est brûlé sur son bateau. Son frère Hermodr tente en vain de fléchir la déesse Hel qui préside au royaume des morts, Baldr ne peut revenir parmi les vivants. Son retour s'effectuera après la fin des temps.

– Loki
Fils du géant Farbauti et de Laufey (ou Nal). Époux de Sigyn, il a pour fils Narfi. Petit, apparenté à l'air et au feu, Loki est le mal, le voleur, le destructeur. Il amène le chaos et le malheur aux hommes et aux dieux. Instigateur du meurtre de Baldr, les Ases le châtient d'une terrible manière : lié à une pierre par les intestins de son fils, on lui jette régulièrement au visage une coupe de venin qui provoque d'atroces brûlures.
De ses amours avec la géante Angroboba naissent :
– **Fenrir**, le loup monstrueux ;
– **Hel**, la déesse des Enfers ;

– **Loermungandr** (le serpent de Midgardr), serpent cosmique qui provoque les tremblements de terre en déroulant ses anneaux.

Les Vanes

– **Njördr**
Dieu des vents, de la mer et du feu. Époux de la géante Skadi qui donne son nom à la Scandinavie. Il a pour descendants Freyr et Freyja. Il est le protecteur des marins et de la navigation.

– **Freyr**
Fils de Njördr, frère de Freyja, son nom signifie « Seigneur » (en vieux norrois). Principal dieu vane, il protège les récoltes, assure la paix aux hommes. Époux de la géante Gerdr, il réside avec elle dans le monde des Elfes, l'Alfheimr.

• Ses attributs :
– **le bateau magique** Skidbladnir, qu'il utilise dans le monde des Elfes ;
– **le sanglier Gullinborsti** ;
– **le porc et l'étalon** lui sont consacrés.

– **Freyja**
Fille de Njördr, sœur de Freyr, son nom signifie la « Dame ». Principale déesse vane, elle réside dans sa demeure céleste de Sessrumnir. C'est là qu'elle officie en qualité de souveraine des morts. Épouse d'Odr, elle est mère d'un fils, Hnoss, et d'une fille, Gersimi. Déesse de l'amour, de l'érotisme, de la poésie, elle se déplace sur un char tiré par des chats.

Le Destin

Bien au-delà, au-dessus des dieux, Ases ou Vanes, et des hommes, la force agissante du monde est le Destin. Maître de tout ce qui est et de tout ce qui sera, il domine le Bien et le Mal. Les divinités, qui ne sont pas dans ce cas, devront inéluctablement s'affronter au cours du

Ragnarök, le « Jugement des Puissances », véritable apocalypse, illustrée par *Le Crépuscule des dieux* de Richard Wagner. Le déroulement du Ragnarök :
— **trois hivers** de désolation se succèdent ;
— **les trois Coqs** des Enfers, Fjalarr, Gullinkambi, Coq de Suie, annoncent l'apocalypse ;
— **Fenrir** rompt ses chaînes, avale le soleil et la lune ; la terre tremble, la mer envahit les terres ;
— **les géants** attaquent le Walhalla, y parviennent en escaladant l'arc-en-ciel ;
— **dieux et géants** s'entretuent, le monde entier se consumme dans les flammes.

Après cette fin du monde, le Destin préside à la naissance du nouveau, une nouvelle terre est issue des eaux, certains dieux ont survécu, un couple humain est appelé à repeupler les lieux, Lif et Lifthrasir.

CHAPITRE II
La France médiévale : l'épopée des Francs

1. Les Mérovingiens (Ve-VIIIe siècle)

Les Mérovingiens doivent leur nom de dynastie à celui de **Mérovée** (v. 421 ?-v. 457 ?), ancêtre plus ou moins mythique de Clovis. Ils appartiennent au groupe de tribus **franques des Saliens**, établis entre la Meuse et la région de Cambrai d'une part, pour Clodion le Chevelu (v. 390-v. 450), et entre l'Escaut et la région de Tournai en Belgique pour Childéric Ier (v. 440-481). Ce dernier conclut avec Rome un traité de fédération, et combat avec le général romain **Aegidius** (?-464). Ensemble, ils repoussent les Wisigoths au sud de la Loire, les Alamans, les Saxons. Aegidius gouverne à partir de Soissons. Son fils **Syagrius** (430-486) se comporte en monarque indépendant. Battu par Clovis à la bataille de Soissons (486), il est égorgé peu après.

CLOVIS FONDE LE ROYAUME DES FRANCS

Clovis (466-511) devient roi des Francs en 481 et est le fondateur du royaume des Francs ou *regnum francorum* en ajoutant aux possessions héritées de son père **Childéric** l'Alémanie à l'Est, l'Aquitaine au Sud-Ouest, le royaume de Syagrius entre la Somme et la Loire. Il met fin définitivement à la souveraineté romaine en Gaule. La réussite politique de Clovis est liée à sa décision de se convertir au christianisme, entre 496 et 499, qui lui vaut l'appui de l'Église catholique.

MOYEN ÂGE

Vers 507, il choisit Paris comme capitale. Après lui, la nature du pouvoir chez les Francs conduit à l'émiettement du royaume. Ce dernier est considéré comme un bien patrimonial et familial, à partager entre les fils du roi défunt.

LUTTES FAMILIALES ET AFFAIBLISSEMENT

En 511, **Thierry** (v. 485-534) reçoit Metz et sa région, **Clodomir** (v. 495-524) celle d'Orléans, **Childebert** (v. 497-558) celle de Paris, **Clotaire** (v. 498-561) celle de Soissons. Ce dernier, à la mort de ses frères, s'empare de leurs terres, réunifie brièvement le royaume des Francs, mais il est, à sa mort, de nouveau partagé entre ses fils. Ces derniers et leurs descendants vont s'opposer par la pratique de la *faide*, la vengeance germanique, un meurtre en entraînant un autre par rétorsion. Un épisode particulièrement sanglant voit la disparition d'une grande partie de la famille mérovingienne avec la haine tenace que se vouent **Brunehaut** (547-613), **épouse de Sigebert Ier** (535-575), et **Frédégonde** (v. 545-597), épouse de son frère **Chilpéric Ier** (v. 525-584). **Clotaire II** (584-629), fils de Chilpéric, massacre à son tour les membres de la famille qui tombent entre ses mains. Cela lui permet, entre batailles et assassinats, de réunir sous son autorité l'Austrasie (est de la France et de la Belgique, régions rhénanes), la Neustrie (nord-ouest de la France, Bretagne exceptée) et la Burgondie (Bourgogne et centre de la France autour d'Orléans). C'est sous son règne que l'office de maire du palais devient inamovible, en faisant le détenteur véritable du pouvoir. Le dernier Mérovingien, unique souverain du *regnum francorum*, est **Dagobert Ier** (v. 605-639). Après lui, les Mérovingiens connaissent une longue période de décadence. Ce sont ces rois que le moine **Éginhard** (v. 775-840), biographe de Charlemagne, qualifie de « rois fainéants », ceux qui n'ont rien fait, « fait néant » de leur règne, dans sa *Vita Caroli Magni*, la *Vie de Charlemagne*.

L'IRRÉSISTIBLE ASCENSION DES MAIRES DU PALAIS

Les maires du palais, notamment ceux de la famille des Pépin, nommés fréquemment ainsi après le fondateur, **Pépin de Landen**

(v. 580-640), prennent peu à peu la réalité du pouvoir. **Pépin de Herstal** (679-714) porte la fortune des Pépin, ou **Pippinides**, à un niveau qui lui permet de prétendre à la royauté. Pépin le Bref (715-768) dépose, en 751, **Childéric III** (v. 714-755), dernier des Mérovingiens, le fait tondre, enfermer dans un couvent. La tonsure signale moins un état monastique imposé que la perte d'un pouvoir magique présent dans la chevelure royale. Les Mérovingiens portent de ce fait les cheveux longs. Tondre Childéric III, c'est lui enlever la source de son pouvoir. Pépin est sacré roi par saint Boniface, avec l'approbation du pape **Zacharie** (741-752) à Saint-Denis. Il fonde **la dynastie des Carolingiens**, qui porteront les cheveux courts.

L'ART MÉROVINGIEN

Les arts mérovingiens, arts du métal

Les arts du métal vont connaître un véritable épanouissement : ils sont héritiers de l'art antique tout en développant certaines innovations. Innombrables sont les objets de parure, fibules, bagues, boucles de ceinture, de même que les objets de toilette. La technique de la cire perdue est employée pour les pièces d'exception. À la fin du VIe siècle, les motifs géométriques en fil d'argent prédominent dans la production. Au VIIe siècle apparaît la « manière monochrome » qui combine incrustation et broderie d'argent. Dans la seconde moitié du siècle, la bichromie s'impose, avec placage des feuilles d'argent. Le damassage, alternance de couche de fer doux et de fer dur, est obtenu par corroyage, martelage à chaud, surtout employé pour les épées, leur surface laissant apparaître des motifs. La damasquinure, art d'incruster du métal sur un support métallique différent, connaît un nouvel essor à la fin du VIe siècle. Au VIIe siècle, les bijoux sont rehaussés de filigranes, fils d'or torsadés et soudés, de pierres ou de verroteries montées dans des bâtes, petites montures sertissant des cabochons. Saint Éloi, le ministre de Dagobert qui fut orfèvre, réalise une grande croix surmontant la basilique de Saint-Denis.

MOYEN ÂGE

L'enluminure mérovingienne

L'enluminure mérovingienne naît à la fin du VIIe siècle. Par son style, elle se distingue des modèles insulaires, d'Irlande notamment, et italiens tout comme par sa préférence pour les ouvrages chrétiens, ceux des Pères de l'Église, saint Jérôme ou saint Augustin. L'ornementation des lettres est l'élément le plus important des enluminures mérovingiennes qui surpassent en ce domaine l'art insulaire. Les initiales et lettrines deviennent, avec le temps, de plus en plus grandes et de plus en plus nombreuses. Les grandes lettrines, occupant une page entière, ne sont pas utilisées à la différence de l'art insulaire. Les initiales sont comprises dans le texte. Les lettres composées de poissons ou d'oiseaux en sont caractéristiques. La flore joue un rôle important et remplit l'intérieur des lettrines. La décoration mérovingienne perdure en Espagne, dans le sud de la France, et enrichit l'art roman dès la fin du Xe siècle.

2. Les Carolingiens (VIIIe-Xe siècle)

Les Pippinides, famille d'origine des Carolingiens, exercent la réalité du pouvoir, en qualité de maire du palais, *majore domus*, depuis **Pépin de Herstal** (v. 645-714). Dès 687 il est *princeps regiminis* : il exerce donc une souveraineté sur tout le territoire franc, nomme les ducs et les comtes, intervient dans la succession des rois mérovingiens. Son fils **Charles Martel** (v. 690-741) est élu maire du palais d'Austrasie. Après ses victoires sur la Neustrie et l'Aquitaine, il est maire du palais pour la totalité du royaume franc. Son fils, **Pépin le Bref** (715-768), ainsi nommé en raison de sa petite taille, fonde la dynastie carolingienne. Assuré de l'appui de l'Église depuis la tenue à son initiative du Concile de Soissons (744), qui la réforme et l'épure des prêtres indignes, Pépin obtient en 750 le soutien du pape **Zacharie** (741-752). Il lui demande qui doit être roi : celui qui en porte le titre ou celui qui en exerce le pouvoir. Zacharie répond « celui qui exerce véritablement le pouvoir porte le titre de roi ». En novembre 751, Pépin dépose le dernier Mérovingien, **Childéric III** (v. 714-755), le fait tondre et enfermer dans un couvent près de Saint-Omer. Élu roi par une assemblée de *leudes*, grands du royaume, et d'évêques, Pépin prend la précaution de se faire sacrer à Soissons. En 754, le pape **Étienne II** (752-757), venu solliciter son aide contre le royaume lombard qui le menace, le sacre une seconde fois, ainsi que ses fils **Carloman** (751-771) et **Charles** (742-814), futur Charlemagne.

LE RÈGNE DE CHARLEMAGNE (742-814)

À la mort de Pépin en 768, le royaume est partagé entre ses deux fils. **Charles**, l'aîné, reçoit la Neustrie et l'Aquitaine occidentale. À **Carloman** reviennent la Septimanie, l'Aquitaine orientale, la Provence, la Bourgogne, l'Alsace, l'Alémanie, une partie de la Neustrie avec Paris et Soissons. Le partage est si inégal que la guerre est inévitable. Mais Carloman meurt brutalement en 771, laissant à Charles la totalité du royaume. Roi des Francs (768-814), il s'empare du **royaume lombard** (774-814) et devient empereur le 25 décembre 800 par son couronnement à Rome par le pape **Léon III** (795-816). Il est désormais **Charles le Grand**, **Carolus Magnus** (**Charlemagne**), et donne son nom à la dynastie carolingienne.

Empereur d'Occident, Charlemagne réunit par la conquête une grande partie de l'Europe occidentale sous son unique autorité: au royaume des Francs s'ajoutent la plus grande partie de la Germanie, de l'Italie, de l'Espagne. Ce vaste empire est administré depuis sa capitale d'Aix-la-Chapelle selon une organisation militaire et administrative. Aux militaires, le titre de *duc* et le duché, ou zone récemment conquise, où l'autorité impériale doit s'imposer, ou celui de *marquis* ou *margrave* pour les marches, les zones frontières de l'empire. Aux administrateurs civils le titre de *comte* et le comté où ils ont pouvoir militaire, judiciaire, perçoivent taxes et impôts. Les comtes sont des fonctionnaires, en principe révocables, choisis parmi les membres des familles de riches propriétaires fonciers. Rénovateur de l'Église qui l'appuie et le conseille, Charlemagne y recrute les clercs dont il a besoin pour en faire les « envoyés du maître », ou *missi dominici*, à la fois médiateurs pour les conflits locaux, inspecteurs, plénipotentiaires chargés de recevoir le serment de fidélité des sujets.

LA RENAISSANCE CAROLINGIENNE

Protecteur des arts et des lettres, l'empereur donne naissance à la Renaissance carolingienne, un renouveau culturel fondé sur l'étude du latin redécouvert, des auteurs classiques et la pratique des arts libéraux, l'enseignement du *trivium* (grammaire, dialectique, rhétorique) et du *quadrivium* (arithmétique, musique, géométrie, astronomie). Le soin apporté à la mise en place de l'enseignement est lié à l'influence d'**Alcuin** (v. 730-804) d'York, à la tête de l'Académie palatine, composée de neuf membres, comme les neuf muses, dont Charlemagne lui-même. La réforme de l'école fait partie du projet plus général de christianisation défini dans un capitulaire, acte législatif divisé en petits chapitres (*capitula*), l'*Exhortation générale* (*Admonestio generalis*) de 789. Après la mort de ses deux fils aînés, Charlemagne associe le troisième, Louis, à l'Empire à partir de 813. Charlemagne meurt en janvier 814.

L'EMPIRE EFFRITÉ

Louis devient l'empereur **Louis le Pieux** (814-840), sacré en 816 à Reims par le pape **Étienne IV** (816-817). Son règne est troublé par les attaques des Vikings, les conflits avec ses fils qui ont hâte de régner à sa place. Il est déposé pour quelques mois en 830 par son fils aîné, Lothaire, puis contraint par le même à une humiliante abdication en 833. Chaque fois, faute d'appuis, Lothaire ne peut se maintenir sur le trône. Louis le Pieux est rétabli, gracie chaque fois son fils. Il meurt en 840. Aussitôt ses trois fils se disputent l'Empire, revenu à Lothaire Ier (840-855). Après plus de deux ans de guerre, le traité de Verdun (843) partage l'héritage : **Lothaire Ier** reçoit la Francie médiane (de la Frise à la Provence, plus le nord de l'Italie), **Charles II le Chauve** (roi de Francie occidentale de 843 à 877, empereur d'Occident de 875 à 877) la Francie occidentale, futur royaume de France, et **Louis le Germanique** (843-876) la Francie orientale, ou Germanie. Leurs fils se disputent à leur tour un empire de plus en plus morcelé, où le titre impérial s'est vidé de prérogative politique véritable. Les derniers Carolingiens sont victimes d'une double menace : les Vikings multiplient les raids, l'aristocratie se renforce devant l'incurie royale. En 911, par le traité de Saint-Clair-sur-Epte, **Charles le Simple** (893-922) cède la Basse-Seine au chef viking **Rollon** (v. 860 ?-v. 933 ?), ébauche du futur duché de Normandie. **Charles III le Gros** (roi de Francie occidentale de 885 à 887) est déchu par les grands du royaume au profit d'**Eudes de France** (888-898), comte de Paris. Charles le Simple, un Carolingien, lui succède pourtant. Ce n'est que partie remise pour la puissante famille d'Eudes, les Robertiens. Le dernier des Carolingiens, **Louis V** (986-987), meurt à vingt ans d'une chute de cheval, sans héritier. L'assemblée des grands du royaume, réunie à Senlis, élit comme roi **Hugues Capet** (987-996), petit-fils de **Robert I**er (roi de Francie occidentale, 922-923), frère d'Eudes. La dynastie des Capétiens (987-1848) commence.

L'ART CAROLINGIEN : DE NOUVELLES FORMES D'EXPRESSION

L'art carolingien développe de nouvelles formes d'expression, nées de la rencontre de différents peuples et cultures avec un programme de construction dont l'Empire romain reste le modèle. Mais l'art carolingien inaugure aussi l'époque d'un Occident désireux de respecter la foi chrétienne et son enseignement. L'empereur Charlemagne invite à sa cour les meilleurs représentants de la culture ecclésiastique latine, ce qui permet aux arts de toutes les disciplines de se développer dans un climat favorisé, nécessaire à leur épanouissement. Il s'entoure de missionnaires anglo-saxons et irlandais, détenteurs de la culture grecque autant que de celle issue des textes sacrés. Ainsi **Alcuin** (v. 730-804) de l'école d'York, mais aussi **Théodulf** (?-821), le Wisigoth, **Angilbert** (v. 750-814), le Germain, deviennent le centre d'une société culturelle cosmopolite. C'est en fait une véritable renaissance qui se produit après les périodes troublées des invasions barbares. L'art carolingien tiendra son originalité des influences byzantines, barbares, mozarabes et de son retour aux valeurs de l'Antiquité.

L'architecture carolingienne : l'exemple de Saint-Gall

L'architecture carolingienne reste l'art majeur. Elle puise son inspiration dans celle de Rome et renoue avec les édifices à bâtiment central comme la chapelle du palais d'Aix, bâtiment le plus important parmi les édifices carolingiens. Cette dernière est une transposition de l'église Saint-Vital à Ravenne, à l'origine chapelle palatine de Justinien. Sa construction sous l'égide d'**Odon de Metz** (742-814) s'étend de 796 à 805. Charlemagne préférait Aix-la-Chapelle à toutes ses résidences, car elle se trouvait, après la conquête de l'Italie et celle de la Saxe, au centre de son Empire. Par rapport à l'église byzantine, la chapelle carolingienne, dans le domaine de la construction, ajoute un progrès, celui d'avoir des galeries porteuses de voûtes s'étageant autour du bâtiment central. Pour résoudre le problème d'un clergé et d'une assistance de plus en plus nombreux, les architectes carolingiens agrandissent les basiliques par les trois absides situées à l'est, à l'opposé du porche. Le plus ancien exemple d'édifice symbolisant le retour aux sources paléochrétiennes est celui de l'abbatiale de Saint-Denis. Édifiée sur l'ordre de Charlemagne sur l'emplacement de l'ancienne église mérovingienne, consacrée en 775 par l'abbé Fulrad, elle disparaît quatre siècles plus tard après la décision de l'abbé Suger d'en faire la basilique la plus prestigieuse du royaume, nécropole royale. Le plan de Saint-Gall, dessiné entre 817 et 823, reflète les nouvelles tendances, nées du concile d'Aix (816-817). La basilique représente une parfaite synthèse de tout ce dont une communauté monastique a besoin pour vivre en autonomie.

L'enluminure carolingienne : des œuvres prolifiques

Si l'art de l'enluminure carolingienne nous est parvenu, c'est grâce aux écoles palatines et aux monastères, où l'on enseigne l'illustration des livres à une élite cultivée. L'intensité de la production littéraire et artistique, la diffusion des œuvres favorisent l'élaboration des livres sous tous leurs aspects : décoration, texte, écriture, reliure. Les plus anciens manuscrits carolingiens commencent avec l'*Évangéliaire de Godescalc*, réalisé sur un parchemin pourpre, à l'encre d'or et d'argent, pour Charlemagne et sa femme Hildegarde, afin de commémorer la rencontre de l'empereur, en 781, avec le pape Hadrien Ier. Un deuxième foyer artistique qui perdure après la mort de Charlemagne a son centre en Champagne à l'abbaye d'Hautvillers, près d'Épernay, et à celle de Reims. Les évangéliaires datés d'entre 790 et 810 sont particulièrement luxueux : *Évangéliaire du couronnement*, *Évangéliaire de Xanten*, *Évangéliaire de Liuthar*. L'œuvre prolifique des artistes enlumineurs se poursuit sous le règne de son fils, **Louis le Pieux**, dès 820-830, et consacre l'influence de la nouvelle école de Reims, avec l'*Évangéliaire d'Ebbon*. De la même façon que pour la sculpture sur ivoire, l'enluminure carolingienne représente, sur un plan unique, ce qui en réalité s'échelonne dans la nature en profondeur. De même, les événements échelonnés dans le temps sont figurés simultanément. On y note également une personnification symbolique d'éléments, tels les astres, les divinités, qui ne sont plus secondaires comme sur les manuscrits antiques, mais participent directement à l'événement.

3. Les Capétiens directs (987-1328) et les premiers Valois (1328-1380)

DES PREMIERS CAPÉTIENS À SAINT LOUIS (987-1270)

Les Capétiens règnent en France de 987 à 1848. Leur nom leur vient d'**Hugues Ier** (987-996), dit « Capet » ou à la courte cape. Duc des Francs, il est élu roi en 987. Il gouverne pleinement son domaine royal limité au nord par l'Escaut et la Meuse, à l'est par la Saône et le Rhône. La Bretagne est indépendante, sa suzeraineté au sud toute nominale. Il inaugure la stratégie des Capétiens pour se maintenir et accroître peu à peu leur pouvoir : mariages avantageux, fiefs sans héritiers récupérés, usage du droit féodal, notamment l'ost, service militaire dû au seigneur. Soutenus par l'Église, les Capétiens acquièrent un caractère sacré en allant recevoir le sacre à Reims. **Jusqu'en 1328**, ils peuvent en outre compter en permanence sur un héritier mâle pour assurer la continuité de la dynastie. Au sein des Capétiens, certains souverains se détachent par leur personnalité et leur activité. **Louis VI le Gros** (1108-1137) en fait partie. En convoquant, le premier, l'ost, il empêche l'empereur germanique **Henri V** (1111-1125) d'envahir le pays. Il confie l'administration au sage abbé **Suger** (v. 1080-1151) qui renforce l'autorité royale et lui attire le soutien de la bourgeoisie dont les droits sont réglementés. Il fait édifier la nouvelle basilique gothique de Saint-Denis, dont il est abbé. Son fils **Louis VII** (1137-1180) participe à la **seconde croisade** (1145-1149), épouse **Aliénor d'Aquitaine** (v. 1122-1204), mais cette riche région lui échappe après l'annulation du mariage en 1152, et revient au nouvel époux d'Aliénor, le roi d'Angleterre **Henri II Plantagenêt** (1154-1189). **Philippe II**, dit **Philippe Auguste** (1180-1223), est le premier grand Capétien, par son œuvre d'accroissement du royaume, de contrôle des féodaux. Il donne un prestige à la dynastie, porte le premier, après 1190, le titre de *rex franciae*, roi de France, et non plus celui de *rex francorum*, roi des Francs. Il confirme en 1185 sa possession du Vermandois, de l'Artois et de l'Amiénois contre les féodaux. Préoccupé par l'importance des possessions continentales des Plantagenêt, il doit un temps renoncer à lutter contre eux pour participer avec **Richard Cœur de Lion** (1189-1199), duc de Normandie et d'Aquitaine, comte du Maine et d'Anjou, à la **troisième croisade** (1190-1199). Revenu en France en 1191, Philippe Auguste reprend la lutte contre le souverain anglais. Il conquiert ainsi entre 1202 et 1205 le Maine, l'Anjou, la Touraine, le nord du Poitou et de la Saintonge. Le 27 juillet 1214 il remporte une éclatante victoire à Bouvines sur les armées du comte de Flandre et de l'empereur germanique. Il est alors au faîte de sa gloire, considéré comme le plus puissant souverain d'Europe. Il améliore l'administration du royaume, découpé en circonscriptions, les *bailliages*, placés sous l'autorité d'un fonctionnaire royal, le *bailli*. Mieux administré, le royaume produit plus d'impôts, enrichissant le trésor royal. Il encourage le commerce, accorde des privilèges aux métiers et guildes, aux communes. Il fait construire la forteresse de Gisors et celle du Louvre à Paris.

Saint Louis

Le petit-fils de Philippe Auguste, Louis IX, ou **Saint Louis** (1226-1270), a plus de succès comme administrateur que dans ses entreprises militaires. Il conclut une paix avec les Plantagenêt, mais entreprend deux croisades malheureuses, l'une de 1248 à 1254 en Égypte, où il est fait prisonnier, l'autre devant Tunis où il meurt de la peste en 1270. Connu par l'imagerie populaire du souverain rendant la justice sous un chêne, il s'affirme comme le juge suprême, l'instance d'appel pour l'ensemble du royaume. Il aide à la naissance d'une cour souveraine, le Parlement, qui rend la justice. Il crée une monnaie stable, valable dans tout le royaume, le *gros d'argent*. Par le traité de Paris (1258), l'Angleterre renonce à la Normandie, au Maine, à l'Anjou et au Poitou, mettant fin à la guerre. Il fait édifier à Paris la Sainte-Chapelle entre 1243 et 1248 pour abriter les saintes reliques du Christ rapportées de Constantinople, notamment la couronne d'épines. Il poursuit les juifs, bannis en 1254, rappelés quelques années plus tard contre une rançon. En 1269, il leur impose le port de la *rouelle*, rond de couleur jaune, évoquant l'or et la cupidité.

UN ROI DE FER : PHILIPPE IV LE BEL

Philippe IV le Bel (1285-1314) est le dernier grand Capétien direct, créateur de la monarchie moderne. Grand administrateur, il crée la Chambre des comptes qui gère les finances royales, convoque pour la première fois les trois ordres, clergé, noblesse, tiers état, pour le vote de contributions financières, préfigurant les futurs états généraux. Mais son règne est assombri par les manipulations monétaires. En effet, il effectue plusieurs émissions de monnaies d'or qui provoquent spéculation et inflation, entraînant l'appauvrissement de la population paysanne. Celle-ci se soulève mais les révoltes sont durement réprimées, ce qui est dénoncé par la papauté. Les Templiers sont éliminés en 1307, leurs biens saisis. Les juifs sont expulsés du royaume, les synagogues vendues. Philippe le Bel fait évoluer la monarchie vers le pouvoir renforcé du roi et la centralisation. Il heurte en cela les habitudes médiévales d'un prince qui se doit de gouverner avec les grands de son royaume. Il s'entoure donc d'un groupe de légistes chargés de définir le pouvoir du souverain, au-dessus de tous les autres, y compris du pape, en son royaume, et sans partage ou délégation possible. C'est ainsi que la bulle *Unam sanctam* de Boniface VIII, proclamant la supériorité du spirituel sur le temporel, provoque une réaction violente, l'envoyé du roi, Guillaume de Nogaret (v. 1260-1313), son plus fameux légiste, aurait giflé ou laissé gifler le souverain pontife lors de l'attentat d'Anagni, en 1303. Le roi fait arrêter et emprisonner le pape **Boniface VIII** (1294-1303), qui meurt peu après sa libération. En dépit de son échec à s'emparer du comté de Flandre, Philippe le Bel accroît le royaume de la Champagne, de la Navarre, du comté de Chartres, de Lille, Douai, Béthune. Après sa mort, ses trois fils se succèdent rapidement sur le trône, sans héritier mâle.

LES PREMIERS VALOIS (1328-1380)

En 1328, c'est un cousin du dernier Capétien direct qui est choisi comme roi sous le nom de **Philippe VI** (1328-1350). Il inaugure la dynastie des Valois (1328-1589). Son règne tout comme celui de son fils Jean II (1350-1364) sont sans éclat, marquant principalement le développement de la guerre de Cent Ans, la défaite de Crécy en 1346, celle de Poitiers en 1356. Le premier grand souverain de la dynastie des Valois est le roi Charles V (1364-1380).

Charles V le Sage (1364-1380)

Rarement souverain est monté sur le trône dans des conditions si difficiles. Depuis le désastre de Poitiers, en 1356, le roi est captif en Angleterre, le futur Charles V, le premier à porter le titre de dauphin en tant qu'héritier depuis que le Dauphiné a été rattaché à la couronne, doit exercer la réalité du pouvoir. Face à lui, la grande noblesse avide de le maintenir sous tutelle, ses plus proches parents en premier, la bourgeoisie de Paris qui saisit là l'occasion de s'émanciper des taxes avec Étienne Marcel (v. 1305-1358), prévôt des marchands, un royaume entre les mains anglaises pour les trois cinquièmes. Roi de plein exercice à partir de 1364, en moins de vingt ans, il a endigué la révolte des bourgeois de Paris, dompté les nobles, ne laissant aux Anglais qu'une frange littorale dans le Sud-Ouest et Calais. Prince lettré, il crée une importante bibliothèque royale, aménage le Louvre, fait édifier la Bastille pour surveiller les Parisiens. Il commet l'erreur majeure, sur son lit de mort, d'abolir les impôts, croyant la guerre de

Cent Ans achevée, grâce notamment aux exploits de son connétable, Bertrand Du Guesclin (1320-1380), auquel il accorde le formidable privilège posthume d'être inhumé en l'abbatiale de Saint-Denis, nécropole royale. La folie de son fils Charles VI, l'affaiblissement du pouvoir royal permettent aux Anglais de s'emparer d'une grande partie du pays. Il semble alors disparaître pour devenir une France anglaise, condition sous laquelle nous la traiterons jusqu'à son retour à l'indépendance avec Charles VII.

CHAPITRE III
Un monde chrétien

1. L'Église du VIIIe au XVe siècle

**LES ÉTATS PONTIFICAUX, DE LA DONATION DE PÉPIN
AUX *CONSTITUTIONS ÉGIDIENNES* (754-1357)**

Les États pontificaux sont le temporel territorial du pape, qui les gouverne en souverain. Leur origine naît de la nécessité de protéger le Saint-Siège des empiètements des Lombards. L'autorité pontificale, limitée encore par le poids des grandes familles, s'exerce difficilement sur Rome. En 754, l'alliance de la papauté et de la dynastie carolingienne se noue. Pépin le Bref est sacré par le pape ainsi que ses deux fils, reconnu roi légitime au détriment du dernier souverain mérovingien. Il repousse les Lombards et, à Quierzy-sur-Oise, signe le traité de Quierzy ou donation de Pépin, par laquelle la papauté reçoit l'exarchat de Ravenne dont la Pentapole, la Corse, la Sardaigne, la Sicile, les provinces d'Émilie. Cependant Pépin, en dépit de sa puissance naissante, ne représente pas un souverain au prestige assez grand pour asseoir la donation. Les chancelleries carolingienne et pontificale vont s'accorder sur un faux, connu comme la donation de Constantin. Selon ce document apocryphe, Constantin aurait donné, en 335, toutes les provinces d'Occident au pape **Sylvestre Ier** (314-335). Révélée par Pépin en 754, la donation de Constantin est confirmée par son fils Charlemagne en 774. Les États pontificaux sont ainsi créés. En

MOYEN ÂGE

1198, **Innocent III** (1198-1216) forme le Patrimoine de Saint-Pierre, province autour de Viterbe, Civitavecchia, excluant Rome. L'empereur **Louis le Pieux** (814-840) leur impose en 824 la *Constitutio Romana* qui revient à les placer sous tutelle impériale et surtout à conférer aux empereurs le droit d'intervenir dans l'élection pontificale. Ce rôle est mis en œuvre en 962. La papauté est une fois de plus confrontée à l'aristocratie romaine. Elle se trouve un protecteur en la personne du roi **Otton Ier** (936-973) de Germanie. Ses armées assurent la protection du pape qui le couronne « empereur des Romains ». Il est le premier empereur romain germanique. L'intervention de ses successeurs ne se limite pas à l'élection du souverain pontife et réduit trop fréquemment l'élu à un rôle de figuration. Jusqu'en 1059, le pape est désigné par l'empereur germanique. Un décret de **Nicolas II** (1059-1061) prévoit son élection par un collège de cardinaux, validée par acclamation par le clergé et le peuple de Rome. Le décret renouvelle la condamnation de la simonie et du nicolaïsme (la vente des sacrements ou la vie en concubinage). L'intervention impériale devient une simple confirmation. **Grégoire VII** (1073-1085) dénie au pouvoir séculier l'investiture des abbés ou évêques, provoquant la querelle des Investitures et sa déposition par l'empereur germanique **Henri IV** (1056-1105). Si le concordat de Worms (1122) met fin au conflit, l'empereur germanique intervient encore dans les affaires temporelles de l'Église à la suite de la révolte d'**Arnaud de Brescia** (v. 1100-1155), moine dénonçant le pouvoir temporel du pape. Rome devient une République pour dix ans, entre 1145 et 1155, le pape cantonné au spirituel. **Frédéric Ier Barberousse** (1152-1190) débarrasse le pape du moine mais en échange veut un pontife à sa dévotion. N'obtenant pas ce qu'il désire, il suscite un antipape, en 1159, **Victor IV** (1159-1164), contre le légitime **Alexandre III** (1159-1181). Les États pontificaux s'accroissent en 1115 des biens donnés par la comtesse **Mathilde de Toscane** (1046-1115), fervente guelfe, parti du pape opposé aux gibelins favorables à l'empereur. C'est en son château que Grégoire VII se réfugie et que l'empereur **Henri IV** (1056-1105) s'humilie lors de l'entrevue de Canossa, où il s'agenouille devant le pape et reconnaît sa suprématie. La donation de Mathilde comprend la Toscane, Reggio d'Émilie, Modène, Parme, Ferrare, les duchés de Spolète et de Camerino.

Les **Constitutions égidiennes** *(1357)*

Les *Constitutions égidiennes* (1357) sont le recueil constitutionnel des États pontificaux. Leur superficie, étendue au XIVe siècle, et un nombre grandissant de vassaux et de sujets rendent nécessaire un texte définissant non seulement les pouvoirs dans les États, mais les rapports avec les autres puissances souveraines. Recueil de lois, décrets antérieurs répartis en six livres, leur titre réel est *Constitutiones Sanctae Matris Ecclesiae*. Elles sont promulguées par un prince de l'Église, homme d'État, guerrier – il fut *condottiere*, chef d'une armée de mercenaires –, le cardinal **Gil de Albornoz** (1310-1367), alors vicaire général des États pontificaux. Le territoire est divisé en cinq provinces : Campagne et Maritime (entre Rome, Ostie, vallée du Liri et Terracina), duché de Spolète, marche d'Ancône, patrimoine de Saint-Pierre, Romagne. Elles sont dirigées par un recteur, ou gouverneur, nommé par le pape, assisté d'un conseil de sept juges qu'il lui revient de choisir. Les *Constitutions égidiennes* demeurent en usage jusqu'en 1816.

L'ÉGLISE, DE GRÉGOIRE LE GRAND (590-604) À LA FIN DE LA RECONQUISTA (1492)

L'histoire de l'Église, entre le pontificat de **Grégoire le Grand** (590-604) et le triomphe du christianisme en Europe avec la disparition du dernier royaume musulman en 1492, peut être scindée en deux périodes. La première, du VIIe au XIIIe siècle, représente la christianisation, suivie du conflit avec l'Empire, et enfin l'apogée du XIIIe siècle sous le pontificat d'**Innocent III** (1198-1216), en dépit de la violence de la répression contre les mouvements jugés hérétiques. La seconde, après la victoire sur l'Empire, symbolise la lutte avec les monarchies nationales en cours d'affirmation, en France et en Angleterre. La papauté, repliée en Avignon, est secouée de crises violentes aux XIVe et XVe siècles : on parle du grand schisme d'Occident (1378-1417), incapacité à se réformer de l'intérieur, qui conduit à la Réforme protestante.

L'Église, de Grégoire le Grand (590-604) à Innocent III (1198-1216)

Grégoire Ier le Grand (590-604), né dans une famille aristocratique de Rome, vers 540, devient pape à son corps défendant – il tente tout pour ne pas être consacré en 590. Il est le premier moine, proche des Bénédictins probablement, à devenir souverain pontife. Il s'attache à l'évangélisation de l'Europe : en amenant les rois lombards ariens au catholicisme, et en envoyant des missionnaires, comme **Augustin de Cantorbéry** (?-604) et ses quarante moines du mont Caelius, en Grande-Bretagne en 597. La particularité de ce travail d'évangélisation est double : il faut une organisation rigoureuse afin que chaque pays évangélisé soit inséré dans l'administration ecclésiastique, ainsi qu'une volonté d'adapter les exigences théologiques aux réalités humaines. Les autorités locales, notamment les souverains des peuples germains, du culte populaire des saints et reliques, de l'adhésion aux miracles doivent être respectés. L'attention portée à cette christianisation acceptée et non subie est palpable dans certaines des plus de huit cents lettres laissées par Grégoire Ier. Il veut incarner une autorité paternelle et se nomme *servus servorum Dei*, « serviteur des serviteurs de Dieu », dont ses successeurs feront un titre. L'Église anglo-saxonne est elle directement soumise à Rome, qui nomme le Tarse **Théodore** archevêque de Cantorbéry de 669 à 690. Au VIIIe siècle, l'Église, menacée par les Lombards, se détourne de la tutelle byzantine au profit des rois francs.

La réforme grégorienne : la réponse à une crise

Si la réforme grégorienne doit son nom à **Grégoire VII** (1073-1085), elle est en réalité, sous son pontificat, un prolongement et non une initiative naissante. La réforme commence bien auparavant et se poursuit jusqu'au début du XIIe siècle. Elle repose sur trois fondements principaux : la lutte contre le manque de formation du clergé, la place éminente du pape, élu depuis 1059 par le tout nouveau collège des cardinaux ; l'indépendance de l'Église, seule à même de se diriger et de choisir et promouvoir ses membres, notamment contre les prétentions des empereurs germaniques. La réforme est la réponse à une crise profonde aux Xe et XIe siècles. Confrontée à l'ordre carolingien en voie de disparition, l'Église tombe sous la coupe des empereurs germaniques, **Otton Ier** (936-973) convoque un synode à Rome pour déposer le pape **Jean XII** (955-964) qui l'avait sacré empereur deux ans auparavant. Les rois de France et d'Angleterre considèrent les évêchés comme des fiefs à distribuer à leurs fidèles. Le bas clergé est trop souvent ignorant, occupe la *cura animarum*, le « soin des âmes », par favoritisme, sans véritable formation théologique. Les abbayes sont souvent placées en *commandite*, un abbé nommé, qui peut être un laïc, ne s'y rend jamais, en confie l'administration à un tiers et se contente d'en percevoir les revenus. La *simonie*, vente des sacrements, le *nicolaïsme*, mariage ou concubinage des prêtres, évêques, se répandent. La multiplication d'indignes pasteurs favorise le développement des hérésies. La première racine de la réforme pousse à Cluny au Xe siècle. Suivant la règle bénédictine de **Benoît de Nursie**, au VIe siècle, prolongée par les apports de **Benoît d'Aniane** au IXe siècle, elle définit le cadre strict de la vie monastique : prière, travail manuel, étude de l'Écriture. La journée est réglée, tout comme la vêture et le comportement, par la tenue des offices, en dehors desquels les moines travaillent de leurs mains ou étudient. La maison-mère essaime dans tout l'Occident. Les clunisiens vont faire partie de l'entourage pontifical pour y guider la réforme. Le futur Grégoire VII, connu à ce moment-là comme le moine **Hildebrand**, est l'un d'eux. Il sert ainsi cinq pontifes avant de le devenir lui-même, vingt-cinq durant.

La réforme cistercienne : une économie maîtrisée

Bernard (1091-1153), premier abbé de Clairvaux, abbaye fondée en 1115 dans le sillage de Cîteaux, joue un rôle essentiel dans le renouveau de l'ordre cistercien. Personnage très pieux, auteur d'ouvrages théologiques, il est surtout réputé pour ses talents d'orateur qui lui valent le surnom de *doctor mellifluens*, « maître à la voix de miel ». Il prêche la piété mariale et donne au culte de la Vierge un essor décisif. Il s'oppose à la scolastique par son refus de la science en théologie, lui préférant l'expérience mystique. Il relance l'ordre cistercien et fonde personnellement plus de soixante couvents, ce qui permet à l'ordre d'en compter plus de cinq cents à la fin du XIIe siècle. Le monachisme de Clairvaux s'oppose à celui de Cluny. Le moine doit également partager son existence entre le travail manuel, distribué en fonction des aptitudes de chacun, et la prière. Entièrement tourné vers Dieu, Bernard, qui est canonisé en 1174, s'oppose également aux prétentions pontificales de suprématie sur le temporel, même s'il est un ardent défenseur du trône de Saint-Pierre, au nom de la nécessaire indépendance de l'Église face au pouvoir des princes. Bernard règle avec soin tous les détails de la vie quotidienne dans les abbayes, et c'est à ce titre qu'il porte un intérêt tout particulier à l'architecture. Vouée à Dieu et à la prière, l'abbatiale cistercienne rejette la surcharge du décor, le bâtiment se différencie par sa simplicité, l'absence de tours, le goût pour les formes géométriques nettes, comme le fond du chœur droit et non rond. Les vitraux sont remplacés par de simples fenêtres de verre blanc ou légèrement teinté de gris, les grisailles. L'effet recherché est avant tout celui de la régularité et de l'économie dans la décoration.

La querelle des Investitures (1075-1122)

Grégoire VII va plus loin encore dans l'affirmation de la supériorité du pape avec les *Dictatus papae* de 1075. Dans cette suite de vingt-sept points, il affirme la suprématie du spirituel sur le temporel et, de ce fait, le pouvoir universel du pape sur tous les souverains, qu'il peut déposer. Ces règles sont à l'origine de la querelle des Investitures (1075-1122) qui oppose le pape à l'empereur germanique. Ce dernier considère que son pouvoir lui vient de Dieu et qu'il est le seul à pouvoir investir les évêques, d'autant plus que l'évêché représente aussi des biens temporels. **Henri IV** (1056-1105), empereur du Saint Empire romain germanique, pousse les évêques de l'Empire à refuser d'obéir au pape en 1076. **Grégoire VII** l'excommunie. Ses vassaux en profitent pour se révolter. Quelques mois après, il est contraint de faire pénitence à genoux devant Grégoire, lors de l'entrevue de Canossa. Après s'être débarrassé d'un antiroi de Rome élu par les vassaux révoltés, Henri IV s'empresse de reprendre sa lutte avec la papauté, fait élire l'antipape **Clément III** (1080-1100), prend Rome, fait emprisonner Grégoire (1084). Libéré par le roi normand de Sicile, Grégoire VII meurt peu après, en 1085. Les successeurs de l'empereur et du pape continuent de s'opposer jusqu'à la signature du concordat de Worms en 1122. Par ce document, l'empereur **Henri V** (1111-1125) et le pape **Calixte II** (1119-1124) trouvent une issue négociée à la querelle des Investitures. Les évêques de l'Empire seront élus par les chapitres cathédraux puis recevront du pape l'investiture spirituelle, l'empereur se limitant à leur conférer une investiture temporelle.

Le pontificat d'Innocent III (1198-1216)

C'est pendant le pontificat d'**Innocent III** (1198-1216) que l'Église atteint l'apogée de son influence sur les princes temporels. Désireux de réformer l'Église pour lui permettre d'aborder l'avenir plus sereinement, le pape réunit en 1215 le quatrième concile du Latran. De multiples décisions sont prises, mais certains canons conciliaires ont une portée universelle :
– le dogme de la transsubstantiation est établi (lors de la célébration de la messe, pain et vin deviennent chair et sang du Christ) ;
– la confession auriculaire est obligatoire au moins une fois par an, à Pâques ;
– nul n'a le droit d'imposer les biens de l'Église sans l'agrément pontifical ;
– une surveillance plus stricte de l'orthodoxie, à la fois dans les mœurs des clercs et pour prévenir ou combattre les hérésies ;
– l'organisation de nouveaux ordres en fonction de règles approuvées par le pape.
Ce dernier point concerne plus particulièrement les deux grands ordres qui apparaissent à la fin du XIIe siècle et croissent rapidement au siècle suivant, les Dominicains et les Franciscains.

Les hérésies (XIIe-XIIIe siècles)

Au XIIe siècle, la réforme se poursuit dans la lutte contre les hérésies. Les vaudois, du nom de **Vaudès** (Pierre Valdo, v. 1130-v. 1217), en Piémont et en région lyonnaise, prônent le retour à la pauvreté du Christ, refusent la transsubstantiation. Déclarés hérétiques, lors du concile de Latran IV (1215), ils regagnent l'Église, rejoignent les ordres mendiants ou, plus tard, adhèrent à la Réforme protestante.

Les cathares, les «purs» en grec, sont implantés au sud-ouest de la France, dans le comté de Toulouse, à Béziers, Carcassonne, Albi. Pour eux, le monde est création d'un principe du Mal, auquel Dieu, principe Bon, n'a aucune part. Les hommes retourneront au Dieu Bon quand ils auront épuré leur support maléfique, le corps, afin de retourner à Dieu. Il y a donc une eschatologie cathare : quand le Mal aura vaincu, possédant tous les corps, il signera sa perte, les esprits revenant au Dieu Bon. Privé du mélange élevé (esprit) et bas (corps), ne conservant que la chair corruptible, le Mal reviendra au Néant. Croyant à la réincarnation, les cathares refusent le baptême des nouveau-nés, le baptisé doit avoir treize ou quatorze ans pour choisir et non subir le baptême. Ils reconnaissent le seul Nouveau Testament, l'Ancien Testament est œuvre du Mal. La seule prière est le «Notre Père». Ils refusent le culte des saints ou des reliques. Le sacrement principal est le *consolament*, du latin *consolamentum*, la «consolation», vécu comme le «baptême de l'esprit». Il se fait par imposition des mains d'un Parfait, personne déjà ordonnée. Car il s'agit d'une ordination, engageant l'impétrant dans une vie de Bon Homme ou Bonne Dame, mélange d'ascèse, de rigueur morale évangélique, de renoncement, à manger de la viande par exemple. **Innocent III** (1198-1216) lance contre eux la croisade des Albigeois (ou cathares) en 1208. La guerre dure vingt ans (1209-1229) et **Simon de Montfort** (v. 1164-1218), à la tête de la croisade, prend Béziers, Carcassonne, le Languedoc et Toulouse. Les cathares sont arrêtés, brûlés. Le concile de Latran IV (1215) donne à Simon de Montfort le comté de Toulouse, les vicomtés de Béziers et Carcassonne, le duché de Narbonne. À partir de 1231, c'est l'Inquisition, confiée souvent aux Dominicains, qui traque les hérétiques. Isolés, les derniers cathares sont condamnés au début du XIVe siècle, après la prise de Montségur (1244) et le bûcher de deux cents Parfaits. Si le roi de France **Philippe Auguste** (1180-1223) refuse de prendre part à la croisade des Albigeois, son fils **Louis VIII** (1223-1226) entreprend la conquête du Languedoc, rattaché au domaine royal à la fin du XIIIe siècle.

Les croisades

Depuis l'expansion de l'islam, dès le VIIIe siècle, les lieux saints de Palestine sont aux mains de conquérants qui font montre de tolérance en laissant un libre accès aux pèlerins chrétiens qui le désirent. Cette politique d'ouverture se poursuit jusque sous les Fatimides qui exercent de plus en plus de mesures vexatoires, entraînant en Occident une vague de réprobation. En outre, l'empereur romain d'Orient a davantage de mal à contenir les raids pillards des Turcs Seldjoukides, ce qui conduit Alexis Ier Comnène (règne : 1081-1118), empereur romain d'Orient, à demander en 1089 l'aide du pape **Urbain II** (1088-1099). Ce dernier, le 24 novembre 1095, lance depuis Clermont un appel à la croisade pour reconquérir les lieux saints profanés par une occupation impie. En cas de mort pendant l'expédition, le pape promet l'indulgence plénière, c'est-à-dire la rémission de tous les péchés commis : « Si ceux qui iront là-bas perdent leur vie pendant le voyage sur terre ou sur mer ou dans la bataille contre les païens, leurs péchés seront remis en cette heure, je l'accorde par le pouvoir de Dieu qui m'a été donné[1]. » La première croisade dure de 1097, siège de Nicée, à 1099, prise de Jérusalem. Elle est conduite par **Godefroy de Bouillon** (1058-1100) qui devient protecteur du Saint-Sépulcre, puis premier souverain du royaume chrétien de Jérusalem, avant de mourir en 1100. La deuxième croisade (1147-1149) échoue complètement en raison des désaccords entre rois chrétiens. Il y en aura encore quatre autres jusqu'en 1291, la principale étant la quatrième, 1202-1204, où les croisés pillent Constantinople. Une fois la Terre sainte reconquise, les croisés doivent l'administrer, et c'est à cette époque que naissent les principaux ordres de moines-chevaliers. L'ordre des Templiers apparaît en 1119 et adopte la règle de saint Bernard de Clairvaux, qui leur accorde sa protection. Leurs vœux sont la pauvreté, la chasteté, l'obéissance, et leur but la protection des pèlerins. Le nom de « Templier » provient de la première demeure communautaire de l'ordre à Jérusalem, située à proximité de l'ancien Temple de Salomon. C'est en 1137 que sont créés les

---

[1]. Foucher de Chartres, *Histoire de Jérusalem*, in Guizot, *Collection des Mémoires relatifs à l'histoire de France*, Brière librairie, 1825.

Hospitaliers de l'ordre de Saint-Jean, du nom de l'hôpital de Jérusalem, qui se consacrent aux soins et à l'assistance des derniers instants des pèlerins. Après la chute de Saint-Jean-d'Acre en 1291, les Hospitaliers s'installent à Rhodes, puis à Malte, d'où leur nom actuel d'ordre de Malte. C'est la colonie allemande originaire de Lübeck et de Brême qui fonde en 1190, à Saint-Jean-d'Acre, l'ordre des chevaliers Teutoniques, organisé militairement à partir de 1198. Leur principal terrain d'action missionnaire n'est pas la Palestine, mais les marges païennes de l'Europe orientale. Après la conquête de la Prusse, les chevaliers Teutoniques y fondent dans la première partie du XIIIe siècle un véritable État.

Les ordres mendiants : Frères mineurs ou Franciscains (1209), Carmes (1214), Frères prêcheurs ou Dominicains (1215), Augustins (1256)

Les ordres mendiants sont un élément de la réforme de l'Église. Ils incarnent le vœu de pauvreté, vivent de la charité, ne possèdent rien en propre ou collectivement. Ils sont une réponse, par l'exemple, aux accusations portées contre une Église fastueuse, dont les princes entretiennent train de vie et vices des grands seigneurs laïcs. Franciscains et Dominicains, comme les autres ordres mendiants, prêchent l'Évangile, mais ils sont en charge de ramener dans le sein de l'Église les cathares. L'**ordre des Frères mineurs ou Franciscains** voit le jour en Italie septentrionale en 1209 par l'action de **François d'Assise** (1181-1226). Issu d'un riche milieu marchand, il mène une vie dissipée, guerroie, aspire à la noblesse, se retrouve en prison. En 1205, il connaît une révélation, se dépouille de tous ses biens, au propre comme au figuré, au point de se retrouver nu devant l'évêque d'Assise. Il fonde une fraternité, les Frères mineurs, en hommage aux plus petites cités dans l'Évangile. En 1210 le pape **Innocent III** valide la première règle de ce groupe. Il est rejoint en 1212 par **Chiara Offreduccio di Favarone, Claire d'Assise** (1194-1253), qui fonde un ordre des Pauvres Dames ou Clarisses. En 1222, François d'Assise crée le **Tiers-Ordre** qui permet aux laïcs de vivre en accord avec l'idéal de pauvreté tout en demeurant dans le monde séculier. En 1224, il aurait reçu les stigmates, mais rédige encore son *Cantique des créatures*, avant de s'éteindre en 1226. Quatre grands penseurs de l'époque médiévale se rattachent au mouvement franciscain : **Giovanni di Fidanza, ou Bonaventure** (v. 1221-1274), surnommé le « Docteur séraphique », ministre général franciscain, **Roger Bacon** (1214-1294), surnommé le « Docteur admirable » en raison de son savoir étendu, **Jean Duns Scot** (v. 1266-1308), le « Docteur subtil », théologien franciscain, **Guillaume d'Ockham** ou d'Occam (v. 1290-1349), surnommé le « Docteur invincible », le plus grand nominaliste franciscain.

L'**ordre des Prêcheurs, ou Dominicains**, est fondé en 1215 par **Dominique de Guzmán**, Domingo de Guzmán ou **saint Dominique** (v. 1170-1221). C'est à Toulouse, en 1215, qu'il ouvre le premier couvent destiné à prêcher et ramener les hérétiques à la vraie foi. Suivant la règle de saint Augustin et les Constitutions, ou règlements, données par Dominique, l'ordre est approuvé la même année par Innocent III. C'est aux Dominicains que l'Église confie l'Inquisition dès sa création. Les structures fixes de l'ordre sont adoptées en 1216, avec l'approbation du nouveau pape Honorius III, et la règle suivie est celle de saint Augustin. Il s'assigne pour missions l'apostolat et la contemplation. Les frères résident dans des couvents. Au nombre des Dominicains célèbres dès le XIIIe siècle, il convient de compter **Thomas d'Aquin** (v. 1224-1274), dont l'œuvre donne naissance au courant philosophique et théologique connu sous le nom de thomisme ; **Eckhart von Hochheim, dit Maître Eckhart** (1260-1327), théologien et philosophe, à l'origine du mouvement des mystiques rhénans.

Outre les Franciscains et les Dominicains, deux autres ordres sont reconnus au concile de Lyon II en 1274 en qualité de « grands » ordres mendiants, les **Carmes** et les **Augustins**. L'ordre du Carmel comprend des hommes (Carmes) et des femmes (Carmélites), voués à la contemplation. La réforme protestante est suivie d'une Contre-Réforme catholique, mouvement dans lequel s'inscrit la rénovation du Carmel, conduite en Espagne par **Thérèse d'Avila** (1515-1582) et **Jean de la Croix** (1542-1591). Ils accentuent l'effacement personnel au profit de l'humilité, de la fusion en Dieu dans la contemplation, l'extase à partir d'une existence cachée. Les Ermites de Saint-Augustin sont une création pontificale. Le succès des ordres mendiants existants tend à favoriser l'apparition de petits groupes sans structures, à une période où ils pourraient être tentés par les hérésies. Le pape **Alexandre IV** (1254-1261) décide donc de les fédérer en 1254. Ils vivront en couvents, se voueront à la prédication. Le concile de Lyon II (1274) approuve définitivement l'ordre.

L'ÉGLISE FRAGILISÉE DES XIVe ET XVe SIÈCLES

La situation de la papauté, au début du XIVe siècle, est considérablement fragilisée. La volonté, insufflée par le pontificat d'Innocent III, de donner à l'Église une place dans le temporel des princes conduit à des affrontements avec ces derniers. La querelle la plus violente oppose le roi de France **Philippe IV le Bel** (1285-1314) au pape **Boniface VIII** (1294-1303) et culmine avec l'attentat d'Anagni où l'envoyé du roi Philippe, Guillaume de Nogaret, tente en vain d'obtenir l'abdication du pontife et le laisse souffleter. **Clément V** (1305-1314), ancien archevêque de Bordeaux, transporte la papauté en Avignon pour y fuir l'insécurité romaine chronique. Il s'agit dans son esprit d'un séjour momentané, qui en fait dure près de soixante-dix ans. Le pape **Grégoire XI** (1370-1378) ramène la papauté à Rome, le 17 janvier 1377. L'année 1378 voit à très peu d'intervalle l'élection de deux papes, **Urbain VI** (1378-1389), soutenu par les Italiens, puis, à l'instigation des cardinaux français, **Clément VII** (1378-1394). Le premier règne à Rome, le second retourne en Avignon. Ce que l'on appelle le grand schisme d'Occident divise l'Europe entre les deux obédiences pontificales. Chaque pape excommunie son concurrent et l'accuse d'hérésie. Le drame se prolonge en 1389, quand la mort d'Urbain VI laisse un temps entrevoir une solution négociée, vite rendue caduque par l'élection de son successeur **Boniface IX** (1389-1404). En Avignon, **Benoît XIII** (1394-1423) succède à Clément VII en 1394. Le pape romain est soutenu par l'Italie du Nord, la majeure partie de l'Empire, l'Angleterre. Le pontife avignonnais est défendu par la France, l'Écosse, le royaume de Naples, la Castille, le Danemark et la Norvège. Il faut la réunion de deux conciles, l'un à Constance (1414-1418), l'autre à Bâle (1431-1449), pour régler le conflit et réunifier la chrétienté, après la déposition à Constance des trois papes alors régnant simultanément, **Jean XXIII** (1410-1415), **Grégoire XII** (1406-1415) et **Benoît XIII** (1394-1423), remplacés par le seul cardinal Odonne Colonna sous le nom de **Martin V** (1417-1431). Le concile de Bâle est encore marqué par la déposition du successeur de Martin V, **Eugène IV** (1431-1447), qui se maintiendra sur le trône pontifical, et la brève carrière du duc de Savoie Amédée devenu l'antipape **Félix V** (1439-1449). L'autorité pontificale est rétablie à partir de 1449, quand **Nicolas V** (1447-1455) est enfin le seul à pouvoir se réclamer être le successeur de saint Pierre.

2. Les arts religieux en Occident

L'ART ROMAN

Le nom d'art roman a été créé par l'historien de l'art **Charles de Gerville** (1769-1853), en 1824, alors qu'il est à la recherche d'un qualificatif capable de désigner l'ensemble de l'évolution artistique qui a précédé la période du gothique pour son ouvrage *Essai sur l'architecture du Moyen Âge*. L'art dit « roman » l'est par référence à l'utilisation architecturale de l'arc dérivé de la période romaine. Traditionnellement, les débuts de l'art roman coïncident avec ceux du XIe siècle, car c'est le moment d'une stabilisation de l'Église dans les monarchies européennes. L'évolution se fait de l'Allemagne, en direction de l'Italie et de la France, puis de l'Espagne septentrionale, avant que le gothique, à la fin du XIe siècle, ne soit annoncé par les modes architecturaux qui se développent alors en Angleterre et en Normandie. On peut placer l'apogée du roman vers la fin du XIe siècle, aux alentours de 1080, lorsque le problème de la voûte dans un édifice du type monumental est résolu, comme c'est le cas à Cluny. Le problème de sa fin est plus délicat à résoudre. Certes, les prémices du gothique sont évidentes dès 1140 en France dans la construction de la basilique royale de Saint-Denis, mais l'influence romane se prolonge jusqu'au dernier tiers du XIIe siècle. L'art roman est subdivisé, selon les aires géographiques, en dénominations multiples : le premier art roman en France correspond de ce fait à l'ottonien tardif, ou au style dit « anglo-saxon », cependant que le second art roman, également qualifié de « haut roman », correspond au salien tardif ou à l'art normand. Il apparaîtra presque simultanément en France, en Allemagne, en Espagne, en Italie. Il possédera ses propres caractéristiques dans chacun de ces pays, bien que, pour la première fois, il existe une unité suffisante pour le considérer comme un style commun dans le cadre de l'Europe.

L'architecture romane : de nouvelles solutions

L'architecture romane se caractérise par sa complexité, l'espace sacré de l'église ou de la cathédrale se divise selon les fonctions propres assignées à chaque salle. De plus en plus, les architectes favorisent le plan de l'église-halle à nef unique. Les grandes églises ont été nécessaires pour accueillir les nombreux moines et prêtres, ainsi que les pèlerins, venus prier ou voir des reliques des saints. Pour des raisons de résistance au feu, les voûtes en maçonnerie ont commencé à remplacer la construction en bois. Ce système nécessite l'apparition de solutions nouvelles dans le traitement de la voûte, le plus courant étant la voûte d'arêtes carrées. La poussée latérale s'exerce plus fortement et oblige à créer de nouvelles structures pour les contreforts. Le mur extérieur ainsi épaissi est traité spécialement à part, avec l'apparition des fenêtres. Le plan est également modifié, les églises accueillant de plus en plus de fidèles lors des pèlerinages toujours plus nombreux. Les nefs latérales sont prolongées, entourées par un déambulatoire, des chapelles rayonnantes vouées chacune à un saint différent permettent de mieux répartir le nombre de pèlerins à l'intérieur de l'église. Des portails sont également accolés au transept. La forme principale reste celle de la basilique, mais elle en diffère en plusieurs points. Elle reprend dans sa forme, celle de la croix latine, sa toiture voûtée, l'extension du chœur.

Cluny et Cîteaux

La construction de l'abbaye de Cluny s'est déroulée en plusieurs étapes. L'histoire de Cluny et de ses trois abbatiales se confond avec celle de l'ordre clunisien. **L'abbé Bernon**, premier abbé de Cluny, entame la construction de Cluny I. Elle est terminée sous son successeur Odon en 927. Le quatrième abbé de Cluny, **saint Maïeul** (954-994), débute Cluny II qui, consacrée en 981, reçoit les reliques de Pierre et de Paul. Elle n'est pourtant terminée que vers 1002-1018. Cluny III, commencée en 1088, éclipse toutes celles qui l'ont précédée. Elle est achevée sous l'abbatiat de **Pierre le Vénérable** (1092-1156) et consacrée en 1130. Les dimensions exceptionnelles de Cluny sont là pour rappeler l'incomparable puissance du monastère. Longue de 187 m hors-d'œuvre, l'église mesure 141 m de large, la nef comporte onze travées. Son plan révèle une multitude de transepts, de chapelles, de collatéraux, un large déambulatoire, une vaste galerie en raison des besoins liturgiques de l'abbatiale : messes et prières y sont nombreuses : onze messes par jour pouvaient y être célébrées et mille pèlerins et frères y assister. Il ne reste que des vestiges insignifiants des constructions de Cluny. En revanche l'abbaye de Vézelay, en Bourgogne, nous est parvenue presque intacte.

Fondée en 1098 au sud de Dijon, par **Robert de Molesme** (1029-1111), **l'abbaye de Cîteaux** forme plus de soixante mille moines pour aller essaimer dans toute l'Europe et fonder, en Italie, en Espagne, en Europe centrale de nouveaux couvents, suivant une volonté de maintenir leur caractère ascétique et de refuser les richesses des Bénédictins de Cluny ainsi que celles de leurs édifices. Le propre des abbayes cisterciennes est d'être construite dans un style austère, sans ornements sculpturaux. Les constitutions de l'ordre de Cîteaux, dont fit partie saint Bernard, stipulent que l'Église doit être construite sans peinture, sans sculpture d'aucune sorte, avec des fenêtres en verre blanc, et ne doit pas posséder tours ou clochers trop hauts. L'intérêt de ces monastères réside, artistiquement parlant, dans leurs voûtes qui ont nécessité des calculs et des prouesses techniques considérables.

La sculpture romane, un changement dans le traitement des formes

Avant le Xe siècle, les édifices construits possèdent peu ou pas de décoration sculptée. C'est seulement vers le XIe siècle que les premiers grands ensembles sculptés apparaissent, linteau de l'église de Saint-

Genis-des-Fonts, dans les Pyrénées-Orientales (1020). Mais les toutes premières réalisations romanes sont d'abord essentiellement décoratives (frises, palmettes, feuillages stylisés). Elles concernent au début les chapiteaux, les cloîtres, les cryptes et, après la fin du XIe siècle, décorent les façades. Peu à peu, loin des querelles religieuses, les sculpteurs romans vont perpétuer des thèmes religieux anciens: le Jugement dernier sera représenté sur la façade ouest des églises, l'Apocalypse de saint Jean sur le tympan de Saint-Pierre de Moissac (1130). Des scènes de l'Ancien Testament sont utilisées en parallèle avec celles de la vie de Jésus. À la fin du XIe siècle, la sculpture devient monumentale. L'iconographie utilisée permet d'enseigner aux laïcs illettrés. Elle devient Bible de pierre pour ceux auxquels l'accès au texte est impossible. Parce que le roman a horreur du vide, les personnages sont disloqués afin de pouvoir les intégrer dans la forme du cadre qui leur est imparti comme sur la façade de Moissac ou de Vézelay. Certains membres peuvent aussi être allongés en forme de triangle, comme à l'église Saint-Sernin de Toulouse. Contrairement aux époques précédentes, le personnage n'est plus obligatoirement le centre du sujet, mais évolue vers une représentation formelle. L'artiste est directement influencé par le sens spirituel des personnages représentés: la perspective est abandonnée au profit d'une représentation en surface. Les formes évoluent vers une schématisation: l'artiste ne désire pas reproduire des traits exacts pour le Christ ou la Vierge, d'après un modèle, il souhaite ériger dans la pierre les symboles mêmes de la foi.

L'orfèvrerie et les arts somptuaires romans

La prospérité des monastères en permit le développement et l'épanouissement. Le culte des reliques favorise également leur essor et donne des reliquaires de toutes espèces: en forme de sarcophage, de croix. Le trésor de Saint-Denis est le résultat des efforts menés par l'abbé Suger pour enrichir d'œuvres d'art son abbaye. Au début du XIIe siècle, on met au point une technique moins coûteuse que celle des émaux cloisonnés pratiqués précédemment. Elle consiste à placer l'émail dans des alvéoles, creusées dans une plaque de métal assez épaisse, généralement en cuivre. Les parties épargnées, non émaillées, sont dorées au mercure. L'art du textile nous a laissé la *Tapisserie de la reine Mathilde*, à Bayeux (1066). Les épisodes de la conquête de l'Angleterre y sont narrés. Contemporaine des faits qu'elle reproduit, elle est d'un très grand intérêt historique.

L'ART GOTHIQUE

« Le développement de l'architecture gothique n'a pas obéi à un schéma logique qu'imposeraient les prémices. Il ne se réduit pas au seul rapport entre l'arc brisé, la croisée d'ogives et l'arc boutant. Il est d'essence plus complexe d'autant plus complexe qu'il a pris suivant les époques, suivant les régions des aspects très différents. Comme toujours dans la vie de l'esprit, la liberté de choix était grande, maîtres d'ouvrages et maîtres d'œuvres étaient libres d'infléchir un style[1]. » Ce terme s'applique à toutes les manifestations artistiques comprises entre le XIIe et le XVe siècle, d'abord en France, puis dans le reste de l'Europe. Il est dû à un Florentin, disciple de Michel-Ange, **Giorgio Vasari** (1511-1574), qui dans son ouvrage sur la vie des peintres toscans, *Vies des plus excellents peintres, sculpteurs et architectes,* pense que le style des monuments du Moyen Âge, construits d'une manière nouvelle provenant d'Allemagne, doit s'appeler gothique parce qu'inventés par les barbares goths. L'innovation principale qui entraîne la constitution d'un art gothique porte sur plusieurs points essentiels : l'agrandissement des ouvertures, l'augmentation de l'élévation, la recherche d'un espace homogène. À partir de la seconde moitié du XIIIe siècle, les pays européens vont perdre de vue le modèle français pour acquérir, petit à petit, leur propre style sans en changer néanmoins les bases. Le gothique se répand au Nord, jusqu'en Scandinavie, à l'Est, en Pologne, et au Sud, jusqu'à Chypre et Rhodes qu'il imprègne également de son influence. L'Italie reste longtemps fermée à cet art, développant en Toscane, dès le milieu du XIVe siècle, un style propre à l'origine de la Renaissance.

---

[1]. Alain Erlande-Brandenburg, *L'Architecture gothique*, Paris, Éd. Jean-Paul Gisserot, 2003, p. 3.

L'architecture gothique en France

L'art nouveau de la cathédrale gothique résulte surtout de la place de plus en plus grande faite à la lumière, concomitante du développement, au XIIIe siècle, de l'art du vitrail : des morceaux de verre multicolores sont assemblés ensemble à l'aide de plomb, formant ainsi des tableaux de l'histoire sainte. L'adoption de la voûte sur croisée d'ogives permet d'élargir la nef et d'élever la voûte, qui atteint ainsi 48 m à Beauvais. Les contreforts, qui contiennent à la base de l'édifice les poussées, sont relayés en hauteur par des arcs-boutants entre lesquels sont installées les verrières et d'éventuelles rosaces, comme c'est le cas à Bourges. L'art gothique d'avant le XIIIe siècle se trouve localisé en France, dans le Nord, et concentré autour de Paris, en 1163, de Senlis, en 1153, de Soissons, en 1177, de Beauvais, en 1227. Les principales constructions de cette période sont les cathédrales de Chartres et de Notre-Dame de Paris, mais aussi celle de Saint-Denis (1132-1144). L'art gothique peut se diviser en plusieurs périodes.

– **Le gothique primitif** (1140-1190) : construction des cathédrales de Sens (1140-1164), de Tournai, de Noyon, de Laon (1150-1200) et de Notre-Dame de Paris (1175-1240).

– **Le gothique classique** (1190-1240) représente l'âge d'or du gothique avec des édifices de plus en plus hauts : cathédrales de Chartres, de Bourges, d'Amiens, de Beauvais (1190-1240).

– **Le gothique rayonnant** (1240-1370 : le motif en rosace sur les vitraux se développe.

– **Le gothique flamboyant** (XIVe-XVe siècle) se caractérise par une surenchère de la décoration.

L'abbaye de Saint-Denis, reconstruite à l'initiative de **Suger** (1135-1144), propose une architecture tout à fait nouvelle. Il remanie le narthex et, pour la première fois, la façade est dotée d'une rose au-dessus du portail central. Afin de donner plus de place aux reliques, le chevet est agrandi. Une nouvelle crypte, englobant les cryptes carolingiennes, est conçue. Le chœur est entouré d'un déambulatoire ouvrant sur des chapelles rayonnantes juxtaposées. Chacune d'entre elles est éclairée par deux fenêtres alors qu'il n'y en avait qu'une ou trois traditionnellement. Les travaux entrepris, en 1231, par l'abbé **Eudes Clément** (abbé de 1228 à 1245), transforment le chœur de Suger. Il est démonté jusqu'aux abaques de colonnes, remplacées par des piliers plus solides capables de soutenir une plus forte élévation. La recherche porte sur une grande verticalité avant tout, aussi aligne-t-on les arcades du triforium et les lancettes des fenêtres. Le transept est très large pour pouvoir accueillir la nécropole royale implantée depuis le XIIe siècle.

La cathédrale, siège de Dieu

Parce que ce sont désormais les évêques qui sont à l'origine de la construction des églises, la cathédrale tient la place centrale des villes, comme c'est le cas en Île-de-France ou en Picardie. L'architecture la plus conforme au gothique est celle de la cathédrale de Chartres en 1220. Le maître d'œuvre est à la tête de toute construction. **Villard de Honnecourt** a laissé des carnets remplis de croquis et d'écrits sur les pratiques architecturales pendant le XIIIe siècle. On y trouve des instructions précises pour l'exécution d'objets spécifiques, des dessins explicatifs sur les procédures techniques, des dispositifs mécaniques, des suggestions pour faire des figures humaines et animales, et des notes sur les bâtiments et les monuments qu'il a vus. Dans ses notes, Honnecourt a décrit le travail qu'il a fait sur la rosace de la cathédrale de Lausanne. Il a passé la plupart de sa vie à voyager (Reims, Chartres, Laon, Meaux et Lausanne). Il s'est rendu en Hongrie en 1245, peut-être pour y travailler en tant qu'architecte. Dans ses écrits, il fusionne les principes transmis de la géométrie ancienne, les techniques médiévales et les pratiques de son temps.

Chartres et son labyrinthe

La cathédrale est l'église où siège l'évêque sur une cathèdre, chaise à haut dossier. La particularité de la cathédrale de Chartres réside dans l'existence de son labyrinthe, figure géométrique figurant dans le pavement de la nef principale, se trouvant exactement entre la troisième et la quatrième travée, qui évolue en arcs concentriques sur toute la largeur. Sa dimension est de 261,55 m, mais, même en partant du centre ou de l'extérieur, le chemin parcouru présente très exactement le même enchaînement de tournants et d'arcs de cercle. Différentes interprétations symboliques ou philosophiques ont été données à son existence, notamment celle qui y voyait un chemin symbolique qui mènerait l'homme à Dieu.

Notre-Dame de Paris

Cœur sacré de Paris, Notre-Dame, sur l'île de la Cité, incarne le pouvoir ecclésiastique à l'époque médiévale. Face à elle, l'autre moitié de l'île est dévolue au pouvoir royal, avec le palais, sa Sainte-Chapelle construite par Saint Louis pour abriter la couronne d'épines du Christ. En un face-à-face de pierre, pouvoir ecclésiastique et pouvoir royal s'opposent ou se complètent, en fonction des époques. La cathédrale a subi plusieurs transformations :
- au IVe siècle son emplacement était à l'ouest de l'édifice actuel ;
- au cours du XIIe siècle, la construction principale commence et dure de 1163 à 1345 ;
- elle est restaurée au XIXe siècle par **Eugène Viollet-le-Duc** (1814-1879).

Le gothique flamboyant

À la fin de la période, le gothique flamboyant se manifeste par une profusion de courbes et de contre-courbes. Les créations les plus typiques sont les tours et les clochers aux XVe et XVIe siècles. À Paris, les porches de Saint-Germain l'Auxerrois, Saint-Gervais, Saint-Étienne-du-Mont comme l'Hôtel de Cluny manifestent la persistance de ce gothique.

La sculpture gothique en France

Les premières œuvres de la sculpture gothique sont à Saint-Denis et Chartres, qui offre à l'époque vingt-six statues – il en reste dix-neuf. Les trois portails de cette église constituent l'exemple le plus complet de sculpture gothique. Il s'agit d'une nouveauté, les statues colonnes, placées dans les ébrasements, représentant reines et rois de l'Ancien Testament. Le drapé des vêtements est très travaillé, même si les attitudes restent figées. Peu à peu, la sculpture qui représente des personnages humains se libère des espaces qui lui sont traditionnellement attribués, piliers, colonnes et chapiteaux. Au XIVe siècle, un changement apparaît dans la conception plastique, aussi bien en France et en Italie qu'en Allemagne. La sculpture évolue vers l'intimité, l'anecdote, le pittoresque et le réaliste. Les corps sont allongés, les statues placées à une grande hauteur sont vues en raccourci d'où la nécessité de cet agrandissement. Chaque figure occupe totalement un espace où s'inscrivent aussi les déformations. Le Moyen Âge refuse la perspective linéaire de la Renaissance, établissant une perspective hiérarchique : au centre, en haut et au lieu le plus grand, la figure la plus importante. Le gothique, tardif dans le domaine de la sculpture, débute par des formes précieuses dont le caractère international est admis. Suprême couronnement de l'art courtois, le style gothique international qui a lieu autour de 1400 s'épanouit dans des figures gracieuses. Très adouci, ce style frise le maniérisme. La sculpture n'a plus de statues colonnes, celles-ci sont accolées au support. La tête représente 1/7e du corps. La draperie, jadis faite pour créer un effet de volume, capte à présent la lumière à travers ses plis qui cachent les pieds. L'humanité a remplacé la sérénité qui animait les visages.

La sculpture funéraire en France

L'émergence des associations de laïcs au début du XIIIe siècle a pour conséquence le développement de l'art funéraire. Les tombeaux utilisent de nouveaux matériaux, marbre blanc, albâtre. Au nombre des exemples de gisants, celui d'**Isabelle d'Aragon** (1247-1271), à Saint-Denis (1275), est l'un des plus anciens témoignages. Peu à peu la statuaire funéraire va vers le réalisme, on moule le visage des morts, comme pour le gisant de **Philippe II le Hardi** (1270-1285), attribué à Jean de Chelles, conservé également à Saint-Denis. La mort s'impose comme objet d'effroi et les gisants évoquent même l'agonie. Les sculpteurs du duc de Bourgogne créent l'atelier franco-allemand de Dijon avec **Jean de Marville** (mort en 1389), qui œuvre au tombeau de Philippe II le Hardi, et **Claus Sluter** (1355-1406), artistes d'un art tourmenté et réaliste. Les drapés sont une des particularités remarquables par leur achèvement de cet art bourguignon. On doit à Claus Sluter le célèbre Puits de Moïse, à Chartres. Les pleurants apparaissent dans le tombeau de Philippe Pot (1428-1493), grand sénéchal de Bourgogne, à l'abbaye de Cîteaux, en Côte-d'Or, parfois attribué à **Pierre Antoine Le Moiturier** (1425-1480). Les pleurants ou deuillants, figures en tenue de grand deuil, dissimulés dans un long manteau drapé noir, portent chacun les huit quartiers de noblesse du défunt.

La peinture en France

La peinture de chevalet connaît un essor spectaculaire aux XIIIe et XIVe siècles avec la réalisation des retables, en diptyques ou en triptyques. Les sujets favoris des peintres sont la copie de l'*Hodegetria* byzantine, icône de la Vierge à l'Enfant, et les scènes de la vie de saint François d'Assise, notamment le Sermon aux oiseaux. C'est en Italie que cette évolution de l'art est la plus perceptible, avec les œuvres de Cimabue à Rome et de Giotto di Bondone à Padoue. La peinture française atteint son apogée sous le règne de Saint Louis. L'enluminure trouve de nouveaux enrichissements au XIVe siècle avec les *Livres d'heures*, ouvrages personnalisés qui rythment l'année par les principales fêtes religieuses et les prières. Cet art est représenté par le maître **Jean Pucelle** (mort en 1334), auteur du *Livre d'heures de Jeanne d'Évreux*, du *Bréviaire de Belleville*. Cette tradition se poursuit et s'amplifie avec un chef-d'œuvre, *Les Très Riches Heures du duc de Berry*, illustrées par les frères **Limbourg** pour l'un des frères du roi Charles V, mécène notoire.

Les arts mineurs en France

Les **vitraux** tiennent une place importante dans l'art médiéval pour décorer les baies des cathédrales. Les premières écoles de décorateurs de vitraux en France ont été celles de Saint-Denis et de Chartres. Un des plus beaux exemples reste celui de la Sainte-Chapelle. Les thèmes figurés représentent des scènes de l'Ancien et du Nouveau Testament. Dès le début du XIVe siècle, afin d'illuminer les vitraux, on emploie des couleurs de plus en plus claires sur des verres de plus en plus amincis. De nouveaux colorants font leur apparition, comme le jaune d'argent qui évolue du jaune pâle à l'orangé. La **tapisserie** se développe de plus en plus et les ateliers parisiens au XIVe siècle tiennent la première place pour la laisser un siècle plus tard aux lissiers d'Arras ; l'*Apocalypse d'Angers*, vaste tenture de 144 m de long, reste le chef-d'œuvre de cet art. Paris s'est acquis, au XIVe siècle, une renommée universelle pour l'exécution des émaux translucides sur or et argent. Dès le XIIIe siècle, Limoges est célèbre pour le travail des émaux champlevés (le métal est creusé pour déposer l'émail en poudre) et peints, comme le *Grand émail de Geoffroy Plantagenêt*, sa plaque funéraire.

3. Les lettres

L'avènement des Carolingiens, au milieu du VIIIe siècle, en même temps qu'il amène l'unification du monde franc et celui de la liturgie, favorise la propagation des ouvrages et leur création. Les écoles se développent. Le pape **Paul Ier** (757-767) envoie à Pépin le Bref différents traités de grammaire, d'orthographe, de géométrie. Les abbayes se fondent en grand nombre, créent leurs propres bibliothèques dotées de beaucoup d'ouvrages. L'abbaye de Saint-Gall, avec des ouvrages venus de tous les horizons culturels de l'époque, en est un bel exemple. **Bède le Vénérable** (672-735) est l'auteur d'ouvrages de la culture littéraire, historique et scientifique du haut Moyen Âge. Il est connu aussi pour être l'un des grands commentateurs de la Bible. C'est autour d'Alcuin, d'abord directeur de l'école de la Cathédrale à York, en 778, qui vient en 782 à Aix-la-Chapelle à la demande de Charlemagne, que se regroupe l'élite intellectuelle de cette époque dans une société littéraire qu'il baptise « académie ». Ses neuf membres prennent des noms de l'Ancien Testament ou de l'Antiquité gréco-romaine, celui d'un poète ou d'un roi : Charlemagne est David ; Angilbert Homère ; Alcuin Horace ; Théodulf Pindare...

Raban Maur (v. 780-856), disciple d'Alcuin, fait de l'abbaye de Fulda un centre intellectuel à l'usage des archevêques, des missionnaires destinés à instruire le peuple de la foi. La littérature carolingienne, sous l'impulsion de ces écoles monastiques, s'exprime à la fois dans une poésie païenne qui s'est transmise oralement et enrichie et par une poésie chrétienne, expression du jeune christianisme germain. Au VIIIe siècle est rédigé le *Lai de Beowulf*, prototype du héros anglo-saxon qui vainc le monstre marin Grendel avant de succomber aux blessures occasionnées par un combat pourtant victorieux contre un dragon. Ce long poème épique de trois mille cent quatre-vingt-deux vers conte la vie et les exploits d'un jeune prince du sud de la Suède. L'histoire connaît pendant la période carolingienne un développement remarquable. En Italie, un genre littéraire proche fait son apparition : la chronique. Cependant, le nom le plus connu rattaché à cette discipline est celui d'**Éginhard** (v. 775-840) qui, inspiré par les *Vies des douze Césars* de Suétone, relate la vie de Charlemagne dans la *Vita Caroli Magni*.

LE LATIN LANGUE MORTE

Il serait plus exact de parler des littératures du Moyen Âge. D'autant plus vrai que le Moyen Âge débute à la fin de l'Empire romain, dès la fin du Ve siècle, et s'étend de la France féodale de Louis VI le Gros, morcelée aux mains des grands vassaux, à celle de Louis XI, avec une monarchie centralisée et une administration moderne. Les quatre siècles qui la constituent voient le mode de vie et la vie quotidienne, ses mentalités, sa langue évoluer, changer. **François Villon** (1431-après 1463) pastiche dans sa *Ballade en vieil langage françois* cette langue devenue opaque pour les gens du XVe siècle. Peu à peu le latin va devenir une langue morte, restant la seule langue des élites et des églises, alors que se forme la langue française. Le concile de Tours, en 813, prescrit de s'adresser aux fidèles dans leur langue et de tous les jours prêcher en langue vulgaire. Louis, le petit-fils de Charlemagne, fait transcrire dans ce même gallo-roman le *Serment de Strasbourg* en 842. Ce parler prend différentes formes selon les régions, langue d'oc au sud, langue d'oïl au nord de la Loire. Au XIIe siècle, les textes de l'Antiquité latine sont traduits en roman, langue vulgaire commune.

Jusqu'au XIVe siècle, il n'y a pas d'œuvres qui ne transitent par la voix, l'oralité y est fondamentale. Avant la naissance du roman, dans la seconde moitié du XIIe siècle, toutes les formes de littérature en langue vernaculaire sont destinées au chant. Pourtant l'écrit n'occupe pas une place secondaire. Il constitue avec l'écriture une expression et une garantie d'autorité. Si un texte existe d'abord en performance orale, sa mise en mémoire, sa conversation sont confiées à l'écrit.

LES PREMIERS AUTEURS : CLERCS ET JONGLEURS

Avant le XIIe siècle, nous possédons peu de textes en langues vulgaires. Aucune trace écrite ne nous est parvenue des *Quatre Branches du Mabinogi* (*Mabinogion*), ces récits gallois, datés du XIIIe siècle, appartenant à une tradition orale remontant sans doute aux VIe et VIIe siècles. *La Chanson de Roland* fut, elle aussi, sans doute récitée avant le XIe siècle, date du manuscrit. La question de l'auteur reste donc tout aussi épineuse. Par auteur, on entend, en latin médiéval, celui qui produit quelque chose en le développant, du latin *augere* (signifiant : amplifier), ensuite celui qui fait, *ago* (agir), enfin celui dont l'œuvre procède. La création du texte part de l'auteur qui revendique l'œuvre, s'étend au compositeur qui la met en forme, au scribe qui assure sa retranscription sur un parchemin. Les clercs assurant cette dernière étape. Le jongleur avec son rôle de mime, d'acrobate, de récitant, interprète un vaste répertoire et, au gré de son inspiration, retraduit l'œuvre.

Les chansons de geste évoquent la société du XIe et du XIIe siècle. Geste, *gesta* en latin, désigne l'histoire. Très vite le mot est pris pour évoquer les hauts faits du passé. Elles évoquent des sujets essentiellement guerriers qui ont la particularité de se situer à l'époque carolingienne, le plus souvent au temps de Charlemagne lui-même ou de son fils Louis le Pieux. Elles se définissent comme un récit en vers mettant en scène des exploits de chevaliers, forme qui se met en place du VIIIe au Xe siècle. Les traditionnalistes recherchent à travers les récits épiques les traces des origines. Les chansons de geste se développent dans le nord de la France, plus particulièrement en Normandie. Destinées à être chantées, avec un léger accompagnement musical, elles sont écrites en vers, divisés en strophes de longueur variable qu'on appelle des «laisses». Les vers ne riment pas mais sont construits sur le principe d'assonance, soit la répétition de la dernière voyelle du mot. De la fin du XIe à la fin du XIIIe siècle, cent cinquante chansons de geste ont été écrites. Les plus anciennes sont *La Chanson de Roland* et *La Chanson de Guillaume*, dont la composition remonterait à 1100. L'élaboration de la majorité des chansons de geste prendrait place à une époque se situant aux alentours de 1150 à 1250. Du XIIIe au XIVe siècle se constituent des cycles, c'est-à-dire des ensembles de chansons concernant un même héros ou ses proches parents. Aux XIVe et XVe siècles, c'est plutôt une période de réécriture, de mises en prose de textes déjà existants. D'auteurs inconnus, les chansons de geste sont souvent regroupées sous le nom des personnages principaux auxquels elles font allusion ou de grands cycles nommés d'après eux. Ainsi, le *Cycle de Guillaume d'Orange* qui comprend vingt-quatre chansons; le *Cycle de Charlemagne* composé de *La Chanson de Roland* et du *Voyage de Charlemagne*; le *Cycle des Croisades*; le *Cycle breton* de Chrétien de Troyes (1135-1183), en une trilogie *Lancelot, Yvain, Perceval*.

La poésie lyrique

Les troubadours, à la fois poètes et musiciens, qui ont écrit en langue d'oc seraient à l'origine de la poésie lyrique en langue vernaculaire entre 1100 et la fin du XIIe siècle. La nouvelle représentation poétique de l'amour a été reprise et systématisée par les troubadours puis par les trouvères sous le nom de *fin'amor* ou d'*amor cortes*, amour courtois. L'amant se met au service de la dame que sa beauté, son rang et sa situation de femme mariée rendent inaccessible. La poésie des troubadours est une poésie difficile, écrite dans une langue très codée, très allusive.

Roman et roman arthurien

Un nouveau genre apparaît autour de 1150, le roman. Le terme «roman» désigne généralement l'œuvre en langue vulgaire par opposition au latin. Les amours légendaires de Tristan et Iseult ont fait l'objet de nombreuses mises en œuvres littéraires. Certaines versions, comme celle de **Thomas** ou celle de **Béroul**, ne sont conservées que par fragments. L'art romanesque s'inspire d'une diversité foisonnante de récits qui se déroulent aussi bien dans des lieux inconnus, imaginaires, que dans des temps mythiques ou historiques. *Le Roman de Renart*, somme de récits composés à différentes époques par des auteurs anonymes, entre 1171 et 1250, appelés « branches », met en scène des animaux autour du personnage principal, Renart, incarnation de la ruse, et d'Ysengrin le loup, sa victime préférée. Le premier des romans arthuriens est l'*Histoire des rois de Bretagne* (*Historia regum Britanniae*) de Geoffroy de Monmouth. C'est la première œuvre où le roi Arthur prend forme romanesque. **Chrétien de Troyes** (1135-1183) nous apprend au début du *Cligès ou la Fausse Morte* qu'il a commencé sa carrière en sacrifiant à la mode des romans antiques et en composant des adaptations d'Ovide. De lui nous avons conservé quatre autres romans, *Érec et Énide* (1165), *Lancelot ou le Chevalier de la Charrette* (1171), *Yvain ou le Chevalier au Lion* (1181), *Perceval ou le Conte du Graal* (1181). Il invente le type romanesque de « Chevalier errant », un héros. L'aventure essentielle est celle qui le conduit à la connaissance de soi-même. Destinés aux aristocrates de la cour, à la classe chevaleresque, ses romans font une place essentielle à l'amour dans sa relation à la prouesse guerrière.

LA LITTÉRATURE AU XIIIe SIÈCLE, PLACE AU RÉEL

Alors que la poésie courtoise, sous la forme du *Minnesang*, triomphe en Allemagne, la littérature française découvre un genre nouveau, fondé sur le recours au réalisme et au comique, le fabliau. Ce récit profane apparaît au moment où les mystères sacrés évoluent vers de véritables pièces de théâtre, comme les très populaires *Jeu d'Adam* et *Jeu de saint Nicolas*. Le roman atteint une certaine maturité avec *Le Roman de la Rose*, composé par **Guillaume de Lorris** (v. 1210-v. 1240) entre 1225 et 1230, et remanié et amplifié par **Jean de Meung** (v. 1240-1305), à la fin du même siècle. Le héros, au sein d'un jardin merveilleux, doit tenter de s'emparer d'une rose, entourée des figures allégoriques de « danger », « médisance », « honte », ou « jalousie ». L'œuvre se présente comme une somme didactique, synthèse de toutes les connaissances, mais la forme du récit est maintenue. La question de la liberté de l'homme et de ses rapports avec la nature passe au premier plan. À côté du récit traditionnel, la spécificité de la littérature au XIIIe siècle est d'accorder une place plus grande à la réalité au détriment de la fiction. L'histoire fait son entrée avec **Geoffroi de Villehardouin** (v. 1150-v. 1213) et **Robert de Clari** (?-1216). Avec *La Conquête de Constantinople*, Villehardouin a le souci constant d'expliquer comment les problèmes rencontrés finissent par détourner les hommes de bonne foi de leur projet initial. Le théâtre fait ses premiers pas au début du XIIIe siècle mais ne se diffuse sous toutes ses formes que deux siècles plus tard. Il doit être considéré comme une création *ex nihilo*, n'ayant aucun lien avec le théâtre grec ou romain, même si *theatrum*, transcription du grec *theatron*, signifie « voir ». La première pièce, le *Jeu d'Adam*, écrite en 1150, se réduit en fait à un échange dans lequel n'interviennent jamais plus de deux personnes : Dieu et le diable, Abel et Caïn, etc.

LA LITTÉRATURE AU XIVe SIÈCLE : MIRACLES, MYSTÈRE ET THÉÂTRE

Même si le XIVe siècle conserve une part d'héritage des siècles précédents, il se caractérise par certaines nouveautés qui créent une rupture. La poésie lyrique domine, elle, tous les autres genres. Un véritable façonnage des langages poétiques, des genres s'amorce sous l'effet de la mutation de la langue française, l'ancien français laissant la place au moyen français. Le statut de l'écrivain se modifie lui aussi. Le XIVe siècle voit se développer le mécénat qui explique d'une certaine façon la diversité de production des œuvres littéraires, celles-ci sont des commandes et naissent d'un rapport nouveau, celui du pouvoir et de l'écriture. La fin du Moyen Âge s'accompagne du goût accru pour l'histoire. Chroniques, mémoires apparaissent. La guerre de Cent Ans (1337-1453), les épidémies de peste noire vont peu à peu orienter la réflexion historique vers plus d'interrogations. Plusieurs noms sont à rattacher à ce genre : outre **Jean Froissart** (1337-1404) qui couvre avec ses *Chroniques* une période qui va de l'avènement d'Édouard III d'Angleterre, en 1327, à la mort de Richard II, en 1400, **Christine de**

Pizan (v. 1365-v. 1431) écrit une œuvre considérable extrêmement variée traitant à la fois de politique et de morale mais aussi de philosophie. **Philippe de Commynes** (1447-1511) consacre les huit livres de ses *Mémoires* aux démêlés entre le duc de Bourgogne, Charles le Téméraire, et Louis XI, roi de France. Il est le créateur d'un genre littéraire, les mémoires, qui serviront de modèle aux mémorialistes des XVe et XVIIe siècles. Le XIVe siècle voit apparaître le théâtre sous toutes ses formes, religieux ou comique, et marque l'apogée du genre dramatique. L'intérêt de ce théâtre est de mettre en scène, d'offrir en spectacle la société qui s'affirme et se questionne sur elle-même.

◆ **Les miracles** sont le genre le plus en vogue. Ce sont de petites narrations qui se jouent sur les parvis des églises et racontent la vie de saints ou des légendes pieuses : *Le Jeu de saint Nicolas* de **Jean Bodel** (1165-1210), *Le Miracle de Théophile* de **Rutebeuf** (XIIIe siècle).

◆ **Les mystères** ne font leur apparition qu'au XVe siècle. Ils mettent en scène dans leur totalité la vie d'un saint, ou celle du Christ. Ils duraient de six à vingt-cinq jours au moment de Noël, de Pâques et de la Pentecôte. Les Passions se jouent sur le parvis des églises, comportant parfois des intermèdes comiques. Parmi les œuvres les plus connues, citons *La Passion du jongleur* (XIIIe siècle), ainsi nommée car elle est récitée par un jongleur, *La Passion du Palatinus*, *La Passion d'Arras*, cette dernière attribuée à **Eustache Marcadé** (?-1440), *La Passion de sainte Geneviève* de Jehan Michel (fin XIVe siècle).

◆ À la même époque se développe **le théâtre profane**, représenté entre autres par les « jeux partis », drames dialogués poétiques dans lesquels se succèdent les scènes satiriques, burlesques, comme chez **Adam de la Halle** (v. 1240-v. 1287) et son *Jeu de Robin et Marion*. La représentation théâtrale au XVe siècle comporte un mystère, une moralité, une farce. Du répertoire important de ces dernières, cent cinquante œuvres environ sont conservées, toutes rédigées entre 1450 et 1560. *La Farce de Maître Pathelin* (1464) est exceptionnelle par la longueur de ses vers, au nombre de mille cinq cent quatre-vingt-dix-neuf, soit trois fois plus que les autres farces. Contrairement à la sottie, genre intellectuel tendant au comique immédiat, transmettant par son

MOYEN ÂGE

action un message, et portant un jugement contestataire, comme la *Sottie contre le pape Jules II*, elle est peu axée sur l'actualité.

♦ **L'allégorie** devient le mode d'expression le plus prisé au XIIIe siècle pour la poésie. Le chef-d'œuvre du genre reste *Le Roman de la Rose* commencé par Guillaume de Lorris, vers 1230, et continué par **Jean de Meung**. La poésie traduit une nouvelle sensibilité au temps, à la vieillesse. Mais ce qui la marque le plus est la séparation définitive du vers et de la musique. Pour pallier ce manque, la musique naturelle des vers la remplacera. **Guillaume de Machaut** fut le dernier poète musicien, il prenait soin de noter les pièces accompagnées de musique, de les séparer des pièces non lyriques. Cette rupture permet de mettre en place les formes poétiques nouvelles : le rondeau qui finit et commence de la même façon, le virelai qui se compose de strophes de deux parties, le lai, suite de douze strophes, divisées en demi-strophes. La poésie prend le « je » comme thème principal puis évolue pour devenir un lieu de débat et de dialogue. **Christine de Pizan** (v. 1365-v. 1431), avec *Le Débat des deux amants* (1400-1402), *Le Recueil des cent ballades d'amants et de dames* (1409-1410), et **Charles d'Orléans** (1394-1466) avec ses *Ballades* sont les grands poètes de cette époque. **François Villon** (1431-après 1463) en recueille le suc poétique dans *Le Lais* (1457), *Le Testament*. Auteur d'un meurtre, il doit fuir Paris en 1455, car il est soupçonné d'avoir partagé la vie criminelle de la bande des Coquillards. De nouveau condamné à mort en 1461, époque de la composition de la *Ballade des pendus*, il échappe à l'exécution par l'accession au trône de Louis XI, qui lui vaut l'amnistie. Il disparaît définitivement des témoignages après 1463. Son œuvre poétique est à la fois fondée sur le réalisme descriptif, l'angoisse de la mort et la fugacité de l'amour et des plaisirs de la vie.

4. La philosophie

LES UNIVERSITÉS ET LE QUARTIER LATIN

L'une des grandes innovations du XIIe siècle sur le plan culturel est l'essor d'écoles urbaines, même si celles des monastères n'ont pas disparu pour autant. Elles connaissent en Angleterre et en Italie un certain éclat jusqu'à l'époque des universités. Au fur et à mesure que l'on progresse dans le XIIe siècle, les liens entre écoles et structures ecclésiastiques se relâchent. Le quartier Latin au XIIIe siècle est consacré à l'enseignement donné aux moines à Saint-Germain-des-Prés et à Sainte-Geneviève, écoles exemptes de l'autorité épiscopale. C'est là qu'enseignent **Albert le Grand** et **Thomas d'Aquin**, mais aussi d'autres savants venus de tous les pays d'Europe : des Anglais comme **Jean de Salisbury, Roger Bacon, Jean Duns Scot, Guillaume d'Ockham**. Jusqu'au XIIIe siècle, les lieux du savoir sont les écoles épiscopales. À l'imitation des corporations médiévales, l'université se met en place sous la tutelle de l'évêque puis du pape. Le mécénat laïc se manifeste par la fondation de collèges, pensionnats destinés aux étudiants pauvres d'une province, tel celui fondé à Paris par le conseiller de Saint Louis, **Robert de Sorbon** (1201-1274), qui deviendra la Sorbonne. La scolarité passe par l'étude des sept arts libéraux regroupés en deux cycles, le *trivium* (grammaire, rhétorique, dialectique) et le *quadrivium* (géométrie, arithmétique, astronomie, musique). L'ensemble du cursus universitaire repose sur une connaissance approfondie de la grammaire. Les grandes universités (Paris, Bologne, Oxford) délivrent la licence d'enseigner partout, la *licentia ubique docendi*. L'université est divisée en quatre facultés : arts, décret ou droit canon, médecine, théologie. La théologie est le summum du cursus universitaire et est abordée entre vingt-cinq et trente-cinq ans, âge minimum requis pour obtenir le titre de docteur.

LA QUERELLE DES UNIVERSAUX : COUPURE ENTRE FOI ET RAISON

« Les cinq universaux, le genre, l'espèce, la différence, le propre, l'accident sont des concepts caractérisés par l'universalité. Sont-ils des réalités inscrites dans les choses elles-mêmes ou seulement des concepts, des commodités de l'esprit ? Voilà le point de départ de la querelle des universaux. Thème dominant dans la philosophie grecque antique, dans la scolastique médiévale, et dans les systèmes de la période moderne de la philosophie occidentale (du XVIIe au

XIXe siècle). La question est déjà posée par Porphyre au IIIe siècle en réaction à la logique d'Aristote. Pendant la période médiévale nominalistes et réalistes vont s'opposer. Les nominalistes supposent que ce ne sont que des mots, les seconds, au contraire, des réalités qui existent. Ockham oppose à la thèse adverse celle du réalisme[1]. » Un des points de la pensée d'Aristote est remis à l'honneur par les universaux : à quelle réalité les universaux – autrement dit les idées générales – correspondent-ils ? Pour **Roscelin** (1050-1120), les universaux ne sont que de simples mots et ne correspondent à rien de réel. Lorsque nous affirmons que Jean et Pierre sont des hommes, affirmons-nous une même réalité ou un même nom ? D'après **Roscelin**, un simple nom ; d'après son opposant **Guillaume de Champeaux** (v. 1070-1121), une même réalité, car Jean n'est pas identique à Pierre mais seulement semblable. Ockham apporte une solution à cette querelle en niant l'existence intelligible des idées générales et leur présence dans le sensible. Le nominalisme va nier l'existence du concept et le réduire à une image ou à un mot. Mais l'idée d'un ordre naturel fixe et nécessaire choque les Franciscains et leur apparaît théologiquement inacceptable puisqu'elle nie l'action directe de Dieu sur chaque individu. Ockham se croit fidèle à la logique d'Aristote et fait la distinction entre les choses (*res*) et leurs signes. Or, les mots ne sont que les signes des choses et il conclut que les choses ne peuvent être par définition que simples, isolées, séparées. Dans « *Jean* », rien d'autre ne se distingue réellement ou formellement que Jean. Ockham va déprécier le général au bénéfice du singulier, comme l'avait déjà fait Aristote contre Platon. Seuls les individus existent, ils sont réels et, seuls, constituent des substances. Pour reprendre un exemple fourni par Ockham lui-même, il n'existe pas « d'ordre franciscain », mais des frères franciscains. De la même façon, il n'y a pas de paternité, pas plus qu'il n'y a que des pères et des fils. Ce ne sont que des noms, des signes qui connotent plusieurs phénomènes singuliers.

L'emploi de termes généraux ne traduit qu'une connaissance partielle et confuse des individus et n'a pas de signification propre. Ce

---

1. Florence Braunstein et Jean-François Pépin, *La Culture générale pour les Nuls*, Paris, First, 2009, p. 482.

qui pour les thomistes figure dans le monde de « l'être » appartient, selon la métaphysique d'Ockham, au monde du langage et de la pensée. Les incidences théologiques de cette philosophie sont considérables, puisqu'elle limite le dogme de la Trinité dans la théologie catholique ou même les attributs d'essence divine. Ainsi, les attributs dont nous qualifions Dieu : bien, volonté, raison, justice, miséricorde, se résument à n'être que des noms servant à désigner Dieu. Dieu est en fait inconnaissable parce qu'il ne tombe pas sous notre expérience. La conséquence en est une coupure brutale entre la philosophie et la foi. L'existence de Dieu démontrée par saint Thomas, selon les preuves tirées de l'ordre cosmique, est rejetée. Seule la foi reste l'unique moyen de connaître Dieu. L'expérience directe nous permet de comprendre, de saisir vraiment l'existence des choses, et de leur rapport. Il est superflu d'insister sur les conséquences de ces principes dans l'étude de Dieu. Le nominalisme a aussi des conséquences dans le domaine du droit et surtout dans celui du droit naturel. L'individu, et non les rapports existant entre plusieurs individus, devient le centre du débat juridique qui doit tendre à énoncer les droits individuels de ceux-ci.

PHILOSOPHIE : LA PREMIÈRE SCOLASTIQUE

Le but de la scolastique (*schola* signifie école en latin) est le même que celui des écoles monastiques, à savoir trouver Dieu par la science, mais la méthode d'enseignement diffère profondément. Née dans les villes au XIe siècle et surtout développée au cours du XIIe siècle, la scolastique reprend les programmes du *trivium* et du *quadrivium*, mais met l'accent sur la science du raisonnement, la dialectique. La lecture traditionnelle des textes, ou *lectio*, et avant tout de la *sacra pagina*, la Bible, demeure, mais elle est suivie d'une *questio*, interrogation rationnelle, puis d'une discussion, la *disputatio*, avant que le maître ne tire la leçon de l'ensemble de l'exercice par une *conclusio* personnelle. Alors que le mouvement dialectique partait des écoles épiscopales en France, le principal opposant se trouvait dans un monastère en Italie, et ce fut Pierre Damien.

MOYEN ÂGE

♦ **Jean Scot Érigène** (v. 810-v. 877), originaire d'Écosse ou d'Irlande, vient en France, appelé par Charles le Chauve, à l'école du Palais, à Aix-la-Chapelle. Il y passe toute sa vie jusqu'au moment, entre 865 et 867, où il est dénoncé comme hérétique par le pape Nicolas Ier. À la fois philosophe et théologien, son œuvre a une portée considérable. Penseur original, nourri des lectures d'Origène, il se rattache à la tradition alexandrine et s'oppose à Gottschalk d'Orbais et à sa doctrine de la double prédestination. Il compose à ce propos *De la prédestination* (*De praedestinatione*), en 851. Son œuvre essentielle, *De la division de la nature* (*De divisione naturae*), comporte cinq livres de dialogues entre un maître et son disciple.

♦ **Pierre Damien** (1007-1072) défend contre les dialecticiens les dogmes de l'Église en prônant l'ascétisme. La foi tiendra la place du savoir et elle n'a que faire de la philosophie, puisque le message de Dieu a été véhiculé par des hommes simples et non des philosophes. Comme la grammaire, il s'agirait d'une invention diabolique. Elle doit accepter de se soumettre comme une servante à sa maîtresse.

♦ **Pierre Abélard** (1079-1142) est un grand maître de la scolastique qu'il enseigne à Paris sur la montagne Sainte-Geneviève. Ayant séduit la jeune Héloïse, il est mutilé par les amis de l'oncle de la jeune fille, épisode de sa biographie connue d'après son *Histoire de mes malheurs* (*Historia calamitatum*). Il se retire à l'abbaye de Saint-Denis, puis dans un couvent en Bretagne, avant de reprendre son enseignement à Paris. Auteur supposé du *Sic et non* (*Oui et non*), considéré comme le discours de la méthode médiéval, il écrit un traité de théologie, l'*Introduction à la théologie* (*Introductio ad theologiam*) et se voit condamné pour ses prises de position par les conciles de Soissons (1121) et de Sens (1140). Il applique systématiquement la dialectique à l'étude théologique.

♦ **Pierre Lombard** (v. 1100-1160), né en Italie, vient à Paris y enseigner la théologie et devient évêque de cette ville en 1159. Son œuvre principale est une *Somme de sentences*, également appelée *Les Quatre Livres des Sentences*, dans laquelle il classe par matière les écrits des Pères de l'Église, contribuant ainsi à leur plus large diffusion.

Considérée très vite comme un classique, la *Somme* entre au programme des études de théologie, au même titre que les écrits patristiques qu'elle présente. Cet effort de présentation rationnelle fait de la *Somme* une œuvre fondamentale de la scolastique médiévale.

L'ÂGE D'OR DE LA SCOLASTIQUE

L'âge d'or de la scolastique voit, entre le XIIe et le XIVe siècle, renaître un courant aristotélicien introduit par les philosophes arabes : **Avicenne** (980-1037) et surtout **Averroès** (1126-1198). Dès le début du XIIIe siècle, les écrits d'Aristote, *Éthique à Nicomaque*, *Métaphysique*, *Physique*, *De l'âme*, sont utilisés comme textes fondamentaux. Chez les penseurs franciscains et dominicains ainsi que dans d'autres milieux, comme pour Albert le Grand, les mystiques rhénans, Maître Eckhart, le néoplatonisme exerce une grande influence. Au XIIIe siècle, il n'existe pas encore d'écoles véritables mais des théories. La tendance la plus traditionnelle est représentée par **Bonaventure** (v. 1221-1274) dont les idées demeurent dans la lignée augustinienne. Avec **Siger de Brabant** (v. 1235-v. 1281) se développe l'averroïsme latin, puis Albert le Grand, maître de **saint Thomas d'Aquin** (1224-1274), remet à l'honneur le courant aristotélicien.

♦ **Bonaventure** (Giovanni di Fidanza, v. 1221-1274) est, à côté de saint Thomas d'Aquin, la personnalité marquante de ce siècle d'or de la scolastique. Surnommé « Docteur séraphique », il est canonisé en 1482 et proclamé docteur de l'Église en 1587. Il joint à l'emploi de la scolastique dans la théologie celui du mysticisme. Le but suprême reste, pour lui, l'union dans la contemplation avec Dieu. Ne pouvant l'atteindre dans cette vie, il doit former la souveraine espérance de l'avenir. Le raisonnement ne permet pas de parvenir à la complète intelligence des choses divines et la philosophie n'a pu découvrir le dogme fondamental de la création. Comme pour saint Augustin, l'existence de Dieu est une évidence.

Saint Thomas d'Aquin (1224-1274) et le thomisme

Surnommé le « Docteur angélique », parce qu'il avait résisté à toutes les tentations à Aquino, il naît en 1224 à Aquino, près de Naples, pour s'éteindre en 1274, après avoir été l'élève d'Albert le Grand. Il fera de la théologie une véritable science de Dieu. Sa philosophie intègre les grands principes de l'aristotélisme. Si saint Thomas, à maints égards, s'appuie sur Aristote, il le dépasse aussi, car, rendue possible par la révélation chrétienne, l'œuvre thomiste comprend non seulement l'étude des réalités surhumaines (*ontologie*), mais aussi celle d'un Dieu créateur (*téléologie*). La révélation chrétienne a permis de comprendre qu'entre ces deux pôles de réflexion il n'existe pas de hiatus. Bien au contraire, pouvoir comprendre l'essence divine doit permettre une meilleure compréhension des réalités terrestres. Il est l'auteur de deux importantes contributions **entre 1252 et 1259** : le *Commentaire des Sentences* de Pierre Lombard, les *Commentaires* des œuvres d'Aristote et de Denys l'Aréopagite ; puis **entre 1259 et 1273** : la *Somme théologique* (1265-1273, inachevée), la *Somme contre les Gentils* (1259). Son œuvre littéraire considérable est en fait rédigée en une vingtaine d'années. Saint Thomas mêle dans sa doctrine les sagesses chrétienne et païenne. Il les fait parfaitement coexister en différenciant leur sphère d'activité. De la même façon, il intègre les conclusions de l'augustinisme dans un cadre aristotélicien. Sa philosophie a une valeur évidente, non en raison de sa christianité mais par son authenticité. L'école thomiste ne constitue qu'un courant minoritaire dans la scolastique.

– Raison et foi

Saint Thomas d'Aquin veut unifier foi et raison, celles-ci étant au service de l'intelligence et ne s'opposant nullement. La preuve de l'existence de Dieu pourra ainsi être démontrée par la raison. On ne peut donc comprendre qu'à la condition de croire. En ce qui concerne la structure de l'homme, saint Thomas met l'accent sur la relation corps-âme, c'est-à-dire l'union de l'esprit et de la matière dans un être unitaire. Souvent, son évolution ne reflète pas les idées préconisées par saint Thomas et la philosophie de l'être est négligée par la première école thomiste créée au XVe siècle. La philosophie thomiste est aujourd'hui étudiée selon les principes de la méthode historique.

– **Dieu**

Sa preuve de l'existence de Dieu repose sur la similitude entre la création et celui-ci. Pour démontrer l'existence de Dieu, saint Thomas distingue cinq voies qui s'appuient toutes sur l'expérience. Son existence n'est pas une évidence, aussi fait-il l'analyse du mouvement dans le monde sensible par la preuve du premier moteur : « On peut prouver que Dieu existe par cinq voies. La première voie et la plus manifeste est celle qui se tire du mouvement [...] Or tout ce qui est du mouvement est mû par autre chose : rien en effet n'est en mouvement qu'en tant qu'il est puissance à l'égard de ce vers quoi il tend, tandis qu'une chose donne le mouvement en tant qu'elle est en acte[1]. » Pour saint Thomas, la nature de Dieu nous reste inconnue, pourtant nous pouvons déterminer ce qu'il n'est pas par négation des imperfections de la créature. En nous appuyant sur le concept d'analogie, nous pouvons aussi savoir ce qu'il est. Dieu est le premier moteur immobile et il est nécessaire de remonter jusqu'à lui si l'on veut expliquer le mouvement de l'univers. Dans la deuxième preuve, analogue à la première, il est question de cause. En remontant toutes les causes, nous aboutissons à la cause première qui est Dieu. La troisième preuve a recours à la contingence du monde, le monde peut être ou ne pas être, qui ne peut s'expliquer que par Dieu. La quatrième preuve s'appuie sur l'idée de perfection, il existe des degrés de la perfection qui sont évaluables en fonction d'une perfection absolue : Dieu. La cinquième preuve concerne la finalité de l'univers que Dieu seul organise.

Quant à l'âme, elle est « immatérielle et plus complète que celle des animaux, limitée à quatre facultés : sensibilité, imagination, mémoire et estimation. Celle des hommes est sensibilité, imagination, mémoire et raison. Cette dernière est la faculté non seulement d'avoir des idées, mais d'établir entre elles des enchaînements de rapports et de concevoir des idées générales. C'est par l'analyse de la connaissance

---

1. Thomas d'Aquin, *Somme théologique*, tome 1, Paris, Éditions du Cerf, 1984, p. 172-173.

rationnelle que l'âme humaine se différencie de l'âme animale ou végétative, incapable d'agir à part, donc d'exister à part.

À l'encontre de ce que prônent Platon et saint Augustin, saint Thomas démontre que la connaissance sensible reste le point de départ de toute connaissance, l'homme n'ayant en lui aucune connaissance innée. C'est là qu'intervient le travail de l'intelligence, pour dégager des choses sensibles une forme intelligible, l'*intellect agent* de chacun de nous. L'*intellect possible* constitue la deuxième fonction possible de l'intelligence individuelle, dont l'œuvre s'appelle *concept*. Ceci s'oppose à la conception d'Averroès qui juge inconciliables l'intellect et l'homme et fait de l'*intellect agent* une substance unique et séparée[1] ».

5. La musique médiévale

LA MUSIQUE CAROLINGIENNE

Dans le domaine musical, une véritable Renaissance carolingienne se produit. Les notes sont désormais marquées par des accents, c'est la notation ecphémétique (ou chironomie). Aix-la-Chapelle, Tours, Metz unifient le chant liturgique, le pape envoie à Charlemagne certains chantres de sa chapelle privée. Un orgue prend place dans la chapelle impériale. La théorie musicale progresse tout autant que la pratique se renouvelle, c'est à Metz que Chrodegang fonde un enseignement directement dérivé de celui de la *Schola* latine. Raban Maur écrit *De la musique* (*De musica et portibus ejus*), Alcuin compare les différents modes utilisés. Les nouvelles pratiques mises en place à la cour impériale sont ensuite diffusées dans tout l'Empire, car la musique, tout comme l'ensemble du programme éducatif voulu par Charlemagne, doit participer pleinement à l'unification culturelle, notamment dans un domaine aussi fondamental que le chant liturgique accompagnant la célébration de l'Eucharistie.

---

1. Florence Braunstein et Jean-François Pépin, *La Culture générale pour les Nuls, op. cit.*, p. 480.

LES ÉCOLES DE MUSIQUE

Chronologiquement, nous pouvons situer la musique médiévale sur un temps long couvrant la période qui s'étend du VIe siècle jusqu'au début de la Renaissance. Techniquement, la période est dominée par l'école franco-flamande, l'apparition ou le développement de plusieurs centres de création. Se succèdent ainsi l'école de Notre-Dame de Paris, illustrée par **Francon de Cologne** (XIIIe siècle) et son *Art du chant mesurable* (*Ars cantus mensurabilis*) (1260 environ), **Jean de Garlande** (XIIIe siècle) et son *De la notation du rythme musical* (*De musica mensurabili positio*) et les séquences reposant sur une technique précise. L'école de Notre-Dame correspond en grande partie à l'*ars antiqua*, la musique telle qu'elle était pratiquée avant le XIVe siècle. Les genres y sont l'*organum*, passage de plain-chant enrichi d'une seconde voix, le *conduit* proche du motet, ce dernier, chant en latin à une ou plusieurs voix. L'*ars nova* s'illustre par la musique polyphonique du XIVe siècle. Le terme est utilisé par **Philippe de Vitry** (1291-1361), c'est l'éponyme du titre de son ouvrage paru vers 1320. La naissance de l'université de Paris, puis du Collège de Sorbon, entraîne un développement de la musique, enseignée dans le même cycle que les mathématiques. L'école de musique de la cathédrale Notre-Dame de Paris est à la pointe de l'innovation en matière d'introduction de rythmes et d'instruments nouveaux, à percussion, comme les tambours et les tambourins, dans la liturgie. Le chant prend une place de plus en plus importante dans les offices et **Léonius**, premier directeur de l'école, compose un *Magnus liber organi* (*Grand livre de l'organum*), consacré au chant liturgique à deux voix. Un chant nouveau apparaît avec la forme du motet, dans laquelle chaque voix suit un texte et un rythme qui lui sont propres. La fin du XIIIe siècle français, avec les rondeaux d'Adam de la Halle, voit les débuts de la composition de chants profanes, qui s'épanouit après 1320 avec le mouvement de l'*ars nova*, également représenté en Italie. L'*ars nova* repose sur un ensemble de danses très rythmées, accompagnées de chants à une seule voix. Le goût pour l'*ars nova* est tel dans le public que l'Église doit intervenir pour en interdire l'utilisation dans les cérémonies liturgiques. L'*ars nova* connaît son principal promoteur en la personne de **Guillaume de**

MOYEN ÂGE

Machaut (1300-v. 1377), poète, musicien, chanoine de Reims. Longtemps au service de **Jean de Luxembourg**, roi de Bohême, il rédige pendant cette période de nombreuses œuvres : *Le Jugement du roi de Behaigne* (v. 1346), *La Fonteinne amoureuse* (1360-1362) ou la *Prise d'Alexandrie* (1370-1371). Son œuvre nous est connue par cinq manuscrits des XIVe et XVe siècles, et porte la trace de la forte influence du *Roman de la Rose* sur l'auteur. Ses créations musicales comprennent des lais, virelais, rondeaux, motets, une messe polyphonique. Il est le lien vivant entre les trouvères et la manière ancienne pour ses lais et l'*ars nova*. Sa messe à quatre voix est la première messe polyphonique conçue comme un tout, marquée par un souci d'ordre et de symétrie au-delà de la diversité des formes. Dans le dernier quart du XIVe siècle, l'*ars nova* cède la place à l'école franco-flamande de la Renaissance, qui domine la musique européenne.

6. Les progrès techniques au Moyen Âge

L'invention de l'imprimerie bouleverse les conditions de la vie intellectuelle. Dès le XIIe siècle, le papier a été introduit en Sicile par les Arabes, mais c'est seulement au XIVe siècle que des « moulins à papier » fonctionnent dans tout l'Occident. Peu à peu le papier remplace le parchemin, fait de peau de mouton, qui coûtait très cher. Quant à l'imprimerie, elle n'a pas été inventée d'un seul coup, mais mise au point ; on a utilisé d'abord la **gravure sur bois** (xylographie) pour reproduire soit des images, soit des pages d'écriture. Ensuite, on a eu l'idée de faire des caractères mobiles en bois, susceptibles de servir plusieurs fois. Enfin, on est passé au caractère en métal. Il semble que le premier à avoir utilisé à la fois une presse à main, une encre grasse et des caractères en métal fondu soit un imprimeur de Mayence : **Johannes Gutenberg** (v. 1400-1468). Le premier livre sort de son atelier en 1454. Le procédé est imité en France en 1470. L'imprimerie est une des grandes conquêtes de l'humanité ; elle permet une diffusion massive de la pensée et de l'instruction. On imprime d'abord des livres religieux (la Bible, dès 1457 ou 1458), puis les œuvres des auteurs de l'Antiquité et des humanistes. À la fin du XVe siècle, les principales imprimeries sont établies aux Pays-Bas, en Allemagne et en Italie, foyers de prospérité et de vie intellectuelle. L'art de la navigation est transformé par l'invention du gouvernail d'étambot, qui permet de construire des navires plus rapides et plus maniables : les caravelles. En même temps on apprend à se diriger à l'aide de l'aiguille aimantée, ce que les Chinois et les Arabes savaient faire depuis longtemps ; les Italiens ont l'idée de l'installer sur un pivot dans une petite boîte : la boussole. Enfin, des équipes de savants commencent à dresser des cartes, qu'on appelle *portulans*. Ils décrivent avec précision les pays connus : au début du XVe siècle, un universitaire parisien, **Pierre d'Ailly** (1351-1420), publie une *Image du monde* où il soutient que la terre est ronde.

CHAPITRE IV
L'Allemagne médiévale

1. Le Saint Empire romain germanique

LES OTTONIENS

Le royaume de Germanie échappe aux Carolingiens **après 911**. Le titre impérial cesse d'être attribué après 924 et le royaume passe au duc de Franconie, **Conrad Ier** (911-918), puis au duc de Saxe, **Henri L'Oiseleur** (876-936), élu roi des Romains, titre porté par l'empereur entre son élection et son couronnement, sous le nom d'**Henri Ier** (919-936). Il fonde la dynastie des Ottoniens, du nom de son père, le duc de saxe **Otton Ier** (v. 851-912). Les Ottoniens sont rois de Germanie, puis à partir de 962 empereurs du Saint Empire romain germanique jusqu'en 1024. **Otton Ier le Grand** (936-973) est couronné roi de Germanie en 936. En 951, une expédition en Italie lui permet de se faire couronner « roi des Francs et des Lombards » à Pavie. En 960, le pape sollicite son aide contre le roi Bérenger. Otton franchit les Alpes avec son armée, arrive à Rome où le pape Agapet II le couronne empereur en février 962. Agapet meurt peu après et le nouveau pape, **Jean XII**, est hostile à Otton. Ce dernier revient en Italie, réunit un concile qui dépose le pape. En vertu du *Privilegium Ottonianum* de 962, Otton confirme le pape après son élection, mais avant sa consécration. C'est le césaropapisme allemand qui lui permet de choisir le successeur de Jean XII, **Léon VIII** (963-965). Jean XII se maintient pourtant jusqu'à sa mort en 964. À celle de Léon VIII, Otton fait élire

MOYEN ÂGE

son successeur, **Jean XIII** (965-972). Otton Ier meurt le 7 mai 973. **Otton II** (967-983) est couronné du vivant d'Otton Ier. Il poursuit l'œuvre de son père, maintient l'Empire et accroît les possessions italiennes, mais meurt prématurément à vingt-huit ans. **Otton III** (983-1002) est couronné roi des Romains à trois ans, en 983. Une régence s'installe jusqu'en 995. À **Otton III** succède le duc de Bavière **Henri II le Saint** (1002-1024). Il meurt sans descendant en 1024.

LES SALIENS

Sa succession est difficile, plusieurs prétendants s'affrontent. **Conrad II le Salique** (1024-1039) est finalement élu. En 1037, il promulgue la *Constitutio de fundis* qui donne aux vassaux de vassaux, les vavasseurs, l'hérédité de leur fief et le droit d'être jugés par leurs pairs. Conrad II meurt le 4 juin 1039 à Utrecht. Avec son fils, **Henri III** (1039-1056), l'Empire atteint son apogée. Le fils de ce dernier, **Henri IV** (1056-1105), monte sur le trône. Âgé de cinq ans, la régence est confiée à sa mère, Agnès d'Aquitaine, puis à l'archevêque **Anno de Cologne** (1056-1075). C'est pendant cette période troublée que débute la querelle des Investitures. **Henri V** (1106-1125) commence par tenter de remettre de l'ordre dans son Empire. S'il échoue à soumettre la Hongrie et la Pologne, il rétablit son autorité sur la Bohême en 1110. Henri V meurt le 23 mai 1125. Il sera le dernier monarque de la dynastie des Saliens.

LES HOHENSTAUFEN

La diète de Mayence élit le duc Lothaire de Saxe, devenu **Lothaire III** (1125-1137). Lothaire III meurt le 3 décembre 1137. Un interrègne de plusieurs mois suit avant l'élection de son successeur, **Conrad III de Hohenstaufen** (1138-1152). Il s'empare de la Bavière en 1140 après une longue guerre. Il participe à la deuxième croisade, avec le roi Louis VII de France, entre 1147 et 1149, assiège en vain Damas. Conrad meurt le 15 février 1152 sans avoir jamais été couronné empereur. Il a désigné comme successeur son neveu, le duc **Frédéric de Souabe** (1122-1190) qui devient le célèbre empereur

Frédéric Ier Barberousse (1152-1190), descendant à la fois des Hohenstaufen et des guelfes, ce qui est apprécié comme un gage de paix entre les deux maisons. Il part en 1189 pour la troisième croisade avec Philippe II Auguste, roi de France, et Richard Cœur de Lion, roi d'Angleterre. Après deux victoires des croisés, Frédéric se noie accidentellement, le 10 juin 1190, en Anatolie. Son fils **Henri VI** (1190-1197), roi d'Allemagne depuis 1169, d'Italie depuis 1186, lui succède. Il est couronné empereur par le pape Célestin III en 1191, mais échoue à s'emparer de Naples. Il doit faire face à la révolte, en Allemagne, des princes allemands, qui ne s'apaisera qu'en 1194. Il capture et enferme le roi d'Angleterre, Richard Cœur de Lion, sur le chemin du retour des croisades, et ne le libère que contre une énorme rançon. Prenant la tête d'une croisade germanique, il se prépare à passer en Orient, mais meurt brutalement à Messine, le 28 septembre 1197. Toute l'Italie se révolte alors contre l'Empire. En Allemagne même, deux prétendants s'affrontent pendant dix ans, **Philippe Ier de Souabe** (1177-1208), le plus jeune fils de Frédéric Barberousse, est couronné, mais les princes de Basse-Rhénanie lui préfèrent **Otton de Brunswick** (1176-1218).

Guelfes soutiens du pape et Hohenstaufen s'affrontent après la mort d'Henri VI en 1197. Chacun porte sur le trône son champion, **Philippe de Souabe** (1197-1208) pour les Hohenstaufen, **Otton IV de Brunswick** (1197-1218) pour les guelfes. Tous deux s'affrontent pendant dix ans, Philippe est reconnu par la France, Otton par l'Angleterre et la papauté. Philippe prend le dessus militairement après 1204, et est reconnu roi partout en Allemagne et par le pape. Il est assassiné le 21 juin 1208 par le comte palatin de Bavière auquel il avait refusé sa fille. En octobre 1209 Innocent III couronne **Otton IV** empereur à Rome. Mais il prend Naples. Le pape Innocent III l'excommunie, pour avoir renié sa promesse de ne pas le faire, et soutient désormais **Frédéric II de Hohenstaufen** (1212-1250). Otton IV est défait par Philippe Auguste à la bataille de Bouvines (27 juillet 1214), se réfugie au Brunswick. En 1231, il promulgue les *Constitutions de Melfi*, code de lois unifiées, qui organise le royaume de Sicile et se veut applicable à tout l'Empire. En réalité, toujours en 1231, à Worms, les princes obtiennent le *Statutum in favorem principum* qui leur accorde une large autonomie et renforce leur puissance. Son fils

Henri se rebelle en 1232, 1234, 1235. Il meurt en captivité en 1242. Frédéric II meurt le 13 décembre 1250 sans que la querelle soit résolue. Sa mort ouvre un interrègne de vingt-trois ans. Les rois se succèdent en Allemagne sans pouvoir ni reconnaissance réels. Villes, États, principautés ecclésiastiques retournent à l'autonomie. Les institutions impériales, lorsqu'elles demeurent, exercent un contrôle tout théorique. Les droits régaliens tombent entre les mains des princes, les villes libres se multiplient et s'émancipent.

LES HABSBOURG

La papauté s'émeut de cette situation et menace de choisir elle-même un empereur, ce qui lèserait les princes électeurs. Ils se décident à élire un prince dont ils pensent n'avoir pas à redouter la puissance ou la richesse, le comte **Rodolphe de Habsbourg** (1218-1291) qui devient **Rodolphe Ier** (1273-1291). Son principal opposant est le roi de Bohême **Ottokar II** (1253-1278), qui proteste lorsqu'il apprend son élection. Rodolphe le vainc au cours de deux rencontres, Ottokar II perd la vie dans la seconde. Rodolphe Ier est désormais à la tête d'un vaste domaine personnel : Autriche, Syrie, Carinthie, Carniole, Bohême. Sa puissance est si considérable qu'elle inquiète les princes électeurs. À sa mort, son fils est écarté au profit du faible **Adolphe de Nassau** (1292-1298), qui mécontente la noblesse par des promesses non tenues. Il est déchu le 22 juin 1298. Albert, fils de Rodolphe Ier, duc d'Autriche, l'écrase et le tue à la bataille de Göllheim, près de Worms, le 2 juillet 1298. **Albert Ier** (1298-1308) parvient à multiplier les accords de paix avec ses voisins au point d'apparaître comme un souverain capable de rassembler sous sa couronne toute l'Europe centrale. Mais il meurt assassiné le 1er mai 1308 par son neveu **Jean de Souabe** (1290-1314).

LES LUXEMBOURG

L'Allemagne au XIVe siècle poursuit les affrontements pour le trône impérial entre membres des maisons princières de Habsbourg, Luxembourg et Wittelsbach. Aux difficultés nées de ces rivalités s'ajoutent les incessantes querelles avec la papauté au sujet du royaume d'Italie et de la prétention des papes à délivrer la couronne impériale seulement en ayant au préalable validé l'élection du candidat. En juillet 1338, une assemblée des princes électeurs, réunie près de Coblence, décide que l'élu par leurs soins n'a nul besoin d'être reconnu par le pape pour pouvoir régner. Le plus grand monarque du siècle est **Charles IV** (1349-1378). Appartenant à la famille des Luxembourg, Charles est roi de Bohême. Il est élu roi des Romains en 1346, mais doit attendre 1349 et la disparition de ses compétiteurs pour devenir roi de Germanie. Il est couronné empereur en 1355. Par la Bulle d'or, édit impérial de 1356, Charles IV limite le nombre d'électeurs à sept : roi de Bohême, duc de Saxe, margrave de Brandebourg, comte palatin du Rhin, les archevêques de Trèves, Mayence, Cologne. Une majorité de quatre voix suffit pour être élu. L'approbation du pape devient inutile, l'empereur est légitime dès son élection. Le pape **Innocent VI** (1352-1362) rejette aussitôt la Bulle d'or. Mécène, il fonde en 1348 l'université de Prague, la première du monde germanique. Il pacifie l'Allemagne en multipliant les *Landfriede*, « paix territoriales », conclues avec les Bavarois, les Souabes, les Poméraniens, les Franconiens. Entre 1348 et 1350 ces États sont frappés par la peste noire ou grande peste d'Occident, qui enlève jusqu'à la moitié des habitants de Bâle, Cologne, Francfort ou Magdebourg. Charles IV prépare activement sa succession, son fils, **Venceslas** (1361-1419), est roi de Bohême dès 1363, roi des Romains en 1376. Il succède à son père à la mort de ce dernier, le 29 novembre 1378, sous le surnom de **Venceslas Ier l'Ivrogne** (1378-1400). Il doit affronter les conflits entre la noblesse et la Ligue de Souabe qui comprend vingt villes souabes et des nobles du sud de l'Allemagne. Il est incapable de montrer une position ferme au moment où l'Église se déchire par le grand schisme d'Occident (1378-1417). L'assemblée des électeurs cite Venceslas à se présenter devant elle. Il ne s'y rend pas, est déposé le 20 août 1400 en faveur du comte palatin de Bavière, **Robert** (1352-1410), élu empereur **Robert Ier** (1400-1410).

Il connaît un règne marqué par la faiblesse, une incursion sans suite en Italie. À sa mort, le 18 mai 1410, deux rois de Germanie sont élus, **Josse de Moravie** (1410-1411), cousin de l'empereur déposé

MOYEN ÂGE

Venceslas Ier, et **Sigismond de Luxembourg** (1368-1437), frère de ce dernier. Josse meurt quelques mois plus tard, **Sigismond Ier** (1410-1437) demeure seul souverain. Habile, doué pour la diplomatie, il parvient à éviter un nouvel éclatement de l'Église au concile de Constance (1414-1418), en profite pour faire brûler le réformateur **Jean Huss** (v. 1369-1415) dont les adeptes, les hussites, se multipliaient dans son royaume de Bohême, réclamant la réforme en profondeur de l'Église. Plusieurs croisades contre les hussites ne parviennent pas à les réduire. Finalement, en 1443, le concile de Bâle temporise et accorde aux hussites l'usage de la langue tchèque, la communion sous les deux espèces. Sigismond, troisième et dernier empereur de la dynastie des Luxembourg, meurt le 9 décembre 1437.

LES HABSBOURG, LE RETOUR

Albert II de Habsbourg (1437-1439) succède à Sigismond. Son règne bref laisse peu de traces, mais demeure important en ce qu'il donne définitivement la couronne impériale aux Habsbourg. Son cousin **Frédéric de Habsbourg** (1415-1493) est élu roi des Romains en 1440 puis empereur romain germanique sous le nom de **Frédéric III** (1452-1493). Son fils, Maximilien, est roi des Romains depuis 1486. Il devient l'empereur romain germanique **Maximilien Ier** (1508-1519). L'essentiel de son règne est consacré à la guerre contre la France qui intervient en Italie du Nord. En 1495, la diète de Worms, assemblée des princes, réforme l'Empire : les électeurs peuvent constituer un *Reichstag*, un parlement, lequel autorise un impôt impérial pour financer la guerre contre la France, ses alliés turcs et certaines villes d'Italie.

2. L'art

L'ART OTTONIEN

Ce que nous appelons art ottonien ne couvre pas seulement la dynastie du même nom, mais concerne les œuvres créées à l'intérieur des frontières de l'Empire romain germanique. Il s'étend sur une période qui va du milieu du Xe siècle à la fin du XIe. Il naît à un moment où fleurissent, au sud de l'Europe, les premiers témoignages de l'art roman. L'art ottonien, différent, utilise d'autres techniques, d'autres manières de penser l'espace architectural ou décoratif. La religion est intégrée non seulement dans le projet politique de l'Allemagne ottonienne, mais aussi dans le désir de grandeur et de magnificence reprenant la tradition carolingienne pour la fondre dans une création originale. Les pays germaniques n'ayant pas connu de rupture politique conservent les conceptions artistiques des Carolingiens mais aussi celles de l'art byzantin.

L'architecture ottonienne : gigantisme et simplicité

Plusieurs points la caractérisent : le gigantisme des constructions, des églises, conséquence de cette volonté de grandeur et de puissance ; la simplicité de ses structures extérieures ; la richesse de ses ornementations inspirées souvent de l'Antiquité ; la double orientation, deux pôles dans les églises avec un double transept. Le chœur double, avec un grand transept complétant le chœur occidental, est repris de l'architecture carolingienne.

L'enluminure ottonienne, un summum

Mais c'est surtout dans le domaine de l'enluminure que l'art ottonien atteint un sommet. La supériorité de l'enluminure allemande est la conséquence du soutien tant de l'empereur que des évêques. Les grandes églises de l'Empire sont pourvues de moyens importants et de manuscrits de choix. Le monastère de Reichenau joue ici un rôle considérable. Parmi ses œuvres les plus remarquables, on trouve de nombreuses séries de miniatures sur la vie du Christ ainsi que des portraits d'empereurs. Dans l'*Évangéliaire de Liuthar*, Otton III apparaît trônant, entouré de symboles évangéliques. Les thèmes et les décors démontrent l'importance de l'influence byzantine. Le style des enluminures ottoniennes au regard de celui de l'époque carolingienne paraît très abstrait. La surface, le plus souvent recouverte de peinture dorée, est là pour donner aux personnages ou aux animaux représentés une profondeur que l'absence de perspective ne leur permettrait pas d'atteindre. Les pages de dédicace avec le portrait du commanditaire et ceux des évangélistes ont une grande importance.

L'orfèvrerie et les arts mineurs ottoniens

Orfèvrerie et arts mineurs figurent parmi les témoignages les plus éclatants de l'art ottonien, avec une technique de la gravure et du repoussé magistrale. Insignes du pouvoir impérial (*Couronne de la Vierge d'Essen*), objets liturgiques, couverture de codex (*Évangéliaire d'Otton III*), crucifix (*Crucifix de l'Empire*) constituent les principales réalisations de cet art. Pourtant l'autel portatif de Trèves, dit de saint André, et l'autel de Gertrude du Trésor des Guelfes forment parmi l'ensemble de ces travaux d'orfèvrerie des pièces d'exception. Le travail de l'ivoire tient une place très importante aussi, ceux de Lotharingie sont considérés comme les plus beaux, à l'image de la couverture du *Codex Aureus d'Echtemach*. Le « maître de Trèves » est l'un des plus grands artistes à la fin du Xe siècle. Il est l'auteur du *Registrum Gregorii*, copie des lettres de Grégoire et travaille pour l'archevêque Egbert à Trèves entre 970 et 980.

L'ART DE L'ALLEMAGNE MÉDIÉVALE

L'architecture gothique : plus tardive qu'en France

Les débuts de l'architecture gothique sont régionaux. Les grandes constructions présentant des caractéristiques du nord de la France sont peu nombreuses.

Quand le gothique est adopté, il présente des points communs avec le gothique français. La façade n'est pas traitée simplement comme le côté occidental, l'endroit par lequel on entre, mais elle forme un puissant corps de bâtiments. Le système de soutènement n'est pas aussi élaboré qu'en France, car il reste soumis au système des blocs. En Allemagne septentrionale et orientale se développe « le gothique de la brique », lié aux matériaux disponibles.

La sculpture gothique

En Allemagne, c'est le Maître de Naumburg, sculpteur anonyme médiéval, qui, au XIIIe siècle, innove en plaçant dans le chœur occidental deux séries de statues qui se font face, groupes que l'on retrouve dans le narthex de la cathédrale de Fribourg. La tendance qui pousse les sculpteurs à donner à leurs personnages des traits impersonnels au XIIIe siècle provoque au siècle suivant une réaction, partie de Cologne. L'intérêt pour l'humanité du Christ de pitié, pour les liens qui unissent le Christ à saint Jean provoque une vision nouvelle, plus intime et plus familière, moins hautaine et moins inaccessible pour le petit peuple. Le Saint Empire, l'Autriche, les Pays-Bas, la Bohème, la Pologne, la Hongrie deviennent des virtuoses dans la production des statues de bois.

3. La littérature

LA LITTÉRATURE OTTONIENNE : UNIQUEMENT EN LATIN

Les souverains ottoniens s'intéressent moins à la littérature que les princes carolingiens et c'est seulement après 950 qu'un courant se manifeste à la cour, marqué par une production littéraire uniquement exprimée en latin. C'est en Saxe, berceau de la dynastie ottonienne, que se développent les foyers culturels. En contact avec celle-ci l'abbaye de Gandersheim voit fleurir l'œuvre de **Hrosvitha** (Xe siècle), qui célèbre en vers les exploits d'Otton Ier le Grand, et compose à la manière de Térence des drames en prose. Les écoles monastiques de Souabe représentent une autre source culturelle et littéraire sous la dynastie ottonienne. L'école de Saint-Gall s'illustre avec une succession de maîtres réputés. Les œuvres en latin restent prépondérantes. Maître Conrad, à la demande de l'évêque **Pilgrim de Passau** (920-991), écrit ainsi le *Chant des Nibelungen* en latin. Le plus grand ouvrage, *La Vie de Walther Fortes-Mains* (*Vita Waltharii manufortis*), dont l'auteur est Ekkehard, le premier des quatre plus célèbres moines de Saint-Gall, raconte l'histoire du fils du roi wisigoth d'Aquitaine retenu par Attila, qui réussit à s'enfuir. L'*Évasion d'un prisonnier* (*Ecbasis captivi*) est la forme la plus ancienne de poésie germanique avec des animaux pour personnages, où l'influence des fables d'Ésope est évidente. Les poèmes latino-allemands sont une autre production de cette époque, comme le chant à la louange du duc Henri II de Bavière, le *De Henrico*, fait d'une alternance de vers allemands et de vers latins. Enfin les romans de chevalerie du haut Moyen Âge trouvent peut-être une source dans le *Ruodlieb*, épopée latine.

LA LITTÉRATURE ALLEMANDE MÉDIÉVALE

Miroirs et chants courtois

La période classique moyen haut-allemande s'étend de 1175 jusque vers 1360. Tous les genres littéraires sont représentés, l'histoire étant surtout formée de chroniques. Chaque territoire voit fleurir son historique et le genre des « miroirs » se multiplie : *Sachsenspiegel* ou *Miroir des Saxons*, d'Eike von Repgow (v. 1180-1235), entre 1222 et 1225, *Schwabenspiegel*, ou *Miroir des Souabes*, d'un auteur anonyme. Très influencé par l'œuvre de Chrétien de Troyes, **Hartmann von Aue** (v. 1165-v. 1210) traduit *Érec* et *Yvain*, avant de composer le *Petit livre*, discussion entre le cœur et le corps sur la véritable nature de l'amour, et *Le Pauvre Henri*, récit héroïque d'un chevalier sauvé de la lèpre par la pureté et la fidélité de la jeune fille qu'il aime d'amour courtois. L'ouvrage qui retrace le mieux les péripéties de l'épopée courtoise est dû à **Wolfram von Eschenbach** (v. 1170-v. 1220) qui rédige son *Parzival*, dont le thème central est la quête du Graal et la transformation profonde du héros au long des étapes et des épreuves de sa recherche. **Gottfried de Strasbourg** (?-1210), au début du XIIIe siècle, donne au roman courtois ses lettres de noblesse avec sa version complète de *Tristan et Iseult*. Il n'innove pas en créant l'histoire, déjà connue, mais en donnant à l'amour une dimension nouvelle, cause des plus grands bonheurs et du malheur le plus profond du couple. L'épopée héroïque la plus importante de cette époque est le *Chant des Nibelungen*, composé par un anonyme au début du XIIIe siècle. L'ouvrage comporte plusieurs cycles, reliés entre eux par l'exaltation des vertus proprement chevaleresques : *Légende de Siegfried*, *Chant de Sigurd*, *Déclin des Burgondes* et leur défaite face à Attila au début du Ve siècle.

Le Minnesang, *l'amour inaccessible*

La poésie lyrique est illustrée par le *Minnesang*, genre caractéristique qui utilise le *lied*, suite de strophes régulières, ou le *lai* composé de vers irréguliers. Le *Minnesang* est un chant véritable, conçu pour être accompagné au luth ou à la vielle, et dont les thèmes d'inspiration sont étroitement codifiés. Il met en scène un personnage de basse extraction, un serf le plus souvent, amoureux d'une inaccessible dame de haut parage. La femme idéale et convoitée, selon les rites de l'amour courtois, se révèle au fur et à mesure du développement poétique d'une essence parfaite et radicalement différente, qui interdit à tout jamais une tentative d'approche. Le *Minnesang* de l'époque courtoise cède peu à peu la place à un genre plus bourgeois et populaire, le *Meistergesang*, ou « maître-chant ». Le *Meistergesang*, chanté avec accompagnement musical, est défini par des règles très strictes : le thème doit en être édifiant, allégorique ou héroïque, les strophes sont arrangées par groupe de trois.

La poésie profane de cour n'est pas la seule forme exprimée. Au XIVe siècle se développe une littérature mystique, fondée sur le contact direct avec Dieu, au travers d'expériences personnelles. C'est un autre Dominicain, **Maître Eckhart** (1260-1327), qui représente à Paris cette façon de ressentir le divin. Accusé d'hérésie, il doit plusieurs fois passer devant les tribunaux ecclésiastiques, cependant qu'une partie de son corps de doctrine est condamnée.

CHAPITRE V
L'Angleterre médiévale

1. L'histoire du pays des Angles et des Saxons

L'histoire de l'Angleterre anglo-saxonne couvre la période qui s'étend de 410, fin de la province romaine de Bretagne, à 1066, conquête par les Normands de **Guillaume le Conquérant**. La date de 410 correspond au retrait de Rome du système défensif, le limes, frontière surveillée par les légions. L'empereur **Honorius** (395-423) qui règne sur l'Empire romain d'Occident annonce aux Bretons qu'il ne peut plus assurer leur défense. Rome est mis à sac par les Wisigoths d'**Alaric I**er (395-410). Comme ailleurs dans les vestiges de l'Empire romain agonisant, la Bretagne se scinde en chefferies, petites principautés, royaumes peu étendus où gouvernent ceux qui peuvent entretenir des hommes d'armes. Au cours du Ve siècle plusieurs incursions anglo-saxonnes se produisent, mêlant leurs vagues à la population locale, qui les combat parfois avec succès, comme à la bataille du mont Badon (495). Les Angles et les Saxons sont des peuplades germaniques originaires des régions côtières, étendues du nord de l'Allemagne au Danemark et à la Hollande. Les Angles tendent à se fixer au Nord, peu peuplé, où ils fondent des royaumes facilement plus vastes, les Saxons au Sud, à la population plus dense, avec des États plus petits. Il convient d'ajouter une migration de Frisons, venus du nord de l'Allemagne, de Jutes, originaires de la péninsule du Jutland au Danemark.

MOYEN ÂGE

Ces arrivées se poursuivent jusqu'au Xe siècle mais sont, depuis 793, concurrencées par les raids des Vikings. Le mouvement des populations encourage les Bretons à traverser la mer pour venir s'installer en Armorique, actuelle Bretagne en France. Un nouveau facteur, religieux, intervient à la fin du VIe siècle : la christianisation de la Bretagne à partir de deux influences, une Église celte venue d'Irlande à l'Ouest, une Église catholique romaine au Sud. Le moine bénédictin **Augustin de Cantorbéry** (?-604) fonde l'Église d'Angleterre. Premier archevêque de Cantorbéry, il convertit **Aethelbert** (580-616), roi jute du Kent, dont la femme **Berthe** (539-612), fille du roi franc de Paris **Caribert Ier** (561-567), est déjà catholique. Il bénéficie désormais du soutien de Rome, les autres monarques anglo-saxons païens l'imitent, le dernier souverain païen est le roi **Penda** (?-655) de Mercie. L'Angleterre est divisée en plus d'une dizaine de royaumes d'inégale importance, connus notamment grâce à l'*Histoire ecclésiastique du peuple anglais* (vers 730) de **Bède le Vénérable** (672-735), moine lettré de Northumbrie, royaume du nord de l'Angleterre. Sept d'entre eux se partagent l'essentiel de l'Angleterre : la Northumbrie, la Mercie, le Kent, l'Essex, le Sussex, le Wessex, l'East Anglia. Ils forment l'Heptarchie, les Sept Royaumes. Mercie possède la plus grande influence politique, le royaume s'étendant, au VIIIe siècle, des Midlands jusqu'au pays de Galles et la Cornouaille. Mais tous sont menacés par les Vikings. En 793, ils prennent et pillent le monastère de Lindisfarne, puis, au cours du IXe siècle, s'emparent de tout ou partie des royaumes anglo-saxons, East Anglia en totalité, Northumbrie, Mercie sont coupés en deux. L'est de l'Angleterre devient une province danoise sous le nom de Danelaw, la contrée où s'exerce le droit viking. En 871 monte sur le trône du Wessex **Alfred le Grand** (871-899), qui signe une trêve avec les Vikings. Mais ces derniers ne la respectent guère et la guerre reprend. En 878, à la bataille d'Ethendun, ou d'Edington (du Wiltshire ou du Somerset, le doute subsiste), Alfred remporte une grande victoire sur **Guthrum l'Ancien** (?-890), souverain du Danelaw. Les deux souverains acceptent le traité de Wedmore fixant leurs frontières respectives : Alfred règne sur les territoires situés au sud d'une ligne reliant Londres à Chester au nord-ouest, sur la mer d'Irlande. Le nord-est, le Danelaw est royaume danois. En 885, Alfred prend Londres, en territoire danois. La paix d'Alfred et de Guthrum entérine cette conquête. Une dernière guerre oppose Alfred aux Danois, entre 892 et 897. Elle s'achève sur la déroute des forces danoises. À sa mort, son fils **Édouard l'Ancien** (899-924) poursuit l'expansion entreprise. **Athelstan le Glorieux** (924-939), fils d'Édouard, est le premier à régner réellement sur toute l'Angleterre. Il annexe les principautés vikings, confrontées elles-mêmes à des débarquements de nouveaux venus, vikings eux aussi, qu'elles s'efforcent de repousser. Cette reprise des attaques marque une nouvelle époque de confrontation entre l'Angleterre et les Danois. Elle est aggravée par la décision d'**Ethelred le Malavisé** (978-1013 et 1014-1016). Contraint depuis sa défaite à la bataille de Maldon (991) de verser tribut aux Vikings, le *Danegeld* ou « argent des Danois », il décide d'y mettre fin par une action d'éclat. Le 13 novembre 1002 il ordonne le massacre de la Saint-Brice, l'assassinat des Danois, dont la propre sœur du roi **Sven Ier à la Barbe fourchue** (986-1014) du Danemark.

La guerre reprend entre son fils, **Edmond Côte de Fer** (avril-novembre 1016), et **Knut le Grand** (1016-1035), fils de Sven. En octobre 1016, Knut remporte la bataille d'Assandun. Il règne sur toute l'Angleterre, après la mort d'Edmond, sur le Danemark (1018) et sur la Norvège (1028). Il s'efforce d'unifier Anglo-Saxons et Danois, épouse la veuve d'Ethelred dont il a un fils, **Knut le Hardi** (1018-1042), ordonne la rédaction de recueils de lois, divise l'Angleterre en quatre comtés (Wessex, Mercie, East Anglia, Northumbrie). Knut le Grand entend laisser son véritable empire de mer du Nord à Knut le Hardi, mais, à sa mort, son fils aîné, **Harold Ier Pied-de-Lièvre**, devient régent d'Angleterre, dont il se proclame roi en 1037. Il meurt en 1040 et Knut le Hardi règne sur l'Angleterre et le Danemark. Il meurt sans avoir eu de fils. Son demi-frère, **Édouard le Confesseur** (1042-1066), dernier fils d'Ethelred le Malavisé, monte sur le trône. Ce prince, contraint à l'exil par l'invasion danoise de 1013, vivra en Normandie jusqu'en 1041, à la cour de son oncle, Richard II de Normandie (996-1026). Ce duc procure à la Normandie une grande puissance et la prospérité. Édouard est donc imprégné de culture française normande et il octroie de nombreux hauts postes à des Normands. Extrêmement pieux, il porte le surnom de « Confesseur » à partir de 1031, il laisse le pouvoir effectif aux grands du royaume, qui se divisent en factions, d'autant plus rivales que le souverain n'a pas de fils. À sa mort, le 5 janvier 1066, une crise de succession s'ouvre. Les grands élisent pour lui succéder **Harold II** (5 janvier-14 octobre 1066), beau-frère d'Édouard et comte de Wessex, au détriment de son petit-neveu Edgard. Le roi **Harald III de Norvège** (1046-1066) émet des prétentions sur le royaume d'Angleterre. Il débarque et trouve la mort lors de la bataille de Stamford Bridge, dans le Yorkshire, remportée par Harold II le 27 septembre 1066.

GUILLAUME LE CONQUÉRANT

Le 28 septembre 1066, **Guillaume de Normandie** (1027-1087) débarque lui aussi, au Sud, à Pevensey. Harold II l'affronte le 14 octobre 1066 à Hastings où il est défait et tué. Guillaume devient le roi d'Angleterre **Guillaume le Conquérant** (1066-1087) et fonde la dynastie normande. En 1085 est établi un relevé cadastral, le *Domesday Book* ou *Livre du Jugement dernier*, des trente comtés, mille sept cents paroisses d'Angleterre. Chaque paroisse fournit aux envoyés royaux l'inventaire des propriétés. C'est en guerroyant contre le roi de France que Guillaume le Conquérant trouve la mort le 9 septembre 1087 à Rouen. Son corps est inhumé dans l'abbaye aux Hommes de Caen. Son fils aîné **Robert II Courteheuse** (1087-1106) devient duc de Normandie, son frère cadet, **Guillaume le Roux** (1087-1100), reçoit la couronne d'Angleterre.

MATHILDE « L'EMPERESSE » ET LA DYNASTIE DES PLANTAGENÊT

Le 1er décembre 1135, Henri Ier Beauclerc meurt. Il était le plus jeune fils de Guillaume le Conquérant et régnait sur l'Angleterre depuis 1100. Normalement, il a prévu de laisser le trône à sa fille, Mathilde, mariée en premières noces avec l'empereur Henri V, d'où son surnom de « l'emperesse », l'impératrice, puis après le décès de celui-ci en 1125, au comte d'Anjou Godefroy V Plantagenêt, surnom dû aux branches de genêts dont il se plaît à orner son casque. Mais les barons anglais rechignent à obéir à une femme. **Étienne de Blois**

(1135-1154) saisit sa chance. Neveu du défunt monarque, il traverse en hâte la Manche, arrive à Londres, s'y fait reconnaître pour roi. La guerre civile va l'opposer à **Mathilde** (1102-1167) jusqu'à la fin de son règne. Étienne meurt sans héritier mâle mais il a reconnu le fils de Mathilde comme successeur peu avant son trépas. Ce dernier devient le roi **Henri II Plantagenêt** (1154-1189). La plus grave crise du règne l'oppose à **Thomas Becket** (1117-1170), archevêque de Cantorbéry. Conseiller du roi, brillant penseur ayant étudié à Bologne, Paris, Thomas s'oppose à l'application des *Constitutions de Clarendon*, texte qui autorise le roi à intervenir dans les affaires ecclésiastiques, notamment en matière judiciaire. Cela revient à faire disparaître le privilège de clergie. Thomas s'enfuit en France. Henri le rappelle, se réconcilie avec lui, mais ne renonce pas aux *Constitutions*.

Le 29 décembre 1170, quatre chevaliers royaux assassinent Thomas Becket dans sa cathédrale de Cantorbéry. Le roi n'a pas expressément ordonné le crime, mais il avait publiquement souhaité être débarrassé de Thomas Becket. Après une ultime résistance, menacé d'excommunication, Henri II fait pénitence publique à Avranches en 1172, se réconcilie avec le pape en 1174, effectue un pèlerinage sur la tombe de Becket, reconnu martyr et canonisé par l'Église dès 1173. Henri II meurt le 6 juillet 1189, à Chinon, alors que les hostilités ont repris depuis un an avec l'un de ses fils, le prince Richard. Celui-ci devient le roi d'Angleterre **Richard Cœur de Lion** (1189-1199). À peine monté sur le trône, il part en croisade, laissant l'administration de son royaume à l'archevêque de Cantorbéry, l'évêque de Durham, et de hauts barons. Si la croisade vaut la gloire à Richard, elle lui aliène le roi de France Philippe II Auguste et le duc Léopold d'Autriche (Léopold V de Babenberg). Ce dernier le capture sur le chemin du retour et le garde en captivité jusqu'en 1194. En son absence, son frère, le prince Jean, essaie d'usurper le trône. Revenu en Angleterre, Richard poursuit la guerre contre la France. Il meurt d'une blessure reçue lors du siège de Châlus en Limousin, le 6 avril 1199.

MOYEN ÂGE

LA NAISSANCE DE LA DÉMOCRATIE ANGLAISE :
LA *MAGNA CARTA*

Le frère de Richard Cœur de Lion, **Jean sans Terre** (1199-1216), lui succède. Ses propres barons se soulèvent contre lui et le contraignent à accorder, le 15 juin 1215, la *Magna Carta Libertatum*, plus connue sous le nom de *Magna Carta* ou *Grande Charte*. Ses soixante-trois articles limitent l'arbitraire royal. Le monarque ne peut lever d'impôt sans le consentement du grand conseil formé de seigneurs, de représentants du clergé et de la cité de Londres. Les villes se voient garantir leurs libertés, l'Église les siennes. Il est interdit d'emprisonner un homme libre sans jugement. Cette étape fondamentale de la mise en place des garanties constitutionnelles anglaises est d'autant plus facile que Jean sans Terre meurt peu après, le 18 octobre 1216, et que son successeur **Henri III** (1216-1272) n'a que neuf ans et doit adopter solennellement la Grande Charte pour obtenir le soutien des barons, un temps tentés de laisser le trône d'Angleterre au prince Louis (futur Louis IX), fils du roi de France. En 1258 les barons lui imposent une réduction plus grande encore du pouvoir royal par le texte des Provisions d'Oxford. C'est mettre la couronne sous la tutelle de commissions composées de barons. La guerre éclate entre **Simon de Montfort** (1208-1265), comte de Leicester et chef des mécontents, et les armées royales. Montfort remporte la bataille de Lewes en 1264, emprisonne la famille royale, gouverne quelques mois, convoque un parlement en janvier 1265. Cette même année cependant, le prince héritier Édouard parvient à s'enfuir, lève une armée, bat à son tour Montfort à la bataille d'Evesham, où il perd la vie. Henri III remonte sur le trône, en laissant le gouvernement à son fils Édouard, et meurt le 16 novembre 1272. **Édouard Ier** (1272-1307) laisse le souvenir d'un prince énergique. Il conquiert le pays de Galles et soumet l'Écosse pour un temps. Mais il doit régulièrement y revenir pour réprimer des révoltes sporadiques. Son œuvre législative commence avant son règne, alors qu'il exerce une régence de fait, avec le Statut de Marlborough, de 1267, qui définit les cas où s'exerce la justice royale aux dépens des coutumes. C'est en combattant une fois de plus les Écossais que le roi meurt le 7 juillet 1307. Son fils **Édouard II** (1307-1327), pusillanime, consacre le pouvoir de ses favoris et amants, **Pierre Gaveston** (1282-1312) puis **Hugh Le Despenser** (1284-1326). Édouard II est arrêté, incarcéré, il abdique en faveur de son fils le 24 janvier 1327. Il meurt, probablement assassiné, le 21 septembre de la même année.

LA FRANCE ANGLAISE : LA GUERRE DITE DE CENT ANS

Édouard III (1327-1377) devient roi d'Angleterre à quinze ans. Il intervient dans les affaires écossaises pour soutenir le candidat au trône qui lui soit le plus favorable. En 1337, à la mort de Charles IV le Bel, dernier Capétien direct, il revendique le trône de France au nom de sa filiation : par sa mère, Isabelle de France, il est petit-fils de Philippe IV le Bel. Philippe de Valois, choisi par les grands pour devenir le roi de France **Philippe VI** (1328-1350), n'est que le cousin du dernier souverain. La guerre, dite de Cent Ans, commence réellement en 1339. L'avantage anglais est rapidement affirmé, sur mer avec la victoire de L'Écluse (1340), sur terre avec les batailles de Crécy (1346) et de Poitiers (1356). Il meurt le 21 juin 1377. C'est son petit-fils, âgé de dix ans, qui lui succède sous le nom de **Richard II** (1377-1400). Des terres possédées par son grand-père en France ne demeurent que Calais, Cherbourg, Brest, Bordeaux et Bayonne. La régence est exercée par un conseil présidé par **Jean de Gand** (1340-1399), oncle du roi. Entre-temps Henri s'est fait sacrer sous le nom d'**Henri IV** (1399-1413). La moitié de son règne est occupée à réprimer les révoltes des nobles. Il s'appuie pour gouverner sur le Parlement et l'Église. Son fils, **Henri V** (1413-1422), reprend la guerre avec la France, remporte, grâce à ses archers gallois, une écrasante victoire à Azincourt (1415). En 1417, allié au duc de Bourgogne, Henri V reprend les hostilités, s'empare de Caen, Alençon, Falaise. Rouen tombe en 1419. Le traité de Troyes (21 mai 1420) en fait l'héritier du roi de France Charles VI qui déshérite le dauphin. C'est lors d'un de ses séjours en France que le souverain meurt à Vincennes, le 31 août 1422. Son fils, **Henri VI** (règne : 1422-1461 et 1470-1471), n'a qu'un an. Ses oncles, les ducs de Bedford et de Gloucester, exercent la régence, le premier en France, le second en Angleterre, jusqu'à sa majorité, proclamée en 1437. En 1431, âgé de dix ans, Henri VI est sacré roi de France à Notre-Dame de Paris. Le duc de Bedford meurt en 1435, n'ayant pu empêcher la fin de l'alliance bourguignonne. **Charles VII** (1422-1461), grâce à **Jeanne d'Arc** (?-1431), reconquiert son royaume et reprend Paris en 1436. En 1453, à la fin de la guerre de Cent Ans, l'Angleterre a perdu toutes ses possessions continentales sauf Calais. En 1453, Henri VI sombre dans la folie, le duc **Richard d'York** (1411-1460), héritier du trône, devient régent avec le titre de Lord Protecteur du royaume en 1454. Cette même année, Henri VI a un fils que le duc d'York reconnaît héritier légitime. Toutefois, l'affrontement entre les maisons de Lancastre, celle du roi et d'York, celle du Lord Protecteur, devient inévitable. C'est le début de la guerre des Deux-Roses (1455-1485) entre la « rose rouge », emblème des Lancastre, et la « rose blanche », des York.

Jeanne d'Arc

Jeanne d'Arc naît vers 1412 au village de Domrémy dans le duché de Bar. Elle manifeste dès l'enfance une grande piété, dans une France déchirée par la guerre de Cent Ans. C'est à l'âge de 13 ans qu'elle entend pour la première fois des voix lui enjoignant de délivrer le royaume de ses envahisseurs. Jeanne les attribue à l'archange saint Michel et aux saintes Catherine et Marguerite. Elle adopte les habits d'homme et les cheveux courts. Elle parvient à Chinon jusqu'au dauphin, le futur roi Charles VII, et se voit confier une armée. Ses faits d'armes sont célèbres, notamment la prise d'Orléans que menacent les Anglais. Ils lui permettent de conduire le dauphin à Reims pour s'y faire sacrer en 1429, mais elle échoue la même année à prendre Paris. Elle est à peine âgée de 19 ans, en 1431, quand elle est capturée et vendue aux Anglais. Ces derniers la livrent au tribunal ecclésiastique de Pierre Cauchon, évêque de Beauvais, qui la condamne pour hérésie. Elle est brûlée vive à Rouen le 30 mai 1431. Son procès est cassé par le pape Callixte III en 1456, elle est béatifiée en 1909 et canonisée en 1920.

La controverse Jeanne d'Arc

L'image donnée de Jeanne d'Arc dépend du point de vue adopté par les historiens, les croyants insistent sur ses vertus religieuses, les rationalistes mettent en avant ses conceptions politiques et civiques. Mais une telle épopée, conclue de manière tragique, ne pouvait que donner naissance à des légendes, parfois présentées comme vérités historiques. La plus commune fait de Jeanne une princesse de la famille royale, qui aurait été confiée après sa naissance à une famille paysanne et aurait échappé au bûcher pour finir sa vie sous le nom de Dame des Armoises. Si l'existence historique de Jeanne ne laisse place à aucun doute, sa destinée exceptionnelle suscitera encore longtemps de nombreuses polémiques.

LA GUERRE DES DEUX-ROSES (1455-1485)

La guerre des Deux-Roses commence avec la première bataille de Saint-Albans (22 mai 1455). Richard, duc d'York, y défait les Lancastriens au nord de Londres. Les batailles opposant les deux camps ne sont pas décisives, jusqu'à celle de Towton (29 mars 1461), à quelques kilomètres d'York. Les Lancastriens y sont écrasés après un affrontement sanglant. Le roi Henri VI et la reine Marguerite fuient en Écosse, puis se réfugient en France. Édouard d'York, fils du duc Richard, qui a repris le combat contre les Lancastre depuis la mort de son père, en 1460, est couronné roi d'Angleterre sous le nom d'**Édouard IV** (1461-1483) à Westminster, en juin 1461. Il remporte une victoire essentielle à Tewkesbury (4 mai 1471), dans le Gloucestershire. Il signe en 1475 le traité de Picquigny qui officialise la fin de la guerre de Cent Ans. Sentant sa fin venir, Édouard IV nomme par testament son frère Richard Protecteur du royaume. Il meurt le 9 avril 1483, laissant un héritier de douze ans, **Édouard V** (avril-juillet 1483). Son oncle Richard s'empresse de le déclarer illégal, pour cause de bigamie d'Édouard IV. Édouard V est alors considéré comme un enfant illégitime. Richard le fait enfermer à la Tour de Londres avec son petit frère, Richard de Shrewsbury. Les deux enfants y décèdent peu après dans des circonstances obscures. Richard se proclame alors roi sous le nom de **Richard III** (1483-1485). Son fils, Édouard de Middleham (1473-1484), meurt prématurément de maladie. L'année suivante, il est veuf. **Henri Tudor** (1457-1509), comte de Richmond, s'est réfugié à la cour du duc de Bretagne, d'où il se prépare à s'emparer du trône d'Angleterre. Il descend par son père d'Henri VI, par sa mère d'Henri III. L'affrontement prend place avec la bataille de Bosworth Field (22 août 1485). Richard III y est vaincu et tué. Dans sa pièce *Richard III* (1592), William Shakespeare prête au roi ce cri ultime « Un cheval ! Mon royaume pour un cheval ! », avant de tomber sous les coups du comte de Richmond. Cette bataille met fin à la guerre des Deux-Roses. Les deux dynasties, Lancastre et York, s'y sont épuisées et disparaissent au profit d'une troisième, celle des Tudor. Henri Tudor l'inaugure en devenant le roi **Henri VII** (1485-1509).

2. L'art de l'Angleterre médiévale

L'ARCHITECTURE GOTHIQUE TRÈS PRÉCOCE ET VARIÉE

L'Angleterre est, au contraire, le pays où le gothique apparaît le plus tôt, car y vit la tradition normande, anticipation du gothique français. C'est aussi là que sont élaborées les formes particulières les plus typiques : le plan présente cette tendance à l'allongement qui se manifestait déjà dans les églises prégothiques ; presque au milieu se trouve un long transept, avec la croisée, une puissante tour, témoignage le plus visible de la tradition normande ; la partie orientale de la nef est coupée par un second transept, beaucoup moins vaste et nommé « reprochoir ». Après la période du gothique primitif, jusqu'au XIIIe siècle, le « gothique orné » fait son apparition et se distingue par la pureté de ses lignes et la complication de ses voûtes. Le gothique de la période suivante, vers le milieu du XIVe siècle, appelé « gothique perpendiculaire », a pour caractéristique la multiplicité des lignes parallèles verticales qui s'étendent sur les façades.

3. La littérature anglaise médiévale

À la gloire du Christ et d'Arthur

L'époque la plus florissante de la littérature anglo-saxonne est le VIIIe siècle. **Alcuin** (735-804) se distingue par la variété de ses écrits traitant de théologie, de grammaire, de rhétorique, de dialectique. Ses lettres ont une grande importance pour l'histoire de la civilisation. Ainsi, elles décrivent avec humour la vie à l'école du Palais sous Charlemagne. Il existe, parallèlement à cette littérature chrétienne de langue latine, une littérature chrétienne de langue germanique, dont le plus ancien représentant est **Caedmon** (v. 680), un berger northumbrien qui, selon Bède, se mit, inspiré par Dieu, à composer des poèmes chrétiens dans sa langue maternelle, un cycle d'hymnes présentant tout le contenu doctrinal de la Bible, de la Genèse au Jugement dernier. C'est sous le règne du roi Alfred le Grand que la littérature anglo-saxonne connaît réellement sa période de gloire. De cette époque datent les vers de **Cynewulf** et son poème épique, *Le Christ*, sur la triple présence du fils de Dieu sur la terre, et le poème sur la découverte de la Sainte Croix par l'impératrice byzantine Hélène. Pendant la période de 1066, conquête normande, à 1215, celle de la *Magna Carta*, l'Angleterre ne produit plus d'œuvres nationales notables. L'élite parle français dans les cours. L'essentiel de la production littéraire est la poésie religieuse. Des recueils de légendes, autour du roi Arthur, sont composés. **Geoffroy de Monmouth** (v. 1100-1155) peut être tenu comme l'inventeur d'Arthur, roi civilisateur. Son œuvre importante comprend plus de deux cents manuscrits. **Jean de Salisbury** (v. 1110-v. 1180), secrétaire de l'archevêque de Cantorbéry, nous a laissé le *Policraticus*, texte où sont exposés les devoirs du prince et l'obligation de restreindre le pouvoir royal face à l'Église. Pendant plus d'un siècle, après l'invasion franco-normande, il n'y a pas d'autre langue littéraire que le latin et le français.

En ce qui concerne la littérature locale, on assiste à un retour du sujet vers le passé, comme les *Maximes d'Alfred le Grand* qui sont citées dans les *Annales de Winchester* en 1166, et les légendes à la manière de Cynewulf. La tradition historique est poursuivie en latin. Le principal chroniqueur est Jean de Worcester qui continue l'*Histoire ecclésiastique du peuple anglais* de Bède, que reprend à sa mort Siméon de Durham jusqu'en 1129. D'autres historiens comme **Guillaume de Malmesbury** et **Giraud de Barri** (ou Giraud le Cambrien) font partie des grands chroniqueurs de cette époque.

Moines paillards et femmes légères :
Les Contes de Canterbury

La période suivante est marquée par la diversité, la variété de la littérature. Les œuvres seront très nettement francisées et l'anglais ne fait sa réapparition qu'à la fin du XIIe siècle. Coexistent aussi des œuvres encore fortement germanisées. Le plus grand nom reste celui de **Geoffrey Chaucer** (1340-1400) qui se forme à l'école des trouvères français. Sa traduction du *Roman de la Rose* montre l'importance du contact qu'il a avec la France, comme celle des traductions de Boccace, Pétrarque avec l'Italie. Le sommet de son importante œuvre se situe en 1387 avec *Les Contes de Canterbury*, recueil de récits dont le fil directeur est emprunté au *Décaméron* de Boccace. Après lui, il faut attendre un siècle et demi pour que la littérature soit remise à l'honneur. Il aborde, en dehors du théâtre, tous les genres. Ses deux œuvres les plus importantes sont : *The Canterbury Tales* et *Troïlus et Cressida*. L'œuvre en prose du XVe siècle la plus marquante est la *Morte d'Arthur* de **Sir Thomas Malory** (1408-1471).

4. La philosophie de l'Angleterre médiévale

En Angleterre, le français est resté la langue officielle de la cour depuis Guillaume le Conquérant. Mais il est aussi celle de l'aristocratie, du Parlement et de la justice. Sur le modèle de la Sorbonne, des universités sont construites à Oxford, Cambridge. Les esprits les plus brillants seront **Roger Bacon** (1214-1294), **Jean Duns Scott** (1266-1308), **Guillaume d'Ockham** (1290-1349).

ROGER BACON (1214-1294)

Surnommé le « Docteur admirable » par ses pairs, il fut sans doute l'un des penseurs les plus influents de son temps. C'est après des études à Oxford, puis à Paris, qu'il rentre dans l'ordre des Franciscains et entreprend l'étude des œuvres d'Aristote. Il se dirigera pourtant vers la science. Il écrit son *Opus majus* ou *Œuvre majeure* (1267) à la demande du pape **Clément IV** (1265-1268), dans laquelle il défend la nécessité de réformer la science de son temps, à partir de nouvelles méthodes. Les seuls moyens d'approcher une réelle connaissance de la nature, selon lui, sont les mathématiques et l'expérimentation. L'*Opus majus* est une vaste encyclopédie de la science comprenant la grammaire, la logique, la philosophie morale, les mathématiques, la physique. Néanmoins, trop révolutionnaires, ses thèses lui vaudront la condamnation des Franciscains pour hérésie, et quinze ans de prison jusqu'en 1292. Il eut le pressentiment de presque toutes les inventions modernes : poudre à canon, verres grossissants, télescope. Il est à l'origine de la découverte, en optique, de la réfraction. Ses ouvrages fondamentaux sont l'Encyclopédique *Compendium studii philosophiae* (*Abrégé des études philosophiques*) et le *Compendium studii theologiae* (*Abrégé des études théologiques*). Bacon crédite les croyances de son temps et fonde les sciences naturelles sur l'alchimie, l'astrologie, la magie.

JEAN DUNS SCOT (1266-1308)

À la fois métaphysicien et psychologue, il réfute les propositions aristotéliciennes de saint Thomas. Au lieu d'accorder la primauté à la raison, il l'accorde au libre arbitre et à la volonté. Jean Duns est Écossais, d'où son surnom de « Scot ». Il entre chez les Franciscains à l'âge de quinze ans, étudie à Cambridge, à Oxford, à Paris de 1293 à 1297. Il regagne son pays, fuyant la vindicte de Philippe le Bel contre les Franciscains, puis revient en France pour y recevoir ses grades de maître régent des Franciscains entre 1305 et 1307. Renvoyé à Cologne en 1308, il y meurt la même année. Le *Doctor subtilis*, « Docteur subtil », ainsi surnommé en raison de son esprit critique, s'élève contre toutes les opinions qui portent de près ou de loin atteinte à notre libre arbitre, à notre liberté. Celle-ci selon lui consiste dans la conscience de pouvoir toujours choisir autrement qu'on ne choisit. S'il conçoit la liberté en l'homme ainsi, il la conçoit aussi en Dieu. D'où vient l'individuation de l'être ? Pour répondre à cette question, il fait appel à l'*haecceitas*, ou *eccéité*, haecceité, essence particulière qui n'est ni la forme, ni la matière, mais qui les détermine de façon à produire l'individualité. Pour expliquer les choses, il tend à réduire le rôle de l'intelligence au profit de celui de la volonté.

GUILLAUME D'OCCAM OU D'OCKHAM (V. 1290-1349)
ET LE NOMINALISME

Le nominalisme, fondé par Guillaume d'Ockham, structure l'une des disputes intellectuelles les plus fécondes de la période médiévale, la querelle des universaux, où s'opposent les tenants de l'existence intelligible des idées générales – les universaux – et les nominalistes, qui veulent faire du concept un simple nom accompagné d'une image individuelle. Guillaume d'Ockham, le *Venerabilis interceptor*, le « Vénérable initiateur », ne sera jamais maître en théologie, mais simplement candidat à la maîtrise, d'où son surnom. Un des faits dominants de sa vie réside dans les difficultés qu'il rencontre, à la suite de ses pamphlets virulents, contre l'autorité temporelle exercée par le pape **Jean XXII** (1316-1334), son principal adversaire. Son écrit le plus important est la *Summa totius logicae* (*Somme de logique*). On lui a attribué l'anecdote dite du « rasoir d'Ockham ». Il ne faut pas raser la barbe de Platon avec le rasoir de Socrate, autrement dit il ne faut pas multiplier les êtres sans nécessité. Le principe donne la priorité à la simplicité ; deux théories concurrentes, l'explication la plus simple d'une entité doit être préférée.

CHAPITRE VI
L'Italie médiévale

1. Histoire des grandes cités italiennes jusqu'au XVe siècle

NAPLES, BAISER DE FEU ET VÊPRES SICILIENNES

Naples est fondé au VIIe siècle avant J.-C. sous le nom de Parthenope, « la Vierge », rebaptisée Néapolis, la « Nouvelle Ville », en 475 avant J.-C. Capitale de la Campanie, la ville est rattachée à l'Empire byzantin après la chute de Rome (476). En 567, elle fait partie du nouvel exarchat de Ravenne. Elle en connaît les vicissitudes avant d'être conquise en 751 par le roi lombard **Aistolf** (749-756). Naples devient alors la capitale d'un duché indépendant. Au XIe siècle, ses ducs doivent accueillir pour le défendre des groupes de plus en plus importants de Normands, à tel point que ceux-ci finissent par y représenter le pouvoir véritable. En 1130, **Roger II** (1130-1154) crée le Royaume normand de Sicile et incorpore Naples en 1139. En 1282, les Vêpres siciliennes provoquent la partition du royaume de Sicile. Le roi **Charles Ier de Sicile** (règne : 1266-1285) est chassé de Sicile par l'armée de **Pierre III d'Aragon** (1282-1285). Se repliant sur ses possessions continentales, Charles II d'Anjou devient le premier roi de Naples de 1282 à 1285. Le terme de « royaume de Naples » est une convention, en principe il s'agit toujours de celui de Sicile, que les Angevins espèrent, en vain, pouvoir reconquérir. En réalité,

MOYEN ÂGE

Alphonse V d'Aragon (1416-1458) arrache le royaume de Naples à René d'Anjou (1435-1442) en 1442. Il reconstitue ainsi à son profit le royaume de Sicile à partir de 1443. Les Espagnols gardent la maîtrise de la ville jusqu'en 1707.

LE MILAN DES VISCONTI

C'est vers le VIe siècle avant J.-C. que Milan est fondé par les Celtes. La ville est conquise en 222 avant J.-C. par les Romains, par lesquels nous la connaissons sous son nom *Mediolanum*, « au milieu de la plaine ». Elle devient capitale de l'Empire d'Occident en 286. **Constantin Ier** (306-337) y promulgue l'édit de Milan en 313, qui autorise le culte chrétien. Son évêque, **Ambroise** (374-397), en fait l'un des centres culturels du monde chrétien. En 539, la ville est prise par les Ostrogoths et devient l'une des grandes cités du royaume lombard. Ce dernier disparaît avec la conquête franque en 774. Comme les autres, Milan passe sous l'autorité des Carolingiens, puis des empereurs romains germaniques. Mais cette tutelle lointaine lui laisse une quasi-indépendance, d'où naissent des révoltes durement réprimées. En 1162 la ville est ainsi détruite. Elle se remet, s'organise en commune où les pouvoirs sont répartis entre l'archevêque et les grandes familles au sein de la *Credenza de Sant'Ambrogio*, la « Croyance de saint Antoine ». C'est une crise majeure en son sein qui permet aux Visconti d'y prendre le contrôle de la ville. En 1262, **Ottone Visconti** (1262-1295) est nommé par le pape archevêque de Milan. Cette nomination est refusée par le chef de la Credenza, un membre de la famille della Torre, qui fait occuper l'archevêché. Son opposition est liée à une élection décidée par le seul pape. Une guerre s'ensuit jusqu'en 1277, qui empêche Ottone d'occuper son siège milanais. À la bataille de Desio, les della Torre sont définitivement vaincus, Ottone entre enfin dans Milan, quinze ans après sa nomination. Ce n'est pas un poste de tout repos, car les partisans des della Torre, les *Torriani*, continuent le combat dans les campagnes du Milanais jusqu'à leur écrasement définitif en 1281. En 1287, Ottone fait nommer son petit-neveu **Matteo Ier Visconti** (1291-1322) capitaine du peuple. Le Conseil général le nomme seigneur de Milan en 1291. En 1294, **Rodolphe Ier** (1273-

1291), empereur, en fait son vicaire général pour la Lombardie. Matteo Ier Visconti doit encore lutter contre les Torriani, guelfes, car les Visconti sont gibelins. Il est contraint de fuir Milan en 1302. Il ne pourra y revenir qu'en 1311. Les escarmouches continuent, les Visconti sont affaiblis par leur soutien à l'empereur. En 1318, le pape excommunie Matteo, une croisade est déclenchée contre eux en 1320, suivie d'une condamnation pour hérésie en 1322. Son fils **Galeazzo Ier Visconti** (1322-1328) lui succède. Il faut attendre 1342 pour que l'accusation d'hérésie soit levée. Ce n'est que sous **Gian Galeazzo Visconti** (1385-1402) que la famille se dote d'un homme d'État remarquable. Il annexe Vicence, Vérone, Padoue. Il est élevé au rang de duc par l'empereur en 1395. Avide de soumettre toute l'Italie du Nord, il prend Pise, Pérouse, Assise, Sienne. C'est sous son règne qu'est lancée la construction de la cathédrale Il Duomo. Son fils, **Giovanni Maria Visconti** (1402-1412), sera incapable de maintenir l'unité du duché. Les ambitions des Visconti suscitent l'hostilité de Florence. Le fils de ce dernier, **Filippo Maria Visconti** (1412-1447), est le troisième et dernier duc. Il meurt sans héritier. La République ambrosienne, gouvernement de nobles et de juristes, dure de 1447 à 1450, avant d'être écrasée par **Francesco Sforza** (1450-1466) qui prend Milan et inaugure une nouvelle lignée de ducs.

MILAN SOUS LES SFORZA (1450-1535)

En 1447, le dernier Visconti meurt sans héritier mâle. Après une courte République ambrosienne, dirigée entre 1447 et 1450 par un groupe de nobles et de juristes de l'université de Pavie, nommée ainsi en hommage à Ambroise, saint patron de Milan, le *condottiere* **Francesco Sforza** (1401-1466) prend la ville et se proclame duc. Les Sforza vont dominer Milan jusqu'en 1535. Cette domination sera remise en cause par les guerres d'Italie conduites par les rois de France. En 1499 Louis XII s'empare de Milan. La ville est française jusqu'en 1543, puis entre 1515 et 1521. Entre-temps, puis après 1521, les fils de Francesco règnent, quand les Espagnols, vainqueurs des Français à Pavie (1525), y consentent toutefois. En 1535, la dynastie Sforza s'éteint sans héritier.

FLORENCE, DE LA CONQUÊTE PAR BÉLISAIRE À LA RÉVOLTE DES CIOMPI (541-1378)

Même si sa fondation remonte à l'Empire romain, au Ier siècle avant notre ère, Florence demeure un modeste bourg jusqu'au XIe siècle. Son absence de développement s'explique notamment par les guerres qui ravagent l'Italie du Nord, opposant, entre autres, Goths et Byzantins au VIe siècle. En 541, les armées de **Bélisaire** (v. 500-565), général byzantin, prennent la bourgade. **Totila** (?-552) la détruit en 550. Puis un autre Byzantin, le général **Narsès** (478-573), récupère les ruines au nom de l'empereur Justinien. En 570, c'est au tour des Lombards de s'en emparer, mais en l'absence d'une reprise quelconque des activités et de la démographie, ils élisent Lucques pour ville principale de Toscane. La ville met deux siècles à se remettre. **Charlemagne** y passe deux fois, en 781 et 786. En 854, les comtés de Fiesole et de Florence sont réunis. Florence devient alors la capitale du nouveau comté. En 1055, la ville est assez importante pour accueillir un concile. La querelle entre guelfes, partisans du pape, et gibelins, de l'empereur, épargne relativement Florence tant que vit la comtesse Mathilde, qui y réside occasionnellement dans son château hors les murs. La mort de la comtesse Mathilde et l'interrègne qui suit celle de l'empereur **Henri V** (1111-1125) permettent à Florence de s'émanciper en commune autonome gérée par un margrave, aidé par un conseil de cent cinquante gentilshommes et une assemblée populaire réunie quatre fois l'an. En 1182 se crée une corporation des arts et métiers. Florence se spécialise dans la teinture des étoffes, développe les premières banques. Les grandes familles dirigent la ville et s'y mettent à l'abri en y édifiant des tours. La cité s'agrandit, en dépit de trois ans de guerre civile entre grandes familles entre 1177 et 1180. Les consuls élus parmi les riches marchands ont de moins en moins de pouvoir, et sont remplacés par un podestat. En 1245, les guelfes sont chassés. Peu après, l'influence des grandes familles faiblit au profit des corporations des arts, associations de marchands et d'artisans. En 1266, les guelfes reviennent, reprennent le pouvoir, mais se divisent entre blancs, modérés, et noirs, ardents défenseurs du pape, peuple contre aristocratie. Les notables blancs sont expulsés avec l'aide de **Charles de Valois** (1270-1325), venu apporter son appui à la papauté afin de lui soumettre Florence. C'est à cette occasion que le poète **Dante Alighieri** (1265-1321) est contraint à un exil définitif. En 1293, Florence se dote d'une constitution anti-aristocratique, donnant la réalité du pouvoir aux métiers. Riche, en pleine expansion, la ville bat une monnaie d'or recherchée : le florin. La grande peste d'Occident frappe la cité en 1348, mais elle se remet plus vite que ses rivales, Pise ou Sienne. En 1378 se produit la révolte des Ciompi, les plus pauvres des ouvriers travaillant la laine, représentatifs du *populo minuto* opposé au *populo grasso* des riches marchands. Ils prennent le pouvoir au cours de l'été 1378, obligent la Signoria, le gouvernement, à leur accorder les privilèges des guildes, une fiscalité plus avantageuse, et obtiennent pour l'un d'entre eux le poste de gonfalonier de justice. La guilde des Ciompi demeure peu au pouvoir, renversée par les guildes plus anciennes alliées à l'aristocratie. Ce premier essai de gouvernement plus démocratique ne dure qu'un été.

VENISE DU VIe SIÈCLE AU XVe SIÈCLE

La République de Venise constitue le troisième grand centre artistique de la Renaissance. En signe de gratitude pour l'aide vénitienne contre les Normands, l'empereur byzantin Alexis Ier Comnène accorde à Venise un commerce sans restriction dans tout l'Empire byzantin, sans taxes douanières, privilège qui marque le début de l'activité de Venise en Orient (1082). Fidèle plus longtemps à la tradition gothique, la République de Venise est la dernière touchée par l'humanisme. L'art européen qui précède la Renaissance doit beaucoup à ces artistes : **Rubens**, **Poussin**, **Vélasquez**, **Delacroix** ont tenu **Titien** pour le grand maître de la peinture à l'huile. Mais le domaine de la peinture est tout autant influencé par **Bellini**, **Carpaccio**, **Giorgione**, **Véronèse**, **le Tintoret**. Venise naît du besoin de refuge de populations de Vénétie continentale après l'invasion des Huns, puis l'arrivée des Ostrogoths et enfin des Lombards. Les îles des lagunes, leurs marécages sont une protection efficace. À la fin du VIIe siècle il s'agit, pour les plus importantes, de Grado, Torcello, Rialto, Murano, Chioggia, Iesolo, Malamocco... La Vénétie devient alors district militaire placé sous commandement de l'exarchat de Ravenne. Peu à peu, le Rialto, la « rive haute », par son tirant d'eau plus important autorisant l'accès de plus grands navires, devient le centre de Venise. Le doganat est créé en cette fin de VIIe siècle. Le premier doge, titre dérivé du *dux* latin, est **Paoluccio Anafesto** (697-717). L'autorité des premiers doges est limitée à leur île et, jusqu'à la fin du IXe siècle, ils sont presque tous déposés, quand ils ne sont pas tués par leurs ennemis ou massacrés par la foule. Le siège du doganat est à Jesolo, puis Malamocco avant de se fixer au Rialto. Au IXe siècle, Venise évolue entre la domination byzantine et celle des Francs. **Pépin d'Italie** (781-810) s'en empare en 810, mais meurt peu après et Charlemagne restitue la cité au *basileus* contre la reconnaissance de son titre impérial. Elle prend le nom autrefois dévolu à la province : Venetia. En 828, les reliques de saint Marc y sont ramenées d'Alexandrie et Venise prend le titre de République de saint Marc. C'est au cours du IXe siècle que Venise s'émancipe de l'Empire byzantin. Rialto devient le centre de la lagune. De pêcheurs, les Vénitiens sont devenus marins, s'emparent de plusieurs villes des côtes de Dalmatie et d'Istrie sous le doge Pietro II **Orseolo** (991-1009). C'est pour fêter ces victoires qu'est instituée, en l'an 1000, la cérémonie des épousailles du doge et de la mer, le *Sposalizio del Mare*. Le XIe siècle est celui de l'expansion maritime et commerciale. Venise participe à la première croisade, fournit navires de guerre et corps expéditionnaires. Il ne s'agit pas d'un affrontement militaire direct, en dépit d'une expédition maritime en 1171 écourtée par la peste, qui ne dépasse pas les îles de la mer Égée, mais d'une habile utilisation des conditions politiques : Venise, en 1204, détourne la quatrième croisade sur Constantinople et se taille un empire insulaire après la chute et le pillage de la ville. Le *Consiglio dei Savi*, le « Conseil des Sages », est remplacé en 1172 par le *Maggior Consiglio*, « Grand Conseil », organe législatif présidé par le doge. Cette organisation est menacée par un complot visant à instaurer une dictature, en réponse est créé le Conseil des Dix en 1310. Il est chargé de la sécurité de l'État. Initialement temporaire, il devient permanent en 1334. Toutefois, Venise doit compter avec l'autre thalassocratie d'Italie du Nord, sa rivale, Gênes. Au XIVe siècle, les affrontements sont réguliers. La guerre de Chioggia (1378-1381) oppose à plusieurs reprises les flottes vénitienne et génoise, avec des fortunes diverses.

La paix de Turin la clôt en 1381, à l'avantage de Venise. La chute de Constantinople semble augurer, après 1453, d'une mainmise vénitienne sur la Méditerranée orientale. Elle lui est toutefois vivement disputée par la flotte ottomane. La peinture qui s'y développe suit de loin les conceptions philosophiques et n'essaie pas à tout prix de diffuser un message. Elle aspire plutôt à une harmonie, à une synthèse équilibrée entre le fond et la forme. Son architecture, en revanche, reste plus classique. Mais les Vénitiens, bouleversant la théorie de l'imitation si fortement enracinée dans la Renaissance, dépassent la recherche proprement naturaliste en se livrant au jeu vivant et parfois aventureux de la fantaisie. Venise, **au cours du XVe siècle**, se constitue en Italie du Nord un territoire en pleine expansion. Après Gênes, vaincu, les autres puissances, Florence, Milan, ne peuvent s'opposer à l'appétit vénitien, soutenu par des *condottiere*, chefs de mercenaires, tel **Bartolomeo Colleoni** (1395-1475), immortalisé par sa statue équestre, sur le Campo Giovanni e Paolo, œuvre d'**il Verrocchio** (1435-1488). Les paix de Ferrare (1433) et de Crémone (1441) accroissent les terres continentales de Venise, qui s'étendent à la fin du siècle jusqu'au lac de Garde et au fleuve Adda. Mais cette puissance – le contrôle des rives nord de l'Adriatique, d'une partie de la mer Égée – finit par se heurter aux ambitions de l'Empire, de la France et de la papauté.

2. La littérature italienne médiévale

Les documents littéraires en langue italienne sont très rares avant le XIIIe siècle, car ceux qui écrivent le font en latin, bien que ce soit en France que les études latines sont les plus florissantes. Pourtant, aux environs du XIIe siècle, la poésie des troubadours pénètre en Italie, surtout en Italie du Nord. La langue d'oc est facilement comprise dans la vallée du Pô, aussi imite-t-on le provençal dès le XIIIe siècle à la cour de Sicile.

TROIS GRANDS : DANTE, PÉTRARQUE, BOCCACE

Depuis l'invasion des Lombards, la littérature latine chrétienne de l'Antiquité tardive stagne quelque peu. Il faut attendre le IXe siècle pour qu'un genre littéraire nouveau apparaisse : la chronique. Des œuvres italiennes imitant les poèmes allégoriques français, dès la première moitié du XIIIe siècle, ont pour but de distraire et d'instruire le peuple. L'Italie se met à l'école française pour les ballades et rondeaux, mais c'est à la cour du roi Frédéric II de Sicile, qui se tient à Palerme, que naît un genre poétique nouveau, promis à une fulgurante ascension en littérature, le sonnet. Lorsque la cour quitte la Sicile, le mouvement littéraire se déplace vers l'Italie septentrionale, où Bologne devient le centre du *dolce stil nuovo*, le « doux style nouveau », illustré par Dante Alighieri, Guittone d'Arezzo, Cino da Pistoia, Guido Cavalcanti. Ce style développe une poésie amoureuse savante, fortement teintée de philosophie.

Dante et Béatrice

Il faut ménager ici une place particulière à **Dante Alighieri** (v. 1265-1321), le plus grand poète florentin de l'époque, qui puise son inspiration principale dans l'amour éperdu voué à Béatrice, morte en 1290 à vingt-quatre ans. Citoyen actif, Dante prend fermement position contre Boniface VIII. Le pape parvient à le faire exiler, puis condamner à mort par contumace, alors qu'il est exilé à Vérone, puis à Ravenne où il finit ses jours. Dante partage son œuvre entre les deux langues qui lui semblent les plus appropriées pour parvenir à la maîtrise du sommet de son art, le latin et l'italien. Il rédige en latin plusieurs ouvrages, *De l'éloquence vulgaire* (*De vulgari eloquentia*), consacré au langage, *De la monarchie* (*De monarchia*), sur la domination universelle, des *Epistolae* ou *Lettres*, et *Eclogae* (*Églogues*, *Les Bucoliques*), ainsi qu'un essai sur la valeur symbolique de la terre et de l'eau, *Quaestrio de aqua et terra*. Son œuvre en italien se tourne à la fois vers l'amour et la philosophie. *La Vie nouvelle* (*La vita nuova*) exprime son amour de jeunesse et lui donne la force nouvelle de l'immortalité. Fortement influencé par le platonisme, il rédige *Le Chansonnier* (*Il canzoniere*), ensemble de poèmes voués au beau sous toutes ses formes. L'ouvrage le plus célèbre de Dante demeure *La Divine Comédie*, qui occupe toute sa vie. Il s'agit d'un voyage en trois parties, *Inferno* (l'Enfer), *Purgatorio* (le Purgatoire) et *Paradiso* (le Paradis), destiné à assurer au poète son salut. Dante est guidé à la fois par un autre poète, Virgile, et par Béatrice, symbole de la grâce divine. L'étape ultime est la traversée des « neuf cieux » et la contemplation de Dieu. C'est à peine un demi-siècle après sa mort, en 1373, que Florence, reconnaissante du génie de son fils, crée la première chaire d'explication des œuvres de Dante, confiée à Boccace.

Pétrarque et Laure

Francesco Petrarca (1304-1374), membre de l'Église, passe une partie de son existence au service de prélats, tel le cardinal Colonna, ce qui le conduit à la cour pontificale d'Avignon, où il rencontre sa muse, Laure, à laquelle il déclare sa flamme dans le recueil *Il canzoniere*. Reprenant, en l'amplifiant, la forme du sonnet, Pétrarque[1] se consacre aussi à l'épopée, au dialogue, au traité. C'est au travers de ces genres multiples qu'il remet à l'honneur les œuvres de Cicéron et l'exégèse de saint Augustin. Les principales créations de Pétrarque peuvent être classées en fonction à la fois de la langue employée, italien ou latin, et du genre développé.

Boccace et les dames

Ami de Pétrarque, très influencé par sa culture antique, **Giovanni Boccaccio**, dit **Boccace** (1313-1375), se consacre à l'étude de Dante et des auteurs grecs de l'Antiquité. Il traduit Homère en latin et rédige une *Vie de Dante* (*Vita di Dante*). Il chante également l'amour dans son poème *Fiammetta*, inspiré directement par la forme de Pétrarque. La gloire vient à Boccace avec la publication du *Décaméron*, recueil de cent nouvelles que se content un groupe de dames et de seigneurs. Préparant, par son intérêt pour l'Antiquité, l'humanisme, Boccace écrit un *Des cas d'illustres hommes* (*De casibus virorum illustrium*) et un *Sur les femmes célèbres* (*De claris mulieribus*), ainsi qu'une généalogie des dieux, le *Genealogia deorum gentilium*.

---

1. À ce sujet, voir Jean-François Pépin, « Pindare », in *Encyclopædia Universalis*.

CHAPITRE VII
L'Espagne médiévale

1. Histoire de l'Espagne de la Reconquista (718-1492)

Après la bataille de Guadalete (711), qui oppose le califat omeyyade au Royaume wisigoth, les princes musulmans dominent presque toute la péninsule. Ne leur échappe que le Nord, le Pays basque, la Cantabrie, les Asturies, la Galice par l'arrêt provoqué par la défaite de Covadonga, qui met en conflit le califat omeyyade et le royaume des Asturies, en 718. Conventionnellement, cette date est adoptée pour marquer le début de la Reconquista, « Reconquête », effectuée par les royaumes chrétiens. En réalité, une première période, allant de 718 à 1212, alterne entre succès et revers : épopée du **Cid Campeador** (Rodrigo Díaz de Bivár, 1043-1099) à Valence, effondrement du califat omeyyade de Cordoue au XIe siècle, remplacé par de nombreux petits royaumes, les *taïfas*, réunion en 1037 de la Castille à la Galice et au Léon par **Ferdinand Ier** (v. 1016-1065), mais aussi défaite des chrétiens à la bataille de Sagrajas (ou Zalaca) en 1086, devant les troupes des Almoravides, seconde défaite à la bataille d'Alarcos (1195) des Castillans face aux Almohades. La seconde étape de la Reconquista commence, après l'indispensable union des royaumes chrétiens par leur victoire sur l'armée almohade à Las Navas de Tolosa en 1212, à l'issue d'une nouvelle croisade décrétée par **Innocent III** (1198-1216)

MOYEN ÂGE

qui regroupe Castillans, Aragonais, Catalans et plus de cinquante mille Français, puis les Navarrais qui rejoignent l'armée en route. Le roi de Castille **Ferdinand III** (1217-1250) réunit définitivement Castille et Léon. En 1236, il prend Cordoue, obligeant les musulmans à se replier sur Grenade. En 1244 son fils aîné, Alphonse, s'empare du royaume musulman de Murcie, offre à la Castille un accès à la mer Méditerranée. La suite de la Reconquista se joue alors entre le royaume de Grenade d'une part et les royaumes de Castille et d'Aragon d'autre part. La Navarre est gouvernée par les comtes de Champagne avant d'être rattachée à la France, elle ne participe plus à la Reconquête. Le règne brillant, du point de vue intellectuel, d'**Alphonse X** (1252-1284), dit « le Sage » ou « le Savant », met en sommeil la Reconquista, en dépit d'importants préparatifs militaires, mais qui demeurent sans suite. Le roi, lui-même auteur d'ouvrages sur les échecs ou l'astronomie, réunit à Tolède penseurs juifs, musulmans, chrétiens. Ils travaillent sur la législation, avec les recueils de lois du *Code royal* (*Fuero Real*) et les *Siete Partidas* en castillan, l'astronomie avec les *Tables alphonsines*, à une chronique, la *Estoria de España* (*Histoire de l'Espagne*), des origines au règne d'Alphonse X. Il est élu en 1257 roi des Romains, mais ne devient jamais empereur, ne se rend ni en Allemagne ni en Italie pour être sacré. La Castille connaît ensuite des troubles dynastiques qui remettent à plus tard la reprise des combats contre les derniers royaumes musulmans. Les plus petits, les *taïfas*, sont réduits un à un, puis vient le tour de Malaga qui s'est séparé du royaume de Grenade. Les forces regroupées de **Ferdinand II d'Aragon** (1474-1516) et d'**Isabelle de Castille** (1474-1504), les « Rois catholiques », assiègent Grenade. Au bout de quatre mois, l'émir **Boabdil** (1482-1492) capitule. Le dernier royaume maure d'Al-Andalus se rend en janvier 1492. La Reconquista est achevée.

2. La littérature espagnole : le *romancero*

La langue espagnole trouve ses origines dans le bas latin introduit lors de la domination romaine. Bientôt, il se répand dans toute la péninsule. Il est surtout employé dans les collèges et dans les cloîtres, et presque tous les textes médiévaux importants sont écrits dans cette langue. Puis il est abandonné et remplacé par l'idiome populaire. Les plus anciens textes romans que nous ayons ont été retrouvés, à la fin de poèmes hébraïques, arabes et andalous, les *muwassahas*. Ils dateraient du IXe siècle et auraient été composés à Cordoue. Ensuite, la littérature se poursuit par des poèmes épiques. Le premier poème est celui du Cid, probablement composé vers le XIIe siècle, qui raconte la dernière partie de la vie du héros exilé de Burgos par la rancune d'Alphonse VI. Puis se développent les *romancero*. Un *romancero* est un recueil de romances, de courtes poésies épiques ou narratives en vers de huit syllabes. On en imprime en 1510 quelques-uns dans le *Cancionero general*, le *Romancero general* et on publie des recueils spéciaux sous le titre de *Romancero* dès 1550. Toute l'histoire de l'Espagne y est condensée. Les romances consacrées au Cid sont les plus connues. Le plus ancien des romans de chevalerie est l'*Amadis de Gaule* (1508), d'abord écrit en portugais, plus tard traduit en espagnol. Le sujet en est l'amour contrarié d'Amadis et d'Oriane, inspiré des romans bretons. À ceux-ci succèdent les romans pastoraux. Le chef-d'œuvre du genre est *Les Sept Livres de Diane* (*Los siete libros de la Diana*, 1542-1545) de **Jorge de Montemayor** (1520-1561). Le roman picaresque, roman dont les personnages sont issus du monde des *picaros*, des coquins, est très abondant en Espagne. Quant au théâtre espagnol, tels les miracles et les mystères français, il naît dans l'Église. Les plus anciens mystères datent du XIIIe siècle. À partir du XVe siècle, le théâtre traite de sujets plus profanes.

CHAPITRE VIII
La Russie médiévale

1. Histoire de la naissance et de la formation de la Russie

LA RUS' DE KIEV : FONDATEURS ET HÉROS

La Rus' de Kiev, ou Rous', est une principauté fondée par les Varègues, Vikings danois et suédois. Elle est gouvernée par la dynastie des Riourikides (862-1598) qui exerce son autorité sur l'État de Kiev, jusqu'en 1132, puis la Moscovie, après 1276, et donne naissance à la Russie. Le nom de la dynastie vient de **Riourik** (860-879), prince de Novgorod. En 882, **Oleg le Sage** (879-912) transfère sa capitale de Novgorod à Kiev. Il est considéré comme le fondateur véritable de la Rus' aux alentours de 880. L'apogée de la principauté se situe pendant les règnes de **Vladimir le Grand** (980-1015) et d'**Iaroslav le Sage** (1019-1054). Vladimir fait entrer la Rus' dans le christianisme de rite byzantin. Afin de pouvoir épouser la princesse byzantine **Anna** (963-1011), il reçoit le baptême en 988. Iaroslav le Sage, son fils, lui succède à l'issue de quatre années de guerre contre ses frères. Il écarte la menace petchénègue, des nomades turcs, par sa victoire de 1036, favorise l'accession au trône de **Casimir Ier de Pologne** (1039-1058). En revanche, les attaques lancées par son fils Vladimir contre l'Empire byzantin sont des échecs. À sa mort en 1054, ses cinq fils se partagent sa principauté, l'aîné portant le titre de grand-prince. C'est le début

MOYEN ÂGE

de la décadence. Les principautés se multiplient au fil des successions, dépassent la cinquantaine au XIIIe siècle, les princes se combattent et tentent de s'approprier les deux cités les plus prestigieuses, Kiev et Novgorod. C'est d'autant plus difficile que Kiev demeure la propriété commune des Riourikides. En 1276 naît la principauté de Moscou. Un mode de gouvernement original se met en place avec la République de Novgorod (1136-1478).

L'exécutif est confié à l'archevêque, élu, tout comme le Premier ministre, par l'assemblée populaire, *vietche*, comprenant population urbaine et ruraux libres, la plus haute instance politique. Les invasions mongoles des successeurs de Gengis Khān, fondateur de l'empire mongol, jettent à bas la Rus', entre 1237 et 1242. Les villes de Vladimir, Kiev, Moscou tombent tour à tour et sont détruites. Seule Novgorod parvient à garder une certaine autonomie. Après les razzias, les Mongols repartent, ils n'occupent pas la Rus', mais en exigent tribut. La future Russie se déplace en Moscovie. La souveraineté mongole dure environ deux siècles et demi. Ils nomment le grand-prince, exigent, outre le tribut, des hommes d'armes et des paysans. L'Église et les princes reçoivent en échange des lettres de privilège, ou *yarlik*. Les territoires soumis aux Mongols rompent peu à peu leurs liens diplomatiques, économiques et culturels avec l'Occident, se replient sur la sphère asiatique. Alexandre, prince de Vladimir-Souzdal, reçoit du khan **Batū** (1237-1255) de la Horde d'Or la principauté de Kiev en 1249. Il est célèbre, sous le nom d'**Alexandre Nevski** (1220-1263), pour ses victoires contre les Suédois en 1240, au bord de la Neva, origine de son surnom, et contre les chevaliers Teutoniques au lac Peïpous en 1242.

LA PRINCIPAUTÉ DE MOSCOU (1263-1328) ET LA GRANDE-PRINCIPAUTÉ (1328-1547) : LA NAISSANCE DU TSAR

La Moscovie, ou principauté de Moscou (1263-1328), est à l'origine de la future Russie. En 1328 elle devient Grande-Principauté de Moscou. En 1547, **Ivan IV le Terrible** (1547-1584) se proclame *tsar*, c'est-à-dire « César », empereur de « toutes les Russies ». Le premier prince de Moscou, **Daniel Moskovski** (1261-1303), est le fils d'Alexandre Nevski. En 1328, **Ivan I**[er] (1325-1340) reçoit du khan de la Horde d'Or le titre de « grand-prince », ce qui l'autorise à collecter auprès des princes les tributs versés au khan. **Dimitri IV** (1359-1389) repousse à trois reprises les attaques de la Lituanie qui tente de s'opposer au rassemblement des terres russes par le grand-prince de Moscou. Profitant de l'affaiblissement du khanat de la Horde d'Or, il bat les Tatars, peuple turque d'Asie centrale, à la bataille de Koulikovo, sur le Don, en 1380. Mais, en 1382, les Mongols prennent Moscou, Dimitri IV est contraint de se soumettre. Au cours du siècle suivant, la principauté de Moscou annexe la République de Novgorod, le Grand-Duché de Tver, la principauté de Riazan. C'est le mouvement de « rassemblement des terres russes » voulu par Ivan Ier et achevé par **Ivan III** (1462-1505). Ce dernier, en 1480, rejette définitivement la domination mongole. Symboliquement, il déchire sur les marches de la cathédrale de l'Assomption le traité l'assujettissant aux Mongols, proclamant ainsi l'indépendance de la Russie. Il fait publier, en 1497, le *Soudiebnik*, premier code de lois russe, affirmation de sa volonté politique d'unification du monde russe. Son petit-fils, **Ivan IV le Terrible** (1533-1584), est grand-prince de Moscou de 1533 à 1547 et tsar de Russie de 1547 à 1584. Son surnom russe de « Grozny », traduit en général par « le Terrible », est plus proche du sens de « sévère » ou « violent ». Prince à trois ans, sa mère **Elena** est régente. Elle meurt probablement assassinée, en 1538. Ivan est délaissé des *boyards*, aristocrates. Il commence son règne personnel à dix-sept ans, se signale vite par sa cruauté, ses accès de démence. Le 16 janvier 1547, il est sacré tsar en la cathédrale de l'Assomption. Cultivé, habile, écrivain de talent, il entame la progression de la Russie moscovite vers l'Empire russe.

2. La littérature russe médiévale

En Russie, la christianisation du pays permet de faire commencer la tradition littéraire et musicale. *Le Chant d'Igor, le Dit de l'ost d'Igor*, commencé à la fin du XIIe siècle, est transmis par un manuscrit du

XVᵉ siècle, découvert en 1795. Il tire son sujet de la lutte malheureuse du prince **Igor** (1150-1202), fils du prince Sviatoslav de Novgorod, contre les nomades de la steppe, les Polovtsy. C'est de ce poème épique qu'**Alexandre Borodine** (1833-1887) tire l'argument de son opéra *Prince Igor*, en 1887.

CHAPITRE IX
De l'Empire romain d'Orient à l'Empire byzantin

L'Empire romain d'Orient ici étudié correspond à la période dite de l'Antiquité tardive ou du haut Moyen Âge. Si, en Occident, l'Empire romain s'effondre en 476, sa partie orientale, séparée définitivement à la mort de **Théodose Ier** en 395, poursuit son histoire jusqu'au VIe siècle. La fin de cette Antiquité romaine d'Orient tardive se produit sous le règne de l'empereur **Maurice** (582-602) qui renonce à la séparation des pouvoirs civil et militaire lorsqu'il fonde les exarchats, l'exarque à sa tête concentrant les deux pouvoirs, à Ravenne et à Carthage. L'Empire byzantin se poursuit jusqu'en 1453, mais voit dès le VIIe siècle son territoire amputé par les conquêtes arabo-musulmanes.

1. Histoire de Byzance, la « Nouvelle Rome »

À partir de 330, **Constantin** (306-337) fait de Byzance sa « Nouvelle Rome », à tel point que le nom de Constantinople se superpose vite à celui de Byzance. Ses successeurs y résident occasionnellement, mais il faut attendre la mort de Théodose Ier, en 395, pour qu'elle devienne en permanence capitale de l'Empire romain d'Orient. **Théodose Ier** (379-395), né en Espagne, reçoit l'Empire d'Orient en 379, **Gratien** (367-383) régnant en Occident. Il s'installe à Constantinople en 380, après avoir repoussé les Wisigoths des diocèses macédoniens. Il réunit en 381 le second concile œcuménique de Constantinople, présidé par **Grégoire de Naziance** (329-390). Il y fait adopter à l'unanimité le Credo de Nicée. Peu après, il renonce au titre païen de *pontifex maximus*. Depuis l'édit de Thessalonique (380), le christianisme est devenu religion officielle de l'Empire romain, en Orient comme en Occident. En 391, les cultes païens sont interdits, les biens des temples saisis, les Jeux olympiques suivent en 394. À sa mort, en 395, l'empire qu'il avait réunifié depuis 388 est de nouveau et définitivement partagé entre ses deux fils : **Arcadius** (395-408) reçoit l'Orient aidé du préfet du Prétoire **Rufin** (335-395), à **Honorius** (395-423) âgé de onze ans échoit l'Occident, sous régence du Vandale **Stilicon** (360-408), « généralissime d'Occident ». Rufin est rapidement assassiné. Arcadius règne à Constantinople.

Il est considéré comme le premier véritable empereur byzantin. Les invasions barbares minent la partie occidentale de l'Empire, en 410 les Wisigoths prennent Rome. À la mort d'Arcadius, son fils **Théodose II** (408-450) lui succède. Stilicon, devenu trop puissant, est arrêté puis exécuté sur ordre d'Honorius. Il dote Constantinople d'un nouveau mur d'enceinte, le mur de Théodose. Il réforme le système législatif en publiant le *Code de Théodose* (438), qui reprend les constitutions appliquées depuis le règne de Constantin. Mais, en dépit de son opulence, l'Empire d'Orient est menacé par les Wisigoths et les Huns. Après 423, Théodose II doit également se mêler des affaires d'Occident. Son oncle Honorius meurt sans héritier direct. Après la brève usurpation du primicier des notaires, un dignitaire de la cour, **Jean** (423-425), place sur le trône le fils de sa tante **Galla Placidia**, **Valentinien III** (425-455). Le successeur de Théodose II est le général **Marcien** (450-457) qui épouse la sœur de Théodose II, Pulchérie, afin de légitimer ses droits au trône. Il change totalement de politique à l'égard des Huns, refuse de continuer à verser un tribut. Attila prépare une expédition pour prendre Constantinople, mais meurt brutalement avant de la réaliser. Il met également momentanément fin aux querelles religieuses qui ont agité le règne précédent en convoquant le concile de Chalcédoine (451) qui réaffirme le seul Credo catholique et condamne nestoriens et monophysites.

Un autre général, d'origine thrace, monte sur le trône : **Léon Ier** (457-474). Il doit affronter les Vandales, dont la flotte de bateaux pirates rançonne la Méditerranée. Son petit-fils **Léon II** ne règne que quelques mois. C'est son gendre, **Zénon** (474-491), qui devient empereur. En Occident, le Hérule **Odoacre** renverse le dernier empereur, Romulus Augustule. Il envoie à Zénon les insignes impériaux, reçoit le titre de *patrice*. La fiction d'une unité impériale s'installe, Zénon est supposé être seul empereur, Odoacre son représentant. Il obtient un répit en reconnaissant les territoires conquis par les Vandales par le traité de 476 conclu avec leur roi **Genséric** (399-477). Son règne est troublé par les multiples complots du palais destinés à le renverser, même s'il parvient à les déjouer. Les problèmes religieux continuent à diviser l'Empire. Afin de tenter d'y mettre fin, Zénon demande au patriarche de Constantinople, Acacius, de rédiger l'*Henotikon* (482), ou « Acte d'union », afin de réconcilier monophysites et tenants des deux natures distinctes du Christ. Un haut fonctionnaire, **Anastase Ier** (491-518), lui succède, puis le Sénat élit un empereur, à un âge avancé, le chef de la garde impériale, **Justin Ier** (518-527). Son règne prépare surtout celui de son neveu et fils adoptif **Justinien** (527-565).

LE RÈGNE DE JUSTINIEN Ier (527-565)

Le futur **Justinien Ier** naît en Macédoine en 482 dans une famille paysanne. Sa fortune est liée à celle de son oncle Justin. Ce dernier, simple soldat à l'origine, se hisse au commandement de la garde impériale, puis au trône en 518. Son neveu, **Flavius Petrus Sabbatius**, reçoit grâce à lui une éducation soignée à Constantinople. En 518, il le place à la tête des troupes de la cour, le fait consul en 521, et l'adopte. C'est alors qu'il ajoute aux siens un nouveau nom, **Justinianus**, Justinien, qu'il nomme corégent en avril 527. Justin meurt en août de la même année, Justinien devient alors empereur. Étant prince, Justinien a bénéficié d'une vaste culture, d'une préparation au pouvoir. Devenu empereur, avec à ses côtés une femme au caractère bien trempé, **Théodora** (v. 500-548), il désire reconstituer l'unité de l'*Imperium Romanum*. En 532, la ville de Byzance se révolte contre l'empereur Justinien. Cet épisode est connu sous le nom de « sédition Nika », de *niké* (victoire) en grec, cri de ralliement des insurgés. Effondré, Justinien est prêt à fuir, voire à abandonner le trône. Théodora intervient alors, lui redonne courage, galvanise les troupes demeurées fidèles. La révolte est écrasée. Courageuse, énergique, Théodora poursuit seize ans encore son règne aux côtés de l'empereur, favorisant la tolérance religieuse, multipliant les fondations pieuses et caritatives. En 529 est publié le monument législatif du règne de Justinien, le *Corpus Juris Civilis* ou *Code Justinien*, qui collationne, en latin, toutes les constitutions impériales depuis Hadrien (117-138). Suit en 533 le *Digeste*, ou *Pandectes*, réunissant la jurisprudence connue, ainsi que les *Institutes*, manuel de droit destiné à former les magistrats et juristes. Enfin les lois récentes sont regroupées à partir de 534 dans un code à part, celui des *Novelles*, en grec, langue vernaculaire de l'Empire. Prince bâtisseur, Justinien fait édifier Sainte-Sophie à Constantinople, église dédiée à la Sagesse divine (*sophia* en grec).

À la mort de Justinien, en 565, son neveu **Justin II** (565-578) lui succède pour un règne sans éclat, dominé par les favoris et l'impératrice Sophie. Cette dernière place sur le trône un militaire pour prendre sa suite, **Tibère II** (578-582). Après ce court règne, son gendre devient l'empereur **Maurice Ier** (582-602). Il établit les exarchats de Ravenne et de Carthage, contient un temps les Slaves et les Avars, avant d'être renversé et décapité à la suite de la révolte de l'armée du Danube, en même temps que ses cinq fils, en 602.

2. L'art byzantin

L'ART PRÉBYZANTIN

De Constantin à Justinien la coupure entre Orient et Occident s'affirme. L'Orient est prééminent avec Byzance. Ses empereurs mènent une lutte constante contre les envahisseurs et les hérésies. **Théodose le Grand** (379-395) relève le christianisme et répartit l'Empire entre ses deux fils. C'est au IVe siècle que l'histoire de l'art byzantin puise ses caractéristiques les plus essentielles dans les structures politiques et religieuses annonçant ses débuts, marqués par la paix avec l'Église et le transfert de sa capitale sur les rives du Bosphore. L'art qui se développe alors bénéficie de la richesse de l'empereur et des classes dominantes. L'époque du Ve siècle au VIe siècle dégage tous les aspects de l'art protobyzantin qui s'affirment et se développent par la suite. Si les premiers lieux de réunion des fidèles étaient jusqu'alors modestes, les fastes de la représentation religieuse avec un décor toujours plus riche vont se manifester. La basilique est le type d'édifice le plus important et le plus prestigieux. Après la chute de Rome, la partie orientale de l'Empire devient seule garante du nouvel art chrétien. L'Empire d'Orient va créer, grâce aux nombreuses influences des diverses civilisations qui l'entourent, un art original et spécifique jusqu'à devenir l'art byzantin.

L'ARCHITECTURE

Dans le domaine de l'architecture, la basilique constantinienne reste très représentée. Deux nouveautés y sont apportées : la couverture en pierre à plan basilical et les nouveaux plans ramassés. Le chapiteau corinthien se modifie, ce qui amène à lui superposer une imposte. Sous le règne de la fille de Théodose, Galla Placidia (390-450), de nombreux monuments sont construits à Ravenne et comptent parmi les beaux édifices de leur époque. Notamment la basilique Saint-Jean-l'Évangéliste, la plus ancienne de Ravenne, en 424. Basilique à trois nefs, ses vingt-quatre colonnes intérieures proviennent de bâtiments antiques. Afin d'égaliser leur hauteur, un élément architectural caractéristique est employé, l'imposte trapézoïdale, bloc de pierre sans ornementation, placé au-dessus du chapiteau sur lequel l'arcade repose. Le mausolée de Galla Placidia est aussi célèbre, bien que ce soit un petit bâtiment d'aspect simple, cruciforme fait de briques et coiffé d'une coupole à la croisée. Son extérieur épuré contraste avec la somptuosité des mosaïques, les plus anciennes de Ravenne. Il faut compter aussi le baptistère des Orthodoxes, construit par l'évêque **Néon**, d'où son nom aussi de baptistère de Néon, de 449 à 452.

À la demande de **Théodoric**, la basilique de Saint-Apollinaire-le-Neuf est construite à proximité de son palais, pour y célébrer le culte arien. Basilique à trois nefs sans transept, seules les nefs sont conservées dans leur état d'origine. Les parois de la grande nef offrent trois zones de mosaïques, consacrées aux martyrs, aux prophètes, aux miracles du Christ. Le tombeau de Théodoric, érigé en 520, fait lui aussi partie des chefs-d'œuvre de Ravenne. Saint-Vital et Saint-Apollinaire in Classe sont également mis en chantier sous le règne de Théodoric, mais achevés sous celui de Justinien et de l'archevêque byzantin Maximien. Après Sainte-Sophie, c'est sans doute le plus important édifice religieux de l'architecture byzantine. Il n'a subi aucune transformation jusqu'à nos jours, exception faite des mosaïques qui furent détruites à la Renaissance. Saint-Apollinaire in Classe est l'église des évêques de Ravenne, où ils sont représentés en médaillon au-dessus des arcades du rez-de-chaussée. À Saint-Vital, Justinien et son cortège, Théodora et sa suite, apportent des offrandes, le Christ les accueille trônant sur le globe de l'univers. Le réalisme des portraits est saisissant.

L'ART DU SIÈCLE DE JUSTINIEN

Pendant son règne, Justinien ordonne la construction de prestigieux bâtiments destinés à valoriser l'Empire. Il reconstruit Antioche après les tremblements de terre de 526 et 528 mais aussi Constantinople après la sédition Nika. Jusqu'alors **Constantinople** n'était qu'une imitation chrétienne de Rome, le nouvel aspect de la ville rend sensible la rupture avec l'Antiquité. Après le grand incendie, consécutif à cette révolte populaire, ce ne sont plus les édifices à colonnes qui dominent mais les églises à coupoles. Quant aux forums détruits, ils ne seront plus reconstruits. Le gigantesque mur édifié autour de Constantinople sous Constantin, puis Théodose, est l'une des réalisations de fortification parmi les plus importantes après la Muraille de Chine. La ville était alimentée en eau par des citernes souterraines.

L'église de la sainte Sagesse

Mais l'édifice le plus exceptionnel reste l'église Sainte-Sophie qui devient, au XVe siècle, une mosquée sous Mehmet II. L'église dédiée à la sainte Sagesse de Dieu en remplaçait deux autres, la première édifiée sous Constance II en 360, la seconde sous Théodose II en 415. Après sa destruction par un incendie, lors de la sédition Nika, en

532, Justinien prend la décision de la reconstruire et confie le projet à **Anthémios de Tralles**, architecte et mathématicien, et au géomètre Isidore de Milet. Nous connaissons, grâce aux écrits de **Procope de Césarée** (500-560) dans son ouvrage voué aux monuments de Justinien, le *Traité des édifices*, et par les poèmes de Paul le Silentiaire, sa *Description de Sainte-Sophie*, le faste extraordinaire de cette nouvelle basilique. L'Église d'Orient délaisse le plan de l'antique basilique pratiqué depuis Constantin pour voir naître une forme nouvelle qui se traduit par un bâtiment central coiffé d'une coupole monumentale. Le plan de l'édifice révèle que l'ensemble se développe en obéissant à un nouveau sens artistique : toutes les parties sont conçues de façon à recevoir la grande coupole centrale de 32 m de diamètre. À la suite d'un tremblement de terre en 557, la coupole s'effondre et **Isidore de Milet** est chargé de sa reconstruction qui sera achevée en 563, à la fin du règne de Justinien. L'innovation consiste à faire reposer la coupole sur quatre points, quatre pendentifs d'angle et par quatre piliers et non plus sur un large mur circulaire, comme la voûte du Panthéon de Rome et celles des thermes romains, d'un diamètre supérieur. Afin de minimiser le poids de la coupole, celle-ci est construite en tuiles blanches et tufeuses, fabriquées dans l'île de Rhodes.

La sculpture

La grande sculpture se fige, à l'image du Colosse de Barletta. L'art du relief est remplacé par celui du méplat, tandis que la tradition du sarcophage perdure à Ravenne, jusqu'au VIe siècle. La sculpture semble avoir été secondaire à Byzance, mais les descriptions de Constantinople et des grandes villes mentionnent des colonnes rostrales, des statues impériales, des arcs de triomphe dont la majeure partie a disparu. Le relief plastique continue pourtant de s'atténuer. Dans les chapiteaux, ce sont surtout les feuilles qui forment le décor. La recherche principale se concentre davantage sur le jeu des lumières plutôt que sur les dessins de volume. L'ivoire est employé pour de multiples usages : diptyques, coffrets, couvertures d'évangéliaires, chaires (chaire de l'évêque Maximien, 546-554). L'ivoire Barberini, ainsi baptisé pour avoir appartenu à l'un des cardinaux de la famille pontificale, offre le portrait d'un empereur byzantin, exécuté au Ve ou au VIe siècle. Il s'agit du volet d'un diptyque, composé jadis de six plaques.

L'enluminure byzantine

Lorsque le codex, livre manuscrit, à plat, remplace le volumen, en rouleau, l'étape se révèle décisive pour l'art de l'enluminure, car le décor prend place désormais sur une page. Il reste peu d'originaux du Ve siècle. Le plus ancien manuscrit romain enluminé date de cette période et les miniatures figurent dans des carrés. Il s'agit du fragment de l'*Itala de Quedlinburg*, une traduction de la Bible en latin. De cette époque subsistent également deux manuscrits de Virgile ornés d'une cinquantaine d'enluminures réunis dans le *Vergilius vaticanus*, manuscrit daté du début du VIe siècle, et l'*Évangéliaire de Rossano* d'origine syrienne. Il constitue le plus ancien codex biblique existant en bon état de conservation. Il est écrit en onciale, avec une encre argent sur le parchemin teint en pourpre tout comme l'exemplaire de Rossano. Nous sont parvenus vingt-quatre folios. Le texte de ce codex est un extrait du Livre de la Genèse dans la traduction grecque de la Septante.

Le début des icônes

Une icône, du grec *eikona*, « image », est à l'origine une représentation religieuse, quelle qu'en soit la technique, mais le terme par la suite s'applique à celles peintes sur un panneau de bois, représentant le Christ, la Vierge ou les saints. Les premiers modèles ont dû puiser leur inspiration à partir des portraits sur cire de défunts, retrouvés en grand nombre au Fayoum (en Égypte), à l'époque hellénistique et romaine. Leur évolution est liée au mouvement monastique. Les premières icônes remontent aux Ve et VIe siècles, et proviennent du Sinaï, de Moyenne-Égypte, de Rome. Les grands principes stylistiques sont déjà présents, nimbes, frontalité, yeux grand ouverts, hiératisme, traitement de l'espace, postures. Très tôt, des règles concernant leurs lieux d'exposition dans l'église se mettent en place en fonction de la vénération portée au saint.

3. La littérature byzantine

L'ÉCRITURE ET L'ENLUMINURE

Le changement d'écriture – on délaisse l'onciale pour la cursive – a pour conséquence la multiplication de livres. L'enluminure ne connaît pas de rupture, malgré la crise iconoclaste, avec la tradition de l'Antiquité tardive. Un des chefs-d'œuvre de cette époque reste *Le Rouleau de Josué* du Vatican qui montre bien la continuité de la tradition dans la façon de traiter le corps et les vêtements, le schématisme géométrique et la solution à la présentation de l'espace : le passage du premier plan au dernier se fait sans discontinuité. Les couleurs plates et lumineuses sont davantage prisées. L'orfèvrerie, utilisée pour la couverture des manuscrits, en partie sous l'influence de l'islam, connaît un renouveau, par l'inclusion d'émail selon la technique du cloisonné. Les objets les plus courants restent des reliquaires, celui de Limbourg-sur-la-Lahn est rapporté en Allemagne à l'issue de la quatrième croisade.

COMPILATEURS ET MYSTIQUES

À l'époque macédonienne, l'essentiel de la littérature est théologique ou scientifique, les principaux auteurs sont les patriarches de Constantinople. Des temps meilleurs s'annoncent pendant cette période pour la littérature byzantine, favorisée par la réorganisation de l'université sous Théophile. Au milieu du IXe siècle, le patriarche **Photios** (810-893) laisse une œuvre importante, la *Bibliothèque* ou *Myriobiblon*, précieuse compilation comprenant une infinité d'extraits d'auteurs que nous ne connaissons que grâce à elle. Nous possédons également un ouvrage de **Constantin VII** (913-959) sur les cérémonies et la formation à la diplomatie. Des compilations lui sont dédiées et il prend l'initiative de réunir une collection d'extraits d'historiens. C'est sans doute à lui que l'on doit l'existence de la compilation érudite d'un ouvrage comme le *Lexique de Suidas*, la *Souda*, une encyclopédie. Celle de **Syméon Métaphraste** (Xe siècle) est l'œuvre d'un des rares mystiques que nous possédons, elle dresse une collection de la vie des saints. Sous **Basile II** (960-1025), la menace de l'islam est une source supplémentaire d'inspiration, l'empereur pensant qu'il faut combattre l'hérésie autant par la plume que par l'épée. Le principal représentant de cette tendance est **Nicolas de Byzance** (852-925) qui fut aussi un furieux polémiste contre l'Église orthodoxe d'Arménie. À cette époque se reconstitue le théâtre populaire de la liturgie, les récits inspirés de la vie de la Vierge et de la Passion du Christ, lors des grandes fêtes donnant lieu à des représentations dans les églises. Des chroniques de moines dans la tradition antique permettent à l'Occident de mieux connaître l'Empire byzantin.

DEUX HUMANISTES AVANT L'HEURE : BOÈCE ET CASSIODORE

Deux noms émergent particulièrement parmi les écrivains, philosophes de ce siècle. Ceux de Boèce et Cassiodore, conseillers et protégés de **Théodoric le Grand** (v. 454-526), roi des Ostrogoths, qui entend se poser en digne héritier de la civilisation romaine en protégeant les lettres et les arts.

◆ **Boèce** (Anicius Manlius Severinus Boetius, 480-524) est le dernier des grands intellectuels classiques de l'Antiquité à intégrer la culture grecque et latine, à une époque où le fossé ne cesse de se creuser entre l'Orient byzantin imprégné de culture hellénique et l'Occident latin qui s'ouvre à la fracture germanique. Il a pu fréquenter, à Alexandrie, lors de ses études de philosophie, les cercles néoplatoniciens formés à l'école de Proclus et d'Ammonios. Il est aussi l'un des derniers Romains à avoir transmis la logique d'Aristote au futur Occident médiéval. L'héritage de néoplatoniciens comme **Porphyre**, dont il commente l'*Isagoge*, est à l'origine de la querelle des universaux. Ayant encouru la disgrâce de **Théodoric**, il écrit en prison son traité *De la consolation de la philosophie*, qui transmet à l'Occident les grands principes de la sagesse antique. Dans un autre traité, *De institutione musica*, rédigé autour de 510, il fournit un texte de référence pour l'enseignement de la musique dans le cadre des études quadriviales (de *quadrivium* : arithmétique, géométrie, astronomie, musique).

♦ **Cassiodore** (Flavius Magnus Aurelius Cassiodorus, 485-580), à la différence de Boèce qui était avant tout un spéculatif, est un homme d'action, très impliqué dans l'histoire de son siècle. Il est sénateur et ministre principal de Théodoric, et, après la mort de ce dernier, il conserve son poste jusqu'en 558. Il rédige les *Institutiones*, introduction aux Écritures. Le premier volume, consacré aux Écritures, s'intitule *Éléments sur les lettres sacrées et profanes* (*Institutiones divinarum litterarum*), le second, *Éléments sur les Arts libéraux* (*Institutiones saecularium lectionum*), est centré sur l'étude des sept arts libéraux de la tradition antique. Il divise ceux-ci en deux cycles : le *trivium*, grammaire, dialectique, rhétorique, le *quadrivium*, arithmétique, géométrie, astronomie et musique, qui restent un modèle pour le Moyen Âge.

L'HISTORIEN PROCOPE DE CÉSARÉE (500-560)

L'historien le plus important de l'époque de Justinien est Procope de Césarée. À partir de 527, il est conseiller de Bélisaire, l'accompagnant dans la plupart de ses campagnes en Orient, en 527, en Afrique du Nord, en 533, en Italie, en 536. L'importance de l'œuvre de Procope est d'avoir, en tant que témoin oculaire, su traduire et transmettre sous un angle psychologique et sociologique ses points de vue sur les événements et les personnages de son temps.

LE DROIT

Les codes, de Théodose à Justinien

Les premiers codes romains sont des codes privés, de simples compilations de constitutions impériales, tels les codes Grégorien et Hermogénien. Le premier code officiel de l'Empire romain est promulgué par l'empereur Théodose II à Constantinople et l'empereur Valentinien III à Rome. Ce *Code Théodosien* reprend toute la législation depuis Constantin et élimine les mesures désuètes et les contradictions. C'est le seul code connu en Occident du Ve siècle au XIe siècle, essentiellement au travers du *Bréviaire d'Alaric*, la loi romaine des Wisigoths, rédigée par Alaric, destinée à ses sujets gallo-romains. Comme le

Code Théodosien, celui de Justinien, divisé en douze livres pour rendre hommage au douze tables, fondatrices du droit romain, est un recueil de constitutions impériales d'une ampleur sans précédent.

4. L'évolution historique de l'Empire byzantin

Le règne de **Phocas** (602-610) est une catastrophe : Balkans laissés aux Slaves, Italie aux Lombards, lourdes défaites contre le roi sassanide **Chosroès II** (590-628) qui se pose en vengeur de Maurice assassiné, prend et pille Antioche en 611, Jérusalem en 614, s'empare de l'Égypte en 619. **Héraclius**, exarque de Carthage, prend la tête d'une flotte qui fait route sur Constantinople, en proie à l'anarchie. Les Verts, faction politique qui regroupe les gens de basses classes, et une partie de l'armée se rallient à **Héraclius** (610-641) qui, dans la même journée, prend la ville, fait exécuter **Phocas** et est couronné empereur. Il fonde **la dynastie des Héraclides** (610-711). Le nouveau souverain n'est pas en mesure de s'opposer à la puissance perse, ni aux incursions des Avars et des Slaves alliés dans le Péloponnèse et en Thrace. En revanche, il réorganise l'Asie Mineure en régions militaires, les thèmes, où s'établissent des soldats qui, en échange du service militaire héréditaire, reçoivent des terres. Mais une nouvelle menace se profile, celle des Arabes. À la bataille du Yarmouk (636), les Byzantins sont écrasés.

La Palestine, la Syrie, puis la Mésopotamie et l'Égypte tombent les unes après les autres aux mains des conquérants arabes. Les successeurs d'**Héraclius** continuent la guerre contre les Avars, tentent de contenir, en vain, les attaques arabes, ne sauvent de ceux-ci leur capitale à deux reprises qu'à l'aide du feu grégeois, mélange de salpêtre, naphte, soufre et bitume, qui présente la particularité de continuer à brûler sur l'eau. En 711, le dernier Héraclide, **Justinien II** (685-695 et 705-711), est assassiné. Après deux courts règnes, le stratège du thème des Anatoliques se proclame empereur en 717 sous le nom de **Léon III l'Isaurien** (717-741) et fonde la dynastie isaurienne (717-802). Il doit tout de suite défendre Constantinople, assiégé par les Arabes qui lèvent le siège en 718. Il s'allie contre eux avec les Bulgares, les Khazars. Il divise la partie occidentale de l'Empire en thèmes, subdivise ceux qui, en Orient, sont trop vastes. Il fait publier l'*Églogue* (*Ecloga*), choix et adaptation du droit justinien, qui abolit, en matière pénale, les différences de châtiments en fonction de la classe.

POUR OU CONTRE LES IMAGES : L'ICONOCLASME

La querelle de l'iconoclasme commence sous le règne de Léon III et dure jusqu'en 787. Elle se prolonge, sans les déchaînements de violence précédents, jusqu'au concile du Kanikléion (11 mars 843), ou « restauration de l'orthodoxie » par l'impératrice **Théodora** (810-867) en 843. En janvier 730, un conseil d'ecclésiastiques, présidé par Léon III, rend un édit interdisant toute représentation religieuse figurative. Il s'agit surtout de l'image de Dieu, puisqu'elle mélange ses natures divine et humaine et surtout ne peut figurer que la seconde. Le clergé séculier y est dans l'ensemble favorable, s'opposant aux moines, massivement eux iconodules, partisans des images. Le conflit religieux se double d'un aspect politique, l'opposition des empereurs byzantins à la papauté romaine, qui condamne l'iconoclasme. Cet aspect perdure après le second concile de Nicée (787), septième concile œcuménique, qui reconnaît le droit aux images. À l'intérieur même de l'Empire, la contestation politique est violente. En Grèce le thème d'Hellade proclame un empereur et envoie une flotte contre Constantinople, vaincue par Léon. L'empereur tempère toutefois la persécution des iconodules, qui reprend avec vigueur sous son fils **Constantin V** (741-775). Il réunit, en 754, le concile de Hiéria, son palais sur la rive asiatique du Bosphore, qui réaffirme l'iconoclasme : interdiction du culte des images, destruction de celles qui existent. Les iconodules sont arrêtés, exilés, démis de leurs fonctions, leurs biens sont confisqués. Militaire de talent, Constantin V vainc les Arabes en 746, 747 et 752, les Bulgares en 763. Les successeurs de Constantin V, **Léon IV le Khazar** (775-780) et **Constantin VI** (780-797), voient leur règne largement influencé par leur épouse et mère, l'impératrice **Irène** (797-802), qui finit par écarter son fils après lui avoir fait crever les yeux. Elle tente, en vain, de proposer une union à l'empereur Charlemagne afin de reconstituer l'unité de l'Empire romain. Elle est renversée en 802 par un complot d'aristocrates, exilée sur l'île de Lesbos où elle meurt en 803.

MOYEN ÂGE

LA DYNASTIE MACÉDONIENNE (867-1056)

Après la **dynastie amorienne** (820-867), qui rétablit le culte des images, **Basile I**er (867-886) fonde la dynastie macédonienne (867-1056), véritable âge d'or byzantin. Il entreprend de diminuer le pouvoir écrasant de l'aristocratie et de réduire l'écart entre les deux classes, les *Pénètes*, les pauvres, et les *Dynatoï*, les riches. Ces derniers possèdent d'immenses propriétés foncières, laissant de plus en plus de paysans sans terre. Basile s'efforce de leur permettre d'accéder à une petite propriété, les transformant ainsi en contribuables plus nombreux. Il fait échec au blocus naval des Arabes contre Raguse (Dubrovnik) en 867, prend Bari et Tarente en Italie du Sud. Toute l'histoire de la dynastie macédonienne est ensuite tissée de succès militaires, parfois ralentis par des revers. Non seulement la sécurité aux frontières est garantie, permettant à la population de s'accroître, aux richesses créées d'être plus nombreuses et diverses, mais le territoire byzantin s'étend considérablement. Deux militaires d'exception se succèdent sur le trône, **Nicéphore II Phocas** (963-969) et **Jean I**er **Tzimiskès** (969-976), s'implantant en Syrie, et prenant Chypre, la Crète. Mais la grande affaire demeure la puissance bulgare. Ils sont écrasés définitivement par **Basile II** (976-1025) en 1018, qui y gagne le surnom de « Bulgaroctone », le « tueur de Bulgares ». Il aurait fait crever les yeux à quatre-vingt-dix-neuf guerriers bulgares sur cent, le dernier ne perdant qu'un œil afin de pouvoir guider les autres. L'Empire atteint alors sa plus grande extension géographique, comprenant l'Asie Mineure, la Syrie du Nord, la haute Mésopotamie, l'Arménie, les Balkans et l'Italie du Sud. Il contient les califes fatimides du Caire, mais sans parvenir à s'assurer un avantage stratégique. Il conclut une trêve de dix ans en l'an 1000.

Les successeurs de Basile sont faibles, menés par l'aristocratie qui s'enrichit en négligeant l'entretien militaire des thèmes. Comme Rome avant elle, Constantinople s'appuie de plus en plus sur des mercenaires. Mourant, Constantin VIII marie sa fille **Zoé** (1028-1050) à **Romain Argyre** (1028-1034) qui devient l'empereur **Romain III**. C'est un intellectuel pieux, éloigné des exigences du pouvoir et de la guerre. Il est vaincu par les Arabes près d'Alep en 1031. Il est assassiné aux bains, peut-être à l'instigation de Zoé, en 1034. Cette dernière épouse aussitôt **Michel IV le Paphlagonien** (1034-1041). Les Normands commencent à s'implanter en Italie, dont ils chassent les Byzantins en 1071. La fin de la dynastie est marquée par les soulèvements et l'avance des Turcs Seldjoukides en Asie Mineure. La défaite de Manzikert, face à ces derniers, en 1071, signe la fin d'un empire conquérant. Le général Isaac Comnène renverse le dernier empereur, **Michel VI** (1056-1057), et se proclame empereur sous le nom d'**Isaac Ier** (1057-1059). La dynastie des Comnènes commence.

Le Père sans le Fils ? La querelle du filioque

Depuis longtemps opposées sur la primauté du siège épiscopal de Rome, sur la nature double du Christ quant au primat de l'une sur l'autre, rivales en termes de puissance politique et de richesse, les Églises orientale grecque et occidentale latine déchirent la « robe sans couture », c'est-à-dire l'Église, du Christ à l'occasion d'un désaccord doctrinal. Il porte sur le *filioque*, terme qui signifie, pour Rome, que l'Esprit-Saint procède du Père *et* du Fils, quand Constantinople le reconnaît seulement venu du Père. Le schisme de 1054 se matérialise par une excommunication mutuelle. Il n'est à ce jour toujours pas résolu. Le problème, pour Constantinople, consistera, dans l'avenir, à obtenir le soutien des puissances occidentales catholiques fidèles à Rome.

LA DYNASTIE DES COMNÈNES (1057-1204)

Même si Isaac Ier est le premier empereur de la nouvelle dynastie, il ne la fonde pas. Contraint d'abdiquer, il laisse la place à d'autres souverains. Trop faibles pour se maintenir, ceux-ci sont renversés par un général, Alexis Comnène, devenant l'empereur **Alexis Ier** (1081-1118), qui restaure en partie l'Empire. Toujours en butte aux Turcs Seldjoukides, il profite de la première croisade, prêchée par le pape au **concile de Clermont** en 1095, pour reprendre l'Asie Mineure, mais ne peut empêcher les croisés de fonder la principauté d'Antioche.

Pour se maintenir au pouvoir, l'empereur a dû accorder à la noblesse un pouvoir de plus en plus grand, de larges exemptions d'impôts au détriment du trésor impérial. La richesse commerciale byzantine est par ailleurs menacée par le développement de puissances maritimes italiennes, comme Venise. Son fils **Jean II Comnène** (1118-1143) est considéré comme le plus grand des Comnènes, déjà de son vivant. Il parvient à vaincre les Turcs à plusieurs reprises, mais pas à reprendre Antioche. Il contient les Petchénègues, nomades d'origine turque, et les Serbes dans les Balkans. Son quatrième fils, **Manuel Ier** (1143-1180), lui succède. Ouvert à l'Occident, il s'allie un temps avec l'empereur d'Allemagne contre les Normands en Italie. Mais l'armée byzantine est anéantie par les Turcs en 1176, ce qui efface la restauration de la souveraineté byzantine sur Antioche. En outre, l'appauvrissement du commerce byzantin s'accompagne de celui des classes populaires.

À la mort de Manuel, l'empire est déjà au bord de l'effondrement. Son fils **Alexis II** (1180-1183), sous régence de sa mère, est assassiné avec elle à l'issue d'un soulèvement contre les Latins, favorisés par Manuel. C'est le cousin de ce dernier, **Andronic Ier** (1183-1185), qui prend le pouvoir. Il entreprend une sévère réforme contre l'aristocratie, réorganise l'administration, lutte contre la corruption. Ces mesures le rendent impopulaire. En 1185, les Normands prennent Thessalonique, avancent sur Constantinople. Le peuple se soulève, Andronic est torturé à mort à l'Hippodrome. C'est un arrière-petit-fils d'Alexis Ier qui lui succède, **Isaac II Ange** (1185-1195 et 1203-1204). Son règne est un désastre pour l'Empire byzantin. La Bulgarie, la Serbie sont perdues. En 1187, Saladin a repris Jérusalem. L'empereur germanique **Frédéric Barberousse** (1155-1190) lance une nouvelle croisade pour la délivrer entre 1188 et 1190. Isaac II s'allie à lui puis le trahit au profit de Saladin. En 1190, Frédéric Barberousse est aux portes de Constantinople. Isaac II est contraint de signer le traité d'Andrinople par lequel il fournit bateaux et vivres. La mort de Frédéric, peu après, met fin à la croisade. Vaincu à deux reprises par les Bulgares, Isaac est capturé par son frère aîné **Alexis III** (1195-1203), qui le rend aveugle. Son fils, lui aussi nommé Alexis, se réfugie à Venise qui lui accorde son aide. En 1203, Alexis III est chassé, le doge

Enrico **Dandolo** (1192-1205) ayant réussi à détourner la quatrième croisade sur Byzance. Isaac II et son fils **Alexis IV** (1203-1204) règnent quelques mois, puis sont renversés par **Alexis V** (1204), protovestiaire, haut dignitaire de la cour. Isaac meurt peu après, Alexis V fait exécuter Alexis IV. Il est lui-même capturé par les Francs qui le jugent et le condamnent à mort. Constantinople, pillé, tombe sous le joug des Francs.

L'EMPIRE LATIN DE CONSTANTINOPLE (1204-1261)

Par un traité en date de 1202, Francs croisés et Venise ont prévu le partage de l'Empire byzantin. Baudouin IX de Flandre est élu empereur sous le nom de **Baudouin Ier** (1204-1205) en mai. Il règne sur l'Empire latin de Constantinople, un quart des terres, les deux cinquièmes de Constantinople. Venise reçoit un autre quart des terres, les trois cinquièmes de la ville. À cela s'ajoutent royaume de Thessalonique, duchés d'Athènes et de Naxos, principauté de Morée donnés à de puissants barons. Le reste se compose de l'Empire grec de Nicée (1204-1282), du despotat d'Épire (1204-1337) et de l'empire de Trébizonde (1204-1461). Ces derniers États seront réincorporés à l'Empire byzantin restauré, ou, pour le dernier, conquis par les Ottomans. Les empereurs latins de Constantinople doivent lutter sur plusieurs fronts : contre les barons féodaux, les Grecs, les Bulgares. Leurs règnes sont donc une succession d'opérations militaires. Baudouin Ier disparaît en 1205 après une défaite contre les Bulgares. Son frère et successeur, **Henri Ier** (1206-1216), doit lutter contre les Byzantins. Son beau-frère, **Pierre II de Courtenay** (1217-1219), meurt emprisonné par les Grecs qui l'ont capturé. **Robert de Courtenay** (1220-1227) est déposé par les barons. En 1245, le territoire est réduit à la seule Constantinople, sauvée en 1236 par la flotte vénitienne d'un assaut des Bulgares et Byzantins coalisés. **Baudouin II de Courtenay** (1228-1273), fils de Pierre II, est le dernier empereur latin de Constantinople. Il se rend en Occident pour demander, en vain, de l'aide. En juillet 1261, profitant de l'absence de la flotte vénitienne, Constantinople est pris par Michel Paléologue, déjà à la tête de l'Empire grec de Nicée. Baudouin II s'enfuit, meurt en exil en 1273. Couronné empereur byzantin à Sainte-Sophie sous le nom de **Michel VIII Paléologue** (1261-1282), ce dernier fonde la dernière dynastie byzantine, celle des **Paléologues** (1261-1453) qui s'éteint avec la mort, sur les murailles de Constantinople, le mardi 29 mai 1453, de **Constantin XI** (1448-1453).

L'IRRÉMÉDIABLE DÉCLIN DE L'EMPIRE BYZANTIN (1261-1453)

La dynastie des Paléologues accompagne le long déclin de l'Empire byzantin. Ses efforts pour le freiner demeurent sans effet, les luttes pour le trône l'accélèrent. Dans le même temps, si les Turcs sont un moment contraints de peser moins pour faire face à **Tamerlan**, conquérant mongol, au début du XVe siècle, ils reconstituent rapidement leur puissance, face à un Empire byzantin sans alliés véritables, défendu seulement par des promesses. Constantinople ne se remet jamais du sac de 1204. L'Empire s'appauvrit, les grandes routes commerciales font de la ville une étape, non un but. **Michel VIII Paléologue** (1261-1282) reconquiert en partie la Grèce. Il s'allie à Gênes, reconnaît la primauté du pape, l'union des deux Églises au second concile de Lyon (1274), signe un pacte d'amitié avec les Tatars de la Horde d'Or, Empire turco-mongol des descendants de Gengis Khān. Contre **Charles d'Anjou** (1266-1282), qui prend Corfou, Durazzo, s'allie aux Serbes et aux Bulgares, il laisse se dérouler les Vêpres siciliennes, massacre des Français par les Siciliens révoltés en mars 1282. Si les Paléologues enregistrent des succès en Grèce jusqu'au milieu du XIVe siècle, les Balkans passent sous contrôle serbe, puis ottoman après la défaite des Serbes à la bataille du Champ des Merles (1389). En dépit du rapprochement avec Rome, les Latins soutiennent peu et tardivement l'Empire byzantin. Leur plus grande aide échoue quand la croisade conduite par **Sigismond de Luxembourg** (1410-1437) est écrasée à la bataille de Nicopolis, le 25 septembre 1396, par les troupes du sultan **Bayazid Ier** (1389-1402), en français Bajazet, allié aux Serbes. La faiblesse économique, militaire est accentuée par la peste noire qui ravage l'Empire entre 1347 et 1351. Elle met, pendant un temps, fin aux guerres civiles entretenues par les factions rivales pour le trône, ici celles de **Jean V Paléologue** (1341-1376 et 1376-1391) et de **Jean VI Cantacuzène** (1347-1354). La chute de Constantinople, dont l'empire se réduit à la ville et sa proche campagne, est reportée momentanément par la défaite de Bayazid Ier en 1402 contre **Tamerlan** (Timour Lang, « Timūr le Boiteux », 1336-1405) à la bataille d'Ankara. L'interrègne ottoman (1403-1413) qui suit oppose les fils de Bayazid jusqu'au moment où l'un d'eux, **Mehmet Ier Çelebi** (1413-1421), devient l'unique sultan. Une ultime croisade est lancée à l'initiative du pape **Eugène IV** (1431-1447) contre les Ottomans, mais ces derniers remportent deux victoires, l'une à la bataille de Varna (novembre 1444), l'autre à la seconde bataille du Champ des Merles (octobre 1448). **Mehmet II le Conquérant** (1444-1446 et 1451-1481) prend Constantinople après un siège de deux mois, le 29 mai 1453. **Constantin XI Paléologue** (1448-1453) meurt avec les défenseurs de la ville. L'Empire byzantin disparaît.

5. L'art byzantin : après l'iconoclasme

Pendant huit siècles encore après l'âge d'or des dynasties de Justinien et de Théodose, **l'art byzantin** devait durer. **La première évolution** de son style avait eu lieu entre la fondation de Constantinople et la période qui précède les empereurs iconoclastes. **La seconde** correspond à l'époque des destructions des images religieuses. **La troisième** se déroule sous Basile Ier jusqu'au sac de Constantinople en 1204. **La quatrième** s'achève de cette date à la prise de Constantinople par les Turcs.

LA FIN DE L'ICONOCLASME ET SES CONSÉQUENCES

La décadence de l'Empire byzantin au VIIe siècle explique une certaine stagnation dans l'innovation et la production artistique. L'architecture reproduit les types architecturaux des siècles précédents, comme le *chrysotriclinium*, salle octogonale bâtie par Justin II. Mais c'est surtout l'Arménie et la Géorgie qui jouent un rôle prépondérant depuis que le christianisme y est devenu religion d'État. Jusqu'au VIIe siècle, des basiliques voûtées en berceau dominent l'architecture.

MOYEN ÂGE

Le plan centré s'impose. Après cette date, les églises se caractérisent par un plan basilical à nef unique ou un plan centré avec coupole. En Géorgie, on trouve des édifices inédits : les basiliques cloisonnées comme celle d'Ouplis-Tziké. Rome s'orientalise aussi au VIIe siècle, avec Sainte-Agnès, ou Sainte-Anastasie. Pendant la période iconoclaste l'architecture est mal préservée, pourtant Sainte-Sophie de Thessalonique avec sa coupole reposant sur quatre berceaux, ou le *catholicon*, église du monastère de la Dormition à Nicée datent de cette période. Les décors architecturaux ne comportent plus que des symboles et la sculpture évolue vers l'abstraction. C'est surtout dans les objets miniatures que s'impose la créativité, dans l'orfèvrerie. Des tissus dont les motifs sont inspirés de modèles arabes et sassanides se répandent, art qui atteindra son apogée sous le règne de **Théophile** (829-842), dernier empereur iconoclaste. Lorsque, au milieu du IXe siècle, l'impératrice Théodora, sa veuve, rétablit le culte des images, l'art renaît, mais la créativité se réfugie un temps dans les miniatures, la réalisation de psautiers monastiques et théologiques, tel le *Psautier Chludov*, du monastère Saint-Nicolas de Moscou. Il faut attendre les empereurs macédoniens pour que l'art renaisse véritablement. La littérature grecque est elle aussi redécouverte et les textes patristiques remis à l'honneur. Depuis 863, l'éducation, la *paideia*, est assurée dans un vaste bâtiment du Grand Palais, la Magnaure. L'écriture minuscule, privilégiée au VIIIe siècle, remplace définitivement l'écriture onciale, en capitale, au IXe siècle. Un nombre considérable de manuscrits voient le jour. Le *scriptorium*, atelier de copie, le plus célèbre est celui du monastère du Stoudios à Constantinople avec celui du palais impérial.

L'ART SOUS LES MACÉDONIENS

L'architecture du Christ en gloire

En ce qui concerne l'architecture, les bâtisseurs modifient la forme des coupoles en les élevant sur un tambour cylindrique afin que l'édifice, vu de l'extérieur, soit plus agréable à regarder. Ainsi suspendues, les coupoles ne pouvaient atteindre les dimensions de celles de Sainte-Sophie ou de Sainte-Irène. Mais deux formes vont prédominer dans l'architecture religieuse de cette époque : la basilique est soit voûtée, soit recouverte d'un toit plat. Elle renoue ainsi avec la tradition archaïque du christianisme primitif et de l'époque de Constantin, surtout dans les provinces byzantines et les pays christianisés. La seconde nouveauté est le grand nombre d'églises et la liberté dans les procédés de construction. À l'entrée se trouve un portique, surmonté de coupoles, qui laissent voir celles de l'église elle-même, disposées derrière et s'étageant sur différents plans. En pratique chaque édifice est une combinaison d'éléments divers mais n'impliquant pas un schéma fondamental. Les tambours de ces coupoles sont polygonaux. L'influence géorgienne et arménienne fait triompher le plan de la basilique à croix grecque inscrite dans un carré surmontée de quatre petites coupoles et d'une grande sur un tambour de huit, douze et seize pans. L'ordonnance des masses est recherchée par un effet d'alternance dans la disposition des pierres, moellons, bandes de briques faïencées. À Constantinople, le meilleur exemple en est la Nouvelle-Église de Basile Ier (880), ou encore l'église de Bodroum (920-941). Apparu au IXe siècle, le plan en croix grecque est employé systématiquement à partir du XIe siècle.

Le monachisme en plein essor a pour conséquence la construction de nombreux monastères, Saint-Luc, ou Hosios Loukas (945), en Phocide, région de Grèce centrale. Avec la fin de la crise iconoclaste, au milieu du IXe siècle, se met en place pour la peinture et la mosaïque un programme iconographique très précis associant la signification symbolique de chaque partie de l'Église au décor intérieur. Au centre de la coupole, symbole du ciel divin, le Christ Pantocrator, en gloire, trône, l'abside est elle réservée à la Vierge, l'avant de l'abside à la représentation de l'hétimasie (trône vide en attente du retour du Christ lors du Jugement dernier). Les personnages des saints sont figurés sur le reste du sanctuaire. La décoration intérieure est en général somptueuse et somptuaire. Coûteuse, la mosaïque est remplacée dans les pays les moins riches par la fresque. Les formes des personnages sont sévères et lourdes, la stylisation plus forte qu'avant l'iconoclasme. Les plus belles d'entre elles se trouvent à Sainte-Sophie de Constantinople, à Saint-Luc en Phocide.

L'EXPANSION DE L'ART BYZANTIN

Si l'art byzantin, au cours des siècles, n'a eu de cesse de se renouveler sous l'impulsion de princes, de mécènes ou de particuliers, l'art étant étroitement lié à l'histoire politique de l'Empire, il en va de même pour son influence. Son impact se fait sentir bien au-delà des limites de l'Empire, il est important en Italie du Nord, à Rome, tout comme en Italie méridionale et en Sicile. Les artistes venus de Constantinople forment peu à peu eux aussi d'autres artistes tout en introduisant le répertoire iconographique et les techniques de l'Empire. L'influence byzantine, pendant la période carolingienne, s'exerce particulièrement dans la peinture et, pendant la période romane, dans l'iconographie des manuscrits religieux ornés pour **Egbert** (977-993), archevêque de Trèves, mais aussi par le biais de l'atelier d'orfèvrerie de l'abbaye de Conques, qui utilise les émaux cloisonnés à l'imitation des Byzantins. La Bulgarie, la Serbie et la Roumanie sont les provinces les plus influencées par l'art byzantin. Le type d'église byzantine au plan en croix grecque et couronnée de coupoles y est largement représenté : cathédrale bulgare de Timovo, église serbe de Gračanica. L'art arabe à ses débuts, sous les Omeyyades, lui devra beaucoup, comme le Dôme du Rocher à Jérusalem avec son plan octogonal et son ornementation en mosaïques. La grande mosquée de Cordoue sera décorée par des mosaïques byzantines ; tout comme la basilique de Parenzo, en Istrie, au milieu du VIe siècle.

La République de Venise entretient des relations étroites avec les Byzantins. Pour construire l'église primitive de Saint-Marc, au début du IXe siècle, les Vénitiens firent appel aux architectes byzantins. En 1603, on lui ajoute les nefs et la croisée, le narthex est prolongé de chaque côté. Autant par la voie vénitienne que par celle de la Sicile, l'Italie est saturée de formes orientales et surtout byzantines pendant les Xe et XIe siècles. Mais l'histoire de Byzance se reflète aussi dans les couvents du mont Athos. Les peintures religieuses et les icônes, production des moines, gagnent les pays balkaniques. L'art byzantin est importé en Russie avec le christianisme. Sainte-Sophie de Kiev, dès le milieu du XIe siècle, sert de modèle à d'autres édifices avec sa décoration de mosaïques, œuvre de Grecs au service des princes russes. À Novgorod, la cathédrale Sainte-Sophie, édifiée entre 1045 et 1052, comporte trois nefs. Après la destruction de Kiev par les Mongols, en 1240, la suprématie politique s'installe à Novgorod, ville au contact de Constantinople, du monde germanique et des pays du Caucase. Une école d'art puissante, d'inspiration byzantine, s'y développe. Les peintures de la cathédrale de Vladimir, vers 1194, sont rattachées à l'art des Comnènes. Il en est de même pour celles de l'église de Néréditsi, en 1199, dans lesquelles le Christ se trouve placé au sein d'une sphère portée par six anges et où les cycles de la vie de Jésus ne sont pas sans rappeler les décors des sanctuaires byzantins. Moscou, après la prise de Constantinople, déjà capitale de la Russie, devient par le mariage d'Ivan III avec Sophie Paléologue en 1472 la nouvelle Byzance. Mais les architectes italiens invités par la nouvelle tsarine font connaître à l'art russe son propre destin, la cathédrale de la Dormition, église du sacre, imite celle de Vladimir selon le vœu de son architecte italien, **Aristote Fioravanti** (v. 1415-1486). Les icônes pénètrent en Russie, dès la conversion de saint Vladimir, et des écoles dans les monastères se forment avec une tendance à simplifier les modèles de figures. L'influence paléologue se manifeste au XIVe siècle, Moscou et Novgorod accueillant les marbres byzantins mais en dégageant leur style propre.

CHAPITRE X
Le Moyen Âge du monde arabe

1. La religion musulmane

L'ARABIE AVANT MAHOMET

Au VIe siècle, l'Arabie est une vaste péninsule désertique avec quelques belles oasis, et ses côtes jalonnées de ports. Le commerce des épices, du cuir, des peaux, des esclaves se fait par les voies caravanières. Au centre, on trouve la province de Hedjaz, sans doute la plus riche, quelques grandes villes, centres caravaniers dont La Mecque. **Qusay** (400-487) parvint à fédérer les Quraychites, une tribu du Nord, et à obtenir, après une alliance matrimoniale, le contrôle de La Mecque. Des tentatives régulières d'invasions du monde byzantin avaient eu lieu par le Nord, par l'Égypte pour la conquête du Yémen mais en vain. Aucune organisation politique ne domine, mais des clans polythéistes, répartis sur de vastes ensembles, croyant aux djinns, créatures surnaturelles. Des minorités chrétiennes, surtout monophysites et nestoriennes, ou juives se sont implantées dans les centres caravaniers et les oasis. Religion du désert, l'islam reprend les cultes traditionnels anciens, mais emprunte aussi au judaïsme et au christianisme de nombreux éléments.

MAHOMET AVANT L'HÉGIRE (570-622)

Avant sa prédication, nous avons peu de données concernant la vie de Mahomet. Seule la date de l'Hégire, en 622, est bien établie. Elle marque le point de départ de l'ère musulmane. Une tradition, appuyée par une interprétation incertaine d'un verset du Coran, fixe à quarante ans l'âge de Mahomet lorsqu'il commence à répandre l'islam. Mahomet perd ses parents très tôt et est élevé par son grand-père dans le clan des Quraychites. À l'âge de quinze ans, il s'engage au service d'une riche veuve, Khadija, qu'il épouse. Nous n'avons pas beaucoup de détails sur les moments qui précèdent la révélation de sa vocation. Un jour, au mois de Ramadan, l'archange Gabriel lui apparaît, en 610, lui répétant à plusieurs reprises : « Récite ! » Il sait alors qu'Allah l'a choisi pour livrer aux hommes ses révélations. Les années suivantes, bien qu'il ait éveillé chez les Arabes un sentiment d'unité religieuse et nationale, l'incitent à quitter La Mecque en raison de l'opposition qu'il trouve dans les milieux influents. En 622, il part à destination de Yathrib qui prend le nom de Médine. Le 15 juillet de cette année est devenu la date traditionnelle de la *hidjira*, « l'émigration » ou Hégire. La rupture avec les tribus juives, qui constituent la majorité de Médine, se produit lorsque Mahomet met en place certaines modifications aux prescriptions cultuelles comme le changement de direction de la prière, non plus vers Jérusalem mais vers La Mecque. La bataille de Badr, en mars 624, est suivie de la défaite de l'Ouhoud, un an plus tard, ainsi que du siège de Médine, en 627. En 630, le traité instauré à Houdibiya depuis 628 avec les Mecquois est rompu, Mahomet s'empare de La Mecque, fait détruire les idoles de la Kaaba et en fait le centre religieux de l'islam.

MAHOMET APRÈS L'HÉGIRE

En dix ans, Mahomet organise un État et une société dans laquelle la loi de l'islam se substitue aux anciennes coutumes de l'Arabie. De son séjour à Médine, début de l'Hégire, date une deuxième série de sourates, de style moins tourmenté que les premières, dites sourates de La Mecque, antérieures à l'Hégire. Œuvre d'un législateur religieux et social, elles contiennent surtout des prescriptions destinées à organiser le nouvel ordre instauré par l'islam. Souvent très précises, ces règles s'appliquent à la vie de l'époque. Il s'y joint des sentences permettant de définir l'idéal religieux et moral propre à l'islam. La Mecque, après de durs affrontements, en 624, 625, 627 contre les Quraychites, se rallie en 630 à Mahomet. Mahomet s'éteint le 8 juin 632 à Médine, ne laissant aucune instruction pour assurer sa succession. Un de ses proches, Omar, ne réussit pas à s'imposer comme chef politique à la communauté des croyants contre **Abū Bakr**, père d'Aïcha, sa veuve, en tant que « représentant et envoyé de Dieu ». Les trois années de son califat ramènent la paix au sein des tribus révoltées et permettent de réprimer les tentatives de soulèvement organisées par le faux prophète Mousaïlima. **Omar** devient deuxième calife, « successeur » du prophète, reprend le titre de « Prince des croyants » et organise la communauté musulmane. Ses conquêtes comprennent la Syrie (634-636), la Perse (635-651) et l'Égypte (639-644). La ville de Jérusalem est prise en 638. Peu avant sa mort, Omar avait chargé un collège de six musulmans reconnus de choisir son successeur.

DOGME ET FOI : LA RÉCITATION OU LE CORAN (*AL-QU'RĀN*)

Le contexte oral dans lequel l'islam débute détermine la structure du texte du Coran. C'est à la manière de la poésie arabe qu'il se présente, des unités indépendantes les unes des autres. La grande majorité des versets peuvent être lus séparément sans que cela ne nuise à l'ensemble du contenu, soit en tout six mille deux cents versets. Il est ébauché entre l'an 610, date des premières révélations, et l'an 632, mort du prophète. Le terme de « Coran », *al-Qu'rān*, signifie « la récitation » en arabe. Il est composé de cent quatorze chapitres ou sourates, divisés en versets (*āyāt*), classés par longueur décroissante. La première, *al-Fātiḥa*, est une prière, la seconde, celle de la vache, compte deux cent quatre-vingt-six versets et la dernière, celle des hommes, n'en a que six. Les Hadīth, « propos, récit », furent aussi intégrés. Parfois ces derniers rentraient en contradiction avec la « Sunna », la tradition. Quatre hommes originaires de l'oasis de Médine et Ali, le cousin du prophète, effectuèrent une première œuvre de compilation.

En effet, le Coran a connu un temps assez long de formation avant d'aboutir au livre que nous connaissons aujourd'hui. La datation des manuscrits les plus anciens du Coran ne fait pas, parmi les historiens, l'unanimité. La plupart appartiennent aux IXe et Xe siècles, certains sont encore plus anciens comme ceux découverts en 1972 dans la Grande Mosquée de Sanaa, au Yémen. Il est admis aujourd'hui que l'initiative de la constitution d'un codex coranique officiel, commencée sous le califat d'**Uthman** (644-656), semble s'être réalisée sous le règne de ʿ**Abd al-Mālik** (685-705), peut-être même un peu plus tard. Pourtant il semblerait qu'il y ait eu d'autres codex dans des villes comme Médine, Damas, mais ne présentant pas de différences avec le contenu coranique officiel. Les islamologues ont montré qu'on pouvait regrouper les versets coraniques selon les thèmes traités et les critères stylistiques : les sourates mecquoises, les révélations avant l'Hégire et les sourates médinoises plus politiques. Le Coran n'est pas une œuvre humaine aux yeux des croyants, mais la parole de Dieu. L'islam est fondé sur l'adhésion par la foi :

– En un seul dieu unique : Allah est le seul dieu, parvenir à sa connaissance est le but ultime. La sourate 112 est une des plus anciennes.

1. « Dis : Dieu est un ;
2. Dieu ! Impénétrable !
3. Il n'engendre pas ; il n'est pas engendré.
4. Et nul n'est égal à lui ».

– Aux anges : créés à partir de la lumière, ils n'ont pas de sexe. Tout homme a deux anges gardiens, qui consignent tous ses actes par écrit en vue du Jugement dernier. Les principaux anges sont : Djibrael, ou Gabriel, porteur des ordres divins, Mikhaïl, ou Michel, chargé des biens de ce monde, Azraïl, l'archange de la mort, et Israfil, le sonneur du jugement.

– Aux prophètes : l'islam distingue les prophètes messagers ou *Rasoul* (Abraham, Moïse, Jésus et Mahomet), des prophètes avertisseurs ou *Nabi*. Après la mort, prophètes et martyrs vont directement au paradis, les autres doivent attendre le Jugement dernier.

– À la Sunna (tradition) : cela s'applique plus précisément à la vie du prophète. Celle-ci est constituée par les Hadīths (récits) qui bientôt forment une loi de tradition orale, venant se superposer à la loi écrite. La Sunna est la pratique de l'orthodoxie musulmane et les sunnites les tenants de la doctrine officielle.

Les divergences de points de vue sur l'application de ces règles se créent en fonction de l'interprétation des textes sacrés et donnent naissance à un pluralisme religieux. Ainsi apparurent dans les premières décennies de l'islam, les sunnites, les chiites, les kharijites.

LES CINQ PILIERS OU LES CINQ OBLIGATIONS RITUELLES

Les musulmans doivent accomplir rituellement cinq obligations :

1. *La profession de foi* ou *Shahāda* consiste à réciter la formule : « Il n'y a de divinité qu'Allah et Mahomet est son prophète. » Le vrai croyant la prononce dans toutes les circonstances solennelles de la vie.
2. La prière ou *Salāt*. Les gestes et les paroles en sont rigoureusement fixés. Elle a lieu cinq fois par jour : entre l'aurore et le lever du soleil, en fin de matinée, l'après-midi, après le coucher du soleil, et à une heure quelconque de la nuit. Elle ne peut s'accomplir qu'en un état de « pureté légale », grâce aux ablutions.
3. Le jeûne du Ramadan, institué à Médine en l'an II de l'Hégire, est obligatoire et dure vingt-neuf ou trente jours, selon le mois lunaire. Il est conseillé de s'abstenir de manger, de boire, de fumer, du lever jusqu'au coucher du soleil. Une exception est faite pour les malades, les enfants, les vieillards, les femmes en couches.
4. L'aumône légale ou *zakāt* consiste à augmenter la fortune des malheureux et des nécessiteux. C'est une façon de lutter contre la pauvreté et la misère.
5. Le pèlerinage, *hajj*, est en principe obligatoire, une fois au moins dans la vie, pour ceux qui ont la possibilité matérielle et physique

de le faire. Le but du pèlerinage est de se rendre au sanctuaire de La Mecque, territoire sacré. On n'y pénètre qu'après s'être mis en état de sacralisation et couvert d'un vêtement spécial.

Une sixième obligation sera ajoutée plus tard : le djihad, la guerre sainte, une guerre sur soi-même, une guerre quotidienne de réforme intérieure, d'abord. Il s'agira ensuite d'une guerre de conquête pour protéger les musulmans et propager le Coran sur d'autres territoires. C'est à la fois une lutte contre ses passions et ses mauvais instincts, mais aussi contre le paganisme et l'idolâtrie au profit de la vraie foi. Dans les cas extrêmes, le terme s'applique à la guerre contre les autres monothéistes. Il faut ajouter les interdits alimentaires : viande de porc, vin, alcools, stupéfiants, animaux tués accidentellement.

LES SECTES MUSULMANES

Il ne convient pas ici de comprendre le terme de secte au sens péjoratif, mais à celui de groupes minoritaires qui se sont séparés de la majorité sunnite, ceux qui suivent la Sunna, la tradition. L'Umma, la communauté musulmane, présente une certaine homogénéité pour ce qui concerne les quatre rites qualifiés d'orthodoxes : malékite, hanbalite, hanéfite et chafiite.

Le rite malékite, sunnite, est mis en place par l'imam **Mālik ibn Anas** (711-795) à Médine. Il est majoritaire en Afrique du Nord et de l'Ouest. École classique du droit musulman, elle recourt comme les autres au Coran, à la Sunna, tradition héritée des actes de la vie de Mahomet, de l'*ijmā'*, le consensus des experts, mais y ajoute les pratiques propres aux habitants de Médine.
 ◆ Le rite hanbalite est dû à l'imam **Aḥmad ibn Ḥanbal** (778-855), c'est la forme la plus conservatrice du droit classique, reprise par l'islam radical du wahhabisme (ou salafisme) qui veut le ramener à sa pureté originelle.
 ◆ Le rite hanéfite est le plus ancien des quatre. Il est dû à un théologien et législateur de Khoufa, en Irak, **Abū Ḥanīfa** (699-797). Il se répand surtout dans le monde musulman non arabophone, défend

la position la plus libérale. C'est celle de la libre opinion, ou rationalisme, en usant de la *qiyās*, l'analogie, reconnue par les trois autres rites, mais qui ne lui confèrent pas le droit d'en déduire des règles non explicites dans les sources directes.

◆ Le rite chafiite naît de l'enseignement de l'imam **Al-Chāfi'ī** (767-820), qui prône une utilisation des rites malékite et hanéfite pour parvenir à une voie originale, celle du chaféisme. Il insiste sur l'*ijmā'*, le consentement établi des compagnons du prophète Mahomet, et produit une nouvelle jurisprudence, ou *fiqh* de l'islam sunnite. Toutefois, la séparation est nette d'avec les sunnites pour les sectes non orthodoxes.

Outre ces formes orthodoxes, d'autres rites sont issus de la scission née de la difficile succession du prophète.

◆ Le kharijisme est né des dissensions politiques intervenues après la mort de Mahomet.

Après l'assassinat du troisième calife, Uthman, les partisans du gendre du Prophète, **Ali**, voulurent imposer celui-ci comme calife ; Ali ayant accepté une transaction avec son rival Mouawiya, une partie de ses amis, intransigeants, le quittèrent et allèrent vivre aux confins de la Mésopotamie et de la Perse. Les kharijites (*kharadja* : sortir) sont les puritains de l'islam, qui condamnent le luxe, le tabac, la mollesse, les compromis. Ils prônent un califat électif et non héréditaire. Ils ont triomphé autrefois dans toute l'Afrique du Nord et en Perse. Aujourd'hui, ils sont confinés dans une région étroite autour de Mascate. Mais une secte secondaire, les ibadites, qui a été très puissante en Afrique du Nord jusqu'à la fin du VIIIe siècle, persiste en quelques points d'Algérie et de Tunisie (Mzab, Djerba).

◆ Le chiisme, né lui aussi des difficultés soulevées par la succession de Mahomet, rassemble les « partisans » (c'est le sens du terme) de la famille du Prophète, c'est-à-dire en fait les descendants d'Ali, époux de Fatima, seul gendre qui lui ait donné une postérité. L'imam, chef religieux, commandeur des croyants, doit être un descendant d'Ali ; il sera calife par surcroît. Mais les chiites ne s'entendirent pas entre eux, et de nombreuses sectes se formèrent, chacune défendant les droits de tel descendant. Notons ici les trois principales écoles.

– Les **imamites** (ou duodécimains : les douze imams) croient au retour de l'imam caché, ou *mahdī*, qui est le douzième descendant d'Ali, nommé Mohammed, né en 873 et disparu mystérieusement. Les duodécimains attendent le retour de l'imam disparu ; certains ont cru identifier le *mahdī* à diverses reprises (en Égypte, contre Bonaparte, puis contre les Anglais). Le chiisme imamite est la religion officielle de l'Iran et compte aussi des adeptes au Pakistan.

– Les **zaïdites** sont les partisans du cinquième imam (*zaïd* : cinq) ; leurs pratiques s'éloignent moins de l'orthodoxie ; leurs groupes, peu nombreux, sont au Yémen.

– Les **ismaïliens** sont les partisans du septième descendant, Ismaïl. Ils ont dominé la Perse et la Syrie jusqu'à l'invasion mongole. Aujourd'hui, ils sont disséminés en Inde et au Pakistan (Bombay, Karachi) et en Égypte, avec des groupes à Nairobi et à Bagdad. Ils sont très connus du grand public par la figure de leur imam, descendant d'Ismaïl : le quarante-neuvième imam, le prince Karim Aga Khan IV (né en 1936).

LE SOUFISME

Le mot de « soufi » est dérivé de l'arabe *sufi* signifiant le mystique. En fait le suf est à l'origine la robe de laine blanche que portent les adeptes supposant que celle-ci aurait été celle du prophète ou de Jésus. Le soufisme émerge aux alentours du VIIIe siècle en Irak et en Syrie. Son but est de renoncer au monde. C'est l'aspect ésotérique de l'islam. Le soufisme devient une religion populaire. Les soufistes pratiquent des techniques corporelles menant à l'extase comme la danse – c'est le cas des derviches tourneurs – ou encore la récitation des noms de Dieu.

2. Les Omeyyades (661-750), de Damas à Cordoue

Quand Mahomet meurt à Médine en 632, il ne laisse aucune instruction pour sa succession. S'opposent les partisans de la continuité familiale, les futurs chiites et ceux qui préfèrent un choix fondé sur le seul mérite. **Abū Bakr** (632-634), père d'Aïcha, épouse favorite du prophète, est choisi comme *Khalīfat rasūl-Allah*, « successeur et envoyé de Dieu », d'où le titre de calife. Les conquêtes de l'islam sont rapides, en direction de la Perse, de la Mésopotamie. Le second calife est **Omar** (634-644) qui prend le titre d'*Amīr al-Mūminīn*, « émir des croyants ». C'est lui qui organise l'Arabie en État théocratique. En 636, une armée byzantine est vaincue à la bataille du Yarmouk. Il conquiert la Palestine et la Syrie (634-636), la Perse (635-651), l'Égypte (639-644). Damas est repris par **Khālid ibn al-Walīd** (584-642) en 635. Jérusalem est conquis en 638. Les Byzantins sont défaits à plusieurs reprises. **Uthman** (644-656), de la famille Quraychite des Omeyyades, succède à Omar. Il poursuit l'expansion de l'islam, atteignant l'Arménie et Tripoli (Liban).

Il dote son trône d'une flotte à partir de l'Égypte, c'est le début de la puissance navale arabe en Méditerranée. Cette flotte prend Chypre, inflige en 655 une défaite à la flotte byzantine prenant le contrôle de la Méditerranée orientale. Il se livre à un népotisme qui irrite les gouverneurs d'Irak et d'Égypte. En 656, une « marche sur Médine » s'achève sur son assassinat. **'Alī ibn Abū Ṭālib** (656-661), gendre et neveu de Mahomet, devient alors calife, vingt-quatre ans après que les chiites en ont manifesté le désir. Mais d'autres groupes le rejettent et se révoltent. Ali les défait à la bataille du chameau (656) près de Bassora. Il installe sa capitale à Kūfa, en Irak. Le gouverneur de Syrie, **Mouawiya** (602-680), refuse de reconnaître Ali, car il n'a pas puni les assassins d'Uthman. Les armées se font face en juillet 657 à la bataille de Siffin, mais Mouawiya évite la défaite en faisant attacher des corans au bout des lances de ses soldats. Les partisans d'Ali arrêtent le combat. Un arbitrage a lieu, défavorable à Ali. En janvier 661, Ali est assassiné. Son fils Hassan vend ses droits à Mouawiya, qui fonde la dynastie des Omeyyades (661-750) et le premier califat héréditaire du monde islamique.

LES OMEYYADES DE DAMAS

Mouawiya (661-680) choisit Damas comme capitale. Il doit rétablir l'autorité du califat et réorganiser l'administration, tout en reprenant la guerre contre Byzance et en étendant le *Dār al-Islām*, le territoire musulman, par les conquêtes. Les débuts de la civilisation omeyyade sont très liés à l'Antiquité tardive. Les membres de l'administration sont conservés, grec et persan sont les langues administratives avant que le calife **'Abd al-Mālik** (685-705) impose l'arabe. Les fonctionnaires en place demeurent après la conquête, notamment les coptes de langue grecque. **Jean de Damas**, ou **Jean Damascène** (v. 676-749), éminent théologien byzantin, est ainsi trésorier omeyyade. Un siège de Byzance échoue en 667 mais l'Afrique du Nord est conquise, Kairouan fondé. Les trois successeurs immédiats de Mouawiya règnent brièvement, deux meurent de la peste. C'est un petit-cousin de Mouawiya qui devient le calife **'Abd al-Mālik** et pratique un pouvoir absolu, en étendant les conquêtes. La ville de Carthage est prise en 696. Le fils d'al-Mālik, **al-Walīd** (705-715), conquiert la Transoxiane (Iran oriental), le Sind (Inde du Nord). En 711 le détroit qui devient à cette occasion « de Gibraltar », le Jabal Tarik, « mont de Tarik », est franchi. En juillet 711, le roi **Rodrigue** ou **Rodéric** (709-711) des Wisigoths est battu. En 714 la péninsule est conquise, sauf des petits royaumes chrétiens à l'extrême Nord. **Omar ibn al-Azīz** (717-720) effectue d'importantes réformes : les biens fonciers des musulmans deviennent propriété collective, ce sont les terres *melk*. Les nouveaux convertis reçoivent les mêmes privilèges que les autres musulmans en matière fiscale. **Yazīd II** (720-724) rétablit l'impôt foncier et fait établir un cadastre en Égypte. **Hichām** (724-743) doit faire face à des troubles permanents, notamment les révoltes des Berbères en Afrique du Nord. La crise politique se double d'une crise financière. En 750 les Abbassides, descendants de l'oncle de Mahomet, Abbas, célèbre pour sa piété, renversent les Omeyyades accusés d'impiété. Leur famille est massacrée. Un seul membre en réchappe et se réfugie en Espagne, où il instaure le califat omeyyade d'Espagne (756-1031).

LES OMEYYADES D'ESPAGNE (756-1031)

Si les Abbassides perdent le pouvoir sur cette région, il faut plus d'un demi-siècle pour que l'émirat de Cordoue s'impose. L'apogée se produit avec le règne d'**'Abd al-Raḥmān III** (912-961), qui prend en 929 le titre de calife. Riche de son art florissant, centre intellectuel brillant, le califat de Cordoue disparaît dans la guerre civile entre la fin du Xe et le début du XIe siècle. En 1031, le califat est aboli, les princes locaux se partagent son territoire en établissant de nombreux petits royaumes qui sont absorbés par les Almoravides après 1086.

LES FONDEMENTS DE L'ART MUSULMAN

Sous la dynastie des Omeyyades sont définies les règles fondamentales de l'esthétique musulmane, ainsi que les principales caractéristiques de l'art architectural. L'inspiration se nourrit des traditions artistiques autochtones, byzantines et sassanides. Mais c'est surtout la façon d'utiliser leurs éléments qui est particulièrement nouvelle. La rareté des sources écrites, voire leur quasi-absence à cette époque, donne à ces édifices le rôle de jalon de connaissance, le moyen de découvrir le siècle omeyyade sur de nombreux points. L'un des aspects nouveaux est que, pour la première fois, ces monuments vont se rapporter spécifiquement à l'islam dans des régions conquises.

L'architecture musulmane

L'architecture se développe surtout en contexte urbain, la ville étant un centre religieux, administratif et politique. La période omeyyade donne naissance à un grand nombre de monuments, principalement des mosquées et des palais. Quant aux villes qui se développent ce sont essentiellement des « villes de la conquête », ou *amṣār*, des villes nouvelles (Shīrāz), ou d'anciennes villes aménagées (Damas,

Alep, Jérusalem). L'art musulman connaît dans chaque pays conquis une évolution particulière, mais des traits caractéristiques permettent néanmoins de le définir. La construction des mosquées comporte une coupole, symbole du ciel, l'*iwān*, marque distinctive d'une demeure royale, la cour à arcades devant la mosquée, le *mihrab*, qui indique la direction de la prière, le *minbar*, chaire à prêcher, où la prière est dirigée par l'imam, le minaret s'élève, d'où le muezzin appelle pour la prière. La plus ancienne œuvre architecturale que nous pouvons encore admirer est le Dôme du Rocher (691), qui reprend la forme du martyrium classique et qui serait construit sur l'emplacement du Temple de Salomon selon la légende.

Lieux les plus saints de l'islam : le Dôme du Rocher et la Kaaba

Le **Dôme du Rocher** est l'un des monuments les plus emblématiques de Jérusalem. Édifice qui a été conçu pour être vu de loin, il est pourtant composé de volumes géométriques simples. Sous n'importe quel angle, il présente un profil identique. La présence visuelle de cette construction est aussi due à son implantation. En effet, il se dresse sur une vaste étendue, dégagée, au sommet d'une des collines de la ville, le Mont Moriah. L'esplanade porte le nom de Haram al-Shar f, « noble sanctuaire ». Celle-ci serait en fait l'emplacement du temple de Jérusalem construit par **Hérode** en 15-17 avant J.-C. et détruit par **Titus** en 70 après J.-C. Il s'agit d'une construction annulaire : un grand bloc irrégulier en saillie de 1,5 m au-dessus du niveau de l'édifice, entouré d'une basse clôture en bois de construction contemporaine, sur le modèle d'une clôture du XIIe siècle. Une arcature circulaire, autour du rocher, de 20,44 m de diamètre, soutenue par quatre piliers et douze colonnes de porphyre, est entourée par un double déambulatoire, intérieur et extérieur, séparés par une arcade octogonale portée par huit piliers pentagonaux et seize colonnes cylindriques. Le contour extérieur de l'édifice est constitué d'un mince mur de pierres octogonal. Quatre entrées sont percées aux quatre points cardinaux.

La **Kaaba**, qui signifie « cube », était à l'origine un simple sanctuaire où les Bédouins venaient déposer leurs idoles. Presque cubique, il mesure 11 m sur 13 pour une hauteur de 13 m. Le monument fut consacré au moment où Mahomet conquiert La Mecque, en 630. Malgré de nombreuses reconstructions, l'apparence actuelle de la Kaaba est celle du VIIe siècle. Ses coins sont orientés en direction des quatre points cardinaux. Le coin Est, le point le plus important, accueille la Pierre Noire, pierre sacrée d'origine préislamique. Une seule porte sur le côté Nord-Est, à 2 m du sol, donne accès à des escaliers de bois mobiles, afin de permettre la cérémonie du nettoyage de l'intérieur du monument. La Kaaba est à elle seule un concept qui représente la maison de Dieu.

Après le Dôme du Rocher, l'édifice omeyyade le plus connu est la grande mosquée de Damas (705-715), sa vaste cour et sa salle à trois nefs, coupée en leur milieu par une travée perpendiculaire, donnent déjà l'idée de ce que sera la mosquée arabe pendant des siècles. Les galeries sont ornées de mosaïques inspirées de l'art du paysage et de l'Antiquité tardive. Les châteaux du désert confirment le goût effréné des princes pour le luxe.

Cordoue, de rouge et de blanc vêtu

Contraint de fuir Damas où sa famille est assassinée pour des raisons politiques, le prince omeyyade **'Abd al-Raḥmān** (731-788) passe en Espagne en 755 à la tête de ses troupes. Il y évince rapidement le gouverneur installé par le calife de Damas et entre à Cordoue en 756. Il s'y fait proclamer émir des musulmans d'Espagne, et fait de Cordoue la capitale de son nouvel État. La ville devient un centre politique, artistique, culturel, avec une bibliothèque dotée d'un fonds de plus de quatre cent mille volumes. Le joyau architectural en devient la grande mosquée. Commencée en 786, elle est agrandie à plusieurs reprises au cours des IXe et Xe siècles, avant son ultime modification en 988. Son agencement intérieur la transforme en une forêt de colonnes aux fûts de pierre sombre, surmontées d'arcs en fer à cheval où alternent brique rouge et calcaire blanc, sur plus de 10 000 m². À l'époque omeyyade, l'utilisation de la pierre se mêle à d'autres matériaux. En Espagne, on lui préfère la brique et le torchis. L'architecture se caractérise par l'emploi d'arcs en fer à cheval avec des claveaux de couleurs alternées. Les arcs polylobés sont également très utilisés. C'est vers le milieu du Xe siècle qu'est construit près de Cordoue le palais de Madīnat al-Zahrā, comprenant une mosquée, des jardins, des vignes, les bâtiments du harem ceint par un rempart. On y a retrouvé également d'impressionnantes rondes-bosses en bronze, des bouches de fontaines, l'eau s'évacuant par la bouche des animaux figurés, aux formes extrêmement géométriques.

Calligraphie et végétaux : l'art de la décoration

Leur décoration rassemble tout ce qui était connu alors comme procédés : peinture murale, mosaïque, travail de la pierre ou du stuc. Il est habituel de recouvrir les grandes surfaces murales d'une abondante décoration, réalisée avec un grand souci du détail. Elle est constituée de formes purement ornementales, avec des combinaisons infinies de motifs géométriques ou végétaux, car, même si elle n'exclut pas complètement l'image figurative, elle refuse néanmoins la conception d'un dieu anthropomorphe. Aussi la calligraphie est valorisée et des inscriptions coraniques en bandes se développent à l'intérieur comme à l'extérieur. Les palais, tout comme l'urbanisme mettent en scène la puissance des califes et leur vocation à dominer le monde dans l'esprit des grands empires passés. Les thèmes décoratifs affirment donc la suprématie de ce nouveau pouvoir. Les mosaïques du Dôme du Rocher, excluant toute représentation humaine, révèlent tout un registre de motifs végétaux inspirés des décors sassanides ou byzantins.

Un monde sans image de l'homme ?

Que l'art islamique soit aniconique en raison des interdits coraniques est un point de vue à modérer. Quelques très rares allusions à l'art apparaissent dans le Coran, des œuvres réalisées avec « la permission d'Allah » par les djinns pour Salomon, mais davantage que les images ce sont leurs auteurs que blâme Mahomet, car seul Dieu, le créateur, peut insuffler la vie. Les images sont presque toujours absentes dans l'architecture religieuse, il n'en est pas de même dans l'architecture civile et les objets d'art, mettant en scène la figure du prince dans l'exercice de son autorité, ou des scènes de banquets ou de chasse. Dès la fin du IXe siècle, après avoir subi différentes influences, le répertoire décoratif aborde tous les sujets avec des différences selon les lieux et les époques. Jusqu'au XVe siècle, le visage princier reste idéalisé pour devenir ensuite, sous l'influence de l'Europe, un véritable portrait. Mais les scènes évoquées ne concernent pas la seule vie du prince, la vie à la campagne, la vie nomade ou religieuse sont également représentées. L'illustration d'ouvrages littéraires donne aussi un rôle important à la représentation figurée en ornant des fables, des œuvres historiques, des romans d'amour, des ouvrages cosmographiques. À Qasr al-Hayr al-Gharbī, un château du désert des princes omeyyades, près de Palmyre, les grandes compositions à même le sol, 12 m de long sur 4 m de large, mettent en scène la déesse Gaïa selon une inspiration très gréco-romaine.

L'ART DES DEUX RIVES DE LA MÉDITERRANÉE : L'ART MOZARABE

L'Espagne marque la limite occidentale de la conquête qui amène, en 711, les Sarrazins à passer le détroit de Gibraltar pour être un peu plus tard stoppés à Poitiers par Charles Martel, en 732. La péninsule Ibérique, jusqu'au XVe siècle, reste totalement ou en partie musulmane et donne par ses contacts entre les mondes chrétien et musulman l'art mozarabe. Sous le nom de mozarabes, on désigne les chrétiens espagnols qui demeurèrent sur les terres conquises par les Maures et conservèrent, au milieu des musulmans, leur langue, leur foi et leurs traditions. Les églises qu'ils bâtirent dans les provinces de Castille et de Léon étaient de forme basilicale avec des arcs en fer à cheval qui leur donnent un certain aspect islamique. Mais au Xe siècle, les moines de Cordoue doivent émigrer et se réfugier dans les royaumes du Nord. Ils édifient des églises d'un genre nouveau, hautes, blanches, parfois avec deux rangées de colonnes, soutenues par des arcs en fer à cheval sur lesquels reposent les couvertures en bois des trois nefs. Leur décoration sculpturale est souvent limitée aux chapiteaux, d'un style corinthien. Plus tard, lorsque la Reconquista se développe, les musulmans restent sur les territoires libérés et créent un style hybride, employé pour les édifices chrétiens et connu sous le nom de mudéjar. Leurs œuvres sont de magnifiques constructions en briques et ont souvent une décoration de faïences. Les styles mozarabe et mudéjar se développent à trois siècles d'intervalle. Ce creuset d'échanges apporte des changements dans la langue – le castillan s'enrichit d'arabismes –, dans les institutions et les techniques des artisans.

L'ART MUDÉJAR, LE ROUGE ALHAMBRA

Au style mozarabe succède l'art mudéjar qui fera de Séville, Tolède, Saragosse ses principaux centres. À Cordoue, la chapelle San Fernando, à Burgos, la porte de San Estéban, à Ségovie, l'Alcazar royal (XVe siècle) sont les principaux témoignages de cet art. Après la construction de l'Alcazar de Séville par les Omeyyades, lequel sera modifié plusieurs fois par la suite, surtout sous le règne de **Pierre le Cruel** (1350-1369) à partir de 1350, l'Alhambra, à Grenade, est érigé à partir du XIIIe siècle par **Muḥammad al-Ahmar** (1203-1273), fondateur de la dynastie des Nasrides. Le nom d'Alhambra, qui signifie « rouge », lui a été donné à cause des briques rouges de son mur extérieur que l'on voit de loin. Son plan s'inscrit dans une vaste enceinte de murailles qui lui donne l'aspect d'une forteresse. L'aménagement intérieur est fait au contraire pour flatter l'œil avec son édifice le plus important, le palais. Son plan complexe met en évidence trois unités autour desquelles il s'articule : le lieu où le sultan rendait la justice, le *mexuar*; celui pour les réceptions où se trouvait la salle du trône, le *dīwān*; les appartements privés du prince, le harem. Toute son ornementation était polychrome, azulejos, carreaux de faïence de couleur, marqueterie, reliefs de plâtre constituent les éléments principaux. La vie quotidienne se déroulait entre la cour du bassin, cour des myrtes, centre du *dīwān*, et celle des lions. Cette dernière, de forme rectangulaire, présente en son centre douze lions de marbre noir, rare représentation animale dans l'art musulman, ils soutiennent une vasque d'albâtre d'où jaillit une fontaine.

LA FIN DU MONDE EN IMAGES : LES MINIATURES MOZARABES

Les miniatures mozarabes qui illustrent les livres entre le IXe et le Xe siècle sont une des manifestations les plus originales de l'art espagnol à cette période. Leurs thèmes et leurs types iconographiques en seront repris par les peintres romans. Parmi les œuvres les plus marquantes dominent les illustrations qui accompagnent les textes du

Commentaire de l'Apocalypse dont la rédaction est habituellement attribuée à un moine du VIIIe siècle, **Beatus**, qui aurait vécu dans le monastère asturien de Liébana. Aujourd'hui, on possède vingt-six copies dont certaines partielles du *Commentaire* présentant des illustrations dont l'origine se trouve certainement dans le premier exemplaire de Beatus. Parmi ces illustrations originelles au nombre de cent huit, soixante-huit s'appuient sur le texte de l'Apocalypse.

REFAIRE LA *NUBA* : LA MUSIQUE ARABO-ANDALOUSE

L'événement décisif qui donne naissance à la musique arabo-andalouse est l'installation des Omeyyades en Andalousie. Le premier grand musicien à connaître est **Ziryāb** (789-857). Chassé de la cour d'**Haroun al-Rachid** en 821, il trouve refuge un temps auprès des Aghlabides de Kairouan, puis se fixe à Cordoue. Il y fonde une première école de musique particulièrement innovante dans l'art du chant, car il modifie la tradition de la *nuba*, composition reposant sur cinq phrases rythmiques, ou *mizān*, en intégrant des chants vifs. Il perfectionne par ailleurs l'oud, le luth, afin de le rendre plus léger. **Ibn Bājjā** (1070-1138) mêle les influences orientales et chrétiennes. Théoricien éclairé, il laisse de nombreux ouvrages, dont le *Tadbīr al-mūtawaḥḥid*. La musique arabo-andalouse survit à la chute de Grenade en 1492, mais retourne au Maghreb après l'expulsion des Morisques en 1609, où elle évolue jusqu'à nos jours.

3. Les Abbassides (750-1258), califes des Mille et Une Nuits

Après le règne rapide d'**al-Saffāh** (749-754), le véritable fondateur de la dynastie des Abbassides (750-1258) est son successeur, **al-Manṣūr** (754-775). Il élit pour capitale la ville qu'il fait bâtir sur la rive orientale du Tigre, en Irak, Bagdad, dont la première version est achevée en 762. Il écrase au long de son règne plusieurs révoltes : en Syrie (754), en Iran (755), en Afrique du Nord (762). Ses successeurs doivent lutter contre les sectes musulmanes en Perse et en Irak. C'est sous le souverain le plus célèbre de la dynastie, **Haroun al-Rachid** (786-809), qui apparaît dans *Les Mille et Une Nuits*, que l'Empire musulman montre les premiers signes de son déclin futur. Depuis 750, les Abbassides ont perdu le contrôle de l'Espagne et de l'Afrique du Nord, à l'ouest de la Tunisie. En 800, **Haroun al-Rachid** doit reconnaître les Aghlabides (800-909) comme vassaux tributaires, en réalité ils sont souverains indépendants. Ils conquièrent la Sicile avant d'être soumis par les Fatimides en 909. Les Rustamides (777-909) s'appuient sur les tribus berbères pour gouverner une partie du Maghreb central à partir de leur capitale Tahert. Ils sont également balayés par les Fatimides en 909. Ces défections n'empêchent pas de considérer le règne d'**Haroun al-Rachid** comme un âge d'or.

Il réforme l'impôt foncier, payable désormais en nature, pour en alléger le poids sur les petits paysans, pratique une réforme agraire favorisant la création de grandes propriétés privées ou d'État. À sa mort, ses deux fils, **al-Amīn** (809-813) et **al-Ma'mūn** (813-833), se disputent le trône, provoquant une guerre civile. L'affaiblissement du pouvoir central se poursuit. Les soulèvements se multiplient, en Perse, en Égypte. Tout au long du IXe siècle, les pouvoirs locaux s'émancipent. En 868, le gouverneur d'Égypte, **Ahmad ibn Tūlūn** (835-884), refuse de quitter son poste, s'empare de la Syrie. Il fonde la dynastie des Tulunides (868-905), indépendante jusqu'au retour de l'Égypte et de la Syrie à l'Empire en 905. Bref retour, car les **Ikhshidides** (935-969) leur succèdent. En Syrie et en Mésopotamie, ce sont les **Hamdanides** (905-1004), en Perse les **Saffarides** (861-1003), en Perse orientale les **Samanides** (874-999). Par la suite, le calife, à de rares exceptions près, n'est plus souverain que de nom, son maintien sur le trône sert les dynasties locales. Tel n'est pas le cas pour les Mongols, qui prennent Bagdad en 1258 et mettent à mort le dernier souverain abbasside.

L'ART ABBASSIDE, FRISES ET RUBANS

Les arts connaissent sous les Abbassides un renouveau dû au déplacement du centre califal de la Syrie à l'Irak. Deux villes sont mises en avant : Bagdad et Samarra. Le transfert de gravité politique sur ces deux nouveaux centres urbains s'accompagne de l'influence d'un art des steppes d'Asie centrale, avec une tendance à la stylisation abstraite des personnages et du décor. Des éléments de l'architecture sassanide sont adoptés comme l'*iwān*, porche voûté ouvert sur un côté de la cour, les « stalactites » dans l'ornementation des voûtes. Les inscriptions subissent des changements et, pour la première fois, elles sont travaillées en rubans ornementaux. Le répertoire décoratif est complété par des frises d'animaux et des scènes de chasse. La production artistique sous la dynastie des Abbassides perdure jusqu'à l'arrivée, pacifique, des Seldjoukides, tribu turque, à Bagdad en 1055. L'art prend alors le nom d'art seldjoukide, reflétant un style différent.

LA LITTÉRATURE ABBASSIDE, L'HYMNE AU VIN D'OMAR KHAYYAM

Les textes poétiques préislamiques constituent une source de documentation importante pour étudier la langue et l'écriture littéraire du VIe siècle. Il semblerait que l'arabe littéral en dérive. La prédication répandue par le Coran, le plus ancien ouvrage en prose arabe, une vingtaine d'années après la mort de Mahomet, va avoir de réelles conséquences sur la production littéraire. Les poèmes de cette période semblent improvisés et transmis oralement, appelés *mu'allaqāt*, signifiant « les suspendues », en raison des textes qui auraient orné les murs de la Kaaba. Pendant la dynastie des Omeyyades, l'absorption graduelle de nouveaux peuples dans la communauté musulmane enrichit le monde littéraire par un apport neuf d'idées, d'habitudes et de doctrines naissantes. Il faut considérer ce moment dans l'histoire littéraire comme une période de transition marquée par des lettres à tonalité politique et sociale. Les trois grands poètes ayant laissé leur nom sont **al-Farazdaq** (v. 641-730), **Jarīr al-ṭabarī** (839-923) et **al-Akhṭal** (640-710). Tels leurs prédécesseurs, ils maintiennent les genres poétiques, la satire et le panégyrique ainsi que la métrique. À partir du VIIIe siècle tout se fixe et les anciens imitent leurs prédécesseurs. Les noms les plus connus sont ceux d'**Abū Nuwās** (747-762) pour la poésie légère, et d'**Abū al-'Atahiyah** (748-828) pour une poésie plus philosophique. Le plus grand poète de l'époque, **Omar Khayyam** (1048-1131), est l'auteur de quatrains (*robāyat*) qui suggéra à Edward Fitzgerald ses quatrains sur le poète. Chacun des quatrains du poète persan est en fait un poème en soi. Ils traduisent l'impermanence de la vie, son incertitude et les rapports de l'homme à Dieu. L'auteur met en doute l'existence de la providence divine et l'au-delà, se moque des certitudes religieuses, et sent profondément la fragilité de l'homme et de l'ignorance. Ses contemporains ne prêtèrent aucune attention à ses vers, et ce n'est que deux siècles après sa mort que ses quatrains paraîtront sous son nom.

Seuls le vin et l'amour peuvent donner un sens à notre existence. La prose poétique donne bientôt naissance au style épistolaire, à la *Maqāmāt*, mélange d'anecdotes, de contes et de morceaux de poésie. Des ouvrages de toute sorte naissent, de philologie avec un premier grammairien, **Abu al-Aswad al-Du'ali** (603-688), et d'histoire, car cette science prend un essor considérable. Ainsi **al-Balādhurī** (IXe siècle) propose aux environs de 892 la première *Histoire du monde arabe*. Mais l'histoire universelle atteint ses lettres de noblesse avec **al-Ṭabarī** (839-923) et les *Chroniques d'al-Ṭabarī, Histoire des prophètes et des rois*. Ce qui caractérise ce type d'ouvrages reste leur extrême indépendance à l'égard des influences extérieures, alors que les belles-lettres et la philologie seront plus perméables aux traditions persane, hellénique et hindoue. La philosophie (*falsafa*) se développe également grâce aux traductions grecques et donne naissance à quelques esprits exceptionnels, tel al-Kindī (801-873) dont la production fut aussi variée que la culture et connue par les traductions latines du XIIe siècle. Les contes sont encore très présents. *Les Mille et Une Nuits* empruntent leurs sujets à l'Inde et à la Perse. *Sinbad le marin* ne prend sa forme définitive qu'au XVe siècle.

Les sciences mathématiques, sous l'influence de la Grèce et de l'Inde, prennent une grande ampleur et l'on rencontre dans les textes, pour la première fois, le terme d'algèbre, *al-jabr*, « la réunion (des morceaux) ».

4. Les Idrissides (789-926)

Les Idrissides doivent leur nom au fondateur de la dynastie, Idris Ier (VIIIe siècle). Chiites, ils contestent le pouvoir du calife abbasside de Bagdad, sunnite. Bien qu'issus de tribus, les souverains idrissides fondent le contrôle d'une partie du Maroc sur un réseau urbain, Tlemcen, Kairouan, et créent Fès. **Idris II** (793-828) succède mineur à son père, s'appuie sur les Arabes contre les Berbères et agrandit le royaume. Ses successeurs prennent le titre d'émir. L'apogée du royaume se situe dans la seconde moitié du IXe siècle : la civilisation, avec Fès pour capitale, brille de tout son éclat. Au Xe siècle, plusieurs périodes de troubles entraînent une décadence accentuée par les rivalités avec les Aghlabides et les Fatimides. Après 950, l'affrontement concerne surtout les Omeyyades de Cordoue. Le dernier émir, **al-Ḥasan ben Kannūn** (954-985), est contraint à l'exil après 974 avant d'être assassiné en 985. Après cette date, les Omeyyades de Cordoue contrôlent l'émirat, se dispensant de l'illusion d'un prince régnant en leur nom. Ils s'imposent au Maroc mais finissent écrasés entre les Omeyyades d'Espagne et les Fatimides. L'essentiel de leur territoire leur échappe après 926 et la perte de Fès, toutefois ils se maintiennent dans quelques villes du Nord jusqu'en 974.

LA VILLE AU CENTRE DE L'ART DES IDRISSIDES

Pendant la période idrisside, l'urbanisation du Maghreb connaît un développement important, plusieurs centres urbains apparaissent. Dès le IXe siècle, Bassora et Assilah deviennent des centres de frappe monétaire. Toutefois, l'extension du royaume, provoquant un conflit avec les Omeyyades et les Fatimides, ralentit l'urbanisation au cours du Xe siècle. On trouve, à Fès, d'importants monuments : la mosquée des Andalous et la mosquée Qarawiyīn. La première est fondée en 859, par une riche héritière, Maryam al-Fihriya, dont la sœur fonde la seconde. Tout au long des siècles, la mosquée voit son architecture se modifier. Elle devient, au XIe siècle, un important centre universitaire et d'enseignement.

Bagdad, comme les anciennes villes perses, est construit sur un plan circulaire. Les rues sont disposées à la façon des rayons d'une roue. Un double rempart protège la ville, vingt-huit tours et des portes axiales se faisant face, chacune gardée en permanence par mille hommes. Au centre, se trouve le palais califal, la mosquée al-Manṣūr et des logements pour les gardes. Autre édifice notable, la mosquée de Kairouan, en Tunisie. Le décor sous les Abbassides subit un changement radical. Désormais il est en stuc plaqué sur des murs de briques dont il recouvre le bas. Les compositions peintes prennent place au-dessus. La céramique connaît, elle aussi, une innovation technique importante : lustrée par l'application d'un oxyde métallique sur la glaçure, déjà cuite, elle est suivie d'une seconde cuisson. L'or, le rubis, le pourpre, le jaune, le brun, le vert sont les principales couleurs. D'autres produits font aussi l'objet d'exportation, comme les tissus, broderies, tapisseries provenant des ateliers de tissage au Yémen, en Iran, en Égypte.

5. Les Aghlabides (800-909)

Les Aghlabides dominent l'Ifriqiya, située entre le Maroc et la Libye actuels, pendant un peu plus d'un siècle. Ils doivent leur promotion à l'expansion de l'islam réalisée par les califes abbassides. Bagdad, cœur du califat, est de plus en plus éloigné des marges récemment conquises. Des dynasties d'officiers, dont celle des Aghlabides, se voient confier l'autorité au nom du calife qu'ils représentent. Un temps expansionniste, dans la première moitié du IXe siècle, la dynastie prend la Sicile aux Byzantins, s'implante à Malte. Mais elle peine à gérer deux populations, berbères d'origine et conquérants arabes, un émirat étendu du Maroc à l'ouest libyen. Après une courte apogée vers 850, les Aghlabides sont balayés en 909 par la puissance fatimide.

L'ART DES AGHLABIDES : MOSQUÉES ET CODEX

Ce sont de véritables joyaux de l'art musulman que nous ont laissés ces grands constructeurs qu'étaient les Aghlabides. On leur doit notamment plusieurs grandes réalisations architecturales comme les remparts de Sousse, englobant 32 ha de superficie, et **al-Qasaba**, édifiée en 851, tour haute de 77 m. Elle sera plusieurs fois agrandie entre les XIIᵉ et XIXᵉ siècles. Les remparts de Sousse permettent de se faire une idée de l'architecture défensive ifriqiyenne à l'époque médiévale. La grande mosquée de Kairouan, à 150 km de Tunis, est un des chefs-d'œuvre de l'art islamique. Reconstruite par **Ziyādat Allāh Iᵉʳ** (817-838), en 836, elle est à l'origine au VIIᵉ siècle un simple oratoire. La mosquée apparaît comme une forteresse, percée de huit portes, hérissée de tours et de bastions. Ses plafonds sont en bois peint et sculpté. La nouveauté architecturale de cette période tient à la rencontre en T d'une travée plus large avec la large nef axiale, soulignée par des doubles colonnes. Une coupole est élevée sur la zone carrée délimitée par la rencontre de ces deux éléments. Le plan en T perdure dans de nombreuses mosquées jusqu'à l'époque ottomane et se diffuse dans le Maghreb, en Sicile, en Égypte fatimide. Le soin de la décoration se révèle dans celle, luxuriante, du *mihrab*, outre la peinture qui orne sa voûte, vingt-huit panneaux de marbre, sculptés de motifs végétaux, ainsi que l'intérieur et sa façade sont mis en valeur par des carreaux de céramique à reflets métalliques. C'est également au IXᵉ siècle, en 864-865, qu'est édifiée la grande mosquée de Tunis, **al-Zaytūna**. Une collection de manuscrits rares, se rapportant principalement au droit musulman, y a été retrouvée dans une pièce privée. Elle constitue le plus ancien fonds documentaire sur la littérature malékite, une des quatre écoles de droit sunnite du IXᵉ siècle, mais la mosquée possède également la plus riche collection de codex coraniques.

6. Les Fatimides d'Égypte

Le nom même de « Fatimide » rappelle l'ascendance de la fille du prophète et l'épouse d'Ali : Fatima. Les Fatimides appartiennent à une branche du chiisme, celle des ismaïliens. À la différence du sunnisme, le pouvoir du calife y est fondé sur la notion d'impeccabilité de l'imam. La décision des successions n'appartenait qu'au calife et seul le vizir était au courant. Les Fatimides appartiennent à une dynastie d'origine berbère, qui règne sur l'Ifriqiya, entre 909 et 1048, puis limite son pouvoir réel à l'Égypte entre 969 et 1171, de par son impuissance à empêcher les révoltes dans la partie ouest du royaume.

L'origine de la conquête du pouvoir réside dans la volonté d'affirmer le chiisme ismaïlien contre la toute-puissance du sunnisme des califes de Bagdad. Profitant de l'affaiblissement des Abbassides, les Fatimides fondent leur dynastie avec **'Ubayd Allāh al-Mahdī** (873-934) qui s'autoproclame calife en 909. Repliés après 969 sur l'Égypte qu'ils viennent de conquérir, les Fatimides y fondent leur nouvelle capitale, **al-Qāhira** (Le Caire), et développent une civilisation raffinée. Cependant, réduit à la seule Égypte à la fin du XIe siècle, le califat fatimide s'étiole. Victimes de dissensions internes, plusieurs souverains sont assassinés. Les attaques des croisés l'affaiblissent. La volonté d'unir sous son autorité tout le *Dār al-Islām*, la maison commune de l'ensemble des musulmans, du sultan **Saladin** (1138-1193), lui est fatale. Ce dernier attend la mort du dernier calife fatimide, en 1171, pour réunir l'Égypte à ses possessions.

AL-AZHAR, LA RESPLENDISSANTE DES FATIMIDES

Le Caire devient la nouvelle capitale en 969 et témoigne, du point de vue de l'architecture, d'une fusion entre les traditions maghrébine et iranienne. L'architecture fatimide inaugure aussi une nouveauté : le plan de la mosquée subit un changement dû à l'influence de l'Afrique du Nord, la nef qui conduit au *mihrab* devient une sorte d'allée triomphale. Les mosquées d'Al-Azhar et d'Al-Hakim datent de cette période et conservent le plan arabe avec des nefs parallèles à la *qibla* (c'est-à-dire tourné vers La Mecque), dans la salle de prière, un portique et une travée menant au *mihrab*. Architecture imposante, le thème de façade occupe une place plus importante que dans le reste du monde islamique. Lorsque la capitale, Al-Qāhira, est fondée, une grande mosquée est construite, appelée d'abord *Jamaa Al-Qāhirah*, la mosquée du Caire. Plus tard elle prend le nom d'Al-Azhar, en hommage à la fille de Mahomet, Fatima Zahra, « la resplendissante », et, occupant deux fois plus d'espace qu'à l'origine, elle devient un centre universitaire où sont enseignés le droit et la théologie. Puis, en 1005, elle devient une maison du savoir, maison de la sagesse, de la science. Une importante bibliothèque s'y trouve et l'on y enseigne la philosophie, l'astronomie, ainsi que les disciplines religieuses. La mosquée

Ibn Ṭūlūn au Caire, édifiée entre 876 et 879, est le seul édifice conservé du nouveau quartier, bâti à la même époque au nord de Fustat, première capitale arabe d'Égypte en 641.

7. Les mamelouks d'Égypte (1250-1517)

Les mamelouks, c'est-à-dire les « esclaves » des sultans du Caire, sont originaires de la mer Noire. Utilisés comme mercenaires, garde rapprochée, ils renversent les maîtres du Caire vers 1250. **Aybak** (1250-1257) se proclame alors sultan. La domination mamelouke comprend deux périodes : celle des *mamelouks bahrites* (1250-1390), de l'arabe « *bahr* » (fleuve), car leur caserne était située sur une île du Nil, et celle des *mamelouks burjites* (1390-1517), de « *burj* » (citadelle du Caire), indiquant l'endroit où ils résidaient. Le fondateur véritable de la dynastie est Baybars (1260-1277) qui arrête l'invasion mongole en Syrie. Après lui, le pouvoir des sultans s'amenuise alors que celui des émirs grandit. À la fin du XIVe siècle, les mamelouks burjites reprennent le sultanat. Parmi les souverains les plus brillants, il convient de signaler **Barsbay** (1422-1438), qui prend Chypre en 1426, ou **Qaitbey** (1468-1496), grand constructeur au Caire et à Alexandrie où il fait construire un fort sur l'emplacement du phare. Le règne de ce dernier est considéré comme l'apogée des mamelouks burjites. Après lui, la décadence politique est rapide. Le dernier grand sultan est **Qansuh al-Ghuri** (1501-1516), qui perd la vie lors de la bataille de Marj Dābiq contre le sultan ottoman **Sélim I**[er] (1512-1520), celui-là même qui fait exécuter en 1517 l'ultime souverain mamelouk.

8. Les Almoravides, la conquête sans fin (1056-1147)

L'histoire des Almoravides est celle d'une incessante conquête. Quand elle prend fin, la dynastie s'effondre. Son origine est religieuse, née d'un mouvement qui se propage dans les tribus berbères du sud saharien, celui des *murābiṭūn*, ceux qui pratiquent ascèse spirituelle et djihad, terme devenu «Almoravides». Ils conquièrent, à partir de 1039, le Sahara, le Maghreb occidental, une partie de la Mauritanie. Ils fondent vers 1070 Marrakech qui devient leur capitale. **Yūsuf ibn Tāshfīn** (1061-1106) se proclame émir, commandant des musulmans. Devant l'avancée des royaumes chrétiens en Espagne, il passe avec ses armées en Andalousie, remporte la victoire de Zallāqa en 1086. Les Almoravides règnent alors de l'Èbre à la Mauritanie. Le contrôle des caravanes transsahariennes les enrichit. L'or abondant permet la frappe d'une monnaie de qualité : le dinar. Mais, au début du XIIe siècle, la conquête n'est plus le fait des Almoravides mais des royaumes chrétiens d'Espagne. Contraints de défendre l'Andalousie, les Almoravides doivent aussi, en Afrique du Nord, affronter la révolte des Almohades. Ces derniers l'emportent, prenant Marrakech en 1147.

9. Les Almohades (1130-1269)

Les Almohades (1130-1269) fondent au Maghreb le plus vaste Empire musulman, qui s'étend de la Libye à l'Atlantique et comprend Al-Andalus. Tout commence avec un mouvement religieux berbère qui prône la doctrine du *tawhīd*, de l'unitarisme du monde musulman, fondé sur le rapprochement entre les divers courants et le retour à la Sunna, la tradition, au Coran. D'où leur nom, *al-Muwahhid*, «qui proclame l'unité divine», devenu Almohades. Leur chef, **Ibn Tūmart** (v. 1075-1130), se proclame *mahdī*, «bien guidé», ou le Messie. Il se fixe avec ses fidèles vers 1124 à Tinmel, au Maroc. Ses successeurs entament la conquête de l'Empire almoravide, qui tombe en 1147, mais ne s'y limitent pas, poussant à l'Est, jusqu'en Tripolitaine, à l'Ouest, jusqu'à l'Atlantique, franchissant le détroit de Gibraltar pour s'emparer des petites principautés d'Al-Andalus. **'Abd al-Mu'min** (1147-1163) se proclame calife, preuve de l'effondrement du pouvoir abbasside. L'Empire almohade est très structuré, depuis la famille régnante, les chefs des tribus jusqu'aux fonctionnaires. Par ailleurs, il est riche du commerce et de sa flotte en Méditerranée. Il ne parvient pas à survivre cependant à une double offensive, celle des royaumes chrétiens d'Espagne qui reprennent, après leur victoire de Las Navas de Tolosa en 1212, les grandes cités, centre du pouvoir almohade

(Cordoue en 1236, Valence en 1238, Murcie en 1243, Séville en 1248), et celle des derniers califes abbassides qui contestent leur pouvoir religieux. En 1269, le sultan **Abū Yūsuf Yalgib** (1258-1286) de la dynastie marocaine des Mérinides (1244-1465) prend Marrakech et met fin à la dynastie almohade.

L'ART BERBÈRE DES ALMORAVIDES ET DES ALMOHADES

Les Almoravides créent un empire immense qui s'étend du sud de l'Espagne au Portugal, comprenant la totalité du Maroc, la majeure partie de l'Algérie et une partie de la Mauritanie. Ils patronnent écrivains, peintres, sculpteurs et fondent en 1062 Marrakech où ils laissent les traces d'un art florissant. Dès la première moitié du XIIe siècle, il est parfois concurrencé par l'art des Almohades qui s'installent en Espagne, faisant de Séville le centre incontesté et la ville royale. Les deux dynasties cherchent à revenir à une architecture plus sobre, plus dépouillée. Sous les Almoravides, le Maroc s'enrichit d'influences nouvelles, tandis que le pays, grâce aux *oulémas*, juristes, conserve une unité religieuse propice au développement de l'art. L'influence de l'architecture andalouse se révèle très nette dans certains éléments architecturaux. Le meilleur exemple de l'architecture almoravide reste la mosquée de Tinmel au Maroc, construite en 1153. Les Almohades ont permis à la civilisation islamique du Maghreb de connaître son âge d'or par une symbiose, en un siècle, entre la vitalité des peuples berbères et les raffinements de la culture andalouse. L'économie, l'art, les lettres n'atteindront jamais une telle prospérité. La mosquée de Hassan à Rabat, la Giralda de Séville comptent parmi les chefs-d'œuvre de l'art islamique. L'architecture se convertit en un outil politique efficace de propagande, entièrement consacrée au service du pouvoir du nouvel État. Lors de sa chute, l'art musulman d'Al-Andalus entre dans son ultime étape, qui représentera son couronnement.

10. Quand arrivent les Turcs : les Seldjoukides (1038-1307)

Toutes les dynasties précédentes sont arabes, mais l'expansion de l'islam provoque l'arrivée de nouveaux venus musulmans, mais non arabes, les Turcs. Les Seldjoukides (1038-1307) doivent leur nom à leur chef Seldjouk, qui, au Xe siècle, les conduit d'Asie centrale en Iran. Le fondateur de la dynastie est son petit-fils, **Toghrul-Beg** (1038-1063). Il prend la tête de ces populations turques en 1038, puis se lance dans une série de conquêtes qui le conduisent à la prise de Bagdad. En 1058, il devient sultan. Son neveu, **Alp Arslan** (1063-1072), lui succède, choisit Ray (Téhéran) comme capitale. Il étend l'Empire seldjoukide, écrase les Byzantins lors de la bataille de Manzikert en 1071. Une seconde branche, les Seldjoukides de Rūm, s'installe en Anatolie, où elle exerce le pouvoir jusqu'en 1307. L'extension de l'Empire provoque sa chute. Les sultans peinent à contrôler les provinces, dont les gouverneurs se comportent en souverains indépendants. En 1194, le dernier sultan, **Toghrul ibn Arslan** (1176-1194), trouve la mort contre les Korasmiens, un royaume iranien.

L'ART DES SELDJOUKIDES, UN ART DES STEPPES

La particularité de cet art est le contact établi entre l'art musulman et celui des steppes asiatiques. De grandes villes sont créées, Nichapour (Iran), Ghazni (Afghanistan), alors que le pouvoir passe aux mains des gouverneurs. Le monument le plus célèbre reste la grande mosquée d'Ispahan. D'autres mosquées iraniennes sont contemporaines : Qazvin, Qurva. De nouvelles formes de minarets, cylindriques, apparaissent. L'architecture profane offre une nouveauté au monde musulman : le caravansérail, édifice en deux parties, avec une grande cour et un vaste hall. Différents types d'architectures funéraires apparaissent, tel le mausolée des Samanides à Boukhara, monument cubique surmonté d'une coupole de briques haute d'une dizaine de mètres de côté. La disposition des briques tient lieu de décor. Des portes placées sur les quatre côtés ouvrent vers l'extérieur.

11. Du désert à Constantinople : les Turcs ottomans

Les Ottomans doivent leur nom à la dynastie turque des Osmanlis, prononcé « ottoman » en français, fondée par **Osman I****er** (1281-1326). Il organise l'armée ottomane et prend aux Byzantins plusieurs places fortes et villes. À son apogée, l'Empire ottoman s'étend de l'Anatolie au golfe d'Aden, de l'Arménie à l'Algérie. Son fils **Ohrhan Gazi** (1326-1360) prend Brousse, en Anatolie, peu avant d'accéder au trône. Il en fait sa capitale. En 1329, il est aux portes de Constantinople, après deux victoires contre l'empereur **Andronic III** (1328-1341), auquel il prend Nicée (1331) et Nicomédie (1337). Poursuivant l'œuvre paternelle, Ohrhan crée une élite de fantassins, les *yeni çeri*, ou janissaires : le cinquième fils des familles chrétiennes est offert au sultan comme tribut. En 1360, son fils **Murat I****er** (1360-1389) lui succède. Il transfère en 1365 la capitale à Andrinople, entre la Grèce et la Bulgarie. Il s'implante en Europe et divise son empire en deux, la partie asiatique, l'Anatolie, la partie européenne, la Roumélie.

Le 20 juin 1389, il remporte sur les Serbes la victoire de Kosovo, mais est poignardé le jour même, alors qu'il arpente le champ de bataille, par le gendre du roi serbe vaincu et tué, Miloš Obilić. Le fils aîné de Murat, **Bayazid I****er** (1389-1402), lui succède. Il renforce la puissance ottomane, soumet la Bulgarie, impose à Constantinople sept années de siège sans parvenir à s'en emparer. Pour dégager la ville, des croisés l'affrontent sous la conduite de **Sigismond de Hongrie** (1410-1437) qui a réussi à lui faire lever le siège entre 1392 et 1395 et subissent la cuisante défaite de Nicopolis en 1396. En dépit de ses victoires, dont la rapidité lui vaut le surnom turc de *Yildirim*, « l'éclair », Bayazid ne peut contenir les hordes de **Tamerlan** (1336-1405). Ce dernier, en raison d'une flèche reçue dans la jambe, est un Mongol turquisé. En 1402, il inflige une sévère défaite à Bayazid, qu'il capture, lors de la bataille d'Ankara. Bayazid meurt en captivité, entre 1402 et 1403. Ses fils se disputent le trône lors de « l'interrègne » entre 1403 et 1413. Finalement, c'est le quatrième d'entre eux,

Mehmet Ier (1413-1421), qui accède au trône. Il se rapproche de l'Empire byzantin, rend visite à l'empereur **Manuel II Paléologue** (1391-1425), qui devient son allié. En revanche, la guerre contre Venise s'achève sur la défaite navale de Gallipoli en 1416, qui libère le monde égéen de la tutelle ottomane. Son fils **Murat II** (1421-1451) devient sultan. **Mehmet II le Conquérant** (1444-1446 et 1451-1481) règne deux fois. La première, entre 1444 et 1446 selon la volonté de son père Murat II, mais il n'a que treize ans et les janissaires contraignent Murat à reprendre le trône, la seconde fois, illustrée par la prise de Constantinople en 1453, entre 1451 et 1481. Devenu sultan en février 1451, Mehmet II prend Constantinople en mai 1453, après un siège de deux mois. Mehmet II meurt empoisonné en 1481, peut-être sur les ordres du pape **Sixte IV** (1471-1484) qui redoute la campagne de Rhodes, prélude à la conquête de l'Italie voulue par le sultan.

12. La philosophie arabe

Il faudrait, en s'inspirant de Jean Jolivet[1], faire une distinction entre les philosophes dans l'islam et les philosophes de l'islam. Mais rien n'empêche non plus qu'un philosophe de l'islam ne puisse se révéler sous certains rapports un philosophe dans l'islam. Font partie des philosophes dans l'islam ceux qui n'ont pas hiérarchisé le savoir philosophique par rapport au savoir prophétique, et ceux de l'islam sont ceux qui situeront au-dessus de toutes les connaissances humaines la prophétie. Leurs savoirs sont issus de la traduction, aux VIIIe et IXe siècles, d'ouvrages de la philosophie antique. Ils se trouvent à la lisière de la pensée islamique, alimentés avant tout par un désir de rationalité. Les premières sectes philosophiques qui suivent de près l'établissement régulier de l'islam semblent en être issues. La langue arabe va faire en très peu de temps un effort terminologique et se doter de termes techniques, dès les Abbassides, pour traduire des termes nouveaux. C'est aussi l'époque où figurent sur des miniatures Platon et Aristote,

---

1. Jean Jolivet, « L'idée de sagesse et sa fonction dans la philosophie des IVe et Ve siècles », in *Arabic Sciences and Philosophy*, vol. 1, Cambridge University Press, 1991, p. 31-65.

habillés à l'orientale, représentations traduisant la volonté d'un retour vers la philosophie grecque.

Les plus grands penseurs sont:

♦ **Al-Kindī** (Abū Yūsuf ibn Ichaq al-Kindī, 801-873) naît à Kūfa, première capitale abbasside. Il séjourne également à Bagdad, autre ville essentielle pour le mouvement intellectuel, lieu de la traduction des textes grecs en arabe. **Ibn al-Nadīm** (?-998), le bibliographe, lui donne la paternité dans son catalogue de plus de deux cent soixante-dix ouvrages, mais la plupart ont été perdus. Il est d'abord cité comme savant, car il écrit dans tous les domaines : astronomie, optique, pharmacologie, météorologie, astrologie, musique, etc. Sa pensée est en rapport avec le *kalām*, la recherche des principes théologiques. Il est persuadé que les doctrines de la création du monde *ex nihilo*, la résurrection corporelle et la prophétie n'ont pas pour source la dialectique rationnelle. Dans son *Épître sur le discours de l'âme*, il donne un résumé d'Aristote et de Platon. Il tombe en disgrâce en 848 sous le calife **al-Mutawakkil**.

♦ **Al-Fārābī** (Muḥammad ibn Muḥammad ibn ṭarkhān ibn Uzalagh al-Fārābī, 872-950) naît à Fārāb dans le Turkestan, en Transoxiane. Il reçoit le titre de *Magister Secundus*, Second Maître de l'intelligence, Aristote étant le premier. Il est l'un des premiers à étudier, commenter et diffuser l'œuvre d'Aristote. Ses œuvres très nombreuses comprennent des commentaires sur l'*Organon*, la *Physique*, la *Métaphysique*, l'*Éthique* d'Aristote, mais ils sont aujourd'hui perdus. Son étude sur les termes utilisés en logique s'inspire des deux traités de l'*Organon*. Il est également l'auteur d'un livre sur la musique qui est sans doute l'exposé le plus important pour la théorie musicale au Moyen Âge. Mais il marque son époque comme le grand fondateur de la *gnoséologie*, la forme de la connaissance qui repose sur la raison universelle. L'unité politique est aussi l'une de ses préoccupations philosophiques, il fait de l'unité de la société et de l'État un sujet central. Dans cette optique, philosophie et religion sont deux mêmes vérités nullement en contradiction. Ces conceptions, qui s'associent à une doctrine métaphysique complète, sont exprimées dans plusieurs ouvrages : *Traité des opinions des habitants de la* *meilleure cité, Épître sur l'intellect,* dans laquelle il introduit de nouvelles notions de psychologie, l'intellect acquis, son *Dénombrement des sciences,* connu en Occident, instrument de classification du savoir et réflexion politique, son livre *De la remémoration de la voie de la félicité* où il exprime sa conviction que la béatitude suprême consiste dans la contemplation des sciences spéculatives.

♦ **Avicenne** (Ibn Sina, 980-1037) fut un disciple d'al-Fārābī. L'universalité d'Avicenne s'exprime par un génie philosophique nouveau, une somme d'encyclopédie philosophique dans laquelle sont traités tous les sujets. Le catalogue de ses œuvres comporte à peu près cinq cents titres, quatre cent cinquante-six rédigés en arabe, vingt-trois en persan. Sur cet ensemble cent soixante de ces livres nous sont parvenus. Sa somme intitulée *Kitāb al-shifa, Livre de la guérison,* est une véritable encyclopédie philosophique en quatre parties, une consacrée à la logique, une aux sciences physiques et aux sciences antiques et médiévales, une aux mathématiques, la dernière à la métaphysique. Dans ce livre, il combine la doctrine d'Aristote et le néoplatonisme. Dieu y est défini comme le seul être pleinement réel, essence et existence n'y font qu'une. Traduit partiellement au XIIe siècle, le *Livre de la guérison* ouvre l'Occident aux œuvres de ce philosophe antique.

♦ **Averroès** (Ibn Rushd, 1126-1198), surnommé le « commentateur », reste sans doute le philosophe arabe dont l'influence fut la plus importante pour l'Occident. Par lui, c'est toute l'appropriation de la philosophie gréco-arabe par l'Europe qui s'accomplit, la transmission et le renouvellement de la science et de la philosophie antiques, qui prend naissance au IXe siècle au temps des califes abbassides à Bagdad, puis passe au XIIe siècle dans la ville de Cordoue des Almohades, et arrive dans les universités du XIIIe au XVe siècle du monde chrétien. Averroès naît à Cordoue, son père et son grand-père y sont juges. Il le fut lui aussi mais embrasse la carrière médicale, en 1182. Banni par le calife à la fin de sa vie, en 1195, il doit s'exiler au Maroc où il meurt trois ans après. Son œuvre touche à de nombreuses disciplines, ouvrages médicaux, philosophiques, juridiques, théologiques. Sur Aristote, il écrit de nombreux commentaires. Il réfute **al-Ghazālī** (1058-1111), qui, déçu par la philosophie, lui préfère la mystique, dans *Incohérence de l'incohérence*. Mais toute sa vie il se consacre à Aristote, désireux de retrouver le sens originel de son œuvre. Avec puissance, il a su expliciter ses principaux concepts. Nous lui devons la théorie de la *double vérité*, l'une concerne tous les croyants, elle est d'ordre religieux, l'autre, au contraire, d'ordre philosophique et ne peut que concerner une élite intellectuelle. Le Coran sous sa forme littérale est destiné aux masses et comporterait, pour les philosophes, un sens caché. La vérité ne pouvant être contraire à la vérité, toute contradiction peut être soulevée parce qu'apparente. L'argumentation philosophique, pas davantage que les interprétations ne doivent être révélées à qui n'est pas susceptible de les saisir. Il tente d'éclairer les dogmes fondamentaux du Coran sans oublier la raison. Il réfute également l'idée de création et soutient que Dieu agit selon sa nature. Mais ce qui est original, chez Averroès, reste sa conception de l'intellect agent unique pour toute l'humanité et de l'intellect passif qu'il distingue en l'homme. L'intellect actif, immortel se situerait au-delà de l'individu et à lui seul seraient accessibles les lumières de la révélation. Aussi en vient-il à séparer foi et raison. Ses principes, considérés comme dangereux, sont condamnés par l'Église en 1240.

13. La philosophie juive

L'apparition de la pensée philosophique juive, après avoir passé l'étape de l'hellénisation avec succès, est le résultat de contacts féconds avec la philosophie musulmane. Toutes deux ont en commun d'établir une réflexion sur la raison et la révélation. Les principaux auteurs juifs optent pour le néoplatonisme, tels **Isaac Israeli ben Salomon** (850-950), **Salomon ibn Gabirol** (1020-1057) ou le judaïsme aristotélisant avec **Maïmonide** (1135-1204).

Moïse Maïmonide (1135-1204) est connu en tant que médecin, talmudiste, philosophe, mathématicien, juriste. Issu d'une famille de longue lignée de rabbins, son père est juge rabbinique de Cordoue. Il y naît alors que la ville est une possession almoravide, représentant un islam ouvert par rapport aux autres religions et aux autres cultures. En 1148, les Almohades y prennent le pouvoir, s'y montrent peu tolérants pour les autres religions et la famille s'enfuit, s'installe au Maroc, pourtant fief des Almohades. Moïse a vingt-trois ans. Il a déjà rédigé le *Traité de logique* ainsi qu'une grande partie de son *Commentaire sur la Mishna* qu'il achève en 1168. Mais les persécutions se déchaînent de nouveau, et il se rend avec sa famille en Terre sainte, en 1165, mais n'y reste pas. Jérusalem, aux mains des croisés, n'accorde pas le droit de séjour aux juifs. Il s'installe définitivement en Égypte, près du Caire où règne une paix relative. Pour subvenir aux besoins de sa famille, il pratique la médecine et soigne la cour des Fatimides, puis le sultan Saladin. Lorsqu'il meurt à l'âge de soixante-dix ans, on inscrit sur sa tombe *Mi Moshe ad Moshe, lo kam ké Moshe*, « De Moïse à Moïse, nul ne fut semblable à Moïse ». Son ouvrage le plus connu est le *Guide des égarés*[1] dans lequel il tente d'accorder l'enseignement de la Torah et de ses commentaires avec la philosophie d'Aristote. Il s'essaie à dévoiler le secret de la Torah en respectant l'impératif du secret mais par une écriture qui oblige le lecteur à reconstituer la vérité par lui-même. L'influence de Maïmonide sera d'avoir été d'abord l'intermédiaire entre Aristote et les docteurs de la scolastique, puis d'avoir, au XIIIe siècle, inspiré la philosophie juive et ses philosophes postérieurs, **Spinoza** (1632-1677), **Mendelssohn** (1729-1786), **Salomon Maimon** (1754-1800).

14. Sciences et savoirs du monde arabe

Parler des sciences et des savoirs du monde arabe, de ses débuts jusqu'au Xe siècle, c'est d'abord rappeler que pendant un siècle, jusqu'au VIIIe siècle, l'islam va conquérir et s'installer depuis la frontière chinoise jusqu'au nord de la péninsule Ibérique et à la partie subsaharienne de l'Afrique. Cet empire sera l'un des plus vastes que l'humanité ait connus dans son histoire puisqu'il s'étale sur trois continents : l'Asie, l'Afrique, l'Europe. Comment établir ce que fut le legs culturel de cet immense pouvoir institué au nom d'une même religion sur l'Occident ? Jusqu'au IXe siècle, les savants arabes, le plus souvent, se contentent de traduire les textes des anciens. En dehors d'aspects assez

---

[1]. Ou *Moré Névoukhim*, « Guide de ceux qui sont dans la perplexité », traduit en hébreu en 1200 par Samuel ibn Tibbon (1150-1230).

notables en mathématiques et en astronomie, ils les enrichissent peu. Une bonne partie de ce qu'ils acquièrent et de ce qu'ils bâtissent à partir de cet héritage est transmise au XIIe siècle en Europe par des traductions faites en latin à partir de l'arabe. Après le temps des grandes traductions, au IXe siècle, s'implante une véritable science arabe, d'abord limitée à la Mésopotamie, puis au Xe siècle elle s'étend sur le pourtour de la Méditerranée et en Espagne. Les activités de savoir plus notables encore s'étalent entre le XIe et le XIVe siècle dans les grandes villes comme Bagdad, Le Caire, Kairouan, Cordoue, Tolède, Séville. Les Grecs vont représenter l'autorité suprême : Euclide, Archimède, Apollonius de Perga pour les mathématiques, Ptolémée pour l'astronomie, Galien et Hippocrate pour la médecine. La pensée grecque est transmise en syriaque. Pour la traduction d'ouvrages antérieurs, les lettrés de langue syriaque, grâce à leur connaissance du grec et de l'arabe, jouent un rôle majeur. Les *Éléments* d'**Euclide** sont, à quelques dizaines d'années de différence, traduits par un musulman, **al-Hajjaj ibn Yûssuf** (786-833), et un chrétien, **Hunayn ibn Ishāq** (IXe siècle), puis revus par un sabéen, courant mystique nourri de culture grecque, **Thābit ibn Qurra** (836-901). La deuxième période se caractérise par le développement de ses acquis et l'acquisition de la maîtrise de nouvelles disciplines. C'est le cas de l'algèbre, grâce à l'adoption, à la fin du VIIIe siècle, du système décimal et des chiffres indiens, dont le zéro. Le *Kitāb al-jami, Livre de l'addition et de la soustraction d'après le calcul indien*, ouvrage disparu de **Khawarizmi** (783-850), constitue les débuts de la science algébrique. Il est considéré comme la première pierre de l'édifice algébrique arabe à l'instar de son autre traité, le *Kitāb al-mukhtasar* ou *Abrégé du calcul par la restauration et la comparaison*, en 825. Grâce aux concepts qu'il élabore, ainsi que ceux de ses successeurs, de nouvelles recherches et orientations se sont dessinées, comme la formulation de la première théorie géométrique des équations cubiques par le célèbre **Omar Khayyam** (1048-1131), ainsi que l'élaboration du symbolisme arithmétique et algébrique. Deux de ses traités auront un impact considérable sur les mathématiques en Occident au XIIe siècle. Le premier transmet la numérotation décimale, le second traite des manipulations sur les équations cubiques. **Abou Kamil** (850-930), mathématicien égyptien, prolonge ses recherches avec son *Algèbre*. Les pays latins s'approprient, au XIIe siècle, l'art de l'algèbre, pour en prolonger l'étude. Le bénéfice des progrès de l'algèbre permet à la géométrie de perfectionner la construction des figures, l'étude des courbes et les mesures des aires et des volumes. Pendant cette période, les scientifiques arabes approfondissent également l'arithmétique, la trigonométrie pour l'astronomie. Les principaux sujets de préoccupation en astronomie concernent le fait de remplacer les modèles de Ptolémée expliquant les mouvements des astres, l'établissement de tables astronomiques, la conception d'instruments utiles à cette science. Le plus connu reste l'astrolabe planisphérique, du grec *astrolabos*, « qui prend la hauteur des astres », qui permet de simuler le mouvement de la sphère céleste par rapport à la sphère terrestre.

15. Les maîtres de la médecine arabe

À l'héritage grec, de nombreux auteurs arabes apportent des compléments, que ce soit en théorie médicale, en pratique clinique ou en pharmacopée. Certains noms de médecins méritent d'être cités : **Rāzi**, un Persan, professant à Bagdad et auteur de nombreux ouvrages, **Sérapion le Vieux**, auteur des *Aphorismes* et des *Pandectes*, **Isaac le Juif**, puis au IXe siècle, **Mesuë le Jeune**. Les médecins arabes feront peu pour la pathologie interne et la thérapeutique, en dehors de quelques maladies qu'ils purent mieux connaître comme la rougeole ou la variole. **Rhazès** (865-925), dont soixante et un des cent quatre-vingt-quatre ouvrages sont consacrés à la médecine, fournit le plus brillant esprit critique en réfutant ou confirmant les thèses des anciens. Il montre ainsi la faiblesse de certaines argumentations de Galien sur la cicatrisation de la plaie des artères notamment. Le *Canon* d'**Avicenne** (980-1037) sera le manuel le plus utilisé dans les écoles de médecine, car il essaie d'expliquer les correspondances à partir du principe de logique, entre la maladie, ses symptômes et ses traitements.

16. L'alchimie arabe

La conquête de l'Égypte au VIIe siècle par les Arabes les met en possession de cet art. L'histoire de l'alchimie arabe pourrait débuter quand le prince Khâlid ibn al-Yazid est initié à cette discipline en 685 par un certain **Marianus**, élève de l'alchimiste **Étienne d'Alexandrie** (VIIe siècle). Mais bien que des médecins arabes tels que Rāzi, qui décrit dans son traité *Secretum secretorum* (*Le Secret des Secrets*) de nombreuses opérations chimiques (distillation, évaporation, cristallisation…), ou qu'Avicenne pratiquant également l'alchimie, c'est avec **Jābir ibn Ḥayyān** (721-815), assimilé au Pseudo-Geber, que cette science prend son essor. Marcelin Berthelot pensait que les ouvrages latins de Geber appartenaient à la fin du XIIIe siècle, car sont décrits des substances chimiques, des acides minéraux inconnus des Arabes. Selon lui, il s'agirait de Paul de Tarente. Selon l'historien des sciences **E.J. Holinyard** (1891-1951), Jābir aurait vécu au VIIe/VIIIe siècle et serait bien l'auteur d'une volumineuse collection de livres qui lui sont attribués. C'est dans le *Livre des Balances* ou *Kutub al-Mawazin* qu'il expose sa théorie alchimique. Il propose une classification des éléments selon leur qualité : le sec et l'humide, le chaud et le froid. Le nombre de ses ouvrages s'élève à cinq cents d'après la liste fournie par le *Kitab-al-Fihrist* (*Livre de tous les livres*). Ces textes furent traduits au Moyen Âge en latin par **Robert de Chester** en 1144, et le *Kitab-al-Sabeen*, le *Livre des Soixante-dix*, par **Gérard de Crémone** au XIIIe siècle.

CHAPITRE XI
Le Moyen Âge de l'Asie

1. L'Inde des grands empires

L'EMPIRE HARSHA (VIIe SIÈCLE)

L'Empire Harsha, qui unifie l'Inde du Nord pour une quarantaine d'années, est la création du prince **Harshavardhana** (590-648) ou **Harsha**. Ses hauts faits sont connus par un roman chinois, *Voyage vers l'Occident*, œuvre du moine bouddhiste **Xuanzang** (602-664) qui séjourne à la cour de Harsha, en 643-644, peu de temps après la conversion de l'empereur au bouddhisme. À l'origine, **Harsha** est fils du rāja (roi) de Kanauj, en actuel Uttar Pradesh. Il y devient rāja en 606. Le jeune souverain se lance alors dans une série de conquêtes : le Panjab, une partie du Bihar, du Bengale, le Sind, le Cachemire, le Népal sont soumis. Il échoue en revanche, en 620, à prendre le royaume des Chalukya plus au Sud. Il intègre à son Empire nombre de minuscules royaumes, laissant à leur tête leur roi, devenu vassal. Shivaïte à l'origine, il se convertit au bouddhisme et organise en 643, à Kanauj, une assemblée qui réunit des brahmanes, des moines bouddhistes, plusieurs souverains des royaumes proches. À cette occasion il accorde sa protection au moine chinois Xuanzang, en périple en Inde depuis plusieurs années, afin de rapporter en Chine des textes du canon du grand véhicule, ou *Mahāyāna*. Après sa mort, en 648, son petit-fils lui succède, mais sans son habileté politique, il ne peut empêcher l'Empire de se dissoudre en multiples petits États, proies faciles

MOYEN ÂGE

pour la conquête musulmane qui a commencé avec l'invasion du Sind en 643.

L'EMPIRE CHALUKYA (VIᵉ-XIIᵉ SIÈCLE)

L'Empire Chalukya recouvre en réalité trois dynasties qui se succèdent. Les Chalukya de Badami règnent à partir du milieu du VIIᵉ siècle, après 642. Les Chalukya orientaux s'installent à l'est du Dekkan, et y demeurent jusqu'au XIᵉ siècle. Les Chalukya occidentaux se développent à compter du Xᵉ siècle, jusqu'à la fin du XIIᵉ siècle. Les Chalukya sont originaires du Karnataka, au sud-ouest de l'Inde. Le plus grand souverain de la dynastie est **Pukalesi II** (610-642). Il conquiert une grande partie de l'Inde du Sud, arrête l'expansion de l'Empire Harsha. Après sa mort, le déclin est rapide, le dernier souverain est renversé en 753. Les Chalukya reviennent au pouvoir en 973. Ils reconquièrent une grande partie de l'Empire sous **Tailapa II** (973-997), mais le prince le plus célèbre de la dynastie est **Vikramāditya VI** (1076-1126) qui, au long de ses cinquante ans de règne, profite de la faiblesse de l'Empire Chola, dynastie du sud de l'Inde, pour remporter sur lui plusieurs victoires. Après sa mort, la révolte des vassaux entraîne le déclin de l'Empire qui disparaît aux alentours de 1200. Les Chalukya orientaux sont à l'origine une vice-royauté de l'Empire. Ils doivent, à la fin du IXᵉ siècle, affronter les prétentions de leurs voisins. Vers l'an 1000 l'avenir tourne avec le règne de **Rājarāja Iᵉʳ Chola** (985-1014), l'un des plus grands rois de l'Empire Chola. Il conquiert le sud-est de l'Inde jusqu'au Sri Lanka, constituant une menace permanente pour les Chalukya. L'Empire Chola disparaît à son tour en 1279.

L'INDE MUSULMANE

La conquête musulmane de l'Inde s'ouvre avec la prise du Sind en 712 par les Arabes, puis, aux XIᵉ et XIIᵉ siècles, par celles des Turcs et des Afghans, prélude à la création de l'Empire moghol au XVIᵉ siècle. Le Sind, une région du Pakistan, est conquis en 712 par **Muḥammad ibn al-Qāsim** (681-717) qui en devient gouverneur au nom du calife de Bagdad. La dynastie arabe des Hibbārides y règne de 712 à 985, en tant que vassaux du calife. En 985, ils sont renversés par les Qarmates de Bahrein, sujets du calife du Caire. Puis un ismaïlien fonde en 1010 la nouvelle dynastie des Sumras, qui reste au pouvoir jusqu'en 1352. Les sultans de Delhi, à partir de 1214, puis les Moghols à partir de 1591, étendent leur souveraineté sur le Sind. Le sultanat de Delhi est créé en 1206 par **Quṭb al-Dīn Aibak** (1206-1210), fondateur de la dynastie des Esclaves ou dynastie de Muizzi. Il avait, en effet, enfant, été capturé et vendu comme esclave, avant de devenir un brillant général. Cette dynastie, turque, dirige le sultanat de Delhi de 1206 à 1290.

Le sultanat de Delhi (1206-1526), après le court règne de **Quṭb al-Dīn Aibak**, est placé sous l'autorité de la dynastie des Esclaves (1206-1290). Elle doit faire face en 1221 à une invasion mongole. En 1290, la dynastie des Khaljī (1290-1320) lui succède et repousse en 1292 une nouvelle tentative mongole. En 1303 ces derniers assiègent en vain Delhi. Les princes rajputes sont soumis, le Dekkan est ravagé, contraint de verser un tribut annuel. Après l'assassinat du dernier sultan, la dynastie des Tughluq (1321-1398) prend le pouvoir. Gujarat et Bengale sont durement soumis. En 1398, Tamerlan envahit l'Inde et chasse le dernier sultan, prend en 1399 la ville de Delhi et la pille. Il faut attendre 1414 pour qu'une nouvelle dynastie prenne le pouvoir, la dynastie des Suyyîd (1414-1451), des Afghans. Les révoltes intérieures et les attaques des princes indiens voisins, exaspérés par la persécution de l'hindouisme, provoquent rapidement sa chute. En 1451, **Bahlūl Lodi** (1451-1489) dépose le dernier sultan et fonde la dynastie des Lodi (1451-1526). Il conquiert une grande partie de l'Inde du Nord. Elle se maintient au pouvoir jusqu'à la conquête de **Bābur** (1483-1530), fondateur de la dynastie moghole (1526-1858). Il écrase **Ibrahim Lodi** (1517-1526), dernier sultan de Delhi à la bataille de Pānipat, en avril 1526.

LES GRANDS STYLES DE L'ART INDIEN MÉDIÉVAL

Les styles Gupta et Pallava

Après les invasions des Huns par les passages du Nord-Ouest, l'Empire Gupta s'effondre. Le nord de l'Inde est ravagé et morcelé en une multitude de petits royaumes indépendants au moment même où leur chef Attila pénètre jusqu'en Europe occidentale. Trois dynasties s'implantent : les Pāṇḍya, les Chalukya et les Pallava, la dernière est tenue pour la créatrice d'un art sud-indien indépendant.

Les souverains Pallava, au sud de l'Inde, sur la côte du golfe du Bengale, du VIIe siècle jusqu'au XIe siècle, édifient Kanchipuram, leur capitale, et les monuments de Mahabalipuram. Sous le règne de **Mahendravarman Ier** (600-630) naissent de nombreux temples et cavernes sculptées, principalement dédiés à Shiva. Parmi les temples de Kanchipuram, celui de **Kailashanata**, construit au VIIe siècle, s'inspire de celui d'Ellora. Le site comporte cinq rochers sculptés, les *rathas*, des temples monolithiques taillés en forme de char céleste au milieu desquels ont été sculptés d'énormes animaux et un immense relief évoquant la descente du Gange. Cette composition, inachevée à une extrémité, s'organise à partir d'un fleuve évoqué par une faille verticale peuplée de *naga* et *nagini*, serpents aux bustes humains. Sous le règne du roi **Narasimhavarman Ier** (630-670), le style dit de Mamalla se distingue plus particulièrement, par l'emploi des colonnes à la place des piliers, des corniches avec des réductions d'architecture souvent inachevées, des lions à la base de la colonne qui évoluent en lions cornus puis en lions dressés. La caverne Koneri marque la transition entre ce style et celui plus ancien de **Mahendravarman Ier**, caractérisé essentiellement par des soutiens d'entablement nus, des piliers sobres tripartites, une grande salle ouverte avec plusieurs sanctuaires qui comporte une rangée de piliers et une rangée de colonnes. Les cavernes Mahishamardini et Vahara II, situées à Mahabalipuram, sont caractéristiques du style mamalla. La peinture Pallava, quant à elle, subit également l'influence de la tradition Gupta. Le maniérisme y est présent comme dans la sculpture lorsque les formes des personnages se font plus opulentes au VIe siècle. Mais l'originalité disparaît et les peintres ne font plus que reproduire des poncifs. L'art pictural tombe en décadence au VIIIe siècle.

Il est possible de parler d'art médiéval pour l'Inde, à partir du IXe siècle entre la période gupta dite classique et la période moghole, lorsque l'islam et les Européens interviennent dans son histoire. À la fin du IXe siècle, ce qui est déjà en Inde du Nord l'âge d'or de la

dynastie Pratihara atteint son apogée, son degré le plus extrême de raffinement. Même si les principaux dieux honorés sont Shiva, Indra, Vishnou, on rend de plus en plus le même culte à tous les dieux, ce qui n'est pas sans conséquence sur l'architecture religieuse. Sont d'abord construits des groupes de temples, puis des temples uniques comportant de nombreuses chapelles et images cultuelles. L'iconographie et l'idéologie hindoue atteignent un sommet de complexité. Une autre forme de temple s'affirme, construit sur des plates-formes et possédant de multiples parties, escalier intérieur, cour à pilier ceinte de balustrades, salle cultuelle à balcons, sanctuaire entouré de déambulatoires à trois galeries de colonnes. L'exemple le plus ancien à Bhubaneswar est le temple de Parasuramesvara (VIIe siècle). Mais ces édifices restent très massifs de forme, issus d'énormes blocs empilés les uns sur les autres. Les piliers remplacent souvent les murs, le tout surmonté d'un *sikhara*, toit creux qui s'élève depuis la base, ou d'un toit pyramidal. Sous la dynastie Rashtrakuta (753-982), on aménage les derniers temples rupestres d'Ellora mais l'architecture rupestre passe peu à peu de mode. Après le style Pallava, au sud de l'Inde se succèdent des styles dits dravidiens :
 – style **Chola** (850-1250) ;
 – style **Pāṇḍya** (1250-1350) ;
 – style de **Vijayanagar** (1350-1600) ;
 – style de **Madura** (1600 à nos jours).

L'art Pāla

La dynastie Pāla (770-1086) puis celle des Sena (1150-1190) règnent sur un immense royaume comprenant le Bengale et le Bihar. Les traits caractéristiques de cette période, en dehors de ces deux dynasties marquées par une destruction massive des monuments, sont l'essor prodigieux de l'architecture religieuse et l'emploi simultané de la sculpture en haut-relief comme décor et complément architectural. Cette combinaison des deux techniques, bien plus qu'une innovation, s'impose comme la conséquence logique des architectures rupestres à Mahabalipuram au VIIe siècle ou à Ellora au VIIIe siècle. Il n'y a pas à proprement parler de mutations brutales mais plutôt une évolution lente procédant par une accumulation systématique d'éléments traditionnels, peu à peu transformés. Aux alentours du Xe siècle, cette accumulation prend des proportions gigantesques. Le temple bouddhique devient peu à peu semblable au temple à tour hindou. La niche abritant la statue du Bouddha est considérablement agrandie, placée à l'intérieur du tambour du stupa. De nombreux temples hindous sont agrandis.

L'art Chola

Les Pāṇḍya, les prédécesseurs des Chola, ne furent pas des constructeurs religieux émérites, car les divers bâtiments édifiés le sont dans un dessein utilitaire et fonctionnel. Le plus caractéristique de la période de Parantaka est la surcharge décorative. Le Koranganatha, construit vers 940, multiplie les étapes de décoration des différentes parties des bâtiments, une innovation qui se retrouve par la suite dans les futurs temples impériaux. La période Chola marque l'apogée de la civilisation de l'Inde du Sud, et ce plus particulièrement sous le règne de **Radjaradja le Grand** (985-1014) qui organise l'administration, crée une flotte mais aussi protège les sciences et les arts. Les temples deviennent de véritables villes et sont des centres économiques, politiques et religieux. Ils entreprennent dans le premier quart du Xe siècle des constructions plus monumentales, comme le temple de Brhadisvara de Shiva (1011) et celui de Gangaikondacolapuram (1025) à Thanjavur où l'ensemble est encore plus imposant, avec sa cour dotée d'une salle hypostyle de cent cinquante piliers sur l'un des axes, qui préfigure le *maṇḍapam*, « aux mille piliers », élément constant à une époque plus tardive des grands temples. Lorsque la puissance des Chola décline, les grandes constructions religieuses cessent. Dans le domaine de la sculpture, les innombrables statues qui ornent les temples poursuivent la tradition de la sculpture Pallava. Les œuvres traduisent une impression de fragilité juvénile, la taille des statues croît, les visages perdant toute expression.

L'art indo-musulman

Les territoires soumis au sultan de Delhi sont le lieu d'une double influence architecturale : le polythéisme figuratif hindouiste et le monothéisme iconoclaste de l'islam. Toutefois, les formes sont amenées à s'influencer réciproquement pour donner naissance à un art indo-musulman. Les caractéristiques principales des édifices sont les arcs brisés bordés de petits arceaux finissant en boutons de fleurs et les décors à fonds floraux surmontés d'inscriptions coraniques. Au nombre des plus importantes réalisations architecturales du sultanat de Delhi comptent le Quṭb Minār, minaret de Quṭb, commencé en 1199, la mosquée Arhal-din Kajhompra en Adjmar, commencée en 1200, de nombreux mausolées : du sultan Balban (1266-1287), du sultan Ghiyas ud-Din Tugluk (1320-1325), des palais, comme celui d'Adilabad, la « Maison de la Justice », par **Muhammad ibn Tughluq** (1325-1351), des quartiers entiers, comme celui de Hauz i-khass, le « Réservoir royal », sous **Fīrūz Shāh** (1351-1388). Le Quṭb Minār est le plus grand minaret du monde. Fait de grès rouge, au XIIIe siècle, il s'élance vers le ciel sur une hauteur de près de 73 m ; son nom signifie « tour de la Victoire ». Le plus impressionnant édifice indo-musulman de Delhi reste le Lal Qila (fort Rouge), forteresse considérable de grès rose, édifiée au XVIIe siècle. Ce sont les conquérants moghols qui lui donnent son aspect actuel. Sa muraille d'enceinte est longue de 2,5 km, haute selon les endroits de 16 à 33 m. Outre ses entrées colossales, il a conservé de son rôle de résidence impériale, ses bains, ses salles d'audience, privées et publiques, ses mosquées. La délicatesse extrême d'une architecture légère et décorée s'oppose à la puissance de la construction à vocation militaire.

L'INDE MÉDIÉVALE, UN CARREFOUR DES RELIGIONS

Avant la victoire de l'Empire moghol en 1526, l'Inde est divisée entre de multiples États, ceux des princes rajputes, du Bengale, des royaumes méridionaux, des sultanats du Nord. Si c'est une période de relative stagnation artistique, l'approfondissement des doctrines religieuses y est remarquable par la création de sectes dont les fondateurs veulent mettre en place un syncrétisme entre l'hindouisme et l'islam. C'est le cas du poète et réformateur religieux **Kabīr** (v. 1398-v. 1440) qui refuse les castes, les races, les religions qui prétendent à l'orthodoxie unique. Il revendique l'absolue égalité entre tous les hommes, enseigne à Varanasi (Bénarès) une grande partie de sa vie, mêlant le « Rāma » hindou au « Raḥīm » (miséricordieux) musulman en un être divin unifié. Il fonde la secte des *Kabīr-Panthi*, ceux qui suivent « la voie (ou le sentier) de Kabīr ». L'essentiel de sa vision syncrétiste est développé dans un recueil, les *Poésies* (*Bījak*), d'après le terme « Bīja », document renfermant des textes sacrés. Mais la tentative la plus poussée de fusion entre hindouisme et islam l'est par le sikhisme et l'*Ādī-Granth*. L'Ādī-Granth (Premier Livre) est le livre sacré du sikhisme (de sikh : disciple), religion fondée par Guru Nānak (1469-1539) au Panjab, dans le nord-ouest de l'Inde. Le lieu saint du sikhisme est le Temple d'Or d'Amritsar, là où est déposé l'*Ādī-Granth* ou Granth Sāhib (Sāhib : seigneur, maître), car ce livre est considéré lui-même comme une personne, le dernier gourou, ou maître des sikhs. Le texte comprend quinze mille cinq cent soixante-quinze vers répartis en milliers d'hymnes ou shabhads, arrangés en trente et un ragas, œuvres musicales indiennes traditionnelles, pour une présentation de mille quatre cent trente pages. Il présente une synthèse entre hindouisme et islam, ou plus exactement le courant mystique musulman du soufisme. L'existence d'un dieu unique, omniscient, omnipotent, est affirmée. De l'hindouisme, le sikhisme garde le saṃsāra, la transmigration des âmes ; le karma ou effet des actes dans les vies futures ; la libération finale qui met fin au cycle des renaissances par la fusion en Dieu. De l'islam, les sikhs prennent le Dieu créateur dont la volonté gouverne tout.

2. La Chine médiévale

L'APOGÉE DU MOYEN ÂGE CHINOIS : LA DYNASTIE TANG (618-907)

La dynastie Tang (618-907) représente une apogée de la puissance de la Chine, au niveau politique et militaire, mais aussi un âge d'or d'une civilisation brillante, illustré par l'art, l'un des sommets de la poésie classique. En 618, le général Li Yuan devient empereur Gaozu (618-626), mais il doit en réalité son accession au trône aux seules qualités de stratège de son fils cadet, **Li Shimin**. Ce dernier, écarté de la succession au profit de son frère aîné, le vainc et le fait exécuter, ainsi que leur plus jeune autre frère. Il dépose alors son père et se proclame empereur **Taizong** (626-649), le plus remarquable de la dynastie. Plusieurs campagnes lui assurent le contrôle effectif de la Chine. Il protège ses frontières par des victoires remportées sur les Turcs orientaux (630), les Tibétains (642), les Turcs occidentaux (de 642 à 648), maintient à distance les trois royaumes coréens. C'est sous son règne que la reprise en main administrative devient effective : les Trois Départements (Secrétariat, Chancellerie, Affaires d'État) et les Six Ministères (du Personnel, des Revenus, des Rites, de la Guerre, de la Justice, des Travaux) contrôlent l'Empire et ses frontières en s'appuyant sur des fonctionnaires recrutés sur concours. Leur savoir est fondé sur la connaissance des textes classiques, dont une version officielle est fournie en 650 sous le titre des *Cinq Classiques Véritables*. La fin du règne est assombrie par les querelles de succession qui éclatent entre les fils de Taizong à partir de 643. Simple concubine qui s'élève par les intrigues et le meurtre au rang d'impératrice, **Wu Zetian** dépose son fils en 683 et se proclame en 690 « empereur » **Shengshen**, unique représentant de la dynastie Zhou qu'elle fonde. Elle abdique en 705 au profit de son fils, **Zhongzong** (705-710), rétablissant de fait la dynastie Tang. Parmi ses successeurs, **Xuanzong** (712-756) est un mécène éclairé, mais un souverain faible manipulé par son entourage, qui finit par abdiquer. Les princes suivants perdent peu à peu leurs qualités militaires et doivent se soumettre aux Ouïgours, peuples turcophones islamisés, pour assurer leur défense. Ces derniers sont éliminés en 845 par un groupe turc rival, les Turcs Chat'o. La dynastie Tang est alors moribonde, épuisée par les concessions faites au Tibet et les révoltes paysannes. C'est dans le chaos que le dernier empereur Tang, **Ai** (ou Zhaoxuan, 904-907), abdique en 907. Il meurt empoisonné l'année suivante, à l'âge de dix-sept ans.

UN MONUMENT DU DROIT : LE *CODE TANG*

Outre les poteries vernissées, l'art délicat des poèmes de cour, les Tang lèguent à la Chine un monument du droit, le *Code Tang*, établi entre 624 et 653. Il est le fondement du système juridique chinois jusqu'à la disparition de l'empire en 1911. Il est commandé par l'empereur **Gaozu** (618-626) auquel une première version est soumise en 624. Amendé en 627, puis en 637, il est accompagné de commentaires en 653. Il est organisé en douze sections qui comprennent cinq cents articles au total. Les peines sont définies par un magistrat en fonction de la nature du délit incriminé et de la relation sociale entre victime et coupable. L'organisation sociale doit en effet reposer sur l'harmonie et le respect des autorités voulus par le confucianisme.

LA CHINE ÉCLATÉE : LA PÉRIODE DES CINQ DYNASTIES ET DES DIX ROYAUMES (907-960)

La fin de la dynastie Tang, en 907, provoque un nouvel éclatement de la Chine, entre les Cinq Dynasties au Nord et les Dix Royaumes au Sud. Au Nord-Est s'établit le royaume du Khitan gouverné par la dynastie Liao (907-1125). La Chine est alors en proie aux rivalités, à l'instabilité politique. Le titre impérial ne masque pas la faiblesse de son détenteur, dont le territoire se limite souvent au mieux à une province. L'empire est reconstitué à son profit par **Taizu** (960-976), fondateur de la dynastie Song.

LA RÉUNIFICATION DES SONG (960-1279)

La dynastie Song (960-1279) recouvre en réalité deux périodes : celle de la Chine unifiée sous les Song du Nord (960-1127) ayant Kaifeng pour capitale et celle des Song du Sud (1127-1279), qui ont perdu le contrôle de la Chine du Nord au profit de la dynastie Jin (1115-1234), règnant eux à Hangzhou. **Taizu** (960-976) s'empare du Sud presque en totalité sans parvenir à menacer les Liao du Khitan, au Nord-Est. Il réforme l'administration, remplace les organisations civiles et militaires, séparées, par un ministère unique, soumis au pouvoir central. Son frère **Taizong** (976-997) achève la conquête du Sud, mais échoue lui aussi contre le Khitan. Son fils, **Zhenzong** (997-1022), modernise en profondeur le pays, encourage la petite paysannerie, simplifie le système fiscal. Mais il doit, en 1004, signer une paix avec le Khitan qui oblige les Song à verser un tribut. Sous son règne, le chancelier **Wang Anshi** (1021-1086) administre l'empire. Dès 1069, il préside une commission permanente des réformes. Il fait adopter un nouveau cadastre, sécurise la vie quotidienne des paysans avec des prêts d'État, réduit les dépenses de ce dernier, modifie l'enseignement pour y intégrer les savoirs techniques. Mais ses réformes se heurtent à l'hostilité de l'aristocratie et aux révoltes paysannes provoquées par les famines. En 1115, **Wanyan Aguda**, empereur sous le nom de **Taizu** (1115-1123), du royaume mandchou des Jürchens, fonde en Chine du Nord la dynastie Jin (1115-1234). Elle s'allie dès 1118 avec les Song contre les Liao, qui sont défaits en 1125. En 1127, les Jin prennent Kaifeng. C'est à ce moment que les Song du Sud établissent leur capitale au sud du fleuve Yangzi Jiang, autrefois « fleuve Bleu », à Hangzhou. Les Jin occupent un moment cette ville, vers 1130, mais ils sont menacés à leur tour par les incursions des Mongols. En 1211, **Gengis Khān** (1155-1227) entreprend sa campagne contre les Jin. Il prend Pékin, leur capitale, en 1215 ; Kaifeng tombe en 1233. En 1234, le dernier roi Jin se suicide, mettant fin à la dynastie. Les Song du Sud aident les Mongols pour vaincre les Jin définitivement puis commettent l'erreur de les attaquer. Les Mongols décident d'envahir la Chine du Sud. Ils prennent Hangzhou en 1276. Ce qui reste de la cour impériale s'enfuit avec deux enfants empereurs qui se succèdent rapidement sur le trône. L'ultime défaite de 1277 entraîne la disparition des Song en 1279, remplacés par la dynastie étrangère des Yuan (1279-1368) mongols.

L'exploration dès le XIIIe siècle prend une importance grandissante. De nombreux missionnaires sont envoyés, comme le Franciscain italien Jean du Plan Carpin (v. 1182-1252), auprès du grand khan. Dans le *Liber Tartarorum*, il fera une description de son voyage personnalisée. En 1252, le Franciscain flamand **Guillaume de Rubrouck** (1225-1295), envoyé par Saint Louis, est chargé de la même mission. Marco Polo pourra quelques années après parcourir l'empire du souverain mongol. Les indications qu'il fournira sur les pays orientaux par la suite feront autorité pour la représentation du monde aux XIVe et XVe siècles.

DES MONGOLS EN CHINE : LES YUAN (1279-1368)

La dynastie mongole des Yuan (1279-1368) est proclamée en 1271 par **Koubilaï Khan** (1271-1294) mais elle est la seule à régner sur la Chine après l'élimination des derniers Song en 1279. La difficulté pour ses empereurs consiste à vivre à la croisée de deux mondes, les aspirations des Mongols d'une part, la volonté de s'intégrer aux dynasties chinoises et de se siniser d'autre part. Les Mongols organisent la société chinoise en reflet de ses aspirations contradictoires : les hauts postes sont confiés aux Mongols, qui forment la première catégorie de citoyens. Viennent ensuite les autres ethnies, les Han, puis les Jürchens et les Mandchous, enfin les habitants de l'ancien Empire des Song du Sud. La tradition des fonctionnaires recrutés par examens impériaux est reprise, ces derniers sont rétablis en 1313. Koubilaï Khan, devenu empereur **Shizu**, tente en vain de conquérir le Japon, le Viêtnam, la Birmanie, l'Indonésie. C'est sous son règne que prend place le séjour de Marco Polo. C'est à peu près à l'âge de vingt ans que Marco Polo (1254-1324) atteint la Chine du Nord, qu'il nommait Cathay. Il fut très favorablement reçu par Koubilaï Khan, heureux d'entendre d'étranges récits sur la contrée dont il venait. Cela lui permit de se rendre dans les différentes parties de l'Empire. À en croire son livre *Il milione* (*Le Livre des merveilles du monde*), il eut des responsabilités administratives et gouverna même la cité de Yangzhou pendant trois ans entre 1282 et 1287.

Les Yuan fixent leur capitale à Pékin. Rapidement, ils suscitent le mécontentement de leurs sujets chinois, en majorité Han, qui rejettent cette dynastie étrangère. La révolte des Turbans rouges, entre 1351 et 1368, accélère la décomposition du pouvoir mongol. Des seigneurs de guerre gouvernent en toute indépendance des provinces chinoises, rejoints par des généraux de l'armée Yuan. **Zhu Yuanzhang** (1328-1398) rejoint les Turbans rouges en 1352. Ce paysan se révèle vite un redoutable général, qui bat à plusieurs reprises les troupes mongoles. En 1368, il contraint le dernier empereur Yuan à s'enfuir et se proclame souverain sous le nom de règne de **Hongwu** (1368-1398), fondateur de la dynastie des Ming (1368-1644).

L'ART CHINOIS MÉDIÉVAL, ENTRE FORMES NATIONALES ET INFLUENCES EXTÉRIEURES

La réunification faite par la dynastie Sui (581-618) va exercer une influence considérable sur les arts. Reprenant à son compte leurs réformes, **la dynastie Tang** (618-907) porte la Chine à son apogée. Elle va s'ouvrir largement aux influences extérieures. Le bouddhisme se généralise et ses représentations se transforment encore, en raison probablement des apports de l'Inde Gupta et au fameux voyage du moine chinois Huian-Tsang en 629, qui revint en Inde en 644. En architecture, le stupa indien si caractéristique avec sa forme de bulbe se modifie, prenant la forme d'une pagode cubique ou polyédrique, ou encore d'une tour de pierres ou de briques à étages, ou aux toits superposés (comme la pagode Songyue, au Henan, vers 525).

L'architecture Tang, le palais avec une ville autour

La construction des villes chinoises répond à des impératifs de géomancie, des facteurs mythiques et des besoins pratiques (ravitaillement et défense). On retrouve les grands principes fondamentaux, l'enceinte murée, l'orientation sud-nord, la symétrie et l'axialité déjà mises en place précédemment. À partir du VIe siècle, trois unités spatiales se distinguent, un espace clos réservé à l'aristocratie, celui des commerçants et des artisans, et celui où étaient cultivés les champs à l'extérieur des murailles. Sous les Tang, la capitale Changan présente des innovations : au nord de la ville se trouve le palais impérial placé contre son mur, au sud les bureaux gouvernementaux. La ville s'étend sur 9,7 km à l'ouest, 8,6 km du nord au sud, entourée par une enceinte de plus de 35 km. Les cent huit quartiers sont enfermés dans leurs propres murailles. Le palais, d'une surface de 2 km^2, est le centre de la capitale.

Les chevaux verts de la sculpture Tang

La civilisation Tang brille principalement par la sculpture. Les personnages, entièrement vêtus précédemment, ont désormais le torse nu et l'attitude d'un corps en mouvement, aux hanches souples. Le mouvement atteint une grande violence quand il s'agit de mettre en scène des guerriers ou des gardiens de porte. Les grottes de Longmen, grottes des mille Bouddhas, grotte des Lions illustrent bien cet exemple. La représentation des bodhisattvas évolue de la même façon, en particulier celle de Maitreya et Kuanyin, symboles bouddhiques de la Sagesse et de la Miséricorde. Les traits du visage deviennent typiquement chinois avec des joues rondes et un petit menton. La sculpture animalière, surtout celle des chevaux, est très caractéristique de cette période. Le désir d'être fidèle à la nature et à la réalité prédomine. Les jambes des chevaux Tang sont bien particulières, légèrement arquées, les sabots se touchent presque. Les effets plastiques des animaux, figurines de terre cuite pour la plupart découvertes dans les tombes, sont rehaussés de couleur ou d'émail de couleur qui ne les couvrent pas entièrement, lorsqu'il s'agit de pièces de grande taille. Les teintes les plus courantes sont les verts, les bleus, les jaunes.

La peinture Tang, lavis et délicatesse

Un art nouveau apparaît pourtant, qui ne cesse de se développer : le paysage au lavis d'encre monochrome, dont l'invention est attribuée au poète **Wang Wei** (699-759), fondateur de l'école du Sud. Ses paysages inspireront le genre dans lequel s'illustreront les peintres de l'époque Song. Il faut citer d'autres peintres comme **Yen Li-pen** (v. 600-v. 673) dont on retrouve les qualités sur le *Rouleau des treize empereurs*, et les portraits, qui s'appuient sur l'emploi délicat des ombres et des teintes dégradées.

ART ET SCIENCE SOUS LES SONG DU NORD

En dépit des difficultés politiques que connaît alors la Chine, sa culture accomplit de grands progrès. Elle fonde, nourrie des recherches menées par les Tang, le modèle des créations ultérieures. Plusieurs événements la modifient en profondeur : la pénétration de l'islam aux environs de l'an 1000, la disparition progressive du bouddhisme, qui laisse place à une réaction confucianiste. L'usage généralisé de l'imprimerie est décisif pour sa diffusion. La médecine fait, comme toutes les sciences en Chine, d'importants progrès. En 1145 a lieu la première dissection. On rédige d'ailleurs à cette époque une encyclopédie sur tout l'acquis médical alors connu.

La peinture sous les Song du Nord : le sentiment de la nature

La peinture est sans conteste l'art le plus représentatif de cette période. Des académies sont créées, soutenues aussi bien par les empereurs septentrionaux que méridionaux. Huizong (1100-1126) fut un esthète et un collectionneur passionné. Il réunit dans son palais de Kaifeng un véritable musée de peintures, étant lui-même un peintre de talent. Cet art est marqué par un bouleversement complet des genres au profit de la peinture de paysage. Les artistes les plus célèbres de cette époque des jeux d'encre à l'encre de Chine et des paysages sont **Guo Xi** (1020-1090) et son *Début de printemps* (1072) et **Li Longmian** (Li Gongli, 1040-1106), le premier spécialiste de vastes paysages exaltant le sentiment de puissance de la nature, le second s'intéressant aussi à la représentation picturale des êtres humains et des animaux, portraitiste de cour.

La céramique sous les Song du Nord : le céladon

La céramique devient un objet précieux que les familles aisées et les lettrés recherchent afin de la collectionner. Plusieurs styles existent. Le plus célèbre reste la porcelaine dite « céladon » au vert si caractéristique. De même les porcelaines blanches montrant une décoration gravée sous le glaçage, ou peinte au-dessus, font leur apparition. De la fin de cette époque datent les porcelaines bleues et blanches dont le bleu cobalt est importé d'Asie intérieure.

L'ART DES SONG DU SUD

L'aristocratie, une fois la cour installée dans le Sud, peut se destiner à l'art et à ses plaisirs. La Chine connaît une grande époque de développement et d'épanouissement, édifiant une culture d'un grand raffinement. Les principaux peintres sont **Ma Yuan** (v. 1160-1225) et **Xia Gui** (v. 1190-1225) qui créent un style personnel de paysages. Deux autres grands maîtres marquent leur époque, **Liang Kai** (1140-1210) et **Mu Qi** (1240-1270). La caractéristique de ces peintres, dans le domaine du cadrage, est une plus grande originalité, jouant sur l'opposition des pleins et des vides. Le subjectif entrant davantage en compte, les peintres accentuent un élément pour mettre en valeur l'ensemble du tableau. Cette peinture exerce une influence prépondérante à l'époque Ming.

LES ARTS PLASTIQUES À L'ÉPOQUE DES YUAN : LA PEINTURE DES LETTRÉS

Les voyageurs et missionnaires venus d'Occident laissent des descriptions émerveillées de la Chine de cette époque. Dans le domaine de l'architecture, peu d'innovations sont visibles : la pagode tibétaine apparaît à côté de la pagode traditionnelle à étages multiples. Les sculpteurs les plus connus de cette période sont **Aniko** (XIIIe s.), originaire du Népal, et le taoïste **Liu Yuan** (v. 1240-1324). L'art libre domine en peinture et de nombreux artistes refusent tout lien avec les académies d'État ou l'aide d'un mécène. Ce courant, le *Wen-Jen-hua*, « peinture des lettrés », repose sur l'expression picturale des sentiments d'une discrétion altière avant tout. Plusieurs grands noms illustrent la peinture Yuan. **Zhao Mengfu** (1254-1322), directeur de l'Académie Hanlin, est le plus officiel d'entre eux. Il peint surtout des chevaux. Son influence est grande à la cour de Pékin. **Gao Kegong** (1248-1310), **Wu Zhen** (1280-1354), célèbre pour ses bambous à l'encre de Chine, exercent une influence considérable sur la postérité. L'encre de Chine est travaillée avec un pinceau sec évoquant la parenté du trait avec celui de la calligraphie. Les trois grands illustrateurs de l'époque des Yuan sont **Huang Gongwang** (1269-1354), **Ni Zan** (1301-1374) aux paysages austères et **Wang Meng** (1308-1385) dont la peinture est formée de « rides » nerveuses et dynamiques. Dans leurs productions très différenciées apparaissent l'ocre et l'indigo. Leur tradition est reprise sous les Ming.

LA LITTÉRATURE DE LA CHINE MÉDIÉVALE

La littérature Tang : l'apogée de la poésie

La littérature sous les Tang connaît, comme les autres arts, un épanouissement de sa production. La poésie atteint son sommet. Les souverains, notamment **Xuanzong** (602-664), protègent et favorisent les lettres et les arts. En outre la Chine peut s'ouvrir à d'autres modes de pensée avec les textes apportés d'Inde par les moines, qui font l'objet de traductions. Le VIIIe siècle développe toute une littérature spécialisée, mystique, de l'école indienne du Dhyana (*chan* en chinois, *zen* en japonais). Ce sont d'abord des épisodes de la vie de Bouddha romancés, des légendes extraites des écritures canoniques, des textes de propagande bouddhique. La même forme littéraire est utilisée par la suite pour des textes non bouddhiques, des récits tirés de la tradition historique nationale. Parallèlement se met en place une forme propre au roman moderne en langue vulgaire, et une littérature romanesque en langue orale se développe. La dynastie des Tang marque un tournant dans l'histoire de l'écriture poétique. La poésie atteint son apogée : le « nouveau style » de cette poésie met à l'honneur le genre *shi*, lié à une certaine métrique, un poème de huit vers de cinq ou de sept pieds. Ce style est divisé en *gushi*, « vieux poèmes », et *jintishi*, « poésie moderne ». Les princes de ce type de poésie sont **Wang Po** (647-675), **Lou Chao-lin** (VIIe s.), **Lo Pin-wang** (619-687). Quant à **Han Yu** (768-824), confucianiste convaincu, il introduit dans la littérature en prose le style dit *gu wen*, « vieille prose », style sans fioriture qui prend celui de l'époque Han comme modèle et vient remplacer le style chargé et fleuri en usage depuis le IVe siècle. À la fin de la période Tang apparaît le *tseu*, poème spécialement écrit pour un air de musique. L'*Histoire des Trois Royaumes*, roman historique évoquant la fin de la dynastie Han et la période des Trois Royaumes (220-265), d'après l'œuvre de **Chen Shou** (233-297), est l'épopée historique la plus populaire de la littérature chinoise.

La littérature sous les Song : le goût de l'histoire

La littérature connaît un épanouissement exceptionnel dans tous les genres, mais plus particulièrement la prose. Le rôle moteur y est joué par les conservateurs du groupe Chu, lequel recherche pour la première fois des expressions de la vie quotidienne. À cette école s'oppose celle de Lo Yang, qui tire son inspiration d'une pensée taoïste et répugne au quotidien. Parmi les genres assez prisés, il faut citer les récits de voyage, les histoires dynastiques. **Ouyang Xiu** (1007-1072) compile le *Nouveau Livre des Tang* qui nous fournit d'importants renseignements sur cette dynastie. Dans le domaine de la poésie, le *ci*, poésie lyrique créée sous les Liang (502-557), triomphe avec **Su Shi** (1037-1101). De plus en plus réduit à une seule forme poétique, il se sépare de la musique. Les grandes œuvres scientifiques sont réalisées à la fin du XIIIe siècle. Aux marges de l'Empire Song, *Gestes mémorables des Trois Royaumes* (*Samguk yusa*), rédigé en chinois littéraire, du moine **Il-yeon** (1206-1285), est un recueil d'histoires légendaires de la Corée.

La littérature sous les Yuan : le goût du théâtre

Le théâtre connaît un grand essor, et c'est sous les Yuan qu'est introduit l'accompagnement musical. Le système des examens ayant été aboli, nombre de lettrés se tournent vers la dramaturgie. La littérature dramatique écrite en langue populaire connaît ses premiers succès. En effet, les drames de cette époque sont des opéras comprenant dialogues, chants et danses et sont articulés en un prologue et quatre actes. Cette distinction est surtout valable dans le Nord. Dans le Sud, on compose des pièces avec de nombreux tableaux. Leurs thèmes concernent la mythologie, la vie quotidienne et une critique discrète de la vie politique. Parmi les drames du Sud, le *Pi-pa-ki*, ou *L'Histoire d'un luth*, est composé vers 1355, sans doute par **Kao Ming** (1305-1370). Un autre nom reste lié au monde du théâtre, celui de **Guan Hanqing** (Kouan Han-k'in, v. 1225-v. 1302) et son *Rêve du papillon*, l'une des multiples facettes d'une riche inspiration. Une nouvelle forme poétique émerge, le *sanqu*, issu des chansons de courtisanes. Le roman connaît un grand succès, au XIVe siècle, les récits sont organisés en deux cycles. L'*Histoire des Trois Royaumes* et *Au bord de l'eau*, attribué à **Shi Naian** (v. 1296-v. 1370), sont les plus populaires.

LA PHILOSOPHIE SOUS LES SONG : CONFUCIUS OU BOUDDHA ?

La culture de l'époque Song est fondée sur le dualisme philosophique de deux écoles de pensée, celle de Confucius et celle de Bouddha. C'est le moment d'un syncrétisme limité, illustré par les travaux de certains penseurs, tel **Zhu Xi** (1130-1200), dont l'œuvre scolastique immense est consacrée à l'exégèse des écrits de Confucius. Il crée le néoconfucianisme, marqué par la dimension métaphysique empruntée au bouddhisme, car Zhu Xi reconnaît la valeur morale du bouddhisme. Un autre fondateur du néoconfucianisme est **Zhou Dunyi** (1017-1073), auteur du *Tableau des principes originels* qui présente le monde selon la conception confucéenne. Le bouddhisme zen est représenté par **Yuanwu Keqin** (1063-1135) et sa glose des *koans*, problèmes posés à l'homme profane pour lui permettre de trouver la voie du *nirvāṇa*, dans le *Pi-yen-lu* ou *Le Recueil de la falaise bleue*. Le néoconfucianisme s'oppose sous les Song à deux autres écoles, l'une fondée sur l'intuition, l'autre sur l'aspect utilitaire de la réflexion. La première est celle de **Lu Chiu-Yuan** (1139-1193), reposant sur un anthropocentrisme qui fait de l'esprit de l'homme l'univers et vice-versa ; la seconde utilitariste, dominée par **Ye-Shi** (1150-1223), analyse toute éthique par rapport à ses besoins concrets.

RELIGION : LE BOUDDHISME AU TEMPS DES TANG

La période des Tang est considérée comme l'apogée du bouddhisme en Chine. On distingue néanmoins trois temps :

1. Le bouddhisme est particulièrement soutenu par l'impératrice **Wu Zetian** (690-704) qui l'utilise pour dominer la noblesse parallèlement au système des examens. Pendant l'apogée politique des Tang (618-755), les pèlerins entreprennent de nombreux voyages : **Xuanzang** (602-664)

revient d'Inde en 645 avec six cent cinquante-sept textes et cent cinquante reliques de Bouddha. Il existe plusieurs écoles :

– L'école Faxiang, « école des particularités des choses », fondée par Xuanzang et qui s'appuie sur une doctrine des Yogasana, ceux qui pratiquent le yoga.

– L'école Huayan, « école de l'ornementation fleurie », dont le texte fondamental est le *Sutra de l'ornementation fleurie*.

– L'école Jingtu, « école de la terre pure », devient le mouvement religieux le plus important à cette époque ; elle s'appuie sur le *Sutra de la constitution de la terre pure* et ses pratiques sont faites en l'honneur d'Amitābha.

– L'école tantrique se développe au VIIIe siècle avec l'arrivée des maîtres indiens. Mal comprise par les gouvernants, elle est surtout prisée pour ses pouvoirs magiques.

– La secte Mizong ou Tiantai, secte des secrets, connaît une faveur sans précédent aux VIIe et VIIIe siècles.

– La secte Chan, *zen* au Japon, dont le rôle est secondaire chez les Tang.

2. Avec la renaissance des Tang (763-843), de grandes persécutions ont lieu en raison du changement de mentalité. Période de persécutions en réaction au pouvoir tyrannique de Wu Zetian puis mouvement Guwen du nom d'une forme archaïque d'écriture mise à la mode par **Liu Tsung-yuan** (773-819), antibouddhiste, qui annonce le néoconfucianisme des Song.

3. La dernière période (843-907) est marquée par l'interdiction des cultes étrangers en 843 par l'empereur **Wuzong** (841-846). Le bouddhisme est atteint : renvoi de deux cent soixante mille moines et nonnes à la vie laïque, confiscation de leurs biens, cérémonies bouddhiques supprimées, quarante-six mille monastères détruits. La raison en est le pouvoir économique des monastères. Toutefois l'empereur revient sur la majeure partie de ses décrets, la fin de la période Tang est marquée par la montée irrépressible d'un bouddhisme populaire et l'introduction de divinités taoïstes.

3. Le Japon médiéval

L'ÉPOQUE DE NARA (710-794) : LE BOUDDHISME POLITIQUE

Les périodes Asuka (552-646) et Hakuhō (593-710) sont la phase préparatoire de la brillante époque de Nara. La première est marquée par le règne de l'impératrice Suiko (593-628) au cours duquel le Japon se modèle sur la Chine des Tang. La cour et la société sont réorganisées, pour un meilleur contrôle de l'État qui s'affirme. À la seconde période, l'empereur **Kōtoku** (645-654) accentue l'inspiration puisée sur le modèle politique chinois par la réforme de Taika (645-649) : classes sociales, assiette de l'impôt, pouvoirs locaux et leur répartition sont repris des Tang. Une vaste réforme agraire est mise en place. La fin de l'époque est troublée par les difficultés de succession, la guerre de Jinshin oppose plusieurs prétendants au trône. La mort prématurée, à vingt-cinq ans, de l'empereur **Mommu** (697-707) est une tragédie pour le Japon. Il édicte en 701 le remarquable *Taihō-ritsuryō*, ou *Code Taihō*. Remanié en 718, sous le nom de *Yōrō-ritsuryō*, il entre en vigueur en 757, délimitant soixante-huit provinces et cinq cent quatre-vingt-douze districts. Son fils, futur empereur **Shōmu** (742-749), est mineur, c'est donc la mère de Mommu, l'impératrice **Gemmei** (707-715), qui prend le pouvoir. Elle déplace la capitale à **Heijōkyō** (Nara). Pour la première fois, la cour cesse de se déplacer et se fixe à Nara. L'impératrice Gemmei est à l'origine de la rédaction du *Kojiki*, liste des empereurs depuis leur ancêtre divine, la déesse Soleil, Amaterasu, et du *Nihonshoki* ou *Chroniques du Japon*, qui complète le *Kojiki*. En 760 paraît la première anthologie de la poésie japonaise, le *Man'yōshū*.

Toute la société est réorganisée. L'empereur, selon la formule plus tard en vigueur pour les souverains anglais après 1689, règne mais ne gouverne pas. Le pouvoir est entre les mains du ministère de Gauche, le *Sabekan*, et du ministère de Droite, l'*Ubenkan*. Ils sont hiérarchiquement soumis au ministère des Affaires suprêmes, *Dajokan*, et au ministère des Dieux, *Jungikan*. Une armée de fonctionnaires, maîtrisant le chinois, est à leur service. Le peuple est divisé entre les libres, *ryōmin*, et les esclaves et serviteurs, *senmin*. Plusieurs écoles, connues comme les six écoles de Nara, officient dans les principaux temples. Le poids du bouddhisme se fait sentir sur la vie politique pendant les deux règnes de l'impératrice **Kōken** (749-758 et 764-770). Le moine **Dōkyō** (700-772) la soigne d'une maladie et la convainc de remonter sur le trône, après en avoir écarté son neveu. Sa faveur est telle qu'elle lui confère le titre de *Ho-ō*, « roi de la Loi », ce qui en fait l'héritier du trône. Il tente en vain de la renverser, avant d'être exilé par le nouvel empereur, **Kōnin** (770-781). Les femmes, jugées trop enclines à la dévotion, seront désormais exclues de la succession au trône. L'implication politique du clergé bouddhiste demeure trop grande. Pour y échapper, l'empereur **Kammu** (781-806) déplace la capitale à Nagaoka. De funestes événements, dont une inondation, la maladie du souverain, donnent à penser que le lieu est inadéquat. La cour s'installe alors dans une nouvelle capitale en 794, **Heiankyō**, « capitale de la paix et de la tranquillité », l'actuel Kyōto.

L'ÉPOQUE DE HEIAN (794-1185) : LE RAYONNEMENT CULTUREL

L'époque de Heian commence avec le choix de Kyōto comme capitale en 794. Cette période est considérée comme l'un des moments essentiels de l'histoire du Japon, à la fois pour son rayonnement culturel et par les prémices de la prise de pouvoir par les guerriers, les *bushis*. Leur influence grandit depuis la décision de l'empereur **Kammu** de créer une armée de métier pour lutter contre les Aïnous, habitants d'origine du nord de l'archipel. *Bushi* désigne le guerrier en général, à différencier du *samouraï*, ou *buke*, « celui qui est au service » d'un *daimyō*, ou seigneur. Ces derniers se multiplient avec le *bakufu*, « gouvernement militaire » de l'ère Kamakura (1185-1333). L'empereur continue à régner sans pouvoir, lequel passe des hauts fonctionnaires aux grandes familles militaires, les *bushidan*, « clans guerriers » : Fujiwara, Taira, Minamoto. Chacun exerce le contrôle à son tour. Les Fujiwara d'abord, avec l'apogée sous Fujiwara no Michinaga (966-1027), nommé *Kampaku*, c'est-à-dire « régent héréditaire ». Il gouverne sous trois empereurs, tous ses gendres. Une guerre civile éclate en

1056-1057, brisant la puissance des Fujiwara. En dépit de son court règne, l'empereur **Go-Sanjō** (1069-1073) rétablit l'autorité impériale. Il instaure, pour lutter contre les clans, un système particulier : à un moment donné, l'empereur régnant abdique en faveur de son fils désigné et se retire dans un monastère. C'est l'époque des « empereurs retirés ». En réalité, il conserve le pouvoir effectif, l'empereur gouvernant attend sa mort pour le recueillir. Cela permet de conserver le pouvoir dans le clan impérial. Mais les dissensions entre ses membres vont rendre ces dispositions illusoires. En 1156, la rébellion de Hōgen oppose Fujiwara, Taira et Minamoto. Les Fujiwara sont éliminés, les Taira sont les nouveaux maîtres du Japon. Ils écrasent, en 1160, la rébellion des Minamoto, ou rébellion de Heiji. Ces derniers préparent leur revanche et l'obtiennent à l'issue de la guerre de Gempei (1180-1185). À la bataille navale de Dan-no-ura, les Taira sont anéantis. **Minamoto no Yoritomo** (1147-1199) se proclame *shogun* héréditaire en 1192. À l'origine le titre signifie « général ». Il va désormais désigner celui qui dirige réellement le Japon jusqu'en 1868. Il installe son *bakufu*, son « gouvernement militaire », à Kamakura. L'ère féodale du Japon, qui ne prend fin qu'au XIXe siècle, commence.

L'ÉPOQUE DE KAMAKURA (1192-1333) : CLANS ET FÉODALITÉ

Le shogun **Minamoto no Yoritomo** (1147-1199) cumule les plus grands pouvoirs civils et militaires. L'empereur, sans pouvoir, reste à Kyōto. À la mort de Yoritomo, la famille Hōjō prend le titre héréditaire de *shikken*, « régent du shogun », celui de shogun restant dans la famille Minamoto. Les Hōjō exercent la réalité du pouvoir. Le féodalisme se développe, la classe des samouraïs se structure. Les plus habiles deviennent *daimyōs*, seigneurs fonciers. Cette transformation de la société lettrée en une caste guerrière qui lui succède au pouvoir s'accompagne d'une évolution nationale du bouddhisme avec la naissance du zen. Il met l'accent sur la maîtrise de soi, la méditation, l'autodiscipline. Le samouraï doit se consacrer uniquement à son devoir et au respect de l'honneur. Le bouddhisme zen sert de cadre à son épanouissement. C'est aussi à l'époque de Kamakura que se développe la cérémonie du thé, qui ne consiste pas à boire du thé mais à se livrer à un exercice spirituel. L'art de forger le sabre est porté à son apogée avec la famille des Myoshin, célèbre aussi pour la solidité de ses armures et casques. C'est au cours de l'époque de Kamakura que les Mongols tentent par deux fois, en vain, d'envahir le Japon. Elle s'achève avec l'action de l'empereur **Go-Daigo** (1318-1339). Il s'appuie sur le général **Ashikaga Takauji** (1305-1338) pour abattre le shogunat des Minamoto, la régence des Hōjō. Mais là où Go-Daigo pense restaurer la puissance impériale, le clan Ashikaga attend la restauration du shogunat à son profit. La restauration de Kenmu ne dure guère que de 1333 à 1336. En 1338, **Ashikaga Takauji** écarte **Go-Daigo**, devient le premier shogun de la période Muromachi (1336-1573), du nom du quartier de Kyōto où il installe sa résidence[1].

L'ÉPOQUE DE MUROMACHI (1336-1573) :
L'ÉMIETTEMENT DU POUVOIR

Ashikaga Takauji (1305-1338) fait entrer le shogunat dans son clan, mais l'exercice du pouvoir à l'époque de Muromachi (1336-1573) se révèle extrêmement difficile. Pour conquérir le shogunat, il s'est appuyé sur une partie de la famille impériale contre le reste de ses membres. Il en résulte, entre 1336 et 1392, le Nanbokuchō, « période des cours du Nord et du Sud », deux dynasties rivales, deux empereurs. C'est le troisième shogun, **Ashikaga Yoshimitsu** (1368-1408), qui met fin à la querelle, à la guerre civile entre les partisans des empereurs rivaux. En 1392, il impose le système d'une alternance. La cour du Nord inaugure le règne avec son empereur **Go-Komatsu** (1392-1412), qui doit abdiquer au terme de dix ans de règne au profit de l'empereur du Sud. L'accord n'est pas respecté et les empereurs de la cour du Nord sont considérés comme seuls légitimes jusqu'en 1911. À cette date, le gouvernement décide que la lignée impériale légitime est celle de la cour du Sud, les empereurs du Nord sont qualifiés de « prétendants de la cour du Nord ». La réunification du trône impérial continue avec le fils de Go-Komatsu, l'empereur **Shōkō** (1412-1428).

---

1. À ce sujet, voir Florence Braunstein, *Penser les arts martiaux*, Paris, Puf, 1999, p. 210.

L'autorité du shogun est battue en brèche par la montée en puissance des *daimyōs* qui fondent des dynasties puissantes, de plus en plus indépendantes et souveraines. Ces seigneurs entrent en lutte permanente, plongeant le Japon dans une guerre civile continue, province contre province. Le commerce se développe, favorisant les ports, des corporations d'artisans et de commerçants voient le jour. Mais une grande partie de la richesse ainsi créée est captée par les maisons nobles et les couvents bouddhiques qui renforcent leur mainmise sur le pays. Vers 1543, les Portugais, depuis Macao, gagnent le Japon, établissent les premières relations commerciales. Les suivent de près les missionnaires ; dès 1549 **François Xavier** (1506-1552) s'efforce de répandre le christianisme. Au XVIe siècle, la maison impériale a perdu son prestige, le clan Ashikaga la réalité du pouvoir. Trois grands chefs militaires vont réunifier le Japon : **Nobunaga Oda** (1534-1582), **Toyotomi Hideyoshi** (1536-1598) et **Ieyasu Tokugawa** (1543-1616). Successivement, ces *daimyōs* vont mettre fin à l'anarchie politique, prenant le pouvoir à la suite de leurs victoires militaires. Nobunaga Oda est à l'origine un petit seigneur local du centre de l'île principale de Honshū. Une succession de victoires, entre 1568 et 1582, lui permet de contrôler tout le centre du Japon, comme la bataille de Nagashino (1575) où ses troupes utilisent pour la première fois au Japon des mousquets. En 1573, il écarte **Ashikaga Yoshiaki** (1568-1573), dernier shogun de cette lignée. Le Japon entre alors, entre 1573 et 1603, dans l'ère des guerres civiles.

Culture et société à l'époque de Muromachi

« Si l'époque de Muromachi a pu être définie comme le temps des *ikki*, des ligues, ces organisations sociales horizontales et égalitaires créées en vue d'un objectif commun, on peut aussi la définir comme un moment par excellence où les arts s'apprécient en groupe[1]. » La particularité de la culture Muromachi est d'être toujours, comme celle de Kamakura, une culture de type guerrier mais édifiée sur la base d'une culture de cour. Une nouvelle cour d'un raffinement extrême s'est établie, dans laquelle les moines zen font régner la culture Song.

---

1. Pierre-François Souyri, *Le Monde à l'envers*, Paris, Maisonneuve et Larose, 1998, p. 240.

Le bouddhisme zen atteint son apogée et l'art de la peinture et de la calligraphie venu de Chine se développe. Les guerriers se sont rapprochés de la noblesse, le gouvernement shogunal, le *bakufu*, étant installé à Kyōto. Ils subissent son influence dans tous les domaines y compris intellectuels et artistiques. La réunion des cours du Nord et du Sud amène la noblesse à s'incliner devant eux. Le deuxième point caractéristique de cette culture est l'importance du zen dans la société, dans la vie quotidienne. Le théâtre *nō* tout comme le *renga*, poème collectif, en sont imprégnés. Marquée par des courants religieux comme l'amidisme, la culture de Muromachi reste une culture du quotidien, le théâtre *nō* est en relation avec la vie populaire, la cérémonie du thé est conçue comme un divertissement profane. Aussi faut-il l'envisager comme une culture de la vie pratique. Ses valeurs sont celles du *wabi-sabi*, une disposition esthétique fondée sur la mélancolie (*wabi*) et l'altération inéluctable de toute chose par le temps qui passe (*sabi*). Elles constituent la base même sur laquelle se construira la culture populaire d'Edo.

L'ART DU JAPON MÉDIÉVAL

L'architecture du Japon médiéval

L'architecture de Nara, le temps des pagodes

À la fin du VIIe siècle, les ambassades revenant de Chine accompagnées de moines et d'étudiants introduisent au Japon l'art des Tang. Lorsque, en 707, meurt Mommu Tenno, l'impératrice Gemmei, sa mère, qui lui succède au trône, rompant la tradition de changer de résidence impériale à la mort de chaque souverain, reste à Nara, dans le Yamato, qui devient en 710 officiellement la capitale. Ville impériale, elle est bâtie à l'image du **Changan**, la capitale chinoise des Tang. La période Asuka est marquée par le triomphe du bouddhisme sur la religion indigène, le *shintō*. Le problème religieux se double d'un problème politique entre le clan des Soga, partisan de l'adoption du bouddhisme et de la civilisation chinoise, et celui des Mosonobe, partisan du *shintō*. Les Soga finissent par en sortir vainqueur et construisent pour commémorer leur victoire le temple de **Hokkō-ji**, aujourd'hui appelé Asukadera. L'art est entièrement voué à la gloire du bouddhisme. L'empereur **Shōmu** élève ainsi le temple de Toshōdai-ji abritant le gigantesque Daibutsu, grand Bouddha de bronze, figure représentant l'essence de la bouddhéité. Le principal monument religieux est la pagode, prenant exemple sur la Chine. La « halle » est laissée au second plan, mais dès la période Heian, celle-ci en devient le bâtiment principal. La pagode ne garde alors qu'une fonction décorative, n'étant plus placée au centre de l'enceinte du temple. Outre la pagode se développe le Tahōtō, une chapelle : sur une base carrée couverte s'élève une coupole aplatie, dérivée du stupa, un toit également carré en surplomb s'achevant par une hampe de bronze. Le *gorinto*, petite pagode-colonne de pierre en cinq parties, dont chacune représente un des cinq éléments, terre, eau, feu, vent et vide, dans cet ordre, s'inspire du stupa.

L'architecture Heian, le feng shui

La codification des éléments architecturaux, déjà commencée à l'époque de Nara, s'intensifie à l'époque Heian. Le premier style japonais, *shinden-zukuri*, style architectural domestique, se développe. Il est fortement marqué par la géomancie chinoise, le feng shui. Les bâtiments sont disposés selon les points cardinaux autour d'un bâtiment central. Du point de vue de la construction, une technique prévaut, celle des poteaux plantés dans le sol. La plupart des matériaux de construction sont d'origine végétale. Les murs ne sont pas porteurs et servent à délimiter l'espace en fonction des besoins. Le *tatami*, revêtement de sol mobile, de dimension à peu près semblable dans tout le Japon, 1,86 m sur 0,93 m, permet de moduler les espaces. Toute la subtilité japonaise se concentre sur un refus du monumental et un équilibre particulier entre espaces et volumes. Le développement du bouddhisme tantrique apporte une certaine émancipation par rapport aux acquis des siècles précédents. La villa de plaisance de **Fujiwara no Yorimichi** (992-1074), le Byōdōin de Uji, salle du phénix, consacrée, en 1053, au culte d'Amitābha, en est un exemple. Le développement de son culte exerce une influence notamment sur le plan de certains sanctuaires, qui privilégient dorénavant l'orientation est-ouest, Amitābha étant le Bouddha du paradis de l'Ouest.

L'architecture Kamakura, l'explosion urbaine

Du point de vue architectural, la période de Kamakura est celle de la reconstruction, parmi les temples de Nara détruits lors des guerres civiles, le Toshōdai-ji, en 1195. Les Taira arrivent au sommet de leur pouvoir entre 1160 et 1180. Ils préfèrent, plutôt que de s'installer dans les lieux de pouvoir de leurs prédécesseurs, créer de nouveaux quartiers, dont *Rokuhara*, situés à l'extérieur de Kyōto. Au XIIe siècle, le modèle urbain, fondé sur un pouvoir impérial centralisé, évolue, le palais et le plan régulier de la ville disparaissent. Des monastères se construisent et deviennent des villes dans la ville, caractérisés par une véritable autonomie. Les changements sociaux ont aussi pour conséquence le bouleversement de Kyōto : des gens venus de partout construisent dans les quartiers populaires des baraquements. La population atteint les cent mille à cent vingt mille habitants.

L'architecture Muromachi, la recherche de la miniature

Dans l'architecture, de grands changements se produisent sous l'influence des maîtres de thé : les constructions tendent à la simplicité. Au début du XVe siècle se développe l'utilisation du tatami disposé dans toutes les pièces. Les stores en bambou et tentures flottantes sont remplacés par des cloisons amovibles chez les riches aristocrates. Une nouvelle forme architecturale apparaît avec le *shoin-zukuri*, une pièce réservée à la lecture ou à la réunion, une alcôve, le *tokonoma*, est placée dans un coin. Ce nouvel agencement intérieur amène une miniaturisation des objets, une nouvelle esthétique de la simplicité s'affirme d'où naîtra le *wabi*, le beau. Le décor à la chinoise y tient une place importante.

La sculpture du Japon médiéval

La sculpture Heian, du bloc à la finesse

Appelées Konin (810-824) et Jogan (859-876) d'après les ères correspondantes, les sculptures du début de l'époque Heian produisent des œuvres inspirées par le bouddhisme ésotérique et permettent de faire une transition avec le style des Fujiwara. Les statues des prêtres, des patriarches divinisés sont lourdes, travaillées souvent dans un seul bloc. On remarque aussi l'apparition d'une statuaire shintoïste où des divinités indigènes, considérées comme les émanations du Bouddha et des bodhisattvas, sont représentées sous un aspect humain. Byōdōin, l'ancienne résidence devenue monastère, offre cinquante-deux hauts-reliefs de bodhisattvas dansant et jouant de la musique. Ce style un peu « rude » fait place à celui des Fujiwara, plus élégant, raffiné, recherchant l'harmonie. Le créateur de ce style est **Jōchō** (?-1057) qui met au point la technique des bois assemblés. Celle-ci consiste à décomposer la statue en plusieurs parties sculptées séparément et ensuite réunies. Il réalise l'*Amida* en bois doré du Byōdōin, à Kyōto. Peu après son apogée, le style de l'époque Fujiwara tombe dans l'académisme, les formes se raidissant. Ce n'est qu'à l'époque de Kamakura que cet art retrouve son plein épanouissement.

La sculpture Kamakura, le réalisme

La sculpture connaît un renouveau de style grâce à deux sculpteurs, **Unkei** (1148-1228) et **Kaikei** (XIIIe s.), créateurs des statues en bois des gardiens bouddhistes, hautes de 8 m, dans le monastère de Tōdai-ji de Nara. Ils restaurent plusieurs grands Bouddhas endommagés pendant les désordres. Leur style est plus réaliste, inspiré par la Chine contemporaine. Les yeux de cristal sont aussi une innovation de la plastique de ce temps.

La peinture du Japon médiéval

La peinture yamato-e : les rouleaux peints

À la fin de la période de Heian, à l'époque des Fujiwara (898-1185), la peinture japonaise se démarque de celle du continent, la Chine. À la peinture chinoise de style *kara-e*, répond la forme picturale purement japonaise, la peinture du Yamato ou *yamato-e*. Les éléments mobiles de l'architecture, paravents pliants, paravents à panneau unique, paravents coulissants servent de support à des compositions de paysages. Les premiers romans, les monogatari, ou plus exactement « chose contée », comme *Le Conte du coupeur de bambou* par exemple, sont calligraphiés sur de somptueux papiers décorés et illustrés dans des rouleaux horizontaux sur papier Kakemono. Le plus ancien de ces récits en images est le *Genji monogatari* et parmi les plus célèbres les caricatures animalières du temple Kozangi, le rouleau *Bandainagon* que la tradition attribue à **Tosa Mitsunaga** (XIIe s.), peintre de la cour. En Chine, les rouleaux du IXe siècle comportent un poème au dos tandis que les dessins figurent à l'intérieur. L'image de la mort apparaît pour la première fois dans l'iconographie bouddhique : le Bouddha Amida recueille l'âme d'un mourant entouré de ses bodhisattvas. Parmi les principales œuvres, il faut compter le *Tryptique de Kōyasan* conservé au mont Kōya et le *Nirvāṇa du Bouddha de Kongōbu-ji*. Le mont Kōya se trouve au sud d'Ōsaka. C'est là que fut installée la première communauté du bouddhisme shingon et c'est aussi un complexe de cent dix-sept temples bouddhiques. Le moine **Kūkai** avait reçu, en 816, la permission d'y construire un monastère du nom de Kongōbu-ji.

La peinture Kamakura, art des portraits

La peinture devient un moyen pour les sectes tendaishu et shingon de populariser leurs doctrines. Mais c'est l'amidisme, culte du Bouddha Amida, maître de Jōdo, la Terre Pure de l'Ouest, qui emporte la ferveur du peuple et de nombreux *raigō-zu* voient le jour, représentations de la descente d'Amida sur terre. Les *e-makimono*, rouleaux peints, traitent des sujets les plus divers, subissant parfois l'influence du réalisme chinois. Dans l'art des portraits, l'individualité du modèle domine. Un des tableaux les plus connus de cette époque est le portrait assis de Yoritomo par **Fujiwara Takanobu** (1141-1204).

La peinture Muromachi, art des paysages

La peinture domine l'art, fortement influencée par l'esprit zen. Les peintres ont acquis une nouvelle technique, *Sumi-e* ou *Suibokuga*, peinture à l'encre de Chine, permettant de mieux rendre l'essence du paysage. Les plus célèbres sont des moines : **Sesshū** (1420-1508), qui atteint la maîtrise du trait au pinceau et du dégradé, **Josetsu** (1370-

1440), **Noāmi** (1397-1494), **Sōami** (1459-1525), **Kanō Masanobu** (1434-1530), fondateur de l'école de Kanō qui prend une grande importance au XVIIe siècle. L'art de la laque atteint un haut degré de perfection, les laques en relief et dorées font leur apparition de même que la poterie et l'armurerie.

Les arts d'agrément du Japon médiéval

La calligraphie des Trois Pinceaux et des Trois Traces

Le début de l'époque Heian est marqué par trois calligraphes, les *Sampitsu*, ou « Trois Pinceaux », puis, au Xe siècle, un autre courant de trois autres grands calligraphes, les *Sanseki*, « Trois Traces ». Les premiers sont **Kūkai** (774-835), l'empereur **Saga** (786-842) et **Tachibana no Hayanari** (782-842). Chacun d'entre eux a permis à la calligraphie japonaise de se détacher des bases techniques de la calligraphie chinoise. La souplesse et l'ampleur caractérisent ses successeurs et grâce à eux la spécificité japonaise atteint son plein épanouissement dans le style *wa-yō*, ou « japonais », parvenu à sa maturité.

La musique de cour, le gagaku de Heian

Le terme « *gagaku* » est d'origine chinoise et signifie « musique raffinée, élégante ». La musique de cour japonaise est la conséquence de l'assimilation de différentes traditions musicales du continent asiatique à ses débuts. Le *gagaku* n'est attesté qu'entre le VIe et le VIIe siècle, un genre combinant divers divertissements (acrobaties, danses mimées avec des masques) pour disparaître au XIIe siècle. L'importation de la musique chinoise atteint son apogée sous les Tang (618-906). Cette musique donne son nom au style *tōgaku*, *musique des Tang*. Sous l'influence du *bugaku*, les chants et danses s'organisent en trois parties. La première théorie musicale est également fixée par le *Shittanzo*, écrit par Annen en 877. Le *gagaku* se répand dans la noblesse et devient la musique de prédilection. Puis, après le passage des guerriers au pouvoir, à la fin de cette période, la musique de *gagaku* décline. Ses spectacles sont présentés à l'occasion des cérémonies, fêtes et banquets impériaux ou lors de cérémonies religieuses.

L'art de la laque, le maki-e

L'emploi de la laque remonte sans doute à l'époque Jōmon (X^e millénaire av. J.-C.) au regard de découvertes archéologiques d'objets laqués datant de cette période. De nouvelles techniques de fabrication au VIe siècle avant J.-C. sont importées, adaptées à l'esprit japonais, conduisent au *maki-e*, littéralement « image saupoudrée ». Les motifs sont saupoudrés d'or et d'argent et une couche de laque repassée et polie jusqu'à ce que transparaisse le métal. Durant l'époque de Heian, le Japon développe un style personnel où la technique du *raden*, décoration qui inclut des incrustations de nacre véritable, est associée au *maki-e*. Aux IXe et Xe siècles, ces techniques se libèrent de plus en plus de l'empreinte chinoise. Des laques du VIIIe siècle, rien ne subsiste, mais le trésor de Shōsō-in offre de nombreux exemples des techniques Tang.

L'art des jardins japonais

À l'époque Asuka (v. 550-710), les palais des princes et les résidences de l'aristocratie comportent déjà de vastes jardins aménagés de mares, de ponts à la manière chinoise. Les villes se multiplient à l'époque de Nara ainsi que les palais secondaires agrémentés de jardins. De l'époque de Heian, de nombreux jardins sont demeurés célèbres : le Shinsen-en de l'empereur **Kammu**, le Saga-in, le Junnain, le Nishi no in. Ceux-ci comportent des étangs suffisamment vastes pour y faire voguer des bateaux entiers. Alors que les bâtiments de cette époque sont aménagés de façon symétrique, les premiers jardins ne le seront pas et c'est leur agencement qui aura une influence sur l'asymétrie dans l'architecture japonaise. Il existe des témoignages sur l'agencement de ces jardins dans *Le Dit du Genji*. Le jardin du temple Daikaku-ji à Kyōto était à l'origine un jardin *shinden*, organisé autour d'un bâtiment central. Les jardins de l'époque de Heian sont marqués par des valeurs esthétiques spécifiques : *miyabi*, le raffinement, *muyo*, la mélancolie liée à l'impermanence dans le bouddhisme, et *aware*, la compassion.

LA LITTÉRATURE DU JAPON MÉDIÉVAL

La littérature de Nara, histoire et poésie

C'est au VIIe siècle que les premiers documents écrits, au Japon, font leur apparition. Le *Kojiki, Récit des choses anciennes* (712), est écrit exclusivement en kanji, caractères empruntés au chinois, mais utilisés en japonais. Grâce à la préface, nous savons que l'empereur **Temmu** avait commandé deux récits afin d'asseoir le pouvoir de la famille impériale. En effet, divisé en trois livres, le *Kojiki* retrace l'histoire du Japon et de la famille impériale, depuis l'origine du monde jusqu'au règne de l'impératrice Suiko (593-628). Compilé sous la direction du prince **Toneri** (676-735), le *Nihonshoki, Chroniques du Japon*, une fois rédigé, est remis à l'impératrice **Gensho** (680-748) en 720. Véritable ouvrage politique, il tente de fournir au Japon un cadre historique, il ne comporte ni biographie ni monographie. Le *Man'yōshū, Recueil de dix mille feuilles*, contient quatre mille cinq cents poèmes, répartis en vingt livres, dont la rédaction s'étend de 550 au milieu du VIIIe siècle, en l'an 759 pour le plus récent. La plupart des poètes sont anonymes, exception faite de **Kakinomoto no Hitomaro** (662-710) à qui l'on attribue plus d'une vingtaine de *chōka*, poèmes longs, et soixante *tanka*, poèmes courts, et de **Yamabe no Akahito** (v. 700-v. 736) qui vivait en Chine et composait en chinois. Ses *chōka* sont d'inspiration confucéenne et bouddhiste.

La littérature de Heian, journaux intimes et Le Dit du Genji

La cour du Yamato se déplace de Nara vers la nouvelle capitale Heiankyō, l'actuel Kyōto. La culture de l'époque Heian évolue d'une forme essentiellement fondée sur les lettres et les arts de la Chine vers une culture aristocratique nationale ou, à tout le moins, les témoignages subsistant en art et en littérature sont marqués par l'esprit de l'aristocratie, son élégance, son goût du détail raffiné. La littérature use déjà d'une langue mêlant des expressions japonaises au fonds linguistique chinois. À l'**écriture** purement chinoise, commencent à se mêler des caractères purement japonais, les *kana*. La littérature est d'expression essentiellement féminine, produite par les femmes de la cour, les *kana* leur ayant facilité l'accès à l'écriture. À cette époque, les lettres, les demandes étaient écrites en *waka*, poésie, devenant la pratique la plus courante d'expression. Tout est important dans le *waka*, le papier, l'expression, la couleur, tout y est codifié. Ses critères sont le nombre de syllabes (trente et une), jamais de rimes, la fluidité du poème. Des concours de poèmes avaient lieu à la cour. Les plus anciens remontent au IXe siècle. Mais la pratique du chinois va se perdre peu à peu. L'auteur du premier *nikki*, journal, est un homme du nom de **Ki no Tsurayuki** (872-945). On lui doit *Le Journal de Tosa* (*Tosa nikki*), dans lequel il relate son retour de voyage dans la province de Tosa. Ce journal ressemble à un traité de poésie. Jusqu'à la fin de l'époque de Heian, ce sont les femmes qui composent les journaux de voyage. En fait il est plus exact de traduire *nikki* par « mémoires » ou « notes au jour le jour » plutôt que par « journal ». Le *Kagero no nikki*, *Mémoires d'un éphémère*, achevé en 980, est le premier à avoir été rédigé par une femme dite la « mère de Mitchisuma ». **Murasaki Shikibu** (v. 973-v. 1025) écrit son journal intime, le *Murasaki Shikibu nikki*, entre 1008 et 1010. Les *nikki* sont à classer dans la littérature d'introspection. On y apprend énormément de faits se déroulant dans le cadre de la cour. Autour de 900 apparaît le monogatari, ou « récit ». Le monogatari recouvre aussi bien des contes très courts que des romans fleuves. Le chef-d'œuvre du genre reste le *Genji monogatari*, *Le Dit du Genji*, de Murasaki Shikibu, composé dans la première décennie du XIe siècle. « Ce long roman ne comprend pas moins de cinquante-quatre livres et quelque trois cents personnages, dont une trentaine de premier plan[1]. » Elle a acquis le surnom de Murasaki, du nom de l'héroïne de son roman, et Shikibu désigne la position de son père au bureau des Rites. Elle est née dans la famille noble et très influente Fujiwara et y a été bien éduquée, puisqu'elle a appris le chinois, domaine généralement exclusif des hommes. Certains critiques estiment qu'elle a écrit le conte de Genji entre 1001, l'année de la mort de son mari, et 1005, l'année où elle a été convoquée pour servir à la cour. Il est plus probable que la composition de son roman extrêmement long et complexe s'étende sur une période beaucoup plus grande.

---

1. Florence Braunstein, « *Le Dit du Genji* », in *Encyclopædia Universalis*.

L'importance liée au *Dit du Genji* est de renouveler le genre romanesque, jusqu'alors limité à des récits assez courts au Japon. La notoriété du roman se fonde davantage sur l'atmosphère qu'il évoque avec subtilité que sur l'intrigue développée. L'amour reste le thème dominant du récit sous toutes ses formes, des plus heureuses aux plus malheureuses, toutes étant prises dans le jeu du destin et celui du hasard. Évoquant le milieu de la cour impériale et la recherche permanente du beau, dans une quête poétique incessante, Murasaki Shikibu parvient à faire œuvre de réalisme. Les personnages sont ainsi enfermés dans le monde restreint des plaisirs les plus raffinés, sans que cet hédonisme revendiqué et ce refus de la réalité crue et vulgaire débouchent sur le néant. L'esthétique devient une voie d'accès privilégiée à l'essence des choses. Le raffinement n'est pas ici une façade dissimulant mal l'inconsistance des êtres, mais un art de vie, un art d'aimer destiné à triompher de l'impermanence. Le ton du roman s'assombrit à mesure qu'il progresse, ce qui indique peut-être un approfondissement de la conviction bouddhiste de Murasaki Shikibu sur la vanité du monde[1].

La littérature Kamakura, les récits guerriers

La lutte qui oppose les Taira et les Minamoto devient source d'inspiration et donne naissance à une nouvelle forme de récit historique, les *Gunki monogatari*, les récits guerriers. Ainsi, une trilogie met en scène les principales étapes du conflit entre les deux clans : le *Récit des troubles de l'ère Hogen* (*Hogen monogatari*) relate les événements survenus entre 1156 et 1184, le *Heiji monogatari* (*Épopée de la rébellion de Heiji*) ceux des années 1158 à 1199, le *Heike monogatari* (*L'Aventure d'Heike*) la victoire des Minamoto en 1185. La poésie lyrique est marquée par *Le Nouveau Recueil de Jadis et Naguère* (*Shin-kokin-shū*), anthologie des poèmes japonais de cette période. Cependant, une nouvelle manière de considérer les événements, en tentant de les analyser, apparaît. D'autres genres fleurissent : le *Kikō bungaku*, « littérature de voyage », un thème particulièrement important ; les *Otogi-zōshi*, nouvelles de fiction dont on ne connaît ni les dates ni les auteurs, aux

---

1. À ce sujet, voir Florence Braunstein, « *Heike Monogatari* », in *Encyclopædia Universalis*.

influences *shintō* ou bouddhistes. Ces récits relatent la fondation d'un temple ou encore des histoires d'amour entre des moines et de jeunes garçons.

Le théâtre nō, *le génie de Zeami*

Le théâtre *nō* prend naissance durant l'époque de Muromachi. À l'origine, il porte le nom de *sangaku no nō* ou *sarugaku*, qui désignait un genre de spectacle venant de Chine. Simples exercices acrobatiques et tours de magie à ses débuts, il évolue peu à peu et devient un divertissement tourné vers le comique. Lors de l'époque de Kamakura, il a lieu pendant les fêtes bouddhiques ou shintoïstes et, en même temps, il gagne les faveurs populaires. Le *dengaku*, mélange populaire de musique et de danse, se développe lui aussi. Puis, lors de la période Nambokucho (1336-1392), de véritables compagnies théâtrales se constituent autour de Kyōto, et en Yamato. L'une des quatre compagnies de cette région était sous la direction de **Kanami** (1333-1384) et de son fils **Zeami** (1363-1443). Lorsque le *sangaku* est accrédité par le shogun Ashikaga Yoshimitsu, il devient le spectacle favori de l'aristocratie et se transforme en *nō*. Zeami s'est illustré dans l'histoire de l'art comme un homme d'exception, auteur de centaines de pièces. Komparu Zenchiku, son gendre, lui succède, mais la veine s'épuise. À l'origine, la représentation de *nō* se donne en plein air. Sur un plateau de bois de trois *ken* (5,40 m) de côté prolongé à l'arrière par un espace d'une *ken* (1,80 m) de profondeur à la limite duquel prennent place trois ou quatre musiciens en partant de la droite : flûte, petit tambour, grand tambour, gros tambour, espace qui lui-même s'ouvre vers la gauche, vers un pont, étroit couloir de longueur variable ; nul décor dans tout cela sinon un pin géant figuré sur la cloison du fond et parfois un objet symbolique, tel un rameau signifiant une forêt[1].

---

1. À ce sujet, voir Florence Braunstein, *Penser les arts martiaux, op. cit.*, p. 310.

LA RELIGION DU JAPON MÉDIÉVAL

Le shintoïsme

Le shintoïsme, religion autochtone du Japon ancien, est nettement animiste, mais entre les dieux[1] et les hommes, il n'existe pas de distinction absolue. La prétention de certains clans à vouloir rattacher leur ascendance à telle divinité les amène à considérer les dieux comme des ancêtres, ou esprits, les kamis. Leur culte sert à retrouver le juste, le bien inné en l'homme, descendant de ces kamis. Les pratiques de purification ont une grande importance, car on part de l'idée que les dieux ne peuvent supporter d'être souillés. La souillure physique est inséparable de la faute morale. Aussi existe-t-il trois rites pour se purifier : le *harai*, qui enlève les souillures amenées par le péché, le *misogi*, quand les souillures ne proviennent pas de fautes commises (le bain devient un moyen de se purifier), et l'*imi*, c'est-à-dire tout ce qui touche au culte, prêtres et objets devant être d'une pureté sans équivoque. Le *shintō* ne s'appuie pas sur un code moral ou éthique, mais il se veut conforme à la voie des dieux, « au chemin pour être dieu ». Les codes sacerdotaux se trouvent dans le *Code de Taisho* (701), puis dans le *Code Engi*, de l'ère du même nom, entre 901 et 922. Composé d'une cinquantaine de volumes, dix concernent le shintoïsme. Il traite de sujets variés, tels le calendrier des fêtes, le nombre de temples, le personnel sacerdotal, le cérémonial.

Le bouddhisme

La secte du tendaishu, très éclectique, admet toutes les formes connues du bouddhisme, là où le shingon, inspiré de ses formes tantriques, dispense un enseignement ésotérique et profane. Le tendaishu tend vers le syncrétisme en admettant toutes les formes bouddhiques, en intégrant les dieux indigènes à un polythéisme. Il prône trois formes d'existence : le vide, le milieu, et le temporaire, car tout ce que nous connaissons de l'existence dépend de leur interprétation. Quand on les

---

[1]. À ce sujet, voir Jean Herbert, *Les Dieux nationaux du Japon*, Paris, Albin Michel, 1965.

voit parfaitement amalgamées, c'est l'illumination. Le fondateur en est **Saichō** (767-822), dit **Dengyo Daishi**, « le grand maître de la propagation bouddhique ». Il s'intéresse très jeune au Tiantai chinois, dont l'enseignement est connu grâce au moine Ganjin, venu au Japon au milieu du VIIIe siècle. Considérant que le Bouddha est présent partout, le tendaishu reprend à l'école Tiantai la doctrine des « cinq vérités » enseignée par le Bouddha. L'ensemble de sa doctrine s'appuie sur le *Sutra du lotus*, *Kokke Kyō*, en japonais, dont le principal dogme est celui du véhicule unique. L'école Shingon est rattachée directement à l'école chinoise des secrets, *Mi-tsong*, et son fondateur **Kūkai** (774-835), dit **Kōbō Daishi**, « Le grand maître de la diffusion du *Dharma* », revient au Japon en 806, maîtrisant les concepts nécessaires à la constitution de sa doctrine. Il étudie, lors de son séjour en Chine, les *Mandalas* et les *Sutras* fondamentaux du shingon. L'école utilise certaines techniques corporelles du lamaïsme tibétain, nommées « ascèses des trois mystères », ainsi que l'exécution de *Mudras*, gestuelle symbolique des mains. « Les trois mystères » prônent l'unité absolue du monde avec le Bouddha principal Dainichi Nyorai. La pratique mystique permet de faire communiquer les *Mudras* avec ses mains, la récitation des *Mantras* avec sa bouche, la méditation sur un *Mandala* avec son esprit. La grande part d'ésotérisme relative à cette école est à la base de son succès, qui en fait pendant la période Heian un bouddhisme qualifié d'aristocratique. Le shingon a la particularité d'avoir intégré de vieilles croyances et traditions du bouddhisme antérieur à une grande diversité de dieux pris à la fois au panthéon hindouiste ou shintoïste.

L'introduction du zen

Le zen est introduit au Japon à l'époque de Kamakura (1185-1192). Depuis plusieurs siècles, le zen est connu au Japon sous la forme d'une méditation pratiquée par les principales écoles du bouddhisme. Mais il ne fait véritablement son entrée officielle qu'au XIIe siècle, d'abord avec un précurseur, **Dainichi Nōnin**, issu de l'école Tendai, puis surtout grâce au moine **Eisai** (1141-1215) qui s'est rendu en Chine pour étudier le zen de l'école Linji. Il fonde sa propre lignée, le Rinzai-shū, le « zen de la parole », ou *kōan*. L'autre branche, issue du Tch'an chinois, est celle de l'école Soto-shū, fondée par **Dogen** (1200-

1253), qui privilégie la méditation assise, *zazen*. Les deux principaux centres qui lui sont rattachés sont les monastères Eihei-ji et le Sōji-ji. Si ces écoles connaissent un succès aussi vif que rapide, c'est qu'elles ne présentent plus l'érudition et le rituel complexe des anciennes écoles pour les guerriers de l'époque de Kamakura. L'enseignement ne se transmet pas par les livres, mais de maîtres à disciples, *I Shin den Shin*, « d'âme à âme ». Il est non seulement source d'inspiration dans tous les domaines, de la poésie au théâtre, mais il permet aussi de mettre en contact guerriers et moines et de donner au *Bujutsu*, technique guerrière, son sens le plus important, d'éducateur de *bushi* (guerrier)[1].

4. Le Cambodge médiéval : Empire khmer et civilisation d'Angkor

LA CIVILISATION D'ANGKOR

Elle doit sa naissance au roi **Jayavarman II** (802-830). Jeune homme, il est élevé, alors que le Tchen-La est soumis à Java, à la cour des Śailendra, et s'imprègne de leur mode de vie. Revenu au Cambodge aux alentours de l'an 800, il rejette la tutelle malaise, réunifie le royaume, fonde plusieurs villes, dont sa capitale, Mahendraparvata, sur le Phnom Kulên, au nord du Grand Lac, à une trentaine de kilomètres au nord-est d'Angkor. Le roi, sur le modèle indonésien, s'identifie à la fois à Indra, le roi des dieux qui règne sur la montagne sacrée, le *Méru*, et à Shiva en instaurant le culte royal du Linga, symbole de la force créatrice et de la fécondité du souverain. Dès le règne de Jayavarman II, Angkor est le centre du royaume, mais il faut attendre le règne de **Yasovarman** (889-900) pour qu'elle devienne capitale.

Il est possible de dater l'apogée d'Angkor des débuts du règne d'**Indravarman** (877-889), second souverain de la dynastie, qui construit un très vaste système d'irrigation fondé sur les lacs artificiels reliés aux canaux qui bordent les champs. Indravarman est également à l'origine de l'érection du Bakong, monumental temple-montagne

---

1. À ce sujet, voir Florence Braunstein, « Bouddhisme et arts martiaux », in *Lumières sur la voie bouddhique de l'éveil* (revue *Connaissance des religions*), Paris, L'Harmattan, 2003, p. 302.

composé de cinq terrasses de grès étagées. L'accès au Bakong se fait par des chaussées gardées par des *nāga*, serpents, eux aussi de grès. Le *nāga*, symbole chtonien, également présent à Angkor, est maintenu par des dieux, des géants, des démons. Les successeurs d'Indravarman se disputent le pouvoir. Réunifié à partir de 1011 par **Suryavarman Ier** (1002-1050), fondateur d'une nouvelle dynastie, le Cambodge englobe le Siam et le Laos. Son successeur fait creuser le bassin du Baray occidental et ordonne la construction du temple du Baphuon. Mais la dynastie perd peu à peu son pouvoir et, après avoir repoussé en 1074 une incursion cham, cède la place en 1080 aux Mahidrapura.

LA DYNASTIE MAHIDRAPURA (1080-1336)

Il est possible de considérer **Suryavarman II** (1113-1150) comme le véritable fondateur de la dynastie, dans la mesure où son long règne lui permet de restaurer l'économie du pays, de lui rendre sa prospérité en repoussant les Mon à l'Ouest, les Viêt et les Cham à l'Est. Grand bâtisseur, il fait ériger le temple d'Angkor Vat voué à Vishnou. C'est sous son règne qu'éclate une guerre avec les Cham, qui prennent et pillent Angkor Vat en 1177. C'est à **Jayavarman VII** (1181-1218) que revient la tâche de mettre fin aux hostilités avec les Cham, et de les repousser hors du royaume khmer. L'influence de l'hindouisme, jusqu'alors prépondérante, s'efface peu à peu devant celle du bouddhisme *Mahāyāna* (du grand véhicule), pratiqué par le souverain et sa famille. Jayavarman VII rebâtit sa capitale et fonde la troisième Angkor, ou Angkor Thom, effaçant ainsi le souvenir des destructions effectuées par les Cham, peu avant son avènement. Les édifices cultuels, tout en laissant place aux divinités hindouistes, sont dédiés au Bouddha, comme le temple du Bayon, où le roi prête probablement ses traits aux effigies divines, cependant que Bayon devient le nom du style propre à son règne. Le retour à l'orthodoxie hindouiste s'effectue sous le règne de **Jayavarman VIII** (1243-1295), qui fait marteler et remplacer les effigies bouddhiques, et restaure le culte du dieu-roi, clef de tout le système social et politique khmer. Le bouddhisme, toutefois, a eu le temps de se répandre dans toutes les couches de la population. Les dernières années de Jayavarman VIII sont assombries par le tribut qu'il doit verser, à partir de 1285, aux Mongols, cependant qu'est reconnue en 1295 l'indépendance du royaume thaï de Sukhothaï. À sa mort est introduit le bouddhisme *Hīnayāna* (ou du petit véhicule), cependant que le pali tend de plus en plus à remplacer le sanscrit. Le dernier dieu-roi hindouiste est renversé et assassiné en 1336.

LE DÉCLIN D'ANGKOR

Il s'accompagne de la montée de la puissance thaï, qui s'empare d'Angkor en 1351, puis la met à sac une seconde fois en 1431. Le système des canaux n'est plus entretenu, et la population khmère est confrontée à des difficultés d'approvisionnement, l'une des causes probables de l'abandon d'Angkor par la cour, qui en 1446 choisit de s'installer sur le Mékong, à l'abri des incursions, sur le site actuel de Phnom Penh. La fin de la civilisation d'Angkor marque, pour le royaume khmer, celle de son indépendance, puisqu'il passe, au cours des siècles, sous la domination des Thaï, puis celle des Vietnamiens.

L'ART DU CAMBODGE MÉDIÉVAL

L'art de Kulên, un art religieux

Il va se développer dès le règne de Jayavarman II et perdurer jusqu'à la fin du IXe siècle. Art religieux, il est dominé par la construction de tours-sanctuaires, de plan carré. Une ébauche du futur temple-montagne, destiné à figurer le Méru, séjour des dieux, est réalisée à Krus Prah Aram Rong Chen, sous la forme de plusieurs bancs de pierre étagés. La sculpture s'enrichit des figures de monstres javanais, et la ronde-bosse évolue des archétypes indiens vers l'art khmer proprement dit, avec l'alternance de dieux, géants et démons coiffés du diadème long retombant, de part et d'autre du cou, sur les épaules.

La musique khmère

La musique khmère est étroitement liée à la spiritualité. Son nom, *phleng*, dérivé du verbe « *leng* », « jouer » ou « se distraire », la présente comme un divertissement sacré. Elle accompagne tous les moments de la vie. Elle se sépare en musique de cour et musique populaire. Il existe, pour la forme royale, deux types d'orchestre, le *Pin Peat* solennel des grandes cérémonies, le *Mohori* des divertissements privés. Les principaux instruments sont les *skor thom* ou « gros tambours », les *chhing*, cymbales, le *kong thom* ou « gros gong » et le *kong toch*, « petit gong », ainsi que les xylophones, *roneat ek* et *roneat thung*, aux lames de bambou ou de teck. Le métallophone, *roneat dek*, est fait de lames de bronze. Il faut ajouter une sorte de hautbois, le *sralaï*. Les instruments à cordes sont le *krapeu*, le *tro chlé* ou le *sor*. La flûte *khluy* propage un doux son. La musique khmère n'est pas écrite, elle se transmet de maître à disciple par la répétition des thèmes joués. Elle se joue sur une gamme pentatonique, de cinq tons, divisée en sept degrés égaux. L'improvisation y joue un grand rôle, à partir d'une brève phrase mélodique de deux thèmes qui se répondent, repris ensemble entre deux et quatre fois. La musique accompagne mariages, funérailles, combats de boxe.

5. L'Indonésie médiévale

HISTOIRE : LES CIVILISATIONS INDO-JAVANAISES

C'est entre le Ve et le XVe siècle, au moment même où se constituent les royaumes indonésiens, qu'il est possible de parler de civilisations indo-javanaises, tant l'hindouisme influence l'Indonésie. L'île de Java est alors partagée en royaumes indépendants, source de conflits multiples. La population exerce des activités essentiellement rurales. C'est dans la partie méridionale de Sumatra et au centre de Java que sont attestées les deux religions fondamentales, hindouisme et bouddhisme, à la fois par les titres royaux, tel celui de maharajah (« grand roi »), et dans les fondations pieuses édifiées, les temples ou *candis* : Candi Kalasan, Candi Séwu, et le plus célèbre, Candi Borobudur. Dans le premier tiers du Xe siècle, les sites au centre de Java sont abandonnés pour une raison inconnue, et les foyers de peuplement se déplacent vers l'est de Java, où va s'épanouir, au XIVe siècle, le royaume de Majapahit.

LES INFLUENCES DU BOUDDHISME ET DE L'HINDOUISME

Le bouddhisme mahāyānique – ou du grand véhicule – et l'hindouisme influencent les civilisations javanaises, tant par l'utilisation du sanscrit, en plus des langues locales, que par l'iconographie lapidaire reprenant les légendes indiennes, ou le choix des divinités auxquelles sont consacrés les *candi*, comme l'ensemble des huit sanctuaires shivaïtes du groupe d'Arjuna. Le *candi*, temple funéraire, est toujours composé à partir d'une forme simple, qui peut devenir complexe à l'extrême, tout en respectant ce principe en trois parties distinctes, un soubassement massif, sur lequel est élevé le temple entouré de terrasses, couvert d'un toit à gradins étagés. Le temple abrite la statue de la divinité, qui peut être fort grande, comme celle de Tara, l'une des formes féminines du panthéon bouddhique, dans le Candi Kalasan, au sud du Merapi, dont on estime qu'elle devait mesurer 3 m.

LA DYNASTIE ŚAILENDRA ET LE BOROBUDUR (VIIIᵉ-IXᵉ S.)

C'est au cours du VIIIᵉ siècle que la dynastie Śailendra connaît l'expression la plus grande de sa puissance territoriale. Celle-ci s'étend, sous la forme notamment des influences artistiques, jusqu'à Angkor, et sous des formes culturelles plus vastes par la transmission de l'hindouisme dans la péninsule indochinoise. Dans la seconde partie du IXᵉ siècle, la dynastie Śailendra est contrainte de quitter Java, et trouve refuge à Sumatra, où elle prend la tête du royaume de Srivijaya. Elle est remplacée, à Java central même, par la dynastie de Mataram (752-1045) à laquelle nous devons le Candi Prambanan. Puis se succèdent les royaumes de Kediri (1045-1221) et de Singasari (1222-1292), avant le triomphe du Majapahit (1293-1500).

Le Borobudur, parcours initiatique

La trace la plus impressionnante de la puissance et du rôle primordial de la dynastie Śailendra demeure le Candi Borobudur. Contrairement aux édifices cultuels de la période précédente, le Borobudur est conçu sur une éminence naturelle, dont la forme a été utilisée, transformée, par l'addition de monuments. Le Borobudur est un édifice de neuf étages, depuis les cinq terrasses étagées surmontées de quatre plates-formes circulaires. Sa conception religieuse répond étroitement aux exigences du bouddhisme du *Mahāyāna* ou grand véhicule. Les terrasses carrées sont parcourues de bas-reliefs formant un parcours précis. Les quatre plates-formes sont ornées de stupas, au nombre de soixante-douze, auxquels il convient d'ajouter celui qui couronne l'ensemble de l'édifice. Le fidèle est invité à gravir le Borobudur pour y puiser aux sources directes de l'enseignement du Bouddha, pour y retrouver à la fois les étapes principales de son existence et les préceptes légués pour parvenir au *nirvāṇa* (ou « évasion de la douleur » – il s'agit de la dernière étape bouddhique, de la contemplation et de la vérité). Le Borobudur est flanqué, à l'est et à l'ouest, de deux candis, ou temples funéraires.

Le Prambanan, Rāmāyana de pierre

Localisé lui aussi sur Java central, au sud-ouest du Borobudur, le Prambanan est un complexe religieux hindouiste, consacré à Shiva. Il constitue, avec le Borobudur bouddhiste, l'ensemble le plus prestigieux de l'île. Il se présente sous la forme d'un quadrilatère, fermé d'un mur d'enceinte percé de quatre portes. L'essentiel de la décoration, en bas-relief, se compose de scènes empruntées au *Rāmāyana* (*Geste de Rama*), mais le syncrétisme avec le bouddhisme, au point de vue architectural, est manifeste, de par la présence de stupas. Les principales divinités, auxquelles sont consacrés les sanctuaires adventices, sont Brahmā, Vishnou, Shiva, c'est-à-dire la Trimūrti, et la monture favorite de Shiva, le taureau Nandi.

CHAPITRE XII
L'Amérique précolombienne

1. La civilisation maya

Conventionnellement, l'histoire maya se scinde en trois périodes : la période préclassique (v. 2600 av. J.-C.-150 apr. J.-C.), la période classique (v. 150-v. 900), enfin la période postclassique (v. 900-1521). Après la mise en place des communautés des temps préclassiques, les royaumes mayas, centrés sur des cités-États, s'épanouissent durant l'ère classique, comme Tikal, Calakmul, Chichén Itzá, Uxmal, chacune prenant le relais, au tout début de la dernière époque. Chaque cité est gouvernée par un roi qui détient tous les pouvoirs. Il est assisté d'un conseil de nobles, religieux, militaires. Le nom et des éléments de biographie de plusieurs grands souverains mayas nous sont parvenus : **18 Lapin de Copán, K'awiil de Tikal, Pakal le Grand de Palenque.** Palenque est dirigé par un prince d'exception en la personne de **K'inich Janaab' Pakal** (603-683), **Bouclier-Jaguar**, connu aussi comme **Pakal le Grand**. Seigneur de Palenque dès l'âge de douze ans, en 615, marié en 624 à la princesse **Oktan**, il rend non seulement sa puissance militaire à la cité-État, mais se révèle être un roi bâtisseur, faisant ériger temples et pyramides. Parmi eux, le Temple des Inscriptions, qui renferme sa tombe. Édifié entre 675 et 683, il se présente sous la forme d'une base pyramidale, surmontée du temple lui-même. Un escalier mène sous le temple à une crypte funéraire, où le roi **Pakal**, paré de ses attributs royaux de jade, repose sous une impressionnante dalle sculptée, fermant un sarcophage de 3 m sur 2.

MOYEN ÂGE

Les représentations figurées sur le couvercle du sarcophage et dans le caveau relatent les étapes de la transformation de Pakal en un dieu immortel, vainqueur du monde inférieur, celui de la mort et des créatures démoniaques. Copán a pour 13ᵉ souverain **Waxaklajuun Ub'aah K'awiil** (695-738), connu sous le nom de 18 Lapin. Devenu roi de Xukpi, c'est-à-dire Copán, le 2 janvier 695, 18 Lapin est capturé et sacrifié aux dieux par son vainqueur, le roi de Quiriguá, après la défaite du 3 mai 738. Après que 18 Lapin a été décapité, la cité de Copán peine à retrouver sa splendeur, son âge d'or est terminé. C'est lui qui a fait édifier de nombreuses stèles sur la Grande Place, agrandir le terrain de jeu de pelote, le temple 22 lui est consacré. Son nom de 18 Lapin, encore couramment employé, remonte aux débuts des études consacrées aux Mayas et provient d'une altération de sens, le nom véritable du roi est : « Dix-huit sont les images de K'awiil », K'awiil étant le nom de l'un des principaux dieux mayas, associé à l'exercice de la royauté divine. Tikal voit le soleil de la gloire se lever quand monte sur le trône **Yik'in Chan K'awiil** (734-760), K'awiil qui obscurcit le Ciel. Il abat en effet la puissante cité rivale de Calakmul en 736, avant de défaire ses anciens principaux alliés entre 743 et 744. Il prend pour épouse la Noble Dame **Shana'Kin Yaxchel Pakal**, Geai vert du mur, de Lakamha. La civilisation maya est encore aujourd'hui une énigme. Les cités du Sud se vident de leurs habitants à partir de la fin du VIIIᵉ siècle, ceux-ci semblent avoir migré vers le Nord, la péninsule du Yucatán.

Des fouilles récentes y attestent d'un monde de cités comparable, alors que, jusqu'à il y a peu, on le croyait importé par les habitants du Sud. Le phénomène se reproduit dans l'ensemble du monde maya au début de la période postclassique. Plusieurs phénomènes peuvent permettre de cerner certaines raisons de ce déclin, comme les guerres et les soulèvements populaires, mais la sécheresse subie régulièrement semble en être la cause principale. Il est également possible de mettre en avant l'introduction par les prêtres et les princes, à partir du VIIIᵉ siècle, du culte nouveau du dieu Kukulkan, le Serpent à Plumes, repris par les Aztèques sous le nom de Quetzalcóatl. Ce nouveau venu, au culte vite hégémonique, aurait indisposé les sectateurs des divinités plus anciennes, Chaac, dieu de la pluie, Itzmana, le dieu soleil, Ah Mun, dieu du maïs, provoquant des affrontements au sein même des cités.

UNE GRANDE CITÉ MAYA : UXMAL

Le site est le représentant le plus important du style Puuc architectural, qui s'est épanoui pendant la période classique tardive de 700 à 900. Les caractéristiques de ce style concernent des constructions d'édifices grandioses en calcaire, souvent avec des surfaces murales lisses. Uxmal, en maya « Trois Fois », sous-entendu reconstruire à trois reprises, s'élève dans la péninsule du Yucatán, au Mexique. Son occupation est relativement brève, puisqu'elle s'étend des environs de l'an **700 à ceux de 1200**. Le culte principal y est rendu au dieu de la pluie, Chaac. Le raffinement des motifs, l'abondance des sculptures, la rigoureuse disposition des bâtiments en fonction de données astronomiques font que la cité est souvent considérée comme représentative de l'apogée de la civilisation maya. Les monuments emblématiques d'Uxmal sont la Pyramide du Devin, de forme ovale au lieu d'être rectangulaire ou carrée, le Palais du Gouverneur, aux façades longues de près de 100 m, le Quadrilatère des Nonnes ou Palais du gouvernement, une cour centrale entourée de quatre bâtiments aux pièces richement décorées de sculptures, un Jeu de pelote.

La Pyramide du Devin, à Uxmal, outre sa forme ovale très inhabituelle, serait le fruit de la création magique d'un nain devin. Né d'un œuf, le Devin se révèle d'abord au monde par ses talents de musicien. Frappant sur un instrument de percussion de bois, le *tukul*, sa puissance est telle que le son en parvient jusqu'au palais du roi d'Uxmal. Ce dernier, mourant, espère qu'un nain doté d'un si prodigieux pouvoir sera capable de lui rendre la santé. Afin de l'éprouver, il le fait venir à la cour, où il traverse victorieusement toutes les épreuves qui lui sont imposées par le souverain. Mais le nain est lassé de tant d'ingratitude. L'ultime épreuve consiste à s'écraser sur la tête des noix très dures avec une massue. Le nain accepte si le roi promet d'en faire autant. Là où le nain s'exécute sans problème, le souverain se fend le crâne au premier coup. Devenu roi, le nain érige en une nuit la Pyramide du Devin.

LA RELIGION MAYA, LE *POPOL VUH*

Notre connaissance des Mayas bénéficie d'un document unique sur la cosmogonie et la mise en place de l'univers, la création de l'homme avec le *Popol Vuh*, ou Livre des Temps. Rédigé en maya, avec des caractères latins, par un groupe de compilateurs, au milieu du XVIe siècle, il décrit le monde des dieux, celui des hommes et les grandes actions des souverains mayas Quichés jusqu'à son époque de rédaction. Les Quichés sont un groupe ethno-linguistique du Guatemala, encore présent de nos jours, avec la figure bien connue de la prix Nobel de la paix Rigoberta Menchú, en lutte pour la reconnaissance de leurs droits civiques. Le texte, rapidement perdu, est redécouvert au XVIIIe siècle par un prêtre, au Guatemala, qui en fournit la première traduction. Il est parvenu jusqu'à nous grâce à une copie, elle aussi en langue maya, ainsi qu'une traduction en espagnol, dues à un Dominicain, Francisco Jimenez, datées de la fin du XVIIe siècle. Le *Popol Vuh* retrace la bataille victorieuse des jumeaux Hunahpu et Xbalanque. Il est la principale source de connaissance de la religion maya, avec les textes de *Chilam Balam*, écrits en yucatèque, mais toujours **en caractères latins**, aux XVIe et XVIIe siècles. *Chilam Balam* est le nom du groupe des « Prêtres-Jaguars », connus pour leur don de prophétie, leurs pouvoirs surnaturels. Les livres de *Chilam Balam* présentent à la fois les mythes, les prophéties, dont l'arrivée des Européens, et des recettes prophylactiques ou médicinales.

2. La civilisation toltèque

Les Toltèques occupent la région du Mexique central et choisissent le site de Tula pour y implanter leur capitale politique, ou reprennent d'une civilisation antérieure celui de Teotihuacán pour y édifier un vaste complexe religieux, cités toutes deux situées au nord de l'actuelle ville de Mexico. Cette division recoupe les deux moments de leur histoire. Les prêtres dominent la société jusqu'aux alentours du XIe siècle, puis ils laissent la place aux guerriers. Leur puissance militaire cède cependant devant les forces aztèques au cours du XIVe siècle, et le monde toltèque indépendant disparaît pour se fondre dans celui de son vainqueur. Adorateurs, comme les Mayas, du Serpent à Plumes, auquel ils donnent son nom définitif de Quetzalcóatl, ils honorent également des dieux sanglants, qui se nourrissent du sang versé des victimes humaines sacrifiées, tel le redoutable Tezcatlipoca qui préside à la mort.

DEUX GRANDS CENTRES TOLTÈQUES : TULA, CHICHÉN ITZÁ

Tula et ses Atlantes

Tula, le grand site des Toltèques, un peuple migrant installé au IXe siècle sur le plateau central mexicain, est la capitale des Toltèques et des Aztèques, à environ 80 km au nord de Mexico. L'apogée du monde toltèque se situe entre le Xe et le XIIe siècle. Tula naît au moment où la plus grande cité mésoaméricaine, Teotihuacán, entre en déclin, lors du VIIe siècle. Le premier noyau urbain est appelé *Tula Chico*, la « Petite Tula ». Le dieu-serpent Quetzalcóatl, associé à la planète Vénus, y est déjà adoré. Sa grandeur se développe à partir du règne de Ce Acatl Topiltzin, « 1-Roseau », entre 980 et l'an 1000 environ. Considéré comme le fondateur de *Tula Grande*, la « Grande Tula », il la dote d'un nouveau centre religieux. La cité recouvre alors entre 10 et 16 km^2, pour une population qui a pu dépasser les cinquante mille habitants. Sont édifiés les monuments les plus prestigieux, les pyramides à plates-formes surmontées d'un temple, comme La Quemado, ou Palacio Quemado, incluant le temple sis au sommet de la Pyramide B. Cette Pyramide B, ou Pyramide de Tlahuizcalpantecuhtli, le dieu Serpent à Plumes Quetzalcóatl, sous sa forme de Vénus, est célèbre pour ses Atlantes, quatre colonnes en forme de guerriers toltèques, hautes de près de 5 m, qui soutenaient le toit du temple. Outre ses Atlantes, Tula est connu pour ses chaac-mols ou « Jaguar rouge », statues bloc représentant un homme semi-allongé sur ses coudes, tête tournée pour faire face à l'arrivant, que l'on retrouve à Chichén Itzá, autre cité toltèque. Toltèques, Chichimèques, Mixtèques, autant de peuples destinés à se fondre dans la grande fédération dominée par les Aztèques.

Chichén Itzá, dans la bouche du puits

La cité de Chichén Itzá, ou « Dans la Bouche du Puits des Itzá », est fondée vers l'an 400, avant d'être laissée à l'abandon environ cent ans plus tard. Elle renaît au IXe siècle pour honorer le dieu Kukulkan, devenu Quetzalcóatl, le « Serpent à Plumes », pour les conquérants toltèques. Chassés de leur capitale, Tula, ils se fondent aux Mayas à Chichén Itzá, cité qui mêle les deux civilisations. Chichén Itzá se dresse dans la péninsule du Yucatán, au Mexique, et couvre une superficie de 300 ha environ. Les monuments les plus remarquables sont la grande pyramide, ou Castillo, le Jeu de pelote, le temple des Guerriers. Il convient d'y ajouter un puits naturel, ou *cénote*, lieu de culte du dieu de la pluie, Chaac. La grande pyramide, haute de 24 m, ou Castillo, le « château » en espagnol, est réservée au culte du dieu Quetzalcóatl, le « Serpent à Plumes », représenté par des têtes de serpent au bas de l'escalier d'accès. Sa construction respecte une division calendaire, quatre faces de quatre-vingt-onze marches, soit trois cent soixante-quatre auxquelles s'ajoute la plate-forme formant un total de trois cent soixante-cinq, correspondant aux jours de l'année. Le **Jeu de pelote**, le plus grand de toute la péninsule du Yucatán, avec ses 90 m de long sur 30 m de large, est un terrain rectangulaire. Sur un mur, un anneau de pierre est scellé en hauteur. Deux équipes s'affrontent pour y faire passer une balle de caoutchouc, sans utiliser les mains ou les pieds. Tout repose sur l'habileté à projeter la balle à partir des hanches, coudes, avant-bras. Il s'agit d'un jeu sacré, en hommage à la course du soleil dans le ciel. Les forces du monde inférieur, de la mort, luttent contre les forces de vie du monde supérieur, terrestre. Le temple des Guerriers (ou des Jaguars) est plus nettement toltèque. Les fresques l'ornant illustrent les exploits de ce peuple guerrier. Au sommet de la pyramide, le temple lui-même est précédé d'un autel de sacrifice, ou *chaac-mol*, en forme d'homme semi-allongé, appuyé sur ses coudes, tête dressée, dont le ventre fait office de plateau sur lequel allonger le sacrifié. Chichén Itzá recouvre en fait deux histoires, celle de la cité des Mayas, gouvernés par des rois prêtres, adorateurs de Chaac, à partir de 400, puis la ville des Toltèques, qui sont arrivés en deux vagues, l'une vers 850, l'autre vers 1150, du Mexique central, vénérant le « Serpent à

Plumes ». Les luttes avec les cités rivales, dont Mayapán, hâtent probablement la fin de Chichén Itzá, abandonnée à la fin du XIIIe siècle.

LA RELIGION TOLTÈQUE : DES DIEUX ET DU SANG

La religion toltèque, dans son ensemble, est largement reprise par les Aztèques. Toutefois, deux figures divines méritent une approche particulière, Tezcatlipoca, « Seigneur du Miroir Fumant », et Quetzalcóatl, « Serpent à Plumes ».

◆ **Tezcatlipoca**, « Seigneur du Miroir Fumant », est le démiurge mésoaméricain par excellence. Créateur du Ciel et de la Terre, il est le Soleil-Jaguar du tout premier univers. Dieu suprême, omniscient, tout-puissant, il est à lui seul toutes les divinités, le « Créateur », l'« Être de toute chose ». Invisible, omniprésent, il possède un miroir magique auquel fait écho le miroir de marcassite qui est son symbole, à l'aide duquel il prédit l'avenir et lit dans le cœur des hommes. Son culte se met en place lors de l'arrivée des Toltèques au cours du Xe siècle. Ses attributions sont infinies, dieu de la Guerre, de la Mort, de la Nuit, de la Grande Ourse, inventeur du feu, protecteur des récoltes, mauvais génie des hommes, protecteur des sorciers et nécromanciens, incarnation des jeunes guerriers, de la beauté, de la connaissance, de la musique, etc. Insaisissable tant il est multiple, paradoxal et ambigu, Tezcatlipoca est le Dieu Noir, sa couleur, pour les Aztèques corrupteur de son frère Quetzalcóatl qu'il initie à la boisson et aux plaisirs érotiques. Il est le plus souvent représenté le visage peint de bandes horizontales jaunes et noires alternées, le pied droit, perdu lors de son combat contre le Monstre de la Terre, remplacé par un miroir ou un serpent. Parfois, le miroir repose sur sa poitrine, et des volutes de fumée en émanent. Son représentant animal, ou sa forme animale, son *nagual*, est le jaguar. Il est rapproché de plusieurs dieux mayas, le créateur suprême K'awiil, ou Tohil, « Obsidienne », associé aux sacrifices.

◆ **Quetzalcóatl**, le « Serpent à Plumes de Quetzal », le quetzal étant un oiseau tropical aux plumes de vives couleurs bleues, vertes, rouges, est plus couramment nommé « Serpent à Plumes ». Frère de Tezcatlipoca pour les Aztèques, il est aussi dieu créateur, protecteur des connaissances, des artisans, des scribes, Vénus, l'Étoile du Matin, celui qui donne la civilisation aux hommes, leur apprend l'art de l'agriculture, du commerce, du tissage et de la poterie. Quetzalcóatl est adoré par les Mayas sous le nom de Kukulkan, sous celui de Quetzalcóatl à Teotihuacán, chez les Toltèques puis les Aztèques. Protecteur des prêtres, il serait à l'origine du régime des rois prêtres de Tula, au Xe siècle. Il serait alors à rattacher à la figure du roi Ce Acatl Topiltzin Quetzalcóatl, chassé par les séides du dieu rival Tezcatlipoca. Quetzalcóatl, dieu pacifique, reçoit des sacrifices de fleurs, plumes de quetzal, jade ou animaux, serpents, oiseaux, papillons. Sa chute à Tula inaugure l'ère des sacrifices humains exigés par son sombre opposé, Tezcatlipoca.

3. La civilisation inca

Les Incas sont à l'origine un groupe, venus probablement du lac Titicaca, à la frontière entre le Pérou et la Bolivie. À partir du Xe siècle, ils essaiment dans les vallées péruviennes, créant de nombreux petits royaumes rivaux. **Au XIIIe siècle**, regroupés, ils commencent à préparer l'avènement, autour de Cuzco, de ce que sera l'Empire inca qui, à son apogée, au début du XVIe siècle, couvre environ 3 millions de km². Le legs des Incas est familier depuis l'enfance, entre *Les Sept Boules de cristal* et *Tintin et le Temple du Soleil*, il perdure aussi dans la célébration pérenne de la principale fête en l'honneur du Soleil. L'*Inti Raymi*, la fête du Soleil, correspondant au solstice du 24 juin, continue à être célébrée au Pérou, non loin de Cuzco, sur le site de Sacsayhuamán. Chaque année, plusieurs centaines de milliers de personnes, Péruviens et touristes, viennent assister à la reconstitution en costumes d'époque des fêtes données autrefois par les Incas. Le point d'orgue de la cérémonie est le discours prononcé par le figurant incarnant l'empereur, le *Sapa Inca*, en langue quechua, avant d'être promené en procession sur un trône d'or. Survivent encore la langue, le quechua et l'*ayllu*, communauté villageoise solidaire. Leur monde demeure encore présent et vivant à la fois dans la langue quechua, toujours pratiquée, ou runasimi, « langue des hommes », la langue parlée dans les Andes, depuis le sud de la Colombie jusqu'au nord de l'Argentine.

L'HISTOIRE DES INCAS

Il faut attendre le Ier millénaire de notre ère pour voir naître deux empires véritables, Tiahuanaco et Huari. Tiahuanaco, site classé au patrimoine mondial de l'Unesco, se développe à proximité du lac Titicaca, sur l'actuelle Bolivie. Son grand temple célèbre le culte dû aux *huaca*, les forces spirituelles. Il disparaît au XIe siècle, sans que la cause exacte en soit déterminée. L'empire de Huari est centré sur l'actuelle ville d'Ayacucho, dans la province péruvienne du même nom, à plus de 2 700 m d'altitude dans la cordillère des Andes. Les Huaris, architectes, tisseurs, maîtres dans l'art de la céramique, préfigurent les talents incas. La fin de l'Empire huari coïncide avec la constitution d'États régionaux dont le plus important est celui de Chimú, dans la région de l'actuelle ville de Trujillo. Né au IXe siècle, il perdure jusqu'à la fin du XVe siècle, moment où il est incorporé à l'Empire inca. Sa capitale, Chanchán, est révélatrice de l'organisation de la société en castes, chacune occupant le quartier qui lui est dévolu. Les Incas quittent probablement les alentours du lac Titicaca au cours du XIe siècle, pour gagner peu à peu la vallée de Cuzco et s'y établir. Il leur faut d'abord combattre les groupes locaux, puis s'agréger à une coalition. Cette dernière est nettement organisée : le *Hanan*, « le Haut », revient à ceux qui exercent les pouvoirs civils et religieux ; le *Hurin*, « le Bas », détient les pouvoirs militaires.

Très vite, les Incas monopolisent le *Hurin*. Le premier à pouvoir véritablement être considéré comme empereur serait l'Inca Manco Cápac, au XIIe siècle. Les Incas dominent alors la fédération qu'ils ont servie un temps militairement. Un seul groupe s'oppose encore localement à leur pouvoir : les Chancas. En 1438, ils assiègent Cuzco, dont le nom signifie « nombril », ou « centre », du monde, quitté précipitamment par l'Inca Viracocha (v. 1400-1438). Il est d'abord connu sous le nom de Hatu Tupac Inca, qu'il change pour celui de Viracocha quand il a la révélation de l'existence de ce dieu. Il est le créateur véritable de l'Empire inca par sa politique d'assimilation des populations conquises, après les phases de conquêtes militaires. Alors que les Chancas assiègent Cuzco, il se réfugie dans une place forte, semble prêt à renoncer à se battre. Son fils, Pachacutec, prend la tête de l'armée, bat les Chancas, et le dépose. Avec son règne s'ouvre la période de l'apogée du monde inca. Le futur **Pachacutec** (1438-1471) est un prince ombrageux. Puis les règnes suivants poussent les limites de l'Empire jusqu'à la Bolivie, l'Équateur, le nord du Chili. **Huayna Cápac**, le « Jeune Magnifique » (1493-1527), consacre par son règne l'apogée de la splendeur de l'Empire Inca, le *Tahuantisuyu*. Mais l'Empire inca repose sur des bases fragiles. Sa structure de base est l'*ayllu*, ou communauté villageoise. Les provinces sont gouvernées par des Curacas, nobles Incas qui les administrent. Le véritable ciment de cette mosaïque de groupes est religieux, c'est le culte du Soleil, Inti. En 1527, Huayna Cápac meurt sans désigner de successeur. Ses deux fils, **Huascar** et **Atahualpa**, se disputent le territoire pendant cinq ans. En 1532, Huascar est éliminé, **Atahualpa** (1532-1533) est seul souverain. Il occupe le nord de l'Empire inca lorsque son père Huayna Cápac décède. Son demi-frère **Huascar** (1527-1532) est proclamé *Sapa Inca*, à Cuzco, appuyé par les membres de la famille royale et la noblesse. Mais Atahualpa refuse de l'accepter et entre en guerre. Cinq années de manœuvres et d'affrontements suivent, avant que Huascar ne soit définitivement défait, non loin de Cuzco, en 1532. Atahualpa devient Inca, le dernier. C'est à cette même date que **Francisco Pizarro** (v. 1475-1541) entre au Pérou. Par traîtrise, il s'empare d'Atahualpa. La perte de l'Inca est une catastrophe pour son peuple. Une énorme rançon, consistant en une pièce entièrement remplie d'objets en or, est versée. Mais Pizarro fait exécuter Atahualpa le 29 août 1533. Il faut quinze ans aux Espagnols pour achever la conquête, facilitée par les ravages provoqués dans la population par les maladies apportées par les Espagnols.

L'ARCHITECTURE CYCLOPÉENNE INCA

Les sites et monuments pré-incas et incas impressionnent par les dimensions d'une architecture cyclopéenne. Les principaux sites et monuments incas, outre la capitale, Cuzco, sont Pachacamac, site pré-inca à environ 30 km de Lima, le Coricancha, le temple du Soleil, à Cuzco précisément, la forteresse de Sacsayhuamán et le célèbre

Machu Picchu. Afin de contrôler leur immense empire, les Incas ont construit 45 000 km de routes royales, ou *Incañan*, le « Chemin de l'Inca », reliant Pasto, au sud de la Colombie, au nord de l'Argentine. La principale de ces routes royales s'étend sur 6 600 km. Des coureurs d'élite se relayaient, apprenant par cœur les messages, les récitant au relayeur qui les apprenait à son tour, capables, dit-on, de franchir par équipe 200 km par jour. L'autorité de l'Inca est ainsi permanente, tout soulèvement rapidement dénoncé à Cuzco. Il est dit même que la cour impériale pouvait consommer poissons et coquillages frais à volonté. Les voies, parfois larges de 3 m, sont faites de blocs de pierre maintenus par un mélange de graviers et de plâtre.

La cité perdue du Machu Picchu

Le Machu Picchu, ou « Vieille montagne » en langue quechua, est une cité inca perchée à plus de 2 400 m au-dessus de la vallée de l'Urubamba, à environ 70 km au nord-ouest de Cuzco. Construite vers 1450, la ville est abandonnée environ cent ans plus tard, pour une raison encore mal définie. Ignorée des conquérants espagnols, puis oubliée, la cité est redécouverte en 1911, classée au patrimoine de l'Unesco en 1983. À l'origine, Machu Picchu était considéré comme un *Ilacta*, une cité destinée à contrôler de nouveaux territoires conquis. Il semble, aujourd'hui, qu'il s'agisse plutôt de la retraite privée de l'Inca **Pachacutec** (1438-1471). Comme nombre d'édifices incas, ceux du Machu Picchu sont dressés à partir de blocs de pierre assemblés sans mortier. Il s'agit de cent quarante constructions, maisons, temples, jardins clos reliés par un escalier de pierre de plus d'une centaine de marches. La ville, comme la société inca, est strictement divisée : un quartier sacré, un quartier réservé à la noblesse et aux prêtres, un quartier populaire. Le quartier sacré comprend l'Intihuatana, le temple du Soleil, et le Temple des Trois Fenêtres. Dans celui de la noblesse et du clergé, les bâtiments des prêtres ont des murs rouges, ceux destinés aux femmes de haut rang des pièces trapézoïdales. En mai 2007, le site a été ajouté aux sept nouvelles merveilles du monde par la New Open World Foundation.

LA RELIGION INCA : ROIS DIEUX ET VIERGES DU SOLEIL

L'Empire inca s'incarne dans son souverain, l'*Inca*, à la fois chef de guerre et plus haut dignitaire religieux, proche du divin. Si les sept premiers Incas ont une existence légendaire en grande partie, certains de leurs successeurs vont porter à son apogée le monde qu'ils dominent : **Viracocha Inca** (v. 1400-1438), guerrier redoutable et réformateur religieux, **Pachacuti Yupanqui**, ou **Pachacutec** (1438-1471), le « Réformateur du monde », **Huayna Cápac** (1493-1527) dont le règne marque l'acmé de l'empire, **Atahualpa** (1532-1533) enfin, l'infortuné dernier souverain. Le dieu dominant du panthéon inca est Inti, le Soleil, concurrencé puis supplanté sous le règne de Pachacutec par un nouveau démiurge, **Viracocha**, « le Créateur ». Un culte est rendu à d'autres divinités, Killa, la Lune, parèdre d'Inti, Illapa, l'éclair, ou encore Taguapica, le fils maléfique de Viracocha, qui s'évertue à détruire au fur et à mesure ce qui est créé par son père. Les sacrifices humains, plus rares que dans le monde aztèque, font partie des rites, notamment lors de l'intronisation du nouvel Inca. Les mythes évoquent la création du monde, celle des trois humanités successives, quand la plus belle légende rend hommage à Manco Cápac, fondateur du monde inca et de ses structures impériales. Les Vierges du Soleil, ou *Accla*, sont choisies à l'âge de huit ans pour devenir les compagnes du Soleil et les servantes de l'Inca et de la famille royale. Elles vivent recluses dans des bâtiments spéciaux, les *acclahuasi*, sous l'autorité de femmes plus âgées, les *Mama Cuna*. C'est parmi les *Accla* que sont choisies les concubines de l'Inca, offertes également en mariage aux princes étrangers auprès desquels l'empereur est désireux de s'allier politiquement.

LA MUSIQUE INCA

La musique andine rythme la vie de l'*ayllu*, communauté agraire déjà vivante au temps des Incas, fondée sur la parenté, le voisinage, mais aussi la propriété collective et un travail en commun des terres. L'origine de la *quena* est fournie par une légende. Une belle jeune fille Chancay, **Cusi Coyllur**, est enlevée par les Incas pour en faire une

Accla, une Vierge du Soleil. Or elle est éperdument amoureuse de son ami d'enfance. Leur amour étant désormais impossible, la belle se laisse dépérir. Elle est inhumée, sa momie placée à flanc de montagne. Désespéré, son amant lui rend régulièrement visite et constate que, par temps de grand vent, ce dernier siffle entre les ossements de sa bien-aimée, faisant retentir une plainte lugubre. Inspiré par cette complainte, l'amant utilise un fémur de la momie pour y tailler la première *quena*.

4. La civilisation aztèque

Les Aztèques, connus également sous le nom de *Mexicas*, appartiennent ainsi que les Chichimèques et les Toltèques au groupe des tribus nahuas, venues du nord du Mexique, dont la langue commune est le nahuatl. Les Nahuas entament leur migration vers le Mexique central actuel aux environs du VIe siècle. Il semble que Chichimèques et Aztèques ne s'y dirigent pas avant le XIIe siècle. L'origine exacte des Aztèques demeure sujette à interprétation. Les intéressés eux-mêmes évoquent volontiers une origine mythique, une sortie du centre du monde, le Chicomotzoc ou « Lieu des Sept Cavernes » ou une cité d'abondance, Aztlán.

Après une longue errance, les Aztèques nomades fondent leur capitale, Tenochtitlán, en 1325, sur le site de la ville actuelle de Mexico. Le lieu ne doit rien au hasard : les dieux l'ont choisi en se manifestant par un signe, celui d'un aigle tenant en son bec un serpent, juché sur un cactus. Ce symbole orne toujours le drapeau mexicain actuel. Selon la légende, les Aztèques, désireux d'assurer une descendance noble à leur ville, demandent au roi toltèque de Culhuacan son fils comme premier souverain. C'est ainsi que vers 1375, **Acamapichtli** (v. 1375-v. 1395), dont le nom signifie « Celui qui empoigne le bâton » ou encore « Poignée de roseaux » en nahuatl, devient roi, le premier roi prêtre des Aztèques. Lorsque son fils **Huitzilihuitl** (v. 1395-1417) (Plume de colibri) lui succède, les Aztèques se sont affirmés dans l'art de la guerre en combattant aux côtés des Tépanèques. Marié à l'une des filles de **Tezozomochtli** (règne : v. 1367-v. 1426), souverain d'Azcapotzalco, il obtient de ce dernier la diminution des tributs à lui verser. C'est aussi une période de consolidation, de paix avec leurs

> **Les codex**
>
> Le *Codex Mendoza* est un document essentiel pour la compréhension de la culture aztèque. Cet ouvrage de soixante-douze pages, réalisé en 1541 sur du papier européen, est destiné à **Charles Quint** (1500-1558). Son nom lui vient de son commanditaire, **Antonio de Mendoza** (1495-1552), vice-roi de la Nouvelle-Espagne. Il comporte trois parties, la première évoquant l'histoire des Aztèques depuis la fondation en 1325 de Tenochtitlán, jusqu'à la conquête de Hernán Cortés en 1521. **La deuxième partie** évoque le nom des villes soumises par la triple alliance aztèque, qui regroupe Tenochtitlán, Texcoco et Tlacopan. La troisième concerne la vie quotidienne des Aztèques. Il existe d'autres codex comme le *Codex Aubin*, de 1576, racontant l'histoire aztèque depuis ses débuts légendaires jusqu'à la destruction de Tenochtitlán par les Espagnols, ou encore le *Codex Fejervary-Mayer*, le *Codex Borbonicus*. Les codex sont réalisés par des spécialistes, les *tracuilo*, mot qui désigne à la fois le scribe et le peintre. Lors de la conquête espagnole, beaucoup sont brûlés, considérés comme païens. Par la suite, ceux appelés « codex coloniaux » sont redessinés par les Indiens et annotés par des Espagnols. Aztlán, dans de nombreux ouvrages dont le *Codex Boturini*, nom d'un célèbre collectionneur du XVIIe siècle, aurait été une île située en plein milieu d'un lac. Son nom signifie « lieu de la blancheur » ou « des hérons ». Aztlán était une ville pacifique, vouée à la déesse Coatlicue, déesse de la Terre, mère de Huitzilopochtli, dieu de la Guerre et du Soleil. Cet éden symbolique est recherché, dès le XVIe siècle, sans avoir été retrouvé avec certitude. On cite souvent comme lieu possible l'île de Janitzio, au milieu du lac de Pátzcuaro, dans l'État mexicain de Michoacán, ou celle de Mexcaltitan dans l'État de Nayarit.

voisins. Désormais, les Aztèques sont prêts à dominer leur monde, le *Cem-Anahuac*, le « Monde Unique ». Le rayonnement de l'Empire aztèque commence à la mort d'Itzcoatl en 1440. Tlacaelel est toujours conseiller du nouveau roi **Moctezuma Ier** (1440-1469). Ils poursuivent l'expansion de l'Empire aztèque en affrontant les Huastèques du Nord-Est et les Mixtèques du Centre-Est.

Jamais autant de richesses n'ont afflué vers la capitale, provenant des tributs imposés aux régions soumises. **Moctezuma II** (v. 1480-1520), littéralement **Moctezuma Xocoyotzin** (Celui qui se fâche en seigneur le plus jeune), devient souverain en 1502 contre sa volonté. Il règne d'une façon autoritaire, réduit la classe des guerriers et les prétentions de la noblesse, mais sait nommer au sein de l'administration des hommes plus jeunes. Lorsque Cortés débarque avec ses troupes, il est persuadé d'assister au retour de Quetzalcóatl. À cette occasion, il fait de nombreux sacrifices humains, ce qui choque considérablement les Espagnols. La tradition raconte que, déjà prisonnier de Cortés à la suite de la prise de Mexico en 1520, poussé à haranguer la foule d'un balcon du palais, il est tué par une pierre lancée. Mais on n'a jamais su si celle-ci l'a été par un Espagnol ou par un Aztèque, mécontent de la piètre représentation d'une autorité ou de la collaboration avec l'ennemi. Son frère **Cuitlahuac** lui succède. L'arrivée des Espagnols a lieu le 8 novembre 1519 sous les règnes de **Moctezuma II** (1502-1520) et de **Cuitlahuac** (1520). Ils leur prêtent allégeance, persuadés de se retrouver en face du dieu Quetzalcóatl, revenu prendre possession de ses terres. Bien que les forces de la triple alliance aztèque soient plus nombreuses que celles des conquistadors, ceux-ci savent néanmoins se rallier les tribus Chalcas, Tépanèques et Tlaxcaltèques qui refusent la domination aztèque. Les Espagnols donnent l'assaut et rapidement la triple alliance est décimée. Quand Tenochtitlán est définitivement pris le 13 août 1521, l'Empire aztèque s'effondre. Le dernier *tlatoani* (empereur), **Cuauhtémoc** (1520-1525), est capturé, emprisonné, et pendu en 1525. Cuauhtémoc, dont le nom signifie « aigle qui descend », est connu pour avoir été le dernier des rois aztèques, mais aussi pour sa forte personnalité qui n'a régné que quatre-vingts jours. Succédant à **Cuitlahuac**, l'histoire l'a retenu comme celui qui se dresse contre les conquérants espagnols. Après que Pedro de Alvarado a massacré à l'intérieur du Templo Major (le Grand Temple) prêtres et nobles, il supporte un siège de soixante-quinze jours, enfermé à l'intérieur de la capitale. Après avoir chassé les Espagnols de Tenochtitlán, au cours de la *Noche Triste*, il est obligé de se rendre. La *Noche Triste* (la nuit triste) est le nom donné à un épisode tragique de la conquête mexicaine par Cortés. Le 30 juin 1520, les troupes commandées par Hernán Cortés sont massacrées par les Aztèques dans leur ville de Tenochtitlán.

LA RELIGION AZTÈQUE, LE CULTE DE « L'EAU PRÉCIEUSE »

Les Aztèques fondent leur religion sur le calendrier et un cycle de cinquante-deux ans, à l'issue duquel un monde nouveau se met en place, après la célébration de la cérémonie de la « Ligature des roseaux ». Ils honorent un grand nombre de dieux, repris des civilisations de Teotihuacán et des Toltèques qui les ont précédés, voire du monde maya. Ils considèrent leur univers comme instable, ayant déjà subi quatre destructions à l'issue desquelles les dieux ont dû se sacrifier pour que renaissent les astres et que le soleil se remette en mouvement. C'est donc un monde inquiet, à la merci du chaos. Pour éviter celui-ci, les hommes se doivent de suivre l'exemple divin et de répandre « l'eau précieuse », leur sang, pour assurer à leur tour la permanence de la bonne marche de l'univers. Les sacrifiés sont des volontaires, rarement, et des prisonniers de guerre, le plus souvent. Les Aztèques pratiquent à cet effet une technique de guerre un peu particulière, la *Xoxiyaoyotl*, ou « Guerre fleurie », qui consiste non pas à tuer l'adversaire, mais à le capturer vivant afin de pouvoir ensuite l'offrir en sacrifice aux dieux.

Principaux dieux aztèques

Parmi les dieux les plus puissants se trouvent Huitzilopochtli, Tezcatlipoca, Tlaloc et Quetzalcóatl. Dieu du Feu, le premier règne sur le Midi. Le Nord appartient au second, le dieu du Froid et de la Nuit, de la Mort et de la Guerre. De l'Est, vient l'influence bienfaisante de Tlaloc, dieu de l'Eau, de la Fertilité. À l'Ouest, se trouve Quetzalcóatl, le plus sage et le plus grand de tous. Chaque divinité essentielle est associée à un point cardinal et à une couleur qui indique sa nature. Au noir Tezcatlipoca s'oppose le blanc Quetzalcóatl.

L'au-delà des trois mondes

L'au-delà chez les Aztèques correspond à **trois mondes** : celui des guerriers, des femmes en couches, est le plus enviable. Les deux autres sont le Tlalocan et le Mictlan. L'au-delà des guerriers et des femmes mortes en couches est solaire, les uns et les autres portent le palanquin du soleil, les femmes elles-mêmes devenant guerriers. Passé un cycle de quatre années au service du soleil, ils reviennent sur terre, sous la forme de colibris, oiseaux mouches, papillons. Le Tlalocan est l'au-delà de Tlaloc, dieu de la Pluie, de l'Eau, de la Végétation. Il accueille les noyés et tous ceux morts d'un accident lié à l'élément liquide. Les défunts connaissent là une éternité de joie et de plaisirs au milieu d'une exubérante végétation. Le Mictlan, au Nord, accueille tous les autres trépassés, ceux qui ne sont ni guerriers, ni femmes mortes en couches, ni élus de Tlaloc. Après un voyage périlleux, le mort traverse les neuf fleuves des Enfers et gagne le monde des neuf terres de la mort avec lequel il se fond totalement. Le monde des ténèbres est régi par Mictlantecuhtli, maître des Enfers, seigneur de la mort.

UNE OBSESSION AZTÈQUE : LE TEMPS

Les calendriers aztèques

Les Aztèques, qui accordent une importance primordiale au temps, utilisent concurremment trois calendriers : solaire, divinatoire et vénusien. Le calendrier solaire, comme le nôtre, comprend trois cent soixante-cinq jours, mais il repose sur dix-huit mois de vingt jours, plus cinq jours néfastes. Le calendrier divinatoire reprend les mois de vingt jours, mais les affecte de quatre signes intercalaires, afin que les deux calendriers soient identiques tous les cinquante-deux ans, c'est-à-dire la période représentée par treize fois quatre. Le calendrier vénusien suit les révolutions de Vénus et du Soleil, dont la coïncidence se produit tous les cent quatre ans. C'est le « siècle » aztèque, le plus long comput auquel ils recouraient.

La semaine aztèque

La semaine aztèque comprend treize jours et est placée sous le signe du glyphe commençant la série. La treizaine du 1-Crocodile est suivie par celle du 1-Jaguar puis le 1-Cerf, 1-Fleur, 1-Roseau, 1-Mort, etc.

1-Crocodile	1-Mort	1-Singe	1-Vautour
1-Jaguar	1-Pluie	1-Lézard	1-Eau
1-Cerf	1-Herbe	1-Mouvement	1-Vent
1-Fleur	1-Serpent	1-Chien	1-Aigle
1-Roseau	1-Silex	1-Maison	1-Lapin

Le calendrier d'une vie : **Le Livre des destins**

L'univers des mythes et légendes aztèques est dominé par la prédestination absolue. Dès sa naissance, chaque Aztèque est marqué par le *Tonalli*, le destin, et ce aussi bien durant sa vie que pour son devenir *post mortem*. **Le Livre des destins**, le *Tonolamatl*, donne le signe et le chiffre du nouveau-né, ce qui permet de savoir ce que sera son existence et son devenir dans l'au-delà. Mais tous les mythes sont dominés par Quetzalcóatl, le « Serpent à Plumes », jumeau de Xolotl, dieu de la Salamandre et de la Résurrection, qui l'entraîne dans le monde des morts. Les Aztèques assimilent l'apport culturel de ceux qu'ils ont vaincus. Il en résulte une mythologie complexe, riche de centaines de divinités.

CHAPITRE XIII
L'Afrique médiévale

1. L'Éthiopie médiévale

La dynastie Zagwé (1135-1268)

Le royaume d'Axoum n'existe plus politiquement depuis le Xe siècle. Toutefois, on le prolonge souvent jusqu'au début du XIIe siècle, au moment où la dynastie Zagwé, ou Zagoué (1135-1268), lui succède. C'est aux alentours de 1135 que les Zagwé, originaires du centre de l'Éthiopie, installent leur capitale à Lalibela. Peu à peu, la dynastie contrôle les provinces du Tigré, du Gondar, du Wello. Le souverain le plus fameux de la dynastie est **Gebra Maskal Lalibela** (1189-1212) qui fait édifier de nombreuses églises monolithiques dans la capitale à laquelle il donne son nom. Le dernier roi de la dynastie est **Yetbarak** (?-1268). Son fils ou petit-fils est tué par le prince **Yekouno Amlak** (1268-1285) qui donne le pouvoir à sa dynastie, **les Salomonides** (1268-1974). L'église Beta Giorgis (Saint-Georges) est l'une des onze églises monolithiques de Lalibela classées au patrimoine mondial de l'Unesco.

2. Les débuts de la dynastie salomonide (XIIIe-XVe siècle)

La **dynastie salomonide** (1268-1974) se dit descendre de **Ménélik Ier** (v. 950 av. J.-C.), fils supposé de Salomon et de la reine de Saba. Au XIIIe siècle, elle contrôle trois provinces, Tigré au Nord,

MOYEN ÂGE

Amhara au centre, Choa au Sud. L'empereur porte le titre de *négus*, *Negusa nagast* ou « roi des rois ». Il est à la tête d'un ensemble de principautés largement indépendantes, toujours prêtes à tenter de lui ravir le trône impérial au profit de leur propre dynastie. La cour est itinérante, les complots fréquents. Le meilleur appui pour demeurer sur le trône est la personnalité même du souverain. **Le premier négus, Yekouno Amlak** (1268-1285), met fin à la dynastie Zagwé, dont les derniers princes sont vaincus entre 1268 et 1270. Il entreprend plusieurs guerres contre les sultans musulmans de l'est de l'Éthiopie, en particulier celui d'Ifat qui se développe lui aussi à partir du XIIIe siècle. Une lutte continue oppose les deux États, provoquant par moments la vassalisation du sultanat d'Ifat. Jusqu'au XVe siècle, deux figures de la dynastie salomonide se détachent : **Amda Sion Ier** (1314-1344) et **Zara-Yaqob** (1434-1468). **Amda Sion Ier** devient en 1314 *négus* sous le nom de règne de **Gabra Masqal Ier** (1314-1344). Il tente, en vain, de protéger les coptes, chrétiens d'Égypte persécutés par le sultan mamelouk du Caire. Il bat à plusieurs reprises les troupes du sultanat d'Ifat, fait détruire sa capitale. Il a pour capitale Tegoulet, dans le Shoa, fondée par Yekouno Amlak. Afin d'éviter les complots de palais, il inaugure l'emprisonnement des princes dans la « Montagne des Rois », au monastère ou amba de Guerchén.

Ils y demeurent cloîtrés, concentrés sur l'étude des textes religieux jusqu'au jour où l'on vient éventuellement les chercher pour monter sur le trône. Les arts évoluent, particulièrement celui des manuscrits enluminés, ornés de miniatures comme l'*Évangéliaire de Debra-Maryam*. À défaut de code de lois, le *négus* commence à faire compiler les éléments de description des charges à la cour, de hiérarchie nobiliaire dans le *Serata-Mangest* ou « Ordonnance du royaume ». **Zara-Yaqob** est le plus brillant prince de ce début de dynastie salomonide. Il passe vingt ans à l'amba de Guerchén, y acquiert une solide formation en théologie. Il étend l'empire d'Éthiopie en soumettant le sultan d'Ifat, celui de l'Adal, nouvel État musulman au sud-est de Harrar. Il choisit pour nom de règne **Kwestantinos Ier**, **Constantin Ier**, et se veut son émule en Éthiopie. Il propage le christianisme, interdit les rites païens, fonde monastères et abbayes : Métaq à Tegoulet, à Axoum, à Debre Berhan sa nouvelle capitale, dans l'Amhara. À sa mort, en 1468, l'Éthiopie médiévale est à son apogée, des représentants de son Église ont participé au concile de Florence (1431-1441), Zara-Yaqob entretenait une correspondance avec des souverains européens, comme le roi **Alphonse le Magnanime** ou **Alphonse V d'Aragon** (1416-1458).

3. Le royaume du Kongo (v. 1350-1500)

Le royaume du Kongo aurait été, selon un mythe fondateur, créé par un roi forgeron, capable de fabriquer les armes de la conquête pour les distribuer à son peuple. **Lukéni**, fils cadet du roi de Bungu, veut s'approprier un trône, et traverse le fleuve Kongo avec ses partisans. Après une ère de conquête, il fonde sa capitale, Mbanza Kongo. La geste aurait pris place dans la seconde moitié du XIVe siècle. Nous connaissons le royaume du Kongo, environ un siècle plus tard, par les récits que nous ont laissés les Portugais. À ce moment, le royaume est composé de six provinces, solidement réunies sous l'autorité royale, et d'un nombre fluctuant de territoires, soumis ou non au roi du Kongo, en fonction des aléas de la guerre.

LE SYSTÈME ROYAL

Il est très tôt influencé par la conversion des monarques au catholicisme : dès la fin du XVe siècle. Le roi le plus notable de l'époque prend le nom d'**Alfonso Ier** et règne de 1506 à 1543. Durant cette longue période, il entretient des contacts étroits avec Rome et le Portugal. Il envoie même au Portugal une partie de la jeunesse aristocratique, afin qu'elle y reçoive une formation dans l'art d'administrer et celui de combattre. C'est également à cette époque que s'établit, puis s'intensifie, le trafic d'esclaves à partir du royaume du Kongo, au profit des négriers de Lisbonne. Le roi du Kongo, qui porte le titre de *manikongo*, est placé, et les successeurs d'Alfonso Ier le paient durement, dans une position fausse, car il est à la fois un souverain coutumier et un roi catholique, soutenu, à partir du XVIIe siècle, par la seule volonté des Portugais, mais privé de l'appui des élites locales, entrées en rébellion. Cette situation, qui ne cesse de se dégrader, connaît son épilogue lors de la bataille d'Ambuila, en octobre 1665, où le roi révolté, Antonio, est écrasé par les Portugais, qui le décapitent. Après cette date, le royaume du Kongo est déchiré entre les clans rivaux, qui accaparent tour à tour brièvement la royauté, jusqu'à la fin du XIXe siècle, où les Européens font du royaume du Kongo l'une de leurs colonies.

LA SOCIÉTÉ KONGOLAISE

Le fondement de la société kongolaise est le lien matrilinéaire, qui regroupe les individus au sein de lignages et de clans. L'importance de ce lien est d'autant plus grande qu'il est vaste, un homme pouvant prendre autant d'épouses qu'il le souhaite, dans la mesure toutefois où il peut prouver qu'il est à même de leur assurer, ainsi qu'aux enfants futurs, une vie décente. Cette possibilité revient, pour des raisons de richesse, à permettre aux plus aisés d'accumuler les femmes comme un bien, quand les plus pauvres sont plus ou moins irrémédiablement voués au célibat. Avant même l'arrivée des Portugais, la société kongolaise connaît l'esclavage. Les esclaves forment, en effet, l'un des trois sous-groupes de la société : nobles, libres, esclaves. Il s'agit d'esclaves-marchandises, qui appartiennent à un maître précis, qui peut les aliéner en les donnant ou les vendant. L'arrivée des négriers portugais ne fait donc que renforcer une structure existante dans la société kongolaise, elle ne la crée pas. La différence principale réside dans le traitement qui leur est accordé. La société kongolaise traditionnelle oblige le maître à bien traiter ses esclaves, et à s'occuper de leur mariage. Cette dernière obligation fait qu'il était beaucoup plus aisé pour un esclave de prendre femme, sous le patronage de son maître, que pour un libre dépourvu de moyens de l'entretenir. L'élément fondamental de cohésion, comme dans toute société traditionnelle, est la personne sacrée du roi, qui incarne, au sens premier du terme, son royaume tout entier. Son rôle est rendu plus ardu par l'adhésion précoce de la dynastie au catholicisme : le roi doit à la fois assurer la continuité lignagère du culte des rois-ancêtres et s'assumer comme souverain chrétien.

LES ARTS DU ROYAUME DU KONGO

Les arts du royaume du Kongo sont voués à la puissance du roi, des ancêtres, de Dieu. Il s'agit principalement de statuettes de bois, mais

L'AFRIQUE MÉDIÉVALE 675

aussi de bronze ou de fer. Les artisans façonnent ainsi de nombreux fétiches, destinés au *nganga*, médecin-magicien. Le fétiche sert de support à la guérison ou à l'envoûtement de la personne représentée. Les statuettes de bois couvertes de clous de fer, de coquillages, de colliers, de perles de pierres tendres sont caractéristiques des arts du Kongo. L'apport chrétien est visible surtout dans l'orfèvrerie, par la réalisation de croix pectorales, de statuettes en bois représentant les principaux saints. Outre le royaume du Kongo, les peuples Bantous, probablement originaires des régions du Cameroun et du Nigeria qui ont migré vers l'Afrique centrale et de l'Est, fondent plusieurs États après le XIe siècle : royaumes du Monomopata, de Kuba, de Luba, de Lunda, du Butua, Bamoun, Bamiléké. Au royaume du Monomopata, riche de ses mines d'or, un groupe de monuments remarquables est édifié, connu sous le nom de Grande Enceinte du Zimbabwe. La Grande Enceinte du Zimbabwe domine, depuis un plateau situé au sud-est d'Harare, l'Empire shona comprenant l'actuel Zimbabwe, l'est du Bostswana et le sud-est du Mozambique. C'est un vaste complexe de pierres de granite non cimentées, commencé vers 1100. La Grande Enceinte, haute de 10 m, englobait un espace de 250 m de diamètre. La réalisation de l'ensemble de la structure s'est étalée sur environ un siècle : complexe de la Colline, complexe de la Vallée, Grande Enceinte. Le premier est réservé au roi, ses conseillers, son médecin et les prêtres. Souverain et religieux y entrent en communication avec les dieux. Le complexe de la Vallée abrite les nobles, la Grande Enceinte est la demeure des épouses du roi. Au total, le complexe du Grand Zimbabwe couvre 27 000 m². Les gens du peuple vivent à l'extérieur de ces trois ensembles. La population totale est évaluée à environ cinq mille personnes. Cette impressionnante cité royale est abandonnée lorsque sonne le glas de la puissance du Grand Zimbabwe, au milieu du XVe siècle.

LA RELIGION DU KONGO

En dépit de la diffusion du christianisme, à partir des milieux de cour, les Kongos ont conservé les cultes ancestraux. Une divinité supérieure, dont le nom seul est redoutable, Nzambi ampungu, est trop éloignée des hommes pour pouvoir être l'objet d'un culte. Elle existe, immanente, mais demeure inaccessible. Pour communiquer avec les dieux et les esprits, les Kongos ont recours à des intermédiaires, de deux types : les *bankita*, qui sont les ancêtres du clan, et les *bakulu*, les aïeux. C'est à eux qu'il faut s'adresser pour obtenir un bienfait, ou redresser une situation qui vous porte préjudice. À ces esprits viennent s'ajouter les saints de la religion catholique, intercesseurs privilégiés entre Dieu et les hommes. La religion kongo ne s'est pas voulue exclusive, et elle a fondu le catholicisme à son paganisme originel.

4. L'empire de Kanem-Bornou

L'empire de Kanem-Bornou (IXe-XIXe s.) commence avec le royaume de Kanem, dans la région du lac Tchad. Depuis sa capitale, Ndjimi, le roi, ou *maï* de la dynastie des Sefawa, contrôle une partie du commerce transsaharien. Aux XVe et XVIe siècles, le centre du pouvoir se déplace vers le Bornou, plus à l'Ouest, fondant un vaste empire islamisé du Soudan central. Le *maï* gouverne appuyé par le Grand Conseil qui l'a choisi, mêlant membres de la famille royale et aristocratie militaire. Des conseillers participent aussi au gouvernement, choisis à la fois parmi les libres, les *kambé*, et les esclaves, les *katchella*. L'aristocratie se voit confier par le roi l'administration des provinces. Au XVIe siècle, à son apogée, le Kanem-Bornou fonde sa prospérité sur les caravanes transsahariennes et le commerce des esclaves. Au XIXe siècle, face aux menaces des Peuls, le Kanem-Bornou perd sa souveraineté et disparaît en 1849.

5. Le royaume du Mali

La création de l'empire du Mali est inséparable de la personnalité de son fondateur, Soundiata Keita (1190-1255). À l'origine modeste souverain d'un petit royaume d'Afrique occidentale, il a l'intelligence politique de profiter de la décomposition de l'empire du Ghana pour s'en emparer en grande partie et se proclamer empereur du Mali avec le titre de *Mansa*, ou « roi des rois ». Il organise son territoire au sein d'une fédération, exploite les mines d'or et le commerce transsaharien. Musulman, il règne également sur des populations animistes et pratique la tolérance en accordant la *Charte du Mandem*, texte qui reconnaît les droits fondamentaux et abolit l'esclavage. Le royaume du Mali naît des décombres de celui du Ghana. Les fils de Keita lui succèdent. **Kankan Moussa** (règne : 1312-1337) fait connaître à l'empire du Mali un âge d'or. Il est célèbre pour le pèlerinage qu'il effectue à La Mecque entre 1324 et 1325. Sa richesse est telle que sa suite se compose de centaines de chameaux chargés d'or, de quelques milliers de personnes. Il fait de Tombouctou, sa capitale, un centre économique, commercial et intellectuel.

6. Les cités-États Yoruba

Les cités-États Yoruba (XIIe-XIXe s.) s'épanouissent au sud-ouest du Nigeria. Fortifiées, elles défendent leurs habitants contre les expéditions destinées à ravitailler le commerce des esclaves. Les plus importantes sont Ife, Oyo, Ijebu, Egba. Fondées par des dieux selon les récits mythiques, elles sont sacrées, gouvernées par des chefs religieux, comme l'*oni* à Ife, ou des descendants de dieux comme l'*alefin* à Oyo. Les Yorubas sont présents également au sud du Bénin et au sud du Togo. La société yoruba est très organisée. Un groupe de familles, *ebi*, forme l'*agbole* qui possède et met en valeur les terres communes. Les *bale*, chefs de clans, représentent les *agbole* au conseil du roi, l'*oba*, appelé l'*ogboni*. La religion yoruba repose sur le culte rendu aux *voduns*, les divinités, à l'origine du vaudou. Parmi elles Shango, dieu du Tonnerre ; Ogun, dieu de la Guerre et des Forgerons ; Gelede, dieu de la Fertilité. Un dieu suprême, démiurge, Olodumare, règne sur toute la création.

7. L'empire du Bénin

Le royaume, puis empire du Bénin (XIIIe-XIXe s.), s'épanouit en deux périodes. Durant la première, au XIIIe siècle, le royaume du Bénin, fondé par les Yorubas, s'installe à l'ouest du Niger. Puis, à partir du XIVe siècle et jusqu'à la conquête britannique du XIXe siècle, l'empire du Bénin se construit entre l'ouest du Dahomey et le fleuve Niger, à l'initiative des Yorubas. Actuellement, son territoire correspondrait au sud-ouest du Nigeria. La force du royaume réside dans la puissance du roi d'ascendance divine, l'*oba*, dont le pouvoir s'accroît sous le règne d'**Ewuare le Grand**, entre 1440 et 1473. L'*oba* s'enrichit par le commerce de l'ivoire, du poivre et celui des esclaves pour lequel il organise des *razzias*, expéditions de rafles de population, dans les États voisins. Roi sacré, il apparaît peu, voilé, le mythe veut qu'il ne consomme ni aliments ni boissons. Son palais, orné de plaques de bronze, relate les hauts faits de son existence. La cour présente un art animalier raffiné. Le déclin s'amorce au XVIIIe siècle, parachevé au siècle suivant par la conquête britannique en 1897-1900. Le titre d'*oba* et la fonction existent toujours, mais associés aux pouvoirs d'un chef coutumier. L'*oba* n'est pas seulement souverain du royaume, il en maintient, par son existence même, la cohésion.

8. L'Empire songhaï

L'Empire songhaï (XIVe-XVIe s.), à ses débuts dominé par l'empire du Mali, connaît une période d'expansion durant les deux siècles suivants. Riche du commerce transsaharien, il couvre le Niger, le Mali et une partie du Nigeria actuels. Ses villes fameuses sont Gao et Tombouctou, qui attire les lettrés du monde musulman par son rayonnement intellectuel, et les caravanes par son commerce actif. Fondé au VIIe siècle, l'empire brille de tous ses feux avec la dynastie des Sonni au XVe siècle. **Ewuare le Grand** (règne : v. 1440-v. 1473) est l'un des plus grands *obas*, ou rois sacrés du Bénin. Fondateur de l'empire du Bénin, il est renommé pour sa vaillance militaire et aurait soumis des centaines de chefferies dans le sud du Nigeria. Il stabilise sa dynastie en instituant la succession héréditaire. Le pouvoir des chefs coutumiers, les *uzamas*, est diminué par la création de nouveaux titres, dépendants du roi. Il fait de Edo (Benin City), sa capitale, une forteresse capable de repousser les agressions éventuelles. Il inaugure un véritable âge d'or de l'empire du Bénin. Au XVIe siècle, il centralise l'or venu du Soudan, le sel convoyé depuis les mines de Teghazza au Sahara. Mais l'édifice est fragile, en raison des luttes entre animistes et musulmans et de par la faiblesse structurelle que représente la succession au trône, régulièrement disputée. C'est ce problème qui finit par emporter l'Empire songhaï en 1591, écrasé par les armées marocaines à la bataille de Tondibi. **Mohammed Silla ou Touré** (1493-1528) fonde la dynastie musulmane des Askia et conduit l'Empire songhaï à son apogée. Il parvient au pouvoir, alors que, général, il renverse le fils du dernier empereur de la dynastie Sonni.

9. L'architecture soudano-sahélienne

Représentée à Tombouctou, Djenné et Gao, l'architecture soudano-sahélienne repose sur la maîtrise de la brique de terre crue, l'adobe, appelée *banco* en Afrique. La terre, choisie avec soin par les familles d'artisans du banco, est malaxée, foulée aux pieds. Afin de la rendre plus solide, on y adjoint de la paille. Puis on lui donne, à la main ou à l'aide d'un coffrage, une forme de petite brique ou de boule. Les murs sont ensuite édifiés par ajout de couches successives, séchées au soleil. Ils sont traversés de branches en saillie qui ont pour fonction de consolider l'édifice et de permettre d'y grimper plus aisément quand il faut le réparer après la saison des pluies. **Djenné**, au Mali actuel, abrite le plus important édifice construit en terre crue, ou adobe, la Grande mosquée. Édifiée au XIIIe siècle sur l'emplacement d'un ancien palais royal, elle est détruite par un conquérant qui la remplace par un monument plus simple. C'est l'administration coloniale française qui rebâtit le lieu de culte d'origine, à l'identique, entre 1906 et 1907. La grande façade est formée de trois tours séparées par cinq colonnes en terre battue. Le mur d'enceinte est orné de cent piliers. Le banco est une technique exigeante, d'autant qu'après chaque saison des pluies il faut réhabiliter en partie la mosquée, dans une restauration-reconstruction permanente. Située le long du fleuve Niger, au Mali actuel, Tombouctou est connue comme la « perle du désert ». **Fondée au Xe siècle** par les Touaregs, son nom viendrait de *tin* (le lieu) et de *Bouctou*, nom d'une vieille femme qui vivait là, selon une étymologie populaire. Il provient probablement plutôt du berbère *buqt* (lointain), *tin-buqt* signifiant alors « le lieu lointain ». Successivement capitale des royaumes et empires du Ghana, du Mali, Songhaï, elle passe sous domination marocaine, puis française. Centre du commerce transsaharien, Tombouctou est aussi la cité des lettrés, des érudits musulmans. En témoignent trois monuments d'exception : la mosquée Jingereber, l'université Sankoré, avec sa mosquée, et la mosquée Sidi Yahya.

La mosquée Jingereber est bâtie en 1327 sur un ordre de l'empereur du Mali **Kankan Moussa** (règne : 1312-1337), qui verse 200 kg d'or à l'architecte et maître d'œuvre Abu es-Haq es-Saheli. Si l'on excepte une petite partie de la façade nord, tout l'édifice est en terre crue mêlée de paille hachée. Elle comprend deux minarets, trois cours intérieures, vingt-cinq rangs de piliers alignés est-ouest, peut accueillir deux mille fidèles. Inscrite depuis 1988 comme site d'héritage mondial de l'Unesco, elle est également l'une des madrasas, ou écoles coraniques, de l'université Sankoré. **L'université Sankoré**, ou *Sankoré Masjid*, compose, avec les mosquées Jingereber et Sidi Yahya, l'université de Tombouctou. Elle est créée au XVe siècle, à l'initiative d'une pieuse femme. Bâtie de terre et de sable, elle accueille jusqu'à vingt-cinq mille étudiants qui suivent des formations en droit, médecine, théologie, histoire. **La mosquée Sidi Yahya**, du nom du professeur pour lequel elle fut fondée, avec sa madrasa, date du début du XVe siècle. Sa forme générale rappelle celle des autres édifices religieux de Tombouctou, dont elle diffère toutefois par une ornementation des portes qui traduit une influence marocaine. Elle comporte trois rangs de piliers orientés nord-sud, une cour principale située au sud, dominée par un minaret.

QUATRIÈME PARTIE
LA RENAISSANCE

CHAPITRE PREMIER

La Renaissance : rupture et continuité en Europe

1. Histoire et société : où en est l'Europe à la fin du XVe siècle ?

L'Europe à la fin du XVe siècle est un espace en pleine mutation politique, économique et sociale, que l'on peut diviser en trois ensembles géographiques : **l'Europe occidentale**, c'est-à-dire la France, l'Angleterre et l'Espagne ; l'Europe centrale et l'Italie, c'est-à-dire l'Empire et la péninsule ; et l'Europe orientale, c'est-à-dire la Pologne et la menace ottomane. La Moscovie est volontairement laissée de côté, en raison de sa tardive émergence dans le concert des États. La **France**, après le désastre de la guerre de Cent Ans, retrouve une stabilité avec le règne de Louis XI (1461-1483) et la régence de sa fille Anne de France (1483-1491). La maison de Bourgogne est écrasée. Charles le Téméraire perd la vie devant Nancy en janvier 1477. Les seules maisons d'importance sont celles de Bourbon et d'Albret. Le pays, avec environ quinze millions d'habitants, est l'État d'Europe le plus peuplé. L'**Angleterre** voit se rétablir l'autorité royale en la personne d'Henri VII Tudor, après le considérable affaiblissement dû à la guerre des Deux-Roses entre Lancastre et York. La nouvelle maison royale bénéficie de l'appui de la bourgeoisie, et de la discrétion d'un Parlement peu consulté et docile. La principale faiblesse de l'Angleterre demeure sa population, qui ne dépasse guère les trois millions d'habitants. L'**Espagne** vit à l'heure de la Reconquista, à son apogée avec la prise de

Grenade en 1492, qui met fin à la domination musulmane dans sa partie méridionale. Le **Portugal** est un royaume indépendant, mais le reste de la péninsule Ibérique s'unifie avec le mariage d'Isabelle de Castille et de Ferdinand II d'Aragon. Une administration royale se met en place dans tout le pays, commençant à limiter les *fueros*, droits et privilèges locaux. La population de l'Espagne est d'environ six millions d'habitants.

L'**Empire** se compose d'environ trois cents principautés, temporelles mais aussi spirituelles avec les princes évêques, et de villes libres. L'empereur est élu et son pouvoir réel dépend surtout de son prestige personnel : il doit pour gouverner s'appuyer sur ses terres patrimoniales, c'est-à-dire l'Autriche, puisque depuis 1437 l'empereur est également le chef de cette maison régnante. Il s'agit de la Haute et de la Basse-Autriche, la Carniole, la Carinthie, la Styrie, le Tyrol et des domaines situés en Souabe et en Alsace. Les cantons helvétiques, autrefois sous administration impériale, forment une fédération de plus en plus indépendante depuis 1361. L'**Italie** est le champ de bataille, dans sa partie septentrionale, des souverains de France et d'Espagne, mais elle exerce aussi un indiscutable primat artistique et intellectuel. Le Nord se partage entre le comté de Savoie, le duché de Milan, les Républiques de Gênes et de Venise. Plus au Sud, Florence est dirigé par les Médicis. L'Italie centrale est occupée par les États pontificaux, l'Italie méridionale par le royaume de Naples, alors que la Sicile dépend de l'Espagne depuis 1282, tout comme la Sardaigne, la Corse étant génoise.

LA RENAISSANCE : RUPTURE ET CONTINUITÉ EN EUROPE

Dans ses *Vies des plus excellents peintres, sculpteurs et architectes* (1550), le peintre et architecte **Giorgio Vasari** (1511-1574) avait déjà mentionné une *rinascita, une renaissance* des arts qu'il opposait à la *maniera gotica*, le style gothique, la barbarie artistique de l'époque postantique. En 1860, **Jacob Burckhardt** sera le premier à insister sur la « Renaissance » en tant qu'époque de l'histoire des civilisations et donc de l'art. Le terme français qu'il utilise sera retraduit en italien par

Rinascimento. La Renaissance doit être considérée comme une période de rupture dans l'évolution des idées et des doctrines qui avaient jusqu'alors dominé au Moyen Âge. L'unité de la chrétienté en sortira brisée. Découvertes scientifiques, géographiques, innovations technologiques vont produire un développement économique et démographique considérable. Les mentalités seront touchées également par ces différents bouleversements : l'élite va s'engager dans ce puissant mouvement qui, parti d'Italie, gagnera toute l'Europe. La Renaissance puise ses racines en profondeur sur l'immense territoire fertilisé par **Guillaume d'Ockham, Bacon, Dante** ou **même les premiers gnostiques** qui ont œuvré pour combler la séparation entre monde païen et monde chrétien. Mais bien plus qu'une philosophie, on assiste à une attitude nouvelle dans laquelle l'individu prime sur la société.

HUMANISME ET HUMANITÉS

Le facteur fondamental de cette Renaissance sera « la découverte du monde et de l'homme » comme l'écrit **Michelet** dans son *Histoire de France*. Dès le XIVe siècle, un véritable retour aux sources est opéré par les Italiens. Les œuvres grecques leur servent de modèle. **Les auteurs anciens** deviennent des références : Cicéron pour la souplesse du maniement de la langue et l'élégance du style, Platon pour la philosophie. À cette époque, l'Italie est très en avance sur le reste de l'Occident tant du point de vue culturel qu'économique. Les mécènes, qui sont la plupart du temps ceux qui dirigent les cités, protègent poètes, écrivains, architectes et artistes. Les plus célèbres sont les Médicis, mécènes de Florence. Les érudits italiens regroupent les manuscrits des écrivains latins recueillis dans les bibliothèques des couvents d'Italie, de Suisse, d'Allemagne. 1453 indique la prise de Constantinople, mais aussi la date à laquelle les savants grecs en exil vinrent renforcer le rang de ces érudits. Au sens restreint du terme, l'humanisme renvoie à une philosophie qui se consacre à l'étude et à la conservation, ainsi qu'à la transmission savante des « humanités » classiques, c'est-à-dire les œuvres des écrivains de l'Antiquité gréco-latine. L'humanisme, aux XVe et XVIe siècles, part des **bibliothèques** – la Vaticane est fondée en 1480 – qui deviennent des lieux d'exégèse et d'explication de texte.

Parti des cours, pontificale à Rome, ou princières à Florence, Ferrare, Urbin, Mantoue ou Naples, l'humanisme se répand en Europe *via* les universités. La façon de percevoir le monde, et l'homme, en son sein, se modifie considérablement. L'humanisme s'impose comme une nouvelle façon de concevoir le monde et l'homme.

Enjeux de la Renaissance

- **L'humanisme** impose une nouvelle définition de la dignité humaine et des rapports que l'homme entretiendra avec la nature.
- **La diffusion des idées** modifie, après l'avènement de l'imprimerie, notre rapport au savoir, en le rendant accessible à un public plus large.
- **Les réformes religieuses** mettent fin à l'univers clos de la chrétienté, transforment notre rapport au sacré et font apparaître le visage de l'autre, l'hérétique, le sauvage, le païen.
- **L'espace esthétique** redéfini devient mathématique et géométrique.
- **L'artiste** acquiert un statut d'intellectuel reconnu, il émerge de l'anonymat.
- **Le retour à la nature** ouvre l'univers fini du Moyen Âge à l'infini du monde.
- **L'État moderne** naît, avec les tentatives pour en comprendre les raisons et le développement.
- **L'utopisme** nous fournit les moyens d'imaginer une nouvelle communauté humaine.

L'OUVERTURE DU MONDE AU MONDE

Le développement des sciences

L'astronomie, les mathématiques, la chimie et l'optique vont reléguer les superstitions aux oubliettes et aborder les rives plus rationnelles de l'observation de la nature. **L'astronomie**, avec Copernic, détrône l'astrologie. Mais avant lui, un Bavarois, Regiomontanus ou **Johannes Müller** (1436-1476), nommé par **Sixte IV** (1414-1484), évêque de Ratisbonne, pour réformer le calendrier, ne conçoit déjà plus les comètes comme de simples météores mais comme des astres pourvus d'un orbe spécifique. À la fois matérialiste et théologien, **Nicolas Copernic** (1473-1543) s'installe dès 1491 à Cracovie où il poursuit des études d'astronomie et de mathématique. À partir de 1496, il séjourne dans diverses villes italiennes : Bologne pour sa faculté de droit, puis Rome, Padoue, Ferrare. Devenu, en 1503, docteur en droit canon, il expose son système de l'univers dans *De revolu-*

tionibus orbium coelestium (1543), dédié au pape Paul III. Selon lui, le Soleil est le centre d'un système de planètes qui se meuvent autour de ce dernier selon des orbites circulaires (et non elliptiques comme **Kepler** le montrera plus tard). La Terre est au nombre de ces planètes et elle effectue en plus une rotation sur elle-même. Léonard de Vinci pressentit les lois de la mécanique, bien des éléments de la géologie et de la botanique. L'observation et l'analyse du vol des oiseaux lui permettront de faire voler des machines. Il soumettra à ses passions toutes les forces de la nature. **Jérôme Cardan** fait progresser l'algèbre, pendant qu'**Ambroise Paré** préconise le pansement des plaies ; par ailleurs **André Vésale** et **Michel Servet** font progresser la médecine. Autour de **Paracelse**, médecin suisse, s'est tissée une véritable légende. Plusieurs autres découvertes sont faites dans différents domaines.

De la première école de navigation aux découvertes maritimes

La caravelle apparaît sous le règne du prince du Portugal **Henri le Navigateur** (1394-1460). Astronome et mathématicien, il crée la première école de navigation dès 1416 à Terçanabal, petit village situé au sud-ouest du pays. Il commandite les premiers voyages d'exploration, fait découvrir les Açores, longer la côte occidentale de l'Afrique jusqu'à l'embouchure du fleuve Sénégal, les îles du Cap-Vert. C'est en 1487 que **Bartolomeu Dias** (v. 1450-1500) double le sud de l'Afrique, qu'il nomme « cap des Tempêtes », rebaptisé par Jean II « cap de Bonne-Espérance », symbole ici de l'espoir d'une route vers les Indes. Ce trajet sera réalisé en 1497 par **Vasco de Gama** (v. 1469-1524). C'est sous le règne de **Henri IV de Castille** (1454-1474) que commence l'expansion espagnole outre-mer. L'Espagne obtient du pape le jumelage exclusif du commerce dans les pays de l'Ouest. Lorsque Manuel Ier accède au trône du Portugal, en 1495, il n'a de cesse, jusqu'à la fin de son règne, en 1521, de trouver une voie commerciale vers les Indes, afin de ne plus dépendre des musulmans pour les soieries et les épices. Il en charge **Vasco de Gama**, qui quitte Lisbonne en juillet 1497, atteint l'Afrique du Sud en septembre, gagne Callicut en Inde en mai 1498. Il y est mal reçu, à la fois de par l'hostilité des marchands musulmans et par un choix malvenu d'objets de pacotille offerts au rajah local. De retour à Lisbonne, il y est accueilli en héros. **Fernand de Magellan** (1480-

1521) se voit confier une mission identique par le roi d'Espagne, atteint Rio de Janeiro en 1519, puis les Philippines après avoir changé de cap. **Amerigo Vespucci** (1454-1512) et **Christophe Colomb** (1451-1506) explorent îles et côtes de l'Amérique centrale et du Sud. C'est toutefois le premier qui donne son nom au continent. Le nord de ce dernier est exploré dans la première moitié du XVIe siècle, par les Anglais au Labrador, les Français au Canada.

LES PREMIERS IMPRIMEURS, DES SORCIERS ?

L'universalité du savoir, idéal prôné par les humanistes, va trouver, **grâce à l'imprimerie**, le moyen de se diffuser partout et à une grande rapidité. Recopier des manuscrits se révélait extrêmement long et coûteux. La possibilité de multiplier leur nombre va permettre une circulation rapide des idées mais aussi d'élargir la possibilité d'alphabétisation des populations européennes. Les premiers imprimeurs qui vinrent d'Allemagne à Paris furent d'abord considérés comme des sorciers : habitué à l'incorrection des livres recopiés par les scribes, le peuple ne pouvait comprendre comment on parvenait sans sortilège à produire en si grand nombre des textes expurgés. L'imprimerie se développe sous le règne de Louis XII, et encore plus sous celui de François Ier. La plupart des imprimeries, avant 1471, sont installées dans la vallée du Rhin. En dehors de l'Allemagne, seules les très grandes villes européennes en sont dotées. La mise au point définitive des caractères mobiles est acquise vers 1560. Sans papier, il n'y aurait pas eu d'imprimerie : le parchemin n'aurait pas suffi. Il a fallu donc exploiter davantage la culture du lin et du chanvre. La matière première des papiers restera pendant longtemps les chiffons. Le Moyen-Orient connaît depuis le VIIIe siècle déjà **le secret du papier** ainsi que des procédés de reproduction de figures. La **xylographie** est bientôt suivie par la typographie. **Johannes Gensfleisch** dit **Gutenberg** (v. 1400-1468) se consacre à l'invention de caractères métalliques. La *Bible de Mayence*, publiée en 1455, est considérée comme le premier livre imprimé. Les imprimeurs sont souvent des humanistes et leur atelier fait office de foyer culturel. Peu de temps après l'invention de Gutenberg, l'imprimerie est soumise au contrôle de l'université, alors composée exclusivement d'ecclésiastiques. Aucun ouvrage ne peut être publié sans une autorisation préalable de la Sorbonne, et sous peine de mort de l'imprimeur et du libraire, selon l'édit d'Henri II. Il faut attendre le décret du 17 mars 1791 pour voir l'imprimerie dotée de liberté. De véritables familles d'imprimeurs se succèdent alors : Henri Ier Estienne (1470-1520) fonde l'établissement de la famille Estienne, à partir de 1504, qui publiera près de cent vingt ouvrages.

DES BIBLIOTHÈQUES ET DES BEST-SELLERS

La conséquence de la naissance de l'imprimerie est **la publication de trente mille titres d'ouvrages**, et porte à quinze millions le nombre de livres. La diversité de ceux-ci intervient surtout **après 1480**. L'influence des humanistes fait que l'on publie à la fois des textes anciens dans leur langue originale mais aussi en latin et en langue vulgaire. On attribue généralement la fondation de l'imprimerie traditionnelle (autrefois royale, puis impériale) au **roi François Ier** qui fit fondre en 1531 des caractères hébreux, grecs et latins dont il confia la garde à **Robert Estienne**. Richelieu la réorganisa et fit transporter les presses dans la demeure même du roi, au Louvre, en 1640. À Rome, à Vienne, à Fontainebleau sont créées des bibliothèques. Elles se remplissent de livres à succès comme *Éloge de la folie* d'Érasme, dont la première édition, parue en 1511, voit ses mille huit cents exemplaires disparaître en un mois. En France, *Le Roman de la Rose*, de Guillaume de Lorris et Jean de Meung, sera réédité quatorze fois lors des quarante premières années du XVIe siècle. Selon Albert Labarre, la plupart de nos grandes bibliothèques publiques se constituent pendant la Renaissance. « Les livres de Louis XII et de François Ier, rassemblés à Fontainebleau, formèrent le premier noyau de notre Bibliothèque nationale[1]. » De même peut-on évoquer à la même époque **la création de la Bibliothèque** Laurentienne à Florence par les Médicis, la **Bibliothèque vaticane**, à Rome, celles d'Oxford, de Cambridge, etc.

---

1. Albert Labarre, *Histoire du livre*, Paris, Puf, « Que sais-je ? », 1985, p. 85.

RENAISSANCE

L'ENFANT AU CENTRE DE L'ENSEIGNEMENT

Alors qu'au Moyen Âge, l'homme ne se connaît que comme race, peuple, parti, corporation ou sous toute forme générale et collective, la Renaissance est pour lui le moment où tous les liens sont relâchés, toutes les chaînes rompues, toutes les unités brisées. Cette période retrouve d'ailleurs la notion antique de la *fama*, la renommée, et l'on voit beaucoup de statues équestres élevées à la gloire des grands noms de ce siècle ou des précédents. Il est donc naturel que **l'enfant devienne aussi l'un de ces centres d'intérêt** et d'interrogation. Leur nombre de plus en plus important permit aussi d'augmenter celui des collèges existant pendant la période médiévale. Leur enseignement est revu et corrigé par l'humanisme mais ne diffère pas complètement du système précédent. Il est néanmoins notable de voir que le grec y tient une place importante et que le latin de Cicéron remplace celui de l'Église. Le *trivium* (grammaire, rhétorique, dialectique) et le *quadrivium* (géométrie, arithmétique, astronomie, musique) sont toujours maintenus au programme.

ART DE LABORATOIRE : PHILOSOPHES ET ALCHIMISTES

La Renaissance se présente comme une période de transition entre l'automne du Moyen Âge, dominé par la religion, ciment essentiel de ses *Universitas*, et les débuts du XVIIe siècle, moment où les sciences imposent peu à peu une vision objective et matérielle de l'homme et de son monde. Dès la fin du XVe siècle, les cadres mentaux, sociaux traditionnels se dissolvent en raison des grandes découvertes, de l'imprimerie, de l'essor économique et commercial, des échanges d'idées, de la dislocation du christianisme avec Luther. Loin d'être circonscrites à un domaine précis, les différentes disciplines n'étaient pas balisées. Les alchimistes considèrent leur art comme une philosophie complète avec une partie théorique, comprenant une philosophie de la nature, pratique, c'est un art de laboratoire, mais aussi une éthique, menant au divin, l'adéquation au divin est nécessaire pour mener à bien le grand œuvre. **Paracelse** (Philippus Aureolus Theophrastus Paracelsus, 1493-

1541) tente de rapprocher alchimie et médecine dans le *Paragranum*, en 1531. Les défenseurs de l'aristotélisme refusent de voir dans l'alchimie une philosophie de la nature et s'opposent à la théorie alchimique de la matière. L'alchimie autant que l'astrologie, la magie ont un rôle d'initiation aux *arcana mundi*, arcanes ou secrets de l'univers pour les médecins, philosophes, théologiens. L'Église ne peut faire face à cette déferlante ésotérique. Albert le Grand, saint Thomas d'Aquin ont déjà rédigé des travaux sur l'alchimie. Marsile Ficin opte pour l'astrologie, Pic de la Mirandole pour la Kabbale. Le *Pimandre* de Marsile Ficin paraît en 1471, avec pour finalité d'assurer l'antériorité de la « Théologie égyptienne » sur toutes les autres traditions. Ainsi assiste-t-on à une rencontre entre une gnose non chrétienne provenant d'Égypte et un platonisme. L'hermétisme cherche une réconciliation entre le macrocosme et le microcosme. L'homme, une fois sa dignité ontologique ressaisie, peut exercer son emprise, son pouvoir de transformation de la nature.

Quelques noms devenus célèbres

◆ **Giordano Bruno** (1548-1600), nom pris par Filippo Bruno, en 1565, quand il entre au couvent dominicain de Naples en référence à Giordano Crispo, un grand métaphysicien. « L'infortuné Giordano Bruno », dira Kepler, car le bûcher où il périt ne mit pas un terme à ses malheurs qu'il connut même *post mortem*. Pendant plusieurs siècles, il a été méconnu ou peu connu. Son œuvre ne suscite véritablement un intérêt qu'avec Jacobi, Schelling, Hegel. Trois de ses ouvrages sont fondamentaux : *Le Banquet des cendres* ; *De la cause, du principe et de l'unité* ; *De l'infini, de l'univers et des mondes*. Il réfute Aristote, par son *Esquisse de la physique aristotélicienne* (*Figuratio Aristotelici physici auditus*), il se fera disciple et défenseur de Copernic, et s'inspire de Nicolas de Cuse et de son *De la docte ignorance* (*De docta ignorantia*, 1440). Il est également un adepte du trismégiste, et un théoricien de la magie. Une idée domine, l'unité du tout, matière et esprit, le monde est un et Dieu est lui-même identique à ce monde. Il introduit en astronomie l'infinité et la multiplicité des mondes. L'impossibilité de rendre compte de toutes les similitudes et de toutes les différences par une unique classification le mène à privilégier le singulier et à repousser l'échelle aristotélicienne des êtres. Chaque être pour lui est nécessaire à l'expression infinie de Dieu. Mais l'orthodoxie religieuse vit en Dieu le seul détenant du principe d'infini. Affirmer l'infinité des mondes serait nier l'infinité de Dieu : « Pourquoi la capacité infinie devrait-elle être frustrée, lésée la possibilité de l'infinité des mondes qui peuvent être, compromise l'excellence de l'image divine, qui devrait plutôt resplendir en un miroir sans bords et suivant son mode d'être immense et infini ? Pourquoi devrions-nous soutenir une affirmation qui, une fois exprimée, entraîne tant d'inconvénients et qui, sans aucun bénéfice pour les lois, les religions, la foi ou la moralité, détruit tant de principes philosophiques ? Comment veux-tu que Dieu, quant à la puissance, à l'opération et à l'effet (qui sont en lui la même chose), soit déterminé et pareil à la terminaison de la convexité d'une sphère, plutôt que terminaison interminée (pourrait-on dire) d'une chose interminée[1] ? » C'est ce qui fut la cause de sa mort, puisque affirmer cela revenait à nier Dieu lui-même.

◆ **Pic de la Mirandole** (1463-1494) incarne à la perfection l'idéal humaniste de son temps. Ce disciple de **Marsile Ficin**, formé à l'université de Bologne, dispose d'une des bibliothèques les plus riches de son temps. À vingt-quatre ans, il se propose de réunir un concile au cours duquel il aurait soutenu, en présence du pape et des théologiens les plus éminents de son siècle, ses *Neuf cents thèses* de 1486, ou *Conclusiones*, destinées selon lui à prouver la concordance de toutes les philosophies, ainsi qu'un discours d'introduction qu'on intitulera après sa mort *Oratio de hominis dignitate*. Dans ce *Discours de la dignité de l'homme*, il déplace la question traditionnelle de l'homme par celle de sa place dans la nature. Son éminente dignité, il la tient de sa place centrale dans le monde. Treize des neuf cents thèses furent jugées hérétiques puisqu'elles faisaient allusion à la Kabbale et à l'orphisme. Emprisonné, puis libéré, grâce à Charles VIII, il reste à Florence. L'originalité de sa pensée philosophique réside dans le fait de se réclamer de la philosophie scolastique sans se départir de sa culture huma-

---

1. Giordano Bruno, *De l'infini, de l'univers et des mondes*, Œuvres complètes, vol. IV, trad. Jean-Pierre Cavaillé, Paris, Les Belles Lettres, 2003, p. 172-174, p. 248-250 et p. 82-84.

niste. Il admet aussi une concordance secrète des philosophies, des religions et des mythes. En 1489, il achève son *Discours sur les sept jours de la création* (*Heptaplus*), exposé philosophico-mystique de la création de l'univers. Il soutient que dans l'œuvre des six jours, Moïse a déposé tous les secrets de la vraie philosophie qui lui furent révélés par l'Esprit divin. Avec *L'Être et l'un* (*De ente et uno*, 1491), texte adressé à un ami sur la question des rapports entre l'être et l'un, il se demande s'ils se correspondent l'un et l'autre. Il meurt en 1494 alors qu'il projetait de rédiger un ouvrage sur la concorde de Platon et d'Aristote.

LE NÉOPLATONISME

La civilisation de la Renaissance est celle d'une élite intellectuelle latinisée et homogène et qui s'associe très rapidement aux mouvements humaniste et néoplatonicien. La plupart des œuvres d'art s'adressent à cette élite. Si le latin est la langue d'expression de cette caste sociale et des humanistes, c'est pour se séparer volontairement des tendances populaires du Moyen Âge. Il n'est plus question de savoir si l'on a quelque chose à dire mais comment on le dira. Cela traduit très précisément l'état d'esprit des humanistes ; ce principe prend plus tard le nom d'art pour art. Les artistes se placent sous leur protection spirituelle et les considèrent comme les arbitres de toutes les questions relevant de la mythologie, ou de l'histoire, de la littérature antique. Mais leur rôle se révèle essentiel puisque c'est à travers eux que le platonisme nous parviendra. **Marsile Ficin** (1433-1499) et **Pic de la Mirandole** (1463-1494) représentent deux artistes séduits par le paysage philosophique de Platon qui s'accordait si bien avec les dogmes chrétiens. L'essentiel de cette doctrine est contenu dans les deux ouvrages de Ficin, *Théologie platonicienne* (1474) et *De la religion chrétienne* (*De christiana religione*, 1474). Le néoplatonisme n'est en fait qu'une vague et large utilisation de la philosophie de Platon, c'est-à-dire une philosophie dont la finalité est de mener à la vérité. Dans sa théologie platonicienne, Ficin écrit à ce sujet : « Mon but est d'arriver à ce que les esprits pervers de beaucoup de gens qui cèdent mal volontiers à l'autorité de la loi divine, acquiescent au moins aux raisons platoniciennes dans les suffrages à la vraie religion et de parvenir à ce que tous les impies qui séparent l'étude de la philosophie de la sainte religion reconnaissent leur aberration qui consiste sous prétexte de sagesse, à se séparer du fruit de la sagesse. » Le trait le plus séduisant mais aussi le plus neuf de cette nouvelle philosophie est sans conteste **l'amour**. Le platonisme sous la plume de Ficin devient aussi une étape de la révélation divine. L'homme y occupe la place centrale et peut selon son bon vouloir commander à son profit les forces de la nature. Lorsqu'il s'étudie, à travers son image imparfaite, il saisit quand même l'image de Dieu. La recherche du divin est ce qui caractérise le mieux cette philosophie humaniste.

PENSER LE POLITIQUE

La pensée politique de la Renaissance a produit deux livres fondamentaux, *Le Prince* de **Machiavel** et *L'Utopie* de **Thomas More** qui montre que l'homme de la Renaissance n'attend plus son salut dans l'au-delà mais bien ici-bas. **Jean Bodin** (1529-1596) apparaît aujourd'hui comme l'un des très grands philosophes politiques de son temps. Il doit sa renommée aux six livres de sa *République* (1576). Juriste remarquable, ce fut aussi un esprit encyclopédiste, un homme engagé alors que le pays est divisé par les querelles confessionnelles entre la ligue catholique et le parti huguenot qui veut créer un État protestant. Dans cet ouvrage, il tente de restaurer la théorie monarchique contre le pragmatisme philosophique, un État fondé sur la force et contre les monarchomaques, adversaires du pouvoir royal qui prônent le droit de régicide, de tyrannicide. Il utilise la méthode historique, rejette celle de la scolastique et de l'utopie. Il fournit une nouvelle définition de l'État, avec pour concept central celui de souveraineté. À la même époque que celle de la publication du livre de Bodin, en 1576, paraît celui d'**Étienne de La Boétie** (1530-1563), le *Discours de la servitude volontaire*. Une grande partie de ses ouvrages est perdue, bien que Montaigne à la mort de son ami s'occupe d'en rassembler une partie. Dans son Discours, il se livre à une véritable analyse du pouvoir tyrannique. C'est presque d'un bout à l'autre une véhémente déclamation contre la royauté. Il exprime l'horreur du despotisme et de l'arbitraire mais d'emblée écarte la question du meilleur gouvernement. L'objet de sa réflexion repose sur la servitude volontaire, une servitude qui ne provient pas d'une contrainte extérieure mais d'un consentement intérieur de la victime elle-même. Ainsi son but est de dénoncer l'absence de fondement d'une autorité qui repose sur la complicité de tous. Ce qui anéantit la communauté, c'est l'aliénation consentie de chacun. La chose publique, la *République*, ne saurait subsister.

2. Une perception nouvelle de l'art

La place de l'artiste dans la société s'est modifiée et les préceptes qu'il énonce sont tirés de la philosophie et propres à régler et à définir les moyens et les méthodes de l'art. Celui-ci devient, selon une tradition plastique jamais complètement rompue depuis l'Antiquité, le moyen d'approcher le Beau dans toutes ses formes. Le **néoplatonisme**, par son attitude contemplative à l'égard du monde, son attirance pour les idées pures et son renoncement aux réalités vulgaires, séduit d'emblée une intelligentsia uniforme issue de la bourgeoisie aisée ou de l'aristocratie. **La création importante d'œuvres d'art** s'adresse essentiellement à cette couche sociale et non à la masse. Aussi, pour la première fois, existe-t-il une rupture entre ceux qui, ayant reçu une éducation soignée, peuvent en apprécier le sens esthétique et ceux qui ne sont pas éduqués. La conséquence en est des relations étroites, des échanges intellectuels entre artistes et humanistes, garants de leurs qualités, qui aboutissent à la naissance d'une conception uniformisée des arts. Inséparable des progrès scientifiques, l'art cherche **dans les mathématiques et la géométrie** la définition la plus exacte de ce que doit être son idéal. Le *quattrocento*, le XVe siècle italien, va donc développer un esthétisme nouveau à partir de quelques grands principes théoriques. Représenter le monde extérieur ne peut se réaliser qu'à partir des grands principes de la raison. Il n'y a donc plus de place pour une théorie de l'art où le naturalisme et l'homme ne seraient pas prépondérants. La Renaissance, dès la première moitié du XVe siècle, fixe un système de valeur et une référence esthétique qui continuent de s'imposer jusqu'au XXe siècle.

IMITER LA NATURE ET LE BEAU

L'art devient donc le moyen de connaître la nature, le moyen de la fixer. **Alberti** (1404-1472) pense que le but de l'architecte est de faire passer dans ses œuvres ce quelque chose que l'on trouve dans la nature. Par nature, il comprend, dans son *Traité de la peinture*, la somme des objets matériels non fabriqués par l'homme. **Léonard de Vinci** (1452-1519) a une croyance encore plus grande qu'Alberti en l'imitation de la nature. Mais en aucun cas l'artiste ne doit tenter d'améliorer la nature, car cela la dénaturerait et la rendrait maniérée. La nature, pour **Michel-Ange** (1475-1564), est source d'inspiration, mais il doit rendre ce qu'il voit conforme à son idéal du Beau. Alberti est un rationaliste, Michel-Ange de ce point de vue un néoplatonicien. La beauté ne peut être pour lui que le reflet du divin dans le monde sensible. **Vasari** écrit : « Alors la manière des peintres parvint au degré suprême de la beauté et cela parce que la pratique s'établit de copier constamment les objets les plus beaux et d'assembler ces choses divinement belles, mains, têtes, corps et jambes afin de créer une forme humaine ayant la plus grande beauté possible[1]. » Il ajoute un élément nouveau qui motive son choix : son jugement. Ce dernier n'est pas l'aboutissement d'une réflexion rationnelle mais plutôt de celui de l'instinct, de l'inné et de l'irrationnel. Mais la nature peut être traitée de façon fantastique. **Dürer** (1471-1528) peint des aquarelles où n'est présentée aucune figure humaine ou animale. Ce qui est intéressant et nouveau, c'est que la personnalité de l'artiste sort non seulement de l'anonymat mais elle devient aussi complètement autonome. L'imagination créatrice devient aussi importante que la puissance d'expression. L'acte de création c'est aussi le jugement qui permet de définir le Beau contenu dans la nature. C'est de **Raphaël** (1483-1520) et de **Bramante** (1444-1514) que part ce souci de rechercher la perfection dans la nature. L'une des premières constructions de Bramante, le petit temple rond de San Pietro, est considérée comme le canon du

---

1. Giorgio Vasari, *La Vie des meilleurs peintres, sculpteurs et architectes*, traduction française et édition commentée sous la direction d'André Chastel, Paris, Berger-Levrault, « Arts », 12 vol., 1981-1989.

Beau architectural. En effet, il ne dépend plus seulement des normes de **Vitruve**. Sa construction est tributaire surtout des effets qu'elle doit produire. **Depuis Giotto di Bondone** (v. 1266-1337), considéré comme le grand maître du naturalisme en Italie, **les grands principes artistiques pour reproduire la nature n'ont cessé de se modifier**. En outre, une hiérarchie s'est imposée dans les arts. «Toutes ces polémiques eurent un résultat : le peintre, le sculpteur et l'architecte furent reconnus en tant qu'hommes de savoir et membres de la société humaniste. Peinture et sculpture furent acceptées comme arts libéraux[1]»... Jusqu'alors les humanistes avaient porté la littérature au premier plan. Les arts figuratifs prennent rapidement sa place. **L'architecture** traduit l'ordre naturel, on parle de «l'harmonie des divines proportions», l'équilibre des masses. Elle est aussi chargée de symboles : les édifices à plan central sont images de l'univers, comme la coupole exprime la perfection de la voûte céleste. **La sculpture** rend immortel le corps humain dans sa nudité. Mais la peinture doit être placée au sommet des arts : elle recrée la nature, elle place l'homme en son sein, elle peut exprimer l'infinie diversité des situations et des sentiments, elle peut fixer les grands moments de l'humanité, elle frappe l'imagination. Cet idéal trouve son moyen d'expression à travers la beauté humaine, et le corps humain.

LE CORPS DE L'ART ET L'ART DU CORPS

Le corps antique est une rencontre entre la conciliation d'un idéalisme et d'un naturalisme qui caractérisera la période de la Renaissance. Mais la vie et le mouvement l'emportent, même si ils sont torturés comme dans les corps vus par Michel-Ange. Les artistes tels **Botticelli**, **Raphaël** recherchent une expression totale dans les visages, reflétant l'harmonie du monde. La recherche ne porte pas uniquement sur le corps lui-même, mais dans l'espace, dans lequel il se situe, considéré à

---

1. «Ainsi naît l'idée des "Beaux Arts" bien qu'il faille attendre jusqu'au milieu du XVIe siècle pour qu'ils soient désignés par une seule et unique appellation *"arti di diseguo"*. En même temps les critiques en arrivent à l'idée de l'œuvre d'art comme quelque chose de distinct d'un objet défini par son utilité pratique, comme quelque chose que sa seule beauté justifie, comme produit de luxe.» Anthony Blunt, *La Théorie des arts en Italie de 1450 à 1600*, Paris, Gallimard, 1966, p. 99.

son tour comme objet d'étude, en dehors de toutes qualités sensorielles. L'espace, comme le corps qu'il met en scène, est représentable et mesurable. Peu à peu, il deviendra discipline géométrique avec la perspective conique. À la différence de Florence qui développe une perspective plus linéaire, **Venise** développera une perspective plus aérienne, fondée sur le rôle de la lumière. Le maniérisme montrera une nouvelle approche du corps où celui-ci pour les besoins de l'art sera déformé en courbe, ou allongé, **Bronzino** (1503-1572), ou illustré en une exubérance de formes contournées, **le Pontormo** (1495-1557) en peinture. L'érotisme des corps domine, mais aussi l'imaginaire avec **Arcimboldo** (1527-1593). Le style de Titien (v. 1488-1576) montrera l'influence du maniérisme sur les corps par des raccourcis audacieux, des figures tourmentées dans une lumière contrastée. Il saura mettre en valeur la splendeur des corps par les paysages, dégageant une intense sensualité. La Renaissance nous aura donc appris à concevoir l'œuvre d'art en tant qu'image concentrée de la réalité, vue sous un seul angle, une structure formelle qui émerge de la tension entre le vaste monde et le sujet intégral opposé à ce monde. Le maniérisme analysé, parfois, comme une période de transition vers le baroque va briser cette unité de l'espace, héritée de la période précédente.

Le corps de l'autre

L'origine du refus du corps pourrait se situer vers le XIIIe siècle avec l'apparition des ordres mendiants. Le corps sera, alors, ravalé au niveau de chair, parce que lieu du péché originel, et, si elle n'est pas foncièrement mauvaise, elle reste précaire. La Renaissance s'impose dans la littérature comme **une redécouverte du corps sous toutes ses formes.** En ce qui concerne le corps de l'autre, les Indiens ramenés en Europe posent la problématique question à Valladolid de savoir s'ils ont une âme. « Tous les hommes que j'ai vus, raconte Christophe Colomb dans son livre de bord, étaient tous très bien faits, très beaux de corps et avenants de visage avec des cheveux quasi aussi gros que de la soie de la queue des chevaux, courts et qu'ils portent tombants jusqu'aux sourcils [...]. Certains d'entre eux se peignent le corps en brun et ils sont tous comme les Canariens, ni nègres, ni blancs, d'autres se peignent seulement le tour des yeux et d'autres seulement le nez[1]. » Le corps surgit du passé avec le retour aux Antiquités grecque et romaine, par la découverte de statues. Comment s'établit le contact ? **Pierre Clastres** indique que, de **Montaigne** à **Diderot** et **Rousseau**, on ne manqua pas de rappeler que le vrai barbare n'était pas celui que l'on croyait. Des civilisations d'une grande sagesse furent ainsi découvertes, mais il y eut une « différence entre la manière dont s'opéraient la rencontre et le contact de l'Europe avec les primitifs et la fonction que ceux-ci assumèrent, dès leur découverte, dans la pensée de certains écrivains... C'est une critique politique ou morale de leur propre société que nous offrent les poètes et les philosophes[2] ».

L'HÉRITAGE DES ANCIENS

Aristote dans sa *Poétique* et Horace dans l'*Art poétique* avaient déjà exposé l'ensemble des règles censées régir la création artistique et posé que l'idéal était de reproduire la nature. La *mimesis*, doctrine de l'imitation, va donc s'élaborer en cherchant à représenter les formes visibles d'une nature prodigue qu'Aristote appellera la nature *naturée*, ou la nature *naturante*, qui porte par ses opérations créatrices tout être vers la plénitude de sa forme visible. Les théoriciens de la Renaissance, tel **Pietro Dolce** (XVIe s.), auteur du premier grand traité humaniste de peinture, estiment qu'il faut s'efforcer d'imiter la nature, mais aussi la dépasser. Cela n'est possible que pour le corps en mouvement, sinon, il faut se référer aux statues antiques, détentrices de l'idéal du Beau. **Alberti** nous met en garde, car « les éléments de beauté ne se trouvent pas rassemblés dans un corps unique ; ils sont au contraire rares et dispersés en grand nombre[3] ». De la Renaissance au XIXe siècle, la *mimesis* deviendra pour la plupart des artistes l'axiome de référence. Au XVIe siècle, le statut du corps s'en trouve modifié, il se dénude, bien que **l'art de cette période reste chrétien**, il continue de raconter la Passion, mais il montre le corps du Christ, celui des saints dénudés. Le corps grec est de retour à travers une vision tout à fait chrétienne, mais aussi l'idée d'une correspondance entre littérature et peinture énoncée

---

1. Christophe Colomb, *Journal de bord*, Paris, Maspero, 1979, p. 179.
2. Pierre Clastres, « Entre silence et dialogue », in *L'Arc*, n° 26, 1968.
3. Leon Battista Alberti, *De la peinture*, LII, 44.

RENAISSANCE

dans le célèbre *Ut pictura poesis* (*La Peinture est comme la poésie*) d'Horace : « Il en est d'une poésie comme d'une peinture : telle vue de près, captive davantage, telle autre vue de plus loin. L'une veut le demi-jour, l'autre la lumière, car elle ne redoute pas le regard perçant du critique, l'une a plu une fois, l'autre, si l'on revient dix fois, plaira encore[1]. » **Cette conception de correspondances** entre les différents arts marquera profondément les artistes de la Renaissance. Jusqu'au XVIIIe siècle, les artistes penseront que le problème sera de délimiter les frontières communes de la littérature et de la peinture pour se demander, au siècle suivant, quel devait être le rapport entre le fond et la forme, de l'imagination et de l'imitation. Pourtant, cet humanisme n'aura en peinture que peu de répercussions, hormis sur quelques peintres, **Léonard de Vinci** (1452-1519), **Botticelli** (1445-1510), **Michel-Ange** (1475-1564). Ce siècle retrouvera le naturalisme qui avait su donner une plastique particulière à la figure humaine. Peut-on dire que les formes antiques renaissent en Occident à partir du XVIe siècle ? L'antique va être modifié dans le sens où il est mis au service du dieu chrétien, aussi ne peut-on parler de résurrection de formes. À la fois guide et porte, la période antique va susciter, à travers une recherche d'équilibre et d'harmonie, un désir de retourner à la nature. L'identité humaine doit s'intégrer parfaitement dans celle de la nature. L'artiste doit obtenir une « sympathie » entre la nature humaine et la nature cosmique. Les caricatures réalisées vers 1490 illustrent bien cette recherche de vie et d'individualité. L'artiste devient un vrai savant. Le *Saint Jérôme* de Léonard de Vinci en est un exemple flagrant, l'anatomie de celui-ci, décrite avec soin, permet de mieux saisir l'extrême tension intérieure par celle, agitée, des tendons et nerfs. Les études musculaires réalisées par Michel-Ange, pour la Sibylle de Libye de la Sixtine, montrent l'importance accordée à l'architecture humaine. Les muscles saillants, les torses tournés sont utilisés pour mettre en valeur un geste, une intention, servent même à devenir le pivot d'une composition et à en rythmer le mouvement comme dans *Le Jugement dernier*. Les études physionomiques, en parallèle de la recherche de plus en plus importante accordée à la représentation du mouvement, triomphent dans la dernière œuvre

---

1. Horace, *Art poétique*, v. 361-365.

florentine de Léonard de Vinci : la fresque aujourd'hui perdue de la bataille d'Anghiari, commencée en 1504. Il ne nous est parvenu que des copies du carton, dont la plus célèbre est celle de Rubens au Louvre. Cette œuvre a été commandée par la République. Il s'agit d'une illustration véritablement scientifique « de la folle bestialité[1] » dont parle Dante, au sens littéral de l'identité des réactions psycho-physiques de l'homme, image de Dieu, et celles de la bête brute sans âme. Michel-Ange reprend plus tard cette conception du tourbillon « violent et enchaîné ».

Les éléments moteurs : cadavres, statuaire antique et proportions

Trois éléments vont se conjuguer à la Renaissance pour mettre au point **le naturalisme du corps dans le domaine de l'art**.

– **L'étude anatomique des corps** se fait à partir de l'étude des cadavres, déjà pratiquée depuis le XIIIe siècle, mais qui trouvera avec **André Vésale** (1514-1564), puis **Léonard de Vinci** la possibilité d'accéder au rang de discipline. Les observations anatomiques, morphologiques décrites, consignées par des dessins, permettent de mieux saisir le fonctionnement du corps humain. Les fresques de **Luca Signorelli** (v. 1450-1523), qui fut élève de **Piero della Francesca** (v. 1415-1492), feront une grande place aux recherches anatomiques et préfigureront en ce sens, par les torsions et les raccourcis de ses personnages, ceux de Michel-Ange. Les fresques peintes à la cathédrale d'Orvieto illustrent l'intérêt de la fin de ce siècle pour l'anatomie, tout comme les travaux, les planches d'étude laissés par **Léonard de Vinci**.

– **La statuaire antique** est prise comme référence, c'est par elle que va s'exercer en premier l'imitation de l'Antiquité. Nous ne pouvons nous empêcher de rapprocher le *David* de **Donatello** (1386-1466), sculpteur florentin, le plus marquant de cette période, du *Diadumène* de **Polyclète**, sculpteur grec du Ve siècle. Dans les deux cas les personnages des statues se ressemblent par la pose, mais diffèrent par

---

1. Dante, *L'Enfer*, XI, 82.

l'expression, la recherche du mouvement, la fuite de frontalité et le déhanchement, le *contrapposto*, ou contraste. Pourtant, à la différence des sculptures grecques plus statiques, c'est le mouvement et la vie qui dominent chez le *David*. Le regard se détourne de la jambe d'appui. Les membres supérieurs ont une certaine souplesse.

– **L'étude des proportions**, dès le début du XVe siècle et jusqu'à sa mort, est source d'intérêt pour **Albrecht Dürer** (1471-1528), à l'exemple des Italiens tel **Cennino Cennini** ou **Cennino de Colle** (v. 1370-v. 1440), élève d'Agnolo Gaddi. Il a laissé un traité unique en son genre, *Le Livre de l'art*, et indique justement en quoi devaient consister ces proportions : « D'abord le visage est divisé en trois parties : la tête une, le nez une autre, du nez sous le menton la troisième, de la racine du nez avec toute la longueur de l'œil une mesure ; de la fin de l'œil à la fin de l'oreille, une mesure, d'une oreille à l'autre, la longueur du visage... L'homme est en hauteur ce qu'il est en largeur les bras étendus. Le bras avec la main descend au milieu de la cuisse[1]. » Grâce au Vénitien **Jacopo de' Barbari** (v. 1445-1516), **Dürer** apprend les théories antiques, celles de **Vitruve** notamment. Il se livre alors à une série d'études des proportions corporelles dont l'aboutissement est la gravure *Adam et Ève*. En 1528, il publie une théorie des proportions[2]. Au cours de ses recherches, il abandonne l'idée d'un canon unique pour une théorie de la variété dans la perfection. « Parmi les dessins préparatoires qu'il exécuta pour sa gravure *Adam et Ève* en 1504, il en existe deux qui lèveront tous les doutes, portant sur sa volonté raisonnée de substituer aux formes de la nature celles que réclament son esprit avide de savantes proportions [...] Sur le premier [...] Il n'est pas difficile de reconnaître ici la présence de la fameuse "section d'or" que le livre de Fra Luca Pacioli [Luca di Borgo], *De divina proportione*, plaçait sous le patronage de Platon. Léonard, soucieux à son tour de ces problèmes n'avait pas dédaigné d'en faire l'illustration [...] et que dire de l'Adam ? Là, Dürer a raffiné son travail

---

1. Cennino Cennini, *Le Livre de l'art ou traité de la peinture* [1437], Paris, F. de Nobele, 1978.
2. Albrecht Dürer, *Lettres, écrits théoriques. Traité des proportions*, textes traduits et présentés par Pierre Vaisse, Paris, Hermann, « Miroirs de l'art », 1964 ; *Géométrie*, éd. et trad. Jeanne Peiffer, Paris, Le Seuil, « Sources du Savoir », 1995.

et le corps n'est plus que le support de cercles, de carrés, de triangles savamment reliés entre eux et qui en feront une pure construction mentale[1]. »

◆ **La grande invention** dans le domaine de l'art reste celle de **la perspective.** Brunelleschi (1377-1446), architecte et sculpteur florentin, est sans doute à l'origine de ce principe. Il trouve le point de départ de sa théorie dans l'architecture romane et gothique de Toscane, que ce soit l'église San Lorenzo (1423) ou l'Hôpital des Innocents (1419) à Florence, la construction en est similaire. Les deux nefs latérales reproduisent la succession d'arcs et d'espaces cubiques, tandis que la nef centrale équivaut à l'espace extérieur. Placé au milieu de celle-ci, le spectateur voit se répéter une série d'images en tous points semblables. Ces surfaces qui limitent la succession des cubes d'espace permettent à Brunelleschi de démontrer que la profondeur de l'espace est réductible à un plan. Le cubisme nous montrera, plus tard, que ce n'est pas possible. La peinture sera le champ d'application naturel de la perspective. Mais il s'agit surtout des plans parallèles et perpendiculaires au plan de représentation, car les peintres ne savaient pas très bien encore construire d'autres plans. De la même façon, des recherches se font sur l'utilisation des couleurs pour créer davantage cet effet de perspective en peinture. Les couleurs perdent de la netteté avec la distance, les contrastes sont moins tranchés. Les nuances des couleurs et leurs effets seront étudiés par Léonard de Vinci qui définira les règles de cette perspective aérienne.

3. L'art en Italie

LES PRÉCURSEURS ARTISTIQUES DU *DUECENTO* ET DU *TRECENTO*

Les artistes du *duecento* et du *trecento* peuvent être considérés comme les précurseurs de ce qui constituera au XIVe siècle une révolution. Durant tout le XIIIe siècle, de Venise à la Sicile, « la manière

---

[1]. René Huyghe, *Dialogue avec le visible*, Paris, Flammarion, 1993, p. 63.

grecque » continue de s'imposer. À Venise, la décoration mosaïque de la basilique Saint-Marc exprime à la fois une expression byzantine mêlée à une forte tradition paléochrétienne. À Rome, la décoration de l'abside de Sainte-Marie-du-Trastevere (1145) est également d'inspiration très byzantine. C'est plus précisément **au Nord, en Toscane**, que cette transition entre l'art primitif byzantin et le style de la peinture antique romaine va s'opérer. **Les artistes florentins** commencent à s'éloigner de l'empreinte byzantine et de son maniérisme, comme Coppo di Marcovaldo, avec *Le Christ du Jugement dernier*, mosaïque réalisée entre 1260 et 1270. **Cimabue**, après avoir peint le monumental crucifix de San Domenico d'Arezzo en 1272, sera lui aussi amené à se libérer de la tradition byzantine. Mais c'est **Giotto di Bondone** qui franchira l'ultime étape en puisant dans la réalité son inspiration du paysage, sans intention symbolique.

L'art renaissant empruntera à l'art gothique son foisonnement de motifs sculptés mais rejettera au profit du plein cintre la voûte d'ogive. **L'architecte de la Renaissance**, à l'opposé de ses prédécesseurs, les architectes médiévaux qui pensaient la nature mauvaise, la matière inerte et inféconde, va l'exalter, mettre en valeur son équilibre, sa beauté et faire que son art soit l'interprète de cette subtile harmonie. **Nicola Pisano** permettra une évolution ultérieure de la sculpture italienne. Il a su rompre avec la tradition des sculpteurs de l'Italie du Nord en tournant davantage son inspiration vers les modèles antiques.

	Les principaux artistes de la Renaissance italienne		
	Peinture	Sculpture	Architecture
Pré-Renaissance (*Duecento-Trecento*)	Cimabue (v. 1240-1302) Duccio di Buoninsegna (v. 1225-v. 1318) Giotto di Bondone (v. 1266-1337) Lorenzetti, Ambrogio (v. 1290-1348) Lorenzetti, Pietro (v. 1280-1348) Martini, Simone (v. 1284-1344)	Pisano, Nicola (v. 1210-av. 1284)	Pisano, Andrea (1290-1349)

RUPTURE ET CONTINUITÉ EN EUROPE   705

Première Renaissance *Quattrocento* 1400-1500	Andrea del Castagno (v. 1419-1457) Botticelli, Sandro (1445-1510) Carpaccio, Vittore (v. 1460-1526) Fra Angelico (v. 1400-1455) Lippi, fra Filippo (1406-1469) Lippi, Filippino (1457-1504) Mantegna, Andrea (1431-1506) Masaccio (1401-v. 1429) Masolino da Panicale (1383-v. 1447) Pérugin, le (1448-1523) Piero della Francesca (v. 1415-1492) Signorelli, Luca (v. 1450-1523) Uccello, Paolo (1397-1475)	Della Robbia, Luca (1400-1482) Donatello (1386-1466) Ghiberti, Lorenzo (v. 1378-1455) Verrocchio, il (1435-1488)	Alberti, Leon Battista (1404-1472) Brunelleschi, Filippo (1377-1446)
Haute Renaissance *Quintecento* 1500-1600	Andrea del Sarto (1486-1531) Bartolomeo, Fra (1475-1517) Bellini, Giovanni (v. 1425-1516) Corrège, le (v. 1489-1534) Giorgione (1477-1510) Léonard de Vinci (1452-1519) Michel-Ange (1475-1564) Raphaël (1483-1520) Sodoma, le (1477-1549) Titien (v. 1488-1576)	Michel-Ange (1475-1564)	Bramante (1444-1514) Michel-Ange (1475-1564) Raphaël (1483-1520) Sansovino, il (1486-1570)
Maniérisme	Parmesan, le (1503-1540) Pontormo, le (1495-1557) Tintoret, le (1519-1594) Vasari, Giorgio (1511-1574) Véronèse (1528-1588)	Cellini, Benvenuto (1500-1571)	Palladio, Andrea (1508-1580) Vasari, Giorgio (1511-1574)

RENAISSANCE

Le *trecento* désigne l'art toscan **entre 1300 et 1400**. Pour certains spécialistes en art, la Renaissance débute au XIVe siècle avec les prodigieuses œuvres de **Giotto di Bondone**. Quant aux autres, ils considèrent cet artiste comme isolé et ne font débuter le style Renaissance qu'avec la génération d'artistes en activité à Florence au début du XVe siècle, d'où cette dénomination de pré-Renaissance. L'art, à travers les pinceaux des maîtres, s'exprime d'une façon nouvelle. Le Moyen Âge avait inventé la personne humaine, mais ignorait l'individu, l'homme original. On glisse d'une peinture de « l'âme » à une peinture de « l'esprit ». Tout va s'ordonner autour de l'homme, peu à peu, en fonction de sa vision individuelle. **La peinture florentine** est à la pointe de ce mouvement artistique. Trois peintres s'imposent plus particulièrement :

◆ **Giotto di Bondone** (v. 1266-1337) sera le père de la peinture moderne, jusqu'au milieu du XIXe siècle. Pendant près de sept siècles, Giotto a été considéré comme le père de la peinture européenne et le premier des grands maîtres italiens. Contrairement à la peinture antique à fresque, il dispose ses scènes figuratives dans un cadre carré où toutes les directions essentielles deviennent les bases de la composition : c'est ce qui permettra l'apparition du tableau autonome au sens moderne du terme. Tout accessoire à l'intérieur y est éliminé, l'action centrée sur son sujet, ainsi *Le Baiser de Judas*, fresque de la chapelle de l'Arena, Padoue. De grandes nouveautés sont introduites, notamment la règle d'isocéphalie, qui prône une hauteur commune pour la tête des personnages figurés, mais le peintre parvient à une synthèse avec la tradition gothique. Par ses peintures, il raconte les miracles de saint François en de larges fresques, qui ont trouvé place dans la basilique Saint-François. La majorité des scènes, la plupart du temps narratives, sont révolutionnaires dans leur expression de la réalité et de l'humanité. Dans celles-ci, l'accent est mis sur le moment dramatique de chaque situation, incorporant des détails précis tout en priviligiant une réalité intérieure, une émotion humaine renforcée par des gestes et des regards cruciaux comme la *Vie de saint François* à Assise et église Santa Croce à Florence, *Scènes de la vie du Christ*, à l'Arena de Padoue, pour la chapelle des Scrovegni.

◆ **Cimabue** (v. 1240-1302), maître de Giotto, puise son inspiration à la source byzantine qui l'a formé. Considéré comme le disciple de Giunta Pisano (première moitié du XIIIe s.), Cimabue est influencé ensuite par les nouvelles tendances de son époque et suit les traces de **Coppo di Marcovaldo** (1225-1280) et du Romain **Pietro Cavallini**. Cimabue semble également avoir été l'un des premiers à reconnaître les potentialités de l'architecture peinte, qu'il introduit dans ses scènes afin de fournir une indication sur le lieu et de mettre en évidence un sens aigu de la tridimensionnalité. Malgré le petit nombre d'œuvres de Cimabue qui nous soit parvenu, il soutient pleinement la réputation que l'artiste a acquise. Avec la représentation des crucifix et des retables de grande taille, Cimabue reste très proche de la tradition byzantine. Enfin, il a apporté à la peinture italienne une nouvelle prise de conscience de l'espace et de la forme sculpturale.

◆ **La sculpture** est représentée par **Nicola Pisano** (v. 1210-av. 1284), qui révèle son nouveau style classique. Celui-ci reste en effet fidèle aux canons de la tradition byzantine, tout en la portant à sa capacité d'expression maximale et en se lançant dans une recherche innovatrice sur les formes et sur les couleurs. Aucun travail ne peut certainement être attribué à Pisano avant sa chaire de la cathédrale de Pise (1259-1260). La chaire de Pise marque l'un des moments extraordinaires dans l'histoire de l'art occidental avec l'élaboration d'un nouveau style, distinct de tous ses prédécesseurs, mais qui s'inspire néanmoins de la sculpture gothique française et de l'architecture.

LE *QUATTROCENTO*

Présentation historique des trois foyers artistiques : Florence, Rome, Venise

Le mouvement artistique italien se produit dans trois villes : Florence, Rome, Venise. **La première renaissance**, le *quattrocento*, débute en Toscane. De grandes nouveautés dans le domaine de la perspective et des proportions apparaissent, de même que la tendance à marquer l'individualité dans le portrait et à représenter les paysages. L'année

1401 marque la date officielle de cette Renaissance artistique, lorsque **Lorenzo Ghiberti** (v. 1378-1455) remporte le concours pour sa deuxième porte en bronze du baptistère du dôme de Florence.

L'architecture du *quattrocento*

Le bâtiment central **surmonté d'une coupole** dominant les structures architecturales cèdera le pas, dans la seconde moitié du XVIe siècle, à la construction allongée (église du Gesù, à Rome), à la subordination échelonnée des pièces secondaires. Dans les constructions des châteaux une nouvelle tendance se fait sentir : l'architecte évolue vers des structures plus complexes ordonnées autour d'un axe de symétrie. La stratification horizontale est marquée : au début de la Renaissance, tous les motifs de structure restent plats. S'imposent alors l'ordre, la symétrie, le rythme. Les monuments s'ornent de motifs antiques, tels les chapiteaux, les encadrements de porte ou de fenêtres. La construction de palais se développe considérablement en ville, mais aussi à la campagne. Les riches bourgeois font construire des palais dont la forme rappelle un cube fermé, le rez-de-chaussée ne possédant que de petites fenêtres. Les palais florentins ont toujours la même disposition au XVe siècle : un patio central en carré ou en rectangle, entouré de portes et de colonnades d'où part un escalier monumental.

À Florence

Filippo Brunelleschi (1377-1446) est reconnu comme **l'inventeur d'une nouvelle conception de l'espace**. Il découvrit les principes de la perspective, représentant ainsi une surface plane en trois dimensions. Il est aussi le créateur du premier type de palais florentin avec une partie basse en grandes pierres de taille, des ouvertures rustiques, des étages supérieurs à parements plus fins. Telle était l'intention pour le palais Pitti qui ne fut réalisé qu'un siècle plus tard, lorsque **les Médicis** deviennent ducs de Toscane. **Leon Battista Alberti** (1404-1472) est sans doute l'un des meilleurs exemples d'esprit universel de la Renaissance. À la fois philosophe, juriste, architecte, il est aussi réputé en tant que théoricien et historien de l'art. Il partage les mêmes principes que Brunelleschi sur l'étude de la perspective, la géométrisation de l'espace, la base des plans. Dans *De la peinture* (*De pictura*), il expose sa théorie sur la perspective et dans *De la statue et de la peinture* (*De statua*) celle des proportions. Son *Art d'édifier* (*De re aedificatoria*), inspiré du traité sur l'architecture de Vitruve, est le premier traité sur l'architecture à la Renaissance. Il parle aussi pour la première fois du concept d'ordre des architectures. Nous lui devons la façade du palais Rucellai, à Florence. D'autres architectes vinrent travailler dans la Ville éternelle, attirés par **Alberti** et ses pages humanistes. Mais l'exemple le plus emblématique en est surtout la cathédrale Santa Maria del Fiore à Florence, où l'on redécouvre le secret de la construction de la coupole selon le système des Anciens. Brunelleschi y parvient en combinant les éléments des deux styles de coupoles, celle de l'Antiquité et de la période médiévale. En effet son double dispositif repose sur une coupole intérieure plus basse et une coupole externe qui, se surélevant en un arc aigu, sert de contrefort à la coupole intérieure. Il aboutit ainsi à une combinaison dynamique du Moyen Âge et du système statique de l'Antiquité. Son église retrouve les trois nefs propres à la basilique latine. Le palais Pitti reste le palais le plus important de Florence, vers 1440, exécuté par **Lucas Fancelli** (1430-1494). L'exemple de Michel-Ange marque la plupart des architectes. **Giorgio Vasari** (1511-1574) construit, à partir de 1530, le palais des Offices qui renfermait à l'origine les différents services de l'administration.

À Venise

Le gothique tardif triomphe à la Ca' d'Oro, commencée en 1429. Au palais Ducal travaillent **Giovanni** (1355-1443) et **Bartolomeo Bon** (1410-1467) entre 1430 et 1460. L'architecture trouve en **Jacopo Tatti** dit **Sansovino** (1486-1570) son meilleur représentant. Il va travailler entre 1534 et 1554 à la Libreria, à la Loggetta aux pieds du Campanile, entre 1537 et 1540. Il s'appuie sur l'architecture classique romaine. C'est lui le créateur de la place Saint-Marc de Venise. Mais le plus célèbre reste sans conteste **Andrea Palladio** (Andrea di Pietro della Gondola, 1508-1580). Toute l'architecture du XIXe siècle est influencée par ses travaux. Ses voyages en Italie, en Sicile lui permettent d'étudier l'ordre des colonnes et la répartition des volumes dans l'architecture antique, qu'il transpose dans des constructions austères. À partir de 1600, son influence domine dans l'architecture anglaise.

La peinture du *quattrocento*

À Florence

« C'est indubitablement, proclame Ficin, un âge d'or qui a ramené à la lumière les arts libéraux auparavant presque détruits : grammaire, éloquence, peinture, architecture, sculpture, musique. Et le tout à Florence[1]. » Cette ville tient une place particulière dans l'histoire économique de l'Italie. Appelée dès le XIIe siècle la « cité des corporations », Florence connaît une expansion économique très importante entre 1328 et 1338. Mais la cité atteint réellement son apogée économique après la dynastie des Médicis, à partir du XVe siècle. **La famille des Médicis** règne sur Florence pendant le *quattrocento* et le *quintecento*. Leur richesse provient du commerce de la laine, mais leur puissance est assurée grâce aux banques et à la politique. Même si la République se maintient, les Médicis vont faire de la ville une véritable place artistique et intellectuelle. C'est surtout l'œuvre de **Cosme de Médicis** (1389-1464) et celle de **Laurent le Magnifique** (1449-1492). À Florence, ce sont les Médicis, les **Este**, à Ferrare, les **Gonzague**, à Mantoue. L'artiste devient une personne recherchée et encouragée par les mécènes. **Première place bancaire**, entre le XIVe et le XVe siècle, la ville de Florence ne négligea pas pour autant les lettres, en accueillant **Marsile Ficin** et un grand nombre d'artistes tels que **Masaccio**, **Fra Angelico**, **Michel-Ange**, en peinture ; **Donatello**, en sculpture ; **Ghiberti**, en architecture.

– **Fra Angelico** (v. 1400-1455), de son vrai nom **Guido di Piero**, serait issu d'une famille plébéienne très aisée de la région de Florence. En effet, il s'installe près d'Assise après être rentré dans l'ordre de saint Dominique. Les plus belles œuvres qu'il nous a laissées sont les

---

1. Cité par Georges Minois, *L'Âge d'or. Histoire de la poursuite du bonheur*, Paris, Fayard, 2009, p. 165.

fresques qu'il peint à **Florence**, dans le couvent des Dominicains à Fiesole. Il y revêt l'habit blanc et noir du frère prêcheur et y prend le nom de Frate Giovanni. C'est d'ailleurs sous ce nom qu'il réalise en 1423 un crucifix pour l'hôpital Santa Maria Nova. Entre 1425 et 1429, il peint un nombre important de retables, dont le *Triptyque de saint Pierre martyr*. En 1436, il peint une grande *Lamentation* pour la congrégation de Santa Maria della Croce. Nous possédons aussi de lui des tableaux isolés ou des retables. La lumière caractérise l'ensemble de son œuvre, les arrière-plans sont clairs, le fond peut être doré ou azur. Les paysages de l'Ombrie ou de la Toscane qu'il évoque sont bien ordonnancés, baignés d'une pluie de couleurs. Il s'agit d'une lumière céleste qui modifie les couleurs en les transformant en quelque chose d'autre. Les murs du couvent qu'il habite sont tous recouverts de fresques évoquant la Vierge, la vie des Dominicains. Les tympans ont été utilisés pour représenter les principaux saints de l'ordre. Sa peinture engendre la méditation, le recueillement et traduit sa formation de miniaturiste. **Marsile Ficin** la définit comme « un sourire du ciel qui procède de la joie des esprits célestes [1] ». Ce fut une période de recherche et de tâtonnements pendant laquelle la préoccupation de la perspective, de la couleur, de la valeur plastique fut déterminante pour les artistes qui suivirent.

– **Paolo di Dono**, surnommé **Paolo Uccello** (1397-1475), dont peu d'œuvres nous sont parvenues. Plusieurs portraits lui sont attribués et quatre panneaux qu'il réalisa à la demande de la famille Bartolini (*La Bataille de San Romano*, 1456). Le *Saint Georges libérant la princesse* témoigne de cette volonté d'explorer l'espace réel et de son souci de recherche de perspective. C'est le cas de la peinture sur bois : l'*Adoration des mages*, *Le Baiser de Judas*.

– **Masaccio** (1401-v. 1429), de son vrai nom Tommaso di ser Giovanni di Mone Cassai, est **le premier peintre du *quattrocento***. Il meurt à l'âge de vingt-sept ans et son œuvre maîtresse reste une fresque de Santa Maria Novella, représentant la sainte Trinité, et celles de la chapelle Brancacci à Florence : *Adam et Ève chassés du paradis* (1424-

---

1. Cité par André Chastel, in *Marsile Ficin et l'art*, Genève, Droz, 2000, p. 92.

1428), *Le Paiement du tribut* (1424-1428). Celle-ci sera étudiée après sa mort par tous les peintres florentins, **Andrea del Castagno**, **Léonard de Vinci** et **Michel-Ange**. Les fresques de la chapelle Brancacci, dans l'église Santa Maria del Carmine à Florence, racontent des épisodes de la vie de saint Pierre. Elles montrent que son influence provient non des peintres de son temps, mais plutôt des sculpteurs comme **Ghiberti**, **Donatello**, et de l'architecte **Brunelleschi**. Il est possible qu'il ait pris, pour mieux rendre vivants les personnages de sa composition, des marbres antiques pour modèles. Masaccio fait donc office de précurseur en saisissant si bien à travers le dessin et les couleurs les relations entre corps et esprit, en rompant avec les mièvreries du gothique. Il reprend l'héritage de **Giotto** mais l'élabore selon l'enseignement de la nouvelle perspective et des techniques plus récentes, donnant ainsi à la figure humaine une représentation libérée. Il invente des règles de perspective géométrique qui permet à l'œil du spectateur de saisir l'espace tel qu'il est peint.

– **Andrea del Castagno** (v. 1419-1457) poursuit l'investigation de l'espace entreprise par Masaccio dans sa série des hommes illustres et des sibylles commandée par Carducci pour sa villa delle Legnaia. Pour la première fois dans l'histoire de la peinture, ces personnages ont l'un de leurs pieds posé sur le bord de la corniche comme s'ils souhaitaient rejoindre l'espace du spectateur.

– **Botticelli** (1445-1510), né Alessandro di Mariano di Vanni Filipepi, en 1468, est attiré par la réputation d'un atelier florissant où travaillent **Léonard de Vinci**, **le Pérugin**, **Signorelli**. Les contacts qu'il a avec Piero della Francesca sont pour lui extrêmement enrichissants. Son style plein de poésie, à la ligne ondoyante s'oppose à celui de della Francesca, attaché à la perspective et à la géométrie. Botticelli a travaillé dans tous les genres actuels de l'art florentin. Il peint des retables en plein air et sur panneau, tondi, peintures rondes. Parmi les plus grands exemples de cette nouvelle mode de la peinture profane, quatre œuvres sont très célèbres : *Le Printemps* (1477-1482), *Pallas et le Centaure* (1485), *Vénus et Mars* (1485) et *La Naissance de Vénus* (1485). La *Primavera*, ou *Le Printemps*, et *La Naissance de Vénus* ont été peintes à la maison de Lorenzo di Pierfrancesco de Médicis. *Le Printemps*, peint à l'origine pour la villa di Castello, évoque cette phrase de Léonard de Vinci : « La peinture est un poème muet. » Botticelli sait réunir les qualités du rythme, de la sublimation du réalisme, une mélancolie irréelle et mystérieuse entre nature et civilisation. À partir de 1482, il travaille pour Sixte IV qui fait appel à lui pour décorer de fresques la chapelle Sixtine. Il excelle dans la peinture à fresques et donne une atmosphère de rêve grâce aux lignes fluides de la composition : *Les Épreuves de Moïse*, *La Tentation du Christ* montrent autant l'influence de Léonard de Vinci que celle du Pérugin. Néanmoins il reste attaché à la couleur franche et simple.

À Mantoue

– **Andrea Mantegna** (1431-1506) est considéré comme le premier artiste au sens plein du mot, à la fois peintre et graveur sur cuivre, dessinateur de l'Italie du Nord. Il réalise ses premiers travaux à Padoue, ville qui eut une grande influence sur sa manière de peindre, sur ses concepts, ses sujets, ses idées. Celle-ci est un des grands centres humanistes et universitaires. Ses sujets de prédilection seront pris dans l'Antiquité et plus particulièrement au monde romain. Il séjourne à Mantoue, y peint une série de fresques dans le palais ducal (*La Chambre des époux*, réalisée entre 1465 et 1474). Il peint ses personnages comme on sculpte, tel *Saint Sébastien*, en 1459, et s'impose comme un théoricien de la perspective. *La Vierge de la victoire* (1494-1495) introduit un nouveau de type de composition fondée sur les diagonales.

À Pérouse

– **Pietro Vanucci** (1448-1523), surnommé **le Pérugin**, est considéré comme l'un des derniers grands peintres de l'école florentine. Élève d'il Verrocchio, c'est à Florence qu'il apprend son art. Quel que soit le sujet, les gestes sont mesurés, les visages lisses. *Le Mariage de la Vierge* sera la référence des préraphaëlites. Lorsqu'il peint des sujets religieux – comme *La Nativité* ou *Adoration de l'Enfant* de Pérouse, la *Madone à l'enfant* de la villa Borghèse –, les teintes sont douces, les têtes des madones inclinées. À partir de 1505, les formes deviennent encore plus douces. Les plus connues de ses œuvres sont la *Pietà* du palais Pitti et la *Crucifixion* de Santa Maria Maddalena dei Pazzi.

- **Piero della Francesca** (v. 1415-1492) est le peintre par excellence de l'espace et de la lumière. Il projette ses sujets à l'intérieur d'une clarté diaphane imitant le ciel d'Italie. Sa fascination pour la géométrie et les mathématiques caractérise son art. Son mode d'expression théorique doit beaucoup à Alberti. Le cycle narratif représentant *La Légende de la Vraie Croix*, dans l'église de San Francesco d'Arezzo, a été complété en 1452. Sa simplicité et la clarté de la structure, l'utilisation contrôlée du point de vue et l'aura de sérénité sont caractéristiques de l'art de Piero à son apogée.

Selon cette légende, datant de l'époque médiévale, la croix du Christ serait issue d'un arbre planté par les fils d'Adam, établissant ainsi le lien entre l'Ancien et le Nouveau Testament. Les œuvres de la fin de la vie de Piero della Francesca se situent entre 1470 et 1480 et elles sont réalisées entre des séjours à Urbino. On peut citer : *La Madone de Sinigaglia, La Nativité, La Vierge et les saints avec Federigo di Montefeltro*. Les dernières années du peintre sont assombries par la cécité totale dont il est frappé.

À Pise

- **Pisanello** (v. 1395-1455) est considéré comme le dernier représentant du style gothique international. De son vrai nom Antonio Pisano, il se fait remarquer autant comme peintre que comme médailleur ou dessinateur. Il collabore avec Gentile da Fabriano aux fresques du palais Ducal à Venise entre 1415 et 1422, et achève en 1431 à Rome des fresques sur la vie de saint Jean-Baptiste dans la basilique Saint-Jean-de-Latran. Son succès grandissant, il est appelé par les cours européennes. Le *Portrait d'une princesse d'Este*, en 1440, représentant une jeune femme de profil, montre toute la subtilité et la légèreté d'un style précieux axé sur la précision du détail. Son œuvre majeure reste le *Saint Georges délivrant la princesse Tréhizonde* (1438).

La sculpture du *quattrocento*

L'art de la sculpture au XVe siècle donne la première place à Florence.

◆ **Lorenzo Ghiberti** (v. 1378-1455) gagne le concours et assure la réalisation d'une porte du baptistère. **Andrea Pisano** avait réalisé la porte Sud. La difficulté réside dans le fait que le sujet comporte un paysage, des figures nues et des figures drapées. Autrement dit, il doit montrer autant d'habileté dans l'art des figures en relief que dans celles en demi-relief et en bas-relief. Il fallait prévoir dix panneaux, chacun évoquant les principaux épisodes de l'histoire d'Israël, et la création du monde. Il termine ses portes en 1452, et met plus de vingt ans à les fondre. Lorsqu'il utilise « le point de fuite » de la technique de perspective mise au point par **Brunelleschi**, il ne réduit pas l'espace à un simple effet géométrique, mais sait tirer parti des formes estompées.

◆ **Donatello**, de son vrai nom **Donato di Betto Bardi** (1386-1466), est l'un des premiers à illustrer les arts du dessin et de la sculpture. Sa connaissance du classicisme et sa maîtrise de l'art gothique se retrouvent tout au long de sa production. Son œuvre est infiniment variée mais la plus importante reste néanmoins l'ensemble des statues de prophètes exécutées pour le campanile de Giotto. Leur particularité est d'avoir su rendre sur chaque visage un état d'âme, un « naturalisme moraliste ». La conscience autant que la psychologie ressort comme expression dominante. Il reprend les théories de Brunelleschi qui l'a formé, et les intègre dans les bas-reliefs à scènes de groupes (*Banquet d'Hérode*, 1426). Il utilise un relief extrêmement plat sur lequel est représentée la plastique des corps. Il recourt déjà à la perspective scientifique par le jeu d'une multiplication de plans, qui place la scène dans un espace réel identique à celui où nous sommes. Le relief de l'autel Saint-Antoine dans la basilique du même nom à Padoue est un exemple parfait d'application de ses lois de perspective pour construire un espace saisissant. Il travaille aussi bien le monumental que le détail, le marbre que le bronze, statue de David, ou le stuc dont il orne la sacristie de San Lorenzo pour Cosme de Médicis. Ses plus grandes œuvres sont : *David* (1409), *Saint Marc* (1413), pour Orsanmichele ;

RENAISSANCE

David (1430) pour Cosme de Médicis, *Statue équestre de Gattamelata* (1446-1453), en bronze, Padoue.

◆ Citons également **Luca della Robbia** (1400-1482), l'auteur de la sculpture en terre cuite émaillée polychrome de la *Madone à la pomme*, à Florence, de la deuxième Cantoria en marbre (1431-1437) du dôme de Florence ainsi que de la porte en bronze de la cathédrale de Florence (1446).

◆ **Il Verrocchio** (1435-1488) est une figure parmi les très grands sculpteurs du début de la Renaissance. Ses œuvres sont le *David* (1465), du Bargello, bronze de 1,25 m de haut, et la statue équestre du *condottiere* Bartolomeo Colleoni de Bergame (1480) en bronze doré de 3,95 m de haut. Il sculpte, en outre, plusieurs tombeaux à la demande de Laurent de Médicis.

LE *QUINTECENTO*

L'architecture du *quintecento* : une basilique pour saint Pierre

---

Principales écoles artistiques italiennes

• *École florentine*
Architecture : Brunelleschi (1377-1446)
Sculpture : Donatello (1383-1466)
Peinture : Fra Angelico (v. 1400-1455), Botticelli (1445-1510)

• *École vénitienne*
Architecture : Palladio (1508-1580)
Peinture : Titien (v. 1488-1576), le Corrège (v. 1489-1534), Véronèse (1528-1588), le Tintoret (1519-1594)

• *École lombarde* (Milan) : Léonard de Vinci (1452-1519)

• *École romaine*
Architecture : Bramante (1444-1514), Michel-Ange (1475-1564), Raphaël (1483-1520)

Bramante (Donato di Angelo di Pascuccio, 1444-1514) conçoit, sur la demande du pape Jules II, le plan d'un édifice à bâtiment central en croix grecque, nanti d'une coupole centrale, et de coupoles annexes angulaires entre les bras à voûte, sanctuaire de la piété. Commencée en 1506, la basilique Saint-Pierre de Rome est un projet gigantesque qu'il n'aura pas le temps de terminer. Il avait aussi, dès 1503, projeté de relier le Belvédère au Vatican selon une grandiose perspective. Tout le XVIe siècle est dominé par son style. **Jules II**, deux ans après son accession au trône, en 1505, retient donc les idées de **Bramante**. Les archives des Médicis constituent une source de renseignements considérable pour saisir ce que furent les idées de Bramante en vue de réaliser **la nouvelle église Saint-Pierre**. Il projette, en effet, de placer une coupole hémisphérique au-dessus de la croisée, deux grandes nefs en forme de croix grecque. Les travaux commencent par l'abside et les piliers de la coupole. À sa mort, **Raphaël** est chargé de la suite des travaux, mais les véritables progrès se font lorsque **Michel-Ange** se voit investi de l'autorité de les terminer. Il couronne l'édifice d'une coupole beaucoup plus haute que celle prévue par Bramante. La conséquence est rapide, et, dès le milieu du XVIe siècle, il n'existe pas un artiste en Italie ou ailleurs qui ne veuille parer son monument d'une coupole. Ce dispositif est repris dans le baroque où la diffusion de la lumière à l'intérieur d'un édifice reste capitale. Bien que le palais du Vatican demeure l'une des œuvres les plus considérables de cette époque, il ne faut pas pour autant occulter l'importance de la construction des grands palais romains. En 1580, le futur **Paul III** fait construire le palais Farnèse, colossal cube de pierre à trois étages, enfermant une cour carrée, séparés par de magnifiques entablements classiques. À l'intérieur, la cour carrée reprend la superposition des grands ordres antiques (dorique, ionique, corinthien).

Trois génies pour une Renaissance

◆ **Léonard de Vinci** (1452-1519) est l'homme universel de la Renaissance, à la fois connu comme peintre, sculpteur, architecte, ingénieur, urbaniste, précurseur de génie. Phénomène remarquable de la Renaissance, tout artiste est loin d'avoir une seule spécialisation.

Bramante était peintre, Raphaël et Peruzzi combinèrent peinture et architecture, Michel-Ange, peinture et sculpture. En 1472, il développe, une fois admis dans la guilde des artistes peintres de saint Luc de Florence, le *sfumato*. Après avoir quitté Florence, il se met au service du duc Sforza. Il commence *La Vierge aux rochers* pour la chapelle San Francesco Grande et lance le projet de la statue équestre géante de Francesco Sforza, *Gran cavallo*, qui ne sera jamais réalisée. En 1495, il peint *La Cène* pour le couvent des Dominicains de Sainte-Marie-des-Grâces. Il quitte Florence, s'établit à Milan, et y reste jusqu'à la conquête de la ville par Louis XII. En 1515, sous l'inspiration de François Ier, il s'installe en France où il mourra. Il est le premier à rechercher en peinture le vaporeux des contours, la souplesse des enveloppes et le fondu des teintes. Ses dernières années passées en France seront consacrées aux dessins. Ses principales œuvres sont : *L'Annonciation* (1473-1475), *Saint Jérôme* (1480-1482), *La Dame à l'hermine* (1490), *La Joconde* (1503-1515), *Sainte Anne, la Vierge et l'enfant Jésus* (1502-1513).

◆ **Michel-Ange** (1475-1564), de son nom complet Michelangelo di Lodovico Buonarroti Simoni, est probablement l'un des artistes les plus typiques de la Renaissance, à la fois peintre, sculpteur, architecte et poète. Issu d'une famille de petite noblesse de Florence ruinée, il effectue son apprentissage dans l'atelier de Domenico Ghirlandaio, mais y demeure peu, tant son talent précoce est vite reconnu. Entré au service de Laurent le Magnifique, il s'initie à la sculpture sur bronze. Les premiers succès lui viennent de Bologne où il contribue aux sculptures ornant le *Tombeau de saint Dominique* (1494-1495), puis de Rome avec le *Bacchus* (1497) et la célèbre *Pietà* (1498). Florence à son tour lui commande en 1501 son monumental *David*, installé en 1504. Le pape Jules II lui confie une tâche exceptionnelle avec l'œuvre peinte de décoration de la chapelle Sixtine, entre 1508 et 1512, illustrée de portraits de prophètes, de sybilles, de scènes de l'Ancien Testament, dont *La Création d'Adam*. Il décore, par la suite, de sculptures la chapelle des Médicis entre 1516 et 1527. C'est en 1534 qu'il retourne à Rome, peindre, à la demande du nouveau pape Paul III, la vaste scène du *Jugement dernier* de la chapelle Sixtine. Les dernières années sont consacrées à l'architecture, avec la bibliothèque Laurentienne de Florence, l'écriture de sonnets.

◆ **Raphaël** (1483-1520), Raffaello Sanzio, est connu pour ses peintures de grandes compositions et nombreuses représentations de la Vierge à l'enfant. Ses œuvres simples et la précision de son style en font un des peintres majeurs de la haute Renaissance. C'est en Ombrie que se déroule son apprentissage, dont l'œuvre la plus importante de cette époque reste *Le Couronnement de la Vierge* (1502-1503). D'après Vasari, il aurait suivi son maître, le Pérugin, à Florence ; Michel-Ange et Léonard de Vinci y règnent en maîtres et seront ses inspirateurs. Cette période, dès 1505, est marquée par la réalisation de ses principales madones, dont *La Belle Jardinière* (1507). Après son apprentissage à Florence, où il trouve un style, le disciple du Pérugin vient, sur la recommandation de Bramante, s'installer à Rome où il restera jusqu'à sa mort. Il décore les pièces des appartements privés du pape Jules II. Les trois salles, appelées chambres de Raphaël, sont exclusivement peintes par lui. L'idée est de réunir en un thème commun philosophie naturelle et vérité révélée. Aussi voit-on les sages de l'Antiquité, tels Platon, Archimède, Aristote entre autres, réunis dans la première chambre. Ces fresques servent de modèles pendant des siècles, tant pour leur intérêt historique que décoratif. Elles marquent le début de l'académisme dans leurs proportions équilibrées et leurs masses égales. Il fit une sorte de synthèse des recherches dans le domaine de la peinture, et son travail est le résultat du long aboutissement de cet art. Son génie porte sur le goût immodéré des poses alanguies, l'instinct de la forme et l'intensité lumineuse de sa palette. Ses œuvres les plus connues sont : *La Belle Jardinière* (1507), *La Madone du Grand-Duc* (1515), *L'École d'Athènes* (1510-1511), influencée par une architecture inspirée de Bramante, *Les Trois Grâces* (1504-1505). Raphaël a également laissé un grand nombre de portraits, *La Dame à la Licorne* (1506), *Portrait d'Agnolo Doni* (1506), *Portrait de Baldassare Castiglione* (1514-1515).

RENAISSANCE

La peinture du *quintecento*

Si le *quattrocento* fut l'époque du dédoublement – principes chrétiens et païens laissent une empreinte dans toute création –, le *quintecento* par ses réalisations formelles de création reste **le siècle de la grande renaissance romaine**. Mais ce siècle est marqué par le détachement de l'homme de ses profondeurs spirituelles et valorise l'homme naturel sur l'homme spirituel. À cette époque, les grands artistes ne sont plus les protégés des mécènes, ils deviennent eux-mêmes de grands seigneurs. Titien occupera les places les plus hautes de la société et jouira de revenus princiers. Michel-Ange sera couvert d'honneurs. Ce n'est plus l'art qui est vénéré, mais, pour la première fois, l'homme lui-même.

À Rome

Plusieurs centres forment en fait l'école romaine : Urbin, Arezzo, Cortone, Pérouse d'où sont issus la plupart des grands maîtres. Ces artistes ont eu la possibilité de travailler ensemble ou d'étudier leurs œuvres respectives.

– **Le Pérugin** (1448-1523) acquiert une renommée si grande qu'il doit quitter Pérouse pour Rome, sollicité par **Sixte IV** (1471-1484). Ses figures sont d'une symétrie absolue, les attitudes de ses personnages d'une correspondance exacte. Son espace pourtant est davantage celui du paysagiste que celui du géomètre.

À Florence et à Venise

– **Andrea del Sarto** (1486-1531) fut un peintre et dessinateur italien dont les œuvres de composition exquise ont joué un rôle dans le développement du maniérisme florentin. Son œuvre la plus frappante, entre autres œuvres connues, est la série de fresques sur la vie de saint Jean-Baptiste dans le cloître du Scalzo (v. 1515-1526) en Toscane. Il opte pour des coloris chauds, des Vierges au sourire délicat : *L'Annonciation* (1528), *La Madone des Harpies* (1517).

– **Antonio Allegri** (v. 1489-1534) dit **le Corrège**, du nom de son village natal, aime les formes gracieuses et arrondies des anges et des cupidons : *Vierge à l'enfant avec saint Jean* (1515), *La Madone de Saint-François* (1515). Il est sans doute l'un des plus importants peintres de la Renaissance de l'école de Parme, dont les œuvres influenceront le style baroque et rococo de nombreux artistes.

– **Giovanni Bellini** (v. 1425-1516). On en sait peu sur la famille Bellini. Son père, Jacopo, un peintre, était un élève de Gentile da Fabriano. Il introduit les principes de la Renaissance florentine à Venise avant l'un de ses fils. En dehors de son frère Gentile, Giovanni est considéré comme le précurseur de l'école vénitienne. Son style retraduit tout l'intérêt que les artistes vénitiens de la Renaissance pouvaient porter en matière de recherche stylistique. Il fut d'abord influencé par le style du gothique tardif de son père Jacopo. Ses premiers travaux seront *a tempera*, peinture dans laquelle est utilisée une émulsion pour lier les pigments. Pendant cinq ans, de 1470 à 1475, à Rimini, il peint la *Pala di San Francesco*. Il subit tout d'abord l'influence de Mantegna dans ses figures lourdes et anguleuses, mais ce sont surtout ses relations avec les écoles transalpines qui présentent une certaine importance. Peu à peu ses lignes vont s'adoucir et il va trouver une harmonie entre ses personnages et la composition de ses tableaux. L'influence flamande se fait sentir aussi dans son œuvre la *Pietà* de Brera (1455-1460). Il peindra à la fin de sa vie de magnifiques portraits, *Le Doge Leonardo Loredan*. Parmi l'ensemble des œuvres, il faut noter : *La Résurrection du Christ* (1475-1479), *Allégorie sacrée* (1490-1500), *L'Assomption* (1513), *Jeune femme à sa toilette* (1515).

LA RENAISSANCE TARDIVE OU LE MANIÉRISME (XVIe SIÈCLE)

Dans les années 1520, le maniérisme s'impose jusqu'aux débuts du style baroque, autour de 1620. Le style maniériste originaire de Florence et de Rome se propage en Italie du Nord, puis dans une grande partie du centre et du nord de l'Europe. Ce style est une réaction à l'harmonie du classicisme et l'esthétique de la Renaissance, qui avaient trouvé en Léonard de Vinci, Michel-Ange et Raphaël leurs meilleurs interprètes. Les peintres maniéristes développent un style caractérisé par l'artificialité, l'élégance, la facilité technique. Les membres des personnages représentés sont allongés, les têtes petites et les traits du visage stylisés, tandis que leur pose semble souvent artificielle. Ils cherchent également une amélioration continue de la forme et du concept, poussant l'exagération et le contraste jusqu'à leurs ultimes limites. Les principaux représentants de cette période sont : **Bronzino** (1503-1572), **Giorgio Vasari** (1511-1574), **le Tintoret** (1519-1594), **Véronèse** (1528-1588), **le Pontormo** (1495-1557).

Les caractéristiques du style maniériste :
– la recherche du mouvement ;
– la déformation et la torsion des corps ;
– la modification des proportions des parties du corps ;
– la perte de clarté et de cohérence de l'image ;
– la multiplication des éléments et des plans ;
– une symbolique complexe qui se réfère à des domaines méconnus aujourd'hui (alchimie, art du blason, langage des fleurs, etc.) ;
– le goût prononcé pour un érotisme esthétisant ;
– le goût des schémas sinueux, dont la « figure serpentine » (en S) ;
– les contrastes de tons acides et crus ;
– l'allongement des formes.

Au XXe siècle, **Arcimboldo** (1527-1593) a fait l'admiration des peintres surréalistes, notamment Dalí, pour ses compositions étranges en fruits, légumes divers qui, regroupés, donnent l'aspect d'un visage humain. Arcimboldo put développer son talent lorsqu'il fut invité à la cour de Vienne entre 1565 et 1587 par l'empereur Maximilien II. Ses têtes composées s'organiseront en séries allégoriques : les quatre saisons, les quatre éléments : *Allégorie de l'été, Allégorie de l'eau*.

Mais les œuvres les plus **délicates, annonciatrices du maniérisme**, se trouvent chez :

♦ **Francesco Mazzola** (1503-1540), surnommé le **Parmigianino** (le **Parmesan**), originaire de Parme. Inspiré par Michel-Ange, il lui emprunte sa figure serpentine, visible dans la *Vierge à l'enfant avec des saints*, mais surtout dans *La Madone au long cou*. Dans la décennie qui suit la mort de Raphaël, entre 1520 et 1530, le style de la haute Renaissance tourne au maniérisme. Florence déclenche le mouvement avec Michel-Ange. Pour la première fois, il tourne les formes et les proportions artistiques renaissantes dans le sens d'une expérience personnelle. De l'intérêt qui caractérisait la Renaissance pour l'individuel, on dérive au particulier. **Le principe du maniérisme**, considéré comme **un processus de déclin au XVIIe siècle**, est énoncé par **Giovan Pietro Bellori** (1613-1696) dans sa biographie d'Annibal Carrache. Vasari entend par *maniera* l'individualité artistique. Le maniérisme va commencer par détruire la structure de l'espace acquise par la Renaissance. La scène sera figurée en fragments séparés.

◆ **Vittore Carpaccio** (v. 1460-1526) fut le peintre attitré des confréries de marchands qui faisaient peindre certains épisodes de leur vie. Parmi quelques-unes de ses œuvres : *La Visitation* (1509), *La Naissance de la Vierge* (1504). Il est célèbre pour avoir peint des spectacles, des défilés et autres rassemblements publics qui se distinguent par la richesse de leurs détails réalistes, leurs colorations et les récits dramatiques.

◆ **Giorgio da Castelfranco** dit **Giorgione** (1477-1510) inaugure, par son œuvre, un nouveau style et ouvre un chapitre de la peinture que Manet fermera. Influencé par Léonard de Vinci, il utilise le *sfumato*. Avec *La Vénus endormie* (1508-1510), il fait apparaître un nouveau type de femme qui inspirera les nus féminins de Titien, Vélasquez, Goya et Manet : Titien avec *Le Concert champêtre*, Manet avec *Le Déjeuner sur l'herbe*, dans une scène de conception plus réaliste. Parmi ses principales œuvres notons aussi *La Tempête* (1507), qui marque une étape importante dans la peinture de paysage de la Renaissance, et *Les Trois Philosophes* (1509). Giorgione fait franchir une étape à la peinture vénitienne par l'utilisation de son *sfumato*, de la lumière, et une conception moderne du paysage. Il est aussi le premier, dans ses portraits, à traduire, à faire ressortir la psychologie du modèle et son caractère.

La **crise du maniérisme**, entre 1530 et 1540, est surmontée par le génie de **Titien** qui est le premier des peintres car ses pinceaux semblent enfanter sans cesse des signes expressifs de vie.

◆ **Titien** (v. 1488-1576), Tiziano Vecellio, se différencie tout de suite de son maître Giorgione. Sa peinture est plus humaine, plus terrestre, et évolue dans une magie de couleurs. Les paysages sont plus réels (*Baptême du Christ*, 1512) et il y mêle des éléments empruntés soit à la mythologie, soit à la vie quotidienne. Aux environs de 1515, ses compositions deviennent plus souples, plus amples. Le style de Titien fait revivre une nouvelle nature. **L'influence du maniérisme** se traduit dans sa peinture par des raccourcis audacieux, des figures tourmentées dans une lumière contrastée, comme son portrait de Charles Quint. Les dernières œuvres qu'il réalise avec ces procédés lumineux annoncent avec cent ans d'avance l'art de Rembrandt. Titien fait naître un art nouveau, par des moyens expressifs sans cesse renouvelés, dans lequel l'homme et la nature s'interpénètrent. Dessins et reliefs se perdent dans la couleur et deviennent à leur tour couleur. Parmi ses principales œuvres, notons : *La Vénus d'Urbino* (1538), *Portrait de l'Arétin* (1545).

◆ **Paolo Caliari**, dit **Véronèse** (1528-1588), essaie lui aussi de résoudre les problèmes posés par la lumière et les formes, mais, à travers ceux-ci, il met en scène la joie des sens. La jouissance esthétique est un des buts qu'il s'impose et ses sujets mythologiques sont souvent prétexte à louer les formes généreuses des Vénitiennes de son temps, comme dans *Le Repas chez Lévi* (1573) et *Les Noces de Cana* (1562-1563).

◆ Quant au **Tintoret** (1519-1594), Jacopo Robusti, il est entrevu comme une sorte de précurseur des peintres modernes. Ses études préliminaires, rapidement esquissées, ne lui laissent pas toujours le temps de dessiner, et les formes jaillissent sur la toile spontanément sous son pinceau. Néanmoins, pour parvenir à sa prodigieuse connaissance de l'anatomie, il prend modèle sur les sculptures de **Michel-Ange**, comme la *Suzanne au bain* (1560-1562). Il nous révèle la vision d'une humanité complexe et variée que l'on ne trouve pas chez Michel-Ange. D'autres peintres maniéristes traduisent dans leurs œuvres la transition qui s'opère.

♦ **Michelangelo Merisi ou Merighi, dit le Caravage** (v. 1571-1610), sera l'un des peintres les plus importants de la transition que constitue le maniérisme. Italien du Nord, irascible et violent, il sera sans cesse impliqué tout au long de sa vie dans des querelles, des rixes sanglantes. Sa force réside surtout dans son réalisme froid et observateur qui caractérise même ses portraits de saints, ce qui suscitera l'indignation du clergé. Il innove tout particulièrement par l'utilisation de la lumière, génératrice de formes et qui dramatise le sujet. L'éclairage contrasté reste son principal moyen d'expression. En effet, il est connu pour ses compositions simples où la lumière latérale provoque une forte opposition entre les zones illuminées et les ombres. Ses dernières œuvres montrent déjà une influence du baroque par l'abolition de la dynamique des corps et d'un espace créateur qui enveloppe les figures. Parmi ses œuvres, relevons : *Le Repos pendant la fuite en Égypte* (1597), *Corbeille de fruits* (1595-1596), *Bacchus* (1594) et *La Décapitation de saint Jean-Baptiste* (1608).

Parmi **les sculpteurs maniéristes**, il faut compter :

♦ **Benvenuto Cellini** (1500-1571) : son *Persée* en bronze est la première sculpture conçue en fonction de l'espace et en trois dimensions. Il réalise aussi la *Salière de François Ier*.

♦ **Jean Bologne** (1529-1608), qui crée des statues s'élevant en spirales que l'on peut contempler en trois dimensions et conçues en fonction de l'espace : la *Fontaine de Neptune* (1463-1487), à Bologne, *L'Enlèvement des Sabines* (1575-1580).

4. La littérature italienne des XVe et XVIe siècles

Le changement social qui privilégie les éléments issus du monde de la chevalerie renforce le goût pour les histoires mystérieuses de cape et d'épée. Il rejoint celui des éléments merveilleux et fascinants rejetant le réalisme et l'imitation. La conséquence en est l'émergence, dans le domaine littéraire, de genres nouveaux, d'expressions nouvelles s'adaptant au goût du public pour le mystérieux, l'inconnu. Le roman d'aventures ou le roman, *romanzo*, va mettre en scène, dans des lieux exotiques, la confrontation de sentiments extrêmes mêlés à des sujets mythiques, voire surnaturels. Les Italiens n'avaient cessé de goûter notre poésie chevaleresque, les chansons de geste, les romans de la Table ronde. Le *Roland furieux* de l'**Arioste** (1474-1533) mêle ces deux derniers genres et transforme en chevalier de la Table ronde le rude paladin des chansons de geste. Le *Roland furieux* est un poème de quarante-six chants scindé en deux épisodes principaux, la folie de Roland et les amours de Roger et de Bradamante. C'est un miroir sur la société éprise de relation galante, d'exploits romanesques et de magie. **La poésie pastorale**, qui n'est autre que la poésie bucolique mise en scène, est représentée par **le Tasse** (1544-1595), maître incontesté de ce genre, qui nous laisse l'*Aminta*. Avec *La Jérusalem délivrée*, épopée en vingt chants, il mêle étroitement le merveilleux à l'histoire. Dans le même temps apparaissent les comédies burlesques impromptues de la *Commedia dell'arte*. Les Italiens voulurent créer une comédie classique savante, à l'imitation des Anciens, mais leur tentative échoua malgré les pièces de l'Arioste. Ils puisèrent alors dans la comédie populaire. Elle débute avec la première comédie en prose d'**Angelo Beolco** (v. 1502-1542), dit **Ruzante**. Chaque acteur, qui s'exprime dans son propre dialecte, brode son rôle à partir d'un canevas convenu d'avance, et représente le même type : l'amoureux, Léandre ou Isabella, le valet, Arlequin ou Scapin, le vieillard berné, Pantalon ou Cassandre. Les personnages peuvent être ou non masqués. L'intrigue repose sur une suite de quiproquos. Une production considérable de traités se fait jour, comme *Le Parfait Courtisan* de **Baldassare Castiglione** (1478-1529) dont l'œuvre représente l'idéal humain de l'époque. **L'histoire** fut un des genres les plus cultivés au XVIe siècle.

Nicolas Machiavel

Florentin, au service de César Borgia, **Nicolas Machiavel** (1469-1527) illustre avec *Le Prince* (1513) une nouvelle conception du droit, fondée sur la finalité, quelle que soit la nature des moyens employés pour y parvenir, et cela même s'ils vont à l'encontre des lois ordinaires des hommes. Dédié à Laurent II de Médicis (1492-1519), *Le Prince* est constitué de vingt-six chapitres qui définissent les différentes sortes d'État, le comportement des princes, leur entourage, la situation dramatique de l'Italie. Pour lui, le modèle le plus digne d'être imité n'est autre que **César Borgia** (1476-1507) dont l'efficacité politique s'appuie sur un insatiable désir de conquête. Les œuvres et la personnalité de Machiavel font l'objet des commentaires les plus divers. Le rejet du *Prince* par les protestants est compensé par l'analyse révolutionnaire, qui en fait un manuel politique à l'usage des peuples et non des tyrans. C'est également cette période de la fin du XVe siècle qui remet à l'honneur les *Discours sur la première décade de Tite-Live* (1513-1520), qui développent une utopie républicaine, à partir de l'étude des groupes politiques pendant l'Antiquité romaine. Selon l'auteur la liberté dépend essentiellement de la nature du peuple. Elle est précaire, voire impossible, s'il est corrompu. Auteur politique, Machiavel produit également des comédies comme *La Mandragore* (1518), qui met en scène la vertu face à l'hypocrisie et la sottise, ou *L'Âne d'or* (1517), *Les Capitoli* (v. 1505-1512). Machiavel se définit ainsi lui-même quand il écrit le 9 avril 1513 à **Francesco Vettori** : « La fortune a voulu que, ne sachant raisonner ni sur l'art de la soie, ou de la laine, ni sur les profits et les pertes, j'en vins à comprendre qu'il me revenait de raisonner sur l'État. »

CHAPITRE II
La France

1. Histoire : la France de la seconde moitié du XVe siècle au XVIe siècle

LOUIS XI, « L'UNIVERSELLE ARAIGNE »

Louis XI (1461-1483) doit, dès son avènement, affronter la Ligue du Bien Public, fomentée par Charles de Charolais, futur duc de Bourgogne, connu sous le nom de « Charles le Téméraire ». Cette Ligue regroupe les ducs de Bretagne, d'Anjou et de Bourbon, le comte d'Armagnac et le duc de Guyenne, frère cadet du roi. Louis XI joue habilement ces puissants les uns contre les autres. Le duc de Guyenne meurt en 1472, la Bourgogne se place sous suzeraineté du roi en France. En 1477, après la mort de **Charles le Téméraire**, qui avait retenu le roi prisonnier à l'entrevue de Péronne (1468), Louis récupère une grande partie des possessions bourguignonnes. Son tempérament calculateur lui vaut le surnom « d'universelle araigne ». Héritant de son oncle René d'Anjou, il donne à la France l'Anjou, le Barrois, la Provence avec Marseille. Il acquiert Cerdagne et Roussillon.

Le plus fidèle miroir de l'œuvre accomplie par Louis XI est tendu par sa biographie même. Il voit le jour le 3 juillet 1423 dans une France largement dominée par les Anglais et leurs alliés bourguignons. Élevé dans la solitude au château de Loches, son père, le roi Charles VII, lui confie à 16 ans la lieutenance royale en Poitou, où il représente le souverain, et lui ordonne de défendre le Languedoc contre les troupes anglaises. Le jeune Louis y démontre ses capacités militaires, tout comme à Dieppe en 1443 quand il contraint les Anglais à lever le siège de la ville. Toutefois, il a grande hâte de régner et participe à la Praguerie de 1440, révolte des princes, dont le nom provient d'événements similaires, à la même époque, en Bohême. Charles VII lui accorde son pardon et lui confie le Dauphiné. Il y fait preuve de ses qualités d'administrateur, abaisse la noblesse locale, fonde l'université de Valence. Son mariage avec Charlotte de Savoie (1441-1483), contracté à l'insu de Charles VII, provoque la colère de ce dernier, Louis doit fuir le Dauphiné, d'abord en Savoie, puis à la cour de Philippe le Bon (1396-1467), duc de Bourgogne. Il continue à y intriguer contre son père jusqu'à sa propre accession au trône, en 1461.

Louis peut être considéré comme le premier grand souverain moderne de la France, il veut dépasser le cadre féodal pour imposer le pouvoir royal à tous. Ceci le conduit parfois à vivre des situations dangereuses : il est en pleine négociation avec le nouveau duc de Bourgogne, Charles le Téméraire (1433-1477), lors de l'entrevue de Péronne, en 1468, quand celui-ci apprend que la cité de Liège s'est révoltée contre lui à l'instigation de Louis XI. La vie du roi est en danger, il ne s'en tire que par son habileté diplomatique et l'humiliation d'accompagner le duc quand il mate les Liégeois. La revanche vient avec la mort de Charles le Téméraire devant Nancy, en 1477, après que Louis XI l'eut entraîné dans une guerre contre la Lorraine et les cantons suisses. La fin du règne est consacrée à la mise en place d'une monarchie directe, où les liens avec le roi supplantent peu à peu les relations féodales. Louis XI favorise l'essor de la bourgeoisie marchande, source de revenus pour le trésor royal, notamment avec la soierie à Lyon, soumet l'Église de France à son contrôle par le droit de regard sur la nomination des évêques et prend en main la justice en favorisant les cas d'appel direct au roi.

CHARLES VIII ET LES GUERRES D'ITALIE

Charles VIII (1483-1498) devient roi à l'âge de treize ans. La régence est exercée par sa sœur aînée, Anne de Beaujeu, qui est contrainte de convoquer les états généraux à Tours en 1484. Vaine réunion, ceux-ci n'obtiennent rien, au contraire la régente en profite pour renforcer la monarchie, réprimer les troubles féodaux. En 1488, Charles VIII épouse Anne de Bretagne et devient duc de Bretagne, au moins en titre. En 1495, en qualité d'héritier du testament du dernier roi de Naples en faveur de son père **Louis XI**, Charles VIII entreprend les guerres d'Italie. Il prend Naples mais se heurte à la Sainte Ligue de Venise regroupant le futur empereur Maximilien Ier et le roi Ferdinand II d'Aragon. En 1497, battues en Italie du Nord, les troupes françaises capitulent. **Charles VIII** meurt en 1498 en heurtant violemment de la tête un linteau de pierre d'une porte du château d'Amboise. Il est le dernier Valois direct. Son cousin, un Valois-Orléans, le duc Louis d'Orléans, lui succède sous le nom de Louis XII (1498-1515).

LOUIS XII ET LE RÊVE ITALIEN

Louis XII (1498-1515) épouse à son tour **Anne de Bretagne** (1514), veuve de son prédécesseur. À la mort de cette dernière, faute d'héritier pour le duché, la Bretagne est rattachée à la France. Le nouveau souverain reprend les guerres d'Italie, réclame Naples mais aussi Milan, se veut « roi de France, de Naples et de Jérusalem, duc de Milan ». Il prend Milan en 1500, occupe Rome et Naples l'année suivante. Dès 1504, les Espagnols reprennent Naples. Le pape Jules II a organisé contre la France la Sainte Ligue qui regroupe Venise, l'Espagne, Henri VIII d'Angleterre. Le jeune et brillant **Gaston de Foix** (1489-1512), neveu du roi, remporte une victoire à Ravenne en 1512, mais y perd la vie. Ensuite les défaites se succèdent, en 1515 toute l'Italie est de nouveau perdue. Le 1er janvier 1515, Louis XII meurt à Paris. Sans fils pour lui succéder, la couronne revient à une autre branche des Valois, les Valois-Angoulême, avec **François Ier** (1515-1547).

FRANÇOIS Ier, ROI CHEVALIER

C'est donc le comte François d'Angoulême, petit-cousin du feu roi **Louis XII**, qui monte sur le trône sous le nom de François Ier (1515-

1547), le « roi chevalier ». Il reprend à son tour les prétentions des rois de France sur l'Italie, franchit les Alpes et écrase les mercenaires suisses de la Sainte Ligue lors de la bataille de Marignan, les 13 et 14 septembre 1515. Cela contraint le pape **Léon X** à signer le concordat de Bologne, en 1516. Désormais évêques et abbés ne sont plus élus mais nommés par le roi. Le pape confirme cette nomination en leur conférant l'investiture spirituelle. Cette même année est signée la paix perpétuelle avec les cantons suisses, où le roi de France peut à l'avenir se pourvoir en mercenaires. Mais un redoutable adversaire accède à ce moment au trône, **Charles Quint** (1516-1556). Roi d'Espagne, d'Autriche, il est élu empereur contre François Ier en 1519. Lors de l'entrevue du Camp du Drap d'Or, près de Calais, en juin 1520, François Ier déploie les fastes de sa cour pour tenter de s'allier à Henri VIII d'Angleterre. Vexé, ce dernier préfère le camp de Charles Quint qui a eu la finesse de venir en petit apparat. Les guerres d'Italie reprennent, François Ier est vaincu et fait prisonnier à Pavie (1525). En 1526, le traité de Madrid oblige le roi à rendre à l'Espagne la Bourgogne, Milan, Naples, renonce aux Flandres, à l'Artois. La paix des Dames de 1529 permet à la France de conserver la Bourgogne, mais le Charolais, l'Artois, la Flandre, Tournai, Orchies, Douai, Lille et Hesdin sont perdus. Libre depuis 1526, après avoir livré ses deux fils en otage, François Ier doit affronter en France la montée de la Réforme protestante.

Les prémices des guerres de Religion

En octobre 1534 éclate l'affaire des Placards : des libelles reprochant au roi son inconduite, ses maîtresses et attaquant violemment la messe sont apposés dans les rues de Paris, Tours, Orléans et jusque sur la porte de la chambre du roi à Amboise. Ce dernier, plutôt tolérant jusqu'alors, entame une politique de persécution. Les protestants risquent le bûcher. Le ferment des guerres de Religion est en place. Par l'ordonnance de Villers-Cotterêts de 1539, le français devient langue obligatoire de tous les actes administratifs et juridiques du royaume, remplaçant le latin. Elle impose aussi l'enregistrement des baptisés par les prêtres, premier stade du futur état-civil. Au grand scandale des autres monarques catholiques, François Ier se rapproche des Turcs dans les Capitulations, traité signé définitivement après sa mort, en 1569. La France obtient le droit d'envoyer ses navires dans les ports turcs, les Échelles du Levant, ou escales de l'Est. Le sultan lui reconnaît aussi un droit de protection des catholiques au sein de son propre empire.

Le prince des mécènes

Mécène, François Ier poursuit ou commence l'édification des châteaux de la Loire : Amboise, Chambord, Blois, ou en Île-de-France ceux de Saint-Germain-en-Laye, Fontainebleau et le château de Madrid dans le bois de Boulogne. Il accueille et protège **Léonard de Vinci** au Clos Lucé, à Amboise, de 1516 à sa mort en 1519. Protecteur des lettres, il favorise le poète **Mellin de Saint-Gelais**, l'humaniste **Guillaume Budé**, bibliothécaire de la Bibliothèque royale, inspirateur du Collège royal, ancêtre du Collège de France. Il pensionne un temps **Clément Marot**, avant que sa conversion au protestantisme ne contraigne ce dernier à l'exil.

HENRI II, LE ROYAUME DÉCHIRÉ

Henri II (1547-1559) succède à son père. Il poursuit, sans un éclat comparable, l'œuvre politique et artistique de **François Ier**. Il reprend les guerres en Italie, mais après la défaite de Saint-Quentin (1557) doit signer le traité de Cateau-Cambrésis (1559) par lequel rois de France et d'Espagne se restituent leurs conquêtes. Calais revient définitivement à la France, mais l'Italie est perdue. Henri II conserve toutefois les Trois-Évêchés (Metz, Toul et Verdun) qu'il occupe depuis 1552. C'est pendant son règne que les guerres de Religion prennent de l'ampleur, les deux camps se préparant à l'explosion qui se produit après sa mort. Les édits de Châteaubriant (1551) et Compiègne (1557) restreignent les droits des protestants et accentuent la répression à leur encontre. Henri II meurt en 1559 d'un accident de tournoi. Trois de ses quatre fils vont lui succéder sur le trône. **François II** (1559-1560), roi à quinze ans, mort à seize, est surtout connu pour son mariage avec Marie Stuart, reine d'Écosse, et la conjuration

RENAISSANCE

d'Amboise. Alors qu'en mars 1560 l'édit d'Amboise amnistie les protestants et rejette l'inquisition, des gentilshommes protestants tentent de s'emparer du jeune roi. La conjuration éventée, la répression est féroce, plus de mille exécutions. Toutefois le gouvernement demeure tolérant à leur égard, au moment où deux partis se forment, protestant derrière le prince de Condé, catholique avec le duc de Guise.

CHARLES IX ET LA SAINT-BARTHÉLEMY

Le frère de François II devient roi à dix ans sous le nom de **Charles IX** (1560-1574). Sa mère, **Catherine de Médicis** (1519-1588), devient régente. En septembre 1561 est organisé le colloque de Poissy, entre évêques catholiques et théologiens protestants, mais il se traduit par un dialogue de sourds. Les guerres de Religion débutent le 1er mars 1562 avec le massacre de Wassy. Les hommes du duc de Guise massacrent à Wassy, en Champagne, des protestants alors qu'ils célébraient leur culte. Entre 1525 et 1589 se succèdent huit guerres de Religion entrecoupées de paix qui n'en ont que le nom, trêves plus ou moins longues avant la reprise des offensives. L'influence apaisante du chancelier **Michel de L'Hospital** (v. 1504-1573) est de plus en plus rejetée au conseil du roi, d'où il est exclu en 1568. Catherine de Médicis tente de louvoyer entre les extrémistes des deux camps afin que les Valois conservent le trône. En 1570 est signée la paix de Saint-Germain, les huguenots, ou protestants français, obtiennent une relative liberté de culte et des places fortes. L'amiral de **Coligny**, protestant, entre au conseil du roi et exerce une importante influence sur le jeune roi. Catherine de Médicis et Guise fomentent son assassinat qui échoue. Redoutant une révolte protestante, Catherine obtient de Charles IX le déclenchement, le 24 août 1572, de la Saint-Barthélemy. Les huguenots, venus en masse assister aux noces d'Henri de Navarre, futur Henri IV, et de la princesse Marguerite de Valois, sœur du roi, sont pourchassés et tués par milliers. Charles IX meurt à vingt-quatre ans, en 1574.

UN PRINCE DANS LA TOURMENTE : HENRI III

Son frère, élu roi de Pologne en 1573, rentre en France après s'être enfui de Cracovie et devient **Henri III** (1574-1589). Intelligent, cultivé, tête politique, il doit affronter à la fois la Sainte Ligue d'**Henri de Guise** (1550-1588) dit « le Balafré » – dont le but depuis sa création en 1576 est d'extirper définitivement le protestantisme en France avec l'aide du pape et du roi d'Espagne –, les Malcontents, aristocrates de vieille souche opposés aux hommes nouveaux de la cour, groupés autour du dernier frère, **François d'Alençon** (1555-1584), toujours prêt à comploter et à vendre son ralliement momentané le plus cher possible quitte à s'allier aux protestants, et ces derniers enfin, avec à leur tête le prince de Condé, Henri Ier de Bourbon (1552-1588), et son cousin Henri, roi de Navarre. L'édit de Beaulieu (1576) se veut pourtant apaisant. Le culte protestant est reconnu et de nombreuses garanties sont accordées. Mais dès l'année suivante, l'édit de Poitiers (1577) les restreint. Cela n'empêche en rien les combats de se poursuivre. La situation se complique après la mort de François d'Alençon. L'héritier du trône est désormais le protestant Henri de Navarre. En 1585, contraint par le duc de Guise, Henri III signe le traité de Nemours par lequel il déclare la guerre à son héritier et promet de chasser les protestants du royaume. En octobre 1587, la bataille de Coutras est un désastre pour l'armée catholique du roi, balayée par celle d'Henri de Navarre. Henri de Guise en profite pour soulever Paris à son profit. Le roi, après l'insurrection de la journée des Barricades (12 mai 1588), fuit Paris pour Chartres. Il convoque les états généraux à Blois. C'est là, en décembre, qu'il fait assassiner le duc de Guise et son frère, le cardinal de Guise. Paris prend la tête de la révolte, Henri III ne contrôle plus guère que quelques villes de province. En avril 1589, il se réconcilie avec Henri de Navarre. En août de la même année, Henri III est tué d'un coup de couteau à Saint-Cloud, d'où il assiège Paris, par un moine fanatique : Jacques Clément.

HENRI IV ET LA PACIFICATION RELIGIEUSE

Henri de Navarre (1553-1610) devient roi de France sous le nom d'**Henri IV** (règne : 1589-1610), mais la France ne le reconnaît pas tant qu'il demeure protestant. Il vainc le duc de Mayenne (1554-1611), frère du duc de Guise et nouveau chef de la Sainte Ligue, à Arques au sud de Dieppe en 1589, puis à Ivry, sur l'Eure, en 1590. Les troupes espagnoles profitent de la guerre civile pour pénétrer en France. Henri IV, qui sait la Ligue de moins en moins soutenue par les Parisiens, réalise qu'il doit abjurer le calvinisme pour ramener la paix. Il le fait solennellement à l'abbaye de Saint-Denis le 25 juillet 1593. Reims faisant partie de la Ligue, le sacrement d'Henri IV se fait à Chartres. Ce dernier rentre triomphalement à Paris en mars 1594. Battu une fois de plus à la bataille de Fontaine-Française (1595), Mayenne se soumet, contre une coquette somme de plusieurs millions de livres et des places de sûreté en Bourgogne. Henri IV bat ensuite les Espagnols et, par la paix de Vervins de mai 1598, obtient leur évacuation totale du pays. Par l'édit de Nantes, d'avril-mai 1598, il s'efforce d'amener catholiques et protestants à vivre ensemble en bonne entente. Les protestants peuvent exercer leur culte librement dans une ville par bailliage et dans les demeures seigneuriales, sauf à Paris, et ont accès à toutes les fonctions. En cas de litige entre les deux communautés, des « chambres mi-parties », composées pour moitié de juges catholiques et protestants, trancheront. En dépit de sa promesse de réunir régulièrement les états généraux, Henri IV ne le fait jamais et met en place les débuts de la monarchie absolue. Le duc de Biron, un ancien compagnon de lutte, se révolte. Le roi le fait juger et exécuter en 1602. Il confie le redressement, puis l'administration des finances à Maximilien de Béthune, baron de Rosny, qu'il fait **duc de Sully** (1560-1641). Ce dernier favorise l'agriculture et l'élevage. **Barthélemy de Laffemas** (v. 1545-1612) développe l'artisanat, prône le mercantilisme et l'expansion des manufactures, notamment celles de la soie à Lyon, encourage le commerce avec les Échelles du Levant. Le règne d'Henri IV est brutalement interrompu par le poignard de **Ravaillac** (1577-1610), catholique fanatique, le 14 mai 1610.

2. La Renaissance française : un art aulique

La France accueille très rapidement l'humanisme comme éthique et comme forme de pensée, mais lui imprime très rapidement aussi sa marque personnelle. **Deux courants prédominent** alors en Italie, **dès le premier tiers du XVIᵉ siècle : celui de Florence, classique et sévère, et celui de Venise, maniériste** et avant-gardiste. **Le second** est défendu par les Flamands et importé à Fontainebleau par des artistes comme **il Rosso** (1494-1540) et **le Primatice** (1504-1570). Des artistes italiens participent à la construction du château d'Amboise, employés en France, dès 1495, par **Charles VIII**. Le château se rattache encore au gothique mais annonce la Renaissance. Les premiers temps de cette diffusion, entre 1480 et 1520, se caractérisent par une architecture civile et religieuse (Saint-Gervais, à Paris). Dans le décor architectural se manifestent les premières importations italiennes : médaillons, moulures, losanges. **La deuxième période du style Renaissance, ou style François Iᵉʳ**, de 1520 à 1550 environ, voit l'italianisme triompher à Chambord, Azay-le-Rideau, Chenonceau, Fontainebleau. **La troisième période, ou style Henri II**, de 1550 à 1560, voit naître parallèlement un style classique où tous les ordres sont systématiquement employés. Symétrie et proportions sont les qualités recherchées dans l'ordonnance architecturale. Le Louvre, de **Pierre Lescot** (v. 1510-1578), et les Tuileries, de **Philibert Delorme** (1514-1570), en sont des exemples représentatifs. Plusieurs noms sont liés à la sculpture : **Jean Goujon** (v. 1510-v. 1566), **Germain Pilon** (v. 1525-1590), et à la peinture : **Jean Clouet** (v. 1485-v. 1540). Les influences italiennes pénètrent en France sans abolir complètement l'art gothique, comme le prouvent l'église Saint-Eustache ou l'Hôtel de Cluny. À partir du milieu du XVIᵉ siècle, la composition architecturale, aussi bien extérieure qu'intérieure, obéit à des règles qui privilégient les tracés géométriques. En 1564, **Philibert Delorme** commence les Tuileries, alors que **Jean Bullant** (v. 1520-1578) réalise le château d'Écouen et le petit Chantilly. L'Italie, la Renaissance s'inscrivent dans l'œuvre du sculpteur **Michel Colombe** (v. 1430-v. 1512), réalisateur de tombeaux royaux pour lesquels il s'inspire des motifs italiens dans la décoration.

Le **Primatice** et **il Rosso** associent dans la décoration de Fontainebleau la peinture et la sculpture, et deviennent les maîtres de l'école de Fontainebleau. La France et l'Espagne ont soumis l'Italie mais l'art de la Renaissance ne se fera que par l'importation de ces artistes. Sous François Ier, le mouvement s'accentue. Beaucoup des nouveautés qui apparaissent en France n'existent pas seulement pour le seul fait de copier l'Italie, mais correspondent à une évolution des habitudes de cour. Tout d'abord, **l'importance du personnel s'est modifiée**, il devient plus nombreux, et une transformation plus importante intervient aussi dans les usages de la cour. La noblesse entoure François Ier et la vie de cour devient une fête perpétuelle.

LE MANIÉRISME EN FRANCE

C'est ainsi que naît un des premiers foyers de maniérisme en Europe. L'influence italienne se fait sentir aussi par l'arrivée d'autres artistes que François Ier fait venir : Léonard de Vinci qui meurt près d'Amboise, en 1519 au Clos Lucé, deux ans après son arrivée, et **Andrea del Sarto** (1486-1531). Pendant ce temps, **il Rosso** apporte des réminiscences de Michel-Ange et le Primatice une douce langueur qu'il doit à **Raphaël**. L'école de Fontainebleau nous a laissé des œuvres telles que la *Diane chasseresse*, le portrait de Diane de Poitiers, celui de Gabrielle d'Estrée, avec son *Gabrielle d'Estrée au bain avec sa sœur*, la duchesse de Villars, révèle un érotisme froid. Deux peintres français rejoignent le groupe, **Antoine Caron** (v. 1520-v. 1599) avec *Les Funérailles de l'Amour*, et **Jean Cousin** (v. 1490-v. 1560) avec son *Eva Prima Pandora*. **Sous Henri III et Henri IV**, une nouvelle génération d'artistes fait son apparition. **Toussaint Dubreuil** (v. 1561-1602) exécute le portrait d'Henri IV en Hercule ; **Martin Fréminet** (1567-1619), considéré comme le dernier grand peintre de l'école de Fontainebleau, décore la voûte de la chapelle de la Trinité au château de Fontainebleau. Les peintres des Valois sont **Jean Clouet** (v. 1485-v. 1540) et **François Clouet** (v. 1510-1572), qui restent complètement étrangers aux influences italiennes et nous laissent au contraire des portraits d'inspiration flamande (Diane de Poitiers).

L'ÉCOLE DE FONTAINEBLEAU

L'art de la Renaissance en France est représenté par l'école de Fontainebleau, une interprétation française, mesurée, du maniérisme, nom donné pour la première fois, en 1818, par l'historien **Adam von Bartsch** (1757-1821) dans ses travaux sur la gravure, *Le Peintre-Graveur* (1803-1821), pour désigner les estampes réalisées par un groupe d'artistes dans les années 1540, sous l'influence de deux maîtres italiens œuvrant au château de Fontainebleau : il Rosso et le Primatice. Par extension, ce terme s'est appliqué à toutes les formes d'art qui se sont épanouies à Fontainebleau, et, un peu plus tard, dans le même esprit, à Paris. Une renaissance décorative sous Henri IV, connue sous le nom de la seconde école de Fontainebleau, voit le jour par la suite, mais fut moins importante dans son influence. Les artistes furent Ambroise Dubois (1563-1614), Toussaint Dubreuil (v. 1561-1602) et Martin Fréminet (1567-1619). Le nom de cette tendance vient de celui du célèbre palais de François Ier, roi de 1515 à 1547. Les travaux de construction commencent en 1528 et durent deux cents ans.

La galerie François Ier (1533-1540) est une commande de François Ier dont le décor a pour but de servir sa gloire auprès du peuple français. Sa décoration alterne panneaux de bois, peinture et stucs. De nombreux artistes d'origine italienne y participent, tel Niccolò dell'Abbate, le Primatice et il Rosso (de 1530 à 1560).

L'ARCHITECTURE RENAISSANCE EN FRANCE

Les guerres d'Italie, menées à la fin du XVe siècle et au début du XVIe siècle par les souverains français, Charles VIII, Louis XII, puis François Ier, permettent à ceux-ci de côtoyer le raffinement d'une civilisation nouvelle qui éclot en Italie du Nord : la Renaissance. L'aristocratie française après les guerres d'Italie ramène en France de nombreux artistes qui vont importer les idées de la Renaissance italienne. Leur désir de mener une vie insouciante va conduire de nombreux seigneurs à bâtir des résidences à la campagne tandis que les plus riches se font construire des châteaux où le luxe remplace l'armement défensif devenu inutile.

RENAISSANCE

De retour en France, éblouis par la lumière de Florence, de Milan, ou de Rome, les princes veulent à leur tour marquer leur époque de bâtiments nouveaux. Ce sont sur les rives de la Loire, sur lesquelles les princes résident volontiers, ou à proximité, que vont s'édifier palais et châteaux. Brusquement, dans la tiédeur des étés ligériens, la France passe du château-fort à la résidence de plaisir d'une cour raffinée. Dans les châteaux construits vers 1495 sous **Charles VIII** (1483-1498), comme Amboise (1495-1498), se combinent créneaux, tourelles, fenêtres à croisillons avec l'arc de plein cintre, façades à colonnades et frontons triangulaires. Les principaux châteaux édifiés sur les bords de la Loire sous **Louis XII** (1498-1515) et sous **François Ier** (1515-1547) sont Azay-le-Rideau (1518-1524), Chenonceau (1515-1581) avec sa galerie de Philibert Delorme, et Blois avec son aile **François Ier** (1515).

Cependant le plus grand château de la Renaissance reste Chambord (1519-1560) : 156 m par 117 m avec 56 m de hauteur au clocheton central, 28 m au niveau des terrasses, comprenant quatre cent quarante pièces, soixante-quatorze escaliers et trois cent soixante-cinq cheminées, édifié d'après des plans italiens, dont un de Léonard de Vinci. Le maître d'œuvre en est **François de Pontbriand** (1445-1521) qui, pendant quinze ans, emploie mille cinq cents ouvriers. **À partir de 1525**, en France, les résidences princières se multiplient : La Muette, Fontainebleau. Le château de Madrid, à Boulogne, montre une nouvelle façon de concevoir la décoration. Édifice à loggia, il est décoré de terres cuites. Il est démoli en 1792. D'autres châteaux illustrent, en dehors du Val de Loire ou de Fontainebleau, l'architecture de la Renaissance. Ainsi, le château d'Écouen, construit sur l'ordre d'**Anne de Montmorency** (1493-1567), connétable du roi, maréchal de France ; en s'inspirant du château de Bury, il se fit en plusieurs étapes. Actuellement ce château abrite le musée de la Renaissance en France.

Les architectes de grand renom

– **Pierre Lescot** (v. 1510-1578) travaille au Louvre. Il conserve la responsabilité du chantier jusqu'à sa mort. Sur l'emplacement du vieux Louvre, celui de Charles V, il fait construire le corps de logis, l'aile gauche et le pavillon d'angle, appelé le pavillon du Roi. Il construit également l'hôtel de Ligneris, le Carnavalet.

– **Philibert Delorme** (1514-1570) est chargé de la réalisation du château de Saint-Maur (1541) et de celui d'Anet (1547-1552) et commence les Tuileries en 1564.

– **Jean Bullant** (v. 1520-1578) est l'architecte d'Écouen, du petit château de Chantilly (1561) et de l'hôtel de Soissons (1572).

LA SCULPTURE PENDANT LA RENAISSANCE EN FRANCE

Paradoxalement, les guerres d'Italie menées par Charles VIII et ses successeurs donnent naissance à une longue tradition d'accueil de l'art italien à la cour de France. Le Val de Loire et la Normandie deviennent les premiers centres de diffusion de ces nouveaux styles. Vers le milieu du XVIe siècle, **Philibert Delorme** (1514-1570) et **Pierre Bontemps** (v. 1507-apr. 1563) font évoluer la sculpture vers une plus grande complexité, comme le montre le modèle des tombeaux royaux, avec l'arc de triomphe du tombeau de François Ier, à l'abbatiale de Saint-Denis. Ces nouveaux artistes se révèlent à la fois théoriciens et praticiens. Ainsi **Jean Goujon** (v. 1510-v. 1566), auteur de la fontaine des Saints-Innocents, à Paris, ou **Germain Pilon** (v. 1525-1590), sculpteur des *Trois Parques* et du tombeau de Catherine de Médicis.

3. La littérature française pendant la Renaissance

Sur les traces d'Érasme de Rotterdam, à la suite d'hommes comme Budé, Lefèvre d'Étaples, les Estienne, Muret et bien d'autres, les écrivains de la Renaissance puisent inlassablement dans le magasin d'idées qu'ils ont produit. Ils sont au premier plan pour les idées nouvelles et en sont même souvent les principales victimes, **Marot**, **Rabelais**, **Ronsard**, **Montaigne**, **d'Aubigné**. La langue française s'impose et tout se joue entre 1535 et 1550. François Ier, en 1539, par l'ordonnance de

Villers-Cotterêts, impose de rédiger en français les actes administratifs et judiciaires. En 1549, lorsque **Joachim Du Bellay** publie la *Défense et illustration de la langue française*, la cause est quasiment gagnée. Illustrer la langue, c'est donc donner en français des œuvres remarquables pour rivaliser avec celles en grec et en latin. Puis on reprend les genres littéraires grecs et romains, les tragédies, les fables, les élégies, les odes, les épopées. Pour ce faire, il est nécessaire d'abord d'intégrer dans le vocabulaire de nouveaux mots, aller les chercher dans le vocabulaire des gens de métier, dans celui des cultures étrangères. C'est en effet à cette époque que débutent les premières grammaires, les premiers dictionnaires. C'est avec **Robert Estienne** (1503-1559) que les répertoires de mots sont appelés des dictionnaires. Les traductions en latin comme en français des textes grecs sont le travail des plus grands humanistes : **Jacques Lefèvre d'Étaples** (v. 1450-1537) pour l'*Éthique à Nicomaque* d'Aristote, en 1514 ; **Louis Le Roy** (v. 1510-1577) pour la première édition en latin du *Timée* de Platon, en 1551 ; **Amadis Jamyn** (1540-1593) pour l'*Iliade* en 1584. **Plusieurs périodes** vont rythmer l'évolution de la production littéraire française de la Renaissance.

L'ÉVOLUTION DES LETTRES EN FRANCE DE 1470 À 1515

Les premiers imprimés datent de 1470, c'est la poésie du gothique flamboyant qui règne à la cour des princes où l'on chante leurs hauts faits. Chez ces « grands rhétoriqueurs[1] », comme **Jean Marot**, **Guillaume Crétin** ou **Jean Molinet**, il n'y a pas d'innovations ou de recherches sur les nouvelles formes poétiques. Pourtant cette période voit apparaître les premiers humanistes : Jacques Lefèvre d'Étaples ou Érasme en Hollande.

---

1. Le nom de « grands rhétoriqueurs » concerne une douzaine de poètes regroupés auprès des ducs de Bourgogne, Bretagne et des rois de France. Leur poésie sera tournée en discrédit par la génération de 1530-1550 parce que tenue pour une démonstration de virtuosité creuse.

L'ÉVOLUTION DES LETTRES EN FRANCE DE 1515 À 1559 : CLÉMENT MAROT, RABELAIS

Les dispositions du roi vont changer à l'égard des réformateurs et notamment des protestants. Il s'agit de l'épisode de l'affaire des Placards.

> **Lettres et troubles politiques**
>
> • De 1515 à 1534 : création du **Collège de France**, sous le nom de « Collège des lecteurs royaux », par François Ier (roi de 1515 à 1547).
>
> • De 1534 à 1559 : affaire des Placards[1]. **Marot** se cache, Calvin s'enfuit à Genève. Séparation entre Réforme et Renaissance.
>
> • De 1559 à 1610 : guerres de Religion. **Agrippa d'Aubigné**, **Blaise de Monluc** sont des écrivains engagés, dits « écrivains combattants ».

◆ **Clément Marot** (1496-1544) s'impose à la cour, il est reconnu comme le grand poète, le langage de sa poésie gracieuse lui convient. Poète léger, amuseur des nobles de la cour, fils du poète rhétoriqueur **Jean Marot**, il passe au service de **Marguerite d'Angoulême**, sœur de François Ier, alors duchesse d'Alençon. **Boileau**, dans son *Art poétique*, évoque « l'imitation de Marot l'élégant badinage ». En fait sa vie comme son œuvre sont tourmentées. Il est incarcéré en 1526 dans la prison du Châtelet après avoir mangé le lard en Carême, c'est-à-dire avoir rompu le jeûne. Ce moment lui inspire l'une de ses satires, *L'Enfer* ; il doit s'enfuir après l'affaire des Placards pour Ferrare. Mais c'est avant tout un poète qui sait chanter l'amour, donner vie à des rondeaux et chansons d'une délicatesse exquise. Ses premières œuvres sont publiées en 1532, avec *L'Adolescence clémentine*. Mais l'essentiel de celles-ci sont constituées par les *Épîtres* aussi diverses que les événements qui les ont suscitées. On lui doit d'avoir introduit le sonnet d'après la poésie italienne, les *Cinquante psaumes en français*, traduction des psaumes de David. Leur facilité à être chantés les fera

---

1. Les « placards » sont des libelles, favorables à la Réforme, affichés (placardés) jusque sur la porte de la chambre du roi. Cette maladresse irrite François Ier, auparavant tolérant à l'égard des idées religieuses nouvelles.

RENAISSANCE

reprendre par Calvin pour ses chants d'église. Mais ce qui est nouveau dans l'histoire de la littérature, ce sont les louanges portées au corps féminin. Aucune figure charnelle ne va s'imposer comme dans les tableaux d'un **Botticelli**, d'un **Titien**, d'un **Dürer**, car dans la poésie, le corps féminin va plus souvent être célébré qu'être représenté. Si, en peinture, représenter le corps, c'est le peindre en le montrant, même s'il est idéalisé, en poésie c'est l'évoquer sans le décrire. Le blason sera le genre poétique le plus prisé. Qu'entend-on par *blason* ? C'est une description détaillée d'une partie du corps humain, ou celle d'un objet. Le « blason anatomique » enferme l'image dans le texte, le texte fait image et c'est l'image qui est signifiante. Lorsque **Clément Marot**, en 1535, écrit « Le Blason du beau tétin », il est à l'origine d'une véritable production de ce genre poétique. Si, d'une façon générale, le blason célèbre les qualités d'objets, de végétaux, de villes, de minéraux, c'est en célébrant celui du corps féminin qu'il gagne ses lettres de noblesse.

◆ **François Rabelais** (1494-1553), moine franciscain puis ecclésiastique séculier, médecin à l'Hôtel-Dieu de Lyon, est l'humaniste le plus important de cette période en France. Héritière du Moyen Âge, son œuvre est une « geste » de géants, une épopée burlesque. Le ton facétieux, voire obscène, se révèle être parfaitement dans la tradition des fabliaux. En revanche, ses idées sur l'éducation sont parfaitement conformes à celles du programme des humanistes de la Renaissance. *Gargantua* et *Pantagruel* sont en fait de violentes satires contre le pape, le roi, les ordres monacaux, l'autorité suffisante de la Sorbonne. Celle-ci finira d'ailleurs par interdire la publication de son œuvre. En 1532, il publie, sous le pseudonyme Alcofribas Nasier, anagramme de François Rabelais, *Les Horribles et Épouvantables Faits et Prouesses du très renommé Pantagruel*, suivi deux ans plus tard par *La Vie inestimable du grand Gargantua*, puis en 1546 par *Le Tiers Livre*. C'est dans ces livres qu'il attaque les « sorboniques » qui condamneront leur publication. Si le but premier est de faire rire, de rompre l'os, il faut aussi en « sucer la substantifique moelle[1] ».

---

1. Prologue de *Gargantua*.

BRIGADE ET PLÉIADE

Vers 1547, un groupe de jeunes gens signe le manifeste d'une nouvelle école, par la plume de Joachim Du Bellay, qui rédige sa *Défense et illustration de la langue française*, parue en 1549. Ce groupe se donne le nom de Pléiade. La défense de la langue française a pour but de lutter contre les auteurs qui utilisent systématiquement le latin en référence à l'Antiquité. Du Bellay estime qu'il est nécessaire de produire des œuvres aussi importantes en langue française. Il s'agit également de promouvoir une nouvelle forme de poésie, sans se référer à celle de l'époque médiévale. Cette poésie, à la fois faite de formes nouvelles, comme le sonnet, retrouve les thèmes d'inspiration des Anciens, de l'Antiquité classique. Le terme de Pléiade a été utilisé pour vaincre l'ignorance et l'arrogance des disciples de l'humaniste Jean Dorat (1508-1588). Ce sont sept écrivains qui, sous la direction de Pierre de Ronsard, ont eu pour but d'élever la langue française au niveau des langues classiques. Voulant apporter de nouveaux mots à la langue française, ils se tournent vers l'imitation des Anciens. En 1553, Ronsard choisit sept d'entre eux, leur nombre n'étant pas sans évoquer la Pléiade mythologique des sept filles d'Atlas, changées en constellation, et surtout la Pléiade des sept poètes alexandrins du IIIe siècle avant J.-C. sous le règne de Ptolémée II.

La seule forme de sonnet non antique qu'ils admettent est celui imité de **Pétrarque**. Du Bellay, dans la *Défense et illustration de la langue française*, préconise l'enrichissement de la langue française par l'imitation discrète et l'emprunt des formes linguistiques et littéraires des classiques et des œuvres de la Renaissance italienne, y compris des formes telles que l'ode d'Horace et de Pindare, l'épopée virgilienne, et le sonnet de Pétrarque. Les sept qui acceptent sont : **Ronsard** (1524-1585), **Du Bellay** (1522-1560), **Jean Antoine de Baïf** (1532-1589), **Étienne Jodelle** (1532-1573), **Jean Bastier de La Péruse** (1529-1554), remplacé en 1554 par **Rémi Belleau** (1528-1577), s'y associent Pontus de Tyard (1521-1605) et Guillaume Des Autels (1529-1581) auquel succède Jacques Peletier du Mans (1517-1582), remplacé à sa mort par **Jean Dorat** (1508-1588).

Du Bellay a également encouragé la renaissance de mots français archaïques, l'incorporation des mots et des expressions du patois, l'utilisation de termes techniques dans des contextes littéraires, la frappe des mots nouveaux, et le développement de nouvelles formes de la poésie. Les écrivains de la Pléiade sont considérés comme les premiers représentants de la poésie de la Renaissance française, la raison étant qu'ils remettent au jour l'alexandrin, forme dominante poétique de cette période. Ils se regroupent au **collège de Coqueret**, situé dans le quartier Latin. Cette brigade d'un nouveau genre se révèle être une école fédérée par la même volonté de rénover les formes poétiques : à côté d'une inspiration libre pour l'imitation des Anciens, les poètes se mettent au service d'une langue volontiers érudite. Leurs principales œuvres sont : de Baïf : *Les Amours* (1552), *Les Jeux* (1572) ; Du Bellay : *Défense et illustration de la langue française* (1549), *L'Olive* (1550), *Les Antiquités de Rome* (1558), *Les Regrets* (1558) ; Ronsard : *Abrégé de l'art poétique français* (1565), *Discours* (1562-1563), *Odes* (1550-1552), *Hymnes* (1556), *Les Amours* (1552).

◆ **Pierre de Ronsard** (1524-1585) est considéré comme le chef de file de la Pléiade. Son œuvre peut se diviser en trois périodes. Jusqu'en 1559, elle est marquée par l'influence de l'Antiquité et de l'Italie. Il publie des livres d'*Odes*, imitées du poète grec Pindare ou du poète latin Horace. Entre 1560 et 1574, **Ronsard** est poète de cour. Il rédige les *Discours des misères de ce temps*, les *Élégies, mascarades et bergeries*. La dernière période de son existence, de 1574 à 1585, est consacrée à une retraite dans le prieuré de Saint-Cosme-les-Tours. À cette époque, Ronsard compose le recueil connu sous le nom des *Amours d'Hélène*. Au groupe de la Pléiade, on doit opposer celui des « écrivains combattants ». Ils ne recherchent pas tant dans l'Antiquité leur inspiration ou dans la poésie de l'Italie de la Renaissance la forme à suivre. Le fait essentiel dans leurs écrits est de peindre à la fois le milieu militaire auxquels ils appartiennent souvent et de promouvoir leur religion. Il s'agit donc soit de catholiques demeurés convaincus, soit de nouveaux protestants.

◆ **Joachim du Bellay** (1522-1560) est un maître du sonnet, bien qu'il ait exercé la carrière diplomatique au début de sa vie. En 1549, il compose *L'Olive*, recueil de sonnets imités de Pétrarque, suivis en 1558 des *Antiquités de Rome* et des *Regrets*. Dans les *Regrets*, poèmes de la séparation et de l'exil, Du Bellay montre que cette séparation permet à l'être de se découvrir lui-même. Toute la thématique de ces poèmes tourne autour du voyage, du retour, de l'expérience malheureuse. Lorsqu'il publie son manifeste, il entre en guerre contre le latin et la langue de Jean de Meung, de Villon, de Marot.

L'ÉVOLUTION DES LETTRES EN FRANCE DE 1559 À 1610 : MONTAIGNE

Les guerres de Religion attisent les polémiques. **Montaigne** restera à l'écart de tout fanatisme, tandis qu'**Agrippa d'Aubigné** (1552-1630) et **Blaise de Monluc** (v. 1500-1577) se présentent comme les écrivains engagés de ces guerres de Religion.

Michel Eyquem de Montaigne (1533-1592), gentilhomme périgourdin, célèbre pour son amitié avec La Boétie, passe le plus clair de sa vie à Bordeaux, où il est conseiller au Parlement jusqu'en 1571 et maire de 1581 à 1585, et dans son château dans le Périgord. À l'âge de 24 ans, il fait effectivement la connaissance d'Étienne de La Boétie, l'un des événements les plus importants de sa vie. Dans son essai *De l'amitié*, il décrit d'une manière très touchante son amitié avec La Boétie, qu'il dit être parfaite et indivisible, largement supérieure à toutes les autres. Quand La Boétie meurt, il laisse un vide qu'aucun autre être n'a jamais été en mesure de combler. Montaigne inaugure une tradition de moralistes en France. Son genre littéraire, l'essai, a pour but d'étudier et d'analyser le comportement humain. Deux volumes d'*Essais* paraissent en 1580 et en 1588. L'ouvrage est réédité en trois volumes. La pédagogie tient une grande part dans son œuvre. En s'appuyant sur la tradition antique, il s'interroge sur un certain nombre de problèmes relevant de la philosophie mais sans aucune intention didactique. Une grande partie de ces observations se fonde sur l'examen de son propre moi. À ce titre, les *Essais* sont le premier témoignage autobiographique. À la fois profondément critique de son temps et profondément impliqué dans ses préoccupations et ses luttes,

Montaigne a choisi d'écrire sur lui-même, en vue de parvenir à certaines vérités possibles sur l'homme et la condition humaine, dans une période de troubles et de division, lorsque toute possibilité de vérité semblait illusoire et dangereuse. Pourtant son siècle est celui du sentiment d'immenses possibilités humaines, qui découlent à la fois des découvertes des voyageurs du Nouveau Monde, mais aussi de la redécouverte de l'Antiquité classique, et de l'ouverture des horizons scientifiques à travers les œuvres des humanistes. Mais ces espoirs sont brisés en France lors de l'avènement de la Réforme calviniste, suivie de près par la persécution religieuse et par les guerres de Religion (1562-1598).

Les Essais

Le terme « essai », qui n'avait alors jamais encore été utilisé dans son sens moderne pour un genre philosophique ou littéraire, prend chez Montaigne le sens d'une attitude intellectuelle de questionnement et d'évaluation continue. Tout au long de ses écrits, comme il l'a fait dans sa vie privée et publique, il manifeste la nécessité d'entretenir des liens avec le monde, les autres et les événements. Nous assistons à un va-et-vient entre l'intériorité de l'individu et l'extériorité du monde. Il utilise l'image de l'arrière-salle : les êtres humains ont leur chambre à l'avant, donnant sur la rue, où ils se rencontrent et interagissent avec les autres, mais ils ont aussi parfois besoin de pouvoir se retirer dans la salle du fond, la leur, où ils peuvent réaffirmer leur liberté par la réflexion sur les aléas de l'expérience. Dans ce cadre, il préconise les voyages, la lecture, surtout celle des livres d'histoire, et les conversations avec des amis. Mais il est impossible de parvenir à une connaissance complète. Il fait sienne l'interrogation philosophique du sceptique Sextus Empiricus : « que sais-je ? », pour relativiser tout savoir. Il étend néanmoins sa curiosité aux habitants du Nouveau Monde, dont il fait la connaissance avec la rencontre en 1562 de trois Indiens du Brésil que l'explorateur Nicolas Durand de Villegagnon avait ramenés en France. Montaigne donne ici un rare exemple de relativisme culturel et de tolérance pour son époque, et estime que ces personnes sont, dans leur fidélité à leur nature, leur dignité, bien supérieures aux Européens qui ont montré qui étaient les vrais barbares avec la conquête violente du

Nouveau Monde et leurs guerres internes. Tout au long de son travail le corps occupe une place importante, à travers ses vastes interrogations sur la maladie, la vieillesse et la mort. La présence de cette dernière imprègne les *Essais*, et Montaigne veut se familiariser avec elle, à la manière des stoïciens ou des épicuriens.

Rénovation de la pédagogie

L'affirmation de l'individualisme se complète par une volonté de découvrir l'enfant et apporte une volonté particulière pour résoudre le problème de l'école. Pour la première fois, **Jan Van Scorel** (1495-1562) représente en peinture, en 1531, un jeune écolier coiffé d'un béret rouge tenant dans une main un papier, dans l'autre une plume. Le but de l'éducation pendant la Renaissance est de former à la fois des hommes et des chrétiens. Avant 1400, on dénombre la création de trente collèges à Paris, dont le collège de Sorbonne pour les théologiens. Louvain, dès le début du XVe siècle, devient un centre important de la Renaissance en Europe. Peu après, les universités anglaises s'ouvrent à l'humanisme et Érasme enseigne à Cambridge. Pendant la Renaissance, peu à peu, les collèges remplacent les facultés d'arts et l'on assiste au déclin progressif des universités, privées d'un de leurs éléments les plus dynamiques. Pendant que l'enseignement se modifie, vie et psychologie de l'élève vont suivre la même ligne d'évolution. Érasme, qui consacre plusieurs ouvrages au problème de l'éducation, conseille le recours à un précepteur. Les jésuites furent les grands agents de diffusion de l'enseignement humaniste. L'humanisme va situer la morale au centre des préoccupations de l'éducation, et faire des vertus le moyen d'accès à la sagesse et à la connaissance. Le célèbre « science sans conscience n'est que ruine de l'âme », qui termine la lettre de Gargantua à Pantagruel, illustre parfaitement cette nouvelle conception. Montaigne, dans son célèbre traité *De l'institution des enfants*, se situe aussi dans cet axe de la pédagogie humaniste, lorsqu'il écrit que l'enfant devait avoir « une tête bien faite plutôt que bien pleine », le but étant d'arriver à faire un homme capable de se conduire dans la vie. La formation physique pour Montaigne est nécessaire, le corps permet de mieux soutenir l'âme. De même Gargantua sous la direction de Ponocrates reçoit celle d'un gentilhomme où exercices du corps et pratiques des armes tiennent une place importante. La description de l'abbaye de Thélème qui termine *Gargantua* est celle d'une demeure princière où l'on mène une vie brillante. Leur seule règle est « Fais ce que voudras », mais elle s'adresse à des personnes bien nées, comme tout le système éducatif de la Renaissance.

LA POÉSIE LYONNAISE

Maurice Scève (1500-1560) est le plus illustre représentant de la poésie lyonnaise, Lyon étant alors comme une capitale intellectuelle de la France jusqu'au début des guerres de Religion. Admirateur de Pétrarque, Scève ne délaisse pas pour autant l'apport du Moyen Âge en littérature. La *Délie* apparaît comme une synthèse des différents courants de la poésie lyonnaise. L'auteur y chante sa maîtresse et montre toutes les insatisfactions amoureuses de cette passion. Il travaille également à un grand ouvrage, *Microcosme*, épopée encyclopédique. Autour de lui, d'autres auteurs prennent place, telle **Pernette du Guillet** (1520-1545), avec ses *Rymes*, ou **Louise Labé** (1522-1566), surnommée « la Belle Cordière », qui chante son amour pour un homme dans *Le Débat de Folie et d'Amour* (1555).

4. La musique pendant la Renaissance française

La musique de la Renaissance se transforme en même temps que la société évolue. Les cours princières entretiennent des musiciens permanents à leur service, à la fois pour les besoins de la liturgie, mais aussi pour les banquets et réceptions. La musique la plus brillante est d'abord celle des ducs de Bourgogne, où s'illustre Guillaume Dufay (1400-1464). Cosmopolite, tournée vers l'allié anglais, elle accueille également John Dunstable. Les genres musicaux vont de la messe au motet, composition à une ou plusieurs voix, en passant par les ballades et chansons. En dehors de l'école de Bourgogne, la musique de la Renaissance s'épanouit dans le cadre de l'école franco-flamande, emmenée par Josquin des Prés, le « prince de la musique » pour ses contemporains.

UN GRAND NOM DE LA MUSIQUE À LA RENAISSANCE : JOSQUIN DES PRÈS

Josquin des Près (v. 1440-v. 1521) figure au nombre des plus grands compositeurs de la Renaissance. Après une formation à la cathédrale de Cambrai, il entre au service du roi René d'Anjou, mécène avisé, puis à celui du pape, pour sa chapelle privée. Lors de son séjour en Italie, il sert également les cours princières de Milan et de Ferrare. Il laisse vingt messes, des motets marqués par un sens aigu de la déploration et le recours aux graves, de nombreuses chansons. Il reprend les techniques du canon et du contrepoint, utilisés pour la musique religieuse, en les adaptant aux œuvres profanes. L'imprimerie en plein essor, la diffusion des psaumes chantés par les protestants, puis les effets de la Contre-Réforme catholique contribuent à donner à la musique une place nouvelle, relayée par les écoles des Pays-Bas, de Paris, de la Loire. Outre Roland de Lassus (v. 1532-1594), les autres musiciens d'importance sont : Antoine Brumel (1460-1525), Pierre de La Rue (v. 1460-1518), Loyset Compère (v. 1450-1518), Jacob Obrecht (1450-1505). Les instruments sont le luth, la harpe, l'orgue. Les danses sont à la mode, avec la pavane, la gaillarde ou l'allemande.

CHAPITRE III
L'Espagne

1. Histoire : l'Espagne au XVIe siècle

À la mort d'Isabelle la Catholique, en 1504, sa fille **Jeanne la Folle** (1504-1555) lui succède. Charles devient le roi **Charles Ier d'Espagne** (1500-1558), régnant sur la Castille, l'Aragon, les Pays-Bas. Il procède à une profonde réforme des institutions, favorisant une monarchie absolue. Une révolte éclate, celle des Comuneros entre 1520 et 1522. Elle regroupe les conseils des villes, la noblesse, les artisans et ouvriers urbains. Les nobles restés fidèles forment une armée qui écrase les Comuneros à Villalar, le 21 avril 1521. En 1519, le trône de l'empereur d'Allemagne est vacant. Charles est élu roi des Romains le 28 juin 1519 et sacré empereur à Aix-la-Chapelle le 23 octobre 1520. Il devient alors l'empereur Charles V ou **Charles Quint** (1519-1558). Celui-ci doit aussi faire face à la révolte des princes allemands auxquels il entend imposer le catholicisme. Son refus d'accepter la *Confession d'Augsbourg* (25 juin 1530), qui fonde le luthéranisme, débouche sur une guerre. Elle durera de 1531 à 1555. Finalement, Charles Quint, par la paix d'Augsbourg (3 octobre 1555), reconnaît le protestantisme dans tout l'Empire selon la règle du « *cujus regio, ejus religio* », la religion du prince est celle de son État. Le souverain n'est pas plus heureux dans ses expéditions en Méditerranée, pour tenter de mettre un terme à la piraterie des Barbaresques. Physiquement affaibli, moralement découragé, Charles Quint abdique en deux temps au profit de son fils **Philippe II** (1556-1598), le 25 octobre 1555. Il lui transmet les Pays-Bas, le duché de Bourgogne, la Franche-Comté, toutes les possessions espagnoles, le 16 janvier 1556. Son autre fils, Ferdinand, est élu le 24 mars 1558 empereur sous le nom de **Ferdinand Ier** (1558-1564). Il se retire au monastère de Yuste, où il meurt le 21 septembre 1558. Sa grandeur se voit réaffirmée avec la victoire navale de Lépante (7 octobre 1571) où Espagnols et Vénitiens défont la flotte turque. La nouvelle souveraine, **Élisabeth Ire** (1558-1603), s'engage dans la lutte contre l'Espagne. Elle en triomphe après la dispersion d'une immense flotte espagnole, l'Invincible Armada, démantelée par une tempête avant d'être anéantie par la marine britannique en 1588. La fin du règne est marquée par une succession d'échecs : l'ancien protestant Henri de Béarn est devenu le roi de France **Henri IV** (1589-1610), l'État est au bord de la banqueroute, avec une dette de cent millions de ducats, l'Angleterre soutient la révolte des Pays-Bas. Les Anglais prennent le port de Cadix. Philippe II doit signer avec la France la paix de Vervins (1598), abandonnant les places conquises et les Pays-Bas méridionaux. **Philippe II** meurt le 13 septembre 1598. Son faible fils, **Philippe III** (1598-1621), lui succède et ouvre l'ère d'une interminable décadence espagnole.

2. La Renaissance artistique en Espagne

L'ARCHITECTURE DE LA RENAISSANCE ESPAGNOLE

Après le pompeux gothique appelé style Isabelle (chapelle funéraire royale de San Juan de los Reyes, à Tolède), une nouvelle formule architecturale naît : le *plateresque*. Véritable pièce d'orfèvrerie, la façade de l'hôpital de Santa Cruz à Tolède est associée au nom d'Enrique Egas. Les thèmes décoratifs sont essentiellement lombards. Charles Quint se fait construire un nouveau palais dans les jardins de l'Alhambra par l'architecte **Pedro Machuca** (?-1550), projet qui n'ira pas complètement à terme. Il constitue le premier palais de style italien construit au XVIe siècle en Espagne. Mais l'ensemble des réalisations produites alors s'efface devant le colossal palais que Philippe II fait édifier, à l'Escurial, associé au nom de **Juan de Herrera** (1530-1597) bien que commencé en 1563 par **Juan Bautista de Toledo**

(1515-1567). Il s'inspire des palais italiens de la Renaissance, mais sa conception reste espagnole. Dédié par **Philippe II** à saint Laurent, la forme de cette construction est celle d'un gril en souvenir du supplice subi par ce saint. L'ensemble est construit en granit gris.

LA PEINTURE DE LA RENAISSANCE ESPAGNOLE

Le *sosiego*, attitude impénétrable et fermée, proche du stoïcisme de l'Antiquité, incarné par le roi Philippe II, se diffuse dans toute l'Europe. La courtoisie glaciale de celui-ci s'impose dans l'étiquette de la cour. Il n'y a aucune place pour la chaleur humaine dans une vie conçue comme ascétique. La mode est au noir, les toilettes d'une grande sobriété et d'une grande tristesse, celle des femmes vise à dissimuler les formes naturelles. Le mouchoir fait son apparition. **Baltasar Gracián y Morales** (1601-1658), dans son livre *L'Homme de cour*, l'évoque, en 1647, ainsi que les règles de convenance qui en définissent l'usage. Le XVe siècle marque l'époque où l'Espagne est envahie par de nombreux artistes étrangers, Flamands, Allemands, Français, Bourguignons, et, au XVIe siècle, ceux venus de France et d'Italie.

Le nom qui domine est sans conteste celui de **Domenikos Theotokopoulos**, dit **le Greco** (1541-1614). En Espagne se développe une école maniériste dont il sera le principal représentant. Né en Crète, alors protectorat vénitien, ses premières années de peintre semblent obscures. Sa première œuvre est *Saint François recevant les stigmates*. Il se fixera à Tolède après un court séjour à Rome. Vient ensuite une période consacrée aux portraits : on peut citer *Chevalier avec la main sur la poitrine* (1580). En 1586, on lui commande *L'Enterrement du comte d'Orgaz*. Ses dernières œuvres sont des *Apostolados*, comme celle de la cathédrale de Tolède. Le peintre donne à ses personnages des formes étirées qui leur procurent l'allure de majestueux géants. La technique du Greco se fonde sur l'opposition entre les coloris noir et blanc, notamment par la nouveauté qui consiste à les faire se chevaucher pour intensifier le contraste sans créer par le dessin une ligne trop nette de séparation. Toutes ses créations sont des symboles représentant des forces surnaturelles ou surhumaines, obéissant à des impulsions, venant non de leur être, mais de l'extérieur : *Apostolados, Christ* *portant sa croix* (1600-1605), *L'Enterrement du comte d'Orgaz* (1586-1588), *La Sainte Famille* (1595). Il conserve du style byzantin la frontalité de la composition, le mépris pour l'illusion spatiale. Les fonds de ses tableaux ne sont faits que pour mettre en relief, en évidence ses personnages et non pour créer une impression de profondeur. De ce qu'il a appris auprès de **Titien**, il ajoute le volume et le dynamisme des corps, la peinture tonale, la variation de chaque couleur suivant les effets lumineux. Mais ses influences, il les doit aussi à Véronèse, au Tintoret: *Le Songe de Philippe II* (1579), *Le Martyre de saint Maurice* (1580-1582).

LA SCULPTURE DE LA RENAISSANCE ESPAGNOLE

Vasco de la Zarza (1470-1524), spécialisé dans la taille du marbre, laisse à Barcelone ses traces dans les plans et une grande partie de son travail dans la réalisation du chœur de sa cathédrale. Alonso Berruguete (v. 1490-1551) s'illustre dans cette partie du deuxième tiers du XVIe siècle par son style monumental d'exécution des sculptures du chœur de la cathédrale de Tolède. Les fondeurs de bronze, les Leoni, Leone (1509-1590) et son fils Pompeo (1533-1608), laissent leurs plus belles œuvres en 1564: *Charles Quint terrassant l'envie* et les deux groupes du mausolée impérial et royal de l'Escurial.

3. La littérature espagnole du Siècle d'or

La poésie de l'Espagne connaît pendant tout le XVIe siècle l'influence de la Renaissance italienne. La conquête de Naples et du Milanais avait permis de la mettre en contact avec les arts et la littérature italienne. Dans toute l'Europe, une esthétique du sonnet issue de la tradition pétrarquiste domine. **Luis de Góngora y Argote** (1561-1627) occupe une place majeure dans la poésie du Siècle d'or, par ses sonnets, chansons d'amour, le côté hermétique de son œuvre dans la *Fable de Polyphème et Galatée* et ses *Solitudes*. Il est connu comme le père du «cultisme» ou «gongorisme». On le retrouve à la même époque à peu près dans toute l'Europe: en Italie on l'appelle «maniérisme», «euphuisme» en Angleterre, «préciosité» en France. La poésie a pour but l'idéal de perfection, apporté par la Renaissance et que l'on s'efforce d'atteindre par les moyens les plus nouveaux, les plus contraires au génie national. Aussi le cultisme ou gongorisme consiste à écrire pour les *cultos*, pour l'élite, le public cultivé. Le mot cultisme ou cultéranisme s'applique surtout à la forme, l'emploi abusif de mots grecs et latins, de tournures compliquées, d'inversions, le tout dans un abondant contexte mythologique. Le roman pastoral succède aux romans chevaleresques. Le plus célèbre d'entre eux est la *Diana* de **Jorge de Montemayor** (1520-1561), longue idylle dont l'intrigue contraste par sa simplicité avec la complication de la littérature chevaleresque. La *Diana* servit de modèle à tous les romans pastoraux ultérieurs, mélange de prose, de vers, emploi constant du merveilleux, manque de tout sentiment sincère de la nature.

Miguel de Cervantès

On entend par roman picaresque un roman dont les personnages appartiennent au monde des *picaros*, roman biographique qui raconte les aventures d'un personnage de basse condition. Nulle part ce genre de littérature n'est aussi abondant qu'en Espagne. Document précieux pour les mœurs du temps, c'est surtout une galerie de caricatures plutôt que de portraits qui prédomine. **Miguel de Cervantès** (1547-1616) laisse une œuvre très abondante, car il s'est essayé à tous les genres, comme *Galatée*, roman, en 1585, *Voyage au Parnasse*, une allégorie, *Les Nouvelles exemplaires*, de courts récits picaresques, mais il peut être considéré comme l'inventeur d'un genre nouveau : la nouvelle, qui prend un grand essor au XVIIe siècle en France. *L'Ingénieux Hidalgo Don Quichotte de la Manche*, en 1605, est si bien reçu que Cervantès publie une seconde partie du *Don Quichotte*, en 1615. Cette satire tombe au moment opportun, celui où l'on se lassait des romans de chevalerie, le style en est plein de verve, d'une aisance et d'un naturel inimitables.

Le théâtre espagnol

Le théâtre espagnol est, comme en France, marqué par une continuité de sa production. Son origine réside dans les miracles et les mystères français, dans les cérémonies des églises. Les plus anciens textes datent du XIIIe siècle. Ce qui détermine ce théâtre est l'honneur et l'amour. Des auteurs, parmi les principaux de leur temps, illustrent ce genre. **Lope de Vega** (1562-1635) s'est essayé dans tous les genres, mais c'est surtout dans le domaine du théâtre que son œuvre est importante avec deux mille deux cents pièces. Il sait admirablement peindre l'âme et les mœurs espagnoles, tirant ses sujets des vieilles chroniques et des *romanceros*. Ses comédies sont historiques : *Le Meilleur Alcade est le roi* (1620-1623), *Le Mariage dans la mort* (1623), ou romanesques, *L'Étoile de Séville* (1635), ou encore dites de cape et d'épée, ou même religieuses. Il a fait un théâtre qui lui plaisait, destiné à un public populaire, même si le manque de vérité psychologique, l'invraisemblance de l'intrigue dominent. **Tirso de Molina** (Gabriel Téllez, v. 1580-1648) nous laisse des comédies historiques, religieuses, de cape et d'épée, dont *L'Abuseur de Séville* (*El Burlador de Sevilla*), et permet de fixer pour la première fois le type de Don Juan. Celui de Tirso de Molina est un Espagnol profondément croyant, au tempérament fougueux, qui diffère du *Convive de pierre*, d'**Alexandre Pouchkine** (1799-1837), de 1830. **Guillén de Castro** (1569-1631) est connu par deux pièces sur le Cid, *La Jeunesse du Cid*, *Les Aventures du Cid*. Corneille, à partir de cette épopée dramatique, en dégage sa tragédie. Les œuvres de **Calderón** (Pedro Calderón de la Barca, 1600-1681) peuvent aussi se diviser en drames historiques, religieux, de cape et d'épée. La caractéristique de son théâtre est le lyrisme dont il déborde. Mais c'est surtout dans le drame religieux qu'il excelle. Il mène l'art dramatique espagnol à sa plus haute perfection, avec *L'Alcade de Zalamea*, *La Vie est un songe*, *La Dévotion à la croix*. Le domaine mystique est dominé par **sainte Thérèse d'Avila** (1515-1582) qui rédige sa biographie, la *Vie de sainte Thérèse de Jésus*, et par **saint Jean de la Croix** (1542-1591), auteur de poèmes.

CHAPITRE IV
Les Pays-Bas espagnols et l'Europe centrale

1. Histoire des Pays-Bas espagnols

Jusqu'à l'abdication de Charles Quint, en 1555, les Pays-Bas acceptent relativement la tutelle espagnole, l'empereur leur apparaît davantage comme un Flamand qu'un Castillan. Avec l'arrivée sur le trône de son fils Philippe II, tout change, ce prince est exclusivement espagnol, les Pays-Bas sont à ses yeux des possessions patrimoniales, héritées de son grand-père Philippe le Beau, et doivent se limiter à obéir. La révolte se transforme rapidement en guerre ouverte, rendue d'autant plus âpre par la conduite du duc d'Albe, chargé par Philippe II de mâter la rébellion, qui se comporte avec morgue et violence. Le conflit s'étend dans une première phase de 1567 à 1579. À cette date, les sept provinces du Nord, protestantes, se détachent de la couronne d'Espagne et se proclament Provinces-Unies, les dix provinces catholiques au Sud demeurent dans le giron espagnol. En 1714, après la fin de la guerre de Succession d'Espagne, elles passent sous le contrôle de la branche autrichienne de la famille impériale des Habsbourg, au détriment de l'Espagne, sous le nom de Pays-Bas autrichiens. La réunification, en tant que Royaume-Uni des Pays-Bas, se produit en 1815.

2. La Renaissance artistique aux Pays-Bas

Pendant tout le XVIᵉ siècle, la distinction s'établit entre l'école hollandaise et l'école flamande. L'industrie a favorisé l'expansion économique mais, alors qu'Anvers et Amsterdam se développent, Bruges connaît un déclin sous les souverains Charles d'Autriche (1506-1555) et Marguerite d'Autriche (1480-1530). L'humanisme se répand grâce à la personnalité de grands noms comme **Érasme** (v. 1467-1536), à Rotterdam, dont le portrait fut fait par **Hans Holbein le Jeune** (1497-1543), et aux cénacles qui se forment à Louvain, avec **Jean-Louis Vivès** (1492-1540), **Alard d'Amsterdam** (XVIᵉ s.).

La peinture de la Renaissance aux Pays-Bas

Lors de la fin du XVᵉ siècle et des premières décennies du XVIᵉ siècle, les Flamands restent encore très attachés au maniérisme du gothique tardif. Hieronymus van Aken, **Jérôme Bosch** (v. 1450-v. 1516), voit plusieurs étapes jalonner sa peinture : tout d'abord *L'Extraction de la pierre de folie* (1485), on extrait une pierre du cerveau d'un fou, puis *La Crucifixion* (1480-1485), *La Table des sept péchés capitaux* (1485), *La Nef des fous* (1490-1500). Au fur et à mesure qu'il trouve des thèmes plus riches en fantasme, ses couleurs le deviennent aussi, ses scènes plus compliquées : *Le Jardin des délices*. Son originalité le place en dehors de toute influence extérieure. Il a su traduire, en se libérant du réel, l'angoisse et la terreur du péché. **Jan Gossaert** dit **Mabuse** (v. 1478-1532) traite de thèmes mythologiques (*Neptune et Amphitrite, Hercule et Omphale*). Le maniérisme va s'épanouir avec l'Amsterdanois **Lambert Sustris** (v. 1515-v. 1584), disciple de Titien, puis avec **Bartholomeus Spranger** (1546-1611), dont l'œuvre sera connue surtout à travers les gravures de **Hendrik Golzius** (1558-1617). **Pieter Brueghel l'Ancien** (v. 1525-1569) tire de l'oubli les œuvres de Jérôme Bosch et trouve en lui une grande source d'inspiration. Nous ne possédons de lui qu'une trentaine d'œuvres, la série consacrée aux mois de l'année (*La Rentrée des troupeaux*), les sujets concernant les paraboles (*La Parabole des aveugles, La Parabole du semeur*) ou l'évocation des fêtes villageoises (*Le Repas* *de noce*) et des sujets fabuleux (*La Tour de Babel*). Ses fils **Brueghel d'Enfer** (1564-1638) et **Brueghel de Velours** (1568-1625) imitent son art.

3. L'art de la Renaissance en Europe centrale

L'art italien ne pénètre que peu en Allemagne conditionnée par le style gothique et le gothique tardif. La Réforme fait éclater le goût de la passion religieuse, l'horreur pour le goût des images. L'humanisme se développe grâce à **Érasme, Melanchthon, Conrad Peutinger** (1465-1547) et les grands centres d'édition que sont Bâle, Nuremberg, Strasbourg. Le nord de l'Allemagne est davantage soumis à l'influence des Pays-Bas, et son sud à la pénétration italienne grâce à la cour de Maximilien Ier et de son petit-fils Charles Quint à Augsbourg.

L'ARCHITECTURE EN EUROPE CENTRALE

Le monument le plus connu en Allemagne, au XVIe siècle, est le château de Heidelberg, aujourd'hui en ruines. Les maisons particulières et corporatives montrent quelques éléments italianisants intervenant surtout dans les détails.

LA PEINTURE EN EUROPE CENTRALE

Le gothique international avait donné naissance à de grands peintres comme **Stephan Lochner** (v. 1410-1451) et son *Retable des Rois mages* de la cathédrale de Cologne, puis **Conrad Witz** (v. 1400-v. 1445) et *La Pêche miraculeuse*, et **Hans Baldung** (v. 1484-1545), *La Femme et la mort*.

◆ L'œuvre de **Lucas Cranach l'Ancien** (1472-1553), d'une grande diversité, comprend des tableaux de genre, des gravures, sur bois ou cuivre, des portraits, des peintures religieuses ou mythologiques. Il incarne le peintre de la réforme, et est considéré comme l'un des créateurs de l'école du Danube[1] dans laquelle les artistes tentent de donner au paysage toute sa dimension par le biais de la couleur. La nature est envisagée d'une façon spirituelle et n'est plus une simple réalité expérimentale. Cranach réintègre la figure humaine dans le paysage (*Vénus et Amour*, 1532). À Wittenberg il trouve son style définitif, l'espace est distribué plus rationnellement sur le *Retable de sainte Anne*, influencé par l'art flamand. Toute sa vie est liée à la cour des princes électeurs de Saxe et aux événements politiques : *Portrait de Hans Luther*, réalisé à la détrempe sur papier, *Portrait de Martin Luther*. Son fils, **Cranach le Jeune** (1515-1586), perpétue son œuvre.

◆ **Albrecht Dürer** (1471-1528), dit le Jeune, combine l'art de la peinture à celui de la gravure sur cuivre et sur bois, l'art du dessin à celui de théoricien de l'art. Élève de Wolgemut, ce fils d'orfèvre fait d'abord son tour de compagnon entre 1490 et 1494. Puis il voyage en Italie du Nord. Ses premiers dessins de paysage remontent, sans doute, à 1494. La nature devient le thème même de sa composition, à l'instar de sa *Vue d'Innsbruck* à l'aquarelle. Il l'anime en y intégrant des personnages. Son séjour en Italie, le contact avec les œuvres de Bellini, de Mantegna, de Léonard de Vinci est décisif pour son art. Ses deux tableaux, *Adam* et *Ève*, sont les deux premiers de la peinture allemande où les personnages sont représentés grandeur nature. Mais la gravure du même nom montre aussi l'intérêt de Dürer pour les proportions idéales du corps. C'est pour cette raison qu'il publie l'année même de sa mort sa *Théorie des proportions*, en 1528. Parmi ses œuvres les plus connues, on citera : l'*Adoration des mages* (1504), *La Vierge à la poire* (1511), *Le Retable Paumgartner* (1503), *L'Empereur Charlemagne* (1513), *La Mélancolie* (1514).

◆ Mathis Gothart Neithart de Wurzbourg, dit **Matthias Grünewald** (v. 1475-1528), travaille en plusieurs lieux, à Seligenstadt, en Alsace, à Mayence, à Francfort et à Halle où il meurt. Le retable à volets mobiles conçu pour le couvent des Antonins d'Issenheim (1510) est l'une de ses œuvres les plus connues avec la *Crucifixion de*

---

[1]. Les principaux représentants, outre **Cranach l'Ancien**, en sont **Albrecht Altdorfer** (1480-1538) et **Wolf Huber** (1490-1553).

Bâle (1502), *La Vierge de Stuppach* (1517-1519), *La Déploration du Christ* (1525).

◆ **Hans Holbein le Jeune** (1497-1543), fils de Hans Holbein l'Ancien, se fixe en 1515 à Bâle, haut lieu de l'humanisme. De 1515 à 1526, il réalise des portraits, des compositions religieuses, des gravures, des cartons de vitraux. Il se fixe définitivement en Angleterre, fuyant la Réforme. En 1536, il devint portraitiste du roi Henri VIII. Il fait également le portrait d'Érasme, représenté alors qu'il écrit. Sa connaissance de l'art de Léonard de Vinci et de Giorgione lui permet de retraduire une analyse psychologique aiguë. Il laisse une série de quarante et une gravures sur bois : *Danse macabre* (1521), le *Portrait de Georg Gisze* (1532), *Les Ambassadeurs* (1533).

RENAISSANCE

CHAPITRE V
L'Angleterre

1. Histoire : l'Angleterre au XVIᵉ siècle

Henri VII (1485-1509) fonde la dynastie des Tudor. Roi par victoire militaire, il doit enraciner sa maison dans la royauté. Pour ce faire, il épouse en janvier 1486 **Élisabeth d'York** (1466-1503), sœur de l'enfant-roi martyr Édouard V, réunissant à sa propre origine Lancastre celle d'York de sa femme. Le droit ainsi est mis à contribution. Catherine d'Aragon est remariée au frère cadet d'Arthur, le prince Henri Tudor, futur **Henri VIII** (1509-1547). Henri VII meurt le 21 avril 1509. Son fils Henri VIII lui succède. Prince intelligent, cultivé, féru d'humanisme, Henri VIII règne avec sagesse jusqu'en 1529, avant de devenir un tyran véritable. Il est soutenu par le Parlement, par des collaborateurs de talent, comme **l'archevêque d'York** puis le cardinal **Thomas Wolsey** (v. 1471-1530) ou le brillant ami d'Érasme, **Thomas More** (v. 1478-1535). Wolsey est Premier ministre et lord chancelier, More membre du Conseil puis speaker (président) du Parlement et lord chancelier. Le traité de Londres (2 octobre 1518) marque l'apogée de la carrière de Wolsey. Il prévoit une paix perpétuelle entre l'Angleterre, l'Espagne, l'Écosse, le Danemark, le Portugal, le Saint Empire germanique. La mort opportune de l'archevêque de Cantorbéry permet la nomination de Thomas Cranmer (1489-1556). Ce dernier annule le mariage du roi. Henri VIII meurt le 28 janvier 1547. Son fils **Édouard VI** (1547-1553) monte sur le trône à neuf ans, meurt à seize. C'est le conseil de régence qui exerce le pouvoir. Protestant intransigeant, Édouard écarte ses deux demi-sœurs de la succession pour la laisser à sa cousine **Jeanne Grey** (1537-1554). À sa mort, cette dernière règne à peine une semaine, d'où son surnom de « reine de neuf jours », avant de devoir céder la place à Marie, fille de Catherine d'Aragon. **Marie Ire** (1553-1558) ou **Bloody Mary**, « Marie la sanglante », la fait enfermer à la Tour de Londres, puis exécuter. Le 17 novembre 1558, Marie Ire meurt. Elle voulait laisser la régence à Philippe d'Espagne, mais c'est sa demi-sœur, Élisabeth, fille d'Anne Boleyn, qui devient la reine **Élisabeth Ire** (1558-1603). Le roi de France **Henri II** proclame aussitôt **Marie Stuart** (1542-1587) reine d'Écosse et épouse du dauphin François en qualité de reine d'Angleterre. Le dauphin meurt en 1560, Marie Stuart rentre en Écosse la même année. Son armée est vaincue en 1568 par celle d'Élisabeth. Elle est assignée à résidence jusqu'en 1587. Accusée de complot, condamnée à mort, elle est décapitée le 8 février 1587. Élisabeth Ire meurt le 24 mars 1603, debout depuis douze heures, car elle refuse de décéder assise. C'est le fils de sa rivale Marie Stuart, le roi d'Écosse Jacques VI, qui lui succède sous le nom de **Jacques Ier d'Angleterre** (1603-1625).

2. La Renaissance artistique anglaise

Deux styles vont la caractériser : **le style Tudor**, première manière qui s'étale de 1485 à 1603, pendant le règne de cinq souverains, avec les artistes italiens invités par **Henri VII**, puis seconde manière, quand **Henri VIII** veut rivaliser du point de vue artistique avec **François Ier**. Le **style élisabéthain** prend place dans la seconde moitié du XVIe siècle.

L'ARCHITECTURE DE LA RENAISSANCE ANGLAISE :
LE STYLE TUDOR

En architecture, on se tourne davantage vers la construction d'édifices laïcs. La dissolution des monastères par Henri VIII laisse vacants de grands bâtiments que les nantis détournent pour en faire leur résidence. **Le style Tudor** se caractérise par une importance accordée aux détails, incrustations dans les meubles, motifs géométriques. Les monuments les plus représentatifs sont Hampton Court à Londres avec son hall (1531), rajouté sous **Henri VIII**, Longleat dans le Wiltshire ou Hatfield House dans le Hertfordshire. Dans les manoirs de la gentry, équivalent du hobereau français, le hall traditionnel constitue l'élément central. Le plan en E est de plus en plus fréquent et le toit se hérisse de multiples fleurons et cheminées. Lucarnes, pignons, fenêtres en saillie abondent. Ce style est axé sur l'importance des portes et le plan symétrique, l'arc à quatre centres, des cheminées très hautes dans les maisons. Dans l'architecture religieuse, la chapelle d'**Henri VII** à Westminster (1503), la chapelle de King's College à Cambridge en sont aussi de bons exemples. **Le gothique domine toujours**, agrémenté de notes décoratives inspirées de la Renaissance. À la différence d'Henri VIII, Élisabeth Ire ne construit rien, les principales demeures le furent pour elle dans l'espoir de l'une de ses visites en province. Le style en est essentiellement hétéroclite, mêlant gothique, maniérisme et influence des Pays-Bas. **L'architecture élisabéthaine** est essentiellement domestique avec une recherche constante de symétrie. Dans le domaine de l'ornementation, le grotesque est en vogue. Les principales constructions sont Hardwick Hall, Wollaton Hall à Nottingham par l'architecte **Robert Smythson** (1535-1614).

LA SCULPTURE DE LA RENAISSANCE ANGLAISE :
LE STYLE TUDOR

L'activité de la sculpture est limitée par la proscription des images dans les sanctuaires à l'ornementation funéraire. Pourtant Henri VIII s'intéresse aux nouvelles idées esthétiques apportées par l'art de la Renaissance. De nombreux artistes italiens s'installent autour de Londres et Southampton, principalement des sculpteurs. Les tombes et les chapelles funéraires à l'italienne datent de ce roi, celle de **Margaret Beaufort** (1443-1509), sa grand-mère, sculptée en 1511 par **Pietro Torrigiani** (1472-1528), mais surtout celles d'Henri VII et d'Élisabeth d'York (1512), son épouse, à l'abbaye de Westminster. D'une façon générale, l'impact de la Renaissance italienne sur la sculpture funéraire demeure superficiel. Les sculpteurs anglais montrent plus de talent dans la décoration, le plafond de Hampton Court, les stalles du King's College à Cambridge, en 1536.

LA PEINTURE DE LA RENAISSANCE ANGLAISE :
LE STYLE TUDOR

Le besoin d'exalter la monarchie Tudor après le schisme oriente la peinture vers de nouvelles directions, car il est devenu nécessaire de promouvoir l'image du monarque. La représentation de celui-ci se charge d'ornements, d'un fond symbolique, de scènes bibliques et mythologiques dont la finalité est d'en faire un personnage hors du commun. Ainsi se révèle la peinture d'un Holbein, installé en Angleterre, depuis 1532. La Bible condamne les représentations, car Dieu est seule source de créativité. La recherche de perspective, les compositions d'harmonie si chère aux Italiens n'ont pas de raison d'être en Angleterre. Quelques peintres étrangers ont laissé leurs noms, les Néerlandais **Antonis Mor** (v. 1545-1575) et **Cornelis Ketel** (1548-1616). Le portrait miniaturisé se développe grâce à **Nicolas Hilliard** (1547-1619). L'Italien **Federico Zuccaro** (1542-1609) fait les portraits d'Élisabeth Ire, de Leicester.

3. La littérature anglaise pendant la Renaissance

Le sonnet italien est introduit par **sir Thomas Wyatt** (1503-1542), imité de Pétrarque. Il en copie la forme mais lui donne la caractéristique du sonnet anglais en faisant rimer les deux derniers vers. À partir de 1558, commence l'âge d'or de la littérature anglaise. Pendant ce siècle les écrivains anglais traduisent non seulement les œuvres de l'Antiquité mais aussi celles des Italiens et des Français, siècle protégé par Élisabeth Ire pour les lettres et encore plus pour le théâtre. Les humanistes ont pour chef de file **Thomas More** (v. 1478-1535), dont l'œuvre *L'Utopie*, fiction sur le système idéal de gouvernement, marque le siècle. C'est surtout par son théâtre que la littérature anglaise jeta le plus vif éclat au XVIe siècle. Ses origines sont très proches de celles du théâtre en France. Une fois que les mystères et miracles sont moins prisés, les interludes, divertissements en pièces, leur succèdent. Aussi talentueux que soient **Christopher Marlowe** (1564-1593) et **Thomas Kyd** (1558-1594), aucun n'atteint le niveau de **William Shakespeare**[1] (1564-1616). Il est courant de distinguer plusieurs périodes dans sa carrière.

- **Les principales pièces de jeunesse** (1588-1593) sont : *Peines d'amour perdues, Les Deux Gentilshommes de Vérone, Henri IV.*

- **Les pièces de maturité** (1593-1601) se caractérisent par la gaieté, l'éclat, la fougue mêlés d'amour et de patriotisme : *Le Marchand de Venise, Richard III, Roméo et Juliette, Beaucoup de bruit pour rien.*

- Dans la période allant de 1601 à 1608, **le pessimisme domine**, ainsi que les passions furieuses. Une partie d'entre elles s'inspire de l'Antiquité comme *Jules César, Coriolan, Antoine et Cléopâtre*. C'est aussi l'époque de ses plus grands chefs-d'œuvre : *Hamlet* qui n'a pas le courage d'affronter le devoir qui le ronge, *Othello*, pièce d'étude psychologique sur la jalousie, *Macbeth, Le Roi Lear.*

- **La dernière période**, celle de la vieillesse et de la sérénité (1608-1613), donne à ses pièces un ton bien différent, imprégné de douceur, d'humanité. *La Tempête*, pleine d'optimisme, mêle la fantaisie et la philosophie.

---

1. À ce sujet, voir Jean-François Pépin, « Shakespeare », in *Encyclopædia Universalis*.

RENAISSANCE

CHAPITRE VI
L'Allemagne

1. L'Allemagne, entre Renaissance et Réforme

HISTOIRE : L'ALLEMAGNE AU XVIe SIÈCLE

L'idée de **Réforme** est en réalité l'aboutissement par le schisme d'une série de tentatives de réforme de l'ensemble de l'Église catholique : Cluny, Cîteaux, les ordres mendiants, les conciles de Constance et de Bâle. Le but est toujours de promouvoir une réforme interne du corps ecclésiastique, avant d'éliminer les abus, le cumul des bénéfices, qui permet à un seul ecclésiastique de se voir attribuer plusieurs abbayes ou évêchés, le manque de formation du clergé et ses mœurs critiquables. Au nombre des abus, le Dominicain Jean Tetzel (v. 1465-1519), avec la vente des indulgences, est à l'origine directe de la Réforme. L'indulgence s'achète, sous forme de lettre, non pour obtenir la rémission du péché, mais son rachat. C'est une garantie d'intercession dans l'au-delà pour les péchés commis ici-bas. Moyen de racheter ses péchés, elle introduit la vénalité dans l'Église et établit une distinction entre riche et pauvre, contraire à l'esprit du Christ. La Réforme, que l'on peut situer entre 1517 et 1555, est composée de plusieurs mouvements de pensée propageant une foi nouvelle, et d'une réaction catholique promouvant un changement interne profond. Le mouvement de la Réforme comporte quatre périodes : à partir de 1517 la doctrine de Luther apparaît et se répand en Allemagne ; elle est suivie, en 1522, par celle de **Zwingli** en Suisse alémanique ; à partir de 1541, Calvin fonde à Genève son Église ; en Angleterre, l'Acte de suprématie de 1534 marque la création de l'Église anglicane. La Contre-Réforme catholique est annoncée en 1540 par la formation de la Compagnie de Jésus, et mise en place par les canons du concile de Trente (1545-1563).

MARTIN LUTHER (1483-1546)

Martin Luther est le fils de modestes ouvriers de la ville d'Eisleben. Il obtient un doctorat de théologie et devient moine augustin en 1507. Professeur à Wittenberg, il se révolte contre la vente des indulgences. Luther, toujours en révolte contre l'autorité de Rome, se heurte à un véritable mur du silence. En octobre 1517, il rédige les *95 thèses* dans lesquelles **il expose l'essentiel de sa doctrine**.

Les *95 thèses* (1517)

« Pourquoi le pape dont le sac est aujourd'hui plus gros que celui des plus gros richards n'édifie-t-il pas au moins cette basilique de Saint-Pierre de ses propres deniers ? Les indulgences, dont les prédicateurs prônent à grand cri les mérites, n'en ont qu'un : celui de rapporter de l'argent. Ils seront éternellement damnés ceux qui enseignent et ceux qui pensent que les lettres d'indulgences leur assurent le salut. Tout chrétien vraiment contrit a droit à la rémission plénière de la peine et du péché, même sans lettres d'indulgences. Il faut enseigner aux chrétiens que celui qui donne aux pauvres ou prête aux nécessiteux fait mieux que s'il achetait des indulgences [1]. »

Luther et la grâce

La personnalité de **Martin Luther** (1483-1546) est inséparable de sa pensée, tant elle est faite de contrastes et d'extrêmes, de l'humour trivial à la plus grande élévation spirituelle. Le schisme dont il est l'origine n'est pas son but, il veut avant tout réhabiliter la Bible comme source essentielle de la révélation, et reproche à l'Église de lui préférer

---

[1]. Cité par Georges Casalis, *Luther et l'église confessante*, Paris, Le Seuil, 1963, p. 40.

l'exégèse des œuvres patristiques. Pour Luther, moine, puis prêtre, l'homme devant Dieu n'est pas envisagé pour son attitude morale, mais pour son acceptation du jugement divin. Le doute n'a plus de place, dans le luthéranisme, la grâce est une certitude, marquée par deux sacrements bibliques, le baptême et la participation à la Cène. Lors de la célébration de l'Eucharistie, Luther ne croit pas qu'il y ait transsubstantiation, mais il défend la présence réelle du Christ. Le fidèle, certain de la grâce, n'a plus qu'à s'abandonner entre les mains de Dieu, qui lui indiquera sa volonté par la pratique de l'altruisme et la révélation de la vocation. Luther diffuse ses idées par l'affichage, le 4 septembre 1517, de ses quatre-vingt-quinze thèses sur les portes de l'église du château de Wittenberg. La rupture avec Rome est consommée en 1518, quand Luther refuse de se rétracter devant la diète d'Augsbourg. En 1520, Luther publie ses programmes sous la forme **de trois écrits fondamentaux**: *À la noblesse chrétienne de la nation allemande, De la captivité babylonienne de l'Église, De la liberté d'un chrétien*. Il brûle en public, la même année, à Wittenberg, la bulle qui le menace d'excommunication, qui est proclamée en 1521. Réfugié à la cour du duc de Saxe, Frédéric le Sage, Luther traduit le Nouveau Testament en allemand, en 1521-1522. En 1530, une diète réunie à Augsbourg prend acte de la division entre princes protestants et catholiques. **Melanchthon** présente la *Confession d'Augsbourg* (*Confessio Augustana*), exposé du luthéranisme, auquel répond la *Réfutation de la Confession d'Augsbourg, Confutatio Augustana*, due en grande partie au docteur en théologie Jean Eck. En 1555, une nouvelle diète d'Augsbourg, la plus célèbre, amène la paix religieuse en Allemagne, en reconnaissant aux luthériens l'égalité avec les catholiques. La confession, dans chaque État, relève du choix du prince, pour ses sujets.

ZWINGLI

Lecteur d'Érasme, **Ulrich Zwingli** (1484-1531) se sépare du luthéranisme pour fonder à Zurich une communauté religieuse stricte. Poussant le luthéranisme à son extrême, Zwingli réclame l'abolition de tout ce qui, dans l'Église, n'est pas strictement fondé sur la Bible : peintures religieuses, orgue, procession, chant choral. Une conciliation avec Luther est tentée, en vain, lors de la rencontre de Marbourg, en 1529. Zwingli y refuse de voir dans la Cène autre chose que le symbole du Christ, il y dénie sa présence réelle, revendiquée par Luther.

JEAN CALVIN ET LA PRÉDESTINATION

Jean Calvin (1509-1564), né à Noyon, reçoit d'abord une formation juridique, puis se convertit à la pensée de Luther et se consacre à l'étude de la théologie. Chassé du royaume de France en 1534, il gagne Bâle et y publie sa *Christianae religionis instituto* (1536), ou *Institution de la religion chrétienne*. L'essentiel du message calviniste repose sur la doctrine de la prédestination : Dieu a, de toute éternité, destiné tout homme au salut ou à la damnation éternels. Le seul recours pour l'homme est d'adapter sa vie aux exigences de la grâce, de pratiquer la *vita activa*, toute activité doit servir Dieu. Définitivement installé à Genève à partir de 1541, Calvin y organise son Église, dirigée par des presbytes (du grec *presbutês*, « ancien »), selon des normes très sévères, qui peuvent être des pasteurs ou des laïcs choisis par élection. En 1559 est fondée à Genève une académie calviniste, qui forme des prédicateurs. L'aire d'extension du calvinisme part de la Suisse pour gagner l'Allemagne occidentale, la France (les huguenots), l'Écosse et le nord des Pays-Bas.

LA CONTRE-RÉFORME

Le concile de Trente est convoqué par le pape **Paul III** en 1542 et s'ouvre en 1545, pour durer jusqu'en 1563, à Trente dans le Tyrol. Le concile a pour but d'opérer la réforme des abus et d'assurer la précision du dogme. La première session amène la formulation d'une doctrine de la Contre-Réforme et la promulgation d'un certain nombre de décrets d'autoréformation. C'est au cours de cette même session qu'il est décidé de confronter la tradition de l'Église avec les Saintes Écritures, afin d'en retrancher ce qui ne leur serait pas conforme. **La deuxième session dure de 1551 à 1552, et elle est dominée, avec la troisième (1562-1563)**, par l'influence des jésuites, qui accélèrent la réforme interne. La grâce est définie comme un don de Dieu, mais l'homme conserve la liberté de la refuser. Les sept sacrements sont conservés, les offices sont toujours dits en latin et non dans les diverses langues nationales, le texte de référence pour la Bible demeure la Vulgate. L'autorité pontificale est réaffirmée, ainsi que l'obligation de célibat faite aux prêtres. Des écoles de théologie, les séminaires (le petit et le grand), sont ouvertes pour former les futurs prêtres à leurs devoirs, et leur enseigner une véritable culture religieuse. Ouvertes dans chaque diocèse, ces écoles sont placées sous l'autorité épiscopale. Parallèlement à cette action réformatrice, la papauté entreprend de lutter contre les hérésies en restaurant l'Inquisition, qui passe sous son contrôle. Les pontificats de **Paul IV** (1555-1559) et **de Pie V** (1566-1572) sont marqués par un retour accentué à l'austérité de la cour romaine. Pie V forme une commission de cardinaux, la congrégation de l'Index, et la charge de dresser la liste des ouvrages dangereux pour la foi, dont la lecture est interdite aux fidèles. Les décisions de la commission entraînent dans les États catholiques l'interdiction de vente et de diffusion. Le renouveau de l'Église passe par la création de nouveaux ordres comme celui des Théatins, ordre né de la volonté de l'évêque **Carapa de Chieti** (*Chieti* en latin : *Theatinus*), futur pape **Paul IV**, bientôt doublé par la création de l'ordre féminin correspondant. Les Théatins ont pour but essentiel la pratique quotidienne de la charité, la propagation et le soutien de la foi aussi bien que l'assistance aux malades. Après une vie nobiliaire, **Ignace de Loyola** (1491-1556) fonde en 1535 la Compagnie de Jésus. À l'origine les jésuites sont six amis qui ont effectué ensemble leurs études de théologie, mais le groupe s'étoffe lors de leur installation à Rome en 1539. Le pape **Paul III** approuve les statuts de la compagnie en 1540. Les jésuites font vœu de pauvreté, de célibat et d'obéissance. L'autorité supérieure est dévolue au pape, qui la délègue à un général, élu à vie par les principaux membres de l'ordre. **Ignace de Loyola** est le premier général de la compagnie. Le rôle des jésuites est prédominant dans le renouveau du catholicisme militant ; éducateurs, ils dispensent un excellent enseignement secondaire, théologiens, ils font reculer le protestantisme dans les Pays-Bas, les états rhénans, en Bavière, en Autriche. Organisés en une véritable armée, ce que le titre de « général » de leur supérieur vient souligner, les jésuites se livrent à l'action missionnaire, et ils évangélisent le Brésil, le Pérou, à la suite de saint François Xavier, parti en

1541 pour la Chine et le Japon. Leur vœu d'obéissance particulier, qui les place sous l'autorité pontificale directement, en fait les champions de Rome et des idées ultramontaines, favorables à l'autorité du Saint-Siège, ce qui leur vaut en France l'hostilité ouverte des Parlements et de l'Université, défenseurs du gallicanisme, ou suprématie du roi sur l'Église de France. En fondant une congrégation de prêtres séculiers réalisée sur le principe de l'autonomie absolue de chaque maison, l'absence de vœux et la liberté intérieure, **saint Philippe Néri** (1515-1595), avec l'Oratoire, est à l'opposé des jésuites. L'élément d'union, l'amour fraternel, et non l'obéissance commune, permet à la congrégation de s'étendre rapidement en Europe, puis en Amérique du Sud et en Extrême-Orient. La Contre-Réforme voit la naissance de nombreux ordres et congrégations : les Oblats par **saint Charles Borromée** (1578), les Pères de la Bonne Mort par **saint Camille de Lellis** (1584), la Trappe (Trappistes) en 1664. Le renouveau du sentiment religieux a permis de considérer la période qui s'étend entre 1560 et 1660 comme un véritable « siècle des saints ». L'époque baroque est marquée par deux grandes figures mystiques : **saint François de Sales** (1567-1622) et **saint Vincent de Paul** (1581-1660). Saint François de Sales crée en 1618 l'Ordre de la Visitation, dont les membres doivent pratiquer dans le siècle la charité, alliée à la prière intérieure. L'approbation papale n'est obtenue qu'en modifiant le projet de saint François de Sales, pour faire de la Visitation un ordre uniquement contemplatif. La pratique active de la charité chrétienne, l'intervention directe sur les maux du siècle reviennent à saint Vincent de Paul, aumônier des galères royales. Il est le fondateur de deux ordres : les lazaristes et les Filles de la Charité. La Contre-Réforme donne naissance, tout au long du XVIIe et du XVIIIe siècle, à des mouvements religieux populaires, notamment le quiétisme et le piétisme. Ces deux doctrines réclament une disponibilité totale pour la méditation religieuse. La contemplation permanente de Dieu est l'activité essentielle du croyant. Les deux formes de pensée se séparent toutefois sur des points de dogme, car le piétisme protestant valorise les relations de fraternité directe entre les fidèles, là où le quiétisme catholique laisse une part importante à la direction morale de l'Église établie.

L'ANGLICANISME

C'est en 1526 que le roi **Henri VIII** (1491-1547) d'Angleterre décide de renvoyer sa femme Catherine d'Aragon, déjà veuve de son frère aîné Arthur, qu'il avait épousée en secondes noces. Le pape refuse d'annuler leur mariage, annulation que le souverain obtient en 1532 du nouvel archevêque de Canterbury, Thomas Cranmer. La rupture officielle avec Rome survient par la promulgation par le Parlement, le 30 avril 1534, de l'Acte de Suprématie, qui fait du roi le chef de l'Église d'Angleterre. Les ecclésiastiques du royaume sont tenus de prêter serment d'obéissance et de fidélité au roi, en sa qualité de tête de l'Église anglicane, ceux qui s'y refusent, comme l'évêque Fisher, de Rochester, ou le chancelier **Thomas More** sont exécutés, le premier le 22 juin, le second le 6 juillet 1535. Henri VIII utilise sa nouvelle autorité religieuse pour dissoudre les communautés, et rattacher leurs biens à ceux de la couronne. Le schisme anglican est une manifestation profondément nationale, le remariage du roi avec sa favorite Anne Boleyn ressort davantage du prétexte, son action est soutenue fermement par le Parlement, la résistance épiscopale est brisée par la force. Seule l'Irlande refuse de rompre avec Rome et demeure dans l'obéissance du catholicisme romain.

2. La littérature allemande de la Renaissance à la Réforme : la Bible et les pamphlets

La Renaissance et la Réforme succèdent à la période de prospérité matérielle du XVe siècle. Le résultat littéraire est bien piètre par rapport à l'élan philosophique que ces deux mouvements antagonistes vont développer. Le XVIe siècle inaugure une ère nouvelle, tout d'abord par la traduction que Luther fait de la Bible, puis par le rayonnement de philosophes tels que Zwingli, Melanchthon, Ulrich von Hutten. Dans le domaine des sciences, dominent les personnalités de **Cornelius Agrippa**, **Paracelse**, **Copernic**. Les écrits de **Dürer** développent des points de vue originaux sur les Beaux-Arts dans les rapports avec

RENAISSANCE

les sciences mathématiques. Les traductions **du Tasse, de l'Arioste, de Boccace**, de plusieurs poètes et romanciers ne font pas pour autant oublier les anciennes histoires de chevalerie. Les *Volksbücher*, livres pour le peuple, en sont même une version résumée. Les *Volkslieder*, chants populaires, appartiennent à cette époque. **Les universités** sont nombreuses et des villes telles que Bâle, Nuremberg, Vienne, Augsbourg, Heidelberg et bien d'autres en possèdent. Mais ici nous assistons à un humanisme de théologiens, de spécialistes de la philologie qui s'adonnent à la science de l'exégèse, ce qui ne sera pas sans provoquer des heurts avec les autorités ecclésiastiques. L'humanisme naissant brise les frontières, culturelles et politiques, crée des liens, des échanges entre artistes, intellectuels et savants. L'apparition d'une nouvelle façon de penser rencontre des oppositions. Les universités où demeurait le vieux scolasticisme sont hostiles à l'éloquence, à la poésie. **La Bible est centre d'intérêt** et d'étude. L'édition critique publiée par **Érasme**, en 1516, sert de référence au travail de Luther. Une autre particularité émerge : la Réforme ne se tourne guère vers l'aristocratie de l'esprit mais bien davantage vers le peuple. C'est une période de polémiques intenses avec les pamphlets de Luther et l'exaltation de la liberté critique sous la forme de satires, avec **Sébastien Brant** (1458-1521) et sa *Nef des fous*, en 1494. Il défend la germanité en traduisant du latin d'autres textes ainsi que ses propres poèmes en allemand. Son œuvre principale, *La Nef des fous*, formulée en distiques, caricature les folies humaines et multiplie les avertissements moralistes contre la cupidité, la suffisance, l'adultère, le culte des fausses reliques. La Réforme finit par assurer le triomphe de l'allemand sur le latin, unifier les parlers. Plusieurs faits littéraires apparaissent, comme la naissance du roman bourgeois avec **Jörg Wickram** (XVIe s.) et l'essor du théâtre religieux avec **Hans Sachs** (1494-1576). **Ulrich von Hutten** (1488-1523), couronné poète en 1517 par l'empereur Maximilien Ier, antipapiste, voit en Luther le précurseur de la liberté. Ses œuvres principales sont les *Épîtres des hommes obscurs* (1515), *Arminius* (1524), où il se fait le chantre d'une Allemagne libérée de la domination romaine. Il rédige aussi des dialogues satiriques.

L'histoire de l'Europe se fracture en 1453, dans une division qui, de nos jours encore, est source de problèmes, lorsque sa dernière partie occidentale cède la place à l'Orient musulman. Cette année-là, le dernier héritier des grands empires de l'Antiquité, l'Empire latin d'Orient, s'effondre sous les coups des Turcs Seldjoukides. Constantinople la chrétienne s'efface au profit d'Istanbul la musulmane. La Turquie, cœur de l'Empire ottoman, s'éloigne du reste de l'Europe auquel elle était jusqu'alors arrimée.

CINQUIÈME PARTIE
L'ÉPOQUE MODERNE

A. Le monde du XVIIe siècle

CHAPITRE PREMIER

Les grands bouleversements de l'Europe au XVIIe siècle

1. La rénovation religieuse en Europe au XVIIe siècle

L'organisation de séminaires, voulue par le concile de Trente, est le fait des sulpiciens, alors que d'autres ordres comme **les lazaristes**, fondés par **saint Vincent de Paul** pour évangéliser les campagnes, se vouent aussi aux laïcs. L'éducation des jeunes filles, longtemps confiée aux seules familles, commence à être prise en main par les sœurs Ursulines. L'ordre de l'Oratoire est introduit en 1611 par le cardinal **Bérulle** (1575-1629) qui en devient le premier supérieur général. C'est à l'initiative des Messieurs de Port-Royal, ou Solitaires, hommes qui quittent le monde pour se consacrer à Dieu dans des maisons proches de Port-Royal, sans toutefois devenir prêtres, que sont fondées les petites écoles, où l'enseignement est dispensé en même temps que sont pratiquées les recherches de théologie. La charité et l'assistance, sous forme d'œuvres laïques, sont encouragées par la fondation, en 1638, de l'Œuvre des Enfants trouvés et l'hébergement des sans-abri à l'hospice de la Salpêtrière, à l'initiative de saint Vincent de Paul. L'évêque d'Ypres **Cornelius Jansen** (1585-1638), dit **Jansenius**, d'origine hollandaise, est l'auteur de l'*Augustinus*, consacré à la doctrine de saint Augustin (354-430), et publié après sa mort en 1640. Selon l'*Augustinus*, seule la volonté divine peut être à l'origine de l'octroi de la grâce à l'homme. Sa position lui vaut l'immédiate hostilité des jésuites. C'est l'abbé de Saint-Cyran qui introduit en France le jansénisme, avec le prêtre Antoine Arnauld. La Sorbonne, à la demande des jésuites, résume le jansénisme en cinq propositions, condamnées par le pape en 1653. L'écrivain Pascal prend alors fait et cause pour les jansénistes, dans ses *Lettres écrites à un provincial à l'un de ses amis sur le sujet des disputes présentes en Sorbonne* (1656-1657), ou *Les Provinciales*. Il y attaque violemment les jésuites, leur reprochant d'accorder trop aisément l'absolution aux fidèles. En 1660, Louis XIV intervient et *Les Provinciales* sont condamnées et brûlées en public. Le conflit semble s'apaiser, mais reprend entre 1700 et 1715, marqué par la crise de 1709 et la destruction du monastère de Port-Royal des Champs, réformé par la mère Angélique Arnauld, sœur du Grand Arnauld. Les « Solitaires », laïcs fervents qui s'y étaient retirés pour se livrer à la méditation religieuse, sont dispersés. Le gallicanisme, mouvement qui veut laisser au roi le pouvoir sur l'Église de France, se manifeste surtout entre 1674 et 1693 par le conflit qui oppose Louis XIV à Rome. En 1674, le souverain décide d'étendre le droit de régale à l'ensemble du royaume. Ce droit permet au roi de toucher les revenus de certains évêchés vacants, avant qu'un nouveau titulaire ne soit installé. En 1678, Innocent XI condamne la décision royale.

2. Les sciences en Europe : un monde en mouvement

Les progrès scientifiques ne sont pas issus des universités, mais de groupes d'amateurs cultivés, originaires de la bourgeoisie ou de l'aristocratie. Les savants ne se cantonnent pas à une discipline unique, et certains, tels Leibniz et Descartes, sont autant philosophes, mathématiciens, physiciens qu'astronomes. Chercheurs et amateurs éclairés se regroupent au sein d'académies, et pratiquent leurs sciences grâce à la fondation d'observatoires, comme celui de Paris en 1667, de musées, jardins botaniques, comme le Jardin des Plantes en 1626. L'échange entre chercheurs est favorisé par la publication, à partir de 1665, du *Journal des savants*. La méthode expérimentale est définie ainsi : observation des faits, expérimentation, énoncé d'une règle générale. Les mathématiques progressent par les travaux de **Fermat** (1601-1665), qui fonde la théorie des nombres et donne les bases du calcul des probabilités. **Descartes** (1595-1650) fonde la géométrie analytique, alors que **Leibniz** (1646-1716) crée le calcul infinitésimal. L'astronomie progresse avec **Kepler** (1571-1630), qui conforme les théories de Copernic en les rectifiant au besoin, et exprime les lois fondamentales du mouvement des astres. Il formule la « loi de Kepler » qui définit les orbites elliptiques des planètes, expliquant cette trajectoire par l'attraction réciproque des corps lourds. Il dessine la « lunette de Kepler », première lunette astronomique, améliore le comput par un calcul plus exact de la durée de l'année. **Galiléo Galilei** dit **Galilée** (1564-1642) découvre les montagnes lunaires, les satellites de Jupiter et l'existence des taches solaires. Professeur de mathématiques à Pise, puis à Florence, mathématicien attitré de la cour du grand-duc de Florence, réunissant ses observations astronomiques, celles de **Copernic** et de **Kepler**, il fonde les bases du raisonnement scientifique et de la méthode empirique. Il affirme que notre système est héliocentrique et que la terre est en mouvement, ce qui lui vaut la condamnation de l'Église en 1616. Il réaffirme ses propositions en 1632, dans son *Traité sur l'univers de Ptolémée et de Copernic*, mais doit se rétracter sous la menace ecclésiastique. Il termine sa vie assigné à résidence. En 1687, **Isaac Newton** (1642-1727) découvre la loi de la gravitation et de l'attraction universelle. Les observations se perfectionnent avec la mise au point de la lunette d'approche du Hollandais Jansen, de la lunette astronomique de Galilée et du télescope. **Le XVIIe siècle** voit de spectaculaires progrès dans les domaines de la physique et de la chimie. En 1590, **Jansen** avait inventé le microscope, suivi au XVIIe siècle par la création du baromètre, mis au point en 1643 par Torricelli. Le français **Mariotte** (1620-1684) découvre le rapport entre le volume d'une masse gazeuse et la pression subie. **Denis Papin** (1647-v. 1712) constate la force d'expansion de la vapeur d'eau comprimée, et construit la « marmite de Papin », ancêtre du moteur à vapeur, avant de parvenir en 1707 à faire naviguer un bateau à vapeur. La vitesse de la lumière est calculée par le Danois Römer en 1676. Les principaux progrès de la chimie, encore au stade de l'observation et de la description des réactions, sont dus à l'Anglais **Boyle** (1627-1691), fondateur de la chimie organique. Les sciences naturelles, grâce à **Tournefort** (1656-1708), fondent une approche méthodologique plus rigoureuse par l'établissement d'une classification botanique. La connaissance du sang progresse par la découverte de la circulation, due à l'Anglais **Harvey** en 1615, alors que le Hollandais **Van Leeuwenhoek** met au jour les globules du sang.

3. L'art du baroque et du classicisme au XVIIe siècle en Europe

Le terme même de « baroque » dériverait peut-être du portugais *barrocco* qui signifie « perle de forme irrégulière », mais ses origines sont incertaines. À la fin du XVIIIe siècle, le terme entre dans la terminologie des critiques d'art pour désigner des formes brisées s'opposant à la proportionnalité de la Renaissance comme aux normes antiques. C'est avec *Le Cicérone* de **Jacob Burckhardt**, en 1860, que l'adjectif perd son sens péjoratif pour désigner sans mépris un art et un style. Cette thèse, l'historien de l'art **Wölfflin**, dans son œuvre majeure, *Principes fondamentaux de l'histoire de l'art*, en 1915, la développe pour la première fois, il y oppose baroque et classicisme. Le baroque prend le relais du maniérisme qui disparaît autour de 1660. Il existe un décalage entre le baroque artistique qui s'étale de 1600 au XVIIIe siècle et le baroque littéraire à la durée plus réduite de 1570 à 1660. Les influences baroques en littérature seront moins importantes que dans les autres arts, picturaux ou musicaux. Le baroque puise ses sources dans l'Antiquité et la Renaissance. Il s'agit d'un art essentiellement religieux, né avec la Contre-Réforme, qui se met spontanément au service du religieux, de l'Église pour affirmer, dans les ors et la splendeur, le renouveau de Rome. Partant de l'Italie romaine, il pénètre dans la plupart des pays catholiques : Espagne, Portugal, Allemagne du Sud. **Le rôle des jésuites** est essentiel dans sa diffusion en Europe mais aussi hors d'Europe : Mexique, Amérique du Sud. De nouvelles sensibilités se dessinent. Le temps est conçu selon une conception cyclique et non plus linéaire, avec le mythe de l'éternel retour. Le monde est compris comme un *perpetuum mobile*, mouvement perpétuel, la représentation de la mort y est horrible. L'homme baroque a lui aussi changé et réside dans le paraître.

LE BAROQUE EUROPÉEN : LIBERTÉ ET EXUBÉRANCE

L'art qui se développe après la Renaissance est essentiellement caractérisé par un goût pour l'unité, la régularité, la symétrie. Les compositions répondent à un désir plus strict d'expression. Tour à tour, l'art du XVIIe siècle a été entrevu comme la continuation de celui du XVIe siècle ou au contraire comme son opposé dialectique. En fait l'art du XVIIe siècle mérite d'être étudié dans le détail et l'on s'aperçoit qu'il se nourrit de tendances et de styles extrêmement divers chez des peintres comme **le Caravage, Poussin, Rubens, Hals, Rembrandt, Van Dyck**. Si un tableau de **Léonard de Vinci** permet d'étudier chacun de ses éléments à part, dans une toile de **Rembrandt** ou **de Rubens**, il n'est plus possible de les apprécier isolément. Le détail individuel n'a plus de signification en soi, car le peintre aborde, dès cette époque, son sujet avec une vue unifiée. Les formes indépendantes n'ont plus de signification lorsqu'elles sont observées par le biais du détail. De la même façon, dans le domaine architectural, le baroque se définit par un désir de donner une vision d'ensemble centrée sur le colossal, et sur un effet principal qui laisse au second plan les détails secondaires servant à le produire.

La méthode favorite utilisée par les artistes du XVIIe siècle consiste, pour rendre la profondeur de l'espace, à employer des figures placées très près du spectateur et à réduire celles de l'arrière-plan. L'espace est ressenti alors par le spectateur comme quelque chose de dépendant de lui, de réalisé pour lui. Le XVIIe siècle peut être entrevu à juste titre comme un siècle novateur tant pour le monde littéraire qu'artistique, mais n'a pas pour autant renié l'héritage de son passé. Les portraitistes restent attachés à la tradition du portrait, les architectes aux procédés de construction du passé, **les sculpteurs au côté monumental** et ample des bustes. La tendance du baroque est de remplacer l'absolu par le relatif, une certaine rigidité de l'expression par une plus grande liberté. Mais ce ne sont là que des traits caractéristiques valables pour une approche superficielle de l'art de ce siècle, puisque sa définition repose sur les conceptions divergentes des couches sociales cultivées. Celles de la cour de Versailles ne sont pas les mêmes que celles de l'Église. D'autre part, l'idée que l'on se fait du monde a évolué. Les découvertes de Copernic, affirmant que la terre tourne autour du soleil et que l'univers ne gravite pas autour de la terre, impliquent une vision ordonnée et organisée selon un principe unique, autant que selon celui de nécessité. **L'homme n'est plus le centre de ce monde** autour duquel tout se meut mais n'en est plus qu'un facteur minuscule, un infime rouage. L'œuvre d'art est impliquée dans ce système de pensée et devient dans son ensemble la représentation universelle d'un tout, ne vivant que par l'existence indépendante de chacune de ses parties. Les sens sont subordonnés à l'entendement.

LA PEINTURE BAROQUE EN ITALIE : LE CARAVAGE ET LES CARRACHE

Parmi les peintres du XVIe siècle, nous devons tout particulièrement étudier d'abord **le Caravage** (v. 1571-1610), car il opère un retour à la réalité et s'attaque aux formes plastiques et à la pureté idéale de la Renaissance. Toute l'histoire de l'art sacré moderne commence avec lui en fondant ses bases sur la primauté des formes. Il transforme les allégories complexes des maniéristes en symboles et réalise ainsi une distinction élémentaire entre art sacré et art profane. Son contact avec la vérité des épisodes sacrés exprime la tendance religieuse de la Contre-Réforme. Grâce aux contrastes d'ombres et de lumières, il met en scène une violence intérieure qui annonce dans la même lignée Zurbarán (1598-1664), en Espagne, et **Georges de La Tour** (1593-1652), en France. Mais l'art baroque trouve avec **Vélasquez** (1599-1660) le moyen de privilégier l'impression sur la conception. La forme prédomine sur les contours qu'elle estompe peu à peu. Les Vénitiens ont donné naissance à ce « premier impressionnisme » et la courbe supplante la ligne droite. **Rubens** (1577-1640) joue avec les lignes onduleuses et figure comme le grand peintre d'extérieur de l'histoire de l'art. C'est en cela qu'il est résolument moderne. Sa liberté le rapproche de Renoir, et peut-être plus près encore de nous, de Matisse. La peinture de paysage progresse et le paysage sauvage de l'école de Barbizon nous vient de Hollande et d'Angleterre, par **Ruisdael** (v. 1628-1682). Rome a atteint le plus haut prestige après la

Contre-Réforme, avec ses papes bâtisseurs, le prestige de Saint-Pierre. **Deux courants** vont apparaître, **le premier réaliste** autour du Caravage, **le second autour des frères Carrache** avec l'éclectisme décoratif.

◆ **Le Caravage** (v. 1571-1610) : son naturalisme, ses cadrages insolites, son réalisme mordant, la particularité de son éclairage lui vaudront très rapidement un grand succès. Sa vie dissolue, riche en scandales, lui vaudra condamnation à mort, emprisonnement. Il prend ses modèles dans la rue, dans les bas-fonds (des valets, des paysans). Le réalisme des personnages, leur attitude dynamique, toujours en mouvement, sinon sur le point de bouger, l'adoption d'une palette sombre rompue par des éclats violents de lumière constituent une révolution radicale par rapport à ce qui existait. Si Léonard de Vinci a toujours opposé l'ombre jointe à l'ombre portée, à partir de Caravage, ce que l'on recherche, c'est **l'ombre forte** en contraste avec la lumière. Ceux qui s'inspirent de lui n'aiment pas non plus les vastes panoramas, la scène se rapproche du spectateur, les figures sont montrées grandeur nature, en entier ou à mi-corps. **Le caravagisme**, le courant issu de son art, correspond aux huit dernières années du XVIe siècle et aux dix premières du XVIIe, à ses périodes d'activité. Le mouvement se perpétue jusqu'en 1620. Ses grandes œuvres sont les tableaux *La Vocation de saint Matthieu* (1600) de la chapelle Contarelli, *La Diseuse de bonne aventure* (1594), *Corbeille de fruits*, première nature morte, en 1596, dans l'histoire de la peinture, *Bacchus adolescent* (1596), *La Mort de la Vierge* (1605-1606), *Le Souper d'Emmaüs* (1601). Ses disciples seront **Orazio Borgianni** (v. 1578-1616), **Bartolomeo Manfredi** (1582-1622) et **Orazio Gentileschi** (1563-1647).

◆ **Les Carrache**, **Annibal** (1560-1609), **Augustin** (1557-1602), **Ludovic** (1555-1619), influencés par les artistes de Parme et notamment **le Parmesan** et **le Corrège**, reviennent à une peinture idéalisée. Les Carrache fondent, sous l'influence notamment de l'archevêque Paleotte, l'Accademia degli Incamminati, institution bolognaise qui n'est pas simplement vouée à la peinture, mais aussi à la médecine, la philosophie et l'astronomie. La finalité en est de former des artistes cultivés, tout en reposant sur trois points fondamentaux : le retour à l'étude de la nature, l'étude de l'antique à la recherche du beau idéal, l'étude des grands maîtres du passé. À Bologne, Annibal peint des portraits, des paysages, des scènes de genre. Avec ses deux frères, il réalise les décors des palais Fava et Magnani, 1584 et 1587. L'invitation du cardinal Farnèse amène Annibal à Rome, pour y décorer son palais. Il s'occupe du cabinet, le *camerino*, sur le thème de la légende d'Hercule, et la voûte de la galerie Farnèse qui célèbre le triomphe de l'amour. Son style, à la différence de celui du Caravage, évolue vers un plus grand classicisme. En dehors du palais Farnèse, d'autres œuvres lui sont attribuées : *L'Assomption* (1590), *L'Apparition de la Vierge à Luc* (1592), *La Pêche* (1595), *La Chasse* (1582-1588), *L'Homme au singe* (1591), *Le Buveur* (1560-1609).

L'ARCHITECTURE BAROQUE EN ITALIE : DÉCORATIVE

De nouvelles règles, lors de la troisième session du concile œcuménique de Trente (1545-1563), plus strictes, sont définies en ce qui concerne les représentations picturales des thèmes religieux. L'Église redéfinit le rôle de l'image, outil d'enseignement. La Contre-Réforme s'insurge contre la nudité mais pousse les artistes à faire preuve d'imagination. Des nouveautés apparaissent en architecture, celle-ci n'est plus dépouillée mais décorative. Une importance est attribuée au portail, orné de fenêtres. L'architecture de l'église des Jésuites, Il Gesù de Rome, commencée en 1568 par **Giacomo Barozzi de Vignole** (1507-1573), sert de modèle, partout en Europe, à l'architecture sacrée et ouvre la vogue des églises à colonnes adossées. Après **Carlo Maderno**, à Rome, se succèdent **Le Bernin** et **Borromini** dont le style témoigne de l'évolution du baroque vers le mouvement, l'accumulation du décor, des statues, l'usage de marbres aux couleurs vives. **Carlo Maderno** (1556-1629), considéré comme le premier baroque, imite le Gesù mais ses formes architecturales prennent du volume. Elles sont creusées, animées par des sculptures plus abondantes, avec des accolades de façades étirées, comme celle de Santa Susanna à Rome. Paul V (1605-1621), après cette œuvre, lui confie le chantier de Saint-Pierre de Rome et il participe aux travaux d'agrandissement de la basilique, commencée par **Jules II** (1503-1513) sur un projet de Bramante. Il modifie les plans de Michel-Ange et achève Saint-Pierre en la dotant d'une façade gigantesque. L'iconographie sculptée est centrée sur le Christ et les apôtres, thème ayant disparu à la Renaissance. Il travaille également à Sant'Andrea della Valle, à Rome, dont il crée la coupole.

Gian Lorenzo Bernini, dit le Bernin (1598-1680)

Fils du peintre maniériste Pietro Bernini, installé à Rome en 1605, il devient l'architecte de Saint-Pierre de Rome, succédant à Maderno. Sa première œuvre, une commande du pape **Urbain VIII** (1623-1644), est le baldaquin flamboyant de Saint-Pierre en 1629. Ce dernier est en forme de *ciborium*, un dais soutenu de colonnes torsadées, dont le sommet est fabriqué en divers matériaux avec ses immenses colonnes qui dominent le grand autel de la basilique. Il s'élève jusqu'à 7 m, il est situé en-dessous de la grande coupole. Mais son œuvre majeure, la Colonnade de Saint-Pierre, sous le pontificat d'**Alexandre VII Chigi** (1655-1667), dégage un parvis monumental destiné à contenir les chrétiens lors de la bénédiction *urbi et orbi*. Autour de la place ovale de 240 m de large, deux cent quatre-vingt-quatre colonnes en quatre files, mêlées de quatre-vingt-huit pilastres, forment une double allée couverte. Il réalise la fontaine des Quatre-Fleuves, place Navone, la Scala Regia du Vatican, l'église Saint-André-du-Quirinal.

♦ **Francesco Castelli**, dit **Borromini** (1599-1667), s'impose comme le virtuose de la ligne et du volume, par son goût prononcé du blanc et or. On lui doit à Rome l'église Saint-Charles-des-Quatre-Fontaines (1638-1641), l'église Sainte-Agnès-en-Agone sur la place Navone (1634-1641), la transformation de la nef de Saint-Jean-de-Latran (1646-1650).

♦ Pietro Berrettini, dit Pietro da Cortona ou en français **Pierre de Cortone** (1596-1669), architecte, réalise la façade de Santa Maria della Pace (1656-1657), et comme peintre laisse de nombreuses fresques.

En dehors de Rome, Venise s'illustre par une architecture puissante, se souvenant des modèles de **Sansovino** et de **Palladio**. La basilique Santa Maria della Salute, avec son plan circulaire et sa coupole, y est l'œuvre de **Baldassare Longhena** (1598-1682).

LA SCULPTURE BAROQUE EN ITALIE : LE BERNIN

Avant le Bernin, l'inspiration classique se retrouve chez **Francesco Mochi** (1580-1654), auteur de l'*Annonciation* de la cathédrale d'Orvieto. Formé à Florence et à Rome, il nous laisse deux monuments équestres, réalisés entre 1612 et 1625, celui d'Alexandre Farnèse (1545-1592) et celui de son frère Ranuccio Farnèse (1530-1565). **Le Bernin** puise son inspiration dans la Grèce hellénistique. Il jouit d'une grande faveur auprès des papes **Urbain VIII** et **Alexandre VII**. Sa venue en France en 1665 et les projets qu'il soumet au Louvre furent un échec. Sculpteur d'un sensualisme mystique, *Sainte Thérèse en extase*, appelée également *Transverbération*, le rend célèbre ainsi que la tombe du pape Urbain VIII, en bronze doré et marbre, située dans la basilique Saint-Pierre, à Rome.

LA MUSIQUE BAROQUE EN EUROPE

La musique baroque se développe entre 1600 et 1750 environ, elle cède ensuite la place à la musique classique. Il s'agit à l'origine d'une réaction, née en Italie, contre les formes anciennes, celles qui ont traversé tout le XVIe siècle, abandonnées au profit des formes nouvelles. C'est l'opéra qui représente le mieux la rupture, les récitatifs parlés y sont remplacés par le chant. Le premier auteur notable d'opéra est **Claudio Monteverdi** (1567-1643), avec son *Orfeo* (1607) et son *Arianna* (1608). L'opéra est introduit en France en 1647, il s'y illustre avec les compositions de Jean-Baptiste Lully (1632-1687) et celles de Jean-Philippe Rameau (1683-1764). D'autres genres se développent, comme les cantates dont la forme est fixée par **Giacomo Carissimi** (1605-1674) et illustrée par **Alessandro Scarlatti** (1660-1725) ou **Heinrich Schütz** (1585-1672), ou les oratorios, construits comme les opéras sur les alternances d'airs, de chœur, de récitatifs instrumentaux. La sonate et le concerto font leur apparition. Si la musique de chambre et orchestrale est dominée par les Italiens, tel **Antonio Vivaldi** (1678-1748), elle s'inscrit pleinement dans les variantes nationales dues au talent de **Henry Purcell** (1659-1695) en Angleterre ou de **François**

Couperin (1668-1733) en France. L'ère de la musique baroque connaît son apogée avec les compositions de **Jean-Sébastien Bach** (1685-1750) et celles de **Georg Friedrich Haendel** (1685-1759), tous deux luthériens allemands, tous deux organistes, le premier maître des cantates, compositions liturgiques, le second variant de l'opéra à l'oratorio, aux compositions davantage profanes. La musique classique couvre la période comprise depuis la seconde moitié du XVIIIe siècle jusqu'à la fin du XIXe siècle environ. Elle se démarque des courants précédents par une aspiration à toucher un public plus étendu, dans une démarche proche des aspirations à donner un rôle véritable au peuple issue des mouvements révolutionnaires. La symphonie en devient l'expression, au début simple construction d'ouverture fondée sur l'alternance de mouvements rapide, lent, rapide. Le concerto acquiert sa forme classique, la musique de chambre s'étoffe du quartet à cordes. L'opéra entame son âge d'or, avec **Gluck** (1714-1787) et son *Orphée et Eurydice* de 1762, les genres de l'opéra-comique et de l'opéra bouffe. Le passage d'un opéra proprement italien à sa variante allemande se fait par un passeur de génie, Wolfgang Amadeus Mozart (1756-1791) et ses œuvres majeures : *Les Noces de Figaro* (1786), *Don Giovanni* (1787) en italien, *La Flûte enchantée* (1791) en allemand. L'époque suivante, bien qu'appartenant encore au classique au sens large, s'en démarque cependant par les influences véhiculées par le romantisme.

CHAPITRE II
La France au XVIIᵉ siècle

1. La France au XVIIᵉ siècle

LE RÈGNE DE LOUIS XIII

À la mort d'Henri IV, le nouveau roi, **Louis XIII** (1610-1643), a seulement neuf ans. Sa mère Marie de Médicis devient régente. Elle gouverne sous l'influence de sa suivante **Léonora Galigaï** et comble de faveurs l'époux de cette dernière, **Concino Concini**, nommé maréchal de France et titré marquis d'Ancre. Concini joue le rôle d'un Premier ministre de fait. Le prince **Henri II de Condé** (1588-1646) contraint la régente à convoquer les états généraux, espérant, soutenu par les Grands, se voir confier la réalité du pouvoir. Les états généraux se réunissent à Paris en 1615. Marie de Médicis les renvoie en février 1615 sans qu'ils aient décidé quoi que ce soit. Ce sont les derniers états généraux avant ceux de 1789. En 1617, le jeune roi Louis XIII fait tuer Concini, Marie de Médicis est exilée à Blois. Elle y emmène **Armand Jean du Plessis de Richelieu** (1585-1642) qu'elle venait de faire entrer au conseil du roi et qui partage sa disgrâce. Ami du roi, âme du complot contre Concini, **Albert de Luynes** (1578-1621) devient un Premier ministre falot. Il meurt en combattant la révolte des Grands, les grands seigneurs du royaume, soutenus par Marie de Médicis, devant Montauban en 1621. Louis XIII, âgé à présent de vingt ans, ne parvient pas à régner de lui-même. Il rappelle sa mère, qui lui impose le retour de Richelieu au conseil. Celui-ci est issu d'une famille de petite noblesse du Poitou sans fortune. De constitution fragile, souvent malade, Armand Jean compense ce handicap par une volonté sans faille. Il devient évêque de Luçon en 1608, après avoir obtenu une dispense papale en raison de son jeune âge. Il est élu député du clergé aux états généraux de 1614, et y prononce un discours flatteur sur le gouvernement de la régente, en sa présence. Marie de Médicis le prend à son service, le nomme Grand Aumônier. En dépit de la méfiance du roi, Richelieu démontre ses aptitudes. Au mois d'août 1624, il devient chef du conseil. La légende, largement forgée par Alexandre Dumas dans *Les Trois Mousquetaires* (1844), oppose le tempérament de fer du cardinal (depuis 1622) et la faiblesse de Louis XIII. La réalité diffère sensiblement. Louis XIII reste le roi et ne manque pas, si Richelieu tend parfois à croire décider seul, de le lui rappeler en termes très durs, ce qu'il nomme ses « coups d'étrille ».

RÉVOLTES ET COMPLOTS

En 1625, les huguenots se révoltent. En 1627, la ville de La Rochelle, soutenue par les Anglais, rejette l'autorité royale. Richelieu organise le siège de La Rochelle, enfermée par 17 km de fortifications. La ville se rend en octobre 1628. Par l'Édit de grâce d'Alais (aujourd'hui Alès) en 1629, **Louis XIII** confirme l'édit de Nantes, pardonne aux révoltés, mais confisque leurs places fortes. Richelieu doit faire face à l'hostilité de la reine-mère, qui a tardivement compris qu'il s'était servi d'elle pour parvenir au pouvoir, à celle du « parti des dévots », qui veulent l'alliance avec l'Espagne pour chasser les huguenots, aux Grands exaspérés par l'interdiction des duels et l'exécution pour l'avoir enfreint de **François de Montmorency-Bouteville** (1600-1627) en 1627. Lors de la célèbre journée des Dupes, les 10 et 11 novembre 1630, Marie de Médicis enjoint son fils de choisir entre elle et Richelieu. Ce dernier, convoqué à Versailles, à l'époque simple relais de chasse royal, se croit perdu. C'est l'inverse qui se produit, Louis XIII lui renouvelle sa confiance. Se croyant menacée d'une arrestation, Marie de Médicis fuit à Bruxelles. Elle ne reviendra jamais de cet exil. Richelieu peut continuer à contrer l'influence de l'Espagne en Europe, il envoie des renforts aux princes protestants danois et suédois contre l'Autriche et l'Espagne, en pleine guerre de Trente Ans (1618-1648), opposant les Habsbourg catholiques aux puissances protestantes comme la Hollande. Il doit continuer à mâter les Grands : en 1632, le duc de Montmorency, gouverneur du Languedoc, tente de soulever sa province.

Arrêté, condamné à mort, il est décapité le 30 octobre 1632. En 1642, mourant, Richelieu déjoue le complot de **Cinq-Mars** (1620-1642), favori de Louis XIII, qui se préparait à faire assassiner le cardinal. Cinq-Mars est décapité. **Richelieu** meurt le 4 décembre 1642. Le roi Louis XIII ne lui survit que quelques mois, s'éteignant le 14 mai 1643, mais Richelieu lui a légué le plus précieux des collaborateurs, **Mazarin**. L'héritage de l'action de Richelieu est immense. Il renforce l'État, développe la théorie du ministériat selon laquelle un « Principal ministre » doit assister le roi de ses conseils. Il met en place des fonctionnaires nommés et révoqués par le roi, ses représentants en province, les intendants de justice, police et finances. Il dote la France d'une marine de guerre. Il favorise l'expansion française au Canada (avec la fondation de Montréal en 1642), au Sénégal, à Madagascar et aux Antilles. Il autorise *La Gazette de France* (1631) de **Théophraste Renaudot**, le premier journal. En 1635, il fonde l'Académie française. Cette politique a un coût, les impôts augmentent, provoquant des révoltes paysannes réprimées dans le sang, celle des Croquants en Poitou et Limousin (1635-1637), celle des Va-nu-pieds en Normandie et en Anjou (1639).

LE RÈGNE DE LOUIS LE GRAND

Le nouveau roi Louis XIV (règne : 1643-1715) a cinq ans. Le testament de Louis XIII prévoyait de confier la régence à son épouse, **Anne d'Autriche** (1601-1666), mais sous l'étroite tutelle d'un conseil de régence. Anne d'Autriche fait casser le testament par le Parlement de Paris, au prix de concessions qui obéreront l'avenir de la monarchie, droit de remontrance, d'enregistrement, notamment. La régente est seule à exercer le pouvoir. À la surprise générale, elle s'adjoint Mazarin. **Jules Mazarin** (Giulio Mazarini, 1602-1661), militaire de formation, entre au service du pape, sans devenir prêtre, puis du roi Louis XIII à partir de 1630. Il est nommé, sur un vœu de Richelieu, Principal ministre en décembre 1642. Confirmé par Anne d'Autriche, il doit défaire la menace d'un groupe de Grands regroupés dans la cabale des Importants, mais rencontre moins de succès auprès du Parlement. La guerre nécessite l'augmentation des impôts et des taxes. Le Parlement en fait remontrance à la régente dès 1643. La révolte éclate quand en 1648 est renouvelée la Paulette, taxe créée sous **Henri IV**, qui permet au titulaire d'un office de le transmettre à ses descendants. **Michel Particelli d'Émery** (1596-1650), surintendant des finances, réclame aux titulaires d'offices quatre ans de revenus. Le Parlement entre en opposition frontale, élabore les « Propositions de la Chambre Saint Louis » : suppression des intendants, des « partisans » ou banquiers qui avançaient puis recouvraient l'impôt avec bénéfice, un droit de contrôle sur la levée des impôts. Émery est renvoyé, mais le 26 août 1648, Mazarin fait arrêter le très populaire **Pierre Broussel** (1575-1654), un conseiller âgé du Parlement de Paris. La ville se couvre de barricades aussitôt, c'est la journée des Barricades. **La Fronde** commence.

LA FRONDE

Ce nom est donné au mouvement par Mazarin lui-même en guise de moquerie, les frondeurs du Parlement tentent de l'atteindre comme un enfant le ferait avec des pierres et une fronde pour une cible choisie. La Fronde se déroule en deux épisodes : la Fronde parlementaire qui dure peu, s'achevant sur la paix de Rueil en mars 1649. L'épisode le plus marquant en est la fuite, dans la nuit du 5 au 6 janvier 1649, de la régente et du petit roi de Paris pour se réfugier à Saint-Germain-en-Laye. Louis XIV gardera en mémoire cet épisode humiliant sans jamais se départir de sa méfiance à l'égard des Parisiens. La Fronde des Princes se révèle plus redoutable. Elle soulève des provinces entières, les Parlements s'empressant de la rejoindre. L'avenir de la monarchie se joue. Les chefs de la Fronde, **Louis II de Bourbon-Condé** (1621-1686) dit le Grand Condé, éclatant vainqueur des Espagnols à Rocroi (1643), son frère **Armand de Bourbon**, prince de **Conti** (1629-1666), son beau-frère, **Henri II de Longueville** (1595-1663), sont arrêtés en 1650. Le royaume s'embrase, la duchesse de Longueville, sœur du Grand Condé, anime partout la rébellion.

Mazarin doit s'enfuir en 1651, mais il transmet ses recommandations à Anne d'Autriche et à ses fidèles lieutenants, **Hugues de Lionne** (1611-1671) et **Michel Le Tellier** (1603-1685). Les frondeurs se déchirent bientôt entre eux, Condé est battu devant Paris par les troupes royales fidèles conduites par **Turenne** (1611-1675) en 1652. Il parvient à ne pas être capturé de justesse par l'intervention de la Grande Mademoiselle, cousine de Louis XIV, qui fait tirer au canon sur les troupes royales depuis les tours de la Bastille. L'ancien vainqueur des Espagnols fuit en Espagne et revient même à la tête d'une armée ennemie. Il reste dans le camp espagnol jusqu'en 1659. Battus en 1658 par Turenne, les Espagnols signent avec la France le traité des Pyrénées en 1659. Louis XIV épouse sa cousine, l'infante d'Espagne Marie-Thérèse. Dès octobre 1652, Anne d'Autriche et le jeune roi font une entrée triomphale à Paris. **Louis XIV** est déclaré majeur officiellement depuis 1651. En 1653, la prise de Bordeaux met fin à la Fronde. Mazarin reparaît à la cour, reprend les rênes de l'État. Il les conserve jusqu'à sa mort, le 9 mars 1661.

LE RÈGNE PERSONNEL

Commence alors le règne personnel de Louis XIV qui annonce, à la stupeur générale, vouloir régner par lui-même et se passer désormais de Principal ministre, abolissant le ministériat. L'absolutisme, en ébauche sous Henri IV, s'affirme au cours du règne. Le « Roi-Soleil » compte sur une administration soumise, avec à son sommet le gouvernement central, composé de plusieurs conseils. Le Conseil d'en haut voit le roi décider des questions les plus importantes, le Conseil des parties prend en charge les questions administratives, la haute justice royale ; il convient d'y adjoindre le Conseil des finances et le Conseil des dépêches qui examine les dépêches expédiées par les intendants. Ils sont les instruments de la politique royale relayée par les ministres : le Chancelier préside les Conseils si le roi est absent, il est ministre de la Justice et garde des sceaux royaux ; le contrôleur général des Finances, charge créée pour Colbert en 1665, dirige toute la politique économique ; quatre secrétaires d'État veillent aux Affaires étrangères, à la Guerre, à la Marine et à la Maison du roi. Depuis 1667, un lieutenant de police surveille Paris. Le premier titulaire est **Gabriel Nicolas de La Reynie** (1625-1709). Louis XIV choisit les serviteurs les plus capables et les plus dévoués, donnant naissance à des dynasties de ministres. Ainsi celle des Colbert : **Jean-Baptiste Colbert** (1619-1683), contrôleur général des Finances de 1665 à sa mort en 1683, son fils aîné **Seignelay** (1651-1690), secrétaire d'État de la Marine de 1683 à 1690, **Colbert de Croissy** (1625-1696), frère de Colbert, secrétaire d'État aux Affaires étrangères de 1679 à sa mort, auquel succède son fils, **Colbert de Torcy** (1665-1746), ministre d'État en 1700 ; celle des Le Tellier avec **Michel Le Tellier** (1603-1685), secrétaire d'État à la Guerre de 1643 à 1677, chancelier de France de 1677 à sa mort, auquel succède à la Guerre son fils **Louvois** (1641-1691), puis son petit-fils **Barbezieux** (1668-1701).

LES GUERRES

Le début du règne est marqué par les guerres : guerre de Dévolution (1667-1668) ayant pour but de faire respecter les droits dévolus à Marie-Thérèse de son héritage espagnol, opposant la France à la Triple Alliance (Angleterre, Hollande, Suède) ; guerre contre les Pays-Bas (1672-1679) afin d'affaiblir ces alliés de l'Angleterre et briser un concurrent économique. En 1668, la paix d'Aix-la-Chapelle conclut la première, la France annexe Lille. En 1679, les traités de Nimègue laissent les Pays-Bas entiers, l'Espagne cède à la France la Franche-Comté. L'ensemble du règne est émaillé de conflits telles la guerre de la ligue d'Augsbourg (1689-1697) – paix de Ryswick (1697) marquant l'arrêt de l'expansionnisme français –, la guerre de Succession d'Espagne (1702-1712) – les traités d'Utrecht (1713) et de Radstadt (1714) reconnaissant le trône d'Espagne à Philippe d'Anjou, petit-fils de Louis XIV, devenu en 1700 le roi d'Espagne **Philippe V** (1700-1746).

LE ROI ET DIEU

Louis XIV marque aussi de son empreinte la religion en son royaume. Le 18 octobre 1685, par l'édit de Fontainebleau, il révoque l'édit de Nantes. Depuis 1679, après un bref épisode de conversion par la douceur, les protestants sont victimes de persécutions. À partir de 1680, les dragonnades se multiplient : les « dragons », soldats logés chez les protestants, ont licence de s'y livrer aux pires violences contre les familles jusqu'à leur conversion contrainte et forcée. On estime qu'après l'édit de Fontainebleau environ trois cent mille protestants fuient la France, avant que n'éclate dans les Cévennes la révolte des Camisards entre 1702 et 1712, qui se soulèvent contre les brimades et les violences destinées à les contraindre à se convertir au catholicisme. Le roi s'oppose aussi au pape. Il veut renforcer le gallicanisme, favorable à l'autonomie de l'Église des « Gaules », contre les ultramontains soumis à la seule autorité pontificale. L'autre grande affaire religieuse oppose les jansénistes aux jésuites. En 1693, le **père Quesnel** (1634-1719) publie les *Réflexions morales sur le Nouveau Testament*, attaque non déguisée contre les jésuites. Le père Quesnel est arrêté. En 1713, la bulle *Unigenitus* condamne cent une de ses propositions. Le roi s'en prend alors au refuge des jansénistes, l'abbaye de Port-Royal des Champs. Le monastère est fermé en 1709, ses habitants expulsés, les bâtiments en partie détruits.

LE PLUS RICHE DES ROYAUMES

Dans le domaine économique, à l'initiative de Colbert, le roi suit la politique mercantiliste. Selon la doctrine du mercantilisme, la possession d'or donne à un État sa puissance. Il faut donc se procurer de l'or et éviter sa sortie du royaume. La production nationale, de grande qualité, doit remplir cette fonction par les manufactures royales : des Gobelins à Paris pour le mobilier et les tapis, de Saint-Gobain pour les glaces. Cet encadrement, le colbertisme, est accompagné de réglementations rigides des métiers dans le cadre des corporations. **Colbert** déploie aussi son talent pour l'expansion commerciale du royaume en encourageant la création de compagnies de commerce : la Compagnie française des Indes Orientales (1664), qui prospecte les océans Indien et Pacifique à partir d'un port créé pour elle, L'Orient (Lorient), la Compagnie française des Indes Occidentales (1664) consacrée à l'Amérique, aux Antilles, au commerce triangulaire qui consiste, depuis Bordeaux, Nantes, à vendre des armes sur les côtes d'Afrique contre des esclaves noirs, transportés aux Antilles où ils sont vendus, les navires revenant chargés de sucre, d'épices, d'indigo. La Compagnie du Nord (1669) est en charge de la mer du Nord et de la Baltique, la Compagnie du Levant (1670), à partir de Marseille et de la Méditerranée orientale, à partir cette fois-ci des *Échelles* ou ports marchands ottomans ouverts aux navires français. La France possède Saint-Domingue, la Guadeloupe, la Martinique, s'implante en «Nouvelle-France» (Canada). **Cavelier de La Salle** (1643-1687) donne le nom de Louisiane, en l'honneur du roi, aux territoires qu'il explore en 1682. **L'art, sous Louis XIV, voit le triomphe du classicisme.** D'abord en architecture, avec la colonnade du Louvre de Perrault, les places royales (des Victoires, Vendôme), l'hôtel des Invalides, Versailles, Marly, le Grand Trianon. Protecteur des lettres et des arts, le roi fonde des Académies royales : Académie française (instituée à l'initiative de Richelieu), Académie des sciences, Académies de peinture, de sculpture, de musique. L'Observatoire de Paris et le Jardin du Roi (Jardin des Plantes) sont créés. Louis XIV meurt à Versailles, le 1er septembre 1715, son arrière-petit-fils, âgé de cinq ans, seul survivant de sa nombreuse descendance légitime, devient le roi **Louis XV** (1715-1774) ; la régence est assurée par son oncle, **Philippe d'Orléans** (1674-1723).

2. Le classicisme en France : grandiose et majesté

Alors que le baroque triomphe en Italie, la France adopte l'art classique, manifeste de rigueur, de clarté, de logique. Il restaure la discipline, la simplicité, la mesure, délaissant l'excès, la liberté, l'exubérance du baroque. Le classicisme débute sous le siècle de **Louis XIII**, se mêle encore aux influences baroques, puis connaît son apogée avec Versailles **entre 1660 et 1690** avant de décliner pendant la première moitié du XVIIIe siècle et de renaître sous forme de **néoclassicisme** dans la seconde partie du siècle. Il s'appuie sur le culte de l'Antiquité et la volonté de soumettre à la raison toute sa production. L'idéal classique vise au grandiose, au majestueux, accentué en France par la volonté personnelle du roi Louis XIV. La recherche de la mesure dans les arts trouve également sa place dans la société avec l'*honnête homme*, qui s'oppose à l'esprit de chevalerie de l'époque précédente. Les raisons qui expliquent l'émergence du classicisme sont de plusieurs ordres : réaction contre le pédantisme de la Pléiade, les excès du XVIᵉ siècle, la victoire du français qui s'impose au latin, la littérature destinée non plus aux érudits mais aux honnêtes gens.

De **1600 à 1660**, l'esprit classique prend place dans les salons de la **marquise de Rambouillet** (1588-1665), de la **duchesse de Chevreuse** (1600-1679), représenté par **Malherbe** (1555-1628), **Corneille** (1606-1684). Puis dès 1660, la cour supplante les salons, c'est l'âge d'or avec **Molière** (1622-1673), **Boileau** (1636-1711), **Racine** (1639-1699). La littérature exploite la faille produite par les guerres de Religion entre privé et public, entre les particuliers et le politique, et utilise ce clivage afin d'interroger le politique et les passions humaines grâce aux règles de représentation en vigueur. C'est l'époque de fondation des académies, **Académie française** (1635), **Académie d'architecture** (1665), **Académie des sciences** (1666). Les noms des grands philosophes sont, entre autres, ceux de **Pascal** (1623-1662), de **Descartes** (1596-1650). **La musique** s'épanouit grâce à **Lully** (1632-1687), **Marc-Antoine Charpentier** (1643-1704), **François Couperin** (1668-1733). Enfin, le classicisme est influencé par les résultats de **l'évolution scientifique**. Son art de la représentation reprend à son compte la conception d'un espace géométrique, dans les jardins, dans la peinture. Son enjeu est d'imiter la nature, les Anciens, fonder une culture identitaire au prisme de la raison et du vraisemblable.

L'ARCHITECTURE CLASSIQUE EN FRANCE : LIGNE DROITE ET SYMÉTRIE

L'architecture française s'inspire de l'art italien dans ses débuts et adopte ses formes les plus caractéristiques, dômes, coupoles, frontons triangulaires et colonnades monumentales. Le classicisme s'impose **autour de 1630-1640**, style voué à l'affirmation de la monarchie absolue. Les bâtiments classiques sont en parfaite adéquation avec leur fonction, marqués par une dominante de lignes droites, une symétrie parfaite, sans vouloir un effet décoratif comme lors de la période baroque. **L'art des jardins** se doit de montrer une nature dominée, soumise à l'homme, avec ses perspectives savantes, ses bassins géométriques, ses jeux d'eau. **L'urbanisme** se développe, les rues sont droites, les villes de province s'enrichissent de places et monuments (la place Mirabeau d'Aix-en-Provence, l'hôtel de ville d'Arles). L'influence de Vauban marque par son style les fortifications et les villes fortes (comme Neuf-Brisach).

- **Salomon de Brosse** (v. 1571-1626) réalise le palais du Luxembourg pour Marie de Médicis.

- **Jacques Le Mercier** (v. 1585-1654), sous le règne de Louis XIII, construit le palais Cardinal pour Richelieu devenu à sa mort le Palais-Royal, ainsi que la chapelle de la Sorbonne où se trouve son tombeau.

- **Louis Le Vau** (1612-1670) réalise au début de sa carrière de nombreux hôtels particuliers, comme l'hôtel Lambert, puis édifie pour Fouquet le château de Vaux-le-Vicomte, à partir de 1656. Il dessine les plans du Collège des quatre nations, l'actuel Institut de France. En 1661, au service du roi, il sera chargé de doubler la surface d'habitation du château de Louis XIII à Versailles.

- **François Mansart** (1598-1666) devient architecte du roi en 1636 et réalise le château de Maisons-Laffitte entre 1642 et 1650. Il édifie le Val-de-Grâce, commandé par Anne d'Autriche.

- **Jules Hardouin-Mansart** (1646-1708) était le petit neveu et l'élève de François Mansart. Devenu premier architecte de Louis XIV en 1681 et surintendant des bâtiments royaux huit ans plus tard, il est chargé de l'avènement du château de Versailles. Il y conçoit la façade donnant sur les jardins, la galerie des Glaces, les grandes ailes Nord et Sud, les Grandes Écuries, la Chapelle royale, le Grand Trianon, l'Orangerie. Nous lui devons également, à Paris, la place Vendôme, la place des Victoires et l'église des Invalides, monument qui combine les éléments classiques et baroques avec un plan en croix grecque.

- **Claude Perrault** (1613-1688), sous le règne de Louis XIV, élève la colonnade de la nouvelle façade du Louvre, en 1666. Il dessine les plans de l'Observatoire de Paris et construit l'arc de triomphe du faubourg Saint-Antoine.

◆ **Robert de Cotte** (1656-1735) contribue au rayonnement du classicisme français en achevant la chapelle du château de Versailles.

◆ **Versailles**
En 1624, Louis XIII y fait bâtir un pavillon de chasse. Huit ans plus tard, **Philibert Le Roy** le remanie, entre 1631 et 1638, sur le modèle d'architecture de briques et de pierres. Louis XIV, échaudé par la Fronde, désire quitter le Louvre pour s'implanter en dehors de Paris sans risque de menace. L'architecte Le Vau réalise les projets d'agrandissement puis **François d'Orbay** (1670-1677), **Jules Hardouin-Mansart** en sont les autres architectes. Ce dernier fait construire la galerie des Glaces, longue de 73 m sur 6 m de large avec ses dix-sept croisées, ses dix-sept arcades peintes et ses trois cent six glaces. Dans la voûte dix grandes compositions de **Le Brun** évoquent les fastes années militaires de Louis XIV. Les Salons de la guerre et de la paix complètent cette galerie. Les jardins sont dessinés par **André Le Nôtre** (1613-1700) qui après avoir réalisé ceux de Vaux-le-Vicomte pour **Fouquet** devient le jardinier de Louis XIV à Versailles. Le sculpteur **François Girardon** (1628-1715) contribue à les ornementer.

LE CLASSICISME EN PEINTURE : LE GRAND GOÛT

La monarchie absolue mise en place par Louis XIII et Louis XIV a permis à la France de devenir l'État le plus puissant d'Europe. Le pouvoir français choisit de s'afficher dans une image qui le montre au sommet de sa puissance et le met en valeur. Le paraître devient dans la communication l'élément primordial ainsi qu'à la cour de Versailles. Le classicisme, en exaltant les valeurs morales, va répondre aux besoins de la politique française. Sous Louis XIV, dans la seconde moitié du siècle, sous Colbert et **Charles Le Brun** (1619-1690) le classicisme s'identifie avec le « grand goût ». L'art du classicisme offre une composition claire, ordonnée. Le message y est compréhensible tout de suite.

Les caractéristiques de l'œuvre classique

Plusieurs caractéristiques appartiennent à la peinture classique : linéaire, **le dessin est privilégié,** les contours sont nets, le toucher lisse, délaissant le traitement des formes, les effets de couleur ou de lumière. **L'espace est construit par plans successifs,** les diagonales brutales du baroque sont oubliées, les motifs se font chaque fois plus petits. Contrairement à l'œuvre baroque, celui-ci n'est plus ouvert mais fermé. Les formes se trouvent placées au cœur de la composition, ménageant un vide contre les bords. **Des motifs, des figures** ou des pièces architecturales peuvent aussi y être placées, mais toujours permettant de bien être individualisées, reconnues dans un souci de clarté. Le costume contemporain apparaît dans les portraits, les personnages habillés à l'antique ou drapés de tissus, **moins déshabillés que pendant le baroque.** Il existe **une grande variété de thèmes, religieux, historiques,** allégoriques, portraits. Le paysage y tient une grande place, mais l'homme est toujours présent, dans un environnement souvent imaginaire. Les peintures sont de dimensions plus modestes que pendant le baroque, mais les tableaux de petits formats restent rares.

Les peintres classiques en France

Peu à peu, la peinture française se libère par l'esprit et la technique de l'emprise italienne. C'est **en 1648** qu'un événement fondamental va bouleverser la peinture en France avec la **création de l'Académie de peinture et de sculpture.** Les artistes peuvent créer sans être soumis aux règlements tatillons d'une corporation, sans avoir de « chef-d'œuvre » à produire pour pouvoir exercer leur art à leur convenance.

◆ **Valentin de Boulogne** (1592-1632), dit **le Valentin**, travaille à Rome à partir de 1613, mais ses œuvres adoptent peu à peu un style plus réaliste avec souvent des compositions à sujets profanes : *La Diseuse de bonne aventure* (1628), *Allégorie de Rome* (1628), *Judith et Holopherne* (1626-1628), *Les Tricheurs de Dresde* (1631).

◆ **Claude Vignon** (1593-1670) s'installe en 1624 à Paris, sous la protection de Richelieu et de Louis XIII, il s'essaie à tous les genres, peintures religieuses, paysage, portrait, nature morte. Il décore la galerie du château de Thorigny, et est l'auteur d'une *Adoration des mages* (1619), du *Martyre de saint Matthieu* (1617).

◆ **Georges de La Tour** (1593-1652) est l'auteur de scènes religieuses (*La Madeleine pénitente*, 1640-1645), mais aussi de scènes nocturnes où éclate son art consommé du clair-obscur (*Saint Sébastien soigné par Irène*, 1649). La Tour est par excellence le peintre de la lumière et des intérieurs en clair-obscur, lumière fournie par une bougie allumée. La composition est simplifiée à l'essentiel, le décor de fond inexistant, les touches définissent et colorent les contours. Avant tout il est le peintre subtil de l'alliance entre masses obscures et détails lumineux. Ses œuvres les plus célèbres sont : *Le Tricheur à l'as de carreau* (1635), *Le Joueur de vielle* (1630), *Le Songe de saint Joseph* (1640), *L'Adoration des bergers* (1645).

◆ **Simon Vouet** (1590-1649), avant de s'installer à Rome, débute comme portraitiste en Angleterre. Il est très influencé par le réalisme du Caravage puis par le traitement des couleurs des artistes vénitiens. Il crée une synthèse entre le baroque italien et le classicisme français : *Portrait d'Antonin Doria* (1620), *La Présentation de Jésus au Temple* (1641).

◆ **Les frères Le Nain**, **Antoine** (1600-1648), **Louis** (1593-1648), **Matthieu** (1607-1677), se rattachent au courant réaliste sous le règne de Louis XIII, campant la vie paysanne. Antoine se distingue par son goût pour les portraits de cour, notamment ceux qu'il exécute pour **Mazarin** : *Cinq-Mars* (1620), *Anne d'Autriche* (1643). Louis se consacre aux intérieurs comme pour le *Repas de paysans* (1642), *L'Heureuse Famille* (1642), ou *La Forge*, mais peint également des extérieurs, *La Famille de la laitière* (1642). Matthieu peint également des sujets de paysans, ou mythologiques, *Les Pèlerins d'Emmaüs* (1648), *Intérieur paysan* (1642).

◆ **Nicolas Poussin** (1594-1665) est la figure dominante du courant. Son œuvre se veut être la continuité de l'art de l'Antiquité et de celui de Raphaël. Les tableaux sont le plus souvent à sujet antique et se caractérisent par l'équilibre de la construction. Il met en scène le paysage d'une façon historique, religieuse, philosophique. Sa célébrité attend 1640, une fois revenu en France, quand Louis XIII et Richelieu lui demandent de superviser les travaux du Louvre. Son style évolue plusieurs fois au cours de sa vie. Vers 1630, il s'affranchit du style baroque et se tourne vers les sujets mythologiques, bibliques, ses personnages devenant plus sculpturaux. À la fin de sa vie celui-ci se transforme de nouveau, l'allégorie, le mysticisme, le symbolisme y tenant une place plus importante, avec *Les Bergers d'Arcadie* (1638). Ses œuvres principales sont : *Vénus et Adonis* (1626), *L'Inspiration du poète* (1630), *L'Enlèvement des Sabines* (1634-1635), *Autoportrait* (1650).

♦ **Claude Gellée**, dit **le Lorrain** (1600-1682), contemporain de Nicolas Poussin, est le plus grand peintre paysagiste français de son temps. L'univers idéal qu'il propose est construit à partir d'éléments empruntés à la réalité. **Agostino Tassi** (v. 1580-1644) lui enseigne les notions fondamentales du paysage et de la perspective. Par son intermédiaire, il s'imprègne de peintres comme **Annibal Carrache** (1560-1609) et donne la priorité à la lumière. Ses œuvres ont influencé de nombreux peintres, comme **Turner**. Les principales œuvres du Lorrain sont : *L'Enlèvement d'Europe* (1667), *Port avec l'embarquement de sainte Ursule* (1641), *Marine avec Acis et Galatée* (1657).

♦ **Philippe de Champaigne** (1602-1674) est le peintre attitré de Marie de Médicis et décore pour elle le Luxembourg. Classique dans sa facture, il exécute une série de portraits dont ceux de Richelieu, de Louis XIII, mais aussi d'Angélique Arnauld, car il est très lié à Port-Royal, non seulement parce qu'il est janséniste mais aussi parce que sa fille y est religieuse. Ses œuvres les plus connues sont : *Portrait de Robert Arnauld d'Andilly* (1650), *Le Vœu de Louis XIII* (1637), *Nature morte au crâne* (1646).

♦ **Charles Le Brun** (1619-1690) est un éminent représentant de cette Académie, célèbre à la fois pour ses compositions monumentales au château de Vaux-le-Vicomte, de Versailles mais aussi pour ses portraits dont le groupe qui forme le cortège du *Chancelier Séguier* (1660). Il travaillait alors pour le cardinal Richelieu. Fervent admirateur de Poussin qu'il rencontra, il ira jusqu'à imiter son style dans d'habiles pastiches. Il participe à la controverse qui éclate en 1671 à l'Académie royale entre les partisans de la couleur et ceux du dessin, il défendait le rôle de ce dernier. Il exercera une véritable dictature jusqu'à sa disgrâce en 1683.

♦ **Pierre Mignard** (1612-1695) lui succède à la direction de l'Académie, spécialisé dans le portrait de cour : *Madame de Grignan* (1669), *Madame de Montespan* (1670). En France, il travaille pour le château de Saint-Cloud et celui de Versailles.

♦ **Hyacinthe Rigaud** (1659-1743) est le peintre officiel de la cour du roi Louis XIV, membre de l'Académie. Il réalise aussi les portraits de cour en tenue solennelle ainsi que celui du souverain, dans son lourd manteau de sacre fleur-de-lysé d'or et doublé d'hermine.

LA SCULPTURE CLASSIQUE EN FRANCE

La sculpture française du XVIIᵉ siècle n'atteint pas les sommets et le renom de l'architecture et de la peinture.

♦ **Pierre Puget** (1620-1694), surnommé « le Michel-Ange de la France », connaît rapidement un vif succès, notamment avec son *Milon de Crotone* (1671-1682). Sa première œuvre importante, *Les Atlantes* (1656-1658), témoigne de l'influence de Michel-Ange, du Bernin. Il est chargé par Fouquet des sculptures du château de Vaux-le-Vicomte, dont l'*Hercule au repos* (1694).

♦ **François Girardon** (1628-1715), protégé par le chancelier Séguier et élève du sculpteur **François Anguier** (1604-1669), est connu pour ses importantes créations. Il travaille pour **Le Nôtre** pour les jardins de Versailles, pour la grotte de Thétys. *Le Bain des nymphes* (1668-1670), bas-relief créé pour l'Allée d'Eau, délicat par son modelé, ou l'impétueux groupe de l'*Enlèvement de Proserpine* (1699) du bosquet de la Colonnade figurent parmi ses œuvres les plus connues. Il crée aussi le tombeau de Richelieu à la Sorbonne et la statue équestre de Louis XIV cuirassé à l'antique pour la place Louis le Grand, l'actuelle place Vendôme.

♦ **Antoine Coysevox** (1640-1720). Si Girardon s'est imposé comme un sculpteur classique, Coysevox sera le représentant du sculpteur baroque. Ses chefs-d'œuvre sont ses bustes, et surtout le grand médaillon en stuc du salon de la guerre (*Triomphe de Louis XIV*, 1682). Il est un admirable portraitiste, celui de Louis XIV, en marbre, ou le buste de l'architecte Robert de Lotte. Pour le parc de Marly, il réalise les statues équestres *La Renommée* et *Mercure* (1699-1702), qui sont transportées en 1719 au jardin des Tuileries.

♦ **Nicolas Coustou** (1659-1733), neveu de Coysevox, travaille à la dernière période du règne de Louis XIV à Versailles. Il y réalise pour le parc de Marly le groupe monumental *La Seine et la Marne* (1712).

LES ARTS DÉCORATIFS EN FRANCE

Les arts décoratifs sont représentés par **Le Brun** qui s'inspire de Rome avec ses attributs, ses trophées, ses armes, ses boucliers, ses victoires ailées, ses divinités allégoriques. La feuille décorative est l'acanthe large, mais on utilise des fleurs de lys, les deux L affrontés de Louis XIV. Le style Berain doit son nom à **Jean Berain** (1640-1711) et rappelle les panneaux arabesques de la Renaissance italienne, les peintures architecturales de Pompéi, portiques étagés, dômes en treillage. Il mélange toutes sortes de motifs, des originaux aux plus fantaisistes. Il crée des décorations temporaires pour les fêtes de la cour et assure les décors des opéras de **Lully**.

L'art de la tapisserie

L'art de la tapisserie est florissant et connaît une grande vogue depuis la création des Gobelins. Les œuvres les plus importantes sont l'*Ancien Testament* et *Ulysse* (1627) de Simon Vouet, *L'Histoire du roi* et *Maisons royales* de Le Brun (1663), *La Vie de la Vierge* de Philippe de Champaigne (1638-1657). Les principales manufactures sont les Gobelins, **Colbert et Louis XIV** lui donnent un développement considérable ; la manufacture de Beauvais, créée en 1664 par Colbert, pour concurrencer celles des Flandres en réalisant des tapisseries de basse lisse sur des métiers à tisser horizontaux ; la Savonnerie, fondée en 1627 par Louis XIII ; la manufacture d'Aubusson, élevée par Colbert, en 1664, au rang de manufacture royale.

L'art du mobilier

L'art du mobilier gagne ses lettres de noblesse avec les célèbres **Boulle, André-Charles** (1642-1732), le plus réputé, et ses quatre fils, Jean-Philippe, Pierre Benoît, André-Charles II et Charles-Joseph. Le type de marqueterie à laquelle il donne son nom se caractérise par un placage d'écaille de tortue ou de corne combinées à du métal. Il donne aussi de l'importance aux ornements de bronze ciselé et doré.

3. La littérature classique en France : culte de la raison, femmes, et honnête homme

La littérature est marquée, au XVIIe siècle, par le respect des principes monarchiques et religieux. Cela n'exclut pas la pratique de l'esprit critique, comme chez **La Bruyère**, moraliste sans concession lorsqu'il décrit la cour, la noblesse de Versailles. Plus que la société ou la vie politique, les écrivains du XVIIe siècle s'attachent à décrire l'homme intérieur, à analyser les mouvements de son âme et les flux des passions. **Dans la seconde moitié du XVIIe siècle**, le culte de la raison l'emporte sur la place laissée à l'imagination et à la sensibilité. Les genres littéraires sont plus nettement définis et des règles sont édictées, comme celle des trois unités, de temps, de lieu, d'espace, pour le cadre de la tragédie. **La langue** elle-même est soignée pour rechercher une expression claire et précise. **La syntaxe**, jusqu'alors assez libre, est soumise à des règles précises. Le principal épurateur de la langue est **Malherbe** (1555-1628), qui proscrit les mots provinciaux, les emprunts faits aux langues étrangères. Il est soutenu par l'Académie, qui se donne pour tâche de soumettre la langue et le style à des genres littéraires et syntaxiques nettement définis. Pour la première fois, **les femmes** en général jouent des rôles sociaux reconnus, occupant des fonctions publiques. Elles sont présentes dans les espaces sociaux valorisés, dans les salons, les théâtres, les fêtes. Hommes et femmes se retrouvent à la cour, dans la société, se rencontrent, mêlant leurs sphères d'action et compétences. Elles sont au cœur des premiers mouvements de vulgarisation. Le théâtre, la comédie, la tragédie sont de bons instruments pour mesurer, évaluer, juger et mettre en scène leur nouveau rôle social. L'honnête homme du XVIIe siècle trouve son origine dans le livre fondateur de **Baldassare Castiglione**, *Il libro del Corteggiono, Le Parfait Courtisan* (1528), faisant sien le précepte latin *intus ut libet, foris ut moris est*, « À l'intérieur fais comme il te plaît, à l'extérieur agit selon la coutume ». L'opposition entre foi intérieure et espace social sera essentielle au XVIIe siècle, régulant une sociabilité harmonieuse. On peut diviser le XVIIe siècle **en trois grandes périodes littéraires** :

– **le préclassicisme, de 1600 à 1660** : élaboration très lente d'une doctrine au milieu de tendances diverses : baroque, romanesque, préciosité, burlesque ;

– **l'âge de la maturité classique, de 1660 à 1680** : âge de la règle et du goût ;

– **la crise de classicisme, de 1680 à 1715** : marquée par la querelle des Anciens et des Modernes, de 1687 à 1715.

LA LITTÉRATURE AVANT 1660

◆ **François de Malherbe** (1555-1628), poète officiel de la cour du roi **Henri IV**, n'a laissé que peu d'œuvres, *Ode à Marie de Médicis* (1600), *Stances* (v. 1599), *Consolation à M. du Périer* (1600), *Sonnets* (1603-1627). Chef de file de la réaction classique à la Pléiade, il entend purifier la langue et recommande un style simple et clair. La poésie de Malherbe traite de morale, de sujets de circonstance, et se fonde sur un travail acharné du style et une grande maîtrise des techniques. Ses deux principaux continuateurs sont **Maynard** (1582-1646) et **Racan** (1589-1670). Sous l'influence **du salon de Rambouillet**, surtout actif entre 1625 et 1645, l'esprit mondain se développe, en réaction contre celui, trivial, qui règne à la cour d'Henri IV. L'esprit précieux conduit à un nouvel idéal, celui de « l'honnête homme », poli, raffiné, qui cultive la bienséance comme un art véritable. Les excès de raffinement conduisent à l'avènement de la préciosité qui s'exprime dans le roman pastoral, *L'Astrée* d'**Honoré d'Urfé** (1607-1613), ou d'aventures, *Le Grand Cyrus* (1648-1653) de **Mlle de Scudéry**. L'épopée précieuse est illustrée par *La Pucelle* (1656) de **Chapelain** (1595-1674) ou le *Clovis* (1657) de **Desmarets de Saint-Sorlin**. Le poète **Scarron** (1610-1660), avec *Le Roman comique* (1651) et son *Virgile travesti* (1648), réagit contre les excès précieux et renoue avec la verve rabelaisienne.

◆ **Pierre Corneille** (1606-1684), après des études de droit, se consacre au théâtre et connaît son premier grand succès avec *Le Cid* (1636), avant d'entrer en 1647 à l'Académie française. Ses œuvres, multiples, sont des comédies, de *Mélite* (1629) à *L'Illusion comique* (1636) ou au *Menteur* (1643), mais il est surtout célèbre pour ses tragédies, dans lesquelles le type du romain idéalisé, emprunté à Tite-Live, Lucain ou Sénèque, s'exprime en conformité avec le héros tragique selon Corneille. *Médée* (1635), *Horace* (1640), *Cinna* (1640), *Polyeucte* (1643), *Rodogune* (1644), *Nicomède* (1651), *Attila* (1667), *Tite et Bérénice* (1670) sont ses œuvres principales. La tragédie de Corneille est avant tout celle de la grandeur, les valeurs morales essentielles dépassent l'homme dans sa conduite ordinaire, l'amour n'est pas une passion aveugle, mais souvent un devoir. L'être aimé exerce une attraction fondée sur son mérite. Les personnages agissent selon le principe de la volonté.

◆ **Blaise Pascal** (1623-1662) se manifeste très tôt dans des domaines divers par une précoce intelligence : auteur d'un *Traité sur les coniques* à seize ans, il réalise à dix-neuf ans, pour son père, une machine à calculer. À partir de 1651, il s'installe à Paris et fréquente Port-Royal, où il se retire en 1655, après avoir connu une illumination dans la nuit du 23 novembre 1654, décrite avec minutie dans un *Mémorial*, trouvé sur lui le jour de sa mort. Après *Les Provinciales* (1656-1657), il envisage un vaste ouvrage consacré à la *Vérité de la religion chrétienne*, mais meurt le 19 août 1662 avant de l'avoir achevé. Ses notes sont rassemblées par les Messieurs de Port-Royal et publiées en partie en 1670 sous le titre : *Pensées*. *Les Provinciales* sont un pamphlet impitoyable contre l'appétit de pouvoir des jésuites et leur morale élastique pour les puissants de ce monde. Dans les *Pensées*, Pascal présente l'homme seul comme incapable de vérité, de justice, donc inapte fondamentalement au bonheur. Animé par un principe de grandeur, il est constamment déchiré de ne pouvoir le satisfaire. Un seul remède s'offre à lui pour l'apaiser, l'amour de Dieu.

En marge des auteurs qui vivent, ou tentent de le faire, de leur plume, un groupe d'écrivains mondains se consacre à relater leur expérience personnelle, sur le mode de la confidence amicale.

◆ **Marie de Rabutin-Chantal** (1626-1696), marquise de Sévigné, occupe un précoce veuvage par une correspondance nourrie avec ses amis et surtout sa fille, Mme de Grignan. Ses *Lettres* sont un vivant tableau de la société de son temps.

◆ **Madame de La Fayette** (1634-1693) consacre sa plume à la psychologie amoureuse au sein d'une cour, avec *La Princesse de Clèves* (1678).

◆ **François de Marcillac** (1613-1680), **duc de La Rochefoucauld**, auteur des *Maximes* (1665), et son ennemi intime, le **cardinal de Retz** (1613-1679), dans ses *Mémoires* (publiés à titre posthume en 1717), nous laissent une expérience déçue de l'existence, au travers des événements troubles de la Fronde.

LA LITTÉRATURE DE 1660 À 1680

◆ **Jean-Baptiste Poquelin** (1622-1673), dit **Molière**, refuse de reprendre la charge paternelle de tapissier du roi et fonde en 1643 avec les Béjart la troupe de l'Illustre-Théâtre. Sa vie se résume en un long combat, mené jusqu'à l'épuisement, pour faire jouer ses pièces en dépit de l'opposition suscitée par sa verve satirique, surtout la cabale des dévots, qui parvient à faire interdire le *Tartuffe* de 1664 à 1669. Son œuvre extrêmement abondante comprend des farces, des comédies-ballets, des comédies de mœurs et de caractères. **Les principales œuvres de Molière sont**: *Les Précieuses ridicules* (1659), *L'École des maris* (1661), *Les Fâcheux* (1661), *L'École des femmes* (1662), *La Critique de l'École des femmes* (1663), *Tartuffe* (1664), première version en trois actes, *Don Juan* (1665), *Le Misanthrope* (1666), *L'Avare* (1668), *Tartuffe* (1669), version définitive, *Le Bourgeois gentilhomme* (1670), comédie-ballet, *Les Fourberies de Scapin* (1671), *Les Femmes savantes* (1672), *Le Malade imaginaire* (1673). L'inspiration de Molière repose surtout sur l'observation des mœurs et caractères de son temps, même s'il ne dédaigne pas de s'inspirer de **Plaute**, dans l'*Aulularia* (« La Marmite »), pour *L'Avare*. Le comique est exploité sous toutes ses formes, de farce (mascarade, soufflet), de situation, et de caractère. L'intrigue n'est jamais savamment construite, le dénouement n'a que peu d'importance, le but premier de l'auteur est de « faire rire les honnêtes gens ».

◆ **Jean de La Fontaine** (1621-1695) arrive à Paris en 1658 et se lie d'amitié avec Fouquet, surintendant des Finances de Louis XIV. Il publie les *Contes* en 1665, puis les six premiers livres de ses *Fables* (1668), suivis en 1678 des livres VII à XI. Reçu à l'Académie en 1684, il prend en 1687 parti pour les Anciens dans l'*Épître à Huet*. Le dernier livre des *Fables* (XII) paraît un an avant sa mort en 1694. L'inspiration de La Fontaine provient de sa connaissance approfondie de plusieurs sources, **Ésope**, **Babrius** (IIe s. av. J.-C.), **Phèdre** (Ier s.), mais aussi les fabliaux médiévaux. Toute la société du XVIIe siècle est transposée dans le monde animal, selon le principe d'une intrigue rapide, mais très construite, avec exposition, péripéties, dénouement souvent logique. L'ensemble est clos par une morale fondée sur les constatations de la vie, faite de prudence et de modération.

◆ **Jean Racine** (1639-1699) est marqué par les études aux écoles de Port-Royal, entre 1655 et 1658, et sa jeunesse dans le milieu janséniste. Sa vie d'auteur dramatique s'étend d'*Andromaque* (1667), son premier chef-d'œuvre, à l'échec de *Phèdre* (1677), après lequel il s'éloigne du théâtre pour ne plus composer, à la demande de Mme de Maintenon, qu'*Esther* (1689) et *Athalie* (1691), œuvres destinées aux jeunes filles de la maison de Saint-Cyr qu'elle avait fondée. **Ses principales œuvres sont**: *La Thébaïde ou les Frères ennemis* (1664), *Alexandre le Grand* (1665), *Andromaque* (1667), *Les Plaideurs* (1668), *Britannicus* (1669), *Bérénice* (1670), *Bajazet* (1672), *Mithridate* (1673), *Iphigénie* (1674), *Phèdre* (1677), *Esther* (1689), *Athalie* (1691). À la différence des tragédies de Corneille, celles de Racine s'appuient sur l'amour et les passions qu'il engendre. Il montre comment elles instaurent un désordre qui rend inutile la raison et y introduit une fatalité toute grecque. Sa pièce *Phèdre* en est la meilleure expression.

◆ **Jacques Bénigne Bossuet** (1627-1704), originaire de Dijon, devient prêtre en 1652. Dès 1659, il est à Paris et se signale par son art oratoire dans les sermons et les oraisons funèbres. Très en faveur à la cour, il est précepteur du dauphin pendant dix ans, de 1670 à 1680. Évêque de Meaux en 1681, il s'oppose au quiétisme de Fénelon. Son œuvre peut être séparée entre la partie oratoire, les écrits didactiques et ceux de controverse. Les œuvres oratoires sont avant tout une prédication chrétienne. Bossuet, au-delà de l'explication du dogme par un événement ponctuel, vise à une didactique de la foi, véritable pratique au quotidien. Les principales *Oraisons funèbres* prononcées par Bossuet sont celles d'**Anne d'Autriche** (1666), mère du roi, d'Henriette de France (1669), veuve de Charles Ier d'Angleterre, d'Henriette d'Angleterre (1670), de Marie-Thérèse (1683), la reine, du prince de Condé (1687). Pendant son préceptorat, Bossuet rédige un certain nombre d'ouvrages destinés au dauphin son élève: un *Discours sur l'histoire universelle* (1681) qui met en avant le rôle divin de la providence dans le déroulement de l'histoire; une *Politique tirée de l'Écriture sainte* (1709) qui fixe l'idéal politique à l'état de la monarchie française vers 1680. Les œuvres de controverse sont les *Maximes et réflexions sur la comédie* (1694), violente attaque contre Molière et son théâtre, et *L'Instruction sur les états d'oraison* (1697), contre le quiétisme.

◆ **Nicolas Boileau-Despréaux** (1636-1711) : grand admirateur de Racine, ses premières satires verront le jour oralement dès 1663. Celles-ci plaisent à son auditoire et s'attachent à croquer des personnages connus de l'époque. 1674 marque la date de la publication de son *Art poétique* qui résume la doctrine classique, élaborée au milieu du siècle avec cette volonté que ce que « l'on conçoit bien s'énonce clairement et les mots pour le dire arrivent aisément[1] », selon sa propre formule. L'originalité de cet ouvrage vient aussi du fait qu'il soit en vers. **Le chant I** définit les règles de la versification, **le chant II**, les genres secondaires (élégie, ode, sonnet), **le chant III**, les grands genres (tragédie, comédie, épopée), et **le chant IV**, une moralité, une finalité de l'œuvre.

◆ **Jean de La Bruyère** (1645-1696), à la suite de Montaigne ou de La Rochefoucauld, s'inscrit dans la lignée des moralistes. Encouragé par le succès de sa publication des *Caractères* de Théophraste, il les complétera jusqu'en 1694. Cette première édition comporte surtout des maximes et peu de portraits. *Les Caractères ou les Mœurs de ce siècle* montrent à travers un grand souci de précision psychologique le désir de croquer ses contemporains mais aussi de les aider à prendre conscience de leurs travers.

◆ **François de Salignac de La Mothe Fénelon** (1651-1715) effectue ses dernières années d'études au séminaire de Saint-Sulpice à Paris. Il rédige en 1687 son *Traité de l'éducation des filles*, puis exerce directement sa pédagogie sur le duc de Bourgogne, à partir de 1689. C'est à l'intention de ce prince qu'il compose les *Dialogues des morts* et *Les Aventures de Télémaque*. Il quitte la cour en 1696, disgracié pour ses prises de position en faveur du quiétisme, et termine ses jours à Cambrai, diocèse dont il est évêque. Son intérêt pour l'éducation des filles a pour but exclusif de former de bonnes mères et épouses, de parfaites maîtresses de maison, non de leur dispenser un savoir jugé dangereux. *Les Aventures de Télémaque* (1693-1699) permettent à son auteur, sous le couvert du récit antique tiré de l'*Odyssée*, de faire une satire sans concession de son époque, et de condamner fermement le

---

1. Nicolas Boileau, *Art poétique*, chant I, 1674.

despotisme. Dans sa *Lettre sur les occupations de l'Académie française* (1714), Fénelon présente une vision personnelle de l'histoire, qu'il veut impartiale, exacte et colorée. Il tente également de réconcilier les partisans des Anciens et des Modernes.

La querelle des Anciens et des Modernes : 1687-1715

La querelle des Anciens et des Modernes s'étend de 1687 à 1715, mais suivant deux périodes différenciées de 1687 à 1700, et de 1700 à 1715. Elle remet en cause l'autorité de l'Antiquité, acceptée depuis la Renaissance. Les « Anciens » soutiennent que la littérature classique de la Grèce et de Rome ont fourni les seuls modèles d'excellence littéraire. Les « Modernes » contestent la suprématie des auteurs classiques. **Pendant la première période**, de 1687 à 1700, **Charles Perrault** lance la querelle avec son poème *Le Siècle de Louis le Grand* (1687), qui donne la supériorité aux Modernes au nom de la raison et du progrès. **La Fontaine** lui répond par l'*Épître à Huet* où il présente sa doctrine de l'« imitation originale ». La querelle s'étend avec l'intervention de Fontenelle et sa *Digression sur les Anciens et les Modernes* (1688), et les *Parallèles des Anciens et des Modernes* (1688-1698) de **Perrault**. La réplique vient de **Boileau**, dans ses *Réflexions sur Longin* (1694). Un apaisement semble survenir, quand, en 1713, **Houdar de La Motte** attise de nouveau la querelle par son adaptation en vers de l'*Iliade*. Fénelon fait office d'arbitre et prône la conciliation. La querelle des Anciens et des Modernes, consacrée par le triomphe des Modernes, fraie une voie propice à une nouvelle forme de critique littéraire, qui s'épanouira avec la philosophie du siècle des Lumières.

---

4. La philosophie en France au XVIIe siècle : l'opposition entre foi et raison

Le XVIIe siècle est une période de véritable révolution scientifique. La nature pythagoricienne devient une « nature mathématisée ». Fixé par les théories sur l'astronomie de **Ptolémée** (90-168), le monde de l'Antiquité, monde ordonné et finalisé, expliqué en termes de valeur et de hiérarchie, prend fin au XVIIe siècle. En fait, la représentation de l'espace a déjà changé depuis le XIVe siècle et « l'espace, la hiérarchie de valeurs, fut remplacé par l'espace, système de grandeurs[1] ». Avec les travaux de **Kepler** (1571-1630) et ceux de **Galilée** (1564-1642), deux aspects vont émerger de la mutation que subissent la physique et

---

1. Lewis Mumford, *Technique et civilisation*, Paris, Le Seuil, « Esprit », 1950, p. 23.

l'astronomie. Il s'agira du passage du « monde clos à l'univers infini[1] » et de la géométrisation de l'espace. L'Univers s'impose, dès lors, non plus comme pour les Anciens, selon un mode organisé dont il suffit de suivre les lois pour faire le bien, mais comme un ensemble de corps, réglé telle une machine. La nature est alors écrite en « langage mathématique[2] », dont les caractères sont des triangles, des cercles, et bien d'autres figures géométriques qui, seules, permettent d'en comprendre le sens. Le corps humain est relégué au plan de simple mécanique parmi les autres mécaniques, pendant que la raison humaine devient le centre de toutes les préoccupations, de toutes les interrogations.

Héliocentrisme et mécanisme vont constituer les deux pôles de référence du XVIIe siècle, entraînant une vision et une conception radicalement différente de l'homme et de l'univers. Les sciences doivent être utilisées *Et si Deus non daretur*, « comme si Dieu n'existait pas », pour procéder, selon l'expression de **François Jacob**, « au décryptage de la nature[3] ». **La connaissance** passe obligatoirement par des explications objectives, elle est à ce prix. Les conséquences feront, d'abord, reconnaître aux mathématiques un statut ontologique. Les figures géométriques ne constituent pas seulement les explications objectives, mais elles en sont l'essence. Ensuite, les vérités découlant de la logique mathématique vont construire les limites de la liberté divine, entraînant **une opposition entre foi et raison**, philosophie et théologie. Ainsi la nature, et par conséquent le corps, ne vont-ils admettre qu'une explication mécaniste et non plus être compris sur un modèle artistique ou psychique des phénomènes par figures et mouvements. Ce développement des sciences exactes, au lieu de fournir à l'homme une sécurité grandissante face à ce qu'il représente dans l'univers, ne va faire que le conduire au sentiment d'une ignorance ontologique. La connaissance du monde a amené à constater l'existence d'un double infini, l'infiniment petit et l'infiniment grand. **Pascal** découvre le néant qui le porte à s'interroger sur la place de l'homme dans la nature.

---

1. Alexandre Koyré, *Du monde clos à l'univers infini*, Paris, Puf, 1962.
2. La formule est de Galilée dans *L'Essayeur*, trad. G. Chuviré, *L'Essayeur de Galilée*, Paris, Les Belles Lettres, 1989, p. 141.
3. François Jacob, *La Logique du vivant*, Paris, Gallimard, 1976, p. 41.

De la philosophie du XVIIᵉ siècle, **deux grands courants** de pensée se dégagent :

– **un courant rationaliste** dont les principaux représentants sont **Descartes** en France, **Spinoza** en Hollande, **Leibniz** en Allemagne. Ce courant affirme qu'il existe des idées innées dans la raison humaine ;

– **un courant empiriste** représenté par les philosophes anglais **Bacon, Hobbes, Locke, Berkeley, Hume**. C'est par l'expérience que le savant doit aboutir à la connaissance des lois de la nature.

LE COURANT RATIONALISTE EN FRANCE

René Descartes (1596-1650)

Il est considéré comme le fondateur du rationalisme moderne. Pour lui l'homme construit par sa seule raison la vérité. Le doute est nécessaire pour y parvenir, aussi doit-il porter à la fois sur le sensible et sur l'intelligible. Lorsque la certitude apparaît, c'est la révélation du « je pense » et de sa nature. Dieu est garant de l'authenticité de mes pensées, de la vérité. La philosophie morale stoïcienne et la philosophie scolastique dont il reprend la terminologie sont les principales sources de ses concepts. De 1606 à 1614, il fait ses études au collège de La Flèche. Puis, en 1618, en Hollande, il s'engage dans l'armée de Maurice de Nassau. Son renoncement à la vie militaire le pousse à voyager en Allemagne du Nord et en Hollande (1620). L'année 1625 marque son retour en France et le début de sa philosophie. Il s'installe en Hollande, en 1629, où il rédige les *Règles pour la direction de l'esprit*. En 1633, son *Traité du monde et de la lumière* est achevé. Il comprend deux parties : un traité de la lumière et un traité de l'homme. Apprenant que **Galilée** a été condamné, il refuse de le publier, car il y soutient l'idée du mouvement de la Terre autour du Soleil. Paraissent alors, en un seul volume, sans nom d'auteur, trois petits traités, intitulés *La Dioptrique*, *Les Météores*, *La Géométrie*. Le titre donné sera

Discours de la méthode pour bien conduire sa raison et chercher la vérité dans les sciences (1637). À partir de cette date commence la période des polémiques et des controverses. De 1639 à 1640 paraissent ses *Méditations métaphysiques*. Elles soulèvent les objections des philosophes et des théologiens à qui le manuscrit est soumis (**Hobbes, Arnauld, Gassendi**). Descartes y répond en écrivant des *Commentaires* qui permettent d'éclairer les *Méditations*. Puis, en 1644, *Les Principes de la philosophie*, repris du *Traité du monde et de la lumière*, exposent l'ensemble de la métaphysique et de la science cartésienne. *Les Passions de l'âme* (1649) permettent de faire le lien entre la physique et la morale.

Sa doctrine

L'originalité de sa philosophie se résume dans son idée directrice : la volonté d'étendre **à tous les domaines de la connaissance la méthode mathématique**, de fonder une « *mathesis universalis* ». Il accorde à la méthode une place privilégiée dans sa philosophie et la soumet à l'ordre de la raison. Sa méthode se résume à n'accepter comme vrai que ce qui est évident, accepter pour vrai tout ce qui est évident. Cette idée apparaît dans les *Règles* et dans la deuxième partie du *Discours*. Les mathématiques vont garantir l'intelligibilité de la nature, si elles le permettent, c'est que Dieu l'a conçue selon un plan mathématique. La pensée, dès lors, ne devra retenir dans son analyse du monde que les faits objectifs et rejeter toutes les hypothèses fondées sur des notions de valeur, de finalité, de hiérarchie. Ainsi Descartes fait de l'évidence la pierre de touche de la certitude. Le premier précepte que l'on retrouve dans le *Discours* est le suivant : « Le premier était de ne recevoir jamais aucune chose pour vraie que je ne connusse évidemment être telle ; c'est-à-dire d'éviter soigneusement la précipitation et la prévention et de comprendre rien de plus en mes jugements que ce qui se présenterait si clairement et si distinctement à mon esprit que je n'eusse aucune occasion de le mettre en doute [1]. » Ce premier précepte appelé aussi règle d'évidence conduit à se demander : qu'est-ce qui m'assure de l'évidence de telle ou telle idée ? Comment saurais-je que

---

1. René Descartes, *Discours de la méthode* [1637], Paris, Gallimard, « Folio essais », 1991.

telle idée m'est bien réellement évidente ? Est-ce que je la vois en pleine clarté ? Non, cela ne suffit pas, il peut y avoir de fausses clartés et l'évidence être trompeuse. Alors pourquoi l'erreur se présente-t-elle à l'esprit comme une vérité évidente ? Parce que le jugement ne dépend pas de l'intelligence mais de la volonté, de la volonté libre. La faculté de sentir l'évidence est donc le triomphe d'un jugement sain. L'intuition naît seule de la raison et est d'ordre purement intellectuel. Ainsi, pour Descartes, « chacun peut voir par intuition qu'il existe, qu'il pense, qu'un triangle se détermine par trois lignes[1] ». Mais nos idées simples sont rares et les idées complexes fréquentes. Les trois préceptes suivants posent les règles et se résument à : analyser, faire une synthèse et dénombrer. « Le second de diviser chacune des difficultés que j'examinerai en autant de parcelles qu'il se pourrait et qu'il serait requis pour les mieux résoudre[2]. » L'analyse se veut être un procédé qui remonte jusqu'aux principes dont il est issu et ramène l'inconnu au connu.

La déduction permet ce passage en saisissant par instruction leur rapport : « Le troisième de conduire par ordre mes pensées en commençant par les objets les plus simples et les plus aisés à connaître pour monter comme par degrés jusqu'à la connaissance des plus composés et supposant même de l'ordre entre ceux qui ne se précèdent pas naturellement les uns les autres[3]. » La synthèse est déduction lorsqu'elle consiste à reconstituer le complexe à partir du simple. L'ordre permet d'en fixer la place exacte, c'est pour Descartes une exigence nécessaire : « Et le dernier de faire partout des dénombrements si entiers et des revues si générales que je fusse assuré de ne rien omettre[4]. » L'intuition doit être si précise qu'elle permet non seulement de prendre conscience de chacun des éléments mais aussi des rapports qui les réunissent. Il y a dans les ouvrages de Descartes **une méthode, une métaphysique**. Le fond de son système repose sur la croyance en un Dieu et en la bonté de Dieu. Cela constitue le point de départ que nous venons de voir et qui se résume en ceci : « Je ne

1. *Ibid.*
2. *Ibid.*
3. *Ibid.*
4. *Ibid.*

crois provisoirement en rien, ne tenant pas compte de ce que l'on m'a appris. Je doute de tout. Existe-t-il quelque chose dont on ne puisse douter ? Je ne puis pas douter que je doute ou si je doute je pense, et si je pense je suis. Je suis, voilà une certitude. »

La diffusion du cartésianisme

En Hollande, en France, en Allemagne, en Angleterre et en Italie, le cartésianisme se répand rapidement. Toute la philosophie moderne se reconnaît bientôt en Descartes. Mais avant tout, les penseurs du XVIIe siècle se reconnaissent en lui : **Pascal**, **Bossuet**, **Fénelon**, **Arnauld** et **Port-Royal**. Cette influence ne diminue qu'au XVIIIe siècle, quoiqu'entretenue par Fontenelle, mais controversée par Locke, pour reparaître très forte en France au XIXe siècle dans l'école de Maine de Biran et de Victor Cousin. Ce que nous a légué surtout l'esprit cartésien est l'idée critique, qui marque le plus profondément notre philosophie moderne sur le problème de la connaissance.

Nicolas Malebranche, la recherche de la vérité

Avec ce prêtre de l'Oratoire qu'est Malebranche (1638-1715), une conciliation est tentée entre la pensée de **Descartes** et la vision chrétienne du monde. Ainsi, si Dieu nous est prouvé par la révélation, c'est néanmoins par la raison que nous le démontrons. L'homme trouve les idées dans la vision de Dieu. Dieu est la seule cause réelle agissant sur l'univers. C'est la théorie « des causes occasionnelles ». De 1654 à 1659, Nicolas Malebranche poursuit des études de théologie à la Sorbonne. Orphelin, il rentre alors à l'Oratoire et est ordonné prêtre en 1664. La même année, il a une véritable révélation en lisant Descartes. La parution de son **premier traité** (1674-1675), *De la recherche de la vérité*, traduit son double attachement à la méthode, à la physique cartésienne et au platonisme augustinien. La chronologie de ses œuvres est la suivante : *Traité de la nature et de la grâce* (1680) ; *Méditations chrétiennes et métaphysiques* (1683) ; *Traité de morale* (1684) ; *Les Entretiens sur la métaphysique et la religion*, qui obtient un grand succès en 1688 ; *Entretien d'un philosophe chrétien avec un philosophe chinois sur l'existence et la* *nature de Dieu* (1708). Nicolas Malebranche meurt à Paris, en juin 1715. La philosophie de Malebranche fait la jonction entre **saint Augustin** et **Descartes**, unissant ainsi théologie et philosophie.

Théorie de la connaissance

Dans *De la recherche de la vérité*, Malebranche esquisse plusieurs problèmes très proches de ceux posés déjà par Descartes : problème de l'erreur, de la nature des idées, de la méthode. Pourtant, en posant celui de la primauté religieuse de la « vision en Dieu », il se dégage de la voie tracée par son prédécesseur : « Il n'y a que Dieu que l'on connaisse par lui-même » (*De la recherche de la vérité*, III). À la différence de Descartes qui pense que ce n'est que par Dieu que nous voyons juste, Malebranche assure que ce n'est qu'en Dieu que nous voyons juste. L'évidence, c'est la clarté divine. Quand nous voyons, c'est que nous sommes en lui. Il est le lieu des idées. Pour connaître les choses, pour les appréhender, il faut consulter nos idées qui sont par définition objectives : « Comme les idées des choses qui sont en Dieu renferment toutes leurs propriétés, qui en voit les idées en peut voir successivement toutes les propriétés. Ce qui manque à la connaissance que nous avons de l'étendue, des figures et des mouvements n'est point un départ de l'idée qui la représente mais de notre esprit qui la considère » (*De la recherche de la vérité*, III). Nous connaissons par les idées *les essences*. Malebranche présente une interprétation *ontologique* de la théorie cartésienne des idées. À travers une idée distincte, l'esprit peut voir Dieu en tant que modèle, loi de l'intelligibilité des choses. « Il n'en est pas de même de l'âme : nous ne la connaissons point par son idée ; nous ne la voyons point en Dieu. » L'existence de l'âme nous est connue par le sentiment, qui lui est subjectif. S'il ne peut nous révéler l'essence, il permet au moins de saisir son existence.

La métaphysique

La métaphysique de Malebranche ne concerne que deux points précis, laissant de côté l'étude de l'être en tant qu'être : Dieu créateur et sa création. Malebranche estime que notre monde est loin d'être parfait et que Dieu aurait pu en créer un meilleur. S'il l'a fait ainsi, c'est pour ne pas déroger « aux voies les plus dignes de lui ». Contrairement à **Leibniz, Malebranche** démontre qu'il n'existe pas de parallèles entre la perfection de ses voies et celle de l'ouvrage. Quant à la création des êtres, il la résout dans le sens de « l'occasionnalisme ». Toute création appartient au créateur. Cette causalité divine est précisée selon des lois générales. Les créatures n'agissent pas seules, pas plus que les corps sur eux-mêmes ni l'âme sur le corps. Le problème difficile dans sa métaphysique reste celui de la liberté puisqu'il dénie toute activité même spirituelle aux créatures.

CHAPITRE III
L'Espagne au XVIIe siècle

1. L'Espagne au XVIIe siècle

Philippe III (1598-1621) laisse gouverner à sa place son Premier ministre, le **duc de Lerma** (1550-1625). Ce dernier pille le royaume, généralise le népotisme, la corruption. Les Maures sont expulsés en 1609, privant le royaume de ses ouvriers agricoles et de ses artisans et commerçants. Le roi s'enfonce dans une vie de plaisirs, attentif uniquement au respect d'un cérémonial de cour de plus en plus figé. Son fils **Philippe IV** (1621-1665) lui succède et poursuit le gouvernement des favoris, avec le **comte d'Olivares** (1587-1645). Entre 1621 et 1643, celui-ci tente de mettre un frein à la corruption, mais doit faire face au soulèvement de la Catalogne et à la guerre avec le Portugal, qui retrouve son indépendance en 1640 et proclame roi **Jean IV** (1640-1656). En 1643, Olivares est disgracié et banni. Le roi décide alors de gouverner seul, même s'il prend conseil auprès du neveu d'Olivares, **Luis de Haro y Sotomayor** (1598-1661). La guerre civile en Catalogne dure douze ans, de 1640 à 1652, et épuise les finances d'un royaume déjà exsangue. La participation malheureuse de l'Espagne à la guerre de Trente Ans (1618-1648) afin de soutenir les Habsbourg d'Autriche se solde par le traité de Westphalie (1648), les Pays-Bas obtenant leur indépendance. Vaincu à la bataille de Rocroi (1643) par la France, **Philippe IV** signe en 1659 le traité des Pyrénées, perd l'Artois et une partie de ses places flamandes, l'Espagne n'est plus en état de poursuivre la guerre. Désormais, la principale puissance européenne est la France. Philippe IV meurt le 17 septembre 1665, laissant le trône à son fils de quatre ans. **Charles II** (1665-1700) est placé sous l'autorité de sa mère, la régente Marie-Anne d'Autriche (1634-1696), jusqu'en 1675, mais elle continuera à exercer sur son fils une influence prépondérante jusqu'à sa mort. De faible constitution, perpétuellement malade, Charles II ne peut gouverner seul. Sa mère confie le gouvernement au jésuite autrichien **Johann Nithard** (1607-1681), grand inquisiteur du royaume entre 1666 et 1669. Ce dernier est renversé par une coalition de Grands, menée par le demi-frère bâtard du roi, **Juan José d'Autriche** (1629-1679), qui domine l'Espagne jusqu'à sa mort. Charles II meurt le 1er novembre 1700 après des années de souffrance alternant crises d'épilepsie et de folie. Par testament, il lègue son trône à Philippe, duc d'Anjou, petit-fils de Louis XIV, qui devient le roi **Philippe V** (1700-1746). Les autres nations européennes n'acceptent pas ce renforcement de la puissance française et entreprennent la guerre de Succession d'Espagne qui dure de 1701 à 1714.

2. L'art espagnol au XVIIe siècle

LA PEINTURE ESPAGNOLE AU XVIIe SIÈCLE : ZURBARÁN, VÉLASQUEZ

Avec Séville et Madrid se crée un style national, religieux et d'une grande qualité picturale. Les influences italiennes y sont manifestes.

◆ **Domenikos Theotokopoulos**, dit **le Greco** (1541-1614), naît en Crète, alors protectorat vénitien, et meurt à Tolède. Les premières années du peintre demeurent obscures, la première œuvre qui peut lui être attribuée avec certitude est le *Saint François recevant les stigmates*. L'inspiration byzantine est visible dans les séries de saints : *Saint Martin et le mendiant*, *Saint Jean-Baptiste*, *Saint Paul*, *Saint Jérôme*. L'autre influence subie par le Greco provient de la peinture vénitienne, notamment de **Titien**, dont on suppose qu'il a été l'élève, perceptible notamment dans les harmonies colorées du *Songe de Philippe II* ou les éclairs lumineux traversant le ciel nocturne du *Martyre* *de saint Laurent*. Lors d'un séjour à Rome, il découvre la peinture de **Michel-Ange**, qu'il n'apprécie aucunement, puis se rend en Espagne, où il se fixe à Tolède. Il décore alors l'église Santo Domingo el Antiguo et peint des toiles célèbres : *L'Assomption*, *La Trinité*, *L'Expolio ou Christ au calvaire*. Vient ensuite une période consacrée aux portraits, l'*Homme aux cheveux gris*, *Le Jeune Peintre*, *Le Cardinal Nino de Guevara*. C'est en 1586 que le curé de Santo Tomè, Andrès Nunez, lui passe commande de *L'Enterrement du comte d'Orgaz*. Il s'agit de vanter la piété digne d'éloges d'un chevalier du XIVe siècle, **Don Gonzalo Ruiz**, seigneur d'Orgaz. Selon une légende, saint Augustin et saint Étienne apparurent lors de ses funérailles. Les têtes des nobles assistants forment une ligne de séparation entre deux mondes : la Terre en bas, le ciel en haut. La haute société tolédane assiste à l'apparition des saints, en bas, cependant que les Bienheureux, en haut, contemplent la présentation de l'âme du comte d'Orgaz au groupe byzantin de la *Deisis*, le Christ qui juge, entouré de la Vierge Marie et de saint Jean, traditionnels intercesseurs. Les dernières œuvres du Greco sont des *Apostolados*, celle du couvent San Pelayo de Oviedo, celle de la cathédrale de Tolède. Le peintre donne à ses personnages des formes étirées, qui leur procure l'allure de majestueux géants, renforçant ainsi leur caractère de sainteté : *Saint Pierre*, *Saint Ildefonse*, *Saint Jacques*, *Saint Augustin*, *Saint Bernardin de Sienne*...

La **technique du Greco** se fonde sur l'opposition entre les coloris et le noir, notamment par la nouveauté qui consiste à les faire se chevaucher pour intensifier le contraste sans créer par le dessin une ligne trop nette de séparation. Précurseur de Vélasquez, le Greco aime l'inachevé, ce qui le pousse, après avoir réalisé un tableau, à retoucher en dessinant par « taches » avec les couleurs. L'une des dernières toiles du peintre, la seule d'inspiration mythologique, est un saisissant *Laocoon*, où l'on a pu voir la mise en scène dramatique de l'existence du Greco lui-même. Laocoon, condamné par Apollon à périr, avec ses fils, de morsures de serpents, pour avoir interdit aux Troyens de laisser entrer le cheval de bois laissé sous leurs murs, a pour cadre dans la version du Greco la ville de Tolède, peinte à l'arrière-plan.

◆ **Don Francisco de Zurbarán y Salazar** (1598-1664) reçoit sa formation artistique à Séville, ville qui lui passe ses premières commandes, avant le succès qui l'appelle en 1634 à la cour de Madrid où il travaille sous la direction de Vélasquez. Il quitte toutefois rapidement l'entourage aulique qu'il ne prise guère, et exécute, entre 1638 et 1639, deux séries de compositions pour orner le couvent de Guadalupe et la Chartreuse de Jerez. Ses principales œuvres sont, pour l'époque de la jeunesse passée à Llerena, *La Vie de saint Dominique* (1626) en quatorze scènes, puis, pour la période sévillane, la décoration, en 1628, du couvent des Mercedari. La peinture de cour est représentée par des scènes mythologiques, des événements mondains. Zurbarán retourne ensuite **aux thèmes religieux** qu'il préfère, avec *Hercule et le Minotaure* (1634). Ses dernières années sont marquées par l'oubli de la cour et les difficultés financières, tout comme ce fut le cas pour le Greco, qui n'eut jamais les faveurs déclarées de Philippe II.

◆ **Diego Rodriguez de Silva Vélazquez Rodriguez**, qui signe plus simplement ses œuvres du nom de sa mère, **Diego Vélasquez (1599-1660)**, surnommé à la cour « le Sévillan », évoquant la ville dans laquelle il est né, est d'origine portugaise. Vélasquez accorde vite, dans sa première manière, plus d'importance au dessin qu'à la couleur, et classe les tableaux en deux genres, les grands sujets (religion, histoire) et les banals (paysages, natures mortes). **La période « sévillane »** s'étend de 1617 à 1622 et est illustrée par *Saint Jean à Patmos*, les deux *Déjeuners*, *Le Marchand d'eau de Séville*. C'est en 1621, lors de l'accession au trône de Philippe IV, que Vélasquez, présenté par Pacheco au comte-duc d'Olivares, Principal ministre du souverain, qui gouverne à sa place, se rend à Madrid. Un premier séjour est suivi d'un second, et surtout du titre de peintre du roi d'Espagne. C'est le début de **la période madrilène** (1623-1629), au cours de laquelle Vélasquez porte l'art du portrait de cour à ses sommets : *Portrait en pied du roi* (1623), *Portrait de l'infant Don Carlos* (1626-1628), *Portrait du comte-duc d'Olivares* (1624). **De 1629 à 1631**, Vélasquez obtient un congé de Philippe IV et se rend à Rome pour y étudier Titien, le Tintoret, Michel-Ange. De retour à la cour, il reprend l'art du portrait en lui donnant une vie plus intense : *Philippe IV* et *Isabelle de France* (1632). **La seconde période madrilène** (1631-1648) se caractérise par trois thèmes : les chasseurs, les cavaliers, les bouffons.

Les portraits de chasseurs : *Philippe IV* (1631), *Le Cardinal-Infant* (1633), *Don Carlos* (1626-1628), s'accompagnent de séries équestres : *Philippe IV* (1623), *Le Prince Baltasar Carlos à cheval* (1635), *Le Comte-duc d'Olivares à cheval* (1638). Les portraits à cheval des souverains sont destinés à orner les murs du Salon des reines, dans le palais du Buen Retiro. Zurbarán y peint les *Travaux d'Hercule* pour glorifier la maison d'Autriche, dont le héros serait fondateur, par sa victoire sur Géryon, du trône d'Espagne occupé par les Habsbourg. Ses portraits de bouffons font partie de la tradition de la peinture aulique, mais Vélasquez leur donne une force nouvelle en ne dissimulant aucune de leurs infirmités : *Don Sebastian de Morra* (1645), *L'Enfant de Vallecas* (1635-1645), *L'Idiot de Coria* (1639), en réalité portrait de don Juan Calabazas surnommé Calabacillas, en raison de sa tête vide comme une calebasse. En 1648, Vélasquez part de nouveau pour l'Italie, où il réalise le portrait du nouveau pape Innocent X (1650). Il est de retour à Madrid en 1651. Les toiles de la dernière période sont parmi les plus célèbres : *La Famille*, appelée par la suite *Les Ménines* (1656), les portraits de la nouvelle reine *Marie-Anne d'Autriche* (1652-1653), de *L'Infante Marie-Thérèse* (1652-1653), du *Prince Philippe Prospero* (1659), et la série de tableaux, à différents âges, consacrés à *L'Infante Marguerite* (1653-1654).

L'ARCHITECTURE ESPAGNOLE AU XVIIe SIÈCLE

L'influence mauresque s'efface au profit d'une inspiration plus nationale. En Andalousie, le style mujedar persiste encore un peu ainsi qu'en Aragon. Bien que recommandé à Philippe II par Herrera, Juan Gómez de Mora (1586-1648) n'aura pas sa sévérité : collège des Jésuites de Salamanque (1617), Plaza Major de Madrid. **Un second baroque**, vers 1650, à l'occasion de certaines occasions d'importance, entrée d'Anne d'Autriche à Madrid (1648) ou cérémonie funèbre de Marie-Louise d'Orléans (1689), se dessine marqué par la colonne torse utilisée à l'intérieur, d'énormes retables, retable de Saint Esteban de Salamanque par Churriguera (1665-1725), en 1693. Ce dernier donnera au style baroque espagnol le nom de churrigueresque, l'architecture est mangée par le décor.

CHAPITRE IV
L'Allemagne au XVIIe siècle

1. L'Allemagne au XVIIe siècle

Mathias Ier (1612-1619) succède à son frère Rodolphe II. Il choisit en 1617 son cousin **Ferdinand** (1578-1637) comme successeur, lui remet le pouvoir comme roi de Bohême dès 1617, roi de Hongrie en 1618. Les protestants se révoltent à la suite de la défenestration de Prague (23 mai 1618) où leurs représentants jettent par la fenêtre les émissaires catholiques de l'empereur. Ces derniers, tombés sur un tas de fumier, en sont quittes pour la peur, mais la rébellion est déclarée, la guerre de Trente Ans commence. Elle occupe tout le règne de Ferdinand, qui veut rétablir le catholicisme. La guerre de Trente Ans se poursuit jusqu'à la signature des traités de la paix de Westphalie en 1648. À la mort de Ferdinand, le 15 février 1637, la population de l'Allemagne a considérablement diminué et le pays est ruiné. Son second fils, **Ferdinand III** (1608-1657), roi des Romains depuis 1637, devient empereur. Il poursuit la guerre de Trente Ans contre la France, qu'il perd, consacrant l'abaissement de la puissance Habsbourg en Europe. La paix de Westphalie de 1648 reconnaît cet état de fait, les différents États de l'Allemagne bénéficient de leur indépendance politique, autorisant l'émergence de la Bavière, la Saxe, la Prusse. Le Reichstag, qui siège à Ratisbonne depuis 1663, ne prend plus de décisions véritables, au profit de débats stériles qui s'enlisent, auxquels ni l'empereur ni les princes électeurs ne participent plus. **Léopold Ier** (1640-1705), le fils de Ferdinand III, devient empereur germanique en 1658. Il met fin à la guerre avec la Suède dès 1660, puis entreprend plusieurs campagnes contre les Ottomans entre 1663 et 1683, jusqu'à leur défaite après l'échec de l'ultime siège de Vienne à la bataille de Kahlenberg (12 septembre 1683). Il parvient à affirmer ses couronnes de Hongrie et de Bohême entre 1655 et 1705. À l'intérieur de ses États, il promeut une politique économique mercantiliste. Les dernières années du règne sont marquées par une révolte en Hongrie née en 1703 et la guerre de Succession d'Espagne à partir de 1701. Léopold Ier meurt le 5 mai 1705.

2. La pensée rationaliste au XVIIe siècle en Allemagne : Leibniz

Gottfried Wilhelm Leibniz (1646-1716) est un esprit universel : historien, naturaliste, politicien, diplomate, érudit, théologien, mathématicien. Comme le disait Fontenelle : « Il y a plusieurs hommes en Leibniz. » Disciple de **Descartes**, il utilise pour l'explication de l'univers des notions mathématiques, et essaie de trouver un équilibre entre le rationalisme de Descartes et l'empirisme de Locke. Pour lui, l'univers est constitué d'une infinité de substances qui sont de véritables atomes de la nature, les monades. L'œuvre de Leibniz est immense. Mentionnons, au fil du temps, parmi ses principaux travaux : *Discours de métaphysique* (1686) ; *Système nouveau de la nature et de la communication des substances* (1695) ; *Nouveaux essais sur l'entendement humain* (1703), critiques adressées à Locke ; *Essais de théodicée* (1710), sur la bonté de Dieu, la liberté de l'homme et l'origine du mal ; *La Monadologie* (1714), qui résume tout son système en français en quatre-vingt-dix propositions. Leibniz défend le rationalisme. L'idée d'une mathématique universelle est reprise sous le nom d'« art combinatoire ». Il s'oppose à Locke, à la table rase où seule l'expérience est source de connaissance. À l'empirisme, il oppose le rationalisme : « Cette table rase, dont on parle tant n'est à mon avis qu'une fiction que la nature ne souffre point et qui n'est fondée que dans les notions incomplètes des philosophes, comme le vide, les atomes, et le repos ou absolu ou respectif de deux parties d'un tout entre elles, ou comme la matière première qu'on conçoit sans aucune forme[1]. » Pourtant il se sépare du mécanisme cartésien ; au lieu d'aller de soi-même et de Dieu aux choses, il part de la matière et de ses lois et s'élève, de là, à la métaphysique et à Dieu. De la même façon, il sent plus profondément que Descartes l'importance des premiers principes et en détermine deux :

- **le principe de contradiction** « en vertu duquel nous jugeons faux ce qui en enveloppe et vrai ce qui est opposé ou contradictoire au faux[2] » ;

- **le principe de la raison suffisante** « en vertu duquel nous considérons qu'aucun fait ne saurait se trouver vrai ou existant, aucune énonciation véritable, sans qu'il y ait une raison suffisante pour qu'il en soit ainsi et pas autrement[3] ». Le second principe suppose que rien ne peut arriver sans raison suffisante ou déterminante. Il explique que les choses arrivent par *a priori* d'une façon plutôt que d'une autre.

La monadologie

Pour Descartes, la matière se réduit à l'étendue. Leibniz critique ce système qui prétend tout expliquer dans la nature par le mouvement. Descartes en effet ne conçoit le mouvement que comme un déplacement dans l'espace. Or, le mouvement a sa source dans une force et Leibniz réduit la matière à une force. Au « mécanisme » de Descartes, il oppose le « dynamisme ». La monade est une unité de force ou substance : « Et ces monades sont les véritables atomes de la nature et en un mot les Éléments des choses[4]. » « L'appétition » constitue l'action du principe interne, la tendance à l'action de la monade. Il existe donc une sorte d'harmonie préétablie, une nécessité métaphysique qui fait que chaque monade devient le miroir vivant de l'univers. Douées de « perception », « elles sont inexplicables par des raisons mécaniques ».

---

1. Gottfried Wilhelm Leibniz, *Nouveaux essais sur l'entendement humain*, II, I, Paris, Flammarion, 1921, p. 475.
2. Leibniz, *La Monadologie*, trad. et étude par Émile Boutroux, Paris, Delagrave, 1881, § 31.
3. *Ibid.*
4. *Ibid.*, § 3.

Mais « appétition » et « perception » ne sont qu'illusion puisque tout est déterminé par Dieu.

Les idées innées

De même que Locke, Leibniz pense que l'homme n'a pas d'idées toutes formées à l'état de germe, à la naissance, elles ne se développent qu'au contact de l'expérience. Pourtant perceptions et passions sont issues « de notre propre fonds avec une parfaite spontanéité ».

CHAPITRE V
L'Angleterre au XVIIe siècle

1. L'Angleterre au XVIIe siècle

Jacques Ier (1603-1625) règne sur l'Angleterre et l'Écosse, mais chaque royaume conserve ses institutions propres, jusqu'en 1707 où leur fusion donne lieu à la naissance du Royaume-Uni de Grande-Bretagne. Le roi veut imposer un modèle de monarchie de plus en plus absolue. Il gouverne en réunissant peu le Parlement. En 1605, il échappe de justesse à un attentat, celui de la conspiration des Poudres. Après cette alerte, Jacques Ier respecte davantage les libertés du Parlement, jusqu'à sa mort, en 1625. Son fils, **Charles Ier** (1625-1649), se montre dès le début du règne autoritaire et cassant, désireux de régner en monarque absolu. Le royaume se partage, la guerre civile éclate. L'armée du roi compte vingt mille cavaliers, bourgeois, nobles portant perruque. Le Parlement a une troupe de têtes rondes, puritains, hommes du peuple qui sont ainsi nommés car ils n'arborent pas de perruque. En 1644, **Oliver Cromwell** (1599-1658), petit noble du Nord-Est, élu au Parlement depuis 1628, prend peu à peu la tête de l'armée et du mouvement d'opposition au roi. Sur ses propres deniers il lève une milice, les « Côtes de fer » (*Ironside*), car les assaillants se brisent sur eux comme s'ils étaient faits de ce métal. Les cavaliers sont écrasés à la bataille de Naseby (14 juin 1645). Charles Ier se réfugie en Écosse. Le Parlement écossais exige qu'il officialise l'Église presbytérienne. Le roi refuse. Les Écossais le livrent alors à Cromwell. Le Parlement envisage de rétablir le roi en le contrôlant étroitement, ce que Cromwell refuse. Appuyé par l'armée, il occupe Londres en décembre 1648, arrête les députés favorables au retour du roi sur le trône, contraint les tièdes à l'exil par peur pour leur vie. Ne demeure qu'un *Rump Parliament* ou Parlement croupion, entièrement dévoué à Cromwell. C'est celui-ci qui juge Charles Ier et le condamne à mort pour trahison. Le roi est décapité à Londres le 30 janvier 1649.

LA RÉPUBLIQUE D'ANGLETERRE (1649-1660)

En mai 1649, la République d'Angleterre est proclamée. Le Parlement croupion exerce le pouvoir législatif, Cromwell doit prendre la tête de l'armée pour mettre fin aux révoltes des Irlandais et des Écossais. En 1651, il fait adopter l'Acte de navigation qui réserve le commerce avec l'Angleterre aux navires anglais, ce qui vise à briser la puissante flotte de commerce hollandaise. Une guerre entre les deux puissances éclate. Cromwell gouverne de manière de plus en plus autoritaire, au grand déplaisir du Parlement croupion. Finalement, le 20 avril 1653, les soldats de Cromwell dispersent les derniers députés. Le Conseil d'État est dissous. En décembre 1653, Cromwell devient Lord Protecteur. Il exerce une dictature de fait, nomme quelques députés réunis en un semblant de Parlement, quelques conseillers d'État. L'ensemble fonctionne comme une chambre d'enregistrement permanente. Puritain intolérant, Cromwell prétend établir le royaume de Dieu sur terre, ferme théâtres et tavernes. Il meurt le 3 novembre 1658. Son fils **Richard Cromwell** (1626-1712) lui succède comme Lord Protecteur, mais renonce au pouvoir en mai 1659.

LA RESTAURATION

Le général **George Monk** (1608-1670), autrefois affidé d'Oliver Cromwell, profite de son commandement de l'armée d'Écosse pour réunir de nouveau le Long Parlement, représentant véritable de la nation, qui devient *Parlement-Convention* fin avril 1660 et vote en mai la restauration du fils de Charles Ier en exil en France, sous le nom de **Charles II** (1660-1685). Le nouveau roi est un habile cynique, désireux de connaître un règne de plaisirs sans troubles, jaloux de son autorité, mais apte à composer. Peu porté à l'indulgence sur la nature humaine, il pense que tout homme peut être circonvenu, voire corrompu. Il s'appuie dès 1661 sur un Parlement cavalier dominé par les royalistes épris de revanche. Le cadavre d'**Oliver Cromwell** est exhumé et pendu. En septembre 1666 un terrible incendie ravage Londres, détruisant plus de treize mille maisons. Le bilan officiel de huit morts semble largement sous-estimé, il y aurait eu des milliers de victimes. La publication de la *Déclaration d'indulgence* (1672) étend la liberté religieuse aux sectes protestantes non conformistes. Le Parlement y voit un texte favorable aux catholiques. Il impose au roi en 1673 le bill du Test, tout détenteur de fonction publique doit reconnaître qu'il existe une Église en dehors de celle de Rome, que le pape n'a aucune autorité légale. En 1679, le nouveau Parlement élu, moins royaliste, vote le bill d'*Habeas Corpus* (27 mai 1679) qui interdit les arrestations arbitraires. Charles II rétorque en gouvernant sans Parlement de 1681 à 1685. Le pays se divise en deux tendances, les tories favorables à un pouvoir royal fort et les whigs soutenant les droits du Parlement. Le roi meurt le 6 février 1685 sans descendant mâle légitime. C'est donc son frère cadet, le duc d'York, qui monte sur le trône sous le nom de **Jacques II** (1685-1688). Très autoritaire, catholique intransigeant, il entend imposer aux Anglais monarchie absolue et Église catholique romaine. Le roi écarte les protestants des fonctions importantes, refuse l'application de l'*Habeas Corpus*, met le feu aux poudres avec une nouvelle *Déclaration d'indulgence* ouvertement favorable aux catholiques sous prétexte de tolérance religieuse. En 1688, le roi a un fils qu'il fait baptiser dans la foi catholique. Les évêques anglicans qui protestent sont arrêtés. Les chefs de l'opposition font appel au Stathouder général des Provinces-Unies, **Guillaume d'Orange** (1650-1702), défenseur des protestants hollandais contre Louis XIV et époux de Marie, la propre fille de Jacques II. À la tête d'une armée, il débarque en Angleterre en novembre 1688, marche sur Londres sans rencontrer de résistance. Jacques II s'enfuit en France. C'est l'épisode dit de la Glorieuse Révolution. En février 1689, un nouveau Parlement se réunit. Dominé par les whigs, il proclame la déchéance de Jacques II et l'avènement conjoint de **Marie II** (1689-1694) et de **Guillaume III** (1689-1702). Les souverains doivent toutefois accepter le *Bill of Rights* ou Déclaration des droits qui instaure la monarchie parlementaire en Angleterre. Marie II meurt de la variole en

1694. Guillaume III gouverne seul jusqu'à sa propre mort en 1702. Le couple est sans enfant. Le trône revient à la seconde fille de Jacques II, sœur de Marie, la princesse Anne Stuart, devenue la reine **Anne I**^{re} (1702-1714). Elle est la dernière représentante de la dynastie des Stuart, montée sur le trône d'Angleterre avec Jacques Ier en 1603. Elle est la première reine de Grande-Bretagne à partir de l'union de l'Angleterre et de l'Écosse par l'Acte d'union de 1707.

2. La philosophie du XVIIe siècle en Angleterre

L'apogée du **mouvement empiriste** se situe au XVIIIe siècle en Angleterre, bien que ses précurseurs, Bacon et Hobbes, appartiennent au XVIIe siècle. L'empirisme se résume souvent à n'être qu'une critique de l'innéité et l'histoire de la philosophie l'oppose fréquemment au rationalisme. Les idées de **Locke** sont aussi fatales à la philosophie cartésienne que la physique de Newton à la science de Descartes. Locke porte le premier coup à l'idée de substance, Hume adopte une position que l'on nommera plus tard positivisme.

LE COURANT EMPIRISTE

Francis Bacon (1561-1626)

Il s'impose très tôt comme le réformateur d'une idée générale des sciences et toute sa vie il en poursuivit le projet et la réalisation. Il a étudié les mathématiques, l'astronomie, l'optique, l'alchimie et les langues. Pour lui la connaissance expérimentale plus précise de la nature serait d'une grande utilité pour confirmer la foi chrétienne, et il estime que ses propositions seraient d'une grande importance pour le bien de l'Église et des universités. Son grand ouvrage devait avoir pour titre *Instauratio magna scientarum*, « Grande restauration », et comporter six parties. Bacon n'acheva que les deux premières : le *Du progrès et de la promotion des savoirs* (*De dignitate et augmentis scientarum*) et le *Novum organum*, « nouvelle logique ». Dans la première, il fait l'éloge de la science positive, et énonce les causes qui ont empêché le progrès des sciences. Dans la seconde, il expose la science inductive qui doit supplanter la science déductive, et donne les règles de la nouvelle méthode.

Sa doctrine

Le *Novum organum*, dénommé ainsi par opposition à l'*Organon* d'Aristote, comporte deux livres. Dans le premier, intitulé « *Pars destruens* », il passe en revue tous les obstacles qui ont entravé le progrès de la science, véritable exposé de la méthode inductive qui doit remplacer la méthode déductive ; le second montre quelles règles il faut suivre pour utiliser cette méthode.

Le *De dignitate et augmentis scientarum* dresse le tableau des sciences que l'on veut restaurer et fait une classification de celles-ci en s'appuyant sur les différentes facultés de l'âme.

La **classification des sciences** s'appuie principalement sur les capacités de l'âme :
– **la mémoire** d'où est issue l'histoire naturelle ou civile ;
– **l'imagination** d'où est issue la poésie ;
– **la raison** d'où est issue la philosophie divisée en « philosophie première », recueil des axiomes communs à toutes les sciences, et trois branches dont l'objet est Dieu, la nature et l'homme.

La science expérimentale, dont la méthode est précisée dans le *Novum organum*, fait partie de cette classification. La science naturelle sera à la première place. Mais il s'illustre surtout en tant que premier théoricien de la méthode expérimentale : « Il n'y a et ne peut y avoir que deux voies ou méthodes pour découvrir la vérité […] Il ne reste d'espérance que dans la véritable induction [1]. »

La méthode inductive

L'induction de Bacon procède par élimination et ensuite dégage les lois de la forme qu'il définit comme le véritable objet de la science.

---

1. Francis Bacon, *Novum organum*, I, Paris, Puf, « Épiméthée », 2010, p. 48.

Qu'entend-il par forme ? Le terme avait déjà été employé par Aristote mais, chez Bacon, il désigne « l'essence de toute chose, une certaine organisation de la matière ». Les faits dégagés de cette forme sont consignés sur des *tables de présence* où les phénomènes sont notés dès leur apparition, *des tables d'absence* sur lesquelles sont indiqués les cas précis où ils ne se produisent pas et *des tables de degrés* où sont mentionnées les variantes de tous les cas. La comparaison des trois tables permet d'éliminer des circonstances accidentelles et d'isoler à partir de ce qui subsiste la forme. Pour Bacon, ce n'est donc pas la recherche d'une cause finale qui importe mais celle d'une cause formelle. Le seul espoir véritable pour le savant réside dans la recherche de l'induction.

Le combat contre les préjugés

Dans le premier livre du *Novum organum*, intitulé *Pars destruens*, Bacon détermine quatre sortes de préjugés, obstacles à la connaissance :

– **les préjugés de la tribu**, « *idola tribus* », constituent un *a priori* de l'humanité entière. Nous jugeons les choses en fonction du rapport qu'elles ont avec nous et non en fonction de ce qu'elles sont réellement ;
– **les préjugés de la caverne**, « *idola specus* », font allusion à l'allégorie platonicienne de la caverne. Chacun d'entre nous juge selon ce qu'il est, selon son éducation, selon sa nature ;
– **les préjugés de la place publique**, « *idola fori* », prennent leur source dans nos faits sociaux, dans notre langage, l'appartenance à une religion, etc. ;
– **les préjugés du théâtre**, « *idola theatri* », proviennent des doctrines et théories philosophiques.

Avant tout l'esprit qui cherche à connaître la nature doit briser ces idoles, briser le doute pour finir sur des certitudes.

Bacon se situe, par sa réflexion, à mi-chemin entre l'aristotélisme et la science moderne.

Thomas Hobbes (1588-1679)

Il est souvent entrevu comme un matérialiste puisque sa « philosophie première » est plus proche d'une physique que d'une métaphysique. Né à Westport en 1588, il fait ses études à Oxford où il entre dès l'âge de quatorze ans. Il effectue plusieurs séjours en France au cours desquels il se prend d'intérêt pour Descartes, fréquente les savants parisiens. Il rencontre à Florence Galilée. Son retour en Angleterre est agité en raison des événements politiques, et il prend parti pour la monarchie. *Éléments du droit naturel et politique* est écrit en 1640 pendant cette période. Puis, durant onze années, il réside de nouveau à Paris jusqu'à la restauration de Charles II, ce qui lui permet de retourner en Angleterre où il s'éteint, âgé de quatre-vingt-onze ans. Ses écrits traduisent la volonté de rétablir un ordre politique déstabilisé. Ses principales œuvres sont : *Du citoyen* (*De cive*, 1642), *Du corps* (*De corpore*, 1655), *Traité de l'homme* (*De homine*, 1658), mais surtout *Léviathan* (1651).

Sa doctrine

Hobbes est devenu célèbre par sa théorie sur l'État et son origine. « L'homme étant un loup pour l'homme », il peut échapper à cette destinée en se soumettant au prince qui a tous les droits puisqu'il sauve à chaque instant ses sujets de la mort. Pour cette raison, il leur impose tout ce qu'il veut. La doctrine de Hobbes procède selon un raisonnement déductif, son interprétation de la nature est mécaniste, sa psychologie matérialiste. Il commence par séparer la métaphysique et la théologie de la philosophie et donne une définition de celle-ci, en tant que connaissance acquise par raisonnement. Sa philosophie a pour objet les corps, car tout ce qui est connaissable est corporel, et ne s'occupe pas des êtres incorporels. Ce qui n'est pas sensible, âme, esprit, ne peut pas être pensé. Tout ce que nous pouvons penser, c'est ce que nous sentons. Les choses ne sont connues que par les sensations. L'esprit humain est sensation, de même la mémoire, puisque se souvenir, c'est sentir ce qu'on a senti. Il faut combiner les sensations entre elles pour qu'elles deviennent pensées. La pensée est une série, un train d'idées. Hobbes ne voit dans l'âme humaine que des mouvements successifs provenant de ces premiers mouvements qui sont sensations. Nous ne sommes pas libres pour autant puisque nous sommes entraînés par le plus fort de nos mouvements intérieurs : désir, crainte, aversion, amour. Cependant nous délibérons, ou plus exactement nous croyons le faire. La délibération se résume être une succession de différents sentiments et celui qui l'emporte porte le nom de volonté. La liberté n'existe donc ni chez les hommes ni chez les animaux. Volonté et désir sont en fait la même chose considérée sous des aspects différents. Tout est déterminé, liberté et hasard traduisent notre ignorance des phénomènes de la nature.

La morale utilitaire

Dès lors, il n'y a plus de morale possible. Hobbes répond par la morale utilitaire. Le but de toute recherche pour l'homme est le plaisir, mais un plaisir vrai et permanent, utilitaire. L'utile, c'est d'être bon citoyen, autrement dit la morale se confond avec la morale du devoir.

La politique

De cive montre que l'homme n'a pas d'autre souci que sa conservation, ce que traduit sa décision d'entrer en lutte avec les autres hommes. La force domine et fait loi. Mais c'est dans le *Léviathan*, ce monstre biblique évoqué par le Livre de Job, qui symbolise l'État, qu'Hobbes va développer ses théories politiques, ses théories sur la société. Seul l'intérêt personnel fait bouger les hommes. L'égoïsme, l'instinct subsistent pour le mieux et de là font que bien ou mal ne trouvent véritablement leur définition que dans ce qui est utile ou nocif. Cet état dans lequel sombre l'humanité amène un état de guerre. « L'homme est un loup pour l'homme » dans cet état de nature. La paix ne peut être établie que si chacun renonce à ses intérêts. Le souverain est l'expression de la volonté de chacun.

John Locke (1632-1704)

John Locke a le mérite d'avoir ébauché une critique et une formule de l'empirisme. Il refuse les idées innées de Descartes et s'interroge sur l'idée complexe de substance dont nous affirmons l'existence sans en connaître pour autant l'essence. Il naît en 1632, près de Bristol, la même année que Spinoza. Pendant quinze ans, il reste à Oxford où il était entré vers 1652. Il repousse les études de théologie, se dirige vers la médecine, et devient, en 1677, le médecin particulier du comte de Shaftesbury. Il subit les attaques politiques dirigées contre ce dernier et est obligé de se réfugier pendant un an en France, puis en Hollande où il reste jusqu'en 1688, après la révolution anglaise. Après s'être vu confier des charges politiques par Guillaume d'Orange, il a entre 1670 et 1671 l'idée de l'*Essai sur l'entendement humain*, qui paraît en 1690. Il a précédemment rédigé un *Essai sur le gouvernement civil* et des *Pensées sur l'éducation*, ouvrages qui annoncent le *Contrat social* et l'*Émile*. Pendant vingt ans, il travaille pour retoucher ses textes et meurt en 1704.

Sa doctrine

Locke ne tient pas compte de l'œuvre de **Hobbes** et subit à peine l'influence de **Bacon**. Les origines de son empirisme sont à rechercher en 1667, date à laquelle il rencontre, à Londres, **Thomas Sydenham** (1624-1689). C'est à ce médecin qu'il doit les fondements essentiels de sa philosophie. Sydenham a mis au point une méthode pour déceler les « espèces » des maladies en fonction de leur histoire. Comprendre le sens même des phénomènes qui se trouvent dans la nature, c'est rejeter toute explication *a priori* de la raison. Locke n'a plus qu'un pas à faire et affirme que les erreurs de notre entendement sont liées aux troubles de l'imagination. La méthode qu'il utilise est psychologique et historique et décrit en ce sens le fonctionnement de l'esprit, la formation et l'apparition des idées. Ainsi, pour lui, la valeur des idées est dépendante de leur origine.

L'origine des idées

Pour Locke, il n'y a pas d'idées innées. L'esprit doit être envisagé avant sa rencontre avec le monde extérieur comme une table rase, et il n'y a rien en lui qui n'ait été d'abord dans le sens. L'idée est identique à ce que Descartes appelle la pensée. C'est une sensation enregistrée par le cerveau, et ce sont des sensations élaborées et modifiées par la réflexion. Elles s'associent de manière naturelle et c'est l'ensemble de ces associations que l'on nomme réflexion. Toutes nos idées proviennent de l'expérience. Il faut distinguer l'expérience interne, ou sensation, de l'expérience externe, ou réflexion : « Mais comme j'appelle l'autre source de nos idées sensation, je nommerai celle-ci réflexion parce que l'âme ne reçoit par son moyen que les idées qu'elle acquiert en réfléchissant sur ses propres opérations[1]. » Toutes deux fournissent des *idées simples*, parce que, comme le souligne Bergson, elles sont des données immédiates de la conscience. Ce sont les idées de la sensation (couleur, odeur). Les idées de la réflexion appartiennent à la mémoire, à l'imagination. Par combinaison, vont se créer les *idées complexes*. Celles-ci sont soit des *idées de substance*, c'est-à-dire des idées appartenant à un substrat, soit des *idées de relations* énoncées sous forme de principe (principe de causalité). *Idées simples* ou *idées complexes* sont des *idées particulières*. Quant aux idées générales, elles ne correspondent à rien de réel et servent à exprimer par un mot (homme) une collection d'*idées particulières* (Jean, Paul, par exemple), leur fonction est de « représenter également plusieurs choses individuelles dont chacune étant en elle-même conforme à cette idée est par là même de cette espèce de choses[2] ». C'est le nominalisme. Le sens des mots lorsqu'il devient relatif aux idées est source d'erreur.

Valeur de la connaissance

La quatrième et dernière partie de l'*Essai sur l'entendement humain* analyse le problème de la connaissance selon différents points de vue.

---

1. John Locke, *Essai sur l'entendement humain*, II, 1.
2. *Essai philosophique concernant l'entendement humain*, traduction par Pierre Coste, Paris, Vrin, 1972, § 7.

Les parties précédentes portent sur l'inexistence des idées innées, sur les idées comme matière de la connaissance, sur les mots comme signes des idées ; sur la vérité et la probabilité. « Des degrés de notre connaissance », premier chapitre, « De l'étendue de nos connaissances humaines », deuxième chapitre, puis d'autres, « De la vérité », « De la probabilité », « Des degrés de l'assentiment »... Locke conclut qu'il faut laisser de côté les problèmes métaphysiques qui nous sont insolubles et que la connaissance humaine est limitée. Nous connaissons notre existence par intuition, celle de Dieu par démonstration, et par sensation l'existence des choses qui nous entourent. Dans ce dernier cas, il fait une distinction entre les qualités premières objectives qui nous permettent de concevoir le monde extérieur et les qualités secondes, subjectives, qui trouvent leur correspondance dans les sensibles des scolastiques (sons, etc.). Ainsi, nous ne pouvons pas vraiment savoir ce qu'est le monde, ce que nous sommes, ni ce qu'est Dieu.

Politique

Dans l'*Essai sur le gouvernement civil*, Locke s'oppose à l'absolutisme de Hobbes. La société est la conséquence d'un pacte. Mais l'état de nature est un état moral. Ce dernier ne peut trouver son origine que de l'extérieur. Le pacte social est dépendant du droit mais n'en constitue pas l'origine. Le souverain s'impose comme le mandataire de la nation et non comme le sauveur. S'il agit à contresens de sa mission et de son mandat, l'insurrection devient contre lui légitime. En politique religieuse, Locke est tout aussi libéral et pense que l'État ne devrait avoir aucune religion mais protéger la liberté de culte de chacun.

CHAPITRE VI
Les Pays-Bas au XVIIe siècle

1. L'art aux Pays-Bas

LA PEINTURE BAROQUE AUX PAYS-BAS

La peinture néerlandaise du XVIIe siècle s'attache à révéler l'homme et à présenter des types sociaux. Fortement influencée par le calvinisme, elle se veut proche du réel et multiplie l'exactitude des détails. L'inspiration repose sur l'expérience du vécu quotidien, et le portrait, le groupe, la nature morte, le paysage ou la marine sont traités par des spécialistes du genre. Des artistes comme **Rembrandt, Vermeer de Delft, Frans Hals, Jan Steen** (1625-1679) donnèrent un essor remarquable à la peinture flamande, de même que **Ruisdael**. Dans les Flandres, **Rubens** domine avec **Van Dyck** et **Brueghel de Velours**. Tandis que les Provinces du Nord excluent les sujets religieux au profit des sciences, de la vie quotidienne, celles du Sud, rattachées à l'Espagne, révèlent dans leur art un humanisme dévot de la Contre-Réforme.

◆ **Frans Hals** (v. 1585-1666) se spécialise dans les portraits individuels, les scènes de genre, *Le Joyeux Buveur* (1628-1630), *La Bohémienne* (1628-1630), ou dans les portraits de groupe grand format, *Portrait de groupe des régents de l'hôpital Sainte-Élisabeth de Harlem* (1641).

♦ **Rembrandt Harmenszoon van Rijn** (1606-1669), plus connu sous le seul prénom de Rembrandt, est le peintre d'un art religieux, sans préférence pour une confession quelconque. Pour lui, la forme doit être un signe qui permet de saisir le message, le sens véritable du tableau, elle ne peut être la finalité de l'œuvre. Il se sert, pour rendre plus aiguë la perception, de la technique du clair-obscur dont il est l'un des maîtres. Ses groupes les plus célèbres sont *La Compagnie du capitaine Frans Banning Cocq*, connue sous le nom *La Ronde de nuit* (1642), *Le Syndic des drapiers* (1662), *La Leçon d'anatomie du docteur Jean Deyman* (1656), ses portraits celui du *Philosophe en méditation* (1632), *L'Homme au casque d'or* (1650). Il reste célèbre pour ses effets de clairs-obscurs qui succèdent à la polychromie agressive des premières œuvres. Le dessin et la gravure à l'eau forte tiennent une grande place dans son œuvre : *Découverte de Moïse*, la *Prédication de Jésus*, et l'eau forte la plus impressionnante, le *Portrait de Jan Six* grandeur nature.

♦ **Vermeer de Delft** (1632-1675) fait partie de l'école de Delft, dont la peinture se caractérise par des scènes de genre représentées sans sujet particulier. Il a produit une quarantaine d'œuvres. Il reste le peintre du quotidien, de la réalité de la vie et se consacre aux scènes d'intérieur. Voici ses œuvres les plus célèbres : *La Laitière* (1658-1661), *Vue de Delft* (1660-1661), *La Jeune Fille à la perle* (1665-1667), *L'Art de la peinture* (1665-1666), *La Dentellière* (1669-1670).

♦ **Jacob van Ruisdael** (v. 1628-1682) représente la peinture paysagiste hollandaise et préfigure le traitement romantique de la nature. Ses compositions complexes ont une grande richesse de contrastes de lumière, comme *Moulin près de Wijk bij Duurstede* (1668-1670). La plupart de ses peintures n'évoquent pas la Hollande, mais des régions lointaines : *La Tempête* (1675), *Cimetière juif* (1660).

LA PEINTURE FLAMANDE

La peinture flamande est dominée par les personnalités de Rubens et de Van Dyck.

♦ **Pierre Paul Rubens** (1577-1640), Flamand de confession catholique, s'oppose à Rembrandt par sa manière de travailler. À la tête d'un important atelier, il est crédité d'environ six cents toiles, dont une partie qu'il a seulement ébauchées, les élèves achevant le travail. Son œuvre représente l'explosion du dynamisme de l'âge baroque. À vingt-trois ans, Rubens séjourne à Mantoue, à la cour des Gonzague, en même temps qu'un autre Flamand, le peintre **Frans Pourbus** dit le Jeune (1569-1622). Il y achève sa formation, avant de revenir s'établir dans la ville d'Anvers. C'est là qu'il peint l'*Érection de la Croix* (1609-1611) pour l'église Sainte-Walburge, puis *L'Adoration des bergers* (1617-1618) pour l'église Saint-Paul. De passage à Paris, en 1621, il réalise une double commande pour Marie de Médicis, l'une consacrée à la vie de la reine, achevée, et l'autre à celle d'Henri IV dont il n'achève que deux tableaux. C'est là qu'il fait la rencontre de George Villiers, duc de Buckingham, et joue un rôle diplomatique de premier plan dans la conclusion de la paix de 1630 entre l'Angleterre et l'Espagne. Au nombre de ses œuvres principales, citons : *Les Trois Grâces* (1635), *La Kermesse* (1635-1638), son autoportrait avec **Isabella Brant**, *Sous la tonnelle de chèvrefeuille* (1609), le *Portrait d'Hélène Fourment* (1635-1636), *Le Chapeau de paille* (1625), le *Portrait d'Anne d'Autriche* (1622).

♦ Son élève **Antoon Van Djick** ou **Van Dyck** (1599-1641) se fixe en Angleterre où il exécute un grand nombre de portraits de membres de la cour, comme celui du roi Charles Ier, *Charles Ier à la chasse* (1635-1638).

2. La philosophie au XVIIe siècle aux Pays-Bas

En dehors de toutes les théories rationnelles qui s'élaborent au XVIIe siècle, une doctrine concernant l'État et le pouvoir se met en place.

Hugo de Groot (1583-1645)

Hugo de Groot, dit **Grotius**, dont le nom est souvent associé à celui de **Samuel von Pufendorf** (1632-1694), juriste romaniste allemand, est considéré comme le père fondateur de l'école du droit naturel. Il est en effet le premier à tenter une construction du droit en un « système » fondé non plus sur la nature concrète des choses et des faits, mais sur des principes logiques construits par la raison. Il publie en 1625 *Du droit de la guerre et de la paix* (*De jure belli ac pacis*), code du droit international public, son ouvrage majeur. Il est également l'auteur du *Droit de prise* (*De jure praedae*), dans lequel il prône la liberté du commerce et des mers. Opposé à l'athéisme, il s'efforce toute sa vie de rapprocher les Églises protestante et catholique et prône une large tolérance.

Spinoza, disciple de Descartes

Baruch Spinoza (1632-1677) doit à Descartes la construction de sa méthode et de sa logique. C'est dans l'*Éthique* (1677) qu'il expose l'essentiel de sa morale, un système métaphysique sur l'essence de Dieu. Sa doctrine mérite d'être nommée panthéiste, puisque tout est Dieu, et déterministe, puisque tout y est déterminé. Par la connaissance, l'homme peut se libérer et maîtriser ses passions. Dans l'*Éthique*, il existe aussi une réflexion politique pour éviter à l'homme « d'être un loup pour l'homme ». Spinoza naît en 1632, à Amsterdam. Il est issu d'une famille juive émigrée du Portugal. Il prend contact avec le stoïcisme et le cartésianisme après avoir étudié les livres saints et la Kabbale. De la lecture de Descartes, il retient surtout la méthode rigoureuse, et le souci des idées claires. En 1656, il est excommunié après une tentative vaine des rabbins pour le ramener vers les pratiques religieuses. Chassé de la communauté juive, il vit du polissage de verres de lunettes qu'il effectue à Leyde, puis à La Haye. En 1673, il se voit offrir une chaire de philosophie à Heidelberg, qu'il refuse. Il meurt en 1677. Ses principales œuvres sont : *Principes de la philosophie cartésienne* (1663) ; *Traité théologico-politique* (1670), dans lequel il définit les rapports entre l'Église et l'État. La plupart de celles-ci sont publiées à titre posthume : ainsi le *Traité de la réforme de l'entendement* (rédigé entre 1665-1670), le *Traité politique* écrit en 1675 et inachevé, l'*Éthique* (1677).

Sa doctrine

Dans le *Traité de la réforme de l'entendement*, Spinoza distingue quatre genres de connaissance qu'il réduit à trois dans l'*Éthique*. Son *Traité de la réforme de l'entendement* (*Tractatus de intellectus emendatione*), jamais achevé, constitue un travail sur la méthode d'accès au vrai.

Les genres de connaissance	
I. Il y a une perception acquise par ouï-dire ou par le moyen d'un signe conventionnel arbitraire.	La connaissance par ouï-dire par le témoignage ; exemple : connaissance de sa mort.
II. Il y a une perception acquise par expérience vague, c'est-à-dire par une expérience qui n'est pas déterminée par l'entendement ; ainsi, nommée seulement parce que, s'étant fortuitement offerte et n'ayant été contredite par aucune autre, elle est demeurée comme inébranlable en nous.	La connaissance par expérience vague. Ces deux premières connaissances trop vagues sont sujettes à l'erreur. On les exclut des sciences. Elles constituent la connaissance « du premier genre ». Nous pouvons nous affranchir de nos passions qui appartiennent aux connaissances du premier genre en formant des idées aussi claires que distinctes.
III. Il y a une perception où l'essence d'une chose se conclut d'une autre chose, mais non adéquatement, comme il arrive ou bien quand d'un effet, nous faisons ressortir la cause, ou bien qu'une conclusion se tire de quelque caractère général toujours accompagné d'une certaine propriété.	Conçu sur le modèle des mathématiques, ce « deuxième genre de connaissance » saisit l'essence des choses sur une déduction.
IV. Enfin, il y a une perception dans laquelle une chose est perçue par sa seule essence ou par la connaissance de sa cause prochaine.	Enfin le « troisième genre de connaissance » permet de saisir l'essence d'une chose sans risque d'erreur. Il s'agit de l'intuition. *Déduction* et *intuition* sont nécessairement vraies.

Au premier niveau, nous trouvons l'expérience par ouï-dire, ainsi nous connaissons la date de notre naissance, puis la connaissance par expérience vague, qui fait partie avec la précédente des connaissances du premier genre ; elles ont en commun de présenter des faits sans liens, des conséquences sans prémisses. Celles-ci ne peuvent dépasser le niveau de l'opinion. La connaissance du deuxième genre appartient au modèle mathématique, c'est la démonstration, la déduction, elle apporte l'intelligibilité. Celle du troisième genre est celle de l'intuition, principe suprême qui permet de saisir Dieu. Spinoza montre que l'idée vraie s'affirme d'elle-même. L'idée vraie exclut toute forme d'erreur et de doute possible.

La métaphysique

C'est en passant de la connaissance du premier genre aux connaissances supérieures que l'on peut accéder à la métaphysique et déterminer par quels moyens l'homme peut se diviniser. Le philosophe se doit de réfléchir sur un être premier et parfait, condition de toute existence et de toute essence, sur la Nature, ce qu'il nomme la substance, et sur Dieu. Spinoza pose ainsi les bases d'un panthéisme. Dans son système, il exclut finalité, tout libre arbitre. La *substance infinie* exige une infinité d'attributs infinis. Autrement dit, Dieu étant infini, il peut être conçu de façons infinies. Nous connaissons deux attributs de la substance : la pensée et l'étendue, deux aspects de la même réalité. Ces attributs révèlent différents modes constituant le monde : « Il n'est rien donné de contingent dans la nature, mais tout y est déterminé par la nécessité de la nature divine à exister et à produire quelque effet d'une certaine manière [1] » et « L'ordre et la connexion des idées sont les mêmes que l'ordre et la connexion des choses [2] ». Tous les événements subissent un déterminisme, Dieu étant l'unique substance dont tout est mode ou *attribut*. Les choses « attribut étendue » et les idées « attribut pensée » ont entre elles un parfait parallélisme. Spinoza assouplit les rapports existant entre Dieu et le monde en y glissant les attributs et les modes qui font office d'intermédiaire.

---

1. Spinoza, *Éthique*, I, prop. 29.
2. *Ibid.*, II, prop. 12.

La morale

N'est-il pas radicalement impossible d'écrire une morale quand on ne croit pas au libre arbitre ? Quel sens donner au titre de son œuvre : *Éthique* ? La morale dépend de la croyance à la nécessité de toute chose. Plus nous sommes convaincus de cette nécessité, plus notre moralité est haute. Mais ce sont les passions qui nous font faire des actes immoraux ; véritables lacunes de l'âme, elles ne se sont pas assez remplies de l'idée de Dieu, de l'idée d'ordre universel, l'homme est esclave de ses passions. Pourtant dans cette métaphysique panthéiste et déterministe, il existe une liberté : l'homme devient libre lorsqu'il tend à la connaissance du deuxième genre : « Une affection qui est une passion cesse d'être une passion sitôt que nous en formons une idée claire et distincte[1]. » L'étude des passions devient salutaire, car plus on les étudie plus on s'en détache. La pensée même de les étudier est déjà un acte de détachement à leur égard. Quelles sont les sanctions de la morale ? Ce sont des sanctions nécessaires, où il n'y a ni mérite ni démérite. L'homme qui ne peut gouverner ses passions ne peut trouver la paix de l'âme, ni la connaissance de Dieu, et doit périr. Ainsi, par sa mort, il rentre dans l'ordre. L'éternité peut-elle être entrevue comme une récompense ? La connaissance de Dieu constitue la vertu suprême. L'âme ne peut pas durer plus que le corps puisqu'elle en constitue l'idée. En fait, l'âme « se fait immortelle » par la connaissance et l'amour de Dieu, elle participe davantage de Dieu. Elle se rapproche ainsi de la perfection. L'immortalité spinozienne est un prolongement de cet effort même que nous devons faire en cette vie pour adhérer à l'ordre universel.

---

1. *Ibid.*, V, prop. 3.

CHAPITRE VII
La Russie au XVIIe siècle

1. La Russie au XVIIe siècle

Après la mort de Fédor II, le faux Dimitri, en réalité le moine **Grigori Otrepiev** (1582-1606), entre à Moscou en juin 1605, soutenu par l'armée polonaise et les cosaques ralliés. Il y est couronné tsar sous le nom de règne de **Dimitri III** (1605-1606). Après diverses factions et des tsars éphémères, le prince **Michel Romanov** est élu tsar **Michel Ier** (1613-1645) et fonde la dynastie des Romanov, qui dure jusqu'à la révolution de 1917. Le nouveau souverain commence par conclure la paix avec la Suède et la Pologne. Il met fin au Temps des troubles, période d'instabilité qui s'étend de 1598, mort de Fédor Ier, dernier souverain de la dynastie des Riourikides, à l'avènement des Romanov. Le père de Michel Ier, **Fédor Romanov** (1553-1633), détenu en Pologne, rentre en Russie, en 1618, devient patriarche de Moscou sous le nom de **Philarète**. Il est à la fois le conseiller et le régent du jeune souverain, âgé de seize ans, exerce la réalité du pouvoir pendant tout le règne de son fils. Il renoue des contacts avec l'Occident et l'Empire ottoman, asservit davantage les paysans à la terre qu'ils ne peuvent quitter. Son fils, le très pieux **Alexis Ier** (1645-1676), dit le Très paisible, lui succède. Il promulgue en 1649 un nouveau code de lois, l'*Oulojénié*, qui reste en vigueur jusqu'en 1833, protégeant artisans, marchands, grands propriétaires fonciers, mais confirmant le statut servile des paysans. À la mort d'Alexis, en 1676, son fils aîné, **Fédor III** (1676-1682), devient tsar. Il meurt sans descendant en 1682.

Le problème est de savoir qui, d'Ivan, son frère simple d'esprit, ou de Pierre, son demi-frère qui n'a que dix ans, doit lui succéder. Pierre est proclamé tsar, sa mère Natalia, régente. Cela est insupportable à Sophie, sa demi-sœur. Elle répand le bruit, parmi les Streltsy, la garde personnelle des tsars, que Pierre et sa mère ont fait assassiner le faible Ivan. Les Streltsy se révoltent, prennent le Kremlin d'assaut, massacrent la famille de Pierre. Mais l'apparition d'Ivan, bien vivant, calme leur colère. Les boyards proclament alors, cas unique en Russie, deux tsars en même temps, **Ivan V** (1682-1696) et **Pierre Ier** (1682-1725). La régence est confiée à Sophie, qui gouverne avec son favori, le prince **Golitsyne** (1643-1714). Pierre et sa mère sont relégués hors de Moscou. En 1689, la régente tente de se débarrasser de Pierre, mais les Streltsy changent de camp. C'est elle, faute d'appuis, qui doit renoncer à la régence. Elle est envoyée dans un couvent où elle meurt en 1704. **Ivan V** et **Pierre Ier** règnent ensuite conjointement jusqu'à la mort d'Ivan, le 8 février 1696. Pierre Ier entame alors son long règne seul, qui le conduit à être connu par l'histoire sous le nom de **Pierre le Grand** (1682-1725).

2. L'art russe au XVIIe siècle

Le baroque russe

Il se distingue radicalement de celui de l'Europe occidentale par son absence de règles et de préceptes académiques. De nombreux artistes, italiens et français surtout, y font leur apparition. **À partir de 1650**, les patriarches orthodoxes suggèrent un retour aux églises traditionnelles à cinq coupoles et interdisent la sculpture. Il faut attendre l'avènement de **Pierre le Grand**, à la fin du siècle, pour observer de notables transformations dans l'art russe. Saint-Pétersbourg, qui deviendra plus tard Leningrad, sera sa capitale.

◆ **Bartolomeo Rastrelli** (1700-1771) est le principal représentant du baroque occidental en Russie. Ses deux œuvres essentielles sont le palais d'Hiver (1754-1762) et le palais de Tsarskoïe Selo (palais Catherine), résidence d'été des tsars. La caractéristique de ses édifices est la façade polychrome.

CHAPITRE VIII
L'Empire ottoman : de l'apogée au déclin (XVᵉ-XVIIᵉ siècle)

1. L'Empire ottoman, l'apogée (1453-1566)

Après la prise de Constantinople (1453), l'Empire ottoman connaît un véritable âge d'or qui s'achève avec la mort de Soliman le Magnifique en 1566. En 1481, **Mehmet II le Conquérant** (règne : 1444-1446, puis 1451-1481) meurt. Après une courte guerre avec son frère **Djem, Bayazid II le Juste** (1481-1512), ou Bajazet, monte sur le trône. Bayazid II est contraint d'abdiquer par son fils Sélim en 1512, avec l'aide des janissaires, corps d'élite de l'infanterie qui peu à peu va s'emparer des postes clefs de l'empire. **Sélim Iᵉʳ le Hardi** (1512-1520), plus connu comme « le Cruel », fait exécuter frères et neveux susceptibles de lui disputer le trône. Il conquiert la Syrie, l'Arabie, l'Égypte, vainc **Ismaïl Iᵉʳ** (1501-1524), fondateur de la dynastie des Séfévides (1501-1736), qui règne sur l'Iran, dont il reprend le contrôle. En août 1517, Sélim Iᵉʳ entre à La Mecque, reçoit les clefs de la Kaaba. Protecteur des lieux saints de l'islam, il reprend des Abbassides d'Égypte le titre de calife. Il meurt en 1520 alors qu'il se prépare à attaquer Rhodes. C'est à son fils et successeur, **Soliman le Magnifique** (1520-1566), qu'il revient de porter l'Empire ottoman à son apogée. Après la victoire de **Mohács** (1526), il conquiert la Hongrie, dont il parvient à conserver la moitié. Il menace Vienne à deux reprises, en 1529 et 1532. Il s'empare de l'Anatolie orientale, de l'Azerbaïdjan, de Tunis, développe des relations diplomatiques avec **François Iᵉʳ** afin de contrer Charles Quint. La mort de Soliman, en 1566, marque le début de la stagnation, puis du déclin de l'Empire ottoman.

2. L'Empire ottoman : stagnation et déclin

Après Soliman, ses successeurs s'en remettent aux pouvoirs des grands vizirs, notamment de la dynastie des Köprülü après **Fazil Ahmet Köprülü** (1635-1676), des femmes du harem, puis des eunuques et des janissaires. Un nouvel et définitif échec du siège de Vienne, en 1683, marque le repli puis l'amoindrissement du territoire. Après la défaite de Lépante en octobre 1571, la flotte turque avait déjà perdu le contrôle de la Méditerranée. Désormais c'est l'armée de terre qui ne cesse de se replier. Par sa victoire de Petrovaradin (1716), l'Autriche prend la Serbie. En 1782, la Russie s'empare de la Crimée. En 1830, alors que la Grèce proclame son indépendance, la France conquiert l'Algérie. Profitant de la situation, le pacha d'Égypte, Méhémet Ali, proclame à son tour son indépendance. À la suite de nouveaux revers, Autriche et Russie se partagent en grande partie les possessions turques d'Europe en 1878. En 1897, la Crète passe sous contrôle international. Le dernier sultan ottoman, **Mehmet VI** (1918-1922), hérite de la défaite turque aux côtés des Empires allemand et austro-hongrois lors de la Première Guerre mondiale. Le traité de Sèvres (1920) démembre l'Empire ottoman, réduit à l'actuelle Turquie. Secoué depuis de nombreuses années de mouvements sécessionnistes, révolutionnaires, l'empire s'effondre en octobre 1923. Le 29 octobre 1923, la République turque est proclamée, après trois ans de guerre entre le général **Mustafa Kemal** (1881-1938) et les alliés vainqueurs en 1918.

3. L'art ottoman, XVIe-XVIIe siècles

L'apogée de la puissance ottomane s'accompagne d'une unification des styles, jusqu'alors variés, au profit d'un art proprement impérial. Istanbul donne le ton aux formes architecturales que l'on retrouve dans les régions les plus excentrées de l'Empire. Il s'agit d'un plan autour d'une grande cour, de coupoles monumentales, utilisé aussi bien pour les mosquées que pour les palais. Le nom le plus célèbre, déjà de son vivant, est celui de l'architecte **Sinan** (1489-1588) ; d'origine arménienne, il fond les formes traditionnelles byzantines et proche-orientales pour donner naissance à l'architecture ottomane classique. Ses œuvres majeures sont, selon son propre classement par ordre croissant de maîtrise de son art, les mosquées Sehzade Mehmet, puis Süleymaniye à Istanbul, enfin la Selimiye à Édirne. Cette dernière, édifiée entre 1570 et 1574, présente une coupole gigantesque reposant sur huit colonnes dodécagonales. Son élève **Sedefhar Mehmet Aga** (v. 1540-1617) construit la Mosquée bleue face à Sainte-Sophie entre 1609 et 1616. L'une des particularités des réalisations architecturales de cette époque est la décoration faite de dalles polychromes aux sujets floraux, motifs que l'on retrouve dans l'art de la céramique, de la faïence, mais aussi de la sculpture sur bois, des fresques murales, du textile. Le raffinement du décor se poursuit en effet dans les tapis de prière, les tissus de velours, les brocarts de soie.

4. La littérature ottomane, XVIᵉ-XVIIᵉ siècles

Tout comme pour le courant artistique plastique, la littérature et l'historiographie connaissent une renaissance au cours du XVIᵉ siècle ottoman. La poésie turque classique s'épanouit sous la plume de Mahmud Abd El-Baki, dit **Baki** (1526-1600), poète de cour de tradition savante. Fuzûlî (v. 1483-1556) magnifie le genre littéraire du *Dîvân*, ou *Diwan*, recueil de poésies qu'il rédige en trois langues, turc azéri, persan et arabe. L'histoire est représentée par **Sadeddin** (1536-1599), auteur d'une histoire des Ottomans des origines à la fin du règne de **Sélim II** (1566-1574), le *Tadj al-Tawarikh* ou *Couronne des chroniques*, où il mélange prose, vers, versets coraniques. Cette préoccupation d'une histoire depuis les origines est partagée par **Petchevy** (1574-1651), **Katib Celebi** (1609-1657) et **Na'Tma** (1655-1716). **Solazkade** (?-1658) publie un abrégé de la *Couronne des chroniques*. Les épopées survivent dans les chants épiques des ménestrels *Asheq*, groupe de tradition orale turco-mongol. Ils chantent en s'accompagnant de la guitare. **Dans la seconde moitié du XVIᵉ siècle**, le groupe le plus connu est *Köroglu*, mais c'est aussi le nom donné au chant lui-même, outre son sens littéral de « fils d'aveugle ».

CHAPITRE IX
Nos voisins d'Asie au XVIIᵉ siècle

1. L'Inde moderne

L'EMPIRE MOGHOL (1526-1857)

En 1526, à la bataille de Panipat, Bābur (1483-1530) vainc le dernier sultan de Delhi, **Ibrahim Lodi** (1517-1526) et fonde l'Empire moghol qui dure jusqu'à la déposition par les Britanniques du dernier souverain en 1857. Le nom de « Moghol » est un dérivé de « Mongol », car les Moghols font partie du groupe turco-mongol, même s'ils sont culturellement marqués par l'influence perse qu'ils vont implanter en Inde. Il est possible de considérer l'Inde moghole selon **deux périodes**, la conquête et l'acmé de l'Empire, entre 1526 et 1707, date de la mort d'**Aurangzeb** (1658-1707), puis un très long mais irrémédiable déclin entre 1707 et 1857. Dans les faits, après la défaite contre les Perses de **Nādir Shah** (1736-1747) en 1739 qui pille Delhi, la souveraineté de l'empereur moghol est purement nominale.

L'Empire moghol, de la fondation à l'acmé (1526-1707)

L'Empire moghol est fondé par **Bābur** (1483-1530), un Turco-Mongol descendant de la dynastie timouride, c'est-à-dire de **Tamerlan** (1336-1405), ou **Timour Lang**, « Timour le Boîteux ». Il lui faut auparavant remporter deux victoires, l'une en 1526 sur le dernier sultan de Delhi, l'autre contre le prince rajpute de Chittorgarh qui a réuni plus de deux cent mille hommes. Ce dernier est vaincu à la bataille de Kanwaha, en mars 1527. Désormais, Bābur, installé à Agra, sa capitale, peut se proclamer empereur de l'Inde. En réalité, il contrôle en partie la plaine indo-gangétique. L'Empire s'étend ensuite en plusieurs étapes. Bābur meurt en 1530, laissant le trône à son fils préféré **Humāyūn** (1530-1556). Bābur laisse l'image d'un homme cultivé, plein de compassion. Artiste, il prise la musique et la poésie. Il laisse au monde ses mémoires, le *Livre de Babur* (*Bābur Nama*), dans lesquels, au travers de ses observations et commentaires, s'exprime le pieux musulman, mais aussi le curieux des choses de la nature, des évolutions sociales et politiques. L'ouvrage se présente également comme un témoignage unique des époques et des lieux qu'a connus le souverain.

Descendant de **Tamerlan** (1336-1405), de **Gengis Khān** (1155-1227), petit-fils de Bābur, **Akbar le Grand** (1542-1605) laisse dans l'histoire l'image d'un conquérant et d'un novateur. En 1556, à la mort de son père **Humāyūn** (1508-1556), alors âgé de treize ans, il se lance à la conquête de l'Empire indien. Son œuvre est immense et concerne l'organisation sociale de son pays. Il effectue des réformes destinées à protéger les paysans, il développe intensément la pratique de la littérature et celle des arts, il fait bâtir des monuments. Son insatiable curiosité l'amène aussi à s'ouvrir aux autres religions et à leurs représentants. Il les fait venir à Fatehpur Sikrī, sa capitale, à 40 km d'Agra, dont les mélanges architecturaux restent uniques, pour qu'ils s'y livrent à des exposés doctrinaux, à la controverse. La ville est abandonnée en 1585 au profit de Lahore. Soucieux d'éviter les conflits entre religions, il promulgue **en 1579 un décret d'infaillibilité** qui l'institue chef religieux de tous ses sujets. En 1581, il tente d'imposer une «**religion de la lumière**» monothéiste fondée sur un syncrétisme entre jaïnisme, christianisme et islam, destinée à unifier l'Inde sur le plan religieux dans la volonté d'abolir l'antagonisme entre hindouisme et islam. Cette religion ne réussit pas à s'implanter et disparaît à sa mort. Son fils aîné **Jahangir** (1605-1627) lui succède. Dépourvu du charisme paternel, il maintient cependant une bonne entente entre ses sujets de confessions différentes, reçoit l'ambassadeur du roi d'Angleterre, autorise les Anglais à commercer. Son fils et successeur, **Shah**

Jahan (1627-1658), inaugure une politique moins tolérante à l'égard des non-musulmans. Il fait édifier la plus vaste mosquée en Inde, la Jama Masjid, ou « mosquée du vendredi » ; construite à Delhi entre 1650 et 1656, elle peut accueillir jusqu'à vingt-cinq mille personnes. La fin du règne est assombrie par la rivalité l'opposant à son fils **Aurangzeb** qui l'incarcère au fort Rouge et gouverne à sa place. Shah Jahan est surtout célèbre par l'amour voué à son épouse. **Mumtâz Mahal** (1593-1631), dont le nom signifie « Ornement précieux (ou aimé) du palais », marque l'histoire de l'indélébile empreinte de l'amour éternel. En mémoire de la lumière de sa vie, Shah Jahan fait édifier le somptueux Taj Mahal à Agra, où il repose aux côtés de sa bien-aimée. **Aurangzeb** (1658-1707) est le dernier empereur à être qualifié de « grand Moghol ».

L'ART SOUS LES MOGHOLS

L'architecture moghole : le Taj Mahal

L'architecture moghole s'inspire à ses débuts de modèles persans, use de coupoles ornées de faïence de couleur. Le mausolée d'Akbar, à Sikandra, au nord d'Agra, est achevé en 1613. Haut de 22 m, il est bâti en grès rouge sur trois étages, surmonté d'un pavillon de marbre. C'est un exemple d'architecture indo-musulmane, mêlant la pierre sculptée et incrustée hindoue aux décors végétaux musulmans. **La période classique** s'ouvre avec **Shah Jahan** à un retour à une inspiration venue de Perse. Les édifices, en briques brutes, sont revêtus de carreaux de faïence monocolorés. C'est le cas des monuments funéraires de Lahore, des mosquées de **Wazir-Khan** (1639), de **Dai Anga** (1617) et surtout le somptueux **Taj Mahal**. Toutefois, le style impérial qui suit revient à la fusion entre éléments hindous et musulmans, aux bâtiments de marbre blanc ou de grès rouge somptueusement incrustés de fleurs en pierres précieuses, d'inscriptions coraniques. Mausolée de marbre blanc construit pour son épouse favorite par l'empereur moghol **Shah Jahan**, entre 1631 et 1647 à Agra, le **Taj Mahal** est l'un des monuments les plus admirés au monde. De toutes les régions de l'Inde et de l'Asie, sur ordre du souverain, affluent les matériaux rares nécessaires à sa construction : jaspe du Panjab, turquoise, malachite du Tibet, corail de la mer Rouge et marbre blanc du Rajasthan. Le dôme central est entouré par quatre minarets identiques. À la gauche du monument s'élève une mosquée. L'entrée principale s'ouvre sur une allée axiale qui mène à la plus vaste terrasse. L'édifice est surmonté d'une coupole qui culmine à 61 m de hauteur. Décoré d'incrustations et de pierres précieuses, il est en parfaite harmonie avec ses jardins.

L'art des miniatures mogholes

L'art des miniatures est déjà développé à l'époque du Grand Moghol **Humāyūn** (1530-1556), second empereur de la dynastie, qui fait illustrer *L'Épopée de Hamza* (*Hamza Nama*), récit de la victoire d'un oncle de Mahomet sur les païens. Mais c'est sous le règne d'**Akbar le Grand** (1556-1605) qu'il atteint son apogée, illustrant l'*Akbar Nama* ou le *Razm Nama* ou *Livre des guerriers* (1616) de Jaïpur. Le style des artistes se révèle à la fois persan dans les codes de réalisation et hindou dans le choix des détails. Les portraits des souverains mogols, les scènes de cour, de chasse, d'entretiens amoureux permettent de retracer les splendeurs de la cour.

LA LITTÉRATURE SOUS LES MOGHOLS

C'est au XVIe siècle qu'une langue nouvelle se forge en Inde, sous l'influence de l'arrivée des conquérants musulmans venus de Perse : l'urdu. C'est un creuset de persan et d'hindou. Il est utilisé à l'origine par les musulmans, mais gagne peu à peu l'ensemble de l'Inde où il est connu sous le nom d'hindoustani. À tout seigneur tout honneur, le fondateur de la dynastie moghole, Bābur, laisse des mémoires qu'il a rédigés dans sa langue maternelle, le turco-chagataï, dérivée du turc et du mongol chagataï. Le plus grand poète de langue hindi, **Goswani Tulsidas** (1532-1623), s'attache à la refonte des grands classiques, comme le *Rāmāyana*, et écrit, pour ce faire, son chef-d'œuvre, un poème épique, *Les Chants de Rama* (*Ramcharimanas*). **En langue marathi**, cinq poètes se dégagent. **Namdev** (v. 1270-v. 1350) compose des hymnes sacrés, ou *abhangas*, réunis dans le *Livre des Hymnes* (*Namdev*

Gatha). **Bhanudas** (1483-1513) rédige des poèmes dévotionnels. **Eknath** (1533-1599), brahmane versé en sanscrit, arabe, urdu, perse, hindi en sus du marathi, écrit des analyses philosophiques à partir du commentaire de la *Bhagavad-Gītā* rédigé par un saint poète marathe, **Dnyaneshwar** (1275-1296). Il traduit et commente le *Bhāgavata Purāṇa* en langue marathi. **Tukaram** (1608-v. 1650), après un début d'existence voué au commerce, devient un sectateur zélé de Krishna, sous sa forme marathe de *Vithoba*. Il compose des *abhangas*, hymnes sacrés. **Ramdas** (1608-1681) crée la secte des ramdasis, fidèles de Vishnou sous sa forme marathe d'avatar, *Vithoba*. Les ramdasis sont les « serviteurs de Dieu ». Ses hymnes marquent la renaissance de la poésie hindoue.

2. La Chine moderne

LA DYNASTIE MING (1368-1644)

La dynastie mongole des Yuan s'achève en 1368 par la conjonction de plusieurs facteurs : le retour en Mongolie de princes refusant le mode de vie chinois jugé amollissant, une série de famines, la révolte chinoise contre l'envahisseur. En janvier 1368, l'ancien rebelle turban rouge **Zhu Yuanzhang** se proclame empereur **Hongwu** (1368-1398). Après un bref passage sur le trône de son petit-fils **Jianen** (1398-1402), son oncle **Zhu Di** le remplace, sous le nom impérial de **Yongle** (1402-1424). Son règne est si éclatant qu'il est le plus souvent considéré comme le second fondateur de la dynastie Ming. Il bat les Mongols à plusieurs reprises entre 1410 et 1424, transfère en 1420 sa capitale à Pékin. Il confie à l'eunuque **Zheng He** (1371-1433) plusieurs missions d'exploration maritime, dont sept sont attestées, entre 1405 et 1433. Elles conduisent la flotte chinoise sur les côtes de Sumatra, du Sri Lanka, puis jusqu'à la mer Rouge. Les côtes africaines sont longées jusqu'au Mozambique. Les successeurs de Yongle sont **Hongxi** (règne : 1424-1425), **Xuande** (règne : 1425-1435), **Zhengtong** (règne : 1435-1449 et 1457-1464). Ce dernier est capturé par les Mongols en 1449. Par la suite, les empereurs Ming doivent en permanence se concilier le khan mongol, qui n'hésite pas à envahir la Chine à l'occasion. En dépit des Chinois peu désireux de l'établir, un lien commercial régulier relie Chine et Mongolie à partir du XVIe siècle. La **dynastie Ming** marque un retour au nationalisme chinois proche de la xénophobie, l'étranger est redevenu le « barbare » par excellence, qui ne peut s'humaniser qu'en se sinisant. C'est pourtant au XVIe siècle qu'arrivent les Occidentaux. En 1514, les navires de commerce portugais atteignent le pays. Macao est fondé en 1557.

Le père jésuite **Matteo Ricci** (1552-1610) réside en Chine à partir de 1582. Il sinise son nom en celui de Li Matou, apprend le mandarin, réalise le premier dictionnaire bilingue. L'empereur Yongle commande une somme du savoir chinois à son époque, le *Ta-Tien* ou « Encyclopédie », riche de onze mille volumes, fruit du travail de deux mille spécialistes pendant quatre ans. Mais c'est pour mieux figer la culture. Toute nouveauté, après cela, est interdite. Un code de lois inspiré de celui des Tang est déjà en place depuis 1373. En 1609 paraît la *Collection d'illustrations des Trois Royaumes* (*San cai tu hui*), encyclopédie illustrée, en cent cinquante-cinq volumes. La menace la plus grande vient des Mandchous. En 1583, **Nurhachi** (1559-1626) unit les tribus Jürchens, nom qui deviendra Mandchou avec l'invasion de la Chine au XVIIe siècle. En 1616, il se proclame khan. Son fils, **Huang Taiji** (1592-1643), devient empereur. En 1636, il proclame la dynastie des Jin postérieurs, qui devient Qing à partir de 1644. Les Mandchous font des incursions répétées en Chine du Nord. En 1644, une armée de paysans révoltés, conduits par **Li Zicheng** (1606-1645), s'empare de Pékin. Le dernier empereur Ming, **Chongzhen** (1627-1644), enclin au désespoir, se pend. Un général chinois commet alors l'erreur d'appeler Li Zicheng, éphémère souverain autoproclamé, mais se garde bien de rétablir les Ming. L'empereur **Shunzhi** (1644-1661), second dirigeant de la dynastie mandchoue des Qing, monte sur le trône. Les princes Ming réfugiés dans le sud de la Chine sont éliminés en 1662, leur dernier refuge, Taiwan, conquis en 1683.

L'ART SOUS LES MING

L'architecture sous les Ming

L'architecture sous les Ming se développe à partir d'une forme privilégiée, celle de la halle avec façade sur un côté long. Autour d'une terrasse de pierre, des colonnes de bois peintes, laquées de rouge portent l'architrave, les toits concaves aux tuiles vertes, bleues, jaunes. L'ensemble est agrémenté d'une charpente, de nombreuses sculptures. Un exemple typique de l'architecture monumentale Ming est donné par le tombeau de l'empereur **Yongle** (1402-1424), une œuvre colossale, aux proportions admirables. Il fit également bâtir le temple du Ciel à Pékin et la très célèbre tour de Porcelaine de Nankin, détruite au XIXe siècle.

La peinture sous les Ming : paysage et lavis à l'encre

Si la sculpture ne présente pas sous les Ming une originalité d'œuvres novatrices, la peinture, en revanche, bénéficie de la part des empereurs d'une attention redoutable. Redoutable, car les peintres officiels vivant dans le milieu protégé de la cour, ils y sont embrigadés, doivent produire en suivant l'art officiel. Le modèle des Ming demeure la peinture sous les Song, surtout les paysages. La suite en est prise par **Tai Wen-Ching** (1388-1462) qui fonde l'école Tche, s'adonne à la reprise des techniques traditionnelles, y ajoute le lavis à l'encre de Chine. L'autre représentant de cette école est **Lan Ying** (1585-1644). **La seconde école**, l'école Wou, poursuit les créations de la peinture littéraire de l'époque Yuan. Une troisième sensibilité s'épanouit, véritable lien entre les écoles du Nord et du Sud, celle des artistes individualistes. **Deux écoles s'opposent**, les peintres narrateurs du Sud, adeptes du lavis et des jeux de pinceaux, contre les artistes du Nord, académiques, ayant recours aux couleurs vives. Les deux écoles ont en commun de recopier à satiété les œuvres du passé. C'est au cours du XVIIe siècle que **la gravure sur bois** polychrome atteint à Nankin son apogée.

La porcelaine Ming

Si, dans la littérature comme en peinture, les Ming n'innovent guère, leur nom évoque pourtant chez chacun d'entre nous un univers de grâce et de couleurs chatoyantes, celui de la porcelaine. C'est l'art par excellence de l'époque des Ming. La matière première, le kaolin, tire son nom, *Kao Ling* (la passe haute), du site d'extraction proche de la manufacture impériale. L'art des couleurs porte la porcelaine Ming à la perfection, depuis les pièces monochromes blanches, bleues ou céladon, un vert pâle transparent, jusqu'aux créations *San Tsai* (Trois couleurs), mariant le vert, le jaune et le violet foncé, ou aux remarquables *Wou Tsai* (Cinq couleurs) reprenant les trois précédentes en y adjoignant le bleu et le rouge. Les thèmes favoris, repris des classiques de la peinture sur soie, sont les motifs floraux, les oiseaux, les papillons.

LA LITTÉRATURE SOUS LES MING : ÉROTISME ET ROMAN POPULAIRE

C'est à l'époque Ming que se développe la vogue du roman populaire, continuateur de la forme narrative née sous les Yuan, le drame chinois. L'exaltation des sentiments raffinés est la trame de pièces comme le *Mou tan t'ing*, « Le Pavillon des pivoines ». Le roman historique, l'épopée sont illustrés par le *San kouotche*, l'*Histoire des Trois Royaumes*, le *Chouei houtchuan*, *Au bord de l'eau*, ou le *Si Yeou Ki*, *Voyage vers l'Ouest*. L'érotisme est aussi à l'honneur, mêlant histoires de mœurs et critiques sociales contre la bourgeoisie enrichie qui s'épanouit sous les Ming, à l'exemple du *Jin ping mei*, *Branches de prunier dans un vase d'or*. La poésie, plutôt conventionnelle, s'élève avec **Tang Yin** (1470-1524), peintre, calligraphe, à l'expression délicate du sentiment authentique.

LA PHILOSOPHIE SOUS LES MING : L'ÉCOLE DE L'ESPRIT

Wang Shouren, connu sous son surnom de **Wang Yangming** (1472-1529), est le grand philosophe de l'époque Ming. En opposition avec le confucianisme officiel, il prône l'intuition comme principe universel de la nature, esprit et principe ne font qu'un, connaissance et action pratique concordent. Néoconfucéen, il illustre l'école de l'Esprit : chacun possède l'esprit principe pur, appelé *li*, donc la connaissance innée, qu'il suffit pour trouver de rechercher en soi-même. Cette connaissance se traduit en action pratique vertueuse, l'une ne va pas sans l'autre. Après sa mort, l'école de l'Esprit se tourne vers un idéalisme épuré au point de se détourner du monde extérieur. Son disciple **Wang Ken** (1483-1541) préconise une société sans riches ni pauvres.

LA MUSIQUE SOUS LES MING

L'opéra, né sous les Yuan, poursuit son évolution. Le compositeur le plus fameux est **Tang Sien tsou** (1556-1617), auteur des œuvres demeurées les plus célèbres que sont le *Mou tan t'ing*, un drame d'amour où une jeune fille de la haute société finit par s'unir à celui qu'elle aime, de milieu social inférieur, et *Les Quatre Rêves*. Ce sont des œuvres du style théâtral typique des Ming ou *tchouan-k'i*, qui supplante peu à peu la première forme régulière du théâtre chinois, le *tsa-kiu* de la dynastie Yuan.

3. Le Japon, de la fin du XVIe au XVIIe siècle

LA PÉRIODE AZUCHI-MOMOYAMA (1573-1603)

La période **Azuchi-Momoyama** est une ère de troubles, où des seigneurs de la guerre se disputent la réalité du pouvoir, nommant et destituant les shoguns selon leur bon gré. Deux hommes dominent l'époque par leur stature, leur rôle dans la préparation de l'unification du Japon, Nobunaga Oda et Toyotomi Hideyoshi. **Nobunaga Oda** (1534-1582) remporte la bataille de Nagashino, mais, trahi par un de ses généraux, il est contraint au suicide. **Toyotomi Hideyoshi** (1536-1598) lui succède, remporte la bataille de Yamazaki, mais échoue à conquérir la Corée. L'heure est alors venue pour un troisième homme, **Ieyasu Tokugawa** (1536-1616), qui instaure le *bakufu*, ou « gouvernement sous la tente ». Devenu shogun, sa dynastie règne en maître jusqu'en 1868. **L'époque des Momoyama** s'étend sur un demi-siècle, constitue la base du Japon moderne et prépare la grande période pacifique des Tokugawa qui durera deux cent cinquante ans. La période marque la fin des guerres civiles, le commerce avec la Chine introduit les réalisations culturelles de celles-ci. **Les premières influences européennes** apparaissent. Les jésuites portugais diffusent les premiers le christianisme. Pourtant l'arrivée des Hollandais n'ouvre pas le Japon à d'autres lieux, d'autres mondes. Le pays découvre de nouvelles armes, de nouvelles techniques de combat, les fusils, mais l'apport de l'extérieur dans les mentalités est quasi inexistant. On parle d'une civilisation des « Barbares du Sud », *Namban*, pour désigner les Portugais et les Espagnols. Sans doute est-ce parce que l'éthique et l'ordre politique se rejoignent complètement dans le mode de vie des Japonais et qu'il n'y a pas eu d'ouverture possible à un système venu d'Occident. Le point de départ de ces échanges avec l'Europe fut le naufrage de marins portugais sur les côtes de l'île de Tanegashima en 1543. Un rapport constant, commercial et culturel, s'établit avec les pays ibériques jusqu'à la fermeture du Japon en 1639. **La culture Namban** apporte dans le domaine de la science, de l'astronomie, de la géographie de nouvelles impulsions. Les théories et les méthodes employées au Portugal furent introduites lors de la seconde moitié du XVIe siècle au Japon. **Carlo Spinola** (1564-1622), missionnaire jésuite portugais, fonde une académie, à Kyōto, dans laquelle il explique la révolution des astres et la cosmographie. Les cartes du monde sont également introduites par des missionnaires, ainsi que des atlas et le plan de villes européennes. L'art nautique portugais est transmis aussi. Des hôpitaux sont construits, comme celui de **Luis de Almeida** en 1557 à Funai, qui permit aux médecins japonais de se former. L'imprimerie se développe et des ouvrages européens et japonais voient le jour. La peinture occidentale est objet d'intérêt, et des copies d'œuvres, de nombreuses gravures flamandes, circulent. Les paravents peints racontent et décrivent l'arrivée des Européens, de leurs navires.

L'art de la période Azuchi-Momoyama

L'architecture : la vie de château

L'architecture dans le contexte militaire prend la forme de nombreuses constructions défensives et châteaux. Le plus célèbre est celui de Himeji, le château du héron blanc situé dans la préfecture de Hyōgo. On le connaît aussi sous le nom de *Shirasagi-jo*. Les tours à plusieurs niveaux surmontent les murs de granit et c'est l'une des plus vieilles structures médiévales. En 1331, **Akamatsu Sadanori** avait prévu de le construire aux pieds du mont Himeji. Hideyoshi en fait sa base d'opérations militaires en 1577. Après **la bataille de Sekigahara**, en 1600, Ieyasu Tokugawa le confie à son gendre qui lui donne sa forme actuelle. L'intérieur du château est richement décoré. Il comprend quatre-vingt-trois bâtiments avec des dispositifs de défense très élaborés. C'est un chef-d'œuvre de la construction en bois. Un autre style architectural, le *sukiya-zukuri*, recherche du raffinement, se développe dans les résidences de l'aristocratie, libre adaptation du *shoin-zukuri*, incorporant de nombreuses caractéristiques de l'architecture des pavillons de thé. Le *sukiya-zukuri* n'est pas employé pour les espaces publics des palais où se tenaient les audiences ou les cérémonies officielles. De nouvelles variétés de bois, de torches ou de papier sont également employées.

La peinture

L'architecture est enrichie de peintures des portes à glissière mais aussi de paravents d'un éclat éblouissant. Les artistes les plus célèbres sont les maîtres de l'école Kanō : **Kanō Eitoku** (1543-1590), **Kanō Sanraku** (1559-1635). Leurs peintures se reconnaissent à leurs fonds dorés. La peinture au lavis est représentée par les écoles de Kaiho et de Tosa : **Kaiho Yushō** (1533-1615), **Tosa Mitsuhide** (1539-1613), **Hasegawa Tohaku** (1539-1610).

La religion à l'époque Azuchi-Momoyama

Le christianisme importé par les Portugais fait son entrée dans l'empire insulaire. Au début, les progrès de la christianisation sont bien accueillis et rapides. Des monastères, des églises apparaissent un peu partout. Les missionnaires les plus importants sont **François Xavier** (1506-1552), **Alessandro Valignani** (1539-1606). Mais en 1587, le christianisme se voit interdit par le *Kanpaku*, Premier ministre, **Toyotomi Hideyoshi** (1536-1598). En 1596, une persécution très violente débute.

L'ÉPOQUE D'EDO (1615-1868)

L'époque d'Edo (1615-1868) se confond avec le gouvernement de la dynastie des Tokugawa qui a unifié le Japon à son profit. L'empereur est cantonné à un rôle purement religieux. Le pays est réorganisé selon une structure féodale, des fiefs sont confiés à des *daimyōs*, ou seigneurs. La capitale est fixée à Edo, l'actuel Tōkyō, où les *daimyōs* sont contraints de résider un an sur deux, de laisser leur famille en otage. **Les Tokugawa** décident, cas unique dans l'histoire, de fermer le Japon à toute influence extérieure. Cette longue période d'isolement, nommée *sakoku*, ne prend fin qu'en 1854. Les Américains exigent l'ouverture du pays. La flotte de guerre commandée par le commodore **Perry** menace de bombarder Edo en cas de refus. Contraint et forcé, le Japon s'ouvre par la convention de Kanagawa, il accepte par celle-ci de commercer avec les États-Unis en limitant les droits de douane à 3 %. En 1868, l'empereur **Mutsuhito** (règne : 1868-1912) en profite pour reprendre le pouvoir. Le dernier shogun Tokugawa démissionne. L'ère Meiji, celle du « Gouvernement éclairé », de la modernisation sur le modèle occidental, s'ouvre.

Les arts sous les Tokugawa au XVIIe siècle

On assiste pendant cette période à la naissance d'un art bourgeois marqué par la paix, la prospérité, l'isolement. Dans le domaine de la culture, la première moitié du XVIIᵉ siècle apparaît comme une période de transition entre la précédente, celle de Momoyama, et celle d'Edo. **Kyōto** demeure, au début, le centre d'activité culturelle. Les représentants de la culture Kan'ei ne se recrutent que parmi les héritiers de la culture traditionnelle, nobles de la cour, moines, savants entretenus par les Tokugawa. Ils vivent dans une ambiance raffinée qui n'est pas loin des « salons », teintée de dilettantisme, d'un goût aristocratique pour les représentations de *nō*, la pratique de l'art poétique, *waka*. Le néoconfucianisme pénètre dans la société des guerriers qui en font leur doctrine officielle. Celle-ci présente l'avantage, avec ses principes moraux devant régir les rapports sociaux fortement centralisés du moment, de justifier la structure sociale en vigueur. Tout le long du XVIIᵉ siècle, la production agricole ne cessant de croître, peu à peu les arts deviennent l'affaire de la bourgeoisie et des classes commerçantes enrichies.

Les arts mineurs : un art majeur, le sabre

Les Tokugawa, afin de mieux assurer leur pouvoir, s'employèrent à stabiliser et à structurer la société en inculquant la morale néoconfucéenne. Dans ce climat, **le sabre** renforce son aura au point non seulement d'être une arme noble, mais aussi de manière symbolique l'âme de son détenteur. Aucun pays n'a été comme le Japon lié **au culte du sabre**. D'une part, parce que ce dernier se rattache à des références mythologique et spirituelles, d'autre part, parce qu'il implique des convenances sociales. Considéré comme « l'âme du guerrier », le sabre, en effet, est lié au divin. Il fait partie avec deux autres objets, le miroir et les perles sacrées, des emblèmes impériaux vénérés au Japon. Le premier souverain Ninighi, petit-fils de la déesse du soleil Ameterasu Omikami, se serait posé sur l'île de Kyūshū et les y aurait apportés. La légende veut aussi que le petit-fils d'Amaterasu se soit saisi d'un sabre, dissimulé dans la queue d'un dragon qu'il venait de terrasser. Dès lors cet emblème devient le symbole du pouvoir. Son rôle se vérifie autant dans les *regalia imperiale*, les objets sacrés de la Couronne, que dans la diplomatie et les successions. Les temples shintoïstes en possèdent toujours un. Certaines lames sont gravées de formules religieuses ou de représentations divines. Âme des samouraï, le sabre constitue **un lien social important dans la société des Bushi**[1].

La peinture

L'isolement du Japon, à partir de 1639, aurait dû logiquement mener la peinture à une stagnation. Mais celui-ci n'est pas total, les colonies chinoises et hollandaises maintiennent des contacts économiques et culturels. En fait, on assiste à une grande diversité de la peinture et de nombreuses tendances et écoles. Pendant longtemps, l'école de Kano et celle de Tosa maintiendront leur domination artistique. L'art du yamato-e subit l'ascendant de **Hon'Ami Koetsu** (1558-1637), fondateur d'une communauté d'artistes à Takagamine, banlieue de Kyōto, dont le but était de renouer liens et échanges entre l'art pictural et l'artisanat. **Tawaraya Sotatsu** (v. 1600-v. 1643), son collaborateur, et lui-même s'appliquèrent à reproduire des peintures, des laques dans un style plus léger que celui des écoles précédentes, Kano ou Tosa. C'est le début de l'*école Rimpa*, dont la réinterprétation des principes revient à **Ogata Korin** (1658-1716). Les artistes rimpa produisent des peintures, des estampes, des laques, des textiles, des céramiques. Le style en est un des plus fameux et des plus caractéristiques de la peinture japonaise. Les éléments, oiseaux, plantes semblent naturels mais en approfondissant, on constate que tout est mis en scène de façon artificielle. Chacun d'entre eux est placé comme découpé et donne l'impression d'un exercice de graphisme. Néanmoins ces œuvres sont plus dépouillées que celles des écoles Tosa ou Kano. D'autres peintres méritent d'être cités : **Hanabuso Itcho** (1652-1724), **Iwasa Matabei** (1578-1650), tous deux ne faisant partie d'aucune école.

La littérature sous les Tokugawa : théâtre et haikai de Bashō

La période des Tokugawa est marquée par une prospérité dans le domaine des arts et de l'artisanat. Le gouvernement tente d'empêcher

---

[1]. À ce sujet, voir Florence Braunstein, *Penser les arts martiaux, op. cit.*, p. 287.

la concentration économique et politique entre les mains de quelques aristocrates. Les arts ne sont plus seulement destinés à la noblesse, et peuvent d'étendre à la bourgeoisie qui se trouve en contact avec elle. La littérature devient populaire. On décrit la vie humaine, ses vertus, ses faiblesses sur un ton moralisateur ou badin. Les romans de mœurs d'**Ihara Saïkaku** (1642-1693) sont typiques de cette tendance. Le second grand auteur de cette période est **Chikamatsu Monzaemon** (1653-1724), représentant du drame. Son véritable nom est Sugimori Nobumori, descendant d'une famille de *bushi*, guerrier. Il commence à écrire des *jōruri* pour le théâtre de poupée. **Takemoto Gidayu** (1651-1714), créateur du théâtre de poupée chanté, lui demande en 1686 de s'associer. Jusqu'en 1703, il n'écrit que des *jōruri* historiques, puis la ferveur du public pourra se répartir entre les *sewa-mono*, théâtre d'actualité, et les *jidai-mono*, théâtre d'époque. À côté du théâtre *nō* réservé à l'aristocratie et aux gens de la cour, apparaît le théâtre populaire, le *kabuki*, qui aurait été précédé par celui des marionnettes. C'est au *Bunraku*, nous apprend **André Leroi-Gourhan**, dans *Pages oubliées sur le Japon*[1], que le *kabuki* doit d'être devenu, dans une certaine mesure, un théâtre, car presque toutes les œuvres théâtrales du *kabuki* ont été empruntées au théâtre de marionnettes. Il confie des rôles aux femmes, pratique interdite à partir de 1628. La naissance du *kabuki* est liée à la danseuse **O-Kuni**, danseuse sacrée du temple d'Isé qui finit par s'installer à Kyōto après avoir quitté la vie religieuse. Le *kabuki* est orienté vers le spectacle, le plaisir de l'œil, l'émotion immédiate. Si l'on attribue à **Chikamatsu Monzaemon** de cent à cent cinquante *jōruri*, drames pour marionnettes, nous lui devons une trentaine de pièces pour *kabuki*. Les *jōruri* mettront en scène Yoshitsune et son fidèle Benkei, le moine guerrier colossal.

Bashō et le haikai[2]

La poésie lyrique se développe sous une nouvelle forme, le *haikai*, vers de cinq, sept, neuf syllabes dont le maître incontesté est **Matsuo**

---

1. André Leroi-Gourhan, *Pages oubliées sur le Japon*, recueil posthume établi et présenté par Jean-François Lesbre, Paris, Jérôme Millon, 2003.
2. Voir Florence Braunstein, « Bashō, *La Sente étroite du bout du monde* », in *Encyclopædia Universalis*.

Bashō (1644-1694). De son vrai nom Matsuo Munefusa, il excelle à utiliser les mots du quotidien. Un *haikai* exprime « une illumination passagère dans laquelle on voit la réalité vivante des choses ». Si son œuvre excelle dans la maîtrise du *haikai-renga*, ou « poème libre en chaîne », il donne ses lettres de noblesse au *haiku*, poème en dix-sept syllabes, mais surpasse son art dans le genre particulier du *haibun*, à savoir une prose poétique entremêlée de *haiku*. *La Sente étroite du bout du monde* relève du *kikō*, c'est-à-dire au sens propre des « notes de voyage ».

Ce récit, au titre original de *Oku no Hosomichi*, relate un voyage effectué, en 1689, à travers les montagnes du nord et du centre du Japon. **Bashō**, dont le surnom vient de l'« Ermitage-au-Bananier » où il s'était installé (*bashō* signifie « bananier » en japonais), passe l'essentiel de son existence en sédentaire. Toutefois, déjà en 1683, un incendie l'avait contraint à quitter sa retraite et à entreprendre un voyage. Il y prend goût, et ne cesse plus ses pérégrinations jusqu'à sa mort, à Ōsaka, en 1694. Le déplacement est pour lui, comme pour les auteurs de *kikō* depuis le XIIIᵉ siècle, l'occasion de décrire la majesté des paysages contemplés. Mais là où, trop souvent, les « notes de voyage » se limitent à des descriptions banales, Bashō prolonge son art du dire par un art du penser : l'émotion esthétique s'achève en méditation. La particularité de Bashō est également d'employer, pour son récit de voyage, un langage très simple, accessible à tous. Il n'a jamais souhaité développer par une théorie son art particulier. Toutefois, il est le fondateur de l'**école Shōmon**, qui répond à l'application de trois principes : *sabi*, *shiari* et *hosomi*. **Le premier terme** évoque la sobriété née de la contemplation, **le deuxième** l'indispensable harmonie, clef de l'œuvre, **le troisième** la quiétude, qui découle de la contemplation et de l'harmonie.

Les sciences et la philosophie sous les Tokugawa

Le début de la période connaît un essor incomparable dans le domaine des sciences mathématiques (*wasan*) et de la philosophie. Le facteur dynamique de ce développement est dû à la découverte au XVIIᵉ siècle d'ouvrages chinois anciens, datés du XIIIᵉ siècle. Les tables trigonométriques et les logarithmes furent rapidement intégrés comme compléments indispensables aux techniques calendériques et astronomiques. En revanche, ni les raisonnements déductifs euclidiens ni l'axiomatique ne trouveront preneurs chez les mathématiciens japonais. Deux noms sont liés à l'évolution de la technique du *wasan*, héritée de la première moitié du XVIIe siècle, **Seki Takakazu** (1642-1708) et **Takebe Katahiro** (1664-1739). Paradoxalement, les Japonais semblaient ne pas connaître les modifications intervenues dans la vie intellectuelle chinoise à ce moment, les mesures d'interdictions prises par les premiers shoguns Tokugawa visaient les ouvrages produits par les jésuites.

Écoles de pensée et religion sous les Tokugawa

Les deux grandes écoles de pensée sont celles de *Mito*, qui fonde sa réflexion sur l'histoire, et celle de *Shingaku*, qui veut développer une véritable pédagogie pour l'enseignement populaire de masse. **Le confucianisme** est ancien au Japon, puisqu'il fut introduit, d'après la tradition, au Ve siècle. Lors des périodes Kamakura (1185-1333) et Muromachi (1333-1568), il est étudié dans les établissements bouddhiques, enseignement qui reste d'ailleurs le monopole de l'aristocratie, des familles de cour jusqu'à l'ère Edo. **Ito Jinsai** (1627-1705) pense que les hommes partagent une nature identique, ouverture d'accès à la Voie. D'autres penseurs suivent le même cheminement intellectuel comme **Nishikawa Joken** (1648-1724).

4. La Corée

LE DÉCLIN DE LA DYNASTIE JOSEON (XVIIe-XVIIIe SIÈCLES)

La dynastie Joseon, qui a connu son moment de splendeur au XVe siècle, entame ensuite une longue période de décadence, dont le début est marqué par la soumission à la nouvelle dynastie mandchoue des Qing qui prennent le pouvoir en Chine en 1644. Désormais, la Corée vit au rythme des dominations étrangères, dans une indépendance de principe. En revanche, la sclérose sociale et politique, le repli sur soi qui vaut au pays le surnom de « royaume-ermite », s'accompagne d'un formidable renouveau intellectuel.

LE DÉVELOPPEMENT CULTUREL, LES ARTS ET LES SCIENCES SOUS LA DYNASTIE JOSEON

Le bouddhisme connaît, sous la nouvelle dynastie, une phase d'éclipse, liée à la montée du confucianisme, utilisé pour la réforme de l'administration et des cadres politiques. Le bouddhisme est peu à peu limité par tous les moyens : fermeture des couvents, mesures draconiennes pour empêcher l'érection de nouveaux temples, prohibition des cérémonies à la cour, interdictions de devenir moine fondées sur l'utilité du rôle social. L'histoire continue de passionner les lettrés, qui rédigent le *Ko-ryo-sa*, *Histoire de Ko-ryo*, le *Djo-son wang-djo sil-lok*, *Annales de la dynastie des Li*. En revanche, l'architecture et les arts mineurs sont peu développés, en raison du contrôle étroit exercé par une lourde bureaucratie confucianiste. Les souverains préfèrent accorder leurs faveurs aux sciences et développent, en 1446, un nouveau système d'écriture, à la fois alphabétique et syllabique, même si le chinois demeure d'usage pour les documents officiels et les chroniques.

LE RENOUVEAU DU SIL-HAK

Il s'agit surtout d'un renouveau culturel, lié à la curiosité née du mouvement du Sil-hak, ou « Science du réel », qui regroupe, dès le XVIIe siècle, les adeptes du pragmatisme. Les principaux représentants de cette école, au XVIIIe siècle, sont **Li Ik** (1681-1763) et **Djong Yak-Yong** (1762-1836). Le *Sil-hak* s'intéresse, par les voyages de ses membres en Chine, à la technologie occidentale, ainsi qu'au christianisme, tout du moins jusqu'aux premières conversions de Coréens, à la fin du XVIIIe siècle, qui provoquent une attitude hostile, puis une persécution dirigée par Séoul. Cette évolution culturelle est à mettre en parallèle avec une décadence politique qui conduit la Corée à s'ouvrir, contrainte et forcée, au Japon, en 1876, puis aux principales puissances occidentales. Occupées à se partager la Chine, ces dernières laissent peu à peu le Japon accroître son empire sur le « pays du matin calme ».

CHAPITRE X
L'Afrique moderne : l'exemple de l'Éthiopie

1. L'architecture éthiopienne

L'église Beta Giorgis (Saint-Georges) est l'une des onze églises monolithiques sculptées dans les rochers, reliées entre elles par des galeries creusées elles aussi à même le roc, de Lalibela, une ville de la province du Tigré, à 2 600 m d'altitude. La plus grande, Medhane Alem (église du Saint-Sauveur), est longue de 30 m, haute de 11 m, large de 24 m. Beta Giorgis adopte la forme générale d'une croix. À Gondar, fondée par **le roi Fasiladas** (1603-1667) en 1635-1636, est édifié le Fasil Ghebbi, un complexe-forteresse aux influences architecturales mêlées, qui renferme plusieurs églises, des écuries, une chancellerie, le château Fasiladas et le palais Lyasu. Les matériaux employés sont la pierre basaltique et le tuf rouge, les styles empruntés à la fois aux palais arabes, aux forteresses indiennes, au baroque importé d'Europe.

2. La littérature éthiopienne

Le *Kebra Nagast* (ou *Livre de la Gloire*) des rois d'Éthiopie est rédigé au XIVe siècle en langue guèze, ou éthiopien classique, langue littéraire. Comprenant cent dix-sept chapitres d'inégale longueur, le *Kebra Nagast* mêle mythes, légendes, histoires dynastique depuis Makeda, reine de Saba. De ses amours avec le grand roi Salomon naît Ménélik, ancêtre des empereurs d'Éthiopie. Il y est aussi question du transfert de l'arche d'alliance de Jérusalem en Éthiopie. L'ouvrage est présenté comme une controverse entre trois cent dix-huit pères orthodoxes du premier concile de Nicée (325), portant sur ce qui fait la grandeur ou la gloire des rois. Selon la tradition, Ménélik ramenant l'arche d'alliance et Hélène, mère de l'empereur Constantin, qui a trouvé la croix du Christ, sont les seuls à avoir connu la gloire des rois. Le *Kebra Nagast*, qui prétend que l'arche d'alliance est en Éthiopie, est à rapprocher du *Dersane Sion* (ou *Homélie à Sion*), une homélie adressée à l'arche d'alliance pour lui rendre gloire. Il s'agit de glorifier Sion selon les trois sens du terme, la ville de David, l'arche d'alliance, Marie. Selon une légende, l'arche d'alliance serait cachée dans la cathédrale d'Axoum. L'ouvrage s'achève sur la certitude que Rome devra céder devant la puissance spirituelle de l'Éthiopie. Le *Kebra Nagast* est considéré par certains chrétiens éthiopiens comme un livre saint, dont le contenu est authentique, une attitude partagée par les rastafaris, chanteurs jamaïcains comme Bob Marley.

B. Le monde du XVIIIe siècle

CHAPITRE XI
La France au XVIIIe siècle

1. Le siècle des Lumières en France jusqu'à la Révolution

LA RÉGENCE (1715-1723)

Le premier acte de Philippe d'Orléans est de faire casser le testament de Louis XIV par le Parlement de Paris. Se méfiant de son neveu, le vieux roi avait prévu un conseil de régence et surtout de confier la charge de l'éducation du petit Louis XV à l'un de ses fils illégitimes, le **duc du Maine** (1670-1736). Le Parlement obtient en échange le retour du droit de remontrances que Louis XIV lui avait enlevé. Le régent signe en 1717 une alliance avec les Provinces-Unies (Pays-Bas du Nord) et l'Angleterre. En 1721, un rapprochement avec l'Espagne prévoit le mariage de Louis XV avec l'infante.

Le système de Law

Philippe d'Orléans se retrouve avec des caisses de l'État vidées par les guerres à sa prise de pouvoir. Il favorise donc la mise en place du système de Law. **John Law** (1671-1729), banquier écossais, est autorisé en 1716 à créer la Banque générale qui émet du papier-monnaie échangé contre de l'or. Le succès du papier-monnaie, plus pratique, est rapide, l'appui du régent rassure. En 1717, John Law crée la

Compagnie d'Occident qui met en valeur la Louisiane. En 1718, la Banque générale devient Banque royale. En 1719, la Compagnie perpétuelle des Indes est fondée, elle prête plus d'un milliard de livres à l'État, rachète les rentes que celui-ci versait contre un taux d'intérêt annuel de 3 %. Les règlements se font en billets de banque, la Compagnie reçoit le privilège d'émission de la monnaie. En 1720, Banque Royale et Compagnie fusionnent. John Law est nommé surintendant des Finances. Mais le prince de Conti (Louis-Armand de Bourbon-Conti, dit « le Singe Vert », 1695-1727) et le duc de Bourbon (Louis IV Henri de Bourbon-Condé, 1692-1740) provoquent la faillite du système en demandant à réaliser leurs avoirs en or en mars 1720. Ces derniers sont si énormes qu'il faut trois fourgons chargés d'or pour le seul prince de Conti. Cette manœuvre voyante – les princes se sont déplacés en personne – provoque une crise de confiance et la panique. Des émeutes ont lieu au siège de la Banque, rue Quincampoix à Paris. On déplore quelques dizaines de morts. En octobre, la banqueroute est achevée. Law s'enfuit en décembre. Si la faillite emporte les économies de nombre d'actionnaires de la Compagnie et enracine durablement en France la méfiance à l'égard du papier-monnaie, elle ne présente pas que des inconvénients. L'expérience de Law permet d'apurer les dettes de l'État liées aux guerres de la fin du règne de Louis XIV.

Philippe et les « roués »

Cependant elle atteint la crédibilité du régent, déjà accusé d'être un empoisonneur, car il se livre à des expériences de chimie et parce qu'une mortalité, jugée suspecte à l'époque, décime entre 1710 et 1715 tous les successeurs de **Louis XIV** à l'exception du petit **Louis XV** qui survit. L'opinion publique accuse Philippe d'Orléans de ces morts à répétition. Le régent est également attaqué pour les soupers galants qu'il organise au Palais-Royal avec ceux qu'il surnomme lui-même ses « roués », c'est-à-dire ceux qui mériteraient le supplice de la roue. En 1720, la dernière grande épidémie de peste en France ravage Marseille. Beaucoup y voient la colère divine contre un régent impie. En octobre 1722, **Louis XV** est sacré à Reims. **Le cardinal Dubois** (1656-1723), important ministre sous la Régence, devient Principal ministre mais meurt en août 1723. Philippe d'Orléans le remplace à ce poste, mais décède lui aussi peu après, en décembre de la même année.

LE RÈGNE DE LOUIS XV (1715-1774)

À la mort de Philippe d'Orléans, le duc de Bourbon, **Louis IV de Bourbon** (1692-1740), devient Principal ministre. Il arrange le mariage du roi avec **Marie Leczinska** (1703-1768), fille du roi de Pologne détrôné. Cette alliance sans gloire, réalisée dans l'urgence de donner au roi des héritiers dès que possible, permet à la France d'acquérir la Lorraine en 1733. Le **cardinal Fleury** (1653-1743) dirige depuis 1726 le gouvernement, jusqu'à sa mort. En 1740 éclate la guerre de Succession d'Autriche, la France s'allie à la Prusse contre l'Autriche. Lorsque Fleury meurt, Louis XV décide de régner sans Principal ministre. En 1755, la guerre reprend contre l'Angleterre. En 1756, la France retourne ses alliances et se rapproche de l'Autriche contre la Prusse au cours de la guerre de Sept Ans (1756-1763), opposant les principaux royaumes européens et dans le monde pour la possession des colonies. En 1763, la paix de Paris marque la perte de la Nouvelle France et de l'Inde reprises par les Britanniques. Par le traité de Versailles de 1768, la France obtient de la République de Gênes la possibilité de garder la Corse si elle la pacifie des troubles qui l'agitent depuis un demi-siècle, entretenus par les partisans d'une nation corse indépendante. Il faut un an et plusieurs expéditions pour y parvenir, mais en 1769 la Corse est française. Le 5 janvier 1757, un déséquilibré, **Robert François Damiens** (1715-1757), porte au roi un coup de couteau qui blesse légèrement Louis XV, portant d'épais vêtements d'hiver. Il est écartelé en mars de la même année. Louis XV connaît un bref retour de popularité, semblable à celle qui, lors de sa grave maladie de 1744, lui avait valu alors le surnom du « Bien-aimé ». Mais les critiques reprennent vite le dessus, attaques contre les maîtresses du roi, la **marquise de Pompadour** (1721-1764) puis la **comtesse du Barry** (1743-1793), le peu d'intérêt du souverain pour le gouvernement, ses crises de neurasthénie. L'opposition se fait plus vive dans les parlements qui usent et abusent du droit de remontrances. **Étienne de Choiseul** (1719-1785), secrétaire d'État, est renvoyé en 1770, à la fois pour l'opposition des parlements à sa politique et pour prix des intrigues qu'il a menées contre Mme du Barry. Il est également victime des dévôts qui ne lui pardonnent pas d'avoir été l'instrument de l'expulsion des jésuites du royaume, en 1764. Il est remplacé par **René Nicolas de Maupeou** (1714-1792), chancelier et garde des Sceaux jusqu'en 1774. Il réalise une réforme radicale de la justice : elle ne sera plus désormais rendue par des magistrats propriétaires héréditaires de leur charge, mais par des fonctionnaires. Les parlements, principaux concernés, se révoltent. Maupeou fait arrêter les membres de celui de Paris, les exile, rachète leurs charges en 1771. Malheureusement, la réforme Maupeou ne dure guère. Louis XV meurt de la variole le 10 mai 1774 et son petit-fils, futur Louis XVI, commettra l'erreur, à peine sur le trône, de rappeler les parlements.

LE RÈGNE DE LOUIS XVI (1774-1792)

L'impossible réforme du royaume

C'est âgé de vingt ans que Louis XVI accède au trône de France. Monarque intelligent, cultivé, il est desservi par sa timidité et un manque de préparation aux affaires publiques. Seule la mort prématurée de son frère aîné, le duc de Bourgogne, à dix ans en 1761, lui ouvre le chemin menant à la couronne. Des réformes urgentes doivent être menées, la lutte contre les octrois de province, douanes internes, le rétablissement des finances, une évolution du système des impôts. **Anne Turgot** (1727-1781) est nommé contrôleur général des finances en 1774. Il veut une réforme radicale : l'impôt payé par tous, des assemblées élues à tous les échelons administratifs et territoriaux, la liberté de conscience et le retour des protestants, la suppression des corporations, des corvées. L'ampleur des nouveautés suscite un front uni d'opposition, nobles, clergé, marchands, tous les privilégiés à un titre ou un autre. Louis XVI renvoie Turgot en mai 1776. C'est un banquier genevois, **Jacques Necker** (1732-1804), qui lui succède de 1777 à 1781. Il lance un emprunt pour financer la participation française à la guerre d'Indépendance américaine. Il souhaite lui aussi une organisation d'assemblées provinciales. Mais la noblesse de cour, dont il veut réduire les dépenses, lui est hostile. Il démissionne en mai 1781.

Charles de Calonne (1734-1802) est alors appelé aux affaires, entre 1783 et 1787. Il recourt lui aussi aux emprunts. Il établit en 1787 un plan de réforme qui vise à permettre à l'État de se procurer de nouvelles ressources, notamment par la taxation des propriétés de la noblesse et du clergé. Une assemblée des notables des trois états et des parlements est convoquée. Elle refuse la réforme. Une seconde assemblée convoquée fait de même. En avril 1787, Calonne est remercié par le roi. Ce dernier est alors durablement éclaboussé par le scandale dit de l'affaire du collier de la reine, où une aventurière convainc le cardinal de Rohan d'avancer le prix d'un fabuleux collier de diamants prétendument désiré par la reine **Marie-Antoinette** (1755-1793), alors que cette dernière ignore tout de l'affaire. Une partie seulement du prix est versée aux joailliers, qui se tournent vers la reine pour obtenir le solde, faisant éclater le scandale. En mai 1787, l'évêque **Étienne Charles de Loménie de Brienne** (1727-1794) est nommé contrôleur général des finances. Il parvient à imposer aux parlements le principe d'un impôt égalitaire, mais cède à leur revendication d'une convocation des états généraux et démissionne en août 1788. Necker est rappelé, il est lui aussi favorable au recours aux états généraux, mais là où les ordres privilégiés et les parlements en espèrent l'enterrement de la réforme de l'impôt égalitaire, Necker souhaite un doublement des élus du tiers état. Louis XVI, à la veille de la Révolution, a toutefois imposé la réforme de la justice, supprimant la « question préparatoire » et la « question préalable », c'est-à-dire la torture systématique pour obtenir aveux et noms d'éventuels complices.

LA MONARCHIE CONSTITUTIONNELLE : 1789-1792

La réunion des états généraux

Les états généraux sont convoqués le 8 août 1788 pour le 1er mai 1789. Le vote traditionnel se fait par ordre, une voix pour chaque. Le tiers état obtient le doublement de sa représentation, six cents députés, mais le roi laisse en suspens la question du vote. Dans chaque baillage se tiennent les élections des députés des trois ordres, des assemblées rédigent les cahiers de doléances qui réclament tous les mêmes réformes : une monarchie définie et limitée par une Constitution, l'égalité devant l'impôt, la fin des privilèges. **L'abbé Sieyès** (1748-1836) publie alors son célèbre pamphlet *Qu'est-ce que le tiers-état ?* en janvier 1789, où il énonce clairement que le tiers, d'un poids nul dans l'État, devient en réalité la souveraineté nationale :

> « Le plan de cet écrit est assez simple. Nous avons trois questions à nous faire :
> 1°) **Qu'est-ce que le tiers état ? Tout.**
> 2°) **Qu'a-t-il été jusqu'à présent dans l'ordre politique ? Rien.**
> 3°) **Que demande-t-il ? À y devenir quelque chose.** »

Les états généraux se réunissent à Versailles, le roi les ouvre solennellement le 5 mai 1789. Dans son discours, rien sur la Constitution ni le vote par tête. Le 17 juin, lassé, le tiers état rejoint en grande partie par le bas-clergé et quelques nobles libéraux se proclame Assemblée nationale sous la présidence de **Jean Sylvain Bailly** (1736-1793), mathématicien. Le roi fait fermer leur salle de réunion. L'Assemblée se rend à la salle du Jeu de paume où les députés prêtent le serment du Jeu de paume, à savoir ne pas se séparer avant d'avoir donné une Constitution à la France. Le 23 juin, le roi demande aux députés de retourner siéger par ordre. L'Assemblée refuse, se proclame inviolable. **Mirabeau** (1749-1791) se serait alors exclamé : « Nous sommes ici par la volonté du peuple et nous ne sortirons d'ici que par la puissance des baïonnettes ! » **Louis XVI** cède, ordonne à la noblesse et au haut-clergé de rejoindre l'Assemblée, le 27 juin, qui prend le nom, le 9 juillet, d'Assemblée nationale constituante. La monarchie absolue a cessé d'exister.

Les débuts de la Révolution

Le roi renvoie Necker le 11 juillet, masse des régiments de province près de Versailles. Paris se soulève, le peuple prend la Bastille le 14 juillet. Cet événement n'a que peu importance réelle, il n'y a guère que quelques prisonniers, mais il a une immense portée symbolique. La forteresse tenait sous ses canons une partie de l'est parisien depuis **Charles V** (règne : 1364-1380). Bailly devient maire de Paris qui adopte la cocarde tricolore : blanc du roi, bleu et rouge de la ville. Les campagnes s'embrasent, les paysans attaquent les châteaux. Cette période sera appelée la Grande Peur. Une partie de la noblesse émigre. Necker est rappelé. La nuit du 4 août, à l'initiative du comte de Noailles, les privilèges féodaux sont abolis. Le 26 août 1789, la *Déclaration des droits de l'homme et du citoyen* affirme que « tous les hommes naissent et demeurent libres et égaux en droit » et que la souveraineté réside essentiellement dans la nation. En septembre 1791, la Constitution adoptée fait passer Louis XVI de l'état de « roi de France par la grâce de Dieu » à celui de « roi des Français par la grâce de Dieu et la Constitution de l'État ». Il est devenu monarque constitutionnel, doit prêter serment de fidélité à la nation et à la loi. Le pouvoir législatif est confié à une assemblée élue pour deux ans, que le roi ne peut dissoudre. Elle établit l'impôt, le vote approuve déclaration de guerre et traités de paix. Louis XVI conserve un droit de veto, mais pour deux législatures au maximum. Les électeurs sont les hommes âgés de vingt-cinq ans payant au moins un impôt égal à trois journées de travail. Les éligibles doivent un cens équivalent à dix jours de travail. **La Constitution civile du clergé** du 12 juillet 1790 réorganise l'Église dont les membres, fonctionnaires, doivent prêter serment de fidélité à la Constitution. Le 14 juillet 1790 est célébrée **la fête de la Fédération** au Champ-de-Mars, célébrant l'unité nationale et le ralliement du roi au nouvel édifice politique. Ce dernier n'est que de façade. Le 20 juin 1791, le roi et sa famille fuient secrètement Paris, afin de rejoindre à Metz l'armée du marquis de Bouillé. Ils sont reconnus et arrêtés à Varennes, ramenés à Paris. La fuite à Varennes ruine ce qui restait de popularité du roi.

L'Assemblée l'a suspendu et exerce le pouvoir exécutif. Le 17 juillet 1791, les démocrates défilent au Champ-de-Mars, exigent, en vain, la déchéance du roi. L'Assemblée législative, issue des premières élections, ouvre ses travaux le 1er octobre 1791. Elle se divise entre monarchistes constitutionnels – qui fréquentent le Club des feuillants, veulent garder le roi et la Constitution –, Jacobins ou Girondins – nommés ainsi car les meilleurs orateurs sont députés de la Gironde, favorables à une alliance de la bourgeoisie et du peuple –, et le Marais, au centre, qui regroupe les indécis. La situation intérieure s'aggrave : les « sans-culottes » de Paris provoquent des émeutes contre la vie chère. Les prêtres réfractaires, à l'appel du pape Pie VI, refusent la Constitution civile du clergé. L'empereur **François II** (1768-1835) d'Autriche se fait menaçant, pour défendre sa tante, la reine **Marie-Antoinette**. Le 20 avril 1792, sur proposition du roi, qui espère une victoire autrichienne qui lui rendrait le pouvoir absolu, l'Assemblée lui déclare la guerre. Les premiers combats sont des revers, le roi multiplie les maladresses : veto à la création d'un camp de vingt mille fédérés sous les murs de Paris pour protéger la capitale, protection des prêtres réfractaires. Le 25 juillet, le *Manifeste de Brunswick*, du nom du chef des armées autrichiennes, promet de livrer Paris à une « exécution militaire » si la famille royale était mise en danger. Cette insigne maladresse met le feu aux poudres. Le 10 août 1792, le peuple prend d'assaut le palais des Tuileries, résidence royale. Le roi et sa famille trouvent refuge à l'Assemblée, qui, encerclée par les « sans-culottes », menace par un vote la suspension de la royauté, l'élection d'une nouvelle assemblée élue au suffrage universel masculin, la Convention.

LA RÉPUBLIQUE (1792-1799)

Déchéance et mort du roi

En juillet 1792, l'Assemblée décrète la patrie en danger et la mobilisation générale. Les fédérés, volontaires de province, entrent dans Paris. La prise de Longwy (août) puis celle de Verdun (septembre) suscitent la panique à Paris. La mairie est débordée par une commune insurrectionnelle décrétée par les « sans-culottes ». Ces derniers poussent le peuple de Paris, en lui inspirant la peur de l'invasion, à se livrer aux massacres de septembre 1792. Du 2 au 7 septembre, environ deux mille à trois mille prisonniers sont massacrés dans les prisons, prêtres, aristocrates, condamnés de droit commun, soupçonnés d'être des traîtres à la nation. La victoire de Valmy (20 septembre 1792), le jour même où la Convention se réunit, est suivie le lendemain de l'abolition de la royauté et de la proclamation de la République (21 septembre 1791). Cette nouvelle assemblée est partagée entre Girondins modérés, qui veulent mettre fin au processus révolutionnaire, Montagnards favorables à la poursuite de ce dernier, et Plaine, entre les deux, les indécis. Le 4 octobre 1792, le roi est inculpé de haute trahison et de conspiration contre la nation. Le 2 décembre 1792, **le général Dumouriez** remporte la victoire de Jemappes mais est battu le 13 mars 1793 à Neerwinden, par ces mêmes Autrichiens. Le procès du roi est l'occasion d'un affrontement destiné à se finir dans le sang entre Girondins et Montagnards. Les Girondins ne parviennent pas à obtenir une majorité pour une condamnation à l'exil ou à la résidence surveillée : **Louis XVI** est condamné à mort et guillotiné le 21 janvier 1793 sur la place de la Révolution, notre actuelle place de la Concorde.

Convention contre Comité de salut public

L'affrontement entre les deux groupes prend place ensuite jusqu'en juin 1793. En mars 1793 éclate l'insurrection de Vendée, les « Blancs », qui refusent Révolution et République, veulent rétablir la monarchie, et les « Bleus » républicains. La Convention décrète une levée de trois cent mille hommes contre les souverains européens qui se sont ligués contre la France après l'exécution du roi. La province se soulève contre Paris : en mai la ville de Lyon est prise et pillée par les républicains. La cherté de la vie, le chômage, l'incertitude liée à la guerre, l'opposition de la province exaspèrent les Parisiens. Le groupe des enragés réclame la peine de mort contre les profiteurs. Le 6 avril 1793, la Convention se dote d'un organe exécutif, le Comité de salut public, créé par les Montagnards pour surveiller les prix. Les Girondins, députés de province, sont de plus en plus en butte à l'hostilité. Le 2 juin 1793, la foule houleuse encercle la Convention, exige leur arrestation. La Convention s'incline. Ceux qui ne parviennent pas à s'enfuir sont exécutés. Le 5 septembre 1793, par décret, la Convention instaure la Terreur, programme destiné à éliminer les ennemis de la nation. Elle se marque par une sanglante répression, le recours au Tribunal révolutionnaire de **Fouquier-Tinville** (1746-1795) qui multiplie les condamnations à mort et se définira à son propre procès comme la « hache de la Convention ». Le 17 septembre 1793, la loi des suspects permet d'arrêter n'importe qui à partir du plus petit soupçon d'être un « ennemi de la liberté ». Le 16 octobre 1793, la reine **Marie-Antoinette** (1755-1793) est guillotinée.

La Convention adopte, pour consacrer une ère nouvelle, le calendrier révolutionnaire dont le poète **Fabre d'Églantine** (1750-1794) imagine les noms nouveaux des mois de trente jours, divisés en décade. Les Montagnards se déchirent alors entre enragés tel **Hébert** (1757-1794), fondateur du populaire journal *Le Père Duchesne* en 1790, indulgents comme **Danton** (1759-1794), désireux de mettre fin à la Terreur, et les amis de **Robespierre** (1758-1794), qui veulent la poursuivre. Le 24 mars 1794, Hébert et ses proches sont exécutés, **Danton** et ses partisans suivent le 5 avril. Robespierre prend la tête du Comité de salut public. Il fait célébrer le 8 juin 1794 la fête de l'Être suprême, nouvelle déité de la République, dont il se voudrait le desservant national, tout en renforçant la Terreur. Des milliers de personnes sont guillotinées sous son gouvernement. Effrayés, inquiets pour leur vie, les députés survivants de la Convention décrètent son arrestation le 27 juillet 1794. Il est guillotiné, déjà mourant d'un coup de pistolet qui lui a emporté la mâchoire, avec ses amis politiques, le lendemain, 28 juillet 1794.

Les thermidoriens

L'assemblée met fin à la Terreur. Le mois de juillet correspondant au thermidor révolutionnaire, les nouveaux maîtres de la France sont appelés thermidoriens. Ils veulent conserver les acquis de 1789, mais atténuent les lois révolutionnaires, la politique antireligieuse est abandonnée, les émigrés autorisés à revenir. En province, aristocrates forment des confréries secrètes, telle celle des Compagnons de Jéhu, traquant et assassinant les Montagnards qui n'ont pas été exécutés, lors de l'épisode de la Terreur blanche. En avril et en mai 1795, la Convention est assiégée par les « sans-culottes », l'armée la dégage. En septembre 1795, une nouvelle Constitution est adoptée. **Le droit de vote** est réservé aux seuls citoyens qui paient des contributions directes. Ils élisent vingt mille grands électeurs qui à leur tour désignent les membres des assemblées. Le pouvoir exécutif est dévolu à un Directoire de cinq membres élus pour cinq ans par le Conseil des Anciens (deux cent cinquante membres âgés de quarante ans au moins) sur une liste présentée par le Conseil des Cinq-Cents (cinq cents députés âgés de trente ans au moins). Ces deux conseils exercent le pouvoir législatif. Si les sans-culottes sont écrasés par l'armée en mai 1795, le tour des royalistes vient en octobre de la même année. Leur tentative d'insurrection parisienne s'achève sous les balles des hommes du général de brigade Napoléon Bonaparte, sur les marches de l'église Saint-Roch, le 5 octobre 1795. Le 26 octobre 1795, la Convention se sépare.

Quelques hommes et femmes de la Révolution

Antoine Barnave

Avocat au Parlement du Dauphiné, **Antoine Barnave** (1761-1793) est élu député du tiers état aux états généraux en 1789. Il est vite l'âme du parti patriote, veut une monarchie constitutionnelle, un exécutif au pouvoir étroitement encadré. Orateur de grand talent, fondateur, avec **La Fayette**, du Club des feuillants, sa correspondance avec **la reine Marie-Antoinette** fait de lui un suspect. Arrêté, emprisonné, il a le temps de rédiger une *Introduction à la Révolution française*, où il expose sa vision d'une révolution libérale et bourgeoise, avant d'être guillotiné à Paris le 28 novembre 1793.

Jacques Cathelineau

D'humble origine, **Jacques Cathelineau** (1759-1793) est fils d'un maçon. Catholique, surnommé « le Saint de l'Anjou » il soulève la Vendée contre la levée en masse décrétée en mars 1793 par la Convention. De colporteur, il se mue en chef militaire, prend aux républicains Cholet, Thouars, Saumur. Il devient généralissime de la Grande Armée catholique et royale. S'il prend rapidement Angers en juin 1793, **Cathelineau** est grièvement blessé en tentant de s'emparer de Nantes, à la fin du même mois. Il trépasse des suites de ses blessures le 14 juillet 1793.

François-Athanase de Charette de la Contrie

François-Athanase de Charette de la Contrie (1763-1796), connu sous le seul nom de Charette, sert dans la marine royale avant la

Révolution. Il émigre brièvement, revient en France et prend la tête des paysans bretons soulevés contre la République après l'exécution du roi, en mars 1793. Il se joint à la Grande Armée catholique et royale, participe aux combats devant Nantes et dans le Marais poitevin. Pourtant, le 17 février 1795, il signe le traité de pacification de La Jaunaye, près de Nantes, avec les représentants de la Convention, qui rend aux insurgés la liberté religieuse et le choix de piètres réfractaires, les exempte du service armé. Quelques mois plus tard, il prépare le débarquement du comte d'Artois, second frère de Louis XVI, en Bretagne. Le prince ne vient pas, Charette est petit à petit abandonné par ses hommes. Arrêté en mars 1796, il est condamné à mort et fusillé à Nantes le 29 mars 1796.

Charlotte Corday d'Armont

Apparentée à Corneille, **Charlotte Corday** (1768-1793) est une jeune fille lettrée, lectrice des œuvres de **Rousseau**. Elle considère dans un premier temps la Révolution d'un œil favorable, défend même avec ardeur la Constitution. Son état d'esprit change avec l'arrestation du roi et le massacre qui s'ensuivit de ses gardes et serviteurs du palais des Tuileries. Charlotte Corday apprend avec horreur que le député Jean-Paul Marat, dans son journal *L'Ami du peuple*, s'en félicite et appelle à de nouvelles exécutions sommaires. Fuyant Paris, certains députés Girondins trouvent refuge à Caen, y animent des réunions politiques. Charlotte Corday y est assidue, s'y persuade que Marat est un monstre responsable des malheurs du pays. Elle assassine Marat d'un coup de couteau, alors qu'il tente de rendre supportable sa maladie de peau en prenant un bain, le 13 juillet 1793. Jugée par le Tribunal révolutionnaire, condamnée à mort, elle est guillotinée le 17 juillet 1793.

Georges Jacques Danton

Véritable colosse, orateur remarquable, amateur des plaisirs de l'existence, **Georges Jacques Danton** (1759-1794) est avant la Révolution un avocat au conseil du roi sans clients ni fortune. Député du tiers aux états généraux, il fonde le Club des cordeliers en 1790, provoque, en 1791, la réunion au Champ-de-Mars qui réclame la République, organise l'assaut contre le palais des Tuileries en août 1792. Il devient ministre de la Justice, galvanise les défenseurs de la patrie menacée par les Prussiens avec sa célèbre formule : « De l'audace, encore de l'audace, toujours de l'audace ! » Montagnard, il est accusé par les Girondins de vénalité, non sans fondements. Il participe à la création du Tribunal révolutionnaire, préside le premier Comité de salut public en avril 1793, d'où Robespierre le fait expulser en juillet. Avec ses amis, les indulgents, comme **Camille Desmoulins**, **Philippeaux**, il demande la fin de la Terreur. Arrêté en mars 1794, il démontre ses talents oratoires au début de son procès. La Convention adopte en urgence un décret qui permet au Tribunal de le juger sans sa présence. Condamné à mort, il est guillotiné le 5 avril 1794. Il aurait interpellé le bourreau avant l'instant fatal, lui disant : « N'oublie pas surtout de montrer ma tête au peuple : elle est bonne à voir » (ou « elle en vaut la peine »).

Camille Desmoulins

Avocat parisien, condisciple de Robespierre au collège Louis-le-Grand, **Camille Desmoulins** (1760-1794) se signale dès 1789 en exhortant, au mois de juillet, les promeneurs du Palais-Royal à prendre les armes pour s'emparer de la Bastille. Il fonde des journaux, *Les Révolutions de France et de Brabant*, puis *Le Vieux Cordelier*. C'est au club du même nom qu'il rencontre Danton. Les deux hommes se lient d'amitié. Membre du groupe nommé les indulgents, il est arrêté et exécuté avec Danton le 5 avril 1794 après un procès sommaire.

Charles du Perrier du Mouriez, dit Dumouriez

Général de brigade au moment de la Révolution, Dumouriez (1739-1823) est proche des Jacobins et de La Fayette. Ministre des relations extérieures quand est déclarée la guerre contre l'Autriche, il est vainqueur à Valmy le 20 septembre 1792, à Jemappes le 6 novembre 1792. Il tente, en vain, de s'opposer au procès et à l'exécution de Louis XVI. En mars 1793, il connaît une victoire à la Pyrrhus, à la bataille de Neerwinden. Menacé d'arrestation par un décret de la Convention, il passe à l'ennemi en se livrant aux Autrichiens. Il mène dès lors une vie d'errance, traître à la fois aux yeux des républicains et des monarchistes, et finit ses jours en Angleterre.

Joseph Fouché

Joseph Fouché (1759-1820) est préfet des études chez les Oratiens de Nantes quand éclate la Révolution. Député jacobin à la Convention, il passe au groupe des Montagnards, vote la mort du roi. Il anime la déchristianisation dans la Nièvre, puis déploie son zèle lors de la Terreur à Lyon : la guillotine n'est pas assez rapide pour les exécutions de masse, il ordonne de mitrailler les groupes de condamnés pour aller plus vite. Attaqué par Robespierre à la Convention, craignant pour sa vie, Fouché rejoint les thermidoriens. Brièvement incarcéré après l'échec de la tentative de **Gracchus Babeuf** en 1795, Fouché est amnistié. Ministre de la Police en 1799, il se met au service de Napoléon Bonaparte, y reste sous le Consulat et sous l'Empire. Disgracié en 1810, il revient brièvement aux affaires sous **Louis XVIII**, en 1815, avant d'être proscrit et condamné à l'exil comme régicide en 1816. Il meurt à Trieste en 1820. Homme de l'ombre, il avait accumulé les honneurs, **Napoléon** le fait comte d'Empire, duc d'Otrante. Ses lourds et redoutables secrets d'État disparaissent avec lui : mourant, il confie au prince Jérôme Bonaparte qui est à ses côtés la tâche de brûler ses documents et papiers personnels. Il semble qu'il ne l'ait pas quitté des yeux pendant les heures que cette opération nécessite.

Antoine Fouquier de Tinville, dit Fouquier-Tinville

Fouquier-Tinville (1746-1795) naît dans une famille de riches laboureurs, paysans opulents rêvant de noblesse. Magistrat ruiné avant la Révolution, il profite de l'entregent de son cousin Camille Desmoulins pour se faire attribuer une place au sein de l'appareil judiciaire, puis devient accusateur public au Tribunal révolutionnaire. Il tient ce rôle aux procès de **Charlotte Corday**, de la reine Marie-Antoinette, des enragés, des indulgents. Après Thermidor, il est arrêté. Condamné à mort, il est guillotiné sur la place de Grève, le 7 mai 1795.

Jacques René Hébert

Jacques René Hébert (1757-1794), polémiste talentueux, membre du Club des cordeliers, fonde en 1790 son journal, *Le Père Duchesne*. Substitut du procureur de la Commune de Paris, il est connu pour ses diatribes contre le roi, ses philippiques contre les Girondins. Avec ses amis, les hébertistes ou enragés, il veut à partir de 1793 amplifier la Terreur, déposséder la Convention de ses pouvoirs et les transférer à la Commune de Paris et au Comité de salut public. Il voudrait voir fonctionner la guillotine jour et nuit sans relâche. Robespierre le fait arrêter. Le Tribunal révolutionnaire le condamne à mort : il est guillotiné le 24 mars 1794.

Marie-Joseph Guilbert du Motier, marquis de La Fayette

Héros de la guerre d'Indépendance des États-Unis d'Amérique, le général Marie-Joseph Guilbert du Motier (1757-1834), marquis de La Fayette, est élu député de la noblesse aux états généraux. Commandant de la garde nationale, il triomphe lors de la fête de la Fédération (14 juillet 1790). Monarchiste favorable à une forme constitutionnelle, il tente de protéger le roi après la fuite à Varennes, ordonne de tirer, en juillet 1791, sur les manifestants du Champ-de-Mars, qui réclament la République. Cela lui aliène en partie le vif soutien populaire dont il bénéficiait. Il fonde alors le Club des feuillants. Après août 1792, déclaré traître à la nation, il se livre aux Autrichiens qui le capturent et l'incarcèrent jusqu'en 1797. Au traité de Campo-Formio (octobre 1797), le général Bonaparte obtient sa libération, mais il demeure interdit de séjour en France. Il y revient après le coup d'État du 18 brumaire, en 1799. Se tenant à l'écart de la vie politique pendant le Premier Empire, **La Fayette** est élu député sous la Restauration (1815-1830). Il prend une part active à la révolution des Trois Glorieuses de juillet 1830, se rallie à **Louis-Philippe Ier** (règne : 1830-1848), mais le roi se hâte de lui faire enlever le commandement de la garde nationale. Déçu, La Fayette rejoint l'opposition qu'il anime avec ardeur, avant sa mort le 20 mai 1834.

Jean-Paul Marat

Médecin en Angleterre, puis, à partir de 1777, des gardes de la cour du comte d'Artois, frère du roi Louis XVI, **Jean-Paul Marat** (1743-1793) fonde en septembre 1789 son journal *L'Ami du peuple*. Il exerce aussitôt une grande influence sur le peuple de Paris, notamment les sans-culottes. Ses outrances l'obligent à quitter Paris plusieurs fois, quand il prône le massacre politique. Il organise la journée du 10 août 1792, encourage les massacres de septembre. Membre du Comité de sûreté générale, député Montagnard à la Convention, il est traduit par les Girondins devant le Tribunal révolutionnaire en avril 1793. Acquitté, il soulève les sans-culottes, contraint la Convention à décréter l'arrestation des Girondins, qui seront ensuite exécutés. **Charlotte Corday** l'assassine d'un coup de couteau dans son bain le 13 juillet 1793. Un tableau hommage de Marat expirant est peint dès 1793 par Jacques-Louis David, *Marat assassiné*.

Honoré Gabriel Riquetti, comte de Mirabeau

Mirabeau (1749-1791) est un homme aux multiples talents, à la fois polémiste de renom, auteur de nombreux pamphlets, brillant orateur. Il connaît une jeunesse tumultueuse, où il se livre au libertinage, accumule les dettes, les séjours en prison à l'initiative inlassable de son inflexible père, le marquis Victor Riqueti de Mirabeau (1715-1789), célèbre économiste auteur de *L'Ami des hommes, ou Traité de la population* (1756). Mirabeau séjourne en Angleterre, en Prusse, revient en France à l'annonce de la convocation des états généraux. La noblesse provençale refuse sa candidature, il est élu député du tiers état. Ambitieux, habile, mais aussi vénal, toujours endetté, Mirabeau évolue entre l'Assemblée et le roi qu'il conseille secrètement contre une forte rétribution. Populaire, auréolé de gloire, il meurt le 2 avril 1791 avant que son double jeu ne soit révélé par la saisie de la correspondance de Louis XVI dans l'armoire de fer, cachette dans la maçonnerie d'un mur du palais des Tuileries, en novembre 1792. Cette révélation vaut à la dépouille de Mirabeau d'être chassée du Panthéon.

Maximilien de Robespierre

Après une scolarité au collège Louis-le-Grand où il a pour condisciple Camille Desmoulins, **Maximilien de Robespierre** (1758-1794) poursuit des études de droit et devient avocat à Arras, sa ville natale. Député du tiers état de l'Artois aux états généraux, il rejoint le Club des Jacobins dont il devient l'un des principaux animateurs. Il s'élève contre la guerre en 1792. Élu à la Convention, Montagnard, il vote la mort du roi, provoque la chute des Girondins. Il entre au Comité de salut public, qu'il dirige de fait avec ses amis **Couthon** (1755-1794) et **Saint-Just** (1767-1794). Au printemps 1794, il élimine les hébertistes ou enragés, en avril les dantonistes ou indulgents. Surnommé « l'Incorruptible » en raison de ses mœurs austères, il connaît son apothéose avec la fête de l'Être suprême en mai 1794. Le 27 juillet 1794, ou 10 thermidor an II, Robespierre est arrêté à l'hôtel de ville de Paris sur ordre de la Convention. Il s'agit d'une arrestation mouvementée en raison de l'opposition physique des présents. Le gendarme Merda tire sur Robespierre, lui fracasse la mâchoire. Le même jour, sans procès, Robespierre est guillotiné.

Louis Saint-Just

Louis Saint-Just (1767-1794), surnommé « l'archange de la Terreur », est élu député de l'Aisne à la Convention, où il siège avec les Montagnards. Il s'y signale aussitôt par sa maîtrise d'une rhétorique implacable, notamment lors du procès du roi, où il réclame la mort en s'appuyant sur l'adage repris de Rousseau : « Nul ne peut régner innocemment. » En mai 1793, alors que les Girondins sont sur le point d'être éliminés, il rejoint le Comité de salut public et forme avec **Couthon** et **Robespierre** un gouvernement parallèle mais détenant le pouvoir réel, surnommé le « *triumvirat* ». Président de la Convention en février 1794, il participe activement à l'élimination des hébertistes et dantonistes avant d'être arrêté avec Robespierre et guillotiné avec lui.

Emmanuel Joseph Sieyès

C'est sans vocation ni conviction qu'**Emmanuel Joseph Sieyès** (1748-1836) entre dans les ordres comme prêtre en 1774. Il connaît la célébrité avec la publication de son pamphlet *Qu'est-ce que le tiers-état ?* en 1789. Il est élu du tiers aux états généraux et prend une part active à leur transformation en Assemblée nationale, participe à la rédaction du *Serment du Jeu de paume*. Il est membre du Club des feuillants, aux côtés de La Fayette et des monarchistes constitutionnels. Cependant, élu à la Convention, il vote la mort du roi et entre au Comité de salut public après Thermidor. Sa carrière politique se poursuit, il est élu au Conseil des Cinq-Cents, devient membre du Directoire en 1799, participe au coup d'État de Bonaparte, qui le fait comte d'Empire en 1809. Le retour des Bourbons le contraint à l'exil comme régicide à Bruxelles. Il peut revenir en France après la Révolution de 1830 et meurt le 20 juin 1836 à Paris.

Marie Gouze, dite Olympe de Gouges

Marie-Olympe de Gouges (1748-1793) reçoit à Montauban une éducation soignée, qui lui permet, après son installation à Paris, de fréquenter les salons, de s'essayer à l'écriture et à la direction d'une troupe de théâtre. Elle fait jouer à la Comédie-Française, en 1785, sa pièce *L'Esclavage des Noirs*, où elle dénonce le *Code Noir* mis en place par Louis XIV pour développer le commerce de sucre, d'épices et de plantes tinctoriales des îles. Elle publie en 1788 ses *Réflexions sur les hommes nègres* qui lui ouvrent les portes de la Société des amis des Noirs. Ardente défenderesse de l'abolition de l'esclavage, elle s'engage dans la Révolution en soutenant les Girondins, mais refuse l'exécution du roi qu'elle aurait voulu pouvoir défendre, activité que son sexe lui interdit alors. Elle dénonce l'infériorité de la place des femmes en rédigeant une *Déclaration des droits de la femme et de la citoyenne* (1791) qu'elle adresse à la reine Marie-Antoinette. Elle y recourt à des formules destinées à devenir célèbres, comme « la femme a le droit de monter à l'échafaud ; elle doit avoir également celui de monter à la tribune » ou « la femme naît libre et demeure égale en droits à l'homme ». Opposée à la dictature des Montagnards et de Robespierre en 1793, elle est condamnée par le Tribunal révolutionnaire et guillotinée le 3 novembre 1793.

Etta Palm d'Aelders

Née dans une famille bourgeoise néerlandaise, **Etta Palm d'Aelders** (1743-1799) connaît une carrière d'espionne, notamment au service de la France. Installée à Paris depuis 1773, elle tient salon en 1789, recevant notamment Marat. Elle s'implique alors dans la Révolution, défendant la cause de l'égalité des femmes au sein de la Société fraternelle de l'un et l'autre sexe ou participant aux travaux de la Société patriotique des amis de la vérité. Mais en 1795 les armées françaises envahissent les Pays-Bas, la République batave est proclamée. Etta Palm d'Aelders devient suspecte aux yeux des nouvelles autorités. Revenue aux Pays-Bas depuis 1792, elle navigue entre espionnage pour le stathouder, le gouverneur militaire, et pour les autorités françaises. Ce mélange des genres lui vaut d'être incarcérée jusqu'en 1798, dans des conditions qui altèrent sa santé et provoquent sa mort le 28 mars 1799 à La Haye.

Louise-Félicité Guynement de Kéralio

Louise-Félicité Guynement de Kéralio (1757-1821) reçoit de son professeur de père une éducation poussée en littérature et en histoire. En 1787, elle est la première et seule femme élue membre de l'Académie d'Arras, présidée par **Robespierre** qui la reçoit. Elle est également la première femme à fonder et diriger un journal, le *Journal d'État et du Citoyen*, créé en août 1789. Elle anime la Société fraternelle de l'un et l'autre sexe où elle rencontre Etta Palm d'Aelders, se lie avec **Danton** et **Camille Desmoulins**. Après la Révolution, elle voyage en Europe, continue ses travaux de traduction et de publication.

Le Directoire (1795-1799)

Le régime du Directoire est fondé sur l'espoir populaire d'un retour à la paix civile, du rétablissement de l'ordre et de la mise en place d'une économie prospère. En réalité, le Directoire est une succession de coups d'État. En 1796, **Gracchus Babeuf** (1760-1797), signataire du *Manifeste des Égaux* de Sylvain Maréchal, tente de renverser le Directoire. Il voulait la fin des classes sociales, la restitution au peuple de la souveraineté réelle, une société communiste. La conspiration échoue, Babeuf est exécuté en 1797. Le Directoire se débarrasse ensuite des royalistes cette même année, puis des Jacobins en 1798. Le problème, pour le régime, est de ne survivre que grâce à l'appui de l'armée, qui est la seule à le soutenir. Le régime est déconsidéré par les scandales financiers, le peuple confronté au luxe déployé dans un raffinement de bizarreries vestimentaires sans fin par les *Merveilleuses* et les *Incroyables*, jeunes filles et jeunes gens à la jeunesse dorée, qui multiplient les extravagances de vêture et de langage, refusant par exemple l'emploi du « r » et de certaines consonnes, rendant leur discours incompréhensible au non-initié. Leur protecteur attitré, **Paul Barras** (1755-1829), est l'un des directeurs, usant de son poste pour favoriser l'agiotage et son enrichissement personnel considérable, grand dispensateur de fêtes somptueuses. Le 9 novembre 1799, ou 18 brumaire an VIII, **Bonaparte** parvient péniblement à réussir un coup d'État, uniquement grâce à l'intervention de son frère **Lucien**, président des Cinq-Cents, qui fait donner la troupe pour chasser les députés, qui vilipendaient un Bonaparte confus et bégayant.

2. Le siècle intellectuel des Lumières

Le mot « Lumières », vers le milieu du XVIIIe siècle, désigne à la fois une attitude intellectuelle et l'époque qui adopte cette attitude. Voltaire, dans une lettre adressée à Helvétius, écrivait, le 26 juin 1765 : « Il s'est fait depuis douze ans une révolution dans les esprits qui est sensible... la lumière s'étend certainement de tous côtés. » Dans le *Dictionnaire de l'Académie française* (1694), le mot « lumière » est d'abord employé avec un sens théologique puis métaphysique. « Lumière de la foi », « Lumière de l'évangile » s'opposent à lumière naturelle. En Allemagne, on parlera d'*Aufklärung*. **Kant**, dans son étude *Was ist Aufklärung ? (Qu'est-ce que les Lumières ?)*, répond : « Les lumières sont ce qui fait sortir l'homme de la minorité qu'il doit s'imputer à lui-même. La minorité consiste dans l'incapacité où il est de se servir de son intelligence sans être dirigé par autrui. Il doit s'imputer à lui-même cette minorité quand elle n'a pas pour cause le manque d'intelligence mais l'absence de la résolution et du courage nécessaire pour user de son esprit sans être guidé par un autre ». En Angleterre, *enlightenment* ne prend pas le même sens qu'en français et **Thomas Paine** écrit *The Age of Reason* (1794). Il est l'un de ces hommes des Lumières qui ont le mieux illustré les révolutions transatlantiques. En Italie, *Illuminismo*, en espagnol, *siglo de las luces*, sont synonymes de despotisme éclairé. La raison rejette toute métaphysique, se déclare incapable de comprendre la substance et l'essence des choses, d'élaborer des systèmes. Elle rejette l'autorité comme la tradition. On retrouve cette conception chez **Locke**, *Essay on Human Understanding* (1690), chez Voltaire dans les *Lettres philosophiques* (1734), chez Diderot dans l'*Encyclopédie*, à l'article « Raison ». Celle-ci caractérise l'esprit scientifique et la méthode expérimentale, seulement ils ne doivent pas concerner les sciences de la nature, mais s'appliquer à l'homme et à la société. Du domaine religieux par le biais de la raison, la philosophie passe à celui de la politique et de l'histoire et tente de devenir une nouvelle morale.

LA DÉESSE RAISON

Symboliquement, on peut dire que le XVIIIe siècle commence avec la mort de Louis XIV en 1715, et prend fin **en 1789**, avec un virage autour de 1750. Le nouveau mode de pensée qui s'impose doit beaucoup à l'essor des sciences et au retentissement des grands voyages[1]. Le rejet de toute forme de superstition prend sa source dans l'*Histoire des oracles* (1687) de Fontenelle. L'allégorie sera condamnée, tout comme les romanciers et les écrivains qui ont déshonoré le siècle de Louis XV : « Ces gens de rien que nous mettions dans nos salons, ont eu l'inconvenance et l'ingratitude, pour prix de nos bontés de faire l'inventaire

---

1. Et des récits de grands voyageurs comme *Le Voyage en Perse*, de Chardin (1686), ou la description d'un lieu utopique : *La Terre australe connue*, de Gabriel de Foigny (1676), *L'Histoire des Sévarambes*, de Denis Veiras (1677).

de notre cœur, de nous décrier en masse, en détail, de déblatérer contre le siècle[1]. » La littérature et la peinture doivent se nourrir de psychologie, de sentiments simples. Les passions exceptionnelles suscitées par les rois et les héros sont reléguées à l'arrière-plan. La vie quotidienne devient une source d'inspiration et par elle le peintre, l'écrivain se font moralistes. La dynamique du siècle passe par la raison, par l'analyse, par la philosophie. Le XVIIIe siècle offre un jeu de miroirs entre l'être et le paraître. Les situations, les positions sociales, les personnalités se divisent, s'énoncent à l'infini pour retrouver dans la multiplicité leur unité.

La notion de méthode, le désir de se plier aux exigences de la raison, est le leitmotiv de tout le siècle. Toute l'interrogation de ce siècle tourne autour de la question de savoir si l'essence du goût, le domaine de la sensation, repose sur la raison ou sur la sensibilité. **Emmanuel Kant** (1724-1804), dans la *Critique de la faculté de juger* (1790), montre que le beau s'apparente à la science. De là, naît une nouvelle forme de philosophie, l'esthétique. Rationnelle ou empirique, celle-ci s'impose progressivement dans les idées, dans les institutions. L'affirmation de la primauté de l'homme nécessite, de la part des encyclopédistes, un combat acharné contre les préjugés, la religion. L'homme est conçu comme partie intégrante d'un tout universel, annonçant ainsi les théories évolutionnistes du siècle suivant. Le XVIIe siècle, ayant repoussé le modèle de compréhension du monde dominé par un principe d'analogie, va rendre compte du vivant selon une explication mécaniste. Parce que le XVIIIe siècle a cette approche il peut concevoir **l'homme tel un animal particulier** au sein des autres êtres vivants. L'une pourtant de ses plus grandes caractéristiques est son insatiable sociabilité qui le pousse à aller toujours de l'avant, parce que le perfectionnement est inscrit dans sa nature. **Buffon**, dans les *Époques de la nature* (1778), rentre en conflit avec les théologiens en tentant de présenter une histoire naturelle de la terre, des animaux et de l'homme dont les explications ne sont pas conformes au récit de la Genèse. Ainsi, la science perd à la fois son ambition totalisante et sa finalité religieuse. Elle ne sert plus à démontrer la grandeur de Dieu,

---

1. Honoré de Balzac, *La Duchesse de Langeais*, Paris, Le Livre de Poche, 1989.

ni à confirmer la véracité des Écritures. Le siècle des Lumières introduit la notion de perfection, de performances et l'idée que l'homme fait partie d'une continuité historique, d'autres hommes[1].

> **Plusieurs caractéristiques définissent le XVIIIe siècle**
>
> – **Le despotisme éclairé** : les souverains veulent diminuer le pouvoir de l'Église, améliorer économiquement le pays. Ce sont : Frédéric II de Prusse (1740-1786), Catherine II de Russie (1762-1796), Joseph II d'Autriche (1765-1790), Joseph Ier du Portugal (1750-1777), Charles III d'Espagne (1759-1788).
>
> – **L'esprit des Lumières** où dominent raison, foi en la science, tolérance, égalité, cosmopolitisme, véhiculées par la pensée des philosophes.
>
> – **L'intérêt pour le passé** développe les fouilles, à Pompéi, à Herculanum, donne naissance aux musées (British Museum, en 1759), développe les collections, les thèses néoclassiques de Winckelmann et Lessing.
>
> – **L'émergence de nouveaux pays** et leur rôle d'importance croissante : Russie, États-Unis, Prusse.
>
> – **Naissance du courant esthétique** avec Baumgarten (*Esthétique*, 1750), Kant, des critiques d'art, Diderot, La Font de Saint-Yenne.
>
> – **Le syndicalisme** apparaît en Angleterre.
>
> – **Déclin de l'art de cour.**

Les salons ont un rôle essentiel dans la diffusion des connaissances, par le pouvoir de la parole, du contact humain. **Montesquieu, Marivaux, Helvétius, d'Alembert, Van Loo, La Tour** fréquentent celui de **Mme Geoffrin** (1699-1777). Montesquieu, Marivaux, celui de **la marquise du Deffand** (1697-1780), et enfin celui de **Mlle de Lespinasse** (1732-1776) l'est par **Diderot, Helvétius, Marmontel**. À peine l'héritage grec retrouvé, il a été aussi vite oublié, malgré les *Commentaires* sur **Aristote d'Averroès** (1126-1198). La science de la médecine à peine ébauchée par les médecins est mise elle aussi de côté. **Foucault** décrira tout particulièrement Pinel, le médecin, dans son *Histoire de la*

---

1. À ce sujet, voir Marie Jean Antoine Nicolas de Caritat, marquis de Condorcet, *Esquisse d'un tableau historique des progrès de l'esprit humain*, 1791.

folie à l'âge classique (1961), comme un personnage machiavélique. L'essentiel reste que toutes les démarches entreprises d'une façon scientifique tournent autour de l'homme et du besoin d'expliquer que son corps n'est pas une simple mécanique. Le propre du XVIIe siècle a été de préparer à ce fait, en concevant une taxinomie des passions, afin de cerner le domaine de psychologie affective.

LES NOUVEAUX CADRES DE VIE

La langue et la culture françaises sont, au moment où s'éteint **Louis XIV**, sur le point de réaliser à travers l'Europe une véritable union intellectuelle et morale. En 1717, à Radstadt, l'empereur vient de signer un accord rédigé en français. Sur l'ensemble du continent cette langue va se substituer au latin pour les négociations et les traités.

Paris, le café de l'Europe

Paris rayonne intellectuellement par l'intermédiaire des salons, mais aussi des cafés, dont le plus connu est celui du Procope, rue de l'Ancienne-Comédie. La France propose un nouvel art de vivre qui se répand en Europe à l'unisson : les modes y prennent leur point de départ, on copie aussi le palais de Versailles qui trouve ses répliques au Portugal, à Potsdam en Prusse chez l'empereur d'Autriche, à Schönbrunn. Beaucoup d'étrangers résident à Paris comme le juriste italien **Beccaria**, les Anglais **David Hume** et **Horace Walpole**, et certains même y sont définitivement adoptés comme l'Allemand Jacob Grimm (1785-1863). L'embellissement et l'assainissement de la ville commencent à l'époque de **Colbert** par le lieutenant **de La Reynie** et continuent pendant tout le XVIIIe siècle. Les anciens remparts de Louis XIII sont abattus et leurs terrains cédés à la ville. Sur leur emplacement se développe la ligne des boulevards. Ceux de la rive droite sont plantés d'arbres et deviennent, entre 1670 et 1704, une promenade. Des arcs de triomphe, appelés porte Saint-Denis ou porte Saint-Martin, se substituent aux anciennes portes à pont-levis. **La Reynie** éclaire la ville, fait paver les rues, creuser des égouts. Paris, au commencement du XVIIe siècle, compte environ cinq cent mille habitants. La ville, du point de vue de son étendue géographique, ne dépasse pas les anciens remparts d'**Étienne Marcel** et de **Charles V le Sage**. Un des coins les plus curieux de la capitale est sans conteste le cimetière des Innocents. Il est entouré sur trois côtés de charniers, vieux charniers, charnier des écrivains. Ces ossuaires, du côté du cimetière, sont des cloîtres semés de tombes ; du côté extérieur, ils présentent des boutiques occupées par des écrivains publics ou des lingères. Au-dessus des cloîtres et des boutiques se trouvent d'immenses greniers, plein d'ossements, de crânes, de débris humains. En 1782, les greniers crevèrent sous les ossements et les étalages de mode disparurent sous ce sinistre fardeau.

L'*ENCYCLOPÉDIE*, UN MONUMENT DE CONNAISSANCES

L'*Encyclopédie* fut comme une levée en masse, une bataille rangée de tous les hommes du siècle nouveau contre toutes les puissances du passé. Par sa masse, et la durée de sa publication, elle fut à cette époque une institution. Elle eut jusqu'à quatre mille souscripteurs et provoqua un mouvement d'affaires de huit millions de livres tournois (une livre tournoi de 1760 équivaudrait à 12 euros en 2013). Son but est de faire l'inventaire, la somme des connaissances humaines, en faisant un compromis entre les auteurs et les exigences du public, intéressé par une vaste documentation et moins par les querelles philosophiques. L'origine grecque du mot *encyclopédie* permet de comprendre à la fois quels furent les moyens de diffusion et la finalité de ce monument de connaissances réunies par d'Alembert et Diderot : *enkyklos*, le cercle, et *paideia*, l'éducation, les savoirs, soit la succession des connaissances. Ce terme est appliqué à un ouvrage où l'on traite de toutes les sciences, de tous les arts, soit par ordre alphabétique, soit méthodiquement par thème. C'est **le premier ouvrage** dans lequel différentes connaissances sont rangées sous des titres appropriés, placées par ordre alphabétique et traitées de façon à montrer en même temps un tableau complet des diverses branches de la science ainsi que leur connexité. L'éloge de son plan se trouve dans la *Grande Encyclopédie française*. Son succès en Angleterre ne fut certainement pas étranger à la détermination de **Diderot** de doter la France d'un ouvrage de ce genre. Son *Encyclopédie* devait avoir dix volumes, mais l'étendue de ses matières est telle qu'elle comptera dix-sept volumes de textes et onze volumes de planches lorsqu'elle sera terminée (1751-1772). On y ajoutera cinq volumes de suppléments et deux volumes de tables (1776-1780).

Les fondateurs

Diderot, aidé de d'Alembert comme principal rédacteur, regroupe pour rédiger l'*Encyclopédie* des écrivains comme **Voltaire**, **Buffon**, **Montesquieu**, **Turgot**, **Helvétius**, **Holbach**, **Necker**, **Marmontel**, et une vingtaine d'autres, comme collaborateurs. Lorsque **Diderot** entreprend de mettre en volumes la somme de connaissances de son époque, il est déjà un écrivain confirmé. De 1745 à 1749, il publie plusieurs ouvrages hardis et libéraux qui le mettent en relation avec Voltaire et qui lui valent un emprisonnement (*Lettre sur les aveugles à l'usage de ceux qui voient*, 1749) de trois mois au donjon de Vincennes. Il y reçoit de fréquentes visites de **Jean-Jacques Rousseau**. À sa sortie, il se lie avec d'Alembert et ils tracent ensemble le plan de l'*Encyclopédie*. Leur but est de rassembler toutes les sciences exactes, les principes du goût et les procédés de tous les arts. En réalité cette publication est le moyen de propager les idées nouvelles, aussi est-elle interrompue, en 1752, et 1759, par ordre du gouvernement. C'est **Diderot** qui traite de presque toute l'histoire de la philosophie ancienne ainsi que de toute la partie consacrée au commerce et aux arts et métiers. Lorsque d'Alembert cesse d'y collaborer, Diderot prend à lui seul la direction de cette œuvre colossale. Quant à d'Alembert, lorsque paraît le premier volume de l'*Encyclopédie*, il fait du discours préliminaire un véritable hymne au progrès. Le succès de l'*Encyclopédie* est immense bien que d'Alembert la définisse comme « un habit d'Arlequin où il y a quelques morceaux de bonne étoffe et trop de haillons ». L'*Encyclopédie* constitue aussi le premier pas sur le chemin du progrès, conséquence due non à la théologie mais à la raison.

Les idées

L'enjeu de l'*Encyclopédie*, de la lutte philosophique, c'est la culture, la civilisation. Le philosophe, l'homme de lettres sont devenus des vulgarisateurs. Guidé essentiellement par la raison, leur esprit se rattache à l'esprit scientifique. C'est justement cet esprit scientifique qui détermine leur conduite. Il ne confond plus vérité avec vraisemblance, et se fait adepte d'un humanisme où foi et amour se justifient, non pas parce que l'homme est à l'image de Dieu mais parce qu'il est homme. À l'idéal chrétien, s'ajoute, et s'oppose, un idéal terrestre, fondé essentiellement sur la recherche de la liberté et du bonheur, et dont le progrès constitue le moteur essentiel. Le grand travail des hommes des Lumières est de restaurer l'humanisme. **Guidés par la raison**, ils fondent l'essentiel de leur morale sur l'homme. Le philosophe est conçu dans ce système comme un idéal, un modèle comme l'avait été « l'*uomo universale* », à la Renaissance, « l'honnête homme » au XVIIe siècle, et le sera le « *gentleman* » au XIXe siècle. L'honnête homme s'incarne dans les autres hommes. Mais il attaque la tradition sous toutes ses formes, l'État, l'Église, la société, la philosophie, les sciences, la justice, l'éducation, le commerce, l'industrie. Tout l'Ancien Régime repose sur la tradition. Or, voici qu'on examine, qu'on critique, qu'on ne veut rien admettre qui ne repose sur une base rationnelle. Ce ne sont pas les institutions qui sont en cause, mais le principe même des institutions.

Société, égalité et tolérance

Au fur et à mesure que la bourgeoisie s'impose sur le plan social, le problème de l'égalité des classes devient plus évident. L'égalité naturelle semble être un mythe, alors que la propriété est quelque chose que l'on peut acquérir. Les privilèges relèvent de catégories sociales différentes selon qu'ils sont honorifiques, terriens ou financiers, et ne sont pas systématiquement remis en cause. **Rousseau** impute à l'instauration de la propriété l'origine des inégalités sociales, responsable de la subordination de l'homme par l'homme et de l'aliénation de sa liberté. Il pense d'autre part que rien ne légitime la propriété, véritable infraction et usurpation au droit naturel. Avec le *Contrat social*, ou *Principes du droit politique* (1762), il envisage ces limites afin de garantir l'égalité entre les citoyens. Voltaire, au contraire, le patriarche de Ferney, défend la légitimité de la propriété, voit en elle l'un des plus sûrs fondements de notre société et la récompense matérielle des efforts accomplis pour rendre meilleures ses possibilités de vie. Il encourage le commerce, l'industrie dans un esprit de libéralisme total et approuve leurs conséquences : enrichissement des citoyens les plus actifs, généralisation du luxe. **Voltaire** est aussi le grand émancipateur de la pensée moderne. Avec *La Henriade* (1728), il célèbre en **Henri IV** le héros de la tolérance. Dans les *Discours sur l'homme* (1738), tout est prétexte à faire encore l'éloge de la tolérance. *Mahomet ou le fanatisme* (1741) est un moyen de dénoncer le fanatisme chrétien tout comme celui du monde de **Mahomet**. Dans l'esprit de la Révolution, l'égalité des droits doit peu à peu effacer l'inégalité des conditions de vie. Les fils des Lumières font donc une place de choix à l'instruction, meilleur moyen pour améliorer leur façon de vivre. Par l'enseignement, ils pensent rétablir une certaine égalité entre les citoyens en favorisant le développement des facultés et des talents.

LA *DÉCLARATION DES DROITS DE L'HOMME*

La *Déclaration des droits de l'homme* formulée comme loi constitutionnelle, a d'abord été inscrite en 1776 dans le préambule des constitutions de plusieurs États de la République américaine. En France, une première déclaration est votée par l'Assemblée constituante le 12 août 1789, puis par cette même assemblée dans la Constitution de 1791, la Convention en 1793. Plus tard, dans la Constitution de l'an III, les droits de l'homme sont inscrits comme loi fondamentale de la société française.

On trouve encore une de ces déclarations de principe en tête de la Constitution de 1840. Ce sont là en réalité des formules philosophiques, dépourvues de sanction et dont la plupart peuvent servir au législateur pour en faire lui-même l'application. Mais ces déclarations sont le point de départ d'une ère nouvelle dans l'histoire de l'humanité. Elles proclament l'égalité des citoyens devant la loi, la liberté

> **Constitution du 24 juin 1793**
>
> *Déclaration des droits de l'homme et du citoyen* :
>
> Le peuple français, convaincu que l'oubli et le mépris des droits naturels de l'homme, sont les seules causes des malheurs du monde, a résolu d'exposer dans une déclaration solennelle, ces droits sacrés et inaliénables, afin que tous les citoyens pouvant comparer sans cesse les actes du gouvernement avec le but de toute institution sociale, ne se laissent jamais opprimer, avilir par la tyrannie ; afin que le peuple ait toujours devant les yeux les bases de sa liberté et de son bonheur ; le magistrat la règle de ses devoirs ; le législateur l'objet de sa mission.
> – En conséquence, il proclame, en présence de l'Être suprême, la déclaration suivante des droits de l'homme et du citoyen.
> **Article 1.** – Le but de la société est le bonheur commun. – Le gouvernement est institué pour garantir à l'homme la jouissance de ses droits naturels et imprescriptibles.
> **Article 2.** – Ces droits sont l'égalité, la liberté, la sûreté, la propriété.
>
> Source : Jacques Godechot, *Les Constitutions de la France depuis 1780*, Paris, Garnier-Flammarion, 1970, p. 79-80.

absolue de la conscience et la liberté individuelle garantie à tous. La *Déclaration des droits de l'homme* constitue un puissant facteur d'unité nationale en proclamant l'égalité des droits de l'homme et de la nation. Ces principaux droits pour tous les citoyens sont la liberté, la propriété, la résistance à l'oppression et pour la nation de faire des lois, d'organiser la force publique. L'idée de nation surgit et, selon la définition que **Sieyès** en donne, « c'est un corps d'associés vivant sous une loi commune formé par le droit naturel et représenté par une même législature[1] ». La *Déclaration des droits de l'homme* constitue l'acte de décès de l'Ancien Régime en ne faisant plus de la France cet « agrégat constitué de peuples désunis ». L'unité nationale est un des premiers legs vers la modernité issus de la Révolution, le second en est l'égalité dans tous les domaines. Le 4 août 1789, l'Assemblée abolit les privilèges, faisant tomber les anciennes structures. Un système unique se substitue peu à peu à l'enchevêtrement des anciennes circonscriptions. Le marché national s'unifie peu à peu grâce à la suppression de la gabelle. La liberté

---

1. Emmanuel Sieyès, *Qu'est-ce que le tiers-état ?*, Paris, Flammarion, 2009, p. 51.

du commerce, la circulation intérieure s'établissent. Mais cette unification économique nécessite aussi un projet d'unification de l'ensemble des poids et des mesures. En 1790, sur une proposition de **Talleyrand** que la Constituante adopte, le mètre devient la base du système métrique à partir de la mesure de l'arc du méridien entre Dunkerque et Barcelone. De même **Lavoisier** détermine une unité de poids, le gramme. L'unification se fait aussi dans le domaine de la langue. La plupart des Français parlent encore différents patois, tels le languedocien, le gascon, le basque, le catalan, le flamand. Ils sont donc mis en dehors des grands courants de pensée du monde intellectuel ou politique. Aussi est-il plus que nécessaire que la langue française devienne langue nationale et ce pour consolider l'unité de la nation. L'unité de la République passe obligatoirement par celle des idiomes.

La Convention ordonne que tous les actes publics soient rédigés en français et demande au comité d'instruction publique de présenter un rapport sur les moyens de publier une nouvelle grammaire et un vocabulaire nouveau de la langue. De plus en plus à l'éducation latine se substitue l'éducation française. Le droit français va devenir lui aussi national. En 1789, il n'existe pas encore un droit uniforme mais un grand nombre de lois. Les cahiers de doléances avaient souhaité substituer aux quatre cents petits codes civils existant un code civil unique, régissant personne et propriété de la même façon. En septembre 1791, l'Assemblée affirme son intention de faire un code de lois civiles commun à tout le royaume. Bien que la Révolution n'ait pas eu l'honneur de promulguer le *Code civil*, elle a légiféré sur toutes les questions essentielles que le droit pose. À la souveraineté d'un homme, la Révolution a substitué la souveraineté de la nation. Son grand œuvre est donc d'avoir réalisé la destruction du pouvoir personnel.

LA FRANC-MAÇONNERIE

À partir de 1717, la maçonnerie devint une institution dont la caractéristique était la réalisation d'une finalité susceptible d'être propagée par tous les peuples civilisés. Le passage de la maçonnerie médiévale à la maçonnerie spéculative fut ratifié, en 1723, par la rédaction et la publication des Constitutions. Il est consigné désormais que la cathédrale ne sera plus un temple de pierre à construire, mais que l'édifice, qui doit être élevé en l'honneur du grand architecte, est la cathédrale de l'univers, c'est-à-dire l'humanité elle-même. **Que représente la maçonnerie au XVIIIe siècle ?** C'est « une société moralisante, volontiers épicurienne, jouant de ses mystères, qui ne pouvaient qu'exciter la curiosité, qui fut probablement un atout moteur des plus puissants du mouvement d'adhésion aux loges à une époque de recherche hédonique sans contrainte. La multiplication des sociétés de plaisirs plus ou moins ritualisés en est la preuve [1]. » Les historiens se sont interrogés sur le mode de diffusion des idées dans les différentes régions de France [2]. À la veille de la Révolution, la maçonnerie comptait environ trente mille membres. Né dans une Angleterre déchirée, le texte fondateur interdit, entre autres, toute discussion sur la politique et la religion. Pourtant, l'article 1 des *Constitutions d'Anderson* de 1723 s'intitule « *Concerning god and religion* » (« À propos de Dieu et de la religion ») bien qu'on ne parle plus de Dieu dans le texte [3]. Ainsi peut-on dire qu'il existait au XVIIIe siècle **deux types de maçonneries**, ou plus exactement deux écoles :

– **celle des maçons rationalistes et humanitaires** ;
– **celle des maçons mystiques**, dépositaires d'une tradition occulte remontant à la plus haute Antiquité provenant d'une révélation divine. Ils donnent à leurs cérémonies une signification cachée [4].

---

1. Jacques Brengues, « Les écrivains francs-maçons au XVIIIe siècle », in *La Franc-Maçonnerie et Lumières au seuil de la Révolution française*, Institut d'études et de recherches maçonniques, 1984, p. 83.
2. Deux éléments de diffusion : les auteurs d'ouvrages représentent environ quatre mille écrivains, soit 12,5 % des loges : Cazotte, Chamfort, Choderlos de Laclos, Florian, Joseph de Maistre, Montesquieu. Il y a donc beaucoup d'auteurs mineurs et ce serait par eux que les concepts maçonniques auraient pu se transmettre. Leur centre d'intérêt reste le passé, et l'histoire représente 17 %, franc-maçonnerie 15 %, politique 14 %, philosophie 6 %. Ils sont surtout fascinés par les grands personnages de l'histoire, le culte de la personnalité qui s'étend aussi à soi-même, puisqu'il y a beaucoup d'ouvrages autobiographiques. Tout ce qui concerne l'ésotérisme, la symbolique, l'alchimie, l'occultisme, l'hermétisme ne représente que 20 % de l'ensemble des écrits maçonniques. (Source : Jacques Brengues, *ibid.*)
3. Jacques Brengues, « Origines et originalités des constitutions d'Anderson au XVIIIe siècle », in *Institut d'études et de recherches maçonniques*, 1980, p. 13-21.
4. Le plus connu de ces systèmes maçonniques est le régime des philalètes, dont le fondateur était Savalette de Lange. Des enquêtes sont menées sur l'origine des hauts grades, particulièrement ceux des Rose-Croix, sur les mystères religieux coexistant avec la religion chrétienne.

> **Tableau extrait des 56 principales dates
> de l'histoire de la franc-maçonnerie**
>
> **1717** – Les quatre loges existantes à Londres élisent un Grand Maître et se détachent de la loge d'York pour former une nouvelle Grande Loge.
>
> **1722** – *Constitutions d'Anderson*, fondées sur le modèle de celle d'York.
>
> **1756** – La Grande Loge de France, fondée en 1736, se détache de la Grande Loge de Londres.
>
> **1760** – Fondation à Avignon de la Loge Mère du rite Swedenborg (illuminés d'Avignon) par le bénédictin Dom Pernetti dans l'intention de réformer la religion catholique romaine.
>
> **1762** – Le baron **Hund** introduit, en Allemagne, le régime de la Stricte Observance (système templier).
>
> **1782** – Fondation à Lyon de la Loge Mère du rite égyptien, sous le titre de *Sagesse triomphante*.
>
> **1784** – Fondation à Paris d'une Loge Mère d'adoption de la haute maçonnerie égyptienne. Le Grand Maître en est **le prince de Montmorency Luxembourg**, le fondateur **Cagliostro**.
>
> **1785** – Congrès de Paris convoqué par les philalètes de la loge des Amis Réunis de Paris pour débrouiller le chaos produit par les nombreux systèmes introduits dans la franc-maçonnerie.

VERS DE NOUVEAUX SAVOIRS ET CULTURES

La culture occidentale a été amenée peu à peu à se forger une nouvelle conscience de soi. De la simple curiosité à la science, le chemin a été long, jonché d'incertitudes rationnelles. Le développement des sciences exactes, la mise au point d'une méthodologie positiviste et expérimentale contribuent aussi à rendre exactes les sciences humaines. Le roman devient expérimental au même titre que l'art et l'histoire. Les *a priori* culturels occidentaux finissent par être presque complètement vaincus par la révélation des civilisations chinoise et indienne. La recherche de la vérité à travers la connaissance va faciliter la mise en place de la plupart des disciplines des sciences humaines, philologie, histoire, linguistique, préhistoire, religion comparée. L'élargissement du domaine des sciences exactes et des sciences humaines a aussi bien pour conséquence immédiate un nouveau mode de pensée qu'un nouveau type de société. Déjà sérieusement remises en cause par l'étude de certaines lois et de l'histoire, des coups sérieux sont portés aux explications théologiques du monde, « le monde, écrit **Marcelin Berthelot**, dans la préface des *Origines de l'alchimie* (1885), est aujourd'hui sans mystère ». L'**espace géographique**, en s'élargissant, transforme les conceptions les plus profondes de la société. On observe de nouveau l'infiniment grand et l'infiniment petit. En Amérique du Sud, **Joseph de Jussieu, Alexander von Humboldt** rapportent de nouvelles connaissances : des missions dans la zone polaire permettent de savoir que certaines espèces peuvent vivre à plus de 500 m de profondeur. Le positivisme d'**Auguste Comte**, qui se veut à la fois philosophie et méthode scientifique, place l'histoire sous la lumière des progrès scientifiques et éclaire l'homme, la société, en tant qu'objet historique et scientifique.

De nombreux scientifiques s'inspirent de cette théorie. L'histoire elle-même devient scientifique. Selon **Fustel de Coulanges**, l'histoire n'est pas un art mais une science pure et il ne faut pas se limiter aux seuls documents écrits. L'*Introduction à la médecine expérimentale* (1865) de **Claude Bernard** est la deuxième contribution importante dans le domaine méthodologique. Il vérifie expérimentalement ses théories en partant d'hypothèses. De la même façon **Pasteur**, grâce à des expériences répétées sur le processus de fermentation, découvre le rôle des microbes. Les sciences humaines se veulent aussi exactes grâce à l'utilisation d'une méthode rigoureuse. L'histoire dépasse donc son rôle de simple science d'observation et va pouvoir s'appliquer à rechercher un fil conducteur d'intelligibilité, depuis les origines et les espaces les plus lointains jusqu'à notre époque. La découverte de nouveaux peuples rend nécessaire le développement philologique. Les alphabets sont déchiffrés, phénicien en 1758, égyptien, après les tentatives de **Warburton**[1] (1698-1779), par

---

1. William Warburton, *Essai sur les hiéroglyphes des Égyptiens*, Paris, Aubier-Montaigne, 1992. D'autres savants se penchèrent sur le déchiffrement des hiéroglyphes : Nicolas Claude Fabri de Peiresc (1580-1637), Athanase Kircher (1602-1680), Bernard de Montfaucon (1655-1741), Jean-Jacques Barthélemy (1716-1795), Georg Zöega (1755-1809).

Champollion (1790-1852) en 1822. La culture chinoise fascine autant que la culture indienne. Dans les deux cas les conceptions occidentales en matière d'histoire de l'humanité et de linguistique sont bouleversées. « La découverte de l'unité indo-européenne imposera un remembrement des connaissances qui se propagera de la linguistique à l'histoire, à l'anthropologie, à l'ethnologie. La face du *"globus intellectualis"* en sera changée », nous apprend **Georges Gusdorf**[1]. En 1731, le texte entier du *Rigveda* est arrivé en Europe et ses premières traductions sont faites de 1785 à 1789. Pour la première fois, grâce aux déchiffrements de ces écritures, la terre est conçue comme un tout, et grâce aux orientalistes une nouvelle conception et définition du mot « homme » est envisagée. En outre, l'européocentrisme est dénoncé et il ne faut plus juger ces cultures au nom de valeurs qui leur sont extrinsèques. La culture occidentale subit une sérieuse remise en question autant de ses origines historiques que de ses valeurs fondamentales et c'est là une des parts les plus importantes des développements des sciences humaines. Les grandes explorations se multiplient. **Cavalier de La Salle** descend le Mississippi et reconnaît la Louisiane (1682). **Roggeveen** découvre les îles de Pâques et de Samoa (1721), **Béring** passe le détroit et lui donne son nom (1728). L'exploration des contrées non européennes a mis aussi en contact les naturalistes occidentaux avec des milliers d'espèces nouvelles. L'accumulation de ces récoltes amène dans toutes les grandes villes d'Europe la constitution de ménagères, d'herbiers, de cabinets d'histoire naturelle. La recherche d'une nomenclature et d'une classification, afin de nommer et classer selon les mêmes règles ces espèces, fut pour ces naturalistes le premier travail obligé. Le système mis au point par **Linné** sera progressivement abandonné au profit de la « méthode naturelle ». Les organismes y sont regroupés selon leurs similitudes organiques. **Antoine Laurent de Jussieu** (1748-1836) la mettra au point dans sa publication *Genera plantarum secundum ordines naturales disposita* (1789).

---

1. Georges Gusdorf, *Les sciences de l'homme sont-elles des sciences humaines ?*, PUS, 1995, p. 85.

LES SCIENCES DES AMATEURS ÉCLAIRÉS

Entre littérature et science, dès le milieu du XVIIIe siècle, on assiste à un échange ininterrompu. À la veille de la Révolution, **Chénier** compose de vastes épopées à la gloire de la science. Celle-ci est résolument newtonienne sans avoir pour autant renoncé au principe du cartésianisme. Les savants de cette époque sont souvent des amateurs éclairés, ou des hommes de lettres comme **Voltaire**, qui aménagea, au château de Cirey, un laboratoire et transmit à l'Académie des sciences un mémoire sur le feu. **Fontenelle**, en publiant, en 1686, les *Entretiens sur la pluralité des mondes* et en exposant le système copernicien, avait donné l'exemple. Le désir de connaître pousse également les gens riches à posséder un cabinet de physique ou de chimie, des collections d'animaux, de pierres, de plantes. On se presse autour de l'abbé Nollet pour qui le roi vient de créer une chaire expérimentale de physique au collège de Navarre. Mais on assiste aussi autour de gens moins sérieux au même engouement de connaître. Mesmer et son baquet, en prétendant soigner les maladies par le magnétisme animal, ont autant d'assidus.

Les sciences physiques

Les hypothèses scientifiques de cette époque ne furent pas confirmées. L'électricité est ce qui, en physique, fascine le plus les hommes de cette période. **Benjamin Franklin** construit le premier paratonnerre après avoir établi une analogie entre l'étincelle électrique et la foudre (1760). Trois types de thermomètres furent mis au point : par le Prussien **Fahrenheit**, le Français **Réaumur**, le Suédois **Celsius**, qui imagine la graduation centigrade.

De l'évolution humaine au vol de la montgolfière

Coordonner et systématiser les observations antérieures posent bientôt de grands problèmes et entraînent la naissance de vastes hypothèses. La nécessité de classer toutes les formes conduit **Linné** à mettre au point un système de classification des végétaux. Son *Systema* *naturae*[1] (1758) reste la base unanimement utilisée pour la dénomination des plantes et des animaux. **Buffon**, alors le plus grand naturaliste de son époque, est partisan de la méthode expérimentale. Il repousse les classifications trop systématiques, car pour lui tout est nuancé dans la nature. Attaché encore à certaines traditions, il refuse de croire qu'il puisse y avoir eu un lien de parenté entre l'homme et l'animal ; fixiste, il croit que les animaux sont sortis tout créés des mains du démiurge. Mais au cours de ses recherches, il commence à percevoir l'idée de transformisme que son collègue **Lamarck** va professer à partir de 1800 ainsi que plus tard **Darwin**. Pourtant, Voltaire ridiculise les débuts de la paléontologie et nie l'existence des fossiles tenus par les savants de l'époque pour être « les archives du monde ». Le XVIIIe siècle se passionne aussi pour le problème de la reproduction animale. L'Italien **Lazzaro Spallanzani** (1729-1799) met en évidence le rôle des germes. Le problème de la fécondation, résolu dès 1750 pour les plantes, reste encore obscur pour les animaux. En 1783, la navigation aérienne naît à la suite de l'invention de l'aérostat à air chaud par les frères **Montgolfier**. L'appareil était conçu en utilisant la force ascensionnelle des gaz chauds, plus légers que l'air, en partant des lois de **Laplace** (1749-1827) : celui-ci avait découvert les effets de la chaleur sur les gaz (dilatation, diminution du poids). **James Watt** (1736-1819), en 1765, a perfectionné la machine à vapeur du bateau de Papin. En 1746, on compléta les machines électriques utilisant le contact du verre et de la laine créant ainsi les premiers condensateurs : on mit au point des batteries de bouteilles de Leyde, récipient en verre contenant un résidu cuivreux. **La chimie** fut encore gérée par une fausse hypothèse, celle d'un fluide spécial, le *phlogistique*, expliquant les effets des gaz. Les Anglais **Cavendish** et **Priestley** firent l'analyse de l'air et découvrirent l'hydrogène et ses propriétés, l'Allemand **Carl Wilhelm Scheele** (1742-1786) découvrit le chlore et trouva un procédé de fabrication de l'oxygène. Le Français **Antoine Laurent Lavoisier** (1743-1794) précisa l'analyse de l'air, fit la synthèse et l'analyse de l'eau, établit avec **Louis Bernard Guyton de Morveau**

---

1. *Systema naturae per regna tria naturae, secundum classes, ordines, genra species, cum characteribus, differentiis synonymis, locis. Système de la nature, en trois règnes de la Nature, divisés en classes, ordres, genres et espèces, avec les caractères, les différences, les synonymes et les localisations.*

(1737-1816), **Claude Louis Berthollet** (1748-1822) et **Antoine François de Fourcroy** (1755-1809) une nomenclature des corps chimiques.

Médecine, barbiers, chirurgie, psychologie

Les grandes épidémies – peste de 1720 à Marseille, variole de 1770 – étaient encore fréquentes au XVIIIe siècle. Malheureusement, la seule façon d'enrayer la progression du mal était d'appliquer la quarantaine. Les découvertes faites en biologie et en physiologie permirent à la médecine de progresser. De grands médecins tels le Viennois **Leopold Auenbrugger** (1722-1809), l'Italien **Morgagni**, le Français **François Xavier Bichat** (1771-1802) s'efforcent de tout ramener à l'observation directe. La chirurgie se développe également. **Louis XV** fonde, en 1735, l'Académie de médecine. Les médecins du XVIIIe siècle reprochèrent justement à ceux du siècle précédent leur esprit de système. L'anatomie ne fait plus partie des Lumières, bien que certaines découvertes sur les yeux, sur les maladies du cœur ou sur les glandes et les muqueuses eurent lieu. Deux théories virent le jour : l'animisme de **Georg Ernst Stahl** (1659-1734), le chimiste allemand, et le vitalisme de **Paul Joseph Barthez** (1734-1806), médecin à Montpellier. Le premier enseignait que le corps n'était qu'un agrégat de matériaux dont l'âme seule fait un organisme vivant. C'est elle qui veille à la conservation du corps, les maladies, les défaillances du corps sont le reflet de ses propres défaillances. **Barthez** remplacera l'âme par le principe vital. Mais la grande découverte physiologique du XVIIIe siècle fut réalisée par **Lavoisier**. Nous lui devons celle du phénomène de la respiration. Il prouva que le sang des veines, au contact de l'air inspiré par les poumons, s'oxygène de nouveau.

Enfin, le siècle marque également l'émancipation des chirurgiens, et leur association avec les barbiers, rompue, en 1743, place ainsi la chirurgie au rang des arts scientifiques et libéraux. Le fait majeur pour le XVIIIe siècle est de retenir que, à partir de cette époque, **la médecine s'est constituée comme une science objective du corps**. La considérer comme le point de départ de ce fait, c'est comprendre que s'est ouvert un « langage à tout un domaine nouveau : celui de la corrélation perpétuelle et objectivement fondée du visible et de l'énonçable[1] ». La déesse Raison mise à l'honneur, à la fin du XVIIIe, dans les parades révolutionnaires, incarne bien le désir de ce siècle d'apprendre à connaître, à savoir. Pendant tout le Moyen Âge et la Renaissance, certaines sciences ne progresseront que bien peu et Montaigne de s'interroger sur la difficulté de saisir les maladies à travers leurs symptômes. « Comment trouvera-t-on le signe propre de la maladie, chacune étant capable d'un infini nombre de signes ? Combien ont-ils de débats entre eux et de doutes sur l'interprétation des urines ?... Comment excuserions-nous cette faute, où ils tombent si souvent, de prendre Renard pour Maître[2] ? » C'est à partir du XVIIIe siècle que **les médecins** se sont rendu compte qu'un individu était composé d'un corps et d'une âme indissociables. **Le terme de psychologie** existe dès le XVIe siècle, mais son sens est restrictif et ne désigne qu'une approche de l'esprit. Le mot ne se diffusera qu'au XVIIIe siècle, à travers l'Europe[3]. Le corps est encore tenu, au XVIIIe siècle, comme l'explication essentielle des troubles mentaux, pour devenir complètement physiologiques au XIXe siècle.

3. Les arts au XVIIIe siècle en France : unité et diversité

Malgré son apparente unité d'esprit, l'art du XVIIIe siècle présente des formes diverses. Au cours de la période de régence exercée par Philippe d'Orléans, l'art européen va évoluer du baroque vers **le style régence**. La lourdeur somptueuse du baroque s'allège, les formes angulaires laissent place à des arrondis. Ce style atteint son apogée aux alentours de 1720. L'une de ces caractéristiques est d'être influencée **par l'art d'Extrême-Orient** que les artistes prennent comme modèle. On voit naître des tapisseries à motifs chinois ou des meubles de laque rouge ou noire. Un art de société va succéder à un art de cour. En effet

---

1. Michel Foucault, *Naissance de la clinique*, Paris, Puf, 2009, p. 198-199.
2. *Essais*, traduction en français moderne par A. Lanly, chap. XIII, Paris, Gallimard, « Quarto », 2009.
3. À ce sujet, voir Georges Gusdorf, *L'Avènement des sciences humaines au siècle des Lumières*, Paris, Payot, 1973.

on préfère l'intimité, le confort, l'agrément. L'ornementation plastique est moins importante en volume et s'intègre mieux à la surface des édifices. **Vers 1730**, une nouvelle manifestation du goût pour le style ornemental et la décoration intérieure apparaît. Le style rococo qu'on confond souvent à tort avec le style baroque n'est que le style Louis XV à l'étranger. Un peu avant le règne de Louis XVI le goût revient au classicisme, en reprenant la tradition de Louis XIV mais avec un rythme plus discret, des proportions plus harmonieuses et un sens impeccable de la mesure, ce qui donnera un aspect un peu froid.

Le mot de rococo, « rocaille », s'inspire pour la décoration des formes asymétriques du coquillage. Les Italiens sont les spécialistes du façonnage du stuc et ont une grande richesse d'invention pour trouver de nouvelles formes. La vie mondaine se déroule plus facilement à la ville et le décor joue un rôle dominant et devient une composante du bonheur à laquelle toute cette époque aspire. La ville devient le centre d'une vie fondée sur l'intimité et la recherche du bonheur. Les pièces des appartements se réduisent en taille considérablement, favorisant le rapprochement des gens. Dans toute l'Europe, les artistes vont bénéficier du mécénat des princes comme en Allemagne, en Italie, ou des rois comme en Prusse, Suède. **Les mécènes** font partie de la bourgeoisie, tels des financiers comme Crozat, protecteur de Watteau. Tous les grands maîtres se tournent, pour trouver leur inspiration, vers l'Antiquité. De cette époque datent les fouilles d'Herculanum, en 1738, et de Pompéi, en 1748. Les *Réflexions sur l'imitation des œuvres des Grecs en peinture et en sculpture* de **Johann Joachim Winckelmann** paraissent dès 1755. De 1770 à 1830 environ, **le néoclassicisme** est la forme d'art qui va prévaloir en Europe, même si, dès le début du XIXe siècle, elle est pénétrée par le romantisme.

L'ARCHITECTURE AU XVIIIe SIÈCLE EN FRANCE : RENOUVELER L'ANTIQUITÉ

L'architecture néoclassique ne cherchera pas à imiter une forme architecturale historique, l'ordre de l'antique mais cherche un renouvellement conforme à l'esprit d'une Antiquité entrevue comme une

> **Les théoriciens de l'art au XVIIIe siècle**
>
> • **Johann Joachim Winckelmann** (1717-1768) donne, dans *Histoire de l'art de l'Antiquité* (1764) et *Réflexions sur l'imitation des œuvres des Grecs en peinture et en sculpture* (1755), une définition nouvelle à partir de la contemplation de l'idéal des Anciens. Il prend comme exemple l'*Apollon du Belvédère*, la belle figure doit être indéfinie, et trouve ainsi chez les antiques un canon fixe qui réduit la forme à une simple calligraphie. L'art grec incarne pour lui le plus haut degré de perfection.
>
> • **Gotthold Ephraim Lessing** (1729-1781). Son ouvrage, *Du Laocoon, ou Des limites respectives de la poésie et de la peinture* (1766), au contraire de la théorie *ut pictura poesis* qui rapproche la peinture de la littérature et de la poésie, limite les arts plastiques à la beauté du corps, laissant la poésie au domaine moral. Il exclut les arts religieux créés à des fins non esthétiques pour privilégier ceux qui expriment la beauté visuelle. C'est le début de la théorie de l'art pour l'art qui émerge.
>
> • **Étienne La Font de Saint-Yenne** (1688-1771) réfute l'art dépravé de Boucher et prône le retour à une peinture historique et héroïque qui doit être école de mœurs et source d'éducation.
>
> • **Charles Nicolas Cochin** (1715-1790) s'impose, dès 1755, comme le dictateur des Beaux-Arts, en voulant le retour d'une peinture d'histoire et en prônant le retour à une imitation de la nature qui doit devenir la finalité de tout art.

forme d'expression éternelle et moderne. Elle adopte des formes stéréométriques élémentaires : cubes, plans étoilés, coupoles, plans circulaires. L'architecture a aussi un rôle pour l'état : représenter les lieux sacrés de la nation, édifices parlementaires, universitaires, arc de triomphe. Au début du XVIIIe siècle, les architectes vont surtout élever des hôtels particuliers pour la noblesse, beaucoup moins attachée à la fréquentation de Versailles. La somptueuse lourdeur du baroque devient élégante et légère, les formes courbes laissent la place à des arrondis. L'ornementation diminuant les volumes s'intègre mieux aux surfaces. Des pilastres, des demi-colonnes remplacent les colonnes adossées au mur. Le goût néoclassique servira dans la construction profane, exerçant dans le courant du XVIIIe siècle une emprise grandissante sur l'architecture sacrée. **Ce qui caractérise** l'architecture de cette période est la fusion des contingences spatiales sévèrement divisées au siècle précédent. La construction sacrée, tout en continuant de se soumettre à la domination

> **Question de style**
>
> • **Le style régence** s'épanouit entre les styles Louis XIV et Louis XV pendant la régence de **Philippe d'Orléans** (règne : 1715-1723).
>
> • **Le style rocaille** qui se développe au milieu du siècle est en vogue sous Louis XV après la Régence. On abandonne la ligne droite et privilégie la ligne ondulée et contournée évoquant la forme des coquillages et des volutes. On parle de style rococo pour l'architecture. Il atteindra en Bavière son apogée. Par la suite le style se diffuse dans toute l'Europe, en Italie, puis dans le reste de l'Europe centrale. Ce phénomène sera favorisé par le déplacement des artistes. Les mécènes ne sont plus ni la monarchie, ni l'Église mais les riches particuliers qui sont devenus les principaux protecteurs et commanditaires des artistes.
>
> • **Le néoclassicisme** se développe de 1750 à 1830. Il est marqué par un retour à l'antique, le goût pour les lignes droites, l'ornementation discrète et recherche avant tout la clarté, la simplicité. En effet, le néoclassicisme se targue de renouer avec la tradition de l'antique, berceau de la culture occidentale. Les formes antiques sont considérées comme bonnes et vraies. Historiquement le néoclassicisme se rattache certes aux Lumières mais aussi à la Révolution française et à la bourgeoisie. Pour les Lumières, ce style symbolise la croyance en des lois reconnaissables, tangibles. Pour la bourgeoisie, les valeurs et les vertus civiques et républicaines et à travers cet art, elle veut symboliser ses revendications. Les académies seront utilisées pour propager l'art et ses techniques et pour veiller à la représentation de leurs grands principes éthiques.

de la coupole principale, en vient à créer des salles uniques où la mobilité des murs est obtenue en élargissant ou en rétrécissant les plans. Peu de constructions d'églises à Paris, mais elles sont nombreuses en Province : Saint-Sulpice commencé par **Le Vau**, continué par **Oppenordt** (nef et deux portes latérales) et par **Servandoni** (façade à deux tours, colonnade). Les grandes réalisations architecturales rattachées à cette époque sont l'hôtel de Soubise, plus particulièrement la décoration en style rocaille que nous devons à **Gabriel Germain Boffrand** (1667-1754), élève de **Jules Hardouin-Mansart**. Nous lui devons également, en Lorraine, le château de Luneville, inspiré de Versailles. Ses ouvrages théoriques sur l'architecture en ont fait un des maîtres de l'architecture. **Robert de Cotte** (1656-1735) a contribué à faire rayonner l'architecture française dans toute l'Europe (Bavière, Rhénanie, Italie, Espagne). Son œuvre est importante à Paris, sous Louis XIV et Louis XV : Hôtel de

Ludes, Hôtel d'Estrées, Hôtel Bourbon, nouvelle décoration du chœur de Notre-Dame. **Ange Jacques Gabriel** (1698-1782) s'illustre comme le meilleur architecte de Louis XV avec la place Royale (place de la Concorde), le Petit Trianon, l'École militaire. Ses contemporains sont **Jacques Germain Soufflot** (1713-1780) – Panthéon, faculté de droit de Paris –, et Jean-François Blondel (plan d'aménagement de la place d'Armes à Metz).

LA SCULPTURE AU XVIIIe SIÈCLE EN FRANCE

Le siècle de Louis XVI se caractérise dans le domaine de la sculpture par le triomphe de la petite sculpture de boudoir et d'appartement ainsi que par les portraits. On continue de décorer de statues les hôtels particuliers et les jardins. Des familles de sculpteurs vont se transmettre leur savoir.

◆ Ainsi les **Coustou**, neveux de Coysevox, dont l'un, **Guillaume** (1677-1746), est l'auteur des *Chevaux de Marly* (1743), son frère **Nicolas Coustou** (1659-1733*)* œuvre à Marly et son fils est lui aussi prénommé Guillaume. Outre ces dynasties, l'époque compte surtout le nom d'**Edmé Bouchardon** (1698-1762), auteur de la fontaine de la rue de Grenelle (fontaine des Quatre-Saisons), mais aussi d'œuvres maniérées (*Amour et Psyché*). Après 1750, le retour à l'antique est suggéré.

◆ **Jean-Baptiste Pigalle** (1714-1785) va répondre à cette exigence. Il sait allier un style sans affectation, inspiré de modèles antiques au goût naissant de cette école pour les monuments funéraires. Le *Mausolée du maréchal de Saxe* (1771) est de tous l'un des plus impressionnants, avec le défunt lui-même représenté entouré de figures allégoriques. Il se trouve à Strasbourg dans l'église Saint-Thomas. Bouchardon sur son lit de mort l'avait chargé de sa grande œuvre, la place Louis XV à Paris.

◆ **Étienne Maurice Falconet** (1716-1791) compose des statues remarquables (*Baigneuse*, 1757, ou la *Statue équestre de Pierre le*

Grand, 1782) à Saint-Pétersbourg. Son *Horloge des trois Grâces* (1770) se détache du réalisme de Pigalle. Le sujet en est mythologique et il exploite avec adresse la grâce juvénile des trois modèles.

◆ **Jean-Antoine Houdon** (1741-1828) est, sans conteste, l'un des plus importants sculpteurs de son époque. Il a su réaliser des bustes frappants de réalisme et de vérité, et révèle les dispositions morales du caractère, de la psychologie. Aussi s'est-il donné pour but de « rendre presque impérissable les images des hommes qui ont fait la gloire ou l'honneur de leur patrie ». Avec son *Voltaire assis* (1781), il a su rendre parfaitement l'intelligence vive et la malice de l'homme de lettres. Une version est à la Comédie-Française, l'autre au musée de l'Ermitage. Les représentations qu'il a laissées de **Diderot**, **Turgot**, **Buffon**, **Malesherbes**, **Suffren**, **La Fayette**, **Mirabeau**, **Napoléon** peuvent être considérées comme des témoignages immortalisés de ce que furent ces grands hommes.

◆ **Augustin Pajou** (1730-1809), élève de Lemoyne, décore entre 1768 et 1770, à Versailles, le vestibule de l'opéra de Gabriel de ses reliefs, mais ses portraits font sa célébrité : *Blaise Pascal*, *Buffon*, *Bossuet*, *Madame du Barry*. À l'avènement de Louis XVI, confirmé dans son rôle d'artiste officiel, il modèle ensuite, pour la manufacture de Sèvres, une *Vénus représentant l'amour* où la déesse est représentée sous les traits de Marie-Antoinette.

LA PEINTURE EN FRANCE AU XVIIIe SIÈCLE

C'est en France que la peinture rococo va atteindre son paroxysme. En effet celle-ci est favorisée, car, dès 1750, le roi permet au public de contempler les collections du Louvre et du Luxembourg. La critique d'art débute, les plus célèbres manifestations en seront les *Salons* de Diderot. Trois peintres dominent cette période : **Antoine Watteau**, **Jean Honoré Fragonard**, **Maurice Quentin de La Tour**. Face au pouvoir en place, l'expression picturale n'a plus qu'une seule échappatoire, se cacher derrière des déguisements, les travestis, le recours à la mythologie vue non sous l'angle de la gloire mais de l'amusement, de la licence. Ces mises en scène fictives n'ont pour but que de dissimuler la vérité des personnages et de la vie.

Quelques peintres

♦ **Antoine Watteau** (1684-1721), né à Valenciennes, dans les Flandres, est le plus éminent successeur de Rubens qu'il retrouve lors de son arrivée à Paris, à la galerie du Luxembourg. Le « concierge » ou conservateur est son maître, l'ornementiste, Claude Audran. Il se lie d'amitié avec Gillot, peintre de scènes de la comédie italienne. Watteau va travailler à la sanguine, au pastel, à la gouache, mais l'huile reste le moyen qu'il utilise le plus souvent. La couleur reste un composant essentiel de ses figurations. Peintre des fêtes galantes, il a représenté, comme le disait Verlaine, « sous les déguisements fantasques », la haute société de son époque, dans des fêtes de scènes de fantaisies, sous des costumes d'opéra comique, avec des coloris clairs et lumineux, dans des paysages vaporeux et mélancoliques. Ainsi se caractérise *L'Embarquement pour Cythère* (1718) dont il existe deux exemplaires, le second étant *L'Île de Cythère* (1717). Avec *L'Enseigne de Gersaint* (1720), vaste chef-d'œuvre exécuté en huit jours, il se montre réaliste. Le but de sa création était utilitaire puisqu'il fut réalisé pour le magasin d'un ami. Présent sur de nombreuses toiles, la figure du *Gilles* (1718-1719) dissimule sous son fond blanc tous les mouvements de l'âme, dont il est le symbole. Dans cette mouvance de la représentation de l'illusion, Watteau est celui qui exprime le mieux la fugacité du temps, particulièrement prégnante dans *L'Embarquement pour Cythère*.

♦ **François Boucher** (1703-1770) est influencé par Titien, Véronèse et le Tintoret. D'abord graveur, il se met bientôt à la peinture à l'huile et gagne le prix de Rome en 1723. Il passe sept ans en Italie, de 1727 à 1734, où il découvre les Carrache et Tiepolo. Dès son retour, il est admis à l'Académie royale où il est professeur à partir de 1737, et recteur en 1767. La même année, il est nommé premier peintre du roi. Il se dégage de ses tableaux un air de boudoir, d'érotisme désinvolte. Diderot fulmine contre « ses culs joufflus et vermeils ». Protégé par Mme de Pompadour, maîtresse de Louis XV, il peint de nombreux portraits d'elle, et reçoit de nombreuses commandes du roi. Il peint en particulier pour lui le tableau mythologique intitulé *L'Enlèvement d'Europe* (1747). Peintre officiel, il est très critiqué par Diderot et les encyclopédistes. On lui reproche, surtout à la Révolution, de représenter un XVIIIe siècle léger et frivole. *Le Retour de chasse de Diane* (1745), *Le Repos de Diane* (1742) constituent des chefs-d'œuvre. Tout y est douceur : le blond, le bleu, l'orange se fondent harmonieusement pour mettre en valeur la carnation nacrée de la déesse.

◆ **Jean Honoré Fragonard** (1732-1806) est un peintre de la fin de la période rococo, en France, disciple de Boucher. Nombre de ses tableaux constituent une suite à la comédie libertine de ceux de son maître. Son œuvre témoigne du renouvellement de la thématique des fêtes galantes et de l'évolution complexe de la peinture européenne du XVIIIe siècle. L'art de Fragonard se distingue de celui des autres artistes, car il possède vraiment ce que les critiques de son temps appelaient l'inspiration ou l'imagination. C'est par ses dons qu'il a pu se tourner vers l'art des paysages et y représenter une nature chère à Rousseau, qui annonce la poésie préromantique : *La Déclaration d'amour* (1771), *Les Baigneuses* (1772-1775), *La Poursuite* (1773) et *L'Amant couronné* (1771-1773). La peinture du maître vénitien **Tiepolo** exerça sur lui une profonde influence. Son travail reste encore académique, pastichant en un même élan la manière religieuse des anciens et la peinture contemporaine de son maître, dans le rendu du paysage italien. Tout dans *Les Hasards heureux de l'escarpolette* (1767) concourt à créer une atmosphère de sensualité, la végétation luxuriante, les couleurs tendres qui isolent la jeune femme. Son œuvre la plus célèbre demeure *Le Verrou* (1774).

L'art du portrait en France au XVIIIe siècle

Alors que dans la seconde moitié du XVIIe siècle, l'art du portrait en France avait subi l'influence du faste absolutiste de Versailles, la disparition du monarque, en 1715, marque une nouvelle étape pour ce genre. Ce changement qui se traduit dans l'art de la peinture par un goût nouveau pour les teintes claires conduit à une plus grande recherche de la personnalité dans le portrait. La profondeur psychologique est désormais l'une des composantes essentielles de l'art du portrait. Il répond également à une nécessité sociale, car toute personne de qualité se doit d'avoir son portrait. On le montre ou on l'offre en gage d'amitié. Rousseau voulait offrir le sien à Mme d'Épinay, mais une brouille entre eux le lui fera donner au maréchal de Luxembourg (Charles François de Montmorency-Luxembourg, 1702-1764). Disciples de **Rubens** et de **Van Dyck**, **Largillière** et **Rigaud** prolongent l'idéal de **Charles Le Brun**. Rigaud devient le chantre du portrait masculin, faisant ressortir la puissance du modèle là où Largillière excelle dans le rendu délicat des étoffes, des dentelles. Une technique nouvelle apparaît dès la Régence, et partage l'apogée de l'épanouissement du rococo : le pastel. À l'origine de cette vogue, la pastelliste vénitienne **Rosalba Carriera** (1675-1757) qui le lance à Paris en 1720.

◆ Le Perpignanais **Hyacinthe Rigaud** (1659-1743), bien qu'ayant commencé à peindre au siècle précédent, est l'élève officiel de **Van Dyck**. Il réalise des portraits de Louis XIV et Louis XV enfant, et veut assurer la transition.

◆ **Maurice Quentin de La Tour** (1704-1788) est considéré comme l'un des plus grands portraitistes de cette période. À ce qui n'était considéré que comme du dessin, le pastel, La Tour saura donner une force exquise à des nuances vaporeuses, délicates, estampées. En 1737, après avoir obtenu l'accord de l'Académie, il expose au Salon près de cent cinquante portraits qui en feront longtemps la gloire. Portraitiste du roi, il le restera jusqu'en 1773.

◆ **Jean-Marc Nattier** (1685-1766), peintre des jolies femmes, représente *La Princesse de Lambesc* (1749), *Madame Henriette* (1742), *Madame Adélaïde* (1750), *Mademoiselle de Clermont en sultane* (1773) qui posèrent en nymphe, en Minerve, en Flore et en Diane. La mythologie n'est qu'un prétexte à l'amusement.

◆ **Élisabeth Louise Vigée-Lebrun** (1755-1842) témoigne d'un esprit tout différent où se déclare la sentimentalité fin de siècle. Élève de Greuze, elle peint de nombreux portraits de Marie-Antoinette. Celui où elle s'est représentée, habillée à la grecque avec sa fille, est tout aussi connu. Le sentiment qui s'en dégage est tendre et délicat.

La nature

La nature prend, en philosophie et dans le monde de la peinture, une importance croissante. Son histoire commence avec les peintres animaliers.

♦ **Nicolas de Largillière** (1656-1746) a le sens du glacé et de la transparence dans *La Belle Strasbourgeoise* ou son *Autoportrait* (1707).

♦ **Jean-Baptiste Oudry** (1686-1755) excelle également comme paysagiste. Nommé aux Gobelins, il contribue à l'évolution de l'art de la tapisserie. Il représente dans ses tableaux la nature dans les scènes de chasse *Chasse au sanglier* (1722), *Retour de chasse* (1720) ou dans les *Paysages de chasse* (1721).

♦ **Hubert Robert** (1733-1808), en revanche, s'inspire des ruines romaines de la Provence et du Languedoc, et compose souvent des paysages de pure fantaisie. Il réalise pourtant des scènes de la vie quotidienne ainsi qu'en témoignent ses tableaux de Paris, qui se trouvent au Carnavalet : *L'Incendie de l'opéra* (1781) ou *La Démolition des maisons du pont Notre-Dame* (1786).

♦ **Joseph Vernet** (1714-1789) apporte un sens poétique de la conception du paysage et peut se situer, à ce titre, dans la lignée des préromantiques. *Les Ports de France* (1753-1765), constituent une commande importante du marquis de Marigny, composée de vingt-quatre tableaux destinés à raconter la vie des ports.

La vie privée

Un autre thème, hormis l'érotisme ou la nature, apparaît dans la peinture du XVIIIe siècle, **celui de la vie privée ou villageoise.**

♦ **Jean-Baptiste Greuze** (1725-1805) en est le meilleur représentant. Ses tableaux aux tendances moralisatrices ont trouvé dans Diderot son apôtre thuriféraire et plus particulièrement dans des œuvres comme *L'Accordée de village* (1761), *La Malédiction paternelle* (1777), *Le Fils puni* (1777). « Le sujet est pathétique et l'on se sent gagné d'une émotion douce en le regardant. La composition m'en a paru très belle : c'est la chose comme elle a dû se passer. Il y a douze figures [...] Comme elles s'enchaînent toutes ! comme elles vont en ondoyant et en pyramidant[1] ! » **Diderot** ne voyait dans un tableau que prétexte à discours, mais son génie est en train d'inventer le journalisme. Seul Philostrate, rhéteur alexandrin dont on possède les écrits[2], avait dépeint avec autant d'enthousiasme des peintures.

♦ **Jean-Baptiste Siméon Chardin** (1699-1779) s'inspire aussi du quotidien. Il aime représenter la petite bourgeoisie, ses voisins, ses proches. Sa *Pourvoyeuse* en est le meilleur exemple, ainsi que *L'Enfant au toton* (1738), fils d'un joaillier du quartier. Les restes du repas traduisent également l'immobilité des choses familières. C'est dans les intérieurs, et non dans les dehors mythologiques ou aristocratiques, que Chardin va chercher la réalité et non des images conventionnelles de celle-ci.

La peinture d'histoire

Elle va devenir un des grands genres de l'art pictural. Ses thèmes de prédilection sont les scènes bibliques, antiques, historiques, religieuses ou mythologiques. Des peintres comme Fragonard, Boucher, Van Loo, et surtout **Jacques-Louis David** et plus tard **Ingres**, **Girodet** ont tous traités de tels thèmes. La révolution esthétique du néoclassicisme accompagne et précède la révolution politique de 1789. La peinture d'histoire se veut alors morale au service des idées nouvelles.

---

1. Denis Diderot, cité par Geneviève Cammagre, Carole Talon-Hugon, *Diderot : l'expérience de l'art. Salons de 1759, 1761, 1763 et Essais sur la peinture*, Paris, Puf, 2007, p. 64.
2. Philostrate, *La Galerie de tableaux*, Paris, Les Belles Lettres, 1991.

Jacques-Louis David (1748-1825) est l'élève de Joseph-Marie Vien. Prix de Rome en 1774, il adopte la théorie du beau idéal néoclassique. Sa première œuvre, le *Bélisaire demandant l'aumône*, exposée à Paris en 1781, lui vaut d'être agréé à l'Académie de peinture. Avec *Le Serment des Horaces* (1785), on reste dans la gravité de la tragédie cornélienne. Il se voue à l'interprétation des sujets liés à l'histoire : *Socrate* (1787), *Brutus* (1789). *Le Serment du Jeu de paume* (1791), son succès, le fait nommer membre de la Convention. Il vote la mort du roi, joue un rôle important dans l'administration des arts. Il peint les derniers moments de *Lepelletier de Saint-Fargeau* (1793), ceux de Marat, *L'Ami du peuple assassiné* (1793). L'Empire utilise son pinceau et il devient le premier peintre de l'empereur : *Le Sacre de l'empereur Napoléon* (1805-1807), *Bonaparte franchit le Saint-Bernard* (1800-1803). Toutes ses œuvres montrent un désintéressement pour la couleur au profit d'une recherche pour un dessin d'une grande netteté.

LA MUSIQUE EN FRANCE ET SON INFLUENCE EN EUROPE AU XVIIIe SIÈCLE

La musique française au XVIIIe siècle est le lieu d'antagonismes nés de l'exigence de création d'une musique véritablement nationale. La France doit prouver qu'elle peut créer de manière originale, principalement dans le genre dramatique, sans avoir à s'inspirer de musiciens étrangers. Rameau est ainsi apposé à **Lully**, **Piccinni**, l'Italien, à **Gluck**, l'Allemand. **Le drame lyrique**, **l'opéra**, grand genre par excellence, connaît pourtant de nombreux représentants illustres, dont **Jean-Philippe Rameau** (1683-1764), auteur, entre autres, d'*Hippolyte et Aricie* (1733), des *Indes galantes* (1735). L'opéra-comique se développe avec *La Chercheuse d'esprit* (1741) de **Charles-Simon Favart** (1710-1792). Entre 1774 et 1779 **Gluck** donne en français *Orphée et Eurydice*, *Alceste*. Son rival **Nicola Piccinni** (1728-1800) réplique par une *Didon* en 1783. Dans le domaine de **la musique sacrée**, **François Couperin** laisse pour la postérité ses *Leçons de ténèbres* (1715). La fin du siècle, avec la Révolution, consacre **François Joseph Gossec** (1734-1829) et **Étienne Méhul** (1763-1817), l'auteur du *Chant du départ* (1794).

Après Paris, **Vienne** devient le premier centre européen de la culture musicale dans la seconde moitié du XVIIIe siècle. Cette renommée est le fait de trois grands compositeurs : **Joseph Haydn** (1732-1809), **Wolfgang Amadeus Mozart** (1756-1791) et **Ludwig van Beethoven** (1770-1827), à l'origine d'une tradition aussi riche que dense. Dans l'œuvre de Haydn, la symphonie, le quatuor pour instruments à cordes et la sonate pour piano occupent une place de premier choix. Elle illustre la pratique musicale aristocratique traditionnelle. Chez Mozart, cette tradition s'enrichit d'un autre genre : l'opéra. Beethoven, enfin, mène la musique des petits groupes instrumentaux jusqu'aux extrêmes de l'intimité et de l'individualisation, tout en sauvegardant la forme d'une exécution rigoureuse.

4. La littérature en France au XVIIIe siècle : les idées dominent

La production littéraire du XVIIIe siècle a par rapport à celle des siècles précédents une particularité nouvelle, elle accepte d'être dominée par les idées, leur application dans la vie pratique et non plus par la poésie. Abreuvée de nouvelles découvertes ou redécouvertes d'œuvres inconnues ou méprisées, c'est le cas pour les poètes du XVIe siècle tenus à l'écart par **Boileau**, ou les innombrables discussions sur le beau et le goût qui servent à la rapprocher des autres arts. Le théâtre lui-même, tant à l'honneur au XVIIe siècle, est source d'interrogation, la tragédie perd de son importance, bien que représentée par **Crébillon** (1674-1762) avec *Électre* (1708) ou Voltaire avec *Zaïre* (1732). La comédie s'achemine vers une critique plus virulente, ou associée aux transformations sociales de l'époque, de Marivaux et de Beaumarchais. Le drame bourgeois fait son apparition avec Diderot, *Le Fils naturel, Le Père de famille*, sous la plume d'une peinture réaliste. On s'interroge davantage sur le rôle moral du théâtre et le rôle des acteurs (Diderot).

LES ÉCRIVAINS PHILOSOPHES

Le *Dictionnaire de l'Académie française* (1694) définit ainsi le philosophe : « celui qui s'applique à l'étude des sciences et qui cherche à connaître les effets par leurs causes et leurs principes ». Selon cette définition, le philosophe est celui qui met en question l'ordre établi et la morale traditionnelle. En effet, les idées nouvelles vont acquérir une importance accrue au cours du siècle sur la vie publique et les formes du gouvernement. **Après 1715**, le concept de philosophie s'élargit pour devenir une méthode universelle. Son essence est constituée par l'esprit de raison et le libre examen s'appliquant à tous les domaines. Du début à la fin du siècle des Lumières, c'est le sens que l'on donne le plus habituellement à ce mot. La tendance des écrivains français des Lumières est celle des philosophes. Loin de se limiter à l'observation de l'âme humaine, ils favorisent le développement des sciences et des techniques, croient au progrès économique et en celui des institutions, de la santé et des relations humaines. **L'optimisme** est l'un des traits fondamentaux de cette période. Les hommes de cette époque délaissent la tradition au profit de la raison qui permet de révéler les abus et les préjugés et de les conduire au bonheur. Ils font aussi la critique des abus de l'autorité et parfois même du principe qui les fonde, l'absolutisme de droit divin. Ils s'en prennent à l'intolérance religieuse, souvent aux privilèges et même à l'inégalité sociale. **Trois écrivains** (Montesquieu, Voltaire et Diderot) vont tout particulièrement s'attaquer aux tares de la monarchie, au goût du gaspillage, aux actes despotiques, à souligner la mauvaise gestion économique, les banqueroutes et préparer ainsi la grande Révolution de la fin du siècle.

Montesquieu (1689-1755)

Charles Louis de Secondat, baron de la Brède et de Montesquieu naît près de Bordeaux. Il est reçu à l'Académie française en 1728, puis voyage en Europe et séjourne en Angleterre de 1728 à 1732. Dans les *Lettres persanes* (1721), il peint la société parisienne de la Régence et fait la satire des institutions. *De l'esprit des lois* (1748) est une œuvre de sociologue. Il recommande dans cet ouvrage la répartition des pouvoirs de l'État en trois ordres distincts : le législatif, le judiciaire, l'exécutif. Fondateur du libéralisme politique, Montesquieu est tenu comme l'un des précurseurs de la sociologie moderne.

Analyser les gouvernements

Montesquieu se nourrit aux sources de la pensée aristocratique de **Fénelon** ou de **Saint-Simon** tout autant qu'à celles de Locke, dont il transforme le pouvoir fédératif en pouvoir judiciaire. Conseiller, puis président au Parlement de Bordeaux, il dénonce déjà l'absolutisme dans les *Lettres persanes* en 1721. Fortuné aristocrate, président à mortier du Parlement de Guyenne, il est l'initiateur de l'esprit nouveau qui s'empare du XVIIIe siècle. *De l'esprit des lois*, bien dans son époque, centre son intérêt sur l'homme, ses coutumes, ses mœurs, son organisation politique, sa société. Montesquieu a distingué, tout comme Platon ou Aristote, plusieurs types de société, chacun étant caractérisé par un type de gouvernement.

Les « Républiques » traitent à la fois des démocraties et des aristocraties, dans la mesure où le pouvoir y est partagé, cependant que les « monarchies » recouvrent aussi le despotisme, dès lors qu'il s'agit du gouvernement d'un seul. **Le vocabulaire politique** progresse considérablement grâce à la distinction établie par Montesquieu entre la nature et le principe d'un gouvernement. La nature est sa structure, son fonctionnement, le principe ce qui détermine son action. La première se manifeste par les textes d'organisation, le second par le corpus des lois, du droit public. **La république démocratique** est par nature le lieu du peuple investi de la puissance souveraine. Son principe est la « vertu », c'est-à-dire ici le civisme. Cette forme de gouvernement ne peut convenir qu'à des cités-États. **La république aristocratique**, par nature, confie le pouvoir à un groupe restreint. Son principe est la modération, équilibre parfait, mais impossible, entre l'influence du peuple et celle de l'aristocratie. **La monarchie, par nature**, confie le pouvoir à un seul, source de tout pouvoir politique et civil. Elle est aidée par des intermédiaires dépendants, clergé, noblesse. Par principe, elle fonctionne sur l'inégalité, par la distribution d'honneurs à ceux dont elle estime qu'ils la servent bien. Elle intervient donc par la faveur et l'arbitraire. **Le despotisme par nature** est régi par le pouvoir illimité d'un seul, qui gouverne en fonction de son seul caprice. Son principe est la peur, alimentée en permanence par les changements liés aux volontés changeantes du despote.

Un esprit frondeur : Voltaire (1694-1778)

François-Marie Arouet dit Voltaire naît à Paris en 1694. Au début de sa carrière littéraire, il se choisit un pseudonyme sous la forme d'une anagramme : Arouet le Ieune. À la différence de *La Henriade* et de *Zadig*, qui connaissent un réel succès en 1728 et 1732, ses *Lettres philosophiques*, ou *Lettres anglaises*, seront en 1734 violemment rejetées et l'obligeront à quitter Paris et à se réfugier à Cirey. Il se rendra à la cour de Frédéric II et publiera *Le Siècle de Louis XIV* en 1751 et *Micromégas* l'année suivante. Après s'être brouillé avec Frédéric II, il se retire en Suisse près de Genève, puis à Ferney. Son œuvre est prodigieusement variée et abondante, sa correspondance contient plus de dix mille lettres, des œuvres poétiques, des tragédies, des comédies, des romans, des contes, des écrits philosophiques et historiques. Dans tous ses écrits, on retrouve les mêmes idées : il attaque l'intolérance, la superstition, le fanatisme, il se déclare déiste et ami du progrès. Les personnages de ses romans servent à démontrer ses thèses. *Candide* (1759) montre que nous ne vivons pas dans le meilleur monde possible. Ennemi du despotisme et partisan de la monarchie éclairée sur le modèle de l'Angleterre, il apporte une méthode et une conception à l'histoire qui annonce les grandes œuvres du XIXe siècle. Celles-ci concernent la poésie : *Le Mondain* (1736) où, à l'opposé d'un Rousseau, d'un Montesquieu, d'un Diderot, Voltaire est l'un des rares écrivains de son siècle à exalter le goût du luxe. « J'aime le luxe, et même la mollesse, tous les plaisirs, les arts de toute espèce, la propreté, le goût, les ornements. » D'autres œuvres multiples illustrent le génie de Voltaire, comme les poésies : *Discours sur l'homme* (1738) ou *Poème sur le désastre de Lisbonne* (1755) ; des romans et des contes : *Zadig* (1747), *Candide* (1759) ; l'histoire : *Histoire de Charles XII* (1731), *Le Siècle de Louis XIV* (1751), *Essais sur les mœurs* (1756) ; des traités philosophiques : *Lettres anglaises* (1734), *Traité sur la tolérance* (1763), *Dictionnaire philosophique* (1769) ; du théâtre : *Zaïre* (1732), *Mérope* (1743), *L'Orphelin de la Chine* (1755).

Le maître du fataliste : Diderot

Denis Diderot (1713-1784). « Je pensais comme un sage et j'agissais comme un fou » résume le début de la vie qu'il passe entre de solides études chez les jésuites et le droit, rapidement abandonné. En 1746, il se voit confier la direction de l'*Encyclopédie* par le libraire Le Breton. Après un séjour en 1773 en Russie chez Catherine II, il rentre à Paris définitivement. La plus grande partie de l'œuvre de Diderot n'est publiée qu'après sa mort. Elle est philosophique : *Lettre sur les aveugles à l'usage de ceux qui voient* (1749) où il pose un certain nombre de questions indiscrètes dont ce que peut être la religion d'un aveugle, qui ignore les merveilles de la création. Dans *De l'interprétation de la nature* (1753), il attaque violemment théologie et philosophie traditionnelles. Il réfute le dualisme cartésien et les doctrines spiritualistes. Dans *Le Rêve de d'Alembert* (1769), il exalte avec ferveur nature vivante et matérialisme. Ses deux principaux romans sont *Le Neveu de Rameau* (1762) et *Jacques le fataliste* (1773), où il livre mille réflexions sur la destinée et la fatalité qui règnent sur la vie et les amours de Jacques. Il écrit aussi des pièces de théâtre : *Le Fils naturel* (1752) ; *Le Père de famille* (1758). Les nombreuses lettres écrites à Sophie Volland ont été rédigées pendant la période allant de 1759 à 1774.

Jouir de soi et être soi : Jean-Jacques Rousseau

Jean-Jacques Rousseau (1712-1778). « Chaque jour, je jouis de moi-même », écrivit-il, en 1738, dans un poème de jeunesse, « Le Verger des Charmettes ». À la fin de sa vie en 1777, dans la cinquième promenade, il note également : « De quoi jouit-on dans une pareille situation ? De rien d'extérieur à soi, de rien sinon de soi-même. » Jouir de soi et être soi va résumer toute la philosophie qu'il suit au cours de sa vie. Né à Genève, orphelin de mère, son éducation est livrée au hasard. En 1728, il rencontre Mme de Warens. Après les persécutions de l'*Émile* en 1762, accusé de détruire la religion chrétienne, il fuit et mène une vie errante, revient en 1770 se fixer à Paris. En 1778, après une dernière fuite, il meurt à Ermenonville. Il est l'un des premiers à tracer les voies d'une littérature nouvelle. À l'opposé des « idées philosophiques » et de la croyance en un progrès nouveau à la fois moral et scientifique, il revendique « le retour à l'état de nature ». Ses idées, fondées sur un nouveau sentiment de la nature, annoncent le romantisme du siècle suivant. Dans son *Discours sur les arts et les sciences*, il exalte la bonté originelle de l'homme, critique le luxe, l'influence corruptrice des arts et des lettres. Il propulse la pensée politique et éthique dans de nouvelles voies. Ses réformes révolutionnent le goût, d'abord dans la musique, puis dans les autres arts. Il prône pour les enfants un nouveau type d'éducation.

Trois œuvres principales résument l'ensemble de ses convictions et de ses pensées. *Du contrat social* (1762) proclame les idées politiques de l'auteur. Il est partisan de la souveraineté du peuple en confiant le pouvoir à un ou plusieurs organismes spécialisés par un pacte social. En échange de quoi l'État doit aide et protection à l'individu. Dès le livre I, Rousseau nous fait part de son intention à « chercher si dans l'ordre civil il peut y avoir quelques règles d'administration légitime et sûre en prenant les hommes tels qu'ils sont, les lois telles qu'elles peuvent être[1] ». Le contrat social commence par la phrase d'ouverture sensationnelle : « L'homme est né libre, et partout il est dans les fers. » Après avoir réfuté dans le chapitre II à V les théories en cours sur l'existence de la société et la fondation du droit, il affirme dans les suivants que pour guérir l'homme de sa dénaturation il faut recourir à un pacte plus perfectionné : le contrat social. Ainsi l'homme pourra conquérir dans un social légitime sa liberté.

La Nouvelle Héloïse est une illustration de l'idéal de la nature à travers ce qu'éprouvent deux jeunes gens, sans tenir compte des discriminations sociales. Le thème offre un contraste frappant avec le *Contrat social*. Il s'agit de trouver le bonheur domestique par opposition à la vie publique, dans la famille par opposition à l'État. Le mariage de la jeune fille apporte à cette passion les bornes du devoir conjugal et du devoir maternel. *Émile ou De l'éducation* élabore la formation d'un homme nouveau par le libre épanouissement des sens, de l'intelligence et de la vie affective. On peut considérer avec un certain scepticisme ce système pédagogique qui repose sur plusieurs

---

1. Jean-Jacques Rousseau, *Du contrat social*, Paris, Bordas, 1993, livre I, p. 59.

degrés progressifs, alors que l'auteur confia l'éducation de ses cinq enfants à l'assistance publique. Reprenant le même plan que la *République* de Platon, cinq livres qui suivent par étapes les différents âges d'un enfant jusqu'à son mariage, Rousseau nous livre une philosophie de l'éducation et un roman pédagogique.

Les origines de l'inégalité

Rousseau commence son *Discours sur l'origine et les fondements de l'inégalité parmi les hommes* (1755) en distinguant deux sortes d'inégalités, naturelles (différences dans la force, l'intelligence) et artificielles lorsque les conventions régissent les sociétés. Ce sont les secondes qu'il se propose d'expliquer. Pour ce faire, il tente de reconstituer les premières phases de l'expérience humaine sur terre. Il suggère que l'homme à l'origine n'était pas un être social mais tout à fait solitaire. Les vices des hommes, dit-il, naissent avec l'élaboration des sociétés. L'acquisition de la propriété a marqué un pas de plus vers l'inégalité, car il a été nécessaire pour les hommes d'instituer droit et gouvernement afin de la protéger. Comme Platon, Rousseau a toujours cru qu'une société juste est celle dans laquelle tout le monde est à sa place.

Contrat et nature

C'est en 1756, avec l'article « Économie politique » de l'*Encyclopédie*, que Jean-Jacques Rousseau donne son premier écrit politique. Suivent le *Discours sur l'origine et les fondements de l'inégalité parmi les hommes* (1755) et *Du contrat social* (1762) qui le prolonge. Admirateur de Montesquieu, Rousseau lui reproche cependant de ne pas avoir construit de système politique nouveau, de s'être limité à une description des formes de gouvernement déjà existantes. La société civile se fonde sur un acte de violence, d'exercice d'un pouvoir brutal : « Le premier qui, ayant enclos un terrain, s'avisa de dire : ceci est à moi, et trouva des gens assez simples pour le croire, fut le vrai fondateur de la société civile. » Rousseau ressemble beaucoup à Hobbes quand il dit que, en vertu du pacte par lequel les hommes entrent dans le monde, la société civile aliène totalement l'homme et tous ses droits à toute la communauté. Rousseau, cependant, représente cet acte comme une forme d'échange de droits par lequel les hommes abandonnent les droits naturels, en échange des droits civils.

La société, le mal nécessaire

Au début, alors que la société n'est pas constituée, il existe une proportion parfaite entre les besoins de l'homme, relativement modiques, et leur satisfaction. Autrement dit, dans l'état de nature, l'homme ne peut faire qu'un bon usage de sa liberté. Mais très tôt, il tient compte des autres hommes. Tout état social est mal puisqu'il prive l'homme de la source du bien qui est la liberté individuelle. La société se révèle donc être un mal nécessaire. L'évolution serait d'en faire une « forme d'association [...] par laquelle chacun s'unissant à tous, n'obéisse pourtant qu'à lui-même et reste aussi libre qu'auparavant ». La solution est une aliénation de la liberté, non pas au profit d'un seul (monarchie), ni de plusieurs (aristocratie) mais de tous (démocratie). Ce qu'il faut, c'est un contrat social, tous les membres d'une société s'engageant librement à suivre la volonté générale.

THÉÂTRE : LE JEU DE L'ÊTRE ET DU PARAÎTRE

À la fin du XVIIIe siècle, les femmes accrurent leur pouvoir sur les belles lettres. C'est de cette époque que le roman réapparaît de plus belle pour conquérir le public sous des formes très variées : mémoires, contes, récits historiques, récits romancés ou souvent « emprunts » à des romanciers étrangers à succès. Parmi les écrivains, certains sont porteurs des premiers signes pré-romantiques. On peut citer **Cazotte** (1719-1792), ami de Saint-Martin, qui publie *Le Diable amoureux* (1772), roman s'intégrant parfaitement dans le courant occultiste de l'époque.

♦ **Marivaux** (1688-1763), Pierre Carlet de Chamblain de Marivaux, naît à Paris. Il fréquente de bonne heure les salons dont celui de Mme de Lambert. Il prend parti pour les Modernes et publie une *Iliade*. À la suite de la banqueroute de Law, en 1720, ruiné, il essaie de vivre de sa plume. Il écrit pour les comédiens italiens qui viennent de s'installer à Paris. Du théâtre italien, il conserve la fantaisie du décor et de l'action, la féerie poétique. Ses meilleures comédies sont *Le Jeu de l'amour et du hasard* (1730), *Les Fausses Confidences* (1737) et des études de sentiment. Il écrit aussi deux romans : *La Vie de Marianne* (1731-1741), et *Le Paysan parvenu* (1735). Son œuvre est peu goûtée de ses contemporains qui la jugent obscure. Voltaire lui reprochait « de peser des œufs de mouche dans des balances en toile d'araignée ». Marivaux ne sera reconnu qu'au XIXe siècle.

◆ L'œuvre de Pierre-Augustin Caron de **Beaumarchais** (1732-1799) illustre le déclin qui va se produire pendant l'Ancien Régime. De sa vie, il aurait pu dire comme son Figaro : « J'ai tout vu, tout fait, tout usé. » En effet il exerce différents métiers : horloger, musicien, financier, auteur dramatique, armateur, éditeur... Dans ses comédies, il introduit une satire explosive de la société du XVIIIe siècle : *Le Barbier de Séville* (1775), *Le Mariage de Figaro* (1778).

LA POÉSIE ET LES NOUVEAUX GENRES LITTÉRAIRES

Si la forme versifiée est employée avec habilité par **Voltaire** dans son poème sur le désastre de Lisbonne, la poésie ne se libère pas du classicisme. C'est tout particulièrement **André Chénier** (1762-1794) qui retient l'attention. Il écrit durant son emprisonnement dans la prison de Saint-Lazare, entre le 7 mars et le 23 juillet, ses œuvres les plus remarquables : *La Jeune Tarentine*, une élégie, ainsi que des *Iambes* satiriques qui visent clairement les Jacobins. Il se situe déjà dans la lignée des romantiques du siècle suivant. Le XVIIIe siècle inventera d'autres genres littéraires comme la critique d'art, Diderot, dans ses *Salons*, la vulgarisation scientifique, Buffon, dans son imposante *Histoire naturelle*, le discours politique, Mirabeau, Saint-Just, Danton, Robespierre. À la fin du XVIIIe siècle, sous l'influence de Rousseau, le sentiment et l'émotion prennent autant d'importance que la raison.

LES ÉCRIVAINS PHYSIOCRATES

Au milieu du XVIIIe siècle, la France développe une nouvelle école de pensée, fondée sur un rapport différent à la nature, à la fois économique et politique : la **physiocratie**. Le terme lui-même est explicite, mêlant la nature, *phûsis* en grec, et le pouvoir, *cratein*. **François Quesnay** (1694-1774), chirurgien royal depuis 1723, fonde l'école par la publication de son *Tableau économique* en 1758. Il y développe les thèses essentielles des physiocrates : la seule activité productive est l'agriculture, ce qui fait des paysans les seuls producteurs véritables. La richesse ainsi créée doit être répartie entre les hommes ; il convient de mettre en place un marché unique où hommes et marchandises circulent librement. Le propos politique des physiocrates rejoint l'école philosophique du droit naturel, selon laquelle un ensemble de *normes* objectives en droit doit être mis en œuvre pour protéger l'homme : droit à la vie, à la liberté, à la propriété, etc. Outre Quesnay, les principaux écrivains physiocrates sont **Richard Cantillon** (1680-1734), **Vincent de Gournay** (1712-1759), **Pierre Paul Lemercier de La Rivière** (1719-1801), **Anne Turgot** (1727-1781).

5. La philosophie en France au XVIIIe siècle

« En France, Bayle, Fontenelle, Voltaire, Montesquieu et les écoles formées par ces hommes célèbres combattirent en faveur de la vérité employant tour à tour toutes les armes que l'érudition, la philosophie, l'esprit, le talent d'écrire peuvent fournir à la raison ; prenant tous les tons, employant toutes les formes, depuis la plaisanterie jusqu'au pathétique, depuis la compilation la plus savante et la plus vaste jusqu'au roman et au pamphlet du jour [...] ; ordonnant, au nom de la nature, aux rois, aux guerriers, aux magistrats, aux prêtres, de respecter le sang des hommes ; leur reprochant avec une énergique sévérité celui que leur politique ou leur indifférence prodiguait encore dans les combats ou dans les supplices ; prenant enfin pour cri de guerre : raison, tolérance, humanité[1]. »

La philosophie des Lumières est marquée par la volonté de renoncer à une métaphysique explicative du monde et de son mouvement

---

1. Condorcet, *Esquisse d'un tableau historique des progrès de l'esprit humain*, Paris, Flammarion, 1998.

au profit d'une pensée empiriste et matérialiste. Les causes et les rapports entre les choses devront dorénavant être pensés selon l'ordre et la matière. Le naturalisme prend les traits d'une théorie de la science, antireligieuse et antimonarchique, et se teinte d'une théorie morale. Comme Descartes, les philosophes des Lumières douteront de tout, un doute systématique qui va toucher tous les domaines (histoire, morale, politique, religion), les remettant en cause. L'heure est à l'expérimentation et ce sont aussi les héritiers de Locke et de Newton. Une prise de conscience se fait sur la diversité et la complexité de la civilisation humaine mais aussi sur la perfectibilité de celle-ci et de l'homme. Le doute touche aussi la conscience artistique, le beau absolu n'existe pas, sa relativité, au contraire, sera porteuse de réflexion. **Dans la seconde moitié du XVIIIe siècle** le concept de philosophie définit les philosophes qui assimilent les connaissances de leur temps et les font progresser : ainsi le champ de réflexion s'élargit, et la société et l'histoire deviennent matière à réflexion rationnelle. Le philosophe doit également, par son action, transformer les hommes et la société ; la philosophie se définit aussi comme une pratique sociale.

PHILOSOPHIE ET CONNAISSANCE SCIENTIFIQUE

D'Alembert dans son « Discours préliminaire » de l'*Encyclopédie*, écrit en 1751, place la philosophie à la fin de l'évolution de l'esprit humain, elle en constitue le terme. Il lui assigne non seulement un rôle de vulgarisation, mais aussi de fondation de la science positive, caractérisée par l'esprit d'observation et s'opposant à l'esprit de système. Buffon, lorsqu'il publie en 1778 les *Époques de la nature*, en distinguant sept, décrit à la dernière les progrès de la civilisation, et adhère complètement à l'idée de d'Alembert. Il pense également que la connaissance scientifique de la nature permettrait de mieux la dominer. Selon lui, l'homme « plus il observera, plus il cultivera la nature, plus il aura de moyens de la soumettre et plus de facilités pour tirer de son sein des richesses nouvelles[1] ». Rousseau prendra le mot philosophe en ce sens. Dans *Émile ou De l'éducation*, il engage le vrai philosophe à étudier sur

---

1. Georges-Louis Leclerc, comte de Buffon, *Les Époques de la nature*, 1778.

place la nature s'il veut faire œuvre de savant. L'influence prépondérante de Descartes sur les sciences va peu à peu s'amenuiser au profit de celle de Newton. L'œuvre essentielle de ce dernier, les *Principes mathématiques de la philosophie naturelle* (1687), traite du système du monde, dans son troisième livre. Il étudie le mouvement des satellites autour des planètes. Sa pensée physique s'accompagne d'une théologie. L'ordre qui y règne est l'œuvre d'un être tout-puissant et intelligent. Ses idées devaient trouver un écho prolongé dans le XVIIIe siècle. Les deux artisans de son introduction sont **Maupertuis** (1698-1759) et Voltaire. Le premier introduisit le newtonisme à l'Académie des sciences, le second en fut le meilleur vulgarisateur.

UNE MORALE NOUVELLE

Les fondements de la morale ont changé. Ils ne semblent plus nécessairement liés à une religion et s'appuient fortement sur la raison. Cette morale, qui ne cherche plus à suivre les enseignements de la nature, trouve son organisation du bonheur. On rejette la morale chrétienne autant que la morale stoïcienne. Les *Discours sur l'homme* (1738) de Voltaire font le procès de la morale austère, stoïcienne, janséniste ou chrétienne. La morale nouvelle va déteindre sur l'ancienne et c'est pourquoi certains croyants essaieront de concilier la religion et les plaisirs légitimes. Dans *L'Indigent Philosophe* (1727), **Marivaux** poursuit cet idéal. Le nouvel art de vivre porte sur **la recherche du bonheur**. Les ouvrages sur ce thème abondent. Les seules vérités importantes sont celles qui contribuent à rendre les hommes heureux. Turgot, dans son premier discours à la Sorbonne, le 3 juillet 1750, fait remarquer que : « La nature a donné à tous les hommes le droit d'être heureux. » Les grandes lignes de la conception du bonheur sont tracées dès 1740 : il s'agit moins d'essayer de changer le monde que de s'y faire une place confortable. Quant à la morale, elle reste très individualiste, une morale du bonheur personnel. La morale altruiste, celle du bonheur social, ne prendra tournure qu'après 1760. La lutte contre l'intolérance a pour maître à penser Locke qui en est également l'un des principaux théoriciens. « On a pu dire, écrit d'Alembert dans le *Discours préliminaire*, que Locke créa la métaphysique à peu près comme Newton avait créé la physique. » Voltaire est également au premier rang pour ce combat contre l'intolérance. *La Henriade* est l'épopée du roi tolérant. Les *Lettres philosophiques* (1734) étudient les sectes anglaises, pour mettre en lumière les bienfaits de la tolérance. Enfin 1717 voit **les débuts de la franc-maçonnerie**. La première loge française est ouverte en 1726 à Paris. Les francs-maçons se conforment à la nouvelle morale de l'existence, répudiant l'austérité, par agapes et banquets, revendiquent la liberté politique et une certaine égalité. Cette similitude d'idées et d'intentions explique la raison pour laquelle on a souvent présenté la franc-maçonnerie comme l'un des facteurs de la propagation des Lumières.

PHILOSOPHIE ET HISTOIRE

Le XVIIIe siècle aura la passion de l'histoire, et le philosophe se voudra historien. Il y cherchera des faits et des arguments pour appuyer ses théories et ses controverses. Montesquieu et **Voltaire** écrivent la philosophie de l'histoire, chacun dans une intention différente. **Montesquieu** (1689-1755) a pour désir de déterminer les causes des événements historiques dans *Considérations sur les causes de la grandeur des Romains et de leur décadence* (1734). Voltaire recherche plus rarement les causes et pense que le hasard est souvent le maître des événements. Il définit surtout « l'esprit et les mœurs des nations » et écrit à propos du Moyen-Âge : « Je voudrais découvrir quelle était alors la société des hommes, comment on vivait à l'intérieur des familles, quels arts étaient cultivés, plutôt que de répéter tant de malheurs et tant de combats funestes objets de l'histoire et lieux communs de la méchanceté humaine[1]. » Cependant l'histoire reste, pour ces deux auteurs, avant tout un moyen de lutte philosophique. Il ne faut pas seulement se borner à connaître le monde et la société, il faut aussi songer à les transformer. L'œuvre historique de **Montesquieu** va le conduire à la politique. Dans *De l'esprit des lois* il devient philosophe du droit et des gouvernements. Celle de **Voltaire** le conduit au *Dic-*

---

1. Voltaire, *Essai sur les mœurs et l'esprit des nations*, vol. 3, chap. LXXXI.

tionnaire philosophique. Il passe d'un tableau du gouvernement anglais à la revendication de la liberté. L'histoire, pour lui, doit servir à la formation sociale et politique de l'honnête homme. La philosophie va se préciser par l'utilité sociale. Ce but pratique de la philosophie est défini par **Buffon** dans la septième des *Époques de la nature* (1778). Pourtant nul mieux que **Condorcet** (1743-1794) n'a caractérisé à la fois l'idéal et le combat des philosophes.

PHILOSOPHIE : LE SENSUALISME OU LA SENSATION TRANSFORMÉE

◆ **Étienne Bonnot de Condillac** (1714-1780). Né à Grenoble en 1714, il vit, à partir de 1740, à Paris où il fréquente Diderot, Rousseau. De 1758 à 1767, il est précepteur du fils du duc de Parme. Puis il rentre à Paris avant de se retirer dans l'abbaye de Flux (Beaugency). Il meurt en 1780. Ses principales publications sont : *Essai sur l'origine des connaissances humaines* (1746) ; *Traité des systèmes* (1749) ; *Traité des sensations* (1754) ; *Traité des animaux* (1755) ; *Cours complet d'instruction* (1775). Deux ouvrages posthumes : *La Logique* (1780) et *La Langue des calculs* (1798). Condillac s'inspire de Locke mais, alors que ce dernier tient la sensation et la réflexion comme origine des idées, il n'admet plus que la sensation pure et, en tant que telle, préconise un sensualisme intégral. Il ne tire pas du sensualisme des conclusions matérialistes ainsi que le feront **La Mettrie** (1709-1751) ou même ses disciples qui reçurent le nom d'idéologues : **Cabanis** (1757-1808), **Destutt de Tracy** (1754-1836). Condillac s'inspire de la pensée de Locke mais substitue à l'empirisme le sensualisme, doctrine qui s'appuie sur un système qu'il appelle système « de la sensation transformée ».

– **Pensée et sensation**

La seule source de notre connaissance pour Condillac est la sensation. À l'encontre de Locke, pour qui sensation et réflexion sont les deux sources d'idées, Condillac ne conserve que celle de la sensation, la réflexion n'étant que la sensation se sentant elle-même. Dans cette sensation entrent par composition des sensations d'origines différentes :

attention, mémoire, comparaison, jugement, réflexion. Il appuie sa démonstration sur l'exemple de la statue « organisée à l'intérieur comme nous et animée d'un esprit privé de toutes espèces d'idées ». Par la seule combinaison de ses sensations, elle acquiert la connaissance humaine. La sensation représentative se sentant elle-même, c'est la réflexion. Une sensation dominante, c'est l'attention ; la double attention, c'est la comparaison. L'attention portée à une sensation passée, c'est la mémoire. De même, de la sensation affective découlent peine et plaisir. Le désir est le point de départ de toutes les métamorphoses de sentiment ; son point d'arrivée est la volonté, désir sans obstacle.

– Le moi

La définition de l'homme tirée de ces principes est la suivante : « Le moi de chaque homme n'est que la collection des sensations qu'il éprouve et de celles que sa mémoire lui rappelle ; c'est la conscience de ce qu'il est, combinée avec le souvenir de ce qu'il a été[1]. »

---

1. É. de Condillac, *Œuvres complètes*, 23 vol., Paris, 1798 ; 31 vol., Paris, 1803 ; 16 vol., Paris, 1882.

CHAPITRE XII
L'Angleterre au XVIIIe siècle

1. L'Angleterre au XVIIIe siècle

Anne I**re** (1702-1714) règne en déléguant le pouvoir à ses ministres, notamment l'influent **John Churchill**, duc de **Marlborough** (1650-1722), qui commande l'armée dans la guerre de Succession d'Espagne contre la France. À sa mort, un arrière-petit-fils de Jacques I**er** lui succède, **George I**er (1714-1727). Électeur de Hanovre, il est le premier souverain de cette nouvelle dynastie. Prince allemand, il ne parle pas anglais, se refuse à l'apprendre, ce qui le rend peu populaire. C'est sous son règne que la fonction de Premier ministre aurait été mise en place en Angleterre. Son fils **George II** (1727-1760) lui succède. L'opposition entre les deux hommes était de notoriété publique et donnait lieu à des scènes violentes. Il se lance dans la guerre de Succession d'Autriche, à la fois pour soutenir Marie-Thérèse d'Autriche et pour venir au secours du Hanovre. Il est en butte, comme son père et la reine Anne avant lui, aux complots des jacobites, catholiques anglais qui voudraient replacer sur le trône le petit-fils du roi détrôné en 1689, Jacques II, **Jacques-François Stuart** (1688-1766), puis son fils **Charles Édouard Stuart** (1720-1788). Ce dernier débarque en Écosse en 1745, et s'empare d'Édimbourg. Mais il est battu à la bataille de Culloden (16 avril 1746) par le fils de George II, **William Auguste duc de Cumberland** (1721-1765). Cet échec marque la fin de tout espoir d'un rétablissement des Stuart. La fin du règne est marquée par l'expansion britannique en Inde. George II meurt le 25 octobre 1760.

George III (1760-1820) entend régner par lui-même et non en suivant la politique du Premier ministre et du Parlement. Le début du gouvernement s'illustre par les succès contre la France, qui perd peu à peu toutes ses colonies en Amérique du Nord. Mais le roi se montre trop autoritaire, remplace rapidement les Premiers ministres. Les *Lettres de juin* (1769), pamphlet soutenu par le Parlement, sont une violente attaque de sa façon de gouverner. En 1775 éclate la guerre contre les colons d'Amérique. Elle se termine par la signature du traité de Versailles (1785) qui reconnaît l'indépendance des nouveaux États-Unis d'Amérique. Affaibli politiquement, le roi ne peut prétendre à continuer à décider seul. **William Pitt le Jeune** (1759-1806) est nommé Premier ministre. Appelé à occuper ce poste jusqu'à sa mort, il exerce une influence fondamentale et établit fermement ses prérogatives en matière de politique intérieure, de finances, de commerce. La santé de **George III** décline à partir des années 1780, le roi, manifestant une grande confusion mentale, est dans l'incapacité de prononcer le discours du trône. Pitt prend en main le Parlement, fait adopter des dispositions permettant, lors des absences du roi, à son fils, le prince **Frederick d'York** (1763-1827), d'exercer les fonctions de prince régent. Le pays doit alors affronter les guerres révolutionnaires puis napoléoniennes contre la France, entre 1793 et 1815, ainsi qu'un soulèvement de l'Irlande. Pitt est remplacé plusieurs fois, mais toujours rappelé à son poste de Premier ministre. À partir de 1811, George III n'est plus en état de régner. Une régence est confiée, jusqu'à sa mort, à son fils aîné, le prince de Galles. Devenu aveugle et sourd, emmuré dans son incohérence mentale, **George III** meurt le 29 janvier 1820. Son fils George IV (1820-1830) lui succède.

2. L'art anglais au XVIIIe siècle : des inspirations venues d'ailleurs

C'est en voyageant que les intellectuels anglais vont puiser à travers l'art de la Renaissance italienne ou en consultant des dessins, des gravures, leurs sources d'inspiration. L'influence baroque venue de Versailles fait aussi son chemin. L'*Enquête philosophique sur l'origine de nos idées du sublime et du beau*, en 1757, ouvrage d'**Edmund Burke** (1729-

1797), a un retentissement important sur l'art de cette époque en fondant la première opposition systématique du sublime au beau.

L'ARCHITECTURE EN ANGLETERRE AU XVIIIe SIÈCLE

Peu sensible au baroque, l'architecture anglaise à cette époque puise son inspiration chez Palladio. **Robert Adam** (1728-1792) et son frère **James** (1730-1794) s'inspirent des antiquités grecques et latines qu'ils ont visitées à Pompéi. Leur architecture retraduit toutes les tendances, goût des pilastres corinthiens, ou ioniques, fûts décorés d'arabesques. Ils donnent leur nom à une décoration de style pompéien. Sir **John Soane** (1753-1837) contribue à développer la mode du dorique. Les meubles de **Thomas Chippendale** (1718-1779) permettent par leur succès une vaste diffusion en Angleterre mais aussi à l'étranger. Ses œuvres, surtout en acajou, constituent une interprétation libre des thèmes rocaille et gothique. Les coiffeuses ou les consoles ont une décoration exubérante ; elle sera plus équilibrée pour les meubles d'usage courant. Son style domine jusqu'à l'arrivée du style néo-classique d'Adam. À la fin du siècle s'impose **le jardin à l'anglaise** d'allure plus capricieuse avec ses sentiers sinueux, ses lacs, ses ponts rustiques, ses bosquets. **William Chambers** (1723-1796) apporte une contribution importante dans l'art des jardins. Sa conception des jardins paysagers s'était enrichie à la suite d'un voyage en Chine. Les jardins de Bagatelle réalisés en 1777 par l'anglais **Thomas Blaikie** (1758-1838) s'en inspirent directement.

LA PEINTURE ANGLAISE AU XVIIIe SIÈCLE

À en croire Ruskin, **Richard Wilson** (1713-1782) serait le premier grand paysagiste anglais. Longtemps resté en Italie, il laisse des vues de la campagne romaine, des paysages du pays de Galles, le *Vue du Snowdon*. Son œuvre de pionnier, en travaillant la luminosité du ciel, l'étagement des plans, permet au paysage de s'imposer comme genre pictural.

◆ **William Hogarth** (1697-1764), bien qu'aussi graveur, trouvera le succès avec ses estampes et ses peintures dans un pays où est en train d'apparaître la démocratie parlementaire. Il sera un peintre parfois engagé, la peinture doit avoir un rôle moralisateur, mais mettant en scène la vie quotidienne et ses mœurs, *Mariage à la mode*, *Enfants jouant la comédie chez John Conduitt*, *Le Repas à l'auberge*, ou portraitiste de renom, *Lord George Graham dans sa cabine*. Ce qui différencie Hogarth des autres peintres de son époque est que ces derniers ont continué de réaliser des portraits dans la tradition instaurée par Van Dyck. Il fut aussi l'auteur de l'*Analyse de la Beauté. Destinée à fixer les idées vagues qu'on a du goût*, en 1753, livre sur l'art.

◆ **Joshua Reynolds** (1723-1792) doit beaucoup à Hogarth. Il séjourne de 1750 à 1753 en Italie surtout pour connaître les œuvres de Michel-Ange. De retour en Angleterre, il est rapidement sollicité, en tant que portraitiste, par la cour. Ses œuvres, à part quelques portraits, présentent des femmes frivoles et légères (*Miss Siddons personnifiant la muse de la tragédie*, 1784). Portraitiste officiel de tous les personnages notables de son temps, Reynolds a souvent été attiré par une peinture plus imaginative. Il peint alors des figures d'enfants, *L'Âge de l'innocence* (1788), par exemple. Il reste un des grands coloristes du XVIIIe siècle anglais.

◆ **Thomas Gainsborough** (1727-1788), comme Reynolds, est un portraitiste de grand talent, mais ne se consacre pas pour autant à cet unique genre. Il peint pourtant la famille royale, dont huit portraits de **George III**. En 1768, à la création de la Royal Academy, il figure parmi ses trente-six membres fondateurs. Son œuvre est d'une grande originalité. Il a su souligner les caractéristiques psychologiques en peignant les visages (*Les Sœurs Linley*, 1772). Il peut être tout aussi mélancolique et solennel avec *La Charrette du marché* (1786), lorsqu'il évoque la campagne anglaise.

◆ **Joseph Mallord William Turner** (1775-1851). Issu d'un milieu modeste – son père était barbier –, Turner fera une série de voyages décisifs pour sa formation dans le Kent, en Écosse et sur le continent européen en 1802. Il peint quelques marines très fortement inspirées de la tradition hollandaise du XVIIe siècle. C'est à partir de 1800 environ que la qualité de sa peinture éclate en ce qui concerne la luminosité de l'atmosphère ambiante (*Didon construisant Carthage*, 1815, *L'Incendie du Parlement*, 1835). Il va aussi utiliser les forces de la nature pour donner une puissance supplémentaire à ses paysages. Dans l'ensemble de son œuvre il a privilégié lumière et couleur. Ses compositions de plus en plus fluides suggèrent espace et mouvement.

3. La littérature anglaise au siècle des Lumières

L'apport littéraire anglais est essentiellement composé de romans et de poésies en plus des ouvrages de l'historien et philosophe Hume. La période de la reine **Anne** (1702-1714) est une période classique au sens français du terme. Le roman est dominé par le réalisme. Le succès de *Robinson Crusoé* (1719), de Daniel Defoe (1660-1731), fut immense en Angleterre, sorte d'odyssée anglaise et protestante. **Jonathan Swift** (1667-1745) a laissé à son image une œuvre passionnée, violente, éblouissante et débordante d'amertume. Avec *Le Conte du tonneau* (1704) il se livre à une satire violente sur l'homme, la science, la société. *Les Voyages de Gulliver* (1721) sont une satire encore plus impitoyable, sur le gouvernement politique et la société anglaise.

Après 1730, un mouvement préromantique s'amorce. À l'opposé, le roman réaliste se développe, dans lequel le héros doit faire ses preuves dans un monde parfaitement matérialiste. L'œuvre principale représentative de cette tendance est le *Tom Jones* (1749) de **Henry Fielding** (1707-1754). Quant au répertoire théâtral, le premier rang y revient à la comédie de mœurs. Ainsi *L'École de la médisance* (1777) de **Richard Brinsley Sheridan** (1751-1816) dénonce un Tartuffe anglais. **Samuel Johnson** (1709-1784) reste le critique littéraire le plus connu de son époque. La poésie préromantique est illustrée par les œuvres de **Macpherson** (1736-1796) qui publie les prétendues traditions du barde Ossian. **William Blake** (1757-1827) est à la fois poète, peintre et dessinateur. Mystique et solitaire, il médite sur l'âme humaine à travers un monde plein d'hallucinations et de rêves.

4. La philosophie anglaise au siècle des Lumières

LES DISCIPLES DE L'EMPIRISME : GEORGE BERKELEY (1685-1753)

Il a voulu combattre à travers ses écrits apologétiques les incroyants, les athées, les sceptiques. Pour lui, ce sont tous des matérialistes. C'est pourquoi il développe son idée selon laquelle le monde n'a en soi aucune substance ou réalité matérielle : c'est l'immatérialisme. Il n'est que l'idée de l'esprit : c'est l'idéalisme. Le rôle de Berkeley est d'avoir regroupé dans l'histoire de la philosophie une argumentation suffisante et nécessaire à l'école idéaliste jusqu'à nos jours. Le terme d'idéalisme dogmatique lui est donné par Kant, car Berkeley qualifie sa doctrine d'« immatérialiste ».

George Berkeley naît en Irlande, en 1685, dans une famille d'origine anglaise. Il fréquente dès l'âge de quinze ans le Trinity College, puis vers 1700 l'université de Dublin. Il y est professeur de grec, d'hébreu, de théologie. De 1713 à 1720, il voyage en Italie et en France, rédige, pendant cette période, un livre de notes, le *Commonplace Book*, et en 1709 un *Essai sur une nouvelle théorie de la vision*. 1710 marque l'apparition de son principal ouvrage, *Traité sur les principes de la connaissance humaine*, et 1713 les *Dialogues entre Hylas et Philonoüs*. En 1728, il se marie et séjourne au Rhode Island où il demeure trois ans. Entre-temps, il fait le projet d'aider à évangéliser l'Amérique en fondant un collège aux Bermudes. Il rédige, en 1731, *Alciphon ou Le Pense-menu* contre les libres-penseurs. Puis, sans ressource, il retourne en Angleterre et, en 1734, est nommé évêque de Cloyne. *Siris*, en 1744, est en fait une recette pharmaceutique qu'il emploie lors d'une épidémie comme remède avec succès. C'est l'occasion de louer des vertus bienfaisantes et de faire des spéculations bizarres sur l'action divine dans la nature. En 1752, malade, il se retire à Oxford où il meurt en 1753.

La doctrine : méthode critique de l'immatérialisme

Berkeley, en nommant « immatérialisme » sa doctrine, signifie par ce terme la négation de toute substance matérielle. En démontrant que cette nature n'existe pas, matière selon certains d'où toute chose tire son origine, il en vient à mieux établir l'existence de Dieu. En effet, si vous croyez à la matière, vous ne pouvez croire qu'en elle, voilà le matérialisme. Les conséquences morales en sont immorales. Si vous croyez à la matière et en Dieu, vous êtes tellement gêné par ce dualisme que vous ne savez comment séparer la nature de Dieu et il arrive que vous voyiez Dieu dans la matière, voilà le panthéisme. Berkeley supprime la matière pour que nous nous sentions plus en contact avec Dieu. Pour arriver à cette conclusion, il utilise une méthode critique qui vise à rendre évidentes les idées, essaie par la philosophie de nous rendre les idées « toutes nues ». Le langage aide à entretenir les illusions véhiculées par les idées, aussi faut-il opérer une séparation nette entre les mots et les choses. Sa critique du langage conduit à celle des idées abstraites. Il nie leur existence et même la possibilité d'en concevoir une. C'est le langage qui est à l'origine de celle-ci, car une idée est toujours en elle-même particulière et ce dernier la rend générale quand « on la prend pour représenter toutes les autres idées particulières ». De là, découle l'immatérialisme, car ce que les autres philosophes appellent « substance » ou « matière » ne sont que des idées abstraites. La couleur n'existe que pour qui la voit. Supprimez le sujet sensible, vous supprimez le monde. Les qualités premières sont : solidité, forme, étendue, mouvement, aussi subjectives que les qualités secondes, et n'existant que par les perceptions des sujets qui les conçoivent. Locke l'admet pour les qualités secondes, mais le nie pour les qualités premières. Si l'immatérialisme se résume à être une critique de la connaissance permettant d'aboutir à la négation de la matière, c'est aussi une doctrine métaphysique.

La doctrine métaphysique

La doctrine de Berkeley se définit comme un spiritualisme. Nous ne sommes pas toujours la cause de nos perceptions, de nos idées qui sont inertes et passives. Il faut la chercher dans l'auteur du monde sensible : Dieu. Une sorte de langage existant dans la nature nous permet de connaître ses attributs en faisant de Dieu la cause directe et nécessaire de nos sensations. Tout est esprit et le monde n'est que le langage que nous parle Dieu. Dans le *Siris*, il s'aventure un peu plus loin dans la métaphysique, dissertant à la fois sur Dieu, sur l'éther, sur les archétypes. La purification intérieure est le moyen d'accéder à une intuition des idées divines, en allant au-delà de la simple connaissance du sensible. Ainsi l'éther, feu très pur animé par les idées, se concentre à son tour dans l'eau de goudron et lui transmet ses effets bienfaisants.

CONTRE L'INNÉISME : DAVID HUME

Après avoir fait une critique de l'innéisme, le but essentiel de Hume (1711-1776) est une critique du principe de causalité pour aboutir à la condamnation de toute métaphysique. Il ne croit qu'à l'expérience. Il veut édifier une science de la nature humaine, saisir ainsi tout ce qui se passe en l'homme.

Né à Édimbourg en 1711, il fait pendant trois ans un séjour à La Flèche où il rédige son premier ouvrage, *Traité de la nature humaine*, qui est publié à Londres entre 1739 et 1740. À partir de cette date, peu encouragé par le manque de succès de son vaste ouvrage en trois volumes, il écrit au contraire des essais courts sur des thèmes divers, englobant la politique, la littérature, la psychologie, la religion. Les principaux essais sont *Essais de morale et de politique* (1741), *Essais philosophiques sur l'entendement humain* (1748), *Histoire de la Grande-Bretagne* (1754), *Histoire naturelle de la religion* (1757). En 1763, il fait un séjour en France où il a l'occasion de rencontrer le groupe des encyclopédistes. Puis il rentre en Angleterre et occupe une place dans la diplomatie. À partir de 1769, il se retire à Édimbourg où il meurt en 1776.

Sa doctrine

– L'origine des idées

« Nous pouvons donc diviser toutes les perceptions de l'esprit en deux classes ou espèces qui se distinguent par leurs différents degrés de force et de vivacité. On nomme communément les perceptions moins fortes et moins vives, idées ou pensées. La seconde espèce n'a pas encore reçu de dénomination commune. [...] On me permettra d'user ici d'une petite liberté et de les nommer impressions[1]. » Hume résume les perceptions humaines à deux genres bien définis : les pensées et les impressions. Les premières sont les perceptions faibles, les secondes fortes. Pour vérifier la réalité d'une idée, il suffit de préciser l'impression d'où elle dérive. Après avoir analysé les états psychiques, il tente de découvrir les lois qui sont à l'origine de la synthèse de ces éléments. Il découvre trois principes : « Pour moi, il me paraît qu'il y a seulement trois principes de connexion entre les idées, à savoir ressemblance, contiguïté dans le temps ou dans l'espace et relation de cause à effet[2]. » Ainsi ressemblance, contiguïté et relation de cause à effet constituent les trois principes nécessaires à la connexion des idées. Or « ce n'est pas la raison mais l'expérience qui nous instruit des causes et des effets ».

– **Le principe de causalité**
Le principe de causalité n'est pas évident *a priori*. Si l'on fait fondre de la glace par la chaleur, rien en fait ne nous permet de prédire qu'il y aura effet, si ce n'est que nous affirmons ce lien de succession en vertu de l'habitude et des coutumes auxquelles nous nous référons. Si nous nous attendons à voir que telle chose aura telle action sur une autre, c'est parce que nous sommes accoutumés à le voir. Ainsi, le principe de causalité ne peut pas dépasser, aller au-delà du plan de l'expérience. Toute métaphysique se trouve ainsi condamnée. La raison va se trouver elle-même réduite à un ensemble d'habitudes.

– **Le scepticisme**
Le scepticisme que prône Hume n'a rien à voir avec celui des Anciens. « Il y a un scepticisme mitigé, une philosophie académique qui peut devenir durable et utile ; elle peut être le résultat du pyrrhonisme ou scepticisme outré, après que le bon sens et la réflexion ont

---

1. David Hume, *Essais philosophiques sur l'entendement humain*, I, deuxième essai, traduction française de Philippe Folliot, Paris, Vrin, 2002, p. 133.
2. *Ibid.*

réformé ses doutes universels[1]. » Rien, hormis nos impressions, ne nous est connaissable, exception faite de nos perceptions ainsi que le soulignent déjà **Locke** et **Berkeley**. C'est donc un scepticisme moderne que Hume élabore, un système fondé sur le statut des relations et leur extériorité. Le scepticisme ancien, lui, avait édifié ses théories en tenant compte de la variété des apparences sensibles et des erreurs des sens. Son enquête sur la connaissance aboutit donc à une critique qui confond scepticisme, phénoménalisme et subjectivisme. Le premier but du scepticisme moderne est de découvrir les croyances illégitimes, celles qui ne sont pas susceptibles de justification philosophique ou qui ne donnent pas de probabilités. Autrement dit, il faut « limiter nos recherches à des sujets qui sont adaptés à l'étroite capacité de notre entendement ». La métaphysique quant à elle « est la région des sophismes et de l'illusion ».

---

[1]. Victor Cousin, *Histoire générale de la philosophie depuis les temps les plus anciens jusqu'au XIXᵉ siècle*, Paris, Didier, 1872, p. 49.

CHAPITRE XIII
L'Italie au XVIIIe siècle

1. Les principales cités italiennes et les États pontificaux jusqu'au XVIIIe siècle

VENISE DU XVIe AU XVIIIe SIÈCLE, DE LA CRISE À LA DOMINATION FRANÇAISE

En septembre 1504, le traité de Blois unit contre Venise **Maximilien de Habsbourg** (1508-1519), empereur romain germanique, **Louis XII** (1498-1515), roi de France, et le pape **Jules II** (1503-1513). L'empereur attaque les troupes vénitiennes, mais est défait. La Ligue de Cambrai de 1508 regroupe les mêmes, avec l'Aragon, l'Angleterre, la Savoie, Mantoue et Ferrare. Venise est vaincu à Agnadel en mai 1509 par les Français. Elle louvoie habilement, jouant de la crainte de ses vainqueurs de voir l'un d'eux bénéficier seul de son abaissement. Les Français sont chassés en 1514. Pourtant la ville de Venise est encerclée par des puissances hostiles et les Ottomans grignotent l'empire maritime vénitien : Chypre tombe en 1571, la Crète en 1669, la Morée en 1718. L'effacement politique est compensé par la brillante vie sociale et culturelle. Le carnaval dure six mois, les arts s'épanouissent. Rien ne peut cependant empêcher la prise de la ville par Bonaparte le 12 mai 1797. L'indépendance de Venise est perdue.

LA FLORENCE DES MÉDICIS (XVᵉ-XVIIIᵉ S.)

Après la révolte des Ciompi, un gouvernement oligarchique domine Florence de 1382 à 1434. À cette date, **Cosme de Médicis** (1389-1464) revient à Florence après un an d'exil, confisque le pouvoir à son profit tout en maintenant habilement la façade des institutions républicaines et ouvre l'ère de la seigneurie des Médicis. En 1469 son petit-fils, **Laurent le Magnifique** (1449-1492), prend en main les destinées de la cité. Mécène fameux, prince fastueux, il donne à Florence un rayonnement européen. Mais il doit compter avec les rivalités des autres grandes familles florentines. En 1478, lors de la conjuration des Pazzi, Laurent échappe à une tentative d'assassinat mais son frère Julien y perd la vie, dans la cathédrale. Peu après sa mort, le Dominicain **Jérôme Savonarole** (1452-1498) impose à Florence les rigueurs fanatiques de sa dictature théocratique. Il fait brûler livres et œuvres d'art, soumet la population à un contrôle moral des plus stricts, attaque l'Église pour sa richesse et ses vices. Arrêté, il est brûlé le 23 mai 1498. Revenus au pouvoir en 1512, les Médicis en sont chassés en 1527 par les Florentins. L'empereur, comme il l'a fait en 1512, les impose de nouveau en 1530, dans le cadre du duché de Florence. Ils deviennent en 1569 grands-ducs de Toscane. Florence annexe Sienne. En 1737, la dynastie prend fin faute de descendant. L'époux de l'impératrice d'Autriche **Marie-Thérèse** (1740-1780), **François II de Habsbourg-Lorraine** (1737-1765), devient alors grand-duc de Toscane. Ses héritiers règnent sur Florence jusqu'à l'annexion française de 1808.

NAPLES ESPAGNOLE (XVᵉ-XVIIIᵉ S.)

En 1443, **Alphonse V d'Aragon** (1416-1458) s'empare de Naples. La ville fait partie de l'immense héritage dévolu à l'empereur **Charles Quint** (1519-1558) et reste une possession de la couronne d'Espagne sous l'autorité d'un vice-roi jusqu'en 1707. Cette longue période de monarchie espagnole est toutefois entrecoupée d'un bref épisode républicain, connu sous le nom de République napolitaine entre 1647 et 1648. Il convient de la replacer dans un cadre plus général d'affrontement entre la France et l'Espagne. Un soulèvement populaire chasse le vice-roi espagnol et offre le pouvoir à un français, le **duc Henri II de Guise** (1614-1664). Ce dernier gouverne quelques mois l'éphémère République royale de Naples, mélange de régime républicain, aristocratique, monarchique. Mais, celui-ci est réduit à ses seules forces faute du soutien de Mazarin. Les Espagnols reprennent Naples, emprisonnent Henri II de Guise de 1648 à 1652. Le royaume de Naples se sépare de la couronne d'Espagne quand le roi **Charles III** (1759-1788), après l'avoir gouverné entre 1735 et 1759, monte sur le trône de Madrid. Son fils Ferdinand, âgé de huit ans, devient le roi **Ferdinand IV de Naples** (1759-1816). C'est sous son règne que le royaume de Naples, ou de Sicile péninsulaire, et celui de Sicile insulaire sont réunis sous le nom de royaume des Deux-Siciles. Ferdinand IV devient **Ferdinand Ier des Deux-Siciles** (1759-1825). En 1860, le royaume est conquis par **Garibaldi** (1807-1882) et réuni au royaume d'Italie.

MILAN SOUS DOMINATION (XVe-XVIIIe S.)

En 1535, France et Empire réclament le duché de Milan. Les impériaux l'emportent en 1559. De l'Espagne, Milan passe à la souveraineté autrichienne après la guerre de Succession d'Espagne (1701-1714). En 1796, **Napoléon Bonaparte** prend la ville, qui devient l'année suivante capitale de la République cisalpine (1797-1802).

LES ÉTATS PONTIFICAUX (XVe-XVIIIe S.)

Après les *Constitutions égidiennes* de 1357, les États pontificaux, divisés en cinq provinces, ne cessent de s'accroître sous les pontificats de **Jules II** (1503-1513), **Léon X** (1513-1521) et **Clément VIII** (1592-1605). Jules II était déjà un prélat militaire avant de devenir pape, il impose l'ordre aux États pontificaux par une dure campagne en 1474 pour le compte de son oncle, **Sixte IV**. Pontife soldat, il prend Pérouse, puis Bologne. Léon X lui succède et ajoute Modène, Parme, Plaisance, Reggio d'Émilie. Clément VIII, quant à lui, annexe Ferrare et Comacchio. Au XVIIe siècle sont intégrés Urbino, Castro, Ronciglione. La

Révolution française provoque à Rome un séisme. La ville est prise à la suite de la campagne d'Italie, en février 1798.

2. L'art du XVIIIe siècle en Italie

L'Italie, au XVIIIe siècle, perd le rôle phare qu'elle avait conquis depuis le XVe siècle dans l'art pictural européen. Les grands peintres qui dirigent le monde de l'art à Rome et à Bologne se sont figés dans la tradition du baroque tardif. Une fois de plus, c'est à Venise que se réalisera la coupure avec les représentants de la tradition. La grande cité, malgré sa décadence politique et économique, demeure un centre de vie mondaine et intellectuelle.

L'ARCHITECTURE EN ITALIE AU XVIIIe SIÈCLE

Naples, Venise reprennent peu à peu l'importance occupée par Rome jusque-là.

◆ **Filippo Juvaira** (1676-1736), après un séjour bref à Rome, est nommé premier architecte du roi du Piémont, en 1714. Une période féconde de ses créations commence avec la reconstruction du dôme de l'église Saint-Philippe, la façade de l'église Sainte-Christine. Il donne des dessins pour le château de Rivoli et l'église Sainte-Croix à Turin. Formé au goût baroque, il possède l'art de faire s'interpénétrer les volumes. Nous lui devons également le palais Madame à Turin au décor travaillé.

◆ **Giovanni Ballesta Piranesi** dit **Piranèse** (1720-1778). À la demande des Rezzonico, une aristocratique famille vénitienne, entre 1760-1770, il exerce ses talents d'architecte. Il fournit des dessins pour l'aménagement des appartements pontificaux, à Monte Cavallo, ainsi qu'à Castel Gondolfo.

LA PEINTURE EN ITALIE AU XVIIIᵉ SIÈCLE : LE ROCOCO À VENISE

C'est surtout à Venise que se manifeste le style rococo. Seule l'école vénitienne continue de s'épanouir. Dans les autres villes, Florence, Rome, Naples, la peinture entre dans une phase de léthargie, se contentant de prolonger la tradition baroque hollandaise et française du XVIIᵉ siècle. C'est à Venise que la production se distingue par un art pictural nouveau.

♦ **Giovanni Battista Piazetta** (1683-1754) est tenu pour le fondateur de ce style en Italie avec ses teintes pesantes, dénuées de tout contraste, sa composition mouvante et décontractée.

♦ Le peintre **Giambattista Tiepolo** (1696-1770) apparaît au milieu de cette effervescence artistique. Il peint en 1726 sa première série de fresques dans le palais de l'archevêché d'Udine, puis, en 1745, l'*Histoire d'Antoine et Cléopâtre* dans le salon du palais Labia. Vers 1750-1751, il décore et orne le grand escalier de la Residenz Würzburg. De 1757 datent *L'Iliade*, *L'Énéide*, *Le Roland furieux*. Invité par Charles III, il meurt à Madrid. Une des caractéristiques de son art est sa façon de rendre la lumière. Lorsqu'il évoque les fêtes et les carnavals à Venise, il utilise une gamme chromatique plus chaude encore. Tiepolo reste l'un des rares peintres du XVIIIᵉ siècle à décorer de vastes surfaces architecturales intérieures par des fresques murales. Il n'utilise plus le clair-obscur cher au XVIIᵉ siècle mais fait preuve d'un sens monumental de la mise en scène. Contrairement aussi aux représentations passées, ses personnages ne pénètrent pas dans le tableau mais viennent à la rencontre du spectateur, l'invitant à participer à la scène.

♦ **Giovanni Antonio Canal**, surnommé **Canaletto** (1697-1768), est le peintre des lieux, Venise, Londres et de l'Angleterre par excellence, qui a su « trouver une atmosphère particulière » par rapport à d'autres artistes. Il emploie souvent une *camera obscura*, une chambre noire, produisant de nombreuses vues de Venise. Mieux qu'aucun autre, il a su retraduire l'esprit de Venise dans une mouvance architecturale soyeuse de lumière et de reflets dans l'eau.

◆ **Francesco Guardi** (1712-1793) réalise quelques œuvres à caractère religieux : *La Douane* et *La Giudecca* (1775), peintures de l'église dell'Angelo Raffaele. Il inaugure le type des *Vedute*, tableaux se voulant l'exact rendu de la réalité des paysages. Afin d'y parvenir, il utilise aussi la *camera obscura*, appareil permettant de reproduire des images par une opération de décalquage. Rendre avec réalisme le jeu de l'ombre et de la lumière, tout comme une application stricte des lois de la perspective sont les caractéristiques de sa peinture qui donne une vision pourtant sublimée de Venise (*Le Départ du Bucentaure*, 1780). Ses peintures londoniennes (*La Tamise*, 1747) témoignent d'une atmosphère et d'une transparence vaporeuse qui inspirera plus tard **Gainsborough** et **Turner**.

3. La littérature italienne au XVIIIe siècle

La fin du XVIIe siècle voit la fondation d'une académie, l'Arcadie, en 1690, à Rome. Les poètes qui y adhèrent prennent le nom de bergers et louent les charmes de la vie pastorale et bucolique à travers des « canzonnettes » : **Metastasio** (1698-1782) reste le plus connu d'entre eux. Il écrit aussi des mélodrames, comme *Didone abbandonata* (1724). **Scipione Alfieri Maffei** (1675-1755), le poète dramatique, inspire Voltaire avec sa *Mérope*. Quant à **Carlo Goldoni** (1707-1793), il fournit tout un répertoire de comédies : *La Veuve rusée* (1748), *La Villégiature* (1761). **Vittorio Alfieri** (1749-1813) compose des pièces en respectant les règles de la tragédie française et puise sa source d'inspiration aussi bien dans l'histoire romaine (*Octavie*, 1775-1782, *Brutus*, 1775-1782) que grecque (*Antigone*, 1775-1782, *Mérope*, 1775-1782), des sujets choisis pour montrer l'héroïsme en exemple. L'Italie est alors envahie par les courants d'idées qui traversent toute l'Europe ainsi que les grands mouvements philosophiques.

CHAPITRE XIV
L'Allemagne au XVIIIe siècle

1. L'Allemagne au XVIIIe siècle

Joseph Ier (1705-1711) poursuit la guerre contre la France, servi par des généraux d'exception, le **prince Eugène** (Eugène de Savoie-Carignan, 1663-1721) et John Churchill, **duc de Marlborough** (1650-1722), au service de l'Angleterre. Il meurt prématurément de la petite vérole en 1711. Son frère **Charles VI** (1711-1740) lui succède. En 1713, il promulgue la *Pragmatique Sanction* qui assure à ses filles le trône en cas d'absence d'héritier mâle, dans ses domaines patrimoniaux. Le prince Eugène remporte les victoires de Peterwardein (1716) et Belgrade (1717) sur les Turcs, contraints de signer la paix de Passarowitz (21 juillet 1718) par laquelle l'Autriche garde le Banat, la Petite Valachie et l'essentiel de la Serbie, conquêtes rendues, après la mort du prince Eugène, au traité de Belgrade en 1739. Charles VI meurt le 20 octobre 1740. Il est le dernier souverain masculin des Habsbourg d'Autriche. Sa fille, **Marie-Thérèse** (1740-1780), lui succède, mais elle est contestée par **Philippe V** d'Espagne et l'électeur de Bavière, pendant que le roi de Prusse **Frédéric II** (1740-1786) en profite pour occuper en partie la Silésie.

C'est son grand-père, **Frédéric III** (1688-1713), électeur de Brandebourg, qui, le premier, reçoit le 18 janvier 1701 la couronne de Prusse et devient le roi **Frédéric Ier de Prusse** (1701-1713). Son fils, **Frédéric-Guillaume Ier** (1713-1740), économe, travailleur acharné, forge la Prusse par une administration contrôlée étroitement et le développement de l'armée, dont les officiers occupent les postes principaux de l'État. Gestionnaire avisé, il laisse à son fils **Frédéric II le Grand** (1740-1786) un État prospère et l'une des premières armées d'Europe. La guerre de Succession d'Autriche (1740-1748) oppose Marie-Thérèse et son alliée l'Angleterre à la Prusse, la Saxe, la Bavière, la France, le Piémont-Sardaigne et l'Espagne. La paix d'Aix-la-Chapelle (18 décembre 1748) reconnaît les droits de Marie-Thérèse en dépit de la perte de la Silésie au profit de la Prusse. Son époux, François-Étienne de Lorraine (1708-1765), élu empereur **François I**^{er} (règne : 1745-1765), voit son titre impérial reconnu. Marie-Thérèse est impératrice consort. Par la guerre de Sept Ans (1756-1763), Marie-Thérèse tente en vain de reprendre la Silésie, riche région minière, à la Prusse. En 1772, elle prend part à la partition de la Pologne, reçoit la Galicie (en Ukraine) et la Petite Pologne (au sud-est de l'État actuel). À partir de 1756, l'Autriche se rapproche de la France et de la Russie pour contrer la menace grandissante de la Prusse. Son fils **Joseph II** (1765-1790) est élu empereur à la mort de son père en 1765.

Il devient pleinement souverain des possessions héréditaires des Habsbourg à la mort de Marie-Thérèse en 1780. Il s'allie à la Prusse et à la Russie pour se partager la Pologne en 1772. Ses ambitieuses réformes, sa volonté d'unifier à marche forcée les divers mondes culturels de ses possessions, la vaine tentative pour prendre le contrôle de la Bavière laissent le souvenir d'un prince administratif et froid. Connu pour son goût prononcé pour la musique, il commande à Mozart en 1782 *L'Enlèvement au sérail*, *Die Entführung aus dem Serail*, premier opéra en allemand. En Prusse, le faible **Frédéric-Guillaume II** (1786-1797) succède à Frédéric II, sans pouvoir poursuivre l'œuvre entreprise. Le frère de Joseph II, **Léopold II** (1790-1792), lui succède brièvement. Il met fin à la guerre avec les Turcs par la paix de Sistova (1791).

2. L'art en Allemagne au XVIIIe siècle : la peinture au siècle des Lumières

Les peintres allemands n'atteignent pas le niveau de leurs contemporains français et italiens. Ils se forment en Italie comme les frères **Cosmas-Damian Asam** (1686-1739) et **Egid Quirin Asam** (1692-1750). La génération de peintres suivants montre une certaine indépendance à l'égard de l'Italie. **Franz Anton Maulbertsch** (1724-1796) se forme à Vienne. Il représente des visions d'extase oniriques et fait baigner ses personnages dans des ambiances fantasmagoriques.

3. La littérature allemande au siècle des Lumières

Plusieurs faits permettent à la littérature allemande au XVIIIe siècle de se débarrasser de la barrière érigée par le protestantisme et de tirer de lui des inspirations poétiques : la critique de l'*Aufklärung* contre la prétention chrétienne à détenir la vérité, la tentative du piétisme d'imprégner tous les domaines d'une attitude et interprétation religieuse. Le paradoxe des deux mouvements aboutit à une vision du monde éclairée d'une part par les Lumières tout en conservant d'autre part l'énergie propre à la religion sans devoirs religieux. Les trois premières décennies ne font que prolonger les langueurs du siècle précédent.

GOTTHOLD EPHRAIM LESSING (1729-1781)

Lessing est l'un des éminents représentants de cette période. Initiateur du drame bourgeois, son activité se concentre essentiellement sur le théâtre. Celui-ci comporte des tragédies bourgeoises ou des comédies psychologiques. Sa *Minna de Barnhelm* (1767) est considérée comme la première comédie originale de l'Allemagne. Avec sa *Dramaturgie de Hambourg* (1767-1769), l'auteur s'attaque à la tragédie française classique, lui reprochant son ton pompeux, son manque d'action et rendant grâce au drame shakespearien plus conforme selon lui au génie allemand. Dans *Du Laocoon, ou Des limites respectives de la poésie et de la peinture*, il démontre que contrairement à l'opinion qu'on attribue à Horace, la poésie n'est pas de la peinture, *ut pictura poesis*, et que chaque art doit avoir comme limite son propre domaine. Son dernier drame, en 1779, *Nathan le Sage*, est représentatif des Lumières. Située au XIIe siècle à Jérusalem pendant les croisades, la pièce traite de la tolérance religieuse. Les conflits dramatiques sont orientés vers les conflits des trois religions concernées, le judaïsme, le christianisme et l'islam. Lessing, par ses écrits théoriques sur le théâtre et ses pièces dramatiques, devient le fondateur de la littérature moderne allemande.

L'ABANDON DU RATIONALISME

Au cours de la seconde moitié du siècle un contre-courant se développe sous la forme du classicisme sentimental.

◆ **Friedrich Gottlieb Klopstock** (1724-1803) en est le principal représentant. Pour écrire sa *Messiade*, véritable poème épique, il s'inspire de la Bible, tout en mettant en scène des forces incontrôlables qui sont en l'homme. Il annonce les courants symbolistes.

Un peu **après la seconde moitié du XVIIIe siècle**, vers 1760 environ, commence une période qui va durer pendant près d'un siècle, où les courants les plus variés vont se manifester. Néanmoins, tous ont en commun l'abandon du rationalisme cher aux Lumières, ainsi que celui de sa philosophie pragmatique. L'idéalisme allemand va développer son thème central autour du droit à la liberté individuelle, et au perfectionnement de la personnalité et surtout la recherche d'un équilibre entre connaissance et intuition, sensibilité et intelligence.

◆ **Johann Wolfgang von Goethe** (1749-1832) fut l'un des principaux animateurs du *Sturm und Drang* (Tempête et Assaut), mouvement né de sa rencontre avec Herder qui prônait la révolte contre la raison, contre les normes universelles. Révoltée contre les conventions sociales et religieuses, cette attitude intellectuelle se traduit aussi par des tendances socialisantes, des idées patriotiques et révolutionnaires.

Les influences littéraires proviennent de Shakespeare, ou de Rousseau. Il est tenu pour le meilleur représentant du mouvement romantique, comme l'ont été à leur époque William Shakespeare pour la Renaissance et Dante à la culture du haut Moyen Âge. Son disciple, **Johann Gottfried von Herder**, fut l'un des esprits les plus éminemment antirationalistes de son siècle. Il eut une grande influence sur le jeune Goethe. Dans ses *Idées sur l'histoire de la philosophie de l'humanité* (1784-1791), il pense que les raisons profondes de l'évolution humaine sont inhérentes à l'humanité même. Goethe après avoir rédigé *Les Souffrances du jeune Werther*, en 1774, roman par lettres, connaît une activité intellectuelle et sentimentale dévorante, il se met à aborder tous les sujets, à l'image de jeune héros : « 18 juillet : Wilhelm, qu'est-ce que le monde pour notre cœur sans l'amour ? Ce qu'une lanterne magique est sans lumière : à peine y introduisez-vous le flambeau, qu'aussitôt les images les plus variées se peignent sur la muraille ; et lors même que tout cela ne serait que fantômes qui passent, encore ces fantômes font-ils notre bonheur quand nous nous tenons là, et que tels des gamins ébahis, nous nous extasions sur les apparitions merveilleuses[1]. » Incomparable dans la poésie lyrique, il chante son âme et l'âme humaine, il y traite tous les genres : épigrammes, chansons populaires, élégies, odes, sonnets, ballades : les *Élégies romaines* (1788), *Le Roi des aulnes* (1778). Pendant son séjour à la cour près du duc de Weimar, la raison prenant le pas sur la sensibilité, il connaît une période scientifique où il se passionne pour la physique, la botanique, l'anatomie. Un séjour de deux ans lui révèle l'Antiquité classique.

Il en rapporte *Iphigénie en Tauride* (1787), suite de la pièce de Racine. Sympathisant de la Révolution française, il en condamne pourtant sévèrement les excès. Dès 1794, il se noue d'amitié avec Schiller, d'où naîtra une collaboration féconde entre les deux hommes. Mais avant tout Goethe reste l'homme du *Faust*, œuvre dont le sujet est emprunté à un livre populaire du XVIe siècle. On distingue le premier *Faust* achevé en 1808, *Faust et Marguerite*, dont le sens a donné lieu à de nombreuses interprétations, éternelle inquiétude de l'homme

---

1. Johann Wolfgang von Goethe, *Les Souffrances du jeune Werther*, trad. B. Groethuysen, Paris, Gallimard, 1954, p. 98.

devant le mystère de la destinée, et le second *Faust*, en 1831, où dominent le symbole et l'allégorie. Le Bois sacré de Goettlingue, fondé en 1772, est une association d'étudiants qui répand le mouvement du *Sturm und Drang*. Le classicisme de Weimar représente l'apogée de l'idéalisme allemand. Un groupe de poètes s'est retrouvé à la cour du duc de Saxe-Weimar parmi lesquels Johann Wolfgang von Goethe et Friedrich von Schiller.

◆ **Herder** (1744-1803), philosophe, critique et poète, fait office de mentor. Le premier, il révèle la poésie intense que recèlent les livres hébraïques. Aussi prône-t-il de s'inspirer des vieux chants populaires plutôt que de se tourner vers la poésie savante des peuples civilisés. Les autres novateurs les plus importants seront Schiller et Goethe. Cette période d'orage, du nom de la pièce de l'un d'entre eux, Klinger (1752-1831), intitulée *Sturm und Drang* («Tempête et Orage»), se fixe comme programme la suppression des règles qui étouffent l'inspiration. Le cœur devient le guide, délaissant la froide raison, préférant **Rousseau** l'homme de la nature et du sentiment plutôt que **Voltaire**. Le dieu de cette nouvelle école est Shakespeare qui ne connaît que «le livre de la nature et le livre de l'homme». L'homme d'action et d'énergie y est glorifié, tandis que l'homme de salon et de plume y est méprisé.

◆ **Schiller** (1759-1805) fut diffusé en France et en partie traduit vers 1782. Bien que connu pendant la Révolution, c'est **Madame de Staël** qui nous apprend le talent de ce disciple de Rousseau. Il reste le créateur du drame classique allemand. C'est aussi un grand poète lyrique avec les *Ballades* (1797), l'*Ode à la joie* (1785) ou le grandiose poème *Le Chant de la cloche* (1798). Alors qu'il fut nommé à l'université d'Iéna, il entreprend un certain nombre de travaux historiques et critiques parmi lesquels figure une *Histoire du soulèvement des Pays-Bas* (1827), une *Histoire de la guerre de Trente Ans* (1803). Mais l'œuvre dramatique reste le domaine où il exerce le mieux son art avec ses pièces écrites sous l'influence du *Sturm und Drang*: *Les Brigands* (1781), *Don Carlos* (1787), tragédie idéaliste, ou celles dans lesquelles se ressent l'influence de Goethe, *Wallenstein* (1799), *Marie Stuart* (1800), *La Pucelle d'Orléans* (1801), *Guillaume Tell* (1804).

4. La philosophie allemande au siècle des Lumières : Kant

LE CRITICISME

Alors que le matérialisme domine en France, que **Thomas Reid** (1710-1796) combat par les principes du sens commun le scepticisme écossais et que le dogmatisme absolu domine l'esprit allemand, **Kant** prétend démontrer à chaque système philosophique qui l'a précédé toute l'inanité de ses principes. Il attaque le dogmatisme de Wolff, le scepticisme de **Hume** et entreprend de faire la critique de la raison humaine, de marquer ses bornes, son étendue et sa portée. Contre les matérialistes et les sceptiques, il prouve que l'entendement possède *a priori* des principes de savoir, et contre les dogmatiques, il maintient que l'expérience seule peut conduire à la certitude de l'existence réelle ou objective. Il fait cependant une exception en faveur des vérités morales, de la loi du devoir dont nous pouvons percevoir la réalité objective et la certitude absolue. Il fait du sujet connaissant le centre de toute philosophie, estimant que ce ne sont pas les connaissances qui doivent « se régler sur les objets » mais « les objets qui se règlent sur nos connaissances[1] ».

EMMANUEL KANT (1724-1804)

Emmanuel Kant, né en 1724 à Königsberg, entre en 1740 à l'université, écrit son premier ouvrage en 1746 : *Pensées sur la véritable estimation des forces vives*. À partir de 1755, il obtient un poste de professeur à l'université de Königsberg grâce au succès remporté par son deuxième ouvrage : *Explication nouvelle des premiers principes de la connaissance métaphysique*. En 1770, il devient titulaire de son poste. Cette date marque un tournant important dans la vie de Kant, car pour la première fois « l'idée critique » apparaît dans un petit écrit intitulé *Dissertation de 1770*. Il faut attendre 1781 pour voir apparaître

---

1. Kant, Préface à la seconde édition de la *Critique de la raison pure* (1787).

son œuvre majeure, *Critique de la raison pure*, puis les autres écrits se succèdent rapidement : *Les Prolégomènes* (1783) ; *Les Fondements de la métaphysique des mœurs* (1785) ; *Seconde édition de la Critique* (1787) ; *Critique de la raison pratique* (1788) ; *Critique du jugement* (1790) ; *La Religion dans les limites de la simple raison* (1793). Il meurt en 1804 à Königsberg.

Les influences

D'origine protestante, Kant est marqué par la théologie luthérienne dont il retient la conception de la foi comme acte pratique sans fondement théorique. Les thèses essentielles de sa métaphysique, la liberté, l'immortalité de l'âme, l'existence de Dieu, prennent racine dans ces bases. L'étude du phénoménisme de **Hume** le tire de son « sommeil dogmatique ». De Rousseau, il retient que la conscience morale est un absolu, que la moralité réside dans la pureté d'intention. Enfin, la seule métaphysique qu'il connaît est celle de Christian von Wolff (1679-1754). Malheureusement trop dogmatique, elle ne peut justifier et critiquer la raison, puisqu'elle est *a priori* et indépendante de toute expérience. Il conserve l'idée qu'elle est néanmoins *a priori*. Afin de garder de ces influences la part la plus importante, il pose « le problème critique », problème visant à la connaissance humaine en général.

Sa doctrine

Afin de cerner les pouvoirs et les limites de la raison, Kant s'interroge sur quatre questions fondamentales de la philosophie : Que puis-je savoir ? (la métaphysique y répond) ; Que dois-je faire ? (la morale y répond) ; Que m'est-il permis d'espérer ? (la religion y répond) ; Qu'est-ce que l'homme ? (l'anthropologie y répond). Le point de départ de la doctrine de Kant s'appuie sur le constat de deux faits dont l'esprit humain est certain puisqu'ils lui sont intérieurs : le fait de la science, celui de la morale. Il existe des connaissances vraies et des obligations morales, les deux s'imposent à toute conscience raisonnable. Afin de répondre à la question de savoir comment la science et la morale sont possibles, comment concilier l'une et l'autre, l'une supposant la nécessité des lois naturelles et l'autre celle des actes humains, il met au point une critique de la raison pure.

– La *critique de la raison pure* permet de mieux cerner ce que nous pouvons connaître ; par ce terme, il veut dire que nous n'empruntons rien à l'expérience sensible.
– La *critique de la raison pratique* répond à la question « comment faire ? ».
– La *critique du jugement* dont le sujet est le goût et la finalité.

Kant compare à la « révolution copernicienne » le bouleversement qu'il introduit dans la philosophie en appliquant sa méthode. D'un point de vue réaliste, la connaissance se règle sur l'objet, il oppose et conserve un point de vue idéaliste : l'esprit s'implique dans la connaissance : « Jusqu'ici on admettait que toute notre connaissance devait se régler sur les objets ; mais dans cette hypothèse, tous les efforts tentés pour établir sur eux quelques jugements *a priori* par concepts, ce qui aurait accru notre connaissance, n'aboutissaient à rien. Que l'on essaie donc enfin de voir si nous ne serons pas plus heureux dans les problèmes de la métaphysique en supposant que les objets doivent se régler sur notre connaissance[1]... »

L'attitude critique

Dans l'introduction de la *Critique de la raison pure*, Kant affirme « *que toute notre connaissance commence avec l'expérience* », notre esprit n'est éveillé et mis en action que si des objets frappent nos sens. Pourquoi le titre de critique de la raison pure ? Parce qu'il n'emprunte rien à l'expérience sensible. Il appelle *pures* les connaissances *a priori* auxquelles rien d'empirique n'est mêlé. À partir de là, deux formes de jugement découlent :
– **le jugement analytique** est « quand la liaison du prédicat au sujet est pensée par identité », le prédicat est inclus dans le sujet. Par exemple tous les corps sont étendus, les jugements analytiques sont descriptifs ;

---

1. Emmanuel Kant, *Critique de la raison pure*, Paris, Puf, « Quadrige », 2012, p. 18.

– **le jugement analytique** est appelé **synthétique** « pour ceux en qui cette liaison est pensée sans identité », quand le prédicat rajoute quelque chose au concept. Les jugements qui se rapportent à l'expérience sont tous analytiques.

Les jugements analytiques sont explicatifs, mais n'entendent pas notre connaissance et permettent plutôt de clarifier la pensée. Avec les jugements synthétiques, notre connaissance s'accroît, se développe. Les premiers sont *a priori* puisqu'ils peuvent se passer de la science, les seconds sont *a posteriori* puisqu'au contraire ils se fondent sur la science. Des jugements synthétiques *a priori* sont-ils donc possibles ? Comment la mathématique pure est-elle possible, comment la métaphysique est-elle possible ? Ces questions amènent Kant à se demander : quels sont les éléments *a priori* de notre connaissance ? Quelle en est la valeur ? Le système de Kant s'appelle criticisme justement parce qu'il fait la critique de notre connaissance et qu'il en recherche la valeur. La méthode qu'il emploie pour découvrir les éléments *a priori* de notre connaissance est l'analyse transcendantale.

L'analyse transcendantale

Le terme provient de la *Métaphysique* d'Aristote où les transcendantaux sont des propriétés de l'être (vérité, bonté). Chez Kant le transcendantal se rapporte à la connaissance et plus exactement à la connaissance *a priori* et ne désigne pas l'être et ses propriétés. Analyser signifie remonter d'un fait à ses causes, d'une conséquence à ses principes. Une des étapes majeures dans la critique est appelée « déduction transcendantale ». Avoir mis en évidence les principes qui mènent à la connaissance scientifique n'est pas suffisant, selon lui, il faut aussi déduire des principes trouvés le fait dont on est parti.

Kant discerne trois fonctions de la connaissance entravant le développement de la critique sur trois fronts :
– l'esthétique transcendantale est la critique de la sensibilité ;
– l'analytique transcendantale est celle de l'entendement ;
– la dialectique transcendantale est celle de la raison.

L'esthétique transcendantale

La première démarche de Kant est de rechercher les conditions *a priori* de la sensibilité. L'espace et le temps sont deux des formes de la sensibilité et constituent des formes *a priori* de la sensibilité. L'espace est la forme des sens extérieurs, le temps celle du sens interne, c'est-à-dire de la conscience de l'intuition : « L'espace et le temps en sont les formes pures ; la sensation en général en est la matière. Nous ne pouvons connaître ces formes qu'*a priori*, c'est-à-dire avant toute perception réelle et c'est pour cela qu'elles ont le nom d'intuitions pures, la sensation, au contraire est dans notre connaissance ce qui fait qu'elle se nomme connaissance *a posteriori* c'est-à-dire intuition empirique[1]. » La sensibilité, en nous révélant les choses dans l'espace et dans le temps, les révèle, non comme elles sont en elles-mêmes (noumènes), mais uniquement telles qu'elles nous apparaissent (phénomènes). Aussi Kant souligne-t-il que son idéalisme transcendantal est un « réalisme empirique ». Le rôle de l'entendement, ou faculté de juger, est de réunir les phénomènes.

L'analytique transcendantale

Les jugements, les connaissances intellectuelles se font par concepts *a priori* ou catégories. Kant définit douze types de jugements, douze types de fonctions. Pour lui, ce sont les règles, les principes selon lesquels l'esprit unifie les phénomènes afin de les comprendre. Ces derniers se regroupent trois par trois. Il classe les jugements selon la quantité, la qualité, la relation, la modalité. Il existe dans la connaissance une part issue de l'expérience et une autre *a priori* qui vient de l'esprit. Ainsi, Kant fait la synthèse entre Locke pour qui toute connaissance vient de l'expérience et Leibniz pour qui elle vient de la raison. Il donne le nom de réalisme empirique à son système puisque lorsqu'on évoque le nom d'expérience ou de loi, il s'agit d'un mélange d'*a priori* et d'*a posteriori* : « J'entends par idéalisme transcendantal de tous les phénomènes la doctrine d'après laquelle nous les envisageons dans leur

---

1. *Ibid.*

ensemble comme de simples représentations et non comme des choses en soi[1]. » Aussi, le problème réside dans la difficulté d'établir une métaphysique, car cette dernière prétend connaître les choses « *en soi* », objet extérieur, réel, inconnaissable. Comment y aboutir à partir d'une connaissance où sont étroitement mêlés *a priori* et *a posteriori* ?

La dialectique transcendantale ou critique de la raison

Si les sciences n'ont pas besoin de critique préalable, ce n'est pas le cas de la métaphysique. Dans la dernière partie de *Critique de la raison pure*, c'est ce que Kant essaie de faire. L'étude de la raison est le moyen de saisir *a priori* « l'inconditionné », condition dernière de toutes les conditions. Il définit trois types de raisonnement : catégorique, hypothétique et disjonctif. Ceux-ci permettent d'atteindre l'âme, le monde et Dieu. Le *cogito* permet à la raison d'aboutir à l'existence de l'âme. Pour passer du *cogito* à la *res cogitans* (chose pensante), Kant distingue quatre paralogismes. Il conclut à l'impossibilité de construire par le raisonnement théorique une métaphysique qui ait une valeur objective et réelle, quant au sujet de l'univers, la raison se perd dans des antinomies[2] insolubles. C'est à partir de ces distinctions, que la réfutation kantienne se nourrit pour développer l'argument ontologique : il est impossible de prouver l'existence d'un objet par la simple valeur de l'analyse de son concept. Dieu reste donc un idéal pour la raison. « Par conséquent, la preuve ontologique (cartésienne) si célèbre qui veut démontrer par concepts l'existence d'un Être suprême, fait dépenser en vain toute la peine que l'on y consacre[3]. »

Critique de la raison pratique ou philosophie morale

L'impératif catégorique est un ordre donné par la raison qui ne nous en explique pas les finalités : « Les impératifs sont de différentes sortes, ils commandent soit hypothétiquement, soit catégorique-

---

1. Emmanuel Kant, *Critique de la raison pure*, A 369, AK IV, 232, TP, 299.
2. Antinomies : opposition de deux propositions contradictoires, thèse et antithèse, démontrées toutes deux par des arguments aussi probants.
3. Emmanuel Kant, *Critique de la raison pure*, chap. III, section IV, *op. cit.*

ment [...] L'impératif catégorique serait celui qui représenterait une action comme objectivement nécessaire en elle-même indépendamment de tout autre but[1]. » La morale de Kant est avant tout une morale du devoir, il entend par devoir une loi qui s'impose à tout être raisonnable par l'*a priori* de la raison. L'intention de se conformer au devoir par souci du devoir est ce que Kant appelle « la bonne volonté ». Cette loi morale ne peut venir que de l'individu lui-même : l'agent moral est autonome. Seul le devoir est le fondement de la morale et non le bien. Ce qui en dépend : la liberté, l'immortalité de l'âme, l'existence de Dieu. Il s'agit d'un déterminisme « phénoménal » et d'une liberté « nouménale ».

Développement de la doctrine

L'idéalisme est la part la plus importante de l'héritage kantien. En découvrant les lois de la pensée scientifique, nous découvrons aussi les lois de l'être. En donnant la suprématie à la raison pratique sur la raison théorique, Kant donne naissance au volontarisme, au fidéisme, au pragmatisme. Dans le domaine moral, il est la source du formalisme, en imposant la volonté et l'autonomie de l'homme en tant qu'éléments moteurs déterminant ce qui est bien.

---

1. Emmanuel Kant, *Fondation de la métaphysique des mœurs*, deuxième section, trad. A. Renaut, Paris, GF-Flammarion, p. 88-89.

CHAPITRE XV
L'Espagne au XVIIIe siècle

1. L'Espagne au XVIIIe siècle

Le XVIIIe siècle espagnol s'ouvre sur la guerre de Succession d'Espagne (1701-1714). Louis XIV dispose d'un seul allié, la Bavière, et doit affronter la Grande Alliance forte de la Grande-Bretagne, la Hollande, la Prusse, l'Autriche, le Portugal, l'Empire, la Savoie, le Hanovre. L'Europe ne peut accepter un second Bourbon sur le trône d'Espagne, consacrant la France comme la plus grande puissance d'Europe occidentale. Les armes sourient aux coalisés pendant la plus grande partie du conflit, mais après 1711 le paysage politique change : nouveau gouvernement en Grande-Bretagne hostile à la poursuite de la guerre, mort de l'empereur **Joseph Ier** (1705-1711). Deux traités de paix sont signés à Utrecht, en avril puis en juillet 1713, prolongés par celui de Rastatt en mars 1714. À l'issue de leur signature, la Grande-Bretagne se pose en arbitre de l'Europe. Philippe V se voit confirmer l'Espagne et les colonies d'Amérique, mais renonce à jamais au trône de France. La question est d'importance, Louis XIV a pour unique héritier légitime un enfant de quatre ans, futur Louis XV, dont rien n'assure à l'époque la survie. Son décès ferait de Philippe V le nouveau roi de France en plus de son trône espagnol. La Grande-Bretagne reçoit Gibraltar, achète l'Acadie, la Nouvelle-Écosse à la France, Terre-Neuve, la baie d'Hudson. Elle s'enrichit du commerce triangulaire, l'accord commercial de l'Asiento lui garantit le monopole de la vente d'esclaves noirs sur ses colonies et celles de l'Espagne.

L'Autriche obtient les Pays-Bas espagnols, Milan, Naples, la Sicile. **Philippe V d'Espagne** (1700-1746) gouverne d'abord sous l'influence de la princesse des Ursins (1642-1722), placée auprès du couple royal par la volonté de Louis XIV. Elle les contrôle totalement, les vêtant le matin, les dévêtant elle-même le soir. Elle assainit les finances, impose l'étiquette de Versailles à la cour. Mais la jeune reine **Marie-Louise de Savoie** (1688-1714) décède prématurément. Mme des Ursins arrange de nouvelles noces avec **Élisabeth Farnèse** (1692-1766) en 1714, laquelle s'empresse de faire renvoyer cette dame d'atour omniprésente. La nouvelle souveraine domine son faible époux, choisit le cardinal **Jules Alberoni** (1664-1752) comme Premier ministre. Ce dernier essaie une reconquête des anciennes possessions espagnoles en Italie. L'Espagne est vaincue, envahie, incapable de résister à la Quadruple Alliance (France, Grande-Bretagne, Provinces-Unies, Empire). Alberoni, disgracié, est renvoyé en 1719. Le traité de la Haye (1720) prévoit toutefois un droit sur les duchés italiens pour le fils cadet de Philippe V. En 1725, l'Espagne reçoit un grave camouflet, l'infante Marie Anne Victoire, à la cour de Versailles depuis plusieurs années dans l'attente d'épouser Louis XV, car elle n'a que sept ans, est renvoyée. Le jeune Louis XV se remet à peine d'une grave maladie, ses ministres redoutent de le voir mourir sans héritier. Il convient de lui trouver au plus vite une princesse en âge de convoler. La petite Marie Anne Victoire est sacrifiée à la raison d'État. L'Espagne se rapproche un moment de l'Autriche, tente de reprendre Gibraltar, mais en vain, et, en 1727, y renonce par le traité de Séville (1729). Les hostilités avec la Grande-Bretagne se poursuivent avec la guerre de l'oreille de Jenkins puis la guerre de Succession d'Autriche.

Profondément neurasthénique, obnubilé par la mort, Philippe V décide en janvier 1724 d'abdiquer en faveur de son fils aîné. Ce dernier devient le roi **Louis Ier** (janvier-août 1724). Son bref règne se déroule en fêtes incessantes, mais il meurt de la variole. **Philippe V** remonte sur le trône et y demeure jusqu'à sa mort, le 9 juillet 1746. Son second fils, Ferdinand, écarté en 1724, après la mort de Louis Ier, lui succède alors sous le nom de **Ferdinand VI** (1746-1759), car, dès 1713, Philippe V impose à l'Espagne la loi salique, excluant les femmes du trône. Mélancolique, d'une méfiance maladive, le nouveau souverain

> ### La guerre de l'oreille de Jenkins (1739-1748)
>
> La guerre de l'oreille de Jenkins (1739-1748) a pour cadre l'Asiento accordé par l'Espagne à la Grande-Bretagne en 1713 pour trente ans. Ce traité de commerce permet à l'Espagne de se procurer des esclaves par l'entremise d'un pays auquel elle accorde le monopole de leur vente, car elle ne pratique pas la traite négrière. L'Asiento est donc concédé aux Britanniques pour la période de 1713 à 1743. Le problème est que des navires contrebandiers britanniques en profitent pour transporter illégalement des biens manufacturés, or, tissus précieux, meubles. Les Espagnols ont donc un « droit de visite » à bord des navires croisant dans les Caraïbes, reliant leurs îles aux possessions espagnoles américaines. C'est ainsi qu'en 1731 le *Rebecca*, bâtiment contrebandier, est arraisonné par un navire espagnol. Les insultes fusent entre les deux capitaines, chacun soutenant être dans son bon droit, se réclamant de son propre souverain. Excédé, l'Espagnol fait saisir son homologue anglais, Robert Jenkins, lui coupe une oreille en ajoutant : « Apporte-la donc à ton roi et dis-lui que la même chose l'attend s'il traîne par ici. » Rien ne bouge pourtant pendant huit ans, jusqu'en 1739. À ce moment, les parlementaires britanniques qui veulent à tout prix la guerre montent une opération spectaculaire. Minoritaires, ils convoquent Robert Jenkins qui émeut et scandalise la Chambre par son récit, conclut par une monstrance véritable de son oreille conservée dans un bocal. Indignés, les parlementaires votent la guerre contre l'Espagne le 23 octobre 1739. Elle s'achève en désastre pour les Britanniques en 1741, mis au second plan, l'année suivante de la guerre de Succession d'Autriche. À l'issue de cette dernière, en 1748, la Grande-Bretagne conserve l'Asiento jusqu'en 1750. Et Robert Jenkins reçoit le commandement d'un navire de la Compagnie britannique des Indes orientales, administrant un temps l'île de Sainte-Hélène pour mettre fin à la corruption.

est dominé d'abord par sa belle-mère **Élisabeth Farnèse**, puis par sa femme, **Marie-Barbara de Portugal** (1711-1758). Il participe à la fin de la guerre de Succession d'Autriche en signant le traité d'Aix-la-Chapelle (18 octobre 1748) qui retourne au *statu quo ante* pour les empires coloniaux espagnol et britannique. Son demi-frère, l'**infant don Philippe** (1720-1765), obtient les duchés de Parme et de Plaisance. L'Espagne reste par la suite à l'écart de la guerre de Sept Ans (1756-1763) qui embrase l'Europe. La mort de son épouse, en août 1758, enferme Ferdinand VI dans un désespoir dont il ne sortira plus. Réfugié dans sa résidence de Villaviciosa, au sud-ouest de Madrid, il y demeure cloîtré, sans plus s'occuper des affaires de l'État, jusqu'à sa propre mort, le 10 août 1759. La dépression chronique frappant Philippe V et son fils

Ferdinand VI, qui les pousse régulièrement à vouloir renoncer aux affaires publiques, trouve un apaisement à l'audition des airs chantés par le plus célèbre castrat du temps, **Carlo Broschi** dit **Farinelli** (1705-1782), à leur service exclusif de 1737 à 1759. C'est le demi-frère de Ferdinand VI, Charles, roi de Naples et de Sicile, qui devient roi d'Espagne sous le nom de **Charles III** (1759-1788). Le nouveau souverain règne en despote éclairé, réforme l'enseignement, la justice, favorise le courant des physiocrates pour moderniser l'agriculture, impose le cadastre, l'impôt sur le revenu. Entraînée par la France dans une guerre contre la Grande-Bretagne, l'Espagne cède au traité de Paris (1763) la Floride aux Britanniques, mais reçoit de la France la Louisiane à l'ouest du Mississippi. Soutenant les colonies américaines en révolte, l'Espagne, au traité de Versailles (1783), retrouve la Floride. Charles III meurt le 14 décembre 1788. **Charles IV** (1788-1808), son fils, lui succède, déjà âgé de quarante ans. En dépit d'une bonne connaissance des rouages du pouvoir, il cède à sa mollesse naturelle et laisse gouverner sa femme, **Marie-Louise de Bourbon-Parme** (1751-1819). À partir de 1792, elle impose au pouvoir son favori, **Manuel Godoy** (1767-1851). Cet ancien garde du corps est bientôt duc, puis « ministre universel » du roi, avec les pleins pouvoirs. En 1793, l'Espagne s'engage contre la France révolutionnaire, pour se rapprocher d'elle en 1795 et signer le traité de Bâle. L'Espagne y perd Hispaniola, l'île de Saint-Domingue, mais Manuel Godoy y gagne un nouveau titre de « prince de la paix ». Finalement, Godoy est disgracié en 1798. Il est rappelé en 1800 sur insistance de Napoléon qui en fait sa marionnette auprès des souverains espagnols. En 1801, la convention d'Aranjuez permet à la France de disposer de la flotte espagnole. Laquelle est anéantie avec les navires français à la bataille de Trafalgar en 1805. Par le traité de Fontainebleau de 1807, France et Espagne se partagent le Portugal. Cela inclut le passage des troupes françaises en Espagne pour se rendre au Portugal. Cette décision pousse à son paroxysme l'animadversion des Espagnols à l'égard de Manuel Godoy. Le propre fils aîné du roi, Ferdinand, prince des Asturies, fomente la conjuration de l'Escurial pour se débarrasser du favori exécré et déposer son père. Le complot est un échec, mais devant le soulèvement des grandes villes du royaume, notamment celui d'Aranjuez, le roi cède. Le soulèvement d'Aranjuez (mars 1808) est le fait des partisans de Ferdinand. Ils prennent d'assaut le palais royal, y découvrent Manuel Godoy caché sous un tapis. Ils menacent de le tuer, menace qui amène aussitôt Charles IV à abdiquer au profit de son fils, pourvu que le favori soit sauf.

> **La comédie de Bayonne (mai 1808)**
>
> Le soulèvement d'Aranjuez est un échec pour Napoléon Ier. Il lui faut une Espagne soumise pour contrôler le Portugal qui le défie, ne respecte pas le blocus continental et continue de commercer avec l'Angleterre. Il convoque donc en urgence la famille royale espagnole à Bayonne, **Charles IV** l'ancien roi, **Ferdinand VII**, son fils, le nouveau. L'empereur menace Ferdinand qui restitue le trône à son père. Lequel s'empresse de le troquer contre des terres et des revenus en France, au profit de Napoléon Ier. Ce dernier nomme son frère, **Joseph Bonaparte** (1768-1844), roi d'Espagne. Il devient Joseph-Napoléon Ier d'Espagne (1808-1813). **Charles IV** demeure l'otage de Napoléon jusqu'en 1814, puis se réfugie à Rome où il meurt le 20 janvier 1819. Son épouse **Marie-Louise** l'a précédé dans la tombe le 2 janvier 1819, mais avec la satisfaction de mourir entourée du fidèle Godoy qui ne les a pas quittés, d'exil en exil.

2. L'art en Espagne au XVIIIe siècle

LA PEINTURE EN ESPAGNE AU XVIIIe SIÈCLE

Le mouvement rococo est représenté par **Francisco de Goya y Lucientes** (1746-1828). Les tableaux qu'il réalise, à partir de 1786, moment où il est nommé peintre du roi, symbolisent parfaitement le goût du populaire propre aux dernières décennies du rococo. Il peint à peu près à la même époque des thèmes religieux. À la mort de Charles III en 1788, le débile **Charles IV** nomme Goya peintre de la chambre, ce qui constitue une promotion. Mais c'est l'année 1798 qui est marquante dans son œuvre. Il peint à fresque l'ermitage de San Antonio de la Florida, mêlant à la grandeur baroque certains effets de grâce du rococo. En effet, il s'agit de personnages peints en trompe-l'œil autour d'une balustrade. Mais les plus significatives de ses œuvres seront peintes à partir de 1814 — scènes de guerre avec *El Dos de Mayo*, œuvre romantique par la couleur, l'élan. Les peintures noires (1821-1822) ont pour thème essentiel le caprice et l'invention. Chacune de ces peintures est précédée d'esquisses fantastiques. La mythologie, la libération des instincts, la sorcellerie allaient trouver un support à travers la technique et l'esthétique. Il s'agit de quatorze compositions peintes à partir de tons bruns, gris, ocre, bleu carmin. La série comprend entre autres *Le Grand Bouc* (1797), *Judith et Holopherne* (1819-1823), *La Lecture* (1819-1823), *L'Idiot du village* (1824-1828), *Saturne dévorant ses enfants* (1819-1823). Dès le XIXe siècle, l'influence de Goya est sensible chez des artistes comme Delacroix et Manet.

L'ARCHITECTURE ESPAGNOLE AU XVIIIe SIÈCLE

Le style baroque en architecture, avec l'arrivée des Bourbons sur le trône d'Espagne, va s'effacer au profit du style classique français. Ainsi le palais San Ildefonso, à Ségovie, inspiré du baroque, présente les influences rigoureuses et géométriques du classicisme français. L'Alcazar de Madrid offre des lignes nettes et académiques d'esprit français. La cathédrale de Pampelune laisse transparaître elle aussi cet esprit français du classicisme avec son portail à quatre colonnes de front placées entre deux tours carrées. Le rococo émerge avec la décoration du palais royal de Madrid.

3. La littérature espagnole au XVIIIe siècle

La décadence des lettres devient sensible à partir du règne de **Charles II** (1667-1700). L'avènement des Bourbons au trône de Charles II (1700) va produire en Espagne un nouveau courant d'idées. Tous les grands écrivains cherchent à imiter les chefs-d'œuvre de la cour de Louis XIV. En dépit de toutes ses préoccupations politiques depuis 1830, l'Espagne n'est pas restée indifférente aux mouvements intellectuels français. L'auteur le plus représentatif d'avant cette date est sans conteste **Gaspar Melchor de Jovellanos** (1744-1811) qui tente de concilier ses idées nouvelles et son attachement pour la littérature traditionnelle espagnole. **Zorrilla** (1817-1893) écrit des poésies lyriques dont les sujets sont empruntés aux sources littéraires ou aux classiques du Siècle d'or: *La Légende du Cid* (1882). **José de Larra** (1809-1837) traite surtout dans ses articles de journaux des mœurs et des institutions, faisant du problème national son principal centre d'intérêt. Le retour aux anciennes traditions avait déjà été le but poursuivi par **Juan Meléndez Valdés** (1754-1817), avec ses odes et élégies, et par **Leandro Fernández de Moratin** (1760-1828), le Molière espagnol, et sa *El viejo y la niña*.

CHAPITRE XVI
La Russie au XVIIIe siècle

1. Histoire : la Russie au XVIIIe siècle

PIERRE LE GRAND, TSAR MODERNE

Pierre le Grand (1682-1725) fréquente, dans sa jeunesse, le « quartier des étrangers » de Moscou, y découvre un petit coin d'Occident, ses mœurs, ses connaissances techniques. Il choisit un aventurier écossais, **Patrick Gordon** (1635-1699), pour créer une armée moderne. L'ambassadeur des Pays-Bas à Moscou, le baron Keller, lui fournit des renseignements sur le mode de vie et la société en Hollande et en Angleterre. En 1695, il échoue à prendre la forteresse d'Azov, qui lui donnerait accès à la mer Noire. Il s'appuie alors sur des ingénieurs étrangers pour créer, sur le Don, la première marine impériale russe. Attaquée à la fois sur terre et sur mer, Azov tombe en 1696. Entre 1697 et 1698, le tsar entreprend la **Grande Ambassade**. Sous le nom de **Pierre Mikhaïlov**, il fait partie d'une ambasade qui parcourt l'Europe. En Prusse il étudie l'artillerie, devient ouvrier charpentier aux Pays-Bas, développe ses connaissances sur la marine et le commerce en Angleterre. Mais l'absence du prince est vécue en Russie comme un abandon, le goût pour l'Occident comme une trahison de l'âme russe. Une fois encore, les Streltsy se soulèvent, menacent Moscou. Le général Patrick Gordon leur oppose ses troupes, formées à l'école occidentale, bien supérieures par leur armement et leur entraînement militaire. Alors qu'il est sur la route du retour, Pierre Ier apprend que la rébellion est matée. Des centaines de Streltsy sont exécutés, leur ordre dissous. La demi-sœur du tsar, Sophie, soupçonnée de les avoir soutenus, est contrainte à devenir nonne. Pierre Ier fait également enfermer sa femme, pour la même raison, au monastère de Souzdal et divorce. Son favori, **Alexandre Menchikov** (1672-1729), connaît une idylle avec **Marthe Skavonskra** (1684-1727), paysanne catholique lituanienne entrée à son service. Sa beauté attire l'attention de Pierre, qui en fait sa maîtresse, l'épouse en 1712 après sa conversion à l'orthodoxie et l'adoption du prénom de Catherine. Couronnée impératrice en 1724, elle succédera l'année suivante à Pierre le Grand sur le trône sous le nom de **Catherine Ire** (règne : 1725-1727). La Russie entreprend entre 1700 et 1721 la grande guerre du Nord contre la Suède de **Charles XII** (1682-1718) afin de reconquérir les territoires ouvrant sur la mer Baltique, perdus depuis un demi-siècle.

Les Russes sont défaits à la bataille de Narva (30 novembre 1700), mais les Suédois en route pour Moscou sont arrêtés à la bataille de Lesnaya (28 septembre 1708). Mais c'est à Poltava (27 juin 1709) que **Pierre le Grand** remporte une victoire décisive, décimant l'armée suédoise. **Charles XII** s'enfuit à grand-peine, et se réfugie à Constantinople. Il y signe une alliance contre les Russes avec le sultan ottoman. Battus, les Russes rendent Azov en 1711, mais **Charles XII**, après avoir été arrêté et détenu, est expulsé de l'Empire ottoman en 1714. Il continue le combat jusqu'à sa mort en 1718. Sa sœur lui succède et signe, en 1721, le traité de Nystad par lequel les côtes de la Baltique, jusqu'à la frontière de la Finlande, redeviennent russes. C'est au cours de la guerre que la Russie, en mai 1703, prend une forteresse suédoise sur l'embouchure de la Neva. C'est une zone marécageuse, mais Pierre le Grand décide d'y édifier une capitale moderne inspirée de ses pareilles européennes, afin de tourner le dos à Moscou, symbole d'une Russie figée. **Pierre Ier** entreprend en effet de moderniser le pays, de l'occidentaliser. Il met en place une monarchie absolue, contrôle les provinces en les groupant en gouvernements dont il nomme les gouverneurs, institue en 1711 un Sénat dont il choisit les membres, remplace le patriarcat par un Saint-Synode. Les boyards doivent couper leur barbe, se vêtir à l'occidentale. Pierre s'entoure de conseillers étrangers, leur confie de hauts rangs dans l'armée. L'Église orthodoxe, le petit peuple, les boyards veulent le retour à l'ordre ancien. Ils trouvent des alliés de poids en la personne de l'ancienne tsarine, **Eudoxie Lopoukhine** (1669-1731), et de l'héritier du trône, son fils, le tsarévitch **Alexis Pétrovitch** (1690-1718). Pierre le somme de poursuivre ses réformes ou de renoncer au trône pour rejoindre un couvent. Le tsarévitch s'enfuit en octobre 1716. Il séjourne auprès de diverses cours d'Europe avant d'être convaincu par une promesse de pardon de rentrer en Russie en février 1718. Arrêté, torturé, il livre une liste de complices.

Il meurt sous les coups de fouet, mais officiellement il est condamné à cette peine le 7 juillet 1718, une semaine après son véritable décès. Tous les complices dénoncés sont exécutés, Eudoxie expédiée dans un couvent du grand Nord russe, au bord du lac Ladoga. En 1722, une loi successorale permet au souverain de choisir lui-même son successeur. Depuis novembre 1721, Pierre porte le titre d'« empereur de toutes les Russies » qui remplace celui de tsar. Pour diminuer le poids des boyards et créer un corps de fonctionnaires à sa dévotion, il crée en 1722 le *tchin* ou table des Rangs, classant les serviteurs de l'État en quatorze rangs, les fonctions occupées à partir du huitième rang valent la noblesse personnelle, la noblesse héréditaire à partir du cinquième rang. Le *tchin* reste en vigueur jusqu'en 1917. Pierre Ier meurt brutalement en 1725 sans avoir désigné d'héritier. Appuyée par Menchikov et la garde, Catherine Ire, sa veuve, monte sur le trône. Son bref règne adoucit le régime de fer imposé par Pierre le Grand à la Russie. Menchikov gouverne *de facto* le pays. À la mort de Catherine, il est régent au nom de **Pierre II** (1727-1730), fils du tsarévitch Alexis, que Catherine a désigné comme successeur. Sa mort précoce est suivie du renversement de Menchikov, qui termine ses jours exilé en Sibérie.

LE TEMPS DES TSARINES : ANNE, ÉLISABETH, CATHERINE

Les nobles choisissent alors une nièce de Pierre le Grand, **Anne Ivanovna** (1693-1740), qui devient l'impératrice **Anne Ire** (règne : 1730-1740). Ils lui ont imposé des capitulations limitant son pouvoir, qu'elle se dépêche de renier une fois sur le trône. Peu apte à régner, elle laisse le pouvoir à ses favoris, dont Ernst Bühren ou **Biron** (1690-

1772). En 1734 l'Ukraine est définitivement annexée. Une guerre contre l'Empire ottoman se termine par la perte des conquêtes, sauf Azov. Anne désigne son petit-neveu **Ivan VI** (1740-1741) pour lui succéder. L'enfant est détrôné en bas âge. **Élisabeth Ire** (1741-1762), seconde fille de Pierre le Grand, monte sur le trône. La guerre contre la Suède, qui a repris, s'achève par l'annexion de la Finlande. Elle gouverne avec son amant, le comte **Alexis Razoumovski** (1709-1771), qu'elle épouse en secret. La guerre contre la Prusse se termine par une série de victoires russes. Seule la mort d'Élisabeth sauve la Prusse du désastre. Son successeur, son neveu Pierre III (règne : janvier 1762-juillet 1762), est de culture germanique, ardent admirateur de la Prusse. Il met aussitôt fin aux combats. Un coup d'État met fin à son règne : il est assassiné le 17 juillet 1762. Son épouse, Catherine, princesse d'origine allemande qui a commandité cet assassinat, devient l'impératrice **Catherine II** (1762-1796). Souveraine des Lumières, elle ouvre la Russie à la culture occidentale, se montre la digne héritière de Pierre le Grand. En 1764, elle fait assassiner Ivan VI, emprisonné depuis 1741. Elle conclut une alliance avec la Prusse contre la Pologne. La guerre contre l'Empire ottoman reprend en 1768. La flotte turque est défaite en 1770, l'armée russe en 1771.

En 1783, elle annexe la Crimée prise aux Ottomans. La guerre contre la Suède, entre 1788 et 1790, confirme la possession des territoires conquis par Pierre le Grand. En 1793 Prusse et Russie se partagent la Pologne. Catherine II a apporté plus de 500 000 km^2 à la Russie. À l'intérieur, elle écrase la révolte de **Pougatchev** (v. 1742-1775) et de ses cosaques en 1773-1774. Le gouvernement est marqué par la forte personnalité du prince **Grigori Potemkine** (1739-1791), qu'elle épouse secrètement en 1774, et celle de **Grigori Orlov** (1734-1784), l'un de ses amants favoris, qui joue un rôle fondamental dans la chute de Pierre III. Persuadée des faibles capacités de son fils Paul, Catherine souhaitait laisser le trône à son petit-fils Alexandre, mais à sa mort c'est **Paul Ier** (1796-1801) qui lui succède. Opposé depuis toujours à Catherine, proche de caractère de son père Pierre III, Paul Ier est peu aimé en Russie. Il place le pays à la tête de la deuxième coalition contre la France révolutionnaire. Mais la colère contre le souverain gronde dans l'armée. Il est assassiné par un groupe d'officiers le 23 mars 1801, qui proclame empereur **Alexandre Ier** (1801-1825).

2. La littérature russe au XVIIIe siècle

Il a fallu attendre le milieu du XVIIe siècle pour voir se diffuser, par l'intermédiaire de la Pologne, une littérature de romans compliqués venus de France ou d'Italie. La curiosité du peuple russe s'éveille pour ces nouveaux récits. D'autre part, en 1656, une nouvelle hérésie se produit. Le patriarche Nikon s'attaque à la révision des livres liturgiques d'après les originaux grecs comme l'avait déjà fait son prédécesseur Maxime le Grand. **Avvakum** (v. 1620-1682) raconte, dans la *Vie d'Avvakum par lui-même*, les tourments qu'il subit, en tant que chef de l'hérésie conservatrice des « vieux-croyants », ainsi que sa famille. C'est une des œuvres littéraires les plus personnelles de cette époque. Pierre le Grand, pendant son règne, réorganise l'administration, crée une armée et règne surtout sur un clergé fortement divisé par le dernier schisme. Diverses écoles apparaissent à Saint-Pétersbourg, notamment une Académie des sciences. Les écrivains qui appartiennent à cette période sont : **Vassili N. Tatischev** (1686-1750), qui écrit une *Histoire de la Russie* (1769) des origines au XVIe siècle, **A.D. Kantemir** (1708-1744), qui, peu après la mort de Pierre Ier, émule de Boileau et de Racine, rédige des élégies. **V.K. Trediakovski** (1703-1769) écrit des pièces en vers français et **A.P. Soumarokov** (1718-1777) des chansons en vogue et des pièces de théâtre. **Michel V. Lomonossov** est considéré comme le père du russe moderne. Il écrit le russe en vers et en prose et a du succès comme poète lyrique. Sa *Grammaire* écrite également en russe est publiée en 1755. Critique, elle révèle les nombreux points de contact entre le russe, l'allemand, le français, le latin. Le théâtre comique se développe grâce à **Denis Fonvizine** (1745-1792), son principal représentant, avec *Le Brigadier* (1766), *Le Dadais* (1782). C'est sous le règne de Catherine II que débute la poésie lyrique. **Gabriel Derjavine** (1743-1846) mêle l'ode à la satire et y célèbre les victoires militaires comme les événements de la cour. La fin du XVIIIe siècle apporte la traduction d'un certain nombre d'œuvres européennes.

CHAPITRE XVII
Les États-Unis d'Amérique au XVIIIᵉ siècle

1. Rappel : les colonies européennes d'Amérique du Nord jusqu'au XVIIᵉ siècle

La redécouverte de l'Amérique par Christophe Colomb ouvre le continent aux colonisateurs espagnols. La conquête des Empires aztèque et inca ne les détourne pas d'une exploration du nord du continent. En 1513, l'espagnol **Ponce de León** (1460-1521) arrive en Floride. En 1524 **Giovanni de Verrazano** (1485-1528), pour le compte de la France, découvre l'embouchure de l'Hudson et la Nouvelle-Écosse. En 1527-1528, une expédition espagnole, conduite par **Pánfilo de Narváez** (1470-1528) et **Álvar Núñez Cabeza de Vaca** (1507-1559), parcourt le continent d'est en ouest, de la Floride à la Californie. C'est d'ailleurs en Floride qu'est créée la première installation espagnole permanente, à Saint Augustine, en 1565. À partir du Mexique, la colonisation progresse en direction du Nouveau-Mexique, de l'Arizona, de la Californie. À partir de 1588, avec la défaite de l'*Invincible Armada*, la puissance espagnole entame un long déclin, l'Angleterre la supplante. La reine **Élisabeth Iʳᵉ** (1558-1603) encourage la colonisation anglaise. Son successeur, **Jacques Iᵉʳ** (1603-1625), accorde des chartes à la Compagnie de Londres et à la Compagnie de Plymouth pour exploiter les territoires en 1606. La Compagnie de Londres fonde Jamestown en Virginie en 1607. Au même moment, Français et Hollandais s'installent plus au nord le long de la côte. **Henry Hudson** (v. 1570-1611), explorateur anglais, fonde pour le compte des Hollandais la Nouvelle-Amsterdam, future ville de New York, en 1609.

Cette même année, en Virginie, la première récolte de tabac s'effectue, pour satisfaire une demande croissante en Europe. Les premiers esclaves africains arrivent dix ans plus tard. Les Français s'installent eux au Québec, au nord du Saint-Laurent, mais aussi le long des rives du Mississippi, une région baptisée « Louisiane » en hommage à Louis XIV. **L'étape suivante** est liée directement aux bouleversements politiques connus par l'Angleterre au fil du XVIIe siècle. En 1620, cent un colons puritains fuient l'Angleterre à bord du navire le *Mayflower* et débarquent à Cape Cod, dans le Massachusetts. Ce sont les « Pilgrim Fathers », les « pères pèlerins » des futurs États-Unis. Ils se donnent une charte de gouvernement, le *Mayflower Compact*. En 1649 le roi catholique d'Angleterre, **Charles Ier** (1625-1649), qui voulait instaurer une monarchie absolue, est décapité. La révolution (1642-1649) chasse certains catholiques et royalistes qui gagnent les colonies américaines. Après la restauration de la monarchie en 1660, protestants et puritains prennent à leur tour le chemin de l'exil. Ils sont rejoints par les colons déjà installés sur l'île de la Barbade, productrice de sucre de canne, qui s'installent en Caroline. Ces derniers accroissent le recours à l'esclavage, stimulé par la création de la Compagnie royale d'Afrique en 1672, à laquelle le Parlement accorde le monopole du trafic d'esclaves, qui dure jusqu'en 1696. En 1688, la Glorieuse Révolution chasse le catholique intolérant **Jacques II** (1685-1688) du trône. Les catholiques britanniques arrivent dans les treize colonies. Ils y rejoignent des protestants français, qui ont fui le royaume depuis la révocation de l'édit de Nantes par l'édit de Fontainebleau, décision du roi Louis XIV en 1685.

LES TREIZE COLONIES BRITANNIQUES D'AMÉRIQUE DU NORD AU XVIIIe SIÈCLE

Au début du XVIIIe siècle, la population d'origine anglaise en Amérique du Nord est évaluée à environ deux cent cinquante mille personnes. Le développement industriel y est freiné par la loi sur la laine votée en 1699 par le Parlement britannique, qui interdit aux colonies américaines d'exporter autre chose que des matières premières non transformées, afin de laisser les activités les plus lucratives aux manufactures anglaises. Les treize colonies peuvent être regroupées en trois ensembles, en fonction de leur type d'activité et de la nature de leur peuplement. Au nord, la Nouvelle-Angleterre est formée du New Hampshire, du Massachusetts, du Connecticut et du Rhode Island. La population, d'origine britannique, y pratique la pêche, l'agriculture, l'artisanat et la proto-industrie. La vie religieuse est le fondement de la communauté, les puritains, anglicans qui veulent pratiquer le protestantisme le plus épuré, sont majoritaires. Boston, capitale du Massachussetts, domine le réseau urbain, assez lâche, avec ses vingt mille habitants.

Au centre des treize colonies, New York (la ville est ainsi nommée à partir de 1664, l'ancienne Nouvelle-Amsterdam ayant été prise aux Hollandais), le New Jersey, le Delaware, la Pennsylvanie ont une population plus diversifiée, mêlant Britanniques, Français, Hollandais, Suédois. Les *quakers*, littéralement les « trembleurs », ceux qui tremblent devant Dieu, fondent la Pennsylvanie et sa capitale, Philadelphie. Issus d'un courant puritain, ils vivent en accord avec la Bible et ses enseignements. Au Sud, le Maryland, la Virginie, la Caroline du Nord, la Caroline du Sud, la Géorgie vivent de l'agriculture et du système de plantations où sont cultivées les plantes nécessaires à l'industrie, dont le coton. La main-d'œuvre y est esclave, la société très clivée : tout en bas les esclaves, au milieu les couches plus ou moins populaires des villes et des artisans, professions libérales, au sommet une aristocratie de grands propriétaires de plantation, qui domine la vie politique. Chaque colonie est dirigée par un gouverneur, représentant du souverain britannique, mais issu d'influentes familles locales. Il exerce le pouvoir exécutif. Les colons sont représentés par une assemblée qui vote l'impôt. La population totale vers 1760 est d'environ 1,5 million d'habitants. De 1702 à 1713 les treize colonies vivent elles aussi au rythme de la guerre de Succession d'Espagne qui oppose Anglais, Français, Espagnols. Le traité d'Utrecht (1713) consacre le recul de la présence française, Terre-Neuve et l'Acadie sont perdus. Puis la guerre de Sept Ans (1754-1763) éclate à propos d'un différend entre la France et la Virginie, chacun revendiquant la possession de la vallée de l'Ohio. Espagne et Grande-Bretagne s'allient, la France reçoit l'aide des nations Cherokee et Ottawa qui voudraient se débarrasser des Britanniques. Le traité de Paris (1763) marque la presque disparition de la présence française. Elle cède le Québec et les territoires à l'est du Mississippi à la Grande-Bretagne, la Louisiane à l'Espagne, cette dernière échange la Floride contre Cuba avec les Britanniques.

VERS L'INDÉPENDANCE

Les racines lointaines de la future guerre d'Indépendance américaine puisent leur source dans la volonté de la couronne britannique d'imposer aux treize colonies des impôts nouveaux, principalement sous forme de taxes, sans leur consentement. Pour les Britanniques, le Parlement de Londres les a votées, elles pèsent donc sur les colons. Selon ces derniers, en l'absence du consentement de l'assemblée de chaque colonie, les taxes sont nulles et non avenues. En 1764 la loi taxe le sucre, le café, le vin, l'indigo, les produits textiles. Cette même année, une loi monétaire interdit aux colons, qui manquaient de moyens de paiement, d'utiliser comme ils le font des effets de commerce, certificats de paiement entre commerçants. Cette décision provoque une importante contraction des échanges. En 1765 le *Stamp Act* impose l'achat d'un timbre fiscal à apposer sur tout document officiel, mais taxe aussi les journaux, cartes à jouer, dés. Dans un contexte de vif mécontentement des colons, l'obligation de cantonnement, d'héberger les troupes britanniques, apparaît comme une provocation. En mars 1766, cédant à la demande de neuf des treize colonies réunies à New York au sein du *Stamp Act Congress*, le *Stamp Act* est abrogé, mais pas les autres taxes.

En 1767 des taxes additionnelles sont imposées sur le papier, le verre, le plomb, le thé. Les colons réagissent par le boycott des importations de produits britanniques, qui s'étend à partir de Boston. Dans cette ville, en mars 1770, une altercation entre un colon et un douanier tourne au massacre d'une foule sur laquelle tire la troupe. En novembre, les taxes additionnelles sont abolies, sauf celle sur le thé.

En mai 1773, la Compagnie des Indes orientales reçoit le monopole du commerce du thé détaxé, ce qui menace de ruiner les producteurs des colonies américaines. Dans la nuit du 16 décembre 1773, des colons déguisés en Indiens s'emparent des trois navires britanniques chargés du thé de la Compagnie entrés dans le port de Boston et jettent la cargaison à la mer. C'est la célèbre *Boston Tea Party*. En riposte, Londres ferme le port de Boston, envoie le général **Thomas Gage** (1779-1787) à la tête des quatre nouveaux régiments. Le 19 avril 1775, la bataille de Lexington et Concord, du nom des localités proches de Boston, oppose les « tuniques rouges », les soldats britanniques venus détruire un dépôt d'armes aux colons qui les en empêchent. La guerre d'Indépendance américaine vient d'éclater. En mai un congrès continental se réunit à Philadelphie. Les treize colonies y sont représentées, le Congrès assume le rôle de gouvernement, nomme **George Washington** (1732-1799) commandant en chef de l'armée. La guerre se poursuit avec des fortunes diverses, l'arrivée des renforts français de La Fayette en juillet 1777, jusqu'à la défaite britannique de Yorktown en octobre 1781. Entre-temps, le 4 juillet 1776, le Congrès vote la déclaration d'Indépendance, créant les États-Unis d'Amérique, regroupés en une union perpétuelle. En juin 1777, la Bannière étoilée, le drapeau national, est à son tour adoptée. En septembre 1783, le traité de Paris reconnaît l'indépendance des États-Unis d'Amérique. Il reste à doter le nouvel État d'institutions.

2. Histoire : les Indiens d'Amérique ou Amérindiens jusqu'à la colonisation

Les diverses tribus indiennes regroupent, au XVIe siècle, environ 12 millions de personnes, qui vivent aussi bien de l'agriculture, de la chasse, de la pêche, que de la cueillette. Ces tribus ne vivaient pas isolées les unes des autres. Au contraire, elles entretenaient des contacts fréquents, en se servant de plus de deux mille dialectes différents, de langues indigènes. La vie des Indiens est surtout dominée par le rapport à la religion, en l'absence quasi totale d'organisation politique véritable.

LA COLONISATION

L'arrivée, au cours du XVIe siècle, des divers groupes d'Européens ne bouleverse pas tout de suite les sociétés en place. Dans l'ensemble, ces étrangers sont bien accueillis, et des contacts commerciaux rapprochent colons et Indiens. C'est même de là que vont naître les principaux problèmes, et ce, dès le XVIIe siècle. Les Européens organisent rapidement à leur profit le commerce des fourrures et, quand les ressources animales littorales sont épuisées, ils chargent les Indiens d'aller à l'intérieur des terres pour s'y procurer, par le troc ou la contrainte, les précieuses fourrures. En échange, ils offrent de la verroterie, mais surtout des armes, au début pour la chasse, très vite pour la guerre. Spécialisé de force dans les activités cynégétiques, affaibli par l'alcool, l'Indien est en outre sans défense devant les redoutables maladies, telle la variole, amenées par les Européens, et qui déciment les populations autochtones. Une époque de troubles, de rivalités et de guerres entre les tribus couvre l'ensemble de la première partie du XVIIe siècle, jusqu'au moment où naissent les premières grandes confédérations indiennes.

L'INDÉPENDANCE DES ÉTATS-UNIS

Elle est précédée, au XVIIIe siècle, par la création de confédérations indiennes, celle des Iroquois tout d'abord, des Delaware et des Creek plus tard. Il s'agit d'unions très lâches, mais qui permettent aux Indiens de se regrouper au sein de nations, et de ne plus affronter les Européens dans le cadre isolé de la tribu. Ces dernières se partagent au moment de la guerre d'Indépendance contre les troupes britanniques, sans qu'il soit possible de déterminer clairement une ligne de fracture entre tribus pour expliquer le choix d'un camp plutôt que d'un autre. En dépit de l'affirmation de l'égalité entre les hommes dans la Constitution de 1787, le statut souverain des nations indigènes est aboli en 1871, à un moment où la conquête de l'Ouest promeut la politique des réserves.

LE PROBLÈME INDIEN

Il résulte d'un double phénomène, à la fois législatif et éducatif. Législatif, en raison du désastre que fut l'application de la loi Dawes de 1887, qui prévoyait de mettre fin aux réserves en assurant un lopin à chaque famille indienne. Dans l'esprit du législateur, une telle mesure était destinée à favoriser une intégration plus rapide, fondée sur la sédentarité.

Éducatif, du fait de la politique d'acculturation forcenée menée au début du XXe siècle. Or, non seulement la loi Dawes ne se traduisit le plus souvent que par des expropriations et un déracinement plus grand, mais la culture imposée aux Indiens était fondée sur la négation et le rejet de leur identité. À la fois chassés de leurs terres, honteux de leur passé, considérés comme des citoyens de seconde zone, les Indiens durent attendre l'entre-deux-guerres pour que s'ouvre une ère plus libérale.

3. La littérature américaine au XVIIIe siècle

La période de fondation de la littérature américaine s'étale du XVIIe siècle au XIXe siècle. Si nous entendons par littérature l'ensemble de la production, et non juste quelques genres privilégiés, romans, poésies, théâtre, nous pouvons dire que la littérature coloniale est née de discours, de sermons, de pamphlets. Au XVIIe siècle, nous nous trouvons en présence d'une rhétorique puritaine, d'une poétique au sermon puritain. Il semble difficile de rendre compte de la diversité littéraire dans une société aussi multiculturelle que celle des États-Unis. Pourtant, le point commun de tous ses auteurs sera la question de l'identité. À ses débuts, la littérature américaine voit la théologie tout envahir. Le *Bay Psalm Book* est le premier ouvrage imprimé, en 1610. Puis le *News Letters* constitue le premier journal, en 1704. Les premiers colons anglais débarquèrent en 1607 dans le Nouveau Monde dans la baie de Chesapeake, en Virginie. Les premiers écrits faits en Nouvelle-Angleterre ne sont pas de la littérature à proprement parler, mais des écrits concernant la pensée religieuse et politique.

Alors qu'en Europe les idées libérales de Locke se diffusent, un membre du clergé de Boston, **John Wise** (1652-1725), publie *A Vindication of The Government of New England Church* (1717), où il défend l'autonomie démocratique et pose les principes des « droits naturels ». Un peu plus tard, la doctrine calviniste se trouve exprimée dans les observations de **Jonathan Edwards** (1703-1758), consignées dans *The Distinguishing Marks of the Spirit of God* (1734). **Benjamin Franklin** (1706-1790) compte parmi les hommes les plus représentatifs de ce siècle. Dévoué à la cause des Lumières, il s'appuie sur la raison et, dans son *Poor Richard's Almanac* (1732), donne des conseils pratiques, des informations diverses. Son *Autobiographie* (1790) est la confession de toute une vie. La génération qui le précède est celle de la révolution américaine, mais **Benjamin Franklin** en a été l'un des artisans. **Samuel Adams** (1722-1803) est le défenseur des droits de l'homme et de la souveraineté du peuple. **Thomas Paine** (1737-1809), grâce à ses talents de pamphlétaire, déclenche le grand mouvement qui rendit possible la déclaration d'Indépendance. Sa rédaction est confiée à **Thomas Jefferson** (1743-1826). À la même époque, **Noah Webster** (1758-1843) publie un dictionnaire orthographique, *Spelling Book*, dont le but est de sanctionner les américanismes par rapport à l'anglais. Entre 1790 et 1860, la population passe de quatre millions à trente et un millions d'habitants et aux treize États de l'Union viennent s'en ajouter vingt et un autres. Ceux-ci sont divisés par des antagonismes sociaux. Ils avaient été plus ou moins réprimés jusqu'alors par le puritanisme et un intellectualisme à la manière de Locke. **La Révolution française** va considérablement stimuler la rénovation intellectuelle et l'art d'Amérique du Nord qui, jusqu'à la déclaration d'Indépendance, subit l'influence de l'Europe. L'Amérique est plus tentée de s'inspirer du roman moderne déjà institué en Angleterre avec Defoe, Richardson et Fielding. **Brockden Brown** (1771-1810) va doter l'Amérique de sa première littérature de fiction : *Wieland* (1798).

CHAPITRE XVIII
L'Asie du XVᵉ au XVIIIᵉ siècle

1. L'Inde

HISTOIRE : L'INDE AU XVIIIᵉ SIÈCLE

Le délitement de l'Empire moghol (1707-1857)

La mort d'Aurengzeb, en 1707, clôt l'ère des Grands Moghols, les souverains suivants sont désignés sous la seule appellation de Moghols. **Bahadur Shah** (1707-1712) règne encore avec une certaine autorité, mais ne peut contenir la montée en puissance des *nawabs*, gouverneurs de province devenus indépendants. Après lui, les empereurs ne le sont guère que de nom, sans pouvoir véritable. Ils dépendent du bon vouloir de seigneurs de la guerre et de courtisans qui consentent à les honorer d'un titre vide de réel pouvoir. La ville de Delhi est prise et saccagée à deux reprises, par **Nādir Shah** (1736-1747) de Perse et par **Ahmed Shah Abdali** (1747-1772), créateur de l'Empire Durrani (1747-1826) en Afghanistan. L'essentiel du territoire de l'Empire moghol passe sous contrôle des Marathes, redoutables princes guerriers. **Après 1800**, douze petites principautés des environs de Lahore s'unissent sous l'autorité unique de **Ranjit Singh** (1780-1839) formant l'Empire sikh autour du Panjab, qui dure cinquante ans avant d'être annexé par les Britanniques en 1849. La puissance de l'État s'appuie sur une armée de quatre-vingt-dix mille hommes habillés d'uniformes de type anglais. Les instructeurs sont français et italiens. Après la soumission des sikhs et la défaite de **Tippu Sahib** (ou **Tippu Sultan**) (1749-1799) à Mysore en 1799, seuls les Marathes s'opposent à l'avancée britannique. La troisième guerre des Marathes qui défend l'hindouisme dure de 1817 à 1818. Les princes marathes appuient les incursions des pillards pindaris sur les territoires de la Compagnie anglaise des Indes orientales. Finalement les Anglais parviennent à abattre les princes marathes considérablement affaiblis par leurs dissensions en leur infligeant une série de défaites, qui entraîne par son ampleur la disparition de la confédération marathe. Le Moghol doit également faire face à l'Empire sikh et aux Nizams ou princes de Hyderabad. En 1804 **Shah Alam II** (1759-1806) accepte la protection de la Compagnie anglaise des Indes orientales. C'est une mise sous tutelle, bien rendue par le titre de « roi de Delhi » que lui attribuent les Britanniques, omettant à dessein celui, de pure forme pourtant, d'« empereur des Indes ». Les Britanniques dissolvent l'armée moghole. En 1857, ils prennent prétexte de la révolte des Cipayes pour déposer le dernier Moghol, **Bahadur Shah Zafar** (1837-1857), exilé en Birmanie jusqu'à sa mort en 1862. La révolte des Cipayes est celle des auxiliaires indigènes de l'armée britannique, les Cipayes, lassés d'être considérés par le racisme et le mépris comme des soldats de seconde catégorie. Commencée en mai 1857 à Meerut, au nord-est de Delhi, elle devient rapidement une guerre d'indépendance quand rajahs, princes indiens la rejoignent, comme la Rani, ou reine de Jhansi (1828-1858). La guerre dure jusqu'en 1859. En 1858, la Compagnie anglaise des Indes orientales qui administrait les territoires soumis pour la couronne britannique est dissoute. Désormais, dans le cadre du *British Raj*, Empire indien britannique, la couronne administre elle-même l'empire, avec à sa tête un vice-roi des Indes.

SOCIÉTÉS SAVANTES ANGLAISES ET INSTRUCTION EN INDE AUX XVIIIe ET XIXe SIÈCLES

Le gouverneur **Warren Hastings** (1774-1785) encourage l'implantation en Inde du système britannique des sociétés savantes. Si la maîtrise du sanscrit manque encore aux Britanniques, Calcutta devient le centre intellectuel avec la création en 1781 d'un institut musulman pour l'instruction des fonctionnaires de culture perse et celle, en 1784, de l'Asiatic Society of Bengal. C'est d'ailleurs à Calcutta, en 1828, que **Ram Moham Roy** (1772-1833) fonde la Brāhmo Samāj, une secte religieuse réformiste dont le projet est de fonder une religion universelle unique à partir des formes déjà existantes. Son successeur, **Keshab Sandra Sen** (1838-1884), évolue nettement vers le christianisme. Il faut attendre les travaux de **Thomas Colebrooke** (1765-1837), fonctionnaire de l'administration du Bengale, à l'orée du XIXe siècle, pour que les Britanniques acquièrent un savoir scientifique sur l'état des sciences indiennes et de la littérature. L'anglais devient en 1835 langue officielle. Mais il n'est accessible, tout comme les établissements d'enseignement repris du système anglais, qu'à une infime minorité favorisée, moins de 1 % de la population. Les représentants du Raj ignorent totalement toute autre possibilité d'éducation, y compris les écoles traditionnelles, et condamnent la masse démographique à l'ignorance. Une école de médecine est ouverte à Calcutta en 1835, puis une université après 1850, tout comme à Bombay et Madras.

2. La Chine

LA DYNASTIE QING (1644-1911)

La dernière dynastie chinoise véritable, celle des Ming, périclite dans la première moitié du XVIIe siècle, avant de s'effondrer face aux Mandchous venus du Nord en 1644. Le contrôle des frontières de l'Empire n'est plus assuré, faute de troupes en nombre suffisant et aguerries. Les régions de la péninsule indochinoise, en principe assujetties au versement d'un tribut, ne le livrent plus, la suzeraineté chinoise y est au mieux de pure forme. Au nord-est de la Chine, les clans mandchous se sont unis et harcèlent la zone frontalière de l'empire des Ming. La faiblesse de la dynastie devient si évidente aux yeux de tous que des bandes de brigands et de paysans prennent la ville de Pékin et la pillent. L'empereur est contraint au suicide, le général en chef de ses armées sollicite l'aide des Mandchous. Ces derniers reprennent aisément la capitale, mais n'entendent nullement restaurer les princes précédents. Ils prennent le pouvoir et fondent l'ultime dynastie impériale, celle des Qing, les « Purs », qui dure de 1644 à 1911.

LES FONDATEURS, DE NURHACHI À SHUNZHI (1582 À 1661)

C'est **Nurhachi** (1582-1626) qui, en 1582, prend la tête des Jürchens mandchous et commence à unifier sous son autorité les autres tribus. En 1616 il se proclame khan et fonde la dynastie des Jin postérieurs (1616-1644). Elle prend fin en 1644, quand son successeur **Shunzhi** (1644-1661) devient le premier empereur de la nouvelle et ultime dynastie régnante en Chine, celle des Qing. Nurhachi organise les clans mandchous, querelleurs, prompts à la guerre civile, en unités dévouées à ses ordres, les « Huit Bannières ». C'est un système politique et social. En temps de paix, les hommes de la bannière fournissent un contingent. Les membres des bannières, une fois la Chine conquise, forment l'aristocratie mandchoue, qui a vocation à gouverner l'ethnie majoritaire des Chinois Han. Le fils de Nurhachi, **Huang Taiji** (1626-1643), est un souverain, *stricto sensu*, de la dynastie des Jin postérieurs, mais il est considéré comme le second monarque de la dynastie Qing, par convention. Déjà maître du monde mandchou, il s'empare d'une grande partie de la Chine. La conquête définitive bénéficie toutefois à son fils, **Shunzhi**. Empereur de Chine du Nord en 1643, il devient monarque du pays tout entier en 1644. Reprenant les rites des Ming, il est proclamé « Fils du Ciel » et détenteur du « mandat céleste » : le Ciel le laisse régner tant qu'il démontre les qualités d'un souverain véritable. Le système des examens impériaux pour recruter des mandarins est renforcé, le prince veut la fusion entre Mandchous minoritaires mais au pouvoir et Chinois d'ethnie majoritaire Han. Il inaugure une politique à éclipse à l'égard de l'Occident en Chine, faite d'alternance d'accueil et d'interdiction, de rejet xénophobe, en autorisant la venue à Pékin du jésuite **Adam Schall**.

LES JÉSUITES EN ASIE

Une histoire de la Chine serait incomplète sans y ajouter le rôle important tenu par les pères jésuites. En dépit des différentes proscriptions, ils ont pu occuper auprès des empereurs des fonctions éminentes, grâce à leur capacité à s'adapter à la culture chinoise, et à leur science très prisée en diverses matières. Depuis 1498 et le périple de **Vasco de Gama** (v. 1469-1524), l'Europe connaît la voie maritime vers la Chine. **Matteo Ricci** (1552-1610), devenu le mandarin Li Matou, outre un dictionnaire bilingue, le premier, laisse une carte de l'univers et une traduction en chinois de la géométrie d'Euclide. Son successeur, Adam Schall (1591-1666), arrive en 1620 et prend le nom chinois de Tang Jo Wang. Chargé par l'empereur d'une réforme du calendrier, il enseigne les mathématiques et l'astronomie. Une fois les Ming renversés, les Qing continuent à protéger certains jésuites. Schall poursuit sa carrière à la cour et se voit décerner en 1653 le titre de « docteur très profond ». L'empereur **Kangxi** (1662-1722) accorde ses faveurs au père Jean-François Gerbillon (1654-1707), dont il utilise les talents de diplomate. Le père Ferdinand Verbiest (1623-1688), devenu **Nan Houei Jen**, lui prodigue ses connaissances en mathématiques et mène à bien la réforme du calendrier entreprise par Adam Schall. Il dote également l'armée impériale de canons performants, qui lui assurent une nette supériorité sur ses voisins. Mais les successeurs de Kangxi se montrent moins ouverts, tolérant au mieux les jésuites en raison de leur savoir avant de les éloigner de la cour. Le coup de grâce vint de Rome. Après l'expulsion de France et d'Espagne, les jésuites se voient interdire la Chine par le pape en 1773.

L'ÈRE DES GRANDS SOUVERAINS QING (XVIIᵉ-XVIIIᵉ S.)

Deux princes d'exception portent la dynastie Qing à son apogée, les empereurs **Kangxi** (1662-1722) et **Qianlong** (1735-1796). Leurs longs règnes assurent à la Chine prospérité et puissance. Leurs successeurs, enfermés dans la Cité pourpre interdite de Pékin, laissant la mainmise du palais aux eunuques, se replient sur le rêve d'une Chine impériale redoutable défunte. Incapables de réformer l'empire de l'intérieur, ils le laissent dépecer peu à peu par les puissances occidentales renforcées par la révolution industrielle et le Japon. La révolution sociale et politique menée par ce dernier inspire une tentative de réforme de l'appareil d'État, en 1898, par l'empereur **Guangxu** (1875-1908), mais l'impératrice douairière **Cixi** (1835-1908) l'évince du pouvoir, le détient jusqu'à sa mort en étroite et humiliante tutelle, enfermé et gardé. Kangxi (1662-1722) est l'exact contemporain de Louis XIV, avec lequel il échange une correspondance, où, suivant les usages des princes, ils se nomment réciproquement « cousin ». Souverain lettré, curieux, il ouvre la cour à un père jésuite, Jean-François Gerbillon (1654-1707), chargé de l'enseignement des mathématiques et de l'astronomie, qui traduit en chinois les *Éléments* d'Euclide, introduit la peinture occidentale. À l'extérieur, les Mongols, les Tibétains, les Russes sont contenus. À l'intérieur, les derniers princes encore fidèles à l'ancienne dynastie Ming tentent une révolte dans le Sud, vite écrasée. Désormais, en reprenant le système des examens déjà à l'honneur sous les Tang, les Qing recrutent par méritocratie des fonctionnaires dont ils s'assurent la fidélité. La politique religieuse de Kangxi suit deux périodes : en 1692 il annule l'édit impérial de 1665 qui prohibait le christianisme en Chine. Mais le pape refuse la pratique d'un syncrétisme local, teinté de rites comme le culte des ancêtres. Cette condamnation modifie l'attitude de l'empereur, en 1717 la prédication est interdite, en 1724 son successeur expulse les missionnaires. **Qianlong** (1735-1796), au long de ses soixante et une années de règne, agrandit l'empire par l'expansion et la création de nouvelles provinces au Nord-Ouest, élimine les menaces turque et mongole. Il restaure et embellit la Cité interdite, qui portait encore les marques des troubles de 1644. Il maintient un contact avec le monde occidental, mais surtout sous la forme d'entretiens savants avec des pères jésuites reçus à la cour, le christianisme demeure en revanche interdit. L'empereur comprend que le maintien de sa dynastie est lié à sa capacité à assurer aux Chinois une nourriture abondante, ses édits favorisent le développement d'une paysannerie de petits et moyens propriétaires, la triple récolte annuelle de riz se généralise.

ARTS ET LETTRES SOUS LES PREMIERS QING

Les peintres : Zhu Da (1625-1705) et Shitao (1642-1707)

Zhu Da et Shitao vivent tous deux pendant la période troublée de la disparition de la dynastie Ming, à laquelle ils sont tous deux liés. En effet, le premier descend du prince Zhu Qan (1378-1448), la famille d'aristocrates du second doit tout aux souverains Ming. Zhu Da s'illustre dans la représentation ornée de calligraphie de paysages dans un style inspiré de celui des maîtres du Xe siècle, de poissons, d'oiseaux, de portraits. Ces représentations d'êtres vivants constituent pour ses contemporains un aspect sombre, inquiétant. L'explication nous en est peut-être fournie par des éléments de sa biographie. Après la fin des Ming en 1644, Zhu Da devint moine bouddhiste en 1648, mais, après quelques années, semble avoir fui son couvent pour devenir moine errant. La mort de son père l'afflige d'un désespoir tel qu'il sombre dans l'alcoolisme. Shitao, au tempérament mélancolique, est connu pour son traité, *Propos sur la peinture du moine Citrouille-amère* (1710), le surnom que lui-même se donnait. Il y insiste sur l'importance du premier trait dessiné, essence à lui seul de l'univers.

Le groupe des lettrés : philosophie, érotisme et traités de peinture

Li Zhi (1527-1602), d'inspiration bouddhiste, s'oppose radicalement au confucianisme qui fonde pourtant l'harmonie politique et sociale. Considéré comme un dangereux réformateur qui dénonce à la fois l'hypocrisie et l'inanité des classiques confucéens, il est jeté en prison. L'interdiction de ses deux œuvres, le *Livre à brûler* et le *Livre à cacher*, et sa situation en prison le conduisent à s'y suicider. Il est aujourd'hui considéré comme un philosophe à la pensée novatrice, dans sa radicale contestation de la tradition confucianiste. **Li Yu** (1611-1680), connu sous le nom de cour de Li Liweng, est acteur et dramaturge, auteur des *Contes des douze tours* à connotation largement érotique et homosexuelle. Son ouvrage le plus célèbre est un traité encyclopédique de la peinture chinoise, le *Jieziyuan Huazhuan* ou *Enseignement de la peinture du jardin de la graine de moutarde*, publié en 1679. **Tang Tai** (1660-1746), aristocrate général mandchou, laisse un traité de l'art de peindre, *Le Soin du détail en peinture*. **Yuan Mei** (1716-1797), fonctionnaire quelque temps, quitte la carrière administrative et ses possibilités pour se retirer à Nankin, vivre une existence hédoniste, se consacrer à la beauté de son jardin, à la contemplation, qui lui inspirent une œuvre spirituelle, depuis les contes fantastiques du *Zi Bu Yu* ou l'hymne au plaisir que lui procure son jardin de Suzhou, le jardin du contentement. Il laisse également un livre de trois cent vingt-six recettes de cuisine, le *Suiyuan Shidan* (*Menu de Suiyuan*), encore très prisé de nos jours. **Cao Xueqin** (1723-1763) est l'auteur de l'un des romans les plus célèbres de la littérature chinoise, *Le Rêve dans le pavillon rouge*. Laissé inachevé, il est publié à titre posthume en 1791.

Arts et lettres sous l'apogée des Qing

Le règne de **Qianlong** (1735-1796), outre sa durée, est remarquable par l'éclat donné aux arts par le souverain. Fin lettré, il collationne les poèmes, collectionne peintures et œuvres de bronze destinées à ornementer ses palais. Il ordonne d'en dresser des catalogues afin d'en connaître en permanence le nombre et le style. La littérature au XVIIIe siècle se renouvelle par la critique sociale d'un monde figé, notamment par le groupe des écrivains contestataires, dont **Dai Zhen** (1724-1777) qui prône la réforme d'un confucianisme à ses yeux entaché de superstitions bouddhistes et taoïstes. Dans le même temps se met en place un mouvement de critique des textes, de renouvellement des encyclopédies, des dictionnaires, comme le *Kangxi Zidian*, ou *Dictionnaire Kangxi*, ordonné par cet empereur, réalisé entre 1710 et 1716, classique des XVIIIe et XIXe siècles. Une gigantesque encyclopédie voit le jour avec le *Kou-shin su-chu Shi-sheng*, de 1722. **La peinture** évolue selon une double tendance. D'un côté, une école de cour traditionnaliste, sans innovation, se spécialise dans l'art du portrait. De l'autre, des individualités bien tranchées, inspirées par leurs illustres devanciers de l'époque Ming, tels **Shai Ta-zong** (?-1804), **Pan Chongshu** (1741-1794) ou **Hi-Chang** (1746-1803). La peinture chinoise est aussi enrichie par le contact avec les manières occidentales. Sous le règne de Qianlong, le peintre jésuite **Giuseppe Castiglione** (1688-1766) devient peintre officiel, apprend à ses confrères chinois la perspective occidentale et la représentation des volumes, tout en se mettant à leur école pour de nombreux portraits et tableaux, représentant les chevaux de l'empereur sur le célèbre rouleau des *Cent Coursiers* (1728).

Le Yiheyuan (1750), le palais de Shenyang (1625-1783)

Le palais d'Été, Yiheyuan, est situé à 15 km au nord-ouest de Pékin et s'étend sur 294 ha. Il est créé en 1750 par l'empereur **Qianlong** (1735-1796), sixième souverain de la dynastie Qing. Il comprend deux sites, la Colline de la Longévité et le lac Kunming, spécialement agrandi. À l'origine, le palais d'Été est destiné à permettre aux impératrices douairières de fuir la touffeur estivale de Pékin et un cortège impérial quitte la Cité Violette dès les premières chaleurs. Puis il devient un séjour apprécié de la cour tout entière, les empereurs ne dédaignant pas s'y rendre occasionnellement. Microcosme de l'architecture et de l'art des jardins de tout l'Empire, le palais d'Été en offre des exemples variés. Citons le pont aux Dix-Sept Arches, le pont Gaoliang, la Longue Galerie permettant à la cour de jouir du palais par temps de pluie en parcourant sur ses 728 m, ses deux cent soixante-treize pièces, un monde en miniature, reproduit par les artistes peintres, s'inspirant de paysages et de tableaux de la vie quotidienne, et le splendide bateau de marbre. Ce dernier, situé sur la rive ouest du lac Kunming, répond au nom de *Bateau de la clarté et du confort*, et donne l'impression magique de flotter sur les eaux. Détruit par les troupes franco-anglaises lors de la guerre de 1860, il est reconstruit à partir de 1886. Ravagé une nouvelle fois en 1901, lors de la révolte des Boxers, il est réhabilité. En 1998, l'Unesco l'inscrit sur la liste du patrimoine mondial. Outre les édifices de la Cité interdite à Pékin, les souverains Qing font bâtir à Shenyang un complexe palatial de cent quatorze constructions entre 1625 et 1783. Shenyang, au nord-est de la Chine, est la première capitale de la dynastie mandchoue, avant sa prise de Pékin. Avec plus de soixante-dix bâtiments, plus de trois cents pièces, Shenyang rivalise avec la Cité interdite. Le monument le plus vaste est le Dazhengdian ou « Grande salle des Affaires politiques », salle d'audience impériale, bordée de chaque côté de dix « Pavillons de dix Rois » destinés aux ministres. Le style principal en est mandchou, mais s'y mêlent les influences Han et Hui, groupes ethniques majoritaires en Chine.

CHAPITRE XIX
Nos voisins d'Afrique : l'Éthiopie au XVIIIe siècle

Le royaume de Gondar (1632-1769), après plusieurs guerres religieuses contre les musulmans puis les catholiques romains qui cherchent à s'imposer à une Éthiopie orthodoxe, naît avec le règne de **Fasiladas** (1603-1667), négus en 1632. Il établit une capitale fixe, Gondar, au nord-est du lac Tana. C'est une ère de prospérité qui s'ouvre, marquée par le rayonnement de la capitale, qui accueille différentes communautés religieuses, un commerce florissant, le développement des activités agricoles, l'édification d'un grand nombre d'églises, la ville en aurait compté une centaine. Toutefois, les tendances centrifuges propres aux régions éthiopiennes se font de nouveau jour, les princes admettent avec de plus en plus de réticence la centralisation du pouvoir. La dernière grande figure de la dynastie est l'impératrice **Menteouab** (1730-1769), qui parvient par son habileté politique à maintenir l'unité.

SIXIÈME PARTIE
L'ÉPOQUE CONTEMPORAINE

A. LE MONDE DU XIXᵉ SIÈCLE

LES GRANDES ÉVOLUTIONS

Le XIXᵉ siècle est marqué par deux dates qui ouvrent et ferment la période, la Révolution française de 1789 et les débuts de la Première Guerre mondiale en 1914. La première marque la fin de l'Ancien Régime dans un pays gouverné depuis le Moyen Âge par des dynasties royales. Les horizons nouveaux qui s'ouvrent sont dus à l'énoncé de la souveraineté populaire, enjeu des révolutions de 1830, 1848, 1871. Toutes les revendications politiques et sociales qui traversent le XIXᵉ siècle y seront puisées, respect de l'individu, égalité au sein des valeurs de la Révolution. La France effectivement sera traversée par de nombreuses crises, trois révolutions, plusieurs formes de gouvernement : un consulat, deux empires, trois monarchies et deux républiques. Il est difficile d'évaluer l'héritage culturel que laisse la Révolution française. Toujours est-il que libérant la pensée de l'autorité de l'Église et de la tutelle royale, elle permet au progrès intellectuel d'émerger. Les théories sur l'évolutionnisme relèguent le fixisme, fondé sur l'interprétation de la Genèse, au second plan. Le comtisme, le positivisme remplacent l'ordre divin par l'ordre naturel et montrent l'émancipation de ces sociétés modernes à l'égard des religions et de l'Église. **Époque d'instabilité politique, sociale, économique,** le XIXᵉ siècle est marqué par l'apparition de nombreux courants artistiques et littéraires : romantisme, réalisme, naturalisme, impressionnisme, symbolisme, correspondant à une vie originale de l'homme dans le monde.

CHAPITRE PREMIER
La France au XIXe siècle

1. Histoire : la France au XIXe siècle

LE CONSULAT (1799-1804) ET LE PREMIER EMPIRE (1804-1815)

La Constitution de l'an VIII, adoptée par le Conseil des Anciens et les membres du Conseil des Cinq-Cents qui n'ont pas fui ou été exclus, maintient la République, mais instaure en fait un régime prémonarchique. En effet, si elle prévoit de confier l'exécutif à trois consuls, **Bonaparte** (1769-1821), **Cambacérès** (1753-1824) et **Lebrun** (1739-1824), le Premier consul, Bonaparte, nomme ou fait nommer par le Sénat tous les titulaires de charges publiques, déclare seul la guerre, décide de la paix. Il a en outre l'initiative des lois, dirige la politique extérieure. Le pouvoir législatif est réparti entre quatre chambres : le Conseil d'État, aux membres nommés par le Premier consul, rédige les lois ; le Tribunat les discute mais sans vote ; le Corps législatif les vote sans débat ; le Sénat, enfin, veille à la constitutionnalité des lois. Le suffrage est universel masculin, mais de peu de poids face aux nominations décidées par Bonaparte. Un plébiscite approuve largement la nouvelle Constitution. Bonaparte s'entoure de **Talleyrand** (1754-1838) aux Affaires étrangères, **Fouché** (1759-1820) à la Police, **Gaudin** (1756-1841) aux Finances et **Carnot** (1753-1823) à la Guerre. La paix d'Amiens de mars 1802 met fin à la guerre. Elle est suivie d'un nouveau plébiscite, qui approuve le Consulat à vie et héréditaire. **Georges Cadoudal** (1771-1804) participe à la guerre de Vendée, organisant la chouannerie, révolte conduite par les nobles royalistes contre la Révolution. Exilé en Angleterre, il revient en France, fomente un complot contre Bonaparte qui est déjoué, en février 1804. Il est condamné à mort et exécuté. Le **duc d'Enghien** (1772-1804) est faussement accusé lui aussi de préparer un coup d'État. Enlevé dans le pays de Bade, il est jugé sommairement et exécuté à Vincennes, dans la nuit du 20 au 21 mars 1804. Ces deux événements permettent à Bonaparte de jouer sur la menace d'un retour des Bourbons. Par sénatus-consulte, décision du Sénat qui modifie la Constitution, en date du 18 mai 1804, Bonaparte peut désigner son successeur et porter le titre d'empereur. Un plébiscite approuve largement la naissance de l'Empire.

Le Premier Empire

Le 2 décembre 1804, Bonaparte, en présence du pape **Pie VII** (1800-1823), se sacre sous le nom de **Napoléon Ier**. **Jacques-Louis David** immortalise la scène dans une reconstitution en 1808. Napoléon impose lui-même la couronne à son front, puis à celui de son épouse, **Joséphine de Beauharnais** (1763-1814). Le 28 mai 1805, à Milan, il ceint la couronne de fer des souverains lombards et se proclame roi d'Italie. Les puissances européennes se liguent contre cette nouvelle menace, une troisième coalition regroupe en 1805 Angleterre, Russie, Autriche et Prusse. **Nelson** (1758-1805) inflige à la France la défaite navale de Trafalgar (21 octobre 1805), qui met fin au projet d'une invasion de l'Angleterre. À Austerlitz (2 décembre 1805), Napoléon bat le tsar **Alexandre Ier** (1801-1825) et l'empereur **François II** (1792-1806). La troièmé coalition se conclut par la paix de Presbourg (28 décembre 1805). Une quatrième coalition regroupe, en 1806-1807, Angleterre, Prusse, Russie, Suède. La Prusse exige l'évacuation de la Confédération du Rhin. Napoléon remporte les victoires successives d'Iéna et Auerstadt (14 octobre 1806), d'Eylau (8 février 1807), de Friedland (14 juin 1807). La paix est signée au traité de Tilsit en juillet 1807. Une cinquième coalition est formée en 1809 par l'Angleterre et l'Autriche après la défaite française en Espagne. La victoire de

Wagram (5 et 6 juillet 1809) est suivie de la paix de Vienne (14 octobre 1809). En 1813, à la suite de l'échec en Russie, une sixième coalition se forme, Angleterre, Autriche, Prusse, Russie, Suède s'allient. Napoléon est vaincu à Leipzig (16-19 octobre 1813). Après le désastre de la campagne de Russie et la suite de défaites qui lui font cortège, les Alliés, conduits par le tsar Alexandre Ier, entrent à Paris le 31 mars 1814. Le 6 avril 1814, **Napoléon Ier** abdique et part en exil pour l'île d'Elbe. Le Sénat proclame Louis XVIII, frère de Louis XVI, roi de France. Le traité de Paris du 30 mai 1814 redonne à la France ses frontières d'avant les guerres révolutionnaires. Évadé de l'île d'Elbe, Napoléon débarque en Provence le 1er mars 1815. Le 20 du même mois, à marche forcée, acclamé, il est à Paris d'où Louis XVIII a juste le temps de s'enfuir. Après quelques victoires mineures, la Belle Alliance, qui reprend les membres de la sixième coalition, met fin au Premier Empire avec la défaite de Waterloo le 18 juin 1815, sous la conduite de **Wellington** (1769-1852). Le 22 juin 1815, Napoléon signe sa seconde abdication. Il se rend aux Britanniques à Rochefort le 15 juillet, est déporté à Sainte-Hélène où il meurt en 1821.

Les fondements de la France moderne

Napoléon Ier réforme la France en profondeur, lui donne les structures d'un État apte à traverser le XIXe siècle. Il s'attache tout d'abord à mettre fin aux querelles religieuses nées de la Révolution française. Il signe le 15 juillet 1801 un concordat avec le pape **Pie VII**. Le catholicisme cesse d'être « religion d'État », donc obligatoire, pour devenir religion « de la majorité des citoyens français ». Le Constitution civile du clergé est désavouée, le pape accorde l'investiture canonique aux évêques choisis par Bonaparte. Ce concordat reste en vigueur jusqu'à la loi de 1905 de séparation de l'Église et de l'État. Les protestants et les juifs se voient plus tard reconnaître la liberté de culte. Le 13 février 1800, la Banque de France est fondée, elle reçoit en 1803 le monopole de l'émission de la monnaie. Le 28 mars 1803 est créé le franc germinal, pièce d'argent de 5 grammes. Le franc germinal annonce une stabilité de la monnaie qui ne prend fin qu'en 1914. C'est également dans le domaine financier qu'intervient l'empereur en établissant une fiscalité indirecte sur le tabac et les boissons, les droits réunis. En 1807 est mise en place la Cour des comptes qui a la charge de vérifier les comptes des administrations publiques. Après les tourmentes révolutionnaires, Napoléon I*er* entend jeter les bases d'une société stable, qu'il nomme lui-même les « masses de granit » : l'éducation, la légion d'honneur, le *Code civil*. Pour éduquer les enfants de la bourgeoisie, les lycées, organisés militairement, préparent depuis 1802 à l'université impériale née en 1808. L'empereur veut des administrateurs, civils et militaires, efficaces. L'instruction civique est fondée sur le catéchisme impérial de 1806 qui prévoit les obligations des sujets : amour, obéissance, service militaire, tributs ordonnés pour la conversion de l'empire, prières ferventes pour le salut de l'empereur. L'aristocratie est rétablie avec la création le 19 mai 1802 de la Légion d'honneur, destinée à récompenser les meilleurs, suivie par le retour de la noblesse, d'empire cette fois. À partir de 1808, Napoléon I*er* distribue les titres de comte, duc, baron. Mais le monument laissé est sans conteste le *Code civil* publié en 1804 qui, pour l'essentiel, demeure en usage jusqu'après 1968. Au long de ses deux mille deux cent quatre-vingt-un articles, il définit droits et devoirs du citoyen, garantit la propriété privée, promeut la famille, mais officialise une conception napoléonienne de l'infériorité de la femme, éternelle mineure sous tutelle de son père, son époux, un parent masculin.

LA RESTAURATION (1815-1830)

Louis XVIII et la Charte

Revenu le 2 mai 1814 à Paris, **Louis XVIII** (1815-1824) proclame dès le 4 juin la Charte, qui dote la France de la première monarchie constitutionnelle sur le continent. Le roi de France, chef de l'État, exerce le pouvoir exécutif, propose les lois. Il participe aussi au pouvoir législatif, dévolu à deux chambres, car il nomme à titre héréditaire les membres de la Chambre des pairs et peut dissoudre la Chambre des députés élus au suffrage censitaire. Le cens, de 300 francs (environ 1 100 euros en 2013), est élevé : sur près de trente millions de Français, seuls quatre-vingt-dix mille peuvent voter. Le drapeau blanc est adopté à la place du tricolore, le préambule de la Charte rappelle l'origine divine du droit du monarque à régner. Le plus urgent est de maintenir la place de la France en Europe au congrès de Vienne, qui se tient de septembre 1814 à juin 1815. Les monarques y réaffirment leur seul droit à gouverner. L'ordre est de retour, matérialisé par les positions du prince **Klemens von Metternich** (1773-1859), président du congrès, favorable à une paix modérée et un accord avec la France. Chacun souhaite accroître son territoire et sa puissance, amoindrir celle de l'autre : l'Angleterre affaiblit l'Autriche par la création, à partir de ses anciennes possessions, d'un royaume des Pays-Bas ; Alexandre Ier de Russie obtient une grande partie de la Pologne et la Bessarabie, la Prusse le royaume de Saxe et la Rhénanie, l'Autriche et le nord de l'Italie (royaume de Lombardie-Vénétie). Le représentant français, **Talleyrand**, use habilement de ces appétits contraires et parvient à conserver à la France le statut de grande puissance.

Le retour des ultras

Le premier gouvernement du cabinet **Richelieu** (1815-1818) redresse le pays, apaise les tensions dans un contexte difficile. La Chambre élue en 1815 est composée d'ultra-royalistes, ou ultras, fanatiques de l'Ancien Régime qui voudraient, selon le mot de l'un des leurs, La Bourdonnaye, un programme fondé sur « des fers, des bourreaux, des supplices ». Le roi lui-même qualifie cette Chambre d'« introuvable ». L'été 1815 et le début de l'automne voient s'abattre la Terreur Blanche, des troupes de royalistes pourchassent et assassinent les anciens révolutionnaires, pendant que le versant officiel de cette dernière conduit à la révocation de milliers de fonctionnaires, aux arrestations, procès et exécutions des responsables de la Révolution et de l'Empire. En 1816, Louis XVIII dissout la Chambre, les nouveaux élus sont plus modérés. Mais le 13 février 1820 le duc **Charles Ferdinand de Berry** (1778-1820), neveu de Louis XVIII et héritier du trône, est assassiné par un fanatique qui voulait éteindre la branche des Bourbons. Le second cabinet Richelieu (1820-1821) rend le pouvoir aux réactionnaires, grands propriétaires terriens, les ultras sont de nouveau majoritaires à la Chambre. Le cabinet Villèle (1821-1824) est inféodé au comte d'Artois, frère ultra du roi Louis XVIII, il restreint la liberté de la presse. En 1822 sont exécutés ceux qu'on appelle les Quatre sergents de La Rochelle, quatre jeunes hommes dont le seul crime est d'avoir fondé une société d'entraide, ou *vente*, sur le modèle italien des *carbonari*, ou *charbonniers*, réclamant la mise en place d'un régime démocratique. Arrêtés pour l'exemple, accusés de complot républicain, ils sont guillotinés.

Charles X, l'absolutiste

En 1824, **Charles X** (1824-1830) succède à son frère défunt. Il veut rétablir la monarchie absolue, balayer la Charte, se fait sacrer à Reims en 1825. Une loi, dite du « milliard des émigrés », est votée pour compenser les spoliations dues à la Révolution. L'influence de l'Église est rétablie pleinement, notamment dans l'enseignement. Cette politique réactionnaire fédère les mécontentements, l'opposition libérale remporte les élections de 1827. Le cabinet du royaliste modéré **Martignac** gouverne de 1827 à 1829. À cette date, le roi le confie au comte (puis duc) de **Polignac**, prince du Saint-Empire (1780-1847), un des chefs des ultras. En mars 1830, la Chambre adresse au roi la respectueuse protestation de l'adresse des 221 députés contre la politique réactionnaire. Le roi dissout la Chambre. Les élections de juillet 1830 ramènent une assemblée plus libérale encore. Le 26 juillet 1830, le roi fait publier les *Quatre ordonnances*, destinées à permettre aux ultras de reprendre l'avantage sur les libéraux à la Chambre : la deuxième et la quatrième amènent à la dissolution de la Chambre, suppression de la liberté de la presse, droit de vote restreint aux plus riches. Paris se soulève lors des trois Glorieuses, les trois journées du 27, 28 et 29 juillet 1830. Le maréchal de Marmont est incapable de contenir la révolte de la capitale. Louvre et Tuileries sont pris d'assaut. Le 2 août 1830, Charles X abdique et s'enfuit. Le 7 août 1830, la Chambre des députés donne le trône à Louis-Philippe, duc d'Orléans, qui devient le roi **Louis-Philippe Ier** (1830-1848), « roi des Français par la grâce de Dieu et la volonté nationale ».

LA MONARCHIE DE JUILLET (1830-1848)

Nommée d'après les événements révolutionnaires qui mettent fin au règne autoritaire de Charles X, la monarchie de Juillet consacre un souverain moderne, Louis-Philippe Ier, né en 1773, qui a combattu avec les armées révolutionnaires à Valmy et à Jemappes. Exilé après 1792, il revient en France en 1814, met en place une monarchie bourgeoise qu'il incarne, vivant en famille loin de la Cour qu'il ne fréquente que pour les nécessités de l'État. La Charte de 1814 est amendée : la référence au droit divin disparaît, le drapeau tricolore est de retour, le roi « des Français » partage l'initiative des lois avec la Chambre des députés, son droit de légiférer par ordonnances est encadré. La censure est abolie. Le cens est abaissé, portant le corps électoral à près de cent soixante-dix mille membres. La garde nationale accepte tous les Français de vingt à soixante ans qui peuvent acheter leur uniforme. Garde bourgeoise, elle est là pour garantir le respect de la Charte et des lois. Elle sert surtout aux classes aisées à jouer au militaire. Mais le régime, ouvert à ses débuts, évolue à contretemps d'une société marquée par l'industrialisation et la formation d'une classe ouvrière.

La révolte des Canuts, ouvriers de la soie, à Lyon en 1831, les soulèvements républicains à Paris en 1834 sont réprimés par l'armée qui tire sur la foule. En 1835, un conspirateur corse, **Giuseppe Fieschi** (1790-1836), met au point une « machine infernale » destinée à tuer le roi et ses fils passant par le boulevard du Temple. L'attentat échoue, la machine explose trop tôt, le roi et les siens sont saufs, mais dix-huit personnes sont tuées. Fieschi est guillotiné en 1836. Comme l'assassinat du duc de Berry sous la Restauration, cet attentat conditionne un revirement du pouvoir, redevenu autoritaire. Le ministère **Guizot** (1787-1874), conservateur et impopulaire, dure de 1842 à 1848. Il se coupe du peuple, méconnaît la double crise, agricole puis industrielle, dont le pays est victime. La crise des chemins de fer conduit des milliers d'ouvriers au chômage. Les opposants, qui ont interdiction de se réunir, la contournent par une série de banquets républicains. Le 22 février, à Paris, l'un d'entre eux est interdit. La ville se soulève, rejointe par la garde nationale. Louis-Philippe renvoie Guizot, mais il est trop tard. Le 24 février, il abdique et s'enfuit des Tuileries, juste à temps, les insurgés les prennent une heure après son départ précipité. Ce même jour, la Chambre des députés, où se mêlent députés et émeutiers qui l'ont envahie, proclame un gouvernement provisoire qui compte des figures célèbres : le poète **Alphonse** de **Lamartine** (1790-1869), l'astronome et physicien **François Arago** (1786-1853), l'avocat **Alexandre Ledru-Rollin** (1807-1874), le socialiste **Louis Blanc** (1811-1882) ou le modeste ouvrier mécanicien **Alexandre Martin Albert** (1815-1895).

LA IIᵉ RÉPUBLIQUE (1848-1852)

Le 25 février, la République est proclamée. **Lamartine** parvient à dissuader les ouvriers d'adopter le drapeau rouge, il reste tricolore, orné d'une rosette rouge. Les premiers jours sont décisifs et porteurs de progrès : abolition de la peine de mort, suffrage universel à l'âge de vingt et un ans qui fait bondir le corps électoral à neuf millions de votants, abolition de l'esclavage par la voix de **Victor Schœlcher** (1804-1893). La journée de travail est ramenée à dix heures. Des Ateliers nationaux sont créés pour occuper les chômeurs. Mais là où la loi prévoyait le « droit au travail » pour tous, réclamé par Louis Blanc, l'avocat **Marie** (1795-1870), en charge de la mise en œuvre des Ateliers nationaux, ne répartit pas les ouvriers à Paris en fonction de leur formation. Il les affecte indifféremment à des travaux de terrassement inutiles, pour un salaire de 2 francs par jour (environ 8 euros en 2013). La mesure est ruineuse pour l'État, humiliante pour les ouvriers mécontents d'être objet de la charité publique. Leur effectif explose, passant de février à juin de moins de vingt mille à plus de cent cinquante mille. Le 23 avril, une Assemblée constituante est élue, mêlant républicains modérés et royalistes.

Le 4 novembre 1848, la nouvelle Constitution est adoptée, selon un système monocamériste, une Chambre élue au suffrage universel direct pour trois ans. Un président de la République, lui aussi élu au suffrage universel, dirige l'exécutif. Élu pour quatre ans, il n'est pas rééligible. Mais le climat social s'est alourdi. En mai, une manifestation populaire est dispersée sans ménagement à Paris. Le 22 juin, les Ateliers nationaux sont dissous, les ouvriers renvoyés au chômage et à la misère. L'agitation sociale s'accroît, traversée de poussées révolutionnaires. Paris érige des barricades. L'Assemblée proclame l'état de siège, envoie l'armée sous les ordres du général **Cavaignac** (1802-1857), à laquelle se joint la garde nationale. Les combats, féroces, font des milliers de morts entre le 23 et le 25 juin 1848. La répression qui s'abat est sans pitié, plus d'un millier de fusillés, plus de dix mille déportés. L'archevêque de Paris, monseigneur **Affre** (1793-1848), trouve la mort en tentant de s'interposer entre la troupe et les insurgés, sur la barricade du faubourg Saint-Antoine.

Le prince président

Le parti de l'Ordre l'a emporté, se défiant de toute République ouvrière. Il regroupe légitimistes, favorables aux descendants de Charles X, orléanistes acquis à ceux de Louis-Philippe Ier, catholiques. Il soutient la campagne présidentielle du prince **Louis-Napoléon Bonaparte** (1808-1873), qui est élu triomphalement le 10 décembre 1848 avec près de trois quarts des voix, cumulant les suffrages bourgeois qui le voient en stabilisateur de l'ordre social et ouvriers qui votent pour le « neveu de l'Empereur ». Le 20 décembre, il prête serment sur la Constitution. L'Assemblée constituante se sépare en mai 1849, lui succède une Assemblée législative monarchiste et conservatrice. Installé au palais de l'Élysée, Louis-Napoléon laisse aux affaires un gouvernement qui s'appuie sur l'Assemblée pour mettre en œuvre une politique réactionnaire. Trois lois en sont le fruit direct. Le 15 mars 1850, la loi Falloux, du nom du **comte de Falloux** (1811-1886), un catholique social ministre de l'Instruction publique, institue deux types d'écoles. Les écoles publiques prises en charge par l'État, les écoles libres fondées par des particuliers ou des associations. Le clergé peut multiplier les écoles catholiques. Le monopole napoléonien de l'université prend fin. La loi électorale du 31 mars 1850, par peur de la contagion d'un vote socialiste, restreint le droit de vote aux seuls électeurs attestant de trois ans de résidence, excluant ainsi largement ouvriers et travailleurs itinérants, au total près de trois millions d'exclus sur neuf millions de votants à l'origine. Enfin, la loi sur la presse, du 16 juillet 1850, oblige les journalistes à signer leurs articles et exige des journaux le versement de lourdes cautions et le règlement d'un droit de timbre, réduisant la liberté de la presse.

UN PREMIER PAS VERS L'EMPIRE

Louis-Napoléon prépare pendant ce temps avec méthode son futur coup d'État, car il sait ne pouvoir être réélu, n'avoir pas d'espoir de voir l'Assemblée adopter en ce sens une révision constitutionnelle. Fort du concours de l'armée, dans la nuit du 1er au 2 décembre 1851, anniversaire d'Austerlitz, il fait arrêter les députés républicains et ses opposants personnels comme Thiers ou Victor Hugo. Le palais Bourbon, où siège l'Assemblée, est occupé par la troupe. Le **duc de Morny** (1811-1865), demi-frère de Louis-Napoléon, s'installe au ministère de l'Intérieur. L'armée prend possession des principaux carrefours de Paris. Deux décrets sont affichés sur les murs de la capitale, l'un de dissolution de l'Assemblée, l'autre de rétablissement du suffrage universel invitant un plébiscite en faveur de Louis-Napoléon. La résistance, à Paris comme en province, est vite matée, au prix de milliers d'arrestations et de déportations, sans compter ceux qui, comme Victor Hugo, choisissent l'exil contre « Napoléon le Petit ». Le 20 décembre 1851, un plébiscite donne à Louis-Napoléon le pouvoir de rédiger une nouvelle Constitution. Le 15 janvier 1852, le texte prévoit de confier un exécutif élargi au prince-président.

En poste pour dix ans, il a l'initiative des lois, de la guerre et de la paix, choisit ministres et fonctionnaires. Le pouvoir législatif échoit à trois Chambres : le Conseil d'État, dont le président nomme les membres, juristes, rédige les projets de loi ; le Corps législatif, comprenant deux cent soixante députés élus pour six ans qui votent les lois et le budget ; le Sénat, composé de cent trente membres désignés par Louis-Napoléon, qui vérifie la constitutionnalité des lois. Il peut en outre, par sénatus-consulte, modifier la Constitution. En principe, le suffrage universel est rétabli, mais il est vidé de sa réalité par la pratique des candidats officiels qui reçoivent seuls l'appui de l'appareil d'État, condamnant leurs adversaires à une campagne ignorée des masses. Le corps législatif élu en février 1852 l'illustre jusqu'à la caricature, deux cent cinquante-sept élus sur deux cent soixante députés sont des candidats officiels. La République n'est plus qu'une fiction, maintenue un temps sur le papier, temps nécessaire à Louis-Napoléon pour multiplier les déplacements en province, marteler sa parenté avec Napoléon Ier, voir croître sa popularité. Le 7 novembre 1852, un sénatus-consulte rétablit la dignité impériale héréditaire pour Louis-Napoléon. Le plébiscite du 21 novembre le ratifie à une écrasante majorité, près de huit millions de oui. Le 2 décembre 1852, Louis-Napoléon fait une entrée triomphale à Paris en qualité d'empereur **Napoléon III** (1852-1870).

LE SECOND EMPIRE (1852-1870)

L'empereur **Napoléon III** (1852-1870) s'appuie sur la bourgeoisie, l'armée et le clergé pour régner. Il contrôle le monde ouvrier par le livret ouvrier, véritable passeport intérieur imposé par Napoléon Ier, l'enseignement et les journaux par la censure. Aidé de son demi-frère Morny, qui préside le Corps législatif, Napoléon III gouverne directement, laissant à ses ministres une faible autonomie. Il épouse, en janvier 1853, la comtesse espagnole **Eugénie de Montijo** (1826-1920) qui lui donne un fils en 1856, le prince impérial **Napoléon Eugène** (1856-1879). L'avenir de la dynastie semble assuré. D'autant que la politique extérieure de l'empire est faite d'une suite de succès jusqu'en 1860. Entre 1853 et 1856, la France s'engage aux côtés de l'Empire ottoman attaqué par les Russes dans la guerre de Crimée. La défaite russe est actée par le traité de Paris de mars 1856. Puis Napoléon III intervient pour favoriser l'unité italienne, envoyant des troupes contre les forces autrichiennes en Italie du Nord. La France reçoit en retour en 1860 le comté de Nice et la Savoie. En janvier 1858, un républicain italien, **Orsini** (1819-1858), organise un attentat. Le soir du 14 janvier 1858, alors que la voiture impériale arrive à l'opéra, trois bombes sont lancées. Elles explosent non loin de la voiture, mais le couple impérial est indemne. Ce n'est pas le cas de la foule, qui compte huit morts et plus de cent cinquante blessés. Orsini est guillotiné avec ses complices le 13 mars 1858. Pendant quelques mois, à la suite de l'attentat, une loi de sûreté générale permet d'arrêter et d'interner sans jugement les opposants, mais elle cesse d'être appliquée en juin 1858.

L'année 1860 marque l'apogée et le début du déclin du Second Empire. En intervenant pour favoriser l'unité italienne, Napoléon III menace les États pontificaux, ce qui lui aliène une grande partie des catholiques. L'accord de libre-échange signé avec l'Angleterre en 1860, avec le traité Cobden-Chevalier, lui vaut la désaffection des milieux industriels, exposés à une concurrence dont ils ne veulent pas, particulièrement dans les filatures. En 1864, les sidérurgistes créent le Comité des forges afin de défendre leurs intérêts. L'expédition du Mexique lancée en 1861 afin de soutenir l'empereur Maximilien (1832-1867), un archiduc autrichien installé sur le trône, se termine en désastre. Maximilien est arrêté, fusillé en 1867, l'armée française contrainte à une peu glorieuse retraite. En 1866, l'Autriche est vaincue à la bataille de Sadowa par la Prusse, nouvelle puissance militaire montante en Europe, qui menace la France dans son désir de réaliser autour d'elle l'unité allemande, la France faisant un ennemi commun tout trouvé. Napoléon III réagit en substituant l'Empire libéral à l'Empire autoritaire qui l'a précédé.

En 1860, le Corps législatif reçoit un droit d'adresse, réponse des députés au discours du trône prononcé par l'empereur lors de l'ouverture de la session parlementaire. Le compte rendu des débats est désormais intégralement publié au *Moniteur*, l'ancêtre du *Journal officiel*. Aux élections de 1863, un Comité de l'union libérale remporte trente-deux sièges. **Adolphe Thiers** (1797-1877) est l'un des titulaires. Il appelle au rétablissement des « libertés nécessaires » : liberté individuelle, droit de réunion et d'association, liberté de la presse, liberté des élections sans candidat officiel, liberté parlementaire par le contrôle des actes du gouvernement. Napoléon III refuse mais est contraint de céder sur tous ces points entre 1867 et 1869 devant les progrès de l'opposition, à la Chambre et dans l'opinion publique. **Émile Ollivier** (1825-1913), républicain rallié à l'Empire, chef du Tiers Parti, groupe des députés bonapartistes favorables à une évolution libérale, forme le nouveau gouvernement. Le plébiscite de 1870 qui entérine une évolution parlementaire du régime est un triomphe trompeur pour Napoléon III. À la suite de la dépêche d'Ems du 2 juillet 1870, un télégramme volontairement rédigé par le chancelier de Prusse **Otto von Bismarck** (1815-1898) en termes provocateurs contre la France (le refus du roi de Prusse de recevoir une fois encore l'ambassadeur de France lors de son séjour en la ville d'eau d'Ems), largement diffusé par la presse des deux côtés du Rhin, Napoléon III déclare la guerre à la Prusse le 19 juillet 1870. Cette guerre non préparée, habilement imposée, se traduit par la capitulation de Sedan, l'empereur est emprisonné, le 2 septembre 1870. Le 4 septembre, la nouvelle de la défaite arrive à Paris. Les députés proclament la déchéance de Napoléon III et la naissance d'une République, et forment à l'Hôtel de Ville un gouvernement de défense nationale.

La vie économique et sociale sous le Second Empire (1852-1870)

Napoléon III a passé une partie de sa jeunesse en Angleterre, où il constate les progrès économiques liés à l'industrialisation. Inspiré par le courant de pensée saint-simonien, il veut faire de la France une grande nation industrielle, où les profits, peu à peu, permettent d'améliorer le sort des ouvriers. Il choisit un entourage de spécialistes, **Eugène Rouher** (1814-1884), avocat de formation, ministre de l'Agriculture, du Commerce et des Travaux publics de 1855 à 1863, de disciples de Saint-Simon, tels les frères Pereire, **Émile Pereire** (1800-1875) et **Isaac Pereire** (1806-1880), banquiers, ou **Achille Fould** (1800-1867), ministre d'État en charge de l'économie. La Banque de France ouvre des succursales dans les principales villes de province. Les banques de dépôts se multiplient : Crédit foncier (1852), Crédit mobilier (1852) des frères Pereire, Comptoir national d'escompte (1853), Crédit lyonnais (1863), Société générale (1864). Certaines connaissent l'échec, le Crédit mobilier fait une faillite retentissante en 1867, qui inspire à Émile Zola son roman *L'Argent* (1891). Les transports connaissent un âge d'or ainsi que les modes de communication. La Poste utilise le télégraphe électrique depuis 1850. Les compagnies maritimes se forment, Messageries maritimes (1851), Compagnie générale transatlantique (1861), reliant Le Havre à New York. Le port de Saint-Nazaire est créé. Mais le domaine où l'essor est le plus remarquable est celui des chemins de fer.

L'État intervient pour donner aux compagnies privées des concessions de quatre-vingt-dix-neuf ans. Le réseau ferroviaire passe de 3 500 km en 1852 à 18 000 km en 1870. De grandes compagnies naissent : Compagnie du Midi (1853), de l'Est (1854), de l'Ouest (1855), le Paris-Lyon-Marseille, ou P.-L.-M., en 1857. Les effets d'entraînement sont considérables : l'usine Schneider du Creusot utilise la fonte au coke, fabrique rails et locomotives, emploie jusqu'à dix mille ouvriers. Une politique de grands travaux est lancée : percement de l'isthme de Suez grâce aux efforts de **Ferdinand de Lesseps** (1805-1894) et du pacha **Mohammed Saïd Pacha** (1822-1863) puis de son successeur **Ismail Pacha** (1830-1895), inauguré en 1869 après dix ans de travaux, en présence de l'impératrice Eugénie ; percement, entre 1857 et 1870, du tunnel du Mont-Cenis sur 13 km de long. Le plus spectaculaire est la politique de modernisation des villes. Marseille, Lyon et surtout Paris sont transformées. Le baron **Haussmann** (1809-1891), préfet de la Seine de 1853 à 1869, est accusé d'éventrer la capitale tant les travaux sont gigantesques : vingt-cinq mille maisons sont détruites, soixante-quinze mille bâties le long de larges avenues. Les villages coincés entre Paris et les anciennes fortifications sont annexés, la ville passe de douze à vingt arrondissements, d'un million d'habitants en 1850 à près du double en 1870.

L'assainissement est réalisé par le creusement de 800 km d'égouts. Les halles sont édifiées par **Victor Baltard** (1805-1874) en fonte et en briques. Les monuments se multiplient, gares parisiennes, églises (Saint-Augustin, de la Trinité), opéra, Bibliothèque nationale, Préfecture de Police, abattoirs de la Villette, palais de l'Industrie. En 1855 et 1867, deux expositions universelles consacrent Paris. Le commerce se transforme avec la naissance des grands magasins. **Aristide Boucicaut** (1810-1877) inaugure le tout premier d'entre eux, le *Bon Marché* en 1852, suivi par *Le Grand Magasin du Louvre* (1855), *La Belle Jardinière* (1856), *Félix Potin* (1858), *Au Printemps* (1865), *La Samaritaine* (1869). L'accès en est libre, les prix bas, le choix facilité par le regroupement des articles par rayons spécialisés, et surtout il est possible de rendre les articles qui ne conviennent pas et de se faire rembourser. Le succès est immédiat et fulgurant. La société, qui connaît dans l'ensemble un regain de prospérité, prend la Cour pour modèle. La jeunesse dorée, les cocodès à l'élégance tapageuse, place à sa tête « lions » et « lionnes », éclatants de jeunesse, étourdissants de luxe et de fantaisie. **Charles Frederick Worth** (1825-1895) fonde la haute couture parisienne, innove en recourant aux mannequins vivants et au défilé des collections. La vie mondaine se déroule dans les hôtels particuliers des grands boulevards nouvellement percés, suit la Cour à Compiègne, ou dans les stations à la mode, Vichy pour les eaux, ou les plages de Deauville et celles de Biarritz. **Sarah Bernhardt** (1844-1923) naît au théâtre avec l'*Iphigénie* de Racine pour sa première apparition à la Comédie-Française en 1862. Les opérettes d'**Offenbach** (1819-1880) connaissent un grand succès : *La Vie parisienne* (1866), *La Belle Hélène* (1864), *La Grande-duchesse de Gérolstein* (1867). Loin des fastes de la haute société, la vie dans les campagnes évolue lentement, le clocher du village reste longtemps encore l'horizon de toute une vie. Les ouvriers, en dépit du droit de grève accordé en 1864, restent méfiants à l'égard de l'Empire, plus encore à celui de la République qui a réprimé leurs soulèvements avec violence en 1848. Ils sont plus concernés par le paternalisme industriel mis en place par certains entrepreneurs qui fournissent aux ouvriers logement, soins, accès à l'école pour les enfants en échange d'une docilité plus ou moins acceptée.

LA IIIe RÉPUBLIQUE JUSQU'EN 1914

Si la République est proclamée à l'Hôtel de Ville le 4 septembre 1870, il lui faut plusieurs années pour devenir une réalité. Il faut d'abord régler la guerre, Paris est encerclé par les Allemands le 20 septembre. La capitulation de Paris et un armistice sont signés le 28 janvier 1871, prévoyant l'élection d'une Assemblée nationale au suffrage universel. Cette dernière, à peine élue début février, désigne **Adolphe Thiers** (1797-1877) comme chef du pouvoir exécutif de la République française, mais en attendant de statuer sur ses institutions. Le nouveau gouvernement doit affronter la sécession de la Commune de Paris de mars à mai 1871. Puis, pendant quatre ans, l'Assemblée, à majorité monarchiste, se cherche un roi. Il faut l'échec de toutes les tentatives pour que les lois constitutionnelles de 1875, à une voix seulement de majorité, établissent la IIIe République (1870-1940).

La Commune de Paris (mars-mai 1871)

La rupture entre Thiers et la capitale se fait en plusieurs étapes. La paix prévoit la cession de l'Alsace et de la Lorraine au vainqueur, ce qui scandalise l'opinion publique parisienne. Puis Thiers décide successivement d'installer gouvernement et Assemblée à Versailles, de rétablir le règlement des loyers, suspendu pendant le siège de Paris, de cesser de verser leur solde aux gardes nationaux, souvent leur seule ressource, se montant à 1,50 franc par jour (équivalent à 6 euros en 2013). Ces maladresses culminent quand Thiers tente vainement le 18 mars de s'emparer des canons de la garde nationale conservés à Montmartre. L'impréparation fait échouer l'affaire, les attelages nécessaires au transport sont en retard. Le tocsin alerte les habitants de Montmartre, puis de tout Paris. Le général **Lecomte** (1817-1871), responsable de l'opération, est arrêté et fusillé par ses propres soldats qui se joignent aux émeutiers. Le 23 mars, les Parisiens élisent un Conseil général de la Commune de Paris, où siègent en majorité des révolutionnaires. Thiers refuse d'écouter ses ministres, les maires de Paris qui proposent une médiation. Il entend réaliser le plan proposé en 1848 à **Louis-Philippe Ier** qui s'y était refusé : se tenir à l'écart de Paris, laisser pourrir la situation, revenir en force pour écraser la révolte.

La Commune, dans le plus grand désordre, adopte une série de mesures à la fois pratiques et symboliques : suspension du paiement des loyers, réquisition des logements libres, suppression des amendes et retenues sur salaire, restitution à leur propriétaire des objets déposés au Mont-de-Piété, mais aussi adoption du drapeau rouge, abolition de l'armée au profit de milices civiles, séparation de l'Église et de l'État, enseignement laïc, gratuit et obligatoire. Le peuple de Paris est convié à participer aux décisions, par voie d'affiches sur les murs, par la lecture du *Cri du peuple* de **Jules Vallès** (1832-1885), élu de la Commune. **Eugène Pottier** (1816-1887) écrit *L'Internationale*. **Gustave Courbet** (1819-1877), lui aussi élu de la Commune, demande le déplacement de la colonne Vendôme, exaltant le passé militaire impérial, aux Invalides. Elle est en réalité abattue, mais la proposition de Courbet de la reconstruire à ses frais n'est pas retenue par la Commune. C'est le maréchal de **Mac-Mahon** (1808-1893) qui la fera reconstruire, aux frais de Courbet dont les biens sont saisis alors qu'il est en exil en Suisse. Mais la Commune commet l'erreur de laisser Thiers préparer son assaut, avec l'aide de Bismarck qui, inquiet d'une contagion révolutionnaire, libère les prisonniers de guerre, ce qui permet au gouvernement de reconstituer une armée de cent cinquante mille hommes. L'assaut est donné le 21 mai 1871 et les combats durent jusqu'au 27 mai, on appellera cette période la semaine sanglante. En dépit des barricades, les Versaillais, terme qui désigne les adversaires de la Commune, au premier chef ici l'armée, progressent. Les derniers « rouges », ou « communards » sont sommairement fusillés dans le cimetière du Père-Lachaise, au mur des Fédérés le 28 mai 1871. La répression est féroce, plus de dix mille personnes sont arrêtées, jugées, exécutées pour vingt-trois d'entre elles, condamnées à la déportation en Nouvelle-Calédonie ou en Algérie massivement. Il y aurait eu vingt mille exécutions sommaires, sans jugement[1], justifiées par les Versaillais comme une réponse à l'exécution par la Commune, le 24 mai, de quarante-sept otages, sans jugement, dont l'archevêque de Paris, monseigneur **Georges Darboy** (1813-1871). La victoire de Thiers rassure les possédants et les conservateurs, elle montre que la République, comme elle l'a déjà fait en juin 1848, est capable d'assurer le maintien de l'ordre.

Les tentatives de Restauration et leur échec (1871-1875)

L'Assemblée, effrayée par la Commune de Paris, veut un exécutif fort. Par la loi Rivet du 31 août 1871, elle confère à Adolphe Thiers la possibilité de cumuler les fonctions de député, chef du gouvernement et président de la République. Majoritairement monarchiste, elle pense trouver en Thiers, défenseur de Louis-Philippe, l'homme d'une nouvelle Restauration. Le traité de Francfort du 10 mai 1871 impose à la France de verser une indemnité de guerre de 5 milliards de francs-or (1 franc-or = 322 mg d'or). En attendant son versement, l'Allemagne occupe les départements du Nord-Est. Thiers, en deux emprunts, le second couvert quarante-deux fois, s'acquitte de l'indemnité, obtient le départ anticipé – il était prévu en 1875 – des troupes d'occupation en 1873. Pour reconstituer l'armée, la loi militaire du 27 juillet 1872 fixe la durée du service actif à cinq ans. Un tirage au sort désignerait

---

1. À ce sujet, voir Nadine Vivier, *Dictionnaire de la France au XIXe siècle*, Paris, Hachette, 2002.

ceux qui feraient cinq ans, les autres servant un an seulement, pour des raisons d'économie. En novembre 1872, dans un message à l'Assemblée, Thiers prend position en faveur d'un régime républicain. Même s'il revendique une République conservatrice, l'Assemblée ne lui pardonne pas ce qu'elle considère comme une trahison.

Début mars 1873, elle lui impose de ne plus communiquer avec elle que par messages, avec obligation pour lui de se retirer une fois leur lecture achevée. Ce système, qui paralyse toute action de l'exécutif, contraint Thiers à démissionner le 24 mai 1873. Il est aussitôt remplacé par le **maréchal de Mac-Mahon** (1808-1893), monarchiste convaincu. Il promeut l'ordre moral, un retour aux valeurs de l'Église, après les excès de la « fête impériale ». C'est l'expiation des fautes qui ont conduit à la défaite. Il consacre la France au Sacré-Cœur comme autrefois Louis XIII voua son royaume à la Vierge. Une basilique est érigée en son honneur sur la butte Montmartre, un monument expiatoire exemplaire. Les monarchistes majoritaires sont cependant divisés. Les légitimistes veulent pour roi le **comte de Chambord** (1820-1883), petit-fils de Charles X, exilé à Frohsdorf. Les orléanistes optent pour le **comte de Paris** (1838-1894), petit-fils de Louis-Philippe Ier. Ils se mettent d'accord, à la fin de 1873 : le comte de Chambord, sans enfant, désignerait le comte de Paris comme héritier. Tout échoue devant l'intransigeance du comte de Chambord qui veut revenir à la monarchie absolue et au drapeau blanc. Les députés favorables à un retour à l'Empire perdent tout espoir avec la mort, dans la guerre contre les Zoulous en Afrique du Sud, du prince impérial, fils de Napoléon III, en 1879. Découragée de l'échec d'une Restauration, l'Assemblée vote en janvier 1875 l'amendement Wallon, du nom du député modéré qui propose l'établissement d'une République, à une seule voix de majorité : trois cent cinquante-trois pour et trois cent cinquante-deux contre. Suit le vote des lois constitutionnelles qui définissent l'équilibre des pouvoirs au sein de la IIIe République. Le président de la République, rééligible, est élu pour sept ans par les Chambres réunies en congrès. Il nomme le chef du gouvernement, peut dissoudre l'Assemblée, dispose du droit de grâce. Il partage l'initiative des lois avec le Parlement. Ce dernier se compose de deux Chambres, une Chambre des députés, composée de six cents membres élus pour quatre ans au suffrage universel direct, un Sénat, réunissant trois cents membres, soit deux cent vingt-cinq élus au suffrage indirect par les représentants des communes et des cantons et soixante-quinze membres nommés à vie. Les sénateurs élus le sont pour neuf ans, renouvelable par tiers tous les trois ans. L'Assemblée nationale se sépare le 31 décembre 1875, après avoir élu les soixante-quinze sénateurs inamovibles.

Les débuts et l'affirmation de la IIIe République (1875-1914)

Les élections de 1876 donnent une faible majorité conservatrice au Sénat, cent cinquante et un conservateurs et cent quarante-neuf républicains, mais la Chambre des députés est dominée par ces derniers qui obtiennent trois cent quarante sièges sur cinq cent trente-trois députés. Contraint par la Constitution, **Mac-Mahon** nomme des républicains chefs du gouvernement, **Jules Dufaure** (1798-1881) puis **Jules Simon** (1814-1896). En mai 1877, Mac-Mahon dissout la Chambre, gouverne avec le **duc de Broglie** (1821-1901). Les élections d'octobre ramènent une majorité républicaine. Mac-Mahon tente de gouverner avec les seuls hauts fonctionnaires mais doit se soumettre et former avec Dufaure un gouvernement républicain, début décembre 1877. C'est le triomphe du régime parlementaire : l'exécutif ne peut espérer gouverner contre la Chambre. Après la dissolution de 1877, aucune autre ne se produira sous la IIIe République. Aux élections partielles sénatoriales de 1879, les républicains emportent aussi la majorité au Sénat. Le gouvernement et les Chambres veulent épurer l'armée des généraux monarchistes en utilisant les mutations. Mac-Mahon refuse et préfère démissionner le 30 janvier 1879.

Le même jour, le congrès porte à la présidence **Jules Grévy** (1877-1891). En 1880, le Parlement revient siéger à Paris, les Communards sont amnistiés. *La Marseillaise* devient l'hymne officiel, en même temps que le 14 juillet est choisi pour devenir jour de la fête nationale. La République opportuniste s'installe et dure jusqu'en 1899. Les républicains sont divisés en deux groupes. Les radicaux veulent l'application du programme de Belleville de **Léon Gambetta** (1838-1882) en 1869 : extension des libertés publiques, séparation de l'Église et de l'État, suppression de l'armée permanente, fonctionnaires élus, liberté de la presse, instauration de l'impôt sur le revenu, instruction primaire laïque, gratuite et obligatoire, loi sur le divorce. Leur porte-parole, enflammé et adamantin, est **Georges Clemenceau** (1841-1929). Les opportunistes veulent des réformes étalées dans le temps, consensuelles, acceptées par le pays et non imposées. Ils sont répartis en deux groupes, l'Union républicaine de Léon Gambetta et la Gauche républicaine dirigée par **Jules Ferry** (1832-1893).

L'œuvre de la IIIe République

Jusqu'en 1885, les républicains dominent la vie politique, contrôlent le pouvoir et mettent en place toute une série de réformes. En 1881 sont reconnues la liberté de réunion, après déclaration préalable et formation d'un bureau responsable, la liberté de la presse, tout citoyen peut fonder un journal pour peu qu'il en déclare le titre, le gérant, l'imprimeur. Les limites à cette liberté sont réduites, concernent surtout la diffamation. En 1884, il est décidé de ne pas remplacer les sénateurs inamovibles. Cette même année, la loi Waldeck-Rousseau autorise les syndicats professionnels, la loi Naquet rétablit le divorce, supprimé à la Restauration. Mais l'œuvre la plus profonde est l'établissement des lois scolaires de **Jules Ferry** (1832-1893), ministre de l'Instruction publique de 1879 à 1885. Afin d'assurer le succès de la République, il faut la faire connaître et aimer. L'école laïque remplira cette tâche, luttant contre l'influence cléricale liée aux milieux monarchistes et conservateurs. En 1880, les facultés catholiques perdent le droit de collationner les grades universitaires, l'enseignement est interdit aux congrégations non autorisées. Les jésuites doivent fermer leurs établissements. En 1881 est votée la gratuité de l'école primaire, les écoles sont à la charge des communes et de l'État. En 1882, Jules Ferry fait voter l'obligation et la laïcité, l'instruction, et non la scolarisation, devient obligatoire de six à treize ans. Un programme d'instruction et de morale civique remplace l'instruction religieuse.

Les instituteurs et institutrices laïcs sont formés dans les Écoles normales. Dans l'enseignement secondaire, la loi de 1880 prévoit la création de lycées de jeunes filles. En 1879 a été fondée, pour former leurs professeurs femmes, l'École normale de Sèvres, et créée une agrégation féminine. Jules Ferry, président du Conseil depuis février 1883, est renversé en 1885 pour sa politique coloniale qui suscite une vive opposition à la fois chez les conservateurs et les radicaux. Après la conquête de l'Algérie en 1830, le protectorat sur la Tunisie en 1881, Jules Ferry est favorable à une intervention française en Indochine. Elle suscite l'ire de ceux qui veulent avant tout la reconquête de l'Alsace et de la Lorraine, provinces perdues en 1871. La France a déjà pénétré au Sénégal, en Côte d'Ivoire, au Gabon, à Madagascar, annexe en 1853 la Nouvelle-Calédonie, s'apprête à établir sa souveraineté sur la Cochinchine et le Cambodge. Les élections de 1885 portent à la Chambre trois groupes à peu près égaux, les conservateurs, les opportunistes et les radicaux. Ces deux dernières tendances vont former des gouvernements instables, tant les désaccords sur les sujets essentiels sont grands entre elles.

Les crises : Boulanger, Panama, Dreyfus

L'époque se caractérise par une succession de crises : boulangiste, de Panama, attentats anarchistes, affaire Dreyfus.

Boulanger

La crise boulangiste doit son nom au général **Georges Boulanger** (1837-1891), ministre de la Guerre de février 1886 à mai 1887. Ce poste en fait le « général La Revanche », à la popularité extrême, qui va reconquérir l'Alsace et la Lorraine. D'autant plus que le monde politique est discrédité : à la crise économique qui dure depuis 1882, à l'instabilité des cabinets s'ajoute un retentissant scandale de corruption. Le gendre du président **Jules Grévy** (1807-1891), réélu en 1885, **Daniel Wilson** (1840-1919), use de son influence de député pour des trafics et de sa place dans la famille pour obtenir, contre espèces sonnantes et trébuchantes, la Légion d'honneur. L'affaire prend de l'ampleur, Grévy est contraint à la démission, **Sadi-Carnot** (1837-1894) est élu pour lui succéder, homme d'une grande probité, mais à la personnalité terne. Devenu trop populaire, Boulanger est écarté du gouvernement, en 1887, et rejoint une affectation à Clermont-Ferrand. Mais les Parisiens envahissent les voies de la gare de Lyon pour empêcher son départ. Il parvient à quitter Paris grimpé sur une locomotive seule qui n'a pas attiré l'attention. L'aventure Boulanger commence. Les opposants de tout bord s'empressent autour de lui, monarchistes, bonapartistes, membres de la Ligue des patriotes de **Paul Déroulède** (1846-1914), quelques radicaux aussi. Ils veulent renverser le régime parlementaire, agitent les masses en faveur du général, parvenant à le faire élire à des élections partielles où il n'était pas candidat. Le gouvernement réagit en le mettant à la retraite en mars 1888. C'est une erreur : de nouveau civil, il devient éligible. Il est élu député, démissionne, pour se présenter à Paris où il est de nouveau élu triomphalement en janvier 1889. Acclamé, Boulanger aurait pu réaliser un coup d'État, police et armée lui sont favorables, mais il refuse de marcher sur l'Élysée. Il attend l'organisation d'un plébiscite lui conférant les pleins pouvoirs. Le gouvernement a réalisé l'imminence de la menace : la Ligue des patriotes est dissoute, Boulanger menacé d'arrestation pour complot, contre la sûreté de l'État. Il fuit à Bruxelles en avril 1889. Il s'y suicide, inconsolable, sur la tombe de son amante qui venait de mourir, le 30 septembre 1891. La République reçoit après cet épisode troublé un soutien inattendu. Le pape **Léon XIII** (1878-1903), par l'encyclique *Au milieu des sollicitudes* (16 février 1892), accepte que les catholiques français se rallient au régime républicain. Cette pause bienvenue est de courte durée.

Panama

Le scandale de Panama (1889-1893) éclate. À l'origine, une société pour le percement de l'isthme de Panama est constituée par Ferdinand de Lesseps, en 1881. Mais l'entreprise est un échec, en dépit de l'autorisation de lever 600 millions de francs-or (1 franc-or équivaut à 0,32 grammes d'or) d'emprunt par la Chambre des députés, la faillite est déclarée en 1889, entraînant des pertes chez près d'un million de souscripteurs. En 1892, les journaux révèlent des actes de mauvaise gestion. Certains députés, baptisés les « chéquards », sont accusés d'avoir abusé de leur influence pour faciliter le placement de l'emprunt et tromper les petits épargnants. Le plus célèbre est Georges Clemenceau qui doit un temps mettre sa carrière politique entre parenthèses. L'une des conséquences est l'élection d'une cinquantaine de députés socialistes aux législatives de 1893, dont **Jean Jaurès** (1859-1914) et **Alexandre Millerand** (1859-1943). Les mouvements anarchistes connaissent en Europe une mutation vers l'action violente, l'assassinat ciblé des personnalités politiques. En décembre 1893, l'anarchiste **Auguste Vaillant** (1861-1894) lance une bombe dans la Chambre des députés. Le président **Sadi-Carnot** refuse d'exercer son droit de grâce. Il est à son tour poignardé le 24 juin 1894 par l'Italien **Santo Caserio** (1873-1894). La législation est rendue plus sévère, contre la presse notamment. Les socialistes protestent contre ces « lois scélérates », à leurs yeux liberticides.

Dreyfus

Mais le plus grand scandale commence à peine, après quelques années de relative modération politique. Il s'agit de l'affaire Dreyfus (1894-1899). En 1894, il apparaît qu'un officier d'état-major fournit à l'Allemagne des secrets militaires. Après une enquête hâtive, le capitaine **Alfred Dreyfus** (1859-1935), à la fois juif et Alsacien, est arrêté. Déclaré coupable par le conseil de guerre, il est condamné à la dégradation militaire et à la détention à vie dans une enceinte fortifiée. En mars 1896, le lieutenant-colonel **Georges Picquart** (1854-1914), nouveau chef du renseignement militaire, découvre que le vrai coupable est le commandant **Esterházy** (1847-1923) et fournit les preuves à ses chefs. Il est expédié en Tunisie. La famille de Dreyfus, de son côté, obtient l'appui du sénateur **Scheurer-Kestner** (1833-1899) qui interpelle le gouvernement en novembre 1897. Le volet politique de l'affaire commence. La France se divise en deux camps violemment antagonistes : les antidreyfusards soutiennent l'armée qui va reprendre l'Alsace-Lorraine et ne peut être qu'infaillible, insoupçonnable. Il s'agit de la grande masse des catholiques avec le journal *La Croix*, de **Maurice Barrès** (1862-1923), de la Ligue de la patrie française, d'Édouard Drumont (1844-1917) et de la Ligue nationale antisémitique de France, d'intellectuels, **Albert de Mun** (1841-1914), **Jules Lemaître** (1853-1914), du musicien François Coppée (1842-1908). Les dreyfusards sont conduits par Clemenceau et son journal

L'Aurore, dans lequel **Émile Zola** (1840-1902) fait paraître, le 13 janvier 1898, une lettre ouverte au président de la République sous le titre terrible de « J'accuse », où il dresse l'acte d'accusation de tous ceux, civils et militaires, qui ont couvert la forfaiture. La cour d'assises le condamne à un an de prison, qu'il ne fait pas, car il fuit à Londres, et 3 000 francs d'amende, payés avec les frais de justice par **Octave Mirbeau** (1848-1917). Ils sont soutenus par *Le Figaro*, la Ligue des droits de l'homme, fondée en 1898, et Jean Jaurès. Ils exigent le respect des droits de la personne, de la défense, de l'innocence. En 1898 est révélé que le colonel **Hubert-Joseph Henry** (1846-1898) a forgé de toutes pièces un faux pour accabler Dreyfus. La Cour de cassation autorise un second procès en révision, annule le jugement de 1894. Une nouvelle cour militaire, à Rennes, reconnaît Dreyfus coupable une fois encore mais avec d'invraisemblables « circonstances atténuantes » et le condamne à dix ans de prison, en août 1899. Le président **Émile Loubet** (1838-1929) use aussitôt de son droit de grâce. Dreyfus est libéré, mais doit attendre 1906 pour être réhabilité et réintégré, à sa demande, dans l'armée, où il poursuit sa carrière jusqu'à la retraite.

Le Bloc des gauches

Le Bloc des gauches regroupe les défenseurs du régime républicain, durement attaqué pendant les crises qui le secouent. Dominé par les radicaux, il gouverne de 1899 à 1905. Il est marqué par les fortes personnalités de **Pierre Waldeck-Rousseau** (1845-1904) jusqu'en 1902, d'**Émile Combes** (1835-1921) ensuite. Waldeck-Rousseau veut lutter contre les congrégations. Il leur reproche de former une jeunesse dévouée à l'Église et hostile à la République. La loi du 1er juillet 1901, si elle crée la liberté complète pour les associations civiles, soumet les congrégations à un régime d'exception. Elles doivent être autorisées par la loi, peuvent être dissoutes par un simple décret. **Émile Combes**, ancien séminariste, auteur d'une thèse consacrée à saint **Thomas d'Aquin**, renonce aux ordres et devient médecin. Profondément républicain, sénateur en 1885, chef des radicaux, il applique la loi dans toute sa rigueur. Les établissements scolaires dépendant de congrégations qui n'ont pas demandé d'autorisation sont fermés. Toutes les demandes d'autorisation sont rejetées. La loi du 7 juillet 1904 interdit ensuite l'enseignement aux congrégations autorisées. Les protestations contre cette politique, en France comme au Vatican, affaiblissent Combes. Ne disposant plus que d'une majorité réduite, il démissionne le 19 janvier 1905. Pourtant, un projet de loi déposé pendant son ministère continue de lui être attribué, celui de la séparation de l'Église et de l'État. Il est préparé par le député socialiste **Aristide Briand** (1862-1932) et voté le 9 décembre 1905. La loi de séparation de l'Église et de l'État garantit la liberté de conscience, mais la République ne reconnaît ni ne subventionne aucun culte. Les biens de l'Église ne peuvent demeurer entre les mains d'une hiérarchie que la République ne reconnaît pas, ils seront donc, après inventaire, transférés à des associations cultuelles, à charge pour elles de les administrer. Les inventaires se font dans des circonstances houleuses, les fidèles bloquent l'accès des édifices religieux.

Le pape **Pie X** (1903-1914) condamne la loi par l'encyclique *Vehementer nos* en février 1906, interdit les associations cultuelles en août de la même année. Les biens de l'Église sont donc, en 1907, attribués à l'État ou aux communes, les prêtres peuvent célébrer la liturgie dans des bâtiments qu'ils sont autorisés à occuper sans droit. Les protestants et les juifs acceptent en revanche la création d'associations cultuelles et conservent leurs biens. L'agitation, les affrontements lors des inventaires, particulièrement vifs dans l'ouest du pays, ternissent l'image d'un gouvernement qui chute en mars 1906. Georges Clemenceau, nouveau ministre de l'Intérieur, décide de mettre fin aux inventaires. Le Bloc des gauches disparaît alors. Les socialistes, au congrès international d'Amsterdam en 1904, décident de refuser toute collaboration avec les partis bourgeois. En 1905, les groupes socialistes français se fédèrent pour créer la Section française de l'Internationale ouvrière, ou SFIO, dont Jaurès prend la tête, alors qu'il vient de fonder *L'Humanité*. La rupture avec les radicaux est consommée, actée par un virulent discours de Clemenceau contre le socialisme, après les grèves dans les mines du Nord en avril et mai 1906.

Les radicaux au pouvoir

Les radicaux vont gouverner la France de 1906 à 1914. Le président de la République, **Armand Fallières** (1841-1931), confie la formation du nouveau gouvernement à Clemenceau, qui reste président du Conseil jusqu'en 1909. Il doit d'abord affronter la fronde sociale, animée par la Confédération générale du travail qui, au congrès d'Amiens de 1906, opte pour l'action révolutionnaire, contre le réformisme, tendance favorable à une victoire aux élections législatives, les futurs représentants ayant à charge de faire voter des lois sociales. Les grèves se multiplient et culminent en 1907 : ouvriers du bâtiment, boulangers, vignerons du Midi. Ces derniers, menés par **Marcelin Albert** (1851-1921), incendient la sous-préfecture de Narbonne, décrètent la grève de l'impôt. Les soldats du 17e régiment de ligne, originaires du Midi, se mutinent par solidarité. Clemenceau réagit rapidement. Il invite le naïf **Marcelin Albert** à Paris, lui paie le billet de train, puis présente cet acte comme le fait de l'avoir acheté. Discrédité, Marcelin Albert disparaît de la scène politique. L'État agit contre les vins frelatés et bénéficie d'une remontée des cours. L'agitation du Midi viticole cesse. **Clemenceau** fait voter la loi sur le repos hebdomadaire avant d'être renversé en juillet 1909. Les ministères qui vont suivre, jusqu'à la Première Guerre mondiale en 1914, sont marqués par l'instabilité politique et les problèmes récurrents.

En 1910, une grève générale des chemins de fer se heurte à la fermeté gouvernementale. Les principaux acteurs sont arrêtés, les gares occupées militairement. L'impôt sur le revenu ne parvient pas à être adopté, la tentative du ministre des Finances, **Joseph Caillaux** (1863-1944), de 1909, est un nouvel échec. Le service militaire, réduit à deux ans en 1905, repasse à trois ans en 1913. La réforme électorale oppose les radicaux, favorables au scrutin d'arrondissement, aux élus de droite et aux socialistes, tenant à un scrutin de liste départemental à la proportionnelle. Les radicaux, majoritaires au Sénat, l'emportent, mais le contentieux demeure vif. En 1911, France et Allemagne se déchirent sur le protectorat au Maroc, une canonnière allemande est envoyée à Agadir, la *Panther*. La provocation se clôt sur un échange de territoires coloniaux, mais les opinions publiques des deux pays poussent à en découdre. Redevenu ministre des Finances en 1913, Joseph Caillaux est victime d'une cabale orchestrée par le patron du *Figaro*, **Gaston Calmette** (1858-1914). Le journal n'hésite pas à publier des lettres intimes. **Henriette Caillaux** (1874-1943), épouse du ministre, demande alors à être reçue en mars 1914 par le directeur du *Figaro*, et l'abat de plusieurs coups de revolver. Caillaux démissionne, sa femme est acquittée en juillet 1914, l'assassinat ayant été accepté par le jury comme crime passionnel. Aux élections de 1914, les gauches l'emportent, le socialiste indépendant **René Viviani** (1862-1925) forme le gouvernement. L'impôt sur le revenu est voté, mais il n'est appliqué qu'à partir de 1919. La Première Guerre mondiale annonce la rupture radicale, la fin d'un XIXe siècle inauguré par un autre bouleversement majeur, la Révolution française de 1789.

2. L'art en France au XIXe siècle

Le XIXe siècle ne se caractérise pas seulement par une révolution en profondeur de la politique ou de l'économie mais aussi de l'univers intellectuel. La bourgeoisie devient la principale puissance politique. L'argent moteur de celle-ci est au cœur des romans de **Balzac** ou de ceux de **Zola**, où l'insolence de ses privilèges comme le dénuement de ses victimes sont au premier plan. Cette bourgeoisie se sert des déclarations des Lumières pour avoir ce droit à l'égalité de tous, non seulement politique mais aussi intellectuel. **Anton Raphael Mengs** (1728-1779), éclipsé par son contemporain **Winckelmann**, dans ses *Réflexions sur la beauté* (1762), formulait déjà ce principe : le beau est ce qui plaît au plus grand nombre. Afin d'atteindre la beauté idéale et raisonnée, il invite les peintres à saisir dans un seul tableau les qualités de différents maîtres : Raphaël pour le dessin, le Corrège pour le clair-obscur, Titien pour le coloris. Mais la bourgeoisie ne retiendra pas ces devoirs intellectuels de l'artiste mais recherchera une échelle de valeurs. L'*Allgemeine Theorie des schönen Künste* (*Théorie générale des beaux-arts*) de **Johann Georg Sulzer** (1720-1779), pédagogue et philosophe, souligne que l'art n'est que l'instrument du bien et doit conduire à la formation éthique et politique de l'homme et du citoyen. Les déterminations morales de l'artiste conditionnent la production de l'œuvre mais président aussi à sa réception. L'effet moral reste le critère central d'évaluation d'une œuvre. D'une manière semblable **Diderot** avait fait dépendre l'art de buts sociaux et lui attribuait un rôle moral et éducatif. Afin d'être compris de la classe bourgeoise, les arts devaient répondre à certains critères : reproduire la nature, les personnes, les objets dans leur réalité immédiate selon les principes de Sulzer et de Diderot. **Les académies** subventionnées par l'État vont jouer un rôle fondamental quant au choix de la bourgeoisie en matière d'art. En effet, les artistes qui suivront leurs préceptes, à savoir convenir au goût de la bourgeoisie, pourront vendre leurs œuvres. Aussi voit-on au XIXe siècle se créer un vaste fossé entre une élite créatrice et les auteurs tournés vers l'académisme. L'Exposition universelle de 1855 couronne des peintres comme **Ingres**, **Delacroix** et tous ceux attachés au salon officiel. La presse de l'époque ne manque pas de valoriser ces artistes aux nombreuses récompenses.

LA PEINTURE EN FRANCE AU XIXe SIÈCLE : LES GRANDS COURANTS ARTISTIQUES

Néoclassicisme contre romantisme

Le néoclassicisme perdure jusqu'à 1830 environ et se confond, au début du XIXe siècle, avec les principes scolastiques de l'académisme. Le substantif créé autour de 1880 évoquait la période artistique antérieure aux mouvements modernes. Les efforts de David pour tendre vers la simplicité grecque aboutirent par l'intermédiaire de ses élèves, appelés les « Barbus » ou les « primitifs », car ces jeunes artistes en ne se rasant pas et en appliquant une mode antique à l'extrême défient la mode de leur temps. Au début du XIXe siècle, la doctrine néoclassique s'était imposée à toute l'Europe.

◆ **Jean Auguste Dominique Ingres** (1780-1867). Après avoir suivi les leçons paternelles, il devient élève de David et obtient en 1801 le premier grand prix de Rome. Chaque tableau peint est préparé par une longue étude, aussi bien de l'époque que du personnage : *Henri IV jouant avec ses enfants* (1817), *Le Vœu de Louis XIII* (1824). Il s'inspire des maîtres anciens autant que de l'Orient : *Raphaël et la Fornarina*

(1814), *La Grande Odalisque* (1814), *Le Bain turc* (1863). Il peint aussi des portraits : *Mademoiselle Rivière* (1805), *Monsieur Bertin* (1832).

Le romantisme pictural : Delacroix, Géricault

Entre 1820 et 1840, deux conceptions opposées s'affrontent en peinture : celle d'Ingres qui préfère le dessin, la forme équilibrée, le sculptural, choix des classiques, et celle des romantiques de Delacroix qui recherchent et privilégient la couleur, l'expression, le mouvement. Le romantisme recherche l'évasion dans le rêve, l'exotisme, le fantastique. Ce mouvement touche toutes les formes artistiques et particulièrement la littérature. Les sentiments sont exacerbés et les images sont théâtralisées voire imaginaires. Un dynamisme émane de la fougue des compositions. La matière picturale devient épaisse et « la pleine pâte », couche de pâte épaisse travaillée, est utilisée. La couleur reprend ainsi la primauté sur le dessin. Les compositions pouvaient atteindre de très grands formats, être même monumentales, comme *La Liberté guidant le peuple* (1830). Les deux figures marquantes sont Théodore Géricault et Eugène Delacroix. Les débuts du romantisme en peinture ont lieu dans le salon de 1819 avec l'exposition du *Radeau de la Méduse* de Théodore Géricault (1791-1824). *Le Radeau de la Méduse*, exposé en 1819, s'inspire d'un fait divers : la frégate *La Méduse*, après un naufrage au large du Sénégal, transportait cent cinquante hommes dont les survivants se sont entretués. Il se passionne pour le laid et le réalisme, poussé dans les détails. Les chevaux sont omniprésents dans son œuvre : *Le Derby de 1821 à Epson* (1821).

♦ **Eugène Delacroix** (1798-1863) incarne le romantisme par le sens de la mise en scène dramatique. Trois tableaux font de lui l'un des artistes les plus en vue mais pas des moins controversés, exécutés en vue du salon : *La Barque de Dante* (1822), *Scène des massacres de Scio* (1824) et *La Mort de Sardanapale* (1827-1828). Il fit scandale par ses outrances, ses couleurs, depuis l'insensibilité souveraine du prince de *La Mort de Sardanapale*, opposée à l'affolement de son entourage, jusqu'à la marche triomphale de *La Liberté guidant le peuple*, à la fois femme du peuple et déesse de la Victoire au milieu des cadavres. Pourtant, il demeure classique dans le choix de ses sujets empruntés à la mythologie ou à l'histoire ancienne. Son inspiration est venue principalement des événements historiques contemporains ou de la littérature, et d'une visite au Maroc, en 1832, qui lui a fourni d'autres sujets exotiques. Delacroix fit ses débuts au Salon officiel en 1822 en exposant *Dante et Virgile en enfer*, tableau inspiré par *La Divine Comédie* de Dante. Si le modelé de ses visages évoque ceux de Michel-Ange, les couleurs rappellent celles de Rubens. Pour le choix de ses sujets Delacroix se rapproche de lord Byron, de Shakespeare, et des poètes romantiques de son temps. Il a été inspiré par les techniques délicates des peintres anglais et son *Scène des massacres de Scio* l'a été par celles de Constable. Entre 1827 et 1832, il produit ses pièces majeures en très peu de temps.

La peinture académique et l'art pompier

Au milieu des écoles nouvelles, un style officiel se maintient, ayant les faveurs du public et des critiques. Art issu du néoclassicisme, l'académisme prend aussi le nom d'art pompier, peut-être en allusion à certains personnages casqués dans les compositions, d'un style chargé, très théâtral. Il est l'aboutissement d'un système créé par Louis XIV qui, se rendant compte du pouvoir subversif de l'art, souhaitait, en créant les Académies royales, garder un contrôle sur les activités de ses artistes. Ce système fonctionna jusqu'en 1914.

**Les principales caractéristiques artistiques
de la peinture académique**

- La forme prime sur la couleur
- La perfection du dessin, de la ligne, de la composition prend le pas sur la valeur des contours
- Utilisation de la lumière en coup de phare
- Représentation du moment avant l'action
- Thème moralisateur, souvent propagandiste (Napoléon)
- Mise en avant de la simplicité, du naturel
- Mise en avant des valeurs civiques
- Art de la précision
- Thèmes inspirés de l'Antiquité grecque et romaine
- Peinture soutenue par des institutions

C'est sous la dépendance de l'Académie royale de peinture et de sculpture que l'**École des beaux-arts** débute. Un décret impérial le 24 février 1811 ordonne la création d'une École des beaux-arts destinée aux leçons et aux concours. En fait, la première pierre ne sera posée que le 3 mai 1820. Le plan primitif de l'École nationale spéciale des beaux-arts est réalisé par l'architecte **François Debret** (1777-1850). Paradoxalement, alors que seul le dessin y est enseigné, les concours portent sur la peinture. En 1863, une réforme autorise des ateliers où sont également enseignées la peinture et la sculpture. Le mot « pompier » fait son apparition dans *Le Robert* en 1888 et englobe aussi bien le néoclassicisme, l'éclectisme, l'orientalisme, le *Victorian-Neoclassicism* anglais. Terme donné semble-t-il par dérision de l'académisme qui, lui, aurait tout éteint. Mais il y a aussi « pompe », « pompeux » qui sont très proches. La recherche du peintre académique reste une beauté idéale, atteinte en reproduisant les divinités de l'Olympe : dix ans après *La Source* d'Ingres, *La Naissance de Vénus* de **Cabanel**. La déesse est allongée sur le bord d'une vague d'où elle est supposée naître. Une guirlande d'amours au-dessus de son corps met ses formes alanguies en valeur. Cette idéalisation recevait toute l'adhésion de la bourgeoisie, l'œuvre étant même achetée par Napoléon III au moment où l'*Olympia* (1863) de Manet recevait tous les sarcasmes du public. Le Salon des refusés créé en 1863 par Napoléon III déclenche la longue guerre qui dure cinquante ans entre peintres académiques et impressionnistes, laquelle se solda par l'échec des « pompiers ». **Honoré Daumier** (1808-1879) est le premier des grands indépendants, il découvre dans la caricature un génie pictural nouveau et dans ses huiles sur toile (*Ecce homo*, 1850) la richesse expressive des ombres et des lumières (*Laveuse au quai d'Anjou*, 1860).

L'école d'un petit village, Barbizon

L'école de Barbizon, dite « école de 1830 », tient son nom du petit village à 60 km de Fontainebleau, où des peintres regroupés autour de **Théodore Rousseau** cherchent dans la nature un renouveau du paysage. Jean-François Millet, Théodore Rousseau, **Jules Dupré** (1811-1889) et leurs amis y trouvent une source incomparable d'inspiration dans la contemplation du paysage à toutes les heures et en toutes saisons. Ils parviennent à ce que leurs tableaux ne soient pas seulement une reproduction du lieu donné mais l'expression d'un état d'âme devant ce lieu.

◆ **Théodore Rousseau** (1812-1867). Son matérialisme se double d'une recherche métaphysique. Il débute à un moment où l'école du paysage historique et mythologique est encore prépondérante. En 1860, il travaille en juxtaposant des touches de couleurs pures, technique qu'il enseignera à **Monet** et à **Sisley**. L'exécution de ses peintures est très précise et précieuse, les arbres sont dessinés presque feuille à feuille. Il obtient à l'Exposition de 1855 un très grand succès : *Les Chênes d'Apremont* (1852), *Orée de la forêt à l'aube* (1846), *Lisière du mont Girard* (1854).

◆ **Jean-François Millet** (1814-1875) a fait du paysage un simple décor où prennent place des hommes des champs, laboureurs, bergers. Il a su encadrer ses personnages dans des paysages superbes de couleur, d'intensité. Il en ressort un sentiment virgilien et biblique de l'homme dans la simplicité de la vie : *Les Glaneuses* (1857), *L'Angélus* (1859), *L'Homme à la houe* (1860-1862).

◆ **Camille Corot** (1796-1875) ne peut être rattaché seulement aux peintres de Barbizon au regard des œuvres historiques et peintures religieuses qu'il expose dans les salons après 1830. Les premières œuvres de Corot parurent en France au salon de 1827, le peintre venait de quitter l'Italie. *La Forêt de Fontainebleau*, qu'il expose au salon de 1833, lui vaut une médaille. Après ses nombreux voyages, il se fixe dans la vallée de la Seine aux coteaux de Ville-d'Avray. Il verra dans la nature ce que nul avant lui n'a su exprimer : il sait si bien transposer la réalité, lui donner les bonnes et justes tonalités, aucun n'a su donner la sensation d'une vérité aussi puissante et captivante. Ses principales œuvres sont : *Le Pont à Nantes* (1825), *Le Moulin de Saint-Nicolas-les-Arras* (1874), *Le Moulin de la Galette* (1840), *Un chemin au milieu des arbres* (1870-1873).

Le naturalisme et le réalisme de la peinture

Ce mouvement artistique se développe entre 1870 et 1890 en France **après le néoclassicisme (1750-1830), le romantisme (1770-1870)** et l'académisme ou **l'art pompier (1850-1875)**. Il accorde une grande place à la nature, au monde paysan, laissant de côté les scènes mythologiques ou historiques. Comme la période réaliste, celle du naturalisme est marquée par les progrès considérables réalisés dans le domaine de la science et plus particulièrement en physiologie, terme utilisé alors par les écrivains réalistes pour désigner les études afférant à des personnages typiques comme les curés de campagne, la femme de trente ans... On peint ce que les yeux voient, la réalité sans chercher à l'idéaliser, alors que le naturaliste décrit les choses, ne représente que des sujets de la vie quotidienne mettant en scène des anonymes, tout en intensifiant l'instantanéité du mouvement. **Les principaux artistes naturalistes** sont : **Jules Bastien Lepage (1848-1884), Léon Augustin Lhermitte (1844-1925)** et **Julien Dupré (1851-1910)**. **Les peintres réalistes** partent de l'idée que la nature a une place objective, l'homme y a sa place et il y est tout comme elle soumis aux lois de la causalité. Il n'est plus comme au classicisme la mesure de toute chose. Cette évolution dans la pensée doit beaucoup à des philosophes comme Feuerbach.

Par réaction à la sensibilité, le bizarre, le laid seront renforcés. Avec le réalisme la peinture de plein air devient le mode de travail prépondérant. Le tableau se réalise dans la nature et non plus en atelier. Le principal peintre réaliste est **Gustave Courbet (1819-1877)**. Il utilise dans ses premières peintures les tons clairs d'Ingres, comme dans *Le Hamac* (1844). Aux salons de 1850, 1852, 1853, *Un enterrement à Ornans* (1849-1850) fait scandale par l'exaltation de la banalité érigée au rang d'histoire, de même *Les Casseurs de pierres* (1849) et, dans les années suivantes, *Les Cribleuses de blé* (1854). La critique conservatrice lui reproche de peindre la laideur. Inspiré par les peintres hollandais, il leur emprunte le réalisme dans les scènes quotidiennes mais l'indécence de certains tableaux (*Les Baigneuses*, 1853, *L'Origine du monde*, 1866) choque le grand public bourgeois. Avec *L'Atelier du peintre* (1854-1855) présenté dans le pavillon du réalisme qu'il fit construire en marge de l'Exposition universelle, il confirme ses succès en Allemagne, en Belgique, son influence sur **Manet, Monet, Fantin-Latour, Boudin**, précédant l'exposition du rond-point de l'Alma, en 1867, qui lui apporte la célébrité avant un exil politique en Suisse.

L'impressionnisme

C'est en 1874 qu'un groupe de jeunes peintres, dont les toiles sont refusées à l'exposition officielle, « le Salon », organise sa propre exposition, et se voit, en raison du titre du tableau *Impression, soleil levant* de **Claude Monet**, affublés du substantif, caricatural à l'époque, d'« impressionnistes ». Le terme impressionnisme sera employé pour la première fois par un critique du journal *Le Charivari*, Louis Leroy, lors de son commentaire sur le tableau de Monet. Mais, selon les souvenirs d'Antonin Proust consacrés à **Manet** et publiés dans *La Revue blanche*, les deux hommes auraient employé le terme au cours de leur conversation. Le mouvement, né en 1874, va durer jusqu'en 1886, puis évoluer par l'éclatement de tendances divergentes. Les peintres impressionnistes se caractérisent par le refus des sujets religieux ou historiques, l'inspiration provient surtout des paysages, des groupes de la société, des individus que l'on portraiture. **La technique picturale évolue**, elle doit correspondre à un désir de dissoudre dans une impression les objets de la réalité complète, et l'abandon de la composition s'accompagne du choix de couleurs pures, directement appliquées sur la toile, et non plus mélangées sur la palette, elles sont posées sur le tableau au pinceau ou au couteau, même parfois au tube directement. **Le travail en plein air** a poussé les peintres à utiliser des couleurs pures et lumineuses. L'invention de pigments artificiels, celle des tubes de couleurs permirent d'étendre le nombre de couleurs disponibles et d'élargir la palette chromatique. **Turner** en est le grand précurseur par son utilisation de la couleur, le brouillage des formes. Les contours dans les œuvres impressionnistes n'avaient pu rester aussi arrêtés que dans l'ancienne peinture, les lignes aussi rigides, les formes aussi précises. Quand l'impressionniste peignait le brouillard ou les buées qui enveloppent les objets, quand il peignait les plaques de lumière vacillante, qui, à travers les arbres agités par le vent, viennent éclairer certaines parties du sol, quand il peignait l'eau houleuse de la mer, se brisant en embrun sur les rochers, ou le courant rapide d'une inondation, il ne pouvait espérer réussir à rendre son effet qu'en supprimant les contours rigides et arrêtés.

C'était réellement l'impression que les choses faisaient sur son œil qu'il voulait rendre, des sensations de mouvement et de lumière qu'il voulait donner, et il ne pouvait y parvenir qu'en laissant souvent sur sa toile les lignes indéfinies et les contours flottants[1]. La préoccupation qui demeure au centre de l'impressionnisme est celle de rendre les couleurs changeantes sous les jeux d'ombre et de lumière, la fugacité des sujets sans forme définie, comme la vapeur et les nuages de *La Gare Saint-Lazare* (1877) à Paris de Claude Monet. La nécessité pour quelques artistes, **Frédéric Bazille** (1841-1870), **Claude Monet** (1840-1926), **Auguste Renoir** (1841-1919), **Alfred Sisley** (1839-1899), de faire une peinture vivante et nourrie de sensations face au monde que l'on observe se fait pressentir. Ils quitteront l'atelier de **Charles Gleyre** (1806-1874), déçus par un enseignement académique, pour rejoindre la forêt de Fontainebleau et y peindre.

Les principales caractéristiques artistiques de l'impressionnisme

- Recul de l'importance du contenu
- La mise en valeur de la couleur préparant l'autonomie des moyens artistiques qui caractérise la peinture du XXe siècle
- On ne prépare plus la composition par une multitude de dessins
- Il n'y a plus de préparation en plusieurs couches de glacis du tableau
- La couleur est appliquée au pinceau ou au couteau
- Le chevalet est placé dans la nature
- On peint des objets en mouvement ou en transformation
- La disposition spatiale n'obéit plus à la perspective linéaire
- Les couleurs sont juxtaposées en tons purs sans intermédiaire
- Influence de l'*Ukiyo-e*, art de l'estampe japonaise
- Influence de la photographie

Ils ne constituent pas une école, chacun d'entre eux a son style, ses particularités, ses recherches picturales. La première exposition a lieu en 1874, puis les suivantes s'étalent jusqu'en 1886, soit huit

---

1. Théodore Duret, *Histoire des peintres impressionnistes*, Paris, Floury, 1939, p. 26.

expositions qui ponctueront le mouvement. Il faut rattacher à ces événements les noms d'**Eugène Boudin, Gustave Caillebotte, Mary Cassatt, Paul Cézanne, Berthe Morisot, Camille Pissarro, Alfred Sisley** pour les principaux. Ce ne sont pas les peintres mais des marchands d'art qui feront la promotion de leurs œuvres à l'étranger. En 1870, **Paul Durand-Ruel** les présente dans sa galerie londonienne en même temps que les toiles des peintres de Barbizon. Le XIXe siècle en peinture sera l'histoire de l'acquisition de la liberté pour l'artiste. L'histoire d'une rupture qui consiste à privilégier la couleur et la lumière aux dépens du dessin, seul Manet y restera attaché, et décomposer cette même lumière en touches franches juxtaposées que l'œil reconstituera par effet d'optique. Ce sera le mouvement pictural le plus marquant du siècle, car il est le premier à illustrer totalement la liberté de création sans règles préconisées par les romantiques.

Les théories de Chevreul

Si **Léonard de Vinci** avait déjà remarqué que les couleurs s'influencent réciproquement, ce fut Goethe qui attira l'attention sur les contrastes qui accompagnent le phénomène. Les impressionnistes, sans les appliquer rigoureusement, se servent des théories de **Michel Eugène Chevreul** (1786-1889) sur la composition du spectre solaire. Il existe les couleurs primaires (bleu, jaune, rouge) et les couleurs secondaires obtenues par le mélange de deux primaires dont il résulte une couleur binaire (vert, violet, orangé). Chaque couleur tend à colorer de sa complémentaire l'espace environnant : le violet s'exalte auprès du jaune, le vert près du rouge. Mais deux complémentaires binaires (vert et violet par exemple) se détruisent entre elles si on les juxtapose puisqu'elles contiennent la même couleur pure. Dès 1860, **Monet** et **Sisley** animent leur toile en juxtaposant des touches de couleurs pures. Ce sera à l'œil du spectateur de mêler ces taches colorées pour voir la couleur désirée. Vingt ans plus tard, en 1880, Seurat voulant redonner un souffle à l'impressionnisme revient à ces résultats scientifiques. Le pointillisme remplacera par des points minuscules de couleurs savamment choisies les coups de pinceau.

◆ **Édouard Manet** (1832-1883), formé dans l'atelier de Thomas Couture (1815-1879), qui concurrence l'École des beaux-arts, présente ses premières toiles dès 1860. C'est lui qui découvre le *Café Guerbois*, en fait le *Café Baudequin* de l'œuvre de Zola, on y commente les événements du Salon officiel de peinture. La plupart des peintres se retrouvent au *Café Guerbois* et, comme il se trouve au 11 de la Grand'rue des Batignolles, ils formeront l'école des Batignolles. Les préférences de Manet vont vers Vélasquez, Zurbarán, Goya. Ses premières œuvres, *Le Déjeuner sur l'herbe* (1862-1863), *Olympia* (1863), *Le Tigre* (1879-1880), seront l'occasion d'un scandale sans précédent. En 1859, Manet rencontre Baudelaire, qui sera l'un des premiers à remarquer le mélange de modernité et de tradition chez ce peintre. Baudelaire considère la critique d'art comme une discipline littéraire et devient un des observateurs les plus perspicaces de son temps. Pourquoi le refus du *Déjeuner sur l'herbe* ? Celui-ci met en avant la nudité choquante pour son époque de la femme. Il n'y a là aucune dimension mythologique. Le pourquoi de la scène ne trouve aucune explication. Le modèle nu ne se justifie pas. Une partie du tableau est non terminée, le paysage à peine en esquisse montre une peinture en train de se faire. Le fait aussi que la femme soit la seule à regarder le spectateur est une source d'indignation supplémentaire. Les personnages ou le panier sont traités au même niveau de hiérarchie.

♦ **Claude Monet** (1840-1926) est reconnu comme le chef de file du mouvement impressionniste et le créateur le plus prolifique. Peintre de la lumière, il pose d'abord son chevalet dans la forêt de Fontainebleau. Après la défaite de Sedan, il se rend à Londres où il fait la connaissance de **Durand-Ruel**, protecteur de la plupart de ses amis. Il peint quelques tableaux de la Tamise. Puis il s'installe à Argenteuil, séjournant de temps en temps en Normandie. C'est à cette époque qu'il fixe les grands principes de l'impressionnisme auxquels seront fidèles **Alfred Sisley** (1839-1899), **Armand Guillaumin** (1841-1927), **Gustave Caillebotte** (1848-1894). C'est en 1874 qu'ils organisent, dans une salle fournie par le photographe Nadar, la première exposition. Sept autres expositions collectives seront organisées entre 1876 et 1877, pendant lesquelles il réalise sur ses toiles différentes interprétations de la gare Saint-Lazare. Il se fixe ensuite à Vétheuil puis à Poissy et Giverny où il peint *Les Nymphéas*, entre 1895 et 1926. Il laisse une œuvre considérable : plus de deux mille pièces répertoriées.

♦ **Auguste Renoir** (1841-1919) connut son premier succès avec *Lise à l'ombrelle* (1867). Son art, après quelques succès et l'appui de

Durand-Ruel et de Caillebotte, commença à être estimé. Il envoie à la première exposition impressionniste *La Loge* (1874) et, en 1876, plusieurs tableaux réalisés sont considérés comme les meilleures créations de sa période impressionniste, *La Liseuse* (1874-1876), le *Portrait* de *Victor Choquet* (1875). Il préfère le portrait ou les scènes à personnages aux paysages, comme le *Bal du moulin de la Galette* (1876). À partir de 1880, il s'éloigne de la technique impressionniste. Un voyage un an plus tard en Italie, le désir de retrouver la prépondérance de la forme, du coloris sur le dessin déterminent cette période « ingresque », *Les Parapluies* (1881-1886), *Les Grandes Baigneuses* (1887). Après 1893, commence sa période nacrée où il représente des figures féminines nues mais aussi des scènes d'intérieur. Les œuvres de la fin de sa vie évoquent Rubens ou le XVIIIe siècle.

Impressionnistes entre eux

- En 1859, **Pissarro** rencontre **Monet** à l'Académie suisse, **Guillaumin** et **Cézanne** avec lesquels il devait travailler plus tard à Pontoise.

- **Monet, Renoir, Sisley, Bazille** font connaissance aux Beaux-Arts en 1862. Ils constituent le noyau central du mouvement impressionniste. **Bazille** est tué au front en 1870 lors de la guerre contre la Prusse.

- **Degas** se lie avec **Manet** dès 1862, il rencontre **Monet** et **Renoir** en 1866 au *Café Guerbois*. La femme peintre américaine **Mary Cassatt** (1844-1926) est sa disciple à partir de 1877.

- **Manet** a pour élèves **Berthe Morisot** (1841-1895), à partir de 1868, puis **Eva Gonzales** (1849-1883).

- **Caillebotte** rencontre **Degas, Monet** et **Renoir** en 1873. En 1874, il monte avec eux la première exposition des impressionnistes, avant de devenir coorganisateur et cofinancier de la plupart des suivantes. **Manet** et **Corot** ne participeront pas à cette exposition.

- **Gauguin**, à ses débuts comme peintre amateur, rencontre **Pissarro** en 1875 et devient son élève. À partir de 1879, il est présent aux expositions impressionnistes.

- **Van Gogh**, en mars 1886, arrive à Paris. Il découvre et fait partie de l'impressionnisme.

◆ **Alfred Sisley** (1839-1899) fut exclusivement un paysagiste. Ses meilleurs tableaux sont créés entre 1872 et 1876 : *L'Inondation à Port-Marly*, *La Route vue du chemin de Sèvres*. Lorsqu'il s'installe à Moret-sur-Loing, il y peint des paysages fluviaux.

◆ **Camille Pissarro** (1830-1903) fut influencé par **Delacroix**, **Courbet** et **Corot**. Il faudra qu'il attende 1892 avec son exposition à la galerie Durand-Ruel pour connaître le succès. Entre 1872 et 1884, il traduit une peinture lumineuse et nuancée, avec une technique grumeleuse mêlée de fines touches (*Les Toits rouges, coin de village, effet d'hiver*, 1877). À partir de 1880, ses peintures paysagères se peuplent de figures. Il adopte vers 1890 **le pointillisme** pour revenir très vite à son ancienne peinture.

> ### Le japonisme
>
> Après 1860, le Japon devient une source d'inspiration pour les peintres français. L'art japonais contribue à une recherche de la modernité en présentant dans ses œuvres l'absence de plans successifs. La découverte de l'***Ukiyo-e*** du « monde flottant » sur les estampes fera office de déclencheur par son sujet, ses lignes, sa composition. **Manet** figurera **Mallarmé**, **Émile Zola** avec des éléments japonisants dans ces tableaux, tenture japonaise, estampes japonaises en fond. Il intègre aussi des techniques familières à l'*Ukiyo-e* : sujets coupés par les limites du cadre, suppression de l'horizon afin d'obtenir un plan plat.

◆ **Hilaire Germain Edgar Degas** (1834-1917) ne sera pas attiré par la technique des impressionnistes qui privilégie la forme et la couleur au détriment du dessin. À partir de 1862, il opte pour des thèmes tournés vers une stricte interprétation de la réalité. Il peindra jusqu'en 1873 des courses de chevaux (*Avant le départ*, 1862) et des visions momentanées qui ont retenu son attention (*La Femme aux chrysanthèmes*, 1865). La passion que **Degas** témoigne pour le mouvement est bien connue, pur-sang, danseuses, femmes au labeur. Il essaie de suggérer par un certain brouillage des touches le frou-frou du tutu, la vitesse du galop, rendant ainsi ce qui semble ponctuel développé dans une certaine temporalité. C'est vers 1880 que Degas étudie de nouveau au crayon et au fusain. Il emploie pendant les années qui précèdent cette période une grande variété de procédés où l'on retrouve la profonde impression laissée par la découverte des estampes japonaises et celle pour la photographie, comme dans *Courses de chevaux* (1868). Degas a laissé de nombreuses sculptures en cire de danseuses. Il a également modelé dans l'argile des nus féminins.

Les grands courants artistiques et leur façon de peindre un corps aux XIXe et XXe siècles			
Époque	Courant	Principaux peintres	Caractéristiques
1770-1830	Romantisme	Delacroix (1798-1863) Géricault (1791-1824) Turner (1775-1851)	**Le corps est évoqué au sein de sujets mythologiques.** L'artiste est individualiste, sa liberté est grande. Il recherche avant tout la beauté, le caractère. Son thème de prédilection reste la nature, parfois le sentiment religieux et l'Orient.
1825-1848	Naturalisme et l'école de Barbizon	Boudin (1824-1898) Corot (1796-1875) Millet (1814-1875) Rousseau (1812-1867)	**Les corps sont peu représentés, ou dans des scènes de la vie quotidienne.** Les excès de romantisme ont suscité cette réaction. Les peintures sont faites en forêt et non plus dans les ateliers.
1840-1870	Réalisme	Courbet (1819-1877) Daumier (1808-1879)	**Les sujets sont puisés dans la vie quotidienne.** Courant qui évolue surtout autour de Courbet. Les corps sont montrés tels qu'ils sont.
1874-1900	Impressionnisme	Manet (1832-1883) Monet (1840-1926) Bazille (1841-1870) Degas (1834-1917) Morisot (1841-1895) Pissarro (1830-1903) Renoir (1841-1919) Sisley (1839-1899)	**Importance de plus en plus grande de la couleur.** L'espace pictural a évolué, la vision est immédiate. La photographie fournit les idées de pose aux peintres (Monet). Intention de vie et de mouvement. Les corps, lorsqu'ils sont peints nus, doivent traduire une sensation, une émotion.
1870-1901	Symbolisme	Moreau (1826-1898) Puvis de Chavannes (1824-1898)	**Primauté de l'idée sur la forme.** La peinture y est essentiellement décorative. Mythologie inquiétante où les corps sont richement parés (G. Moreau).

1840-1900 (environ)	Académisme	Cabanel (1823-1889)	Jusqu'à la fin du siècle, ce courant contrôle officiellement les peintures par **le système des Salons**. Les éléments sont repris au classicisme. Le sujet est roi avec les « pompiers ».
1888-1900	Les nabis	Bonnard (1867-1947) Denis (1870-1943) Vuillard (1868-1940)	**Importance redonnée à la composition.** Scènes de la vie quotidienne, scènes de toilette (Bonnard).
1905-1910	Fauvisme	Derain (1880-1954) Matisse (1869-1954) Vlaminck (1876-1958)	Les thèmes les plus recherchés sont **le visage et la nature**. Les couleurs employées sont violentes, mais soumises au seul choix du peintre.
1907-1914	Cubisme	Braque (1882-1963) Cézanne (1839-1906) Gris (1887-1927) Duchamp (1887-1968) Léger (1881-1955) Picasso (1881-1973)	**L'espace est vu en une multitude de facettes** qui divisent les volumes. L'idée est de rendre compte des objets, des corps, non en tant qu'image statique, mais dans leur réalité profonde. Rupture totale avec la peinture classique. Surfaces géométriques dans les plans.
1911-1940	Expressionnisme	Kandinsky (1866-1944) Kokoschka (1886-1980) Munch (1863-1944) Schiele (1890-1918)	**Formes et tensions conflictuelles** où le psychisme émerge. Corps torturés dans la société moderne, mal-être. Van Gogh est considéré comme l'un des précurseurs du mouvement.
1924	Surréalisme	Dalí (1904-1989) Ernst (1891-1976) Magritte (1898-1967) Tanguy (1900-1955)	*Manifeste du surréalisme* publié par André Breton en 1924. Attirance pour traduire les mécanismes de la pensée. Son but : rivaliser avec la science. Les corps sont placés dans un univers fantasmagorique (Dalí, Magritte).
Après 1945	L'abstraction, « **Action painting** », **op art** (optical art)	Gorky (1904-1948) Pollock (1912-1956) Vasarely (1908-1997)	**Style gestuel spontané.** Le corps n'est que très rarement représenté, mais c'est celui de l'artiste qui traduit les émotions sur la toile.

1960	Réalisme et Hyper-réalisme	Bacon (1909-1992) Lichtenstein (1923-1997) Warhol (1928-1987)	Expression très personnelle. Les corps apparaissent avec leurs véritables détails anatomiques. La finalité de cette démarche est la quête de l'essence et de la définition de l'art.

Le postimpressionnisme

L'impressionnisme avait préparé le public à comprendre, à mieux accepter de nouvelles formes d'expression artistique. Il avait coupé aussi avec le passéisme de l'Académie et le poids de ses conventions, ouvrant ainsi la voie à de nombreux artistes. Le terme de postimpressionnisme regroupe **divers mouvements** qui apparaissent à la suite comme le pointillisme, le symbolisme, qui ne s'affirmeront qu'après les années 1880 quand l'impressionnisme commence à s'essouffler. Le **postimpressionnisme** désigne donc une période brève dans l'histoire de l'art qui va voir de nouveaux talents révolutionner la peinture. Par la force des choses, l'impressionnisme devait engendrer sa propre opposition, ayant démontré l'inutile soumission à l'académisme et ayant donné le goût de l'originalité et de la recherche. Leur refus aura pour conséquence une ouverture sur la peinture du XXe siècle.

♦ Il est caractérisé par l'art de **Paul Cézanne** (1839-1906). Pendant toute sa vie Cézanne connut le discrédit de son œuvre qui, selon les valeurs picturales du XXe siècle, ne se centrait pas assez sur le sujet. Émile Zola compte parmi les seuls à l'avoir encouragé. Le début des années 1860 est une période de grande activité littéraire et artistique parisienne. Le conflit atteint son extrême entre les peintres réalistes, dirigés par Gustave Courbet, et l'Académie des beaux-arts, qui rejette de son exposition annuelle toutes les peintures qui ne répondent pas au modèle néoclassique académique ou romantique. Pendant cette période, Cézanne développe un style violent et sombre. Son œuvre de recherche ne désavoue pas totalement l'impressionnisme. À partir de 1874, Cézanne se consacre presque exclusivement à des paysages, des natures mortes, et, plus tard, des portraits : *Madame Cézanne dans un fauteuil jaune* (1890-1894), *La Femme à la cafetière* (1890-1894) et

Les Joueurs de cartes (1890-1892). Pissarro persuade Cézanne d'alléger ses couleurs. Mais pour lui la sensation visuelle est construite et vue par la conscience. S'il a participé en 1874 à la première exposition des impressionnistes, il refusera, en revanche, de participer à la seconde en 1876. En 1895, le marchand d'art Ambroise Vollard met en place la première exposition personnelle de l'œuvre de Cézanne, plus de cent toiles, mais le public y reste peu réceptif. L'art de Cézanne est si différent de celui des autres peintres de sa génération qu'il séduira d'abord ceux-ci et non les collectionneurs ou la bourgeoisie. Sa peinture va devenir un instrument d'investigation des structures. Il cherche comment suggérer la densité physique des objets par le biais de la construction des formes et des volumes. Il préférera à la dissolution des formes par la lumière un dessin vigoureux et une composition classique. Dans *Une moderne Olympia* (1873), hommage à Manet, il restreint le champ visuel et le rend instable. Toute sa composition est construite à partir d'un centre lumineux et il exprime la profondeur par le contraste de clair-obscur. Il peindra ses toiles par parties et non globalement, l'image est le résultat d'une modulation par accord des couleurs, il délaisse la méthode classique de mise en volume par le modèle des ombres et des lumières. Dans les natures mortes (*Rideau, cruchon et compotier*, 1893-1894), il fait subir des distorsions à la perspective. L'exemple de sa construction des masses et des volumes apparaît dans *Les Joueurs de cartes*. Il peindra les mêmes lieux et en fera des séries d'étude, comme *La Montagne Sainte-Victoire* (1885-1887).

◆ **Vincent Van Gogh** (1853-1891), d'origine hollandaise, connaît en France une existence brève et très mouvementée, s'attachant aux paysages des régions d'Arles et d'Auvers-sur-Oise. Les principaux chefs-d'œuvre de Van Gogh sont peints dans une période extrêmement courte, de décembre 1888 à son suicide en janvier 1891. On peut citer : *Le Facteur Roulin* (1888), *Jardins des maraîchers dans la Crau* (1888), *La Chambre de Vincent à Arles* (1888), *La Chaise et la pipe* (1888), *Autoportrait* (1889), *Les Tournesols* (1889), *L'Église d'Auvers-sur-Oise* (1890). S'inspirant directement de l'impressionnisme, Van Gogh développe les couleurs en les posant sur la toile par touches successives, par points. Cette technique donnera par la suite naissance aux écoles tachistes et pointillistes, illustrées entre autres par

Camille Pissarro. Une des particularités de la technique de Van Gogh est le recours à l'épaisseur pour exprimer le mouvement : arbres, toit d'église, blés, cieux se tordant dans une convulsion plus ou moins en fonction de l'importance accordée à la pâte par le peintre. Au contraire de **Cézanne**, qui recherche la fusion entre forme et couleur, Van Gogh veut rendre ses sentiments face à la nature choisie, et une éventuelle modification des formes exactes, si elle est de nature à mieux rendre l'émotion, lui semble nécessaire, là où Cézanne la trouverait inconcevable. Van Gogh est très lié, pour un temps, celui du séjour à Arles, avec un autre artiste postimpressionniste : Paul Gauguin.

♦ **Paul Gauguin** (1843-1903), venu tardivement à la peinture, ne veut plus accepter les recettes et les techniques de l'art occidental, fût-il aussi novateur que le mouvement impressionniste. Il recherche avant tout une fuite de la civilisation, un retour aux sources primitives d'autant plus violent qu'il effectue un séjour à Tahiti, avant de se décider à y vivre définitivement. Sa modernité s'exprime à la fois dans le refus des artifices du XXe siècle naissant et la recherche profonde d'un art brut sans fioriture, fondé dans ses toiles sur l'application de couleurs franches en larges plages, une perspective réduite à quelques plans et les attitudes quotidiennes des autochtones, sans recherche d'équilibre ni de composition, pour créer ou retrouver un art primitif. Il fait son premier séjour à Pont-Aven, en 1886, une colonie artistique s'y fondera. **Émile Bernard**, **Paul Sérusier** l'y rejoindront lors de son deuxième séjour. Le nouveau style de Gauguin et de l'école de Pont-Aven trouve sa meilleure expression dans *La Vision après le sermon* ou *La Lutte de Jacob avec l'ange* (1888). Après sa rencontre avec Van Gogh, il part pour Arles en 1888 puis s'installe un an plus tard en Bretagne où il peint *Le Christ jaune* (1889), *La Belle Angèle* (1889). Ces œuvres sont marquées par un chromatisme intense, la couleur n'imite pas mais transcrit un état d'âme. Son installation définitive à Tahiti aura lieu en 1895. Dans la découverte de l'art primitif, il retrouve un temps qui a été perdu. Pour lui les images forgées par l'esprit en présence des choses ne sont pas différentes de celles qui remontent à l'esprit. La composition préserve l'unité de la vision sans se perdre dans les détails comme dans *Jour délicieux*, *Nave Nave Mahana* (1896). Il construira tout un système de signes, système créateur de perception, en additionnant le langage de la sensation visuelle à celui de l'imagination. Avec son œuvre *D'où venons-nous ? Que sommes-nous ? Où allons-nous ?* (1897), il évoque le grand mystère de la vie.

Les autres écoles : Pont-Aven, les nabis

Autour de **Paul Gauguin**, dans le village de Pont-Aven en Bretagne, plusieurs artistes se regroupent et fondent l'école de Pont-Aven. On y retrouvera **Louis Auquetin** (1861-1932), **Paul Sérusier** (1864-1927), **Charles Laval** (1862-1894). Ils se font connaître en 1889 à l'exposition « Peintres symbolistes et synthétiques ». Ces artistes tentent de puiser une expression plus forte au sein des paysages et hameaux de Bretagne, à l'image du *Gardien de porcs* (1888) de Paul Gauguin. On remarque que les couleurs ne correspondent pas à la réalité. L'œuvre n'est qu'un jeu de peinture pure fondé sur des harmonies colorées. De plus elle est synthétisée puisque les formes, les couleurs, les lumières, les profondeurs sont matérialisées uniquement par de grands aplats de couleurs. C'est sur l'initiative de **Paul Sérusier**, qui peint *Le Talisman* (1888), que le groupe des **nabis**, « prophètes » en hébreu, se constitue. Leur but est de retrouver le caractère sacré de la peinture. Les principaux membres en sont **Pierre Bonnard** (1867-1947), **Maurice Denis** (1870-1943), **Édouard Vuillard** (1868-1940), **Félix Vallotton** (1865-1925). Il y aurait eu deux tendances chez les nabis : ceux qui optent pour un art décoratif comme Bonnard, Vuillard, dont les thèmes évoquent la vie quotidienne, et ceux davantage attirés **par le mysticisme**, l'ésotérique, comme **Denis** ou **Ranson**.

◆ **Henri de Toulouse-Lautrec** (1864-1901), par le choix de ses sujets et l'importance qu'il donne au dessin, reste proche de **Degas**. Il saisit des images brutales et joue sur les couleurs criardes. Son dessin va au-delà de la sensation visuelle, il laissera d'ailleurs nombre de lithographies et pastels (*Loïe Fuller aux Folies bergères*, 1893). Toulouse-Lautrec sera à l'origine d'un véritable art de communication, renonçant à un art de contemplation. Dans la synthèse d'une seule arabesque, il évoque une présence maternelle et sensible, comme dans *Femme à sa toilette* (1889), *L'Écuyère* (1887-1888).

Néo-impressionnisme, pointillisme

En France, ces deux termes donnent naissance à un mouvement qui se développe dans la continuité de l'impressionnisme. En fait, le tableau de **Georges Seurat**, *Un dimanche après-midi à la Grande Jatte*, en 1886, en marque le début. La technique de Seurat est d'adjoindre non plus des touches par couleur, mais des petits points colorés parfaitement juxtaposés, le principe étant d'apporter un maximum de lumière. Le théoricien en est **Paul Signac** qui, dans un article paru dans *La Revue blanche*, en 1899, dit que l'élément essentiel est le divisionnisme, c'est-à-dire la juxtaposition de petites taches colorées. Dans ses paysages, les points deviennent des touches qui rappellent les éléments d'une mosaïque, comme dans *Port de Saint-Tropez* (1901). Le terme de néo-impressionnisme sera employé par un critique, **Arsène Alexandre**, soulignant les recherches quasi scientifiques qui montrent l'évolution depuis celles que les impressionnistes avaient déjà engagées. Leurs techniques n'utilisent pas le mélange de couleurs donc n'obscurcissent pas les couleurs, mais des contrastes simultanés, l'usage des fonds blancs qui, sous la couleur, produit un effet lumineux. Seurat regroupe autour de lui plusieurs représentants : **Paul Signac** (1863-1935), **Henri Cross** (1856-1910), **Charles Angrand** (1854-1926), et même un temps **Camille Pissarro** (1830-1903).

L'art naïf

L'art naïf désigne une école de peinture prônant un style pictural figuratif caractérisé par la minutie apportée aux détails, l'emploi de la couleur gaie en aplats et une mise en scène de paysages campagnards, animaux domestiques ou sauvages, costumes folkloriques, la vie citadine ou rurale. Le plus représentatif en est le douanier Rousseau, **Henri Rousseau** (1844-1910). Ses sources d'inspiration sont diverses : Jardin des Plantes, cartes postales illustrées, paysages exotiques. Le paysage est presque toujours sur le même plan que les sujets, juxtaposés, ils paraissent massifs : *Danses italiennes* (1885), *Rendez-vous dans la forêt* (1889), *Les Joueurs de football* (1908).

Le symbolisme

Mouvement littéraire et artistique, apparu **vers 1870** en réaction aux impressionnistes et aux naturalistes, il se développe en France et en Belgique principalement mais aussi dans le reste de l'Europe et en Russie. **Georges-Albert Aurier**, ami de Gauguin, en donne la définition suivante dans *Le Mercure de France* de 1891 : « L'œuvre d'art devra être premièrement idéiste, puisque son idéal unique sera l'expression de l'idée, deuxièmement symboliste puisqu'elle exprimera cette idée en forme, troisièmement synthétique puisqu'elle écrira ses formes, ses signes selon un mode de compréhension général, quatrièmement subjective puisque l'objet n'y sera jamais considéré en tant qu'objet mais en tant que signe perçu par le sujet, cinquièmement l'œuvre d'art devra être décorative. » En fait, ce n'est pas un mouvement, cela touche l'ensemble de la peinture. Il y aura une infinité de recherches en peinture. Le monde symboliste utilise quelques thèmes loin de tout réalisme dans une dimension onirique. Les peintres symbolistes seront **Odilon Redon** (1840-1916), **Puvis de Chavannes** (1824-1898), **Eugène Carrière** (1849-1906), **Gustave Moreau** (1826-1898), **Paul Sérusier** (1864-1927), **Gauguin**. La peinture deviendra **décorative** avec le mouvement des nabis, **Maurice Denis** (1870-1943), et ésotérique avec le groupe de **Joséphin Péladan** (1858-1918). Le thème favori en est la femme, comme la femme éthérée chez **Puvis de Chavannes**, *L'Espérance* (1872), *La Mort et les jeunes filles* (1872), ou démon et tentation chez **Gustave Moreau**, *Galatée* (1896), *Messaline* (1874).

L'ARCHITECTURE EN FRANCE AU XIXe SIÈCLE : RETOUR VERS LE PASSÉ

La croissance urbaine est l'une des caractéristiques des sociétés au XIXe siècle. Londres a dépassé le million d'habitants, Paris en compte un peu plus de cinq cent mille. Période de grandes transformations économiques, politiques, sociales, le XIXe siècle va modifier le concept de ville, ses aspects architecturaux et urbanistiques. Les innovations techniques, l'essor industriel, le développement des transports comptent parmi les facteurs de sa transformation. Les premiers travaux du siècle sont bien davantage un retour vers le passé qu'un accès vers la modernité marqué en France par le structuralisme gothique.

Le néoclassicisme

En dépit de la coupure produite par la Révolution, interrompant les grandes constructions, les théories font perdurer les principes de Soufflot, Boullée. L'empereur favorise le classicisme à travers son goût de gloire et d'immortalité, il le traduit par des monuments grandioses, ainsi la façade du palais Bourbon est refaite pour qu'il soit dans l'axe de la Madeleine. La création de l'École polytechnique (1802-1805) permet de former des ingénieurs innovant dans le domaine des techniques. **Antoine-Rémy Polonceau** (1778-1847) réalise le pont du Carrousel, en 1834. L'école opte pour le fonctionnalisme, l'antique y domine jusqu'au pastiche, citons la colonne Vendôme, inspirée de la colonne Trajane, l'arc de triomphe du Carrousel, qui imite l'Arc de Septime Sévère, ou encore l'Arc de triomphe de la place de l'Étoile, ou la Bourse, imitation d'un temple romain. Le fer devient un matériau d'innovation, **Labrouste** l'utilise pour la bibliothèque Sainte-Geneviève, **Duquesney** pour la gare de l'Est. Les grands noms de cette première génération d'architectes sont **Bélanger** (1744-1818), Pierre Adrien Pâris (1745-1819), **Lequeu** (1757-1826). Ils s'inspirent de l'antique. Ceux qui optent pour le style empire, jusqu'en 1814, sont **Pierre Fontaine** (1762-1853) et **Charles Percier** (1764-1838) qui travaillent au Louvre, raccordent la colonnade à la partie de Le Vau, mais travaillent aussi aux Tuileries, à Versailles. D'autres noms sont à rajouter : celui de **Jean-Baptiste Lepère** (1761-1844), rattaché à la réalisation de l'église Saint-Vincent-de-Paul sur le plan basilical, **Pierre-Alexandre Vignon** (1763-1828) à la Madeleine.

Le pari d'Haussmann (1853-1869)

L'état délabré des quartiers centraux de Paris, le chômage, l'agitation ouvrière nécessitent de réaliser rapidement des grands travaux. De larges percées rectilignes, recouvertes d'asphaltes, peu favorables aux émeutes relient les quartiers voisins au centre de la ville et aux gares. Napoléon III s'entoure de trois hommes, **Georges Eugène Haussmann, Eugène Belgrand, Jean-Charles Alphand**. Ils assureront l'activité du bâtiment, la mise en place d'un service de distribution d'eau et l'aménagement d'espaces verts. Dans ses projets, l'île de la Cité sera pratiquement rasée. Quant aux espaces verts, ils atteindront 1 800 ha grâce à la création du bois de Boulogne et du bois de Vincennes. En 1860, Paris sera divisé en vingt arrondissements. La vie brillante de la société bénéficie aussi de la création de grands magasins, tandis que les ouvriers se massent dans les arrondissements périphériques.

Le néogothique

À travers le Second Empire, en réaction contre le classicisme, le néogothique fait son apparition. Le besoin de restaurer de nombreux monuments médiévaux ne fait qu'en renforcer la percée. L'architecte **Eugène Viollet-le-Duc** (1814-1879) est chargé de ces restaurations. Mais le Paris reconstruit par **Haussmann** retraduit aussi l'art officiel, l'art académique. **Charles Garnier** (1825-1898) surcharge l'Opéra d'un fastueux décor à l'intérieur et à l'extérieur. **Gabriel Davioud** (1823-1881) construit pour l'Exposition universelle le palais du Trocadéro, sur lequel sera construit plus tard l'actuel palais de Chaillot, **Joseph Louis Duc** (1802-1879), le palais de justice de Paris, **Victor Laloux** (1850-1937), la gare d'Orsay, **Paul Abadie** (1812-1884), l'église basilique du Sacré-Cœur à Montmartre. Les idées les plus modernes naîtront avec le néogothique et le néorenaissance. **François Christian Gau** (1790-1853) l'illustre avec l'église Sainte-Clotilde à Paris, Victor **Baltard** en fait de même avec Saint-Augustin. **Viollet-le-Duc** restaure Saint-Germain-l'Auxerrois, la Sainte-Chapelle, Notre-Dame, la cité de Carcassonne, Amiens, le château de Pierrefonds. **Gustave Eiffel** (1832-1923) fait triompher l'architecture en fer après la réalisation de **Victor Baltard** des Halles.

L'art nouveau

Ce mouvement artistique de la fin du XIXe siècle sera diffusé dans toute l'Europe et les États-Unis. Le thème principal est un mode végétal très présent dans des formes ornementales complexes imitant des fleurs et des feuilles avec une répétition de motifs, parfois extravagants. Les sujets montrent une absence de lignes droites ou d'angles droits. Les principaux représentants en sont **Hector Guimard** (1867-1942), architecte, **Émile Gallé** (1846-1904), céramiste, **Émile André** (1871-1933), architecte. Le style art nouveau, appelé également « style nouille », se trouve représenté par les immeubles situés 29, avenue Rapp et place Étienne-Pernet, à Paris. Les œuvres les plus célèbres sont celles de Gaudí à Barcelone.

LA SCULPTURE EN FRANCE AU XIXe SIÈCLE : LE SIÈCLE DE RODIN

Durant le premier tiers du XIXe siècle, le romantisme s'est manifesté dans les productions littéraires, musicales et picturales. La sculpture jusqu'alors paraissait avoir été encore insensible à ses aspirations. Néanmoins, autour de 1830, certains sculpteurs tendent à se débarrasser du vieux moule antique des décennies précédentes. **Contrairement au classicisme**, le romantisme cherche à exprimer les émotions, les profondeurs intérieures de l'homme, ses tourments, ses révoltes. Mais ce mouvement de liberté aura peu d'échos chez les sculpteurs hormis quelques-uns. **Le style Empire** subit encore le style de **Canova** et se tourne vers la réalisation de nombreux portraits : **Joseph Chinard** (1756-1813) où domine la psychologie, *Madame de Récamier* (1805), **François-Joseph Bosio** (1768-1845), *Buste de la duchesse d'Angoulême* (1825). Les artistes de la Restauration exaltèrent dans les effigies historiques un élan bonapartiste ou monarchique : **Jean-Pierre Cortot** (1787-1843), *Le Triomphe de 1810* (1833), **Auguste Dumont** (1801-1883), *Le Génie de la liberté* (1835-1840), au sommet de la colonne de Juillet sur la place de la Bastille. **Le romantisme** se fait jour, en 1831, avec l'œuvre de **Jehan Duseigneur** (1808-1866), *Roland furieux*. Une conception animée des masses remplace le modelé lisse propre aux académiques. **François Rude** (1784-1855) exprime un lyrisme épique dans *La Marseillaise*, ou *Le Départ des Volontaires* (1835-1836), le plus beau bas-relief de l'Arc de triomphe, et le *Napoléon s'éveillant à l'immortalité* (1847). Le grand romantique est **Antoine Augustin**

Préault (1809-1879), avec *Tuerie* (1834-1851). **La monarchie de Juillet** voit en **James Pradier** (1790-1852) son meilleur représentant : *Odalisque* (1841), *La Victoire* (1795-1815), groupe de onze statues à l'hôtel des Invalides. L'évolution de la sculpture ne suit pas le même cheminement que celle de la peinture. On ne passe pas du naturalisme vers le réalisme. Cela est dû au fait que les sculpteurs, moins indépendants, vivent des commanditaires. **Éclectisme** signifie sous le Second Empire qu'on fait un choix éclectique du style en fonction du type de bâtiment et de sa fonction. Sous le Second Empire, des artistes comme **Jean-Baptiste Carpeaux** (1827-1875) veulent dépasser le néoclassicisme et le romantisme, cherchent leur inspiration dans tous les styles du passé sans privilégier l'Antiquité. Ses œuvres par la profonde recherche psychologique qu'elles traduisent deviennent le départ de la sculpture moderne. Il recherche dans ses sculptures le mouvement et l'instantané : *La Danse* (1865-1869), *Ugolin et ses fils* (1857-1861), *Les Quatre Parties du monde soutenant la sphère céleste* (1872). Il renoue avec la puissante tradition du portrait réaliste tel que le XVIIIe siècle l'avait connu : *Bacchante aux roses* (1875).

◆ **Auguste Rodin** (1840-1917) marque la fin du XIXe siècle par sa puissance créatrice, l'expressivité et la diversité de son œuvre. Il est sans doute le sculpteur qui connaît la plus grande gloire de son vivant, considéré comme un maître, reconnu par l'État qui lui passe des commandes. S'opposant à la théorie du fini en matière d'art, Rodin laisse certaines de ses œuvres à l'état brut, la figure sculptée semble se détacher du bloc de pierre sans être achevée. Un voyage en Italie lui révélera **Michel-Ange** et les bronziers de la Renaissance. L'une de ses premières œuvres, *L'Âge d'airain*, thème emprunté à Hésiode, fut l'objet de vives discussions au salon de 1877. Le *Saint Jean-Baptiste* est sa deuxième grande œuvre. Commence pour lui une période intense de production pendant laquelle il réalise des bustes, des monuments, de grandes compositions : le groupe en bronze des *Bourgeois de Calais* (1884-1885), le *Monument* à *Victor Hugo* (1885-1895), le *Balzac* (1891-1897) à la silhouette à peine esquissée. Son œuvre majeure, inspirée de Dante, fut *La Porte de l'enfer*, il y travaillera jusqu'à sa mort, imaginant pour elle ses figures les plus célèbres : *Le Penseur* (1902), *Le Baiser* (1882-1889). Peu avant sa mort, il fera don à l'État de son hôtel particulier et de son atelier afin de les transformer en musée.

◆ **Camille Claudel** (1864-1943), sœur aînée du poète et diplomate français Paul Claudel, arrive à Paris en 1883 pour se perfectionner en sculpture auprès des maîtres. Elle étudie d'abord avec Alfred Boucher puis avec Auguste Rodin dont elle deviendra le modèle. Elle vivra avec lui une liaison passionnée qui la conduira à passer les trente dernières années de sa vie à l'asile d'aliénés. *L'Âge mûr* (1899) témoigne du cruel abandon de Rodin. Elle a utilisé plusieurs matériaux comme l'onyx et fonde ses compositions sur un jeu élégant de courbes : *La Valse* (1893).

◆ **Aristide Maillol** (1861-1944) ne fut reconnu qu'à partir de 1905 avec *La Méditerranée* alors qu'il a quarante ans. Son œuvre reproduit presque exclusivement des corps féminins, robustes et massifs. Influencé par les civilisations antiques (Grèce, Rome, Inde), il privilégia les formes douces et arrondies du corps féminin. Dix-huit de ses bronzes ornent le jardin des Tuileries. Avant 1900, Maillol peint, influencé par **Puvis de Chavannes**. Il exposera également en 1893 un premier « essai de tapisserie ». Ses principales sculptures sont : *La Nuit* (1909), *Pomone* (1910).

LES ARTS DÉCORATIFS AU XIXe SIÈCLE EN FRANCE

L'évolution sociale significative du XIXe siècle, avec l'importance grandissante de la bourgeoisie, l'industrialisation, la mécanisation du travail, aura des conséquences aussi importantes pour l'art décoratif que pour la peinture ou la littérature. Les intérieurs de la bourgeoisie se modifieront au gré de ces changements. Le confort domine le style Louis-Philippe, mais pas l'originalité. Le nouvel art de vivre au fur et à mesure de l'acquisition d'une certaine aisance se manifeste dans le choix des meubles. Les immeubles du milieu du siècle ont de petites pièces, il leur faut des meubles adaptés, petites tables, petits guéridons. Les sièges se couvrent de capiton, de tapisserie. Les meubles du milieu du siècle jusqu'à 1860 auront peu de personnalité. Les architectes décorateurs Percier et Fontaine sont les créateurs du style officiel Empire, soumis à l'art gréco-romain. Les motifs décoratifs portent les emblèmes de Napoléon, l'aigle, les abeilles, les étoiles, le I d'Imperator et le N de Napoléon.

♦ **Le style Restauration** est une réaction contre le faste du style Empire. Pendant cette courte période (1815-1830), il impose une élégance et un raffinement oublié pendant le règne de Napoléon. Le style Charles X se caractérise par la production de petits meubles en bois clairs.

♦ **Le style Louis-Philippe** (1830-1848) reste proche du style précédent mais rejette toute décoration, en raison du développement de l'industrialisation.

♦ **Le style Napoléon III** (1808-1873) reprend les styles qui l'ont précédé. Les ébénistes, tapissiers, décorateurs puisent à toutes les sources : gothique, Renaissance, Louis XVI. Le style du Second Empire se veut inventif dans les formes des meubles, tabourets, canapés, fauteuils crapauds.

♦ **Les arts chinois et japonais** sont à la mode. Le bronze doré ou la fonte permettent d'abaisser les prix de revient.

3. La littérature en France au XIXe siècle : les grands courants

Trois grands courants littéraires traversent le XIXe siècle. De la même façon qu'ils ont marqué l'art, ils marquent les lettres : **le romantisme** sous la Restauration et la monarchie de Juillet, **le réalisme** sous le Second Empire, ainsi que **le symbolisme**. Entre le XVIIIe et le XIXe **siècle**, nous assistons à une rupture avec le genre épistolaire, genre dominant au siècle des Lumières. C'est la naissance d'une véritable critique littéraire, une transition qui s'opère entre un jugement fondé sur l'esthétique et une méthode raisonnée d'analyse des textes littéraires, se situant au carrefour de la sociologie, de la philologie, de l'histoire rattachées entre elles par le positivisme. Le roman à la première personne voit le jour avec des auteurs comme **François René de Chateaubriand, Benjamin Constant, Alfred de Musset**. Les auteurs en feront le moyen d'exprimer le mal du siècle. Très liées à ce type de roman sont les maximes, là où, dans l'esthétique balzacienne, le portrait psychologique des personnages s'illustre par ces dernières qui se font discours d'autorité. Elles disparaîtront dans la seconde moitié du XIXe siècle. Si les écrivains de cette première partie du XIXe siècle sont davantage tournés vers eux-mêmes, dans la seconde partie ils se tournent plutôt vers des exposés scientifiques, esthétiques, philosophiques qui concernent l'ensemble de la société. La pluralité est ce qui caractérise le mieux le roman qui veut intégrer dans son discours diverses tonalités appartenant à d'autres genres. Il se poétise également afin de concurrencer la poésie.

LE ROMANTISME, « C'EST LE LIBÉRALISME EN LITTÉRATURE »

Paul Valéry disait qu'il fallait avoir perdu l'esprit pour définir le romantisme. Comme les autres mouvements littéraires, naturalisme, réalisme, symbolisme, ils se retrouvent dans des périodes chronologiques aux limites fluctuantes. D'une façon générale, les ouvrages classiques font commencer ce mouvement entre la publication des *Méditations poétiques* de Lamartine, en 1820, celle des *Burgraves* de Victor Hugo, en 1843, mais d'autres se contentent de le placer dans le premier tiers du XIXe siècle. Enfin certains font du *Génie du christianisme* de **Chateaubriand**, en 1802, tout comme le traité *De l'Allemagne* (1813) de Madame de Staël, et la préface de *Cromwell*, en 1827, de Victor Hugo son acte de naissance. Celle-ci est une véritable défense et illustration du drame romantique. Les préceptes dont la tragédie est dotée depuis le grand siècle, notamment la règle des trois unités, sont remis en question. L'intrigue devait former un tout, unité d'action, mais aussi unité de lieu, un seul lieu devait être évoqué, unité de temps, la durée des événements évoqués ne devait pas dépasser vingt-quatre heures. Trois ans plus tard dans la préface d'*Hernani*, **Victor Hugo**, devenu chef de file du mouvement, affirme que « le romantisme, c'est le libéralisme en littérature ». La controverse prend un tour passionné à propos de trois textes, considérés comme les manifestes du romantisme, la préface de Victor Hugo pour son premier drame, *Cromwell*, le texte d'**Alexandre Dumas** (1802-1870), *Henri III et sa cour* (1829), et surtout la pièce de Hugo, *Hernani*, dont la première, le 25 février 1830, déclenche une bataille rangée parmi les spectateurs, inconditionnels ou farouches opposants du romantisme naissant. C'est surtout avec le mouvement allemand du *Sturm und Drang* que le mot prend son sens moderne pour désigner au début le goût pour la poésie médiévale et chevaleresque.

Le romantisme va se manifester surtout comme un refus des règles définies par les classiques depuis Boileau. En dehors de Rousseau, les grands initiateurs seront : **François René de Chateaubriand** (1768-1848), *Mémoires d'outre-tombe* (1848), *René* (1802), *Les Martyrs* (1809) ; **Victor Hugo** (1802-1885), *Odes et poésies diverses* (1822), *Hernani* (1830), *Ruy Blas* (1838), *Les Contemplations* (1856), *Notre-Dame de Paris* (1831) ; **Alphonse de Lamartine** (1790-1869), *Méditations poétiques* (1820) ; **Alfred de Musset** (1810-1857), *Lorenzaccio* (1833), *Les Nuits* (1835-1837) ; **Gérard de Nerval** (1808-1855), *Les Filles du feu* (1854), *Les Chimères* (1854) ; **Charles Nodier** (1780-1844), *Smarra ou les démons de la nuit* (1821) ; **Madame de Staël** (1766-1817), *De la littérature* (1800), *De l'Allemagne* (1813), *Delphine* (1802) ; **Alfred de Vigny** (1797-1863), *Chatterton* (1835), *Les Destinées* (1864). Nous devons également au romantisme la rénovation de l'histoire avec Augustin Thierry et Michelet, *Histoire de la Révolution française* (1847), ainsi que les débuts de la critique littéraire moderne avec Sainte-Beuve. Avant 1830, le héros romantique puise ses principales caractéristiques dans le romantisme allemand et recherche l'infini dans l'expression de sa sensibilité. Après 1830, le héros romantique devient un guide pour le peuple, les nations.

Plusieurs thèmes dominent : la nostalgie, la passion amoureuse, la nature et l'homme, l'irrationnel. Ainsi que le résume Georges Gusdorf, le XIXe siècle est le temps « de la première personne[1] ». L'ordre

---

1. Georges Gusdorf, *Naissance de la conscience romantique au siècle des Lumières*, Paris, Payot, 1976.

émotionnel devient une des dimensions essentielles de l'existence humaine. Écrire et décrire son moi revient à rendre vivantes ses peurs, ses certitudes, ses émotions. Chez Hugo le « Je » devient guide, voyant, prophète.

– **La nostalgie.** Le mouvement romantique oppose les « droits du cœur » aux exigences de la raison, ressentie comme sèche et vide. Les sentiments ne sont pas tant le bonheur et l'optimisme que l'inquiétude, la mélancolie et le désenchantement, le héros n'est plus avant tout raisonnable, il est devenu sensible. Révolté ou porté au suicide, il s'oppose au régime politique qui l'opprime ou met fin à une vie incapable de lui amener ce qu'il en attendait.

– **La passion amoureuse.** La femme y tient une place centrale, ange et démon elle libère ou enchaîne son amant. Elle peut être rédemptrice et l'amour alors accède au divin, comme dans le *Faust* de **Goethe**, ou être la quête de dieu chez Lamartine échappant aux mensonges et à la médiocrité bourgeoise, ou encore incarner la révolte chez Byron. Si elle n'aboutit pas, alors le héros connaît le « mal du siècle », fait de nostalgie, de mélancolie, qui conduit **Gérard de Nerval** (1808-1855) au suicide. Quel que soit le sentiment exalté, il traduit une inspiration à l'infini, à la beauté.

– **La nature et l'homme.** La nature est vécue comme un havre de paix, un lieu de recueillement (Chateaubriand), de protection ou encore de voyages imaginaires, une cathédrale du monde, l'auteur découvre en elle des symboles métaphysiques comme **Victor Hugo**. Comme la passion amoureuse, elle incarne le sentiment d'une rédemption possible. C'est en dehors de la ville que se fait cette quête vers un ailleurs : dans les forêts du Nouveau Monde, pour Chateaubriand, en face de l'océan, dans *Les Contemplations* de Victor Hugo ; Alfred de Vigny la recherche dans la liberté. Mais c'est aussi le moyen de découvrir d'autres civilisations : Stendhal nous fait voyager en Italie, Nerval en Orient.

– **L'irrationnel.** Tous les états de la conscience sont utilisés, les rêves brisent les frontières entre le moi et le monde, lieux aussi de manifestation des angoisses de l'homme. La folie est considérée comme un état permettant d'être en contact avec les forces invisibles.

CONTRE LE ROMANTISME : LE PARNASSE, L'ART POUR L'ART

Le Parnasse se trouve être à la fois ce lieu mythologique où résident Apollon et les neuf muses mais aussi le mouvement de réaction contre le romantisme. Les poètes faisant partie de cette opposition se regroupent autour de **Théophile Gautier** (1811-1872). Il s'agit de **Banville** (1823-1891), **Villiers de L'Isle-Adam** (1838-1889), **Sully Prudhomme** (1839-1907), **François Coppée** (1842-1908). Ils revendiquent pour leur art un souci d'impersonnalité et le culte du travail poétique. Loin du monde des idéologies politiques, ils célèbrent le beau sous toutes ses formes. **Théophile Gautier**, après une adhésion totale au mouvement romantique, publie dans la revue *L'Artiste* un manifeste en forme de poème, « L'Art » (1857), rupture totale avec le romantisme, dans un désir de donner désormais à la forme la place essentielle, en reléguant à l'arrière-plan toute idée contenue éventuellement dans le poème. Le poète a illustré sa théorie dans le recueil *Émaux et Camées* (1852) qui donne sa véritable naissance à *L'Art pour l'art* repris par **Banville** (1823-1891) en 1862 dans les *Améthystes*, puis exposé par le même auteur dans son *Petit traité de poésie française* (1872). Désormais la perfection poétique doit être poussée jusqu'à devenir une science véritable.

La revue Le Parnasse contemporain

Lieu de résidence, dans la mythologie, d'Apollon et des neuf muses, le Parnasse prend ses sources d'inspiration dans la mythologie, les épopées, les sagas de civilisations anciennes comme l'Inde ou la Grèce antique. Le nom dérive de la revue *Le Parnasse contemporain* (1866-1896), publiée par Alphonse Lemerre. Leurs tendances ont été énoncées très tôt par Théophile Gautier dans sa préface de *Mademoiselle de Maupin* (1835) qui expose la théorie de l'art pour l'art, dans la préface de Leconte de Lisle et dans *La Revue fantaisiste* fondée par Mendès. Dans *Émaux et Camées*, Théophile Gautier inspira de nombreux auteurs dont Heredia et Banville, Coppée. Les pièces les plus importantes sont données par **Leconte de Lisle** dans les *Poèmes barbares* (1862), les *Poèmes tragiques* (1884) et les *Derniers poèmes* (1895), cependant que José Maria de Heredia s'illustre avec *Les Trophées* (1893). D'autres poètes, moins lus de nos jours, viennent ajouter leur travail et donnent des élans particuliers au Parnasse, tels ceux de **Sully Prudhomme** (1839-1907), encore teinté de lyrisme dans *Solitudes* (1869), **François Coppée** (1842-1908), plus populaire et moins inaccessible dans les *Promenades et Intérieurs* (1872).

Plusieurs revues définissent la doctrine :
- *La Revue fantaisiste* (1861), fondée par **Catulle Mendès** (1841-1909) ;
- *L'Art* (1865), revue inspirée par Leconte de Lisle ;
- *La Revue du progrès* (1863), qui définit une poésie de la science.

LA POÉSIE MODERNE : BAUDELAIRE

Charles Baudelaire est l'auteur du recueil sans doute le plus important du XIXe siècle : *Les Fleurs du mal* (1857). De même ses petits poèmes en prose seront l'expérience la plus innovante de cette époque. En octobre 1845, il annonce la parution imminente d'une collection de poèmes intitulée d'abord *Les Lesbiennes* puis, après 1848, *Les Limbes*, l'objectif déclaré était de représenter les agitations et les mélancolies de la jeunesse moderne. Il y expose sa quête d'un idéal inaccessible et l'ennui de la vie réelle (*Tableaux parisiens*) où la capitale offre, à la fois par son mouvement et ses hideurs, le lieu poétique idéal. *Le Vin* est une tentative de lutte contre l'ennui, les *Fleurs du Mal* expriment révolte et dégoût, laissant coexister prostituées et vierges intouchables, dans l'éternelle tentation écartelée entre la chair et le respect. *Révolte* est une ultime tentative pour se damner, l'ange déchu offrant une possible alternative à Dieu, là où *La Mort* est à la fois consolatrice et repoussante. Sa connaissance profonde de l'art et, plus tard, son admiration pour les impressionnistes conduisent Baudelaire à donner à sa poétique une dimension supplémentaire, loin de l'ennui de la vie quotidienne décevante, l'artiste se réfugie dans l'imaginaire pour atteindre la vérité. Baudelaire, traducteur d'Edgar Allan Poe, est aussi l'un des grands critiques d'art français de son siècle. Il tient de son père une véritable passion pour la peinture et publie en 1845 un premier compte rendu du Salon officiel. Le *Salon de 1846*, le *Salon de 1859* et *Le Peintre de la vie moderne* (1863) sont ses œuvres critiques les plus importantes.

UN REBELLE : ARTHUR RIMBAUD

Arthur Rimbaud (1854-1891) se veut, en tant que poète, être un voyant, un visionnaire, un prophète. Il ne manifestera jamais ses idéaux sociaux mais les retraduit à travers ses poèmes. Il laissera ses visions déterminer la forme de ceux-ci. Aussi fait-il éclater les lois de la métrique et de la syntaxe traditionnelle afin de déterminer leur structure. Il fait parvenir quelques poèmes de sa composition à Verlaine. Mis en confiance, il rédige l'un de ses plus grands poèmes, « Le Bateau ivre » (1871), qui décrit le parcours du voyant dans un bateau libéré de toutes les contraintes et lancé à corps perdu dans un monde de la mer et du ciel. En rédigeant les *Illuminations*, entre 1874 et 1876, il souhaitait développer une forme poétique nouvelle. Tout à fait différente des *Illuminations*, *Une saison en enfer*, neuf fragments en prose et en vers, est une œuvre remarquable de l'auto-inspection. Rimbaud passait par une crise spirituelle et morale, et, dans cette œuvre, il examine rétrospectivement les Enfers. Après cette date, Rimbaud fera une série de voyages qui le transporteront jusqu'aux régions les plus reculées, pour convoyer une caravane d'armes au roi du Choa. Il s'éteindra peu de temps après à Marseille.

LAUTRÉAMONT

Isidore Ducasse, qui publie ses œuvres sous le pseudonyme de comte de Lautréamont (1846-1870), laisse à la poésie une œuvre magistrale et étrange, *Les Chants de Maldoror* (1869), ensemble de six chants d'une telle violence que la diffusion en sera suspendue l'année même de leur parution. Lautréamont donne une place essentielle à la construction poétique, ignorant les figures classiques, il les malmène afin que son écrit vive de lui-même, devienne le livre par excellence, indépendant dans son existence propre. L'ensemble est dominé par le personnage de Maldoror, être bestial et sadique en quête perpétuelle de la pureté originelle.

LE RÉALISME (1850-1880)

Le réalisme s'épanouit dans les romans français et les peintures entre 1850 et 1880. L'une des premières apparitions du terme « réalisme » se trouve dans *Le Mercure de France* du XIXe siècle, en 1826, dans lequel le mot est utilisé pour décrire une doctrine fondée non pas sur l'imitation des dernières réalisations artistiques, mais sur la représentation véridique et précise des modèles que la nature et la vie contemporaine offrent à l'artiste. Honoré de Balzac est le principal précurseur du réalisme, avec sa volonté de faire un portrait encyclopédique de l'ensemble de la société française dans *La Comédie humaine* (1829-1850). Les cycles de romans d'Honoré de Balzac et de Zola développent un nouveau mode de réalisme social dans un pays qui a été transformé par la révolution industrielle et économique. Avec Stendhal, Flaubert, Proust, une autre sorte de réalisme voit le jour, centré sur l'analyse de l'action individuelle, la motivation et le désir ainsi que sur la forme. En 1857, Gustave Flaubert publie *Madame Bovary* avec lequel le réalisme atteint son sommet.

LE NATURALISME, UNE LITTÉRATURE EXPÉRIMENTALE

L'une des étapes du naturalisme, en 1880, passe par *Les Soirées de Médan*, recueil de nouvelles d'Émile Zola, Guy de Maupassant, Joris-Karl Huysmans, Henry Céard, Léon Hennique et Paul Alexis. Les naturalistes adoptent une approche plus scientifique et plus analytique de la réalité. Aussi Zola emprunte à Hippolyte Taine, philosophe positiviste, le terme de naturalisme. En fait, le terme s'est déjà aussi imposé en peinture. Mais dans *Le Roman expérimental* (1880), Zola développe un parallèle entre les méthodes du romancier et celles de la science expérimentale. La définition du naturalisme s'approfondit encore avec Maupassant dans l'introduction de son roman *Pierre et Jean* (1888), avec Huysmans qui souligne que le naturalisme peut être défini comme l'étude analytique d'un milieu donné, la relation déterministe entre le milieu et les personnages, l'application d'une théorie mécaniste de la psychologie, et le rejet de toute forme d'idéalisme. Guy de Maupassant, dans *Le Roman* (1887), déclare que son intention est d'« écrire l'histoire du cœur, de l'âme et de l'esprit dans leur état normal », ce qui implique l'utilisation de détails importants pour mettre en relief les névroses et les désirs masqués par les apparences quotidiennes. Dans *Les Rougon-Macquart* de Zola, l'étude à travers une seule famille met l'accent sur les conséquences déterministes de l'hérédité et de l'environnement. En vingt volumes, Émile Zola met en scène le destin des hommes, ouvriers de *L'Assommoir* (1877), courtisanes comme *Nana* (1880), mineurs de *Germinal* (1885), paysans exploités de *La Terre* (1887).

DANDYS ET DÉCADENTS

La littérature fin de siècle, marquée par la volonté de souligner la décadence, n'est pas un mouvement véritable et ne comporte pas de chef de file mais se définit comme une réaction contre le romantisme dans les années 1880 et annonce le symbolisme. Paul Bourget le définit à l'occasion d'un texte publié en 1883 en ces termes : « Un style de décadence est celui où l'unité du livre se décompose pour laisser la place à l'indépendance de la page, où la page se décompose pour laisser la place à l'indépendance de la phrase, et la phrase pour laisser la place à l'indépendance du mot[1]. » Le roman symbole de la décadence est *À rebours* (1884), de J.-K. Huysmans (1848-1907). Le comte de Lautréamont, pseudonyme d'Isidore Ducasse, avec *Les Chants de Maldoror*, plonge dans l'abominable. Stéphane Mallarmé, Verlaine et Laforgue restent liés au mouvement décadent.

Le symbolisme

Les artistes symbolistes, comme Stéphane Mallarmé, Paul Verlaine, Arthur Rimbaud, Jules Laforgue, Henri de Régnier, le Belge Émile

---

1. Pierre Citti, « Le symbolisme », in *Encyclopædia Universalis*.

Verhaeren, Moréas, ont cherché à exprimer l'expérience individuelle émotionnelle à travers l'usage subtil et suggestif d'un langage très symbolisé. Ils se révoltent contre les conventions rigides qui régissent à la fois la technique et le thème de la poésie française traditionnelle.

◆ **Paul Verlaine** (1844-1896), poète lyrique d'abord associé aux Parnassiens, et plus tard connu comme un chef de file des symbolistes, figure avec Stéphane Mallarmé et Charles Baudelaire parmi les décadents. Le manifeste du symbolisme est publié dans *Le Figaro* de 1886 par Jean Moréas. Il ne s'agit pas d'une doctrine dans le cadre de la littérature mais d'un certain nombre de représentations dominantes. Les *Poèmes saturniens* de Verlaine mettent en scène l'expression poignante de l'amour et de la mélancolie. Les *Fêtes galantes* sont un rappel subtil de scènes et de personnages de la *commedia dell'arte* italienne et de la pastorale sophistiquée du XVIIIe siècle, peinte par Watteau. En 1882, son fameux *Art poétique* est adopté avec enthousiasme par les jeunes symbolistes qui finissent par s'en détourner, car ils sont allés plus loin que lui en abandonnant les formes traditionnelles dont la rime, qui lui semblait être une nécessité incontournable en vers français.

◆ **Stéphane Mallarmé** (1842-1898). Ses premiers poèmes, publiés dans des magazines, en 1862, sont influencés par Charles Baudelaire, par le thème de l'évasion – un thème qu'il reprendra par la suite, mais d'une façon beaucoup plus intellectuelle, dans *L'Après-midi d'un faune* (1876), qui a inspiré Claude Debussy pour composer son célèbre *Prélude* un quart de siècle plus tard. Il en était venu à conclure que bien que rien ne se trouve au-delà de la réalité, il y existe les essences de formes parfaites. La tâche du poète est de percevoir et de cristalliser ces essences, d'être davantage qu'un simple versificateur qui transpose dans une forme poétique une réalité déjà existante. Il devient alors plus que cela, un dieu véritable, qui crée quelque chose à partir de rien. Cela exige une utilisation extrêmement subtile et complexe de toutes les ressources du langage, des mots, et leur construction doit s'effacer devant l'œuvre pure, tentative trop souvent vouée à l'échec aux yeux du poète, qui l'exprime dans « Le vierge, le vivace et le bel aujourd'hui » (1887).

4. La philosophie au XIXᵉ siècle en France

Le XIXᵉ siècle est une période où tous les extrêmes perdurent ensemble. À côté des épanchements, sentiments, du romantisme exacerbé, la raison continue de réclamer sa place contre les tentations plus ou moins mystiques de la religion. L'esprit scientifique, héritage des Lumières, trouve son appui dans le positivisme qui finira lui-même par ses excès à préparer le scientisme. La philosophie va osciller entre matérialisme et spiritualisme et contribuer à créer un fossé de plus en plus profond en elle-même, soupçonnée d'être trop longtemps restée proche de la métaphysique, la science étant prise pour tenant de toute vérité.

Les disciples français de Kant ont surtout été séduits par sa morale. Nettement idéalistes, ils pensent que notre vue du monde est intimement liée à un acte libre qui permet de discerner ce qui est vrai. Ils s'affirment en tant que philosophes de la liberté et de la contingence en réaction contre le positivisme. La religiosité les caractérise. Il s'agit d'**Antoine Augustin Cournot** (1801-1877), **Jules Lachelier** (1832-1918), **Charles Secrétan** (1815-1895) et **Charles Renouvier** (1815-1903), qui s'affirma comme chef du « néocriticisme » avec son *Essai de critique générale* (1851-1864).

L'IDÉALISME FRANÇAIS : RENOUVIER, LÉON BRUNSCHVICG

Charles Renouvier (1815-1903)

Son apport fut de faire dans l'histoire de la philosophie une synthèse de toutes les idées modernes portant sur les problèmes de la connaissance. Il naît à Montpellier et, après une jeunesse très quiète, publie en 1842 le *Manuel de la philosophie ancienne*. Quatre *Essais de critique générale moderne* suivent. Enfin, *La Science de la morale* (1869), *La Nouvelle Monadologie* (1899), *Les Dilemmes de la métaphysique pure* (1909) ne constituent qu'une infime partie des cinquante œuvres qu'il laissa à sa mort en 1903. Il restaure la doctrine de Kant et lui donne le nom de *néocriticisme*. Le point fort de celle-ci porte sur une théorie de la connaissance, mais il dépouille la théorie kantienne de son caractère trop symétrique, trop systématique. Aussi développe-t-il d'abord le phénoménisme. Notre connaissance ne peut pas dépasser les phénomènes, c'est-à-dire les relations. Il rejette le noumène. Il n'y a que des apparences qui apparaissent à une apparence. La liberté est un des phénomènes les plus difficilement récusables puisqu'il est à l'origine de tous les autres. Pour lui liberté et volonté sont similaires. La liberté a différents postulats : la moralité, l'immortalité de l'âme, l'existence de Dieu.

Léon Brunschvicg : réfléchir sur la science

L'idéalisme de Brunschvicg (1869-1944) se définit comme un idéalisme critique, c'est-à-dire qu'il n'est ni systématique ni métaphysique. De là découle l'objet de la philosophie : une réflexion sur la science. Né à Paris, il y fait une carrière universitaire en tant que professeur à la Sorbonne. En 1919, il succède à Lachelier et devient membre de l'Académie des sciences morales et politiques. Sa thèse, « La modalité du jugement », en 1897, résume tout son système de pensée. Il porte l'idéalisme à son sommet avec *Les Étapes de la philosophie mathématique* (1912) et *Le Progrès de la conscience dans la philosophie occidentale* (1927). Très proche de la doctrine de Fichte, il qualifie son système de pensée « d'idéalisme critique ». Le premier moment de sa philosophie consiste en une critique de la connaissance scientifique. Pour Brunschvicg, il est parfaitement illusoire de vouloir construire d'une façon *a priori* l'univers. Ce dernier ne peut se comprendre que par la science. Une philosophie de la nature quelle qu'elle soit ne permet pas d'aboutir à un tel résultat et ne lui apparaît que « comme une chimère ». De là, il en vient à donner une définition de la philosophie et de son objet : une réflexion sur la science. L'histoire, qui a une place essentielle chez Brunschvicg, devient le « champ d'expérience » du philosophe qui tente de la mettre « en perspective ». Il en conclut que la connaissance humaine n'est ni complètement réelle ni complètement intelligible.

LE SPIRITUALISME

À la différence du matérialisme qui ramène tout ce qui existe à la réalité naturelle, le spiritualisme, au contraire, distingue une réalité distincte du corps et de la matière, et affirme en l'homme un principe de pensée, l'esprit. L'acte de naissance de cette doctrine se trouve avec Platon dans le *Phédon*, qui rejette le matérialisme d'Anaxagore. Le spiritualisme s'appuie sur les écrits de **Maine de Biran** (1766-1824), puis sur ceux d'**Henri Bergson** (1859-1941). L'objet même de l'école spiritualiste est de fonder une métaphysique en s'appuyant sur l'expérience interne de la conscience. Bergson a été marqué par la pensée d'**Herbert Spencer** (1820-1903) et ne se dégage jamais vraiment de son emprise. Il en adopte l'empirisme et l'évolutionnisme mais en les mettant en question. Il reprend également la conception de l'intelligence orientée vers la fabrication d'outils.

Henri Bergson : le mouvement

Même si elle semble avoir été influencée par Spencer, la philosophie de Bergson (1859-1941) reste à part dans le système philosophique. Ses œuvres sont : *Matière et Mémoire* (1896), *L'Évolution créatrice* (1907), *Les Deux Sources de la morale et de la religion* (1932), *La Pensée et le mouvant* (1934), *Le Rire* (1900), et *Durée et Simultanéité* (1922). Sa thèse, *Essai sur les données immédiates de la conscience*, est une tentative de mise en place de la notion de durée ou de temps vécu, opposée à celle mesurée par la science. Sa méthode ne s'appuie pas sur une quelconque spéculation, il part d'un problème particulier, qu'il analyse, en déterminant d'abord les faits empiriques observés de ceux qui sont connus. Ainsi, pour *Matière et Mémoire*, il consacre plusieurs années à consulter l'ensemble de la littérature disponible sur la mémoire et en particulier le phénomène psychologique de l'aphasie. Dans *L'Évolution créatrice*, il montre l'influence de la biologie sur sa pensée. En examinant l'idée de la vie, Bergson accepte l'évolution comme un fait scientifiquement établi.

Sa doctrine : Intuition, instinct et intelligence

Bergson oppose l'instinct à l'intelligence. Il est influencé par la théorie évolutionniste de Spencer, et si l'intelligence issue de l'évolution est orientée vers la fabrication d'outils, il se rend tout de même compte que cette fonction est inapte à en saisir le mouvement. Une autre faculté est elle apte à en rendre compte : l'intuition. Par opposition à l'intelligence qui saisit les objets de l'extérieur, l'intuition est « la sympathie par laquelle on se transporte à l'intérieur d'un objet pour coïncider avec ce qu'il y a d'unique et par conséquent d'inexprimable[1] ». L'intuition permet d'atteindre un absolu. Dans le bergsonisme, il existe un empirisme : « Il n'y a pas d'autre source de connaissance que l'expérience. » Nous ne pouvons atteindre la réalité que par l'expérience immédiate, qualitative, qu'est l'intuition. La métaphysique n'est pas rationnelle, mais expérimentale.

Une métaphysique et philosophie de la nature

Sa métaphysique est évolutionniste dans la même lignée que la philosophie de Spencer. Mais elle ne peut être mécaniste, car l'esprit débordant la matière ne peut trouver en elle son explication. Elle n'est pas davantage finaliste, pour cela il faut une intelligence qui conçoive. Or, il critique les interprétations philosophiques données par la science et qui ont masqué l'importance de la durée. Il a proposé que l'ensemble du processus de l'évolution soit considéré comme un élan vital qui ne cesse de développer et de générer de nouvelles formes. L'évolution, en bref, est créative, non mécanique. Deux solutions apparaissent, l'instinct, « faculté de fabriquer et d'employer des instruments organisés », l'intelligence, « faculté de fabriquer et d'employer des instruments inorganisés ». L'objet de l'instinct est la vie, la matière. L'instinct est invariable et est une connaissance innée, ce que n'est pas l'intelligence. Cette dernière se définit par une incompréhension naturelle de la vie. L'intuition est une survivance de l'instinct chez l'homme. Elle peut atteindre l'essence des choses, guidée par la raison.

---

1. Henri Bergson, « La Pensée et le mouvant », in *Œuvres*, Paris, Puf, 1959, p. 1395.

La morale

Si dans *L'Évolution créatrice* le problème de Dieu est à peine envisagé, il est nettement posé dans *Les Deux Sources de la morale et de la religion*. Bergson donne des précisions sur les conséquences morales. La première source de la morale est fondée sur l'instinct, et s'impose par la pression sociale. Bergson se différencie de Durkheim, car ce type de morale ne se réduit pas complètement à l'obligation. Pourtant, dans cette morale sociologique, il existe des héros qui font éclater les cadres sociaux et créent ainsi une « société ouverte », une deuxième morale fondée sur l'aspiration.

La religion

De même, il distingue deux types de religion :
– **la religion statique** a un rôle social et a pour but de réconforter l'individu ;
– **la religion dynamique** est le mysticisme qui prend sa source dans une doctrine et non dans une émotion. Le mysticisme permet d'aborder expérimentalement la nature de Dieu. Ainsi la religion dynamique est une participation de certains hommes d'exception à l'émotion créatrice qui est Dieu. Pour les mystiques : « La nature de Dieu est amour, il est l'objet d'amour [1]. »

Le temps bergsonien

Bergson ne cherche pas, dans son *Essai sur les données immédiates de la conscience*, à analyser l'idée abstraite du temps, mais son expérience concrète. Il introduit la notion de durée et tente de transposer la métaphysique « sur le terrain de l'expérience ». Le seul temps que l'on peut saisir est le temps personnel, la durée intérieure. Peut-on mesurer la durée de sa conscience ? Nous sommes confrontés à deux réalités parfaitement différentes : d'une part, l'étendue quantitative, divisible,

---

1. Henri Bergson, *Les Deux Sources de la morale et de la religion*, Paris, Flammarion, 2012.

homogène, unique objet du positivisme, et d'autre part, la durée qualitative fournie par l'expérience interne.

Matière et mémoire

En expérimentant les rapports entre cerveau et mémoire, Bergson veut découvrir ceux qui existent entre matière et esprit. Il distingue deux sortes de mémoire :
– **la mémoire habitude** : celle-ci est motrice, c'est celle avec laquelle on retient les récitations ;
– **la mémoire souvenir** : purement psychologique, elle consiste à faire revivre un événement passé.

Sa démonstration est faite contre le matérialisme en général, et surtout contre la théorie de la localisation en particulier. Pour lui, la conscience se distingue du corps, mais en est néanmoins dépendante. Quant à la mémoire, elle n'est pas contenue dans le cerveau mais en dépend. Le corps a le rôle d'intermédiaire qui met notre esprit en relation avec d'autres êtres. Par le moyen du cerveau, le corps plonge dans l'inconscience les souvenirs inutiles à notre action sur les autres êtres et il éclaire les « souvenirs-images », les souvenirs utiles. Ainsi le passé se révèle à nous comme ce qui a cessé d'être utile et non ce qui a cessé d'exister. Le cerveau a un rôle précis : la conscience est limitée à être un instrument de la conversation. Le cerveau n'est que l'instrument de rappel. Le corps, lui, est l'outil de sélection de notre pensée.

LE POSITIVISME, DES LOIS RIEN QUE DES LOIS

La définition du positivisme qu'en donne le *Dictionnaire alphabétique et analogique de la langue française* est la suivante : « Toute doctrine qui se réclame de la seule connaissance des faits, de l'expérience scientifique qui affirme que la pensée ne peut atteindre que des relations et des lois. » Les sciences humaines sous l'influence du positivisme vont se constituer. Ainsi la Société d'anthropologie de Paris voit le jour en 1859. L'histoire gagne ses lettres de noblesse en se séparant de la philosophie de l'histoire avec Fustel de Coulanges, Taine. *La*

Revue historique est fondée en 1876 par Gabriel Monod. La sociologie se forme autour de Durkheim. De même l'ethnologie connaît au XIXᵉ siècle un fort développement marqué par les travaux de Frazer et de Lévy-Bruhl. Le passé préhistorique livre ses secrets avec les découvertes de Boucher de Perthes à Abbeville, faisant naître ainsi la préhistoire. La création de l'anthropologie et de l'ethnologie voit au XIXᵉ siècle la mise en place de sciences nouvelles qui se développeront au siècle suivant. **Trois éléments vont caractériser l'évolution** de ce siècle : l'émergence et la domination du positivisme, les résonances nouvelles de l'évolutionnisme, et enfin la révolution scientifique qui se produit à la fin du siècle balayant les anciens concepts en médecine, en biologie et en physique.

Auguste Comte

Comte (1798-1857) eut à la fois la vocation de savant et de réformateur. Il reprend ses idées principalement aux écrivains du XVIIIᵉ et du début du XIXᵉ siècle. De David Hume et Emmanuel Kant, il tire sa conception du positivisme : la théologie et la métaphysique sont des moyens plutôt imparfaits de connaissance ; la connaissance positive se fonde sur les phénomènes naturels et leurs propriétés et leurs relations ont été vérifiées par les sciences empiriques. Des divers philosophes des Lumières, il a adopté la notion de progrès historique. Cette nouvelle science sera la sociologie. Comte pense aussi un nouvel ordre spirituel et laïc, nécessaire au remplacement de ce qu'il considère comme le surnaturalisme de la théologie chrétienne. La principale contribution de Comte à la philosophie positiviste se divise en cinq parties : son adoption rigoureuse de la méthode scientifique, sa loi des trois états ou stades de développement intellectuel, sa classification des sciences, sa conception de la philosophie incomplète de chacune de ces sciences antérieures à la sociologie, et sa synthèse d'une philosophie positiviste sociale dans une forme unifiée. Il a cherché un système de philosophie qui pourrait servir de base à l'organisation politique appropriée à la société industrielle moderne.

À partir de 1844, ses crises d'aliénation mentale deviennent plus épisodiques et sa vie est marquée par sa rencontre avec Clotilde de

Vaux. Cette liaison a de grandes conséquences sur sa pensée religieuse. En 1847, il institue une religion de l'humanité et s'en nomme grand pontife. En 1848, il fonde la société positiviste et meurt neuf ans plus tard. Ses principales œuvres sont : *Cours de philosophie positive* (1824-1842), *Système de politique positive* (1851-1854), *La Religion de l'humanité* (1851-1854).

Sa doctrine

Par **philosophie positive**, Comte sous-entend l'ensemble des connaissances scientifiques de l'univers. Le positivisme trouve son sens équivalent dans le mot empirisme lorsqu'il veut montrer que la seule source de connaissance reste l'expérience.

Son premier travail consiste en une classification des sciences, hypothèse fondée sur le fait que les sciences ont développé à partir de la compréhension de principes simples et abstraits la compréhension de phénomènes complexes et concrets. Par conséquent, les sciences ont évolué ainsi : à partir des mathématiques, l'astronomie, la physique et à partir de la chimie, la biologie et, enfin, la sociologie. Selon Comte, cette dernière discipline non seulement conclut la série mais réduit aussi les faits sociaux à des lois, synthétise l'ensemble des connaissances humaines, ce qui rend la discipline apte à guider la reconstruction de la société.

La loi des trois états

L'homme possède une nature humaine parfaitement définissable quelle que soit l'époque et ainsi l'histoire devient une. Cela est vrai aussi pour la société. Le devenir historique doit pouvoir se déduire aussi bien de la nature humaine que de la nature sociale. Le développement de la pensée est lié à la loi des trois états aussi bien pour l'individu que pour l'espèce : « Cette loi consiste en ce que chacune de nos conceptions principales, chaque branche de nos connaissances, passe successivement par trois états théoriques différents. L'état théologique ou fictif ; l'état métaphysique ou abstrait ; l'état scientifique ou positif[1]. »

---

1. *Cours de philosophie positive*, I, quatre tomes, éd. BookSurge Publishing, 2001, p. 3.

– **L'état théologique** consiste en ce que l'homme explique tout par des miracles ou par des causes surnaturelles. C'est le cas des religions antiques.

– **L'état métaphysique** constitue une sorte de perfectionnement du précédent : les agents surnaturels sont remplacés par des forces abstraites.

– **L'état positif** consiste en ce que l'homme explique toutes choses et en constate les liens qu'il se borne à observer et puis à contrôler par l'expérimentation.

– **Il y a toujours quelque chose de l'état** suivant dans l'état qui précède et il y a toujours quelque chose de l'état précédent dans l'état qui suit. Ainsi, nous avons des habitudes théologiques et des habitudes métaphysiques. Mais, généralement, la métaphysique détruit la théologie et la science fait de même pour la métaphysique et la théologie.

La religion de l'humanité

C'est sous l'influence de Clotilde de Vaux, à qui il voue un culte, qu'Auguste Comte fait de sa philosophie positive une véritable religion. Celle-ci, excluant le mysticisme, ne rentre pas en opposition avec le positivisme. Par son projet de rassembler les hommes, son culte au grand Être, ses fêtes et rituels, la religion positiviste est proche du catholicisme. « De la seule notion générale résulte aussi la formule sacrée de la religion positive : l'Amour pour principe, l'Ordre pour base et le Progrès pour but. Afin de mieux guider la vie réelle, cette règle universelle s'y décompose en deux devises usuelles : l'une morale et esthétique, vivre pour autrui ; l'autre politique et scientifique : Ordre et Progrès ; spécialement au sexe affectif et au sexe actif[1]. » La fin du positivisme aboutit à une religion qui ne s'adresse pas à Dieu puisque la seule connaissance possible est bornée aux phénomènes. Le seul être que l'homme puisse connaître est l'humanité.

---

1. *Préface à la Politique positive*, III, 1854, *Système de politique positive*, Paris, Vrin, 2000.

Les principaux positivistes

En France, les principaux positivistes sont **Émile Littré** (1801-1881) et **Hippolyte Taine** (1828-1893). Le positivisme en Angleterre, héritier de l'empirisme qui le précède, est développé par **John Stuart Mill** (1806-1873). Il dit de Comte : « Un de ses plus grands torts est de ne laisser aucune question ouverte. » L'héritage du positivisme se sent surtout en sociologie avec l'école de Durkheim.

5. L'ère des sciences humaines

LA SOCIOLOGIE

Raymond Aron (1905-1983)

Raymond Aron définit la sociologie en ces termes : « L'étude qui se veut scientifique du social en tant que tel[1]. » La méthode scientifique est donc indissociable de l'objet qu'elle tente d'appréhender : les relations individuelles d'une part, les ensembles collectifs, telles les civilisations, sociétés d'autre part. La définition que l'on donne de la sociologie varie donc, selon les points de vue des sociologues eux-mêmes, mais nous n'avons pas encore déterminé si cette science vise à un but ou à une nécessité. Il est toutefois impossible d'interpréter phénomènes sociaux, culturels, politiques, sans porter sur eux la propre valeur de ses jugements. Raymond Aron souligne cette réalité propre aux sciences humaines : « Dans *L'Introduction à la philosophie de l'histoire,* il y a longtemps, j'avais accepté intégralement cette manière d'interpréter les théories générales des phénomènes sociaux. J'avais écrit qu'en matière d'Histoire, et j'impliquais en matière de sociologie, la théorie précède l'histoire et que cette théorie est essentiellement philosophique[2]. » L'interprétation sociologique est liée à un système de concepts, ce

---

1. Raymond Aron, *Les Étapes de la pensée sociologique*, Paris, Gallimard, « Bibliothèque des sciences humaines », 1967, p. 16.
2. Raymond Aron, *Le Développement de la société industrielle et la stratification sociale*, C.D.U., 1958, p. 10.

système de concepts étant lui-même lié à la situation particulière de l'observateur. Le danger, souligne-t-il, réside essentiellement dans le fait que le sociologue a toujours l'impression d'étudier la société dans son tout, alors que son étude n'en concerne qu'une partie. En voulant comprendre la société dans son ensemble, il néglige de s'intéresser à un seul aspect particulier de celle-ci. Un des buts essentiels de la sociologie reste aussi l'interprétation « des sociétés actuelles dans leur devenir de l'humanité », le plus scientifiquement et le plus objectivement possible. Il est nécessaire, toutefois, de souligner que le désir de se consacrer à l'étude de l'organisation et du fonctionnement des sociétés remonte à la nuit des temps. Au demeurant, le social n'en était pas toujours la finalité. La *Politique* d'Aristote a pour centre l'étude du régime politique, mais en aucun cas l'organisation sociale. Avec **Auguste Comte** et **Marx**, la sociologie sera conçue justement comme le moyen de dépasser l'économie politique. La sociologie entrevue par Comte comme une science positive n'appartient plus alors à la philosophie. Pourtant, chez Durkheim elle est de nouveau liée à la philosophie lorsqu'elle prétend en résoudre les problèmes. La sociologie devient alors un sociologisme. De là, il procède par tri. Par les statistiques, il les met en évidence, excluant tout recours à l'intuition.

Émile Durkheim (1858-1917)

Émile Durkheim, né à Épinal, est d'abord professeur de science sociale à l'université de Bordeaux, puis à la Sorbonne. Ses principales œuvres sont *De la division du travail social* (1893), *Règles de la méthode sociologique* (1895), *Le Suicide* (1897), *Les Formes élémentaires de la vie religieuse* (1912). Ses œuvres posthumes sont *Éducation et Sociologie* (1922), *L'Éducation morale* (1923), *Sociologie et Philosophie* (1925), *Le Socialisme* (1928). La définition donnée par Auguste Comte de la sociologie envisagée en tant qu'une science aboutissant à d'extrêmes certitudes, comme les sciences exactes, et pouvant devenir une philosophie des temps modernes, influence Durkheim et la sociologie empirique qui le précède.

Le sociologisme

Il part d'une étude scientifique des faits sociaux pour expliquer l'homme tout entier par la société. Son principe est qu'il existe des phénomènes extérieurs à l'individu, qui n'en font plus partie. Ces phénomènes, il les nomme « faits sociaux ». Ce sont les nations, les gouvernements, les groupes religieux. « Notre règle n'implique donc aucune conception métaphysique, aucune spéculation sur le fond des êtres. Ce qu'elle réclame, c'est que le sociologue se mette dans l'état d'esprit où sont les physiciens, chimistes, physiologistes quand ils s'engagent dans une région encore inexplorée dans leur domaine scientifique[1]. » Tout ce dont le rationalisme rend compte par la raison s'explique par la société. Un bon jugement, une bonne morale est ce qui est reconnu, admis par elle. Mais ce sont des valeurs relatives puisqu'aucune société n'est fixe. La morale, la vérité sont autant d'éléments qui se modifient. Dans *Le Suicide*, Durkheim constate de la même façon que l'individu est dominé par une réalité morale qui le dépasse : la réalité collective. Cet acte qui semble individuel au premier abord est analysé pour montrer que chaque peuple a son propre taux de suicide, généralement plus constant que celui de la mortalité, qui obéit tout autant à des lois définies. Le suicide est envisagé comme l'expression d'un acte collectif, puisqu'il est la conséquence des faits sociaux. Il étudie les trois types principaux du suicide : égoïstes, anomiques (caractéristiques des sociétés modernes, où les individus sont rendus de plus en plus autonomes par rapport à la pression collective) et altruistes (qui se manifestent dans les sociétés primitives, ou dans les sociétés militaires, quand l'homme est fortement intégré à la société).

Les formes élémentaires de la vie religieuse

Dans *Les Formes élémentaires de la vie religieuse*, Durkheim élabore une théorie sur la religion à partir de l'étude des institutions religieuses les plus simples. De là, il déduit que le totémisme relève de l'essence de la religion. Il s'appuie pour fonder cette démonstration sur le principe

---

[1] Émile Durkheim, *Règles de la méthode sociologique* [1895], rééd. Paris, Puf, 2004, p. 14.

que, pour saisir l'essence d'un phénomène, il est nécessaire d'abord d'en observer les formes les plus primitives. La science est l'élément moteur qui démontre qu'à travers l'histoire, les hommes n'ont adoré qu'une réalité collective transfigurée par la foi : « Les intérêts religieux ne sont que la forme symbolique d'intérêts sociaux et moraux. » Durkheim insiste sur l'idée que l'objet de la religion n'est rien d'autre que la transfiguration de la société. *Les Formes élémentaires de la vie religieuse* comportent trois axes d'étude importants :
– tout d'abord **une description et une analyse détaillée** du système des clans et du totémisme dans certaines tribus australiennes ;
– puis **la théorie sur l'essence de la religion**, qui s'appuie sur les exemples précédents ;
– enfin **le développement** sous un aspect sociologique **des formes de la pensée humaine**, par des cadres sociaux expliquant des catégories.

En fait, cette progression peut être résumée d'abord par la définition du phénomène religieux qu'il sépare en deux phénomènes : le sacré et le profane. Puis, par la réfutation des autres théories : l'animisme et le naturisme. Selon l'animisme, les croyances religieuses seraient des croyances en des esprits, et pour le naturisme il s'agirait de la transfiguration des forces naturelles, adorées par les hommes. Pour Durkheim, adopter l'une ou l'autre de ces doctrines aboutit à la dissolution de l'objet, et fait de la religion, dans les deux cas, une hallucination collective. Il veut montrer qu'au bout du compte les hommes n'ont jamais adoré rien d'autre que leur propre société. C'est sans doute pour y parvenir qu'il oppose la vraie science de la religion qui en sauve l'objet aux pseudo-sciences qui ne contribuent qu'à l'effacer. Mais s'il s'oppose ainsi à l'animisme et au naturisme, c'est que ni l'un ni l'autre ne rendent compte du sacré ou du profane, distinction inhérente au phénomène religieux.

En définissant le totémisme en tant que religion la plus ancienne, il se livre à une lecture évolutionniste de l'histoire religieuse. L'interprétation sociologique de la religion revient à dire que les sociétés créent de toutes pièces leurs dieux alors que **Bergson** termine *Les Deux Sources de la morale et de la religion* par : « L'homme est une machine à faire des Dieux. » Dans le totémisme, les hommes adorent leur société d'une façon inconsciente. C'est en état de communion, voire d'exaltation qu'ils créent leurs dieux, à l'occasion de cérémonies, de fêtes : « La société est créatrice de religion lorsqu'elle est en effervescence. » Une fois présentées ces idées dominantes, Durkheim montre comment on peut passer du totémisme à l'univers de religions plus récentes. La religion n'est pas le tronc initial et primitif d'où sont issues les règles morales, sociales et religieuses, mais c'est de lui qu'est issue la pensée scientifique.

NAISSANCE D'UNE HISTOIRE SCIENTIFIQUE

Le XIXe siècle voit le triomphe de l'archéologie, de la philologie, de la préhistoire, le déchiffrement des langues orientales. Il connaît la publication des grandes histoires nationales, retrouve le chemin du Moyen Âge et de la Renaissance à travers l'architecture, la littérature. **Walter Scott** manifeste les mêmes exigences que l'historien par la vérité des faits qui trame le récit romanesque mais aussi par la restitution fidèle des mœurs et des cadres de vie de ses personnages. Alexandre Dumas prendra, en revanche, beaucoup de liberté avec le passé. C'est **Auguste Comte** qui suggéra le premier ces nouvelles prétentions qui permettront à l'histoire de rejoindre le clan des disciplines scientifiques. L'histoire doit désormais être conçue dans une intention scientifique dont la finalité sera la recherche des lois qui président au développement social de l'humanité. Les travaux de savants allemands, archéologues, philologues, historiens comme **Ernst Curtius** (1814-1896) et **Théodore Mommsen** (1817-1903), vont contribuer à propager en France les nécessités de la rigueur et des méthodes scientifiques. Tout au long du siècle, l'histoire va osciller entre chercher un projet politique et établir une méthode d'analyse.

L'histoire du XIXe siècle est très centrée sur la variante nationale. Les idées romantiques d'un Chateaubriand ou d'un Joseph de Maistre critiquent de façon virulente l'histoire philosophique. Ils conçoivent la société comme un processus lent d'évolution. **Augustin Thierry** (1795-1856), dans son *Essai sur l'histoire de la formation et des progrès du tiers état*, en 1850, marque une étape décisive dans l'élaboration d'une science historique. Nous devons à **Adolphe Thiers** (1797-1877) une *Histoire de* *la Révolution française* (1823-1827), ainsi qu'une *Histoire du Consulat et de l'Empire* (1845-1862). **François Mignet** (1796-1884) publie une *Histoire de la Révolution française de 1789 jusqu'en 1814* (1824). **Hippolyte Taine** (1828-1893) rédige un travail intitulé *Les Origines de la France contemporaine* (1875-1893), dans lequel il étudie l'histoire de France en fonction de facteurs déterminant selon lui une spécificité française, la race, le moment, le milieu. L'ensemble de la société est décrypté, analysé comme le pur produit du passé et du caractère national qui donnent naissance à la France contemporaine. Il est proche de Zola dans sa volonté de faire une histoire naturelle du peuple français. Pour Taine tous les domaines où s'illustrent l'État, l'Église, l'art, les lettres, la philosophie de la fin du XIXe siècle existent déjà en potentialité à l'aube de celui-ci. Le danger vient de ce qui brise le rythme de cette évolution, les révolutions trop brusques qui rompent l'harmonie.

L'un des grands noms fondateurs de la science historique est celui de **Numa Denis Fustel de Coulanges** (1830-1889). Au moment même où Karl Marx rédige *Le Capital*, créant une histoire issue du jeu des forces économiques, il conçoit l'histoire comme fondée sur le jeu des forces psychologiques. Ses principes sont érudition, objectivité, esprit critique : « L'histoire ne résout pas les problèmes, elle nous apprend à les examiner[1]. » Il se tourne à ses débuts vers l'histoire ancienne, avec *La Cité antique* (1864), puis ses recherches s'orientent vers le passé national. Il met en place sa méthode dans plusieurs études, dont les *Nouvelles recherches sur quelques problèmes d'histoire* (1891). Plusieurs auteurs vont davantage s'attacher à réfléchir sur le sens même de l'histoire. Ainsi **Antoine Augustin Cournot** (1801-1877) pense que l'histoire est l'effet d'un processus toujours différent autant que complexe. Les causes des événements, économiques, politiques, morales, varient selon les époques et selon un processus lui-même variable. Dans son ouvrage *Considérations sur la marche des idées et des événements dans les temps modernes* (1872), il étend sa théorie du déterminisme et du hasard. Il faut renoncer à expliquer les événements par des causes au profit d'une compréhension des raisons. **François Guizot** (1787-

---

1. Guy Thuillier et Jean Tulard, *La Méthode en histoire*, Paris, Puf, « Que sais-je ? », 1993, p. 38.

1874), à la fois homme d'État et historien, auteur d'une *Histoire de la civilisation en France* (1830) et d'une *Histoire générale de la civilisation en Europe* (1838), trouve dans la politique la confirmation de l'histoire.

LE DÉVELOPPEMENT DES SCIENCES EXACTES AU XIXe SIÈCLE EN FRANCE

Le travail du scientifique subit à la fin du XVIIIe siècle une mutation extraordinaire, qui se poursuit dans la première moitié du XIXe siècle. La science quitte les cabinets de curiosité, les salons, pour se donner des règles nouvelles, s'organiser et surtout se diffuser. **Les grandes écoles**, comme **Polytechnique** (1795), l'École Normale (1794), les facultés restructurées en 1808, dispensent un enseignement formateur et offrent aux chercheurs bibliothèques et laboratoires. Ce regroupement des enseignants, des élèves, des chercheurs, facilite deux courants, l'élaboration de méthodes et principes théoriques communs, les modèles de référence, et leur diffusion plus rapide hors du milieu scientifique. Ce sont les débuts d'une collaboration entre la science et l'industrie.

Mathématiques et astronomie

Les travaux des mathématiciens fournissent à l'astronomie une application directe. Elle est la première science qui utilise de plus en plus un langage mathématique, aussi bien pour son raisonnement que pour ses théories : en 1846, l'astronome **Urbain Le Verrier** (1811-1877), sans observation possible, établit par ses calculs l'existence de Neptune, confirmée le 23 septembre 1846 par Galle, directeur de l'observatoire de Berlin, qui voit la planète au point indiqué. Au début du siècle, sous l'influence de **Jean-Baptiste Monge** (1746-1818), une partie de la jeune école mathématique se concentre sur l'étude des diverses branches issues de la géométrie.

Physique

C'est dans ce domaine que les sciences expérimentales réalisent les progrès les plus considérables. L'ingénieur français **Augustin Fresnel**

(1778-1827) démontre, en 1818, que les phénomènes lumineux sont d'origine mécanique, provenant de vibrations qui se propagent par ondes successives. S'intéressant à la chaleur, **Nicolas Léonard Sadi Carnot** (1796-1832) établit le système en vertu duquel un système matériel tend toujours vers l'équilibre des températures. Il est suivi dans ses recherches par le Britannique **James Prescott Joule** (1818-1889) qui énonce le principe de conservation de l'énergie.

L'électricité

André-Marie Ampère (1775-1836) montre, en septembre 1820, que deux fils conducteurs parallèles, parcourus par un courant, et proches, exercent l'un sur l'autre des phénomènes d'attraction ou de répulsion en fonction du sens réciproque du courant qui passe dans chacun. Dès 1821, il réalise le premier galvanomètre, et publie, en 1826, son *Mémoire sur la théorie des phénomènes électrodynamiques, uniquement déduits de l'expérience*. **François Arago** (1786-1853), pendant la même période, met au point l'électro-aimant. Toutes ces découvertes reposent sur celle de la pile électrique de l'Italien **Alessandro Volta** (1745-1827), inventée vers 1800. Mais le progrès le plus grand est dû à l'Anglais **Michael Faraday** (1791-1867) qui, en 1831, fait évoluer l'électromagnétisme par la révélation de l'induction : si l'on relie deux circuits électriques, le fait, pour le courant, de passer dans le premier circuit d'une intensité nulle à une intensité I occasionne une brève production d'électricité dans le second circuit. Les applications de cette trouvaille sont rapides : première dynamo de Pacinotti en 1861, seconde de Gramme en 1869 et enfin alternateur inventé en 1883 par Tesla, utilisé dans le domaine industriel en 1898.

La photographie

Découverte par **Nicéphore Niépce** (1765-1833) dès 1816, puis améliorée par **Louis Daguerre** (1787-1851) entre 1826 et 1833, la photographie fut utilisée régulièrement par les astronomes à partir de 1850, sous la forme du daguerréotype, première forme de la photographie (1839).

Le cinéma et les films

Les premiers films projetés, ancêtres des actualités cinématographiques, sont souvent des documentaires, les premiers reportages. C'est la spécialité de **Charles Pathé** (1863-1957) dont la société naît avec l'envoi de cameramen partout dans le monde. Mais il arrive trop tard sur le marché pour le reportage consacré au couronnement du tsar Nicolas II, le 14 mai 1894, à Moscou, filmé par les opérateurs des frères **Auguste Lumière** (1862-1954) et **Louis Lumière** (1864-1948), et premier grand document d'actualité.

– **Georges Méliès** (1861-1938) était destiné à reprendre la fabrique de chaussures paternelle. Mais il préfère partir à Londres s'initier à la prestidigitation, devenir le propriétaire et directeur du théâtre **Robert Houdin**, du nom du célèbre illusionniste. De retour en France, et après l'échec d'une tentative de coopération avec les frères Lumière, Georges Méliès s'installe à Montreuil, en banlieue parisienne. Il y fonde la compagnie *Star Film*, qui donnera plus tard toute une terminologie pour les grands acteurs et actrices, futurs « étoiles » ou « stars » du cinéma. À la fois producteur, scénariste, décorateur, il tourne dans son studio des centaines de petits films remplis d'imagination et d'effets spéciaux, appelés à l'époque les trucages. Les plus célèbres sont *Cléopâtre* (1899), qui montre la résurrection de la fameuse reine d'Égypte à partir des restes carbonisés de sa momie, d'une durée de deux minutes, et surtout *Le Voyage dans la lune* (1902). Adapté du roman de Jules Verne, *De la Terre à la Lune*, ce film d'environ 15 minutes crée un genre nouveau au cinéma, la science-fiction, tout en reprenant des éléments burlesques et comiques. Six scientifiques, menés par le professeur Barbenfouillis, joué par Méliès lui-même, gagnent la Lune à bord d'un obus. Les relations avec les habitants du lieu, les Sélénites (Séléné : nom de la Lune en grec), commencent d'autant plus mal que l'obus atterrit en se fichant dans l'œil droit de la Lune, que voilà quasiment éborgnée ! Capturés, évadés, les membres de l'expédition reviennent sur Terre, où ils sont couverts d'honneurs.

– **Du cinéma à la salle.** Le succès est tel que les salles louées ne suffisent plus, il faut au cinématographe un lieu permanent adapté à ses propres contraintes techniques, capable de recevoir des foules de plus en plus nombreuses et curieuses : la salle de cinéma est née. La première est inaugurée le 25 janvier 1896, à Lyon, patrie des frères Lumière, comme il se doit. Suivent, au cours de la même année, Bordeaux, puis à l'étranger Londres, Bruxelles, Berlin, et, en juin 1897, une première projection a lieu à New York. Les coûteuses séances à un franc cèdent vite la place, devant l'affluence, à des prix abordables au plus grand nombre. Dès sa naissance, le cinéma est un art populaire.

LE DÉVELOPPEMENT DES SCIENCES PSYCHOLOGIQUES ET MÉDICALES EN EUROPE AU XIXe SIÈCLE

Le développement de la psychiatrie est étroitement lié à celui de la médecine. Dès 1794, la Convention nationale met en place un nouveau type de médecine scientifique. Les hôpitaux deviennent des centres de recherche médicale. La formation se fait en collaboration avec les universités assurant ainsi à ses praticiens un haut niveau. La médecine progresse grâce **à trois orientations :**

– définir les différentes pathologies par des moyens objectifs d'examen. L'autopsie se pratique à la mort des malades, mais il faut aussi savoir localiser le siège du mal du vivant du patient. **René Laennec** (1781-1826) est à l'origine de l'auscultation du cœur et des poumons. L'utilisation du microscope est un atout supplémentaire ;
– comprendre ce qui provoque les maladies. **Louis Pasteur** (1822-1895) et **Robert Koch** (1843-1910) révèlent tous deux que les germes isolés par eux peuvent être responsables d'une maladie ;
– faire de l'expérimentation la méthode absolue de la recherche médicale. En 1865 paraît l'*Introduction à l'étude de la médecine expérimentale*, de **Claude Bernard** (1813-1878), ouvrage capital sur la conduite expérimentale fondée sur le raisonnement, l'induction, la déduction et sur le passage de l'inconnu au connu. Grâce à ces techniques, il apparaît que les troubles cliniques sont moins liés aux lésions anatomiques qu'aux troubles de fonctionnement.

Ces différentes évolutions sont également en rapport avec le développement de la biochimie, du vaccin contre la rage de Pasteur, de la chirurgie, de la découverte des rayons X par **Wilhelm Conrad Röntgen** (1845-1923), de celle de la radioactivité par Pierre et Marie Curie. Mais afin de progresser encore plus, la médecine doit faire à la fois aboutir ses aspirations d'unité et de spécialisation. La psychiatrie est l'une des premières branches à s'organiser : c'est avec l'arrivée de **Philippe Pinel** (1745-1826) que le malade mental est considéré comme un vrai malade, attitude suivie par son élève **Jean Étienne Dominique Esquirol** (1772-1840), son élève. Ce sont les progrès de la physiologie, surtout dans les domaines de l'étude du cerveau et du système nerveux, qui entraînent l'essor de la psychologie. L'étude du comportement, expliqué en fonction de manifestations et phénomènes physiologiques, est rendue dans les *Éléments de psychologie physiologique* (1873-1874) de Wilhelm Wundt (1832-1920). L'expérimentation appliquée au domaine de la psychologie se fait par les tentatives de **Jean-Martin Charcot** (1825-1893) au Kremlin-Bicêtre afin de comprendre les troubles du comportement regroupés sous le vocable d'hystérie. Cet état est également étudié par **Pierre Janet** (1859-1947) qui utilise l'hypnose comme moyen d'investigation. Depuis la fin du XVIIIe siècle, une tradition vivace avait maintenu les puissances occultes de l'esprit dans le domaine des sciences ésotériques. **Freud** (1856-1939) ne fait aucune découverte réelle, il problématise ce qui existait déjà, l'intégrant dans une démarche scientifique : « Depuis Freud, ce ne sont pas des réalités qui sont découvertes, ce sont plutôt des réalités qu'on croyait repérées qui sont problématisées[1]. »

L'apport fondamental de Sigmund Freud

Né en Moravie, Freud (1856-1939) s'installe à partir de 1860 à Vienne avec sa famille dans le quartier juif de Léopoldstadt. Il fait d'abord des études de médecine à l'université de Vienne, puis un stage à Paris dans le service du professeur **Charcot**, spécialisé dans les maladies nerveuses. De plus en plus, il tourne ses recherches vers l'aspect

---

1. Pierre-Laurent Assoun, *Histoire de la psychanalyse*, t. I, Paris, Hachette, 1982, p. 159.

psychique de l'hystérie et affirme l'origine sexuelle des névroses. En 1899 paraît *L'Interprétation des rêves*, puis en 1904 *Psychopathologie de la vie quotidienne* et en 1905 *Trois essais sur la théorie sexuelle*. Le premier congrès international de psychanalyse se tient à Salzbourg en 1908. Il définit en 1923 la notion du *ça*, du *moi* et du *sur-moi*. En 1938, une fois l'Autriche rattachée à l'Allemagne hitlérienne, Freud doit s'exiler pour Londres, où il meurt un an plus tard. Hormis celles déjà citées, ses principales œuvres sont *Cinq leçons sur la psychanalyse* (1909), *Totem et Tabou* (1912), *Introduction à la psychanalyse* (1916), *Malaise dans la civilisation* (1930), *Moïse et le monothéisme* (1939). Freud est le premier à émettre l'hypothèse de l'inconscient[1] psychique, hypothèse car il ne s'agit plus d'une réalité biologique. Sa nouveauté consiste à considérer comme une réalité à part entière, « de faire entrer la psychologie dans le cadre des sciences naturelles, c'est-à-dire de représenter les processus psychiques comme des états quantitativement déterminés de particules matérielles distinguables[2] ». Le corps s'impose donc en psychanalyse comme le lieu du symptôme psychosomatique, le moyen d'étudier à travers lui les rapports entre psychique et somatique. Il s'impose également en tant que lieu nécessaire, et non principe constituant où va se réaliser la dialectique du symptôme. En 1899, dans *L'Interprétation des rêves*, il définit le mécanisme et la nature du rêve, mais aussi celui du désir qui s'exprime à la surface du corps, dans les actes manqués, les symptômes névrotiques, et en déduit que « le riche contenu représentatif du rêve ne peut être déduit des seules excitations nerveuses externes[3] ». Après 1909, Freud précise la notion d'inconscient, le *ça*, lieu des pulsions dont l'énergie commune est la libido. Il fournit dans *Trois essais sur la théorie sexuelle* la première théorie des pulsions, et en distingue deux types, sexuelles et d'autoconservation. La pulsion a une double réalité, à la fois somatique et psychique. Elle naît d'une excitation corporelle s'exerçant sur un point du corps, elle a une finalité, se défaire de cette quantité d'énergie, et y parvient, c'est l'objet pulsionnel. La sexualité dans le freudisme prend

---

1. Rappelons que la notion d'inconscient était déjà introduite dans le vocabulaire philosophique par Descartes et Leibniz. Mais il s'agit d'un inconscient physiologique. Les phénomènes que constituent « passion » ou « petites perceptions » sont des manifestations corporelles.
2. Sigmund Freud, *La Naissance de la psychanalyse*, Paris, Puf, 1973, p. 315.
3. Sigmund Freud, *L'Interprétation des rêves*, Paris, Puf, 1976, p. 14.

une place importante en la révélant comme quelque chose d'omniprésent dans les actes quotidiens et non seulement dans les rapports sexuels.

En précisant la notion de *ça*, il développe également celle de *sur-moi*, acquis par interposition des interdits sociaux, familiaux. Quant à celle de *moi*, elle est en rapport avec le principe de réalité. La défense de la personnalité lui incombe. Instinct de vie et instinct de mort seront distingués par Éros, pulsion d'amour, et Thanatos, pulsion de mort. Que ce soit dans les rêves, ou dans l'hystérie, le corps est appréhendé par fragments investis d'une signification inconsciente. La fonctionnalité biologique de ses différentes parties est esquissée au profit de lieu possible où se déchargent les pulsions. Il y a donc une profonde différenciation entre le corps réel et celui du psychisme qui ne prend « corps » que par le jeu du langage. L'homme semble ici divisé et c'est ce morcellement qui a donné naissance aux arguments antifreudiens, arguments antihumanistes, forgés surtout entre les années 1950 et 1980. Il ne semblait plus être au centre de lui-même, ni comme conscience, ni comme volonté libre. La notion de sujet, déjà fortement ébranlée par Marx et Nietzsche, a été nettement remise en question par Freud. L'impact de ses théories sera considérable et, en 1926, à Paris, est créée la Société psychanalytique. Son exil à Londres, en 1938, permettra de diffuser mondialement sa pensée, malgré les différends et les divisions qui caractérisent ce mouvement. Freud, avant de donner à la psychanalyse ses lettres de noblesse, conçoit celle-ci comme une méthode pour traiter les troubles psychiques. Il découvre l'importance du transfert, qui se définit comme le report du malade vers la personne du médecin de tous ses sentiments vécus à l'époque du traumatisme initial.

LES GRANDS COURANTS DE PENSÉE POLITIQUE AU XIXe SIÈCLE

Le premier libéralisme

Le libéralisme repose sur l'idée d'un homme rationnel, tout d'abord du point de vue politique, puis économique, apte à assumer sa liberté. Il trouve son affirmation juridique dans la Constitution américaine et dans la *Déclaration des droits de l'homme* en France. Les hommes sont égaux en droit, les hiérarchies liées à la naissance abolies. Dans le domaine économique, la liberté nouvelle se fait par l'abolition du système des corporations par la loi Le Chapelier de 1791. Lié à la modernité, le libéralisme place l'individu avant la liberté. C'est une entreprise dont le but est de fonder la société sur l'individu, suprême valeur, là où auparavant ont régné la religion, la philosophie, la liberté. Afin d'y parvenir, il faut opérer suivant un processus de création continue. Politique, le libéralisme est garant des libertés civiques, protecteur de l'individu ; économique, il prône l'économie de marché fondée sur l'entreprise privée et la libre concurrence. Selon **Max Weber**, le libéralisme naît au XVIe siècle avec le mouvement de la Réforme protestante. L'élu de Dieu voit sa situation matérielle s'améliorer, la prospérité est la marque de son choix. La Grande-Bretagne du XVIIe siècle lui donne ses prémices avec les écrits de Locke, plus tard une théorie avec Adam Smith, cependant qu'en France le médecin **Quesnay** développe l'école physiocratique, à laquelle se rattachent Du Pont de Nemours, Mercier de La Rivière. La Révolution française en donne la lecture juridique avec la *Déclaration des droits de l'homme et du citoyen* de l'Assemblée nationale constituante, le 26 août 1789. Désormais l'individu, le citoyen, se voit assurer la garantie des droits inaliénables et sacrés, au premier rang desquels la liberté. **Benjamin Constant** fonde une conception du libéralisme, en continuité avec l'idéologie du progrès du siècle des Lumières. Il le conçoit comme politique, économique, formant un corps de pensée unitaire. Tout au long du XIXe siècle, cette façon de penser se divise, pour donner naissance à des libéralismes : opposé à l'absolutisme en politique, au socialisme en économie, à toutes les intolérances dans le domaine de la pensée. Il est courant d'accoler, au XIXe siècle, libéralisme et idéologie de la bourgeoisie. Cela demande à être nuancé, dans la mesure où le libéralisme s'exprime plutôt dans la vie politique en France, où il recouvre largement les aspirations bourgeoises de la monarchie de Juillet (1830-1848), alors qu'il se fond en Angleterre avec l'utilitarisme de **Bentham**, s'humanise avec Stuart Mill, est poussé jusqu'à l'anarcho-libéralisme par Stirner en Allemagne. Après l'échec des mouvements révolutionnaires de 1848, le retour au pouvoir de régimes réactionnaires, contre-révolutionnaires, infléchit le sens donné au terme de libéralisme. En France, pendant **le Second Empire** (1852-1870), le libéralisme économique s'efface devant le protectionnisme, trouve son expression dans la volonté d'étendre les libertés politiques. Après l'effondrement du régime, la IIIe République, difficilement mise en place par les lois constitutionnelles de 1875, s'approprie le libéralisme politique, pour lui conférer une dimension sociale, notamment avec les lois scolaires votées entre 1881 et 1883. En Angleterre, Spencer fait évoluer le libéralisme par une perversion du darwinisme. Il transpose les faits biologiques à la société : reprenant le principe de l'évolution, il en fait une adaptation au milieu, réalisée pour le plus grand nombre grâce au progrès scientifique. Il est pour Spencer nécessaire de cantonner l'État à ses fonctions judiciaires, tous les autres domaines relèvent de l'initiative privée. Avec la constitution de l'Empire britannique, la reine Victoria devenue impératrice des Indes, le libéralisme évolue pour devenir une composante de l'impérialisme.

Les utopistes

Henri de Saint-Simon (1760-1825), parent de l'auteur fameux des *Mémoires*, expose son système de pensée économique et social dans *Du système industriel* (1820-1822), où il oppose deux catégories, les inactifs et les producteurs, ces derniers devant détenir la réalité du pouvoir politique. Dans ses *Lettres d'un habitant de Genève à ses concitoyens* (1803), il propose que les prêtres soient remplacés par les scientifiques. Après une période de compagnonnage avec Auguste Comte, les deux hommes se séparent en raison de leurs divergences d'opinion. Saint-Simon se tourne alors vers le christianisme, avec *Le Nouveau Christianisme* (1825). Il voit dans cette religion la doctrine dont le fondement est de venir en aide aux plus pauvres, défavorisés de la société. Peu écouté de son vivant, ses idées exercent cependant une influence, notamment sur les socialistes, dans la seconde partie du siècle.

♦ **Charles Fourier** (1772-1837) présente sa conception de la société à bâtir dans *Théorie des quatre mouvements et des destinées générales* (1808). Les hommes, libres et rationnels, peuvent se passer d'État. Il ne croit pas au principe d'autorité, nul besoin d'un État régulateur, les rapports entre les hommes sont pour lui réglés par l'association en phalanstères, groupement d'environ mille six cents personnes, à la campagne, hommes et femmes, chacun s'adonnant uniquement aux travaux qui l'intéressent, en changeant d'activité aussi souvent qu'il le désire. Le phalanstère n'est pas un système communiste, il comprend riches et pauvres, les revenus y sont partagés en fonction du capital initial apporté, du travail effectué et du talent propre à chacun. On peut y voir à la fois l'ancêtre des sociétés par action et des coopératives. Tout le mal provient de l'oubli des règles naturelles que les hommes, dans leur folie, ont remplacé par les leurs propres, reposant justement sur la défense des égoïsmes constitués. Afin de les retrouver, Fourier préconise la création de phalanstères au sein desquels chacun suit ses seules inclinations, certes, mais pour les utiliser au mieux dans l'intérêt de tous. Les sentiments eux-mêmes ont une utilité pratique, doivent être exprimés librement, encouragés afin de découvrir les bienfaits qu'ils peuvent apporter à la société. Épanoui, valorisé dans l'expression de ses inclinations, sentiments, l'individu ne peut que développer son intelligence, s'amender pour le plus grand profit du bien commun. Le phalanstère est le fondement associatif de la société nouvelle imaginée par Fourier. Les tentatives de concrétisation furent des échecs, la plus longue expérience étant due à Godin, en 1860, avec un phalanstère produisant des appareils de chauffage. Le *phalanstère* est composé d'une *phalange* dirigée par un *unarque*, sur la base démographique de mille six cents personnes par lieue carrée, soit environ, d'après Fourier, quatre cents familles. Cette organisation reflète bien la conviction d'une société comparable à un très grand atelier, organisable par la raison.

♦ **Victor Considérant** (1808-1893) est, très jeune, marqué par sa rencontre avec Fourier. À la mort de ce dernier, en 1837, il devient son héritier spirituel, consacre sa vie à propager l'œuvre d'un autre. Ses publications personnelles sont cependant fort nombreuses : *La Destinée sociale* (1834-1838), *De la politique générale et du rôle de la France en Europe* (1840), *Théorie de l'éducation naturelle et attrayante* (1845), *Exposition du système de Fourier* (1845), *Principes du socialisme* (1847), *Description du phalanstère* (1848), *Théorie du droit de propriété et du droit au travail* (1848), *Le Socialisme devant le vieux monde*

(1849), *L'Apocalypse ou la prochaine rénovation démocratique et sociale de l'Europe* (1849), *Au Texas* (1854), *Mexique, quatre lettres au maréchal Bazaine* (1868). Il effectue plusieurs voyages aux États-Unis, où il fonde un éphémère phalanstère, au Texas, la communauté de La Réunion, entre 1855 et 1857. Il meurt à Paris en 1893.

◆ **Robert Owen** (1771-1858) est une figure particulière et attachante parmi les socialistes utopistes. Industriel écossais fortuné, il prend une part active à la lutte contre la pauvreté et le travail des enfants, à l'amélioration de leurs conditions de vie par le rachat des Filatures de Lanark, où il met en pratique son idéal de développement de l'individu, réduit la journée de travail, paie, loge et nourrit mieux ses ouvriers, envoie leurs enfants à une école gratuite, système plus tard théorisé dans *Nouveaux points de vue sur la société* (1812). Une tentative de communauté pratiquant l'égalité absolue échoue aux États-Unis, celle de New Harmony entre 1825 et 1828. Owen y engloutit presque toute sa fortune. La coopérative de Rochdale, gérée par les ouvriers, est également un échec. Owen, après 1834, se consacre à la diffusion de ses idées sociales.

Les communistes

◆ **Gracchus Babeuf** (1760-1797) et son *Manifeste des Égaux* (1796). Babeuf veut achever la Révolution sur un point important : jamais une assemblée n'a voté l'élimination de la propriété. Les révolutionnaires bouleversent l'Ancien Régime par les mesures sociales adoptées, annoncent le passage d'une société d'ordre à celle de classes, mais ne franchissent jamais le pas de l'abolition de la propriété privée. La Conspiration des égaux se donne pour finalité de parvenir à cette étape proprement socialiste, acte fondateur d'une véritable « République des Égaux » : « Plus de propriété individuelle des terres, la terre n'est à personne[1]. »

◆ **Auguste Blanqui** (1805-1881) paie ses convictions républicaines et socialistes de longues périodes d'emprisonnement, trente-trois ans

---

1. Philippe Buonarroti, *Histoire de la conspiration pour l'égalité dite de Babeuf : suivie du procès auquel elle donna lieu*, G. Charavay jeune, 1850, 253 p.

de sa vie au total. Profondément convaincu que l'ordre ancien ne peut être renversé que par l'action directe, il appartient à plusieurs sociétés secrètes, complote contre Louis-Philippe Ier, puis contre Napoléon III, prend une part active à la Commune de Paris en 1871. Le blanquisme repose sur l'insurrection, afin de prendre le contrôle de l'appareil d'État. Le modèle d'action est donné par la prise par surprise de l'hôtel de ville de Paris en 1839, par Blanqui et ses fidèles, qui en sont toutefois vite délogés, les Parisiens ne manifestant qu'indifférence devant cette insurrection.

♦ Penseur du communisme utopiste, **Étienne Cabet** (1788-1856) est né à Dijon le 2 janvier 1788, et meurt dans la misère aux États-Unis, à Saint-Louis, en 1856. Il est nommé procureur général en Corse en 1830, député en 1831. Condamné en 1834 pour offense au roi, il s'enfuit en Angleterre, rentre après l'amnistie de 1837 et prépare son fameux *Voyage en Icarie*, dans lequel il développe ses théories utopiques. Soixante-neuf de ses adeptes, nommés Icariens, voulant fonder une société ordonnée selon ces dernières, s'établissent en commun sur un territoire du Texas, en 1848. Ils se transportent à Nauvoo, dans l'Illinois, en 1850, et Cabet ne tarde pas à les rejoindre. Mais cette tentative de mettre en pratique les théories du maître échoue misérablement au milieu de la discorde des Icariens. Cabet est l'auteur de *L'Histoire populaire de la Révolution française de 1789* (1839), ainsi que de nombreuses brochures politiques. C'est en 1840 que paraît *Voyage en Icarie*, utopie fondée sur un communisme total. L'État régit jusqu'aux moindres détails de la vie de chaque individu.

♦ L'activité de **Karl Marx** est multiple, et il est loisible d'en faire un philosophe, un économiste, un journaliste – c'est d'ailleurs ce qui occupe l'essentiel de son existence –, enfin un sociologue, en dépit du peu de crédit qu'il accordait lui-même à cette science naissante à son époque. C'est pourquoi nous développons ici cet aspect de son œuvre, sa pensée philosophique étant présentée *infra*.

Karl Marx (1818-1883) développe une théorie de l'histoire qui repose sur des forces antagonistes. À la bourgeoisie détentrice des moyens de production et d'échange s'oppose le prolétariat, terme repris de la Rome antique où il désigne celui qui ne laisse aucun bien à ses enfants à sa mort tant il est pauvre. Dans la pensée marxiste, il est victime d'aliénation, c'est-à-dire dépossédé de ses propres réalisations qui font l'objet des transactions de l'économie de marché. Ses ouvrages essentiels sont le *Manifeste du parti communiste* (1847-1848), écrit avec **Engels**, et *Le Capital* (1867). Il se différencie des théoriciens précédents par le recours indispensable à la lutte des classes. L'histoire de l'humanité révèle l'incessante opposition entre le prolétariat et la bourgeoisie, en lutte permanente. Le triomphe définitif, l'avènement de la dictature du prolétariat, n'est possible qu'en prenant par la force le pouvoir détenu par les classes bourgeoises. Il faut ensuite procéder à l'appropriation collective des moyens de production et d'échange.

L'idéologie selon Karl Marx

Origine : elle est le fruit des idées et représentations nées de la conscience : principes moraux, foi, sentiments, etc. De ce fait elle est issue d'une double origine : la conscience est l'origine apparente ; les conditions de la vie matérielle l'origine réelle. L'idéologie est une *émanation*, une *forme* du réel, mais pas la réalité. Au contraire, l'idéologie, pour Marx, inverse le rapport cause-effet.

Fonction : l'idéologie est au service des intérêts de la classe dominante. Elle ne sert donc, comme les idées, à rien *a priori*. Toutefois elle aide, par ses conflits mêmes, le prolétariat à prendre conscience de son aliénation. En ce sens, elle est utile malgré elle.

Jugement : Marx préfère la critique « scientifique », celle de l'économie par exemple, à la critique idéologique. Cette dernière ressemble fort alors à un produit de l'imaginaire de la conscience, sans rapport avec le réel.

◆ **Friedrich Engels** (1820-1895), en 1842, rencontre Moses Hess, l'homme qui le convertit au communisme. Hess, fils de parents riches, promoteur de causes radicales, démontre à Engels que la conséquence logique de la philosophie hégélienne et de la dialectique est le communisme. Après la mort de Marx, en 1883, Engels sert de principale autorité sur Marx et le marxisme. En dehors des écrits occasionnels sur une variété de sujets et des présentations de nouvelles éditions des œuvres de Marx, Engels complétera les volumes 2 et 3 du *Capital* (1885 et 1894), sur la base des manuscrits inachevés.

Ses principales œuvres sont : *La Situation de la classe laborieuse en Angleterre* (1845), *Manifeste du parti communiste* (avec Karl Marx,

1848), *Révolution et contre-révolution en Allemagne* (1851-1852), *Monsieur Eugène Dühring bouleverse la science* (1878), plus connu sous le nom d'*Anti-Dühring*, *L'Origine de la famille, de la propriété privée et de l'État* (1884). Il laisse une partie de ses ouvrages philosophiques à l'état de manuscrits : *Dialectique de la nature* (1925), *Ludwig Feuerbach et la fin de la philosophie classique allemande* (1888).

L'idéologie selon Friedrich Engels

Origine : elle est produite par la conscience, mais aussi les passions humaines. Elle recouvre tous les domaines de la conscience, du droit à la religion. La pensée formulée est son origine apparente, son origine réelle réside dans l'économie et les forces historiques. Par rapport au réel, elle est une « forme » ou un « reflet ». Engels accuse l'idéologie d'inverser le réel, de présenter les choses à l'envers.

Fonction : Engels la pense inutile, inefficace. Au mieux, elle présente une « efficacité relative » par son action sur les stades du développement économique.

Jugement : conscience faussée de la réalité politique, sociale, historique, l'idéologie remplit deux fonctions essentielles : maintenir la domination de la classe au pouvoir, assurer la polémique lors des luttes politiques.

C'est sous le titre allemand *Der Ursprung der Familie, des Privateigentums und des Staats* ou *L'Origine de la famille, de la propriété privée et de l'État* que paraît, en 1884, l'ouvrage de Friedrich Engels consacré à l'évolution sociale. S'inspirant du *Capital*, l'auteur refuse l'idée de structures sociales permanentes qui seraient inhérentes à l'humanité, toutes sociétés confondues.

LA MUSIQUE ROMANTIQUE EN EUROPE

Le romantisme naît en Allemagne à la fin du XVIIIe siècle, Madame de Staël lui donne en 1813 une première définition en le décrivant comme national, populaire, issu de la terre et de l'âme. C'est bien ainsi qu'il va se concrétiser par la musique romantique. La musique de chambre s'efface quelque peu au profit des modes permettant l'expression du sentiment, le pianoforte, le chant, la symphonie. La musique doit non seulement accompagner les mouvements tumultueux du cœur, mais rendre les conflits intérieurs à l'âme. Le compositeur qui incarne à lui seul la transition entre le XVIIIe siècle de Mozart et le romantisme musical est Ludwig van Beethoven, auteur prolifique de symphonies, messes, oratorios, de plus de trente sonates pour piano, d'un opéra. C'est ce genre musical, auquel il se consacre moins, qui se développe avec les œuvres de Rossini, Donizetti ou Bellini dans la première moitié du XIXe siècle, avant que Verdi ne s'impose pour la seconde. En Allemagne, après Carl Maria von Weber et *Der Freischütz* (1821), le romantisme est confondu avec la figure dominante de Richard Wagner (1813-1883) qui transforme l'opéra en un spectacle total, auquel concourent tous les autres arts. La symphonie s'illustre avec Felix Mendelssohn, Brahms ou Berlioz, la musique pour piano avec Liszt, Chopin, le *lied* par Schumann et Schubert, qui en compose plusieurs centaines. Mais, au-delà des instruments et des formes orchestrales, le romantisme musical recouvre aussi une dimension nationale, palpable surtout en Europe centrale et orientale, où les compositions des Tchèques Smetana et Dvořák et celles des Russes du Groupe des Cinq (Borodine, Moussorgski, Cui, Balakirev, Rimski-Korsakov) puisent au cœur des légendes nationales, mettant la nature à contribution pour en exalter les spécificités.

CHAPITRE II
L'Angleterre au XIXe siècle

1. Les derniers princes de la maison de Hanovre

Après son père George III qui a perdu la raison, le nouveau roi d'Angleterre, **George IV** (1820-1830), bénéficie de peu de crédit dans l'opinion publique. Sa vie de dandy, ses dépenses, la mésentente avec son épouse, son autoritarisme lui aliènent les sympathies, lui valent le surnom dépréciatif de « Prinny », « le scandaleux ». En 1829, après plusieurs tentatives avortées, le Premier ministre **Robert Peel** (1788-1850) finit par faire accepter au roi la loi d'émancipation des catholiques, considérés comme des sujets de seconde zone par un souverain protestant. **George IV** meurt le 26 juin 1830. Son frère lui succède sous le nom de **Guillaume IV** (1830-1837), à l'âge de soixante-quatre ans. La crise économique et le mécontentement social nécessitent des réformes. Pour les réaliser, le roi appelle le chef du parti whig, **Charles Grey** (1764-1845). Devenu Premier ministre, il fait voter la nouvelle loi électorale de 1832. Celle-ci rééquilibre la répartition des sièges en faveur des villes, uniformise les conditions pour être électeur – être propriétaire d'un bien rapportant 10 livres de revenu – et double le corps électoral qui passe à plus de huit cent mille électeurs. Les deux partis qui alternent au pouvoir évoluent également, changent de nom, le parti tory devient parti conservateur et celui des whigs parti libéral. Guillaume IV meurt le 20 juin 1837. La couronne d'Angleterre passe à sa nièce, **Victoria** (1819-1901), celle du Hanovre qui n'admet que la succession masculine au prince **Ernest-Auguste** (1771-1851), cinquième fils de **George III**.

LE SIÈCLE DE VICTORIA

La reine **Victoria Ire** (1837-1901) domine tout le second XIXe siècle britannique. Reine du Royaume-Uni de Grande-Bretagne et d'Irlande, proclamée impératrice des Indes en 1876, elle donne son nom à l'ère victorienne, apogée de la puissance économique et colonisatrice du pays, mais aussi carcan des mœurs et incapacité à accompagner les transformations sociales nées dans les tensions. En 1846, l'Angleterre adopte le libre-échange en abolissant les *Corn Laws*, les lois sur les blés, régime protectionniste qui permet aux grands propriétaires terriens de vendre leur blé à un cours élevé. Après cette date, conservateurs et libéraux ne s'opposent plus fondamentalement et alternent au pouvoir, avec les figures dominantes de **Benjamin Disraeli** (1804-1881) pour les conservateurs et de **William Gladstone** (1809-1898) pour les libéraux. Disraeli gouverne entre 1866 et 1868 puis de 1874 à 1880, Gladstone de 1868 à 1874 puis de 1880 à 1886. Après 1886, les conservateurs demeurent au pouvoir jusqu'en 1905. Benjamin Disraeli, orateur talentueux, est le ferme soutien de la reine et le promoteur de l'Empire britannique et de sa mystique. William Gladstone veut défendre le peuple, les opprimés, favoriser la paix. Victoria règne en respectant le parlementarisme britannique, mais se retire des affaires du gouvernement après le décès de son consort, le prince **Albert de Saxe-Cobourg-Gotha** (1819-1861) qu'elle épouse en 1840. Elle échappe à plusieurs tentatives d'assassinat et devient la « grand-mère de l'Europe » par l'intermédiaire de ses neufs enfants alliés aux couronnes européennes. Mais la fin du règne est assombrie, après 1890, par les difficultés économiques et les tensions sociales nées d'une crise agricole et industrielle. La reine meurt le 22 janvier 1901, après soixante-trois ans de règne. Son fils aîné, **Édouard, prince de Galles** (1841-1910), lui succède sous le nom d'**Édouard VII** (1901-1910).

RÉFORMES ET PROBLÈMES

Plusieurs réformes électorales sont mises en œuvre. Celle de 1867 étend le droit de vote en abaissant les conditions de cens. Le rééquilibrage entre bourgs peu peuplés qui perdent des députés et villes industrielles qui croissent et gagnent en population s'accentue. Le corps électoral frôle les deux millions. La réforme de 1884-1885 donne le droit de vote élargi à cinq millions d'électeurs. Ne sont écartés que les indigents, domestiques et les femmes. En 1872, le *Ballot Act* instaure le scrutin secret à la place du vote public. L'évolution se poursuit avec le recrutement des fonctionnaires par concours (1870), l'enseignement primaire obligatoire (1880), la légalisation du droit de grève (1875). Le royaume est secoué par la question de l'Irlande, terme qui recouvre trois aspects. D'un point de vue religieux, les catholiques refusent de payer une taxe à l'Église anglicane. D'un point de vue politique, les Irlandais veulent l'abrogation de l'Acte d'Union (1800), certains prônent l'autonomie, ou *Home Rule*. Et d'un point de vue économique, les terres appartiennent en Irlande aux Landlords, grands propriétaires fonciers anglais absentéistes qui en chassent les paysans irlandais pour pouvoir remplacer l'agriculture par les herbages pour l'élevage. Une grande famine a frappé l'île entre 1845 et 1849, provoquant environ un million de morts. Gladstone conduit la politique anglaise en Irlande, entre concession et répression.

La loi de « désestablissement » de l'Église anglicane (1869) restitue certains biens au clergé catholique, celle de 1870 contraint les propriétaires à indemniser les fermiers chassés de leurs terres. Si certains Irlandais comptent sur le terrorisme – le lord secrétaire d'État pour l'Irlande est assassiné le jour même de son arrivée à Dublin –, les députés irlandais aux Communes, conduits par **Charles Parnell** (1846-1891), pratiquent une technique d'obstruction. Après des discours fleuves de plusieurs heures, ils conservent la tribune en lisant la Bible. En 1886, il se prépare à faire voter le *Home Rule*, mais les libéraux perdent les élections législatives au profit d'une écrasante majorité conservatrice. Gladstone revient brièvement au pouvoir entre 1892 et 1895, mais le projet de *Home Rule* est de nouveau repoussé. Les conservateurs gouvernent entre 1886 et 1902 avec **lord Salisbury** (1830-1903) puis, de

1902 à 1906, avec **sir Arthur Balfour** (1848-1930), soutenus par les unionistes de **Joseph Chamberlain** (1836-1914), ministre des Colonies. La lutte contre le *Home Rule* reprend sous plusieurs formes. Les lois agraires nouvelles permettent aux paysans de racheter les terres à l'aide de prêts du gouvernement. L'obstruction au Parlement de clore le propos de l'orateur est rendue impossible par le pouvoir nouveau du speaker, président de la Chambres des communes. Charles Parnell, le « roi d'Irlande sans couronne », est discrédité par un procès en adultère.

L'EMPIRE BRITANNIQUE

Le règne de Victoria est aussi celui de l'expansion coloniale. L'Inde est conquise en plusieurs étapes. **Richard Wellesley** (1760-1842), gouverneur général des Indes, soumet l'Inde du Sud entre 1798 et 1807. Il bat **Tippu Sahib** (1749-1799), sultan de Mysore, en 1799. Puis la Grande-Bretagne s'empare de l'Indus, du Gange, du Panjab en 1849. Mais toutes les tentatives contre l'Afghanistan se brisent sur les résistances des tribus. La prise de contrôle de l'Asie du Sud-Est s'organise avec la maîtrise de Singapour (1819), de l'Assam (1828), de Hong Kong (1842), de la Birmanie (1852). Au Canada, après la révolte anti-anglaise de 1837, **John Lambton** (1792-1840), comte de Durham, accomplit sur place une mission d'enquête, conclue par l'Acte d'Union (1840) qui établit un gouvernement responsable élu par les colons. Ce système repose également sur l'idée, à terme, d'assimiler les Canadiens français. L'Australie sert d'abord de lieu de transportation, c'est-à-dire de déportation des relégués après la perte des colonies américaines. L'élevage du mouton provoque une autre forme de colonisation. La Nouvelle-Zélande est colonisée à partir de 1840. L'Égypte est conquise en 1882, l'Ouganda en 1895, le Nigeria futur à partir de 1887, mais en Afrique du Sud une guerre oppose les Anglais aux descendants des colons néerlandais, les Boers, de 1899 à 1902. Les Boers, vaincus, deviennent sujets britanniques, mais conservent leur langue.

2. L'art dans l'Angleterre du XIXᵉ siècle

L'Angleterre est à cette époque, économiquement parlant, la première nation industrielle du monde, ce qu'elle était déjà bien avant la Révolution. Comme tous les grands centres européens, elle a son haut lieu de savoir, de diffusion des courants d'idées. C'est dans les villes et la capitale que se forment des groupes spécialisés dans tous les domaines. Ainsi la confrérie des préraphaélites va-t-elle se constituer en 1848 autour d'artistes qui se regroupent dans la Pre-Raphaelite Brotherhood. Le peintre le plus important de ce groupe est **Dante Gabriel Rossetti (1828-1882)**. Dès 1859, il choisit une image archétype, un type féminin sensuel, aux formes androgynes, et introduit dans ses œuvres une variante ésotérique et mystique. **Le premier mouvement artistique** au début du XIXᵉ siècle, en 1803, est marqué par l'école de Norwich rendant hommage à la beauté du Norfolk. Un de ses principaux peintres est **John Crome (1768-1821)**. Londres reste, en dehors de l'Italie, la ville qui a attiré pendant ce siècle le plus d'artistes français, et ce de façon continue : visite aux expositions de la Royal Academy, visite aux ateliers des peintres, et la prise de croquis sur place servit à fixer l'éclat des arts en Grande-Bretagne.

LA PEINTURE ROMANTIQUE

Elle se caractérise par ses paysages, sa lumière, ses couleurs. **William Blake (1757-1827)**, poète et aquarelliste mystique, produit une œuvre essentiellement graphique visant à illustrer ses propres textes ou ceux de Dante, de la Bible, de Shakespeare, le Newton dont le regard fixe un compas. **Joseph Mallord William Turner (1775-1851)** privilégie le paysage et **octroie à la lumière un rôle prépondérant** qui confère à ses œuvres la dimension du rêve, en annulant le dessin et les contrastes d'ombre et de lumière. Sa peinture évolue d'un métier classique et illusionniste aux teintes tonales et à la couleur intense dans une pâte maçonnée, puis à un tourbillon de couleurs et de lumières parfois informel : *Pluie, vapeur et vitesse* (1844), toile représentant une locomotive passant sur le pont du chemin de fer ; *Vaisseau dans la tempête*

(1842). Là encore, dans ce tableau, la sérénité cède le pas au mouvement. John Crome et **John Constable** (1776-1837) inaugurent la tradition des grands paysagistes et des auteurs de marines. Ce dernier cherche surtout à s'affranchir de la tradition, à voir par ses propres yeux. Il se soucie seulement de la réalité et veut peindre le vrai. Paysagiste, son travail repose sur des esquisses faites à l'extérieur puis retravaillées en atelier. Sa *Charrette de foin* (1821), exposée à Paris, lui vaudra la célébrité.

L'ARCHITECTURE, LE GOTHIQUE COMME SOURCE

John Ruskin (1819-1900) et **Augustus Welby Northmore Pugin** (1812-1852) sont les théoriciens de cet édifice type de l'âge industriel. Pour le premier, le gothique ne vaut qu'en tant que modèle et non en tant que style. Il accorde aux facteurs historiques et sociologiques une véritable importance, idéalisant la société médiévale pour les valeurs qu'elle incarne. Fonthill Abbey de **James Wyatt** (1796-1806) s'inspire d'une abbaye existant au XIVe siècle pour réaliser l'architecture d'une maison privée. Les éléments gothiques sont utilisés comme possibilités formelles mais ne sont pas liés à une fonction. On récupère dans le *gothic revival* des caractéristiques gothiques pour les adapter à une vision moderne. L'édifice le plus célèbre est le Parlement de Londres (1836-1852). **La fin du règne de Victoria** voit apparaître le triomphe de l'éclectisme où des palais vénitiens côtoient des bâtiments publics néogothiques. L'utilisation de nouveaux matériaux trouve sa consécration avec le Crystal Palace, en 1851, réalisé pour l'Exposition universelle et détruit en 1937. Toute la structure est en fer et préfabriquée en usine. Entre les éléments métalliques on met du verre qui laisse passer la lumière dans le bâtiment comme dans une serre. Le mouvement Arts and Crafts, autour d'architectes comme **Philip Webb** (1831-1915), prône un retour aux sources indigènes dans le domaine de l'architecture domestique. Ce mouvement sera le point de départ du style art nouveau de l'école de Glasgow.

3. La littérature anglaise au XIXᵉ siècle : une grande diversité

Et moi et moi : le romantisme

Avec **William Wordsworth** (1770-1850), le romantisme proprement dit débute, ainsi qu'avec **Samuel Taylor Coleridge** (1772-1834). Conjointement, ces deux auteurs publient en 1798 les célèbres *Lyrical Ballads* (*Ballades lyriques*) dont le « moi » constitue le thème essentiel. Ils font partie du groupe des lakistes, poètes retirés sur les bords des lacs du Cumberland, au nord-ouest de l'ancienne Angleterre, et dont la caractéristique est non seulement d'aimer ardemment la nature, mais aussi de considérer la poésie comme un état d'âme. Grâce à **Walter Scott** (1771-1832), le roman considéré jusque-là comme un genre inférieur est revalorisé. Mais le sommet du romantisme est atteint par **George Gordon Byron** (1788-1824) qui représente le triomphe complet du « moi » dans la littérature. Le mal du monde et l'ironie sont les marques essentielles de son œuvre. Son *Child Harold's Pilgrimage* (*Le Pèlerinage de Childe Harold*), en 1812, où il raconte ses voyages, lui vaut une renommée foudroyante. « Le Corsaire » (1814), « Lara » (1814), « La Fiancée d'Abydos » (1813) sont de courts poèmes où est évoqué le soleil d'Orient. *Manfred* (1817) est un poème dramatique sur le thème de la faute et *Don Juan* (1818-1824) constitue une satire de son époque, une « Odyssée de l'immoralité ». Les poèmes de **Percy B. Shelley** (1792-1822) expriment une communion personnelle avec la nature. C'est le poète panthéiste par excellence qui dote la création de milliers d'âmes changeantes, mais c'est aussi le poète de l'amour, de l'amour métaphysique : *La Reine Mab* (1813), *Alastor* (1815), *Le Prométhée délivré* (1820), *Odes au vent d'Ouest* (1819). L'œuvre de **Jane Austen** (1775-1815) est représentative de la prose romantique et de la création contre le roman noir. Elle décrit avec ironie et finesse la vie et l'isolement rustique du milieu ambiant. Son meilleur roman, *Orgueil et Préjugés* (1813), est une peinture de jeune provinciale à la recherche du mariage. La sottise humaine reste son principal sujet.

Un roman social

Le mouvement préraphaélite qui, en littérature comme en art, veut réagir contre l'académisme est représenté par **John Ruskin** (1819-1900), connu surtout comme critique. Il est l'auteur des *Pierres de Venise* (1853), des *Peintres modernes* (1843). L'autre auteur phare de ce mouvement est **Dante Gabriel Rossetti** (1828-1882) avec *La Maison de vie* (1870). Le roman est social avec **Charles Dickens** (1812-1870) et devient réaliste, c'est-à-dire fondé sur l'observation : *Les Papiers posthumes du Pickwick club* (1836-1837), *Oliver Twist* (1837-1839), *David Copperfield* (1849-1850), *La Petite Dorrit* (1855-1857). Avec **William Makepeace Thackeray** (1811-1863), le roman est une satire pessimiste de la société (*La Foire aux vanités*, 1847-1848, *Le Livre des snobs*, 1848). **Disraeli** (1804-1881), homme politique, a connu quelques succès également avec ses romans de critique sociale. On peut ainsi citer *Coningsby* (1844), *Sybil* (1845), *Tancred* (1847). C'est également l'époque des romancières. **Les sœurs Brontë**, Charlotte (1816-1855) et Emily (1818-1848), filles de pasteur, tiennent une place importante dans l'histoire du roman. Charlotte laisse un chef-d'œuvre, *Jane Eyre* (1847), et Emily un autre, *Les Hauts de Hurlevent* (1847). Le réalisme de **George Eliot** (1819-1880), pseudonyme de Mary Ann Evans, se limite à décrire des âmes simples, de petites gens : *Adam Bede* (1859), *Le Moulin sur la Floss* (1860), *Silas Marner* (1861). Aux alentours de 1870, l'esprit victorien conformiste est remplacé par un désir d'individualisme.

Théâtre et individualisme de la fin du siècle

Le théâtre connaît une impulsion extraordinaire et peut enfin traiter de sujets plus audacieux. **Oscar Wilde** (1856-1900) fait sa renommée grâce à lui et renouvelle la comédie anglaise avec *Le Crime de lord Arthur Savile* (1887), *Le Portrait de Dorian Gray* (1890). Son compatriote irlandais, **George Bernard Shaw** (1856-1950), nous fait découvrir un théâtre intellectuel, sans le moindre sentiment : *Candida* (1898), *César et Cléopâtre* (1898). **Somerset Maugham** (1874-1965) est par sa puissance réaliste l'un des meilleurs auteurs dramatiques qu'ait connus l'Angleterre. Mais c'est surtout le roman qui prend dans la littérature une part prépondérante. La réaction contre le réalisme d'Eliot et le sentimentalisme de Dickens se fait sentir chez **George Meredith** (1828-1909) dans *L'Égoïste* (1879), et chez **Samuel Butler** (1835-1902) dans *Ainsi va toute chair* (1903). Le roman d'évasion se développe à travers les œuvres de **Robert Louis Stevenson** (1850-1894) – *Docteur Jekyll et Mister Hyde*, *L'Île au trésor* –, et de **Rudyard Kipling** (1865-1936). Herbert G. **Wells** (1866-1946) combine les bases de la science avec celles de l'évasion et donne naissance au roman de science-fiction : *L'Île du docteur Moreau* (1896), *La Guerre des mondes* (1898), *L'Homme invisible* (1897). Après 1900, à la fin de sa carrière, il revient à des romans de facture plus traditionnelle : *Kipps* (1905), *Mariage* (1912). Le monde du fantastique appartient aussi à **Bram Stoker** (1847-1912). La figure du vampire sanguinaire mais séducteur avait déjà été célébrée par les romantiques, mais elle atteint son point culminant avec *Dracula* (1897). La fin du siècle n'est plus caractérisée par des tendances ou des écoles, mais surtout par un individualisme forcené, et le désir de créer à n'importe quel prix. **James Joyce** (1882-1941) est en ce sens un novateur. *Ulysse* (1922) réunit divers types de fiction connus, où la préoccupation du sexe domine. Ses romans sont d'un réalisme noir : *Gens de Dublin* (1914), *Portrait de l'artiste en jeune homme* (1916). **David Herbert Lawrence** (1885-1930) accorde dans ses romans une grande importance à la sexualité et représente le roman psychologique de cette époque. Disciple de Freud, la sexualité y joue le rôle de révélateur de la conscience de soi à partir du plaisir : *Amant et fils* (1913), *Femmes amoureuses* (1920), *L'Amant de Lady Chatterley* (1928). **Arthur Conan Doyle** (1859-1930) lance le roman policier avec *Sherlock Holmes* (1887). Le groupe des romanciers exotiques commence avec **Joseph Conrad** (1857-1924), né Korzeniowski : *Lord Jim* (1900), *Au cœur des ténèbres* (1899), *Nostromo* (1904). **Somerset Maugham** (1874-1965) vient assez tardivement à l'exotisme : *L'Archipel aux sirènes* (1921), *Le Sortilège malais* (1926). **Henry De Vere Stacpoole** (1863-1951) est le maître de la romance exotique avec *Le Lagon bleu* (1908).

4. La philosophie anglaise des sciences du vivant au XIXᵉ siècle

L'éclatement des cadres traditionnels a été nécessaire pour que puissent se faire jour des études sur l'origine de l'humanité. Il fallait qu'émerge la notion de devenir humain, la conception d'un progrès non défini comme l'accumulation d'un esprit fondé sur la raison, la transformation de cet esprit même au sein de la société, de la conscience des diversités des structures sociales et mentales. Le progrès, d'abord posé comme le résultat de l'évolution, institue le principe de cette évolution. Ce sera le résultat conjugué des recherches des philosophes et des naturalistes, les premiers fournissant une nouvelle conception de la nature humaine, les naturalistes en s'enfonçant dans une Antiquité de la terre et des êtres vivants, celle d'une évolution biologique qui va être fondamentale pour éclairer d'un jour nouveau les origines de l'humanité. Trois développements essentiels avaient contribué au XVIIIᵉ siècle au progrès de la connaissance humaine : les nouvelles idées sur la nature humaine qui, conjuguées à celles des naturalistes, auront des conséquences sur la recherche en archéologie, les vestiges matériels de la vie quotidienne et les faits techniques, l'essor des civilisations primitives. **La principale grande nouveauté** est de trouver des lois aux phénomènes humains et de les expliquer par des causes naturelles, le développement des civilisations. L'ethnologie fait une timide apparition et l'on voit en Rousseau l'un de ses précurseurs, quand l'année 1790 marque la date de la création de la commission des monuments historiques, qui sera à l'origine de nombreux musées, et le début de fouilles.

CEUX QUI SONT CONTRE... EN FRANCE : CUVIER ET SON CATASTROPHISME

Le principal défenseur de cette hypothèse est Georges Cuvier, suivi d'**Alcide Dessalines d'Orbigny** (1802-1857), **Élie de Beaumont** (1798-1874), **William Buckland** (1784-1856), **Adam Sedgwick** (1785-1873). Selon la théorie du catastrophisme, la Terre serait le résultat de l'alternance de périodes très calmes suivies de périodes de cataclysmes l'ayant façonnée. Les principaux mythes fondateurs mettent en scène ces grandes catastrophes qui ont ponctué l'histoire de l'humanité. Les partisans de la théorie de la formation de la Terre selon des bouleversements brutaux aux XVIIe et XVIIIe siècles ont fondé leurs hypothèses sur les thèses des diluvianistes des siècles précédents. Ces opposants prôneront l'uniformalisme ou actualisme : les processus qui se sont exercés dans un passé lointain s'exercent encore de nos jours ou sont semblables à ceux observés aujourd'hui (séisme, volcanisme…). L'œuvre de l'Écossais **Charles Lyell** (1797-1875) sera un réquisitoire violent contre le transformisme dans son ouvrage *Principles of Geology* (*Principes de géologie*, 1830-1833). Aujourd'hui l'hypothèse n'a plus cours et les savants admettent que la vie apparue sur Terre il y a trois milliards d'années est bien différente de celle existant de nos jours.

CEUX QUI SONT POUR… EN FRANCE : LAMARCK ET SON TRANSFORMISME

Le transformisme est la doctrine de **Jean-Baptiste de Monet** (1744-1829), **chevalier de Lamarck**, qui le premier propose une théorie mécaniste et matérialiste de l'évolution des êtres vivants. Elle stipule que loin du fixisme ceux-ci n'ont eu de cesse de se modifier au cours du temps et se sont engendrés les uns les autres. Lamarck en effet accorde dans le processus de l'évolution une place essentielle aux circonstances qui ont une action déterminante et directe sur l'environnement. C'est à partir de 1802 que les grands axes de ces théories vont prendre corps. À cette date, ses idées sont rejetées par le monde scientifique français, **Cuvier** en particulier, tout autant que par Napoléon au moment où il désire s'appuyer sur l'Église, peu favorable à un idéologue qui prend position contre les affirmations de celles-ci. L'attitude de la Restauration (1815-1830) sera la même. Le lamarckisme n'est donc reconnu qu'une cinquantaine d'années plus tard. De fait, **Lamarck** n'élucide pas complètement le mécanisme des transformations, négligeant encore le hasard et la nécessité, il croit à l'hérédité automatique des caractères acquis. Avec cette théorie, Lamarck offre bien plus qu'un récit sur la transformation des espèces.

Il a également expliqué ce qu'il croyait être un véritable système de classification du règne animal. La principale caractéristique en est de classer en échelle de complexité croissante toutes les différentes classes d'animaux, en commençant par les plus simples organismes microscopiques, pour aboutir aux mammifères. Pour lui, « la fonction crée l'organe » : si l'animal ou le végétal a besoin pour son mode de vie d'un nouveau dispositif anatomique, celui-ci se crée. À l'inverse, un organe peut régresser. C'est la nécessité sans le hasard. Il professe que les formes vivantes complexes se développent à partir de formes plus simples, résultat des variations du milieu ambiant et des organismes. Lamarck, pour accéder au vœu paternel, aurait dû rentrer dans les Ordres, or, à la mort de son père, il quitte les jésuites pour devenir officier. Il est obligé, pour des raisons de santé, de regagner Paris, où il suit des cours de médecine et de botanique. En 1776, il rédige un mémoire sur « Les principaux phénomènes de l'atmosphère », mais c'est en 1779 que la publication d'une volumineuse *Flore française* le fait connaître. Appuyé par **Buffon**, il est admis à l'Académie et occupe plusieurs postes au Jardin du roi, puis est nommé professeur au Muséum national d'Histoire naturelle, qui le remplace en 1793. Ses travaux le portent plutôt vers l'étude de la paléontologie avec les *Mémoires sur les fossiles des environs de Paris* (1802). C'est surtout en 1809, par la *Philosophie zoologique* et l'*Histoire naturelle des animaux sans vertèbres* (1815-1822), qu'il a droit à l'adjectif de transformiste. De là naît son antagonisme avec Cuvier. Il meurt à l'âge de quatre-vingt-cinq ans en 1829. Lamarck ne connaît pas le succès qu'il mérite. Les attaques incessantes de Cuvier, alors pair de France et créationniste convaincu, et d'une société qui ne supporte aucune atteinte à la Bible ne donnent pas à cette doctrine la place qui lui revient.

LE DARWINISME : LA NÉCESSITÉ SANS LE HASARD

Si les vastes synthèses de Lamarck sont le produit de géniales intuitions, celles de Darwin procèdent d'une tout autre méthode. Né le 12 février 1809 à Shrewsbury, Charles Darwin (1809-1882) entreprend puis abandonne des études de médecine à Édimbourg, puis de théologie à Cambridge. En 1831, il est Bachelor of Arts. L'occasion d'un voyage autour du monde à bord du *Beagle*, en tant que naturaliste, est déterminante pour l'élaboration de ses théories. Au large de l'Amérique du Sud, il remarque que, dans les couches de la pampa, existent des animaux fossiles fort proches d'apparence des tatous vivant à son époque. **Charles Darwin** était un naturaliste conscient qui, pendant vingt ans, de son retour de voyage à bord du *Beagle* jusqu'à la publication de *L'Origine des espèces* (1859), a rassemblé avec patience les faits de toute nature. Son grand mérite sera d'apporter aux conceptions évolutionnistes des bases solides établies sur des exemples concrets. Darwin est avant tout celui qui a proposé un mécanisme pour expliquer la transformation et la diversification adaptive des espèces dans leur environnement, bien qu'habituellement il soit tenu pour être l'auteur d'une théorie sur l'évolution des espèces. Au moment de la publication par Charles Darwin de *L'Origine des espèces*, la cause du transformisme est déjà bien avancée. Beaucoup de jeunes scientifiques y sont déjà acquis. Pourtant Darwin refuse de reconnaître tout lien de filiation entre ses théories et celles de Lamarck. C'est avec prudence, pour ne pas être mis au rang des mécréants lamarckiens par l'étouffante société victorienne, que Darwin émet l'hypothèse de la sélection naturelle, et l'idée que la variation des espèces est le fait d'une adaptation mécaniste. C'est la nécessité sans le hasard. Après *L'Origine des espèces*, paraissent en 1868 *La Variation des animaux et des plantes à l'état domestique* et en 1871 *La Filiation de l'homme*. Il finit sa vie couvert d'honneurs.

Développement de la doctrine

Darwin, en un peu moins de vingt-cinq ans (1858-1882), mit fin aux mythes de la création que l'Occident, païen puis chrétien, avait fait siens depuis des millénaires pour les remplacer par un système cohérent d'évolution fondé pour l'essentiel sur la variation, la lutte, l'élimination. À peu près à la même époque, un modeste moine, **Gregor Johann Mendel** (1822-1884), trouve les lois de l'hérédité, mais ses découvertes restent méconnues jusqu'au début du XXe siècle. À partir de 1837, Darwin travaille sur le concept désormais bien connu de l'évolution qui est l'aboutissement de l'interaction de trois principes :

la variation, présente dans toutes les formes de vie, l'hérédité, la force conservatrice qui se transmet d'une génération à l'autre, et la lutte pour l'existence, qui détermine les variations qui confèrent des avantages dans un environnement donné, modifiant ainsi les espèces à travers une reproduction sélective. Toutes les théories racistes prendront appui sur ce système. **Gobineau** se livrera à l'étude de la race aryenne, groupe mythique qui aurait selon lui fondé la civilisation et dont les descendants directs auraient été les Germains. Hitler reprendra à son compte les grandes lignes de ce système de pensée pour justifier sa politique antisémite.

Les nouveaux darwinismes

Les nouveaux darwinismes sont la version moderne dite aussi néodarwinisme. Ce n'est qu'au XXe siècle, avec la découverte **des lois de Mendel** (1822-1884), le père fondateur de la génétique, que le darwinisme devient une théorie sur l'évolution articulée avec les mécanismes de l'hérédité. Dans le domaine social, le principal représentant est **Herbert Spencer** (1820-1903), qui donne une application sociologique de l'évolution interne de l'espèce humaine. Leur principe commun est de postuler un écart minimal ou nul entre les lois de la nature et les lois sociales, toutes deux soumises à la survivance du plus apte. De la sélection naturelle dérive aussi l'eugénisme, terme forgé en 1883 par **Galton** (1822-1911), cousin de **Charles Darwin**, dans le contexte des années 1880-1900 hantées par l'angoisse de la dégénérescence des sociétés. La lutte, selon ce point de vue, se situe non plus à l'intérieur des sociétés mais entre les nations et les races elles-mêmes, théorie à l'opposé de ce que pensait Darwin. La sélection naturelle étant perturbée par le processus de civilisation, l'idée de l'eugénisme est de faire une sélection des individus, d'obtenir grâce à la biométrie une humanité biologiquement parfaite. La théorie de l'eugénisme se propage très rapidement entre la fin du XIXe siècle et 1911, en France, en Allemagne, en Italie. Dérives eugénistes et sociodarwinisme alimentent les théories racistes et xénophobes qui, à la fin du XIXe siècle, dominent, confortées par une science triomphante mais détournée de son véritable rôle.

LE CRÉATIONNISME

Né en réaction contre le darwinisme, le créationnisme est cette doctrine qui admet que l'univers, les êtres vivants ont été créés *ex nihilo* par Dieu selon des modalités conformes à une lecture littérale de la Bible. L'Église catholique sera d'abord nettement défavorable au transformisme, mais ne le condamne pas pour autant, puisque Léon XIII affirme en 1893, dans l'encyclique *Providentissimus Deus*, la doctrine par l'inspiration de l'Esprit-Saint de la Bible : « Les livres de l'Ancien et du Nouveau Testament ont été écrits sous l'inspiration du Saint-Esprit et ont ainsi Dieu pour auteur. » Puis le pape Jean-Paul II, le 22 octobre 1996 devant l'Académie pontificale des sciences, mentionne « qu'il faut reconnaître dans la théorie de l'évolution plus qu'une hypothèse » mais réfute néanmoins toute doctrine matérialiste qui tendrait à faire de l'homme « le produit accidentel et dépourvu de sens de l'évolution ». Le créationnisme est principalement aujourd'hui défendu par quelques Églises protestantes.

HERBERT SPENCER : L'ÉVOLUTIONNISME

Spencer (1820-1903), philosophe anglais, a pour théorie que l'évolution marque le passage de l'homogène à l'hétérogène. Il applique cette loi en sociologie, en psychologie, en biologie, et explique l'élaboration des premières croyances religieuses en partant de l'animisme comme le font **Frazer** et **Tylor**. Né à Derby, il est successivement ingénieur et journaliste. Il applique dans un premier essai le malthusianisme aux animaux : *Une théorie de la population* (1851), où il conteste Thomas Malthus et sa crainte d'une surpopulation. Dès 1860, Spencer publie un *Système de philosophie synthétique* composé de plusieurs principes édités entre 1862 et 1880 : *Premiers principes*, *Principes de biologie*, *Principes de psychologie*, *Principes de sociologie*. Toute son œuvre constitue la base doctrinale de l'évolutionnisme.

Sa doctrine

Les évolutionnistes ont permis de combiner la notion historique particulière de progrès à celle des lois fondées à partir de l'observation des sociétés humaines selon des idées héritées du XVIIIe siècle. L'évolutionnisme a permis d'extraire une somme impressionnante de matériaux accumulés au sein de diverses cultures et de rendre intelligible leur fonctionnement social et culturel. Plusieurs écoles participent à ce travail. On trouve tout d'abord celles qui s'interrogent sur l'origine des institutions sociales et culturelles (religion, droit, science). **Edward Tylor** (1832-1917) développe le premier une théorie sur l'animisme et **James George Frazer** (1854-1941) s'intéresse de la même façon à la magie. L'Américain **Lewis Henry Morgan** (1818-1881) se concentre sur l'étude de l'organisation sociopolitique. Le point commun de ces auteurs est de considérer l'évolution d'une façon linéaire et continue, ayant comme but de retrouver une explication logique aux ressemblances régulières observées à travers des sociétés même très différentes. Le grand reproche qui est fait à l'évolutionnisme est de s'occuper trop des ressemblances de ces sociétés et pas assez de leurs différences. Loin de n'être qu'un écho de la théorie biologique de l'évolution, l'évolutionnisme culturel se développa parallèlement aux théories darwiniennes. Les Allemands G.F. Waitz, Bastian et Bachofen et les Anglais Maine, McLennan et Tylor écrivirent en effet leurs ouvrages entre 1859 et 1865, c'est-à-dire à l'époque où Darwin poursuivait ses recherches et rédigeait ses conclusions. Tylor a d'ailleurs souligné dans la préface à la deuxième édition de *Researches into Early History of Mankind* la spécificité de l'évolutionnisme culturel, en se référant plus à Comte qu'à Darwin (construction de séries idéales). Bien qu'on ne puisse parler d'école évolutionniste, tant différent les interprétations que les ethnologues réputés évolutionnistes ont données des mêmes faits, l'ensemble des travaux inspirés par ces théories présentent assez de traits communs pour qu'on puisse tenter de formuler les postulats qui les sous-entendent.

1. Les survivances attestent que les sociétés les plus avancées ont connu des stades antérieurs de civilisation.

2. Les similitudes observables dans les croyances et les institutions des diverses sociétés prouvent l'unité psychique de l'homme ; elles induisent aussi à penser que l'histoire de l'humanité se présente sous la forme d'une série unilinéaire d'institutions et de croyances.
3. Les différents peuples représentent des stades différents de culture, seule la méthode comparative permet d'établir l'évolution des institutions et des croyances humaines. À l'évolutionnisme sont associés les noms de Tylor, Morgan, Frazer, Pitt-Rivers, McLennan, Westermarck, Stolpe, bien que le concept d'évolutionniste ne rende jamais totalement compte de la totalité de l'œuvre d'aucun de ces ethnologues[1]. »

---

1. Edward Sapir, *Anthropologie*, Paris, Minuit, 1967, p. 360.

CHAPITRE III
L'Allemagne au XIXᵉ siècle

1. La fin de l'Empire germanique

Fils aîné de Léopold II, **François II** (règne : 1792-1806) lui succède comme empereur. Tout son règne est occupé par les guerres contre la France révolutionnaire puis napoléonienne. Il s'agit en fait d'une succession de défaites qui amoindrissent ses possessions. Le traité de Campo-Formio (1797) lui ôte Lombardie et Pays-Bas. Battu à Marengo, le traité de Lunéville (1801) lui fait perdre la rive gauche du Rhin. Pour dédommager les princes, l'Allemagne sécularise les biens de l'Église. La diète d'Empire, réunie à Regensbourg, promulgue le 25 février 1803 un *recès*, ou procès-verbal qui met fin, dans les faits, au Saint Empire romain germanique, pour répondre à une exigence de Napoléon Iᵉʳ. En 1804, François II prend le titre d'empereur d'Autriche, règne sur ses seuls États sous le nom de **François Iᵉʳ d'Autriche** (règne : 1804-1835). La survivance de l'Empire se mue en lente agonie. Napoléon est vainqueur le 2 décembre 1805 à Austerlitz. Le 12 juillet 1806 naît la Confédération du Rhin : seize États d'Allemagne du Sud et de l'Ouest se regroupent sous protectorat français, ne reconnaissant plus l'Empire. Le 1ᵉʳ août 1806, par une note adressée à la Diète de Regensbourg, Napoléon cesse de reconnaître l'Empire allemand. Le 6 août 1806 François II abdique, il est le dernier empereur du Saint Empire romain germanique. Il continue toutefois à régner sur ses possessions autrichiennes en qualité d'empereur d'Autriche jusqu'à sa mort en 1835. Battu de nouveau à Eckmühl et à

Wagram, François Ier signe la paix de Schönbrunn (14 octobre 1809), donne en mariage sa fille **Marie-Louise d'Autriche** (1791-1847) à Napoléon Ier. En 1813, il rejoint la coalition européenne contre la France. Après la défaite de Waterloo, il retrouve l'essentiel de ses États, mais le congrès de Vienne ne rétablit pas l'Empire germanique.

L'ASCENSION DE LA PRUSSE

La Prusse connaît un net recul de son influence à la suite de ses défaites face à la France, elle ne doit sa survie en tant qu'État qu'aux interventions du tsar de Russie. Le congrès de Vienne (novembre 1814-juin 1815) crée une Confédération germanique, *Deutscher Bund*, de trente-neuf États sous la tutelle, purement symbolique, de l'empereur d'Autriche. Ce dernier est surtout tourné vers les parties slaves de son empire, la principale puissance de la Confédération est en réalité la Prusse, en dépit de la mise en place d'une assemblée des représentants des États, la Diète de Francfort, présidée par l'Autriche. Les princes s'engagent à mettre en place dans leur État une Constitution parlementaire. Cet espoir de régime libéral est de courte durée. Autriche et Prusse se rapprochent après l'assassinat de l'écrivain antilibéral **August von Kotzebue** (1761-1819) par un étudiant favorable aux libertés politiques, **Karl Ludwig Sand** (1795-1820). L'Acte final de Vienne (1820) poursuit les décrets de Karlsbad d'instaurer la censure, la surveillance des universités, mais va plus loin en affirmant que le souverain détient en sa personne tout le pouvoir politique. La Prusse se prépare déjà à une future unification allemande à son profit et commence par supprimer ses douanes intérieures en 1818. L'Allemagne du Sud et du Centre constituent en 1828 leurs unions douanières. Elles sont réunies le 1er janvier 1834 dans le *Deutsche Zollverein*, l'Union douanière allemande, dominé par la Prusse.

LE VORMÄRZ

La révolution de 1830 en France amène en Allemagne une agitation des libéraux et, dès 1831, la Diète de Francfort interdit les associations, manifestations, réunions politiques. Mais c'est le Printemps des peuples de 1848 qui secoue les anciennes monarchies. C'est le mouvement du Vormärz, « l'avant-mars », période qui s'étend du congrès de Vienne (1815) à l'échec de la Jeune Allemagne, mouvement qui voulait la liberté de presse, d'assemblée, d'élection et le suffrage universel, la fin des décrets de Karlsbad. Commencée en Autriche le 13 mars 1848, la révolution de mars s'étend à Berlin le 18 du même mois. Une assemblée est élue au suffrage universel et siège à Francfort. Elle décide en janvier 1849 la création d'une Allemagne fédérale avec à sa tête un empereur. La couronne impériale est proposée à **Frédéric-Guillaume IV de Prusse** (1840-1861) qui la refuse, car elle lui viendrait du peuple. Les souverains reprennent le contrôle au cours de l'année 1849. Après le refus du roi de Prusse, le parlement de Francfort se sépare. L'armée écrase les revendications de liberté politique. Partout, cependant, des « Constitutions octroyées », sur le modèle autrichien, satisfont les revendications de la bourgeoisie libérale, en maintenant la réalité du pouvoir entre les mains des princes. La Jeune Allemagne survit dans le mouvement littéraire qui porte son nom, refusant le classicisme et le romantisme pour réclamer la liberté et le droit à l'épanouissement personnel.

L'UNIFICATION ALLEMANDE

Otto von Bismarck (1815-1898) est le promoteur de l'unification allemande sous l'égide de la Prusse. Depuis 1857, le roi de Prusse Frédéric-Guillaume IV, déjà sujet à des accès de folie, n'est plus en état de gouverner après plusieurs attaques cérébrales. Son frère, **Guillaume** (1797-1888), devient régent perpétuel, puis roi de Prusse à la mort de Frédéric-Guillaume en 1861. Il nomme Bismarck Premier ministre en 1862. Ce dernier met en place une réforme de l'armée, porte le service militaire à trois ans, augmente le budget militaire. L'autre puissance qui aurait pu unifier l'Allemagne à son profit, l'Autriche, n'est plus en mesure de résister à la Prusse, après le règne de **Ferdinand I**^{er} (1835-1848), simple d'esprit épileptique, contraint à abdiquer en 1848 en faveur de son neveu **François-Joseph I**^{er} (1848-1916), en butte lui-même aux problèmes nationaux dans son empire composite. En 1864, la guerre des Duchés fournit à la Prusse l'occasion de manifester sa puissance. Les deux duchés du Schleswig et du Holstein sont propriétés personnelles du roi du Danemark, qui décide, en 1863, de les incorporer au royaume du Danemark. Une guerre s'ensuit avec la Prusse et l'Autriche, qui battent les Danois. La Prusse obtient le Schleswig, l'Autriche le Holstein, que la Prusse envahit en 1866. Les Autrichiens sont durement battus lors de la bataille de Sadowa le 3 juillet 1866. Par le traité de Prague (1866) qui fait suite aux pourparlers de Nikolsburg, l'Autriche cède le Holstein à la Prusse, accepte la dissolution de la Confédération germanique. La Prusse annexe le Hanovre, la Hesse, le duché de Nassau et réunit les États d'Allemagne septentrionale dans une Confédération de l'Allemagne du Nord regroupant vingt et un États. Elle est présidée par le roi de Prusse. En 1867, Bismarck en est nommé chancelier fédéral. Le Reichstag d'Allemagne du Nord, le Parlement, se réunit en septembre 1867. L'étape suivante consiste à intégrer les États catholiques du Sud. Bismarck instrumentalise Napoléon III à l'aide de la dépêche d'Ems de juillet 1870. À l'origine de l'incident, la candidature du prince **Léopold de Hohenzollern** (1835-1905), cousin du roi de Prusse Guillaume, au trône d'Espagne vacant. La France s'y oppose, la candidature est retirée. L'ambassadeur de France demande pourtant une confirmation au roi de Prusse qui prend les eaux dans la station de Bad Ems.

Le roi confirme. L'ambassadeur demande une nouvelle audience pour obtenir une preuve de renoncement définitif, ne l'obtient pas, aborde le roi au cours de sa promenade. Le souverain est excédé, remet sa réponse à plus tard. Il envoie une dépêche à son chancelier fédéral, Bismarck, relatant les faits en en modifiant suffisamment la forme pour rendre cet épisode insultant pour la France, dont l'ambassadeur aurait été éconduit avec mépris. C'est ce texte, la « dépêche d'Ems », qui est largement diffusé par les journaux allemands, puis français. Le 19 juillet, Napoléon III tombe dans le piège, déclare la guerre à la Prusse. Les troupes françaises capitulent à Sedan le 2 septembre 1870, Napoléon III est fait prisonnier. En novembre 1870, les États d'Allemagne du Sud rejoignent la Confédération d'Allemagne du Nord. L'Empire allemand est proclamé dans la galerie des Glaces du château de Versailles, le 18 janvier 1871, le roi de Prusse devient l'empereur d'Allemagne **Guillaume Ier** (1871-1888).

DE L'EMPIRE DE BISMARCK À L'ALLEMAGNE DE GUILLAUME II

La constitution de l'Empire allemand est très largement reprise de celle de la Confédération d'Allemagne du Nord, notamment le Reichstag, le Parlement, mais c'est aussi une réalité du pouvoir remis à l'empereur et ses conseillers. Bismarck devient chancelier de l'Empire allemand et dirige sa politique jusqu'en 1890. Il lance l'offensive du *Kulturkampf*, le combat pour la culture, contre l'Église catholique et le parti du centre, ou Zentrum, qui la soutient au Reichstag. L'allemand devient langue administrative dans tous les territoires de l'Empire. Pour contrer l'influence du parti social-démocrate et l'expansion des idées socialistes, Bismarck met en place un système d'assurance social très développé au début des années 1880. À la mort de Guillaume Ier, en 1888, son fils **Frédéric III** (9 mars-15 juin 1888) lui succède peu de temps, succombant à la longue maladie dont il était affecté, sans avoir pu conduire les réformes envisagées. C'est son fils qui devient l'empereur d'Allemagne **Guillaume II** (1888-1918). Souverain autoritaire, belliqueux, il renvoie Bismarck en 1890, développe l'armée, renforce la marine, lance l'Allemagne dans la conquête coloniale au nom de la *Weltpolitik*, la politique mondiale, qui doit donner au pays sa véritable place dans le concert des nations. Refusant une alliance avec l'Angleterre, il conduit celle-ci à se rapprocher de la France avec la réalisation de l'Entente cordiale (8 avril 1904), complétée par un accord identique avec la Russie le 31 août 1907. L'Allemagne se retrouve isolée diplomatiquement et oppose à la Triple Entente (France, Angleterre, Russie) la Triple Alliance ou Triplice (Allemagne, Autriche-Hongrie, Italie). Le pangermanisme se développe, avec la volonté de regrouper sous l'autorité de l'empereur d'Allemagne tous les groupes germanophones, de germaniser les peuples allogènes. L'entourage de Guillaume II fait la part belle aux officiers qui prônent la guerre contre la France et la Russie pour permettre la réalisation des idéaux pangermanistes. En 1911, la crise d'Agadir oppose Allemagne et France au sujet du Maroc. L'Allemagne envoie une canonnière, la *Panther*, dans le port d'Agadir. Sous pression britannique, l'Allemagne renonce à ses prétentions au Maroc en échange de concessions au

Congo. Mais les deux pays se lancent dans la course aux armements. L'assassinat de l'héritier du trône austro-hongrois, le 28 juin 1914 à Sarajevo, provoque la Première Guerre mondiale. L'Empire allemand y disparaît à la suite d'une révolution en novembre 1918. Guillaume II est contraint d'abdiquer et s'exile. Il termine ses jours aux Pays-Bas où il meurt le 5 juin 1941.

2. L'art en Allemagne au XIXᵉ siècle : une influence française

Les tableaux, les gravures, les sculptures qui sont réalisés en Allemagne traduisent, comme en France pour la période de 1789 à 1900, les visions politiques et sociales du moment. L'influence française est manifeste et nombreux sont les artistes allemands qui vinrent séjourner à Paris pour parfaire leur formation. La vie culturelle allemande se développe dans les grandes villes comme Dresde, Munich, Düsseldorf, Francfort, Berlin, Weimar.

LA PEINTURE ALLEMANDE AU XIXᵉ SIÈCLE : LE POIDS DU ROMANTISME

C'est sans doute en Allemagne que le romantisme aura le poids le plus fort. Pays protestant, il est marqué par des influences philosophiques puissantes dont celles de Baruch Spinoza, ce dernier considérant que la peinture était la face visible de Dieu. Au XIXᵉ siècle, le paysage est un genre mineur sous-estimé, mais on assiste en Allemagne à une revalorisation de celui-ci plus rapide qu'en France. C'est par lui que s'exprimera le romantisme allemand. Les principaux noms qui y sont rattachés : l'Autrichien **Joseph Anton Koch** (1768-1839) et **Philipp Otto Runge** (1777-1810). Le romantisme est représenté aussi par **Caspar David Friedrich** (1774-1840) qui s'astreint jusqu'à la mélancolie afin de mieux saisir l'angoisse dans ses paysages de ruines gothiques, de cimetières. Le renouveau dans la peinture allemande se concrétise avec **le groupe des nazaréens**, six artistes qui veulent y parvenir par la religion. La guerre contre les armées napoléoniennes avait considérablement développé en Allemagne la nostalgie de voir se regrouper les Allemands à l'intérieur d'un empire unique. Les nazaréens seront les premiers à utiliser la chanson des Nibelungen et à représenter des événements historiques servant à la prise de conscience nationale. Ils se réclament de Dürer et de Raphaël. **Pour eux l'art doit consolider la foi.** La confrérie de Saint-Luc sera fondée en 1809 par les jeunes peintres et élèves de l'Académie des beaux-arts : **Pforr** (1788-1812), **Overbeck** (1789-1869), **Vogel** (1788-1879), **Joseph Wintergest, Joseph Sutter, Johann Hottinger**. Le nom se réfère à l'art du Moyen Âge qu'ils ont redécouvert au musée du Belvédère de Vienne. L'association avait pour but de s'ériger contre l'esthétique du baroque tardif, de s'opposer à l'Académie qu'ils jugeaient corrompue. La vie et l'art ne devaient pas être séparés selon eux, mais s'interpénétrer et fusionner en une unité. Ils vivent en communauté à Rome dans le couvent de San Isidoro. Leur influence s'efface vers 1855 devant le succès du réalisme.

DU RÉALISME AU SYMBOLISME

Berlin devient le centre artistique le plus important. **Adolf von Menzel** (1815-1905) exprime à travers ses œuvres le réalisme qui se répand à cette époque dans toute l'Europe. En plus de plusieurs centaines d'illustrations sur la vie de Frédéric le Grand, le peintre retraduit la difficulté du monde ouvrier. L'Exposition universelle de 1885 lui permet de rencontrer Courbet au moment même où il cherche à donner une nouvelle impulsion à son inspiration. Ses dernières œuvres annoncent l'impressionnisme : *La Forge* (1875), *Souper au bal* (1878). Alors que Munich prend la place de capitale artistique, le principal représentant du réalisme, **Wilhelm Leibl** (1844-1900), est considéré comme le chef de file du réalisme allemand. Il rencontre Courbet, en 1869, et peint *Les Trois Femmes dans l'église*. **Franz von Lenbach** (1836-1904) lui succède dans ce rôle et produira les portraits des grandes célébrités de l'Allemagne de cette époque, dont *Otto von Bismarck*. Avec **Arnold Böcklin** (1827-1901) s'ouvre la période du symbolisme. Il connaîtra une véritable gloire avec *Pan dans les roseaux*, en 1857.

L'ARCHITECTURE ALLEMANDE AU XIXᵉ SIÈCLE : S'INSPIRER DU PASSÉ

Le culte pour l'architecture médiévale avait déjà été favorisé, en 1722, par Goethe pour sa préférence du gothique (*De l'architecture allemande*) et par **Friedrich von Schlegel** (1722-1829). C'est sans doute ce qui contribua à l'achèvement de la cathédrale de Cologne. En 1842, Frédéric-Guillaume IV en posait la première pierre pour signifier la reprise des travaux. Le Votivkirche, vaste édifice néogothique, fait partie à Vienne de l'un des projets qui seront réalisés entre 1856 et 1879 par **Heinrich von Ferstel** (1828-1883). **Karl Friedrich Schinkel** (1781-1841) façonnera l'image de Berlin, n'hésitant pas à marier les styles. Ce Prussien rattaché au néoclassicisme a laissé une œuvre à multiples facettes. Parmi ses principales œuvres, on peut citer : la Neue Wache, la Nouvelle Garde à Berlin, le château néogothique de Stolzenfels, au bord du Rhin. Sous Guillaume II, parmi les monuments les plus importants, citons le Reichstag à Berlin. En 1862, à l'image du Paris d'Haussmann, l'architecte **James Hobrecht** (1825-1902) prévoit une restructuration de la ville rendue nécessaire par un afflux massif de population en provenance du monde rural. Ainsi les architectes allemands ont-ils préféré plutôt que d'inventer **un nouveau style s'inspirer du passé** en copiant les temples grecs, les arcs de triomphe romains, les cathédrales du Moyen Âge, les châteaux de cette époque. Le château de **Louis II de Bavière** à Neuschwanstein dans les Alpes bavaroises en est une des meilleures illustrations.

LE STYLE BIEDERMEIER, DÉCORATION INTÉRIEURE

L'origine du nom Biedermeier trouve ses sources dans le nom donné à une caricature de petit bourgeois figurant dans les *Poèmes de l'instituteur souabe Gottlieb Bierdermeier et de son ami Horatius Treuherz* publiés par **Adolf Kussmaul** et **Ludwig Eichordt** dans le *Münchener Fliegende Blätter*. Il s'applique pendant la période 1815-1848 à un mode de vie mené bourgeoisement et à la décoration intérieure, mais aussi à la littérature et à la peinture. Il incarne parfaitement le type du bourgeois allemand entre la période du congrès de Vienne en 1815 et celle de la révolution de mars en 1848, et traduit la vie de la classe moyenne sans prétention. Ses plus belles réussites se trouvent dans les paysages et dans les portraits : ainsi Ferdinand Waldmüller (1793-1865) peint *Le Fils de Waldmüller Ferdinand et son chien* (1836). **Le style Biedermeier** se produit pendant la période dite du Vormärz, avant mars, en même temps que **le style Louis-Philippe** en France. Le mobilier Biedermeier qui envahit les maisons connues de la bourgeoisie se veut une adaptation simple aux exigences nouvelles du confort. La simplicité du matériau est compensée par une grande diversité des meubles.

LE JUGENDSTIL, L'ART NOUVEAU ALLEMAND

Le renouveau artistique qui se produit à la fin du XIXe siècle en Allemagne prend le nom de Jugendstil, nom inspiré de la revue *Jugend*, lancée à Munich, en 1896. Mais les artistes allemands et autrichiens sont plus proches en raison de leurs lignes géométriques austères du mouvement Arts and Crafts de l'école de Glasgow que de celui de l'art nouveau. Dans les années 1870, on parlait de Modern Style puis dans les années 1880 d'art nouveau. Munich demeure la capitale de ce style, tandis qu'en 1896, Vienne donne naissance à un groupe appelé Sécession de Vienne dont **Gustav Klimt** (1862-1918) fera partie.

LA SCULPTURE AU XIXe SIÈCLE EN ALLEMAGNE

Alors que **Frédéric-Guillaume II** (1744-1797) fait construire la porte de Brandebourg à Berlin par **Carl Gotthard Langhans** (1732-1808), que le classicisme s'impose dans l'architecture monumentale, le sculpteur **Johann Gottfried Shadow** (1764-1850), formé à Rome, réalise le quadrige de la même porte avant de sculpter la double statue de la princesse Louise et de Frédéric de Prusse. Un autre grand sculpteur, tenu pour le Rodin allemand, **Adolf von Hildebrand** (1847-1921), théoricien de l'art également, montre dans le domaine de la sculpture un goût pour le style grec austère qui contraste avec les excès du XIXe siècle : la fontaine des **Wittelsbach**, à Munich.

3. La littérature allemande au XIXe siècle : classicisme et romantisme

LE RÉALISME ALLEMAND

Vers 1830, la nouvelle génération d'écrivains délaisse le romantisme pour se tourner davantage vers les événements politiques d'une Allemagne en proie aux manifestations nationales. Ils se regroupent sous l'appellation de Jeune Allemagne, soutenant les courants radicaux. La figure dominante est celle de **Heinrich Heine** (1797-1856). D'autres écrivains de ce mouvement voulurent introduire, pour satisfaire les besoins du pays, dans la littérature un style vif, net.

Le réalisme allemand

Le réalisme comporte **trois tendances** :

- **La conscience de la fin d'un monde.** Elle est présente dans les romans de **Karl Immerman** (1796-1840), surtout *Les Épigones* (1838-1839), et s'illustre au théâtre avec **Christian Dietrich Grabbe** (1801-1836), lyrique révolté, dans *Don Juan et Faust* (1828).

- **La tendance critique.** Elle est représentée par le mouvement de la Jeune Allemagne dont se réclament **Ludwig Börne** (1786-1837), **Heinrich Heine** (1797-1856) et **Heinrich Laube** (1806-1884). Déçus du romantisme, souhaitant l'avènement de la révolution, ils lient étroitement littérature et engagement politique. L'année 1848 marque pour beaucoup la fin d'un espoir et un tournant dans leur manière d'écrire.

- **Le passé national.** Il est illustré surtout par **Konrad Ferdinand Meyer** (1825-1898) et **Félix Dahn** (1834-1912). La place essentielle y est donnée à la reconstitution historique, à l'exaltation du sentiment national.

LE CLASSICISME DE WEIMAR

Le classicisme de Weimar représente le point culminant de l'idéalisme allemand. Par opposition au *Sturm und Drang*, ce mouvement recherche une certaine simplicité et une grande rigueur. Le classicisme croit en une véritable objectivité et au bonheur humain dans l'accord de l'esprit et des sens. La poésie lyrique de cette période développe des idées générales : ses effets sur la société humaine, son origine. **Hölderlin** (1770-1843) et **Johann Paul Friedrich Richter** (1763-1825), dit **Jean Paul**, sont les deux poètes les plus importants. Ils se retrouvent isolés entre classicisme et romantisme. Le premier compose des hymnes au génie de la Grèce : *Les Plaintes de Ménon pleurant Diotima* (1800), *Hyperion* (1797). Le second rédige de simples élégies ou de puissants romans dont l'influence s'exercera sur toute une génération : *Hesperus* (1795), *Le Titan* (1800-1803). Les drames classiques de **Schiller** (1759-1805) appartiennent à cette période : *Wallenstein* (1799), *Marie Stuart* (1800). Sa rencontre avec Goethe est décisive pour son œuvre.

Le romantisme, comme le classicisme, lui aussi issu du *Sturm und Drang*, manifeste autant d'intérêt que ce dernier pour les bases de la culture allemande et ses particularités traditionnelles. L'un autant que l'autre poursuivent une orientation antirationaliste et développent une image idéale qui ne saurait exister dans la nature. Pour compléter cette histoire du romantisme, il est nécessaire de mentionner les philosophes qui ont contribué à son développement. Fichte et Schelling font partie du cercle romantique d'Iéna. La pensée romantique joue sur deux registres, celui de l'homme et celui de la nature, amenant par les réflexions philosophiques qu'ils suscitent une intervention désuète du mysticisme dans le monde de la science. **Friedrich Leopold Freiherr von Hardenberg** dit **Novalis** (1772-1801) est le chef de cette nouvelle école romantique avec ses *Hymnes à la nuit* (1800). En effet, c'est avant tout une littérature de cénacle, où l'amitié joue un rôle important, qui est vécue comme un rêve idéal. Le conte prend place aussi dans cette littérature avec **Hoffmann** (1776-1822) et les frères **Grimm**, Jacob (1785-1863) et Wilhelm (1786-1859). **Joseph von Eichendorff** (1788-1857) laisse une œuvre lyrique importante. Le théâtre est peu présent mais quatre noms dominent néanmoins la première partie du XIXᵉ siècle : **Heinrich von Kleist** (1777-1811), **Franz Grillparzer** (1791-1872), disciple autrichien de **Schiller** et de **Goethe**.

LA CRISE DU ROMAN PSYCHOLOGIQUE

Franz **Kafka** (1883-1924), Tchèque mais écrivain de langue allemande, mène une vie de petit fonctionnaire, perturbée par la maladie. Ses écrits seront publiés après sa mort, par le romancier Max Brod. Kafka met en scène dans ses romans le rejet de l'autre perçu comme un monstre (*La Métamorphose*, 1915), et l'angoisse permanente de l'homme confronté à une existence absurde et sans autre but que la mort (*Le Procès*, 1925, *Le Château*, 1926).

4. La philosophie allemande au XIXe siècle

Les philosophes qui succèdent à Kant vont, dans un effort commun, tenter d'éliminer la chose en soi, c'est-à-dire la réalité en tant que telle, par opposition au phénomène inconnaissable, dont Kant reconnaissait l'existence. L'idéalisme issu de Kant va devenir subjectif chez **Johann Gottlieb Fichte** (1762-1814), objectif chez **Schelling** (1775-1854). Fichte accepte la philosophie critique de Kant mais rejette la dichotomie entre raison pratique et raison spéculative, la « chose en soi ». D'où viennent tous les phénomènes ? Pour Kant du sujet, pour Fichte, il en est même le créateur. Ce moi est un moi universel et impersonnel. L'idéalisme de Fichte met l'accent sur la volonté morale et la liberté. Schelling prétend que moi et non-moi existent au même titre que l'un et l'autre ont une source commune, qui est une volonté primitive, une force immanente. En désaccord avec Hegel et son idéalisme absolu, les idées, la pensée y sont conçues comme la seule réalité irréductible.

Arthur Schopenhauer (1788-1860) émettra aussi quelques réserves sur le fait que les phénomènes n'existent que dans la mesure où l'esprit les perçoit, position de Kant. **L'idéalisme allemand**, qui s'impose entre 1700 et 1830 avec des philosophes comme **Kant, Schelling, Hegel**, construisait des systèmes de pensée que le XIXe siècle, après le premier tiers, allait ébranler sérieusement avec la poussée de la réalité sociale et technique. Avec le pessimisme de **Schopenhauer** qui voit non dans la raison mais dans la volonté tout le ressort des passions humaines, la pensée s'oriente encore différemment.

Avec les débuts de la modernisation, la vie intellectuelle du XIXe siècle est essentiellement centrée sur les processus évolutifs de la société et de ses individus. La préoccupation philosophique après Kant, dans toute la philosophie allemande, c'est ce que la critique de la raison appelle «logique». Le sujet connaissant, pour la première fois dans l'histoire de la philosophie, est pensé non pas comme un fait mais comme la conséquence d'un processus. Il n'existe plus d'opposition entre la chose et la représentation que nous en avons, la chose n'étant rien d'autre que cette représentation. Le conflit entre empiristes et spéculatifs marque profondément la philosophie allemande de la première moitié du XIXe siècle. Inspirateur de toute la philosophie allemande du XIXe siècle, **Kant** va susciter la mise en place de nouveaux systèmes philosophiques, parmi lesquels la philosophie idéaliste de **Johann Gottlieb Fichte** (1762-1814), de **Friedrich Wilhelm Joseph von Schelling** (1775-1854) et de **Georg Wilhelm Friedrich Hegel** (1770-1831).

L'IDÉALISME ALLEMAND AU XIXe SIÈCLE

Au moment où la Révolution française bouleverse l'Europe, la philosophie kantienne est au centre de toutes les discussions. Deux courants se dégagent au sein de l'idéalisme allemand. Les principaux successeurs de Kant essaient d'éliminer «la chose en soi», et prônent un retour à la métaphysique. Le point de divergence entre eux est la conception du premier principe, c'est-à-dire Dieu. Selon la terminologie de Hegel, Fichte a un idéalisme subjectif, Schelling un idéalisme objectif. Pour Hegel, nous parlerons d'un idéalisme absolu. Les successeurs de Kant estiment tout d'abord nécessaire de développer sa critique et sa métaphysique. Celle-ci devient panthéiste, car **Fichte**, **Schelling** et **Hegel** subissent l'influence de Spinoza. Tous trois fondent leur philosophie sur l'intuition intellectuelle, proche du troisième genre de connaissance chez Spinoza. Ce qui les sépare pourtant est la conception de Dieu, du premier principe.

Johann Gottlieb Fichte

Fichte (1762-1814) naît en 1762, près de Dresde. En 1790, il découvre l'œuvre de Kant et lui rend même visite. En 1794, il est nommé professeur à Iéna par Goethe. Après une dénonciation pour athéisme, il est obligé d'interrompre son enseignement. Réfugié à Berlin, il publie *La Destination de l'homme* en 1799. En 1806, il fait paraître *Initiation à la vie bienheureuse*, puis en 1808, *Discours à la nation allemande*. Il est nommé professeur à l'université de Berlin qui vient de se construire en 1810. Il meurt lors d'une épidémie de choléra en 1814.

Sa doctrine

Fichte pense restituer ce que Kant n'a pas dit formellement. Ce dernier rejetait l'intuition des choses en soi. Fichte rétablit l'intuition, la conscience que l'esprit a de sa propre activité. Son système s'appuie sur trois principes. Le premier principe, le *moi*, est présupposé par toute connaissance, il est absolu, inconditionné. Or, ce *moi* ne peut prendre conscience de soi qu'en se limitant et en s'imposant selon la formule célèbre de Fichte : « Le *moi* ne se pose qu'en s'opposant à un non-moi[1] », ce qui constitue le second principe. Les deux principes ne peuvent être conciliés que si apparaissent entre eux deux termes corrélatifs : « un moi divisible » et un « non-moi divisible ». Autrement dit, le *moi* oppose en lui-même un *moi* divisible et un *non-moi* divisible. La triade hégélienne est réalisée à l'intérieur de moi (thèse-antithèse-synthèse).

Friedrich Wilhelm Joseph von Schelling

Schelling (1775-1854) naît en 1775 dans un village du Wurtemberg. D'abord précepteur, il professe ensuite à l'université d'Iéna et devient secrétaire à l'Académie des beaux-arts de Munich (1806-

---

1. Bernard Bourgeois, *Le Vocabulaire de Fichte*, Paris, Ellipses, 2000, p. 25-27.

1820). Il meurt en 1854. Ses principales publications se font avant 1809 : *Le Moi comme principe de la philosophie* (1795), *Lettres sur le dogmatisme et le criticisme* (1795-1796), *Cours sur la philosophie de l'art* (1802), *Philosophie de la mythologie* (1821), *Philosophie de la révélation* (1831).

Sa doctrine

Les grandes idées qui font la force du système philosophique de Hegel sont empruntées à Schelling : l'idée d'une philosophie de la nature et de l'histoire, les rapports étroits entre art, religion et philosophie. Schelling corrige ce qu'il y a de trop radical dans l'idéalisme de Fichte. Il restaure le monde extérieur. Pour lui, le *non-moi* existe et le *moi* aussi, au même titre, et ont une source commune qui est une « volonté primitive ». Tous deux sont la nature, véritable « odyssée de l'esprit ». Schelling attaque les savants comme Bacon qui penchent plutôt pour la science que pour la philosophie. La nature ne peut pas appréhender les phénomènes scientifiques qui la composent. Seule une intuition artistique peut les révéler. Lorsqu'il se tourne vers la religion, Schelling s'inspire des théories de Jacob Böhme et il esquisse dans *Philosophie et religion* (1804) une véritable théosophie. En face de l'homme et de la nature, de ce premier monde, il en résulte un second : Dieu. Dieu est l'infini, le parfait et particulièrement la volonté parfaite et infinie. Il est « l'être de tous les êtres ». La perspective de Schelling est parfaitement panthéiste. L'homme, émanation de Dieu, pour se diviniser, doit abdiquer son égoïsme et tendre à la divinisation par la raison et la volonté.

Georg Wilhem Friedrich Hegel : penser les choses et le réel dans leur unité

Né à Stuttgart, en 1770, Hegel (1770-1831) abandonne, une fois ses études achevées, la carrière d'ecclésiastique pour celle de précepteur. L'année de sa nomination à l'université d'Iéna en qualité de *privat docent*, enseignant exerçant à titre privé dans les universités, il publie *Différence entre les systèmes philosophiques de Fichte et de*

Schelling (1801). *La Phénoménologie de l'esprit*, en 1807, est une introduction à son système. Puis, de 1812 à 1816, il publie en trois volumes *La Science de la logique. Précis de l'Encyclopédie des sciences philosophiques*, bref exposé de toute sa philosophie, paraît en 1817. 1821 est l'année des *Principes de la philosophie du droit*. Il meurt en 1831 à la suite d'une épidémie de choléra. Pour Hegel, le défi est de définir une philosophie qui aille au-delà de celle de Kant, sans régresser derrière lui, sans tomber dans la métaphysique dogmatique. Dans *La Phénoménologie de l'esprit*, Hegel entreprend une approche véritablement nouvelle au problème de la connaissance. Il est le dernier des grands bâtisseurs de systèmes philosophiques de l'époque moderne à la suite de Kant, Fichte, Schelling et marque donc l'apogée de la philosophie classique allemande.

Sa doctrine

Hegel tente de dépasser systématiquement toutes les antinomies de la pensée kantienne, noumène et phénomène, liberté et nécessité, sujet et objet. Alors que Kant a prétendu que l'homme ne peut aspirer qu'à la connaissance des phénomènes, Hegel cherche à prouver que, comme dans la métaphysique des anciens, la raison est en fait capable d'un savoir absolu qui peut pénétrer les essences, ou les choses en soi. Hegel pense que les limites de la connaissance, soulignées à plusieurs reprises par Kant, sont devenues rien de moins qu'un scandale pour la raison. En annonçant son programme philosophique dans *La Phénoménologie de l'esprit*, Hegel déclare que « la substance doit devenir l'objet », formule lapidaire caractérisée par l'un de ses principaux objectifs philosophiques : concilier la philosophie classique et moderne.

Dialectique et dialectique de l'histoire

Comme pour Platon, la dialectique pour Hegel représente le mouvement de la philosophie, le développement de la raison. G.W.F. Hegel a identifié la dialectique comme le résultat d'un conflit entre ses propres aspects contradictoires. La dialectique a pour objet de lever les contradictions qui se présentent avec les idées, autrement dit de les surmonter. Aussi celle-ci va-t-elle procéder par thèse, antithèse et synthèse. L'idéalisme cherche à dépasser les contradictions en pénétrant le système global et cohérent de la vérité et à créer continuellement de nouvelles connaissances pour être intégrées dans les précédentes découvertes. L'idéalisme est donc favorable à toutes les quêtes de la vérité, que ce soit dans le domaine des sciences naturelles ou du comportement ou dans l'art, la religion et la philosophie. Il cherche la vérité dans tout jugement positif et dans sa contradiction. Ainsi, il utilise la méthode dialectique du raisonnement pour supprimer les contradictions caractéristiques de la connaissance humaine. Le principe essentiel qui dirige la philosophie de l'histoire est que l'idée gouverne le monde et que l'histoire est rationnelle. « Tout ce qui est réel est rationnel, tout ce qui est rationnel est réel [1]. » La dialectique ne devient pas seulement une propriété de la pensée mais aussi celle des choses : sa conception de l'histoire va nous montrer comment ces deux aspects de la dialectique se rejoignent finalement. Le déterminisme historique voit lui succéder un déterminisme dialectique qui, au contraire du premier, ne se définit pas par le progrès de réalités, ou par celui de pensées, mais par un progrès des choses et de la pensée [2]. Le but de la philosophie de l'histoire est de comprendre l'esprit d'un peuple, c'est-à-dire ce qui le détermine par l'art, la religion, la philosophie, la culture, les lois. Les peuples qui ne forment pas un État n'ont pas d'histoire, conclut Hegel.

La philosophie

La Phénoménologie de l'esprit critique dans son introduction la position de Schelling par rapport à l'absolu. Avec le criticisme, il faut reconnaître qu'il n'y a pas de savoir absolu. Or, pour Hegel, le savoir absolu, c'est avant tout le savoir vrai. La phénoménologie de l'esprit permet de suivre le progrès de la conscience de sa forme la plus élémentaire, la sensation, jusqu'à la plus haute, celle du savoir absolu. La philosophie en permet le développement : « La science de l'absolu est essentiellement un système parce que le vrai concret existe seulement en se développant lui-même, en se saisissant et en se maintenant

---

1. G.W.F. Hegel, Préface des *Principes de la philosophie du droit*, Paris, Gallimard, 1972.
2. Florence Braunstein et Jean-François Pépin, *La Culture générale pour les Nuls, op. cit.*, p. 495.

comme unité, c'est-à-dire en tant que totalité et ce n'est qu'en distinguant et déterminant ses différences qu'il peut constituer leur nécessité ainsi que la liberté du tout[1]. » Il définit la philosophie « comme le tout d'une science qui en représente l'Idée » et la divise **en trois parties** :

1. *La logique*, science de l'Idée en soi et pour soi.
2. *La philosophie de la nature*, science de l'Idée dans son altérité.
3. *La philosophie de l'esprit*, l'Idée revenant de son altérité en elle-même.

Ces trois étapes de la philosophie hégélienne se divisent elles aussi en trois. Il les nomme « conscience », « conscience de soi », « raison » et pense ainsi que *La Phénoménologie de l'esprit* présente donc « le chemin de la conscience naturelle qui subit une impulsion vers le vrai savoir ». Dans la « conscience de soi », se situe la dialectique du maître et du serviteur. Quand deux consciences se rencontrent, elles rentrent en conflit pour se faire reconnaître. Le serviteur a peur de la mort, il se soumet. Le maître est celui qui domine, mais il aura besoin de l'autre pour le faire et devient à son tour esclave de l'esclave.

La logique ou la philosophie de l'idée pure

« La logique se confond avec la métaphysique, science des choses exprimées en Idées qui passaient pour exprimer leurs essences[2]. » La logique se définit donc comme une ontologie qui étudie l'être, l'essence, le concept. L'idée d'être est une idée générale posée par l'esprit. Mais c'est une idée générale qui doit pouvoir s'appliquer à tous les êtres, puisque tous nos concepts expriment des manières d'être. Aussi, être sans détermination aucune, revient à dire que c'est n'être rien. Pourtant, être et néant peuvent s'unifier : « Devenir est l'expression véritable du résultat de l'être et du néant en tant que leur unité, mais c'est le mouvement en soi, c'est-à-dire l'unité qui n'est pas seulement immobile par rapport à elle-même mais qui s'oppose à elle-même

---

1. G.W.F. Hegel, *Encyclopédie des sciences philosophiques, La logique, la philosophie de la nature, la philosophie de l'esprit*, Paris, Vrin, « Bibliothèque des textes philosophiques », 1990.
2. *Encyclopédie des sciences philosophiques*, Vrin, 1987, para 24.

en elle-même par suite de la distinction de l'être et du néant en elle-même[1] ». La réunion se fait par le devenir.

La philosophie de l'esprit

« La connaissance de l'esprit est la connaissance la plus concrète et par la suite la plus haute et la plus difficile[2]. » La philosophie de l'esprit ne doit pas être prise pour la connaissance des hommes qui tentent de rechercher leurs faiblesses ou leurs passions. Elle se révèle être une science qui présuppose la connaissance humaine, et aussi qui s'occupe des « existences contingentes, insignifiantes formes du spirituel sans pénétrer jusqu'au substantiel, jusqu'à l'Esprit même[3] ». Hegel entend par Esprit la « vérité de la nature ». Il distingue l'esprit en soi, esprit libre qu'il nomme « esprit subjectif », de l'« esprit objectif », esprit hors de soi. Le premier est l'âme, le second la conscience, objet de la phénoménologie.

Religion et philosophie

La religion est l'ultime étage de la dialectique hégélienne. Il définit d'abord l'esprit absolu. L'esprit absolu est selon Hegel « dans l'unité existant en et pour soi et se reproduisant éternellement, de l'objectivité de l'Esprit et de son idéalité ou de son concept, c'est l'Esprit dans sa vérité absolue ». Il est d'abord « art puis religion révélée enfin philosophie ». La religion se doit d'être révélée par Dieu, « si le mot esprit a un sens, il signifie la révélation de cet esprit ». La philosophie de la religion porte essentiellement sur la construction théorique du discours religieux. Pourtant, celle-ci ne constitue pas la plus haute vérité puisqu'elle ne permet pas de penser l'esprit, de saisir la nécessité de son développement. Hegel analyse la religion avant tout comme une manifestation de l'esprit et passe en revue toutes ses manifestations depuis les cultes les plus anciens. La religion cherche à être un lien entre tous les hommes et un lien entre tous les hommes et Dieu.

1. *Encyclopédie des sciences philosophiques*, Vrin, 1990, para 39.
2. *Ibid.*, para 397.
3. *Ibid.*, para 377.

L'hégélianisme

Le système philosophique de Hegel doit être considéré comme le dernier système universel. Ses disciples vont suivre deux tendances : la première dite hégélianisme de droite, qui regroupe les esprits religieux et reste peu suivie. La seconde au contraire antireligieuse trouvera en Marx son principal représentant. Ludwig Feuerbach fera l'intermédiaire en transformant l'idéalisme absolu en matérialisme, pour ensuite devenir un matérialisme historique proche de celui de Marx.

L'existentialisme : Søren Kierkegaard

Il est difficile de rattacher la pensée originale de ce Danois à une école philosophique précise, car elle se présente à la fois comme une critique de l'hégélianisme, une théologie et une philosophie de l'existence. Enfant de la vieillesse, né d'un père autoritaire, négociant en denrées coloniales, marqué par le poids du péché, Kierkegaard (1813-1855) poursuit en 1830 des études de philosophie et de théologie à l'université de Copenhague. Onze ans plus tard, il soutient sa thèse de doctorat, « Le concept d'ironie constamment rapporté à Socrate ». Après avoir rompu ses fiançailles avec Régine Olsen, il part pour Berlin suivre les cours de Schelling. 1846 est la date de son troisième ouvrage, *Post-scriptum non scientifique et définitif aux Miettes philosophiques*, dans lequel il critique Hegel. Trois ans plus tard, en 1849, le *Traité du désespoir* paraît. L'œuvre de Kierkegaard se compose d'essais, d'aphorismes, de lettres fictives, de journaux. Nombre de ses ouvrages à l'origine furent publiés sous des pseudonymes. À la fin de sa vie, il sera impliqué dans des controverses, notamment avec l'Église luthérienne danoise. *La Maladie mortelle*, en 1849, traduit sous le titre de *Traité du désespoir* en français, reflète une vision de plus en plus sombre du christianisme. Kierkegaard est le précurseur d'une réflexion sur la subjectivité thématique qui allait s'implanter dans plusieurs courants philosophiques au cours du XXe siècle, tout en remarquant les déviations que la subjectivité pouvait subir. Il proclame qu'il ne pourrait y avoir de système de l'existence. L'homme en général, l'existence en général n'existent pas. Pour Hegel, l'existence n'était qu'un moment dans le déploiement de la totalité universelle. Dans *Étapes sur le chemin de vie* (1845), il décrit les trois stades d'existence de l'homme :

- Le **stade esthétique**, c'est l'immédiateté, la spontanéité de l'instant vécu pour soi-même. La figure illustrant le mieux ce stade, c'est le Don Juan de Mozart, mais marqué du sceau du tragique, le manque de distance à l'égard de lui-même l'empêche de saisir le sens de son existence.

- Le **stade éthique** est celui du choix absolu, de la liberté. L'éthicien se choisit lui-même, mais l'individu ne choisit pas grand-chose, ni sa vie ni son éducation. Il a cependant toujours la liberté d'interpréter son existence.

- Le **stade religieux** est pour l'homme souffrance. L'homme ne peut connaître Dieu parce qu'il a péché et perdu l'éternité. Il est absurde que Dieu se soit fait homme pour sauver les hommes. C'est le stade de l'absurde de la foi saisie comme le mouvement existentiel par excellence. La souffrance du chrétien est justement qu'il doit pour accomplir son salut croire à l'absurde, au paradoxe, comme Abraham à qui Dieu avait demandé le sacrifice de son fils. Il croit sans doute parce que c'est absurde et en vertu de l'absurde. La foi mène au bonheur, mais elle est aussi le chemin qui révèle le tragique de l'existence. Kierkegaard a non seulement dénoncé la philosophie de l'histoire et du système, mais défendu la cause de l'individu et introduit sur la scène philosophique le *moi*. Lacan dira de lui qu'il est le questionneur le plus aigu avant Freud.

Friedrich Nietzsche : vers les ruptures du XXe siècle

Né au presbytère de Roecken, en Thuringe, Nietzsche (1844-1900) est le fils d'un pasteur luthérien. Il fera de brillantes études au collège de Pforta, à Bonn, à Leipzig, puis se dirigera vers la philologie. Pendant soixante ans, il sera l'ami de Wagner et de sa femme Cosima. L'influence de Schopenhauer est importante. En 1872, *La Naissance de la tragédie* interprète la philosophie grecque à partir de deux figures :

Apollon, caractérisé par la mesure, la sérénité, et Dionysos, ce qui dépasse la mesure, tout ce qui dépasse la personnalité. Suivront, en 1886, *Par-delà le bien et le mal* et *La Généalogie de la morale*, en 1887. L'année suivante est d'une fécondité rare avec *Le Crépuscule des idoles* et *L'Antéchrist*. *La Volonté de puissance* sera publiée en 1901 à partir de fragments écrits entre 1884 et 1886. 1889 marque l'année d'un Nietzsche qui sombre dans la folie. Sa mère et sa sœur Elisabeth le soignent. Celle-ci falsifiera l'œuvre du grand penseur et tâchera de la mettre au service du national-socialisme.

Sa doctrine

Nietzsche envisage la philosophie surtout en tant que création de valeurs. Les valeurs originaires sont selon lui animées par la vie et la volonté de puissance. Leur négation sera le fondement de sa morale et de sa métaphysique.

La volonté de puissance, Wille zur Macht

C'est l'un des concepts centraux de sa philosophie, parce qu'instrument de description du monde mais lutte pour l'affirmation de soi, le concept de vie, création continue qui pousse tout être à s'enrichir soi-même. Partout où il y a la vie, il y a la volonté de puissance. Elle est essentiellement dépassement de soi. Si sous une première forme, elle s'impose comme une faculté dynamique, sous une seconde, elle apparaît comme pouvoir et domination. On se tromperait en imaginant que ces forces expriment quelque désir de dominer ou d'écraser les autres. Il s'agit d'une force active, plastique qui va jusqu'au bout de ce qu'elle peut, analogue en ce sens au *conatus*, effort, de Spinoza. Or pour Nietzsche ce sont les forces réactives qui triomphent dans notre culture. Et notre culture est nihiliste, elle dit non à la volonté de puissance, cette forme de nihilisme a été inaugurée d'abord par Socrate et Platon, puis par le Christ et saint Paul. Le monde platonicien des idées est contesté par Nietzsche. Il propose d'explorer le sensible, la perception de la Caverne.

Le nihilisme, la mort de Dieu

Pour Nietzsche, Dieu ne saurait être mort puisqu'il n'a jamais existé. L'homme se découvre meurtrier de Dieu, aspire à devenir Dieu lui-même, parce qu'il tourne le dos à la religion, et abandonne radicalement les valeurs anciennes pour mettre en place les siennes, « humaines, trop humaines », celles du progrès, de la science. « Les dieux aussi se décomposent ! Dieu est mort ! [...] La grandeur de cet acte est trop grande pour nous. Ne faut-il pas devenir dieux nous-mêmes pour simplement avoir l'air dignes d'elle [1] ? » La mort de Dieu est une étape qui porte l'espoir de créer un univers neuf. Nietzsche se livre à une critique impitoyable de l'homme moderne qui ne croit ni aux valeurs divines ni aux valeurs humaines. Sa volonté n'est plus volonté de puissance, mais volonté de néant. Au-delà du dernier homme, il y a l'homme qui veut périr. Selon **Gilles Deleuze**, le dernier homme représente le stade ultime du nihilisme, celui qui consiste à cesser tout combat et à s'abrutir dans l'inertie. Le dernier homme serait le dénouement de cette marche du nihilisme : « Ainsi racontée, l'histoire nous mène encore à la même conclusion : le nihilisme négatif est remplacé par le nihilisme réactif, le nihilisme réactif aboutit au nihilisme passif. De Dieu au meurtrier de Dieu, du meurtrier de Dieu au dernier des hommes [2]. »

Surhomme et éternel retour

À ce stade ultime, Nietzsche envisage le moment venu pour l'homme de se transcender lui-même, de transmuter toutes les valeurs établies afin d'en créer de nouvelles. Dans *Ecce homo* (1888), Nietzsche mentionne à sept reprises l'éternel retour. Deleuze consacrera une page à expliquer que l'éternel retour est principe de choix et qu'il n'est pas éternel retour de toutes choses. Le raisonnement de Nietzsche est le suivant : « L'univers est force ; or une force infinie n'a pas de sens ; il est donc nécessaire que revienne éternellement la même combinaison de

---

[1]. Friedrich Nietzsche, *Le Gai savoir*, III, 125.
[2]. Gilles Deleuze, *Nietzsche et la philosophie*, Paris, Puf, 2010, p. 173.

forces [...] Or l'éternel retour est mode d'existence de l'univers entier et non seulement de l'histoire humaine[1]. »

Nietzsche et le nazisme

Il est difficile de parler sérieusement d'une association des idées de Nietzsche avec celles des idéologies du national-socialisme. Rosenberg, dans son livre intitulé *Le Mythe du XXe siècle*[2], le place au rang des précurseurs du mouvement. Nietzsche cessa même toute correspondance avec Théodore Fritsch qui lui faisait parvenir l'*Antisemitische Correspondenz* dont il était le rédacteur. La falsification du travail de Nietzsche vient de sa sœur Elisabeth avec laquelle il avait peu d'affinités. Elle avait épousé, le 22 mai 1885, Bernard Förster, un idéologue pangermaniste qui avait fondé au Paraguay une « colonie d'aryens purs ». Elisabeth n'hésitera pas à falsifier les lettres et manuscrits de son frère afin de plier la philosophie nietzschéenne à ses idéaux politiques, notamment avec la publication de *La Volonté de puissance*. Elle fera du philosophe antireligieux une figure de proue des sympathisants du IIIe Reich.

Arthur Schopenhauer : la volonté, un vouloir-vivre

Né dans une riche famille de banquiers, après avoir suivi les cours de Fichte et du sceptique Schulze, Schopenhauer obtient en 1814 à Iéna son doctorat intitulé « La Quadruple Racine du principe de raison suffisante ». Après la publication, en 1818, du *Monde comme volonté et comme représentation*, il est chargé de cours, en 1819, à l'université de Berlin dont il n'obtient pas la chaire. À partir de 1833, il rédige *Les Deux Problèmes fondamentaux de l'éthique, Parerga et Paralipomena*, une fois retiré à Francfort-sur-le-Main. Les qualités littéraires qui sont les siennes ne sont pas étrangères ni à l'engouement provoqué par son œuvre ni à l'influence exercée sur des écrivains tels **Maupassant, Zola, Pirandello, Thomas Mann**.

---

1. C. Godin, *La Totalité*, vol. 3, Seyssel, Champ Vallon, 1997 à 2001, p. 424.
2. Voir Pierre Grosclaude, *Alfred Rosenberg et le mythe du XXe siècle*, Paris, Sorlot, 1938.

Sa doctrine

Il se pose en **continuateur de Kant** mais construit une pensée profondément pessimiste du « vouloir-vivre », désir insatiable qui nous traîne de douleur en souffrance. Le bonheur ne peut être que la cessation d'une douleur précédée et suivie par d'autres. De même que selon Kant, le phénomène est l'expression sensible de la chose en soi, le monde dans son devenir est l'expression phénoménale de la volonté. La volonté est une force, un « vouloir-vivre ». L'orientation de notre volonté est innée. Nous ne pouvons agir contre la volonté dont nous sommes la proie, bien que nous soyons libres de faire ce que nous entendons. Il interprète cette volonté comme une pulsion d'existence, agissant derrière tous les phénomènes. Cette force aveugle se nourrit d'elle-même, et se renouvelle en consommant ses propres créatures. Deux voies permettent à l'homme de se libérer de la souffrance infligée par le monde, l'une par la morale, l'autre par l'esthétique. Il peut se reconnaître lui-même en tous les êtres, *Tat twam asi*, expression empruntée à l'Inde pour signifier cela. La contemplation esthétique, la jouissance d'une œuvre artistique, permet de s'unir, de fusionner avec l'univers. Si Schopenhauer fut considéré en son temps comme le premier bouddhiste européen, ce fut sur une mésinterprétation du bouddhisme que l'on a considéré comme un nihilisme dont le but le plus extrême de l'existence serait son immersion dans le néant.

LE MATÉRIALISME

Les années 1830 sont dominées par la pensée idéaliste de Hegel. Pourtant, c'est sur les théories matérialistes de Hobbes, de Feuerbach, de Saint-Simon que Marx s'appuie pour développer la notion de matérialisme historique. Celle-ci l'amène à présenter un matérialisme dialectique dont il se distingue comme une méthode d'une doctrine. Si le matérialisme repose sur une conception philosophique qui fait de la matière le fondement de l'univers et s'oppose au spiritualisme, pour qui tout provient de l'esprit, le matérialisme dialectique considère la matière en tant qu'engagée dans un développement historique. **Feuerbach** (1804-1872) est le chaînon intermédiaire pour que l'idéalisme absolu se transforme en matérialisme historique tel que nous le retrouvons chez Marx.

Né à Trêves, **Karl Marx** (1818-1883) fait d'abord des études de droit, mais termine par une thèse de philosophie, en 1841, intitulée « La différence entre la philosophie de la nature chez Démocrite et Épicure ». En 1845, expulsé de France, il part en Angleterre. 1848 marque la date de la rédaction du *Manifeste du parti communiste*. Après plusieurs expulsions, il reste à Londres. Étroitement mêlé à la vie politique de son époque, après avoir été affilié en 1845 à la ligue des communistes, il fonde, en 1864, l'Association internationale des travailleurs. En 1867, il publie la première partie de son ouvrage *Le Capital*. Il meurt en 1883. Lors de l'enterrement de Marx à Highgate Cemetery, Engels a déclaré que Marx avait fait deux grandes découvertes : la loi de développement de l'histoire humaine et la loi du mouvement de la société bourgeoise.

Sa doctrine

Marx commence par critiquer Hegel et les idéalistes, à démontrer que leurs théories sont davantage prouvées par le matérialisme. Le texte qui résume le mieux sa conception d'ensemble est la célèbre préface de la *Contribution à la critique de l'économie politique*. Il y dit que chaque société est déterminée et caractérisée par un état des rapports de production lui-même correspondant à un certain état du développement des forces productives. Par force de production, Marx sous-entend un certain développement de notre niveau de connaissance technique et une certaine organisation de travail en commun. Par moments, ce sont les forces productives qui entrent en contradiction avec les rapports de production existants. Les changements qui se produisent dans la base économique bouleversent la superstructure. Ainsi plusieurs thèmes se dégagent :
  – nécessité des rapports sociaux ;
  – rapports sociaux qui se distinguent en infrastructure et superstructure (institutions culturelles, juridiques…) ;
  – les révolutions sont l'expression d'une nécessité historique et non d'un hasard.

Plusieurs sujets de réflexion peuvent être ainsi dégagés. La pensée philosophique de Marx dérive de celle de Hegel pour la dialectique, de celle de Feuerbach pour le matérialisme et pour la doctrine socialiste de Saint-Simon, Fourier, Proudhon. Les thèmes à étudier portent :
– sur l'interprétation anthropologique de Marx. Tous les phénomènes économiques sont inhérents à toute société. Sa façon de travailler implique la caractéristique de chaque société ;
– sur l'interprétation économique de l'histoire.

Mais auparavant étudions sa méthode.

La dialectique

« Ma méthode diffère non seulement par la base de la méthode hégélienne, mais elle en est l'exact opposé. Pour Hegel, le mouvement de la pensée qu'il personnifie sous le nom de l'Idée est le démiurge de la réalité, laquelle n'est que la forme phénoménale de l'Idée. Pour moi, au contraire, le mouvement de la pensée n'est que la réflexion du mouvement réel, transposé dans le cerveau de l'homme[1]. » À l'opposé de la métaphysique qui spécule sur l'être et qui considère que les choses sont immuables, la dialectique considère le monde comme un ensemble de mouvements. De là, découle l'impossibilité d'aboutir à une vérité absolue.

Le matérialisme marxiste

Les précurseurs du matérialisme sont **Bacon, Hobbes, Locke, Condillac, Holbach**. Mais Marx parle d'un matérialisme différent puisqu'il est « dialectique ». Il ne s'agit pas d'une matière en mouvement, caractérisée par des processus dialectiques, qui ne sont observables dans la pensée que comme des reflets du monde matériel. Dans l'histoire humaine, tous les phénomènes, événements sont déterminés par le mode de production des moyens d'existence. Les idées ne dirigent pas le monde mais les superstructures sont déterminées par l'état social, à son

---

1. *Le Capital*, I, Paris, Puf, 1993, p. 178.

tour déterminé par les forces sociales. En 1859, dans la préface de la *Contribution à la critique de l'économie politique*, Marx a écrit que l'hypothèse qui a servi de base à son analyse de la société pourrait être brièvement formulée ainsi : dans la production sociale entrent en ligne des rapports déterminés, nécessaires, indépendants de la volonté des hommes, des rapports de production qui correspondent à un degré de développement déterminé de leurs forces productives matérielles. La somme totale de ces rapports de production constitue la structure économique de la société, la base concrète sur laquelle s'élève une superstructure juridique et politique et à laquelle correspondent des formes de conscience sociale. Le mode de production de la vie matérielle détermine le caractère général des processus sociaux, politiques et intellectuels de la vie. Ce n'est pas la conscience des hommes qui détermine leur existence, c'est au contraire leur existence sociale qui détermine leur conscience. Cette hypothèse a été appelée par la suite le matérialisme historique. Marx a appliqué celle-ci à la société capitaliste à la fois dans le *Manifeste du parti communiste*, *Le Capital* mais aussi dans d'autres écrits comme la *Contribution à la critique de l'économie politique* (1859).

L'homme

Le point de départ de l'histoire humaine est l'homme vivant, qui cherche à répondre à certains besoins primaires. L'activité humaine est essentiellement une lutte avec la nature qui doit lui fournir les moyens de satisfaire ses besoins : boisson, nourriture, vêtements, développement de ses pouvoirs et de ses capacités intellectuelles et artistiques. Dans la prise de conscience de sa lutte contre la nature, l'homme trouve les conditions de son épanouissement, la réalisation de sa vraie stature. L'avènement de la conscience est inséparable de la lutte. Comprise dans sa dimension universelle, l'activité humaine révèle que pour l'homme, l'homme est l'être suprême. Il est donc vain de parler de Dieu, de la création, et des problèmes métaphysiques.

Les structures

La réalité sociale est structurée de la manière suivante : le véritable fondement de la société est la structure économique qui comprend les

« forces matérielles de production », c'est-à-dire le travail et les moyens de production, les arrangements sociaux et politiques qui régissent la production et la distribution. Au-dessus de la structure économique s'élève la superstructure composée des « formes de conscience sociale » juridique et politique qui correspondent à la structure économique. Les relations politiques que les hommes établissent entre eux sont dépendantes de la production matérielle, de même que les relations juridiques.

CHAPITRE IV
L'Espagne au XIXe siècle

1. La fin de l'Espagne napoléonienne

Joseph Bonaparte (1768-1844) est déjà roi de Naples depuis 1806 quand son frère Napoléon Ier le nomme roi d'Espagne en 1808. Il y règne sous le nom de **Joseph-Napoléon Ier** (1808-1813). Régner serait d'ailleurs un terme excessif, il ne parvient à s'imposer, par la présence des troupes françaises, que dans les grandes villes. Le pays entier lui est profondément hostile, soutenu par la Grande-Bretagne qui envoie le général **Wellington** (1769-1852), lequel remporte une série de victoires – Talavera (1809), Victoria (1813) – et prend Madrid en 1812. Dès le 2 mai 1808, le *Dos de Mayo*, Madrid se soulève contre l'occupant français, les troupes de **Murat** (1767-1815) répriment le mouvement populaire dans le sang, massacrent les derniers émeutiers le lendemain, le *Tres de Mayo*, titre d'un célèbre tableau de Goya montrant les fusillades sommaires. La défaite de Victoria (21 juin 1813) ne laisse aucun espoir, Joseph fuit le pays. Napoléon Ier est contraint de reconnaître Ferdinand VII comme roi légitime. La seule réforme importante réalisée par les Français est l'abolition de l'Inquisition, rétablie par Ferdinand VII à son retour.

FERDINAND VII ET LE RETOUR DE LA RÉACTION

Ferdinand VII (1814-1833) regagne l'Espagne en mars 1814. Il abolit la Constitution de 1812, libérale, votée par les Cortes de Cadix, assemblée régionale, rétablit torture et Inquisition. Un soulèvement militaire, à Cadix, en janvier 1820, le contraint à rétablir la Constitution, interdire la torture, abolir l'Inquisition. Mais le monarque, profondément réactionnaire et absolutiste, profite de l'invasion de l'Espagne par les troupes françaises envoyées par la Sainte Alliance formée au congrès de Vérone (1823) entre la France, la Russie, l'Autriche et la Prusse, afin d'imposer l'absolutisme. Venues chasser les libéraux et restituer la plénitude du pouvoir à Ferdinand VII, les troupes françaises sont maîtresses du pays en quelques mois, entre février et septembre 1823. Les libéraux, en fuite, sont pourchassés, les universités fermées, les journaux contrôlés par la censure. Les Français restent jusqu'en 1828, quittent une Espagne affaiblie par des années de guerre civile. Une partie des possessions espagnoles proclament leur indépendance : Mexique, Guatemala, Nicaragua, Honduras, Costa Rica, Salvador. Un autre problème assombrit le règne, celui de la succession. Le 31 mars 1830, **Ferdinand VII** promulgue la Pragmatique Sanction afin d'assurer le trône à sa fille Isabelle, dont les femmes sont exclues depuis l'adoption par Philippe V de la loi salique. Elle est refusée par les partisans de don Carlos (1788-1855), frère du roi. Le souverain meurt le 29 septembre 1833.

LE DIFFICILE RÈGNE D'ISABELLE II

La fille de Ferdinand VII, **Isabelle II** (1833-1868), devient reine, sous la régence de sa mère, **Marie-Christine de Bourbon-Siciles** (1806-1878). Cette dernière est affaiblie par un remariage, en principe secret, mal accepté : Ferdinand est mort en septembre 1833, en décembre de la même année sa veuve convole avec un sergent de la garde. Les conservateurs, absolutistes, l'Église soutiennent le parti carliste, celui de don Carlos, qui est proclamé roi sous le nom de **Charles V**. La guerre de Succession d'Espagne ou Première Guerre carliste (1833-1839) éclate. Soutenue par les libéraux, la régente promulgue une Constitution libérale en 1834. Les deux partis s'affrontent jusqu'en 1839, année pendant laquelle les carlistes sont battus. Don Carlos s'enfuit en France. Ce succès n'empêche pas la régente de rencontrer une vive opposition qui la contraint à renoncer à la régence en

1840 et à s'exiler en France. En 1843, toujours mineure, **Isabelle II** est proclamée reine, dans l'espoir de ramener l'unité nationale. Marie-Christine revient d'exil. Une nouvelle Constitution est établie en 1845, fondée sur le rôle de la monarchie alliée aux assemblées, les Cortes. En 1848, l'Espagne est touchée par les mouvements révolutionnaires qui secouent l'Europe, mais ils sont vite noyés dans une répression féroce. En 1860, don Carlos tente un débarquement près de Tarragone, mais il est aisément repoussé. La reine peine en permanence à trouver des gouvernements stables, navigue entre libéraux, progressistes, conservateurs. Les révoltes estudiantines alternent avec les mutineries de certaines garnisons. Finalement, en septembre 1868 se produit *La Gloriosa*, « La Glorieuse », révolution qui chasse Isabelle II de Madrid. Elle s'exile en France, où elle attend les quatorze ans de son fils, **Alphonse XII** (règne : 1874-1885), pour abdiquer officiellement en sa faveur en juin 1870. En réalité, le nouveau monarque ne peut occuper son trône qu'en 1874. En Espagne, les gouvernements se succèdent : gouvernement provisoire (1868-1870), règne d'**Amédée I**^{er} (règne : 1871-1873), **Amédée de Savoie** (règne : 1845-1890) élu par les Cortes mais dont personne ne veut réellement, qui abdique après deux ans, première République espagnole (1873-1874).

LA RESTAURATION ESPAGNOLE : ALPHONSE XII

Alphonse XII, formé par la connaissance des monarchies constitutionnelles, rend public, en décembre 1874, le *Manifeste de Sandhurst* où il offre ses services à l'Espagne et promet une Constitution libérale. Le chef de l'État et celui du gouvernement, l'armée réclament son retour, effectif à la fin décembre 1874. En janvier 1875 il est proclamé roi. Il met en place en 1876 une nouvelle Constitution, libérale. Contrairement à sa mère Isabelle, Alphonse XII est très populaire, notamment pour son humanité et sa bravoure. En 1885, il n'hésite pas à aider en personne les malades du choléra à Valence. De retour à Madrid, le peuple l'ovationne, bloque son carrosse afin d'en dételer les chevaux pour le tirer lui-même jusqu'au palais royal. Malheureusement, ce monarque qui semblait destiné à restaurer l'unité espagnole et à moderniser le royaume meurt prématurément à vingt-sept ans de la tuberculose, le 25 novembre 1885. Son épouse, **Marie-Christine d'Autriche** (1858-1929), attend un enfant. C'est un garçon qui naît le 17 mai 1886, baptisé Alphonse, futur roi **Alphonse XIII** (1886-1931). Sa mère est régente de 1886 à 1902, quand, à seize ans, le jeune prince est déclaré majeur. Elle assume cette fonction avec noblesse, en dépit des troubles : assassinat du Premier ministre en 1897, désastreuse défaite dans la guerre contre les États-Unis en 1898, soldée par la perte des dernières colonies espagnoles.

2. L'art en Espagne au XIXe siècle

L'art espagnol au XIXe siècle n'évolue pas en marge des transformations qu'il subit en Europe. Dans le sillage de Manet, de nombreux peintres et écrivains prendront, à la fin du XIXe siècle, le chemin de l'Espagne afin d'y acquérir une formation artistique, comme **Constantin Meunier**, **Émile Verhaeren**, **James Ensor**.

LA PEINTURE EN ESPAGNE AU XIXe SIÈCLE

À la vogue romantique correspondent les peintures de **Leonardo Alenza** (1807-1845) qui poursuit l'exploration de la condition humaine initiée par Goya. Le romantisme évolue avec lui vers le *costumbrismo*, où sont représentés costumes et particularités régionales, ce qui en fait une peinture de la réalité sociale. Le peintre **Eugenio Lucas Velázquez** (1824-1870) marque une étape décisive dans la peinture espagnole, car, sous son influence, le romantisme rompt avec l'académisme et devient une peinture historique et sociale. Auparavant l'enseignement de David s'impose et détermine des compositions historiques. Une seconde période, dans la dernière moitié du XIXe siècle, commence pour la peinture d'histoire avec **Federico de Madrazo** (1815-1894), **Benito Murillo** (1827-1891), **Mariano Fortuny** (1839-1874). Plusieurs artistes obtiennent des récompenses à l'Exposition universelle de 1889.

L'ARCHITECTURE A UN NOM : GAUDÍ

L'architecture est liée au nom d'**Antonio Gaudí** (1852-1926). Dans la première phase de son œuvre, il expérimente des formes tirées du patrimoine mauresque et byzantin et s'en inspire pour inventer des formes structurelles faites à partir de matériaux traditionnels. C'est le cas de la Finca Güell (1884-1887). Les allusions au style **mudejar** apparaissent dans les carreaux de céramique. La Sagrada Familia est considérée comme l'œuvre de sa vie, le temple expiatoire de la Sainte Famille, son nom en français, fait partie de ces basiliques mineures à Barcelone. À partir d'une maquette, il entreprit la conception de trois façades, la Nativité à l'Est, la Gloire au Sud, la Passion à l'Ouest, ornées de trois portails et encadrées par quatre clochers, soit douze clochers symbolisant les douze apôtres. Admirateur de Viollet-le-Duc, cet architecte de l'art nouveau voit sept de ses œuvres inscrites au patrimoine de l'Unesco : le **parc Güell**, **la Casa Milá**, **la Casa Vicens**, la façade de la Nativité, la crypte de la Sagrada Familia, la Casa Batlló, la crypte de la Colonie Güell.

3. La littérature espagnole au XIXe siècle

En dépit de toutes ses préoccupations politiques depuis 1830, l'Espagne n'est pas restée indifférente aux mouvements intellectuels français. L'auteur le plus représentatif d'avant cette date est sans conteste **Gaspar Melchor de Jovellanos** (1744-1811) qui tente de concilier ses idées nouvelles et son attachement pour la littérature traditionnelle espagnole. **Don José Zorrilla** (1817-1893) écrit ainsi des poésies lyriques dont les sujets sont empruntés aux sources littéraires ou aux classiques du Siècle d'or : *La Légende du Cid*.

Mariano José de Larra (1809-1837) traite surtout des mœurs et des institutions, faisant du problème national son principal centre d'intérêt. Le retour aux anciennes traditions avait déjà été le but poursuivi par **Juan Meléndez Valdés** (1754-1817), dans ses odes et élégies, par **Leandro Fernández de Moratín** (1760-1828), le Molière espagnol. Il faut attendre **Gustavo Adolfo Bécquer** (1836-1870) pour trouver les accents du romantisme, avec ses *Rimas*. **Dans la seconde partie du** XIXe **siècle** et au début du XXe siècle, ce qui domine la littérature espagnole est l'évolution du roman. Leopoldo Alas, connu sous le nom de **Clarín** (1852-1901), se révèle comme un ardent défenseur du naturalisme, *La Régente*. **Fernan Caballero** (1797-1877), pseudonyme de Cecilia Böhl de Faber y Larrea, est aussi représentative de cette évolution du roman. Cette romancière s'est fait l'interprète inspirée de son Andalousie avec des œuvres pleines de grâce : *La Mouette, Nouvelles andalouses*. **Armando Palacio Valdés** (1853-1938) s'est fait connaître par son chef-d'œuvre, *La Sœur saint Sulpice*, autant que **Emilia Pardo Bazán** (1852-1921) qui se met à l'école de nos romanciers naturalistes : *La Mère nature*. **Benito Pérez Galdós** (1843-1920) a été comparé tour à tour à Dickens et à Erckmann-Chatrian. Ses romans ont la sensibilité de l'un, la force et la puissance d'évocation de l'autre, *Le Fruit défendu, Tristana et Nazarin*. **La fin du** XIXe **siècle** s'achève avec l'œuvre de Benito Pérez Galdós, qui nous laisse soixante dix-sept romans, véritable condensé de la vie sentimentale des Espagnols de cette période. Il peint la classe moyenne d'une façon réaliste : *Fortunata y Jacinta, Misericordia*.

CHAPITRE V
L'Italie au XIXe siècle

1. Le XIXe siècle des Italies à l'Italie

VENISE AU XIXe SIÈCLE, DE LA DOMINATION AUTRICHIENNE AU ROYAUME D'ITALIE

La présence française est de courte durée. Par le traité de Campo-Formio (18 octobre 1797), Venise passe sous souveraineté autrichienne. Les Français en reprennent brièvement le contrôle entre 1806 et 1814. Au retour des Autrichiens, elle est rattachée au royaume lombardo-vénitien et demeure, en dépit de sa participation au Printemps des peuples, une éphémère République entre 1847 et 1849, intégrée à l'Empire austro-hongrois jusqu'en 1866. Battus en juillet 1866 à Sadowa par les Prussiens, les Autrichiens abandonnent la Vénétie, qui vote son rattachement au royaume d'Italie.

FLORENCE AU XIXe SIÈCLE, CAPITALE DU ROYAUME

En 1816, le grand-duché de Toscane redevient l'un des territoires satellites de l'Empire autrichien. Le dernier grand-duc, Ferdinand IV (règne : 1859-1860), ne règne que quelques mois. Il ne peut empêcher le rattachement de la Toscane en 1861 au royaume d'Italie. Le roi **Victor-Emmanuel II** (1861-1878) fait de Florence la première capitale du royaume unifié d'Italie, entre 1865 et 1871, après Turin de 1861 à 1864 et avant Rome, à partir de novembre 1871.

MILAN ET LE ROYAUME D'ITALIE (1797-1859)

La République cisalpine (1797-1802) fait partie des « Républiques sœurs » que la France entend installer en Europe. Elle ne survit pas à la mise en place du Premier Empire par Napoléon Bonaparte. Elle devient République italienne de 1802 à 1805, puis Royaume d'Italie, créé par Napoléon Ier en 1805, qui dure jusqu'en 1814. Après la chute de l'Empire, Milan hésite entre la France et l'Autriche, mais les forces autrichiennes occupent le nord de l'Italie. En 1815, les Austro-Hongrois fondent le Royaume de Lombardie-Vénétie dont les capitales sont Milan et Venise. En 1849, Milan se soulève contre les Autrichiens, qui reviennent aussitôt. En 1859 la Lombardie, puis en 1866 la Vénétie sont annexées au Royaume d'Italie.

LES ÉTATS PONTIFICAUX DANS LA TOURMENTE, 1796-1870

Maître de Rome en 1798, les Français demandent à **Pie VI** (1775-1799) de renoncer à ses États, pour demeurer détenteur du seul pouvoir spirituel. Le pape s'enfuit, la République romaine est proclamée. C'est une éphémère « République sœur » de l'exemple français, reprise par les troupes napolitaines en septembre 1799. Pie VI, capturé par les troupes françaises, est mort en captivité en 1799. **Pie VII** (1800-1823) lui succède, regagne les États pontificaux restaurés en juin 1800. De nouveau envahis par **Napoléon Ier** en 1808, ils forment jusqu'en 1815 les départements de l'Empire français du Tibre et de Trasimène. Le congrès de Vienne (1815) rend les États pontificaux au souverain pontife. La vague révolutionnaire qui secoue l'Europe en 1848-1850 conduit à un soulèvement des Romains en novembre 1848. Le pape **Pie IX** (1846-1878) s'enfuit et trouve refuge à Gaète, dans le royaume des Deux-Siciles. Il lance un appel aux gouvernements européens pour lui venir en aide. La France y répond et le général **Oudinot** (1791-1863) reprend Rome à la bataille du Janicule le 30 juin 1849. Pie IX est de retour en avril 1850. Il doit, dix ans plus tard, affronter la volonté du roi du Piémont d'unifier l'Italie à son profit. C'est afin de défendre le pape que sont créés les zouaves pontificaux, une milice papale recrutée pour sa moralité et son attachement au pontife, en 1860. Ils sont toutefois incapables de s'opposer à la prise de Rome par les troupes piémontaises le 20 septembre 1870. Rome devient la capitale du royaume unifié d'Italie. La loi des garanties de 1871 donne au pape la jouissance des palais du Vatican et du Latran, de Castel Gandolfo et lui confère un revenu annuel. Pie IX réfute la loi et s'affirme « prisonnier » au Vatican du royaume d'Italie. La situation n'évolue pas avant les accords du Latran signés entre la papauté et Mussolini en 1929.

2. Les étapes de l'unification de 1859 à 1914

L'unification de l'Italie est inséparable du mouvement du *Risorgimento*, ou « Renaissance », à la fois revendication politique de l'émancipation de l'Italie du Nord de la domination autrichienne et volonté, teintée de romantisme, d'une union de tous les Italiens. Le *Risorgimento* s'exprime une première fois en 1848-1849 avec les révolutions européennes, mais c'est un essai sans suite, suivi d'un retour au *statu quo*. L'Italie demeure morcelée : au sud, le royaume des Deux-Siciles, au centre les États pontificaux, au nord, l'Autriche gouverne le royaume lombardo-vénitien par un vice-roi installé à Milan, confie à des princes autrichiens les duchés de Modène et de Reggio, de Parme, le grand-duché de Toscane. **Giuseppe Mazzini** (1805-1872), ardent républicain, tente plusieurs mouvements insurrectionnels en Italie entre 1833 et 1857, sans parvenir à réaliser l'unité tant souhaitée. Seul le royaume de Piémont conserve, après 1848, une constitution libérale, le statut albertin, confirmé en dépit des pressions autrichiennes par le nouveau roi **Victor-Emmanuel II** (1849-1861). Surnommé *il re galantuomo*, le « roi gentilhomme », il est l'un des Pères fondateurs de l'Italie. Il choisit comme Premier ministre **Camillo Benso de Cavour** (1810-1861), véritable fondateur du royaume d'Italie au profit de son souverain. Il met en place une économie moderne, débarrasse le droit de ses lourdeurs féodales, fait du Piémont un État moderne et libéral. Diplomate habile, il fait participer le Piémont à la guerre de Crimée, en profite pour réorganiser l'armée. Au nombre des vainqueurs, le

Piémont de Cavour se rapproche de la France de Napoléon III, dont l'appui est indispensable pour une future unité italienne. Au cours de l'entrevue secrète de Plombières, le 21 juillet 1858, **Cavour** et **Napoléon III** conviennent d'une Italie du Nord libérée du joug autrichien, avec pour roi Victor-Emmanuel II. En échange, la France recevrait le comté de Nice et la Savoie. Ces conditions deviennent officielles avec le traité franco-piémontais du 26 janvier 1859, qui prévoit une alliance militaire contre l'Autriche. Dans l'esprit de l'empereur, il s'agir d'affaiblir l'Autriche, pas de créer une Italie unifiée, but véritable de Cavour.

La guerre contre l'Autriche éclate en 1859. L'intervention militaire française se traduit par une série de victoires : Palestro (31 mai), Turbigo (3 juin), Magenta (4 juin) et Solferino (24 juin). Mais le 12 juillet, Napoléon III cesse les hostilités avec l'armistice de Villafranca. Il est à la fois inquiet des réactions de la Prusse et d'un embrasement révolutionnaire de l'Italie tout entière. Cavour, au désespoir, démissionne. Le Piémont gagne le Milanais, mais la Vénétie demeure autrichienne. Toutefois, en Italie centrale, les populations, soutenues secrètement par Cavour, réclament leur rattachement au Piémont. Cavour revient au pouvoir en janvier 1860. En mars de la même année, après un plébiscite, les duchés de Parme et de Modène, les Légations (provinces du pape gouvernées par un cardinal) se rattachent au Piémont, qui devient le royaume de Haute-Italie. En avril 1860, également après organisation d'un plébiscite, le comté de Nice et la Savoie sont rattachés à la France. Cavour organise l'étape suivante en recourant à un autre héros de l'unité italienne, **Guiseppe Garibaldi** (1807-1882). Ce fils de capitaine, né à Nice, officier de la marine piémontaise, participe au soulèvement raté de **Giuseppe Mazzini** (1805-1872) en 1833-1834 en Savoie et Piémont, dans le cadre du programme révolutionnaire de la *Giovine Italia*, la « jeune Italie », à savoir l'unité, la liberté, l'indépendance de l'Italie. Condamné à mort par contumace en 1834, il se réfugie en France, puis en Uruguay. De retour en Italie en 1848, il se bat contre les Autrichiens en Lombardie, contre les Français à Rome en 1849 pour défendre la République romaine. Banni, il regagne l'Amérique. Il revient en Italie en 1859. Soutenu par Cavour, il organise l'expédition des Mille, avec mille soixante-sept « chemises rouges » il débarque en Sicile et s'empare du royaume (11 mai-20 juillet 1860). Il se proclame dictateur, puis marche sur Naples et s'en empare. Le roi de Naples, François II, souverain depuis mai 1859, capitule le 13 février 1861. Par plébiscite la Sicile, l'Ombrie, les Marches, l'Italie du Sud choisissent le rattachement au royaume de Piémont-Sardaigne. Le 18 février 1861, des délégués de tous les pays regroupés forment un Parlement national à Turin qui proclame la naissance du royaume d'Italie et **Victor-Emmanuel II** (1861-1878) roi d'Italie. Cavour meurt d'épuisement le 6 juin 1861, ayant vu se réaliser son rêve politique. L'achèvement de l'unité italienne passe par l'acquisition de la Vénétie et des États pontificaux avec Rome. Après la défaite de Sadowa (1866), avec la médiation de la France, la Vénétie est rattachée au royaume d'Italie.

LE CAS DIFFICILE DES ÉTATS PONTIFICAUX

Garibaldi tente de prendre Rome en 1867, mais la France envoie des troupes qui le repoussent. Il faut attendre la chute du Second Empire en septembre 1870. Dès le 20 septembre 1870, l'armée italienne entre dans Rome. Un plébiscite favorable conclut le rattachement au royaume d'Italie. **Victor-Emmanuel II** s'y installe en juillet 1871, en fait la capitale du royaume. La loi des garanties de mai 1871 reconnaît le pape comme souverain inviolable de la cité du Vatican, lui laisse le Latran et Castel Gandolfo, lui octroie une rente annuelle de plus de 3 millions de lires (la pièce de 20 lires pèse 5 g d'or). Le pape refuse, ne reconnaît pas le royaume d'Italie. La situation se normalise en 1929 avec la signature des accords du Latran qui fondent l'État du Vatican. Victor-Emmanuel II meurt le 9 janvier 1878.

L'ITALIE AVANT 1914

Son fils **Humbert Ier** (1878-1900) lui succède. Il signe une alliance, la Triple Alliance ou Triplice, en 1882 avec les empires centraux, Allemagne et Autriche-Hongrie. Il est assassiné par un anarchiste italien le 29 juillet 1900. Depuis 1882, l'Italie s'impose en Abyssinie (actuelle Éthiopie pour l'essentiel), s'empare de l'Érythrée et de la

Somalie, place le régime du négus d'Abyssinie sous protectorat italien. Jusqu'au moment où le négus se révolte, bat les Italiens à deux reprises, à Amba Alaghi (décembre 1895) et à Adoua (mars 1896). C'est l'échec de la politique coloniale abyssinienne. Le nouveau roi, **Victor-Emmanuel III** (1900-1946), se rapproche de la France, renonce aux prétentions italiennes sur le Maroc en échange de la Tripolitaine, région occidentale de la Libye. Une guerre contre la Turquie, en 1911, permet à l'Italie d'occuper les îles turques de la mer Égée, d'ajouter la Cyrénaïque à la Tripolitaine pour contrôler la Libye tout entière (paix de Lausanne, 18 octobre 1912). Lorsque la Première Guerre mondiale éclate, l'Italie, qui avait pris soin de faire acter que la Triplice n'était pas dirigée contre l'Angleterre et qu'elle ne participerait pas à une agression allemande contre la France, se proclame neutre. Elle rejoint le camp des Alliés, basculant ses alliances, en février 1915, et se retrouve au nombre des vainqueurs lors de la signature du traité de Versailles le 28 juin 1919.

3. L'art en Italie au XIXe siècle

Entre les années 1770 et 1810, non seulement l'Italie n'a pas d'État national mais de plus la langue y est éclatée en une multitude de dialectes. Le grand nombre d'analphabètes ne favorise pas l'écoute des artistes. L'Italie attire en revanche de nombreux écrivains : Stendhal, Alexandre Dumas notamment. Les élites lettrées italiennes connaissent largement les œuvres de la culture française. Mais ces mêmes élites sont imprégnées en peinture d'un goût pour le classicisme. Lorsque le néoclassicisme gagne la péninsule, Milan offre l'école la plus intéressante avec le peintre **Andrea Appiani** (1754-1817). Il fera sienne la grâce de la peinture grecque et la douceur d'un Léonard de Vinci. Dessinateur, il s'illustre surtout dans ce domaine. **Giuseppe Bossi** (1777-1815) fut lui aussi une figure importante du néoclassicisme en Lombardie. Eugène de Beaumarchais lui commande une copie de *La Cène* de Léonard de Vinci. Il eut pour ami le sculpteur **Antonio Canova** (1757-1822). **L'académisme de David** est repris par deux peintres florentins : **Pietro Benvenuti** (1769-1844) et **Luigi Sabatelli** (1772-1850). C'est de Venise que la réaction romantique contre le classicisme part avec

Francesco Hayez (1791-1882) qui se tourne vers les représentations religieuses et les figures mythologiques, pour gagner Milan. Le mouvement des **Macchiaioli**, tachistes, trouve avec **Giovanni Fattori** (1825-1908) l'un de ses meilleurs représentants, et propose de renouveler la peinture nationale. Comme les impressionnistes, le thème du paysage y trouve une place centrale. À partir de 1855, le café *Michelangiolo* à Florence devient le lieu de réunion des jeunes peintres de cette école, dont **Giovanni Fattori**, le chef de file du mouvement, et **Serafino de Tivoli** (1826-1892), le théoricien. La technique fait primer la couleur sur le dessin. Si la lumière pour les impressionnistes estompe les formes, pour les Macchiaioli elle est créatrice avec ses contrastes. **Giuseppe Palizzi** (1812-1888) réalise des scènes de genre, animées d'animaux. Il subit l'influence de Corot et de Courbet. À Venise une école se consacre exclusivement à la peinture de paysages ou de scènes de Venise chères à **Ciardi Guglielmo** (1842-1917). Mais l'influence des écoles d'art françaises a de fait peu de répercussions véritables sur les artistes italiens. L'œuvre de **Gaetano Previati** (1852-1920) est marquée par l'influence du divisionnisme français, conceptions spiritualistes et scientifiques s'y côtoient.

L'**architecture** reste rattachée au nom de **Gaetano Baccani** (1792-1867), l'un des plus importants architectes toscans. Il opte pour le style néoclassique et utilise également le néogothique, et réalise la restructuration interne de la cathédrale Santa Maria del Fiore.

4. La littérature italienne au XIXᵉ siècle

Le début du siècle en Italie est marqué par une suite de luttes où républiques et royautés se succèdent. Le désarroi général règne. **Vincenzo Monti** (1754-1828) retraduit ces incertitudes dans la *Bassvilliana* en 1793. De même **Ugo Foscolo** (1778-1827) souhaite la fin des maux pour sa patrie et le *A Bonaparte liberatore*, 1799, montre tous ses espoirs. En 1815, après la chute de Napoléon, commence la période de la prépondérance autrichienne. La littérature est un des moyens d'exprimer les aspirations politiques du pays. Le Milanais **Giovanni Berchet** (1783-1851) donne le signal de la lutte et réalise le premier manifeste du romantisme italien avec *La Lettre semi-sérieuse de*

Chrysostome (1816). Mais c'est surtout en **Alessandro Manzoni** (1785-1873) que les défenseurs des libertés trouvent leur chef de file. Jusqu'alors, les libéraux rêvant de libérer de son joug autrichien l'Italie soumise n'avaient pas encore pu s'affirmer réellement. *Le Comte de Carmagnole* (1820), première de ses tragédies, refuse de se conformer aux règles classiques et introduit dans l'action ses propres sentiments. L'inspiration patriotique trouve son développement dans l'histoire de l'Italie et non plus dans les fables antiques. *Les Fiancés* (1827) le consacrent en tant que romancier et permettent de le considérer comme le maître du roman italien moderne. **Silvio Pellico** (1789-1854), connu comme libéral, décrit à travers *Mes prisons* (1833) les étapes de son procès et de sa captivité à Venise. **Giacomo Leopardi** (1798-1837) incarne pendant cette période de lutte la colère de voir l'Italie dominée, dans ses odes patriotiques, mais reflète dans sa poésie une grande individualité : *Il primo amore* (1918). Toutes ses poésies sont empreintes du plus noir pessimisme. **De 1830 à 1870**, les lettres prennent une grande part aux événements politiques qui aboutiront à la paix tant désirée. Pendant la plus grande partie du XIXe siècle, l'Italie souhaitant si fortement son indépendance n'aura eu qu'une littérature utilitaire. C'est ce qui ressort de l'œuvre du Toscan **Giambattista Niccolini** (1782-1861). Dans sa tragédie *Nabucco* il s'impose autant comme poète que comme patriote, comme le font le satiriste **Giuseppe Giusti** (1809-1850) ou encore **Guiseppe Mazzini** (1805-1872). Après le triomphe de l'unité en 1870, les écrivains sont moins attirés par les questions politiques et reprennent goût à la littérature proprement dite. Un nom domine, celui de **Giosuè Carducci** (1835-1907), grand défenseur de l'idéal artistique : *Odes barbares* (1882), *Rimes nouvelles* (1861-1887). Il s'affirme comme le plus grand poète lyrique de la seconde moitié du XIXe siècle. Les idylles campagnardes de **Giovanni Pascoli** (1855-1912) chantent son amour de la nature.

Vers la fin du siècle, l'Italie est conquise par le roman psychologique. Son créateur **Antonio Fogazzaro** (1842-1911) se rattache à la tradition de Manzoni. *Piccolo Mondo antico* (1895) est une peinture de caractères qui le révèle comme un peintre des âmes. Les « véristes » ou « naturalistes » se proposent de représenter sans fard, par la réflexion et l'analyse, les passions humaines. **Giovanni Verga** (1840-

1922), dans ses romans *Tigre reale* et *Eros* (1875), s'affirme comme le chef de file de ce mouvement. Le nom de **Luigi Capuana** (1839-1915) lui est associé : *Profumo* (1890), *Il Marchese di Roccaverdina* (1901). La personnalité la plus marquante de cette période reste celle de **Gabriele D'Annunzio** (1863-1938), qui trouve dans la littérature française la base de son symbolisme : *Le Triomphe de la mort* (1894), *Les Vierges aux rochers* (1896), *Le Feu* (1900). Après 1910, il n'écrira plus de romans. Dès ses premiers recueils de vers, *Canto novo* (1882), il exprime la force de l'instinct, la joie divine.

CHAPITRE VI
La Russie au XIXᵉ siècle

1. La Russie au XIXᵉ siècle

LE VAINQUEUR DE NAPOLÉON, ALEXANDRE I‍ᵉʳ

Alexandre Iᵉʳ (1801-1825) poursuit la politique de réformes de **Catherine II**, sa grand-mère. Il favorise l'émancipation des serfs, se rapproche de l'Église catholique romaine. Une grande partie de son règne est occupée par la lutte contre Napoléon Iᵉʳ. Il est battu à Austerlitz (1805), à Eylau (1807), à Friedland (1807). La paix est signée à Tilsit, mais est de courte durée. Alexandre se retourne de nouveau contre la France jusqu'à la défaite de Waterloo (1815). Toute sa vie, le prince est poursuivi par l'assassinat de son père, dont il craint d'apparaître comme responsable. Il meurt le 1ᵉʳ décembre 1825, à Taganrog, sur la mer d'Azov, mais certains dignitaires ne reconnaissent pas son corps, la légende se répand d'une mort simulée, qui aurait permis au tsar de finir ses jours en moine. Inhumé dans la cathédrale Pierre-et-Paul à Saint-Pétersbourg, son tombeau est ouvert sur ordre d'**Alexandre III**, mais il est découvert vide.

UN AUTOCRATE RÉACTIONNAIRE, NICOLAS Iᵉʳ

Son frère **Nicolas I**ᵉʳ (1825-1855) lui succède. Autocrate convaincu, réactionnaire, il maintient le servage, qu'il réprouve pourtant, afin de ne pas s'aliéner la noblesse, mais réforme les lois par un nouveau code en 1835, qui remplace l'Oulojénie de 1649. Une tentative de jeunes officiers pour amener le tsar à une réforme vers une monarchie constitutionnelle, celle des décembristes, en décembre 1825, est écrasée, mais ancre Nicolas Ier dans le conservatisme le plus étroit. Il encourage les monarques européens à mettre fin au Printemps des peuples et aux révolutions de 1848 afin de restaurer partout l'absolutisme. Il se lance en 1853 dans la guerre de Crimée (1853-1856) contre les Ottomans, mais est vaincu par les troupes franco-anglaises, notamment à Sébastopol. L'humiliation est grande pour la Russie. Nicolas Ier meurt le 2 mars 1855, laissant à ses successeurs le soin de réaliser des réformes de plus en plus urgentes.

ALEXANDRE II LE LIBÉRATEUR

Le fils de Nicolas Ier, **Alexandre II** (1855-1881), dit « le Libérateur », monte sur le trône. Ce dernier doit faire face aux révolutionnaires conduits par le démocrate-socialiste **Nikolaï Gavrilovitch Tchernychevski** (1828-1889) et aux critiques d'**Alexandre Herzen** (1812-1870) dans son journal *Kolokol*, interdit, mais qui circule sous le manteau. Alexandre II comprend qu'il ne peut faire l'économie de réformes. Par l'ukase du 19 février 1861, il abolit le servage, libérant plus de cinquante millions de paysans. Désormais ils peuvent, grâce à l'argent prêté par le gouvernement et remboursable en quarante-neuf ans, acquérir leur terre, devenir propriétaire de leur ferme. Toutefois, les propriétés ainsi créées sont trop souvent minuscules à un moment où la Russie connaît sa transition démographique et voit sa population s'accroître. L'autre grande réforme concerne la justice : institution de jurys populaires, indépendance des juges. En 1874, le service militaire est rendu obligatoire. En 1864 sont créées les assemblées provinciales élues au suffrage censitaire ou *Zemtsvos*. Elles servent de cadre à la réforme de l'enseignement, créent dix mille écoles. Le statut des universités, de 1863, leur accorde une très large autonomie, ouvre celles-ci à toutes les classes masculines de la société. Mais la dernière partie du règne est marquée par un retour à la réaction. Le souverain ne veut pas toucher au système autocratique. Il s'apprête pourtant à autoriser la création d'un conseil, purement consultatif, pour l'assister, quand il est assassiné le 13 mars 1881.

LE RETOUR À L'ABSOLUTISME, ALEXANDRE III

Le second fils d'Alexandre II, **Alexandre III** (1881-1894), monte sur le trône. Mal préparé à régner, n'étant que le cadet, le nouveau souverain est surtout connu pour sa stature et sa force qui en font un véritable Hercule. Peu intéressé par les études, intellectuellement peu doué, il revient à un gouvernement conservateur, renforce l'absolutisme. Il modernise l'armée, développe la marine. Une nouvelle guerre contre les Ottomans, en 1877-1878, amène une conquête limitée de territoires, en raison de l'opposition britannique à l'expansionnisme russe. C'est sous son règne qu'est entreprise, en 1890, la construction du chemin de fer Transsibérien, destiné notamment à propager la politique de russification forcée voulue par l'empereur. En 1893, le rapprochement avec la France débouche sur la signature d'une alliance franco-russe. Alexandre III meurt au palais de Livadia, en Crimée, le 1er novembre 1894. Son fils aîné, **Nicolas II** (1894-1917), lui succède. Il est le dernier tsar de Russie.

LA RUSSIE ET L'OCCIDENT AU XIXe SIÈCLE

Sans les réformes menées par Pierre Ier au tournant du XVIIe siècle à grande échelle et dans tous les domaines, la culture russe au XIXe siècle n'aurait sans doute pas pu se développer. Le fait d'avoir installé sa capitale à Saint-Pétersbourg était déjà un pas de fait vers l'occidentalisation. **Pendant tout le XIXe siècle**, le grand débat intellectuel russe sera de savoir si l'on rejoint la voie occidentale ou si l'on mise sur le génie national du pays. L'hésitation de la Russie à répondre directement à cette question montre qu'il y a eu constamment une volonté de développer l'identité nationale. L'Allemagne a fait connaître au XVIIIe siècle ses Lumières aux Russes. Dans la société cultivée, la langue allemande domine jusqu'au dernier quart du XVIIIe siècle et, dans les milieux académiques, elle gardera sa place jusqu'au XIXe siècle. Mais l'idéologie des Lumières influence les lettrés et la noblesse cultivée qui suivent les idées de Voltaire, Helvétius et Rousseau et qui, pour ce faire, parlent leur langue. **La Révolution française** après l'exécution du roi, la dictature jacobine et ses excès trouvent de moins en moins de sympathisants. La vieille Russie jusqu'alors s'était présentée comme un monde pluriel. Les réformes menées par Pierre le Grand vont marquer une véritable cassure dans les profondeurs spirituelles mais aussi au sein de la société, créant un fossé entre les élites dirigeantes et la masse qui perdurera pendant tout le siècle. La domination absolue de l'Église touche à sa fin. Les réalisations techniques, économiques se tournent vers l'Europe pour être menées à bien. Les bases d'un système éducatif posé sont libérées du joug religieux. Tandis que la noblesse s'approprie les façons de faire et de vivre de celle d'Europe. Les conséquences dans le domaine des arts, de la culture et des connaissances seront lourdes mais se feront sentir lentement. Comme partout ailleurs, le développement de l'instruction, la création d'écoles, l'essor d'universités, la création d'instituts de formation, en 1801, celui des ingénieurs en communication, l'institut de technologie à Saint-Pétersbourg favorisèrent l'accès à la culture. Pendant le XIXe siècle, l'art russe adoptera le même découpage stylistique que l'Europe, romantisme, réalisme mais sans avoir toujours la même durée.

2. L'art russe au XIXe siècle

L'ARCHITECTURE RUSSE AU XIXe SIÈCLE

Le XVIIIe siècle de l'art russe avait été marqué par des emprunts considérables faits à l'Occident dans tous les domaines, y compris l'architecture avec les chantiers entrepris à Saint-Pétersbourg : **Jean-Baptiste Le Blond** (1679-1719) fait les jardins, **Domenico Trezzini** (1670-1734) en dessine de nombreux bâtiments. Les œuvres de **Francesco Bartolomeo Rastrelli** (1700-1771), premier architecte à la cour de l'impératrice Elisabeth, qui reconstruit parmi ses soixante-quinze réalisations le palais d'Hiver à Saint-Pétersbourg, déterminent le baroque russe. Le classicisme s'épanouit avec **Jean-Baptiste Vallin de La Mothe** (1729-1800), auteur du pavillon de l'Ermitage, des quais de la Neva, qui fait connaître aux Russes le style Louis XVI. Un de ses élèves, **Vassili Bajenov** (1737-1799), se voit confier la construction du nouveau palais au Kremlin mais le projet de ce visionnaire n'aboutira pas. Peu à peu les architectes russes vont mettre au point un style national, tout en améliorant les formes du classicisme. Dans le « style empire Russe », l'espace devient le centre d'intérêt dominant de l'architecte. L'édifice de l'amirauté dessiné par **Adrian Zakharov** (1761-1811) en est le meilleur exemple. De même **Carlo Rossi** (1775-1849) réalise à partir de 1810 des œuvres de même qualité, l'État-major sur la place du palais, le palais du Sénat et du Saint-Synode. À Moscou, l'architecture de la seconde moitié du XIXe siècle sera marquée par des œuvres de grandes dimensions abandonnant peu à peu les formes classiques au profit de celles de l'éclectisme.

LA PEINTURE EN RUSSIE AU XIXe SIÈCLE

Le XVIIIe siècle avait été l'âge d'or du portrait avec **Ivan Nikitine** (1680-1742) et **Andreï Matveïev** (1701-1739) et, sous le règne d'Elisabeth, avec l'arrivée de nombreux peintres étrangers. Jusqu'au XIXe siècle, la peinture russe est sous la dépendance de l'Europe occidentale. **Ivan Argounov** (1729-1802) trouve ses modèles dans la peinture d'Hyacinthe Rigaud ou Jean-Marc Nallier. Avec la création de l'Académie des beaux-arts en 1757, la peinture historique fait son apparition, les professeurs qui enseignent la peinture sont français : **Lagrenée l'Aîné** (1725-1805) et **Gabriel François Doyen** (1726-1806). Au début du XIXe siècle, le romantisme marque la peinture et le portrait est à l'honneur avec **Orest Kiprenski** (1782-1836) et son *Portrait d'Adam Schwalbe* (1804). La peinture de **Sylvestre Chtchedrine** (1791-1830) inaugure la peinture de paysage peinte à l'extérieur. Les scènes de genre trouvent en **Alexis Venetsianov** (1780-1847) leur maître avec ses scènes de la vie paysanne comme *Le Berger endormi* (1823-1826). La peinture historique suit avec **Karl Briullov** (1799-1852) et *Le Dernier Jour de Pompéi* (1830-1833). **La seconde moitié du XIXe siècle**, marquée par l'influence des idées philosophiques et éthiques, le développement intense des sciences et des techniques, la tradition réaliste dans la littérature de Tolstoï et Tchekhov, finit par imprégner la peinture à son tour. **Vassili Perov** (1834-1882) cherche à stigmatiser les plaies de la société, de même que **Vassili Poukirev** (1832-1890). En 1864, un groupe d'artistes refuse de concourir à l'Académie selon les sujets imposés, car ils veulent des sujets russes contemporains. C'est **la révolte des quatorze** qui ouvre la voie à un réalisme nouveau, déchargé du pittoresque sentimental et misérabiliste. Les photographes affichent leur attachement aux coutumes de l'ancienne Russie, fixant dès 1860 un peu de l'âme russe sur la pellicule, travaux des champs, métiers artisanaux. Cette quête d'identité se poursuit dans tous les domaines artistiques ainsi qu'en peinture. L'art populaire se voit recensé dans les dernières années du XIXe siècle et devient une source de renouveau esthétique. Son rôle sera déterminant dans l'art nouveau russe, le « style moderne ». **Victor Vasnetsov** (1848-1926) prendra ses sujets dans les contes russes, les **Trois Preux**, trois chevaliers légendaires qui combattirent les Mongols. **Mickaël Vroubel** (1856-1910) élabore son propre style, à partir de l'académisme, de fresques et de mosaïques byzantines. En 1899, la revue du *Monde de l'art*, fondée par **Alexandre Benois** (1870-1960) et **Serge de Diaghilev** (1872-1929), remplace l'idéal slavophile par un projet cosmopolite et oppose l'art pour l'art à l'art social. L'exposition tenue à Moscou en 1907 marque le point de départ du bouillonnement de l'art russe et cela pendant vingt-cinq ans. En 1910, l'exposition *Le Valet de carreau* regroupe les artistes attirés par le primitivisme, comme **Vassili Kouprine** (1880-1960) qui en fut l'un des organisateurs.

LA SCULPTURE RUSSE AU XIXe SIÈCLE

La sculpture se développe en Russie à partir de la seconde moitié du XVIIIe siècle grâce à l'enseignement de **Nicolas François Gillet** (1758-1778) à qui l'on doit d'avoir davantage modelé d'élèves que de statues. Jusqu'alors les statues en ronde-bosse étaient proscrites dans les églises sous peine de condamnation pour idolâtrie. La volonté réformatrice de Pierre Ier est à l'origine de la naissance de la sculpture profane. Gillet formera les premiers maîtres de la sculpture : **Fedot Choubine** (1740-1805), **Mikhaïl Kozlovski** (1740-1802). Catherine II accueille à la cour **Marie-Anne Collot** (1748-1821), la première femme distinguée dans cet art. Sa présence est liée à celle de

Falconet venu pour ériger la statue colossale de Pierre Ier. Elle se consacre entièrement à son travail de portraitiste et Catherine II fait placer ses bustes à Tsarskoïe Selo : *Tête d'une petite fille russe* (1769), le *Comte Orlov* (1767). La sculpture bénéficie des commandes faites aux architectes, cariatides du palais de l'Amirauté par Sylvestre Chtchedrine, en 1812. De la fin du XIXe siècle, datent *Ivan le Terrible* de **Mark Antokolski** (1843-1902), en 1871, et le monument de Catherine II à Saint-Pétersbourg par **Michaïl Mikechine** (1835-1896). Ils sont caractérisés par un réalisme très accentué.

3. La littérature russe au XIXe siècle : premiers pas d'ouverture

La littérature russe fut favorisée par les réformes de Pierre le Grand. Le développement des sciences nécessite la traduction et la publication de nombreux ouvrages, la création du premier journal public relègue la littérature d'Église derrière la littérature laïque. Ce premier pas d'ouverture lui permet de se tourner vers les thèmes, les genres classiques du siècle des Lumières. Mais c'est surtout à Catherine II que l'on doit l'envol de la littérature russe, souveraine qui marqua un grand intérêt pour le monde des lettres et qui fonde, en 1783, l'Académie russe. Ainsi, au début du XIXe siècle, la littérature russe, dotée d'une langue nationale, ayant assimilé les genres littéraires de l'Europe, va exprimer ses pensées et ses souffrances dans le romantisme débutant.

UNE FORME NATIONALE DU ROMANTISME RUSSE

Il faut arriver à **Pouchkine** (1799-1837) pour voir apparaître une forme nationale du romantisme russe. Sa principale œuvre, *Boris Godounov* (1825), est un drame en cinq actes. Il est aussi l'auteur d'une sorte d'épopée bourgeoise, un tableau réaliste et poétique des mœurs dont le cadre se situe en Crimée : *Le Prisonnier du Caucase* (1821), *La Dame de pique* (1833). La littérature nationale ne conquiert vraiment ses lettres de noblesse qu'avec **Nicolas Vassiliévitch Gogol** (1809-1852), créateur de l'école « naturelle », c'est-à-dire réaliste. Il débute par *Les Soirées du hameau* (1831-1832) mais son succès date du *Manteau* (1843), courte nouvelle écrite dans le style réaliste de Balzac. Son œuvre capitale reste *Les Âmes mortes* (1835), roman inachevé où il dépeint avec force une succession de tableaux de la vie russe. *Tarass Boulba* (1839) est le résultat de recherches approfondies sur les vieilles épopées russes, dont l'action se déroule au XVIe siècle pendant la lutte des Cosaques contre les Polonais et les Russes.

Ivan Sergueïevitch Tourguéniev (1818-1883) est sans doute l'écrivain le plus lu à Paris aux alentours de 1850. Il voyage en France pendant la deuxième partie de sa vie et se lie intimement avec des auteurs comme Mérimée, Flaubert, Zola. Aussi s'impose-t-il davantage comme un Occidental dans sa façon d'écrire : *Les Récits d'un chasseur* (1847) sont réalisés pour provoquer un mouvement d'opinion contre le servage par une suite de nouvelles. Dans le premier de ses romans, *Roudine* (1856), il peint un jeune utopiste qui croit que ses idées auront une influence sur son temps.

AU ROMAN RUSSE MODERNE

Le roman russe moderne est dans son essence même la création de son intelligentsia qui considère la littérature comme le moyen de faire une critique sociale poussée. L'université de Moscou en est un des principaux centres. Les slavophiles sont les héritiers intellectuels de Burke, de Maistre, d'Herder, tout comme les Occidentaux sont les disciples de Voltaire, des encyclopédistes, et plus tard des socialistes, Saint-Simon, Fourier et Comte. Ceux-ci interprètent l'isolement, la solitude de l'homme moderne comme la conséquence du problème de la liberté. **Fiodor Mikhaïlovitch Dostoïevski** (1821-1881)[1] dépeint ses héros aux prises avec ce problème et glorifie dans ses romans la solidarité humaine et l'amour pour éviter un nihilisme à la Flaubert. Pour lui, la source de tous nos maux se trouve dans notre volonté et notre orgueil. La seule voie de salut qui nous reste est l'humilité. Avant tout, il s'impose comme écrivain de la psychologie humaine : *Les Pauvres Gens* (1846), *Crime et Châtiment* (1866), *Les Possédés* (1871),

---

1. À ce sujet, voir Jean-François Pépin, « Dostoïevski », in *Encyclopædia Universalis*.

Les Frères Karamazov (1880). **Léon Tolstoï** (1828-1910), moins nationaliste que Dostoïevski, est en revanche plus préoccupé par l'Évangile dont les conséquences poussées jusqu'à l'absurde mènent tout droit à l'anarchisme. Tolstoï est surtout connu pour ses deux plus longs travaux, *Guerre et Paix* (1864-1869) et *Anna Karénine* (1873-1877). Les œuvres de Tolstoï pendant les années 1850 et début des années 1860 expérimentent de nouvelles formes pour exprimer ses préoccupations morales et philosophiques. Après avoir terminé *Anna Karénine*, Tolstoï tombe dans un profond état de désespoir existentiel. Attiré d'abord par l'Église orthodoxe russe, il décide qu'elle comme toutes les autres Églises chrétiennes sont des institutions corrompues qui ont soigneusement falsifié la nature authentique du christianisme. Après avoir découvert ce qu'il croyait être le message du Christ et après avoir surmonté sa peur paralysante de la mort, Tolstoï consacre le reste de sa vie à développer et à propager sa foi nouvelle. Il a été excommunié de l'Église orthodoxe russe en 1901. Il considère le conflit entre l'individu et la société, non en tant que tragédie inévitable, mais comme une calamité attribuée à un manque de discernement et de compréhension morale. Parmi ses œuvres, on peut également citer : *La Sonate à Kreutzer* (1889), *Résurrection* (1899), *La Puissance des ténèbres* (1887).

VERS DES PRÉOCCUPATIONS ESSENTIELLEMENT RUSSES

Après **Gogol** et **Pouchkine**, les précurseurs de la première moitié du XIXe siècle, la littérature russe trouve sa forme spécifique aux environs de 1850 et se consacre aux problèmes essentiellement russes. Analyse psychologique et analyse sociale sont les deux thèmes dominants des romans de cette époque. La prose est toujours dominée par le roman psychologique, mais la nouvelle gagne du terrain. **Anton Tchekhov** (1860-1904) a pour principal centre d'intérêt l'art dramatique, bien qu'il ait publié aussi des contes. Au théâtre, il remporte de nombreux succès : *La Mouette* (1895-1896), *Les Trois Sœurs* (1901) et *La Cerisaie* (1904), *Oncle Vania* (1897). Ses personnages ont tous des faiblesses. Il crée une galerie interminable de personnages dont le seul lien commun est la peur du lendemain, la terreur de vivre. **Maxime Gorki** (1869-1935) présente aussi des vagabonds, de pauvres hères, mais l'aspect comique souvent si présent chez Tchekhov est absent chez lui : *Roman d'un inutile* (1908), *La Mère* (1926). Son succès tient essentiellement à la nouveauté de ses personnages auxquels il prête une conception de la vie, même si elle se résume à l'ennui. Il a aussi écrit une véritable épopée du prolétariat : *Les Vagabonds* (1902). La génération de 1910 rejette la dépendance totale de la poésie à la mystique. À cette nouvelle tendance appartiennent **Vladimir Maïakovski** (1893-1930) et **Boris Pasternak** (1890-1960). La poésie se conçoit comme une pure création et non comme un objet de connaissance. Boris Pasternak, couronné par **le prix Nobel** en 1958, est l'auteur de nouvelles, de textes autobiographiques et surtout du *Docteur Jivago* (1957).

4. La Scandinavie au XIXe siècle

L'histoire de la Scandinavie au XIXe siècle est celle de l'émergence de nations dans les difficultés politiques et la guerre. À l'intérieur du bloc des pays scandinaves, la Suède entend exercer son hégémonie, à l'extérieur l'Empire russe veut annexer la Finlande. Danemark et Norvège doivent en permanence lutter pour conserver leur identité et leurs institutions propres. Tout commence en 1814 et 1815, après l'effondrement de l'Empire napoléonien. La Suède absorbe la Norvège dans une union des deux pays sous un même monarque. La Russie met alors la main sur le grand duché de Finlande, le Danemark sur le duché de Schleswig-Holstein. Après plusieurs guerres, la Norvège recouvre son indépendance en 1905, la Finlande la sienne à l'occasion de la Révolution russe de 1917, le Schleswig-Holstein est rattaché à la Prusse après sa victoire obtenue avec l'aide de l'Autriche sur les Danois en 1864 lors de la guerre des duchés.

LA LITTÉRATURE DES PAYS SCANDINAVES AU XIXe SIÈCLE

Plusieurs pays tels le Danemark, la Norvège, la Suède, la Finlande sont regroupés sous l'appellation de Scandinavie.

La littérature danoise

Le philosophe **Søren Kierkegaard** (1813-1855) est à la tête du mouvement existentialiste et son œuvre *Crainte et Tremblement* (1843) témoigne de l'oscillation des sentiments de ce luthérien entre la peur et la foi rehaussées d'espérance. À l'opposé, **Hans Christian Andersen** (1805-1875) écrit des contes destinés prioritairement aux enfants bien que les problèmes en soient liés au monde des adultes. Les influences du positivisme, du rationalisme, du darwinisme marquent les esprits. Après la résignation politique qui suit l'année 1864, **Georg Brandes** (1842-1927), historien de la littérature de formation matérialiste, nietzschéenne et naturaliste, regroupe autour de lui un mouvement réaliste. Au cours de ses conférences, il prône le retour aux valeurs de la Révolution française. **Holger Drachmann** (1846-1908) est une sorte de Shakespeare danois. Tous les styles l'ont séduit : histoire ancienne, folklore scandinave, questions sociales. Ses principales œuvres sont *Völund le forgeron* (1896), *Renaissance* (1908), *Brave homme* (1908). **Johannes Jorgensen** (1866-1956) représente la tendance symboliste, et s'est acquis l'attention du public catholique par sa conversion d'abord, puis par une biographie, *Saint François d'Assise* (1907), qui marque un véritable renouvellement du genre. **Johannes Vilhelm Jensen** (1873-1950) s'illustre plutôt par une littérature régionaliste dans laquelle il vante le retour à la nature. Son œuvre sera couronnée par le prix Nobel de littérature en 1944.

La littérature suédoise

La littérature suédoise trouve son écho pour la première fois en Europe avec **August Strindberg** (1849-1912). Dans ses nouvelles et ses drames, *Le Mystère de la guilde* (1881), *Mariés* (1885), *Premier avertissement* (1893), *Le Songe* (1901), il passe d'un socialisme positif à l'individualisme, puis finalement à un mysticisme chrétien teinté de symbolisme. **Selma Lagerlöf** (1858-1940) devient célèbre par la publication de *La Saga de Gosta Berling* (1891). Les personnages de ces récits sont tous Suédois. Son ouvrage le plus populaire est *Le Merveilleux Voyage de Nils Holgersson* (1906). C'est une description des paysages de Suède tels que les entrevoit un enfant qui voyage sur le dos d'une oie sauvage. En 1909, Selma Lagerlöf reçoit le prix Nobel. Pour beaucoup, son chef-d'œuvre reste *Anna Svard* (1928).

La littérature norvégienne

Les premiers écrits remontent au IVe siècle de notre ère et sont des inscriptions runiques. Tour à tour, la littérature norvégienne subit les influences islandaise au XIe siècle, et française au XIIIe siècle. Après cette période, presque quatre siècles de silence suivent. Dans la seconde moitié du XIXe siècle, elle s'européanise avec **Björnstjerne Björnson** (1832-1910) et **Henrik Ibsen** (1828-1906). Le premier, qui vécut en France et se mêla à l'agitation politique, fut poète, dramaturge et romancier. Ses œuvres, dont *La Fille du pêcheur* (1880), recèlent une puissante couleur locale. Il reçut le prix Nobel en 1903. Quant à Ibsen, son œuvre évolue peu à peu du néoromantisme à la critique sociale. Il tente de démasquer le mensonge de la vie, étudie les rapports entre les sexes, et la personnalité de la femme. Vers 1890, la critique et le public lettré français se passionnent pour cet auteur qui vient de produire au théâtre une œuvre aussi originale.

Le théâtre d'Ibsen

Le développement du **théâtre naturaliste** avait été favorisé par la création partout en Europe de compagnies théâtrales indépendantes, comme le Théâtre-Libre fondé par André Antoine à Paris en 1887, ou celui de la Freie Bühne à Berlin par **Otto Brahm** en 1889. Le théâtre d'**Ibsen** (1828-1906) ramène sur scène l'art, la beauté, l'idée sans lesquels le Théâtre-Libre était en train de s'enliser. Les pièces d'Ibsen peuvent être soit philosophiques ou symboliques, *Brand* (1866), *Peer Gynt* (1867), soit réalistes, la *Maison de poupée* (1879).

VERS LE XXe SIÈCLE

Knut Hamsun (1859-1952) est aussi important pour la littérature narrative qu'Ibsen pour la production théâtrale. Il reçut le prix Nobel en 1920. Il joint les influences de la littérature russe et américaine à un sens aigu de l'irrationnel dans la nature humaine, thème recherché au début du XXᵉ siècle. Presque toujours les héros de ses romans luttent avec le monde environnant et sont chargés de problèmes : *Les Fruits de la terre* (1917). **Sigrid Undset** (1882-1949) retrace dans ses premiers romans des destinées douloureuses, elle peint essentiellement des femmes. Son chef-d'œuvre est *Kristin Lavransdatter* (1920-1922), une reconstitution du Moyen Âge scandinave. Après la Première Guerre mondiale, il faut retenir le nom de **Tarjei Vesaas** (1897-1970) avec *Les Oiseaux* (1957), *Le Palais de glace* (1963). Le monde qu'il décrit est symbolique, imaginaire, voire magique. **Dag Solstad** (né en 1941) est considéré comme l'un des meilleurs écrivains vivants. Son œuvre est pessimiste : *Trahison* (1980).

CHAPITRE VII
Les États-Unis au XIXᵉ siècle (1787-1914)

1. Les institutions américaines

L'année 1787 porte sur les fonts baptismaux l'organisation de la démocratie américaine. Le problème de fond est lourd, opposant les fédéralistes, qui veulent un gouvernement central efficace, donc puissant, et les antifédéralistes, ou républicains, qui redoutent la limitation ou la perte des libertés individuelles. De mai à septembre 1787, cinquante-cinq délégués se réunissent à Philadelphie. **Benjamin Franklin** (1706-1790), déjà corédacteur de la déclaration d'Indépendance de 1776, et **George Washington** (1732-1799) usent de leur influence pour favoriser l'adoption du texte, dont les signataires sont reconnus comme Pères fondateurs des États-Unis, au même titre que ceux qui ont signé la déclaration d'Indépendance. La Constitution de 1787 définit le droit de chaque État, chacun avec son gouvernement propre, un gouverneur élu, une ou plusieurs assemblées, ses tribunaux, ses fonctionnaires, sa propre législation pour ce qui concerne l'administration locale, la police, la justice, l'enseignement, les cultes, les travaux publics. Au-dessus des États, un gouvernement fédéral règle les questions concernant l'ensemble de la Fédération, comme la politique étrangère. Le pouvoir exécutif fédéral est confié à un Président des États-Unis, élu pour quatre ans avec un vice-président, selon le système du *ticket*. Ce système permet, en cas d'empêchement du Président, l'investiture du vice-président automatiquement, puisqu'élu en même temps et pour quatre ans lui aussi. Il est élu par des grands électeurs, chaque État désigne autant de grands électeurs qu'il compte de membres au Congrès. Le Président est chef de l'armée, à la tête de la diplomatie, l'administration fédérale. Il peut opposer son veto à une loi votée par le Congrès, sauf si une majorité des deux tiers se dégage dans chaque chambre. Le pouvoir législatif fédéral revient au Congrès, composé de la Chambre des représentants, élue pour deux ans, où le nombre de députés pour chaque État est proportionnel à sa population, et d'un Sénat renouvelable par tiers tous les deux ans, chaque État disposant de deux sénateurs. Le Congrès vote les lois et le budget. Une Cour suprême fédérale est composée de neuf membres nommés à vie par le président. Gardienne de la Constitution, elle règle les différends entre citoyens et États et gouvernement fédéral. Elle décide en dernier ressort de la constitutionnalité des lois. Les fédéralistes occupent le pouvoir sous les deux premiers Présidents, **George Washington** (1789-1797) et **John Adams** (1797-1801). Leur succèdent trois Présidents républicains : **Thomas Jefferson** (1801-1809), **James Madison** (1809-1817) et **James Monroe** (1817-1825).

EXTENSION ET CONQUÊTES

L'un des problèmes des gouvernements est l'accroissement du territoire national. Les treize colonies d'origine, treize premiers États américains, sont devenus trente et un en 1860, au fil de différents processus. Tout d'abord par l'acquisition. La Louisiane est achetée à Napoléon Ier en 1803, pour 80 millions de francs (1 franc-or vaut 3,22 g d'or), la Floride vendue par l'Espagne en 1819, le Texas, la Californie, le Nouveau-Mexique par le Mexique en 1848. Pour l'Espagne et le Mexique, les États-Unis occupent déjà les territoires, l'achat est une formalité de compensation. En 1846, la Grande-Bretagne cède à son tour l'Oregon. La conquête de l'Ouest, les terres à l'ouest du Mississippi, fascine et effraie à la fois. À la fin du XVIIIe siècle, environ deux cent mille pionniers y vivent. Dès 1779, le Maryland vote une résolution considérant l'Ouest comme un territoire fédéral. Elle est confirmée par l'ordonnance de 1787 portant création de ce statut précis, aucun État ne possède en propre ces territoires. En

1846, avec l'Oregon, les États-Unis contrôlent pratiquement la totalité de leur superficie actuelle, à l'exception d'une bande frontière au sud de l'Arizona et du Nouveau-Mexique, finalement vendue par le Mexique en 1853. La conquête de l'Ouest est d'abord administrative. Les lignes des méridiens et des parallèles servent à délimiter les frontières des États futurs, ce qui explique leur forme géométrique. Il faut une population masculine de soixante mille personnes pour être pleinement intégré. Chaque État est divisé en communes de forme carrée, chaque côté ayant 6 miles (environ 10 km). À l'intérieur de ce plan, des parcelles sont délimitées, vendues aux colons. Le déplacement de population est spectaculaire, les deux cent mille pionniers d'origine deviennent deux millions vers 1820, dix millions vers 1850. Entre 1862 et 1869 est installée la première ligne de chemin de fer transcontinentale, reliant une côte à l'autre.

La seconde guerre d'indépendance

Événement souvent méconnu, les États-Unis doivent livrer contre la Grande-Bretagne **une seconde guerre d'indépendance** entre 1812 et 1814. Les Britanniques usent à l'excès de leur droit de visite, celui de monter à bord des navires américains pour s'emparer, le cas échéant, des matelots pour lesquels il est difficile de définir la nationalité, américaine ou britannique. À cela s'ajoute **un nouveau Congrès** élu dont la majorité des membres est anglophobe. Le 18 juin 1812, les États-Unis déclarent la guerre à la Grande-Bretagne. Les succès et les échecs se succèdent pour les deux camps, avec quelques épisodes essentiels. Le 25 juillet 1814, la bataille de Lundy's Lane, près des chutes du Niagara, est la plus sanglante, avec près de mille huit cents morts. Les Britanniques l'emportent de peu. Le 24 août 1814, ils entrent dans Washington, brûlent certains bâtiments officiels, dont le Capitole et le palais présidentiel. Le Président Madison se réfugie en Virginie. Au retour du chef de l'État, sa résidence est repeinte en blanc pour dissimuler les marques de l'incendie et l'on commence à la nommer « White House » ou Maison Blanche, nom officiellement adopté par Théodore Roosevelt en 1901. L'année 1814 est une succession de **victoires américaines** sur des Britanniques occupés par ailleurs avec la chute de Napoléon en Europe. La paix de Gand (24 décembre 1814) consacre le retour à la situation originale. Mais le conflit se poursuit jusqu'au 8 janvier 1815 quand le général **Andrew Jackson** gagne la spectaculaire bataille de la Nouvelle-Orléans. Il sera Président des États-Unis entre 1829 et 1837.

PROBLÈME INDIEN ET *SPOIL SYSTEM*

L'une des conséquences de cette guerre est l'énoncé, quelques années plus tard, de la doctrine de Monroe, souvent résumée par une formule lapidaire : « L'Amérique aux Américains. » Dans son message annuel au Congrès du 2 décembre 1823, le Président **James Monroe** (1817-1825) formule la position qui demeure celle des États-Unis jusqu'à la Seconde Guerre mondiale. Cette doctrine définit trois axes : Amérique du Nord et du Sud ne sont plus ouvertes à la colonisation européenne, toute intervention européenne sur le continent américain est considérée comme une menace directe à l'endroit des États-Unis, ces derniers s'engagent à ne pas intervenir dans les affaires européennes. Ce dernier point explique en partie l'entrée tardive des États-Unis dans les deux conflits mondiaux. Les républicains sont demeurés au pouvoir entre 1801 et 1829. Ils représentent bien les États du Nord, mais mécontentent ceux du Sud esclavagiste et les nouveaux États qui se forment à l'Ouest. En 1829, **Andrew Jackson** (1829-1837), originaire du Tennessee, est élu Président des États-Unis. Vainqueur des Britanniques et des Indiens, il a failli être victime de sa popularité le jour de son élection. Ses partisans se pressent en si grand nombre que peu s'en faut qu'il ne meure étouffé, puis, ivres de joie, ceux-ci pillent consciencieusement la Maison Blanche, joyeusement mise à sac. Ses mandats sont marqués par les guerres indiennes, les Indiens commencent à être parqués dans des réserves. Andrew Jackson est le premier Président démocrate. Le parti démocrate est né d'un regroupement des représentants des États du Sud et de l'Ouest. Cette coalition dure jusqu'à la guerre de Sécession. Jackson se rend impopulaire en instaurant au sein de l'administration fédérale le *spoil system* ou « système des dépouilles ». Démocrate, il renvoie les fonctionnaires républicains pour donner leur poste à des démocrates. Ce système est toujours en vigueur, chaque nouveau Président installe sa propre administration pendant que la précédente fait ses cartons. Ce procédé, souvent mal compris hors des États-Unis, repose sur une volonté démocratique, offrir au plus grand nombre la possibilité d'occuper une place parmi les membres de l'administration fédérale.

L'ESCLAVAGE

Les successeurs de Jackson, le plus souvent démocrates, sont connus sous le sobriquet peu glorieux de *black horses*, ou « chevaux noirs », pour signifier la médiocrité obscure de leur mandat. C'est pendant cette période, entre 1837 et 1861, que la question de l'esclavage exacerbe les relations entre les États. L'équilibre se maintient entre États esclavagistes et non esclavagistes, à peu près en nombre égal jusqu'à la conquête de l'Ouest. Se pose alors le problème du choix effectué par les nouveaux venus. Le compromis du Missouri (1820) propose une base géographique, l'esclavage n'est autorisé qu'au sud du trente-sixième parallèle, à la frontière méridionale du Missouri. Il fonctionne tant bien que mal jusqu'en 1854, où il est abrogé, avant d'être supprimé en 1857.

Le conflit s'envenime gravement avec une série de campagnes lancées dans les États du Nord, à l'initiative notamment des Quakers et des sociétés philanthropiques, en faveur de l'abolition de l'esclavage. Le réseau clandestin du *Underground railroad*, ou « chemin de fer souverain », aide les esclaves à s'enfuir en prenant des itinéraires secrets parfois jusqu'au Canada. En 1852, **Harriet Beecher-Stowe** (1811-1896) publie sous forme de feuilleton son roman *La Case de l'oncle Tom*, dénonçant les conditions de vie des esclaves dans leur plantation. C'est le premier et le plus grand best-seller, meilleure vente de tout le XIXe siècle américain, après la Bible. L'histoire popularise l'image stéréotypée de l'indéfectible loyauté de l'esclave noir et répand l'abolitionnisme. Un nouveau parti, le parti républicain, sans aucun rapport avec son prédécesseur, sauf le nom, regroupe les hommes politiques favorables à la limitation, puis à l'abolition de l'esclavage en 1854. La coalition entre États du Sud et de l'Ouest éclate, ces derniers se rapprochent des États abolitionnistes du Nord-Est.

LA GUERRE DE SÉCESSION

En 1860, **Abraham Lincoln** (1860-1865), républicain, est élu Président. Il veut l'abolition et le maintien de l'Union, contre les États du

Sud tentés par la Sécession. La rupture intervient en quelques étapes, entre décembre 1860 et avril 1861. Le 20 décembre 1860, la Caroline du Sud fait sécession la première, suivie par le Mississippi, la Floride, l'Alabama, la Géorgie, la Louisiane, le Texas, la Caroline du Nord, la Virginie (mais pas la Virginie occidentale), le Tennessee, l'Arkansas. Ils adoptent en mars 1861 la Constitution des États confédérés d'Amérique, version définitive d'une Constitution provisoire utilisée depuis février. Le premier, et seul Président, est élu en la personne de **Jefferson Davis** (1861-1865). Le 12 avril 1861 les troupes sudistes du général **Pierre Gustave Toutant de Beauregard** (1818-1893) attaquent Fort Sumter, devant Charleston en Caroline du Sud, tenu par une garnison nordiste, ouvrant la guerre de Sécession. En mai 1861, la capitale confédérée est installée à Richmond, en Virginie.

La guerre de Sécession en quelques dates essentielles

La guerre de Sécession est un nom qui ne traduit pas parfaitement le terme américain qui s'y réfère de *Civil War* ou « Guerre civile ». Elle dure de 1861 à 1865, et s'achève par la défaite des États confédérés du Sud et la proclamation du 13e amendement à la Constitution américaine, abolissant l'esclavage.

12 avril 1861 : Les Confédérés attaquent Fort Sumter en Caroline du Sud.
21 juillet 1861 : Bataille de Bull Run, défaite du Nord.
1862 : Abraham Lincoln impose un blocus aux ports du Sud.
1er mai 1862 : Bataille de la Nouvelle-Orléans, victoire du Nord.
25 juin 1862 : Bataille des sept jours, victoire du Sud.
17 septembre 1862 : Bataille d'Antietam, victoire du Nord.
1er juillet 1863 : Bataille de Gettysburg, victoire du Nord.
23 novembre 1863 : Bataille de Chattanooga, victoire du Nord.
2 septembre 1864 : Bataille d'Atlanta, victoire du Nord.
31 janvier 1865 : Vote du 13e amendement à la Constitution américaine, abolissant l'esclavage.
9 avril 1865 : Bataille d'Appomattox, victoire du Nord.

Les généraux du Nord : Ulysse S. Grant (1822-1885), **George G. Meada** (1815-1872), **William T. Sherman** (1820-1891), **George A. Custer** (1839-1876), **George K. Thomas** (1816-1870), **Joseph Hooker** (1814-1879).

Les généraux du Sud : Robert Lee (1807-1870), **Joseph E. Johnston** (1807-1891), **Braxton Bragg** (1817-1876), **Pierre Gustave Toutant de Beauregard** (1818-1893), **John B. Hood** (1831-1879), **Thomas J. Jackson** (1824-1863), **James Longstreet** (1821-1904).

L'esclavage, aboli, n'est pas la seule cause de la guerre de Sécession, liée aussi à des problèmes de tarifs douaniers, de commerce, de monnaie. Les vainqueurs ne sont pas d'accord sur l'avenir du Sud, dévasté économiquement, affaibli moralement. Les radicaux souhaitent prendre le contrôle total du Sud, économiquement et politiquement, retirer le droit de vote aux Blancs et le donner aux Noirs. Lincoln, puis son successeur Johnson, s'y opposent, organisent des élections. Les États du Sud, contraints d'admettre l'abolition, font des Noirs des citoyens de seconde zone : pas de droit de vote, interdiction des mariages mixtes. Au pouvoir au Congrès en 1867, les radicaux imposent le vote des Noirs, remportent les élections dans le Sud. Certains Blancs forment alors des mouvements extrémistes, dont le Ku Klux Klan, créé en 1865, interdit en 1871, mais qui continue ses activités dans la clandestinité. Interdit de vote depuis 1867, les Blancs le retrouvent en 1872. Les radicaux perdent le pouvoir au profit du nouveau parti démocrate.

LA PROSPÉRITÉ RETROUVÉE

Dans un climat d'apaisement, les États-Unis connaissent une ère de grande prospérité. En 1883, les fonctionnaires fédéraux sont recrutés par concours, limitant le système des dépouilles. C'est à cette époque que le parti républicain reprend l'avantage. Il domine la vie politique jusqu'en 1912. Le Président républicain **William McKinley** (1897-1901) rétablit l'étalon-or (la monnaie papier est garantie par sa contre-valeur en or), mène une active politique extérieure. En 1898 éclate une guerre hispano-américaine. Vaincue, l'Espagne doit céder aux États-Unis le contrôle de Cuba et des Philippines. McKinley est assassiné par un anarchiste en 1901. Son vice-président, **Théodore Roosevelt** (1901-1909), achève son mandat, et est réélu en 1904. Il entreprend de lutter contre les monopoles, les trusts. **William H. Taft** (1909-1913) renforce le protectionnisme, refuse l'évolution progressiste du parti républicain souhaitée par Roosevelt. Il est battu en 1913 par le démocrate **Thomas Woodrow Wilson** (1913-1921).

2. Les arts aux États-Unis au XIXᵉ siècle : l'affirmation d'une autonomie

Comme la science, la littérature, l'architecture vont affirmer leur autonomie dans la seconde moitié du XIXᵉ siècle. **La peinture** suivra avec un certain décalage chronologique par rapport aux tendances européennes. Cet essor artistique est en rapport avec le développement de plus en plus affirmé des États-Unis sur la scène internationale. Mais c'est aussi la conséquence de la prospérité du pays. Le développement de la culture américaine ne se fera qu'à partir **du premier tiers du XIXᵉ siècle**. Dans le domaine de la science, en revanche, les chercheurs s'appuient sur les résultats des travaux menés en Europe. C'est aussi au cours des premières décennies que le système éducatif se développe, mettant l'accent sur les académies privées. À la fin du siècle, de grandes universités commencent à adopter le modèle allemand préférant la recherche. La création du Massachusetts Institute of Technology, en 1865, assure la formation d'ingénieurs.

L'ARCHITECTURE AUX ÉTATS-UNIS AU XIXᵉ SIÈCLE : DES PREMIÈRES GRANDES VILLES AUX BUILDINGS

C'est après la guerre de Sécession que l'architecture américaine se détache des modèles occidentaux coloniaux, Espagne et Angleterre. Les influences espagnoles dominaient jusqu'alors dans l'Ouest, tandis que celle des Anglais, Hollandais, Français le faisait dans l'Est. Au XVIIIᵉ siècle, les colons se sédentarisent. Ils adaptent au contexte américain les modèles palladiens diffusés en Angleterre et créent un style géorgien, comme à Drayton Hall, près de Charleston, en Caroline du Sud, ou Mount Pleasant à Philadelphie.

La prospérité économique dans les années 1790 favorise le développement de villes comme Boston, New York. Le politicien **Thomas Jefferson** est à l'origine de l'introduction dans la nouvelle nation du style néoclassique qui, s'inspirant des fastes de Périclès, devient le style national. **Benjamin Latrobe** (1764-1820) en est le premier concepteur avec la cathédrale Sainte-Marie de Baltimore (1805-1821). Le style néogrec succède au néoclassique, inspiré par les dernières années du style Regency en Angleterre. Vers 1850 on assiste à une multiplication du style néogothique, exemple culminant avec la résidence Hudson River Gothic, dans l'état de New York. C'est à partir de 1840 que le **style néogothique** s'impose avec un retour au décor médiéval. Le nom d'**Andrew Jackson Downing** (1815-1852) lui est attaché. Des églises, telle la cathédrale Saint-Patrick, des universités, telle Harvard, sont construites selon ce style. Dix ans plus tard l'éclectisme, style qui mélange tous les autres, est appliqué par les architectes formés à l'École des beaux-arts de Paris : pont de Brooklyn, Metropolitan Museum of Arts, Brooklyn Museum.

Richardson, les premiers buildings

Tandis que les arts plastiques restent dans le sillage de l'Europe, l'architecture d'Amérique du Nord s'engage sur de nouvelles voies. L'incendie de Chicago en 1871 offre l'occasion de réfléchir sur l'utilisation de nouveaux matériaux associant le fer à un habillage de briques crues rendant les immeubles incombustibles. On donnera le nom d'école de Chicago à ce mouvement architectural qui se développera avec **William Le Baron Jenney** (1832-1907) et l'un de ses élèves **Louis Sullivan** (1856-1924), qui travaillera en association avec l'ingénieur Adler. La mise au point d'un ascenseur électrique en 1881 permet la construction d'immeubles de plus en plus hauts. **Henry Hobson Richardson** (1838-1886), tout en s'inspirant de l'architecture romane du Midi de la France, montre un sens audacieux des masses et la maîtrise du détail. Pour ce faire, il utilise différents matériaux : grès, granit. Son œuvre maîtresse est l'église de la Trinité à Boston. Louis Sullivan, dès les années 1890, a recours à l'ossature d'acier qui donne naissance aux premiers buildings.

LA PEINTURE DES ÉTATS-UNIS AU XIXe SIÈCLE : TOUS LES GENRES

Jusqu'à la fin du XIXe siècle, l'art pictural américain reste tributaire de l'art occidental. Il faut attendre la moitié du XIXe siècle pour que débutent des échanges entre les artistes américains et ceux d'Europe et que ceux-ci viennent faire dans les ateliers de peintres français leur apprentissage. La peinture des débuts, au XVIIe siècle, préfère la réalité brute, un art sans art. Ce sont d'abord des portraitistes, ou qui représentent des scènes de l'arrivée des premiers colons. L'école d'Hudson, au début du XVIIe siècle, est la plus active. Ses œuvres se fondent sur des gravures anglaises. **À partir du premier tiers du XIXe siècle**, la peinture de paysage émerge. L'Hudson River School influencée par le romantisme est le premier mouvement pictural des États-Unis. Son fondateur **Thomas Cole** (1801-1848) et les autres peintres qui la constituent peignent en grands formats la vallée de l'Hudson River et de ses environs. Entre 1850 et 1870, une seconde génération de peintres de l'Hudson River, à la mort de Cole, se concentre surtout sur les effets de lumière, recourant à une technique précise ne laissant aucune trace de travail du pinceau. **Asher Durand** (1796-1886) prendra la tête du mouvement. La fin du siècle est marquée par les œuvres de **William H. Harnett** (1848-1892) qui excelle dans l'art de la nature morte en trompe-l'œil. **Mary Cassatt** (1844-1926), amie de Degas, est très proche de l'impressionnisme (*Le Toréador*, 1873). Son goût pour les estampes japonaises se retrouve sur un grand nombre de ses tableaux exécutés après 1890. L'**impressionnisme** américain s'achève avec l'exposition internationale d'art moderne de l'Armory Show, en 1913.

3. La littérature américaine au XIXe siècle

UNE AUTONOMIE ASSURÉE

C'est au milieu du XIXe siècle que l'Amérique assure son autonomie tant sur le plan de l'architecture, de la science que de la littérature. New York devient, pendant le premier tiers du XIXe siècle, le centre intellectuel. **Washington Irving** (1783-1859) traite surtout de sujets américains (*Une excursion dans les prairies*, 1835). Il est le premier auteur qui s'impose en Angleterre et en Europe. **Edgar Allan Poe** (1809-1849) devient le maître incontesté de la nouvelle, mais se fait connaître et apprécier comme critique et poète avec *La Chute de la maison Usher* (1839) et *Les Contes du grotesque et de l'arabesque* (1840).

Un autre grand représentant du roman est **Herman Melville** (1819-1891) dont l'œuvre fut aussi très variée : *Moby Dick* (1851), *White Jacket* (1850), *Pierre ou Les ambiguïtés* (1852). À cette époque, New York cesse d'être le point de rencontre du monde intellectuel au profit de Concord, petite ville de la banlieue de Boston. C'est là que naît le Club transcendantal de Concord qui regroupe philosophes, poètes et critiques de la Nouvelle-Angleterre. **Ralph Waldo Emerson** (1803-1882) publie des ouvrages et des essais qui défendent le transcendantalisme américain et traduisent son interprétation de la nature, de la vie de l'homme (*Nature*, 1836). **Henry David Thoreau** (1817-1862), par son mysticisme, son idéalisme, fait aussi partie de l'école transcendantale, tout comme **Margaret Fuller** (1810-1850), grande prêtresse de l'émancipation féminine, en fut l'hégérie. Les poèmes de **John Greenleaf Whittier** (1807-1892) sont pleins de passion et constituent de violentes diatribes indignées contre les planteurs du Sud qui pratiquent l'esclavagisme, *Narrative and Legendary Poems* (1831), comme **Harriet Beecher-Stowe** (1811-1896) avec *La Case de l'oncle Tom* (1852). Poe contribue aussi grandement au développement de la poésie par l'audace de son imagination, par ses préoccupations morales et religieuses, par son effort à rendre le vers musical : *Tamerlan* (1827), *To Helen* (1831). **James Russell Lowell** (1819-1891) puise son inspiration des grands romantiques anglais Keats et Shelley (*Endymion*, 1817).

Après la guerre de Sécession, le nombre d'ouvrages de littérature augmente, mais malheureusement pas la qualité. La nouvelle dès 1870 est un genre très prisé. La période qui succède à cet âge optimiste et sentimental est au contraire sombre et réaliste, et plus américaine, même si certains auteurs comme **Lew Wallace** (1827-1905) puisent leur sujet dans l'antique Judée : *Ben Hur* (1880). Naît aussi une littérature écrite par les Noirs. Le roman le plus connu est celui de **Margaret Mitchell** (1900-1949), *Autant en emporte le vent* (1936). **Mark Twain** (1835-1910) inaugure le genre humoristique bien que son chef-d'œuvre, *Les Aventures de Tom Sawyer* (1876), soit une peinture fine de l'âme enfantine. **Henry James** (1843-1916) est le peintre de la psychologie intérieure, l'historiographe du grand monde et des intellectuels (*Portrait de femme*, 1881, *Les Ailes de la colombe*, 1902).

LE ROMAN HISTORIQUE APPARAÎT

En effet, les deux dernières décennies du XIXe siècle et même la première du XXe siècle voient se développer le roman historique. L'œuvre de **Marion Crawford** (1854-1909) s'élève à quarante-cinq volumes dont cinq sont consacrés à l'histoire. *Via crucis* (1899), son chef-d'œuvre, se situe pendant les croisades. **Winston Churchill** (1871-1947) met à profit ses connaissances du Missouri dans *The Crisis* (1901). Le théâtre et l'opéra rendront immortel le *Madame Butterfly* (1898) de **John L. Long** (1861-1927). Mais ce sont surtout les nouvelles de **Jack London** (1876-1916) qui sont les plus connues. Ses propres aventures sur l'océan ou en Alaska lui ont fourni le cadre pour ses sujets : *L'Appel de la forêt* (1903), *Croc-Blanc* (1906). Mais si l'histoire prend une place si importante dans la littérature, c'est que sa diffusion est facilitée par le développement de sociétés historiques dans presque tous les États de l'Union.

4. La philosophie américaine au XIXe siècle : une multitude de courants

« Les Américains n'ont point d'école philosophique qui leur soit propre, ils s'inquiètent fort peu de toutes celles qui divisent l'Europe, ils en savent à peine les noms. Il est facile de voir cependant que presque tous les habitants des États-Unis dirigent leur esprit de la même manière et le conduisent d'après les mêmes règles ; c'est-à-dire qu'ils possèdent sans qu'ils s'en soient jamais donné la peine d'en définir les règles une certaine méthode philosophique qui leur est commune à tous[1]. » Au fur et à mesure que l'Amérique étend ses colonies, des problèmes typiquement américains voient le jour, mais les solutions qu'ils y apporteront ne les régleront pas forcément. En fait, la philosophie américaine se résume à une multitude de courants de pensée, transcendantalisme, pragmatisme, philosophie analytique, et il est ardu d'y démêler ce qui est à proprement parler américain.

---

1. Alexis de Tocqueville, *De la démocratie en Amérique* [1840], Paris, Gallimard, 1961, t. II, p. 11.

PHILOSOPHIE DES DÉBUTS ET TRANSCENDANTALISME

La période située entre l'indépendance et l'après-guerre de Sécession est un moment où les États-Unis donnent forme à leur civilisation. C'est l'époque où apparaissent des professeurs de philosophie, se créent des débats dans des clubs sur l'avenir des États-Unis. Les problèmes auxquels la jeune République se heurte concernent chacun. Le mouvement transcendantaliste qui apparaît trouve ses racines dans la doctrine transcendantale de Kant. **William Ellery Channing** (1780-1842) s'oppose au calvinisme et à la doctrine de la Trinité, tandis que **Ralph Waldo Emerson** (1803-1882) se fait le chantre d'un homme nouveau dans un monde nouveau. Il sera influencé par Montaigne et Goethe et par les religions orientales et ne cesse de chercher dans la nature une connaissance de l'homme. **Henry David Thoreau** (1817-1862), opposé à l'esclavage, anticonformiste, a laissé des essais politiques ou moraux ainsi que des récits de voyage. *Walden ou la vie dans les bois* (1854) est une sorte de pamphlet à l'égard du monde occidental. Mais il sera connu en Europe pour son *Essai sur la désobéissance civile* (1849) où il prône la résistance passive, la non-violence en tant que moyen de protestation. **Henry James** (1843-1916), auteur prolifique, reconnu parmi les premiers, est hanté par l'idée du péché originel. Il écrira une œuvre hérétique à bien des égards et donne une version américanisée de Swedenborg, comme lui empreinte de mystique. Le problème de l'esclavage, la question raciale divisent les philosophes et retiennent de plus en plus l'attention de l'opinion publique américaine. Le mouvement de Saint Louis, fondé par Henry Brokmeyer, se chargera de les traduire. Il sera aussi à l'origine de la création de la seule revue de philosophie existante alors : *The Journal of Speculative Philosophy*, en 1867.

LE PRAGMATISME AMÉRICAIN

Avec le pragmatisme, dès son fondateur et ses principaux disciples, **William James** (1842-1910), **John Dewey** (1859-1952), apparaît un courant totalement innovateur et original. Le **pragmatisme**, nom donné par **Charles S. Peirce** (1839-1914) à sa philosophie, est une méthode destinée à mettre en pratique les techniques utilisées en laboratoire pour répondre à des problèmes philosophiques. En voulant redéfinir la réalité et sa perception et tout remettre à plat en partant des nouvelles connaissances acquises en psychologie et en physiologie, ouvrant une voie entre l'empirisme athée et le rationalisme religieux, il aboutit à une reconsidération de la place de l'homme au sein de la nature et de la société. La profusion des œuvres de Kant et de Hegel au sein des universités américaines n'amenait pas une réponse complète à certains qui voulaient appréhender la perception de la réalité autrement. La méthode pragmatique sera avant tout une méthode de classification. Une idée est vraie parce qu'elle est vérifiable. Elle sera l'équivalent pour les philosophes de ce que sera la méthode expérimentale pour les scientifiques. « Les idées ne sont pas vraies ou fausses. Elles sont ou non utiles », écrit dans une revue de 1907 William James qui défend sa doctrine. Ce professeur à Harvard, psychologue et philosophe, présente comme théorie que nos idées sont des outils mentaux créés par le cerveau afin de résoudre des problèmes. Il développe deux concepts de la vérité, vérité-satisfaction et vérité-vérification. Un concept possède une signification s'il a des conséquences pratiques, et si ces conséquences pratiquées sont bonnes, alors il est vrai. Les travaux de **John Dewey** (1859-1952), à Chicago, seront plus proches des préoccupations sociales de ses contemporains. Le pragmatisme trouvera aussi des applications en politique, à l'épistémologie, à l'éthique, à l'esthétique.

L'IDÉALISME

En dépit de l'avancée du pragmatisme, l'idéalisme n'a pas disparu complètement. Loin de l'idéalisme européen, celui de la philosophie de **Josiah Royce** (1855-1916) va donner à l'idéalisme américain sa dimension américaine. Il tente de trouver un fondement rationnel à l'activité intellectuelle, religieuse, morale de l'individu.

CHAPITRE VIII
Nos voisins d'Asie au XIXe siècle

1. L'Inde de 1858 à 1901

En 1858, la révolte des Cipayes, écrasée, marque la fin de l'Inde livrée à une compagnie commerciale, celle des Indes orientales, au profit de la mise en place du Raj, le gouvernement du pays par la couronne britannique. Les autorités locales, rajahs et maharajahs, demeurent en place à condition de prêter allégeance à cette dernière. En 1887, la réorganisation est achevée et la naissance de l'empire des Indes proclamée. La reine Victoria (1819-1901) en devient la première impératrice. Sur place, à Delhi, un vice-roi exerce le pouvoir au nom du souverain.

2. La Chine : le déclin de la dynastie Qing au XIXe siècle

GUERRES DE L'OPIUM ET TAIPING

Après le règne de Qianlong, la dynastie mandchoue inaugure un lent mais irrémédiable déclin, jusqu'à son éviction au profit de la République en 1911. La dernière grande figure est celle de l'impératrice douairière **Cixi** ou **Tseu-Hi** (1835-1908), qui tente, contre vents et marées, de maintenir le trône du Phénix pour son fils, puis son neveu et petit-neveu. Mais la Chine se brise peu à peu, perd les guerres de l'Opium, en 1842 et 1858, avant une série de défaites, en 1860 contre la France, en 1895 contre le Japon, en 1898 contre la Russie. **Puyi** (1906-1967), dernier empereur âgé de quatre ans, est écarté en 1911. La guerre de l'opium est la première guerre commerciale, opposant les Chinois aux Britanniques, en 1839 et en 1842. Les Anglais importent de plus en plus de thé de Chine et le paient d'abord en coton, puis en opium. L'empereur de Chine tente de s'opposer à ces arrivées massives d'opium qui font des ravages dans son peuple et en décrète la vente illégale. En 1839, le gouverneur de Canton fait brûler en public vingt mille caisses de drogue, l'empereur ayant interdit l'importation d'opium. Les Anglais répondent en déclenchant la guerre, qu'ils gagnent en 1842. Le traité de Nankin, le 29 août 1842, donne aux Britanniques le droit de vendre librement de l'opium et leur concède l'île de Hong Kong. **Victoria Ire**, reine d'Angleterre de 1837 à 1901, doit donc une part importante de ses revenus personnels, et de ceux de la couronne britannique, au trafic de drogue imposé à la Chine.

Le XIXe siècle et le XXe siècle naissant sont marqués en Chine par deux épisodes de soulèvement dirigés contre la dynastie mandchoue des Qing, considérée comme non chinoise, et contre les étrangers présents en Chine. Les Taiping sont membres de la secte de « la Grande Paix ». Ils revendiquent leur nationalisme chinois par la ferme volonté de chasser la dynastie Qing mandchoue, au pouvoir depuis 1644. Leurs adeptes se recrutent parmi les paysans ruinés, le prolétariat urbain, les lettrés qui ont échoué aux examens mandarinaux. Leur message est millénariste : une fois l'empereur mandchou renversé, le « Royaume céleste de la Grande Paix » sera instauré, ainsi que l'égalité. Ulcérés par la défaite des armées impériales en 1842, lors de la guerre de l'opium contre les Occidentaux, ils prennent Nankin en 1853, et gagnent peu à peu le Nord. Mais les massacres d'Européens amènent ceux-ci à intervenir en 1860. Les troupes franco-anglaises mettent à sac le palais d'Été, le 18 octobre 1860. Le général Charles Gordon (1833-1885), futur Pacha d'Égypte et défenseur de Khartoum, fait ses premières armes à la tête de l'armée impériale et des coalisés européens. Entre 1860 et 1864, il repousse les Taiping. En juillet 1864, il reprend Nankin, les Taiping survivants sont massacrés. Entre 1853 et

1864, la révolte aurait fait vingt millions de morts et livré l'Empire chinois aux griffes occidentales, entre concessions commerciales et zones d'occupation militaire.

LA RÉVOLTE DES BOXERS

En 1900, le relais est pris par les Boxers de la secte *Yihequan* (Poings de justice et de concorde), le terme de « poing » donnant leur appellation occidentale, Boxers ou Boxeurs. Anti-Mandchous, anti-Européens, ils changent sur le premier point en recevant l'appui de la cour impériale en la personne de l'impératrice douairière Cixi qui les appelle à chasser les étrangers. Un massacre d'Européens, réfugiés dans les légations, quartiers réservés aux étrangers, commence en juin 1900. Dès juillet, une coalition regroupant Européens et Japonais aborde en Chine. Pékin est pris un mois plus tard. La cour s'enfuit, les Boxers sont exécutés. Par le traité du 7 septembre 1901, la Chine promet de verser une indemnité faramineuse, 1 600 millions de francs-or (1 franc-or équivaut à 3,22 g d'or), et de s'ouvrir aux étrangers. La dynastie mandchoue, la dernière, est désormais sous tutelle occidentale, jusqu'à son effondrement en 1911.

IMPÉRATRICE DE CHINE

L'impératrice douairière **Cixi** ou **Tseu-Hi** (1835-1908) naît dans une obscure famille mandchoue. Son père est sous-officier, porteur de bannière en province. Le lieu de sa naissance demeure sujet à débats. Son existence historique commence à seize ans, en septembre 1851, quand, après de multiples sélections, elle devient l'une des concubines de cinquième rang de l'empereur **Xianfeng** (1831-1861). La chance lui permet d'être la première à donner un héritier mâle au souverain en 1856, et elle devient seconde épouse impériale, après l'impératrice en titre **Cian** (1837-1881). En 1860, au cours de la **seconde guerre de l'opium** (1856-1860), les troupes franco-britanniques prennent Pékin et la cour se réfugie en Mandchourie, au nord du pays. C'est là qu'en 1861 l'empereur meurt. Cixi et Cian deviennent toutes deux impératrices douairières. Mais seule la première est une tête politique.

S'appuyant sur les princes impériaux, elle défait le comité de régence prévu par l'empereur défunt et inaugure son règne « derrière le rideau », au nom de son fils de cinq ans. L'expression « derrière le rideau » désigne en réalité le rideau jaune, couleur impériale, derrière lequel Cixi, qui, en tant que femme, ne peut présider officiellement au gouvernement, dicte réponses et ordres à l'enfant impérial installé sur le trône.

À la mort de son fils, en 1875, Cixi continue sa régence au nom du nouvel empereur de quatre ans. Quand, majeur, ce dernier prétend régner seul en 1898, réformer le pays pour lui éviter la sclérose, Cixi le fait déchoir pour incapacité. Il vivra reclus en son propre palais jusqu'en 1908. En réalité, de 1861 à sa propre mort également en 1908, Cixi gouverne l'empire. Son souci de la survie de la dynastie mandchoue des Qing, depuis 1644 au pouvoir, s'accompagne d'une ignorance mêlée d'incompréhension à l'égard du monde issu de la première industrialisation, ou « révolution industrielle » en Occident. Vaincue à de multiples reprises, la Chine devient le « gâteau chinois » que se partagent Occidentaux et Japonais. Si Cixi parvint à exercer le pouvoir suprême, elle le doit aussi à son assimilation rapide des usages de la Cité Violette. En principe, en dehors des gardes, dès que le soir tombe, l'empereur est le seul homme de la Cité interdite, ne demeurent que les eunuques. Cette puissante corporation assied son pouvoir, outre la corruption, sur son rôle auprès des concubines. Quand l'empereur désire une de ces dernières, le premier eunuque lui présente un plateau d'argent, sur lequel, en équilibre, des plaques gravées mentionnent les noms des concubines. C'est en en renversant une que l'empereur signifie son choix. L'heureuse élue est baignée, parfumée dans tous les orifices, et conduite auprès du souverain. Afin d'augmenter ses chances d'être la première à donner un fils à l'empereur, Cixi a su intriguer pour que sa plaque apparût fréquemment, et en bonne place. Simple femme confrontée à la divinité du Fils du Ciel, elle approche par le pied du lit en se glissant sous le drap qu'elle doit remonter peu à peu. Puis, les ébats terminés, elle doit repartir par le même chemin en sens inverse. Impératrice ou concubine, la rencontre est toujours notée par un eunuque, posté près de la chambre, qui doit enregistrer à quel moment l'union physique a été consommée. Eunuque, mais fine oreille... Un ultime empereur enfant, **le** prince **Pu Yi** (1906-1967), occupe le trône de 1908 à la révolution et l'avènement de la République en 1911. Une éphémère république tente de s'imposer entre 1911 et 1916, puis vient le règne des « Seigneurs de la guerre », potentats locaux appuyés par des armées mercenaires jusqu'en 1949. L'anarchie politique se double, outre la lutte entre nationalistes et communistes, d'une occupation japonaise de la Mandchourie, entre 1931 et 1945, où l'ex-empereur Pu Yi est souverain fantoche d'un État rebaptisé Mandchoukouo.

ARTS ET LETTRES SOUS LES QING

Le XIXe siècle, avec son lot de guerres civiles et de guerres contre les empiètements des puissances occidentales et du Japon, nuit au simple maintien des arts, à défaut de toute expansion.

3. Le Japon au XIXe siècle

Pendant la période allant de 1615 à 1868, le Japon connaît une paix et une prospérité qui auront des conséquences directes sur l'art et sur l'épanouissement d'une culture urbaine. La montée en puissance de la bourgeoisie dans les grandes villes développe l'essor de la peinture, de la laque, de la gravure, de la céramique et des tissus. Les grandes villes sont alors Edo, Kyōto, Ōsaka. La population en pleine effervescence à l'intérieur de celles-ci crée ses lieux de culture, de divertissement, de spectacle et de plaisir. De nouveaux arts apparaissent, tel l'*Ukiyo-e*. Lors des premières décennies du XVIIIe siècle, l'activité des commerçants prend une grande importance ainsi que celle des citadins dans la constitution de la culture dite de *Genroku* marquée par l'essor de l'ensemble des créations artistiques. L'interdiction sur l'importation de livres en langue occidentale sera levée au temps du Shogun **Yoshimune Tokugawa** (1684-1751) et permettra l'élargissement des connaissances.

Pendant les ères **Bunka** (1804-1818) et **Bunsei** (1818-1830), les productions littéraires deviennent accessibles à une couche plus large de la population. Des prêteurs de livres s'installent dans les villes. **Hokusai**, dans de nombreuses estampes en couleur, met en sacre le mont Fuji. Le développement de l'activité culturelle est tel qu'elle se déploie peu à peu au sein du peuple même, jusqu'au début de l'ère Meiji. **L'année 1868** marque la fin de la domination des Tokugawa, l'effondrement du pouvoir shogunal et la restauration du pouvoir politique de l'empereur. Le Japon accueille dans de nombreux domaines, l'architecture, la mode, l'industrie, les technologies, de nombreux experts occidentaux. L'ouverture du Japon vers l'Occident est la conséquence politique du gouvernement de modernité et de l'attitude des intellectuels admirant l'Occident. Les dix premières années de l'ère Meiji mettront en vogue tous les aspects culturels de l'Occident. Mais au fur et à mesure que la politique gouvernementale recule, un courant nationaliste se met en place pour la renaissance de l'art au Japon avec **Okakura Kakuzo** dans le domaine des beaux-arts. Bénéficier des progrès en les adaptant à la pensée locale, résister par l'appropriation à ce qui avait été encouragé à l'égard de la culture chinoise au Moyen Âge, c'était de nouveau permettre la préservation des valeurs nationales.

LE JAPON À L'ÈRE MEIJI (1868-1912)

L'ère Meiji, du « Gouvernement éclairé », est marquée par les réformes du règne de **Mutsuhito** (règne : 1868-1912). Il fait d'un Japon féodal une puissance moderne, abolit la caste guerrière des samouraïs, organise l'armée sur le modèle occidental. Cela provoque la rébellion des samouraïs, écrasés à la bataille de Satsuma en 1877. Il accorde en 1889 une constitution qui lui laisse tous les pouvoirs. L'empereur crée une nouvelle monnaie, le yen, la Banque centrale du Japon, une éducation nationale, impose l'usage du calendrier grégorien. L'industrialisation est spectaculaire, le pays compte 7 000 km de voies ferrées en 1900, l'hydro-électricité est développée non loin de Kyōto, l'exportation de soie brute est remplacée par celle du matériau tissé. D'anciennes grandes familles de seigneurs acquièrent de très grandes entreprises créées à l'origine par l'initiative étatique, les Zaibatsu, comme Mitsui, Mitsubishi, Sumitomo. Après une guerre rapide contre la Chine, en 1894-1895, la Corée, en principe désormais indépendante de la tutelle chinoise, passe en réalité sous contrôle japonais. En 1895 Formose (Taiwan) est annexé, en 1905 la Russie est battue lors de la guerre russo-japonaise, en 1910 la Corée passe directement sous domination japonaise.

L'ART AU JAPON AU XIXᵉ SIÈCLE : LA PEINTURE

L'époque Edo est l'âge d'or de la peinture par la diversité des écoles et des tendances en dépit de la fermeture du pays à partir de 1639. Un grand engouement pour celle-ci, de la part d'une couche élargie de la population, aura pour conséquence dès le début du XVIIIᵉ siècle de déclencher aussi pour tout ce qui vient d'ailleurs une grande curiosité. Le renouveau de la peinture pendant cette période s'appuie sur une exploitation de la couleur plutôt que du trait, l'effet décoratif, la composition narrative. La monochromie chinoise a fait du paysage son centre d'intérêt et se développa d'abord dans les monastères zen. Le réalisme occidental **fondé sur le clair-obscur**, la perspective géométrique introduite grâce à l'enseignement des missionnaires au XVIᵉ siècle trouve, après leur expulsion, grâce à la venue des Hollandais au XVIIIᵉ siècle, un regain d'intérêt. Ces différents facteurs constitueront les bases de nouvelles techniques des différentes écoles de peinture. L'influence étrangère à la fin du XVIIIᵉ siècle apporta également un renouveau important tant dans la technique que dans la conception. Bien que séduits par les idéaux exotiques dans leurs rapports inédits aux modes de représentation, les Japonais n'en demeurent pas moins fidèles à leur conception de la création artistique liée à la pensée zen et à la notion de pureté. La diffusion de l'esthétique occidentale se fera par un mouvement appelé *Yoga* (style occidental) avec des peintres comme **Asai Chu** (1856-1907), **Kuroda Seiki** (1866-1924). En réaction contre celui-ci se forme le *Nihonga*, autour d'**Okakura Tenshin** (1862-1913), **Yokoyama Taikan** (1868-1958), **Shimomura Kanzan** (1873-1930). En 1905, le fauvisme, Seurat et Van Gogh sont connus au Japon. Cinq ans plus tard, ce sera le tour de l'impressionnisme de faire son entrée en scène. Une nouvelle génération se met en place.

Le paysage au XIXᵉ siècle fournit le thème principal de représentation et son second souffle à l'estampe. **Katsushika Hokusai** (1760-1849) introduit la perspective linéaire, l'étude de la lumière. Après 1820, il crée des réalisations d'une puissance prodigieuse, véritables études de lignes. En fait c'est par la xylographie qu'il se fait connaître et l'illustration de nombreux romans comme *Coup d'œil sur les deux rives de la rivière Sumida* (1803) ou la *Hokusai Manga* (1814). Mais ses estampes l'emporteront au plus haut du succès, telle *La Grande Vague de Kanagwaga* (1829-1832), estampes de la série des trente-six vues du mont Fuji. **Utagawa Hiroshige** (1797-1858) est lui aussi un maître du paysage et il se fait connaître avec *Cinquante trois étapes de la route du Tokaido* (1883-1884). L'art d'Hiroshige comparé à celui d'Hokusai est plus statique, plus calme. L'homme trouve place comme l'un des éléments de la nature : *Le Mont Fuji* (1858).

LA LITTÉRATURE JAPONAISE À L'ÈRE MEIJI :
PREMIÈRE RÉFLEXION SUR L'ART DU ROMAN

La violente introduction de la culture occidentale au Japon ne pouvait qu'avoir des répercussions sur sa littérature. Il s'agit aussi de la question d'importer le plus rapidement les techniques de l'Occident et ses modes de pensée. En très peu de temps, d'innombrables journaux et revues voient le jour. La presse quotidienne, en se développant à toute allure, favorise également l'essor de la littérature japonaise. La revue *Meiroku*, la *Meiroku Zasshi*, est fondée, devenant un support pour toutes les questions portant sur les grands problèmes du monde. Elle sera considérée comme l'un des véhicules essentiels pour la diffusion des connaissances occidentales. Les bouleversements économiques, sociaux, politiques, scientifiques nécessitent de revoir la philosophie qui s'imposait jusqu'alors, l'identification de l'homme à la nature ou les grands principes moraux. À l'inverse les traductions littéraires de la littérature japonaise en Occident sont moindres, elles ne verront le jour qu'en 1910, et les deux œuvres fondatrices que sont le *Genji monogatari* et les *Notes de chevet* attendront 1928, les estampes les illustrant ayant pris une place centrale dans l'art japonais. **La première réflexion** sur l'art du roman est due à **Tsubouchi Shòyo** (1859-1935). Dans *La Quintessence du roman* (1885), il définit également le domaine propre à l'écrivain. La découverte de Maupassant et de Zola allait être décisive pour l'orientation du roman japonais sous l'impulsion de **Nagai Kafu** (1879-1959), avec *Jigoku no hana* (*Une fleur en* *enfer*, 1902). Natsume Soseki et Mori Ogai sont les deux grands noms de cette époque.

◆ **Natsume Soseki** (1867-1916) laisse une œuvre tourmentée, marquée par les incertitudes de la période. Ses héros sont imprégnés du sentiment de culpabilité. Son premier roman *Je suis un chat* (1905-1906) connaît un immense succès, ainsi que *Botchan* ou *Le Jeune Homme* (1906), et *Kasamakura*, ou *L'Oreiller d'herbe* (1906).

◆ **Mori Ogai** (1862-1922) acquiert des bases philosophiques solides en Europe. Fondateur de la revue *Shigarami Soshi* (*Le Barrage*), son style sera d'une grande austérité. Il publie sous le pseudonyme d'Ogai, son nom est en fait Hintarō Mori, son premier ouvrage, *Maihime* (*La Danseuse*, 1890), dans lequel il raconte sa découverte de Berlin. À partir de 1910, ses récits deviennent plus philosophiques, *Kanzan Jittoku, Mōsō, Chimères* (1910).

CHAPITRE IX
L'Afrique au XIXe siècle

1. Le royaume d'Abomey

Le royaume d'Abomey, dans le sud du Bénin actuel, apparaît au XVIIe siècle, mais c'est au XVIIIe siècle que commence son expansion, quand le roi Agaja (1708-1732) achète des armes aux Européens sur les côtes, et se lance dans la traite négrière pour les payer. Devenu royaume du Dahomey, il prospère sous les rois Kpengla (1774-1789) et Ghezo (1818-1858). La monarchie y est absolue, un système élaboré permet au souverain de tout contrôler depuis son palais, au travers d'un réseau de fonctionnaires très surveillés. Un système original de conscription obligatoire, instauré dans le premier tiers du XIXe siècle, permet l'existence d'une armée permanente, où les femmes aussi sont enrôlées, les célèbres amazones du Dahomey, qui, lors des périodes de paix, sont chargées de la garde rapprochée et de la protection du roi. Société conçue par la guerre et pour la guerre, elle résiste mal à l'avancée des colonisateurs européens, après avoir vu ses revenus s'effondrer avec les abolitions de l'esclavage en Occident, en dépit de sa poursuite au Moyen-Orient. En 1892, la France en fait l'un de ses protectorats, le roi Behanzin (1889-1894) est déposé en 1894.

L'ART D'ABOMEY

Les arts dahoméens sont liés à la personnalité des rois qui ont voulu, par le choix des artistes et des représentations, marquer durablement leur époque. C'est le cas des palais des rois Ghezo (1818-1858), Gléglé (1858-1889) et Behanzin (1889-1894). Ces souverains font édifier des palais de terre cuite, ornés de plaques carrées d'un peu moins d'un mètre de côté, exécutées en demi-bosse ou « relief dans le creux ». Les représentations, polychromes, figurent à la fois des animaux (éléphant, singe, requin…), des êtres mythologiques, des scènes guerrières. L'ensemble de ces scènes est une véritable propagande au service du souverain qui les a commanditées. Sous une forme imagée, elles relatent les grands épisodes et hauts faits de son règne. Ces représentations se retrouvent sur les tissus, où le requin, symbole du roi Behanzin, apparaît sur les tapisseries destinées à orner son palais.

LA RELIGION : LE CULTE VAUDOU

Le vaudou, vodou ou vodoun est un culte animiste pratiqué par les Yorubas, Kongos, Dahoméens. Tout y est esprit, les puissances naturelles, les loas, leur forme secondaire, personnifiés pour les besoins du culte par Erzulie, l'Amour, ou Papa Legba, le messager. La pratique consiste en des danses, chants, sacrifices, jusqu'à la transe et la possession. Là, tout comme en Haïti où il est toujours pratiqué, il se christianise, en un syncrétisme qui mêle les saints et les loas, au point d'utiliser le calendrier romain des fêtes de saints pour honorer en même temps leur équivalent loa. Le vaudou (le dieu), selon le sens premier, est une force de la nature (tonnerre, éclair, mer), mais aussi un lieu (rocher, mare d'eau…). Au sommet du panthéon trône le démiurge Mawu, incréé, éternel, il est « l'Inaccessible », jamais représenté, mais souvent invoqué. Parmi les loas, Erzulie, déesse de l'Amour, Papa Legba, messager des dieux, Hebieso, dieu de la Foudre, Gu, dieu des Forgerons et de la Guerre. Originaire des pays du golfe du Bénin, Ghana, Togo, Bénin, Nigeria, le vaudou se répand, par la traite des esclaves, en Haïti, en République dominicaine actuelle où il porte aussi le nom de macumba, à Cuba, sous celui de santeria, au Brésil où il est le candomblé.

2. Le royaume Asante

Le royaume Ashanti, ou Asante (XVIIIe-XIXe s.), a son berceau au centre de l'actuel Ghana. Précédé, au XVIIe siècle, par le royaume de Denkyéra, au sud du Ghana, il est créé au XVIIIe siècle par une réunion de chefferies réalisée par le roi **Osaï Tutu** (règne: v. 1680-1712). Le souverain ou *Asantehene* n'est pas un autocrate, il est élu après avis du Haut Conseil, l'*Asantenam hyia*. Fondé sur la puissance militaire, le royaume prend un soin constant de l'armée et des moyens efficaces à trouver pour mobiliser le plus grand nombre d'hommes possible. Dès son origine, il fonde sa puissance sur le commerce de l'or et celui des esclaves, qu'il vend aux Britanniques sur les côtes en échange d'armes à feu. C'est d'ailleurs l'abolition de la traite qui porte un premier coup aux relations économiques, puis diplomatiques, entre les deux peuples; les Britanniques occupent une partie du royaume, prennent en 1874 la capitale, Koumasi, qu'ils n'occupent pas, déposent les souverains hostiles à leur politique d'implantation. En 1901, la conquête est achevée et le royaume, en raison de sa richesse en or, devient la Gold Coast, la Côte de l'Or.

L'art ashanti

L'art ashanti est surtout celui du travail de l'or, depuis les masques funéraires des rois jusqu'aux lamelles qui ornent les bâtons des interprètes des chefs, personnes tellement sacrées que l'on ne peut leur adresser la parole directement. L'art ashanti est surtout celui du modelage de l'or et du cuivre selon la technique de la fonte à la cire perdue. Il est avant tout royal et de cour. Il s'agit de manifester la puissance du souverain et des membres de sa famille, et d'assurer leur pérennité dans l'au-delà. Le masque recouvert d'or, porté sur un bâton ou une canne de bois, représente l'âme humaine (*okra*) d'un ancêtre. Le porteur d'âme du roi est choisi dans sa proche famille. Un objet usuel des Ashanti exprime toute la délicatesse de leur art; il s'agit des poids à peser l'or, le plus souvent en bronze travaillés sous des formes animales; ils révèlent le souci de l'exactitude dans le détail, un sens rigoureux de l'observation et une maîtrise évidente des techniques de réalisation. Le symbole du royaume Ashanti est un tabouret d'or venu du ciel, le *sika dwa*. Renfermant à la fois le pouvoir royal et l'âme de la nation tout entière, les vivants, les morts, les enfants à naître, c'est un objet de culte sur lequel nul ne s'assied. Le posséder confère autorité, prestige et force surhumaine. Il ne doit jamais toucher le sol, les dieux l'ont déposé directement sur les genoux du premier roi. C'est pourquoi, ordinairement, il est placé sur une couverture. Lors d'une intronisation, le roi est élevé au-dessus du *sika dwa* sans jamais le toucher.

3. Les royaumes peuls

Les royaumes peuls appartiennent aux populations de l'Afrique soudanaise, et occupent de vastes territoires qui vont du Tchad à l'Est jusqu'au Sénégal à l'Ouest. Mieux connus à partir du XVe siècle, islamisés, les Peuls fondent plusieurs États hégémoniques, au XVIIIe siècle en Guinée, puis au siècle suivant au Mali et au Nigeria. Il s'agit bien plus, à proprement parler, de structures politiques éphémères qui sont instaurées après une guerre menée par les Peuls contre des sultans ou des souverains animistes. Guidés par des marabouts, tel Ousman dan Fodio au Nigeria, les Peuls prennent les armes pour défendre la pureté de l'islam. Après leur victoire, ils ne s'intéressent pas à l'organisation de royaumes véritables, se bornent à reprendre à leur compte les structures existantes, quand ils ne retournent pas à leur vie nomade de pasteurs. Après de brèves périodes d'anarchie, les royaumes peuls disparaissent au profit des colonisateurs européens. **Ousman dan Fodio** (1754-1817) naît dans une famille de lettrés musulmans. Après avoir enseigné, il proclame en 1804 le djihad, justifié dans son ouvrage le *Livre des Différences* (*Kitab-al-Farq*) par les déviations des gouvernants qui ne respectent pas le droit coranique et la *charia*. Il fonde un immense Empire peul, population d'éleveurs nomades, par la conquête, celui du Sokoto, qu'il gouverne avec le titre de ***sarkin musulmi*** (commandeur des croyants). Son autorité s'étend du Sahara au lac Tchad. Toutefois, c'est son fils et successeur, **Muhamad Bello** (1817-1837), qui l'organise du point de vue administratif : avec le titre de khalife (successeur) de Mahomet, il règne depuis Sokoto sur des émirs, gouverneurs des provinces. La loi commune est la loi coranique. Le territoire est sillonné de routes, reliant des villes plus nombreuses et plus riches.

L'Empire toucouleur (XIXe siècle), déformation française du wolof *Tekrour*, s'étend du Mali jusqu'aux sources du fleuve Niger et du fleuve Sénégal. Son fondateur, **El-Hadj Omar** (v. 1796-1864), appartient à un courant rigoriste de l'islam, celui de la confrérie Tidjaniyya. Elle exige un strict respect de l'islam le plus orthodoxe dans toutes les activités humaines. Grâce aux armes à feu achetées aux Français, il annexe les royaumes bambaras et l'empire du Macina. El-Hadj Omar conquiert un vaste empire théocratique qu'il gouverne en qualité de khalife de la Tidjaniyya pour les pays noirs, depuis Ségou, sa capitale. Mais la construction politique et religieuse mise en place résiste mal aux tensions internes, venues surtout des populations animistes, ou des luttes de clans pour s'approprier le pouvoir. El-Hadj Omar finit par être assassiné en 1864. Son fils, Amadou Sekou (1864-1898), tente de sauver l'empire en accordant davantage de droits aux différentes minorités, mais c'est un échec, il obtient surtout de mécontenter les anciens privilégiés du régime. Les Français profitent de ce délitement et mettent fin à l'Empire toucouleur, devenu protectorat en 1887.

4. L'Éthiopie au XIXe siècle

À la mort de Yoas Ier (v. 1740-1769), l'anarchie féodale reprend ses droits et « l'ère des princes » s'ouvre, qui dure de 1769 à 1855. Elle prend fin avec la victoire du prince Kassa Haïlou sur ses rivaux en 1855. Il se proclame empereur, négus, le « roi des rois », sous le nom de règne de Théodoros II (1855-1868). Son règne se termine tragiquement, après une défaite contre les Britanniques, le souverain préfère le suicide plutôt qu'une humiliante soumission à ses vainqueurs. Johannes IV (1868-1889), puis Ménélik II (1889-1913) lui succèdent, la capitale est transférée de Magdala à Addis-Abeba, le pays s'ouvre à la modernité avec la construction de la ligne de chemin de fer reliant Addis-Abeba à Djibouti. Les Italiens essaient de se rendre maîtres du pays, mais ils sont sévèrement défaits à Adoua en 1896. À l'intérieur, la turbulente noblesse est mise au pas, l'esclavage prohibé.

5. En Afrique australe : le royaume zoulou (XIXᵉ siècle)

Le royaume zoulou (XIXᵉ s.) s'étend en Afrique du Sud, en grande partie sur la côte orientale du Natal, sous l'impulsion de **Chaka** (v. 1783-1828), roi en 1816. Il lance le *Mfecane* (mouvement tumultueux de populations), en langue sotho, une série de combats, entre 1818 et 1834, grâce à une puissante armée permanente, ce qui est une nouveauté, estimée entre trente mille et cinquante mille hommes dotés d'une sagaie, ou lance, à manche court et lame élargie, l'assegai. Il révolutionne la tactique des *impis*, ou régiments, en les divisant en quatre corps spécialisés : vétérans, nouvelles recrues, troupes d'assaut d'élite, réserve. Les vaincus sont assimilés de force aux Zoulous, quelle que soit leur ethnie d'origine. En 1827, la mort de la mère adorée de Chaka, Nandi, le plonge dans une affliction démesurée, des milliers de victimes auraient été sacrifiées aux mânes de la défunte. Ses excès conduisent deux de ses demi-frères à l'assassiner en septembre 1828. Ses successeurs peinent à maintenir leur autorité sur l'immense territoire conquis, se heurtent aux Boers, les descendants des colons néerlandais, et aux Britanniques qui veulent s'implanter dans la région. Ces derniers mettent un terme à la puissance zouloue avec leur victoire au terme de la guerre de 1879.

La religion zouloue

Les Zoulous croient à l'existence de l'âme des ancêtres, et à deux divinités primordiales : l'Être Primordial et la Princesse du Ciel. Le culte repose essentiellement sur des rites de fertilité dédiés à la Princesse du Ciel et sur une observation stricte des coutumes pour ne pas déplaire aux esprits des ancêtres. Le chef de chaque village est chargé du culte commun de l'ancêtre, dont est issu mythiquement l'ensemble du lignage qui forme la communauté villageoise.

B. Le monde
du premier XXᵉ siècle

CHAPITRE X
La Première Guerre mondiale (1914-1918)

1. D'un même pas vers la guerre

La Première Guerre mondiale (1914-1918) ou Grande Guerre commence par l'assassinat, le 28 juin 1914, de l'archiduc héritier du trône d'Autriche-Hongrie **François-Ferdinand** (1863-1914) et de son épouse **Sophie de Hohenberg** (1868-1914), à Sarajevo, en Bosnie. L'assassin est un étudiant bosniaque, **Gavrilo Princip** (1894-1918). L'Autriche se saisit de ce prétexte pour déclencher les hostilités, voulues depuis longtemps, contre la Serbie. Vienne adresse à Belgrade un ultimatum le 23 juillet. Les Serbes en acceptent toutes les conditions, sauf l'autorisation pour la police autrichienne d'enquêter en Serbie. L'Autriche rappelle alors ses réservistes. La Serbie décide la mobilisation générale le 25 juillet. L'Autriche-Hongrie lui déclare la guerre le 28 juillet 1914. Le jeu des alliances se met alors en branle. Le 29 juillet, la Russie décrète une mobilisation partielle pour venir en aide aux Serbes dans le cadre du panslavisme. Le 31 juillet, la mobilisation devient générale. Le tsar redoute la menace allemande, l'Allemagne étant alliée à l'Autriche-Hongrie. Ce même jour, l'Autriche-Hongrie décrète également la mobilisation générale. L'Allemagne exige que la Russie mette fin à sa mobilisation, que son alliée la France clarifie sa position tout de suite. Russie et France sont alliées dans le cadre de la Triple Entente.

Le 31 juillet, **Jean Jaurès** (1859-1914) est assassiné par un royaliste fanatique, au *Café du croissant* à Paris. Député socialiste, professeur, il a consacré sa vie à unir les socialistes français. Fondateur du journal *L'Humanité*, il est au nombre des dirigeants de la Section française de l'Internationale ouvrière (SFIO) créée en 1905. Orateur fougueux et de grand talent, il prône dans ses écrits un socialisme fidèle au marxisme, mais empreint d'un profond humanisme. Le 1er août 1914, l'Allemagne déclare la guerre à la Russie, le 3 août 1914 à la France. L'Italie, bien que membre de la Triplice ou Triple Alliance (Italie, Allemagne, Autriche-Hongrie), se proclame neutre. À la suite de l'invasion de la Belgique et du Luxembourg, l'Angleterre entre à son tour dans le conflit le 4 août 1914. Sept pays européens se lancent donc dans la guerre, rejoints par le Japon aux côtés des Alliés (France, Russie, Angleterre, Serbie) le 23 août 1914 et par l'Empire ottoman aux côtés de l'Allemagne et de l'Autriche-Hongrie le 1er novembre 1914. Fidèles à la doctrine Monroe de non-intervention, les États-Unis n'entrent pas en guerre, mais choisissent de ne fournir de matériel militaire qu'aux Alliés.

LES PLANS EN PRÉSENCE

Les Allemands comptent sur le plan Schlieffen de 1905. Il prévoit deux fronts, l'un à l'Est contre la Russie, l'autre à l'Ouest principalement contre la France. Cette dernière étant estimée comme plus redoutable, l'idée est de foncer sur la France, de la battre vite pour pouvoir ensuite se retourner contre la Russie. La France compte mettre en œuvre le plan XVII de **Ferdinand Foch** (1851-1929), qui consiste à récupérer d'abord l'Alsace et la Lorraine. **Joseph Joffre** (1852-1931) le met à exécution en vain au début du conflit.

LA GUERRE DE MOUVEMENT

Les hostilités s'ouvrent par la guerre de mouvement (août-décembre 1914). Les Allemands, passant par la Belgique et le Luxembourg envahis, bousculent l'armée franco-britannique qui est contrainte à la retraite. Le 5 septembre, la 1re armée allemande est à 25 km de Paris, le gouvernement s'est replié. Le général **Joseph Gallieni** (1849-1916), gouverneur militaire de Paris, conçoit la contre-offensive de la Marne, qui sera mise en œuvre par le général en chef Joseph Joffre. Cette contre-offensive consiste à utiliser les fameux taxis parisiens, devenus « Taxis de la Marne », pour acheminer les troupes, dix mille soldats, une idée du général Gallieni. La bataille de la Marne dure du 6 au 12 septembre 1914, c'est une victoire française, l'avance allemande est stoppée.

UN VAINQUEUR POUR LA MARNE : JOFFRE

Joseph Joffre (1852-1931) est favorable à la guerre à outrance, fondée sur le courage des soldats, déterminés à rendre à la France les provinces perdues d'Alsace et de Lorraine. C'est le fondement de la stratégie du plan XVII, extrêmement coûteuse en vies humaines. L'infanterie mène l'assaut, appuyée par l'artillerie. Après l'échec de cette stratégie, le succès de l'armée allemande la conduit le 2 septembre 1914 à une quarantaine de kilomètres de Paris. Le président de la République, le gouvernement et les assemblées se replient à Bordeaux. C'est le moment où Joffre lance la bataille destinée à stopper l'avance allemande. La 1re armée allemande laisse Paris à l'Ouest et poursuit son avance à l'Est. Cette erreur tactique est mise à profit par Joffre qui lance l'offensive de la Marne le 6 septembre, ouvre une brèche et contraint les forces allemandes à stopper. Le 13 septembre, il peut annoncer la victoire. Nommé maréchal de France en 1916, il est élu à l'Académie française en 1918. Les deux armées se lancent alors dans une « course à la mer » pour tenter d'encercler l'autre, sans résultat. Sur le front est, le grand-duc Nicolas Nikolaïevitch (1856-1929) attaque en Prusse orientale, mais il est battu à Tannenberg (17 août-2 septembre 1914) et à la **bataille des lacs de Mazurie** (septembre-novembre 1914). De nouveaux belligérants rejoignent le conflit, l'Italie en avril 1915, la Roumanie en août 1916 aux côtés des Alliés, la Bulgarie en septembre 1915 auprès des empires centraux.

GUERRE DE POSITION, POILUS ET TRANCHÉES

À la fin de l'année 1914, la guerre devient une guerre de position à l'Ouest. Faute de pouvoir percer les lignes ennemies, les armées s'enterrent de part et d'autre de la ligne de front, dans des tranchées, boyaux, casemates. Les soldats français, condamnés à la boue, la vermine, les rats, tout comme leurs ennemis, sont appelés « poilus », car se raser devient un luxe rarement connu. La tranchée d'origine devient ligne de tranchées, reliées entre elles par des boyaux d'où les soldats montent en première ligne. L'attaque est précédée par un pilonnage d'artillerie, puis l'assaut est conduit baïonnette en avant. En dépit des mitrailleuses qui les couvrent, les pertes sont énormes. L'armement s'adapte à ces nouvelles conditions de combat : mortiers, lance-grenades. En 1915, les Allemands utilisent les premiers gaz asphyxiants, le lance-flammes fait son apparition. Les tanks ou chars d'assaut sont créés en 1916, notamment par les usines de Louis Renault. L'aviation passe des missions de reconnaissance aux bombardements. Le général en chef **Erich von Falkenhayn** (1861-1922) décide, au printemps 1915, une offensive de grande ampleur sur le front russe. Il prend la Pologne, la Lituanie, ébranle l'armée adverse mais ne parvient pas à la vaincre définitivement. Les Alliés tentent de soulager les Russes par des attaques en Artois en mai 1915, en Champagne en septembre 1915. Sans effet, autre que des massacres de grande ampleur. Bulgares et Allemands défont l'armée serbe qui doit se replier à Corfou. Pour venir à leur secours, les Alliés débarquent en Grèce, à Salonique, ouvrant le front d'Orient. De février à juin 1916, Falkenhayn et le prince héritier, le Kronprinz **Guillaume de Prusse** (1882-1951), changent de tactique, veulent « saigner à blanc » l'armée française et percer le front en regroupant leurs forces sur un point, la poche de Verdun, défendue par le général **Philippe Pétain** (1856-1951).

VERDUN : LA MORT DE PLUS DE SIX CENT MILLE HOMMES

La bataille de Verdun (février-juin 1916) coûte la vie à près d'un million d'hommes, sans gains significatifs, au prix d'un héroïsme quotidien : en une seule journée, le village de Fleury change seize fois de mains. Le 21 février 1916, les Allemands passent à l'attaque, à partir de 7h15, pilonnent pendant neuf heures, lancent plusieurs millions d'obus. Le fort de Douaumont est pris le 25 février. Pétain organise la défense par la « Voie sacrée », la route de Bar-le-Duc à Verdun, les troupes, acheminées par plusieurs milliers de camions, arrivent jour et nuit. Les combats se poursuivent jusqu'au 22 juin. Les pertes allemandes sont presque aussi élevées que les françaises : trois cent trente-cinq mille contre trois cent soixante-dix-huit mille hommes. Son échec vaut à **Falkenhayn** d'être remplacé par les généraux **Paul von Hindenburg** (1847-1934) et **Erich Ludendorff** (1865-1937).

UN CAPITAINE D'EXCEPTION NOMMÉ DE GAULLE

Au début du mois de mars 1916, le capitaine de Gaulle est au nombre des défenseurs de Douaumont. Au cours des combats, il est blessé d'un coup de baïonnette et capturé. Après avoir reçu des soins, il est interné dans un camp de prisonniers à Osnabrück. Après une tentative d'évasion, il est transféré au camp pour officiers d'Ingolstadt. Entre de nombreuses tentatives pour s'évader, cinq au total, il dispense à ses camarades des cours de géostratégie militaire où il expose les événements militaires en cours. Il est libéré après l'armistice de novembre 1918.

LE CHEMIN DES DAMES

En France, **Robert Georges Nivelle** (1856-1924) succède à Joffre comme généralissime. Il lance en avril 1917 l'offensive entre l'Oise et Reims. La bataille du Chemin des Dames (16 avril 1917), ou « offensive Nivelle », se déroule entre Craonne et Cerny-en-Laonnois, sur une crête au sommet de laquelle se trouve le Chemin des Dames. L'idée de Nivelle repose sur une attaque d'infanterie, après une préparation à l'artillerie. Les Allemands ont installé leur artillerie dans des casemates creusées dans les pentes du Chemin des Dames, les assauts français, en dépit de leur héroïsme, se brisent sur les mitrailleuses allemandes. Dès le premier assaut, le 16 avril 1917, plus de quarante mille soldats français meurent, mais Nivelle s'entête pendant six semaines, perdant deux cent soixante-dix mille hommes. *La Chanson de Craonne* popularise les souffrances des soldats, leur mort absurde au Chemin des Dames. Le refrain, en particulier, reflète un désespoir poignant :

> « Adieu la vie, adieu l'amour
> Adieu toutes les femmes
> C'est bien fini, c'est pour toujours
> De cette guerre infâme
> C'est à Craonne, sur le plateau
> Qu'on doit laisser sa peau,
> Car nous sommes tous condamnés
> Nous sommes les sacrifiés. »

LES MUTINERIES, CONSÉQUENCES DES MASSACRES

Nivelle est démis au profit de Pétain, qui doit faire face aux mutineries de 1917 en mai et juin. Elles éclatent partout, désertions sur le front russe, italien, révolte de la marine allemande en juillet 1915 suivie d'une sévère répression. En France, des soldats refusent de monter au front, écœurés par les massacres du Chemin des Dames. À Soissons, des régiments menacent de monter sur Paris. La révolte gronde aussi contre les « planqués » de l'arrière, qui mènent joyeuse vie quand les poilus vivent l'enfer des tranchées. Pétain use d'une politique double : des tribunaux militaires expéditifs condamnent plus de trois mille militaires, dont cinq cent cinquante-quatre à mort et en font fusiller quarante-neuf d'un côté ; cantonnement, ravitaillement, fréquence de la relève et des permissions sont améliorés de l'autre. Les relèves sont plus fréquentes, les repas chauds, et surtout Pétain renonce au mythe de la percée, aux offensives permanentes qui déciment les rangs. Dans le monde civil aussi, l'hécatombe provoque des remous. Le pape **Benoît XV** (1914-1922) tente de faire aboutir l'idée d'une paix de compromis. **Joseph Caillaux** (1863-1944), ancien ministre des Finances favorable au rapprochement franco-allemand, tente de fédérer les bonnes volontés. Il est arrêté en janvier 1918. **Georges Clemenceau** (1841-1929) est au pouvoir depuis novembre 1917 et prône la guerre à outrance : « Politique intérieure ? Je fais la guerre. Politique étrangère ? Je fais la guerre » (Discours à l'Assemblée du 8 mars 1918). Il met fin à tout possible rapprochement pour une paix de compromis.

LE TOURNANT DE LA GUERRE : 1917

L'année 1917 est le tournant de la guerre, selon l'expression consacrée. En Russie, les défaites successives minent ce qui restait d'autorité au tsarisme déclinant depuis la révolution de 1905 où Nicolas II avait ordonné de tirer sur une foule désarmée venue au palais d'Hiver réclamer du pain. Il est contraint d'abdiquer en février 1917 au profit d'un gouvernement libéral, renversé en octobre par une révolution de professionnels, les bolcheviks. Ces derniers ont besoin de la paix à tout prix pour assurer leur mainmise sur le pays. Une suspension d'armes le 15 décembre 1917 est suivie de la paix de Brest-Litovsk en mars 1918. L'Allemagne n'a plus à combattre sur le front russe. La Roumanie capitule en mai 1918. L'autre front en Europe orientale est bloqué depuis l'échec, en mars 1915, de la flotte franco-anglaise à forcer le détroit des Dardanelles et le massacre du corps expéditionnaire débarqué à Gallipoli. Les survivants ont rejoint, depuis novembre 1915, les troupes alliées stationnées à Salonique, en Grèce. Cette armée vit dans l'attente, reprend le combat en juin 1917 quand la Grèce se range dans le camp des Alliés. Les États-Unis, neutres depuis le début, voient leur opinion publique évoluer peu à peu en faveur de l'intervention. Le 7 mai 1915 le paquebot britannique *Lusitania* est torpillé par la marine de guerre allemande. Au nombre des victimes comptent cent vingt-huit ressortissants américains. En février 1917, l'Allemagne décide la guerre sous-marine totale : tout navire faisant route vers l'Angleterre, fût-il neutre, sera coulé en cas de rencontre. Le Président démocrate **Thomas Woodrow Wilson** (1913-1921), favorable à l'entrée en guerre, obtient l'accord du Congrès le 2 avril 1917. Il faut toutefois attendre mars 1918 pour l'arrivée de trois cent mille Américains. Mais l'effet psychologique est énorme. Les empires centraux savent qu'ils ne peuvent espérer gagner la guerre qu'en allant vite, avant que ne se déploie l'aide américaine dans toute sa puissance.

ESPIONNE, LÈVE-TOI

Si 1917 est le tournant de la guerre, c'est la fin de l'aventure pour Marghareta Geertruida Zelle, plus connue sous son nom de guerre de Mata Hari (1876-1917). Née d'un père néerlandais et d'une mère indonésienne, elle vit à Java plusieurs années après son mariage avec un officier de marine. Après leur séparation, elle s'installe à Paris, où elle captive la bonne société et devient l'une des reines de la capitale par ses numéros osés de danses balinaises, un succès qui doit plus à sa plastique qu'à ses talents de danseuse. Elle est amenée à fréquenter de nombreux officiers, et pendant la guerre se livre à l'espionnage pour le compte de la France. Soupçonnée de jouer un double jeu avec l'Allemagne, elle est incarcérée et condamnée à mort. Ultime bravoure teintée de coquetterie, elle refuse le bandeau sur les yeux et adresse des baisers aux membres du peloton d'exécution, en ce triste matin du 15 octobre 1917, dans les fossés du fort de Vincennes.

1918, LA FIN DE LA GUERRE

Entre mars et juillet 1918, Hindenburg et Ludendorff lancent quatre grandes offensives à l'Ouest : en mars au sud de la Somme, en avril dans les Flandres, en mai au Chemin des Dames à l'ouest de Reims, en juillet en Champagne. Elles sont toutes arrêtées. En août 1918 répond l'offensive générale alliée, les Allemands sont contraints en novembre à un repli derrière l'Escaut et la Meuse de toutes leurs forces armées. Dans les Balkans, les Bulgares sont vaincus par les Franco-Anglais au nord-ouest de Salonique. Les Italiens, lourdement battus à Caporetto (24 octobre-9 novembre 1917) par les armées austro-allemandes, sont vainqueurs des Autrichiens à Vittorio Veneto (24 octobre-3 novembre 1918). Le 3 novembre 1918, l'Autriche-Hongrie cesse les combats. L'Empire ottoman l'a fait depuis le 30 octobre. L'Allemagne reste seule. Une série de révolutions y éclate à compter de début novembre. Le 9 novembre 1918, Guillaume II abdique, s'enfuit aux Pays-Bas. La République est proclamée à Berlin. Le 11 novembre 1918, à six heures du matin, les représentants du gouvernement provisoire allemand signent un armistice dans un wagon de chemin de fer, celui du maréchal Foch, stationné dans la clairière de la forêt de Rethondes, à proximité de Compiègne.

> **La Grosse Bertha**
>
> En mars 1918, l'artillerie allemande est suffisamment proche de Paris pour bombarder la capitale, à l'aide de canons de plus en plus énormes. Les Parisiens, moqueurs, surnomment le plus colossal d'entre eux la « Grosse Bertha », détournant le prénom de Bertha Krupp, fille du fabricant. Le 29 mars 1918, la grosse Bertha envoie un obus qui frappe l'église Saint-Gervais et provoque près de cent morts. Les murs de l'ancien ministère de la guerre, sur le boulevard Saint-Germain, portent encore eux aussi les traces des bombardements.

LE COÛT DES COUPS

Le coût de la guerre est avant tout humain, elle se solde par dix millions de morts, dont deux millions de soldats allemands et 1,5 million de Français. Un cinquième des hommes de vingt à quarante ans a disparu en France et en Allemagne. André Maurois évoquera le tragique d'un jeune homme de vingt ans condamné à vivre toute sa vie sans voir vieillir à ses côtés ses amis de jeunesse, à traverser la vie dans une poignante solitude. À cela s'ajoutent les décès liés à l'épidémie de grippe espagnole, plus de vingt millions de victimes entre 1918 et 1919. La puissante Europe ne domine plus le monde, la Grande Guerre, dont on espère qu'elle est la « der des der », la dernière, l'ultime conflit, est un suicide véritable pour l'Europe. La production agricole et industrielle a diminué d'un tiers par rapport à 1913. La France doit reconstruire sept cent mille maisons, 60 000 km de voies ferrées et de routes. De banquier du monde avec 60 % des réserves d'or, l'Europe devient le débiteur des États-Unis.

CES SOLDATS INCONNUS

C'est un traumatisme durable qui frappe l'Europe endeuillée, la vie quotidienne, pour de longues années, est marquée par le nombre impressionnant de veuves de guerre, d'orphelins, de « gueules cassées », invalides de guerre que tout un chacun est amené à côtoyer. De nombreux pays veulent rendre un hommage solennel à tous les héros anonymes, les tombeaux du soldat inconnu s'érigent à Londres, Bruxelles, Rome, Varsovie ou Bucarest. La France honore le sien dès le défilé de la victoire du 14 juillet 1919, déposant un cénotaphe doré, un cercueil vide, sous l'Arc de triomphe, symbole d'une nation tout entière rassemblée pour le passage des troupes victorieuses, consciente de l'immensité du sacrifice consenti. C'est un simple poilu de deuxième classe, rescapé de la Grande Guerre, Auguste Thin (1899-1982), qui choisit parmi huit cercueils entreposés à Verdun celui du futur soldat inconnu. Sa tombe est installée sous l'Arc de triomphe le 11 novembre 1920, même si l'inhumation ne se déroule qu'à la fin janvier 1921. Une flamme perpétuelle, jaillie de la bouche d'un canon, y est ranimée depuis tous les jours à 18h30. Tous les soldats disparus ne sont pas inconnus et la France se couvre de monuments aux morts, chaque village possède le sien, les cimetières militaires accueillent les restes de ceux, notamment venus des colonies, dont les corps ne sont pas rapatriés. Paul Valéry, dans *La Crise de l'esprit* (1919), traduit la fin des certitudes : « L'abîme de l'histoire est assez grand pour tout le monde. Nous sentons qu'une civilisation a la même fragilité qu'une vie ».

2. Les traités pour la paix

De janvier à l'automne 1919 se réunit à Paris une conférence destinée à préparer les traités de paix. Les problèmes posés sont d'abord pratiques, vingt-sept États y participent, alliés ou neutres. L'URSS et les vaincus sont absents. Les délégations sont trop nombreuses pour un travail efficace en séance plénière. Les décisions sont en réalité prises par le Conseil des Quatre (États-Unis, Grande-Bretagne, France, Italie, auxquels s'ajoute parfois le Japon). Dans son message du 8 janvier 1918, dit des *Quatorze points Wilson*, le Président des États-Unis définit les bases des futurs traités, dont la création d'une Société des nations (SDN) destinée à prévenir les frontières des États redécoupés. Face au Président Wilson, idéaliste, Georges Clemenceau exige d'énormes réparations de guerre, veut créer sur la rive gauche du Rhin une Rhénanie indépendante, zone-tampon protégeant la France d'une agression allemande. **Lloyd George** (1863-1945) s'inquiète de la possible domination française en Europe et veut satisfaire une opinion britannique fluctuante. **Vittorio Orlando** (1860-1952) est là pour soutenir les revendications territoriales italiennes sur les rives de l'Adriatique, dont l'Italie aimerait faire une mer intérieure.

GEORGES CLEMENCEAU (1841-1929), LE « PÈRE LA VICTOIRE »

Né en 1841, dans une famille bourgeoise de Vendée, Georges Clemenceau devient médecin, dans la tradition familiale. Installé à Paris en 1861, il est élu député de la Seine au moment où éclate la Commune de Paris, en 1871. Orateur féroce, il est la terreur des ministères en place, que ses discours incendiaires à l'Assemblée contraignent souvent à la démission. Éclaboussé par le scandale de Panama, il connaît une traversée du désert avant de revenir en politique avec l'affaire Dreyfus. C'est lui qui trouve le titre de l'article écrit par Zola pour son journal *L'Aurore*, le célèbre « J'accuse ». Ministre de l'Intérieur, il organise la police moderne avec les brigades volantes, surnommées en son honneur les « Brigades du Tigre ». Président du Conseil, il mate la révolte des vignerons du Sud-Ouest en 1907. Après sa démission en 1909, il retrouve son poste en 1918, visite les poilus dans les tranchées, leur insuffle son indomptable énergie pour la victoire finale, ce qui lui vaut son dernier surnom, celui de « Père la Victoire ». Ses ennemis politiques, nombreux, l'empêchent d'accéder à la présidence de la République. Il meurt en 1929.

MAINTENIR LA PAIX : LA SOCIÉTÉ DES NATIONS (SDN)

Divers projets sont envisagés. Le Français **Léon Bourgeois** (1851-1926) voulait doter la SDN d'une armée internationale, donner à l'assemblée des moyens de sanctionner graduellement en cas de danger de guerre. C'est finalement la version américano-britannique qui est retenue. La SDN, installée à Genève, comprend une Assemblée qui se réunit une fois par an, un Conseil de neuf membres, cinq permanents et quatre tournants élus par l'Assemblée chaque année, qui se réunit trois fois par an, un Secrétariat général qui siège à Genève, une Cour de justice internationale. Les États membres acceptent de ne plus faire la guerre, de renoncer au secret des négociations diplomatiques, de respecter le droit international. Les sanctions prévues sont la condamnation morale, les représailles économiques, mais aucune action militaire. Pétrie de bonnes et nobles intentions, la SDN échoue à éviter les conflits pendant l'entre-deux-guerres, qu'ils soient locaux ou mondiaux.

LE TRAITÉ DE VERSAILLES (28 JUIN 1919)

Le traité de Versailles, qui règle le sort de l'Allemagne, est ratifié en assemblée plénière le 7 mai 1919. Des représentants allemands peuvent alors en prendre connaissance et formuler des observations, dont il n'est tenu aucun compte. Devant leur réticence, des menaces de reprise de la guerre sont utilisées. Les Allemands cèdent. Le traité de Versailles est donc signé dans la galerie des Glaces le 28 juin 1919. Il comprend quatre cent quarante articles répartis en cinq thèmes : la création de la SDN, des clauses territoriales, économiques, morales, militaires et financières. Les clauses territoriales prévoient la restitution à la France de l'Alsace et de la Lorraine, la cession à la Belgique des cantons d'Eupen et de Malmédy, un plébiscite pour le Schleswig, dont le nord retournera au Danemark, la Silésie, dont l'est revient à la Pologne. La Sarre sera administrée pendant quinze ans par la SDN puis un plébiscite sera organisé pour un rattachement à la France ou à l'Allemagne. Il sera favorable au maintien dans l'ensemble allemand. Afin de procurer à la Pologne un accès à la mer, un « corridor », une bande de terre prolongée par le port de Dantzig (Gdańsk en polonais) lui est concédée, séparant la Prusse orientale du reste de l'Allemagne. En outre les colonies allemandes sont remises à la SDN qui les répartit ainsi : à l'Angleterre une partie du Cameroun et du Togo, le reste à la France. Au Japon les îles allemandes du Nord Pacifique, à l'Afrique du Sud le Sud-Ouest africain allemand, à l'Australie la Nouvelle-Guinée, à la Nouvelle-Zélande les îles Samoa, à la Belgique le Rwanda et le Burundi.

◆ **Les clauses économiques et financières** : l'Allemagne doit livrer sa flotte commerciale, des locomotives, du bois, du charbon. Ses voies fluviales sont internationalisées. Elle doit réparer tous les dégâts entraînés par la guerre. Une commission internationale doit déterminer le montant des réparations pour au plus tard le 1er mai 1921. Il sera fixé à 132 milliards de marks-or (environ 23 millions d'euros en 2013).

♦ **Les clauses morales** : l'article 231 du traité de Versailles définit l'Allemagne comme seule responsable de la guerre mondiale et l'oblige à ce titre à verser des réparations de guerre pour les dommages subis.

♦ **Les clauses militaires** : la rive gauche du Rhin est démilitarisée, occupée par les Alliés pour une durée de quinze ans. L'Allemagne n'a plus le droit d'entretenir une armée, elle est entièrement démilitarisée sauf une « armée de police » de cent mille hommes engagés pour une durée de douze ans.

Mais, dès l'origine, le traité de Versailles pâtit du désaveu américain. Le démocrate Wilson voit sa signature désavouée par le Congrès à majorité républicaine. Le Sénat américain refuse de ratifier le traité. À peine née, la Société des nations est privée de l'appui américain, elle qui a pourtant été créée par la volonté d'un Président des États-Unis.

LES AUTRES TRAITÉS DE PAIX

Quatre traités sont signés entre 1919 et 1920, les traités de Saint-Germain, de Trianon, de Neuilly et de Sèvres.

♦ **Le traité de Saint-Germain** (10 septembre 1919) et **le traité de Trianon** (4 juin 1920) démembrent l'ancien Empire austro-hongrois, créent de nouveaux États indépendants, la Tchécoslovaquie (correspondant à la République tchèque et la Slovaquie actuelles), la Yougoslavie, la Hongrie, recréent la Pologne. L'Autriche est réduite à un petit pays d'un peu plus de 80 000 km². L'Italie obtient le Trentin et l'Istrie avec Trieste, mais non la Dalmatie qu'elle convoitait.

♦ **Le traité de Neuilly** (27 novembre 1919) règle le cas de la Bulgarie, qui cède une partie de ses territoires à la Roumanie (la Dobroudja), à la Grèce (côte de la mer Égée) et à la Yougoslavie (Bulgarie occidentale).

♦ **Le traité de Sèvres** (11 août 1920) est signé avec l'Empire ottoman. Il oblige la Turquie à la neutralité des détroits, consacre la perte des nations arabes placées sous mandat britannique ou français. Toutes les possessions turques en dehors de Constantinople en Europe sont perdues. Mais la révolte des officiers menés par **Mustafa Kemal Ataturk** (1881-1938) s'accompagne du refus du traité. Les Alliés sont battus et le 1er novembre 1922 le dernier sultan est contraint d'abdiquer.

CHAPITRE XI
La France dans l'entre-deux-guerres (1919-1939)

1. Les années 1920, celles de tous les dangers

En 1920 la France connaît une crise économique comme le reste du monde. La CGT, Confédération générale du travail, syndicat révolutionnaire, avec ses plus de deux millions et demi d'adhérents, organise plus de mille huit cents grèves. Aux élections législatives de novembre 1919, la droite conservatrice et nationaliste triomphe, détient trois quarts des sièges de la Chambre bleu horizon, ainsi nommée parce qu'y siègent en masse les anciens combattants dont la capote était de cette couleur. Une majorité de droite et du centre, le Bloc national, domine la Chambre. La grève générale lancée par la CGT pour le 1er mai 1920 échoue devant la détermination du gouvernement : arrestation des dirigeants syndicaux, dissolution de la CGT, licenciement de vingt-deux mille cheminots en grève. La présidence du conseil revient à Clemenceau jusqu'en janvier 1920, puis après lui se succèdent **Alexandre Millerand** (1859-1943), **Georges Leygues** (1857-1933), **Aristide Briand** (1862-1932). Au mois de décembre 1920, au congrès de Tours, le parti socialiste unifié se scinde en deux, le Parti communiste français (PCF) qui adhère à la IIIe Internationale fondée à Moscou et la Section française de l'Internationale ouvrière (SFIO) qui refuse son programme révolutionnaire et demeure fidèle aux idéaux réformistes de la IIe Internationale de la fin du XIXe siècle. La SFIO devient en 1971 Parti socialiste. Ces divisions se retrouvent au sein de la CGT qui n'a pas été réellement dissoute. La majorité, réformiste, demeure la CGT, la minorité révolutionnaire, communiste, fonde la Confédération générale du travail unitaire ou CGTU qui existe de 1921 à 1936.

UNE PRÉSIDENCE AGITÉE

En janvier 1920 s'achève la présidence de Raymond Poincaré. Georges Clemenceau pense lui succéder, mais, outre ses nombreux ennemis politiques, il s'aliène les députés catholiques en n'assistant pas à la messe de *Te Deum* célébrée en la cathédrale Notre-Dame en novembre 1919 pour la victoire française. Il se montre toujours inflexible dans son refus d'une reprise des relations diplomatiques avec le Vatican, rompues depuis la séparation de l'Église et de l'État en 1905. L'ancien président Poincaré lui-même est défavorable à sa candidature et use de son influence pour la faire échouer. C'est donc Paul Deschanel (1855-1922), président de la Chambre des députés, académicien, qui est élu par les assemblées le 17 janvier 1920. Déçu, amer, Clemenceau se retire de la vie politique, effectue un voyage aux États-Unis, qui lui font un triomphe, en 1922, puis se consacre à l'écriture de ses livres.

La présidence de Paul Deschanel est écourtée à la suite d'une série d'incidents. Le 22 mai 1920, à bord du train présidentiel qui le conduit à Montbrison pour une inauguration, il quitte nuitamment son wagon et tombe sur la voie. Personne ne s'en aperçoit. Il erre en pyjama sur la voie ferrée. Recueilli par un couple de gardes-barrières, il est retrouvé le lendemain par son escorte qui a fait le chemin en sens inverse en constatant au matin sa disparition. La brave femme du garde-barrière, apprenant sa qualité, se serait exclamée : « Je savais bien que c'était un Monsieur, il avait les pieds propres ! » Séjournant à Rambouillet en septembre, il entreprend de se déshabiller pour se baigner dans les bassins du parc. On l'en dissuade à grand peine. Le 21 septembre 1920, il démissionne. Il est remplacé par Alexandre Millerand. Il semble qu'il souffrait du syndrome d'Elpenor, un trouble lié à des crises d'anxiété.

ÉDOUARD HERRIOT SE HEURTE AU « MUR DE L'ARGENT »

La reprise économique s'accompagne toutefois de difficultés financières. Président du Conseil depuis janvier 1922, ancien président de la République entre 1913 et 1920, **Raymond Poincaré** (1860-1934) veut lutter contre l'inflation et ramener le budget à l'équilibre. Il prévoit un plan d'économies et de nouveaux impôts. Ces mesures, impopulaires, font perdre le pouvoir à la droite, au profit du Cartel des gauches lors des élections législatives de mai 1924. Il est composé des socialistes et des radicaux. **Édouard Herriot** (1872-1957), chef des radicaux, forme un ministère radical que la SFIO soutient à la Chambre. Il fonde son programme de gouvernement sur un renforcement de la laïcité – les relations diplomatiques avec le Vatican seraient rompues, l'Alsace et la Lorraine perdraient leur traitement concordataire et appliqueraient la séparation de l'Église et de l'État – et sur l'augmentation des prélèvements obligatoires des hauts revenus. Avant même un début d'application, toutes ces mesures échouent, car il ne parvient pas à les mettre en place. De plus il est incapable de freiner l'instabilité monétaire. Déjà en mars 1924 Poincaré avait dû procéder à des achats massifs de franc pour limiter sa dépréciation par rapport à la livre, lors du Verdun financier, brusque décrochage du franc sur la livre sterling. En avril 1925, **Herriot** est renversé. Il accuse alors le « mur de l'argent » de s'être dressé contre ses réformes. Cinq cabinets se succèdent, sans avoir le temps de mener une politique suivie. Le 19 juillet 1926, Herriot forme un second cabinet. Aussitôt le franc s'effondre : la livre qui valait 61 francs en avril 1924 en vaut 243 le 21 juillet 1926. En quarante-huit heures, le gouvernement Herriot tombe. C'est la fin du Cartel des gauches au pouvoir.

LE FRANC TOUT ROND DE POINCARÉ

Le nouveau président du Conseil, **Poincaré**, forme un gouvernement d'union nationale, sans les socialistes et les communistes. Il pratique des économies, lance des emprunts, augmente les taxes indirectes. Il stabilise le franc au cinquième de sa valeur de 1914, c'est le

« franc à 4 sous » de décembre 1926. Ce franc Poincaré est officialisé par la loi monétaire de juin 1928 à 65,5 mg d'or au 9/10ᵉ de fin. Le franc se réapprécie par rapport aux autres monnaies. **La période de 1926 à 1930** est une époque d'indéniable prospérité. La présidence du Conseil échoit régulièrement à Pierre Laval (1883-1945) ou **André Tardieu** (1876-1945). Des réformes sociales sont menées à bien, un système d'assurances sociales est mis en place entre 1928 et 1930, son financement est assuré par moitié par les cotisations des salariés, pour l'autre moitié par celles versées par les employeurs. Elles sont obligatoires pour tous jusqu'à un revenu annuel de 15 000 francs (1 franc Poincaré équivaut à 65 mg d'or). La gratuité de l'enseignement secondaire est instituée en 1932. Poincaré s'est retiré de la vie politique en raison de ses problèmes de santé en 1929.

UNE PAIX UNIVERSELLE ?

Par les accords de Locarno, en 1925, France, Allemagne, Italie, Royaume-Uni reconnaissent les frontières françaises et belges ; ce premier pas vers une organisation de la paix se poursuit avec la signature du pacte Briand-Kellogg, le 27 août 1928, à Paris. Il prévoit une mise « hors la loi » de la guerre, les soixante pays signataires s'engagent à ne plus recourir aux armes pour régler les conflits qui les opposent. Cette noble idée, due à l'initiative conjointe du ministre des Affaires étrangères Aristide Briand et de son homologue le secrétaire d'État américain Kellogg, demeure à l'état de vœu pieux en l'absence de toute sanction en cas de non-respect des accords.

ARISTIDE BRIAND, OU L'ASPIRATION À LA PAIX

Aristide Briand (1862-1932) est l'homme politique français qui incarne les espérances en une paix durable, après les massacres de la Grande Guerre et avant que les troubles des années trente ne rendent illusoire la réalisation de cet espoir. Avocat, socialiste, il est en 1905 le rapporteur de la loi de séparation de l'Église et de l'État. Plusieurs fois président du Conseil à partir de 1910, il est ministre des Affaires étrangères de 1925 à 1932. À ce titre, il joue un rôle clef dans les accords de Locarno et le pacte Briand-Kellog. Orateur de grand talent, il use de la tribune de la SDN pour y propager sans relâche son idéal de paix, tente d'empêcher les tensions internationales de déboucher sur de nouveaux conflits. Il aurait pu devenir président de la République, mais, certain d'être élu, il ne fait pas campagne auprès des parlementaires, qui lui préfèrent Paul Doumer, le 13 juin 1931. La déception hâte certainement la fin de Briand, qui meurt peu après, en 1932.

2. Des années troublées : les années 1930

ON TUE UN PRÉSIDENT !

Paul Doumer (1857-1932) assiste, en ce 6 mai 1932, à la cérémonie célébrant les écrivains combattants à l'hôtel Salomon de Rothschild. Il se dirige vers l'académicien Claude Farrère, auteur de *La Bataille*, lorsque Paul Gorgulov (1895-1932), un émigré russe, tire sur lui deux balles à bout portant. Transféré à l'hôpital Goujon, le président Doumer meurt quelques heures plus tard. Le 10 mai 1932, Albert Lebrun (1871-1959) lui succède. Gorgulov est guillotiné à la prison de la Santé le 14 septembre 1932.

CRISE ÉCONOMIQUE ET LIGUES

La crise de 1929 atteint la France en 1931. À la fin de cette année il y a cinq cent mille chômeurs, l'indice de production industrielle, de 139 en 1929, chute à 96 en 1932. Les retraits d'or, signe de l'inquiétude de la population, s'accélèrent, passant d'une valeur de 2 milliards de francs en 1932 à 5 milliards fin 1933. Le déficit budgétaire dépasse en 1933 les 11 milliards de francs. À cela s'ajoute une crise agricole provoquée par une surproduction de blé, de vin. La crise du régime se manifeste à partir de 1933. Le fascisme italien inspire certaines ligues d'extrême droite, favorise l'antiparlementarisme, l'exigence de réforme d'institutions républicaines discréditées, voire leur disparition. Les ligues se multiplient : l'Action française royaliste et son bras armé, les « Camelots du roi », les Jeunesses patriotes, le Faisceau, le Francisme, les Croix de Feu. Ces dernières regroupent à l'origine les anciens combattants mais évoluent, sous l'influence de leur chef, le colonel **François de La Rocque** (1885-1946), vers un régime national autoritaire. Sans véritable programme politique, ne participant pas aux élections, les ligues agissent par l'agitation sociale. Elles trouvent dans le scandale de l'affaire Stavisky de quoi alimenter leur virulente critique d'un système accusé d'être corrompu.

Alexandre Stavisky se suicide « d'une balle tirée à 3 m »

Alexandre Stavisky (1886-1934) est un escroc, qui a détourné des millions avec l'aide du directeur du Mont-de-Piété de Bayonne. Il fréquente le Tout-Paris et se lie aux députés et ministres. L'escroquerie est révélée à la fin de 1933. Stavisky, en fuite, est retrouvé, mort, en janvier 1934 dans un chalet de Chamonix. Il se serait suicidé, mais, devenu gênant, a peut-être été victime d'un assassinat. *Le Canard enchaîné* titre « Stavisky s'est suicidé d'une balle tirée à 3 m. Ce que c'est que d'avoir le bras long ». Les complices de Stavisky arrêtés, le scandale frappe le gouvernement du radical-socialiste **Camille Chautemps** (1885-1963), contraint à la démission. Le président de la République, **Albert Lebrun** (1871-1950), fait appel à **Édouard Daladier** (1884-1970). Ce dernier révoque le préfet de police de Paris, **Jean Chiappe** (1878-1940), proche des milieux d'extrême droite. Les ligues se déchaînent alors pour empêcher l'investiture de Daladier par les députés.

La Concorde à feu et à sang

L'Action française, les Croix de Feu, l'Union nationale des combattants organisent une manifestation le 6 février 1934. Les manifestants affluent place de la Concorde, se dirigent vers la Chambre des députés. En fin de journée, des échauffourées éclatent avec la police, la manifestation dégénère en émeute. Les manifestants veulent prendre d'assaut la Chambre des députés, mais, pour ce faire, ils doivent franchir le pont de la Concorde, fermé par la police à cheval, qui fait feu sur les manifestants qui tentent de forcer le barrage. L'affrontement dure de 22 heures à 3 heures du matin. Il y a vingt morts et des centaines de blessés. Daladier démissionne, un gouvernement d'Union nationale présidé par **Gaston Doumergue** (1863-1937) le remplace. Pour la droite, le 6 février 1934 est une manifestation brutalement réprimée par un régime corrompu jusqu'à la moelle, pour la gauche, il convient d'y voir une tentative de coup d'État fasciste qui a échoué. Le 12 février 1934, une contre-manifestation de la CGT, la CGTU, la SFIO et le PCF, dénonçant le danger du fascisme que font peser les ligues, aboutit à un rapprochement qui se conclut par une alliance électorale, appelée le Front populaire, en 1936, et rejoint par les radicaux.

LE FRONT POPULAIRE

Le Front populaire remporte les élections législatives de mai 1936. **Léon Blum** (1872-1950), chef de la SFIO, devient président du Conseil et forme un gouvernement avec les radicaux. Les communistes n'y participent pas, mais le soutiennent à la Chambre. Il est confronté aussitôt à un mouvement massif de grèves spontanées, plus de dix-sept mille représentant environ 2,5 millions d'ouvriers et employés. Ces derniers occupent les usines dans une ambiance festive, pique-nique et bals populaires, à la fois pour fêter la victoire du Front populaire et aussi pour exercer sur le gouvernement une pression pour des réformes sociales immédiates. La crise se dénoue avec la signature des accords de Matignon (7 juin 1936) entre le patronat représenté par la Confédération générale de la production française (CGPF) et les salariés représentés par la CGT sous l'égide de l'État.

Les accords de Matignon, la naissance des congés payés

Les salaires augmentent entre 7 % et 15 %, le droit syndical doit être librement exercé dans les entreprises, les conventions collectives sont créées. La durée hebdomadaire du travail est ramenée de quarante-huit heures (depuis 1919) à quarante heures, les salariés bénéficieront de quinze jours de congés payés par an. Les grèves cessent, mais la situation économique ne se redresse pas. Le franc est dévalué de 25 % le 28 septembre 1936. La production industrielle stagne, le déficit budgétaire s'accroît pour atteindre plus de 20 milliards de francs en 1937. Depuis l'automne 1936, les réformes sont bloquées. En février 1937, Léon Blum réclame une « pause ». En juin 1937, le gouvernement Blum démissionne, privé du soutien des communistes qui lui reprochent de ne pas intervenir aux côtés des républicains espagnols dans la guerre civile qui les oppose au général Franco. Léon Blum redoute, si la France intervient, un embrasement de l'Europe tout entière. Cependant, le gouvernement français ferme les yeux sur les armes passées clandestinement à la frontière aux républicains espagnols. Il n'intervient pas non plus contre les engagements individuels, comme celui d'André Malraux et de son escadrille Espana, qui forme plus tard la trame de son roman *L'Espoir* (1937). En mars 1938, Léon Blum forme un second gouvernement mais qui dure à peine trois semaines.

Léon Blum (1872-1950)

Auditeur au conseil d'État, Léon Blum est acquis aux idées socialistes par le charisme de Jean Jaurès. Il entame une carrière de premier plan après l'éclatement consécutif au Congrès de Tours, où les communistes fondent leur propre parti, les socialistes se regroupant au sein de la SFIO, dont Léon Blum prend la tête. En 1936, après la victoire du Front populaire, il devient président du Conseil, mais doit quitter le pouvoir un an plus tard, sans avoir pu mener à bien la totalité des réformes qui lui tenaient à cœur, comme la nationalisation de la Banque de France et des industries d'armement, qui ne sont que partiellement réalisées. Après la défaite de 1940, il est arrêté, condamné à l'issue du procès de Riom et finalement déporté en Allemagne. De retour en France en 1945, il se place en retrait de la vie politique et meurt en 1950.

Le suicide d'un pur

Le gouvernement de front populaire est endeuillé par une terrible affaire de calomnie qui débouche sur un suicide. Le ministre de l'Intérieur, Roger Salengro (1890-1936), procède, à la demande du gouvernement, à la dissolution des Croix de feu du colonel de La Rocque ; la presse d'extrême-droite se déchaîne alors contre lui dans une campagne calomnieuse orchestrée par le journal *Gringoire*. Roger Salengro est accusé d'avoir déserté pendant la guerre, en 1915. Un jury d'honneur balaie cette fausse accusation et rétablit les faits, en réalité, le ministre a été capturé alors qu'il tentait de ramener la dépouille d'un poilu. Ne supportant pas l'opprobre, l'innocent met fin à ses jours le 18 novembre 1936.

Jean Zay ou l'honneur de la culture

L'Éducation nationale et la recherche fondamentale, tout comme les arts, doivent beaucoup à Jean Zay (1904-1944). Ministre de l'Éducation nationale et des Beaux-Arts dans le gouvernement Léon Blum, il déploie une activité incessante et féconde. Nous lui devons, entre autres, le Centre national de la recherche scientifique ou CNRS, le musée d'art moderne, le musée national des Arts et Traditions populaires. Conscient des difficultés des familles modestes pour permettre à leurs enfants d'accéder à une scolarité plus longue – rappelons que l'enseignement primaire est gratuit mais que le secondaire reste payant jusqu'en 1945 –, il crée des bourses pour les élèves méritants, repousse l'âge obligatoire de la scolarité de 13 à 14 ans, favorise les cantines scolaires. Protecteur du septième art, il pose même les bases de ce qui sera le futur festival du cinéma de Cannes, mais le projet ne commence réellement qu'après la guerre. Refusant de se soumettre à Pétain, il gagne le Maroc en espérant y refonder la République avec quelques parlementaires, mais il est arrêté, ramené en France et jugé. Interné, il demeure en prison jusqu'au 20 juin 1944. Ce jour-là, des miliciens l'enlèvent et l'exécutent dans le bois de l'Allier.

LA COMÉDIE DE LA PAIX : LES ACCORDS DE MUNICH

Radicaux et modérés reviennent au pouvoir qu'ils conservent jusqu'à la guerre. Ils doivent faire face à la menace grandissante de la politique d'expansion de l'Allemagne nazie. Après le rattachement de l'Autriche par l'Anschluss, le 12 mars 1938, l'Allemagne prend prétexte de l'existence d'une minorité germanique dans les Sudètes, au nord-ouest de la Tchécoslovaquie, pour exiger un droit de regard sur les affaires de ce pays. En septembre 1938, sous prétexte de défense d'une minorité allemande qui serait opprimée par les Tchèques, Hitler se prépare à envahir le pays. La Tchécoslovaquie se tourne alors vers ses alliés, la France et le Royaume-Uni. Or les opinions publiques de ces pays, traumatisées par la grande saignée que fut la guerre de 1914-1918, refusent l'idée même d'un nouveau conflit. Si Hitler est prêt à la guerre, tel n'est pas le cas de son allié Mussolini, qui veut gagner quelques années encore. À la veille de la mobilisation allemande, il sert de médiateur à la demande des Franco-Britanniques. Dans la nuit du 29 au 30 septembre 1938, une conférence se tient à Munich, réunissant Mussolini, Hitler, Daladier et Chamberlain. L'Allemagne se voit reconnaître le droit d'annexer tout le nord-ouest tchécoslovaque. Les accords de Munich de septembre 1938, signés par Daladier, entérinent de fait la disparition de la Tchécoslovaquie au profit de l'Allemagne nazie, la nouvelle frontière entre les deux pays n'offre aucune chance aux Tchèques de pouvoir se défendre. Ils montrent le souci du gouvernement français de satisfaire une opinion publique hostile à la guerre depuis les massacres de la Grande Guerre, l'indifférence à l'égard des Tchèques. De retour à Paris et Londres, à leur grande surprise, alors qu'ils viennent de tout céder à Hitler, Daladier et Chamberlain sont acclamés comme les héros qui ont sauvé la paix. Les illusions seront de courte durée. Le 30 novembre 1938, la CGT échoue à lancer une grève générale pour les dénoncer. **Paul Reynaud** (1878-1966) est le dernier président du Conseil, de mars à juin 1940, avant la débâcle, il démissionne et le maréchal Pétain lui succède le 16 juin 1940.

L'EMPIRE CRAQUE DE PARTOUT

L'empire colonial français connaît également des troubles pendant l'entre-deux-guerres. Tout d'abord au Maroc, où un chef de clan traditionnel, **Mohamed ben Abdelkrim Al-Khattabi** (1882-1963), bat une armée espagnole, proclame une République du Rif indépendante. Les Français, alliés aux Espagnols, finissent par le soumettre après deux ans de combats, en 1925 et 1926. En 1934, en Tunisie, **Habib Bourguiba** (1903-2000) fonde un mouvement indépendantiste, le Néo-Destour. En France, **Messali Hadj** (1898-1974) fonde en 1937 le Parti du peuple algérien (PPA). Au Tonkin des mutineries éclatent, notamment à Yên Bái où les soldats annamites massacrent les officiers, en février 1930.

CHAPITRE XII
L'Allemagne de 1919 à 1945

1. La République de Weimar

UN EMPIRE S'EFFONDRE...

En 1918, le Kaiser, l'empereur d'Allemagne Guillaume II, tente la mise en place d'un régime parlementaire et démocratique. Le prince **Maximilien de Bade** (1867-1929), connu pour son libéralisme, est nommé chancelier. Il gouverne avec le Reichstag, dont sont issus les ministres, comme **Philipp Scheidemann** (1865-1939) du parti social-démocrate. Dans l'armée, des mutineries éclatent, notamment celle des équipages de la *Kriegsmarine*, marine de guerre de Kiel. Sur le modèle russe des soviets, des conseils d'ouvriers et de soldats se mettent en place. La fin de la monarchie allemande commence avec la révolution à Munich le 7 novembre 1918. Les Wittelsbach, dynastie régnante, sont renversés, la République bavaroise les remplace. La contestation gagne Berlin le 9 novembre, contraignant Guillaume II à abdiquer. Maximilien de Bade cède la place au socialiste **Friedrich Ebert** (1871-1925). Scheidemann proclame la République. Ebert légalise alors le suffrage universel, la journée de huit heures, socialise des industries. Un conseil de six commissionnaires du peuple gouverne dans l'attente de l'élection d'une Assemblée nationale constituante. Il est formé d'hommes politiques qui ont déjà effectué une longue carrière sous l'empire, dominé par les socialistes. Friedrich Ebert est un ouvrier social-démocrate, président du parti social-démocrate allemand (SPD) à partir de 1889. Il refuse, à l'effondrement de l'empire, la révolution de type bolchevique que voudrait le Conseil des commissaires du peuple qu'il préside, écrase la tentative spartakiste avant de devenir le premier président de la République allemande, jusqu'à sa mort en 1925.

... POUR UNE RÉPUBLIQUE MAL-AIMÉE

Le problème pour Ebert et les socialistes est de donner naissance à une république dans des conditions difficiles. L'armée n'a pas admis la défaite, se considère comme invaincue et propage la thèse du « coup de poignard dans le dos » selon laquelle les combats auraient pu continuer si les civils, ici surtout les juifs, les socialistes et les républicains n'avaient pas trahi en acceptant un armistice puis des conditions de paix infamantes. Les grands industriels, comme le magnat de l'acier Hugo Stinnes, regardent avec méfiance ce nouveau régime, fragile, peu crédible pour attirer les capitaux. L'Allemagne doit verser des réparations de guerre écrasantes alors que ses colonies lui ont été prises, ainsi que sa flotte commerciale. La crise économique qui se profile se conjugue aux tensions nationalistes exacerbées. Ceux qui souhaitent la République de Weimar sont minoritaires au moment où elle doit affronter une tentative de révolution inspirée de celle de Lénine en Russie.

L'ESCLAVE MARXISTE DU XXe SIÈCLE

Les socialistes au pouvoir doivent compter sur l'extrême gauche, les **spartakistes**. Communistes, admirateurs de Lénine, leurs principaux représentants sont le député de Berlin **Karl Liebknecht** (1871-1919) et la théoricienne marxiste **Rosa Luxembourg** (1871-1919). Ensemble, ils fondent la Ligue spartakiste puis le Parti communiste d'Allemagne (Kommunistische Partei Deutschlands, ou KPD). Le nom « spartakiste » provient de celui du gladiateur et esclave Spartacus, dont la révolte menaça Rome au Ier siècle avant J.-C. Pendant la guerre, Karl Liebknecht publie ses *Lettres à Spartacus* qui lui valent une condamnation à la prison. Le Parti social-démocrate (Sozialdemokratische Partei Deutschland ou SPD), au pouvoir, s'appuie sur l'armée et les groupes paramilitaires qui en sont issus, les Corps francs, pour écraser la tentative de révolution spartakiste lors de la semaine sanglante de Berlin, du 6 au 13 janvier 1919. Le 2 janvier, Liebknecht et Rosa Luxembourg proclament la grève générale et lancent un appel aux armes, mais la réaction rapide des militaires étouffe la révolution dans l'œuf, la répression est immédiate et brutale. **Karl Liebknecht** et **Rosa Luxembourg** sont arrêtés et exécutés sur l'ordre du commissaire du peuple à la guerre, **Gustav Noske** (1868-1946).

LA VILLE DE GOETHE ACCUEILLE LA RÉPUBLIQUE

L'Assemblée constituante est élue au suffrage universel masculin et féminin le 19 janvier 1919. À la suite de la tentative spartakiste, elle décide de siéger à Weimar, petite capitale provinciale devenue célèbre quand le grand poète Goethe choisit de s'y installer. Elle vote le 31 juillet 1919 la nouvelle Constitution, libérale et démocratique. L'Allemagne devient une République, mais mal dégagée de son héritage, l'article 1 stipule que « Le Reich (empire) est une république ». C'est la seule occurrence du terme de république. Deux chambres sont mises en place : le Reichsrat, composé des délégués des dix-sept pays, ou Länder constituant la République fédérale, ne dispose que d'un veto suspensif sur les lois votées par l'autre assemblée, le Reichstag. Élu au suffrage universel pour quatre ans, il vote les lois, confère l'investiture au chancelier et aux ministres qui sont responsables devant lui. Un chef de l'État, le président du Reich, est élu pour sept ans au suffrage universel. Il peut, avec le contreseing d'un ministre, dissoudre le Reichstag, suspendre les libertés (article 48), soumettre les lois au référendum. Le premier président du Reich est élu par l'Assemblée constituante, il s'agit du socialiste Friedrich Ebert. À sa mort, en 1925, le vieux maréchal d'Empire Hindenburg lui succède. Il est réélu en 1932.

LA RÉPUBLIQUE DE WEIMAR, COMBIEN D'ENNEMIS ?

Peu populaire, la République de Weimar est soutenue par le Parti social-démocrate (SPD), le Zentrum catholique et le Parti démocrate.

Le Parti communiste d'Allemagne (KPD) lui est hostile, et veut abattre le régime de socialistes au pouvoir, surtout après la semaine sanglante de Berlin. À droite, l'opposition à Weimar s'incarne dans le Parti populaire allemand (Deutsche Volkspartei ou DVP) de **Gustav Stresemann** (1878-1929), qui entre cependant au gouvernement en 1923 comme ministre des Affaires étrangères, jusqu'en 1929, ralliement réalisé par un rapprochement d'avec le centre-gauche. Le DVP regroupe les industriels hostiles au communisme et au socialisme. Le Parti national du peuple allemand (Deutschenationale Volkspartei, ou DNVP) rejette le traité de Versailles, la république, s'appuie sur le pangermanisme, le nationalisme, l'antisémitisme. Il bénéficie du soutien des Junkers, aristocrates prussiens, et de la fortune du magnat de la presse **Alfred Hugenberg** (1865-1951). À l'extrême droite se multiplient les groupuscules qui se réclament du mouvement Völkisch, national populaire, exaltant l'unicité et la grandeur du peuple allemand, affirmant la supériorité de la race germanique. C'est le cas d'un tout petit parti fondé en Bavière, à Munich, en 1919 par l'ouvrier serrurier **Anton Drexter** (1884-1942), le Parti ouvrier allemand (Deutsche Arbeiter Partei ou DAP), transformé par **Adolf Hitler** (1889-1945) qui y adhère avant d'en prendre le contrôle, en Parti national-socialiste des travailleurs allemands (Nazionalsozialistische Deutsche Arbeiterpartei ou NSDAP) en février 1920. En mars 1920, **Wolfgang Kapp** (1858-1922) tente un coup d'État en s'appuyant sur les Corps francs à Berlin. Celui-ci échoue. Chacun arme ses troupes. En novembre 1918 est fondé le *Stahlhelm*, ou Casque d'Acier, groupe paramilitaire de droite qui recrute parmi les Corps francs, milite contre le traité de Versailles, la République de Weimar, les juifs. Les nationaux-socialistes ont leurs *Sturmabteilungen*, ou Sections d'assaut (SA). Les partis de gauche ne sont pas en reste, le SPD crée la Bannière d'Empire ou les groupes antifascistes du Front de fer. Les communistes ont de leur côté le Front rouge.

Adolf Hitler (1889-1945) naît en Autriche, en plein cœur de l'Empire austro-hongrois, en 1889. D'origine modeste, son père est fonctionnaire des douanes, il perd ses parents très tôt, son père en 1903, sa mère en 1907. Il s'installe à Vienne, où il se présente deux fois en vain à l'Académie des beaux-arts, section de la peinture. Il survit en multipliant les emplois précaires, tout en professant son mépris de la démocratie et du parlementarisme dans une capitale marquée par les diatribes antisémites du maire populiste Karl Lueger, que l'empereur François-Joseph (règne : 1848-1916) tenta d'écarter, sans y parvenir, tant est grande sa popularité. En 1914, il s'engage dans l'armée et fait la guerre, est blessé à plusieurs reprises, décoré de la Croix de fer. La nouvelle de l'armistice est pour lui un traumatisme profond, il la vit comme le « coup de poignard dans le dos ». De retour à la vie civile, il adhère au Parti ouvrier allemand, dont il prend vite la tête en le transformant en Parti national-socialiste des travailleurs allemands, inscrit dans le courant politique Völkisch, nationaliste et populaire, anticapitaliste. En 1921, il fonde le journal du parti, le *Völkischer Beobachter* (*L'Observateur populiste*), une force paramilitaire, les SA, est constituée. Le premier congrès du parti se tient à Munich en janvier 1922, suivi en septembre de la première réunion à Nuremberg. La suite de la biographie d'Adolf Hitler se confond avec le destin de l'Allemagne nazie, jusqu'à leur disparition commune en 1945.

UN KILO DE PAIN ? 600 MILLIARDS DE MARKS

En 1923, une grave crise économique et monétaire plonge l'Allemagne dans un désarroi proche du chaos. Un reichsmark s'échange contre 4,2 dollars en 1914, contre 4 200 milliards de marks en novembre 1923. Un kilo de pain vaut 600 milliards de marks. Le chômage passe, au cours de l'année 1923 de 4 % à 28 % de la population active. Hitler croit le moment venu de prendre le pouvoir et tente un coup d'État les 8 et 9 novembre 1923 à Munich, depuis la Bürgerbrau ; ce « putsch de la brasserie » échoue, il est arrêté et condamné à cinq ans de prison. C'est lors de ce séjour à Landau qu'il dicte *Mein Kampf*, « Mon Combat », à son secrétaire, **Rudolf Hess** (1894-1987). Il est relâché au bout de six mois. Le **docteur Hjalmar Schacht** (1877-1970), ministre des Finances, rétablit la situation en octobre 1923, remplaçant le mark dévalué par un rentenmark gagé sur la terre et les actifs industriels. Le 30 août 1924, le reichsmark renaît, gagé sur l'or. Mais les classes moyennes, les rentiers, les membres des professions libérales sont ruinés. Le régime parlementaire est discrédité. Pourtant l'Allemagne connaît un renouveau de prospérité entre 1924 et 1929.

2. L'Allemagne nazie

L'IRRÉSISTIBLE MONTÉE DU NAZISME

La crise économique de 1929 la plonge de nouveau dans le marasme. En 1932, la production industrielle a diminué de moitié, le chômage explose avec six millions de chômeurs en 1932. Adolf Hitler, après le putsch raté de 1923, réorganise le Parti national-socialiste. Il crée en 1925 sa propre milice, les *Schutzstaffeln* (SS), ou Sections de Protection. Il profite de la crise de 1929 pour rallier ouvriers, paysans, petits commerçants. Il promet tout à tout le monde : du travail aux chômeurs, la défense des artisans, petits commerçants, petits paysans contre les grandes entreprises ou les grands magasins. Les nationaux-socialistes progressent dans les municipalités, les diètes régionales, qu'ils s'empressent de paralyser en recourant à une obstruction systématique, par tous les moyens, vociférations, lâcher d'animaux dans les hémycicles, menaces des SA. Aux élections législatives de 1930, ils obtiennent 6,4 millions de voix, leur représentation passe de douze à cent sept députés. À la fin de 1932, le NSDAP compte 1,4 million d'adhérents, trois cent cinquante mille SA et SS. En mars-avril 1932, lors des élections présidentielles, Hitler obtient treize millions de voix contre dix-neuf millions pour Hindenburg, seulement réélu au second tour. Depuis mars 1930, le chancelier **Heinrich Brüning** (1885-1970), issu du Zentrum, est réduit à gouverner par ordonnances, faute d'un soutien parlementaire hormis d'éphémères majorités. Il est renvoyé en mai 1932, remplacé par un autre membre du Zentrum, **Franz von Papen** (1879-1969). Il dissout une première fois le Reichstag en juin 1932. Aux élections qui suivent, les nationaux-socialistes recueillent quatorze millions de voix et obtiennent deux cent trente élus. **Hermann Göring** (1893-1946) préside le Reichstag. Après une seconde dissolution en novembre, les nationaux-socialistes enregistrent un recul avec cent quatre-vingt-seize députés. Aucun parti n'est majoritaire. En décembre 1932, Papen démissionne, après le refus du Président Hindenburg de faire entrer Hitler au gouvernement. Le général **Kurt von Schleicher** (1882-1934) lui succède. Désireux d'établir un régime corporatiste sur le modèle italien, il se rapproche des ouvriers par le vote de lois sociales. Cela effraie le patronat allemand, déjà favorable à Hitler. Une rencontre est organisée le 27 janvier 1933 à Düsseldorf entre ce dernier et les magnats de l'industrie rhénane, Krupp, Thyssen, Kirdorf. Hindenburg cède et nomme Hitler chancelier le 30 janvier 1933.

HITLER, DU CHANCELIER AU DICTATEUR

Hitler installe rapidement la dictature. Le Reichstag est dissous, la campagne électorale est dominée par l'extrême violence des SA. Le 27 février, peu avant le scrutin, le Reichstag est incendié par les nationaux-socialistes, en abrégé nazis, mais le parti communiste en est accusé, quatre mille de ses membres arrêtés, le Front rouge dissous. Pourtant les nazis ne disposent en mars que de 44 % des voix. Pour obtenir les pleins pouvoirs, il faut à Hitler une majorité des deux tiers. Il se rapproche de l'épiscopat catholique, promet un concordat. Les élus du Zentrum sont réduits à voter la loi du 23 mars 1933 « sur la suppression de la misère du Peuple et du Reich » qui, en réalité, donne à Hitler les pleins pouvoirs pour quatre ans, la possibilité de légiférer sans en avertir le Reichstag. La loi est renouvelée en 1937. Tous les partis politiques sont interdits le 14 juillet 1933 sauf le NSDAP. En novembre 1933, un plébiscite vote à 95 % pour la « liste du Führer », seule en compétition.

LA NUIT DES LONGS COUTEAUX

Hitler doit encore régler le problème posé par les SA et leur chef, **Ernst Röhm** (1887-1934), qui croient en la « révolution » promise, professent un anticapitalisme virulent de nature à inquiéter le monde des affaires soutenant les nazis. C'est fait avec l'organisation de la Nuit des longs couteaux, le 30 juin 1934. Les chefs SA réunis en Bavière sont arrêtés, leurs troupes dispersées, Röhm est arrêté, exécuté sommairement à la prison de Stadelheim à Munich. Hitler en profite pour faire abattre conservateurs et catholiques susceptibles de lui occasionner une gêne, comme l'ancien chancelier Schleicher. Le 2 août 1934, Hindenburg meurt et Hitler devient Reichsführer, à la fois chancelier et Président, il a entre les mains tous les pouvoirs. Seule l'armée peut exister comme contre-pouvoir, mais elle est mise sous le boisseau en janvier 1938 quand Hitler supprime le ministère de la Guerre et se proclame commandant de toutes les forces armées.

L'ALLEMAGNE SOUS LE BOISSEAU

L'idéologie nazie devient la réalité de l'Allemagne nazie. La formule *Ein Volk, ein Reich, ein Führer* (« Un peuple, un empire, un chef ») résume la *Weltanschauung* ou « vision du monde ». Le *Volk*, ou peuple allemand, est une communauté raciale fondée sur le sang, l'histoire, la culture, la langue. Il appartient au groupe des Aryens, la « race supérieure » qui doit affronter les autres peuples pour sa survie, créer son *Lebensraum* ou « espace vital ». Les peuples inférieurs, les Slaves, doivent reprendre la place que leur nom indique, redevenir les esclaves de la « race supérieure ». Un État total doit être mis en place, régi par le *Führerprinzip*, le « principe du chef ». Hitler décide pour tous les Allemands, car il sait, en qualité de chef, mieux qu'eux ce qui est bon pour eux. Aucune remise en cause n'est envisageable. La jeunesse est embrigadée dans les *Hitlerjungend*, « Jeunesses hitlériennes », le rôle des femmes limité aux trois « K » : *Kinder* (les enfants), *Küche* (la cuisine) et *Kirche* (l'église). La *Geheimstaaspolizei* (ou Gestapo), la police secrète d'État, traque les opposants, envoyés dans les camps de concentration, le premier est ouvert à Dachau le 30 mars 1933. La « loi sur le remembrement du Reich » du 30 janvier 1934 réduit à néant le rôle des *Länder*. Le Reichsrat est peu après dissous. Les *Länder* sont remplacés par les *Gaue*, circonscriptions administratives dirigées par des fonctionnaires nommés et révoqués par Hitler, les *Gauleiter*.

L'ANTISÉMITISME ÉRIGÉ EN CRIME D'ÉTAT

La politique antisémite s'ouvre d'emblée sur les persécutions. La loi du 7 avril 1933 exclut de la fonction publique tous les « non-Aryens », ceux dont les grands-parents sont juifs, puis, à partir de juin, dont le conjoint est juif. **Joseph Goebbels** (1897-1945), en charge de la propagande, organise le boycott de tous les commerces et entreprises juives. Le 15 septembre 1935, les lois de Nuremberg portant sur la « protection et l'honneur du sang allemand » retirent leur citoyenneté aux juifs allemands, interdisent toute relation sexuelle entre juifs et Aryens, leur mariage. Les juifs sont dépossédés de leurs entreprises aryanisées, c'est-à-dire revendues à bas prix, sous contrainte, à des non-juifs. Le 7 novembre 1938, un jeune juif assassine à Paris un diplomate de l'ambassade d'Allemagne. **Joseph Goebbels** organise alors un pogrom, la Nuit de cristal, dans la nuit du 9 au 10 novembre 1938. Les synagogues sont incendiées, les magasins juifs saccagés, sept mille cinq cents commerces et entreprises détruits, plusieurs centaines de juifs tués, trente mille déportés en camp de concentration. La communauté juive est contrainte à verser 1,25 milliard de marks, pour réparer les « troubles ». C'est la fin de la politique d'émigration, choisie par les nazis pour contraindre les juifs à s'exiler. Le 20 janvier 1942, la conférence de Wannsee entérine la « solution finale au problème juif » par l'extermination. L'Allemagne nazie met à mort les trois quarts des juifs des pays occupés par le génocide, la *Shoah*, « catastrophe », dans des camps d'extermination comme Auschwitz-Birkenau, Chelmno, Sobibor, Treblinka, Maïdanek, Belzec. Les victimes sont mises à mort suivant des méthodes industrielles. En Pologne, elles sont également condamnées à mourir d'épuisement physiologique, de faim, de maladie, enfermées dans les ghettos. Sur le front de l'Est, les *Einsatzgruppen*, « groupes d'intervention » commandos de la mort, massacrent les juifs, les résistants, les prisonniers de guerre soviétiques. Environ six millions de juifs sont tués. La mise à mort systématique frappe aussi les handicapés mentaux, les Tziganes, les homosexuels. Au procès de Nuremberg (novembre 1945-octobre 1946), où douze hauts dignitaires nazis sont condamnés à la pendaison, est créée la notion juridique de crime contre l'humanité, imprescriptible.

3. L'Allemagne en guerre

UN SEUL BUT : FAIRE LA GUERRE

Dès 1935, l'Allemagne se réarme, en dépit de l'interdiction du traité de Versailles de 1919. Une aviation de guerre, la Luftwaffe est créée, la Kriegsmarine, flotte de guerre, reconstituée. Diplomatiquement, l'Allemagne procède à la réalisation d'alliances : pacte d'Acier avec l'Italie fasciste, pacte germano-soviétique en août 1939. En mars 1936 la *Wehrmacht*, l'armée de Terre, entre en Rhénanie démilitarisée. Le 12 mars 1938, Hitler entre en Autriche pour l'*Anschluss*, le rattachement de celle-ci à l'Allemagne, plébiscité le mois suivant par 99 % de « oui ». En octobre 1938, après le renoncement des démocraties à s'opposer à l'Allemagne, Hitler s'empare des Sudètes, l'ouest de la Tchécoslovaquie, puis de tout le pays quelques mois plus tard, le 15 mars 1939. Le 1er septembre 1939, l'Allemagne envahit la Pologne, entraînant l'entrée en guerre du Royaume-Uni et de la France.

LE *BLITZKRIEG*

Le *Blitzkrieg*, technique de la « guerre éclair » apporte au IIIe Reich, ou État allemand de 1933 à 1945, des victoires rapides, presque toute l'Europe centrale et occidentale est conquise, alliée ou neutre. Il s'agit d'utiliser d'abord des avions qui attaquent en piqué, sèment la panique par leurs mitraillages, les *Stukas*. Ils sont suivis de l'avancée des chars qui réalisent des percées, avancent à grande allure, quitte à laisser des poches de résistance qui seront ultérieurement réduites. Cette tactique permet de séparer les corps d'armée, de les désorienter, d'en rendre le commandement unifié impossible. Les unités dispersées sont ensuite encerclées par les blindés allemands. Le *Blietzkrieg* permet à Hitler une série de victoires jusqu'en 1941.

L'AGONIE DU NAZISME

Le 22 juin 1941 est déclenchée l'opération Barbarossa, l'invasion de l'URSS, en réponse à la violation du pacte germano-soviétique de 1939 de non-agression. Les armées allemandes progressent vite puis sont stoppées par l'hiver russe. Le 6 décembre 1941, l'armée allemande échoue devant Moscou. Le 7 décembre 1941, l'aviation japonaise bombarde une partie de la flotte américaine du Pacifique Sud basée à Pearl Harbor, provoquant l'entrée en guerre des États-Unis. Après la défaite de la bataille de Stalingrad en février 1943, les Alliés reprennent l'offensive. En juillet 1942, Hitler se fait accorder le droit de vie et de mort sur tout citoyen allemand. Le 20 juillet 1944, un putsch organisé par des militaires désireux de mettre fin à la guerre, dont le premier acte serait l'assassinat d'Hitler, échoue. La bombe prévue pour le tuer explose, mais le blesse légèrement, car il venait de décider de déplacer le lieu de réunion d'une pièce en béton, où tous les participants auraient été tués, à une salle aux murs de bois, soufflés par l'explosion, ce qui sauve la vie d'un certain nombre de personnes présentes. La répression est féroce, plus de cinq mille personnes torturées, des exécutions massives. À partir de novembre 1944 tout le peuple allemand peut être enrôlé dans le cadre du *Volkssturm*, la levée en masse de tous, hommes, femmes, enfants, vieillards. L'agonie du IIIe Reich se prolonge de janvier à avril 1945. Hitler aurait souhaité, en raison de son échec, que toute la nation disparaisse. Il ordonne en mars 1945 de tout détruire en Allemagne, routes, ponts, usines, mais la désorganisation empêche la réalisation des ordres. L'armée Rouge prend Berlin en avril 1945. Hitler se suicide dans son bunker le 30 avril 1945. **L'amiral Karl Dönitz** (1891-1980) lui succède, selon le testament prévu par Hitler. Il reste représentant officiel du 30 avril au 23 mai 1945, le temps pour lui de signer la ratification de la capitulation allemande le 8 mai 1945. La veille, le 7 mai, le général **Alfred Jodl** (1890-1946) avait en effet signé à Reims l'acte de capitulation sans condition de l'Allemagne.

TROIS NAZIS NOTOIRES

♦ **Joseph Goebbels** (1897-1945) : ministre de l'Information et de la Propagande dès 1933, il encadre la culture d'État seule autorisée, fait détruire lors de spectaculaires autodafés les ouvrages interdits, contrôle les actualités officielles, le cinéma, éradique toute forme d'expression non conforme à la doctrine nazie. Il est responsable de l'organisation de la « Nuit de cristal » en novembre 1938. Il forme avec sa femme Magda un couple de nazis fanatiques. Le 1er mai 1945, après le suicide d'Hitler, elle fait empoisonner leurs six enfants avant qu'ils ne se donnent à leur tour la mort.

♦ **Hermann Göring** (1893-1946) : il se fait connaître pendant la Première Guerre mondiale comme un aviateur d'exception. Devenu membre du NSDAP en 1922, il devient vite l'un des cadres dirigeants du parti. Président du Reichstag en 1932, il use de sa position pour forcer l'assemblée à soutenir Hitler, puis, une fois composée des seuls nazis, utilise le vote par acclamation pour la dissoudre. Hitler lui confie la création de l'armée de l'air, la Luftwaffe, en fait son ministre, le charge de la réalisation des plans économiques quadriennaux, habillement du réarmement du pays. Chargé de la répression, il crée la Gestapo. Condamné à mort au procès de Nuremberg, il parvient à se suicider avec une capsule de cyanure, grâce à la complicité du garde américain de sa cellule.

♦ **Heinrich Himmler** (1900-1945) : chef des SS en 1929 puis de la Gestapo en 1934, il est en charge de l'impitoyable répression qui s'abat sur l'Europe. Après avoir planifié la « Nuit des longs couteaux », il met en place les camps de concentration et d'extermination, organise et supervise le massacre à l'échelle industrielle de six millions de juifs. Après une vaine tentative pour se concilier les vainqueurs en avril 1945, il est arrêté et se suicide le 23 mai 1945.

CHAPITRE XIII
L'Angleterre de 1919 à 1945

1. Les crises

LA CRISE ÉCONOMIQUE ET SOCIALE

L'Angleterre, bien que victorieuse, connaît au sortir de la Grande Guerre des difficultés économiques et sociales. La livre sterling a perdu près du quart de sa valeur face au dollar en 1920. En avril 1925, **Winston Churchill** (1874-1965) alors Chancelier de l'Échiquier, c'est-à-dire ministre des Finances, rétablit l'étalon-or par le *Gold Standard Act*. Mais l'Angleterre doit y renoncer définitivement en 1931. La crise monétaire provoque une crise économique et sociale. Entre 1920 et 1939 il y a toujours au moins un million de chômeurs. Les mineurs lancent un mouvement de grève en 1921 pour protester contre la diminution de leur salaire, mais elle échoue. Les syndicats sont puissants, leur nombre d'adhérents double pendant la guerre, passant de quatre à huit millions. Parmi ces derniers, celui des mineurs est particulièrement actif; or, en 1921, le gouvernement renonce à son contrôle sur les mines et les compagnies décident de diminuer les salaires. Faute du soutien des autres syndicats de la Fédération des Trade-Unions, le mouvement échoue et les salaires sont effectivement diminués. En 1926, une grève générale paralyse le pays pendant une semaine, car les entrepreneurs veulent réduire l'ensemble des salaires, le retour à l'étalon-or a renchéri les exportations britanniques. La grève générale dure une semaine à la fin du mois de mai 1926. Seuls les mineurs la poursuivent, en vain, jusqu'en octobre. Le gouvernement conservateur réagit fermement, fort du soutien de la population, les salaires sont diminués. Les syndicats sont affaiblis, notamment par la mesure interdisant les grèves de solidarité. La crise de 1929, avec son cortège de difficultés, contraint à une pause sociale qui dure jusqu'à la Seconde Guerre mondiale.

L'INSTABILITÉ GOUVERNEMENTALE

La vie politique reste dominée par le Parti conservateur, mais le Parti libéral s'efface au profit du *Labour Party*, ou Parti travailliste, qui devient la seconde force politique du pays. Le Parti libéral, indispensable à toute coalition gouvernementale, est traversé de deux courants, **Lloyd George** (1863-1945) et les libéraux-nationaux souhaitent l'alliance avec les conservateurs, mais la majorité des libéraux veulent gouverner avec les travaillistes. En cas de crise grave, notamment les conséquences de la crise de 1929 à partir de 1930, des cabinets d'Union nationale sont aux affaires. Entre 1916 et 1922, Lloyd George dirige un ministère libéral-national, allié aux conservateurs. Puis ces derniers et les travaillistes alternent au pouvoir. Les conservateurs, avec **Stanley Baldwin** (1867-1947) comme Premier ministre, ne restent au pouvoir que quelques mois, de mai 1923 à janvier 1924. Mais les travaillistes perdent les élections d'octobre 1924 et Baldwin redevient Premier ministre pour quatre ans, assisté de Winston Churchill comme Chancelier de l'Échiquier. De 1929 à 1931, les travaillistes sont aux affaires, mais **Ramsay MacDonald** (1866-1937) doit former un cabinet d'Union nationale pour faire face aux difficultés nées de la crise de 1929. Au sein du ministère, l'essentiel du pouvoir est en réalité entre les mains de Baldwin, qui porte le titre de « Lord président du Conseil privé », et de **Neville Chamberlain** (1869-1940), Chancelier de l'Échiquier. Les ministres travaillistes quittent, de ce fait, assez vite le gouvernement, que MacDonald préside nominalement pourtant jusqu'en 1935. Les conservateurs sont en fait au pouvoir jusqu'en 1939.

L'ÉPINE IRLANDAISE

Le Royaume-Uni doit également résoudre l'épineuse question irlandaise. En 1918, les députés irlandais ne gagnent pas la Chambre des communes à Londres mais restent à Dublin où ils forment le *Dail Eireann*, Parlement irlandais. Ils proclament la République, choisissent pour président du *Dail Eireann* **Eamon De Valera** (1882-1975), né aux États-Unis d'un père cubain et d'une mère irlandaise. La guerre éclate et dure jusqu'en 1921. Un accord est alors conclu avec l'Angleterre. Le quart nord-est de l'île, peuplé d'Anglo-Saxons protestants, reste au sein du Royaume-Uni de Grande-Bretagne. Le reste devient l'État libre d'Irlande, avec le statut de dominion. De Valera en est élu président. Il faut attendre 1938 pour que des accords bilatéraux reconnaissent la totale indépendance de la République d'Irlande, en irlandais *Eire*.

L'EMPIRE CRAQUE DE PARTOUT

La question irlandaise n'est pas le seul souci des gouvernements britanniques qui se succèdent. L'empire, qui a fait la domination mondiale du pays au XIXe siècle, cesse d'être le débouché traditionnel des productions manufacturées. L'Inde donne le signal en cessant ses achats de textile, ses importations de coton britannique diminuent de 90 % après 1919. Les États-Unis s'implantent sur des marchés jusqu'alors captifs, comme en Amérique du Sud. La crise de 1929 conduit à la mise en place du Commonwealth en 1931, libre association économique entre le Royaume-Uni et ses dominions, territoires autonomes, puis à la définition d'une « Préférence impériale » lors des accords de la conférence d'Ottawa en 1932, système favorisant les échanges au sein du Commonwealth en taxant les produits des pays non membres, la puissance économique britannique entame son long déclin. Le problème politique de l'accession à l'indépendance des colonies demeure, notamment en ce qui concerne la « perle de l'empire », l'Inde. Pendant la guerre, poussée par ses besoins en hommes et en capitaux, la métropole lui promet un gouvernement indépendant. La déception de voir la promesse se transformer en simple autonomie locale sans portée réelle est lourde de conséquences pour l'avenir.

2. L'Angleterre de Churchill

POUR L'AMOUR DE WALLIS

En 1936 le royaume est secoué par une grave crise dynastique. Le roi **George V** (1910-1936) meurt le 20 janvier 1936. Son fils aîné devient le roi **Édouard VIII** (20 janvier 1936-11 décembre 1936). Son couronnement doit avoir lieu le 12 mai 1937. La personnalité du futur monarque, démagogue, autoritaire, éprouvant des sympathies pour le fascisme, lui aliène en partie le soutien des élites politiques traditionnelles. Mais le problème véritable naît au début du mois de décembre 1936, quand l'Église anglicane, par la voix d'un de ses évêques, lui reproche son intention de conclure un mariage morganatique avec une Américaine déjà divorcée et en passe de l'être pour la seconde fois, **Wallis Simpson** (1896-1986). Le roi est confronté à une opposition générale : le Premier ministre Baldwin, la hiérarchie de l'Église anglicane, les travaillistes derrière leur chef Attlee. La population lui reproche de l'abandonner au profit d'une femme, son incapacité à privilégier ses devoirs de futur souverain au lieu de sa vie personnelle. Le problème est aussi religieux, puisque l'Église anglicane, dont le roi est le chef, ne reconnaît pas le divorce. Il abdique donc le 11 décembre 1936. Titré duc de Windsor, il quitte l'Angleterre, épouse Wallis Simpson. Son frère cadet, le duc d'York, lui succède sous le nom de **George VI** (1936-1952). Il entreprend en 1939 une visite au Canada, aux États-Unis. La première partie de son règne est dominée par la Seconde Guerre mondiale. En 1940, le Premier ministre Neville Chamberlain est remplacé par Winston Churchill qui occupera ce poste pendant toute la durée du conflit.

UN ROI SANS COURONNE

Édouard VIII (1894-1972), après son abdication, se voit conférer le titre de duc de Windsor et jouit d'une importante liste civile. Il ne peut toutefois demeurer en Angleterre et gagne la France, où il épouse Wallis Simpson. Il demeure éloigné des autres membres de la famille royale, froissé de voir le titre d'altesse royale refusé à son épouse. La Seconde Guerre mondiale n'arrange rien, le couple s'accommode fort bien de la présence des autorités d'occupation, n'hésitant pas à les fréquenter sans cacher son goût prononcé pour les régimes fascistes, même s'il est impossible de dire le duc ouvertement nazi. La situation devient à ce point gênante qu'il est nommé gouverneur des Bahamas, moyen diplomatique de l'éloigner du théâtre du conflit. Après la guerre, le duc et la duchesse de Windsor sont à la mode dans la haute société dont ils partagent le mode de vie. Ils retournent en Angleterre en 1965, sont reçus par une partie de la famille royale, participent à certaines cérémonies privées. Le duc meurt en 1972, son épouse lui survit 14 ans avant de le rejoindre dans un mythe contemporain de l'éternel amour.

LE VIEUX LION

Winston Churchill (1874-1965) naît le 30 novembre 1874 dans les toilettes du palais de Blenheim. Le jeune homme affligé d'un défaut d'élocution est devenu un homme politique de premier plan, qui conduit son pays à la victoire. Membre du parti conservateur, il est député en 1900. Il se tourne toutefois vers le parti libéral pour des raisons économiques, notamment pour défendre le maintien du libre-échange traditionnel au Royaume-Uni depuis l'abolition des *Corn Laws*, mesures protectionnistes sur les céréales, en 1846. Il est plusieurs fois ministre, occupe le poste de Chancelier de l'Échiquier, c'est-à-dire de ministre des Finances, en 1925, et supervise à ce titre le retour à l'étalon-or. Il joue un rôle de premier plan pendant la Première Guerre mondiale, en qualité de lord de l'Amirauté, organise en 1915 l'expédition au détroit des Dardanelles. Revenu au sein du parti conservateur, il démontre à l'époque une grande et rare lucidité politique en s'opposant à tout compromis avec l'Allemagne nazie. Devenu Premier ministre d'un gouvernement d'union nationale en mai 1940, son premier discours demeure célèbre par une formule saisissante : « Je n'ai rien d'autre à offrir que du sang, des larmes et de la sueur. » Il demeure à la tête du pays pendant toute la guerre, galvanise la résistance nationale face aux bombardements allemands. En 1941, il signe avec les États-Unis la charte de l'Atlantique. En revanche, il conçoit vite des doutes sur l'attitude de l'URSS et dénonce en 1946, dans le célèbre discours de Fulton, la mise en place du « rideau de fer » qui coupe l'Europe en deux. Il perd pourtant les élections de 1945, dans une Angleterre avide de réformes sociales qu'il ne saurait incarner. Le travailliste **Clement Attlee** (1883-1967) lui succède et demeure au pouvoir jusqu'en 1951. Il revient aux Affaires de 1951 à 1955, mais sa santé s'altère gravement à partir de 1953. De 1955 à sa mort en 1965, il se consacre à sa passion pour la peinture, à la rédaction de mémoires et de livres d'histoire.

CHAPITRE XIV
L'Italie de 1919 à 1945

1. Les séquelles de la guerre

LA GUERRE NE PAIE PAS

L'Italie, après la Grande Guerre, est confrontée à une série de difficultés. Grande est sa déception à l'issue des traités de paix, elle n'a pas obtenu toute la Dalmatie et Fiume (en actuelle Croatie) qu'elle espérait pour transformer la mer Adriatique en une mer intérieure. Il faut se souvenir que l'Italie renverse ses alliances en février 1915 : au début de la guerre, bien que liée à l'Allemagne et à l'Autriche-Hongrie dans le cadre de la Triplice, elle se proclame neutre, puis rejoint la France et ses alliés. Les Italiens escomptent beaucoup de ce ralliement, notamment en reprenant les « terres irrédentes », c'est-à-dire non libérées, comprenez de langue italienne mais qui ne font pas partie du pays, le Trentin et l'Istrie, mais aussi les terres « irrédentissimes », la Dalmatie. Or le conflit se solde par six cent mille morts et une Italie du Nord durement touchée économiquement. Les compensations du traité de Versailles apparaissent bien faibles. Certains nationalistes exaltés décident de prendre les choses en main : le poète **Gabriele D'Annunzio**, à la tête d'*arditi*, « les ardents », l'élite des anciens combattants, s'empare de la ville de Fiume en septembre 1919 et la gouverne jusqu'en novembre 1920. À cette date, le traité de Rapallo entre la Yougoslavie et l'Italie prévoit sa restitution. C'est le « Noël de sang », l'armée italienne chasse les forces de D'Annunzio. Les nationalistes voient là la preuve de la trahison du régime.

> ### Gabriele D'Annunzio
>
> Gabriele D'Annunzio (1863-1938) est poète et romancier, chef de file du mouvement littéraire décadentiste italien, inspiré des décadents français, une génération marquée par le sentiment de déclin inexorable vers les années 1880. Il connaît un immense succès international avec la publication de son roman *L'Innocent*, en 1891. Député en 1897, il fuit l'Italie pour échapper à ses créanciers. Il soutient l'entrée en guerre de l'Italie, où il est revenu, et manifeste sa tendance marquée au nationalisme le plus ardent. Il prend la tête de l'épopée de Fiume en 1919. Après son échec, il se rapproche du fascisme et peut passer pour un rival de Mussolini, mais un mystérieux accident, en 1922 – il tombe d'une fenêtre –, le laisse invalide. Comblé d'honneurs par Mussolini, il ne prend toutefois pas part au gouvernement fasciste. Il s'en éloigne d'ailleurs à partir du rapprochement avec l'Allemagne nazie, qu'il désapprouve totalement. Il meurt d'un accident vasculaire en 1938.

RÉSOUDRE LA CRISE SOCIALE ? LA MAFIA EST LÀ POUR ÇA...

La crise sociale frappe la bourgeoisie, les rentiers, les paysans sans terre qui veulent la réforme agraire promise mais toujours ajournée. Ils occupent les terres en 1919 et 1920. Si le Nord connaît une industrialisation réussie depuis la fin du XIXe siècle, l'Italie paie encore le retard dû à une unification politique tardive, achevée seulement en 1871. Quelques groupes prestigieux, comme la Fiat (Fabbrica Italiana Automobile Torino) fondée en 1899, ne font pas un tissu industriel assez dense. L'activité économique repose encore largement sur les secteurs traditionnels que sont l'agriculture et l'artisanat. Plus inquiétante encore est la situation du Sud, le Mezzogiorno, presque uniquement agricole, où les grands propriétaires fonciers absentéistes mettent peu ou pas du tout leurs terres en valeur, accroissant le désarroi des *braccianti*, journaliers agricoles, d'autant plus à leur merci que la population croît. Les révoltes paysannes sont fréquentes, les autorités, locales ou nationales, frappées d'impéritie pratiquent un immobilisme dangereux ; les latifundiaires, maîtres de propriétés très vastes, se tournent alors vers l'**Onorata Società della Mafia**, plus connue sous le seul nom de Mafia, qui terrorise les paysans et ramène l'ordre. Mais c'est là un choix bien dangereux à long terme, la Mafia comprend vite comment devenir un État dans l'État.

LA CRISE POLITIQUE

Le régime politique révèle ses faiblesses. Le roi, monarque constitutionnel, ne dispose pas de pouvoirs réels, aux mains de la Chambre des députés. Les deux grands partis, parti socialiste et parti populaire, d'obédience catholique, s'oppose pour le premier ou hésite à soutenir pour le second, considérant le pape comme prisonnier du roi d'Italie au Vatican. En effet, en 1877, le pape Pie IX interdit formellement aux catholiques de prendre part à la vie politique du pays. Il faut attendre 1919 pour que le pape Benoît XV leur donne son aval. Démocrates libéraux, républicains, forment donc d'éphémères coalitions. Elles ont d'autant moins de poids que les deux principaux partis, les socialistes et le parti populaire, ne veulent pas assumer les responsabilités politiques, les premiers préférant se cantonner à un rôle d'opposants, le second hésitant à braver l'interdit pontifical. Le symbole de cette impuissance larvée est le *giolittisme*, du nom de **Giovanni Giolitti** (1842-1928), plusieurs fois président du Conseil, dont la politique consiste en un attentisme prudent, centriste, à mi-chemin de la droite et de la gauche, mais dépourvu de conviction propre, cherchant avant tout à se maintenir au pouvoir le plus longtemps possible. Un semblable marasme politique conduit nombre d'Italiens à espérer la venue d'un homme fort providentiel.

2. L'Italie fasciste

UN DESTIN FASCISTE : BENITO MUSSOLINI

C'est dans ce contexte que **Benito Mussolini** (1883-1945) crée le mouvement fasciste. De même que pour l'hitlérisme, il est impossible de séparer le destin de Mussolini de celui du fascisme italien. Fils d'un forgeron de Romagne, Mussolini devient instituteur, mais ses idées révolutionnaires héritées de son père le contraignent à l'exil en Suisse et en Autriche. Il y lit avec passion les écrits de Georges Sorel (1847-1922), penseur marxiste théoricien du syndicalisme révolutionnaire et du recours à la « sublime violence » contre une bourgeoisie terrorisée par sa propre lâcheté. De retour en 1912, il occupe le poste de directeur de l'*Avanti*, journal socialiste. Il est exclu du parti socialiste en 1914, car il s'oppose à son pacifisme et souhaite l'entrée en guerre de l'Italie. Il fonde pour défendre ses idées un nouveau journal, *Il Popoplo d'Italia*. Engagé volontaire, il est blessé au front en 1917. Après la guerre, il fonde à Milan, en 1919, le mouvement fasciste, nom dérivé du groupe de base de l'organisation, le faisceau de combat. Les faisceaux se gonflent des chômeurs, paysans sans terre, anciens combattants, nationalistes. À la fin de 1920, ils sont près de trois cent mille membres. Mussolini soutient l'équipée de D'Annunzio qui sera, un temps, compagnon de route du fascisme. La biographie de Benito Mussolini et le destin de l'Italie sont ensuite indissolublement liés jusqu'à la fin du second conflit mondial.

UN GROUPE DE CHOC EN ROUTE VERS LA DICTATURE

Aux élections législatives de 1919, les chefs fascistes ne sont pas élus. **Italo Balbo** (1896-1940), qui dirige le mouvement à Ferrare, organise les fascistes en *squadri*, « escouades ». Les squadristes portent un uniforme, la chemise noire, sont régis militairement, armés, se saluent avec le salut olympique de l'époque, ou salut de Joinville, changé depuis 1946, car symbolique du fascisme et du nazisme. Groupes violents, ils brisent les grèves, tabassent les représentants syndicaux, terrorisent les paysans occupant les terres, s'attirant les sympathies des propriétaires fonciers et des industriels. **Dino Grandi** (1895-1988) se charge de l'organisation de syndicats fascistes qui s'opposent, par la violence, aux communistes et socialistes. Il s'agit d'éviter le retour aux grèves révolutionnaires, telle celle qui s'est déroulée aux usines Alfa Romeo de Milan, en août 1920, avec occupation des usines et défense des sites occupés par des brigades de « gardes rouges ». En 1921, le mouvement fasciste devient un parti politique, le Parti national fasciste (PNF), mais aux élections de mai 1921 seuls trente-cinq députés élus en sont issus. Le président du Conseil, **Giovanni Giolitti**

(1842-1928), se rapproche alors des fascistes, croyant pouvoir les utiliser sans risques pour participer aux fragiles coalitions gouvernementales. Dans l'entourage même du roi **Victor-Emmanuel III**, des membres de la famille royale sont favorables au fascisme, solution selon eux à la situation de guerre civile que connaît le pays.

DE LA « MARCHE SUR ROME » À LA « MARCHE DANS ROME »

En 1922, les squadristes accentuent leurs violences, pillent, incendient mairies de gauche, Bourses du Travail, sièges locaux des syndicats. Le 31 juillet 1922, les syndicats décident de réagir par un mot d'ordre de grève générale, car les squadristes, rarement appréhendés par une police qui leur est plutôt favorable, sont relâchés par les tribunaux. Les fascistes somment le gouvernement d'interdire la grève, adressent aux grévistes un ultimatum d'avoir à cesser leur action sous quarante-huit heures. Lors de ces deux jours, les squadristes se déchaînent à un point tel que la grève est partout brisée en Italie. Ils usent de deux expédients particulièrement efficaces, le *manganello*, le gourdin, et l'ingestion forcée d'huile de ricin dont les vertus laxatives placent vite leurs victimes dans une position extrêmement humiliante. Le gouvernement reste sans réaction. Le 3 août 1922, la grève générale a échoué. Mussolini a la preuve de l'impéritie de la démocratie parlementaire. Lors du congrès du PNF à Naples, le 24 octobre 1922, Mussolini exige le pouvoir, annonce une « marche sur Rome » de tous les fascistes d'Italie pour le prendre. Mussolini attend prudemment son résultat à Milan. En réalité, le roi cède, demande le 29 octobre à Mussolini de former un gouvernement. La « marche sur Rome » se transforme en « marche dans Rome », défilé célébrant la victoire fasciste. Mussolini est arrivé légalement au pouvoir, grâce à la faiblesse des institutions et au refus de lui barrer la route de ceux qui les incarnent.

PARFAIT *VADE-MECUM* DE LA DICTATURE

La marche à la dictature prend trois ans. Le premier gouvernement est une coalition avec les partis de droite classiques, démocrates, indépendants, libéraux, il ne compte que quatre fascistes. Puis Mussolini se fait accorder, toujours régulièrement, les pleins pouvoirs par la Chambre des députés. Les fascistes obtiennent la majorité absolue après les élections arrangées de 1924. Toutefois, les principaux représentants des partis d'opposition ont été élus et parmi eux le socialiste Giacomo Matteotti (1885-1924), qui ne cesse de brocarder à la tribune l'irrégularité du scrutin et de réclamer l'invalidation de tous les députés fascistes. Le 10 juin 1924, des miliciens, de leur propre chef semble-t-il, assassinent ce chef du groupe parlementaire socialiste. Les députés de l'opposition refusent de siéger, le gouvernement semble sur le point de tomber. Mussolini fait face en installant la dictature. Dans son discours à la Chambre du 3 janvier 1925, il revendique « la responsabilité morale, politique et historique » de ce qui s'est passé. Il forme un gouvernement fasciste uniforme. Les députés de l'opposition sont déchus de leur mandat, les opposants déportés aux îles Lipari, une police politique, la milice, est créée. Mussolini est désormais « chef du gouvernement », à ce titre il nomme et révoque seul les ministres. Une fiction maintient sa dépendance à l'égard du roi, lequel est en réalité réduit au rôle de pantin, exhibé en fonction des besoins de la propagande. L'Italie bascule donc dans la dictature en 1925. Le fascisme y repose sur la primauté de l'État sur l'individu – « l'homme n'est rien, l'État est tout » –, sur l'obéissance absolue au chef – « Mussolini a toujours raison » –, sur le commandement du milicien fasciste. Les autres éléments fondateurs en sont le nationalisme, l'Italie doit redevenir l'égale de ce que fut la Rome antique, et le rôle du groupe, par le bais d'associations multiples contrôlées par le parti unique. Politiquement, le roi conserve son trône, le Sénat, peuplé de fascistes ou de sympathisants fidèles, fait fonction, au mieux, de chambre d'enregistrement. Depuis 1929, les députés sont choisis par le parti fasciste. Pourtant la Chambre est remplacée en octobre 1938 par la Chambre des faisceaux et des corporations aux membres nommés. Le pouvoir véritable est entre les mains de Mussolini, le *Duce*, adaptation du titre militaire romain de *dux*, « duc » et du Grand Conseil fasciste. Ce dernier finit lui-même par être écarté par un Mussolini méfiant, qui le réunit de moins en moins fréquemment.

L'ITALIE SOUS LA BOTTE

La société est étroitement contrôlée. La loi Rocco d'avril 1926 interdit les syndicats, sauf fascistes, ainsi que la grève. En février 1934, ils sont regroupés en corporations coiffées par un Conseil des corporations. Le système de Dopolavoro, de l'après-travail, offre des distractions aux ouvriers mais permet aussi une propagande efficace. Cette dernière est partout, dans la presse, la radio, au cinéma. La jeunesse est glorifiée, l'hymne fasciste s'intitule *Giovinezza*, « jeunesse », mais elle est surtout embrigadée dès l'âge de six ans dans les « Enfants de la louve », puis de huit à quatorze ans dans les groupes de jeunesse, les *Ballilas*, du nom d'un jeune Génois héros d'un soulèvement contre l'occupant autrichien en 1746, avant de devenir « avant-gardistes » jusqu'à dix-huit ans, âge d'entrée pour les garçons aux « Jeunes faisceaux de combat ». L'équivalent pour les jeunes filles se trouve dans les « Jeunes italiennes ». Garçons et filles sont étroitement contrôlés jusqu'à dix-huit ans, leur ferveur entretenue par les lectures et les commentaires des discours du *Duce*. La mythique développée autour de sa personne veut qu'au palais Venezia une fenêtre allumée toute la nuit soit celle du bureau de Mussolini, travaillant jour et nuit pour le bien de l'Italie. Toute déviance par rapport à l'orthodoxie fasciste est dénoncée par la Milice volontaire pour la sécurité nationale (MVSN), réprimée par l'Organisation volontaire pour la répression de l'antifascisme (OVRA). Le régime fasciste réconcilie la monarchie avec la papauté. Le 11 février 1929 sont signés les accords du Latran. Le pape est souverain de la cité du Vatican mais reconnaît le royaume d'Italie. Il reçoit 750 millions de lires pour les pertes subies et une rente de 5 % sur un capital de 1 milliard de lires. Le catholicisme devient religion d'État, toute autre religion est seulement tolérée. Pourtant, les relations entre fascisme et Église s'altèrent vite, chacun prétendant exercer un rôle prépondérant sur la formation de la jeunesse.

LA VIA DELL'IMPERO

Pour se montrer digne héritière de l'Empire romain, l'Italie fasciste se doit de promouvoir une politique de conquête impérialiste. Il s'agit dans un premier temps de pacifier la Libye, conquise en 1911, ce qui n'est achevé qu'en 1935, puis de conquérir l'Éthiopie, d'effacer l'humiliante défaite d'Adoua en 1896, même si depuis l'Italie contrôle une grande partie de la corne de l'Afrique, ce qui est fait, difficilement, à l'issue de la guerre d'Éthiopie (1935-1936). Victor-Emmanuel III devient empereur d'Éthiopie. Rome est éventré pour laisser place à un nouvel axe, la via dell'Impero, célébrant les nouvelles conquêtes et le lien historique avec la Rome impériale. En avril 1939, l'Albanie est occupée et le roi reçoit le titre de roi d'Albanie.

LA GUERRE PRÉCIPITE LA FIN

Depuis mai 1939, l'Italie est liée à l'Allemagne nazie par le pacte d'Acier, alliance défensive et offensive. En septembre 1940 est signé le pacte tripartite avec le Japon comme nouveau partenaire. L'Italie rentre en guerre aux côtés de l'Allemagne, mais se fait battre en Grèce, puis sur tous les autres fronts, ne se maintenant dans le conflit qu'avec le soutien de l'armée allemande. En juillet 1943, les troupes anglo-américaines débarquent en Sicile. À la fin de ce mois, le roi Victor-Emmanuel III fait arrêter Mussolini, espérant ainsi ne pas être entraîné par la chute du fascisme. Une expédition allemande le délivre en septembre. Mussolini va gouverner un État fantoche, la République sociale italienne (RSI) ou République de Salò, ville où s'installe le gouvernement. Cette éphémère république en Italie du Nord ne survit que par la présence des troupes allemandes. Elle s'effondre devant l'avance alliée en avril 1945. C'est en tentant de fuir que **Mussolini** est arrêté par des résistants italiens. Un ordre émanant du Comité de libération nationale de Rome réclame son exécution. Il est fusillé le 28 avril 1945, son corps exposé, avec celui de sa maîtresse, Clara Petacci (1912-1945), pendus par les pieds sur une place à Milan. L'armée allemande en Italie a capitulé depuis le 25 avril 1945. Victor-Emmanuel III a mésestimé l'impact de son soutien au fascisme. En 1946, un référendum met fin à la monarchie et proclame la naissance de la République d'Italie. Une nouvelle constitution entre en vigueur le 1er janvier 1948.

CHAPITRE XV
L'Espagne de 1919 à 1945

1. La fin de la monarchie

L'ENTRÉE À RECULONS DANS LA MODERNITÉ

L'Espagne surmonte difficilement un très long déclin ébauché au XVIIe siècle. L'entrée dans la modernité s'effectue par petits pas. L'industrialisation, tardive, se limite à quelques secteurs dans les régions du Nord ou de la côte du Nord-Est : textile en Catalogne, sidérurgie des Asturies et du Pays basque. L'économie repose encore sur un secteur primaire trop important, rendu instable par l'inégale répartition des terres, aux mains de grands propriétaires pour l'essentiel et la masse de journaliers agricoles, les *braceros*, des paysans sans terre. Les tentatives de réforme agraire ont toutes échoué. Cette société rurale, aux techniques agricoles rudimentaires, est dominée par une oligarchie de nobles et d'entrepreneurs issus de la révolution industrielle. L'Église structure toute la vie sociale, à la fois riche de biens fonciers et forte du consensus qui l'entoure. Elle défend le conservatisme social, proche en cela des forces armées réactionnaires, habituées à intervenir dans la vie politique au gré des coups d'État ou *pronunciamentos*. La stabilité de l'ensemble est remise en cause par les révoltes paysannes en Andalousie dans les années 1920 et la montée des forces de gauche. En 1888 est fondé le Parti socialiste ouvrier espagnol ou PSOE, tout comme l'Union générale du travail ou UGT qui lui est liée. En 1910 naît la puissante Confédération nationale du travail

(CNT) anarchiste de laquelle est issue en 1927 la Fédération anarchiste ibérique (FAI), connue pour son recours à la violence insurrectionnelle au début des années 1930. Ces organisations ne représentent pas un danger véritable de révolution sociale, mais inquiètent les corps constitués et les élites dirigeantes du pays.

DE LA DICTATURE DURE À LA DICTATURE DOUCE

La monarchie constitutionnelle espagnole, établie depuis 1876, est incarnée par **Alphonse XIII** (1886-1931) quand survient la Grande Guerre. L'Espagne est neutre durant le conflit, mais elle est ravagée par la pandémie de grippe espagnole, qui aurait occasionné dans le monde environ trente millions de décès entre 1918 et 1919. Entre 1921 et 1926, l'Espagne et la France se lancent dans la guerre du Rif, contre les tribus installées dans les montagnes du nord du Maroc. Lors de la bataille d'Anoual en juillet 1921, l'armée espagnole essuie une cuisante défaite contre les Rifains conduits par **Abdelkrim Al Khattabi** (1882-1963). Cette humiliation nationale est l'un des éléments qui poussent le général **Miguel Primo de Rivera** (1870-1930) à réaliser un coup d'État le 13 septembre 1923. Il instaure une dictature militaire couverte par le roi à ses débuts. C'est en 1926, avec la reddition d'Abdelkrim, que le conflit marocain prend fin, avec un honneur militaire retrouvé. Primo de Rivera instaure un régime calqué sur le fascisme italien. La constitution est suspendue, le Parlement dissous, un parti unique, l'Union patriotique, a seul droit de cité. Une Assemblée nationale suprême, simple chambre d'enregistrement sans opposition possible, donne valeur légale aux décisions du dictateur. Le système corporatiste échoue à redresser l'économie nationale. Les milieux industriels et financiers prennent leurs distances d'avec un régime qui leur apparaît de plus en plus inefficient. L'absence de soutien populaire au régime s'insinue dans l'armée, le roi s'éloigne et exige la démission de Primo de Rivera en janvier 1930. Il est remplacé par le général Dámaso Berenguer (1873-1953), plus soucieux du respect des institutions, ce qui vaut à son gouvernement le surnom de *Dictablanda*, dictature douce, au regard de celle mise en place par son prédécesseur.

L'ADIEU AU ROI, MAIS PAS DU ROI

L'Espagne est alors secouée par un fort mouvement de contestation sociale et politique. L'opinion publique reproche au monarque sa collusion avec le dictateur et son impéritie devant les conséquences économiques nationales de la crise de 1929. Les partis républicains se regroupent par l'accord de Saint-Sébastien (août 1930) qui crée un comité révolutionnaire et prévoit un coup d'État pour le 15 décembre 1930. Déclenché le 12 décembre dans l'impréparation et la hâte, il échoue. Ses principaux protagonistes sont exécutés. En avril 1931 prennent place les élections municipales qui s'achèvent sur une nette victoire républicaine. Le 14 avril est proclamée la Seconde République espagnole (1931-1939). Le roi **Alphonse XIII** quitte l'Espagne pour se rendre en France, sans abdiquer, laissant les institutions espagnoles affaiblies dans la situation d'être contestées par un pouvoir militaire. La Seconde République instaure des réformes démocratiques, une nouvelle constitution autorise plus d'autonomie au Pays basque et à la Catalogne, établit le suffrage universel. Le gouvernement est confié à **Manuel Azaña** (1880-1940), élu président de la République en 1936, il succède à **Niceto Alcalá-Zamora** (1931-1936). Les opposants au régime sont les monarchistes, nationalistes, phalangistes. La Phalange espagnole est un parti politique fondé par **José Antonio Primo de Rivera** (1903-1936), fils de l'ancien dictateur. Ses militants pratiquent la violence, l'intimidation à l'encontre de tous les mouvements et partis de gauche. À partir de 1936, le gouvernement s'appuie sur une coalition de partis et groupes de gauche, le *Frente Popular*, ou Front populaire, qui regroupe les républicains, soit les radicaux, les socialistes, les communistes et les anarchistes. Sa victoire aux élections législatives de 1936 coupe le pays en deux, à un moment où la faiblesse du gouvernement l'empêche de s'opposer aux occupations d'usines par les ouvriers, de terres par les paysans. Ce contexte explosif favorise les menées du général Franco.

2. Vers le franquisme

FRANCO AVANT LE *CAUDILLO*

C'est en 1920 que le général **Francisco Franco Bahamonde** (1892-1975) est à la tête de la légion étrangère espagnole. Pendant la dictature, il dirige l'Académie militaire de Saragosse. Muté aux Baléares, puis au Maroc sous la Seconde République, il est promu en 1934 chef de l'état-major. À la suite des élections de 1936, l'Espagne entre dans une période de troubles prérévolutionnaires. Le 13 juillet 1936, le monarchiste **José Calvo Sotelo** (1893-1936) est assassiné à Madrid par les jeunesses socialistes. Franco, depuis quelques semaines, sollicité par les nationalistes pour un coup d'État, franchit le pas. Alors banni aux Canaries, il se prépare à renverser la République en s'appuyant sur l'armée du Maroc. Le coup d'État fait long feu, lancé le 17 juillet il s'achève quelques jours après. Dans leur grande majorité les généraux sont demeurés passifs. La situation se transforme brusquement en guerre civile quand les milices ouvrières décident de s'opposer par les armes aux franquistes.

LA GUERRE CIVILE ESPAGNOLE

La guerre civile espagnole dure de 1936 à 1939, les deux camps rivalisent d'atrocités dont sont victimes les civils. Le 1er octobre 1936, Franco reçoit les pleins pouvoirs de la Junte militaire, l'ensemble des généraux. La puissante Église espagnole le soutient, évoque une nouvelle croisade. En dépit d'un principe de non-intervention réaffirmé, certains pays lui apportent leur soutien. L'Allemagne envoie la *Légion Condor*, une unité de l'armée de l'air, qui, le 26 avril 1937, bombarde la ville basque de Guernica, massacrant plus de mille six cents personnes. L'Italie envoie des corps expéditionnaires de miliciens fascistes. L'URSS envoie quelques chars, les partis et organisations de gauche viennent au secours du Front populaire par la création des Brigades internationales. Composées de volontaires venus de plus de cinquante pays, elles passent de deux mille à plus de trente mille personnes entre

1936 et 1938. Elles combattent au côté des républicains de l'armée populaire de la République espagnole. Les Milices confédérales regroupent les anarchistes de la Confédération nationale du travail (CNT) et ceux de la Fédération anarchiste ibérique (FAI). S'ajoutent aux forces républicaines les hommes du Parti ouvrier d'unification marxiste (POUM), du Parti socialiste unifié de Catalogne (PSUC), l'Eusko Gudarostea, armée du gouvernement basque. Le camp nationaliste, outre l'armée d'Afrique, les phalangistes, les requetés, miliciens monarchistes, la Confédération espagnole des droites autonomes (CEDA), comprend également des groupes de volontaires étrangers : *Viriatos* portugais, Légion Saint-Patrick irlandaise, Bandera Jeanne d'Arc française. La guerre civile s'achève en 1939 par la victoire du général Franco, reconnu dès le mois de février par la France et le Royaume-Uni. C'est toutefois le 1er avril 1939 que Franco déclare officiellement la fin de la guerre. Le bilan du conflit est très lourd, entre trois cent quatre-vingts mille et quatre cent cinquante mille tués, près d'un demi-million d'Espagnols qui fuient leur pays. Certaines individualités d'exception en émergent, telle la *Pasionaria*, **Dolores Ibárruri** (1895-1989), et son célèbre appel *No pasarán!* (« Ils ne passeront pas ! ») contre les franquistes assiégeant Madrid.

FRANCO TEL QU'EN LUI-MÊME...

L'ère qui s'ouvre de 1939 à 1975 est celle de l'Espagne franquiste, dirigée par le général Franco. C'est une dictature nationaliste, fondée sur une idéologie conservatrice, l'appui de l'Église, des institutions autoritaires. Un parti unique, seul à être autorisé, est le relais efficace de la volonté du *caudillo*, le chef, titre de Franco, lequel concentre entre ses mains tous les pouvoirs. Le corporatisme inspiré du fascisme italien remplace tous les éléments de la démocratie parlementaire par ceux d'une démocratie organique fondée sur la famille, la municipalité, le syndicat unique. Les représentants sont nommés ou choisis sur liste par les corporations. Le parti unique, *Falanga Española Tradicionalista y de las Juntas de Ofensiva Nacional Sindicalista* (FET y de las JONS), contrôle les rouages du syndicat unique. Le catholicisme devient la religion d'État. La répression est sanglante contre les républicains, les francs-maçons. **Franco**, en dépit de rencontres avec Hitler, conserve la neutralité de l'Espagne durant toute la guerre. En 1947, il réaffirme le principe monarchique espagnol, mais sans présence effective d'un monarque. **Alphonse XIII** est mort à Rome en 1941, Franco écarte le prince **Juan de Bourbon** (1913-1993), lui préférant son fils, Juan Carlos, qu'il titre « prince d'Espagne » et nomme comme successeur en 1954.

CHAPITRE XVI

La Russie et l'URSS de 1917 à 1945

1. L'effondrement du tsarisme

L'IMPOSSIBLE RÉFORME DE L'EMPIRE DES TSARS

La Russie du début du XXe siècle est plus que jamais un « colosse aux pieds d'argile ». Elle entre tardivement dans l'Europe moderne par l'abolition du servage, en 1861, mais ses structures sociales et politiques sont encore marquées par l'archaïsme. Forte de ses cent cinquante-neuf millions d'habitants et de ses 20 millions de km^2, elle aligne à peine plus de 60 000 km de voies ferrées en 1913. Les grandes entreprises dépendent trop souvent des capitaux étrangers. L'industrie est très concentrée géographiquement, textile dans le bassin de Moscou, sidérurgie et exploitation minière en Ukraine. L'agriculture occupe encore 80 % de la population active. L'abolition du servage a ruiné nombre de propriétaires, sans pour autant améliorer la condition paysanne dans son ensemble, faute de réforme agraire. Seuls les *koulaks*, paysans aisés, ont pu racheter les terres des nobles ruinés sur lesquelles ils exploitent à leur tour les journaliers agricoles. Dans les grandes villes où se propage l'industrialisation se constitue un prolétariat urbain, formé en grande partie de ruraux déracinés. Il est traversé de courants réformistes ou révolutionnaires. Une période troublée s'annonce : entre 1905 et 1920, le pays traverse deux guerres, une guerre civile et subit deux révolutions.

LE DIMANCHE ROUGE

L'immobilisme du tsar, son refus de l'évolution de la société russe traditionnelle conduisent à la révolution de janvier 1905. Le 22 janvier 1905, une foule menée par le pope Gapone se dirige vers le palais d'Hiver, à Saint-Pétersbourg, réclamant des réformes et le suffrage universel. Il est prévu de remettre une pétition au souverain. Pour Nicolas II, c'est un crime de lèse-majesté. Il est, en qualité de tsar autocrate, la source de tout pouvoir, choisi par Dieu pour conduire et protéger la sainte Russie. Dans un paradoxe atroce, alors qu'il est absent du palais, c'est parce qu'il se considère comme le père de ses sujets qu'il a laissé à la garde toute latitude de tirer sur la foule, afin de les ramener à l'obéissance due à la tutélaire figure paternelle. L'armée poursuit les manifestants dans les rues de la capitale, la répression aurait fait plusieurs centaines de morts. On parlera de Dimanche rouge. Les Russes ne voient plus désormais dans le tsar le traditionnel « père des peuples ». L'événement déclenche des émeutes dans tout le pays, en juin les marins du cuirassier Potemkine se mutinent à Odessa, en octobre lors de la grève générale, des millions de grévistes se déclarent, forment les premiers conseils ou soviets, comme à Moscou et Saint-Pétersbourg.

LA MONARCHIE CONSTITUTIONNELLE EN TROMPE-L'ŒIL

Après la révolution de 1905, **Nicolas II** (1894-1917) est contraint de laisser élire une *Douma*, « Assemblée » en russe. Certains y voient l'amorce du passage à une monarchie constitutionnelle. Mais le gouvernement manipule le scrutin pour obtenir une assemblée docile, ce qui n'empêche pas le tsar de la dissoudre sous le premier prétexte, tant son existence heurte sa conception autocratique du pouvoir de droit divin. Il continue à légiférer seul, peu conscient du discrédit de plus en plus grand de la dynastie des Romanov. Les deux premières Doumas sont dissoutes au bout de quelques semaines. La troisième assemblée, considérée comme plus docile, c'est-à-dire réduite à l'existence d'une chambre d'enregistrement, dure de 1907 à 1912. La dernière Douma de l'ère tsariste, élue en 1912, est dominée par l'opposition, le cycle des grèves reprend. La tentative de grève générale à Moscou, en décembre 1905, est brisée dans le sang, les membres du soviet de Saint-Pétersbourg sont arrêtés et, en janvier 1906, commence une période de répression qui durera jusqu'à la guerre. Une opposition se forme néanmoins, qui revêt plusieurs formes. Les constitutionnels-démocrates (KD) veulent un régime parlementaire véritable. Leur parti, le Parti constitutionnel démocratique, est favorable à une monarchie constitutionnelle. Il est né à la suite de la révolution de 1905, alors que Nicolas II se voit imposer le Manifeste d'octobre accordant les libertés civiques fondamentales. L'autre courant d'opposition se divise en deux branches, les socialistes-révolutionnaires (SR) et les sociaux-démocrates (SD). Les premiers veulent une réforme agraire, plaçant au centre la communauté villageoise, le *mir*, chargé de redistribuer les terres prises à la noblesse et au clergé. Les seconds, sociaux-démocrates, sont marxistes. Lors du congrès de Bruxelles de 1903, deux tendances se sont affrontées. Les bolcheviks, ou « majoritaires » en russe, exigent la révolution immédiate et l'établissement de la dictature du prolétariat. Les mencheviks, les « minoritaires » en russe, s'accordent avant pour promouvoir une période de collaboration avec les partis réformateurs, fussent-ils dénoncés comme « bourgeois ».

LA RÉVOLUTION POPULAIRE DE FÉVRIER 1917

La révolution éclate en février 1917 (du 23 au 28) selon le calendrier julien, en mars (du 8 au 13) suivant le calendrier grégorien. Depuis le 20 février, un grand mouvement de grève touche les usines de Petrograd. C'est le nouveau nom, russe, de la capitale. Saint-Pétersbourg est estimé trop germanique quand éclate la guerre de 1914. Le 23 février, lors de la Journée internationale des femmes, les cortèges de manifestants sont rejoints par les ouvriers, ils réclament du pain, puis la fin du tsarisme. Les ouvriers, plus nombreux encore, manifestent le 24 février. Le lendemain, la grève générale s'installe. Nicolas II envoie l'armée qui tire, plus de cent cinquante personnes sont tuées le 26 février. Mais cette répression provoque la mutinerie de deux régiments, suivis le 27 février par toute la garnison de la ville.

Deux nouveaux organes de pouvoir naissent alors, le Soviet (Conseil) des députés ouvriers et des délégués des soldats de Petrograd et le Comité provisoire pour le rétablissement de l'ordre gouvernemental et public. Le Soviet est dirigé par un menchevik, regroupe bolcheviks et SR. Le Comité est formé de députés libéraux et KD de la Douma. Les deux tombent d'accord le 2 mars 1917 pour la constitution d'un gouvernement provisoire, majoritairement composé de KD, sans aucun socialiste. Il a pour tâche de mener à bien une réforme démocratique générale. Ce même jour, Nicolas II abdique en faveur de son frère, le grand-duc Michel, qui refuse. Le régime impérial russe disparaît en quelques jours.

Un premier gouvernement provisoire est présidé de mars à juillet 1917 par le **prince Lvov** (1861-1925), mais il pâtit de sa décision de continuer la guerre. **Alexandre Kerensky** (1881-1970) devient le nouveau chef du gouvernement, dans un contexte houleux. Vladimir Ilitch Oulianov, dit Lénine, est revenu de son exil en Suisse et publie dans la *Pravda*, « vérité » en russe, ses thèses d'avril : signature immédiate de la paix, pouvoir donné aux soviets, les usines aux ouvriers et la terre aux paysans. En juillet 1917, les bolcheviks déclenchent des émeutes que le gouvernement provisoire réprime, tout comme la mutinerie des marins de Cronstadt, gagnés au bolchevisme. Lénine fuit en Finlande. Il y rédige *L'État et la Révolution*, décrivant le régime politique futur, fondé sur un gouvernement démocratique à partir des soviets. En septembre 1917, le général **Lavr Kornilov** (1870-1918) tente un coup d'État pour restaurer la monarchie, qui échoue. Mais le gouvernement de Kerensky est discrédité.

VLADIMIR ILITCH OULIANOV, DIT LÉNINE

Le futur **Lénine** (1870-1924) est fils d'un fonctionnaire, il naît dans la bourgeoisie moyenne à Simbirsk, sur la Volga. Il est très tôt en contact avec les idées révolutionnaires, par l'exemple d'un frère aîné admiré, au destin tragique : il finit exécuté après une tentative avortée de complot. Converti au marxisme, il fonde l'Union de lutte pour la libération de la classe ouvrière. Ses activités lui valent une arrestation en 1895, deux ans de prison suivis de la déportation en Sibérie, sur les rives du fleuve Léna, d'où lui viendra son surnom. Après son temps d'exil forcé, il quitte la Russie pour s'installer en Europe occidentale, le plus souvent en Suisse, où il crée son propre journal marxiste, baptisé l'*Iskra* (*Étincelle*), en 1900. C'est en 1902, avec *Que faire?*, qu'il définit sa conception d'un parti marxiste, puis appelle à la révolution dans plusieurs pays par *L'Impérialisme, stade suprême du capitalisme* en 1916. À la tête de la majorité bolchevique du Parti social-démocrate à partir de la scission de 1903, il prône le recours à la révolution et l'instauration d'une dictature du prolétariat. Il séjourne clandestinement en Russie de 1905 à 1907. En 1912, il fonde le parti bolchevik et un nouveau journal, la *Pravda*. La révolution de février lui offre l'occasion de voir son destin et celui de la Russie se confondre. Il quitte la Suisse en avril 1917, traverse l'Allemagne dans un wagon plombé et se prépare à déclencher la révolution.

LA RÉVOLUTION PROFESSIONNELLE D'OCTOBRE 1917

Lénine est revenu à Petrograd. Avec les bolcheviks il organise une révolution de professionnels qui commence par un coup d'État le 25 octobre 1917 (calendrier julien), ou 7 novembre (calendrier grégorien). Dans la nuit du 24 au 25 octobre 1917, des groupes d'ouvriers, soldats, marins bolcheviks occupent tous les points stratégiques de la ville. Le palais d'Hiver, siège du gouvernement provisoire, est investi la nuit suivante, par de petits groupes qui en prennent peu à peu le contrôle. Le croiseur *Aurore* tire un seul coup, à blanc, pour donner le signal de l'infiltration du palais d'Hiver. La propagande soviétique, ultérieurement, transformera ces faits en un assaut de la foule, afin de donner de la révolution d'Octobre l'image d'un soulèvement populaire spontané. Kerensky s'enfuit. Le pouvoir passe au Conseil des commissaires du peuple, tous bolcheviks, présidé par Lénine. Un premier décret sur la terre, qui lance la réforme agraire, ne nationalise pas les terres mais les socialise. Confiées au mir, elles sont réparties entre les familles. De même, les usines sont remises à des soviets ouvriers. La dictature du prolétariat est proclamée. Les bolcheviks doivent résoudre de nombreux problèmes : la guerre, les opposants, les alliés devenus encombrants, le contrôle d'une opinion qui s'est crue libre. Après un armistice signé le 15 décembre, Lénine accepte le 3 mars 1918 les conditions draconiennes de la paix de Brest-Litovsk avec l'Allemagne. La Russie perd la Finlande, les Pays-Bas, la Pologne, soit un quart de sa population, un quart de sa surface agricole, les trois quarts de sa capacité de production d'acier. Si la révolution est un succès à Petrograd, il n'en va pas de même dans le reste du pays.

BLANCS CONTRE ROUGES : LA GUERRE CIVILE (1917-1921)

Léon Trotski (Lev Davidovitch Bronstein, 1879-1940) naît dans une famille juive de propriétaires terriens aisés d'Ukraine. Il fait ses études à Odessa, crée en 1897 un Syndicat ouvrier du Sud de la Russie. Arrêté pour activités révolutionnaires, il est interné à Odessa, puis déporté en Sibérie, d'où il s'évade en 1902. C'est au cours de cette évasion qu'il use de faux papiers au nom de Trotski, celui d'un gardien de la prison d'Odessa. Émigré à Londres, il y rencontre Lénine, collabore à l'*Iskra*. Clandestinement rentré en Russie, il prend une part active aux événements de 1905, préside le soviet de Saint-Pétersbourg. Lors de la répression qui suit, il est condamné une nouvelle fois à la déportation en Sibérie, parvient à s'enfuir, s'exile à Vienne. De retour en Russie, il rallie les bolcheviks, devient membre de leur bureau politique. Après la révolution d'Octobre, il crée l'armée Rouge, en février 1918, pour lutter contre les Blancs, monarchistes, appuyés par des corps expéditionnaires des puissances alliées, britanniques et françaises notamment, qui redoutent une extension du mouvement révolutionnaire. Il faut aussi affronter les revendications nationales armées. Biélorussie et Ukraine se proclament indépendantes. Refusant de servir sous les armes des Rouges ou celles des Blancs, les paysans forment à leur tour des armées vertes, refuge des déserteurs des deux bords, qui s'opposent à la fois aux forces communistes et aux monarchistes. Les principales armées blanches sont celles d'**Alexandre Koltchak** (1874-1920), **Anton Denikine** (1872-1947) ou **Piotr Wrangel** (1878-1928). Ils se révèlent incapables de coordonner leurs efforts, ne disposent que de très peu de soutien populaire. Ils sont vaincus tour à tour. Koltchak en 1920 après l'échec de sa tentative de marche sur la Volga est fusillé. Denikine perd l'Ukraine qu'il occupe, se replie en Crimée. Wrangel, battu en 1920, se réfugie à Istanbul. Le communisme de guerre décrété permet à l'armée Rouge toutes les réquisitions, les terres sont en partie collectivisées dans le cadre des *Kolkhozes*, coopératives d'État. Cela provoque un rejet massif des bolcheviks dans les campagnes. En 1921 l'armée Rouge, très efficacement organisée et contrôlée par Trotski, a vaincu toutes les oppositions armées.

Vainqueur, celui-ci semble devoir être l'un des successeurs possibles de Lénine. Il est toutefois écarté au profit de Staline qui le marginalise rapidement. Exilé en 1927 en Asie centrale, il est contraint en 1929 de fuir l'URSS. Après un passage en Turquie, puis en Europe, il gagne le Mexique où Staline le fait assassiner en 1940.

2. La mise en place de l'URSS

DES TSARS AUX TSARS ROUGES

Dès le mois de décembre 1917 est créée la Vetcheka ou «Commission extraordinaire de lutte contre le sabotage et la contre-révolution», couramment appelée la Tcheka. Police politique, instrument de répression au service du régime, elle succède à son équivalent tsariste, l'Okhrana. À sa tête **Felix Dzerjinski** (1877-1926) la dote rapidement de milliers de fonctionnaires, encourage l'implantation de Tchekas provinciales. Ses méthodes inspirent rapidement la crainte. Elle est suivie entre 1954 et 1991 par le KGB (Komitet Gossoudarstvennoï Bezopasnosti ou «Comité pour la sécurité de l'État»). Les bolcheviks éliminent aussi leurs anciens alliés afin d'éviter toute possible opposition au sein de la population. Une Assemblée constituante est élue en décembre 1917, les bolcheviks y sont minoritaires, les SR (socialistes-révolutionnaires) la dominent. Dès sa première réunion, le 19 janvier 1918, les gardes rouges, groupes d'ouvriers armés formés lors de la révolution de 1917, la dispersent. En 1918, par crainte des remuants ouvriers de Petrograd, en partie favorables aux SR, et pour se mettre à l'abri d'une attaque des armées blanches, le gouvernement transfère la capitale à Moscou. Tour à tour mencheviks, socialistes-révolutionnaires, anarchistes sont mis hors la loi, la Terreur rouge s'installe, les soulèvements ouvriers sont durement réprimés. À la Terreur rouge répond la Terreur blanche monarchiste dans les zones contrôlées par les Blancs avant leur chute. La dernière et inaboutie tentative faite pour empêcher la séquestration du pouvoir entre les mains des bolcheviks est la révolte des marins de Cronstadt de mars 1921, écrasée dans le sang par Trotski.

UNE OUVERTURE LIBÉRALE : LA NEP

En 1921, maître du pays, Lénine abandonne le communisme de guerre et le remplace par la NEP (Nouvelle politique économique). Il s'agit, sans ouvertement le reconnaître, d'une petite ouverture au marché, contre le principe des nationalisations totales. Les paysans ont le droit de cultiver un lopin de terre dont ils peuvent vendre les produits sur le marché libre, sans prix imposés par l'État. Les entreprises commerciales, interdites, peuvent de nouveau être fondées. Le droit d'héritage est rétabli. La NEP s'accompagne d'une mutation monétaire. Le rouble est conservé, mais une double circulation monétaire s'effectue avec le tchernovets, d'une valeur de dix roubles. Une nouvelle classe sociale, plus aisée, se constitue, *nepmen* pour les commerçants, intermédiaires ou *koulaks*, paysans enrichis. La NEP ne met pas fin au contrôle de l'économie par l'État. En 1922 est créé le *Gosplan*, Commissariat au plan, qui met en œuvre une politique de planification impérative de l'économie. Préparée à partir de la fin de 1922, la Constitution est adoptée en 1924. La Russie, Union des républiques socialistes soviétiques (URSS) depuis 1922, répartit les pouvoirs entre le Congrès des Soviets et le Comité central exécutif, mais la pratique politique est celle d'une dictature, un seul parti politique est légal, le Parti communiste de l'Union soviétique (PCUS).

LE RÈGNE DE STALINE

Le 21 janvier 1924, Lénine meurt. Il prévoit explicitement dans son testament d'exclure Staline de sa succession, car il l'estime « trop brutal ». Une lutte pour le pouvoir s'engage alors entre **Staline**, tout-puissant secrétaire général du PCUS, et Trotski, commissaire à la guerre.

Joseph Vissaronovitch Djougatchvili, dit **Staline** (1878-1953), naît en 1878 en Géorgie, à Gori, dans une famille ouvrière. Une mère d'une grande piété le pousse à entrer au séminaire, mais il en est exclu en 1897. Il rencontre Lénine et se convertit à la révolution. Sa vie est alors marquée par des arrestations, déportations en Sibérie et participation à la révolution de 1905. Il est en Sibérie au moment de la première révolution de 1917. Il rejoint Lénine et prend une part active à la révolution d'Octobre. Commissaire du peuple aux nationalités, il participe aux négociations qui aboutissent à la paix de Brest-Litovsk de 1918. La guerre civile lui offre la possibilité de joindre les armées, d'y acquérir une expérience militaire. En 1922, il devient secrétaire général du parti communiste, fonction qu'il occupe jusqu'à sa mort en 1953. Il utilise cette position pour prendre le contrôle de l'appareil du parti et succéder à Lénine, chose faite lors du XVe congrès du parti en 1927. Le régime s'oriente alors vers la dictature, Staline élimine tous les opposants, dirige à la fois l'État et le parti à partir de 1945. Un véritable culte lui est voué, il devient le « génial Staline », son anniversaire donne lieu à des cérémonies grandioses, le culte de la personnalité est érigé en dogme d'État. Tyran sanguinaire, il inspire une telle terreur que sa mort se transforme en un épisode de tragi-comédie. Après avoir fait exécuter ses médecins juifs qui osent prétendre que l'homme d'acier, ce que signifie Staline, est malade, il meurt dans sa datcha le 5 mars 1953. Son corps demeure à terre durant plusieurs jours, son entourage redoute une simulation. Toute personne qui se serait alors réjouie aurait signé son arrêt de mort. Finalement, un médecin prend le risque de l'approcher et constate le décès.

S'appuyant sur le parti et la Tcheka, Staline élimine Trotski en plusieurs étapes. Relevé de ses fonctions en 1924, Trotski est exclu du PCUS en 1927, déporté, exilé en 1929. Staline commandite son assassinat au Mexique où il s'est réfugié, en 1940. Il se débarrasse aussi des alliés de Trotski, au sein de l'Opposition de gauche, c'est-à-dire à Staline : **Lev Kamenev** (1883-1936), plusieurs fois exclu du parti, emprisonné, finalement exécuté en 1936, et **Grigori Zinoviev** (1883-1936), lui aussi exclu du parti et exécuté lors des grandes purges en 1936. Puis Staline se retourne contre l'opposition dite de droite, **Nikolaï Boukharine** (1888-1938), écarté des instances politiques avant d'être exécuté après un simulacre de procès en 1938, **Alexeï Rykov** (1881-1938) qui subit le même sort. De 1927 à sa mort, en 1953, Staline dirige le pays d'une main de fer. Il impose la collectivisation des terres, créant les *sovkhozes*, ou fermes d'État, des *MTS*, stations de tracteurs et machines agricoles mises au service des paysans. Les koulaks, qui tentent de s'y opposer, sont massivement exécutés. La conquête de nouvelles terres s'accompagne de la déportation de deux millions de paysans à l'est de l'Oural. Le résultat est catastrophique, l'*Holodomor*, ou « exterminations par la faim », fait entre quatre et cinq millions de morts en Ukraine et dans le Kouban entre 1932 et 1933. L'industrie lourde, préoccupation centrale du régime, connaît une progression spectaculaire, mais au profit des industries de biens de production, les biens de consommation sont sacrifiés, tout comme le niveau de vie. En 1928, après l'abandon de la NEP en 1927, le premier des plans quinquennaux, ou *piatiletka*, est lancé, consacré à l'industrie lourde, à la production d'électricité. Il faut parfois amender la politique menée. Ainsi, en 1930, les éleveurs préfèrent abattre leur bétail que de le céder à la collectivité. Il leur est permis de conserver quelques têtes à titre individuel.

DES GRANDES PURGES À LA GRANDE TERREUR

Entre 1935 et 1937 les grandes purges éliminent les ennemis, réels ou supposés, du régime. Le pouvoir politique organise des procès à grand spectacle, où les accusés reconnaissent, devant un parterre de journalistes étrangers, avoir comploté la faillite de l'URSS, réclament contre eux-mêmes les plus lourdes sanctions. Condamnés à mort, ils sont fusillés. Ces procès de Moscou sont marqués par la virulence d'**Andreï Vychinski** (1883-1954), procureur de l'URSS, qui forge sur mesure les éléments de droit utiles à l'élimination, de ce fait en apparence légale, des opposants. Après les politiques vient le tour des militaires, trop populaires aux yeux de Staline, qui a instauré à son profit depuis 1929 un véritable culte de la personnalité. Le maréchal **Mikhaïl Thoukhatchevski** (1893-1937), qui s'oppose aux prémices du futur pacte germano-soviétique, préconise de multiplier les divisions blindées contre l'opinion de Staline. Il est exécuté en 1937. Une partie des hauts gradés de l'armée Rouge subit le même sort, affaiblissant la défense soviétique, ce qui aura des conséquences lors de l'agression allemande en juin 1941. Les grandes purges se prolongent dans la grande terreur qui dure jusqu'en 1938. Elle aurait fait entre un et deux millions de victimes, exécutées sommairement, au cours de leur déportation ou dans le *Goulag* (*Glavnoie oupravlenie laguereï*, « Direction principale des camps », camps de travail forcé). C'est pourtant en même temps que la nouvelle Constitution est promulguée, en 1936. Elle peut paraître plus libérale, avec par exemple le recours au scrutin à bulletin secret, mais renforce la dictature en excluant toujours le multipartisme.

STALINE SAUVÉ PAR LA GUERRE

Pensant protéger l'URSS du nazisme, constatant les reculades des démocraties occidentales face à Hitler, Staline se rapproche de l'Allemagne, sous l'égide du chef de la diplomatie soviétique **Viatcheslav Molotov** (1890-1986). Le 23 août 1939 est signé le pacte germano-soviétique au Kremlin. Hitler le rompt avec l'attaque de l'Union soviétique le 22 juin 1941. L'armée allemande progresse rapidement. En septembre, l'armée Rouge a perdu 2,5 millions de soldats, la ville de Kiev est prise, celle de Leningrad encerclée, Moscou sous la menace. Staline y demeure, organise la contre-offensive, aidé par l'hiver qui bloque l'avance allemande. Moscou n'est pas pris, la bataille de Stalingrad (août 1942-février 1943) se termine par la reddition du maréchal **Friedrich Paulus** (1890-1957), contrairement aux ordres exprès d'Hitler lui intimant plutôt le choix de la mort pour tous. La bataille de Koursk (5 juillet-23 août 1943) illustre la guerre industrielle, elle oppose sur plus de 20 000 km le plus grand nombre de blindés jamais réunis, trois mille six cents chars soviétiques contre deux mille sept cents chars allemands. C'est une victoire soviétique. En 1944, la totalité du territoire de l'URSS est libérée. L'armée Rouge poursuit son avancée à l'Ouest jusqu'à sa prise de Berlin en avril 1945. Staline, affaibli par les purges et la terreur, instrumentalise la Seconde Guerre mondiale pour en devenir le héros, forgeant un double mythe, le sien, celui de l'homme providentiel dressé contre le nazisme, et celui d'une victoire due à la seule Union soviétique.

CHAPITRE XVII
Les États-Unis de 1919 à 1945

1. La prospérité et la crise

LES ANNÉES 1920 RUGISSANTES

À la suite d'une courte crise de reconversion de l'économie après la guerre, les États-Unis connaissent une période de prospérité entre 1921 et 1929, les *roaring twenties* ou « années 1920 rugissantes », avec le développement d'une consommation de masse connue seulement en Europe occidentale après 1945. En sont toutefois exclus les Noirs et les agriculteurs, les premiers victimes de la ségrégation, les seconds d'une crise de surproduction et de l'effondrement de leurs revenus. Dans le même temps, le pays connaît une réaction puritaine, la loi Volstead de 1919 instaurant la Prohibition, l'interdiction de la consommation d'alcool, et un repli xénophobe qui vise à assurer le maintien du contrôle et de la représentativité des *WASP*, White Anglo-Saxon Protestant (« Blanc Anglo-Saxon et Protestant »). La loi Johnson de 1924 fixe un quota annuel d'immigrants de 2 % en fonction du nombre de ressortissants de la même nation déjà installés aux États-Unis. Le Ku Klux Klan reprend ses activités à partir de 1915, lynchant les Noirs dans les États du Sud. Politiquement, le Président démocrate **Thomas Woodrow Wilson** (1913-1921), réélu en 1916, affronte dès 1918 un Congrès républicain qui refuse d'entériner la signature du traité de Versailles, de ce fait jamais reconnu par les États-Unis. En 1921, le républicain **Warren Gamaliel Harding** (1921-

1923) lui succède mais meurt en août 1923. Urbain et sans forte personnalité, il est remplacé sans difficulté par le vice-président **Calvin Coolidge** (1923-1928). En 1929, **Herbert C. Hoover** (1929-1933) est élu. Il est connu pour avoir mal interprété l'ampleur de la crise de 1929.

UN JEUDI PAS COMME LES AUTRES

Après des années de spéculation et de hausse, la Bourse de New York s'effondre. Le jeudi 24 octobre 1929 (que l'on nommera plus tard le Jeudi noir), seize millions d'actions offertes à la vente à bas prix ne trouvent pas preneur, le mardi 29 octobre la situation empire : en ce seul jour, les gains à la hausse d'une année sont perdus. L'indice des cours, le *Dow Jones*, passe de 469 à 220 entre le 24 octobre et le 15 novembre, à 41 en 1932, retrouvant son niveau de 1913. L'action US Stell vaut 262 dollars le 3 septembre 1929, 195 dollars le 29 octobre et 22 dollars le 8 juillet 1932. Il faut attendre 1954 pour que le pouvoir d'achat des Américains retrouve son niveau de l'avant-krach. Un syndicat bancaire, mené par la banque Morgan, rachète des actions pour tenter de freiner la chute des cours, ce qui semble être le cas fin novembre 1929. Mais il se débarrasse de ses actions au printemps 1930. Une nouvelle baisse se met en place sans mécanisme pour l'arrêter. **Le Président Hoover** croit à un phénomène momentané, à une reprise rapide de l'économie, annonce la fin de la crise dans les deux mois et lance sa célèbre formule « *Buy now, the prosperity is at the corner* » (« Achetez maintenant, la prospérité est au coin de la rue »). De boursière, la crise devient bancaire, puis industrielle et sociale. Le nombre de chômeurs passe de 1,5 million à 15 millions de personnes entre 1929 et 1933, soit le quart de la population active. Les revenus agricoles s'effondrent, passant de 11,3 milliards de dollars en 1929 à 5,5 milliards en 1933. Les effets dévastateurs sur les agriculteurs seront aggravés par le *Dust Bowl*, les tempêtes de poussière dans les grandes plaines en 1935, relaté par **John Steinbeck** (1902-1968) dans *Les Raisins de la colère* (1939). La crise de 1929 devient mondiale quand les banques américaines rapatrient leurs capitaux d'Europe, provoquant la faillite de la plus grande banque autrichienne. La Boden

Kredit Anstalt a déjà fait faillite en 1929, avant le krach, mais a été rachetée par la Österreische Kredit Anstalt qui fait faillite à son tour en mars 1931. La panique bancaire se transmet aussitôt à l'Allemagne. Hoover agit, contrairement à la légende le surnommant « *Mister-Do-Nothing* » (« Monsieur je ne fais rien »), mais sans vouloir engager les mesures d'ampleur, devenues indispensables. En 1929 est créé un *Federal Farm Board* pour soutenir les prix agricoles, en 1933 le *Glass-Steagall Banking Act* sépare les activités bancaires entre banques de dépôt et d'investissement. Il est battu à l'élection présidentielle par **Franklin Delano Roosevelt**, démocrate. Ce parti obtient la majorité absolue à la Chambre des représentants et au Sénat.

2. Relancer la machine

LE SAUVEUR : FRANKLIN DELANO ROOSEVELT (1882-1945)

Roosevelt naît en 1882 dans une riche famille de l'État de New York. Ses ancêtres viennent de Hollande au XVIIe siècle. Le pouvoir est aussi un héritage familial, Théodore Roosevelt est Président des États-Unis de 1901 à 1909. Franklin Delano épouse sa nièce, Éléonore Roosevelt. Membre du parti démocrate, sa carrière est favorisée par le Président Wilson qui le nomme sous-secrétaire d'État à la marine. Il le reste de 1912 à 1920. C'est alors que le destin semble tout devoir remettre en cause, il est victime d'une poliomyélite, ses deux jambes restent paralysées. Indomptable, il parvient, à force de rééducation, à marcher de nouveau. En 1928 il remporte le poste de gouverneur de l'État de New York. Ses qualités dans cette fonction font de lui le candidat démocrate à l'élection présidentielle de 1932, qu'il remporte. Les États-Unis subissent alors les conséquences de la grande crise de 1929 et il y répond par la mise en place du *New Deal*. Il est réélu sans discontinuer quatre fois Président, en 1932, 1936, 1940 et 1944. Son rôle pendant la Seconde Guerre mondiale est primordial pour la victoire. Affaibli par un cancer, il meurt au cours de son dernier mandat, en avril 1945. Roosevelt est aussi connu pour être le premier Président américain à user des médias pour s'adresser directement au peuple. Ses « causeries au coin du feu » débutent à la radio dès 1933. Un genre promis à un grand avenir, Pierre Mendès France et De Gaulle s'en inspirent en France, Kennedy en fait un art aux États-Unis.

ON REBAT LES CARTES : LA NOUVELLE DONNE

Dès son arrivée à la Maison Blanche, Roosevelt s'entoure d'une équipe de professionnels de l'économie, le *brain trust*, le « groupe des cerveaux ». En trois mois, les fameux cent jours des politiques en pleine action, il lance le programme du *New Deal* (la « Nouvelle Donne »). L'étalon-or est suspendu, le dollar dévalué de 40 %.

Les grandes mesures du New Deal

Les mesures principales concernent d'abord le domaine bancaire : l'*Emergency Banking Act* (9 mars 1933) autorise les banques à ouvrir de nouveau, peu à peu, mais sous contrôle de l'État, puis boursier, le *Securities Act* (27 mai 1933), qui limite la spéculation boursière. Le secteur le plus durement touché, déjà en crise, est l'agriculture. Le *Emergency Farm Mortgage Act* (12 mai 1933) accorde des prêts massifs aux fermiers, l'*Agricultural Adjustement Act* ou *AAA* (12 mai 1933) prévoit un soutien aux cours, du blé notamment, des prix garantis. La lutte contre le chômage est assurée par la création du *Civilium Conservation Corps* ou *CCC* (31 mars 1933), emplois publics pour les jeunes, le *Federal Emergency Relief Act* (12 mai 1933), subventions fédérales versées en sus des aides fournies par les États dans le cadre social. De grands travaux sont entrepris, comme le gigantesque projet créé par la *Tennessee Valley Authority* (*TVA*) qui édifie quinze barrages sur le fleuve Tennessee et ses affluents. Contrairement à une opinion fort répandue, la protection sociale existe aux États-Unis. La première pierre en est posée par le *Social Security Act* (15 août 1935) qui prévoit la création d'assurances contre le chômage et la vieillesse. Le *National Labor Relations Act* ou *Wagner Act* (5 juillet 1935) autorise les syndicats, reconnaît le droit de grève, encourage les conventions collectives. Le *Fair Labor Standard Act* de 1938 établit un salaire minimum, mais qui varie selon les États. L'industrie est encadrée par le *National Industrial Recovery Act* ou *NIRA* (16 juin 1933) qui encourage le regroupement d'entreprises, favorise la hausse des plus bas salaires.

Un bilan en demi-teinte, une sortie de crise par la guerre

Le *New Deal* se poursuit jusqu'à la Seconde Guerre mondiale. La crise n'est jamais surmontée. Il fonctionne comme un accompagnement social de la crise, non comme une politique efficace de relance de l'économie. Ce rôle est dévolu au second conflit mondial. Ce sont les commandes industrielles des Alliés qui relancent l'économie américaine et constituent la véritable sortie de crise. Fait unique entre 1940 et 1944, le PNB américain augmente de 50 %. Roosevelt voudrait engager les États-Unis dans la guerre, mais il se heurte au Congrès et à l'opinion publique, lasse de la crise et peu disposée à une nouvelle intervention dans les affaires européennes. Les États-Unis réaffirment leur neutralité par la loi sur la neutralité d'août 1935 prohibant la vente d'armes aux États belligérants. C'est en vain, dans son discours au Congrès du 12 janvier 1939, que Roosevelt réclame un programme d'armement. Lorsque la guerre est déclarée, en septembre 1939, il repousse la neutralité des États-Unis mais ne peut obtenir l'entrée en guerre. Le 4 novembre 1939, il obtient un assouplissement de l'embargo sur les ventes d'armes et de munitions. Le soutien américain concerne au premier chef le Royaume-Uni, puis l'attitude du Congrès évoluant, les autres Alliés. La stratégie réussie de « guerre éclair » de l'armée allemande fait tomber l'Europe occidentale très rapidement entre septembre 1939 et juin 1940. La défaite de la France alarme l'opinion publique américaine qui commence à envisager l'idée d'une intervention. Le 29 décembre 1940, dans un discours radiodiffusé, Roosevelt annonce la mise en place de l'économie de guerre. L'Amérique devient « *The Arsenal of Democracy* » (« l'arsenal de la démocratie »). La loi Lend-Lease, loi prêt-bail (11 mars 1941), autorise le Président à vendre armes et munitions. Dans son discours du 6 janvier 1941, Roosevelt réaffirme les Quatre libertés essentielles, d'expression, de religion, de vivre à l'abri du besoin, d'être préservé de la peur. C'est le fondement du programme qu'il établit avec Winston Churchill lors de leur rencontre sur un navire de guerre américain, en août 1941. La signature de cette charte de l'Atlantique (14 août 1941) préfigure la création de l'Organisation des Nations unies (ONU) de juin 1945. En septembre 1941 est instauré le service militaire obligatoire en temps de paix. En octobre, des sous-marins allemands torpillent des navires de guerre américains. Mais il faut attendre l'attaque japonaise sur Pearl Harbor (7 décembre 1941) à Hawaï pour l'entrée en guerre des États-Unis. À l'époque de Roosevelt, seule la tradition fait qu'un Président élu deux fois de suite ne se représente pas, suivant en cela l'exemple donné par George Washington lui-même. Faute de rival véritable, Roosevelt est investi par le Parti démocrate et réélu en 1940 et 1944. Depuis, un amendement de la Constitution prohibe l'élection d'un Président plus de deux fois à la suite. Roosevelt gouverne durant la guerre en pratiquant une voie d'économie mixte, mêlant capitalisme et encadrement de l'État, avec le *General Maximum Act* et le *Revenue Act* de 1942 sur le contrôle des prix et des salaires. Roosevelt participe, à partir de 1943, aux conférences internationales qui prévoient la mise en place du monde futur, mais meurt brutalement le 12 avril 1945 avant de pouvoir participer à celle de Potsdam (juillet-août 1945) où il est remplacé par le vice-président, suivant les dispositions de la Constitution américaine, **Harry Truman** (1945-1953).

CHAPITRE XVIII
Nos voisins d'Asie

1. L'Inde

Les affrontements avec la population peuvent être sanglants, comme lors des événements d'Amritsar en 1919. Au début des années 1930, Mohandas Karamchand Gandhi (1869-1948) prône la désobéissance civile et la non-violence pour contraindre les Britanniques à quitter l'Inde. Il lance la « Marche du sel », bravant le monopole britannique sur le commerce de ce produit, puis en 1942 la résolution *Quit India* pour une indépendance immédiate. Elle prend place le 15 août 1947 à minuit, avec la création de la République indienne et des deux Pakistan, avant que le Pakistan oriental ne devienne le Bangladesh en 1971.

Fils d'un riche brahmane, **Jawaharlal Nehru** (1889-1964) fait ses études en Angleterre. De retour en Inde en 1912, il exerce le métier d'avocat. Sept ans plus tard, il devient membre du Congrès national indien, alors dirigé par le **Mahatma Gandhi**. À neuf reprises, il est emprisonné, entre 1929 et 1945, en raison de ses activités en faveur de l'indépendance de l'Inde. En 1942, il remplace Gandhi à la tête du parti du Congrès. Puis, il est nommé Premier ministre en 1947 lors de l'indépendance. L'Inde, sous sa direction, devient une puissance importante. Sa fille, **Indira Gandhi** (1917-1984), du nom de son mari, sans aucun lien avec le Mahatma Gandhi, devient Premier ministre à son tour de 1966 à 1977 et de 1980 à 1984. Elle est assassinée par ses gardes du corps en 1984. Son fils, **Rajiv Gandhi** (1944-1991), devient

> **Littérature : Tagore**
>
> En Inde, philosophie et religion sont étroitement liées, la religion étant conçue comme une manière de bien vivre. C'est pour cela que les premiers penseurs se tournent vers l'explication des textes sacrés. La modernité les conduit à des réflexions plus politiques, à envisager l'avenir d'une Inde devenue indépendante. **Rabindranath Thākur**, dit **Tagore** (1861-1941), **prix Nobel** de littérature en 1913, met l'Inde et les valeurs essentielles de l'existence humaine en contact avec le reste du monde. Son enfance se déroule au sein d'une famille de réformateurs sociaux. Après des études avortées de droit à Londres, il retourne chez lui au bout de dix-huit mois. Son talent de poète se révèle très vite. Parallèlement à son œuvre littéraire, il prend conscience de la noblesse de l'abnégation, tout en étudiant la société qui l'entoure. Il met l'Inde en contact avec le monde et l'ouvre à celui-ci en créant l'université de Visva Bharati en 1921, centre international de culture et d'études humanistes, scientifiques, agricoles, d'arts appliqués. Traduite par **André Gide**, son œuvre littéraire la plus connue reste *Gītāñjali*, ou *L'Offrande lyrique*, en 1912, pour laquelle il reçut le prix Nobel de littérature.

Premier ministre à son tour de 1984 à 1989. Il est également assassiné en 1991. Sa veuve, **Sonia Gandhi** (née en 1946), reprend le flambeau politique familial en prenant la tête du parti du Congrès et en préparant leur fils **Rahul Gandhi** (né en 1970) à maintenir la dynastie.

2. La Chine de 1919 à 1945

LE TEMPS DES « SEIGNEURS DE LA GUERRE »

Après l'abdication du dernier empereur de la dynastie Qing (1644-1912) en 1912, **Aixinjuel Puyi** (1906-1967), **Sun Yat-Sen** (1866-1925) proclame la République de Chine à Nankin le 12 mars 1912. Fondateur de Guomindang, Parti nationaliste chinois, Sun Yat-Sen veut moderniser la Chine, la doter d'institutions propres afin de lui permettre de résister au mouvement de dépècement dont elle est victime depuis le XIXe siècle de la part des pays occidentaux et du Japon. Il est élu président provisoire de la République. Mais le gouvernement ne dispose pas de véritables forces armées. La seule puissance militaire en Chine est celle de l'armée de Beiyang du général **Yuan Shikai** (1859-1916). Ce dernier, au fil d'un jeu trouble destiné seulement à lui permettre de s'élever jusqu'au trône, soutient puis abandonne les Qing, négocie l'abdication de Puyi. Il passe alors dans le camp républicain, mais exige de devenir président de la République. Sun Yat-Sen accepte mais il se retourne néanmoins contre le Guomindang, chasse l'Assemblée. Sun Yat-Sen est contraint à l'exil au Japon. Après l'intermède de l'épisode Yuan Shikai, il revient en Chine en 1917. Devenu chef du gouvernement en 1921, il meurt en 1925 sans avoir réalisé son rêve d'une Chine unie et forte.

Yuan Shikai se proclame empereur le 12 décembre 1915, mais il n'exerce aucun pouvoir réel. Hauts gradés de l'armée et dignitaires du régime redoutent une diminution des pouvoirs qu'ils se sont arrogés. Il meurt peu après, ayant renoncé à l'empire en mars 1916, le 6 juin de la même année. Le pouvoir en Chine se délite totalement, les généraux deviennent des « seigneurs de la guerre », chacun contrôle son territoire avec ses propres forces armées, entretenant avec ses rivaux une guerre civile permanente.

LE TEMPS DE TCHANG KAÏ-CHEK

Tchang Kaï-chek (1887-1975) naît en 1887 dans le milieu fortuné d'une famille de commerçants, dans la province du Zhejiang, région côtière au sud de Shanghai. Entré dans l'armée, il y devient officier, avant un long exil au Japon, entre 1906 et 1910, au cours duquel il se familiarise avec les techniques de la guerre. Sun Yat-Sen le charge en 1922 de créer une armée chinoise moderne. C'est alors que le Parti communiste chinois et le Guomindang s'allient pour mettre fin au règne des seigneurs de la guerre. À la mort de Sun Yat-Sen en 1925, il prend la tête du Guomindang. Il lance en 1926 et 1927 l'Expédition du nord-Beifa afin de placer sous son autorité toute la Chine du Nord. Pékin est pris en 1928. Tchang Kaï-chek semble alors maître du pays, devient président du gouvernement central de la République de Chine dont il installe la capitale à Nanjing (Nankin). Il instaure une dictature nationaliste fondée sur le respect de la tradition confucianiste et les emprunts au fascisme. En 1931, le Japon envahit la Mandchourie. **Tchang Kaï-chek** est contraint de démissionner de la présidence au profit de **Lin Sen** (1931-1943) dont le pouvoir est honorifique.

Tchang Kaï-chek conserve le commandement de l'armée nationale révolutionnaire et le contrôle effectif sur les cadres du Guomindang. Cependant l'autorité de Tchang ne s'étend pas à la Chine entière, il doit encore compter avec certains puissants seigneurs de la guerre, tel **Zhang Xueliang** (1901-2001), maître de la Chine du Nord-Est, auquel la Mandchourie échappe lors de l'invasion japonaise. Pour la reprendre, il a besoin de l'alliance entre nationalistes et communistes. En décembre 1936, Zhang n'hésite pas à séquestrer Tchang Kaï-chek pour le forcer à signer un accord avec le communiste **Zhou Enlai** (1898-1976), l'accord de Xi'an, afin d'unir leurs forces contre le Japon. Ce dernier accentue sa conquête en cours accompagnée d'exactions et de massacres, le plus célèbre étant le massacre de Nankin. Après la prise de la ville contre les troupes nationalistes en décembre 1937, l'armée japonaise se livre à un massacre de la population qui dure six semaines et provoque la mort de près de trois cent mille personnes. Le président Lin Sen meurt en 1943. Tchang Kaï-chek assure l'intérim. Après la défaite japonaise, la guerre reprend en 1946 avec les communistes. Une nouvelle constitution naît en 1947. C'est en avril 1948 que Tchang Kaï-chek est élu par le parlement président de la République, poste qu'il occupe jusqu'à sa démission en janvier 1949. En octobre de la même année, il est contraint par la victoire des communistes et la proclamation de la naissance de la République populaire de Chine de fuir à Formose (Taiwan). Il y installe une République de Chine, autoritaire, dont il est le premier président de 1950 jusqu'à sa mort en 1975.

LE TEMPS DE MAO ZEDONG JUSQU'EN 1949

Tchang Kaï-chek doit toutefois faire face à ses anciens alliés communistes qui créent en 1931 la *République soviétique chinoise* implantée surtout dans le Jiangxi, au sud-est du pays, présidée par **Mao Zedong** (1893-1976).

Le futur fondateur de la République populaire de Chine naît en 1893 dans une famille de paysans aisés du Hunan, une province située au sud du fleuve Jiangzi Jiang. Mao Zedong (1893-1976) s'élève socialement par de solides études, où il manifeste un goût pour la poésie, puis se tourne vers les écrits de Sun Yat-Sen. Après la révolution de 1911, il occupe divers postes subalternes à Pékin, avant de participer à la création du Parti communiste chinois en 1921. C'est en 1927 que la rupture entre les communistes et les nationalistes lui offre la possibilité de jouer un rôle de premier plan. Il met en pratique sa théorie du marxisme-léninisme approprié à la masse paysanne chinoise en créant en 1931 la République soviétique chinoise du Jiangxi, au sud-est du pays. Mais les nationalistes s'emparent de sa capitale, Ruijin, en 1934. Mao Zedong, l'armée Rouge chinoise et les responsables du Parti communiste chinois entament alors la Longue Marche, entre octobre 1934 et 1935, qui les mène du Jiangxi jusqu'au Shaanxi situé 12 000 km plus au nord. L'épuisement, les poursuites de l'armée de Tchang Kaï-chek, l'hostilité des habitants de certaines régions traversées transforment la Longue Marche en un calvaire, environ cent mille hommes en seraient morts. Seuls vingt mille parviennent au but. Mao Zedong, contesté au sein du parti en raison de ses erreurs politiques, y reprend l'avantage en qualité de chef de guerre. Il fait par la suite de la Longue Marche le geste héroïque de l'armée Rouge et du Parti communiste chinois ou PCC. Parvenu au Shaanxi en 1935, il y fonde la République soviétique chinoise du Yan'an, du nom d'une ville de la province. Entre 1937 et 1945, il combat les Japonais aux côtés des nationalistes, puis la guerre civile reprend entre eux. Elle s'achève par la victoire des communistes en 1949. Le nom de Mao et celui de la Chine ne vont plus dès lors faire qu'un jusqu'à sa mort en 1976.

3. Le Japon de 1919 à 1945

LE RÊVE DU DAI NIPPON

L'ère Meiji et la modernisation accélérée et réussie, la victoire sur la Russie en 1905 exaltent le nationalisme japonais. Le problème de la politique impérialiste repose certes sur une volonté de puissance et un évident sentiment de supériorité des Japonais sur les autres peuples asiatiques, mais il faut aussi compter sur une démographie qui explose : entre 1911 et 1937, la population passe de cinquante millions à soixante-dix millions d'habitants. Il faut absolument une soupape, faute d'une émigration volontaire suffisante. Les gouvernements japonais la trouvent dans la conquête d'une partie de l'Asie du Sud-Est. Le prétexte en est double : reprendre aux Occidentaux les territoires qu'ils occupent et assurer le développement d'un panasiatisme sous égide nippone. La puissance de l'armée autorise le rêve d'un Dai Nippon, un « Grand Japon », étendu à une partie de la Chine, de la Corée, puis aux colonies occidentales. Le Japon profite de la Première Guerre mondiale pour s'emparer des concessions allemandes en Chine, puis imposer son protectorat au pays. Cette attitude irrite les États-Unis et, lors de la conférence de Washington sur les problèmes du Pacifique, en 1922, le Japon est contraint de renoncer à son protectorat sur la Chine. Ce n'est que partie remise, le moindre incident peut suffire à mettre le feu aux poudres.

LA FIÈVRE NATIONALISTE

Mutsuhito, fondateur du Japon contemporain, meurt en 1912. Son fils **Yoshihito** (1912-1926) lui succède et choisit pour nom de son règne celui d'ère Taisho, celle de la « Grande Justice ». En août 1914, le Japon se joint au Royaume-Uni et à la France dans la guerre contre les empires centraux. Le régime impérial pâtit de la faible constitution du souverain, à partir de 1921 c'est son fils aîné, Hirohito, qui exerce le pouvoir avec le titre de régent. À sa mort en 1926, **Hirohito** (1926-1989) devient empereur et ouvre l'ère Showa qui dure jusqu'à sa disparition en 1989. Le gouvernement effectif du souverain sous Mutsuhito avec le choix par l'empereur des membres du *Genro*, Conseil privé de l'empereur, disparaît avec **Yoshihito**, en raison du décès de ses membres âgés non remplacés et de la maladie de l'empereur. Quand Hirohito accède au trône, les forces politiques réelles sont celles de l'armée et des partis politiques. De 1918 à 1931, l'armée n'est aux affaires qu'une fois, avec le gouvernement du général baron **Tanaka** (1864-1929) entre avril 1927 et juillet 1929. L'armée impériale japonaise, jouissant d'un grand prestige depuis les victoires sur la Chine et la Russie, est traversée par deux courants nationalistes, les radicaux de la Kodoha qui veulent les généraux au pouvoir et la dictature, les modérés de la Toseiha. Elle est également influencée par des sociétés secrètes ultranationalistes, antidémocratiques, comme la Société pour la préservation de l'essence nationale. Les rangs des sous-officiers et des officiers se gonflent de jeunes gens d'origine paysanne, poussés à la vocation militaire par la crise agricole. Ils sont d'ardents défenseurs d'une politique de conquête, qui signifie la mise à disposition des terres des vaincus. Deux partis politiques dominent la vie parlementaire, le Rikken Seiyūkai, parti conservateur, et le Rikken Minseito, le parti libéral. Tous deux sont liés aux intérêts des *zaibatsu*, les trusts japonais. Le Seiyūkai est lié à la puissante famille des Mitsui, le Minseito à la dynastie des Mitsubishi. Les liens entre parlementaires et milieux d'affaires discréditent le monde politique auprès de l'opinion publique. Dès 1929, la crise économique s'étend sur l'archipel, alors que la crise agricole n'est pas résolue. La constitution d'un vaste empire colonial en Asie du Sud-Est apparaît de plus en plus à l'armée et aux conservateurs comme la condition de la survie du Japon.

L'INCIDENT DE MOUKDEN

Mais, en raison de ses rapports difficiles avec les États-Unis et la SDN, le Japon a besoin d'un prétexte pour entreprendre une conquête en Chine. Il lui est fourni par « l'incident de Moukden » : en juillet 1931, un capitaine de l'armée impériale japonaise est tué non loin de cette ville, puis, le 18 septembre de la même année, une bombe, visant les troupes japonaises, y éclate. C'est l'occasion attendue. Le Japon conquiert facilement la Mandchourie, au nord-est de la Chine. Pour habiller cette agression d'une façade acceptable, la province est transformée en un État fantoche, le Mandchoukouo, à la tête duquel les occupants japonais placent leur marionnette, le dernier empereur de Chine, Pou-Yi. La crise de 1929 monopolise les grandes puissances tout autant que le sort de leurs colonies pour celles qui en possèdent. Seule la SDN ose une timide condamnation, offrant sur un plateau le prétexte idéal au Japon pour rompre avec elle et ignorer plus superbement encore ses avis : en mars 1933, la délégation japonaise la quitte, dans un bel ensemble de fracs froissés et de mines offensées.

LE POUVOIR AUX GÉNÉRAUX

La facile conquête de la Mandchourie en 1931 renforce la conviction du Japon de pouvoir se créer un empire asiatique. Les gouvernements modérés qui se succèdent depuis 1918 sont incapables de s'opposer à l'armée, qui s'est emparée de la Mandchourie de son propre chef. À partir de 1931, les militaires forment et dirigent les cabinets. Cela ne suffit pas pour les membres de la Kodoha, déçus de ne pas voir le Japon poursuivre son expansion après la Mandchourie. Lors des élections de 1936, le parti libéral Minseito enregistre des progrès. Inquiets, un groupe d'officiers issus de la Kodoha tentent un coup d'État en février 1936 à Tōkyō. Ils assassinent plusieurs hommes politiques et officiers supérieurs, mais l'armée ne les suit pas, l'empereur désavoue cette tentative. Les révoltés se rendent, une quinzaine sont exécutés. C'est cette même année 1936 qui voit la création de la tristement célèbre unité 731 au sein de l'armée du Guandong. Ses chercheurs en bactériologie pratiquent l'expérimentation humaine, sur des milliers de prisonniers, de femmes, d'enfants, avec l'autorisation du souverain. Entre le coup d'État raté et février 1937, de multiples cabinets se succèdent. L'empereur décide de confier le pouvoir à un nationaliste fervent, ancien commandant en chef de l'armée de Corée, le général **Senjuro Hayashi** (1876-1943), entre février et juin 1937. Ce dernier procède aussitôt à l'invasion du reste de la Chine et le massacre de Nankin s'ensuit à la fin de 1937, près de trois cent mille civils sont massacrés. Plus tard, en 1941 et 1942, l'armée décrète contre la Chine la Politique des Trois Tout qui s'exprime par son exigence lapidaire : « Tue tout, brûle tout, pille tout. » Depuis 1932, le Japon a créé l'État fantoche du Mandchoukouo ou « Nation de Mandchourie » et placé à sa tête l'ancien empereur de Chine Pou-Yi, une fiction d'indépendance qui permet d'utiliser la Mandchourie comme base arrière de l'armée japonaise contre le reste de la Chine, où elle use à plusieurs reprises d'armes chimiques. En 1939, le Japon attaque l'Union soviétique après un accrochage frontalier, l'incident de Nomonhan. La bataille dure de mai à septembre 1939, l'armée impériale est battue. Un pacte de non-agression est signé entre les deux puissances.

L'EMPEREUR HÉSITANT CHOISIT LA GUERRE

Au début de la Seconde Guerre mondiale, Hirohito reste, en dépit des exhortations de son cabinet, favorable à l'ouverture de nouveaux fronts, dans l'expectative. Il change d'avis en 1941 à la suite des succès de la guerre éclair en Europe, s'allie militairement à l'Allemagne nazie. Le général **Hajime Sugiyama** (1880-1945) pousse à la guerre contre les Alliés et une intervention préventive contre les États-Unis, afin de pouvoir par la suite conquérir l'Asie du Sud-Est. L'empereur s'y refuse à plusieurs reprises. Mais en octobre 1941, le Premier ministre **Fumimaro Konoe** (1891-1945), opposé à la guerre, démissionne. Le général **Hideki Tojo** (1884-1948) le remplace et conserve le pouvoir jusqu'en juillet 1944. Il parvient à convaincre l'empereur de la nécessité d'ouvrir les hostilités quelques semaines plus tard. Le 1er décembre 1941, une conférence impériale prévoit l'attaque contre les États-Unis. La flotte américaine du Pacifique Sud est bombardée par l'aviation japonaise le 7 décembre 1941 à Pearl Harbor. Le Japon se lance dans la conquête de l'Asie du Sud-Est. Il connaît une première phase de victoires, jusqu'à la fin de l'année 1942, puis les défaites le contraignent au repli sur le seul archipel nippon. Les bombardements à l'arme atomique d'Hiroshima (6 août 1945) et de Nagasaki (9 août 1945) sonnent le glas de la résistance japonaise. Le 14 août 1945, l'empereur annonce la défaite du Japon lors d'une allocation radiodiffusée, le *Goykuon-hoso*, première occasion pour ses sujets d'entendre sa voix. La capitulation est signée le 2 septembre 1945 à bord du Missouri, bâtiment de guerre de la flotte américaine.

LE CAS HIROHITO

L'empereur Hirohito (1901-1989) pose un grave problème aux Américains à l'issue de la Seconde Guerre mondiale. Il a certes longtemps louvoyé entre factions politiques au pouvoir au Japon et semblé au début refuser de rentrer dans le conflit. Mais l'alliance formée dans le cadre de l'Axe Rome-Tokyo-Berlin de septembre 1940 est incontestablement un pacte militaire qui lie le Japon à l'Allemagne nazie. Les massacres de Nankin et les expérimentations conduites sur des êtres humains, la prostitution forcée de milliers de femmes dans des bordels à soldats constituent des crimes de guerre et des crimes contre l'humanité. Or rien n'a pu se faire sans que l'empereur, encore dieu vivant à l'époque, n'en soit à tout le moins informé, à défaut d'en être l'instigateur direct. Après la capitulation, il faut songer à son devenir. Le traiter en criminel de guerre, lui faire un procès, le destituer sont des solutions envisageables, mais bien peu politiques au regard du risque de voir le pays s'embraser. Les Américains ne souhaitent pas s'engager dans une guérilla sans fin. Une fiction est alors présentée pour rendre le maintien de l'empereur acceptable. Hirohito est supposé ne pas avoir été informé des atrocités commises, il aurait vécu confiné au palais impérial, maintenu dans l'ignorance par le gouvernement militaire. Il demeure donc sur le trône, mais la constitution de 1951 lui ôte son statut divin et en fait un symbole dénué de pouvoir réel, à la tête d'une monarchie parlementaire.

CHAPITRE XIX

L'art en France et en Europe du début du XXe siècle jusqu'à 1945

L'art qui prend place au XXe siècle en France est un art prolifique, riche de tendances souvent contrastées, voire opposées. La mécanisation grandissante au profit d'une bourgeoisie triomphante, liée au rendement et à la production, produit rejet des tenants du monde de l'art qui se regroupent en force contestataire. Peu à peu les liens qui rattachaient les artistes aux formes dirigeantes se défont, les tenants de l'art prenant conscience qu'ils devaient investir un espace politique. L'art devra concerner la multitude et non plus une élite, évoluer en dehors de l'institution, et en gagnant son autonomie réintégrer la vie. C'est ainsi que s'effectue le premier virage de la modernité. À la différence de l'art moderne qui a respecté les catégories esthétiques traditionnelles, un nouvel art libéré de toutes les conventions apparaît, créant un bouleversement encore plus profond que celui qui a marqué le début du siècle.

1. La peinture au XXe siècle

À la fin du XIXe siècle commence la Belle Époque avec l'inauguration de l'Exposition universelle de 1889, expression qui désignera la période s'écoulant de 1900 à 1914 environ. Époque de prospérité économique, ce sera également un moment riche dans le domaine culturel. À la fin de ce siècle, on liquide, on solde les grandes idées qui menaient le monde. Les avancées techniques, l'utilisation de nouveaux matériaux, détournés pour les créations artistiques, nourrissent la puissance créatrice des «*avant-gardistes*». La génération de 1900 devra se heurter aux ruptures créées par la civilisation moderne et par l'art moderne. Face à ces bouleversements, il fallait créer un art capable de résister. La première Sécession, association d'artistes refusant le conservatisme et le paternalisme de l'État dans les arts, s'était produite à Munich en 1892, sécession par rapport aux organisations officielles, puis vient celle de Vienne en 1897 où **Klimt** se démarque, ainsi que celle apportée par l'exposition Munch, fin 1892. L'introduction d'objets étrangers, avec la poursuite de l'expansion coloniale, considérés comme curiosité ou objets anthropologiques, permet aux artistes d'ouvrir des horizons nouveaux. En effet, cette découverte de l'art primitif les amène à dialoguer avec la matière, à saisir l'exécution en sa donnée brute, les rapproche du «faire». En peinture, le fauvisme s'affranchit d'une représentation pure avec **Matisse**, **Derain**, **Vlaminck**. C'est le scandale de la salle VII stigmatisée par la critique dont Louis Vauxcelles parle comme de «la cage aux fauves». Les principaux courants seront d'abord le cubisme, cézanien, analytique, synthétique, jusque dans les années 1930, l'art abstrait à partir de 1910, le futurisme né à peu près en même temps, puis le mouvement Dada, en 1916, autour du poète **Tristan Tzara** et du peintre **Hans Arp**. Le surréalisme annoncé dès 1910 par les tableaux de **De Chirico**, dans les années suivantes, prend le pas sur le mouvement Dada et définitivement à partir des années 1922-1924.

LE CUBISME : CES DEMOISELLES D'AVIGNON

Le cubisme désigne la révolution picturale qui se déroule en 1907 et 1908 avec **Pablo Picasso**, **Georges Braque** suivis bientôt de **Fernand Léger** et **Robert Delaunay**. Le mot «cubisme» trouverait son origine dans une réflexion de Matisse qui, devant les tableaux de **Georges Braque** (1882-1963), affirme qu'il les aurait perçus, du point de vue de la composition, comme un ensemble de petits cubes. En 1907, **Picasso** peint le groupe dit des *Demoiselles d'Avignon*, représentant des femmes dévêtues dans un lieu de plaisir. Cette œuvre est l'acte de naissance du cubisme. Avant de réaliser cette œuvre fondamentale

> ## Le cubisme en résumé
>
> **Les précurseurs** : Cézanne, « tout dans la nature se modèle sur la sphère, le cône et le cylindre ».
>
> **Les fondateurs** : Braque et Picasso.
>
> **Les autres cubistes** : Gris, Léger, Gleizes, Metzinger, Villon, Valmier.
>
> **La technique** : ne pas représenter l'objet tel qu'il est vu mais tel qu'il est pensé. Celui-ci est décomposé, s'offre sous toutes ses faces.
>
> **Point de départ** : *Les Demoiselles d'Avignon* de Picasso (1907). Braque donne naissance à un cubisme analytique où tout est décomposé en plans et en volumes. La période synthétique suit avec ses collages, journaux. Picasso recompose le sujet à sa fantaisie.

pour le cubisme, Picasso fit de nombreuses esquisses et travaux intermédiaires. Il utilise une déformation, et fonde sur elle toute sa caricature des demoiselles. Les trois femmes représentées sur la gauche ne sont pas sans évoquer une influence de Gauguin, alors que celle de droite amène davantage à penser à l'art africain. Mais la particularité de ce tableau est que l'espace et le volume ne sont pas joints de façon conventionnelle, l'alternance des couleurs entre noirs et clairs, les formes sont éclatées. Le **cubisme naît** avec la femme représentée en bas à droite du tableau, à partir de laquelle Picasso réalise une synthèse de différents points de vue. On considère que celle-ci est à l'origine de tous les courants abstraits de l'art moderne. Pour la première fois depuis la Renaissance, qui avait théorisé la perspective, un nouveau système de représentation de l'espace sur le plan s'impose. **Braque** et **Picasso** veulent découvrir les lois internes de la création artistique donc ne plus cacher le processus de celle-ci mais le révéler. Le sujet disparaît au profit du « comment faire ». **Trois périodes du cubisme** sont distinguées.

◆ **Le cubisme cézannien** ou **précubisme de 1906 à 1909** est caractérisé par une figuration des volumes sur une surface plane : *Maison à l'estaque* (1908) de Braque. Cette étape du cubisme est marquée par le japonisme pour ses perspectives parallèles et ses aplats colorés, les arts africains primitifs. Le travail de **Paul Cézanne** construit par le cube, la sphère, le cône, toutes les formes géométriques qui servent à rendre par la technique la nature.

◆ **Le cubisme analytique, vers 1909 à 1912**, possède des angles de vision multiples ; l'unicité du point de vue est abandonnée. *Violon et Palette* (1909-1910) de **Braque** et *Portrait d'Ambroise Vollard* (1910) de **Picasso** en sont des exemples typiques. Le cubisme analytique consiste à construire la réalité selon une image géométrisée qu'elle finit par faire disparaître de la surface. On peut citer *Le Joueur de guitare* (1910) de Picasso, où la surface est réduite à une monochromie de figures géométriques, d'une seule couleur terre de Sienne. Cette deuxième phase se caractérise par un chromatisme limité au gris, bleu terne, vert dans lequel la lumière est répartie sur chacun des fragments qui constituent la toile : *Le Réservoir, Horta de Ebro* (1909), de Picasso. Le cubisme va devenir de moins en moins « lisible », avec Braque et son *Château de La Roche-Guyon* (1909).

◆ **Le cubisme synthétique, vers 1912 à 1925**, s'efforce de saisir les objets selon une compréhension nouvelle. Dans ce cadre le sujet n'est plus construit par représentation, mais par allusion. Les éléments réalistes sont mis en contraste avec les éléments géométriques. La palette retrouve des notes de couleur comme dans *Le Violon* (1914) de **Picasso**. L'utilisation de la technique du collage introduit dans le tableau des éléments de la réalité, des matériaux divers entrent en concurrence avec la vraie nature, *Nature morte à la chaise cannée* (1912) de Picasso, *Violon et Pipe* (1914) ou *Le Quotidien* (1913) de Braque. Le papier collé deviendra un véritable auxiliaire de l'expression spatiale, mais on assiste aussi par son utilisation à une véritable spéculation épistémologique sur les conditions de perception du monde extérieur. C'est une nouvelle méthode qui se met en place, car, en rompant l'homogénéité de l'objet, Braque et Picasso avaient réussi à en donner une représentation plus véridique mais ils en avaient aussi brisé l'unité. Dans *Nature morte au violon* (1912), Picasso se lance dans une recherche tridimensionnelle de l'espace, transposant la vision cubiste dans des constructions de bois et de carton. Braque, dans *Guitare et Clarinette* (1927), offre l'un des meilleurs exemples de cette seconde phase du cubisme synthétique.

LES CUBISTES DE LA SECONDE GÉNÉRATION

Le bouleversement que souleva le cubisme fut proportionnel à la violence du rejet, à l'indignation qu'il suscita. En dehors de **Guillaume Apollinaire** et d'**André Salmon**, et de leurs efforts pour soutenir les jeunes peintres du mouvement, la critique fit preuve d'une incompréhension totale. Le marchand de tableau **Daniel-Henry Kahnweiler** contribua à faire connaître le cubisme, surtout en Allemagne et en Europe centrale. Mais paradoxalement, ce sera la seconde génération de peintres cubistes qui le fera connaître, ne refusant pas de participer à des salons et à des expositions. Le Salon des indépendants et sa fameuse salle 41, en 1911, réunira quelques peintres, **Albert Gleizes, Fernand Léger, Robert Delaunay** entre autres, désireux de faire connaître ce nouveau type de peinture aux chromatismes enchevêtrés de bruns, d'ocres et de verts sombres, aux volumes primordiaux. Ce qui les différencie de Braque et de Picasso est leur intérêt davantage porté sur le sujet que sur l'objet. Pourtant **Fernand Léger** se démarque peu à peu en donnant à la forme une place importante et tout particulièrement aux volumes : *La Couveuse* (1909), *Nus dans la forêt* (1910). Il s'appuiera sur de violents contrastes de surface et de volumes, de couleur et de lignes, tels *Les Fumeurs* (1912). Delaunay lui aussi subit l'influence de Cézanne, mais introduit un halo de lumière dans le contour des objets, comme la série des *Saint-Séverin* (1909), qui dissocie la forme, ou la *Tour Eiffel* (1911). Il finira par adopter une technique chromatique, comme celle de *La Ville de Paris* (1910), qu'il ne quittera plus. Mais le cubisme rallie d'autres artistes. **Juan Gris** (1887-1927), le compatriote de Picasso, adoptera le cubisme analytique dès 1912 avec *Hommage à Picasso* (1912), *Le Lavabo* (1912). **Marcel Duchamp** (1887-1968) montre son intérêt pour le cubisme dans *Les Joueurs d'échecs* (1911). **André Lhote** profita aussi de l'élan donné par Picasso et Braque mais se distingua par son refus de vouloir rompre avec la vision classique et par son attachement à maintenir l'intelligibilité des sujets représentés. Il est l'auteur de nombreux traités théoriques sur la peinture comme *Les Invariants plastiques* (1967). Le cubisme ne gagnera ses lettres de noblesse qu'avec la première étude scientifique qui lui sera consacrée, celle de **John Golding**, en 1959 : « Le cubisme a peut-être été la plus importante et certainement la plus complète et la plus radicale des révolutions artistiques depuis la Renaissance[1]. »

LES PÉRIODES DE PICASSO

◆ **Entre 1901 et 1904, la période bleue** domine d'une façon presque monochrome, volontairement froide. Ce bleu est utilisé pour retranscrire la vision que le peintre a du monde, mélange d'angoisse, de pessimisme, pleine de compassion pour la misère humaine. Il peint des mendiants, des aveugles, des estropiés : *La Celestina* (1904), *Las Dos Hermanas* (1904).

◆ **Entre 1904 et 1906, la période rose** marque l'utilisation de tons roses et oranges, le style en est moins expressionniste : *Les Bateleurs* (1905). Les références au monde du cirque et du zoo y sont nombreuses : *Le Meneur de cheval nu* (1906), *Les Saltimbanques* (1905). Le souci réaliste qui domine les œuvres de jeunesse laisse place à des préoccupations formelles de décor en aplanissant l'espace et en le privant de profondeur.

◆ **La période cubiste** est caractérisée par les recherches qu'il fait avec Braque sur l'objet, envisagé sous toutes ses faces. Personnages aux visages-masques inspirés de l'art nègre et figures géométriques dominent.

Vers les années 1920, on parle d'une période gréco-romaine, avec des représentations de figures néoclassiques aux dimensions extrêmes. **Des œuvres engagées** comme *Guernica*, en 1937, des portraits de Staline après avoir rejoint le parti communiste en 1944. **À partir des années 1950**, sa production se diversifie, avec des céramiques, des sculptures, des lithographies, des affiches.

---

1. John Golding, *Le Cubisme*, Paris, Le Livre de Poche, 1968.

L'ART ABSTRAIT

> **L'art abstrait en résumé**
>
> **Définition** : Michel Seuphor, critique de l'art abstrait, donne celle-ci : « art qui ne contient aucun rappel, aucune évocation de la réalité, que cette réalité soit ou ne soit pas le point de départ de l'artiste [1] ».
>
> **Point de départ** : le groupe Der Blaue Reiter (Le Cavalier bleu) revendique autour de Kandinsky l'abstraction, en 1911.
>
> **Premiers peintres de l'abstraction** : Kupka, Klee, Picabia, Delaunay.
>
> **Les mouvements :**
> – **aux Pays-Bas**, le néoplasticisme avec Mondrian, Van Doesburg ;
> – **en Russie**, le suprématisme avec Malevitch, Exter ;
> – **en Europe de l'Est**, le constructivisme avec Rodtchenko, Tatline, Moholy-Nagy ;
> – **en France**, le purisme des années 1930 en architecture et décoration avec Le Corbusier.

◆ **Paul Klee**, à la question de « qu'est-ce que l'art à son époque », le définissait ainsi : « L'art ne produit pas le visible, il rend visible. Et le domaine graphique, de par sa nature même, pousse de bon droit à l'abstraction. » Cette nouvelle démarche artistique aux alentours de 1910, ce nouveau langage, forgé à partir des expériences faites par les fauves et les expressionnistes, exaltant la couleur et débouchant sur les abstractions, va être à l'origine des différentes abstractions géométriques et constructives. La représentation mimétique du monde extérieur est abandonnée. **Trois hommes** seront les principaux représentants de ce courant : **Kandinsky** (1866-1944), **Kasimir Malevitch** (1878-1935), **Piet Mondrian** (1872-1944). D'autres comme **Picabia, Kupka, Estève, Delaunay** se distingueront dans ce mouvement également. Ces pionniers ouvriront la voie à de nombreux mouvements abstraits, orphisme, suprématisme, section d'or. Le premier groupe à revendiquer l'abstraction en peinture sera le groupe du Blaue Reiter autour du peintre **Vassily Kandinsky** en 1911.

---

1. Michel Ragon, *L'Aventure de l'art abstrait*, Paris, Robert Laffont, 1956, p. 56.

◆ **Vassily Kandinsky** (1866-1944) fut le premier à réaliser en 1910 une œuvre détachée de toute référence à la réalité. Sa carrière véritable d'artiste commence en 1908, lorsqu'il est de retour d'Allemagne. Avant il réalise quelques œuvres : *Couple à cheval* (1906), *La Vie mélangée* (1907), *Le Cavalier bleu* (1903). À la question de savoir ce qui doit remplacer l'objet, il répond par le choc des couleurs et des lignes. Il avait été membre de plusieurs groupes en Allemagne : La Phalanx, Der Blaue Reiter, en 1911. C'est à cette même époque qu'il écrit *Du spirituel dans l'art*. Dans le même laps de temps, il publiera entre 1911 et 1913 *L'Almanach du Cavalier bleu*, *Regards sur le passé* et des poèmes, *Klänge*, *Sonorités*, dont il dira plus tard qu'ils procèdent de la même force que ses peintures. Il atteindra par la couleur la voie de l'abstraction, alors que la conception géométrique marque dès le début les œuvres de Malevitch et de Mondrian. Ses principales œuvres d'abstraction sont : *Composition 6* (1913), *Composition 7* (1913), *Improvisation n° 23* (1911), *Petits plaisirs* (1913), *Composition n° 10* (1939). Pour Kandinsky, le principe de la réalité intérieure domine. Il faudra attendre 1927 pour que l'orientation vers des formes géométriques se fasse sentir dans son œuvre, que Kandinsky découvre l'importance de la mathématique comme discipline équivalente. La publication d'un autre livre, *Point et ligne sur plan*, en 1926, indique que le point et la ligne sont employés non pas seulement dans la peinture mais aussi dans d'autres arts. La ligne et le point en peinture s'expriment dans un tableau par leur épaisseur, leur couleur et sont tributaires de l'espace-temps dans la notion de durée et de plan d'espace : *Courbe dominante* (1936), *Harmonie tranquille* (1924), *Jaune-Rouge-Bleu* (1925). Les principes théoriques de l'abstraction seront ainsi posés. Pendant la guerre, il continuera d'exposer à Paris, puis à Los Angeles, en 1941.

◆ **Kasimir Malevitch** (1878-1935) est à la fois peintre théoricien et fondateur du suprématisme. Le chemin qu'il prend pour arriver à l'abstraction géométrique commence avec l'expérience du cubisme qui lui permet de se libérer de la perception de l'objet et de trouver une voie vers un « monde sans objets », titre de son ouvrage théorique en 1927. Ses premières créations sont imprégnées d'influence impressionniste, divisionniste, symboliste : *Femme au journal* (1906). Il connaît l'expérience du cubisme analytique et, en 1913, se dirige vers le cubisme synthétique par la technique du collage. À cette époque, il peint *Carré noir sur fond blanc* (1915), première œuvre de caractère suprématiste. Dans son *Manifeste suprématiste*, en 1915, Malevitch résume ainsi sa pensée : « Tout ce qui dans le monde est diversité, distinctions, différences entre les hommes se traduit par zéro. [...] La toile est le lieu où se révèle l'Absolu, qui se manifeste par un Sans-Objet[1]. »

Différence entre le constructivisme et le suprématisme

– **Le constructivisme** vise à fonder le matériel, fait de l'objet dont il a le culte une œuvre d'art. Son présupposé philosophique est utilitariste et matérialiste. L'ingénieur doit remplacer le peintre de chevalet. Mouvement né en Russie vers 1921, date à laquelle il pose le problème de la construction dans la mise en forme de l'art.

– **Le suprématisme** est une négation du monde des objets et vise à faire apparaître le monde sans objet. C'est une peinture en action ontologique et une méditation sur l'être. « La maîtrise artistique doit se plier aux exigences du mouvement de l'être dans le monde, ne pas faire apparaître le matériau dans sa nudité squelettique comme le fait le constructivisme mais faire apparaître l'inexistence des formes et des couleurs. C'est pourquoi les carrés, les cercles, les croix suprématistes ne sont pas des formes analogiques de carrés, de cercles ou de croix existant dans la nature, ils sont l'interruption de la non-existence, des éléments formants et non pas informants. Dans le suprématisme, la couleur est donc une émanation de l'être du monde et non "un produit de la décomposition de la lumière" dans notre vision oculaire[2]. » Le suprématisme de Malevitch traduit la volonté d'aller au-delà de l'objet, de le transcender. En 1915, il peint son *Carré noir sur fond blanc*, première création de caractère suprématiste. La composition est pour lui une concordance de rythmes qui se déploie dans l'espace de la toile à la façon d'un contrepoint musical : *Suprématisme 417* (1915).

◆ **Pieter Cornelis Mondrian** dit **Piet Mondrian** (1872-1944) peint des œuvres de veine symboliste mais accorde une grande importance aux éléments rythmiques de sa toile, à la géométrisation des formes. Il découvre en s'installant à Paris le cubisme de Picasso et

---

1. Kasimir Malevitch, *La Lumière et la couleur, textes inédits de 1918 à 1928*, in *Écrits sur l'art*, t. 4, Lausanne, L'Âge d'Homme, « Slavica », 1993, p. 10.
2. *Ibid.*

commence à rechercher un langage pictural universel. Ses efforts vont se concrétiser avec la rencontre de **Theo Van Doesburg** avec lequel il lance le manifeste du mouvement *De Stijl* (*Le Style*). Dans ce dernier deux règles régissent la création artistique : l'abstraction complète, la limitation du vocabulaire à la ligne droite, aux trois couleurs primaires, à l'angle droit. **Les trois couleurs primaires** sont le bleu, le jaune, le rouge, les non-primaires le blanc, le gris, le noir. Ses premières œuvres sont les *Compositions en plans de couleurs* (1917). Des rectangles de couleurs primaires se détachent sur un fond blanc. Le but de ce groupe auquel appartenaient **Antony Kok, Jacobus Johannes Pieter Oud, Vilmos Huszár** également, était de rendre visible l'essence de la réalité et d'aspirer à une expression de l'universalité. En 1923, Mondrian monte l'exposition *De Stijl*, alors que deux ans auparavant, il a édité un traité intitulé *Le Néo-plasticisme. Principe général de l'équivalence plastique* (1920), ce qui montre déjà son éloignement artistique des régles du groupe *De Stijl*. Cette recherche puise au sein même des mathématiques et de la musique ; *Les Échiquiers* et *Les Losanges* (1921) montrent un rythme austère et pondéré qui se superpose à une trame de « mesure mathématique ». Il parvient à la plastique pure, en partant de la décomposition de la forme, selon une logique d'harmonie et d'équilibre entre les parties. Les couleurs pures, rouges, bleues, jaunes se juxtaposent au noir, blanc, gris dans une géométrie qui aboutit à la perspective. Il réalise plusieurs cycles de peintures dans lesquels il met au point sa théorie du néoplasticisme, dans lequel la couleur n'existe que par la couleur, la dimension par la dimension. Le tableau est ouvert et apparaît comme le fragment d'un ensemble plus vaste, passant de sa spatialité d'œuvre d'art, au statut de support d'analyse du monde, à celui d'agent de construction du politique et du social de la ville. *De Stijl* doit répondre aux enjeux de la société industrielle du lendemain de la Première Guerre mondiale et tout mettre en œuvre pour élaborer les stratégies sociales nouvelles. Pendant ces années le *De Stijl* exerce une influence considérable sur les mouvements d'avant-garde en Europe et, après 1925, reçoit l'adhésion d'un grand nombre d'artistes comme **Fernand Léger** (1881-1955), qui rejoindra le mouvement assez brièvement, et **Auguste Herbin** (1882-1960). Paris dans les années 1930 devient la capitale du mouvement et des groupes comme celui du Cercle et du Carré, rassemblant les artistes constructivistes, mouvement parallèle au suprématisme, 1929, et d'Abstraction-Création, 1931, groupe d'artistes voulant remettre en cause la toute-puissance du surréalisme et défendre l'art abstrait, s'y forment.

LE FUTURISME

Le futurisme et l'orphisme

Le *Manifeste du futurisme* est publié en 1909 dans *Le Figaro* par le poète italien **Filippo Marinetti** (1876-1944). L'art, comme la littérature, la morale doivent regarder vers l'avenir, faisant table rase du passé. Le futurisme veut représenter les trépidations de la vie moderne. Les futuristes associent donc univers mécanique et technique, où les hommes et machines tendent à se ressembler. **Umberto Boccioni** (1882-1916), avec *La Ville qui monte*, **Gino Severini** (1883-1966), par son *Train de banlieue arrivant à Paris*, illustrent cette fusion involontaire. Ces peintres appliquent le système de touches de couleurs pures jusqu'en 1912, date à laquelle ils exposent pour la première fois à Paris. Confrontés aux cubistes, ils s'approprient leurs techniques de fragmentation des volumes du plan. Leur finalité n'est pas de montrer tous les aspects d'un objet mais plutôt de se servir de la décomposition des volumes pour montrer l'effet de la vitesse du mouvement, de l'accélération sur les objets et leur environnement. Pour désigner cette technique, les futuristes parlent de simultanéité, tous les instants du mouvement sont représentés en même temps. En 1912, **Guillaume Apollinaire** donne le nom d'*orphisme* à la peinture de **Robert Delaunay** (1885-1941) qui fait par suite figure de chef de file de cette école, et son tableau *Paris-Saint-Séverin*. Il déclare, dans ses *Méditations esthétiques*, que c'est l'art « de peindre des ensembles nouveaux avec des éléments empruntés, non à la réalité visuelle, mais entièrement créés par l'artiste et doués par lui d'une puissante réalité ». D'autres artistes sont rattachés à l'orphisme comme : **Fernand Léger** (1881-1955), *La Femme en bleu* (1912), *L'Escalier* (1914) ; **Marcel Duchamp** (1887-1968), *Nu descendant un escalier* (1912) ; **František Kupka** (1871-1957), série des *Gigolettes* (1906-1910).

Le futurisme ailleurs

En Angleterre, on parle de *vorticisme*, suivant en cela l'idée d'**Umberto Boccioni**, affirmant que l'art se trouve dans le vortex des émotions. Le mouvement est lancé par le peintre **Wyndham Lewis** (1882-1957), en 1914, et est défini dans la revue *Blast*, le manifeste sera publié un an plus tard dans son dernier numéro. La même année avec des peintres comme **David Bomberg** (1890-1957), **Edward Wadsworth**, le groupe présente une exposition à Londres, à la galerie Doré. La guerre met fin aux manifestations du groupe qui faisait l'apologie de la machine, du mouvement, de la vitesse. **En Russie**, on parle de *rayonnisme* à la suite de la théorie formulée en 1912 et mise en pratique par **Michel Larionov** (1881-1964) et **Nathalie Gontcharova** (1881-1962). Ces derniers organisent une exposition intitulée « La Cible ». Ils désirent étudier le rayonnement de l'objet dans l'espace et produisent des toiles faites de traits colorés qui s'entrechoquent pour rendre visibles les interactions entre le rayonnement des objets.

L'École de Paris

Lydia Harambourg, spécialiste de la peinture des XIXe et XXe siècles, dans son *Dictionnaire des peintres de l'École de Paris*, recense les artistes d'origine étrangère qui vinrent à Paris au XXe siècle. Le premier mouvement se produit :
– **entre 1910 et 1920**, les artistes se retrouvent à la butte Montmartre et Montparnasse. Il s'agit de Modigliani, Chagall, Kisling, Soutine, Foujita. Sur la butte Montmartre se regroupent Picasso et les autres cubistes, Braque, Léger, Vlaminck, Utrillo ;
– **après la Seconde Guerre mondiale**, la deuxième École de Paris se développe. Elle privilégie les couleurs, le dépouillement. Robert Delaunay en est le chef de file et rassemble autour de lui Lhote, Gromaire, Souverbie, Koskas.

LE DADAÏSME

Dada est un mouvement intellectuel et artistique qui apparaît en 1916 à Zurich et qui se finit en 1923 en France pour devenir le surréalisme. Fondé par **Tristan Tzara** (1896-1963), le dadaïsme vise à renverser la conception traditionnelle de l'art par le dérisoire, la provocation.

> **Le dadaïsme en résumé**
>
> **Définition** : art subversif et terroriste en littérature, peinture, morale sociale. Il naît aux États-Unis et en Suisse.
>
> **Fondateur** : Tristan Tzara et son *Manifeste Dada*, en 1916.
>
> **Principaux peintres** : Ernst, Duchamp, Man Ray, George Grosz.

– **Le dada à New York** se manifeste en 1915, lors de l'arrivée de **Duchamp** et **Picabia** (1879-1953). C'est l'époque du *ready-made* de Duchamp.

– **Le dada à Berlin**, en 1918, prend une connotation politique, la peinture pour les artistes sous ses grands mouvements, expressionnisme, abstraction, cubisme, futurisme, ne réussit pas à dire les bouleversements d'une époque.

– **Le dada à Cologne** est né de l'amitié entre Hans Arp et Max Ernst. À partir de catalogues de correspondance, ils réalisent des collages, les *Fatagagas*.

Les circonstances selon lesquelles le mot fut trouvé divergent selon les versions. Loin d'être un mouvement purement négativiste, le dadaïsme a révélé les ressorts les plus profonds, les plus cachés de la création artistique et poétique, mettant en valeur et en évidence les lois permanentes et universelles de l'art de toujours. Il a consacré tous les modes d'expression, peinture, théâtre, photo, cinéma, sculpture.

LE SURRÉALISME

Le mouvement

Dans une lettre à **Paul Dermée** de mars 1917, Apollinaire, suivant les conseils de **Pierre Albert-Birot** qui semble lui avoir soufflé le mot, écrit : « Tout bien examiné, je crois en effet qu'il vaut mieux adopter surréalisme que surnaturalisme que j'avais d'abord employé. » Utilisé

> **Le surréalisme en résumé**
>
> **Définition** : issu de Dada, il vise à découvrir les nouveaux rapports entre les objets. Rôle de l'inconscient et de l'irrationnel.
>
> **Point de départ** : A. Breton, *Manifeste du surréalisme*, 1924.
>
> **Principaux peintres** : Tanguy, Ernst, Dalí, Miró, Duchamp, Magritte, Arp, De Chirico, Bellmer, Malkine.

par « MM. les philosophes » et par **Gérard de Nerval** dans la dédicace des *Filles du feu* (1854), le surnaturalisme ne servira donc pas à qualifier les *Mamelles de Tirésias* (1917). **Guillaume Apollinaire**, en préface de sa pièce, prétend qu'il y opère « un retour à la nature », mais en ne recourant ni à la photographie ni au symbole énoncé : « Pour caractériser mon drame, je me suis servi d'un néologisme qu'on me pardonnera car cela m'arrive rarement, j'ai forgé l'adjectif surréaliste qui ne signifie pas du tout symbolique. » Ce même mot sera ensuite utilisé en 1920 par **Paul Dermée** dans la revue *L'Esprit nouveau*, dans le manifeste « Pour Dada », signé André Breton, puis, en 1924, choisi par Yvan Goll comme titre d'une publication qui ne connaîtra qu'un numéro et qui fait du surréalisme « une transposition de la réalité dans un plan supérieur[1] ». L'idée surréaliste s'amorce en marge de Dada dans la revue *Littérature* (1919-1923), dans laquelle seront publiés les premiers chapitres des *Champs magnétiques* d'**André Breton** et **Philippe Soupault**, conçus comme le premier ouvrage surréaliste, puisqu'y sont appliquées les premières techniques de l'écriture automatique. Lorsqu'en 1922, **André Breton** prend congé de *Dada*, la rupture avec **Tzara** consommée, il faudra à peine deux ans pour que ce projet entamé se concrétise dans le *Manifeste du surréalisme* en 1924. Breton définit ainsi le surréalisme : « Automatisme psychique pur par lequel on se propose d'exprimer soit verbalement, soit par écrit ou de toute autre manière, le fonctionnement réel de la pensée ; Dictée de la pensée en l'absence de tout contrôle exercé par la raison, en dehors de toute préoccupation esthétique ou morale », suivi de son commentaire philosophique : « Le surréalisme repose sur la croyance à la réalité supérieure de certaines formes

---

1. Gérard de Cortanze, *Le Monde du surréalisme*, Bruxelles, Éditions Complexe, 2005, p. 9.

d'associations négligées jusqu'à lui, à la toute-puissance du rêve, au jeu désintéressé de la pensée. Il tend à ruiner définitivement tous les autres mécanismes psychiques et à se substituer à eux dans la résolution des principaux problèmes de la vie. »

Il ne s'agit pas là d'une nouvelle école artistique, mais d'explorer de nouveaux moyens de connaissance, le rêve, l'inconscient, les états hallucinatoires, la folie, tout ce qui ne dépend pas de la logique. Le rêve, la rêverie éveillée, les états d'abandon où l'esprit se libère de ses freins sont au centre d'un intérêt inconnu pendant le romantisme. Paris joue un rôle central pour favoriser l'osmose du réel et de l'imagination, favorisant le hasard des rencontres, un hasard quasi divinisé et introduisant le sacré dans la vie quotidienne. **Autour de Breton** se regroupent Louis Aragon, Paul Éluard, Benjamin Peret, Robert Desnos, Georges Limbour, Georges Malkine, Philippe Soupault, Max Ernst, Man Ray, Francis Picabia, Marcel Duchamp, Michel Lures, Joan Miró pour les principaux. La même année que le manifeste, le 1er décembre, paraît le premier numéro de *La Révolution surréaliste*. Dirigé par Pierre Naville et Benjamin, cet organe essentiel devient, en 1930, *Le Surréalisme au service de la Révolution*, traduisant l'orientation politique du mouvement, lequel avait adhéré en 1927 au parti communiste. Cet engagement politique et la personnalité d'André Breton donneront lieu à certaines brouilles et départs, ceux d'**Artaud**, de **Soupault**, ou à certaines arrivées avec la publication en 1929 de nouvelles œuvres, celles de René Char, de Francis Ponge.

La peinture surréaliste

Dans la peinture, l'architecture, la sculpture, le surréalisme s'impose dans une tradition où rêverie, fantastique, merveilleux, mythique vont tenir une place centrale. Pourtant ces éléments étaient déjà présents dans les peintures de **Bosch**, d'**Arcimboldo**, dans les anamorphoses, les grotesques, dans les illustrations de **Gustave Moreau**, ou encore chez **Klimt**. Mais c'est dans le recours aux nouveaux matériaux, aux techniques inédites, emprunts parfois au mouvement Dada ou au cubisme que le mouvement se démarque et innove.

Dans *Le Surréalisme et la peinture*, publié en 1928, André Breton précise le rôle que doit jouer l'art plastique dans le mouvement, lacune comblée, car le Manifeste n'y faisait pas allusion. En fait, dès 1925, *La Révolution surréaliste* commence la publication du *Surréalisme et la peinture*. Avec lui s'esquisse une théorie qui va fédérer les aventures picturales issues de tous les horizons. L'idée est de mettre en avant la possibilité d'une peinture surréaliste ou tout du moins d'une peinture qui ne contredise pas le mouvement. Il était important dès 1925 de signaler aux peintres que le surréalisme pouvait les concerner autant que les poètes. En fait les peintres n'avaient pas attendu qu'un texte théorique justifie leur présence. Ne pouvant mentionner tous les peintres surréalistes, nous nous sommes limités aux plus connus.

♦ **Giorgio De Chirico** (1888-1978) pose le décor d'un univers visionnaire. Il parvenait à traduire ce que **Nerval** appelait « l'épanchement du rêve dans la vie réelle ». Inventeur de la peinture métaphysique, il s'installe à Paris en 1911. Ses premières peintures, *Le Combat des Centaures* (1909), et ses premiers autoportraits et portraits, *Portrait d'Andrea*, *Figure métaphysique* (1910-1918), témoignent déjà de l'orientation onirique du peintre. Par la suite arrivent des compositions architecturales, débute la période des arcades et des places d'Italie. Les statues solitaires, projetant leurs ombres sur des places désertes, des silhouettes d'usines abandonnées, des temples désaffectés sont les thèmes de cette période. On peut citer : *Énigme de l'heure* (1912), *Souvenir d'Italie* (1913). À l'époque des statues succède celle des mannequins et des intérieurs, comme *Les Muses inquiétantes* (1918). Dans ces compositions s'assemblent arcades, éléments d'architecture imbriqués, présents dans *Le Rêve transformé* (1913). Les intérieurs métaphysiques sont peints lors de la première guerre, à Ferrare, et révèlent un quotidien tragique et inquiétant : *Mélancolie hermétique* (1919). Les années 1920 à 1935 se caractérisent par un retour vers un certain picturalisme. Quant aux années 1940, elles reprennent des œuvres antérieures : *Ariane* (1912-1913), *Les Muses inquiétantes* (1918), imitant la période des arcades. Il exerça une influence considérable sur des peintres comme **Max Ernst**, **Man Ray**, **Yves Tanguy**, **René Magritte**, **Salvador Dalí** et bien d'autres surréalistes.

◆ **Max Ernst** (1891-1976), après des études de philosophie et de psychologie à l'université de Bonn, désira élargir l'expression artistique au domaine de l'inconscient. Par l'utilisation du frottage, du collage, des décalcomanies, il va au-delà de la technique, il échappe à toute logique en jouant sur la multiplicité des sens. **Le frottage** consiste à frotter avec une mine de plomb une feuille de papier posée sur le plancher dont il fait surgir un véritable bestiaire pour créer des œuvres fantasmagoriques. **Le collage** consiste à prélever un certain nombre d'éléments dans les œuvres, des messages, objets des ensembles déjà existants, et à les intégrer dans une nouvelle création. Coller c'est mettre en forme l'imaginaire en juxtaposant, superposant. **Le grattage** consiste à gratter le pigment de la toile. En 1929, il fait son « premier roman collage » au sein du mouvement surréaliste et il le nomme *La Femme à cent têtes*. Il quitte le groupe des surréalistes en grande partie à cause de Breton et, dès 1934, commence à sculpter, fréquentant **Alberto Giacometti**. Avec l'arrivée de la Seconde Guerre mondiale, il se réfugie aux États-Unis, à New York, et, à côté de Marcel Duchamp et de **Marc Chagall**, aide au développement de l'expressionnisme abstrait. Il reviendra en France pour s'installer en 1953 à Paris et remporter la Biennale de Venise. **Max Ernst**, à partir des années 1930, devient sculpteur avec son *Jeu de constructions anthropomorphes* (1935).

◆ **Joan Miró** (1893-1983) a su créer à l'intérieur du mouvement surréaliste un langage nouveau fondé sur la force et la spontanéité expressive. Contraint de faire un long séjour dans une ferme de la campagne tarragonaise, à Mont-roig del Camp, il peint son premier chef-d'œuvre : *La Ferme* (1921-1922). À son arrivée à Paris, en 1919, il se lie d'amitié avec des peintres et des poètes comme Tzara, Max Jacob, Picasso. Entre 1921 et 1922, il travaille sur *La Ferme*, tableau commencé à Mont-roig. Il y étudie dans le moindre détail animaux de la ferme, plantes, objets quotidiens. En 1925, un conflit intérieur marque un changement dans son style. Les surréalistes s'étaient employés à montrer le rôle des rêves et de l'inconscient dans la genèse des rêves. Ce sera le début de la magnifique série des *Peintures de rêve*. Dès 1925, il déploie sur la toile une géographie de signes colorés en apesanteur. Il renonce à représenter un espace réel ou des choses réelles et s'inspire de son imagination. Un univers ludique s'élabore avec son peuplement d'êtres sensuels dont les formes généreuses rappellent celles de l'amibe, du marron d'Inde, de l'holothurie, êtres qui se déplacent à l'aide de battements de cils et se prolongent en pointillés, en nuages. En insérant des mots et des phrases sur sa toile, il essaie de dépasser la peinture tout en la reliant à la poésie. Son délire sera porté au point culminant avec *Le Carnaval d'Arlequin* (1924-1925), ou les trois *Intérieurs hollandais* (1928). De 1935 à 1938 apparaissent les *Peintures sauvages*, des personnages pathétiques évoluant dans des paysages de désolation. La série de toiles appelée *Constellations*, entre 1939 et 1941, reflète le drame intérieur. **Il faudra attendre 1944** pour qu'il se remette à peindre, des peintures d'une grande légèreté qui feront place en 1961 à de vastes surfaces ponctuées, comme les trois *Bleu* (1961) qui réalisent ce que l'artiste désirait depuis longtemps, « atteindre le maximum d'intensité avec le minimum de moyens ».

◆ **Yves Tanguy** (1900-1955) est tardivement venu à la peinture. Les premières toiles datent de 1923 et seront fortement inspirées de celles de De Chirico. Il s'adonne à l'automatisme, tel *L'Orage* (1926), et met en scène dans ses toiles des créatures étranges et des éléments empruntés à Max Ernst : *Dormeuse* (1926). Il peindra également des plages vides (*Le Temps meublé*, 1939) ou des univers désertés. Il devient citoyen américain en 1948 mais ne participe plus aux activités du groupe des surréalistes. Parmi ses œuvres, on peut également citer : *Multiplication des arcs* (1954).

◆ **René Magritte** (1898-1967), après avoir constitué le groupe surréaliste à Bruxelles où il vivait, s'installe de 1927 à 1930 au Perreux-sur-Marne. Son œuvre renouvelle la faculté d'étonnement à partir d'images simples en apparence mais selon une autre logique. Ses peintures sont effectivement de « belles images » : *La Folie des grandeurs* (1961). L'appartenance de Magritte au surréalisme tient à l'expression d'une inquiétude sur un monde devenu de plus en plus étranger. Il a élaboré une théorie des images qui le conduit à juxtaposer des éléments incohérents ensemble, révélant de la sorte un monde étrange. Peindre des objets réels avec de nouvelles intentions, les sortant de leur contexte, les replaçant dans un autre afin de les faire devenir étranges et de nous poser des questions. On peut citer la série de tableaux *Ceci n'est pas une* *pipe* (1929), où les mots et l'image même de l'objet s'opposent. Il oblige ainsi le spectateur à s'engager dans une interrogation incessante, comme avec *La Trahison des images* qui a pour légende « ceci n'est pas une pipe ». Après la Seconde Guerre mondiale, il abandonne un style qu'il juge trop intellectuel pour se tourner vers l'exaltation de la couleur, entre 1943 et 1947. Il retrouvera, dans les années 1950, une poétique qu'il déclinera jusqu'à sa mort. Parmi les œuvres caractéristiques de cette période, on peut citer : *Les Belles Relations* (1967).

◆ **Salvador Dalí** (1904-1989) va tenter dans son œuvre de transposer ce qu'il a saisi du monde de **Freud**. Mais c'est aussi son œuvre qui le montre, qui renseigne sur cet extravagant qui n'hésite pas à publier, en 1964, *Le Journal d'un génie* au titre provocateur. Il se fera théoricien avec sa méthode « paranoïaque critique » qu'il expose dans son livre *La Femme visible* (1930). Il s'agit d'une méthode spontanée de connaissance irrationnelle basée sur l'objectivation critique et systématique des associations et des interprétations des phénomènes délirants, qui débouchera sur l'analyse de *L'Angélus* de Millet. Sa rencontre décisive avec les surréalistes se fait en 1926, lors d'un premier voyage à Paris. Six ans plus tard, il participe à une exposition surréaliste aux États-Unis où il obtient un immense succès. Mais bientôt André Breton l'exclut du groupe, lui reprochant son admiration pour Hitler et le fascisme. Dalí pratique d'autres arts pour lesquels il laisse une production importante, céramique, sculpture, photographie, cinéma (il collabore aux scénarios de deux films de Buñuel, *Un chien andalou*, 1929, *L'Âge d'or*, 1930), lithographie. Certains symboles sont omniprésents dans sa peinture : béquilles, oursins, fourmis, pain, les montres molles qui illustrent le continuum de l'espace-temps quadridimensionnel, les tiroirs de la mémoire ou de l'inconscient.

2. L'architecture de 1914 à 1945

L'ARCHITECTURE EN FRANCE : LE CORBUSIER

À partir des années 1920, un nom marque le monde de l'architecture, celui de **Le Corbusier** (1887-1965). Il va tirer profit des travaux de Perret sur le béton armé, de la technologie de la machine, des idées sur l'urbanisme de Garnier. L'originalité de Le Corbusier tiendra dans ses possibilités à simplifier, à synthétiser des principes anciens. Connu sous le pseudonyme de Le Corbusier, Charles-Édouard Jeanneret-Gris est célèbre pour être à l'origine du concept de l'**unité d'habitation** auquel il travaillera dès les années 1920. Il publie son premier livre, *Vers une architecture*, en 1923. Il s'agit d'un ensemble d'articles parus auparavant dans sa revue *L'Esprit nouveau*, éditée en collaboration avec Amédée Ozenfant (1886-1966) qu'il avait rencontré lors d'un voyage en Orient. Il concevra une architecture comme une peinture en trois dimensions : la centralité est remplacée par une texture sans hiérarchie, des objets sont placés à la périphérie, et sur des plans différents, permettant de percevoir plusieurs événements simultanément. De même à partir d'édifices polycentriques il définit une promenade architecturale comme à la villa La Roche (1923-1925). **Entre 1920 et 1930**, il réalise une série de villas : à Vaucresson (1922), à Paris (1922), à Garches (1927), puis d'autres plus tardives comme le palais de la Société des nations à Genève (1927), le palais des Soviets à Moscou (1931). Il montre son attachement aux formes géométriques et sa conception du logis comme « machine à habiter ». Dès 1926, il avait défini les différents points d'une architecture moderne dans les *Cinq points de l'architecture moderne*.

– **Les murs porteurs** sont supprimés et on peut disposer de toute la façade, les dispositions intérieures sont libres.
– **Le plan** est libre à chaque étage engendré par l'ossature indépendante.
– **La façade libre** est très fine, laissant pénétrer la lumière.
– **Les pilotis** permettent de « décoller » la maison du sol et libèrent un espace habituellement construit.
– **Le toit terrasse** prend une autre fonction, celle d'espace de loisir, de repos. Il enseignera le fruit de l'ensemble de ses recherches entre 1912 et 1966 dans trente-cinq ouvrages. Après la guerre il se consacrera davantage au projet d'urbanisme : la Cité radieuse de Marseille (1952).

L'ÉVOLUTION ARCHITECTURALE EN ALLEMAGNE : LE BAUHAUS

L'Allemagne, à la fin du XIXe siècle, connaît un prodigieux essor industriel mais est dépourvue de politique de logement et de l'économie domestique rendue inévitable par l'extension de son nouveau prolétariat. Le Bauhaus fut créé à Weimar par **Walter Gropius** (1883-1969) en 1919. Dans un premier temps, il poursuit les activités révolutionnaires de **William Morris** (1834-1896) et du mouvement anglais Arts and Crafts. Il ne s'orientera qu'en 1923 vers l'industrie et la technologie, une synthèse des arts et de la production industrielle. Après son transfert à Dessau, le Bauhaus, sous les directions successives de **Hannes Meyer** (1889-1954) et de **Ludwig Mies van der Rohe** (1886-1969), sera marqué dans l'enseignement de l'architecture par un approfondissement, l'idée de former les architectes sur des bases méthodiques et scientifiques destinées à dégager rigoureusement les niveaux constitutifs du travail d'architecture. **Dès 1918, en Allemagne**, l'expressionnisme s'affirmait mais avec des résultats bien différents que ceux des autres pays. **Bruno Taut** (1880-1938), après avoir créé sa célèbre maison de verre, le palais de glace, aujourd'hui détruit, à Cologne, en 1914, devint le leader d'un groupe d'architectes qui voulaient revaloriser la réalité architectonique de l'Allemagne d'après guerre. **Le béton armé** est utilisé comme en Amérique et en France, avec la Salle du centenaire à Breslau (1911-1913), pour prendre les années suivantes les formes plus révolutionnaires des grands marchés de Francfort (1926-1928). Après 1930, la tendance sera non seulement à la solution humaine ou organique ou l'adaptation de l'architecture aux objets plus vastes de la réalité sociale, mais on demande aussi des études plus poussées pour les replacer dans le contexte de la ville et de l'environnement.

3. La sculpture de 1914 à 1950 : l'audace

En rentrant dans le XXe siècle, la sculpture entre dans une phase évolutive, avec une audace croissante, tout en se libérant des contraintes réalistes des siècles précédents. L'artiste contraint désormais la nature à se plier à ses visions du monde pour lui substituer le monde réel qui l'entoure. Jamais, pendant ce siècle, la diversité des styles n'aura été si grande. Influencée par les révolutions esthétiques, la sculpture présente des recherches sur des matériaux dont l'extrême diversité exprime les inquiétudes modernes en rupture avec toutes les traditions. La sculpture du XXe siècle devra son affranchissement à certains artistes déjà connus en tant que peintres autant qu'aux recherches de sculpteurs de profession dans le même temps. *La Méditerranée* (1905), de Maillol, pourrait être la première grande œuvre statuaire du XXe siècle : « Je construis mes figures selon un plan géométrique, la Méditerranée est encadrée dans un carré parfait[1] », disait-il d'elle. Mais la première œuvre à s'écarter des voies traditionnelles de la sculpture est *La Guitare* de Picasso, en 1912, composition en tôle sans socle. Matisse commence la sculpture dès 1894, date de son entrée aux Beaux-Arts. Au départ, il se consacre à des sculptures animalières. En dix ans, entre 1900 et 1910, il produit quelque soixante-dix sculptures sans s'intéresser à la recherche de nouveaux matériaux. Comme **Rodin**, il partage la même adoration pour le nu féminin. Ses *Deux négresses*, en 1908, à la rudesse d'expression, coïncident avec le début de sa collection africaine et océanienne. Ses quatre bas-reliefs sur *Les Nus de dos*, 1900, en versions successives s'échelonnent entre 1909 et 1930 et atteignent un maximum de dépouillement, la figure faisant de plus en plus corps avec le fond. Dans le *Nu de dos n° 4*, il y a une simplification des formes et une monumentalisation du corps que l'on retrouve dans *La Danse* (1911). D'autres peintres mèneront la sculpture à sa totale autonomie. On peut se demander s'il y a une sculpture cubiste qui ne se soit pas qu'une imitation stylistique de la peinture. Le grand reproche qui lui avait été fait était d'avoir été conçue par des peintres. La multiplicité des voies et des œuvres défend de la saisir autrement que dans une réalité plurielle et multiforme. À partir de 1907 apparaissent des tentatives nouvelles pour représenter les objets. **Braque**, **Picasso** inaugurent la sculpture cubiste. **Alexander Archipenko** (1887-1964), qui eut le premier l'intuition de la valeur volumétrique des vides, fait alterner dans ses œuvres convexe et concave et a recours aux matériaux transparents : *Figure debout* (1920). Tous les sculpteurs cubistes auront la volonté de rompre

---

1. Judith Cladel, *Aristide Maillol, sa vie, son œuvre, ses idées*, Paris, Grasset, 1937.

avec l'approche psychologique d'imposer l'objet au monde. **Les arts africains**, océaniens, dans le Paris du début de ce siècle, exercent une grande influence sur ces artistes en laissant découvrir la primauté de l'objet sur le sujet, évoquant la réalité par un ensemble de signes, d'emblèmes, d'abréviations. Ce sont les « vides actifs » d'Archipenko, et les « trouées » d'**Ossip Zadkine** (1890-1967), avec *Orphée* (1956), **Henry Moore** (1898-1986), fondateur du renouveau de la sculpture anglaise et ses silhouettes percées, les volumes dématérialisés d'**Antoine Pevsner** (1886-1962) et de **Naum Gabo** (1890-1977) aux contrepoints d'Arp, la dialectique du convexe et du concave, de l'ouvert et du fermé.

◆ **Marcel Duchamp** (1887-1968), vers 1913, s'écarte de la peinture et se tourne vers les *ready-mades*, ces objets « tout faits », qu'il choisit pour leur neutralité esthétique : *Roue de bicyclette* (1913) ; *Porte-bouteilles* (1914) ; *Fontaine* (1917), qui est un urinoir renversé et signé R. Mutt, montrant ainsi que n'importe quel objet peut devenir une œuvre d'art.

◆ **Picasso** (1881-1973). L'activité créatrice de son génie protéiforme s'exercera dans toutes les directions et dans tous les matériaux, de sa première figurine de bronze, en 1962, aux grands découpages de tôle peinte, de ses premières têtes de femmes en terre glaise, en boules superposées, de ses corps en boudins de pâte assemblés. Picasso va révolutionner la sculpture du XXe siècle. *La Tête de Fernande*, en 1909, comporte un traitement en facette de la surface mais son originalité réside dans les différents objets hétéroclites qu'il va assembler, associer, carton et tôle pour *La Guitare*, en 1912, ou verre et véritable cuillère à absinthe pour *Le Verre d'absinthe*, en 1914, tissu, bois et métal pour *Construction à la fleur*, en 1938. L'assemblage célébrissime de la *Tête de taureau* (1942) associe une selle et un guidon. On peut considérer *Le Fou* (1905), dérivé d'un portrait de **Max Jacob**, comme le premier échelon notable de son évolution. Dans les années 1930, toute une série de statuettes, féminines le plus souvent, montre que la déformation des apparences humaines atteint son paroxysme. Des années 1940 à 1950, c'est le triomphe de la sculpture à partir d'objets de rebut : *La Femme à la voiture d'enfant* (1950), *La Guenon et son petit* (1952).

◆ Avant **Constantin Brancusi** (1876-1957) personne n'avait recherché la forme pure, poussé au plus loin le dédain de l'accident. Ses sculptures tirent leur puissance de leur simplification extrême. Il vise à retrouver « l'essence des choses ». *Le Baiser* (1923), l'une de ses premières créations, est aussi l'une des plus célèbres, s'opposant au *Baiser* de Rodin dont il refuse les méthodes. Entre le moment où il réalise *La Muse endormie*, en 1910, la dernière version et la première, en 1906, il découvre l'œuf, forme mère de la tête humaine, forme qui contient toutes les autres. Repris sous diverses répliques, il donnera naissance au *Nouveau-Né*, en 1915, puis au *Commencement du monde*, en 1924. Brancusi se concentre sur les grands thèmes universels : la vie, la mort, l'amour. À partir de 1910, celui de l'animal y prendra une place importante. La *Maïastra* (1912), un oiseau fabuleux, dans sa première version, sera une tentative pour mettre ses sculptures en espace. Dans des versions ultérieures, il éliminera le bec : *L'Oiseau dans l'espace*, en 1921. L'artiste aspire à une élévation de l'âme et de l'être, son travail se tourne vers l'infini avec *Colonne sans fin*, de 30 m de haut, qui devient le premier pilier d'une architecture imaginaire. Même si le monde animalier trouve une place importante dans son œuvre, avec *Coq gaulois*, en 1935, *Le Poisson*, en 1922, la figure humaine qu'il traite de la même façon y a aussi sa place : *Mademoiselle Pogany, La Danseuse, Princesse X*, en 1920, jugée obscène et retirée du Salon des indépendants. Son influence sera grande sur des artistes comme Arp, Archipenko, Pevsner ou dans la sculpture américaine des années 1960-1970.

CHAPITRE XX
La littérature en France de 1914 à 1945

1. L'éclatement des genres littéraires

Il faudra l'angoisse et le désastre causés par la Première Guerre mondiale (1914-1918) pour qu'un nouvel esprit naisse. L'une des grandes affaires du siècle est le bouleversement de la place de l'écrivain qui accède au statut d'intellectuel. **L'affaire Dreyfus** est, dans la dernière décennie du XIXe siècle, le point de départ de l'apparition de l'écrivain intellectuel responsable. Deux tendances littéraires voient le jour. L'une est conservatrice : y figurent des écrivains religieux et patriotiques comme **Charles Péguy** (1873-1914), ou des nationalistes convaincus, comme **Maurice Barrès** (1862-1923). L'autre est dominée par les idées socialistes avec **Anatole France** (1844-1924), **Romain Rolland** (1866-1944). En dehors de ces deux tendances, il existe aussi des inclassables, **Alain-Fournier** (1886-1914), **Pierre Loti** (1850-1923), **Valery Larbaud** (1881-1957) ou encore **Blaise Cendrars** (1887-1961), chacun trouve un moyen de rester en marge de la politique à travers l'idéalisme ou l'esprit d'aventure. Les écrivains seront tentés d'élargir la portée du genre romanesque en en faisant un lieu d'expression. Ils s'impliquent dans leur époque. Malraux, dans les années 1920, voyage à deux reprises en Asie du Sud-Est, d'abord pour explorer les temples khmers ensuite comme journaliste politique. **Giraudoux** ne commencera sa carrière d'écrivain de théâtre qu'en 1928. Par l'actualisation des héros et des tragédies antiques, il propose une réponse aux interrogations, aux angoisses de son époque. La crise des années 1930 ne permet plus de vivre à côté de l'histoire. La montée des nationalismes pousse bon nombre d'artistes, d'écrivains, à prendre position. Le parti communiste joue le rôle d'un pôle attracteur puissant. Dès la Première Guerre mondiale naît un refus de l'ancien monde, de l'idéologie et des cultures anciennes qui ont permis le massacre. Ce qui caractérise aussi cette littérature de la première moitié du XXe siècle est l'éclatement des genres littéraires. Le renouvellement des formes est à l'honneur, le siècle hérite de sa modernité et ne cesse de promouvoir ses propres avant-gardes. Plusieurs faits auront des conséquences sur la littérature.

Les grandes caractéristiques du premier XXe siècle littéraire

– **Le doute sur le progrès** de la machine et de la technologie
– **L'importance des mass médias**
– **La place prise par la femme** au sein de la société
– **L'individualisme moderne** qui donne le droit au bonheur pour tous
– **La révolution artistique** dès le début du XXe siècle qui va conditionner la littérature, son expression, son langage
– **Les frontières de l'Europe** et du monde ont éclaté

---

2. Un inclassable : Marcel Proust

La vie de Valentin Louis Georges Eugène **Marcel Proust** (1871-1922) peut se diviser en deux époques, celle d'après son enfance, la formation qui s'étend de 1882 à 1909, et celle de la réclusion, de la réalisation de son œuvre monumentale, de 1909 à sa mort en 1922. Entre 1882 et 1909, il entame une vie mondaine brutalement interrompue par la mort de sa mère en 1905. Il accumule les matériaux de *À la recherche du temps perdu* depuis *Jean Santeuil* (1895-1899) jusqu'à la phase de maturation qui commence en 1908. À partir de 1909, il se cloître dans sa chambre, rédige la *Recherche*, depuis la publication à compte d'auteur de *Du côté de chez Swann* (1913), jusqu'au prix Goncourt récompensant *À l'ombre des jeunes filles en fleurs* en 1919. La pneumonie jointe à l'épuisement consécutif à un travail harassant l'emportent le 18 novembre 1922.

Le temps chez Proust

Marcel Proust publie en 1913 le premier volume de *À la recherche du temps perdu*, intitulé *Du côté de chez Swann*, et déjà ce roman annonce les thèmes de l'ensemble du cycle. Après une première suite de romans préparatoires à la *Recherche*, intitulée *Jean Santeuil*, il ébauche son chef-d'œuvre, très influencé par *Matière et Mémoire* de **Bergson**, en 1896, où l'auteur oppose les restrictions imposées par l'intelligence à la conscience et à la richesse sans fin de la vie intérieure. Proust a une construction circulaire et doit être considéré en fonction de son but : le salut. Ainsi les parents du narrateur sont sauvés grâce à leur bonté naturelle, de grands artistes, le peintre Elstir, le compositeur Vinteuil, grâce à leur art, Swann grâce à la souffrance de son amour. Proust sait que la sensation, qui forme le tissu premier du souvenir, est difficile à cerner, à évoquer, plus encore à relier à d'autres pour former une mémoire, c'est pourquoi il attribue une importance si grande à la très célèbre madeleine trempée dans le thé au citron. Dans sa quête du temps perdu, il n'a rien inventé, mais tout changé, la sélection, la fusion, la transmutation des faits ainsi que leur unité sous-jacente en travaillant sur tous les aspects de la condition humaine. Le roman du XXe siècle a été affecté par *À la recherche du temps perdu*, l'une des réalisations suprêmes de la fiction moderne. En prenant comme source première sa vie passée, l'auteur fait du temps perdu un temps irréversible, il souligne la vanité de l'effort humain, mais sa conclusion montre l'importance de la vie de tous les jours. Son style est l'un des plus originaux de toute la littérature et est unique par sa précision, sa force et son enchantement. L'unité de l'ensemble de l'œuvre est maintenue par le « je » du narrateur depuis l'enfance à Combray (*Du côté de chez Swann*), les rencontres amoureuses (*À l'ombre des jeunes filles en fleurs*, *Le Côté de Guermantes*), la révélation de l'homosexualité (*Sodome et Gomorrhe*), l'amour tragique pour Albertine, exclusif (*La Prisonnière*) jusqu'à la mort (*Albertine disparue*), enfin la clôture du cycle (*Le Temps retrouvé*). Au travers de chaque expérience, le narrateur découvre le temps qui modifie les êtres, la possibilité de reconquérir le passé par l'œuvre d'art qui illumine la vie véritable.

3. Le premier XXᵉ siècle littéraire en France

Comme toujours la littérature française saura s'adapter à de nouvelles conditions dans la vie politique, sociale, économique, à de nouveaux publics, à la fascination de plus en plus grande pour des modèles littéraires étrangers. Le siècle s'ouvre sur l'insouciance, l'optimisme, « *la Belle Époque* ». Symbolisme, naturalisme, vaudeville du siècle précédent sont encore bien présents, le nouvel esprit littéraire ne s'étant pas encore formé. Une nouvelle revue qui deviendra bientôt une maison d'édition apparaît, *La Nouvelle Revue française*. Deux mouvements s'affirment, le dadaïsme puis le surréalisme. Pourquoi croire encore et toujours en l'homme ? La réponse à cette angoissante question est fournie, de manière différente, dans deux courants littéraires de l'immédiate après-première guerre. D'un côté « dada », terme absurde qui ne veut strictement rien dire, volontairement emprunté au vocabulaire enfantin, dénonce l'intolérable d'une condition humaine dépourvue de sens, débouchant sur le nihilisme. De l'autre, les surréalistes veulent percer, au-delà du réel et de ses apparences, la vérité d'un sens qui, spontanément, nous échappe totalement.

ÉVOLUTION DE LA POÉSIE

La poésie de la première moitié du XXᵉ siècle est à la fois héritière et novatrice avec une nette prédilection pour les vers libres. C'est le temps des découvreurs avec **Blaise Cendrars**, *La Prose du Transsibérien* (1923), **Guillaume Apollinaire**. *Alcools* (1913), *Calligrammes* (1918), **Victor Segalen**, *Stèles* (1912), Max Jacob, *Le Cornet à dés* (1917), **Saint-John Perse**, *Éloges* (1911), *Anabase* (1924). **Apollinaire** met au point dans la poésie de nouvelles modalités du monde moderne. Dans ses *Calligrammes* il apporte une nouvelle technique, les poèmes-dessins. Ils explorent, traquent le quotidien, font éclater la forme avec la disparition de la rime, de la ponctuation, du vers métré, exploitent le rythme des sonorités. Ce sont aussi de véritables chercheurs à travers des courants comme le dadaïsme, le surréalisme, collaborateurs des peintres de la même mouvance ou peintres eux-mêmes.

LE DADAÏSME : AUCUNE RÈGLE

L'expression du *dadaïsme* veut se faire par l'abolition de toute loi formelle, de toute règle, aussi bien dans la littérature que dans les arts. À partir des expressionnistes se dégage un autre groupe, qui se refuse encore plus à toute référence à quoi que ce soit de construit ou de signifiant, l'artiste doit rendre dans son œuvre l'absurdité du monde, contenue dans ce seul vocable enfantin, *Dada*. Le dadaïsme est un mouvement littéraire et artistique fondé par Tristan Tzara (1896-1963) avec des artistes comme Hans Arp, Francis Picabia et Marcel Duchamp. Une des raisons de sa création est due aux désespoirs suscités par la Première Guerre mondiale et un élan contre les valeurs bourgeoises et la civilisation moderne. Il ne s'agit pas d'un style artistique mais c'est le résultat d'un groupe qui désire privilégier la spontanéité et le hasard. L'expression du dadaïsme veut se faire par l'abolition de toute loi formelle, de toute règle, aussi bien dans la littérature que dans les arts. Le mouvement Dada naît en 1916 avec *La Première Aventure céleste de M. Antipyrine*, texte écrit par Tzara dans lequel il affirme que la pensée se fait dans la bouche (*Sept manifestes dada*, 1924) et refuse toute forme de discours construit, mais se livre à l'exercice de « poèmes simultanés ». Le dadaïsme voulait désintégrer les structures du langage cohérent. Les principales œuvres de Tzara sont *L'Homme approximatif* (1931), *L'Anti-tête* (1933) et *Le Cœur à gaz* (1946).

LE SURRÉALISME (1919 À 1935) : UNE RÉALITÉ PLUS VASTE

Le mouvement s'épanouit en Europe entre les deux guerres mondiales dans les arts picturaux et la littérature. Il progresse en dehors du mouvement Dada. Le mouvement représente une réaction contre la destruction causée par le « rationalisme » responsable de la culture européenne et de la politique qui ont abouti aux horreurs de la Première Guerre mondiale. Le terme même de surréalisme est dû à **Guillaume Apollinaire** pour désigner une expérience littéraire ou artistique qui transcende le réel, ainsi il qualifie ses *Mamelles de Tirésias* de « drame surréaliste ». Selon le principal porte-parole du mouvement, le poète et critique André Breton, qui publie le *Manifeste du surréalisme*, en 1924, le surréalisme est un moyen de réunir le conscient et l'inconscient de l'expérience. En s'appuyant largement sur les théories de Sigmund Freud adaptées, Breton a vu l'inconscient, aux sources de l'imaginaire. **Louis Aragon** (1897-1982), **René Char** (1907-1988), **André Breton** (1896-1966) très inspirés par le freudisme, veulent aller au-delà de la traditionnelle opposition entre rêve et réalité, par des moyens allant de l'hypnose à la folie, de la semi-conscience aux visions. L'apparemment incompréhensible est porteur de sens et doit se révéler dans la pratique de l'écriture automatique, des cadavres exquis, des rêves éveillés. Le surréalisme évolue rapidement, sous l'effet de la volonté de s'ancrer dans un réel sublimé, vers l'action politique, ainsi Aragon revenu converti au communisme après un voyage en URSS en 1931. En 1938, a lieu à Paris l'Exposition internationale du surréalisme, à l'occasion de laquelle André Breton et Paul Éluard rédigent un *Dictionnaire abrégé du surréalisme*. Le surréalisme s'achève peu après la mort d'André Breton, en septembre 1966. Les principaux auteurs en sont : **Guillaume Apollinaire** (1880-1918), *Alcools, Les Mamelles de Tirésias* ; **Louis Aragon** (1897-1982), *Le Paysan de Paris, L'Homme communiste, La Semaine sainte, Le Fou d'Elsa* ; **Antonin Artaud** (1896-1948), *L'Ombilic des Limbes, Héliogabale, Van Gogh ou le suicidé de la société* ; **André Breton** (1896-1966), *Les Vases communicants, Nadja, L'Amour fou, Arcane 17, Anthologie de l'humour noir* ; **Paul Éluard** (1895-1952), *L'Amour la poésie, La Vie immédiate, Les Yeux fertiles, Le Livre ouvert* ; **Jacques Prévert** (1900-1977), *Fatras, Paroles, Tour de chant*.

Littérature et manifeste

En mars 1919, Breton, Aragon et Philippe Soupault fondent la revue *Littérature*, qui rompt en 1920 avec le dadaïsme. C'est en 1924 que Breton rédige le *Manifeste du surréalisme*, donnant au groupe son bréviaire. Selon Breton, le ressort ultime de l'expérience surréaliste est le désir, qui mène à la connaissance. Après 1945, le mouvement se manifeste moins dans les revues, au demeurant nombreuses (*Médium* ;

Le Surréalisme, même ; *La Brèche*…), que dans les expositions, notamment celle de la galerie Maeght de 1947. Le surréalisme organisé s'achève peu après la mort d'André Breton, en septembre 1966.

LE THÉÂTRE ET L'ÉCRITURE AUTOMATIQUE

C'est aussi le temps de l'écriture automatique, de l'exploration de l'inconscient, avec **André Breton**, le théoricien du mouvement, **Louis Aragon**, *Le Mouvement perpétuel* (1925), **Philippe Soupault**, *Les Champs magnétiques* (1920), Paul Éluard, *Capitale de la douleur* (1926). **La poésie-chanson** apparaît plébiscitée par un public de plus en plus large, puis vient celle de **Léo Ferré**, **Georges Brassens**, **Boris Vian**, **Jacques Brel**. **Le théâtre** de boulevard continue avec Jules Romains (*Knock*, 1928), Marcel Pagnol (*Marius*, 1929 ; *Topaze*, 1933), **Sacha Guitry** (*Désiré*, 1927), **Marcel Achard** (*Jean de la Lune*, 1929). **Jean Anouilh** privilégie une approche moraliste avec des sujets divers, comme *Antigone*, en 1944, ou plus légers comme *Le Voyageur sans bagages*, en 1937. En fait c'est à Jarry que l'on doit les fondements du théâtre moderne, avec *Ubu roi* (1896), la scène devant favoriser l'irruption de l'irrationnel, du rêve et de l'humour. En 1926, **Antonin Artaud** fonde avec **Roger Vitrac** le Théâtre Alfred-Jarry et écrit deux textes fondamentaux sur le théâtre : *Manifeste du théâtre de la cruauté* (1932) et *Le Théâtre et son double* (1938). **Le théâtre littéraire** est renouvelé avec **Paul Claudel**, marqué par la foi chrétienne ou la reprise de mythes antiques et de ses tragédies, Giraudoux (*La Guerre de Troie n'aura pas lieu*, 1935), afin de stigmatiser les périls imminents de l'entre-deux-guerres, Cocteau (*Orphée*, 1926 ; *La Machine infernale*, 1934), Sartre (*Les Mouches*, 1943), **Montherlant** (*La Reine morte*, 1942). Les écrivains influencés par **Brecht** et **Pirandello** produisent des pièces engagées politiquement et socialement. La responsabilité individuelle et collective y tient une grande place, comme **Sartre** avec *Les Mains sales* (1948), et Camus avec *Les Justes* (1949). C'est dans ce contexte qu'apparaissent **le théâtre de l'absurde** et l'existentialisme. **Antonin Artaud** avec *Le Théâtre et son double*, en 1938, révolutionne l'art théâtral, tandis que **Ionesco**, avec *La Cantatrice chauve*, en 1950, y introduit l'ironie, la dérision ; l'absence est le fait de **Samuel Beckett** avec *En attendant Godot*, en 1953.

CHAPITRE XXI
La philosophie en France et en Europe avant 1945

La philosophie contemporaine sera largement redevable à celle du siècle précédent. Les développements, les réponses apportées par les nouvelles générations de philosophes, les transformations que ces derniers offrent aux orientations de la philosophie vont faire apparaître des notions nouvelles qui prennent place au centre de la philosophie contemporaine. Un certain nombre de grands courants philosophiques, de l'Europe aux États-Unis, nés au contact du monde social, politique, scientifique, diffuseront tout un éventail de doctrines et de concepts. En outre ils s'influenceront mutuellement. Liée aux événements, guerres mondiales, découvertes scientifiques, la philosophie contemporaine est marquée par la diversité. Cette diversité des courants va de la phénoménologie à l'existentialisme, à l'épistémologie des sciences. Jusqu'alors la philosophie se délimitait au domaine de la connaissance, prolongée par une éthique, à celui du politique. Face aux transformations qui s'opèrent dans tous les domaines, nouveaux langages picturaux, nouveaux langages poétiques, mathématiques, dont la logique devient la science la plus fondamentale de toutes, naissance de nouvelles disciplines dans les sciences humaines, la philosophie se devait de connaître de nouvelles turbulences.

Depuis Nietzsche jusqu'aux années 1960 environ, la philosophie contemporaine sera une déconstruction de l'idéalisme allemand, de la philosophie de la subjectivité, une déconstruction des illusions de la métaphysique. **Le tout premier quart du XXe siècle** est d'abord influencé par **la philosophie analytique** dont les principaux fondateurs sont **Bertrand Russell**, **George Edward Moore** et l'Autrichien **Ludwig Wittgenstein**. À l'origine son but est de parvenir à la certitude de la science du savoir ainsi qu'à l'épuration du langage. **Dans les années 1920 le positivisme logique** est représenté par le cercle de Vienne. La philosophie analytique sera influente en Grande-Bretagne et dans les pays nordiques. La philosophie du langage se construit autour de Wittgenstein et deviendra, après les années 1950, le principe de base des écoles de Cambridge et d'Oxford. La phénoménologie prône l'analyse de la conscience, la description du phénomène. Husserl en est considéré comme le fondateur. On fait de **Heidegger** l'un des précurseurs de l'existentialisme et de **Karl Jaspers**, un existentialiste théologique. La psychanalyse, avec des néofreudiens dont **Carl Gustav Jung**, aura un impact important sur le mouvement phénoménologique.

1. Le cercle de Vienne et le positivisme logique

Autour du physicien **Moritz Schlick** (1882-1936) se regroupent, à partir de 1922, des mathématiciens – **Hans Hahn** (1879-1934), **Kurt Gödel** (1906-1978) –, des philosophes – **Rudolf Carnap** (1891-1970) –, le sociologue **Otto Neurath** (1882-1945). Tous ont le désir de mettre au point une philosophie nouvelle, la connaissance se situant au centre de leur réflexion, il leur faut donc proposer une conception scientifique du monde à partir d'une méthode. Les progrès réalisés au tournant du XXe siècle dans des domaines comme ceux de la logique, du fondement de la physique et des mathématiques reposent la conception de la connaissance que l'on pouvait avoir jusqu'alors et notamment celle de **Kant**, dominante en Allemagne. La philosophie se doit de prendre en compte les résultats scientifiques. Mais après avoir évacué les concepts vides de sens, rejeté la métaphysique au rang de pseudo-savoir, elle aura pour but de délimiter les différents types d'usage du langage. Il constituera un langage scientifique fondé sur deux ordres de vérité, celui de la logique, connaissance analytique, et des faits, connaissances positives, d'où le terme de positivisme logique pour désigner sa logique. Le mouvement cessera ses activités en 1938 mais aura une postérité aux États-Unis et en Grande-Bretagne.

2. Le premier et le second Wittgenstein

C'est à Vienne, ville renaissante, que se construisent les bases de la pensée contemporaine. De son vivant, Ludwig Wittgenstein n'aura publié qu'un seul livre, le *Tractatus logico-philosophicus* (1921). L'ouvrage se divise en sept aphorismes principaux numérotés de 1 à 7. Son but est de répondre à la question : « Que peut-on exprimer ? » L'une des questions dominantes de cet ouvrage est de résoudre la possibilité de la représentation propositionnelle pour le langage de parler du monde et d'en dire quelque chose de vrai. Deux ordres de réalité se font face : celui du langage et celui du monde. Le premier se présente comme la « totalité des propositions », le second « en faits ». Les conditions de possibilité du discours mettent en place une forte opposition entre ce qui peut être « dit » et ce qui ne peut qu'être « montré ». Le *Tractatus* présente une critique des modes d'expression de la science et de la philosophie, et une suite d'aphorismes. En 1911, il suit les cours de Russell, à Cambridge, alors que ce dernier vient de terminer les *Principia Mathematica*. Très vite, il aura des doutes sur le caractère scientifique de la philosophie de Russell. Dans le *Tractatus* il insiste sur les problèmes philosophiques, faux problèmes « dont la formulation repose sur une mauvaise compréhension de la logique de notre langue ». Il s'achève sur une incitation au silence. De cette œuvre, le cercle de Vienne tire une condamnation de la métaphysique qui se clôt sur un appel au silence. Dans ce qu'on appelle **le second Wittgenstein**, les *Investigations philosophiques* réorientent l'interrogation sur le langage en se tournant vers l'analyse des différents langages et du système de règles qui les régit. Il se désintéresse du langage comme accès à la vérité et se tourne vers son utilisation courante. Il met l'accent sur les « jeux de langage » qui sont tributaires de normes précises et pour évoquer les interactions verbales qui ont lieu entre individus. **Le langage** n'est pas seulement un ensemble de signes, mais aussi l'expression de communication avec autrui. De même que le *Tractatus* sera le point de départ du positivisme logique, le second Wittgenstein suscitera un autre courant de pensée, celui de la philosophie du langage ordinaire, avec son principal représentant le Britannique **John Austin** (1911-1960), professeur à Oxford dans les années 1950 et dont le livre *Quand dire, c'est faire* (1962) est un exposé sur la théorie du langage.

3. Frege et Russell : le langage

Gottlob Frege (1848-1925) est considéré comme l'un des fondateurs de la logique contemporaine. Même s'il est l'un des fondateurs de la philosophie du langage, c'est **Bertrand Russell** (1872-1970) qui en diffusera les idées. Frege, afin de mieux éliminer l'intuition, va libérer l'arithmétique des liens qui l'attachent aux langues naturelles en la reformulant dans un système de signes conventionnels. Sa thèse sera de montrer que les mathématiques peuvent être dérivées de la logique et est appelée **logicisme**. Le *Begriffsschrift*, l'écriture des idées, l'idéographie[1], jette les bases de la logique symbolique moderne.

4. La phénoménologie husserlienne

Edmund Husserl (1856-1938), mathématicien de formation, se dirige vers la philosophie sous l'influence de **Franz Brentano** (1838-1917). Il publie *La Philosophie de l'arithmétique*, en 1891, *Les Recherches logiques*, en 1900, *La Philosophie comme science rigoureuse*, en 1910-1911, *La Crise des sciences européennes et la phénoménologie transcendantale*, en 1936. Son but est d'établir les fondements de la vérité scientifique sans avoir recours au positivisme et au psychologisme. Dans ses *Recherches logiques*, avant d'en préciser le statut dans les *Méditations cartésiennes*, en 1931, la phénoménologie, bien plus qu'une philosophie de la connaissance, est une science capable de restituer le lien entre le moi et le monde, le sujet et l'objet. Il existe une interaction permanente et réciproque entre la conscience du sujet et le monde. La conscience permet de fournir une explication du monde, lequel en contrepartie enrichit et construit la conscience. Les deux concepts sur lesquels se fonde la phénoménologie sont l'intentionnalité et la présence. Le premier est un mouvement de la conscience vers le

---

1. Gottlob Frege, *Les Fondements de l'arithmétique*, Paris, Le Seuil, « L'ordre philosophique », 1969.

monde et le second, un retour de celui-ci vers la conscience. La présence au monde est une expérience fondatrice et existentielle de l'être humain. La phénoménologie de Husserl se veut être un dépassement de l'empirisme et de l'idéalisme en alliant l'intuition cartésienne et la constitution kantienne dans la notion de donation de sens propre à la conscience. Heidegger, en ouvrant le champ des phénoménologies de l'existence par une ontologie critique de la métaphysique, sera le premier opposant de Husserl. Si la phénoménologie est un effort pour restituer à la philosophie sa tâche première, celle d'une science rigoureuse, c'est aussi une méthode en partant d'un principe du « retour aux choses ».

5. Les philosophes épistémologues

Qu'entend-on par « épistémologie » ? Le terme *épistémè* en grec (savoir, science) s'oppose à la *doxa* (opinion) et en fait donc l'étude des théories scientifiques. Les Anglo-Saxons par *epistemology* font allusion à une branche spécialisée de la philosophie, de la théorie de la connaissance. Sa finalité est de veiller « à faire totalement abstraction des choses que vise la science qu'elle prend elle-même pour objet, [...] elle s'assigne comme domaine exclusif d'étude, non pas ce sur quoi porte la science [...] mais ce qu'elle en dit[1] ». Ainsi l'épistémologie étudie la formation et la structure des concepts et des théories scientifiques, l'objet et la portée de ces concepts, les limites et les valeurs de l'entreprise scientifique. Ses méthodes vont donc concerner les problèmes de signification de la vérité, ceux de logique et de validité de la science, les limites et la valeur de la démarche scientifique.

◆ **Gaston Bachelard** (1884-1962) s'illustre par la diversité de sa pensée qui s'appuie à la fois sur une physique, une chimie, les mathématiques en pleine révolution, qui réinterprète **Jung** et **Freud**. Il est à l'origine d'une épistémologie qui conçoit le progrès de la science comme une suite de discontinuités. Il s'oppose à Bergson sur le problème du temps, revendiquant une philosophie de l'instant contre sa

---

1. Robert Blanché, *L'Épistémologie*, Paris, Puf, « Que sais-je ? », 1972, p. 120.

philosophie de la durée. Pour lui la continuité est contestable puisqu'elle appauvrit le je conceptuel, puisque le présent ne serait que le prolongement d'un renouveau compris dans le mouvement. **Bachelard** n'aura de cesse de se dissocier de la phénoménologie husserlienne et se démarquera de la mythologie du « primitif » et de l'« originaire » qui selon lui embarrasse la réflexion de **Husserl**. Dans son œuvre majeure, *La Formation de l'esprit scientifique* (1938), dont le sous-titre est *Contribution à une psychanalyse de la connaissance*, le but recherché est de montrer ce qui empêche, ce qui fait obstacle au raisonnement scientifique dans notre inconscient. Le premier de ces obstacles est « l'expérience première », il fait ensuite l'inventaire de ces autres obstacles, « obstacles substantialistes », « obstacles animistes », et montre comment ceux-ci prennent racine dans des complexes inconscients. Ce livre est une exploration de la dimension psychologique et pédagogique des leçons à tirer des nouveautés scientifiques. Ainsi pour lui l'esprit scientifique nécessite une véritable catharsis intellectuelle et affective. La réalisation de ce projet aboutira dans *La Psychanalyse du feu*, en 1938, parce que la science ne progresse pas de façon continue, mais à travers des fractures qui exigent une psychanalyse des illusions, psychanalyse qui mettra en lumière les notions sources de troubles de la connaissance objective. C'est dans le *Nouvel Esprit scientifique*, en 1934, qu'il dégage peu à peu l'idée d'une épistémologie progressive. La philosophie ne fonde plus la science mais « la science crée de la philosophie ». Dans ce livre, il a pour but d'introduire une épistémologie nouvelle en phase avec la science contemporaine mais vigilante sur les lois considérées comme éternelles. D'où le besoin d'un nouvel « esprit scientifique » en rupture avec le sens commun. On en saisit la valeur formatrice qui s'effectue dans une « philosophie du non » par un dépassement de la géométrie d'**Euclide**, la physique de **Newton**, l'épistémologie cartésienne.

♦ **Georges Canguilhem** (1904-1995) fut un historien des sciences dans la tradition de **Bachelard**. Ce médecin philosophe a tout particulièrement réfléchi sur les possibilités et les limites de la rationalité propre à la médecine. Dans son étude sur *Le Normal et le pathologique*, en 1943, travail de sa thèse de doctorat en médecine qui influencera notamment **Michel Foucault** dans la *Naissance de la clinique* (1963), il rend à la clinique son importance et restreint la portée des examens en laboratoire. Dans *La Formation du concept de réflexe*, il met au jour, comme Bachelard, ce qui fait obstacle au développement scientifique, les modèles affectifs et sociaux qui entravent la science. S'il est souvent entrevu comme le continuateur de **Gaston Bachelard**, philosophe de la rupture épistémologique, Canguilhem fut celui de la distinction entre concept et théorie.

♦ **Karl Popper** (1902-1994), dans *La Logique de la découverte scientifique*, en 1935, pose la question de savoir comment différencier la science véritable des fausses sciences, distinguer une théorie scientifique d'une théorie qui ne l'est pas. Qu'est-ce qui différencie la théorie d'**Einstein** de celle du marxisme ou de la psychanalyse ? Il définit ainsi la scientificité d'une hypothèse au regard de sa véritabilité et non de sa falsifiabilité. Marxisme et psychanalyse ne sont pas réfutables donc ne sont pas des sciences.

6. La philosophie de l'être : Martin Heidegger

Le fait qu'Heidegger (1889-1976) ait appartenu, jusqu'en 1945, au parti nazi continue de soulever un grand nombre de discussions quant à son rôle d'intellectuel et à la responsabilité qui lui incombe. Assistant et disciple de Husserl, Heidegger montre que seul l'homme est capable de poser le problème de l'être source fondamentale de toute existence dans ses principaux livres, *Être et Temps* (1927), *Qu'est-ce que la métaphysique ?* (1929), *De l'essence de la vérité* (1943), *Lettre sur l'humanisme* (1947), *Qu'appelle-t-on penser ?* (1954). Il faut lire ce qu'écrit le philosophe Jean Beaufret sur la complexité de la pensée heideggérienne : « On ne résume pas la pensée de Heidegger. On ne peut même pas l'exposer. La pensée de Heidegger, c'est ce rayonnement insolite du monde moderne lui-même en une parole qui détruit la sécurité du langage à tout dire et compromet l'assise de l'homme dans l'étant[1]. » Heidegger retiendra de la leçon phénoménologique l'idée qu'il faut

---

1. Jean Beaufret, *Dialogue avec Heidegger*, Paris, Minuit, 1973-1985, 4 vol.

aller à la chose même. Cette chose sera l'être. La phénoménologie s'érige en ontologie, désormais elle devra « montrer » le sens authentique de l'être en général à partir d'une analytique de l'étant. La métaphysique occidentale se caractérise par l'oubli de l'être, erreur fondamentale pesant sur l'ontologie de tout temps. Dans *Être et Temps*, il consacre la première section à l'analyse de l'être de cet étant, le *Dasein*. Il trouvera la réponse, dans la deuxième section, dans la temporalité, « le *Dasein* et la temporalité ». En exergue, il cite un passage du sophiste de Platon où ce dernier exprime son embarras sur la compréhension du mot étant, *to ón*. La question relative à la connaissance de l'étant, si elle ne s'est faite à ce jour, vient du fait que nous ne nous sommes pas posé la question du sens de l'être. Le terme *étant* désigne quoi que ce soit qui est, quoi que ce soit qui se livre comme objet de spéculation ou d'expérience. C'est ce que le grec désignait par *to ón*, l'allemand par *das Sein*, le latin par *esse*. Heidegger veut fonder une théorie de l'être qu'il appelle « l'ontologique » et non pas seulement de l'existant individuel qu'il appelle « l'ontique ». La question de l'existence pour le *Dasein* sera une affaire « ontique », de type « existentiel » et non « existential », qui se rapportera à la structure ontologique du *Dasein*.

L'être dans le monde

Le monde n'est pas la somme des objets qu'il contient, il faut expliquer les objets par lui et non le monde par les objets. Ce monde personnel réduit aux objets de nos préoccupations, cet « *Umwelt* », n'est pas nécessairement ce qui est voisin de nous dans l'espace. Les réalités de notre monde environnant ne sont pas tant des choses que des outils liés ontologiquement à d'autres outils et qui renvoient nécessairement à l'existence d'un *Dasein*, l'enclume réclame le marteau et le forgeron.

L'être avec autrui

De la même façon qu'il n'y a pas de moi sans le monde, il n'y a pas de moi sans d'autres moi. Les autres sont ceux qui existent en même temps que moi. Avec « *mit et auch* » sont des existentiaux, c'est-à-dire des constituants de l'être de ma propre existence. Il n'y a de moi que par relation à l'autre. C'est parce que le « *Mit Sein* », « *l'être avec* », passe inaperçu de la plupart des personnes qu'ont pu naître les théories sur l'origine artificielle des sociétés. Plongée dans le *Mit Sein*, mon existence est hétéronome. Le *On*, la collectivité, retire à chacun le sentiment de sa responsabilité. Il y a une possibilité de s'élever au *Dasein* authentique. Pourtant nous sommes «*jetés-dans-le-monde*» bien malgré nous et privés de tout secours. De là deux sentiments, angoisse et peur. Le vrai seulement qui nous arrache au *Dasein* inauthentique nous fait passer au *Dasein* authentique est l'angoisse, provoquée par le monde lui-même. Nous sommes libérés de l'empire du *On* et placés devant une option inéluctable d'être nous-mêmes. L'angoisse nous conduit à des aperceptions que nous existons pour la mort. De là pour Heidegger, il faudrait se connaître inclusivement jusqu'à la mort, savoir qui en fait nous est refusé, car nous n'expérimentons pas la mort pour le mourant. La pensée de Heidegger eut une influence considérable sur des penseurs comme **Jean-Paul Sartre, Maurice Merleau-Ponty, Alexandre Kojève, Paul Ricœur, Emmanuel Levinas, Jean-Luc Marion**, mais également **Foucault, Althusser**, des écrivains comme **Maurice Blanchot, Georges Bataille, René Char**.

CHAPITRE XXII
Philosophies d'ailleurs.
Nos voisins d'Asie

1. La philosophie japonaise : la notion de personne

Deux noms émergent dès la première décennie du XXe siècle à l'université : **Genyoku Kuwaki** (1874-1946), influencé par le néokantisme, et **Nishida Kitarō** (1870-1945), qui fera une synthèse érudite des traditions philosophiques occidentales et orientales. Son extrême connaissance des philosophes contemporains occidentaux, de la culture chinoise, de la pensée confucianiste donna naissance dans ses *Études sur le Bien* à la logique du lieu, *Basho-teki-Ronri*. Le lieu est l'espace intérieur dans lequel se joue la relation entre plusieurs choses dans des rapports dialectiques formalisés selon une logique se référant à la façon dont se sont constitués les étants du monde réel. Or cette logique n'est pas que d'inspiration occidentale, si elle emprunte à Platon et à Hegel, elle emprunte aussi au bouddhisme *mahāyāna*, où le lieu renvoie à la notion de néant absolu. **Hajime Tanabe** (1885-1962) peut être considéré après **Nishida** comme le représentant suivant de l'école de Tōkyō. Dans *La Logique de l'espèce*, en 1930, proche de l'idéologie nationaliste, il cherche à penser concrètement et dialectiquement l'espèce en l'appliquant à la notion d'un peuple particulier et le pensant comme l'universalité de l'État et la singularité de l'individu.

2. La philosophie chinoise : amour de la sagesse

Les débuts de l'introduction de la philosophie occidentale en Chine eurent lieu à travers le livre d'Huxley, *Évolution et Éthique*, en 1897, suivi bientôt de ceux de **Spencer, Kant, Nietzsche, Schopenhauer**. Le matérialisme historique est en vigueur dans les années 1920. De nombreux auteurs mêlent leurs propres traditions au rationalisme de la culture occidentale. C'est au Japon que la philosophie chinoise fut inventée. **Nishi Amane** (1829-1897) crée le néologisme de ***Tetsugaku***, « amour de la sagesse », pour traduire le terme de philosophie européenne. L'université de Tōkyō, en 1881, crée également une chaire de littérature et de philosophie chinoise. Depuis l'établissement d'un département de philosophie en 1914, jusqu'à la publication en 1919 du *Précis d'histoire de la philosophie chinoise* par **Hu Shi** (1895-1990), la philosophie chinoise ne cessa de plaider sa cause. Les vingt premières années se concentrent autour de la mise en place de la discipline, les vingt suivantes se centreront davantage sur la méthodologie. Sous l'impulsion de **Feng Youlan** (1895-1990), la méthode de l'analyse logique exerça une influence profonde sur la recherche en philosophie chinoise. Dans cette première partie du XXe siècle, en Chine, c'est surtout le matérialisme historique qui est à l'honneur. **Liang Shuming** (1893-1988) invente une tradition néoconfucianiste mais joue un rôle important dans l'introduction de la philosophie en Chine. **Mou Zongsan** (1909-1995) incarne au mieux la figure du penseur chinois du néoconfucianisme contemporain. Il s'appuie sur des philosophes comme Kant, Hegel, Wittgenstein et sur sa propre tradition de pensée. Pour lui il existe des points de convergence entre les deux, des « dharmas communs ». Il essaiera de dissoudre les catégories kantiennes pour reconstruire des impératifs confucéens. À partir des années 1950, la philosophie chinoise passe sous l'emprise des courants de la philosophie allemande ; en Chine continentale ce sera le marxisme, tandis qu'à Taiwan et Hong Kong, Mou Zongsan tire son inspiration de Hegel et de Kant. Dans le premier cas, ce sera une étude des principes du marxisme particulièrement sur l'ontologie et la dialectique.

C. Le monde du second XXe siècle

CHAPITRE XXIII
La Seconde Guerre mondiale (1939-1945)

1. La course aux alliances

Après la conférence de Munich en septembre 1938, Hitler a les mains libres pour dépecer la Tchécoslovaquie. La tâche est d'autant plus aisée que le pays se démembre tout seul, Slovaquie et Ruthénie se dotent d'un gouvernement autonome. Le président tchèque, Hácha, essaie de les ramener dans le giron national. Hitler le convoque à Berlin, exige que la Tchécoslovaquie sollicite la protection de l'Allemagne, faute de quoi il rasera Prague sous les bombardements. Hácha cède. Le 15 mars 1939, l'armée allemande envahit la Bohême et la Moravie, l'indépendance tchèque a vécu. Le 22 mars, c'est au tour de la Lituanie de céder la ville de Memel à l'Allemagne. Mussolini en profite à son tour pour envahir l'Albanie, dont Victor-Emmanuel III devient le nouveau roi. Mars 1939 ouvre les yeux des démocraties, le chancelier Hitler n'est pas l'homme fréquentable qu'elles ont longtemps voulu voir. La guerre devient évidente, la course aux alliances est lancée. France et Royaume-Uni tentent de rassurer Grèce, Belgique, Pays-Bas, Roumanie, mais depuis Munich, la confiance a disparu. Une tentative de rapprochement avec l'URSS échoue. Hitler, de son côté, s'allie avec Mussolini par le pacte d'Acier du 28 mai 1939. Mais l'essentiel à ses yeux est de s'assurer de la neutralité soviétique. Peu après l'échec des négociations entre France, Royaume-Uni et URSS, une nouvelle stupéfie le monde. Arrivé à Moscou le 23 août 1939, le ministre des Affaires étrangères du Reich, Ribbentrop, y signe avec son homologue Molotov le pacte de non-agression germano-soviétique. Une clause secrète du traité prévoit le partage de la Pologne entre les deux signataires. Certaine de ne pas avoir à faire la guerre sur deux fronts comme ce fut le cas lors de la Première Guerre mondiale, l'Allemagne est prête à entrer dans le conflit.

LE ROULEAU COMPRESSEUR ALLEMAND : SEPTEMBRE 1939-AVRIL 1940

Le 1er septembre 1939 la *Wehrmacht*, l'armée allemande, envahit la Pologne. Le 3 septembre, la France et le Royaume-Uni déclarent la guerre à l'Allemagne. L'armée allemande pratique la tactique de la *Blitzkrieg*, ou « guerre éclair » : les blindés enfoncent le front, progressent rapidement, après un bombardement de la Luftwaffe, l'armée de l'air. Les éventuelles poches de résistance seront éradiquées plus tard. Cette offensive permet à l'Allemagne d'ouvrir plusieurs fronts et d'engranger des succès décisifs en peu de temps. La Pologne est entièrement dominée en un mois. Conformément à la clause secrète du pacte germano-soviétique, l'Allemagne et l'URSS se partagent la Pologne le 27 septembre. En avril 1940, les troupes allemandes envahissent le Danemark. Une attaque débute contre la Norvège, mais elle est retardée par l'arrivée de troupes franco-britanniques à Narvik, au nord du pays. La Finlande cède à l'automne 1939 sa province de Carélie. L'URSS profite du conflit pour s'emparer des pays baltes (Estonie, Lituanie, Lettonie) qui deviennent des Républiques fédérées en août 1940.

LA FRANCE S'EFFONDRE : MAI-JUIN 1940

C'est en mai 1940 que débute la campagne à l'Ouest. Le 10 mai 1940 la Belgique, les Pays-Bas, le Luxembourg sont envahis. Une armée franco-britannique se porte au secours de l'armée belge. Mais l'armée allemande surprend en traversant les Ardennes avec ses blindés sous le commandement du général **Heinz Guderian** (1888-1954). Ce dernier atteint la Manche le 19 mai, prenant à revers les troupes franco-britanniques. Le 15 mai les Néerlandais capitulent, suivis des Belges le 27 mai. Les armées françaises et anglaises se sont réfugiées dans la poche de Dunkerque, où l'aviation allemande les pilonne. La marine britannique déploie alors un effort gigantesque. La bataille de Dunkerque, entre le 25 mai et le 3 juin 1940, permet d'embarquer environ trois cent mille hommes. La bataille de France dure du 10 mai au 22 juin 1940. Les troupes françaises attendaient l'ennemi dans les fortifications de la ligne Maginot, le long des frontières de la Belgique à l'Allemagne. Les troupes y tuent le temps depuis septembre 1939. C'est ce qu'on appelle la « drôle de guerre », le pays est en guerre, mais sans ennemi avant l'attaque foudroyante du 10 mai 1940. Les armées françaises sont bousculées, la ligne Maginot, prise à revers, perd son utilité. L'exode pousse des millions de Français sur les routes, empêchant le regroupement des unités militaires. Le gouvernement de **Paul Reynaud** (1878-1966) se replie à Tours, puis à Bordeaux. Nombre de parlementaires se retrouvent bloqués sur les routes. Le 10 juin l'Italie déclare la guerre à la France. Le 12 juin, le général **Maxime Weygand** (1867-1965) ordonne la retraite. Il propose au Conseil des ministres un armistice soutenu par **Philippe Pétain** (1856-1951), vice-président du Conseil. En dépit de demandes réitérées, il se heurte à un refus. Le 16 juin Paul Reynaud présente la démission de son gouvernement. Le président **Albert Lebrun** (1871-1950) fait appel au maréchal Pétain pour lui succéder. Le 17 juin Pétain demande un armistice par l'intermédiaire de l'Espagne. Il est signé le 22 juin 1940 à Rethondes, dans le wagon où les Allemands avaient signé l'armistice de 1918. La IIIe République s'effondre, remplacée par l'État français (1940-1944), le régime du **maréchal Pétain**. Le 18 juin 1940 le général de Gaulle lance depuis Londres son célèbre appel à continuer le combat contre l'Allemagne jusqu'à la victoire finale. Sous-secrétaire d'État dans le cabinet Reynaud, il quitte Bordeaux le 16 juin 1940 pour gagner Londres, déclarant deux jours plus tard sur les ondes britanniques : « La France a perdu une bataille, mais elle n'a pas perdu la guerre. » Le 30 juin 1940, il fonde la France libre, regroupant au début quelques centaines de volontaires de la première heure pour continuer le combat contre l'Allemagne. Ils sont organisés plus tard au sein des Forces françaises libres (FFL), participent aux batailles aux côtés des Alliés, comme le général Leclerc au Tchad et en Libye, entre 1941 et 1943, le général

Kœnig défendant Bir Hakeim en 1942. Elle prend de l'importance avec le ralliement du gouverneur général Félix Éboué au Tchad, mais une tentative de débarquement à Dakar échoue en septembre 1940. De Gaulle doit aussi faire face à l'extrême méfiance de Roosevelt, qui voit en lui un rebelle ambitieux et maintient des relations avec le gouvernement de Vichy, ne l'informe pas du projet de débarquement en Afrique du Nord en novembre 1942, et, une fois ce dernier réussi, préfère traiter sur place avec le général Giraud, fidèle à Pétain.

L'ANGLETERRE SEULE EN LICE : 1940-1941

L'Angleterre reste seule. Hitler envisage un débarquement, mais doit au préalable avoir la maîtrise de l'air. L'aviation allemande, la Luftwaffe, engage la bataille d'Angleterre le 8 août. Jour et nuit les bases anglaises sont bombardées, mais devant le refus britannique de céder, Londres et les grandes villes sont à leur tour touchées. Hitler espère que, désespérés, les Anglais contraignent leur gouvernement à la capitulation. C'est le contraire qui se produit. Les pilotes de la Royal Air Force, la RAF, lancent des attaques continues, infligent de lourdes pertes à l'aviation allemande. Le 7 octobre, constatant l'échec de son opération, le maréchal **Hermann Goering** (1883-1945) ordonne la fin de l'attaque. N'ayant pu avoir raison de la résistance britannique rapidement, les stratèges allemands doivent se résoudre à une guerre longue, d'usure. Faute d'une invasion de l'Angleterre, il s'agit de l'amener à plier en la coupant des ressources provenant de son empire. Le conflit se déplace donc sur l'Atlantique et la Méditerranée. L'entrée en guerre des États-Unis, en décembre 1941, soulagera le fardeau anglais.

L'EUROPE ALLEMANDE DE 1941

Le 27 septembre 1940, l'Allemagne, l'Italie et le Japon signent le pacte tripartite, une alliance défensive qui est dirigée contre l'URSS. Entre juin et août 1940, avec accord de l'Allemagne, la Roumanie est largement démembrée au profit de l'URSS, de la Hongrie et de la Bulgarie. Mussolini attaque la Grèce en octobre 1940, mais les troupes italiennes sont repoussées. En mars 1941 la Bulgarie adhère au pacte tripartite, avant d'être occupée par l'armée allemande au prétexte de la protéger d'une attaque anglaise. La Yougoslavie et la Grèce sont envahies en avril 1941. Vainqueur, Hitler remodèle l'Europe. L'Allemagne devient le « grand Reich » et annexe les cantons belges d'Eupen et de Malmédy, les départements français de la Moselle, du Haut-Rhin, du Bas-Rhin, une partie de la Slovénie. Ces territoires viennent s'ajouter aux Sudètes, tchèques, à l'Autriche, à la partie occidentale de la Pologne. Une « zone interdite » court de la Somme à la Belgique. Les pays de la « zone autonome de communauté germanique » gardent leur gouvernement sous tutelle allemande : Danemark, Norvège, Pays-Bas. Les « pays vassaux » sont la Roumanie, la Bulgarie. La Hongrie devient l'alliée de l'Allemagne. Après la rencontre de Montoire le 24 octobre 1940, entre Hitler et Pétain, la France est découpée. Le Nord est administré par l'Allemagne, le Sud, au-delà de la ligne de démarcation, est soumis au gouvernement de Vichy.

2. La mondialisation du conflit : 1941-1942

L'ENTRÉE EN GUERRE DE L'URSS

Hitler se retourne alors contre l'URSS. En dépit de Staline qui y voit une zone tampon de sécurité, l'Allemagne s'empare de la Bulgarie en mars 1941. Le 22 juin 1941 elle lance l'opération Barbarossa, l'attaque de l'Union soviétique. En URSS, la Wehrmacht progresse rapidement, arrive à une centaine de kilomètres de Moscou. Elle y est bloquée par l'hiver russe. Au printemps 1941 l'offensive reprend, le général **Friedrich Paulus** (1890-1957) atteint le Don, puis la Volga, arrive devant Stalingrad. Il doit alors affronter un second hiver russe avant de reprendre son offensive au printemps de 1942. Ce répit permet aux Russes de se préparer à la bataille décisive, grâce au repli des usines d'Ukraine vers l'Est, à la création de nouvelles unités industrielles dans l'Oural et en Sibérie, sans compter l'aide américaine sous forme de milliers de chars et d'avions.

L'ARRIVÉE DES ÉTATS-UNIS

Le Président Roosevelt ne parvient pas à convaincre le Congrès, ni la majorité des Américains de rentrer en guerre. Il faut un événement traumatisant pour voir se produire un retournement de l'opinion publique. Les experts militaires s'attendent à une attaque surprise du Japon sur les Philippines, mais ce sont les îles Hawaï qui sont frappées : le 7 décembre 1941 l'aviation japonaise bombarde la flotte américaine de Pearl Harbor, sans déclaration de guerre préalable, provoquant l'entrée en guerre des États-Unis. Le 10 décembre, c'est au tour d'une partie de la flotte britannique d'Asie d'être réduite à néant dans le golfe du Siam. En Asie, l'armée japonaise progresse rapidement. La Birmanie est prise en 1942, ainsi que la Malaisie, Singapour, les Indes néerlandaises, les Philippines. Les troupes japonaises menacent l'Inde et l'Australie. Le Japon réorganise l'Asie du Sud-Est à son profit dans le cadre du Dai Nippon, le « Grand Japon », formé de l'archipel japonais, de Taiwan, de la Corée. Viennent ensuite les « pays protégés » : Mandchoukouo, Chine de Nankin, Mongolie intérieure, Siam, Birmanie, Philippines. En réalité soumis, ils sont supposés être des alliés. Les colonies sont la Malaisie et les Indes néerlandaises, auxquelles une hypothétique indépendance est promise. L'Indochine française est occupée sans statut particulier.

LES VICTOIRES ALLIÉES EN MÉDITERRANÉE

Afin de porter secours à leur allié italien qui essuie des défaites en Tripolitaine, province de Libye, l'Allemagne envoie un corps expéditionnaire, l'Afrika Korps, commandé par Rommel. Ce dernier retourne la situation à son avantage, fonce sur l'Égypte. Le 3 novembre 1942 le général **Bernard Montgomery** (1887-1976) bat à **El-Alamein**, en Libye, les troupes de l'Afrika Korps du maréchal **Erwin Rommel** (1891-1944). C'est une étape fondamentale dans le sauvetage de l'Égypte et du canal de Suez, axe vital pour ravitailler les Alliés. L'armée de Rommel qui s'était approchée à quelques centaines de kilomètres d'Alexandrie est repoussée en Libye, puis vers l'Ouest, car la division blindée du général Leclerc remonte du Tchad et menace de prendre l'armée allemande en tenaille. Le 8 novembre 1942 a lieu le débarquement anglo-américain en Afrique du Nord, des centaines de navires prennent les ports d'Algérie et du Maroc, sous la direction du général américain Eisenhower. Les deux tombent rapidement, en dépit de la résistance des troupes coloniales obéissant à Vichy. C'est en s'imposant face à Giraud que de Gaulle, arrivé en mai 1943, devient l'unique chef de la France libre. Giraud éliminé par sa démission le 27 octobre 1943, de Gaulle prend la tête du Comité français de libération nationale, un gouvernement des zones libérées. En réaction, les armées allemandes envahissent en France la zone Sud le 11 novembre. L'escadre de Toulon se saborde pour ne pas tomber aux mains des Allemands, mais sans chercher à se joindre à la France libre. Le 12 novembre, la Tunisie est prise par les forces italo-allemandes, la totalité du Maghreb n'a pu être libérée.

3. 1943, l'année tournant

LA MÈRE DE TOUTES LES VICTOIRES : STALINGRAD

Le renversement de situation s'ébauche à l'automne 1942 et se concrétise au cours de l'année cruciale, 1943. En dépit des assauts, dans une ville en ruine où l'on se bat dans les caves, l'armée de Paulus ne parvient pas à s'emparer de Stalingrad avant la venue d'un troisième hiver. Le 19 novembre 1942, le général **Gueorgui Joukov** (1896-1974) entame à Stalingrad une manœuvre d'encerclement des armées allemandes au nord et au sud de Stalingrad, avec trois cent mille hommes. Prises dans la nasse, les forces allemandes ne peuvent se dégager de la tenaille. La seule solution aurait consisté à battre en retraite, mais, en dépit des appels désespérés de Paulus, la réponse d'Hitler est toujours la même, toute retraite est interdite. C'est un désastre pour les Allemands, après trois mois de bataille acharnée, Paulus se rend le 2 février 1943. L'armée Rouge reprend partout l'initiative. Au printemps 1943, la Wehrmacht est refoulée au-delà du Dniepr. Au printemps 1944, elle arrive aux frontières des Républiques baltes.

LE RECUL DE L'AXE

L'année 1943 voit des bouleversements sur les autres fronts. En mai 1943, les forces germano-italiennes capitulent en Tunisie. Le 10 juillet 1943, la Sicile est attaquée, conquise par les Alliés en septembre. Le gouvernement de Mussolini s'effondre. Dans le Pacifique, les Japonais sont chassés de Guadalcanal en février 1943. Deux gigantesques batailles aéronavales sont livrées, celle de la mer de Corail (7-9 mai 1943) et de Midway (4 juin 1943). Les Japonais y perdent la maîtrise du Pacifique Sud. Du 28 novembre au 1er décembre 1943 se tient la Conférence de Téhéran, où se retrouvent Churchill, Roosevelt et Staline. Ce dernier obtient l'ouverture d'un second front en Europe pour 1944. Ce sera le débarquement de Normandie. Il exige de conserver les pays baltes et la Pologne jusqu'à l'Oder.

LES OFFENSIVES VICTORIEUSES : 1944-1945

Au printemps 1944, les offensives alliées reprennent. En mai 1944, Rome est libérée. Le 6 juin 1944, les Anglais, Américains et Canadiens débarquent en Normandie par l'opération Overlord. Le 25 août, la division blindée du général Leclerc (Philippe Leclerc de Hauteclocque, 1902-1947) libère Paris. Le territoire français est entièrement libre en décembre. Le 15 août 1944 l'opération Dragon constitue un débarquement franco-américain en Provence. En décembre 1944, la Belgique est libérée. À la même époque, l'armée Rouge approche de Varsovie. Les Soviétiques prennent une à une toutes les capitales, Bucarest le 31 août 1944, Sofia le 18 septembre, Belgrade le 21 octobre, Budapest le 26 décembre. Les Britanniques débarquent en Grèce et la libèrent. L'Allemagne compte encore gagner la guerre en recourant aux nouvelles technologies, les V1 et V2, missiles armés, menacent Londres. Les recherches sur l'arme atomique se poursuivent. Deux offensives sont lancées en plein hiver, l'une contre les Ardennes, l'autre en Hongrie, elles se soldent par des échecs. **En janvier 1945**, l'armée Rouge lance l'offensive définitive contre l'Allemagne. La Pologne est intégralement reprise. Le 13 avril, la ville de Vienne est conquise. De leur côté, les Américains arrivent le 14 avril sur la rive gauche de l'Elbe. L'agonie de l'Allemagne nazie commence. Le 25 avril, les troupes françaises du maréchal **Jean de Lattre de Tassigny** (1889-1952) contrôlent le Danube. Ce même jour, Soviétiques et Américains font leur jonction à Torgau, en Saxe, alors que l'armée Rouge rentre dans les faubourgs de Berlin. Hitler se suicide dans son bunker avec sa compagne Eva Braun le 30 avril. Leurs corps auraient dus, selon les instructions données, être brûlés, mais faute d'assez d'essence pour ce faire, les troupes soviétiques retrouvent leurs cadavres à demi carbonisés dans la cour de la Chancellerie. Hâtivement enterrés dans un bois près de Berlin, lieu perdu puis retrouvé par les Russes, les restes d'Hitler sont dans le plus grand secret transférés en URSS, où l'on perd définitivement leur trace. Le 8 mai 1845 le maréchal Keitel signe à Berlin la capitulation sans condition de l'Allemagne. Le Japon continue seul la guerre. Les Américains ont débarqué en juillet 1944 sur l'île Saipan, dans les Marianes, puis à Okinawa et Iwo Jima, et remontent en direction de l'île principale de Honshū. La résistance acharnée des Japonais, allant jusqu'au suicide collectif, convainc le Président Truman de recourir à l'arme atomique qui vient d'être mise au point. Un débarquement aurait coûté, selon les estimations du Pentagone, la vie à cinq cent mille soldats américains. Le lundi 6 août 1945 une première bombe atomique est lancée sur Hiroshima par le bombardier Enola Gay, à 9h30, une seconde le 9 août sur Nagasaki. Le 14 août l'empereur Hirohito annonce la fin de la guerre à la radio. La capitulation officielle est signée le 2 septembre 1945.

UN MONDE NOUVEAU ISSU DE LA GUERRE ?

Un monde nouveau naît, préparé à la conférence de Yalta en janvier 1945 entre Churchill, Roosevelt et Staline. Les premiers éléments de la future ONU (Organisation des Nations unies) y sont évoqués. L'indépendance des colonies occupées par le Japon est envisagée. Dans l'Europe libérée, des élections libres doivent permettre la mise en place de gouvernements démocratiques. La conférence de Potsdam, en juillet-août 1945, place Staline en position de force. Il est le seul dirigeant historique de la guerre, face au nouveau Président américain **Harry Truman** et au nouveau Premier ministre britannique **Clement Attlee** (1883-1967). Par ailleurs ses blindés occupent toujours les pays libérés par l'armée Rouge. L'occupation de l'Allemagne, la nouvelle frontière Oder-Neisse avec la Pologne sont les sujets abordés. En juillet 1946 s'ouvre à Paris la conférence de paix. Y sont réglés les cas de la Bulgarie, de l'Italie, de la Hongrie, de la Roumanie et de la Finlande. Il faut attendre pour l'Allemagne et l'Autriche que ces États recouvrent leur souveraineté. Les traités de paix sont solennellement ratifiés à Paris le 10 février 1947. En juin 1945 est adoptée la Charte des Nations unies, ou Charte de San Francisco. C'est le 10 juin 1946 que l'Assemblée générale de l'Organisation des Nations unies se réunit pour la première fois. Les problèmes économiques et monétaires ont été résolus lors de la conférence de Bretton-Woods à l'automne 1944, en choisissant le dollar comme monnaie de référence du nouveau système monétaire international. Mais dès 1945 le bloc de l'Ouest, États-Unis et leurs alliés, s'oppose au bloc de l'Est, URSS et ses satellites, dans le cadre de la guerre froide. En 1946, dans le discours de Fulton, Churchill dénonce déjà le « rideau de fer » qui s'est abattu sur l'Europe et la coupe en deux.

LES GRANDS PROCÈS : NUREMBERG ET TŌKYŌ

Le sort des principaux responsables d'une guerre, militaires ou civils, une fois le conflit achevé est une préoccupation ancienne. Il s'est longtemps traduit par la mort des vaincus, suicide, exécution hâtive. L'idée avait déjà fait son chemin après 1919 de juger certains acteurs de premier plan, dont l'empereur Guillaume II, mais il faut attendre 1945 pour qu'elle soit réalisée. Deux grands procès vont avoir lieu à l'issue de la Seconde Guerre mondiale, celui de Nuremberg pour y juger les dignitaires de l'Allemagne nazie, celui de Tōkyō pour leurs homologues japonais. Le procès de Nuremberg dure du 20 novembre 1945 au 1er octobre 1946. Y sont présents les principaux responsables militaires (Keitel, Jodl, Dönitz, Raeder) et civils (Goering, Ribbentrop, Kaltenbrunner, Hess, Frank, Speer…). Les chefs d'accusation sont : crimes contre la paix, crimes de guerre, crimes contre l'humanité. Tous plaident non coupable, avec une ligne de défense identique, ils ne décidaient de rien, n'ont fait qu'obéir à des ordres qu'ils ne pouvaient en aucun cas refuser. Sur les vingt et un inculpés, onze sont condamnés à mort, trois sont acquittés, les autres doivent purger des peines de prison comprises entre dix ans et l'internement à vie. Les sentences de mort sont appliquées par pendaison le 16 octobre 1946. Le procès de Tōkyō s'achève en novembre 1948, après que le tribunal eut été officiellement mis en place le 3 mai 1946. Il concerne vingt-huit responsables militaires et civils japonais. Les chefs d'accusation sont semblables, tout comme la ligne de défense des accusés. Le 12 novembre 1948, le Premier ministre Tojo et six autres dignitaires sont condamnés à mort, les autres à la prison à vie. Les sentences de mort sont exécutées par pendaison le 23 décembre 1948. Ces deux procès qui se concluent par moins de vingt exécutions capitales semblent dérisoires au regard des cinquante millions de morts provoquées par la Seconde Guerre mondiale. Ils ont toutefois une double utilité : cathartique, exorciser par le concept nouveau de crimes contre l'humanité l'atrocité innommable des camps d'extermination, tirer un trait sur une période et ses responsables. Et ils évitent plusieurs écueils : les guerres fratricides liées aux règlements de comptes, le jugement impossible d'un peuple tout entier, la pérennité des haines faute de coupables ayant expié.

4. Un exemple d'occupation, le régime de Vichy en France, 1940-1944

LA RÉPUBLIQUE SE SABORDE POUR UN VIEUX MARÉCHAL ET SON ÉTAT FRANÇAIS

Le 10 juillet 1940, Chambre des députés et Sénat, réunis en Assemblée nationale, votent les pleins pouvoirs au maréchal Pétain en lui confiant la tâche de réaliser une nouvelle constitution, par cinq cent soixante-neuf voix pour, quatre-vingts contre, vingt abstentions. Le 11 juin, il promulgue trois actes constitutionnels qui en font le chef de l'**État français** et lui confèrent tout pouvoir. Le régime, populaire à ses débuts, est tout entier centré sur sa personne, objet d'un véritable culte. Les Français sont avant tout « maréchalistes ». Pétain obtient le soutien de l'extrême droite, de la droite traditionnelle et de l'Église catholique pour la mise en œuvre de la « révolution nationale ». Les libertés individuelles sont suspendues, les pouvoirs des préfets augmentés. En janvier 1941 est créé un **Conseil national**, peuplé de notables nommés, sans pouvoir réel. Les administrations sont épurées dans le cadre de la francisation. Les francs-maçons sont pourchassés. Des lois antisémites, sans exigence de l'Allemagne, sont mises en place. Un premier statut des juifs est promulgué en 1940, les excluant de presque toutes les professions, aggravé en juin 1941 : les juifs sont exclus de la fonction publique, l'armée, les juifs étrangers sont arrêtés, parqués à Drancy puis déportés en Allemagne. En mars 1941 est fondé le **Commissariat général aux affaires juives**, chargé de coordonner les politiques antisémites. Les anciens responsables politiques sont jugés lors du **procès de Riom** de 1941, internés puis livrés aux autorités allemandes. La devise républicaine est remplacée par le triptyque « Travail, Famille, Patrie » exaltant le retour à la terre, le catholicisme social, la critique de l'individualisme. Syndicats, grève sont interdits. La **Charte du travail** et la **Corporation paysanne** les remplacent en 1941. Les anciens combattants sont embrigadés dès août 1940 dans la **Légion des combattants**. Les **Chantiers de jeunesse** de 1940 contrôlent la jeunesse, envoyée aux travaux des champs ou forestiers, entre des cours d'instruction civique consacrés au culte du chef. Soupçonnés d'entretenir en réalité la résistance, ils sont dissous en mai 1943.

COLLABORATION, COLLABORATEURS, COLLABORATIONNISTES

La collaboration officielle avec l'Allemagne s'ouvre par l'**entrevue de Montoire** le 24 octobre 1940 entre Pétain et Hitler. Pétain annonce aux Français que le pays « entre dans la voie de la collaboration » lors du discours de 30 octobre. **Pierre Laval** (1883-1945) est vice-président du Conseil jusqu'au 13 décembre 1940, date à laquelle Pétain le renvoie, le fait momentanément arrêter. Il bénéficie du soutien de l'ambassadeur du Reich à Paris, **Otto von Abetz** (1903-1958), qui le sait favorable à une collaboration totale. À ses côtés se rangent les partis **collaborationnistes**, tels le **Parti populaire français** de **Jacques Doriot** (1898-1945) et le **Rassemblement national populaire** de **Marcel Déat** (1894-1955). La collaboration officielle bénéficiant d'une presse spécialisée se répand sur les ondes de Radio-Paris. Certains intellectuels s'y joignent comme **Robert Brasillach** (1909-1945), **Pierre Drieu La Rochelle** (1893-1945), **Louis-Ferdinand Céline** (1894-1961) qui multiplie les pamphlets violemment antisémites.

En février 1941, Laval est remplacé par l'amiral **François Darlan** (1881-1942) qui met en œuvre la collaboration. Il envoie les troupes françaises en Afrique du Nord contre les Anglais et les Français libres. En février 1942 est constitué **le service d'ordre légionnaire**, milice fanatique placée sous les ordres de **Joseph Darnand** (1897-1945). En juillet 1941 se forme la **Légion des volontaires français contre le bolchevisme** ou **LVF**, qui sera expédiée par les Allemands sur le front russe. En avril 1942 **Otto von Abetz** exige le retour de Laval qui déclare « Je souhaite la victoire de l'Allemagne » lors du discours à la radio du 22 juin 1942. La collaboration s'intensifie dans tous les domaines. Il propose une « relève », le retour des prisonniers de guerre contre l'envoi de travailleurs volontaires en Allemagne. Faute de volontaires en nombre suffisant, elle échoue. Elle est remplacée en septembre 1942 par le **Service du travail obligatoire**, le **STO**, six cent mille Français sont obligés d'aller travailler en Allemagne. Pour y échapper, de nombreux jeunes choisissent de rejoindre les réseaux de résistance. La déportation de juifs en Allemagne s'accélère. Les 16 et 17 juillet 1942 la **Rafle du Vél' d'Hiv** se traduit par l'arrestation à Paris de plus de vingt mille juifs, ensuite déportés. L'opération, décidée par Pierre Laval et René Bousquet, secrétaire général de la Police, porte le nom de code de « Vent printanier ». Sept mille policiers français sont mobilisés et arrêtent les familles surprises en plein sommeil, dans la nuit du 16 au 17 juillet, les regroupent au Vélodrome d'Hiver, familièrement appelé le Vél' d'Hiv, avant de les maintenir au camp de Drancy, ultime étape précédant la déportation vers les camps d'extermination. Le 11 novembre 1942, à la suite du débarquement allié en Afrique du Nord, la zone libre est envahie. La fiction d'un gouvernement de Vichy indépendant s'effondre, sa popularité s'érode. Après avoir vainement tenté de réagir, notamment en faisant la grève de ses fonctions, Pétain, au début de l'année 1944, forme un gouvernement collaborationniste où entrent Déat au Travail et Darnand au Maintien de l'ordre. Le 20 août 1944 les autorités allemandes transfèrent Pétain à Belfort, puis, le 8 septembre, en Allemagne à Sigmaringen. Le 23 avril 1945, Pétain obtient d'être conduit en Suisse. Il demande à regagner la France, ce qu'il fait le 26 avril. Il est arrêté et interné au fort de Montrouge. Son procès commence le 23 juillet 1945 devant la Haute Cour de justice. Le 15 août il est condamné à mort, peine commuée en réclusion à perpétuité par le **général de Gaulle** le 17 août 1945. Pétain est d'abord interné, entre août et novembre 1945, au fort de Portalet, dans les Pyrénées, puis au fort de la Citadelle, sur l'île d'Yeu en Vendée. Malade, âgé, Pétain est autorisé le 8 juin 1951 à finir ses jours dans une maison privée où il meurt le 23 juillet 1951.

LES RÉSISTANCES

Depuis l'appel du 18 juin 1940 du général de Gaulle, certains Français ont choisi d'entrer en résistance. La France libre de De Gaulle obtient le ralliement de certaines colonies, comme le Tchad, à l'initiative du gouverneur général **Félix Éboué** (1884-1944). C'est sur ces territoires qu'interviennent les Forces françaises libres ou FFL sous les ordres du général Leclerc au Tchad, du général Kœnig en Libye. La résistance intérieure, à l'origine spontanée et sans coordination, s'organise peu à peu. Des réseaux se constituent. En zone libre, on trouve le Mouvement de libération nationale, devenu plus tard Combat, libération franc-tireur. En zone occupée, dans des conditions plus difficiles, naissent Libération-Nord, l'Organisation civile et militaire, le Front national. Des groupes d'action pratiquant le sabotage et les attentats sont organisés : les Francs-tireurs et partisans français (FTPF).

« Entre ici, Jean Moulin... »

Une première tentative d'union, le Comité français de libération nationale, créé à Alger et présidé par de Gaulle échoue. En mai 1943 ce dernier envoie un émissaire, Jean Moulin (1899-1943). Il organise le Conseil national de la résistance (CNR), mais est arrêté, torturé à mort par les Allemands. C'est à l'époque même où le CNR prépare son programme, dont la mise en œuvre est confiée à Georges Bidault, que Jean Moulin est victime d'une dénonciation. Il est arrêté par la Gestapo au cours d'une réunion des principaux représentants des mouvements de résistance, à Caluire-et-Cuire, près de Lyon, le 21 juin 1943. Transféré à Lyon, il est torturé par les hommes de Klaus Barbie. Il meurt sans avoir fourni aucun nom, aucune information. Ses cendres sont transférées au Panthéon le 19 décembre 1964, en présence du ministre de la Culture André Malraux qui lui rend un vibrant et solennel hommage : « Comme Leclerc entra aux Invalides, avec son cortège d'exaltation dans le soleil d'Afrique, entre ici, Jean Moulin, avec ton terrible cortège. Avec ceux qui sont morts dans les caves sans avoir parlé, comme toi ; et même, ce qui est peut-être plus atroce, en ayant parlé ; avec tous les rayés et tous les tondus des camps de concentration, avec le dernier corps trébuchant des affreuses files de *Nuit et Brouillard*, enfin tombé sous les crosses ; avec les huit mille Françaises qui ne sont pas revenues des bagnes, avec la dernière femme morte à Ravensbrück pour avoir donné asile à l'un des nôtres. » Le 2 juin 1944, le Comité de libération nationale se transforme en Gouvernement provisoire de la République française ou GPRF. Depuis mars 1944 les groupes de résistance intérieure sont fédérés dans le cadre des Forces françaises de l'intérieur ou FFI. Dans les zones reculées s'installent des maquis, ou se regroupent les résistants. Le maquis des Glières en Haute-Savoie, créé par l'armée secrète le 31 janvier 1944, attaqué par les forces allemandes en mars 1944, qui massacrent les résistants, déportent les survivants. La grande majorité des Français ne participe ni à la collaboration ni à la résistance, adoptant une position attentiste, se contenteront d'essayer de faire face le mieux possible aux difficultés quotidiennes, notamment de ravitaillement, dans une France occupée. C'est le temps du système D, de la débrouillardise (D), du marché noir, des commerçants qui s'enrichissent, les BOF, « Beurre, œufs, fromages ».

Deux femmes résistantes exemplaires :
Lucie Aubrac et Danielle Casanova

Les femmes combattent avec les hommes dans les rangs de la résistance, ce qui permettra, après l'égalité des risques et des souffrances, d'obtenir l'égalité civique et le droit de vote en 1945. Au nombre de ces combattantes de l'ombre, deux figures particulièrement attachantes se détachent, l'une bien connue, l'autre bien oubliée : Lucie Aubrac et Danielle Casanova.

Née Lucie Bernard, à Mâcon, dans une famille de vignerons, **Lucie Aubrac** (1912-2007) fait des études d'histoire, réussit l'agrégation, devient enseignante. À la veille de la guerre, en 1939, elle épouse Raymond Samuel. Tous deux deviennent des résistants de la première heure, fondateurs avec Emmanuel d'Astier de La Vigerie (1900-1969) du réseau « Libération ». Leur pseudonyme dans l'action clandestine, destiné à devenir le nom sous lequel la postérité les connaît, est Lucie Aubrac et Raymond Aubrac. Tout en enseignant, elle participe aux activités du réseau, tracts, journal clandestin, fait le lien entre les membres. L'intensification de la chasse aux résistants, les « terroristes » pour Vichy, au cours de l'année 1943, met par deux fois Raymond Aubrac en danger : arrêté, il doit son salut à Lucie qui, par deux fois aussi, le fait évader. Demeurer en France n'est plus possible, le couple parvient à gagner l'Angleterre en février 1944. Après la guerre, Lucie Aubrac transmet aux jeunes générations le souvenir de ce que fut la résistance. Raymond a perpétué sa mémoire avant de s'éteindre en 2012.

Née Vincentalla Perini, à Ajaccio, en 1909, dans une famille d'instituteurs, **Danielle Casanova** (1909-1943) est une haute figure de la résistance, dont la mort prématurée, à Dachau, du typhus, le 9 mai 1943, explique peut-être en partie l'oubli dont elle est victime. Venue à Paris pour y devenir dentiste, elle y fait surtout la connaissance de Laurent Casanova (1906-1972), un jeune communiste, futur collaborateur de Maurice Thorez, membre de l'appareil clandestin du Parti communiste français. Elle milite activement pendant l'entre-deux-guerres, rejoint la clandestinité dès septembre 1939, quand le Parti communiste est interdit. Elle met en place les comités féminins communistes en octobre 1940. Son activisme la rend vulnérable. Elle est arrêtée par la police française en février 1942. Internée à la Santé puis au fort de Romainville, elle déploie une remarquable énergie et continue tracts et activités militantes. Déportée à Auschwitz, elle y soigne les affections dentaires, y contracte le typhus qui l'emporte. Paris lui rend hommage par une rue perpendiculaire à l'avenue de l'Opéra. La Monnaie de Paris édite en 2012 une pièce de 10 euros en argent où elle figure sa Corse natale.

CHAPITRE XXIV
La France depuis 1945

1. La IVᵉ République

L'URGENCE : RESTAURER L'ÉTAT

La France de 1945 est un pays ruiné et affaibli. Le conflit a provoqué la perte de six cent mille personnes, dont une majorité de civils, plus de cent mille morts dans les camps d'extermination. L'économie française est durablement frappée, l'indice de production industrielle, pour une base 100 en 1938 est de 38 en 1944. L'agriculture est en déroute, terres arables et bétail manquent. Le rationnement se prolonge jusqu'en 1949. L'autorité de l'État doit être restaurée, après la fin du régime de Vichy. Du fait de la collaboration de ce dernier, c'est chose d'autant moins aisée que Staline voulait traiter la France en vaincue alliée de l'Allemagne et les Alliés lui imposer pour un an une administration militaire, l'*Allied Military Government of Occupied Territories*, ou AMGOT, gouvernement militaire allié des territoires occupés. C'est avec le soutien de **Winston Churchill** que le général de Gaulle prend la tête du Gouvernement provisoire de la République française ou GPRF à Alger en juin 1944. Cette organisation assure le pouvoir en France jusqu'à la naissance de la IVᵉ République en octobre 1946. La présidence en échoit successivement à **de Gaulle**, puis à **Félix Gouin** (1884-1977), **Georges Bidault** (1899-1983) et **Léon Blum** (1872-1950). De Gaulle doit aussi compter avec les mouvements de résistance, les Comités départementaux de la libération ou

XXᵉ SIÈCLE

CDL. Créés en 1943, clandestinement, ils doivent préparer l'après Vichy, dans la phase de transition, avant la mise en place d'une nouvelle administration. Leurs membres sont choisis par la population locale, parmi les résistants et les notables. L'attitude du parti communiste est elle aussi préoccupante. Son dirigeant, Maurice Thorez, vient de rentrer de Moscou, où il a passé la guerre, il peut être tenté de profiter de l'absence d'État pour lancer un mouvement révolutionnaire, à une époque où le prestige du communisme est grand. Il en est dissuadé par Staline, dont le but est avant tout la fin de la guerre. Le général de Gaulle mène alors une politique de réconciliation nationale. En septembre 1944, il forme un nouveau gouvernement, élargi à toutes les sensibilités issues de la résistance, intègre des communistes en leur confiant les ministères de l'Air et de la Santé.

Restaurer l'État, c'est aussi mettre fin à l'épuration illégale, règlements de comptes, femmes tondues, assassinats visant des collaborateurs ou présumés tels sans recours à la justice. Elle aurait fait environ dix mille victimes. Le GPRF y met fin en septembre 1944 et la remplace par l'épuration légale. Faute de pouvoir sanctionner tous les collaborateurs notamment les agents de l'État ou les hommes d'affaires impliqués dans la collaboration économique, la voie choisie est celle de grands procès symboliques. Les CDL enquêtent bien dans chaque département sur l'attitude des fonctionnaires pendant l'Occupation, mais les sanctions demeurent rares, l'État ne peut se passer de ses agents. De Gaulle considère le régime de Vichy comme une « parenthèse » dans l'histoire de la nation, qu'il convient de refermer au plus vite. Le maréchal Pétain est condamné à mort, peine commuée par de Gaulle en incarcération à vie, son ancien ministre **Pierre Laval** (1883-1945) est fusillé. C'est le cas des collaborateurs les plus voyants, les collaborationnistes qui trouvaient que Vichy ne collaborait pas assez. La collaboration économique n'est que très peu sanctionnée, l'exemple des usines Renault, nationalisées à titre punitif en 1945, reste une exception. De Gaulle veut une réconciliation nationale rapide et commence à fonder le mythe d'une France unie et résistante, apparue avec l'appel du 18 juin 1940, qui ne sera remis en cause que trente ans plus tard. C'est déjà perceptible dans le discours qu'il prononce sur la place de l'hôtel de ville de Paris, le 25 août 1944, jour de la libération de la ville : « Paris ! Paris outragé ! Paris brisé ! Paris martyrisé ! Mais Paris libéré ! Libéré par lui-même, libéré par son peuple avec le concours des armées de France, avec l'appui et le concours de la France tout entière, de la France qui se bat, de la seule France, de la vraie France, de la France éternelle. »

LES PRÉMICES DE LA FRANCE MODERNE

Après avoir écarté l'AMGOT, le gouvernement provisoire prend une première série de mesures, d'autant plus facilement qu'il n'y a pas d'assemblées pour s'y opposer. Le vide constitutionnel, l'absence d'institutions favorisent ici une mise en place rapide de la modernisation du pays. L'ordonnance d'Alger du 21 avril 1944, accordant le droit de vote aux femmes par la voix du Comité français de libération nationale (CFLN), est mise en œuvre par l'ordonnance du 5 octobre 1944. Les Françaises votent pour la première fois aux élections législatives d'octobre 1945. Les grandes ordonnances de 1945 établissent la Sécurité sociale, règlementent la Fonction publique. Entre 1944 et 1946 une série de nationalisations est effectuée, créant un vaste secteur public : Houillères du Nord et du Pas-de-Calais (1944), Marine marchande (1944), Renault (1945, à titre punitif pour fait de collaboration), Air France (1945), Banque de France (1945), Crédit Lyonnais (1945), Société générale (1945), Charbonnages de France (1946), Électricité et gaz de France (EDF-GDF) en 1946.

DE GAULLE ET L'ASSEMBLÉE : LA RUPTURE

En octobre 1945 un référendum est organisé pour la mise en place de nouvelles institutions, consacrant l'abandon d'une IIIe République (1870-1875-1940) discréditée par les pleins pouvoirs confiés à Pétain en juillet 1940 : 96 % des Français veulent un changement de constitution. Les élections à l'Assemblée constituante d'octobre 1945 montrent d'ailleurs une quasi-disparition des anciens partis politiques, dont les radicaux. Trois grands partis émergent. Le Mouvement républicain populaire (MRP), créé en novembre 1944, regroupe d'anciens résistants démocrates-chrétiens. Le Parti communiste français (PCF) profite de l'aura de l'Union soviétique. La Section française de l'Internationale ouvrière (SFIO) est caractérisée par un mouvement socialiste. Ces trois formations se répartissent les suffrages : PCF 26 %, MRP 24 %, SFIO 23 % et sont les rouages des futurs gouvernements du tripartisme. En novembre, l'Assemblée élit de Gaulle chef du gouvernement. Dès lors, la rupture est prévisible. De Gaulle est hostile au régime parlementaire, celui de la IIIe République, où le législatif contrôle l'exécutif, il entend favoriser une constitution appliquant la stricte séparation des pouvoirs. Cette prise de position inquiète les partis de l'Assemblée, qui redoutent une dérive autoritaire de l'exécutif. L'Assemblée constituante issue des élections présente un premier projet, avec une assemblée unique, repoussé par le MRP et le PCF. L'impossibilité d'un accord sur un président de la République fort conduit de Gaulle à démissionner le 20 janvier 1946. La voie est désormais libre pour le retour du « régime des partis » refusé par le général. Une nouvelle constituante est élue en juin, donnant naissance à un second projet où sont prévues deux assemblées. Mais ce que redoutait de Gaulle se produit en effet, la chambre haute est dépourvue de pouvoir, le président de la République, irresponsable, est élu par les deux assemblées. C'est un retour aux lois constitutionnelles de 1875, à ces institutions de la IIIe République rejetées pourtant massivement par les Français en octobre 1945. Lors du référendum organisé pour son approbation, de Gaulle fait campagne pour le « non ». La constitution est à peine approuvée par 53 % de « oui », avec une abstention massive de 30 % des inscrits.

LES INSTITUTIONS DE LA IVe RÉPUBLIQUE

La Constitution de la IVe République (1946-1958) est finalement approuvée par référendum en octobre 1946. Elle établit un régime démocratique parlementaire. L'organe central en est l'Assemblée nationale, élue au suffrage universel pour cinq ans, qui seule vote les lois. Le problème réside dans le mode de scrutin : l'abandon du scrutin uninominal au profit du scrutin de liste proportionnel émiette les votes, rendant presque impossible la constitution d'une majorité. Le système proportionnel apparaît comme plus juste, car il permet à un plus grand nombre de formations politiques, donc de citoyens, d'être représentées, mais il entraîne par là même un plus grand nombre de partis. Une seconde assemblée, l'ancien Sénat rebaptisé Conseil de la République, se limite à donner des avis consultatifs à l'Assemblée nationale. Ses membres sont élus au suffrage indirect par de grands électeurs, au nombre desquels se trouvent les députés, renforçant le contrôle de l'Assemblée. Cela est d'autant plus vrai que l'exécutif lui est soumis. Le président du Conseil, sous-entendu des ministres, chef du gouvernement, est en régime parlementaire contraint d'obtenir une investiture, c'est-à-dire se voir accorder la confiance de l'Assemblée nationale à la majorité absolue. En raison du mode de scrutin, c'est là chose presque impossible sauf à réaliser des alliances opportunistes très vite remises en question par leurs membres eux-mêmes au gré de l'évolution de leurs intérêts propres. Cela sans compter que, contrairement à la discipline de parti imposée sous la Ve République, les députés de la IVe République conservent une tradition de fortes personnalités individualistes et adeptes du libre arbitre : un député, en désaccord avec une mesure voulue par son propre parti, n'hésitera guère à voter contre, ce qui équivaudrait de nos jours à un suicide politique. Sans exagération, l'issue du vote dépend chaque fois de la question posée, à une question correspond une majorité de l'instant, puis il faut tout recommencer pour la suivante. Le président de la République ne dispose pas de pouvoirs véritables, dans la mesure où il est lui-même élu par les deux chambres, le Parlement, en leur sein. Ne condamnons toutefois pas les institutions de la IVe République sans appel, elles auraient pu fonctionner dans des circonstances plus favorables, mais la guerre froide et les guerres coloniales lui offrent peu de chances de survie.

HEURS ET MALHEURS DU TRIPARTISME

L'instabilité gouvernementale, de règle tout au long de la IVe République, empêche la plupart des gouvernements à durer plus d'un an. Le record de longévité est celui du gouvernement Guy Mollet, seize mois du 31 janvier 1956 au 21 mai 1957, et les gouvernements Pineau, un jour du 17 au 18 février 1955, et Pinay, un jour du 17 au 18 octobre

1957 suivis de peu par le gouvernement Queuille, deux jours, du 2 au 4 juillet 1950 atteignent les records de la brièveté. La Constitution prévoit également la transformation de l'Empire français en Union française regroupant, dans une supposée volonté de vivre ensemble, la métropole, les Dom-Tom (Départements et Territoires d'outre-mer) et les colonies. Une Assemblée de l'Union française est créée, mais elle est purement consultative, composée pour moitié de métropolitains. Avant même et tout de suite après sa mise en place, les émeutes violemment réprimées de Sétif, en mai 1945, en Algérie et de Madagascar, entre mars et août 1947, prouvent que les colonies demeurent ce qu'elles étaient, le statut de l'indigénat perdure, en Algérie jusqu'en 1962, en dépit de son abolition en 1946. Il fait des populations allogènes des colonies des citoyens de seconde zone, sans droits. En Indochine, **Hồ Chí Minh** (Nguyen Sinh Cung, dit, 1890-1960) proclame l'indépendance le 2 septembre 1945. En novembre 1946, la France bombarde le port de Haiphong, la guerre d'Indochine commence. Les gouvernements de tripartisme, alliance électorale entre PCF, MRP et SFIO durent de 1946 à 1947.

LA PREMIÈRE FEMME MINISTRE : GERMAINE POINSO-CHAPUIS

Germaine Poinso-Chapuis (1901-1981) naît en 1901 au sein d'une famille de la bonne bourgeoisie de Marseille. Après des études de droit, elle devient avocate. Avant la guerre, elle se fait déjà connaître par ses activités de défense des valeurs féministes. Sous le régime de Vichy, elle n'hésite pas à être l'avocate des résistants, à les cacher, tout comme les juifs traqués. Elle devient membre du réseau « Alliance ». Catholique, elle rejoint les rangs du MRP et est élue députée des Bouches-du-Rhône en 1945. Elle est la première femme ministre de plein exercice, au poste de la Santé, en 1947, contrairement à ses devancières du gouvernement Léon Blum de 1936, qui n'occupent que des postes de sous-secrétaires d'État. Après la fin de son mandat de député en 1956, elle se consacre de nouveau à la vie associative.

DU TRIPARTISME À LA TROISIÈME FORCE

L'année 1947 met à mal l'alliance de circonstance qu'est en réalité le tripartisme. Les Français ont naïvement cru que la fin de la guerre s'accompagnerait du retour de la prospérité. Il n'en est rien, le rationnement et les queues devant les boulangeries perdurent. L'exaspération est d'autant plus grande que le gouvernement réclame des efforts supplémentaires pour gagner la « bataille de la production », partout sur les murs fleurissent des affiches demandant aux travailleurs de « retrousser les manches ». Cette politique est appuyée par le PCF. En 1947, le niveau de production de 1938 est atteint mais la semaine de travail est passée de quarante à quarante-cinq heures et surtout, l'inflation rend le coût de la vie difficile à supporter : le pouvoir d'achat des ouvriers baisse de 30 % de 1944 à 1947, en octobre 1947, si les salaires ont augmenté de 10 %, les prix des biens alimentaires l'ont fait de 50 %. Dès le printemps, des grèves se déclenchent, culminant à l'automne 1947. Les appels à la reprise de la CGT restent sans effet. En octobre, les grévistes bloquent la capitale, obstruent les voies de chemin de fer. Le gouvernement se montre ferme, envoie les forces de police, réprime durement un mouvement qui dure jusqu'en octobre 1948. Pourtant l'éclatement du tripartisme se produit sur la question coloniale liée à la guerre froide.

Les désaccords sur la guerre d'Indochine et les débuts de la guerre froide amènent le renvoi des ministres communistes en juin 1947 par le président du conseil socialiste **Paul Ramadier** (1888-1961). En avril 1947 de Gaulle, farouche opposant à ce qu'il nomme le « régime des partis » de la IVe République, fonde un nouveau parti, le Rassemblement du peuple français (RPF) qui veut un exécutif fort. Succédant au tripartisme, les gouvernements de troisième force s'appuient sur le MRP, les radicaux, les socialistes, contre les communistes et les gaullistes du RPF. Mais la coalition éclate en 1951 sur la question scolaire : le MRP veut subventionner plus largement les écoles libres, ce que refusent socialistes et radicaux. Les gouvernements suivants de centre-droit se succèdent à une cadence trop importante pour être en mesure de réaliser quoi que ce soit de durable. Les socialistes reviennent au pouvoir en février 1956, mais la guerre d'Algérie les monopolise, les conduit à s'allier avec la droite pour la poursuivre, sans parvenir à y mettre un terme. La IVe République détient le record de vingt-cinq gouvernements en douze ans. Il semble plus sage, pour tenter de demeurer un peu au pouvoir, d'y favoriser l'impéritie. Renforçant ses liens avec les États-Unis, la France intègre l'OTAN (Organisation du traité de l'Atlantique Nord) en 1949.

DEUX EXPÉRIENCES ORIGINALES : PINAY, MENDÈS FRANCE

Cependant deux expériences politiques sortent d'un lot plutôt terne, celle d'**Antoine Pinay** (1891-1994) de mars à décembre 1952, et celle de **Pierre Mendès France** (1907-1982) entre juin 1954 et février 1955. Antoine Pinay rassure le pays à un moment d'instabilité monétaire et financière par son profil de notable provincial. Il stabilise le franc, lance un emprunt à 3,5 % indexé sur l'or et surtout sans droits de succession qui remporte un grand succès et restaure la confiance des milieux financiers en France et à l'extérieur. C'est le début pour Pinay d'une réputation d'infaillibilité en matière monétaire, jusqu'à sa mort, à l'âge de cent trois ans. On vient le consulter dès que le franc vacille.

Pierre Mendès France reçoit l'investiture à la suite de la défaite française de Điện Biên Phủ (7 mai 1954), le 18 juin 1954. Depuis 1946, la guerre d'Indochine oppose la France, soutenue par les États-Unis dans le cadre de la guerre froide, aux partisans d'Hồ Chí Minh, le front de résistance du Viêt-minh appuyés depuis 1949 par la Chine communiste. Depuis le mois de janvier 1954, douze mille soldats français sont pris au piège dans la cuvette de Điện Biên Phủ. Le 7 mai 1954, ils sont contraints à la reddition. En dépit de la longueur de la bataille, c'est un coup de tonnerre en France où tout le monde les avait oubliés. Pierre Mendès France, surnommé PMF, arrive aux affaires dans l'urgence. C'est la fin militaire de la guerre d'Indochine (1946-1954) à laquelle Mendès France donne une conclusion politique en signant le 20 juillet 1954 les accords de Genève, qui donnent son indépendance à l'Indochine. Le 31 juillet 1954 c'est au tour de la Tunisie. Mais il échoue en Algérie, avec les événements de la Toussaint, le 1ᵉʳ novembre 1954, qui marquent le début de la guerre d'Algérie (1954-1962). Il ne parvient pas non plus à faire adopter par l'Assemblée le projet de Communauté européenne de défense, ou CED, qui prévoit des forces conjointes franco-allemandes contre la menace soviétique, qui la rejette par vote en 1954. Le 5 février 1955, l'Assemblée lui refuse sa confiance, le contraignant à démissionner. La IVᵉ République se délite ensuite dans son incapacité à résoudre les conflits coloniaux. À partir de 1956 le socialiste **Guy Mollet** (1905-1975) envoie pour les besoins de la guerre d'Algérie les soldats du contingent, l'armée de métier ne suffit plus. Pierre Mendès France, ministre d'État de son gouvernement, démissionne alors pour marquer sa désapprobation. La bataille d'Alger de 1957 révèle le recours à la torture, la France est condamnée par l'ONU. La crise de Suez, toujours en 1956, démontre la position internationale plus fragile de la France, contrainte de reculer devant l'opposition américaine et les menaces soviétiques.

La rigueur dans l'honneur : PMF

Il faudrait un florilège de superlatifs pour évoquer **Pierre Mendès France** (1907-1982), plus jeune en tout, bachelier à quinze ans, reçu à Sciences Po à seize, avocat à dix-neuf, député à vingt-cinq, maire à vingt-huit, sous-secrétaire d'État à trente et un dans le second gouvernement Léon Blum. La débâcle de juin 1940 l'amène à tenter l'aventure du Massilia, ce navire qui conduit vingt-sept parlementaires en Afrique du Nord pour y reconstruire la République, en principe, en réalité dans les geôles de Vichy. Emprisonné, il s'évade, gagne Londres en février 1942, prend part aux exploits aériens de l'escadrille Lorraine, aux côtés de Romain Gary (1914-1980). Il rejoint de Gaulle à Alger en 1943, devient commissaire aux finances, puis, en 1944, ministre de l'Économie nationale du GPRF mais démissionne après le refus de son plan d'austérité. Il devient président du Conseil de juin 1954 à février 1955. Tout comme Roosevelt le faisait pour les Américains dès 1933, Pierre Mendès France traite ses compatriotes en adultes. Sa très haute conception de l'État l'amène à rompre avec la pratique traditionnelle, voulant que les responsables politiques ne rendent de comptes à leurs électeurs que lors des échéances électorales. Chaque samedi soir, une causerie radiodiffusée lui permet d'exposer son action à la nation, sans chercher à en dissimuler les difficultés ou les échecs. Après 1956, il préside le parti radical, soutien les candidatures de François Mitterrand en 1974 et 1981, œuvre pour les efforts de paix au Proche-Orient. Infatigable travailleur, c'est à sa table de travail qu'il meurt le 18 octobre 1982. La France lui fit des funérailles nationales.

2. La Ve République

LA FRANCE ENTRE DANS LES TRENTE GLORIEUSES

Si le bilan politique de la IVe République est plus qu'en demi-teinte, son succès est évident en matière économique et sociale. La France bénéficie du plan Marshall (1947-1952) d'aide à la reconstruction, elle adopte un système de planification souple de l'économie, se relève avec le plan Monnet de 1945 à 1952, dû à l'un des pères de l'Europe, **Jean Monnet** (1888-1979). En 1951, sous l'impulsion d'un autre père de l'Europe, **Robert Schuman** (1886-1963), la France intègre la Communauté européenne du charbon et de l'acier (CECA) avec la RFA, République Fédérale d'Allemagne, le Luxembourg, le Pays-Bas, la Belgique et l'Italie. Par le traité de Rome de mars 1957 les six mêmes portent sur les fonts baptismaux la Communauté économique européenne, ou CEE. Outre la mise en place d'un État-providence, la IVe République améliore le niveau de vie et le mode de vie des Français, avec l'instauration du Salaire minimum interprofessionnel garanti (SMIG) en février 1950 (il devient le Salaire minimum interprofessionnel de croissance ou SMIC en janvier 1970) ou la troisième semaine de congés payés en 1956.

DEUX « PÈRES DE L'EUROPE » : JEAN MONNET ET ROBERT SCHUMAN

Jean Monnet (1888-1979)

Il naît en 1888 dans une famille aisée de négociants en spiritueux de Cognac, acquiert une pratique de la haute finance, est amené pour la firme familiale à se rendre aux États-Unis, en Chine où il dirige des banques. Cette expérience en matière de finance internationale lui vaut de gérer les ressources des Alliés lors de la Seconde Guerre mondiale, de coordonner leur répartition depuis les États-Unis. Après 1945, de retour en France, il joue un rôle identique pour les fonds et matières premières du plan Marshall, dans le cadre du plan Monnet, alors qu'il est commissaire général au plan. Mais son œuvre fondamentale consiste à rapprocher la France et l'Allemagne dans un partenariat économique dont il est convaincu qu'il empêchera la survenue d'un nouveau conflit. Il porte au début sur les deux produits indispensables en cette phase de reconstruction, le charbon et l'acier. Un plan secret est soumis au ministre des Affaires étrangères, Robert Schuman, qui le concrétise le 9 mai 1950 par le discours du salon de l'Horloge, annonçant la première étape de la construction européenne. Ce jour est devenu celui de la célébration de l'Europe. Ses relations houleuses avec de Gaulle l'éloignent ensuite de la scène politique à laquelle il a toujours préféré l'économie. Il s'y consacre, ainsi qu'à l'histoire, jusqu'à sa mort en 1979. Devenu officiellement « Père de l'Europe », ses cendres sont transférées au Panthéon en 1988.

Robert Schuman (1886-1963)

Né en 1886 au Luxembourg, Robert Schuman est citoyen allemand avant de devenir français en 1918. Entre 1919 et 1940, il est député de la Moselle, avant de devenir un temps membre du gouvernement de Pétain, puis d'être arrêté quand la Moselle est intégrée au Reich allemand, ce qu'il refuse. Il s'évade et passe en zone libre, le sud de la France. Il retrouve son siège de député dès 1946, devient l'un des principaux dirigeants du MRP. Ministre des Finances, puis des Affaires étrangères, il lance en mai 1950 la future CECA avec le chancelier Konrad Adenauer (1876-1967). En revanche, son projet de CED est repoussé en 1954. Premier président du Parlement européen, il occupe cette fonction entre 1958 et 1960, avant de se retirer des affaires publiques. Il meurt en 1963.

LE SABORDAGE D'UNE RÉPUBLIQUE

Le gouvernement Guy Mollet tombe en mai 1957. Les suivants sont incapables d'agir, faute de temps, renversés à la première occasion. Ils sont de plus en plus impopulaires auprès des colons français d'Algérie, qui les soupçonnent de vouloir accorder son indépendance au pays. La situation empire encore à compter du 15 avril 1958, en l'absence de gouvernement. À l'annonce de l'investiture prévue de **Pierre Pflimlin** (1907-2000), le 13 mai 1958, dont on pense qu'il s'apprête à négocier avec le Front de libération nationale (FLN) algérien, les colons d'Alger organisent le jour même une gigantesque manifestation, prennant d'assaut le palais du gouverneur général, y installant un Comité de salut public avec le soutien des généraux **Jacques Massu** (1908-2002) et **Raoul Salan** (1899-1984). C'est un véritable coup d'État, armée et colons se placent en dehors du cadre républicain et de ses institutions. Les gaullistes profitent de la situation pour favoriser la fin de la « traversée du désert » du général de Gaulle, éloigné des postes de décision de la vie politique depuis douze ans, condamnant les élus de son parti, le RPF, qui, en 1953, rejoignent la majorité, entrent même au gouvernement. Dès le 15 mai de Gaulle lui-même se déclare « prêt à assumer les pouvoirs de la République » à la demande des gaullistes d'Alger. Le 19 mai, il convoque la presse pour une conférence. À un journaliste qui lui demande s'il compte s'emparer du pouvoir, il répond avec humour : « Croyez-vous qu'à soixante-sept ans je vais commencer une carrière de dictateur ? » Il apparaît vite comme l'homme providentiel à une classe politique désemparée, qui redoute un putsch militaire à Paris aussi, un débarquement des unités parachutistes. Elle n'a pas tort, l'opération Résurrection est bien prévue pour la nuit du 27 au 28 mai, un débarquement de soldats en métropole, en Corse notamment. De Gaulle est le seul à pouvoir ramener l'armée dans le rang et apaiser les craintes des colons. Le 28 mai, Pierre Pflimlin démissionne, le lendemain, le président de la République, René Coty, fait appel à de Gaulle. Le 1er juin 1958, l'Assemblée nationale l'investit par trois cent vingt-neuf voix contre deux cent vingt-quatre, lui accordant les pleins pouvoirs pour six mois afin qu'il mène à bien la rédaction d'une nouvelle Constitution. La guerre d'Algérie met fin à la IVe République.

DE GAULLE, PÈRE DE NOS INSTITUTIONS

Charles de Gaulle (1890-1970) naît le 22 novembre 1890 dans une famille de la bourgeoisie catholique à Lille. Après des études dans un collège de jésuites, il entre à Saint-Cyr ; puis est affecté au 33e régiment d'infanterie d'Arras, placé sous les ordres du colonel Pétain. C'est toujours sous le commandement de Pétain, devenu général, à la tête de la IIe armée postée en avant du fort de Douaumont, que le capitaine de Gaulle, blessé d'un coup de baïonnette à la cuisse, est capturé le 2 mars 1916. Il n'est libéré qu'à la fin du conflit, présente le concours de l'École de guerre, où il est reçu 33e sur 129 admis, en 1922. Entretemps, il a épousé Yvonne Vendroux, fille d'un riche industriel calaisien. Il intègre le cabinet de Pétain en 1925, et est envoyé à Beyrouth. En 1932, il occupe un poste au secrétariat de la Défense nationale. Il est connu pour ses publications : *La Discorde chez l'ennemi* (1924), *Le Fil de l'épée* (1932), *L'Armée de métier* (1934). Il développe un point de vue original à l'époque, celui de renforcer le rôle des blindés. Il commande d'ailleurs ceux du 507e régiment de Metz, puis de la Ve armée. En 1940, il effectue un passage éclair dans le gouvernement Paul Reynaud : sous-secrétaire d'État à la défense le 6 juin, il quitte la France pour Londres le 17 du même mois. Il y lance sur les ondes de la BBC son célèbre appel, puis s'affirme comme la tête de la France libre avec le Comité français de libération nationale (3 juin 1943), le CNR en décembre 1943, le GPRF en août 1944. Il préside ce dernier du 13 novembre 1945 au 20 janvier 1946. Il connaît alors une traversée du désert qui dure douze ans, occupée par la publication de ses *Mémoires de guerre* mais revient au premier plan en mai 1958. Dernier président du Conseil de la IVe République, il fonde non seulement la Ve République, mais lui imprime son style propre d'exercice du pouvoir. Devenu son premier président, sa destinée se fond avec l'histoire nationale jusqu'à la rupture de 1969.

LA NAISSANCE DANS L'ENTHOUSIASME DE LA Ve RÉPUBLIQUE

De Gaulle doit rapidement résoudre deux problèmes, celui des institutions nouvelles à mettre en place d'une part, le putsch des généraux à Alger d'autre part. C'est le ministre de la Justice, **Michel Debré** (1912-1996), qui est en charge de coordonner l'équipe des juristes qui prépare la nouvelle constitution. Il accomplit cet exploit en trois mois. Toutefois, il convient d'éviter la désaffection dont fut victime la précédente République dès sa naissance ; une gigantesque campagne de propagande en faveur du « oui » est lancée ; de Gaulle prononce place de la République un discours-fleuve le 4 septembre, devant une foule nombreuse. Seul le parti communiste milite activement pour le « non », approuvé par certains socialistes, dont François Mitterrand. Chaque électeur se voit adresser un exemplaire de la constitution. Approuvée par référendum le 28 septembre 1958, par près de 80 % des électeurs, avec une participation de 85 %, la Constitution de la Ve République, toujours actuelle, renforce le poids de l'exécutif, sans toutefois en faire un régime présidentiel à l'origine, c'est la pratique gaullienne qui l'instaure peu à peu. Le président de la République est élu par quatre-vingt mille grands électeurs, parlementaires, conseillers généraux, conseillers municipaux. Il nomme le Premier ministre, peut organiser un référendum, dissoudre l'Assemblée nationale. Le pouvoir législatif est réparti entre deux chambres, l'Assemblée nationale, élue pour cinq ans au suffrage universel direct, qui propose et vote les lois, et le Sénat, élu au suffrage indirect par les conseillers généraux et municipaux pour neuf ans renouvelable par tiers, qui vote les lois. Le Conseil constitutionnel, composé de neuf membres nommés à vie et des anciens présidents de la République, membres de droit, se prononce en cas de saisine sur la constitutionnalité des lois. Le mode de scrutin à l'Assemblée est modifié, il se fait au scrutin majoritaire uninominal à deux tours. Ce nouveau système évite l'émiettement des voix et la multiplication des partis représentés. En revanche, il avantage les grands partis. C'est bien le but voulu par de Gaulle, qui souhaite des majorités stables. En novembre 1958 se tiennent les premières élections législatives de la Ve République. Les gaullistes de l'Union pour la nouvelle République (UNR), les modérés obtiennent près de 70 % des sièges. La gauche est laminée, les ténors de la IVe République battus. En décembre 1958, de Gaulle est élu président de la République dans un ras de marée de 77 % des voix. Michel Debré est nommé Premier ministre. C'est un fidèle entre tous, issu de la grande bourgeoisie parisienne, fils du professeur de médecine Robert Debré, grand résistant, il est aux côtés de De Gaulle lors de la reconstruction politique de la France en 1945. Il nomme les nouveaux préfets, représentants de la République. On lui doit aussi l'ENA et les IEP, Instituts d'études politiques, Sciences Po dans le langage courant. Il est Premier ministre de 1959 à 1962, quitte ses fonctions à la suite d'un désaccord avec le président au sujet de la guerre d'Algérie ; plusieurs fois ministre à divers postes, député, député européen, il reste une grande figure de la Ve République jusqu'à sa mort en 1996.

L'ALGÉRIE FRANÇAISE, C'EST FINI

Le second point à régler pour de Gaulle concerne le problème algérien. Dès le 5 juin 1958, il est en Algérie où son discours de Mostaganem et le « Vive l'Algérie française » ouvrent la voie à une incompréhension durable. Les colons croient au maintien de la colonie de manière pérenne, de Gaulle pense uniquement à restaurer l'autorité de l'État. Les généraux sont remplacés par un haut fonctionnaire. La proposition de « paix des braves » en octobre 1958, les insurgés rendant les armes et la France ouvrant des discussions, échoue. Le Front de libération nationale (FLN) indépendantiste crée le Gouvernement provisoire de la République algérienne (GPRA). En septembre 1959, de Gaulle a compris que l'indépendance de l'Algérie est inévitable. Il annonce une première étape d'autodétermination du peuple algérien, c'est-à-dire le choix entre l'indépendance et l'association. Cette proposition est refusée par le FLN et Alger se révolte en janvier 1960 lors de la « semaine des barricades », quand le gouvernement rappelle le général Massu ce qui provoque une insurrection dans les rues de la ville. En janvier 1961 l'autodétermination est approuvée par un référendum.

Le « quarteron de généraux en retraite »

En avril 1961 les généraux d'Alger tentent un putsch, vite avorté devant le refus des soldats du contingent de les suivre et la réaction rapide de De Gaulle. Le 21 avril 1961, Alger est sous le contrôle de quatre généraux en retraite, Challe, Jouhaud, Zeller, Salan. Le lendemain, ils arrêtent le gouverneur général et le ministre des Transports, en visite, Robert Burton. Bien peu de régiments les suivent. De Gaulle réagit par l'utilisation de l'article 16 de la constitution, prenant ainsi les pleins pouvoirs. Au soir du 23 avril, il prononce, en uniforme, un discours télévisé où il dénonce les agissements « d'un quarteron de généraux en retraite », et interdit aux Français de les suivre. Ce coup de semonce réduit à néant la tentative de putsch. Challe et Zeller se rendent et sont condamnés à quinze ans de prison, Jouhaud et Salan rejoignent la clandestinité de l'OAS. Ce sont les ultras de l'Algérie française qui constituent alors l'Organisation de l'armée secrète, ou OAS, multipliant les attentats, tentant à plusieurs reprises d'assassiner de Gaulle. Ce dernier comprend qu'il lui faut agir vite. Le 19 mars 1962 le cessez-le-feu est décrété en Algérie. C'est par les accords d'Évian, le 18 mars 1962, que la France reconnaît l'indépendance de l'Algérie. Entre huit cent mille et un million de pieds-noirs, ces descendants des colons français, quittent l'Algérie. C'est aussi le cas pour environ cent mille harkis, ces Algériens qui se sont battus dans les rangs de l'armée française, rapatriés, en dépit des consignes de les laisser sur place, par leurs officiers refusant de les abandonner.

Une DS sauve la « grande Zohra »

La « grande Zohra », c'est le nom de code dans l'OAS pour désigner de Gaulle. Le 22 août 1962, la DS présidentielle se rend à l'aéroport de Villacoublay. Sont à bord le président, Mme de Gaulle, que les Français surnomment affectueusement « tante Yvonne », le général de Boissieu, gendre du président, le gendarme Marroux, chauffeur, et dans le coffre des poulets vivants. Au rond-point du Petit-Clamart, une grêle de balles s'abat sur la voiture, qui parvient à s'enfuir. Tout le monde est indemne, poulets compris, de Gaulle raille les conjurés qui, dit-il, « tirent comme des cochons ». Le responsable de l'attentat, le lieutenant-colonel Bastien-Thiry est arrêté peu après et fusillé.

LA FRANCE GAULLISTE

En avril 1962, **Georges Pompidou** (1911-1974), qui n'est pas un gaulliste, est nommé Premier ministre. En octobre 1962, par référendum, la Constitution est modifiée, désormais le président de la République sera élu au suffrage universel direct. De Gaulle engage une politique d'indépendance et de prestige de la France, la décolonisation de l'Afrique noire s'effectue entre 1958 et 1960, l'année même où la France se dote de l'arme atomique pour ne pas dépendre de la protection américaine. En 1966 elle se retire du commandement intégré de l'OTAN. Aux élections présidentielles de 1965, à la surprise des observateurs, de Gaulle n'est réélu qu'au second tour. Certains observateurs pensent que pour une partie des Français, de Gaulle a rempli sa mission, fonder une nouvelle République et mettre fin à la guerre d'Algérie. Ils s'attendent à le voir se retirer dans sa maison de Colombey-les-Deux-Églises. Le général ne l'entend pas de cette oreille, en dépit des critiques de François Mitterrand qui dénonce avec le gaullisme un « coup d'État permanent », titre de son ouvrage, de Valéry Giscard d'Estaing reprochant un « exercice solitaire du pouvoir ». Si de Gaulle conforte le présidentialisme du régime, c'est-à-dire saisit toutes les occasions de renforcer le rôle du président, il le fait pensant ainsi rendre à la France sa place de grande puissance. En 1959, une mutation monétaire porte création du nouveau franc, 100 anciens francs valent désormais 1 nouveau franc, environ 19 centimes d'euros. Cette mesure permet à la monnaie de se réapprécier par rapport aux autres monnaies. En 1960, il dote le pays de l'arme atomique, pour ne pas dépendre du « parapluie nucléaire » américain. De même, en 1966 s'achève le retrait français du commandement de l'OTAN, les armées françaises ne pouvant à ses yeux être commandées par un général américain. En 1963, il oppose son veto à l'entrée de la Grande-Bretagne dans la CEE.

LA CRISE DE MAI 1968 ET LA FIN DE LA PRÉSIDENCE

En mai 1968, la France est secouée, comme de nombreux pays développés, par les événements estudiantins. L'origine en est pourtant bien éloignée de la politique. En mars 1967, les étudiants de Nanterre rejoignent un soir les dortoirs des filles. Dans la France de l'époque, c'est inconcevable, la police les déloge le lendemain. C'est le signal de la révolte contre l'abus d'autorité, l'université connaît une année d'occupation sporadique de locaux et de protestations. C'est en mars 1968, avec la création du «mouvement du 22 mars» que la contestation prend un tour politique; les mouvements d'extrême gauche qui le composent occupent l'université. Daniel Cohn-Bendit (né en 1933) en devient vite l'emblématique chef de file. Cet étudiant en sociologie finit par incarner mai 68 et le gouvernement profitera de sa nationalité allemande pour le faire expulser. Des manifestations commencent, à partir de l'université de Nanterre, fermée par son recteur le 2 mai, gagnent peu à peu les autres, la Sorbonne entre dans le mouvement le 3 mai, le doyen fait expulser les étudiants qui l'occupent par la police. Six cents arrestations s'ensuivent. Le quartier Latin se hérisse de barricades. Des émeutes violentes opposent étudiants et policiers dans la nuit du 10 au 11 mai. Le 13 mai 1968 les syndicats appellent à une grève générale. Le pays est rapidement paralysé. Le Premier ministre, Georges Pompidou, organise une réunion entre représentants syndicaux et patronaux qui débouche sur la signature des accords de Grenelle le 27 mai 1968. Le SMIG est revalorisé, les salaires augmentent de 7 %, la durée hebdomadaire du travail est ramenée à quarante-trois heures, la liberté du droit syndical renforcée. Entre le 29 et le 30 mai, le général de Gaulle disparaît, il a secrètement quitté la France pour rencontrer à Baden-Baden le général **Jacques Massu** (1908-2002). La teneur exacte de cette entrevue demeure sujette à interprétation. Pour Pompidou, c'est un désaveu, il offre sa démission, qui est refusée. Dans une très courte allocution à la radio, d'à peine plus de quatre minutes, le 30 mai, de Gaulle reprend les affaires publiques en main, il affirme : «Dans les circonstances présentes, je ne me retirerai pas. J'ai un mandat du peuple, je le remplirai.» Ce même 30 mai une gigantesque manifestation de soutien à de

Gaulle rassemble près d'un million de personnes sur les Champs-Élysées. L'Assemblée nationale est dissoute. La crainte sociale et politique suscitée par les événements de mai 1968 provoque un raz de marée gaulliste aux élections législatives de juin 1968. Pompidou est la victime collatérale de la crise, il l'a un peu trop bien gérée, notamment avec les accords de Grenelle. Devenu encombrant, il est remplacé le 10 juillet 1968 par Maurice Couve de Murville.

Pourtant de Gaulle perd le pouvoir peu après, de sa propre initiative. Il propose en avril 1969 un référendum portant sur la réforme du Sénat et des régions, mais lie son sort au résultat, si la réponse est négative, il s'engage à démissionner. C'est le « non » qui l'emporte à plus de 53 % et de Gaulle quitte aussitôt le pouvoir, le 27 avril 1969. Il meurt le 9 novembre 1970.

GEORGES POMPIDOU, L'ART ET LA POLITIQUE

Déjà le Premier ministre Pompidou défraie la chronique en accrochant une toile de Soulages dans son bureau, faisant entrer l'art contemporain sous les ors de la République. Agrégé de lettres, directeur de la banque Rothschild, son parcours est peu conventionnel. Après le départ de De Gaulle, il affronte plusieurs candidats aux élections présidentielles de 1969 : Gaston Defferre (PS), Jacques Duclos (PCF), Alain Krivine (trotskiste), Michel Rocard (PSU), Alain Poher (président du Sénat), Louis Ducatel (indépendant). En juin 1969 **Georges Pompidou** est élu président de la République. Il entend moderniser la société française avec l'aide de son Premier ministre, **Jacques Chaban-Delmas** (1915-2000), qui prône une *nouvelle société* ouverte à la décentralisation, à un moindre contrôle des médias, une plus grande liberté d'expression, au recours au dialogue social. Longtemps considéré comme le dauphin de De Gaulle, cet ancien résistant, maire de Bordeaux, ne parvient pas à fédérer les gaullistes qui lui préfèrent Pompidou. Le Premier ministre lance la politique contractuelle, contacts réguliers entre patronat, syndicats et État. En 1972, Pompidou use du droit constitutionnel du président à consulter le peuple par référendum, à propos de l'entrée dans la CEE de l'Irlande, de la Grande-Bretagne et du Danemark. Le « oui » l'emporte à 68 %, mais avec une abstention de 40 %, vécue comme un désaveu du président. L'économie est modernisée par le passage du SMIG au SMIC (Salaire minimum interprofessionnel de croissance) par la loi de janvier 1970. Désormais, le salaire minimum suit les évolutions de la croissance. L'idée est de passer d'un minimum garanti à un meilleur partage des fruits de la croissance. Cela n'empêche pas les débuts de la désindustrialisation. En 1971, l'usine du fabricant de montres Lipp est vendue, les mille trois cents salariés de l'usine de Besançon se retrouvent sans emploi. Le plus grand conflit social de l'ère Pompidou s'ouvre. Il dure jusqu'en 1975, avec des phases dures comme la vente du stock de montres par les ouvriers, prenant le pays tout entier à témoin. Chez les militaires aussi, tout bouge. En 1971, l'armée souhaite étendre son camp d'entraînement du Larzac, en expulsant les éleveurs de brebis. La riposte est immédiate, occupation des lieux, achats par des particuliers de milliers de parcelles. Le conflit ne prend fin qu'en 1981, avec l'élection de François Mitterrand et le désistement de l'armée. Mais l'ouverture cesse avec le remplacement de Chaban-Delmas par **Pierre Messmer** (1916-2007), plus conservateur, en juillet 1972. La crise de 1973 frappe la France de plein fouet, met fin au miracle économique des Trente Glorieuses. L'opposition se structure, au congrès d'Épinay de juin 1971, durant lequel François Mitterrand enterre la SFIO, remplacée par le Parti socialiste dont il prend la tête. En 1972, un programme commun de gouvernement est mis sur pied avec le PCF. Georges Pompidou, atteint d'une longue maladie, un cancer du sang connu sous le nom de maladie de Waldenstrom, apparaît de moins en moins en public. Les rares images montrent un homme soufflé, affaibli. Il meurt en fonction le 2 avril 1974.

Georges et Claude

Il est impossible d'évoquer la présidence de Georges Pompidou sans mentionner sa femme, Claude. Née Claude Cahour, Claude Pompidou (1912-2007) est issue de la bourgeoisie de province, fille d'un médecin-chef d'un hôpital de Mayenne. Après des études de droit, elle rencontre son futur époux, ils se marient en 1935. Femme moderne, connaissant en experte l'art contemporain, elle prise peu les obligations officielles, professe une sainte horreur du palais de l'Élysée.

Elle donne à l'art ses quartiers de noblesse dans les manifestations de la République, le fait entrer dans l'intimité du président qui partage cette passion. En 1970, elle crée la fondation qui porte son nom pour venir en aide aux personnes âgées hospitalisées et aux enfants handicapés. Elle s'y consacre jusqu'à sa mort, le 3 juillet 2007.

VALÉRY GISCARD D'ESTAING, UN SURDIPLÔMÉ AU POUVOIR

Le décès du président Pompidou prend le monde politique de court, le secret de sa maladie a été bien gardé. La gauche est en ordre de combat, la droite éclatée. Jacques Chaban-Delmas pense que son heure est venue. En avril 1974, il dispute les votes des Français à François Mitterrand (parti socialiste), Alain Krivine (ligue communiste révolutionnaire), Arlette Laguiller (Lutte ouvrière), René Dumont (les Amis de la terre, écologiste), Jean-Marie Le Pen (Front national), Émile Muller (Mouvement démocrate et socialiste), Bertrand Renouvin (Nouvelle action française, royaliste), Jean Royer (maire de Tours, droite conservatrice) et Valéry Giscard d'Estaing (Républicain indépendant). Un homme va jouer un rôle fondamental, Jacques Chirac. Ministre de l'Intérieur du gouvernement Messmer, il lâche Chaban-Delmas au profit de Valéry Giscard d'Estaing. Ce dernier bénéficie en outre de l'atout de l'âge, il n'a que quarante-huit ans, et serait le plus jeune président. À l'issue du premier tour, il est opposé en mai à François Mitterrand. C'est l'occasion d'une grande première, devenue un classique du genre, le débat télévisé entre les deux candidats. La France entière est rivée à son poste de télévision. Face à un Mitterrand technique, Valéry Giscard d'Estaing est à l'aise. Le tournant se produit avec l'une de ces fameuses petites phrases qui peuvent faire basculer un destin. Alors que François Mitterrand déplore la situation économique des plus défavorisés, son adversaire lui rétorque : « Vous n'avez pas, monsieur Mitterrand, le monopole du cœur. J'ai un cœur comme le vôtre qui bat à sa cadence et qui est le mien. » Les résultats très serrés lui donnent tout son poids, 50,81 % pour Valéry Giscard d'Estaing, 49,19 % pour François Mitterrand.

C'est donc un non-gaulliste qui succède à Georges Pompidou, chef des Républicains indépendants, **Valéry Giscard d'Estaing** (né en

1926). Issu de la grande bourgeoisie, polytechnicien énarque, croix de guerre, l'homme est connu pour son abord difficile, volontiers coupant. Le septennat est marqué par une libéralisation de la société, abaissement de la majorité de vingt et un à dix-huit ans, divorce par consentement mutuel, légalisation de la contraception (loi Neuwirth de 1972), législation sur l'interruption volontaire de grossesse.

La bataille de l'interruption volontaire de grossesse (IVG)

S'il est un combat emblématique du septennat de Valéry Giscard d'Estaing, c'est bien celui de l'interruption volontaire de grossesse ou IVG. Tout commence en 1971 quand *Le Nouvel Observateur* publie un « Manifeste des 343 salopes », dans lequel des femmes, connues du grand public, admettent avoir eu recours à l'avortement, un crime à l'époque, et réclament une légalisation de l'avortement. Un fait divers de 1972 lance la polémique, une adolescente de seize ans, violée, avorte. Son procès, le célèbre « procès de Bobigny », est médiatisé. L'avocate Gisèle Halimi, fondatrice de l'association Choisir, assume sa défense. La jeune fille est relaxée, la voie ouverte pour l'abrogation de la loi de 1920 qui criminalise l'avortement. Tout va reposer sur une femme, Simone Veil, toute nouvelle ministre de la Santé. Sa ténacité finit par être récompensée quand la loi est votée, le 26 novembre 1974, après une campagne de libelles et d'attaques contre sa personne et son projet de loi, notamment de la part des milieux catholiques intégristes. Dans l'adversité, elle bénéficie toutefois du soutien du président. La loi est promulguée en janvier 1975.

Simone Veil, l'exemplaire

C'est à Nice que Simone Veil (née en 1927) voit le jour, dans une famille bourgeoise dont le père est architecte. En 1944 le drame se noue, elle est déportée au camp d'Auschwitz avec sa mère et sa sœur. Rescapée de ce camp de la mort, elle reprend ses études de droit, devient magistrat, se dévoue pour la mémoire de l'extermination et la cause féminine. Elle est nommée à l'administration pénitentiaire, s'y émeut des conditions de détention faites aux femmes, devient conseiller du Garde des Sceaux, puis entre au Conseil Supérieur de la Magistrature. Entrée tardivement en politique, son nom reste attaché au vote de la loi sur l'interruption volontaire de grossesse, en 1974, qu'elle défend avec courage devant une Assemblée hostile, qui ne lui épargne pas les remarques ignominieuses, sans parler des croix gammées taguées sur les murs de son immeuble. Européenne convaincue, elle œuvre pour le rapprochement franco-allemand, devient la première femme présidente du Parlement européen de 1979 à 1982. De 1993 à 1995, elle est ministre d'État aux Affaires sociales. Elle est présidente d'honneur de la fondation pour la mémoire de la Shoah.

Crise économique, difficultés politiques

En matière économique, le pays connaît les conséquences du premier choc pétrolier de 1973. De 1974 à 1976 le Premier ministre est **Jacques Chirac** (né en 1932), avec un projet de société libérale avancée, réconciliant le capital et le travail, mais il se trouve de plus en plus en désaccord avec le président, dont la politique lui apparaît comme social-démocrate, s'éloignant de plus en plus de la droite gaulliste. Il démissionne en 1976, alors que l'usage voulait que le Premier ministre ne se démette qu'à la demande du président et refonde le parti gaulliste, l'UDR, rebaptisé Rassemblement pour la République (RPR). Paris retrouvant le droit d'élire son maire en 1975, Jacques Chirac se présente et est élu en 1977. Il est remplacé comme Premier ministre par un professeur d'économie universitaire de renom, Raymond Barre (1924-2007). Contrairement au « plan Chirac » de relance entre 1974 et 1976, avec une augmentation des prestations sociales, un accès facilité au crédit dans l'espoir d'une augmentation de la consommation, il pratique une politique de refroidissement de l'économie, de rigueur, afin de lutter contre l'inflation, mais elle ne porte pas ses fruits et aggrave le mécontentement populaire, quand le chômage augmente et passe la barre symbolique des un million de chômeurs en 1979, après le second choc pétrolier. Moins soutenu par sa propre majorité scindée entre les centristes de l'Union pour la démocratie française (UDF) et le RPR, confronté à une alliance des partis de gauche autour d'un *programme commun* de gouvernement, Valéry Giscard d'Estaing perd de sa popularité. Les élections municipales de 1977 sont un succès pour la gauche. Seule une rupture inattendue de l'union de la gauche permet à la droite de remporter les législatives de 1978. Les premières élections européennes de 1979 sont l'occasion d'un affrontement entre Jacques Chirac et Valéry Giscard d'Estaing, avec le texte connu sous le nom d'« appel de Cochin ». Alors que le président met toute son énergie au service de la cause européenne, Jacques Chirac, qui vient d'être victime d'un grave accident de voiture, lance de son lit d'hôpital un appel contre la supranationalité et le « parti de l'étranger », formule malheureuse qu'il regrettera par la suite. C'est une véritable déclaration de guerre entre les deux hommes. Cette même année, au congrès de Metz, deux ténors socialistes s'affrontent, François Mitterrand et Michel Rocard. Ce dernier envisage même en 1981 sa candidature à la présidentielle, avant de se retirer. Les élections de 1981 se présentent dans un contexte tendu, le président est affaibli dans son propre camp, éclaboussé par l'« affaire des diamants », joyaux qu'il aurait reçus du dictateur autoproclamé empereur de Centrafrique Bokassa Ier. Son style même, jeune, dynamique, qui se veut proche du peuple, recevant des éboueurs à l'Élysée pour le petit déjeuner, jouant de l'accordéon à la télévision, s'invitant à dîner d'œufs brouillés chez des Français moyens, irrite désormais, et est taxé de démagogie. Le nombre de chômeurs dépasse les 1,6 million, l'économie est en panne. La loi de 1976, ayant pour but de limiter les candidatures, oblige à recueillir cinq cents signatures d'élus pour pouvoir se présenter. Cela n'empêche pas une démarche originale, celle de l'humoriste Coluche, qui brocarde les discours convenus, mais ne va pas au terme de sa campagne. La droite se divise entre plusieurs candidatures, dont celle de Jacques Chirac, qui soutient du bout des lèvres le président sortant entre les deux tours. À gauche, le communiste Georges Marchais (1920-1997) se présente également. Connu pour sa gouaille et ses apostrophes, il entame le long déclin du PCF, premier parti de France en 1947. Lors du second tour de l'élection présidentielle, Valéry Giscard d'Estaing est opposé à François Mitterrand qui l'emporte avec 51,75 % des suffrages.

FRANÇOIS MITTERRAND : LE RÈGNE DU SPHINX

François Mitterrand (1916-1996) naît à Jarnac dans une famille bourgeoise, fait des études de droit et des sciences politiques. Il participe au gouvernement de Vichy comme Commissaire aux prisonniers de guerre, et est décoré de la francisque en 1941. Il entre ensuite au GPRF, puis est élu député de la Nièvre en 1946. Plusieurs fois ministre sous la IVe République, il est l'opposant principal du général de Gaulle. Il dénonce sa pratique du pouvoir dans un livre intitulé *Le Coup d'État permanent* en 1964. Deux fois déjà candidat à la présidence, il est élu en 1981, après une campagne marquée par ses cent dix propositions pour gouverner le pays et le slogan de « La force tranquille ».

La vague rose

Les élections législatives apportent au nouveau président une confortable majorité, c'est la « vague rose ». C'est le premier président issu des rangs de la gauche sous la Ve République. Il nomme **Pierre Mauroy** (1928-2013) Premier ministre, il le restera jusqu'en juillet 1984. Entre 1981 et 1982 Pierre Mauroy tente une relance de l'économie fondée sur un déficit budgétaire consenti. Elle échoue et, dès juin 1982, il doit revenir à une classique politique de rigueur. De grandes réformes sont menées à bien : abolition de la peine de mort, dépénalisation de l'homosexualité, radios libres, impôt sur les grandes fortunes. Des grandes entreprises sont nationalisées, particulièrement dans le secteur bancaire, amenant le contrôle par l'État d'environ 90 % des banques, mais aussi la Compagnie générale d'électricité (CGE, aujourd'hui Alcatel), Rhône-Poulenc, Saint-Gobain, Thomson, Péchiney-Ugine-Kuhlmann (PUK). L'État embauche en créant environ deux cent cinquante mille emplois. La durée hebdomadaire du travail est fixée à trente-neuf heures, la retraite à soixante ans, une cinquième semaine de congés payés est accordée, la loi Auroux de 1982 renforce les droits syndicaux. En 1984, le ministre de l'Éducation nationale, **Alain Savary** (1918-1988), rallume la querelle scolaire par un projet de loi dont le but est d'unifier l'enseignement secondaire, le privé passant sous le contrôle du public. Plus d'un million de personnes défilent contre le projet. Le ministre entraîne dans sa chute le gouvernement Pierre Mauroy.

Le plus jeune Premier ministre de France

En juillet 1984 **Laurent Fabius** (né en 1946) devient Premier ministre à trente-huit ans et pratique une politique de rigueur. Normalien, agrégé de lettres, Sciences Po, l'ENA, c'est un homme complet qui arrive au pouvoir. Les communistes choisissent de quitter le gouvernement. Les rapports avec le président sont parfois tendus, amenant Laurent Fabius à préciser à la télévision : « Lui, c'est lui, moi c'est moi, chacun son caractère », ou à se déclarer « troublé » de la visite officielle du général Jaruzelski, en 1985, dirigeant la Pologne, qui a écrasé le soulèvement du syndicat Solidarnosc. Mais son gouvernement est entaché de deux scandales, celui du bateau de Greenpeace, le *Rainbow Warrior*, coulé en rade d'Auckland par les services secrets français, car il tentait de s'opposer à la reprise des essais nucléaires à Mururoa, opération qui avait provoqué la mort d'un photographe ; et le scandale du sang contaminé, on a transfusé à des hémophiles du sang contaminé par le virus du sida. Le jugement de cette dernière affaire, en 1999, relaxera Laurent Fabius, mais entache sa carrière politique.

Une nouveauté sous la Ve : la cohabitation

Aux élections législatives de mars 1986 les partis de droite l'emportent, le retour au scrutin proportionnel, censé limiter les pertes du PS, permet au Front national d'obtenir trente-cinq députés, autant que le parti communiste. La Ve République inaugure pour la première fois un régime de cohabitation, au président de gauche la défense et la politique étrangère, au Premier ministre de droite, **Jacques Chirac** (né en 1932), les affaires intérieures. Rien de tel n'est prévu dans la constitution, mais sa solidité est démontrée par une expérimentation empirique qui fonctionne. Le gouvernement Chirac privatise les entreprises nationalisées en 1981-1982, pratique une politique libérale. Mais le nouveau ministre de l'Enseignement supérieur, **Alain Devaquet** (né en 1942), met lui aussi le feu aux poudres en proposant une réforme qui reviendrait à instaurer une sélection à l'entrée des universités. Rappelons à ce propos que le baccalauréat, sous sa forme actuelle, n'est pas un diplôme du secondaire délivré par les lycées, mais le premier grade de l'enseignement supérieur. Il est donc à ce titre impossible de refuser l'inscription de quelqu'un déjà diplômé de l'*Alma mater*, la « mère nourricière » de l'intellect. Cette fois, ce sont les étudiants qui manifestent à Paris par centaines de milliers, tout comme dans les grandes villes de province. Le projet est abandonné, le ministre démissionne. Entre décembre 1985 et septembre 1986, la capitale est secouée par douze attentats terroristes, exécutés par le Hezbollah qui exige de la France la libération de trois islamistes incarcérés sur son sol, qui font quinze morts et trois cents blessés.

Mitterrand 2, le retour

En 1988, François Mitterrand est réélu pour un second septennat, contre Jacques Chirac. **Michel Rocard** (né en 1930) est nommé Premier ministre. Il forme un gouvernement d'ouverture, accueillant trois ministres issus des rangs de l'UDF. Il règle la crise avec les indépendantistes de Nouvelle-Calédonie par les accords de Nouméa (prévus par les accords de Matignon de 1988, signés en 1998), qui prévoient d'ici à 2019 un scrutin portant sur l'autodétermination. Il crée le Revenu minimum d'insertion, ou RMI. Les hiérarques socialistes se déchirent au congrès de Rennes, en mars 1990, chacun voulant prendre le parti en vue des présidentielles de 1995. En octobre 1990 les manifestations de lycéens officialisent le divorce entre le président, qui les soutient, et son Premier ministre. La mésentente entre les deux têtes de l'exécutif devient un handicap certain. En 1991 Michel Rocard est remplacé par **Édith Cresson** (née en 1934). Elle se signale vite par des gaffes retentissantes, depuis « la Bourse, j'en ai rien à cirer » en mai 1991, « Un Anglais sur quatre est homosexuel » en juin 1991, en passant par « Les Japonais travaillent comme des fourmis » un mois plus tard. Première femme au poste de Premier ministre, elle demeure peu au pouvoir, **François Mitterrand** prend prétexte de la défaite du PS aux élections régionales pour, en avril 1992, lui préférer **Pierre Bérégovoy** (1925-1993). Entre-temps la France s'engage aux côtés des États-Unis dans la première guerre du golfe contre l'Irak en février 1991. À l'automne 1992 la France approuve par référendum le traité de Maastricht portant sur la création d'une Union européenne. En mars 1993 la droite remporte les élections législatives, c'est une déroute pour la gauche, qui ne conserve que soixante-sept sièges sur cinq cent soixante-dix-sept. Peu après, miné par les accusations de malversations financières, Pierre Bérégovoy se donne la mort le 1er mai. François Mitterrand nomme Édouard Balladur (né en 1929) Premier ministre, qui poursuit une politique libérale. Il doit affronter un chômage à son plus haut niveau, en août 1993. En effet, les chômeurs sont plus de trois millions. Il lance un grand emprunt de 40 milliards de francs en mai 1995. C'est un succès, qui l'encourage à privatiser la BNP, Rhône-Poulenc, Elf-Aquitaine, l'UAP, Renault. Mais les difficultés arrivent avec la jeunesse. En janvier 1994, de grandes manifestations s'opposent à une extension de la loi Falloux qui permet de subventionner l'enseignement privé. Le gouvernement fait machine arrière. En mars 1994, c'est au tour du Contrat d'insertion professionnelle, ou CIP, de mettre le feu aux poudres. Il prévoit la possibilité d'embaucher un jeune sans emploi depuis au moins six mois en le rémunérant à 80 % du SMIC. Les jeunes envahissent la rue, la mesure est retirée. Miné par la maladie, le président ne se représente pas en 1995. La gauche place tous ses espoirs en Jacques Delors, mais ce dernier se désiste, laissant la place libre pour Lionel Jospin, alors à la tête du PS. L'élection oppose donc Jacques Chirac à **Lionel Jospin** (né en 1937), après l'échec au premier tour de la candidature d'Édouard Balladur, pourtant considéré comme le favori. Jacques Chirac est élu avec 52,63 % des suffrages le 7 mai 1995. Le 8 janvier 1996, François Mitterrand décède des suites d'un cancer, caché longtemps à l'opinion publique bien que diagnostiqué dès 1981, mais révélé seulement en 1992.

JACQUES CHIRAC, LE RETOUR D'UN GAULLISTE

Jacques Chirac naît à Paris en 1932, de parents corréziens. Il fleurte brièvement avec la gauche, signe l'appel de Stockholm en 1950, pétition communiste contre la bombe atomique, distribue *L'Humanité dimanche*. Mais il revient vite à la droite. Diplômé de Sciences Po, énarque, il intègre comme chargé de mission le cabinet Pompidou en 1962, son mentor en politique. Député de Corrèze en 1967, il devient secrétaire d'État à l'emploi, porte l'ANPE sur les fonts baptismaux, joue un rôle actif pendant les accords de Grenelle en 1968, est nommé secrétaire d'État à l'Économie et aux Finances, ministère occupé par Valéry Giscard d'Estaing. Ministre de l'Agriculture et du Développement rural en 1972, il devient Premier ministre en 1974, maire de Paris en 1977. Il crée, en 1976, le RPR.

Alain Juppé, « le meilleur d'entre nous »

Jacques Chirac, élu, choisit **Alain Juppé** (né en 1945) comme Premier ministre. Normalien, énarque, inspecteur des Finances, l'homme est réputé pour un abord glacial. Le gouvernement met en place une réforme promise pendant la campagne, la fin du service militaire obligatoire, remplacé par un service civique volontaire et une journée d'appel de préparation à la défense obligatoire. Il engage aussitôt une politique de réforme de la retraite dans la Fonction publique, de la Sécurité sociale. Le plan Juppé prévoit l'allongement de la période de cotisation de trente-sept ans et demi à quarante ans pour les fonctionnaires, la réforme de l'hôpital, un régime universel d'assurance maladie, l'imposition des allocations familiales, la remise en cause des régimes spéciaux, dont celui des agents de la SNCF. La réaction des syndicats est virulente, dès novembre, cinq cent mille personnes défilent contre le projet, les cheminots entrent en grève en décembre, le pays est paralysé, il faut des heures pour aller au travail, sans garantie de pouvoir regagner son domicile. Mais le mouvement s'essouffle à la fin de l'année, une partie de la réforme est maintenue. Alain Juppé reste à Matignon. L'année 1995 est aussi marquée par une vague d'attentats terroristes d'inspiration islamique entre juillet et septembre. L'explosion d'une bombe, le 25 juillet, à la station de RER Saint-Michel fait sept morts et cent dix-sept blessés. À l'automne 1996, ce sont les routiers qui entrent dans la danse, bloquent les grandes villes. Après d'âpres négociations, le mouvement prend fin en novembre. En mars de la même année, le pays vit au rythme des expulsions de sans-papiers qui occupent l'église Saint-Ambroise dans le 11ᵉ arrondissement. À la fin de l'année 1996, la cote de popularité des deux têtes de l'exécutif est au plus bas. Jacques Chirac pense pourtant qu'une dissolution de l'Assemblée nationale lui permettra de reprendre la main. Fatale erreur...

Une dissolution ratée

Le 21 avril 1997, désireux d'élargir sa majorité, Jacques Chirac dissout l'Assemblée nationale. C'est l'inverse qui se produit, les électeurs envoient au palais Bourbon une assemblée à majorité de gauche. La cohabitation se met encore en place, pour la troisième fois, mais cette fois-ci, le président est de droite, son Premier ministre, Lionel Jospin, de gauche. Cette troisième cohabitation dure jusqu'en 2002. Le gouvernement Jospin réduit la durée hebdomadaire légale du travail à trente-cinq heures à compter du 1ᵉʳ janvier 2000, fait adopter la Couverture maladie universelle, ou CMU, pour les plus démunis, fait voter le Pacte civil de solidarité, ou PACS, en 1999. Le président Chirac propose en 2000 la réforme du quinquennat, qui est adoptée par référendum le 24 septembre 2000, avec 73 % de « oui ». En 2001, la capitale bascule à gauche, le socialiste Bertrand Delanoé (né en 1950) devient maire de Paris. L'explosion de l'usine AZF de Toulouse, en septembre 2001, provoque un traumatisme national. Le 1ᵉʳ janvier 2002, la France passe à l'euro.

Un président élu avec 80 % des suffrages

Aux élections présidentielles de 2002, opposant Lionel Jospin à Jacques Chirac, le candidat du Front national, Jean-Marie Le Pen (né en 1928), arrive en seconde position à l'issue du premier tour de scrutin, derrière Jacques Chirac. Lionel Jospin est éliminé, il renonce à la vie politique à la suite de cet échec cuisant pour le PS. Le PS appelle à voter pour Jacques Chirac au second tour, qui est réélu avec plus de 80 % des voix. Les législatives qui suivent confortent le président, le nouveau parti de droite, issu de la fusion entre le RPR et l'UDF, l'Union pour un mouvement populaire (UMP), l'emporte largement. C'est l'heure de l'offensive pour Nicolas Sarkozy. Cet ancien poulain de Jacques Chirac l'a trahi lors des présidentielles de 1995, en se ralliant à Édouard Balladur. Il connaît depuis le purgatoire politique. La création de l'UMP est une aubaine, s'en emparer augure d'une succession à Jacques Chirac. Nicolas Sarkozy est nommé ministre de l'Intérieur. Le Premier ministre est un inconnu du grand public, Jean-Pierre Raffarin (né en 1948). Ancien responsable marketing des cafés Jacques Vabre, ce président du Conseil régional de Poitou-Charentes n'est pas énarque, n'a jamais été élu au suffrage universel direct. Il réforme les retraites, en dépit d'une forte opposition, en 2003, en allongeant pour tous le temps de cotisation. À l'été 2003, une canicule sévit en France, la gestion du gouvernement est désastreuse, il y a plus de quinze mille morts. La gauche reprend des forces, remporte les élections régionales de 2004. La popularité du Premier ministre s'érode fortement ; en 2005, alors que Jacques Chirac s'est investi pour le « oui », les Français rejettent par référendum la proposition de constitution européenne. En mai 2005, Jean-Pierre Raffarin est remplacé par **Dominique de Villepin** (né en 1953) Mais la crise économique marque le second mandat du président, tout comme les émeutes dans les banlieues en novembre 2005 ou l'échec d'un nouveau contrat de travail destiné aux moins de vingt-six ans, le Contrat première embauche, ou CPE, proposé par le Premier ministre Dominique de Villepin en 2006, abandonné devant l'ampleur des manifestations de protestation de la jeunesse.

NICOLAS SARKOZY, L'OMNIPRÉSIDENT

Aux élections présidentielles de mai 2007, le candidat de l'Union pour un mouvement populaire, UMP, **Nicolas Sarkozy** (né en 1955), est élu, avec 53 % des suffrages exprimés, devançant la candidate socialiste **Ségolène Royal** (née en 1953). Il nomme **François Fillon** (né en 1954) Premier ministre, ouvre son gouvernement aux minorités, aux personnalités issues de la gauche. La pratique d'une présidentialisation accrue limite le rôle de fusible traditionnellement dévolu au Premier ministre sous la Ve République. Le président s'expose sur de nombreux fronts, omniprésence qui érode sa popularité. Depuis la fin de l'année 2008, le pays doit faire face à la crise économique consécutive à celle des *subprimes*, prêts hypothécaires à hauts risques, déclenchée aux États-Unis. En 2010 le gouvernement conclut une réforme des retraites, l'âge légal est repoussé pour le départ de soixante à soixante-cinq ans. C'est en 2012 que se tiennent les nouvelles élections présidentielles. Les suffrages des Français sont âprement disputés. C'est finalement le candidat socialiste François Hollande (né en 1954) qui est élu avec 51,64 % des voix. Il nomme Jean-Marc Ayrault (né en 1950) Premier ministre.

CHAPITRE XXV
L'Allemagne depuis 1945

1. Les deux Allemagnes

LA CRÉATION DES DEUX ALLEMAGNES

En 1945 l'Allemagne n'existe plus, coupée en quatre zones d'occupation. C'est en mai 1949 que les trois zones d'occupation française, britannique et américaine fusionnent pour donner naissance à la République Fédérale d'Allemagne (RFA). Cette étape est précédée par la création d'une monnaie, le Deutschmark, et de la Bundesbank, la banque centrale allemande. En rétorsion, les Soviétiques font de leur zone la République Démocratique Allemande (RDA) en octobre de la même année. Berlin, également coupée en zones, est l'enjeu d'une crise, dite du blocus de Berlin, entre juin 1948 et mai 1949. Staline bloque les accès terrestres à la ville, située dans sa zone d'occupation. Les Occidentaux mettent en place un pont aérien gigantesque, Staline finit par céder. La seconde crise de Berlin se produit avec l'édification du mur de Berlin, coupant la ville en deux en 1961.

LE SUCCÈS DE LA RFA

Le rétablissement de la RFA permet de parler de « miracle allemand », après une reconstruction où tout est à faire, comme l'illustre le film de Roberto Rossellini, *Allemagne année zéro*. Bénéficiaire du plan Marshall, elle a été dénazifiée, la population a été rééduquée à la pratique de la démocratie, entérinée par l'adoption de la Loi Fondamentale, la constitution. Comme Berlin est en RDA, dont elle devient, pour sa partie Est, la capitale, la RFA choisit elle la ville de Bonn. La reprise économique est si rapide que le PIB de 1939 est retrouvé en 1950. Les pères de la RFA sont les chanceliers Konrad Adenauer (1876-1967), aux Affaires de 1949 à 1963, et Ludwig Ehrard (1897-1977) qui lui succède de 1963 à 1966, tous deux membres de la CDU, l'Union chrétienne-démocrate allemande. Ce dernier met en place une économie sociale de marché, dans laquelle les syndicats sont associés à la gestion des grandes entreprises, de plus de mille salariés. Cette réconciliation du travail et du capital permet la haute croissance allemande en évitant la multiplication des conflits sociaux. Membre de l'OTAN depuis 1949, la RFA intègre la CECA en 1951, puis la CEE en 1957. Après la réussite économique, le pays aspire à la réunification. Un rapprochement s'effectue avec le chancelier Willy Brandt (1913-1992), chancelier de 1969 à 1974, qui appartient au SPD, socialiste, et lance l'*Ostpolitik*, politique d'apaisement des relations avec la RDA et les États membres du Pacte de Varsovie, alliés à l'URSS. Helmut Schmidt (né en 1918), également du SPD, doit affronter les effets du premier choc pétrolier. La CDU revient au pouvoir avec Helmut Kohl (né en 1930), qui reste au pouvoir de 1982 à 1998. C'est à lui que revient la difficile tâche de la réunification allemande, quand s'effondre le régime communiste de RDA, en 1990. Les années 1980 sont marquées par l'arrivée de nouveaux mouvements contestataires, comme la Fraction armée rouge d'extrême-gauche, ou les « Grünen » (les « Verts »), écologistes.

2. Depuis la réunification

LA RÉUNIFICATION ALLEMANDE

Le 3 octobre 1990, l'Allemagne est officiellement réunifiée. Mais les problèmes économiques et sociaux sont immenses. Helmut Kohl privilégie l'union monétaire en surévaluant le mark de l'Est, échangé contre un mark de l'Ouest. Ceci ne correspond en aucun cas à la réalité économique, l'industrie de l'ancienne RDA est obsolète, sa population active moins bien formée. De nombreuses entreprise de l'Est, autrefois contrôlées par l'État, ne sont pas compétitives et font faillite, provoquant un chômage massif, qui touche plus de 30 % de la population active, une paupérisation qui mécontente les Allemands de l'Est, qui se tournent vers l'ancien parti communiste devenu le PDS. Un organisme, la *Treuhand*, gère la privatisation des biens économiques de l'ex-RDA, mais sa gestion va être l'occasion d'un grave scandale qui finit par coûter son poste à Helmut Kohl.

L'ALLEMAGNE ACTUELLE

C'est le SPD Gerhard Schröder (né en 1944) qui succède à Helmut Kohl en 1998. Il opte pour une sortie du nucléaire civil à l'horizon de 2020, envoie l'armée allemande au Kosovo en 1999. Réélu en 2002, il est le premier chef d'État allemand à participer en 2004 aux cérémonies commémoratives du débarquement en Normandie. En 2005 le SPD reste de justesse le premier parti politique aux élections législatives, mais la montée des petits partis empêche la reconduction du chancelier, qui ne peut former un gouvernement de coalition. C'est donc Angela Merkel (née en 1954) qui accède à la chancellerie. Dirigeante de la CDU depuis 1998, elle prend la tête de la grande coalition qui regroupe CDU, son alliée bavaroise la CSU et le SPD. Les élections de 2009 conduisent au départ du SPD, à la fin de grande coalition, la chancelière gouverne avec le parti libéral-démocrate, le FPD. C'est la coalition noire-jaune. Elle s'oppose à l'entrée de la Turquie dans l'Union européenne, réforme le système du travail pour introduire davantage de libéralisme et lutter contre le chômage. Depuis la crise de 2008 et les difficultés rencontrées en Europe, elle est le pivot de toute décision économique concernant l'avenir de l'euro. Elle est reconduite à la tête de l'Allemagne après sa victoire aux élections de septembre 2013.

CHAPITRE XXVI
Le Royaume-Uni, de l'État-providence au nouveau libéralisme

1. État-providence et crises

ENTRE « WELFARE STATE », ÉTAT-PROVIDENCE
ET DÉCOLONISATION

De 1945 à 1951, le travailliste **Clement Attlee** (1883-1967) est Premier ministre du Royaume-Uni. Il met en place le *Welfare State*, l'État-providence à la suite du rapport *Social Insurance and Allied Services* (1942) ou « Premier rapport Beveridge », du nom de son auteur **William Beveridge** (1879-1963). L'État se doit de libérer l'homme du besoin en luttant contre l'insalubrité, la maladie, la pauvreté, l'ignorance, le chômage. Beveridge propose la mise en place d'un système unique de sécurité sociale, le *National Health Service*. Il est établi par le vote, en 1945, du *National Insurance Act*. En 1944, le « Second rapport Beveridge », *Full Employement in a Free Society* (« le plein emploi dans une société libre ») prévoit l'indispensable lutte contre le chômage. Des lois complémentaires donnent naissance à un État-providence étendu, depuis l'*Education Act* (1944) qui démocratise l'accès à l'enseignement secondaire, les *Housing Acts* de 1944 et 1946 pour la reconstruction des logements, jusqu'au rééquilibrage du bassin londonien de population avec le *Towns and Country Planing Act* de 1947 et la création de villes nouvelles. C'est également Clement Attlee qui préside à la décolonisation de l'Empire britannique. À la suite d'un projet datant de

1945, il faut deux ans d'âpres négociations pour que l'Inde proclame son indépendance le 18 juillet 1947. En Afrique noire, la *Gold Cast*, la Côte-de-l'Or, prend son indépendance en 1954 et devient le Ghana.

LES CONSERVATEURS GÈRENT LES CRISES

De 1951 à 1955 les conservateurs reviennent au pouvoir et **Winston Churchill** (1874-1965) redevient Premier ministre. Il tente en vain d'enrayer le déclin de l'Empire britannique, envoie les troupes contre les Mau-Mau révoltés au Kenya, contre les insurgés en Malaisie. Sa santé se dégrade sérieusement à partir de 1953, il démissionne en 1955. **Anthony Eden** (1897-1977) prend sa succession entre 1955 et 1957. C'est à lui que revient la charge de gérer la crise de Suez en 1956. Le 26 juillet 1956 le président de la République d'Égypte, **Gamal Abdel Nasser** (1918-1970) nationalise le canal de Suez, propriété d'un consortium franco-britannique. En octobre 1956 le Royaume-Uni rejoint la France et Israël et parachute des troupes pour reprendre le contrôle du canal. Sous les pressions américaines et les menaces soviétiques, Britanniques et Français rembarquent leurs corps expéditionnaires. Anthony Eden démissionne peu après. Un autre conservateur, **Harold Macmillan** (1894-1986), prend la suite jusqu'en 1963. Il déploie une intense activité diplomatique et militaire au Moyen-Orient, permettant le maintien sur le trône du roi de Jordanie et du sultan d'Oman. Il poursuit la décolonisation, avec l'accession à l'indépendance de la Malaisie en 1957, du Nigeria en 1960, du Kenya en 1963. Il échoue, en revanche, à faire accepter la candidature du Royaume-Uni au sein de la CEE, bloquée par le veto français. Après la démission de Macmillan pour raison de santé en octobre 1963, **Alec Douglas-Home** (1903-1995) se révèle être un Premier ministre de compromis, qui gère les affaires courantes avant de perdre les élections au profit du travailliste **Harold Wilson** (1916-1995) en octobre 1964. Celui-ci demeure au pouvoir jusqu'en 1970. Une partie de sa victoire est due au scandale retentissant lié à l'affaire Profumo. **John Profumo** (1915-2006), ministre de la Guerre du gouvernement Macmillan, entretient une relation avec une hétaïre de haut vol. Cette dernière offre ses faveurs par ailleurs à un conseiller de l'ambassade de l'Union soviétique. Après plusieurs épisodes rocambolesques, fusillade à Londres, déclaration mensongère devant la Chambre des communes, John Profumo est contraint à la démission. Cet épisode croustillant sur fond d'espionnage en pleine guerre froide entache la réputation du parti conservateur.

LA CRISE IRLANDAISE S'ENVENIME

Harold Wilson essuie un second refus à l'entrée du Royaume-Uni dans la CEE mais persiste dans les négociations qui finissent par aboutir après le départ du général de Gaulle. Pourtant grand favori de principe, Harold Wilson est battu en 1970 au profit du conservateur **Edward Heath** (1916-2005). Aux Affaires de 1970 à 1974, il préside à l'entrée du Royaume-Uni dans le marché commun en janvier 1973. Tout comme son prédécesseur, il envoie des troupes britanniques en Ulster, Irlande du Nord, où catholiques et protestants s'affrontent violemment. Le 30 janvier 1972, l'armée britannique ouvre le feu sur une marche pacifique, tuant quatorze personnes. C'est le *Bloody Sunday*, le « Dimanche sanglant ». C'est le début d'une ère où attentats aveugles et répression brutale se succèdent. La proposition du *Direct Rule*, l'autonomie politique et le rattachement de l'Irlande du Nord à celle du Sud, est refusée à près de 100 % par les Irlandais du Nord qui veulent demeurer dans le Royaume-Uni. En Angleterre même, la situation sociale se dégrade, entraînant de grandes vagues de grèves. Edward Heath provoque des élections anticipées en 1974. Il les perd, le travailliste Harold Wilson revient au pouvoir, mais peine à trouver une majorité suffisante. Il annonce son retrait pour le printemps 1976. En avril de cette année, il démissionne, remplacé par son ministre des Affaires étrangère, le secrétaire au Foreign Office **James Callaghan** (1912-2005). Ce dernier, entre 1976 et 1979, subit de plein fouet les effets de la crise économique et il se révèle incapable de mettre fin aux troubles sociaux et aux grandes grèves de la fin de l'année 1978. Il est battu aux élections de 1979 qui portent au pouvoir **Margaret Thatcher**, première femme Premier ministre, entre 1979 et 1990, vite surnommée la « Dame de fer ».

2. La révolution de la « Dame de fer »

MARGARET THATCHER

Née en 1925, dans une famille modeste – son père est épicier –, Margaret Thatcher (1925-2013) est élevée dans la pratique méthodiste, qui suit les préceptes d'une éthique protestante rigoureuse, où la place de l'homme en ce monde est le fruit de son travail et de ses efforts personnels. Elle travaille tôt à l'épicerie familiale, auprès de son père, y acquiert la ferme conviction que seul le libéralisme peut avoir un sens en économie. Une bourse lui permet d'étudier la chimie à Oxford, dont elle sort diplômée. Elle y préside l'association des étudiants conservateurs. Après un échec aux élections législatives en 1950, où elle a le courage de se présenter dans un bastion travailliste, elle délaisse l'industrie chimique qui l'emploie pour étudier le droit. Elle le fait avec l'appui financier de Denis Thatcher (1915-2003), qu'elle épouse en 1951. Devenue spécialiste de droit fiscal, elle est élue à la Chambre des communes en 1959. De 1961 à 1964, elle travaille auprès du ministre des Affaires sociales, s'indigne de l'excès des dépenses qui, selon elle, découragent le travail. Porte-parole du parti conservateur de 1964 à 1970, elle devient à cette date ministre de l'Éducation et des Sciences. Elle y pratique des coupes dans les dépenses, mais prolonge la scolarité obligatoire jusqu'à l'âge de seize ans. À la surprise générale, elle prend la tête du parti conservateur en 1975. Elle est en 1979, la première et à ce jour l'unique femme à devenir Premier ministre en Angleterre. Elle décède au mois d'avril 2013. Le Royaume-Uni, à défaut de funérailles nationales, lui accorde un hommage marqué par la présence exceptionnelle de la reine, le protocole ne lui permettant pas, en principe, d'assister aux obsèques d'un Premier ministre.

LES BRAS DE FER DE LA « DAME DE FER »

Inspirée par les écoles de pensée libérale en matière économique, elle lance une campagne de privatisations, diminue les dépenses sociales, encourage les occupants de logements sociaux à les acquérir, les employés à devenir actionnaires de leurs entreprises, dans un esprit de responsabilisation des acteurs de l'économie. Elle engage en 1984-1985 un bras de fer avec les mineurs soutenus par les syndicats. Après un an d'affrontement, ces derniers sortent du conflit très affaiblis. Suit une vague de lois déréglementant le marché du travail, mettant fin au privilège du *Closed shop* permettant aux syndicats de contrôler le recrutement des salariés. En Ulster la violence prend un caractère récurrent entre 1981 et 1988. Les attentats se multiplient, de plus en plus meurtriers. En 1981 Margaret Thatcher ne cède pas à une grève de la faim poursuivie par des activistes irlandais emprisonnés, qui réclament en vain le statut de prisonniers politiques. Dix prisonniers décèdent, dont **Robert « Bobby » Sands** (1954-1981) à la prison de Maze en Irlande du Nord.

Bobby Sands

Robert Gerard Sands, dit « Bobby » Sands, est connu pour ses activités en Irlande du Nord en faveur de la communauté catholique et de l'IRA (armée républicaine irlandaise). Il rejoint celle-ci en 1972 et participe à plusieurs attentats à la bombe avant d'être arrêté et condamné en 1977 à quatorze ans de prison. Les conditions de détention des accusés politiques se dégradent et Bobby Sands commence une grève de la faim le 1er mars 1981. Le 9 avril, il est élu député mais le nouveau Premier ministre Margareth Thatcher refuse un statut spécial aux membres de l'IRA. Bobby Sands poursuit sa grève de la faim et meurt le 5 mai 1981.

Elle engage et gagne en 1982 la *Falkland War* ou guerre des Malouines contre l'Argentine qui a attaqué cet archipel britannique. C'est sous son gouvernement que s'achève la décolonisation britannique tardive, permettant à la Rhodésie du Sud son ultime évolution pour devenir le Zimbabwe en 1979. Contestée dans son propre camp pour sa politique économique et monétaire, son attitude systématiquement eurosceptique, son choix d'instaurer un impôt supplémentaire très impopulaire, la *poll tax*, frappant les personnes et non les revenus par capitation, suscitant des émeutes, Margaret Thatcher est amenée à démissionner en novembre 1990. Elle assure sa propre succession en favorisant son propre candidat, **John Major** (né en 1943). Ce dernier occupe le poste de Premier ministre entre 1990 et 1997.

UN PÂLE DAUPHIN, JOHN MAJOR

Il engage le Royaume-Uni dans la guerre du Golfe au côté des États-Unis. En 1993 la *Downing Street Declaration* avec le Premier ministre irlandais **Albert Reynolds** (né en 1932) prévoit le droit à l'autodétermination, un vote ultérieur permettant une éventuelle réunification de l'Irlande. Au fil du temps, l'autorité de John Major sur son propre camp s'érode, il ne dispose pas du charisme de certains de ses prédécesseurs, à un moment où le Royaume-Uni ne parvient pas à sortir de la stagnation économique et où les mesures engagées par Margaret Thatcher, utiles à la relance économique, se paient socialement au prix fort, aggravant considérablement la situation des plus faibles. Les élections de 1997 sont favorables aux travaillistes.

LE NEW LABOUR DE TONY BLAIR

Tony Blair naît en Écosse en 1953, dans une famille de petite bourgeoisie, son père est avocat. Après des études de droit, il devient avocat lui aussi, séjourne en France quelques années, y vit de petits boulots, dont celui de barman. Sa passion précoce pour la politique le conduit à gagner les rangs du Labour Party, le parti travailliste. Après un échec en 1982, il est élu député en 1983. Très vite remarqué, il gravit rapidement les échelons du parti, dont il prend la tête en 1994. La victoire travailliste de 1997 lui ouvre les portes de Downing Street. Conscient de l'amélioration des conditions de vie ouvrières grâce aux Trente Glorieuses et à l'État-providence, il imprime au Labour, qui devient le New Labour, un virage au centre.

Tony Blair est Premier ministre pendant dix ans, de mai 1997 à juin 2007. À l'intérieur du Royaume-Uni, Tony Blair enregistre plusieurs succès. La signature du *Good Friday Agreement*, ou accord du vendredi saint, du 10 avril 1998 avec les principaux représentants politiques d'Irlande du Nord met fin à près de trente ans de guerre civile. Une assemblée et un gouvernement, présidé par un Premier ministre d'Irlande du Nord, sont créés. Un référendum organisé en Irlande du Nord (Ulster) et en République d'Irlande (Eire) approuve très largement cet accord. Si la politique terroriste suivie semble avoir effectivement pris fin, des attentats sporadiques sont encore perpétrés. Tony Blair est également à l'origine de la doctrine Blair énoncée dans le discours de Chicago du 22 juin 1999, selon laquelle la politique étrangère du Royaume-Uni se fonde sur la défense des valeurs et principes de manière internationale et non plus sur celle des seuls intérêts nationaux. Le pays participe, aux côtés des États-Unis, à la guerre d'Irak en 2003. Il obtient en 2005 l'organisation des Jeux olympiques de 2012. Cette même année, Londres est victime à deux reprises d'une campagne d'attentats terroristes.

Le 27 juin 2007, Tony Blair présente sa démission à la reine Élisabeth II, souveraine depuis 1952. Son successeur est **Gordon Brown** (né en 1951). Il demeure Premier ministre jusqu'en mai 2010. Ancien Chancelier de l'Échiquier, ou ministre de l'Économie et des Finances, il doit faire face en 2007 aux menaces d'attentat. La crise des *subprimes*, prêts immobiliers accordés par des banques à leurs clients les plus pauvres moyennant des taux d'intérêt variables et élevés, le conduit à un important programme de nationalisations dans le secteur bancaire. En avril 2010 il provoque des élections anticipées qu'il perd au profit du conservateur **David Cameron** (né en 1966). En l'absence d'une majorité absolue, ce dernier gouverne avec une coalition s'appuyant sur le parti des libéraux-démocrates de **Nicholas (dit Nick) Clegg** (né en 1967). Les premières mesures concernent l'allègement de la dette publique qui atteint 186 milliards d'euros et se traduisent par une politique d'austérité.

UN SYMBOLE ANGLAIS : LA REINE ÉLISABETH II

La future reine Élisabeth naît le 21 avril 1926 à Londres. Issue d'une branche qui n'est pas appelée en principe à régner, sa jeunesse se déroule dans une atmosphère familiale, sans le formalisme de la cour. En 1936, après l'abdication d'Édouard VIII, son père devient le roi George VI, elle est princesse héritière. Elle épouse en 1947 le prince Philip Mountbatten (né en 1921), dont elle s'est éprise en 1939. Lors d'une visite au Kenya, elle y apprend le décès de son père, le 6 février 1952. Elle est désormais reine du Royaume-Uni de Grande-Bretagne et de seize autres nations. Énergique, réservée, la reine règne mais ne gouverne pas, selon la formule traditionnelle, ce qui ne l'empêche pas de s'entretenir régulièrement avec les douze Premiers ministres qui se succèdent sous son règne. Elle maintient par sa personne la permanence de la monarchie britannique, assume ses obligations officielles. Éprouvée par des remous dans la famille royale, elle manifeste en toutes circonstances une grande dignité et un humour qui peut s'avérer redoutable. De février à juin 2012, elle célèbre son jubilé de diamant, à l'occasion de ses 60 ans de règne.

CHAPITRE XXVII
L'Italie, de la Démocratie chrétienne au populisme

1. L'ère de la Démocratie chrétienne

En juin 1945, par référendum, les Italiens choisissent de mettre fin au système monarchique. En 1947 une constitution établit la Première République. Le régime repose sur le suffrage universel. Deux chambres sont élues, une *Camera dei deputati*, Chambre des députés et un *Senato della Republica*, un Sénat. Ces deux assemblées élisent le président de la République pour sept ans, au rôle purement symbolique. L'exécutif est confié à un gouvernement, présidé par un président du Conseil qui exerce la réalité du pouvoir. Le pays est longtemps dirigé par les ténors du parti de la Démocratie chrétienne, qui se partage les votes des Italiens avec le parti socialiste et le parti communiste. C'est le cas pour le premier président du Conseil, **Alcide de Gasperi** (1881-1954) en fonction de 1945 à 1953. C'est l'un des pères de l'Europe, qui permettra l'intégration européenne de l'Italie. **Giuseppe Pella** (1953-1954) lui succède brièvement, mais sa proximité avec le Mouvement social italien (MSI) néofasciste lui coûte le soutien de son propre parti, la Démocratie chrétienne. **Amintore Fanfani** (1908-1999) lui succède pour un mois à peine, entre janvier et février 1954. **Mario Scelba** (1901-1991) le suit pour un an, jusqu'en juillet 1955. **Antonio Segni** (1891-1972) est président du Conseil de juillet 1955 à mai 1957 puis de février 1959 à février 1960. Il est l'un des signataires du traité de Rome créant la CEE en mars 1957. **Fernando Tambroni** (1901-1963) ne reste au pouvoir, conquis grâce au soutien du MSI que quatre mois. **Giovanni Leone** (1908-2001) ne demeure guère plus. Il faut attendre **Aldo Moro** (1916-1978) pour constater une stabilité plus grande. Il exerce ses fonctions à cinq reprises, de décembre 1963 à juin 1964, de juillet 1964 à janvier 1966, de février 1966 à juin 1968, de novembre 1973 à janvier 1976, enfin de février à avril 1976. Il est l'homme du compromis historique, accord pour gouverner conclu, avec le Parti communiste italien (PCI) d'**Enrico Berlinguer** (1922-1984), fragile et difficile alliance avec la Démocratie chrétienne. Le 16 mars 1978, Aldo Moro est enlevé à Rome par les Brigades rouges, des terroristes d'extrême gauche qui multiplient les attentats, tout comme l'extrême droite, durant ces années de plomb, du début des années 1970 à la fin des années 1980. Il est assassiné cinquante-cinq jours plus tard, son corps retrouvé dans le coffre d'une voiture.

Giulio Andreotti (né en 1919) lui succède. Il est président du Conseil à sept reprises, dix jours en février 1972, de juin 1972 à juin 1973, de juillet 1976 à janvier 1978, de mars 1978 à janvier 1979, en mars 1979, de juillet 1989 à mars 1991 et enfin d'avril 1991 à avril 1992. La Démocratie chrétienne conserve le pouvoir, avec des éclipses jusqu'à l'élection du socialiste **Giuliano Amato** (né en 1938) au pouvoir en 1992-1993. En 1965, l'ouverture du tunnel du Mont-Blanc relie facilement l'Italie à la France. En 1968 est fondé le Club de Rome, qui réunit des chercheurs et universitaires de plus de cinquante pays pour réfléchir aux problèmes planétaires. Il se fait connaître du monde entier par sa première publication en 1972, le rapport Meadows intitulé *Halte à la croissance?* Après les attentats multiples des années de plomb, l'Italie doit toujours combattre l'influence de la mafia dans la société. En 1982, à la suite de l'assassinat à Palerme du général **Carlo Dalla Chiesa** (1920-1982), elle se dote d'un haut-commissariat pour la coordination de la lutte contre la délinquance mafieuse. Cela n'empêche pas l'assassinat du juge antimafia **Giovanni Falcone** (1939-1992), près de Palerme, en 1992. La lutte contre la mafia demeure l'un des grands défis de l'Italie contemporaine.

2. La rupture : Silvio Berlusconi

Né en 1936 à Milan dans une famille de la petite bourgeoisie, **Silvio Berlusconi** fait des études de droit avant de devenir entrepreneur. Il œuvre dans le bâtiment, s'intéresse très tôt à la télévision, d'abord sur Milan, puis sur toute la Lombardie. Décoré de l'ordre du Mérite du travail, avec le grade de chevalier en 1977, il se voit désormais surnommé « il Cavaliere ». C'est en 1978 qu'il fonde Fininvest, aux activités diversifiées, édition, banque, télévision. Sa renommée d'homme d'affaires le conduit à prendre en main les destinées d'un club de football, le Mila AC, qu'il parvient à redresser, ce qui donne une dimension nationale, puis internationale à sa notoriété. Il entre quelques années plus tard en politique, fondant son parti, Forza Italia, « Allez l'Italie », parti populiste de centre-droit, en 1994. Il se définit comme profondément conservateur, viscéralement anticommuniste. Deux mois plus tard, en mars 1994, à l'issue des élections législatives, c'est le premier parti politique du pays. Le soutien populaire permet ensuite à Silvio Berlusconi de revenir plusieurs fois aux Affaires, en dépit de nombreux procès en cours et d'affaires de mœurs, jusqu'au mois de novembre 2011 où un vote de la Chambre le désavoue.

La rupture la plus nette d'avec les combinaisons politiques unissant les partis traditionnels depuis 1945, intervient avec l'arrivée de **Silvio Berlusconi**, président du Conseil en 1994-1995, puis entre 2001 et 2006, en fonction de mai 2008 à novembre 2011. Il s'appuie sur une coalition regroupant Forza Italia, dissous en 2009, pour le remplacer par le mouvement plus large du Peuple de la liberté, présidé par **Ignazio La Russa** (né en 1947), la Ligue du Nord, nationaliste, xénophobe, régionaliste, créée en 1989, présidée par **Umberto Bossi** (né en 1941) et l'Alliance nationale, parti d'extrême droite créé en 1995, dissous en 2009. Après la chute de Silvio Berlusconi, c'est un universitaire, expert des finances qui lui succède, **Mario Monti** (né en 1943). Dans une Italie confrontée au problème de la dette et de la méfiance des marchés financiers, il forme un gouvernement de spécialistes, refuse d'entrer dans les négociations habituelles avec les parlementaires et les partis. Il lance une politique de rigueur budgétaire. Il démissionne en décembre 2012, afin de provoquer de nouvelles élections législatives dont il attend une majorité, fût-elle de coalition, indispensable pour mener à bien d'ambitieuses et impopulaires réformes. Les résultats du vote montrent un pays déchiré politiquement, ingouvernable, partagé entre le centre-gauche, les partisans de Silvio Berlusconi et un nouveau venu, le mouvement M5S, Mouvement 5 Étoiles, de **Beppe Grillo** (né en 1948), humoriste de profession, populiste opposé à tous les partis traditionnels. La chambre étant ingouvernable, toutes les alliances envisagées échouent, notamment devant le refus du M5S de participer. Le gouvernement Monti continue de gérer les affaires courantes. L'ampleur de la crise est telle que le président de la République, Giorgio **Napolitano** (né en 1925), apparaît comme le seul rempart et accepte finalement, à quatre-vingt-huit ans, sa réélection le 20 avril 2013 pour un nouveau mandat de sept ans. Le 28 avril 2013, Enrico Letta (né en 1966), membre du parti démocrate (PD), forme le nouveau gouvernement et obtient l'investiture des deux assemblées.

Toutefois, en dépit du chaos politique italien, la surprise de l'année 2013 provient du Vatican, État souverain dont le chef, le pape Benoît XVI (né en 1927), élu en 2005, annonce sa démission, effective le 28 février 2013, invoquant son âge, une trop lourde charge pesant sur ses épaules. Le 13 mars 2013, la curie élit pour lui succéder François, premier du nom, sur le trône pontifical, un tournant pour l'Église catholique, car il s'agit du premier père jésuite à accéder au pontificat, et du premier Américain, né Jorge Mario Bergoglio en 1936 à Buenos Aires en Argentine.

CHAPITRE XXVIII
L'Espagne depuis 1945

1. L'Espagne franquiste

Depuis 1939, et ce jusqu'en 1975, l'Espagne est placée sous le régime *franquiste*, la dictature du général **Francisco Franco** (1892-1975). De 1945 à 1950, l'Espagne vit repliée sur elle-même, en autarcie, la paupérisation de la population s'y aggrave. Après 1950, Franco libéralise l'économie, apportant une amélioration du niveau de vie, due notamment au bénéfice du plan Marshall, accordé au pays en 1950. En avril 1954, Franco désigne pour lui succéder le prince **Juan Carlos de Bourbon** (né en 1938), petit-fils du dernier roi Alphonse XIII. La dictature franquiste s'appuie sur un parti unique, la *Falange Española tradicionalista y de las Juntas de Ofensiva Nacional Sindicalista* (FET y de las JONS), plus connue sous le nom de Phalange. Tous les secteurs de la société sont contrôlés par ses représentants, avec l'appui de l'Église catholique, le catholicisme étant reconnu religion d'État. Les institutions sont soumises au principe de la *démocratie organique* : les représentants aux assemblées, les *Cortès*, sont nommés par le gouvernement, le monde syndical et son activité limitée au système du « Syndicat vertical » responsable devant le ministre de la Phalange. Chef de l'État, Franco est *caudillo*, chef absolu, « par la grâce de Dieu ». En principe, le régime est monarchique, mais sans roi jusqu'en 1975. Même sans l'existence d'une alliance formelle durant la Seconde Guerre mondiale avec l'Allemagne nazie, l'Espagne est considérée dans l'immédiate après-guerre comme son alliée objective. Elle réintègre le concert des Nations à la faveur de la guerre froide, se rapprochant des États-Unis, avec lesquels un pacte d'alliance, le traité de Madrid, est signé en 1953. En 1955 l'Espagne devient membre de l'ONU. En 1959 le président Eisenhower effectue une visite officielle à Madrid. L'année 1959 est également celle d'un tournant majeur, celui du lancement du *Plan de Estabilización* ou « Plan de stabilisation » de l'économie, dû à des membres de l'*Opus Dei*, ou « Œuvre de Dieu », une association de laïcs catholiques fondée en 1928 par le prêtre espagnol **José Maria Escrivá de Balaguer** (1902-1975). Ces principales mesures ouvrent l'économie espagnole à la mondialisation, lançant une ère de prospérité marquée notamment par l'ouverture du tourisme de masse. Après 1968, le régime du dictateur est de plus en plus contesté, l'Église catholique elle-même entre en opposition à partir de 1970. Franco, malade, vieilli, peine à maintenir son autorité sans partage. En septembre 1974, il transfère ses fonctions de chef de l'État à Juan Carlos, puis meurt le 20 novembre 1975.

2. Un roi, une démocratie

Juan Carlos Ier d'Espagne : l'actuel souverain espagnol naît en 1938 à Rome, contraint à l'exil avec sa famille. Sa jeunesse est meurtrie par un drame, il tue accidentellement son frère cadet d'un coup de pistolet en 1956. Officiellement, son grand-père, le roi Alphonse XIII, n'a pas renoncé à sa couronne, le père de Juan Carlos pourrait en principe prétendre monter sur le trône d'Espagne. C'est Franco qui l'en écarte, au profit de Juan Carlos, source d'une longue animosité entre les deux hommes. Le jeune homme vit à Madrid, auprès du dictateur, qui le nomme officiellement en 1961 prince d'Espagne et le prépare à sa succession. C'est chose faite après la mort de Franco en 1975.

L'Espagne connaît ensuite un épisode de transition démocratique, entre 1975 et 1982. En novembre 1975, le prince Juan Carlos devient roi d'Espagne sous le nom de **Juan Carlos Ier**. Deux nouvelles expressions du politique ont droit de cité, la Plateforme de coordination démocratique regroupe socialistes et démocrates-chrétiens, la Junta démocratique représente le Parti communiste d'Espagne (PCE). Le roi souhaite une évolution démocratique, il y est poussé par la rue qui la réclame de plus en plus vivement. En 1976 le roi nomme président du Conseil **Adolfo Suárez** (né en 1932). Il sera l'homme de la fin du franquisme. Il rétablit les libertés démocratiques, met à bas les institutions franquistes. Cependant ceci se déroule dans un contexte de violence, où se mêlent attentats et assassinats politiques. En 1977 le PCE et les centrales syndicales, Union générale des travailleurs (UGT) socialiste et Commissions ouvrières (CCOO) d'obédience communiste, sont légalisés. En 1978 une nouvelle constitution établit une monarchie parlementaire. L'Union du centre démocratique (UCD) d'Adolfo Suárez remporte les élections législatives de mars 1978. La décentralisation de l'État est mise en place cette même année, avec la création de la Communauté autonome du Pays basque et le rétablissement de la Généralité de Catalogne.

3. Le Coup d'État du 23-F

En janvier 1981, Adolfo Suárez présente sa démission. C'est lors de l'investiture, par le Congrès des députés, de **Leopoldo Calvo-Sotelo** (1926-2008), le 23 février 1981, que deux cents gardes civils, sous les ordres du lieutenant-colonel **Antonio Tejero** (né en 1932), tentent un coup d'État. Ses hommes envahissent l'Assemblée, tirent en l'air, contraignant les députés à se coucher par terre. Mais les dissensions entre mutins, et la fermeté du roi, qui exige dans une allocution télévisée le retour des militaires dans leur caserne, font échouer l'opération, connue en Espagne sous le nom de *Coup d'État du 23-F*. Au bout de quarante-huit heures, tout est rentré dans l'ordre. Juan Carlos bénéficie d'un prestige nouveau, même auprès des républicains qui se rallient par crainte d'un échec définitif du processus de démocratisation.

4. Movida et modernisation

Le mouvement de la *Movida madrilena*, plus connu sous le seul terme de *Movida*, est inséparable de la modernisation de l'Espagne. Né dans un quartier madrilène, il porte les espoirs de la jeunesse, non seulement dans la démocratie qui se met en place, mais aussi dans la construction d'une société ouverte et tolérante, en opposition totale avec celle de la dictature franquiste. Ses chefs de file sont des artistes, comme le cinéaste Pedro Almodóvar. Son développement se fait entre les années 1980 et 1990. Leopoldo Calvo-Sotelo perd le pouvoir aux élections d'octobre 1982 remportées par le Parti socialiste ouvrier espagnol (PSOE) et son chef, **Felipe González** (né en 1942). Cette victoire met fin à la période de transition démocratique. S'ouvre alors une époque d'ouverture politique, sociale, culturelle, connue sous le nom de *Movida*. Felipe González préside le gouvernement à quatre reprises, en 1982-1986, 1986-1989, 1989-1993 et 1996. En 1986, l'Espagne adhère à la CEE. En 1992 s'y déroule l'Exposition universelle de Séville et les Jeux olympiques de Barcelone. **José Maria Aznar** (né en 1953), à la tête du Parti populaire (PP), de droite, gouverne de 1996 à 2000 et de 2000 à 2004. Il entreprend de lutter contre le chômage, qu'il ramène de 20 % à 11 % de la population active, et contre le terrorisme basque d'Euskadi Ta Askatasuna (ETA), « Pays Basque et liberté ». Atlantiste convaincu, il se rapproche des États-Unis et les soutient dans la guerre d'Irak de 2003. Le 11 mars 2004, Madrid est victime d'attentats islamistes. Plusieurs bombes explosent dans des trains de banlieue, provoquant plus de 200 morts et 1 400 blessés. Vainqueur des élections en 2004, puis en 2008, le socialiste **José Luis Zapatero** (né en 1960) lui succède. Il retire les armées espagnoles d'Irak et renoue le dialogue avec l'ETA. Il défend le projet de Constitution européenne, approuvé par référendum avec 75 % des voix en 2005. Il légalise cette même année le mariage homosexuel, suscitant l'ire de l'Église catholique et du Parti populaire. C'est sous son gouvernement que disparaissent les derniers symboles du franquisme, notamment les statues équestres du général Franco. La Catalogne bénéficie d'un nouveau statut d'autonomie, le Statut de la Catalogne est validé par le Tribunal constitutionnel en 2006. La crise économique de 2008 frappe durement l'Espagne, le PIB s'effondre à 0,3 % en 2008, le chômage atteint les 20 % de la population active, le double chez les jeunes de moins de vingt-cinq ans. La société espagnole est en crise complète. Le pays parvient à faire face à ses engagements financiers grâce à un prêt de l'Union européenne. Le gouvernement met en place plusieurs plans d'austérité, sans résultats pour une sortie de crise, mais qui provoquent la naissance d'une protestation nouvelle, celle des

Indignados, les « Indignés », jeunes Espagnols qui occupent les places et centre-villes des grandes agglomérations, réclamant un changement radical de politique, clamant leur défiance à l'égard des partis traditionnels. José Luis Zapatero a indiqué qu'il ne solliciterait pas un nouveau mandat de chef du gouvernement lors des prochaines élections prévues en 2012. De fait, lors des élections anticipées de 2011, le Parti populaire est largement vainqueur et son chef, Mariano Rajoy (né en 1955), devient président du gouvernement.

CHAPITRE XXIX
L'URSS depuis 1945

1. Une déstalinisation en étapes

KHROUCHTCHEV ET LA DÉSTALINISATION

Après la Seconde Guerre mondiale, l'URSS est dans une position ambiguë, bénéficiant à la fois d'un immense prestige international pour son rôle pendant le conflit, mais dévastée, humainement et matériellement par ce dernier. Les efforts de reconstruction sont gigantesques et s'achèvent vers 1950. Le pays se dote en 1949 de l'arme nucléaire, possède la bombe H en 1953. Staline gouverne d'une main de fer, développant le culte de la personnalité. Il meurt le 5 mars 1953 et **Nikita Khrouchtchev** (1894-1971) accède à la tête de l'État. Lors du XXe congrès du Parti communiste d'Union soviétique (PCUS), en février 1956, Khrouchtchev remet un rapport, en principe secret, mais rapidement connu, dénonçant le culte de la personnalité sous Staline, ouvrant ainsi la voie à la déstalinisation. Il favorise la reprise de relations normalisées avec les États-Unis dans le cadre de la coexistence pacifique. Il s'agit de renoncer à une vision datant de Lénine, exporter la révolution par les armes. Cette prise de position conduit à la rupture avec la Chine en 1960. La rupture n'est pas limitée à l'idéologie. Nikita Khrouchtchev entend également moderniser la société soviétique et élever le niveau de vie. Il souhaite ainsi « rattraper les États-Unis vers 1970 », lors du discours du 27 janvier 1957 devant l'assemblée du XXIe congrès du parti communiste. Une ambitieuse politique de conquête des terres vierges est lancée en 1959. Le nouveau plan septennal, au lieu d'être quinquennal comme auparavant, veut favoriser la consommation intérieure et le logement, l'âge de la retraite est abaissé à soixante ans, la durée hebdomadaire du travail ramenée de quarante-huit à quarante-deux heures. Les réformes soulèvent des oppositions, accentuées par l'échec du plan, abandonné en cours de route, le peu de résultats en agriculture. Les *apparatchiks*, les « hommes d'appareil », dévoués au parti qui leur assure pouvoir et statut, préparent sa chute. L'Occident prend ses distances quand il écrase le soulèvement hongrois de 1956. En 1961, pour mettre fin à la fuite des Allemands de l'Est vers l'Ouest, Khrouchtchev demande l'internationalisation de Berlin ou son rattachement à la RDA. Les Américains refusent ; en août 1961 le « mur de Berlin » est édifié. Le rideau de fer se referme totalement.

POLOGNE ET HONGRIE ÉCRASÉES EN 1956

Le rapport Khrouchtchev de 1956 est interprété dans certaines démocraties populaires, les pays satellites sous domination soviétique, comme un premier pas vers davantage de liberté politique. En juin 1956 les ouvriers de l'usine Staline de Poznan se mettent en grève en Pologne. Le gouvernement refuse toute négociation. Des heurts violents opposent alors la police et les grévistes, faisant plus de cinquante morts et des centaines d'arrestations. Mais c'est en Hongrie que la volonté de se débarrasser d'une tutelle soviétique honnie est la plus forte. **Imre Nagy** (1896-1958) y devient Premier ministre. Ce modéré forme le premier gouvernement ouvert à des non-communistes depuis la fin de la guerre. Dans un premier temps, Moscou ne réagit pas. Les étudiants hongrois y voient la possibilité d'aller plus loin encore et manifestent pour obtenir le multipartisme et la démocratie. Cette fois, les Soviétiques ne temporisent plus. En octobre, les chars soviétiques envahissent Budapest, brisent la révolte dans le sang et la terreur, au prix de plusieurs milliers de morts, de déportés, d'exilés. Imre Nagy est exécuté deux ans plus tard par pendaison à l'issue d'un procès stalinien. La chape de plomb s'abat de nouveau sur la Hongrie.

UN PAYS FIGÉ : L'ÈRE BREJNEV

Dans le domaine de la conquête de l'espace, les résultats sont spectaculaires : lancement du premier satellite artificiel, le Spoutnik en 1957, envoi du premier homme, **Youri Gagarine** (1934-1968), dans l'espace en 1961. Mais les réformes entreprises mécontentent les hiérarques du PCUS et bénéficiaires du système, les *apparatchiks*. Après l'échec de Cuba de 1962 ils écartent peu à peu Khrouchtchev des affaires. Il est démis en octobre 1964 pour être remplacé par **Leonid Brejnev** (1906-1982) qui demeure au pouvoir jusqu'à sa mort en 1982. Ce dernier ferme de nouveau l'URSS, définit la doctrine Brejnev de « souveraineté limitée » des pays satellites, en réalité totalement inféodés à Moscou. C'est ainsi qu'en 1968 la tentative du Printemps de Prague d'**Alexander Dubček** (1921-1992) s'achève par l'invasion de la Tchécoslovaquie par les forces du Pacte de Varsovie, alliance militaire née en 1955 entre l'URSS et les pays de l'Est sauf la Yougoslavie, destinée à contrer l'OTAN. Brejnev revient aussi aux pratiques politiques du temps de Staline en cumulant tous les pouvoirs : en 1966 le XXIIIe congrès du PCUS rétablit pour lui le titre de secrétaire général du PCUS, il est nommé maréchal en 1976, devient chef de l'État en 1977. À la coexistence pacifique succède la détente dans les relations avec les États-Unis, qui conduit surtout les deux pays à s'armer de plus en plus jusqu'au tournant des accords SALT I (Strategic Arms Limitation Talks), portant sur la limitation des armes stratégiques, en 1972. Les accords d'Helsinki, de 1975, entérinent les frontières de l'Europe, alors que le bloc soviétique s'engage à laisser les hommes et les idées circuler. En 1979, les accords SALT II élargissent le champ des armes prises en considération. C'est cette même année que l'URSS intervient en Afghanistan en décembre pour y secourir un régime communiste. On appellera cela le Viêtnam soviétique.

LE PRINTEMPS DE PRAGUE

Dès le début de l'année 1968, la Tchécoslovaquie est en ébullition. La volonté de changement, d'instauration de la démocratie proviennent aussi bien des intellectuels que des masses et de la direction du Parti communiste tchèque lui-même. Il faut se souvenir que la Tchécoslovaquie est le seul pays neuf issu du traité de Versailles à avoir connu la démocratie entre 1919 et 1939, tous les autres ayant sombré dans la dictature. C'est donc à un retour que la population aspire, non à une nouveauté. Le secrétaire général du parti communiste, Alexander Dubček, veut conserver le socialisme mais en l'amendant : une planification qui ne serait plus impérative, une place plus grande pour l'initiative privée, un parti inspirateur de réformes et non plus tout-puissant. Ses espoirs sont anéantis en août 1968. Les Soviétiques ont retenu la leçon de l'écrasement hongrois en 1956. Ils n'interviennent pas directement cette fois, évitant les critiques occidentales, ils préfèrent envoyer les forces des pays membres du Pacte de Varsovie, alliance qui fait pendant à l'OTAN pour certains pays communistes d'Europe. Ce sont elles qui mettent brutalement fin à ce que l'on a appelé le Printemps de Prague.

TOUR DE VIS EN POLOGNE

En 1970, ce sont de nouveau les ouvriers polonais qui sont victimes de la répression lors d'une grève. Puis, en 1980, le gouvernement polonais donne son autorisation à la création d'un syndicat indépendant, *Solidarnosc* (Solidarité), sous l'impulsion de **Lech Walesa** (né en 1943). Il est issu des grandes grèves de mars sur les chantiers navals de la ville de Gdańsk. Le conservatisme soviétique ne peut tolérer le pluralisme syndical, seuls les organes reconnus par le parti communiste peuvent avoir droit de cité. L'URSS reprend en main la direction polonaise du parti et, le 13 décembre 1981, l'état de siège est décrété par le général Jaruzelski, qui interdit bientôt *Solidarnosc* et emprisonne ses dirigeants. Ni l'armée Rouge ni les forces du Pacte de Varsovie n'interviennent cette fois, l'étouffement de la contestation se fait en recourant à l'appareil local de répression.

LE TEMPS DES VIEILLARDS

En 1979 les accords SALT II consacrent la parité nucléaire entre les deux superpuissances (URSS et États-Unis). Mais l'économie stagne, hormis l'industrie lourde. Pour éviter des famines, l'URSS est à plusieurs reprises contrainte d'importer du blé. En 1979, Brejnev lance le pays dans une guerre en Afghanistan, dont les Soviétiques sortiront vaincus. Ses successeurs sont des vieillards qui demeurent peu de temps aux affaires. **Youri Andropov** (1914-1984), ancien président du KGB, accède au pouvoir avec l'appui de l'armée. L'élection d'un pape polonais, **Jean-Paul II** (1920-2005) en 1978 contrarie l'URSS, soupçonnée d'avoir commandité, par l'entremise du KGB, l'attentat contre le souverain pontife de 1981. Youri Andropov, même s'il est un *apparatchik* classique, entame la lutte contre la corruption au sein du parti, ébauche ce que sera plus tard la politique de *perestroïka*. **Konstantin Tchernenko** (1911-1985) lui succède et met fin à la relative ouverture initiée par son prédécesseur pour revenir aux normes de la dictature brejnévienne. Gravement malade, il meurt peu de temps après.

2. Tentatives de réformes et implosion

UN RÉFORMISTE AU POUVOIR : MIKHAÏL GORBATCHEV

Mikhaïl Gorbatchev naît en 1931 dans une famille paysanne du nord du Caucase. Il aide son père aux travaux du kolkhoze avant d'obtenir l'autorisation d'étudier le droit à Moscou. Membre du parti communiste, il exerce diverses responsabilités locales, liées à une spécialisation après le droit dans les problèmes agricoles, avant d'être remarqué par Youri Andropov qui devient son mentor. Son ascension est alors rapide, élu au Comité central à quarante ans, il en devient secrétaire avant d'intégrer le *Politburo*, le bureau politique, le gouvernement du parti communiste, le véritable, qui double l'institution officielle. Il devient secrétaire général du PCUS en 1985. Ne nous y trompons pas, c'est un communiste convaincu, qui n'envisage alors pas un instant la fin de l'URSS, mais qui croit pouvoir réformer le système de l'intérieur. Il sera dépassé par l'ampleur du changement dont il est l'initiateur.

DOCTRINE SINATRA ET FIN DU BLOC DE L'EST

Mikhaïl Gorbatchev, successeur souhaité par Andropov, arrive au pouvoir. Il lance une politique ambitieuse de réforme du communisme soviétique fondée sur la *perestroïka*, la « reconstruction » ou « restructuration » et la *glasnost*, la « transparence ». Très jeune dirigeant, âgé de cinquante-quatre ans, surtout au regard de ses prédécesseurs immédiats, il ouvre le pays de nouveau, rencontre Margaret Thatcher et Ronald Reagan. Il retire les troupes soviétiques d'Afghanistan en 1989. Très populaire hors de l'Union soviétique, son charisme personnel déclenche en Europe et aux États-Unis un phénomène de *gorbymania*. En 1989, il se rend en Chine, laisse le rideau de fer s'entrouvrir en Hongrie et refuse une intervention armée lors de la chute du mur de Berlin. Sa doctrine, en référence à une célèbre chanson de Frank Sinatra, « My Way », adaptation du « Comme d'habitude » français, est dénommée « doctrine Sinatra ». Que chaque pays satellite suive sa propre voie (*way* en anglais) du socialisme. D'abord hésitants au souvenir des sanglantes répressions de 1956 et 1968, les pays dominés par l'URSS prennent leurs distances de plus en plus vite. En novembre 1987, le général Jaruzelski quitte le pouvoir après avoir perdu un référendum destiné en principe à le conforter. En mai 1989 les Hongrois détruisent le rideau de fer les séparant de l'Autriche, ouvrant leur frontière à l'Ouest. C'est au tour de l'Allemagne de l'Est de s'effondrer, le 9 novembre 1989, le mur de Berlin s'ouvre sur une brèche spectaculaire, tout comme en Hongrie quelques mois plus tôt, des centaines de milliers de personnes se ruent à l'Ouest. C'est au même moment que la Tchécoslovaquie retrouve la démocratie perdue avec la « révolution de velours », appelée ainsi car sans coup de feu ni mort, qui porte au pouvoir l'ancien dissident **Vaclav Havel** (1936-2011). À la fin décembre 1989, toutes les démocraties populaires européennes se sont libérées du joug soviétique, sans que l'URSS ne réagisse par la violence.

L'IMPLOSION DE L'URSS

Mikhaïl Gorbatchev se voit décerner en 1990 le prix Nobel de la paix pour son action dans la fin de la guerre froide. Mais en URSS même l'armée et le PCUS apprécient peu les réformes. Les peuples du Caucase, traditionnellement opposés au pouvoir central russe déjà à l'époque des tsars, commencent à prendre les armes. En 1991 les trois républiques baltes (Lettonie, Lituanie, Estonie) proclament leur indépendance, l'Union des Républiques socialistes soviétiques se fissure de l'intérieur. En août 1991, alors qu'il est en vacances en Crimée, Gorbatchev est victime d'un coup d'État. Un groupe de conservateurs communistes le décrète incapable de gouverner et proclame l'état d'urgence. Assigné à résidence, impuissant, il est sauvé par l'action énergique de **Boris Eltsine** (1931-2007), alors président de la République socialiste fédérative de Russie. Dès lors, les événements échappent à son contrôle. Le 8 décembre 1991, Russie, Biélorussie et Ukraine se déclarent États souverains. Boris Eltsine proclame au Parlement la dissolution de l'Union soviétique et l'indépendance de la Russie, suivie par toutes les anciennes Républiques soviétiques. Le 25 décembre 1991 Gorbatchev démissionne en direct dans un message télévisé et reconnaît officiellement la dissolution de l'URSS. Cette dernière cesse d'exister le soir même à minuit.

Le tsar Boris

Boris Eltsine (1931-2007), le futur sauveur de Mikhaïl Gorbatchev, et son principal rival avant la chute, naît en 1931 dans une famille très pauvre. Son enfance et son adolescence sont difficiles, il est volontiers bagarreur. Il fait des études d'ingénieur, tout en développant son aptitude pour le volley-ball, sport où il acquiert une expérience de professionnel. Devenu contremaître, il occupe cet emploi dans diverses usines. Entré au PCUS en 1961, il en devient fonctionnaire, puis secrétaire de section. Il y rencontre Mikhaïl Gorbatchev, les deux hommes entretiennent alors une relation de confiance et d'estime mutuelle. En 1981, il est élu au Comité central, dont il devient plus tard le secrétaire. En 1985, il dirige la section moscovite du parti. Il prend une part active à la *perestroïka*, fait la chasse aux *apparatchiks* corrompus de la ville. C'est en novembre 1987 que la rupture avec Mikhaïl Gorbatchev se produit. Au cours d'une séance houleuse des instances du parti, Boris Eltsine dénonce l'inertie du parti et de ses hauts responsables de Moscou, leurs ingérences, la lenteur voulue de la réalisation des réformes. Il est démis de son poste. Il revient en politique à la faveur des premières élections libres de 1989, il est élu triomphalement député de Moscou. Il publie en 1990 des mémoires au titre programme : *Jusqu'au bout !* Il devient le premier président de la toute nouvelle République socialiste fédérative de Russie (RSFR) en 1990, désormais le second homme fort de l'URSS. Il impose rapidement les réformes qui préparent la voie à un retour de la souveraineté de la Russie hors de l'URSS. En 1991, son action énergique déjoue le putsch des conservateurs qui voulaient mettre fin aux réformes. Il est désormais le seul homme fort du pays. De 1991 à 1999, il est le premier président de la Fédération de Russie, issue de l'implosion de l'Union soviétique. Après avoir incarné l'espoir, il meurt en 2007 dans un discrédit certain, une majorité de Russes lui reprochant la privatisation à marche forcée, l'explosion de la corruption et l'effondrement de leur niveau de vie.

3. La Fédération de Russie depuis 1991

Après l'effondrement de l'URSS, la Fédération de Russie s'agrège à la Communauté des États Indépendants (CEI) fondée en 1991. Elle regroupe onze des quinze anciennes Républiques soviétiques et un État associé : Russie, Biélorussie, Kazakhstan, Ouzbékistan, Tadjikistan, Kirghizstan, Arménie, Moldavie, Azerbaïdjan, Turkménistan, Ukraine, Mongolie (État associé). Bien qu'appuyée sur de nombreuses institutions exécutives, la CEI existe surtout sur le papier et permet à la Russie de conserver un droit de regard sur les affaires des anciennes parties de l'Empire soviétique. **Boris Eltsine** ouvre l'économie au libéralisme et cette progression vers la diminution du nombre et de la place des entreprises d'État se traduit par une hausse brutale du chômage, une division du PIB par deux et une paupérisation de la masse des Russes. Elle favorise en revanche un groupe de nouveaux entrepreneurs qui s'enrichissent rapidement, les « nouveaux Russes ». La vie politique est dominée par le Parti libéral démocrate de Russie, xénophobe et nationaliste de **Vladimir Jirinovski** (né en 1946). **Vladimir Poutine** (né en 1952) devient président par intérim après la démission de Boris Eltsine le 31 décembre 1999. Il est élu président en 2000, le demeure jusqu'en 2008. Ancien responsable du KGB, Vladimir Poutine reprend en main la Russie, en s'appuyant notamment sur les services de renseignements et renforce la présidentialisation du régime. Il entreprend de lutter contre les oligarques, contrôle étroitement les médias. Après la crise financière de 1998, il restaure l'économie en utilisant notamment les ressources naturelles que sont le gaz et le pétrole. Il intervient militairement en Tchétchénie et en Ossétie du Sud. Depuis 2000, la Russie retourne à une croissance remarquable, d'environ 6 % par an. En mai 2008 **Dimitri Medvedev** (né en 1965) lui succède, mais Vladimir Poutine demeure son puissant Premier ministre. Les réformes entreprises sont poursuivies. Il entreprend de lutter contre la corruption, lance un plan ambitieux de développement des mesures technologies. En 2011, les élections législatives apportent plus de 49 % des voix à Russie unie, le parti de Vladimir Poutine. Les élections prévues en 2012 sont l'occasion de la révélation d'un accord, soupçonné, entre les deux hommes : ils échangeront de nouveau leur poste. C'est ce qui se produit effectivement à l'issue des élections présidentielles, en mars 2012, Vladimir Poutine redevient président et nomme Dimitri Medvedev Premier ministre. De grandes manifestations conspuent la régularité du scrutin, mais elles sont réprimées par le pouvoir en place. Une modification de la constitution a permis d'allonger le mandat présidentiel de quatre à six ans, renouvelable une fois comme auparavant, mais rien ne s'oppose à l'issue de ces douze ans à un nouvel échange de fonction, si les électeurs russes suivent.

POUTINE, L'HOMME FORT DE LA RUSSIE

Vladimir Poutine est né en 1952 dans une famille ouvrière de Leningrad. Champion de *sambo*, la lutte russe, il fait des études de droit. Il entre au KGB, les services secrets soviétiques, y occupe des postes subalternes, s'y fait apprécier par sa connaissance de l'allemand. De 1985 à 1990, il est espion à Dresde, sous couvert d'activités culturelles. L'effondrement de la RDA le ramène à Leningrad, où il ne tarde pas, tout en demeurant membre du KGB, à devenir l'homme de confiance du président du Conseil de la ville, redevenue Saint-Pétersbourg. Il poursuit sa carrière à Moscou, dans l'entourage du président Eltsine. En 1998, il est nommé directeur du FSB, service de sécurité qui remplace le KGB. En 1999, Boris Eltsine le place à la tête du gouvernement. Peu de temps après sa démission surprise, le 31 décembre 1999, il fait de Poutine son successeur par intérim. En mars 2000, Vladimir Poutine est élu pour la première fois président de la Fédération de Russie. En dépit d'une popularité qui s'érode légèrement, après plusieurs mandats, il demeure l'homme politique capable de rendre à la Russie sa puissance pour une majorité de Russes.

CHAPITRE XXX
Les États-Unis depuis 1945

1. Le temps de la surpuissance

TRUMAN ET LE *FAIR DEAL*

Harry Truman (1884-1972) est Président des États-Unis de 1945 à 1952. Continuateur de Roosevelt, il lance, après la reconstruction d'après guerre, afin de dominer la surproduction et l'inflation, une politique de *Fair Deal*, Accord équitable, héritière du *New Deal*. Il s'agit d'augmenter le salaire minimum, de voter en 1949 le *National Housing Act*, développant l'habitat populaire. Mais Truman bute sur la création d'un système de sécurité sociale pour tous, qui heurte le libéralisme des Américains. La naissance en 1949 de la République populaire de Chine, l'extension de la guerre froide et la guerre de Corée conduisent à un anticommunisme virulent. Grands vainqueurs de la Seconde Guerre mondiale, première puissance économique mondiale, les États-Unis vont devoir cependant affronter des conflits, à l'extérieur comme à l'intérieur du pays. La guerre de Corée oppose de 1950 à 1953 la Corée du Nord communiste, aidée par la Chine populaire, à la Corée du Sud soutenue par les États-Unis. Entre 1950 et 1956 le pays se lance dans une véritable chasse aux communistes connue sous le nom de *Red Scare* (« Terreur rouge »), ou maccarthysme, du nom de son promoteur, le sénateur **Joseph McCarthy** (1908-1957). Cette « chasse aux sorcières » est marquée par la loi de 1950 qui chasse de l'administration communistes et anarchistes, par l'exécution en 1953 des époux Rosenberg, accusés d'avoir permis par leur aide aux Soviétiques de posséder la bombe atomique en 1949. C'est dans ce cadre qu'est énoncée la « doctrine Truman », en rupture avec la tradition isolationniste du pays, les États-Unis apporteront leur aide à tous les pays où la démocratie est menacée. L'une des premières mesures concrètes consiste à lancer un gigantesque plan d'aide à la reconstruction économique de l'Europe, le plan Marshall, en 1947, puisque la pauvreté fait le lit du communisme. Aux États-Unis même, la prospérité se traduit par une extension de l'*American way of life*, fondée sur le confort matériel et la civilisation de l'automobile. Tous n'en bénéficient pas, il y a en 1969 encore vingt-cinq millions de pauvres, principalement dans la communauté noire américaine.

EISENHOWER ET LA VOIE MOYENNE

L'ancien général **Dwight David Eisenhower** (1890-1969) est Président des États-Unis de 1953 à 1961. Il promeut la politique de détente après la mort de Staline en mars 1953, tout en réaffirmant la politique américaine de dissuasion nucléaire. Il est favorable à une stratégie dite de représailles massives, c'est-à-dire de l'utilisation de l'arme atomique. La doctrine de l'endiguement, du barrage à l'extension du communisme se met en place. C'est en son nom qu'en 1954 le gouvernement du Guatemala est renversé, car il prétendait nationaliser la compagnie américaine United Fruit. Ses mandats sont marqués par une grande prospérité économique, mais le contexte social reste explosif : en 1957 il faut recourir à l'envoi de la Garde nationale fédérale pour contraindre les autorités de la ville de Little Rock, dans l'Arkansas, à respecter la loi qui interdit la ségrégation raciale dans les écoles.

2. Kennedy le réformateur

KENNEDY ET LA « NOUVELLE FRONTIÈRE »

John Fitzgerald Kennedy (1917-1963) naît le 29 mai 1917 dans une riche famille de Boston. Son père est nommé ambassadeur à

Londres en 1938, il y effectue une partie de ses études, médiocres, fréquemment interrompues par des ennuis de santé. En dépit d'une maladie du dos dont il souffrira toute sa vie, il participe à la Seconde Guerre mondiale, est blessé, là encore au dos, décoré. Peu de gens imaginent le calvaire enduré par Kennedy tout au long de sa vie, trompés par un président actif, bronzé, souriant et sportif. Ses douleurs dorsales sont intolérables, il parvient à les surmonter à force de volonté, mais aussi avec l'aide du docteur Max Jacobson, qui lui injecte diverses substances et mérite le surnom de Docteur Feelgood («docteur fais du bien»). Après la guerre, il est élu représentant (député) puis sénateur du Massachussetts en 1952. C'est en 1953 qu'il épouse Jacqueline Bouvier (1929-1994). En 1960, il se présente à l'élection présidentielle contre le candidat républicain Richard Nixon et la remporte de justesse. Luttant contre la pauvreté et les inégalités raciales, il se préoccupe de conquête de l'espace, lance le programme *Apollo*. Il est assassiné le 22 novembre 1963 à Dallas. Le vice-président, **Lyndon B. Johnson** (1908-1973), termine le mandat de Kennedy avant d'être élu à son tour.

En 1960 succède à Eisenhower le démocrate et premier président catholique **John Fitzgerald Kennedy**, le plus emblématique de tous les présidents américains. Il a fait campagne sur le thème de la frontière, cher au cœur des Américains depuis la conquête de l'Ouest. La frontière qu'il s'agit ici de repousser est celle de la pauvreté, afin que tous les citoyens bénéficient des fruits de la croissance. Il doit faire face à la phase aiguë de la guerre froide. En avril 1961, c'est l'échec du débarquement américain à la baie des Cochons à Cuba. Le projet était de faire débarquer des exilés cubains, soutenus par les forces américaines, afin de renverser Fidel Castro. Cuba est beaucoup trop proche des côtes de Floride pour demeurer communiste. Castro est au courant, la tentative se termine par un massacre. Kennedy, âgé seulement de quarante-trois ans, apparaît alors comme inexpérimenté, peu à même de protéger le pays dans le contexte de guerre froide. Le président, habilement, endosse dans un discours télévisé la responsabilité de l'échec. Cet aveu et ses excuses plaisent aux Américains. Dans la nuit du 12 au 13 août 1961 le mur de Berlin est érigé, les États-Unis sont impuissants. Kennedy reprend la main en se rendant à Berlin ouest où il prononce le célèbre discours émaillé de la formule «*Ich bin ein*

Berliner » (« Je suis un Berlinois »). La guerre du Viêtnam (1959-1975) prend de l'ampleur, avec l'engagement militaire américain, mais c'est, en octobre 1962, la crise de Cuba qui plonge le monde au bord d'une troisième guerre mondiale.

LA CRISE DE CUBA

En octobre 1962, une flotte russe fait route pour Cuba. Kennedy réagit par un discours à la télévision où il informe ses concitoyens qu'il s'agit à ses yeux d'une agression contre les États-Unis. Il annonce la mise en place d'un blocus de l'île par des navires américains. Si les Soviétiques tentent de le forcer, les États-Unis rentreront en guerre. Le monde retient son souffle pendant une semaine, puis Khrouchtchev finit par céder, les bâtiments russes font demi-tour. C'est une victoire éclatante pour Kennedy qui acquiert une stature internationale. C'est à la suite de cet épisode qu'est établi entre Moscou et Washington le « téléphone rouge », en réalité un fax, qui permet aux deux chefs d'État de communiquer directement, sans avoir à passer par des échelons intermédiaires.

L'ÉPOPÉE DE MARTIN LUTHER KING

La présidence de Kennedy est inséparable de l'épopée du pasteur Martin Luther King, au moment où craque le système de ségrégation. Né en 1929 en Géorgie, un État qui pratique la ségrégation, il lutte toute sa vie en faveur de l'égalité civique pour les Noirs américains, prônant la non-violence. Martin Luther King organise la célèbre Marche sur Washington pour l'égalité des droits entre Noirs et Blancs, et prononce le 28 août 1963, devant le Lincoln Memorial de Washington le fameux discours « *I have a dream* » (« Je fais un rêve »), dans lequel ses propres enfants noirs ont les mêmes droits que les autres. Le prix Nobel de la paix lui est décerné en 1964, pour son action non violente en faveur des minorités. Il est assassiné en avril 1964 par un Blanc ségrégationniste à Memphis, dans le Tennessee.

LYNDON B. JOHNSON ET LA « GRANDE SOCIÉTÉ »

Après avoir achevé le mandat de Kennedy dont il était le vice-président, Lyndon B. Johnson (1908-1973) est élu à son tour président en 1964. Sa politique est en continuité avec celle de son prédécesseur. C'est pendant son mandat que les lois mettant fin à la ségrégation sont votées. Il entend doter le pays d'un véritable État-providence sous le nom de « Grande société ». Par l'adoption du *Voting Right Act* de 1965, Johnson a créé les programmes *Medicare*, assurance santé pour les plus de soixante-cinq ans et le *Medicaid*, assurance maladie pour les plus pauvres. Au nom de la « théorie des dominos » selon laquelle si un pays devient communiste dans une région du monde, il entraîne ses voisins, il intensifie l'intervention américaine au Viêtnam. On passe de l'envoi de conseillers militaires à plus de cinq cent mille hommes sur place. En politique intérieure, il est confronté à la radicalisation des mouvements noirs de contestation, qui érigent la violence en moyen d'action, réclament le *Black power* (« Pouvoir noir »), comme les Black Panthers (les Panthères noires) ou les Black Muslims (les Musulmans Noirs) et leur leader Malcolm X (1925-1965). Dans les universités, la contestation étudiante contre la guerre du Viêtnam prend de l'ampleur, à un moment où l'économie ralentit. Le mouvement hippie, né en Californie, conduit les jeunes à refuser le monde de leurs parents, le mouvement de libération des femmes, le *Women's Lib*, prend son essor à la suite de la publication du livre de Betty Friedan, *La Femme mystifiée*, en 1963. La fin du mandat de Johnson est marquée par le doute sur la puissance américaine. Il renonce d'ailleurs à se représenter.

3. Le temps des crises

RICHARD NIXON ET LE WATERGATE

C'est **Richard Nixon** (1913-1994), le candidat républicain, qui est élu. Le président Nixon (1968-1974) commence à désengager le pays de la guerre du Viêtnam, conformément à la « doctrine Nixon » désirant un retrait américain sur tous les fronts de la guerre froide. La guerre se termine en 1975 par la victoire du Nord Viêtnam et la signature des accords de Paris. Le temps n'est plus à une intervention américaine permanente et sur tous les fronts, mais à la mise en place de la *Realpolitik* voulue par l'influent conseiller du président, Henry Kissinger (né en 1923). Cette politique réaliste veut que le monde ne prenne plus les États-Unis pour son gendarme et compte sur leur action tout en parvenant à trouver son propre équilibre dont la puissance américaine ne serait plus que le garant. C'est ainsi que le pays se rapproche de la Chine, où le président Nixon effectue un voyage remarqué en 1972. Le premier choc pétrolier de 1973 plonge le pays dans la crise économique. C'est lors de la campagne pour sa réélection que Nixon est emporté par le scandale du Watergate. Cependant son mandat reste fameux par l'envoi de la mission du programme spatial américain Apollo 11 où des hommes se posent sur la lune le 20 juillet 1969.

Le scandale du Watergate

Le scandale du Watergate commence en 1972, lorsque cinq hommes sont arrêtés après avoir pénétré par effraction dans l'immeuble du Watergate, à Washington, où le parti démocrate a installé son siège de campagne en vue des élections présidentielles de 1973. Deux journalistes du *Washington Post*, Carl Bernstein et Bob Woodward, se lancent dans des investigations qui les amènent à mettre en évidence les liens entre la Maison Blanche et les espions interpellés. Le président Nixon accumule les maladresses dans sa défense, à tel point qu'en 1973 le Sénat diligente une commission d'enquête dont les sessions sont retransmises par la télévision. Le scandale est énorme. En avril 1974, à l'issue des débats, la Chambre des représentants prépare une procédure d'*impeachment*, c'est-à-dire de destitution à l'encontre du Président. Richard Nixon prend les devants et démissionne le 8 août 1974. Le vice-président **Gerald Ford** (1913-2006) achève un mandat à peine entamé, de 1974 à 1977. Il est confronté à la crise économique qui fait suite au premier choc pétrolier de 1973-1974. L'essentiel de sa politique vise à lutter contre l'inflation, au prix d'une sévère récession. Son mandat est si terne que, cas unique dans l'histoire américaine, il n'est pas réélu à son issue.

JIMMY CARTER ET LES DROITS DE L'HOMME

De 1977 à 1981 le président est le démocrate **Jimmy Carter** (né en 1924). Il est fragilisé par la crise des otages en Iran. En novembre 1979 l'ambassade des États-Unis à Téhéran est occupée, les membres de son personnel pris en otage. Une opération de sauvetage échoue, ils ne sont libérés qu'en 1981. Son principal succès est la signature des accords de Camp David le 18 septembre 1978 qui posent les conditions d'une paix entre Israël et l'Égypte. Il accorde une place toute particulière au respect des droits de l'homme dans les relations diplomatiques, se rapproche de l'URSS, mais ne peut empêcher l'invasion de l'Afghanistan par les forces soviétiques en 1979.

RONALD REAGAN, « *AMERICA IS BACK* »

Aux élections de 1981, un ancien acteur de série B, républicain, **Ronald Reagan** (1911-2004), est élu. Il a fait campagne sur le retour en force de la puissance américaine, la grande nation rassurante à l'intérieur, redoutée à l'extérieur, manifeste dans le slogan *America is back* (« L'Amérique est de retour »). Il est président pour deux mandats de 1981 à 1989. Il est victime d'un attentat le 30 mars 1981, mais survit à ses blessures. Il lance une politique économique libérale, connue sous le nom de *Reaganomics*. Elle améliore le revenu des Américains au prix de la multiplication des emplois sous-qualifiés.

La guerre des étoiles

Revenant à un affrontement que l'on croyait oublié avec la fin de la guerre froide, le président Reagan adopte une attitude de fermeté à l'égard de l'URSS qui confine à la provocation. C'est ainsi que, dans un discours télévisé de mars 1983, il annonce la création de l'Initiative de défense stratégique, ou IDS, vite rebaptisée par les journalistes qui s'en gaussent en « guerre des étoiles ». Le projet serait de construire au-dessus de l'ensemble du territoire américain un bouclier électronique propre à repérer et à détruire tout missile lancé contre les États-Unis. Cette idée, impossible à réaliser, est petit à petit abandonnée.

BUSH PÈRE ET LE NOUVEL ORDRE MONDIAL

George Herbert Walker Bush (né en 1924), républicain, succède à Reagan de 1989 à 1993. Après la chute du mur de Berlin en 1989, il appuie la réunification allemande. À la suite de l'invasion du Koweït par l'Irak, due à la fois à une revendication traditionnelle de l'Irak considérant ce dernier pays comme une province à reconquérir et à une querelle à propos de la dette irakienne et des cours du pétrole, il lance, sous couvert des Nations unies, l'opération Tempête du désert en janvier 1991. Trente-quatre pays participent à la coalition. C'est le début de la première guerre du Golfe (1990-1991) contre l'Irak. Ce dernier pays est rapidement vaincu, contraint de se retirer du Koweït, mais son dirigeant, Saddam Hussein (1937-2006), n'est pas inquiété et se maintient au pouvoir. Un sort pitoyable est réservé aux minorités chiites et kurdes, incitées à se soulever, qui sont abandonnées à leur sort et subissent une sanglante répression, les chiites tout de suite, les kurdes après la fin de l'opération *Provide Comfort*, une protection temporaire d'avril à juillet 1991.

En 1991 Bush soutient le président russe Mikhaïl Gorbatchev alors que des éléments communistes tentent un coup d'État. À la fin de la même année, l'implosion de l'URSS fait, *de facto*, des États-Unis la seule superpuissance au monde. C'est également en 1991 qu'il patronne la conférence de Madrid sur le processus de paix israélo-arabe. George Bush définit alors les grandes lignes du *New world order* («Nouvel ordre mondial») fondé sur l'extension de la démocratie et de l'économie de marché. Ses succès extérieurs ne suffisent pas à masquer les problèmes intérieurs, au premier rang desquels l'emploi. Il ne sera pas réélu. L'équipe de son adversaire n'hésite pas à le brocarder, lui le très riche président qui semble peu au fait des difficultés quotidiennes de ses concitoyens, par un slogan devenu référence : « *It's (the) ecomy, stupid!* » (C'est l'économie, imbécile!»).

BILL CLINTON, L'ART DE LA DIPLOMATIE

Le démocrate **Bill Clinton** (né en 1946), issu d'un milieu très modeste, brillant étudiant en droit, est élu, en 1992, puis réélu en 1996. Il maintient les effectifs américains en Somalie, engagés depuis début 1993 dans le cadre de l'opération *Restore Hope* (« Rendre l'espoir »), mais celle-ci tourne au désastre. Les potentats locaux mènent une guérilla meurtrière et les Américains quittent le pays entre 1994 et 1995. Clinton engage les États-Unis dans les missions de l'OTAN pendant les guerres de Yougoslavie (1991-1995). Il préside aux accords d'Oslo en 1993 pour le rapprochement entre Israéliens et Palestiniens. C'est l'occasion d'une poignée de main historique, sous le regard du président américain, entre Yitzhak Rabin (1922-1995), Premier ministre de l'État d'Israël et Yasser Arafat (1929-2004), président de l'Organisation de libération de la Palestine (OLP). Pourtant, le plan de paix prévu ne sera pas mis en œuvre. Il parvient pendant ses mandats à redresser l'économie américaine. Entre 1997 et 1999 il est atteint par le scandale **Monica Lewinsky**, une stagiaire de la Maison Blanche dont il obtient des faveurs sexuelles, mais n'est pas démis de ses fonctions.

BUSH FILS ET LE 11 SEPTEMBRE 2001

George Walker Bush (né en 1946), fils de l'ancien président, succède à Bill Clinton de janvier 2001 jusqu'en janvier 2009. Il ouvre largement son gouvernement aux minorités ethniques, avec des personnalités comme **Condoleezza Rice** (née en 1954) au poste de secrétaire d'État, ou **Colin Powell** (né en 1937) au même emploi. C'est le 11 septembre 2001 que des terroristes du groupe Al-Qaïda détruisent les Twin Towers, les « Tours jumelles », du World Trade Center (symbole de la suprématie économique américaine) de New York. Ils détournent deux avions de ligne qui vont s'écraser sur les tours avant de provoquer leur effondrement. Un troisième est projeté sur le Pentagone, siège du département de la défense à Washington. Le quatrième avion qui se dirigeait vers cette capitale s'écrase dans la campagne après l'affrontement entre passagers et équipage avec les pirates terroristes. En riposte, les États-Unis interviennent en Afghanistan, où se cache Oussama ben Laden, responsable de l'attentat du 11 septembre. En 2003, il lance une invasion militaire de l'Irak, soupçonnée de détenir des armes de destruction massive. L'offensive débute en mars et s'achève rapidement début avril par une victoire, Saddam Hussein est renversé, mais les troupes américaines doivent demeurer sur place pour mettre en place un État démocratique. Il lance un ambitieux programme économique, qui s'achèvera sur un bilan en demi-teinte. C'est en 2008, pendant son dernier mandat, qu'éclate la crise des *subprimes*, ces crédits hypothécaires que les emprunteurs ne peuvent rembourser en raison de l'augmentation des taux, qui plongent le monde dans la récession.

4. Obama, un nouveau réformateur

Barack Hussein Obama, né le 4 août 1961 à Honolulu (Hawaï), fils d'un Kenyan et d'une Américaine du Kansas, passe une partie de sa jeunesse en Indonésie. Diplômé en droit de Harvard, il exerce le métier de travailleur social avant d'enseigner à son tour le droit à l'université de Chicago. Élu au Sénat de l'État de l'Illinois, de 1997 à 2004, il l'est ensuite à celui de Washington. En février 2007, il se porte candidat à l'investiture du parti démocrate et devance Hillary Clinton (la femme de Bill Clinton). Il est officiellement investi candidat du parti en août 2008. Élu Président des États-Unis en novembre de la même année, il entre en fonction en janvier 2009.

Il est le premier Afro-Américain à devenir Président des États-Unis. Homme de compromis, adepte du multilatéralisme, il lance une politique de régulation financière, et une très ambitieuse réforme du système de santé, permettant la couverture maladie de millions d'Américains qui en étaient démunis. Il reçoit en octobre 2009 le prix Nobel de la paix pour ses efforts en matière de diplomatie internationale. Il enregistre un important succès personnel par l'annonce de la mort, le 1er mai 2011, du chef terroriste **Oussama ben Laden** (1957-2011) qui avait commandité l'attentat du 11 septembre 2001. L'année 2012 est celle de nouvelles élections présidentielles, opposant

Barack Obama au candidat républicain Willard Mitt Romney (né en 1947). Barack Obama est réélu pour un second mandat de quatre ans, au cours duquel il compte sortir les États-Unis de la crise et imposer sa politique de plus grande justice sociale.

La réforme du système de santé

C'est l'une des mesures phares de la présidence Obama, destinée à créer aux États-Unis un véritable système d'assurance maladie, universel, obligatoire, sur le modèle de ceux adoptés en France et au Royaume-Uni après la Seconde Guerre mondiale. Il s'agit d'aller au-delà des lois *Medicaid* et *Medicare* et de fournir à des millions d'Américains pauvres une couverture sociale. Après une bataille juridique homérique à la Chambre des représentants, au Sénat, puis, une fois le texte adopté, contre les procureurs généraux des États qui le considèrent comme contraire à la constitution, la loi *Patient Protection and Affordable Care Act* (loi sur la protection des patients et les soins abordables) est votée et promulguée le 23 mars 2010. Elle prévoit l'obligation, pour tous les Américains, d'avoir une assurance maladie au plus tard en 2014. Des mesures sont prévues pour aider les plus démunis, que les compagnies d'assurance ne pourront refuser. En juin 2012, la Cour suprême approuve la loi.

CHAPITRE XXXI
Nos voisins d'Asie depuis 1945

1. La Chine depuis 1945

L'EMPEREUR ROUGE

Après 1945, la guerre reprend, une fois les troupes japonaises reparties, entre le Guomindang de Tchang Kaï-chek et le Parti communiste chinois (PCC) de Mao Zedong. En 1949 ce dernier est maître de presque tout le pays, **Tchang Kaï-chek** se réfugie à Taiwan où il proclame la continuité de la République de Chine. En octobre 1949, la République populaire de Chine (RPC) est créée. Elle se met en place dans un contexte de violente répression à l'encontre de tous ceux qui ne sont pas communistes. En octobre 1950 est lancée la campagne « pour éliminer les contre-révolutionnaires », puis en 1951 la campagne des trois anti, lutte contre le détournement de fonds, le gaspillage, le « bureaucratisme ». Elle se poursuit l'année suivante dans la campagne des cinq anti, contre la corruption, l'évasion fiscale, le détournement des biens de l'État, la fraude, le vol d'informations économiques. Il s'agit d'autant de moyens d'imposer par la peur le régime. En 1954 est mise en place la Constitution de la République populaire de Chine. Elle est modifiée en 1975, 1978 et 1982. Le PCC domine totalement, en qualité de seul parti légal, la vie politique. Il peuple les différentes instances, **Assemblée nationale populaire** qui exerce le pouvoir législatif, **Conseil d'État** pour le pouvoir exécutif, **Cour populaire suprême** pour le judiciaire (Constitution de 1982). Le président de la République est élu par l'Assemblée populaire nationale. En réalité, il n'y a qu'un seul candidat, choisi par les instances dirigeantes du PCC. **De février à juin 1957**, Mao Zedong lance la campagne des cent fleurs. C'est une manœuvre politique pour affaiblir ses opposants au sein du PCC. En principe, les Chinois sont autorisés à dénoncer tout ce qui ne va pas dans le fonctionnement du Parti et des institutions chinoises.

Mais ils usent réellement de ce droit nouveau à la parole, contestent durement, dénoncent dysfonctionnement et privilèges indus. La campagne s'arrête au bout de quelques mois, les mécontents sont poursuivis, arrêtés, déportés ou exécutés. Cette répression féroce fait plusieurs centaines de milliers de victimes. **Entre 1958 et 1960**, Mao Zedong lance le Grand Bond en avant. Au prétexte de moderniser l'économie chinoise, il s'agit d'une collectivisation des terres sur le modèle stalinien, la réalisation de grands travaux, la constitution de gigantesques complexes industriels. C'est aussi l'occasion de reprendre le pays en main en éliminant toute contestation de ce programme. Sans rapport aucun avec les réalités économiques, ce programme amène la Chine au bord du chaos, provoque une famine qui aurait entraîné la mort d'environ vingt millions de personnes. L'échec est si patent que Mao est écarté du pouvoir entre 1960 et 1965. Il demeure à la tête du PCC mais doit démissionner de son poste de président de la RPC. **Liu Shaoqi** (1898-1969) est élu à sa place. Il s'efforce de remédier au désastre du Grand Bond en avant. Il s'appuie sur le secrétaire général du PCC, **Deng Xiaoping**. Mais Mao Zedong revient au pouvoir en lançant en 1966 la révolution culturelle. De son nom complet grande révolution culturelle prolétarienne, elle s'appuie sur la jeunesse, embrigadée dans les Gardes rouges, fanatisée par la lecture du *Petit livre rouge* de Mao Zedong. Les jeunes livrent le pays à la terreur, violentant les « révisionnistes » du PCC, les élites traditionnelles, les intellectuels et les artistes, détruisant monuments religieux et culturels évoquant l'ancienne Chine. Il faut absolument éradiquer les quatre vieilleries (ou quatre vieilles choses) : vieilles idées, vieille culture, vieilles coutumes, vieilles habitudes. Les dénonciations et condamnations des Gardes rouges fleurissent sur les murs sous la forme de *dazibao*, des affiches placardées, désignant nommément les coupables d'attachement à l'ordre ancien. Mao parvient à son objectif, le contrôle à son service du PCC, au prix d'un pays au bord de la guerre civile. C'est à **Zhou Enlai** (1898-1976) et à ses qualités diplomatiques qu'il revient de mettre peu à peu fin aux exactions, évitant la mise à sac de la Cité interdite, même si le mouvement se poursuit, de manière sporadique, jusqu'à la mort de Mao Zedong en 1976.

DENG XIAOPING ET L'ÈRE DES RÉFORMES

La Chine contemporaine est ensuite modelée par **Deng Xiaoping** (1904-1997). **Mao Zedong** a choisi pour lui succéder **Hua Guofeng** (1921-2008) qui commence par se débarrasser de la Bande des quatre, la veuve de Mao, **Jiang Qing** (1914-1991), **Zhang Chunqiao** (1917-2005), membre du comité permanent du Bureau politique, **Wang Hongwen** (1936-1992), vice-président du parti et **Yao Wenyuan** (1929-2005), membre du Comité central. Ils sont estimés responsables des dérives de la révolution culturelle, jugés, puis définitivement écartés du pouvoir. Pourtant, Hua Guofeng n'a ni la personnalité, ni le charisme, ni les appuis de Deng Xiaoping. Premier ministre et président du parti, il est cantonné à des fonctions honorifiques, avant d'être remplacé au premier poste par un fidèle de Deng Xiaoping, **Zhao Ziyang** (1919-2005) en 1980 et par **Hu Yaobang** (1915-1989), favorable à une ouverture démocratique du pays, en 1981. Même s'il se limite vite au titre de président de la Commission militaire centrale, Deng Xiaoping dirige effectivement la Chine. Il promeut des réformes économiques, rend aux paysans un lopin de terre dont les produits sont vendus au marché libre, donne une impulsion nouvelle aux **Quatre modernisations** (industrie et commerce, éducation, armée, agriculture) voulues par **Zhou Enlai** (1898-1976). Il se rend aux États-Unis, négocie avec le Royaume-Uni le retour de Hong Kong à la Chine pour 1997, avec le Portugal celui de Macao pour 1999.

C'est l'occasion pour lui d'énoncer le principe du « un pays, deux systèmes », coexistence économique du communisme et du capitalisme, mais sans remise en cause de l'hégémonie absolue du PCC. Il tente de freiner le dynamisme démographique chinois en instaurant la politique de l'enfant unique, sous peine de sanctions économiques et sociales. Hu Yaobang, jugé trop favorable à des réformes libérales remettant en cause la toute-puissance du parti, est écarté de toutes les instances après 1987. Il meurt en 1989, événement qui déclenche les manifestations de la place Tiananmen à Pékin. Occupée par des étudiants qui réclament le multipartisme, l'octroi de libertés individuelles, le renvoi des cadres conservateurs, cette place devient le centre de la contestation du pouvoir en place. Deng Xiaoping hésite puis finit par céder aux éléments les plus conservateurs, dont le Premier ministre **Li Peng** (né en 1928). Le 20 mai la loi martiale est décrétée et le 4 juin l'armée investit la place et disperse les étudiants dans la violence. La répression aurait fait plusieurs milliers de victimes. Deng Xiaoping quitte officiellement les affaires peu après, mais demeure en coulisses l'éminence grise du gouvernement jusqu'à sa mort.

LES SUCCESSEURS DE DENG

Il a choisi pour successeur **Jiang Zemin** (né en 1926), le maire de Shanghai. Celui-ci devient chef de l'État en 1993. Il poursuit la politique d'ouverture économique de son mentor, en favorisant un socialisme libéral à la chinoise. En 1989 il réprime férocement une tentative de soulèvement au Tibet, confiant la tâche à Hu Jintao. Il se retire en 2003, ayant lui aussi tout mis en place pour faciliter sa succession, transmise à **Hu Jintao** (né en 1942), président de la République populaire de Chine jusqu'en 2013. Le 14 mars 2013, le secrétaire général du Parti communiste chinois, **Xi Jinping** (né en 1953), est élu comme neuvième président de la République populaire de Chine.

2. Le Japon depuis 1945

LE JAPON SOUS ADMINISTRATION AMÉRICAINE

Après la capitulation sous condition du 2 septembre 1945, le Japon est placé sous administration américaine. En principe, il s'agit du **Supreme Commander of the Allied Powers, SCAP**, Commandement suprême des forces alliées, mais les quatre forces alliées se limitent à l'occupation américaine. Les États-Unis estiment de leur droit de veiller à la réorganisation du Japon après avoir mené seuls la guerre du Pacifique. Deux généraux exercent successivement l'autorité, **Douglas Mac Arthur** (1880-1964) de 1945 à 1951, puis **Matthew Ridgway** (1895-1993) entre 1951 et 1952. L'occupation américaine dure six ans et demi. Une nouvelle constitution, démocratique, est promulguée le 3 novembre 1946 et entre en vigueur le 3 mai 1947. L'empereur perd son statut de dieu vivant et tout pouvoir pour devenir « le symbole de l'État et de l'unité nationale ». Le pouvoir exécutif est confié à un gouvernement ayant à sa tête un Premier ministre choisi par le Parlement. Le pouvoir législatif est confié à une Diète composée de deux chambres élues au suffrage universel, la Chambre des représentants et la Chambre des conseillers. La scolarité est réformée sur le modèle américain. Une réforme agraire permet l'accès à la terre des petits paysans, en 1946. En 1948 sont adoptées les lois eugéniques autorisant la contraception pour limiter le nombre de naissances.

LE BOOM ÉCONOMIQUE

Le Japon recouvre sa souveraineté en 1951. Le 8 septembre 1951, le traité de San Francisco est signé et lui restitue ainsi la plénitude de son indépendance. Seule la préfecture d'Okinawa demeure jusqu'en 1972 sous administration américaine. Les criminels de guerre sont jugés à partir de janvier 1946 par le tribunal militaire international pour l'Extrême-Orient. Ce procès de Tōkyō est le pendant asiatique du procès de Nuremberg en Europe. La vie politique japonaise est assez agitée jusqu'à la création en 1955 du principal parti de droite, le Parti libéral-démocrate, ou PLD, qui gouverne de 1955 à 1993 et de 1994 à 2009. Son principal adversaire est le Parti démocrate du Japon, fondé en 1996 une formation de centre-gauche aux affaires depuis 2009. Après la période de reconstruction, facilitée par l'apport de capitaux américains, le pays connaît une période de haute croissance, le boom Izanagi, équivalent à nos Trente Glorieuses avec un PNB supérieur à 11 % entre 1965 et 1970. Dès 1968, le Japon est devenu la seconde puissance économique au monde derrière les États-Unis. Son apogée économique se situe à la fin des années 1980, le « miracle japonais » s'achève avec l'explosion de la bulle spéculative au début des années 1990. Au nombre des Premiers ministres qui ont marqué de leur empreinte l'histoire du Japon, il convient d'en mentionner certains. **Shigeru Yoshida** (1878-1967), plusieurs fois à la tête de l'État, institue la doctrine Yoshida selon laquelle le Japon se consacre à ses performances économiques, laissant le soin de sa défense à l'allié américain. **Eisaku Satō** (1901-1975), lui aussi plusieurs fois Premier ministre entre 1964 et 1972, développe une politique pacifiste fondée sur la lutte contre la prolifération nucléaire, ce qui lui vaut de recevoir le prix Nobel de la paix en 1974. **Kakuei Tonaka** (1918-1993) laisse un souvenir plus mitigé, extrêmement populaire il est contraint à la démission à la suite de la révélation du scandale Lockheed, constructeur aéronautique américain qui lui versa un pot-de-vin de deux millions de dollars pour emporter un marché en 1974.

L'ÉVOLUTION RÉCENTE

Yasuhiro Nakasone (né en 1918), plusieurs fois Premier ministre entre 1982-1987, membre du parti libéral démocrate (PLD), donne à l'économie japonaise un tournant libéral, privatise de grandes entreprises, notamment la compagnie nationale ferroviaire. **Tomichii Murayama** (né en 1924) est le premier socialiste à devenir Premier ministre entre 1994 et 1996, issu des rangs du Parti socialiste japonais (PSJ). Il prononce un discours demeuré fameux, en 1995, où le Japon présente ses excuses aux pays de l'Asie du Sud-Est pour les atrocités commises pendant la Seconde Guerre mondiale. **Jun'ichirō Koizumi** (né en 1942), du PLD, gouverne entre 2001 et 2006. Si son œuvre de réformateur économique est reconnue, de par les privatisations conduites avec succès, son attitude à l'égard des anciens criminels de guerre irrite au plus haut point les voisins asiatiques. Des visites répétées au **sanctuaire de Yasukuni**, où sont inhumés les héros nationaux au nombre desquels des condamnés du procès de Tōkyō, sont perçues comme une provocation. Entre le 8 juin 2010 et le 26 août 2011 le Premier ministre japonais est le chef du PDJ, parti démocrate du Japon placé au centre gauche de la vie politique japonaise, **Naoto Kan** (né en 1946). Son mandat est marqué par le séisme et le tsunami consécutif qui ont provoqué la catastrophe nucléaire à Fukushima. Le 11 mars 2011 un séisme suivi d'un tsunami, raz de marée, dévaste le nord-est du Japon. La centrale nucléaire de Fukushima connaît un accident nucléaire classé au niveau 7, identique à celui de Tchernobyl.

Naoto Kan est vite accusé de n'avoir pas réagi convenablement. En quittant la direction du parti au pouvoir, le PDJ, il cesse automatiquement d'être Premier ministre. C'est le ministre des Finances, Yoshihiko Noda (né en 1957), qui lui succède en septembre 2011. Depuis décembre 2012, le Premier ministre est le chef du parti libéral, le PLD, **Shinzo Abe** (né en 1945). L'empereur **Hirohito** (1901-1989) connaît un long règne, de 1926 à sa mort. Controversé pour son attitude au cours de l'expansion japonaise dans les années 1930 et son rôle pendant la Seconde Guerre mondiale, il est toutefois maintenu par les autorités d'occupation américaine après 1945. Après la guerre, il limite ses activités au protocole et aux représentations diplomatiques. Son fils l'empereur **Akihito** (né en 1933) accède au trône à sa mort, en 1989. Son avènement ouvre l'ère Heisei, « Accomplissement de la paix », après **l'ère Shōwa**, « Ère de paix éclairée » de son père. Le règne d'Akihito est marqué par un problème successoral, deux filles occupent le premier et le second rang, le prince **Hisahito d'Akishino** (né en 2006) n'arrive qu'en troisième position. Cette situation agite les milieux nationalistes, qui redoutent de les voir épouser des étrangers.

CHAPITRE XXXII
L'art depuis 1945

1. Les grands courants artistiques après 1945

À partir de cette époque la question dominante ne sera plus « qu'est-ce que l'art ? » mais plutôt « peut-on encore parler d'art ? ». L'histoire de l'art qui établissait jusqu'alors des hiérarchies entre les genres artistiques, les assemblait sous la forme de grands courants semble devenu inopérante pour classer la production « échevelée » des œuvres contemporaines et postmodernes. Elles ne sont plus le résultat d'une évolution historique progressive et ne demandent à être étudiées que pour elles-mêmes. Toutes les voies d'expression possibles seront explorées, tous les matériaux, toutes les formes et pourtant le glas de l'art résonne de nouveau. L'art a-t-il fini par exploiter ses possibilités ou au contraire chante-t-il sa libération d'un grand nombre d'idées normatives ? Les bouleversements survenus dans l'histoire, guerres, révolutions, vont amener les arts à provoquer leur propre bouleversement. La force de cet art pourrait se situer dans sa capacité de négativité, de déstabilisation, de perturbations de nos modes intériorisés et dominants de représentation et de perception, dans sa capacité « déconstructive » dont les représentants philosophiques de ce courant furent Deleuze, Derrida, Lyotard. L'art moderne continuait de se poser des questions sur l'esthétique, sur le beau, l'art contemporain sur l'art lui-même et sur les cadres dans lesquels il se définit. Les grands courants tels les *happenings*, l'art conceptuel, le body art, l'art éphémère et bien d'autres repousseront constamment les limites de l'art lui-même, ne cessant de se mettre en deçà des attentes du public. Les idéologies disparues, les critères formels de la nouveauté disparus, les tenants de l'art contemporain voudront exercer de nouvelles audaces. L'expression « art contemporain » s'est imposée surtout après 1980 pour les arts plastiques, on parlait avant « d'avant-garde », sous-entendant, pour un certain nombre d'institutions, d'artistes, de galeries, des choix esthétiques. Celle de « postmodernité » s'impose après les années 1960 et 1970 retournant pour l'œuvre aux règles et contraintes que la modernité avait proscrites. Le postmodernisme naît dans le domaine architectural en reprenant à son compte les échecs du modernisme (Gropius, Le Corbusier). La peinture renoue avec une technicité des plus exigeantes, allant même jusqu'à se confondre avec les photographies, dans l'hyperréalisme ; le cinéma regorge d'effets spéciaux, l'architecture retrouve dans les colonnes et les chapiteaux de Ricardo Bofill le maniérisme classique des ornements. On peut **envisager trois périodes** d'évolution dans la postmodernité :

– **une phase dans les années 1950**, phase embryonnaire où celle-ci est encore intégrée dans le modernisme et constitue ses dernières années ;
– **une phase dans les années 1960**, phase de démystification de l'art concentrée surtout aux États-Unis. L'art populaire est revalorisé, de nouvelles technologies apparaissent ;
– **une phase dans les années 1980**, marquée par un retour du désenchantement, bien que le postmodernisme soit reconnu soit par l'apologie, soit par la détractation.

L'art contemporain a tenté sciemment de détruire le statut d'œuvre d'art et de faire de la déconstruction de l'art son propre objectif pour faire en sorte que l'objet ordinaire et l'œuvre se confondent. Abolie la frontière entre l'esthétique industrielle et l'esthétique artistique, une chaise, un frigidaire, une voiture deviennent de l'art. La publicité elle-même se fera art. **Arthur Danto** (né en 1924), philosophe et critique d'art américain, pense que l'art contemporain finit par désigner la vie elle-même comme œuvre d'art, car l'essentiel est dans la capacité de l'artiste « de nous amener à voir à sa manière de voir le monde ». Ainsi, loin de la théorie qui portait l'œuvre d'art, loin du marché de l'art qui qualifiait le génie de celle-ci, loin d'un rapport avec l'objet, l'œuvre d'art devient une exposition intérieure suscitée autant pour l'artiste que pour l'amateur d'art.

Le peintre se fait plasticien en quittant le monde de l'image et de la représentation. Il instaure sa propre architecture à l'aide d'objets qu'il assemble, il donne à voir la présence. Les matériaux les moins nobles sont exploités, loin d'être dédaignés, parce que porteurs d'une histoire. Énumérons les principaux groupes et mouvements qui ponctuent l'art pictural contemporain.

LE GROUPE COBRA : L'EXPÉRIMENTATION

Le groupe Cobra se forme en 1948 pour être dissous trois ans plus tard. Son nom fait allusion aux villes dont sont originaires les fondateurs, « Copenhague, Bruxelles, Amsterdam », **Karel Appel** (1921-2006), **Corneille** (1922-2010) et **Constant** (1920-2005), principalement. Leur volonté est de renouer avec l'inconscient collectif, d'en faire surgir une autre culture en réaction contre la figuration et l'abstraction. C'est à l'issue de la Conférence internationale du Centre de documentation sur l'art d'avant-garde, organisée par l'ancien groupe surréaliste révolutionnaire, dans lequel on trouve **Édouard Jaguer** et **René Passeron**, que se forme le groupe Cobra. C'est contre le rôle culturel de Paris que le groupe se constitue, pour réagir en tant que Nordiques contre le mythe parisien. L'expérimentation devient un de leurs points de revendication, ce qui les mènera à collaborer entre peintres et écrivains. Les principales œuvres sont celles de **Guillaume Corneille** (Cornelis van Beverloo), dit Corneille, et Christian Dotremont, avec *Expériences automatiques de définition des couleurs* (1949), ou celles de Karel Appel, *Les Enfants* (1951), ou de Constant, *Végétation* (1948). La revue *Cobra*, organe officiel du mouvement, ne dépassera pas les cinq cents exemplaires.

LE POP ART

Le pop art est un mouvement artistique qui apparaît dans les années 1950 en Grande-Bretagne et vers la fin des années 1950 aux États-Unis. Il n'aura qu'un faible écho sur le continent et déformé. On y associa l'étiquette de nouveau réalisme et les artistes comme Yves Klein, Arman, Christo, Jean Tinguely. L'origine du pop art anglais remonte à la création en 1952 du séminaire interdisciplinaire de l'*Indépendent Group*, autour des peintres **Eduardo Paolozzi** (1924-2005), **Richard Hamilton** (1922-2011) et du critique d'art **Lawrence Alloway** (1926-1990). Ce groupe se caractérise par son intérêt pour les objets ordinaires, ainsi que la confiance en la puissance des images. Le terme de « pop art », inventé par Lawrence Alloway, indique qu'il s'appuie sur la culture populaire. Le foyer du pop art américain se trouve à New York et prend ses racines dans l'art populaire des peintres d'enseignes des XVIIIe et XIXe siècles, dans le cubisme, les *ready-mades* de Duchamp. Ce mouvement aura une très grande influence sur les artistes d'autres pays, en Espagne le groupe *Equipo Crónica*, nom d'un groupe actif de 1964 à 1981, autour d'**Antonio Toledo** (né en 1940), **Rafael Solbes** (1940-1981), en Grande-Bretagne, **Richard Hamilton**, **Peter Blake** (né en 1932), en Allemagne, **Sigmar Polke** (1941-2010). Tout en gardant leur ironie, les artistes du pop art se tourneront peu à peu vers des préoccupations plus contestataires dès les années 1970. Dans les années 1990, un artiste comme Jeff Koons (né en 1955) se trouve au point de rencontre de plusieurs concepts, les *ready-mades* de Duchamp, le pop art d'Andy Warhol, les objets gigantesques de Claes Oldenburg (né en 1929) : *Puppy* (1992), *Balloon Dog* (1994-2000), *Rabbit le lapin* (1997).

Les principaux artistes de ce mouvement seront : Andy Warhol, Roy Lichtenstein et Claes Oldenburg.

◆ **Andy Warhol** (1928-1987) peint dès 1960 ses premières toiles représentant Popeye ou Dick Tracy. Dès 1962, il leur préféra les grands poncifs de la société de consommation. Les boîtes de soupe Campbell, les bouteilles de Coca-Cola qu'il met en image grâce au procédé sérigraphique. En 1962, au moment même où Roy Lichtenstein expose ses premières œuvres, à partir de vignettes de BD, et où Marilyn Monroe décède, il achète une photographie d'elle et la sérigraphie, procédé qui consiste à reporter mécaniquement une image sur une toile en la réduisant à ses traits essentiels afin que la forme ait une plus grande efficacité visuelle. L'image peut être ainsi reproduite à l'infini. Un an plus tard, il ouvre la *factory* dans une usine désaffectée. Il réalise son premier film en 16 mm, *Sleep*, constitué de séquences de dix minutes, chacune projetée plusieurs fois, montrant un homme en train de dormir. En 1968, il sera victime d'une tentative d'assassinat. En 1972, il se remet à peindre et fait le portrait d'un grand nombre de célébrités : Mick Jagger, Michael Jackson.

◆ **Roy Lichtenstein** (1923-1997) est considéré comme l'un des artistes majeurs du pop art. Après avoir peint des œuvres expressionnistes, il se met en 1961 à créer une œuvre originale, inspirée des bandes dessinées populaires, qui perdurera jusqu'en 1964, ainsi que de la représentation d'objets de consommation. Il en vient à peindre les effets produits par les techniques de l'imprimerie, contours noirs, couleurs saturées, dessin synthétique. Il dira vouloir garder la grande énergie de la bande dessinée, avec *Whaam!*, en 1963. Ce regard porté sur l'un des aspects les plus spécifiques à la culture des médias s'explique par l'engouement pour la bande dessinée dans la mentalité américaine des années 1950. Il en retient les gros plans stéréotypés qu'elle a imposés. Ils paraissent les répliques exactes des personnages originaux mais se décalent sous l'effet d'une perspective nouvelle, la pin-up ou l'adolescente sont montrées sous une sensualité sage et naïve, comme dans *Girl with Ball* (1961). Lichtenstein prend une distance par rapport au sujet en retirant toute émotion de son tableau.

◆ **Claes Oldenburg** (né en 1929) compose des œuvres dont le sujet est la représentation du quotidien. Il a redéfini la sculpture monumentale en montrant à grande échelle des objets domestiques, invitation à la réflexion pour les passants sur leur environnement. Entre les années 1950 et 1960, il crée des *happenings*, des intérieurs modernes : *Ensemble de chambre à coucher* (1963). De manière récurrente, la nourriture apparaît dans son œuvre, et est même un des éléments qui suscita son utilisation dans *The Store* en 1961. Les hamburgers en plâtre peint, ou en pâte à papier, les gâteaux colorés sont à vendre comme n'importe quelle marchandise. Dans sa série de sculptures molles, il utilise le vinyl pour ses salles de bains : *Lavabo mou* (1965). Il poursuit ses recherches et modifie la taille des objets quotidiens, pince à linge, petite cuillère sont reproduites sur une très grande échelle en dehors des musées. Il travaillera également sur des modèles d'objets n'ayant plus cours dans le marché.

L'ART BRUT, UN ART DES FOUS

Le terme d'art brut inventé en 1945 par le peintre français **Jean Dubuffet** (1901-1985) désigne l'art de personnes dépourvues de tout conformisme culturel et social. Il concerne les exclus, les malades, ignorants des valeurs artistiques sociales et culturelles. Pour Dubuffet, cet art représentait la forme la plus pure de la création. C'est d'un besoin que part sa créativité sans recherche intellectualisée. Même si cet art n'est pas qu'un « art des fous » en dépit des nombreuses études qui se sont penchées sur ces œuvres créées par des malades internés, c'est avant tout un art d'autodidactes et de spontanés qui communiquent leur rapport au monde. Jean Dubuffet, à partir de matériaux et de techniques les plus diverses, poils, végétaux, papier froissé mélangés à la peinture, au sable, à la terre, au goudron, révèle un art qui répond au besoin profond de l'expression. Vers les années 1970, il accède à une nouvelle dimension avec ses sculptures monumentales en polyester peint : *Tour aux figures* (1988), *Groupe des quatre arbres* (1972). Parmi les autres artistes rattachés à l'art brut, citons **Aloïse Corbaz** (1886-1964), **Adolf Wölfli** (1884-1930), **Aristide Caillaud** (1902-1990).

L'ART INFORMEL : L'ACTE SPONTANÉ

Selon **Paulhan**, le terme aurait été forgé dans les années 1950 pour qualifier les dessins de **Camille Bryen** (1907-1977) qui transcendaient l'informel. L'art informel regroupe différentes tendances de la peinture abstraite qui, à l'inverse de l'abstraction géométrique, renonce à toute règle de forme, de composition et privilégie l'acte spontané. La peinture informelle trouve son origine dans la deuxième École de Paris où deux tendances s'imposent : celle de la peinture gestuelle de **Pierre Soulages** (né en 1919), **Georges Mathieu** (1921-2012), **Serge Poliakoff** (1900-1969), **Hans Hartung** (1904-1989), et celle des peintres paysagistes autour de **Jean Bazaine** (1904-2001). C'est à **Michel Tapié** (1909-1987) que revient le grand mérite d'avoir réussi à imposer la matière en tant que valeur totale, alors que la forme avait été dans l'histoire de toute la peinture la valeur traditionnelle. Il travaille avec la matière, la texture, le geste, la couleur auxquels il superpose la présence humaine de l'action, d'une déchirure, d'un signe à interpréter selon la trace qu'ils laissent. La pâte est exaltée et n'en finit pas de dévoiler ses secrets : pâtes épaisses et rainurées de **Fautrier**, pâtes stratifiées de **Poliakoff**. L'abstraction américaine développe ces années-là amalgames de pâtes épaisses et richesses pigmentaires (Pollock, De Kooning ou le Canadien Riopelle).

Peintres caractéristiques

♦ **Antoni Tàpies** (1923-2012) mélange les matériaux, ajoute de la poudre d'argile et de marbre à sa peinture, utilise du papier déchiré, des chiffons (*Gris et vert*, 1957), multiplie les entailles, lacérations, griffures dans ses œuvres. Son vocabulaire plastique fait appel très souvent au motif de la croix, qui prend des formes variées, aux taches, graffitis, formes rectangulaires.

♦ **Pierre Soulages** (né en 1919) peint des toiles abstraites où domine le noir. Il expose ses premières peintures monopigmentaires, en 1979, au Centre Georges-Pompidou. Ses compositions font beaucoup appel à des minireliefs, des sillons, des entailles créant des jeux de lumière dans la marée noire, sujet de son travail bien davantage que la couleur noire elle-même.

♦ **Hans Hartung** (1904-1989) conçoit ses premières œuvres les yeux fermés, vastes tourbillons d'encre noire. Considéré comme le chef de file de l'abstraction lyrique, son œuvre s'organise autour de la même approche de problématique : couleur, expression, équilibre. Son parcours se réalisa à travers la peinture mais aussi les dessins, les gravures, les lithographies, les aquarelles. Dès 1933, il intitule ses tableaux T en y ajoutant l'année et en leur donnant un numéro d'ordre.

L'EXPRESSIONNISME ABSTRAIT

L'expressionnisme abstrait est aussi connu sous le nom d'École de New York. Les valeurs sociales et esthétiques sont rejetées et c'est surtout l'expression spontanée de l'individu qui est mise en avant. Né après guerre, il donna pendant vingt ans naissance à de nombreux courants en Europe, au Japon, à New York. Il réunit Pollock, De Kooning, Rothko. Deux voies vont le définir : l'*action painting* avec **Jackson Pollock** (1912-1956), qui à partir de 1940 couvre ses toiles de lignes produites par le geste automatique. **Peggy Guggenheim** s'intéresse à ses œuvres et en 1944 le Museum of Modern Art, MoMa, lui achète une composition. Il met au point l'*action painting*, peint avec son corps en réalisant une chorégraphie picturale. Comme l'énergie accumulée, le geste de Pollock la libère au-delà de toute notion d'intentionnalité dans un état quasi médiumnique. L'artiste n'est plus le créateur mais le transcripteur. Trois ans plus tard, c'est l'époque du *dripping* et des toiles posées à même le sol sur lesquelles Pollock fait couler de la peinture contenue dans un pot et la projette à l'aide d'un bâton. C'est la technique du *all over* qui répand la peinture partout de manière égale ; il ne s'agit plus de couches de peinture mais de strates de couleur. *Alchemy* (1947), *Out of the Web* (1949) sont caractéristiques de cette période. La figure réapparaît en 1951 sous l'action du *dripping*. Les dernières années de Pollock seront des périodes de crise sombres avec *Number 1 A* (1948).

ART CINÉTIQUE ET OP ART, ART OPTIQUE

Les artistes cinétiques se rejoignent au-delà de la diversité des techniques et des sensibilités en ce que leur création est liée étroitement aux découvertes scientifiques et aux avancées techniques du XXe siècle. Ils vont utiliser des matériaux et des moyens techniques nouveaux tels que le plexiglas, la lumière polarisée, les aciers flexibles. Les premiers

> **Les nouvelles problématiques artistiques et l'indianité**
>
> L'art américain s'enrichit de nouvelles problématiques liées aux civilisations primitives, Indiens, Mexicains. **Au MoMa**, Museum of Modern Art, en 1941, a lieu une exposition non pas ethnographique mais plastique et spirituelle en approchant l'art des Navajos, Nouveau-Mexique, des Zunis, Nouveau-Mexique, des Hopis, nord-est de l'Arizona. Tous sont imprégnés par le chamanisme et ont en commun dans leurs croyances le rêve. **Roberto Matta** (1911-2002) utilisera les motifs des Navajos. Avec *Xpace and the Ego* (1945), il mélange la peinture à l'huile et des pigments fluorescents ; s'inspirant toujours des Navajos, il utilise un carré noir qui symbolise chez ce peuple le passage vers le monde des dieux. L'œuvre, de grand format, a une dominante de rouge sur fond ocre, est raturée de grands traits noirs et blancs. À partir de leur mythologie, Matta établit une cosmogonie toute personnelle. Les êtres représentés ne sont que de simples traits sans forme véritable.

signes de l'art cinétique se manifestent dans les années 1920, époque marquée par l'esthétisme de la machine. L'œuvre d'art ne se contente plus de la suggérer, elle se l'approprie pour la mettre en scène. L'art cinétique est fondé sur le caractère changeant d'une œuvre par le mouvement réel ou virtuel.

C'est en sculpture que ce mouvement sera principalement représenté avec le recours à des œuvres mobiles. Mais l'art cinétique s'appuie aussi sur des illusions d'optique, sur la vibration rétinienne et sur l'impossibilité pour notre œil à accommoder simultanément le regard à deux surfaces colorées, fortement contrastées. Ses premières manifestations se décèlent dès les années 1910 dans certaines œuvres de **Marcel Duchamp** ou de **Man Ray**. L'expression « art cinétique » remonte à 1920, lorsque **Gabo** dans son *Manifeste réaliste* répudie l'erreur millénaire héritée de l'art égyptien qui voyait dans les rythmes les seuls éléments de la création plastique et voulut les remplacer par des rythmes cinétiques. Jusqu'alors ce terme était utilisé dans la physique mécanique et en chimie. Mais la première œuvre cinétique de Gabo, une tige d'acier mise en mouvement par un moteur, permit d'établir le premier lien entre science et art.

Le terme « op art » ou art optique fut employé la première fois par un rédacteur de la revue *Time*, en octobre 1964, lors des préparatifs de l'exposition *The Responsive Eye* (*L'œil qui répond*), tenue au musée d'art moderne de New York, pour désigner des constructions bi-dimensionnelles à effets psychologiques. Les sollicitations visuelles géométriques à l'aide de lignes et de trames en noir et blanc ou de surfaces et de structures colorées étaient pratiquées depuis longtemps dans les beaux-arts ainsi que dans les arts populaires ou dans l'artisanat. Des artistes comme **Auguste Herbin** (1882-1960) avaient déjà tenté de théoriser la couleur, de l'associer à la littérature, à la philosophie, à un univers sonore afin d'établir des correspondances entre formes géométriques et couleurs, ou notes de musique et lettres de l'alphabet.

◆ **Victor Vasarely** (1908-1997) mènera ses recherches optiques et cinétiques aux alentours de 1950. Les photographismes, mélange de dessins réalisés à la plume et agrandis par photographie sur de très grandes dimensions, engendrent des formes aléatoires complexes. Ce sont les premières œuvres cinétiques en trois dimensions. Il mène sa recherche en superposant différents graphismes sur des matières transparentes puis avec des structures cinétiques binaires en noir et blanc. Il introduira ensuite l'action de la couleur utilisée à plat de façon uniforme dans chaque élément, construisant ainsi un nombre infini de combinaisons possibles, les « formes-couleurs ». Puis il mettra au point un alphabet plastique pour de nouvelles réalisations : les « algorithmes ». Il utilise un abécédaire formé de quinze « formes-couleurs » découpées dans du papier de couleurs vives, vingt tons, et constitué de six gammes nuancées (rouge, bleu, vert, mauve, jaune et gris) et codifiées en chiffres et en lettres. Ainsi, grâce aux ordinateurs, il réalise des permutations possibles. À partir de ses travaux, la philosophie du op art connut une grande diffusion dans le monde artistique, et les artistes purent incorporer physiquement et psychiquement le spectateur dans le processus esthétique. L'op art se place bien au-delà d'abstractions géométriques en fournissant des éléments de comparaison avec les travaux de la *Gestalt psychologie* (psychologie de la forme).

CALDER ET SES MOBILES

Alexander Calder (1898-1976) fait, dans les années 1930, preuve d'une audace inouïe dans le domaine de la sculpture en inventant le mobile : de l'œuvre découle la possibilité de mouvement. Sa production artistique commence à New York où il réalise ses premières œuvres dans les années 1920, mais c'est en 1931 qu'il crée son premier mobile. Il y avait déjà eu *Les Contre-reliefs libérés dans l'espace* (1914) de Tatline (1885-1953), *Les Constructions suspendues* (1920) de **Rodtchenko** (1891-1956), l'*Abat-jour* (1919) de Man Ray (1890-1956). Ses rencontres à Paris avec Fernand Léger, Mondrian vont être décisives pour l'orientation de son art. Les premiers mobiles mus par quelques procédés mécaniques sont exposés à Paris en 1932. Dès lors, ses sculptures vont former des « compositions de mouvement ». Si ces constructions motorisées (*Machine motorisée*, 1933) sont qualifiées de « mobiles », **Hans Arp** appellera « Stabiles » les sculptures fixes. Dix ans plus tard, le Museum of Modern Art de New York organise une rétrospective. Mais **Calder** est surtout connu pour son *Cirque de Calder* où des figurines réalisées en fil de fer jouent le rôle de forains, animées par Calder lui-même sur un fond musical traditionnel au cirque : *Horizontal Yellow* (1972), *Mobile* (1941).

LE NOUVEAU RÉALISME

C'est autour d'**Yves Klein**, **Arman**, **Pierre Restany**, **César**, **Niki de Saint Phalle**, **Jean Tinguely** que le **nouveau réalisme** est fondé dans les années 1960 pour se poursuivre pendant une dizaine d'années. Ce nouveau réalisme entend décrire une réalité nouvelle issue de la réalité quotidienne de la société de consommation. La méthode artistique est très variable, compressions de César, accumulations d'Arman, sculptures autodestructives de Tinguely, *Tirs* (1961) de **Niki de Saint Phalle**, emballages de **Christo**. Contemporain du pop art américain, dont il a été souvent présenté comme la transposition en France, le nouveau réalisme prône le retour à la réalité en opposition avec le lyrisme de la peinture abstraite. Le regroupement d'artistes autour de ce mouvement a été motivé par l'apport théorique du critique d'art **Pierre Restany** qui se tournera après sa rencontre avec Klein, aux alentours de 1958, vers une élaboration esthétique sociologique. Les matériaux utilisés ne sont plus nobles, ce sont du ciment, du plâtre, de la tôle, **Daniel Spoerri** (né en 1930) ira jusqu'à se servir dans les poubelles de ses voisins pour rendre compte de la société de consommation.

◆ **Yves Klein** (1928-1962), à partir de 1955, présente ses créations et expose au Club des solitaires de Paris des monochromies différentes sous le titre de *Peintures*. À partir de 1957, il se consacre à la période bleue. La société de consommation sera le terrain de l'aventure monochrome. Durant son époque bleue entre 1957 et 1958, les tableaux sont volontairement semblables, comme dans l'impératif de la standardisation industrielle. L'inspiration de ce bleu, il le doit à Giotto, lors d'un voyage à Assise, en Ombrie, Italie. Plus tard, s'y adjoignent l'or, couleur matière de l'alchimie et des icônes, puis le rose couleur de l'incarnation. En 1958, il organise à la galerie Iris Clert, rue des Beaux-arts à Paris, l'exposition *Le Vide*, l'espace de la galerie est laissé vide comme incarnation du néant. La même année, il présente ses *Anthropométries*, œuvres exécutées par un « pinceau vivant » sur des modèles enduites de peinture. La couleur sera pour Klein le moyen d'atteindre la sensibilité. Ses principales œuvres sont : *Peinture de feu sans titre* (1974), *Ci-gît l'Espace* (1960), *L'Arbre grande éponge bleue* (1962).

◆ **Arman** (1928-2005), né Armand Pierre Fernandez, rencontre, en 1947, Yves Klein à l'école de judo qu'ils fréquentaient à Nice. En 1960, il fait l'exposition *Le Plein* où il remplit la galerie d'Iris Clert de rebus et de contenus de poubelles, et devient la même année membre du groupe des nouveaux réalistes. Il s'intéresse aux rapports que la société moderne entretient avec l'objet, lui donnant un statut entre sacralisation et consommation. À partir de 1970, grâce à l'emploi de la résine de polyester, Arman entreprend un nouveau cycle de poubelles organiques. Obsédé par l'objet, il organise des accumulations (*La Vie à pleines dents*, 1960), de machines à écrire, de scies, dans une œuvre appelée *Madison Avenue*. Ses *Colères*, en 1961, consistent en des destructions d'objets, avec ses coupes de violons, de pianos, savamment replacés à l'horizontale sur des murs. Dans *Combustions* en 1963, ces mêmes objets sont brûlés. Entre 1980 et 1999, ses techniques se diversifient et l'artiste multiplie les procédures d'exécution : *Nu couché* (1983).

◆ **Jean Tinguely** (1925-1991) crée, dès 1959, de petits engins motorisés sous le nom de *Méta-Matics* qui produisent eux-mêmes des œuvres. Il avait tiré de la roue à aube, en 1954, le principe des *Moulins à prières*, actionnés à la main, fines sculptures de fil de fer. Le mouvement chez lui est associé au hasard et au fait que la machine semble prendre vie. Par ses œuvres, il a tenté d'attirer l'attention sur le fait que la seule chose certaine est le mouvement, le changement, qu'il n'existe pas de valeurs fixes absolues. Au lieu de considérer les choses dans leur stabilité, dans leur continuité, il met en évidence de plus en plus la dimension dynamique de la mentalité sociale. La hantise de la catastrophe et de la mort jouera un rôle grandissant dans son œuvre. L'*Hommage à New York* (1960), assemblage d'objets hétéroclites, s'autodétruit au bout de vingt-six minutes dans le musée d'art moderne de cette ville. *Euréka* apparaît comme une œuvre quasiment classique. *Le Cyclop* (1969-1994), immense structure métallique en forme de tête, formée de 600 tonnes de ferrailles, œuvre collective à laquelle participèrent Niki de Saint Phalle, Arman, Soto, reste son œuvre la plus connue.

◆ **Niki de Saint Phalle** (1930-2002), née Catherine Marie-Agnès Fal de Saint-Phalle, ne connut pas le succès immédiatement. En 1965, elle montre à Paris ses premières *Nanas* de papier mâché, fil de fer et laine. Son œuvre commencera à être connue grâce à ses *Tirs*, une poche de peinture est pulvérisée par une balle tirée par l'artiste. Elle réalisa *Hon Elle* (1966) avec Jean Tinguely, qui devient son mari, femme de 20 m de haut au Moderna Museet de Stockholm, puis la *Fontaine Stravinski*, en 1982.

◆ **César**, César Baldaccini (1921-1998), est connu pour ses célèbres compressions, *Compressions*, à partir de 1960, *Les Expansions* (1967), *Les Empreintes humaines* (1965-1967), *Le Centaure* (1983-1985), œuvre de 4,70 m, et ses trophées du 7e art qu'il réalisa.

LE LAND ART : EN DEHORS DES MUSÉES

Ce groupe d'artistes américains qui produit des œuvres gigantesques veut créer celles qui échappent aux galeries ou aux musées.

Ils utilisent la vidéo, la photographie. Pour la plupart, ils sont issus du minimalisme américain, **Frank Stella** (né en 1936) avec *Le Mariage de la raison et de la misère noire* où le noir domine avec des formes en U inversés. **Donald Judd** (1928-1994), lui, met en scène l'anti-expressivité. Mais le land art est une appropriation du sol, de la nature. Ainsi **Christo** (nom d'artiste de Christo Vladimiroff Javacheff, né en 1935, travaillant en collaboration avec sa femme Jeanne-Claude Denat de Guillebon, 1935-2009) emballe des monuments et transforme les paysages, *Running Fence* (1974). Robert Smithson (1938-1973) forme une immense spirale de sable sur le lac de l'Utah en utilisant l'eau comme support plastique. Dennis Oppenheim (1938-2011) intervient sur le sol à l'aide de figures géométriques.

LA NOUVELLE FIGURATION : OBSERVER LE QUOTIDIEN

Un critique d'art, Michel Ragon, réunit sous l'appellation de « nouvelle figuration », face à l'abstraction et au nouveau réalisme, des artistes comme **Valerio Adami** (né en 1935), **Henri Cueco** (né en 1929), **Jacques Monory** (né en 1924). Cette nouvelle figuration est d'une certaine façon l'équivalent du pop art américain par l'intérêt qu'elle porte à l'observation du quotidien, la vie urbaine, sa science du cadrage. Le mouvement regroupe donc le pop art américain mais également les formes issues de l'expressionnisme, du surréalisme et du réalisme. Une multitude de styles artistiques le caractérisent. La nouvelle figuration est une peinture témoin de son temps problématique. C'est à l'occasion de deux expositions à la galerie Mathias Fels, en 1961 et en 1962, à Paris, que Michel Ragon réunit des artistes comme Pierre Alechinsky, Francis Bacon, Paul Rebeyrolle, et donne ce nom de nouvelle figuration pour désigner cette évolution parallèle à l'abstraction et au nouveau réalisme. C'est véritablement lors de deux expositions, celle au musée d'art moderne de Paris, *Mythologies quotidiennes*, puis celle de la galerie Greuze, *Figuration narrative*, en 1965, que le mouvement est lancé. Vers cette même année, les peintres deviennent plus impliqués politiquement et socialement. Parmi les œuvres principales de ce mouvement, on peut citer : *Le Plaisir à trois*

(1967) de **Bernard Rancillac** (né en 1931), *La Terrasse* (1950) de Jacques Monory, *Le Gilet de Lénine* (1972) de Valerio Adami.

SUPPORTS/SURFACES

Sous cette appellation un certain nombre d'artistes dans les années 1960 développent des expériences et des théories sur la matérialité du tableau. Ils entreprennent une déconstruction du tableau, de l'œuvre d'art. Comme le nouveau roman ou la Nouvelle Vague au cinéma, le mouvement décloisonnera une certaine pensée esthétique trop repliée sur elle-même. À partir de 1966, tous les constituants physiques du tableau de chevalet, à savoir toile, châssis, cadres seront passés en revue. **Daniel Dezeuze** (né en 1942) dissociera les toiles du châssis. **Claude Viallat** (né en 1936) utilise des matériaux de récupération. **Pierre Buraglio** (né en 1939) récupère des morceaux de toile et des éléments de fenêtre qu'il regroupe. **Marc Devade** (1943-1983) compose ses créations à partir de toiles formées de bandes horizontales.

Courants d'art

Art conceptuel : fait disparaître l'objet d'art au profit de son analyse. **Daniel Buren** (né en 1938) en est un bon représentant.

Art corporel : fondé en 1958 par Michel Journiac qui utilise le corps comme matériel à peindre dans *Les Messes pour un corps* (1969).

Art minimal : au milieu des années 1950, ce courant veut débarrasser la peinture de tout ce qui ne lui est pas spécifique. Citons l'œuvre de **Morris Louis** (1912-1962), *Troisième élément*, 1961.

Art pauvre en Italie : refus d'assimiler l'art à un produit de consommation, culte de la pauvreté né en 1967 avec le manifeste du critique **Germano Celant**.

Groupe BMPT : il doit son appellation aux premières lettres du nom de ses représentants : Daniel Buren, Olivier Mosset, Michel Parmentier, Niele Toroni, qui revendiquent une peinture avec un minimum de signification.

Esthétiques relationnelles : dans les années 1990, le critique **Nicolas Bouriard** juge les œuvres d'art en fonction des relations interhumaines qu'elles figurent ou suscitent.

> **Figuration narrative**: né en France dans les années 1980, ce mouvement prône un retour à la figuration spontanée. Citons **Robert Combas** (né en 1957) avec *La Basse-Cour à Germaine* (1986).
>
> **Happening**: mouvement mis au point dans les années 1950, il s'agit d'une performance collective ayant lieu devant un public et ayant valeur d'art, adulée un temps par **Jackson Pollock** (1912-1956).
>
> **Hyperréalisme**: ce mouvement des années 1960 s'appuie sur la photographie, car il se situe au-delà des capacités visuelles de l'œil pour faire en sorte qu'une œuvre achevée semble photographique. Les noms liés à cette mouvance sont ceux de **Chuck Close** (né en 1931) avec *Lucas II* (1996) et **Malcolm Morley** (né en 1931) avec *Go Carts* ou *The Art of Painting* (2000).
>
> **Neo-Geo**: peinture abstraite de la fin des années 1980.
>
> **Simulationnisme**: tendance qui s'affirme vers les années 1970 et se caractérise par une réflexion sur les modes de représentations artistique contemporains en les recyclant et en les détournant.
>
> **Sots Art**: la variante soviétique du pop art, nom donné dans les années 1970.
>
> **Supports/surfaces**: groupe constitué à Nice en 1969 par des peintres, développant depuis 1966 des expériences sur la matérialité de la peinture. Le tableau retrouve sa vocation de support et de surface.

2. L'art après 1970, postmodernité et postmodernisme

« La postmodernité n'est pas un mouvement ni un courant artistique. C'est bien plus l'expression momentanée d'une crise de la modernité qui frappe la société occidentale et en particulier les pays les plus industrialisés de la planète. Plus qu'une anticipation sur un futur qu'elle se refuse à envisager, elle apparaît surtout comme le symptôme d'un nouveau "malaise dans la civilisation"[1]. » L'art de la postmodernité ne se définit pas uniquement par le malaise qui touche notre société mais aussi par tous les changements, bouleversements qui ont affecté son domaine. Le terme de postmodernisme a d'abord été utilisé dans les années 1960, 1970, dans l'architecture, puis la notion

---

1. Marc Jimenez, *Qu'est-ce que l'esthétique ?*, Paris, Gallimard, « Folio essais », 1997, p. 418.

de celui-ci s'est répandue dans tous les domaines artistiques, rendant désuète l'image de l'artiste repoussant au plus loin les limites de l'art au gré de l'imagination. L'ambiguïté de fournir une définition tient au fait que le questionnement se fait soit à partir d'un diagnostic culturel, soit historique, soit philosophique. Tronc commun, la postmodernité connaît des différences selon qu'elle est perçue à l'européenne, par Jürgen Habermas, Jean-François Lyotard, Guy Scarpetta, ou à la nord-américaine selon John Barth, Ihab Hassan, Fredric Jameson. Lorsque la thématique postmoderne a été développée en architecture c'est à partir de revendications, notamment celle de Robert Venturi (né en 1925), sur ce que devait être une architecture qui prend en compte le contexte culturel, social, territorial.

CARACTÉRISTIQUES DES ARTS POSTMODERNES

Trois attitudes peuvent s'envisager en face de l'œuvre postmoderne, une liée à la redéfinition de l'art et de l'esthétique à partir des œuvres artistiques posées en référence, une autre pour mettre en évidence la multiplicité des expériences esthétiques, puis, au cœur de cette diversité, tisser des liens pour reconnaître les critères qui les définissent et les organisent. L'art postmoderne se veut **avant tout multiple** et différent, excluant toute limite ou hiérarchie. N'étant plus astreinte à un grand récit, l'œuvre ne repose plus sur aucune structure objective, dès lors tout lui devient possible. On assiste à **une désacralisation de l'œuvre**, à sa perte pour reprendre l'image de Walter Benjamin. Cet art ne veut plus nous présenter une seule vérité vraie, mais **une vérité relative** aux différents points de vue et aux schémas intellectuels préexistants du sujet qui juge.

L'art contemporain bénéficia en France, jusque dans les années 1980, d'une forte adhésion dans les milieux intellectuels mais, à partir de cette date, les choses commencent à changer et il devient l'objet de critiques de la part de nombreux intellectuels et philosophes, comme **Luc Ferry** et son *Homo aestheticus*. Après toutes les remises en cause de l'acte de peindre, de créer, les artistes, dans les années 1980, s'en prennent aux fondements même de la peinture. Toutes les composantes techniques, touches, épaisseur, sont mises au jour ainsi que les codes traditionnels chromatiques, spatiaux. Les interrogations se focalisent **sur tout ce qui compose les ingrédients plastiques**. Les grands mouvements comme l'expressionnisme abstrait, l'hyperréalisme aux États-Unis deviennent par leurs représentants plus coloristes et plus lyriques. Cette période de retour à la peinture est marquée aussi par une interrogation sur les codes de représentation et sur l'organisation formelle de tout ce qui a trait au vocabulaire plastique : lignes, points, couleurs sont décomposés pour montrer le mécanisme qui les gouverne. Les années 1980 sont aussi caractérisées par un retour à l'art brut, par le biais de la culture « graffiti », représentée par **Jean-Michel Basquiat** (1960-1988). Elles voient la fusion des groupes et des tendances pour mieux mettre en évidence les individualités. Pourtant, dans les années 1970, un certain nombre d'artistes redonnent à la peinture son statut de médium privilégié. L'exposition de la Royal Academy of Arts de Londres, en 1981, montrera la grande diversité de l'art pictural allant du minimalisme, au pop art, à la peinture figurative de **Francis Bacon**, de **Balthus**, ces derniers réintroduisant la tradition picturale.

LE NÉO-EXPRESSIONNISME : L'ARTISTE ACTEUR ÉCONOMIQUE

Le néo-expressionnisme, appelé aussi « trans-avant-garde » en Italie, *Bad painting* aux États-Unis, figuration libre en France, a en commun « le tout est bon ». Les artistes de ce mouvement partent du raisonnement que toute forme de transcendance est désormais vide de sens, il n'existe plus une transcendance du jugement du beau autorisant à définir l'essence de la peinture. Aussi s'autorisent-ils à puiser là où bon leur semble, l'intention donnant son sens au sujet. En outre, les artistes contrôlent bien le marché de l'art, dominent la scène culturelle donnant à l'art lui-même une certaine autonomie, et par ce nouveau statut acquièrent quasiment un rôle d'expert. L'artiste n'est plus seulement celui qui crée mais il agit dans le milieu culturel, devenant même un acteur économique en développant certaines activités artistiques. Le néo-expressionnisme se décline dans une diversité picturale importante au début des années 1980.

♦ **Les nouveaux fauves ou néo-expressionnisme** se développent à Berlin en réaction contre l'art minimaliste et conceptuel. La première exposition a lieu à Berlin en 1978. En rupture avec l'avant-garde, ils privilégient l'instant sur l'explication intellectuelle par l'intermédiaire d'une peinture violente. Le courant se développe en Allemagne, Autriche, le principal représentant en est **Martin Kippenberger** (1953-1997).

♦ **La figuration libre**, courant dont le fondateur est le Français **Benjamin Vautier** (né en 1935), inspiré par l'expressionnisme et en réaction contre le minimalisme, tente de montrer à travers ses productions artistiques la vie sans frontières dans un mélange inspiré de l'art brut. Les principaux représentants de ce mouvement sont Robert Combas (né en 1957), Hervé Di Rosa (né en 1959), Yvon Taillandier (né en 1926).

♦ Le *Bad painting*, mouvement né aux États-Unis en 1979, se construit en opposition avec l'intellectualisme, emprunte surtout à l'art de la rue, graffitis, pochoirs, ses sujets et méthodes. Il se réfère également aux cultures marginales. **Jean-Michel Basquiat** (1960-1988), **Keith Haring** (1958-1990) en sont les principaux représentants.

♦ **Le Neo-Geometric** touche d'abord la sculpture avant la peinture et représente la synthèse du minimalisme et de l'op art de l'abstraction géométrique. Le plus souvent de grands formats, les œuvres sont colorées, décorées de motifs. **Peter Halley** (né en 1953) en est le principal représentant.

♦ **La trans-avant-garde**, théorisée dans les années 1970 par **Achille Bonito Oliva** (né en 1939), privilégie le retour en grâce de la peinture. Le projet considéra le marché de l'art qui s'emballe comme un allié de poids. De là se constitua un mythe bâti à grands renforts d'expositions événements, de stratégies médiatiques et de records de ventes. Les principaux artistes sont Cucchi avec ses toiles sombres, De Maria avec son abstraction, Paladino, Clemente, Chia.

CHAPITRE XXXIII
La littérature contemporaine

1. La littérature en France après 1945 : les grands débats

La littérature après la Seconde Guerre mondiale est plurielle. Marquée par les récits issus de celle-ci, comme *Si c'est un homme* de **Primo Levi**, en 1947, les débuts de la IVe République, la guerre froide, les conflits coloniaux, l'existentialisme, le structuralisme, le nouveau roman, son identité ne peut être comprise en termes de périodes ou d'esthétique, mais par le croisement d'investigations diverses. La profusion des œuvres et leur extrême diversité est caractérisée davantage par les grands débats qui les animent que par un mouvement esthétique quelconque. Imprégnée des phénomènes nouveaux du siècle, la psychanalyse, la linguistique, l'intérêt pour le signe, le développement des arts de l'image, la littérature n'a cessé au cours de ce siècle de défricher de nouveaux territoires. Nouveau roman, nouveau théâtre, voire nouvelle poésie, l'ambition d'un renouvellement reste l'un de ses axes prioritaires. L'immédiate après-guerre prolonge l'écrivain dans son rôle d'éclaireur de l'humanité. Dans *Qu'est-ce que la littérature ?*, en 1948, le fondateur de la revue *Les Temps modernes*, Jean-Paul Sartre, revendique l'engagement politique de celui-ci. Nombreux sont les écrivains alors tournés vers le communisme, **Paul Éluard**, **Roger Vailland**, **Louis Aragon**, **Julien Gracq** (1910-2007), qui dénonce, dans *La Littérature à l'estomac* (1950), les prix littéraires, l'existentialisme, la dimension commerciale et sociale de la littérature. C'est à cette époque que se forment les « hussards », nom donné par **Bernard Franck**, d'après *Le Hussard bleu* (1950) de **Roger Nimier**, à l'avant-garde littéraire composée d'**Antoine Blondin, Françoise Sagan, Michel Déon**, à l'écriture dégagée de toute réflexion idéologique ou métaphysique. Avec eux se fera la transition vers le nouveau roman qui devait refuser les cadres traditionnels du roman. Les sciences humaines imprégneront, avec la linguistique, le structuralisme, la psychanalyse, les écrits du moment, rejetant la notion du sujet au profit de l'inconscient ou du déterminisme des structures. La rupture s'est faite non avec les courants antérieurs, mais parce que les problématiques ont changé. La décolonisation alimente la littérature francophone, *Anthologie de la nouvelle poésie nègre et malgache de langue française* (1948), de Senghor, la revue *Tropiques* (1941), fondée par Césaire aux Antilles. Dans cette diversité, le polar s'implante, d'abord traduit des États-Unis, puis la bande dessinée favorisée par les techniques du cinéma et de la photographie. La littérature des années 1970 suscite de nombreux débats, comme Pierre Jourde dans *La Littérature sans estomac*, qui reproche à celle-ci de se réduire « au rang de bavardage journalistique », tout comme le triomphe, en ce début de nouveau siècle, qui consiste à être un produit de la grande consommation. **Michel Tournier** reprend des mythes ou des légendes anciennes. *Le Roi des aulnes* (1970), récit germanique d'un ogre dévoreur d'enfants, se situe dans le contexte de l'Allemagne nazie. Les livres abordent la recherche de l'identité, la question de l'immigration, du déracinement. Chaque roman, conte ou nouvelle de **Le Clézio** présente des personnages en quête ou en rupture avec la vie et la nature, comme *Le Chercheur d'or* (1985).

LA LITTÉRATURE EN FRANCE DE 1950 À NOS JOURS : LA MORT DE L'AUTEUR ?

À partir des années 1950, la littérature avec ses best-sellers et ses prix littéraires va devenir un enjeu commercial par le biais des maisons d'édition. Les best-sellers se font, se défont, mais c'est une culture de l'éphémère qui s'impose dans la littérature. Un livre pas davantage qu'un auteur ne sont faits pour durer. Un souci actuel de rentabilité privilégie une littérature conventionnelle au détriment d'une véritable littérature de création. Après le nouveau roman, le genre narratif sera en pleine expansion. Le personnage et l'histoire sont de retour. Les années 1980 s'inscrivent contre la mauvaise conscience des années après guerre, avec les romans de **Romain Gary-Ajar**, **Roman Kacew** (1914-1980), avec *L'Angoisse du roi Salomon* (1979), mais aussi *La Vie devant soi* (1975). L'histoire sera un genre privilégié, dénonçant l'innommable – **Robert Antelme** (1917-1990) avec *L'Espèce humaine* (1947), **Modiano** et sa *Place de l'Étoile* (1968), Perec qui rend hommage à la grande hache de l'histoire – ou traitant d'une époque plus spécifique – **Marguerite Yourcenar** avec *Mémoires d'Hadrien*[1] (1951), extraordinaire reconstitution du monde antique au IIe siècle après J.-C., *L'Œuvre au noir* (1968) qui se déroule à la fin du Moyen Âge, le personnage central en étant Zénon Ligre, un alchimiste. D'autres définissent leur propre genre dans lequel ils s'imposent : **Henri Troyat** (1911-2007), pseudonyme de **Lev Tarassov**, raconte de vastes fresques romanesques où la vie de plusieurs générations se déroule sur un fond historique, évoquant la vie de la Russie, *La Lumière des justes* (1959-1963), ou l'histoire de ses tsars, *Alexandre Ier* (1981). Après le succès de *Bonjour tristesse*, en 1954, Françoise Sagan continue de publier des œuvres définies par une écriture désinvolte et légère, telle *La Chamade* (1965). Les avant-gardes, les grandes théories sont délaissées au profit d'une grande diversité de formes, les clivages entre catégories s'estompent. Une nouvelle période s'amorce pour certains, marquant un renouveau, pour d'autres une période de crise. Marqué déjà par *La Mort de l'auteur* (1968), le texte de **Roland Barthes**, le « je » de l'auteur s'affirme de nouveau bien loin d'une vision romanesque avec **Georges Perec**, *W ou le souvenir d'enfance* (1975), roman dans lequel une fiction alterne avec une autobiographie. Les années 1990 se placent sous le signe de la diversité. Le Mexicain Octavio Paz obtient le prix Nobel de littérature en 1990. **Milan Kundera** publie son *Immortalité* (1990), tandis que **Gao Xingjian** est traduit et se fait connaître avec son chef-d'œuvre, *La Montagne de l'âme* (1990). Cinq ans plus tard, **Andreï Makine**, avec *Le Testament français* (1995), obtient le prix

---

1. À ce sujet, voir Florence Braunstein, « Mémoires d'Hadrien », in *Encyclopædia Universalis*.

Goncourt. Mais les années 2000 sont aussi les années de phénomènes de grande ampleur, de diffusion de livres en masse, Dan Brown, *Da Vinci Code* (2003), des grands best-sellers, J.K. Rowling, *Harry Potter* (1997-2007), des auteurs prolifiques, **Amélie Nothomb**, **Marc Levy**, d'une littérature du sexe au féminin, **Virginie Despentes**, **Catherine Millet** pour ne citer qu'elles.

L'EXISTENTIALISME LITTÉRAIRE : UN NOUVEAU SYSTÈME DE PENSÉE

Bien que Gracq ait « jugé contre nature », dans *La Littérature à l'estomac*[1], le fait d'associer le nom de Sartre à celui de Camus, c'est pourtant dans un monde en pleine mutation où venaient de disparaître Valéry, Bernanos, Gide que ces deux auteurs allaient s'imposer, dans la littérature, par un nouveau système de pensée : l'existentialisme. C'est pendant la décennie 1940-1950 que l'existentialisme littéraire se développe avec **Sartre** et **Simone de Beauvoir**. Sartre transpose dans la littérature l'essentiel de ses premiers ouvrages philosophiques : *L'Être et le Néant* (1943), *L'Existentialisme est un humanisme* (1945). *La Nausée* (1938) est considéré comme le premier de ces romans existentialistes. « Exister » devient un mot clef dans ces années d'après guerre loin de tout idéalisme trompeur, un message empreint de liberté et d'action. La formule la plus célèbre qui définit ce courant de pensée est : « L'existence précède l'essence[2]. » Tout est ramené à l'humain, le rendant responsable de son sort et de ses actes. Acculé à l'action, il doit s'engager dans son existence. Dans les œuvres qu'il nous a laissées, il cherche, selon la formule de **Simone de Beauvoir**, « à exprimer sous une forme littéraire des vérités et des sentiments métaphysiques[3] ». *Les Mouches*, en 1943, mettent en scène l'opposition tragique entre liberté et fatalité. *L'Être et le Néant*, *Huis clos* illustrent le rôle de la mauvaise foi dans les rapports interpersonnels. Entre 1945 et 1949, un cycle de trois romans voit le jour, *Les Chemins de la liberté*, qui retracent la vie de plusieurs individus à

---

1. Julien Gracq, *La Littérature à l'estomac*, Paris, José Corti, 1950.
2. Jean-Paul Sartre, *L'existentialisme est un humanisme*, Paris, Gallimard, 1996, p. 26.
3. Simone de Beauvoir, *La Force de l'âge* [1960], Paris, Gallimard, p. 326.

l'époque de la Seconde Guerre mondiale. L'auteur, dans une série de pièces de théâtre, met en scène un de ses drames les plus populaires, *Les Mains sales*, en 1948, reflétant la notion de liberté à laquelle l'homme est condamné.

◆ **Simone de Beauvoir** (1908-1986) fait son entrée en scène littéraire avec *L'Invitée* (1943), qui marque aussi sa sortie de l'Éducation nationale. *Les Mandarins*, en 1954, qui lui valent le prix Goncourt, se déroulent dans les milieux intellectuels parisiens et relatent la vie de deux intellectuels, Anne et Henri, qui vivent leur amour de façon très libre. Le roman est une transposition évidente du couple Sartre-Beauvoir et de la liaison qu'elle eut avec l'écrivain américain Nelson Algren. Son essai le plus célèbre, *Le Deuxième Sexe*[1] (1949), marque la conscience féminine, car, en analysant la condition de la femme, elle analyse aussi la sienne : « D'où vient que ce monde a toujours appartenu aux hommes et que seulement aujourd'hui les choses commencent à changer[2] ? » Question encore d'actualité. Beauvoir n'a jamais cherché à constituer un système philosophique dans ses essais. Elle expose ses options pratiques, elle ne se contente pas d'exprimer une pensée, la pensée se cherche tout au long de son œuvre. Dans ses autres essais, elle développe les paradoxes de l'homme et de la morale mais en conciliant la liberté du moi et celle d'autrui : *Pour une morale de l'ambiguïté* (1947), *Privilèges* (1955). Puis elle fixera ses mémoires : *Mémoires d'une jeune fille rangée* (1958), *Une mort très douce* (1964), *Tout compte fait* (1972). La mort de Sartre lui inspirera l'un de ses livres les plus émouvants : *La Cérémonie des adieux* (1981).

LE THÉÂTRE DE L'ABSURDE

Après la Seconde Guerre mondiale, le monde occidental se trouve plongé dans des difficultés d'ordre politique et social mais aussi dans une crise de la communication liée à la vérité. Le théâtre va permettre une rupture avec l'héritage de la tradition, par un refus d'un théâtre

---

1. À ce sujet, voir Florence Braunstein, « Le Deuxième Sexe », in *Encyclopædia Universalis*.
2. Simone de Beauvoir, *Le Deuxième Sexe*, Paris, Gallimard, 1949.

psychologique ou philosophique, par un refus du discours idéologique. Le théâtre de l'absurde dont **Beckett** et **Ionesco** seront les principaux représentants refuse un théâtre d'engagement ou à message. C'est avec le théâtre de Jarry, *Ubu roi* (1896), inventeur de la *pataphysique* (1897-1898), science des solutions imaginaires, que se fait l'amorce esthétique rompant avec celle du naturalisme et du symbolisme. **Artaud** avec son manifeste sur le théâtre de la cruauté, avec *Le Théâtre et son double* (1938), avait déjà manifesté l'envie d'en finir avec un théâtre fondé sur la parole, le texte et le dialogue. Progressivement, le théâtre évolue en transformant ses pièces en lieu d'expérimentation. Dans les années 1950, tous les dramaturges partagent la même idée : l'absurdité du monde. **Camus** et **Sartre** avaient plongé leurs personnages dans une forme d'absurde, confrontés au désespoir mais dans des structures traditionnelles. Les auteurs de ce nouveau théâtre plongent le public dans une incertitude qui était jadis le lot des personnages : on y trouve de nombreuses agressions, contre les normes morales, linguistiques, le sens du réel, l'esprit logique. L'humour noir est souvent utilisé, faisant rire le public à propos des choses tragiques, ou dans une ambiance hallucinatoire. **Beckett**, **Ionesco**, **Adamov** n'étaient pas des hommes de théâtre à proprement parler, mais l'importance de leurs pièces, de leurs succès, ils la doivent aussi aux metteurs en scène Jean Vilar (1912-1971), **Jean-Marie Serreau** (1915-1973), **Jacques Mauclair** (1919-2001).

LE NOUVEAU ROMAN : LA MISE EN CRITIQUE DES TECHNIQUES DU ROMAN

Ce qu'on appelle « nouveau roman » dans les années 1950, ce sont quelques auteurs comme **Alain Robbe-Grillet** (1922-2008), **Michel Butor**, **Nathalie Sarraute**, **Claude Simon**, auteur de *La Route des Flandres*, en 1960, rattachés au même éditeur, les Éditions de Minuit de **Jérôme Lindon** (1925-2001). **Jean Ricardou** (né en 1932) et **Marguerite Duras** (1914-1996) se joignent à eux plus tard. L'expression « nouveau roman » est due à Émile Henriot qui, dans un article du *Monde*, le 22 mai 1957, entendait rendre compte de *La Jalousie* d'**Alain Robbe-Grillet** et de *Tropismes* de **Nathalie Sarraute**.

Le « nouveau roman » ne sera jamais une école ou un mouvement, mais il s'attache entre les années 1950 et 1960 à remettre en question les techniques principales qui définissent jusqu'alors le genre romanesque. Il se définit comme un autre roman, ne proposant rien d'autre qu'un roman sans intrigue, sans personnage, sans contenu. On tient souvent pour manifeste les livres *L'Ère du soupçon* (ou *Essais sur le roman*), en 1956, de Nathalie Sarraute, et *Pour un nouveau roman*, en 1963, de Robbe-Grillet. Au moment de sa publication, le premier est présenté comme le résultat des recherches de l'auteur sur ses propres expérimentations romanesques. La valeur polémique de l'ouvrage éclate seulement en 1964 lors de sa réédition. Le nouveau roman ne se donne plus d'autre objet que lui-même : les mécanismes par lesquels il s'engendre. Une fois mis à nu, le roman raconte le récit de sa propre création. Il est appelé aussi « l'école du regard » et propose de transmettre une présence, non une signification. Une alliance s'instaure entre ce dernier et les thèses d'une nouvelle critique littéraire dont les travaux de **Roland Barthes** sont le centre. Issue des sciences humaines, tous deux auront pour but commun le décentrement du sujet, une dilution du sens comme idée que l'engagement de l'écrivain se fait au cœur de l'écriture. Dans *Histoire* (1967) de **Claude Simon**, dans *Dans le labyrinthe* (1959) de **Robbe-Grillet**, les épisodes d'une histoire sont plus difficiles à saisir, il est ardu d'en rendre compte. Une nouvelle logique s'est installée, celle qui consiste à abandonner tout lien avec le réel, le vraisemblable. On assiste alors à une composition en rébus, une image appelle une autre image, une scène une autre scène, aucune intrigue cohérente n'est possible à restituer, comme le *Projet pour une révolution à New York* de Robbe-Grillet (1970). Le texte devient ce lieu où tout discours de la vérité se déconstruit, un lieu où n'existe aucune vérité.

Voici d'autres auteurs qui sont venus tardivement dans le nouveau roman.

◆ **Michel Butor** (né en 1926), en 1957, inaugure, avec *La Modification*, le premier nouveau roman. Comme dans ces autres livres, le roman est composé de deux romans. L'un réaliste, une intrigue entre trois personnages, la femme, le mari, la maîtresse, l'autre symbolique qui nous introduit en plein mystère en nous éloignant du quotidien. Son livre présente un étrange récit autobiographique à la deuxième personne du pluriel. L'action principale est racontée au présent, elle se déroule dans le train lors du trajet Paris-Rome, et alterne constamment avec les réminiscences du voyageur, racontées au passé. Le récit échappe ainsi à la monotonie. Tout le livre est une recréation du réel.

◆ **Marguerite Duras** (1914-1996) n'est pas toujours rangée sous l'étiquette « nouveau roman », pourtant son écriture la rapproche de ce courant. Elle a travaillé sur plusieurs genres, roman, théâtre, cinéma, suscitant parfois de nombreuses polémiques. C'est avec *Les Petits Chevaux de Tarquinia* (1953), et particulièrement *Moderato Cantabile* (1958), qu'elle trouve son style si personnel, qui cultive l'ambiguïté, l'intuition, l'ellipse. Les décors, les événements sont réduits au minimum. Le dialogue direct ou indirect y joue un rôle fondamental, comme dans *Le Ravissement de Lol V. Stein*, en 1964. Dans le courant des années 1980, ses livres deviennent plus autobiographiques, avec *L'Amant* (1984), *L'Amant de la Chine du Nord* (1991).

La Nouvelle Vague du cinéma

Le terme de « nouveau » reste en vogue dans les décennies qui suivent celles du nouveau roman. Dans le domaine du cinéma la nouveauté est aussi de mise. La **Nouvelle Vague** est le fait de jeunes cinéastes : **Claude Chabrol, François Truffaut, Godard**. Les films de cette mouvance se caractérisent par le refus de respecter les techniques traditionnelles de découpage, les réalisateurs incluent de fausses coupes, des arrêts sur image, des bandes sonores enregistrées en extérieur, comme beaucoup de scènes. Ce fut le cas pour *À bout de souffle* (1960) de Godard. Ces techniques ont pour but de créer une distance critique entre le spectateur et le film. Dans un film classique, le spectateur devait se reconnaître, ici au contraire, à travers les héros de **François Truffaut, Éric Rohmer, Agnès Varda, Jean Eustache, Jacques Rivette**, le personnage central se cherche avant tout lui-même. Ces réalisateurs vont de pair avec l'arrivée de nouveaux comédiens qui contribuent fortement à leur diffusion : Jean-Paul Belmondo, Jean-Pierre Léaud, Bernadette Lafont, Jean Seberg, Anna Karina.

LA NOUVELLE CRITIQUE

Le terme de « **nouvelle critique** » est utilisé par Raymond Picard dans son ouvrage daté de 1965, *Nouvelle critique ou nouvelle imposture*, où il dénonce le travail de Roland Barthes qui écrivait dans *Critique et Vérité* : « La spécificité de la littérature ne peut être postulée qu'à l'intérieur d'une théorie générale des signes : pour avoir le droit de défendre une lecture immanente de l'œuvre, il faut savoir ce qu'est la logique, l'histoire, la psychanalyse[1]. » Cette critique et les contributions d'autres penseurs prennent le nom de nouvelle critique pour s'opposer à une critique plus académique qui prétend expliquer l'œuvre par l'extérieur, par autre chose qu'elle-même. **Raymond Picard** attaquait indifféremment toutes les critiques : la critique psychanalytique, celle de **Charles Mauron**, la critique biographique, la critique sociologique, notamment le structuralisme génétique de **Lucien Goldmann**, la critique structuraliste de **Roland Barthes**, la critique phénoménologique de **Jean-Pierre Richard** et de son équipe. Bien qu'elles diffèrent toutes, elles ont en commun la recherche du langage. Toutes rejettent les critiques traditionnelles. Roland Barthes, en 1953, s'était fait remarquer par son ouvrage *Le Degré zéro de l'écriture*. Il s'inspire de la linguistique moderne pour étudier le phénomène de la création littéraire. Au cours des dix années suivantes, de 1954 à 1963, il s'inspire des structuralistes et applique aux œuvres littéraires une méthode d'analyse qui vise à découvrir « les constantes » d'une œuvre ainsi que leurs relations significatives. Les travaux sur Michelet et sur Racine et surtout sur la polémique qui s'ensuit peuvent être considérés comme l'avènement révélateur de la nouvelle critique. En s'intéressant à l'auteur de *Phèdre* et de *Bérénice*, Barthes cherchait à expliquer l'œuvre de l'intérieur pour découvrir la structure signifiante du texte, son essence, il cherche à reconstituer une anthropologie racinienne à la fois structurale et analytique. D'autres critiques n'ont cessé de s'interroger sur la validité du discours de la critique prenant aussi pour cible les méthodes mêmes de la nouvelle critique : **Umberto Eco** (né en 1932), **Julia Kristeva** par le biais de la sémiotique, l'étude des

---

1. Roland Barthes, *Critique et Vérité*, Paris, Le Seuil, 1966, p. 37.

signes qui s'intéresse à la manière dont les textes sont structurés et concerne tous les types de signes ou de symboles.

> **Les quatre modèles de la critique moderne**
>
> – Les structures de la langue constituent une recherche née des travaux du linguiste **Saussure**, puis de ceux de **Jakobson** et de **Lévi-Strauss** qui permettent à **Barthes, Todorov**, de porter l'effort d'analyse sur les structures formelles qui organisent le récit et le rendent explicite au niveau du sens.
>
> – Le modèle sociologique et idéologique : l'analyse de l'œuvre la restitue dans son univers social d'invention et de réception, chez **L. Goldmann, G. Lukács, P. Barbéris, C. Duchet** qui formalise le concept de « sociocritique ».
>
> – Le modèle psychanalytique : il se rapproche de la littérature à partir de Freud. **Jacques Lacan** ira plus loin. **Julia Kristeva** définit la sémanalyse, de « sémantique » et « analyse », étude du signe du point de vue du flux inconscient des pulsions.
>
> – Le formalisme russe : mouvement critique littéraire en cours dans les années 1915-1930 en Russie, qui ne sera découvert en France que dans les années 1960, selon lequel il faut rompre avec les interprétations esthétiques ou psychologiques, l'objet de la littérature n'est pas la littérature mais la littéralité représentée par **Tzvetan Todorov** (né en 1939). Il permettra l'éclosion de la sémiotique, qui définit la narratologie, étude des structures littéraires.

2. La littérature allemande contemporaine

L'**expressionnisme** est ce mouvement qui se produit de 1910 à 1930 environ. Les problèmes politiques et sociaux, l'instabilité qui en découlent font de l'expressionnisme un art d'interrogation. Né d'une réaction contre le symbolisme des cénacles, l'expressionnisme traduit les aspirations collectives ou individuelles. Le roman expressionniste a les mêmes caractéristiques que la poésie : violence, désespoir, investigation. Mais la littérature de cette époque est surtout dominée par des courants hérités de la fin du XIXe siècle qui coexistent : naturalisme, symbolisme, impressionnisme et néoromantisme pathétique. La nouvelle orientation littéraire ne se trouve vraiment que dans l'expressionnisme. Toute une génération est marquée par la Première Guerre mondiale et la crise intellectuelle qui en découle. Surgie de l'introspection subjective de l'artiste, la littérature doit exprimer une vérité nouvelle, sans tenir compte des formes et des règles esthétiques[1]. Les expressionnistes publient leurs œuvres dans leurs propres revues *Die Aktion* (1910-1932), *Der Sturm* (1910-1932), *Das neue Pathos* (1913-1914), *Die Weissen Blätter* (1913-1920). La tendance expressionniste à traduire directement les mouvements de l'âme en langage est reprise par un autre groupe, les **dadaïstes**. Ils essaient de réduire la poésie à sa plus simple expression. Les principaux représentants sont : **Hugo Ball** (1886-1927), **Kurt Schwitters** (1887-1948) et le Roumain **Tristan Tzara** (1896-1963) qui figure parmi les fondateurs. **Stefan Zweig** (1881-1942) ne peut être classé dans aucune école précise avec ses biographies romancées et ses nouvelles psychologiques : *Amok* (1922), *La Confusion des sentiments* (1927). Quant à **Franz Kafka** (1883-1924), avec *Le Château* (1926), *La Métamorphose* (1915), il peut être rattaché plutôt à l'expressionnisme par l'intention, les procédés, les images qu'il utilise dans ses romans.

À cette période, succède celle de « l'ordre froid » où la littérature sert le combat politique. La défaite la laisse longtemps muette et ce sont encore les écrivains d'avant guerre qui continuent de dominer la scène littéraire : **Hermann Hesse** (1877-1962) avec *Le Loup des steppes* (1927), **Thomas Mann** (1875-1955) et sa *Mort à Venise* (1912), **Ernst Jünger**, **Bertolt Brecht** (1898-1956), *L'Opéra de quat'sous* (1928). Il faut cependant mentionner la naissance du Groupe 47 à Munich autour duquel les tendances les plus diverses sont représentées : **Heinrich Böll** (1917-1985), *L'Honneur perdu de Katharina Blum* (1974), et **Günter Grass**, *Le Tambour* (1959). C'est effectivement autour du Groupe 47 que dans les années 1950 le renouvellement se produit. Période critique où la description sociologique vient se rajouter aux recherches formelles et remet en cause le principe de narration objective. La littérature allemande va s'ouvrir à des thèmes de plus en plus internationaux, laissant de côté les grands thèmes idéologiques.

---

1. Les principaux représentants de cette tendance sont F. Wedekind (1864-1918), R. Schickele (1883-1940), E. Stadler (1883-1914), G. Benn (1886-1956), G. Heym (1887-1912), G. Trakl (1887-1914), B. Brecht (1898-1956).

3. La littérature anglaise contemporaine

La vague de réalisme si présente dans la littérature au lendemain de la guerre perd peu à peu de sa vitalité. Les convulsions sociales de l'après-guerre sont davantage au goût du jour chez un auteur comme **Archibald Joseph Cronin** (1896-1981), avec *La Citadelle* (1937), qui dresse un véritable réquisitoire contre les propriétaires de mines. La prise de conscience politique est un des thèmes soulevés et repris par des auteurs comme **George Orwell** (1903-1950), son roman *1984* (1949) condamne le mécanisme du régime totalitaire, ou **Graham Greene** (1904-1991), avec *La Puissance et la Gloire* (1940). Après la guerre, le mouvement des *Angry Young Men* («jeunes hommes en colère»), dont le chef de file est **John Osborne** (1929-1994), essaie, pour révolutionner le roman anglais, de rapprocher la langue écrite du langage vernaculaire : *La Paix du dimanche* (1956), *Le Cabotin* (1957). La littérature dont les auteurs sont des femmes s'illustre avec **Agatha Christie** (1890-1976) qui comptait presque quatre-vingts romans à son actif, *Dix petits nègres* (1939), *Le Crime de l'Orient-Express* (1934), *Le Meurtre de Roger Ackroyd* (1926), ou **Katherine Mansfield** (1888-1923), avec *The Garden Party* (1922). Le domaine fantastique est exploité par **John Ronald Reuel Tolkien** (1892-1973), un créateur d'univers extraordinaires, avec *Le Seigneur des anneaux* (1954). À côté d'écrivains déjà connus avant la guerre, **Arthur Koestler** (1905-1983), **Evelyn Waugh** (1903-1966), **Angus Wilson** (1913-1991) dont la réputation ne cesse de s'affirmer, il faut mentionner tout particulièrement le nom de **Lawrence Durrell** (1912-1990), qui connaît en France un grand succès avec *Le Quatuor d'Alexandrie* (1957), et **Anthony Burgess** (1917-1993) qui se révèle être, par le choix de son langage, un auteur à part, avec *L'Orange mécanique* (1962). Influencé par le nouveau roman qui se développe en France, le langage devient l'un des points d'étude de littérature britannique. **Samuel Beckett** (1906-1989), prix Nobel en 1969, a déjà livré une critique du réel avec *Murphy* en 1938. En 1984, le prix Nobel est attribué à **William Golding** (1911-1993) pour son œuvre où l'obsédante question du mal en l'homme est posée : *Sa Majesté des Mouches* (1954), *La Nef* (1964), *La Pyramide* (1967). Dans les années 1980, le paysage littéraire anglais se renouvelle, plaçant sur le devant de la scène une nouvelle génération d'écrivains issus de l'immigration : **Salman Rushdie** (né en 1947), *Les Versets sataniques*, en 1988, **Amitav Ghosh** (né en 1956), *Les Feux du Bengale*, en 1986, intégrant leur propre tradition littéraire. Le théâtre connaît également un nouveau dynamisme avec l'abolition en 1969 de la censure officielle qui l'empêchait de traiter de certains thèmes tabous.

4. La littérature italienne contemporaine

À la veille de la Première Guerre mondiale, la littérature est dominée par le futurisme, par la libération des formes d'art du passé, vers une affirmation de la personnalité. Au théâtre, le nom de **Luigi Pirandello** (1867-1936) s'est universellement imposé. *Chacun sa vérité* (1917), *Six personnages en quête d'auteur* (1921), mettent surtout l'accent sur l'incommunicabilité des êtres. Dans l'essai, **Benedetto Croce** (1866-1952) se manifeste surtout comme esthéticien, fidèle aux théories hégéliennes. **Antonio Gramsci** (1890-1937), marxiste, auteur de *Lettres de prison* et de *Cahiers de prison*, témoigne d'un profond sentiment d'échec politique. Parmi les romanciers les plus célèbres, citons encore **Giuseppe Tomasi di Lampedusa** (1896-1957) dont *Le Guépard* (1958) est connu mondialement. **Alberto Moravia** (1907-1990), avec *Le Conformiste* (1951), **Giorgio Bassani** (1916-2000), avec *Le Jardin des Finzi Contini* (1962), sont des auteurs confirmés. Les deux derniers prix Nobel ont été remis en 1959 à **Salvator Quasimodo** (1901-1968) et à **Eugenio Montale** (1896-1981) en 1975, représentant d'une poésie hermétique. Enfin, au monde de l'après-guerre il faut aussi rattacher le nom d'**Elsa Morante** (1915-1985), *Mensonge et sortilège* (1948), *L'Île d'Arthur* (1957), celui de **Primo Levi** (1919-1987), *Si c'est un homme* (1956), relatant les morts en captivité à Auschwitz, **Pier Paolo Pasolini** (1922-1975), connu surtout pour ses réalisations cinématographiques et qui prend l'écriture comme moyen privilégié de l'art : *La religione del mio tempo* (*La Religion de mon temps*, 1961) ou *Les Cendres de Gramsci* (1957).

5. La littérature espagnole contemporaine

Au moment où apparaît la dictature, une nouvelle génération d'écrivains émerge dont le thème essentiel est la civilisation moderne. Le principal représentant en est **Gerardo Diego** (1896-1987), avec *Amazona* (1956). Le théâtre renaît grâce à **Federico García Lorca** (1898-1936), c'est un théâtre du peuple : *La Maison de Bernarda Alba* (1936). Il reste l'un des grands poètes dramatiques de la « génération 27 », groupe constitué dans les années 1923-1927, reconnu par son livre *Romancero gitano* (1928), où il exprime l'âme tourmentée andalouse. Ce qui caractérise le plus le roman moderne est le désir de montrer la vie nationale sans s'attarder à une recherche psychologique. Les thèmes éternels de l'Espagne d'alors sont abordés par **Camilo José Cela** (1916-2002) dans *La Famille de Pascal Duarte* (1942), *Voyage en Alcarria* (1958). **Juan Goytisolo** (né en 1931) durcit encore davantage sa position à l'égard des problèmes sociaux par une quête d'identité : *Pièces d'identité* (1968). **Luis Martín Santos** (1924-1964) dresse un bilan de trente ans de dictature : *Temps de silence* (1962), *Temps de destruction* (1975). Revenue en 1975, la démocratie voit naître une nouvelle génération d'auteurs comme **Juan Benet** (1927-1993) qui marque, par ses romans, une véritable rupture avec le réalisme social de ses prédécesseurs : *Tu reviendras à Región* (1967). À partir des années 1980, la littérature espagnole se place sous le signe de la liberté et de la diversité.

6. La littérature russe contemporaine

De 1917 à 1932, à la suite de la révolution bolchévique, la littérature subit le contrecoup du marxisme et devient entre 1932 et 1953 une véritable institution d'État. La génération d'écrivains postrévolutionnaires est encore hantée par la révolution, mais traduit cette vision par le romantisme, **Boris Pilniak** (1894-1937), **Isaac Babel** (1894-1941), le réalisme ou la satire avec **Andreï Platonov** (1899-1951). **Mikhaïl Cholokhov** (1905-1984) reçoit le prix Nobel de littérature en 1965 pour *Le Don paisible* (1928). Quant au théâtre, il est popularisé et offre des représentations de masse entre 1917 et 1920. La mort de Staline, en mars 1953, entraîne une levée des tabous et fait naître une importante production de récits et de romans sur la guerre et son univers concentrationnaire. **Alexandre Soljénitsyne** (1918-2008), auteur d'*Une journée d'Ivan Denissovitch* (1962), en est l'un des principaux représentants.

7. La littérature américaine contemporaine

Au début du XXe siècle, les romanciers se tournent vers les bas-fonds des villes. À travers la laideur et la disgrâce morale, ils pensent trouver des effets dramatiques nouveaux. Marqués par la guerre, ils sont devenus sans illusion sur la civilisation et la société dans laquelle ils vivent. **Ernest Hemingway** (1899-1961) nous montre le désespoir que la guerre cause dans *L'Adieu aux armes* (1929). Les activités violentes comme la boisson sont des dérivatifs : *Mort dans l'après-midi* (1932). *Le Vieil Homme et la mer* (1952) est l'histoire d'un homme déjà brisé qui se bat jusqu'au bout. **William Faulkner** (1897-1962) obtint le prix Nobel pour l'œuvre pleine de violence qu'il a laissée. L'anormal côtoie l'horrible et chacun de ses livres contient une vraie tragédie grecque : *Sanctuaire* (1931), *L'Intrus* (1948). **John Dos Passos** (1896-1970) montre toute l'horreur que lui suggère la guerre dans *Trois soldats* (1921) dont le thème est la destruction morale de trois jeunes gens par le système militaire. *Manhattan Transfer* (1925) donne une peinture des bas-fonds de New York. **Gertrude Stein** (1874-1946) a aussi sa place parmi les naturalistes, *The Making of America* (1925). **John Steinbeck** (1902-1968) est l'homme de la crise de 1929 et souligne l'exploitation des travailleurs par les grands propriétaires terriens : *Les Raisins de la colère* (1939), *Des souris et des hommes* (1937). Il montre le côté incontrôlable des passions humaines. **Scott Fitzgerald** (1896-1940) s'est révélé être à la fois un romancier satirique, mais aussi d'invention, surtout dans ses nouvelles. Ses personnages entourés par le luxe, gâtés par la vie matérielle ne cessent de s'entre-déchirer : *Gatsby le Magnifique* (1925), *Tendre est la nuit* (1934). **Pearl Buck** (1892-1973) tient une place un peu à part, car elle décrit les mœurs de la Chine où elle a passé toute sa jeunesse. La crise de 1929 passée, l'Amérique se tourne vers la réussite comme centre d'intérêt. **Truman Capote** (1924-1984) a su décrire cette société d'opulence, *Petit déjeuner chez Tiffany* (1958), et se présente comme le continuateur de Fitzgerald : *La Harpe d'herbes* (1951), *De sang-froid* (1966). **Jack Kerouac** (1924-1969) décrit des jeunes déçus de la société qui préfèrent se risquer à l'aventure ou à l'errance : *Sur la route* (1957).

Vers les années 1960, se dessine l'école juive de New York, en fait cette renaissance juive n'est le fait que du hasard. Les principaux écrivains sont : **Philip Roth** (né en 1933) qui a révélé la littérature juive américaine, avec *Portnoy et son complexe* (1969), où il montre la frustration des juifs dans leur vie quotidienne de citoyens américains. **Henry Miller** (1891-1980), dans *Tropique du Cancer*, 1934, entre en rébellion ouverte contre l'Amérique. Il y gagne une réputation d'anarchiste, de rebelle et d'écrivain érotique, voire pornographique avec sa trilogie *La Crucifixion en rose* (*Sexus*, *Plexus*, *Nexus*). **Isaac Bashevis Singer** (1904-1991) est reconnu comme le plus grand écrivain juif de ce siècle. Aussi s'est-il vu attribuer le prix Nobel en 1978. Sa culture fournit l'essentiel des sujets de son œuvre. Les sagas juives, *La Famille Moskat* (1950), l'enseignement rabbinique lui donnent des sujets de romans, c'est le cas aussi sur le surnaturel, avec *La Corne du bélier* (1934). **Il existe aussi une littérature noire : Richard Wright** (1908-1960) et **James Baldwin** (1924-1987). *Un autre pays* (1962), le roman de ce dernier, raconte des amours interraciales qui finissent par conduire les héros à la folie. **Ralph Ellison** (1914-1994) prend comme thème de ses romans la nécessité pour l'homme noir de se faire intégrer dans la société des Blancs : *L'Homme invisible* (1952).

PLACE AU THÉÂTRE

Le théâtre ne se développa que récemment, le puritanisme ayant freiné son apparition. **Eugene O'Neill** (1888-1953) domine le théâtre américain d'après guerre. Il peint les émotions – *Anna Christie* (1920) porte un coup au mythe matérialiste, *Le Grand Dieu Brown* (1926) –

et traque l'inconscient – *Étrange interlude* (1923), *Le Deuil sied à Électre* (1931). Il obtint le prix Nobel en 1936. La vision de la société dans les années 1940 est aussi reprise par **Tennessee Williams** (1911-1983), avec *Un tramway nommé désir* (1947), ou **Arthur Miller** (1915-2005), *Mort d'un commis voyageur* (1949), *Les Sorcières de Salem* (1952), ou encore par **Edward Albee** (né en 1928), *Qui a peur de Virginia Woolf?* (1962). Le *Off Broadway* est une tentative de jeunes auteurs, en 1945, pour proposer un répertoire plus large, plus diversifié des pièces d'avant-garde. Rivalisant avec Broadway, l'expérience se soldera par un échec et le *Living Theatre* en 1970 doit capituler. Pourtant le *Off Broadway* se veut être un théâtre hors du théâtre fondé par **David Shepherd** et **Paul Sills** (1927-2008), dont l'inspiration est issue du zen ou du mouvement dada. En 1946, **Elia Kazan** (1909-1991) et **Lee Strasberg** (1901-1982) fondent l'Actor's Studio. Les plus grands acteurs s'y forment et reçoivent un enseignement dont les principes sont tirés de la psychanalyse. Le théâtre devient de plus en plus un outil politique de réflexion et de revendication, protestations contre la guerre au Viêtnam, où des minorités américaines trouvent leur place. Après 1970, le théâtre se stabilise et **Bob Wilson** (né en 1941) lui donne une nouvelle approche en recherchant une nouvelle dimension à l'espace et au temps.

LA DÉFENSE DE DIFFÉRENTES CAUSES

Tom Wolfe (né en 1931) incarne le nouveau tournant de la littérature américaine. Son premier roman, *Le Bûcher des vanités* (1987), est construit à la façon des romans de Balzac ou de Zola. Le héros, Sherman McCoy, après avoir écrasé dans le Bronx un jeune Noir, voit sa vie privée basculer dans l'horreur. Si les années 1950 ont été marquées par la *Beat generation* avec le roman de Jack Kerouac *Sur la route*, en 1957, celles des années 1960 le seront par des groupes ethniques défendant différentes causes : Noirs, femmes, homosexuels. Un questionnement sur la puissance ou l'impuissance de la littérature reste au premier plan. Le développement des écrits minoritaires connaît durant les années 1980 quelques grands auteurs.

♦ **William Faulkner** (1897-1962) reçut en 1949 le prix Nobel de littérature. Ses livres dénoncent le déclin du Sud des États-Unis depuis la guerre de Sécession. Les violences raciales tiennent une grande part dans ses ouvrages : *Le Bruit et la fureur* (1929), *Sanctuaire* (1931).

♦ **Ernest Hemingway** (1899-1961) voit aussi couronner son œuvre d'un prix Nobel en 1954, après avoir reçu le prix Pulitzer pour *Le Vieil Homme et la mer*. Parmi ses principales œuvres, on peut aussi citer : *L'Adieu aux armes* (1929), *Pour qui sonne le glas* (1940).

♦ **Truman Capote** (1924-1984) met en scène les milieux très aisés sans aucune complaisance : *La Traversée de l'été* (2005), *Petit déjeuner chez Tiffany* (1958).

♦ **Toni Morrison** (né en 1931), auteur afro-américain, reçut le prix Nobel de littérature en 1993. Ses livres décrivent la misère du peuple noir aux États-Unis, mêlant peinture historique minutieuse à des éléments narratifs irrationnels : *Sula* (1973), *Paradise* (1997), *Beloved* (1987).

♦ **Stephen King** (né en 1947), auteur prolifique et maître incontesté de la nouvelle fantastique et d'horreur, dénonce toutefois les maux et les excès de notre époque : *Carrie* (1974), *Le Talisman des territoires* (1984).

♦ **Bret Easton Ellis** (né en 1964), à travers des personnages dépravés, jeunes, situe ses ouvrages dans les années 1980 dans une société de divertissement et de consommation : *Moins que zéro* (1985), *American Psycho* (1991).

♦ **Paul Auster** (né en 1947) évoque New York dans une partie de son œuvre. Il est également auteur de poésies. Parmi ses œuvres, citons : *Trilogie new-yorkaise* (1987), *Tombouctou* (1999), *Seul dans le noir* (2008).

8. La littérature d'Amérique du Sud contemporaine

La poésie et le théâtre au XVIᵉ siècle sont les premiers genres littéraires exploités par les missionnaires et les colons. Góngora suscite des imitateurs jusqu'au XVIIIᵉ siècle, époque où règnent la science et la polémique. La France influence considérablement les écrivains de cette période, et le *Contrat social* de Rousseau figure parmi les œuvres les plus lues. Les journaux apparaissent, suscitant une véritable rénovation littéraire. Le romantisme trouve, avec l'écrivain poète **Esteban Echeverria** (1805-1851), adepte de Saint-Simon, une nouvelle forme, celle de romantisme social. À partir de 1845, des romans historiques influencés par ceux de Walter Scott ou d'Eugène Sue prolifèrent. Mais très vite, les écrivains prennent pour sujet d'étude les Indiens. Ainsi, **Manuel de Jesús Galván** (1834-1910) et **León Juan Mera** (1832-1894) situent invariablement leur action lors de la période coloniale. L'influence européenne se fait aussi par l'immigration et traduit les mêmes préoccupations que l'Europe à la fin du dernier tiers du XIXᵉ siècle. **Eugenio Cambaceres** (1843-1888) est tenu comme l'introducteur du roman réaliste avec *Le Sang* (1887). *Isamelillo* (1882), du Cubain **José Martí** (1853-1895), est considéré comme la première œuvre du modernisme qui gagne bientôt toute l'Amérique latine jusqu'à prendre l'apparence d'un nouveau créolisme. En effet, la réaction contre ce mouvement ne se fait pas attendre, car on lui reproche d'être bien éloigné des véritables thèmes hispano-américains.

Gabriela Mistral (1889-1957) sera la première femme de cette époque à recevoir le prix Nobel en 1945 et à développer les nouvelles tendances : *Sonnets de la mort* (1914). Deux noms dominent le début du XXᵉ siècle : **César Vallejo** (1892-1938), avec *Les Hérauts noirs* (1918), et **Pablo Neruda** (1904-1973), *Né pour naître* (1996), *Chant général* (1984). Mais un autre domaine de la littérature est bientôt exploité : le fantastique. **Adolfo Bioy Casares** (1914-1999) et *L'Invention de Morel* (1940), **Jorge Luis Borges** (1899-1988), avec *Fictions* (1944), *Histoire universelle de l'infâmie* (1935), nous plongent dans un monde bizarre où fantastique et réalité se complètent savamment. La littérature hispano-américaine se définit surtout par son extrême variété, essais consacrés à l'idéologie du pays, ou à l'histoire, à la philosophie : **Alejandro Korn** (1860-1936) avec *Influences philosophiques dans l'évolution nationale* (1912).

9. La littérature yiddish : Singer

Mélange d'hébreu, d'allemand et d'autres langues, le yiddish fut utilisé par les juifs ashkenazes qui étaient installés en Allemagne, Pologne, Lituanie à partir du XIIIe siècle. Il fut aussi la langue employée par toutes les nouvelles communautés ashkenazes qui émigrèrent dès la seconde moitié du XIXe siècle, soit onze millions de personnes. Les plus anciens textes de littérature yiddish sont des adaptations, des traductions de poèmes courtois ou épiques du monde médiéval germanique. *L'Artus*, roman daté du XIVe siècle, est l'une des plus anciennes œuvres qui nous soient parvenues. Au XVe siècle, les traductions des textes sacrés abondent afin de les rendre compréhensibles. Au XVIe siècle, une adaptation du Pentateuque auquel s'ajoutent des commentaires, des gloses, des contes par **Jacob ben Isaac Ashkenazi de Janow** (1550-1625) apparaît. La Haskala, un mouvement de pensée juif influencé par les Lumières, marque aussi l'apparition de la littérature moderne yiddish. En effet, jusqu'alors les textes yiddish s'étaient surtout diffusés à partir de l'Europe de l'Ouest. Dès cette date, à l'Est, la littérature sera davantage représentée. Son but sera de s'opposer à l'obscurantisme hassidique en développant tous les genres littéraires dont le théâtre, qui reste lié au nom de son créateur **Avrom Goldfaden** (1840-1908). Pendant l'entre-deux-guerres, la littérature se développe aux États-Unis, en Russie et en Pologne. C'est par le théâtre que la littérature yiddish s'implante sur le nouveau continent. Bientôt les autres genres furent assez vite représentés à trois endroits précis : aux États-Unis à New York, en Pologne à Varsovie, et en Russie à Odessa. La grande presse à New York sert à lancer les écrivains qui, pour la plupart, participent à la rédaction des grands journaux. La chronique familiale se développe grâce à **Israel Joshua Singer** (1893-1944), *Les Frères Askhenazi* (1937). **Isaac Bashevis Singer**

(1904-1991) reçut en 1978 le prix Nobel, pour couronner l'originalité de l'univers construit dans son œuvre. Le fantastique *La Corne du bélier* (1934), *Le Magicien de Lublin* (1960) côtoient l'atmosphère de la bourgeoisie juive et de *La Famille Moskat* (1950). Singer aime à peupler ses romans de diables, de fantômes, de personnages surnaturels. Dans *La Corne du bélier* il évoque la figure mythique de Sabbataï Zvi, reconnu par les juifs d'Occident comme le Messie. Il dépeint l'attente et l'espoir que sa venue suscite dans une communauté juive polonaise.

10. La littérature arabe contemporaine

L'essor de la littérature arabe contemporaine est lié à plusieurs grands événements politiques. Tout d'abord la rencontre de l'Orient avec l'Occident se produit lors de l'expédition de Bonaparte en Égypte. Des groupes d'émigrés libanais fixés en Égypte dans la seconde moitié du XIXe siècle eurent aussi un rôle important dans cette renaissance. La littérature traduit l'influence de l'Occident au sein du monde oriental. Les principaux pionniers de cette renaissance (*Nahda*) sont **Jamal ad-Din al-Afgani** (1830-1897), qui vécut en Égypte et se fit le champion de la renaissance égyptienne. Il insistait sur le fait d'utiliser une prose aussi claire et simple que possible. La presse se développe d'une façon prodigieuse, ce qui va avoir des conséquences rapides et profondes sur la culture et la formation de la langue arabe. En 1876 est fondé en Égypte le journal *Al-Ahram*. D'autres revues de presse sont diffusées un peu partout dans le monde arabe à Beyrouth, à Alep, à Damas. Un grand mouvement s'esquisse de traductions des principales œuvres littéraires européennes, contes, nouvelles, romans, d'auteurs romantiques ou modernes : Lamartine, Hugo, Balzac, Dumas, Maupassant. Mais aussi d'œuvres comme la Bible en 1840 ou l'*Éthique à Nicomaque* d'Aristote en 1928. Les noms de **Butrus Al Bustani** (1819-1883) ou de **Nasif Al Yaziyi** (1800-1871) sont liés à ce travail linguistique intense. Des genres inspirés de l'Occident apparaissent néanmoins tel le roman historique représenté par **Jurji Zaydan** (1861-1914), le Libanais qui passa une grande partie de sa vie au Caire. Il fonda la célèbre revue *Al-Hilal*, et écrivit des romans ayant trait aux principales étapes de l'histoire arabe, un peu à la façon d'un Dumas. Mais c'est surtout la nouvelle et le conte relatifs aux mœurs qui rencontrent le plus de succès. Au lendemain de la Seconde Guerre mondiale la littérature reprend un second souffle. L'Égypte se distingue par ses œuvres nettement des autres pays, bien que suivie par l'Irak. **Negîb Mahfûz** (1911-2006) est considéré comme le maître du roman arabe contemporain. Le réalisme tient une grande place dans ses œuvres : *Impasse des deux palais* (1956), *Le Palais du désir* (1956-1957), *Une histoire sans début ni fin* (1971), *Le Voleur et les Chiens* (1961). En 1988, il obtient le prix Nobel. Enfin, il faut citer **Ali Ahmad Sa'id** dit **Adonis** (né en 1930), écrivain d'origine libanaise à qui l'on doit une anthologie de la poésie arabe et des recueils lyriques, *Premiers poèmes*, et la poétesse iraquienne **Nazik al Malaïka** (1922-2007).

11. La littérature chinoise contemporaine

Les relations commerciales à la fin du XIXe et au début du XXe siècle développent l'intérêt de l'étranger pour la Chine, en particulier l'Europe pour sa culture. Dès le milieu du XIXe siècle, des cours de langue et de littérature chinoises sont donnés à Paris. Également au milieu du XIXe siècle, Shanghai est le grand centre d'édition. À la fin du XIXe siècle, après la guerre avec le Japon, la Chine s'ouvre définitivement à l'Occident. Sous la régence de Cixi, l'État repose toujours sur une éthique confucéenne et est réorganisé. Cette réforme entraîne aussi un bouleversement dans le monde littéraire, ainsi qu'une diffusion de la culture dans le peuple. La littérature est faite dans une langue courante, laissant de côté les ouvrages de style et de langage anciens. Aussitôt, de nombreux ouvrages dans la langue nouvelle sont écrits, initiant rapidement les couches de la population aux idées républicaines et démocratiques. Ainsi, l'ordre politique et social confucéen est battu en brèche. La langue courante issue du dialecte de Pékin est diffusée dans toutes les écoles. **Lu Xun** (1881-1936) illustre très bien ce renouveau littéraire et, pendant les années 1920 et 1930, ses réflexions et essais philosophiques dévoilent l'étendue de ses connaissances sur le monde occidental. Lu Xun face aux grands courants de pensée du XXe siècle montre dans *La Tombe* (1927), réunion de textes antérieurs à la révolution littéraire de 1919, un certain doute face à la science, la raison, la liberté, l'essentiel des vertus occidentales. D'autres noms doivent être retenus tel celui de **Yu Dafu** (1896-1945) : *Le Naufrage* (1921), *La Brebis égarée* (1928) sont des romans du « moi ». Avec **Lao She** (1899-1966) est décrit un monde traditionnel sur le point de s'éteindre : *La Maison de thé* (1957). Dans les années 1960, les difficultés économiques ne sont pas favorables au développement de la littérature. Il faut attendre les années 1977-1978 pour que de grands courants fassent surface, inspirés essentiellement des tragiques expériences de la révolution culturelle. **Ai Ts'ing** (1910-1996) est sans doute l'un des plus grands poètes réalistes chinois contemporains. Il étudie en France la littérature et la philosophie et est professeur à l'université populaire de Pékin. Il décrit la misère des petites gens, et la cruauté de la vie quotidienne.

12. La littérature japonaise contemporaine

L'après-guerre jusque dans les années 1960 laissera le Japon dans une grande confusion culturelle, hésitant entre le rejet de leur identité culturelle et l'appropriation d'un mode de vie occidental. Pendant cette période, le Japon connaîtra une intense production artistique destinée à exorciser les démons de la guerre, tableaux terrifiants de Maruki et Akamatsu dès 1945 mettant en scène les victimes d'Hiroshima : *Fire*. Mais l'après-guerre est aussi l'ouverture des frontières, la découverte des marchés de l'art, de Picasso. Dès les années 1950 un renouveau artistique se produit, la littérature connaissant une période féconde. Le roman, sous l'influence occidentale, devient le genre très prisé. Un nouveau style, une nouvelle manière d'écrire se révèlent.

◆ **Junichiro Tanizaki** (1886-1965) verra publié seulement entre 1947 et 1948 son chef-d'œuvre, *Les Quatre Sœurs*.

◆ **Yasunari Kawabata** (1899-1972), *Yukiguni* (*Pays de neige*), qu'il n'achèvera qu'en 1947. Il recevra le prix Nobel de littérature, ce qui contribuera à le faire connaître en Occident. Le thème, l'amour d'une femme qui vient du pays des neiges pour un homme de la ville, surprend par sa simplicité. Dans *Nuées d'oiseaux blancs*, il plonge le lecteur dans l'univers esthétique et séculaire de la cérémonie du thé. *Les Belles Endormies* poussent l'auteur à aller jusqu'au bout de son enfer mental.

♦ **Yukio Mishima** (1925-1970), de son vrai nom Kimitake Hiraoka, issu d'une famille de samouraï, rencontre en 1946 Kawabata qui l'encourage à publier ses premiers manuscrits. Auteur prolifique, son œuvre comporte des nouvelles, des romans : *Confessions d'un masque* (1949), *Une soif d'amour* (1950). Il écrit également pour le théâtre : *Cinq nôs modernes* entre 1950 et 1955. Un an plus tard, *Le Pavillon d'or* décrit la folie d'un jeune moine qui mettra le feu à un célèbre temple. *Après le banquet* (1960) dépeint les problèmes conjugaux d'une femme d'affaires. Après les années 1960, il se rallie à l'idéologie de l'extrême droite et poursuit ses propres fantasmes avec *La Voix des héros morts* (1966). Il se donnera la mort en novembre 1970, dans le quartier général des forces japonaises, en se faisant *seppuku*, suicide rituel par éventration.

♦ **Kobo Abe** (1924-1993) a laissé une œuvre marquée par la quête incessante de l'identité. Sa consécration internationale, il la devra à *La Femme des sables* (1962). Dans le reste de son œuvre, il a recours aux récits d'aventures, de science-fiction pour mieux mettre en valeur les grands thèmes récurrents tels la difficulté de communiquer, l'isolement de l'individu : *La Face d'un autre* (1987), *L'Homme-Boîte* (1973).

♦ **Oe Kenzaburo** (né en 1935) publia dix-sept œuvres dont la plupart sont des nouvelles. En 1958, il est consacré par le prix Akutagawa pour *Élevage* qui traite du monde des enfants, thème privilégié de l'écrivain, de l'atonie des jeunes Japonais ou de l'impuissance de se convaincre de sa raison d'être avec *Notre époque* (1959). Il recevra le prix Nobel de littérature en 1994.

♦ **Kenji Nakagami** (1946-1992) publie ses premières nouvelles en 1973 et recevra le prestigieux prix Akutagawa pour son roman *Le Cap* (1975). *La Mer aux arbres morts* (1977) le consacrera. Considéré comme l'un des écrivains incontournables de notre époque, il est l'un des seuls à avoir décrit le côté obscur de la société japonaise et sa discrimination.

13. La littérature indienne contemporaine

Il est bon de rappeler, même si les noms de Salman Rushdie, d'Anita Desai sont aujourd'hui connus du grand public, que la littérature indienne se fait dans vingt et une langues régionales, l'hindi (trois cent millions de locuteurs), le telougou (soixante millions), le tamoul (cinquante millions), le bengali (cinquante-cinq millions), etc. Les littératures classiques, sanscrite, tamoule, remontent au IIe millénaire, tandis que les langues vernaculaires émergent dès l'époque médiévale entre le XIe et le XIVe siècle et s'épanouiront jusqu'au XVIIIe siècle avec l'âge d'or de la pensée mystique. Calcutta devient la capitale de l'Inde britannique de 1858 à 1912. Les écrivains du Bengale évoqueront la montée du nationalisme, les idées novatrices du XIXe siècle, mais aussi ses questions d'actualité. Jusqu'à l'indépendance en 1947, le romantisme, le progressisme politique, le réalisme social sont les thèmes littéraires dominant de cette période. L'année 1950 offre un nouveau tournant avec ses réflexions sur le marxisme, la psychanalyse, l'existentialisme, son ouverture vers l'Occident. Trente ans plus tard, la littérature sera récupérée par les écrivains opprimés, ceux des basses castes qui raconteront leur souffrance. C'est aussi le moment où apparaît une littérature féminine.

La fin du XIXe siècle avait été influencée par **Rabindranath Tagore** (1861-1941) dont le rayonnement universel le conduit en 1913 au prix Nobel de littérature. Le roman se développe et **Mahasweta Devi** (né en 1926) reste l'une des romancières les plus reconnues. Cette forme de narration, qui doit à Tagore son développement, se diffusera dans toute l'Inde. À partir de 1940, la production littéraire sera dominée par la production marxiste, tous les écrivains dénonçant les inégalités sociales existant alors. Les romans conçus après 1950 abordent presque tous les mêmes problématiques, confrontations des valeurs occidentales et indiennes, difficultés sociales.

CHAPITRE XXXIV
Les sciences humaines

1. La philosophie après 1945 : une vision agrandie

Durant la Première Guerre mondiale, un grand nombre de philosophes juifs avaient fui l'Allemagne, ou étaient morts au cours de celle-ci : **Franz Rosenzweig** (1886-1929), dont l'œuvre majeure est *L'Étoile de la Rédemption* (1921), pense le judaïsme comme une doctrine de l'être et non plus en tant qu'enseignement doctrinal ; **Gershom Scholem** (1897-1982) qui s'exila en Palestine, **Ernst Cassirer** (1874-1945) à Oxford, **Martin Buber** (1878-1965), autre représentant du sionisme spirituel comme Rosenzweig, se rendra en Palestine, lors de la montée du nazisme. L'arrivée d'Hitler au pouvoir obligera également les philosophes regroupés autour de **Max Horkheimer** (1895-1973), partageant l'idéal d'une société fondée sur la raison et la liberté, et qui formeront l'École de Francfort, à fuir.

L'ÉCOLE DE FRANCFORT : LA FORCE DE LA RAISON

L'École de Francfort est née à la suite d'un constat, la nécessité d'une institution permanente vouée à l'étude des phénomènes sociaux, en 1923, avec la fondation de l'*Institut für Sozialforschung*, l'Institut de recherches sociales. L'école sera fermée en 1933, lors de l'arrivée des nazis au pouvoir, et ses principaux membres seront obligés de s'exiler.

Il s'agit d'Erich Fromm (1900-1980), Max Horkheimer (1895-1973), Theodor Adorno (1903-1969), Herbert Marcuse (1898-1979), Ernst Bloch (1885-1977) et **Jürgen Habermas** (né en 1929) qui feront partie de la seconde génération de l'école, et ce dernier contribuera à la fonder par un réinvestissement de la théorie critique. Ce qui unit ces chercheurs est un choix politique et une attitude philosophique commune. Tous marxistes, ils sont intéressés avant tout par le rôle de la raison dans l'extension de la domination au cours du XXe siècle. L'École de Francfort est connue aussi pour s'être intéressée à l'apparition de la culture de masse dans les sociétés modernes. Pour rentabiliser une pensée critique, il faut s'appuyer sur les recherches menées en économie, sociologie, psychologie. **Max Horkheimer** dans *Théorie traditionnelle et théorie critique*, en 1937, oppose théorie traditionnelle, classique, à « une théorie critique » qui doit révéler les contradictions et transformations de la société. Horkheimer et Adorno partiront du postulat selon lequel la raison peut aider l'émancipation. La philosophie des Lumières en avait fait un outil de savoir et en avait fait son arme pour détruire les mythes. Mais la bourgeoisie, elle, l'a uniquement mise au service des intérêts privés. D'autres questionnements concernent le fait de savoir si le fascisme peut s'expliquer par une logique économique capitaliste.

Adorno, la dialectique négative et l'art

Theodor Adorno (1903-1969) ne fut pas que philosophe, il fut aussi musicien, musicologue, sociologue, critique littéraire. Contre le primat de la raison, il met en avant une dialectique négative, car, à la différence de la critique hégélienne qui tend vers la synthèse du sujet et de l'objet dont les oppositions sont systématiquement surmontées, elle se maintient dans l'opposition du sujet et de l'objet où le sujet amène son altérité à la parole, ne cherchant pas à maîtriser l'objet. Cette approche de la dialectique restera constamment au centre de l'œuvre d'Adorno. Dans sa *Dialectique négative*, en 1966, sa pensée s'oppose à l'idéalisme allemand qui plaçait en position de supériorité un sujet rationnel, actif par rapport à un objet passif. Il s'oppose au postulat kantien de l'inaccessibilité radicale de la « chose en soi » qui enferme le sujet en lui-même. Il propose, en fait, une conception de la vérité historique, exigeant que le sujet y ait une part active, en exerçant sa liberté critique face à l'état des choses. La dialectique négative est le résultat du primat de l'objet et de cette part à jouer par le sujet. Dans sa *Théorie esthétique*, en 1970, deux idées se distinguent : celle que la nature de l'art se manifeste par la contemplation d'œuvres d'art particulières, et que celles-ci ont un mode particulier d'être, une identité spécifique.

Il étudiera la dynamique composante de l'art dans trois domaines qui interfèrent en se modifiant de façon quasi imperceptible : l'œuvre d'art, la réception, la production. L'œuvre d'art, selon Adorno, présente un état paradoxal, quelque chose qui existe en devenant. Son essence est la tension. Il montre que l'art est un espace de liberté, de créativité dans un monde technocratique. Le monde de l'art doit être un lieu d'utopie, un lieu de désir d'un monde libéré. Indissociables de sa philosophie, sont ses études sur l'art contemporain. Pour lui l'art est bien plus qu'un simple reflet de la société, l'œuvre révèle la société dans sa structure et sa forme constitue un contenu idéologique et social. Ses monographies sur Beethoven, Mahler, et bon nombre d'autres mettent en évidence la manière dont les techniques de composition, la texture d'une œuvre sont le reflet d'une idéologie du moment. Doutant de la possibilité de bien vivre après Auschwitz, le philosophe remit en question une re-construction immédiate de la culture. Auschwitz s'imposait comme un échec total de celle-ci. Dans *Prismes* (1955), *Critique de la culture et de la société* (1949), il déclarait qu'il serait « barbare » d'écrire des poèmes après le génocide et sous-entendait qu'il fallait tout reconstruire, les mots, la littérature mais de façon différente. Il prenait position contre toute représentation profanatrice, inadéquate qui aurait minimisé la souffrance, l'horreur donnant un sens à ce qui n'en avait pas.

Herbert Marcuse

Les théories d'Herbert Marcuse (1898-1979) furent influencées par celle de **Theodor Adorno** et de **Max Horkheimer** qui s'étaient interrogés sur la consommation culturelle. Son nom est associé aux mouvements de contestation qui se sont produits aux États-Unis et en Europe dans les années 1960. Pourtant son œuvre prendra naissance dans le mouvement des idées qui agitent l'Allemagne, après la Première Guerre mondiale. Martin Heidegger dirigea sa thèse sur **Hegel**, *L'Ontologie de Hegel et la théorie de l'historicité*, en 1932. Après sa thèse, il devient un des membres de l'École de Francfort et s'exile aux États-Unis. *Raison et révolution*, en 1941, rattache les thèses sur les origines de la « théorie sociale » francfortoise à l'hégélianisme. Son premier grand livre, *Éros et civilisation* (1955), organise une nouvelle topographie freudo-marxiste de la pratique et de la théorie révolutionnaire. Il s'interroge sur les relations de l'individu à la société et offre une analyse critique des concepts freudiens, remettant en cause la thèse freudienne selon laquelle les besoins instinctuels de l'homme sont incompatibles avec la société civilisée. Il existe selon Freud un lien entre névrose et organisation sociale et il en ressort que toute société bâtie repose sur une aliénation. Marcuse soutient lui aussi que tout progrès est une régression et restitue sa valeur ontologique à l'opposition entre instinct de mort, *thanatos*, et instinct de vie, *eros*. Dans *L'Homme unidimensionnel* (1964), il attaque le complexe d'Œdipe parce qu'il ne rend plus compte, pour lui, de la socialisation. En fait il s'agit d'une « désublimation répressive », d'une fausse authenticité et il dénonce, dans les sociétés industrielles, l'illusion de liberté. Les étudiants contestataires des années 1960 reprendront l'expression de Marcuse, « l'imagination au pouvoir », seule échappatoire à la violence du monde moderne. Dans *Contre-révolution et Révolte* (1972), il évoque le potentiel politique des arts qui permet de restituer les formes de communication et de contrebalancer la logique techniciste des industries culturelles.

Jürgen Habermas

Bien que n'ayant pas appartenu directement à l'École de Francfort, Jürgen Habermas (né en 1929) en sera l'héritier avec *La Critique de la technique et de la science*, publiée en 1968. Ses domaines de réflexion porteront jusqu'à la bioéthique mais sont impossibles à enfermer dans une seule discipline, bien qu'ils concernent plus particulièrement l'anthropologie, la psychanalyse, la théorie des actes du langage, le droit, la morale, la sociologie. Les sources de sa pensée seront nourries par **Kant**, **Hegel**, **Marx**. Il prendra part à la querelle des sciences sociales allemandes où il se confrontera à Hannah Arendt, Gadamer, Popper. Après avoir obtenu son doctorat sur Schelling, il sera professeur de philosophie et de sociologie à l'université de Heidelberg de 1961 à 1964 et à Francfort de 1964 à 1971. À partir de 1971, il dirige l'Institut de recherche sociale Max Planck à Munich. Il enseignera à partir de 1983 à l'université Goethe de Francfort. Ses principaux concepts portent sur la technique et la science en tant qu'idéologie et l'agir communicationnel.

La technique et la science comme idéologie

La Technique et la science comme idéologie (1968) fut écrite en hommage à Herbert Marcuse pour montrer l'interdépendance entre science et technique. Elles forment un véritable « complexe technico-scientifique » qui apparaît comme le modèle du progrès alors qu'il légitimise, en fait, l'instrumentalisation de l'homme. La technique et la science sont désormais devenues ce qui constitue l'essentiel des forces productrices des sociétés capitalistes. Cette nouvelle relation implique donc le problème de leur relation avec la pratique sociale, telle qu'elle doit s'exercer dans un monde où l'information s'impose comme un produit de la technique. C'est ainsi que science et technique deviennent la force productive principale, supprimant les conditions de la *Théorie valeur-travail* telle qu'on la retrouve chez Marx. Il devient nécessaire de déterminer et d'analyser le degré d'incidence de la rationalité scientifique sur le monde social et d'estimer les répercussions sur le fonctionnement de la démocratie. Habermas veut démystifier cette nouvelle légitimation de la domination et retrouver une politique issue de la discussion débarrassée de celle-ci.

L'agir communicationnel

Avec la *Théorie de l'agir communicationnel*, Habermas prend de la distance par rapport à la théorie critique de l'École de Francfort et amorce un nouveau virage en se rapprochant de l'esprit des Lumières en valorisant « la communication », elle seule permettant d'aboutir à un accord démocratique. Son ouvrage visera donc à proposer une nouvelle théorie de la société fondée sur la communication en construisant une histoire des théories modernes, celles de **Max Weber, George Herbert Mead**, **Émile Durkheim**, en s'appuyant sur les acquis de la pragmatique du langage de **John Austin** et **John Rogers Searle**. Sa finalité dans cet ouvrage est de montrer que la raison s'ancre dans le langage et le discours et, en ce sens, a une fonction communicationnelle. Il propose une éthique de la communication fondée sur la discussion. « L'apport spécifique de Habermas consiste à montrer, sur cette base empirique, comment la situation communicationnelle crée, par sa seule existence, les conditions d'un débat authentique : les divers participants à une même discussion ne doivent-ils pas, en effet, admettre d'un commun accord certaines normes logiques s'ils veulent que leurs échanges d'arguments débouchent sur des conclusions acceptables par tous ? Ainsi ce qu'on appelle "raison" peut-il être défini, sans ambiguïté, comme cet ensemble de normes garantissant le caractère démocratique et rigoureux de tout débat[1]. » Les prémices philosophiques de la théorie de l'agir seront explicitées dans *Le Discours philosophique de la modernité* (1988), il replace sa doctrine au sein d'une théorie de la modernité.

L'EXISTENTIALISME : L'INTÉRÊT POUR L'EXISTENCE

Davantage qu'une école, l'existentialisme s'imposera comme une manière de philosopher. Bien qu'il eût marqué de nombreux penseurs, l'existentialisme ne regroupe pas qu'un seul courant de pensée. Certains de ses philosophes sont croyants, d'autres athées, certains antireligieux. Ce courant de pensée intervient là où la philosophie cherchait à travers de nouvelles formes, art, littérature, à se transformer de l'intérieur, pas seulement ses concepts mais les moyens de les traduire par la langue. Le lien entre art et littérature s'était imposé déjà dans le premier tiers du siècle avec les surréalistes mais, dans les années 1950, des philosophes comme **Foucault, Deleuze, Lacan** trouvent un type d'écri-

---

[1]. Christian Delacampagne, *Histoire de la philosophie au XXe siècle*, Paris, Le Seuil, 2000.

ture propre à leur science en rupture avec le style philosophique antérieur. Sartre ne fera pas exception, intégrant le style littéraire au style philosophique, faisant émerger de ce décloisonnement entre les deux disciplines des concepts propres au deux. L'**existentialisme** se définit avant tout par son intérêt pour l'existence, l'individu considéré comme une personne singulière. Pour **Kierkegaard**, le premier problème était d'exister en tant qu'individu. Les principaux thèmes de l'existentialisme vont concerner la liberté, les responsabilités, chacun étant responsable de ses choix, chacun devenant l'auteur de son existence. Le terme d'existentialisme apparaît en France et se substitue en Allemagne à ce qu'on appelait l'*Existenzphilosophie*. À partir des années 1960, la quasi-totalité des thèses existentialistes disparaît.

Sartre, la place de la subjectivité

L'opuscule *L'Existentialisme est un humanisme* est considéré comme l'acte de foi de ce système de pensée. « La philosophie de Sartre, écrit Olivier Revault d'Allonnes[1], est la seule philosophie du sujet, la seule qui cherche à définir et à défendre la place de la subjectivité dans le monde, dans la France du XXᵉ siècle ». Le premier fondement original de l'existentialisme sartrien se trouve dans la distinction entre l'*être en soi* et l'*être pour soi* tel qu'il les définit dans *L'Être et le Néant*. Le *pour soi* est le moi conscient, l'*en soi* au contraire, c'est ce qui cadre avec soi-même, un objet matériel, le monde qui nous entoure par exemple, il ne saurait être autre qu'il n'est. Tandis que le *pour soi* est la conscience mobile, changeante, aucun état n'est pleinement lui-même. Le moi humain qui est du *pour soi* est libre donc responsable. D'où l'angoisse qui se manifeste à lui avant de choisir ses actes. C'est par la mauvaise foi qu'il cherche à fuir l'angoisse en se dissimulant à lui-même sa liberté et sa responsabilité. Il y a également de la mauvaise foi dans l'idée que nous avons de nous-mêmes. La temporalité est un caractère essentiel du *pour soi*.

Ses principaux éléments, le présent, le passé, l'avenir ne sont pas une série de « maintenant », successifs et séparés, mais comme des

---

[1]. Olivier Revault d'Allonnes, « Témoins de Sartre », *Les Temps Modernes*, 45ᵉ année, n° 531 à 533, octobre-décembre 1990, p. 83.

moments structurés d'une synthèse originelle. Le *moi* qui a nécessairement un passé est toujours en fuite vers le futur. Il définit également l'existence d'autrui et les relations concrètes du *moi* avec autrui. L'existence d'autrui est un *pour soi* qui me regarde et auquel j'apparais comme un objet. La honte me fait sentir qu'autrui est un sujet qui me regarde et dont le regard me transforme en objet et concrétise en moi l'existence de caractères que je ne reconnais nullement. Pour répondre à cette situation deux attitudes possibles s'offrent à moi : conquérir la liberté d'autrui, tel l'idéal de l'amour mais qui est source de luttes et de conflits ; me tourner vers l'autre, vaincre sa liberté, le sadisme consiste à anéantir sa liberté. Dans la dernière partie de son ouvrage, Sartre développe une théorie de l'action et de la liberté. Avoir, faire, être sont des manifestations principales de la réalité humaine. Il n'est pas d'action sans mobile. Le *pour soi*, le sujet conscient par un libre choix, confère à une idée sa valeur de motif ou de mobile. La liberté pour lui existe aussi bien dans le désir que dans la passion ou dans la volonté proprement dite. De cette liberté découlera notre responsabilité absolue pour ce qui concerne nos actes mais aussi les événements sociaux auxquels nous participons.

MAURICE MERLEAU-PONTY, LA PHÉNOMÉNOLOGIE

C'est dans la *Phénoménologie de la perception*, en 1945, que **Maurice Merleau-Ponty** (1908-1961) détermine les grandes lignes de sa philosophie et se propose de retourner à la nature de la perception en mettant en évidence les limites des conceptions scientifiques de celle-ci. La phénoménologie va tenter de préciser, en se centrant sur le sujet percevant, ce que voir signifie pour la conscience du sujet. Avec **Husserl** et **Heidegger**, **Sartre** est sans doute le philosophe que Maurice Merleau-Ponty a le plus lu. C'est sans doute à travers le constat de l'incapacité du dualisme ontologique entre « être en soi » et « être pour soi » à rendre compte des phénomènes les plus courants de l'existence humaine, que Merleau-Ponty se convertit en penseur de l'ambiguïté, de l'*entre-deux*. Tout comme *Phénoménologie de la perception* (1945), *Le Visible et l'Invisible* (1964) s'appuie sur une étude sur le corps, car il y a un problème qui tient au dualisme sujet-objet et que Merleau-

Ponty veut effacer. Aussi essaie-t-il de trouver une troisième structure oppositive entre sujet et objet, ce sera celle du « corps propre ». Le passage de la phénoménologie à l'ontologie se fera par lui, se fera par la découverte de la notion de « chair », totalité des choses conçue comme le prolongement de mon corps. La corporéité devient un des lieux privilégiés de la réflexion philosophique, le corps en tant que source féconde d'interrogation sur l'être au monde. Si la *Phénoménologie de la perception* concerne l'étude et la critique des concepts classiques de la psychologie, sensation, mémoire, jugement, perception, *La Structure du comportement*, en 1942, concernait plus particulièrement les soubassements physiologiques et physiques du comportement humain.

PHILOSOPHIES DE L'ÉTHIQUE ET DE LA POLITIQUE

L'émergence des principes démocratiques avait conduit à penser l'être humain en se fondant sur des notions telles que la liberté, l'égalité. Les différences culturelles, les différentes mutations sociales, les différences collectives ont rendu problématique la reconnaissance de l'autre, car ses différences devaient être prises en compte. Le problème de reconnaissance de l'autre entraîne celui de l'éthique et de la morale. Une vue éthique n'est possible que dans une relation à autrui. C'est uniquement dans les liens tissés avec son semblable que l'homme peut exercer une morale et en vivre. Éthique vient d'*ethos*, au pluriel *ethè*, morale, et du latin *mos*, conduite, les deux traduisant des façons de vivre et comme il convient de le faire, le choix d'un mode de vie conforme au devoir ou au bien. **Alain Renaut** explique, dans *La Philosophie*, la différence entre les deux ainsi : « Tout au plus peut-on considérer que le terme "éthique" désigne plutôt la sphère des valeurs dans la perspective où il agit pour le sujet moral, de rendre compte de ses valeurs à autrui ou de réfléchir avec autrui sur des valeurs communes et ce qu'elles impliquent[1]. » D'une façon générale, la morale exprime l'ensemble des normes propres à un groupe social, à un peuple, à un moment donné de son histoire. En revanche, l'éthique est souvent l'adaptation à une situation, à un objet, en rapport avec soi ou avec la

---

1. Alain Renaut, *La Philosophie*, Paris, Odile Jacob, 2006, p. 56.

société. Elle concerne également les réflexions métaphysiques, philosophiques en rapport avec le fondement de la vie collective. Si les sens de morale et d'éthique sont synonymes quand ils évoquent une façon de vivre et de se comporter quant aux impératifs définis par la société, le concept d'éthique en revanche se réfère plus rigoureusement aux réflexions théoriques portant sur l'exercice de ces pratiques ainsi que sur leurs conditions. L'éthique appartient à la philosophie morale, mais elle est en relation avec la philosophie politique. Elle se révèle même indissociable du politique. Elle n'implique pas le repli sur soi, une réflexion sur ce que « je suis » ne peut s'abstraire d'une autre sur « ce que nous sommes ». La difficulté dans l'éthique contemporaine a été de forger une nouvelle éthique dans une *Ère du vide* (1983, Lipovetsky), alors que les transcendances manquent. En récupérant d'anciens principes, responsabilité, culture, en exposant un fondement nouveau, l'activité communicationnelle, l'éthique va se décliner sous différentes formes : transcendance religieuse avec **Levinas**, responsabilité, **Jonas**, communicationnelle, **Habermas**, de l'immanence, **Misrahi**, **Conche**, **Comte-Sponville**, mais aussi en s'appuyant sur le modèle gréco-romain, **Pierre Hadot**, **Michel Foucault**.

Emmanuel Levinas (1905-1995) : chercher le sens de l'éthique

La philosophie d'Emmanuel Levinas a amené à l'éthique la théorie du visage. Dans *Éthique et Infini* (1982), il expose sa théorie fondamentale de l'autre et du visage. L'autre est mis au centre des préoccupations de l'individu, le visage est pour Levinas le lieu originel de l'éthique. « Ma tâche, écrit Levinas, ne consiste pas à construire l'éthique, j'essaie seulement d'en chercher le sens[1]. » Lui qui a fait l'expérience du totalitarisme trouve en autrui et sa rencontre le monde de l'infini. De plus en regardant quelqu'un en face, je quitte toute perspective individualiste. Le visage découvre l'autre comme fragilité et faiblesse, j'y vois son absolue différence, sa nudité. Le visage révèle l'autre comme le symbole herméneutique d'une transcendance. L'infini inaccessible dans l'espace existe ainsi en l'autre, ce que j'y mets

---

1. In *Éthique et Infini*, Paris, Livre de Poche, « Biblio », 2000, p. 95.

au jour c'est l'humanité tout entière. L'autre par son visage n'est pas du monde, il est l'expression en l'homme du divin. Autrui me regarde dans les deux sens du mot, je deviens responsable de lui d'emblée. Quelle place prennent la politique, l'histoire, les institutions au sein de cette éthique ? À contre-courant des philosophies emmurées de la conscience, Levinas définit la subjectivité comme une responsabilité intégrale pour autrui et renouvelle la conception de la justice.

Il existe chez Levinas la volonté de séparer de ses travaux philosophiques ce qu'il dénommait ses « écrits confessionnels », celle de marquer une distance entre sa réinterprétation du judaïsme établie à partir des lectures du Talmud ou de textes anciens avec une argumentation philosophique comme dans sa thèse d'État, en 1961, *Totalité et Infini*. Par judaïsme, il entend le judaïsme rabbinique. Le Talmud est pour lui la reprise des significations de l'Écriture dans un esprit rationnel. Loin de l'approche des historiens, des philologues, des traditionnalistes. À côté de la Bible des Hébreux, il va introduire celle des Grecs. Il s'efforcera de traduire dans la conceptualisation grecque de la philosophie des intuitions purement hébraïques ignorées par la Grèce. Cette incurvation du théologique vers l'éthique est la marque indélébile de la tradition juive qui commande et détourne le soi du moi en le destinant et en l'orientant vers autrui. **Derrida** consacrera plusieurs textes à Levinas, *Textes pour Emmanuel Levinas*, en 1980, *L'Écriture et la différence*, en 1967. Si les deux philosophes sont d'accord pour reconnaître le primat de la loi, Derrida ne fait pas sienne l'idée de Levinas sur Dieu comme absolument « autre », « autrement qu'être ».

Michel Foucault, multiple

Foucault (1926-1984) phénoménologue, historien et philologue de Kant, historien des maladies mentales, psychanalyste, historien de la peine, critique littéraire, maître à penser de Mai 68 n'est qu'un rapide résumé des thèmes d'étude qu'il apporta à notre siècle. Connu pour ses critiques des institutions sociales, la médecine, la psychiatrie, le système carcéral, ses théories complexes sur le pouvoir et les relations qu'il entretient avec la connaissance, ses études sur l'histoire de la sexualité autant que celles sur l'expression du discours en relation avec l'histoire de la pensée occidentale, annonciateur de la mort de l'homme dans *Les Mots et les Choses*. Son travail de philosophie alla toujours de pair avec ses prises de position dans l'actualité. Influencé par Nietzsche et Heidegger, en ce qui concerne le thème de la subjectivation, ce qui l'intéresse c'est de mettre en valeur les composantes positives du jeu de vérité qu'il analyse, de retracer les règles qui gouvernent l'énonciation du vrai et du faux. Il a tenté de montrer comment notre culture s'était organisée en excluant les malades, les fous, les criminels, incarnation de ce que différentes sociétés à différents moments ont eu besoin de situer à l'extérieur d'elles-mêmes pour constituer leur identité. Ses principales œuvres sont : *Histoire de la folie à l'âge classique* (1961), *Les Mots et les Choses* (1966), *Surveiller et Punir* (1975), *Histoire de la sexualité* (1976-1984), *L'Archéologie du savoir* (1969).

LA PHILOSOPHIE POLITIQUE

La philosophie politique se développe dans plusieurs directions dont la critique de la pensée de l'histoire, comme le fait **Raymond Aron** (1905-1983) pour celle de Marx, ou Louis Althusser, avec *Lire le Capital* (1965). La philosophie politique connaîtra une période de renaissance, prolongeant l'éthique en posant des questions sur la cité, le droit, la justice, sur ce qui fonde notre futur au sein de la cité. De nouveaux questionnements voient le jour avec **Claude Lefort** (1924-2010) dont la question centrale est de saisir le lien entre l'exercice du pouvoir et la « configuration générale des rapports sociaux ». L'essentiel pour lui a été de parvenir à la compréhension des mutations qui ont mené à la démocratie et d'en trouver les menaces immédiates. La démocratie est marquée par son indétermination, son inachèvement, et Lefort finit par considérer comme démocratique toute forme d'opposition au totalitarisme. Ses principales œuvres sont : *L'Invention démocratique* (1981), *Le Temps présent* (2007).

◆ **John Rawls** (1921-2002), philosophe américain, est le fondateur d'une théorie politique sur les règles de la justice. Dans sa *Théorie de la justice*, en 1971, il conteste l'idéal utilitariste. Pour lui les institutions sociales et politiques sont justes et équitables lorsqu'elles obéissent à des règles reconnues par la plupart des membres de ces institutions. Il définit ainsi deux principes de justice et pose la question de savoir s'il faut confondre le juste et l'utile. Le premier principe décrit une société dans laquelle chacun a un droit égal aux libertés fondamentales respectant la dignité humaine, le second pose que des inégalités sociales et économiques, dans certaines conditions, peuvent être justes. John Rawls a le mérite d'avoir compris que, parce qu'il existe une diversité culturelle des peuples, il était urgent de penser un ensemble de règles partagées par tous.

◆ **Leo Strauss** (1899-1973). Si l'on cherche un traité de politique chez ce philosophe allemand, installé aux États-Unis, dès 1938, à travers son œuvre prolifique, dix-sept livres, et quatre-vingts articles, ce sera en vain. En revanche, nombreuses seront les études portant sur les grands auteurs de l'Antiquité, du Moyen Âge ou des Temps modernes. Il est connu pour ses réflexions sur la « crise de notre temps », mais aussi pour ses écrits sur le droit naturel. Ses premiers travaux révèlent son activité intellectuelle au sein de la communauté juive : *La Critique de la religion chez Spinoza ou Les fondements de la science spinoziste de la Bible : Recherches pour une étude du « Traité théologico-politique »* (1930). Sioniste à l'âge de treize ans, il est certain de la faiblesse assimilationniste et considère le sionisme politique comme une possibilité. Cet ouvrage dans la pensée juive caractérisera, à travers la question de la vie juste et l'étude comparative de la tradition juive et grecque occultées par les Lumières, l'ensemble de son œuvre. Il maintient son allégeance à la tradition juive et tente d'approfondir la réflexion de Maïmonide selon les conditions imposées par le temps présent. Dans *La Philosophie et la loi* (1935), son intérêt pour la philosophie médiévale juive et arabe, entre Athènes et Jérusalem, se centre sur le fait qu'elle porte à sa plus grande intensité la tension entre raison et révélation. Dans *Droit naturel et histoire* (1953), composé en grande partie d'auteurs ayant abordé ce thème, après avoir donné une critique de l'historicisme qu'il défend face au droit naturel, il donne de celui-ci une définition assez large et qu'il étend aux principes politiques fondamentaux d'une société. Depuis Machiavel, toute philosophie politique mènerait vers le positivisme juridique et l'historicisme, rendant impossible toute réflexion sur le droit naturel. Le positivisme détruirait toute distinction entre le fait et la valeur en décrétant qu'il n'y a pas de droit au-delà de la loi, l'historicisme, en dévoilant le caractère historique de toute pensée, compromettrait toute volonté pour dépasser le droit existant au nom du droit naturel. Aussi conclut-il à un besoin de retourner à une pensée antique, en particulier celle d'Aristote, pour reconstruire une philosophie politique puisque la modernité est positiviste et historiciste. Il se consacrera jusqu'à sa mort aux commentaires des grands auteurs classiques, Xénophon, Thucydide, Aristote et tout particulièrement Platon : *Le Discours socratique de Xénophon* (1992), *Socrate et Aristophane* (1994), *Sur « Le Banquet »* (2006). L'étude de la philosophie politique prendra place dans *De la philosophie classique* (1945), *De la tyrannie* (1948), *Qu'est-ce que la philosophie politique ?* (1959). Toujours en ne perdant pas de vue les deux traditions, il s'interroge sur l'écart entre philosophique et religieux à l'égard du politique et sur son rôle, sur les points de repères que peut nous apporter l'époque antique. C'est le cas de *La Cité de l'homme* (2005).

◆ **Hannah Arendt (1906-1975)**, née Johanna Arendt, s'exile en France en 1933, puis aux États-Unis dès 1941 pour fuir le nazisme. Son œuvre, restée dans l'ombre pendant des années, s'affirme comme un incontournable de la philosophie politique, notamment *Les Origines du totalitarisme* (1951). Elle participera au procès d'Eichmann à Jérusalem et en tirera un ouvrage intitulé *Eichmann à Jérusalem* (1961), recueil d'articles fortement polémiques en son temps et objet de nombreuses controverses. Dans *Les Origines du totalitarisme*, le troisième volet a été traduit sous le titre français « Le système totalitaire », après « L'antisémitisme et l'impérialisme ». Elle reprend la démarche classique de la politologie, qui va d'Aristote à Montesquieu et Tocqueville, pour cerner l'essence de ce qui est sans précédent pour elle, à savoir le totalitarisme, type de régime selon elle destiné à organiser la vie des masses et dont la conséquence mène à détruire le politique, l'homme et le monde avec. Ce dernier est la conséquence de l'effondrement de la société de classe et du système des partis hérité du XIXe siècle.

Le totalitarisme finira par cristalliser les éléments épars dans l'État-nation et la société bourgeoise et leur donnera une forme achevée dans la société de masse. Cette masse se forme à travers la perte d'un monde commun et d'un « espace public », c'est-à-dire l'ouverture même des hommes à l'échange appelé par Hannah Arendt la désolation. L'idéologie totalitaire allait compenser cette privation du monde, cet arrachement à leur moi que la masse des individus allait ressentir. Elle va jouer dans la politique un rôle majeur et devient principe d'action : elle vient remplir le vide de conviction et d'intérêt laissé par l'expérience de la désolation. Pour l'auteur, le mot « idéologie », il faudrait écrire idéo-*logie*, la logique propre d'une idée, devient instrument scientifique de légitimation universelle, une sorte de coercition qui s'impose à la réalité. La terreur est l'autre principe de fonctionnement de l'esprit totalitaire, parce que celui-ci n'a pas besoin d'utiliser la peur comme moyen d'intimidation. L'œuvre d'Hannah Arendt suscita par la diversité de ses points de vue de nombreux commentaires tant en sociologie, qu'en histoire ou en philosophie. L'un des grands reproches faits sur *Les Origines du totalitarisme* est d'avoir voulu figer celui-ci dans une sorte d'essence éternelle peu à même de cerner la complexité de ce type de régime.

◆ **Elias Canetti** (1905-1994), exilé politique lui aussi, reçut le prix Nobel de littérature en 1981. Son œuvre comporte pièces de théâtre, essais, autobiographie. Il publiera en 1960 *Masse et Puissance*, livre dans lequel il cherche l'origine de la puissance dans les expériences archaïques de l'humanité appuyée sur une phénoménologie du concret. La masse est un corps symbolique et pathétique, pathétique sous-entend une dimension de l'affect où la puissance puisera son énergie insatiable. Son livre se situe au carrefour de la psychologie sociale, de l'ethnologie, de l'anthropologie, de la philosophie.

HERMÉNEUTIQUE ET PENSÉE RELIGIEUSE CONTEMPORAINE

Depuis l'Antiquité jusqu'au XIXe siècle, l'herméneutique s'est imposée comme science normative des règles de l'interprétation dans des disciplines comme la philologie, l'exégèse, le droit. À la fin du

XIXe siècle, on a cherché dans l'herméneutique une méthodologie des sciences humaines que l'on reconnaît habituellement à **Wilhelm Dilthey** (1833-1911) d'avoir voulu faire. Malheureusement cela resta en projet chez lui et il ne put en définir réellement les règles. C'est avec Heidegger que le statut sur la réflexion philosophique de l'herméneutique prend un virage décisif. Il déplace l'enjeu de la méthodologie des sciences de l'esprit à la question des sens de l'être. **Hans Georg Gadamer** (1900-2002), avec la publication de son œuvre majeure *Vérité et méthode* (1996), donnera le nouvel élan nécessaire aux travaux sur l'herméneutique. L'herméneutique doit se borner à décrire phénoménologiquement la manière dont se produisent la compréhension et la vérité dans les sciences. Le nom de **Paul Ricœur** est associé au XXe siècle à l'herméneutique dont il fut le grand représentant. Il la définit comme une « science des interprétations ». La règle fondamentale de l'herméneutique tient dans la reconnaissance d'une circularité méthodique : la partie n'est compréhensible qu'à partir du tout et celui-ci doit être compris en fonction des parties. L'approfondissement du sens d'un texte s'effectuera par ce va-et-vient entre les parties qui le composent et la totalité qu'il est mais également entre lui-même et la totalité immense dont il n'est qu'une partie. L'interprète d'un texte doit évacuer toute subjectivité liée à sa compréhension immédiate qui empêche l'accès à cette objectivité du sens initial.

Paul Ricœur

Considéré comme l'héritier spirituel de la phénoménologie de **Husserl** et de l'existentialisme chrétien, Paul Ricœur (1913-2005) nous a laissé une œuvre considérable en prenant en compte les apports de la psychanalyse, il a construit une philosophie de l'interprétation. À l'occasion du problème du mal, il ouvre la réflexion sur l'herméneutique. « Quelle est la fonction de l'interprétation des symboles dans la réflexion philosophique ? », se demande Paul Ricœur dans *Le Conflit des interprétations*[1]. Celle-ci et celle des signes et des symboles et du texte permet de lever le voile sur l'opacité de l'exis-

---

1. Paul Ricœur, *Le Conflit des interprétations : essai d'herméneutique*, Paris, Le Seuil, 1969, p. 311.

tant. Le sens d'un texte peut en effet répondre à des questions radicales vivantes en tous temps et à un contexte donné. Avec *Du texte à l'action* (1986), Ricœur y ajoute une herméneutique poétique. En interrogeant un texte, on se fait aussi interroger par lui, comprendre ces signes devient alors aussi comprendre l'homme. En l'interprétant, on lutte contre une distance culturelle et temporelle. Toute compréhension du texte passe par la distanciation de soi-même et la déconstruction du sujet. L'herméneutique aujourd'hui tire son origine du besoin d'assurer la compréhension et l'interprétation des textes tout en les préservant de l'incompréhension et de l'arbitraire de l'interprète. Les principales œuvres de Paul Ricœur sont : *Histoire et Vérité* (1955), *Le Conflit des interprétations : essai d'herméneutique* (1969), *Temps et récit*, 3 tomes (1983-1985), *Le Mal, un défi à la philosophie et à la théologie* (1986), *Soi-même comme un autre* (1990).

La pensée religieuse contemporaine

Notre monde contemporain fournit les nouvelles interrogations sur l'homme moderne, sa façon « d'être au monde », des réponses sur les tensions qui naissent justement des difficultés de cet « être au monde », de ces représentations de l'individu moderne. En se libérant de plus en plus des contraintes et des limites que lui avait imposées la nature plus de vingt siècles auparavant, l'homme a fait l'expérience d'un processus d'illimitation qui l'a conduit à affirmer de plus en plus la maîtrise de son destin et il lui devenait aussi de plus en plus difficile d'admettre un lien ontologique qui le soumettait à Dieu, norme et référent de son destin. Les lois qui rattachaient l'homme à son environnement déterminaient les modalités de son existence face à Dieu. D'autre part si gérer la mort est devenu un des enjeux de la médecine, la faire reculer une de ses grandes victoires, c'est aussi l'une des explications qui ont fait reculer dans un premier temps le phénomène religieux. Pourtant, le sacré survit aux déclins des institutions religieuses, à la disparition des mythes fondateurs de la modernité mais au prix d'un déplacement du concept, la sociabilité réclamant une resacralisation du vivre ensemble, et les gens rentrent en consonance quasi mystique avec ce qui les entoure, New Age, religiosité, etc. La question du sacré concerne l'ensemble des champs propres aux sciences humaines, philosophie, sociologie, histoire de la pensée, analyse politique ainsi que leur fondement épistémologique. La pensée religieuse juive revit sous la plume de Levinas, islamique d'**Henry Corbin** (1903-1978), chrétienne de **René Girard** (né en 1923), **Marcel Gauchet** (né en 1946), **Jean-Luc Marion** (né en 1946) ou encore **Michel Henry** (1922-2002).

La religion est-elle encore l'opium du peuple ?

Marcel Gauchet (né en 1946) s'intéresse, à travers son œuvre, à retracer, en tant que philosophe politique, l'histoire de l'homme démocratique, d'en cerner les caractéristiques, ce qui explique l'importance des problématiques consacrées à la religion, nécessaire à une vue d'ensemble par sa fonction unificatrice. L'originalité de son approche réside dans le choix de celle-ci comme moyen plausible d'expliquer le devenir occidental. Dans *Le Désenchantement du monde* (1985), c'est une vision beaucoup plus radicale que celle de Weber qu'il nous propose, celle d'un christianisme, véritable creuset d'une tradition religieuse qui aurait été à la source de son propre dépassement. Il étudie dans son livre d'abord la logique de ce désenchantement par l'analyse de ce qui est à l'origine du désenchantement, à savoir les dispositifs symboliques qui sous-tendent la transformation du divin. Puis le rôle joué par le christianisme dans la naissance du monde occidental moderne constitue la seconde partie de son ouvrage, Marcel Gauchet a consacré son œuvre à l'évaluation des conséquences de la référence divine dans les fondements de la cité, de la société, de la révolution démocratique. Dans *La Démocratie contre elle-même* (2002), il tente de cerner les transformations dont la démocratie a fait l'objet depuis les années 1970. Il l'identifie à la modernité comme sortie de la religion. La condition politique se présente comme une sorte de déconstruction de la vision marxiste du monde dominée par des personnalités comme Althusser, Foucault, Soboul.

René Girard (né en 1923) part de l'hypothèse que toutes les civilisations ont été fondées sur la violence du meurtre fondateur dans *Des choses cachées depuis la fondation du monde* (1978), *La Violence et le sacré* (1972). Le christianisme selon lui serait l'antidote de cette violence. Son premier ouvrage, *Mensonge romantique et vérité romanesque*

(1961), porte déjà les traits de sa pensée qui marqueront ses ouvrages ultérieurs, il décèle des structures similaires derrière des personnages aussi variés que Don Quichotte ou Emma Bovary. Il va démontrer que notre autonomie est purement illusoire et que nous ne choisissons que des objets désirés par les autres, modèle par médiation. Plus le désir d'autrui croît, plus le mien augmente aussi, conduisant par cette accélération du processus au conflit débouchant sur la violence ouverte. Le sacrifice permet de désamorcer du conflit, avec sa logique de bouc émissaire. La religion chrétienne, d'après *Des choses cachées depuis la fondation du monde*, comme d'autres traditions bibliques, déconstruit le mécanisme sacrificiel.

LA POSTMODERNITÉ EN PHILOSOPHIE

En philosophie, le point de départ du thème de la postmodernité sera la publication de **Jean-François Lyotard** (1924-1998), *La Condition postmoderne*, en 1979. Lyotard, l'un des principaux protagonistes du débat sur le postmoderne, a produit des travaux tant dans le domaine de la théorie du savoir que dans celui de l'esthétique de la peinture, *La Partie de peinture* (1980)[1]. Sa position revient à dire qu'il y a une crise de légitimation du discours, et des discours philosophiques en particulier. Les stratégies narratives destinées à fonder les discours et les pratiques, « les grands récits », ne fonctionnent plus. La postmodernité se caractériserait par cette crise de la légitimation par les « grands récits » qui se présentent comme des philosophies de l'histoire, comme des pensées du sens de l'histoire et du progrès.

Mais c'est en 1988, avec *Le Postmoderne expliqué aux enfants*, qu'il apporte une réponse essentiellement dans le champ d'une esthétique picturale. Le terme « postmodernité » désigne également, du point de vue de l'histoire, une époque de l'histoire de l'Occident dont les limites ont été posées de façon variable selon les auteurs. Le premier historien à employer ce terme sera **Arnold Toynbee** en 1939 pour parler de

---

1. J.-F. Lyotard, *La Pintura del Segreto Nel'Epoca Postmoderna*, Baruchello, Milan, Feltrineli, 1982.

l'époque qui débute avec le premier conflit mondial. Pour un historien de la philosophie, la postmodernité peut être cette époque qui succède à la philosophie moderne représentée par Descartes, Malebranche, Spinoza. Il y a donc le présupposé théorique que celle-ci marque une rupture avec la période qui la précédait et inaugure une ère nouvelle. Composé d'un préfixe, le terme « postmodernité » suggère une binarité désignant une rupture temporelle avec la modernité, une période qui ne sait plus envisager l'avenir. Postmoderne devient une volonté de penser l'après. Le terme désigne une période, un contexte socioculturel mais aussi une esthétique. Marquée par la crise de la rationalité, une coupure d'avec les Lumières, la postmodernité l'est aussi par l'effondrement des grandes idéologies, dont l'effondrement du mur de Berlin en 1989, et le démembrement du bloc soviétique constituent le point d'orgue. Dès lors, libéré du mythe du progrès, l'artiste n'a plus besoin d'innover et peut retrouver dans le passé son inspiration, retrouver la liberté de créer selon son goût.

Le reproche fait à l'universalisme est qu'il était incapable de fournir des référents identitaires, voire de finir par dissoudre les identités. Le discours de l'universalisme est le discours moderne même. Les intellectuels qui ont voulu en finir avec cette définition de la modernité sont appelés postmodernes et donnent celle au contraire d'une société complètement atomisée. Selon eux, tout discours qui a recours à la vérité devient impossible autant qu'à celle de la raison, la première détruite par l'importance et le succès de la technologie, la seconde est dominée par la passion, les affects. Ces penseurs de la postmodernité sont Deleuze, Baudrillard, Derrida, Lyotard pour les principaux. Ils pensent que notre société ne peut être réunifiée par un seul sens et prônent donc une dissémination du sens. C'est par le livre de **Jean-François Lyotard**, *La Condition postmoderne* (1979), que ce courant de pensée fait son entrée au sein de la philosophie et de la sociologie. D'autres philosophes l'alimentent, comme **Cornelius Castoriadis** (1922-1997) avec *L'Institution imaginaire de la société* (1975), **Jean Baudrillard** (1929-2007) et *La Société de consommation* (1970), *Le Système des objets* (1968), **Félix Guattari** (1930-1992) avec *Psychanalyse et Transversalité* (1974) ; **Paul Feyerabend** (1924-1994), philosophe autrichien, avec *Contre la méthode* (1975), *Esquisse d'une théorie* *anarchiste de la connaissance* (1975), **Richard Rorty** (1931-2007), philosophe américain, l'un des principaux représentants de la pensée pragmatique, avec *Contingence, ironie et solidarité* (1993), *L'Homme spéculaire* (1990), et **Gianni Vattimo** (né en 1936), philosophe italien, avec *Le avventure della differenza* (1980).

♦ **Jean-François Lyotard** (1924-1998) fait apparaître le concept de postmoderne dans son œuvre à la fin des années 1970. Dans *La Condition postmoderne* (1979), il modifie sa conception par un biais plus sociologisant pour situer la crise des grands récits dans le cadre de l'informatisation des sociétés occidentales. Pour lui, l'horizon de notre condition est le postmoderne, il est donc vain de vouloir restaurer le récit moderne.

Caractéristiques du postmoderne

– L'abandon des grands récits qui légitiment la civilisation occidentale. Rupture avec les grandes idéologies de l'histoire prolongées par l'École de Francfort, Habermas, Apel.

– Refus des différences hiérarchisantes, aucune préférence quant aux mythes, cultures.

– L'hyperculturalisme valorise la diversité culturelle, historique, source de régénération pour l'homme postmoderne.

La fonction des grands métarécits est la légitimation des pratiques morales, politiques et sociales, ce sont *les mythes* qui fondent le présent et l'avenir, *les histoires* qui cherchent la justification à la fin. Plusieurs grandes histoires gravitent autour de l'émancipation de l'humanité. Mais les métarécits, pour Lyotard, n'ont pas tenu leurs promesses. Le développement des sciences et des techniques a pris une telle importance au cours du siècle dernier qu'il a noyé les grandes promesses d'émancipation moderne qui étaient à sa base. Lyotard comme Vattimo pensent que cette hégémonie technoscientifique marque son déclin même si elle représente le fer-de-lance du projet moderne. Dans son ouvrage, Lyotard tentera avant tout de désigner une nouvelle forme de légitimation du savoir scientifique qui viendrait légitimer le lien social.

Michel Maffesoli (né en 1944) constate lui aussi ce même passage d'une certaine unicité à une pluralité. Selon lui la modernité était dominée dans les politiques, le social, l'idéologique par une certaine homogénéité. La postmodernité conduirait dans ces différents domaines à des changements importants. Sur le plan politique, renversement en faveur du local, sur celui du social, les gens se sentiraient unis par des bases non rationnelles, région, pays, provoquant un néotribalisme, sur celui des idéologies, il constate non la fin de celles-ci mais leur parcellisation en microrécits en rapport avec des groupes, tribus. La pensée complexe aura pour précurseur **Edgar Morin** (né en 1921) qui, depuis les années 1960, entreprend l'approfondissement d'une recherche transdisciplinaire qui trace les émergences du paradigme nouveau de la complexité dans la philosophie, la politique, l'anthropologie, la biologie. La méthode de la complexité sera non pas de trouver un principe unitaire de la connaissance mais de penser l'enchevêtrement de différents facteurs, qu'ils soient culturels, biologiques, économiques, et de mettre en valeur les émergences d'une pensée complexe qui ne se réduit pas davantage à la philosophie qu'à la science mais qui permet leur intercommunication en *boucles dialogiques*. Dans les six volumes de son œuvre encyclopédique, *La Méthode* (1977-2004), il aborde ainsi la connaissance, l'éthique, le langage, la logique. Le but de sa méthode n'est pas d'assurer un critère d'infaillibilité mais d'inviter à penser soi-même dans la complexité.

LES PHILOSOPHIES DE LA DIFFÉRENCE ET DÉCONSTRUCTION

Les modes de transformation culturelle, l'apparition d'une nouvelle critique sociale ainsi que d'autres circonstances historiques, qui dominent le paysage de la fin des années 1960, apportent de nouvelles considérations, de nouvelles pensées sur les différences qui en résultent. La philosophie trouvera et inaugurera de nouvelles pensées sur la façon de concevoir cette différence en tant que telle. **Jacques Derrida** (1930-2004) est le philosophe de la différence et de la déconstruction avec *L'Écriture et la différence* (1967). Il écrira « différence » avec un a, *différance*, venant du mot « différer », dans le sens ajourner. Il énonce dans ses premiers textes, *La Voix et le Phénomène* (1967), *De la grammatologie* (1967), que la philosophie occidentale sera enfermée dans un cadre conceptuel légué par la métaphysique, système qui depuis Platon repose sur une coupure entre sensible et intelligible. Ainsi la philosophie occidentale organise notre pensée sur des couples d'opposition entre dehors/dedans, signe/sens, esprit/corps. Derrida propose de déconstruire ces oppositions. Le mot de *différance* n'est ni un mot ni un concept « le *a* provenant immédiatement du participe présent (différant) et nous rapprochant de l'action en cours du différer, avant même qu'elle ait produit un effet constitué en différent ou en différence (avec un *e*) [1] ». Il remet en question dans *La Voix et le Phénomène* les présupposés de la phénoménologie husserlienne. Sa méthode, le « logocentrisme, la métaphysique de l'écriture phonétique », la métaphysique des présocratiques à Heidegger, est définie par la domination du *logos*, de la raison, de la parole, de la voix, donc par le refoulement de l'écriture. Il en viendra petit à petit à mettre au point une « science de l'écriture ». Loin de la rapprocher du structuralisme ou de la linguistique générale de **Saussure**, elle en sera plutôt une contestation. Déconstruction est une traduction de « Destruktion » qu'utilise Martin Heidegger dans *Être et Temps* (1927). Les principaux discours de Platon à Heidegger tendent à privilégier la parole au détriment de l'écriture dont il faut se méfier. Dans une analyse détaillée du *Phèdre* de Platon, Derrida tente de démontrer que l'écriture est une drogue, *pharmakon*, dont les bénéfices lui semblent être à caution. Loin de garantir la présence de la vérité, l'écriture, parce que sujette à de nombreuses réinterprétations donc envisagée comme instable, dépend de l'opinion. Ce qui la rend nuisible est l'instabilité de son sens, elle s'oppose à la présence vivante de la parole, dans l'instant présent, la présence à soi du sujet conscient. Le couple écriture-parole prend racine dans un phénomène qu'il appelle la *différance* ou encore la trace, perceptible uniquement par les différences qu'elle engendre. La différence implique le délai de la suspension

---

1. J. Derrida, *La Différance*, conférence prononcée à la Société française de philosophie, le 27 janvier 1968, publiée simultanément dans le *Bulletin de la société française de philosophie* (juillet-septembre 1968) et dans *Théorie d'ensemble* (« Tel Quel »), Paris, Le Seuil, 1968.

temporelle, la suspension de l'accomplissement du désir. Elle implique aussi l'écart de la différenciation, être autre, par homophonie, le différend. La déconstruction n'est en rien une philosophie, ni réellement une méthode, elle est ce qui est en œuvre dans tout texte. C'est une mise au jour de ce qui est au cœur du texte. Son œuvre sera une déconstruction totale en psychanalyse, raison et folie, sens propre sens figuré, en littérature.

◆ **Gilles Deleuze** (1925-1995). Deux temps sont à isoler dans l'œuvre de Deleuze : celui des essais sur **Hume, Nietzsche, Bergson, Spinoza**, et celui de sa maturité, *Capitalisme et Schizophrénie*, écrit avec **Félix Guattari** (1972), *Qu'est-ce que la philosophie ?* (1991), ou sur des auteurs littéraires, **Proust, Kafka, Beckett**, mais aussi dans des disciplines comme celle de l'art et le cinéma. Sa philosophie est antihégélienne, antidialectique et ne suppose pas que la pensée s'affirme par opposition ou négation. Lorsqu'en 1968 il rédige *Différence et Répétition*, le premier livre écrit à son compte, celui-ci aborde les questions philosophiques du moment marquées par les critiques formulées à l'encontre de Hegel, du structuralisme, et jette les grandes lignes d'une ontologie qui servira pour tous ses futurs ouvrages. Il aborde également de nombreux domaines. Mais avant tout ce dernier présente une théorie philosophique de l'être. L'œuvre de Deleuze, riche de quelque vingt-cinq titres, se distingue par l'originalité de son vocabulaire métaphorique, nomade, sédentaire, singularité, rhizome, corps sans organe, processus machine... Sa pensée se fait dans l'ombre de Nietzsche et participe à la destruction de la modernité. Pour la première fois, *Différence et Répétition* laisse entendre que la manifestation de la philosophie n'est pas le bon sens mais le paradoxe. Sa philosophie prend à contre-sens la *doxa*, le sens commun. Dans son ontologie, il nous apprend que rien ne se répète, comme dans les eaux d'Héraclite, tout flux dans un perpétuel devenir, toute impression de stabilité n'existe pas. Ce que nous voyons se reproduire à l'identique comporte d'infimes différences, faisant de chaque événement un événement nouveau. Il appliquera ce constat, qu'il n'y a jamais de répétition que des différences.

2. Le structuralisme

L'histoire des sciences humaines au début du XXe siècle est marquée par l'apparition de deux faits importants : **la linguistique** se libère de la philologie avec la publication du *Cours de linguistique générale* de Ferdinand de Saussure en 1916 ; **l'ethnologie** moderne se dégage de la méthode historique. Le structuralisme ne se définit pas comme une théorie, mais comme une méthode. À ce titre, il est un courant de pensée regroupant la linguistique, l'histoire, la psychanalyse ou l'ethnologie, l'ensemble ne formant pas, en raison de sa diversité, une doctrine. Il naît de la publication, en 1916, du *Cours de linguistique générale* de Ferdinand de Saussure. L'histoire s'en empare avec les travaux de Fernand Braudel sur *La Méditerranée sous Philippe II* (1949), et de Georges Dumézil avec *Jupiter, Mars, Quirinus* (1941-1948).

Mais la révélation du structuralisme au grand public est due à l'ethnologie, quand Claude Lévi-Strauss publie en 1949 *Les Structures élémentaires de la parenté*. C'est le début de l'âge d'or de ce courant de pensée, illustré par Michel Foucault dans *Les Mots et les Choses* (1966), ou Roland Barthes avec *Le Degré zéro de l'écriture* (1953).

Le structuralisme repose sur une interrogation du statut du sujet et de sa liberté. Comment, en effet, le concevoir comme libre, s'il dépend de structures ? Peut-il encore dans ces conditions produire de l'histoire ? C'est l'objet de la querelle opposant les structuralistes à Sartre, qui considérait l'homme comme apte à dépasser les structures pour créer l'histoire. Les sciences humaines permettent alors une approche du sujet, mais ne doivent pas servir à l'enfermer, comme le montrent les événements de mai 1968 qui le replacent au centre de toute réflexion.

Le structuralisme offrit les moyens d'un outil bien pensé, mais dont l'utilisation fut rapidement limitée. S'il souleva autant de critiques à son encontre, c'est qu'il lui fut reproché la même chose qu'au raisonnement analogique, de mettre face à face, de rapprocher, deux mots, deux comparaisons difficiles à coordonner. D'autant plus qu'aujourd'hui, l'apport des sciences humaines conjointement à celui des sciences exactes nous a offert un enchevêtrement d'informations, issues de relations, de liaisons sociales, culturelles, excluant la mise en évidence, même relative, d'un point de départ.

LA MÉTHODE STRUCTURALE : L'HOMME PUR PRODUIT D'UN SYSTÈME

La méthode structurale a été liée à un moment où les sciences humaines ont été en plein développement. Méthode pour étudier les phénomènes humains et culturels, l'homme n'est plus le sujet central de tout un système, il en est le pur produit. Il portera des coups sévères au marxisme et à l'existentialisme, au concept de sujet et de conscience, révélant que tout comportement est dicté par une structure dont la signification, les règles peuvent nous échapper. En fait, plus exactement, ce n'est pas une pensée qui supprime le sujet, mais l'émiette et le distribue systématiquement, le dissipe et le fait passer de place à place, sujet toujours nomade, fait d'individuations... Toutes nos croyances, nos rites, nos conduites les plus spirituelles deviennent le fait de structures. Ensuite, en s'appuyant sur des faits réels, il consiste à élaborer des modèles, cohérents et simplifiés. La conséquence en sera une remise en cause dont la portée ébranlera l'ensemble des sciences humaines. La notion d'inconscient restera le caractère commun et caractéristique de tous les faits sociaux. Il a été supposé qu'une structure inconsciente gît sous toutes les actions des hommes, structure qui fonctionne à leurs dépens, car « l'inconscient enregistre tout, se souvient de tout, réagit à tout, ne laisse rien passer. Il fonctionne selon un ordre structural, une rationalité cachée qui règle à notre insu la vie de l'institution[1] ». C'est pourquoi le structuralisme s'est souvent défini en opposition avec d'autres attitudes, car il existe par opposition aux autres au moins deux points communs à tous les structuralismes : « D'une part, un idéal ou des espoirs d'intelligibilité intrinsèques, fondés sur le postulat qu'une structure se suffit à elle-même et ne requiert pas, pour être saisie, le recours à toutes sortes d'éléments étrangers à sa nature ; d'autre part, des réalisations, dans la mesure où l'on est parvenu à atteindre effectivement certaines

---

1. François Fourquet, *L'Idéal historique*, Paris, UGE, « 10/18 », 1973, p. 136.

structures et où leur utilisation met en évidence quelques caractères généraux et apparemment nécessaires qu'elles présentent malgré leurs variétés[1]. » Le travail de l'ethnologue sera de dégager des phénomènes à partir des structures inconscientes. Mais tout est parti de la linguistique, à tel point que le *Petit Larousse* définit le structuralisme comme une « théorie linguistique, considérant la langue comme un ensemble structuré où les rapports définissent les termes ». En fait, toutes les sciences ont emprunté leurs modèles à la linguistique structurale.

CLAUDE LÉVI-STRAUSS (1908-2009) :
PAS DE COMPORTEMENTS PRÉCULTURELS

Le structuralisme de Lévi-Strauss repousse cette idée de fonction en montrant qu'on ne peut y réduire les systèmes sociaux, cela impliquerait une mise en relief uniquement des ressemblances culturelles. Il pense au contraire déceler dans l'organisation sociale l'empreinte inconsciente des structures de la pensée. Avant de définir ce qu'est la méthode structuraliste en ethnologie, reportons-nous rapidement à la naissance officielle du terme d'ethnologie en tant que science. Le point de départ de l'étude de Lévi-Strauss porte sur une distinction logique entre *culture* et *nature*, entre homme et animal, et la démonstration de leur *obéissance* à des *déterminismes universels* autant qu'à des règles diverses. Il n'existe pas de comportements préculturels. Les normes et règles, quelles qu'elles soient, appartiennent au domaine de la culture, et l'universel à celui de la nature. Pourtant, dans *Les Structures élémentaires de la parenté* (1949), Lévi-Strauss démontre que la prohibition de l'inceste réunit ces deux types de caractères contradictoires en constituant à la fois une règle et en possédant un caractère d'universalité. Mais il est plus exact de dire que ce paradoxe « constitue la démarche fondamentale grâce à laquelle s'accomplit le passage de la nature à la culture ».

---

1. Jean Piaget, *Le Structuralisme*, Paris, Puf, « Que sais-je ? », 2007, p. 5.

LA MÉTHODE : L'APPORT DE LA LINGUISTIQUE STRUCTURALE

C'est là qu'intervient, dans la méthode de Lévi-Strauss, l'apport de la linguistique structurale. Lévi-Strauss applique les grands principes de celle-ci dans l'étude des faits culturels. Ils ne sont envisagés que comme des systèmes où chaque élément n'a de sens que par les relations qu'il entretient avec les autres. Saussure avait mis en évidence « l'arbitraire du signe » : lorsque je prononce un mot, il y a d'abord un son signifiant, puis un sens signifié. Ce processus se fait en moi de façon totalement inconsciente et traduit des normes que je n'ai pas choisies. Or, sans leur existence, toute communication devient impossible. Lévi-Strauss transpose ces conséquences dans son système et avance que, dans le domaine culturel, les comportements humains ont une grande part dans l'inconscient. À partir de cette constatation, Lévi-Strauss élargit son hypothèse en montrant qu'il existe chez tous les peuples des structures mentales inconscientes : « L'ensemble des coutumes d'un peuple est toujours marqué par un style ; elles forment des systèmes [1]. » L'application du raisonnement, les structures élémentaires de la parenté, désignent « les systèmes où la nomenclature permet de déterminer immédiatement le cercle des parents et celui des alliés [2] ». Lévi-Strauss appliquant la méthode phonologique distingue ici dans le système de parenté : le système des appellations (frère, sœur, oncle) de celui des attitudes (rôle joué par les membres de la famille). Autrement dit, il étudie les termes et les relations qu'il peut y avoir entre eux. Lévi-Strauss démontre qu'il existe une combinaison infinie de relations et que chaque peuple les choisit de façon arbitraire : « L'organisation sociale des Bororo et leur système de parenté confrontent donc à un véritable empilage d'énigmes. Pour tenter de les résoudre on s'est d'abord tourné vers la mythologie qui chez les Bororo prend souvent l'aspect de traditions légendaires [3]. » Le mythe est une production de la pensée qui fonctionne de façon parfaitement auto-

---

1. Claude Lévi-Strauss, *Tristes tropiques*, Paris, Plon, p. 205.
2. Claude Lévi-Strauss, *Les Structures élémentaires de la parenté*, Berlin/New York, Mouton de Gruyter, 2002, p. 309.
3. Claude Lévi-Strauss, *Parole donnée*, Paris, Plon, p. 83.

nome pour Lévi-Strauss. Mais le mythe n'a d'intérêt que s'il permet de conduire « *à la pensée mythique* », véritable instrument du mythe. *Mythologiques*[1], grammaire générale des mythes, les décompose en éléments ou **mythèmes**, dont seule la combinaison donne un sens. Sa position face aux symboles est identique. C'est l'opposition entre divers éléments qui a une valeur symbolique et non un seul élément qui s'organise avec d'autres oppositions, par des relations d'homologie ou d'inversion finissant par dominer un schéma cohérent.

Le structuralisme mit fin à plusieurs présupposés culturels en affirmant :
– **l'existence d'un comportement préculturel** dans les sociétés primitives, ou d'un état primitif de l'humanité ;
– **l'essentiel dans une culture n'est pas son contenu**, mais ses structures mentales ;
– **la négation de l'histoire des peuples primitifs** avait amené à nier l'intérêt de leur culture. À l'encontre de nos sociétés qui évoluent linéairement, les sociétés primitives sont closes et n'intègrent pas de changements dans leurs systèmes ;
– **l'inconscient, caractère commun** et spécifique des faits sociaux. Tous les peuples possèdent des structures mentales inconscientes.

Ainsi Lévi-Strauss a-t-il contribué à réhabiliter la pensée archaïque et la pensée primitive. Dans *Race et Histoire* (1952), il souligne combien absurde serait toute forme de jugement, fondée sur une hiérarchie de valeurs pour comparer deux civilisations entre elles, car aucune société n'est parfaite. En tout cas, si nous voulons porter un jugement sur sa perfection relative, nous devons le faire à partir de ses propres normes et non à partir des normes extérieures à la société considérée. Paradoxalement, toutes les sociétés ont tendance à ne pas respecter les normes auxquelles elles se réfèrent[2]. L'erreur de jugement peut être évitée, si nous ne nous appuyons pas sur nos propres critères.

---

1. Claude Lévi-Strauss, *Mythologiques*, Paris, Plon, 1964-1971.
2. À ce sujet, voir Claude Lévi-Strauss, *Tristes tropiques, op. cit.*, p. 463.

LES CONSÉQUENCES DU STRUCTURALISME

Dépouiller le subjectivisme

Ce qui nous intéresse, c'est le refus du structuralisme de s'insérer dans l'apparence humaine. Il nous a aidés à dépouiller le subjectivisme, la « mythologie » du sujet. Il nous a appris que l'impersonnel est un élément structurant de l'univers personnel. Le travail de Lévi-Strauss nous a appris également que si les structures changent, il existe une universalité de l'esprit humain, que « la même logique est à l'œuvre dans la pensée mythique[1] ». Loin d'obéir de façon anarchique à des lois logiques, les mythes sont « des modèles logiques pour résoudre une contradiction ». Toute richesse ne vient pas nécessairement de l'homme, puisqu'il proclame dans *Tristes tropiques* : « Le monde a commencé sans l'homme et s'achèvera sans lui. » Les structuralistes ont remplacé le sujet des sociétés, l'homme, par des structures inconscientes. Par la suite, **Michel Foucault** éliminera cette « entité » qu'est l'homme en tant qu'objet des sciences humaines et pour **Lacan**, l'inconscient parle par tout, « l'homme est parlé, il ne parle pas ». Le propre de tous les systèmes anciens était de mettre hors de portée de l'homme les valeurs. Celles-ci ne lui appartenaient pas, c'est lui qui leur appartenait. Le monisme structuraliste a voulu en finir avec la dichotomie Homme-Nature, Matière-Esprit. L'anthropologie bien comprise, ce n'est pas, contrairement à ce qu'implique le jeu de mots de Lévi-Strauss, de « l'entropologie », c'est-à-dire la fabrication continue de l'homme de l'« entropie », de la plus grande inertie. C'est pourquoi le structuralisme a été entrevu comme le moyen d'avoir figé la réalité humaine dans des structures, de l'avoir, aussi, d'une certaine façon, déshistorisée.

La mise à mort de l'événement

La deuxième mise à mort après celle de l'homme fut celle de l'événement : la « nouvelle histoire », c'est-à-dire entrevue, ainsi, par rapport à l'histoire traditionnelle qui s'efforçait de reconstruire l'évé-

---

1. Claude Lévi-Strauss, *Anthropologie structurale*, Paris, Plon, p. 255.

nement, prônée par l'École des Annales, fondée en 1929, qui rejette toute forme d'intérêt pour une histoire tournée vers des faits, insaisissables et rebelles à toutes explications scientifiques, mais consacrés par la tradition. L'histoire, aujourd'hui, renvoie à la métaphysique, à la théologie, la vision globaliste, unitaire d'une seule et illusoire histoire s'estompe, au profit de celle d'histoires, qualitatives, scientifiques, et d'une immense promotion de l'immédiat à l'historique, et du vécu au légendaire. En fait, loin de pousser les historiens «à oublier l'histoire», le structuralisme les a invités à concevoir l'histoire sous un nouveau mode de pensée. Le concept d'un temps long, presque fixe, sur lequel reposent les coutumes, les mentalités, les contraintes géographiques privilégie davantage ce qui détermine l'identité culturelle des sociétés. Jusqu'alors, il n'y avait d'histoire que celle du passé, première convention de l'histoire mise en évidence par **Paul Veyne**. Celle du présent était tenue pour une évidence puisqu'elle « allait de soi ». L'opposition entre les deux a donné naissance à la sociologie, et à l'ethnologie, puisqu'il déclare : « Le premier devoir d'un historien est de ne pas traiter son sujet, mais de l'inventer. » C'est ce que semble avoir fait l'anthropologie quand elle s'attache à retraduire nos manières de faire. Les penseurs du XXe siècle ont surtout approfondi le concept d'authenticité, laissant à leurs prédécesseurs la notion de bien et de mal.

LE STRUCTURALISME ÉLARGI

Les principaux structuralistes sont : **Lacan, Althusser, Foucault**.

◆ **Jacques Lacan** (1901-1981), psychanalyste, présente une relecture de Freud. Le *ça*, le *moi* et le *sur-moi* constituent une structure de discours, sont le reflet d'une façon de parler plutôt que d'une structure mentale. La finalité de toute analyse est de retrouver un discours cohérent.

◆ **Louis Althusser** (1918-1992) propose une relecture structuraliste de Marx. Les années de 1845 à 1850 marquent une évolution nette dans la pensée de Marx. Celui-ci se serait aperçu qu'il n'était pas suffisant de restaurer la dialectique hégélienne, mais qu'il fallait en faire un objet scientifique. Althusser discerne en l'homme plusieurs structures, les *instances* ou *niveaux* : niveau idéologique, économique, politique. Chacun d'entre eux, autonome, a une dialectique propre. Il existe dans la structure d'ensemble un niveau dominateur, le niveau économique, où le mode de production fonde la dialectique.

◆ Pour **Michel Foucault** (1926-1984), le structuralisme, dans *Les Mots et les Choses*[1], devient une grille de lecture de l'histoire des sciences. Les sciences, si l'on suit leur histoire, ont eu une épistémê, un système logique conforme aux éléments *a priori* chez Kant. En fait, il s'agit d'un *a priori* historique, car il explique les connaissances à travers l'épistémê qui connaît d'intéressantes évolutions. C'est ainsi que l'on passe d'une épistémê médiévale, où tout repose sur un système d'analyse par assimilation de ressemblances, à la volonté d'épistémê objective. Foucault en est amené à conclure que les sciences ne peuvent rendre compte de l'homme en totalité, sa dimension transcendantale leur échappe.

3. La musique au XXᵉ siècle

Le XIXᵉ siècle finissant s'achève par la disparition des formes ultimes du romantisme, même si l'on peut considérer que ce dernier a fini avec la mort de Schubert. La rupture que va introduire le début du XXᵉ siècle est probablement la plus radicale de toute l'histoire de la musique, il ne s'agit plus d'un changement de modes, d'instruments, d'orchestration, mais de la conception nouvelle d'une musique atonale, dont le concepteur est **Arnold Schoenberg** (1874-1951), suivi de ses élèves Alban Berg (1885-1935) et Anton Webern (1883-1945). Certes, les Français Claude Debussy (1862-1918) et Maurice Ravel (1875-1937) donnent un nouvel élan musical avec leurs compositions impressionnistes, mais elles s'inscrivent encore dans un héritage du classique. Là où Schoenberg se veut expressionniste en musique, l'autre grand nova-

---

1. Michel Foucault, *Les Mots et les Choses. Une archéologie des sciences humaines*, Paris, Gallimard, « Bibliothèque des sciences humaines », 1966.

teur, Igor Stravinsky (1882-1971), se réclame du primitivisme, voire d'influences barbares, il veut laisser toute sa place à la sauvagerie de l'explosion musicale. Ces transformations radicales n'empêchent nullement l'éclosion d'un mouvement néoclassique, à l'initiative de Béla Bartók ou Serge Prokofiev, qui dominent entre les années 1920 et la fin de la Seconde Guerre mondiale. Après 1945, Webern se tourne vers le sérialisme, le but de la musique sérielle est d'enregistrer dans un premier temps sur la partition l'intensité, la hauteur, la durée, le timbre de chaque son émis, afin de leur appliquer un traitement sériel. Après sa mort, Pierre Boulez (né en 1925) et Karlheinz Stockhausen (1928-2007) poursuivent les recherches sérielles. Ce sont les progrès techniques qui vont être à l'origine de l'évolution musicale ultérieure. **Edgar Varese** (1883-1965) intègre des instruments électroniques à ses créations. Le sérialisme est dépassé par Ianis Xenakis (1922-2001), qui lui préfère les modèles mathématiques, là où John Cage (1912-1992) use des modes aléatoires.

La **musique minimaliste** se développe aux États-Unis dans le courant des années 1960. Elle repose, en s'inspirant du sérialisme, sur la répétition des sonorités. Outre John Cage, il convient de citer **Steve Reich** (né en 1936) et sa *Music for 18 Musicians*, **Philip Glass** (né en 1937) et le *Violin Concerto*. La **musique spectrale** repose sur le recours à la technologie, la mesure du son au moyen d'un spectographe qui décompose la succession des signaux sonores. Chaque son est ainsi identifié avec précision. Elle se développe à la fin des années 1970. Le nom de musique spectrale est donné en 1979 par le musicologue français **Yves Dufort** (né en 1943). L'analyse spectrale connaît son plein essor avec le développement de l'ordinateur. Les principaux représentants en sont le poète et compositeur italien **Giacinto Scelsi** (1905-1988), auteur des *Qatro pezzi su una nota sola*, les Français **Tristan Murail** (né en 1947) avec *Liber Fulguralis* ou *En moyenne et extrême raison*, **Gérard Grisey** (1946-1998) et *Vortex Temporum*. En même temps que la musique minimaliste et la musique spectrale se développe une tendance nouvelle, la musique postmoderne. Elle se veut une rupture créative, mélangeant le populaire et les styles «élevés», replaçant la musique dans un contexte culturel d'ensemble. Il s'agit non seulement de l'émission de la musique, mais aussi de la nature de l'écoute. L'auditeur est intégré à l'œuvre, sa perception, son filtre mental participent pleinement à l'écoute, il cesse d'être passif. La mélodie est réintroduite, le recours à la répétitivité revendiqué. Les reprises, ou citations d'œuvres antérieures sont intégrées. L'auteur le plus révélateur de la postmodernité est **Luciano Berio** (1925-2003) et sa *Sinfonia*. Mais l'on peut citer d'autres auteurs, venus de courants différents à l'origine : **Arvo Pärt** (né en 1935), compositeur estonien de *Tabula Rasa*, ou l'Américain **Michael Nyman** (né en 1944) et *Musique à grande vitessse* (ou *MGV*).

Les musiques populaires

Tout comme pour les musiques savantes, développées au XXe siècle en réaction aux règles de l'expression classique pour les approfondir ou les dépasser, les musiques populaires connaissent un remarquable développement. Puisant ses sources dans la musique des esclaves, dans les plantations du sud des États-Unis, et étroitement lié à l'improvisation, le jazz connaît un essor important au début du XXe siècle grâce à une succession d'artistes talentueux : **Jelly Roll Morton** (v. 1885-1941), pianiste faisant le lien entre ragtime et jazz dans les années 1920, **Duke Ellington** (1899-1974), pianiste et chef d'orchestre, et **Django Reinhardt** (1910-1953), guitariste gitan, premier grand musicien de jazz européen, font partie des pionners. **Louis Armstrong** (1901-1971) fut un chanteur et un trompettiste exceptionnel. **Count Basie** (1904-1984), pianiste, compositeur et chef de big band (grand orchestre), est à l'origine du « swing » dans les années 1930 et 1940. **Dizzy Gillespie** (1917-1993), trompettiste, est un pionnier de « be-bop », dont **Charlie « Bird » Parker** (1920-1955), saxophoniste alto, sera considéré comme le maître incontesté. Le contrebassiste **Charlie Mingus** (1922-1979) allie le jazz moderne et le blues, tandis que le trompettiste **Miles Davis** (1926-1991) est l'initiateur de la fusion jazz/rock des années 1960. **John Coltrane** (1926-1967), au saxo ténor et au saxo alto, et **Oscar Peterson** (1925-2007), au piano, sont réputés pour leurs improvisations. Chanteuse de blues, **Bessie Smith** (1894-1937) exerça une forte influence sur le jazz et la pop. Dans le domaine du jazz, **Billie Holiday** (1915-1959) fut à son zénith dans les années 1930 et 1940. Le jazz contemporain est traversé de nombreux courants, d'influences subtiles qui lui donnent dans chaque registre une coloration propre. Ainsi l'**acid jazz** ou **groove jazz** développé depuis les années 1990 se fond dans la **soul**, musique populaire afro-américaine dérivée du gospel, qui s'adresse à l'âme, le **funk** syncopé illustré par **Michael Jackson** (1958-2009), le disco, musique de danse en discothèque, le **hip-hop** ou **rap**. Le **rock** tire son origine d'un compromis entre la country music, musique populaire américaine, le bluegrass, du nom des Blue Grass Boys, le premier groupe de **Bill Monroe** (1916-1986), et le rhythm and blues, l'une des formes d'expression du jazz. Dans les années 1950, il est vulgarisé aux États-Unis sous le nom de rock and roll (titre d'une chanson de 1934 ; littéralement, « balance et roule »). Avant l'avènement des **Beatles** et des **Rolling Stones**, le plus grand rocker de l'époque est sans conteste **Elvis Presley** (1935-1977), alias le « King ». Il évolue dans des tonalités plus lourdes avec le **hard rock** qui donne une place prépondérante aux riffs de guitare et à la batterie. Les groupes emblématiques britanniques de ce courant sont **Led Zeppelin** et **Deep Purple**. Artiste unique, inclassable tant son talent se prête à des jeux de guitare *a priori* inimaginables à tout autre, **Jimmy Hendrix** (1942-1970) pratique un **rock psychédélique**, hypnotique, joué sous l'influence de modificateurs de conscience. **Le rock** se poursuit dans le mouvement punk et l'emblématique groupe des **Sex Pistols** ou dans le **heavy metal**, forte accélération du tempo, accentuation de la sonorité pour la rendre agressive, celui du groupe **Metallica**. Le style **disco** a été indiscutablement lancé par le film de **John Badham** (né en 1939), *La Fièvre du samedi soir*, qui a révélé **John Travolta**. Puis le succès de *Grease* a contribué à imposer le genre, qui évolue peu à peu vers le funk, c'est-à-dire une interprétation sensuelle de la musique populaire. Le mouvement **rap** se rattache à celui du hip hop (de l'anglais *to be hip*, « être dans le vent », et *to hop*, « sautiller »). La rythmique en est fortement saccadée. Rap, en anglais, signifie « frapper ». Le premier tube est enregistré à New York sous le titre « Rapper's Delight », en septembre 1979, par le **Sugar Hill Gang**. Le rythme est scandé, volontairement syncopé. Ses origines africaines évoquent le dit du griot mais il ne s'agit plus d'un conte. Les phrases enchaînées frappent, clament la révolte. **Le reggae** dérivé du calypso, musique de carnaval des Antilles, s'impose comme une musique **jamaïquaine** des années 1940, découverte en Occident en 1974, lors de la reprise d'un titre de **Bob Marley**

(1945-1981), « I Shot the Sheriff ». Le reggae évolue sous diverses formes, dont le dub reggae ou dub poetry aux textes plus engagés, ou le nu roots ou new roots attaché à des écrits plus culturels, qui se détachent des thèmes traditionnels du sexe et de la violence. La **techno** est née à Chicago, mélange de synthétiseur et de musiques à rythme diffusés simultanément. Elle est sans cesse remise à jour grâce au détournement d'autres musiques. Les principaux groupes français sont **St Germain**, **Funk Mob** et **Dimitri from Paris**.

En route pour le XXIe siècle...

Depuis 1991, un nouvel ordre mondial se profile, héritage des conflits du siècle précédent non encore résolus et prémices de la naissance de nouvelles puissances en devenir. Le Proche-Orient, les nouveaux rapports Nord-Sud, le devenir de l'Afrique constituent les points d'interrogation d'un XXIe siècle en devenir.

Le Proche-Orient

La « question du Proche-Orient » naît avec la Première Guerre mondiale. En 1915, les Britanniques promettent aux Arabes, alors sous souveraineté turque, de reconnaître leur indépendance et de garantir l'inviolabilité de leurs lieux saints. Peu après, la déclaration Balfour de 1917 annonce la possible création d'un « foyer national juif » en Palestine. Le terme, très flou, il ne s'agit pas d'un État juif, autorise toutes les interprétations. Par les accords de San Remo, en 1920, le Royaume-Uni obtient mandat sur la Palestine. L'avenir de la région dépend des promesses britanniques faites à la fois aux juifs et aux Arabes. Une Agence juive représente en Palestine les intérêts de la communauté auprès des autorités britanniques. Une assemblée est élue, chaque localité juive a son conseil municipal. Une armée clandestine, la Haganah, est créée. En 1939, les juifs forment 30 % de la population de la Palestine. Les heurts entre populations arabes et juives se multiplient, sans réaction britannique, hormis la publication de deux « livres blancs » de recommandations qui ne sont suivies d'aucun effet. Pendant la Seconde Guerre mondiale, des groupes sionistes s'en prennent aux forces britanniques.

L'ÉTAT D'ISRAËL

En 1947, le Royaume-Uni est incapable de trouver une solution satisfaisante pour permettre aux populations arabes et juives de vivre ensemble et confie son mandat à l'ONU, qui propose, en novembre, un plan de partage de la Palestine, créant un État juif et un État arabe. Le 14 mai 1948, **David Ben Gourion** (1886-1973) proclame la naissance de l'État d'Israël. Une première guerre israélo-arabe éclate, opposant le Liban, l'Égypte, la Transjordanie et la Syrie à Israël. Elle se conclut en 1949 par la victoire d'Israël. L'État palestinien disparaît avant d'avoir vécu. Plus de la moitié des Arabes de Palestine se réfugient dans les pays arabes voisins, dans de vastes camps. Leur nombre finit par inquiéter le roi Hussein de Jordanie, qui les expulse massivement en 1970, après de violents combats opposant les fedayins, combattants prêts à se sacrifier, palestiniens à l'armée jordanienne, épisode connu sous le nom de « septembre noir ». Les Palestiniens s'organisent par la création de l'Organisation de libération de la Palestine, ou OLP, en 1964. Son nom est associé à celui de son principal dirigeant, **Yasser Arafat** (1929-2004). Israël la considère comme une organisation terroriste jusqu'aux accords d'Oslo en 1993, qui officialisent la création d'une Autorité palestinienne. D'autres conflits suivent, guerre des Six Jours du 5 au 10 juin 1967, du Kippour en 1973, première Intifada ou « guerre des pierres » entre 1987 et 1993, seconde Intifada de 2000 à 2006. C'est pendant la guerre des Six Jours que la Syrie, la Jordanie, l'Égypte et l'Irak sont attaquées et vaincues en quelques jours, les Israéliens ripostant à la décision égyptienne d'interdire à leurs navires de passer par le détroit de Tiran. Le vainqueur annexe les « territoires occupés » : plateau du Golan, bande de Gaza, Sinaï, Cisjordanie. La guerre du Kippour oppose Israël à l'Égypte et à la Syrie en octobre 1973. Profitant de la célébration de la fête de Yom Kippour, le « Grand Pardon », journée chômée, alors même que se déroule le Ramadan, les agresseurs pénètrent dans le Sinaï et le Golan. Une semaine plus tard, ils sont repoussés, mais ces quelques jours d'avance victorieuse permettent de présenter à l'opinion arabe la guerre comme victorieuse. C'est notamment le cas pour le président égyptien **Anouar el-Sadate** (1918-1981), qui peut ainsi faire admettre à une rue hostile le rapprochement avec Israël et la signature des accords de Camp David en 1978, sous patronage américain du président Jimmy Carter. En 1981, Sadate est assassiné lors d'une parade militaire par des soldats qui appartiennent à une mouvance djihadiste et ne lui pardonnent pas les accords de paix avec Israël. En 1982, l'Égypte se voit restituer le Sinaï. Le processus mis en place avec les accords d'Oslo semble prometteur pour une paix future, mais il prend fin avec l'assassinat de son principal promoteur, **Yitzhak Rabin** (1922-1995). En 2004, Israël se désengage de la bande de Gaza. Mais les négociations avec l'Autorité palestinienne sont au point mort, la création d'un État palestinien est ajournée *sine die*. D'importants points de désaccord subsistent, la question du statut de Jérusalem, du retour des réfugiés, du partage de l'eau.

UN PROCHE ET UN MOYEN-ORIENT COMPLIQUÉS

Proche et Moyen-Orient sont pour l'avenir des zones potentiellement conflictuelles, l'histoire récente tend à le prouver, marquée par une succession de guerres et de révolutions : guerre des Six Jours, guerre du Kippour, guerre civile libanaise, révolution iranienne de 1979, guerre Iran-Irak, guerre du Koweït, etc. L'effondrement de l'URSS autorise certains États à pratiquer une politique agressive, en 1990 Saddam Hussein, président irakien, envahit le Koweït, ce qui provoque la réaction des États-Unis et de leurs alliés, la première guerre du Golfe est rapidement gagnée avec l'opération Tempête du désert en janvier-février 1991. Le monde arabe lui-même se fracture avec l'opposition entre les gouvernements et les mouvements islamistes qui réclament un État régi uniquement par le Coran, Frères musulmans en Égypte, Hamas palestinien, Hezbollah au Liban.

Le pétrole ajoute encore à l'inextricable. Jusqu'en 1945, il est largement contrôlé par les Britanniques, sous l'égide de la Anglo Persian Oil Company. Après la Seconde Guerre mondiale, les Américains interviennent en Arabie Saoudite avec l'Arabian American Oil Company.

Les autres grandes compagnies d'exploitation pétrolière, connues sous l'appellation de Seven Sisters, les « Sept Sœurs », sont toutes occidentales et maintiennent un prix bas du baril (164 l, de l'anglais *barrel*, tonneau) jusqu'en 1973, autour de 1 dollar le baril. Les pays producteurs peinent à obtenir une part plus importante des revenus du pétrole. En 1951, le Premier ministre iranien, **Mohammad Mossadegh** (1882-1967), tente un coup de force et nationalise le pétrole iranien, mais il est écarté à la suite d'un complot fomenté par la CIA en 1953. Il faut attendre la création de l'Organisation des pays exportateurs de pétrole (OPEP) en 1960, pour que les producteurs s'organisent. À l'origine en sont membres l'Arabie Saoudite, l'Irak, l'Iran, le Koweït et le Venezuela. Le siège de cette organisation est installé à Genève, puis, à partir de 1965, à Vienne.

De nouveaux membres s'agrègent au groupe, qui en comprend treize en 2013. Par des nationalisations, la redistribution des *royalties*, revenus du pétrole, les membres de l'OPEP ont repris le contrôle des bénéfices générés par l'exploitation pétrolière. En 1973, les membres arabes du groupe en font une arme politique contre les pays alliés d'Israël, provoquant le premier choc pétrolier et la multiplication par quatre du prix du baril. En 1979, la révolution iranienne chasse le shah d'Iran allié de l'Occident au profit d'une théocratie dirigée par l'ayatolla Khomeyni et provoque le second choc pétrolier et un décuplement du prix. L'évolution du cours est toutefois erratique, en 1986, lors du contre-choc pétrolier, les cours mondiaux diminuent de 50 %. L'OPEP ne représente plus que 40 % des échanges mondiaux de pétrole, avec l'arrivée de nouvelles sources d'approvisionnement, pétrole de la mer du Nord ou du Mexique. Les frustrations demeurent, autour du pactole que représente le pétrole, et prennent une dimension politique. La destruction des Twin Towers de New York, le 11 septembre 2001, est revendiquée par les terroristes d'Al-Qaida au nom du non-respect par les Américains de la promesse du retrait de leurs troupes stationnées en Arabie Saoudite après la guerre du Golfe. Plus généralement, Al-Qaida rejette les gouvernements arabes alliés aux Occidentaux, refuse l'existence de l'État d'Israël, la présence de troupes occidentales au Moyen-Orient, maintenant par ses réseaux une tension permanente dans toute la région.

L'ESPOIR DU PRINTEMPS ARABE

Le terme de « Printemps arabe » peut être rapproché du Printemps des peuples, désignant l'éveil des nations européennes et les mouvements révolutionnaires qui l'ont accompagné en 1848. Il s'agit en effet de révoltes populaires qui tentent de mettre fin à l'existence de régimes dictatoriaux ou autoritaires. Tout commence en Tunisie, avec la révolution de jasmin, qui éclate en décembre 2010 et contraint le président **Ben Ali** (né en 1936), au pouvoir depuis 1987, à fuir le pays en janvier 2011. Puis c'est l'Égypte qui, sous la pression populaire, met fin au régime du président **Hosni Moubarak** (né en 1928), en place depuis 1981, en février 2011. L'ancien chef de l'État est placé en résidence surveillée, avant son jugement. Mais les aspirations à la démocratie se heurtent à une résistance beaucoup plus vive en Libye, où une guerre civile dure de février à octobre 2011, et se termine par la mort de **Mouammar Kadhafi** (1942-2011), au pouvoir depuis 1969. Il en va de même au Yémen, où le président **Saleh** (né en 1942), tout comme Mouammar Kadhafi, joue des rivalités tribales pour se maintenir en place, en dépit de la guerre civile, de février 2011 à février 2012, date à laquelle il quitte le pays sous la pression internationale, après avoir occupé le pouvoir au Yémen unifié depuis 1990. Au Bahreïn, le Printemps arabe échoue devant la coalition des autres monarchies du Golfe, soutenant la famille régnante par crainte d'une extension des troubles dans leurs propres royaumes.

Là où il a réussi, le Printemps arabe est confronté à d'immenses défis : mettre en place de nouvelles institutions, organiser la vie politique autour du multipartisme, remédier aux injustices sociales criantes, mais aussi contenir, sans les empêcher de s'exprimer, les revendications identitaires fondées sur la religion, que revendiquent les partis politiques religieux, devenus les plus importants à l'issue de la tenue des premières élections libres.

Les nouveaux rapports Nord-Sud

Succédant aux termes de « tiers-monde », « pays sous-développés », « pays en voie de développement », le terme de « Nord-Sud », pour désigner les relations entre pays riches et développés du « Nord » et pays pauvres du « Sud », s'impose au tournant des années 1970. La réalité d'une extrême diversité des situations conduit aujourd'hui à parler plutôt des Suds. Le critère fondamental pour identifier les Suds demeure la très grande pauvreté, soit les personnes qui disposent de moins de 1 dollar par jour pour vivre. Deux géants forment un groupe à part, parmi les pays émergents, qui connaissent un fort développement économique, mais pas encore l'accès à une société de consommation de masse qui définit les pays développés : la Chine et l'Inde. La Chine est désormais la seconde économie du monde, après les États-Unis, l'Inde occupe le douzième rang mondial. Le Brésil suit leur exemple, occupant le sixième rang mondial, comme eux confronté au défi d'un développement qui ne profite pas à tous.

LA CHINE, RÉUSSITE ÉCONOMIQUE ET DÉFI DÉMOCRATIQUE

Il est indéniable que la politique d'ouverture économique, initiée par Deng Xiaoping, permet à la Chine de se hisser au second rang des économies mondiales tout en empruntant une voie originale, celle de « l'économie socialiste de marché ». Derrière cet oxymore se trouve la volonté de concilier le maintien d'une idéologie politique et du régime communiste du parti unique, tout en adoptant les règles libérales du marché, c'est-à-dire en usant de la technique économique qu'est le capitalisme. Mais ce système connaît des limites. Si une majorité de Chinois acceptent le marché qui revient à maintenir un régime autoritaire en échange d'une amélioration des conditions de vie, certains veulent davantage et réclament la démocratie. Cette revendication s'exprime dans les événements tragiques de la place Tiananmen entre avril et juin 1989. Les étudiants occupent cette place centrale de Pékin et demandent la fin du parti unique, du monopole du Parti communiste chinois sur la vie publique et l'instauration d'une démocratie et du multipartisme.

Le gouvernement réagit finalement brutalement, en décrétant la loi martiale, puis en envoyant l'armée contre les manifestants. La répression fait plusieurs milliers de morts, toute contestation du parti communiste est étouffée dans l'œuf. Les vives réactions internationales font place cependant à l'admiration devant une économie qui connaît une croissance annuelle à deux chiffres depuis vingt ans, à une époque où les pays développés oscillent entre stagnation, crise et récession. En 2008, la Chine organise les Jeux olympiques de Pékin, en 2010 Shanghai reçoit l'Exposition universelle. Un autre défi attend la Chine du XXIe siècle, celui de l'inégalité sociale. Si le pays compte plus d'une centaine de milliardaires en 2011, il comprend aussi 300 millions de pauvres, l'expansion économique qui fait la fortune des littoraux laisse à l'écart la Chine intérieure et ses masses rurales. Des millions de migrants intérieurs illégaux quittent les campagnes pour former dans les villes industrielles un sous-prolétariat urbain. Chaque année, le pays doit atteindre un objectif gigantesque, fournir du travail aux jeunes qui arrivent sur le marché de l'emploi et, dans ce cadre, une croissance au moins égale à 10 % est une obligation.

L'INDE, RICHE DE SES DIVERSITÉS

Depuis son accession à l'indépendance en 1947, jusqu'à l'orée des années 1990, l'Inde choisit de se développer sur un modèle d'économie d'inspiration socialiste, où l'État garde un contrôle étroit sur les activités économiques. Ce modèle prend fin avec la libéralisation de l'économie accomplie sous le mandat du Premier ministre **Narasimha Rao** (1921-2004), qui entreprend les réformes, notamment l'abandon du protectionnisme, qui conditionnent une période de haute croissance pour le pays. L'Inde fait partie du groupe BRIC (Brésil, Inde, Chine, Russie) et, comme les autres membres, fonde sa réussite économique sur le développement de son industrie, notamment de pointe, avec le centre informatique de Bangalore, la Silicon Valley indienne. En 2010, l'économie de l'Inde se classe au douzième rang mondial. La « plus grande démocratie du monde », avec plus d'un milliard d'habitants, deuxième puissance démographique après la Chine (1,3 milliard d'habitants) est elle aussi confrontée au défi de la pauvreté, estimée en 2010 à environ 300 millions d'Indiens. Tout comme pour la Chine, le maintien d'un taux de croissance élevé est une obligation, car, contrairement à cette dernière, l'Inde connaît encore une croissance démographique trop forte, supérieure à celle de sa croissance économique, phénomène qui maintient et génère de la pauvreté.

LE BRÉSIL, GÉANT INÉGALITAIRE

C'est au tournant des années 1960 que le Brésil commence sa période de haute croissance, alors que s'instaure une dictature militaire en 1964. Il lui faut attendre 1985 pour l'établissement d'une démocratie. En 2002, un ancien dirigeant syndical, **Luiz Inácio Lula da Silva** (né en 1945) est élu président de la République. Il obtient en 2006 un second mandat, à l'issue duquel c'est une femme, **Dilma Rousseff** (née en 1947), qui lui succède, première femme présidente de l'histoire du Brésil. Sixième économie mondiale, peuplé de plus de 200 millions d'habitants, le Brésil doit cependant résoudre un grave problème d'inégalité sociale pour rejoindre le groupe des pays développés à consommation de masse. Tout comme en Chine et en Inde, la constitution d'une classe moyenne ne doit pas faire oublier les millions de Brésiliens, environ le quart de la population, qui vivent en dessous du seuil de pauvreté dans le Nordeste, en Amazonie, ou sont contraints d'habiter les *favelas*, bidonvilles. C'est d'ailleurs un problème pour le pays qui doit recevoir les Jeux olympiques d'été à Rio de Janeiro en 2016.

L'Afrique, enjeu du XXIe siècle

Si la fin de la guerre froide a eu un effet heureux en Afrique du Sud, en accélérant la fin du régime d'apartheid, il n'en va pas de même pour l'ensemble du continent africain. En effet, un certain nombre de régimes se maintenaient en jouant de l'opposition entre les deux blocs. La disparition de l'URSS les conduit à la ruine, réveillant à leur suite les conflits interethniques. Ces derniers sont exacerbés par l'héritage de frontières coloniales qui ne tiennent pas compte de leur existence. En 1994, le gouvernement rwandais de Kigali organise les massacres de la communauté tutsie par les Hutus. Le Congo connaît une première guerre entre 1996 et 1997, quand le maréchal **Sese Seko Mobutu** (1930-1997) perd le pouvoir au profit de **Laurent-Désiré Kabila** (1939-2001), qui donne au pays le nom de République démocratique du Congo. La deuxième guerre du Congo est d'une ampleur plus grande encore, engageant neuf États africains entre 1998 et 2003, prolongeant les massacres entres Tutsis et Hutus, ajoutant une dimension ethnique à une guerre entre États et factions politiques se déplaçant d'un territoire à l'autre au gré de leurs intérêts du moment.

Entre 2003 et 2007, la guerre civile au Darfour, à l'ouest du Soudan, provoque des milliers de victimes. Au sud de ce même pays, un conflit armé oppose le gouvernement de Khartoum et les musulmans du Nord aux indépendantistes chrétiens ou animistes du Sud-Soudan. Celui-ci s'achève en juillet 2011 avec la proclamation de l'indépendance du Sud-Soudan, qui devient la République du Soudan du Sud. Reconnue par Khartoum, cette toute jeune république n'en demeure pas moins sujette à des revendications diverses, liées notamment à l'existence de réserves de pétrole. L'Afrique est le continent où se déroulent simultanément le plus grand nombre de conflits, qu'il s'agisse de belligérants de différents pays, de guerres civiles, de mouvements armés au service d'un président qui refuse le résultat des urnes, comme l'a montré la longue crise en Côte d'Ivoire entre 2002 et 2011, provoquée par l'opposition entre les forces armées du président Laurent Gbagbo et les rebelles qui contrôlent le Nord du pays et s'achève par la chute du président. Le grand défi de l'Afrique au XXIe siècle consiste à parvenir à trouver le moyen d'établir une paix durable sur le continent, préalable indispensable à tout processus de développement, but de l'Organisation de l'unité africaine, fondée en 1963, à laquelle succède en 2002 l'Union africaine.

L'AFRIQUE DU SUD AUX AFRICAINS

Depuis 1948 la minorité de Blancs d'Afrique du Sud a mis en place un régime d'apartheid, de « développement séparé », qui interdit les mariages mixtes, oblige les Noirs à résider hors des zones réservées aux Blancs. Les pressions internationales demeurent vaines, le principal opposant chef de l'ANC (African National Congress), le Congrès national africain, **Nelson Mandela** (1918-2013), est emprisonné en 1962. La fin de la guerre froide accélère la fin de l'apartheid. En 1990, Nelson Mandela est libéré, et obtient en 1993 le prix Nobel de la paix avec **Frederik De Klerk** (né en 1936), alors président en titre, artisan de l'abolition de l'apartheid. Ce dernier légalise l'ensemble des mouvements de revendications politiques noirs, dont l'ANC, en 1990, lance le processus de transition démocratique constitutionnel l'année suivante. Réalisé en 1994, il permet la tenue des premières élections ouvertes aux Noirs. Nelson Mandela est élu président de la République, le demeure jusqu'en 1999. Il mène une active politique de réconciliation nationale entre les communautés noire et blanche. Son ancien vice-président, **Thabo Mbeki** (né en 1942), lui succède jusqu'en 2008, date à laquelle **Jacob Zuma** (né en 1942) devient chef de l'État. En 2010, l'Afrique du Sud devient le premier pays africain à accueillir la coupe du monde de football. Cette reconnaissance du sport international ne l'empêche pas d'être confronté au problème récurrent des pays d'Afrique subsaharienne : la crise accélère le processus de paupérisation qui touche déjà un Africain du Sud sur dix.

Liste des encadrés

L'*Almageste*.	34
De quoi l'univers est-il fait?.	43
La structure de la Terre.	48
Les différents âges du Paléolithique (− 7 Ma à − 10 000 ans).	65
Les grandes glaciations de l'ère quaternaire.	66
Traces de pas et bipédie.	72
Des roses trémières et autres fleurs dans les sépultures.	79
Pégase à Solutré?.	82
Les questions qui fâchent : un calendrier sur os?.	88
La tête dans le plâtre.	93
Évolution du Néolithique en Europe.	95
Un calendrier avec des poignards en guise d'aiguilles pour le mont Bégo.	99
Les périodes de l'âge du fer.	108
Ça vous rappelle quelque chose, l'éternel retour?.	142
Noms de dieux.	145
Un prince pieux : Gudea de Lagash (v. 2141-v. 2122 av. J.-C.)	150
L'argent au temps d'Hammourabi.	153
Architecture monumentale : la ziggourat de Tchogha-Zanbil.	155
Les grands textes funéraires égyptiens.	195
Les Mésaventures d'Ounamon.	208
La nature de Dieu.	226
Le Yoga.	257
Le *svastika*.	261

Une armée en terre cuite.	269
Un mythe fondateur.	274
Principales cultures précolombiennes.	276
La fin de Mycènes.	291
L'Acropole et le Parthénon.	301
Le carré de Polybe.	318
Le mythe d'Orphée.	345
Le Colisée.	374
Les thermes de Caracalla.	376
Boèce et *L'Institution musicale* (*De institutione musica*).	382
Les principales sectes juives à l'époque d'Hérode.	401
L'Évangile de Judas.	409
Les termes de l'érémitisme.	417
Jeanne d'Arc.	522
Lieux les plus saints de l'islam : le Dôme du Rocher et la Kaaba	582
Les codex.	666
La semaine aztèque.	669
Enjeux de la Renaissance.	686
Les principaux artistes de la Renaissance italienne.	704
Principales écoles artistiques italiennes.	716
Lettres et troubles politiques.	743
Les *95 thèses* (1517).	772
La querelle des Anciens et des Modernes : 1687-1715.	820
Les genres de connaissance.	855
Plusieurs caractéristiques définissent le XVIIIe siècle.	909
Constitution du 24 juin 1793.	915
Tableau extrait des 56 principales dates de l'histoire de la franc-maçonnerie.	918
Les théoriciens de l'art au XVIIIe siècle.	926
Question de style.	927
La guerre de l'oreille de Jenkins (1739-1748).	983
La comédie de Bayonne (mai 1808).	985
Les principales caractéristiques artistiques de la peinture académique.	1048
Les principales caractéristiques artistiques de l'impressionnisme	1053
Les théories de Chevreul.	1054
Impressionnistes entre eux.	1056

LISTE DES ENCADRÉS

Le japonisme.	1057
Les grands courants artistiques et leur façon de peindre un corps aux XIXe et XXe siècle.	1058
L'idéologie selon Karl Marx.	1108
L'idéologie selon Friedrich Engels.	1109
Le réalisme allemand.	1138
Le théâtre d'Ibsen.	1186
La seconde guerre d'indépendance.	1191
La guerre de Sécession en quelques dates essentielles.	1194
La Grosse Bertha.	1229
Gabriele D'Annunzio.	1264
Littérature : Tagore.	1296
Le cubisme en résumé.	1307
L'art abstrait en résumé.	1311
Différence entre le constructivisme et le suprématisme.	1313
L'École de Paris.	1316
Le dadaïsme en résumé.	1317
Le surréalisme en résumé.	1318
Les grandes caractéristiques du premier XXe siècle littéraire.	1330
Bobby Sands.	1409
Le tsar Boris.	1429
Les nouvelles problématiques artistiques et l'indianité.	1461
Courants d'art.	1467
La Nouvelle Vague du cinéma.	1480
Les quatre modèles de la critique moderne.	1482
Caractéristiques du postmoderne.	1519

Index des noms

18 Lapin de Copán, 653-654

Aaron, 220, 226, 231
Abadie, Paul, 1067
Abbas, 580
'Abd al-Mālik, 574, 580
'Abd al-Mu'min, 596
'Abd al-Raḥmān, 583
'Abd al-Raḥmān III, 581
Abdias, 223, 233, 237
Abel, 488
Abel (Australopithèque), 68, 70
Abélard, Pierre, 494
Abetz, Otto von, 1362-1363
Abraham, 217-220, 223, 225-226, 233, 422, 574, 1149
Absalon, 228
Abu al-Aswad al-Du'ali, 590
Abū al-'Atahiyah, 589
Abū Bakr, 573, 579
Abu es-Haq es-Saheli, 680
Abū ḥanīfa, 576
Abū Nuwās, 589
Abū Yūsuf Yalgib, 597
Acacius, 549
Acamapichtli, 665
Achab, 232
Achard, Marcel, 1335
Achille, 308, 323, 343
Achoris, 209
Adad, 173
Adad-Nirāri II, 155, 172
Adam, 222, 714
Adam de la Halle, 489, 499

Adam, James, 953
Adam, Robert, 953
Adami, Valerio, 1466-1467
Adamov, Arthur, 1478
Adams, John, 1190
Adams, Samuel, 1002
Adenauer, Konrad, 1379, 1402
Aditi, 247
Adler, Dankmar, 1197
Adolphe de Nassau, 506
Adonis (Ali Ahmad Sa'id), 1494
Adorno, Theodor W., 1500-1501
Adrien Ier, 433
Aegidius, 447
Aelders, Etta Palm d', 905
Aethelbert, 516
Aether, 346
Aetius, 418, 431, 438
Affre, monseigneur, 1027
Agaja, 1213
Agamemnon, 308, 344
Agapet II, 503
Agar, 219
Agasias, 306
Agésandros, 306
Aggée, 223, 233, 237
Agilulf, 432
Agnès d'Aquitaine, 504
Agni, 240, 243, 247
Agricola, 115
Agrippa, Cornelius, 777
Ah Mun, 655
Ahiram, 168
Ahmed Shah Abdali, 1003

Ahmôsis Ier, 199
Ahriman, 184-185
Ahura Mazda, 184-186
Ai (ou Zhaoxuan), 617
Ai Ts'ing, 1495
Aïcha, 573, 579
Ailly, Pierre d', 501
Aistolf, 433, 529
Akadêmos, 328
Akalamdug, 144
Akamatsu, 1495
Akamatsu Sadanori, 875
Akbar le Grand, 866, 868
Akihito, 1451
Al Bustani, Butrus, 1493
Al Khattabi, Abdelkrim, 1272
Al Malaïka, Nazik, 1494
Al Yaziyi, Nasif, 1493
Al-Akhṭal, 589
Al-Amīn, 588
Alain-Fournier, 1329
Alard d'Amsterdam, 760
Alaric Ier, 415, 417, 515, 557
Al-Balādhurī, 590
Albee, Edward, 1489
Alberoni, Jules, 982
Albert, Alexandre Martin, 1026
Albert de Saxe-Cobourg-Gotha, 1112
Albert Ier de Habsbourg, 506
Albert II de Habsbourg, 508
Albert le Grand, 330, 491, 495-496, 691
Albert, Marcelin, 1044
Albert-Birot, Pierre, 1317
Alberti, Leon Battista, 696, 699, 705, 708-709, 714
Albertine, 1331
Albornoz, Gil de, 463
Alcalá-Zamora, Niceto, 1273
Alcée de Mytilène, 310
Al-Châfi'ī, 577
Alcinoos, 308
Alcmène, 346
Alcméon, 349
Alcuin, 20, 452-453, 483, 498, 524
Alechinsky, Pierre, 1466
Alenza, Leonardo, 1162
Alexandre, Arsène, 1064
Alexandre le Grand, 135, 158, 162, 180, 210-212, 214, 248, 295-296, 301, 305, 319, 371
Alexandre Nevski, 544-545
Alexandre Ier de Russie, 993, 1020-1021, 1023, 1175

Alexandre II de Russie, 1176-1177
Alexandre III (pape), 462
Alexandre III de Russie, 1175, 1177
Alexandre IV (pape), 472
Alexandre VII Chigi, 793-794
Alexis Ier Comnène, 469, 533, 561-562
Alexis Ier de Russie, 859
Alexis II, 562
Alexis III, 562
Alexis IV, 563
Alexis, Paul, 1078
Alexis V, 563
Al-Fārābī, 601-602
Al-Farazdaq, 589
Alfieri, Vittorio, 966
Alfonso Ier, 673
Alfred le Grand, 516-517, 524
Al-Ghazālī, 602
Algren, Nelson, 1477
Al-ḥasan ben Kannūn, 591
Ali, 573, 577-579, 593
Aliénor d'Aquitaine, 456
Al-Khattabi, Mohamed ben Abdelkrim, 1244
Al-Kindī, 590, 601
Alloway, Lawrence, 1456
Al-Ma'mūn, 588
Al-Manṣūr, 587
Almeida, Luis de, 874
Almodóvar, Pedro, 1420
Al-Mutawakkil, 601
Alp Arslan, 598
Alphand, Jean-Charles, 1067
Alphonse V d'Aragon (le Magnanime), 530, 673, 962
Alphonse VI, 541
Alphonse X le Sage (ou le Savant), 540
Alphonse XII d'Espagne, 1161
Alphonse XIII d'Espagne, 1162, 1272-1273, 1276, 1417-1418
Al-Saffāh, 587
Altdorfer, Albrecht, 762
Althusser, Louis, 1345, 1510, 1516, 1529-1530
Alvarado, Pedro de, 667
Álvarez de Tolède, Fernando (duc d'Albe), 759
Al-Walīd, 580
Alyatte, 320
Amadis, 541
Amadou Sekou, 1217
Amalthée, 347
Amanishakheto, 282
Amasis, 307

INDEX DES NOMS

Amaterasu, 274, 629, 877
Amato, Giuliano, 1414
Ambigatos, 117
Ambroise de Milan, 415, 530-531
Amda Sion Ier, 672
Amédée de Savoie, 1161
Amédée Ier d'Espagne, 1161
Amenemhat Ier, 197, 199
Amenemhat II, 198
Aménophis II, 164
Aménophis III, 136, 155, 200-202, 204
Aménophis IV (Akhenaton), 136, 155, 203-204, 206
Amesemi, 282
Amitābha, 628, 635
Ammonios Saccas, 213, 556
Amnon, 228
Amon, 194-195, 197, 199-202, 207-209, 282
Amonherkopsef, 203
Amos, 223, 232-233, 236
Ampère, André-Marie, 1097
Amyntas III, 294
Amytis, 156
An, 145
Anacréon de Téos, 310
Anafesto, Paoluccio, 534
Ānanda, 258
Anastase Ier, 414, 432, 549
Anath, 169
Anaxagore, 321, 1083
Anaximandre, 32-33, 319-321, 323
Anaximène, 319, 321
Andersen, Hans Christian, 1185
Andocide, 314
André, Émile, 1068
Andrea del Castagno, 705, 712
Andrea del Sarto, 705, 720, 738
Andreas de Caryste, 350
Andreotti, Giulio, 1414
Andronic Ier, 562
Andronic III, 599
Andropov, Youri, 1427-1428
Angilbert, 20, 453, 483
Angrand, Charles, 1064
Angroboba, 443
Anguier, François, 811
Aniko, 624
Ankhesenmeriré II, 190
Anna, 543
Anne Boleyn, 766, 777
Anne d'Autriche, 799-801, 806, 818, 833
Anne de Beaujeu, 730

Anne de Bretagne, 731
Anne de France, 683
Anne de Grande-Bretagne, 842, 951, 955
Anne Geneviève de Bourbon-Condé, 800
Anne Ire de Russie, 991
Annen, 639
Anno de Cologne, 504
Anouilh, Jean, 1335
Antelme, Robert, 1475
Anthémios de Tralles, 553
Antigone, 344
Antinoüs, 365, 371
Antiochos Ier, 115, 158
Antiochos IV, 236
Antipater de Tarse, 379
Antiphon, 314
Antisthène, 334
Antoine, André, 1186
Antokolski, Mark, 1181
Antonin le Pieux, 365, 381
Antonio Ier du Kongo, 673
Anu, 146
Apademak, 282
Apel, Karl-Otto, 1519
Aphrodite, 169, 347, 356
Apia, 113
Apis, 209-210
Aplu, 356
Apollinaire, Guillaume, 1309, 1315, 1317-1318, 1332-1334
Apollodore de Damas, 373
Apollon, 124, 340-341, 345, 349, 356, 371, 831, 1075, 1150
Apollonios, 306
Apollonius de Perga, 605
Apollonius de Rhodes, 213, 315
Apollonius Molon, 392
Appel, Karel, 1455
Appiani, Andrea, 1170
Apulée, 383, 389-390
Arafat, Yasser, 1441, 1536
Arago, François, 1026, 1097
Aragon, Louis, 1319, 1334-1335, 1473
Aratos de Soles, 315
Arcadius, 368, 548
Arcelin, Adrien, 82
Arcésilas, 335, 378-379
Archiloque, 310
Archimède, 350-351, 605, 719
Archipenko, Alexander, 1326-1328
Arcimboldo, Giuseppe, 698, 722, 1319
Ardachêr Ier, 181
Arendt, Hannah, 1503, 1512-1513

Arès, 340, 356
Argès, 346
Argounov, Ivan, 1179
Arioste, l', 726, 778
Aristarque de Samos, 398
Aristophane, 314
Aristote, 33-36, 213, 296, 315, 319-320, 322-323, 325, 327, 329-334, 338, 350, 390, 492, 495-496, 526, 556, 600-604, 691, 693, 699, 719, 742, 843-844, 909, 938, 976, 1091, 1493, 1512
Arius, 367, 400, 404, 411
Arjuna, 243, 245, 651
Arman, 1456, 1463-1465
Armand de Bourbon (prince de Conti), 800
Armstrong, Louis, 1532
Arnaud de Brescia, 462
Arnauld, Angélique, 786, 810
Arnauld, Antoine (le Grand Arnauld), 786, 823, 825
Aron, Raymond, 24, 1090, 1510
Arp, Hans, 1306, 1317-1318, 1327-1328, 1333, 1463
Artaban V, 181
Artaud, Antonin, 1319, 1334-1335, 1478
Artaxerxès Ier, 184
Artaxerxès II, 183
Artaxerxès III, 209
Artémis, 301, 340
Arthur, 487, 524-525
Arthur Tudor, 765, 777
Artimpaasa, 113
Āryabhaṭṭa, 262
Asai Chu, 1209
Asam, Cosmas-Damian, 969
Asam, Egid Quirin, 969
Asclépios, 313, 348-349
Asher, 221
Ashera, 169
Ashikaga Takauji, 632
Ashikaga Yoshiaki, 633
Ashikaga Yoshimitsu, 632, 644
Ashoka, 248-250, 252, 257, 259
Assur, 172-173
Assurbanipal, 136
Astarté, 169, 237
Astier de La Vigerie, Emmanuel d', 1366
Astyage, 177
Atahualpa, 662, 664
Athalie, 232
Athanadore, 306
Athanase d'Alexandrie, 411, 414-415
Atharan, 240

Athaulf, 418
Athelstan le Glorieux, 517
Athéna, 301, 340-342, 345, 347
Atlas, 745
Aton, 206
Atrée, 344
Ātreya Punarvasu, 263
Attale Ier, 306
Attila, 418, 431, 437-438, 511-512, 548, 612
Attlee, Clement, 1260, 1262, 1360, 1405
Aubigné, Théodore Agrippa d', 741, 743, 747
Aubrac, Lucie, 1366
Aubrac, Raymond, 1366
Audran, Claude, 930
Aue, Hartmann von, 512
Auenbrugger, Leopold, 923
Auguste, 109, 115, 124, 296, 300, 363-365, 371-373, 386-387, 392-393, 397
Augustin de Cantorbéry, 464, 516
Auquetin, Louis, 1063
Aurangzeb, 865, 867
Aurélien, 366, 410
Aurengzeb, 1003
Aurier, Georges-Albert, 1065
Aurore, 202
Austen, Jane, 1117
Auster, Paul, 1490
Austin, John, 1339, 1504
Authari, 434
Averroès, 495, 498, 602-603, 909
Avicenne, 495, 602, 606-607
Avvakum, Petrovitch, 993
Ay, 206
Aybak, 595
Ayrault, Jean-Marc, 1400
Azaña, Manuel, 1273
Aznar, José Maria, 1420
Azraïl (archange), 574

Baal, 169, 232, 236-237
Baal Zebub, 169
Baaltis, 169
Babel, Isaac, 1486
Babeuf, Gracchus, 900, 906, 1106
Babrius, 817
Bābur, 611, 865-866, 868
Baccani, Gaetano, 1171
Bacchus, 312, 314, 371, 377
Bacchylide, 314
Bach, Jean-Sébastien, 795
Bachelard, Gaston, 1341-1343
Bachofen, Johann Jakob, 1126

INDEX DES NOMS

Bacon, Francis (peintre), 1060, 1466, 1470
Bacon, Francis (philosophe), 822, 842-844, 847, 1143, 1155
Bacon, Roger, 471, 491, 526-527, 685
Badham, John, 1533
Bahadur Shah, 1003
Bahadur Shah Zafar, 1004
Baïf, Jean Antoine de, 745-746
Bailly, Jean Sylvain, 892
Bajenov, Vassili, 1179
Baki, 863
Balakirev, Mili Alexeïevitch, 1110
Balban, 615
Balbo, Italo, 1266
Baldr, 442-443
Baldung, Hans, 761
Baldwin, James, 1488
Baldwin, Stanley, 1258, 1260
Balfour, Arthur, 1114
Ball, Hugo, 1483
Balladur, Édouard, 1396, 1399
Baltard, Victor, 1032, 1067
Balthus, 1470
Balzac, Honoré de, 1045, 1078, 1182, 1489, 1493
Banville, Théodore de, 1075-1076
Barbari, Jacopo de', 702
Barbenfouillis, 1098
Barbéris, Pierre, 1482
Barbie, Klaus, 1365
Barnave, Antoine, 897
Barras, Paul, 906
Barre, Raymond, 1391
Barrès, Maurice, 1041, 1329
Barry, comtesse du, 889-890
Barsbay, 595
Barth, John, 1469
Barthélemy, Jean-Jacques, 919
Barthes, Roland, 1475, 1479, 1481-1482, 1523
Barthez, Paul Joseph, 923
Bartók, Béla, 1531
Bartolomeo, Fra, 705
Bartsch, Adam von, 739
Bashō, Matsuo, 878-880
Basie, Count, 1532
Basile Ier, 560, 565, 567
Basile II, 556, 560
Basile le Grand, 400, 414
Basquiat, Jean-Michel, 1470-1471
Bassani, Giorgio, 1485
Bastet, 209-210
Bastian, Adolf, 1126

Bastien-Thiry, Jean-Marie, 1385
Bataille, Georges, 1345
Batū, 544
Baudelaire, Charles, 1055, 1076-1077, 1080
Baudouin Ier (Baudouin IX de Flandre), 563
Baudouin Ier (roi de Jérusalem), 231
Baudouin II de Courtenay, 563
Baudrillard, Jean, 24, 1518
Baumgarten, Alexander Gottlieb, 909
Bayazid Ier, 564-565, 599
Bayazid II le Juste, 861
Baybars, 595
Bayle, Pierre, 945
Bazaine, Jean, 1459
Bazille, Frédéric, 1053, 1056, 1058
Béatrice, 536-537
Beatus, 587
Beaufort, Margaret, 767
Beaufret, Jean, 1343
Beaumarchais, Eugène de, 1170
Beaumarchais, Pierre-Augustin Caron de, 936, 944
Beaumont, Élie de, 63, 1120
Beauvoir, Simone de, 1476-1477
Beccaria, Cesare Bonesana de, 910
Becket, Thomas, 519
Beckett, Samuel, 1335, 1478, 1484, 1522
Bécquer, Gustavo Adolfo, 1163
Bède le Vénérable, 483, 516, 524-525
Beecher-Stowe, Harriet, 1193, 1199
Beethoven, Ludwig van, 936, 1110, 1501
Bégoé, 357
Behanzin, 1213-1214
Bélanger, François Joseph, 1066
Belenos, 124-125
Belgrand, Eugène, 1067
Bélisaire, 532, 557
Belleau, Rémi, 745
Bellini, Gentile, 721
Bellini, Giovanni, 533, 705, 721, 762
Bellini, Jacopo, 721
Bellini, Vincenzo, 1110
Bellmer, Hans, 1318
Bello, Muhamad, 1216
Bellori, Giovan Pietro, 723
Belmondo, Jean-Paul, 1480
Belzébuth, 169
Ben Ali, Zine el-Abidine, 1539
Ben Gourion, David, 1536
Ben Laden, Oussama, 1442
Benet, Juan, 1486
Benjamin, 218, 221, 232
Benjamin, Walter, 1469

Benkei, 879
Benn, Gottfried, 1483
Bennett, Matthew, 72
Benois, Alexandre, 1180
Benoît d'Aniane, 465
Benoît de Nursie, 416, 465
Benoît XIII, 472-473
Benoît XV, 1226, 1265
Benoît XVI, 1416
Bentham, Jeremy, 1103
Benvenuti, Pietro, 1170
Berain, Jean, 812
Berchet, Giovanni, 1171
Bérégovoy, Pierre, 1396
Bérenger, 503
Berenguer, Dámaso, 1272
Berg, Alban, 1530
Bergson, Henri, 848, 1083-1086, 1093, 1331, 1341, 1522
Béring, Vitus Jonassen, 920
Berio, Luciano, 1532
Berkeley, George, 822, 956-957, 960
Berlinguer, Enrico, 1414
Berlioz, Hector, 1110
Berlusconi, Silvio, 1415-1416
Bernanos, Georges, 1476
Bernard, Claude, 919, 1099
Bernard de Clairvaux, 465-466, 469, 475
Bernard, Émile, 1062
Bernhardt, Sarah, 1033
Bernin, le, 792-794, 811
Bernini, Pietro, 793
Bernon, 474
Bernstein, Carl, 1438
Bérose, 158
Béroul, 487
Berruguete, Alonso, 756
Berry, Charles Ferdinand de, 1023, 1025
Berthe, 516
Berthelot, Marcelin, 607, 919
Berthollet, Claude Louis, 923
Bérulle, Pierre de, 785
Bestla, 442
Bethsabée, 228-230
Beveridge, William, 1405
Bhanudas, 869
Bhāsvkara, 262
Bichat, François Xavier, 923
Bickerton, Derek, 79
Bidault, Georges, 1365, 1369
Bion de Smyrne, 315
Bioy Casares, Adolfo, 1491
Birnbaum, Pierre, 24

Biron, Ersnt Johann von, 991
Bismarck, Otto von, 1030, 1034, 1131-1133
Biton, 303
Björnson, Björnstjerne, 1186
Blaikie, Thomas, 953
Blair, Tony, 1410-1411
Blake, Peter, 1456
Blake, William, 955, 1115
Blanc, Louis, 1026
Blanchot, Maurice, 1345
Blanqui, Auguste, 1106-1107
Bleda, 438
Bloch, Ernst, 1500
Blondel, Jean-François, 928
Blondin, Antoine, 1474
Blum, Léon, 1241-1243, 1369, 1374, 1377
Boabdil, 540
Boccace, 525-526, 536-537, 778
Boccioni, Umberto, 1315-1316
Böcklin, Arnold, 1135
Bodel, Jean, 489
Bodin, Jean, 694
Boèce, 382, 556-557
Boffrand, Gabriel Germain, 927
Bofill, Ricardo, 1454
Boileau, Nicolas, 387, 743, 805, 819-820, 936, 993, 1073
Boissieu, Alain de, 1384
Bokassa Ier, 1392
Böll, Heinrich, 1483
Bologne, Jean, 725
Bomberg, David, 1316
Bon, Bartolomeo, 709
Bon, Giovanni, 709
Bonaparte, Jérôme, 900
Bonaparte, Lucien, 906
Bonaventure, 471, 495
Bondi, Hermann, 40
Boniface IX, 472
Boniface VIII, 457-458, 472, 536
Bonito Oliva, Achille, 1471
Bonnard, Pierre, 1059, 1063
Bontemps, Pierre, 741
Borges, Jorge Luis, 13, 1491
Borghèse, 306
Borgia, César, 726-727
Borgianni, Orazio, 791
Börne, Ludwig, 1138
Borodine, Alexandre, 546, 1110
Borromini, 792-793
Bosch, Jérôme, 760, 1319
Bosio, François-Joseph, 1068
Bossi, Giuseppe, 1170

Bossi, Umberto, 1415
Bossuet, Jacques Bénigne, 818, 825
Botta, Paul-Émile, 136
Botticelli, Sandro, 697, 700, 705, 712-713, 716, 744
Bouchardon, Edmé, 305, 928
Boucher, Alfred, 1070
Boucher de Perthes, Jacques, 63, 1087
Boucher, François, 926, 930-931, 934
Boucicaut, Aristide, 1032
Bouddha Amida, 638
Bouddha Śakyamuni, 248, 274
Boudin, Eugène, 1052, 1054, 1058
Bouillé, François Claude de, 893
Bouillon, Godefroy de, 469
Boukharine, Nikolaï, 1285
Boulanger, Georges, 1039-1040
Boulez, Pierre, 1531
Boulle, André-Charles, 813
Boulle, André-Charles II, 813
Boulle, Charles-Joseph, 813
Boulle, Jean-Philippe, 813
Boulle, Pierre Benoît, 813
Boullée, Étienne Louis, 1066
Bourdieu, Pierre, 11-12
Bourgeois, Léon, 1231
Bourget, Paul, 1079
Bourguiba, Habib, 1244
Bouriard, Nicolas, 1467
Bousquet, René, 1363
Bovary, Emma, 1517
Boyer, Régis, 439
Boyle, Robert, 787
Bradamante, 726
Bragg, Braxton, 1194
Brahe, Tycho, 36-37
Brahm, Otto, 1186
Brahmā, 242-244, 246, 652
Brahmagupta, 262
Brahms, Johannes, 1110
Braidwood, Robert John, 136
Bramante, 696, 705, 716-719, 792
Brancusi, Constantin, 1328
Brandes, Georg, 1185
Brandt, Willy, 1402
Brant, Isabella, 853
Brant, Sébastien, 778
Braque, Georges, 1059, 1306-1310, 1316, 1326
Brasillach, Robert, 1363
Brassens, Georges, 1335
Braudel, Fernand, 19, 1523
Braun, Eva, 1359

Brecht, Bertolt, 1335, 1483
Brejnev, Leonid, 1425, 1427
Brel, Jacques, 1335
Brennus, 114, 362
Brentano, Franz, 330, 1340
Breton, André, 1059, 1318-1321, 1323, 1334-1335
Breuil, Henri, 81, 87, 89
Briand, Aristide, 1043, 1235, 1238-1239
Brigit (ou Brigantia), 125
Brigitte (sainte), 125
Briullov, Karl, 1179
Brod, Max, 1140
Broglie, Albert (duc de), 1037
Brokmeyer, Henry, 1201
Brontë, Charlotte, 1118
Brontë, Emily, 1118
Brontès, 346
Bronzino, 698, 722
Brook, Peter, 254
Broom, Robert, 69
Brosse, Salomon de, 806
Broussel, Pierre, 800
Brown, Brockden, 1002
Brown, Dan, 1476
Brown, Gordon, 1411
Brueghel de Velours, 761, 851
Brueghel d'Enfer, 761
Brueghel l'Ancien, Pieter, 760
Brumel, Antoine, 751
Brunehaut, 448
Brunelleschi, Filippo, 370, 374, 703, 705, 708-709, 712, 715-716
Brunet, Michel, 68
Brüning, Heinrich, 1250
Bruno, Giordano, 691
Brunschvicg, Léon, 1081-1082
Brutus, 387
Bryen, Camille, 1458
Buber, Martin, 1499
Buck, Pearl, 1487
Buckland, William, 1120
Budé, Guillaume, 21, 733, 741
Buffon, comte de, 908, 912, 922, 929, 944, 946, 949, 1122
Bullant, Jean, 737, 741
Buñuel, Luis, 1323
Buoninsegna, Duccio di, 704
Buraglio, Pierre, 1467
Burckhardt, Jacob, 684, 788
Buren, Daniel, 1467
Burgess, Anthony, 1484
Burke, Edmund, 952, 1182

Burr, 442
Burton, Robert, 1384
Bush, George Herbert Walker, 1440
Bush, George W., 1441
Butler, Samuel, 1119
Butor, Michel, 1478-1479
Byron, George Gordon, 1048, 1074, 1117

Caballero, Fernan, 1164
Cabanel, Alexandre, 1049, 1059
Cabanis, Georges, 949
Cabet, Étienne, 1107
Cabeza de Vaca, Álvar Núñez, 995
Cadoudal, Georges, 1020
Caedmon, 524
Cage, John, 1531
Cagliostro, comte de, 918
Caillaud, Aristide, 1458
Caillaux, Henriette, 1045
Caillaux, Joseph, 1044-1045, 1226
Caillebotte, Gustave, 1054-1056
Cailliaud, Frédéric, 283
Caillois, Roger, 344
Caïn, 488
Caius Sempronius Gracchus, 386
Calabacillas, 833
Calder, Alexander, 1462-1463
Calderón de la Barca, Pedro, 758
Caligula, 364, 388
Calixte II, 467
Callaghan, James, 1407
Callimaque, 304
Callimaque de Cyrène, 213, 315, 387
Calliope, 345
Callixte III, 522
Calmette, Gaston, 1045
Calonne, Charles de, 891
Calvin, Jean, 743-744, 772, 774
Calvo Sotelo, José, 1274
Calvo-Sotelo, Leopoldo, 1419-1420
Calypso, 308
Cambaceres, Eugenio, 1491
Cambacérès, Jean-Jacques Régis de, 1019
Cambyse Ier, 177
Cambyse II, 158
Cameron, David, 1411
Camille de Lellis, 776
Camus, Albert, 1335, 1476, 1478
Canaletto, 965
Canetti, Elias, 1513
Canguilhem, Georges, 1342-1343
Canova, Antonio, 1068, 1170

Cantillon, Richard, 945
Cao Xueqin, 1010
Capitan, Louis, 89
Capote, Truman, 1488, 1490
Capuana, Luigi, 1173
Caracalla, 19, 366, 375-376
Caravage, le, 725, 789-792, 809
Cardan, Jérôme, 687
Carducci, Filippo, 712
Carducci, Giosuè, 1172
Caribert Ier, 516
Carissimi, Giacomo, 794
Carloman Ier, 451
Carlos, don, 1160-1161
Carmenta, 356
Carnap, Rudolf, 1338
Carnéade, 335, 378
Carnot, Lazare Nicolas Marguerite, 1019
Carnot, Nicolas Léonard Sadi, 1097
Caron, Antoine, 738
Carpaccio, Vittore, 533, 705, 723
Carpeaux, Jean-Baptiste, 1069
Carrache, Annibal, 723, 790-792, 810, 930
Carrache, Augustin, 790-791, 930
Carrache, Ludovic, 790-791, 930
Carriera, Rosalba, 932
Carrière, Eugène, 1065
Carter, Jimmy, 1439, 1537
Casanova, Danielle, 1366
Casanova, Laurent, 1366
Caserio, Santo, 1041
Casimir Ier de Pologne, 543
Cassatt, Mary, 1054, 1056, 1198
Cassiodore, 368, 556-557
Cassirer, Ernst, 343, 1499
Castiglione, Baldassare, 726, 814
Castiglione, Giuseppe, 1010
Castoriadis, Cornelius, 1518
Castro, Fidel, 1435
Castro, Guillén de, 758
Cathelineau, Jacques, 897
Catherine, 522
Catherine d'Aragon, 765-766, 777
Catherine de Médicis, 734
Catherine de Rambouillet, 805
Catherine II de Russie, 909, 940, 992-993, 1175, 1180-1181
Catherine Ire de Russie, 990-991
Catilina, 378
Caton, 363
Caton l'Ancien, 338, 369, 378, 386, 391
Catulle, 386
Cauchon, Pierre, 522

INDEX DES NOMS 1557

Cavaignac, Louis Eugène, 1026
Cavalcanti, Guido, 536
Cavallini, Pietro, 707
Cavendish, Henry, 922
Cavour, Camillo Benso de, 1167-1169
Cazotte, Jacques, 917, 943
Ce Acatl Topiltzin Quetzalcóatl, 657, 660
Céard, Henry, 1078
Cela, Camilo José, 1486
Celant, Germano, 1467
Célestin III, 505
Céline, Louis-Ferdinand, 1363
Cellini, Benvenuto, 705, 725
Celse, 398
Celsius, Anders, 921
Celtill, 115
Cendrars, Blaise, 1329, 1332
Cennini, Cennino, 702
Céphisodote, 305
Cerbère, 345
Cernunnos, 121, 123
Cervantès, Miguel de, 757
Césaire, Aimé, 1474
César, Jules, 109-110, 115, 117-118, 122-125, 211-212, 214, 317, 362-363, 372, 387-389, 391-393, 397
César (sculpteur), 1463, 1465
Césarion, 212
Cézanne, Paul, 1054, 1056, 1059-1062, 1307, 1309
Chaac, 655, 658
Chabaka, 281
Chaban-Delmas, Jacques, 1387-1389
Chabataka, 281
Chabrol, Claude, 1480
Chagall, Marc, 1316, 1321
Chaka, 1218
Challe, Maurice, 1384
Chamberlain, Joseph, 1114
Chamberlain, Neville, 1244, 1258, 1260
Chambers, William, 953
Chambord, comte de, 1036
Chamfort, 917
Champaigne, Philippe de, 810, 813
Champollion, Jean-François, 187, 920
Chandra, 244
Chandragupta Ier, 249
Chandragupta Ier Maurya, 248
Channing, William Ellery, 1201
Chaos, 346
Chapelain, Jean, 815
Chapuys-Montlaville, Benoît Marie Louis Alceste, 25

Char, René, 1319, 1334, 1345
Charaka, 263
Charcot, Jean-Martin, 23, 1100
Chardin, Jean, 907
Chardin, Jean-Baptiste Siméon, 934
Charette, 897-898
Charlemagne, 20, 416, 433, 448, 451-455, 461, 483-485, 498, 524, 532, 534, 559
Charles Borromée, 776
Charles d'Anjou, 564
Charles de Gontaut (duc de Biron), 736
Charles de Lorraine (duc de Mayenne), 736
Charles de Valois, 532
Charles d'Orléans, 490
Charles Édouard Stuart, 951
Charles le Simple, 453
Charles le Téméraire, 489, 683, 729-730
Charles Martel, 433, 450, 585
Charles Quint, 666, 724, 732, 753-754, 759-761, 862, 962
Charles Ier d'Angleterre, 818, 839-840, 853, 996
Charles Ier de Sicile, 529
Charles II d'Angleterre, 840-841, 845
Charles II d'Anjou, 529
Charles II d'Espagne, 830, 986
Charles II le Chauve, 452, 494
Charles III d'Espagne, 909, 963, 965, 984-985
Charles III le Gros, 453
Charles IV d'Espagne, 984-985
Charles IV du Saint-Empire, 507
Charles IV le Bel, 521
Charles V le Sage, 458, 482, 740, 892, 911
Charles VI de France, 459, 521
Charles VI du Saint-Empire, 967
Charles VII de France, 459, 522, 729-730
Charles VIII de France, 692, 730-731, 737, 739-741
Charles IX de France, 734
Charles X (comte d'Artois), 898, 902, 1023-1024, 1027, 1036
Charles XII de Suède, 990
Charlotte de Savoie, 730
Charon, 124, 345
Charpentier, Marc-Antoine, 805
Chateaubriand, François René de, 1072-1074, 1094
Châtelet, François, 316
Chatrian, Alexandre, 1164
Chaucer, Geoffrey, 525
Chaumier, Serge, 10, 25
Chautemps, Camille, 1240

Chelles, Jean de, 481
Chen Shou, 625
Chénier, André, 921, 944
Chevreul, Michel Eugène, 1054
Chia, Sandro, 1471
Chiappe, Jean, 1240
Chikamatsu Monzaemon, 879
Childebert Ier, 416, 448
Childéric Ier, 431, 435-436, 447
Childéric III, 449-450
Chilpéric Ier, 448
Chinard, Joseph, 1068
Chippendale, Thomas, 953
Chirac, Jacques, 1389, 1391-1392, 1394-1399
Chiron, 349
Chiron, Léopold, 88
Choiseul, Étienne de, 889
Cholokhov, Mikhaïl, 1486
Chongzhen, 870
Chopin, Frédéric, 1110
Chosroès II, 558
Choubine, Fedot, 1180
Chrétien de Troyes, 486-487, 512
Christie, Agatha, 1484
Christine de Pizan, 489-490
Christo, 1456, 1463, 1466
Christy, Henry, 77
Chrodegang, 498
Chronos, 311
Chrysippe, 337-338, 379
Chtchedrine, Sylvestre, 1179, 1181
Churchill, Winston, 1257-1258, 1260-1261, 1293, 1358-1360, 1369, 1406
Churchill, Winston (écrivain), 1200
Churriguera, José Benito, 833
Cian, 1205
Cicéron, 338, 363, 377-379, 383, 385-386, 390, 537, 685, 690
Cimabue, 482, 704, 707
Cino da Pistoia, 536
Cinq-Mars, Louis d'Effiat, marquis de, 799
Cixi, 1007, 1203, 1205-1206, 1494
Claire d'Assise, 470
Clari, Robert de, 488
Clarín, 1164
Clastres, Pierre, 699
Claude, 354-355, 364, 388
Claudel, Camille, 1070
Claudel, Paul, 313, 1070, 1335
Cléanthe, 337-338
Clegg, Nick, 1411
Clélie, 395

Clemenceau, Georges, 1038, 1041, 1043-1044, 1226, 1230-1231, 1235-1236
Clément d'Alexandrie, 322, 403
Clément, Eudes, 479
Clément, Jacques, 735
Clément III, 466
Clément IV, 526
Clément V, 472
Clément VII, 472
Clément VIII, 963
Clemente, Francesco, 1471
Cléobis, 303
Cléopâtre VII, 210-212
Clinton, Bill, 1441-1442
Clinton, Hillary, 1442
Clisthène, 292, 294, 296
Clodion le Chevelu, 431, 447
Clodius Albinus, 366
Clodomir, 448
Close, Chuck, 1468
Clotaire, 448
Clotaire II, 448
Clottes, Jean, 86
Clouet, François, 738
Clouet, Jean, 737-738
Clovis, 419, 429-432, 435, 447
Coatlicue, 666
Cochin, Charles Nicolas, 926
Cohn-Bendit, Daniel, 1386
Colbert, Charles (marquis de Croissy), 802
Colbert, Jean-Baptiste, 801-803, 807, 813, 910
Colbert, Jean-Baptiste (marquis de Seignelay), 802
Colbert, Jean-Baptiste (marquis de Torcy), 802
Cole, Thomas, 1198
Colebrooke, Thomas, 1005
Coleridge, Samuel Taylor, 1117
Coligny, Gaspard de, 734
Colleoni, Bartolomeo, 535, 716
Collot, Marie-Anne, 1180
Colomb, Christophe, 688, 698, 995
Colomban l'Ancien, 420
Colomban le Jeune, 420
Colombe, Michel, 737
Colonna, Giovanni, 537
Coltrane, John, 1532
Coluche, 1392
Combas, Robert, 1468, 1471
Combes, Émile, 1042-1043
Commode, 365, 398
Commynes, Philippe de, 489

Compère, Loyset, 751
Comte, Auguste, 919, 1087-1091, 1094, 1104, 1126, 1182
Comte-Sponville, André, 1508
Conche, Marcel, 1508
Concini, Concino, 797
Condillac, Étienne Bonnot de, 949, 1155
Condorcet, marquis de, 15, 22, 949
Confucius, 264, 266-268, 270, 627
Conon, 215
Conrad Ier de Germanie, 503
Conrad II le Salique, 504
Conrad III de Hohenstaufen, 504
Considérant, Victor, 1105
Constable, John, 1048, 1116
Constance Chlore, 410
Constance II, 412, 552
Constant, 412
Constant, Benjamin, 1072, 1103
Constant (peintre), 1455
Constantin Ier le Grand, 367, 376-377, 400, 410-412, 422-423, 461, 530, 547-548, 550, 552-553, 557, 567, 884
Constantin II, 412
Constantin V, 559
Constantin VI, 559
Constantin VII, 555
Constantin VIII, 560
Constantin XI Paléologue, 564-565
Coolidge, Calvin, 1290
Copernic, Nicolas, 31, 33, 35-37, 215, 330, 686, 691, 777, 787, 790
Coppée, François, 1041, 1075-1076
Coppens, Yves, 67
Coq de Suie, 445
Corbaz, Aloïse, 1458
Corbin, Henry, 1516
Corday, Charlotte, 898, 900, 902
Coré, 340
Corneille, Guillaume, 1455
Corneille, Pierre, 313, 758, 805, 815, 818, 898
Corot, Camille, 1050, 1056-1058, 1171
Corrège, le, 705, 716, 721, 791, 1045
Cortés, Hernán, 666-667
Cortot, Jean-Pierre, 1068
Coste, Pascal, 182
Cotte, Robert de, 807, 927
Coty, René, 1380
Couperin, François, 795, 805, 935
Courbet, Gustave, 1034, 1051, 1057-1058, 1060, 1135, 1171
Cournot, Antoine Augustin, 1081, 1095

Cousin, Jean, 738
Cousin, Victor, 825
Coustou, Guillaume, 928
Coustou, Nicolas, 812, 928
Couthon, Georges Auguste, 903
Couture, Thomas, 1054
Couve de Murville, Maurice, 1387
Coysevox, Antoine, 812, 928
Cranach l'Ancien, Lucas, 761-762
Cranach le Jeune, Lucas, 762
Cranmer, Thomas, 765, 777
Crassus, 362
Cratès de Thèbes, 334
Crawford, Marion, 1200
Crébillon père, 936
Crémone, Gérard de, 607
Cresson, Édith, 1395
Crétin, Guillaume, 742
Crispo, Giordano, 691
Critios, 303
Croce, Benedetto, 1485
Crome, John, 1115-1116
Cromwell, Oliver, 839-841
Cromwell, Richard, 840
Cronin, Archibald Joseph, 1484
Cronos, 169, 346-348
Cross, Henri, 1064
Crozat, Pierre, 925
Ctésibios d'Alexandrie, 382
Cuauhtémoc, 667
Cucchi, Enzo, 1471
Cueco, Henri, 1466
Cui, César Antonovitch, 1110
Cuitlahuac, 667
Cumberland, duc de, 951
Cunningham, Alexander, 130
Cunobelinus, 115
Curie, Marie, 1100
Curie, Pierre, 1100
Curtius, Ernst, 1094
Cusi Coyllur, 664
Custer, George A., 1194
Cuvier, Georges, 56, 63, 1120-1122
Cyaxare, 111, 320
Cybèle, 395
Cynewulf, 525
Cyrus II le Grand, 111, 156, 158, 175, 177-178, 181, 183, 234, 248

Dagda, 123-125
Dagobert Ier, 448-449
Daguerre, Louis, 1097

Dahn, Félix, 1138
Dai Zhen, 1010
Dainichi Nōnin, 646
Dainichi Nyorai, 646
Daladier, Édouard, 1240, 1244
D'Alembert, Jean le Rond, 15, 909, 911-912, 946-947
Dalí, Salvador, 722, 1059, 1318, 1320, 1323
Dalla Chiesa, Carlo, 1414
Damase, 413
Damiens, Robert François, 889
Damophon de Messène, 306
Dan, 221
Dandolo, Enrico, 563
Daniel, 225, 236
Daniel Moskovski, 545
D'Annunzio, Gabriele, 1173, 1263-1264, 1266
Dante Alighieri, 387, 533, 536-537, 685, 701, 971, 1048, 1069, 1115
Danto, Arthur, 1454
Danton, Georges Jacques, 896, 898-899, 905, 944
Darboy, Georges, 1035
Darius Ier, 111-112, 178-179, 181-184, 209, 248
Darius II, 184
Darius III Codoman, 180
Darlan, François, 1363
Darnand, Joseph, 1363-1364
Dart, Raymond, 69
Darwin, Charles, 922, 1122-1124, 1126
Daumier, Honoré, 1049, 1058
David, 206, 218, 227-230, 232, 235, 402, 743, 884
David, Jacques-Louis, 902, 934, 1020, 1046, 1162, 1170
Davioud, Gabriel, 1067
Davis, Jefferson, 1194
Davis, Miles, 1532
De Chirico, Giorgio, 1306, 1318, 1320, 1322
De Gaulle, Charles, 10, 1225, 1292, 1353-1354, 1357, 1364, 1369-1372, 1375, 1377, 1379-1387, 1393, 1407
De Gaulle, Yvonne, 1381, 1384
De Klerk, Frederik Willem, 1544
De Kooning, Willem, 1459-1460
De Maria, Pierre, 1471
De Valera, Eamon, 1259
De Vere Stacpoole, Henry, 1119
Déat, Marcel, 1363-1364
Debré, Michel, 1382-1383
Debré, Robert, 1383

Debret, François, 1049
Debussy, Claude, 1080, 1530
Dèce, 400
Déchelette, Joseph, 109
Dee, John, 13
Déesse-soleil d'Arinna, 161
Deffand, marquise du, 909
Defferre, Gaston, 1387
Defoe, Daniel, 955, 1002
Degas, Edgar, 1056-1058, 1063, 1198
Déjocès, 174
Delacroix, Eugène, 533, 986, 1046-1048, 1057-1058
Delanoé, Bertrand, 1398
Delaunay, Robert, 1306, 1309, 1311, 1315-1316
Deleuze, Gilles, 24, 1151, 1453, 1504, 1518, 1522
Délia, 387
Della Robbia, Luca, 705, 716
Dell'Abbate, Niccolò, 739
Delorme, Philibert, 737, 741
Delors, Jacques, 1396
Déméter, 340, 347
Démétrios de Phalère, 311
Démétrius d'Apamée, 350
Démocrite, 325, 336-337, 1154
Démodocos, 308
Démosthène, 295, 314
Deng Xiaoping, 1446-1448, 1540
Denikine, Anton, 1282
Denis, Maurice, 1059, 1063, 1065
Dents-Luisantes, 442
Denys d'Halicarnasse, 353, 383
Denys l'Aréopagite, 496
Déon, Michel, 1474
Derain, André, 1059, 1306
Derjavine, Gabriel, 993
Dermée, Paul, 1317-1318
Déroulède, Paul, 1040
Derrida, Jacques, 24, 1453, 1509, 1518, 1520-1521
Des Autels, Guillaume, 745
Desai, Anita, 1497
Desborough, Vincent Robin d'Arba, 289
Descartes, René, 11, 23, 351, 786-787, 805, 822-826, 836-837, 842, 845, 847-848, 854, 946-947, 1101, 1518
Deschanel, Paul, 1236
Désirée, 433
Desmarets de Saint-Sorlin, Jean, 815
Desmoulins, Camille, 899-900, 903, 905
Desnos, Robert, 1319

INDEX DES NOMS 1561

Desnoyers, Jules, 65
Despentes, Virginie, 1476
Destutt de Tracy, Antoine, 949
Detienne, Marcel, 343
Devade, Marc, 1467
Devaki, 245
Devaquet, Alain, 1395
Devi, Mahasweta, 1497
Dewey, John, 1201-1202
Dezeuze, Daniel, 1467
Dhanvatari, 263
Di Rosa, Hervé, 1471
Diaghilev, Serge de, 1180
Diane, 932
Diane de Poitiers, 738
Dias, Bartolomeu, 687
Dickens, Charles, 1118-1119, 1164
Diderot, Denis, 699, 907, 909, 911-912, 929-931, 934, 936-937, 939-940, 944, 949, 1046
Didier, 433
Didius Julianus, 366
Diego, Gerardo, 1486
Dieulafoy, Jeanne, 183
Dieulafoy, Marcel, 183
Dilthey, Wilhelm, 1514
Dimitri III, 859
Dimitri IV, 545
Dinarque, 314
Dinocratès de Rhodes, 212
Dioclétien, 363, 366-367
Diodore de Sicile, 156, 317, 319
Diogène de Babylone, 379
Diogène de Sinope, 334
Diogène Laërce, 322
Dion Cassius, 383, 393-394
Dionysos, 162, 212, 340, 1150
Diophante, 213
Disraeli, Benjamin, 1112, 1118
Djéser (Djoser), 190
Djong Yak-Yong, 882
Dnyaneshwar, 869
Dogen, 646
Dōkyō, 630
Dolce, Pietro, 699
Dom Pernetti, 918
Domenico Ghirlandaio, 718
Domitien, 364-365, 374, 388, 393
Don Juan, 1149
Don Quichotte, 1517
Donatello, 304, 701, 705, 710, 712, 715-716
Dönitz, Karl, 1255, 1360
Donizetti, Gaetano, 1110

Dorat, Jean, 745
Doriot, Jacques, 1363
Dos Passos, John, 1487
Dostoïevski, Fiodor Mikhaïlovitch, 1182-1183
Dotremont, Christian, 1455
Douglas-Home, Alec, 1406
Doumer, Paul, 1239
Doumergue, Gaston, 1241
Downing, Andrew Jackson, 1197
Doyen, Gabriel François, 1179
Doyle, Arthur Conan, 1119
Drachmann, Holger, 1185
Dracon, 291
Drexter, Anton, 1248
Dreyfus, Alfred, 1039, 1041-1042, 1231, 1329
Drieu La Rochelle, Pierre, 1363
Drona, 243
Drumont, Édouard, 1041
Drusus, 392
Drusus II, 373
Du Bellay, Joachim, 742, 745-747
Du Pont de Nemours, Éleuthère Irénée, 1103
Du Vair, Guillaume, 379
Dubček, Alexander, 1425-1426
Dubois, Ambroise, 739
Dubois, Eugène, 69, 75
Dubois, Guillaume, 888
Dubreuil, Toussaint, 738-739
Dubuffet, Jean, 1458
Duc, Joseph Louis, 1067
Ducatel, Louis, 1387
Duchamp, Marcel, 17, 1059, 1309, 1315, 1317-1319, 1321, 1327, 1333, 1456, 1461
Duchet, Claude, 1482
Duclos, Jacques, 1387
Dufaure, Jules, 1037
Dufay, Guillaume, 750
Dufort, Yves, 1531
Dumas, Alexandre, 798, 1073, 1094, 1170, 1493-1494
Dumézil, Georges, 1523
Dumont, Auguste, 1068
Dumont, René, 1389
Dumouriez, Charles François, 895, 899
Dumuzi (Tammuz), 141-142
Duns Scot, Jean, 471, 491, 526-527
Dunstable, John, 750
Dupont, Florence, 19
Dupré, Jules, 1049
Dupré, Julien, 1051
Duquesney, François-Alexandre, 1066

Durand, Asher, 1198
Durand-Ruel, Paul, 1054-1057
Duras, Marguerite, 1478, 1480
Dürer, Albrecht, 696, 702, 744, 762, 777, 1135
Durgā, 244
Durkheim, Émile, 1085, 1087, 1090-1094, 1504
Durrell, Lawrence, 1484
Duseigneur, Jehan, 1068
Duval, Paul-Marie, 109
Dvořák, Antonin, 1110
Dzerjinski, Felix, 1283

Ea, 142, 145, 147
Eannatum, 144-145
Ebert, Friedrich, 1245-1247
Ebih-Il, 144
Éboué, Félix, 1354, 1364
Echeverria, Esteban, 1491
Eck, Jean, 773
Eco, Umberto, 1481
Eden, Anthony, 1406
Edmond Côte de Fer, 517
Édouard Ier d'Angleterre, 520
Édouard II d'Angleterre, 520-521
Édouard III d'Angleterre, 488, 521
Édouard IV d'Angleterre, 523
Édouard V d'Angleterre, 523, 765
Édouard VI d'Angleterre, 765
Édouard VII du Royaume-Uni, 1112
Édouard VIII du Royaume-Uni, 1260, 1411
Édouard de Middleham, 523
Édouard l'Ancien, 517
Édouard le Confesseur, 517-518
Edwards, Jonathan, 1002
Egas, Enrique, 754
Egbert de Trèves, 510, 568
Éginhard, 448, 484
Ehrard, Ludwig, 1402
Eichendorff, Joseph von, 1139
Eichmann, Adolf, 1512
Eichordt, Ludwig, 1136
Eiffel, Gustave, 1067
Einstein, Albert, 31, 35, 39-41, 43-44, 1343
Eisai, 646
Eisaku Satō, 1450
Eisenhower, Dwight David, 1357, 1418, 1434-1435
Ekkehard de Saint-Gall, 511
Eknath, 869
El, 169

El Cid Campeador, 539, 541, 758
El-Hadj Omar, 1217
Eliade, Mircea, 257, 344
Élie, 225, 232
Eliot, George, 1118-1119
Élisabeth d'York, 765, 767
Élisabeth Ire d'Angleterre, 754, 766-768, 995
Élisabeth Ire de Russie, 992
Élisabeth II d'Angleterre, 1411
Élisée, 232
Ellington, Duke, 1532
Ellis, Bret Easton, 1490
Ellison, Ralph, 1488
Elstir, 1331
Eltsine, Boris, 1429-1431
Éluard, Paul, 1319, 1334-1335, 1473
Emerson, Ralph Waldo, 1199, 1201
Émery, Michel Particelli d', 800
Emmanuel, 225
Empédocle, 321-322
Empereur, Jean-Yves, 213
Encolpe, 389
Énée, 19, 360, 362, 395
Énésidème, 335, 379
Engels, Friedrich, 1108-1109, 1154
Enki, 139, 145
Enkidu, 146-147
Enlil, 145, 147
Ensor, James, 1162
Éphialtès, 179
Éphraïm, 232
Épicharme, 311
Épictète, 338, 379-380
Épicure, 336-337, 378, 1154
Épigonos, 306
Épinay, marquise d', 932
Épiphane, 408
Epona, 121
Érasistrate, 213-214, 349
Érasme, 689, 741-742, 749, 760-761, 763, 765, 773, 778
Erckmann, Émile, 1164
Érèbe, 346
Érechthée, 301
Ereshkigal, 142, 147
Eridu, 157
Ernest-Auguste Ier de Hanovre, 1112
Ernst, Max, 1059, 1317-1322
Erzulie, 1214
Escalon de Fonton, Max, 90
Eschenbach, Wolfram von, 512
Eschine, 314
Eschmoun, 169

Eschyle, 312-313, 347
Escrivá de Balaguer, José Maria, 1418
Esculape, 398
Ésope, 311, 388, 511, 817
Esquirol, Jean Étienne Dominique, 1100
Esterházy, Charles-Ferdinand, 1041
Estève, Maurice, 1311
Estienne, Henri Ier, 689
Estienne, Robert, 689, 742
Estrée, Gabrielle d', 738
Esus, 120
Etana, 149
Ethelred le Malavisé, 517
Étienne d'Alexandrie, 607
Étienne de Blois, 518-519
Étienne II, 433, 451
Étienne IV, 452
Étienne (saint), 831
Euclide, 213, 215, 350, 397, 605, 1007-1008, 1342
Euclion, 384-385
Eudes de France, 453
Eudoxe, 350
Eugène de Savoie-Carignan, 967
Eugène IV, 473, 565
Eugénie de Montijo, 1029, 1032
Euripide, 313
Europe, 9
Eurydice, 309, 344-345
Eusèbe de Césarée, 411
Eusèbe de Nicomédie, 368, 411
Eusèbe de Verceil, 415
Eustache, Jean, 1480
Eustachi, Bartolomeo, 349
Euthyme le Grand, 417
Eutychès, 413
Evans, Arthur, 290
Ève, 222
Évhémère, 344
Ewuare le Grand, 678
Exter, Alexandra Alexandrovna, 1311
Ezana, 284
Ézéchias, 233
Ézéchiel, 223, 233, 235-236

Fabius, Laurent, 1394
Fabre d'Églantine, 896
Fagg, Bernard, 284
Fahrenheit, Daniel Gabriel, 921
Falcone, Giovanni, 1414
Falconer, Hugh, 63
Falconet, Étienne Maurice, 928, 1181
Falkenhayn, Erich von, 1224-1225
Fallières, Armand, 1044
Falloux, comte de, 1027
Fancelli, Lucas, 709
Fanfani, Amintore, 1413
Fantin-Latour, Ignace Henri, 1052
Faraday, Michael, 1097
Farbauti, 443
Farinelli, 984
Farnèse, Alexandre (cardinal, futur pape Paul III), 792, 794
Farnèse, Élisabeth, 982-983
Farnèse, Ranuccio, 794
Farrère, Claude, 1239
Fasiladas, 883, 1013
Fatima, 577, 593-594
Fatimides, 593
Fattori, Giovanni, 1171
Faulkner, William, 1487, 1490
Fautrier, Jean, 1459
Favart, Charles-Simon, 935
Februns, 356
Fédor Ier, 859
Fédor II, 859
Fédor III, 859
Félix V, 473
Fénelon, 818-820, 825, 938
Feng Youlan, 1348
Fenrir, 441, 443, 445
Ferdinand Ier d'Autriche, 1131
Ferdinand Ier des Deux-Siciles, 963
Ferdinand Ier du Saint-Empire, 754
Ferdinand Ier le Grand, 539
Ferdinand II d'Aragon, 540, 684, 731
Ferdinand II du Saint-Empire, 835
Ferdinand III de Castille, 540
Ferdinand III du Saint-Empire, 835
Ferdinand IV de Toscane, 1165
Ferdinand VI d'Espagne, 982-984
Ferdinand VII d'Espagne, 985, 1159-1160
Fermat, Pierre de, 786
Ferré, Léo, 1335
Ferro, Marc, 21
Ferry, Jules, 1038-1039
Ferry, Luc, 1469
Ferstel, Heinrich von, 1136
Feuerbach, Ludwig, 1051, 1148, 1153, 1155
Feyerabend, Paul, 1518
Fichte, Johann Gottlieb, 1082, 1139-1144, 1152
Ficin, Marsile, 691-694, 710-711
Fielding, Henry, 955, 1002
Fieschi, Giuseppe, 1025

Figaro, 944
Fillon, François, 1399
Finley, Moses I., 19
Fioravanti, Aristote, 569
Fīrūz Shāh, 615
Fisher, John, 777
Fitzgerald, Edward, 590
Fitzgerald, Scott, 1487-1488
Fjalarr, 445
Flandin, Eugène, 182
Flaubert, Gustave, 25, 1078, 1182
Flavius Arrien, 380
Flavius Josèphe, 401, 404
Fleury, André Hercule de, 889
Flore, 395, 932
Florian, Jean-Pierre Claris de, 917
Foch, Ferdinand, 1222, 1229
Fogazzaro, Antonio, 1172
Foigny, Gabriel de, 907
Fontaine, Pierre, 1066, 1070
Fontenelle, Bernard de, 820, 825, 836, 907, 921, 945
Fonvizine, Denis, 993
Ford, Gerald, 1438
Forseti, 443
Förster, Bernard, 1152
Förster-Nietzsche, Elisabeth, 1150, 1152
Fortuny, Mariano, 1162
Foscolo, Ugo, 1171
Foucault, Michel, 909, 1342, 1345, 1504, 1508-1509, 1516, 1523, 1528-1530
Fouché, Joseph, 900, 1019
Foujita, Léonard, 1316
Fould, Achille, 1031
Fouquet, Nicolas, 806-807, 811, 817
Fouquier-Tinville, Antoine, 895, 900
Fourcroy, Antoine François de, 923
Fourier, Charles, 1104-1105, 1155, 1182
Fra Angelico, 705, 710, 716
Fragonard, Jean Honoré, 929, 931, 934
France, Anatole, 1329
Franck, Bernard, 1474
Franco, Francisco, 1242, 1273-1276, 1417-1418, 1420
François (pape), 7, 1416
François d'Alençon, 735
François d'Assise, 470, 482, 706
François de Guise, 734
François de Sales, 776
François-Ferdinand d'Autriche, 1134, 1221
François Ier, 688-689, 718, 731-733, 738-741, 743, 766, 861
François-Joseph Ier d'Autriche, 1131, 1249

François Ier d'Autriche, 1129-1130
François Ier du Saint-Empire, 968
François II de France, 733-734
François II de Habsbourg-Lorraine, 962
François II des Deux-Siciles, 1169
François II du Saint-Empire, 894, 1020, 1129
François Xavier, 633, 775, 876
Francon de Cologne, 499
Frank, Hans, 1360
Franklin, Benjamin, 921, 1002, 1189
Frazer, James George, 1087, 1125-1127
Frédégonde, 448
Frédéric Ier Barberousse, 462, 505, 562
Frédéric Ier de Prusse, 967
Frédéric II de Danemark, 36
Frédéric II de Hohenstaufen, 505-506
Frédéric II de Prusse, 909, 939, 967-968
Frédéric II de Sicile, 536
Frédéric III d'Allemagne, 1133
Frédéric III du Saint-Empire, 508
Frédéric le Sage, 773
Frédéric-Guillaume Ier de Prusse, 967
Frédéric-Guillaume II de Prusse, 968, 1137
Frédéric-Guillaume IV de Prusse, 1131, 1136
Frederick d'York, 952
Frege, Gottlob, 339, 1340
Fréminet, Martin, 738-739
Fresnel, Augustin, 1096
Freud, Sigmund, 23, 344, 1100-1102, 1119, 1149, 1323, 1334, 1341, 1482, 1502, 1529
Freyja, 444
Freyr, 444
Friedmann, Alexandre, 31
Friedrich, Caspar David, 1134
Frigg, 442-443
Frija, 436
Fritsch, Théodore, 1152
Froissart, Jean, 488
Fromm, Erich, 1500
Frumentius, 284
Fujiwara no Michinaga, 630
Fujiwara no Yorimichi, 635
Fujiwara Takanobu, 638
Fuller, Margaret, 1199
Fulrad, 454
Fumimaro Konoe, 1303
Funa, 356
Fustel de Coulanges, Numa Denis, 919, 1086, 1095
Fuxi, 264, 267
Fuzûlî, 863

INDEX DES NOMS

Gabo, Naum, 1327, 1461
Gabriel, Ange Jacques, 928
Gabriel (archange), 572, 574
Gad, 221
Gadamer, Hans Georg, 1503, 1514
Gaddi, Agnolo, 702
Gagarine, Youri, 1425
Gage, Thomas, 999
Gaïa, 346-347, 585
Gainsborough, Thomas, 954, 966
Galba, 365
Galère, 410
Galien, 349, 398, 605-606
Galigaï, Léonora, 797
Galilée, 36, 330, 787, 820-822, 845
Gall de Suisse, 420
Galla Placidia, 548, 551
Gallé, Émile, 1068
Galle, Johann Gottfried, 1096
Gallien, 421
Gallieni, Joseph, 1222-1223
Gallus, 386
Galton, Francis, 1124
Galus Sextius Galvinus, 118
Galván, Manuel de Jesús, 1491
Gama, Vasco de, 687, 1007
Gambetta, Léon, 1037-1038
Gandhi, Indira, 1295
Gandhi, Mohandas Karamchand, 1295
Gandhi, Rahul, 1296
Gandhi, Rajiv, 1295
Gandhi, Sonia, 1296
Ganesh, 244
Ganjin, 646
Gao Kegong, 624
Gao Xingjian, 1475
Gaozu (Li Yuan), 616, 618
Gaozu (Liu Bang), 270
Gapone, Gueorgui, 1278
García Lorca, Federico, 1486
Gargantua, 749
Garibaldi, Giuseppe, 963, 1168-1169
Garnier, Charles, 1067, 1324
Garuda, 246
Gary, Romain, 1377, 1475
Gasperi, Alcide de, 1413
Gassendi, 823
Gaston de Foix, 731
Gau, François Christian, 1067
Gauchet, Marcel, 24, 1516
Gaudí, Antonio, 1068, 1163
Gaudin, Martin Michel Charles, 1019
Gauguin, Paul, 1056, 1062-1063, 1065, 1307
Gautier, Théophile, 1075
Gaveston, Pierre, 521
Gbagbo, Laurent, 1543
Gebra Maskal Lalibela, 671
Gélase Ier, 414
Gelede, 677
Gemmei, 274, 629, 634
Gengis Khân, 544, 564, 619, 866
Genséric, 418-419, 431, 549
Gensho, 641
Gentile da Fabriano, 714, 721
Gentileschi, Orazio, 791
Genyoku Kuwaki, 1347
Geoffrin, Marie-Thérèse, 909
George, Lloyd, 1231, 1258
George Ier de Grande-Bretagne, 951
George II de Grande-Bretagne, 951
George III du Royaume-Uni, 952, 954, 1111-1112
George IV du Royaume-Uni, 952, 1111
George V du Royaume-Uni, 1260
George VI du Royaume-Uni, 1260, 1411
Gerbillon, Jean-François, 1007-1008
Gerdr, 444
Géricault, Théodore, 1047, 1058
Germanicus, 373
Gersimi, 444
Gervais, Paul, 65
Gerville, Charles de, 473
Géryon, 833
Geshtinanna, 142, 150
Ghezo, 1213-1214
Ghiberti, Lorenzo, 705, 708, 710, 712, 715
Ghiyas ud-Din Tugluk, 615
Ghosh, Amitav, 1485
Giacometti, Alberto, 1321
Gide, André, 1296, 1476
Gilgamesh, 139, 146-147, 149, 161
Gillespie, Dizzy, 1532
Gillet, Nicolas François, 1180
Gillot, Claude, 930
Giolitti, Giovanni, 1265-1266
Giorgione, 533, 705, 723-724, 763
Giotto di Bondone, 7, 482, 697, 704, 706-707, 712, 1464
Girard, René, 1516
Girardon, François, 807, 811-812
Giraud de Barri (ou Giraud le Cambrien), 525
Giraud, Henri, 1354, 1357
Giraudoux, Jean, 341, 1329, 1335
Girodet, 934

Giscard d'Estaing, Valéry, 1385, 1389-1390, 1392, 1397
Giusti, Giuseppe, 1172
Gladstone, William, 1112-1113
Glass, Philip, 1531
Gléglé, 1214
Gleizes, Albert, 1307, 1309
Gleyre, Charles, 1053
Glinskaya, Elena, 545
Glory, André, 87
Gluck, Christoph Willibald von, 795, 935
Glycon d'Athènes, 306
Gobineau, Joseph Arthur de, 1124
Go-Daigo, 632
Godard, Jean-Luc, 1480
Godechot, Jacques, 915
Godefroy V Plantagenêt, 518
Gödel, Kurt, 1338
Godoy, Manuel, 984-985
Goebbels, Joseph, 1253, 1256
Goebbels, Magda, 1256
Goering, Hermann, 1354, 1360
Goethe, Johann Wolfgang von, 970-972, 1054, 1074, 1136, 1139, 1142, 1201, 1247
Gogol, Nicolas Vassiliévitch, 1181, 1183
Go-Komatsu, 632
Gold, Thomas, 40
Goldfaden, Avrom, 1492
Golding, John, 1309
Golding, William, 1484
Goldmann, Lucien, 1481-1482
Goldoni, Carlo, 966
Goliath, 227
Golitsyne, 860
Golzius, Hendrik, 760
Gómez de Mora, Juan, 833
Gongdi, 272
Góngora y Argote, Luis de, 756, 1491
Gontcharova, Nathalie, 1316
Gonzales, Eva, 1056
González, Felipe, 1420
Gorbatchev, Mikhaïl, 1427-1429, 1440
Gordios, 162
Gordon, Charles, 1204
Gordon Childe, Vere, 92
Gordon, Patrick, 989
Gorgias, 334
Gorgulov, Paul, 1239
Göring, Hermann, 1250, 1256
Gorki, Maxime, 1183
Gorky, Arshile, 1059
Go-Sanjō, 631

Gossec, François Joseph, 935
Gottfried de Strasbourg, 512
Gottschalk d'Orbais, 494
Goudimel, Claude, 229
Gouges, Olympe de, 904
Gouin, Félix, 1369
Goujon, Jean, 737, 741
Gournay, Vincent de, 945
Goya, Francisco de, 723, 985-986, 1055, 1159, 1162
Goytisolo, Juan, 1486
Grabbe, Christian Dietrich, 1138
Gracián y Morales, Baltasar, 755
Gracq, Julien, 1473, 1476
Gramme, Zénobe, 1097
Gramsci, Antonio, 1485
Grande Mademoiselle, la, 801
Grandi, Dino, 1266
Grant, Ulysse S., 1194
Grass, Günter, 1483
Gratien, 547
Greco, le, 755, 830-832
Greene, Graham, 1484
Grégoire de Naziance, 413-414, 548
Grégoire de Nysse, 414
Grégoire de Tours, 431
Grégoire Ier le Grand, 421, 463-464
Grégoire VII, 462, 464-466
Grégoire XI, 472
Grégoire XII, 473
Grégoire XIII, 397
Grendel, 484
Greuze, Jean-Baptiste, 933-934
Grévy, Jules, 1037, 1039
Grey, Charles, 1111
Grey, Jeanne, 766
Griffith, Francis Llewellyn, 283
Grignan, Madame de, 816
Grillo, Beppe, 1416
Grillparzer, Franz, 1139
Grimm, Jacob, 910, 1139
Grimm, Wilhelm, 1139
Grimoald, 432
Grince-Dents, 442
Gris, Juan, 1059, 1307, 1309
Grisey, Gérard, 1531
Gromaire, Marcel, 1316
Gropius, Walter, 1325, 1454
Grosz, George, 1317
Grotius, 854
Grünewald, Matthias, 762
Gu, 1214
Guan Hanqing, 626

Guangxu, 1007
Guardi, Francesco, 966
Guarino Veronese, 392
Guattari, Félix, 1518, 1522
Gudea, 149-150
Guderian, Heinz, 1352
Guénolé de Landévennec, 416
Guggenheim, Peggy, 1460
Guglielmo, Ciardi, 1171
Guillaume de Champeaux, 492
Guillaume de Lorris, 487, 490, 689
Guillaume de Malmesbury, 525
Guillaume de Prusse, 1224
Guillaume d'Ockham, 330, 471, 491-493, 526-528, 685
Guillaume Ier d'Allemagne, 1131-1133
Guillaume Ier d'Aquitaine, 416
Guillaume II d'Allemagne, 1133-1134, 1136, 1228, 1245, 1360
Guillaume III d'Orange-Nassau, 841-842, 847
Guillaume IV, 1111
Guillaume le Conquérant, 439, 515, 518, 526
Guillaume le Roux, 518
Guillaumin, Armand, 1055-1056
Guillet, Pernette du, 750
Guimard, Hector, 1068
Guitry, Sacha, 1335
Guittone d'Arezzo, 536
Guizot, François, 1025, 1095
Gullinborsti, 444
Gullinkambi, 445
Gunther, 418
Guo Xi, 623
Guru Nānak, 616
Gusdorf, Georges, 920, 1073
Gutenberg, Johannes, 500, 688
Guthrum l'Ancien, 516
Guynement de Kéralio, Louise-Félicité, 905
Guyton de Morveau, Louis Bernard, 922

Habacuc, 223, 233, 237, 407
Habermas, Jürgen, 1469, 1500, 1502-1504, 1508, 1519
Hácha, Émil, 1351
Hadad, 169, 173
Hadadézer, 228
Hadès, 209, 309, 345, 347, 349
Hadj, Messali, 1244
Hadot, Pierre, 256, 1508
Hadrien, 215, 365, 371, 373, 376-377, 381, 393, 550
Hadrien Ier, 455
Haendel, Georg Friedrich, 795
Hahn, Hans, 1338
Hajime Sugiyama, 1303
Hajime Tanabe, 1347
Halimi, Gisèle, 1390
Halley, Peter, 1471
Hallyday, Johnny, 11
Hals, Frans, 789, 851
Hamilton, Richard, 1456
Hammourabi de Babylone, 150, 152-153
Hammourabi d'Ougarit, 174
Hamsun, Knut, 1186
Han Guang Wudi, 270
Han Yu, 625
Hanabuso Itcho, 878
Hannibal, 392
Hannon, 168
Harald III de Norvège, 518
Harambourg, Lydia, 1316
Harding, Warren Gamaliel, 1289
Hardouin-Mansart, Jules, 806-807, 927
Haring, Keith, 1471
Harnett, William H., 1198
Haro y Sotomayor, Luis de, 829
Harold Ier Pied-de-Lièvre, 517
Harold II, 518
Haroun al-Rachid, 587-588
Harpagon, 384
Harshavardhana (ou Harsha), 609
Hartung, Hans, 1459
Harvey, William, 788
Hasegawa Tohaku, 875
Hassan, 580
Hassan, Ihab, 1469
Hastings, Warren, 1004
Hatchepsout, 199, 202
Hattusil III, 161
Haussmann, Georges Eugène, 1032, 1066-1067, 1136
Havel, Vaclav, 1428
Hawking, Stephen, 42
Haydn, Joseph, 936
Hayez, Francesco, 1171
Heath, Edward, 1407
Hebat, 161, 164
Hébert, Jacques René, 896, 901
Hebieso, 1214
Hécatée de Milet, 110, 316
Hector, 308
Hegel, Georg Wilhelm Friedrich, 18, 691, 1140-1141, 1143-1145, 1147-1148, 1153-1155, 1202, 1347-1348, 1502-1503, 1522

Heidegger, Martin, 1338, 1341, 1343-1345, 1502, 1506, 1510, 1514, 1521
Heine, Heinrich, 1138
Heinzelin, Jean de, 88
Heisenberg, Werner, 44
Hel, 443
Hélène, 340
Hélène (sainte), 423, 525, 884
Héliogabale (ou Élagabal), 366
Hélios, 213, 342
Héloïse, 494
Helvétius, Claude Adrien, 21, 906, 909, 912, 1178
Héméré, 346
Hemingway, Ernest, 1487, 1490
Hémiounou, 191
Hendrix, Jimmy, 1533
Hennique, Léon, 1078
Henri de Guise (le Balafré), 735-736
Henri le Navigateur, 687
Henriette d'Angleterre, 818
Henriette de France, 818
Henriot, Émile, 1478
Henri Ier Beauclerc, 518
Henri Ier de Bourbon, 735
Henri Ier de Constantinople, 563
Henri Ier de Germanie, 503
Henri II de Bavière, 511
Henri II de Condé, 797
Henri II de France, 689, 733, 737, 766
Henri II de Guise, 963
Henri II de Longueville, 800
Henri II de Montmorency, 799
Henri II le Saint, 504
Henri II Plantagenêt, 456, 519
Henri III d'Angleterre, 520, 523
Henri III de France, 735, 738
Henri III du Saint-Empire, 504
Henri IV d'Angleterre, 521
Henri IV de Castille, 687
Henri IV de France, 734-736, 738-739, 754, 797, 800-801, 814-815, 853, 914
Henri IV du Saint-Empire, 462, 466, 504
Henri V d'Angleterre, 521
Henri V du Saint-Empire, 456, 467, 504, 518, 532
Henri VI d'Angleterre, 521-523
Henri VI du Saint-Empire, 505
Henri VII d'Angleterre, 523, 683, 765-767
Henri VIII d'Angleterre, 731-732, 763, 765-767, 777
Henry, Hubert-Joseph, 1042
Henry, Michel, 24, 1516

Héphaïstos, 346
Hepit, 164
Héra, 307, 340, 342, 347
Héraclès, 293, 311, 340, 344, 346
Héraclite, 322, 1522
Héraclius, 558
Héraklès, 124
Herbin, Auguste, 1314, 1462
Hercule, 112, 124, 371, 738, 792
Herder, Johann Gottfried von, 23, 970-972, 1182
Heredia, José Maria de, 273, 1076
Hérihor, 207-208
Hermès, 340
Hermodr, 443
Hermogénès de Priène, 301
Hérode, 230-231, 237, 400-401, 582
Hérodote, 110-111, 113, 175, 177, 187, 270, 290, 296, 315-317, 340, 353
Hérophile, 214
Herrera, Juan de, 754, 833
Herriot, Édouard, 1237
Herzen, Alexandre, 1176
Hésiode, 165, 310-311, 340, 343, 346-347, 1069
Hess, Moses, 1108
Hess, Rudolf, 1249, 1360
Hesse, Hermann, 1483
Hestia, 113, 347
Heym, Georg, 1483
Hichām, 580
Hi-Chang, 1010
Hideki Tojo, 1303, 1361
Hiéron de Syracuse, 311
Hilarion de Gaza, 417
Hildebrand, Adolf von, 1137
Hildegarde, 455
Hilliard, Nicolas, 768
Himilcon, 168
Himmler, Heinrich, 1256
Hindenburg, Paul von, 1225, 1228, 1247, 1250-1252
Hipparchia, 334
Hipparque, 34, 215
Hippias d'Élis, 18, 327
Hippocrate, 349-350, 605
Hippolyte, 408
Hiram, 231
Hirohito, 1300, 1303-1304, 1359, 1451
Hiroshige, Utagawa, 1210
Hisahito d'Akishino, 1451
Hitler, Adolf, 1124, 1243-1244, 1248-1252,

INDEX DES NOMS

1254-1256, 1276, 1287, 1323, 1351, 1354-1355, 1357, 1359, 1362, 1499
Hiyeda no Are, 274
Hnoss, 444
Hồ Chí Minh, 1374, 1376
Hobbes, Thomas, 822-823, 842, 845-847, 849, 942, 1153, 1155
Hobrecht, James, 1136
Hoffmann, Ernst Theodor Amadeus, 1139
Hogarth, William, 953-954
Hokusai, 1207, 1209-1210
Holbach, baron d', 912, 1155
Holbein l'Ancien, Hans, 763
Holbein le Jeune, Hans, 760, 763, 768
Hölderlin, Friedrich, 23, 1139
Holiday, Billie, 1532
Holinyard, E.J., 607
Hollande, François, 1400
Homère, 307-308, 310-311, 340, 537
Hon'Ami Koetsu, 878
Hongwu, 620, 869
Hongxi, 869
Honnecourt, Villard de, 479
Honorius, 368, 418, 515, 548
Honorius III, 471
Hood, John B., 1194
Hooker, Joseph, 1194
Hoover, Herbert C., 1290-1291
Horace, 9, 336, 338, 364, 383, 387, 699-700, 745-746, 970
Horatius Coclès, 395
Horkheimer, Max, 1499-1501
Horus, 188, 192-193, 210
Hottinger, Johann, 1135
Houdar de La Motte, Antoine, 820
Houdon, Jean-Antoine, 929
Houni, 191
Houram-Abi, 231
Hoyle, Fred, 31, 40-42
Hrosvitha, 511
Hu Jintao, 1448
Hu Shi, 1348
Hu Yaobang, 1447-1448
Hua Guofeng, 1447
Huang Gongwang, 624
Huang Taiji, 870, 1006
Huascar, 662
Huayna Cápac, 662, 664
Hubble, Edwin Powell, 41
Huber, Wolf, 762
Hudson, Henry, 995
Hugenberg, Alfred, 1248
Hugo, Victor, 344, 1028, 1072-1074, 1493

Hugues Capet, 453, 455
Huian-Tsang, 621
Huitzilihuitl, 665
Huitzilopochtli, 666, 668
Huizong, 623
Humāyūn, 866, 868
Humbert Ier d'Italie, 1169
Humboldt, Alexander von, 919
Hume, David, 822, 842, 910, 955, 958-960, 973-974, 1087, 1522
Hunahpu, 656
Hund, baron de, 918
Huss, Jean, 508
Hussein (roi de Jordanie), 1536
Hussein, Saddam, 1440, 1442, 1537
Husserl, Edmund, 328, 1338, 1340-1343, 1506, 1514
Huszár, Vilmos, 1314
Hutten, Ulrich von, 777-778
Huysmans, Joris-Karl, 1078-1079
Hwanung, 129
Hymir, 443
Hypéride, 314

Iaroslav le Sage, 543
Ibárruri, Dolores, 1275
Ibn al-Azīz, Omar, 580
Ibn al-Nadīm, Abu Muhammad, 601
Ibn al-Qāsim, Muḥammad, 610
Ibn al-Walīd, Khâlid, 579
Ibn al-Yazid, Khâlid, 606
Ibn Anas, Mālik, 576
Ibn Arslan, Toghrul, 598
Ibn Bājjā, 587
Ibn Gabirol, Salomon, 603
Ibn ḥanbal, Aḥmad, 576
Ibn Ḥayyān, Jābir (Geber), 607
Ibn Isḥāq, Hunayn, 605
Ibn Qurra, Thâbit, 605
Ibn Tāshfīn, Yūsuf, 596
Ibn Tibbon, Samuel, 604
Ibn Tughluq, Muhammad, 615
Ibn Tūlūn, Ahmad, 588
Ibn Tūmart, Muhammad, 596
Ibn Yûssuf, Al-Hajjaj, 605
Ibsen, Henrik, 1186
Iddin-El, 143
Idris Ier, 591
Idris II, 591
Ignace de Loyola, 775
Igor, 546
Ihara, Saïkaku, 879

Ildico, 439
Illapa, 664
Ilusuma, 171
Il-yeon, 626
Imhotep, 190, 194
Immerman, Karl, 1138
Inanna (Ishtar), 141-142, 145, 147
Indra, 240, 242-243, 613, 647
Indravarman, 647-648
Ingres, Jean Auguste Dominique, 934, 1046-1047, 1049, 1051
Innocent III, 462-464, 467-468, 470-472, 505, 539
Innocent VI, 507
Innocent X, 833
Innocent XI, 786
Inshushinak, 155
Inti, 662, 664
Ionesco, Eugène, 1335, 1478
Irène (impératrice), 559
Irénée, 403, 408-409
Irving, Washington, 1198
Isaac, 218-220, 223, 226
Isaac Ier, 561
Isaac II Ange, 562-563
Isaac Israeli ben Salomon, 603
Isaac le Juif, 606
Isabelle d'Aragon, 481
Isabelle de Castille, 540, 684, 753
Isabelle de France, 521
Isabelle II d'Espagne, 1160-1161
Isaïe, 223, 233-234, 236
Isée, 314
Iseult, 486
Ishara, 164
Ishtar (Inanna), 141-142, 145, 147, 157, 161, 164, 173
Isidore de Milet, 553
Isis, 210, 390, 410, 436
Ismaël, 219, 226
Ismaïl, 578
Ismaïl Ier, 861
Ismail Pacha, 1032
Isocrate, 18, 314
Israfil (archange), 574
Issacar, 221
Ithobaal Ier, 232
Ito Jinsai, 881
Itzcoatl, 666
Itzmana, 655
Ivan Ier de Russie, 545
Ivan III de Russie, 545, 569
Ivan IV le Terrible, 544-545

Ivan V de Russie, 860
Ivan VI de Russie, 992
Iwasa Matabei, 878

Jackson, Andrew, 1191-1193
Jackson, Michael, 1457, 1533
Jackson, Thomas J., 1194
Jacob, 218-219, 221, 223
Jacob ben Isaac Ashkenazi de Janow, 1492
Jacob, François, 821
Jacob, Max, 1327, 1332
Jacobi, Friedrich Heinrich, 691
Jacobson, Max, 1435
Jacques, 404
Jacques Ier d'Angleterre, 766, 839, 842, 951, 995
Jacques II d'Angleterre, 841-842, 951, 996
Jagger, Mick, 1457
Jaguer, Édouard, 1455
Jahangir, 866
Jakobson, Roman, 1482
Jamal ad-Din al-Afgani, 1493
Jamblique, 381
James, Henry, 1199, 1201
James, William, 1201-1202
Jameson, Fredric, 1469
Jamyn, Amadis, 742
Janaka, 254
Janet, Pierre, 1100
Jansen, Zacharias, 787
Jansenius, 785
Japhet, 124
Jarīr al-ṭabarī, 589-590
Jarry, Alfred, 1335, 1478
Jaruzelski, Wojciech, 1394, 1426, 1428
Jason, 345
Jaspers, Karl, 1338
Jaurès, Jean, 1041-1043, 1221, 1242
Javeau, Claude, 11
Jayavarman II, 647, 649
Jayavarman VII, 648
Jayavarman VIII, 648
Jean, 235, 403-406, 476, 511
Jean Chrysotome, 414
Jean Damascène, 580
Jean de Gand, 521
Jean de Garlande, 499
Jean de la Croix, 471, 758
Jean de Luxembourg, 500
Jean de Meung, 487, 490, 689, 747
Jean de Salisbury, 491, 525
Jean de Souabe, 506

INDEX DES NOMS

Jean de Worcester, 525
Jean le Baptiste, 714, 720
Jean Paul (Johann Paul Friedrich Richter), 1139
Jean sans Terre, 519-520
Jean Scot Érigène, 494
Jean (usurpateur), 548
Jeanne d'Arc, 522
Jeanne la Folle, 753
Jeanne-Claude, 1466
Jean Ier Tzimiskès, 560
Jean II Comnène, 562
Jean II de France (Jean le Bon), 458
Jean II de Portugal, 687
Jean IV de Portugal, 829
Jean V Paléologue, 565
Jean VI Cantacuzène, 565
Jean XII, 465, 503
Jean XIII, 504
Jean XXII, 528
Jean XXIII, 473
Jean-Paul II, 36, 1125, 1427
Jefferson, Thomas, 1002, 1190, 1196
Jehoshaphat, 232
Jéhu, 232
Jenkins, Robert, 982-983
Jenney, William Le Baron, 1197
Jensen, Johannes Vilhelm, 1185
Jérémie, 223, 228, 233-236
Jéroboam Ier, 232
Jéroboam II, 232-233
Jésus-Christ, 185, 226, 235, 284, 367, 387, 399-400, 403-406, 409, 411-414, 421-423, 457, 467, 476, 480, 489, 509, 511, 524, 549, 552, 554, 556, 561, 566-567, 569, 574, 578, 699, 714, 771, 773-774, 793, 884, 1150, 1183
Jézabel, 232
Jianen, 869
Jiang Qing, 1447
Jiang Zemin, 1448
Jimenez, Francesco, 656
Jimmu Tenno, 274
Jirinovski, Vladimir, 1430
Joab, 228
Joad, 232
Joas, 232
Jocaste, 344
Jōchō, 637
Jodelle, Étienne, 745
Jodl, Alfred, 1255, 1360
Joël, 223, 233, 237
Joffre, Joseph, 1222-1223, 1225

Johannes IV, 1217
Johanson, Donald C., 67
Johnson, Andrew, 1195
Johnson, Lyndon B., 1435, 1437
Johnson, Samuel, 955
Johnston, Joseph E., 1194
Jolivet, Jean, 600
Jonas, 223, 233, 237, 422
Jonas, Hans, 1508
Jonathan, 227
Jonathan Maccabée, 401
Joram, 232
Jörd, 442
Jorgensen, Johannes, 1185
Joseph, 218, 221
Joseph Ier du Portugal, 909
Joseph Ier du Saint-Empire, 967, 981
Joseph II du Saint-Empire, 909, 968
Joséphine, 1020
Joseph-Napoléon Ier d'Espagne, 985, 1159
Josetsu, 638
Josias, 235
Jospin, Lionel, 1396, 1398
Josquin des Prés, 750-751
Josse de Moravie, 507
Josué, 218, 220
Jouhaud, Edmond, 1384
Joukov, Gueorgui, 1357
Joule, James Prescott, 1097
Jourde, Pierre, 1474
Journiac, Michel, 1467
Jovellanos, Gaspar Melchor de, 986, 1163
Joyce, James, 1119
Juan Carlos Ier d'Espagne, 1276, 1417-1419
Juan de Bourbon, 1276
Juan José d'Autriche, 830
Juba Ier de Numidie, 363
Juda, 221, 227, 232
Judas, 409
Judd, Donald, 1466
Jugurtha, 391
Jules II, 717-719, 731, 792, 961, 963
Jules l'Africain, 403
Jung, Carl Gustav, 257, 1338, 1341
Jünger, Ernst, 1483
Jun'ichirō Koizumi, 1450
Junichiro Tanizaki, 1495
Juno, 356
Junon, 395
Jupiter, 113, 123, 162, 356, 395
Juppé, Alain, 1397
Jussieu, Antoine Laurent de, 920
Jussieu, Joseph de, 919

Justin Ier, 549
Justin II, 550, 565
Justinien Ier, 377, 414, 420, 423, 429, 532, 549-550, 552-553, 557-558, 565
Justinien II, 558
Juvaira, Filippo, 964
Juvénal, 383

Kabila, Laurent-Désiré, 1543
Kabîr, 615-616
Kacew, Roman, 1475
Kadhafi, Mouammar, 1539
Kafka, Franz, 1140, 1483, 1522
Kahnweiler, Daniel-Henry, 1309
Kaiho Yushō, 875
Kaikei, 637
Kakinomoto no Hitomaro, 641
Kakuei Tonaka, 1450
Kālī la Noire, 244-245
Kaltenbrunner, Ernst, 1360
Kaluza, Theodor, 44
Kamenev, Lev, 1285
Kamil, Abou, 605
Kammu, 630, 640
Kamsa, 245
Kanami, 644
Kandinsky, Vassily, 1059, 1311-1312
Kangxi, 1007-1008
Kanişka, 263
Kankan Moussa, 677, 680
Kanō Eitoku, 875
Kanō Masanobu, 639
Kanō Sanraku, 875
Kant, Emmanuel, 9, 14, 906, 908-909, 956, 973-979, 1081, 1087, 1140-1142, 1144, 1153, 1201-1202, 1338, 1348, 1503, 1509, 1530
Kantemir, A.D., 993
Kao Ming, 626
Kaouit, 198
Kapp, Wolfgang, 1248
Karim Aga Khan IV, 578
Karina, Anna, 1480
Katib Celebi, 863
K'awiil, 654, 659
Kazan, Elia, 1489
Keats, John, 1199
Keitel, Wilhelm, 1359-1360
Keller, baron, 989
Kellogg, Frank, 1238
Kemal, Mustafa, 862, 1234
Kenji Nakagami, 1496

Kennedy, Jacqueline, 1435
Kennedy, John Fitzgerald, 1292, 1434-1437
Kepler, Johannes, 37-38, 687, 691, 787, 820
Kerensky, Alexandre, 1280-1281
Kerouac, Jack, 1488-1489
Keshab Sandra Sen, 1005
Ketel, Cornelis, 768
Khadija, 572
Khâemouaset, 203
Khalmasuit, 161
Khasekhemouy, 188
Khawarizmi, 605
Khayyam, Omar, 589-590, 605
Khéops, 192
Khéphren, 192
Khéty, 194
Khomeyni, Rouhollah Moussavi, 1538
Khonsou, 201, 208
Khrouchtchev, Nikita, 1423-1425, 1436
Ki no Tsurayuki, 642
Kierkegaard, Søren, 1148-1149, 1185, 1505
Killa, 664
King, Martin Luther, 1436
King, Stephen, 1490
King, William, 78
Kipling, Rudyard, 1119
Kippenberger, Martin, 1471
Kiprenski, Orest, 1179
Kircher, Athanase, 919
Kisling, Moïse, 1316
Kissinger, Henry, 1438
Klee, Paul, 1311
Klein, Oskar, 44
Klein, Yves, 1456, 1463-1464
Kleist, Heinrich von, 1139
Klimt, Gustav, 1137, 1306, 1319
Klinger, Friedrich Maximilian von, 972
Klopstock, Friedrich Gottlieb, 970
Knut le Grand, 517
Knut le Hardi, 517
Kobo Abe, 1496
Koch, Joseph Anton, 1134
Koch, Robert, 1099
Koestler, Arthur, 1484
Kohl, Helmut, 1402-1403
Kojève, Alexandre, 1345
Kok, Antony, 1314
Kōken, 630
Kokoschka, Oskar, 1059
Koltchak, Alexandre, 1282
Komparu Zenchiku, 644
Kœnig, Pierre, 1354, 1364
Kōnin, 630

INDEX DES NOMS 1573

Koons, Jeff, 1456
Köprülü, Fazil Ahmet, 862
Korn, Alejandro, 1492
Kornilov, Lavr, 1280
Koskas, Georges, 1316
Kōtoku, 629
Kotzebue, August von, 1130
Kouprine, Vassili, 1180
Koyré, Alexandre, 350
Kozlovski, Mikhaïl, 1180
Kpengla, 1213
Kramer, Samuel Noah, 136
Krishna, 243-245, 255, 869
Kristeva, Julia, 1481-1482
Krivine, Alain, 1387, 1389
Krupp, Bertha, 1229
Kuanyin, 622
Kubaba, 148
Kūkai (Kōbō Daishi), 638-639, 646
Kukulkan (Quetzalcóatl), 654, 658, 660
Kumara, 244
Kumarāgupta Ier, 249
Kumarbi, 164
Kundera, Milan, 1475
Kunti, 243
Kupka, František, 1311, 1315
Kuroda Seiki, 1209
Kushukh, 164
Kussmaul, Adolf, 1136
Kwestantinos Ier (Zara-Yacob), 672-673
Kyd, Thomas, 769

La Boétie, Étienne de, 694, 747
La Bruyère, Jean de, 813, 819
La Fayette, Madame de, 816
La Fayette, marquis de, 897, 899, 901, 904, 929, 999
La Font de Saint-Yenne, Étienne, 909, 926
La Fontaine, Jean de, 388, 817, 820
La Mettrie, Julien Offroy de, 949
La Péruse, Jean Bastier de, 745
La Reynie, Gabriel Nicolas de, 802, 910
La Rochefoucauld, François de, 816, 819
La Rocque, François de, 1240, 1242
La Rue, Pierre de, 751
La Russa, Ignazio, 1415
La Salle, Robert Cavelier de, 804, 920
La Tour, Georges de, 790, 809
La Tour, Maurice Quentin de, 909, 929, 932
Labarna Ier, 160
Labarre, Albert, 689
Labé, Louise, 750
Labrouste, Henry, 1066
Lacan, Jacques, 1149, 1482, 1504, 1528-1529
Lachelier, Jules, 1081-1082
Laclos, Cholerdos de, 917
Laennec, René, 1099
Laffemas, Barthélemy de, 736
Lafont, Bernadette, 1480
Laforgue, Jules, 1079
Lagerlöf, Selma, 1185-1186
Lagos, 210
Lagrenée, Louis (l'Aîné), 1179
Laguiller, Arlette, 1389
Lakṣmī, 245
Laloux, Victor, 1067
Lamarck, Jean-Baptiste de Monet de, 922, 1121-1123
Lamartine, Alphonse de, 25, 1026, 1072-1074, 1493
Lambert, Madame de, 943
Lambton, John, 1114
Lan Ying, 871
Langhans, Carl Gotthard, 1137
Lao She, 1495
Lao Tseu, 264, 266, 268, 270
Laocoon, 306, 831
Laplace, Pierre Simon de, 922
Laran, 356
Larbaud, Valery, 1329
Larentia, 395
Largillière, Nicolas de, 932-933
Larionov, Michel, 1316
Larra, José de, 986
Larra, Mariano José de, 1163
Lartet, Eduard, 77
Lassus, Roland de, 751
Latrobe, Benjamin, 1196
Lattre de Tassigny, Jean de, 1359
Laube, Heinrich, 1138
Laufey, 443
Laure, 537
Laurent, 755
Laurent le Magnifique, 710, 716, 718, 962
Lautréamont, comte de, 1077, 1079
Laval, Charles, 1063
Laval, Pierre, 1238, 1362-1363, 1370
Lavater, Johann Kaspar, 349
Lavoisier, Antoine Laurent, 916, 922-923
Law, John, 887-888, 943
Lawrence, David Herbert, 1119
Layard, Austen Henry, 136
Lazare, 422
Le Blond, Jean-Baptiste, 1178
Le Breton, André, 940

Le Brun, Charles, 807, 810, 812-813, 932
Le Clézio, J. M. G., 1474
Le Corbusier, 1311, 1323-1324, 1454
Le Despenser, Hugh, 521
Le Mercier, Jacques, 806
Le Moiturier, Pierre Antoine, 482
Le Nain, Antoine, 809
Le Nain, Louis, 809
Le Nain, Matthieu, 809
Le Nôtre, André, 807, 811
Le Pen, Jean-Marie, 1389, 1398
Le Roy, Louis, 742
Le Roy, Philibert, 807
Le Tellier, François Michel (marquis de Louvois), 802
Le Tellier, Louis François Marie (marquis de Barbezieux), 802
Le Tellier, Michel, 801-802
Le Vau, Louis, 806-807, 927, 1066
Le Verrier, Urbain, 1096
Leakey, Louis, 69, 71
Leakey, Mary, 69, 71
Léaud, Jean-Pierre, 1480
Lebrun, Albert, 1239-1240, 1353
Lebrun, Charles François, 1019
Leclerc, général, 1353, 1357-1358, 1364-1365
Lecomte, Claude Martin, 1034
Leconte de Lisle, 1075-1076
Leczinska, Marie, 889
Ledru-Rollin, Alexandre, 1026
Lee, Robert, 1194
Lefèvre d'Étaples, Jacques, 741-742
Lefort, Claude, 1510
Léger, Fernand, 1059, 1306-1307, 1309, 1314-1316, 1463
Leibl, Wilhelm, 1135
Leibniz, Gottfried Wilhelm, 328, 351, 786-787, 822, 827, 836-838, 977, 1101
Lemaître, Georges, 31, 40-42
Lemaître, Jules, 1041
Lemercier de La Rivière, Pierre Paul, 945
Lemerre, Alphonse, 1075
Lemoyne, Jean-Baptiste, 929
Lenbach, Franz von, 1135
Lénine, 1246, 1280-1285, 1423
Léon, 350
Léonard de Vinci, 21, 324, 351, 371, 687, 696, 700-703, 705, 712-713, 716-717, 719, 722-723, 733, 738, 740, 762-763, 789, 791, 1054, 1170
Leone, Giovanni, 1414
Leoni, Leone, 756
Leoni, Pompeo, 756

Léonidas Ier, 179, 293
Léonius, 499
Léon Ier (général), 548
Léon Ier le Grand, 413, 418
Léon II, 549
Léon III, 451
Léon III l'Isaurien, 558-559
Léon IV le Khazar, 559
Léon VIII, 503
Léon X, 732, 963
Léon XIII, 1040, 1125
Leopardi, Giacomo, 1172
Léopold de Hohenzollern, 1132
Léopold Ier du Saint-Empire, 835-836
Léopold II du Saint-Empire, 968, 1129
Léopold V de Babenberg, 519
Lepage, Jules Bastien, 1051
Lepère, Jean-Baptiste, 1066
Lépide, 363
Lequeu, Jean-Jacques, 1066
Lerma, duc de, 829
Leroi-Gourhan, André, 64, 84-85, 87, 879
Leroy, Louis, 1052
Lescot, Pierre, 737, 740
Lespinasse, Julie de, 909
Lesseps, Ferdinand de, 1032, 1040
Lessing, Gotthold Ephraim, 388, 909, 926, 969-970
Léto, 340
Letta, Enrico, 1416
Leucippe, 325, 336
Lévi, 221, 226
Levi, Primo, 27, 1473, 1485
Levinas, Emmanuel, 1345, 1508-1509, 1516
Lévi-Strauss, Claude, 11, 1482, 1523, 1525-1528
Levy, Marc, 1476
Lévy-Bruhl, Lucien, 1087
Lewinsky, Monica, 1441
Lewis, Wyndham, 1316
Leygues, Georges, 26, 1235
Lhermitte, Léon Augustin, 1051
L'Hospital, Michel de, 734
Lhote, André, 1309, 1316
Lhote, Henri, 98
Li Gongli, 623
Li Ik, 882
Li Peng, 1448
Li Yu, 1009
Li Zhi, 1009
Li Zicheng, 870
Liang Kai, 624
Liang Shuming, 1348

INDEX DES NOMS

Lichtenstein, Roy, 1060, 1456-1457
Licinius, 367, 410
Liebknecht, Karl, 1246-1247
Lif, 445
Lifthrasir, 445
Limbour, Georges, 1319
Limbourg, Herman, 482
Limbourg, Jean, 482
Limbourg, Paul, 482
Lin Sen, 1297-1298
Lincoln, Abraham, 1193-1195
Lindon, Jérôme, 1478
Linné, Carl von, 920-921
Lionne, Hugues de, 801
Lipovetsky, Gilles, 1508
Lippi, Filippino, 705
Lippi, fra Filippo, 705
Liszt, Franz, 1110
Littré, Émile, 1090
Liu Shaoqi, 1446
Liu Tsung-yuan, 628
Liu Yuan, 624
Liutpéra, 433
Liutprand, 433
Livius Andronicus, 369
Lo Pin-wang, 625
Lochner, Stephan, 761
Locke, John, 15, 21, 822, 825, 836, 838, 842, 847-849, 907, 938, 946-947, 949, 957, 960, 977, 1002, 1103, 1155
Lodi, Bahlūl, 611
Lodi, Ibrahim, 611, 865
Loermungandr, 444
Loilier, Hervé, 304
Loki, 441, 443
Loménie de Brienne, Étienne Charles de, 891
Lomonossov, Michel V., 993
London, Jack, 1200
Long, John L., 1200
Longhena, Baldassare, 793
Longstreet, James, 1194
Lope de Vega, 758
Lopoukhine, Eudoxie, 991
Lorenzetti, Ambrogio, 704
Lorenzetti, Pietro, 704
Lorrain, le, 810
Lothaire Ier, 452
Lothaire III, 504
Loti, Pierre, 1329
Lou Chao-lin, 625
Loubet, Émile, 1042
Louis Antoine de Bourbon-Condé (duc d'Enghien), 1020

Louis de Lorraine (cardinal de Guise), 735
Louis le Germanique, 452, 484
Louis le Pieux, 452, 455, 462, 485
Louis-Armand de Bourbon-Conti (« le Singe Vert »), 888
Louis-Napoléon (Napoléon Eugène Bonaparte), 1029, 1036
Louis-Philippe Ier, 901, 1024-1025, 1027, 1034, 1036, 1107
Louis Ier d'Espagne, 982
Louis II de Bavière, 1136
Louis II de Bourbon-Condé (le Grand Condé), 800-801, 818
Louis IV de Bourbon, 888-889
Louis V, 453
Louis VI le Gros, 455, 484
Louis VII le Jeune, 456, 504
Louis VIII de France, 468
Louis XI de France, 484, 489-490, 683, 729-731
Louis XII de France, 531, 688-689, 718, 731, 739-740, 961
Louis XIII de France, 797-799, 804, 806-807, 809-810, 813, 910, 1036
Louis XIV, 7, 11, 786, 799-802, 804, 806-807, 811-813, 817, 830, 841, 887-888, 904, 907, 910, 925, 927, 932, 981-982, 986, 996, 1008, 1048
Louis XV, 804, 887-890, 907, 923, 927-928, 931-932, 981-982
Louis XVI, 890-893, 895, 898-899, 902, 925, 928-929, 1021
Louis XVIII, 900, 1021-1023
Lowell, James Russell, 1199
Lu Chiu-Yuan, 627
Lu Xun, 1494
Lubbock, John, 64, 89
Luc, 235, 404-406
Luca di Borgo, 324, 702
Lucain, 120, 122, 388-389, 815
Lucien, 411
Lucien de Samosate, 124
Lucifer, 356
Lucilius, 380
Lucilius (satiriste), 385
Lucius, 390
Lucrèce, 336-337, 378, 387
Lucy, 67-68, 70
Ludendorff, Erich, 1225, 1228
Lueger, Karl, 1249
Lug, 123
Lug Samildalnach, 123
Lugal-Zagesi, 148

Lukács, György, 1482
Lukéni, 673
Lula da Silva, Luiz Inácio, 1542
Lully, Jean-Baptiste, 794, 805, 812, 935
Lumière, Auguste, 1098-1099
Lumière, Louis, 1098-1099
Lumley, Henry de, 73, 76-77, 99
Lumley, Marie-Antoinette de, 73, 76
Lures, Michel, 1319
Lutérios, 114
Luther, Martin, 690, 772-774, 777-778
Luxembourg, Rosa, 1246-1247
Luynes, Albert de, 797
Lvov, Gueorgui, 1280
Lycortas, 317
Lycurgue, 292, 307, 314
Lydes, 307
Lyell, Charles, 65, 1121
Lyotard, Jean-François, 24, 1453, 1469, 1517-1519
Lysias, 314
Lysippe, 305-306, 371

Ma Yuan, 624
Maât, 205
Mabuse, 760
Mac Arthur, Douglas, 1449
Mac Cumaill, Finn, 122
MacDonald, Ramsay, 1258
Machaon, 348
Machaut, Guillaume de, 490, 500
Machiavel, Nicolas, 694, 726-727, 1511
Machuca, Pedro, 754
Mac-Mahon, maréchal de, 1034, 1036-1037
Macmillan, Harold, 1406
Macpherson, James, 955
Maderno, Carlo, 792-793
Madison, James, 1190-1191
Madrazo, Federico de, 1162
Maffei, Scipione Alfieri, 966
Maffesoli, Michel, 1520
Magellan, Fernand de, 687
Magni, 442
Magritte, René, 1059, 1318, 1320, 1322
Mahāvīra, 248, 260-261
Mahendravarman Ier, 612
Mahfûz, Negîb, 1494
Mahisha, 244
Mahler, Gustav, 1501
Mahomet, 571-577, 579-580, 582, 584, 589, 594, 868, 914, 1216
Maïakovski, Vladimir, 1184

Maïeul de Cluny, 475
Maillol, Aristide, 1070, 1326
Maimon, Salomon, 604
Maïmonide, Moïse, 603-604, 1511
Maine, duc du, 887
Maine, Henry James Sumner, 1126
Maine de Biran, Pierre, 825, 1083
Maintenon, Françoise d'Aubigné, marquise de, 818
Maistre, Joseph de, 917, 1094, 1182
Maître Conrad, 511
Maître de Naumburg, 510
Maître Eckhart, 471, 495, 513
Maitreya, 622
Major, John, 1409-1410
Makeda (reine de Saba), 671, 883
Makine, Andreï, 1475
Malachie, 223, 233
Malcolm X, 1437
Maldoror, 1078
Malebranche, Nicolas, 328, 825-827, 1518
Malesherbes, Chrétien Guillaume de, 929
Malevitch, Kasimir, 1311-1313
Malherbe, François de, 805, 813-814
Malkine, Georges, 1318-1319
Mallarmé, Stéphane, 344, 1057, 1079-1080
Malory, Thomas, 526
Malraux, André, 87, 1242, 1329, 1365
Malthus, Thomas, 1125
Manassé, 234
Manco Cápac, 661, 664
Mandane, 177
Mandela, Nelson, 1544
Manet, Édouard, 723, 986, 1049, 1052, 1054-1058, 1061, 1162
Manéthon, 187, 211
Manfredi, Bartolomeo, 791
Mann, Thomas, 1152, 1483
Mannus, 436
Mansart, François, 806
Mansfield, Katherine, 1484
Mantegna, Andrea, 705, 713, 721, 762
Manthus, 356
Manuel Ier Comnène, 562
Manuel Ier de Portugal, 687
Manuel II Paléologue, 600
Manzoni, Alessandro, 1172
Mao Zedong, 1298-1299, 1445-1447
Marat, Jean-Paul, 898, 902, 905, 935
Marathus, 388
Marc, 235, 404-405, 534
Marc Antoine, 211-212, 363

Marc Aurèle, 338, 365-366, 371, 375-377, 379, 381, 398
Marcadé, Eustache, 489
Marcel, Étienne, 458, 911
Marchais, Georges, 1392
Marcien, 548
Marcion, 403, 408
Marcovaldo, Coppo di, 704, 707
Marcus Antonius Gnipho, 392
Marcus Cornelius Fronto, 390
Marcuse, Herbert, 1500-1503
Mardonios, 180
Marduk, 145-146, 152, 154, 156-157
Maréchal, Sylvain, 906
Marguerite, 522
Marguerite d'Angoulême, 743
Marguerite d'Anjou, 523
Marguerite d'Autriche, 760
Marguerite de Valois, 734
Marianus, 607
Marie, 413, 884
Marie (avocat), 1026
Marie Ire (Bloody Mary), 766
Marie II d'Angleterre, 841
Marie Anne Victoire d'Espagne, 982
Marie Stuart, 733, 766
Marie-Anne d'Autriche, 830
Marie-Antoinette, 891, 894-895, 897, 900, 904, 929, 933
Marie-Barbara de Portugal, 983
Marie-Christine d'Autriche, 1162
Marie-Christine de Bourbon-Siciles, 1160-1161
Marie-Louise d'Autriche, 1130
Marie-Louise de Bourbon-Parme, 984-985
Marie-Louise de Savoie, 982
Marie-Louise d'Orléans, 833
Marie-Thérèse d'Autriche, 801-802, 818, 951, 962, 967-968
Marinetti, Filippo, 1315
Marion, Jean-Luc, 1345, 1516
Mariotte, Edme, 787
Marius, 378
Marivaux, Pierre Carlet de Chamblain de, 909, 936, 943-944, 947
Marlborough, duc de, 951, 967
Marley, Bob, 884, 1534
Marlowe, Christopher, 769
Marmont, maréchal de, 1024
Marmontel, Jean-François, 909, 912
Marot, Clément, 229, 733, 741, 743-744, 747
Marot, Jean, 742-743

Marrou, Henri-Irénée, 316
Marroux, Francis, 1384
Mars, 121, 123-124, 395, 436
Marshack, Alexander, 88
Martí, José, 1491
Martial, 374, 383, 385
Martignac, vicomte de, 1024
Martín Santos, Luis, 1486
Martin V, 473
Martini, Simone, 704
Maruki, 1495
Marville, Jean de, 482
Marx, Karl, 23, 1091, 1095, 1102, 1107-1108, 1148, 1153-1156, 1503, 1510, 1529
Maryam al-Fihriya, 591
Masaccio, 705, 710-712
Masha, 282
Masolino da Panicale, 705
Massu, Jacques, 1380, 1383, 1386
Mata Hari, 1228
Mathias Ier du Saint-Empire, 835
Mathieu, Georges, 1459
Mathilde de Toscane, 462, 532
Mathilde l'Empéresse, 518-519
Matisse, Henri, 790, 1059, 1306, 1326
Matta, Roberto, 1461
Matteotti, Giacomo, 1268
Matthieu, 235, 405-406
Matveïev, Andreï, 1179
Mauclair, Jacques, 1478
Maugham, Somerset, 1118-1119
Maulbertsch, Franz Anton, 969
Maupassant, Guy de, 1078-1079, 1152, 1210, 1493
Maupeou, René Nicolas de, 890
Maupertuis, Pierre Louis Moreau de, 947
Maurice de Nassau, 822
Maurice Ier, 429, 547, 550, 558
Maurois, André, 1229
Mauron, Charles, 1481
Mauroy, Pierre, 1393-1394
Mawu, 1214
Maxence, 367, 376, 410
Maxime le Grand, 993
Maximien, 367
Maximien de Ravenne, 423, 552-553
Maximilien de Bade, 1245
Maximilien (empereur du Mexique), 1030
Maximilien Ier, 508, 731, 761, 778, 961
Maximilien II, 722
Maximin Daïa, 367
Maximin II Daïa, 410
Maxwell, James Clerk, 44

Maynard, François, 815
Mazarin, Jules, 799-801, 809, 963
Mazzini, Giuseppe, 1167-1168, 1172
Mbeki, Thabo, 1544
McCarthy, Joseph, 1433
McCoy, Sherman, 1489
McKinley, William, 1195
McLennan, John Ferguson, 1126-1127
Mead, George Herbert, 1504
Meada, George G., 1194
Meane, 356
Médicis, Cosme de, 710, 715-716, 962
Médicis, Laurent II de, 727
Médicis, Lorenzo di Pierfrancesco de, 712
Médicis, Marie de, 797-798, 806, 810, 853
Méduse, 344
Medvedev, Dimitri, 1431
Mehmet Ier Çelebi, 565, 600
Mehmet II le Conquérant, 552, 565, 600, 861
Mehmet VI, 862
Méhul, Étienne, 935
Melanchthon, Philipp, 761, 773, 777
Meléndez Valdés, Juan, 987, 1163
Méliès, Georges, 1098
Melqart, 169
Melville, Herman, 1199
Memnon, 202
Ménandre, 305, 315, 385
Ménandre Ier, 251
Menchikov, Alexandre, 990-991
Menchú, Rigoberta, 656
Mencius, 268
Mendel, Gregor Johann, 1123-1124
Mendelssohn, Felix, 1110
Mendelssohn, Moïse, 604
Mendès, Catulle, 1075-1076
Mendès France, Pierre, 1292, 1376-1377
Mendoza, Antonio de, 666
Ménélik Ier, 671, 883-884
Ménélik II, 1217
Mengs, Anton Raphael, 1045
Ménippe, 385
Menteouab, 1013
Menzel, Adolf von, 1135
Mera, León Juan, 1491
Mercier de La Rivière, Pierre Paul, 1103
Mercure, 123, 436
Merda, Charles-André, 903
Meredith, George, 1119
Mérenptah, 173
Merenrê II, 190
Mérikarê, 194

Mérimée, Prosper, 1182
Merkel, Angela, 1403
Merleau-Ponty, Maurice, 1345, 1506-1507
Mérovée, 447
Meskalamdug, 144
Mesmer, Franz Anton, 921
Messmer, Pierre, 1388-1389
Mesuë le Jeune, 606
Metastasio, 966
Métroclès de Maronée, 334
Metternich, Klemens von, 1023
Metzinger, Jean, 1307
Meunier, Constantin, 1162
Meyer, Hannes, 1325
Meyer, Konrad Ferdinand, 1138
Michée, 223, 233, 237
Michel Alexandrovitch de Russie, 1280
Michel (archange), 522, 574
Michel Ier, 859
Michel, Jehan, 489
Michel VI, 561
Michel VIII Paléologue, 564
Michel-Ange, 21, 375, 477, 696-697, 700-701, 705, 709-710, 712, 716-720, 722-724, 738, 792, 811, 831-832, 954, 1048, 1069
Michelet, Jules, 685, 1073, 1481
Michel IV le Paphlagonien, 561
Mictlantecuhtli, 669
Midas, 162
Mies van der Rohe, Ludwig, 1325
Mignard, Pierre, 811
Mignet, François, 1095
Mikechine, Michaïl, 1181
Mikhal, 227
Mill, John Stuart, 1090, 1103
Miller, Arthur, 1489
Miller, Henry, 1488
Millerand, Alexandre, 1041, 1235-1236
Millet, Catherine, 1476
Millet, Jean-François, 1049-1050, 1058, 1323
Milne-Edwards, Henri, 64
Miloš Obilić, 599
Miltiade, 179
Mimir, 442
Minamoto no Yoritomo, 631, 638
Minerve, 125, 395, 932
Mingus, Charlie, 1532
Minos, 9, 344
Mirabeau, Honoré Gabriel Riquetti, comte de, 892, 902, 929, 944

Mirabeau, Victor Riquetti, marquis de, 16, 902
Mirbeau, Octave, 1042
Miró, Joan, 1318-1319, 1321
Misrahi, Robert, 1508
Mistral, Gabriela, 1491
Mitchell, Margaret, 1199
Mithra, 185, 410
Mitterrand, François, 1378, 1382, 1385, 1388-1389, 1392-1393, 1395-1396
Mobutu, Sese Seko, 1543
Mochi, Francesco, 794
Moctezuma Ier, 666
Moctezuma II, 666-667
Modi, 442
Modiano, Patrick, 1475
Modigliani, Amedeo, 1316
Mohammed, 578
Mohammed Saïd Pacha, 1032
Mohen, Jean-Pierre, 102
Moholy-Nagy, László, 1311
Mohommed Silla (ou Touré), 679
Moïse, 217-228, 574, 693
Molière, 384, 805, 816-818, 987
Molinet, Jean, 742
Mollet, Guy, 1373, 1377, 1380
Molotov, Viatcheslav, 1287, 1352
Mommsen, Théodore, 1094
Mommu, 629, 634
Mondrian, Piet, 1311-1314, 1463
Monet, Claude, 1050, 1052-1056, 1058
Monge, Jean-Baptiste, 1096
Monk, George, 840
Monluc, Blaise de, 743, 747
Monmouth, Geoffroy de, 487, 525
Monnet, Jean, 1378
Monod, Gabriel, 1087
Monory, Jacques, 1466-1467
Monroe, Bill, 1533
Monroe, James, 1190, 1192, 1222
Monroe, Marilyn, 1457
Montaigne, Michel de, 13, 26, 335, 338, 379, 694, 699, 741, 747-749, 819, 924, 1201
Montale, Eugenio, 1485
Montemayor, Jorge de, 541, 757
Montesquieu, 21, 909, 912, 917, 937-939, 942, 945, 948, 1512
Montet, Pierre, 209
Monteverdi, Claudio, 794
Montfaucon, Bernard de, 919
Montgolfier, Étienne, 922
Montgolfier, Joseph, 922
Montgomery, Bernard, 1356

Montherlant, Henry de, 1335
Monti, Mario, 1415-1416
Monti, Vincenzo, 1171
Montmorency, Anne de, 740
Montmorency Luxembourg, prince de, 918
Montmorency-Bouteville, François de, 798
Montou, 200
Montouhotep II, 190, 196-198
Moore, George Edward, 1338
Moore, Henry, 1327
Mor, Antonis, 768
Morante, Elsa, 1485
Moratin, Leandro Fernández de, 987, 1163
Moravia, Alberto, 1485
More, Thomas, 694, 765, 768, 777
Moréas, Jean, 1080
Moreau, Gustave, 1058, 1065, 1319
Morgagni, Jean-Baptiste, 923
Morgan, Jacques de, 136, 183
Morgan, Lewis Henry, 1126-1127
Morin, Edgar, 21, 1520
Morisot, Berthe, 1054, 1056, 1058
Morley, Malcolm, 1468
Morny, duc de, 1028-1029
Moro, Aldo, 1414
Morris, Louis, 1467
Morris, William, 1325
Morrison, Toni, 1490
Mortillet, Gabriel de, 77, 82-83, 89
Morton, Jelly Roll, 1532
Mossadegh, Mohammad, 1538
Mosset, Olivier, 1467
Mou Zongsan, 1348
Mouawiya, 577, 579-580
Moubarak, Hosni, 1539
Moulin, Jean, 1364-1365
Mountbatten, Philip, 1411
Mousaïlima, 573
Moussorgski, Modest Petrovitch, 1110
Mout, 200-201, 208
Mozart, Wolfgang Amadeus, 135, 795, 936, 968, 1110, 1149
Mozi, 266
Mu Qi, 624
Mucius Scaevola, 395
Muḥammad al-Ahmar, 586
Muller, Émile, 1389
Mumtâz Mahal, 867
Mun, Albert de, 1041
Munch, Edvard, 1059, 1306
Murail, Tristan, 1531
Murasaki Shikibu, 642-643
Murat Ier, 599

Murat II, 600
Murat, Joachim, 1159
Muret, Marc-Antoine, 741
Murillo, Benito, 1162
Musset, Alfred de, 1072-1073
Mussolini, Benito, 1167, 1244, 1264-1270, 1351, 1354, 1358
Mutsuhito, 876, 1208, 1300
Myriam, 226
Myron, 303

Nabonide, 151, 156, 158, 177
Nabuchodonosor Ier, 145, 154-155
Nabuchodonosor II, 156-157, 230, 233, 236
Nadar, 1055
Nādir Shah, 865, 1003
Nagai Kafu, 1210
Nāgārjuna, 263
Nagy, Imre, 1424
Nahum, 223, 233, 237
Nakht, 203
Nakhti, 198
Nallier, Jean-Marc, 1179
Namdev, 868
Nandi, 1218
Nandī (taureau), 245, 652
Nanna, 443
Nanna (Sin), 145, 153-154
Naoto Kan, 1450-1451
Napoléon Ier, 187, 578, 897, 900, 904, 906, 929, 961, 963, 984-985, 1019-1022, 1029, 1048, 1071, 1121, 1129-1130, 1159, 1166, 1171, 1175, 1190-1191, 1493
Napoléon III, 118, 1027-1031, 1036, 1049, 1067, 1107, 1132, 1168
Napolitano, Giorgio, 1416
Naram-Sin, 148-149
Narasimhavarman Ier, 612
Narfi, 443
Narmer, 188-189
Narsès, 532
Narváez, Pánfilo de, 995
Nasser, Gamal Abdel, 1406
Natakamani, 282
Nathan, 228
Na'Tma, 863
Nattier, Jean-Marc, 932
Nausicaa, 308
Necker, Jacques, 890-893, 912
Nectanébo Ier, 201, 210
Nectanébo II, 201, 209-210
Néfertari, 203

Néfertiti, 203-204
Nehru, Jawaharlal, 1295
Nekhbet, 189, 209
Nelson, 1020
Némésis, 388
Néon, 551
Nephtali, 221
Neptune, 395
Nergal, 146, 165
Néron, 364-365, 373, 376-377, 379, 388-389, 393, 403
Neruda, Pablo, 1491
Nerval, Gérard de, 1073-1074, 1318, 1320
Nestor, 306
Nestorius d'Antioche, 413
Neurath, Otto, 1338
Newton, Isaac, 21, 38-39, 351, 787, 842, 946-948, 1115, 1342
Ni Zan, 624
Nicandre de Naxos, 302
Niccolini, Giambattista, 1172
Nicéphore II Phocas, 560
Nicolas de Byzance, 556
Nicolas de Cuse, 330, 691
Nicolas Ier (pape), 494
Nicolas Ier de Russie, 1175-1176
Nicolas II (pape), 462
Nicolas II de Russie, 1098, 1177, 1227, 1278-1280
Nicolas V (pape), 473
Nicomède Ier, 114
Nicosthènes, 307
Niépce, Nicéphore, 1097
Nietzsche, Friedrich, 23-24, 1102, 1149-1152, 1337, 1348, 1510, 1522
Nikitine, Ivan, 1179
Nikolaïevitch, Nicolas, 1223
Nikon, 993
Nimier, Roger, 1474
Ningal, 146
Ningirsu, 145, 150
Ningishzida, 150
Ninhursag, 145
Ninighi, 877
Nin-lin, 145
Nishi Amane, 1348
Nishida Kitarō, 1347
Nishikawa Joken, 881
Nithard, Johann, 830
Nitôkris, 190
Nivelle, Robert Georges, 1225-1226
Nixon, Richard, 1435, 1437-1438
Njördr, 444

Noailles, Philippe Louis de, 893
Noâmi, 639
Nobunaga Oda, 633, 873
Nodier, Charles, 1073
Noé, 147, 223
Nogaret, Guillaume de, 458, 472
Nollet, Jean Antoine, 921
Noske, Gustav, 1247
Nothomb, Amélie, 1476
Noun, 221
Novalis, 23, 1139
Nunez, Andrès, 831
Nurhachi, 870, 1006
Nuwa, 264
Nyman, Michael, 1532
Nyx, 346
Nzambi ampungu, 675

Obama, Barack, 1442-1443
Obrecht, Jacob, 751
Océan, 346
Octave, 211-212, 363
Octosyrus, 113
Odin, 442-443
Œdipe, 340, 344, 1502
Odoacre, 368, 431, 549
Odon, 475
Odon de Metz, 454
Odr, 444
Oe Kenzaburo, 1496
Offenbach, Jacques, 1033
Ogai, Mori, 1211
Ogata Korin, 878
Ogma, 124
Ogmios, 124
Ogun, 677
Ohrhan Gazi, 599
Oisin, 121
Okakura Kakuzo, 1208
Okakura Tenshin, 1209
Oktan, 653
O-Kuni, 879
Oldenburg, Claes, 1456-1457
Oleg le Sage, 543
Olivares, comte d', 829, 832
Ollivier, Émile, 1030
Olodumare, 677
Olsen, Régine, 1148
Olympias, 295
Omar, 573, 579
Omri, 232
O'Neill, Eugene, 1488

Oppenheim, Dennis, 1466
Oppenordt, Gilles Marie, 927
Orbay, François d', 807
Orbigny, Alcide Dessalines d', 1120
Oreste, 344
Orgaz, comte d' (Don Gonzalo Ruiz), 831
Orgétorix, 115
Oriane, 541
Origène, 20, 403, 414, 494
Orlando, Vittorio, 1231
Orlov, Grigori, 992
Orphée, 309, 344-345, 422
Orseolo, Pietro II, 534
Orsini, Felice, 1029
Orwell, George, 1484
Osaï Tutu, 1215
Osborne, John, 1484
Osée, 223, 232-233, 236
Osiris, 189, 194-195, 204-205, 209-210
Osman Ier, 599
Osorkon II, 208-209
Ossian, 955
Othon, 365
Ottokar II, 506
Otton Ier de Saxe, 503
Otton Ier le Grand, 462, 465, 503-504, 511
Otton II, 504
Otton III, 504, 509
Otton IV de Brunswick, 505
Ouadjet, 189
Oud, Jacobus Johannes Pieter, 1314
Oudinot, Nicolas, 1166
Oudry, Jean-Baptiste, 933
Ounamon, 208
Ounas, 191-192
Ouranos, 311, 346-347
Ousman dan Fodio, 1216
Ouyang Xiu, 626
Overbeck, Johann Friedrich, 1135
Ovide, 364, 383, 386-388, 487
Owen, Robert, 1106
Ozenfant, Amédée, 1324
Ozias (Azarias), 232-233

Pachacutec, 662-664
Pacheco, Francisco, 832
Pacinotti, Antonio, 1097
Pacôme de Tabennèse, 416
Pagnol, Marcel, 1335
Paine, Thomas, 907, 1002
Pajou, Augustin, 929
Pakal le Grand de Palenque, 653-654

Palacio Valdés, Armando, 1164
Paladino, Mimmo, 1471
Paleotte, 791
Palizzi, Giuseppe, 1171
Palladio, Andrea, 705, 709, 716, 793, 953
Palladius, 419
Pan Chong-shu, 1010
Pandu, 243, 254
Panétius de Rhodes, 337-338, 379
Pāṇini, 253
P'an-kou, 127
Pantagruel, 749
Pantainos, 403
Paolozzi, Eduardo, 1456
Papa Legba, 1214
Papen, Franz von, 1250
Papeus, 113
Papin, Denis, 787, 922
Pappus, 215
Paracelse, 687, 690, 777
Pardo Bazán, Emilia, 1164
Paré, Ambroise, 687
Paris, comte de, 1036
Pâris, Pierre Adrien, 1066
Parker, Charlie (« Bird »), 1532
Parménide, 33, 322-323
Parmentier, Michel, 1467
Parmesan, le, 705, 722, 791
Parnell, Charles, 1113-1114
Parrot, André, 136
Pärt, Arvo, 1532
Pārvatī, 244
Pascal, Blaise, 25, 786, 805, 814-816, 821, 825
Pascoli, Giovanni, 1172
Pasolini, Pier Paolo, 1485
Passeron, René, 1455
Pasternak, Boris, 1184
Pasteur, Louis, 919, 1099-1100
Patañjali, 253, 257
Pathé, Charles, 1098
Patrick (saint), 116, 419
Patrocle, 308
Paul, 1150
Paul de Tarente, 607
Paul le Silentiaire, 553
Paul (saint), 402-405, 475
Paulhan, Jean, 1458
Paulus, Friedrich, 1287, 1355, 1357
Paul Ier (pape), 483
Paul Ier de Russie, 992
Paul III, 687, 717-718, 774-775
Paul IV, 775

Paul V, 792
Pausanias, 293, 299
Pavlov, Ivan, 349
Paz, Octavio, 1475
Peel, Robert, 1111
Pégase, 82, 373
Péguy, Charles, 1329
Peirce, Charles S., 1202
Peiresc, Nicolas Claude Fabri de, 919
Péladan, Joséphin, 1065
Pélage, 413
Peletier du Mans, Jacques, 745
Pella, Giuseppe, 1413
Pellico, Silvio, 1172
Pélops, 290, 293, 344
Penda, 516
Pépi II, 190
Pépin de Herstal, 449-450
Pépin de Landen, 448
Pépin d'Italie, 433, 534
Pépin le Bref, 433, 449-451, 461, 483
Percier, Charles, 1066, 1070
Perec, Georges, 1475
Pereire, Émile, 1031
Pereire, Isaac, 1031
Peret, Benjamin, 1319
Pérez Galdós, Benito, 1164
Périclès, 19, 294, 301, 304, 313, 1196
Perov, Vassili, 1179
Perrault, Charles, 820
Perrault, Claude, 804, 806
Perret, Auguste, 1324
Perry, Matthew Calbraith, 876
Persée, 344
Persée (roi), 317
Perséphone, 309, 345
Pérugin, le, 705, 712-713, 719-720
Peruzzi, Baldassare, 718
Pescennius Niger, 366
Petacci, Clara, 1270
Pétain, Philippe, 1224, 1226, 1243-1244, 1353-1355, 1361-1364, 1370-1371, 1379, 1381
Petchevy, 863
Peterson, Oscar, 1532
Pétrarque, 525, 536-537, 745, 747, 750, 768
Pétrone, 383, 389
Pétrovitch, Alexis, 991
Peutinger, Conrad, 761
Pevsner, Antoine, 1327-1328
Peyrony, Denis, 78, 81
Peyrony, Elie, 81
Pflimlin, Pierre, 1380

INDEX DES NOMS

Pforr, Franz, 1135
Phaedra, 385
Phèdre (Caius Lulius Phaedrus), 385, 388, 817
Phénix, 9
Phidias, 301, 303-304
Philarète, 859
Philinus, 214
Philippe Ier de Parme, 983
Philippe Ier de Souabe, 505
Philippe II de Macédoine, 294-295
Philippe II d'Espagne, 753-755, 759, 832-833
Philippe II le Hardi, 481-482
Philippe III d'Espagne, 754, 829
Philippe IV d'Espagne, 829-830, 832
Philippe IV le Bel, 457-458, 472, 521, 527
Philippe V d'Espagne, 802, 830, 967, 981-983, 1160
Philippe VI de France, 458, 521
Philippe Auguste, 456, 468, 505, 519
Philippe d'Orléans, 804, 887-889, 924, 927
Philippe le Beau, 759
Philippe le Bon, 730
Philippe Néri, 776
Philippeaux, Pierre, 899
Philippidès, 179
Philopœmen, 317
Philostrate, 934
Phocas, 558
Photios, 555
Phryné, 305
Piankhy, 207, 281-282
Piazetta, Giovanni Battista, 965
Pic de la Mirandole, Jean, 21, 691-693
Picabia, Francis, 1311, 1317, 1319, 1333
Picard, Casimir, 63
Picard, Raymond, 1481
Picasso, Pablo, 1059, 1306-1310, 1313, 1316, 1321, 1326-1327, 1495
Piccinni, Nicola, 935
Pickford, Martin, 70
Picquart, Georges, 1041
Piero della Francesca, 701, 705, 712, 714
Pierre (saint), 377, 402-403, 405, 413-414, 420, 473, 475, 712
Pierre Ier le Grand, 860, 989-993, 1177-1178, 1180-1181
Pierre II de Courtenay, 563
Pierre II de Russie, 991
Pierre III d'Aragon, 529
Pierre III de Russie, 992
Pierre Damien, 493-494

Pierre de Cortone, 793
Pierre le Cruel, 586
Pierre le Vénérable, 475
Pierre Lombard, 494, 496
Piette, Édouard, 89
Pie V, 775
Pie VI, 894, 1166
Pie VII, 1020-1021, 1166
Pie IX, 1166-1167, 1265
Pie X, 1043
Pigalle, Jean-Baptiste, 928-929
Pilgrim de Passau, 511
Pilniak, Boris, 1486
Pilon, Germain, 737, 741
Pinay, Antoine, 1373, 1376
Pindare, 311, 314, 745-746
Pineau, Christian, 1373
Pinel, Philippe, 909, 1100
Pirandello, Luigi, 1152, 1335, 1485
Piranèse, 964
Pisandre de Rhodes, 311
Pisanello, 714
Pisano, Andrea, 704, 715
Pisano, Giunta, 707
Pisano, Nicola, 704, 707
Pisistrate, 292, 299
Pison, 379
Pissarro, Camille, 1054, 1056-1058, 1061-1062, 1064
Pitt, William (le Jeune), 952
Pitt-Rivers, Augustus, 1127
Pizarro, Francisco, 662
Plan Carpin, Jean du, 619
Planck, Max, 42
Platon, 18, 37, 213, 264, 310, 315, 319, 324-332, 334, 350, 390, 492, 498, 528, 600-601, 685, 693, 702, 719, 742, 938, 942, 1083, 1144, 1150, 1344, 1347, 1512, 1521
Platonov, Andreï, 1486
Plaute, 384-385, 817
Pline l'Ancien, 110, 169, 389, 398
Pline le Jeune, 389, 404
Plotin, 328, 381
Plutarque, 212, 297, 314, 383
Podalire, 348
Poe, Edgar Allan, 1077, 1198-1199
Poher, Alain, 1387
Poincaré, Raymond, 1236-1238
Poinso-Chapuis, Germaine, 1374
Poliakoff, Serge, 1459
Polignac, prince de, 1024
Polke, Sigmar, 1456

Pollock, Jackson, 1059, 1459-1460, 1468
Polo, Marco, 273, 619-620
Polonceau, Antoine-Rémy, 1066
Polybe, 110, 317-318, 392
Polyclète, 303-304, 701
Polyclète le Jeune, 300
Polydore, 306
Polymédès d'Argos, 303
Polyphème, 308
Pompadour, Jeanne-Antoinette Poisson, marquise de, 889, 931
Pompée, 362-363, 388, 390
Pompidou, Claude, 1388
Pompidou, Georges, 1385-1389, 1397
Ponce de León, Juan, 995
Ponce Pilate, 400
Ponge, Francis, 1319
Ponocrates, 749
Pontbriand, François de, 740
Pontormo, le, 698, 705, 722
Pontos, 346
Pontus de Tyard, 745
Popeye, 1456
Popper, Karl, 1343, 1503
Porphyre de Tyr, 381, 492, 556
Poséidon, 214, 340, 347
Posidonius d'Apamée, 337-338, 379
Pot, Philippe, 482
Potemkine, Grigori, 992
Pottier, Eugène, 1034
Pouchkine, Alexandre, 758, 1181, 1183
Pougatchev, Emelian Ivanovitch, 992
Poukirev, Vassili, 1180
Pourbus, Frans (le Jeune), 853
Poussin, Nicolas, 533, 789, 809-811
Poutine, Vladimir, 1430-1432
Pou-Yi, 1301-1302
Powell, Colin, 1441
Pradier, James, 1069
Praxitèle, 305
Préault, Antoine Augustin, 1069
Presley, Elvis, 1533
Prévert, Jacques, 1334
Previati, Gaetano, 1171
Priestley, Joseph, 922
Primatice, le, 737-739
Primo de Rivera, José Antonio, 1273
Primo de Rivera, Miguel, 1272
Princip, Gavrilo, 1221
Priscus, 374
Proclus, 18, 381, 556
Procope de Césarée, 553, 557
Profumo, John, 1406-1407

Prokofiev, Serge, 1531
Prométhée, 16, 345-347
Properce, 386-387
Protagoras, 18, 327
Proudhon, Pierre Joseph, 1155
Proust, Antonin, 1052
Proust, Marcel, 1078, 1330-1331, 1522
Psousennès Ier, 208
Ptah, 189
Ptolémée, 33-37, 215, 397, 605-606, 820
Ptolémée Ier, 210-211, 213
Ptolémée II, 213-214, 745
Ptolémée IV, 208, 214
Ptolémée Keraunos, 114
Pu Yi, 1207
Pû-abi, 144
Pucelle, Jean, 482
Puduhepa, 161
Pufendorf, Samuel von, 854
Puget, Pierre, 811
Pugin, Augustus Welby Northmore, 1116
Pukalesi II, 610
Pulchérie, 548
Purcell, Henry, 794
Puvis de Chavannes, Pierre, 1058, 1065, 1070
Puyi, 1204, 1296-1297
Pyrrhon d'Élis, 334
Pythagore, 324-325
Pythéos, 301
Pythie de Delphes, 341

Qaitbey, 595
Qansuh al-Ghuri, 595
Qianlong, 1007-1008, 1010-1011, 1203
Qin Shi Huangdi, 266, 269
Quasimodo, Salvator, 1485
Quesnay, François, 945, 1103
Quesnel, Pasquier, 803
Quetzalcóatl (Kukulkan), 654, 657-660, 667-668, 670
Queuille, Henri, 1374
Quintilien, 383
Quintus Marcius Philippus, 317, 396
Qusay, 571
Quṭb al-Dīn Aibak, 611

Raban Maur, 483, 498
Rabelais, François, 21, 741, 743-744
Rabin, Yitzhak, 1441, 1537
Racan, Honorat de, 815
Racine, Jean, 313, 805, 816-819, 971, 993, 1033, 1481

INDEX DES NOMS

Radagais, 431
Radjaradja le Grand, 614
Raeder, Erich, 1360
Raffarin, Jean-Pierre, 1399
Ragon, Michel, 1466
Rājarāja Ier Chola, 610
Rajoy, Mariano, 1421
Ram Moham Roy, 1005
Rāma, 254
Ramadier, Paul, 1375
Ramdas, 869
Rameau, Jean-Philippe, 794, 935
Ramosé, 203
Ramsauer, Johann Georg, 109
Ramsès Ier, 199, 203
Ramsès II, 199-200, 203-205, 220
Ramsès III, 173-174, 199, 203, 205
Ramsès IX, 199
Ramsès VI, 205
Ramsès XI, 207-208
Rancillac, Bernard, 1467
Rani (reine de Jhansi), 1004
Ranjit Singh, 1003
Ranson, Paul, 1063
Rao, Narasimha, 1541
Raphaël, 418, 696-697, 705, 716-719, 722-723, 738, 810, 1045, 1135
Rastrelli, Francesco Bartolomeo, 860, 1178
Ratchis, 433
Ravaillac, François, 736
Ravaisson-Mollien, Félix, 330
Ravasi, Gianfranco, 36
Ravel, Maurice, 1530
Rawls, John, 1510-1511
Ray, Man, 1317, 1319-1320, 1461, 1463
Rāzi, 606-607
Razoumovski, Alexis, 992
Rê, 189, 193-195, 201, 205, 220
Reagan, Ronald, 1428, 1439-1440
Réaumur, René Antoine Ferchault de, 921
Rebeyrolle, Paul, 1466
Redon, Odilon, 1065
Regiomontanus (Johannes Müller), 686
Régnier, Henri de, 1079
Reich, Steve, 1531
Reid, Thomas, 973
Reinecke, Paul, 109
Reinhardt, Django, 1532
Rembrandt, 724, 789, 851-853
Remi de Reims, 431
Remus, 359-360, 395
Renart, 487
Renaudot, Théophraste, 799

Renault, Louis, 1224
Renaut, Alain, 1507
René d'Anjou, 530, 729, 751
Renoir, Auguste, 790, 1053, 1055-1056, 1058
Renouvier, Charles, 1081
Renouvin, Bertrand, 1389
Renus, 122
Repgow, Eike von, 512
Restany, Pierre, 1463
Retz, cardinal de, 816
Revault d'Allonnes, Olivier, 1505
Reynaud, Paul, 1244, 1353, 1381
Reynolds, Albert, 1410
Reynolds, Joshua, 954
Rhadamanthe, 9, 344
Rhazès, 606
Rhéa, 346-347
Rheticus, 35
Ribbentrop, Joachim von, 1351, 1360
Ricardou, Jean, 1478
Ricci, Matteo, 870, 1007
Rice, Condoleezza, 1441
Richard Cœur de Lion, 456, 505, 519-520
Richard de Shrewsbury, 523
Richard d'York, 522-523
Richard II d'Angleterre, 488, 521
Richard II de Normandie, 517
Richard III d'Angleterre, 523
Richard, Jean-Pierre, 1481
Richardson, Henry Hobson, 1197
Richardson, Samuel, 1002
Richelieu, Armand Jean du Plessis de, 689, 797-799, 806, 809-812
Richelieu, duc de, 1023
Ricœur, Paul, 1345, 1514-1515
Ridgway, Matthew, 1449
Rigaud, Hyacinthe, 811, 932, 1179
Rimbaud, Arthur, 1077, 1079
Rimski-Korsakov, Nikolaï Andreïevitch, 1110
Riopelle, Jean-Paul, 1459
Riourik, 543
Rivette, Jacques, 1480
Rivière, Émile, 89
Robbe-Grillet, Alain, 1478-1479
Robert de Chester, 607
Robert de Courtenay, 563
Robert, Hubert, 933
Robert Ier de France, 453
Robert Ier du Saint-Empire, 507
Robert II Courteheuse, 518
Robert-Houdin, Jean Eugène, 1098

Robespierre, Maximilien de, 896, 899-901, 903, 905, 944
Roboam, 232
Rocard, Michel, 1387, 1392, 1395
Rodin, Auguste, 1068-1070, 1137, 1326, 1328
Rodolphe Ier de Habsbourg, 506, 530
Rodolphe II du Saint-Empire, 835
Rodrigue (ou Rodéric), 580
Rodtchenko, Alexander Mikhaïlovitch, 1311, 1463
Roger, 726
Roger II de Sicile, 529
Roggeveen, Jacob, 920
Rohan, Louis René Édouard, 891
Rohan, Marie de (duchesse de Chevreuse), 805
Röhm, Ernst, 1251
Rohmer, Éric, 1480
Roland, 726
Rolland, Romain, 1329
Rollon, 453
Romain III, 560
Romains, Jules, 1335
Römer, Ole, 787
Romilly, Jacqueline de, 312
Rommel, Erwin, 1356
Romney, Willard Mitt, 1443
Romulus, 359-361, 395
Romulus Augustule, 368, 549
Ronsard, Pierre de, 741, 745-746
Röntgen, Wilhelm Conrad, 1100
Roosevelt, Éléonore, 1291
Roosevelt, Franklin Delano, 1291-1294, 1354, 1356, 1358-1359, 1377, 1433
Roosevelt, Théodore, 1191, 1195, 1291
Rorty, Richard, 1519
Roscelin, 492
Rosenberg, Alfred, 1152
Rosenberg, Ethel, 1434
Rosenberg, Julius, 1434
Rosenzweig, Franz, 1499
Rossellini, Roberto, 1401
Rossetti, Dante Gabriel, 1115, 1118
Rossi, Carlo, 1179
Rossini, Gioachino, 135, 1110
Rosso Fiorentino, 737-739
Roth, Philip, 1488
Rothari, 432
Rothko, Mark, 1460
Rouher, Eugène, 1031
Rousseau, Henri (douanier Rousseau), 1064
Rousseau, Jean-Jacques, 15, 311, 699, 898, 903, 912-913, 931-932, 939-942, 944, 946, 949, 971-972, 974, 1073, 1120, 1178, 1491
Rousseau, Théodore, 1049-1050, 1058
Rousseff, Dilma, 1542
Rowling, J.K., 1476
Royal, Ségolène, 1399
Royce, Josiah, 1202
Royer, Jean, 1389
Ruben, 221
Rubens, Pierre Paul, 533, 701, 789-790, 851-853, 930, 932, 1048, 1056
Rubrouck, Guillaume de, 619
Rude, François, 1068
Rudiobus, 121
Rufin, 548
Ruga le Grand, 438
Ruisdael, Jacob van, 790, 851-852
Runge, Philipp Otto, 1134
Rushdie, Salman, 1485, 1497
Ruskin, John, 953, 1116, 1118
Russell, Bertrand, 1338-1340
Rutebeuf, 489
Ruzante, 726
Rykov, Alexeï, 1286

Sabatelli, Pietro, 1170
Sabbatai Zvi, 1493
Sachs, Hans, 778
Sadate, Anouar el-, 1537
Sadeddin, 863
Sadi-Carnot, 1039, 1041
Saga, 639
Sagan, Françoise, 1474-1475
Saichō (Dengyo Daishi), 646
Saint Antoine, 411, 416
Saint Augustin, 328, 409, 414-416, 450, 471, 495, 498, 537, 785, 826, 831
Saint Boniface, 449
Saint Dominique, 471
Saint Éloi, 449
Saint Germain d'Auxerre, 419
Saint Jérôme, 405, 450
Saint Louis, 455-456, 480, 482, 491, 520, 619
Saint Phalle, Niki de, 1463, 1465
Saint Sabas, 417
Saint-Cyran, abbé de, 786
Sainte Geneviève, 418
Sainte-Beuve, Charles Augustin, 1073
Saint-Gelais, Mellin de, 733
Saint-John Perse, 1332

Saint-Just, Louis, 903, 944
Saint-Martin, Louis Claude de, 943
Saint-Simon, Henri de, 938, 1031, 1104, 1153, 1155, 1182, 1491
Saladin, 562, 594, 604
Salan, Raoul, 1380, 1384
Saleh, Ali Abdallah, 1539
Salengro, Roger, 1242
Salisbury, lord, 1113
Salluste, 391
Salmanasar Ier, 164
Salmanasar III, 174
Salmon, André, 1309
Salomon, 205-206, 227-228, 230-232, 402, 584, 671, 883
Samudragupta, 249
Samuel, 218, 221
Sand, Karl Ludwig, 1130
Sands, Bobby, 1409
Sansovino, il, 705, 709, 793
Sanz de Sautuola, Marcelino, 88
Sappho, 310
Sarah, 220
Sarasvatī, 244
Sargon d'Akkad, 143, 148-149, 161, 177
Sarkozy, Nicolas, 1399
Sarpédon, 9
Sarraute, Nathalie, 1478-1479
Sartre, Jean-Paul, 1335, 1345, 1473, 1476-1478, 1505-1506, 1523
Satuni, 149
Saturne, 395
Saül, 218, 221, 227-228
Saussure, Ferdinand de, 1482, 1521, 1523, 1526
Savalette de Lange, marquis de, 917
Savary, Alain, 1393
Savitar, 247
Savonarole, Jérôme, 962
Scarlatti, Alessandro, 794
Scarpetta, Guy, 1469
Scarron, Paul, 815
Scelba, Mario, 1413
Scelsi, Giacinto, 1531
Scève, Maurice, 750
Schacht, Hjalmar, 1249
Schall, Adam, 1006-1007
Scheele, Carl Wilhelm, 922
Scheidemann, Philipp, 1245
Schelling, Friedrich Wilhelm Joseph von, 691, 1139-1145, 1148, 1503
Scheurer-Kestner, Auguste, 1041
Schickele, René, 1483

Schiele, Egon, 1059
Schiller, Friedrich von, 23, 971-972, 1139
Schinkel, Karl Friedrich, 1136
Schlegel, August Wilhelm von, 23
Schlegel, Friedrich von, 1136
Schleicher, Kurt von, 1251-1252
Schlick, Moritz, 1338
Schliemann, Heinrich, 136, 291
Schmidt, Helmut, 1402
Schoenberg, Arnold, 1530
Schœlcher, Victor, 1026
Scholem, Gershom, 1499
Schopenhauer, Arthur, 1140, 1149, 1152-1153, 1348
Schröder, Gerhard, 1403
Schrödinger, Erwin, 44
Schubert, Franz, 1110, 1530
Schulze, Gottlob Ernst, 1152
Schuman, Robert, 1378-1379
Schumann, Robert, 1110
Schütz, Heinrich, 794
Schwitters, Kurt, 1483
Scipion Émilien, 317-318
Scipion l'Africain, 392
Scopas, 304-305
Scott, Walter, 1094, 1117, 1491
Scudéry, Madeleine de, 815
Searle, John Rogers, 1504
Seberg, Jean, 1480
Secrétan, Charles, 1081
Sédécias, 233
Sedefhar Mehmet Aga, 863
Sedgwick, Adam, 1120
Segalen, Victor, 1332
Segni, Antonio, 1413
Séguier, Pierre, 811
Seki Takakazu, 881
Séleucos Ier, 158, 180
Sélim Ier le Hardi, 595, 861
Sélim II, 863
Sémiramis, 135, 156
Sénèque, 338-339, 377, 379-380, 383, 386, 388, 815
Senghor, Léopold Sédar, 1474
Senjuro Hayashi, 1302
Sennachérib, 173, 233-234
Senut, Brigitte, 70
Septime Sévère, 202, 366, 376, 394, 415
Sérapion d'Alexandrie, 214
Sérapion le Vieux, 606
Sérapis, 209, 212, 214
Serreau, Jean-Marie, 1478
Sérusier, Paul, 1062-1063, 1065

Servandoni, Jean-Nicolas, 927
Servet, Michel, 398, 687
Sésostris Ier, 197-198, 281
Sésostris III, 197-198
Sesshū, 638
Séthi Ier, 199-200, 204
Sethnakht, 199
Seuphor, Michel, 1311
Seurat, Georges, 1054, 1064, 1209
Severini, Gino, 1315
Sévigné, Madame de, 816
Sextus Empiricus, 321, 323, 335-336, 379, 748
Sforza, Francesco, 371, 531, 718
Shabaka, 207
Shadow, Johann Gottfried, 1137
Shaftesbury, comte de, 847
Shah Alam II, 1004
Shah Jahan, 867
Shai Ta-zong, 1010
Shakespeare, William, 10, 27, 523, 769, 971-972, 1048, 1115, 1185
Shakti, 243-244
Shamash (Utu), 145-146, 152
Shana'Kin Yaxchel Pakal, 654
Shango, 677
Shar-Kali-Sharri, 149
Sharruma, 164
Shaushka, 164
Shaushtatar Ier, 163
Shaw, George Bernard, 1118
Shebo, 282
Shelley, Percy B., 1117, 1199
Shennong, 264
Shepherd, David, 1489
Sheridan, Richard Brinsley, 955
Sherman, William T., 1194
Sheshonq Ier, 207, 232
Sheshonq III, 208
Shi Naian, 627
Shigeru Yoshida, 1450
Shimegi, 164
Shimomura Kanzan, 1209
Shinzo Abe, 1451
Shitao, 1008-1009
Shiva, 242-246, 248, 252, 612-614, 647, 652
Shizu (Koubilaï Khan), 620
Shōkō, 632
Shōmu, 629, 635
Shotoku, 274
Shuddhodana, 257
Shulgi, 146, 151
Shunzhi, 870, 1006

Siamon, 208
Siddhārta Gautama (Bouddha), 257-259, 625, 627-628, 652
Siegfried, 441
Sieyès, Emmanuel Joseph, 892, 904, 915
Sif, 442
Sigebert Ier, 448
Siger de Brabant, 495
Sigismond Ier du Saint-Empire, 508, 564, 599
Sigmund, 441
Signac, Paul, 1064
Signorelli, Luca, 701, 705, 712
Sigyn, 443
Silène, 162
Sills, Paul, 1489
Sima Yan, 271
Siméon, 221
Siméon de Durham, 525
Simon, Claude, 1478-1479
Simon IV de Montfort, 468
Simon, Jules, 1037
Simon V de Montfort, 520
Simonide de Céos, 179, 311
Simplicio, 36
Simplicius, 323
Simpson, Wallis, 1260-1261
Sin (Nanna), 145-146, 219
Sinan, 863
Sinatra, Frank, 1428
Singer, Isaac Bashevis, 1488, 1492-1493
Singer, Israel Joshua, 1492
Sinouhé, 199
Sirinelli, Jean, 20
Sisley, Alfred, 1050, 1053-1058
Sītā, 254
Sixte IV, 600, 686, 713, 720, 963
Skadi, 444
Skandagupta, 249, 439
Skiluros, 112
Sleipnir, 442
Sluter, Claus, 482
Smendès Ier, 207-208
Smetana, Bedřich, 1110
Smith, Adam, 15, 1103
Smith, Bessie, 1532
Smithson, Robert, 1466
Smythson, Robert, 767
Snéfrou, 191
Snodgrass, Anthony, 289
Sōami, 639
Soane, John, 953
Soboul, Albert, 1516

INDEX DES NOMS

Socrate, 18, 314, 317, 319, 326-328, 334-335, 342, 528, 1150
Sodoma, le, 705
Solazkade, 863
Solbes, Rafael, 1456
Soliman le Magnifique, 861-862
Soljénitsyne, Alexandre, 1487
Solon, 19, 292, 297, 310, 383
Solstad, Dag, 1187
Song Wudi, 272
Sophie de Hohenberg, 1221
Sophie (impératrice), 550
Sophie Paléologue, 569
Sophilos, 307
Sophocle, 312-313
Sophonie, 223, 233, 237
Sophronisque, 326
Sorbon, Robert de, 491
Sorel, Georges, 1266
Soseki, Natsume, 1211
Sosigène, 397
Sostrate de Cnide, 213
Soto, Jesús Rafael, 1465
Soufflot, Jacques Germain, 928, 1066
Soulages, Pierre, 1387, 1459
Soumarokov, A.P., 993
Soundiata Keita, 676-677
Soupault, Philippe, 1318-1319, 1334-1335
Soutine, Chaïm, 1316
Souverbie, Jean, 1316
Spallanzani, Lazzaro, 922
Spartacus, 378, 1246
Speer, Albert, 1360
Spencer, Herbert, 344, 1083-1084, 1104, 1124-1125, 1348
Spinola, Carlo, 874
Spinoza, Baruch, 604, 822, 847, 854-856, 1134, 1141, 1150, 1518, 1522
Spoerri, Daniel, 1463
Spranger, Bartholomeus, 760
Sseu-ma Ts'ien, 270
Stadler, Ernst, 1483
Staël, Madame de, 972, 1072-1073, 1109
Stahl, Georg Ernst, 923
Staline, Joseph, 1283-1287, 1310, 1355, 1358-1359, 1369-1370, 1401, 1423, 1425, 1434, 1487
Stateira, 180
Stavisky, Alexandre, 1240
Steen, Jan, 851
Stein, Gertrude, 1487
Steinbeck, John, 1290, 1487
Stella, Frank, 1466
Stendhal, 1074, 1078, 1170
Stéropès, 346
Stevenson, Robert Louis, 1119
Stilicon, 548
Stinnes, Hugo, 1246
Stirner, Max, 1103
Stockhausen, Karlheinz, 1531
Stoker, Bram, 1119
Stolpe, Hjalmar, 1127
Strabon, 110, 125, 156, 391-392
Strasberg, Lee, 1489
Strauss, Leo, 1511
Stravinsky, Igor, 1531
Stresemann, Gustav, 1248
Strindberg, August, 1185
Sturluson, Snorri, 441
Su Shi, 626
Suárez, Adolfo, 1419
Sue, Eugène, 1491
Suétone, 383, 388, 393-394, 404, 484
Suffren, Pierre André de, 929
Suger de Saint-Denis, 454, 456, 476, 478-479
Sui Yangdi, 272
Suiko, 629, 641
Sullivan, Louis, 1197
Sully, Maximilien de Béthune, duc de, 736
Sully Prudhomme, 1075-1076
Sulzer, Johann Georg, 1045-1046
Sumuabu, 171
Sun Yat-Sen, 1296-1297, 1299
Suppiluliuma II, 160, 174
Surya, 244
Suryavarman Ier, 648
Suryavarman II, 648
Suśruta, 263
Sustris, Lambert, 760
Sutter, Joseph, 1135
Suzanne, 236
Sven Ier à la Barbe fourchue, 517
Sviatoslav de Novgorod, 546
Swann, Charles, 1331
Swedenborg, Emanuel, 1201
Swift, Jonathan, 17, 955
Syagrius, 431, 447
Sydenham, Thomas, 847
Sylla, 378
Sylvestre Ier, 411, 461
Syméon Métaphraste, 555
Symmaque, 414

Tabiti, 113
Tachibana no Hayanari, 639

Tacite, 383, 388, 393, 404, 436-437
Taft, William H., 1195
Tagès, 357
Tagore, Rabindranath, 1296, 1497
Taguapica, 664
Taharqa, 281-282
Tai Wen-Ching, 871
Taieb, Maurice, 67
Tailapa II, 610
Taillandier, Yvon, 1471
Taine, Hippolyte, 1078, 1086, 1090, 1095
Taizong, 618
Taizong (Li Shimin), 617
Taizu (dynastie Jin), 619
Taizu (dynastie Song), 618
Takebe Katahiro, 881
Takemoto Gidayu, 879
Talleyrand, Charles Maurice de, 916, 1019, 1023
Tambroni, Fernando, 1413
Tamerlan, 564-565, 599, 611, 865-866
Tammuz (Dumuzi), 142
Tanaka, 1300
Tang Sien tsou, 873
Tang Tai, 1009
Tang Xuanzong, 617
Tang Yin, 872
Tangun, 129
Tanguy, Yves, 1059, 1318, 1320, 1322
Tao Qian, 273
Tapas, 247
Tapié, Michel, 1459
Tàpies, Antoni, 1459
Tara, 651
Taranis, 120, 123
Tardieu, André, 1238
Tarhunt (Teshub), 160-161
Tarquin l'Ancien, 369
Tasse, le, 726, 778
Tassi, Agostino, 810
Tassilon III, 433
Tatischev, Vassili N., 993
Tatline, Vladimir Evgrafovitch, 1311, 1463
Taut, Bruno, 1325
Tawaraya Sotatsu, 878
Tchang Kaï-chek, 1297-1299, 1445
Tchekhov, Anton, 1179, 1183-1184
Tchernenko, Konstantin, 1427
Tchernychevski, Nikolaï Gavrilovitch, 1176
Teglath-Phalasar Ier, 171
Tejero, Antonio, 1419
Telibinu, 161
Temmu, 641

Tepeyollotl, 276
Terah, 218-219
Térence, 384-385, 511
Teshub (Tarhunt), 160-161, 164, 173
Tesla, Nikola, 1097
Tetzel, Jean, 771
Teutates, 120
Tezcatlipoca, 657, 659-660, 668
Tezozomochtli, 665
Thackeray, William Makepeace, 1118
Thalès de Milet, 32, 319-321, 350
Thamar, 228
Thatcher, Denis, 1408
Thatcher, Margaret, 1407-1410, 1428
Thémistocle, 297
Théocrite, 213, 315
Théodelinde, 434
Théodora (femme de Justinien Ier), 549-550, 552
Théodora (femme de Théophile), 559, 566
Théodore de Cantorbéry, 464
Théodoric le Grand, 368, 382, 551-552, 556-557
Théodoros II, 1217
Théodose Ier, 214, 293, 368, 413, 547, 550-552, 565
Théodose II, 438, 548, 552, 557
Théodulf d'Orléans, 20, 453, 483
Théophile, 555, 566
Théophile d'Alexandrie, 214
Théophraste, 819
Thérèse d'Avila, 471, 758
Thésée, 340, 344
Thespis, 312
Thétis, 308
Theudius, 350
Thierry, 448
Thierry, Augustin, 1073, 1094
Thiers, Adolphe, 1028, 1030, 1033-1036, 1094
Thiersch, Hermann, 213
Thin, Auguste, 1230
Thomas d'Angleterre, 487
Thomas d'Aquin, 330, 471, 491, 495-498, 691, 1042
Thomas, George K., 1194
Thor, 436, 442
Thoreau, Henry David, 1199, 1201
Thorez, Maurice, 1366, 1370
Thot, 210
Thoukhatchevski, Mikhaïl, 1286
Thoutmôsis III, 163
Thucydide, 290, 315-317, 390, 1512

INDEX DES NOMS

Thyeste, 344
Tiamat, 146
Tibère, 364, 373, 388
Tibère II, 550
Tiberius Sempronius Gracchus, 386
Tibulle, 383, 386-388
Tiepolo, Giambattista, 930-931, 965
Timarchos, 305
Timothée, 408
Timothée de Milet, 309
Tinguely, Jean, 1456, 1463, 1465
Tinia, 356
Tintoret, le, 533, 705, 716, 722, 724, 756, 832, 930
Tippu Sahib (ou Tippu Sultan), 1004, 1114
Tirso de Molina, 758
Tishatal, 165
Tite-Live, 353, 360, 364, 391-392, 815
Titi, 203
Titien, 533, 698, 705, 716, 720, 723-724, 744, 756, 760, 830, 832, 930, 1045
Titus, 221, 231, 237, 364-365, 374, 389, 582
Tivoli, Serafino de, 1171
Tlacaelel, 666
Tlaloc, 668-669
Tobias, Phillip, 71
Tocqueville, Alexis de, 1512
Todorov, Tzvetan, 1482
Toghrul-Beg, 598
Tohil, 659
Tokugawa, Ieyasu, 633, 874-875
Tokugawa, Yoshimune, 1207
Toledo, Antonio, 1456
Toledo, Juan Bautista de, 754
Tolkien, John Ronald Reuel, 1484
Tolstoï, Léon, 1179, 1183
Tomasi di Lampedusa, Giuseppe, 1485
Tomichii Murayama, 1450
Toneri, 641
Toroni, Niele, 1467
Torricelli, Evangelista, 787
Torrigiani, Pietro, 767
Tosa Mitsuhide, 875
Tosa Mitsunaga, 638
Totila, 532
Toulouse-Lautrec, Henri de, 1063
Toumaï, 59, 72
Touraine, Alain, 24
Tourguéniev, Ivan Sergueïevitch, 1182
Tournefort, Joseph Pitton de, 787
Tournier, Michel, 1474
Toutankhamon, 205, 209
Toutant de Beauregard, Pierre Gustave, 1194

Toutatis, 123
Toynbee, Arnold, 1517
Toyotomi Hideyoshi, 633, 873, 875-876
Tracy, Dick, 1456
Trajan, 365, 389
Trakl, Georg, 1483
Travolta, John, 1533
Trediakovski, V.K., 993
Trezzini, Domenico, 1178
Trimalcion, 389
Tristan, 486
Trotski, Léon, 1282-1285
Trouvé, Alain-J., 11
Troyat, Henri, 1475
Truffaut, François, 1480
Truman, Harry, 1294, 1359-1360, 1433-1434
Tsubouchi Shòyo, 1210
Tuisto, 436
Tukaram, 869
Tulsidas, Goswani, 868
Tunapa, 280
Turan, 356
Turenne, Henri de la Tour d'Auvergne, vicomte de, 801
Turgot, 15, 890, 912, 929, 945, 947
Turner, Joseph Mallord William, 810, 954, 966, 1052, 1058, 1115
Twain, Mark, 1199
Twiggy, 70
Tylor, Edward Burnett, 1125-1127
Tyr, 441, 443
Tyrtée, 310
Tzara, Tristan, 1306, 1316-1318, 1321, 1333, 1483

'Ubayd Allāh al-Mahdī, 594
Uccello, Paolo, 705, 711
Ulysse, 308
Um-Napishtim, 147, 154
Undset, Sigrid, 1187
Uni, 356
Unkei, 637
Untash-Gal, 155
Urbain II, 469
Urbain VI, 472
Urbain VIII, 793-794
Urfé, Honoré d', 815
Urie le Hittite, 228-229
Ur-Nammu, 140, 150-151
Ursins, princesse des, 982
Ur-Zababa, 148

Uthman, 574, 577, 579
Utrillo, Maurice, 1316
Utu (Shamash), 145-146

Vailland, Roger, 1473
Vaillant, Auguste, 1041
Vak, 247
Valentin, le, 808
Valentinien III, 413, 548, 557
Valéry, Paul, 14, 344, 1072, 1230, 1476
Valignani, Alessandro, 876
Vallejo, César, 1491
Vallès, Jules, 1034
Vallin de La Mothe, Jean-Baptiste, 1178
Vallotton, Félix, 1063
Valmier, Georges, 1307
Vālmīki, 254
Van Doesburg, Theo, 1311, 1314
Van Dyck, Antoine, 789, 851-853, 932, 954
Van Gogh, Vincent, 1056, 1059, 1061-1062, 1209
Van Leeuwenhoek, Antoine, 788
Van Loo, Carle, 909, 934
Van Scorel, Jan, 749
Varāhamihira, 262
Varda, Agnès, 1480
Varese, Edgar, 1531
Varron, 385
Varuna, 240, 247
Vasarely, Victor, 1059, 1462
Vasari, Giorgio, 477, 684, 696, 705, 709, 719, 722-723
Vasnetsov, Victor, 1180
Vātsyāyana, 255
Vattimo, Gianni, 24, 1519
Vauban, Sébastien Le Prestre de, 806
Vaudès (Pierre Valdo), 467
Vautier, Benjamin, 1471
Vaux, Clotilde de, 1088-1089
Vauxcelles, Louis, 1306
Vé, 442
Veil, Simone, 1390
Veiras, Denis, 907
Vélasquez, Diego, 533, 723, 790, 830-833, 1055
Velázquez, Eugenio Lucas, 1162
Venceslas Ier l'Ivrogne, 507-508
Venetsianov, Alexis, 1179
Veneziano, Gabriele, 44
Venturi, Robert, 1469
Vénus, 83, 360, 362, 436
Verbiest, Ferdinand (Nan Houei Jen), 1007

Vercingétorix, 115, 118, 363, 392
Verdi, Giuseppe, 1110
Verga, Giovanni, 1172
Verhaeren, Émile, 1080, 1162
Verlaine, Paul, 387, 930, 1077, 1079-1080
Vermeer de Delft, 851-852
Verne, Jules, 1098
Vernet, Joseph, 933
Véronèse, 533, 705, 716, 722, 724, 756, 930
Verrazano, Giovanni de, 995
Verrocchio, il, 535, 705, 713, 716
Verus, 374
Vesaas, Tarjei, 1187
Vésale, André, 398, 687, 701
Vespasien, 237, 364-365, 373-374
Vespucci, Amerigo, 688
Vesta, 395
Vettori, Francesco, 727
Veyne, Paul, 1529
Viallat, Claude, 1467
Vian, Boris, 1335
Victor IV, 462
Victor-Emmanuel II d'Italie, 1165, 1167-1169
Victor-Emmanuel III d'Italie, 1170, 1267, 1270, 1351
Victoria Ire, 1104, 1112, 1114, 1116, 1203-1204
Vida, Marco Gerolamo, 387
Vigée-Lebrun, Élisabeth Louise, 932
Vignole, 792
Vignon, Claude, 809
Vignon, Pierre Alexandre, 1066
Vigny, Alfred de, 338, 379, 1073-1074
Vikramāditya VI, 610
Vilar, Jean, 1478
Vili, 442
Villegagnon, Nicolas Durand de, 748
Villehardouin, Geoffroi de, 488
Villèle, comte de, 1023
Villepin, Dominique de, 1399
Villiers de L'Isle-Adam, Philippe Auguste, 1075
Villiers, George (1er duc de Buckingham), 853
Villon, François, 484, 490, 747
Villon, Jacques, 1307
Vincent de Paul, 776, 785
Vinteuil, 1331
Viollet-le-Duc, Eugène, 480, 1067, 1163
Viracocha, 280, 664
Viracocha (Hatu Tupac Inca), 661, 664
Virgile, 360, 364, 383, 387-388, 537, 554
Visconti, Filippo Maria, 531

INDEX DES NOMS

Visconti, Galeazzo Ier, 531
Visconti, Gian Galeazzo, 531
Visconti, Giovanni Maria, 531
Visconti, Matteo Ier, 530-531
Visconti, Ottone, 530
Vishnou, 242-246, 248, 252, 254, 263, 613, 648, 652, 869
Vitellius, 365
Vitrac, Roger, 1335
Vitruve, 369, 697, 702, 709
Vitry, Philippe de, 499
Vivaldi, Antonio, 794
Vivès, Jean-Louis, 760
Viviani, René, 1045
Vladimir le Grand, 543
Vladimir (saint), 569
Vlaminck, Maurice de, 1059, 1306, 1316
Vogel, Ludwig, 1135
Volland, Sophie, 940
Vollard, Ambroise, 1061
Volta, Alessandro, 1097
Voltaire, 21, 135, 906-907, 912, 914, 921-922, 936-937, 939, 944-945, 947-948, 966, 972, 1178, 1182
Vouet, Simon, 809, 812
Vroubel, Mickaël, 1180
Vuillard, Édouard, 1059, 1063
Vulcain, 395
Vyāsa, 254
Vychinski, Andreï, 1286

Wadsworth, Edward, 1316
Wagner, Cosima, 1149
Wagner, Richard, 441, 445, 1110, 1149
Waitz, G.F., 1126
Waldeck-Rousseau, Pierre, 1038, 1042
Waldmüller, Ferdinand, 1137
Walesa, Lech, 1426
Wallace, Lew, 1199
Wallon, Henri, 1036
Walpole, Horace, 910
Wang Anshi, 619
Wang Hongwen, 1447
Wang Ken, 873
Wang Mang, 270
Wang Meng, 624
Wang Po, 625
Wang Wei, 622
Wang Yangming, 872
Warburton, William, 919
Warens, Françoise-Louise de, 940
Warhol, Andy, 1060, 1456

Washington, George, 999, 1189-1190, 1294
Watt, James, 922
Watteau, Antoine, 925, 929-930, 1080
Waugh, Evelyn, 1484
Webb, Philip, 1116
Weber, Carl Maria von, 1110
Weber, Max, 1103, 1504, 1516
Webern, Anton, 1530-1531
Webster, Noah, 1002
Wedekind, Frank, 1483
Wellesley, Richard, 1114
Wellington, duc de, 1021, 1159
Wells, Herbert G., 1119
Wendi, 272
Westermarck, Edward, 1127
Weygand, Maxime, 1353
Whittier, John Greenleaf, 1199
Wickram, Jörg, 778
Wilde, Oscar, 1118
Williams, Tennessee, 1489
Wilson, Angus, 1484
Wilson, Bob, 1489
Wilson, Daniel, 1039
Wilson, Harold, 1406-1407
Wilson, Richard, 953
Wilson, Thomas Woodrow, 1195, 1227, 1230, 1233, 1289, 1291
Winckelmann, Johann Joachim, 909, 925-926, 1045
Wintergest, Joseph, 1135
Wise, John, 1002
Witten, Edward, 45
Wittgenstein, Ludwig, 1338-1339, 1348
Witz, Conrad, 761
Wodan, 436
Wolfe, Tom, 1489
Wolff, Christian von, 973-974
Wölfflin, Heinrich, 788
Wölfli, Adolf, 1458
Wolgemut, Michael, 762
Wolsey, Thomas, 765
Woodward, Bob, 1438
Woolley, Charles Leonard, 144
Wordsworth, William, 1117
Worth, Charles Frederick, 1032
Wrangel, Piotr, 1282-1283
Wright, Richard, 1488
Wu Wang, 265
Wu Zetian, 617, 627-628
Wu Zhen, 624
Wudi, 270
Wudi (Sima Yan), 271
Wulfila, 419, 436

Wundt, Wilhelm, 1100
Wurunkatte, 161
Wurushemu, 161
Wuzong, 628
Wyatt, James, 1116
Wyatt, Thomas, 768

Xbalanque, 656
Xenakis, Ianis, 1531
Xénophane, 320, 322
Xénophon, 317, 326, 1512
Xerxès Ier, 179-180, 182, 184
Xi Jinping, 1448
Xi Kang, 273
Xia Gui, 624
Xianfeng, 1205
Xie Lingyun, 273
Xie Tao, 273
Xolotl, 670
Xu Ling, 273
Xuande, 869
Xuanzang, 609, 627-628
Xuanzong, 625

Yama, 242, 244
Yamabe no Akahito, 641
Yao Wenyuan, 1447
Yarim-Lim, 164
Yasovarman, 647
Yasuhiro Nakasone, 1450
Yasunari Kawabata, 1495-1496
Yazīd II, 580
Yekouno Amlak, 671-672
Yen Li-pen, 622
Ye-Shi, 627
Yetbarak, 671
Yik'in Chan K'awiil, 654
Ymir, 442
Yoas Ier, 1217
Yokoyama Taikan, 1209
Yongle, 869-871
Yoshihiko Noda, 1451
Yoshihito, 1300
Yoshitsune, 879
Ysengrin, 487
Yu Dafu, 1495
Yu le Grand, 264
Yuan Mei, 1009
Yuan Shikai, 1296-1297

Yuandi, 271
Yuanwu Keqin, 627
Yukio Mishima, 1496

Zabulon, 221
Zacharie, 223, 233, 237
Zacharie (pape), 433, 449-450
Zadkine, Ossip, 1327
Zadyk, 169
Zakharov, Adrian, 1179
Zapatero, José Luis, 1420-1421
Zarza, Vasco de la, 756
Zay, Jean, 1243
Zaydan, Jurji, 1493
Zeami, 644
Zeller, André, 1384
Zénon, 549
Zénon de Citium, 337, 379
Zénon d'Élée, 12, 322-323
Zeus, 9, 293, 300, 304, 306, 311, 340, 342, 345-349
Zhang Chunqiao, 1447
Zhang Xueliang, 1298
Zhao Mengfu, 624
Zhao Ziyang, 1447
Zheng He, 869
Zhengtong, 869
Zhenzong, 618
Zhongzong, 617
Zhou Dunyi, 627
Zhou Enlai, 1298, 1447
Zhu Da, 1008-1009
Zhu Qan, 1008
Zhu Xi, 627
Zinoviev, Grigori, 1285
Ziryāb, 587
Ziyādat Allāh Ier, 593
Zoé, 560-561
Zöega, Georg, 919
Zola, Émile, 1031, 1042, 1045, 1054, 1057, 1060, 1078-1079, 1095, 1152, 1182, 1210, 1489
Zoroastre (Zarathoustra), 185-186
Zorrilla, José, 986, 1163
Zuccaro, Federico, 768
Zuma, Jacob, 1544
Zurbarán, Francisco de, 790, 830-833, 1055
Zweig, Stefan, 1483
Zwingli, Ulrich, 772-774, 777

Index des œuvres[1]

95 thèses, 772
1984, 1484

A Bonaparte liberatore, 1171
À bout de souffle, 1480
À la noblesse chrétienne de la nation allemande, 773
À la recherche du temps perdu, 1330-1331
À l'ombre des jeunes filles en fleurs, 1330-1331
À rebours, 1079
A Vindication of The Government of New England Church, 1002
Abat-jour, 1463
Abbaye aux Hommes, 518
Abbaye de Cîteaux, 465, 475, 482
Abbaye de Clairvaux, 465-466
Abbaye de Cluny, 416, 466, 473-475
Abbaye de Conques, 568
Abbaye de Flux, 949
Abbaye de Fulda, 484
Abbaye de Gandersheim, 511
Abbaye de Landévennec, 416
Abbaye de Port-Royal des Champs, 786, 803
Abbaye de Reichenau, 509
Abbaye de Saint-Gall, 420, 454, 483
Abbaye de Saint-Germain-des-Prés, 416
Abbaye de Vézelay, 475-476
Abbaye de Westminster, 767
Abbaye du Mont-Cassin, 416
Abbaye Sainte-Geneviève de Paris, 432

Abbaye Saint-Pierre de Brantôme, 416
Abbaye Saint-Pierre d'Hautvillers, 455
Abrégé de l'art poétique français, 746
Abrégé des études philosophiques (Compendium studii philosophiae), 527
Abrégé des études théologiques (Compendium studii theologiae), 527
Abuseur de Séville (L'), 758
Accordée de village (L'), 934
Actes des Apôtres, 404-405
Adam, 762
Adam Bede, 1118
Adam et Ève, 702
Adam et Ève chassés du paradis, 711
Adelphes (Les), 385
Adieu aux armes (L'), 1487, 1490
Ādi-Granth, 616
Adolescence clémentine (L'), 743
Adoration des bergers (L') (La Tour), 809
Adoration des bergers (L') (Rubens), 853
Adoration des mages (Dürer), 762
Adoration des mages (Uccello), 711
Adoration des mages (Vignon), 809
Agamemnon, 380
Âge d'airain (L'), 1069
Âge de l'innocence (L'), 954
Âge d'or (L'), 1323
Âge mûr (L'), 1070
Agricultural Adjustement Act (AAA), 1292
Ailes de la colombe (Les), 1199

---

1. Il s'agit ici des œuvres au sens le plus large du génie humain : œuvres littéraires, architecturales, picturales, etc.

Ainsi va toute chair, 1119
Ajax furieux, 313
Al-Ahram, 1493
Alastor, 1117
Al-Azhar, 594
Albertine disparue, 1331
Alcade de Zalamea (L'), 758
Alcazar de Ségovie, 586
Alcazar de Séville, 586
Alcazar royal de Madrid, 986
Alceste (Euripide), 313
Alceste (Gluck), 935
Alchemy, 1460
Alciphon ou Le Pense-menu, 956
Alcools, 1332, 1334
Alexandre le Grand, 818
Alexandre Ier, 1475
Algèbre, 605
Al-Hakim (mosquée d'), 594
Alhambra, 586, 754
Al-Hilal, 1493
Allégorie de l'eau, 722
Allégorie de l'été, 722
Allégorie de Rome, 808
Allégorie sacrée, 721
Allemagne année zéro, 1401
Almageste, 33-35, 215, 397
Almanach du Cavalier bleu, 1312
Al-Qasaba (tour d'), 592
Al-Zaytūna (mosquée), 593
Amadis de Gaule, 541
Amant couronné (L'), 931
Amant de la Chine du Nord (L'), 1480
Amant de Lady Chatterley (L'), 1119
Amant et fils, 1119
Amant (L'), 1480
Amazona, 1486
American Psycho, 1490
Âmes mortes (Les), 1182
Améthystes, 1075
Ami des hommes, ou Traité de la population (L'), 16, 902
Ami du peuple assassiné (L'), 935
Ami du peuple (L'), 898, 902
Amida, 637
Aminta, 726
Amok, 1483
Amour et Psyché, 928
Amour fou (L'), 1334
Amour la poésie (L'), 1334
Amours (Les) (Baïf), 746
Amours (Les) (Ronsard), 746
Amphitryon, 384

Anabase (Saint-John Perse), 1332
Anabase (Xénophon), 317
Analyse de la Beauté, 954
Analytiques, 330
Anastasis, 423
Ancien Testament, 154, 219, 222, 227, 403, 405-407, 422, 468, 476, 481, 483, 714, 718, 1125
Ancien Testament (Simon Vouet), 812
Andrienne (L'), 385
Andromaque, 818
Âne d'or (L') (Machiavel), 727
Âne d'or, ou Les Métamorphoses (L') (Apulée), 390
Angélus (L'), 1050, 1323
Angkor Vat, 246, 648
Angoisse du roi Salomon (L'), 1475
Anna Christie, 1488
Anna Karénine, 1183
Anna Svard, 1186
Annales, 388, 393
Annales de la dynastie des Li, 882
Annales de la Société scientifique de Bruxelles, 41
Annales de Winchester, 525
Annales des pontifes, 390
Annales (du règne d'Ezana), 284
Annales maximi, 383
Anne d'Autriche, 809
Annonciation (L') (Andrea del Sarto), 720
Annonciation (L') (Léonard de Vinci), 718
Annonciation (L') (Mochi), 794
Antéchrist (L'), 1150
Anthologie de la nouvelle poésie nègre et malgache de langue française, 1474
Anthologie de l'humour noir, 1334
Anthropométries, 1464
Anticato, 392
Anti-Dühring, 1109
Antigone (Alfieri), 966
Antigone (Anouilh), 1335
Antigone (Sophocle), 313
Antiquités celtiques et antédiluviennes, 63
Antiquités de Rome (Les), 746-747
Antiquités juives, 404
Antisemitische Correspondenz, 1152
Anti-tête (L'), 1333
Antoine et Cléopâtre, 769
Apadana de Persépolis, 182-183
Apadana de Suse, 183
Aphorismes (Hippocrate), 349
Aphorismes (Sérapion le Vieux), 606
Aphrodite de Cnide, 305
Apocalypse d'Angers, 483

INDEX DES ŒUVRES

Apocalypse de Jean, 403, 405-406, 476
Apocalypse ou la prochaine rénovation démocratique et sociale de l'Europe (L'), 1106
Apollon de Piombino, 306
Apollon de Ténéa, 303
Apollon du Belvédère, 926
Apologie de Socrate (Platon), 328
Apologie de Socrate (Xénophon), 317
Apoxyomène, 305
Apparition de la Vierge à Luc (L'), 792
Appel de la forêt (L'), 1200
Après le banquet, 1496
Après-midi d'un faune (L'), 344, 1080
Ara della Regina, 355
Aranyaka, 240
Arbre grande éponge bleue (L'), 1464
Arc d'Auguste de Rimini, 373
Arc de Constantin, 376
Arc de Septime Sévère, 1066
Arc de triomphe de l'Étoile, 1066, 1068, 1230
Arc de triomphe du Carrousel, 1066
Arcane 17, 1334
Archéologie du savoir (L'), 1510
Archipel aux sirènes (L'), 1119
Argent (L'), 1031
Argoniques (Les), 315
Arhal-din Kajhompra (mosquée), 615
Ariane, 1320
Arianna, 794
Armée de métier (L'), 1381
Arminius, 778
Art d'aimer (L'), 388
Art de la peinture (L'), 852
Art d'édifier (L') (De re aedificatoria), 709
Art du chant mesurable (L') (Ars cantus mensurabilis), 499
Art (L'), 1076
Art poétique (Boileau), 743, 819
Art poétique (Horace), 387, 699
Art poétique (Verlaine), 1080
Art pour l'art (L'), 1075
Artémision (temple), 301
Artiste (L'), 1075
Artus (L'), 1492
Ascension d'Isaïe, 234
Assommoir (L'), 1079
Assomption (L') (Bellini), 721
Assomption (L') (Carrache), 792
Assomption (L') (Greco), 831
Astadhyayi, 253
Astrée (L'), 815
Astronomie nouvelle (Astronomia Nova), 37
Atelier du peintre (L'), 1051

Athalie, 818
Atharvaveda, 240, 262
Atlantes de Tula, 657
Atlantes (Les), 811
Attila, 815
Au bord de l'eau, 627, 872
Au cœur des ténèbres, 1119
Au milieu des sollicitudes, 1040
Au Texas, 1106
Augustinus, 785
Aurige de Delphes, 304
Aurore (L'), 1042, 1231
Autant en emporte le vent, 1199
Autel de Gertrude, 510
Autel portatif de saint André, 510
Autoportrait (Largillière), 933
Autoportrait (Poussin), 810
Autoportrait (Van Gogh), 1061
Avant le départ, 1057
Avanti, 1266
Avare (L'), 817
Aventures d'Heike (L') (Heike monogatari), 643
Aventures de Télémaque (Les), 819
Aventures de Tom Sawyer (Les), 1199
Aventures du Cid (Les), 758
Avesta, 185-186

Bacchante aux roses, 1069
Bacchus adolescent (le Caravage), 791
Bacchus (le Caravage), 725
Bacchus (Michel-Ange), 718
Baigneuse, 928
Baigneuses (Les) (Courbet), 1051
Baigneuses (Les) (Fragonard), 931
Bain des nymphes (Le), 811
Bain turc (Le), 1047
Baiser de Judas (Le) (Giotto), 706
Baiser de Judas (Le) (Uccello), 711
Baiser (Le) (Brancusi), 1328
Baiser (Le) (Rodin), 1069, 1328
Bajazet, 818
Bakhshali, 262
Bakong (temple), 647-648
Bal du moulin de la Galette, 1056
Ballade des pendus, 490
Ballade en vieil langage françois, 484
Ballades (Charles d'Orléans), 490
Ballades lyriques, 1117
Ballades (Schiller), 972
Balloon Dog, 1456
Ballot Act, 1113
Balzac, 1069

Bandainagon, 638
Banquet des cendres (Le), 691
Banquet d'Hérode, 715
Banquet (Le), 329
Baphuon (temple), 648
Baptême du Christ, 724
Baptistère de Néon (baptistère des Orthodoxes), 551
Baptistère Saint-Jean, 708
Barbier de Séville (Le), 944
Barque de Dante (La), 1047
Barrage (Le) (*Shigarami Soshi*), 1211
Basilique de la Nativité, 423
Basilique de Parenzo, 568
Basilique de Saint-Denis, 449, 454, 456, 459, 473, 476, 478, 480-481, 494, 736, 741
Basilique du Sacré-Cœur, 1036, 1067
Basilique Saint-Antoine, 715
Basilique Saint-Apollinaire in Classe, 552
Basilique Saint-Apollinaire-le-Neuf, 551
Basilique Sainte-Marie-du-Trastevere, 704
Basilique Sainte-Marie-Majeure, 422
Basilique Sainte-Sabine, 422
Basilique Saint-François, 706
Basilique Saint-Jean-de-Latran, 422, 714, 793
Basilique Saint-Jean-l'Évangéliste, 551
Basilique Saint-Marc, 568, 704
Basilique Saint-Paul-hors-les-Murs, 422
Basilique Saint-Pierre, 422, 717, 772, 791-794
Basilique Saint-Remi de Reims, 455
Basilique Saint-Sernin de Toulouse, 476
Basilique Saint-Vital, 454, 552
Basilique San Francesco d'Arezzo, 714
Basilique San Lorenzo, 703, 715
Basilique Santa Croce de Florence, 706
Basilique Santa Maria della Salute, 793
Basilique Santa Maria Novella, 711
Basse-Cour à Germaine (La), 1468
Bassvilliana, 1171
Bataille de Qadesh, 204
Bataille de San Romano (La), 711
Bataille (La), 1239
Bateau de la clarté et du confort, 1011
Bateleurs (Les), 1310
Bay Psalm Book, 1001
Bayon (temple), 648
Beaucoup de bruit pour rien, 769
Bélisaire demandant l'aumône, 935
Belle Angèle (La), 1062
Belle Hélène (La), 1033
Belle Jardinière (La), 719
Belle Strasbourgeoise (La), 933
Belles Endormies (Les), 1496

Belles Relations (Les), 1323
Beloved, 1490
Ben Hur, 1199
Bérénice, 818, 1481
Berger endormi (Le), 1179
Bergers d'Arcadie (Les), 810
Bete Medhane Alem (église), 883
Bible de Mayence, 688
Bibliothèque historique, 156, 319
Bibliothèque (ou *Myriobiblon*), 555
Bill of Rights, 841
Blaise Pascal, 929
« Blason du beau tétin (Le) », 744
Blast, 1316
Bleu, 1322
Bohémienne (La), 851
Bonaparte franchit le Saint-Bernard, 935
Bonjour tristesse, 1475
Boris Godounov, 1181
Bossuet, 929
Bouclier d'Hercule (Le), 311
Bouddhas de Bāmyān, 252
Bourgeois de Calais (Les), 1069
Bourgeois gentilhomme (Le), 817
Bourreau de soi-même (Le) (*Héautontimorouménos*), 385
Bouvard et Pécuchet, 25
Branches de prunier dans un vase d'or, 872
Brand, 1186
Brave homme, 1185
Brebis égarée (La), 1495
Brèche (La), 1335
Bréviaire d'Alaric, 557
Bréviaire de Belleville, 482
Brigadier (Le), 993
Brigands (Les), 972
Britannicus, 818
Bruit et la fureur (Le), 1490
Brutus (Alfieri), 966
Brutus (David), 935
Bûcher des vanités (Le), 1489
Bucoliques, 387
Buffon, 929
Burgraves (Les), 1072
Buste de la duchesse d'Angoulême, 1068
Buveur (Le), 792
Byōdōin (temple), 635, 637

Ca' d'Oro, 709
Cabotin (Le), 1484
Cahiers de prison, 1485
Calligrammes, 1332

INDEX DES ŒUVRES

Campanile de Giotto, 715
Campanile de Saint-Marc, 709
Campo Giovanni e Paolo, 535
Canard enchaîné (Le), 1240
Cancionero general, 541
Candida, 1118
Candide, 939
Canon, 606
Cantatrice chauve (La), 1335
Cantique des Cantiques, 224
Cantique des créatures, 471
Canto novo, 1173
Cap (Le), 1496
Capital (Le), 1095, 1108-1109, 1154, 1156
Capitale de la douleur, 1335
Capitalisme et Schizophrénie, 1522
Capitoli (Les), 727
Caractères (Les), 819
Cardinal Nino de Guevara (Le), 831
Cardinal-Infant (Le), 833
Carnaval d'Arlequin (Le), 1322
Carré noir sur fond blanc, 1313
Carrie, 1490
Casa Batlló, 1163
Casa Milá, 1163
Casa Vicens, 1163
Case de l'oncle Tom (La), 1193, 1199
Casseurs de pierres (Les), 1051
Cath Maighe Tuireadh, 122-123, 125
Cathédrale d'Axoum, 884
Cathédrale de Cantorbéry, 519
Cathédrale de Chartres, 231, 478-480
Cathédrale de Cologne, 761, 1136
Cathédrale de Florence, 370
Cathédrale de Fribourg, 511
Cathédrale de la Dormition de Moscou, 569
Cathédrale de l'Assomption, 545
Cathédrale de Lausanne, 479
Cathédrale de Timovo, 568
Cathédrale d'Orvieto, 701, 794
Cathédrale Il Duomo, 531
Cathédrale Notre-Dame d'Amiens, 478, 1067
Cathédrale Notre-Dame de Laon, 478
Cathédrale Notre-Dame de l'Assomption de Pise, 707
Cathédrale Notre-Dame de Noyon, 478
Cathédrale Notre-Dame de Paris, 478, 480, 499, 522, 928, 1067, 1236
Cathédrale Notre-Dame de Tournai, 478
Cathédrale Pierre-et-Paul, 1175
Cathédrale Sainte-Marie (Baltimore), 1196
Cathédrale Sainte-Marie de Pampelune, 986

Cathédrale Sainte-Marie de Tolède, 755-756, 831
Cathédrale Saint-Étienne de Bourges, 478
Cathédrale Saint-Étienne de Sens, 478
Cathédrale Saint-Patrick, 1197
Cathédrale Saint-Pierre de Beauvais, 478
Catilinaires, 386
Cavalier bleu (Le), 1312
Ceci n'est pas une pipe, 1323
Celestina (La), 1310
Cendres de Gramsci (Les), 1485
Cène (La), 718, 1170
Cent Coursiers (Les), 1010
Centaure (Le), 1465
Centre Georges-Pompidou, 1459
Cérémonie des adieux (La), 1477
Cerisaie (La), 1183
César et Cléopâtre, 1118
Cesareum (monument d'Alexandrie), 214
Chacun sa vérité, 1485
Chaire de la cathédrale Notre-Dame de l'Assomption de Pise, 707
Chaire de l'évêque Maximien, 423, 553
Chaise et la pipe (La), 1061
Chamade (La), 1475
Chambre de Vincent à Arles (La), 1061
Chambre des époux (La), 713
Champs magnétiques (Les), 1318, 1335
Chancelier Séguier (Le), 811
Chanson de Craonne (La), 1225
Chanson de Guillaume (La), 486
Chanson de Roland (La), 485-486
Chansonnier (Le) (Il canzoniere), 536-537
Chant d'amour de Krishna (Gītā-Govinda), 245
Chant de la cloche (Le), 972
Chant de Sigurd, 512
Chant des Nibelungen, 511-512
Chant d'Igor (Le), 545
Chant du Bienheureux (Bhagavad-Gītā), 241, 243, 245, 252, 869
Chant du départ (Le), 935
Chant du harpiste aveugle, 206
Chant général, 1491
Chants de Maldoror (Les), 1077, 1079
Chants de Rama (Les) (Ramcharimanas), 868
Chants des Saliens, 383
Chants royaux, 284
Chapeau de paille (Le), 853
Chapelle Brancacci, 711-712
Chapelle Contarelli, 791
Chapelle de King's College, 767
Chapelle de la Sorbonne, 806
Chapelle de la Trinité (Fontainebleau), 738

Chapelle de l'Arena (chapelle Scrovegni), 706
Chapelle du château de Versailles, 806
Chapelle Henri VII, 767
Chapelle San Fernando, 586
Chapelle San Francesco Grande, 718
Chapelle Sixtine, 700, 713, 718
Char solaire de Trundholm, 107
Charivari (Le), 1052
Charles Quint terrassant l'envie, 756
Charles Ier à la chasse, 853
Charmidès, 328
Charrette de foin (La), 1116
Charrette du marché (La), 954
Charte du Mandem, 677
Chartreuse de Jerez, 832
Chasse au sanglier, 933
Chasse (La), 792
Château d'Amboise, 731-733, 737, 740
Château d'Anet, 741
Château d'Azay-le-Rideau, 737, 740
Château de Blois, 733, 740
Château de Bury, 740
Château de Chambord, 733, 737, 740
Château de Chenonceau, 737, 740
Château de Cirey, 921
Château de Fontainebleau, 733, 737-740
Château de Hampton Court, 767
Château de Heidelberg, 761
Château de Himeji, 875
Château de la Muette, 740
Château de La Roche-Guyon, 1308
Château de Loches, 729
Château de Longleat, 767
Château de Luneville, 927
Château de Madrid (Boulogne), 733, 740
Château de Maisons-Laffitte, 806
Château de Marly, 804, 812
Château de Montségur, 468
Château de Neuschwanstein, 1136
Château de Pierrefonds, 1067
Château de Rivoli, 964
Château de Saint-Cloud, 811
Château de Saint-Germain-en-Laye, 733
Château de Saint-Maur, 741
Château de Stolzenfels, 1136
Château de Vaux-le-Vicomte, 806-807, 810-811
Château de Versailles, 804, 806-807, 810-811, 910, 927, 1132
Château de Wittenberg, 773
Château d'Écouen, 737, 740-741
Château du Clos Lucé, 733, 738
Château Fasiladas, 883

Château (Le), 1140, 1483
Château Saint-Ange, 365
Chatterton, 1073
Chaudron de Brå, 120
Chaudron de Gundestrup, 120-121, 123
Chaudron de Rynkeby, 120
Chemins de la liberté (Les), 1476
Chênes d'Apremont (Les), 1050
Chercheur d'or (Le), 1474
Chercheuse d'esprit (La), 935
Chevalier avec la main sur la poitrine, 755
Chevaux de Marly, 928
Chilam Balam, 656
Chimères (Les), 1073
Chimères (Mōsō), 1211
Christ du Jugement dernier (Le), 704
Christ jaune (Le), 1062
Christ (Le), 525
Christ portant sa croix, 756
Chronique des Printemps et des Automnes, 265, 267
Chroniques, 488
Chroniques d'al-Ṭabarī, 590
Chronographiai, 403
Chute de la maison Usher (La), 1198
Cicérone (Le), 788
Cid (Le), 815
Ci-gît l'Espace, 1464
Cimetière juif, 852
Cinna, 815
Cinq Canons astronomiques (Les) (*Panca siddhantika*), 262
Cinq Classiques Véritables, 617
Cinq leçons sur la psychanalyse, 1101
Cinq nôs modernes, 1496
Cinq points de l'architecture moderne, 1324
Cinq-Mars, 809
Cinquante psaumes en français, 743
Cirque de Calder (Le), 1463
Citadelle (La), 1484
Cité antique (La), 1095
Cité de Dieu (La), 415
Cité de l'homme (La), 1512
Cité interdite, 1008, 1011, 1206, 1447
Cité radieuse de Marseille, 1324
Cléobis et Biton, 303
Cléopâtre, 1098
Cligès ou la Fausse Morte, 487
Cloître du Scalzo, 720
Clovis, 815
Cobra, 1455
Code civil, 916, 1022

Code de Hammourabi, 7, 136, 146, 152-153, 183
Code de Taisho, 645
Code de Théodose, 548
Code d'Ur-Nammu, 150, 152
Code Engi, 645
Code Justinien, 420, 550, 558
Code Noir (Le), 904
Code royal (Fuero Real), 540
Code Taihō (Taihō-ritsuryō), 629
Code Tang, 617
Code Théodosien, 557-558
Codex Aubin, 666
Codex Aureus d'Echtemach, 510
Codex Borbonicus, 666
Codex Boturini, 666
Codex Fejervary-Mayer, 666
Codex Mendoza, 666
Colères, 1464
Colisée, 373-374
Collection d'illustrations des Trois Royaumes (San cai tu hui), 870
Collection médicale (*Carakasaṃhitā*), 263
Collections mathématiques, 215
Collège des Jésuites de Salamanque, 833
Colonne de Juillet, 1068
Colonne de Marc-Aurèle, 375
Colonne de Trajan, 373
Colonne sans fin, 1328
Colonne Trajane, 372-373, 1066
Colonne Vendôme, 1034, 1066
Colosse de Barletta, 553
Colosses de Memnon, 201
Combat des Centaures (Le), 1320
Combustions, 1464
Comédie humaine (La), 1078
Commencement du monde (Le), 1328
Commentaire de l'Apocalypse, 587
Commentaire des Sentences, 496
Commentaire sur la Mishna, 604
Commentaires sur la Guerre des Gaules (Commentarii de bello gallico), 115, 118, 122-123, 125, 363, 392
Commonplace Book, 956
Complexe de la Colline, 675
Complexe de la Vallée, 675
Composition 6, 1312
Composition 7, 1312
Composition n° 10, 1312
Compositions en plans de couleurs, 1314
Compressions, 1465
Comte de Carmagnole (Le), 1172
Comte Orlov, 1181

Comte-duc d'Olivares à cheval (Le), 833
Concert champêtre (Le), 723
Condition postmoderne (La), 1517-1519
Confession d'Augsbourg, 753
Confession d'Augsbourg (Confessio Augustana), 773
Confessions d'un masque, 1496
Confessions (Les) (Rousseau), 311
Confessions (Les) (saint Augustin), 415
Conflit des interprétations (Le), 1514-1515
Conformiste (Le), 1485
Confusion des sentiments (La), 1483
Coningsby, 1118
Conjuration de Catilina (La), 391
Conquête de Constantinople (La), 488
Considérations sur la marche des idées et des événements dans les temps modernes, 1095
Considérations sur les causes de la grandeur des Romains et de leur décadence, 948
Consolation à M. du Périer, 814
Constellations, 1322
Constitutio de fundis, 504
Constitution d'Athènes, 296
Constitutions d'Anderson, 917-918
Constitutions de Clarendon, 519
Constitutions de la France depuis 1780 (Les), 915
Constitutions de Melfi, 505
Constitutions égidiennes, 461, 463, 963
Construction à la fleur, 1327
Constructions suspendues (Les), 1463
Conte d'Amour et de Psyché, 390
Conte de Sinouhé, 197, 199
Conte du coupeur de bambou (Le), 638
Conte du naufragé, 199
Conte du tonneau (Le), 955
Contemplations (Les), 1073-1074
Contes, 817
Contes de Canterbury (Les), 525-526
Contes des douze tours, 1009
Contes des magiciens à la cour de Khéops (Papyrus Westcar), 199
Contes du grotesque et de l'arabesque (Les), 1198
Contingence, ironie et solidarité, 1519
Contre la méthode, 1518
Contre-reliefs libérés dans l'espace (Les), 1463
Contre-révolution et Révolte, 1502
Contribution à la critique de l'économie politique, 1154, 1156
Convive de pierre (Le), 758
Coq gaulois, 1328
Coran, 226, 572-574, 576, 584, 589, 596, 603, 1537
Corbeille de fruits, 725, 791

Coricancha (temple du Soleil), 662
Coriolan, 769
Corn Laws, 1112, 1261
Corne du bélier (La), 1488, 1493
Cornet à dés (Le), 1332
Côté de Guermantes (Le), 1331
Coup d'État permanent (Le), 1393
Coup d'œil sur les deux rives de la rivière Sumida, 1210
Couple à cheval, 1312
Cœur à gaz (Le), 1333
Courbe dominante, 1312
Couronne de la Vierge d'Essen, 510
Couronne des chroniques, 863
Couronnement de la Vierge (Le), 719
Cours complet d'instruction, 949
Cours de linguistique générale, 1523
Cours de philosophie positive, 1088
Cours sur la philosophie de l'art, 1143
Courses de chevaux, 1058
Couvent de Nuestra Señora de Guadalupe, 832
Couvent de Sainte-Marie-des-Grâces, 718
Couvent de San Isidoro, 1135
Couvent des Antonins, 762
Couvent des Mercedari, 832
Couvent San Domenico, 711
Couveuse (La), 1309
Crainte et Tremblement, 1185
Cratyle, 328
Création d'Adam (La), 718
Crépuscule des dieux (Le), 445
Crépuscule des idoles (Le), 1150
Cri du peuple (Le), 1034
Cribleuses de blé (Les), 1051
Crime de lord Arthur Savile (Le), 1118
Crime de l'Orient-Express (Le), 1484
Crime et Châtiment, 1182
Crise de l'esprit (La), 1230
Crise des sciences européennes et la phénoménologie transcendantale (La), 1340
Critique de la culture et de la société, 1501
Critique de la faculté de juger, 908
Critique de la raison pratique, 974
Critique de la raison pure, 974-975, 978
Critique de la religion chez Spinoza ou Les fondements de la science spinoziste de la Bible (La), 1511
Critique de la technique et de la science (La), 1502
Critique de l'École des femmes (La), 817
Critique du jugement, 974
Critique et Vérité, 1481
Criton, 328

Croc-Blanc, 1200
Croix (La), 1041
Cromlech d'Avebury, 102
Cromwell, 1072-1073
Crucifix de l'Empire, 510
Crucifix de San Domenico d'Arezzo, 704
Crucifixion de Bâle, 763
Crucifixion en rose (La), 1488
Crucifixion (La) (Bosch), 760
Crucifixion (La) (le Pérugin), 714
Crypte de la Colonie Güell, 1163
Crystal Palace, 1116
Cycle breton, 486
Cycle de Charlemagne, 486
Cycle de Finn, 121-122
Cycle de Guillaume d'Orange, 486
Cycle de Kumarbi, 164
Cycle des Croisades, 486
Cycle d'Uster, 122
Cyclop (Le), 1465
Cylindre de Cyrus, 178
Cyrille (Qerillos), 284

Da Vinci Code, 1476
Dadais (Le), 993
Daibutsu (statue), 635
Daikaku-ji (temple), 640
Dame à la Licorne (La), 719
Dame à l'hermine (La), 718
Dame de pique (La), 1181
Dans le labyrinthe, 1479
Danse (La) (Carpeaux), 1069
Danse (La) (Rodin), 1326
Danse macabre, 763
Danses italiennes, 1064
Danseuse (La), 1328
Danseuse (La) (Maihime), 1211
Dante et Virgile en enfer, 1048
Das neue Pathos, 1483
David Copperfield, 1118
David (Donatello), 304, 701-702, 715
David (Il Verrocchio), 716
David (Michel-Ange), 718
Dazhengdian, 1011
De analogia (traité de grammaire), 392
De Astrologia, 215
De la captivité babylonienne de l'Église, 773
De la cause, du principe et de l'unité, 691
De la consolation de la philosophie, 556
De la division de la nature (De divisione naturae), 494
De la division du travail social, 1091

INDEX DES ŒUVRES 1603

De la docte ignorance (*De docta ignorantia*), 330, 691
De la grammatologie, 1521
De la guerre civile (*De bello civili*), 363
De la liberté d'un chrétien, 773
De la littérature, 1073
De la monarchie (*De monarchia*), 536
De la musique (*De musica et portibus ejus*), 498
De la notation du rythme musical (*De musica mensurabili positio*), 499
De la nouvelle étoile, 36
De la peinture (*De pictura*), 709
De la philosophie classique, 1512
De la politique générale et du rôle de la France en Europe, 1105
De la prédestination (*De praedestinatione*), 494
De la providence, 380
De la recherche de la vérité, 825-826
De la religion chrétienne (*De christiana religione*), 693
De la remémoration de la voie de la félicité, 602
De la statue et de la peinture (*De statua*), 709
De la Terre à la Lune, 1098
De la tyrannie, 1512
De l'agriculture (*De agri cultura*), 391
De l'Allemagne, 1072-1073
De l'âme, 495
De l'amitié, 747
De l'architecture allemande, 1136
De l'éloquence vulgaire (*De vulgari eloquentia*), 536
De l'esprit des lois, 937-938, 948
De l'essence de la vérité, 1343
De l'infini, de l'univers et des mondes, 691
De l'institution des enfants, 749
De l'interprétation de la nature, 940
De oratore (*Le Livre de l'orateur*), 386, 393
De republica (*Traité de la République*), 386
De rerum natura (*De la nature des choses*), 336, 378
De sang-froid, 1488
Débat de Folie et d'Amour (Le), 750
Débat des deux amants (Le), 490
Début de printemps, 623
Décaméron, 526, 537
Décapitation de saint Jean-Baptiste (La), 725
Déclaration d'amour (La), 931
Déclaration des droits de la femme et de la citoyenne, 904
Déclaration des droits de l'homme et du citoyen, 22, 893, 914-915, 1103
Déclaration d'indulgence, 841
Déclin des Burgondes, 512

Découverte de Moïse, 852
Défense et illustration de la langue française, 742, 745-746
Degré zéro de l'écriture (Le), 1481, 1523
Deir el-Abiad (couvent Blanc), 424-425
Deir el-Ahmar (couvent Rouge), 424-425
Deir el-Bahari, 197, 202
Déjeuner de paysans, 832
Déjeuner sur l'herbe (Le), 723, 1055
Délie, 750
Delphine, 1073
Démocratie contre elle-même (La), 1516
Demoiselles d'Avignon (Les), 1306-1307
Démolition des maisons du pont Notre-Dame (La), 933
Dénombrement des sciences, 602
Dentellière (La), 852
Départ des Volontaires (Le) (ou *La Marseillaise*), 1068
Départ du Bucentaure (Le), 966
Déploration du Christ (La), 763
Der Freischütz, 1110
Der Sturm, 1483
Derby de 1821 à Epson (Le), 1047
Dernier Jour de Pompéi (Le), 1179
Derniers poèmes, 1076
Dersane Sion (ou *Homélie à Sion*), 884
Des cas d'illustres hommes (*De casibus virorum illustrium*), 537
Des choses cachées depuis la fondation du monde, 1516-1517
Des révolutions des sphères célestes (*De revolutionibus orbium coelestium*), 35, 687
Des souris et des hommes, 1487
Des extrêmes des Biens et des Maux (*De finibus bonorum et malorum*), 338
Descente d'Ishtar aux Enfers, 147
Description de la Grèce, 293
Description de Sainte-Sophie, 553
Description du phalanstère, 1105
Désenchantement du monde (Le), 1516
Désiré, 1335
Destination de l'homme (La), 1142
Destinée sociale (La), 1105
Destinées (Les), 1073
Deuil sied à Électre (Le), 1489
Deutéronome, 222-223, 227
Deux Gentilshommes de Vérone (Les), 769
Deux négresses, 1326
Deux Problèmes fondamentaux de l'éthique (Les), 1152
Deux Sources de la morale et de la religion (Les), 1083, 1085, 1093

Deuxième Sexe (Le), 1477
Dévotion à la croix (La), 758
Diable amoureux (Le), 943
Diadumène, 304, 701
Dialectique de la nature, 1109
Dialectique négative, 1500
Dialogue des orateurs, 388, 393
Dialogue du désespéré avec son ba, 206
Dialogue sur les deux grands systèmes du monde, 36
Dialogues des morts, 819
Dialogues entre Hylas et Philonoüs, 956
Diane chasseresse, 738
Dictatus papae (*Dicté par le Pape*), 466
Dictionnaire abrégé du surréalisme, 1334
Dictionnaire alphabétique et analogique de la langue française, 1086
Dictionnaire de l'Académie française, 26, 906, 936
Dictionnaire de Trévoux, 16
Dictionnaire des peintres de l'École de Paris, 1316
Dictionnaire Kangxi (*Kangxi Zidian*), 1010
Dictionnaire philosophique, 939, 949
Didon, 935
Didon construisant Carthage, 955
Didone abbandonata, 966
Die Aktion, 1483
Die Weissen Blätter, 1483
Différence entre les systèmes philosophiques de Fichte et de Schelling, 1144
Différence et Répétition, 1522
Digeste (ou *Pandectes*), 550
Digression sur les Anciens et les Modernes, 820
Dilemmes de la métaphysique pure (Les), 1081
Dioptrique (La), 822
Discobole, 303
Discorde chez l'ennemi (La), 1381
Discours à la nation allemande, 1142
Discours de la méthode, 11, 823
Discours de la servitude volontaire, 694
Discours de métaphysique, 836
Discours (Les), 746
Discours philosophique de la modernité (Le), 1504
Discours socratique de Xénophon (Le), 1512
Discours sur la première décade de Tite-Live, 727
Discours sur les arts et les sciences, 941
Discours sur les sept jours de la création (*Heptaplus*), 693
Discours sur l'histoire universelle, 818
Discours sur l'homme, 914, 939, 947

Discours sur l'origine et les fondements de l'inégalité parmi les hommes, 942
Diseuse de bonne aventure (La) (le Caravage), 791
Diseuse de bonne aventure (La) (le Valentin), 808
Dissertation de 1770, 973
Divination chez les Étrusques (La) (*Etrusca Disciplina*), 356
Divine Comédie (La), 387, 537, 1048
Divine Proportion (La) (*De divina proportione*), 324, 702
Dix petits nègres, 1484
Docteur Jivago (Le), 1184
Doctrine correctement établie de Brahma (*Brāhmasphuṭasiddhānta*), 262
Doge Leonardo Loredan (Le), 721
Dôme du Rocher, 568, 582-584
Domesday Book (*Livre du Jugement dernier*), 518
Don Carlos (Schiller), 972
Don Carlos (Vélasquez), 833
Don Giovanni, 795
Don Juan (Byron), 1117
Don Juan et Faust, 1138
Don Juan (Molière), 817
Don paisible (Le), 1486
Don Sebastian de Morra, 833
Données, 350
Dormeuse, 1322
Doryphore, 304-305
D'où venons-nous ? Que sommes-nous ? Où allons-nous ?, 1063
Douane (La), 966
Downing Street Declaration, 1410
Dracula, 1119
Dramaturgie de Hambourg, 969
Drayton Hall, 1196
Droit de prise (L') (*De jure praedae*), 854
Droit naturel et histoire, 1511
Du citoyen (*De cive*), 845-846
Du contrat social, 847, 914, 941-942, 1491
Du corps (*De corpore*), 845
Du côté de chez Swann, 1330-1331
Du droit de la guerre et de la paix (*De jure belli ac pacis*), 854
Du Laocoon, ou Des limites respectives de la poésie et de la peinture, 926, 970
Du progrès et de la promotion des savoirs (*De dignitate et augmentis scientiarum*), 842-843
Du spirituel dans l'art, 1312
Du système industriel, 1104
Du texte à l'action, 1515
Durée et Simultanéité, 1083

INDEX DES ŒUVRES 1605

Ecce homo (Daumier), 1049
Ecce homo (Nietzsche), 1151
Ecclésiaste, 206, 224
Échiquiers (Les), 1314
École d'Athènes (L'), 719
École de la médisance (L'), 955
École des femmes (L'), 817
École des maris (L'), 817
Écriture et la différence (L'), 1509, 1520
Écuyère (L'), 1063
Edda en prose, 437, 441
Edda poétique, 437, 441
Education Act, 1405
Éducation et Sociologie, 1091
Éducation morale (L'), 1091
Église Beta Giorgis, 671, 883
Église d'Auvers-sur-Oise (L'), 1061
Église de Bodroum, 567
Église de la Madeleine, 1066
Église de la Sainte-Trinité, 1032
Église de la Trinité (Boston), 1197
Église de Néréditsi, 569
Église dell'Angelo Raffaele, 966
Église des Invalides, 806
Église des Saints-Apôtres, 412
Église du Gesù, 708, 792
Église du Saint-Sauveur, 434
Église du Val-de-Grâce, 806
Église Orsanmichele, 715
Église Saint-Ambroise, 1398
Église Saint-Augustin, 1032, 1067
Église Saint-Charles-des-Quatre-Fontaines, 793
Église Sainte-Agnès-en-Agone, 793
Église Sainte-Christine, 964
Église Sainte-Clotilde, 1067
Église Sainte-Croix de Turin, 964
Église Saint-Eustache, 737
Église Sainte-Walburge, 853
Église Saint-Gervais, 480, 737, 1229
Église Saint-Roch, 897
Église Saint-Sulpice, 927
Église Saint-Thomas de Strasbourg, 928
Église Saint-Vincent-de-Paul, 1066
Église San Antonio de la Florida, 985
Église San Domenico d'Arezzo, 704
Église Santa Maria del Carmine, 712
Église Santa Maria della Pace, 793
Église Santa Susanna, 792
Église Sant'Andrea della Valle, 793
Églogue (Ecloga), 559
Églogues, Les Bucoliques (Eclogae), 536
Égoïste (L'), 1119

Eichmann à Jérusalem, 1512
El Castillo (Chavín) (temple), 277
El Castillo (Chichén Itzá) (temple), 658
El Dos de Mayo, 985
El Lanzon (temple), 277
El viejo y la niña, 987
Électre (Crébillon), 936
Électre (Euripide), 313
Électre (Sophocle), 313
Élégies, 388
Élégies de Lygdamus, 388
Élégies, mascarades et bergeries, 746
Élégies romaines, 971
Éléments, 215, 350, 397, 605, 1008
Éléments de psychologie physiologique, 1100
Éléments du droit naturel et politique, 845
Éléments sur les Arts libéraux (Institutiones saecularium lectionum), 557
Éléments sur les lettres sacrées et profanes (Institutiones divinarum litterarum), 557
Éléona (Église du Pater Noster), 423
Élevage, 1496
Éloge de la folie, 689
Éloges, 1332
Émaux et Camées, 1075
Embarquement pour Cythère (L'), 930
Embassadeurs (Les), 763
Emergency Banking Act, 1292
Emergency Farm Mortgage Act, 1292
Émile ou De l'éducation, 847, 940-941, 946
Empereur Charlemagne (L'), 762
Empreintes humaines (Les), 1465
En attendant Godot, 1335
En moyenne et extrême raison, 1531
Encyclopédie, 907, 911-913, 940, 942, 946
Endymion, 1199
Énéide, 360, 387
Énéide (L') (Tiepolo), 965
Enfant au toton (L'), 934
Enfant de Vallecas (L'), 833
Enfants jouant la comédie chez John Conduitt, 954
Enfants (Les), 1455
Enfer (L'), 743
Énigme de l'heure, 1320
Eninnu (temple), 150
Enlèvement au sérail (L'), 968
Enlèvement de Proserpine, 811
Enlèvement des Sabines (L') (Bologne), 725
Enlèvement des Sabines (L') (Poussin), 810
Enlèvement d'Europe (L') (Boucher), 931
Enlèvement d'Europe (L') (le Lorrain), 810

Enquête philosophique sur l'origine de nos idées du sublime et du beau, 952
Enseigne de Gersaint (L'), 930
Enseignement d'Amenemhat, 197
Enseignement d'Aménémopé, 205
Enseignement de Djedefhor, 194
Enseignement de la peinture du jardin de la graine de moutarde (Jieziyuan Huazhuan), 1009
Enseignement de Ptahhotep, 194
Enseignement pour Mérikarê, 194
Ensemble de chambre à coucher, 1457
Enterrement du comte d'Orgaz (L'), 755-756, 831
Entretien d'un philosophe chrétien avec un philosophe chinois sur l'existence et la nature de Dieu, 826
Entretiens (Épictète), 380
Entretiens sur la métaphysique et la religion, 825
Entretiens sur la pluralité des mondes, 921
Éphèbe blond, 303
Éphèbe de Critios, 303
Épigones (Les), 1138
Épinicies, 314
Épître à Huet, 817, 820
Épître de Pierre à Philippe, 409
Épître sur le discours de l'âme, 601
Épître sur l'intellect, 602
Épîtres (Boileau), 743
Épîtres de Paul, 405
Épîtres des hommes obscurs, 778
Épîtres (Horace), 387
Épopée de Gilgamesh, 146
Épopée de Gudrun, 436
Épopée de Hamza (L') (*Hamza Nama*), 868
Épopée de la rébellion de Heiji (*Heiji monogatari*), 643
Époques de la nature, 908, 946, 949
Épreuves de Moïse (Les), 713
Ère du soupçon (L'), 1479
Ère du vide (L'), 1508
Érec et Énide, 487, 512
Érechthéion (temple), 301
Érection de la Croix, 853
Eros, 1173
Éros et civilisation, 1502
Esagil (temple), 154, 157-158
Escalier (L'), 1315
Esclavage des Noirs (L'), 904
Escurial, 754, 756
Esharra (temple), 173
Espèce humaine (L'), 1475
Espérance (L'), 1065

Espoir (L'), 1242
Esprit nouveau (L'), 1318, 1324
Esquisse de la physique aristotélicienne (*Figuratio Aristotelici physici auditus*), 691
Esquisse d'un tableau historique des progrès de l'esprit humain, 22
Esquisse d'une théorie anarchiste de la connaissance, 1519
Esquisses pyrrhoniennes, 335, 379
Essai de critique générale, 1081
Essai sur la désobéissance civile, 1201
Essai sur l'architecture du Moyen Âge, 473
Essai sur le gouvernement civil, 847, 849
Essai sur l'entendement humain, 847-848, 907
Essai sur les données immédiates de la conscience, 1083, 1085
Essai sur l'histoire de la formation et des progrès du tiers état, 1094
Essai sur l'origine des connaissances humaines, 949
Essai sur une nouvelle théorie de la vision, 956
Essais de critique générale moderne, 1081
Essais de morale et de politique, 958
Essais de théodicée, 836
Essais (Les), 335, 747-749
Essais philosophiques sur l'entendement humain, 958
Essais sur les mœurs, 939
Esther, 818
Esthétique, 909
Étapes de la philosophie mathématique (Les), 1082
Étapes sur le chemin de vie, 1149
État et la Révolution (L'), 1280
Étemenanki (ziggourat, tour de Babel), 156-157
Étendard d'Ur (coffret de bois sumérien), 144
Éthique, 854-855, 857
Éthique à Nicomaque, 333, 495, 742, 1493
Éthique et Infini, 1508
Étoile de la Rédemption (L'), 1499
Étoile de Séville (L'), 758
Étrange Cas du docteur Jekyll et de M. Hyde (L'), 1119
Étrange interlude, 1489
Être et le Néant (L'), 1476, 1505
Être et l'un (L') (*De ente et uno*), 693
Être et Temps, 1343-1344, 1521
Études sur le Bien, 1347
Eunuque (L'), 385
Euréka, 1465
Eva Prima Pandora, 738
Évangéliaire de Debra-Maryam, 672

Évangéliaire de Godescalc, 454
Évangéliaire de Liuthar, 455, 509
Évangéliaire de Rossano, 554
Évangéliaire de Xanten, 455
Évangéliaire d'Ebbon, 455
Évangéliaire d'Otton III, 510
Évangéliaire du couronnement, 455
Évangile de Judas, 409
Évangile selon saint Thomas, 406-407
Évasion d'un prisonnier (Ecbasis captivi), 511
Ève, 762
Évolution créatrice (L'), 1083, 1085
Évolution et Éthique, 1348
Exhortation générale (Admonestio generalis), 452
Existentialisme est un humanisme (L'), 1476, 1505
Exode, 220, 222-223, 225, 227
Expansions (Les), 1465
Expériences automatiques de définition des couleurs, 1455
Explication nouvelle des premiers principes de la connaissance métaphysique, 973
Explications (Brāhmaṇa), 240, 243, 246-247
Expolio ou Christ au calvaire (L'), 831
Exposition du système de Fourier, 1105
Extraction de la pierre de folie (L'), 760

Fable de Polyphème et Galatée, 756
Fables, 817
Face d'un autre (La), 1496
Fâcheux (Les), 817
Facteur Roulin (Le), 1061
Fair Labor Standard Act, 1292
Famille de la laitière (La), 809
Famille de Pascal Duarte (La), 1486
Famille Moskat (La), 1488, 1493
Farce de Maître Pathelin (La), 489
Fasil Ghebbi (ville fortifiée), 883
Fastes (Les), 388
Fatras, 1334
Faune Barberini, 305
Fausses Confidences (Les), 944
Faust, 971-972, 1074
Federal Emergency Relief Act, 1292
Femme à cent têtes (La), 1321
Femme à la cafetière (La), 1060
Femme à la voiture d'enfant (La), 1327
Femme à sa toilette, 1063
Femme au journal, 1312
Femme aux chrysanthèmes (La), 1057
Femme des sables (La), 1496

Femme en bleu (La), 1315
Femme et la mort (La), 761
Femme mystifiée (La), 1437
Femme visible (La), 1323
Femmes amoureuses, 1119
Femmes savantes (Les), 817
Ferme (La), 1321
Fêtes galantes, 1080
Feu (Le), 1173
Feux du Bengale (Les), 1485
Fiammetta, 537
Fiancés (Les), 1172
Fictions, 1491
Fièvre du samedi soir (La), 1533
Figaro (Le), 1042, 1045, 1080, 1315
Figure debout, 1326
Figure métaphysique, 1320
Fil de l'épée (Le), 10, 1381
Filiation de l'homme (La), 1123
Fille du pêcheur (La), 1186
Filles du feu (Les), 1073, 1318
Fils de Waldmüller Ferdinand et son chien (Le), 1137
Fils naturel (Le), 936, 940
Fils puni (Le), 934
Finca Güell (Pavillon Güell), 1163
Fire, 1495
Fleurs du mal (Les), 1076
Flore française, 1122
Flûte enchantée (La), 795
Foie de Plaisance (Le), 356
Foire aux vanités (La), 1118
Folie des grandeurs (La), 1322
Fondements de la métaphysique des mœurs (Les), 974
Fontaine, 1327
Fontaine de Neptune, 725
Fontaine des Quatre-Fleuves, 793
Fontaine des Quatre-Saisons, 928
Fontaine des Saints-Innocents, 741
Fontaine des Wittelsbach, 1137
Fontaine Stravinski, 1465
Fonteinne amoureuse (La), 500
Fonthill Abbey, 1116
Forêt de Fontainebleau (La), 1050
Forge (La) (Louis Le Nain), 809
Forge (La) (Menzel), 1135
Formation de l'esprit scientifique (La), 1342
Formation du concept de réflexe (La), 1343
Formes élémentaires de la vie religieuse (Les), 1091-1093
Forteresse d'Azov, 989
Forteresse de Gisors, 456

Forteresse du Louvre, 456
Fortunata y Jacinta, 1164
Forum d'Auguste, 364, 372
Forum de Trajan, 373
Forum Romanum, 410
Fou d'Elsa (Le), 1334
Fou (Le), 1327
Fourberies de Scapin (Les), 817
Frères Ashkenazi (Les), 1492
Frères Karamazov (Les), 1183
Fruit défendu (Le), 1164
Fruits de la terre (Les), 1187
Fumeurs (Les), 1309
Funérailles de l'Amour (Les), 738

Gabrielle d'Estrée au bain avec sa sœur, 738
Galatée (Cervantès), 757
Galatée (Moreau), 1065
Galerie des Glaces, 806-807, 1132, 1232
Galerie des Offices, 709
Galerie François Ier, 739
Gardien de porcs (Le), 1063
Gare Saint-Lazare (La), 1053
Gargantua, 744, 750
Gatsby le Magnifique, 1487
Gazette de France (La), 799
Généalogie de la morale (La), 1150
Généalogie des dieux des païens (*Genealogia deorum gentilium*), 537
Généalogies, 316
Genera plantarum secundum ordines naturales disposita, 920
General Maximum Act, 1294
Genèse, 219-220, 222, 407, 554, 908, 1017
Génie de la liberté (Le), 1068
Génie du christianisme, 1072
Genji monogatari (*Le Dit du Genji*), 638, 640-643, 1210
Gens de Dublin, 1119
Géographie, 156, 392
Géométrie (La), 822
Géorgiques, 387
Germanie (La) (*De situ ac populis Germaniae*), 388, 393
Germinal, 1079
Geste de Rāma (*Rāmāyana*), 252-254, 652, 868
Gestes mémorables des Trois Royaumes (*Samguk yusa*), 626
Gigolettes, 1315
Gilet de Lénine (Le), 1467
Gilles (Pierrot), 930

Giralda (tour), 597
Girl with Ball, 1457
Gisant de Philippe II le Hardi, 481
Gisant d'Isabelle d'Aragon, 481
Giudecca (La), 966
Glaneuses (Les), 1050
Glass-Steagall Banking Act, 1291
Go Carts, 1468
Gold Standard Act, 1257
Gorgias, 328
Grammaire, 993
Gran cavallo (sculpture), 371, 718
Grand autel de Pergame, 300
Grand Bouc (Le), 986
Grand Camée de France, 373
Grand commentaire (*Mahabhashya*), 253
Grand Cyrus (Le), 815
Grand Dieu Brown (Le), 1488
Grand émail de Geoffroy Plantagenêt, 483
Grand livre de l'organum (*Magnus liber organi*), 499
Grand temple d'Amon-Rê, 200
Grand Trianon, 804, 806
Grande Chanteuse Ur-Nanshé (ou *Ur-Nina*) (sculpture), 143
Grande Charte (La) (*Magna Carta*), 520, 525
Grande Compilation (La) (*Bṛhatsaṃhitā*), 262
Grande Enceinte du Zimbabwe, 675
Grande Encyclopédie française, 911
Grande Guerre des Bhārata (La) (*Mahābhārata*), 252-254
Grande mosquée de Cordoue, 568, 583
Grande mosquée de Damas, 583
Grande mosquée de Djenné, 679
Grande mosquée de Kairouan, 593
Grande Mosquée de Sanaa, 574
Grande mosquée d'Ispahan, 598
Grande Muraille de Chine, 269, 272, 552
Grande Odalisque (La), 1047
Grande Vague de Kanagwaga (La), 1210
Grande-duchesse de Gérolstein (La), 1033
Grandes Baigneuses (Les), 1056
Grandes Écuries, 806
Grease, 1533
Gringoire, 1242
Gris et vert, 1459
Groupe des quatre arbres, 1458
Groupe du Laocoon, 306
Gudea au vase jaillissant (sculpture), 150
Guenon et son petit (La), 1327
Guépard (Le), 1485
Guêpes (Les), 314
Guernica, 1310

Guerre de Jugurtha (La), 391
Guerre de Troie n'aura pas lieu (La), 1335
Guerre des mondes (La), 1119
Guerre et Paix, 1183
Guide des égarés, 604
Guide géographique, 215
Guillaume Tell, 972
Guitare et Clarinette, 1308
Guitare (La), 1326-1327

Habeas Corpus, 841
Halte à la croissance ?, 1414
Hamac (Le), 1051
Hamlet, 769
Hampton Court, 768
Hardwick Hall, 767
Harmonie du monde (L') (*Harmonices Mundi*), 38
Harmonie tranquille, 1312
Harmoniques, 215
Harpe d'herbes (La), 1488
Harry Potter, 1476
Hasards heureux de l'escarpolette (Les), 931
Hatfield House (palais), 767
Hauts de Hurlevent (Les), 1118
Hebdomades vel de imaginibus (traité d'agronomie), 385
Hécatompédon (temple), 299
Hécyre (L'), 385
Hélène, 313
Héliogabale, 1334
Helléniques, 317
Henotikon, 549
Henriade (La), 914, 939, 948
Henri III et sa cour, 1073
Henri IV, 769
Henri IV jouant avec ses enfants, 1046
Héracléide, 311
Héraclides (Les), 313
Héraion de Perachora (temple), 340
Héraion d'Olympie (temple), 299
Héraklès Farnèse, 306
Hérauts noirs (Les), 1491
Hercule au repos, 811
Hercule et le Minotaure, 832
Hercule et Omphale, 760
Hercule furieux, 380
Hercule sur l'Oeta, 380
Héritiers (Les), 12
Hernani, 1072-1073
Héroïdes (Les), 388
Hesperus, 1139

Heureuse Famille (L'), 809
Hippolyte et Aricie, 935
Histoire, 1479
Histoire commence à Sumer (L'), 137
Histoire d'Antoine et Cléopâtre, 965
Histoire de Babylone (*Babyloniaka*), 158
Histoire de Charles XII, 939
Histoire de France, 685
Histoire de Ko-ryo, 882
Histoire de la civilisation en France, 1096
Histoire de la folie à l'âge classique, 910, 1510
Histoire de la Grande-Bretagne, 958
Histoire de la guerre de Trente Ans, 972
Histoire de la guerre du Péloponnèse, 316
Histoire de la Révolution française de 1789 jusqu'en 1814, 1095
Histoire de la Révolution française (Michelet), 1073
Histoire de la Révolution française (Thiers), 1095
Histoire de la Russie, 993
Histoire de la sexualité, 1510
Histoire de l'art de l'Antiquité, 926
Histoire de l'Égypte, 187, 211
Histoire de l'Espagne (*Estoria de España*), 540
Histoire de mes malheurs (*Historia calamitatum*), 494
Histoire de Rome depuis sa fondation (*Ab Urbe condita libri*), 360, 392
Histoire des animaux, 333
Histoire des Francs, 431
Histoire des oracles, 907
Histoire des rois de Bretagne (*Historia regum Britanniae*), 487
Histoire des Sévarambes (L'), 907
Histoire des Trois Royaumes, 625, 627, 872
Histoire du Consulat et de l'Empire, 1095
Histoire du monde arabe, 590
Histoire du roi (L'), 812
Histoire du soulèvement des Pays-Bas, 972
Histoire ecclésiastique du peuple anglais, 516, 525
Histoire et Vérité, 1515
Histoire générale de la civilisation en Europe, 1096
Histoire naturelle (Buffon), 944
Histoire naturelle de la religion, 958
Histoire naturelle des animaux sans vertèbres, 1122
Histoire naturelle (Pline l'Ancien), 389, 398
Histoire poétique de Krishna (*Bhāgavata Purāṇa*), 255, 869
Histoire populaire de la Révolution française de 1789 (L'), 1107

Histoire romaine, 394
Histoire universelle, 318
Histoire universelle de l'infâmie, 1491
Histoires (ou *Enquête*), 112, 175, 296, 316
Histoires (Salluste), 391
Histoires (Tacite), 388, 393
Hokusai Manga, 1210
Home Rule, 1113-1114
Hommage à New York, 1465
Hommage à Picasso, 1309
Homme à la houe (L'), 1050
Homme approximatif (L'), 1333
Homme au casque d'or (L'), 852
Homme au singe (L'), 792
Homme aux cheveux gris, 831
Homme communiste (L'), 1334
Homme de cour (L'), 755
Homme invisible (L') (Ellison), 1488
Homme invisible (L') (Wells), 1119
Homme spéculaire (L'), 1519
Homme unidimensionnel (L'), 1502
Homme-Boîte (L'), 1496
Homo aestheticus, 1469
Hon Elle, 1465
Honneur perdu de Katharina Blum (L'), 1483
Hôpital de Santa Cruz, 754
Hôpital des Innocents, 703
Horace, 815
Horizontal Yellow, 1463
Horloge des trois Grâces, 929
Hōryū-ji (Temple de la loi florissante), 274
Hosios Loukas (monastère), 567
Hôtel Bourbon, 928
Hôtel Carnavalet, 741
Hôtel de Cluny, 480, 737
Hôtel de Ludes, 928
Hôtel de Soissons, 741
Hôtel de Soubise, 927
Hôtel de ville d'Arles, 806
Hôtel de ville de Paris, 903, 1107
Hôtel des Invalides, 804, 1069
Hôtel d'Estrées, 928
Hôtel Lambert, 806
Housing Act, 1405
Huaca de la Luna (temple), 278
Huaca del Sol (temple), 278
Huaca Rajada (temple), 278
Hudson River Gothic, 1197
Huis clos, 1476
Humanité dimanche (L'), 1397
Humanité (L'), 1043, 1222
Hussard bleu (Le), 1474
Hymne à Aton, 205-206

Hymne à Hâpy (Adorer Hâpy), 205
Hymnes, 746
Hymnes à la nuit, 1139
Hyperion, 1139

Iambes, 944
Idées sur l'histoire de la philosophie de l'humanité, 971
Idiot de Coria (L'), 833
Idiot du village (L'), 986
Il Marchese di Roccaverdina, 1173
Il milione (*Le Livre des merveilles du monde*), 620
Il Popoplo d'Italia, 1266
Il primo amore, 1172
Île au trésor (L'), 1119
Île d'Arthur (L'), 1485
Île de Cythère (L'), 930
Île du docteur Moreau (L'), 1119
Iliade, 9, 307-308, 348, 742, 820
Iliade en vers burlesques (L'), 943
Iliade (L') (Tiepolo), 965
Illuminations, 1077
Illusion comique (L'), 815
Image du monde, 501
Immortalité (L'), 1475
Impasse des deux palais, 1494
Impérialisme, stade suprême du capitalisme (L'), 1281
Impression, soleil levant, 1052
Improvisation n° 23, 1312
Incendie de l'opéra (L'), 933
Incendie du Parlement (L'), 955
Incohérence de l'incohérence, 603
Indes galantes (Les), 935
Indigent Philosophe (L'), 947
Infante Marie-Thérèse (L'), 833
Influences philosophiques dans l'évolution nationale, 1492
Ingénieux Hidalgo Don Quichotte de la Manche (L'), 757
Initiation à la vie bienheureuse, 1142
Innocent (L'), 1264
Inondation à Port-Marly (L'), 1057
Inspiration du poète (L'), 810
Institutes (manuel de droit), 550
Institution de la religion chrétienne (*Christianae religionis instituto*), 774
Institution imaginaire de la société (L'), 1518
Institution musicale (L') (*De institutione musica*), 382, 556
Instruction sur les états d'oraison (L'), 818

INDEX DES ŒUVRES

Intérieur paysan, 809
Intérieurs hollandais, 1322
Internationale (L'), 1034
Interprétation des rêves (L'), 1101
Intihuatana, 663
Introduction à la médecine expérimentale, 919
Introduction à la philosophie de l'histoire (L'), 1090
Introduction à la psychanalyse, 1101
Introduction à la Révolution française, 897
Introduction à la théologie (Introductio ad theologiam), 494
Introduction à l'étude de la médecine expérimentale, 1099
Intrus (L'), 1487
Invariants plastiques (Les), 1309
Invention de Morel (L'), 1491
Invention démocratique (L'), 1510
Investigations philosophiques, 1339
Invitée (L'), 1477
Ion, 313
Iphigénie, 313, 818, 1033
Iphigénie à Aulis, 313
Iphigénie en Tauride (Euripide), 313
Iphigénie en Tauride (Goethe), 313, 971
Isabelle de France, 832
Isagoge, 556
Isamelillo, 1491
Iskra (Étincelle), 1281-1282
Itala de Quedlinburg (manuscrit biblique), 554
Ivan le Terrible, 1181

« J'accuse », 1042, 1231
Jacques le fataliste, 940
Jalousie (La), 1478
Jama Masjid (mosquée), 867
Jane Eyre, 1118
Jardin des délices (Le), 760
Jardin des Finzi Contini (Le), 1485
Jardins des maraîchers dans la Crau, 1061
Jardins suspendus de Babylone, 156
Jaune-Rouge-Bleu, 1312
Je suis un chat, 1211
Jean de la Lune, 1335
Jean Santeuil, 1330-1331
Jérusalem délivrée (La), 726
Jeu d'Adam, 487-488
Jeu de constructions anthropomorphes, 1321
Jeu de l'amour et du hasard (Le), 944
Jeu de pelote de Chichén Itzá, 658
Jeu de pelote d'Uxmal, 655
Jeu de Robin et Marion, 489

Jeu de saint Nicolas (Le), 487, 489
Jeune femme à sa toilette, 721
Jeune Fille à la perle (La), 852
Jeune Homme (Le), 1211
Jeune Parque (La), 344
Jeune Peintre (Le), 831
Jeune Tarentine (La), 944
Jeunesse du Cid (La), 758
Jeux (Les), 746
Joconde (La), 718
Joueur de guitare (Le), 1308
Joueur de vielle (Le), 809
Joueurs de cartes (Les), 1061
Joueurs de football (Les), 1064
Joueurs d'échecs (Les), 1309
Jour délicieux (Nave Nave Mahana), 1062
Journal de dame Murasaki (Murasaki Shikibu nikki), 642
Journal de Tosa (Le) (*Tosa nikki*), 642
Journal des savants, 786
Journal d'État et du Citoyen, 905
Journal d'un génie (Le), 1323
Journal officiel, 1030
Joyeux Buveur (Le), 851
Judith et Holopherne (Goya), 986
Judith et Holopherne (le Valentin), 808
Jugement dernier (Le, 700, 718
Jugement du roi de Behaigne (Le), 500
Jugend, 1137
Jules César, 769
Junna-in (jardin), 640
Jupiter, Mars, Quirinus, 1523
Jusqu'au bout!, 1430
Justes (Les), 1335

Kaaba (édifice sacré de La Mecque), 572, 582, 589, 861
Kagero no nikki (*Mémoires d'un éphémère*), 642
Kalasasaya (temple), 280
Kāma Sūtra, 255
Kanzan Jittoku, 1211
Kebra Nagast (ou *Livre de la Gloire*), 883-884
Kermesse (La), 853
Kethûbhîm (Les Écrits), 221-222, 224, 229
Kipps, 1119
Kitāb al-jami (*Livre de l'addition et de la soustraction d'après le calcul indien*), 605
Kitāb al-mukhtasar (*Abrégé du calcul par la restauration et la comparaison*), 605
Kitāb al-shifa (*Livre de la guérison*), 602
Kitab-al-Farq (*Livre des Différences*), 1216
Kitab-al-Fihrist (*Livre de tous les livres*), 607

Kitab-al-Sabeen (*Livre des Soixante-dix*), 607
Knock, 1335
Kojiki (*Récit des choses anciennes*), 274, 629, 641
Kolokol, 1176
Kongōbu-ji (temple), 638
Koranganatha (temple), 614
Kouros du Ptoion IV, 303
Kou-shin su-chu Shi-sheng, 1010
Kozangi (temple), 638
Kristin Lavransdatter, 1187
Krus Prah Aram Rong Chen, 649
Kutub al-Mawazin (*Livre des Balances*), 607

Lachès, 328
Lagon bleu (Le), 1119
Lai de Beowulf, 484
Lais (Le), 490
Laitière (La), 852
Lal Qila (fort Rouge), 615, 867
Lamentation, 711
Lamentations sur la destruction d'Ur, 153
Lancelot ou le Chevalier de la Charrette, 486-487
Langue des calculs (La), 949
Laocoon, 831
Las Dos Hermanas, 1310
Lavabo (Le), 1309
Lavabo mou, 1458
Laveuse au quai d'Anjou, 1049
Le avventure della differenza, 1519
Lebor Gabála, 122
Leçon d'anatomie du docteur Jean Deyman (La), 852
Leçons de ténèbres, 935
Lecture (La), 986
Légende de Hilde, 436
Légende de la Vraie Croix (La), 714
Légende de Siegfried, 512
Légende du Cid (La), 986, 1163
Lepelletier de Saint-Fargeau, 935
Lettre à M. Dacier, 187
Lettre semi-sérieuse de Chrysostome (La), 1172
Lettre sur les aveugles à l'usage de ceux qui voient, 912, 940
Lettre sur les occupations de l'Académie française, 820
Lettre sur l'humanisme, 1343
Lettres, 816
Lettres à Lucilius, 338, 380
Lettres à Spartacus, 1246
Lettres de juin, 952

Lettres de prison, 1485
Lettres d'un habitant de Genève à ses concitoyens, 1104
Lettres écrites à un provincial à l'un de ses amis sur le sujet des disputes présentes en Sorbonne (ou *Les Provinciales*), 786, 816
Lettres (Epistolae), 536
Lettres persanes, 937-938
Lettres philosophiques (ou *Lettres anglaises*), 907, 939, 948
Lettres sur le dogmatisme et le criticisme, 1143
Léviathan, 845-846
Lévitique, 222-223
Lexique de Suidas (la *Souda*), 32, 555
Liber Fulguralis, 1531
Liber Tartarorum, 619
Liberté guidant le peuple (La), 1047
Lincoln Memorial, 1436
Lion d'Urkish, 165
Lire le Capital, 1510
Lise à l'ombrelle, 1055
Liseuse (La), 1056
Lisière du mont Girard, 1050
Liste royale summérienne, 143
Littérature, 1318, 1334
Littérature à l'estomac (La), 1473, 1476
Littérature sans estomac (La), 1474
Livre à brûler, 1009
Livre à cacher, 1009
Livre de Babur (*Bâbur Nama*), 866, 868
Livre de Daniel, 224, 236
Livre de Jérémie, 234
Livre de Job, 224, 846
Livre de Josué, 223
Livre de l'Am-Douat, 195
Livre de l'art (Le), 702
Livre de Mozi, 266
Livre de Néhémie, 224
Livre de Ruth, 224
Livre de Samuel I, 218, 223, 227
Livre de Samuel II, 223, 227
Livre de Zacharie, 237
Livre des Cavernes, 195
Livre des Chroniques I, 224
Livre des Chroniques II, 224
Livre des destins (Le) (*Tonolamatl*), 670
Livre des Hymnes (*Namdev Gatha*), 869
Livre des Juges, 223
Livre des Lamentations, 224, 234-235
Livre des Maccabées II, 228
Livre des Morts, 194-196, 205
Livre des Portes, 195, 205
Livre des Proverbes, 206, 224

INDEX DES ŒUVRES 1613

Livre des Psaumes, 206, 224, 228-229, 743
Livre des Rois I, 223, 227, 230
Livre des Rois II, 223
Livre des snobs (Le), 1118
Livre d'Esdras, 224
Livre d'Esther, 224
Livre d'Ézéchiel, 235
Livre d'heures de Jeanne d'Évreux, 482
Livre d'Isaïe, 233-234
Livre ouvert (Le), 1334
Livres des miracles, 284
Loge (La), 1056
Logique de la découverte scientifique (La), 1343
Logique de l'espèce (La), 1347
Logique (La), 949
Loi des douze tables, 383
Loïe Fuller aux Folies bergères, 1063
Lois de Manu, 247, 255
Lokavibhāga (traité de cosmologie indien), 262
Longs Murs, 294
Lord George Graham dans sa cabine, 954
Lord Jim, 1119
Lorenzaccio, 1073
« Lorsqu'en haut » (Enuma Elish), 146, 154
Losanges (Les), 1314
Louange du duc Henri (De Henrico), 511
Louen yu (Analectes), 268
Loup des steppes (Le), 1483
Lucas II, 1468
Ludwig Feuerbach et la fin de la philosophie classique allemande, 1109
Lumière des justes (La), 1475
Lysis, 328

Macbeth, 769
Machine infernale (La), 1335
Machine motorisée, 1463
Madame Adélaïde, 932
Madame Bovary, 1078
Madame Butterfly, 1200
Madame Cézanne dans un fauteuil jaune, 1060
Madame de Grignan (tableau), 811
Madame de Montespan (tableau), 811
Madame de Récamier, 1068
Madame Henriette, 932
Madeleine pénitente (La), 809
Mademoiselle de Clermont en sultane, 932
Mademoiselle de Maupin, 1075
Mademoiselle Pogany, 1328
Mademoiselle Rivière, 1047
Madison Avenue, 1464

Madone à la pomme, 716
Madone à l'enfant, 713
Madone au long cou (La), 723
Madone de Saint-François (La), 721
Madone de Sinigaglia (La), 714
Madone des Harpies (La), 720
Madone de poupée, 1186
Madone du Grand-Duc (La), 719
Magicien de Lublin (Le), 1493
Magna Carta, 520
Mahomet ou le fanatisme, 914
Maïastra, 1328
Mains sales (Les), 1335, 1477
Maison à l'estaque, 1307
Maison Carrée, 372
Maison de Bernarda Alba (La), 1486
Maison de poupée, 1186
Maison de thé (La), 1495
Maison de vie (La), 1118
Maisons royales, 813
Mal, un défi à la philosophie et à la théologie (Le), 1515
Malade imaginaire (Le), 817
Malaise dans la civilisation, 1101
Malédiction paternelle (La), 934
Mamelles de Tirésias (Les), 1318, 1334
Mandarins (Les), 1477
Mandragore (La), 727
Manfred, 1117
Manhattan Transfer, 1487
Manifeste Dada, 1317
Manifeste de Brunswick, 894
Manifeste de Sandhurst, 1161
Manifeste des Égaux, 906, 1106
Manifeste du futurisme, 1315
Manifeste du parti communiste, 1108, 1154, 1156
Manifeste du surréalisme, 1059, 1318, 1334
Manifeste du théâtre de la cruauté, 1335
Manifeste réaliste, 1461
Manifeste suprématiste, 1313
Manteau (Le), 1182
Manuel de la philosophie ancienne, 1081
Manuel d'Épictète, 380
Manuscrits de la mer Morte (Manuscrits de Qumrân), 234, 407
Man'yōshū (Recueil de dix mille feuilles), 629, 641
Marat assassiné, 902
Marchand de Venise (Le), 769
Marchand d'eau de Séville (Le), 832
Mariage, 1119
Mariage à la mode, 954
Mariage dans la mort (Le), 758

Mariage de Figaro (Le), 944
Mariage de la raison et de la misère noire (Le), 1466
Mariage de la Vierge (Le), 713
Marie Stuart, 972, 1139
Mariés, 1185
Marine avec Acis et Galatée, 810
Marius, 1335
Marmaria (sanctuaire), 299
Marmite (La) (*Aulularia*), 384, 817
Marseillaise (La), 1037
Martyre de saint Laurent (Le), 831
Martyre de saint Matthieu (Le), 809
Martyre de saint Maurice (Le), 756
Martyrs (Les), 1073
Masque d'Agamemnon, 291
Masse et Puissance, 1513
Mastaba des deux frères, 192
Matière et Mémoire, 1083, 1331
Mausolée d'Akbar, 867
Mausolée de Galla Placidia, 551
Mausolée des Samanides, 598
Mausolée du maréchal de Saxe, 928
Maximes, 816
Maximes d'Alfred le Grand, 525
Maximes et réflexions sur la comédie, 818
Mayflower Compact, 996
Médée (Corneille), 313, 815
Médée (Euripide), 313
Médée (Sénèque), 380
Médinet-Habou (temple), 174, 201, 203, 205, 209
Méditations cartésiennes, 1340
Méditations chrétiennes et métaphysiques, 825
Méditations esthétiques, 1315
Méditations métaphysiques, 823
Méditations poétiques, 1072-1073
Méditerranée (La), 1070, 1326
Méditerranée sous Philippe II (La), 1523
Médium, 1334
Meilleur Alcade est le roi (Le), 758
Mein Kampf, 1249
Meiroku Zasshi, 1210
Mélancolie hermétique, 1320
Mélancolie (La), 762
Mélite, 815
Mémoire sur la théorie des phénomènes électrodynamiques, uniquement déduits de l'expérience, 1097
Mémoires (Commynes), 489
Mémoires de guerre, 1381
Mémoires d'Hadrien, 1475
Mémoires d'outre-tombe, 1073

Mémoires d'une jeune fille rangée, 1477
Mémoires historiques, 392
Mémoires (Retz), 816
Mémoires (Saint-Simon), 1104
Mémorial, 816
Ménandre, 305
Meneur de cheval nu (Le), 1310
Menhir du Manio, 101
Ménines (Les), 833
Ménon, 328-329
Mensonge et sortilège, 1485
Mensonge romantique et vérité romanesque, 1516
Menteur (Le), 815
Menu de Suiyuan (*Suiyuan Shidan*), 1010
Mer aux arbres morts (La), 1496
Mercure, 812
Mercure de France (Le), 1065, 1078
Mère (La), 1184
Mère nature (La), 1164
Mérope (Alfieri), 966
Mérope (Maffei), 966
Mérope (Voltaire), 939
Merveilleux Voyage de Nils Holgersson (Le), 1185
Mes prisons, 1172
Mésaventures d'Ounamon (Les), 208
Messaline, 1065
Messes pour un corps (Les), 1467
Messiade (La), 970
Méta-Matics, 1465
Métamorphose (La), 1140, 1483
Métamorphoses (Les) (Ovide), 388
Métamorphoses (Pindare), 311
Métaphysique, 495, 601, 976
Météores (Les), 822
Méthode (La), 1520
Meurtre de Roger Ackroyd (Le), 1484
Mexique, quatre lettres au maréchal Bazaine, 1106
Microcosme, 750
Micromégas, 939
Mille et Une Nuits (Les), 588, 590
Milon de Crotone, 811
Minna de Barnhelm, 969
Miracle de Théophile (Le), 489
Misanthrope (Le), 817
Misericordia, 1164
Mishnah, 224
Miss Siddons personnifiant la muse de la tragédie, 954
Mithridate, 818
Mobile, 1463

INDEX DES ŒUVRES 1615

Moby Dick, 1199
Moderato Cantabile, 1480
Modification (La), 1479
Moi comme principe de la philosophie (Le), 1143
Moins que zéro, 1490
Moïse et le monothéisme, 1101
Monade hiéroglyphique (La), 13
Monadologie (La), 836
Monastère de Baouit, 424-425
Monastère de Gračanica, 568
Monastère de la Dormition, 566
Monastère de Lindisfarne, 516
Monastère de Stoudios, 566
Monastère Saint-Nicolas de Moscou, 566
Mondain (Le), 939
Monde comme volonté et comme représentation (Le), 1152
Monde de l'art (Le), 1180
Monde (Le), 1478
Mong-tseu, 268
Monsieur Bertin, 1047
Mont Fuji (Le), 1210
Montagne de l'âme (La), 1475
Montagne Sainte-Victoire (La), 1061
Monument à Victor Hugo, 1069
Mort à Venise (La), 1483
Mort dans l'après-midi, 1487
Mort de la Vierge (La), 791
Mort de l'auteur (La), 1475
Mort de Sardanapale (La), 1047
Mort d'un commis voyageur, 1489
Mort et les jeunes filles (La), 1065
Morte d'Arthur, 526
Mosaïque du Triomphe de Bacchus, 377
Mosquée al-Manṣūr, 592
Mosquée bleue, 863
Mosquée de Dai Anga, 867
Mosquée de Hassan, 597
Mosquée de Kairouan, 592
Mosquée de Tinmel, 597
Mosquée de Wazir-Khan, 867
Mosquée des Andalous, 591
Mosquée Ibn Ṭūlūn, 595
Mosquée Jingereber, 680
Mosquée Qarawiyīn, 591
Mosquée Sankoré, 680
Mosquée Sehzade Mehmet, 863
Mosquée Selimiye, 863
Mosquée Sidi Yahya, 680
Mosquée Süleymaniye, 863
Mots et les Choses (Les), 1510, 1523, 1530

Mou tan t'ing (Le Pavillon des pivoines), 872-873
Mouches (Les), 1335, 1476
Mouette (La) (Caballero), 1164
Mouette (La) (Tchekhov), 1183
Moulin de la Galette (Le), 1050
Moulin de Saint-Nicolas-les-Arras (Le), 1050
Moulin près de Wijk bij Duurstede, 852
Moulin sur la Floss (Le), 1118
Moulins à prières, 1465
Mount Pleasant, 1196
Mouvement perpétuel (Le), 1335
Multiplication des arcs, 1322
Münchener Fliegende Blätter, 1136
Mur des Lamentations, 231, 237
Murphy, 1484
Muse endormie (La), 1328
Muses inquiétantes (Les), 1320
Music for 18 Musicians, 1531
Musique à grande vitessse, 1532
Mystère cosmographique (Mysterium Cosmographicum), 37
Mystère de la guilde (Le), 1185
Mythe du XXe siècle (Le), 1152
Mythologiques, 1527

Nabucco, 1172
Nadja, 1334
Naissance de la clinique, 1342
Naissance de la tragédie (La), 1149
Naissance de la Vierge (La), 723
Naissance de Vénus (La) (Botticelli), 712
Naissance de Vénus (La) (Cabanel), 1049
Nana, 1079
Nanas, 1465
Napoléon s'éveillant à l'immortalité, 1068
Narrative and Legendary Poems, 1199
Nathan le Sage, 970
National Housing Act, 1433
National Industrial Recovery Act (NIRA), 1292
National Insurance Act, 1405
National Labor Relations Act (Wagner Act), 1292
Nativité (La) (le Pérugin), 713
Nativité (La) (Piero della Francesca), 714
Nature, 1199
Nature morte à la chaise cannée, 1308
Nature morte au crâne, 810
Nature morte au violon, 1308
Naufrage (Le), 1495
Naufragés et les rescapés (Les), 27
Nausée (La), 1476

Né pour naître, 1491
Nebhî'îm (Les Prophètes), 221-223, 237
Nécropole de Banditaccia, 354
Nécropole de Naqsh-e Rostam, 183
Nécropole de Tarquinia, 355
Nef des fous (La) (Bosch), 760
Nef des fous (La) (Brant), 778
Nef (La), 1484
Néo-plasticisme. Principe général de l'équivalence plastique (Le), 1314
Neptune et Amphitrite, 760
Neue Wache, 1136
Neuf cents thèses de Pic de la Mirandole (*Conclusiones*), 692
Neveu de Rameau (Le), 940
News Letters, 1001
Nexus, 1488
Nicomède, 815
Nihonshoki (*Chroniques du Japon*), 274, 629, 641
Nirvāṇa du Bouddha de Kongōbu-ji, 638
Nishi no in (jardin), 640
Noces de Cana (Les), 724
Noces de Figaro (Les), 795
Nombres, 222-223
Normal et le pathologique (Le), 1342
Nostromo, 1119
Notes de chevet, 1210
Notre époque, 1496
Notre-Dame de Paris, 1073
Nouveau Christianisme (Le), 1104
Nouveau Livre des Tang, 626
Nouveau Recueil de Jadis et Naguère (Le) (*Shinkokin-shū*), 643
Nouveau Testament, 284, 401, 403-406, 409, 422-423, 468, 483, 714, 773, 1125
Nouveau-Né (Le), 1328
Nouveaux essais sur l'entendement humain, 836
Nouveaux points de vue sur la société, 1106
Nouvel Esprit scientifique (Le), 1342
Nouvel Observateur (Le), 1390
Nouvelle critique ou nouvelle imposture, 1481
Nouvelle Héloïse (La), 941
Nouvelle Monadologie (La), 1081
Nouvelle Revue française (La), 1332
Nouvelle-Église, 567
Nouvelles andalouses, 1164
Nouvelles exemplaires (Les), 757
Nouvelles recherches sur quelques problèmes d'histoire, 1095
Novelles, 550
Novum organum, 842-844
Nu couché, 1464

Nu de dos n° 4, 1326
Nu descendant un escalier, 1315
Nuées d'oiseaux blancs, 1496
Nuées (Les), 314
Nuit (La), 1070
Nuit et Brouillard, 1365
Nuits (Les), 1073
Number 1 A, 1460
Nus dans la forêt, 1309
Nymphéas (Les), 1055

Octavie (Alfieri), 966
Octavie (Sénèque), 380
Odalisque, 1069
Ode à la joie, 972
Ode à Marie de Médicis, 814
Odes au vent d'Ouest, 1117
Odes barbares, 1172
Odes et poésies diverses, 1073
Odes (Horace), 387
Odes (Ronsard), 746
Œdipe à Colone, 313
Œdipe (Jules César), 392
Œdipe roi, 313
Œdipe (Sénèque), 380
Odyssée, 307-308, 387, 819
Offrande lyrique (L'), 1296
Oiseau dans l'espace (L'), 1328
Oiseaux (Les) (Aristophane), 314
Oiseaux (Les) (Vesaas), 1187
Olive (L'), 746-747
Oliver Twist, 1118
Olympéion (temple), 300
Olympia, 1049, 1055
Ombilic des Limbes (L'), 1334
Oncle Vania, 1183
Ontologie de Hegel et la théorie de l'historicité (L'), 1502
Opéra de quat'sous (L'), 1483
Optique, 215
Opus majus (*Œuvre majeure*), 526
Orage (L'), 1322
Oraisons funèbres, 818
Orange mécanique (L'), 1484
Orangerie, 806
Oratio de hominis dignitate (*Discours de la dignité de l'homme*), 692
Oratoire de Santa Maria en Valle, 434
Orée de la forêt à l'aube, 1050
Oreiller d'herbe (L'), 1211
Oreste, 313
Orfeo, 794

Organon, 329-330, 601, 843
Orgueil et Préjugés, 1117
Origine de la famille, de la propriété privée et de l'État (L'), 1109
Origine des espèces (L'), 1123
Origine du monde (L'), 1051
Origines de la France contemporaine (Les), 1095
Origines de l'alchimie (Les), 919
Origines du totalitarisme (Les), 1512-1513
Origines (Les), 391
Orphée et Eurydice, 795, 935
Orphée (Jean Cocteau), 1335
Orphée (Ossip Zadkine), 1327
Orphelin de la Chine (L'), 939
Othello, 769
Otto von Bismarck, 1135
Oulojénié (code de lois russe), 859
Ouplis-Tziké (basilique), 566
Out of the Web, 1460
Œuvre au noir (L'), 1475

Pages oubliées sur le Japon, 879
Pagode Songyue, 621
Paiement du tribut (Le), 712
Paix du dimanche (La), 1484
Pala di San Francesco, 721
Palacio Quemado, 657
Palais Bourbon, 1028, 1066, 1398
Palais Catherine, 860
Palais d'Aix-la-Chapelle, 454
Palais d'Alexandre, 212
Palais de Blenheim, 1261
Palais de Castel Gandolfo, 1167
Palais de Chaillot, 1067
Palais de Darius, 183
Palais de glace (Le), 1187
Palais de la Société des nations, 1324
Palais de Livadia, 1177
Palais de Madīnat al-Zahrā, 583
Palais de Sargon II, 136
Palais de Shenyang, 1011
Palais de Zimri-Lim, 143
Palais des Doges (palais Ducal), 709, 714
Palais des Soviets, 1324
Palais des Tuileries, 737, 741, 894, 898-899, 902, 1024-1025
Palais d'Été, 158
Palais d'Hiver, 860, 1178, 1227, 1278, 1281
Palais du Buen Retiro, 833
Palais du désir (Le), 1494
Palais du Gouverneur, 655

Palais du Louvre, 737, 740, 1024, 1066
Palais du Luxembourg, 806
Palais du Sénat (Saint-Pétersbourg), 1179
Palais du Trocadéro, 1067
Palais du Vatican, 717, 1167
Palais Farnèse, 717, 792
Palais Fava, 792
Palais Labia, 965
Palais Lyasu, 883
Palais Madame, 964
Palais Magnani, 792
Palais Nord, 158
Palais Pitti, 708-709, 714
Palais royal de Kish, 143
Palais royal de la Granja de San Ildefonso, 986
Palais royal de Madrid, 986
Palais Rucellai, 709
Palais Sud, 157
Palais Venezia, 1269
Palais-Royal, 806, 888, 899
Palette de Narmer, 188
Pallas et le Centaure, 712
Pan dans les roseaux, 1135
Pandectes, 606
Pantagruel, 744
Panthéon, 902, 928, 1365, 1379
Panthéon de Rome (temple), 365, 374, 553
Papiers posthumes du Pickwick club (Les), 1118
Papyrus Pouchkine, 208
Parabole des aveugles (La), 760
Parabole du semeur (La), 760
Paradise, 1490
Paragranum, 691
Parallèles des Anciens et des Modernes, 820
Parapluies (Les), 1056
Parc Güell, 1163
Par-delà le bien et le mal, 1150
Parerga et Paralipomena, 1152
Parfait Courtisan (Le), 726, 814
Paris-Saint-Séverin, 1315
Parlement de Londres, 1116
Parménide, 329
Parnasse contemporain (Le), 1075
Paroles, 1334
Parthénon (temple), 294, 301, 304
Partie de peinture (La), 1517
Parzival, 512
Passion d'Arras (La), 489
Passion de sainte Geneviève (La), 489
Passion du jongleur (La), 489
Passion du Palatinus (La), 489
Passions de l'âme (Les), 823

Patient Protection and Affordable Care Act, 1443
Pauvre Henri (Le), 512
Pauvres Gens (Les), 1182
Pavillon de l'Ermitage, 1178
Pavillon d'or (Le), 1496
Pays de neige, 1495
Paysages de chasse, 933
Paysan de Paris (Le), 1334
Paysan parvenu (Le), 944
Pêche (La), 792
Pêche miraculeuse (La), 761
Peer Gynt, 1186
Peines d'amour perdues, 769
Peintre de la vie moderne (Le), 1077
Peintre-Graveur (Le), 739
Peintres modernes (Les), 1118
Peinture de feu sans titre, 1464
Peintures, 1464
Peintures de rêve, 1321
Peintures sauvages, 1322
Pèlerinage de Childe Harold (Le), 1117
Pèlerins d'Emmaüs (Les), 809
Pélopéion (temple), 290
Pensée et le mouvant (La), 1083
Pensées, 816
Pensées pour moi-même, 366, 381
Pensées sur la véritable estimation des forces vives, 973
Pensées sur l'éducation, 847
Penser l'Europe, 21
Penseur (Le), 1069
Pentagone, 1441
Pentateuque, 222, 224, 227, 1492
Perceval ou le Conte du Graal, 486-487
Père de famille (Le), 936, 940
Père Duchesne (Le), 896, 901
Périégèse, 316
Persée, 725
Petit château de Chantilly, 737, 741
Petit déjeuner chez Tiffany, 1488, 1490
Petit Larousse, 1525
Petit livre, 512
Petit livre rouge, 1446
Petit traité de poésie française, 1075
Petit Trianon, 928
Petite Dorrit (La), 1118
Petits Chevaux de Tarquinia (Les), 1480
Petits plaisirs, 1312
Phare d'Alexandrie, 212-213
Pharsale, 122, 388-389
Phédon, 324, 329, 1083
Phèdre (Platon), 310, 1521

Phèdre (Racine), 313, 818, 1481
Phèdre (Sénèque), 380
Phéniciennes (Les) (Euripide), 313
Phéniciennes (Les) (Sénèque), 380
Phénoménologie de la perception, 1506-1507
Phénoménologie de l'esprit (La), 1144-1146
Philippe IV, 833
Philippe IV à cheval, 833
Philippiques, 295
Philoctète, 313
Philosophe en méditation, 852
Philosophie comme science rigoureuse (La), 1340
Philosophie de la mythologie, 1143
Philosophie de la révélation, 1143
Philosophie de l'arithmétique (La), 1340
Philosophie et la loi (La), 1511
Philosophie et religion, 1143
Philosophie (La), 1507
Philosophie zoologique, 1122
Phormion, 385
Physique, 495, 601
Piccolo Mondo antico, 1172
Pièces d'identité, 1486
Pierre et Jean, 1078
Pierre ou Les ambiguïtés, 1199
Pierres de Venise (Les), 1118
Pietà (Bellini), 721
Pietà (le Pérugin), 714
Pietà (Michel-Ange), 718
Pilier de Sarnath, 249
Pimandre, 691
Pi-pa-ki (L'Histoire d'un luth), 626
Pi-yen-lu (Le Recueil de la falaise bleue), 627
Place d'Armes de Metz, 928
Place de l'Étoile (La), 1475
Place Saint-Marc, 709
Plaideurs (Les), 818
Plaintes de Ménon pleurant Diotima (Les), 1139
Plaisir à trois (Le), 1466
Plan de Saint-Gall, 454
Plaza Major de Madrid, 833
Plexus, 1488
Pluie, vapeur et vitesse, 1115
Poème sur le désastre de Lisbonne, 939
Poèmes barbares, 1076
Poèmes de l'instituteur souabe Gottlieb Biedermeier et de son ami Horatius Treuherz, 1136
Poèmes saturniens, 1080
Poèmes tragiques, 1076
Poenulus, 384
Poésies de Kabīr (*Bījak*), 616
Poétique, 699

INDEX DES ŒUVRES 1619

Point et ligne sur plan, 1312
Poisson (Le), 1328
Policraticus, 525
Politique, 1091
Politique tirée de l'Écriture sainte, 818
Polyeucte, 815
Pomone, 1070
Pont à Nantes (Le), 1050
Pont aux Dix-Sept Arches, 1011
Pont de Brooklyn, 1197
Pont de la Concorde, 1240
Pont du Carrousel, 1066
Pont Gaoliang, 1011
Pontiques (Les), 388
Poor Richard's Almanac, 1002
Popol Vuh, 656
Port avec l'embarquement de sainte Ursule, 810
Port de Saint-Tropez (Le), 1064
Porte de Brandebourg, 1137
Porte de l'enfer (La), 1069
Porte Saint-Denis, 910
Porte Saint-Martin, 910
Porte-bouteilles, 1327
Portnoy et son complexe, 1488
Portrait d'Adam Schwalbe, 1179
Portrait d'Agnolo Doni, 719
Portrait d'Ambroise Vollard, 1308
Portrait d'Andrea, 1320
Portrait d'Anne d'Autriche, 853
Portrait d'Antonin Doria, 809
Portrait de Baldassare Castiglione, 719
Portrait de Dorian Gray (Le), 1118
Portrait de femme, 1199
Portrait de Georg Gisze, 763
Portrait de groupe des régents de l'hôpital Sainte-Élisabeth de Harlem, 851
Portrait de Hans Luther, 762
Portrait de Jan Six, 852
Portrait de l'Arétin, 724
Portrait de l'artiste en jeune homme, 1119
Portrait de l'infant Don Carlos, 832
Portrait de Madame du Barry, 929
Portrait de Marie-Anne d'Autriche, 833
Portrait de Martin Luther, 762
Portrait de Robert Arnauld d'Andilly, 810
Portrait de Victor Choquet, 1056
Portrait d'Hélène Fourment, 853
Portrait du comte-duc d'Olivares, 832
Portrait d'une princesse d'Este, 714
Portrait en pied du roi, 832
Ports de France (Les), 933
Poséideion (temple), 214
Possédés (Les), 1182

Postmoderne expliqué aux enfants (Le), 1517
Post-scriptum non scientifique et définitif aux Miettes philosophiques, 1148
Pour qui sonne le glas, 1490
Pour un nouveau roman, 1479
Pour une morale de l'ambiguïté, 1477
Poursuite (La), 931
Pourvoyeuse (La), 934
Pragmatique Sanction, 967
Pravda, 1280-1281
Précieuses ridicules (Les), 817
Précis de l'Encyclopédie des sciences philosophiques, 1144
Précis d'histoire de la philosophie chinoise, 1348
Prédication de Jésus, 852
Prélude, 1080
Premier avertissement, 1185
Première Apocalypse de Jacques, 409
Première Aventure céleste de M. Antipyrine (La), 1333
Premiers poèmes, 1494
Présentation de Jésus au Temple (La), 809
Prieuré de Saint-Cosme, 746
Prince Baltasar Carlos à cheval (Le), 833
Prince Igor, 546
Prince (Le), 694, 726-727
Prince Philippe Prospero (Le), 833
Princesse de Clèves (La), 816
Princesse de Lambesc (La), 932
Princesse X, 1328
Principes de géologie, 1121
Principes de la philosophie cartésienne, 854
Principes de la philosophie du droit, 1144
Principes de la philosophie (Les), 823
Principes du socialisme, 1105
Principes fondamentaux de l'histoire de l'art, 788
Principes mathématiques de la philosophie naturelle, 38, 947
Principia Mathematica, 1339
Printemps (Le), 712
Prise d'Alexandrie, 500
Prismes, 1501
Prisonnier du Caucase (Le), 1181
Prisonnière (La), 1331
Privilèges, 1477
Privilegium Ottonianum, 503
Pro Milone (Discours pour Milon), 386
Procès (Le), 1140
Profumo, 1173
Progrès de la conscience dans la philosophie occidentale (Le), 1082
Projet pour une révolution à New York, 1479

Prolégomènes (Les), 974
Promenades et Intérieurs, 1076
Prométhée délivré (Le), 1117
Prométhée enchaîné, 347
Propos sur la peinture du moine Citrouille-amère, 1009
Propylées (monument), 301
Prose du Transsibérien (La), 1332
Protée, 313
Providentissimus Deus, 1125
Psautier Chludov, 566
Psychanalyse du feu (La), 1342
Psychanalyse et Transversalité, 1518
Psychopathologie de la vie quotidienne, 1101
Pucelle d'Orléans (La), 972
Pucelle (La), 815
Puissance des ténèbres (La), 1183
Puissance et la Gloire (La), 1484
Puits de Moïse (sculpture), 482
Puppy, 1456
Pyramide d'Akapana, 280
Pyramide d'Amenemhat III, 198
Pyramide de Khéops, 191
Pyramide de Khéphren, 191
Pyramide de Meïdoum, 191
Pyramide de Mykérinos, 191
Pyramide de Seïlah, 191
Pyramide de Sésostris Ier, 198
Pyramide de Sésostris II, 198
Pyramide de Sésostris III, 198
Pyramide de Tlahuizcalpantecuhtli, 657
Pyramide du Devin, 655
Pyramide (La), 1484
Pyramides de Dahshour, 191

Qasr al-Hayr al-Gharbī (palais), 585
Qatro pezzi su una nota sola, 1531
Quadrilatère des Nonnes, 655
Quaestrio de aqua et terra, 536
Quais de la Neva, 1178
Quand dire, c'est faire, 1340
Qu'appelle-t-on penser?, 1343
Quatre Branches du Mabinogi (Les) (Mabinogion), 485
Quatre Livres des Sentences (Les), 494-495
Quatre Parties du monde soutenant la sphère céleste (Les), 1069
Quatre Rêves (Les), 873
Quatre Sœurs (Les), 1495
Quatuor d'Alexandrie (Le), 1484
Que faire?, 1281
Qu'est-ce que la littérature?, 1473

Qu'est-ce que la métaphysique?, 1343
Qu'est-ce que la philosophie?, 1522
Qu'est-ce que la philosophie politique?, 1512
Qu'est-ce que le tiers-état?, 892, 904
Qu'est-ce que les Lumières?, 906
Qui a peur de Virginia Woolf?, 1489
Quintessence du roman (La), 1210
Quotidien (Le), 1308
Quṭb Mīnār, 615

Rabbit le lapin, 1456
Race et Histoire, 1527
Radeau de la Méduse (Le), 1047
Raisins de la colère (Les), 1290, 1487
Raison et révolution, 1502
Ramesseum (temple), 201, 205
Raphaël et la Fornarina, 1046
Ravissement de Lol V. Stein (Le), 1480
Razm Nama (ou *Livre des guerriers*), 868
Recherches logiques (Les), 1340
Récit des troubles de l'ère Hogen (Hogen monogatari), 643
Récits d'un chasseur (Les), 1182
Recueil des cent ballades d'amants et de dames (Le), 490
Réflexions morales sur le Nouveau Testament, 803
Réflexions sur la beauté, 1045
Réflexions sur les hommes nègres, 904
Réflexions sur l'imitation des œuvres des Grecs en peinture et en sculpture, 925-926
Réflexions sur Longin, 820
Réfutation de la Confession d'Augsbourg (Confutatio Augustana), 773
Regarder, écouter, lire, 11
Regards sur le passé, 1312
Régente (La), 1164
Registrum Gregorii, 510
Règles de la méthode sociologique, 1091
Règles pour la direction de l'esprit, 822-823
Regrets (Les), 746-747
Reichstag, 1136
Reine Mab (La), 1117
Reine morte (La), 1335
Religion dans les limites de la simple raison (La), 974
Religion de l'humanité (La), 1088
Religion de mon temps (La), 1485
Reliquaire de Limbourg-sur-la-Lahn, 555
Remèdes d'amours (Les), 388
Remparts de Sousse, 592-593
Renaissance, 1185

Rendez-vous dans la forêt, 1064
René, 1073
Renommée (La), 812
Rentrée des troupeaux (La), 760
Repas à l'auberge (Le), 954
Repas chez Lévi (Le), 724
Repas de noce (Le), 761
Repas de paysans, 809
Repos de Diane (Le), 931
Repos pendant la fuite en Égypte (Le), 725
République (La), 328-329, 942
Researches into Early History of Mankind, 1126
Réservoir, Horta de Ebro (Le), 1308
Residenz Würzburg, 965
Résurrection, 1183
Résurrection du Christ (La), 721
Retable de Saint Esteban de Salamanque, 833
Retable de sainte Anne, 762
Retable des Rois mages, 761
Retable Paumgartner (Le), 762
Retour de chasse, 933
Retour de chasse de Diane (Le), 931
Rêve dans le pavillon rouge (Le), 1010
Rêve de d'Alembert (Le), 940
Rêve du papillon (Le), 626
Rêve transformé (Le), 1320
Revenue Act, 1294
Révolution et contre-révolution en Allemagne, 1109
Révolution surréaliste (La), 1319-1320
Révolutions de France et de Brabant (Les), 899
Revue blanche (La), 1052, 1064
Revue du progrès (La), 1076
Revue fantaisiste (La), 1075-1076
Revue historique (La), 1087
Richard III, 523, 769
Rideau, cruchon et compotier, 1061
Rigveda (*Livre des hymnes*), 240, 247, 262, 920
Rimas, 1164
Rimes nouvelles, 1172
Rire (Le), 1083
Robert (Le), 1049
Robinson Crusoé, 955
Rodogune, 815
Roi des aulnes (Le) (Goethe), 971
Roi des aulnes (Le) (Tournier), 1474
Roi Lear (Le), 769
Roland furieux, 726
Roland furieux (Duseigneur), 1068
Roland furieux (Le) (Tiepolo), 965
Roman comique (Le), 815

Roman de la Rose (Le), 487, 489-490, 500, 525, 689
Roman de Renart (Le), 487
Roman d'un inutile, 1184
Roman expérimental (Le), 1078
Roman (Le), 1079
Romancero general, 541
Romancero gitano, 1486
Rome, la ville sans origine, 19
Roméo et Juliette, 769
Ronde de nuit (La), 852
Roudine, 1182
Roue de bicyclette, 1327
Rougon-Macquart (Les), 1079
Rouleau de Josué (Le), 555
Rouleau des treize empereurs, 622
Route des Flandres (La), 1478
Route vue du chemin de Sèvres (La), 1057
Running Fence, 1466
Ruodlieb, 512
Ruy Blas, 1073
Rymes, 750

Sa Majesté des Mouches, 1484
Sachsenspiegel (*Miroir des Saxons*), 512
Sacre de l'empereur Napoléon (Le), 935
Saga de Gosta Berling (La), 1185
Saga-in, 640
Sagrada Familia, 1163
Saint Augustin, 831
Saint Bernardin de Sienne, 831
Saint François d'Assise, 1185
Saint François recevant les stigmates, 755, 830
Saint Georges délivrant la princesse Tréhizonde, 714
Saint Georges libérant la princesse, 711
Saint Ildefonse, 831
Saint Jacques, 831
Saint Jean à Patmos, 832
Saint Jean-Baptiste (Greco), 830
Saint Jean-Baptiste (Rodin), 1069
Saint Jérôme (Greco), 830
Saint Jérôme (Léonard de Vinci), 700, 718
Saint Marc, 715
Saint Martin et le mendiant, 830
Saint Paul, 830
Saint Pierre, 831
Saint Sébastien, 713
Saint Sébastien soigné par Irène, 809
Sainte Anne, la Vierge et l'enfant Jésus, 718
Sainte Famille (La), 756

Sainte Thérèse en extase (ou *Transverbération*), 794
Sainte-Agnès, 566
Sainte-Anastasie, 566
Sainte-Chapelle, 457, 480, 483, 1067
Sainte-Irène, 566
Sainte-Sophie, 420, 550, 552, 564, 566-567, 863
Sainte-Sophie de Kiev, 568
Sainte-Sophie de Novgorod, 569
Sainte-Sophie de Thessalonique, 566
Saint-Étienne-du-Mont, 480
Saint-Germain l'Auxerrois, 480, 1067
Saint-Luc, 567
Saint-Séverin, 1309
Saint-Synode (Saint-Pétersbourg), 1179
Salière de François Ier, 725
Salle du centenaire, 1325
Salomon, 230
Salon de 1846, 1077
Salon de 1859, 1077
Saltimbanques (Les), 1310
Sāmaveda (*Véda des modes de cantillation*), 240
San Juan de los Reyes, 754
San Pelayo de Oviedo, 831
Sanctuaire, 1487, 1490
Sanctuaire d'Asclépios, 300
Sang (Le), 1491
Santa Maria del Fiore, 374, 709, 716, 1171
Santa Maria Maddalena dei Pazzi, 714
Santo Domingo el Antiguo, 831
Santo Toribio de Liébana, 587
Saqqara, 190-192, 210
Sarcophage du roi Ahiram, 168
Satires, 387
Satires Ménippées, 385
Satiricon, 389
Saturne dévorant ses enfants, 986
Scala Regia (Vatican), 793
Scène des massacres de Scio, 1047-1048
Scènes de la vie du Christ, 706
Schwabenspiegel (*Miroir des Souabes*), 512
Science de la logique (La), 1144
Science de la morale (La), 1081
Scribe accroupi, 192
Seconde édition de la Critique, 974
Secretum secretorum (*Le Secret des Secrets*), 607
Securities Act, 1292
Seigneur des anneaux (Le), 1484
Seine et la Marne (La), 812
Semaine sainte (La), 1334
Sente étroite du bout du monde (La), 880
Sept Boules de cristal (Les), 660

Sept Livres de Diane (Les) (*Los siete libros de la Diana*), 541, 757
Sept manifestes dada, 1333
Serapeum (temple), 214
Serata-Mangest (*Ordonnance du royaume*, Éthiopie), 672
Serment de Strasbourg, 484
Serment des Horaces (Le), 935
Serment du Jeu de paume (Le), 904, 935
Seul dans le noir, 1490
Sexus, 1488
Sherlock Holmes, 1119
Shi Jing (*Livre des odes*), 267
Shiji (*Mémoires historiques*), 270
Shinsen-en (jardin), 640
Shittanzo, 639
Shu Jing (*Livre des actes*), 267
Si c'est un homme, 1473, 1485
Sic et non (*Oui et non*), 494
Siècle de Louis le Grand (Le), 820
Siècle de Louis XIV (Le), 939
Siete Partidas (corpus législatif castillan), 540
Silas Marner, 1118
Sinbad le marin, 590
Sinfonia, 1532
Siris, 956, 958
Situation de la classe laborieuse en Angleterre (La), 1108
Six Livres de la République (Les), 694
Six personnages en quête d'auteur, 1485
Sleep, 1457
Smarra ou les démons de la nuit, 1073
Social Security Act, 1292
Socialisme devant le vieux monde (Le), 1105
Socialisme (Le), 1091
Société de consommation (La), 1518
Sociologie et Philosophie, 1091
Socrate, 935
Socrate et Aristophane, 1512
Sodome et Gomorrhe, 1331
Soi-même comme un autre, 1515
Soin du détail en peinture (Le), 1009
Soirées de Médan (Les), 1078
Soirées du hameau (Les), 1182
Solitudes (Góngora y Argote), 756
Solitudes (Sully Prudhomme), 1076
Solutré ou les chasseurs de rennes de la France centrale, 82
Somme contre les Gentils, 496
Somme théologique, 496
Sonate à Kreutzer, 1183
Songe de Philippe II (Le), 756, 830
Songe de saint Joseph (Le), 809

INDEX DES ŒUVRES

Songe (Le), 1185
Sonnets, 814
Sonnets de la mort, 1491
Sonorités (Klänge), 1312
Sorcières de Salem (Les), 1489
Sortilège malais (Le), 1119
Sottie contre le pape Jules II, 490
Soudiebnik (code de lois russe), 545
Souffrances du jeune Werther (Les), 971
Souper au bal, 1135
Souper d'Emmaüs (Le), 791
Sœur saint Sulpice (La), 1164
Source (La), 1049
Sœurs Linley (Les), 954
Sous la tonnelle de chèvrefeuille, 853
Souvenir d'Italie, 1320
Spelling Book, 1002
Sphère (La), 32
Sphinx de Gizeh, 192
Spoutnik, 1425
Stamp Act, 998
Stances, 814
Statue chryséléphantine d'Athéna Parthénos, 304
Statue chryséléphantine de Zeus à Olympie, 304
Statue de Djéser, 191-192
Statue de Khasekhemouy, 192
Statue de Nesa, 192
Statue du Cheikh el-Beled, 192
Statue équestre de Bartolomeo Colleoni, 535, 716
Statue équestre de Gattamelata, 716
Statue équestre de Pierre le Grand, 929, 1181
Statues de Sepa, 192
Stavkirke de Borgund, 440
Stavkirke de Heddal, 440
Stavkirke de Hopperstad, 440
Stavkirke d'Urnes, 440
Stèle de Cascajal, 276
Stèle de Mérenptah, 217
Stèle de victoire de Naram-Sin, 148-149, 183
Stèle des vautours, 144
Stèle du roi Serpent, 188
Stèle Raimondi, 277
Stèles, 1332
Structure du comportement (La), 1507
Structures élémentaires de la parenté (Les), 1523, 1525
Stupa de Bharhut (monument), 250
Sturm und Drang, 972
Suicide (Le), 1091-1092
Sula, 1490

Summa totius logicae (Somme de logique), 528
Suprématisme 417, 1313
Sur la nature, 32
Sur la piété (Euthyphron), 328
Sur la route, 1488-1489
Sur « Le Banquet », 1512
Sur les corps fixes, 32
Sur les femmes célèbres (De claris mulieribus), 537
Surréalisme au service de la Révolution (Le), 1319
Surréalisme et la peinture (Le), 1320
Surréalisme, même (Le), 1335
Surveiller et Punir, 1510
Suśrutasaṃhitā (traité de médecine), 263
Sutra de la constitution de la terre pure, 628
Sutra de l'ornementation fleurie, 628
Sutra du lotus (Kokke Kyō), 646
Suzanne au bain, 724
Sybil, 1118
Synagogue de Doura Europos, 422
Syndic des drapiers (Le), 852
Systema naturae, 922
Système de philosophie synthétique, 1125
Système de politique positive, 1088
Système des objets (Le), 1518
Système nouveau de la nature et de la communication des substances, 836

Ta Hio (La Grande Étude), 268
Table des Marchands, 100
Table des sept péchés capitaux (La), 760
Table théodosienne, 369
Tableau des principes originels, 627
Tableau économique, 945
Tables alphonsines, 540
Tablette de l'Esagil, 157
Tabula Rasa, 1532
Tadbīr al-mūtawaḥḥid, 587
Taj Mahal, 867
Talisman des territoires (Le), 1490
Talisman (Le), 1063
Talmud, 224, 401, 1509
Tambour (Le), 1483
Tamerlan, 1199
Tamise (La), 966
Tancred, 1118
Tantra, 252
Tao-tö-king (Livre de la Voie), 266, 268
Tapisserie de la reine Mathilde, 477
Tarass Boulba, 1182
Tartuffe, 817

Ta-Tien (Encyclopédie), 870
Technique et la science comme idéologie (La), 1503
Tempête (La) (Giorgione), 723
Tempête (La) (Ruisdael), 852
Tempête (La) (Shakespeare), 769
Tempietto de San Pietro, 696
Temple d'Abydos, 204, 210
Temple d'Amon, 208, 210
Temple d'Apollon (Delphes), 299, 340
Temple d'Apollon (Didymes), 301
Temple d'Apollon (Sélinonte), 299
Temple d'Apollon (Thermos), 299
Temple d'Artémis (Corfou), 299
Temple d'Athéna Niké, 301, 304
Temple d'Athéna (Pergame), 301
Temple d'Athéna Polias, 301
Temple de Borobudur, 260, 650-652
Temple de Brhadisvara, 614
Temple de Divus Julius, 372
Temple de Gangaikondacolapuram, 614
Temple de Hokkō-ji (Asukadera), 634
Temple de Kailashanata, 612
Temple de Kalasan, 650-651
Temple de Karnak, 200-202, 208
Temple de Kawa, 282
Temple de Louxor, 199, 202, 208
Temple de Mars Ultor, 372
Temple de Parasuramesvara, 613
Temple de Prambanan, 651-652
Temple de Rê, 197
Temple de Salomon, 221, 228, 230-231, 233, 235, 237-238, 469, 582
Temple de Séwu, 650
Temple de Shitennō-ji, 274
Temple de Toshōdai-ji, 635-636
Temple d'Eanna, 141-142, 145
Temple des Guerriers, 658
Temple des Inscriptions, 653
Temple des Trois Fenêtres, 663
Temple d'Hérode, 230
Temple d'Horus, 188
Temple d'Or d'Amritsar, 616
Temple du Ciel, 871
Temple solaire d'Abou Gorab, 191
Templo Major, 667
Temps de destruction, 1486
Temps de silence, 1486
Temps et récit, 1515
Temps meublé (Le), 1322
Temps modernes (Les), 1473
Temps présent (Le), 1510
Temps retrouvé (Le), 1331

Tendre est la nuit, 1487
Tentation du Christ (La), 713
Terrasse de Persépolis, 182
Terrasse (La), 1467
Terre australe connue (La), 907
Terre (La), 1079
Testament français (Le), 1475
Testament (Le), 490
Testimonium flavianum (Témoignage de Flavius), 404
Tête de Fernande (La), 1327
Tête de taureau, 1327
Tête d'une petite fille russe, 1181
Tétrabible, 215
Tétraktys (Quaternaire), 324
Textes de Nag Hammadi, 407
Textes des Pyramides, 192, 194-195, 206
Textes des Sarcophages, 194-195
Textes des Temps Anciens (Purāṇa), 243, 252, 255
Textes pour Emmanuel Levinas, 1509
The Age of Reason, 907
The Art of Painting, 1468
The Autobiography of Benjamin Franklin, 1002
The Crisis, 1200
The Distinguishing Marks of the Spirit of God, 1002
The Garden Party, 1484
The Journal of Speculative Philosophy, 1201
The Making of America, 1487
The Store, 1457
Théâtre de Marcellus, 372
Théâtre d'Épidaure, 300
Théâtre et son double (Le), 1335, 1478
Thébaïde ou les Frères ennemis (La), 818
Théétète, 329, 331
Théogonie, 165, 310-311, 340, 346-347
Théologie platonicienne, 693
Théorie de la justice, 1510
Théorie de l'agir communicationnel, 1503
Théorie de l'éducation naturelle et attrayante, 1105
Théorie des proportions, 762
Théorie des quatre mouvements et des destinées générales, 1104
Théorie du droit de propriété et du droit au travail, 1105
Théorie esthétique, 1501
Théorie générale des beaux-arts (Allgemeine Theorie des schönen Künste), 1045
Théorie traditionnelle et théorie critique, 1500
Thermes de Caracalla, 376
Thyeste, 380

INDEX DES ŒUVRES 1625

Tiers Livre (Le), 744
Tigre (Le), 1055
Tigre reale, 1173
Time, 1461
Timée, 264, 742
Tintin et le Temple du Soleil, 660
Tintir (texte babylonien), 157
Tirs, 1463, 1465
Titan (Le), 1139
Tite et Bérénice, 815
To Helen, 1199
Tōdai-ji (temple), 637
Toits rouges, coin de village, effet d'hiver (Les), 1057
Tom Jones, 955
Tombe d'Amonherkopsef, 203
Tombe de Childéric Ier, 435
Tombe de Khâemouaset, 203
Tombe de la Chasse et de la Pêche, 355
Tombe de Nakht, 203
Tombe de Nébamon, 203
Tombe de Néfertari, 203
Tombe de Psousennès Ier, 208
Tombe de Ramosé, 203
Tombe de Ramsès VI, 205
Tombe de Ramsès XI, 202
Tombe de Sennefer (« Tombe aux vignes »), 203
Tombe de Thoutmôsis Ier, 202
Tombe de Titi, 203
Tombe de Toutankhamon, 205, 209
Tombe des Augures, 355
Tombe des Bacchantes, 355
Tombe des Jongleurs, 355
Tombe des Léopards, 355
Tombe des Lionnes, 355
Tombe des Olympiades, 355
Tombe des Taureaux, 355
Tombe d'Horemheb, 205
Tombe d'Oseberg, 441
Tombe du Bouclier, 355
Tombe du pape Urbain VIII, 794
Tombe (La), 1495
Tombeau de Catherine de Médicis, 741
Tombeau de Cyrus, 181
Tombeau de l'empereur Yongle, 871
Tombeau de Richelieu, 812
Tombeau de saint Dominique, 718
Tombes royales d'Ur, 144
Tombouctou, 1490
Topaze, 1335
Topiques, 330
Torah, 221-222, 224, 226, 401-402, 604

Toréador (Le), 1198
Torse du Belvédère, 306
Totalité et Infini, 1509
Totem et Tabou, 1101
Tour aux figures, 1458
Tour de Babel (La), 761
Tour de chant, 1334
Tour de la Terre (Le), 32
Tour de Porcelaine, 871
Tour Eiffel, 1309
Tournesols (Les), 1061
Tout compte fait, 1477
Towns and Country Planing Act, 1405
Trachiniennes (Les), 313
Tractatus logico-philosophicus, 1339
Trahison, 1187
Trahison des images (La), 1323
Train de banlieue arrivant à Paris, 1315
Traité de la nature et de la grâce, 825
Traité de la nature humaine, 958
Traité de la peinture, 696
Traité de la réforme de l'entendement (*Tractatus de intellectus emendatione*), 855
Traité de l'éducation des filles, 819
Traité de l'homme (*De homine*), 845
Traité de logique, 604
Traité de morale, 825
Traité des animaux, 949
Traité des devoirs, 379
Traité des édifices, 553
Traité des mystères, 381
Traité des opinions des habitants de la meilleure cité, 602
Traité des sensations, 949
Traité des systèmes, 949
Traité du désespoir, 1148
Traité du monde et de la lumière, 822-823
Traité politique, 855
Traité sur la tolérance, 939
Traité sur les coniques, 815
Traité sur les principes de la connaissance humaine, 956
Traité sur l'univers de Ptolémée et de Copernic, 787
Traité théologico-politique, 854
Travaux d'Hercule, 833
Travaux et les Jours (Les), 311, 347
Traversée de l'été (La), 1490
Tres de Mayo, 1159
Très Riches Heures du duc de Berry (Les), 482
Trésor d'Atrée, 291
Trésor de Guarrazar, 435
Trésor de Saint-Denis, 476

Trésor de Shōsō-in, 640
Trésor de Sicyone, 299, 302
Trésor de Siphnos, 299
Trésor des Athéniens, 304
Trésor des Guelfes, 510
Triade de Mykérinos, 192
Triade de Shaka, 274
Tricheur à l'as de carreau (Le), 809
Tricheurs de Dresde (Les), 808
Trilogie new-yorkaise, 1490
Trinité (La), 831
Triomphe de 1810 (Le), 1068
Triomphe de la mort (Le), 1173
Triomphe de Louis XIV, 812
Triomphe de Neptune et d'Amphitrite, 377
Triptyque de saint Pierre martyr, 711
Tristan et Iseult, 512
Tristana et Nazarin, 1164
Tristes (Les), 388
Tristes tropiques, 1528
Troades (Les), 380
Troïlus et Cressida, 526
Trois essais sur la théorie sexuelle, 1101
Trois Femmes dans l'église (Les), 1135
Trois Grâces (Les) (Raphaël), 719
Trois Grâces (Les) (Rubens), 853
Trois Mousquetaires (Les), 798
Trois Parques (Les), 741
Trois Philosophes (Les), 723
Trois soldats, 1487
Trois Sœurs (Les), 1183
Troisième élément, 1467
Trophées (Les), 273, 1076
Tropique du Cancer, 1488
Tropiques, 1474
Tropismes, 1478
Troyennes (Les) (Euripide), 313
Troyennes (Les) (Sartre), 313
Tryptique de Kōyasan, 638
Tu reviendras à Région, 1486
Tuerie, 1069
Tusculanes, 386
Twin Towers, 1441, 1538
Tyrrhenika, 354

Ubu roi, 1335, 1478
Ugolin et ses fils, 1069
Ulysse (James Joyce), 1119
Ulysse (Simon Vouet), 812
Un autre pays, 1488
Un chemin au milieu des arbres, 1050
Un chien andalou, 1323

Un dimanche après-midi à la Grande Jatte, 1064
Un enterrement à Ornans, 1051
Un tramway nommé désir, 1489
Une brève histoire du temps. Du Big Bang aux trous noirs, 42
Une excursion dans les prairies, 1198
Une fleur en enfer, 1211
Une histoire sans début ni fin, 1494
Une journée d'Ivan Denissovitch, 1487
Une moderne Olympia, 1061
Une mort très douce, 1477
Une saison en enfer, 1077
Une soif d'amour, 1496
Une théorie de la population, 1125
Unigenitus (bulle), 803
Upanishads, 240-241, 257
Ut pictura poesis (*La Peinture est comme la poésie*), 700
Utopie (L'), 694, 768

Vagabonds (Les), 1184
Vaisseau dans la tempête, 1115
Valse (La), 1070
Van Gogh ou le suicidé de la société, 1334
Variation des animaux et des plantes à l'état domestique (La), 1123
Vases communicants (Les), 1334
Végétation, 1455
Vehementer nos, 1043
Vénus de Milo, 306
Vénus d'Urbino (La), 724
Vénus endormie (La), 723
Vénus et Adonis, 810
Vénus et Amour, 762
Vénus et Mars, 712
Vénus représentant l'amour, 929
Vergilius vaticanus, 554
Vérité de la religion chrétienne, 816
Vérité et méthode, 1514
Verre d'absinthe (Le), 1327
Verrines, 386
Verrou (Le), 931
Vers d'or, 324-325
Vers une architecture, 1324
Versets sataniques (Les), 1485
Veuve rusée (La), 966
Via crucis, 1200
Victoire (La), 1069
Vie à pleines dents (La), 1464
Vie d'Agricola, 393
Vie d'Avvakum par lui-même, 993

INDEX DES ŒUVRES

Vie de Dante (La) (*Vita di Dante*), 537
Vie de la Vierge (La), 813
Vie de Marianne (La), 944
Vie de saint Dominique (La), 832
Vie de saint François, 706
Vie de sainte Thérèse de Jésus, 758
Vie de Walther Fortes-Mains (La) (*Vita Waltharii manufortis*), 511
Vie devant soi (La), 1475
Vie est un songe (La), 758
Vie immédiate (La), 1334
Vie mélangée (La), 1312
Vie nouvelle (La) (*La vita nuova*), 536
Vie parisienne (La), 1033
Vieil Homme et la mer (Le), 1487, 1490
Vierge à la poire (La), 762
Vierge à l'enfant avec des saints, 723
Vierge à l'enfant avec saint Jean, 721
Vierge aux rochers (La), 718
Vierge de la victoire (La), 713
Vierge de Stuppach (La), 763
Vierge et les saints avec Federigo di Montefeltro (La), 714
Vierges aux rochers (Les), 1173
Vies des douze Césars, 389, 393, 484
Vies des plus excellents peintres, sculpteurs et architectes, 477, 684
Vies parallèles, 297
Vieux Cordelier (Le), 899
Villa Borghèse, 713
Villa Carducci, 712
Villa La Roche, 1324
Villa Medicea di Castello, 713
Ville de Paris (La), 1309
Ville qui monte (La), 1315
Villégiature (La), 966
Violence et le sacré (La), 1516
Violin Concerto, 1531
Violon et Palette, 1308
Violon et Pipe, 1308
Violon (Le), 1308
Virgile travesti, 815
Visible et l'Invisible (Le), 1506
Vision après le sermon (La) (ou *La Lutte de Jacob avec l'ange*), 1062
Visitation (La), 723
Vita Caroli Magni (Vie de Charlemagne), 448, 484
Vocation de saint Matthieu (La), 791
Voix des héros morts (La), 1496
Voix et le Phénomène (La), 1521

Voleur et les Chiens (Le), 1494
Völkischer Beobachter, 1249
Volonté de puissance (La), 1150, 1152
Voltaire assis, 929
Völund le forgeron, 1185
Vortex Temporum, 1531
Voting Right Act, 1437
Votivkirche, 1136
Vœu de Louis XIII, 1046
Vœu de Louis XIII (Le), 810
Voyage au Parnasse, 757
Voyage dans la lune (Le), 1098
Voyage de Charlemagne (Le), 486
Voyage en Alcarria, 1486
Voyage en Icarie, 1107
Voyage en Perse (Le), 907
Voyage vers l'Occident, 609
Voyage vers l'Ouest, 872
Voyages de Gulliver (Les), 17, 955
Voyageur sans bagages (Le), 1335
Vue de Delft, 852
Vue d'Innsbruck, 762
Vue du Snowdon, 953

W ou le souvenir d'enfance, 1475
Walden ou la vie dans les bois, 1201
Wallenstein, 972, 1139
Washington Post, 1438
Whaam!, 1457
White Jacket, 1199
Wieland, 1002
Wollaton Hall (palais), 767

Xpace and the Ego, 1461

Yajurveda, 240
Yeux fertiles (Les), 1334
Yiheyuan (palais d'Été), 1011
Yi-king (*Classique des mutations*), 267-268
Yoga-Sûtra, 257
Yvain ou le Chevalier au Lion, 486-487, 512

Zadig, 939
Zaïre, 936, 939
Zhong yong (*L'Invariable Milieu*), 268
Zhuangzi, 268
Zi Bu Yu, 1010
Ziggourat de Tchogha-Zanbil, 155
Ziggourat d'Ur, 151

Index des lieux

Abaj Takalik, 276
Abbeville, 63, 1087
Abdère, 319, 325
Abou Simbel, 204
Abousir, 191
Abri Blanchard, 88
Abri d'Araguina-Sennola, 94
Abri de Cro-Magnon, 81, 84
Abri de Curacchiaghiu, 94
Abri de la Madeleine, 83
Abydos, 188, 204
Académie des beaux-arts de Munich, 1142
Acropole d'Athènes, 299, 301, 304
Actium (bataille), 211, 289, 296, 363
Addis-Abeba, 1217
Adélaïde, 51
Adilabad, 615
Adoua, 1170, 1217, 1270
Agadé (Akkad), 149, 152, 161
Agadir, 1044, 1133
Agnadel, 961
Agra, 866-867
Aix-en-Provence, 117, 806
Aix-la-Chapelle, 451, 454, 483, 494, 498, 753, 802, 968, 983
Ajaccio, 1366
Ajanta, 250, 252
Akhetaton, 206
Alalakh, 164
Alarcos (bataille), 539
Albe, 395
Alençon, 521
Alep, 143, 160, 162-164, 561, 582, 1493
Alès, 798

Alésia, 115, 118, 363, 392
Alexandrie, 34, 201, 210-212, 214-215, 296, 315, 397, 403, 411-412, 421, 424, 534, 556, 595, 1356
Alfheimr (demeure des Elfes, mythologie nordique), 444
Alger, 167, 1364, 1369, 1371, 1377, 1380, 1382-1384
Al-Kharga, 209-210
Allahabad, 249
Amba Alaghi, 1170
Amba de Guerchén (monastère), 672
Amboise, 733-734, 738
Ambuila (bataille), 673
Amiens, 119, 1019, 1044
Ampurias, 116
Amritsar, 1295
Amsterdam, 22, 760, 854, 1043, 1455
Anagni, 458, 472
Andrinople, 562, 599
Angers, 897
Anghiari (bataille), 701
Angkor, 647-649, 651
Ankara (bataille), 565, 599
Anoual (bataille), 1272
Antibes, 116
Antietam (bataille), 1194
Antinoé, 425
Antioche, 302, 403, 411, 422, 552, 558, 561-562
Antipolis (Antibes), 116
Anvers, 760, 853
Apamée, 302
Appomattox (bataille), 1194

Aquino, 496
Aranjuez, 984-985
Arcadiopolis (Luleburgaz), 438
Arcy-sur-Cure, 81
Arezzo, 720
Argenteuil, 1055
Argenton-sur-Creuse, 118
Arginuses (bataille), 326
Argos, 290, 344, 431
Arles, 372, 423, 806, 1061-1062
Arques, 736
Arras, 483, 903, 905, 1381
Artémision (cap), 180
Arvad, 167
Assandun (bataille), 517
Assilah, 591
Assise, 531, 706, 710, 1464
Assouan, 188, 198
Assur, 152, 163, 171-172
Atapuerca, 69, 73, 80
Athènes, 179-180, 209, 290-297, 299-301, 304-307, 313-315, 317, 319, 324, 326, 328, 330, 337, 340, 377-378, 383-384, 387, 402, 431, 563, 1511
Atlanta (bataille), 1194
Auckland, 1394
Auerstadt, 1020
Augsbourg, 753, 761, 773, 778
Auschwitz, 27, 1253, 1367, 1390, 1485, 1501
Austerlitz, 1020, 1028, 1129, 1175
Auvers-sur-Oise, 1061
Avaricon (Bourges), 117
Avebury, 102
Aventin, 360-361
Avignon, 537, 918, 1306
Avranches, 519
Axoum, 283, 672
Ayacucho, 661
Ayodhyā, 254
Azincourt, 521
Azov, 989-990, 992
Aztlán, 665-666

Baden-Baden, 1386
Badr (bataille), 572
Bagdad, 578, 587-589, 591-592, 594, 598, 601-602, 605-606, 610
Baie de Chesapeake, 59, 1001
Baie des Cochons, 1435
Bâle, 472-473, 507-508, 761, 763, 771, 774, 778, 984
Bāmyān, 252

Bande de Gaza, 1536-1537
Barbizon, 790, 1049-1050, 1054, 1058
Barcelone, 756, 916, 1068, 1163, 1420
Bari, 560
Bar-le-Duc, 1225
Barranco León, 74
Bassora, 579, 591
Bastille, 458, 801, 892, 899
Bauhaus, 1325
Baume Moula-Guercy, 80
Bayeux, 477
Bayonne, 521, 985, 1240
Beaugency, 949
Beaulieu, 735
Beauvais, 478, 522, 813
Bedford, 521
Belfort, 1364
Belgrade, 967, 1221, 1358
Belzec, 1253
Bénévent, 432, 434
Béni Hassan, 198
Benin City, 285, 678
Berlin, 22, 157, 204, 1096, 1099, 1131, 1134-1137, 1142, 1148, 1186, 1211, 1228, 1245-1248, 1255, 1287, 1317, 1351, 1359, 1401-1402, 1424, 1428, 1435, 1440, 1471, 1518
Berne, 117
Bérytos, 167
Besançon, 1388
Beth Habaal, 169
Bethléem, 423
Béthune, 458
Beyrouth, 169, 1381, 1493
Béziers, 117, 468
Bhaja, 250
Bhubaneswar, 613
Biarritz, 1033
Bibliothèque d'Alexandrie, 211
Bibliothèque d'Assurbanipal, 136, 146
Bibliothèque Laurentienne, 689, 719
Bibliothèque Sainte-Geneviève, 1066
Bibliothèque vaticane, 685, 689
Bibracte, 117-118
Bilskirnir (manoir de Thor, mythologie nordique), 442
Bilzingsleben, 76
Bir Hakeim, 1354
Blanzac, 73
Blois, 735, 797, 961
Bobigny (procès), 1390
Bodh Gaya, 258
Bois de Boulogne, 733, 740, 1067

INDEX DES LIEUX 1631

Bois de l'Allier, 1243
Bois de Vincennes, 1067
Bologne, 491, 519, 536, 686, 692, 718, 725, 732, 792, 963-964
Bombay, 246, 250, 578, 1005
Bonn, 1149, 1402
Bordeaux, 472, 521, 747, 801, 803, 937-938, 1099, 1223, 1353, 1387
Borre, 441
Boscoreale, 373
Boston, 997-999, 1196-1197, 1199, 1434
Bosworth Field (bataille), 523
Bougon, 102
Boukhara, 598
Bourges, 117-118
Bouvines (bataille), 456, 505
Brassempouy, 82, 84
Brême, 470
Brenodunum (Berne), 117
Brescia, 434
Breslau, 1325
Brest, 521
Brest-Litovsk (bataille et traité), 1227, 1282, 1285
Bristol, 847
British Museum, 178, 909
Broadway, 1489
Brooklyn Museum, 1197
Brousse, 599
Bruges, 760
Bruxelles, 798, 904, 1040, 1099, 1230, 1279, 1322, 1455
Bubastis, 207, 209
Bucarest, 1230, 1358
Budapest, 117, 1358, 1424
Buenos Aires, 1416
Bull Pun (bataille), 1194
Burgos, 541, 586
Butte Montmartre, 1036, 1067, 1316
Byblos, 167-169, 172, 208
Byzance, 21, 290, 371, 411-412, 429, 432, 434, 547, 549-550, 553, 563, 568-569, 580

Cadix, 167, 754, 1160
Caen, 518, 521, 898
Café du croissant, 1221
Café Guerbois, 1054-1056
Cahuachi, 279
Calais, 458, 521-522, 732-733
Calakmul, 653-654
Calcutta, 1004-1005, 1497

Callicut, 687
Caluire-et-Cuire, 1365
Cambrai, 447, 751, 819
Cambridge, 526-527, 689, 767-768
Camp David (accords), 1439, 1537
Campo-Formio (traité), 901, 1129, 1165
Canal de Suez, 1356, 1406
Cannes, 1243
Canossa, 462, 466
Cap Mycale, 180
Capharnaüm, 407
Capitole, 114, 362, 371, 375
Capitole (EUA), 1191
Caporetto, 1228
Capri, 373
Carcassonne, 468
Carnac, 101
Carthage, 167-169, 318, 362, 415, 418, 431, 547, 558, 580
Carthagène, 167
Casa Belvédère, 74
Castel Gandolfo, 1169
Castel Gondolfo, 964
Castro, 963
Catacombes d'Alexandrie, 424
Catacombes de Priscille, 422
Çatal Hüyük, 93, 130
Cateau-Cambrésis (traité), 733
Caucase, 346
Caune de l'Arago, 75-76
Caverne de Pendejo, 131
Caverne Koneri, 612
Caverne Mahishamardini, 612
Caverne Vahara II, 612
Cerny, 95
Cerny-en-Lannois, 1225
Cerveteri, 354
Cerzat, 81
Césarée, 402
Chalcédoine, 400, 412-414, 548
Chalcis, 290
Châlons-sur-Marne, 431
Châlus, 519
Chamonix, 1240
Champ des Merles (bataille), 564-565
Champ-de-Mars, 893, 898, 901
Champs Catalauniques (bataille), 431, 438
Champs-Élysées, 1387
Chanchán, 661
Changan, 271, 273, 621, 634
Charavines, 103
Charleston, 1194, 1196
Chartres, 117, 125, 479, 482, 735-736

Châteaubriant (édit), 733
Châtelperron, 81
Chattanooga (bataille), 1194
Chavín, 277
Cheikh Abd el-Gournah, 203
Chelles, 74
Chelmno, 1253
Chemin des Dames (bataille), 1225-1226, 1228
Cherbourg, 521
Chéronée (bataille), 295
Chesowanja, 76
Chester, 516
Chicago, 1197, 1202, 1411, 1534
Chichén Itzá, 653, 657-659
Chicomotzoc, 665
Chilhac, 73
Chinon, 519, 522
Chioggia, 533-534
Chios, 308
Chittorgarh, 865
Cholet, 897
Chongoyape, 277
Chou Kou Tien, 80
Cimetière de Domitille, 422
Cimetière de Prétextat, 422
Cimetière des Innocents, 911
Cimetière du Père-Lachaise, 1035
Cishan, 127
Cividale del Friuli, 434
Clairvaux-les-Lacs, 103
Clermont, 469, 561
Cloyne, 956
Cluny, 465, 474
Clusium, 114
Cnide, 349
Cnossos, 290
Collège de Coqueret, 746
Collège Henri-IV de La Flèche, 822
Cologne, 507, 511, 527, 1317, 1325
Colombey-les-Deux-Églises, 1385
Colophon, 308
Comacchio, 963
Combe-Capelle, 81-82
Combray, 1331
Compiègne, 119, 733, 1033, 1229
Concord, 999, 1199
Constance, 472-473, 508, 771
Constantine, 21, 377
Constantinople, 367-368, 372, 376, 411-414, 420, 423, 438, 457, 469, 534-535, 547-550, 552-553, 555, 557-569, 599-600, 685, 779, 861, 990, 1234
Copán, 654

Copenhague, 36, 1455
Cordoue, 539-541, 568, 579, 581, 583, 585-587, 591, 597, 602-603, 605
Corfou, 299, 564, 1224
Corinthe, 295, 301-302, 307, 334, 340, 402, 431
Cortone, 720
Cos, 349
Cougnac, 82
Coutras (bataille), 735
Covadonga, 539
Craonne, 1225-1226
Crécy (bataille), 458, 521
Crémone, 535
Cronstadt, 1280, 1284
Crotone, 349
Cueva de Ambrosio, 82
Cueva de La Pasiega, 89
Cuicuilco, 275
Cuiry-lès-Chaudardes, 94, 96
Culloden (bataille), 951
Cuzco, 660-663
Cymé, 308
Cyrène, 290, 349

Dachau, 1252, 1366
Dachour, 198
Dahshour, 191
Dakar, 1354
Dallas, 1435
Damas, 21, 228, 230, 232, 402, 504, 574, 579-581, 583, 1493
Dan-no-ura (bataille), 631
Dantzig, 1232
Deauville, 1033
Débir, 218
Debre Berhan, 672
Deir el-Medineh, 201
Delhi, 611, 1003
Délos, 294, 306-307, 340
Delphes, 299, 302, 304, 340-341
Dendérah, 210
Derby, 1125
Desio (bataille), 530
Dessau, 1325
Détroit de Béring, 130
Détroit des Dardanelles, 1227, 1261
Didymes, 301, 341
Điện Biên Phủ, 1376
Dieppe, 730, 736
Dijon, 118, 475, 481, 818, 1107
Djebel Irhoud, 78

INDEX DES LIEUX

Djemdet-Nasr, 139
Djenné, 679
Djerba, 577
Djibouti, 1217
Dmanissi, 71, 74
Dodone, 342
Dolni Vestonice, 81
Domrémy, 522
Douai, 458, 732
Douaumont, 1224-1225, 1381
Drancy, 1362-1363
Dresde, 1134, 1142, 1431
Dublin, 1113, 1259
Dunkerque, 916, 1353
Durazzo, 564
Düsseldorf, 78, 1134, 1251
Dyrrachium, 363

Ebla, 142-143, 148
Eckmühl, 1129
École normale de Sèvres, 1039
Ectabane, 175, 177, 181
Edfou, 210
Ediacara, 51
Édimbourg, 951, 958, 1122
Édirne, 863
Edo, 876, 1207
Egba, 677
Églon, 218
Eisleben, 772
El Kab (Nekheb), 210
El-Alamein, 1356
El-Amrah, 187
Élée, 322
Éléphantine, 210
Ellora, 246, 250, 612-613
Emporion, 116
Ems, 1030, 1132
Ensérune, 117
Entremont, 117
Épernay, 455
Éphèse, 293, 413
Épidaure, 349
Épinal, 1091
Épinay (congrès), 1388
Eridu, 139, 145, 151, 157
Erlitou, 127-128
Ermenonville, 940
Esie, 285
Esquilin, 360
Essé, 100
Étang de Berre (bataille), 433

Ethendun (Edington), 516
Étiolles, 83, 85
Evesham (bataille), 520
Évian (accords), 1384
Eylau, 1020, 1175
Eyzies-de-Tayac, 81, 84

Falaise, 521
Fārāb, 601
Fatehpur Sikrī, 866
Fayoum, 187, 189, 191, 424, 554
Feldmelen, 103
Ferme de la Haye, 83
Ferney, 939
Ferrare, 462, 535, 686, 710, 743, 751, 961, 963, 1266, 1320
Fès, 591
Fête de la Fédération, 901
Fiavè, 103
Fiesole, 711
Fiume, 1263-1264
Fleury, 1224
Florence, 36, 374, 531-533, 535, 537, 673, 684-686, 689, 692, 698, 703, 706-713, 715-716, 718-721, 723, 737, 740, 787, 794, 845, 962, 965, 1165, 1171
Fontainebleau, 689, 737, 739, 802-803, 984, 996, 1049
Fontaine-Française (bataille), 736
Forêt de Fontainebleau, 1053, 1055
Formose (Taiwan), 1208, 1298
Fort de la Citadelle, 1364
Fort de Montrouge, 1364
Fort de Portalet, 1364
Fort de Romainville, 1367
Fort de Vincennes, 1228
Fort Sumter, 1194
Fourneau-du-Diable, 82
Francfort, 507, 762, 1035, 1131, 1134, 1325, 1503
Francfort-sur-le-Main, 1152
Friedland, 1020, 1175
Frohsdorf, 1036
Frombork, 35
Fuente Nueva 3, 74
Fukushima, 1451
Fulton, 1262, 1360
Funai, 874
Fustat, 595

Gabaon, 218
Gadeb, 76

Gaète, 1166
Galerie Doré, 1316
Galerie Greuze, 1466
Galerie Iris Clert, 1464
Galerie Maeght, 1335
Galerie Mathias Fels, 1466
Galgenberg, 84
Gallipoli, 600, 1227
Gand (paix), 1191
Gao, 678-679
Garches, 1324
Gare de l'Est, 1066
Gare de Lyon, 1040
Gare d'Orsay, 1067
Gare Saint-Lazare, 1055
Gaugamèles (bataille), 180
Gavrinis, 100
Gdańsk, 1232, 1426
Gebel Barkal, 207, 282
Gelboé (bataille), 218, 227
Gênes, 534-535, 564
Genève, 418, 743, 772, 774, 939-940, 1231-1232, 1324, 1376, 1538
Gergovie (bataille), 115
Gettysburg (bataille), 1194
Ghazni, 598
Girsu, 143-144, 148, 150
Giverny, 1055
Gizeh, 191, 213
Gloucester, 521
Godin Tepe, 175
Gondar, 883, 1013
Gontsy, 85
Gordion, 162
Gori, 1285
Gosan-ri, 129
Goshen, 226
Gournay-sur-Aronde, 119
Gran Dolina, 74, 80
Granique (bataille), 180
Grenade, 540, 586-587, 684
Grenelle (accords), 1386-1387, 1397
Grenoble, 949
Grotte aux Fées, 81
Grotte Chabot, 88
Grotte Cosquer, 82, 86
Grotte d'Altamira, 86, 88-89
Grotte d'Aurignac, 81
Grotte de Chauvet, 81, 86
Grotte de Cussac, 82
Grotte de Font-de-Gaume, 86, 89
Grotte de Gargas, 82, 87, 89
Grotte de Hayonim, 91

Grotte de la Grèze, 89
Grotte de la Mouthe, 88
Grotte de la Salpêtrière, 82
Grotte de la Vache, 83
Grotte de Lascaux, 82, 86-88
Grotte de Niaux, 89
Grotte de Pair-non-Pair, 89
Grotte de Rouffignac, 86
Grotte de Sandia, 131
Grotte de Teyjat, 89
Grotte des Combarelles, 89
Grotte des Lions, 622
Grotte des Trois-Frères, 89
Grotte du Castillo, 89
Grotte du Lazaret, 75, 77
Grotte du Mas-d'Azil, 83-84, 89
Grotte du Parpallo, 82
Grotte du Pech Merle, 82
Grotte du Placard, 83
Grotte du Tuc d'Audoubert, 89
Grotte du Vallonnet, 73-74
Grotte Duruthy, 83
Grotte Guattari, 80
Grottes de Longmen, 622
Grottes des mille Bouddhas, 622
Guadalcanal, 1358
Guadalete (bataille), 539
Guernica, 1274

Hadar, 70
Haiphong, 1374
Halle, 762
Hallstatt, 109
Hangzhou, 272, 618-619
Hao, 265
Haran, 219
Harappa, 106, 130, 239
Harare, 675
Harfa, 79
Harrar, 672
Hassuna, 92
Hastings (bataille), 518
Hattusa, 160-161
Hawara, 198
Hébron, 218, 220, 227-228, 237
Heiankyō (Kyōto), 630, 641
Heidelberg, 778
Heijōkyō (Nara), 629
Héliopolis, 197, 201
Hellespont, 179
Helsinki (accords), 1425
Herculanum, 365, 909, 925

INDEX DES LIEUX

Hermopolis, 296
Hesdin, 732
Hiérakonpolis, 188
Hiéria (concile), 559
Highgate Cemetery, 1154
Hiroshima, 1303, 1359, 1495
Hlidskjálf (Haut Siège d'Odin, mythologie nordique), 442
Hong Kong, 1114, 1204, 1348, 1447
Honolulu, 1442
Hôpital Goujon, 1239
Hôpital Santa Maria Nuova, 711
Hornstaad, 103
Hôtel-Dieu de Lyon, 744
Houdibiya, 572
Hueyapan, 275
Hyères, 116

Iéna, 1020, 1139, 1142, 1152
Ife, 285, 677
Igbo-Ukwu, 285
Ijebu, 677
Ikaruga, 274
Île d'Elbe, 1021
Ileret, 72
Illahoun, 198
Ingolstadt, 1225
Institut de France, 806
Ishango, 88
Issenheim, 762
Issos (bataille), 180
Istanbul, 779, 862-863, 1283
Isthme de l'Acté, 179
Isthme de Panama, 61, 1039-1040
Isthme de Suez, 1032
Isturitz, 81-82
Ivry, 736
Iwajuku, 128
Iwo Jima, 1359

Jamestown, 995
Jamnia, 222
Janicule (bataille), 1166
Jardin d'Éden, 222
Jardin des Hespérides, 346
Jardin des Plantes, 786, 804, 1064
Jardin des Tuileries, 812, 1070
Jardins de Bagatelle, 953
Jarnac, 1393
Jelling, 441
Jemappes, 895, 899, 1025
Jerf el-Ahmar, 92

Jéricho, 93, 139, 218
Jérusalem, 19, 156, 218, 223, 226-228, 230-235, 237, 365, 400-403, 407, 417, 423, 469, 558, 562, 568, 572-573, 579, 582, 604, 731, 884, 970, 1511-1512, 1537
Jiankang, 271
Jos, 285

Kadesh (bataille), 163, 200
Kahlenberg (bataille), 836
Kaifeng, 618-619, 623
Kaili, 250
Kairouan, 580, 587, 591-593, 605
Kalambo Falls, 75
Kamakura, 631
Kanagawa, 876
Kanauj, 609
Kanchipuram, 612
Kandahar, 251
Kanesh (Nesa), 159, 171
Kanheri, 250
Kanikléion (concile), 559
Kanwaha (bataille), 866
Kapilavastu, 257
Karkemish, 160, 162-164, 172
Karnak, 197, 199-204, 208-210
Kennewick, 130
Kermarquer, 101
Khambhat, 129
Khartoum, 282, 1204, 1543
Khirokitia, 96
Khorsabad, 136
Kiel, 1245
Kiev, 543-544, 569, 1287
Kish, 140, 143, 148
Königsberg, 973-974
Koobi Fora, 71
Kosovo (bataille), 599
Koulikovo (bataille), 545
Koumasi, 1215
Kourgane de Koul-Oba, 113
Koursk (bataille), 1287
Krapina, 78, 80
Kūfa, 579, 601
Kunming, 127
Kurukshetra (bataille), 243
Kyōto, 630-632, 634, 636-637, 640-641, 644, 874, 877-879, 1207-1208

La Chapelle-aux-Saints, 78
La Ferrassie, 78, 81
La Flèche, 958
La Haye, 854, 905, 982

La Jaunaye, 898
La Mecque, 571-573, 576, 582, 594, 677, 861
La Micoque, 75, 78
La Quina, 78
La Rochelle, 798, 1023
La Venta, 275
Lacédémone, 340
Lacs de Mazurie (bataille), 1223
Ladé (bataille), 293
Laetoli, 72
Lagash, 143, 145, 149-150
Lahore, 866-867, 1003
Lakish, 218
Lalibela, 671, 883
Lantian, 127
Laon, 479
Larsa, 145, 152
Latran, 467-468, 1167, 1169, 1269
Laugene-Haute, 83
Laugerie-Basse, 84
Laugerie-Haute, 82
Laurion, 293-294
Lausanne, 479, 1170
Le Caire, 192, 200, 560, 594-595, 604-605, 611, 672, 1493
Le Havre, 1031
Le Moustier, 77
Le Moyen Empire, 196
Le Pirée, 294, 297
Le Procope, 910
L'Écluse (bataille), 521
Leipzig, 1021, 1149
Leningrad (Saint-Pétersbourg), 860, 1287, 1431
Léontopolis, 207
Lépante, 754, 862
Leptis Magna, 372
Les Fontinettes, 94
Les Pradelles, 80
Lesbos, 559
Lesnaya (bataille), 990
Lespugue, 81
Lewes (bataille), 520
Lewisville, 130
Lexington, 999
Leyde, 854
Licht, 197-198
Liège, 730
Ligne Maginot, 1353
Lille, 458, 732, 802, 1381
Lima, 662
Limbourg-sur-la-Lahn, 555

Limoges, 483
Lisbonne, 167, 673, 687, 944
Little Rock, 1434
Llerena, 832
Locarno (accords), 1238-1239
Locmariaquer, 100-101
Loggupo, 69
Londres, 22, 178, 516, 519-520, 523, 765, 767, 840-841, 847, 918, 958, 965, 995, 998-999, 1042, 1055, 1065, 1098-1099, 1101-1102, 1115, 1154, 1244, 1259, 1282, 1296, 1316, 1353-1354, 1358, 1377, 1381, 1407, 1411, 1435, 1470
Longwy, 894
Los Angeles, 1312
Los Millares, 106
Louvain, 749, 760
Louxor, 200-201, 203-204, 208-210, 407
Lübeck, 470
Lübsow, 435
Luçon, 798
Lucques, 532
Lugdunum (Lyon), 123
Lukerno, 70
Lundy's Lane (bataille), 1191
Lunéville, 1129
Luoyang, 265, 270-271
Lyon, 21, 123, 355, 403, 408-409, 471-472, 564, 730, 736, 744, 750, 895, 900, 918, 1025, 1032, 1099, 1365

Maastricht (traité), 1396
Macao, 633, 870, 1447
Machu Picchu, 663
Mâcon, 82, 1366
Madaure, 415
Madras, 1005
Madrid, 732, 830, 832-833, 963, 965, 983, 986, 1159, 1161, 1274-1275, 1418, 1420, 1440
Magdala, 1217
Magdebourg, 507
Magenta, 1168
Magnésie du Méandre, 301
Mahabalipuram, 612-613
Mahendraparvata, 647
Maïdanek, 1253
Maison Blanche, 1191-1192, 1292, 1438, 1441
Malaga, 167, 540
Maldon (bataille), 517
Mallaha, 91, 139

INDEX DES LIEUX

Mammen, 441
Manching, 117
Mantoue, 686, 710, 713, 853, 961
Manufacture d'Aubusson, 813
Manufacture de Beauvais, 813
Manufacture de Sèvres, 929
Manzikert (bataille), 561, 598
Marathon (bataille), 179, 293, 297
Marbourg, 774
Marengo, 1129
Mari, 136, 143-144, 148, 152
Marignan (bataille), 732
Marillac-le-Franc, 80
Marj Dābiq (bataille), 595
Marlborough, 520
Marne (bataille), 1223
Marolles-sur-Seine, 95
Marrakech, 596-597
Marseille, 82, 86, 109, 116, 290, 729, 804, 888, 923, 1032, 1324, 1374
Massachusetts Institute of Technology, 1196
Massalia (Marseille), 116, 118, 290
Matignon (accords), 1241, 1395
Mayapán, 659
Mayence, 418, 500, 507, 762
Mayenne, 1388
Maze (prison), 1409
Mbanza Kongo, 673
Meaux, 479, 818
Médine, 572-576, 579
Médinet-Habou, 203
Meerut, 1004
Mégare, 299, 302
Megiddo (bataille), 163
Mélos, 94, 307
Memel, 1351
Memphis, 189, 208-209
Memphis (EUA), 1436
Menez Dregan, 76
Mer de Corail (bataille), 1358
Mérimdé, 187
Méroé, 282, 284
Messine, 505
Métaponte, 299, 325
Metropolitan Museum of Arts, 1197
Metz, 448, 498, 893, 928, 1381, 1392
Mexico, 656-657, 665, 667
Mezhirich, 85
Mézine, 85
Michelangiolo (café), 1171
Michelsberg, 95
Mictlan (royaume de la mort (mythologie aztèque), 668-669

Midway (bataille), 1358
Milan, 367, 410, 415, 423, 432, 434, 530-531, 535, 716-718, 731-732, 740, 751, 963, 982, 1020, 1166-1167, 1170-1171, 1266-1267, 1270, 1415
Milet, 293, 319, 341
Milo, 307
Modène, 462, 963
Moderna Museet de Stockholm, 1465
Mogador, 167
Mohács, 861
Mohenjo-Daro, 106, 239
Monaco, 116
Monastère de Métaq, 672
Monoïkois (Monaco), 116
Mont Athos, 568
Mont Badon (bataille), 515
Mont Baekdu, 129
Mont Bégo, 99
Mont Caelius, 464
Mont des Oliviers, 423
Mont Fuji, 1208, 1210
Mont Himeji, 875
Mont Kailash, 245
Mont Kōya, 638
Mont Moriah, 226, 231, 582
Mont Nébo, 228
Mont Palatin, 359-360, 364
Mont Sinaï, 223, 226
Montagne Sainte-Geneviève, 494
Montauban, 797, 904
Montbrison, 1236
Monte Cavallo, 964
Montoire-sur-le-Loir, 1355, 1362
Montparnasse, 1316
Montpellier, 923, 1081
Montreuil, 1098
Mont-roig del Camp, 1321
Monza, 434
Moret-sur-Loing, 1057
Moscou, 208, 544-545, 566, 569, 859-860, 989-990, 1098, 1179-1180, 1235, 1255, 1277-1279, 1283, 1286-1287, 1324, 1351, 1355, 1370, 1424-1425, 1427, 1429-1431, 1436
Mostaganem, 1383
Moukden, 1301
Moulin-Quignon, 63-64
Mou-ye (bataille), 265
Munda, 363
Munich, 1134-1135, 1137, 1142, 1243-1245, 1248-1249, 1251, 1306, 1351, 1483, 1503

Murcie, 597
Mururoa, 1394
Musawwa es-Sufra, 282
Musée Carnavalet, 933
Musée copte du Caire, 407
Musée d'Alexandrie, 213
Musée d'art moderne de la ville de Paris, 1243, 1466
Musée de l'Ermitage, 113, 929
Musée de Pergame, 157
Musée du Bargello, 716
Musée du Belvédère de Vienne, 1135
Musée du Louvre, 143-144, 148-149, 152, 157, 165, 192, 701, 929
Musée du Luxembourg, 929-930
Musée égyptien du Caire, 192
Musée national de Damas, 143
Musée national de la Renaissance, 740
Musée national des Arts et Traditions populaires, 1243
Muséum national d'Histoire naturelle, 1122
Museum of Modern Art (MoMa), 1460-1463
Mycènes, 290-291, 293, 302
Mylouthkia, 96
Mysore, 1004, 1114
Mytilène, 336

Nabta Playa, 187
Nag Hammadi, 408
Naga, 282
Nagada, 92, 106, 187-188
Nagaoka, 630
Nagasaki, 1303, 1359
Nagashino (bataille), 633, 873
Nahal Oren, 92
Nancy, 683, 730
Nankin, 271, 273, 871, 1009, 1204, 1296-1298, 1302, 1304
Nanterre, 12, 1386
Nantes, 736, 798, 802-803, 897-898, 996
Napata, 207, 282
Naples, 421, 496, 505, 529-530, 686, 691, 731-732, 756, 962-965, 982, 1169, 1267
Naqsh-e Rostam, 183
Nara, 274, 629-630, 634, 636-637, 641
Narbonne, 117, 1044
Narva (bataille), 990
Naseby (bataille), 839
Naucratis, 290
Nauvoo, 1107
Naxos, 307, 563
Nazareth, 407

Nazca, 279
Ndjimi, 676
Neerwinden (bataille), 895, 899
Nekheb, 209
Nekhen, 188
Nemours (traité), 735
Néopolis, 112
Neuilly (traité), 1233
Neuschwanstein, 1136
Neuvy-en-Sullias, 121
New York, 996-998, 1031, 1099, 1196, 1198-1199, 1290, 1317, 1321, 1441, 1456, 1460, 1462-1463, 1487-1488, 1490, 1492, 1533, 1538
Nice, 76, 116, 290, 1168, 1390, 1464, 1468
Nicée, 367-368, 400, 411, 417, 469, 559, 566, 599, 884
Nichapour, 598
Nicomédie, 412, 599
Nicopolis (bataille), 564, 599
Nikaïa (Nice), 116
Nikolsburg, 1132
Nimègue (traité), 802
Nîmes, 372
Ninive, 135, 146, 172, 237
Nippur, 136, 145, 148, 150-151
Nok, 284
Nomonhan, 1302
Nottingham, 767
Noubt, 188
Nouméa (accords), 1395
Novgorod, 543-544, 546, 569
Noyon, 774
Nuremberg, 35, 761, 778, 1249, 1253, 1256, 1360, 1449
Nush-i Jân, 175
Nystad (traité), 990

Observatoire de Paris, 804, 807
Odessa, 1278, 1282, 1492
Okinawa, 1359, 1449
Olbia (Hyères), 112, 116
Olduvai, 69-71, 75
Olympie, 293, 299, 304, 431
Orchies, 732
Orléans, 432, 448, 522, 732
Ōsaka, 274, 638, 880, 1207
Oslo (accords), 1441, 1536-1537
Osnabrück, 1225
Ostie, 463
Ottawa, 1259
Ougarit, 163, 167, 169, 174

INDEX DES LIEUX

Ouhoud, 572
Oxford, 491, 526-527, 689, 845, 847, 956, 1339, 1408, 1499
Oyo, 677

Pachacamac, 662
Padoue, 482, 531, 686, 706, 713, 715-716
Paestum, 299
Palais du Louvre, 458, 689, 794, 804, 806-807, 810
Palenque, 653
Palerme, 330, 536, 1414
Palestro, 1168
Palmyre, 585
Pañamarca, 279
Pānipat (bataille), 611, 865
Parme, 462, 721-722, 791, 963
Paros, 307
Pasargades, 178, 181, 183
Passarowitz (paix), 967
Passy, 95
Pasto, 663
Pātaliputra, 248-250, 259
Patmos, 406
Pavie, 382, 432-434, 503, 531, 732
Pazyryk, 113
Pearl Harbor, 1255, 1294, 1303, 1356
Pékin, 70, 127, 272, 619-620, 624, 869-871, 1005-1007, 1011, 1205, 1297, 1299, 1448, 1494-1495, 1540-1541
Péloponnèse, 136, 290-292, 294, 304, 306-307, 314, 558
Pergame, 300-301, 306
Perm, 55
Péronne, 729-730
Pérouse, 531, 713, 720, 963
Perreux-sur-Marne, 1322
Persépolis, 180-184
Peterwardein, 967
Petrograd, 1279-1283
Petrovaradin (bataille), 862
Peyzac-le-Moustier, 77
Phalère, 294
Pharos, 212-213
Pharsale (bataille), 363
Philadelphie, 997, 999, 1189, 1196
Philae, 210
Philippopolis (Plovdiv), 438
Phnom Penh, 649
Phocée, 116
Picquigny (traité), 523
Pikimachay, 131

Pinacothèque de Brera, 721
Pincevent, 83, 85
Pise, 330, 531, 533, 707, 714, 787
Place de Grève, 900
Place de la Bastille, 1068
Place de la Concorde, 201, 895, 928, 1240
Place des Victoires, 804, 806
Place Étienne-Pernet, 1068
Place Louis XV, 928
Place Mirabeau (Aix-en-Provence), 806
Place Navone, 793
Place Tiananmen, 1448, 1540
Place Vendôme, 804, 806, 812
Plaine du Pô, 362, 432
Plaisance, 963
Plateau du Golan, 407, 1536
Platées (bataille), 180
Poissy, 734, 1055
Poitiers, 432, 458, 521, 585, 735
Poltava, 990
Pompéi, 365, 812, 909, 925, 953
Pont Milvius (bataille), 367, 410
Pont-Aven, 1062-1063
Pontoise, 1056
Portalban, 103
Porte d'Adad, 157
Porte de Marduk, 157
Porte de Shamash, 157
Porte de Zabada, 157
Porte d'Enlil, 157
Porte d'Ishtar, 156-157
Porte du Roi, 157
Porte d'Urash, 157
Porte San Estéban, 586
Potsdam, 910, 1294, 1359
Poznan, 1424
Prague, 507, 835, 1132, 1351, 1425-1426
Presbourg (paix), 1020
Priène, 301-302
Prison de la Santé, 1239, 1367
Prison de Saint-Lazare, 944
Prison de Stadelheim, 1251
Prison du Châtelet, 743
Puteoli, 399
Pydna (bataille), 317-318
Pylos, 290-291
Pyongyang, 129

Qafzeh, 79
Qalaat Jarmo, 136
Qazvin, 598
Quartier Latin, 490-491, 746, 1386

Quierzy-sur-Oise, 461
Quirinal, 360
Qumrân, 401
Qurva, 598

Rabat, 597
Radstadt (traité), 802, 910
Raguse (Dubrovnik), 560
Rajagrha, 258
Rambouillet, 1236
Rapallo (traité), 1263
Rastatt, 981
Ratisbonne, 686, 835
Ravenne, 21, 423, 429, 454, 536, 547, 551-553, 731
Ravensbrück, 1365
Ray (Téhéran), 598
Regensbourg, 1129
Reggio d'Émilie, 462, 963
Reims, 431, 452, 455, 479, 500, 522, 736, 888, 1024, 1225, 1228, 1255
Rennes, 1042, 1395
Rethondes, 1229, 1353
Rhacotis, 212
Rhodes, 215, 307, 349, 470, 477, 553, 600, 861
Ribemont-sur-Ancre, 119
Richmond, 1194
Rimini, 372, 721
Ringerike, 441
Rio de Janeiro, 688, 1542
Riom (procès), 1242, 1362
Roc de Sers, 82
Roc-aux-Sorciers, 83
Roccamonfina, 72
Roche de Solutré, 82
Roche-aux-Fées, 100
Rochefort, 1021
Rochester, 777
Rocroi (bataille), 800, 829
Ronciglione, 963
Roquebrune-Cap-Martin, 73
Roquepertuse, 119
Rotterdam, 741, 760
Rouen, 518, 521-522
Royal Academy of Arts, 954, 1115, 1470
Rubicon, 363
Rudna Glava, 106
Ruijin, 1299
Ryswick (paix), 802

Sacsayhuamán, 660, 662
Sadowa (bataille), 1030, 1132, 1165, 1169
Sagrajas (ou Zalaca) (bataille), 539
Saïda, 172
Saint Augustine, 995
Saint-Acheul, 75
Saint-Albans (bataille), 523
Saint-Clair-sur-Epte (traité), 453
Saint-Cloud, 735
Saint-Denis, 449, 482
Sainte-Hélène, 983, 1021
Saint-Germain-en-Laye, 800, 1233
Saint-Jean-d'Acre, 470
Saint-Louis, 1107
Saint-Michel (station), 1397
Saint-Nazaire, 1031
Saint-Omer, 450
Saint-Pétersbourg, 860, 929, 993, 1175, 1177-1178, 1181, 1278-1279, 1282, 1431
Saint-Quentin, 733
Saint-Rémy-de-Provence, 372
Saint-Sébastien (accord), 1273
Salamanque, 833
Salamine (bataille), 179-180, 293-294, 297, 309
Salò, 1270
Salzbourg, 109, 1101
Samarie, 232-233, 404
Samarra, 589
Samos, 299, 307, 336
San Francisco, 1360
San Francisco (traité), 1449
San Lorenzo, 275
San Remo (accords), 1535
Sanchi, 250
Sanctuaire de Yasukuni, 1450
Saragosse, 586, 1274
Sarajevo, 1134, 1221
Sarcelles, 12
Sardique, 410
Satsuma (bataille), 1208
Saumur, 897
Savonnerie, 813
Schelklingen, 84
Schönbrunn, 910, 1130
Sébastopol, 1176
Sedan, 1031, 1055, 1132
Ségou, 1217
Ségovie, 586, 986
Sekigahara (bataille), 875
Séleucie du Tigre, 158
Seligenstadt, 762
Senlis, 453, 478
Sens, 494
Séoul, 882

INDEX DES LIEUX

Sepphoris, 407
Serdica (Sofia), 438
Sessrumnir, 444
Sétif, 1374
Séville, 586, 597, 605, 830-831, 982, 1420
Sèvres (traité), 862, 1233-1234
Shanghai, 1297, 1448, 1494, 1541
Shanidar, 79
Shenyang, 1011
Shillourokambos, 96
Shīrāz, 581
Shrewsbury, 1122
Sichem, 232-233
Sidon, 167, 169, 228
Sienne, 531, 533, 962
Siffin (bataille), 579
Sigmaringen, 1364
Sikandra, 867
Sima del Elefante, 73
Simbirsk (Oulianovsk), 1280
Sinaï, 190, 227, 554, 1536-1537
Sipán, 278
Sippar, 145, 149, 152
Sistova (paix), 968
Site de Clovis, 130
Skull, 79
Smyrne, 308
Sobibor, 1253
Sofia, 1358
Soissons, 430-431, 447-448, 450-451, 478, 494, 1226
Sokoto, 1216
Soleihac, 73
Solferino, 1168
Sorbonne, 491, 749, 786, 812, 825, 947, 1082, 1091, 1386
Souzdal, 990
Sparte, 179, 290, 292, 294-295, 297, 307, 321, 431
Stabies, 365
Stagire, 330
Stalingrad, 1255, 1287, 1355, 1357
Stamford Bridge (bataille), 518
Star Carr, 90
Steinheim, 80
Sterkfontein, 76
Stockholm (appel), 1396
Stonehenge, 101-102
Strasbourg, 761, 928
Stuttgart, 1143
Styx, 345
Sumer, 139-141, 145, 150, 152, 161
Suse, 136, 140, 148-149, 152, 181-184

Sydney, 11
Syracuse, 299, 421

Taganrog, 1175
Tahert, 588
Taidu, 163
Taiwan, 870, 1208, 1298, 1348, 1356, 1445
Talavera, 1159
Tanis, 207, 209
Tannenberg, 1223
Tara, 116
Tarente, 560
Tarquinia, 353-355
Tarragone, 1161
Tarse, 211, 402
Tartare (les Enfers, mythologie grecque), 124, 346-347
Taung, 69
Tchernobyl, 1451
Tegoulet, 672
Téhéran, 598, 1358, 1439
Tel Yarmouth, 218
Tell Abu Hureyra, 91
Tell Açana, 164
Tell el-Amarna, 136, 154, 163, 203, 206
Tello, 144
Tenochtitlán, 665-667
Tenta, 96
Teotihuacán, 656-657, 660, 668
Terçanabal, 687
Terra Amata, 75-77
Terracina, 463
Tewkesbury (bataille), 523
Texcoco, 666
Thagaste, 415
Thanjavur, 614
Thapsus (bataille), 363
Théâtre Alfred-Jarry, 1335
Théâtre Robert Houdin, 1098
Thèbes, 179, 195-197, 200-203, 208, 281, 290, 294-295, 340, 344
Thermopyles (bataille), 179, 293
Thermos, 299
Thessalonique, 431, 548, 562
Thinis, 188
Thirsa, 232
Thouars, 897
Tiahuanaco, 280, 661
Tikal, 653
Tilsit (traité), 1020, 1175
Tinmel, 596-597
Tirynthe, 290-291

Titelberg, 117
Tivoli, 365, 373
Tlacopan, 666
Tlalocan, 668
Tlemcen, 591
Tokch'on, 128
Tōkyō, 876, 1302, 1360-1361, 1449-1450
Tolède, 330, 540, 586, 605, 754-755, 831
Tombouctou, 677-680
Tondibi (bataille), 679
Torgau, 1359
Toulon, 1357
Toulouse, 468, 471, 476, 1398
Tour de Londres, 523, 766
Tournai, 435, 447, 732
Tours, 484, 498, 731-732, 1235, 1353, 1389
Towton (bataille), 523
Trafalgar (bataille), 984, 1020
Treblinka, 1253
Trente, 772, 774, 785, 792
Trèves, 411, 507, 510, 568, 1154
Trianon (traité), 1233
Trieste, 900, 1233
Trinity College, 956
Tripoli, 167, 579
Troie, 136, 299, 308, 344, 348, 360
Troyes, 431, 521
Trujillo, 661
Tsarskoïe Selo (Pouchkine), 860, 1181
Tula, 656-658, 660
Tumulus de Babyna, 112
Tumulus de Berel, 113
Tunis, 167, 377, 457, 593, 861
Turbigo, 1168
Turin, 535, 964, 1165, 1169
Tursac, 83
Tyr, 167, 169, 231-232

Udayagiri, 252
Udine, 965
Uji, 635
Umma, 145, 148
Université catholique de Louvain, 41
Université de Berlin, 1142, 1152
Université de Bologne, 692
Université de Bonn, 1321
Université de Bordeaux, 1091
Université de Cambridge, 42, 749, 1123, 1338-1339
Université de Chicago, 1442
Université de Copenhague, 36, 1148
Université de Dublin, 956
Université de Harvard, 1197, 1202, 1442
Université de Heidelberg, 854, 1503
Université de Königsberg, 973
Université de la Sorbonne, 526
Université de Moscou, 1182
Université de Nanterre, 1386
Université de Pavie, 531
Université de Prague, 507
Université de Tōkyō, 1348
Université de Tombouctou, 680
Université de Tübingen, 37
Université de Valence, 730
Université de Vienne, 1100
Université de Visva Bharati, 1296
Université d'Iéna, 972, 1142-1143
Université d'Oxford, 1338
Université Johann Wolfgang Goethe de Francfort-sur-le-Main, 1503
Université Rice (Houston), 409
Université Sankoré, 680
Ur, 136, 139-140, 142, 144-145, 148-151, 154, 219
Urbin, 686, 720
Urbino, 714, 963
Urkish, 165
Urnes, 441
Uruk, 136, 139-143, 145-148, 150-151
Usine AZF de Toulouse, 1398
Utrecht, 504
Utrecht (traité), 802, 981, 997
Uxmal, 653, 655

Vaiśālī, 259
Valence, 539, 597, 1161
Valenciennes, 930
Valladolid, 698
Vallée de Côa, 82
Vallée de la Vézère, 87
Vallée de l'Indus, 106, 239, 254
Vallée de Piura, 278
Vallée d'Elah, 227
Vallée des Merveilles, 99
Vallée des Reines, 199, 202-203
Vallée des Rois, 199, 202-203
Vallée du Liri, 463
Valmy (bataille), 894, 899, 1025
Varanasi (Bénarès), 616
Varennes, 893, 901
Varna (bataille), 565
Varsovie, 1230, 1358, 1492
Varsovie (pacte), 1402, 1425-1426
Vaucresson, 1324

INDEX DES LIEUX

Vélodrome d'Hiver, 1363
Venise, 533-535, 562-563, 600, 698, 703-704, 707, 709, 714, 720-721, 731, 737, 793, 961, 964-966, 1165-1166, 1170-1172, 1321
Verberie, 83, 85
Verdun (bataille et traité), 452, 894, 1224-1225, 1230
Vérone, 531, 536, 1160
Versailles, 789, 798, 804, 806-807, 812-813, 889, 892, 926, 929, 931, 952, 982, 984, 1034, 1066, 1170, 1232-1233, 1248, 1254, 1263, 1289, 1426
Vertessolos, 76
Vervins (paix), 736, 754
Vésuve, 365, 389
Vétheuil, 1055
Vetulonia, 353
Via dell'Impero, 1269-1270
Vicence, 531
Vichy, 1033
Victoria, 1159
Vienne, 22, 689, 722, 778, 836, 861-862, 935, 969, 1021, 1023, 1100, 1130-1131, 1135-1137, 1166, 1221, 1248, 1282, 1306, 1338-1339, 1358, 1538
Villacoublay, 1384
Villafranca, 1168
Villalar, 753
Villanova, 359
Villaviciosa, 983
Villers-Cotterêts (édit), 732, 742
Viminal, 360
Vincennes, 521, 912, 1020
Vis I, 91
Vittorio Veneto, 1228
Vix, 109
Vladimir, 544, 569
Vogelherd, 81
Vouillé (bataille), 432

Wadi en-Natouf, 91
Wagram, 1021, 1130
Walhalla (paradis des guerriers, mythologie nordique), 442, 445
Washington, 1191, 1300, 1436, 1438, 1441
Wassugani, 163
Wassy, 734
Watergate (scandale), 1437-1438
Waterloo, 1021, 1130, 1175
Wedmore (traité), 516
Weimar, 1134, 1247, 1325
Westminster, 523, 767
Westport, 845
Willendorf, 81, 84
Wittenberg, 762, 772-773
Worms, 438, 462, 467, 505-506
Worms (diète), 508

Xi'an, 269, 1298

Yalta, 1359
Yamazaki (bataille), 873
Yangshao, 127
Yangzhou, 620
Yarmouk (bataille), 558, 579
Yazilikaya, 161
Yeha, 283
Yên Bái, 1244
York, 452-453, 483, 523
Yorktown, 999
Ypres, 785
Yuanmou, 127
Yverdon, 103

Zagros, 149, 163
Zallāqa, 596
Zéla (bataille), 363
Zhoukoudian, 127
Zurich, 257, 773, 1316

Table des matières

Au lecteur. 7

Introduction : *Sapere aude*, « ose savoir ». 9

PREMIÈRE PARTIE
LA PRÉHISTOIRE

Chapitre premier. Expliquer l'univers. 31
   1. Les Grecs et les premières explications rationnelles. 32
   2. Pour sortir de Ptolémée : de Copernic à Einstein. 35
   3. Le Big Bang. 40
   4. La théorie des cordes. 44

Chapitre II. Histoire de la Terre, formation et évolution. 47
   1. Le Précambrien. 49
   2. Le Phanérozoïque. 51
   3. Les grandes glaciations. 60
   4. L'Holocène. 61

Chapitre III. La Préhistoire, de 7 millions d'années à l'apparition de la métallurgie (2500 av. J.-C.). 63
   1. Les Paléolithiques. 65
   2. L'Épipaléolithique et le Mésolithique. 89
   3. Le Néolithique. 92

4. L'art rupestre du Néolithique et de l'âge du fer.   97
   5. Mégalithisme et art mégalithique.   99
   6. Les pieds dans l'eau : les cités lacustres. 102

Chapitre IV. Les civilisations de la métallurgie (2500-25 av. J.-C.) 105
   1. L'âge du cuivre de 2500 à 1800 av. J.-C. 106
   2. L'âge du bronze de 1800 à 700 av. J.-C. 106
   3. L'âge du fer (VIIIᵉ siècle-25 av. J.-C.). 108
   4. Des peuples venus d'ailleurs : Scythes et nomades des steppes 110
   5. Les Celtes : les grandes invasions 114

Chapitre V. La Préhistoire chez quelques-uns de nos voisins. . . 127
   1. La Chine. 127
   2. Le Japon et la Corée. 128
   3. L'Inde. 129
   4. Le continent américain. 130

DEUXIÈME PARTIE
L'ANTIQUITÉ

A. LES PREMIÈRES GRANDES CIVILISATIONS ANTIQUES
DU PROCHE ET DU MOYEN-ORIENT

Chapitre premier. La Mésopotamie. 139
   1. Préludes aux premières civilisations. 139
   2. La période d'Agadé (v. 2375-v. 2180 av. J.-C.), un empire puissant. 148
   3. La période néosumérienne (v. 2200-v. 2000 av. J.-C.). 149
   4. La IIIᵉ dynastie d'Ur (v. 2112-v. 2004 av. J.-C.), Sumer à nouveau. 150
   5. La période amorrite (v. 2004-1595 av. J.-C.) 152
   6. La période kassite (v. 1595-v. 1080 av. J.-C.). 154
   7. Babylone, des alentours de 1000 à environ 600 av. J.-C. . . . 155

Chapitre II. L'Anatolie. 159
   1. Qui sont les Hittites ? 159
   2. Les Hourrites, origine inconnue. 162

Chapitre III. Les Phéniciens. 167
1. L'alphabet phénicien. 168
2. L'art phénicien, une influence venue d'Égypte. 168
3. La religion phénicienne : fécondité et prostitution. 169

Chapitre IV. L'Assyrie. 171
1. L'art paléo-assyrien à la gloire d'Assur. 172
2. La religion assyrienne. 173
3. Une énigme : les Peuples de la mer ? 173
4. L'Empire mède (VIIe s.-550 av. J.-C.), des tribus iraniennes. . 174
5. La civilisation mède, une question en suspens. 175

Chapitre V. La Perse. 177
1. Cyrus II, père des droits de l'homme. 177
2. Darius Ier (522-486 av. J.-C.) et le début des guerres médiques 178
3. La première guerre médique et Marathon (490 av. J.-C.). . . 179
4. Les guerres médiques : la seconde guerre médique, des Thermopyles à Salamine (480 av. J.-C.). 179
5. Le dernier des Achéménides. 180
6. L'art monumental achéménide. 181
7. La religion : mazdéisme, mithriacisme et zoroastrisme. 184

Chapitre VI. L'Égypte. 187
1. Les premières dynasties ou l'unification de l'Égypte. 188
2. L'Ancien Empire (v. 2700-v. 2200 av. J.-C.), une période prospère. 189
3. Au Moyen Empire (v. 2022-v. 1786 av. J.-C.), un épanouissement 196
4. Le Nouvel Empire égyptien (v. 1539-v. 1069 av. J.-C.). . . . 199
5. L'Égypte de 1069 à 664 av. J.-C. : la troisième période intermédiaire. 207
6. L'Égypte de la Basse Époque 209
7. L'Égypte ptolémaïque (332-30 av. J.-C.). 210

Chapitre VII. Les Hébreux (v. 1800-v. 1000 av. J.-C.). 217
1. Les Hébreux. 217
2. Les royaumes hébreux des environs de l'an 1000 aux alentours de 600 av. J.-C.. 227

Chapitre VIII. Nos voisins d'Asie. 239
    1. L'Inde du deuxième millénaire au VIe siècle de notre ère. ... 239
    2. La Chine. 264
    3. Le Japon. 273

Chapitre IX. Nos voisins de Mésoamérique : les Olmèques. ... 275
    1. Les Olmèques, pays des gens du caoutchouc 275
    2. Jaguar et tête de 20 tonnes. 276
    3. Chavín de Huantar, un centre cérémoniel. 277
    4. La culture Vicús. 278
    5. Moche ou Mochica, société guerrière. 278
    6. La culture de Nazca : systèmes d'irrigation et géoglyphes. ... 279
    7. La civilisation de Tiahuanaco : la porte du soleil. 280

Chapitre X. Nos voisins d'Afrique. 281
    1. Les pharaons noirs de Kouch et de Méroé. 281
    2. Les royaumes de D'mt et d'Axoum en Éthiopie. 283
    3. La culture de Nok (Nigeria septentrional). 284

B. Les civilisations du monde classique

Chapitre XI. La Grèce antique. 289
    1. Histoire de la Grèce antique. 289
    2. La vie politique en Grèce. 296
    3. L'art grec. 298
    4. La littérature grecque. 307
    5. L'histoire de l'histoire. 315
    6. La philosophie. 319
    7. La religion grecque. 339
    8. Les sciences grecques. 348

Chapitre XII. Les Étrusques. 353
    1. Histoire : de l'apogée au déclin 353
    2. L'art étrusque. 354
    3. L'écriture étrusque. 355
    4. La religion étrusque. 356

Chapitre XIII. La Rome antique. 359
    1. Histoire de la Rome antique. 359

2. L'art romain. 368
  3. La philosophie à Rome. 377
  4. La musique à Rome 382
  5. La littérature à Rome. 383
  6. L'histoire et les historiens à Rome 390
  7. Religion, mythes et légendes du monde romain. 394
  8. Les sciences à Rome. 396

Chapitre XIV. Le christianisme. 399
  1. Les débuts du christianisme. 399
  2. L'évolution du christianisme. 408
  3. Le premier art chrétien. 421

TROISIÈME PARTIE
LE MOYEN ÂGE

Chapitre premier. Le temps des invasions. 429
  1. Les premières invasions : Germains et Huns. 430
  2. Les secondes invasions : les Vikings. 439

Chapitre II. La France médiévale : l'épopée des Francs. 447
  1. Les Mérovingiens (Ve-VIIIe siècle). 447
  2. Les Carolingiens (VIIIe-Xe siècle). 450
  3. Les Capétiens directs (987-1328) et les premiers Valois (1328-1380). 455

Chapitre III. Un monde chrétien. 461
  1. L'Église du VIIIe au XVe siècle. 461
  2. Les arts religieux en Occident 473
  3. Les lettres. 483
  4. La philosophie. 490
  5. La musique médiévale. 498
  6. Les progrès techniques au Moyen Âge. 500

Chapitre IV. L'Allemagne médiévale. 503
  1. Le Saint Empire romain germanique. 503
  2. L'art. 508
  3. La littérature. 511

Chapitre V. L'Angleterre médiévale. 515
   1. L'histoire du pays des Angles et des Saxons. 515
   2. L'art de l'Angleterre médiévale. 524
   3. La littérature anglaise médiévale. 524
   4. La philosophie de l'Angleterre médiévale. 526

Chapitre VI. L'Italie médiévale. 529
   1. Histoire des grandes cités italiennes jusqu'au XVe siècle. 529
   2. La littérature italienne médiévale. 535

Chapitre VII. L'Espagne médiévale. 539
   1. Histoire de l'Espagne de la Reconquista (718-1492). 539
   2. La littérature espagnole : le *romancero*. 540

Chapitre VIII. La Russie médiévale. 543
   1. Histoire de la naissance et de la formation de la Russie. 543
   2. La littérature russe médiévale. 545

Chapitre IX. De l'Empire romain d'Orient à l'Empire byzantin 547
   1. Histoire de Byzance, la « Nouvelle Rome ». 547
   2. L'art byzantin. 550
   3. La littérature byzantine. 555
   4. L'évolution historique de l'Empire byzantin 558
   5. L'art byzantin : après l'iconoclasme. 565

Chapitre X. Le Moyen Âge du monde arabe. 571
   1. La religion musulmane. 571
   2. Les Omeyyades (661-750), de Damas à Cordoue. 579
   3. Les Abbassides (750-1258), califes des Mille et Une Nuits . 587
   4. Les Idrissides (789-926) 591
   5. Les Aghlabides (800-909). 592
   6. Les Fatimides d'Égypte. 593
   7. Les mamelouks d'Égypte (1250-1517). 595
   8. Les Almoravides, la conquête sans fin (1056-1147). 595
   9. Les Almohades (1130-1269). 596
   10. Quand arrivent les Turcs : les Seldjoukides (1038-1307). ... 598
   11. Du désert à Constantinople : les Turcs ottomans. 599
   12. La philosophie arabe 600
   13. La philosophie juive. 603

14. Sciences et savoirs du monde arabe.................. 604
15. Les maîtres de la médecine arabe..................... 606
16. L'alchimie arabe................................ 606

Chapitre XI. Le Moyen Âge de l'Asie..................... 609
1. L'Inde des grands empires......................... 609
2. La Chine médiévale.............................. 616
3. Le Japon médiéval............................... 629
4. Le Cambodge médiéval : Empire khmer et civilisation d'Angkor 647
5. L'Indonésie médiévale............................ 650

Chapitre XII. L'Amérique précolombienne................. 653
1. La civilisation maya.............................. 653
2. La civilisation toltèque........................... 656
3. La civilisation inca............................... 660
4. La civilisation aztèque............................ 665

Chapitre XIII. L'Afrique médiévale...................... 671
1. L'Éthiopie médiévale............................. 671
2. Les débuts de la dynastie salomonide (XIIIe-XVe siècle)...... 671
3. Le royaume du Kongo (v. 1350-1500)................. 673
4. L'empire de Kanem-Bornou........................ 676
5. Le royaume du Mali 676
6. Les cités-États Yoruba 677
7. L'empire du Bénin............................... 677
8. L'Empire songhaï................................ 678
9. L'architecture soudano-sahélienne................... 679

QUATRIÈME PARTIE
LA RENAISSANCE

Chapitre premier. La Renaissance : rupture et continuité en Europe.................................. 683
1. Histoire et société : où en est l'Europe à la fin du XVe siècle ?... 683
2. Une perception nouvelle de l'art..................... 695
3. L'art en Italie................................... 703
4. La littérature italienne des XVe et XVIe siècles............. 725

Chapitre II. La France. 729
1. Histoire : la France de la seconde moitié du XVᵉ siècle au XVIᵉ siècle. 729
2. La Renaissance française : un art aulique. 737
3. La littérature française pendant la Renaissance. 741
4. La musique pendant la Renaissance française. 750

Chapitre III. L'Espagne. 753
1. Histoire : l'Espagne au XVIᵉ siècle. 753
2. La Renaissance artistique en Espagne. 754
3. La littérature espagnole du Siècle d'or 756

Chapitre IV. Les Pays-Bas espagnols et l'Europe centrale. 759
1. Histoire des Pays-Bas espagnols. 759
2. La Renaissance artistique aux Pays-Bas. 760
3. L'art de la Renaissance en Europe centrale. 761

Chapitre V. L'Angleterre. 765
1. Histoire : l'Angleterre au XVIᵉ siècle. 765
2. La Renaissance artistique anglaise. 766
3. La littérature anglaise pendant la Renaissance. 768

Chapitre VI. L'Allemagne. 771
1. L'Allemagne, entre Renaissance et Réforme. 771
2. La littérature allemande de la Renaissance à la Réforme : la Bible et les pamphlets. 777

CINQUIÈME PARTIE
L'ÉPOQUE MODERNE

A. LE MONDE DU XVIIᵉ SIÈCLE

Chapitre premier. Les grands bouleversements de l'Europe au XVIIᵉ siècle. 785
1. La rénovation religieuse en Europe au XVIIᵉ siècle. 785
2. Les sciences en Europe : un monde en mouvement. 786
3. L'art du baroque et du classicisme au XVIIᵉ siècle en Europe . 788

Chapitre II. La France au XVIIe siècle. 797
   1. La France au XVIIe siècle. 797
   2. Le classicisme en France : grandiose et majesté. 804
   3. La littérature classique en France : culte de la raison, femmes, et honnête homme. 813
   4. La philosophie en France au XVIIe siècle : l'opposition entre foi et raison. 820

Chapitre III. L'Espagne au XVIIe siècle. 829
   1. L'Espagne au XVIIe siècle. 829
   2. L'art espagnol au XVIIe siècle. 830

Chapitre IV. L'Allemagne au XVIIe siècle. 835
   1. L'Allemagne au XVIIe siècle. 835
   2. La pensée rationaliste au XVIIe siècle en Allemagne : Leibniz. 836

Chapitre V. L'Angleterre au XVIIe siècle. 839
   1. L'Angleterre au XVIIe siècle. 839
   2. La philosophie du XVIIe siècle en Angleterre. 842

Chapitre VI. Les Pays-Bas au XVIIe siècle. 851
   1. L'art aux Pays-Bas. 851
   2. La philosophie au XVIIe siècle aux Pays-Bas. 853

Chapitre VII. La Russie au XVIIe siècle. 859
   1. La Russie au XVIIe siècle. 859
   2. L'art russe au XVIIe siècle. 860

Chapitre VIII. L'Empire ottoman : de l'apogée au déclin (XVe-XVIIe siècle). 861
   1. L'Empire ottoman, l'apogée (1453-1566). 861
   2. L'Empire ottoman : stagnation et déclin. 862
   3. L'art ottoman, XVIe-XVIIe siècles. 862
   4. La littérature ottomane, XVIe-XVIIe siècles. 863

Chapitre IX. Nos voisins d'Asie au XVIIe siècle. 865
   1. L'Inde moderne. 865
   2. La Chine moderne. 869

3. Le Japon, de la fin du XVIe au XVIIe siècle. 873
4. La Corée. 881

Chapitre X. L'Afrique moderne : l'exemple de l'Éthiopie. 883
1. L'architecture éthiopienne. 883
2. La littérature éthiopienne. 883

B. LE MONDE DU XVIIIe SIÈCLE

Chapitre XI. La France au XVIIIe siècle. 887
1. Le siècle des Lumières en France jusqu'à la Révolution. . . . 887
2. Le siècle intellectuel des Lumières. 906
3. Les arts au XVIIIe siècle en France : unité et diversité. 924
4. La littérature en France au XVIIIe siècle : les idées dominent. . 936
5. La philosophie en France au XVIIIe siècle. 945

Chapitre XII. L'Angleterre au XVIIIe siècle. 951
1. L'Angleterre au XVIIIe siècle. 951
2. L'art anglais au XVIIIe siècle : des inspirations venues d'ailleurs 952
3. La littérature anglaise au siècle des Lumières. 955
4. La philosophie anglaise au siècle des Lumières. 956

Chapitre XIII. L'Italie au XVIIIe siècle. 961
1. Les principales cités italiennes et les États pontificaux jusqu'au XVIIIe siècle. 961
2. L'art du XVIIIe siècle en Italie. 964
3. La littérature italienne au XVIIIe siècle. 966

Chapitre XIV. L'Allemagne au XVIIIe siècle. 967
1. L'Allemagne au XVIIIe siècle. 967
2. L'art en Allemagne au XVIIIe siècle : la peinture au siècle des Lumières. 969
3. La littérature allemande au siècle des Lumières. 969
4. La philosophie allemande au siècle des Lumières : Kant. . . . 973

Chapitre XV. L'Espagne au XVIIIe siècle. 981
1. L'Espagne au XVIIIe siècle. 981
2. L'art en Espagne au XVIIIe siècle. 985
3. La littérature espagnole au XVIIIe siècle. 986

Chapitre XVI. La Russie au XVIIIe siècle................... 989
  1. Histoire : la Russie au XVIIIe siècle.................... 989
  2. La littérature russe au XVIIIe siècle.................... 993

Chapitre XVII. Les États-Unis d'Amérique au XVIIIe siècle..... 995
  1. Rappel : les colonies européennes d'Amérique du Nord jusqu'au XVIIe siècle................................ 995
  2. Histoire : les Indiens d'Amérique ou Amérindiens jusqu'à la colonisation.................................. 999
  3. La littérature américaine au XVIIIe siècle............... 1001

Chapitre XVIII. L'Asie du XVe au XVIIIe siècle.............. 1003
  1. L'Inde... 1003
  2. La Chine...................................... 1005

Chapitre XIX. Nos voisins d'Afrique : l'Éthiopie au XVIIIe siècle 1013

SIXIÈME PARTIE
L'ÉPOQUE CONTEMPORAINE

A. LE MONDE DU XIXe SIÈCLE

Chapitre premier. La France au XIXe siècle................ 1019
  1. Histoire : la France au XIXe siècle..................... 1019
  2. L'art en France au XIXe siècle........................ 1045
  3. La littérature en France au XIXe siècle : les grands courants... 1071
  4. La philosophie au XIXe siècle en France................ 1081
  5. L'ère des sciences humaines........................ 1090

Chapitre II. L'Angleterre au XIXe siècle................... 1111
  1. Les derniers princes de la maison de Hanovre........... 1111
  2. L'art dans l'Angleterre du XIXe siècle.................. 1115
  3. La littérature anglaise au XIXe siècle : une grande diversité... 1117
  4. La philosophie anglaise des sciences du vivant au XIXe siècle... 1120

Chapitre III. L'Allemagne au XIXe siècle.................. 1129
  1. La fin de l'Empire germanique...................... 1129
  2. L'art en Allemagne au XIXe siècle : une influence française... 1134

3. La littérature allemande au XIXe siècle : classicisme et romantisme. 1138
4. La philosophie allemande au XIXe siècle. 1140

Chapitre IV. L'Espagne au XIXe siècle. 1159
1. La fin de l'Espagne napoléonienne. 1159
2. L'art en Espagne au XIXe siècle. 1162
3. La littérature espagnole au XIXe siècle. 1163

Chapitre V. L'Italie au XIXe siècle. 1165
1. Le XIXe siècle des Italies à l'Italie. 1165
2. Les étapes de l'unification de 1859 à 1914. 1167
3. L'art en Italie au XIXe siècle. 1170
4. La littérature italienne au XIXe siècle. 1171

Chapitre VI. La Russie au XIXe siècle. 1175
1. La Russie au XIXe siècle. 1175
2. L'art russe au XIXe siècle. 1178
3. La littérature russe au XIXe siècle : premiers pas d'ouverture. . 1181
4. La Scandinavie au XIXe siècle. 1184

Chapitre VII. Les États-Unis au XIXe siècle (1787-1914). 1189
1. Les institutions américaines. 1189
2. Les arts aux États-Unis au XIXe siècle : l'affirmation d'une autonomie. 1196
3. La littérature américaine au XIXe siècle. 1198
4. La philosophie américaine au XIXe siècle : une multitude de courants. 1200

Chapitre VIII. Nos voisins d'Asie au XIXe siècle. 1203
1. L'Inde de 1858 à 1901. 1203
2. La Chine : le déclin de la dynastie Qing au XIXe siècle. 1203
3. Le Japon au XIXe siècle. 1207

Chapitre IX. L'Afrique au XIXe siècle. 1213
1. Le royaume d'Abomey. 1213
2. Le royaume Asante. 1215
3. Les royaumes peuls. 1216

4. L'Éthiopie au XIXᵉ siècle. 1217
5. En Afrique australe : le royaume zoulou (XIXᵉ siècle). 1218

B. Le monde du premier XXᵉ siècle

Chapitre X. La Première Guerre mondiale (1914-1918). 1221
   1. D'un même pas vers la guerre. 1221
   2. Les traités pour la paix. 1230

Chapitre XI. La France dans l'entre-deux-guerres (1919-1939). 1235
   1. Les années 1920, celles de tous les dangers. 1235
   2. Des années troublées : les années 1930. 1239

Chapitre XII. L'Allemagne de 1919 à 1945. 1245
   1. La République de Weimar. 1245
   2. L'Allemagne nazie. 1250
   3. L'Allemagne en guerre. 1254

Chapitre XIII. L'Angleterre de 1919 à 1945. 1257
   1. Les crises. 1257
   2. L'Angleterre de Churchill. 1260

Chapitre XIV. L'Italie de 1919 à 1945. 1263
   1. Les séquelles de la guerre. 1263
   2. L'Italie fasciste. 1265

Chapitre XV. L'Espagne de 1919 à 1945. 1271
   1. La fin de la monarchie. 1271
   2. Vers le franquisme. 1274

Chapitre XVI. La Russie et l'URSS de 1917 à 1945. 1277
   1. L'effondrement du tsarisme. 1277
   2. La mise en place de l'URSS. 1283

Chapitre XVII. Les États-Unis de 1919 à 1945. 1289
   1. La prospérité et la crise. 1289
   2. Relancer la machine. 1291

Chapitre XVIII. Nos voisins d'Asie. 1295
   1. L'Inde. 1295
   2. La Chine de 1919 à 1945. 1296
   3. Le Japon de 1919 à 1945. 1299

Chapitre XIX. L'art en France et en Europe du début du XXe siècle jusqu'à 1945. 1305
   1. La peinture au XXe siècle. 1305
   2. L'architecture de 1914 à 1945. 1323
   3. La sculpture de 1914 à 1950 : l'audace. 1325

Chapitre XX. La littérature en France de 1914 à 1945. 1329
   1. L'éclatement des genres littéraires. 1329
   2. Un inclassable : Marcel Proust. 1330
   3. Le premier XXe siècle littéraire en France 1332

Chapitre XXI. La philosophie en France et en Europe avant 1945. 1337
   1. Le cercle de Vienne et le positivisme logique. 1338
   2. Le premier et le second Wittgenstein. 1339
   3. Frege et Russell : le langage. 1340
   4. La phénoménologie husserlienne. 1340
   5. Les philosophes épistémologues 1341
   6. La philosophie de l'être : Martin Heidegger. 1343

Chapitre XXII. Philosophies d'ailleurs. Nos voisins d'Asie. 1347
   1. La philosophie japonaise : la notion de personne. .. 1347
   2. La philosophie chinoise : amour de la sagesse. 1348

C. Le monde du second XXe siècle

Chapitre XXIII. La Seconde Guerre mondiale (1939-1945). ... 1351
   1. La course aux alliances. 1351
   2. La mondialisation du conflit : 1941-1942. 1355
   3. 1943, l'année tournant. 1357
   4. Un exemple d'occupation, le régime de Vichy en France, 1940-1944. 1361

Chapitre XXIV. La France depuis 1945. 1369
   1. La IVe République. 1369
   2. La Ve République. 1378

Chapitre XXV. L'Allemagne depuis 1945. 1401
   1. Les deux Allemagnes. 1401
   2. Depuis la réunification. 1402

Chapitre XXVI. Le Royaume-Uni, de l'État-providence au nouveau libéralisme. 1405
   1. État-providence et crises. 1405
   2. La révolution de la « Dame de fer ». 1408

Chapitre XXVII. L'Italie, de la Démocratie chrétienne au populisme. 1413
   1. L'ère de la Démocratie chrétienne. 1413
   2. La rupture : Silvio Berlusconi. 1415

Chapitre XXVIII. L'Espagne depuis 1945. 1417
   1. L'Espagne franquiste. 1417
   2. Un roi, une démocratie. 1418
   3. Le Coup d'État du 23-F 1419
   4. Movida et modernisation. 1419

Chapitre XXIX. L'URSS depuis 1945. 1423
   1. Une déstalinisation en étapes. 1423
   2. Tentatives de réformes et implosion. 1427
   3. La Fédération de Russie depuis 1991. 1430

Chapitre XXX. Les États-Unis depuis 1945. 1433
   1. Le temps de la surpuissance. 1433
   2. Kennedy le réformateur. 1434
   3. Le temps des crises. 1437
   4. Obama, un nouveau réformateur. 1442

Chapitre XXXI. Nos voisins d'Asie depuis 1945. 1445
   1. La Chine depuis 1945. 1445
   2. Le Japon depuis 1945. 1448

Chapitre XXXII. L'art depuis 1945. 1453
   1. Les grands courants artistiques après 1945. 1453
   2. L'art après 1970, postmodernité et postmodernisme. 1468

Chapitre XXXIII. La littérature contemporaine. 1473
   1. La littérature en France après 1945 : les grands débats. 1473
   2. La littérature allemande contemporaine. 1482
   3. La littérature anglaise contemporaine. 1484
   4. La littérature italienne contemporaine. 1485
   5. La littérature espagnole contemporaine. 1486
   6. La littérature russe contemporaine. 1486
   7. La littérature américaine contemporaine. 1487
   8. La littérature d'Amérique du Sud contemporaine. 1491
   9. La littérature yiddish : Singer. 1492
   10. La littérature arabe contemporaine. 1493
   11. La littérature chinoise contemporaine. 1494
   12. La littérature japonaise contemporaine. 1495
   13. La littérature indienne contemporaine. 1497

Chapitre XXXIV. Les sciences humaines. 1499
   1. La philosophie après 1945 : une vision agrandie. 1499
   2. Le structuralisme. 1523
   3. La musique au XXe siècle. 1530

En route pour le XXIe siècle... 1535

Liste des encadrés. 1545

Index des noms. 1549
Index des œuvres. 1595
Index des lieux. 1629

Cet ouvrage a été composé par IGS-CP
à L'Isle-d'Espagnac (16)

Imprimé en France
par JOUVE
1, rue du Docteur Sauvé, 53100 Mayenne
juillet 2015 - N° 2214671X

JOUVE est titulaire du label imprim'vert®